ADRIA
SUPERSONIC
Inspiration for your adventures.
CORAL & MATRIX SUPREME MB
SUPERSONIC
Adria neu auf Mercedes-Benz Basis! Mit dem neuen Supersonic und mit ausgewählten Grundrissen unserer Bestseller Coral & Matrix Supreme auf Mercedes-Benz erweitern wir unser Angebot bei den Basisfahrzeugen um eine Premium-Auswahl; für Präzisionstechnik, Stil und Benutzerfreundlichkeit. Lassen Sie sich vom anspruchsvollen, eleganten Design des Supersonic begeistern und entdecken Sie den stylischen Komfort des Coral sowie die Vielseitigkeit des Matrix!
SUPERSONIC
CORAL & MATRIX SUPREME MB
Freizeit mit noch mehr Komfort
www.adria-deutschland.de www.reimo.com
Werden Sie Teil der Adria Familie!

Augen auf beim Packen!

Jedes Kilogramm zählt: Wenn das Wohnmobil überladen ist – und der Fahrer damit erwischt wird – kostet das nicht nur Geld und möglicherweise einen Punkt in Flensburg. Hier finden Sie wichtige Infos sowie Tipps und Tricks zum Gewicht sparen.

40

644

Mythos Mosel

Stellplätze im Check: Entlang der römischen Weinstraße kommen Weinliebhaber, Genussradler, Geschichtsinteressierte und Freunde romantischer Städtchen voll auf ihre Kosten.

Tolle Vorteile

BORDATLAS-Gutscheinaktion 2023: In dieser Ausgabe bieten Stellplatzbetreiber wieder attraktive Rabatte für ihre Gäste an. Ab Seite

655

Inhalt

Magazin

Stellplätze

Gutscheine

Anschluss Seite 8

★/★ Reisemobil
✪/✪ Reisemobil & Caravan
Ⓖ/Ⓖ Reisemobil *mit Gutschein*
Ⓖ/Ⓖ Reisemobil & Caravan *mit Gutschein*
Gebührenpflichtig / kostenlos

Anschluss Seite 9

Anschluss Seite 6

Anschluss Seite 5
Anschluss Seite 10

Reisemobil
Reisemobil & Caravan
Reisemobil *mit Gutschein*
Reisemobil & Caravan *mit Gutschein*
Gebührenpflichtig / kostenlos

Anschluss Seite 11

Reisemobil
Reisemobil & Caravan
Reisemobil *mit Gutschein*
Reisemobil & Caravan *mit Gutschein*
Gebührenpflichtig / kostenlos

Anschluss Seite 5

Anschluss Seite 13

Anschluss Seite 10

Anschluss Seite 6

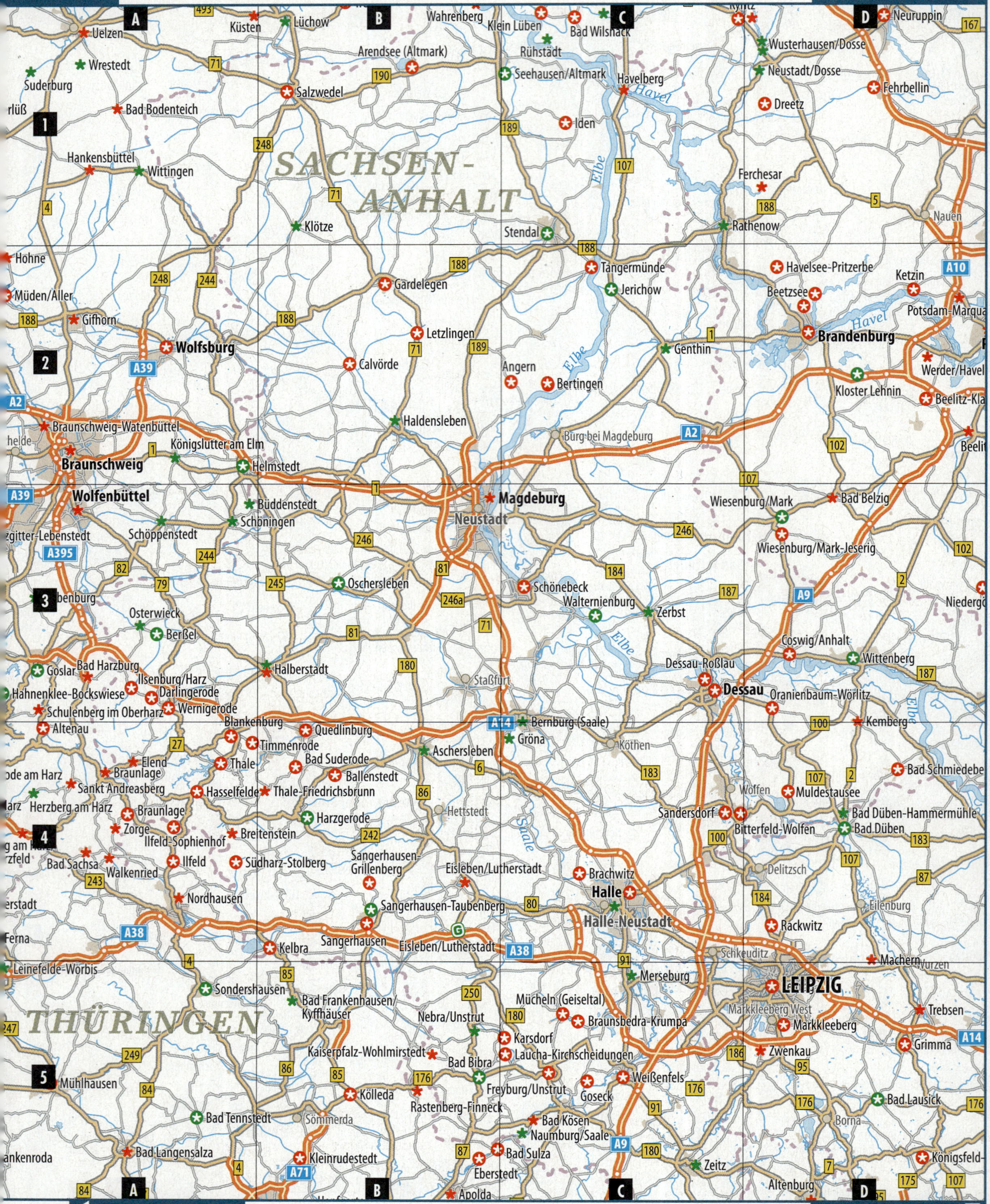

Anschluss Seite 9

Anschluss Seite 14

★/★ Reisemobil	G/G Reisemobil *mit Gutschein*
✪/✪ Reisemobil & Caravan	G/G Reisemobil & Caravan *mit Gutschein*

Gebührenpflichtig / kostenlos

Anschluss Seite 7

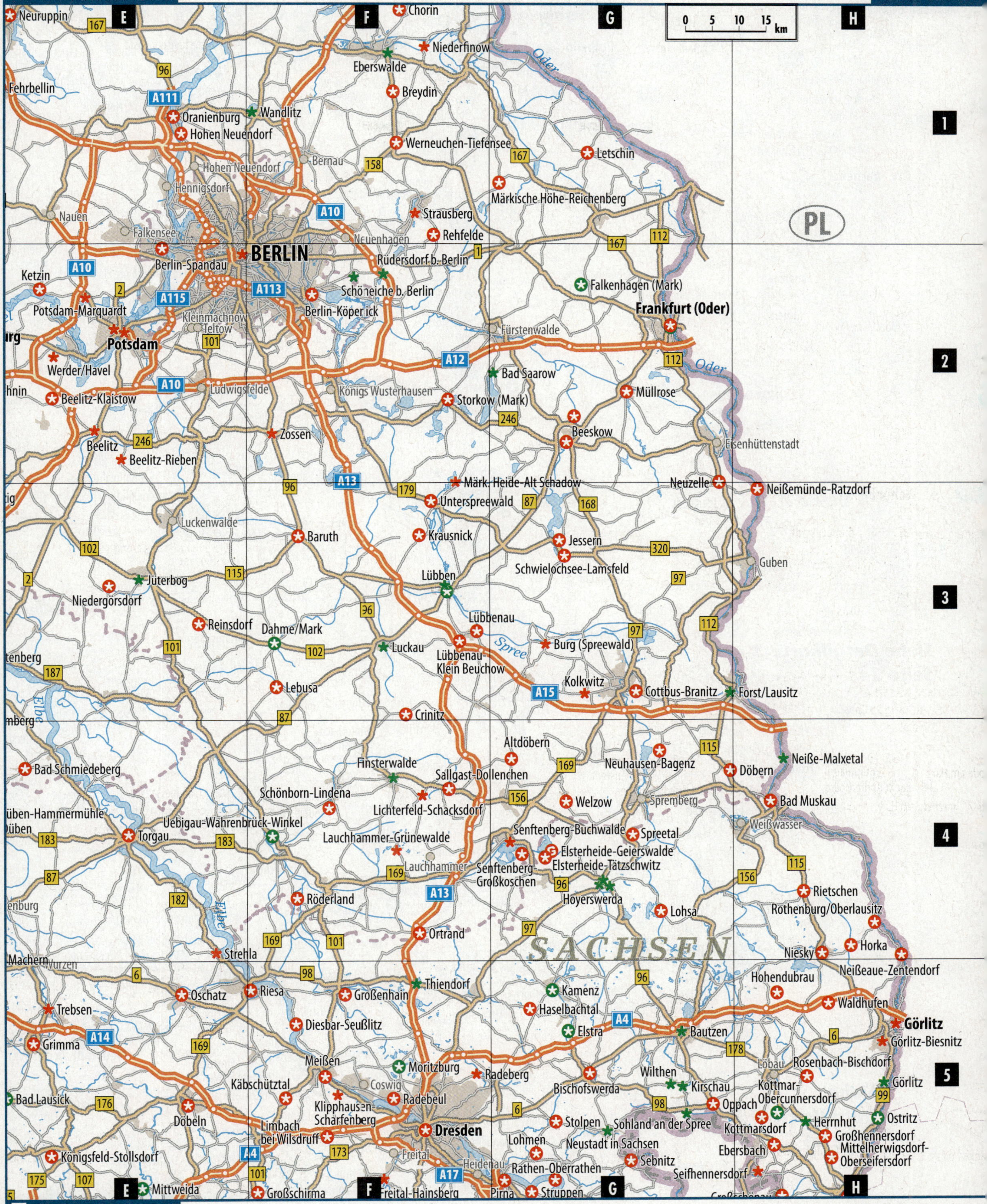

Anschluss Seite 15

Anschluss Seite 8

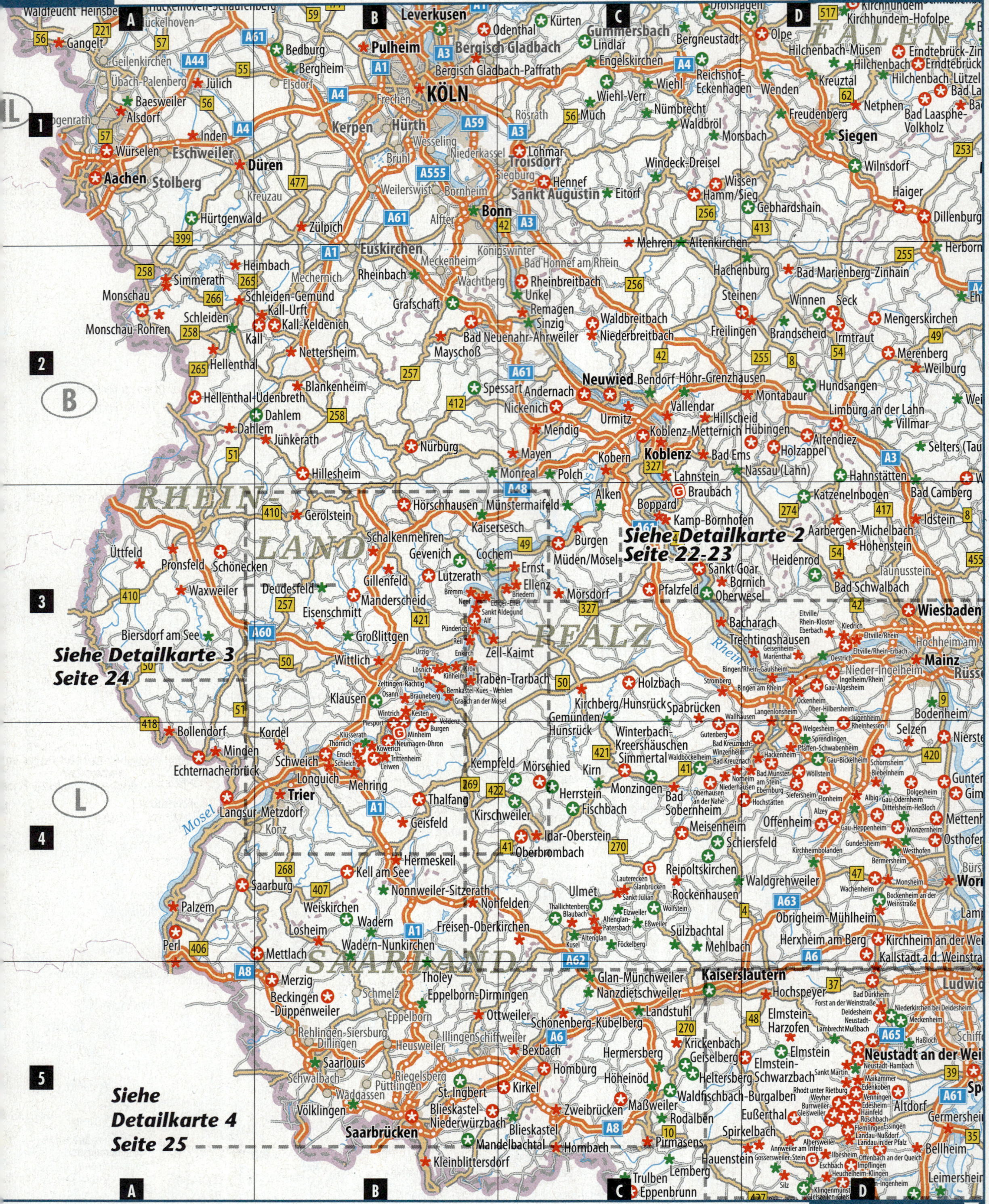

Anschluss Seite 16

Reisemobil
Reisemobil & Caravan
Reisemobil *mit Gutschein*
Reisemobil & Caravan *mit Gutschein*
Gebührenpflichtig / kostenlos

Anschluss Seite 9

0 5 10 15 km

Anschluss Seite 17

Anschluss Seite 14

Anschluss Seite 10

Anschluss Seite 13

Anschluss Seite 18

Reisemobil
Reisemobil & Caravan
Reisemobil *mit Gutschein*
Reisemobil & Caravan *mit Gutschein*
Gebührenpflichtig / kostenlos

▲ Anschluss Seite 11

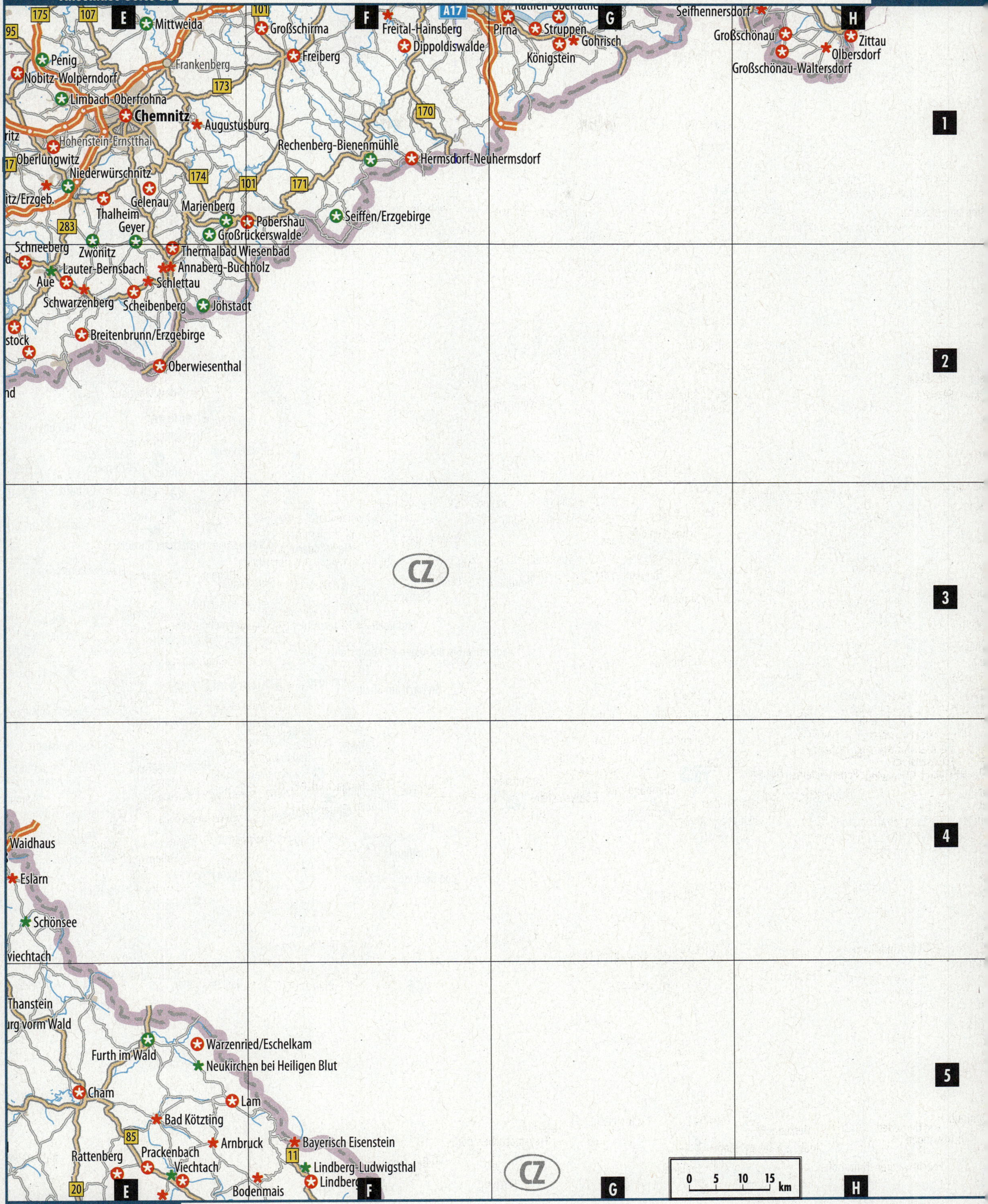

▼ Anschluss Seite 19

Anschluss Seite 12

Reisemobil
Reisemobil & Caravan
Reisemobil *mit Gutschein*
Reisemobil & Caravan *mit Gutschein*
Gebührenpflichtig / kostenlos

Anschluss Seite 13

Anschluss Seite 18

Anschluss Seite 14

Anschluss Seite 17

★/★ Reisemobil
✪/✪ Reisemobil & Caravan
Ⓖ/Ⓖ Reisemobil *mit Gutschein*
Ⓖ/Ⓖ Reisemobil & Caravan *mit Gutschein*
Gebührenpflichtig / kostenlos

Anschluss Seite 15

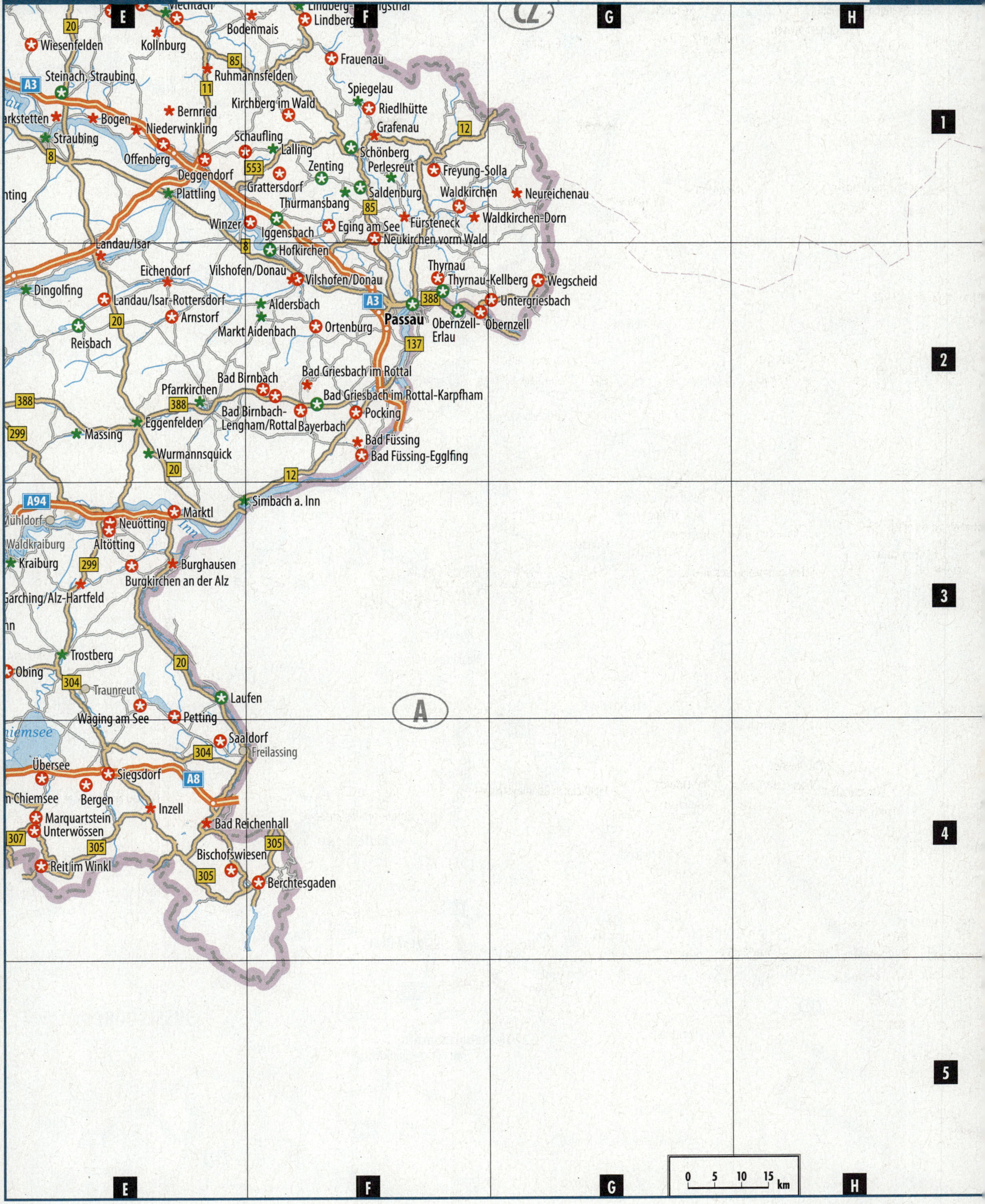

Detail von Seite 8

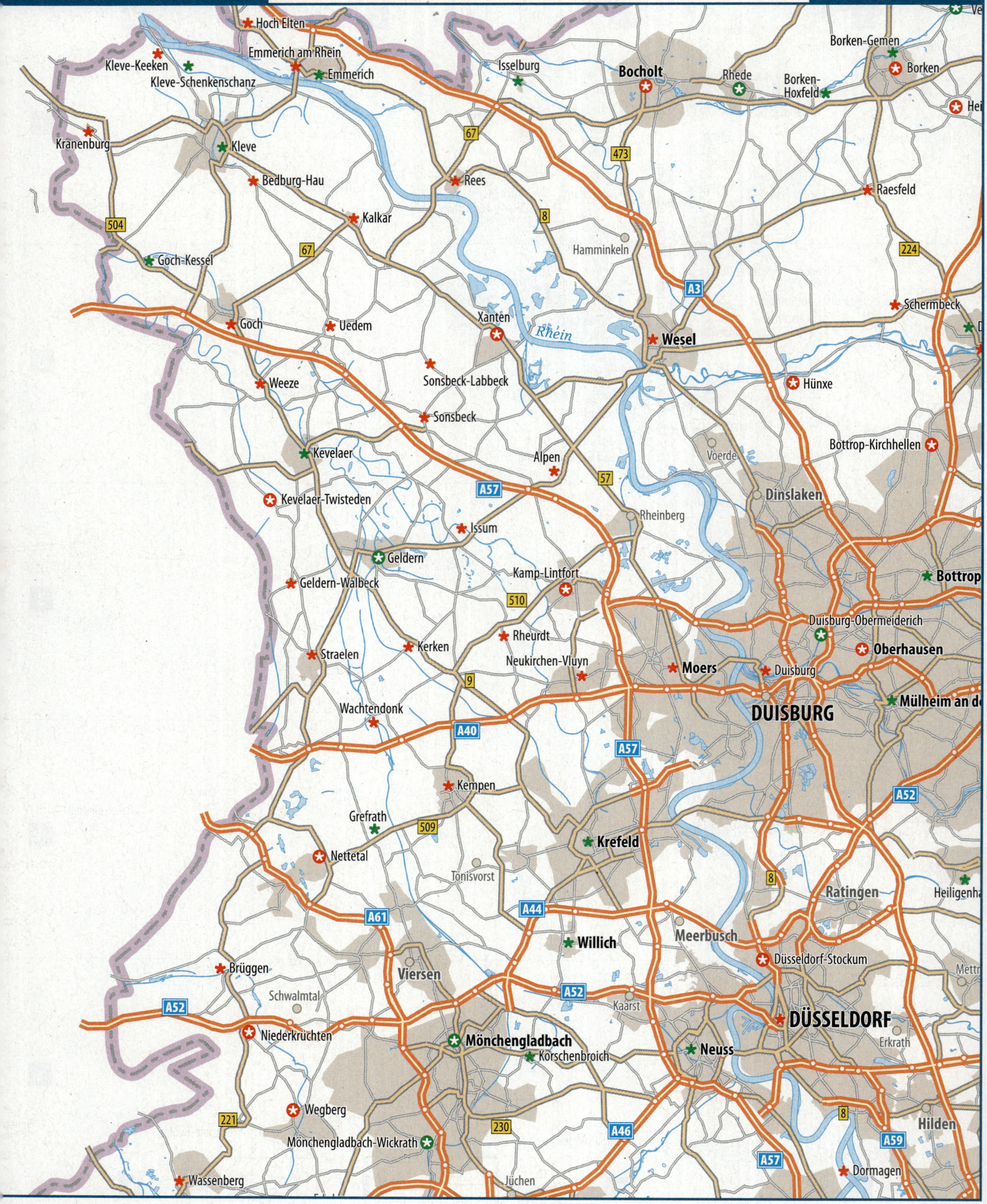

★/★ Reisemobil
✪/✪ Reisemobil & Caravan
Ⓖ/Ⓖ Reisemobil *mit Gutschein*
Ⓖ/Ⓖ Reisemobil & Caravan *mit Gutschein*
Gebührenpflichtig / kostenlos

Velen
Heiden
Reken
A43
235
Senden
Dülmen
54
Sendenhorst
Warendorf-Hoe
Ascheberg
474
58
Ascheberg
Drensteinfurt
Lüdinghausen-Seppenrade
Lüdinghausen
Haltern
Nordkirchen
63
Ahlen
Selm
Dorsten-Holsterhausen
Dorsten
Datteln-Bockum
Datteln-Klostern
Werne an der Lippe
Hamm
Marl
Bergkamen
A52
Oer-Erkenschwick
Recklinghausen
Lünen
Herten
Kamen
Bönen
A2
Gladbeck
Herne
A42
Castrop-Rauxel
Werl
Unna
Gelsenkirchen
Holzwickede
Wickede (Ruhr)
A40
Bochum
Fröndenberg
ESSEN
A44
A45
Schwerte
der Ruhr
Witten
Menden
Hattingen
Herdecke
515
Wetter (Ruhr)
224
A46
Hemer
Iserlohn
Balve-Binolen
Velbert-Langenberg
Sprockhövel
Hagen
Velbert
Sundern-La
Balve
Gevelsberg
Velbert
Ennepetal
Altena
229
Sundern
A46
Ennepetal-Oelkinghausen
Wülfrath
54
Schwelm
Wuppertal
Werdohl
A43
483
NORDRHEIN-
Lüdenscheid
Plettenberg
Solingen
Remscheid
Radevormwald
Herscheid
Herscheid-Niederholte
Herscheid-Reblin
Finnen
Solingen-Oberburg
Wermelskirchen
Hückeswagen
Kierspe
WEST-
Leichlingen
Wipperfürth
Meinerzhagen
Attendorn
0 2,5 5 7,5 km

Rheingau/Rheinhessen/Nahe

Detail von Seite 12-13

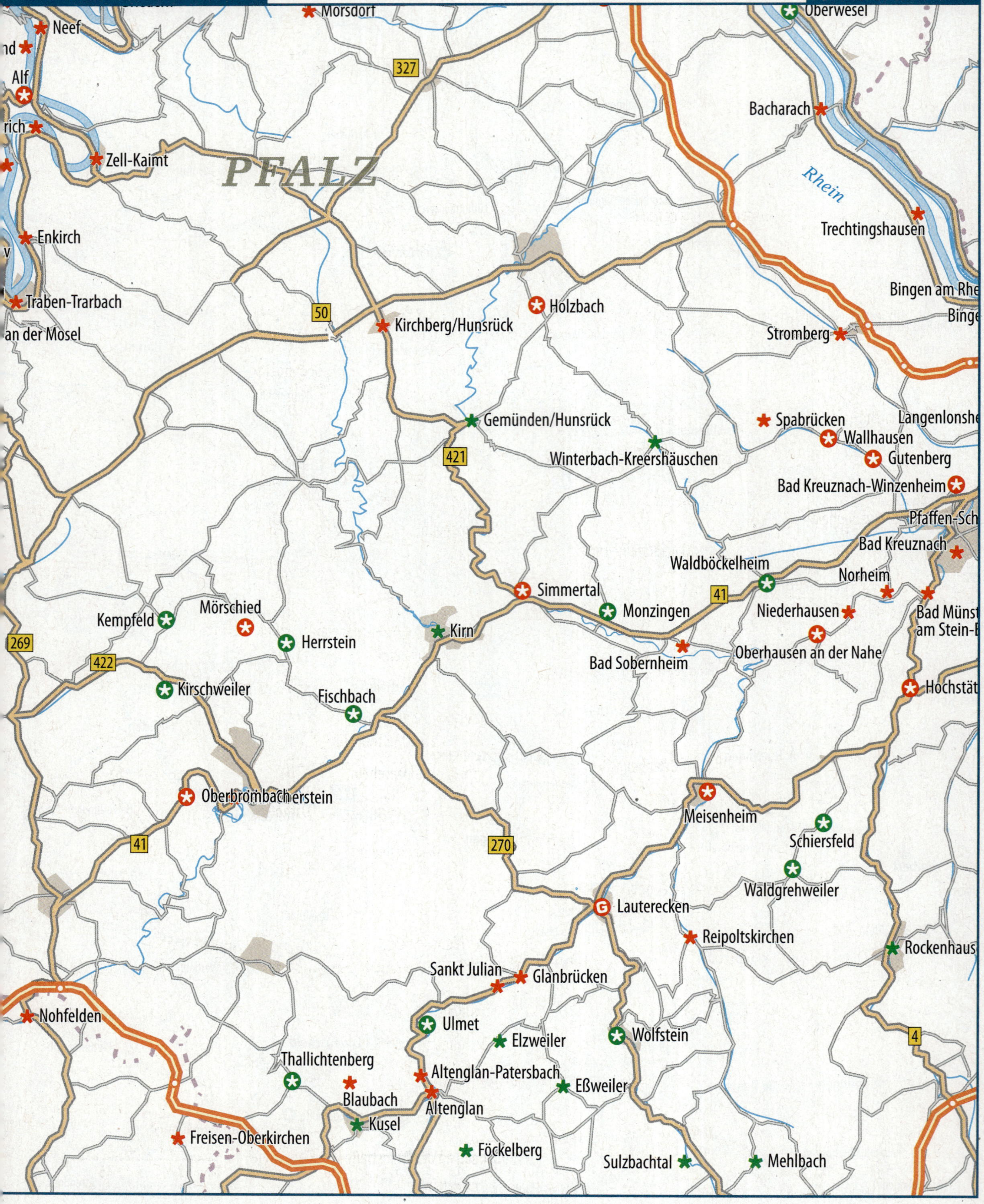

★/★ Reisemobil
✪/✪ Reisemobil & Caravan
Ⓖ/Ⓖ Reisemobil *mit Gutschein*
Ⓖ/Ⓖ Reisemobil & Caravan *mit Gutschein*
Gebührenpflichtig / kostenlos

Detail von Seite 12-13

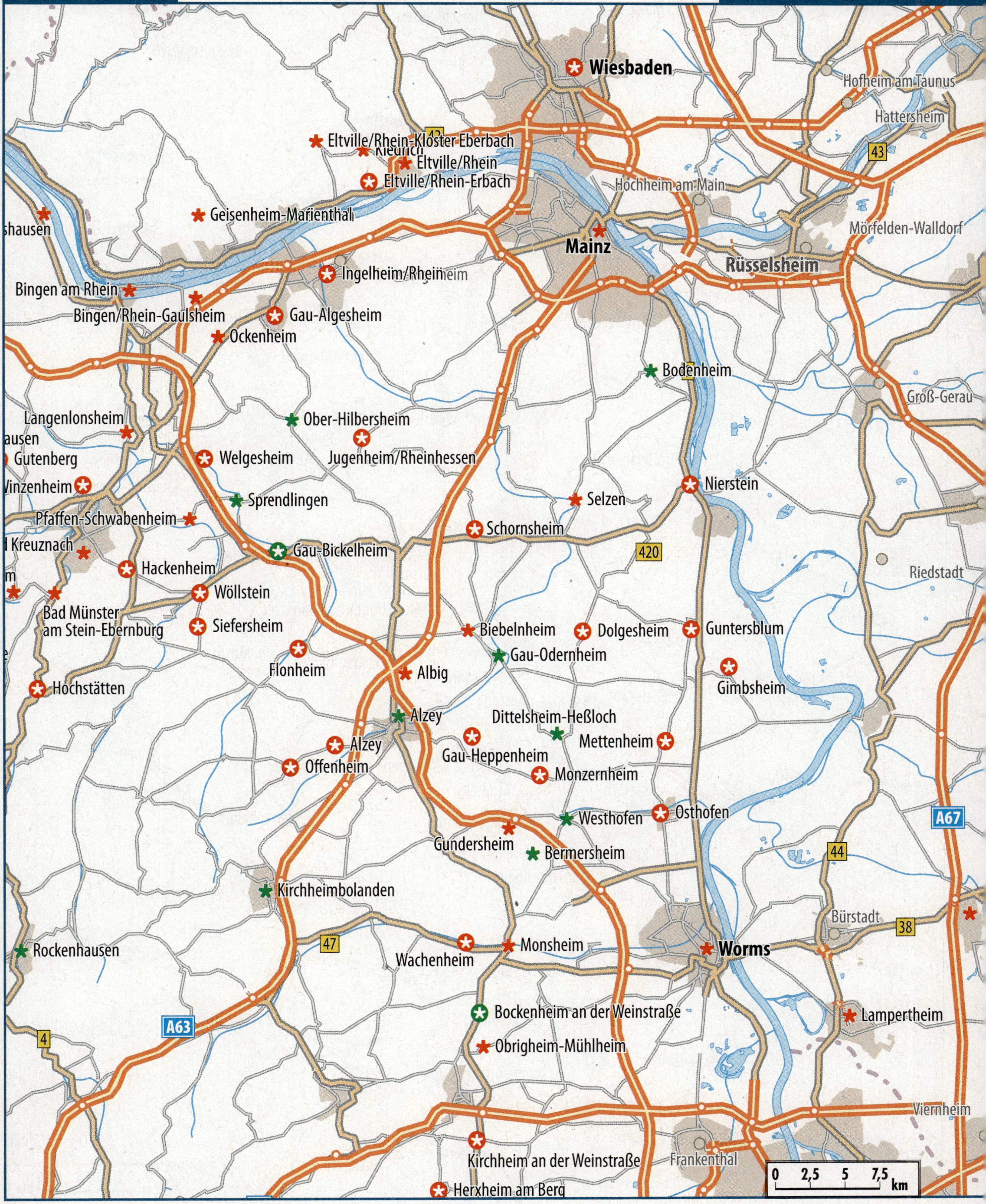

Detail von Seite 12

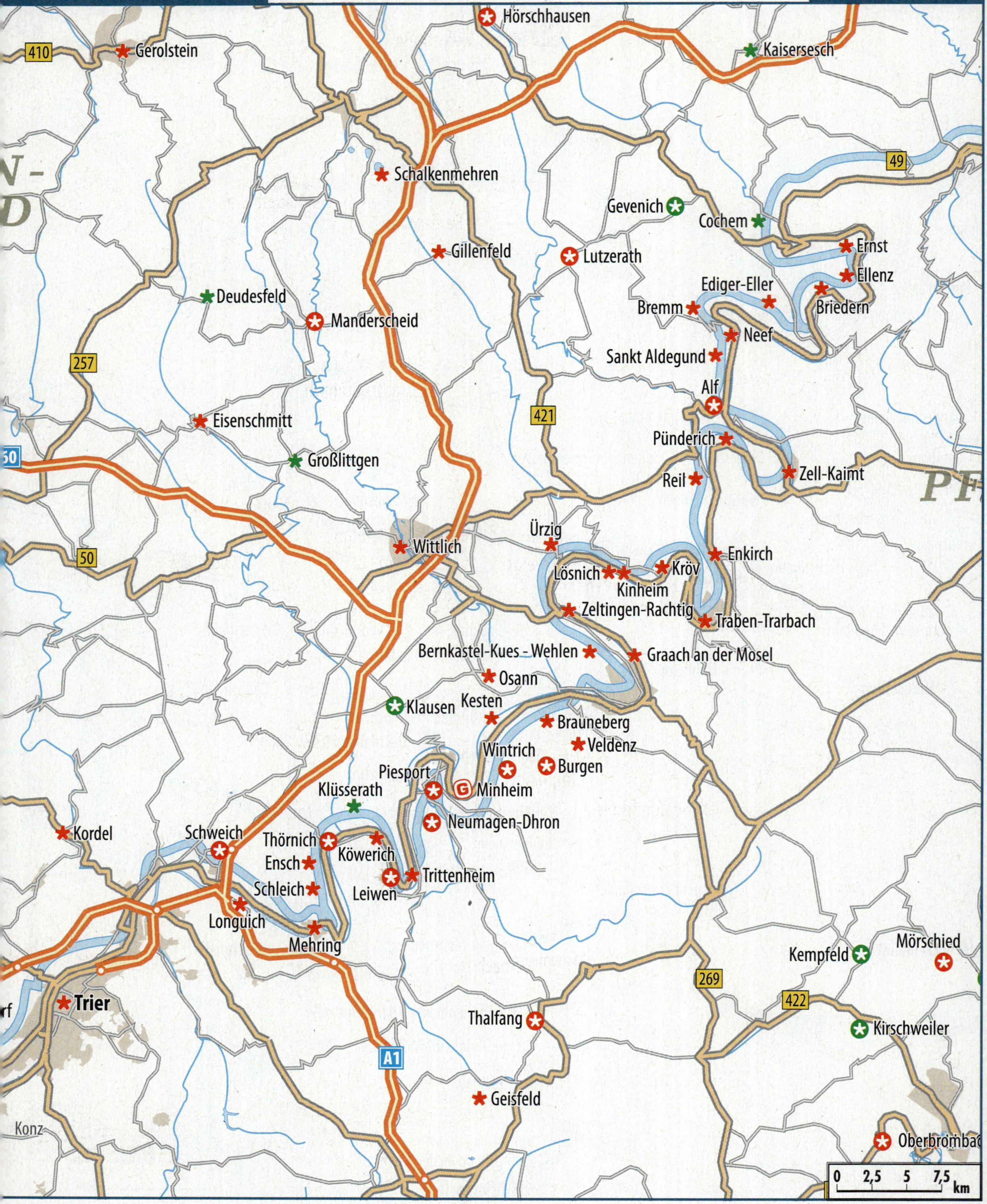

★/★ Reisemobil
✪/✪ Reisemobil & Caravan
G/G Reisemobil *mit Gutschein*
G/G Reisemobil & Caravan *mit Gutschein*

Gebührenpflichtig / kostenlos

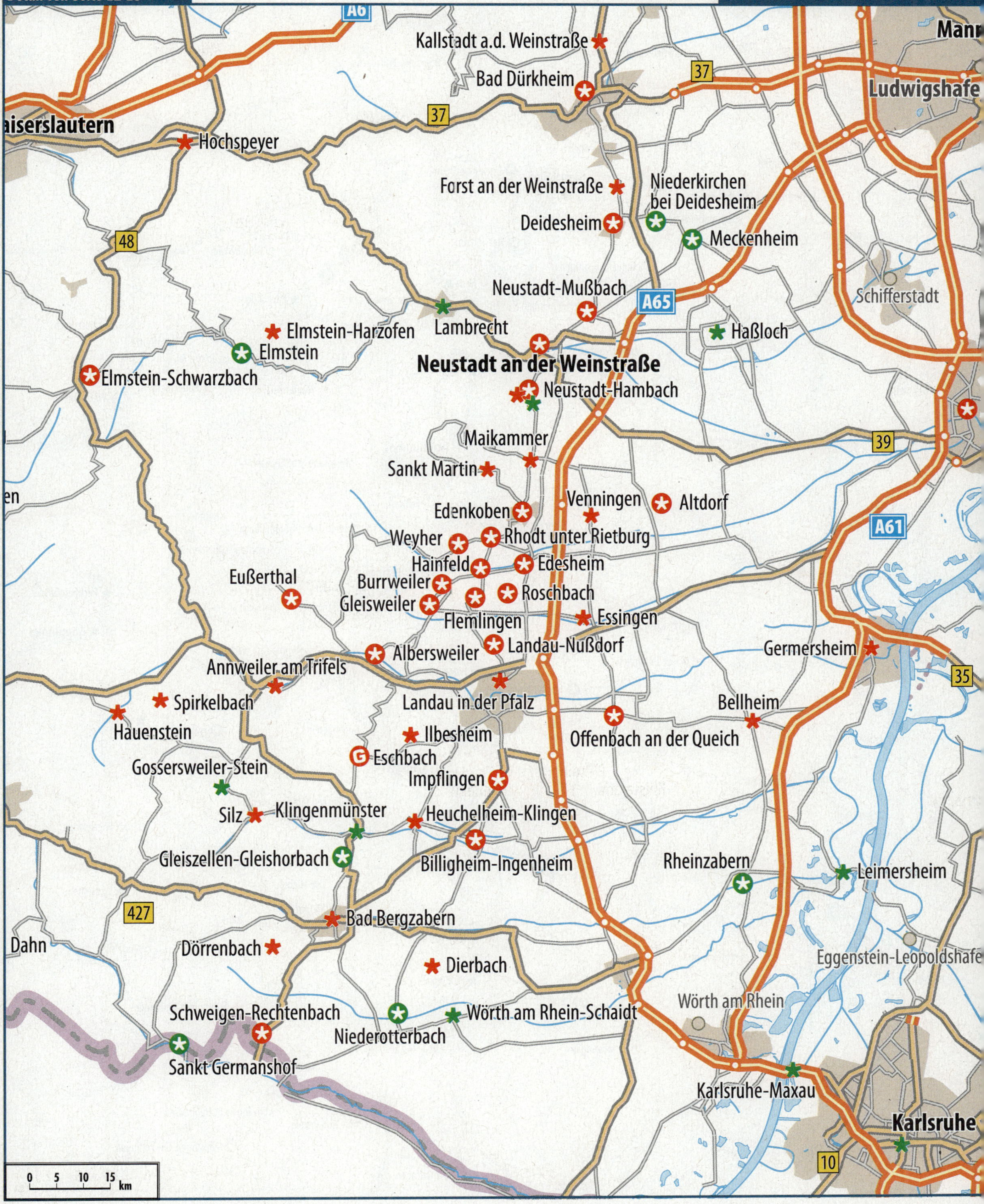
A6
Kallstadt a.d. Weinstraße
Bad Dürkheim
37
Manr
Ludwigshafe
aiserslautern
Hochspeyer
Forst an der Weinstraße
Niederkirchen bei Deidesheim
Deidesheim
Meckenheim
48
Neustadt-Mußbach
A65
Schifferstadt
Lambrecht
Haßloch
Elmstein-Harzofen
Elmstein
Elmstein-Schwarzbach
Neustadt an der Weinstraße
Neustadt-Hambach
Maikammer
39
Sankt Martin
Edenkoben
Venningen
Altdorf
A61
Weyher
Rhodt unter Rietburg
Hainfeld
Edesheim
Eußerthal
Burrweiler
Roschbach
Gleisweiler
Flemlingen
Essingen
Albersweiler
Landau-Nußdorf
Germersheim
Annweiler am Trifels
35
Spirkelbach
Landau in der Pfalz
Bellheim
Hauenstein
Ilbesheim
Offenbach an der Queich
Eschbach
Gossersweiler-Stein
Impflingen
Silz
Klingenmünster
Heuchelheim-Klingen
Gleiszellen-Gleishorbach
Billigheim-Ingenheim
Rheinzabern
Leimersheim
427
Bad Bergzabern
Dahn
Dörrenbach
Dierbach
Eggenstein-Leopoldshafe
Wörth am Rhein
Schweigen-Rechtenbach
Wörth am Rhein-Schaidt
Niederotterbach
Sankt Germanshof
Karlsruhe-Maxau
Karlsruhe
10
0 5 10 15 km

Schwäbische Alb

Detail von Seite 17

Reisemobil
Reisemobil & Caravan
Reisemobil *mit Gutschein*
Reisemobil & Caravan *mit Gutschein*
Gebührenpflichtig / kostenlos

Ihr Ass an Bord

Simon Ribnitzky, Chefredakteur

Ein wahrlich heißer Sommer liegt hinter uns, laut Meteorologen der heißeste seit Beginn der Wetteraufzeichnungen. Das schöne Wetter war neben den Nachwirkungen der Pandemie, der weltweiten Unsicherheitslage aufgrund des Ukraine-Kriegs und hohen Energie- und Spritkosten für viele ein Grund, den Urlaub in heimischen Gefilden zu verbringen. Und noch ein Trend setzte sich fort: Der Drang raus in die Natur, die Auszeit im Freien zu verbringen. Kein Wunder also, dass wir trotz Lieferengpässen bei Herstellern und Zulieferern weiterhin einen Reisemobil-Boom sehen. Das machte sich 2022 auch auf den Campingplätzen bemerkbar. Ohne Reservierung ging vielerorts nichts – darunter litt und leidet die Flexibilität, die Wohnmobilisten schätzen. Gut, dass Stellplätze größtenteils eben nicht reserviert werden können. Die Marschroute für die Zukunft kann allerdings nur lauten, die Caravaning-Infrastruktur weiter auszubauen und vor allem neue Stellplätze zu schaffen. Und hier kommt der Bordatlas ins Spiel! Neue Stellplätze entstehen, während alte weichen, es herrscht ein stetiger Wandel. Seit nunmehr 26 Jahren haben Sie mit dem Bordatlas einen Trumpf mit an Bord. Er führt mobile Reisende an den passenden Übernachtungsplatz. Losfahren, Atlas aufschlagen, Stellplatz aussuchen – in dieser Ausgabe präsentieren wir Ihnen rund 7.100 Übernachtungsplätze in Deutschland und Europa, die dank unserer Stellplatz-Korrespondenten und unserer Redaktion gewissenhaft recherchiert und topaktuell sind. Der bewährte und übersichtliche Aufbau der einzelnen Stellplatz-Einträge wurde in dieser Ausgabe weiter optimiert und das Layout aufgehübscht: Neben einem moderneren, frischen Anstrich in blau finden Sie die Distanz zur nächstgelegenen Entsorgungsstation – falls der Stellplatz keine Ver- und Entsorgung anbietet – mit Symbol vermerkt. Eine kleine Pannenhilfe und das sicherheitsrelevante Thema Überladung runden den Inhalt ab. Und zu guter Letzt dürfen Sie sich wieder über Gutscheine im Wert von mehr als 500 Euro freuen. Ich wünsche Ihnen mit dieser Ausgabe viel Freude und eine gute Reise.

Ihr Simon Ribnitzky

FERNWEH?
WIR HABEN DIE **MEDIZIN**!
250 TOP GEPFLEGTE GEBRAUCHTE
WOHNMOBILE ALLER ART!
www.cmmobile.de
CMmobile
Ihr freundlicher Wohnmobilhändler
Harsleber Straße 1
38829 Harsleben
Adresse für das Navi:
Am Galgenberg 6
Tel.: 03941 / 67801-0
Mail: info@cmmobile.de
Öffnungszeiten
Montag bis Freitag: 9:30 – 18:30
Samstag: 10:00 – 16:00
Sonntags: geschlossen
Alle Fahrzeuge im Internet
unter www.cmmobile.de

Persönlich für Sie vor Ort getestet

Stellplätze im Check
von unseren Experten geprüft

Im Auftrag von REISEMOBIL INTERNATIONAL überprüfen unabhängige Stellplatz-Korrespondenten Wohnmobilstellplätze in ganz Europa.

Sind die im aktuellen Bordatlas veröffentlichten Gebühren noch korrekt? Hat ein Stellplatz-Eigner seinen Übernachtungsplatz zwischenzeitlich geschlossen oder erweitert? Gibt es weitere, noch nicht erfasste Änderungen auf den Wohnmobilstellplätzen? Damit die Angaben – auch in der Bordatlas-Online-Datenbank – so aktuell wie möglich sind, arbeitet die Redaktion der Zeitschrift Reisemobil International mit etwa 70 unabhängigen Stellplatz-Korrespondenten zusammen.

Sie nehmen Wohnmobilplätze in ganz Europa persönlich in Augenschein: Anhand genormter Protokoll-Formulare korrigieren und ergänzen die Prüfer die Angaben in der Bordatlas-Datenbank und liefern aktuelle Fotos von den Stellplätzen.

Unsere Stellplatz-Korrespondenten sind aktive und erfahrene Reisemobilisten, die nicht nur überprüfen, sondern auch immer wieder neue und zusätzliche Stellplätze entdecken. So halten sie uns auf dem Laufenden und sind eine tolle Ergänzung der Redaktion von Reisemobil International, deren Autorinnen und Autoren auch für den monatlichen Stellplatz-Check pro Jahr etwa 120 Plätze persönlich in Augenschein nehmen und klassifizieren.

Daneben werden einige der neu entdeckten Stellplätze auch im Stellplatz-Magazin von Reisemobil International vorgestellt. Nicht zuletzt durch die aktive Tätigkeit der Stellplatz-Korrespondenten ergibt sich die hohe Anzahl der geprüften und neu entdeckten Plätze in dieser Ausgabe des Bordatlas.

An dieser Stelle möchten wir all unseren engagierten und gründlich arbeitenden Korrespondentinnen und Korrespondenten ein herzliches Dankeschön sagen für die bisher geleistete Arbeit. Wir hoffen, dass sie auch weiterhin mit ihrem unermüdlichen Einsatz und tollen Fotos zur hohen Qualität und Aktualität des Bordatlas beitragen.

Haben auch Sie Interesse an einer Tätigkeit als Stellplatz-Korrespondentin oder als Stellplatz-Korrespondent? Dann schreiben Sie bitte an stellplatz-korrespondent@doldemedien.de. Gerne nehmen wir Kontakt mit Ihnen auf und lassen Ihnen weitere Informationen zukommen.

Alle von einem Stellplatz-Korrespondenten geprüften Übernachtungsplätze erhalten im Stellplatz-Eintrag ein Prüfsiegel, aus dem das Jahr der Prüfung hervorgeht. Sieben unterschiedliche Prüfsymbole geben Auskunft über den Charakter des Platzes.

Auch unser Redakteur Philipp Pilson nimmt bei seinen Touren für den Stellplatz-Check in unserem Fachmagazin REISEMOBIL INTERNATIONAL jedes Jahr zahlreiche Plätze und die Umgebung persönlich unter die Lupe.

Vielen Dank für Ihre Unterstützung – und allzeit gute Stellplatz-Aufenthalte!

Folgende sieben Prüfsymbole charakterisieren einen für den Bordatlas inspizierten Stellplatz:

- Stellplatz inmitten der Natur, ruhig gelegen
- Zentrumsnaher Übernachtungsplatz
- Ver- und Entsorgungsmöglichkeit vorhanden
- Gebührenfreier Platz
- Stellplatz mit schöner Aussicht
- Übernachtungsplatz nur bedingt empfehlenswert, für Durchreisende
- Keine separaten Reisemobil-Stellflächen, Pkw parken das Gelände zu

So funktioniert der Bordatlas

Wie immer frisch aktualisiert, überarbeitet und erweitert: Der neue Bordatlas 2023 informiert über mehr als 7.000 Wohnmobilstellplätze in Deutschland und ganz Europa. Servicethemen rund ums Wohnmobil ergänzen den Atlas.

Magazin: Im redaktionellen Teil des Bandes Deutschland zeigen wir Ihnen weitere Publikationen aus dem DoldeMedien Verlag, die für Sie als mobil Reisende besonders interessant sind. Der Magazinteil des Europa-Bandes informiert über die Verkehrsregeln in den Nachbarländern und listet die wichtigsten Notfall-Rufnummern auf. Zudem erklären wir, was Sie bei einer kleinen Panne tun können, um sich am besten selbst zu helfen. Außerdem verraten wir Ihnen Tipps und Tricks, wie Sie Ihr Reisemobil richtig packen – damit Sie es nicht überladen.

Ortsregister: Eine Übersicht aller Stellplätze – mit Ver- und Entsorgung sowie reine Entsorgungsstationen – sortiert nach Postleitzahl.

Stellplätze: Die Stellplatz-Gebühren hat das Bordatlas-Team von Mitte Juli bis Mitte September 2022 gründlich recherchiert. Dennoch ist es möglich, dass genannte Gebühren oder Angaben von den Gegebenheiten vor Ort abweichen: Stellplatzbetreiber verändern ihre Preise oft im Laufe des Jahres. Ohnehin können sich wegen der aktuellen wirtschaftlichen Lage und der andauernden Energiekrise Service- und Übernachtungsgebühren in nächster Zeit erhöhen. Wir bitten um Verständnis und verweisen an dieser Stelle auf die Bordatlas WebApp. Die Stellplatzdaten werden laufend überarbeitet und stehen online stets aktuell zur Verfügung.

Gutscheine: Am Ende des Deutschland-Bandes finden Sie attraktive Rabatte und Gastgeschenke im Gesamtwert von über 500 Euro. Mehr auf Seite 655.

Übersichtskarten: Insgesamt 23 Übersichtskarten vorn im Buch dienen der Reiseplanung. Fünf Detailkarten zeigen Stellplätze in Ballungsgebieten. Areale, die auch Caravangespanne aufnehmen, sind separat markiert, ebenso die gebührenfreien. Übernachtungsplätze, die Gutscheine anbieten, sind ebenfalls hervorgehoben.

Umweltzonen
Sobald ein Stellplatz direkt in einer **Umweltzone** liegt, ist die Stufe der Zufahrtsbeschränkung (Schadstoffklasse) links in der Kopfzeile vermerkt.

Adressblock
Hier stehen der Name des Platzes, Postleitzahl und Ort, der Straßenname bzw. Standort, Platzbeschreibung und Telefonnummer.

Prüfsiegel
Dieser Stellplatz wurde von einem **Stellplatz-Korrespondenten** im ausgewiesenen Jahr geprüft (Erläuterung der Prüfsymbole auf Seite 30).

GPS-/Karteninfo
Damit Sie den Stellplatz punktgenau ansteuern können, geben Sie die GPS-Daten in Ihr Navi ein. Die Ziffern nach dem Komma können weggelassen werden. So finden Sie den Stellplatz in den Übersichtskarten: Die Angabe nennt weiter Kartenteil (zum Beispiel D4), dann folgen Seitenzahl und Planquadrat (zum Beispiel F2).

Entfernung
Wegstrecke zur Haltestelle, zum Ortszentrum, zum nächstgelegenen Lebensmittelgeschäft oder Restaurant. **NEU:** Entfernung zur nächstgelegenen Entsorgungsstation.

Sport und Freizeit
Infos zum nächstgelegenen **Hallen-** und/oder **Freibad**, zu einem **Fahrradverleih** und zu weiteren Möglichkeiten für **Aktivitäten.**

12345 Musterdorf | gratis | <12 m | neu | Gutschein

Wohnmobilstellplatz Mustergarten, Am Musterweg, ☎ **01234/56789**
In Meernähe mit Blick auf herrliche Sonnenuntergänge

Stellplatz-Foto
Wo immer möglich, zeigen wir Ihnen ein Foto des Stellplatzgeländes.

2022 geprüft

POS: 52°29'26.70"N/13°29'2.00"E, Karte D4 (S. 7), F2
Platz: = 3 auf Pflaster. =8 (16 A) CHEM GRAU . Anfahrt 24h, Aufenthalt max. 72 h. Öffentliches WC in der Nähe. Ganzjährig geöffnet.
Preis: 13,13 € inkl. Strom, Wasser, Entsorgung.
Kontakt: Tourist-Information Mustergarten, Manuela Beispielhaft, ☎ 07051/167399, info@mustergarten.de, www.mustergarten.de.
Distanz: 0,2 km, weitere Restaurants in 1 km, Ⓗ 0,2 km, 0,5 km, 1 km, 4 km (Campingplatz Musterdorf, Musterstraße 14, 12345 Musterdorf).
Gastro: Restaurant Zum Wilden Mann 0,2 km. Geöffnet: Mo-Do 17:00-21:00 Uhr, Sa+So 12:00-15:00 Uhr, 17:00-22:00 Uhr. Warme Küche bis 19:00 Uhr. Weitere Restaurants in der Ortsmitte.
Freizeit: 8 km. Leuchtturm-Museum, Segeln, Surfen, Badestrand, Dünen-Wanderwege, Stadt- und Klosterführungen.
POI: Klostermuseum 0,2 km, Stadtkirche 0,2 km, Leuchtturm 0,3 km, Kloster Musterorden 0,6 km, Maritim-Museum der Stadt 2,4 km, 2,6 km, historische Altsadt mit Fachwerk 2,6 km, Gerbereimuseum 2,8 km, Schloss Musterdorf

Preise
Die im Bordatlas 2023 ausgewiesenen Preise beinhalten die **Gebühr für die Stellfläche** für ein Reisemobil inklusive **zwei Personen** für eine Nacht.

Fahrzeuglänge
Infos zur Länge der jeweiligen Reisemobil-Stellflächen bis 6, 8, 10 und 12 Meter.

Topaktuell
Dieser Stellplatz erscheint zum ersten Mal im Bordatlas.

Gutscheine
Dieser Stellplatz bietet einen **einmaligen** Vorteil an, der im Gutschein-Verzeichnis im hinteren Teil des Bordatlas beschrieben ist (S. 655).

Platz
Kurzbeschreibung der **Service-Einrichtungen** per Piktogramm; Erläuterungen zu den Piktogrammen finden Sie auf der inneren hinteren Umschlagseite. Kurzbeschreibung des Stellplatz-**Areals**, Anzahl der Stellflächen, Beschaffenheit des **Untergrunds, Aufenthaltsdauer** etc.

Gastronomie
Name des nächstgelegenen Restaurants in der Umgebung. Bietet ein **Restaurant** selbst einen Reisemobil-Stellplatz an, gibt es zusätzliche Angaben zu Küchenzeiten, Ruhetagen und den Preisen der Gerichte.

Sehenswürdigkeiten
Tipps für **Besichtigungen** und Ausflüge in der Umgebung; teils mit Entfernungsangaben vom Stellplatz.

Neue Stellplatzführer für besondere Erlebnisse

Winzeratlas 2023
Preis: 29,90 Euro
Zu bestellen beim DoldeMedien Verlag über shop.doldemedien.de. Zudem ist der Winzeratlas im Buchhandel sowie in gut sortierten Camping-Zubehörshops erhältlich.

Ob Genuss, Historisches oder Maritimes – mit den neuen Stellplatzführern an Bord finden Sie jederzeit ein schönes Plätzchen beim Winzer oder Bierbrauer, neben Burgen oder an Häfen.

Der Winzeratlas erscheint in bewährter Weise, neu aufgelegt. Ein Stellplatzführer für Genießer, der ausschließlich Stellplätze bei ausgewählten Winzern, Weinbauern und Besenwirtschaften auflistet. Er verzeichnet rund 200 Winzer, Weinbauern und Winzergenossenschaften hauptsächlich in Deutschland, aber auch in Österreich, Südtirol, Ungarn und im Elsass, die Reisemobilisten dazu einladen, jeweils eine Nacht lang auf ihrem Gelände zu verweilen.

Wer also bei seiner Tour entlang einer der vielen Weinstraßen in Europa die ein oder andere Weinprobe mitmachen will, ohne sich danach noch hinters Lenkrad setzen zu müssen, ist mit diesem Buch gut ausgestattet. Dank der Vignette, die dem Winzeratlas beiliegt, stehen Sie bei allen aufgeführten Stellplätzen jeweils 24 Stunden kostenlos.

Die Vignette ist gültig für ein Jahr, jeweils ab Erscheinungstermin des neuen Winzeratlas im März. Neben detaillierten Beschreibungen der Stellplätze enthält der Winzeratlas wertvolle Informationen zu den Weinanbaugebieten, Hotspots der Region, Rebsorten sowie ein kleines Weinlexikon. Für noch mehr Genussmomente sind darüber hinaus typische Gerichte für jede Region enthalten – zum Nachkochen im eigenen Reisemobil.

Oder bevorzugen Sie eine Erfrischung mit Zisch? Dann wäre vielleicht die Besichtigung einer Brauerei etwas für Sie. Im aktualisierten Stellplatzführer „Urige Brauereien“ sind rund 170 Brauereien in Deutschland mit einem Wohnmobilstellplatz vor der Tür oder im Umkreis von einem Kilometer gelistet. Ideal also, um nach der Ankunft noch ein Bier zu trinken und die Nacht im Wohnmobil zu verbringen. Dazu gibt es Infos zu Brauereibesichtigung und Bierverkostung, Brauseminar und Biergarten plus Adressen sowie alles Wissenswerte über die Stellplätze. Reportagen über das Schussenrieder Bier-

krugmuseum sowie einen Braukurs in der Brauerei Berg in Ehingen ergänzen das Buch.

Oder darf es eher Geschichte zum Anfassen sein? Was verkörpert vergangene Zeiten besser als eine mächtige Burg mit dicken Mauern und hohen Türmen oder märchenhafte Schlösser? Wer in Deutschland Urlaub macht, trifft vielerorts auf diese Zeugen der Vergangenheit. Egal ob als prachtvolles Gebäude oder Ruine – die Atmosphäre, den Zauber dieser Orte gilt es zu spüren. Der Stellplatzführer „Burgen & Schlösser“ lotst Sie zu 145 Übernachtungsplätzen an historischen und sagenumwobenen Gebäuden in Deutschland und verrät, was Sie im Umfeld der beliebten Ziele noch alles erleben können. Als zusätzliche Inspiration ist eine Reise entlang der Burgenstraße mit an Bord.

Wen es eher ans Wasser zieht, der wird sich über den Stellplatzführer „Marinas & Häfen“ freuen. Er listet 150 Plätze in Deutschland auf, wo Sie mit ihrem Reisemobil direkt neben Booten und Schiffen übernachten können – und was Sie in der Umgebug sonst noch erleben können.

STELLPLATZFÜHRER FÜR JEDEN GESCHMACK:
„Burgen & Schlösser“
„Marinas & Häfen“
„Urige Brauereien“
Preis: ab 16,99 Euro
Zu bestellen beim DoldeMedien Verlag über shop.doldemedien.de. Zudem sind die Stellplatzführer im Buchhandel sowie in gut sortierten Camping-Zubehörshops erhältlich.

Bordatlas digital für unterwegs

Die WebApp des beliebten Stellplatzführers ist die perfekte Ergänzung zum gedruckten Bordatlas: mit stets aktuellen Stellplatzdaten und hilfreichen Funktionen fürs ungetrübte Reisevergnügen.

Ihr Vorteil als Käufer des gedruckten Bordatlas:
50 % Rabatt
auf die **Bordatlas WebApp.**
Alle Informationen und den Gutscheincode finden Sie unter
www.bordatlas.de/xxl-rabatt

Mit detaillierten Suchfunktionen aktuelle Stellplatz-Informationen erhalten – das ist der große Vorteil der Online-Version des Bordatlas Stellplatzführers. Entweder zu Hause am PC zur Reiseplanung oder direkt vor Ort mit Smartphone oder Tablet die Stellplätze der näheren Umgebung anzeigen lassen. Die Bordatlas WebApp ist dabei systemoffen – Sie können sie mit Windows, mit Apple iOS/Mac oder Android-Betriebssystemen nutzen und tolle Stellplätze auf Ihrer Reiseroute finden.

- Rund **7.000 Stellplätze** aus der Bordatlas-Datenbank
- In Deutschland und 35 europäischen Ländern
- Anzeige aller Plätze auf der neuen **Kartenbasis von Google Maps** mit verbesserter Suchfunktion
- **Gezielte Suche** nach Stellplätzen: nach Stellplatz-Art bzw. -Lage, nach allen nützlichen Ausstattungsmerkmalen
- **Merklistenfunktion** und Export in alle gängigen **Navigationsapps**
- Planen Sie Ihre Reise an einer **Route**

■ Alle Informationen und Preise unter: www.bordatlas.de
■ Anmeldung unter: www.bordatlas.de/registrieren

Gratis Neuigkeiten abrufen mit
Bordatlas Exklusiv

Mit dem monatlich erscheinenden kostenfreien Newsletter **„Bordatlas Exklusiv“** halten wir Sie das ganze Jahr über auf dem Laufenden über die Eröffnung neuer oder die Schließung vorhandener Stellplätze. Ergänzt werden die News mit Informationen zu geänderten Preisen, Öffnungszeiten, Baustellen, Renovierungsarbeiten und Veranstaltungen.
Registrieren unter www.bordatlas.de/infoservice

Reisemobil International erscheint monatlich und kostet 5,50 Euro. Das Magazin ist im Zeitschriftenhandel, online als Digital-Ausgabe oder bequem im Abonnement erhältlich.
www.reisemobil-international.de

Raus aus dem Alltag – rein ins Abenteuer

REISEMOBIL INTERNATIONAL – idealer Reisebegleiter

Reisemobil International ist Deutschlands bekanntestes Wohnmobil-Magazin und berichtet über alle Themen, die Camper interessieren: Von Branchentrends über Reisereportagen bis hin zu einem umfangreichen Service- und Zubehörteil. Praxis-orientierte und fundierte Fahrzeugtests nehmen dabei einen großen Teil des Magazins ein. Der Profitest ist hinsichtlich des Testspektrums als bedeutendster Fahrzeugtest in der Branche angesehen. In jeder Ausgabe wird ein neues Fahrzeug intensiv und ausführlich geprüft. Zusätzlich zur Bewertung durch den Testredakteur beurteilen vier Experten die Eigenschaften des Wohnmobils.

Einmalig ist außerdem der Stellplatz-Check, für den die Redakteure reisemobilfreundliche Touren zum Nachfahren zusammenstellen und dafür jeweils mindestens 16 Stell- und Campingplätze direkt vor Ort selbst in Augenschein nehmen.

TIPP: Mit den Gratis-Coupons auf Seite 664 ist Schnuppern leicht gemacht.

Das Vanlife-Magazin

Unterwegs sein, entdecken, erleben – und wohnen auf kleinem Raum. Darum geht es in CamperVans.

CamperVans ist das junge Magazin über Kastenwagen und Campingbusse. Immer mehr Menschen schätzen die Freiheit, die ihnen diese Form des mobilen Wohnens und Entdeckens ermöglicht. Gepaart mit der Alltagstauglichkeit der kompakten Fahrzeuge ist ein Van oder Campingbus die perfekte Alternative zum Reisemobil. Genau dieses Lebensgefühl transportiert CamperVans. Reisereportagen, Interviews und Kolumnen, ergänzt durch technische und praktische Tests sowie Neuvorstellungen – Emotionen treffen auf technischen Sachverstand. Dazu beschäftigt sich das Magazin mit aktuellen Themen, neuen Vans und Bussen, aber auch Klassikern. Alte Kult-Bullis und -Marken werden genauso beschrieben wie die neuesten Fahrzeuge auf Fiat und Co. Dazu noch jede Menge Tests von Material und Zubehör rund um die Themen Outdoor und Vanlife. Unabhängig, leidenschaftlich, kompetent.

CamperVans erscheint sechsmal jährlich und kostet 7,70 Euro. Das Magazin ist im Zeitschriftenhandel, online als Digital-Ausgabe oder bequem im Abonnement erhältlich.
www.campervans.de

wohnmobilpark.com
Wir kaufen Ihr Wohnmobil oder Ihren Wohnwagen!
Unkompliziert, schnell und bundesweit.
IVECO
RV DE 34
Einfacher geht es nicht!
Jetzt Angebot kostenlos anfragen.
QR-Code scannen
oder kostenlos anrufen
0800-1860000

KFZ-Panne: Und nun?

Der Motor springt nicht an oder die Reifen haben sich im Matsch des Stellplatzes festgefahren? Zu wissen, wie man aus gewissen Situationen wieder herauskommt, spart Zeit und Nerven. Mit ein wenig Knowhow lassen sich einige Pannen schnell beheben. Auch gut zu wissen: Reisemobilisten stehen oft mit Rat und Tat zur Seite.

MAGAZIN-TIPP:

Der Name ist Programm: Im CamperCoach finden Neueinsteiger Technikwissen rund um Freizeitfahrzeuge, Zubehör, Camping-Ratgeber sowie Praxistipps erfahrener Caravaning-Redakteure und vieles mehr.
CamperCoach 2022, 9,90 Euro

STARTHILFE GEBEN

Es passiert in der Regel, wenn die Nächte kälter oder die Standzeiten länger werden: Die Starterbatterie geht in die Knie. Nun ist Starthilfe gefragt, aber wie war nochmal die richtige Vorgehensweise? Um teure Schäden oder gar eine Explosion der Batterie durch eine Knallgasreaktion zu vermeiden, gehen Sie wie folgt vor: Die Hilfsbatterie sollte mindestens die gleiche Kapazität wie die Pannenbatterie aufweisen. Das verwendete Starthilfe- oder Überbrückungskabel sollte (für Dieselmotoren) eine Kabelquerschnittsfläche von möglichst 35 Quadratmillimeter aufweisen und etwas länger sein, aber mindestens drei Meter.

- Die Motoren und sämtliche Verbraucher beider Fahrzeuge ausschalten.
- Rotes Kabel zuerst mit dem Pluspol der Pannenbatterie, dann mit dem Pluspol der Hilfsbatterie verbinden.
- Schwarzes Kabel an den Minuspol der Hilfsbatterie, dann an den Massepunkt des Pannenfahrzeugs – Masseanschluss, Zylinderblock oder Motorlager – mit Abstand zur Batterie anklemmen.
- Motor des Hilfsfahrzeugs starten und Drehzahl erhöhen.
- Motor des Pannenfahrzeugs starten und zwei bis drei Minuten laufen lassen. Springt der Motor nach zehn Sekunden nicht an, rund eine Minute warten und erneut versuchen.
- Vor dem Abklemmen starke Verbraucher (Heizung, aber nicht das Licht) anschalten zur Vermeidung von Spannungsspitzen. Kabel in umgekehrter Reihenfolge wieder abklemmen.

PROFI-TIPP Sie können der Starterbatterie auch mit der eigenen Bordbatterie auf die Sprünge helfen, wenn beide Akkus mit den Starthilfekabeln parallel geschaltet werden, also Plus mit Plus und Minus mit Minus.

→ **Voraussetzung: eine volle Bordbatterie**

STROMAUSFALL

Für gewöhnlich wird die Bordbatterie während der Fahrt durch die Lichtmaschine geladen. Ist sie leer, wurde sie zu viel beansprucht oder hat aufgrund von Altersschwäche ihren Dienst versagt. Oder eine defekte Sicherung liegt vor, dass der Ladestrom während der Fahrt die Batterie nicht lädt. Das klärt ein schneller, prüfender Blick in den Motorraum oder nahe der Bordbatterie. Die großen Jumbo-Sicherungen fallen sofort ins Auge und können schnell ausgetauscht werden. Im Zweifelsfall steht ein Tausch des Akkus an.

PRÄVENTION – ZUSÄTZLICHE „REISEBEGLEITER"

Sei es ADAC, ACE oder Schutzbrief – wer auf Nummer sicher gehen will, der informiert sich vor Reiseantritt über einen Pannenservice seiner Wahl. Und wer noch ein Stück mehr Sicherheit im Gepäck haben will, falls es mal nicht am Fahrzeug, sondern an einer anderen Stelle zwickt: **Travelmedic** (www.travelmedic.de) bietet ärztliche Hilfe für unterwegs. Dabei handelt es sich um keine Versicherung, sondern eine medizinische Assistance und bedeutet medizinische und organisatorische Hilfe im Notfall. Vor der Reise wird über typische Gesundheitsrisiken für das Reiseziel informiert und bei der Zusammenstellung einer individuellen Reiseapotheke beraten. Bei Unfällen oder Krankheiten – egal ob mitten in der Pampa oder auf dem Campingplatz – bietet die Hotline weltweit und rund um die Uhr medizinische Beratung. Ärzte geben Empfehlungen, Mitarbeiter organisieren eine medizinische Versorgung vor Ort und im Zweifelsfall einen Rücktransport und die weitere Behandlung in Deutschland.

Fotos: S. Ribnitzky, Pixabay

KÜHLSCHRANK SCHWÄCHELT?

Absorberkühlschränke arbeiten mit Gas oder Strom. Verringert sich die Kühlleistung? Liegt es am Gas und ist keine Flamme hinter dem unteren Lüftungsgitter und der Brennerabdeckung zu sehen, kann der Brenner verschmutzt sein. Dieser lässt sich mit einer Bürste reinigen. Klappt auch der 230-Volt-Betrieb nicht, ist es ein Fall für die Werkstatt. Auch schwacher Netzstrom oder verschmutztes Gas können Ursachen für mangelnde Leistung sein.

STECKENGEBLIEBEN?

Es hat die Nacht durchgeregnet und der Untergrund ist so weich oder rutschig geworden, dass die Reifen durchdrehen und ein Fortkommen nicht möglich ist? Wer nicht im Besitz eines offroadtauglichen 4x4-Gefährts ist oder den Campingplatzbetreiber zu Hilfe rufen kann, könnte Folgendes versuchen:

- Im zweiten Gang mit viel Gefühl anfahren, damit die Reifen nicht so schnell durchdrehen. Wenn möglich, sollte eine zweite Person parallel anschieben. Wenn die Reifen durchdrehen, abbrechen, um weiteres Einsinken zu vermeiden.
- Mit Schaukelbewegungen langsam vor und zurück, um mit Schwung aus der Mulde zu kommen.
- Sand- oder Schneebleche, Handtücher, Fußmatten, Vorzeltteppiche oder Stöcke beziehungsweise Geäst unter die Reifen (Vorder- oder Hinterradantrieb beachten) legen für mehr Grip. Wer eine Katze mit an Bord hat: Katzenstreu wäre ein Option.
- Vielleicht ist ein Bauer mit Trecker oder ein Mitcamper mit einem allradtauglichen Fahrzeug in der Nähe, der beim Ziehen helfen kann.
- Wenn alles nichts hilft, Räder freilegen – gegebenenfalls mit Wagenheber unterstützen – und eine Rampe bauen.

ERSTE-HILFE-WERKZEUG: DAS MUSS MIT

Ein technischer Defekt kommt selten allein. Am Reisemobil kann schnell mal eine kleinere Reparatur anstehen, und sei es nur, eine Schraube am Campingtisch nachzuziehen. Wer das richtige Werkzeug parat hat, spart Zeit und Nerven – gerade wenn man autark und abseits der Touristenrouten unterwegs ist. Wer den Platz und noch Luft bei den Zuladungskapazitäten hat, sollte einen kleinen und kompakten Werkzeugkoffer mit an Bord haben. Doch es muss nicht gleich die halbe Werkbank sein. Sinnvolles Werkzeug für die Reise, je nach persönlicher Vorliebe und handwerklichem Geschick: **Schraubenzieher, Schraubenschlüssel, Steckschlüssel- und Imbus-Sets, Hammer, ein paar Schrauben und Nägel, Rohrzange, Reifen-Reparaturkit (auch für die Fahrräder), Panzertape oder Klebeband, Wasserwaage und das vielseitig anwendbare WD 40.**

DICHTMITTEL DABEI?

Wer länger unterwegs ist, sollte – gerade bei älteren Fahrzeugen – ein Dichtmittel mit an Bord haben. Damit lassen sich Fugen, Löcher und andere Undichtigkeiten schnell beheben und die Feuchtigkeit bleibt draußen.

EINBRUCH? FÜR DEN FALL DER FÄLLE:

Zentraler Sperrnotruf bei EC- und Kreditkartenverlust

→ Telefon:	**116 116**
Aus dem Ausland:	**0049/116 116**

Von Maren Siepmann & Karsten Kaufmann

Augen auf beim Packen

Wer clever packt, startet mit einem vergleichsweise leichten Camper. Das spart Sprit und schützt vor kernigen Bußgeldern. Tipps für eine überzeugende Schlankheitskur.

Augen auf beim Packen des Reisemobils. Denn wer gedankenlos Heckgarage und Staufächer vollstopft, Dach sowie Heckträger mit Sport- und Freizeit-Equipment belädt, würde bei der Fahrt auf die Fahrzeugwaage Bauklötze staunen.

Tatsächlich starten die meisten Reisemobile hoffnungslos überladen in den Urlaub – und meist nahm das Übel schon beim Kauf des Fahrzeugs seinen Lauf. Denn schon die Auswahl üppiger Sonderausstattung hat das Leergewicht ihres Fahrzeugs deutlich über die Katalogversprechen des Fahrzeugherstellers angehoben. Denn die dort notierten „Zuladungsreserven“ gehen meist von einem vergleichsweise schlank ausgestattetem Fahrzeug aus. Sat-Anlage, Allrad-Antrieb, Markise oder Komfortpakete sind selten integriert. Wer ein falsches Leergewicht für sein Reiseverhalten zugrunde legt, packt eher leichtfertig schwere Campingmöbel, Gasflaschen und Fahrräder ins Fahrzeug. Womöglich unterschätzt er zudem, wie sich die schiere Menge an Konserven, Flaschen, Kleidung und Kleinzeug Kilogramm um Kilogramm addiert. Am Ende sind die meisten 3,5-Tonner hoffnungslos überladen unterwegs – zumindest in den Augen des Gesetzgebers. Daher sollte die Devise vor Fahrtantritt nicht heißen: „Wird schon passen“, sondern eher „Augen auf beim Packen.“

Die „zulässige Gesamtmasse“ führt Ihnen dabei eindringlich eine Schallgrenze vor Augen, die bei Reiseantritt nur minimal überschritten werden sollte. Denn sonst drohen heftige Bußgelder und Punkte in Flensburg oder sogar die Stilllegung des Campers im Ausland.

DAS COC-PAPIER

Was weiterhilft, ist ein Blick in das Certificate of Conformity. Diese, kurz CoC-Papier genannte Übereinstimmungsbescheinigung muss der Hersteller dem Käufer seit 2014 aushändigen.

In ihr findet der Reisemobilist die tatsächliche Masse seines Fahrzeugs, also die Summe aus Masse in fahrbereitem Zustand plus georderter Zusatzausrüstung. Außerdem gibt das CoC Auskunft darüber, ob die Masse in fahrbereitem Zustand 100 Prozent Frischwasser (wie laut StVZO § 42 Abs. 3 gefordert) beinhaltet oder ob der Hersteller eine Fahrbefüllung von 20 oder 30 Litern vorsieht. Das darf er, muss es aber im CoC-Papier ausweisen. Aber nicht nur erklärte Autark-Camper würden gerne mehr Frischwasser mitführen. ▶

Küche	in Gramm
3 Töpfe	1.972
Pfanne	1.008
Geschirr	1.681
4 Becher	226
2 Weingläser	284
Salatschüssel	294
Tupperschüssel	175
Nudelsieb	230
Schneidebrett	219
2 scharfe Messer	221
Kochlöffel	34
Pfannenwender	52
Korkenzieher	143
Dosenöffner	79
Kaffeekocher	37,5
2 Thermosbecher	770
Thermosflasche	839
Eiswürfelform	30
2 Küchenrollen	368
Müllbeutel	257
Spülmittel	286
Spülschüssel	304
Schwamm oder Tuch	14
2 Küchenhandtücher	74
Feuerzeug	18
Streichhölzer	6
Schneebesen	85
Besteck	366
Salatbesteck	50
	10 kg

WUSSTEN SIE ...

Begriffsklärung

Technisch zulässige Gesamtmasse: Maximal zulässiges Gesamtgewicht des Fahrzeugs inklusive aller Faktoren wird vom Hersteller angegeben und darf in keinem Fall überschritten werden.

Leermasse/Masse in fahrbereitem Zustand (StVZO § 42 Abs. 3): Beinhaltet das Gewicht des leeren Fahrzeugs einschließlich mit allen Flüssigkeiten, befülltem Motor, Treibstofftank 90 Prozent gefüllt, eine Gasflasche befüllt, Warmwasserboiler, Spültank der Toilette voll, Frischwassertank voll (gegebenenfalls nur Fahrbefüllung), Ersatzrad, Wagenheber, Bordwerkzeug, CEE-Kabel, Kabeltrommel, Feuerlöscher, Fahrer (75 Kilogramm). Dieser Wert darf um bis zu fünf Prozent abweichen.

Technisch zulässige maximale Achslast: Gewicht, mit dem die einzelnen Achsen jeweils maximal belastet werden dürfen.

Zuladung: Differenz aus technisch zulässiger Gesamtmasse und der Masse in fahrbereitem Zustand (plus fünf Prozent Abweichung), plus Sonderausstattung.

DIE FÜNF-PROZENT-KLAUSEL

Na, dann ist doch alles klar? Leider nicht. Denn bei der Masse im fahrbereiten Zustand gesteht der Gesetzgeber den Herstellern bis zu fünf Prozent Abweichung zu, um unter anderem Toleranzen in der Schichtstärke von Hölzern, der Dicke von Klebern und dem Raumgewicht der Wände auszugleichen. Gibt der Hersteller die Masse eines Fahrzeugs im fahrbereiten Zustand also mit 3.000 Kilogramm an, darf das Fahrzeug bis zu 3.150 Kilogramm wiegen, ohne dass sich daraus ein Sachmangel ergibt. Wer auf Nummer sicher gehen will, kalkuliert diese fünf Prozent schon vor dem Fahrzeugkauf oben drauf – oder fährt auf eine Waage. Die gibt es zum Beispiel beim Bau-

Spiel, Spaß, Sport

	in Gramm
Brett- oder Kartenspiel	509
4 Bücher	1.420
4 Zeitschriften	1.783
Tablet	419
2 Handys + 2 Ladekabel	362
Notizblock und Stifte	85
2 Fahrräder	30.000
2 Helme	900
Fahrrad-Standpumpe	1.400
Soundbar	443
Kamera	758
Navi	529
10 CDs	1.020
Camping-/Reiseführer	2.437

42 kg

Kleinvieh macht auch Mist: Viele Bücher bedeuten schnell ein paar Kilogramm extra.

177 KG

GEPÄCK KOMMEN LAUT UNSERER LISTE INSGESAMT ZUSAMMEN, WENN EIN PAAR FÜR ZWEI, DREI WOCHEN SOMMERURLAUB PACKT.

Bad

	in Gramm
Klopapier	600
Sanitärzusatz	232
Papiertaschentücher	108
2 Shampoo	604
2 Duschgel	614
Gesichtscreme	30
Sonnencreme	200
Haarspray oder Gel	200
Bodylotion	160
Parfum und Deo	574
Make-up	464
Nagelset	55
Handseife	106
Medikamente	200
Erste-Hilfe-Set	224
Insektenschutzspray	100
2 Zahnbürsten	30
Zahnpasta	80
Zahnseide	15
Ohrstäbchen	29
Waschmittel	125
Allzweckreiniger	750
2 Duschhandtücher	740
2 Strandhandtücher	1.200
4 kleine Handtücher	836
4 Waschlappen	122
Putzlappen	74
Bürste	126
Föhn	416

9 kg

Lebensmittel

	in Gramm
Sixpack Sprudel	9.300
3 Liter Milch	3.021
3 Liter Saft	3.024
2 Flaschen Wein	2.262
Sixpack Bier	3.953
Kaffeepulver	525
Zucker	496
Salz & Pfeffer	390
Gewürze	316
Gemüsebrühe	236
Essig & Öl	540
Bratfett	207
2 x 500 g Nudeln	1.051
Reis	500
4 x Dosentomaten	1.880
Pesto	351
Nutella	1.150
Honig	274
Müsli	750
Zwiebeln	301
Knoblauch	21
Brot	522
Butter	257
4 Joghurt	410
6 Eier	320
Käse	266
Wurst	462
Gemüse	1.035
Obst	1.260
Alufolie	256
Frischhaltefolie	155

35 kg

Ein voller Kühlschrank bedeutet einiges an Zuladung. Schwere Konserven in Fächern in Bodennähe verstauen.

Fotos: K. Kaufmann, M. Siepmann, C.-G. Petri

WUSSTEN SIE ...

Strafen fürs Überladen

Wer mit einem überladenen Reisemobil in Deutschland erwischt wird, der zahlt. Wie hoch die Strafe ist, hängt davon ab, um wie viel Prozent das Fahrzeug überladen ist. Bei **mehr als fünf Prozent** zu viel kommen Fahrer und Halter noch mit einem **Bußgeld von zehn Euro** davon, bei mehr als **zehn oder 15 Prozent** Überladung sind **30 beziehungsweise 35 Euro** fällig. Richtig hart wird es ab einer Überladung von **mehr als 20 Prozent:** Das kostet nicht nur **95 Euro**, sondern auch einen Punkt in Flensburg. Ebenfalls **einen Punkt** gibt es bei mehr als **25 und 30 Prozent Überladung,** die Strafe beträgt hier zudem **140 beziehungsweise 235 Euro.** Fahrverbote drohen zwar nicht, allerdings darf ein überladenes Fahrzeug erst dann weiterfahren, nachdem sein Gewicht auf die zulässige Gesamtmasse reduziert wurde. Bei einem Unfall mit einem überladenen Fahrzeug kann zudem die Versicherung die Zahlung von Leistungen verweigern, im schlimmsten Fall wird sogar überprüft, inwieweit der Straftatbestand des Fahrens ohne gültige Fahrerlaubnis besteht. Übrigens: Ein Fahrzeug gilt nicht nur dann als überladen, wenn es die zulässige Gesamtmasse überschreitet. Auch wenn nur eine der Fahrzeugachsen zu schwer ist, gilt das bereits als Überladung.

stoff- oder Landwirtschaftshandel, beim TÜV oder der Dekra. Käufer von gebrauchten Reisemobilen können ein Wiegeprotokoll übrigens vom Verkäufer fordern – und haben so von Anfang an Klarheit darüber, was ihr Fahrzeug wirklich wiegt. Die Fahrt auf die Waage sollte übrigens jeder mit seinem Fahrzeug und der üblichen Standardbeladung einmal unternehmen. Der „Oha-Effekt" ist den meisten garantiert.

FRAGE DER RESERVEN

Wie viel Zuladung brauche ich überhaupt? Laut der Europäischen Norm EN 1646-2 muss ein Reisemobil eine Mindestzuladung von jeweils 75 Kilogramm Körpergewicht pro Person plus jeweils zehn Kilogramm Gepäck plus zehn Kilogramm pro Meter Fahrzeuglänge bieten. Vom Körpergewicht der Mitfahrer einmal abgesehen (der Fahrer ist ohnehin bereits in der Masse im fahrbereiten Zustand enthalten), fordert die EU-Norm von einem durchschnittlichen Reisemobil mit rund sieben Meter Länge bei zwei Personen also eine Mindestzuladung von 90 Kilogramm. Kann das reichen? Völlige Klarheit bringt auch hier nur eine Waage.

Reisemobil International hat ein Wohnmobil einmal beispielhaft für einen zwei- bis dreiwöchigen Sommerurlaub eines aktiven Paares (ohne Haustier) gepackt und dabei jedes einzelne Teil auf die Waage gestellt. Obwohl die Packliste dabei noch recht zurückhaltend gestaltet ist, gilt hier besonders: Kleinvieh macht auch Mist. Denn am Ende stehen unterm Strich satte 177 Kilogramm – und damit fast doppelt so viel, wie laut EU-Norm verlangt. (Zumal die Mindestzuladung laut EU-Norm auch noch Sonderausstattung und fest eingebautes Zubehör abdecken müsste.)

Das zeigt: Die EU-Norm ist weit von dem entfernt, was in der Praxis tatsächlich an Zuladung notwendig ist. Wie sich die 177 Kilogramm zusammensetzen und wo sich schwere Brocken verstecken, zeigen unsere nach Gepäckkategorien wie Küche, Bad, Kleidung etc. aufgeteilten Packlisten.

Fotos: K. Kaufmann, C.-G. Petri

Kleidung, Schuhe, Accessoires

	in Gramm
10 Männer-T-Shirts	1.784
2 lange Männerhosen	1.147
3 kurze Männerhosen	758
2 Hemden mit Bügel	553
2 Pullis	1.134
regenfeste Jacke	786
Badehose	157
Unterwäsche für 2	758
Socken für 2	664
2 Gürtel	268
10 Frauen-T-Shirts oder -Tops	1.128
2 lange Frauenhosen	860
4 kurze Hosen oder Röcke	720
Kleid	277
2 Blusen mit Bügel	340
2 Pullis (Frau)	1.113
2 Jacken (Frau)	919
Bikini oder Badeanzug	100
Strandtasche	375
Handtasche mit Inhalt	1.158
2 leichte Rucksäcke	1.241
2 Paar Wanderschuhe	2.260
2 Paar Flipflops	834
4 paar weitere Schuhe	2.314
Sonnenhut	100
Brille, Sonnenbrille	118
	22 kg

Gut gebettet: Damit das rollende Zuhause nicht zur Immobilie wird, sollte auf ein ordentliches Fahrwerk nicht verzichtet werden. Adaptive Stoßdämpfer, Vollluftfedern und eine adäquate Rad-Bremsen-Kombination erhöhen die Fahrsicherheit ungemein.

Sonstiges

	in Gramm
Bettzeug	8.000
Bettspanntuch	876
Picknickdecke	1.359
Sonnenschirm	1.900
2 Regenschirme	586
Panzertape	363
Gasgrill	3.485
Grillzange	129
Kehrschaufel	150
	17 kg

Gepäck auf der Waage: Wer genau wissen möchte, wie viel sein persönliches Reisegepäck wiegt, muss sich die Mühe machen, es selbst einmal komplett durchzuwiegen. Wem diese Arbeit zu umständlich ist, der orientiert sich an unseren Packlisten, die sich ohne viel Aufwand modifizieren und anpassen lassen. Fahrräder gegen E-Bikes tauschen, ein Paddelboot hinzufügen, zehn T-Shirts auf fünf reduzieren, den Werkzeugkoffer streichen ... Passt der ermittelte Wert noch zwischen die tatsächliche Masse Ihres Reisemobils (laut CoC-Papier oder Wiegeprotokoll) und die zulässige Gesamtmasse? Dann ist alles im grünen Bereich.

Praxis-Tipp

Jedes Kilo zählt: Ist das Reisemobil einmal gekauft, kann der Besitzer das Gewicht des Fahrzeugs nicht mehr beeinflussen und muss womöglich mit geringen Zuladungsreserven leben. Wer allerdings beim Zubehör nicht nur auf Preis und Qualität, sondern auch auf das Gewicht achtet, spart schnell einige – möglicherweise entscheidende – Kilogramm. Einige Beispiele:

- Markise: Dometic PR 4500, selbsttragend mit Elektromotor, 312 x 225 cm, 27,5 kg vs. Dometic PR 2000, manuell mit Stützfüßen, 300 x 250 cm, 21 kg.
Ersparnis: 6,5 kg
- Solaranlage: Büttner MT SM 100 MC, mit Alurahmen, 100 Wp, 10 kg vs. Büttner MT Flat Light, zum Aufkleben, 105 Wp, 3 kg.
Ersparnis: 7 kg
- Campingstühle: viermal Westfield Performance Advancer, Klappstuhl, insgesamt 23,6 kg vs. viermal Dukdalf Aspen, Klappstuhl, insgesamt 11,2 kg.
Ersparnis: 12,4 kg
- Bordbatterie: Super B SB12V160E-ZC, 160 Ah, 28,3 kg vs. Exide Equipment Gel ES 2400, 210 Ah (effektiv verfügbar ca. 100 Ah), 67 kg.
Ersparnis: 38,7 kg

Freizeit und Abenteuer

Die mittlerweile vierte Ausgabe des erfolgreichen Magazins 4x4 Camper ist wieder prall gefüllt mit spannenden Offroad-Tests, Technik, Zubehör und einzigartigen (Reise-)Reportagen.

4x4 Camper erscheint im DoldeMedien Verlag und kostet 9,50 Euro. Das Magazin ist im Zeitschriftenhandel und online im DoldeMedien Shop erhältlich: **shop.doldemedien.de**

Die noch relativ junge Zeitschrift 4×4 Camper des DoldeMedien Verlags widmet sich auch in der vierten Ausgabe allen Facetten des Reisens mit allradgetriebenen Fahrzeugen: Technik, Produkt-Tests, Ausrüstung, unterhaltsame Reportagen, aussagekräftige Fotostrecken und vieles, vieles mehr. Herausgekommen ist wieder ein bunter Mix aus faszinierenden Reisefahrzeugen, spannender Technik sowie unzähligen Tipps rund um die Themen Reisen, Overlanding und Vanlife.

Highlights der vierten Ausgabe: Vier Profi-Teams zeigen Wege zu einer überzeugenden und evidenten Rostschutzvorsorge. Experten- und DIY-Tipps runden die Titelstory ab. Für alle Leser, die unterwegs gerne auf Nummer sicher gehen, gibt die Redaktion wertvolle Praxis-Tipps zum richtigen Bergen und das passende Equipment an die Hand und zeigt, wie Sie Ihren Camper perfekt für den Notfall ausrüsten. Gleich drei Reportagen mit beeindruckenden Bildern und charmant erzählten Geschichten füllen den Reiseteil. Unter anderem geht es mit drei alleinreisenden Frauen auf Tour und es gibt Einblicke in ein außergewöhnliches Reisekonzept: mit Fernreisemobil und E-Bike rund um die Welt. Weitere Themen wie leichte Pick-up-Kabinen runden die Ausgabe ab.

IMPRESSUM

BORDATLAS
Der Stellplatzführer von Reisemobil International

26. Auflage 2022
ISBN: 978-3-948979-21-8

Herausgeber & Verlag:
DoldeMedien Verlag GmbH,
Naststr. 19B, 70376 Stuttgart,
Tel.: 0711/55349-320,
Fax: 0711/55349-200
E-Mail: bordatlas@doldemedien.de

Geschäftsführer: Dr. Oliver Graßy
Chefredakteur: Simon Ribnitzky
Projektleitung: Nadine Baumer
Chef vom Dienst/Lektorat:
Michael Schwarz, Astrid Lang (stellv.),
Lisa Boffenmayer
Database Management und Redaktion:
Nadine Baumer (Leitung), Konstantin Hoffmann, Brigitte Nitsch, Evelyn Ungerer
Redaktion Magazin: Philipp Pilson
Mitarbeiter dieser Ausgabe: Yannika Alger, Yonisha Engel, Anna Güldenfuß, Jannik Lippss, Jonathan Lippss, Justina Ogbomo

Anzeigen:
Tel.: 0711/55349-190,
Fax: 0711/55349-200,
E-Mail: anzeigen@doldemedien.de
Leiterin Vertrieb/Sales: Sandra Bayer
Verkaufsleiterin: Sylke Wohlschiess
Mediaberatung: Jürgen Elser, Flora Eulitz, Ingrid Forster, Kristina Moser, Roland Trotzko, Brigitte Zeyher
Druckunterlagen: Vanessa Pfeiffer
E-Mail: druckunterlagen@doldemedien.de
Es gelten die Mediadaten 2022. Erfüllungsort und Gerichtsstand ist Stuttgart.

Gestaltung, Reproduktion und Kartografie:
Dolde Werbeagentur GmbH
Postwiesenstraße 5A, 70327 Stuttgart
Druck: Vogel Druck und Medienservice GmbH, 97204 Höchberg
Vertrieb: Partner Medienservices GmbH, Stuttgart, GeoCenter Touristik Medienservice GmbH, Frankana, Reimo
E-Mail: kontakt@shop.doldemedien.de
Preis (2 Bände): 29,90 Euro

Bankverbindung:
Volksbank am Württemberg eG
IBAN: DE20600603960018919006,
BIC: GENODES1UTV

Innenteil gedruckt auf 100-Prozent-Recycling-Papier Steinbeis Charisma Silk mit dem Umweltzeichen „Der Blaue Engel“.

Bildquelle Titel: Mathias Piontek

REIMO
ALLES FÜR CAMPER, REISEMOBILE UND CARAVANS. SEIT 1980.
Urlaubsträume verwirklichen
Mit der riesigen Produktauswahl von REIMO für Ihren Campingurlaub mit Campingbus, Wohnmobil oder Wohnwagen.
Ausbau-Module für den Selbstausbau
Über 20.000 Campingartikel
Urlaubsfertige Campingbusse
CARBEST
HOCHWERTIGE FAHRZEUGTECHNIK
REIMO VAN-CONCEPT
CAMPINGBUS AUSBAU-PROFI 2022/23
REIMO
DER ZUBEHÖR-PROFI
2022 · www.reimo.com
Jetzt kostenfrei Kataloge bestellen
Alle Reimo-Produkte finden Sie im Reimo Online-Shop, bei Ihrem Reimo-Fachhändler oder in den Reimo-Katalogen.
Jetzt kostenfrei anfordern unter: www.reimo.com/kataloge
FOLGT UNS AUF
www.reimo.com

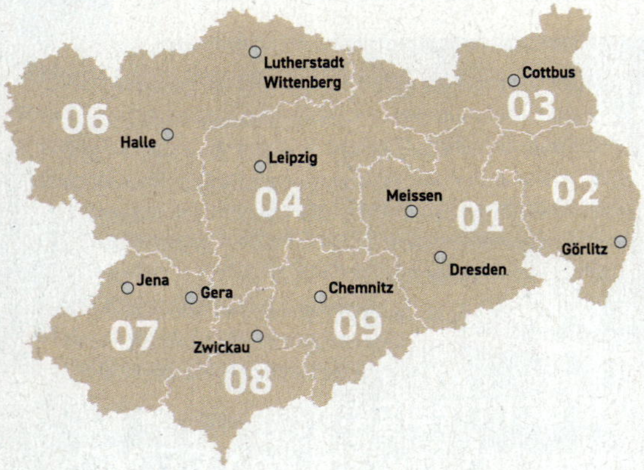

01097	Dresden, Wiesentorstraße, Parkplatz Wiesentorstraße	S	CHEM GRAU	*	S. 222
01139	Dresden, Kötzschenbroder Straße 125, CaravaningPark schaffer-mobil	S	CHEM GRAU		S. 222
01156	Dresden, Zschoner Grund 2 (am Waldparkplatz), Zschoner Mühle	S			S. 222
01157	Dresden, Meißner Landstraße 157, Stellplatz Knopf	S			S. 222
01307	Dresden, Käthe-Kollwitz-Ufer 4, Stellplatz Sachsenplatz	S			S. 222
01445	Radebeul, Meißner Straße 353, Caravanstellplatz Schloss Wackerbarth	S			S. 487
01445	Radebeul, An der Festwiese 9, SSV Planeta Radebeul e.V. – Bootshaus	S			S. 487
01445	Radebeul, Kötzschenbrodaer Strasse 64, Wohnmobilstellplatz Radebeul	S			S. 487
01454	Radeberg-Liegau Augustusbad, Langebrücker Straße 132, Restaurant Pechhütte	S			S. 486
01468	Moritzburg, Schlossallee 4, Stellplatz auf dem Schlossparkplatz	S			S. 423
01468	Moritzburg-Boxdorf, Am Weiher 4, Stellplatz Caravan-Meinert	S	CHEM GRAU		S. 423
01558	Großenhain, Carl-Maria-von-Weber-Allee, Caravanstellplatz Kulturschloss Großenhain	S	CHEM GRAU		S. 290
01561	Thiendorf, An der B98, Landgasthof Tanner	S			S. 571
01589	Riesa, Elbstraße 14a, Stellplatz Riesaer Wassersportverein	S	CHEM GRAU		S. 501
01589	Riesa, Elbstraße, Wohnmobilstellplatz am Elbeparkplatz	S			S. 501
01591	Riesa, Kirchstraße 29, Abwasserzweckverband	E		*	
01612	Diesbar-Seußlitz, An der Weinstraße 1, Parkplatz An der Weinstraße	S			S. 215
01616	Strehla, gegenüber Riesaer Straße 6, Wohnmobilstellplatz Strehla	S			S. 561
01640	Coswig, Brockwitzer Straße 33, Campingplatz Am Badesee Coswig-Kötitz	E	Holiday-Clean		
01662	Meißen, Berghausstraße 2, Freizeitbad Wellenspiel	S	CHEM GRAU		S. 412
01662	Meißen, Nassauweg 1, Landhaus Nassau	S	GRAU	*	S. 412
01662	Meißen, Hochuferstraße, Wohnmobilstellplatz am Elbeufer	S			S. 412
01665	Käbschütztal-Krögis, Gewerbestraße 7, Camping-its.me	S	GRAU	*	S. 344
01665	Klipphausen-Scharfenberg, Schachtberg 12, Wohnmobilstellplatz am Hoffnungsschacht	S			S. 359
01705	Freital-Hainsberg, An der Kleinbahn 24, Caravan Hains Freizeitzentrum Freital	S	CHEM GRAU		S. 260
01723	Limbach bei Wilsdruff, Hauptstraße 4, Wohnmobilstellplatz yourbiketime	S	GRAU		S. 388
01744	Dippoldiswalde-Malter, Dippoldiswalder Straße 75, Pension Annette	S	CHEM GRAU BÜ		S. 217
01744	Dippoldiswalde-Paulsdorf, Talsperrenstraße, Campingplatz Paulsdorf	E	Sani Service 3in1		
01776	Hermsdorf-Neuhermsdorf, Altenberger Straße 7, Landhotel Altes Zollhaus	S			S. 315
01776	Hermsdorf-Neuhermsdorf, Bahnhofstraße 7, SWF Ski- und Sporthotel	S			S. 315
01796	Pirna, Äußere Pillnitzer Straße 19, Camping Pirna	E			
01796	Pirna, Schlosspark 13 a, Caravanstellplatz am Rehazentrum	S	CHEM GRAU		S. 477
01796	Pirna-Copitz, Hauptplatz 14, Elbeparkplatz P7	S			S. 478
01796	Struppen, Kirchberg 20, Camping-Stellplatz Struppen	S	CHEM GRAU BÜ		S. 562
01824	Gohrisch, Dorfstraße 181D, Caravan Camping Sächsische Schweiz	S	CHEM GRAU		S. 281
01824	Königstein-Ebenheit, Ebenheit 7, Panoramahotel Lilienstein	S	CHEM GRAU		S. 363
01824	Rathen-Oberrathen, Elbweg 52, Caravanplatz zum Liliensteinblick	S	CHEM GRAU		S. 489
01833	Stolpen, Poetenweg, Stellplatz an der Burg Stolpen	S	CHEM GRAU		S. 560
01844	Neustadt in Sachsen, Götzingerstraße 12, Mariba Freizeitwelt Neustadt	S			S. 442
01847	Lohmen, Basteistraße, Reisemobil- und Caravanpark Bastei	S	CHEM GRAU		S. 392
01855	Sebnitz, Albert-Kunze-Weg 36, Touristik-Zentrum Sebnitz	S	CHEM GRAU	*	S. 540
01877	Bischofswerda, Butterberg 1, Berggasthof Butterberg	S	CHEM		S. 176
01917	Kamenz, Großteichstraße 30, Campingplatz Deutschbaselitz	E	Holiday-Clean		
01917	Kamenz, Am Damm, Stellplätze Kamenz Innenstadt	S			S. 347
01917	Kamenz-Bernbruch, Am Ring, Gewerbegebiet am Ochsenberg, Radeberger-Reisemobile	S	CHEM GRAU B		S. 347
01920	Elstra-Rauschwitz, Bischofswerdaer Landstraße 3, Caravan & Reisemobile Böhm	S	CHEM GRAU	*	S. 237
01920	Haselbachtal, Jahnstraße 15, Stellplatz am Freibad Bischheim	S	CHEM GRAU B		S. 304
01968	Senftenberg-Buchwalde, Buchwalder Straße 52, Wohnmobilstellplatz Seestrand Buchwalde	S	CHEM GRAU BÜ	*	S. 544
01968	Senftenberg-Großkoschen, Straße zur Südsee 2, Hafencamp Senftenberger See	S	GRAU		S. 544
01968	Senftenberg-Großkoschen, Am Mühlgraben, Parkplatz Großkoschen Seestrand	S			S. 544
01968	Senftenberg-Großkoschen, Straße zur Südsee 1, Stellplatz Senftenberger See	S	CHEM GRAU BÜ		S. 545
01979	Lauchhammer-Grünewalde, Lauchstraße 99, Wohnmobilhafen Grünewalder Lauch	S	CHEM GRAU BÜ		S. 377
01990	Ortrand, Am Bad 1, Erlebniscamping Lausitz in Ortrand	S	CHEM GRAU BÜ		S. 465
01998	Klettwitz, Test- und Rennstrecke, Lausitzring	E	Sani Station		
02625	Bautzen, Schliebenstraße 24, Touristparkplatz Bautzen	S	CHEM GRAU		S. 161
02625	Bautzen, Am Schützenplatz 4, Wohnmobilstellplatz am Schützenplatz	S			S. 161
02681	Kirschau, Badweg 3, P3 an der Körse-Therme	S			S. 356
02681	Wilthen, Zittauer Straße 46, Wohnmobilstellplatz an der Weinbrennerei	S	CHEM GRAU	*	S. 623
02689	Sohland an der Spree, Gerhart-Hauptmann-Straße 4, Caravan-Stellplatz Sohland	S			S. 549
02708	Kottmar-Obercunnersdorf, Kottmarsdorfer Straße 35, Freizeit- und Erlebnisbad	S			S. 364
02708	Kottmar-Obercunnersdorf, Hintere Dorfstraße 41, Wohnmobilstellplatz An der Siedlung	S			S. 364
02708	Kottmarsdorf, Löbauer Straße 14, Bäckerei Jarmer	S	GRAU		S. 365
02708	Kottmarsdorf, Obercunnersdorfer Straße 8, Bockwindmühle	S			S. 365
02708	Rosenbach-Bischdorf, Untere Dorfstraße 33, Mittel-Mühle	S	CHEM GRAU BÜ	*	S. 506
02730	Ebersbach-Neugersdorf, Kottmarsdorfer Straße 1, Caravanstellplatz am Freibad	S	CHEM		S. 226
02736	Oppach, August-Bebel-Straße 62, Stellplatz am BIO-Markt	S	CHEM GRAU		S. 464
02747	Großhennersdorf-Neundorf, Burkersdorferstraße 17, Camping am Bauernhof	S	CHEM GRAU	*	S. 291
02747	Herrnhut, Uttendörferweg 1-3, Wohnmobilstellplatz Herrnhut	S			S. 315
02763	Mittelherwigsdorf-Oberseifersdorf, Hauptstraße 41, Stellplatz am Schanzberg	S	CHEM GRAU		S. 419
02763	Zittau, Brückenstraße 23, Wohnmobilstellplatz am Dreiländereck	S	CHEM GRAU BÜ		S. 640

S: Stellplatz **E:** Entsorgungsstation **CHEM:** Chemietoiletten-Entsorgung **GRAU B:** Grauwasserentsorgung mit Bodeneinlass **GRAU BÜ:** Grauwasserentsorgung mit Bodeneinlass überfahrbar
* Entsorgung für Durchreisende erlaubt. Bitte helfen Sie mit, diese Liste zu ergänzen. **Hinweis:** Einträge ohne Seitenzahl beziehen sich auf Entsorgungsstationen. Diese sind im BORDATLAS nicht gesondert aufgeführt.

02763	Zittau, Martin-Wehnert-Platz, Wohnmobilstellplatz an der Kleinbahn	S			**S. 640**
02779	Großschönau, Jonsdorfer Straße 40, Trixi Ferienpark Zittauer Gebirge	S	GRAU		**S. 292**
02782	Seifhennersdorf, Volksbadstraße 2, Wald- und Erlebnisbad Silberteich	S			**S. 542**
02782	Seifhennersdorf, Neugersdorfer Straße 7, Windmühlberg Seifhennersdorf	S			**S. 542**
02785	Olbersdorf, Zur Landesgartenschau 02, SeeCamping Zittauer Gebirge	S	CHEM GRAU B		**S. 463**
02799	Großschönau-Waltersdorf, Saalendorf 5, Camping-Bauernhof Lauscheblick	S	CHEM GRAU		**S. 292**
02826	Görlitz, Rothenburger Straße 33, Kläranlage Görlitz	E	andere	*	
02826	Görlitz, Uferstraße 32, Picobello Pension	S			**S. 282**
02826	Görlitz, Zittauer Straße 62, Reisemobil- & Caravans-Hoke	E	andere		
02827	Görlitz, Hafenstraße 100, Hafen Görlitz	S			**S. 282**
02827	Görlitz-Biesnitz, Geschwister-Scholl-Straße 15, Sport- und Freizeitparadies Rosenhof	S	CHEM GRAU		**S. 282**
02829	Neißeaue-Zentendorf, Kulturinsel Einsiedel 1, Kulturinsel - Die Geheime Welt von Turisede	S	CHEM GRAU		**S. 433**
02899	Ostritz, Zittauer Straße, Besucherparkplatz Kloster St. Marienthal	S			**S. 470**
02906	Hohendubrau, Zum Wildgehege 1, Freizeit- und Campingpark Thräna Lausitz	S	CHEM GRAU BÜ	*	**S. 325**
02906	Niesky-See, Zum Quitzdorfer See 2, Campingplatz Nordoststrand	S	CHEM		**S. 448**
02906	Waldhufen-Jänkendorf, Reichendorfer Damm 1, Stellplatz an der Kimbucht	S	CHEM GRAU BÜ		**S. 596**
02923	Horka-Biehain, Zum Waldsee 11, Erholungsgebiet Biehainer Seen	S	CHEM		**S. 329**
02929	Rothenburg/Oberlausitz, Tormersdorfer Allee 1, Neiße-Camp	S	CHEM GRAU BÜ		**S. 509**
02953	Bad Muskau, Bautzener Straße 39, Wohnmobilstellplatz Bad Muskau	S	CHEM		**S. 144**
02953	Halbendorf, Dorfstraße 45a, Campingplatz Halbendorfer See	E	Sani Station		
02956	Rietschen, Feldweg 10, Wohnmobilstellplatz Erlichthof	S	CHEM GRAU		**S. 503**
02977	Hoyerswerda, Dr.-Wilhelm-Külz-Straße, Längsparkplatz Dr.-Wilhelm-Külz-Straße	S			**S. 331**
02977	Hoyerswerda, Pforzheimer Platz, Parkplatz Pforzheimer Platz	S			**S. 331**
02977	Hoyerswerda, Gondelteich 1, Wohnmobilstellplatz am Gondelteich/Lausitzbad	S	CHEM GRAU	*	**S. 331**
02979	Elsterheide-Geierswalde, Promenadenweg 1-3, Ferien & Freizeitpark Geierswalde	S	CHEM GRAU	*	**S. 237**
02979	Elsterheide-Tätzschwitz, Am Hochwald 27, Stellplatz Tätzschwitz	S	CHEM GRAU BÜ		**S. 237**
02979	Spreetal, Werkstraße 10, WSZ-Camp-Spreetal	S	CHEM GRAU B		**S. 553**
02999	Lohsa, Am Strand Weißkollm1, Caravanparadies Dreiweiberner See	S	CHEM GRAU BÜ		**S. 393**
03042	Cottbus-Branitz, Kiekebuscher Straße, Caravanstellplatz Spreeauenpark	S	CHEM GRAU		**S. 208**
03058	Neuhausen-Bagenz, Wiesengrund 1, Pension am Wald	S	CHEM		**S. 437**
03096	Burg/Spreewald, Wildbahnweg 20, Landgasthof Zur Wildbahn	S	GRAU		**S. 200**
03096	Burg/Spreewald, Fasanenweg, Wohnmobilstellplatz an der Weidenburg	S			**S. 200**
03099	Kolkwitz, Papitzer Straße 48, Kurzzeitstellplatz für Wohnmobile	S	CHEM GRAU		**S. 361**
03116	Drebkau-Klein Oßnig, Klein Oßniger Straße 12, Caravan-Krokor	E	Holiday-Clean		
03119	Welzow, Flugplatz, Parkplatz am Flugplatz	S			**S. 611**
03149	Forst/Lausitz, Gutenbergplatz, Wohnmobilstellplatz am Gutenbergplatz	S			**S. 258**
03149	Forst/Lausitz, Ringstraße 41, Wohnmobilstellplatz am Parkplatz Ostdeutscher Rosengarten	S			**S. 258**
03159	Döbern-Eichwege, Dubraucker Straße 17, HüttenCamp Döbern-Eichwege	S	CHEM GRAU	*	**S. 217**
03159	Neiße-Malxetal, Zelz Nr. 1, Wohnmobilstellplatz am Torhaus	S			**S. 433**
03222	Lübbenau, Dammstraße 62 d, Spreewald Caravan- und Wohnmobilpark Dammstraße	S	CHEM GRAU BÜ		**S. 396**
03222	Lübbenau, Bahnhofstraße, Wohnmobilstellplatz am Bahnhof	S	CHEM GRAU		**S. 396**
03222	Lübbenau-Klein Beuchow, Luckauer Landstraße 12, Camping Am Mühlberg	S	CHEM GRAU BÜ		**S. 396**
03229	Altdöbern, Senftenberger Straße 11, AGIP Altdöbern	S	CHEM		**S. 116**
03238	Finsterwalde, Karl-Marx-Straße, Wohnmobilstellplatz Finsterwalde	S	CHEM GRAU		**S. 255**
03238	Lichterfeld-Schacksdorf, Bergheider Straße 4, Stellplatz am Besucherbergwerk F60	S			**S. 388**
03238	Sallgast-Dollenchen, Hauptstraße 29, Gasthaus Stuckatz	S	CHEM GRAU BÜ		**S. 514**
03246	Crinitz, Bergener Straße, Waldbad Crinitz	S	CHEM		**S. 208**
03253	Schönborn-Lindena, Rückersdorfer Straße 15, Stellplatz Trinks	S			**S. 531**
04103	Leipzig, Querstraße 14, Parkplatz Querstraße	S			**S. 383**
04103	Leipzig, Sachsenseite 6, Wohnmobilstellplatz Parken am Goldstück	S	CHEM GRAU	*	**S. 384**
04129	Leipzig, Haferkornstraße 3, Wohnmobilstellplatz Leipzig Zentrum und Zoo	S	CHEM GRAU BÜ	*	**S. 384**
04249	Leipzig, Am Stausee 4, Wohnmobilstellplatz am Elsterstausee	S			**S. 384**
04347	Leipzig, Stöhrerstraße 3, Reisemobil-Stellplatz Melinenburg	S	CHEM GRAU BÜ		**S. 384**
04416	Markkleeberg, Am Feriendorf 2, Seepark Auenhain	S	CHEM GRAU	*	**S. 405**
04416	Markkleeberg-Wachau, Bornaer Chaussee 36, Campinghof Bartl	S	CHEM GRAU		**S. 405**
04420	Markranstädt, Seestraße 1, Erholungsgebiet Kulkwitzer See	E	Holiday-Clean		
04435	Schkeuditz-Dölzig, Westringstraße 195, Caravan Siemon	E	Holiday-Clean		
04442	Zwenkau, An der Mole 1, Stellplatz Ostmole	S			**S. 641**
04519	Rackwitz, Haynaer Straße 1, CAMP DAVID Sport Resort by ALL-on-SEA	S	CHEM GRAU		**S. 486**
04600	Altenburg, August-Bebel-Straße, Reisemobilstellplatz am Großen Teich	S	CHEM GRAU		**S. 117**
04603	Nobitz-Wolperndorf, Wolperndorfer Ring 24, Friesenhof Wieratal	S	CHEM GRAU		**S. 448**
04626	Löbichau, Alte Straße/A4 Ausfahrt Ronneburg, Esso-Station Autohof A4 Loebichau	E	Sani Service 3in1	*	
04626	Schmölln, Ronneburger Straße 65, Freizeitbad tatami	S	CHEM GRAU		**S. 528**
04651	Bad Lausick, Am Riff 3, Kur- und Freizeitbad Riff	S			**S. 143**
04668	Grimma, Nerchauer Straße 7, Caravanplatz Grimma	S	CHEM GRAU BÜ	*	**S. 288**
04687	Trebsen/Mulde, Markt 8, Hotel Schlossblick	S			**S. 576**
04720	Döbeln, Fichtestraße 10, Sport- und Freizeitzentrum WelWel	S			**S. 217**
04758	Oschatz, Berufsschulstraße 20, Camping- & Caravaningplatz	S	CHEM GRAU B	*	**S. 465**
04827	Machern, Alfred-Frank-Straße 2, Campingplatz Lübschützer Teiche	S			**S. 400**
04849	Bad Düben, Parkstraße 1, Parkplatz Kurgebiet Bad Düben	S	CHEM GRAU	*	**S. 135**
04849	Bad Düben-Hammermühle, Wittenberger Straße 91C, Wohnmobilstellplatz am NaturSportBad	S	CHEM GRAU	*	**S. 135**
04860	Torgau, Turnierplatzweg 30, Campingplatz Am Großen Teich	E	andere		
04860	Torgau, Pestalozziweg, Elbeparkplatz Torgau P4	S			**S. 575**
04924	Uebigau-Wahrenbrück-Winkel, Hauptstraße 32, Landgasthof Zu den Drei Rosen	S			**S. 579**
04932	Röderland, Am Sportplatz 1, Stellplatz an der Röderschänke	S			**S. 505**
04936	Lebusa, Zur Blaue 6, Ferienanlage Goldpunkt	S	CHEM GRAU		**S. 381**
06108	Halle/Saale, An der Stadtschleuse 1, An der Stadtschleuse	S			**S. 298**
06114	Halle/Saale, Fährstraße 1, Wohnmobilstellplatz Fährstraße	S	CHEM		**S. 298**
06193	Brachwitz (Wettin-Löbejün), Thomas-Müntzer-Straße 8a, Hafen & Campingplatz Brachwitz	S			**S. 188**
06193	Sennewitz, Magdeburger Chaussee 71, WWZ Halle	E	andere		

S: Stellplatz **E:** Entsorgungsstation **CHEM:** Chemietoiletten-Entsorgung **GRAU B:** Grauwasserentsorgung mit Bodeneinlass **GRAU BÜ:** Grauwasserentsorgung mit Bodeneinlass überfahrbar
* Entsorgung für Durchreisende erlaubt. Bitte helfen Sie mit, diese Liste zu ergänzen. **Hinweis:** Einträge ohne Seitenzahl beziehen sich auf Entsorgungsstationen. Diese sind im BORDATLAS nicht gesondert aufgeführt.

06217	Merseburg, Am Saaleufer 1/Fischmühle 19, Wohnmobilstellplatz am Brühl	S		S. 415
06242	Braunsbedra-Krumpa, Schortauer Weg 1, Mobilpark am Geiseltalsee	S	CHEM GRAU BÜ *	S. 190
06249	Mücheln/Geiseltal, Werkstraße 2a, Parkplatz & Wohnmobilstellplatz Zum Weinberg Geiseltalsee	S	CHEM GRAU	S. 424
06295	Eisleben/Lutherstadt, Wiesenweg, Wohnmobilstellplatz Eisleben	S	CHEM GRAU B *	S. 235
06295	Eisleben/Lutherstadt-Rothenschirmbach, Gewerbegebiet Rothenschirmbach 26/27, Wohnmobilstellplatz Rothenschirmbach	S		S. 235
06406	Bernburg/Saale, Dr.-John-Rittmeister-Straße 12-13, Bernburger Saalecamper	E	andere	
06406	Bernburg/Saale, Aderstedter Straße, Wohnmobilstellplatz Aderstedter Straße	S		S. 170
06406	Bernburg/Saale, Fischergasse, Wohnmobilstellplatz Bernburg	S		S. 170
06406	Bernburg/Saale, Käthe-Kollwitz-Straße/Ecke H.-Zille-Straße, Wohnmobilstellplatz Bernburg Zentrum	S		S. 170
06408	Gröna, An der Saale, Wohnmobilstellplatz Gröna	S		S. 288
06449	Aschersleben, Seegraben 7–8, Freizeitzentrum Ballhaus	S	CHEM GRAU	S. 125
06484	Quedlinburg, Ditfurter Weg 49b, Ferienhaus Seidel	S	GRAU *	S. 486
06484	Quedlinburg, An den Fischteichen, Parkplatz an den Fischteichen	S		S. 486
06484	Quedlinburg, Marschlinger Hof, Parkplatz Marschlinger Hof	S	CHEM GRAU	S. 486
06484	Quedlinburg, Schenkgasse 2, Schlossparkplatz	S	CHEM GRAU	S. 486
06485	Bad Suderode, Jägerstraße 7, Hotel Am Kurpark	S	GRAU	S. 152
06493	Ballenstedt, Neue Bahnhofstraße 2, Gäste & Seminarhaus Harz	S	GRAU	S. 158
06493	Ballenstedt, Asmusstedt 13, Verkehrslandeplatz Ballenstedt-Harz	S	CHEM	S. 158
06493	Harzgerode, Wallstraße, Parkplatz Wallgarten	S		S. 304
06502	Thale, Neinstedter Straße, Tankstelle	E	andere	S.
06502	Thale-Friedrichsbrunn, Waldstraße 3a, Wohnmobilstellplatz Bocksberg	S	CHEM GRAU *	S. 570
06502	Thale-Wendefurth, Oberbecken 1, Campingstell- und Zeltplatz an der Talsperre	S	GRAU BÜ	S. 570
06502	Timmenrode, Harzstraße 31a, Reisemobilplatz Forellenteich	S	CHEM GRAU BÜ	S. 573
06526	Sangerhausen, An der Probstmühle, Parkplatz an der Probstmühle	S		S. 516
06526	Sangerhausen, Sotterhäuser Weg, Parkplatz Europa-Rosarium (Schlüssel bei Gartentraumladen 20 € Kaution)	E	andere *	
06526	Sangerhausen, Hüttenstraße 57 c, Rosenstädter Wohnmobiloase	S	CHEM GRAU	S. 516
06526	Sangerhausen-Grillenberg, Harzstraße 70, Campingplatz Am Waldbad Grillenberg	S	CHEM GRAU *	S. 516
06526	Sangerhausen-Taubenberg, Wippraer Landstraße/Walkberg, Parkplatz an der Walkmühle	S		S. 517
06536	Breitenstein, Am Schützenplatz 110 e, Gaststätte Zum Harzer Hexenteufel	S	CHEM GRAU BÜ	S. 192
06536	Südharz-Stolberg, Thyratal 5 A, Freizeitbad Thyragrotte	S		S. 563
06536	Südharz-Stolberg, Am Bahnhof, Parkplatz am Bahnhof	S		S. 563
06536	Südharz-Stolberg, Am Rittertor, Parkplatz am Rittertor	S		S. 563
06537	Kelbra, Lange Straße 150, Seecamping Kelbra	S	CHEM GRAU B	S. 350
06567	Bad Frankenhausen/Kyffhäuser, Napptal 2, Waldgaststätte Sennhütte	S		S. 137
06567	Bad Frankenhausen/Kyffhäuser, August-Bebel-Platz 9, Wohnmobilstellplatz an der Kyffhäuser-Therme	S	CHEM	S. 137
06567	Bad Frankenhausen/Kyffhäuser, Bachmühlenweg 2, Wohnmobilstellplatz Schulze	S	CHEM GRAU	S. 137
06618	Naumburg/Saale, Hallesche Straße/Abzweig Hallescher Anger, Parkplatz Hallesche Straße	S		S. 431
06628	Bad Kösen, Eckartsbergaer Straße 20, Berghotel Wilhelmsburg	S		S. 141
06628	Naumburg-Saaleck, Stendorf 14, Wohnwagen-Stellplatz am Saalebogen	S	CHEM GRAU BÜ	S. 431
06632	Freyburg/Unstrut, Wasserstraße 22, Caravanstellplatz Schleusenblick	S	CHEM	S. 261
06636	Laucha-Kirchscheidungen, Zur Unstrut 55, Wohnmobilstellplatz Outtour	S	CHEM GRAU BÜ	S. 377
06638	Karsdorf, Mühlplatz 8, Zeltplatz Karsdorf	S		S. 349
06642	Kaiserpfalz-Wohlmirstedt, Allerstedter Straße 10, Wohnmobilstellplatz Hotel zur Kaiserpfalz	S	CHEM GRAU	S. 344
06642	Nebra/Unstrut, An der Steinklöbe 16, Wohnmobilstellplatz Arche Nebra	S		S. 432
06647	Bad Bibra, Bürgergarten 1, Stellplatz am Haus des Gastes	S		S. 132
06667	Goseck, Weststraße 3A, Reisemobilstellplatz Am Wald	S	CHEM GRAU	S. 283
06667	Weißenfels-Borau, Selauer Straße 91 b, Gerth-Mobile e.Kfm. Freizeitmobile	S	CHEM GRAU	S. 609
06712	Zeitz, Schützenplatz, Stellplatz Schützenplatz	S		S. 637
06749	Bitterfeld-Wolfen, Berliner Straße 6, Wohnmobilstellplatz Parkplatz Seepromenade	S		S. 177
06766	Bitterfeld-Wolfen, Reudener Straße 87, Freizeitbad Woliday	S		S. 177
06774	Muldestausee, Alte Chausseestraße 1, Wohnmobil-Camp See- und Waldresort Gröbern	S	CHEM GRAU BÜ	S. 426
06785	Oranienbaum-Wörlitz, Seespitze 25, Wohnmobilstellplatz Seespitze	S		S. 464
06792	Sandersdorf-Brehna, Stakendorfer Straße 1, Stellplatz am Rasthof-Pension Heideloh	S		S. 516
06846	Dessau, Leopoldshafen 4, Seesportverein Dessau	S	CHEM GRAU	S. 213
06846	Dessau-Roßlau, Alte Landebahn 27, Wohnmobilstellplatz Hugo Junkers	S	CHEM GRAU	S. 213
06862	Dessau-Roßlau, Herrmann-Wäschke-Weg 17, Reisemobilplatz am Bowlingtreff	S	CHEM GRAU BÜ *	S. 213
06869	Coswig/Anhalt, Elbstraße 19, Marina Coswig	S	CHEM GRAU	S. 208
06886	Wittenberg/Lutherstadt, Im Felde 1, Stadtrandoase	S	CHEM GRAU	S. 629
06886	Wittenberg/Lutherstadt, Platz der Jugend, Stellplatz Wittenberg	S		S. 629
06888	Wittenberg, Brückenkopf 1, Marina-Camp Elbe	E	andere *	
06901	Kemberg-Bergwitz, Strandweg, Bergwitzsee Resort Strandweg	S	CHEM	S. 351
06905	Bad Schmiedeberg-Pretzsch, Lausiger-Teich-Straße 1, Campingpark & Wohnmobilhafen Am Großen Lausiger Teich	S	CHEM GRAU BÜ	S. 149
06992	Prettin, Hinterfährstraße 42, Campingplatz Prettin	E	Holiday-Clean	
07318	Saalfeld/Saale, Reschwitzer Straße, Caravanstellplatz am Freibad	S		S. 513
07318	Saalfeld/Saale, Feengrottenweg 2, Saalfelder Feengrotten	S	CHEM GRAU	S. 513
07318	Saalfeld/Saale, Rudolstädter Straße, Tankstelle	E	andere *	
07318	Saalfeld/Saale-Wittgendorf, Verbindungsstraße zw. Rohrbach und Wittgendorf, Auebad	S	CHEM GRAU *	S. 513
07333	Unterwellenborn-Oberwellenborn, Lindenstraße 22, Bowlingbar-Gaststätte Zur grünen Linde	S	CHEM GRAU	S. 581
07356	Bad Lobenstein, Parkstraße 8, Wohnmobilstellplatz Ardesia Therme	S	CHEM	S. 143
07381	Nimritz, Ortsstraße 29 e, Auto- und Freizeitservice Nimritz	S	CHEM	S. 448
07381	Oppurg, Rittergut Positz 1, Rittergut Positz	S	GRAU	S. 464
07381	Pößneck, Bad am Wald, Stellplatz am Bad am Wald	S		S. 481
07407	Rudolstadt, Hugo-Trinckler-Straße 6, Wohnmobilstellplatz am SAALEMAXX	S	CHEM GRAU	S. 511
07407	Uhlstädt-Kirchhasel, Am Saalewehr 2, Campingplatz Uhlstädt	S		S. 580
07426	Königsee, Waldseestraße 5, Gasthaus Am Waldbad	S	CHEM GRAU	S. 362
07551	Gera, Gessentalstraße 7, Wohnmobilpark Gessenpark	S	CHEM GRAU	S. 274
07580	Ronneburg, Am Kühlen Grund 4, Reisemobilstellplatz Kühler Grund	S		S. 506
07586	Bad Köstritz, Heinrich-Schütz-Straße 4, Stellplatz am Sommerbad	S		S. 141
07607	Eisenberg, Mühltal 2, Stellplatz Amtsschreibersmühle	S	CHEM GRAU	S. 233
07607	Eisenberg, Geraer Straße 88/Landesstraße L3007, Wohnmobilstellplatz Eisenberg	S	CHEM GRAU BÜ *	S. 233

S: Stellplatz **E:** Entsorgungsstation **CHEM:** Chemietoiletten-Entsorgung **GRAU B:** Grauwasserentsorgung mit Bodeneinlass **GRAU BÜ:** Grauwasserentsorgung mit Bodeneinlass überfahrbar
* Entsorgung für Durchreisende erlaubt. Bitte helfen Sie mit, diese Liste zu ergänzen. **Hinweis:** Einträge ohne Seitenzahl beziehen sich auf Entsorgungsstationen. Diese sind im BORDATLAS nicht gesondert aufgeführt.

07607	Hainspitz, Kiesweg, Wohnmobilstellplatz am Hainspitzer See	S				**S. 297**
07639	Bad Klosterlausnitz, Köstritzer Straße 16, Kristall Therme	S	GRAU			**S. 140**
07639	Tautenhain, Dorfstraße 3, Hotel Restaurant Zur Kanone	S				**S. 568**
07749	Jena, Am Erlkönig 3, Campingplatz Jena "Unter dem Jenzig"	S	CHEM GRAU	BÜ		**S. 342**
07768	Seitenroda, Dorfstraße 100, Stellplatz an der Leuchtenburg	S				**S. 543**
07806	Neustadt an der Orla, Linda 20 b, Stellplatz an der Knapp-Mühle	S	CHEM GRAU			**S. 442**
07806	Neustadt an der Orla, Heinrichsruhe 1, Wohnmobilstellplatz Heinrichsruhe	S	CHEM GRAU	B		**S. 442**
07819	Dreitzsch, Ortsstraße 55, Büchersmühle Dreitzsch	S				**S. 221**
07907	Schleiz, Saalburger Straße, HEM Tankstelle	E	Sani Station		*	
07927	Hirschberg, An der A 9, Agip Service-Station	E	Sani Service 3in1		*	
07929	Saalburg-Ebersdorf, Wetteraweg 2, Saalburg Beach	S	CHEM GRAU			**S. 512**
07937	Zeulenroda-Triebes, Am Birkenwege 1, Stellplatz Badewelt Waikiki Zeulenroda	S				**S. 639**
07937	Zeulenroda-Triebes, Bleichenweg 30, Wohnmobilhafen Zeulenrodaer Meer	S	CHEM GRAU		*	**S. 640**
07980	Berga-Clodra, Dorfstraße 35, Autocamping Am Töpferberg	S	GRAU			**S. 167**
07985	Elsterberg, An der Elsteraue 7, Sportplatz Elsteraue	S	CHEM GRAU			**S. 237**
08056	Zwickau, Uhdestraße 25, Wohnmobilstellplatz Zwickau	S				**S. 641**
08115	Lichtentanne-Schönfels, Neumarker Straße 2, Caravanzentrum Spitzner GmbH	S	GRAU			**S. 388**
08248	Klingenthal, Auerbacher Straße 13, Böhme Vogtland Entsorgung	E	andere		*	
08258	Markneukirchen, Breitenfelder Straße 40, Gläserner Bauernhof	S	GRAU	B		**S. 405**
08261	Schöneck/Vogtland, Hohe Reuth 9, Wohnmobilstellplatz am IFA Ferienpark	S	CHEM GRAU			**S. 532**
08280	Aue-Bad Schlema, Thomas-Mann-Straße, Parkplatz Anton-Günther-Platz	S				**S. 126**
08289	Schneeberg, Oberer Krankenhausweg 2, Stellplatz am Berghotel Steiger	S	CHEM			**S. 529**
08289	Schneeberg, Platz unter den Linden, Stellplatz beim Parkplatz Unter den Linden	S	CHEM GRAU	B		**S. 529**
08289	Schneeberg, Am Filzteich 3, Strandbad Filzteich	S	CHEM GRAU			**S. 529**
08297	Zwönitz/Erzgebirge, Grünhainer Straße 15, Brauerei Zwönitz	S				**S. 642**
08309	Eibenstock, Am Bühl 3, Badegärten Eibenstock	S	CHEM GRAU	BÜ		**S. 231**
08309	Eibenstock-Wildenthal, Alte Poststraße 29, Stellplatz Familie Ott	S				**S. 232**
08315	Lauter-Bernsbach/OT Lauter, Antonsthaler Straße 44, Hotel & Restaurant Danelchristelgut	S				**S. 380**
08340	Schwarzenberg, Uferstraße (Zufahrt über Erlaer Straße), Stellplatz Uferstraße	S	CHEM GRAU			**S. 538**
08358	Grünhain-Beierfeld, Parkplatz Freizeitpark, Haus des Gastes	E	Holiday-Clean			
08359	Breitenbrunn/Erzgebirge, Rabenberg, Sportpark Rabenberg e.V.	S	CHEM			**S. 191**
08393	Dennheritz-Oberschindmaas, Zwickauer Straße 78, Bresler Mobile	S				**S. 213**
08412	Werdau, Zwickauer Straße 58, Hotel Friesen	S				**S. 611**
08468	Reichenbach/Vogtland, Mylauer Straße 5, Stellplatz bei Maleks Restaurant/Camping	S				**S. 493**
08485	Lengenfeld, Weststraße 51, Naturhof Vogtland	S				**S. 385**
08523	Plauen, Gerberstraße/Ecke Auenstraße, Wohnmobilstellplatz Plauen	S				**S. 478**
08527	Plauen-Thiergarten, Zum Burgteich 57, Stellplatzwiese Thiergarten	S	CHEM GRAU			**S. 478**
08543	Pöhl-Möschwitz, Hauptstraße 38, Wohnmobilstellplatz am Gunzenberg	S	CHEM GRAU		*	**S. 480**
08548	Syrau, Paul-Seifert-Straße, Stellplatz an der Drachenhöhle	S				**S. 566**
08626	Adorf/Vogtland, Waldbadstraße 5, Parkplatz Klein-Vogtland	S				**S. 111**
08626	Eichigt-Süßebach, Hauptstraße 9, Landgasthof Süßebach	S				**S. 232**
08648	Bad Brambach, Forststraße 10, Freibad Bad Brambach	S	CHEM GRAU			**S. 133**
09120	Chemnitz, Beckerstraße 16, Stellplatz an der Rehaklinik – atr	S	CHEM			**S. 206**
09212	Limbach-Oberfrohna-Wolkenburg, Kaufunger Straße 19, Stellplatz Schlossblick	S				**S. 389**
09306	Königsfeld-Stollsdorf, Hauptstraße 28, Spreer's Ferienhaus	S	CHEM GRAU			**S. 362**
09322	Penig-Tauscha, Zur Lochmühle 64, Hotel Zur Lochmühle	S	CHEM			**S. 474**
09337	Callenberg, Abzw. An der Katze, Hinter dem Campingplatz Stausee Oberwald	E	Sani Station			
09353	Oberlungwitz, Pestalozzistraße 2, Stellplatz Zum alten Rasthof	S				**S. 455**
09376	Oelsnitz/Erzgebirge, Hinterm Hedwigschacht, Wohnmobilstellplatz am Gradierwerk	S	CHEM GRAU			**S. 461**
09380	Thalheim, Berghausweg 5, Sportpark Thalheim	S				**S. 570**
09399	Niederwürschnitz, Nach den Steegen 2, Freizeitgelände Alte Ziegelei	S				**S. 446**
09423	Gelenau, Kemtauer Straße 27, Wohnmobilstellplatz im Erlebnisland Kegelsberg	S	CHEM GRAU	B	*	**S. 272**
09456	Annaberg-Buchholz, Parkstraße 19, Wohnmobilstellplatz an der Parkstraße	S	CHEM GRAU	B	*	**S. 122**
09456	Annaberg-Buchholz, Talstraße 8-10, Wohnmobilstellplatz an der Silberlandhalle	S				**S. 122**
09468	Geyer, Elterleiner Straße 74, Waldschänke Geyer	S	CHEM GRAU			**S. 277**
09477	Jöhstadt-Steinbach, Schmalzgrubner Straße 18, Raststätte am Wildbach	S				**S. 343**
09481	Scheibenberg, Elterleiner Straße 10, Landgasthof Wiesner's Teichwirtschaft	S	GRAU			**S. 522**
09484	Oberwiesenthal, Vierenstraße 11A, Wohnmobilstellplatz An der Tennishalle	S	CHEM GRAU	BÜ		**S. 459**
09487	Schlettau, Hermannsdorfer Weg 27, Wohnmobilstellplatz an der Freizeitanlage	S				**S. 525**
09488	Thermalbad Wiesenbad, Himmelmühle 5, Camping Himmelmühle	S				**S. 571**
09496	Marienberg-Gelobtland, Gelobtland 27c, Caravanplatz am Tourismuszentrum im Rätzteichgebiet	S	CHEM GRAU			**S. 404**
09496	Marienberg-Pobershau, Amtsseite Hinterer Grund 2, Hotel Schwarzbeerschänke	S				**S. 404**
09496	Marienberg-Pobershau, Ratsseite Wiesenweg 5, Wohnmobilstellplatz Pobershau	S				**S. 404**
09496	Marienberg-Wolfsberg, Drei-Brüder-Höhe 1, Caravanplatz Drei-Brüder-Höhe	S				**S. 404**
09518	Großrückerswalde/Erzgebirge, Marienberger Straße 171, Landgasthof Wemmer	S	CHEM GRAU			**S. 292**
09548	Seiffen/Erzgebirge, Kurhausstraße 36, Hotel Berghof	S	CHEM GRAU			**S. 542**
09548	Seiffen/Erzgebirge, Badstraße 1, Waldgasthof Bad Einsiedel	S	GRAU		*	**S. 542**
09548	Seiffen/Erzgebirge, Deutschneudorfer Straße 57, Wohnmobilpark Seiffen	S	CHEM GRAU	BÜ		**S. 542**
09573	Augustusburg, Waldstraße 23, Hotel am Kunnerstein	S				**S. 127**
09599	Freiberg, Johann-Sebastian-Bach-Straße 1 A, Wohnmobilstellplatz am Johannisbad	S	CHEM GRAU	BÜ	*	**S. 259**
09603	Großschirma, Münzbachtal 1, Stellplatz Friedrich August Schmiede	S	GRAU	B		**S. 292**
09623	Rechenberg-Bienenmühle, Hauptstraße 25, Erzgebirgscamp Neuclausnitz	S	CHEM GRAU		*	**S. 490**
09623	Rechenberg-Bienenmühle, Hauptstraße 16, Gasthaus Schweizerhof	S				**S. 490**
09648	Mittweida, Rößgener Straße 50, Gaststätte und Pension Moritzburg	S				**S. 419**

S: Stellplatz **E:** Entsorgungsstation **CHEM:** Chemietoiletten-Entsorgung **GRAU B:** Grauwasserentsorgung mit Bodeneinlass **GRAU BÜ:** Grauwasserentsorgung mit Bodeneinlass überfahrbar
* Entsorgung für Durchreisende erlaubt. Bitte helfen Sie mit, diese Liste zu ergänzen. **Hinweis:** Einträge ohne Seitenzahl beziehen sich auf Entsorgungsstationen. Diese sind im BORDATLAS nicht gesondert aufgeführt.

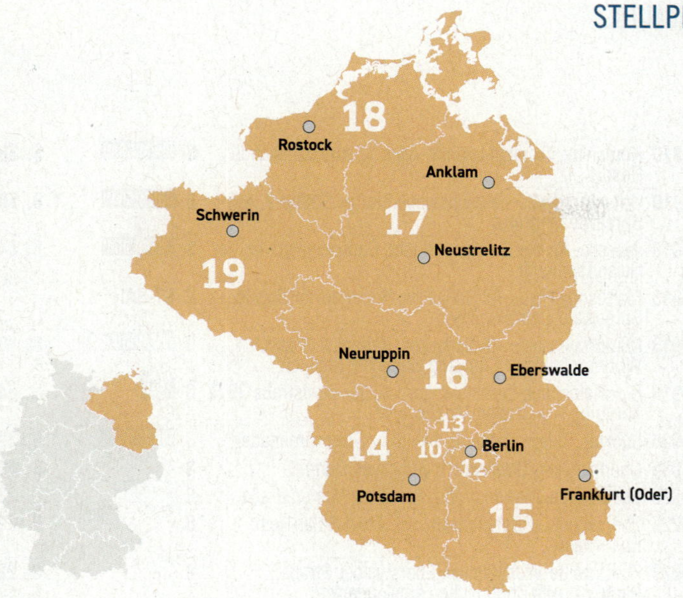

12557	Berlin, Grünauer Straße 212, Wohnmobilstellplatz NeoHostel	S				**S. 169**
12557	Berlin-Köpenick, Wendenschlossstraße 350-354, BWSG Marina Wendenschloss	S	CHEM GRAU			**S. 169**
12557	Berlin-Köpenick, Müggelbergallee 1, Historisches Fährhaus Yachthafen Wendenschloss	S	CHEM			**S. 169**
12681	Berlin, Nordring 6, Autohaus Dinnebier GmbH	E	Modusan			
13357	Berlin-Gesundbrunnen, Hochstraße 4, Wohnmobil-Oase-Berlin	S	CHEM GRAU	BÜ	*	**S. 169**
13595	Berlin-Spandau, Scharfe Lanke 109-131, Marina Lanke-Berlin	S	CHEM GRAU	BÜ	*	**S. 169**
13595	Berlin-Spandau, Am Pichelssee 48-50, Wohnmobilstellplatz Bootsstände Angermann	S	CHEM GRAU			**S. 169**
14469	Potsdam, Zur Historischen Mühle, Park Sanssouci P1 Historische Mühle	S				**S. 481**
14469	Potsdam, Potsdamer Straße 196, Wohnmobilstellplatz Potsdam Am Krongut	S	CHEM GRAU			**S. 481**
14471	Potsdam , An der Pirschheide 41, Camping Sanssouci	E	Bodeneinlass			
14476	Potsdam-Marquardt, Hauptstraße 2, Wohnmobilstellplatz am Gasthof Zum Alten Krug	S	CHEM GRAU		*	**S. 482**
14542	Werder/Havel, Jahnufer 41, Campingplatz Glindow See	E	andere		*	
14542	Werder/Havel, Brandenburger Ch 14B, Total-Autohof	E	Sani Station		*	
14542	Werder/Havel, Unter den Linden 1, Wohnmobilkurzreiseplatz an der Föhse	S				**S. 612**
14547	Beelitz, Trebbiner Straße 20, Wohnmobilstellplatz an der Landesgartenschau	S				**S. 163**
14547	Beelitz-Klaistow, Glindower Straße 28, Wohnmobilstellplatz am Spargel- und Erlebnishof Klaistow	S	CHEM GRAU		*	**S. 163**
14547	Beelitz-Rieben, Riebener Dorfstraße 13, Wohnmobilstellplatz am Riebener See	S	CHEM GRAU			**S. 164**
14669	Ketzin, Fischerstraße 8, Ferienhof Havelblick	S	CHEM GRAU			**S. 353**
14669	Ketzin-Falkenrehde, Potsdamer Allee 30, Gutshof Havelland	S	CHEM GRAU			**S. 353**
14712	Rathenow, Stein-/Baustraße, Stellplatz am Rathenower Stadtkanal	S	CHEM GRAU	B	*	**S. 489**
14715	Ferchesar, Weg zum Zeltplatz, Campingpark Buntspecht	S	CHEM GRAU		*	**S. 254**
14770	Brandenburg/Havel, Am Hafen 7, Stadtmarina Brandenburg	S	CHEM GRAU			**S. 189**
14776	Brandenburg/Havel, Wredowstraße 9, Wassersportzentrum Alte Feuerwache	S	CHEM GRAU			**S. 190**

14776	Brandenburg/Havel, Krakauer Landstraße 32, Wohnmobilstellplatz Havel Marin	S	CHEM GRAU		S. 190
14778	Beetzsee-Brielow, Seestraße 1, Pension am Beetzsee	S	CHEM GRAU		S. 164
14778	Beetzsee-Brielow, Seestraße 2, WWR Brielow/Marina Beetzsee	S	CHEM GRAU B		S. 164
14797	Kloster Lehnin, Kaltenhausen, Alte Michelsdorfer Straße, Wohnmobilstellplatz Kloster Lehnin	S			S. 359
14798	Havelsee-Pritzerbe, Vor dem Kietz 8, Wohnmobilpark Havel-Oase	S	CHEM GRAU		S. 308
14806	Bad Belzig, Am Kurpark 15, Reisemobilstellplatz an der SteinTherme	S	CHEM GRAU B		S. 130
14827	Wiesenburg/Mark, Parkstraße, Wohnmobilstellplatz am Schlosspark	S			S. 619
14827	Wiesenburg/Mark-Jeserig, Bahnhofsallee 8 c, Familienhotel Brandtsheide	S	CHEM GRAU		S. 619
14913	Jüterbog, An der Tränke 1, Wohnmobilstellplatz Jüterbog	S			S. 344
14913	Niedergörsdorf-Gölsdorf, Gölsdorf 41, Gaststätte & Pension Miething	S			S. 445
14913	Reinsdorf, Flugplatz Reinsdorf, Flugplatz Reinsdorf	S	GRAU		S. 494
15234	Frankfurt/Oder, Hafenstraße 2, Marina Winterhafen	S	CHEM GRAU B		S. 259
15236	Frankfurt/Oder, Marie-Curie-Straße 10, Hotel Gasthof Goldener Hahn	S			S. 259
15299	Müllrose, Frankfurter Straße 98, Camping Nitschke	S	CHEM GRAU		S. 427
15306	Falkenhagen (Mark), Am Gabelsee 2, Parkplatz Gabelsee	S			S. 250
15306	Falkenhagen (Mark), Am Sportplatz, Sport- und Freizeitanlage Schwarzer See	S			S. 250
15324	Letschin-Kienitz, Kienitzer Oderstraße 20, Am Storchennest	S	CHEM GRAU		S. 386
15344	Strausberg, Sport- und Erholungspark 35, Wohnmobilstellplatz Sport- und Erholungspark	S			S. 561
15345	Rehfelde, Bahnstraße 26, Die Bahnwärter	S	CHEM GRAU	*	S. 492
15345	Rehfelde-Werder, Alt Werder 8, Campershof	S	CHEM GRAU BÜ	*	S. 493
15366	Hoppegarten, Alte Berliner Straße 111, Caravan-Center Matner	E	ST-SAN	*	
15366	Hoppegarten-Hönow, Neue Mehrower Straße 25, Tremp Caravanland	E	ST-SAN	*	
15366	Münchehofe, Alte Seestraße 13, Campingpark Großer Klobichsee	E	Sani Service 3in1		
15377	Märkische Höhe, Mittelstraße 20, Stellplatz Alter Schulgarten	S			S. 405
15526	Bad Saarow, Ringstraße, Caravanparkplatz Bad Saarow	S			S. 148
15526	Bad Saarow, Silberberger Straße, Parkplatz Strolin	S			S. 148
15562	Rüdersdorf bei Berlin, Heinitzstraße, Parkplatz Heinitzstraße	S	CHEM GRAU		S. 511
15566	Schöneiche bei Berlin, August-Borsig-Ring, Stellplatz Schöneiche	S			S. 532
15806	Zossen, Machnower Chaussee 1a, Flair Hotel Reuner	S	CHEM		S. 640
15837	Baruth/Mark, Dornswalder Straße 1, Spruchs Alter Landgasthof	S			S. 160
15848	Beeskow, Spreeinsel 5, Marina am Yachthafen	S	CHEM GRAU BÜ		S. 164
15848	Beeskow, Charlottenhof 26, Stellplatz Michaelis	S	CHEM GRAU B		S. 164
15848	Beeskow, Bertholdplatz 6, Wohnmobilstellplatz Am Spreepark	S	CHEM GRAU		S. 164
15848	Beeskow-Radinkendorf, Dorfstraße 29, Stellplatz am Spree-Radweg	S	CHEM GRAU		S. 164
15859	Storkow (Mark), Kirchstraße 1A, Altstadt-Parkplatz	S	CHEM GRAU		S. 560
15898	Neißemünde-Ratzdorf, Lindenallee 112, Waldparkplatz Ratzdorf	S	CHEM GRAU B	*	S. 433
15898	Neuzelle, Bahnhofstraße 27, Gaststätte Zum Zickenzeller	S	CHEM GRAU		S. 444
15907	Lübben/Spreewald, Bahnhofstraße, Bahnhofstraße P 9	S			S. 395
15907	Lübben/Spreewald, Logenstraße, Logenstraße P 10	S			S. 395
15907	Lübben/Spreewald, Am Burglehn 10, Stellplatz Lübben P 12	S			S. 395
15907	Lübben/Spreewald, Frankfurter Straße 61, Wohnmobilstellplatz xParking	S	CHEM GRAU B		S. 396
15910	Krausnick, Tropical-Islands-Allee 1, Tropical Islands Resort	S	CHEM GRAU		S. 366
15910	Unterspreewald-Leibsch, Neuendorfer Straße 2, Am Spreewiesengrund	S	CHEM GRAU	*	S. 581
15913	Jessern, An der Geisterschlucht, Campingplatz An der Geisterschlucht	S	CHEM GRAU		S. 343
15913	Märkische Heide-Alt Schadow, Neuendorfer Straße, Spreewald-Camping Nord	E	ST-SAN		
15913	Märkische Heide-Alt Schadow, Halbinsel Raatsch 1, Wohnmobilhafen Camping Halbinsel Raatsch	S	CHEM GRAU B		S. 405
15913	Schwielochsee-Lamsfeld, Lamsfelder Dorfstraße 36 B, Camping Am großen Mochowsee	S	GRAU		S. 540
15926	Luckau, Südpromenade, Stellplatz Südpromenade	S	CHEM GRAU	*	S. 398
15936	Dahme/Mark, Quellweg 1, Sportwelt Dahme	S			S. 210
16225	Eberswalde, Marienstraße, Parkplatz Marienstraße	S			S. 226
16225	Eberswalde, Brunnenstraße 25, Wald-Solar-Heim Eberswalde	S			S. 226
16227	Eberswalde-Wolfswinkel, Eberswalder Straße, Parkplatz Alte Chemische/Familiengarten	S			S. 226
16230	Breydin, Am Landhotel 1, Wohnmobilstellplatz am Landhotel Trampe	S			S. 195
16230	Chorin, Serwester Dorfstraße 72, Ökohof Engler	S	CHEM GRAU		S. 206
16248	Lunow-Stolzenhagen, Kietz 14, VG Camping Stolzenhagen	S	CHEM GRAU	*	S. 400
16248	Niederfinow, Hebewerkstraße 52, Stellplatz am Schiffshebewerk	S			S. 445
16278	Angermünde, Am Oberwall, Parkplatz Am Oberwall	S			S. 121
16278	Angermünde, Am Klärwerk, ZOWA Am Klärwerk	E	andere	*	
16278	Angermünde-Kerkow, Blumberger Mühle 2, NABU-Erlebniszentrum Blumberger Mühle	S			S. 122
16303	Schwedt/Oder, Regattastraße 3, Stroam-Camp	S	CHEM GRAU BÜ		S. 538
16348	Wandlitz, Am krummen Pfuhl, Stellplatz am Sport- und Spielplatz	S			S. 600
16356	Werneuchen-Tiefensee, Schmiedeweg 1, Wohnmobilhafen Country Camping Berlin	S	CHEM GRAU		S. 613
16515	Oranienburg, Rungestraße 47, Reisemobilstellplatz am Schlosshafen Oranienburg	S	CHEM GRAU BÜ		S. 465
16556	Hohen Neuendorf, Havelhausener Brücke 1, Motel Havelidyll	S	CHEM GRAU B		S. 324
16727	Vehlefanz, Eichstädter Chaussee, Total-Tankstelle	E	Sani Station	*	
16775	Großwoltersdorf-Altglobsow, Seestraße 11b, Ferienhof Altglobsow	S	CHEM GRAU		S. 293
16792	Zehdenick, Ziegelei 11a, Marina Alter Hafen im Ziegeleipark Mildenberg	S	CHEM		S. 636
16798	Fürstenberg/Havel, Ravensbrücker Dorfstraße 26 b, Marina Fürstenberg	S	CHEM GRAU B		S. 265
16816	Neuruppin, Trenckmannstraße 14, Stellplatz am Sportcenter Neuruppin	S			S. 440
16833	Fehrbellin, Gewerbepark 29, Frank Fritsch Stellplatz	S	CHEM GRAU	*	S. 253
16845	Dreetz bei Neustadt/Dosse, Schulstraße 61, Reiterhof Müller	S	CHEM GRAU		S. 221
16845	Neustadt/Dosse, neben Bahnhofstraße 10, Stellplatz am Amt Neustadt/Dosse	S			S. 444
16866	Kyritz, Seestraße 120, Stellplatz Strandbad am Untersee	S			S. 371
16866	Kyritz, Graf-von-der-Schulenburg-Straße, Stellplatz Wässering	S	CHEM GRAU		S. 371
16868	Wusterhausen/Dosse, Seestraße/Uferweg, Reisemobilstellplatz Am Klempowsee	S			S. 635
16868	Wusterhausen/Dosse, Zur Dossehalle 6, Stellplatz Dossehalle	S	GRAU		S. 635
16909	Wittstock/Dosse, Rheinsberger Straße 22, Reisemobilstellplatz am historischen Altstadtkern	S	CHEM GRAU	*	S. 630
16909	Wittstock/Dosse, Alt Daber 11, Stellplatz am Daberturm	S			S. 630
16928	Groß Pankow-Groß Woltersdorf, Am Märchenwald 5, Zeltplatz Groß Woltersdorf	S			S. 289
16928	Pritzwalk, Ecke Gartenstraße/Meyenburger Tor, Stellplatzanlage Dömnitzinsel	S	CHEM		S. 484
16928	Pritzwalk, Hainholzweg, Wohnmobilstellplatz Hainholz	S			S. 484

S: Stellplatz **E:** Entsorgungsstation **CHEM:** Chemietoiletten-Entsorgung **GRAU B:** Grauwasserentsorgung mit Bodeneinlass **GRAU BÜ:** Grauwasserentsorgung mit Bodeneinlass überfahrbar
* Entsorgung für Durchreisende erlaubt. Bitte helfen Sie mit, diese Liste zu ergänzen. **Hinweis:** Einträge ohne Seitenzahl beziehen sich auf Entsorgungsstationen. Diese sind im BORDATLAS nicht gesondert aufgeführt.

Grenzenlose Freiheit
DIE SCHÖNSTEN TOUREN • DIE BESTEN CAMPING- & STELLPLÄTZE
MIT HIGHLIGHTS UND AKTIVITÄTEN
BUSBASTLER HANDBUCH
Authentisch: tolle Ausbau-Ideen von einem Camper-Profi.
288 Seiten · €(D) 29,99
ISBN 978-3-7343-1064-5
HAPPY CAMPING Europa
Die schönsten Campingplätze für Zelt, Caravan, Van und Wohnmobil
Die Top-Plätze zum Entschleunigen, für Familien, am Wasser u.v.m.
192 Seiten · €(D) 22,99
ISBN 978-3-7343-2535-9
WOHNMOBIL-HIGHLIGHTS SKANDINAVIEN
Die reizvollsten Zielen des Nordens mit nützlichen Infos
168 Seiten · €(D) 29,99
ISBN 978-3-7343-1352-3
SECRET PLACES DEUTSCHLAND MIT DEM WOHNMOBIL
Traumhafte Ziele abseits des Trubels
Wohnmobilurlaub in Deutschland abseits von bekannten Routen
240 Seiten · €(D) 29,99
ISBN 978-3-7343-2550-2
Happy CAMPING DEUTSCHLAND
DIE SCHÖNSTEN CAMPINGPLÄTZE
Die Top-Campingplätze in Deutschland für XXL-Erholung
168 Seiten · €(D) 19,99
ISBN 978-3-7343-2267-9
STÄDTETRIPS MIT DEM WOHNMOBIL
Charmante Städte abseits des Trubels in Deutschland
20 deutsche Städte, die mit dem Wohnmobil ideal erreichbar sind
288 Seiten · €(D) 29,99
ISBN 978-3-7343-1979-2
JETZT IN IHRER BUCHHANDLUNG ODER DIREKT
UNTER WWW.BRUCKMANN.DE/WOHNMOBIL
Mit einer Direktbestellung im Verlag oder dem Kauf im Buchhandel unterstützen Sie sowohl Verlage und Autoren als auch Ihren Buchhändler.
BRUCKMANN

16945	Meyenburg, Hagenstraße, Wohnmobilstellplatz Meyenburg	S				S. 417
16949	Putlitz, Jungfernsteg, Stellplatz Jungfernsteg	S	CHEM GRAU			S. 485
17033	Neubrandenburg, Augustastraße 7, Neubrandenburger Wassersportzentrum	S	CHEM GRAU			S. 435
17094	Groß Nemerow, Am Damm, Wohnmobilstellplatz am Tollensesee	S	GRAU			S. 289
17111	Meesiger-Gravelotte, Am Kummerower See, Campingplatz Meesiger Gravelotte	S	CHEM			S. 410
17111	Sommersdorf, Am Hafen 2, Campingpark Sommersdorf	S	CHEM GRAU			S. 550
17121	Loitz, Mühlentorvorstadt 9, Hafen- und Sportbootmarina Loitz	S	CHEM GRAU			S. 393
17139	Malchin, Am Kanal 4/Koesters Eck, Malchiner Kanu-Club e.V.	S	CHEM GRAU			S. 402
17154	Neukalen/Peenestadt, Am Hafen, Reisemobilplatz am Hafen	S	CHEM GRAU			S. 437
17154	Neukalen/Peenestadt, Schulstraße 3, Wohnmobilhafen beim Campingplatz Peenecamp Neukalen	S	CHEM GRAU			S. 437
17159	Dargun, Am Waldeck, Wohnmobilstellplatz am Waldeck	S				S. 211
17168	Sukow-Levitzow, An der Landstraße 13, Landhaus Levitzow	S				S. 563
17192	Kargow-Federow, Damerower Straße 6, Informationshaus am Müritz-Nationalpark	S	CHEM GRAU			S. 348
17192	Kargow-Schwarzenhof, Schwarzenhof 7, Reisemolilstellplatz Ziegenwiese	S	CHEM GRAU			S. 348
17192	Schloen-Alt Schloen, Devener Weg 5, Sabines Bio-Bauernhof	S	CHEM GRAU	BÜ		S. 526
17192	Waren/Müritz, Mecklenburger Straße, Blumen und Parken Steindorf-Sabath	S	CHEM GRAU			S. 601
17192	Waren/Müritz, Zur stillen Bucht 3, Camping- und Wohnmobilpark Waren	S	CHEM GRAU			S. 602
17192	Waren/Müritz, Fontanestraße 66, CampingPlatz Ecktannen	S	CHEM GRAU	BÜ		S. 602
17192	Waren/Müritz, Strandstraße 3b, Stellplatz am Hafen	S	CHEM GRAU		*	S. 602
17194	Jabel, Hoher Damm 7, Stellplatz am Wirtshaus Zur Eibe	S	CHEM GRAU			S. 341
17207	Gotthun, Müritzweg 11, Pension Müritzwiese	S	CHEM GRAU			S. 284
17207	Röbel/Müritz, Müritzpromenade 20, Parkfläche am Seglerhafen	S	CHEM GRAU	BÜ		S. 504
17209	Walow-Strietfeld, Strietfeld 12, Biohof Donst	S				S. 599
17213	Fünfseen-Lenz-Süd, Zum Hafen 1, Lenzer Hafen	S	GRAU			S. 265
17213	Göhren-Lebbin, Tannenweg 1, PopUp Camp Fleesensee	S				S. 281
17213	Malchow, Ziegeleiweg 5, Marina Malchow	S	GRAU	BÜ		S. 402
17213	Malchow, Zum Plauer See 1, Naturcamping Malchow am Plauer See	S	CHEM GRAU	B		S. 402
17213	Malchow, Strandstraße 10a, Segelverein Malchow	S	CHEM GRAU	BÜ	*	S. 402
17214	Alt Schwerin, Insel Werder 8, Reisemobilhafen Inselcamping Werder	S	CHEM GRAU	BÜ	*	S. 116
17214	Silz-Nossentin, Am Park 33, Landgasthof Am Fleesensee	S	CHEM GRAU			S. 546
17235	Neustrelitz, Am Stadthafen 11, Wohnmobilstellplatz am Stadthafen	S	CHEM GRAU		*	S. 444
17237	Blankensee-Rödlin, Fischerweg 16, Fischerei Reimer	S				S. 178
17237	Carpin, Hauptstraße 25, Landgasthof Am Schlesersee	S				S. 205
17237	Grünow, Ollendorf 38, Ferien- und Pferdehof Scholz	S				S. 293
17237	Userin-Groß Quassow, An den Havelbergen 1, Wohnmobilpark Havelberge	S	CHEM GRAU	BÜ		S. 582
17237	Zwenzow-Userin, Zwenzow 4 F, Camping-und Wohnmobilplatz Zwenzower Ufer	S	CHEM GRAU			S. 641
17248	Lärz, Gaarzer Mühle 1, Camping am Müritzarm	S	CHEM GRAU			S. 376
17248	Rechlin/Müritz, Boeker Landstraße 1b, Reisemobil-Marina Rechlin	S	CHEM GRAU			S. 491
17252	Mirow, Granzower Chaussee, Hafen 2 Granzower Chaussee	S	CHEM GRAU			S. 419
17252	Mirow, Schloßstraße/Herrensteig, Wohnmobilstellplatz am Schlossparkplatz	S	CHEM GRAU			S. 419
17255	Drosedow, Am Campingplatz 1, FKK Campingplatz am Rätzsee	S	CHEM GRAU	BÜ		S. 223
17255	Priepert, An der Havel 33, Camping Havelperle	S	CHEM GRAU			S. 484
17255	Priepert, An der Freiheit 8, Wohnmobilpark Am großen Priepertsee	S	CHEM GRAU	BÜ		S. 484
17255	Wesenberg, Havelmühle 1/Ahrensberger Weg, Kanu-Mühle	S				S. 614
17255	Wesenberg, Am Weißen See 1, Stellplatz am Weißen See	S	CHEM GRAU			S. 615
17255	Wesenberg, Ahrensberger Weg 11, Wohnmobilstellplatz und Marina Wesenberg	S	CHEM GRAU	BÜ		S. 614
17255	Wesenberg-Ahrensberg, Kläthnower Straße 1, Campingplatz am Drewensee	S	CHEM GRAU			S. 615
17268	Temmen-Ringenwalde, Dorfstraße 57, Landgasthof Zum Grünen Baum	S				S. 568
17268	Templin, Dargersdorfer Straße 121, Wohnmobilstellplatz an der NaturThermeTemplin	S	CHEM GRAU	BÜ		S. 569
17268	Templin, Knehdener Straße, Wohnmobilstellplatz Templin	S	CHEM GRAU	B		S. 569
17291	Prenzlau, Uckerpromenade 85, Sonnenkap Camping	S	CHEM GRAU	BÜ		S. 482
17328	Penkun, Breite Straße 4, Gasthaus und Hotel Zum Greif	S				S. 474
17358	Torgelow, Schleusenstraße 5a, gegenüber OASE-Haus an der Schleuse, Wasserwander-Rastplatz und Caravan-Stellplatz	S				S. 575
17367	Eggesin, Pasewalker Straße 1A, Natur-Campingplatz Am Hafen	S	GRAU			S. 230
17373	Ueckermünde, Ueckerstraße 125, Caravan-Stellplatz an der Uecker	S	CHEM GRAU			S. 579
17375	Ahlbeck, Ausbauten 6+7, Ferienhaus zum Lindenhof	S	CHEM GRAU			S. 112
17375	Altwarp, Seestraße, Stellplatz Am Hafen	S	CHEM GRAU			S. 119
17375	Luckow-Rieth, Stiege 8, Haffcamping	S	CHEM GRAU			S. 398
17375	Mönkebude, Am Hafen 26, Wohnmobilstellplatz Mönkebude	S	CHEM GRAU			S. 421
17379	Wietstock, Dorfstraße, 32, Wietstocker Weitblick	S	CHEM GRAU			S. 620
17390	Rubkow, Anklamer Chaussee 4, Alpaka-Idylle	S				S. 510
17406	Karnin (Usedom), Hafen Karnin, Marina Karnin	S				S. 349
17419	Ahlbeck/Seebad (Usedom), Gothenweg 5A, Caravanplatz Am Wiesenrand	S	CHEM GRAU			S. 112
17419	Ahlbeck/Seebad (Usedom), Waldstraße 7, Wohnmobilstellplatz am Bahnhof	S	CHEM GRAU			S. 112
17419	Kamminke (Usedom), Garzer Weg, Campingplatz Haffküste/Kamminke	S	CHEM GRAU			S. 347
17424	Heringsdorf-Neuhof, Labahnstraße 10, Privatplatz Blasendorff	S	CHEM GRAU			S. 314
17429	Bansin/Seebad (Usedom), Am Heuberg 1, Ostseecamping Bansin	S	CHEM GRAU		*	S. 159
17429	Heringsdorf, Seestraße 60A, Wohnmobilstellplatz Familie Knüppel	S	GRAU			S. 314
17440	Lassan, Garthof 5, Naturcamping Lassan	S	CHEM GRAU			S. 376
17449	Karlshagen/Ostseebad (Usedom), Peenestraße 60, Wohnmobilstellplatz am Hafen Karlshagen	S				S. 348
17449	Peenemünde, Fährstraße 9, Stellplatz Peenemünde	S	CHEM GRAU	BÜ		S. 474
17459	Koserow-Damerow, Alte B111 Nr. 1, Autokino Koserow	S	CHEM GRAU			S. 364
17459	Ückeritz, Auf dem Campingplatz 1, Naturcamping Ückeritz	E	ST-SAN		*	
17489	Greifswald, Marienstraße 9, Caravan-Camping am Museumshafen	S	CHEM GRAU		*	S. 287
17489	Greifswald, Max-Reimann-Straße, Parkplatz Ladebow/Max-Reimann-Straße	S				S. 287
17489	Greifswald, Ladebower Chaussee 11, Parkplatz Salinenstraße/Museumshafen Nord	S				S. 287
17489	Greifswald, Yachtweg, Parkplatz Strandbad Eldena	S				S. 287
17489	Greifswald, An der Mühle 4, Parkplatz Wieck/An der Mühle	S				S. 287
17498	Hinrichshagen, Chaussee 12, Caravanstellplatz Wöller	S	CHEM GRAU	BÜ	*	S. 321
18055	Rostock, Mühlendamm, Parkplatz Mühlendamm	S	CHEM			S. 507
18069	Sievershagen, Alt Sievershagen 16, Ferienhof Dubberke	S	CHEM GRAU	B		S. 546

S: Stellplatz **E:** Entsorgungsstation **CHEM:** Chemietoiletten-Entsorgung **GRAU B:** Grauwasserentsorgung mit Bodeneinlass **GRAU BÜ:** Grauwasserentsorgung mit Bodeneinlass überfahrbar
* Entsorgung für Durchreisende erlaubt. Bitte helfen Sie mit, diese Liste zu ergänzen. **Hinweis:** Einträge ohne Seitenzahl beziehen sich auf Entsorgungsstationen. Diese sind im BORDATLAS nicht gesondert aufgeführt.

18107	Elmenhorst, Gewerbeallee 3a, Stellplatz Elmenhorst	S	CHEM GRAU	*	**S. 236**
18107	Elmenhorst-Lichtenhagen, Hauptstraße 47, Wohnmobilstellplatz Stuhr	S	CHEM GRAU	BÜ *	**S. 236**
18181	Graal-Müritz, Muschelweg, Parkplatz Strandmitte	S	GRAU		**S. 284**
18182	Rövershagen, Purkshof 2, Wohnmobilstellplatz beim Karls Erlebnisdorf	S			**S. 510**
18195	Tessin, St.-Jürgen-Straße 59b, Freizeit- und Wellnesszentrum	S	CHEM GRAU		**S. 569**
18209	Wittenbeck, Bäderweg, Sanddornstrand Wohnmobilstellplatz	S	CHEM GRAU	*	**S. 629**
18211	Börgerende, Deichstraße 16, Ferien-Camp Börgerende	S	CHEM GRAU	BÜ	**S. 185**
18225	Kühlungsborn, Waldstraße 1b, Campingpark Kühlungsborn	S	CHEM GRAU		**S. 370**
18230	Rerik/Ostseebad, Straße am Zeltplatz 8, Wohnmobilpark Ostseebad Rerik	S	CHEM GRAU	B	**S. 496**
18233	Pepelow, Seeweg 1, Ostseecamping am Salzhaff	S	CHEM GRAU	B	**S. 474**
18249	Eickhof, Dorfstraße 14, Naturdorf Eickhof	S	GRAU		**S. 232**
18273	Güstrow, Verbindungschaussee 7, Caravanplatz Hotel am Tierpark	S	CHEM GRAU		**S. 295**
18273	Güstrow, Gleviner Platz, Parkplatz Gleviner Platz	S			**S. 295**
18292	Krakow am See, Windfang 1, Campingplatz am Krakower See	S	CHEM GRAU	BÜ	**S. 365**
18311	Ribnitz-Damgarten, Am See 50, Stellplatz Gänsewiese	S	CHEM GRAU	B	**S. 500**
18317	Saal-Neuendorf, Hafenstraße, Hafen Neuendorf	S	CHEM GRAU		**S. 512**
18317	Saal-Neuendorf, Parkstraße 20, Horse Lake Ranch	S			**S. 512**
18347	Ahrenshoop, Dorfstraße 52, Stellplatz Helios-Rehaklinik	S			**S. 113**
18347	Wustrow, L 21, 1 km vor Wustrow, Surfcenter Wustrow	S	CHEM GRAU		**S. 635**
18356	Barth, Am Osthafen, Stellplatz Barth	S			**S. 160**
18356	Barth, Am Westhafen 15, Wohnmobilparkplatz Barther Segler-Verein	S	CHEM GRAU	B	**S. 160**
18356	Pruchten, Am Campingplatz 1, Naturcamp Pruchten	S	CHEM GRAU		**S. 484**
18374	Zingst, Müggenburger Weg 45A, Am Strandübergang 14	S			**S. 640**
18374	Zingst, Am Bahndamm 1, Reisemobilhafen und Campingplatz Am Freesenbruch	S	CHEM GRAU		**S. 640**
18375	Prerow, Bernsteinweg 4-8, Regenbogen Camp	E	ST-SAN		
18375	Prerow/Ostseebad, Bäderstraße, Einmalübernachtungsparkplatz Fuchsberg	S			**S. 482**
18439	Stralsund, Werftstraße 9a, Caravanstellplatz An der Rügenbrücke	S	CHEM GRAU		**S. 560**
18439	Stralsund, Boddenweg 3, Wohnmobilstellplatz Stralsund	S	CHEM GRAU	BÜ	**S. 561**
18442	Wendorf-Teschenhagen, Bahnweg 3, Wohnmobilstellplatz am Ferienhaus	S	CHEM GRAU		**S. 611**
18445	Barhöft, Am Hafen 13, Caravanplatz-Barhöft	S	CHEM GRAU		**S. 159**
18465	Tribsees, Willi-Braun-Straße 18, Wohnmobilstellplatz am alten Bahnhof	S	GRAU		**S. 577**
18528	Bergen/Rügen, Tilzower Weg 32a, Wohnmobilhafen Bergen auf Rügen	S	CHEM GRAU	BÜ	**S. 167**
18551	Glowe, Waldsiedlung, Stellplatz am Strand	S	CHEM GRAU		**S. 280**
18551	Lohme, Arkonastraße 4, Wohnmobilstellpatz Lohme	S	CHEM GRAU		**S. 392**
18551	Lohme-Hagen, Stubbenkammerstraße 57, Parkplatz Zum Königsstuhl	S	CHEM GRAU		**S. 392**
18551	Sagard, Vorwerk 13, Mobil-Campingplatz De Klomp	S	CHEM GRAU		**S. 514**
18556	Altenkirchen-Drewoldke, Zittkower Weg 30, KNAUS Reisemobilhafen Rügen	S	CHEM GRAU	*	**S. 118**
18556	Dranske, Seestraße 39 a, Caravancamp Ostseeblick	S	CHEM GRAU		**S. 220**

PLZ	Ort / Adresse	Typ	Entsorgung	Bodeneinlass	*	Seite
18556	Dranske, Nonnenwitz 23, Wohnmobilhafen Küstencamp	S	CHEM GRAU			S. 221
18556	Putgarten, Dorfstraße, Stellplatz am Kap Arkona	S				S. 485
18569	Gingst-Haidhof, Haidhof 2, Campingplatz Haidhof	S	CHEM GRAU			S. 278
18569	Schaprode, Lange Straße 24, Camping Schaprode	S	CHEM GRAU	BÜ		S. 521
18581	Putbus-Lauterbach, Am Yachthafen, im-jaich Wasserferienwelt	S	GRAU	BÜ		S. 485
18581	Putbus-Lauterbach, Zum Findling 8, Wohnmobilstellplatz Lauterbach	S	CHEM GRAU	BÜ		S. 485
18586	Sellin/Ostseebad, Kiefernweg 4 B, Reisemobilhafen Sellin	S	CHEM GRAU	BÜ		S. 543
18586	Sellin/Ostseebad-Seedorf, Seedorf 8a, Stellplatz am Hafen	S				S. 543
18609	Binz/Rügen, Proraer Chaussee 60, Wohnmobil-Oase Prora	S	CHEM GRAU		*	S. 175
19053	Schwerin, Jägerweg/Bertha-Klingberg-Platz, Parkplatz Jägerweg/Schlossgarten	S				S. 539
19055	Schwerin, Buchenweg 19, Marina-Nord am Heidensee	S	CHEM GRAU			S. 539
19055	Schwerin, Wismarsche Straße 188, Parkplatz Am Hauptbahnhof	S	CHEM GRAU			S. 539
19055	Schwerin, Werderstraße/Schliemannstraße, Parkplatz am Stadthafen	S				S. 539
19055	Schwerin, Güstrower Straße 88, Sportbootzentrum Ziegelsee	S	CHEM GRAU			S. 540
19055	Schwerin, Bornhövedstraße 95, Wohnmobilhafen Hangar 19	S	CHEM GRAU			S. 540
19061	Schwerin-Görries, Am Erlenbruch 20, Freizeitanlage Kaspelwerder	S	CHEM GRAU			S. 540
19063	Schwerin, Alte Crivitzer Landstraße 6, AWO-Sano Schwerin	S	CHEM GRAU			S. 540
19067	Langen Brütz, Hauptstraße 21a, Landhaus Bondzio	S				S. 375
19067	Leezen-Rampe, Leezener Straße 5, Wohnmobilstellplatz Rastplatz No. 5	S	CHEM GRAU			S. 383
19069	Seehof, Am Zeltplatz 1, Ferienpark Seehof	S	CHEM GRAU	BÜ		S. 541
19089	Barnin, Crivitzer Straße 1, Caravan Stellplatz & Hofladen Am Wäldchen	S	GRAU			S. 159
19089	Crivitz, Geschwister Scholl Straße, Wohnmobilstellplatz am Crivitzer See	S	CHEM GRAU			S. 209
19230	Hagenow, Teichstraße 56, Wohnmobilstellplatz Teichstraße	S				S. 297
19246	Zarrentin am Schaalsee, Wolfsschlucht, Wohnmobilstellplatz am Schaalsee	S				S. 636
19258	Boizenburg/Elbe, Am Gammgraben 5, Klärwerk Boizenburg/Elbe	E	andere		*	
19258	Boizenburg/Elbe, Hafenplatz, Stellplatz Am Boizenburger Hafen	S				S. 183
19288	Dreenkrögen, Dreenkrögener See, Wohnmobilstellplatz Camping Dreenkrögen	S	CHEM GRAU	B	*	S. 221
19288	Ludwigslust, Friedrich-Naumann-Allee 26, Parkplatz Friedrich-Naumann-Allee	S	CHEM GRAU	B	*	S. 399
19294	Malliß, Am Kanal 4, Campingplatz Am Wiesengrund	S	CHEM GRAU			S. 402
19294	Neu Göhren, Zur Elde 9, Bootsanleger-Camping Neu Göhren	S	GRAU		*	S. 434
19294	Neu Kaliß, An der Elde 2, Wasserwanderrastplatz Find's hier	S	CHEM			S. 435
19300	Fresenbrügge, Eldeufer 1, Wohnmobil- und Wasserwanderrastplatz	S	CHEM GRAU			S. 260
19300	Grabow, Canalstraße 1, Parkplatz am Hafen	S	CHEM GRAU			S. 284
19303	Dömitz, Hafenplatz 3, Hotel Hafen Dömitz	S	GRAU			S. 218
19303	Dömitz, An der Schleuse 1, Wasserwanderzentrum Marina-Dömitz	S	CHEM GRAU	B		S. 218
19303	Rüterberg, Ringstraße 2, Wohnmobilstwllplatz Dorfrepublik Rüterberg	S	GRAU			S. 512
19306	Brenz, Parchimer Straße 11, Landhaus Böttcher	S			*	S. 194
19306	Neustadt-Glewe, Goetheallee-Ausbau, Klärwerk Neustadt-Glewe	E	andere		*	
19309	Lenzen/Elbe, Rekener Straße 1, Stellplatz am Rudower See	S				S. 386
19309	Rambow, Dorfstraße 16, Hof Richert	S				S. 488
19322	Klein Lüben, An der Kirche 8, Bauernhof Nickel	S				S. 357
19322	Rühstädt, Neuhausstraße 9, Parkplatz im Storchendorf	S				S. 511
19322	Wittenberge, Elbstraße 65, Nedwighafen	S	CHEM			S. 629
19322	Wittenberge-Garsedow, Dorfstraße 12, Wassersportverein Wittenberge	S	GRAU	B		S. 629
19336	Bad Wilsnack, , Kläranlage	E	andere		*	
19336	Bad Wilsnack, Am Kähling 1, Kristall Kur- und Gradier-Therme	S	CHEM GRAU			S. 155
19339	Plattenburg, Auf der Burg 1, Stellplatz Burg Plattenburg	S				S. 478
19348	Muggerkuhl, Dorfstraße 8, Stellplatz beim Dorfgemeinschaftshaus	S	CHEM GRAU		*	S. 425
19348	Perleberg, Sophienstraße 1, An der Sophienstraße	S				S. 475
19348	Perleberg, Neue Mühle 3, Camping- und Caravanhafen Perleberg	S	CHEM GRAU	B		S. 475
19357	Karstädt-Klein Warnow, Siedlung 5, Ferien-und Pferdehof Schörfke	S	GRAU			S. 349
19370	Parchim, Am Brunnen 1, Café & Pension Am Brunnen	S	CHEM GRAU			S. 473
19370	Parchim, Am Fischerdamm, Wasserwanderrastplatz Am Fischerdamm	S	CHEM GRAU	BÜ		S. 473
19372	Matzlow-Garwitz, Parchimer Straße, Marina Matzlow-Garwitz	S	CHEM GRAU			S. 408
19386	Gallin-Kuppentin, Seestraße 37, Wohnmobilstellplatz am Schwedenhof	S	CHEM GRAU			S. 267
19386	Lübz, Am Hafen 2a, Stellplatz im Hafen am Speicher	S	CHEM GRAU	BÜ	*	S. 397
19386	Lübz-Broock, Am Wornsberg 1, Hotel-Restaurant Am Worns-Berg	S				S. 398
19386	Lübz-Broock, Am Mühlenberg 3, Naturcampingplatz & Hafen Bermudadreieck	S	CHEM GRAU	BÜ		S. 398
19395	Ganzlin-Wangelin, Vietlübber Straße 35a, Wangeliner Garten	S	CHEM			S. 268
19395	Plau am See, Seestraße 38 D, Campingpark Zuruf am Plauer See	S	CHEM GRAU	BÜ	*	S. 478
19395	Plau am See, Quetziner Straße 16, Parkplatz Plau am See	S				S. 478
19406	Klein Pritz, Borkower Weg 1-4, Wohnmobilrastplatz Schwarzbieroase	S	CHEM GRAU	B		S. 357
19406	Sternberg, Maikamp 11, Reisemobilhafen Sternberger Seenland	S	CHEM GRAU	BÜ		S. 559
19417	Warin-Klein Labenz, Waldring 2, Caravanplatz Natur- und Ferienpark Am Groß Labenzer See	S	CHEM GRAU		*	S. 603

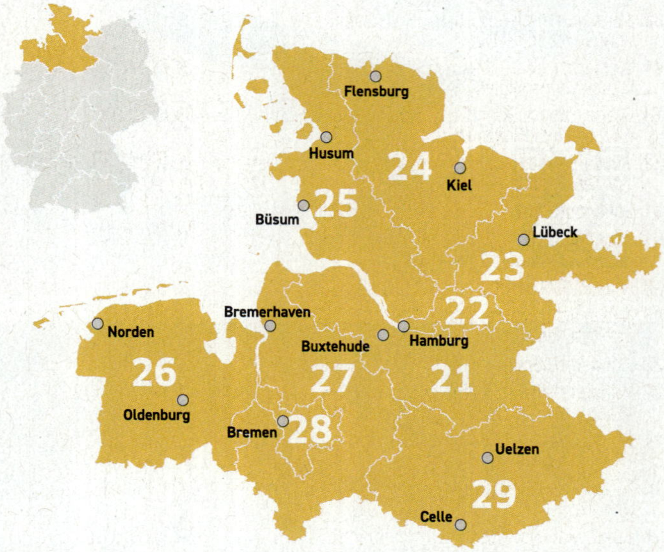

PLZ	Ort / Adresse	Typ	Entsorgung	Bodeneinlass	*	Seite
20097	Hamburg, Grüner Deich 8, Wohnmobilhafen Hamburg	S	CHEM GRAU			S. 299
20359	Hamburg, Glacischaussee, Parkplatz Heiligengeistfeld	S				S. 299
20359	Hamburg, St. Pauli Hafenstraße 89, Parkplatz Strand Pauli	S				S. 300
21109	Hamburg, Moorwerder Hauptdeich 33, Stellplatz Elbepark Bunthaus	S	CHEM GRAU			S. 300

S: Stellplatz **E:** Entsorgungsstation **CHEM:** Chemietoiletten-Entsorgung **GRAU B:** Grauwasserentsorgung mit Bodeneinlass **GRAU BÜ:** Grauwasserentsorgung mit Bodeneinlass überfahrbar
* Entsorgung für Durchreisende erlaubt. Bitte helfen Sie mit, diese Liste zu ergänzen. **Hinweis:** Einträge ohne Seitenzahl beziehen sich auf Entsorgungsstationen. Diese sind im BORDATLAS nicht gesondert aufgeführt.

21109	Hamburg, Finkenrieker Hauptdeich 5, Wohnmobilhafen Hamburg Süd	S	CHEM GRAU			S. 300
21220	Seevetal, Zur Wassermühle 4, Restaurant Horster Mühle	S				S. 541
21224	Rosengarten, Am Wildpark 1, Wildpark-Camping	S	CHEM GRAU			S. 507
21258	Heidenau, Zum Ferienzentrum 1, Ferienzentrum Heidenau	S	CHEM GRAU			S. 309
21272	Egestorf-Nordheide, Ahornweg 7, Naturerlebnisbad Aquadies	S	CHEM GRAU		*	S. 230
21335	Lüneburg, Am Bargenturm, Wohnmobilstellplatz Sülzwiesen	S	CHEM GRAU			S. 399
21337	Lüneburg, Bockelmannstraße 1, Kläranlage	E	Sani Service 3in1		*	
21354	Bleckede, Schützenweg 1, Wohnmobilstellplatz Bleckede - Schützenplatz	S	CHEM			S. 178
21354	Bleckede, Elbstraße, Wohnmobilstellplatz Bleckede - Hafen	S				S. 179
21354	Bleckede-Alt Garge, Am Waldbad 23, KNAUS Reisemobilhafen Bleckede	S	CHEM GRAU			S. 179
21365	Adendorf, Scharnebecker Weg, Wohnmobilstellplatz Adendorf	S	CHEM GRAU			S. 111
21376	Salzhausen, Schwienbrink 1/Am Waldbad, Wohnmobilstellplatz am Waldbad	S	GRAU	B		S. 515
21379	Scharnebeck, Adendorfer Straße 40, Wohnmobilstellplatz Am Schiffshebewerk	S	CHEM GRAU			S. 521
21380	Artlenburg, Hafenstraße 2, Sportboothafen und Campingplatz an der Elbe	S	CHEM GRAU			S. 124
21382	Brietlingen, Auf den Bergen 96, Campingplatz am Reihersee	S	CHEM GRAU		*	S. 195
21382	Brietlingen-Lüdershausen, Auf den Bergen 96, Kurzzeitstellplatz vor Campingplatz Reihersee	S	CHEM GRAU	BÜ		S. 195
21385	Amelinghausen, Ortsausgang Oldendorfer Straße, Kläranlage Amelinghausen	E	andere		*	
21385	Amelinghausen, Auf der kalten Hude 2, Parkplatz am Lopausee	S				S. 120
21385	Amelinghausen, Zum Lopautal, Parkplatz am Waldbad	S	CHEM GRAU	BÜ	*	S. 120
21385	Amelinghausen, An der B209, Parkplatz an der Kronsbergheide	S				S. 120
21385	Amelinghausen, Zum Lopautal 31, Stellplätze am Campingplatz Lopautal	S	CHEM GRAU	B	*	S. 120
21385	Amelinghausen-Dehnsen, Unter den Eichen 10, Landgasthaus Eichenkrug	S				S. 120
21388	Soderstorf-Schwindebeck, K44, Steinbecker Straße, Schwindebecker Heide	S				S. 548
21394	Westergellersen, Westergellerser Heide 1, Wohnmobilstellplatz Westergellersen	S	CHEM GRAU			S. 615
21423	Drage, Stover Strand 10, Camping Stover Strand International Kloodt OHG	S	CHEM GRAU			S. 220
21423	Winsen/Luhe, Eppens Allee, Wohnmobilstellplatz Winsen Eppens Allee	S	CHEM GRAU	BÜ	*	S. 625
21481	Lauenburg/Elbe, Blumenstraße 29, Hotel-Parkplatz	S				S. 378
21481	Lauenburg/Elbe, Hafenstraße 14b, Marina Beach Lauenburg an der Elbe	S	CHEM GRAU			S. 378
21483	Krüzen, Ziegelei 9, Tierpark Krüzen	S				S. 370
21502	Geesthacht, Elbuferstraße, Stellplatz Alter Schiffsanleger 777	S	CHEM GRAU			S. 270
21522	Hohnstorf, Schulstraße 1a, Auf dem Deich	S	CHEM GRAU			S. 326
21522	Hohnstorf-Bullendorf, Elbuferstraße 35, Wohnmobilplatz Bullerby Knüppel	S	CHEM GRAU	BÜ	*	S. 326
21614	Buxtehude, Am Hafen 5, Stellplatz am Wassersportverein	S	CHEM GRAU	BÜ	*	S. 203
21614	Buxtehude, Genslerweg, Wohnmobilstellplatz Schützenplatz	S	CHEM GRAU		*	S. 203
21614	Buxtehude-Neukloster, Cuxhavener Straße, Wohnmobilstellplatz in Neukloster/Pfingstmarktplatz	S	CHEM GRAU			S. 204
21635	Jork, Am Fleet, Festplatz Jork	S	CHEM			S. 343
21635	Jork, Lühe 46, Stubbe's Gasthaus	S				S. 343
21635	Jork-Neuenschleuse, Yachthafenstraße, Wohnmobilstellplatz Jork – Am Yachthafen	S	CHEM GRAU			S. 344
21644	Sauensiek, Hauptstraße 1, Klindworths Gasthof	S				S. 520

21680	Stade, Salinenweg 40H, Stellplatz am Sole- und Erlebnisbad Solemio	S			**S. 554**
21682	Stade, Schiffertorstraße 21, Wohnmobilstellplatz am Schiffertor	S	CHEM GRAU		**S. 554**
21682	Stade-Abbenfleth, Schanzenstraße 51, Wohnmobilstellplatz in der Festung Grauerort	S			**S. 554**
21698	Harsefeld, Im Butendieck 28, Kläranlage	E	andere	*	
21698	Harsefeld, Kirchenstraße, Klosterpark	S			**S. 304**
21702	Ahlerstedt, Stader Straße 2, Wohnmobilstellplatz Hotel Schützenhof	S			**S. 113**
21706	Drochtersen, Am Sportplatz, Hallenbad Drochtersen	S			**S. 222**
21706	Drochtersen-Assel, Asseler Hafenstraße, Am Alten Hafen	S			**S. 222**
21706	Drochtersen-Krautsand, Elbinsel Krautsand 28, Wohnmobilstellplatz Krautsand	S			**S. 223**
21709	Himmelpforten, Breitenwisch 3, Am Gasthaus Jarck	S			**S. 320**
21712	Großenwörden, Deichstraße 21, Reisemobilstellplatz Großenwörden	S			**S. 291**
21717	Deinste, Im Mühlenfeld 30, Golf Club Deinster Geest	S			**S. 212**
21720	Grünendeich, Elbdeich 62, Wohnmobilstellplatz am Lühe-Anleger	S			**S. 293**
21720	Steinkirchen, Wetterndorf 13, Kläranlage	E	Sani Station	*	
21723	Hollern-Twielenfleth, Am Deich 43, Parkplatz Twielenfleth	S			**S. 327**
21726	Heinbockel-Hagenah, An der Bundesstraße 2, Landhaus Hagenah	S			**S. 311**
21727	Estorf-Gräpel, Zum Hafen 21, Wohnmobilstellplatz Gräpel – An der Prahmfähre	S			**S. 248**
21729	Freiburg/Elbe, Am Bassin 25, Sport- und Freizeitzentrum Am Bassin	S	CHEM GRAU	*	**S. 259**
21730	Balje-Hörne, Neuenhof, Natureum Niederelbe	S			**S. 158**
21732	Krummendeich, Osterwechtern, Stellplatz beim Naturfreibad	S			**S. 369**
21734	Oederquart, Am Sportplatz, Wohnmobilstellplatz Oederquart	S			**S. 460**
21737	Wischhafen, Hafenstraße 5-8, Alter Hafen	S			**S. 627**
21737	Wischhafen, Unterm Deich 7, Am Museum	S			**S. 627**
21737	Wischhafen, Glückstädter Straße 2, Stellplatz An der Elbfähre	S			**S. 627**
21737	Wischhafen, Ziegelstraße 6, Wohnmobilstellplatz Ziegelstraße	S	CHEM GRAU BÜ	*	**S. 627**
21756	Osten, Garten-/Schützenstraße, Parkplatz an der Festhalle	S	CHEM		**S. 466**
21762	Otterndorf, An der Schleuse, Stellplatz am Seglertreff Otterndorf	S	CHEM GRAU		**S. 470**
21762	Otterndorf, Fritz-Pahlke-Straße 7, Wohnmobilstellplatz Otterndorf	S	CHEM GRAU B		**S. 470**
21769	Lamstedt, Heinrich-Evers-Straße 4, Wohnmobilstellplatz Ehlers	S	CHEM GRAU BÜ		**S. 373**
21775	Ihlienworth, Hauptstraße 1, Stellplatz auf der Schöpfwerksinsel	S	CHEM GRAU B		**S. 336**
21785	Neuhaus/Oste, Am Yachthafen, Reisemobilstellplatz am Yachthafen	S	CHEM GRAU		**S. 437**
21787	Oberndorf/Oste-Bentwisch, Bentwisch, Wohnmobilstellplatz Oberndorf (Oste)	S	CHEM GRAU B		**S. 456**
21789	Wingst, Schwimmbadallee 13, KNAUS Campingpark Wingst	S	CHEM GRAU	*	**S. 624**
21789	Wingst-Westerhamm, Westerhamm 59, Wohnmobilstellplatz Lütt Mandus	S			**S. 624**
22457	Hamburg-Schnelsen, Wunderbrunnen 2, KNAUS Campingpark Hamburg	E	Sani Service 3in1		
22527	Hamburg-Eimsbüttel, Leopardenstraße 14, Privatplatz Hamburg-City	S	CHEM GRAU		**S. 300**
22880	Wedel, Am Freibad/Ecke Schulauer Straße, Wohnmobilstellplatz Wedel	S	CHEM		**S. 604**
22929	Kasseburg, Tannenweg 5, Heuherberge am Sachsenwald - Hoppelino auf Haase Heuhof	S			**S. 349**
22946	Trittau, Zum Schützenplatz, Stellplatz Schützenplatz	S			**S. 577**
23554	Lübeck, Lastadie, Lastadie P2 A1	S			**S. 396**
23554	Lübeck, Willy-Brandt-Allee/Lastadie, Lastadie P4	S			**S. 396**
23554	Lübeck, Willy-Brandt-Allee (Nähe Media Docks), Nördliche Wallhalbinsel	S			**S. 397**
23556	Lübeck, Herrenholz 14, CITTI-PARK Lübeck	S	CHEM GRAU	*	**S. 397**
23568	Lübeck, An der Hülshorst 9, Wohnmobiltreff Lübeck	S	GRAU B		**S. 397**
23570	Lübeck-Travemünde, Travemünder Landstraße 300, Am Fischereihafen	S	CHEM GRAU BÜ		**S. 397**
23570	Lübeck-Travemünde, Kowitzberg 3, Ferienhof Evershof	S			**S. 397**
23570	Lübeck-Travemünde, Kowitzberg, Parkplatz am Kowitzberg	S	CHEM GRAU	*	**S. 397**
23611	Bad Schwartau, Riesebusch, Wohnmobilstellplatz Riesebusch	S	GRAU		**S. 150**
23669	Timmendorfer Strand-Niendorf, An der B76, Parkplatz P4 am Vogelpark	S	CHEM GRAU		**S. 573**
23683	Scharbeutz, Strandallee 98b, Ostseestrand Ferienpark Scharbeutz	S	CHEM GRAU BÜ		**S. 521**
23683	Scharbeutz, Hamburger Ring 6-8, Womohafen Scharbeutzer Strand	S	CHEM GRAU BÜ		**S. 521**
23701	Eutin, Prinzenholzweg 20, Naturpark-Camping Prinzenholz	S	CHEM GRAU		**S. 249**
23701	Eutin, Elisabethstraße am Bahnhof, Parkplatz Innenstadt	S			**S. 249**
23701	Eutin, Oldenburger Landstraße 21, Reisemobilpark Eutiner See	S	CHEM GRAU BÜ		**S. 249**
23701	Süsel, Süseler Moor 6, Seepark Süsel	S	CHEM GRAU BÜ		**S. 565**
23714	Bad Malente-Gremsmühlen, Sebastian-Kneipp-Straße, Parkplatz Krützen	S	CHEM		**S. 143**
23730	Bliesdorf-Strand, Scharberg, Ostsee-Campingplatz Kagelbusch	S	CHEM		**S. 179**
23730	Neustadt in Holstein, Sandberger Weg 96, Campingplatz Lotsenhaus	S	CHEM		**S. 442**
23730	Neustadt in Holstein-Pelzerhaken, Auf der Pelzerwiese 45, Wohnmobilstellplatz Ostsee	S	CHEM GRAU		**S. 442**
23730	Schashagen-Bliesdorf, Furthkoppel, Wohnmobilpark Meerblick	S	CHEM GRAU		**S. 522**
23730	Schashagen-Bliesdorf, Strandweg 26, Wohnmobilpark Ostseeblick/Camping Walkyrien	S	CHEM GRAU BÜ	*	**S. 522**
23730	Sierksdorf, Am Fahrenkrog 1, Reisemobilstellplatz beim Hansa-Park	S			**S. 546**
23730	Sierksdorf, Am Fahrenkrog 12, WoMo Sierksdorf	S	CHEM GRAU BÜ		**S. 546**
23738	Lensahn, Dr.-Julius-Stinde-Straße 13, Reisemobilplatz Lensahn	S	CHEM GRAU		**S. 386**
23743	Grömitz, Lenster Weg 1, Wohnmobilpark Achtern Diek	S	CHEM GRAU		**S. 288**
23743	Grömitz-Cismar, Kattenberg 8, Wohnmobilplatz Hof Kattenberg	S	CHEM GRAU		**S. 288**
23747	Dahme, Anhalter Platz 100, Eurocamping Zedano	E	Sani Station		
23749	Rosenfelde-Grube/Ostholstein, Rosenfelder Strand 1, Camping am Rosenfelder Strand	S	CHEM GRAU BÜ	*	**S. 507**
23758	Oldenburg in Holstein, Professor-Struve-Weg 1, Wohnmobilstellplatz am Wallmuseum	S	CHEM GRAU BÜ		**S. 463**
23758	Wangels-Weißenhaus, Seestraße, Parkplatz am Strand	E	Sani Station		
23769	Fehmarn, Altenteil 24, Belt-Camping-Fehmarn	S	CHEM GRAU		**S. 250**
23769	Fehmarn, Mittelhof, Ferienhof Höper	S	GRAU		**S. 251**
23769	Fehmarn, Am Steinkamp 2 b, Stellplatz Hintz	S	CHEM GRAU B	*	**S. 251**
23769	Fehmarn-Burgstaaken, Burgstaaken/Am Binnensee, Stellplatz am Kommunalhafen	S			**S. 251**
23769	Fehmarn-Fehmarnsund, Fehmarnsund 70, Camping Miramar	S	CHEM GRAU B		**S. 251**
23769	Fehmarn-Gammendorf, Gammendörp Strand, Campingplatz Am Niobe	S	CHEM	*	**S. 251**
23769	Fehmarn-Johannisberg, Johannisberg 1, Campingplatz Johannisberg	S	CHEM		**S. 251**
23769	Fehmarn-Klausdorf, Klausdorfer Strandweg 100, Camping Klausdorfer Strand	S	CHEM GRAU		**S. 252**
23769	Fehmarn-Meeschendorf, Feriensiedlung Residenz 1003, Camping Südstrand	S	CHEM GRAU		**S. 252**
23769	Fehmarn-Meeschendorf, Zum Meeresstrand 100, Insel-Camp Fehmarn	S	CHEM GRAU	*	**S. 252**
23769	Fehmarn-Strukkamp, Strukkamp 83, Camping Strukkamphuk	S	CHEM GRAU BÜ		**S. 252**

S: Stellplatz **E:** Entsorgungsstation **CHEM:** Chemietoiletten-Entsorgung **GRAU B:** Grauwasserentsorgung mit Bodeneinlass **GRAU BÜ:** Grauwasserentsorgung mit Bodeneinlass überfahrbar
* Entsorgung für Durchreisende erlaubt. Bitte helfen Sie mit, diese Liste zu ergänzen. **Hinweis:** Einträge ohne Seitenzahl beziehen sich auf Entsorgungsstationen. Diese sind im BORDATLAS nicht gesondert aufgeführt.

23769	Fehmarn-Sulsdorf, Dörpdiek 10, Mini-Camping Kleingarn	S			**S. 252**
23769	Fehmarn-Sulsdorf, Gollendorfer Weg 11, Mini-Camping Kleingarn	S			**S. 252**
23769	Fehmarn-Wulfen, Wulfener Hals Weg 100, Wohnmobilpark Wulfener Hals	S	CHEM GRAU		**S. 253**
23774	Heiligenhafen, Eichholzweg 26, Reisemobilstellplatz Heiligenhafen	S	CHEM GRAU B		**S. 310**
23775	Großenbrode, Südstrand 1, Wohnmobilhafen Reise	S	CHEM GRAU		**S. 290**
23775	Großenbrode, Am Kai 29, Wohnmobilstellplatz Wassersportzentrum Großenbrode	S	CHEM GRAU		**S. 290**
23779	Neukirchen, Ostermade 1, Camping Hohes Ufer	E	Bodeneinlass		
23779	Sütel-Strand, Sütel 1001, Wohnmobilhafen Seepark Sütel	S	CHEM GRAU		**S. 565**
23795	Bad Segeberg, Kastanienweg 1, Wohnmobilstellplatz Kalkbergblick	S	CHEM GRAU B	*	**S. 150**
23812	Wahlstedt, Scharnhorststraße 2, Wohnmobilstellplatz Wahlstedt	S	CHEM GRAU BÜ		**S. 593**
23823	Seedorf-Schlamersdorf, Kirchstraße 14, MÖBEL-KISTE	S	GRAU		**S. 541**
23843	Bad Oldesloe, Am Bürgerpark, Wohnmobilstellplatz auf dem Exer	S	CHEM GRAU		**S. 146**
23858	Reinfeld/Holstein, Matthias-Claudius-Straße, Parkplatz Karpfenplatz	S	CHEM GRAU		**S. 494**
23863	Kayhude, Segeberger Straße 5, Schwarz Mobile Freizeit	S	CHEM		**S. 350**
23879	Mölln, Vorkamp 19, Shell-Tankstelle	E	andere	*	
23879	Mölln/Lauenburg, Alt-Möllner Straße/Hafen, Wohnmobilplatz am Ziegelsee	S			**S. 420**
23883	Sterley-Pipersee, Sterleyer Heide 2 (An der Piperseebrücke), Schaalsee-Camp	S			**S. 559**
23909	Ratzeburg, Fischerstraße, Wohnmobilstellplatz Aqua Siwa	S	CHEM GRAU BÜ		**S. 490**
23909	Römnitz, Dorfstraße 32 a, Campingplatz Schwalkenberg	S	CHEM GRAU BÜ		**S. 506**
23911	Buchholz bei Ratzeburg, Am Campingplatz 1, Naturcamping Buchholz	S	CHEM GRAU		**S. 198**
23936	Grevesmühlen, Klützer Straße 17a, Hotel am See	S			**S. 288**
23946	Boltenhagen/Ostseebad, Ostseeallee 58 b, Krämers Wohnmobilhafen	S	CHEM GRAU		**S. 184**
23946	Boltenhagen/Ostseebad, Ostseeallee 54, Regenbogen Boltenhagen	S	CHEM GRAU		**S. 184**
23946	Boltenhagen/Ostseebad, Ostseeallee 58, Wohnmobilpark Boltenhagen	S	CHEM		**S. 184**
23948	Hohen Schönberg, Kalkhorster Straße 5, Ostseehotel Klützer Winkel	S			**S. 324**
23948	Klütz-Wohlenberg, An der Chaussee 5, Feriendorf an der Ostsee	S			**S. 360**
23966	Wismar, Schiffbauerdamm 12, Wohnmobilpark Westhafen Wismar	S	CHEM GRAU	*	**S. 628**
23966	Wismar, Bürgermeister-Haupt-Straße 38, Wohnmobilstellplatz Wonnemar	S			**S. 628**
23968	Hohenkirchen-Beckerwitz, Ostseestraße 10, Ostseecamping Beckerwitzer Strand	S	CHEM GRAU		**S. 325**
23968	Zierow, Strandstraße 19c, Ostsee-Camping Zierow	S	CHEM GRAU		**S. 640**
23970	Wismar, Lütt Moor 1, Ferienpark Wismar Lütt Moor	S	CHEM GRAU	*	**S. 628**
23992	Krassow, Kastanienallee 56, Stellplatz Krassow	S	GRAU		**S. 365**
23992	Neukloster, Alte Gärtnerei 3, Wohnmobilpark am See Neukloster	S	CHEM GRAU	*	**S. 438**
23999	Insel Poel-Niendorf, Niendorf 13, Poeler Forellenhof	S	CHEM GRAU		**S. 339**
23999	Insel Poel-Timmendorf, Tau'n Lüchttorm 3, Wohnmobil-Parkplatz Timmendorf	S	CHEM GRAU		**S. 339**
24106	Kiel-Wik, Mecklenburger Straße 58, Wohnmobilstellplatz Förde- und Kanalblick	S	CHEM GRAU		**S. 354**
24159	Kiel-Friedrichsort, Koppelberg 1, Aral-Tankstelle	E	Sani Station	*	
24211	Lehmkuhlen-Dammdorf, Preetzer Straße 1-3, Flair Hotel Neeth	S			**S. 383**
24211	Preetz, Kahlbrook 25 A, Wohnmobilpark Preetz	S	CHEM GRAU B	*	**S. 482**
24214	Gettorf, Eichkoppel 1a, Premium Mobilpark Gettorf	S	CHEM GRAU	*	**S. 276**
24217	Schönberg-Brasilien, Brasilien/Mittelstrand, Park- und Stellplatz Brasilien	S	CHEM GRAU B		**S. 531**

24217	Schönberg-Brasilien, Mittelstrand, Parkplatz Mittelstrand	S	CHEM GRAU		**S. 531**
24220	Böhnhusen, Dorfstraße 21, Hof Treptow	S			**S. 183**
24235	Laboe, Professor-Munzer-Ring, Wohnmobilstellplatz am Marine-Ehrenmal Laboe	S	CHEM GRAU		**S. 372**
24238	Lammershagen-Bellin, Am See 1, Campingplatz Am Selenter See	S	CHEM		**S. 373**
24241	Grevenkrug, An der B4 Nr. 6, Hotel-Restaurant Auerhahn	S	CHEM GRAU		**S. 287**
24257	Hohenfelde, Strandstraße 16, Bauernhof-Camping Krumbeck	S	CHEM GRAU	*	**S. 325**
24306	Bösdorf-Kleinmeinsdorf, Hörn 6, Landhaus Zur Tenne	S	CHEM GRAU		**S. 187**
24306	Bösdorf-Pfingstberg, Alte Salzstraße 8, Hof Schlossblick	S			**S. 187**
24306	Plön, Missionsweg 2, Campingpark Gut Ruhleben	S	CHEM GRAU BÜ		**S. 479**
24306	Plön, Ascheberger Straße 76, Naturcamping Spitzenort	S	CHEM		**S. 479**
24306	Plön, Aschebergerstraße 2, Womo-Stop Plön	S	CHEM GRAU		**S. 480**
24306	Plön-Bösdorf, Augstfelde 1, Campingpark Augstfelde am Vierer See	S	CHEM GRAU		**S. 480**
24321	Behrensdorf/Ostsee, Neuland 5, Campingpark und Restaurant Waldesruh	S	CHEM GRAU	*	**S. 164**
24321	Hohwacht, Am Buchholz, Stellplatz Alt-Hohwacht	S	CHEM GRAU		**S. 327**
24326	Nehmten-Godau, Störlandweg 1, Camping Godau	S	CHEM GRAU		**S. 432**
24327	Blekendorf-Sehlendorf, Strandstraße 24, Parkplatz am Sehlendorfer Strand	S	CHEM GRAU BÜ		**S. 179**
24340	Eckernförde, Kakabellenweg, Wohnmobilstellplatz am Noor	S	CHEM GRAU		**S. 227**
24340	Eckernförde-Altenhof, Bundesstraße 76, Wohnmobilpark Ostsee	S	CHEM GRAU BÜ	*	**S. 227**
24351	Damp, Parkstraße 2, Wohnmobilpark Damp	S	CHEM GRAU		**S. 210**
24357	Güby, Dorfstraße 2, Hotel & Restaurant Schlei-Liesel	S			**S. 294**
24358	Ahlefeld-Bistensee, Mühlenweg 1, Ferienplatz bei Matz	S	CHEM GRAU		**S. 112**
24369	Klein Waabs, Strandweg 31, Wohnmobilstellplatz Ostsee-Campingplatz Familie Heide	S	CHEM GRAU BÜ		**S. 357**
24369	Waabs, Karlsminde 10, Ostseecamping Gut Karlsminde	S	CHEM GRAU B	*	**S. 591**
24369	Waabs-Ludwigsburg, Ludwigsburg 4, Ostsee-Camping Gut Ludwigsburg	S	CHEM GRAU		**S. 591**
24376	Grödersby, Friedenshöherstraße 21, Stellplatz Wassersportgemeinschaft Arnis/Grödersby e.V.	S	CHEM GRAU BÜ		**S. 288**
24376	Hasselberg, Drecht 7, Campingplatz Hasselberg	S	CHEM GRAU		**S. 306**
24376	Hasselberg, Drecht 6, Ostseecamping Gut Oehe	S	CHEM		**S. 306**
24376	Kappeln, Eckernförder Straße 9b, Aral Ellenberg	S	CHEM GRAU	*	**S. 348**
24376	Kappeln, Am Hafen 23 A, Stellplatz Ancker Yachting	S	CHEM GRAU B		**S. 348**
24392	Boren-Lindau, Lindauhof 5, Schlei-Marina-Lindauhof	S			**S. 185**
24395	Niesgrau, Gelting-Mole 1, Sporthafen Gelting-Mole	S	CHEM GRAU BÜ		**S. 447**
24395	Pommerby, Gammeldamm 6, Ostseesonne Camping	S	CHEM GRAU BÜ		**S. 481**
24404	Maasholm, Uleweg 31, Wohnmobilstellplatz Maasholm am Yachthafen	S	CHEM GRAU		**S. 400**
24407	Rabenkirchen-Faulück, Karschau 56, Campingpark Schlei-Karschau	E			
24534	Neumünster, Hansaring 177, Bad am Stadtwald	S	CHEM GRAU		**S. 439**
24568	Kaltenkirchen, Norderstraße, Stellplatz an der HolstenTherme	S	CHEM GRAU		**S. 346**
24576	Weddelbrook, Vogelzunge, Campingplatz Vogelzunge	S	CHEM GRAU	*	**S. 604**
24582	Bordesholm, Kieler Straße 80, Parkplatz Bordesholm	S			**S. 185**
24589	Borgdorf-Seedorf, Hauptstraße, See Camping BUM	S	CHEM GRAU B		**S. 185**
24589	Nortorf, Rendsburger Straße 11, Übernachtungsplatz Gasthof Ritzebüttel	S			**S. 451**
24610	Trappenkamp, Segeberger Straße, Stellplatz Trappenkamp	S	CHEM GRAU		**S. 576**
24623	Großenaspe, Stellbrooker Weg, Wildpark Eekholt	S			**S. 290**
24631	Langwedel, Mühlenstraße 30a, Caravanpark am Brahmsee	S	CHEM GRAU BÜ		**S. 376**
24637	Schillsdorf, Hauptstraße 4, Brauerei Kirschenholz	S			**S. 524**
24768	Rendsburg, Am Kreishafen 30-32, Wohnmobilhafen am Kreishafen NOK	S	CHEM GRAU		**S. 496**

S: Stellplatz **E:** Entsorgungsstation **CHEM:** Chemietoiletten-Entsorgung **GRAU B:** Grauwasserentsorgung mit Bodeneinlass **GRAU BÜ:** Grauwasserentsorgung mit Bodeneinlass überfahrbar

* Entsorgung für Durchreisende erlaubt. Bitte helfen Sie mit, diese Liste zu ergänzen. **Hinweis:** Einträge ohne Seitenzahl beziehen sich auf Entsorgungsstationen. Diese sind im BORDATLAS nicht gesondert aufgeführt.

PLZ	Ort	Typ	Entsorgung	Seite
24768	Rendsburg, An der Untereider 9, Wohnmobilhafen am Rendsburger Stadtsee	S	CHEM GRAU	S. 496
24783	Osterrönfeld, Werner-von-Siemens-Straße 2, Caravanpark Spann...an	E	Holiday-Clean	
24783	Osterrönfeld, Am Kamp-Kanal 1, Wohnmobilhafen am Kanal-Café NOK	S	CHEM GRAU	S. 468
24790	Schacht-Audorf, An der K 76, WohnmobilPark Schacht-Audorf	S	CHEM GRAU	S. 520
24797	Hörsten, Schachtholm 1 (Kreisstraße 27), Wohnmobilhafen am Flugplatz Schachtholm NOK	S	CHEM GRAU	S. 330
24802	Bokel, Lindenallee 15, Hof Ulliwood	S		S. 183
24806	Hohn, Westende 12, Café auf dem Rosenhof Hohn	S	CHEM GRAU	S. 326
24814	Sehestedt, Fährstraße 1/K94, Parkplatz Fähre Nord	S	CHEM GRAU	S. 542
24837	Schleswig, Am Hafen 5, Wohnmobilstellplatz am Schleswiger Stadthafen	S	CHEM GRAU B	S. 525
24837	Schleswig, Wikingeck 11, Wohnmobilstellplatz am Wiking-Yachthafen	S	CHEM GRAU	S. 525
24848	Kropp, Tetenhusener Chaussee 1, Hotel Wikingerhof	S		S. 368
24848	Kropp-Kropperbusch, Kropperbusch 1, Stellplatz Kropperbusch	S		S. 368
24866	Busdorf, Wittgenstein 2, Autohof Wikingerland	S	CHEM	S. 202
24866	Schleswig-Busdorf, Wittgenstein 2, Autohof Wickingerland	E	Sani Station *	
24878	Jagel, Bundesstraße 13, Wohnmobilhafen Jagel	S	CHEM GRAU BÜ	S. 342
24887	Silberstedt-Hünning, Zur Treene 7, Treene Camping	E	Modusan	S.
24937	Flensburg, Am Industriehafen/Ladestraße des Industriehafens, Reisemobilplatz Flensburg	S		S. 257
24941	Flensburg, Lilienthalstraße 6, Wohnmobilstellplatz Citti-Park Flensburg	S	CHEM GRAU BÜ *	S. 257
24960	Glücksburg-Holnis, An der Promenade 1, Ostseecamp Glücksburg-Holnis	S	CHEM GRAU *	S. 280
24960	Munkbrarup, Bockholmwik 19, Fördeferien Bockholmwik	S	CHEM GRAU	S. 427
24966	Sörup, Seeblick, Badeanlage am Südensee	S	CHEM GRAU B	S. 551
24972	Steinberg-Norgaardholz, Nordstern 1, Campingplatz Nordstern	S	CHEM GRAU BÜ	S. 557
24977	Langballigau, Strandweg 3, Campingplatz Langballigau	S	CHEM GRAU	S. 375
24977	Westerholz, Kummle 1, Campingplatz Fördeblick Westerholz	S	CHEM GRAU B	S. 616
24980	Schafflund, Hauptstraße 47, Hotel-Restaurant Utspann	S		S. 521
24980	Wallsbüll, Ellunder Straße 15, Bisonhof Nissen	S		S. 599
24983	Handewitt, Scandinavian Park 13, Scandinavian Park Petersen KG	S	CHEM GRAU	S. 301
24991	Großsolt-Mühlenbrück, Flensburger Straße 20, Stellplatz Flensburger Straße	S	CHEM GRAU	S. 292
25335	Elmshorn, Wedenkamp, Nordufer, Parkplatz Wedenkamp Nordufer	S	CHEM GRAU	S. 236
25348	Glückstadt, Am Hafen, Außenhafen Glückstadt	S		S. 280
25348	Glückstadt, Pentzstraße, P&R-Platz	S		S. 280
25355	Barmstedt, Seestraße/Roissy-En-Brie-Platz, Wohnmobilstellplatz am Rantzauer See	S	CHEM GRAU BÜ	S. 159
25371	Seestermühe, Achtern Diek, Reisemobilstellplatz Seestermühe	S		S. 541
25436	Uetersen, Ziegelei, Uetersener Stichhafen	S		S. 580
25451	Quickborn, Holmmoor Ost, A 7 Richtung Norden, Tank & Rast Raststätte Holmmoor Ost	E	Sani Station *	
25474	Hasloh, Garstedter Weg 36a, Camping Tante Henni	S	CHEM GRAU	S. 306
25524	Itzehoe, Schumacherallee, Wohnmobilstellplatz Malzmüllerwiesen	S	CHEM GRAU	S. 341
25541	Brunsbüttel, Am Freizeitbad 2, Freizeitbad Brunsbüttel	S	CHEM GRAU	S. 197
25541	Brunsbüttel, Auf dem Deiche 2a, Wohnmobilstellplatz am alten Hafen	S	CHEM GRAU	S. 197
25548	Kellinghusen, Jakob-Fleischer-Straße, Wohnmobilplatz Am Freibad	S	CHEM GRAU	S. 351
25554	Wilster, Etatsrätin-Doos-Straße, Colosseum-Platz	S	CHEM GRAU *	S. 623
25569	Hodorf, Dorfstraße 14, Stellplatz Fährhaus Hodorf	S	GRAU	S. 323
25576	Brokdorf, Dorfstraße 54, Reisemobilplatz Brokdorf	S	CHEM GRAU	S. 196
25704	Meldorf, Deichstraße 2, Action-Surf-Meldorf	S	CHEM	S. 413
25712	Quickborn (Dithmarschen), Hauptstraße 2, Stellplatz am Helmschen Bach	S		S. 486
25718	Friedrichskoog-Spitze, Nordseestraße, Parkplatz 2	S	CHEM GRAU	S. 263
25746	Heide, Landvogt-Johannsen-Straße 59, Wohnmobilplatz Heide	S	CHEM GRAU BÜ	S. 309
25761	Büsum, Dr.-Martin-Bahr-Straße 5, Wohnmobilpark Büsum	S	CHEM GRAU BÜ	S. 202
25761	Hedwigenkoog, Westerkoog 14, Ferienhof Folger	S	GRAU	S. 308
25767	Albersdorf, Weg zur Badeanstalt, Freizeitbad Albersdorf	S	CHEM	S. 113
25774	Lehe, Preiler Ring 7, Hof Nordstern	S		S. 383
25774	Lunden, Wollersumer Straße 5, Wohnmobilstellplatz Lunden am Eiderufer	S		S. 399
25794	Pahlen, Fischerstraße 15, Stellplatz am Hafen	S		S. 472
25797	Wöhrden, Schwarzer Weg, Landhotel Gasthof Oldenwöhrden	S		S. 631
25813	Husum-Porrenkoog, Dockkoogstraße 7, Loof's Wohnmobilhafen	S	CHEM	S. 334
25813	Simonsberg, Lundenbergweg 4, Nordseecamping Zum Seehund	S	CHEM GRAU B	S. 547
25821	Bredstedt, Süderstraße 75, Stellplatz Süderstraße	S		S. 191
25821	Reußenköge, Sönke-Nissen-Koog 36a, Amsinck-Haus	S	GRAU	S. 496
25826	Sankt Peter-Ording, Grudeweg 1, Camping SPO	S	CHEM GRAU	S. 518
25826	Sankt Peter-Ording, Bövergeest 56, Campingpark Olsdorf	S	CHEM GRAU	S. 519
25826	Sankt Peter-Ording, Ketelskoog 10, Reisemobilhafen St. Peter-Oding	S	CHEM GRAU	S. 518
25832	Tönning, Katinger Landstraße 5, Natur Campingplatz Lilienhof	S	CHEM GRAU BÜ	S. 574
25832	Tönning, Am Freizeitpark 1a, Stellplatz Kapitänshaus	S	CHEM GRAU	S. 575
25832	Tönning, Am Freizeitpark 1a, Wohnmobilhafen Eiderblick	S	CHEM GRAU	S. 575
25840	Friedrichstadt, Halbmond 5, Friedrichstädter Wohnmobilstellplatz am Halbmond	S	CHEM GRAU BÜ	S. 263
25842	Ockholm, Bäderstraße 6, Stellplatz Kirchwarft Altes Pastorat	S	CHEM GRAU	S. 460
25845	Nordstrand, Norderquerweg 2, Womoland Nordstrand	S	CHEM GRAU	S. 451
25845	Nordstrand-Süderhafen, Süderhafen 8, Camping Nordstrand Margarethenruh	S	CHEM GRAU	S. 451
25849	Pellworm, Klostermitteldeich 14, Wattenmeercamping-Pellworm	S	CHEM GRAU B	S. 474
25852	Bordelum-Sterdebüll, Dorfstraße 90, Landhaus Sterdebüll	S		S. 185
25862	Joldelund, Na Rossieg 2, Wohnmobilstellplatz Sterntaler	S	CHEM GRAU BÜ	S. 343
25873	Rantrum, Am Sportplatz 19, Reisemobilhafen Rantrum	S	CHEM GRAU	S. 489
25881	Tating, Martendorf 4, MeerGrün-die Westküstenlodge	S	CHEM GRAU	S. 567
25882	Tetenbüll, Kantorsweg 6, Kantorhof	S		S. 569
25892	Niebüll, Lornsenstraße, Reisemobilparkplatz am Marktplatz	S	CHEM GRAU	S. 445
25899	Dagebüll, Am Badedeich 15, Reisemobilhafen am Nordseedeich	S		S. 209
25899	Dagebüll, Fährhafenstraße 2, Womo Ankerplatz am Deich	S	CHEM GRAU BÜ	S. 210
25899	Dagebüll-Hafen, Nordseestraße 20, Campingplatz Neuwarft	S	CHEM GRAU	S. 210
25917	Achtrup, Ladelunder Straße 24, Landgasthof Achtruper Stuben	S		S. 111
25917	Enge-Sande, Dorfstraße 28, Bergers Hotel & Landgasthof	S		S. 240
25917	Leck, Am Stadion 3, Reisemobilhafen am Erlebnisbad	S	CHEM GRAU BÜ	S. 381
25920	Stedesand, An der B5, Haus 11, Hotel Restaurant Deichgraf	S		S. 556
25923	Süderlügum, Revtoftweg 1, Fuchswiesen	S	GRAU	S. 562
25926	Ladelund, Stato/An der Landesstraße 245, Naturbad Ladelund	S	CHEM GRAU *	S. 372
25938	Utersum/Föhr, Strunwai 16, Wohnmobilstellplatz Föhr	S	CHEM GRAU	S. 583
25997	Hörnum/Sylt, Am Campingplatz 1, Wohnmobilstellplatz Hörnum	S	CHEM GRAU	S. 330

S: Stellplatz **E:** Entsorgungsstation **CHEM:** Chemietoiletten-Entsorgung **GRAU B:** Grauwasserentsorgung mit Bodeneinlass **GRAU BÜ:** Grauwasserentsorgung mit Bodeneinlass überfahrbar
* Entsorgung für Durchreisende erlaubt. Bitte helfen Sie mit, diese Liste zu ergänzen. **Hinweis:** Einträge ohne Seitenzahl beziehen sich auf Entsorgungsstationen. Diese sind im BORDATLAS nicht gesondert aufgeführt.

26121	Oldenburg, Westfalendamm, Wohnmobilstellplatz Am Küstenkanal	S			S. 463
26122	Oldenburg, Europaplatz 12, Wohnmobilstellplatz Weser-Ems-Hallen	S			S. 463
26123	Oldenburg, Wehdestraße 125, Kläranlage	E	ST-SAN	*	
26131	Oldenburg, Marschweg 81, Olantis Huntebad	E	andere	*	
26160	Bad Zwischenahn, An den Wiesen 29, Kläranlage Bad Zwischenahn	E	andere	*	
26160	Bad Zwischenahn, Am Badepark 1, Wohnmobilstellplatz am Badepark	S	CHEM GRAU		S. 157
26160	Bad Zwischenahn-Halfstede, Wiefelsteder Straße 62, Campingplatz und Reisemobilpark Oeltjen	S	CHEM GRAU		S. 157
26160	Bad Zwischenahn-Rostrup, Elmendorfer Straße 40 (P1), Park der Gärten	S			S. 157
26169	Friesoythe, Thüler Straße 28A, Reisemobilstellplatz am aquaferrum Friesoythe	S	CHEM GRAU	*	S. 263
26169	Friesoythe, Thüler Straße 34, Reisemobilstellplatz am Soesteheim	S	GRAU	*	S. 264
26169	Friesoythe-Altenoythe, Vitusstraße 9, Gut Altenoythe	S			S. 264
26169	Friesoythe-Gehlenberg, Neulorup 22, Wohnmobilstellplatz Heidehof	S	GRAU		S. 264
26169	Friesoythe-Thülsfelde, Seeblickstraße 3, Touristenstellplatz Seeblick	S			S. 264
26180	Rastede, An der Badeanstalt 17, Campingplatz am Naturbad Hahn	E	Sani Station		
26180	Rastede, Mühlen-/Eichendorffstraße, Stellplatz im Residenzort Rastede	S			S. 489
26188	Edewecht, Rathausstraße 7, Reisemobilstellplatz in Edewecht	S	CHEM GRAU		S. 229
26197	Großenkneten, Ahlhorner Straße, Ahlhorner Straße/ Wilhelm-Wellmann-Platz	S	CHEM GRAU B		S. 291
26197	Großenkneten-Ahlhorn, Am Bahnhof, Am Bahnhof	S	CHEM GRAU B		S. 291
26197	Großenkneten-Huntlosen, Bahnhofstraße, Dorfplatz	S	CHEM GRAU B		S. 291
26203	Wardenburg, Huntestraße, Marktplatz	S			S. 601
26203	Wardenburg, Keilstraße, Wohnmobilstellplatz Keilstraße	S	CHEM		S. 601
26209	Hatten-Kirchhatten, Kreyenweg 8, Campingplatz Hatten	S	CHEM GRAU B		S. 306
26215	Wiefelstede, Gristeder Straße 7, Wohnmobilstellplatz am Schützenplatz	S			S. 618
26215	Wiefelstede, Alter Damm 11, Wohnmobilstellplatz am Swemmbad	S			S. 618
26215	Wiefelstede-Conneforde, Dorfstraße 11, Ferienpark am Bernsteinsee	S	CHEM GRAU		S. 618
26219	Bösel, An der Lahe 4, Kläranlage	E	andere		
26219	Bösel, Jahnstraße 14, Parkplatz an der Jahnstraße	S			S. 187
26340	Zetel, Moorstraße 4, Marktthamm	S	CHEM GRAU	*	S. 638
26340	Zetel-Bohlenbergerfeld, Wehdestraße 97, Schulmuseum	S			S. 638
26340	Zetel-Driefel, Südenburg, Natur-Freibad	S			S. 639
26340	Zetel-Fuhrenkamp, Fuhrenkampstraße 60, Ferienhaus Quathamer	S	CHEM GRAU		S. 639
26340	Zetel-Neuenburg, Ladestraße, Dörpplatz Neuenburg	S			S. 639
26340	Zetel-Neuenburg, Am Markt 3/Ecke Lindenstraße, Marktplatz Neuenburg	S			S. 639
26340	Zetel-Neuenburg, Urwaldstraße, Urwald Neuenburg	S			S. 639
26340	Zetel-Neuenburg, Winterweg, Waldstellplatz Winterweg	S			S. 639
26340	Zetel-Ruttel, Friedeburger Straße/B437, Rutteler Mühle	S			S. 639
26349	Jade, Kreuzmoorstraße 28, Melkhus Drei Eichen	S	GRAU		S. 341
26349	Jade-Jaderberg, Tiergartenstraße 69, Jaderpark	S			S. 342
26349	Jade-Schweiburg, Quittenweg, Stellplatz Quittenweg	S	CHEM GRAU		S. 342
26382	Wilhelmshaven, Fliegerdeich, Stellplatz Fliegerdeich West	S			S. 622
26382	Wilhelmshaven, Schleusenstraße 37, Wohnmobilstellplatz Schleuseninsel	S	CHEM GRAU		S. 622
26386	Wilhelmshaven, Friedenstraße 99 (Sportforum), Reisemobilhafen nautimo	S	CHEM GRAU B		S. 622
26388	Wilhelmshaven-Fedderwardergroden, Möwenstraße 30, Wohnmobilstellplatz am Freibad Nord	S	CHEM GRAU		S. 623

26389	Wilhelmshaven, Bunsenstraße 10, Wohnmobilstellplatz Jade	S	CHEM GRAU		**S. 622**
26389	Wilhelmshaven-Bant, Banter Weg 12a, Reisemobil-Stellplatz Südstadt	S	CHEM GRAU	*	**S. 622**
26409	Carolinensiel-Harlesiel/Nordseebad, Schwerinsgroden, Stellplatz an der Mole	S	CHEM GRAU	*	**S. 205**
26409	Carolinensiel-Harlesiel/Nordseebad, Schwerinsgroden 1, Wohnmobilstellplatz am Campingplatz	S	CHEM GRAU		**S. 205**
26409	Carolinensiel/Nordseebad, Friedrichsgroden 2 A, Campingplatz Boyungs	S	CHEM GRAU		**S. 205**
26409	Wittmund, Funnixer Riege 11, Reisemobilhafen am historischen Gulfhof	S	CHEM GRAU		**S. 630**
26409	Wittmund, Auricher Straße 47, B461, Schützenplatz	S	CHEM GRAU		**S. 630**
26419	Schortens, Krongutsallee 54, Forsthaus Upjever	S			**534**
26419	Schortens-Accum, An der Mühle, Wohnmobilstellplatz Accumer Mühle	S			**534**
26419	Schortens-Grafschaft, Birkenstraße 1a, Fairhandelshaus Mercado Mundial	S			**534**
26419	Schortens-Sillenstede, Glockenwall, Arthur-Eden-Platz	S			**535**
26427	Esens, Bahnhofstraße/Am Schützenplatz, Schützenplatz Esens	S	CHEM GRAU		**S. 246**
26427	Neuharlingersiel, Am Hafen Ost, Reisemobilstellplatz am Ostanleger	S	CHEM GRAU		**S. 437**
26427	Werdum, Raiffeisenplatz 1, Wohnmobilstellplatz Werdum	S	CHEM GRAU		**S. 612**
26434	Wangerland-Hohenkirchen, Bismarckstraße 47, Wohnmobilstellplatz Hohenkirchen	S	CHEM GRAU		**S. 600**
26434	Wangerland-Hooksiel, Zum Hallenbad 2, Wohnmobilstellplatz Am Hallenwellenbad	S	CHEM GRAU BÜ		**S. 600**
26434	Wangerland-Hooksiel, Straat över´t Diek, Wohnmobilstellplatz An der Ostdüne	S	CHEM GRAU BÜ		**S. 601**
26434	Wangerland-Horumersiel, Zum Hafen 3, Reisemobilplatz Am Yachthafen	S	CHEM GRAU BÜ		**S. 601**
26434	Wangerland-Schillig, Schilliger Düne, Stellplatz am Campingplatz Schillig	S	CHEM GRAU BÜ		**S. 601**
26441	Jever, Jahnstraße, Sport- und Freizeitzentrum Jahnstraße	S	CHEM GRAU		**S. 343**
26446	Friedeburg, Schützenweg, Wohnmobilstellplatz Schützenplatz	S	CHEM GRAU	*	**S. 262**
26446	Friedeburg-Marx, Streeker Straße 14, Ferienhof Beekmann	S	CHEM GRAU		**S. 262**
26452	Sande, Huntestraße 1, Freizeitmobile von der Kammer GmbH	E			
26452	Sande, Altmarienhausen, Wohnmobilstellplatz Altmarienhausen	S	CHEM GRAU		**S. 516**
26452	Sande-Mariensiel, Flugplatz, Parkplatz am Hangar	S			**S. 516**
26487	Blomberg, Hauptstraße 26 A, Dorfplatz Blomberg	S	CHEM GRAU		**S. 180**
26506	Norden-Norddeich, Dörper Weg, Wohnmobilstellplatz Norddeich	S	CHEM GRAU		**S. 448**
26506	Norden-Norddeich, Deichstraße 24 a, Womopark Norddeich	S	CHEM GRAU		**S. 449**
26524	Hage, Wichter Weg 58, Wohnmobilstellplatz Wichter Weg	S	CHEM GRAU	*	**S. 296**
26529	Leezdorf, Am Sandkasten 80, Landgasthaus Leezdorfer Hof	S			**S. 382**
26529	Leezdorf, Sträkweg/Am Sandkasten 78, Stellplatz auf dem Dorfplatz	S			**S. 382**
26529	Marienhafe, Tjücher Moortun, Wohnmobilstellplatz Tjücher Moortun	S	CHEM GRAU		**S. 405**
26529	Rechtsupweg, Poststraße, Stellplatz Rechtsupweg	S			**S. 491**
26532	Großheide, Kruisweg, Reisemobilstellplatz an der Kieselbucht	S			**S. 291**
26532	Großheide-Berumerfehn, Kirchweg, Stellplatz am Berumerfehner Wald	S			**S. 291**
26548	Norderney, Am Leuchtturm 10, Campingplatz Eiland	S	CHEM GRAU B		**S. 449**
26553	Dornum-Dornumersiel, Schöpfwerkstraße, Wohnmobilplatz Am alten Hafen	S			**S. 219**
26553	Dornum-Dornumersiel, Am Nordseestrand 1, Wohnmobilplatz Nordseeblick	S	CHEM GRAU BÜ		**S. 219**
26556	Westerholt, Nordener Straße, Schützenplatz Westerholt	S	CHEM GRAU		**S. 616**
26603	Aurich, Am Ellernfeld 2, Wohnmobilstellplatz am Wohlfühl- und Familienbad De Baalje	S	CHEM GRAU		**S. 128**
26607	Aurich-Middels, Esenser Straße 299, Landgasthof Alte Post	S	CHEM GRAU		**S. 128**
26624	Südbrookmerland, Am Gästehafen 1, Wohnmobilhafen Großes Meer	S	CHEM GRAU B	*	**S. 562**
26629	Großefehn-Bagband, Voerstad 8, Ostfriesen Bräu	S			**S. 290**
26629	Großefehn-Timmel, Ulbargerstraße 17, Ferienhof Welsch	S	CHEM GRAU		**S. 290**
26632	Ihlow-Ihlowerfehn, 1. Kompanieweg 3, Reisemobilplatz Ihler Meer	S	CHEM GRAU		**S. 336**
26639	Wiesmoor, Am Ottermeer 52, Camping- und Bungalowpark Ottermeer	S	CHEM GRAU BÜ		**S. 620**
26639	Wiesmoor, Am Marktplatz, Wohnmobilstellplatz Auf dem Marktplatz	S			**S. 620**
26655	Westerstede, Süderstraße 2, Camping- und Stellplatz Westerstede	S	CHEM GRAU BÜ	*	**S. 616**
26655	Westerstede, Auf der Lohe, Stellplatz Albert-Post-Platz	S			**S. 616**
26655	Westerstede-Linswege, Alpenrosenstraße 7, Rhododendronpark Hobbie	S			**S. 616**
26655	Westerstede-Ocholt, Bekassinenweg, Badesee Karlshof	S			**S. 616**
26670	Uplengen-Jübberde, Rudolf-Diesel-Straße 2, Aral-Autohof Apen-Remels	S			**S. 582**
26670	Uplengen-Remels, Schützenstraße, Reisemobilstellplatz Schützenplatz	S	CHEM		**S. 582**
26670	Uplengen-Remels, Uferstraße, Reisemobilstellplatz Uplengen/Paddel&Pedal-Station	S	CHEM		**S. 582**
26676	Barßel, Deichstraße, Reisemobilhafen Barßel	S	CHEM GRAU		**S. 160**
26676	Barßel-Harkebrügge, Am Fuhrenkamp 3, Wohnmobilcamp Småland	S	CHEM GRAU BÜ		**S. 160**
26683	Saterland-Scharrel, Am Sportplatz 20, Stellplatz Maiglöckchensee	S	CHEM GRAU		**S. 520**
26683	Saterland-Strücklingen, Hauptstraße 608, Reisemobilpark Sagter-Ems	S	CHEM GRAU BÜ		**S. 520**
26689	Apen, Am Viehmarkt 2, Parkplatz Viehmarkt	S			**S. 123**
26689	Apen-Hengstforde, Hauptstraße 200, Stellplatz am Freibad Hengstforde	S			**S. 123**
26721	Emden, Theaterstraße 2, Wohnmobilstellplatz Friesentherme	S			**S. 238**
26723	Emden, Außenhafen, Hafenstraße, Emder Yacht Club e. V.	S			**S. 238**
26725	Emden, Am Eisenbahndock 1, Wohnmobilstellplatz Alter Binnenhafen	S	CHEM GRAU		**S. 238**
26736	Krummhörn-Greetsiel, Mühlenstraße, Reisemobilhafen bei den Zwillingsmühlen	S	CHEM GRAU		**S. 369**
26736	Krummhörn-Rysum, Äußere Ringstraße 1, Halteplatz Rysum	S			**S. 369**
26789	Leer, Marinastraße 14-16, Ems-Marina-Camping	S	CHEM GRAU		**S. 381**
26789	Leer, Logabirumer Straße 55, Mühle Logabirum	S	CHEM GRAU		**S. 382**
26789	Leer, Große Bleiche, Parkplatz P9/Große Bleiche	S	CHEM GRAU		**S. 382**
26789	Leer, Burfehner Weg 34a/Zufahrt über Heisfelder Straße, Reisemobilstellplatz am Plytje	S			**S. 382**
26789	Leer, Nessestraße, Reisemobilstellplatz Auf der Nesse	S			**S. 382**
26789	Leer, Seglerweg 3, Reisemobilstellplatz beim Seglerverein	S	CHEM		**S. 382**
26789	Leer-Wiltshausen, Amdorferstraße 101, Landgaststätte zur Jümme-Fähre Pünte	S			**S. 382**
26802	Moormerland-Rorichum, Deichlandstraße 10, Gaststätte Bei Cassi	S	CHEM GRAU		**S. 422**
26810	Westoverledingen-Steenfelderfeld, Mühlenstraße 214, Gasthaus Zur Mühle	S	CHEM		**S. 617**
26817	Rhauderfehn, Am Siel 6 A, Café am Siel – Paddel-und Pedal-Station	S	CHEM GRAU		**S. 497**
26826	Weener, Pannenborgstraße, Reisemobilplatz Am Alten Hafen	S	CHEM GRAU		**S. 605**
26826	Weener, Am Erholungsgebiet, Reisemobilplatz Am Sportboothafen	S	CHEM GRAU		**S. 605**
26831	Bunde, Kellingwold, Parkplatz am Hallenbad/Sportanlage Mölenland	S			**S. 199**
26831	Bunde, Friedhofsweg, Stellplatz am Friedhofsweg	S	CHEM		**S. 199**

S: Stellplatz **E:** Entsorgungsstation **CHEM:** Chemietoiletten-Entsorgung **GRAU B:** Grauwasserentsorgung mit Bodeneinlass **GRAU BÜ:** Grauwasserentsorgung mit Bodeneinlass überfahrbar
* Entsorgung für Durchreisende erlaubt. Bitte helfen Sie mit, diese Liste zu ergänzen. **Hinweis:** Einträge ohne Seitenzahl beziehen sich auf Entsorgungsstationen. Diese sind im BORDATLAS nicht gesondert aufgeführt.

26831	Bunde-Ditzumverlaat, Denkmalstraße, Freizeitgelände Ditzumerverlaat	S	CHEM			S. 199
26835	Hesel, Kirchstraße 5-13, Reisemobilstellplatz am Marktplatz	S	CHEM GRAU			S. 317
26842	Ostrhauderfehn, Idafehn-Nord 77 b, Camping- und Freizeitanlage Idasee	S	CHEM GRAU			S. 469
26842	Ostrhauderfehn, Liebigstraße 8, TopPlatz Ostrhauderfehn	S	CHEM GRAU	BÜ	*	S. 469
26844	Jemgum-Ditzum, An´t Spittland 3 (Abzweig von der Molkereistraße), Wohnmobilstellplatz Ditzum – Am Deich	S	CHEM GRAU	BÜ		S. 342
26844	Jemgum-Ditzum, Pogumer Straße 1, Wohnmobilstellplatz Ditzum – Ankerplatz	S	CHEM GRAU	BÜ		S. 342
26847	Detern-Stickhausen, Alte Heerstraße 6, Reisemobilplatz Detern	S	CHEM GRAU			S. 214
26871	Papenburg, Zum Poggenpoel 101, Camping Papenburg	S	CHEM GRAU			S. 472
26871	Papenburg, Mittelkanal links 94, Hotel Restaurant Hilling	S	CHEM GRAU			S. 472
26871	Papenburg-Aschendorf, In der Emsmarsch 17-19, Fa. Abeln & Sohn GmbH	E	andere			
26892	Dörpen, Veeneweg 3, Wohnmobilstellplatz Schützenplatz	S				S. 219
26897	Esterwegen, Zum Erikasee, Wohnmobilstellplatz am Erikasee	S	CHEM GRAU		*	S. 247
26899	Rhede/Ems, Neurheder Straße 31, Campingplatz Neuengland	S	CHEM GRAU	BÜ		S. 497
26899	Rhede/Ems, Kirchstraße 25, Gasthof Café Prangen	S				S. 497
26899	Rhede/Ems, Siemensstraße 7, Raststätte A31–Olle Rheen	S				S. 497
26899	Rhede/Ems, Kold´n Hauk, Stellplatz am Sportzentrum Emspark	S				S. 497
26901	Lorup, Rastdorfer Straße 1, Wohnmobilstellplatz Rathaus Lorup	S				S. 394
26903	Surwold, Papenburger Straße 57, Privatplatz Klapper	S	CHEM GRAU			S. 565
26919	Brake/Unterweser, Willy-Brandt-Straße, City-Parkplatz in der Innenstadt	S				S. 188
26919	Brake/Unterweser, Hafenstraße, Stellplatz am Binnenhafen	S	CHEM GRAU			S. 189
26931	Elsfleth, An der Kaje 1a, Wohnmobilstellplatz an der Elsflether Kaje	S	CHEM GRAU			S. 237
26935	Stadland-Kleinensiel, Fährstraße, Deichparkplatz Kleinensiel	S				S. 554
26935	Stadland-Rodenkirchen, Am Markt, Wohnmobilstellplatz Rodenkirchen am Marktplatz	S	CHEM GRAU			S. 554
26937	Stadland-Seefeld, Hauptstraße, Wohnmobilstellplatz Am Sportplatz	S				S. 554
26939	Ovelgönne, Am Sportplatz, Stellplatz Burgdorf Ovelgönne	S	CHEM GRAU	BÜ		S. 471
26954	Nordenham, Atenser Allee 48, Freizeitbad Störtebeker	S	CHEM			S. 449
26969	Butjadingen-Fedderwardersiel, Lagunenweg 1, Familie Henken's Reisemobilhafen	S	CHEM GRAU			S. 203
26969	Butjadingen-Fedderwardersiel, Lagunenweg 1, Wohnmobilhafen Butjadinger Yachtclub	S	CHEM GRAU	BÜ		S. 203
26969	Butjadingen-Iggewarden, Iggewarden 1, Hof Iggewarden	S	CHEM GRAU		*	S. 203
26969	Butjadingen-Tossens, Prieweg 7, Ferienhof Renken	S				S. 203
27232	Sulingen, Kornstraße, Stellplatz am Stadtsee	S	CHEM GRAU			S. 563
27245	Kirchdorf, Kuppendorfer Straße 2, Landhotel Baumann's Hof	S				S. 355
27259	Freistatt, Badeweg, Wohnmobilstellplatz Freistatt	S	CHEM GRAU		*	S. 260
27283	Verden/Aller, Conrad-Wode-Straße, Wohnmobilstellplatz Conrad-Wode-Straße	S	CHEM GRAU			S. 586
27305	Bruchhausen-Vilsen, Ziegenberg 22, Hoffbruhuus Heidhoff	S				S. 196
27305	Bruchhausen-Vilsen, Am Gaswerk/Bollenstraße, Wohnmobilstellplatz an der Museumseisenbahn	S	CHEM GRAU	B		S. 196
27305	Bruchhausen-Vilsen, Stapelshorn 18, Wohnmobilstellplatz Lüttsche-Hoff	S				S. 196
27313	Dörverden, Zufahrt über die Straße In der Worth, Reisemobilstellplatz Dörverden	S	CHEM GRAU			S. 220
27313	Dörverden-Barme, Kasernenstraße 2, Wolfcenter	S				S. 220
27318	Hoya/Weser, Stettiner Straße, Reisemobilplatz Weserblick	S	CHEM GRAU	BÜ		S. 331
27321	Thedinghausen, Braunschweiger Straße 1, Reisemobilstellplatz am Schloss Erbhof	S	CHEM GRAU	B		S. 571
27324	Eystrup, Bahnhofstraße 21, Reisemobilstellplatz Eystrup	S				S. 249
27333	Bücken, Bruchstraße, Reisemobilstellplatz Bücken	S				S. 198
27367	Hellwege, Am Goldanger 10, Der Eichenhof	S				S. 312
27374	Visselhövede, Zu den Visselwiesen, Stellplatz am Hallenbad	S	CHEM			S. 589
27386	Brockel-Wensebrock, Wensebrock 1, Camping-Gasthof Waidmann's Ruh	S	CHEM GRAU			S. 195
27404	Gyhum, An der Autobahn 1, Autohof Bockel, A1 Ausfahrt 49	E	Sani Station		*	
27404	Gyhum, Sick 13, Hotel-Restaurant Niedersachsen-Hof	S				S. 296
27412	Tarmstedt, Bahnhofstraße 34, Privatplatz Grabau	S	CHEM GRAU			S. 566
27432	Bremervörde, Kiebitzweg 1, Wohnmobilstation Bremervörde	S	CHEM GRAU	B		S. 193
27432	Bremervörde-Elm, Elmer Landstraße 26, Stellplatz Elmer Landhaus	S				S. 193
27442	Gnarrenburg, Brilliter Weg, Schulzentrum Brilliter Weg	S	CHEM			S. 280
27442	Gnarrenburg-Brillit, Alte Straße, An der Schützenhalle	S	CHEM			S. 281
27442	Gnarrenburg-Langenhausen, Friedrichsdorf 58, Brümmers Landhaus	S				S. 281
27446	Selsingen, Im Sick, Wohnmobilstation am Sportgelände	S	CHEM GRAU			S. 543
27449	Kutenholz, Bürgermeister Schmetjen Platz 1, Festhalle Kutenholz	S				S. 371
27472	Cuxhaven, Am Fährhafen, Fährhafen Cuxhaven	S	CHEM GRAU			S. 209
27476	Cuxhaven-Döse, Schultheiß-Leo-Ahlf-Weg 2, Ferienhof Grüne Oase	S				S. 209
27476	Cuxhaven-Döse, Strandstraße 80, Stellplatz Messeplatz Döse	S	CHEM GRAU	BÜ		S. 209
27476	Cuxhaven-Duhnen, Duhner Allee 2, Strandparkplatz Duhnen	S	CHEM			S. 209
27568	Bremerhaven, Bürgermeister-Smidt-Straße 209, Stellplatz havencamp Bremerhaven	S	CHEM GRAU			S. 193
27570	Bremerhaven, An der Neuen Schleuse 15, Reisemobil-Stellplatz Doppelschleuse	S	CHEM GRAU			S. 193
27572	Bremerhaven-Fischereihafen 1, Hoebelstraße 52, Reisemobil-Stellplatz Fischkai	S	CHEM GRAU			S. 193
27612	Loxstedt, Fährstraße, Verlängerung Außendeich, Stellplatz Am Sportboothafen	S				S. 395
27612	Loxstedt-Stotel, Schulstraße 75, Reisemobilplatz Stotel	S				S. 395
27616	Beverstedt-Bokel, Seebeckstraße, Wohnmobilstellplatz Bokel	S	GRAU			S. 173
27624	Geestland-Bad Bederkesa, Hauptmann-Böse-Straße 19, Romantik Hotel Bösehof	S				S. 270
27628	Sandstedt, Am Radarturm 5, Wohnmobilstellplatz Weserhenne Sandstedt	S	GRAU	B		S. 516
27628	Sandstedt-Rechtenfleth, Zum Weserblick 31, Wohnmobilstellplatz Rechtenfleth	S	CHEM			S. 516
27639	Wurster Nordseeküste (Cappel-Neufeld), Deichweg (Außendeich), Außendeich Campingplatz Cappel-Neufeld	S	CHEM GRAU			S. 634
27639	Wurster Nordseeküste (Dorum-Neufeld), Am Kutterhafen Dorum, KNAUS Reisemobilhafen Dorum****	S	CHEM GRAU			S. 634
27639	Wurster Nordseeküste (Dorum-Neufeld), Am Neuen Deich 2, Wohnmobilhafen Am Deich	S	CHEM GRAU	BÜ		S. 634
27639	Wurster Nordseeküste (Spieka-Neufeld), Deichweg/ Am Kutterhafen Spieka, KNAUS Reisemobilhafen Spieka	S	CHEM GRAU	B		S. 634
27639	Wurster Nordseeküste-Wremen, Strandstraße, Campingplatz Wremer Tief	S	CHEM GRAU		*	S. 635
27711	Osterholz-Scharmbeck, Lange Straße 20, August-Schlüter-Halle	S	CHEM GRAU	B		S. 467
27711	Osterholz-Scharmbeck, Am Barkhof, Parkplatz Campus	S	CHEM GRAU		*	S. 467

S: Stellplatz **E:** Entsorgungsstation **CHEM:** Chemietoiletten-Entsorgung **GRAU B:** Grauwasserentsorgung mit Bodeneinlass **GRAU BÜ:** Grauwasserentsorgung mit Bodeneinlass überfahrbar
* Entsorgung für Durchreisende erlaubt. Bitte helfen Sie mit, diese Liste zu ergänzen. **Hinweis:** Einträge ohne Seitenzahl beziehen sich auf Entsorgungsstationen. Diese sind im BORDATLAS nicht gesondert aufgeführt.

27726	Worpswede, Hammeweg 12, Stellplatz Hammehafen Worpswede	S	CHEM GRAU BÜ		**S. 633**
27729	Hambergen, Langenend, Festplatz Hambergen	S	CHEM		**S. 299**
27729	Holste-Hellingst, Dorfstraße 4, Wohnmobilstellplatz Altes Sägewerk	S	CHEM GRAU BÜ		**S. 327**
27749	Delmenhorst, An den Graften, Reisemobilhafen Delmenhorst	S	CHEM GRAU BÜ		**S. 212**
27751	Delmenhorst, Bremer Straße 186, Hotel-Restaurant Thomsen	S			**S. 213**
27777	Ganderkesee, Falkensteinsee 1, Camping & Ferienpark Falkensteinsee	S	CHEM GRAU B		**S. 268**
27777	Ganderkesee, Heideweg 2, Stellplatz am Freibad/ SaunaHuus	S			**S. 268**
27793	Wildeshausen, Glaner Straße 26, Caravan-Service Sontag	E	andere		
27793	Wildeshausen, Krandelstraße, Wohnmobilstellplatz am Krandelbad	S	GRAU B		**S. 621**
27798	Hude, Bremer Straße 24, Haus Sandersfeld (Swingerclub)	S	CHEM GRAU		**S. 332**
27798	Hude, Schützenstraße/Ecke Auf dem Klüterort, Wohnmobilstellplatz Hude	S	GRAU BÜ		**S. 332**
27801	Dötlingen-Grad, Auf der Grad 10, Bauer Uwes Lutje Deel	S	CHEM GRAU BÜ		**S. 220**
27804	Berne, Motzener Straße, Parkplatz am Fähranleger Motzen	S	CHEM		**S. 170**
27809	Lemwerder, über Industriestraße zum Uferweg, Ehem. Vulkanparkplatz an der Weser	S			**S. 385**
27809	Lemwerder, Schlesische Straße 16-17, Reisemobilhafen am Peter-Baxmann-Platz	S	CHEM GRAU B	*	**S. 385**
28201	Bremen, Kuhhirtenweg, Reisemobilstellplatz am Kuhhirten	S	CHEM GRAU B		**S. 192**
28207	Bremen-Hastedt, Schosterboorn 9, Wohnmobilstellplatz Bremen	S	CHEM GRAU BÜ	*	**S. 192**
28359	Bremen, Hochschulring 1, Hanse Camping Bremen	S	CHEM GRAU BÜ	*	**S. 192**
28717	Bremen-Lesum, Im Pohl, Reisemobilplatz Bremer Schweiz	S	CHEM GRAU		**S. 192**
28857	Syke, Am Lindhof 3, Parkplatz am Hallenbad Syke	S			**S. 565**
28857	Syke-Barrien, Handwerkerhof 10, Stellplatz Handwerkerhof	S	CHEM GRAU		**S. 565**
28870	Ottersberg, Fährwisch, Stellplatz beim Sportzentrum	S	CHEM		**S. 470**
28879	Grasberg, Wörpedorfer Straße 18, Stellplatz am P&R-Parkplatz	S	CHEM GRAU BÜ		**S. 286**
29221	Celle, 77er Straße 36, Wohnmobilstellplatz am Badeland	S	CHEM GRAU BÜ		**S. 205**
29303	Bergen, Becklingen 21, Hotel Gasthof Zum Becklinger Holz	S	CHEM GRAU		**S. 167**
29303	Bergen, Ziegeleiweg 7, Reisemobilplatz Bergen	S	CHEM GRAU BÜ	*	**S. 167**
29303	Bergen-Becklingen, Becklingen 5, Rippenhof	S	GRAU		**S. 167**
29308	Winsen/Aller, Im Stillen Winkel 20, Campingpark Südheide	S	CHEM GRAU BÜ		**S. 625**
29308	Winsen/Aller, Bannetzer Straße 34, Frei- und Hallenbad	S			**S. 625**
29320	Hermannsburg, Lotharstraße 75, Schützenplatz	S			**S. 314**
29320	Hermannsburg-Baven, Backebergsmühle 4, Waldcafé Backebergsmühle	S			**S. 314**
29320	Hermannsburg-Bonstorf, Schulstraße, Sportplatz Bonstorf	S			**S. 314**
29320	Hermannsburg-Lutter, Lutter 1 Verlängerung Waldstraße, Lutterhof	S			**S. 314**
29328	Faßberg, Moorweg 12, Schützenplatz	S	CHEM		**S. 250**
29328	Faßberg-Müden, Unterlüßer Straße, Stellplatz Heidesee	S	CHEM GRAU		**S. 250**
29328	Faßberg-Müden, Willighäuser Kirchweg/Heuweg, Wildpark Müden	S			**S. 250**
29336	Nienhagen, Nienhagener Straße 33, Freibad Papenhorst	S			**S. 447**
29336	Nienhagen, Herzogin-Agnes-Platz, Herzogin-Agnes-Stellplatz	S	CHEM GRAU		**S. 447**
29342	Wienhausen, Bockmarschweg 2, Camping Zum Alten Wehr	S	CHEM GRAU	*	**S. 619**
29345	Unterlüß, Altensothriethweg 84, Wohnmobilstellplatz Hochwald	S	CHEM GRAU		**S. 581**
29348	Eschede, Bundesstraße 191/Uelzener Straße 22-24, Stellplatz Am Schützenplatz	S	CHEM GRAU		**S. 245**
29362	Hohne, Am Schwimmbad 23, Stellplatz Am Waldbad	S			**S. 326**
29378	Wittingen, Am Sporthafen 1, Stellplatz am Wittinger Sporthafen	S	CHEM GRAU BÜ		**S. 629**
29378	Wittingen, Spörkenstraße 50, Wohnmobilstellplatz Wittingen	S	GRAU		**S. 629**
29386	Hankensbüttel, Wiesenweg, Wohnmobilstellplatz am Bohldamm	S	CHEM GRAU		**S. 301**
29389	Bad Bodenteich, Burgstraße, Stellplatz am Wochenmarktplatz	S			**S. 133**
29410	Salzwedel/Hansestadt, Dämmchenweg 41, Stellplatz am Freibad	S	CHEM GRAU BÜ		**S. 515**
29439	Lüchow, Rebecker Straße, Klärwerk	E	andere	*	
29439	Lüchow, Parkstraße, Wohnmobilstellplatz Lüchow	S			**S. 398**
29451	Dannenberg, Bäckergrund 35, Campingplatz Dannenberg	E	andere	*	
29456	Hitzacker/Elbe, Marschtorstraße, Parkplatz Bleichwiese	S	CHEM GRAU BÜ		**S. 321**
29471	Gartow, Am Helk 3, Campingplatz Gartow	S	CHEM GRAU BÜ		**S. 269**
29471	Gartow, Springstraße 88, Imbiss am See	S			**S. 269**
29473	Göhrde-Metzingen, An der Bundesstraße 1, Motel Route 216/Rolly's Trucker Stop	S			**S. 281**
29475	Gorleben, Ringstraße, Sportboothafen Gorleben	S			**S. 282**
29476	Gusborn-Zadrau, Gusborner Straße 6, Stellplatz Zadrau	S			**S. 295**
29478	Höhbeck-Vietze, Am Elbufer 9, Hütten-Hotel Elbhöhe	S			**S. 324**
29482	Küsten, Lüchower Straße 10, Stellplatz am ehemaligen Landhaus	S	CHEM GRAU B		**S. 371**
29490	Neu Darchau, Am Hafen, Stellplatz an der Elbfähre	S			**S. 434**
29493	Schnackenburg, Elbstraße, Wohnmobilstellplatz Schnackenburg	S			**S. 529**
29494	Trebel-Nemitz, Nemitz 39, Nemitzer Heidehaus	S			**S. 576**
29525	Uelzen, Riedweg 7, Wohnmobilstellplatz Uelzen am Elbe-Seitenkanal	S	CHEM GRAU BÜ		**S. 579**
29549	Bad Bevensen, Kurpark, Wohnmobilstellplatz am Kurpark	S	CHEM GRAU BÜ		**S. 131**
29549	Bad Bevensen, Waagekai, Wohnmobilstellplatz Waagekai	S	CHEM GRAU B		**S. 132**
29553	Bienenbüttel, Niendorfer Straße 11, Wohnmobilstellplatz Ilmenauhalle	S	CHEM		**S. 174**
29556	Suderburg-Hösseringen, Landtagsplatz 2, Museumsdorf Hösseringen	S			**S. 562**
29559	Wrestedt, Schleuse-Esterholz 1, Stellplatz Wrestedt	S			**S. 633**
29584	Himbergen, Göhrdestraße 1, Reisemobilstellplatz Himbergen	S			**S. 320**
29614	Soltau, Imbrock 4, Camping Imbrock	S	CHEM GRAU BÜ		**S. 549**
29614	Soltau, Auf dem Simpel, Campingplatz Auf dem Simpel	S	CHEM GRAU BÜ	*	**S. 550**
29614	Soltau, Heide Park 1, Heide Park Resort	S			**S. 550**
29614	Soltau, Ebsmoor 8, Röders' Park	S	CHEM GRAU BÜ		**S. 550**
29614	Soltau, Stubbendorffweg/Oberschule, Soltau-Therme	S			**S. 550**
29614	Soltau-Ellingen, Ellingen 15, Eggershof	S			**S. 550**
29614	Soltau-Wiedingen, Wiedingen Nr. 2, Menkenhof	S	CHEM		**S. 550**
29633	Munster, Dr. Hermann-Marcks-Straße 14, Wohnmobilstellplatz am Allwetterbad	S			**S. 429**
29640	Schneverdingen, Inseler Straße 97, Parkplatz am Heidjers Quellenbad	S	CHEM		**S. 529**
29640	Schneverdingen, Osterwaldweg, Parkplatz Osterwaldweg	S			**S. 529**
29640	Schneverdingen, Verdener Straße 32, Stellplatz Verdener Straße/Polizei	S			**S. 530**
29640	Schneverdingen, Dannhorst 4, Wohnmobilstellplatz beim Pietzmoor	S			**S. 530**
29640	Schneverdingen-Heber, Badeweg 3, Camping-Park Lüneburger Heide	S	CHEM GRAU		**S. 530**
29640	Schneverdingen-Reinsehlen, Voßbarg 15, Mariechen's Hoff	S	CHEM GRAU		**S. 530**

S: Stellplatz **E:** Entsorgungsstation **CHEM:** Chemietoiletten-Entsorgung **GRAU B:** Grauwasserentsorgung mit Bodeneinlass **GRAU BÜ:** Grauwasserentsorgung mit Bodeneinlass überfahrbar
* Entsorgung für Durchreisende erlaubt. Bitte helfen Sie mit, diese Liste zu ergänzen. **Hinweis:** Einträge ohne Seitenzahl beziehen sich auf Entsorgungsstationen. Diese sind im BORDATLAS nicht gesondert aufgeführt.

29643	Neuenkirchen, Am Freibad 2, Wohnmobilstellplatz am Hahnenbachtal	S	CHEM GRAU	S. 436
29646	Bispingen-Volkwardingen, Volkwardingen 4, Reiter- und Ferienhof Cohrs	S	CHEM GRAU BÜ	S. 177
29649	Wietzendorf, Südsee-Camp 1, Übernachtungsoase Südsee-Camp	S	CHEM GRAU BÜ *	S. 621
29664	Walsrode, Hünzingen 3, Ringhotel Forellenhof	S	CHEM GRAU	S. 599
29664	Walsrode-Kirchboitzen, Kirchboitzen 56, Sonnenhof	S	CHEM GRAU	S. 599
29664	Walsrode-Klein Eilstorf, Klein Eilstorf 6, Ferienhof Wiechers	S	CHEM GRAU	S. 599
29683	Dorfmark, Brock 1, Campingplatz zur Tausendjährigen Linde	S	CHEM GRAU	S. 219
29690	Schwarmstedt, Am Beu 4, Wohnmobilstellplatz am Hallenbad	S		S. 537
29690	Suderbruch, Zum Schießstand 3, Nutztier-Arche Suderbruch	S	CHEM GRAU	S. 562
29693	Hademstorf, Waldhaus Allertal 1, Stellplatz Waldhaus Allertal	S	CHEM *	S. 296
29693	Hodenhagen, Am Safaripark 1, Serengeti-Park Masai Mara	S	CHEM GRAU BÜ	S. 322
29693	Hodenhagen, Volksloh/Am Stege, Wohnmobilstellplatz Volksloh	S	CHEM GRAU	S. 322
29699	Walsrode, Am Vogelpark 2, Parkhotel Luisenhöhe	S	CHEM GRAU B	S. 599

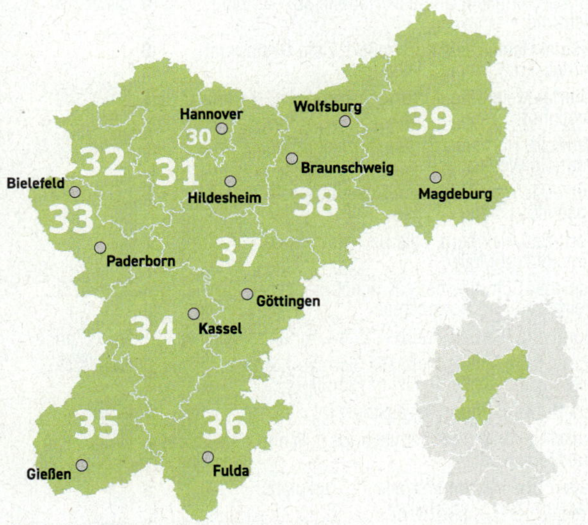

30165	Hannover, Schulenburger Landstraße 130B, Wohnmobilstellplatz Hannover-Nord	S	CHEM GRAU *	S. 302
30419	Hannover-Herrenhausen, Am Großen Garten 5, Parkplatz Herrenhäuser Gärten	S		S. 302
30827	Garbsen-Berenbostel, Berenbosteler Straße 4 a, Camping Centrum Berenbostel	S	GRAU	S. 268
30880	Laatzen, Peterskamp, Stellplatz am Laatzener Leinemasch	S		S. 372
30890	Barsinghausen, Hinterkampstraße 6, Besucherbergwerk Klosterstollen	S	CHEM GRAU	S. 160
30926	Seelze, Werftstraße 10, Marina Rasche Werft	S	CHEM GRAU BÜ	S. 541
30989	Gehrden, Lange Feldstraße 12, Wohnmobilstellplatz an den Sporthallen	S		S. 270
31020	Salzhemmendorf, In der Saale-Aue 2-5, Ith-Sole-Therme	S	CHEM GRAU B	S. 515
31020	Salzhemmendorf-Benstorf, Quanthofer Straße 9, Rasti-Land	S		S. 515
31020	Salzhemmendorf-Osterwald, Hohe-Warte-Straße 43, Wohnmobilstellplatz Osterwald	S		S. 515
31028	Gronau/Leine, Landwehr 4, Kläranlage	E	andere *	
31028	Gronau/Leine, Kuhmasch 2, Sport- und Freizeitcenter Kuhmasch	S		S. 289
31061	Alfeld/Leine, Bornstraße, Wohnmobilstellplatz Bornstraße	S	CHEM GRAU *	S. 114

31073	Delligsen-Hohenbüchen, Fuhrmannstraße 4, Wohnmobilstellplatz am Hilsbad Hohenbüchen	S		S. 212
31134	Hildesheim, Hohnsen, Stellplatz am Hohnsensee	S		S. 319
31162	Bad Salzdetfurth-Detfurth, Solebadstraße, Stellplatz Solebad	S	CHEM GRAU	S. 148
31167	Bockenem, Mahlumer Straße 31, Reisemobilplatz Am Freibad	S		S. 181
31167	Bockenem, Hainbergstraße 25, Wohnmobil- und Campingpark Ambergau	S	CHEM GRAU BÜ *	S. 181
31195	Lamspringe, Am Weghause 10, Kläranlage, geöffnet Mo-Fr 9:00-12:00 Uhr	E	andere *	
31195	Lamspringe, Am Bahnhof (Teilabschnitt Skulpturenweg), Reisemobilplatz Lamspringe	S		S. 373
31275	Lehrte, Hohnhorstweg 1, Schützenplatz	S		S. 383
31319	Sehnde-Müllingen, Müllingerstraße 41, Müllinger Tivoli-Restaurant Jahn	S		S. 542
31515	Steinhude-Wunstorf, Bruchdamm, Wohnmobilstellplatz Steinhude	S	CHEM GRAU	S. 558
31535	Neustadt am Rübenberge, Suttorfer Straße/Herzog-Erich Allee, Reisemobilplatz an der Leine	S		S. 440
31535	Neustadt am Rübenberge-Mardorf, Rote-Kreuz-Straße 16, Wohnmobilstellplatz Steinhuder Meer	S	CHEM GRAU	S. 441
31535	Neustadt am Rübenberge-Nöpke, Am Heisterholz 7, Campingplatz Nöpke	S	CHEM GRAU	S. 441
31542	Bad Nenndorf, Bahnhofstraße 77, Wohnmobilstellplatz am Sportzentrum	S	CHEM GRAU	S. 145
31547	Rehburg-Loccum, Zum Erlengrund 7, LieblingsGrün-Das NaturCamp im Erlengrund	S	CHEM GRAU BÜ	S. 492
31547	Rehburg-Loccum, Auf der Bleiche 14, Wohnmobilstellplatz Rehburg	S	CHEM GRAU	S. 492
31547	Rehburg-Loccum-Münchehagen, Alte Zollstraße 5, Dinosaurier-Park Münchehagen	S		S. 492
31552	Rodenberg, Gottlieb Daimler Straße 11, Wohnmobilstellplatz am Deister	S	CHEM GRAU BÜ *	S. 504
31558	Hagenburg-Altenhagen, Bergmannstraße 2, Tankstelle Rakelbusch an der B441	E	Sani Station *	
31582	Nienburg/Weser, Oyler Straße, Reisemobilstellplatz Nienburg	S	CHEM GRAU *	S. 446
31582	Nienburg/Weser, Mindener Landstraße 22, Wesavi Sauna & Badelandschaft	S		S. 447
31582	Nienburg/Weser, Dr.-Franck-Straße, Wohnmobilstellplatz am Bahnhof	S		S. 447
31582	Nienburg/Weser, Festwiese 3, Wohnmobilstellplatz Festwiese	S		S. 447
31592	Stolzenau, Weserstraße 11a, Campingplatz Stolzenau	S	CHEM GRAU	S. 560
31592	Stolzenau, Am Löschplatz, Wohnmobilstellplatz an der Weser	S	CHEM GRAU	S. 560
31595	Steyerberg, Kleine Straße 7, Wohnmobilstellplatz Steyerberg	S	CHEM GRAU B	S. 559
31600	Uchte, Färberplatz, Wohnmobilstellplatz Uchte	S	CHEM GRAU *	S. 579
31603	Diepenau-Lavelsoh, Am Bahnhof 3, Wohnmobilstellplatz Lavesloh	S	CHEM GRAU B	S. 215
31603	Diepenau-Steinbrink, Steinbrinker Straße 8, Stellplatz am Tor zum Moor	S	CHEM GRAU BÜ	S. 215
31609	Balge-Mehlbergen, Werder Straße, Marina Mehlbergen	S	CHEM	S. 158
31613	Wietzen, Heidestraße 163, Unser kleiner Hof	S		S. 621
31618	Liebenau, Schweizerlust 1, Wohnmobilstellplatz Schweizerlust	S	GRAU	S. 388
31623	Drakenburg, Zum Campingplatz 1, Reisemobilstellplatz Drakenburg	S	CHEM GRAU	S. 220
31628	Landesbergen, Mühlenplatz, Stellplatz Auf dem Mühlenplatz	S		S. 374
31628	Landesbergen, Fährstraße, Wohnmobilstellplatz Landesbergen	S	GRAU	S. 374
31628	Landesbergen-Brokeloh, Brokeloher Hauptstraße 37, Stellplatz am Bickbeernhof Brokeloh	S		S. 374
31628	Landesbergen-Brokeloh, Rittergut Brokeloh 1, Stellplatz beim Rittergut Brokeloh	S		S. 375
31629	Estorf, Neue Schulstraße, Stellplatz Im Scheunenviertel	S		S. 248

S: Stellplatz **E:** Entsorgungsstation **CHEM:** Chemietoiletten-Entsorgung **GRAU B:** Grauwasserentsorgung mit Bodeneinlass **GRAU BÜ:** Grauwasserentsorgung mit Bodeneinlass überfahrbar
* Entsorgung für Durchreisende erlaubt. Bitte helfen Sie mit, diese Liste zu ergänzen. **Hinweis:** Einträge ohne Seitenzahl beziehen sich auf Entsorgungsstationen. Diese sind im BORDATLAS nicht gesondert aufgeführt.

31633	Landesbergen-Leese, Loccumer Straße, Stellplatz Auf dem Marktplatz	S	**S. 375**
31633	Leese, Mühlenberg, Reisemobilstellplatz Leeser See	S GRAU B	**S. 382**
31634	Steimbke, Klostergarten, Wohnmobilstellplatz Klostergarten	S CHEM GRAU	**S. 556**
31634	Steimbke-Sonnenborstel, Am Kaarbusch 2, Stellplatz Jägerkrug Sonnenborstel	S CHEM GRAU B	**S. 556**
31637	Rodewald, Im Zentrum, Reisemobilstellplatz Rodewald	S CHEM GRAU	**S. 505**
31655	Stadthagen, Jahnstraße 2, Reisemobilstellplatz am Tropicana	S CHEM GRAU BÜ	**S. 554**
31675	Bückeburg, Reitweg, Fürstliche Hofkammer, Wohnmobilstellplatz am Schloss	S GRAU B	**S. 198**
31675	Bückeburg, Unterwallweg 5, Wohnmobilstellplatz Neumarktplatz	S GRAU	**S. 198**
31702	Lüdersfeld, Am Hülsebrink 10, Heinrich's Reisemobilstellplatz	S CHEM GRAU BÜ	**S. 398**
31707	Bad Eilsen, Bahnhofstraße, Wohnmobilstellplatz am Remisengelände	S CHEM GRAU	**S. 136**
31737	Rinteln, Am Doktor-See 8, Camping- und Freizeitpark Doktor-See	S CHEM GRAU BÜ	**S. 503**
31737	Rinteln, Dankerser Straße 6, Wohnmobilstellplatz an der Weser	S CHEM GRAU	**S. 503**
31737	Rinteln-Schaumburg, Burgstraße 2-4, Hotel-Restaurant Zum Schaumburger Ritter	S	**S. 504**
31749	Auetal-Rolfshagen, Horstsiek, Wohnmobilstellplatz am Freibad	S CHEM GRAU	**S. 127**
31785	Hameln, Uferstraße 80, Campingplatz Hameln	E andere	
31812	Bad Pyrmont, Am Schellenhof 1-3, Campingpark Schellental	S CHEM GRAU	**S. 146**
31812	Bad Pyrmont, Hauptmann-Bölke-Weg 1, Reisemobilhafen in den Emmerauen	S CHEM GRAU BÜ	**S. 147**
31832	Springe am Deister, Auf dem Burghof 1, Alter Museumshof	S	**S. 553**
31840	Hessisch Oldendorf, Weserstraße, Parkplatz Südwall	S CHEM GRAU *	**S. 318**
31840	Hessisch Oldendorf-Großenwieden, Am Steinbrink/Weserfähre, Wohnmobilstellplatz Großenwieden	S	**S. 319**
31848	Bad Münder, Am Osterberg, Kläranlage am Osterberg	E andere *	
31848	Bad Münder, Friedrich-Ludwig-Jahn-Straße, Parkplatz am Rohmelbad	S	**S. 144**
31855	Aerzen-Königsförde, Waldquelle 1, Restaurant Waldquelle	S	**S. 111**
31860	Emmerthal-Grohnde, Grohnder Fähre 1, Campingplatz Grohnder Fährhaus	S CHEM GRAU	**S. 239**
31860	Emmerthal-Grohnde, Grohnder Straße 25, Stellplatz beim ehemaligen Gasthaus Zur Post	S	**S. 240**
31863	Coppenbrügge, Felsenkellerweg, Parkplatz am Frei- und Hallenbad	S GRAU	**S. 208**
31867	Lauenau, Hanomagstraße 2, Autohof Lauenau an der A2, Abfahrt 37	E Sani Station *	
31867	Lauenau, Feggendorfer Straße 10, Brauhaus Felsenkeller	S	**S. 378**
31868	Ottenstein, Bruchstraße 3, Wohnmobilstellplatz Alte Oberförsterei	S CHEM GRAU BÜ *	**S. 470**
32052	Herford, Dennewitzstraße 15, Am Stadion	S	**S. 313**
32052	Herford, Wiesestraße 90, Wohnmobilstellplatz am H2O Herford	S CHEM GRAU	**S. 314**
32105	Bad Salzuflen, Forsthausweg 1, Wohnmobilpark Flachsheide	S CHEM GRAU	**S. 148**
32257	Bünde, Sedanstraße, Stellplatz am Stadtgarten	S	**S. 200**
32312	Lübbecke, Bohlenstraße 29 (Zufahrt über Rahdener Straße), Stadthalle/Hallenbad Lübbecke	S CHEM GRAU	**S. 395**
32351	Stemwede, Zur Brake 2, Zentralkläranlage Wehdem	E andere *	
32351	Stemwede-Levern, Hinterm Teich 3, Reisemobilstellplatz Hollenmühle	S CHEM GRAU B *	**S. 558**
32351	Stemwede-Oppenwehe, Wagenfelder Straße 34, Gasthof Moorhof	S CHEM GRAU	**S. 558**
32351	Stemwede-Westrup, Am Freudeneck 4, Wanderparkplatz	S	**S. 559**
32361	Preußisch Oldendorf, Bergstraße 64, Parkplatz Schwarzer Brink	S	**S. 483**
32361	Preußisch Oldendorf, Hafenstraße 27, Reisemobilhafen Möwennest	S CHEM	**S. 483**
32361	Preußisch Oldendorf, Bahnhofstraße 47, Wohnmobilstellplatz Bahnhof Bad Holzhausen	S CHEM GRAU BÜ *	**S. 483**
32369	Rahden, Museumshof 1, Wohnmobilstellplatz am Museumshof	S CHEM GRAU B *	**S. 488**
32423	Minden, Hausberger Straße, Stellplatz Kanzlers Weide	S CHEM GRAU	**S. 418**
32457	Porta Westfalica, Sprengelweg 10, Wohnmobilstellplatz am Porta-Bad	S	**S. 481**
32469	Petershagen/Weser, Hohoffstraße/Am Sportplatz, Reisemobilstellplatz Petershagen	S CHEM GRAU	**S. 475**
32469	Petershagen/Weser, Forststraße 1, Reisemobilstellplatz Waldhotel Morhoff	S	**S. 475**
32469	Petershagen/Weser, Filler Straße 12, Stellplatz am Badesee Lahde (Beachbar 12)	S	**S. 475**
32545	Bad Oeynhausen, Mindener Straße 2, Wohnmobilstellplatz am Sielbad	S	**S. 146**
32547	Bad Oeynhausen, Südbahnstraße, Parkplatz am Südbahnhof	S	**S. 146**
32584	Löhne, Albert-Schweitzer-Straße 12, Wohnmobilstellplatz Löhne	S CHEM GRAU	**S. 392**
32602	Vlotho, Borlefzen 1, Campingparadies Sonnenwiese	S CHEM GRAU BÜ *	**S. 589**
32602	Vlotho, Hafenstraße, Wohnmobilstellplatz am Weserufer	S	**S. 589**
32676	Lügde-Elbrinxen, Obere Dorfstraße 80, Camping Eichwald	S CHEM GRAU	**S. 399**
32689	Kalletal-Heidelbeck, Kurstraße 1, Café-Restaurant Schlosskrug	S	**S. 346**
32699	Extertal-Meierberg, Meierbergerstraße 15, Ferienpark Buschhof	S CHEM GRAU	**S. 249**
32756	Detmold, Hornsche Straße 50, Wohnmobilstellplatz Detmold Werrebogen	S CHEM GRAU B	**S. 214**
32805	Horn-Bad Meinberg, Zum Rosenbusch 102, Rosenhof-Lippe	S	**S. 329**
32805	Horn-Bad Meinberg, Billerbeckerstraße 61, Straußenhof Möller	S	**S. 329**
32816	Schieder-Schwalenberg, Kronenbruch 3, Freizeitzentrum Schiedersee	S CHEM GRAU *	**S. 523**
32825	Blomberg, Auf den Kreuzen 12-14, Autohaus Hache	E Sani Station	
32825	Blomberg/Lippe, Schießhalle Blomberg, Alter Dreschplatz, Reisemobilplatz Blomberg	S CHEM GRAU	**S. 180**
33014	Bad Driburg, Georg-Nave-Straße 24, Driburg-Therme	S CHEM	**S. 135**
33034	Brakel-Bellersen, Meinolfusstraße 6, Wohnmobilhafen Brakel-Bellersen	S CHEM	**S. 189**
33098	Paderborn, Hathumarstraße 22, Parkplatz Maspernplatz (Paderhalle)	S	**S. 471**
33102	Paderborn, Fürstenweg 36, Beim Rolandsbad	S CHEM GRAU B	**S. 471**
33102	Paderborn, Fürstenallee 7, Heinz Nixdorf Museums-Forum	S	**S. 472**
33106	Paderborn-Sande, Sennelagerstraße 58, Am Lippesee-Nordufer	S	**S. 472**
33106	Paderborn-Sande, Bentfelder Staße 12, Klärwerk Paderborn	E andere *	
33129	Delbrück, Nordring 1, Wohnmobilstellplatz am Nordring	S CHEM GRAU B	**S. 212**
33142	Büren, Fürstenberger Straße 1a, Stellplatz am Freibad	S CHEM	**S. 200**
33142	Büren, Niederhagen, Stellplatz Wewelsburg	S	**S. 200**
33154	Salzkotten, Alte Bleiche 10, Stellplatz an der Sälzer Lagune	S GRAU	**S. 515**
33161	Hövelhof, Paderborner Straße 172, Campingplatz Apelhof	S CHEM GRAU	**S. 330**
33161	Hövelhof, Bahnhofstraße, Wohnmobilstellplatz am Bahnhof	S	**S. 330**
33165	Lichtenau-Atteln, Dr. Schmücker-Straße 30, Wohnmobilhafen Naturbad Altenautal	S	**S. 388**
33175	Bad Lippspringe, Burgstraße 10, Wohnmobilplatz-Arminiuspark	S GRAU *	**S. 143**
33178	Borchen, Unter der Burg 1, Am Rathaus	S CHEM GRAU	**S. 185**
33181	Bad Wünnenberg, In den Erlen, Wohnmobilhafen Im Aatal	S CHEM GRAU B	**S. 156**

S: Stellplatz **E:** Entsorgungsstation **CHEM:** Chemietoiletten-Entsorgung **GRAU B:** Grauwasserentsorgung mit Bodeneinlass **GRAU BÜ:** Grauwasserentsorgung mit Bodeneinlass überfahrbar
* Entsorgung für Durchreisende erlaubt. Bitte helfen Sie mit, diese Liste zu ergänzen. **Hinweis:** Einträge ohne Seitenzahl beziehen sich auf Entsorgungsstationen. Diese sind im BORDATLAS nicht gesondert aufgeführt.

33181	Bad Wünnenberg-Leiberg, Hauptstraße 42, Landgasthof Kaiser	S				S. 156
33184	Altenbeken, Hüttenstraße 42, Landhaus Friedenstal	S	CHEM GRAU			S. 117
33332	Gütersloh, Stadtring Sundern 10, Wohnmobilstellplatz Die Welle Gütersloh	S				S. 295
33378	Rheda-Wiedenbrück, Gütersloher Straße, Parkplatz Am Werl	S	CHEM			S. 497
33397	Rietberg, Torfweg, Großparkplatz ZOB	S				S. 502
33397	Rietberg, Rottwiese/Jerusalemer Straße, Wohnmobilstellplatz am Bibeldorf (Freilichtmuseum)	S	CHEM			S. 502
33397	Rietberg-Mastholte, Jakobistraße, Parkplatz Kirche St. Jakobus	S	CHEM GRAU			S. 502
33397	Rietberg-Mastholte, Langenberger Straße, Stellplatz am Heimathaus Mastholte	S				S. 502
33415	Verl, Zum Meierhof 91, Wohnmobilstellplatz Freibad Verl	S	CHEM GRAU	BÜ	*	S. 587
33415	Verl-Kaunitz, Alter Postweg 12, Stellplatz an der Ostwestfalenhalle	S	CHEM GRAU	BÜ	*	S. 587
33428	Harsewinkel, Prozessionsweg 8, Frei- und Hallenbad	S				S. 304
33442	Herzebrock-Clarholz, Am Hallenbad, Wohnmobilstellplatz am Hallenbad	S	CHEM GRAU	BÜ	*	S. 317
33615	Bielefeld, Dornberger Straße 53, Wohnmobilstellplatz am Johannisberg	S	CHEM GRAU			S. 174
33689	Bielefeld-Sennestadt, Dunlopstraße 44, Huppertz Freizeit & Mehr	S	CHEM GRAU		*	S. 174
33719	Bielefeld, Ludwig-Erhard-Allee 45, MietCamper	E	CamperClean			
33729	Bielefeld-Brake, Herforder Straße 630-634, Freizeit KG	S	CHEM GRAU			S. 174
33775	Versmold, Caldenhofer Weg 26, Stellplatz am Parkbad	S				S. 537
33790	Halle/Westfalen, Im Hagen 6, Kläranlage	E	andere		*	
33803	Steinhagen, Friedhofstraße 18, Kläranlage	E	andere		*	
33803	Steinhagen, Am Cronsbach 1, Stellplatz Am Cronsbach	S				S. 557
33824	Werther/Westfalen, Meyerfeld, Parkplatz am Schul- und Sportzentrum	S	CHEM GRAU			S. 614
33829	Borgholzhausen, Bergstraße, Stellplatz Bergstraße	S				S. 186
33829	Borgholzhausen, Bielefelderstraße 57, Stellplatz Bernd Grewe	S				S. 186
33829	Borgholzhausen, Ravensberger Straße 35, Stellplatz Borgholzhausen	S	CHEM GRAU			S. 186
34121	Kassel, Giesenallee 9, Kassel Camping- & Wohnmobilplatz	S	CHEM GRAU	BÜ		S. 349
34125	Kassel, Gartenstraße 90, Tel 05561/98769, Kasselwasser	E	andere		*	
34212	Melsungen, Dreuxallee, Parkplatz Waldschwimmbad	S				S. 413
34212	Melsungen, Schlachthofstraße, Wohnmobilstellplatz an der Fulda	S				S. 413
34225	Baunatal, Friedrich-Ebert-Allee, Wohnmobilstellplatz am Parkstadion	S	CHEM			S. 161
34260	Kaufungen, Am Stechkopf, Parkplatz am alten Festplatz	S	CHEM GRAU	BÜ		S. 350
34266	Niestetal, Spiekershauser Straße/Fuldablick, Reisemobilstellplatz Niestetal	S	CHEM GRAU			S. 448
34270	Schauenburg-Hoof, Korbacher Straße 397, Gasthaus Himmel	S	CHEM			S. 522
34286	Spangenberg, Jahnstraße 27, Campingplatz Liebenbach	S	CHEM GRAU			S. 552
34295	Edermünde-Grifte, Aueweg, Wohnmobilstellplatz Ederaue	S	CHEM GRAU			S. 228
34305	Niedenstein, Am Schwimmbad 2, Wohnmobilstellplatz am Hallenbad	S				S. 445
34308	Bad Emstal, Karlsbader Straße 4, Wohnmobilstellplatz am Kurpark Bad Emstal	S	CHEM			S. 136
34308	Bad Emstal-Balhorn, Birkenstraße 21, Wohnmobilplatz Ferienanlage Erzeberg	S	CHEM GRAU	BÜ		S. 136
34314	Espenau-Schäferberg, Wilhelmsthaler Straße 14, Waldhotel Schäferberg	S				S. 247
34317	Habichtswald-Dörnberg, Bergweg, Wohnmobilstellplatz Dörnberg	S				S. 296
34317	Habichtswald-Ehlen, Hasenbreite, Wohnmobilstellplatz Ehlen	S				S. 296

34329	Nieste, Sensenstein 1, Jugendburg Sensenstein	S	CHEM		S. 448
34346	Hann. Münden, Rattwerder, Am Hochbad	S			S. 301
34346	Hann. Münden, Werraweg 24, Am Werraweg	S			S. 302
34346	Hann. Münden, Tanzwerder 1, Grüne Insel Tanzwerder	S	CHEM GRAU	*	S. 302
34346	Hann. Münden, Gustav-Blume-Weg, Wohnmobilstellplatz Am Weserstein	S	CHEM		S. 302
34359	Reinhardshagen-Veckerhagen, Klinkersweg, Freibad Veckerhagen	S			S. 494
34359	Reinhardshagen-Veckershagen, Karlshafener Straße 12, Omnibusbetrieb Sallwey	E	andere	*	
34369	Hofgeismar, Am Sälber Tor, Reisemobilplatz Sälber Tor	S	CHEM GRAU		S. 323
34376	Immenhausen, Bernhardt-Vocke-Straße 5, Parkplatz am Hallen- und Freibad	S	CHEM GRAU		S. 338
34379	Calden, Waldschwimmbad 1, Zum Lindenrondell, Stellplatz Waldschwimmbad Calden	S			S. 204
34385	Bad Karlshafen, Am Rechten Weserufer 2, Wohnmobilstellplatz am rechten Weserufer	S	CHEM GRAU B		S. 140
34388	Trendelburg, Zur Alten Mühle 10, Campingplatz Trendelburg	S			S. 576
34388	Trendelburg, Domäne 2e, Premiumstellplatz Trendulas Paradies - Tor zum Reinhardswald	S	CHEM GRAU		S. 576
34393	Grebenstein, Sauertal, Stellplatz Grebenstein	S	CHEM GRAU		S. 286
34399	Oberweser, Weißehütte 1, Camping Weißehütte	S	CHEM GRAU BÜ		S. 459
34399	Wesertal-Lippoldsberg, Weserstraße 14, Stellplatz Weserbergland	S	CHEM GRAU		S. 615
34414	Warburg, Schützenplatz/Paderborner Tor, Schützenplatz Warburg	S	CHEM GRAU B		S. 601
34431	Marsberg, Trift/Am Sportplatz 2, Wohnmobilhafen Marsberg	S	CHEM GRAU B		S. 408
34454	Bad Arolsen-Wetterburg, Bericher Seeweg 1, Reisemobilhafen Twistesee	S	CHEM GRAU BÜ		S. 129
34466	Wolfhagen, Siemensstraße, Wohnmobilstellplatz in der Freizeitanlage Bruchwiesen	S	CHEM GRAU BÜ		S. 632
34471	Volkmarsen, Kasseler Straße 33, Wohnmobilstellplatz unter dem scharfen Stein	S	CHEM GRAU		S. 590
34474	Diemelstadt, A44, Ausfahrt 64, SVG-Rasthaus Diemelstadt	E	Sani Station	*	
34474	Diemelstadt-Wrexen, Steinberg 18, Wohnmobilstellplatz Steinberg	S			S. 215
34479	Breuna, Schulstraße 5, Parkplatz Märchenland-Therme	S			S. 194
34479	Breuna, Warburger Straße 45, Shell-Autohof Breuna-Elsinger Höhe, A44 Abfahrt 66	E	Sani Station	*	
34497	Korbach, Wildunger Landstraße, Stellplatz am Edersee-Radweg	S			S. 363
34497	Korbach, Westring, Stellplatz am Tenniscenter Korbach	S			S. 364
34497	Korbach, Westring 11a, Wohnmobilhafen der Hansestadt Korbach	S	GRAU BÜ	*	S. 364
34497	Korbach, Am Ellerbruch 8a, Wohnmobilstellplatz am Ellerbruch	S			S. 364
34497	Korbach-Meineringhausen, Walmestraße 25, Wohnmobilstellplatz Hobbywiese	S	CHEM GRAU		S. 364
34508	Willingen/Upland, Am Hagen 10a, Wohnmobilpark Willingen	S	CHEM GRAU		S. 623
34513	Waldeck, Güldener Ort 12, Reisemobilstellplatz Seeblick	S			S. 595
34513	Waldeck-Scheid, Am Bettenhagen 2, Wohnmobilpark Edersee-Alm	S	CHEM GRAU BÜ		S. 595
34516	Vöhl-Herzhausen, Zum Träumen 1A, Camping & Ferienpark Teichmann	S	CHEM GRAU BÜ	*	S. 589
34519	Diemelsee-Heringhausen, Hohes Rad 1, Camping-Park Hohes Rad	S	CHEM GRAU B		S. 214
34519	Diemelsee-Heringhausen, Hohes Rad 1, Wohnmobilstellplatz Diemelsee	S			S. 214
34537	Bad Wildungen, Bahnhof Bad Wildungen/Berliner Straße, Wohnmobilplatz Bad Wildungen	S	CHEM GRAU B		S. 155
34537	Bad Wildungen-Reinhardshausen, Wiesenweg 23, Hof Frekot	S	CHEM GRAU		S. 155
34549	Edertal-Hemfurth-Edersee, Kraftwerkstraße, Wohnmobilstellplatz Hemfurth/Edersee	S	CHEM GRAU		S. 228
34549	Edertal-Rehbach, Am Eschelsberg, Wohnmobilstellplatz Rehbach	S			S. 228
34549	Edertal-Wellen, Obere Stiegel 9, Reiterparadies Talhof	S	CHEM GRAU		S. 229
34560	Fritzlar, Am Grauen Turm, Stellplatz Am Grauen Turm	S	CHEM GRAU		S. 264
34560	Fritzlar, Pipprichsweg, Stellplatz Ederaue	S	CHEM GRAU	*	S. 264
34576	Homberg/Efze, Hans-Staden-Allee 16, Wohnmobilparkplatz Hans-Staden-Allee	S			S. 328
34576	Homberg/Efze, Waßmuthshäuser Straße/Dresdner Allee, Wohnmobilstellplatz Holzhäuser Feld	S	CHEM GRAU		S. 328
34582	Borken/Hessen, Westrandstraße 40, Stellplatz am Hallenbad/NSG Borkener See	S			S. 186
34582	Borken/Hessen, L3223/Kleinengliser Straße, Wohnmobilstellplatz am Naturbadesee Stockelache	S			S. 187
34582	Borken/Hessen, L3149/Main-Weser-Straße, Wohnmobilstellplatz am Singliser See	S	CHEM GRAU BÜ		S. 187
34582	Borken/Hessen-Gombeth, L3149/Main-Weser-Straße, Stellplatz am Parkplatz Singliser See	S	CHEM GRAU		S. 187
34587	Felsberg, Untere Birkenallee 29, Wohnmobilstellplatz am Ernst-Schaake-Bad	S	CHEM GRAU BÜ		S. 253
34593	Knüllwald-Niederbeisheim, Zum Lierloch 1, Campingplatz am Bauernhof	S	CHEM GRAU		S. 360
34596	Bad Zwesten, Hardtstraße 7, Wohnmobilhafen Bad Zwesten	S	CHEM GRAU		S. 157
34599	Neuenhain-Neuental, Seeblick 14, Stellplatz am Ferienpark Neuenhainer See	S	CHEM		S. 436
34613	Schwalmstadt-Treysa, Zwalmstraße, Wohnmobilstellplatz am Schwalm-Stadion Treysa	S			S. 536
34613	Schwalmstadt-Ziegenhain, An der Feuerwache 12, Feuerwache/Bauhof	E	ST-SAN	*	
34613	Schwalmstadt-Ziegenhain, Fünftenweg 30 (gegenüber Freibad), Wohnmobilstellplatz Nähe Freibad	S			S. 536
34621	Frielendorf, Zum Silbersee, Wohnmobilpark Silbersee	S	CHEM GRAU		S. 263
34626	Neukirchen, Urbachweg 1, Reisemobilpark Urbachtal	S	CHEM GRAU		S. 438
34632	Jesberg, Freizeitzentrum, Campingplatz Kellerwald	S	CHEM GRAU		S. 343
34633	Ottrau, Am Schwimmbad 10, Stellplatz am Schwimmbad	S			S. 470
34633	Ottrau-Immichenhain, Aussiedlerhof 1, Wohnmobilstellplatz am Aussiedlerhof	S	CHEM GRAU	*	S. 471
34639	Schwarzenborn, Richbergstraße 13-17, Knüll-Camp Schwarzenborn	S	CHEM GRAU		S. 538
35037	Marburg, Jahnstraße, Wohnmobilpark Jahnstraße	S	CHEM GRAU		S. 404
35066	Frankenberg/Eder, Teichweg 3/ Ederberglandhalle, Wohnmobilplatz Frankenberg	S	CHEM GRAU BÜ		S. 258
35075	Gladenbach, Hoherainstraße 45, Wohnmobilstellplatz Rosengarten Gladenbach	S	CHEM		S. 278
35080	Bad Endbach, Am Bewegungsbad 4, Wohnmobilstellplatz am Sportpark	S	CHEM		S. 137
35083	Wetter/Hessen, Schulstraße 25, Stellplätze am Hallenbad	S	GRAU		S. 617
35085	Ebsdorfergrund-Frauenberg, Cappeler Straße 10, Hotel-Restaurant Zur Burgruine Frauenberg	S	CHEM GRAU		S. 226
35088	Battenberg/Eder, Battenfelder Straße 6-8, Esso-Tankstelle	E	andere	*	
35088	Battenberg/Eder, Senonches Straße, Parkplatz am Hallen- und Freibad	S			S. 161
35088	Battenberg/Eder, Festplatzweg, Parkplatz an der Festhalle	S			S. 161
35119	Rosenthal, Willershäuser Straße 2, Wohnmobilstellplatz Fischewosse	S	CHEM GRAU B		S. 507
35216	Biedenkopf, Am Freibad 7, Am Lahnauenbad	E	ST-SAN		
35216	Biedenkopf, Mühlweg 16, Parkplatz Stadtwerke	S			S. 173
35285	Gemünden/Wohra, Auestraße 26, Stellplatz Gemünden an der Wohra	S	CHEM GRAU	*	S. 273
35287	Amöneburg, In den Lückeäckern, Stellplatz Amöneburg	S			S. 120
35305	Grünberg, Gerichtsstraße 6-8, Reisemobilplatz Stadt Grünberg	S	CHEM GRAU		S. 293
35315	Homberg/Ohm, Stadthallenweg 12, Stadthallenplatz	S	CHEM GRAU		S. 328

S: Stellplatz **E:** Entsorgungsstation **CHEM:** Chemietoiletten-Entsorgung **GRAU B:** Grauwasserentsorgung mit Bodeneinlass **GRAU BÜ:** Grauwasserentsorgung mit Bodeneinlass überfahrbar
* Entsorgung für Durchreisende erlaubt. Bitte helfen Sie mit, diese Liste zu ergänzen. **Hinweis:** Einträge ohne Seitenzahl beziehen sich auf Entsorgungsstationen. Diese sind im BORDATLAS nicht gesondert aufgeführt.

35325	Mücke-Flensungen, Bahnhofstraße 116, Landhotel Gärtner	S		**S. 424**
35327	Ulrichstein, Erlenweg, Reisemobilstellplatz Panoramablick	S	CHEM GRAU	**S. 580**
35329	Gemünden/Felda, Feldastraße 58, Reisemobilplatz an der Mehrzweckhalle	S		**S. 273**
35398	Gießen, Ringallee 10, Wohnmobilstellplatz Gießen	S		**S. 277**
35410	Hungen-Inheiden, Seestraße, Festplatz Seegebiet Inheiden	S	CHEM GRAU	**S. 334**
35423	Lich, Ringstraße am Bürgerpark, Wohnmobilstellplatz Lich	S	CHEM GRAU	**S. 387**
35423	Lich-Muschenheim, Klosterweg 36, Wohnmobilstellplatz Muschenheim	S	CHEM GRAU	**S. 387**
35510	Butzbach, Küchengartenweg, Wohnmobilstellplatz Butzbach	S		**S. 203**
35516	Münzenberg, Am Viehtrieb, Wohnmobilstellplatz an der Sporthalle	S		**S. 430**
35576	Wetzlar, Falkenstraße 30, Stellplatz Falkenstraße	S	CHEM GRAU	* **S. 617**
35576	Wetzlar, Uferstraße, Wohnmobilstellplatz auf der Bachweide	S		**S. 617**
35578	Wetzlar, Lahninsel, Parkplatz Lahninsel	S	CHEM GRAU	**S. 617**
35578	Wetzlar, Am Leitz-Park 6, Stellplatz am Leitz-Park	S		**S. 618**
35619	Braunfels, Kläranlage 1, Abwasserverband Ulmtal-Lahn	E	andere	*
35630	Ehringshausen, Neustadtstraße, Stellplatz am Hallenbad	S		**S. 231**
35649	Bischoffen, Am See, Parkplatz am Aartalsee	S	CHEM GRAU	**S. 176**
35683	Dillenburg, Stadionstraße, Parkplatz am Aquarenabad/ Sportplatz	S	CHEM GRAU	**S. 216**
35683	Dillenburg, Meerbornsheide 1-2, Waldcamp Meerbornsheide	S	CHEM GRAU	**S. 216**
35708	Haiger, Lohwiese 1, Wohnmobilstellplatz OBI	S		**S. 297**
35745	Herborn, Sinner Landstraße, City Parkplatz/ Schießplatz	S	CHEM GRAU	**S. 313**
35781	Weilburg, Im Bangert 16 A, Wohnmobilstation Hainallee	S	GRAU	**S. 607**
35789	Weilmünster, Am Froschgraben 10, Wohnmobilstellplatz In der Au	S	CHEM GRAU BÜ	**S. 607**
35794	Mengerskirchen, Am Seeweiher 1, Wohnmobilhafen am Wäller Camp	S	CHEM GRAU	* **S. 414**
35799	Merenberg, Am Vöhler Weiher, Campingplatz Vöhler Weiher	S	CHEM	**S. 415**
36037	Fulda, Johannisstraße, Wohnmobilstellplatz Johannisau	S		**S. 265**
36039	Fulda, Weimarer Straße 21-23, Wohnmobilstellplatz Weimarer Straße	S	CHEM GRAU	**S. 265**
36088	Hünfeld, Dr.-Detlev-Rudelsdorff-Allee 6, KNAUS Reisemobilhafen Hünfeld (Praforst)	S	CHEM GRAU	**S. 333**
36088	Hünfeld, Landerneauallee, Reisemobilplatz Hessisches Kegelspiel	S	CHEM GRAU B	**S. 334**
36110	Schlitz, Damenweg 5, Stellplatz am Damenweg	S	CHEM GRAU	**S. 526**
36115	Ehrenberg-Seiferts, Eisenacher Straße 24, Stellplatz krenzers rhön	S		**S. 231**
36115	Hilders/Rhön, Neben Heideweg 19, Erlebnisbad Ulsterwelle	S		**S. 319**
36129	Gersfeld/Rhön-Schachen, Schachen 13, Campingplatz Hochrhön	S	CHEM GRAU	**S. 276**
36142	Tann/Rhön, Festplatz am Unsbach, Wohnmobilstellplatz Am Unsbach	S	CHEM GRAU BÜ	**S. 566**
36148	Kalbach-Heubach, Neuweg 2, Stellplatz Rhönsicht	S	CHEM GRAU	**S. 345**
36151	Burghaun, Oberste Straße, Wohnmobilstellplatz an der Weiheranlage	S	CHEM	**S. 201**
36163	Poppenhausen/Wasserkuppe, Sebastian-Kneipp-Weg, Sport- und Freizeitgelände Lüttergrund	S	CHEM GRAU	**S. 481**
36169	Rasdorf, Hummelsberg 1, Gedenkstätte Point Alpha	S		**S. 489**
36169	Rasdorf, Setzelbacher Straße 11, Sport- und Freizeitgelände Rasdorf	S	CHEM GRAU BÜ	**S. 489**
36179	Bebra, Bei der Laupfütze, Mehrzweckplatz	S		**S. 162**
36179	Bebra, An der K74 - Hersfelder Straße, Wohnmobilstellplatz an den Breitenbacher Seen	S	CHEM GRAU BÜ	**S. 162**
36199	Rotenburg an der Fulda, Im Heienbachtal, Stellplatz Am Waldschwimmbad	S		**S. 508**
36199	Rotenburg an der Fulda, Braacher Straße 16, Stellplatz Am Wittich	S	CHEM GRAU	**S. 508**
36199	Rotenburg an der Fulda, Im Heienbach, Stellplatz Im Heienbachtal	S		**S. 508**
36199	Rotenburg an der Fulda-Braach, Am Schindleich, Wohnmobilstellplatz Am Schindleich	S		**S. 508**
36205	Sontra, Burhaver Straße, Wohnmobilstellplatz Breitwiese	S	CHEM GRAU	**S. 551**
36217	Ronshausen, Kasseler Straße, Gasthof Zur Krone	S	GRAU	**S. 506**
36251	Bad Hersfeld, Am Schwimmbad, Am Freibad Geistal	S	CHEM GRAU	**S. 139**
36251	Bad Hersfeld, Seilerweg 3, Parkplatz Seilerweg	S		**S. 139**
36251	Bad Hersfeld, Auf der Unteraue 5, Reisemobilplatz Auf der Unteraue	S		**S. 139**
36251	Bad Hersfeld, Kolpingstraße 6, Wohnmobilstellplatz Kolpingstraße	S		**S. 139**
36251	Bad Hersfeld-Allmershausen, Homberger Straße 172 c, Waldhotel Glimmesmühle	S		**S. 139**
36275	Kirchheim/Hessen, Brunnenstraße 20-25, Campingplatz am Seepark	S	CHEM GRAU	* **S. 355**
36277	Schenklengsfeld, Am Schwimmbad, Wohnmobilstellplatz Schenklengsfeld	S	CHEM GRAU	**S. 523**
36280	Oberaula, Am Golfplatz, Am Kurhessischen Golfclub Oberaula-Bad Hersfeld	S		**S. 453**
36280	Oberaula, Aumühle 1, Reiterhof Aumühle	S	CHEM GRAU	**S. 453**
36280	Oberaula, Schwimmbadstraße, Stellplatz am Sportplatz	S	CHEM GRAU	* **S. 453**
36280	Oberaula, Teichstraße, Stellplatz Tennishalle	S		**S. 453**
36286	Neuenstein-Mühlbach, Zur Vogtmühle 1, Bauernhof Zinn	S	GRAU	**S. 436**
36287	Breitenbach/Herzberg, Burg Herzberg, Stellplatz Burg Herzberg	S		**S. 191**
36304	Alsfeld, Fulder Tor, Erlenstadion Fulder Tor	S	CHEM GRAU	**S. 116**
36304	Alsfeld-Eudorf, Ziegenhainer Straße 30, Hotel-Landgasthaus Zum Schäferhof	S		**S. 116**
36318	Schwalmtal-Storndorf, Friedensstraße 8, Wohnmobilstellplatz Storndorf	S	CHEM GRAU	**S. 537**
36323	Grebenau, Borngasse 20, Stellplatz Grebenau	S	CHEM GRAU	**S. 286**
36341	Lauterbach/Hessen, Am Sportfeld 9, Freizeitzentrum Lauterbach	S	CHEM GRAU	**S. 380**
36341	Lauterbach/Hessen, Bleichstraße, Parkplatz Auf der Bleiche	S		**S. 380**
36355	Grebenhain, Hindenburgstraße/Info-Haus, Wohnmobilstellplatz Hochwaldhausen	S	GRAU	**S. 286**
36358	Herbstein, Zum Thermalbad 1, Stellplatz VulkanTherme	S	CHEM GRAU BÜ	**S. 313**
36364	Bad Salzschlirf, Riedstraße, Wohnmobilstellplatz am Kurpark	S	CHEM GRAU	**S. 148**
36381	Schlüchtern, Ludovica-von-Stumm-Straße, Stellplatz Schlüchtern	S		**S. 526**
36381	Schlüchtern, Am Distelrasen 3, SVG Autohof Schlüchtern	S	CHEM GRAU	**S. 527**
36391	Sinntal-Altengronau, Aspenweg 47, Stellplatz am Naturerlebnisbad Altengronau	S	CHEM GRAU	* **S. 548**
36396	Steinau an der Straße, Am Steines, Wohnmobilstellplatz Am Steines	S	CHEM GRAU	**S. 556**
36404	Vacha, Werrastraße, Parkplatz am Vachwerk	S	CHEM GRAU	**S. 584**
36419	Geisa, Schleider Straße-Sportplatz, Freizeit- und Sportanlage an der Ulster	S	CHEM GRAU	**S. 270**
36433	Bad Salzungen, Am Floßrasen 6, Sole Reisemobilhafen Bad Salzungen-Eisenach	S	CHEM GRAU	**S. 149**
36433	Bad Salzungen-Möhra, Ziegelei 1, Wohnmobilstellplatz Alte Ziegelei	S	CHEM GRAU	* **S. 149**
36448	Bad Liebenstein, Friedensallee 12, Villa Georg	S	CHEM GRAU	**S. 143**
36452	Kaltennordheim, Hinterm Kirchhof 11, Eddies Eiscafé	S		**S. 346**
36452	Kaltennordheim, In der Aue 14, Stellplatz In der Aue	S		**S. 346**
36457	Stadtlengsfeld, Eisenacher Straße 21, Wohnmobilstellplatz Stadtlengsfeld	S	CHEM GRAU	**S. 554**

S: Stellplatz **E:** Entsorgungsstation **CHEM:** Chemietoiletten-Entsorgung **GRAU B:** Grauwasserentsorgung mit Bodeneinlass **GRAU BÜ:** Grauwasserentsorgung mit Bodeneinlass überfahrbar
* Entsorgung für Durchreisende erlaubt. Bitte helfen Sie mit, diese Liste zu ergänzen. **Hinweis:** Einträge ohne Seitenzahl beziehen sich auf Entsorgungsstationen. Diese sind im BORDATLAS nicht gesondert aufgeführt.

36460	Krayenberggemeinde-Merkers, Waldstadion 1, Wohnmobilstellplatz Merkers	S			*	S. 366
36466	Dermbach-Bernshausen, Bernshausen 29, Campingplatz Rhön Feeling	S				S. 213
36466	Wiesenthal, Kirchgraben 16, Wohnmobilstellplatz Wiesenthal	S				S. 620
36469	Bad Salzungen-Möhra, Martinstraße, Stellplatz beim Sportplatz	S				S. 149
36469	Tiefenort, Werrator, Stellplatz an den Sportanlagen	S				S. 573
37073	Göttingen, Windausweg 60, Badeparadies Eiswiese	S	CHEM GRAU			S. 284
37115	Duderstadt, Adenauerring, Stellplatz Adenauerring	S	CHEM			S. 223
37115	Duderstadt, August-Werner-Allee, Stellplatz am Freibad	S				S. 223
37120	Bovenden, Vor dem Tore 13, Wohnmobilstellplatz Bovenden	S	CHEM GRAU			S. 188
37127	Bühren, Im Teiche/Alter Festplatz, Stellplatz Bühren	S	CHEM GRAU	B		S. 199
37154	Northeim, Nordhäuser Weg 1, Parkplatz In der Fluth	S				S. 451
37154	Northeim-Seenplatte, Am Nordhafen, Parkplatz Großer Freizeitsee	S	GRAU	B		S. 451
37170	Uslar, Lindenhof 1, Ferien-Freizeit am Lindenhof	S	CHEM GRAU			S. 583
37170	Uslar, Zur Schwarzen Erde, Reisemobilpark am Badeland	S	CHEM			S. 583
37170	Uslar-Volpriehausen, Rothenbergstraße 4, Landhotel Am Rothenberg	S	CHEM GRAU			S. 583
37176	Nörten-Hardenberg, An der Bünte 4, Hallenbad Nörten-Hardenberg	S				S. 451
37181	Hardegsen, Alte-Uslarer-Straße 1, Wohnmobilhafen Steinbreite	S	CHEM GRAU	BÜ	*	S. 303
37197	Hattorf/Harz, B27 Nr. 1 (zwischen Herzberg und Gieboldehausen), Camping Lotje	S				S. 307
37213	Witzenhausen, Am Sande 11, Campingplatz Werratal	S	CHEM			S. 630
37213	Witzenhausen, Hinter dem Deich, Wohnmobilstellplatz Josef-Pott-Platz	S	CHEM GRAU			S. 630
37213	Witzenhausen, Oberburgstraße, Wohnmobilstellplatz Oberburgstraße	S	CHEM GRAU			S. 631
37216	Witzenhausen-Dohrenbach, Ringkopfstraße 9, Wohnmobilstellplatz am Haus des Gastes	S				S. 631
37217	Witzenhausen-Ziegenhagen, Ziegenberg 3, Erlebnispark Ziegenhagen	S	CHEM GRAU			S. 631
37235	Hessisch Lichtenau, Grundmühle 14, Wohnmobilstellplatz Grundmühle	S	CHEM GRAU			S. 318
37235	Hessisch Lichtenau, Hopfelder Straße, Wohnmobilstellplatz Hopfelder Straße	S	CHEM GRAU	BÜ		S. 318
37235	Hessisch Lichtenau-Fürstenhagen, Breslauer Straße 18, Reisemobilstellplatz am Sportcenter	S	CHEM GRAU			S. 318
37235	Hessisch Lichtenau-Velmeden, Hausener Straße 12, Landhotel Hubertus	S				S. 318
37235	Hessisch Lichtenau-Walburg, Bahnhofstraße 5, Alter Bahnhof	S	CHEM GRAU			S. 318
37242	Bad Sooden-Allendorf, Franzrasen, Wohnmobilstellplatz Franzrasen	S	CHEM GRAU			S. 151
37247	Großalmerode, Heinrich-Koch-Straße, Parkplatz am Sportzentrum Schwarzenbergstadion/Panoramabad	S				S. 289
37247	Großalmerode, Oststraße, Stellplatz Wiese am Mühlgraben	S	CHEM GRAU			S. 289
37269	Eschwege, Am Werratalsee 2, KNAUS Reisemobilhafen Eschwege	S	CHEM GRAU		*	S. 246
37276	Meinhard, Freizeitzentrum 2/Ziegelweg, Werra-Meissner-Camping	E	andere		*	
37281	Wanfried, In der Werraue, Kläranlage Wanfried	E	andere		*	
37281	Wanfried, Eschweger Straße, Wohnmobilhafen Wanfried	S				S. 600
37284	Waldkappel, Am Sportplatz, Stellplatz Gänsewiese	S	CHEM GRAU			S. 596
37287	Wehretal, Bahnhofstraße, Wohnmobilstellplatz In der Steinlache	S	CHEM GRAU			S. 605
37290	Meißner, Klosterfreiheit, Wonmobilstellplatz Meißner-Germerode	S	GRAU	B	*	S. 413
37293	Herleshausen, Am Anger 7, Hotel-Restaurant-Fleischerei Schneider	S				S. 314
37296	Ringgau-Grandenborn, In der Röste, Wohnmobilstellplatz Grandenborn	S	CHEM GRAU			S. 503
37297	Berkatal-Frankershausen, Am Sportplatz, Stellplatz an den Hie- und Kripplöchern	S				S. 168
37297	Berkatal-Frankershausen, Leppermühle 2, WK Tank Berkatal	E	andere		*	
37308	Schimberg-Martinfeld, Ershäuser Straße 10, Hotel & Restaurant Landhaus Am Westerwald	S				S. 524
37318	Asbach-Sickenberg, Platz der Wiedervereinigung 1, Grenzmuseum Schifflersgrund	S	CHEM GRAU			S. 125
37318	Lindewerra, Straße zur Einheit/Werrabrücke, Wohnmobilstellplatz Lindewerra	S				S. 390
37318	Thalwenden, Trift 73b, Bergwiese-Thüringen	S	CHEM GRAU			S. 571
37339	Ferna, An der B 247, Müller's Landgasthaus Grenzsnak	S				S. 254
37339	Leinefelde-Worbis, Duderstädter Allee 49, Alternativer Bärenpark Worbis	S				S. 383
37412	Herzberg am Harz-Scharzfeld, Fliederweg 3, Wohnmobilstellplatz am Südharz	S	CHEM GRAU			S. 317
37412	Herzberg am Harz-Sieber, Tiefenbeek, Wohnmobilstellplatz Sieber	S				S. 317
37441	Bad Sachsa, Schützenstraße 13, Harzer Schnitzelhaus & Waffelbäckerei	S				S. 148
37444	Sankt Andreasberg, Am Samson 4, Stellplatz An der Grube Samson	S	CHEM GRAU			S. 517
37445	Walkenried, Ellricher Straße 7, KNAUS Campingpark Walkenried ****	S	CHEM GRAU	BÜ		S. 598
37445	Walkenried-Zorge, Kunzental 2, Campingplatz im Waldwinkel	S	CHEM GRAU			S. 598
37520	Osterode am Harz, Schwimmbadstraße 1, Aloha Wohnmobilstellplatz	S	CHEM GRAU			S. 468
37520	Osterode am Harz, Scheerenberger Straße 100, Campingplatz Eulenburg	S	CHEM GRAU	B		S. 468
37574	Einbeck, Ochsenhofweg 11, Hallen- und Freibad	S	CHEM GRAU			S. 232
37581	Bad Gandersheim, Braunschweiger Straße 12, Regenbogencamping Bad Gandersheim	S	CHEM GRAU			S. 138
37581	Bad Gandersheim, An der Wiek, Wohnmobilstellplatz Rio Gande	S	CHEM GRAU			S. 138
37586	Dassel, L547, Stellplatz am Badesee	S	CHEM GRAU			S. 211
37586	Dassel, An der Badeanstalt, Wohnmobilstellplatz am Sollingbad	S				S. 211
37603	Holzminden, Stahler Ufer 16, Mobilcamping	S	CHEM GRAU			S. 328
37603	Holzminden-Neuhaus, Lindenstraße 8, Haus des Gastes	S				S. 328
37619	Bodenwerder, Am Mühlentor, Stellplatz Am Mühlentor	S	CHEM GRAU		*	S. 182
37627	Stadtoldendorf, Yorck-Straße 5, Camping & Offroad Freizeitpark Mammut	S	CHEM GRAU			S. 555
37627	Stadtoldendorf, Linnenkämper Straße 33, Mobilcamping unter der Homburg	S	CHEM GRAU	BÜ		S. 555
37632	Eschershausen, Angerweg, Stellplatz am Angerplatz	S	CHEM GRAU			S. 245
37639	Bevern, Jahnstraße 5, Schwimm-und Freizeitzentrum Bevern-Burgberg	S				S. 172
37671	Höxter, Im Brückfeld, Stellplatz Höxter Floßplatz	S	CHEM GRAU	BÜ		S. 331
37671	Höxter-Godelheim, Godelheimer Straße 33, Freizeitanlage Höxter-Godelheim	S	CHEM GRAU			S. 331
37688	Beverungen-Würgassen, Würrigser Straße 4, Stellplatz am Landhotel Alte Linde	S	CHEM			S. 173
37697	Lauenförde, Würgasser Straße, Yachthafen Dreiländereck	S	CHEM GRAU		*	S. 378
38112	Braunschweig-Watenbüttel, Celler Heerstraße 333, Wohnmobilstellplatz am BMC Yachthafen	S	CHEM GRAU			S. 191
38114	Braunschweig, Am Schützenplatz 1, Reisemobilstellplatz Freizeitbad Wasserwelt	S	CHEM GRAU	BÜ	*	S. 191
38122	Braunschweig, Theodor-Heuss-Straße, Stellplatz Braunschweig	S	CHEM GRAU			S. 191
38154	Königslutter am Elm, Niedernhof/Amtsgarten, Wohnmobilstellplatz Niedernhof P1	S	GRAU			S. 363
38170	Schöppenstedt, Am Schützenplatz, Elm-Asse-Platz	S				S. 533
38226	Salzgitter-Lebenstedt, Zum Salzgittersee 25-27, Reisemobilstellplatz am Salzgittersee	S	CHEM GRAU			S. 515
38259	Salzgitter, Parkallee 3, Stellplatz am Thermalsolbad	S				S. 515
38300	Wolfenbüttel, Lange Straße 21, Stadtbad Okeraue Wolfenbüttel	S	CHEM GRAU	BÜ		S. 631

S: Stellplatz **E:** Entsorgungsstation **CHEM:** Chemietoiletten-Entsorgung **GRAU B:** Grauwasserentsorgung mit Bodeneinlass **GRAU BÜ:** Grauwasserentsorgung mit Bodeneinlass überfahrbar

* Entsorgung für Durchreisende erlaubt. Bitte helfen Sie mit, diese Liste zu ergänzen. **Hinweis:** Einträge ohne Seitenzahl beziehen sich auf Entsorgungsstationen. Diese sind im BORDATLAS nicht gesondert aufgeführt.

38350	Helmstedt, Maschweg, Wohnmobilstellplatz Maschweg	**S**	GRAU		**S. 312**
38350	Helmstedt-Bad Helmstedt, Brunnental, Brunnentheater	**S**			**S. 312**
38364	Schöningen, Negenborntrift 25, Stellplatz beim Badezentrum Negenborn	**S**	CHEM GRAU	*	**S. 533**
38364	Schöningen, Salinenweg, Stellplatz Weinberghalle	**S**			**S. 533**
38372	Büddenstedt, Am Sportplatz, Stellplatz Büddenstedt	**S**			**S. 198**
38375	Räbke, Erholungspark Nord-Elm 1, Campingplatz Räbke	**E**	andere		
38440	Wolfsburg, Stadtbrücke, Stellplatz Autostadt	**S**			**S. 632**
38446	Wolfsburg, In den Allerwiesen 5, Campingplatz am Allersee, nur zu den Öffnungszeiten des Platzes	**E**	Sani Station		
38486	Klötze, Schützenstraße 48, Reisemobilstellplatz am Waldbad Klötze	**S**	CHEM GRAU		**S. 360**
38518	Gifhorn, Zur Allerwelle 1, Wohnmobilstellplatz Gifhorn	**S**	GRAU		**S. 277**
38539	Müden/Aller, Oheweg 3, Wohnmobilstellplatz und Events Müden	**S**	CHEM GRAU		**S. 425**
38640	Goslar, Bertha-von-Suttner-Straße, Parkplatz Füllekuhle	**S**			**S. 283**
38644	Hahnenklee-Bockswiese, Am Bocksberg/ Großparkplatz Stabkirche, Reisemobilstellplatz Hahnenklee	**S**	CHEM		**S. 297**
38667	Bad Harzburg, Nordhäuser Straße 10 (Einfahrt), Wohnmobilstellplatz an der Sole-Therme	**S**	CHEM GRAU		**S. 138**
38685	Lautenthal, Kaspar-Bitter-Straße 7 b, Stellplatz Lautenthal	**S**	CHEM GRAU		**S. 380**
38690	Goslar-Vienenburg, Am Schacht 1, Vienenburger See	**S**			**S. 283**
38700	Braunlage, Am Campingplatz 1, Campingplatz Braunlage	**S**	CHEM GRAU		**S. 190**
38700	Hohegeiß, Bärenbachweg 10, Wohnmobilstellplatz am Bärenbache	**S**	CHEM GRAU		**S. 324**
38704	Liebenburg, Gitterweg, Stellplatz am Schloss	**S**			**S. 388**
38707	Altenau/Harz, Karl-Reinecke-Weg 35, Stellplatz an der Kristalltherme Heißer Brocken	**S**	CHEM GRAU		**S. 117**
38707	Altenau/Harz, Rothenberger Straße 52, Wohnmobilstellplatz Alter Bahnhof Altenau	**S**	CHEM GRAU		**S. 117**
38707	Schulenberg im Oberharz, Wiesenbergstraße 14, Reisemobilstellplatz Ortsmitte	**S**	CHEM GRAU		**S. 535**
38709	Wildemann, Am Sanickel 22, Bergpension Vogelsang	**S**			**S. 621**
38709	Wildemann, Im Schwarzewald 21, Wohnmobilstellplatz im Wald	**S**			**S. 621**
38723	Seesen, Granestraße 1, Stellplatz an der Granestraße	**S**			**S. 541**
38723	Seesen, An der Masch 4, Wohnmobilstellplatz Schützenplatz	**S**			**S. 541**
38820	Halberstadt, Warmholzberg 70, Camping am See	**S**	CHEM GRAU		**S. 298**
38820	Halberstadt, Düsterngraben, Großparkplatz Düsterngraben	**S**			**S. 298**
38820	Halberstadt, Wehrstedterstraße 48, Walter Krienitz Platz	**S**			**S. 298**
38835	Berßel, Schloss 1, Gasthof zum Schloss	**S**			**S. 171**
38835	Osterwieck, Im Fallstein 5, Wohnmobilstellplatz Fallsteinklause	**S**			**S. 468**
38855	Wernigerode, Am Katzenteich, Parkplatz Am Katzenteich	**S**	CHEM GRAU		**S. 613**
38855	Wernigerode, Halberstädter Straße, Parkplatz Anger/ Schloss	**S**	CHEM GRAU BÜ		**S. 613**
38871	Darlingerode, Hinter den Gärten 11, Wohnmobilpark Harzblick	**S**	CHEM GRAU		**S. 211**
38871	Ilsenburg/Harz, Ilsetal 16a, Wohnmobilstellplatz Ilsetal	**S**	CHEM GRAU BÜ	*	**S. 338**
38875	Elend, Am Waldbad 1, Am Waldbad	**S**			**S. 235**
38875	Elend, Am Stern 1, Harz Mountain Camp Am Schierker Stern	**S**	CHEM GRAU BÜ		**S. 235**
38889	Blankenburg/Harz, Schnappelberg, Caravanparkplatz Schnappelberg	**S**	GRAU		**S. 177**
38889	Blankenburg/Harz, Schnappelberg, Wohnmobilstellplatz am Schnappelberg	**S**			**S. 178**
38899	Hasselfelde, Im Rosentale 1, Wohnmobilstellplatz Westernstadt Pullman City Harz	**S**	CHEM GRAU		**S. 306**
39104	Magdeburg, Petriförder 1, Stellplatz Petriförder	**S**	CHEM	*	**S. 400**
39114	Magdeburg, Am Winterhafen 1, Wohnmobilstellplatz Am Winterhafen Magdeburg	**S**	CHEM GRAU		**S. 400**
39218	Schönebeck-Frohse, Burgwall 2a-2b, Campingplatz Magdeburg	**S**	CHEM GRAU B	*	**S. 532**
39261	Zerbst/Anhalt, Wolfsbrücke 3, Volksschwimmhalle	**S**	CHEM GRAU		**S. 638**
39264	Walternienburg, An der Wasserburg, Wohnmobilstellplatz an der Wasserburg	**S**			**S. 599**
39307	Genthin, Mühlenstraße, Wohnmobilstellplatz Genthin	**S**			**S. 274**
39309	Kade, Lindenstraße 34, B und G Bürstenbinder	**E**	EVA	*	
39319	Jerichow, Am Kloster 1, Kloster Jerichow	**S**			**S. 343**
39326	Angern, Am Sandkrug 10, Campingplatz Nord- & Südsee	**S**	CHEM GRAU BÜ		**S. 122**
39340	Haldensleben, Stendaler Straße 13, Parkplatz am Stendaler Torturm	**S**			**S. 298**
39340	Haldensleben, Kronesruhe 26, Sportboothafen Haldensleben	**S**	CHEM		**S. 298**
39359	Calvörde, L 24, Stellplatz am Mittellandkanal	**S**	CHEM GRAU		**S. 204**
39387	Oschersleben (Bode), Friedensstraße/Schützenplatz, Wohnmobilstellplatz Am Wiesenpark Oschersleben	**S**	CHEM GRAU	*	**S. 465**
39517	Bertingen, Zu den kurzen Enden 1, Campingplatz Bertingen & Indianer Tipi-Dorf	**S**	CHEM GRAU		**S. 171**
39517	Bertingen, Im Wald 3, Wohnmobilstellplatz La Porte	**S**	CHEM GRAU B		**S. 171**
39539	Havelberg, Spülinsel 6, Stellplatz Campinginsel Havelberg	**S**	CHEM GRAU BÜ	*	**S. 308**
39576	Stendal, Bismarckstraße/Arneburger Straße, Schützenplatz	**S**	CHEM GRAU		**S. 559**
39590	Tangermünde, Storchenweg 7, Privater Wohnmobil- und Wohnwagenplatz	**S**	GRAU		**S. 566**
39590	Tangermünde, Klosterberg, Wohnmobilstellplatz Tangermünde	**S**	CHEM GRAU		**S. 566**
39606	Iden, Büttnershof 38, Gutshaus Büttnershof	**S**			**S. 336**
39615	Seehausen/Hansestadt (Altmark), Arendseerstraße 6, Stellplatz hinter der Tourist-Info	**S**	CHEM GRAU		**S. 541**
39615	Wahrenberg, Lindenweg/Eichenwinkel, Stellplatz Storchenwiese	**S**	CHEM GRAU		**S. 593**
39619	Arendsee/Altmark, Lüchower Straße 6 a, Campingplatz Im grünen Elsebusch	**S**	CHEM GRAU BÜ	*	**S. 123**
39629	Bismark, Döllnitzer Straße 22, Entsorgungsstation Bismark	**E**	Modusan		
39638	Gardelegen, Bismarker Straße 45, Stellplatz Lebenshilfe Gardelegen	**S**	CHEM GRAU		**S. 268**
39638	Letzlingen, Jävenitzer Straße 2a, Gasthaus Lüders	**S**			**S. 387**

S: Stellplatz **E:** Entsorgungsstation **CHEM:** Chemietoiletten-Entsorgung **GRAU B:** Grauwasserentsorgung mit Bodeneinlass **GRAU BÜ:** Grauwasserentsorgung mit Bodeneinlass überfahrbar
* Entsorgung für Durchreisende erlaubt. Bitte helfen Sie mit, diese Liste zu ergänzen. **Hinweis:** Einträge ohne Seitenzahl beziehen sich auf Entsorgungsstationen. Diese sind im BORDATLAS nicht gesondert aufgeführt.

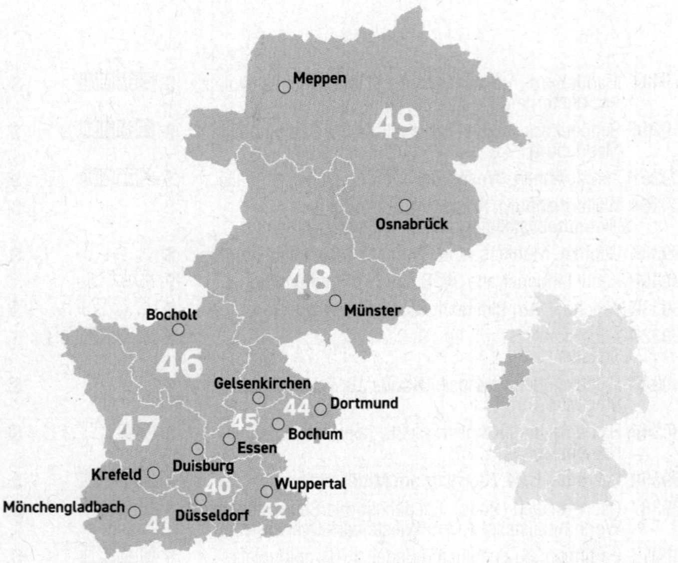

40474	Düsseldorf-Stockum, Am Staad/Stockumer Höfe, Caravan Center/Messeparkplatz P1	S	CHEM GRAU			**S. 225**
40479	Düsseldorf, Robert-Lehr-Ufer 1, Parkplatz Rheinterrasse/Tonhalle	S				**S. 225**
41069	Mönchengladbach, Monschauer Straße 10-32, Reisemobilstellplatz bei der Firma Camping Krings	S	CHEM GRAU			**S. 420**
41189	Mönchengladbach-Wickrath, Schlossanlage (Zufahrt über den Neukircher Weg), Schloss Wickrath	S				**S. 421**
41334	Nettetal, Hülst 16, Kinderbauernhof Steffens	S	GRAU			**S. 434**
41352	Korschenbroich, An der Tränke 14, Stellplatz Liedberg	S				**S. 364**
41372	Niederkrüchten, Graskamp 16, Campingplatz Graskamp	S	CHEM GRAU	B	*	**S. 445**
41372	Niederkrüchten-Elmpt, Lelefeld 4, Camping Lelefeld	S	CHEM GRAU			**S. 445**
41379	Brüggen, Borner Straße 53, Wohnmobilstellplatz Brüggen	S	CHEM			**S. 197**
41379	Brüggen-Bracht, Sankt-Barbara-Straße 42-44, Camping- und Freizeitplatz Brachter Wald	S	CHEM GRAU	B		**S. 197**
41460	Neuss, Am RennbahnPark/Zufahrt über Stresemannallee, RennbahnPark Neuss	S				**S. 440**
41541	Dormagen-Zons, Herrenweg 2, Parkplatz Rheintor-Zons	S				**S. 219**
41836	Hückelhoven-Schaufenberg, Jacobastraße 66, Wohnmobilstellplatz Hückelhoven Haldenblick	S	CHEM GRAU			**S. 332**
41844	Wegberg, Maaseiker Straße 67, Stellplatz am Hallenbad	S	CHEM GRAU			**S. 605**
41849	Wassenberg, Auf dem Taubenkamp 2, Stellplatz Am Parkbad	S	CHEM			**S. 604**
42279	Wuppertal, Mollenkotten 144, Restaurant Café Jagdhaus Mollenkotten	S				**S. 633**
42279	Wuppertal, Linderhauser Straße 70, Wohnmobiloase Wuppertal	S	CHEM GRAU	BÜ		**S. 633**
42327	Wuppertal, Kornstraße, Parkplatz Kornstraße	S				**S. 634**
42329	Wuppertal, Buchenhofen 45, Klärwerk Buchenhofen	E	andere		*	
42349	Wuppertal, Unterkohlfurth 4, Kläranlage Kohlfurth	E	andere		*	
42477	Radevormwald, Hohenfuhrstraße 13, Parkplatz beim Rathaus	S				**S. 487**
42489	Wülfrath, Mettmanner Straße 42, Parkplatz Mettmanner Straße	S				**S. 633**
42499	Hückeswagen, Schnabelsmühle, Reisemobilplatz An der Schnabelsmühle	S				**S. 332**
42499	Hückeswagen, An der Wupperniederung, Stellplatz Wupperaue	S				**S. 332**
42551	Velbert, Parkstraße/Einmündung zur Mühlen, Parkplatz Herminghauspark Saubrücke	S	CHEM GRAU			**S. 585**
42553	Velbert-Neviges, Wiesenweg 60, Panoramabad	S	CHEM GRAU			**S. 585**
42553	Velbert-Neviges, Bernsaustraße 35, Restaurant Zum Parkhaus	S				**S. 585**
42555	Velbert-Langenberg, Nizzatal 4, Stellplatz am Nizzabad	S				**S. 585**
42579	Heiligenhaus, Bahnhofstraße/Westfalenstraße, Parkplatz am PanoramaRadweg	S				**S. 310**
42653	Solingen-Gräfrath, Brandteich, Parkplatz am Brandteich	S				**S. 549**
42657	Solingen, Grünewalder Straße 29, Parkplatz am Gründer- und Technologiezentrum Solingen	S				**S. 549**
42659	Solingen-Oberburg, Talsperrenstraße 28, Wohnmobilstellplatz Solingen Schloss Burg	S				**S. 549**
42799	Leichlingen, Am Schulbusch 16, Wohnmobilstellplatz Leichlingen	S				**S. 383**
42855	Remscheid-Wüstenhagen, Lenneper Straße 152, Autohaus Pauli GmbH	S	CHEM			**S. 495**
42857	Remscheid, Müngstener Brückenweg, Solinger Straße/an der B229, Brückenpark Müngsten	S				**S. 495**
42897	Remscheid, Dörperhöhe bei Haus Nr. 15, Dörperhöhe	S				**S. 495**
42897	Remscheid-Lennep, Am Stadion, Jahnplatz	S				**S. 495**
44809	Bochum, Herner Straße 259, Auto Spürkel	E	Sani Service 3in1			
45128	Essen, Baedekerstraße, Wohnmobilstellplatz Essen	S				**S. 247**
45131	Essen, P2 Alfredstraße (nur zu Messezeiten zugänglich), Messe Essen	E	Holiday-Clean			
45481	Mülheim/Ruhr, Mintarder Straße, Wohnmobilstellplatz Mülheim/Ruhr	S				**S. 426**
45525	Hattingen, Weg zum Wasserwerk 15, Käranlage	E	andere		*	
45525	Hattingen, August-Bebel-/Martin-Luther-Straße, Parkplatz alter ZOB	S				**S. 307**
45525	Hattingen, Bahnhofsstraße 48, Parkplatz hinter den Amtshäusern	S				**S. 307**
45525	Hattingen, Ruhrdeich 6-8, Stellplatz Ruhrbogen Grum	S	CHEM GRAU	BÜ		**S. 307**
45525	Hattingen, Ruhrdeich 24, Wohnmobilstellplatz Ruhrtal	S	CHEM GRAU	BÜ		**S. 307**
45549	Sprockhövel, Im Baumhof 1A, Wohnmobilstellplatz im Baumhof	S				**S. 553**
45657	Recklinghausen, Konrad-Adenauer-Platz, Entsorgungsstation für Wohnmobile Recklinghausen	E			*	
45657	Recklinghausen, Erlbruch, Recklinghausen Altstadt	S	CHEM GRAU	BÜ	*	**S. 491**
45711	Datteln-Bockum, In den Wellen 30, Reisemobilhafen Haard-Camping	S	CHEM GRAU			**S. 211**
45711	Datteln-Klostern, Im Wehling 26, Erholungspark Wehlingsheide	S	CHEM GRAU		*	**S. 211**
45721	Haltern am See, Hellweg 252, Stellplatz beim RMS Reisemobile-Spezialist GmbH	S	CHEM GRAU		*	**S. 299**
45721	Haltern am See, Hullerner Straße 45-49, Wohnmobilpark Haltern am See	S	CHEM GRAU	B	*	**S. 299**
45739	Oer-Erkenschwick, Holthäuser Straße 149/151, Campingplatz Ludbrock	S	CHEM GRAU		*	**S. 461**
45883	Gelsenkirchen, Feldmarkstraße 201, Reisemobilplatz am Gesundheitspark Nienhausen	S	CHEM GRAU	B		**S. 273**
45964	Gladbeck, Ecke Bohmertstraße/Burgstraße, Reisemobil-Parkplatz Wittringer Wald	S	CHEM GRAU			**S. 278**
46047	Oberhausen, Heinz-Schleußer-Straße 1, Wohnmobilstellplatz Marina Oberhausen	S	CHEM GRAU			**S. 454**
46049	Oberhausen, Am Kaisergarten 30, Stellplatz Kaisergarten	S	CHEM GRAU		*	**S. 454**
46049	Oberhausen, Niebuhrstraße 61-73, Theater an der Niebuhrg	S				**S. 454**
46236	Bottrop, Hans-Böckler-Straße, Parkplatz am Parkfriedhof	S				**S. 187**
46244	Bottrop-Kirchhellen, Warner Allee 1, Movie Park Germany	S				**S. 188**
46282	Dorsten, Zur Lippe, Reisemobilhafen An der Lippe	S	CHEM GRAU		*	**S. 219**
46284	Dorsten-Holsterhausen, Luisenstraße 42, Restaurant Zum blauen See	S				**S. 220**
46325	Borken, Parkstraße 20, Stellplatz am Aquarius-Freizeitbad	S	GRAU	BÜ	*	**S. 186**
46325	Borken, Zum Homborn 9, Stellplatz am Forellenhof Wolter	S	CHEM GRAU			**S. 186**
46325	Borken, Klockenhövel 23 , Zentralklärwerk Borken	E	andere		*	
46325	Borken-Gemen, Coesfelder Straße, Stellplatz an der Wasserburg Gemen	S				**S. 186**
46325	Borken-Hoxfeld, Pröbstinger Allee, Stellplatz Pröbstinger Allee	S				**S. 186**

S: Stellplatz **E:** Entsorgungsstation **CHEM:** Chemietoiletten-Entsorgung **GRAU B:** Grauwasserentsorgung mit Bodeneinlass **GRAU BÜ:** Grauwasserentsorgung mit Bodeneinlass überfahrbar
* Entsorgung für Durchreisende erlaubt. Bitte helfen Sie mit, diese Liste zu ergänzen. **Hinweis:** Einträge ohne Seitenzahl beziehen sich auf Entsorgungsstationen. Diese sind im BORDATLAS nicht gesondert aufgeführt.

46325	Borken-Weseke, Borkenwirther Straße, Festplatz Weseke	S			S. 186
46342	Velen, Geeste/Mühlenallee, Caravanstellplatz Freibad Velen	S	CHEM GRAU		S. 585
46342	Velen, Klyer-Damm 8-10, Erholungsgebiet Waldvelen	S	CHEM GRAU		S. 586
46342	Velen-Ramsdorf, Velener Straße 47, Caravanstellplatz Freibad Ramsdorf	S			S. 586
46348	Raesfeld, Parkplatz am Südring, Wohnmobilstellplatz Graf Alexander	S	CHEM GRAU		S. 488
46359	Heiden, Borkener Straße 7a, Hotel-Restaurant Beckmann	S			S. 309
46397	Bocholt, Unter den Eichen, Wohnmobilstellplatz Stadtwald	S			S. 181
46397	Bocholt, Uhlandstraße 39, Womopark Bocholt am Aasee	S	CHEM GRAU BÜ	*	S. 181
46399	Bocholt, Hemdener Weg 169, Sauna- & Wasserwelten Bahia	S	CHEM GRAU		S. 181
46414	Rhede/Westfalen, Heideweg 59, Hallen- und Freibad	S			S. 497
46414	Rhede/Westfalen, Kettelerstraße 9, Kirmesplatz - Stellplatz Kettelerstraße	S	CHEM GRAU		S. 497
46414	Rhede/Westfalen-Vardingholt, Hauptstraße 38, Haus Stockhorst	S			S. 498
46419	Isselburg, Münsterdeich, Parkplatz Münsterdeich	S	CHEM		S. 340
46419	Isselburg-Anholt, Hahnerfeld 23, Brüggenhütte	S			S. 341
46419	Isselburg-Vehlingen, Pferdehorster Straße 1, Biotopwildpark Anholter Schweiz	S			S. 341
46419	Isselburg-Werth, Alte Bundesstraße 3, Ponyhof Leiting	S			S. 341
46446	Emmerich/Rhein, Rheinpromenade/Kleiner Wall, Parkplatz Rheinpromenade	S			S. 239
46446	Emmerich/Rhein-Hochelten, Luitgardisstraße 1, Stellplatz auf dem Eltenberg	S	CHEM GRAU BÜ		S. 239
46446	Emmerich/Rhein-Hüthum, Fackeldeystraße 15-65, Yachthafen Emmerich	S	CHEM GRAU		S. 239
46459	Rees, Ebentalstraße, Stellplatz Ebentalstraße	S	CHEM GRAU	*	S. 491
46487	Wesel, Rheinpromenade 2 (Höhe Haus Nr. 9), Reisemobilstellplatz Römerwardt	S	CHEM GRAU BÜ		S. 614
46509	Xanten, Fürstenberg 6, WomoPark-Xanten	S	CHEM GRAU		S. 636
46514	Schermbeck-Gahlen, Kirchstraße 37, Café und Restaurant Holtkamp	S	CHEM GRAU BÜ		S. 523
46519	Alpen, Burgstraße 66, Reisemobilstellplatz An der Motte	S	CHEM GRAU		S. 115
46569	Hünxe, Möllenweg 6, Häxehüsli Hünxe	S			S. 334
47119	Duisburg-Ruhrort, Am Eisenbahnbassin 42, Stellplatz am Ruhrorter Yacht-Club e.V.	S	GRAU		S. 223
47137	Duisburg-Obermeiderich, Emscherstraße 71, Landschaftspark Duisburg-Nord	S	CHEM		S. 223
47447	Moers, Filder Straße 144, Parkplatz am Aktivbad Solimare	S	CHEM GRAU		S. 420
47475	Kamp-Lintfort, Moerser Straße, Klärwerk	E	andere		
47475	Kamp-Lintfort, Gohrstraße 60, Wohnmobilstellplatz Kamp-Lintfort	S	CHEM GRAU BÜ		S. 347
47506	Neukirchen-Vluyn, Krefelder Straße 9, Wohnmobilstellplatz Niederrhein	S	CHEM GRAU		S. 438
47509	Rheurdt, St. Nikolausweg 15, Wohnmobilpark an der Windmühle	S	CHEM GRAU BÜ	*	S. 499
47533	Kleve, Landwehr 4, Reisemobilpark Kleve	S	CHEM GRAU BÜ		S. 358
47533	Kleve, Van-den-Bergh-Straße, Stellplatz am Bahnhof	S	CHEM		S. 358
47533	Kleve, Tiergartenstraße, Stellplatz an der Tiergartenstraße	S			S. 358
47533	Kleve-Griethausen, Wehrpöhl, Stellplatz am Angelsportheim	S			S. 358
47533	Kleve-Keeken, Zyfflicher Straße 33, Angel- und Camperclub Willisee	S	CHEM GRAU		S. 359
47533	Kleve-Kellen, Postdeich, Stellplatz an der Sporthalle	S			S. 359
47533	Kleve-Reichswalde, Dorfanger, Stellplatz am Sportplatz	S			S. 359
47533	Kleve-Rindern, Drususdeich, Am Bürgerhaus	S			S. 359
47533	Kleve-Schenkenschanz, Schenkenschanz, Stellplatz Schenkenschanz	S			S. 359
47546	Kalkar, Waysche Straße 1-3, Reisemobilpark Kalkar	S	CHEM GRAU BÜ		S. 345
47551	Bedburg-Hau, Moyländer Allee 3 A, Womopark Moyland	S	CHEM GRAU		S. 163
47559	Kranenburg, Alde Börg/Großen Haag, Wohnmobilstellplatz Am Sportzentrum	S	CHEM GRAU		S. 365
47574	Goch, Thielenstraße, Stellplatz Friedensplatz	S	CHEM GRAU BÜ		S. 281
47574	Goch-Kessel, Kranenburger Straße 20, Wohnmobilstellplatz am GochNess Erlebnisbad	S			S. 281
47589	Uedem, Bergstraße 99, Wohnmobilpark Uedem	S	CHEM GRAU		S. 579
47608	Geldern, Liebigstraße 33, Freizeit-Store-Diepers	S	CHEM GRAU		S. 272
47608	Geldern, Am Holländer See 19, Reisemobilstellplatz Am Holländer See	S	CHEM GRAU BÜ		S. 272
47608	Geldern, Danziger Straße 5, See Park Janssen	S			S. 272
47608	Geldern-Veert, Hülspaßweg 20, Stellplatz am Sportplatz	S			S. 272
47608	Geldern-Walbeck, Am Freibad 16, Reisemobilhafen Waldfreibad Walbeck	S	CHEM GRAU BÜ		S. 272
47623	Kevelaer, Hüls 13, Reisemobilstellplatz Solegarten St. Jakob	S			S. 353
47623	Kevelaer, Gelderner Straße 113, Stellplatz am Europaplatz	S			S. 353
47624	Kevelaer-Twisteden, Im Auwelt 45, Reisemobilhafen Den Heyberg	S	CHEM GRAU BÜ	*	S. 353
47638	Straelen, Lingsforter Straße 100, Stellplatz am Fitnessbad Wasserstraelen	S	CHEM GRAU		S. 560
47647	Kerken-Aldekerk, Kempener Straße 9, Reisemobilpark Aldekerker Platte	S	CHEM GRAU BÜ	*	S. 352
47652	Weeze, an der B9, Aral Tankstelle	E	andere	*	
47652	Weeze, Fährsteg, Parkplatz am Fährsteg	S			S. 605
47661	Issum-Sevelen, Koetherdyck 18, Wohnmobilpark Hexenland-Sevelen	S	CHEM GRAU		S. 341
47665	Sonsbeck-Labbeck, Marienbaumer Straße 158, Campingpark Kerstgenshof	S	CHEM GRAU B		S. 551
47665	Sonsbeck-Labbeck, Marienbaumer Straße 152, Wohnmobilstellplatz am Landgut am Hochwald	S	CHEM GRAU		S. 551
47669	Wachtendonk, Achter de Stadt, Reisemobilstellplatz Achter de Stadt	S	CHEM GRAU BÜ		S. 592
47809	Krefeld-Linn, Alte Rheinbabenstraße 4/Ecke Paul-Hübner Straße, Reisemobilplatz Linn	S			S. 366
47877	Willich, Im Eschert 1, Hotel Restaurant Artemis	S	GRAU		S. 623
47906	Kempen, Berliner Allee, Reisemobilpark Kempen	S	CHEM GRAU		S. 351
47929	Grefrath, Mühlengasse, Stellplatz Niers-Perle-Oedt	S	CHEM		S. 287
48145	Münster, Mauritz-Lindenweg/Ecke Manfred-von-Richthofen-Straße, Wohnmobilstellplatz am Ostbad	S			S. 429
48157	Münster, Laerer Werseufer 7, Campingplatz Münster	S	CHEM GRAU		S. 429
48157	Münster, Coermühle 50 f, Haus Coerde	S			S. 429
48231	Warendorf, Sassenberger Straße 26, Parkplatz am Emsseepark	S	CHEM GRAU		S. 602
48231	Warendorf, Lohwall, Parkplatz zwischen den Emsbrücken	S			S. 602
48231	Warendorf, Wiesengrund 1, Wohnmobilstellplatz Linnenwiese	S			S. 602
48231	Warendorf-Hoetmar, Am Wiebusch, Wohnmobilstellplatz Hoetmar	S			S. 602
48249	Dülmen, Wierlings Busch 16, Die Sauna Insel	S			S. 224
48249	Dülmen, Kapellenweg, Kapellenweg/Sportzentrum Süd	S	CHEM		S. 224
48249	Dülmen, Nordlandwehr 99, Stellplatz düb	S	CHEM	*	S. 224
48249	Dülmen, Sandstraße, Stellplatz Hausdülmen	S			S. 224
48249	Dülmen, Hüttendyk/Zufahrt über Halterner Straße, Stellplatz Hüttendyk	S	CHEM GRAU		S. 224
48268	Greven, Fuestruper Straße 37, Camp Marina	S	CHEM GRAU B		S. 287
48282	Emsdetten, Friedrichstraße 4a, Wohnmobilstellplatz Emsdetten	S	CHEM GRAU BÜ		S. 240
48291	Telgte, Emstor, Stellplatz Am Dümmert	S			S. 568
48291	Telgte, Lauheide 3, Stellplatz Münsterland-Lauheide	S	CHEM GRAU		S. 568
48291	Telgte, Westbeverner Straße/Am Stadion, Waldschwimmbad Klatenberge	S			S. 568
48301	Nottuln, Zeppelinstraße 6, Albers Mobile Service Center	S	CHEM GRAU		S. 451

S: Stellplatz **E:** Entsorgungsstation **CHEM:** Chemietoiletten-Entsorgung **GRAU B:** Grauwasserentsorgung mit Bodeneinlass **GRAU BÜ:** Grauwasserentsorgung mit Bodeneinlass überfahrbar
* Entsorgung für Durchreisende erlaubt. Bitte helfen Sie mit, diese Liste zu ergänzen. **Hinweis:** Einträge ohne Seitenzahl beziehen sich auf Entsorgungsstationen. Diese sind im BORDATLAS nicht gesondert aufgeführt.

48301	Nottuln, Rudolf-Harbig-Straße 16, Wellenfreibad/Hallenbad	S			S. 452
48308	Senden, Bulderner Straße, Sportpark Senden	S			S. 544
48317	Drensteinfurt, Im Erlfeld, Stellplatz am Erlbad	S	CHEM GRAU		S. 221
48324	Sendenhorst, Westtor 31, Stellplatz am Hallenbad	S	CHEM GRAU	*	S. 544
48329	Havixbeck, Poppenbeck 28, Privatbrauerei Klute	S			S. 308
48329	Havixbeck, Kardinal-von-Hartmann-Straße, Stellplatz am Freibad	S	CHEM GRAU		S. 308
48336	Sassenberg, Versmolderstraße 44, Campingpark Heidewald	S	CHEM GRAU BÜ	*	S. 519
48336	Sassenberg, Feldmark 3, Stellplatz Sassenberg	S	CHEM GRAU		S. 519
48336	Sassenberg, Carl-Benz Straße 2, Tankstelle Lietmann	S	CHEM GRAU		S. 520
48341	Altenberge, Sportzentrum, Parkplatz am Sportzentrum	S	CHEM GRAU BÜ		S. 117
48346	Ostbevern, Hanfgarten 22, Wohnmobilstellplatz Am Beverbad	S	CHEM GRAU	*	S. 466
48346	Ostbevern-Loburg, Loburg 47, Gasthof Mersbäumer	S			S. 466
48351	Everswinkel, Alverskirchener Straße 29, Parkplatz Vitus-Bad	S	CHEM		S. 249
48369	Saerbeck-Westladbergen, Westladbergen 71, Hotel Restaurant Stegemann	S			S. 514
48431	Rheine-Bentlage, Weihbischof-d'Alhaus-Straße, Stellplatz am Naturzoo	S			S. 498
48432	Rheine, Hopstener Damm 260, Hotel Borchert	S			S. 498
48432	Rheine, Sandkampstraße 231, Kläranlage Nord	E	andere	*	
48432	Rheine, Hovesaatstraße 6, Wohnmobilstellplatz im TaT Themenpark	S	GRAU		S. 498
48432	Rheine-Mesum, Mesumer Straße 200, Reisemobile Brüggemann	S	CHEM GRAU B		S. 498
48455	Bad Bentheim, Funkenstiege, Stellplatz am Schlosspark	S	CHEM GRAU		S. 130
48455	Bad Bentheim-Gildehaus, Mühlenberg, Stellplatz Am Mühlenberg	S	CHEM GRAU		S. 130
48465	Schüttorf, Kuhmplatz/Graf-Egbert-Straße, Stellplatz am Freibad/Kuhmplatz	S	CHEM GRAU		S. 535
48477	Hörstel-Bevergern, Dünnenbirkenweg 70, Wohnmobilstellplatz Bevergern	S			S. 330
48477	Hörstel-Riesenbeck, Heinrich-Niemeyer-Straße 48, Tankstelle Riesenbeck Pruß	E	andere	*	
48477	Hörstel-Riesenbeck, Postdamm/Lazarusbrücke DEK, Wohnmobilhafen Riesenbeck	S			S. 330
48488	Emsbüren-Elbergen, Elbergen 1, Stellplatz Elberger Schlipse	S	CHEM GRAU		S. 240
48493	Wettringen, Werninghoker Straße, Wohnmobilstellplatz Wettringen	S			S. 617
48496	Hopsten, Rüschendorfer Straße 4, Stellplatz an der Sporthalle	S	CHEM GRAU		S. 329
48499	Salzbergen, Emsstraße 11, Wohnmobilstellplatz Emshalle	S	CHEM GRAU		S. 514
48499	Salzbergen, Dr.-Josef-Stockmann-Straße, Wohnmobilstellplatz Parkplatz Ortskern	S			S. 514
48529	Nordhorn, Heseper Weg/Seeuferstraße, Wohnmobilstellplatz Nordhorn	S	CHEM GRAU		S. 450
48565	Steinfurt-Borghorst, Emsdettener Straße 40, Stellplatz Steinfurt-Borghorst	S			S. 557
48565	Steinfurt-Burgsteinfurt, Liedekerker Straße 70a, Wohnmobilstellplatz Steinfurt	S	CHEM GRAU		S. 557
48599	Gronau, Hagelsweg, Camping- & Freizeitanlagen Dreiländersee	S	CHEM GRAU	*	S. 288
48607	Ochtrup, Kranenbült, Happens Hof	S			S. 460
48607	Ochtrup, Alt Metelener Weg 39, Kläranlage Stadtwerke Ochtrup	E	andere	*	
48624	Schöppingen, Heven 48, Gutshof Schulze Althoff	S	CHEM GRAU		S. 533
48624	Schöppingen-Eggerode, Gildestraße 3, Hotel-Restaurant Winter	S			S. 533
48624	Schöppingen-Ramsberg, Ramsberg 76, Ferienhof Wenker	S	CHEM GRAU		S. 534
48653	Coesfeld, Overhagenweg 1, Brauhaus Stephanus	S			S. 207
48653	Coesfeld, Osterwicker Straße 39, Wohnmobilstellplatz am Konzert Theater Coesfeld	S	CHEM GRAU		S. 207
48683	Ahaus, Schlossstraße 16c, Kirmesplatz in der Schlossstraße	S	CHEM GRAU		S. 111
48683	Ahaus, Unterortwick 32, Wohnmobilstellplatz Kombibad AquAHAUS	S	CHEM GRAU		S. 112
48691	Vreden, Wüllener Straße 107, Gaststätte Zum Dornbusch	S			S. 591
48691	Vreden, Ottensteiner Straße 59, Wohnmobilstellplatz am Sportpark	S	CHEM GRAU	*	S. 591
48691	Vreden-Zwillbrock, Zwillbrock 39, Stellplatz am Hotel Zum Moewenparadies	S	CHEM GRAU		S. 591
48703	Stadtlohn, Almsick 59, Landgut-Hotel Ritter	S			S. 555
48703	Stadtlohn, Uferstraße 31, Stellplatz am Losbergstadion	S			S. 555
48720	Rosendahl-Darfeld, Sudetenstraße, Wohnmobilplatz Darfeld	S	CHEM GRAU		S. 506
48727	Billerbeck, Osterwicker Straße, Am Freibad Billerbeck	S	CHEM GRAU		S. 175
48734	Reken, Werenzostraße 17, Berghotel Hohe Mark	S			S. 494
48734	Reken-Groß Reken, Berge 2 A, Frei- und Hallenbad Reken	S	CHEM	*	S. 495
49076	Osnabrück, Zum Attersee 50, Campingplatz Bullerby am Attersee	S	CHEM GRAU BÜ		S. 466
49090	Osnabrück, Im Haseesch 6, Nettebad	S	CHEM	*	S. 466
49124	Georgsmarienhütte, Schützenstraße 10, Wohnmobilstellplatz am Schützenhaus	S			S. 274
49143	Bissendorf, Gewerbepark 14, Veregge & Welz GmbH	S	CHEM GRAU		S. 177
49152	Bad Essen-Wittlage, Falkenburg 3, Stellplatz Falkenburg	S	CHEM GRAU		S. 137
49163	Bohmte, Am Schwaken Hof, Landgasthaus Gieseke-Asshorn	S			S. 183
49170	Hagen/Teutoburger Wald, Zum Jägerberg 20, Wohnmobilstellplatz am Schulten Holz	S	CHEM GRAU		S. 297
49179	Ostercappeln, Gartenstraße 13, Stellplatz im Zentrum	S			S. 466
49179	Ostercappeln, Alter Damm 1, Wohnmobilstellplatz Hofladen Arche-Hof-Broxten	S			S. 467
49179	Ostercappeln-Schwagstorf, Zum Kronensee 9, Parkplatz Kronensee	S			S. 467
49179	Ostercappeln-Schwagstorf, Venner Straße, Wanderparkplatz Krebsburger Mühle	S			S. 467
49179	Ostercappeln-Venne, Knostweg 4, Ferienhof Darpvenner Diele	S	CHEM GRAU		S. 467
49179	Ostercappeln-Venne, Vördener Straße 1, Restaurant Beinker	S			S. 467
49179	Ostercappeln-Venne, Osnabrücker Straße, Venner Mühle	S			S. 467
49186	Bad Iburg, Charlottenburger Ring 27, Stellplatz am Charlottenburger Ring/Schlossberg	S			S. 140
49196	Bad Laer, Südring 1, Kläranlage	E	andere	*	
49201	Dissen/Teutoburger Wald, Schützenstraße/Röwekamp 1, Wohnmobilstellplatz am Schützenhaus	S			S. 217
49214	Bad Rothenfelde, Heidland 65, Campotel – Wohnmobilpark Osnabrückerland	S	CHEM GRAU		S. 147
49324	Melle, Am Wellenbad 43, Am GrönegauBad	S			S. 413
49356	Diepholz, Lehmder Damm 3, Flugplatz-Café Weitblick	S			S. 215
49356	Diepholz, Am Heldenhain, Parkplatz Am Heldenhain	S	CHEM GRAU B		S. 215
49377	Vechta, Dornbusch 45, Hallenwellen- und Freibad	S			S. 584
49377	Vechta, Bokerner Damm 40, Klärwerk	E	andere	*	
49377	Vechta, Oldenburger Straße, Parkplatz Oldenburger Straße	S			S. 584
49393	Lohne, Vechtaer Straße 3, Wohnmobilstellplatz Lohne	S	CHEM GRAU		S. 393
49401	Damme-Dümmerlohausen, Dümmerstraße 39, Reisemobilstellplatz Westufer Dümmer-See	S	CHEM GRAU		S. 210
49406	Barnstorf, Ecke Rathausweg/Brinkstraße, Midden int Dörp (Mitten im Dorf)	S	CHEM		S. 160
49419	Wagenfeld, Schulstraße 12-14, Wohnmobilstellplatz am Hallen-Freibad	S	CHEM GRAU B		S. 592
49419	Wagenfeld, Bahnhofstraße 29, Wohnmobilstellplatz Ströher Lokschuppen	S	CHEM GRAU		S. 593
49424	Goldenstedt-Arkeburg, Arkeburger Straße 22, Haus im Moor	S			S. 282
49429	Visbek-Endel, Endel 34, Kokenmühle	S	CHEM GRAU		S. 588

S: Stellplatz **E:** Entsorgungsstation **CHEM:** Chemietoiletten-Entsorgung **GRAU B:** Grauwasserentsorgung mit Bodeneinlass **GRAU BÜ:** Grauwasserentsorgung mit Bodeneinlass überfahrbar
* Entsorgung für Durchreisende erlaubt. Bitte helfen Sie mit, diese Liste zu ergänzen. **Hinweis:** Einträge ohne Seitenzahl beziehen sich auf Entsorgungsstationen. Diese sind im BORDATLAS nicht gesondert aufgeführt.

49434	Neuenkirchen-Vörden, Fehrenkamp 1, Hotel-Restaurant Fehrenkamp	S			S. 436
49434	Neuenkirchen-Vörden, Wahlde 4, Land-gut-Hotel Café Wahlde	S			S. 436
49434	Neuenkirchen-Vörden, Große Straße 22, Westfalen-Tankstelle Timmer	E	andere	*	
49439	Steinfeld, Zur Schemder Bergmark, Stellplatz am Freibad	S	CHEM		S. 557
49448	Hüde, Zum Fischerhafen 15, Campingplatz Dümmersee C10	S	CHEM GRAU BÜ	*	S. 332
49448	Hüde, Rohrdommelweg 33, Freizeitarena Dümmer See	S	CHEM		S. 333
49451	Holdorf, Zum Heidesee 53, Wohnmobilstellplatz Heidesee	S	CHEM GRAU	*	S. 327
49453	Rehden, Wähaus-Ehrling 41, Ehrlingshof	S	GRAU		S. 492
49456	Bakum-Vestrup, Hochelstenerstraße 1 A, Bauernhof Hoyer	S	CHEM GRAU		S. 157
49459	Lembruch, Tiemanns Hof 2, Tiemann's Wohnmobilhafen	S	CHEM GRAU BÜ		S. 385
49479	Ibbenbüren, An der Umfluth 99, Aaseebad Ibbenbüren	S			S. 335
49479	Ibbenbüren, Münsterstraße 265, Freizeitpark Sommerrodelbahn	S			S. 335
49479	Ibbenbüren, Münsterstraße 212a, TOTAL Autohof	S	CHEM GRAU	*	S. 335
49479	Ibbenbüren-Dickenberg, Rheiner Straße 324, Gasthof Dickenberg	S			S. 335
49479	Ibbenbüren-Laggenbeck, Bocketaler Straße 142, Landgasthof Mühlenkamp	S			S. 335
49479	Ibbenbüren-Laggenbeck, Tecklenburger Straße 14, Ristorante Pizzeria Il Gabbiano	S			S. 335
49492	Westerkappeln, Bullerteichstraße 12, Freibad Bullerteich	S			S. 616
49497	Mettingen, Neuenkirchener Straße 208, Klärwerk Mettingen	E	andere	*	
49497	Mettingen, Bahnhofstraße 18-20, Stellplatz beim Hallenbad	S			S. 416
49506	Recke, Haarstraße, Kläranlage	E	andere	*	
49509	Recke-Espel, Schulstraße 49, Landgasthaus Forstmann	S			S. 491
49509	Recke-Steinbeck, Auf der Haar 23, Marina Recke	S	CHEM GRAU BÜ		S. 491
49536	Lienen, Holperdorper Straße 37, Stellplatz Hallenfreibad	S	GRAU	*	S. 388
49545	Tecklenburg, Am Weingarten 46, Parkplatz Bismarckturm	S			S. 568
49545	Tecklenburg-Ledde, Osnabrücker Straße 37, Kemken's Landgasthof am Habichtswald	S			S. 568
49545	Tecklenburg-Leeden, Grafenstraße 31, Regenbogen Ferienanlage Tecklenburg	S	CHEM GRAU		S. 568
49549	Ladbergen, Erpenbecker Siedlung 63, Gaststätte zur Waldschänke	S	CHEM		S. 372
49549	Ladbergen, Jahnstraße 1, Sporthalle am Rathaus	S			S. 372
49565	Bramsche, Malgartener Straße 49, Stellplatz Hase Bad Bramsche	S	CHEM		S. 189
49565	Bramsche-Achmer, Am Kanal 1b, Reisemobile Lewandowsky	S	CHEM GRAU B		S. 189
49565	Bramsche-Kalkriese, Venner Straße 67, Landgasthof Varus-Deele	S	CHEM GRAU		S. 189
49565	Bramsche-Kalkriese, Zum Dreschhaus 4, Reisemobilhafen Waldwinkel	S	CHEM GRAU		S. 189
49577	Ankum, Zum Golfplatz 23, Giersfeld 23-Artland Golfclub	S			S. 122
49577	Ankum, Lindenstraße, Stellplatz am Marktplatz	S	CHEM GRAU		S. 122
49577	Ankum-Tütingen, Tütingen 5, Ferienhof Buse-Glass	S	GRAU		S. 122
49577	Eggermühlen-Bockraden, Bockradener Schulstraße 2, Reiterhotel Vox	S	CHEM GRAU B		S. 230
49577	Kettenkamp, Hauptstraße 2, Wohnmobilstellplatz Kettenkamp	S	CHEM GRAU BÜ	*	S. 352
49584	Fürstenau, Schloßplatz 1, Stellplätze am Schloss	S			S. 265
49597	Rieste, Am Campingpark 10, Reisemobilhafen am Alfsee Center	S	CHEM GRAU BÜ		S. 502
49597	Rieste, Bootshafenstraße 4, Stellplatz am Alfsee	S	CHEM GRAU		S. 501
49610	Quakenbrück, Am Schützenhof 2, Wohnmobilstellplatz Sohlengleite	S	CHEM GRAU		S. 485
49624	Löningen-Angelbeck, Gänhauk 22, Hof am Kolk	S	CHEM GRAU	*	S. 394
49626	Bippen, Hallweg 8, Ferienhof Nyenhuis	S	CHEM GRAU	*	S. 175
49626	Bippen, Am Schützenplatz, Wohnmobilstellplatz am Schützenplatz	S			S. 176
49661	Cloppenburg, Bether Straße 6, Museumsdorf Cloppenburg	S			S. 206
49661	Cloppenburg, Hagenweg, Parkplatz Am Stadtpark	S	CHEM GRAU		S. 206
49685	Emstek, Lange Straße 33, Shell-Tankstelle	E	andere	*	S.
49688	Lastrup, Am Marktplatz, Marktplatz	S			S. 376
49696	Molbergen, Am Alten Schützenplatz, Alter Schützenplatz	S			S. 420
49696	Molbergen, Peheimer Straße, Kläranlage Molbergen	E		*	
49716	Meppen, Nagelshof 60, KNAUS Campingpark Meppen	S	CHEM GRAU		S. 415
49733	Haren/Ems, Wittenberger Straße 10, Bagger-Park Emsland	S			S. 303
49733	Haren/Ems, Harener Straße 34, Emsland-Camp	S	CHEM GRAU BÜ		S. 303
49733	Haren/Ems, Rentmeisterstraße/Am Tiergarten, Ferienzentrum Schloss Dankern	S	CHEM		S. 304
49733	Haren/Ems, Schleusenstraße, Parkplatz am Amisia-Anleger	S			S. 304
49733	Haren/Ems, Am Yachthafen 2, Wohnmobilstellplatz am Yachthafen	S	CHEM		S. 304
49740	Haselünne, Lingener Straße, Stellplatz beim Freibad/Sportzentrum	S	CHEM		S. 304
49740	Haselünne, Am See, Wohnmobilstellplatz Am See	S	CHEM		S. 305
49740	Haselünne-Eltern, Georg-Bernd Straße 30, WOMO Stellplatz Eltern	S	CHEM GRAU		S. 305
49740	Haselünne-Polle, Pollerstraße 19, Ferienhof Dröge-Polle	S			S. 305
49744	Geeste, Biener Straße 13 a, Womopark Geeste	S	CHEM GRAU BÜ		S. 270
49751	Sögel, Sigiltrastraße, Stellplatz an der Turnhalle	S			S. 549
49757	Vrees, Herzog-Arenberg-Straße 5, Stellplatz am Schützenplatz	S	CHEM GRAU		S. 591
49757	Werlte, Kirchstraße 28, Kreutzmanns Mühle	S	CHEM GRAU		S. 612
49762	Lathen, Marschstraße 4, Hotel Lathener Marsch	S	CHEM GRAU BÜ	*	S. 377
49767	Twist, Am Hallenbad 9, Stellplatz am Hallenbad	S	CHEM GRAU		S. 578
49770	Herzlake, Im Mersch, Wohnmobilplatz Herzlake	S	CHEM GRAU		S. 317
49808	Lingen/Ems, Langschmidtsweg 17, Kläranlage Lingen	E	andere	*	
49808	Lingen/Ems, Teichstraße 14-16, Wohnmobilstellplatz an den Linus Lingen Wasserwelten	S	CHEM GRAU BÜ	*	S. 390
49808	Lingen/Ems-Hanekenfähr, Am Wasserfall 2, Camping am Wasserfall	S	CHEM GRAU		S. 390
49824	Emlichheim, Kanalstraße 7, Ferienbauernhof de Slaaphoeve	S	CHEM GRAU BÜ		S. 239
49824	Emlichheim, Dorfstraße 14, Wohnmobilstellplatz Emlichheim	S	CHEM GRAU		S. 239
49824	Laar, Hauptstraße 47, Wohnmobilstellplatz Laar	S	CHEM GRAU BÜ		S. 371
49828	Neuenhaus, Schulstraße 10, Parkplatz Am Neumarkt	S	CHEM GRAU		S. 436
49835	Wietmarschen, Neuenhauser Straße 4, Hotel Gaststätte Heilemann	S			S. 620
49843	Uelsen, Am Waldbad 6, Wohnmobilstellplatz Am Waldbad	S	CHEM GRAU		S. 579

S: Stellplatz **E:** Entsorgungsstation **CHEM:** Chemietoiletten-Entsorgung **GRAU B:** Grauwasserentsorgung mit Bodeneinlass **GRAU BÜ:** Grauwasserentsorgung mit Bodeneinlass überfahrbar
* Entsorgung für Durchreisende erlaubt. Bitte helfen Sie mit, diese Liste zu ergänzen. **Hinweis:** Einträge ohne Seitenzahl beziehen sich auf Entsorgungsstationen. Diese sind im BORDATLAS nicht gesondert aufgeführt.

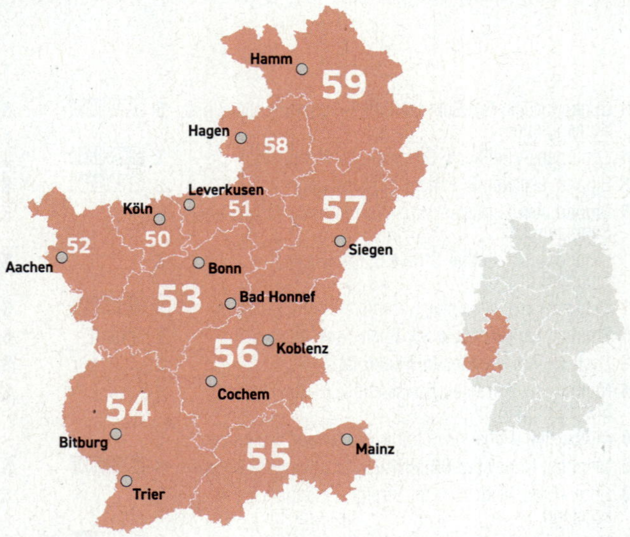

50126	Bergheim/Erft-Paffendorf, Antoniusstraße/ Kastanienallee, Wohnmobilstellplatz Bergheim-Paffendorf	S			S. 168
50181	Bedburg-Alt-Kaster, Albert-Schweitzer-Straße 4a, Wohnmobilstellplatz am Sportplatz	S			S. 163
50259	Pulheim, In den Benden, Aquarena Pulheim	S			S. 484
50259	Pulheim-Sinnersdorf, Am Klärwerk, Zentralkläranlage	E		*	
50735	Köln-Riehl, An der Schanz, Reisemobilhafen Köln	S	CHEM GRAU B		S. 362
51373	Leverkusen-Küppersteg, Adolf-Kaschny-Straße 9, Camping-Caravaning Meier	S	CHEM GRAU		S. 387
51469	Bergisch Gladbach-Paffrath, Borngasse 2, Wohnmobilstellplatz Bergisch Gladbach	S	CHEM GRAU		S. 168
51491	Overath, Hammermühle 7, Mobile Freizeit Middendorf	E	Sani Station		
51515	Kürten, Wipperfürther Straße 391, Restaurant Zur Mühle	S			S. 371
51519	Odenthal-Blecher, Eifgenstraße 38, Naturheil-SAUNAtorium Eifgen-Sauna	S	CHEM GRAU		S. 460
51545	Waldbröl, Vennstraße 31, Stellplatz Waldbröl	S	CHEM GRAU		S. 595
51570	Windeck-Dreisel, Steinbachstraße 11, Wohnmobilstellplatz Siegufer Dreisel	S			S. 624
51580	Reichshof-Eckenhagen, Rodener Platz, Festplatz Reichshof	S	CHEM GRAU B		S. 493
51588	Nümbrecht, Gouvieuxstraße, Wohnmobilstellplatz Nümbrecht	S	CHEM GRAU	*	S. 452
51597	Morsbach, Wisseraue, Wohnmobilstellplatz Morsbach	S			S. 423
51674	Wiehl, Pfaffenberg 1, An der Tropfsteinhöhle	S			S. 618
51674	Wiehl-Bielstein, Jahnstraße 14, Campingplatz Wiehltal	S	CHEM GRAU		S. 619
51674	Wiehl-Verr, Verr 14, Haus Wald-Eck	S			S. 619
51688	Wipperfürth, Wasserfuhr 7, Hotel Haus Koppelberg	S			S. 627
51688	Wipperfürth, Ostlandstraße 32, Walter-Leo-Schmitz-Hallenbad	S			S. 627
51688	Wipperfürth, Ohlstraße/Wupperstraße 13, Wohnmobilstellplatz Ohler Wiesen	S	CHEM		S. 627
51702	Bergneustadt, Talstraße 5, Wohnmobilstellplatz Bergneustadt	S	CHEM GRAU	*	S. 168
51766	Engelskirchen-Ründeroth, Dörrenbergplatz, Stellplatz am ehemaligen Freibad Ründeroth	S			S. 241
51789	Lindlar, Brionner Straße 1, Sport- und Freizeitbad Lindlar	S	CHEM GRAU		S. 390
52066	Aachen, Branderhofer Weg 11, Stellplatz Bad Aachen	S	CHEM GRAU		S. 110
52146	Würselen, Willy-Brandt-Ring 100, Aquana Sauna- und Freizeitbad	S			S. 634
52152	Simmerath, An der Streng 6-7, Camp-Hammer Wohnmobilstellplatz	S	CHEM GRAU BÜ		S. 547
52152	Simmerath-Rurberg, Seeufer, Wohnmobilstellplatz Rurberg	S	CHEM GRAU		S. 547
52156	Monschau, Biesweg 3, Wohnmobilstellplatz Monschau	S	CHEM GRAU		S. 421
52156	Monschau-Rohren, Dröft, Wohnmobilstellplatz Rohren	S	CHEM GRAU BÜ		S. 421
52349	Düren, Rurstraße 188, IG Reisemobilhafen Düren im GHT-Park	S	CHEM GRAU BÜ	*	S. 224
52393	Hürtgenwald-Bergstein, Burgstraße, Parkplatz Burgstraße	S			S. 334
52393	Hürtgenwald-Hürtgen, Höhenstraße, Kriegsgräberstätte Hürtgen	S			S. 334
52393	Hürtgenwald-Zerkall, Auel 1, Nationalpark-Infopunkt Zerkall	S			S. 334
52396	Heimbach, An der Laag 4, Wohnmobilhafen Heimbach	S	CHEM GRAU BÜ		S. 311
52428	Jülich, Rurauenstraße 11, Brückenkopf-Park Jülich	S	CHEM GRAU BÜ		S. 344
52459	Inden, Zum Indemann 1, Stellplatz am Indemann	S			S. 338
52477	Alsdorf, Theodor-Seipp-Straße, Wohnmobilstellplatz am Alsdorfer Tierpark	S	CHEM GRAU		S. 115
52525	Heinsberg, Fritz-Bauer-Straße 3, Reisemobilstellplatz Heinsberg am Lago	S	CHEM GRAU B		S. 311
52525	Waldfeucht-Brüggelchen, Tilder Weg, Reisemobilplatz Tilder Weg	S	CHEM		S. 595
52538	Gangelt, Am Freibad 13, Freibad/Rodebachtal	S	CHEM GRAU		S. 268
53117	Bonn-Auerberg, Salierweg 7, Kläranlage	E	andere	*	
53175	Bonn, Carlo-Schmid-Straße, Wohnmobilstellplatz An der Rheinaue	S			S. 184
53359	Rheinbach, Münstereifeler Straße, Stellplatz am Freizeitpark	S			S. 498
53424	Remagen, Simrockweg 9-13, Stellplatz Goldene Meile	S	CHEM GRAU		S. 495
53474	Bad Neuenahr-Ahrweiler, Kreuzstraße, Apollinaris-Stadion	S	CHEM GRAU		S. 145
53474	Bad Neuenahr-Ahrweiler, Heerstraße 98, Weingut Sonnenberg	S	CHEM GRAU		S. 145
53489	Sinzig, Jahnstraße, Stellplatz Jahnwiese	S			S. 548
53501	Grafschaft-Holzweiler, Panoramaweg 2, Panorama Sauna	S			S. 285
53506	Ahrbrück, Denntalstraße 49, Camping Denntal	E	EVA		
53508	Mayschoß, Ahrbrücke (Zufahrt über Ahr-Rotweinstraße B 267), Wohnmobilplatz Mayschoß	S	CHEM GRAU		S. 409
53520	Nürburg, Hauptstraße 34, Motorsport Hotel	S	GRAU		S. 452
53572	Unkel, Kamener Straße/Schulstraße, Parkplatz am Kindergarten	S	CHEM GRAU		S. 580
53619	Rheinbreitbach, Rolandsecker Weg 8, Wohnmobilstellplatz Siebengebirgsblick	S	CHEM GRAU B		S. 498
53773	Hennef, Im Rosental 20, Gasthof Em Wingert	S	CHEM		S. 313
53773	Hennef, Siegaue, Wanderparklatz Siegdamm	S			S. 313
53783	Eitorf, Brückenstraße, Wohnmobilstellplatz an der Kelterser Brücke	S			S. 235
53797	Lohmar, Meigermühle 1, Mobilhafen Lohmar-Nord	S	CHEM GRAU BÜ		S. 392
53804	Much, an der B56, Stellplatz am Sportplatz	S			S. 424
53909	Zülpich, Am Wassersportsee, Wohnmobilhafen Seepark Zülpich	S	CHEM		S. 641
53925	Kall-Golbach, Kapellenstraße 25, Stellplatz Klöcker	S	CHEM GRAU		S. 345
53925	Kall-Keldenich, Hubertushof 2, Wohnmobilstellplatz Hubertushof	S	CHEM GRAU BÜ		S. 345
53925	Kall-Urft, Urfttalstraße 31-33, Wohnmobilpark Urft	S	CHEM GRAU BÜ		S. 346
53937	Schleiden, Vogelsang 40, Eifel-Wohnmobilpark-Vogelsang	S	CHEM GRAU		S. 524
53937	Schleiden, Im Wiesengrund, Wohnmobilstellplatz am Erlebnisfreibad Schleiden	S			S. 524
53937	Schleiden-Gemünd, Pfarrer-Kneipp-Straße 3, Wohnmobilhafen am Nationalpark Eifel	S	CHEM GRAU	*	S. 525
53940	Hellenthal, Oleftalstraße, Wohnmobilstellplatz an der Oleftalsperre	S	CHEM GRAU B		S. 311
53940	Hellenthal-Udenbreth, Am Weißen Stein 29, Wohnmobilhafen Am Weißen Stein	S	CHEM GRAU BÜ		S. 312
53945	Blankenheim, Koblenzer Straße, Parkplatz an der Weiherhalle	S	CHEM GRAU		S. 178
53947	Nettersheim/Eifel, Urftstraße, Wohnmobilhafen in der Eifelgemeinde Nettersheim	S	CHEM GRAU		S. 434
53949	Dahlem, Dahlemer Binz, Flugplatz Dahlemer Binz	S	CHEM GRAU		S. 210
53949	Dahlem-Kronenburg, Seeuferstraße, Kronenburger See	S	CHEM GRAU		S. 210
54294	Trier, In den Moselauen/Messepark, Camping- und Reisemobilpark Treviris	S	CHEM GRAU BÜ		S. 577

S: Stellplatz **E:** Entsorgungsstation **CHEM:** Chemietoiletten-Entsorgung **GRAU B:** Grauwasserentsorgung mit Bodeneinlass **GRAU BÜ:** Grauwasserentsorgung mit Bodeneinlass überfahrbar
* Entsorgung für Durchreisende erlaubt. Bitte helfen Sie mit, diese Liste zu ergänzen. **Hinweis:** Einträge ohne Seitenzahl beziehen sich auf Entsorgungsstationen. Diese sind im BORDATLAS nicht gesondert aufgeführt.

54295	Trier, Im Tiergarten 12, Weingut GF von Nell	S	**S. 577**
54299	Baesweiler, Herzogenrather Weg 25, Stellplatz am Bergpark	S	**S. 157**
54306	Kordel, Burg Ramstein, 1, Hotel-Restaurant Burg Ramstein	S	**S. 364**
54308	Langsur-Metzdorf, Uferstraße 42, Campingplatz Alter Bahnhof	S CHEM GRAU	**S. 376**
54310	Minden, Edingerstraße 12, Hotel-Restaurant An der Sauer	S CHEM	**S. 418**
54338	Schweich, Am Yachthafen, Quick-Stop Zum Fährturm	S CHEM GRAU	**S. 538**
54338	Schweich, Am Yachthafen, Wohnmobilstellplatz Zum Fährturm	S CHEM	**S. 539**
54340	Ensch, Moselwiesen, Reisemobilplatz An den Zwei Pappeln	S CHEM GRAU B	**S. 242**
54340	Klüsserath, Am Moselufer, Reisemobilpark Sonnenplatz Klüsserath	S CHEM GRAU	**S. 360**
54340	Köwerich, Beethovenstraße 40, Weingut und Straußwirtschaft Off'm Herach	S CHEM GRAU BÜ	**S. 365**
54340	Leiwen/Mosel, Schulstraße 20, Ferienweingut Spieles	S CHEM GRAU	**S. 384**
54340	Longuich, Rioler Weg 2, Feiten Weine & Edelbrände	S CHEM GRAU BÜ *	**S. 393**
54340	Longuich, Kirchenweg 9, Weingut Longen-Schlöder	S	**S. 393**
54340	Schleich, Moselufer, Weinbau Otto-Weinstube Zum Alten Backes	S CHEM GRAU	**S. 524**
54340	Thörnich, Hauptstraße 34, Weingut Schmitt-Hof	S CHEM GRAU BÜ	**S. 572**
54346	Mehring, Zellerhof 1, Weinhaus und Wohnmobilstellplatz Zellerhof	S CHEM GRAU B	**S. 411**
54346	Mehring, Moselweinstraße 4, Wohnmobilstellplatz am Moselbeach	S CHEM	**S. 411**
54347	Neumagen-Dhron, In der Zeil 5, Stellplatz beim Weinhaus & Gaststätte Beim Ketsch	S CHEM GRAU	**S. 438**
54347	Neumagen-Dhron, Moselstraße 19, Yachthafen Neumagen-Dhron	S CHEM GRAU	**S. 439**
54349	Trittenheim, Am Moselufer, Reisemobilplatz Trittenheim	S CHEM GRAU B	**S. 577**
54411	Hermeskeil, Labachweg, Wohnmobilstellplatz Am Labachweg	S CHEM GRAU *	**S. 315**
54413	Geisfeld, Markusstraße 13, Erholungsoase Alt	S CHEM GRAU	**S. 271**
54424	Thalfang, Talstraße, Wohnmobilstellplatz Thalfang	S CHEM GRAU	**S. 570**
54427	Kell am See, Abzweigung L143, Campingplatz Freibad Hochwald	S CHEM GRAU	**S. 351**
54439	Palzem, Obermoselstraße 5, Weingut Edwin Pauly	S GRAU	**S. 472**
54439	Saarburg, Leukbachtal 1, Camping Leukbachtal	S CHEM GRAU	**S. 513**
54439	Saarburg, Am Saarufer 18, Reisemobilpark Saarburg	S CHEM GRAU BÜ *	**S. 513**
54470	Bernkastel-Kues-Wehlen, Hauptstraße 163 A, Wohnmobilstellplatz Weingut Studert-Prüm	S CHEM GRAU B	**S. 171**
54470	Graach/Mosel, Gestade 16 A, Sun-Park Wohnmobilpark Graach/Mosel	S CHEM GRAU	**S. 284**
54472	Brauneberg, Moselweinstraße 61a, Wohnmobilplatz Brauneberger Juffer	S CHEM GRAU	**S. 190**
54472	Burgen, Lindenstraße 6, Weingut Bohn-Leimbrock	S	**S. 200**
54472	Burgen, Am Frohnbach 11, Weingut Gorges-Müller	S	**S. 200**
54472	Veldenz, Hauptstraße, Wohnmobilplatz Veldenz	S CHEM *	**S. 585**
54487	Wintrich/Mosel, Kurfürstenstraße 11, Weingut Clemens	S CHEM GRAU	**S. 626**
54487	Wintrich/Mosel, Moselstraße 24, Wohnmobilstellplatz Wintrich	S CHEM GRAU BÜ *	**S. 626**
54492	Lösnich, Untergasse 2/Ecke Gestade, Wohnmobilstellplatz Lösnich	S CHEM GRAU BÜ	**S. 394**
54492	Zeltingen-Rachtig, An der Brücke, Wohnmobilstellplatz Zeltingen	S CHEM GRAU	**S. 638**
54498	Piesport, Moselstraße 18, Piesporter Goldtröpfchen	S CHEM GRAU	**S. 477**
54498	Piesport, In der Dur 11, Weinhaus St. Joseph	S CHEM GRAU	**S. 477**
54516	Wittlich, Zweibächenweg, Wohnmobilstellplatz Zweibächenweg	S CHEM *	**S. 630**
54518	Kesten, Urmetzgasse an der K134, Wohnmobilpark Kesten	S CHEM GRAU B	**S. 352**
54518	Minheim, Am Moselufer, Reisemobilpark Minheim	S CHEM GRAU	**S. 418**
54518	Osann-Monzel, Im Lehen 1, Weingut-Straußwirtschaft Pauly	S	**S. 465**
54524	Klausen, Trierer Straße, Stellplatz Klausen	S	**S. 357**
54531	Manderscheid, Mosenbergstraße 22, Heidsmühle	S	**S. 403**
54531	Manderscheid, Herbstwiese, Naturcamping Vulkaneifel	S CHEM GRAU B	**S. 403**
54533	Eisenschmitt-Eichelhütte, Eichelhütte 15, Hotel-Restaurant Molitors Mühle	S	**S. 234**
54534	Großlittgen-Himmerod, Abteilstraße1, Gasthof Graf-Zils	S	**S. 292**
54536	Kröv, Moselweinstraße 35, Wohnmobilstellplatz Weinbrunnenhalle	S	**S. 368**
54538	Kinheim, Moselweinstraße 0, Platz am Moselufer	S CHEM GRAU	**S. 354**
54539	Ürzig, Am Moselufer, Panorama-Reisemobilhafen	S CHEM GRAU	**S. 582**
54552	Hörschhausen, Daunerstraße 24, Mechels Hof	S CHEM GRAU	**S. 330**
54552	Schalkenmehren, Wohnmobilplatz 1, Wohnmobilpark Vulkaneifel	S CHEM GRAU BÜ	**S. 521**
54558	Gillenfeld, Am Pulvermaar, Campingplatz am Pulvermaar	S CHEM GRAU	**S. 277**
54558	Gillenfeld, Hinterm Pulvermaar, Wohnmobilhafen Pulvermaar	S CHEM GRAU B	**S. 278**
54568	Gerolstein, Am Sportfeld, Stellplatz am Hallenbad	S CHEM GRAU	**S. 275**
54570	Deudesfeld, Manderscheider Straße, Stellplatz am Leyendecker Platz	S	**S. 214**
54570	Deudesfeld, Meisburgerstraße 1, Wohnmobilstellplatz Deudesfeld	S CHEM GRAU	**S. 214**
54576	Hillesheim/Eifel, Birkenhof 1, Wohnmobilstellplatz Birkenhof	S GRAU	**S. 320**
54576	Hillesheim/Eifel, Trierer Straße 1, Wohnmobilstellplatz Markt- und Messeplatz	S CHEM	**S. 320**
54584	Jünkerath-Glaadt, Glaadter Straße 16, Stellplatz Eifelland	S CHEM GRAU	**S. 344**
54597	Pronsfeld, Bahnhofstraße, Reisemobilplatz am alten Bahnhof	S CHEM GRAU	**S. 484**
54608	Bleialf, Im Brühl 4, Camping Bleialf	E Bodeneinlass	
54614	Schönecken, Hühnerbach 8, Wohnmobilstellplatz Schönecken	S CHEM GRAU	**S. 532**
54619	Üttfeld, Raiffeisenstraße, Wohnmobilstellplatz Üttfeld	S CHEM GRAU	**S. 584**
54636	Biersdorf am See, Zur Rotlay 16, Wohnmobilstellplatz am Stausee Bitburg	S	**S. 174**
54649	Waxweiler, Bahnhofstraße, Am alten Bahnhof	S CHEM GRAU	**S. 604**
54668	Echternacherbrück, Mindener Straße 18, Campingpark Echternacherbrück	S CHEM GRAU	**S. 227**
54669	Bollendorf, Sonnenbergallee 1/Waldhotel Nübel 1, Wohnmobilstellplatz am Waldhotel Sonnenberg/Nübel	S CHEM GRAU *	**S. 183**
54673	Neuerburg, In der Enz 25, Camping In der Enz	E EVA	
55122	Mainz, Dr.-Martin-Luther-King-Weg 21, Wohnmobilstellplatz Mainz	S CHEM GRAU	**S. 401**
55129	Mainz, Curiestraße 24, Moser Caravaning	E Sani Station	**S.**
55218	Ingelheim/Rhein, Außenliegend 143, Wein- und Sektgut Menk	S GRAU B	**S. 338**
55218	Ingelheim/Rhein, Im Blumengarten 22, Wohnmobilstellplatz Im Blumengarten	S CHEM GRAU *	**S. 338**
55232	Alzey, Römerstraße 35, Wohnmobilstellplatz Am Römerkastell	S CHEM GRAU B	**S. 119**
55232	Alzey-Weinheim, Gutenbornerhof, Camping auf dem Gutenbornerhof	S CHEM GRAU	**S. 119**
55234	Albig, Langgasse 24, Weingut Knell	S CHEM GRAU B	**S. 114**
55234	Biebelnheim, Flonheimer Straße 34, Wohnmobilpark Am Petersberg	S CHEM	**S. 173**
55234	Gau-Heppenheim, Hauptstraße 53, Weingut & Weinerlebnis Gustavshof	S	**S. 269**
55234	Gau-Heppenheim, Mohrenmühle 2, Weingut Mohrenmühle	S	**S. 270**
55234	Monzernheim, Am Römer 26, Weingut Helmut Geil	S CHEM	**S. 422**
55234	Offenheim, Alzeyer Straße 1, Pension und Weingut Hirschhof	S CHEM GRAU	**S. 462**
55237	Flonheim, Meyerhof (Ausserhalb), Meyerhof - Weingut	S	**S. 257**
55239	Gau-Odernheim, Mühlstraße, Parkplatz Petersberghalle	S	**S. 270**
55270	Jugenheim/Rheinhessen, Am Goldberg 1, Weingut Diehl-Blees	S	**S. 344**
55278	Dolgesheim, Hof Ruhgewann, Weingut Held	S CHEM GRAU B	**S. 217**

S: Stellplatz **E:** Entsorgungsstation **CHEM:** Chemietoiletten-Entsorgung **GRAU B:** Grauwasserentsorgung mit Bodeneinlass **GRAU BÜ:** Grauwasserentsorgung mit Bodeneinlass überfahrbar
* Entsorgung für Durchreisende erlaubt. Bitte helfen Sie mit, diese Liste zu ergänzen. **Hinweis:** Einträge ohne Seitenzahl beziehen sich auf Entsorgungsstationen. Diese sind im BORDATLAS nicht gesondert aufgeführt.

55278	Dolgesheim, Weinolsheimer Straße 12, Weingut Seck	S	CHEM GRAU		S. 217
55278	Selzen, Kapellenstraße 18, Weingut Kapellenhof	S			S. 544
55283	Nierstein, Außerhalb 17, Wohnmobilstellplatz am Liebeshügel	S	CHEM GRAU		S. 447
55288	Schornsheim, Lindenhof, Weingut Hammen	S			S. 534
55294	Bodenheim, Am Plattenhohl, Wohnmobilstellplatz am Reichsritterstift	S			S. 182
55411	Bingen/Rhein, Mainzer Straße 123, Wohnmobilstellplatz an der Schiffswerft	S			S. 175
55411	Bingen/Rhein-Gaulsheim, Ausserhalb 11, Wohnmobilpark Bingen	S	CHEM GRAU	*	S. 175
55413	Trechtingshausen, Am Morgenbach 1, Campingplatz Marienort	S	CHEM GRAU		S. 576
55422	Bacharach, An der B9, Reisemobilplatz Camping Sonnenstrand	S	CHEM GRAU		S. 128
55430	Oberwesel, Aussiedlung B9, Camping Schönburgblick	S	CHEM GRAU	*	S. 458
55430	Oberwesel, Damscheider Weg 1, Gasthaus Rheingoldschenke	S			S. 459
55430	Oberwesel, Rheinanlagen/B9, Wohnmobilstellplatz Oberwesel	S			S. 459
55435	Gau-Algesheim, Binger Straße 48, Reisemobilstellplatz Gau-Algesheim	S	CHEM GRAU BÜ		S. 269
55435	Gau-Algesheim, Ingelheimer Straße 74, Weingut Gerharz-Hochthurn	S	CHEM GRAU		S. 269
55437	Ober-Hilbersheim, Sprendlinger Straße 30, Napoleonshöhe	S	CHEM		S. 453
55437	Ockenheim, Sporkenheimer Weg (Außerhalb), Metzis Panoramablick	S	CHEM GRAU	*	S. 460
55442	Stromberg, Königsberger Straße 4, Michel's Land - Deutscher Michel-Halle	S	CHEM GRAU		S. 561
55450	Langenlonsheim, Schützenstraße 14, Weingut im Zwölberich	S			S. 376
55452	Guldental, Im Lindelgrund 1, Campingplatz Lindelgrund	E	EVA		
55469	Holzbach/Hunsrück, Höhenhof, Höhenhof-Familienbauernhof	S	CHEM GRAU		S. 328
55481	Kirchberg/Hunsrück, Herbert-Kühn-Straße 10, AMB Reisemobile GmbH	S	CHEM GRAU B		S. 354
55490	Gemünden/Hunsrück, Raiffeisenstraße 13, Stellplatz Traumschleife Heimat	S			S. 273
55543	Bad Kreuznach, Saline Karlshalle 11, Stellplatz Salinental	S	CHEM		S. 142
55545	Bad Kreuznach-Winzenheim, Gut Neuhof/Anfahrt über Mönchberg, Weingut Gut Neuhof	S			S. 142
55546	Hackenheim, Binger Weg/Alte Straße, Bonnheimer Hof	S			S. 296
55546	Pfaffen-Schwabenheim, Brühlstraße, Pferdepension Sonnenhof	S	GRAU		S. 476
55566	Bad Sobernheim, Hömigweg 1, Stellplatz Nohfels Park	S	CHEM GRAU	*	S. 151
55569	Monzingen, Rosengartenstraße 11, Parkplatz Festhalle	S			S. 422
55569	Monzingen, Hauptstraße 67, Weingut Holger Alt	S			S. 422
55569	Monzingen, Römerstraße 12, Weingut Schauß	S			S. 422
55576	Sprendlingen, Graf-von-Sponheim-Straße, Eura-Mobil	S	CHEM GRAU	*	S. 553
55576	Sprendlingen, Außerhalb 13, Weingut Annenhof Reutter-Gilzmer	S			S. 553
55576	Sprendlingen, Am Freibad/Bachgasse, Wohnmobilplatz Wiesbach	S	CHEM GRAU		S. 553
55576	Welgesheim, Zotzenheimer Weg 9, Stellplatz Am Wiesbach	S			S. 610
55583	Bad Münster/Stein-Ebernburg, Schloßgartenstraße 74, Weingut Rapp	S	CHEM GRAU B		S. 144
55585	Hochstätten, Entengasse 2, Bio-Weingut Otto Laubenstein	S			S. 322
55585	Niederhausen, Winzerstraße 5-7, Weingut Mathern	S			S. 445
55585	Norheim/Nahe, Brunnenhof 1, Weingut Brunnenhof	S	CHEM GRAU		S. 451
55585	Oberhausen/Nahe, Bahnhofstraße 34, Camping Nahetal	S	CHEM GRAU BÜ		S. 454
55590	Meisenheim, Hof Wieseck 1, Hof Wieseck	S			S. 412
55590	Meisenheim, In der Heimbach, Stellplatz Im Heimbachtal	S	CHEM GRAU		S. 412
55595	Gutenberg, Am Schlossberg 5, Weingut & Brennerei Dapper	S			S. 295
55595	Spabrücken, Campingplatz, Campingplatz am Weißenfels	S	CHEM GRAU		S. 551
55595	Wallhausen, Bahnhofstraße 15, Weingut Ewald Lunkenheimer	S			S. 599
55595	Wallhausen, In der Au 2, Weingut Keber	S			S. 599
55595	Winterbach-Kreershäuschen, Lärchenpfad 1, Malepartus Café & Restaurant	S			S. 625
55596	Waldböckelheim, Hauptstraße 4, Weinhaus Restaurant Hehner-Kiltz	S			S. 594
55597	Wöllstein, Mühlenstraße 14, Weingut Hermann J. & Jutta Müller	S	CHEM GRAU		S. 632
55599	Gau-Bickelheim, Bahnhofstraße 31, Winzerhof Alfons Schnabel	S	CHEM GRAU		S. 269
55599	Siefersheim, St. Martinshof, Weingut Philipp Schnabel	S			S. 545
55599	Siefersheim, Mühlweg 19, Weingut Sommer BIO	S	CHEM GRAU		S. 545
55606	Kirn, Altstadt 9, Wohnmobilstellplatz am Schmisserhang	S			S. 356
55618	Simmertal, Haumühle 1/B421, Campingplatz Haumühle	S	CHEM GRAU BÜ		S. 547
55743	Fischbach/Nahe, Hosenbachstraße, Historisches Kupferbergwerk Fischbach	S			S. 256
55743	Fischbach/Nahe, Marktstraße, Wohnmobilpark Fischbach-Nahe	S	CHEM GRAU BÜ	*	S. 256
55743	Idar-Oberstein, Tiefensteiner Straße 87, Wohnmobilstellplatz an der hist. Weiherschleife	S	CHEM GRAU	*	S. 335
55743	Kirschweiler, Kirschweiler Brücke 2, Restaurant Kirschweiler Brücke	S			S. 356
55756	Herrstein, Brühlstraße, Stellplatz Herrstein	S	CHEM GRAU		S. 316
55758	Kempfeld, Wildenburger Straße 22, Wildenburg Kempfeld	S			S. 352
55758	Mörschied, Harfenmühle 2, Camping Harfenmühle	S	CHEM GRAU BÜ	*	S. 423
55767	Oberbrombach, Sonnenberger Straße, Stellplatz Höhenblick	S	CHEM GRAU	*	S. 454
56070	Koblenz, Schartwiesenweg 6, KNAUS Reisemobilhafen Rhein-Mosel/Koblenz	S	CHEM GRAU	*	S. 360
56070	Koblenz-Wallersheim, Hans-Böckler-Straße 1a/ Werner-von-Siemens Straße, Reisemobilstellplatz Koblenz	S	CHEM GRAU B		S. 361
56072	Koblenz-Metternich, Am Rübenacher Wald 2, Autohof Koblenz	S			S. 361
56112	Lahnstein, Johannesstraße 41, Wohnmobilhafen am Kränchen	S	CHEM GRAU BÜ		S. 372
56130	Bad Ems, Nievernerstraße 20, Yachthafen Kutscher's Marina	S	CHEM GRAU B		S. 136
56154	Boppard, B9/St. Remigius-Platz, Remigiusparkplatz	S			S. 185
56170	Bendorf-Sayn, Althansweg 2, Wohnmobilstellplatz Bendorf-Sayn	S			S. 165
56179	Vallendar, Willy-Brandt-Ufer, Stellplatz am Rhein	S	CHEM		S. 584
56203	Höhr-Grenzhausen, Martin-Luther-Straße 5, Wohnmobilstellplatz Grenzhausen	S	CHEM GRAU	*	S. 326
56204	Hillscheid, Hüttenmühle 1, Wohnmobilpark Hüttenmühle	S	CHEM GRAU		S. 320
56220	Urmitz, Kaltenengerser Straße 3, Wohnmobilhafen Urmitz	S	CHEM GRAU		S. 582
56244	Freilingen, Hohestraße 30, Stellplatz am Postweiher/ Campingplatz Freilingen	S	CHEM GRAU		S. 260
56244	Steinen, Hofgut Schönerlen 2, Campingplatz Hofgut Schönerlen	S	CHEM		S. 557
56253	Treis-Karden, Am Werth, Campingplatz Mosel Islands	E	andere		
56254	Müden/Mosel, Müdenerberg 1, Wanderparkplatz Müdener Berg am Osterhof	S			S. 425
56254	Müden/Mosel, Moselstraße, Wohnmobilstellplatz am Festplatz	S			S. 425
56290	Mörsdorf, Windorfer Straße 12, Wohnmobilstellplatz Mörsdorf	S	CHEM GRAU		S. 424
56291	Pfalzfeld-Hausbay, Campingplatz 1/Pfalzfeld, Country Camping Schinderhannes	S	CHEM GRAU	*	S. 476
56294	Münstermaifeld, Pilligertorstraße, Wohnmobilstellplatz Erlebnisbad-Maifeld	S			S. 429

S: Stellplatz **E:** Entsorgungsstation **CHEM:** Chemietoiletten-Entsorgung **GRAU B:** Grauwasserentsorgung mit Bodeneinlass **GRAU BÜ:** Grauwasserentsorgung mit Bodeneinlass überfahrbar

* Entsorgung für Durchreisende erlaubt. Bitte helfen Sie mit, diese Liste zu ergänzen. **Hinweis:** Einträge ohne Seitenzahl beziehen sich auf Entsorgungsstationen. Diese sind im BORDATLAS nicht gesondert aufgeführt.

56294	Münstermaifeld, An den Gärten 6, Wohnmobilstellplatz Stadthalle	S			**S. 429**
56329	Sankt Goar-Biebernheim, Auf dem Flürchen, Bioferienhof Loreley	S	GRAU		**S. 517**
56329	Sankt Goar-Werlau, Hellerweg, Helenenhof	S	GRAU		**S. 518**
56330	Kobern-Gondorf, Moselvorgelände, Reisemobilplatz an der Mosel	S	CHEM GRAU		**S. 360**
56332	Alken, Moselstraße 1, Wohnmobilstellplatz an der Moselstraße	S			**S. 115**
56332	Burgen/Mosel, Am Bootshafen (an der B49), KNAUS Campingpark Burgen/Mosel	S	CHEM GRAU		**S. 201**
56338	Braubach, B42/Rheinuferstraße, Wohnmobilstellplatz Braubach	S	CHEM GRAU BÜ		**S. 190**
56341	Kamp-Bornhofen, Rheinuferstraße 66a, Stellplatz am Bistro Anker	S			**S. 347**
56346	St. Goarshausen, Wellmicher Straße 55, Campingplatz Loreleystadt	E	andere		
56348	Bornich, Loreley 7, Parkplatz an der Loreley	S			**S. 187**
56368	Katzenelnbogen, Marktstraße, Stellplatz am Marktplatz	S	CHEM GRAU		**S. 350**
56377	Nassau/Lahn, Leifheitstraße, Wohnmobilstellplatz Nassau	S	CHEM GRAU		**S. 431**
56379	Holzappel, Am Herthasee, Stellplatz am Herthasee	S	CHEM GRAU		**S. 327**
56410	Montabaur, Alleestraße 42, Wohnmobilstellplatz am Schloss	S	CHEM GRAU		**S. 422**
56412	Hübingen-Westerwald, Am Buchenberg 1, Familienferiendorf Hübingen	S	CHEM GRAU B	*	**S. 332**
56414	Hundsangen, Industriestraße 8, WeWo Caravaning GmbH	S	CHEM		**S. 333**
56459	Brandscheid, Mühlenweg, Stellplatz an der Wassertretanlage	S			**S. 190**
56459	Winnen, Kirchstraße, Stellplatz Taunusblick	S			**S. 625**
56470	Bad Marienberg-Zinhain, Bismarckstraße 65/Zufahrt über Zinhainer Weg 38, Wohnmobilpark am MarienBad	S	CHEM GRAU BÜ		**S. 143**
56479	Irmtraut, Ober dem Dorfe 4, Stellplatz Irmtraut	S	CHEM GRAU B		**S. 340**
56479	Seck, Campingplatz Weiherhof, Camping Park Weiherhof am See	S	CHEM GRAU		**S. 540**
56564	Neuwied, Rheinstraße 180, Marina Neuwied	S	CHEM GRAU B		**S. 444**
56588	Waldbreitbach, Marktstraße, Marktplatz In der Au	E	Sani Service 3in1		
56588	Waldbreitbach, Strandbadweg 8, Stellplatz am Camping Strandbad	S	CHEM GRAU BÜ		**S. 594**
56589	Niederbreitbach, Im Freizeitpark 1, Campingplatz Neuerburg	S	CHEM GRAU BÜ		**S. 445**
56626	Andernach, Klingelswiese 1, Stellplatz monte mare	S	CHEM GRAU BÜ		**S. 121**
56626	Andernach, Scheidsgasse/Uferstraße, Wohnmobilstellplatz Andernach	S	CHEM GRAU		**S. 121**
56645	Nickenich, Auf dem Teich 1, Stellplatz Baggerado	S	CHEM		**S. 444**
56651	Niederzissen, Autobahnraststätte A61, Brohltal West	E	Sani Service 3in1	*	
56727	Mayen, Polcher Straße, Reisemobilstellplatz am Viehmarkt	S	CHEM GRAU		**S. 409**
56729	Monreal, Bahnhofstraße, Wohnmobilstellplatz am Bahnhof	S			**S. 421**
56743	Mendig, Brauerstraße 10, Stellplatz beim Lava-Dome	S	CHEM GRAU B		**S. 414**
56746	Spessart, Mittelstraße 16, Stellplatz Norbert Nett	S			**S. 552**
56751	Polch, August Horch-Straße, Niesmann+Bischoff	S	CHEM GRAU BÜ		**S. 480**
56759	Kaisersesch, Am Markt, Wohnmobilstellplatz Am Markt	S			**S. 345**
56812	Cochem, Moselstraße, Wohnmobilstellplatz an der Nordbrücke	S			**S. 207**
56814	Bremm, Calmontstraße 96, Weingut Oster-Franzen	S	CHEM GRAU		**S. 193**
56814	Ediger-Eller, Moselweinstraße, Wohnmobilplatz Ediger	S			**S. 229**
56814	Ediger-Eller, Moselweinstraße, Wohnmobilplatz Eller	S			**S. 230**
56814	Ernst/Mosel, Weingartenstraße 97, Gaststätte Mosella Schinkenstube	S	CHEM GRAU B		**S. 244**
56814	Ernst/Mosel, Auf dem Acker 3, Reisemobilstellplatz Im Weinberg	S	CHEM		**S. 244**
56820	Briedern, Moselstraße, Wohnmobilstellplatz Briedern	S	CHEM GRAU B		**S. 195**
56821	Ellenz-Poltersdorf, Im Goldbäumchen 4, Weingut Udo & Claudia Loosen	S			**S. 236**
56825	Gevenich, Am Sportplatz, Stellplatz Gevenich	S			**S. 276**
56826	Lutzerath, Trierer Straße 2, Wohnmobilstellplatz Lutzerath	S	CHEM GRAU		**S. 400**
56841	Traben-Trarbach, Dr. Ernst-Spies-Allee, Wohnmobilpark Traben-Trarbach	S	CHEM GRAU	*	**S. 575**
56850	Enkirch, Moselvorgelände, Wohnmobilstellplatz Moselvorgelände	S	CHEM GRAU B		**S. 241**
56856	Zell-Kaimt, Mosel-Hamm-Ufer, Stellplatz An der Fußgängerbrücke	S	CHEM GRAU		**S. 637**
56856	Zell-Kaimt, Am Freizeitzentrum, Stellplatz Römerquelle	S	CHEM GRAU		**S. 638**
56858	Neef, Moseluferstraße, Wohnmobil-Stellplatz am Frauenberg	S	CHEM GRAU		**S. 432**
56858	Sankt Aldegund, B49, Reisemobilplatz im Moselvorgelände	S	CHEM GRAU B		**S. 517**
56859	Alf, Am Mühlenteich, Moselcamping Alf	S	CHEM GRAU B		**S. 114**
56861	Reil, Moselstraße, Wohnmobilstellplatz an der Mosel	S	CHEM GRAU	*	**S. 494**
56862	Pünderich, Am Moselufer, Moselstellplatz Pünderich	S	CHEM GRAU	*	**S. 485**
57072	Siegen, Freudenberger Straße 67, Reisemobilstellplatz Freudenberger Straße	S	CHEM GRAU		**S. 545**
57076	Siegen-Weidenau, Bismarckstraße (Zufahrt über Poststraße 27), Parkplatz am Hallenbad Weidenau	S	CHEM GRAU		**S. 545**
57223	Kreuztal, Heugraben, Stellplatz Heugraben	S	CHEM		**S. 367**
57234	Wilnsdorf, Bauhofstraße 5, Stellplatz Wielandshof	S	CHEM GRAU BÜ		**S. 623**
57234	Wilnsdorf-Wilgersdorf, Kalkhain 23, Gästehaus Wilgersdorf	S			**S. 623**
57250	Netphen, Brauersdorfer Straße 62, Freizeitbad Netphen P3	S	CHEM GRAU	*	**S. 434**
57258	Freudenberg, Gambachsweg 19, Am Gambachsweiher	S	CHEM GRAU		**S. 261**
57271	Hilchenbach, Rothenberger Straße, Parkplatz P 4	S			**S. 319**
57271	Hilchenbach-Lützel, Gillerbergstraße 28, Parkplatz Lützel	S			**S. 319**
57271	Hilchenbach-Müsen, Merklinghäuser Weg, Parkplatz am Bürgerhaus	S			**S. 319**
57319	Bad Berleburg, Bismarckstraße 8, Wohnmobilstellplatz Bismarckstraße	S	CHEM		**S. 131**
57319	Bad Berleburg-Arfeld, Stedenhofstraße 2, Wohnmobilstellplatz Zentrum Via Adrina	S	GRAU		**S. 131**
57319	Bad Berleburg-Laibach, Auf dem Laibach 1, Landgasthof Restaurant Laibach	S			**S. 131**
57334	Bad Laasphe, Mühlenstraße 30a, Reisemobilstellplatz Mühlenstraße	S	CHEM GRAU BÜ		**S. 142**
57334	Bad Laasphe-Feudingen, Im Dernbach 13, Artenschutzzentrum Feudingen	S	GRAU		**S. 142**
57334	Bad Laasphe-Volkholz, Glashütter Straße 20, Relais & Château Hotel Jagdhof Glashütte	S			**S. 142**
57339	Erndtebrück-Zinse, Hilchenbacher Weg 2, Pension Hofius	S			**S. 244**
57339	Erndtebrück-Zinse, Im Zaun 2, Pension Landhaus zum Rothaarsteig	S			**S. 244**
57368	Lennestadt, Wigeystraße, Wohnmobilstellplatz Wigey	S			**S. 385**
57368	Lennestadt-Altenhundem, Helmut-Kumpf-Straße 57/ An der Sauerlandhalle, Reisemobilstellplatz Volksbankarena – Sauerlandhalle	S			**S. 385**
57368	Lennestadt-Bilstein, Am Freibad 4, Wohnmobilstellplatz Bilstein	S			**S. 386**
57368	Lennestadt-Kickenbach, Zum Grund 23, Hotel Landhaus im Grund	S			**S. 386**
57368	Lennestadt-Langenei, Fredeburger Straße 23, Hotel Restaurant Café Schweinsberg	S			**S. 386**
57392	Schmallenberg, Auf dem Loh 12, Freizeitwelt Sauerland	S			**S. 527**
57392	Schmallenberg, Ebbinghof 4, Hof Vogt Ebbinghof	S	CHEM GRAU		**S. 528**
57392	Schmallenberg-Bad Fredeburg, Kleins Wiese 1, Hotel Kleins Wiese	S			**S. 528**
57392	Schmallenberg-Bad Fredeburg, Sportzentrum 1, Stellplatz am Sauerland Bad	S	CHEM GRAU		**S. 528**
57392	Schmallenberg-Fleckenberg, Hauptstraße 25, Gasthof Röhrig	S	CHEM GRAU		**S. 528**
57392	Schmallenberg-Latrop, Latrop 11-13, Hotel & Gasthof Hubertushöhe	S			**S. 528**

S: Stellplatz **E:** Entsorgungsstation **CHEM:** Chemietoiletten-Entsorgung **GRAU B:** Grauwasserentsorgung mit Bodeneinlass **GRAU BÜ:** Grauwasserentsorgung mit Bodeneinlass überfahrbar

* Entsorgung für Durchreisende erlaubt. Bitte helfen Sie mit, diese Liste zu ergänzen. **Hinweis:** Einträge ohne Seitenzahl beziehen sich auf Entsorgungsstationen. Diese sind im BORDATLAS nicht gesondert aufgeführt.

PLZ	Ort	Typ	Entsorgung	*	Seite
57392	Schmallenberg-Schanze, Schanze 24, Almhütte Schanze	S	CHEM GRAU BÜ	*	S. 528
57392	Schmallenberg-Sellinghausen, Zum Hälleken 9, Ferienhotel Stockhausen GbR	S			S. 528
57399	Kirchhundem, Rhein-Weser-Turm 2, Berggasthof-Restaurant Rhein-Weser-Turm	S	CHEM GRAU BÜ		S. 356
57399	Kirchhundem, Rhein-Weser-Turm 1, Restaurant Zur Hahnenquelle	S	CHEM GRAU		S. 356
57399	Kirchhundem-Hofolpe, Kampstraße 13, Wohnmobilstellplatz Hofolpe	S	CHEM		S. 356
57413	Finnentrop, Attendorner Straße, Stellplatz im Lennepark Finnentrop	S	CHEM GRAU	*	S. 255
57413	Finnentrop-Faulebutter, Faulebutter 2, Landgasthof Rademacher	S			S. 255
57439	Attendorn, Finnentroper Straße 39, Stellplatz Atta-Höhle	S	GRAU		S. 126
57439	Attendorn, Finnentroper Straße 131, Wohnmobilhafen Hof Biggen	S	CHEM GRAU BÜ		S. 126
57462	Olpe, Kessenhammerweg 2, Kurzzeitstellplatz Stade	S	CHEM GRAU		S. 463
57462	Olpe, Seeweg 5, Reisemobilplatz am Freizeitbad Olpe	S	CHEM GRAU		S. 464
57482	Wenden, Hauptstraße 75/Alter Amtsweg, Wohnmobilstellplatz Wenden	S	CHEM GRAU		S. 611
57489	Drolshagen, Kalberschnacke 8, Campinganlage Gut Kalberschnacke	E	EVA		
57489	Drolshagen-Dumicke, Dumicker Straße 11, Haus Dumicketal	S			S. 223
57489	Drolshagen-Lüdespert, Am Kleefeld 1, Landgasthof Zur Bauernschänke	S			S. 223
57537	Wissen, Holschbach 2, Holschbacher Höhe	S			S. 628
57537	Wissen, Nistertalstraße 12, Stellplatz Zum Hahnhof	S	CHEM GRAU		S. 628
57537	Wissen, Am Zollhaus, Wohnmobilstellplatz am Zollhaus	S			S. 628
57577	Hamm/Sieg, Thalhauser Straße 11, Naturcamp Alte Wiese	S	CHEM GRAU		S. 300
57577	Hamm/Sieg, Thalhausermühle, Waldschwimmbad	S			S. 300
57580	Gebhardshain, Steinebacher Straße, Wohnmobilstellplatz am Festplatz	S			S. 270
57610	Altenkirchen, Konrad-Adenauer-Platz, Wohnmobilstellplatz am Bahnhof	S	CHEM GRAU		S. 118
57626	Hachenburg, Klärwerk An der Ziegelei, Klärwerk An der Ziegelei	E	Holiday-Clean	*	
57627	Hachenburg, Alexanderring/In der Burgbitz, Parkplatz am Burggarten	S	CHEM GRAU		S. 296
57635	Mehren, Gollenseifen 14, Wohnmobilstellplatz Mehren	S	CHEM GRAU B		S. 411
58091	Hagen-Eilpe, Mäckingerbach, LWL-Freilichtmuseum Hagen	S			S. 297
58256	Ennepetal, Mittelstraße 108, Wohnmobilstellplatz am Klutertbad	S			S. 241
58256	Ennepetal-Oelkinghausen, Königsfelder Straße 17, Stellplatz Möller	S	CHEM GRAU B		S. 241
58285	Gevelsberg, Nirgenastraße/Mühlenstraße, Wohnmobilstellplatz am Ennepebogen	S	CHEM GRAU		S. 276
58300	Wetter/Ruhr, Ringstraße / B226, Wohnmobilstellplatz Wetter/Ruhr	S			S. 617
58313	Herdecke, Vorhaller Weg, gegenüber Haus-Nr. 2/4, Stellplatz an der Ruhrbrücke	S			S. 313
58515	Lüdenscheid, Am Nattenberg 0, Parkplatz Am Nattenberg-Stadion Tor 2	S			S. 398
58515	Lüdenscheid, Talstraße 59, Stellplatz am Familienbad Nattenberg	S	CHEM GRAU		S. 398
58540	Meinerzhagen, Schulplatz 7, Wohnmobilstellplatz Musikschule	S			S. 411
58636	Iserlohn, Friesenstraße/Tennisanlage, Parkplatz Seilerblick	S	CHEM GRAU		S. 340
58675	Hemer, Hönnetalstraße 27, Wohnmobilstellplatz Hemer	S	CHEM GRAU BÜ	*	S. 313
58730	Fröndenberg/Ruhr, Ruhrstraße 9, Parkplatz am Rathaus	S			S. 264
58730	Fröndenberg/Ruhr-Ostbüren, Burgstraße 5, Camping auf dem Bauernhof Fröndenberg	S	GRAU		S. 265

PLZ	Ort	Typ	Entsorgung	*	Seite
58739	Wickede/Ruhr, Im Winkel, Wohnmobilstellplatz am Ruhrtalradweg	S	CHEM GRAU		S. 618
58762	Altena, Hermann-Voß-Straße16, Stellplatz Sauerlandhalle	S	CHEM GRAU		S. 116
58791	Werdohl, Dammstraße, Wohnmobilstellplatz am Westpark	S	CHEM GRAU BÜ		S. 612
58791	Werdohl, Goethestraße 50, Wohnmobilstellplatz Lennepromenade	S			S. 612
58802	Balve, In der Murmke 9, Wohnmobilstellplatz Balve	S	CHEM		S. 158
58802	Balve-Binolen, Binolen 1, Hotel Restaurant Haus Recke	S	CHEM		S. 158
58840	Plettenberg, Böddinghauser Feld 1, Wohnmobilstellplatz Premium – AquaMagis-Resort	S	CHEM GRAU		S. 479
58849	Herscheid, Unterdorfstraße 24, Freibad Herscheid	S	CHEM GRAU		S. 316
58849	Herscheid-Niederholte, Nieder-Holte 1, Café-Restaurant Vedder	S			S. 316
58849	Herscheid-Reblin, Reblin 11, Stellplatz am Jagdhaus Weber	S			S. 316
59073	Hamm, Heessener Straße 124, Wohnmobilstellplatz Albert Anlauf	S			S. 300
59174	Kamen, Herbert-Wehner-Straße 16, Reisemobile Brumberg	S	CHEM GRAU BÜ		S. 347
59192	Bergkamen-Rünthe, Hafenweg, Wohnmobilhafen Marina Rünthe	S	CHEM GRAU BÜ		S. 168
59229	Ahlen, Dolberger Straße 66, Stellplatz Parkbad Ahlen	S	CHEM		S. 112
59269	Beckum, Paterweg 4, Parkplatz am Hallenbad	S	CHEM		S. 163
59302	Oelde, In der Geist 120, Pott's Brau- & Backhaus	S	CHEM GRAU		S. 460
59302	Oelde-Stromberg, Am Hang, Wohnmobilstellplatz am Freibad Stromberg	S	CHEM GRAU BÜ		S. 461
59320	Ennigerloh, Zum Hohen Hagen 4, Landgasthaus Hohen Hagen	S			S. 241
59320	Ennigerloh, Am Freibad 1, Stellplatz am Naturbad Ennigerloh	S	CHEM GRAU		S. 242
59329	Wadersloh, Liesborner Straße 5, Reisemobilstellplatz Rathaus Wadersloh	S	CHEM GRAU B		S. 592
59329	Wadersloh-Diestedde, Am Schloss, Wohnmobilstellplatz Diestedde	S	CHEM GRAU B		S. 592
59329	Wadersloh-Liesborn, Im Klostergarten 18, Reisemobilstellplatz Liesborn	S	CHEM	*	S. 592
59348	Lüdinghausen, Ondrup 16, Campingplatz Sikora	S	CHEM GRAU		S. 399
59348	Lüdinghausen-Seppenrade, Am Rosengarten, Rosengarten Seppenrade	S			S. 399
59368	Werne an der Lippe, P 3 Am Hagen 19, Wohnmobilstation Werne a.d. Lippe	S	CHEM GRAU		S. 612
59387	Ascheberg, Appelhofstraße, Wohnmobilstellplatz Ascheberg	S			S. 125
59387	Ascheberg-Davensberg, Frieport 22, Gasthaus Eickholt	S			S. 125
59394	Nordkirchen, Berger 25, Bikertreff Nordkirchen	S	CHEM GRAU		S. 450
59394	Nordkirchen, Schloßstraße 28, Hotel-Restaurant Plettenberger Hof	S			S. 450
59394	Nordkirchen, Am Gorbach 10a, Wohnmobilstellplatz Nordkirchen	S	CHEM GRAU BÜ		S. 450
59457	Werl, Höppe 11, Stellplatz am Freizeitbad Werl	S	GRAU		S. 612
59494	Soest, Altes Stellwerk 9, CityMotel Soest	S	CHEM GRAU B		S. 549
59494	Soest, Ardeyweg 35, Stellplatz AquaFun	S	CHEM GRAU		S. 549
59505	Bad Sassendorf, Weslarner Straße 30, Kur-Camping Rumkerhof	S	CHEM GRAU		S. 149
59510	Lippetal-Lippborg, Ilmerweg, Parkplatz Ilmerweg	S	CHEM		S. 391
59519	Möhnesee-Delecke, Linkstraße 20a, Wohnmobilstellplatz Möhnesee	S	CHEM GRAU		S. 420
59519	Möhnesee-Echtrop, Zeissweg 2-4, Kolter-Caravan-Service	S	CHEM GRAU		S. 420
59555	Lippstadt, Bückeburger Straße, Stellplatz Bückeburger Straße	S	CHEM GRAU		S. 391
59556	Lippstadt-Benninghausen, Dorfstraße 47, Campingoase-Lange	S	CHEM GRAU		S. 391
59558	Lippstadt-Niederdedinghausen, Seeuferstraße 16, Campingparadies Lippstädter Seenplatte	S	CHEM GRAU BÜ		S. 391
59581	Warstein, Dammweg, Stellplatz Dammweg	S			S. 603

S: Stellplatz **E:** Entsorgungsstation **CHEM:** Chemietoiletten-Entsorgung **GRAU B:** Grauwasserentsorgung mit Bodeneinlass **GRAU BÜ:** Grauwasserentsorgung mit Bodeneinlass überfahrbar
* Entsorgung für Durchreisende erlaubt. Bitte helfen Sie mit, diese Liste zu ergänzen. **Hinweis:** Einträge ohne Seitenzahl beziehen sich auf Entsorgungsstationen. Diese sind im BORDATLAS nicht gesondert aufgeführt.

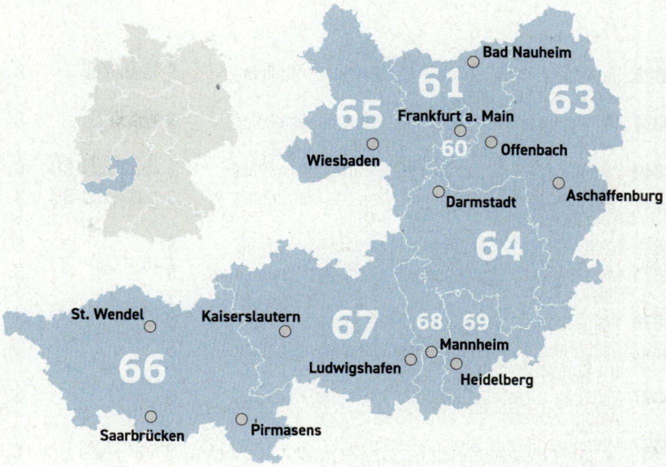

59581	Warstein, Enkerbruch 12a, Warsteiner Camperpark Bayernstadl	S	CHEM GRAU	BÜ		S. 603
59581	Warstein, Zu Hause im Waldpark, Warsteiner Welt Reisemobil- und Campingplatz	S	CHEM			S. 603
59581	Warstein-Hirschberg, Schützenstraße 30, Wohnmobilstellplatz Hirschberg	S				S. 603
59597	Bad Westernkotten, Schäferkämper Weg 32, Café-Restaurant Gerling	S	CHEM			S. 154
59597	Bad Westernkotten, Mühlenweg 1, Wohnmobilplatz An den Sole-Thermen	S	CHEM GRAU	BÜ		S. 154
59602	Rüthen, Auf dem Kamp 1, Wohnmobilstellplatz Auf dem Kamp	S	CHEM GRAU			S. 512
59759	Arnsberg-Hüsten, Am Solepark, Parkplatz Nass	S				S. 124
59846	Sundern/Sauerland-Amecke, Am Amecker Damm 2, Stellplatz Campen am Damm	S	CHEM GRAU			S. 565
59846	Sundern/Sauerland-Langscheid, Zum Sorpedamm/ Schirmbar Langscheid, Wohnmobilstellplatz Sorpesee	S	CHEM GRAU			S. 565
59846	Sundern/Sauerland-Langscheid, Am Sorpesee 193, Zeltplatz 3-Nordic-Familienpark Sorpesee	S	CHEM GRAU			S. 565
59872	Meschede, Arnsberger Straße, Parkplatz Hallen- und Freibad Meschede	S				S. 415
59872	Meschede, Warsteiner Straße 41, Raiffeisentankstelle	E	andere		*	
59872	Meschede-Freienohl, Im Ohl 13, Wofi-Bad Freienohl	S				S. 415
59872	Meschede-Hennesee, Mielinghausen 7, KNAUS Campingpark Hennesee ****	S	CHEM GRAU			S. 416
59889	Eslohe, Obermarpe 12, Aussiedlerhof Brögger	S				S. 246
59889	Eslohe, Südstraße 4, Seemers Campingplatz im Grünen - Landgasthof Seemer	S				S. 246
59889	Eslohe, Eberhard-Koenig-Straße, Wohnmobilstellplatz im Kurpark Eslohe	S	CHEM GRAU			S. 246
59889	Eslohe-Wenholthausen, Wenneweg 6, Landhaus Monikas Ferienhof	S	CHEM			S. 247
59889	Eslohe-Wenholthausen, L541, Stellplatz Wenholthausen	S				S. 247
59909	Bestwig, Rathausplatz, Parkplatz hinter dem Rathaus	S				S. 171
59909	Bestwig-Ramsbeck, Glück-auf-Straße 3, Parkplatz Sauerländer Besucherbergwerk	S				S. 172
59909	Bestwig-Valme, Valme 2 A, Campingplatz Valmetal	S	CHEM GRAU	BÜ		S. 172
59909	Bestwig-Wasserfall, Aurorastraße 50, Fort Fun Abenteuerland	S				S. 172
59929	Brilon, Altenbürener Straße 19, Wohnmobilhafen Brilon	S	CHEM GRAU	BÜ	*	S. 195
59939	Olsberg, Zur Sauerlandtherme 1, Stellplatz am AquaOlsberg	S	CHEM GRAU	B	*	S. 464
59955	Winterberg, Remmeswiese 10, Wohnmobilpark Camping Hochsauerland	S	CHEM GRAU	BÜ		S. 625
59955	Winterberg, Neuastenberger Straße 4 a, Wohnmobilpark Winterberg	S	CHEM GRAU	BÜ	*	S. 625
59955	Winterberg, Schneilstraße 6a, Wohnmobilstellplatz Winterberg	S	CHEM GRAU		*	S. 626
59955	Winterberg-Altastenberg, Renauweg 54, Stellplatz beim Hotel Der schöne Asten-Resort Winterberg	S	CHEM			S. 626
59964	Medebach, Hasenkammer 4, Ferienhof Zur Hasenkammer	S	CHEM GRAU			S. 409
59964	Medebach, Schützenstraße (Parkplatz), Wohnmobilstation Schützenplatz	S	GRAU			S. 410
61118	Bad Vilbel, Festplatzstraße, Stellplatz am Festplatz	S				S. 153
61118	Bad Vilbel, Huizener Straße 1, Wohnmobilstellplatz am Freibad	S				S. 153
61209	Echzell, Am Preulen 1, Wohnmobilstellplatz Echzell	S	CHEM GRAU	BÜ		S. 227
61231	Bad Nauheim, In der Au 2, Usa-Wellenbad	S				S. 144
61276	Weilrod-Altweilnau, Egertshammer, taunus mobilcamp	S	CHEM GRAU	BÜ		S. 607
61352	Bad Homburg v.d. Höhe, Jakob-Lengfelder-Straße 152, Bauernhof Lindenhof	S	CHEM GRAU			S. 140
61440	Oberursel, Alfred-Lechler-Straße, Parkplatz am Taunus-Info-Zentrum	S				S. 458
63110	Rodgau, Liebigstraße 18, Reisemobil-Stellplatz Rodgau-Point	S	GRAU	B	*	S. 505
63179	Obertshausen, Badstraße 19, monte mare Obertshausen	S				S. 458
63477	Maintal, Robert-Bosch-Straße 2-4, Hüttl Caravaning	E	Holiday-Clean			
63500	Seligenstadt, Am Schwimmbad 5, Wohnmobilstellplatz Seligenstadt	S				S. 543
63517	Rodenbach-Niederrodenbach, Am Neuen Sportplatz 2, Wohnmobilstellplatzes am Waldstadion	S	CHEM GRAU			S. 504
63571	Gelnhausen, Am Hallenbad, Wohnmobilstellplatz am Hallenbad	S	CHEM GRAU	BÜ		S. 272
63579	Freigericht-Horbach, Parkstraße, Stellplatz Näßlichgrund	S	CHEM GRAU	BÜ	*	S. 259
63619	Bad Orb, Austraße, Wohnmobilstellplatz am Bahnhof	S				S. 146
63619	Bad Orb, Spessartstraße, Wohnmobilstellplatz am Kurpark	S	CHEM GRAU			S. 146
63628	Bad Soden-Salmünster, Parkstraße 12a, Wohnmobilstellplatz an der Spessart Therme	S	CHEM GRAU	BÜ		S. 151
63628	Mernes, Jossastraße, Caravanstellplatz an der Jossa	S	CHEM			S. 415
63639	Flörsbachtal-Lohrhaupten, Gartenstraße 100, Stellplatz am Freibad Lohrhaupten	S	CHEM GRAU			S. 257
63654	Büdingen, In den Jägerwiesen 3, Wohnmobilstellplatz An der Jägerwiese am Büdinger Freibad	S	CHEM GRAU	BÜ		S. 198
63679	Schotten, Am Hoherodskopf 2, Wohnmobilstellplatz an der Taufsteinhütte	S				S. 535
63688	Gedern, Am Gederner See 19, Campingpark am Gederner See	S	CHEM GRAU	BÜ	*	S. 270
63695	Glauburg-Stockheim, Bahnhofstraße 51, Wohnmobilstellplatz an der Kulturhalle Stockheim	S				S. 279
63697	Hirzenhain, Robert-Eichenauer-Weg, Festplatz Hirzenhain	S				S. 321
63697	Hirzenhain, Junkernwiese 2, Müller Mobil	S	CHEM			S. 321
63741	Aschaffenburg-Nilkheim, Großostheimer Straße/ Willigisbrücke, Reisemobilstellplatz Willigisbrücke	S	CHEM GRAU			S. 125
63755	Alzenau, Meerhof 1, Wohnmobilstellplatz am Meerhofsee	S	CHEM			S. 119
63755	Alzenau-Wasserlos, Schlossbergstraße 5, Wenzel's Weinscheune	S				S. 119
63820	Elsenfeld, Schippacher Straße 11, Wohnmobilstellplatz am Schalkhaus	S	CHEM GRAU	BÜ		S. 237
63825	Schöllkrippen, Am Sportgelände, Reisemobilplatz am Naturerlebnisbad	S	CHEM GRAU			S. 530

S: Stellplatz **E:** Entsorgungsstation **CHEM:** Chemietoiletten-Entsorgung **GRAU B:** Grauwasserentsorgung mit Bodeneinlass **GRAU BÜ:** Grauwasserentsorgung mit Bodeneinlass überfahrbar

* Entsorgung für Durchreisende erlaubt. Bitte helfen Sie mit, diese Liste zu ergänzen. **Hinweis:** Einträge ohne Seitenzahl beziehen sich auf Entsorgungsstationen. Diese sind im BORDATLAS nicht gesondert aufgeführt.

63826	Geiselbach, Ungenbachstraße/Festplatz, Stellplatz Geiselbach/Festplatz	S	CHEM GRAU		S. 271
63839	Kleinwallstadt, Am Mainufer, Wohnmobilstellplatz Kleinwallstadt	S	CHEM GRAU		S. 358
63849	Leidersbach, Hauptstraße 102, Parkplatz Hofwiese	S	CHEM GRAU BÜ		S. 383
63860	Rothenbuch, Heigenbrücker Weg 31, Freizeitpark Rothenbuch	S	CHEM GRAU BÜ		S. 508
63868	Großwallstadt, Mainstraße, Stellplatz Mainstraße	S			S. 293
63875	Mespelbrunn, Schlossallee 2, Stellplatz Landgasthof Elsavatal	S			S. 416
63879	Weibersbrunn, Hauptstraße 223, Gasthaus Jägerhof	S			S. 605
63897	Miltenberg/Main, Mainzer Straße, Wohnmobilstellplatz am Schwertfegertor	S			S. 418
63897	Miltenberg/Main, Luitpold-/Jahnstraße, Wohnmobilstellplatz am Schwimmbad	S			S. 418
63897	Miltenberg/Main, Steingaesserstraße, Wohnmobilstellplatz am Yachthafen	S			S. 418
63897	Miltenberg/Main, Kresswiesenweg, Wohnmobilstellplatz an der Martinsbrücke	S			S. 418
63916	Amorbach, Dr. F. A.-Freundt-Straße, Altstadtparkplatz	S			S. 121
63916	Amorbach-Sansenhof, Sansenhof 3, Stellplatz beim Golfclub Gut Sansenhof	S	GRAU		S. 121
63920	Großheubach, Kirchstraße 1, Weingut-Gasthaus Zur Bretzel	S	CHEM GRAU B		S. 292
63927	Bürgstadt, Josef-Ullrich-Straße (alte Festhalle), Wohnmobilstellplatz Bürgstadt	S	CHEM GRAU		S. 202
64385	Reichelsheim, Beerfurther Straße, Stellplatz unterhalb Schloss Reichenberg	S	CHEM GRAU		S. 493
64409	Messel, Am Sportplatz 1, Wohnmobilstellplatz Messel	S	CHEM GRAU		S. 416
64546	Mörfelden-Walldorf, Am Zeltplatz 5, Campingplatz Mörfelden	E	Sani Station		
64569	Nauheim, Seeweg 2, Campingplatz Nauheim	E	EVA		S.
64653	Lorsch, Odenwaldallee, Wohnmobilstellplatz Karolingerstadt Lorsch	S	CHEM GRAU BÜ		S. 394
64673	Zwingenberg/Bergstraße, Melibokusstraße 10, Parkplatz Melibokushalle	S			S. 642
64678	Lindenfels, Kappstraße, Parkplatz Kappstraße	S	CHEM		S. 390
64686	Lautertal-Staffel/Odenwald, Kuralpe 2, Kuralpe Kreuzhof	S			S. 381
64711	Erbach/Odenwald, Habermannskreuz 1, Waldgaststätte Habermannskreuz	S			S. 243
64711	Erbach/Odenwald, Wiesenweg, Wohnmobilplatz Alexanderbad	S	CHEM GRAU		S. 243
64720	Michelstadt, Marktstraße/Wiesenweg, Wohnmobilstellplatz Großparkplatz Altstadt	S	CHEM		S. 417
64720	Michelstadt-Vielbrunn, Feriendorf, Feriendorf Vielbrunn	S	CHEM GRAU		S. 417
64732	Bad König, Am Bahndamm, Odenwald-Therme P3	S			S. 141
64747	Breuberg-Neustadt, Bahnhofstraße 4, Wohnmobilstellplatz Breuberg Aue	S	CHEM GRAU		S. 194
64760	Oberzent-Beerfelden, Seeweg, Parkplatz Seeweg	S	CHEM GRAU		S. 459
64823	Groß-Umstadt, Mühlstraße 40 AG, Parkplatz am Freibad	S			S. 289
64823	Groß-Umstadt, Wilhelm-Leuschner-Straße 270, Parkplatz Kellergrund in Heubach	S			S. 289
64853	Otzberg-Hering, Zum Bergfried 20, Wohnmobilstellplatz Hering	S	CHEM GRAU B	*	S. 471
65187	Wiesbaden, Wörther-See-Straße 29/Ecke Saarstraße 43, Reisemobilhafen Wiesbaden	S	CHEM GRAU BÜ	*	S. 619
65307	Bad Schwalbach, Reitallee 21, Wohnmobilstellplatz im Kurpark	S	CHEM GRAU	*	S. 150
65321	Heidenrod-Grebenroth, Dorfstraße 20, Pension Garni Klausermühle	S			S. 310
65326	Aarbergen-Michelbach, Hauptstraße/Abfahrt Platz im Brühl (über Bornweg), Reisemobilstellplatz Aarbergen-Michelbach	S	CHEM GRAU BÜ		S. 110
65329	Hohenstein-Burg Hohenstein, Aarstraße 3, Landgasthof Wiesenmühle	S			S. 325
65343	Eltville/Rhein, Weinhohle, Parkplatz Weinhohle	S	CHEM GRAU		S. 238
65346	Eltville/Rhein-Erbach, Bachhöller Weg 4, Weinhof Martin	S	CHEM GRAU		S. 238
65346	Eltville/Rhein-Kloster Eberbach, Kloster Eberbach, Stellplatz am Kloster Eberbach	S			S. 238
65366	Geisenheim-Marienthal, Ostermühle 1, Weingut und Gutsausschank Ostermühle	S	GRAU		S. 271
65375	Oestrich-Winkel, Kirchstraße 126, Wohnmobilplatz am Sportzentrum	S			S. 461
65399	Kiedrich, An der Klostermühle 3, Gutsschänke & Weingut Klostermühle	S			S. 353
65510	Idstein, Himmelsbornweg, Wohnmobilhafen Himmelsbornweg	S	CHEM GRAU	*	S. 336
65520	Bad Camberg, Jahnstraße 11, Reisemobilstellplatz P1 Bad Camberg	S	CHEM GRAU		S. 134
65549	Limburg/Lahn, Schleusenweg 16, Wohnmobilstellplatz CR Limburg	S	CHEM GRAU BÜ	*	S. 389
65555	Limburg/Lahn, Hoenbergstraße 2, Freizeitfahrzeuge Singhof	S			S. 389
65606	Villmar, König-Konrad-Straße, Wohnmobilplatz P3	S			S. 588
65618	Selters-Niederselters, Am Schwimmbad, Parkplatz am Freibad	S			S. 543
65623	Hahnstätten, Jahnstraße, Wohnmobilstellplatz Hahnstätten	S			S. 297
65624	Altendiez, Lahnblick 4, Stellplatz an der Lahnblickhalle	S	GRAU		S. 117
66115	Saarbrücken, Mettlacher Straße 13, Kanu-Wanderer Saarbrücken e.V.	S			S. 513
66271	Kleinblittersdorf, Zum Bergwald 8, Wohnmobilpark im Saarland Thermen Resort	S	CHEM GRAU B		S. 358
66333	Völklingen, Rathausstraße 75–79, Weltkulturerbe Völklinger Hütte	S	CHEM GRAU		S. 590
66386	St. Ingbert, Arthur-Kratzsch-Straße 6, Wohnmobilstellplatz Wasserwelt das Blau	S	CHEM GRAU		S. 553
66399	Mandelbachtal-Gräfinthal, Gräfinthaler Straße, Stellplatz am Kloster Gräfinthal	S			S. 403
66399	Mandelbachtal-Ommersheim, Saarbrücker Straße (direkt an der L107), Reisemobilplatz Ommersheimer Weiher	S			S. 403
66424	Homburg, Kaiserslauterer Straße 19a, Wohnmobilstellplatz am KOI Homburg	S	CHEM GRAU	*	S. 329
66424	Homburg-Eichelscheid, Zum Königsbruch 1, Camping Königsbruch	S	CHEM GRAU		S. 329
66440	Blieskastel, Bliesaue 1, Stellplatz am Freizeitzentrum	S			S. 179
66440	Blieskastel-Niederwürzbach, Kirschendell 32, Hotel-Restaurant Hubertushof	S			S. 179
66440	Blieskastel-Niederwürzbach, Marxstraße, Reisemobilplatz Niederwürzbacher Weiher	S	CHEM GRAU		S. 180
66450	Bexbach, Im Blumengarten, Reisemobilhafen Bexbach	S	CHEM GRAU		S. 173
66459	Kirkel-Neuhäusel, Unnerweg 5c, Caravanplatz Mühlenweiher	S	CHEM GRAU		S. 356
66482	Zweibrücken, Geschwister-Scholl-Allee 11, Wohnmobilstellplätze Freizeitpark an der Schließ	S	CHEM GRAU B		S. 641
66500	Hornbach, Bahnhofstraße, Wohnmobilstellplatz an der Pirminiushalle	S	CHEM GRAU		S. 330
66506	Maßweiler, Hitscherhof 3, Hitscherhof	S			S. 408
66564	Ottweiler, Am Wingertsbach, Wohnmobilstellplatz Ottweiler am Wingertsweiher	S	CHEM GRAU B		S. 471
66571	Eppelborn-Dirmingen, Tholeyer Straße, Freizeitzentrum Finkenrech	S			S. 242
66620	Nonnweiler-Sitzerath, Prälat-Faber-Straße 2-4, Landgasthof Paulus	S			S. 448
66625	Nohfelden-Bosen, Am Campingplatz 1, Campingplatz Bostalsee	S	CHEM GRAU		S. 448
66629	Freisen-Oberkirchen, Schwimmbadstraße 3, Wohnmobilstellplatz am Weiselbergbad	S			S. 260
66636	Tholey, Am Schaumberg, Wohnmobilstellplatz Tholey	S	CHEM GRAU	*	S. 572
66663	Merzig, Saarwiesenring 3, Das Bad Merzig	S	CHEM GRAU	*	S. 415
66679	Losheim am See, Zum Stausee 198, Reisemobilplatz am Stausee	S	CHEM GRAU		S. 394
66687	Wadern-Noswendel, Seestraße, Stellplatz am Noswendeler See	S			S. 592
66687	Wadern-Nunkirchen, Zum Wiesental, Wohnmobilstellplatz am Feuerwehrhaus	S			S. 592

S: Stellplatz **E:** Entsorgungsstation **CHEM:** Chemietoiletten-Entsorgung **GRAU B:** Grauwasserentsorgung mit Bodeneinlass **GRAU BÜ:** Grauwasserentsorgung mit Bodeneinlass überfahrbar
* Entsorgung für Durchreisende erlaubt. Bitte helfen Sie mit, diese Liste zu ergänzen. **Hinweis:** Einträge ohne Seitenzahl beziehen sich auf Entsorgungsstationen. Diese sind im BORDATLAS nicht gesondert aufgeführt.

66693	Mettlach, Bahnhofstraße 32, Erlebnis-Brauerei Mettlach/P6 Ziegelbrücke	S	GRAU			S. 417
66693	Mettlach, Cloefstraße 1A, Johannesbad Fachklinik Gesundheits- & Rehazentrum Saarschleife	S				S. 417
66701	Beckingen-Düppenweiler, Zum Wilscheider Hof, Landgasthaus Wilscheider Hof	S	CHEM			S. 162
66701	Beckingen-Düppenweiler, Brunnenstraße 13, Wohnmobilplatz in Düppenweiler	S	CHEM			S. 163
66706	Perl, Auf dem Sabel 4, Reisemobilstellplatz am PerlBad	S	CHEM GRAU	B		S. 474
66706	Perl-Nennig, Zur Moselbrücke 15, Mosel-Camping Dreiländereck	S	CHEM GRAU	BÜ		S. 475
66709	Weiskirchen, Burgstraße, Parkplatz Burgstraße am Kurpark	S				S. 610
66709	Weiskirchen, Schwarzrinder See 1 A, Wohnmobil-Oase Schwarzrinder Seen	S	CHEM GRAU	BÜ	*	S. 610
66740	Saarlouis, Marschall-Ney-Weg 2, Campingplatz Dr. Ernst Dadder	E	andere		*	
66740	Saarlouis, St. Nazairer Allee, Wohnmobilstellplatz Sport-Zentrum In den Fliesen	S				S. 513
66849	Landstuhl, Von Richthofenstraße/Ecke Bahnstraße, Wohnmobilstellplatz Landstuhl	S	CHEM			S. 375
66869	Blaubach, Kuseler Straße 1, Hotel Reweschnier	S				S. 178
66869	Kusel, Trierer Straße 61, Parkplatz An den Tuchfabriken	S	GRAU			S. 371
66871	Thallichtenberg, K23, Burg Lichtenberg	S				S. 570
66871	Thallichtenberg, Flurstraße 6, Hotel Burgblick	S				S. 570
66877	Ramstein, Talstraße, Städtische Kläranlage	E	andere		*	
66885	Altenglan, Austraße, Draisinenstation am Bahnhof	S	CHEM			S. 117
66885	Altenglan-Patersbach, Brückenstraße, Wohnmobilstellplatz Patersbach	S	CHEM GRAU			S. 118
66887	Elzweiler, Hauptstraße 7, Stellplatz Elzweiler	S	CHEM			S. 238
66887	Föckelberg, Auf dem Potzberg, Wohnmobilplatz auf dem Potzberg	S				S. 257
66887	Glanbrücken, An den Mühlen, Wohnmobilstellplatz An den Mühlen	S	CHEM GRAU			S. 279
66887	Sankt Julian, An der Lenschbach, Wohnmobilstellplatz St. Julian (Ölmühle)	S	CHEM			S. 518
66887	Ulmet, Felschbachhof 1-3, Waldhotel Felschbachhof	S				S. 580
66901	Schönenberg-Kübelberg, Campingpark Ohmbachsee 1, Stellplatz am Landgut Jungfleisch	S	CHEM GRAU	BÜ		S. 532
66907	Glan-Münchweiler, Bahnhofstraße, Stellplatz am Bahnhof	S	CHEM GRAU		*	S. 278
66907	Nanzdietschweiler, Hauptstraße/Sportplatz, Multifunktionsplatz am Sportplatz	S	CHEM GRAU			S. 431
66919	Hermersberg, Am Tauhübel, Wohnmobilstellplatz am Sportplatz	S				S. 315
66953	Pirmasens, Adam-Müller-Straße, Maler-Bürkel-Platz	E	Modusan			
66954	Pirmasens, Zeppelinstraße 11, Wohnmobilstellplatz am Messegelände	S	GRAU			S. 477
66957	Eppenbrunn, Neudorfstraße, Parkplatz Ortsmitte	S				S. 242
66957	Eppenbrunn, Im Sportzentrum, Stellplatz am Sportzentrum	S				S. 242
66957	Eppenbrunn, Himbaumstraße 22, Waldparkplatz Hotel Kupper	S	GRAU	B		S. 242
66957	Trulben, Am Festplatz, Wohnmobilstellplatz am Festplatz	S				S. 578
66969	Lemberg, Talstraße, Wohnmobilstellplatz Lemberger Weiher/Café-Konditorei-Bäckerei Faass	S	CHEM GRAU			S. 384
66976	Rodalben, In der Hettersbach, Am Entenstein 6, Wohnmobilstellplatz Spielmannszug	S	CHEM			S. 504
66976	Rodalben, Ecke Bahnhof-/Dr.Johann-Peter-Frank-Straße, Wohnmobilstellplatz Zentrum Rodalben	S				S. 504
66989	Höheinöd, Hauptstraße 24, Stellplatz am Haus des Bürgers	S				S. 324
66996	Fischbach bei Dahn, Am Königsbruch 1, Biosphärenhaus Pfälzerwald/Nordvogesen	S	CHEM			S. 255
67098	Bad Dürkheim, In den Almen 1, KNAUS Reisemobilhafen Bad Dürkheim	S	CHEM GRAU		*	S. 135
67098	Bad Dürkheim, In den Kornwiesen 1, Weingut Hauer & Hauer's Gutsausschank	S	CHEM GRAU		*	S. 135
67098	Bad Dürkheim, In der Silz/Leistadter Straße/L517, Wohnmobilstellplatz In der Silz	S	CHEM GRAU			S. 135
67146	Deidesheim, Weinstraße 3, Weingut Herbert Gießen Erben	S	GRAU			S. 212
67147	Forst an der Weinstraße, Wiesenweg 4, Weingut Margarethenhof	S				S. 258
67149	Meckenheim, Rödersheimer Straße, Stellplatz an der Sporthalle	S				S. 409
67150	Niederkirchen bei Deidesheim, Am Sportgelände 2, Kläranlage Niederkirchen	E	andere		*	
67150	Niederkirchen bei Deidesheim, Am Sportgelände 1, Sportanlage Niederkirchen	S				S. 445
67169	Kallstadt/Weinstraße, Weinstraße 2, Wohnmobilstellplatz beim Weingut Henninger	S	GRAU			S. 346
67273	Herxheim am Berg, Weinstraße 80, Panorama-Stellplatz Herxheimer Himmelreich	S	GRAU			S. 316
67278	Bockenheim/Weinstraße, Weinstraße 90, Haus der Deutschen Weinstraße	S				S. 181
67278	Bockenheim/Weinstraße, Am Spiegelpfad 10, Weingut Benß	S				S. 181
67281	Kirchheim/Weinstraße, Bruchmühle 1, Weingut Ellbrück Gästehaus	S				S. 355
67281	Kirchheim/Weinstraße, Am Grünborn 10, Weingut Rogenwieser	S	CHEM GRAU			S. 355
67283	Obrigheim-Mühlheim, Langenweg 2, Weingut Baum-Storzum	S	CHEM			S. 459
67292	Kirchheimbolanden, Hitzfeldstraße, Messeplatz Herrngarten	S	GRAU	B		S. 356
67346	Speyer, Franz-Kirrmeier-Straße 60, Abfallwirtschaftshof	E			*	
67346	Speyer, Am Technik Museum 1, Caravanpark am Technik Museum Speyer	S	CHEM GRAU			S. 552
67365	Schwegenheim, Speyrer Straße 24, Shell-Autohof Schwegenheim	E	Sani Service 3in1		*	
67433	Neustadt-Haardt, Mandelring, Festplatz am Mandelring	S				S. 442
67433	Neustadt/Weinstraße, Martin-Luther-Straße, Reisemobilstellplatz an der Martin-Luther-Kirche	S	CHEM GRAU			S. 444
67434	Neustadt-Hambach, Weinstraße 110, Hambacher Schloss Kellerei eG	S				S. 442
67434	Neustadt-Hambach, Dammstraße, Stellplatz Dammstraße/Schwimmbad	S	CHEM GRAU			S. 443
67434	Neustadt-Hambach, Andergasse 96, Weingut Disson	S	CHEM GRAU			S. 443
67434	Neustadt-Hambach, Andergasse 38, Weingut Müller-Kern	S	GRAU			S. 443
67434	Neustadt-Hambach, Andergasse 93, Weingut Rebenhof	S				S. 443
67434	Neustadt-Hambach, Andergasse 42, Weinhaus Kruppenbacher	S				S. 443
67435	Neustadt-Lachen-Speyerdorf, Goethestraße 77, Weingut Kreiselmaier	S				S. 443
67435	Neustadt-Mußbach, Lauterbachstraße 33, Altes Weingut Steigelmann	S	CHEM GRAU			S. 443
67435	Neustadt-Mußbach, An der Eselshaut 76, Weinland Meckenheim	S	GRAU			S. 444
67454	Haßloch/Pfalz, Lachener Weg 175, Badepark Haßloch	S				S. 306
67466	Lambrecht/Pfalz, Blainviller Straße 1, Wohnmobilstellplatz Lambrecht	S	CHEM GRAU			S. 373
67471	Elmstein, L499, Kläranlage Elmstein	E	andere		*	
67471	Elmstein, Bahnhofstraße 88, Wohnmobilstellplatz Elmstein	S				S. 236
67471	Elmstein-Harzofen, Esthaler Straße 63-67, Wohnmobilstellplatz NaturFreundeHaus	S				S. 236
67471	Elmstein-Schwarzbach, Schwarzbach 36, Gasthaus-Pension Waldesruhe	S				S. 236
67480	Edenkoben, Blücherstraße 45, Brennerei und Weinstube Göring	S	CHEM GRAU			S. 227
67480	Edenkoben, St.-Martiner-Straße 30, Wein- und Sektgut Edel-Brauch	S	CHEM GRAU	B		S. 228
67480	Edenkoben, Klosterstraße 157a, Weingut Fitz-Schneider	S	GRAU	BÜ		S. 228

S: Stellplatz **E:** Entsorgungsstation **CHEM:** Chemietoiletten-Entsorgung **GRAU B:** Grauwasserentsorgung mit Bodeneinlass **GRAU BÜ:** Grauwasserentsorgung mit Bodeneinlass überfahrbar
* Entsorgung für Durchreisende erlaubt. Bitte helfen Sie mit, diese Liste zu ergänzen. **Hinweis:** Einträge ohne Seitenzahl beziehen sich auf Entsorgungsstationen. Diese sind im BORDATLAS nicht gesondert aufgeführt.

67480	Edenkoben, Klosterstraße 177, Weingut Hans J. Schreieck	S	GRAU			S. 228
67480	Edenkoben, Über Bismarckstraße, Wohnmobilstellplatz am Kirchberg	S	CHEM GRAU			S. 228
67482	Altdorf, Hauptstraße 77, Weinstube & Weinhaus Spelzenhof	S				S. 116
67482	Venningen, Am Mittelweg 14, Wein- & Likörhaus Jung	S	GRAU			S. 586
67483	Edesheim, Ludwigstraße 151, Weingut Erich Braun & Söhne	S	GRAU			S. 229
67483	Edesheim, Erlenmühle 1, Weingut Erlenmühle	S	CHEM GRAU			S. 229
67483	Edesheim, Ludwigstraße 36 und 56, Weingut Rehm	S	CHEM GRAU	BÜ		S. 229
67483	Edesheim, Ludwigstraße 150, Weingut-Gästehaus Boos	S	CHEM GRAU			S. 229
67483	Edesheim, Ruprechtstraße 60, Weinhaus Dimpfl	S				S. 229
67487	Maikammer, Bahnhofstraße 24, Weingut Groß	S				S. 401
67487	Maikammer-Alsterweiler, Hartmannstraße 64, Weingut Felix Schädler	S				S. 401
67487	Sankt Martin, Edenkobener Straße, Parkplatz Edenkobener Straße	S				S. 518
67487	Sankt Martin, Keltenweg an der Totenkopfstraße, Stellplatz am Keltenweg	S				S. 518
67487	Sankt Martin, Friedhofstraße 8, Weingut Helmut Schreieck	S	CHEM GRAU			S. 518
67547	Worms, Kastanienallee am Festplatz, Stellplatz Worms	S				S. 632
67574	Osthofen, Herrnsheimer Straße/Sportanlage, Stellplatz am Sommerried	S				S. 469
67574	Osthofen, Herrnsheimer Straße, Stellplatz an der Wonnegauhalle	S	CHEM			S. 469
67574	Osthofen, Aussiedlerhof Lang, Weingut Borntaler Hof	S				S. 469
67574	Osthofen, Alter Westhofer Weg 32, Weingut Grittmann	S				S. 469
67578	Gimbsheim, Alsheimer Straße 25, Weingut Falger-Baier	S				S. 278
67582	Mettenheim, In den Weingärten 10, Weingut Seilheimerhof	S	CHEM GRAU			S. 416
67583	Guntersblum, Alsheimer Straße 29, Stellplatz am Sportplatz	S	CHEM			S. 294
67583	Guntersblum, Alsheimer Straße 95, Weingut Schauf	S				S. 294
67590	Monsheim, Wachenheimer Straße 11, Hofgut Holz	S	CHEM GRAU			S. 422
67591	Wachenheim/Zellertal, Hauptstraße 38, Weingut Hein GbR	S	CHEM			S. 591
67593	Bermersheim, Alzeyer Straße 14, Weingut Kroll	S	CHEM GRAU			S. 170
67593	Westhofen, am Verkehrskreisel, Raiffeisen-Warengenossenschaft	E	EVA		*	
67593	Westhofen, Mainzer Straße/Nickelgarten, Reisemobilstellplatz Westhofen	S				S. 616
67593	Westhofen, An der Brennerei 35, Weingut Dreihornmühle	S				S. 616
67596	Dittelsheim-Heßloch, Am Lerchenweg 8, Reisemobilstellplatz Kloppberghalle	S				S. 217
67598	Gundersheim, Untere Grabenstraße 21, Hupperts Wohnmobil-Wingert	S				S. 294
67657	Kaiserslautern, Mailänder Straße 6, monte mare Kaiserslautern	S				S. 345
67657	Kaiserslautern, Mannheimer Straße 208, Wohnmobilstellplatz Daennerplatz	S	CHEM GRAU		*	S. 345
67691	Hochspeyer, Mühlhofstraße 24-26, Am Schwimmbad	S	CHEM			S. 322
67706	Krickenbach, In den Dorfwiesen, Stellplatz an der Mehrzweckhalle Krickenbach	S	CHEM GRAU			S. 368
67714	Waldfischbach-Burgalben, Am Bauhof 1, An den Gemeindewerken	S				S. 596
67714	Waldfischbach-Burgalben, K32, Campingpark Clausensee	S	CHEM GRAU	BÜ		S. 596
67714	Waldfischbach-Burgalben, Hauptstraße/Carentaner Platz, Stellplatz Bruchwiesen	S	CHEM GRAU			S. 596
67715	Geiselberg, Hauptstraße / K31, Grillplatz Geiselberg	S	CHEM GRAU			S. 271
67716	Heltersberg, Bergstraße, Stellplatz Am Bergbad	S				S. 313
67734	Sulzbachtal, Pferchstraße/Bahnhof, Wohnmobilstellplatz Sulzbachtal	S				S. 564
67735	Mehlbach, Hauptstraße 117, Parkplatz Pfalzwaldhalle	S	GRAU			S. 410
67742	Lauterecken, Friedhofweg 3a, Wohnmobilstellplatz Villa Toskana	S	CHEM GRAU			S. 381
67752	Wolfstein, Reckweilerhof 8, Hotel-Restaurant Reckweilerhof	S				S. 632
67753	Reipoltskirchen, Kegelbahnstraße 9, Stellplatz Wasserburg	S	CHEM GRAU			S. 494
67754	Eßweiler, Landstraße 369, Stellplatz an der Kneippanlage	S				S. 248
67806	Rockenhausen, Mühlackerweg, Wohnmobilstellplatz am Natur-Erlebnisbad	S	CHEM GRAU			S. 504
67822	Waldgrehweiler, Mühlstraße/L379, Wohnmobilstellplatz Altes Wasserhaus	S	CHEM GRAU			S. 596
67823	Schiersfeld, Bismarckstraße, Sulzbachtal/ Freizeitgelände	S				S. 523
68163	Mannheim, Hans-Thoma-Straße 3, Wohnmobilstellplatz Mannheim-Neuostheim	S	CHEM GRAU			S. 403
68526	Ladenburg, Heidelberger Straße 56, Wohnmobilpark Ladenburg	S	CHEM GRAU	BÜ		S. 372
68623	Lampertheim, Rheinstraße 90, An den Biedensand Bädern	S	CHEM GRAU		*	S. 373
68723	Schwetzingen, Ketscher Landstraße, Wohnmobilstellplatz Schwetzingen	S	CHEM GRAU	B		S. 540
69124	Heidelberg, Harbigweg 1-3, Wohnmobilstellplatz Heidelberg	S	CHEM GRAU			S. 309
69190	Walldorf, Schwetzinger Straße, Campingplatz Walldorf	E	Sani Station			
69412	Eberbach, Festplatz in der Au 7, Wohnmobilstellplatz In der Au	S	CHEM GRAU	BÜ	*	S. 225
69412	Eberbach, B37, Uferstraße, Wohnmobilstellplatz Neckarlauer	S				S. 225
69427	Mudau, Donebacher Straße 41, Stellplatz am Golfpark Mudau	S	GRAU			S. 424
69427	Mudau, Am weißen Stein, Stellplatz Am weißen Stein	S				S. 425
69429	Waldbrunn, Zu den Kuranlagen 18, Wohnmobilstellplatz an der Therme	S				S. 595
69429	Waldbrunn-Oberdielbach, Zwingenberger Straße, Wohnmobilstellplatz am Sportplatz	S				S. 595
69429	Waldbrunn-Waldkatzenbach, Eberbacher Weg, Wohnmobilstellplatz Waldkatzenbach	S				S. 595
69434	Hirschhorn/Neckar, Jahnstraße 2, Wohnmobilstellplatz Zum Nikolas	S	CHEM GRAU	BÜ		S. 321
69436	Schönbrunn, Hainbuchenstraße, Wanderparkplatz Im Höchsten	S				S. 531
69439	Zwingenberg/Baden, Unter der Neckarbrücke, Wohnmobilstellplatz Zwingenberg	S				S. 642
69469	Weinheim, Waidallee 100, Freizeit- und Wellnessbad Miramar	S				S. 608
69469	Weinheim, Rote Turmstraße 30, Stellplatz Weinheim	S				S. 608
69483	Wald-Michelbach-Kreidach, Mörlenbacher Straße 45, Landgasthaus Zum Odenwald	S				S. 594

S: Stellplatz **E:** Entsorgungsstation **CHEM:** Chemietoiletten-Entsorgung **GRAU B:** Grauwasserentsorgung mit Bodeneinlass **GRAU BÜ:** Grauwasserentsorgung mit Bodeneinlass überfahrbar
* Entsorgung für Durchreisende erlaubt. Bitte helfen Sie mit, diese Liste zu ergänzen. **Hinweis:** Einträge ohne Seitenzahl beziehen sich auf Entsorgungsstationen. Diese sind im BORDATLAS nicht gesondert aufgeführt.

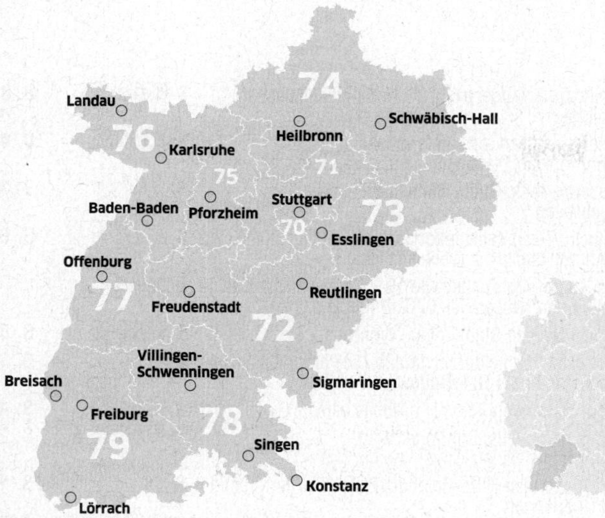

70327	Stuttgart, Mercedesstraße 40, Campingplatz Cannstatter Wasen	E	andere		
70378	Stuttgart, Sonnenhof 1, Bauernhof-Camping Sonnenhof	S	CHEM GRAU		S. 562
70629	Stuttgart, an der L1192, Stellplatz am Messegelände Tor 1	S	CHEM GRAU	*	S. 562
70734	Fellbach, Esslinger Straße 102, Stellplatz Fellbach	S	CHEM		S. 253
70794	Filderstadt-Bernhausen, Tübinger Straße 40 (Selby Cycle), Kultur- und Kongresszentrum FIlharmonie	S	CHEM GRAU		S. 255
70794	Filderstadt-Bonlanden, Mahlestraße 50, Wohnmobilstellplatz Sport- und Badezentrum Fildorado	S			S. 255
71032	Böblingen, Im Zimmerschlag 9, Stellplatz Zimmerschlag	S	CHEM GRAU B		S. 180
71065	Sindelfingen, Mahdentalstraße 84, Erwin Hymer Center Stuttgart	S	CHEM GRAU		S. 547
71065	Sindelfingen, Hohenzollernstraße 23, Stellplatz am Badezentrum	S			S. 548
71083	Herrenberg, Längenholz 4, Wohnmobilhafen Herrenberg	S	GRAU B	*	S. 315
71111	Waldenbuch, Glashütter Täle 42, Wohnmobilstellplatz am Aktivspielplatz	S			S. 595
71131	Jettingen, Höhenhöfe 2, Stellplatz auf dem Bauernhof Rinderknecht	S	CHEM GRAU BÜ		S. 343
71134	Aidlingen, Feldbergstraße 23, Wohnmobilstellplatz Aidlingen	S			S. 113
71144	Steinenbronn, Kringstraße 2, Caravaning-Center Schmidtmeier	S	CHEM GRAU		S. 557
71149	Bondorf, Niederreutin 1, Wohnmobilstellplatz Bondorf Golfplatz Domäne Niederreutin	S			S. 184
71208	Rottenburg-Bad Niedernau, L370, Kläranlage	E	andere	*	
71229	Leonberg, Steinstraße 18, Parkplatz Festplatz Leonberg	S			S. 386
71263	Weil der Stadt, Hermann-Schnaufer-Straße 7, Wohnmobilstellplatz Weil der Stadt	S	CHEM GRAU	*	S. 607
71334	Waiblingen, An der Talaue 10, Parkplatz am Hallenbad	S	CHEM		S. 593
71364	Winnenden, Albertviller Straße, Wohnmobilstellplatz Wunnebad	S	GRAU		S. 625
71384	Weinstadt-Großheppach, Wartbühlstraße 13, Wohnmobilstellplatz am Kleinheppacher Kopf	S			S. 609
71384	Weinstadt-Strümpfelbach, Nolten 2, Weingut Knauß	S			S. 609
71394	Kernen-Stetten, Frauenländerstraße 85, Weingut Zimmer	S			S. 352
71522	Backnang, Martin-Dietrich-Allee, Reisemobilstellplatz Backnang	S	CHEM GRAU B		S. 128
71540	Murrhardt, Helmut-Götz-Straße 3, Wohnmobilstellplatz bei der Festhalle	S	CHEM GRAU	*	S. 430
71546	Aspach, Pumpstation unterhalb vom Fürstenhof, direkt an der L1124, Caravan-Servicestation Aspach	E	Holiday Cleany		
71546	Aspach-Großaspach, Rübengasse 22, Basislager an der Gemeindehalle	S			S. 125
71546	Aspach-Großaspach, Im Fautenhau, Ruhezone im Fautenhau	S			S. 126
71546	Aspach-Großaspach, Sonnenhof/Ortsstraße, Wohlfühlzone am Lapidarium	S			S. 126
71546	Aspach-Kleinaspach, Eselsweg, Platz an der Sonne	S			S. 126
71546	Aspach-Rietenau, Fleckenackerweg, Stellplatz Komfortzone am Sportplatz Rietenau	S			S. 126
71546	Aspach-Röhrach, Röhrach 16, Besenwirtschaft Zum Röhrachkeller	S	CHEM GRAU		S. 126
71566	Althütte, Am Brunnen, Caravan-Stellplatz Am Brunnen	S			S. 118
71570	Oppenweiler, Murrwiesenstraße 15, Caravanstation Oppenweiler	S	CHEM GRAU		S. 464
71573	Allmersbach im Tal, Schorndorfer Straße 70, Wohnmobilhafen Allmersbach im Tal	S	CHEM GRAU	*	S. 115
71577	Großerlach, Grafenstraße 7 (Zufahrt über B 14), Ver- und Entsorgungstation am Feuerwehrgerätehaus	E	andere	*	
71638	Ludwigsburg, Friedrich-Ebert-Straße, Parkplatz Forum/Blühendes Barock (Ost)	S	CHEM GRAU		S. 399
71672	Marbach/Neckar, Landesstraße L1100, Gruppenklärwerk Häldenmühle zwischen Marbach und Murr	E	Holiday-Clean	*	
71672	Marbach/Neckar, Poppenweilerstraße/Weimarstraße, Wohnmobilstellplatz am Bolzplatz	S			S. 403
71672	Marbach/Neckar, Affalterbacher Straße 65, Wohnmobilstellplatz bei der Kelter Weingärtner Marbach	S			S. 404
71706	Markgröningen, Im Tuchgraben, Stellplatz Festwiese	S			S. 405
71711	Murr, Im Murrtal, Parkplatz bei den Sportanlagen	S			S. 430
71711	Steinheim/Murr, Ecke Badtorstraße/Brühlstraße, Parkplatz auf der Murrinsel	S			S. 557
71717	Beilstein, Winzerhausener Weg 22, Weingut Krohmer	S			S. 165
71720	Oberstenfeld, Beilsteiner Straße 100, Parkplatz am Mineralfreibad Oberes Bottwartal	S	CHEM GRAU BÜ	*	S. 457
71723	Großbottwar, Oberstenfelder Straße 80, Bottwartaler Winzer	S			S. 289
71723	Großbottwar, In den Frauengärten 10, (in der Verlängerung des Parkplatzes an der Wunnensteinhalle), Wohnmobilstellplatz im Sportgebiet Winzerhäusener Tal	S	CHEM GRAU		S. 289
71726	Benningen/Neckar, An der Landstraße 110, Gruppenklärwerk Häldenmühle	E	andere	*	
71726	Benningen/Neckar, Max-Eyth-Straße, Parkplatz Gemeindehalle	S			S. 166
71729	Erdmannhausen, Steinheimer Weg 1, Parkplatz beim Schützenhaus	S			S. 243
72108	Rottenburg am Neckar, Ulmenweg, Wohnmobilhafen am Neckarufer	S	CHEM GRAU		S. 510
72108	Rottenburg-Bad Niedernau, Bahnallee, Reisemobilplatz Blaue Brücke	S			S. 510
72116	Mössingen, Firstwaldstraße 32, Wohnmobil-Stellplatz Firstwaldstraße	S	CHEM GRAU B	*	S. 424
72147	Nehren, Steinlach, Wohnmobilstellplatz in den Steinlach-Auen	S	CHEM GRAU		S. 433
72160	Horb/Neckar, Schütteberg 7-9, Freizeitpark Camping Schüttehof	E	andere	*	
72160	Horb/Neckar, Mühlener Straße 90, Stellplatz beim Neckarbad	S			S. 329
72172	Sulz am Neckar, Ludwigstraße, Wohnmobilstellplatz Sulz am Neckar	S	CHEM GRAU	*	S. 564
72202	Nagold, Am Glockenrain, Wohnmobilhafen am Nagoldtal-Radweg	S	CHEM		S. 430
72202	Nagold, Bahnhofstraße, Wohnmobilstellplatz am Bahnhof	S			S. 430
72218	Wildberg, Klosterhof, Wohnmobilstellplatz Wildberg	S	CHEM		S. 621
72250	Freudenstadt, Eugen-Nägele-Straße, Wohnmobilstellplatz am Panorama-Bad	S	GRAU		S. 261
72275	Alpirsbach, Grezenbühler Weg 18, Camping Alpirsbach	S	CHEM GRAU BÜ		S. 115
72275	Alpirsbach, Bahnhofstraße, Stellplatz Bahnhofstraße	S			S. 115
72290	Loßburg, Auchtweide 50, Stellplatz am Sportgelände der SpVgg Loßburg	S			S. 394
72293	Glatten, Lombacher Straße 51, Naturerlebnisfreibad Glatten	S	CHEM GRAU		S. 279
72293	Glatten-Neuneck, Ziegelackerweg 2, Stellplatz Almruhe	S			S. 279

S: Stellplatz **E:** Entsorgungsstation **CHEM:** Chemietoiletten-Entsorgung **GRAU B:** Grauwasserentsorgung mit Bodeneinlass **GRAU BÜ:** Grauwasserentsorgung mit Bodeneinlass überfahrbar
* Entsorgung für Durchreisende erlaubt. Bitte helfen Sie mit, diese Liste zu ergänzen. **Hinweis:** Einträge ohne Seitenzahl beziehen sich auf Entsorgungsstationen. Diese sind im BORDATLAS nicht gesondert aufgeführt.

72348	Rosenfeld, Brechete 39, Wohnmobilstellplätze beim Sofienbad Rosenfeld	S GRAU			**S. 506**
72364	Obernheim, Bühlstraße, Wohnmobilstellplatz Alpenblick	S			**S. 456**
72379	Hechingen, K 7110, Burg Hohenzollern	S			**S. 308**
72379	Hechingen, Brielhof 1, Stellplatz Hof	S			**S. 308**
72379	Hechingen, Niederhechinger Straße 41, Zollernalbcamping	S CHEM GRAU			**S. 308**
72401	Haigerloch, Weildorfer Kreuz 1, Wohnmobilstellplatz Haigerloch	S CHEM GRAU			**S. 297**
72458	Albstadt, Beibruck 54, Sonnencamping Albstadt	S CHEM GRAU	B		**S. 114**
72469	Meßstetten, Blumersberg, Wohnmobilstellplatz auf dem Blumersberg	S CHEM GRAU			**S. 416**
72469	Meßstetten-Oberdigisheim, K7172, Wohnmobilstellplatz am Stausee Oberdigisheim	S CHEM GRAU		*	**S. 416**
72488	Sigmaringen, Georg-Zimmerer-Straße 6, Wohnmobilstellplatz Sigmaringen	S CHEM GRAU	B	*	**S. 546**
72501	Gammertingen, Reutlinger Straße, Freizeitanlage an der Lauchert	S CHEM GRAU			**S. 267**
72501	Gammertingen, Sigmaringer Straße 60, Sammelkläranlage	E andere		*	
72505	Krauchenwies, Ablacher Straße 4, Seencamping Krauchenwies	S CHEM GRAU	BÜ		**S. 365**
72519	Veringendorf, Jungnauer Straße 17, Kläranlage Veringendorf	E		*	
72519	Veringenstadt, Deutstetter Straße, Stellplatz an der Lauchert	S			**S. 587**
72525	Münsingen, Hopfenburg 12, Hofgut Hopfenburg	S GRAU	B		**S. 428**
72525	Münsingen, Grafenecker Straße, Wohnmobilstellplatz im Wiesental	S CHEM GRAU		*	**S. 428**
72525	Münsingen-Buttenhausen, Fladhof 1, Ferienhof Holzschuh	S CHEM			**S. 428**
72525	Münsingen-Gundelfingen, Wittstaig, Wohnmobilstellplatz Heiligental	S GRAU		*	**S. 428**
72525	Münsingen-Trailfingen, Tragolfstraße 59, Wohnmobilstellplatz Trailfingen/Gruorn	S CHEM GRAU	B		**S. 429**
72531	Hohenstein-Eglingen, Brunnengässle 6/Hartweg 13, Rudis Hühnerhof	S CHEM GRAU			**S. 325**
72531	Hohenstein-Ödenwaldstetten, Jahnweg 3, Wohnmobilstellplatz am Bauernhausmuseum	S CHEM GRAU			**S. 326**
72574	Bad Urach, Bäderstraße, Wohnmobilstellplatz Bad Urach	S CHEM GRAU	BÜ		**S. 153**
72584	Hülben, Kaltentalstraße, Wohnmobilhafen Hülben	S CHEM			**S. 333**
72589	Westerheim, Beim Campingplatz 1, Alb-Camping Westerheim	E Bodeneinlass			
72589	Westerheim, Donnstetter Straße 10, Hotel Gasthof Rössle	S			**S. 615**
72622	Nürtingen-Oberensingen, Plätschwiesen, Reisemobilstellplatz Plätschwiesen	S CHEM GRAU	BÜ		**S. 452**
72631	Aichtal-Neuenhaus, Schönbuchstraße 38, Wohnmobilstellplatz Aichtal	S			**S. 113**
72636	Frickenhausen-Linsenhofen, Im Käppele 35, Auf dem Katzengarten	S CHEM GRAU			**S. 262**
72639	Neuffen, Schützenhausweg, Wohnmobilstellplatz Am Schützenhaus	S CHEM GRAU			**S. 436**
72660	Beuren, Am Thermalbad 20, Wohnmobilstellplatz Panorama Therme Beuren	S CHEM GRAU	B		**S. 172**
72664	Kohlberg, Beim Steinbrückle, Wohnmobilstellplatz am Jusi	S			**S. 361**
72764	Reutlingen, Hermann-Hesse-Straße 78, Stellplatz am Freibad Markwasen	S CHEM			**S. 496**
72793	Pfullingen, Marktstraße 179, Manz Caravaning	E andere			
72793	Pfullingen, Klosterstraße 118, Wohnmobilstellplatz Pfullingen	S CHEM GRAU			**S. 477**
72818	Trochtelfingen, Siemensstraße 4, Wohnmobilstellplatz bei der Eberhard-von-Werdenberghalle	S CHEM GRAU			**S. 577**
73033	Göppingen, Mozartstraße, Wohnmobilstellplatz Schockensee	S CHEM GRAU		*	**S. 282**
73037	Göppingen-Hohenstaufen, Aasrücken Hohenstaufen, Naturstellplatz Aasrücken	S			**S. 282**
73087	Bad Boll, Jurastraße 2, Traum-Fabrik	S			**S. 133**

73092	Heiningen, Krautgarten 1, Wohnmobilstellplatz am Voralbbad	S CHEM			**S. 311**
73098	Rechberghausen, Am Desenbach, Wohnmobilstellplatz beim Sportpark Lindach	S CHEM GRAU			**S. 490**
73230	Kirchheim/Teck, Obere Steinstraße, Parkplatz Ziegelwasen	S			**S. 355**
73235	Weilheim/Teck, Kalixtenbergstraße, Wohnmobilstellplatz Weilheim/Teck	S CHEM GRAU		*	**S. 607**
73240	Wendlingen, Vorstadtstraße 101, Gruppenklärwerk Wendlingen/Neckar, Tel. 07024/40550	E andere		*	
73249	Wernau/Neckar, Stadionweg, Womopark Neckartal	S CHEM GRAU	BÜ		**S. 612**
73271	Holzmaden, Aichelberger Straße 75, Parkplatz Urweltsteinbruch Holzmaden	S			**S. 328**
73277	Owen, Lauterweg 36, Wohnmobilstellplatz Owen	S CHEM GRAU			**S. 471**
73333	Gingen an der Fils, Böhringer Weg, Wohnmobilstellplatz Gingen an der Fils	S CHEM GRAU	BÜ		**S. 278**
73337	Bad Überkingen, Otto-Neidhart-Platz 15, Thermalbad Bad Überkingen	S			**S. 152**
73342	Bad Ditzenbach, Badstraße 20, Stellplatz an der Vinzenz Therme	S CHEM GRAU			**S. 134**
73349	Wiesensteig, Papiermühle/Filsursprung, Parkplatz Papiermühle/Filsursprung	S			**S. 619**
73349	Wiesensteig, Schöntalweg, Wohnmobilstellplatz an den Bläsibe	S			**S. 620**
73349	Wiesensteig, Sommerbergstraße 64, Wohnmobilstellplatz Wiesensteig	S CHEM GRAU	B	*	**S. 620**
73431	Aalen, Osterbucher Steige, Wohnmobilplätze bei den Limes-Thermen	S CHEM GRAU	BÜ		**S. 110**
73450	Neresheim, Dischinger Straße, Stellplatz Alter Bahnhof	S CHEM GRAU			**S. 433**
73457	Essingen-Lauterburg, Hasenweide 2, Campingplatz Hirtenteich	S CHEM GRAU			**S. 247**
73479	Ellwangen/Jagst, Rotenbacher Straße 45, Natur & City Camping Ellwangen	S			**S. 236**
73486	Adelmannsfelden, Stöcken 50, Ferienhof Hofer	S CHEM GRAU	B	*	**S. 111**
73488	Ellenberg-Haselbach, Haselbach 12, Campingplatz Sonneneck	S CHEM GRAU			**S. 235**
73489	Jagstzell, An der Mühlstraße, Stellplatz Jagst erleben	S GRAU			**S. 342**
73525	Schwäbisch Gmünd, Richard-Bullinger-Straße, Wohnmobilstellplatz im Schießtal	S CHEM GRAU	B		**S. 536**
73540	Heubach, Mögglinger Straße 41, Reisemobilpark Heubach	S CHEM GRAU			**S. 319**
73614	Schorndorf, Lortzingstraße 56, Stellplatz beim Oskar Frech SeeBad	S CHEM GRAU			**S. 534**
73614	Schorndorf, Gmünder Straße 84/1, Top-Mobile	S CHEM GRAU	BÜ		**S. 534**
73614	Schorndorf, Wiesenstraße, Wohnmobilstellplatz Sportpark Rems	S CHEM GRAU		*	**S. 534**
73614	Schorndorf-Oberberken, Wangener Straße 38, Wohnmobilstellplatz Gasthaus Hirsch	S GRAU			**S. 534**
73630	Remshalden-Grunbach, Bahnhofstraße 50, Mi-Mobile	E Holiday-Clean			
73635	Rudersberg, Bronnwiesenweg, Wohnmobilstellplatz am Freibad Rudersberg	S CHEM GRAU	B		**S. 510**
73642	Welzheim, Bahnhofstraße 62, Stellplatz Am Bahnhof	S			**S. 610**
73642	Welzheim, Tannwaldweg, Stellplatz am Stadtpark	S			**S. 610**
73642	Welzheim-Aichstrut, Abzw. Leinhalde, Stausee Aichstrut	S CHEM GRAU	B		**S. 611**
73667	Kaisersbach-Ebni, Winnender Straße 81, Restaurant Gajas Welt	S			**S. 345**
73667	Kaisersbach-Gmeinweiler, Hofwiesen 11, Schwaben-Park	S			**S. 345**
73728	Esslingen/Neckar, Mülbergerstraße, Stellplatz Äußerer Burgplatz	S			**S. 247**
73760	Nellingen, Felix-Wankel-Straße 11, Wasch-Center	E Sani Station			
74076	Heilbronn, Binswanger Straße 150, Wohnmbilstellplatz am Weinschatzkeller	S CHEM GRAU			**S. 310**
74080	Heilbronn-Böckingen, Lämlinstraße 13, Auto-Caravan Sperrfechter	E Sani Service 3in1			
74081	Heilbronn, Neckarhalde 23, Wohnmobil-Parkplatz Wertwiesenpark	S CHEM			**S. 310**
74172	Neckarsulm, Reisachmühlweg, Stellplatz beim Aquatoll	S CHEM GRAU			**S. 432**

S: Stellplatz **E:** Entsorgungsstation **CHEM:** Chemietoiletten-Entsorgung **GRAU B:** Grauwasserentsorgung mit Bodeneinlass **GRAU BÜ:** Grauwasserentsorgung mit Bodeneinlass überfahrbar
* Entsorgung für Durchreisende erlaubt. Bitte helfen Sie mit, diese Liste zu ergänzen. **Hinweis:** Einträge ohne Seitenzahl beziehen sich auf Entsorgungsstationen. Diese sind im BORDATLAS nicht gesondert aufgeführt.

74182	Obersulm-Eschenau, Tannenhof/Bruckäcker, Weingut Gruber	S				S. 457
74182	Obersulm-Willsbach, Heerweg 21, Weingut Laicher	S				S. 457
74189	Weinsberg, Eugen-Diez-Straße, Wohnmobilstellplatz Weinsberg	S	CHEM			S. 608
74193	Schwaigern, Neipperger Straße 25, Wohnmobilstellplatz am Heuchelberg	S	CHEM GRAU	B		S. 536
74193	Schwaigern, Römerhöfe 2, Wohnmobilstellplatz Römerhof	S				S. 536
74193	Schwaigern, Gemminger Straße 91, Wohnmobilstellplatz Schwaigern	S	CHEM GRAU			S. 536
74193	Schwaigern-Stetten, Pfullinger Hof 1, Golfoase Pfullinger Hof	S				S. 536
74206	Bad Wimpfen, Bei der alten Saline 2, Wohnmobilstellplatz beim SRH-Gesundheitszentrum	S	CHEM GRAU			S. 155
74219	Möckmühl, Johann-Sebastian-Bach-Straße, Wohnmobilstellplatz Möckmühl	S				S. 420
74226	Nordheim, Im Auerberg 3, Müllers Weingut & Weinstube	S				S. 449
74229	Oedheim, Am Willenbach 6, Peter Krawczyk GmbH	E	andere			
74243	Langenbrettach-Langenbeutingen, Schwabbacher Straße 14, Stellplatz Langenbeutingen	S				S. 375
74245	Löwenstein, Breitenauer See 2, Campingpark Breitenauer See	E	Holiday-Clean		*	
74259	Widdern, Heilbronner Straße 11, Jagstcamp Widdern	S	CHEM GRAU	B	*	S. 618
74321	Bietigheim-Bissingen, Farbstraße, Wohnmobilstellplatz Altstadt/Parkplatz	S	CHEM GRAU	BÜ		S. 174
74336	Brackenheim, Im Krämer 1, Weingut Sommer/Claudia Pfähler	S				S. 188
74336	Brackenheim, Stockheimer Straße 13, Weingut Winkler	S	GRAU			S. 188
74336	Brackenheim-Hausen, Kelterstraße 2, Stellplatz am Jupiterweinkeller	S				S. 188
74336	Brackenheim-Neipperg, Marsaner Straße 18, Weingut Echle	S	CHEM GRAU			S. 188
74336	Neipperg, Heuhölzle 1, Wohnmobilstellplatz Manfred Reiner	S	CHEM GRAU			S. 433
74343	Sachsenheim-Hohenhaslach, An der Steige 94, Panoramaweingut Baumgärtner	S				S. 514
74348	Lauffen/Neckar, Neckaruferweg, Stellplatz am Freibad	S	CHEM GRAU			S. 379
74354	Besigheim, Auf dem Kies 32, Wohnmobilplatz Auf dem Kies	S	CHEM			S. 171
74357	Bönnigheim, Bachstraße, Mineralfreibad Bönnigheim	S	CHEM			S. 185
74363	Güglingen, Kreuzgärten, Wohnmobilplatz am Freibad	S	CHEM GRAU			S. 294
74374	Zaberfeld, Seestraße, Wohnmobilstellplatz an der Ehmetsklinge	S	CHEM GRAU			S. 636
74382	Neckarwestheim, Liebensteinerstraße, Sport- und Freizeitgelände Bühl	S	CHEM			S. 432
74389	Cleebronn, Wildparadies-Tripsdrill-Straße 2, Erlebnispark Tripsdrill	S				S. 206
74394	Hessigheim, Am Felsengarten 1, Felsengartenkellerei Besigheim	S				S. 318
74405	Gaildorf, Bleichgärten, Reisemobilstellplatz Gaildorf	S	CHEM GRAU			S. 267
74417	Gschwend, Frickenhofer Straße, Beim Badesee	S	CHEM GRAU			S. 293
74417	Gschwend, Joosenhofer Sägmühle 2, Kläranlage	E	andere		*	
74523	Schwäbisch Hall, Spitalmühlenstraße 20, Wohnmobilstellplatz Auwiese	S	GRAU			S. 536
74535	Mainhardt, Heilbronner Straße 51, Hotel-Pension-Vesperstube Waldblick	S	GRAU			S. 401
74541	Vellberg, Mühlweg 15, Mineralfreibad Vellberg	S	CHEM GRAU			S. 586
74541	Vellberg, Am Zwinger, Parkplatz Burggraben	S	CHEM GRAU			S. 586
74544	Michelbach an der Bilz, Hagenhofweg 8, Wohnmobilstellplatz an der Rudolf-Then-Halle	S	CHEM GRAU			S. 417
74545	Michelfeld-Witzmannsweiler, Hauptstraße 21, Vogts Reisemobilplatz	S	CHEM GRAU			S. 417
74547	Untermünkheim-Übrigshausen, Kupferstraße 22, Ostertag-Wohnmobilpark	S	CHEM GRAU		*	S. 581
74564	Crailsheim, Am Volksfestplatz, Wohnmobilstellplatz am Volksfestplatz	S				S. 208
74572	Blaufelden, Naicha 7, Ökoferienhof Retzbach	S				S. 178
74592	Kirchberg/Jagst, Uferweg an der Jagst, Kläranlage	E	andere		*	
74592	Kirchberg/Jagst, Hohenloher Straße, Wohnmobilstellplatz unterhalb der historischen Altstadt	S	GRAU			S. 355
74595	Langenburg, In der Strut 5, In der Strut/Freibad	S				S. 376
74595	Langenburg, In den Hagäckern 1, Kläranlage Langenburg	E	andere		*	
74613	Öhringen, Verrenberger Weg 33, Wohnmobilpark HEICamp Öhringen	S	CHEM GRAU	BÜ	*	S. 463
74626	Bretzfeld-Dimbach, Greuthof 1 (Aussiedlerhof), Weingut & Weinstube Karl Busch	S	GRAU			S. 194
74638	Waldenburg, Albert-Schweitzer-Straße 16, Wohnmobilstellplatz Waldenburg	S				S. 595
74653	Künzelsau, Badplatz 1, Stellplatz am Kocherfreibad	S	GRAU			S. 370
74706	Osterburken, Boschstraße 14, Hotel Märchenwald	S				S. 466
74706	Osterburken, Am Kirchberg, Wohnmobilstellplatz Am Kirchberg	S				S. 466
74722	Buchen, Mühltalstraße 15, Wohnmobilhafen Morretal	S	CHEM			S. 197
74731	Walldürn, Miltenbergerstraße, Stellplatz beim Basilika-Parkplatz	S	CHEM			S. 598
74731	Walldürn, Industrieparkstraße 1-2, Stellplatz Goldschmitt-Technik-Center	S	CHEM GRAU			S. 598
74736	Hardheim, Wohlfahrtsmühle 1, Waldhotel Wohlfahrtsmühle	S				S. 303
74736	Hardheim, Bretzinger Straße 14, Wohnmobilstellplatz Am alten Bahnhof	S	CHEM GRAU		*	S. 303
74743	Seckach, Schulstraße 3, Wohnmobilstellplatz Seckach	S				S. 541
74749	Rosenberg/Baden, Dörrhöfer Weg, Stellplatz Rosenberg	S				S. 506
74821	Mosbach, Wasemweg, Stellplatz am Wasemweg	S	CHEM GRAU	B		S. 424
74842	Billigheim, Karl-von-Goebel-Straße 10, Wohnmobilstellplatz Billigheim	S				S. 175
74847	Obrigheim/Baden, Auweg, Reisemobil-Stellplatz am Neckar	S				S. 459
74858	Aglasterhausen, Am Bollenberg/Freizeitanlage, Wohnmobilstellplatz Aglasterhausen	S				S. 111
74865	Neckarzimmern, Wiesenweg 1, Wohnmobilstellplatz/ Camping Cimbria	S	CHEM GRAU	B	*	S. 432
74867	Neunkirchen/Baden, Zwingenberger Straße, Reisemobilplatz am Festplatz	S	CHEM			S. 439
74869	Schwarzach/Odenwald, Tonwerkstraße 8, Wohnmobilpark Schwarzach Am Wildpark	S	CHEM GRAU			S. 537
74889	Sinsheim, Museumsplatz 1, Technik Museum Sinsheim	S	CHEM GRAU			S. 548
74889	Sinsheim, Kreuzung am Ilvesbach/ Schwimmbadweg, Wohnmobilpark Sinsheim	S	CHEM GRAU	BÜ		S. 548
74906	Bad Rappenau, Wilhelm-Hauff-Straße 43, 24-Express-Autohof Bad Rappenau Süd A6	S				S. 147
74906	Bad Rappenau, Weinbrennerstraße / P1 Südseite, Wohnmobilstellplatz Weinbrennerstraße	S	CHEM GRAU	B	*	S. 147
74924	Neckarbischofsheim, Ablassweg/Schwimmbadweg, Wohnmobilplatz Neckarbischofsheim	S	GRAU			S. 432
75015	Bretten, Hermann-Beuttenmüller-Straße 6, Behördenzentrum Bretten	S				S. 194
75015	Bretten, Willi-Hesselbacher-Weg, Hallensportzentrum Bretten	S				S. 194
75015	Bretten, Salzhofen 10, Parkplatz Kletterwald	S				S. 194
75015	Bretten, Am Seedamm, Parkplatz Seedamm	S				S. 194
75015	Bretten-Ruit, Im Ruiter Tal, Im Ruiter Tal	S				S. 194
75031	Eppingen, Alter Mühlbacher Weg 5, Moonlight-Ranch	S				S. 242
75031	Eppingen, Talstraße 23, Wohnmobilhalt an der Hilsbach	S	CHEM GRAU	B	*	S. 242
75038	Oberderdingen, Brettener Straße, Wohnmobilstellplatz Oberderdingen	S	CHEM GRAU			S. 454
75175	Pforzheim, Tiefenbronner Straße 100, Wildpark Pforzheim	S				S. 476
75305	Neuenbürg, Alte Pforzheimer Straße 5, Wohnmobilstellplatz Neuenbürg	S				S. 436
75323	Bad Wildbad, Kernerstraße 126, Wohnmobilstellplatz Bad Wildbad	S	CHEM GRAU			S. 154

S: Stellplatz **E:** Entsorgungsstation **CHEM:** Chemietoiletten-Entsorgung **GRAU B:** Grauwasserentsorgung mit Bodeneinlass **GRAU BÜ:** Grauwasserentsorgung mit Bodeneinlass überfahrbar

* Entsorgung für Durchreisende erlaubt. Bitte helfen Sie mit, diese Liste zu ergänzen. **Hinweis:** Einträge ohne Seitenzahl beziehen sich auf Entsorgungsstationen. Diese sind im BORDATLAS nicht gesondert aufgeführt.

75365	Calw, Bahnhofstraße, Stellplatz Am Alten Bahnhof	S	CHEM GRAU	*	**S. 204**
75365	Calw-Hirsau, Am Flößerwasen, Wohnmobilstellplatz Flößerwasen	S	CHEM GRAU	*	**S. 204**
75385	Bad Teinach-Zavelstein, Fronwaldstraße 48, Wanderheim Zavelstein	S			**S. 152**
75428	Illingen-Schützingen, Feldbergweg 9, Weingut Zaiß	S			**S. 337**
75433	Maulbronn, Hilsenbeuerstraße/Talaue, Wohnmobilstellplatz Maulbronn	S	CHEM GRAU B		**S. 408**
75447	Sternenfels-Diefenbach, Burrainstraße 16, Stellplatz Diefenbach	S			**S. 559**
75447	Sternenfels-Diefenbach, Burrainstraße 55, Weingut Häußermann	S			**S. 559**
76187	Karlsruhe-Maxau, Maxau am Rhein, Yachthafen Maxau	S			**S. 349**
76189	Karlsruhe, Hermann-Schneider-Allee 54, Rheinstrandbad Rappenwört	S			**S. 349**
76199	Karlsruhe, Ettlinger Allee, Ettlinger Allee	S			**S. 349**
76275	Ettlingen, Schöllbronner Straße 69, Wohnmobilstellplatz am Ettlinger Albgau-Freibad	S	CHEM GRAU		**S. 248**
76316	Malsch, Daimlerstraße 20b, GAST-Caravaning GmbH	S	CHEM GRAU		**S. 402**
76332	Bad Herrenalb, Schweizer Wiese 9, Siebentäler Therme Bad Herrenalb	S	CHEM GRAU		**S. 139**
76437	Rastatt, Leopoldring 8, Stellplatz Rastatt	S	CHEM GRAU		**S. 489**
76461	Muggensturm, Vogesenstraße, Wohnmobilstellplatz am Badesee	S			**S. 425**
76470	Ötigheim, Rheinstraße 23, Wohnmobilstellplatz bei den Tennisplätzen	S	CHEM GRAU BÜ		**S. 470**
76532	Baden-Baden, Hubertusstraße 2, Reisemobilstellplatz Baden-Baden	S	CHEM		**S. 157**
76571	Gaggenau, Badstraße, Stellplatz beim Thermalbad Rotherma	S	CHEM GRAU		**S. 267**
76593	Gernsbach, Schloss-/Klingelstraße, Parkplatz Murginsel	S	CHEM GRAU		**S. 274**
76593	Gernsbach-Obertsrot, Am Schwimmbad 3, Parkplatz am Schwimmbad	S			**S. 275**
76593	Gernsbach-Reichental, Auwiesenstraße 16/Festplatz, Wohnmobilstellplatz Reichental	S	CHEM		**S. 275**
76596	Forbach-Gausbach, Murgtalstraße 1, Wohnmobilstellplatz am Rappenfelsen	S	CHEM GRAU		**S. 258**
76646	Bruchsal, Giesgrabenweg, Reisemobilstellplatz Giesgraben	S			**S. 196**
76669	Bad Schönborn-Mingolsheim, Kraichgaustraße 16, WellMobilPark	S	CHEM GRAU BÜ	*	**S. 150**
76689	Karlsdorf-Neuhardt, Simon-Hegele-Straße 1B, Esso Autohof, A 5 Ausfahrt 42 Bruchsal Richtung Karlsdorf	E	Sani Station	*	
76694	Forst, An der A5, Shell-Station an der Rastanlage Bruchsal-West	E	Sani Station	*	
76726	Germersheim, Weißenburger Tor, Wohnmobilplatz Carnot'sche Mauer	S	CHEM GRAU		**S. 274**
76744	Wörth am Rhein-Schaidt, Waldstraße/K 23, Wohnmobilstellplatz Schaidt	S			**S. 633**
76756	Bellheim, Auchtweide, Wohnmobilplatz am Tennisclub	S			**S. 165**
76764	Rheinzabern, Bahnhofstraße, Marktplatz Rheinzabern	S			**S. 499**
76774	Leimersheim, Rheinstraße 42, Parkplatz Sport- und Freizeithalle	S			**S. 383**
76829	Landau/Pfalz, Horstring 2, Freizeitbad La Ola	S	CHEM		**S. 374**
76829	Landau/Pfalz-Nußdorf, Lindenbergstraße 76, Stellplatz Weingut Lorentz	S	CHEM GRAU		**S. 374**
76829	Landau/Pfalz-Nußdorf, Lindenbergstraße 79, Weingut Villa Hochdörffer	S			**S. 374**
76831	Billigheim-Ingenheim, Klingener Straße, Camping im Klingbachtal	S	CHEM GRAU	*	**S. 175**
76831	Eschbach, Weinstraße 2, Weingut Ehrhart	S	CHEM		**S. 245**
76831	Eschbach, Weinstraße 3+5, Weingut Wind	S	GRAU BÜ		**S. 245**
76831	Heuchelheim-Klingen, Hauptstraße 21, Wein- und Sektgut Junghof	S	CHEM		**S. 319**
76831	Ilbesheim, Wacholderhof, Weingut Erlenwein	S	CHEM GRAU		**S. 337**
76831	Impflingen, Sonnenberghof, Weingut Junker	S	GRAU		**S. 338**
76835	Burrweiler, Weinstraße 52, Weingut Diether Bauer	S			**S. 202**
76835	Burrweiler, Böchinger Straße 3, Weingut-Gästehaus Hermann Eberle	S	GRAU		**S. 202**
76835	Flemlingen, Maxstraße 21, Weingut Eichhorn	S			**S. 257**
76835	Gleisweiler, Weinstraße 20, Weingut Fritz Wadle	S			**S. 279**
76835	Gleisweiler, Hainbachtalstraße 3, Weingut-Weinstube Kost	S			**S. 279**
76835	Gleisweiler, Hainbachtalstraße 23, Winzerhof am Teufelsberg	S	CHEM GRAU		**S. 279**
76835	Hainfeld, Theodorhof, Theodorus Wein- und Sektgut	S			**S. 297**
76835	Hainfeld, Kastanienberg 7, Weingut Edgar und Andreas Lutz	S			**S. 297**
76835	Rhodt unter Rietburg, Theresienstraße, Parkplatz unter der Rietburg	S			**S. 499**
76835	Rhodt unter Rietburg, Traminerweg 1, Weingut Fader Kastanienhof	S	CHEM GRAU		**S. 499**
76835	Rhodt unter Rietburg, Weinstraße 52, Weingut Seitz-Schreiner	S	CHEM GRAU		**S. 499**
76835	Rhodt unter Rietburg, Edesheimer Straße 17, Weingut Stefan Meyer	S			**S. 499**
76835	Roschbach, Am Rosenkränzel 13, Weingut Helmut Koch	S	GRAU	*	**S. 506**
76835	Weyher, Borngasse 7, Weingut Graf von Weyher	S	CHEM		**S. 618**
76835	Weyher, Hübühl 10, Weingut Moewes	S			**S. 618**
76846	Hauenstein, Turnstraße 5, Stellplatz am Deutschen Schuhmuseum Hauenstein	S	CHEM GRAU		**S. 307**
76848	Spirkelbach, Südring, Wohnmobilstellplatz am Grillplatz	S	CHEM GRAU		**S. 552**
76855	Annweiler am Trifels-Bindersbach, Bindersbacher Straße, Am Kurpark	S	CHEM GRAU		**S. 122**
76857	Albersweiler-St. Johann, Löwensteinstraße 4, Weingut Hahn Hof	S			**S. 113**
76857	Eußerthal, Taubensuhlstraße 2, Gasthaus Birkenthaler Hof	S			**S. 248**
76857	Eußerthal, Schulstraße/Radweg, Wohnmobilstellplatz Schüler	S	CHEM GRAU	*	**S. 248**
76857	Gossersweiler-Stein, Schulweg 14, Wohnmobilparkplatz an der Berglandhalle	S			**S. 283**
76857	Silz, Parkplatz See, Stellplatz Silzer See	S	GRAU		**S. 546**
76877	Offenbach an der Queich, Konrad-Lerch-Ring, Stellplatz am Queichtalzentrum	S	CHEM GRAU		**S. 461**
76879	Essingen, Kirchstraße 16, Weingut Schweikart Dalberghof	S			**S. 247**
76887	Bad Bergzabern, Weinbergstraße 7/Ecke Luitpoldstraße, Stellplatz an den Schlossgärten	S	CHEM GRAU BÜ	*	**S. 130**
76887	Bad Bergzabern, Liebfrauenbergweg 3, Weingut Hitziger	S	CHEM GRAU BÜ	*	**S. 131**
76889	Dierbach, Jahnstraße, Gemeindehalle	S	GRAU		**S. 215**
76889	Dierbach, Hauptstraße 21, Weinhaus-Weinstube Geiger	S			**S. 215**
76889	Dörrenbach, Übergasse, Stellplatz am Sportplatz	S	CHEM GRAU		**S. 219**
76889	Gleiszellen-Gleishorbach, Neubergstraße 14, Weingut Familie Schönlaub	S			**S. 279**
76889	Klingenmünster, Mühlgasse 14, Wohnmobilstellplatz an der Klingbachhalle	S	CHEM GRAU		**S. 359**
76889	Niederotterbach, Hauptstraße 49, Bio-Weingut Diehlmann	S			**S. 446**
76889	Schweigen-Rechtenbach, Wasgaustraße 7, Weingut Cuntz Sonnenhof	S			**S. 539**
76891	Sankt Germanshof, St. Germanshof 10, Waldrestaurant Hotel St. Germanshof	S			**S. 517**
77656	Offenburg, Im Drachenacker 4, Camping und Freizeit Kuhn	S	CHEM GRAU		**S. 462**
77656	Offenburg, Platanenallee 15, Strandbad Gifizsee	S	CHEM GRAU BÜ		**S. 462**
77694	Kehl, Schwimmbadstraße 1, Wohnmobilstellplatz am Wasserturm	S	CHEM GRAU		**S. 350**
77704	Oberkirch, Burgstraße 29, Waldparkplatz Schauenburg	S	CHEM GRAU BÜ		**S. 455**
77704	Oberkirch, Renchallee, Wohnmobilstellplatz Oberkirch	S	CHEM GRAU		**S. 455**
77704	Oberkirch, Renchener Straße 42, Wohnmobilstellplatz Oberkircher Winzer	S			**S. 455**
77709	Wolfach-Ippichen, Ippichen 6, Bartleshof	S	GRAU	*	**S. 631**

S: Stellplatz **E:** Entsorgungsstation **CHEM:** Chemietoiletten-Entsorgung **GRAU B:** Grauwasserentsorgung mit Bodeneinlass **GRAU BÜ:** Grauwasserentsorgung mit Bodeneinlass überfahrbar
* Entsorgung für Durchreisende erlaubt. Bitte helfen Sie mit, diese Liste zu ergänzen. **Hinweis:** Einträge ohne Seitenzahl beziehen sich auf Entsorgungsstationen. Diese sind im BORDATLAS nicht gesondert aufgeführt.

77716	Haslach/Kinzigtal, Klosterstraße 1, Klosterplatz	S			S. 305
77716	Haslach/Kinzigtal, Strickerweg, Parkplatz Eichenbach-Sporthalle	S			S. 305
77716	Haslach/Kinzigtal, Waldseeweg, Waldsee-Parkplatz	S			S. 305
77723	Gengenbach, Streuobstgarten 1, Brennerei & Weingut Wild	S			S. 273
77723	Gengenbach, Berhauptenerstraße 2 am Kinzigdamm, WoMo Park Gengenbach	S	CHEM GRAU BÜ		S. 273
77728	Oppenau, Hauptstraße 1, Wagner-Maier-Platz	S	CHEM GRAU		S. 464
77736	Zell am Harmersbach, Gasselhalde 4, Wohnmobilstellplatz am Sportpark	S	CHEM GRAU		S. 637
77740	Bad Peterstal-Griesbach, Schwarzwaldstraße 40, An den Heilquellen Reisemobilstellplatz	S	CHEM GRAU BÜ		S. 146
77756	Hausach, Schanze 4, Stellplatz am Kinzigtalbad Ortenau	S	CHEM GRAU BÜ		S. 307
77761	Schiltach, Am Kanal 4, Kläranlage	E	andere		
77761	Schiltach, Häberlesbrücke, Lehwiese P1	S			S. 524
77761	Schiltach, Hinterholz 161, Stellplatz Hinterholzstube	S			S. 524
77770	Durbach, Grol 29/Festplatz, Festplatz Durbach	S	CHEM GRAU		S. 224
77770	Durbach-Ebersweier, Wiesenstraße, Wohnmobilstellplatz Ebersweier	S	CHEM		S. 224
77781	Biberach/Schwarzwald, Reiherwald 1, Landgasthof Kinzigstrand	S	CHEM GRAU		S. 173
77787	Nordrach, Im Dorf 29, Stellplatz an der Hansjakob-Halle	S	CHEM GRAU B		S. 450
77794	Lautenbach, Waldstraße 1, Wohnmobilstellplatz Lautenbach	S	CHEM GRAU		S. 380
77815	Bühl, Am Froschbächle 17, Erlebnis-Imkerei Cum Natura	S			S. 199
77815	Bühl, Ludwig-Jahn-Straße 8, Wohnmobilstellplatz am Schwarzwaldbad	S	GRAU BÜ	*	S. 199
77815	Bühl-Eisental, Betschgräblerplatz, Wohnmobilstellplatz bei der Affentaler Winzergenossenschaft	S			S. 199
77815	Bühl-Unterstmatt, Hundsrücken 1, Stellplatz beim Ski- und Wanderheim Ochsenstall	S	GRAU		S. 199
77836	Rheinmünster-Stollhofen, Grünfeldstraße, Wohnmobilplatz Freizeitcenter Oberrhein	S	CHEM GRAU BÜ		S. 499
77855	Achern, Kapellenstraße Ecke Badstraße, Wohnmobilstellplatz Achern	S	CHEM		S. 111
77871	Renchen-Ulm, Ullenburgstraße an der Obstsammelstelle, Wohnmobilstellplatz Ulm	S	CHEM GRAU		S. 495
77876	Kappelrodeck, Heidenhof 4, Wohnmobilstellplatz am Heidenhof	S	CHEM GRAU		S. 348
77883	Ottenhöfen im Schwarzwald, Murhof 1, Campingplatz Murhof	S	CHEM GRAU BÜ		S. 470
77887	Sasbachwalden, Talstraße 2, Wohnmobilstellplatz Sasbachwalden	S	CHEM GRAU		S. 519
77933	Lahr/Schwarzwald, Breitmatten 3, Wohnmobilstellplatz Lahr	S	CHEM		S. 373
77955	Ettenheim, Rudolf-Hell-Straße 32-44, Ernst Caravan & Freizeit Center	S	CHEM GRAU		S. 248
77966	Kappel-Grafenhausen, Hauptstraße 199-203, Shell-Autohof	S			S. 348
77974	Meißenheim, Winkelstraße 36, Wohnmobilpark Ortenau	S	CHEM GRAU BÜ		S. 412
77975	Ringsheim, Emmendinger Straße 8, Stellplatz Ringsheim	S	CHEM GRAU BÜ		S. 503
77975	Ringsheim, Im Leimenfeld 7, Wohnmobilstellplatz Team Baumann	S	CHEM GRAU	*	S. 503
77977	Rust/Baden, Europa-Park-Straße 2, Europa-Park Camping	S	CHEM GRAU		S. 511
78056	Villingen-Schwenningen, Messe 1, Messegelände Villingen-Schwenningen	S	CHEM GRAU		S. 588
78073	Bad Dürrheim, Huberstraße 34/2, Reisemobilhafen Bad Dürrheim	S	CHEM GRAU BÜ		S. 136
78073	Bad Dürrheim, Waldstraße 18, Waldeck Spa Kur- und Wellness Resort	S	CHEM GRAU		S. 136
78089	Unterkirnach, Unteres Ackerloch 2/1, Ackerloch Grillschopf	S	CHEM		S. 581
78089	Unterkirnach, Rathausplatz, Reisemobilstellplatz Unterkirnach	S	CHEM GRAU		S. 581
78098	Triberg, Sommerauer Straße, Wohnmobilstellplatz Triberg-Nußbach	S			S. 576
78112	Sankt Georgen im Schwarzwald, Rupertsbergweg 2, Gasthaus Zur Stadt Frankfurt	S			S. 517
78112	St. Georgen im Schwarzwald, Industriestraße, Naturfreibad Klosterweiher	S			S. 553
78120	Furtwangen im Schwarzwald, Schillerstraße, Wohnmobilstellplatz Furtwangen	S			S. 266
78120	Furtwangen im Schwarzwald, Hinterbreg 15, Wohnmobilstellplatz Hinterbreg	S			S. 266
78126	Königsfeld/Schwarzwald, Buchenberger Straße 34, Reisemobil-Park Bregnitzhof	S	CHEM GRAU BÜ		S. 363
78136	Schonach, Obertalstraße, Reisemobil-Stellplatz Obertal Schonach	S	CHEM GRAU		S. 530
78141	Schönwald, Friedhofstraße 18, Lynx Camp	S	CHEM GRAU		S. 533
78147	Vöhrenbach, Bregenbach 14, Kläranlage	E	andere	*	
78147	Vöhrenbach, Schwimmbadstraße, Wohnmobilstellplatz im Kurgarten	S			S. 589
78166	Donaueschingen, Stadionstraße/Prinz-Fritzi-Allee, Stellplatz am Schlosspark	S			S. 218
78166	Donaueschingen, Im Haberfeld 97, Verbandskläranlage Donaueschingen	E	andere	*	
78176	Blumberg, Oberes Ried, Wohnmobilbahnhof Blumberg	S	CHEM GRAU	*	S. 180
78176	Blumberg-Achdorf, Uferweg 2, Kläranlage Blumberg-Achdorf	E	Holiday-Clean	*	
78176	Blumberg-Achdorf, Zufahrt parallel zum Uferweg, Wohnmobilstellplatz Achdorfer Tal	S			S. 180
78176	Blumberg-Zollhaus, Bahnhofstraße 1, Bahnhof Blumberg-Zollhaus	S			S. 180
78183	Hüfingen, Bräunlinger Straße 1, Wohnmobilstellplatz an der Breg	S	CHEM GRAU B	*	S. 333
78187	Geisingen, Am Espen 8, Reisemobilstellplatz Geisingen	S	CHEM GRAU BÜ		S. 271
78224	Singen/Hohentwiel, Schaffhauser Straße 35, Festplatz Offwiese	S	CHEM GRAU		S. 548
78234	Engen-Neuhausen, Allmendstraße 1, BEMO caravaning GmbH	S	CHEM GRAU B		S. 241
78239	Rielasingen-Worblingen, Herdweg 20, Stellplatz am Naturbad Aachtal	S	CHEM		S. 501
78253	Eigeltingen/Hohentwiel, Hinterdorfstraße 44, Hotel Lochmühle	S			S. 232
78262	Gailingen, Strandweg, Parkplatz Rheinuferpark	S	CHEM GRAU		S. 267
78315	Radolfzell am Bodensee, Strandbadstraße 32 (beim Hartplatz des FC Radolfzell), Wohnmobilstellplatz auf der Halbinsel Mettnau	S	CHEM GRAU BÜ		S. 487
78315	Radolfzell am Bodensee, Zeppelinstraße, Wohnmobilstellplatz Herzen	S	CHEM GRAU BÜ	*	S. 487
78315	Radolfzell am Bodensee-Böhringen, Hindenburgstraße, Reisemobilplatz Böhringer See	S	CHEM GRAU		S. 487
78333	Stockach, Johann-Glatt-Straße 3, Reisemobilhafen am Campingplatz Stockach-Bodensee	S	CHEM GRAU BÜ		S. 560
78345	Moos, Iznanger Straße 52, Wohnmobilstellplatz Mooswald	S	CHEM GRAU B	*	S. 422
78351	Bodman-Ludwigshafen, Am Sportplatz 3, Der erste Wohnmobilhafen am See	S	CHEM GRAU		S. 182
78462	Konstanz, Döbeleplatz, Parkplatz Döbele P2	S			S. 363
78476	Allensbach, Strandweg 30, Camping und Strandbad Allensbach	S	CHEM GRAU BÜ		S. 115
78476	Allensbach-Langenrain, Gemeinmärk 7, Landgasthaus Mindelsee	S			S. 115
78479	Reichenau, Riedstraße/Abt-Berno-Straße, Wohnmobilstellplatz Riedstraße	S			S. 493
78479	Reichenau-Mittelzell, Zum Sandseele, Wohnmobilstellplatz Reichenau	S	CHEM GRAU		S. 493
78532	Tuttlingen, Stuttgarter Straße, Wohnmobilstellplatz Stadt Tuttlingen	S	CHEM GRAU		S. 578
78579	Neuhausen ob Eck, Beim Friedhof, Stellplatz Neuhausen ob Eck	S	CHEM		S. 437
78580	Bärenthal, Gnadenweilerstraße 36, Wohnmobil-Stellplatz Baeralodge	S	CHEM GRAU BÜ	*	S. 159

S: Stellplatz **E:** Entsorgungsstation **CHEM:** Chemietoiletten-Entsorgung **GRAU B:** Grauwasserentsorgung mit Bodeneinlass **GRAU BÜ:** Grauwasserentsorgung mit Bodeneinlass überfahrbar
* Entsorgung für Durchreisende erlaubt. Bitte helfen Sie mit, diese Liste zu ergänzen. **Hinweis:** Einträge ohne Seitenzahl beziehen sich auf Entsorgungsstationen. Diese sind im BORDATLAS nicht gesondert aufgeführt.

PLZ	Ort / Stellplatz	Art	Entsorgung		*	Seite
78604	Rietheim-Weilheim, Rußberg 39, Gasthaus Rose Rußberg	S	CHEM GRAU			**S. 503**
78628	Rottweil, Stadionstraße, Stellplatz am Stadion	S	CHEM GRAU	B		**S. 510**
78661	Dietingen, Fronstraße 7, Reisemobilpark Turm und Kristalle	S	CHEM GRAU	BÜ		**S. 216**
78713	Schramberg, Bahnhofstraße, Fischerparkplatz	S	CHEM GRAU		*	**S. 535**
78713	Schramberg, Schwabenhof, Stellplatz Peter Armbruster	S	GRAU			**S. 535**
78713	Schramberg-Waldmössingen, Weiherwasenstraße 10, Transitplatz Waldmössingen	S	CHEM GRAU	BÜ	*	**S. 535**
78727	Oberndorf/Neckar, Austraße 12, Parkplatz Neckarhalle und Dollauparkplatz in der Austraße	S	CHEM GRAU			**S. 456**
78739	Hardt, Königsfelder Straße 60, Wohnmobilstellplatz Alte Hafnerei	S	GRAU			**S. 303**
79108	Freiburg im Breisgau-Brühl, Suwonallee 1 P7-P9, Wohnmobilstellplatz Freiburg	S	CHEM GRAU	BÜ	*	**S. 259**
79183	Waldkirch, Am Stadtrain, Wohnmobilstellplatz am Stadtrainsee Waldkirch	S	CHEM GRAU			**S. 596**
79183	Waldkirch-Kollnau, Schwimmbad-Allee, Stellplatz am Schwimmbad 's Bad	S				**S. 597**
79189	Bad Krozingen, Thermenallee, Wohnmobilstellplatz am Rebberg	S	CHEM GRAU			**S. 142**
79206	Breisach/Rhein, Josef-Bueb-Straße, Wohnmobil-Parkplatz	S	CHEM GRAU		*	**S. 191**
79215	Elzach-Oberprechtal, Schulstraße 8, Wohnmobilstellplatz Elzwiese	S	CHEM GRAU		*	**S. 238**
79219	Staufen-Wettelbrunn, Fohrenbergstraße 43, Stellplatz am Weingut Löffler	S				**S. 556**
79235	Vogtsburg im Kaiserstuhl-Burkheim, Rheinstraße, Klärwerk	E	andere		*	
79235	Vogtsburg-Bischoffingen im Kaiserstuhl, Am Enselberg 1, Wohnmobilstellplatz Weingut Abril	S				**S. 589**
79241	Ihringen, Nachtwaid 5, Kaiserstuhl Camping	S	CHEM GRAU			**S. 336**
79241	Ihringen, Keltenweg 1, Weingut Schweizer	S	CHEM GRAU			**S. 337**
79256	Buchenbach/Breisgau, Vogtweg 1, Wanglerhof	S	CHEM GRAU	BÜ		**S. 197**
79285	Ebringen, Schulstraße 8, Wonmobilstellplatz Ebringen	S				**S. 226**
79286	Glottertal, Landstraße 14, Landidyll Hotel zum Kreuz	S				**S. 280**
79292	Pfaffenweiler, Weinstraße, Stellplatz am Torbogen Süd	S				**S. 476**
79295	Sulzburg, Sonnmatt 4, Camping Sulzbachtal	S	CHEM GRAU	BÜ		**S. 564**
79312	Emmendingen, Am Sportfeld 25, Wohnmobilstellplatz am Freibad	S	CHEM GRAU		*	**S. 239**
79336	Herbolzheim, Breisgauallee 2, Autohof Herbolzheim, A5 Ausfahrt 58	E	Sani Station		*	
79341	Kenzingen, Rossleiteweg 1, Ritters-Weingut/Weinstube	S				**S. 352**
79346	Endingen/Kaiserstuhl, Königsweg Hof 1, Wohnmobilgarten Kirschenhof	S	CHEM GRAU	B		**S. 240**
79346	Endingen/Kaiserstuhl, Schambachhof 3, Wohnmobilstellplatz Mathilde – Kaffee & Wein	S	CHEM GRAU		*	**S. 240**
79346	Endingen/Kaiserstuhl, Bahlinger Weg 1, Wohnmobilstellplatz Stadthalle	S				**S. 240**
79356	Eichstetten, Altweg 131, Weingut Köbelin	S	CHEM GRAU			**S. 232**
79358	Riegel, Müller-See 1, Stellplatz Müllersee	S	CHEM GRAU	BÜ		**S. 501**
79361	Sasbach-Jechtingen, Rossmattenhöfe 1, Gutsschenke zur Scheune	S	CHEM GRAU	BÜ		**S. 519**
79379	Müllheim, Ziegleweg 7, Stellplatz am Freibad Müllheim	S				**S. 426**
79379	Müllheim-Britzingen, Nussbaumallee, Parkplatz Nussbaumallee	S				**S. 426**
79379	Müllheim-Britzingen, Markgräfler Straße, Wohnmobilstellplatz Britzingen	S				**S. 426**
79379	Müllheim-Hügelheim, Am Engelberg, Stellplatz Hügelheim an der B3	S				**S. 427**
79379	Müllheim-Hügelheim, Sehringer Straße/Basler Straße 12, Winzergenossenschaft Hügelheim eG	S				**S. 427**
79400	Kandern, Schwimmbadweg 2, Terrassen Camping Kandern	S	CHEM GRAU	B	*	**S. 347**
79400	Kandern-Egerten, Wollbacher Straße 1, Kreiterhof Weinschänke	S				**S. 348**
79410	Badenweiler, Kandernerstraße 3, Wohnmobilstellplatz am Kurpark	S				**S. 157**

PLZ	Ort / Stellplatz	Art	Entsorgung		*	Seite
79415	Bad Bellingen, Badstraße 14, Balinea Thermen	S	CHEM GRAU			**S. 130**
79415	Bad Bellingen-Bamlach, Römerstraße 3, Campingpark Lug ins Land	S	CHEM GRAU			**S. 130**
79418	Schliengen, Bürgelnblick 1, Weingut und Weinschenke Zimmermann	S				**S. 526**
79427	Eschbach, Eschbacherstraße 4a, Breisgau-Wohnmobile	S	CHEM GRAU		*	**S. 245**
79539	Lörrach, Grüttweg 8, Wohnmobil-Stellplatz Lörrach	S	CHEM GRAU		*	**S. 394**
79576	Weil am Rhein, Am Wasserwerk 2, Wohnmobilstellplatz am Laguna Badeland	S				**S. 606**
79588	Efringen-Kirchen, Alemannenstraße 12, Weingut Straub	S				**S. 230**
79588	Efringen-Kirchen, Gutenau 17, Wohnmobilstellplatz Gutenau	S	GRAU			**S. 230**
79664	Wehr, Ludingarten, Wohnmobilstellplatz Ludingarten	S	CHEM GRAU			**S. 605**
79669	Zell im Wiesental, Teichstraße 4, Reisemobilstellplatz am Wiesentäler Textilmuseum	S	CHEM GRAU			**S. 637**
79674	Todtnau, Stadtgarten Feldbergstraße, Wohnmobilstellplatz Todtnau	S	CHEM GRAU			**S. 574**
79677	Schönau/Schwarzwald, Wiesenstraße 7, Wohnmobilstellplatz Schönau	S	CHEM GRAU			**S. 531**
79682	Todtmoos, Jägermatt 4, Wohnmobilstellplatz an der Wehra	S	CHEM GRAU		*	**S. 574**
79694	Utzenfeld, Wiesentalstraße 7, Gasthaus Eiche	S				**S. 584**
79713	Bad Säckingen, Austraße, Wohnmobilstellplatz Am Rheinufer	S	CHEM GRAU	B		**S. 148**
79725	Laufenburg/Baden, Andelsbachstraße, Andelsbachparkplatz	S	CHEM			**S. 379**
79730	Murg, Am Freibad, Stellplatz am Naturerlebnisbad	S	CHEM GRAU	BÜ		**S. 430**
79737	Herrischried, Liftstraße 71, Wohnmobilstellplatz Herrischried	S				**S. 315**
79761	Waldshut-Tiengen, Jahnweg 22, Wohnmobil-Park Waldshut	S	CHEM GRAU			**S. 598**
79787	Lauchringen, Badstraße, Wohnmobilplatz Lauchringen an der Wutach	S	CHEM			**S. 377**
79807	Lottstetten, Kaltenbrunnenstraße 2, Wohnmobilstellplatz Lottstetten	S	CHEM GRAU	BÜ		**S. 395**
79809	Weilheim, Waldhaus 1, Brauerei Gasthof Waldhaus	S				**S. 607**
79822	Titisee-Neustadt, Am Badeparadies 1, Badeparadies Schwarzwald	S				**S. 573**
79822	Titisee-Neustadt, Neustädter Straße 14, Großparkplatz P1	S	CHEM GRAU	BÜ		**S. 574**
79822	Titisee-Neustadt-Hinterzarten, Bruderhalde 31a, Campingplatz Bankenhof	S	CHEM GRAU	BÜ		**S. 574**
79837	Häusern, In der Würze 35, Wohnmobilstellplatz Häusern	S	CHEM GRAU			**S. 307**
79837	Menzenschwand, Rehbachweg, Stellplatz Skilift Rehbach	S	CHEM GRAU			**S. 414**
79843	Löffingen, Am Waldbad/Welschland, Wohnmobilstellplatz am Waldbad Löffingen	S	GRAU			**S. 392**
79848	Bonndorf/Schwarzwald, Ob dem Tal 1, Wohnmobilstellplatz beim Freibad	S	CHEM GRAU		*	**S. 184**
79848	Bonndorf/Schwarzwald-Holzschlag, Schulstraße 1, Stellplatz Holzschlag	S	CHEM GRAU		*	**S. 184**
79859	Schluchsee, Fischbacher Straße 7, Entsorgungsstation Schluchsee	E	Modusan			
79859	Schluchsee, Faulenfürster Straße 18, Stellplatz Schluchsee	S	CHEM GRAU			**S. 526**
79862	Höchenschwand, Dr. Rudolf-Eberle-Straße 3, Haus des Gastes	E	andere			
79862	Höchenschwand, Natursportzentrum, Wohnmobilplatz Natursportzentrum Höchenschwand	S	CHEM GRAU			**S. 322**
79865	Grafenhausen, Rothauser Straße, Wohnmobilstellplatz Grafenhausen	S				**S. 285**
79868	Feldberg/Schwarzwald, Dreiseenbahnweg, Wohnmobilstellplatz Altglashütten	S	CHEM GRAU	BÜ		**S. 253**
79871	Eisenbach/Hochschwarzwald, Am Sportplatz, Wohnmobilstellplatz Höchstberg	S	CHEM GRAU	BÜ		**S. 233**
79872	Bernau/Schwarzwald, Innerlehen/Rathausstraße 18, Wohnmobilstellplatz Am Spitzenberg	S	CHEM			**S. 170**

S: Stellplatz **E:** Entsorgungsstation **CHEM:** Chemietoiletten-Entsorgung **GRAU B:** Grauwasserentsorgung mit Bodeneinlass **GRAU BÜ:** Grauwasserentsorgung mit Bodeneinlass überfahrbar
* Entsorgung für Durchreisende erlaubt. Bitte helfen Sie mit, diese Liste zu ergänzen. **Hinweis:** Einträge ohne Seitenzahl beziehen sich auf Entsorgungsstationen. Diese sind im BORDATLAS nicht gesondert aufgeführt.

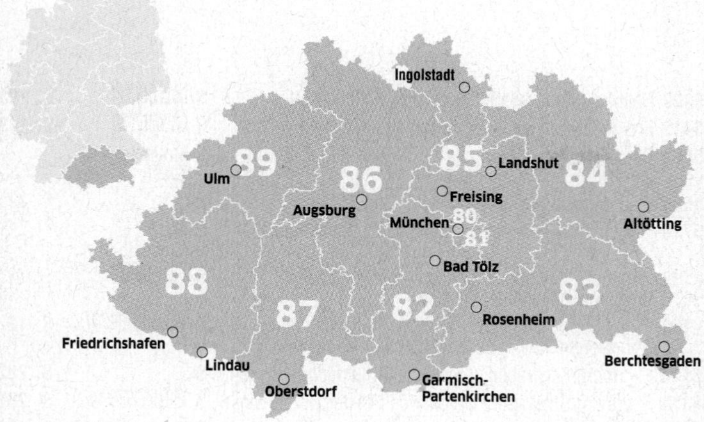

80939	München, Werner-Heisenberg-Allee 25, Wohnmobilstellplatz Allianz Arena	S	CHEM	*	S. 427
82024	Taufkirchen, Hochstraße 11, Reisemobilstellplatz Dulipphof	S	CHEM GRAU		S. 567
82140	Olching, Toni März Straße 25, Wohnmobilstellplatz Olching	S			S. 463
82211	Herrsching am Ammersee, Mühlfeld 24, Wohnmobilstellplatz Herrsching	S	CHEM GRAU BÜ		S. 316
82216	Maisach, Am Bad 1, Reisemobil-Stellplatz am Freibad	S			S. 402
82256	Fürstenfeldbruck, Augsburger Straße 80, Wohnmobilstellplatz am Pucher Meer	S			S. 266
82256	Fürstenfeldbruck, Klosterstraße, Wohnmobilstellplatz an der AmperOase	S	CHEM GRAU BÜ		S. 266
82346	Andechs, Seefelder Straße 21, Wohnmobil- & Wohnwagenstellplatz am Kloster Andechs	S	CHEM GRAU		S. 121
82360	Weilheim in Oberbayern, Paradeisstraße 77, Kläranlage	E	andere		
82362	Weilheim in Oberbayern, Lohgasse 17, Wohnmobilstellplatz Weilheim	S	CHEM		S. 607
82380	Peißenberg, Moosleite, Parkplatz Moosleite	S			S. 474
82401	Rottenbuch, Solder 1, Terrassen-Camping am Richterbichl	S	CHEM GRAU BÜ		S. 509
82418	Murnau am Staffelsee, Seehauser Straße, Wohnmobilstellplatz am Bahnhof	S	CHEM GRAU B		S. 430
82432	Einsiedl, Am Horn 1, Mittenwälder Klärwerk	E	andere	*	
82432	Einsiedl, B11, Nachtparkplatz Einsiedl	S			S. 233
82433	Bad Kohlgrub-Sonnen, Sonnen 93, Campingoase Reindl	S	CHEM GRAU		S. 140
82435	Bad Bayersoien, Am Bauhof 6, Wohnmobilstellplatz Bad Bayersoien	S	CHEM GRAU		S. 129
82439	Großweil, An der Glentleiten 4, Freilichtmuseum Glentleiten	S			S. 293
82439	Großweil, Kreut 1, Kreut-Alm	S			S. 293
82441	Ohlstadt, Am Freibad 1, Wohnmobilstellplatz Ohlstadt	S	CHEM GRAU		S. 462
82442	Saulgrub-Wurmansau, Alte Römerstraße 10, Wohnmobilstellplatz Ammerrock	S			S. 520
82444	Schlehdorf, Kirchstraße 15, KlosterGut Schlehdorf	S			S. 524
82447	Spatzenhausen-Hofheim, Seestraße 2, Camping Brugger am Riegsee	S	CHEM GRAU BÜ		S. 552
82449	Uffing am Staffelsee, Aichalhof 4, Campingplatz Aichalhof	E	EVA		
82467	Garmisch-Partenkirchen, Wankbahnstraße 2, Camp am Wank	S	CHEM GRAU	*	S. 268
82481	Mittenwald, Am Horn 1, Kläranlage Mittenwald	E	andere	*	
82487	Oberammergau, Ettaler Straße 56 b, Reisemobilhafen am Campingpark	S	CHEM GRAU		S. 453
82491	Grainau, Griesener Straße 2, Camping Erlebnis Zugspitze Wohnmobilhafen Zugspitze	S	CHEM GRAU		S. 285
82494	Krün, Am Tennsee 1, Alpen-Caravanpark Tennsee	S	CHEM GRAU		S. 369
82541	Münsing, Am Schwaiblbach 3, Camping Ambach am See	E	Holiday-Clean		
83043	Bad Aibling, Lindenstraße/Heubergstraße, Therme Bad Aibling	S	CHEM GRAU		S. 129
83075	Bad Feilnbach-Derndorf, Aiblinger Straße 95, Gasthof Tiroler Hof	S			S. 137
83080	Oberaudorf, Tatzelwurmstraße 7, Stellplatz beim Pechler Hof	S	GRAU		S. 453
83088	Kiefersfelden, Marmorwerkstraße 100, Klärwerk Kiefersfelden	E	andere	*	
83088	Kiefersfelden, Guggenauer Weg 1 A, Stellplatz am Hödenauer See	S			S. 353
83088	Kiefersfelden, Bahnhofstraße 40, Wohnmobilstellplatz Kiefersfelden am Bahnhof	S	CHEM GRAU B	*	S. 354
83119	Obing, Lindach 1, Bauernhof Stöllner	S			S. 459
83209	Prien am Chiemsee, Beilhackstraße, Wohnmobilstellplatz Beilhack West	S	CHEM GRAU		S. 483
83233	Bernau/Chiemsee, Buchenstraße 17, Tenniszentrum Bernau	S	CHEM GRAU B		S. 170
83233	Bernau/Chiemsee, Rasthausstraße 15, Wohnmobilhafen Bernau-Felden	S	CHEM GRAU		S. 170
83236	Übersee, Stegen 4, Bauernhof Schmid (Dusnhof)	S	CHEM GRAU BÜ		S. 578
83236	Übersee-Almau, Almfischer 11, Bauernhof Steiner	S	CHEM GRAU		S. 579
83242	Reit im Winkl, Am Waldbahnhof 7, Wohnmobilpark Reit im Winkl	S	CHEM GRAU BÜ		S. 494
83246	Unterwössen, Litzelau 4, Campingplatz Litzelau	S	CHEM GRAU		S. 581
83250	Marquartstein, Pettendorf 11, Hotel-Restaurant Weßner Hof	S	CHEM GRAU		S. 408
83308	Trostberg/Alz, Jahnstraße, Stellplatz am Festplatz	S	CHEM GRAU	*	S. 578
83313	Siegsdorf-Hammer, Schmiedstraße 1, Hammerwirt Gasthof Hörterer	S			S. 545
83313	Siegsdorf-Hochberg, Aigen 4, Alpen-Camping-Gaststätte Hochberg	S	CHEM		S. 546
83329	Waging am See, Am See 1, Strandcamping Waging	S	CHEM GRAU		S. 593
83334	Inzell, Bichlstraße 24, Hausernhof	S	CHEM		S. 339
83346	Bergen/Bayern, Hochfellnstraße 69, Parkplatz an der Hochfelln-Seilbahn	S			S. 167
83367	Petting, Seestraße 11a, Schneiderhof	S	CHEM GRAU B		S. 476
83410	Laufen, Freilassinger Straße, Parkplatz Fischerhuber	S			S. 379
83416	Saaldorf-Surheim, Gausburg 47, Paulbauernhof	S	CHEM GRAU		S. 512
83435	Bad Reichenhall, Hammerschmiedweg, Wohnmobilpark Bad Reichenhall/An der Rupertus-Therme	S	CHEM GRAU		S. 147
83471	Berchtesgaden, Allweggasse 4, Reisemobilstellplatz Allweglehen	S	CHEM GRAU	*	S. 166
83483	Bischofswiesen-Loipl, Kollertradte 21, Götschen-Alm	S			S. 177
83512	Wasserburg am Inn, Alkorstraße 14, Bade-	S			S. 604
83512	Wasserburg am Inn, Max-Emanuel-Platz 6, Parkplatz Am Gries	S			S. 604
83512	Wasserburg am Inn, Schopperstattweg, Parkplatz Unter der Rampe	S			S. 604
83646	Bad Tölz, Königsdorfer Straße, Wohnmobilstation an der Isarpromenade	S	CHEM GRAU		S. 152
83661	Lenggries-Fall, Dürrachstraße, Stellplatz Sylvenstein-Stausee	S	CHEM		S. 385
83671	Benediktbeuern, Schwimmbadstraße 37, Stellplatz am Sportzentrum	S	CHEM GRAU		S. 165
83703	Gmund/Tegernsee-Ostin, Angerlweber 3, Stellplatz Oedberg	S	CHEM GRAU		S. 280
83708	Kreuth/Tegernsee, Ecke Mühlauerweg/Weißachaustraße, Parkplatz am Kurpark	S			S. 366
83708	Kreuth/Tegernsee, Im Steinbruch 4, Parkplatz am Wertstoffhof/Brunnbichl	S			S. 367
83708	Kreuth/Tegernsee, Bachlerweg 3, Parkplatz an den Hirschbergliften	S			S. 367
83708	Kreuth/Tegernsee, Bayerwald 1, Parkplatz Bayerwald 1	S			S. 367
83708	Kreuth/Tegernsee, Bayerwald, Parkplatz Bayerwald zum Roß- und Buchstein	S			S. 367
83708	Kreuth/Tegernsee, B 307, Wildbad Kreuth, Parkplatz Gernberg/Siebenhütten Süd	S			S. 367
83708	Kreuth/Tegernsee-Riedlern, Raineralmweg 2, Parkplatz am Minigolfplatz	S			S. 367
83708	Kreuth/Tegernsee-Wildbad Kreuth, Klamm 2, Parkplatz Klamm-Winterstube	S			S. 367
83708	Kreuth/Tegernsee-Wildbad Kreuth, Raineralmweg 79, Parkplatz Schwaigeralm	S			S. 367

S: Stellplatz **E:** Entsorgungsstation **CHEM:** Chemietoiletten-Entsorgung **GRAU B:** Grauwasserentsorgung mit Bodeneinlass **GRAU BÜ:** Grauwasserentsorgung mit Bodeneinlass überfahrbar

* Entsorgung für Durchreisende erlaubt. Bitte helfen Sie mit, diese Liste zu ergänzen. **Hinweis:** Einträge ohne Seitenzahl beziehen sich auf Entsorgungsstationen. Diese sind im BORDATLAS nicht gesondert aufgeführt.

83714	Miesbach, Thalhamer Straße 49, Kläranlage	E	andere	*	
83727	Schliersee-Spitzingsee, Spitzingstraße, Stellplatz am Spitzingsee	S	CHEM GRAU BÜ		S. 526
83730	Fischbachau, Sandbichl 2+4, Leitzachtaler Ziegenhof	S	GRAU		S. 256
83730	Fischbachau, Schreiern 10, Wohlschlagerhof	S			S. 256
83730	Fischbachau-Elbach, Leitzachtalstraße 116, Gasthof Sonnenkaiser	S			S. 256
83730	Hundham-Fischbachau, Gottenau 1, Hof Gottenau	S			S. 333
83735	Bayrischzell, Seebergstraße 15, Wohnmobilstellplatz Bayrischzell	S	CHEM		S. 162
83897	Miltenberg, Luitpoldstraße 14, Esso Station	E	Holiday-Clean	*	
84082	Laberweinting, Hart 1, Waldgasthof Hart	S	CHEM GRAU B		S. 372
84130	Dingolfing, Wollanger, Stellplatz am Wollanger	S	GRAU		S. 216
84307	Eggenfelden-Gern, Birkenallee, Stellplatz Birkenallee	S			S. 230
84307	Eggenfelden-Tiefstadt, Tiefstadt 10, DEA-Tankstelle Breintner	E	ST-SAN	*	
84323	Massing/Rottal-Inn, Steinbüchl 1, Freilichtmuseum Massing	S			S. 408
84329	Wurmannsquick, Florianstraße, Reisemobilstellplatz Wurmannsquick	S	CHEM GRAU		S. 634
84347	Pfarrkirchen, Dr.-Bachl-Straße 11, Wohnmobil-Parkplatz an der Stadthalle	S			S. 476
84359	Simbach am Inn, Gollinger Straße (gegenüber Haus-Nr. 4), Stellplatz an der Gollinger Straße	S	CHEM GRAU BÜ	*	S. 547
84364	Bad Birnbach, Breindoblweg 6, Wohnmobilhafen Terrassencamping Theresienhof	S	CHEM GRAU		S. 132
84364	Bad Birnbach-Lengham/Rottal, Hauptstraße 3 - Lengham, Kur-Gutshof-Camping Arterhof	S	CHEM GRAU		S. 132
84364	Bad Birnbach-Lengham/Rottal, Hauptstraße 3 – Lengham, Wohnmobil-Hafen Arterhof	S	CHEM GRAU	*	S. 132
84416	Taufkirchen/Vils, Am Weidenhain, Wohnmobilstellplatz Taufkirchen	S	CHEM GRAU B		S. 568
84427	Sankt Wolfgang, Jeßlinger Straße 4, Pizzeria Milanos	S			S. 519
84489	Burghausen, Berghamer Straße 1, Wohnmobilstellplatz am Grillplatz	S	CHEM GRAU		S. 201
84503	Altötting, Am Dultplatz/Traunsteiner Straße, Reisemobilstellplatz am Dultplatz	S	CHEM GRAU		S. 118
84503	Altötting, Griesstraße, Wohnmobilstellplatz Griesstraße	S	CHEM GRAU		S. 118
84508	Burgkirchen/Alz, Peterhof 24, Peterhof	S			S. 201
84518	Garching/Alz-Hartfeld, Tassilostraße 15, Wohnmobilstellplatz am Freizeitgelände	S			S. 268
84524	Neuötting, Lehneck 1, Stellplatz am Lehneckerhof	S	GRAU		S. 440
84524	Neuötting, Landshuter Straße, Wohnmobilstellplatz Neuötting	S	CHEM GRAU	*	S. 440
84533	Marktl/Inn, Queng 3, Campingplatz am Marktler Badesee	S	CHEM GRAU		S. 407
84559	Kraiburg/Inn, Jahnstraße, Stellplatz Jahnstraße	S			S. 365
84577	Altötting-Kiefering, Kiefering 40, Gasthaus Kiefering	S	GRAU		S. 119
85049	Ingolstadt, Jahnstraße, Parkplatz Jahnstraße	S	CHEM GRAU		S. 339
85072	Eichstätt, Schottenwiese neben Pirkheimer Straße, Stellplatz Schottenwiese/Volksfestplatz	S	CHEM GRAU BÜ		S. 232
85077	Manching, Am Keltenwall, Parkplatz am Braunweiher	S	CHEM GRAU		S. 403
85095	Denkendorf, Hauptstraße 43, Gasthof Lindenwirt	S			S. 213
85110	Kipfenberg, Campingstraße 1, Azur-Camping-Altmühltal	E	andere		
85110	Kipfenberg-Pfahldorf, Alte Hauptstraße 10, Landhotel Geyer	S			S. 354
85132	Schernfeld-Ferdinandsfeld, Ferdinandsfeld 1, Freizeit-Camp Ferdinandshof	S	CHEM		S. 523
85135	Titting-Bürg, Bürg 2, Ferienhof Pfisterer	S	GRAU		S. 574
85254	Sulzemoos, Ohmstraße 16, Der Freistaat Caravaning and More	S	CHEM GRAU		S. 564
85276	Pfaffenhofen/Ilm, Ingolstädter Straße 64, Wohnmobilstellplatz am Freibad/Stadion	S	CHEM GRAU	*	S. 476
85290	Geisenfeld, Jahnstraße, Wohnmobilstellplatz Geisenfeld	S	CHEM GRAU	*	S. 271
85354	Freising, Luitpoldstraße, Parkplatz Korbiniansbrücke Freising	S			S. 260
85399	Hallbergmoos, Garchinger Weg 72, Hausler Hof	S	CHEM GRAU		S. 298
85435	Erding, Ziegelstatt 1, Wohnmobilpark Erding	S	CHEM GRAU		S. 243
85461	Bockhorn, Gewerbestraße 3, Caravan Center Erding	E	Holiday-Clean		
85560	Ebersberg, Oberndorf 11, Hotel-Gasthof Huber	S			S. 226
85716	Unterschleißheim, Münchner Ring 1, Shell-Tankstelle	E	Sani Station	*	
86152	Augsburg, Bürgermeister-Ackermann-Straße 1, Wohnmobilstellplatz Wertach	S	CHEM GRAU		S. 127
86169	Augsburg, Schillstraße 105-109, Stellplatz beim Sportverein TSG 1885 Augsburg-Lechhausen e.V.	S	CHEM GRAU BÜ	*	S. 127
86316	Friedberg/Schwaben, Seestraße, Am Friedberger See	S			S. 262
86316	Friedberg/Schwaben, Gerberweg, An der Gerberwiese	S	CHEM GRAU BÜ	*	S. 262
86316	Friedberg/Schwaben, Herrgottsruhstraße 29, An der Wallfahrtskirche Herrgottsruh	S			S. 262
86316	Friedberg/Schwaben, Marquartstraße 2 a, Landmaschinen Pfundmeir	E	EVA	*	
86343	Königsbrunn, Königsallee 1, Stellplatz Königsallee Königsbrunn	S	CHEM GRAU BÜ	*	S. 362
86381	Krumbach, Dr.-Steinbrenner-Straße, Stellplatz Dr.-Steinbrenner-Straße	S	CHEM GRAU BÜ	*	S. 369
86438	Kissing, Gewerbering 3, Kühners Landhaus	S			S. 357
86488	Breitenthal, Oberrieder Weiherstraße 11, Wohnmobilstellplatz See Camping Günztal	S	CHEM GRAU BÜ	*	S. 192
86529	Schrobenhausen, Königslachenerweg 12, Kläranlage	E	andere		
86529	Schrobenhausen, Rot-Kreuz-Straße, Parkplatz Am Klostergarten	S	GRAU		S. 535
86551	Aichach an der Paar, Franz-Beck-Straße, Reisemobilplatz Aichach	S	CHEM GRAU		S. 113
86551	Untergriesbach, Harthofstraße 38, Gasthof und Hotel Wagner	S	CHEM GRAU		S. 580
86558	Hohenwart, Schulstraße, Wohnmobilstellplatz Hohenwart	S	CHEM		S. 326
86609	Donauwörth, Neue Obermayerstraße 2, Wohnmobilstellplatz am Festplatz	S	CHEM GRAU		S. 218
86633	Neuburg/Donau, Oskar-Wittmann-Straße 5, Donau-Ruder-Club e.V	S	CHEM GRAU		S. 435
86633	Neuburg/Donau, Zur Ringmeierbucht, Parkplatz P1 Schlösslwiese	S	CHEM		S. 435
86637	Wertingen, Am Bahnhof 4, Wohnmobilpark Wertingen	S	CHEM GRAU BÜ	*	S. 614
86637	Wertingen-Gottmannshofen, Altestraße 4, Stellplatz Landgasthof Stark	S			S. 614
86641	Rain, Kraftwerkstraße/Fasanenweg, Stellplatz am ehemaligen Volksfestplatz	S	CHEM GRAU		S. 488
86650	Wemding, Wolferstädter Straße 3, Wohnmobilstellplatz Johannisweiher	S	CHEM GRAU		S. 611
86653	Monheim, Schulstraße 2, Wohnmobilstellplatz an der Stadthalle Monheim	S	CHEM GRAU		S. 421
86655	Harburg/Schwaben, Burgstraße1, Stellplatz Burg Harburg	S			S. 302
86655	Harburg/Schwaben, Grasstraße, Wohnmobilstellplatz Harburg	S			S. 303
86698	Oberndorf-Eggelstetten, Campingweg 1, Donau-Lech Camping	E	Holiday-Clean		
86720	Nördlingen im Ries, Innerer Ring, Parkplatz Kaiserwiese/Schlössle	S	CHEM		S. 450
86732	Oettingen/Bayern, Schießwasen, Stellplatz Schießwasen	S	CHEM GRAU		S. 461
86747	Maihingen, Hauptstraße 28, Gasthaus Zur Goldenen Sonne	S			S. 400
86825	Bad Wörishofen, Thermenallee 1, Reisemobilpark der Therme Bad Wörishofen	S	CHEM		S. 156
86865	Markt Wald-Bürgle, Bürgle 1, Wohnmobilpark Markt Wald	S	CHEM GRAU		S. 406
86871	Rammingen/Bayern, Skyline-Park-Straße 1, Allgäu Skyline Park	S			S. 488
86872	Scherstetten-Konradshofen, Hauptstraße 47, Pension Hubertus	S			S. 523
86874	Tussenhausen, Döbeleweg (Parkplatz), Café Berghof	S	CHEM GRAU		S. 578

S: Stellplatz **E:** Entsorgungsstation **CHEM:** Chemietoiletten-Entsorgung **GRAU B:** Grauwasserentsorgung mit Bodeneinlass **GRAU BÜ:** Grauwasserentsorgung mit Bodeneinlass überfahrbar
* Entsorgung für Durchreisende erlaubt. Bitte helfen Sie mit, diese Liste zu ergänzen. **Hinweis:** Einträge ohne Seitenzahl beziehen sich auf Entsorgungsstationen. Diese sind im BORDATLAS nicht gesondert aufgeführt.

86899	Landsberg/Lech, Waitzinger Wiese, Parkplatz Waitzinger Wiese	S	CHEM GRAU	* S. 375
86911	Dießen am Ammersee, Seestraße/Windermerestraße, Wohnmobilstellplatz Dießen	S	CHEM GRAU	S. 216
86923	Finning-Oberfinning, Staudenweg 6, Restaurant Zum Staudenwirt	S		S. 255
86956	Schongau, Altenstadter Straße 13, Schongauer Brauhaus	S		S. 532
86956	Schongau, Lechuferstraße, Wohnmobilplatz Schongau	S	CHEM GRAU	S. 532
86971	Peiting, Ammergauer Straße 20a, Stellplatz am Wellenfreibad	S		S. 474
86977	Burggen, Auf der Burg 12, Gaststätte Fichtl	S	CHEM GRAU	S. 201
86978	Hohenfurch, Hauptplatz 2, Hotel Negele-Restaurant Piroska	S		S. 325
86983	Lechbruck am See, Via Claudia 6, Wohnmobilstellplatz Via Claudia Camping	S	CHEM GRAU	S. 381
87435	Kempten, Illerdamm, Wohnmobilplatz am Illerstadion	S	CHEM	S. 352
87448	Niedersonthofen, Burgstraße 27, Camping Zeh am See	S	CHEM GRAU BÜ	S. 446
87452	Altusried, Im Tal 4, Wohnmobilplatz am Freibad	S	CHEM GRAU	S. 119
87459	Pfronten-Weißbach, Am Wiesele 7, Wohnmobilstellplatz Pfronten	S	CHEM GRAU BÜ	S. 477
87474	Buchenberg, Eschacher-Straße/Freizeitpark am Moorbad, Wohnmobilstellplatz Buchenberg	S		S. 198
87484	Nesselwang, An der Riese 21a, Wohnmobilstellplatz Nesselwang	S	CHEM GRAU	S. 434
87497	Wertach, Grüntenseestraße 41, Camping-Grüntensee International	S	CHEM GRAU BÜ	S. 613
87497	Wertach, Grüntenseestraße 44, Stellplatz am Buron	S	CHEM GRAU BÜ	* S. 613
87509	Immenstadt, Badeweg, Viehmarktplatz P3	S	CHEM	S. 338
87527	Ofterschwang, Panoramaweg 7, Panoramastellplatz Ofterschwang	S		S. 462
87527	Sonthofen, Sinwagstraße 2, Campingplatz Iller Camping	E	andere	
87527	Sonthofen, Stadionweg 5, Wohnmobilstellplatz Wonnemar	S		S. 551
87534	Oberstaufen-Steibis, Am Hößl, Reisemobilstellplatz Hochgratblick	S	CHEM GRAU BÜ	S. 457
87534	Oberstaufen-Thalkirchdorf, Kirchdorfer Straße 30, Wohnmobilstellplatz Thalkirchdorf	S		S. 457
87538	Balderschwang, Schwabenhof 23, Wohnmobilplatz Schwabenhof	S	CHEM GRAU B	S. 158
87538	Bolsterlang, Hörnerstraße 12-16, Wohnmobilstellplatz an der Hörnerbahn	S	CHEM GRAU B	S. 183
87538	Fischen/Allgäu, Mühlenstraße 58, Wohnmobilstellplatz Fischen	S	CHEM GRAU	S. 256
87538	Obermaiselstein, Am Goldbach 3, Wohnmobilplatz Allgäu Rieder Wies'n mit Wiesenstadl	S	CHEM	S. 455
87541	Bad Hindelang, Ostrachstraße 23, Komfort-Stellplatz Bad Hindelang	S	CHEM GRAU	S. 139
87544	Blaichach, Am Eichbichl 1, Alpen-Rundblick Mobil Camping	S	CHEM GRAU	S. 177
87561	Oberstdorf, Hermann-von-Barth-Straße 9, Wohnmobilstellplatz Oberstdorf	S	CHEM GRAU B	S. 457
87600	Kaufbeuren, Buronstraße, Wohnmobilstellplatz Kaufbeuren	S	CHEM GRAU	S. 350
87616	Marktoberdorf, Kohlhunden 11, Ferien-Bauernhof Fuchshof	S	GRAU	S. 407
87616	Marktoberdorf, Kurfürstenstraße 19, Wohnmobilstellplatz am Schlossberg	S	CHEM GRAU B	S. 407
87616	Wald/Ostallgäu, In der Ob 1, Feuerwehrhaus/Bauhof	E		*
87616	Wald/Ostallgäu, Am Sportplatz, Reisemobilplatz am Walder Badeweiher	S	CHEM	S. 594
87616	Wald/Ostallgäu, Geigers 1, Stellplatz am Waldhof	S	GRAU	S. 594
87629	Füssen, Abt-Hafner-Straße 2, Füssen Mobil	S	CHEM GRAU	S. 266
87629	Füssen, Abt-Hafner-Straße 7a, Wohnmobilpark Füssen	S	CHEM GRAU BÜ	* S. 266
87629	Füssen, Abt-Hafner-Straße 9, Wohnmobilplatz Füssen	S	CHEM GRAU	S. 267
87640	Biessenhofen-Hörmanshofen, An der Stegmühle 2, Gasthof Stegmühle	S	CHEM GRAU B	S. 174

87645	Schwangau, Münchner Straße 151, Wohnmobilpark Schwangau	S	CHEM GRAU	* S. 537
87669	Rieden-Roßhaupten am Forggensee, Tiefental 1, Stellplatz am Campingplatz Seewang	S	CHEM GRAU	S. 500
87672	Roßhaupten, Augsburger Straße 23, Wohnmobilstellplatz Roßhaupten	S	CHEM	S. 507
87700	Memmingen, Colmarer Straße/Hemmerlestraße, Stadtpark Neue Welt	S	CHEM	S. 414
87739	Bedernau, Zur Naturtherme 25, Natur-Therme Bedernau	S		S. 163
88046	Friedrichshafen, Lindauer Straße 2, Wohnmobilstellplätze beim CAP Rotach	S	CHEM GRAU	* S. 263
88069	Tettnang, Badhütten 1, Gutshof Badhütten	S	CHEM GRAU	S. 569
88069	Tettnang, Loretostraße, Wohnmobilplatz Tettnang	S	CHEM GRAU	S. 569
88069	Tettnang-Obereisenbach, Siggenweiler Straße 25, Wohnmobilstellplatz Vaude Outlet Obereisenbach	S		S. 570
88074	Meckenbeuren, Hangenstraße 3, Ravensburger Spieleland Feriendorf	S	CHEM GRAU	S. 409
88074	Meckenbeuren, Weiler 1, Stellplatz Ranch	S	CHEM GRAU	S. 409
88074	Meckenbeuren-Reute, Pfingstweiderstraße 12/1, Wohnmobilplatz Besenwirtschaft Reute	S	CHEM GRAU	S. 409
88079	Kressbronn, Zum Seglerhafen, Camping Park Gohren	S	CHEM GRAU	S. 366
88079	Kressbronn, Tunau 16, Campingplatz Iriswiese	S		S. 366
88079	Kressbronn, Tunau 4, Stellplatz Dorfkrug	S	CHEM GRAU	S. 366
88094	Oberteuringen-Neuhaus, St.-Georg-Straße 8, Camping am Bauernhof Kramer	S	CHEM GRAU BÜ	S. 458
88131	Lindau, Gitzenweiler 88, Campingpark Gitzenweiler Hof	S	CHEM GRAU	S. 389
88131	Lindau, Fraunhoferstraße 20, Park-Camping Lindau	S	CHEM GRAU	* S. 389
88131	Lindau, Reutiner Straße, Parkplatz Blauwiese P1	E		
88131	Lindau-Zech, Bregenzerstraße 177, Stellplatz Hartplatz Zech	S	CHEM GRAU	* S. 389
88161	Lindenberg/Allgäu, Austraße, Wohnmobilstellplatz am Waldsee	S	CHEM GRAU	* S. 390
88175	Scheidegg/Allgäu, Neuhaus 41, Schnuckenhof	S		S. 522
88175	Scheidegg/Allgäu, Am Hammerweiher 1, Wohnmobilpark Scheidegg	S	CHEM GRAU	S. 522
88212	Ravensburg, Mühlbruckstraße, Wohnmobilstellplatz Ravensburg	S	CHEM GRAU	S. 490
88239	Wangen im Allgäu, Südring, Wohnmobilstellplatz Wangen im Allgäu	S	CHEM GRAU BÜ	S. 600
88239	Wangen im Allgäu-Neuravensburg, Dabetsweiler 21, Wohnmobilstellplatz Hundrisshof	S	CHEM GRAU	S. 600
88250	Weingarten, Abt-Hyller-Straße, Wohnmobilstellplatz am Festplatz	S	CHEM	S. 608
88260	Argenbühl-Eglofs, Eisenharzer Weg, Parkplatz hinter dem Hallenbad	S		S. 123
88260	Argenbühl-Eisenharz, Kirchstraße 9, Parkplatz hinter dem Rathaus/Turnhalle	S		S. 123
88260	Argenbühl-Ratzenried, Schulstraße 15, Parkplatz Turnhalle Ratzenried	S		S. 123
88260	Argenbühl-Siggen, K8012, Parkplatz Siggener Höhe	S		S. 124
88263	Horgenzell, Alpenblick 15, Wohnmobilstellplatz Horgenzell	S	CHEM GRAU	S. 329
88279	Amtzell-Büchel, Büchel 3, Büchelwiesen-Landgasthof Adler	S	CHEM GRAU	S. 121
88299	Leutkirch im Allgäu, Kemptener Straße 62, Wohnmobilstellplatz Leutkirch	S	CHEM GRAU	S. 387
88316	Isny, Seidenstraße 41, Reisemobilplatz Untere Mühle	S	CHEM GRAU BÜ	* S. 340
88316	Isny, Alemannenstraße (Werkseinfahrt Süd), Stellplatz am Dethleffs Werk	S	CHEM GRAU	S. 340
88326	Aulendorf, Carthago Ring 1, Carthago-City	S	CHEM GRAU	S. 127
88326	Aulendorf, Im Gumpen 1, Ritterkeller und Gasthaus Rad/Hotel Arthus	S		S. 128
88326	Aulendorf, Ebisweilerstraße 5, Schwaben-Therme	S		S. 128
88339	Bad Waldsee, Elchenreute 1, Hofgut Elchenreute	S		S. 153
88339	Bad Waldsee, Robert-Bosch-Straße 7, Parkplatz Erwin Hymer Museum	S		S. 153
88339	Bad Waldsee, Unterurbacher Weg, Reisemobil-Stellplatz bei der Waldsee-Therme	S	CHEM GRAU BÜ	S. 153

S: Stellplatz **E:** Entsorgungsstation **CHEM:** Chemietoiletten-Entsorgung **GRAU B:** Grauwasserentsorgung mit Bodeneinlass **GRAU BÜ:** Grauwasserentsorgung mit Bodeneinlass überfahrbar

* Entsorgung für Durchreisende erlaubt. Bitte helfen Sie mit, diese Liste zu ergänzen. **Hinweis:** Einträge ohne Seitenzahl beziehen sich auf Entsorgungsstationen. Diese sind im BORDATLAS nicht gesondert aufgeführt.

88339	Bad Waldsee, Hopfenweiler 9, Stellplatz Bad Waldsee	S	CHEM GRAU BÜ		S. 154
88339	Bad Waldsee, Mattenhaus 4, Stellplatz Bertsch & Lott	S	CHEM		S. 154
88339	Bad Waldsee-Gaisbeuren, Bundesstraße 15, Hotel Gasthaus Adler	S			S. 154
88348	Bad Saulgau, Am schönen Moos, Wohnmobilstellplatz Sonnenhof-Therme	S	CHEM GRAU BÜ		S. 149
88353	Kißlegg, Strandbadweg 2, Strandbad Obersee Kißlegg	S	CHEM GRAU		S. 357
88356	Ostrach-Burgweiler, Schulstraße 12, Wohnmobilstellplatz Weites Ried	S			S. 469
88364	Wolfegg, Rötenbacherstraße 5, Hotel-Gasthof Zur Post	S			S. 631
88364	Wolfegg, Rötenbacher Straße, Reisemobilhafen Loretopark	S	CHEM GRAU BÜ	*	S. 631
88364	Wolfegg-Höll, Achweg, Kläranlage der Gemeinde Wolfegg	E		*	
88400	Biberach/Riß, Rißstraße 2, Wohnmobil-Stellplatz Biberach	S	CHEM GRAU B		S. 173
88410	Bad Wurzach/Allgäu, An der Thermalquelle 1/ Riedhalde, Wohnmobilstellplatz Bad Wurzach	S	CHEM GRAU		S. 156
88416	Ochsenhausen, Jahnstraße, An der Kapfhalle	S			S. 460
88422	Bad Buchau, Friedhofstraße, Stellplatz am Freibad	S			S. 134
88422	Bad Buchau, Am Thermalbad Adelindis-Therme, Seegasse 41, Stellplatz Am Kurpark	S	CHEM GRAU BÜ		S. 134
88422	Bad Buchau, August-Gröber-Platz, Stellplatz beim Federseemuseum	S			S. 134
88422	Bad Buchau, Seegasse/Federseeweg, Stellplatz Seegasse-Rondell	S	CHEM GRAU BÜ		S. 134
88422	Oggelshausen, Biberacher Straße 8, Gasthaus Löwen	S			S. 462
88427	Bad Schussenried, Zellerseeweg, Reisemobilstellplatz am Zellersee	S			S. 150
88427	Bad Schussenried, Wilhelm-Schussen-Straße 12, Schussenrieder Brauerei Ott	S	CHEM GRAU B		S. 150
88430	Rot an der Rot-Mühlberg, Unterer Weg 7, Ferienhof Musch	S	CHEM GRAU		S. 507
88444	Ummendorf, Bachstraße 10, Bräuhaus Ummendorf	S	GRAU		S. 580
88471	Laupheim, Klaus-Graf Stauffenberg-Straße 15, Reisemobilplatz Schloss Großlaupheim	S	CHEM GRAU		S. 379
88499	Riedlingen, Hindenburgstraße, Stellplatz bei der Stadthalle	S	CHEM GRAU		S. 500
88499	Riedlingen, Römerstraße 2, Stellplatz Fam. Paul	S			S. 501
88512	Mengen-Rulfingen, Uferweg 18, Wohnmobilstellplatz Zielfinger Seen	S	CHEM GRAU		S. 414
88521	Ertingen, Schwarzachtalstraße 44, Wohnmobilstellplatz an den Schwarzachtalseen	S	CHEM GRAU		S. 245
88524	Uttenweiler, Weiherstraße 100, Naturfreibad Uttenweiler	S	CHEM		S. 583
88524	Uttenweiler-Offingen, Zum Festplatz 6, Wohnmobilstellplatz am Festplatz Offingen	S	CHEM GRAU	*	S. 583
88529	Zwiefalten, Brunnensteige, Jugendzeltplatz neben dem Höhenfreibad	S			S. 641
88529	Zwiefalten, Dobeltal, Parkplatz Dobeltal	S			S. 641
88605	Sauldorf, Hardthöfe 9, Tipihof Bechtold	S	CHEM GRAU		S. 520
88630	Pfullendorf, Am Litzelbacherweg 99, Kläranlage	E	andere	*	
88630	Pfullendorf, Am Litzelbacher Weg, Wohnmobilstellplatz am Seepark Linzgau	S			S. 477
88631	Beuron, Talhof 2, Der Talhof	S	CHEM		S. 172
88631	Beuron, Abteistraße 24, Wohnmobilstellplatz Klosterparkplatz Beuron	S	CHEM GRAU BÜ	*	S. 172
88631	Beuron-Thiergarten, Donautalstraße 17, Jack Rattle's Tal der Piraten	S	CHEM GRAU		S. 172
88633	Heiligenberg, Betenbrunner Straße, Parkplatz Sennerei Schläge	S	CHEM		S. 310
88662	Überlingen, Kurt-Hahn-Straße, Reisemobilhafen Überlingen	S	CHEM		S. 578
88693	Deggenhausertal, Hagenbuch 6, Obsthof Moll	S			S. 212
88697	Bermatingen, Salemer Straße 47, TOTAL Autohof Dietz	S	CHEM		S. 169
88709	Meersburg, Allmendweg, Wohnmobilstellplatz Allmend 2	S			S. 410
88709	Meersburg, Daisendorfer Straße, Wohnmobilstellplatz Ergeten	S	CHEM GRAU		S. 410
88709	Meersburg, Allmendweg, Wonmobilstellplatz Allmend 1	S	CHEM GRAU		S. 410
88719	Stetten, Riedetsweilerstraße 5, Wohnmobilplatz Alte Brennerei	S	CHEM GRAU		S. 559
89129	Langenau, Karlstraße 27, Parkplatz Stadthalle	S	CHEM GRAU B		S. 375
89129	Öllingen, Hauptstraße, Parkplatz beim Rathaus	S	CHEM GRAU BÜ		S. 463
89134	Blaustein-Ehrenstein, Boschstraße 12, Stellplatz am Freizeitbad Bad Blau	S			S. 178
89143	Blaubeuren, Dodelweg 20, Wohnmobilstellplatz Blaubeuren	S	CHEM GRAU BÜ	*	S. 178
89188	Merklingen, Nellinger Straße 24, Aral-Autohof	E	Sani Station	*	
89191	Nellingen/Alb, Aicherstraße 7, Hotel Krone	S			S. 433
89231	Neu-Ulm, Öschweg 6, Wohnmobilstellplatz am Donaubad	S	CHEM GRAU BÜ		S. 435
89257	Illertissen, Obenhausener Straße 9, Stellplatz am Reitsportzentrum Illertissen	S			S. 337
89264	Weißenhorn, Jahnweg 2, Wohnmobilstellplatz Weißenhorn	S	CHEM GRAU	*	S. 609
89281	Altenstadt/Bayern, Bahnhofstraße 8, Ristorante Pizzeria Il Sole	S			S. 118
89290	Buch, Roggenburger Straße 1, Wirtshaus Wolperdinger im Hirsch	S			S. 197
89297	Roggenburg-Biberach, Weißenhorner Straße 24, Stellplatz bei der Brauerei Biberach	S	CHEM GRAU		S. 505
89312	Günzburg, Heidenheimer Straße 115, Camping Gutshof Donauried	S	CHEM GRAU B		S. 294
89312	Günzburg, LEGOLAND Allee 3, LEGOLAND Feriendorf	S	CHEM		S. 294
89312	Günzburg, Heidenheimer Straße 6, Wohnmobilstellplatz am Waldbad	S	CHEM GRAU		S. 295
89358	Kammeltal-Ettenbeuren, Zum Sportplatz 12, Wohnmobilstellplatz Kammelaue	S	CHEM GRAU		S. 347
89365	Röfingen, Augsburger Straße 69 Oberestraße, Gasthof Zahler	S			S. 505
89415	Lauingen, Riedhauserstraße 60, Reisemobilstellplatz E-Park	S	CHEM GRAU	*	S. 379
89520	Heidenheim/Brenz, In den Seewiesen, Wohnmobilstellplatz in den Seewiesen	S	CHEM		S. 309
89537	Giengen/Brenz, Hermaringer Straße 11/1, Wohnmobilstellplatz am Brenzufer	S	CHEM GRAU	*	S. 277
89537	Giengen/Brenz-Hürben, Lonetalstraße 61, Reisemobilstation Charlottenhöhle	S	CHEM GRAU		S. 277
89551	Königsbronn-Itzelberg, Kapellenstraße, Stellplatz am Itzelberger See	S	CHEM GRAU		S. 362
89564	Nattheim, Dieselstraße, Mobilparkplatz beim Ramensteinplatz	S	CHEM		S. 431
89584	Ehingen/Donau, Am Stadion, Stellplatz am Stadion	S	CHEM GRAU	*	S. 231
89584	Ehingen/Donau-Berg, Graf-Konrad-Straße 21, Stellplatz BrauereiWirtschaft	S			S. 231
89611	Obermarchtal-Datthausen, Datthausen 27, Wohnmobilstellplatz Donaublick	S	CHEM GRAU B		S. 456
89613	Oberstadion-Moosbeuren, Biberacherstraße 17, Adler Brauereigasthof Moosbeuren	S			S. 457

S: Stellplatz **E:** Entsorgungsstation **CHEM:** Chemietoiletten-Entsorgung **GRAU B:** Grauwasserentsorgung mit Bodeneinlass **GRAU BÜ:** Grauwasserentsorgung mit Bodeneinlass überfahrbar
***** Entsorgung für Durchreisende erlaubt. Bitte helfen Sie mit, diese Liste zu ergänzen. **Hinweis:** Einträge ohne Seitenzahl beziehen sich auf Entsorgungsstationen. Diese sind im BORDATLAS nicht gesondert aufgeführt.

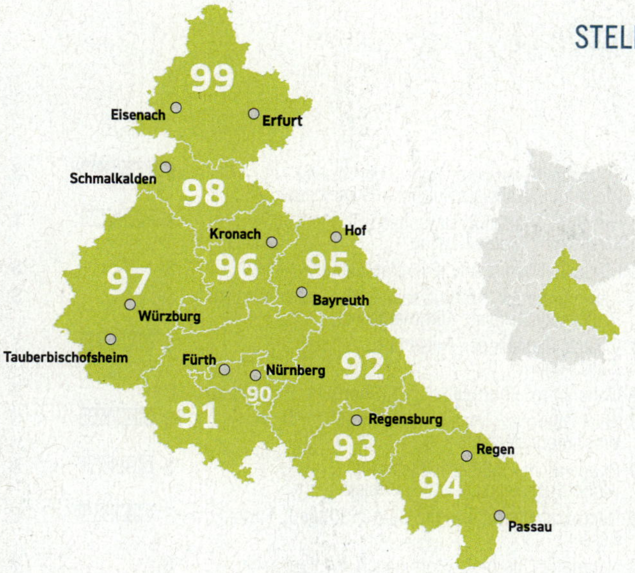

90411	Nürnberg, Ziegelsteinstraße 195, Restaurant Zum Brez'nwirt	S			S. 452
90425	Nürnberg, Kilianstraße 189, Stellplatz am Volkspark Marienberg	S			S. 452
90461	Nürnberg, Frankenstraße 224, Shell Station	E	Sani Station	*	
90471	Nürnberg, Hans-Kalb-Straße 56, Knaus Campingpark	E			
90471	Nürnberg, Münchener Straße/Alfred-Hensel-Weg, Volkspark Dutzendteich	S			S. 452
90491	Nürnberg, Dr.-Gustav-Heinemann-Straße 50, Stellplatz am Wöhrder See	S			S. 452
90513	Zirndorf, Am Steinacker 5, Playmobil Fun-Park	S			S. 640
90518	Altdorf, Weidentalstraße 19, Wohnmobilstellplatz Altdorf	S	CHEM		S. 116
90537	Feucht, Chormantelweg, Stellplatz am Feuchtasia	S	CHEM GRAU		S. 254
90552	Röthenbach a.d. Pegnitz, Heinrich-Diehl-Straße 2, CMS Reisemobile	E	andere		
90556	Cadolzburg, Am Höhbuck, Festplatz Cadolzburg	S	CHEM GRAU		S. 204
90766	Fürth, Scherbsgraben 15, Stellplatz am Fürthermare	S			S. 266
91058	Erlangen, Herzogenauracher Damm 11, Gasthof Ritter St. Georg	S			S. 244
91058	Erlangen-Tennenlohe, Sebastianstraße 28, Autohof Tennenlohe	S			S. 244
91074	Herzogenaurach, Würzburger Straße 35, Freizeitbad Atlantis	S	CHEM		S. 317
91126	Schwabach, Angerstraße/Lindenstraße, Parkplatz Ostanger	S			S. 536
91154	Roth, Hilpoltsteiner Straße 93, P+R Steinerne Eiche	S	CHEM GRAU		S. 508
91154	Roth, Obere Mühle, Wohnmobilstellplatz Obere Mühle	S			S. 508
91154	Roth, Weinbergweg 1, Wohnmobilstellplatz Seezentrum Heuberg	S	CHEM GRAU		S. 508
91161	Hilpoltstein, Am Main-Donau-Kanal 1, Am Main-Donau-Kanal/Lände Hilpoltstein	S	CHEM		S. 320
91161	Hilpoltstein-Heuberg, Am Rothsee, Seezentrum Heuberg am Rothsee	S	CHEM		S. 320
91171	Greding, Kraftsbucher Straße 1, Hotel, Restaurant & Camping Bauer-Keller	S	CHEM GRAU BÜ		S. 286
91174	Spalt-Enderndorf am See, Am Igelsbachsee 1, Wohnmobilstellplatz Panorama	S	CHEM GRAU B		S. 551
91177	Thalmässing, Münchener Straße 27, Wohnmobilstellplatz Thalmässing	S	CHEM GRAU		S. 570
91180	Heideck, Nördlicher Stadtgraben, Am Nördlichen Stadtgraben	S			S. 309
91180	Heideck, Rambacher Straße 11, Stellplatz Am Freibad	S			S. 309
91180	Heideck-Seiboldsmühle, St2226, Stellplatz Seiboldsmühle	S			S. 309
91183	Abenberg, Spalter Straße, Stellplatz am Badeweiher	S	CHEM GRAU		S. 110
91207	Lauf/Pegnitz, Briver Allee/Weigmannstraße, P1 Parkplatz Pegnitzwiese	S	CHEM		S. 379
91217	Hersbruck, Kühnhofen 3, Gasthof Grüner Baum	S			S. 316
91217	Hersbruck, Badstraße 16, Stellplatz der Fackelmann Therme Hersbruck	S	CHEM GRAU		S. 316
91220	Schnaittach, Schwarzleite 2, Aral Autohof Schnaittach	E	andere	*	
91233	Neunkirchen am Sand-Weißenbach, Jurastraße 14, Berghof Glatzenstein	S			S. 439
91235	Velden, Toni-Wolf-Platz, Wohnmobilstellplatz Velden	S	CHEM GRAU		S. 585
91236	Alfeld, Vogelherd 4-7, Autohof Alfeld	S	CHEM		S. 114
91247	Vorra-Artelshofen, Dorfstraße gegenüber Nr. 26, Wohnmobilstellplatz Artelshofen	S			S. 591
91275	Auerbach-Hohe Tanne/Oberpfalz, Hohe Tanne 4a, Stellplatz Gaststätte Schlupfloch	S	CHEM GRAU		S. 126
91275	Auerbach/Oberpfalz, Am Behälterweiher, Stellplatz am Behälterweiher	S	CHEM GRAU		S. 127
91278	Pottenstein, Am Langen Berg 8, Wohnmobilpark Pottenstein	S	CHEM GRAU		S. 482
91278	Pottenstein, Prüllsbirkig 1, Wohnmobilstellplatz Bernerhof	S	CHEM GRAU BÜ		S. 482
91301	Forchheim, An der Regnitzbrücke, Wohnmobilstellplatz Forchheim	S	CHEM GRAU BÜ		S. 258
91315	Höchstadt/Aisch, Kieferndorfer Weg 77, Großparkplatz am Eisstadion	S			S. 322
91315	Höchstadt/Aisch, Medbacher Weg 12, Kläranlage Höchstadt/Aisch	E	andere	*	
91315	Höchstadt/Aisch, Große Bauerngasse 88a, Restaurant Aischblick	S			S. 322
91320	Ebermannstadt, Kalkwerk 5, Feuerwache	E	andere	*	
91320	Ebermannstadt, Oberes Tor, Parkplatz P 2 (Oberes Tor)	S			S. 225
91322	Gräfenberg-Haidhof, Haidhof 5, Hotel Schloßberg mit Parkanlage	S			S. 285
91325	Adelsdorf-Neuhaus, Neuhauser Hauptstraße 30, Landgasthof Niebler	S			S. 111
91327	Gößweinstein, Balthasar-Neumann-Straße 9/ Burgstraße, Restaurant-Café und Hotel Krone	S			S. 283
91327	Gößweinstein, Viktor-von-Scheffel-Straße, Wohnmobilstellplatz am Friedhof	S			S. 283
91332	Heiligenstadt, Hauptstraße 41, Wohnmobilstellplatz Hellmuth-Breckner-Parkplatz	S			S. 311
91344	Waischenfeld-Breitenlesau, Breitenlesau 22, Ferienhof Stenglein	S	CHEM GRAU BÜ		S. 594
91344	Waischenfeld-Eichenbirkig, Schönhof 11, Gut Schönhof	S	CHEM GRAU BÜ		S. 594
91346	Wiesenttal-Streitberg, Bahnhofstraße, Bahnhof Streitberg	S	CHEM GRAU		S. 620
91347	Aufseß, Hochstahl 24, Brauereienweg-Stellplatz Hochstahl	S	CHEM GRAU		S. 127
91352	Hallerndorf-Schnaid, Kreuzberg 1, Brauhaus am Kreuzberg	S			S. 298
91413	Neustadt an der Aisch, Eilersweg 5, Am Waldbad	S			S. 441
91413	Neustadt an der Aisch, An den Sommerkellern, Festplatz	S	CHEM GRAU	*	S. 441
91413	Neustadt an der Aisch, Bambergerstraße 53, Mühlengasthof Kohlenmühle	S			S. 441
91413	Neustadt an der Aisch, Eilersweg 1, Stellplatz am Sportzentrum	S	CHEM GRAU		S. 441
91438	Bad Windsheim, Westheimer Straße 22, Wohnmobilstellplatz am Dr. Hans Schmotzer Freibad	S	CHEM GRAU	*	S. 155
91438	Bad Windsheim, Bernhard-Bickert-Weg, Wohnmobilstellplatz am Freilandmuseum	S			S. 155
91438	Bad Windsheim-Külsheim, Bad Windsheimer Straße 7, PhoeniX-Reisemobilhafen	S	CHEM GRAU		S. 155
91443	Scheinfeld, Kirchstraße 78, Concorde Reisemobilstellplatz Scheinfeld	S	CHEM GRAU BÜ	*	S. 523
91522	Ansbach, Vetterstraße 1, Kempe's Autohof Ansbach	S			S. 122
91522	Ansbach, Am Stadion 2, Wohnmobilstellplatz Ansbach	S	CHEM GRAU	*	S. 123
91541	Rothenburg ob der Tauber, Schweinsdorfer Straße/ Laiblestraße, P3 Schweinsdorfer Straße	S	CHEM GRAU		S. 508
91541	Rothenburg ob der Tauber, Nördlinger Straße, Parkplatz P2	S	CHEM GRAU		S. 509
91541	Rothenburg ob der Tauber, Am Luftsprung 7, Stellplatz Rothenburg	S			S. 509
91550	Dinkelsbühl, Mönchsrother Straße, Wohnmobilstellplatz P 2a	S	CHEM GRAU BÜ		S. 216

S: Stellplatz **E:** Entsorgungsstation **CHEM:** Chemietoiletten-Entsorgung **GRAU B:** Grauwasserentsorgung mit Bodeneinlass **GRAU BÜ:** Grauwasserentsorgung mit Bodeneinlass überfahrbar

* Entsorgung für Durchreisende erlaubt. Bitte helfen Sie mit, diese Liste zu ergänzen. **Hinweis:** Einträge ohne Seitenzahl beziehen sich auf Entsorgungsstationen. Diese sind im BORDATLAS nicht gesondert aufgeführt.

91550	Dinkelsbühl, Larrieder Straße 12, Wohnmobilstellplatz P5	S	CHEM GRAU		S. 217
91555	Feuchtwangen, Bernau 3, Landgasthof-Pension zur Tenne	S			S. 254
91555	Feuchtwangen, Dinkelsbühler Straße, Wohnmobilstellplatz am Schleifweiher	S	CHEM GRAU BÜ	*	S. 254
91555	Feuchtwangen-Thürnhofen, Thürnhofen 28, Gaststätte Zum Grünen Wald	S	CHEM GRAU		S. 254
91555	Feuchtwangen-Walkmühle, Walkmühle 1, Landgasthof Walkmühle	S			S. 254
91567	Herrieden, Am Eichelberg 2, Autohof Herrieden	E	andere	*	
91567	Herrieden, St 2248, Festplatz Herrieden	S			S. 315
91575	Windsbach, Retzendorf 22, Wohnmobilstellplatz am Waldstrandbad	S	CHEM GRAU		S. 624
91575	Windsbach, Ansbacherstraße 3, Wohnmobilstellplatz Fränkische Rezat	S	CHEM GRAU		S. 624
91578	Leutershausen, Steinweg, Stellplatz Brühlwiese	S			S. 387
91587	Tauberzell, Tauberzell 41, Landhaus Zum Falken	S	CHEM GRAU B		S. 567
91587	Tauberzell, Creglinger Straße, Wohnmobilstellplatz Am Tauberufer	S	CHEM GRAU	*	S. 567
91589	Aurach, Steinauerweg 383, Shell Autohof Aurach	S			S. 128
91593	Burgbernheim, Im Gründlein, Wohnmobilstellplatz Im Gründlein	S	CHEM GRAU		S. 200
91598	Colmberg, Am Gartenfeld 23, Wohnmobilstellplatz Colmberg	S	CHEM GRAU		S. 207
91601	Dombühl, Bortenberg 4, Gasthaus zur Linde	S			S. 218
91608	Geslau-Lauterbach, Lauterbach 3, Mohrenhof Franken	S	CHEM GRAU BÜ	*	S. 276
91619	Obernzenn, Urphertshofenerstraße 17, Stellplatz Obernzenn am See	S	CHEM GRAU B		S. 456
91620	Reichardsroth, Reichardsroth 17, Gasthof Zur frohen Einkehr	S			S. 493
91625	Schnelldorf, Rudolf-Diesel-Straße 1, OMV Truckstop	E	Holiday-Clean	*	
91628	Steinsfeld-Reichelshofen, Reichelshofen 31, Brauerei Gasthof Hotel Landwehr-Bräu	S			S. 558
91637	Wörnitz, Bastenauer Straße 10-12, Autohof Wörnitz	S	CHEM GRAU		S. 632
91637	Wörnitz, Mittelstetten 4, Gasthof Zur Romantischen Straße	S			S. 633
91639	Wolframs-Eschenbach, Waizendorfer Straße 15, Wohnmobilstellplatz Münsterblick	S	CHEM GRAU		S. 632
91710	Gunzenhausen-Schlungenhof, Ansbacher Straße 99, Wohnmobilstellplatz Surfzentrum Schungenhof	S	CHEM GRAU BÜ		S. 295
91717	Wassertrüdingen, Entengraben 34, Parkplatz Entengraben	S	CHEM GRAU		S. 604
91720	Absberg, Badehalbinsel 5, Reisemobilhafen Badehalbinsel Absberg	S	CHEM GRAU		S. 110
91726	Gerolfingen, Hauptstraße 48, Brauerei-Gasthof Rötter	S			S. 275
91726	Gerolfingen-Aufkirchen, Aufkirchen 160, Stellplatz Hesselbergblick	S	GRAU		S. 275
91732	Merkendorf, Weißbachmühle 3, Wohnmobilstellplatz Freizeitzentrum Weißbachmühle	S	CHEM GRAU BÜ		S. 415
91735	Muhr am See, Zum Seezentrum, Stellplatz am Seezentrum Muhr am See	S	CHEM GRAU		S. 426
91749	Wittelshofen, Römerpark Ruffenhofen 1, Stellplatz am LIMESEUM	S	CHEM		S. 628
91757	Treuchtlingen, Kästleinsmühlenstraße 20, Wohnmobilstellplatz Am Kurpark	S	CHEM GRAU		S. 576
91781	Weißenburg in Bayern, Silbermühle 4, Restaurant Silbermühle vino y tapa	S			S. 609
91781	Weißenburg in Bayern, Badstraße 5, Wohnmobilstellplatz Am Limesbad	S	CHEM GRAU	*	S. 609
91785	Pleinfeld, Sportpark 13, Waldcamping Brombach	E	Holiday-Clean		
91785	Pleinfeld-Ramsberg, Am Segelhafen, Wohnmobilstellplatz Ramsberg	S	CHEM		S. 479
91804	Mörnsheim-Altendorf, Nähe Staatsstraße 2230, Zeltplatz Hammermühle	S	CHEM GRAU BÜ		S. 423
91809	Wellheim-Konstein, Aichaer Straße, Parkplatz am Dohlenfelsen	S			S. 610
92224	Amberg, Schießstätteweg, Wohnmobilstellplatz Amberg	S	CHEM GRAU		S. 120
92237	Sulzbach-Rosenberg, Bayreuther Straße, Wohnmobilstellplatz Sulzbach-Rosenberg	S	CHEM GRAU		S. 564
92242	Hirschau, Wolfgang-Drossbach-Straße 114, Freizeitpark Monte Kaolino	S	CHEM GRAU		S. 321
92242	Hirschau, Walkstraße, Parkplatz Hirschau	S			S. 321
92245	Kümmersbruck, Am Butzenweg 35 (Sportzentrum), Reisemobilstellplatz Kümmersbruck	S			S. 370
92249	Vilseck, Ziegelanger, Reisemobilstellplatz am Ziegelanger	S	CHEM GRAU		S. 588
92277	Hohenburg, Sportplatzweg 1, Sportplatz Hohenburg	S			S. 325
92280	Kastl/Oberpfalz, Utzenhofener Straße, Wohnmobilstellplatz Kastl	S	CHEM GRAU		S. 350
92284	Poppenricht-Traßlberg, Vilsstraße, Wohnmobilstellplatz am Sportplatz	S	CHEM GRAU		S. 481
92318	Neumarkt/Oberpfalz, Fritz-Berger-Straße 2, Firma Fritz Berger	S	CHEM GRAU		S. 439
92318	Neumarkt/Oberpfalz-Woffenbach, Woffenbacher Straße (Parkplatz HS West), Wohnmobilstellplatz Neumarkt	S			S. 439
92334	Berching, Uferpromenade 3, Wohnmobilstellplatz an der Schiffsanlegestelle	S	CHEM GRAU		S. 166
92334	Berching, Schwimmbadweg 3, Wohnmobilstellplatz Stampfermühle	S	CHEM GRAU		S. 166
92339	Beilngries, An der Altmühl 24, Naturama Beilngries	S	CHEM GRAU		S. 165
92339	Beilngries-Paulushofen, Dorfstraße 23, Landgasthof Euringer	S			S. 165
92342	Freystadt, Am Mühlbach, Stellplatz Freystadt	S	CHEM GRAU		S. 261
92342	Freystadt-Oberndorf, Oberndorf E33, Straußenfarm Erlbacher und Lebenshof	S	GRAU	*	S. 261
92345	Dietfurt, Industriestraße 69, Kläranlage Dietfurt	E	andere	*	
92345	Dietfurt/Altmühl, Griesstetter Straße, Pavillon an der Schiffsanlegestelle	S			S. 216
92421	Schwandorf-Krondorf, Angerring, Wohnmobilstellplatz Schwandorf	S	CHEM GRAU BÜ		S. 537
92431	Neunburg vorm Wald, Scherrstraße 2, Wohnmobilstellplatz Am Freibad	S	CHEM GRAU	*	S. 439
92431	Neunburg vorm Wald-Katzdorf, Katzdorf 11, Riesenhof	S	CHEM GRAU		S. 439
92439	Bodenwöhr-Neuenschwand, Bodenwöhrer Straße 6, Gasthof Zum Troidlwirt	S	CHEM GRAU BÜ		S. 182
92442	Wackersdorf, Sonnenriederstraße 1, Wohnmobilpark Oberpfälzer Seenland	S	CHEM GRAU		S. 592
92442	Wackersdorf, Industriestraße, Wohnmobilstellplatz Wackersdorf	S			S. 592
92449	Steinberg am See, Am Steinberger See 6, Wohnmobilstellplatz Freizeitpark Movin'Ground	S	CHEM GRAU		S. 556
92526	Oberviechtach, Im Wiesengrund 20, Wohnmobilplatz am Freibad	S	CHEM GRAU B	*	S. 458
92539	Schönsee, Böhmerwaldstraße, Freizeitanlage Moorbad	S			S. 533
92539	Schönsee, Rosenhofweg 9, Kläranlage	E	andere	*	
92554	Thanstein, Bayerhof 2, Stellplatz Bayerhof	S			S. 571
92637	Weiden-Theisseil, Oberhöll 2, Hotel Hölltaler Hof	S			S. 606
92637	Weiden/Oberpfalz, Raiffeisenstraße 7, Stellplatz an der Thermenwelt	S	CHEM GRAU		S. 606
92648	Vohenstrauß, Neuwirtshauser Weg 11, Wohnmobilstellplatz Vohenstrauß	S	CHEM GRAU B		S. 589
92655	Grafenwöhr, Am Waldbad, Wohnmobilstellplatz Am Waldbad	S	CHEM GRAU B		S. 285
92670	Windischeschenbach, Schweinmühle 1, Parkplatz am Freibad	S	CHEM GRAU		S. 624
92670	Windischeschenbach, Naabstraße, Parkplatz unter der Burg Neuhaus	S			S. 624
92676	Eschenbach/Oberpfalz, Sommerleitenweg 20, Wohnmobilstellplatz am Sportplatz	S			S. 245
92681	Erbendorf, Bahnhofstraße, Stellplatz Bahnhofstraße	S	CHEM GRAU		S. 243
92693	Eslarn, Brennerstraße 28, Am Biererlebnis Kommunbrauhaus	S			S. 246
92693	Eslarn, Sportplatzstraße, Freizeitanlage Atzmannsee	S			S. 246
92709	Moosbach, Tröbes, Stellplatz an der Badestelle Tröbes	S	CHEM		S. 423

S: Stellplatz **E:** Entsorgungsstation **CHEM:** Chemietoiletten-Entsorgung **GRAU B:** Grauwasserentsorgung mit Bodeneinlass **GRAU BÜ:** Grauwasserentsorgung mit Bodeneinlass überfahrbar
* Entsorgung für Durchreisende erlaubt. Bitte helfen Sie mit, diese Liste zu ergänzen. **Hinweis:** Einträge ohne Seitenzahl beziehen sich auf Entsorgungsstationen. Diese sind im BORDATLAS nicht gesondert aufgeführt.

92709	Moosbach, Friedhofgasse, Wohnmobilstellplatz bei der Wieskirche	S	CHEM GRAU		S. 423
92714	Pleystein, Galgenbergweg, Wohnmobilstellplatz Pleystein	S	CHEM		S. 479
92723	Tännesberg, Tanzmühle 2, Campingplatz Waldkraft	S			S. 566
92726	Waidhaus-Frankenreuth, Frankenreuth 53, Wohnmobilplatz Trägerhof	S	CHEM GRAU		S. 593
92726	Waidhaus-Pfrentsch, Pfrentsch 20, Haus Sonnenschein	S	CHEM GRAU BÜ	*	S. 593
93049	Regensburg, Weinweg 40, Azur Camping Regensburg	S	CHEM GRAU B	*	S. 491
93077	Bad Abbach, Inselstraße 1 a, Campingplatz Freizeitinsel	S	CHEM GRAU		S. 129
93077	Bad Abbach, Kurallee 4, Kaiser-Therme	S	CHEM		S. 129
93092	Barbing, Frauenhofer Straße 3, Autohof Rosenhof	E	Sani Service 3in1	*	
93093	Donaustauf, Regensburger Straße nahe Festplatz, Wohnmobilstellplatz Donaustauf	S			S. 218
93133	Burglengenfeld, Friedhofstraße 40-48, Wohnmobilstellplatz am Volksfestplatz	S	CHEM GRAU B		S. 202
93176	Beratzhausen-Friesenmühle, Friesenmühle 1, Landgasthof Friesenmühle	S	CHEM GRAU		S. 166
93176	Beratzhausen-Rechberg, Leonhard-Nüber-Straße 5, Landgasthof Rechberger-Hof	S			S. 166
93199	Zell-Hetzenbach, Regensburger Straße 11, Landgasthaus Lindenhof	S	CHEM		S. 637
93309	Kelheim, Am Pflegerspitz, Ausweichstellplatz Stadt Kelheim	S	CHEM GRAU		S. 351
93309	Kelheim, Am Pflegerspitz 1, Wohnmobilstellplatz Am Pflegerspitz	S	CHEM GRAU BÜ		S. 351
93333	Bad Gögging, Am Brunnenforum 1, Limes-Therme	S	CHEM GRAU		S. 138
93339	Riedenburg, Austraße, Wohnmobilstellplatz Riedenburg	S	GRAU		S. 500
93339	Riedenburg-Pillhausen, Pillhausen 1, Landgasthof Kastlhof	S	CHEM GRAU BÜ		S. 500
93413	Cham, Badstraße 31, Kanu Club Cham	S	CHEM GRAU		S. 206
93437	Furth im Wald, Hochstraße/Böhmerstraße, Parkplatz P5 am Friedhof	S			S. 266
93444	Bad Kötzting, Bgm.-Seidl-Platz 1, AQACUR Badewelt	S	CHEM GRAU	*	S. 141
93444	Bad Kötzting, Seestraße 1, Kläranlage, Tel.: 09941/602165	E	andere		
93453	Neukirchen beim Heiligen Blut, Liftstraße 2, Wohnmobilstellplatz an der Hohenbogenbahn	S			S. 438
93458	Warzenried, Siegmund-Adam-Straße 54, Hotel Der Böhmerwald	S			S. 603
93462	Lam, Ginglmühler Weg 1, Camping und Wohnmobilstellplatz Lam	S	CHEM GRAU B		S. 373
93471	Arnbruck-Rappendorf, Rappendorf 5, Landhotel Rappenhof	S	CHEM GRAU		S. 124
94032	Passau, Wienerstraße 45, Kläranlage Haibach	E	andere	*	
94032	Passau, Regensburger Straße 1, Wohnmobilstellplatz Bahnhofstraße	S	CHEM GRAU		S. 473
94034	Passau, Halser Straße 2, Wohnmobilstellplatz Parkdeck Ilzbrücke	S	CHEM GRAU B		S. 473
94036	Passau, Racklau, Winterhafen Racklau	S			S. 473
94036	Passau, Schönleitnerweg 17, Wohnmobilstellplatz am Bauernhof	S	GRAU		S. 473
94060	Pocking, Pram 3, Gasthaus Pram	S	CHEM		S. 480
94060	Pocking, Haid 3 a/b, Seecamp GmbH	S	CHEM GRAU	*	S. 480
94065	Waldkirchen, Vdk-Heim-Straße, Wohnmobilstellplatz am Karoli	S	CHEM GRAU		S. 597
94065	Waldkirchen, Oberhöhenstetten 37, Wohnmobilstellplatz Natur pur Bayerwald	S	CHEM GRAU		S. 597
94065	Waldkirchen-Bärnreuth, Breinhof 1, Breinhof Falkner	S			S. 597
94065	Waldkirchen-Dorn, Frauenwaldstraße 2, Camping Resort Bayerwald	S	CHEM GRAU BÜ	*	S. 597
94065	Waldkirchen-Schlößbach, Schlößbach 19, Ferienhof Brunner	S	CHEM GRAU		S. 597
94072	Bad Füssing, Am Tennispark 10, Campingplatz Holmernhof	S	CHEM GRAU		S. 137
94072	Bad Füssing, Inntalstraße 24, Maiers Burgwirtschaft	S			S. 137
94072	Bad Füssing-Egglfing, Falkenstraße 12, Max1-Thermalcamping mit Genuss	S	CHEM GRAU		S. 138
94078	Freyung-Solla, Solla 2a, Wohnmobilstellplatz Freizeitanlage Solla	S	CHEM		S. 261
94086	Bad Griesbach/Rottal, Singham 40, Kur- und Feriencamping Holmernhof Dreiquellenbad	S	CHEM GRAU		S. 138
94086	Bad Griesbach/Rottal-Karpfham, Schwaimer Straße 9, Gasthof Zum Pfandl	S			S. 138
94089	Neureichenau, Lackenhäuser 127, KNAUS Reisemobilhafen Lackenhäuser****	S	CHEM GRAU		S. 440
94107	Untergriesbach, Kohlbachmühle 1, Donau-Camping-Kohlbachmühle	S	CHEM		S. 580
94110	Wegscheid-Thalberg, Thalberg-Pumperhäuser 7, Zum Thalerhof	S	CHEM GRAU B		S. 605
94130	Obernzell, Am Hafen 4, Stellplatz am Donauhafen	S	CHEM GRAU B		S. 456
94130	Obernzell-Erlau, Hauptstraße 22-24, Gasthof Hotel Zur Post	S			S. 456
94136	Thyrnau, Raßbach 8, Golf- und Landhotel Anetseder	S			S. 572
94136	Thyrnau-Kelchham, Kelchham 4, Ferienhof Schiermeier	S	CHEM GRAU		S. 573
94136	Thyrnau-Kellberg, Prof.-Dr.-Schedel-Straße 1, Gasthof Zum Grüß Gott	S	CHEM GRAU		S. 573
94137	Bayerbach, Huckenham 11, Vital CAMP Bayerbach	S	CHEM GRAU BÜ	*	S. 161
94142	Fürsteneck, Schrottenbaummühle 1, Camping Schrottenbaummühle	S	CHEM GRAU		S. 265
94154	Neukirchen vorm Wald, Pilling 22, Campinganlage Rotbrunn	S	CHEM GRAU		S. 438
94157	Perlesreut, Friedhofstraße 3a, Stellplatz am Friedhof	S	CHEM GRAU	*	S. 475
94163	Saldenburg-Hundsruck, Hauptstraße 31, Gasthaus Klessinger	S			S. 514
94169	Thurmansbang, Hofwies 1, Wohmobilstellplatz am kleinen Kurpark	S			S. 572
94227	Lindberg, Eisensteinerstraße 20, Wohnmobilstellplatz Nationalparkzentrum Falkenstein	S			S. 390
94227	Lindberg-Ludwigsthal, Eisensteiner Straße 3, Wohnmobilstellplatz Lindberg Schloss Ludwigsthal	S			S. 390
94234	Viechtach, Schnitzmühle 1, Adventure Camping am Fluss – Schnitzmühle	S	CHEM GRAU B		S. 587
94234	Viechtach, Regenufer 1, Kläranlage Viechtach	E	andere		
94234	Viechtach, Bierfeldstraße, P1 Parkplatz Zentrum	S			S. 587
94234	Viechtach, Friedhofstraße 11, P2 Parkplatz Stadthalle	S			S. 587
94234	Viechtach, Karl-Gareis-Straße 1, P5 Parkplatz beim TÜV	S			S. 587
94234	Viechtach, Bahnhofstraße, P6 Parkplatz am Regen	S			S. 588
94239	Ruhmannsfelden, Jahnstraße, Wohnmobilstellplatz Ruhmannsfelden	S	CHEM GRAU		S. 511
94249	Bodenmais, Regener Straße 45, Camping Resort Bodenmais	S	CHEM GRAU		S. 182
94249	Bodenmais, Kötztinger Straße 37, Reisemobilstellplatz Bodenmais	S	CHEM GRAU		S. 182
94252	Bayerisch Eisenstein, Talstation Arber 1, Parkplatz Arber-Bergbahn	S			S. 162
94258	Frauenau-Zwieselau, Zwieselau 13, Camping Green Village	S	CHEM GRAU		S. 259
94259	Kirchberg im Wald-Reichertsried, Reichertsried 34, Klein-Campingplatz Arberblick	S	CHEM GRAU B		S. 354
94262	Kollnburg, Hinterviechtach 3, Berghütte Zum Pröller	S			S. 362
94267	Prackenbach-Krailing, Dorfstraße 6, Schlossbauer	S	CHEM GRAU BÜ	*	S. 482
94315	Straubing, Wundermühlweg 3, Campingplatz Straubing	E	Sani Station		
94315	Straubing, Am Hagen, Großparkplatz Am Hagen	S			S. 561
94327	Bogen, Kotaustraße 12, Stellplatz am Freibad Bogen	S	CHEM GRAU BÜ		S. 182
94344	Wiesenfelden, Wullendorf 4, Naturcamping und Berghütte Binder	S			S. 619
94365	Parkstetten, Münsterer Straße 52 A, Wohnmobilhafen Friedenhain-See Freizeitanlagen	S	CHEM GRAU BÜ	*	S. 473
94371	Rattenberg-Unterholzen, Unterholzen 7, Gasthaus Naturcamping Perlbach	S	CHEM GRAU		S. 490
94377	Steinach-Rotham b. Straubing, Gewerbering 11, Caravantastic Straubing	S	CHEM GRAU		S. 556

S: Stellplatz **E:** Entsorgungsstation **CHEM:** Chemietoiletten-Entsorgung **GRAU B:** Grauwasserentsorgung mit Bodeneinlass **GRAU BÜ:** Grauwasserentsorgung mit Bodeneinlass überfahrbar
* Entsorgung für Durchreisende erlaubt. Bitte helfen Sie mit, diese Liste zu ergänzen. **Hinweis:** Einträge ohne Seitenzahl beziehen sich auf Entsorgungsstationen. Diese sind im BORDATLAS nicht gesondert aufgeführt.

94405	Landau/Isar, Harburger Straße 25, Wohnmobilstellplatz Stadt Landau/Isar	S	CHEM GRAU	BÜ		S. 374
94405	Landau/Isar-Rottersdorf, Andreasstraße 2, Vilstaler Hof Landgasthof mit Hotel	S	CHEM GRAU			S. 374
94419	Reisbach, Fellbach 1, Bayern-Park Freizeitparadies	S				S. 494
94424	Arnstorf-Mariakirchen, Obere Hofmark 3, Schlossbräu Mariakirchen	S				S. 124
94428	Eichendorf-Exing, Exing 7, Gasthaus Zum Alten Brauhaus	S	CHEM			S. 232
94447	Plattling, Georg-Eckl-Straße, Reisemobilplatz am Erlebnisfreibad	S	CHEM GRAU			S. 478
94469	Deggendorf, Neusiedler Straße/Abzweigung Ackerloh, Stellplatz am Donaupark	S				S. 212
94469	Deggendorf, Sandnerhofweg 4-6, Stellplatz am Elypso Ganzjahresbad	S	CHEM			S. 212
94474	Vilshofen/Donau, Hirnschnell 1, Ferienhof Meyer	S				S. 588
94474	Vilshofen/Donau, Am Bootshafen 1, Stellplatz am Bootshafen	S	CHEM GRAU	BÜ	*	S. 588
94474	Vilshofen/Donau, Obere Donaulände, Wohnmobilstellplatz Donaupromenade	S				S. 588
94481	Grafenau, Galgenau 7, Wohnmobilstellplatz am Kurpark	S	CHEM GRAU			S. 285
94491	Hengersberg, Donaustraße 8, Euro Rastpark Hengersberg, A3 Ausfahrt 111	E	andere		*	
94496	Ortenburg, Knadlarn 2a, Mühlenhof	S	CHEM GRAU			S. 465
94501	Aldersbach, Klosterplatz 2, Reisemobilstellplatz Aldersbach	S	CHEM GRAU			S. 114
94501	Markt Aidenbach, Haidenburger Straße, Stellplatz am Volksfestplatz	S	GRAU	BÜ		S. 406
94505	Bernried/Bayr.Wald, Buchet 2, Wild-Berghof Buchet	S				S. 171
94513	Schönberg, Zehrermühle 2, Gasthaus Zehrermühle	S				S. 531
94513	Schönberg-Habernberg, Habernberg 1, Kinderparadies Höcker	S	CHEM GRAU		*	S. 531
94518	Spiegelau, Konrad-Wilsdorf-Straße 1a, Edeka Spiegelau	S				S. 552
94535	Eging am See, Grafenauer Straße 31, Bavaria Kur-Sport-Camping-Park	S	CHEM GRAU			S. 231
94541	Grattersdorf, Untere Hofmark 36, Reiterhof Georg Mühlbauer	S	CHEM GRAU	BÜ	*	S. 286
94544	Hofkirchen-Zaundorf, Zaundorf 4, Gasthof Pension Stanek	S				S. 324
94547	Iggensbach, Kopfsberg 2, Hotel Stegmühle	S				S. 336
94547	Iggensbach, Kopfsberg 1, Restaurant-Pension Weihermühle	S				S. 336
94551	Lalling, Waldstraße, Freizeitgelände an den Tennisplätzen	S	CHEM GRAU			S. 373
94559	Niederwinkling-Waltendorf, Waltendorf 19, Der Plank-Hof	S	CHEM GRAU			S. 446
94560	Offenberg-Kapfelberg, Kapfelberg 2, Camping auf dem Kapfelberg	S	CHEM GRAU	BÜ		S. 461
94566	Riedlhütte, Kirchstraße 28, Hotel Zum Friedl	S				S. 500
94571	Schaufling, Ensmannsberg 3, Landgasthof Düllhof	S	CHEM GRAU			S. 522
94577	Neßlbach-Winzer, Schillerstraße 14, Donautal-Camping Neßlbach	S	CHEM GRAU	B		S. 433
94579	Zenting, Neuhof 4, Landhotel Neuhof	S				S. 638
95028	Hof, Oberer Anger 4, Stellplatz am Hofbad	S				S. 323
95030	Hof, Hofecker Straße 2, Am SB-Waschpark-Hof	S	CHEM GRAU	B	*	S. 323
95030	Hof, Schaumberggrund, Stellplatz Untreusee	S				S. 323
95032	Hof, Plauener Straße 54, Stellplätze am Bürgerpark	S				S. 323
95100	Selb, Hanns-Braun-Straße 27, Stellplatz hinter der Eissporthalle NETZSCH-Arena	S				S. 543
95100	Selb, Papiermühlweg 2, Wohnmobilstellplatz am Papiermühlweg	S	CHEM GRAU	B		S. 543
95111	Rehau, An der Birkenstraße/Harstraße, Wohnmobilpark Rehau	S	CHEM GRAU	BÜ		S. 492
95119	Naila, Christian-Schlicht-Straße, Parkplatz am Bahnhof	S	CHEM GRAU			S. 431
95126	Schwarzenbach/Saale, Förbauer Straße 2, Hein´s Fränkische Wirtschaft-Gasthausbrauerei	S				S. 538
95131	Schwarzenbach am Wald, Schützenstraße 30, Reisemobilstellplatz Döbraberg	S	CHEM GRAU			S. 538
95138	Bad Steben, Steinbacher Straße 18, Wohnmobilstellplatz an der Therme	S	CHEM GRAU			S. 151
95145	Oberkotzau, Fabrikstraße, Wohnmobilstellplatz Am Summa-Park	S	CHEM GRAU	BÜ		S. 455
95152	Selbitz-Sellanger, Stegenwaldhauser Straße 1, Shell-Autohof Selbitz	S	CHEM GRAU			S. 543
95158	Kirchenlamitz, Weißenstädter Straße 79, Stellplatz Kirchenlamitz	S	CHEM GRAU			S. 355
95158	Kirchenlamitz, Spitalgasse, Wertstoffhof	E	andere		*	
95163	Weißenstadt, Badstraße 91, Campingplatz Stadtbad Weißenstadt	S	CHEM GRAU			S. 610
95163	Weißenstadt, Thermenallee 1, Wohnmobilstellplatz Siebenquell	S	CHEM GRAU			S. 610
95168	Marktleuthen, Unterer Markt 22, Wohnmobilstellplatz im Egerauenpark	S	CHEM GRAU	BÜ		S. 407
95173	Schönwald, Grünhaid 4, Campingplatz Schönwald	S	CHEM GRAU			S. 533
95180	Berg-Schnarchenreuth, Von-Dobeneck-Straße 9, Gasthaus Gebhardt	S				S. 167
95183	Töpen-Mödlareuth, Mödlareuth 13, Deutsch-Deutsches Museum Mödlareuth Parkplatz Thüringer Seite	S				S. 575
95189	Köditz-Saalenstein, Saalenstein 9, Mergner-Hof	S	GRAU		*	S. 361
95191	Leupoldsgrün, Hauptstraße 48, Stellplatz Am Anger	S	CHEM GRAU			S. 387
95194	Regnitzlosau-Raitschin, Raitschin 4, Gasthof Raitschin	S	CHEM GRAU			S. 492
95195	Röslau, Eisnerstraße, Festplatz Geiersgarten	S				S. 507
95199	Thierstein, Hirtweg, Kaiserstein Markt Thierstein	S	CHEM GRAU			S. 572
95213	Münchberg, August-Horch-Straße 12, ESSO-Autohof	E	Sani Station			
95213	Münchberg, Schützenstraße 26b, Wohnmobilstellplatz Münchberg	S	CHEM GRAU		*	S. 427
95233	Helmbrechts, Lohstraße, Stellplatz am Badeweiher Wüstenselbitz	S	CHEM GRAU			S. 312
95233	Helmbrechts, Adolf-Haack-Straße 7, Wellenhallenbad Aquawell	S				S. 312
95236	Stammbach, Kläranlage 1, Kläranlage Stammbach	E	andere		*	
95236	Stammbach, Am Graben, Reisemobilplatz am Sportzentrum	S				S. 555
95236	Stammbach-Förstenreuth, Förstenreuth 18a, Gästehaus Fichtelgebirgsblick	S	CHEM GRAU			S. 555
95239	Zell im Fichtelgebirge, Haidbergstraße 28, Festplatz am Haidberg	S	CHEM GRAU	B		S. 637
95326	Kulmbach, Schwedensteg, Wohnmobilstellplatz Kulmbach	S	CHEM GRAU	B		S. 370
95326	Kulmbach-Blaich, Hofer Straße 20, Museen im Kulmbacher Mönchshof e.V. – Bayerisches Brauerei-	S				S. 370
95339	Wirsberg, Schorgasttal, Wohnmobilstellplatz im Schorgasttal	S				S. 627
95346	Stadtsteinach-Unterzaubach, Unterzaubach 1, Frankenwald Bauernhof	S	CHEM			S. 555
95349	Thurnau, Jägerstraße, Wanderparkplatz Thurnau	S	CHEM GRAU			S. 572
95352	Marktleugast-Hermes, Hermes 1, Landgut Hermes	S				S. 407
95444	Bayreuth, Hohenzollernring 30, Mainüberdachung am Hohenzollernplatz	S				S. 162
95448	Bayreuth, Grünewaldstraße, Stellplatz Grünewaldstraße	S	CHEM GRAU			S. 162
95448	Bayreuth-Seulbitz, Kurpromenade 5, Stellplatz Lohengrin Therme Bayreuth	S	CHEM			S. 162
95460	Bad Berneck, Klang 16, Stellplatz Am Klang	S	CHEM GRAU			S. 131
95466	Weidenberg, In der Au, Stellplatz In der Au	S				S. 606
95466	Weidenberg-Lehen, Lehen 6, Restaurant Hallermühle	S				S. 606
95469	Speichersdorf, Haidenaab 55, Stellplatz am Sportplatz	S	CHEM GRAU	B	*	S. 552
95478	Kemnath, Am Eisweiher 8, Parkplatz am Eisweiher	S	CHEM GRAU	B		S. 351
95485	Warmensteinach, Oberwarmensteinacher Straße 420, Wohnmobilstellplatz Freizeithaus	S				S. 603
95490	Mistelgau-Obernsees, An der Therme 1, Wohnmobilstellplatz Therme Obernsees	S	CHEM			S. 419
95493	Bischofsgrün, Rangenweg, Wohnmobilstellplatz Bischofsgrün	S	CHEM GRAU			S. 176
95497	Goldkronach, Schulstraße, Besucherparkplatz	S	CHEM GRAU			S. 282
95509	Marktschorgast, Bernecker Straße 12, Frankia-GP GmbH	E	Holiday-Clean			

S: Stellplatz **E:** Entsorgungsstation **CHEM:** Chemietoiletten-Entsorgung **GRAU B:** Grauwasserentsorgung mit Bodeneinlass **GRAU BÜ:** Grauwasserentsorgung mit Bodeneinlass überfahrbar

* Entsorgung für Durchreisende erlaubt. Bitte helfen Sie mit, diese Liste zu ergänzen. **Hinweis:** Einträge ohne Seitenzahl beziehen sich auf Entsorgungsstationen. Diese sind im BORDATLAS nicht gesondert aufgeführt.

95512	Neudrossenfeld, Ledergasse, Wohnmobilstellplatz Neudrossenfeld	S			S. 436
95514	Neustadt am Kulm, Jahnstraße, Stellplatz beim Sportplatz	S			S. 440
95615	Marktredwitz, Von-Cramm-Weg 7, Wohnmobil-Stellplatz am Auenpark	S	CHEM GRAU		S. 407
95632	Wunsiedel, Ludwigstraße/Rot-Kreuz-Straße, Wohnmobilstellplatz Wunsiedel	S	CHEM GRAU		S. 633
95643	Tirschenreuth-Lohnitz, Am Fischhof 40, Wohnmobilstellplatz am Fischhofpark	S	CHEM GRAU	*	S. 573
95652	Waldsassen, Joseph-Wiesnet-Straße, Großparkplatz	S			S. 597
95652	Waldsassen, Schwanengasse, Parkplatz Schwanenwiese	S			S. 598
95659	Arzberg, Friedrich-Ebert-Straße 6, Stellplatz Arzberg	S	GRAU		S. 125
95666	Mitterteich-Großbüchlberg, Großbüchlberg 32, Campingplatz Großbüchlberg	S	CHEM GRAU		S. 419
95671	Bärnau-Altglashütte, Altglashütte 4, Gasthof und Wald-Pension Blei	S			S. 159
95676	Wiesau, Egerstraße, Stellplatz Wiesau	S			S. 619
95680	Bad Alexandersbad, Birkleinweg, Stellplatz am Alexbad	S	CHEM GRAU		S. 129
95686	Fichtelberg, Nagler Weg 9-11, Deutsches Fahrzeugmuseum Fichtelberg	S			S. 255
95688	Friedenfels, Unterneumühle/Abzweig Sieglestraße, Kläranlage Friedenfels	E		*	
95688	Friedenfels, Am Hammerweiher 3, Reisemobilplatz an der Steinwaldhalle	S			S. 262
95688	Friedenfels, Weißensteiner Weg, Reisemobilplatz Frauenreuther Weiher	S			S. 263
95691	Hohenberg/Eger, Selber Straße 14, Wiesenfestplatz	S	CHEM GRAU BÜ	*	S. 325
95694	Mehlmeisel, Am Park, Parkplatz Am Park	S			S. 410
95698	Bad Neualbenreuth, Kurallee 1, Reisemobilhafen Sibyllenbad	S	CHEM GRAU BÜ		S. 145
95698	Neualbenreuth-Wernersreuth, Wernersreuth 19, Naturfreundehaus Wernersreuth	S			S. 435
95707	Thiersheim, Wampener Straße 1, Autohof Thiersheim	S	CHEM GRAU		S. 571
96047	Bamberg, Heinrichsdamm 33/Münchner Ring, P+R Heinrichsdamm	S	CHEM GRAU		S. 159
96050	Bamberg, Pödeldorfer Straße 176, Reisemobilstellplatz am Bambados	S	CHEM GRAU		S. 159
96106	Ebern, Bahnhofstraße 37, Autohaus Dietz - Freizeitcenter	S	CHEM GRAU	*	S. 225
96106	Ebern, Am Bahnhof, Wohnmobilstellplatz Ebern	S	CHEM GRAU BÜ		S. 225
96110	Scheßlitz, Windischlettener Straße, Stellplatz am Schwimmbad	S			S. 523
96114	Hirschaid, Georg-Kügel-Ring 3, Wohnmobilstellplatz RegnitzArena	S	CHEM GRAU BÜ		S. 321
96117	Memmelsdorf, Hauptstraße 11, Hotel Brauerei Gasthof Höhn	S			S. 413
96117	Memmelsdorf, An der Kreisstraße BA5 zw. Memmelsdorf u. Pödeldorf, Wohnmobilstellplatz Memmelsdorf Seehofblick	S	CHEM GRAU		S. 414
96120	Bischberg-Trosdorf, Bürgermeister-Wachter-Straße 3, Wohnmobilstellplatz Bischberg	S	CHEM GRAU BÜ		S. 176
96123	Litzendorf-Lohndorf, Lohntalstraße 15, Stellplatz Lohndorf	S			S. 391
96123	Litzendorf-Tiefenellern, Ellerbergstraße 1, Parkplatz Tiefenellern	S			S. 391
96129	Strullendorf, Hauptsmoorstraße 2, Hauptsmoorhalle	S			S. 561
96129	Strullendorf-Geisfeld, Magdalenenstraße 6, Brauerei-Gasthof Griess	S			S. 561
96129	Strullendorf-Leesten, Am Keller 2, Wohnmobilstellplatz Campingwelt Hofmann Leesten	S	CHEM GRAU		S. 561
96132	Schlüsselfeld, Thüngfeld 61, Braumanufaktur Hertl	S			S. 527
96132	Schlüsselfeld, Helmut-Reimann-Straße 2, MORELO Stellplatz	S	CHEM GRAU BÜ	*	S. 527
96132	Schlüsselfeld, Aschbacher Straße 5, Parkplatz Aschbacher Straße	S			S. 527
96132	Schlüsselfeld, Bamberger Straße, Parkplatz Bamberger Straße	S	CHEM GRAU	*	S. 527
96132	Schlüsselfeld-Aschbach, Concorde-Straße 4, Wohnmobilstellplatz Concorde-Reisemobile	S	CHEM GRAU		S. 527
96142	Hollfeld-Schönfeld, Schönfeld 2, Landhaus Schönfelder Hof	S			S. 327
96148	Baunach, Bahnhofstraße, Wohnmobilstellplatz am Altstadtparkplatz	S	CHEM GRAU		S. 161
96152	Burghaslach-Gleißenberg, An der Eichelfahrt 1, Kempe's Autohof	S			S. 201
96152	Burghaslach-Oberrimbach, Oberrimbach 2, Hotel-Restaurant Steigerwaldhaus	S			S. 201
96158	Frensdorf-Reundorf, Am Bahnhof 13, Am Schmausenkeller	S			S. 260
96160	Geiselwind, Schutzwiesenstraße, P1 Schutzwiesenstraße	S			S. 271
96170	Lisberg-Trabelsdorf, Seeleite 1, Wohnmobilstellplatz Altes Kurhaus Trabelsdorf	S	CHEM GRAU B		S. 391
96175	Pettstadt, Hauptstraße, Wohnmobilstellplatz Alte Bachbrücke	S			S. 476
96178	Pommersfelden, Schloss Weissenstein, Wohnmobilstellplatz Schloss Weissenstein	S			S. 481
96185	Schönbrunn im Steigerwald-Zettmannsdorf, Zettmannsdorfer Hauptstraße 18, Brauerei Seelmann	S			S. 532
96215	Lichtenfels, Krößwehrstraße 52, Maincamping Lichtenfels	E	andere		
96215	Lichtenfels, Krößwehrstraße 52, Parkplatz Krößwehrstraße	E		*	
96224	Burgkunstadt, In der Au 1, Agip-Tankstelle	E	Sani Station	*	
96224	Burgkunstadt, Alter Postweg, Am Festplatz	S			S. 202
96231	Bad Staffelstein, Seestraße 3, Stellplatz Campingplatz Bad Staffelstein	S	CHEM GRAU		S. 151
96231	Bad Staffelstein, Am Kurpark 1, Wohnmobilstellplatz an der Obermain Therme	S	CHEM GRAU		S. 151
96268	Mitwitz, Bächlein 10, Waldhotel Bächlein	S			S. 419
96268	Mitwitz, Am Riegel 20, Wohnmobilstellplatz Frankenpark Mitwitz	S	CHEM GRAU		S. 419
96277	Schneckenlohe, Neubrand 12, Wohnmobilstellplatz Auf der Höh	S	CHEM GRAU		S. 529
96317	Kronach, Am Sand, Wohnmobilstellplatz Hammermühle	S	CHEM GRAU		S. 368
96317	Kronach-Mostrach, Mostrach 1, Lucky-Stable-Ranch	S	GRAU		S. 368
96328	Küps, Lindenstraße, Stellplatz am TSV-Sportgelände	S			S. 371
96332	Pressig-Rothenkirchen, Badstraße 69, Wohnmobilstellplatz Rothenkirchen	S	CHEM GRAU		S. 483
96337	Ludwigsstadt, Lauensteinerstraße 28, Schützenplatz Ludwigsstadt	S	GRAU B	*	S. 399
96349	Steinwiesen, Kronacher Straße 75, Parkplatz hinter dem Tourismushaus	E	andere	*	
96349	Steinwiesen, Mühlwiesen 1-3, Wagners Hotel + Restaurant im Frankenwald	S			S. 558
96349	Steinwiesen, Waldspielplatz, Wohnmobilsstellplatz im Leitschtal	S			S. 558
96365	Nordhalben, Titschendorfer Straße 40, Wohnmobil-Stellplatz am Erlebnisbad in Nordhalben	S	CHEM GRAU		S. 449
96369	Weißenbrunn-Hummendorf, Johann-Georg-Herzog Straße 10, Restaurant-Gasthaus Zur Mühle	S			S. 609
96450	Coburg, Bamberger Straße/Ernst-Faber-Straße 19, Aral-Tankstelle	E	Sani Service 3in1	*	
96450	Coburg, Schützen-/Bamberger Straße, Parkplatz Ketschenanger	S			S. 207
96450	Coburg, Rosenauerstraße 32 (Einfahrt über Badweg), Wohnmobilstellplatz Vesteblick	S	CHEM GRAU BÜ	*	S. 207
96465	Neustadt bei Coburg, Schützenplatz, Wohnmobilstellplatz am Schützenplatz	S	CHEM GRAU		S. 442
96472	Rödental, Schweizerei 1, Schweizerei Rödental	S	CHEM GRAU		S. 505
96472	Rödental, Rosenauer Weg 2, Wohnmobilstellplatz Schloss Rosenau	S	CHEM GRAU B		S. 505
96476	Bad Rodach, Thermalbadstraße 18, Wohnmobilstellplatz Thermenaue	S	CHEM GRAU		S. 147
96515	Sonneberg, Wiesenstraße 18, Wohnmobilstellplatz am SonneBad	S	CHEM GRAU		S. 551
96523	Steinach, Straße zum Silbersattel 50, Skiarena Silbersattel	S			S. 556

S: Stellplatz **E:** Entsorgungsstation **CHEM:** Chemietoiletten-Entsorgung **GRAU B:** Grauwasserentsorgung mit Bodeneinlass **GRAU BÜ:** Grauwasserentsorgung mit Bodeneinlass überfahrbar

* Entsorgung für Durchreisende erlaubt. Bitte helfen Sie mit, diese Liste zu ergänzen **Hinweis:** Einträge ohne Seitenzahl beziehen sich auf Entsorgungsstationen. Diese sind im BORDATLAS nicht gesondert aufgeführt.

96528	Schalkau-Theuern, Im Grund 1, Hotel-Gasthof-Sonneneck Cornelia Göhring & Daniel Kunz GbR	S			S. 521
97070	Würzburg, Dreikronenstraße, Reisemobilplatz an der Friedensbrücke	S	CHEM GRAU	*	S. 635
97082	Würzburg, Mainaustraße 54, Klärwerk Würzburg	E	Holiday-Clean	*	
97199	Ochsenfurt, Mainuferstraße, Wohnmobilstellplatz am Mainufer	S			S. 460
97209	Veitshöchheim, Am Güßgraben 6, Wohnmobilstellplatz Am Güßgraben	S			S. 584
97215	Simmershofen-Walkershofen, Walkershofen 40, Camping Paradies Franken	S	CHEM GRAU B		S. 547
97225	Zellingen, Gewerbegebiet Retzbach, Kläranlage Zellingen	E	andere	*	
97225	Zellingen, Badstraße 9, Wohnmobilstellplatz am Freibad	S			S. 638
97236	Randersacker, Würzburger Straße 25, Winzerhof & Gästezimmer Schmachtenberger	S	CHEM GRAU BÜ		S. 488
97241	Bergtheim, Am Weinfaß 1, Weingut Schmitt	S			S. 168
97246	Eibelstadt, Mainparkring, Wassersportclub Eibelstadt e.V.	S	CHEM GRAU		S. 231
97247	Eisenheim-Obereisenheim, An der Mainaue 2, Stellplatz an der Winzerhalle	S	CHEM GRAU BÜ		S. 234
97247	Eisenheim-Untereisenheim, Dipbacherstraße 8, Weingut Hirn	S			S. 234
97250	Erlabrunn, Schleusenweg, Wohnmobilstellplatz Erlabrunner Badesee	S			S. 244
97258	Ippesheim, Industriestraße 1, Eni Service Station Gollhofen	S			S. 340
97285	Röttingen, Neubronner Straße, Festplatz an der Tauber	S	CHEM GRAU		S. 510
97285	Röttingen, Klingener Straße 1, Weinbau Bach	S			S. 510
97285	Tauberrettersheim, Judenhof 1 - Rathaus, Wohnmobilstellplatz an der Tauberbrücke	S			S. 567
97291	Thüngersheim, Mainau 1 a, Parkplatz Main-Aue	S	GRAU		S. 572
97291	Thüngersheim, Steigstraße 19, Weingut Willibald Klüpfel	S			S. 572
97318	Kaltensondheim, An der Marter 20, Weinbau Beuschel	S			S. 346
97318	Kitzingen-Etwashausen, Bleichwasen, Wohnmobilplatz Am Bleichwasen	S	CHEM GRAU		S. 357
97320	Albertshofen, Mainstraße, Stellplatz An der Mainfähre	S	CHEM GRAU		S. 113
97320	Mainstockheim, Albertshöfer Straße/Am Fährhafen, Wohnmobilhafen Mainstockheim	S	CHEM GRAU BÜ		S. 401
97320	Sulzfeld/Main, Am Maustal 1, Wohnmobilstellplatz Weingut Bernard	S	CHEM GRAU BÜ		S. 564
97320	Sulzfeld/Main, Am Maustal 3, Wohnmobilstellplatz Weingut Staudt	S	CHEM GRAU		S. 564
97332	Volkach, Fahrer Straße 1, Freibad Volkach	E	andere	*	
97332	Volkach, Erlachhof 3, Weingut Leo Langer	S			S. 589
97332	Volkach, Unter der Mainbrücke, Wohnmobilstellplatz Volkach an der Mainbrücke	S			S. 590
97332	Volkach-Astheim, Unter der Mainbrücke, Wohnmobilplatz Astheim	S			S. 590
97332	Volkach-Escherndorf, An der Güß 9a, Wohnmobilhafen Mainschleife Escherndorf	S	CHEM GRAU BÜ		S. 590
97332	Volkach-Fahr, Maingasse 3, Feuerwehrhaus	E	andere		
97332	Volkach-Fahr, Am Gries, Wohnmobilstellplatz Mainfähre Fahr	S			S. 590
97334	Nordheim am Main, Escherndorfer Weg, Wohnmobilstellplatz an der Mainfähre	S	CHEM GRAU B		S. 449
97337	Dettelbach, An der Mainlände, Wohnmobilstellplatz an der Mainlände	S	CHEM GRAU BÜ		S. 214
97337	Neuses am Berg, Köhlerstraße 12, Weingut und Brennerei Mangold	S	CHEM GRAU		S. 440
97340	Marktbreit/Main, Enheimer Straße 1, Restaurant-Weinstube Drachenburg	S			S. 406
97340	Marktbreit/Main, Marktstefterstraße 1, Wohnmobilstellplatz An den Mainwiesen	S	CHEM GRAU		S. 406
97340	Segnitz am Main, Mainstraße 8, Schätzlein's Wohnmobil-Stellplatz	S	CHEM GRAU		S. 542
97346	Iphofen, Mühlenweg 1, Wohnmobilstellplatz am Weingut Claußen-Wintzheimer	S			S. 339
97346	Iphofen, Einersheimer Straße 47, Wohnmobilstellplatz am Weingut Emmerich	S			S. 339
97346	Iphofen, Einersheimer Straße/Birklinger Straße, Wohnmobilstellplatz Iphofen	S	CHEM GRAU B	*	S. 339
97346	Iphofen-Dornheim, Dorfstraße 6+8, Gasthaus und Bauernhof Stierhof	S	GRAU		S. 340
97348	Markt Einersheim, Gipshüttenweg, Weingut Gamm	S			S. 406
97348	Rödelsee, Aussiedler Hof 3, Weingut Hemberger	S	CHEM		S. 504
97350	Mainbernheim, Goldgrubenweg 14, Parkplatz Mehrzweckhalle	S	CHEM GRAU B	*	S. 401
97355	Abtswind, Alte Untersambacher Straße 4, Wohnmobilstellplatz am Freibad	S			S. 110
97355	Castell, Schlossplatz 5, Fürstlich Castell´sches Domänenamt	S			S. 205
97355	Castell, Greuther Straße, Wohnmobilstellplatz an der Kneippanlage	S			S. 205
97357	Prichsenstadt, Am Mühlseelein 1, Reisemobilplatz am Schützenhaus	S			S. 483
97357	Prichsenstadt-Neuses am Sand, Neuses am Sand 21, Wörners Schloss Weingut & Welllnesshotel	S	GRAU		S. 483
97424	Schweinfurt, Hutrasen, Wohnmobilpark Hutrasen am Saumain	S	CHEM GRAU		S. 539
97437	Haßfurt, Am Hafen 8, Naturfreundehaus am Hafen Haßfurt	S	CHEM GRAU B		S. 305
97437	Haßfurt, Ringstraße 12a, Reisemobilplatz Festplatz Gries	S	CHEM GRAU		S. 305
97447	Gerolzhofen, Ecke Berliner/Dingolshäuser Straße, Großparkplatz P1 Geomaris	S			S. 275
97447	Gerolzhofen, Schallfelder Straße 30, Zentralparkplatz An der Volkach	S	CHEM		S. 276
97450	Arnstein, Am Alten Schwimmbad 10, Wohnmobilstellplatz am Naturbadesee Arnstein	S	CHEM GRAU		S. 124
97456	Dittelbrunn-Hambach, Strohgasse 1, Gasthaus Goldene Flasche	S			S. 217
97461	Hofheim, Manauer Straße 3-5, Landgasthof Burgblick	S			S. 324
97461	Hofheim/Unterfranken, Johannisstraße 28, Reisemobilstellplatz am Freibad	S	CHEM GRAU		S. 324
97464	Niederwerrn, Jahnstraße 12, Wohnmobilpark Niederwerrn	S	CHEM GRAU	*	S. 446
97475	Zeil am Main, Mittelweg 2a, Altstadt-Parkplatz	S			S. 636
97475	Zeil am Main, Augsfelder Weg 11, Christines Hofladen	S			S. 636
97478	Knetzgau-Wohnau, Zabelsteinstraße 15, Schmitt'n Hof	S	CHEM GRAU		S. 360
97483	Eltmann/Main, Mainlände, Parkplatz Mainlände	S	CHEM GRAU		S. 237
97486	Königsberg/Bayern, Altershäuser Straße, Wohnmobilstellplatz am Altstadtparkplatz Bleichdamm	S	CHEM GRAU	*	S. 362
97493	Bergrheinfeld-Garstadt, Dorfstraße ggü. Brunnholzstraße, Wohnmobilstellplatz Bergrheinfeld-Garstadt/Main	S			S. 168
97506	Grafenrheinfeld, Hermasweg, Wohnmobilstellplatz am Naturbadesee	S	CHEM GRAU		S. 285
97509	Kolitzheim-Zeilitzheim, Johann-Pröschel-Straße 18, Wohnmobilstellplatz am Weinhof Herbert	S	CHEM GRAU		S. 361
97509	Stammheim-Kolitzheim, Maintalstraße 60, Museumscamping Stammheim am Main	S	CHEM GRAU		S. 555
97513	Michelau-Prüßberg, Vollburgstraße 9, Gaststätte Vollburg Zinner	S			S. 417
97516	Oberschwarzach-Breitbach, Breitbach 23, Gasthaus Zur Traube	S			S. 456
97520	Röthlein, Am Sportplatz/Ecke Friedhofstraße, Stellplatz beim Festplatz	S			S. 509
97529	Sulzheim, Otto-Drescher-Straße 12, Landgasthof Goldener Adler	S	GRAU		S. 565
97537	Wipfeld, Obereisenheimer Straße, Festplatz am Main	S	GRAU		S. 626
97616	Bad Neustadt/Saale, Mühlbacher Straße, Reisemobilplatz Am Kurpark	S	CHEM		S. 145
97631	Bad Königshofen im Grabfeld, Am Kurzentrum 1, FrankenTherme Bad Königshofen	S	CHEM GRAU BÜ		S. 141
97631	Bad Königshofen im Grabfeld, Sambachshof 3, Wohnmobilstellplatz Freizeitzentrum Sambachshof	S	GRAU	*	S. 141
97638	Mellrichstadt, Malbachweg, Wohnmobilstellplatz am Malbach	S	CHEM GRAU BÜ		S. 413

S: Stellplatz **E:** Entsorgungsstation **CHEM:** Chemietoiletten-Entsorgung **GRAU B:** Grauwasserentsorgung mit Bodeneinlass **GRAU BÜ:** Grauwasserentsorgung mit Bodeneinlass überfahrbar
* Entsorgung für Durchreisende erlaubt. Bitte helfen Sie mit, diese Liste zu ergänzen. **Hinweis:** Einträge ohne Seitenzahl beziehen sich auf Entsorgungsstationen. Diese sind im BORDATLAS nicht gesondert aufgeführt.

97645	Ostheim vor der Rhön, Scheermühle 1, Rhönpiraten	**S**	CHEM GRAU		**S. 468**
97645	Ostheim vor der Rhön, Grundweg 4, Schmidts Ferienhof	**S**	CHEM GRAU		**S. 468**
97645	Ostheim vor der Rhön, Kreuzung Nordheimer Straße/ Alexander Straße, Wohnmobilstellplatz Streuwiesenparkplatz	**S**	CHEM GRAU		**S. 468**
97650	Fladungen, Flurstraße 16-18, Campingplatz Fladungen	**S**	CHEM GRAU		**S. 256**
97653	Bischofsheim/Rhön, Kreuzberg 10, Reisemobilstellplatz Gasthof Roth	**S**			**S. 176**
97653	Bischofsheim/Rhön-Haselbach, Viehweg 1, Hallenbad Haselbach	**S**	CHEM GRAU		**S. 176**
97656	Markt Oberelsbach, Gangolfstraße 25, Wohnmobilstellplatz Oberelsbach/Rhön	**S**	CHEM GRAU B		**S. 406**
97688	Bad Kissingen, Heiligenfelder Allee 16, Stellplatz an der KissSalis Therme	**S**	CHEM GRAU		**S. 140**
97702	Münnerstadt, Dr.-Engelhardt-Weg, Parkplatz am Oberen Tor P2	**S**			**S. 428**
97702	Münnerstadt, Seminarstraße, Parkplatz P1/An der Lache	**S**	CHEM GRAU		**S. 428**
97708	Bad Bocklet, Aschacher Straße, Parkplatz Am Kurpark	**S**	CHEM GRAU BÜ		**S. 133**
97723	Oberthulba, Untere Au 3, Naturcamp Thulba	**S**	CHEM GRAU	*	**S. 458**
97725	Elfershausen-Langendorf, Westheimer Straße 4, Wohnmobilstellplatz Langendorf	**S**	CHEM GRAU	*	**S. 235**
97729	Ramsthal, Kreisstraße KG 4/Hauptstraße, Wohnmobilstellplatz am Festplatz	**S**	CHEM		**S. 488**
97737	Gemünden/Main, Duivenallee 2, Campingplatz Saale-Insel	**E**	andere	*	
97737	Gemünden/Main, Duivenallee, Stellplatz An der Fränkischen Saale	**S**	CHEM GRAU	*	**S. 273**
97737	Gemünden/Main, Duivenallee/Lindenwiese, Wohnmobilstellplatz Lindenwiese	**S**			**S. 273**
97753	Karlstadt, Karlburger Straße 16, Wohnmobilstellplatz Karlstadt	**S**	CHEM GRAU B	*	**S. 349**
97762	Hammelburg, Am Bleichrasen, Stellplatz Bleichrasen	**S**	GRAU		**S. 301**
97762	Hammelburg, An der Walkmühle 11, Wohnmobilstellplatz Hotel Kaiser	**S**	CHEM GRAU		**S. 301**
97762	Hammelburg-Diebach, Am Erlich 30, Forellenhof Reuß	**S**	CHEM GRAU BÜ		**S. 301**
97769	Bad Brückenau, Ancenisstraße, Stellplatz Ancenisstraße	**S**	CHEM GRAU	*	**S. 133**
97769	Bad Brückenau, Buchwaldstraße, Stellplatz Buchwaldstraße	**S**			**S. 133**
97769	Bad Brückenau, Schlüchterner Straße 4, Wohnmobilstellplatz Schlosspark König Ludwig I.	**S**	CHEM GRAU		**S. 133**
97776	Eußenheim, Am Stockbrunnen 11, Winzerfamilie Jonas	**S**	GRAU BÜ		**S. 248**
97779	Geroda, Mühlweg 8, Wohnmobilstellplatz Geroda	**S**	CHEM GRAU	*	**S. 275**
97782	Gräfendorf, Roßmühle 1, Volkert Reisemobile und Wohnwagen	**E**	Holiday-Clean		
97799	Eckarts, Züntersbacher Straße 8, Stellplatz am Gasthof Zum schwarzen Roß	**S**			**S. 227**
97799	Zeitlofs, Baumallee 40, Rhön Camp Stellplatz SV Zeitlofs-Rupboden	**S**	CHEM GRAU	*	**S. 637**
97816	Lohr am Main, Osttangente, Parkplatz 3 Mainlände	**S**	CHEM GRAU		**S. 393**
97828	Marktheidenfeld, Baumhofstraße 147, Landgasthof Baumhof-Tenne	**S**	CHEM GRAU B		**S. 406**
97828	Marktheidenfeld, Georg-Mayr-Straße, Stellplatz Martinswiese	**S**	CHEM GRAU		**S. 407**
97855	Triefenstein-Lengfurt, Spessartstraße 30, Camping Main-Spessart-Park	**S**	CHEM GRAU		**S. 577**
97877	Wertheim, Parkplatz Tauber P 4 / Linke Tauberstraße, Wohnmobilstellplatz An der Taubermündung	**S**	CHEM GRAU		**S. 613**
97877	Wertheim-Dertingen, Zehntgasse 7, Winzerhof Baumann	**S**			**S. 614**
97892	Kreuzwertheim, Lindenstraße 41, Hotel und Weinhaus Lindenhof	**S**			**S. 367**
97892	Kreuzwertheim, Fahrgasse, Wohnmobilstellplatz Kreuzwertheim	**S**	CHEM GRAU BÜ		**S. 368**
97896	Freudenberg/Main, Hauptstraße 41, Wohnmobilstellplatz in Freudenberg/Main	**S**	CHEM GRAU		**S. 261**
97900	Külsheim, Kirchbergweg, Stellplatz am Schloss	**S**	CHEM GRAU		**S. 370**

97903	Collenberg-Reistenhausen, Mainstraße, Stellplatz Mainstraße	**S**			**S. 207**
97922	Lauda-Königshofen, Messegelände, Am Messegelände	**S**			**S. 377**
97922	Lauda-Königshofen, Alte Wiesen 4, Kläranlage Gerlachsheim	**E**	andere	*	
97922	Lauda-Königshofen, Am Wörth, Parkplatz am Wörth	**S**			**S. 377**
97922	Lauda-Königshofen, Badstraße 51, Stellplatz Badstraße	**S**			**S. 378**
97922	Lauda-Königshofen-Beckstein, Weinstraße 30, Becksteiner Winzer	**S**			**S. 378**
97922	Lauda-Königshofen-Gerlachsheim, Zum Sportfeld, Zum Sportfeld Gerlachsheim	**S**			**S. 378**
97922	Lauda-Königshofen-Unterbalbach, Wagnerstraße, Stellplatz Unterbalbach	**S**			**S. 378**
97941	Tauberbischofsheim, Bei der Kläranlage 10, Kläranlage Tauberbischofsheim	**E**		*	
97941	Tauberbischofsheim, Vitryallee, Wohnmobilstellplatz an der Vitryallee	**S**			**S. 567**
97956	Werbach-Gamburg, Brückenstraße, Wohnmobilstellplatz Gamburg	**S**			**S. 611**
97980	Bad Mergentheim, Arkau 5, Wohnmobilstellplatz an der Solymar Therme	**S**	CHEM GRAU B		**S. 144**
97980	Bad Mergentheim-Markelsheim, Jahnstraße, Stellplatz Markelsheim	**S**			**S. 144**
97980	Bad Mergentheim-Markelsheim, Scheuerntorstraße 19, Weingärtner Markelsheim eG	**S**			**S. 144**
97990	Weikersheim-Laudenbach, Weikersheimer Straße 21, Camping Schwabenmühle	**S**	CHEM GRAU B		**S. 606**
97990	Weikersheim-Nassau, Lange Straße 10, Ferienhof Henn	**S**	CHEM GRAU BÜ		**S. 606**
97990	Weikersheim-Neubronn, Lindenweg 9, Stellplatz Georgshof	**S**	CHEM		**S. 606**
97993	Creglingen, Nähe Rothenburger Straße 40, Stellplatz am Sportplatz	**S**			**S. 208**
97993	Creglingen, Kieselallee, Taubertor-Parkplatz	**S**			**S. 208**
97993	Creglingen-Münster, Münster 67, Campingplatz Romantische Strasse	**E**	andere		
97996	Niederstetten, Frickentalplatz, Wohnmobilstellplatz Frickentalplatz	**S**	CHEM GRAU		**S. 446**
98527	Suhl, Werner-Seelenbinder-Straße, Stellplatz am Congress Centrum	**S**			**S. 563**
98528	Suhl-Schmiedefeld, Sportplatzstraße, Am Sportplatz	**S**			**S. 563**
98544	Zella-Mehlis, An der Quelle 5, Toschis Station	**S**	CHEM GRAU		**S. 638**
98547	Kühndorf, Am Flugplatz 1, Flugschule Dolmar	**S**			**S. 370**
98553	Schleusingen, Am Bergsee 40, Bergsee Ratscher	**S**			**S. 525**
98553	Schleusingen, Springelbacher Weg 2, Brandsköppshaus	**S**			**S. 525**
98559	Oberhof, Am Grenzadler, Caravanstellplatz am Biathlonstadion	**S**	CHEM GRAU BÜ		**S. 454**
98559	Oberhof, Jahnstraße 7, Wohnmobilstellplatz Oberhof	**S**	CHEM GRAU BÜ		**S. 455**
98574	Schmalkalden, Westendstraße 4, Reisemobilstellplatz Westendpark	**S**	CHEM GRAU		**S. 527**
98593	Floh-Seligenthal, Schneidmühlengrund 7, Caravanstellplatz im Schneidmühlengrund	**S**	CHEM GRAU		**S. 257**
98596	Brotterode-Trusetal, Brotteroder Straße, Stellplatz am Trusetaler Wasserfall	**S**			**S. 196**
98597	Breitungen/Werra, Seeblick 1, Hotel Jagdhaus Seeblick	**S**			**S. 192**
98599	Brotterode-Trusetal, Am Bad 1, Inselbergbad Brotterode	**S**			**S. 196**
98617	Meiningen, Werrastraße, Parkplatz Großmutterwiesen	**S**			**S. 411**
98617	Meiningen, Landsberger Straße, Parkplatz Volkshaus/ Theater	**S**			**S. 411**
98617	Meiningen, Rohrer Stirn, Stellplatz am Campingplatz Rohrer Stirn	**S**	CHEM GRAU BÜ		**S. 411**
98617	Rhönblick-Seeba, Herpfer Straße, Sellplatz am Seebaer See	**S**			**S. 499**
98617	Vachdorf, Riethweg 239/Im Hessen, Stellplatz beim Bio- und Gesundheitszentrum	**S**	CHEM GRAU		**S. 584**

S: Stellplatz **E:** Entsorgungsstation **CHEM:** Chemietoiletten-Entsorgung **GRAU B:** Grauwasserentsorgung mit Bodeneinlass **GRAU BÜ:** Grauwasserentsorgung mit Bodeneinlass überfahrbar
***** Entsorgung für Durchreisende erlaubt. Bitte helfen Sie mit, diese Liste zu ergänzen. **Hinweis:** Einträge ohne Seitenzahl beziehen sich auf Entsorgungsstationen. Diese sind im BORDATLAS nicht gesondert aufgeführt.

98646	Hildburghausen, Friedrich-Rückert-Straße, Parkplatz Friedrich-Rückert-Straße	S			**S. 319**
98646	Hildburghausen-Häselrieth, Mohnhäcksweg 1, Kläranlage Häselrieth	E	andere	*	
98660	Themar, Mauerstraße 13, Stellplatz Am Hexenturm	S	CHEM GRAU		**S. 571**
98663	Bad Colberg-Heldburg, Einöd 385, Stellplatz Countryscheune-Einöd	S			**S. 134**
98663	Heldburg, Am Rainbrünnlein 284, Wohnmobilstellplatz Am Rainbrünnlein	S	CHEM GRAU		**S. 311**
98666	Masserberg, Rennsteigstraße 2, Zentralparkplatz Am Rennsteig	S			**S. 408**
98673	Eisfeld, An der B4 Richtung Coburg, Agip-Tankstelle	E	andere	*	
98673	Eisfeld, Am Volkshaus, Stellplatz Am Volkshaus	S			**S. 234**
98673	Eisfeld, Coburger Straße 501 (B4), Waldhotel Hubertus	S			**S. 234**
98673	Eisfeld-Bockstadt, Münchhausenallee 4, Wohnmobilstellplatz Camping am Werra-Radweg	S	CHEM GRAU BÜ	*	**S. 234**
98673	Eisfeld-Sachsenbrunn, Zum Fischteich, Stellplatz Sachsenbrunn	S			**S. 234**
98693	Ilmenau, Naumannstraße 22, Festhalle Ilmenau	S	CHEM GRAU		**S. 337**
98694	Ilmenau-Frauenwald, Am Rothenberg 1, Waldhotel Rennsteighöhe	S			**S. 337**
98701	Großbreitenbach, Am Schwimmbad 6, Wohnmobil- und Ferienpark Großbreitenbach	S	CHEM GRAU		**S. 290**
98711	Suhl-Vesser, Roter Crux, Kulturzentrum Offenstall	S			**S. 563**
98716	Geschwenda, Gartenstraße 19/Mühlbach, Lippert Reisemobile	E	Holiday-Clean		
98724	Lauscha, Steinachgrund, Freizeit- und Erlebnisbad Lauscha	S			**S. 379**
98724	Lauscha, Obermühle 3, Parkplatz Obermühle	S			**S. 380**
98724	Neuhaus am Rennweg, Eisfelder Straße 44, Rennsteighotel Herrnberger Hof	S			**S. 437**
98744	Meura, Umgehungsstraße L2654, Festplatz Meura	S	CHEM GRAU		**S. 417**
98744	Oberweißbach, Schneidemühlenweg 16, Stellplatz beim Fiat-Autohaus Dietrich	S			**S. 458**
98744	Schwarzatal-Obstfelderschmiede, An der Bergbahn 1, Wohnmobilparkplatz an der Oberweißbacher Bergbahn	S			**S. 537**
99094	Erfurt, Gothaer Straße 30, Wohnmobilstellplatz Tor zur Stadt Erfurt	S	CHEM GRAU B	*	**S. 243**
99097	Erfurt, Rottenbacherweg 11, Wohnmobilpark Trautmann Erfurt	S	CHEM GRAU B	*	**S. 243**
99195	Kleinrudestedt, Breite Straße 1, Wohnmobilstellplatz am Storchennest	S			**S. 358**
99310	Arnstadt, Wollmarkt 19, Arnstädter Sport- und Freizeitbad am Wollmarkt	S			**S. 124**
99331	Geschwenda, Parkplatz Waldbad, Parkplatz am ehemaligen Waldbad	S			**S. 276**
99331	Geschwenda, Kickelhähnchen, Parkplatz am Kickelhähnchen	S			**S. 276**
99334	Ichtershausen, Thöreyer Straße/A4, Esso Autohof	E	Sani Station	*	
99423	Weimar, Hermann-Brill-Platz, Stellplatz Hermann-Brill-Platz	S	CHEM		**S. 608**
99425	Weimar, Berkaer Straße, Stellplatz am Friedhof	S			**S. 608**
99428	Grammetal-Obernissa, Kalte Küche 7A, Stellplatz Lassek	S	CHEM GRAU		**S. 286**
99428	Hopfgarten, Wassermühle 1, Pension Aurin zur Wassermühle	S			**S. 329**
99428	Weimar-Legefeld, In der Buttergrube 11, Saunabad Weimar	S			**S. 608**
99438	Bad Berka, Bleichstraße, Reisemobil-Parkplatz P2	S	CHEM		**S. 131**
99510	Apolda, Am Sportpark, Stellplatz an der Dreifeldsporthalle	S	GRAU		**S. 123**
99518	Bad Sulza, Am Gradierwerk 3, Wohnmobilstellplatz Am Gradierwerk	S	CHEM GRAU	*	**S. 152**
99518	Eberstedt, Dorfstraße 28-29, Ölmühle Eberstedt GmbH	S	CHEM GRAU		**S. 226**
99625	Kölleda, Battgendorfer Straße 1, Hotel & Restaurant Alte Molkerei	S			**S. 361**
99636	Rastenberg-Finneck, Am Haselberg 45 a, Wohnmobilstellplatz Rastenberg	S	CHEM GRAU	*	**S. 489**
99706	Sondershausen, Possen 1, Freizeit- und Erholungspark Zum Possen	S			**S. 550**
99706	Sondershausen, Hospitalstraße, Wohnmobilplatz Zur Windleite P7	S	CHEM GRAU		**S. 551**
99734	Nordhausen, Grimmelallee 40, Badehaus Nordhausen	S	CHEM GRAU	*	**S. 449**
99768	Ilfeld, Ilgerstraße 8, Hotel Restaurant Harzparadies	S	CHEM GRAU		**S. 337**
99768	Ilfeld-Sophienhof, Sophienstraße 16, Hotel Brauner Hirsch	S	CHEM GRAU		**S. 337**
99817	Eisenach, Karl-Marx-Straße, Parkplatz Karl-Marx-Straße	S	CHEM GRAU		**S. 233**
99817	Eisenach, Heinrich-Erhard-Platz/Clemdastraße, Stellplatz am Automobilmuseum	S	GRAU		**S. 233**
99817	Eisenach-Stregda, Ringstraße 27, Wohnmobile A. Waldhelm OHG	S	CHEM GRAU BÜ	*	**S. 233**
99819	Krauthausen-Deubachshof, Am Gutshof 14, Rasthof Eisenach-Süd (A4)	E	Sani Service 3in1	*	
99826	Frankenroda, Probstei Zella 1, Campingplatz-Landgasthof-Reiterhof Probstei Zella	S	CHEM GRAU		**S. 258**
99837	Dankmarshausen, Waldstraße 31, Hotel Waldschlösschen	S			**S. 211**
99842	Ruhla, Vorderer Nesselrain 1, Geißen-Alm – mediterraner Waldplatz	S	CHEM GRAU		**S. 511**
99867	Gotha, Parkallee, Busparkplatz am Marstall	S			**S. 283**
99867	Gotha, Gotthardstraße 14, Wohnmobilstellplatz Brückenstraße	S			**S. 284**
99869	Drei Gleichen-Mühlberg, Campingplatz 1, Camping Drei Gleichen	S	CHEM GRAU BÜ	*	**S. 221**
99880	Waltershausen-Winterstein, Liebensteiner Straße, Waldgasthaus Ruhlaer Skihütte	S			**S. 600**
99885	Ohrdruf, Krügelsteinstraße 1, Wohnmobilstellplatz am Schloss	S	CHEM GRAU		**S. 462**
99887	Georgenthal, Lohmühle 1-5, Lohmühlenmuseum mit Freigelände	S	CHEM GRAU BÜ		**S. 274**
99887	Georgenthal-Gospiteroda, Boxberg 86, Hotel Thüringer Waldblick Boxberg	S			**S. 274**
99891	Bad Tabarz, Karl-Kornhaß-Straße21, Womo-Stellplatz Bad Tabarz	S	CHEM GRAU	*	**S. 152**
99897	Tambach-Dietharz, Burgstallstraße, Festplatz Tambach-Dietharz	S			**S. 566**
99947	Bad Langensalza, Böhmenstraße, Wohnmobilstellplatz an der Friederiken Therme	S	CHEM GRAU BÜ		**S. 143**
99955	Bad Tennstedt, Am Schwimmbad/Kutzleber Landstraße, Caravan-Stellplatz Zweifeldersporthalle	S			**S. 152**
99974	Mühlhausen/Thüringen, Popperöder Gasse 2, Campingplatz am Schwanenteich	S	CHEM GRAU		**S. 425**
99974	Mühlhausen/Thüringen, Hanfsack, Wohnmobilstellplatz Engelsgarten	S	CHEM GRAU	*	**S. 426**

S: Stellplatz **E:** Entsorgungsstation **CHEM:** Chemietoiletten-Entsorgung **GRAU B:** Grauwasserentsorgung mit Bodeneinlass **GRAU BÜ:** Grauwasserentsorgung mit Bodeneinlass überfahrbar
* Entsorgung für Durchreisende erlaubt. Bitte helfen Sie mit, diese Liste zu ergänzen. **Hinweis:** Einträge ohne Seitenzahl beziehen sich auf Entsorgungsstationen. Diese sind im BORDATLAS nicht gesondert aufgeführt.

PLZ 0

Caravan-Center Geiler
Limbacher Str. 17-19 · 09353 Oberlungwitz
• Reparaturen • Service • Verkauf • Vermietung
HYMER
ERIBA
Sunlight
Tel. 0 37 23/4 34 09 · Fax 0 37 23/41 51 63
www.caravan-geiler.de · info@caravan-geiler.de

PLZ 2

AAC Reisemobile
Camping und Freizeit
Onlineshop · Ausbau
Fahrzeugmöbel aller Art
Hotline 04 1 91/80 21 280
www.aac-reisemobile.de

NEUSEENLAND Caravaning
Spenglerallee 23
04442 Zwenkau
Tel. 03 42 03/43 35 40
Chausson la strada LMC malibu Sterckeman PANAMA
www.neuseenlandcaravaning.de

TERGUS®
Matratzen nach Maß!
A1
HB---X---HH
27419 SITTENSEN
www.mobilbetten.de

SCHWARZ MOBILE FREIZEIT
IHR EXPERTE FÜR CAMPING, OUTDOOR & FREIZEIT
- Wohnwagen & Wohnmobile
- Campervan & Urban Vehicle
- Wohnmobilvermietung
- Vorzelte & Zubehör
- Werkstatt-Service u. v. m.

bürstner · Globecar · CROSSCAMP · KABE · MOVERA · Dethleffs · NIESMANN+BISCHOFF · FENDT CARAVAN · Sunlight
Segeberger Str. 5
23863 Kayhude
T 040 - 63 91 706
schwarz-mobile-freizeit.de

www.biberbox.de
Campingmodule

PLZ 1

Ihr Partner im Norden
Mobile Freiheit erleben!
FreizeitMobile
VON DER KAMMER GMBH
carthago · malibu · Hobby · carado · ADRIA · SUNLIVING · CROSSCAMP
26452 Sande
www.freizeitmobile-sande.de
Huntestr. 1/K99 · Tel. 0 44 22/5 06 87-0

CARBOTEC
Mit uns in Europa zuhause
CARBOTEC GmbH
Karl-Liebknecht-Str. 182
15711 Königs Wusterhausen
www.carbotec.de
Starke Marken für Ihren Urlaub
NIESMANN+BISCHOFF · HYMER · ERIBA · LAIKA · FENDT CARAVAN · carado · MOVERA · rent easy · bürstner

Besuchen Sie uns auch online
www.shop.doldemedien.de

Hobby ...aus Liebe zur Freizeit

Ihr Vertragspartner in 08115 Schönfels
Caravanzentrum Spitzner GmbH
Neumarker Str. 2 · 08115 Schönfels/Sachsen
Tel. 0 37 60 0/25 84 · Fax 34 22

Chiptuning
mehr Leistung, mehr Fahrspaß, weniger Verbrauch für Wohnmobile und PKW
www.chiptuning-kiel.de
Dipl.-Ing. Jan Nemzack
CTK KIEL Tel. 0431/3699119

Alles rund um Mängel am Wohnmobil
NEU: Check von Gebrauchtfahrzeugen
womoqcheck.de
Auch in Zusammenarbeit mit dem ADAC

sundrive
Reisemobilbedarf
Campingbusausbau seit 1980
VW, Mercedes, Fiat...
Reimo • SCA • Polyroof
Hauptstr. 35
13591 Berlin
www.sundrive.de
info@sundrive.de
030 321 20 40

BRESLER MOBILE

REISEN UND GENIESSEN
+49 3763 440833
www.bresler-mobile.de

shop.doldemedien.de

www.Wohnmobil-Galerie.de
Burgviert 5 -7
25582 Hohenaspe
Tel.: 04893 - 37 33 3

www.Ankauf-Wohnmobile.de
Wir kaufen jedes gebrauchte Wohnmobil !

PLZ 2

PLZ 3

PLZ 4

CARAVAN-SERVICE NEUHAUS
TRIGANO · Silver · CARAVELAIR
Neue · Gebrauchte · Ersatzteile · Reparaturen
47249 Duisburg · Tel. 02 03 / 98 50 848
www.caravan-service-neuhaus.de

HYMER ZENTRUM B1 Dhonau GmbH
www.hymerB1.de

Willkommen an Bord
Kölner Str. 35-37 · 45481 Mülheim an der Ruhr · Telefon: 0208 - 48 42 90
HYMER · ERIBA · carado · CROSSCAMP · MOVERA · weber · Broil King

3H CAMPING CENTER
Verkauf
Vermietung
Werkstatt
Zubehörshop
Stellplatz
Jacobastr. 66, 41836 Hückelhoven
Tel. 02433 - 93 90 90
www.3H-Camping.de
HYMER MOTOR CARAVANS · HYMER CAMPER VANS · ERIBA · ADRIA

Reisemobile Hartmann

PANAMA 24/7/365
FLEURETTE · DREAMER · ITINEO
www.reisemobile-hartmann.de
44534 Lünen · Tel. 02306/50411

Jetzt BESTELLEN unter

shop.doldemedien.de

Adria Caravan Schraub GmbH
acsmobil.de
ADRIA CARAVAN SCHRAUB
Rheinstraße 161
45478 Mülheim an der Ruhr
Tel.: +49(0)208 899 288 - 0
info@caravan-schraub.de
www.caravan-schraub.de
PÖSSL GROUP · CHAUSSON · ADRIA

Matratzen nach Maß
Alle Größen. Beste Qualität.
eigene Produktion - große Parkplätze am Haus
www.DORMAVITA.de
Alleestr. 21, 42781 Haan, Tel. 02129/50944
Aldenhövel 41, 59348 Lüdinghausen
Tel. 02591/9477903

PLZ 5

REISEMOBILE UND CARAVANS
ERIBA · HYMER Vertragshändler
Verkauf - Vermietung - Zubehör - Werkstatt
WeWo Caravaning GmbH
56414 HUNDSANGEN
Tel. 0 64 35/96 16 00 · Fax 96 63 47
www.we-wo.de · info@we-wo.de

www.hymer-koeln.de
Tel. 0 22 36/37 85-0

WOHNMOBILPARK AM PETERSBERG GmbH
EURA MOBIL
Flonheimerstr. 34 · 55234 Biebelnheim
Tel.: 06733/9211-70
www.wohnmobilpark-petersberg.de

Wohnmobil Chiptuning
tec POWER
20 Jahre
D-53424 Remagen
Sinziger Str. 34 (B9)
QUALITÄT IST PROGRAMMIERBAR
Tel. 02642 / 903872

Jetzt BESTELLEN unter

shop.doldemedien.de

Der Rundumservice für Ihre Reise
59174 Kamen, Tel. 02307 201660
www.brumberg-reisemobile.de
REISEMOBILE BRUMBERG GmbH

Reisemobile jumpertz GmbH
Ihr Partner für mobile Freizeit im Rheinland
FRANKIA · YUCON · PILOTE
52428 Jülich
Rudolf-Diesel-Str. 8 | 02461-52021
info@reisemobile-jumpertz.de
www.reisemobile-jumpertz.de

camping oase
FREIZEIT AUF RÄDERN KERPEN
Dethleffs · Sunlight · Globecar
Ihr Vertragspartner mit langjähriger Erfahrung
kompetent – zuverlässig – serviceorientiert
Camping Oase Kerpen GmbH
Hüttenstr. 112 · 50170 Kerpen-Sindorf
Tel.: 02273-95 40 90
info@campingoase-kerpen.de
www.campingoase-kerpen.de

Verkauf - Vermietung - Zubehör - Service
AMB REISEMOBILE
LMC · MOBILVETTA DESIGN · CHAUSSON · Forster
Tel. 06763/544 · 55481 Kirchberg
www.amb-reisemobile.de

A

DEUTSCHLAND

A

52066 Aachen €23,00

Stellplatz Bad Aachen, Branderhofer Weg 11, ☎ 0241/99000991 <12m
Im Naherholungsgebiet Gillesbachtal, im Stadtteil Burtscheid innerhalb der Umweltzone

POS: 50°45'42.87"N/6°6'9.32"E, Karte D9 (S. 12), A1
Platz: P = 48 auf Schotter, Eco-Raster/Gras. =56 (16 A) WC CHEM GRAU . Modernes Service- und Sanitärgebäude. B nur bei Gruppen. Aufenthalt max. 2 Nächte, keine Reservierungen möglich. Ganzjährig geöffnet.
Preis: 23 € inkl. Strom, Wasser, Entsorgung, Dusche, WC, Müll-Entsorgung, Kurtaxe, WLAN. Waschmaschine/Trockner je 0,50 €.
Kontakt: Kur- und Badegesellschaft mbH, Axel Bräutigam, ☎ 0241/99000991, Mobil: 0176/45651438, mail@aachen-camping.de, www.aachen-camping.de.
Distanz: 0,2 km, weitere Restaurants in 0,7 km, Ⓗ 0,4 km, 0,8 km, 0,8 km.
Gastro: Brötchenverkauf an der Rezeption: 8:15-8:45 Uhr.
Freizeit: 3 km, 1,5 km, 1,5 km. Stadtbesichtigung, Kuranwendungen im Aachen-Burtscheid, Carolus-Thermen 3,5 km.
POI: Centre Charlemagne 2,3 km, Stadtkern mit Rathaus, Aachener Dom (UNESCO-Weltkulturerbe) 2,5 km, Abtei Kornelimünster 9 km.

73431 Aalen gratis

Wohnmobilplätze bei den Limes-Thermen, Osterbucher Steige, ☎ 07361/521111 <12m
In der Nähe der Limes-Thermen

POS: 48°49'12.59"N/10°4'39.33"E, Karte D14 (S. 17), H1
Platz: P = 8 auf Rasengittersteinen. CHEM GRAU . Aufenthalt max. 3 Tage. Ganzjährig geöffnet.
Preis: Übernachtung gratis. Strom 0,50 €/kWh, Wasser 1 €/100 l.
Kontakt: Stadt Aalen, ☎ 07361/521111, kulturamt@aalen.de, www.aalen.de.
Distanz: Ⓗ 0,1 km, 1,5 km, 3 km.
Gastro: Restaurant im H+ Hotel. Stadthöfle.
Freizeit: 0,1 km. Freibad Unterrombach, Kletterhalle, Thermalbad, Rad- und Wanderwege 0,2 km.
POI: Aussichtsturm Aalbäumle 2 km, Sternwarte 2,4 km, Limesmuseum Aalen 3 km, Mitmach und Experimentemuseum explorhino 3 km, Urweltmuseum 3 km, Besucherbergwerk Tiefer Stollen 7 km, Schloss Fachsenfeld 9 km.

65326 Aarbergen-Michelbach €5,00

Reisemobilstellplatz Aarbergen-Michelbach, Hauptstraße/Abfahrt Platz im Brühl (über Bornweg), ☎ 06120/2736 <12m
Ruhige Lage am Bach im Ortskern

POS: 50°13'50.02"N/8°3'35.75"E, Karte D9 (S. 12), D3
Platz: = 10 auf Pflaster. =8 (16/32 A) CHEM GRAU. B wird empfohlen. Aufenthalt max. 5 Tage. Ganzjährig geöffnet.
Preis: 5 € inkl. Strom, Wasser, Entsorgung.
Kontakt: Manuela Schrader, ☎ 06120/2736, manuela.schrader@aarbergen.de, www.aarbergen.de.
Distanz: Ⓗ 0,1 km, 0,1 km, 0,2 km, 0,3 km.
Freizeit: 0,7 km. Draisinentouren, Aartal Rad- und Wanderweg 0,5 km, Landwehrrundweg 4,5 km, Walderlebnispfad Panrod 9 km.
POI: Wehrkirche in Michelbach 0,5 km, Schölerorgel in Kettenbach 2,5 km.

91183 Abenberg €5,00

Stellplatz am Badeweiher, Spalter Straße, ☎ 09178/98800 <8m
Ruhige Ortsrandlage, neben einem Naturbadeweiher mit Blick auf die Burg

POS: 49°14'7.61"N/10°57'19.53"E, Karte D11 (S. 14), B5
Platz: = 6 auf Schotterrasen. CHEM GRAU. Aufenthalt max. 5 Tage. Ganzjährig geöffnet.
Preis: 5 €. Strom 1 €/6 h, Wasser 1 €.
Kontakt: Stadt Abenberg, ☎ 09178/98800, info@stadt-abenberg.de, www.abenberg.de.
Distanz: 0,2 km, Ⓗ 0,4 km, 0,4 km, weitere Restaurants in 0,9 km, 1 km.
Gastro: Bäckerei Schmidt 0,1 km.
Freizeit: Stadtführung, Golfen, Angeln, Kutschfahrten, Reiten.
POI: Rathaus mit oberem Turm, Kloster Marienburg, Burg Abenberg.

91720 Absberg €13,50

Reisemobilhafen Badehalbinsel Absberg, Badehalbinsel 5, ☎ 09144/571 Am Kleinen Brombachsee <10m

2020 geprüft

POS: 49°8'16.00"N/10°52'25.27"E, Karte D11 (S. 14), A5
Platz: P = 240 auf Wiese. =230 CHEM GRAU . Hundestrand. Geöffnet: 25.03. - 15.11.
Preis: 13,50 € inkl. Entsorgung, Müll-Entsorgung, WC. Jede weitere Pers. 1 €, Strom 0,50 €/kWh, Wasser 0,20 €/100 l, Dusche 1 €, Kurtaxe 1 €/Pers.
Kontakt: Zweckverband Brombachsee, ☎ 09144/571, mail@zv-brombachsee.de, www.zv-brombachsee.de/reisemobilhafen.
Distanz: 0,1 km, weitere Restaurants in 0,5 km, Ⓗ 1 km, 1 km, 1 km.
Gastro: Biergarten. Frühstücks- und Brötchenservice am Strand-Kiosk.
Freizeit: 8 km, 8 km, 0,5 km. Minigolf/Tennis, Wassersport, Angeln, Surf-/Segelschule, SUP, Bootsverleih 0,2 km, Bogenschießen 0,2 km.
POI: Barockschloss Ellingen 16 km, Schloss Spielberg 20 km, Römerstadt Weißenburg 20 km.

97355 Abtswind gratis

Wohnmobilstellplatz am Freibad, Alte Untersambacher Straße 4, ☎ 09383/300 Am Ortsrand, durch Kastanien vor starker Sonneneinstrahlung geschützt <10m

POS: 49°46'20.12"N/10°22'41.17"E, Karte D10 (S. 13), H4
Platz: P = 10, = 4 (<12 m) auf Rasengittersteinen. . Ganzjährig geöffnet.
Preis: Übernachtung gratis.
Kontakt: Gemeinde Abtswind, ☎ 09383/300, rathaus@abtswind.de, www.abtswind.de.
Distanz: Ⓗ 0,2 km, 0,2 km, 0,5 km.
Gastro: Gasthof Zur Schwane. Ölmühle. Schwimmbadgaststätte.
Freizeit: 0,2 km. Skilift, Langlaufloipe, Themen-Radwege, Wandern.
POI: Dorfschätze Express, Frankenblick, TraumRunde Abtswind, bayerischer Weinlehrpfad.

Vor der Anreise empfehlen wir, Kontakt mit dem Betreiber aufzunehmen, um die Auslastung des Stellplatzes abzufragen.

77855 Achern €8,00

Wohnmobilstellplatz Achern, Kapellenstraße Ecke Badstraße, <12m
07841/6421440 Separate Stellflächen neben dem Schwimmbad, zentral gelegen

POS: 48°37'28.39"N/8°4'24.92"E, Karte D13 (S.16), D2
Platz: = 12 auf Schotter. =12 CHEM. Aufenthalt max. 7 Tage. Ganzjährig geöffnet.
Preis: 8 € inkl. Entsorgung, Müll-Entsorgung, Kurtaxe. Strom 1 €/6 h, Wasser 1 €/100 l.
Kontakt: Stadtverwaltung Achern, Petra Kegel, 07841/6421440, stadtwerke@achern.de, www.achern.de.
Distanz: 0,1 km, 0,3 km, 0,3 km, 0,5 km.
Freizeit: 0,1 km. Stadtführung, Stadtgarten mit Abenteuerspielplatz 0,5 km, Achernsee mit Badestelle 3 km, Naturpark Schwarzwald 20 km.
POI: Klauskirchl 0,1 km.

25917 Achtrup gratis

Landgasthof Achtruper Stuben, Ladelunder Straße 24, 04662/775224 <10m
Ruhige Lage, kurz vor der dänischen Grenze

POS: 54°47'36.00"N/9°1'35.00"E, Karte D2 (S.5), F1
Platz: = 3 auf Schotter. =3 (16 A) WC. Anfahrt Mi-So 17:00-21:00 Uhr, sonst Nutzung nach telefonischer Anmeldung unter 04662/3345. Ganzjährig geöffnet. Ausnahme: 20.12.-17.1., 16.7.-5.8.
Preis: Für Restaurantgäste kostenlos. Einkehr obligatorisch.
Kontakt: Landgasthof Achtruper Stuben, Jörg Windheuse, 04662/775224, Mobil: 0152/32068384, info@achtruper-stuben.de, www.achtruper-stuben.de.
Distanz: 0 km, , 0,5 km, 0,5 km.
Gastro: Restaurant, Mi-So 16:30-20:30 Uhr, Mo-Di Ruhetag.
Freizeit: 5 km, 5 km. Golfplatz 6 km.
POI: Idyllischer Ortskern von Leck 5 km.

73486 Adelmannsfelden €16,50

Ferienhof Hofer, Stöcken 50, 07963/575 <10m
In ruhiger, waldreicher Gegend

POS: 48°58'10.73"N/9°57'55.48"E, Karte D14 (S.17), H1
Platz: = 3, = 3 (<12 m) auf Wiese. =4 WC CHEM GRAU. Hütte als Aufenthaltsraum (bis zu 25 Pers.) buchbar. Ganzjährig geöffnet.
Preis: 16,50 € inkl. Wasser, Entsorgung, Dusche, WC, Müll-Entsorgung. Kind (bis 14 J.) 2,50 €, jede weitere Pers. 5,50 €, Strom 0,40 €/kWh, Hund 2,50 €.
Kontakt: Helmut Hofer, 07963/575, Mobil: 0174/9245330, info@der-ferien-hofer.de, www.der-ferien-hofer.de.
Distanz: 1 km, 3 km, 3 km, 3 km.
Gastro: Gasthaus Grüner Baum Haid.
Freizeit: 15 km, 15 km. Tischtennis, Tischfußball, Kneippbecken, Badesee Hammerschmide 3 km, Tennisplatz 3,5 km.
POI: Altenburgturm 8 km, Altstadt Ellwangen 15 km, Schlossmuseum Ellwangen 17 km, Heilstollen 20 km, Comburg 24 km, Limesmuseum Aalen 25 km.

91325 Adelsdorf-Neuhaus €10,00

Landgasthof Niebler, Neuhauser Hauptstraße 30, 09195/8682 <12m
Auf dem Parkplatz hinter dem Gasthof

POS: 49°41'10.00"N/10°52'36.00"E, Karte D11 (S.14), A4
Platz: = 4 auf Pflaster. Ganzjährig geöffnet.
Preis: 10 € inkl. WLAN. Für Restaurantgäste kostenlos. Strom 5 €.
Kontakt: Frank Niebler, 09195/8682, info@landgasthof-niebler.de, www.landgasthof-niebler.de.
Distanz: 0 km, 0 km, 0,5 km, 3 km.
Gastro: Restaurant, Mo-Di + Do-Sa 17:30-21:00 Uhr, So 11:30-14:00 Uhr und 17:30-21:00 Uhr, Mi Ruhetag.
Freizeit: 6 km, 6 km. Aischgrund-Touren, Kutschfahrten, Freizeitpark Schloss Thurn 8 km, Freizeiterlebnisbad 15 km.
POI: Fischereimuseum 0,5 km, Schloss Pommersfelden 10 km, Fränkische Schweiz 20 km.

21365 Adendorf €10,00

Wohnmobilstellplatz Adendorf, Scharnebecker Weg, +491(0)31/3098000 <10m
Gegenüber vom Walter-Maack-Eisstadion

POS: 53°17'17.98"N/10°27'20.96"E, Karte D2 (S.5), H5
Platz: = 30 auf Rasengittersteinen, Asphalt. =30 CHEM GRAU. Ganzjährig geöffnet.
Preis: 10 €.
Kontakt: Gemeinde Adendorf, +491(0)31/3098000, info@parken.lueneburg.de, www.adendorf.de.
Distanz: 0 km, weitere Restaurants in 1,8 km, 0,1 km, 2 km, 2 km.
Freizeit: 0,1 km, 7,6 km, 6,5 km. Sauna/Fitnessbetrieb, Freizeitzentrum mit Sportmöglichkeiten, Eishalle 0,5 km, 18-Loch-Golfplatz/9-Loch-Platz mit Indoor-Golfanlage 0,5 km.
POI: Heimathus 0,2 km, Johanneskapelle 1 km, größtes Doppel-Senkrecht-Schiffshebewerk Europas 3 km, Wasserturm 6,4 km, Altstadt Lüneburg 8 km.

08626 Adorf/Vogtland gratis

Parkplatz Klein-Vogtland, Waldbadstraße 5, 037423/2247 <12m
Öffentlicher Parkplatz am Stadtrand

POS: 50°18'28.75"N/12°14'59.00"E, Karte D11 (S.14), D2
Platz: = 3 auf Rasengittersteinen. Geöffnet: März-Nov.
Preis: Übernachtung gratis.
Kontakt: Fremdenverkehrsbüro Adorf, 037423/2247, museum@adorf-vogtland.de, www.adorf-vogtland.de.
Distanz: 0,2 km, 0,2 km, 0,3 km, weitere Restaurants in 1,5 km, 1,5 km.
Gastro: Imbiss Klein-Vogtland und im Waldbad.
Freizeit: 5 km, 5 km. Stadtbesichtigung, Lehr- und Wanderpfade, Rundwanderweg Zeidelweide, Beachvolleyball im Waldbad, Tennisplatz 2 km, Staatsbad Bad Elster 5 km, Reiten 5 km.
POI: Miniaturschauanlage und Botanischer Garten Adorf 0,1 km, Perlmuttermuseum und Stadtzentrum Adorf 1,5 km, Bademuseum Bad Elster 3,7 km, Musikinstrumentenmuseum Markneukirchen 6 km, Freilichtmuseum Landwüst und Eubabrunn 8 km.

31855 Aerzen-Königsförde €7,00

Restaurant Waldquelle, Waldquelle 1, 05154/95220 <8m
Auf dem Hotel-Parkplatz

POS: 52°3'32.98"N/9°15'40.31"E, Karte D6 (S.9), F3
Platz: = 4 auf Schotter. =1 (16 A). Leinenpflicht für Hunde. Platz ist leicht abschüssig, Auffahrkeile empfohlen. Anmeldung im Hotel. Wasser kann auf Anfrage dazu gebucht werden. Geöffnet: Apr - Dez.
Preis: 7 €. Strom 4,50 €/Tag.
Kontakt: Heinrich Garvens, 05154/95220, info@hotel-waldquelle.de, www.hotel-waldquelle.de.
Distanz: 0 km, 2 km, 3 km, 3 km.
Gastro: Restaurant, Mi-Do 18:00-21:00 Uhr, Fr-Sa 11:30-13:45 Uhr und 18:00-21:00 Uhr, So 11:30-13:45 Uhr und 18:00-20:00 Uhr, Mo-Di Ruhetag. Brötchenservice/Frühstück auf Vorbestellung.
Freizeit: 2 km, 2 km. Europäischer Fernwanderweg E1, Fitnessstudio mit Sauna 1 km, Golfplatz 1 km, Reiterhof 6 km.
POI: Schloss Schwöbber 1 km, Domänenburg 1,5 km, Rittergut Posteholz 4 km, Schloss Hämelschenburg 10 km, Bad Pyrmont 14 km.

74858 Aglasterhausen gratis

Wohnmobilstellplatz Aglasterhausen, Am Bollenberg/Freizeitanlage, 06262/920025 In der Nähe der Freizeitanlage Michelbach <12m neu

POS: 49°22'45.01"N/8°57'51.06"E, Karte D10 (S.13), F5
Platz: = 1 auf Wiese, Schotter. Ganzjährig geöffnet.
Preis: Übernachtung gratis.
Kontakt: Gemeinde Aglasterhausen, 06262/920025, post@aglasterhausen.de, www.aglasterhausen.de.
Distanz: 0,2 km, 2,7 km (Wohnmobilpark Schwarzach, Tonwerkstraße 8, 74869 Schwarzach), 3 km, 3,2 km.
Freizeit: Alla Hopp Anlage Schwarzach 2,8 km, Wildpark Schwarzach 3 km.
POI: Schwarzacher Wasserschloss 2,7 km, Schloss und Altstadt Heidelberg 31 km.

48683 Ahaus €8,00

Kirmesplatz in der Schlossstraße, Schlossstraße 16c, 02561/444444 <12m
Zentrumsnah, auf einem öffentlichen Parkplatz

2022 geprüft

POS: 52°4'30.57"N/7°0'10.40"E, Karte D5 (S.8), B3
Platz: = 8 auf Pflaster. =6 (16 A) CHEM GRAU. Aufenthalt max. 3 Tage. Ganzjährig geöffnet. Ausnahme: Während der Kirmes in Ahaus geschlossen.
Preis: 8 € inkl. Entsorgung. Strom 0,50 €/kWh, Wasser 0,50 €.
Kontakt: Ahaus Marketing & Touristik GmbH, 02561/444444, marketing@ahaus.de, www.ahaus.app/wohnmobilstellplätze.

A

Distanz: 0,1 km, weitere Restaurants in 0,2 km, 0,1 km, 0,2 km, Ⓗ 0,3 km.
Freizeit: 3 km, 3 km, 0,3 km. Stadtbesichtigung, Golfplatz Altstätte und Freizeitanlage Dorf Münsterland 8 km.
POI: Barock-Wasserschloss 0,5 km, Torhausmuseum 0,5 km, Schulmuseum 0,5 km, Windmühle 3 km, Enschede/NL Wochenmarkt (Di+Sa) 12 km, Wassermühle Haarmühle 15 km.

48683 Ahaus — €8,00 — <8m

Wohnmobilstellplatz Kombibad AquAHAUS, Unterortwick 32, ☎ 02561/82299
Auf einem Parkplatz hinter dem Bad

POS: 52°4'39.67"N/6°59'1.11"E, Karte D5 (S. 8), B3
Platz: P = 8 auf Rasengittersteinen. =8 CHEM GRAU . Aufenthalt max. 3 Tage. Buchung online oder im Hallenbad. Dusche und Waschmaschine im Hallenbad zu den Öffnungszeiten. Ganzjährig geöffnet.
Preis: 8 € inkl. Entsorgung. Strom 0,70 €/kWh, Wasser 1 €/80 - 100 l, Dusche 1,50 €/Pers. Dusche Kind (unter 18 J.) 1 €. Preis pro Nacht gilt von 14:00 Uhr bis 14:00 Uhr am Folgetag.
Kontakt: Herr Bülter, ☎ 02561/82299, info@aquahaus.eu, www.aquahaus.eu.
Distanz: Ⓗ 0,2 km, 1 km, 1 km, weitere Restaurants in 2,5 km, 2 km.
Gastro: Brötchenservice.
Freizeit: Stadtführung.
POI: Schloss Ahaus 2 km.

17375 Ahlbeck — €7,00 — <10m

Ferienhaus zum Lindenhof, Ausbauten 6+7, ☎ 039775/20064
Am Waldrand

POS: 53°40'54.11"N/14°9'30.20"E, Karte D4 (S. 7), F3
Platz: P / = 2 auf Schotterrasen. =2 CHEM GRAU . B Anfahrt bis 22:00 Uhr. Ganzjährig geöffnet.
Preis: 7 € inkl. Kurtaxe. Strom 0,40 €/kWh, Wasser 1,50 €, Entsorgung 5 €.
Kontakt: Uwe und Christel Kage, ☎ 039775/20064, cukage@lindenhof-ahlbeck.de, lindenhof-ahlbeck.de.
Distanz: Ⓗ 1 km, 3 km, 3 km, weitere Restaurants in 5 km, 6 km.
Freizeit: 12 km, 5 km, 12 km.
POI: Botanischer Garten Christiansberg 1 km, Ukranenland Torgelow 12 km, Haffbad/Altstadt Ueckermünde 13 km.

17419 Ahlbeck/Seebad (Usedom) — €15,50 — <12m

Caravanplatz Am Wiesenrand, Gothenweg 5A, ☎ 038378/30373
Am Ortsrand auf einer großzügigen Fläche

2022 geprüft E

POS: 53°56'27.17"N/14°10'37.50"E, Karte D4 (S. 7), F2
Platz: P = 27, = 1 (< 11 m) auf Schotterrasen, Wiese. WC CHEM GRAU . B wird empfohlen. Aufenthalt max. 3 Nächte. Geöffnet: 15.3.-31.10.
Preis: Ab 15,50 € inkl. Wasser, Entsorgung. Jede weitere Pers. 6,50 €, Kind (bis 16 J.) 2,50 €, Strom 0,60 €/kWh, Dusche 1 €, Kurtaxe 2,70 €/Pers., Kurtaxe (10-14 J.) 1,60 €/Pers., WLAN 2 €/24 h oder 5 €/30 Tag, Hund 1 €, Trockner 2 €, Waschmaschine 3 €. 15.3.-30.4. 15,50 €, 1.5.-30.9. 17,50 €, 1.10.-31.10. 15,50 €.
Kontakt: Hans-Dieter Arndt, ☎ 038378/30373, Mobil: 0162/3960318, info@caravan-camping-usedom.de, www.caravan-camping-usedom.de.
Distanz: Ⓗ 0,3 km, 0,3 km, 1 km, 1,5 km.
Gastro: Karls Kneipe 0,6 km. Brötchenservice. Restaurant Fischer's Fritz.
Freizeit: 0,5 km, 0,5 km. Ostseetherme 0,5 km, Strand 0,8 km.
POI: Bäderarchitektur, historische Seebrücke, Informationszentrum am alten Bahnhof 8,9 km.

17419 Ahlbeck/Seebad (Usedom) — €25,00 — <10m

Wohnmobilstellplatz am Bahnhof, Waldstraße 7, ☎ 0152/59539029
Zentrumsnah am Bahnhof

2022 geprüft E

POS: 53°56'12.00"N/14°11'11.00"E, Karte D4 (S. 7), G3
Platz: P = 27 auf Wiese. =30 (16 A) WC CHEM GRAU . B wird empfohlen. Ganzjährig geöffnet.
Preis: 25 € inkl. Strom, Wasser, Entsorgung, Dusche, WC, Müll-Entsorgung. Jede weitere Pers. 5 €, Kurtaxe 2,70 €/Pers. Strompreis verändert sich ab 2023, Höhe noch unbekannt.
Kontakt: Nicole Schmidt, Mobil: 0152/59539029, stellplatz-am-bahnhof@web.de, www.wohnmobil-stellplatz-ahlbeck.de.
Distanz: Ⓗ 0,1 km, 0,3 km, 0,6 km, 1 km.
Freizeit: 1,9 km, 0,2 km. Wassersport, Ostseestrand 0,5 km.
POI: Seebrücke Ahlbeck 1,1 km, Aussichtsturm an der Ostseetherme 1,9 km, Sandskulpturen-Ausstellung 2,5 km.

24358 Ahlefeld-Bistensee — €15,00 — <8m

Ferienplatz bei Matz, Mühlenweg 1, ☎ 04356/1067 Großzügiges Feriengelände umgeben von Feldern

POS: 54°23'50.00"N/9°42'44.00"E, Karte D2 (S. 5), G2
Platz: / = 4 auf Wiese. =8 (16 A) WC CHEM GRAU . Geöffnet: 1.4.-31.10.
Preis: 15 € inkl. Wasser, Entsorgung, WC, WLAN. Jede weitere Pers. 5 €, Strom 0,50 €/kWh, Dusche 1 €/5 min, Hund 2 €, Waschmaschine 3 €. Größere Womos plus 2 €, nur Barzahlung.
Kontakt: Familie Matz, ☎ 04356/1067, noma48@aol.com, www.ferienplatz-matz.de.
Distanz: 1 km, Ⓗ 1 km, 5 km, 10 km.
Freizeit: 0,6 km, 5 km. Minigolf, Rennstrecke für Modellautos am Platz, Angeln am Bistensee 0,4 km, Badesee 1 km, Reiterhof in Wittensee 5 km, Ostsee 10 km.
POI: Schwebefähre und Hochbrücke in Rendsburg 10 km, Schloss Haithabu in Haddeby 18 km, Schloss Gottorf und Dom in Schleswig 20 km.

59229 Ahlen — €8,00 — <8m

Stellplatz Parkbad Ahlen, Dolberger Straße 66, ☎ 02382/788249
Zentrumsnah, am Schwimmbad im Berliner Park nahe WerseRadweg

POS: 51°45'20.71"N/7°53'47.28"E, Karte D5 (S. 8), D4
Platz: P = 4 auf Pflaster. CHEM . Ladestation für E-Bikes. Ganzjährig geöffnet. Ausnahme: Erste 14 Tage der Ferien in NRW.
Preis: 8 € inkl. Strom, Wasser, Entsorgung, Hund. Gebühr inkl. 50% Rabatt auf den Bad- bzw. Saunatarif, Halbtageskarte 3 €, Halbtageskarte inkl. VE 5 €.
Kontakt: Bädergesellschaft Ahlen GmbH, ☎ 02382/788249, info@stadtwerke-ahlen.de, www.ahlen.de.
Distanz: 0 km, Ⓗ 0,5 km, 0,8 km, 0,8 km.
Gastro: Parkplatz Lounge.
Freizeit: Hubschrauber-Rundflüge, Indoor-Minigolf, Werse Radweg, Bogenschießen, Wasserski-Anlage, Kletterwand bei der Zeche Westfalen 1,8 km.
POI: Wasserturm, Naturdenkmal Dicker Stein, Augustin-Wibbelt-Kapelle, Innenstadt Ahlen 0,8 km, Zeche Westfalen 1,8 km.

21702 Ahlerstedt €10,00

Wohnmobilstellplatz Hotel Schützenhof, Stader Straße 2, ☎ 04166/84200 <12m
Überwiegend eben, hinter dem Hotel

POS: 53°24'12.93"N/9°27'5.86"E, Karte D2 (S.5), F4
Platz: = 10 auf Pflaster, Wiese. =10 WC. Ganzjährig geöffnet.
Preis: 10 € inkl. Strom, Wasser, WC.
Kontakt: Familie Bockelmann, ☎ 04166/84200, info@schuetzenhof-ahlerstedt.de, www.schuetzenhof-ahlerstedt.de.
Distanz: 0 km, 0,1 km, 0,5 km, 0,6 km.
Gastro: Restaurant Schützenhof, Mo + Do-Fr 17:00-21:30 Uhr, Sa-So 12:00-21:30 Uhr, Di-Mi Ruhetag.
Freizeit: Ausgewiesene Rad-/Wanderwege.
POI: Kloster.

18347 Ahrenshoop €25,00

Stellplatz Helios-Rehaklinik, Dorfstraße 52, ☎ 038220/666610 <10m
Am nördlichen Ortsrand mit Strandzugang

2021 geprüft

POS: 54°23'29.00"N/12°26'22.00"E, Karte D3 (S.6), C2
Platz: = 20 auf Sand/Splitt. Aufenthalt max. 24 h. WC nachts geschlossen. Ganzjährig geöffnet.
Preis: 25 €. Kurzzeitparken: 1 €/h, 3 €/2h, 6 €/3h, Tageskarte 10 €.
Kontakt: ☎ 038220/666610, info@ostseebad-ahrenshoop.de.
Distanz: 0 km, weitere Restaurants in 0,3 km, 0,7 km, 2 km, 4 km.
Freizeit: Radtouren in den Nationalpark Darßwald, Schwimmen, Badestrand 0,2 km.

86551 Aichach an der Paar €5,00

Reisemobilplatz Aichach, F ranz-Beck-Straße, ☎ 08251/9020 <12m
Gegenüber vom Freibad, zentrumsnah

POS: 48°27'31.51"N/11°7'33.01"E, Karte D15 (S.18), B2
Platz: = 5 auf Schotter, Asphalt. CHEM GRAU. Aufenthalt max. 20 Tage, Anfahrt 24 h. Ganzjährig geöffnet.
Preis: 5 € inkl. Wasser, Entsorgung, Kurtaxe. Dusche kostenpflichtig im Freibad gegenüber. Bezahlung in bar oder über Handyparken.
Kontakt: Stadt Aichach, ☎ 08251/9020, infobuero@aichach.de, www.aichach.de.
Distanz: 0,1 km, 0,1 km, 0,2 km, 0,5 km.
Freizeit: 0,1 km, 1,5 km. Schwimmen, Walderlebnispfad am Grubet 1,5 km.
POI: Altstadt 0,5 km, Wittelsbacher Museum in der Altstadt 0,6 km, Sissi-Schloss Unterwittelsbach 2 km, Burgkirche mit Burgplatz Oberwittelsbach 2,5 km.

72631 Aichtal-Neuenhaus gratis

Wohnmobilstellplatz Aichtal, Schönbuchstraße 38, ☎ 07127/58030 <10m
Parkplatz des Gartenhallenbades, am Wald gelegen

2022 geprüft

POS: 48°37'14.14"N/9°12'9.48"E, Karte D14 (S.17), F2
Platz: = 2 auf Schotter, Asphalt. Ganzjährig geöffnet.
Preis: Übernachtung gratis. Strom 1 €/2 kWh.
Kontakt: Stadt Aichtal, ☎ 07127/58030, pressestelle@aichtal.de, www.aichtal.de.
Distanz: Nächste Bäckerei 1 km, 1 km, 1 km, 1 km.
Gastro: Sportgaststätte des Turn-/Sportvereins Neuenhaus.
Freizeit: Wanderung im angrenzenden Schönbuch, Sportplatz 0,2 km, Grillstelle Flieger 1 km.
POI: Häfnermuseum 1 km.

71134 Aidlingen gratis

Wohnmobilstellplatz Aidlingen, Feldbergstraße 23, ☎ 07034/1250 <12m
Auf dem Parkplatz der Sonnenberghalle

2021 geprüft

POS: 48°40'55.37"N/8°53'41.76"E, Karte D14 (S.17), F2
Platz: = 3 auf Schotterrasen. Leinenpflicht für Hunde. Aufenthalt max. 3 Nächte. Geöffnet: Apr-Okt.
Preis: Übernachtung gratis.
Kontakt: Gemeindeverwaltung Aidlingen, ☎ 07034/1250, poststelle@aidlingen.de, www.aidlingen.de.
Distanz: 0,1 km, 0,5 km, 0,6 km, 0,7 km.
POI: Pfarrkirche St. Magdalena, Altstadt Tiefenbronn 17,6 km, Schloss/Kloster Bebenhausen 17,8 km, Schloss Solitude, Stuttgart 18,5 km.

25767 Albersdorf €15,00

Freizeitbad Albersdorf, Weg zur Badeanstalt, ☎ 04835/972502 <8m
Unterhalb des Freizeitbades

POS: 54°9'4.69"N/9°16'50.45"E, Karte D2 (S.5), F3
Platz: = 6 auf Schotter. =6 (16 A) CHEM. Anfahrt zu den Öffnungszeiten Mo-Fr 9:30-20:00 Uhr, Sa+So 10:30-20:00 Uhr. Nutzung Dusche/WC im Freibad. Geöffnet: Mai-Sep.
Preis: 15 € inkl. Strom, Wasser, Entsorgung, Dusche, Müll-Entsorgung, Kurtaxe, WLAN, WC. Inkl. Badeintritt für 2 Personen.
Kontakt: Gemeinde Albersdorf, ☎ 04835/972502, freizeitbad.albersdorf@web.de, www.freizeitbad-albersdorf.de.
Distanz: 0,5 km, 0,5 km, 1 km, 1 km.
Gastro: Verschiedenste Restaurants.
Freizeit: 15 km, 1 km. Radfahren, Nord-Ostsee-Kanal 2,5 km.
POI: Wassermühle 0,1 km, St. Remigius-Kirche 0,4 km, Museum für Archäologie/Ökologie Dithmarschen 1 km, Steinzeitpark Dithmarschen 2 km.

76857 Albersweiler-St. Johann €15,00

Weingut Hahn Hof, Löwensteinstraße 4, ☎ 06345/1323 <12m
Hinter der Lagerhalle, in ruhiger Ortsrandlage, nahe Schloss St. Johann

POS: 49°13'22.87"N/8°2'26.20"E, Karte D9 (S.12), D5
Platz: = 2 auf Schotterrasen. =3 WC. Anreise 13:30-19:00 Uhr, Abreise bis 11:30 Uhr. Öffnungszeiten Weingut: Mo-Sa 8:00-12:00 und 13:00-18:00 Uhr, So 10:00-12:00 Uhr und nach telefonischer Absprache. Ganzjährig geöffnet.
Preis: 15 € inkl. Strom, Wasser, Dusche, WC. Bei Weinkauf 5 € Vergütung.
Kontakt: Familie Hahn-Jörg, ☎ 06345/1323, info@hahn-hof.de, www.hahn-hof.de.
Distanz: 1 km, 1,5 km, 2 km, 3 km.
Gastro: Brötchenservice am Platz. Restaurant zur Wappenschmiede. Wirtshaus zum Hüttenstüberl. Landhotel Berghof.
Freizeit: 7 km, 8 km, 7 km. Weinproben, Radfahren.
POI: Wanderwege und Hüttentouren, Deutsche Weinstraße, Steinbruch 2 km, Burg Trifels 8 km, Hambacher Schloss 15 km.

97320 Albertshofen €10,00

Stellplatz An der Mainfähre, Mainstraße, ☎ 09321/91660 <10m
Am Mainufer

2021 geprüft

POS: 49°46'22.23"N/10°9'26.20"E, Karte D10 (S.13), H4
Platz: = 20 auf Schotter. CHEM GRAU. Ganzjährig geöffnet.
Preis: 10 € inkl. Strom, Wasser, Entsorgung.

A

Kontakt: Verwaltungsgemeinschaft Kitzingen, ☎ 09321/91660, info@vgem-kitzingen.de, www.vgem-kitzingen.de.
Distanz: 0,1 km, 0,1 km, 0,3 km, Ⓗ 0,3 km.
Gastro: Gasthaus Zum Anker.
Freizeit: 3 km, 3 km. Angelmöglichkeit, Badestrand am Main.
POI: Aussichtspunkt Rothberg, Altstadt, Fastnachtsmuseum, Kitzingen 3 km.

55234 Albig — €20,00 — <8 m

Weingut Knell, Langgasse 24, ☎ 06731/6738
Im Hof auf einer befestigten Rasenfläche

POS: 49°46'23.79"N/8°7'5.21"E, Karte D9 (S. 12), D4
Platz: = 2 auf Pflaster. =2 (16 A) WC CHEM GRAU . Ganzjährig geöffnet.
Preis: 20 € inkl. Strom, Wasser, Entsorgung, WC.
Kontakt: Weingut Knell, Willi Knell, ☎ 06731/6738, Mobil: 0171/8607241, williknell@weingut-knell.de, www.weingut-knell.de.
Distanz: 0 km, 0,1 km, weitere Restaurants in 4 km, Ⓗ 0,4 km, 3 km.
Gastro: Hotel am Schloss in Alzey.
Freizeit: 5 km, 15 km, 5 km. Mitarbeit im Weinberg und bei der Weinlese, Führung durch den Weinkeller.
POI: Worms 29 km, Mainz 29 km.

72458 Albstadt — €16,00 — <10 m

Sonnencamping Albstadt, Beibruck 54, ☎ 07431/9370348
Auf der untersten Terrasse eines Südhangs mit Blick auf die Schwäbische Alb

2020 geprüft

POS: 48°12'59.01"N/8°58'43.92"E, Karte D14 (S. 17), F3
Platz: = 16 auf Schotterrasen. =16 (16 A) WC CHEM GRAU . Aufenthalt max. 72 h. Ganzjährig geöffnet.
Preis: 16 € inkl. Entsorgung, Müll-Entsorgung, Kurtaxe. Strom 0,84 €/kWh, Wasser 1 €/80 l, WC 4 €/Pers., WLAN 3,50 €/Tag. Nutzung von Sanitär/WC des Campingplatzes gegen Gebühr. Bezahlung am Parkautomat.
Kontakt: Sonnencamping Albstadt, ☎ 07431/9370348, info@sonnencamping.de, www.sonnencamping.de.
Distanz: 0,5 km, Ⓗ 0,5 km, 2 km, weitere Restaurants in 4 km, 4 km.
Gastro: Brötchenservice am Campingplatz.
Freizeit: 0,1 km, 0,1 km. Mountainbiken, Klettern, Erlebnisbad Badkap 0,1 km, Wandern 0,5 km, Kletterpark 3 km.
POI: Burg Hohenzollern 23 km, Schloss Sigmaringen 25 km.

56859 Alf — €14,00 — <10 m

Moselcamping Alf, Am Mühlenteich, ☎ 06542/9691728
Naturnah an einem Bach, nahe der Mosel

POS: 50°3'8.49"N/7°6'48.14"E, Karte D9 (S. 12), B3
Platz: / = 90 auf Wiese, Rasengittersteinen, Kiesel. =40 (6 A) WC CHEM GRAU . Leinenpflicht für Hunde, Kiosk. Anfahrt von 8:00-22:00 Uhr. Ganzjährig geöffnet.
Preis: Ab 14 € inkl. aller Personen, Strom, Wasser, Entsorgung, Dusche, WC, Müll-Entsorgung, WLAN. Kurtaxe 1,15 €/Pers. 14-20 €, 60 Premium-Stellplätze 20-28 €.
Kontakt: Familie van Dongen, ☎ 06542/9691728, alf@moselcampingplatz.de, www.mosel-camping-platz.de.
Distanz: 0,5 km, 0,5 km, weitere Restaurants in 1 km, Ⓗ 0,8 km, 2 km.
Gastro: Brötchenservice. Restaurant am Platz.
Freizeit: 8 km, 8 km. Im Advent Glühweinmarkt am Platz.
POI: Burg Arras 0,5 km, Calmont-Klettersteig 7 km, Vulkan Therme Bad Betrich 8 km.

Tipp

Besuchen Sie unseren voll ausgestatteten Campingplatz direkt am Alfbach, nur 0,8 km zur Mosel. 24 Stunden Check-in-/Check-out Automat. Ganzjährig geöffnet. Direkt an Wanderwegen gelegen, Besuch der Vulkantherme. Einkaufsmöglichkeiten 2 km, großes Einkaufszentrum 5 km. Gaststätten und Straußenwirtschaften in der Nähe. Gratis WLAN auf allen Plätzen. Befestigte, parzellierte Stellplätze.

94501 Aldersbach — gratis — <6 m

Reisemobilstellplatz Aldersbach, Klosterplatz 2, ☎ 08543/96100
Im Klosterhof

POS: 48°35'20.68"N/13°5'10.56"E, Karte D16 (S. 19), F2
Platz: = 3 auf Pflaster. =3 (16 A) CHEM GRAU. Ganzjährig geöffnet.
Preis: Übernachtung gratis inkl. Kurtaxe. Strom 0,50 €/kWh, Wasser 1 €/100 l, Entsorgung 1 €.
Kontakt: Gemeinde Aldersbach, ☎ 08543/96100, info@aldersbach.de, www.aldersbach.de.

Distanz: 0,1 km, weitere Restaurants in 0,2 km, 0,1 km, Ⓗ 0,1 km, 0,1 km.
Gastro: Cafés und Restaurants in der Umgebung.
Freizeit: 7 km, 3,5 km. Nordic Walking, Wander-/Radwege.
POI: Klosteranlage mit Klosterpark.

91236 Alfeld — €13,00 — <12 m

Autohof Alfeld, Vogelherd 4-7, ☎ 09157/95170
Autohof an der A6 Ausfahrt Alfeld

POS: 49°24'37.90"N/11°32'41.33"E, Karte D11 (S. 14), B5
Platz: / = 8 auf Asphalt. . Aufenthalt max. 1 Tag. Ganzjährig geöffnet.
Preis: 13 € inkl. Hund, WC. Dusche 3,90 €/Pers. 9 € Verzehrschein.
Kontakt: Ünal Kumpir, ☎ 09157/95170, Kumpir-total-alfeld@hotmail.de.
Distanz: 0 km, 2 km, 2 km, Ⓗ 2 km.
Gastro: Bistro im Shop (24 h). Restaurant (24 h).
Freizeit: Beschilderte Wanderwege, Golfplatz Lauterhofen 5 km, Hapburger See 10 km.
POI: Tropfsteinhöhle Windloch 0,5 km.

31061 Alfeld/Leine — gratis — <12 m

Wohnmobilstellplatz Bornstraße, Bornstraße, ☎ 05181/703186
In zentraler Lage am Stadtpark, hinter der evangelischen Kirche

POS: 51°59'10.27"N/9°49'40.44"E, Karte D6 (S. 9), G3
Platz: = 2 auf Asphalt. . Schlüssel für Strom im Bürgeramt erhältlich (5 € Kaution). Ganzjährig geöffnet.
Preis: Übernachtung gratis. Strom 5 €.
Kontakt: Stadt Alfeld, ☎ 05181/703186, kultur@stadt-alfeld.de, www.alfeld.de.
Distanz: Ⓗ 0 km, 0 km, 0,2 km, 0,2 km, 5 km (Kläranlage Alfeld/Leine, K408, 31061 Alfeld/Leine).
Freizeit: 2 km, 0,3 km. Aktionen für Reisemobilisten, Reithalle 2 km, Tennisplätze 2 km, Golfplatz in Rheden 8 km.
POI: Altstadt mit Rathaus, St.-Nikolai-Kirche, Stadt-/Tiermuseum, Wehrturm der mittelalterlichen Stadtbefestigung, UNESCO-Weltkulturerbe Fagus-Werk 2 km.

Sie haben einen neuen Stellplatz entdeckt? Dann teilen Sie uns diesen mit per E-Mail an **bordatlas@doldemedien.de** oder über das Online-Meldeformular unter **www.bordatlas.de/meldung**

56332 Alken gratis

Wohnmobilstellplatz an der Moselstraße, Moselstraße 1, ☎ 02605/8472736 Am Ortsrand, auf einem Parkplatz in Flussnähe <8m

2022 geprüft

POS: 50°15'2.33"N/7°26'46.48"E, Karte D9 (S. 12), C3
Platz: = 5 auf Schotter. Ganzjährig geöffnet.
Preis: Übernachtung gratis.
Kontakt: Tourist-Information Sonnige Untermosel, ☎ 02605/8472736, touristik@sonnige-untermosel.de, www.alken.de.
Distanz: 0,1 km, Ⓗ 0,1 km, 0,3 km.
Gastro: Winzerhof Brachtendorf (Mo-Fr ab 16:00 Uhr, Sa+So ab 14:00 Uhr). Turmgasthaus Burg Thurant, Mo-Di + Fr-Sa 17:00-23:00 Uhr, So 12:00-22:30 Uhr, Mi-Do Ruhetag. Landhaus Zimmermann 0,1 km, Di-Sa 12:30-16:00 Uhr und 17:00-22:30 Uhr, So 12:00-16:00 Uhr und 17:00-22:30 Uhr, Mo Ruhetag.
Freizeit: Moselradweg, Schifffahrt MS Goldstück, Themenrundwanderweg Zeitreise, Traumpfad Bleidenberger Ausblicke.
POI: Alte St. Michaelskirche 0,7 km, Burg Thurant 2 km, Ehrenburg 7,2 km, Freibad Winningen 12,6 km, Burg Eltz 14,6 km.

78476 Allensbach €17,00

Camping und Strandbad Allensbach, Strandweg 30, ☎ 07533/9976565 Am Bad in Bodenseenähe, gegenüber der Bahnlinie <8m

2021 geprüft

POS: 47°42'38.13"N/9°4'43.24"E, Karte D14 (S. 17), F4
Platz: = 7 auf Schotterrasen. =7 CHEM GRAU. Geöffnet: 15.3.-15.10.
Preis: 17 € inkl. Strom, Wasser, Entsorgung, Müll-Entsorgung, WC. Dusche 1 €, Kurtaxe 2,30 €/Pers., Waschmaschine/Trockner 2 €.
Kontakt: ☎ 07533/9976565, info@campingamsee.com, campingamsee.com.
Distanz: 0 km, weitere Restaurants in 1 km, Ⓗ 0,8 km, 0,8 km, 0,8 km.
Gastro: Restaurant im Campingplatz, Mo-So 11:00-20:00 Uhr. Frühstücks- und Brötchenservice.
Freizeit: 1,5 km. Radfahren, Kanuverleih, Wandern, Wildpark Bodanrück 5 km, SeaLife Konstanz 11 km.
POI: Insel Reichenau 6 km, Insel Mainau 8 km, Konstanz 11 km.

78476 Allensbach-Langenrain €10,00

Landgasthaus Mindelsee, Gemeinmärk 7, ☎ 07533/931613 Beim Wildpark Bodanrück, 4 km außerhalb von Allensbach <12m

POS: 47°44'33.86"N/9°2'38.53"E, Karte D14 (S. 17), F4
Platz: = 50 auf Wiese, Asphalt. Stellplätze können durch Pkw zugeparkt sein, Ausweichmöglichkeit auf einem nahen Wiesengelände. Geöffnet: Mitte März-Anfang Nov.
Preis: 10 €. Ab einem Verzehr von 25 € im Restaurant kostenlos.
Kontakt: Martina Schleith ☎ 07533/931613, kontakt@landgasthaus-mindelsee.de, www.landgasthaus-mindelsee.de.
Distanz: 0 km, 4 km, 4 km, Ⓗ 6 km.
Gastro: Frühstücks-/Brötchenservice möglich. Restaurant (wegen Corona zeitweise geschlossen), Mi-So 11:30-20:45 Uhr, Mo-Di Ruhetag.
Freizeit: 18 km, 18 km, 6 km. Wandern, Radfahren, Wild/Freizeitpark 1 km.
POI: Bodensee 5 km, Inseln Mainau/Reichenau 15 km.

71573 Allmersbach im Tal €12,00

Wohnmobilhafen Allmersbach im Tal, Schorndorfer Straße 70, ☎ 07191/35300 Auf dem Gelände des SportErlebnisPark <10m

POS: 48°54'4.81"N/9°28'33.34"E, Karte D14 (S. 17), G1
Platz: = 10 auf Asphalt. =8 CHEM GRAU. E-Bike-Mietstation am SportErlebnisPark. Durch niedrige Hecken abgegrenzt. Für Frischwasser eigenen Schlauch mit ¾-Zoll Anschluss verwenden. Ganzjährig geöffnet.
Preis: 12 € inkl. WLAN. Strom 1 €/2 kWh, Wasser 1 € oder 0,10 €/5 l, Entsorgung 1 €, Dusche 2 €, WC 0,50 €. Bezahlung am Kassenautomat im Einfahrtsbereich mit Kredit- oder EC-Karte.
Kontakt: Gemeinde Allmersbach im Tal, ☎ 07191/35300, womo@allmersbach.de, www.allmersbach.de.
Distanz: 0,1 km, Ⓗ 1 km, 1 km, 1 km.
Gastro: Löwen. Vereinsgaststätte Wandertreff Waldeck.
Freizeit: SportErlebnisPark mit Glamping-Hütten, Boulderanlage, Boule-Anlage, Basketball-Feld, Soccer-Court, Trampolinanlage, Wassertretbecken, Barfußweg, Kräuter- und Geologiegarten, Aussichtspunkt, Boulebahnen.

46519 Alpen €9,50

Reisemobilstellplatz An der Motte, Burgstraße 66, ☎ 02802/912250 In unmittelbarer Nähe der ehemaligen Burg (Motte), ruhige Lage <8m

POS: 51°34'45.91"N/6°31'5.32"E, Karte D5 (S. 8), B4
Platz: = 11 auf Schotter, Eco-Raster/Gras. =11 (16 A) CHEM GRAU. Ganzjährig geöffnet
Preis: 9,50 € inkl. Strom, Wasser, Entsorgung, Müll-Entsorgung, Kurtaxe.
Kontakt: Platzwart Wolfgang Kottwitz, ☎ 02802/912250, Mobil: 01575/8178005, Petra.Romba@alpen.de, www.alpen.de.
Distanz: 0,3 km, 0,5 km, Ⓗ 0,5 km, 0,5 km.
Gastro: Mehrere Restaurants im Ortskern. Bauernhofcafés in der Nähe.
Freizeit: Gästeführungen (Infos beim Platzwart), Obstlehrpfad, Freizeitsee Alpen-Menzelen 5 km.
POI: 100 Jahre alte Dorfschmiede Alpen-Menzelen, Motte - ehemalige Burg Alpen, Heimatmuseum Veen, Kloster-Kamp Kamp In Lintfort 7 km, Archäologischer Park Xanten 16 km.

72275 Alpirsbach €16,00

Camping Alpirsbach, Grezenbühler Weg 18, ☎ 07444/6313 Vor der Schranke direkt an der Kinzig <8m

POS: 48°21'23.81"N/8°24'42.97"E, Karte D14 (S. 17), E3
Platz: = 3 auf Wiese, Schotter. WC CHEM GRAU. Anfahrt HS bis 21:30 Uhr, NS bis 20:00 Uhr. Abfahrt bis 12:00 Uhr. Geöffnet: 15.3. - 31.10.
Preis: 16 € inkl. Wasser, Entsorgung, WC, Müll-Entsorgung. Jede weitere Pers. 9,50 €, Kind (3-15 J.) 4,20 €, Strom 0,65 €/kWh, Kurtaxe 0,90 €/Pers., Hund 2,20 €. Tagesbesucher 3 €.
Kontakt: Nick Esders, ☎ 07444/6313, info@camping-alpirsbach.de, www.camping-alpirsbach.de.
Distanz: 0,8 km, Ⓗ 0,8 km, 1,5 km.
Gastro: Restaurant am Platz, VS/NS Mo-Sa 18:00-20:00, HS Mo-So 17:00-20:00.
Freizeit: 5 km. Wandern, Radfahren.
POI: Kloster 1,5 km, Brauerei 1,5 km.

72275 Alpirsbach gratis

Stellplatz Bahnhofstraße, Bahnhofstraße, ☎ 07444/9516281 Am Alpirsbacher Gesundheitszentrum <10m

2020 geprüft

POS: 48°20'34.00"N/8°23'49.00"E, Karte D14 (S. 17), E3
Platz: = 5 auf Sand/Splitt. Ganzjährig geöffnet.
Preis: Übernachtung gratis.
Kontakt: Stadt-Information Alpirsbach, ☎ 07444/9516281, stadt-info@alpirsbach.de, www.alpirsbach.de.
Distanz: 0,1 km, Ⓗ 0,1 km, 0,2 km, weitere Restaurants in 0,5 km, 0,6 km.
Freizeit: 3 km. Minigolf im Freibad, Tennis 3 km, Golfplatz 8 km.
POI: Museum für Stadtgeschichte, Glasbläserei 0,5 km, Schauconfiserie 0,7 km, Brauereimuseum 0,7 km, Klosterkirche mit Museum Mönche und Scholaren 0,8 km, Kurgarten mit Konzertmuschel 0,8 km.

52477 Alsdorf €7,00

Wohnmobilstellplatz am Alsdorfer Tierpark, Theodor-Seipp-Straße, ☎ 02404/90600 Abgetrennter Bereich auf dem Parkplatz des Tierparks <8m

POS: 50°51'51.60"N/6°9'5.40"E, Karte D9 (S. 12), A1
Platz: = 10 auf Rasengittersteinen. CHEM GRAU. Ganzjährig geöffnet.
Preis: 7 € inkl. Wasser, Entsorgung, Kurtaxe.

Kontakt: FreizeitObjekte Gesellschaft Alsdorf mbH, 02404/90600, info@tierpark-alsdorf.de, tierpark-alsdorf.de.
Distanz: 0 km, 1 km, 1 km, 1 km.
Gastro: Kiosk am Platz.
Freizeit: 2 km. Tennis, Bootsverleih am Weiher, Tierpark Alsdorf, Cross-Minigolfanlage, Sandstrand.
POI: Burg Alsdorf 0,3 km, Energeticon 2 km.

36304 Alsfeld — €5,00 — <12m

Erlenstadion Fulder Tor, Fulder Tor, 06631/182165 Auf dem Parkplatz in ruhiger Lage an der Schwalm

2022 geprüft — E

POS: 50°44'53.89"N/9°16'42.22"E, Karte D10 (S. 13), F1
Platz: P = 45 auf Rasengittersteinen. =32 CHEM GRAU. Picknick-Garnituren, Stadtplan/Hinweistafel am Platz. Ganzjährig geöffnet.
Preis: 5 € inkl. WLAN. Strom 0,50 €/kWh, Wasser 1 €, Entsorgung 1 €.
Kontakt: Stadt Alsfeld/Tourist Center, 06631/182165, tca@stadt.alsfeld.de, www.alsfeld.de.
Distanz: 0,1 km, 0,1 km, 0,3 km, weitere Restaurants in 0,5 km, 0,5 km.
Gastro: Brötchenservice am Platz.
Freizeit: 0,2 km, 0,2 km, 0,5 km. Schwimmen.
POI: Altstadt mit über 400 Fachwerkhäusern, Märchenhaus, Regionalmuseum, Walpurgiskirche 0,2 km, Burg Herzberg 18 km.

36304 Alsfeld-Eudorf — €5,00 — <12m

Hotel-Landgasthaus Zum Schäferhof, Ziegenhainer Straße 30, 06631/96600 Von Büschen und Bäumen umgebener Parkplatz am Hotel

POS: 50°46'5.18"N/9°17'24.30"E, Karte D10 (S. 13), F1
Platz: = 10 auf Schotter. =6 WC. Anmeldung vorab im Hotel. Geöffnet: Feb-Dez.
Preis: 5 €. Strompreis nach Verbrauch.
Kontakt: Familie Schäfer, 06631/96600, info@hotel-zum-schaeferhof.de, www.hotel-zum-schaeferhof.de.
Distanz: 0 km, 0,5 km, 2 km, 3 km.
Gastro: Am Platz, Mo-So 8:00-21:00 Uhr, warme Küche ab 17:30 Uhr. Wohnmobil-Dinner auf Anfrage. Brötchenservice auf Vorbestellung im Hotel.
Freizeit: 2 km, 2 km, 2 km.
POI: Europäische Modellstadt Alsfeld 2 km, Dorfmuseum Holzburg 5 km, Burg Herzberg 13 km.

17214 Alt Schwerin — €19,80 — <10m

Reisemobilhafen Inselcamping Werder, Insel Werder 8, 039932/42074 Auf der Insel Werder vor dem Campingplatz, mit Seezugang

POS: 53°29'7.83"N/12°19'20.23"E, Karte D3 (S. 6), C4
Platz: P = 16 auf Schotterrasen. =10 (10 A) WC CHEM/Bio GRAU. Leinenpflicht für Hunde. Rezeption in der Kleinen Kneipe von 8:00-10:00 Uhr. Im Winter eingeschränkter Service. Ganzjährig geöffnet.
Preis: Ab 19,80 € inkl. Strom, Entsorgung, WC, Müll-Entsorgung, WLAN. Kind (bis 14 J.) gratis, jede weitere Pers. 6 €, Wasser 0,50 €/90 l, Hund 2 €.
Kontakt: Inselcamping Werder, Herbert Worch, 039932/42074, info@inselcamping-werder.de, www.inselcamping-werder.de.
Distanz: 0 km, weitere Restaurants in 2 km, 4 km, 4 km, 4 km.
Gastro: Kleine Kneipe am Platz, Mi-Mo 17:00-20:00 Uhr, Di Ruhetag, Brötchenservice Mo-Fr 8:00-10:00 Uhr. Fischrestaurant Fischerei Alt Schwerin.
Freizeit: 20 km. Sauna, Wassersport, Anleger der Weissen Flotte 2 km, Naturpark Nossentiner-Schwinzer Heide 6 km, Reiten 12 km, Land Fleesensee Golf 20 km.
POI: Museen der Stadt Malchow, Agrarhistorisches Museum/Mühle 4 km, Naturpark-Infozentrum Karower Meiler 8,8 km.

03229 Altdöbern — €10,00 — <10m

AGIP Altdöbern, Senftenberger Straße 11, 035434/6020 Auf dem Parkplatz der Raststätte nahe Altdöberner See

POS: 51°38'43.19"N/14°2'7.66"E, Karte D8 (S. 11), G4
Platz: P / = 20 auf Pflaster. =6 (8 A) WC CHEM. Ankunft von 8:00-20:00 Uhr. Keine Duschen vorhanden. WC nur zu den Öffnungszeiten der Raststätte. Ganzjährig geöffnet. Ausnahme: Bei Schnee wird der Platz nicht geräumt.
Preis: 10 € inkl. Wasser, Entsorgung. Strom 3 €/Tag.
Kontakt: Frank Marciniak, 035434/6020, service@marstall-altdoebern.de, www.marstall-altdoebern.de.
Distanz: 0,5 km, 0,5 km, 0,5 km.
Freizeit: 0,4 km. Wassersport, Lausitzring 18 km.
POI: Schloss Altdöbern mit großer Parkanlage 0,5 km, Internat. Bauausstellung 8 km, Spreewald 30 km.

67482 Altdorf — €12,00 — <12m

Weinstube & Weinhaus Spelzenhof, Hauptstraße 77, 06327/845 Direkt an den Weinbergen mit Blick zur Haardt

POS: 49°17'15.98"N/8°13'12.81"E, Karte D9 (S. 12), D5
Platz: = 8, = 8 (<12 m) auf Wiese, Schotter. =6 (16 A). P wird empfohlen. Ankunft von 8:00-22:00 Uhr. Ganzjährig geöffnet.
Preis: 12 € inkl. Wasser, Kurtaxe. Strom 3 €.
Kontakt: Spelzenhof, Laura Hitschler, 06327/845, Mobil: 0175/7638456, ferien@spelzenhof.com, www.spelzenhof.com.
Distanz: 0 km, 0,5 km, 0,5 km.
Gastro: Weinstube Spelzenhof, Fr ab 17:00 Uhr, Sa, So, Feiertag ab 12:00 Uhr, Mai-Okt zusätzlich Do ab 17:00 Uhr. Weinprobe und Verkauf auf Anfrage.
Freizeit: 2 km, 8 km, 3 km. Wandern in den Weinbergen, Wein- und Sektprobe, Holiday Park Haßloch 9 km.
POI: Hambacher Schloss 8 km, Altstadt von Neustadt a.d. Weinstraße und Speyer 10 km.

90518 Altdorf — gratis — <10m

Wohnmobilstellplatz Altdorf, Weidentalstraße 19, 09187/8070 In der Nähe des FCA-Sportgeländes am Stadtrand

2021 geprüft — E

POS: 49°22'47.40"N/11°21'24.68"E, Karte D11 (S. 14), B5
Platz: P = 4 auf Asphalt. CHEM. Aufenthalt max. 3 Tage. Ganzjährig geöffnet.
Preis: Übernachtung gratis. Strom 1 €/8 h, Wasser 1 €/80 l.
Kontakt: Stadt Altdorf, 09187/8070, stadt@altdorf.de, www.altdorf.de.
Distanz: 1 km, 1 km, 1 km, 2 km.
Gastro: Mehrere Gastronomiebetriebe in der Umgebung.
Freizeit: 1,5 km. Wallenstein-Rundweg, Kletterhalle des DAV.
POI: Historische Universität, Burg Grünsberg, Universitäts-Museum mit Fossilienkabinett und Doktorsgärtlein, mittelalterliche Altstadt mit St. Laurentiuskirche.

58762 Altena — gratis — <12m

Stellplatz Sauerlandhalle, Hermann-Voß-Straße16, 02352/3370944 In ruhiger Lage zwischen dem Fluss Lenne und der Sauerlandhalle

POS: 51°18'31.26"N/7°39'38.52"E, Karte D5 (S. 8), C5
Platz: P = 12 auf Pflaster, Asphalt, Kiesel. =6 CHEM GRAU. Anfahrt 24 h. Nachts beleuchtet. Ganzjährig geöffnet.
Preis: Übernachtung gratis. Strom 1 €, Wasser 1 €, Entsorgung 1 €.
Kontakt: Altena Stadtmarketing e.V., 02352/3370944, tourismus@altena.de, www.visitaltena.de/wohnmobilplatz.
Distanz: 0,1 km, 1 km, 1,2 km, weitere Restaurants in 1,3 km, 1,3 km.
Freizeit: 7 km, 7 km, 1,5 km. Wanderwege in unmittelbarer Umgebung, Angeln, Mountainbiking, Kletterhalle 8 km.
POI: Glockenspiel in der Innenstadt 1,5 km, Drahtbaumallee 1,5 km, Deutsches Drahtmuseum 2 km, Burg Holtzbrinck 2,5 km, Burg Altena (Zugang über Erlebnisaufzug in der Fußgängerzone) als Museum Weltjugendherberge im Originalzustand 2,5 km.

38707 Altenau/Harz €14,00

Stellplatz an der Kristalltherme Heißer Brocken, Karl-Reinecke-Weg 35, ☎ 05328/911570 <12m
In ruhiger Lage am Waldrand

POS: 51°47'51.93"N/10°26'36.92"E, Karte D7 (S. 10), A4
Platz: P = 15 auf Pflaster, Schotter, Rasengittersteinen. =6 (16 A) WC CHEM GRAU. Anmeldung an der Thermenkasse So-Do 10:00-21:00 Uhr, Fr+Sa 10:00-22:00 Uhr, Thermen-Öffnungszeiten siehe Website. Frischwasser aktuell nicht verfügbar. Ganzjährig geöffnet. Ausnahme: 24.12.
Preis: 14 € inkl. Entsorgung, WC, Müll-Entsorgung. Strom 1 €/kWh, Wasser 0,50 €/40 l, Dusche 2 €, Kurtaxe 2,14 €/Pers., Kurtaxe (6-17 J.) 1,44 €/Pers. Pro Tag und Fahrzeug werden 5 € auf den Thermen-Eintritt angerechnet.
Kontakt: Wellness Rheinpark Camping, ☎ 05328/911570, info@kristalltherme-altenau.de, www.kristalltherme-altenau.de.
Distanz: 0 km, weitere Restaurants in 0,1 km, Ⓗ 0,2 km, 2 km, 2 km.
Gastro: Restaurants am Platz, geöffnet zu den Thermen-Öffnungszeiten.
Freizeit: 2 km, 12 km, 0,2 km. Okerseeschifffahrt, Sauna-Wellnesspark, Skilaufen, Therme/Saunalandschaft Heißer Brocken 0,1 km, Kräuterpark 1 km, Okertalsperre 1,5 km, Verleih von Wintersportgeräten 2 km, Brocken 16 km.
POI: Holzschnitzerei 1 km, Holzkirche St. Nikolai 1 km, Torfhaus 8 km, Bergwerksmuseum 10 km, 1000-jährige Kaiserstadt Goslar 20 km.

38707 Altenau/Harz €13,50

Wohnmobilstellplatz Alter Bahnhof Altenau, Rothenberger Straße 52, ☎ 0160/7997899 Ruhige Waldlage neben dem ehemaligen Bahnhof am Ortsrand >12m

POS: 51°48'4.60"N/10°26'2.29"E, Karte D7 (S. 10), A4
Platz: = 20, = 3 (<12 m) auf Schotterrasen, Schotter. =20 (16 A) WC CHEM GRAU. Leinenpflicht für Hunde. P wird empfohlen. Plätze mit und ohne Stromanschluss. Anfahrt 8:30-12:00 Uhr, 13:30-17:00 Uhr, 19:00-20:00 Uhr. Mülltrennung verpflichtend. Grillen: nur mit Gas oder Elektro, keine Holzkohle. Ganzjährig geöffnet. Ausnahme: im Nov geschlossen.
Preis: 13,50 € inkl. Entsorgung, WC, Müll-Entsorgung, WLAN. Strom 0,75 €/kWh, Wasser 1 €/80 l, Kurtaxe 2,14 €/Pers., Kurtaxe (6-18 J.) 1,44 €/Pers.
Kontakt: Alter Bahnhof, Willem van Leeuwen, Mobil: 0160/7997899, info@alterbahnhofaltenau.com, www.alterbahnhofaltenau.com.
Distanz: Ⓗ 1 km, 1 km, weitere Restaurants in 2 km, 2 km, 2 km.
Gastro: Brötchenservice 0,50 €/Stück.
Freizeit: 10 km. Schiffsrundfahrten auf dem Okersee, naturkundliche Exkursionen, Harzer Hexenstieg, Kräuterpark Altenau (weltgrößter Kräutergarten) mit Gewürzpagode und Galerie, Skilift 3 km, Thermalsole-/Saunalandschaft Heißer Brocken Altenau 3 km, Nationalpark-Besucherzentrum TorfHaus 8 km.
POI: St.-Nikolai-Kirche in Altenau 2 km, Oberharzer Bergwerksmuseum mit Freigelände 12 km.

33184 Altenbeken €7,50

Landhaus Friedenstal, Hüttenstraße 42, ☎ 05255/6152 Einfacher Stellplatz im Garten hinter dem Gasthof, ruhig gelegen <8m

POS: 51°45'35.92"N/8°57'0.69"E, Karte D6 (S. 9), F4
Platz: P / = 8 auf Wiese, Schotter, Asphalt. =5 (12 A) CHEM GRAU. Ganzjährig geöffnet.
Preis: 7,50 € inkl. Entsorgung, Müll-Entsorgung, WC. Strom 3 €. WLAN bei Bedarf nachfragen.
Kontakt: Familie Braukmann, ☎ 05255/6152, friedenstal@t-online.de.
Distanz: 0 km, Ⓗ 0,1 km, 0,2 km, 0,9 km.
Gastro: Frühstück auf Anmeldung. Warme Küche, täglich 12:00-23:00 Uhr, Mo auf Anfrage.
Freizeit: 0,6 km. Kegeln, Tennispark.
POI: Teutoburger Wald 0,1 km, Eggemuseum und Dionysiuskirche in Buke 3 km, Hohlsteinhöhle und Burg Driburg 8 km.

48341 Altenberge gratis

Parkplatz am Sportzentrum, Sportzentrum, ☎ 02505/8232 <12m
Ruhig gelegen, am nördlichen Ortsrand

POS: 52°3'17.00"N/7°28'22.00"E, Karte D5 (S. 8), C3
Platz: = 10 auf Pflaster, Asphalt. =4 (16 A) CHEM GRAU. Leicht abschüssiges Gelände, Auffahrkeile empfehlenswert. Von Nov-März kein Wasser. Ganzjährig geöffnet.
Preis: Übernachtung gratis inkl. Entsorgung. Strom 1 €/kWh, Wasser 0,50 €/60 l.
Kontakt: Gemeinde Altenberge, ☎ 02505/8232, gemeinde@altenberge.de, www.altenberge.de.
Distanz: Ⓗ 0,8 km, 1 km, 1,3 km, 1,6 km.
Freizeit: 1,5 km, 2 km. Reiten und Planwagenfahrten, Kegeln, Tennis/Reithalle 1 km.
POI: Eiskeller der ehemaligen Brauerei 0,5 km, Heimatmuseum Heimathues Kittken 1 km, Kraftfahrkapelle Madonna der Landstraße 5 km.

04600 Altenburg €13,00

Reisemobilstellplatz am Großen Teich, August-Bebel-Straße, ☎ 03447/896689 Beim Steg zum Inselzoo <12m

POS: 50°58'45.00"N/12°25'48.00"E, Karte D11 (S. 14), D1
Platz: P = 13 auf Rasengittersteinen. =4 (16 A) WC CHEM GRAU. Ganzjährig geöffnet.
Preis: 13 € inkl. Müll-Entsorgung, Kurtaxe. Strom 0,50 €/kWh, Wasser 0,50 €/25 l, Dusche 0,50 €/Pers., WC 0,50 €.
Kontakt: Tourismusverband Altenburger Land e.V., ☎ 03447/896689, info@altenburg.travel, altenburg.travel.
Distanz: 0,2 km, weitere Restaurants in 0,5 km, Ⓗ 0,3 km, 0,5 km, 0,5 km.
Freizeit: Inselzoo im Großen Teich.
POI: Destillerie/Liqueurfabrik 1 km, Altenburger Spielkartenladen 1 km, Bartholomäikirche 1,3 km, Residenzschloss 1,5 km, Lindenau-Museum 2,5 km, Jugendstil-Brauerei/Braureimuseum 4 km.

65624 Altendiez €5,00

Stellplatz an der Lahnblickhalle, Lahnblick 4, ☎ 06432/81446 <10m
In ruhiger Lage auf einem Parkplatz an der Lahnblickhalle

POS: 50°21'59.95"N/7°58'53.33"E, Karte D9 (S. 12), D2
Platz: P / = 6 auf Sand/Splitt, Schotter. =4 (6 A) GRAU. Anmeldung beim Hausmeister. Ersatzplatz für 10 Mobile bei den Tennisplätzen in 0,3 km. Ganzjährig geöffnet.
Preis: 5 € inkl. Kurtaxe. Strom 2 €, Wasser 1 €, Dusche 1 €/Pers.
Kontakt: Ortsgemeinde Altendiez, ☎ 06432/81446, kontakt@altendiez.de, www.altendiez.de.
Distanz: 0,3 km, 0,3 km, Ⓗ 0,5 km, 1 km.
Gastro: Gaststätte Bimbes-Stubb.
Freizeit: 3 km. Paddeln, Tennisplatz 0,1 km, Lahntal Rad-/Wanderweg 0,5 km.
POI: Altstadt Diez 3 km, Schloss Oranienstein 3 km, Limburg mit Dom/Altstadt 5 km.

66885 Altenglan €5,00

Draisinenstation am Bahnhof, Austraße, ☎ 06381/424270 <12m
Parkplatz an der Vermietestation für Draisinen

POS: 49°32'59.95"N/7°27'52.73"E, Karte D9 (S. 12), C4
Platz: P = 4 auf Schotter. CHEM. Geöffnet: Apr-Okt.
Preis: 5 € inkl. Kurtaxe. Strom 1 €/2 kWh, Wasser 1 €/90 l, Entsorgung 1 €.
Kontakt: Tourist-Information Pfälzer Bergland, ☎ 06381/424270, Mobil: 0160/5188933, touristinformation@kv-kus.de, www.pfaelzerbergland.de.
Distanz: 0 km 0,2 km, 0,3 km.
Gastro: Bahnhofsgaststätte Gleis 3.
Freizeit: 5 km, 6 km. Draisinefahrten (Reservierung erforderlich), Wildpark und Greifvogelzoo Potzberg 6 km.
POI: Burg Lichtenberg 10,7 km.

A

66885 Altenglan-Patersbach €5,00

Wohnmobilstellplatz Patersbach, Brückenstraße, ☎ 0170/57552702 <8m
Zwischen Patersbach und Bedesbach

POS: 49°33'54.14"N/7°27'16.70"E, Karte D9 (S. 12), C4
Platz: = 4 auf Schotterrasen. CHEM GRAU. Ganzjährig geöffnet.
Preis: 5 €. Strom 1 €/2 kWh, Wasser 1 €/100 l.
Kontakt: Herr Harry Schwarz, Mobil: 0170/57552702, harry-altenglan@t-online.de, www.patersbach-de.
Freizeit: 5 km, 6 km. Wandern, Draisine-Fahrten.
POI: Start- und Zielort der Draisinenstrecke in Altenglan 2,3 km, Potzbergturm 2,3 km, Burg Lichtenberg 4 km, Wildpark mit Greifvogelschau auf dem Potzberg 10 km.

57610 Altenkirchen gratis

Wohnmobilstellplatz am Bahnhof, Konrad-Adenauer-Platz, ☎ 02681/850 <12m
In unmittelbarer Nähe zu Bahn-Busbahnhof und Einkaufszentrum

2020 geprüft

POS: 50°41'2.00"N/7°38'12.00"E, Karte D9 (S. 12), C2
Platz: P = 2 auf Rasengittersteinen. CHEM GRAU. Aufenthalt max. 3 Nächte. Ganzjährig geöffnet.
Preis: Übernachtung gratis. Strom 1 €/2 kWh, Wasser 1 €/100 l.
Kontakt: Tourist-Info Altenkirchen, ☎ 02681/850, tourist-info@vg-ak-ff.de, www.altenkirchen.de.
Distanz: Ⓗ 0,1 km, 0,3 km, 0,8 km, 0,8 km.
Freizeit: 1,9 km.
POI: Bismarckturm 1,5 km, Hermann-Löns-Denkmal 1,9 km, Heimatmuseum Helmenzen 2,8 km.

18556 Altenkirchen-Drewoldke €14,00

KNAUS Reisemobilhafen Rügen, Zittkower Weg 30, ☎ 038391/434648 <10m
Auf einem Hochplateau an der Ostsee mit Blick aufs Meer

2021 geprüft

POS: 54°38'17.88"N/13°22'35.42"E, Karte D4 (S. 7), E1
Platz: P = 34 auf Pflaster, Wiese, Schotter. =22 (16 A) WC CHEM GRAU. R Reservierung möglich. Geöffnet: 1.3.-7.1.
Preis: Ab 14 € inkl. aller Personen, Entsorgung, Kurtaxe. Strom 4 € oder 0,80 €/kWh, Wasser 1 €/70 l, WC 4 €, VE für Durchreisende 5 €. Premium-Stellplatz bis zu 18,50 €, Aufpreis für 1. Reihe Meerblick 4-6 €.
Kontakt: Helmut KNAUS KG Campingparks, ☎ 038391/434648, ruegen@knauscamp.de, www.knauscamp.de/ruegen.
Distanz: 0 km, weitere Restaurants in 3 km, Ⓗ 1,9 km, 3 km, 3 km.
Gastro: Gaststätte/Café mit Sonnenterrasse.
Freizeit: 25 km, 15 km, 3 km. Radfahren, Schwimmen.
POI: Schmalspurbahn Rasender Roland, Kreidefelsen, Seebrücken Selig/Binz, Störtebeker Festspiele, Kap Arkona 8 km.

89281 Altenstadt/Bayern gratis

Ristorante Pizzeria Il Sole, Bahnhofstraße 8, ☎ 08337/7402542 <12m
Auf dem Restaurant-Parkplatz

POS: 48°9'40.59"N/10°6'38.10"E, Karte D14 (S. 17), H3
Platz: = 3 auf Pflaster. WC. Anfahrt nur von Mi-So. Ganzjährig geöffnet.
Preis: Für Restaurantgäste kostenlos, inkl. WLAN. Einkehr obligatorisch.
Kontakt: Pizzeria Il Sole, Rocco Quaranta, ☎ 08337/7402542, ristoranteilsole@web.de.
Distanz: Ⓗ 0 km, 0 km, 0,5 km, 0,5 km.
Gastro: Restaurant am Platz, Mi-Sa 17:00-21:00 Uhr, So 11:00-14:00 Uhr und 17:00-21:00 Uhr, Mo-Di Ruhetag, Mittagstisch am So nur im Sommer.
Freizeit: 5 km, 5 km.
POI: Barocke Kirchen im Ort 2 km.

71566 Althütte gratis

Caravan-Stellplatz Am Brunnen, Am Brunnen, ☎ 071873/959590 Am Sportplatz, im Naturpark Schwäbischer Wald <10m

POS: 48°55'4.92"N/9°34'7.63"E, Karte D14 (S. 17), G1
Platz: = 5 auf Asphalt. WC. Öffentliches WC nur für Behinderte mit Euro-WC-Schlüssel. Ganzjährig geöffnet.
Preis: Übernachtung gratis.
Kontakt: Gemeinde Althütte, ☎ 071873/959590, info@althuette.de, www.althuette.de.
Gastro: Pizzeria Portofino 0,2 km. Eddies Biker Residenz 0,6 km (Ausflugslokal mit Biergarten).
POI: Ebnisee, Römisches Ostkastell Welzheim 10,7 km, Burg Reichenberg 16,7 km.

84503 Altötting gratis

Reisemobilstellplatz am Dultplatz, Am Dultplatz/Traunsteiner Straße, ☎ 08671/506219 <12m
Separater Bereich auf dem Busparkplatz

POS: 48°13'22.91"N/12°40'49.69"E, Karte D16 (S. 19), E3
Platz: P = 8 auf Pflaster, Rasengittersteinen. =8 (16 A) WC. Aufenthalt max. 3 Tage, Verkehrslärm hörbar. Ganzjährig geöffnet. Ausnahme: Sperrung während der Altöttinger Hofdult und dem Kirta.
Preis: Übernachtung gratis inkl. WC. Strom 1 €/4 h, Wasser 1 €/80 l.
Kontakt: Wallfahrts- und Tourismusbüro Altötting, ☎ 08671/506219, touristinfo@altoetting.de, www.altoetting.de.
Distanz: 0 km, Ⓗ 0,5 km, 0,5 km.
Gastro: Gaststätten in unmittelbarer Nähe.
Freizeit: 2,2 km, 2 km, 1 km. Hallenbad nur im Winter, Schwimmbad nur im Sommer geöffnet.
POI: Weihrauchmuseum Kilwing, Altöttinger Marienwerk mit Diormanenschau, barocker Kapellplatz mit Gnadenkapelle, Stiftspfarrkirche, St. Konrad, St. Magdalena, Basilika St. Anna 0,3 km, Schatzkammer mit Wallfahrtsmuseum im Haus Papst Benedikt XVI 0,3 km, Jerusalem Panorama Kreuzigung Christi 0,4 km.

84503 Altötting gratis

Wohnmobilstellplatz Griesstraße, Griesstraße, ☎ 08671/506219 <10m
Separater Teil auf dem Bus-, Lkw- und Pkw-Parkplatz im Innenstadtbereich

2022 geprüft

POS: 48°13'46.51"N/12°40'29.95"E, Karte D16 (S. 19), E3
Platz: P = 8 auf Rasengittersteinen. =8 (16 A) WC CHEM GRAU. Aufenthalt max. 3 Tage. Ganzjährig geöffnet.
Preis: Übernachtung gratis inkl. aller Personen, Wasser, Entsorgung, WLAN. Strom 1 €/4 h. WC an der Busstation.
Kontakt: Wallfahrts- und Tourismusbüro Altötting, ☎ 08671/506219, touristinfo@altoetting.de, www.altoetting.de.
Distanz: Ⓗ 0,1 km, 0,5 km, 0,9 km.
Gastro: Mehrere Gaststätten in unmittelbarer Nähe.
Freizeit: 2,4 km, 2,4 km, 0,9 km. Wandern (Georg-Brenner Wanderweg), Stadtführungen, Radlwallfahrt, Radfahren (3-Seen Tour).
POI: Altöttinger Marienwerk mit Dioramenschau und Filme, Stadtgalerie Altötting, Weihrauch-Museum Kilwing, Schatzkammer mit Wallfahrtsmuseum im Haus Papst Benedikt XVI. 0,3 km, barocker Kapellplatz mit Gnadenkapelle, Stiftspfarrkirche, St. Konrad, St. Magdalena, Basilika St. Anna 0,3 km, Jerusalem Panorama Kreuzigung Christi 0,4 km.

84577 Altötting-Kiefering €10,00

Gasthaus Kiefering, Kiefering 40, ☎ 08633/7142 <12m

Auf einem Hof im Naturschutzgebiet

POS: 48°11'40.14"N/12°37'38.68"E, Karte D16 (S. 19), E3
Platz: = 8 auf Schotter. WC GRAU. Vermietung von Blockhütten ab 35 €, überdachte Laube. Ganzjährig geöffnet.
Preis: 10 €. Strom 3 €/Tag, Wasser 1,50 €/Tag, Entsorgung 1,50 €, WC 1,50 €, Duschen 2 €.
Kontakt: Familie Kreuzpointner, ☎ 08633/7142, info@gasthaus-kiefering.de, www.gasthaus-kiefering.de.
Distanz: 0 km, 3 km, Ⓗ 3 km, 3 km.
Gastro: Restaurant, Mo-So 17:00-21:00 Uhr. Brötchen-/Frühstücksservice.
Freizeit: 3 km, 5 km. Rad-/Wanderwege, Camper-Kirchweih am 1. Wochenende im Okt.
POI: Wallfahrtsort Altötting 4 km, Burg Burghausen 25 km, Landshut 25 km, Chiemsee 30 km.

87452 Altusried €5,00

Wohnmobilplatz am Freibad, Im Tal 4, ☎ 08373/1357 <8m

In ruhiger Ortsrandlage beim Freibad

POS: 47°47'58.22"N/10°13'10.86"E, Karte D14 (S. 17), H4
Platz: P = 12 auf Schotterrasen. WC CHEM GRAU. Parkschein von Mai-Sep an der Freibadkasse, sonst bei der Gästeinfo oder beim Gasthof zum Bären. Dusche/WC während der Freibadsaison. Ganzjährig geöffnet.
Preis: Ab 5 € inkl. Entsorgung, Dusche, WC, Müll-Entsorgung. Strom 0,50 €/kWh, Wasser 1 €/100 l. 15.5.-15.9. 15 €. Gebühr während der Freibadsaison inkl. Eintritt Freibad. Preisänderungen 2023 möglich.
Kontakt: Markt Altusried, ☎ 08373/1357, freibad.altusried@gmx.de, www.altusried.de.
Distanz: 0,4 km, 0,8 km, Ⓗ 1 km, 1 km.
Freizeit: 15 km, 15 km. Abenteuerspielplatz, Gästeprogramm im Verkehrsamt, Tennis, Altusrieder Sommerfestival, Skaterbahn, Beachvolleyball, Iller-Hängebrücke 3,7 km, Golfplatz 10 km.
POI: Freilichtbühne in einzigartiger Holzbauweise 0,5 km, Illerdurchbruch 3 km, Bauernhofmuseum Illerbeuren 13 km.

17375 Altwarp €15,00

Stellplatz Am Hafen, Seestraße, ☎ 0151/19338339 <12m

Auf dem Hafengelände mit Blick über das Stettiner Haff und nach Neuwarp in Polen

2021 geprüft

POS: 53°44'23.38"N/14°16'13.41"E, Karte D4 (S. 7), G3
Platz: P / = 67 auf Schotterrasen, Naturboden, Pflaster, Wiese. =46 (16 A) WC CHEM GRAU. Badestrand. Anmeldung und Bezahlung beim Hafenmeister. WC (mit Code) hinter der Hafenmeisterei (150 m), im Winter kostenpflichtig. Ganzjährig geöffnet.
Preis: 15 € inkl. Strom, Entsorgung, WC, Müll-Entsorgung. Wasser 1 €/100 l, Dusche 1 €/6 min, Hund 2 €.
Kontakt: Hafenwart, Mobil: 0151/19338339, hafen@fischerdorf-altwarp.de, www.fischerdorf-altwarp.de.
Distanz: 0,1 km, weitere Restaurants in 0,3 km, Ⓗ 0,3 km, 0,4 km, 0,5 km.
Gastro: Fangfrischer Fisch bei den Hafffischern erhältlich.
Freizeit: 18 km. Besichtigung der Heimatstube, Wandern entlang des Haffs sowie durch Landschafts-/Naturschutzgebiete, Kutterfahrten auf dem Haff, zum Kaiserkanal sowie nach Polen (Neuwarp/Stettin), ausgebautes Radwegenetz, Besuch der Fischerei 0,1 km, Hundestrand 0,2 km, FKK-Strand 3 km.
POI: Wanderdünenlandschaft 0,2 km, mittelalterliche Kirche 0,4 km, Bockwindmühle 0,4 km, denkmalgeschützte Kapitänshäuser 0,5 km, Wacholdertal 1 km.

63755 Alzenau €12,00

Wohnmobilstellplatz am Meerhofsee, Meerhof 1, ☎ 0162/3690906 <10m

In ruhiger Lage bei einem Gasthaus am See

POS: 50°5'12.00"N/9°2'35.00"E, Karte D10 (S. 13), F3
Platz: = 25 auf Schotter. =24 (16 A) CHEM. Anfahrt 24 h. Nutzung der Entsorgungsstation nur mit Lösen eines Tickets erlaubt (vor Einfahrt am Ticketautomat lösen und gut sichtbar im Wohnmobil hinterlegen). Ganzjährig geöffnet.
Preis: 12 € inkl. Entsorgung, Müll-Entsorgung. Bezahlung von Strom und Wasser über Münzautomat.
Kontakt: Kerstin Lauf, Mobil: 0162/3690906, im-mobile@outlook.de, www.meerhof.de.
Distanz: 0 km, weitere Restaurants in 1 km, Ⓗ 1 km, 1,6 km, 1,6 km.
Gastro: Meerhof - Biergarten am See (Jun-Okt), Mo-Fr 16:00-22:00 Uhr, Sa-So Ruhetag.
Freizeit: 1 km (Badesee). Schwimmen, Weinprobe.
POI: Burg Alzenau 4,4 km.

63755 Alzenau-Wasserlos €15,50

Wenzel's Weinscheune, Schlossbergstraße 5, ☎ 06023/5947 <6m

Auf dem Parkplatz oder der Wiese neben dem Weingut

POS: 50°4'11.66"N/9°4'42.99"E, Karte D10 (S. 13), F3
Platz: P / = 6 auf Wiese, Schotter. =(10A) WC. B Zufahrt für Mobile mit langem Überbau problematisch. Ganzjährig geöffnet.
Preis: 15,50 €. Für Restaurantgäste kostenlos. Strom 1,50 €. Bei Einkehr oder Kauf von Wein und Destillaten frei.
Kontakt: Familie Wenzel, ☎ 06023/5947, info@wenzel-wein.de, www.wenzel-wein.de.
Distanz: 0,5 km, Ⓗ 0,5 km, 0,5 km, B 15 km.
Gastro: Restaurant, Di-Fr 16:00-21:00 Uhr, Sa 13:00-21:00 Uhr, So 11:30-21:00 Uhr, Mo Ruhetag.
Freizeit: 3 km, 6 km, 3 km. Mehrere Badeseen in 2-5 km, Weinprobe, Radwege 0,3 km.
POI: Burg Alzenau 3 km, Schloss Johannisburg/Pompejanum Aschaffenburg 15 km, Wasserschloss Mespelbrunn 20 km.

55232 Alzey gratis

Wohnmobilstellplatz Am Römerkastell, Römerstraße 35, ☎ 06731/495700 <12m

Zentrumsnah, teilweise schattig

2022 geprüft

POS: 49°44'38.78"N/8°7'4.99"E, Karte D9 (S. 12), D4
Platz: P = 8 auf Sand/Splitt, Schotter. =4 CHEM GRAU. Anfahrt 24 h. Aufenthalt max. 3 Tage. Ganzjährig geöffnet.
Preis: Übernachtung gratis. Strom 0,50 €/kWh, Wasser 1 €/min, Entsorgung 1 €. Bezahlung nur mit Münzen.
Kontakt: Tourist-Information Alzeyer Land, ☎ 06731/495700, touristinfo@alzey.de, www.alzeyer-land.de.
Distanz: Ⓗ 0,3 km, 0,4 km, 0,4 km, 0,5 km.
Freizeit: 1 km, 0,8 km.
POI: Altstadt mit Rossmarkt 0,4 km, Schloss 0,6 km, Museum 1 km.

55232 Alzey-Weinheim €24,00

Camping auf dem Gutenbornerhof, Gutenbornerhof, ☎ 06731/41400 <10m

Weingut am südlichen Ortsrand von Weinheim

POS: 49°43'57.66"N/8°4'1.64"E, Karte D9 (S. 12), D4
Platz: = 24 auf Wiese. =24 (16 A) WC CHEM GRAU. B wird empfohlen. Anreise bis 19:00 Uhr. Geöffnet: 1.4.-31.10.
Preis: 24 € inkl. Strom, Wasser, Entsorgung, Dusche, WC, Müll-Entsorgung, WLAN. Jede weitere Pers. 6 €, Kind (6-14 J.) 3,50 €.
Kontakt: Wolfgang Born, ☎ 06731/41400, gutenbornerhof@t-online.de, www.weingut-gutenbornerhof.de.
Distanz: 0,2 km, 0,3 km, weitere Restaurants in 0,5 km, Ⓗ 0,5 km, 2 km.
Freizeit: 4 km, 3 km. Weinwanderung, Weinprobe.
POI: Stadtzentrum Alzey mit Schloss und Stadtmuseum 3 km.

Vor der Anreise empfehlen wir, Kontakt mit dem Betreiber aufzunehmen, um die Auslastung des Stellplatzes abzufragen.

A

92224 Amberg
gratis

Wohnmobilstellplatz Amberg, Schießstätteweg, ☎ 09621/101239
<8m
Umzäunt an der Vils, gegenüber der Feuerwache

POS: 49°26'25.00"N/11°51'42.00"E, Karte D11 (S. 14), C5
Platz: P = 16 auf Asphalt. =12 (6 A) CHEM GRAU. Aufenthalt max. 3 Tage, Infotafel am Stellplatz beachten. Ganzjährig geöffnet.
Preis: Übernachtung gratis inkl. Entsorgung. Strom 1 €/12 h, Wasser 1 €.
Kontakt: Stadt Amberg / Amt für Tourismusförderung, ☎ 09621/101239, tourismus@amberg.de, tourismus.amberg.de.
Distanz: Ⓗ 0,3 km, 0,7 km, 0,8 km, 1 km.
Gastro: Bäcker Nähe Hallenbad 0,4 km. Restaurants in der Altstadt.
Freizeit: 1,5 km, 0,3 km. Wanderung zum Mariahilfberg, Naherholungsgebiet (ehem. Landesgartenschaugelände), Plättenfahrten auf der Vils von Mai-Okt, Kurfürsten-Erlebnisbad 0,4 km, Kneippbecken 0,4 km, Piratenspielplatz 2 km.
POI: Altstadt (Stadtführungen Fr/Sa/So Apr-Okt) 0,5 km, Stadtmuseum 0,5 km, Luftmuseum 0,5 km, Basilika St. Martin 0,6 km, Rokoko-Kleinod Schulkirche 0,7 km.

21385 Amelinghausen
€3,50

Parkplatz am Lopausee, Auf der kalten Hude 2, ☎ 04132/920943
<12m
Ruhiger Übernachtungsplatz

POS: 53°7'59.00"N/10°14'3.00"E, Karte D2 (S. 5), H5
Platz: P = 50 auf Sand/Splitt, Wiese. Dusche/WC/VE während der Freibadsaison im Waldbad. Ganzjährig geöffnet.
Preis: Ab 3,50 €. Dusche 1 €. 1.4.-31.10. 6 €, 1.11.-31.3. 3,50 €.
Kontakt: Tourist-Information Amelinghausen, ☎ 04132/920943, tourist-info@urlaubsregion-amelinghausen.de, www.amelinghausen.de.
Distanz: 0,2 km, weitere Restaurants in 6 km, 1 km, Ⓗ 1 km, 1 km, 2 km (Zum Lopautal 30, 21385 Amelinghausen).
Gastro: Brötchenservice am Platz. Kiosk am Lopausee. Café Lopau-Seeblick, Café Seestübchen. Trattoria da Totti.
Freizeit: 2 km, 25 km (Salztherme Lüneburg). Frühlingstag im Apr, Heideblütenfest im Aug, Herbstmarkt im Okt, Weihnachtsmärkte im Dez, Lopausee, Tretboot-/Kanu fahren, Amelinghausener Heide-Diplom (ganzjährig), Kronsbergheide 0,5 km, Fahrradverleih Pallme 2 km, HP's Kuriseum 3 km, Schwindequelle/Schwindebecker Heide 6 km.
POI: Oldendorfer Totenstatt 1,6 km, Markthus mit Zinnfigurenausstellung und Heideköniginnengalerie 3 km, archäologisches Museum Oldendorf 3 km.

21385 Amelinghausen
€8,00

Parkplatz am Waldbad, Zum Lopautal, ☎ 04132/920943
<12m
Ebener, zweigeteilter Parkplatz am Waldbad

POS: 53°7'27.00"N/10°13'51.00"E, Karte D2 (S. 5), H5
Platz: P = 20 auf Sand/Splitt, Asphalt. =40 WC CHEM GRAU. Anfahrt 24 h. Duschen/WC stehen nur während der Waldbadsaison (Mai-Sep) im Waldbad zur Verfügung. Ganzjährig geöffnet.
Preis: 8 € inkl. Müll-Entsorgung, Kurtaxe. Strom 0,60 €/kWh, Wasser 2 €/100 l, Entsorgung 1 €, Dusche 1 €/Pers., WC 0,50 €.
Kontakt: Tourist-Info Samtgemeinde Amelinghausen, Julia Lammers, ☎ 04132/920943, tourist-info@urlaubsregion-amelinghausen.de, www.amelinghausen.de.
Distanz: 0,2 km, weitere Restaurants in 0,5 km, 1,5 km, 1,5 km, Ⓗ 2 km.
Gastro: Kiosk am Waldbad (Mai-Sep). Restaurant Auszeit im Kieferneck.
Freizeit: 0,2 km, 25 km. Kanu und Tretboot fahren, Heideerlebnistag, Heideblütenfest im Aug, Amelinghausener Heide-Diplom (ganzjährig), Stoppelfeldrennen Oldendorf/Luhe, Kronsbergheide 0,2 km, Lopausee 0,3 km, Fahrradverleih Pallme 2 km, Schwindequelle/Schwindebecker Heide 6 km.
POI: Matschanlage am Lopausee 1,5 km, HP's Kuriseum 1,5 km, Markthus mit Zinnfigurenausstellung und Heideköniginnengalerie 3 km, Oldendorfer Totenstatt 4 km, archäologisches Museum Oldendorf 5 km.

21385 Amelinghausen
€3,50

Parkplatz an der Kronsbergheide, An der B209, ☎ 04132/920943
<12m
Ebene Stellplätze auf einem Waldparkplatz an der Bundesstraße

POS: 53°7'59.66"N/10°14'5.38"E, Karte D2 (S. 5), H5
Platz: = 40 auf Sand/Splitt, Wiese, Asphalt. WC. Dusche/WC/VE während der Freibadsaison. Ganzjährig geöffnet.
Preis: Ab 3,50 €. 1.4.-31.10. 6 €, 1.11.-31.3. 3,50 €.
Kontakt: Tourist-Information Samtgemeinde Amelinghausen, Frau Julia Lammers, ☎ 04132/920943, tourist-info@urlaubsregion-amelinghausen.de, www.amelinghausen.de.
Distanz: 0,3 km, weitere Restaurants in 6 km, 1 km, 1,5 km, Ⓗ 2 km, 2,5 km (Kläranlage Oldendorfer Straße, 21385 Amelinghausen).
Gastro: Auszeit im Kieferneck. Seestübchen. Café Lopau-Seeblick.
Freizeit: 1,5 km, 20 km, 3 km. Kronsbergheide, Tretboot- und Kanu fahren, Amelinghausener Heidediplom (ganzjährig), Nordic Walking, Stoppelfeldrennen Oldendorf/Luhe, Heideblütenfest im Aug, Schwindequelle/Schwindebecker Heide 6 km.
POI: Oldendorfer Totenstatt 3 km, Matschanlage am Lopausee 3 km, Markthus mit Zinnfigurenausstellung und Heideköniginnengalerie 3 km, HP's Kuriseum 3 km, archäologisches Museum Oldendorf 3 km.

21385 Amelinghausen
€20,00

Stellplätze am Campingplatz Lopautal, Zum Lopautal 31, ☎ 01577/2052069
<10m
Am Ortsrand, nahe dem Lopausee

POS: 53°7'31.22"N/10°13'32.81"E, Karte D2 (S. 5), H5
Platz: P = 50 auf Wiese. WC CHEM GRAU. Leinenpflicht für Hunde. R wird empfohlen. Ganzjährig geöffnet.
Preis: 20 € inkl. Wasser, Entsorgung, WC. Jede weitere Pers. 3 €, Strom 0,70 €/kWh, Kurtaxe (bis 12 J.) 1 €/Pers., Hund 2 €, Duschen 0,50 €/5 min, Waschmaschine/Trockner je 5 €. Kind 2 €.
Kontakt: Wilhelm Freyer, ☎ 01577/2052069, info@campingplatz-lopautal.de, www.campingplatz-lopautal.de.
Distanz: Weitere Restaurants in 0,2 km Entfernung, 1 km, Ⓗ 1 km, 1 km.
Gastro: Frühstücksservice in der HS. Biergarten Auszeit zum Kieferneck, warme Küche Do-Sa 15:00-22:00 Uhr, So 12:00-19:00 Uhr.
Freizeit: 0,5 km. Hochseilgarten, Tennishalle 0,2 km, Kneipp-Tretbecken 0,3 km, beheiztes Waldbad 0,5 km, Tretbootverleih 1 km, Naturlehrpfad 1,5 km, Barfußpark Egestorf 13 km.
POI: Heideflächen 1 km, Eulengarten 2 km, Heimatmuseum 3 km, Schwindequelle 6 km, Wildpark Lüneburger Heide 15 km, Stadt Lüneburg 20 km.

21385 Amelinghausen-Dehnsen
€8,00

Landgasthaus Eichenkrug, Unter den Eichen 10, ☎ 04132/427
<8m
Auf dem ehemaligen Bauernhof

POS: 53°7'41.31"N/10°10'6.65"E, Karte D2 (S. 5), H5
Platz: = 1 auf Schotter. R wird empfohlen. Geöffnet: Feb-Dez.
Preis: 8 € inkl. Strom.
Kontakt: Uwe Bergmann, ☎ 04132/427, info@eichenkrug.de, www.eichenkrug.de.
Distanz: 0 km, 2 km, Ⓗ 3 km, 3,5 km.
Gastro: Restaurant, Mo + Do-Fr 17:00-20:30 Uhr, Sa-So 12:00-14:00 Uhr und 17:00-20:30 Uhr, Di-Mi Ruhetag. Frühstück möglich.
Freizeit: 3,5 km, 2,5 km, 3,5 km.
POI: Prähistorische Hügelgräber 5 km, Greifvogelgehege 8 km.

35287 Amöneburg
gratis

Stellplatz Amöneburg, In den Lückeäckern, ☎ 06422/92950
<8m
Auf dem Parkplatz beim Sportplatz oberhalb der Tennishalle

POS: 50°47'43.89"N/8°55'51.94"E, Karte D10 (S. 13), E1

Platz: = 4 auf Schotter. Ganzjährig geöffnet.
Preis: Übernachtung gratis. Duschen gegen Gebühr in der Tennishalle.
Kontakt: Stadtverwaltung Amöneburg, ☎ 06422/92950, stadtverwaltung@amoeneburg.de. www.amoeneburg.de.
Distanz: 0,1 km, 0,1 km, 0,5 km, 0,5 km.
Gastro: Restaurant Greib-Weber, Dombäcker im Ort.
Freizeit: 5 km, 5 km. Wandertouren, Tennis, Reiterhof Philippshof, Amanaburch-Tour, Segeln, öffentliche Stadt-/Erlebnisführungen, Maislabyrinth.
POI: Altstadt mit Schlossruine und Stiftskirche.

63916 Amorbach gratis

Altstadtparkplatz, Dr. F. A.-Freundt-Straße, <12m
☎ +499(0)3732090 Stellflächen auf einem Parkplatz für Pkw, Busse und Reisemobile

POS: 49°38'48.78"N/9°13'16.23"E, Karte D10 (S. 13), F4
Platz: = 5 auf Asphalt. Ganzjährig geöffnet.
Preis: Übernachtung gratis.
Kontakt: Stadt Amorbach, Tobias Laske, ☎ +499(0)3732090, info@stadt-amorbach.de, www.amorbach.de.
Distanz: 0,1 km, 0,1 km, weitere Restaurants in 0,3 km, 0,2 km, 0,3 km.
Gastro: Restaurant Gleis1.
Freizeit: 0,3 km, 10 km. Freibad Amorbach.
POI: Abtei mit Fürstlicher Kirche 0,5 km, Pfarrkirche St. Gangolf 0,8 km, Templerhaus (ältestes Fachwerkhaus Bayerns) 1 km, Kapelle Amorsbrunn 2 km, Gotthardsruine 2 km.

63916 Amorbach-Sansenhof €14,00

Stellplatz beim Golfclub Gut Sansenhof, Sansenhof 3, <8m
☎ 09373/4503
Areal mit Baumbestand innerhalb des Geländes

POS: 49°41'13.00"N/9°6'43.00"E, Karte D10 (S. 13), F4
Platz: = 8 auf Schotter. =8 WC GRAU wird empfohlen. WLAN im Restaurant, Duschen im Gebäude. Geöffnet: Apr-Okt.
Preis: 14 € inkl. Strom, Dusche, WC. Jede weitere Pers. 5 €, Kind (bis 17 J.) 2 €, Kurtaxe 4 €/Pers. Standgebühr bei Golfplatznutzung 5 €. Aktuelle Preise auf der Website abrufbar.
Kontakt: Golfanlage Sansenhof GmbH, ☎ 09373/4503, info@golf-sansenhof.de, www.golf-sansenhof.de.
Distanz: 0,2 km, weitere Restaurants in 6 km, 6 km, 6 km, 10 km.
Gastro: Restaurant am Platz, Di-So 11:00-22:00 Uhr, Mo Ruhetag. Frühstück auf Voranmeldung im Golfhotel.
Freizeit: 8 km. Golfen (9-Loch Platz), Odenwald-Therme Bad König 12 km.
POI: Michelstadt, Erbach, Amorbach, Eulbach.

88279 Amtzell-Büchel €15,00

Büchelwiesen-Landgasthof Adler, Büchel 3, ☎ 07520/9248383 <12m
Separater Stellplatz mit Blick auf die Alpen

POS: 47°42'30.78"N/9°46'0.89"E, Karte D14 (S. 17), G4
Platz: = 36 auf Rasengittersteinen. =36 (16 A) WC CHEM GRAU. Leinenpflicht für Hunde. Reservierungsgebühr 2 €. WLAN kostenlos. Ganzjährig geöffnet.
Preis: 15 € inkl. Wasser, Entsorgung, WC. Jede weitere Pers. 2 €, Kind (bis 12 J.) 1 €, Strom 0,50 €/kWh, Dusche 1 €/Pers. Vom 1.11.-20.12. und 10.1.-15.3. jeder 3. Tag kostenlos.
Kontakt: Fam. Feiner, ☎ 07520/9248383, Mobil: 01766/5657468, info@buechelwiesen.de, www.buechelwiesen.de.
Distanz: 0 km, 2 km, 2 km, 2 km.
Gastro: Landgasthof Adler, Mi-Sa 11:00-14:00 Uhr, So 11:00-14:00 Uhr und 17:30-21:00 Uhr, Mo-Di Ruhetag. Frühstücksservice.
Freizeit: 10 km, 15 km. Schwimmen im hauseigenen Weiher, Bodensee 20 km.
POI: Historische Hammerschmiede 2 km, Altstadt Wangen 7 km.

82346 Andechs €17,00

Wohnmobil- & Wohnwagenstellplatz am Kloster Andechs, Seefelder Straße 21, ☎ 0171/4967238 <12m Zwischen München und den Alpen, unterhalb des Kloster Andechs

POS: 47°58'30.00"N/11°11'10.00"E, Karte D15 (S. 18), B3
Platz: = 40 auf Wiese, Schotter. =40 (10 A) WC CHEM GRAU. Ganzjährig geöffnet.
Preis: 17 € inkl. Entsorgung, WC, Müll-Entsorgung. Strom 4 €/Tag, Wasser 1 €/100 l. Inkl. 1 Wertgutschein/Nacht für das Bräustüberl.
Kontakt: Dominic Cloudt, Mobil: 0171/4967238, info@wohnmobilstellplatz-andechs.de, www.wohnmobilstellplatz-andechs.de.
Distanz: 0,1 km, 0,1 km, 0,3 km, 1 km.
Gastro: Bräustüberl Kloster Andechs. Klostergasthof Andechs.
Freizeit: Mountainbiking, Minigolf, Surfen, Baden, Kloster- & Brauereibesichtigung 0,2 km, Ammersee 4 km.
POI: Wallfahrtsort Kloster Andechs 0,1 km.

56626 Andernach €10,00

Stellplatz monte mare, Klingelswiese 1, ☎ 02632/9872210 <12m
An der Sauna-Spa-Sportanlage monte mare

POS: 50°25'34.08"N/7°23'7.10"E, Karte D9 (S. 12), C2
Platz: = 8 auf Pflaster, Asphalt. WC CHEM GRAU. wird empfohlen. Geöffnet 9:00-22:00 Uhr, So bis 20:00 Uhr, Nutzung Dusche/WC im monte mare möglich. Ganzjährig geöffnet.
Preis: 10 € inkl. Entsorgung, Dusche, WC. Strom 0,50 €/kWh. 5 €/Tag, 10 €/Nacht.
Kontakt: monte mare Andernach Betriebs GmbH & Co. KG, Patrick Doll, ☎ 02632/9872210, andernach@monte-mare.de, www.monte-mare.de/andernach.
Distanz: 0 km, weitere Restaurants in 2 km, 1 km, 2 km, 3 km.
Gastro: Frühstücks-/Brötchenservice auf Anfrage.
Freizeit: 3 km, 3 km. Sauna/Wellnessanlagen.
POI: Geysirzentrum 5 km, Laacher See 7 km, Benediktiner Kloster Maria Laach 10 km, Rhein-Burgen-Weg 10 km, Vulkanpark 10 km, Deutsches Eck 20 km.

56626 Andernach €8,00

Wohnmobilstellplatz Andernach, Scheidsgasse/Uferstraße, <10m
☎ 02632/253613 Am Rhein-Bollwerk, mit eigener Zufahrt über die Scheidsgasse

POS: 50°26'29.70"N/7°24'27.00"E, Karte D9 (S. 12), C2
Platz: = 70 auf Asphalt, Rasengittersteinen. =68 CHEM GRAU. Aufenthalt max. 3 Nächte. Ganzjährig geöffnet. Ausnahme: Sperrung bei Hochwasser.
Preis: 8 € inkl. Entsorgung, Müll-Entsorgung. Strom 1 €/kWh, Wasser 1 €/80-100 l. Platzgebühr für Schwerbehinderte 6,50 €.
Kontakt: Perspektive gGmbH, ☎ 02632/253613, wohnmobilstellplatz@perspektive-andernach.de, www.andernach-tourismus.de.
Distanz: 1 km, 0,2 km, 0,4 km, 0,5 km.
Gastro: Biergarten in den Rheinauen. Mehrere Restaurants am Rhein und in der Altstadt.
Freizeit: 3 km, 2 km, 0,4 km. Stadtführungen, Geysir-Erlebniszentrum mit Schifffahrt zum Geysir.
POI: Stadtmauer, Rheintor, Bollwerk, Runder Turm, Mariendom, höchster Kaltwassergeysir 0,4 km, Schloss/Burg 4,8 km.

16278 Angermünde €10,00

Parkplatz Am Oberwall, Am Oberwall, <8m
☎ 03331/260064 Ruhige Lage hinter der Stadtmauer nahe der Altstadt

POS: 53°0'54.96"N/14°0'15.49"E, Karte D4 (S. 7), F5
Platz: = 10 auf Pflaster. =8 (16 A). Strom und Wasser nur von Apr-Okt. Ganzjährig geöffnet.
Preis: 10 €. Strom 1 €/2 kWh, Wasser 1 €/100 l.
Kontakt: Tourismusverein Angermünde e. V., ☎ 03331/260064, info@angermuende-tourismus.de, www.angermuende-tourismus.de.

A

Distanz: 0,2 km, 0,5 km, 0,5 km, weitere Restaurants in 0,5 km Entfernung.
Freizeit: 4 km, 0,5 km. Wanderweg Märkischer Landweg, Strandbad Wolletzsee, Angeln, Tierpark Angermünde 1 km, NABU-Erlebniszentrum 3 km, geführte Kanutouren 12 km.
POI: Altstadt 0,2 km, Rathaus/Marktplatz 0,5 km, Heimatmuseum 1 km, Burgruine Greiffenberg 10 km.

16278 Angermünde-Kerkow — gratis

NABU-Erlebniszentrum Blumberger Mühle, Blumberger Mühle 2, ☎ 03331/26040 — <12m
Am Waldrand beim Erlebniszentrum im Biosphärenreservat Schorfheide-Corin

POS: 53°2'7.94"N/13°58'6.11"E, Karte D8 (S. 11), G1
Platz: = 10 auf Pflaster, Wiese, Schotter, Naturboden. Ganzjährig geöffnet.
Preis: Übernachtung gratis.
Kontakt: NABU Blumberger Mühle, ☎ 03331/26040, blumberger.muehle@NABU.de, www.blumberger-muehle.de.
Distanz: 0,1 km, weitere Restaurants in 5 km, 0,1 km, 5 km, 7 km.
Gastro: Restaurant am Platz, Sommersaison (Apr-Okt) Mo-So 10:00-17:00 Uhr, Wintersaison Öffnungszeiten siehe Website.
Freizeit: 3 km, 5 km. Monatliche Sonderveranstaltungen (siehe Website), Exkursionen mit Anmeldung, NABU-Naturerlebniszentrum Blumberger Mühle, geführte Wanderungen im Weltnaturerbe mit Anmeldung, Lenne Landschaftspark 3 km.
POI: Stadtkern Angermünde 7 km.

39326 Angern — €16,00

Campingplatz Nord- & Südsee, Am Sandkrug 10, ☎ 039363/262 — <12m
Eingezäunter Platz auf dem Park- und Wiesengelände an zwei Kiesseen

POS: 52°21'11.82"N/11°46'53.22"E, Karte D7 (S. 10), C2
Platz: = 35 auf Wiese, Schotter. =60 (16 A) WC CHEM GRAU. Leinenpflicht für Hunde. An-/Abfahrt 11:00 Uhr, außerhalb der Saison nach Absprache. Geöffnet: 15.4.-15.10.
Preis: 16 € inkl. Wasser, Entsorgung, WC, Müll-Entsorgung. Jede weitere Pers. 8 €, Kind (8-13 J.) 4 €, Strom 2 €/24 h oder 0,50 €/kWh, Dusche 1 €/5 min, Hund 2 €.
Kontakt: Fred Grobler, ☎ 039363/262, Mobil: 01749833559, camping@nord-und-suedsee.de, campingplatz-nord-suedsee.business.site/.
Distanz: 0,3 km, 3 km, 3 km, 3,5 km.
Gastro: Restaurant Zur Sonne.
Freizeit: Pilze sammeln, Elbe-Radwanderweg, Angeln, Baden, Elbfähre 3 km.
POI: Klutturm, Römerturm, Schloss Rogätz und Wasserschloss Angern 3 km, Jagdschloss Heinrichshorst 5 km, Wildpark Weißewarte 20 km.

49577 Ankum — €15,00

Giersfeld 23-Artland Golfclub, Zum Golfplatz 23, ☎ 05466/301 Auf dem Golfclubgelände im Herzen des Artlandes — <8m

POS: 52°28'59.10"N/7°52'50.83"E, Karte D5 (S. 8), D2
Platz: = 20 auf Asphalt, Eco-Raster/Gras, Schotterrasen. =20 WC. Wanderweg. 3 E-Stromtankstellen, Nutzung der Duschen und Umkleideräume der Golfanlage. Ganzjährig geöffnet.
Preis: 15 € inkl. Strom, WC, WLAN, Duschen.
Kontakt: Hans-Christian Vernekohl, ☎ 05466/301, info@artlandgolf.de, artland-golf.de.
Distanz: 0 km, 1 km, 7 km, 7 km.
Gastro: Restaurant Giersfeld23, Di-Fr 12:00-22:00 Uhr, Sa-So 9:30-22:00 Uhr, Mo Ruhetag, warme Küche 12:00-20:00 Uhr.
Freizeit: Steingräberfelder Radwege, Rad-/Wanderwege, Golfen-18 Loch Anlage, Reitwandern.

49577 Ankum — gratis

Stellplatz am Marktplatz, Lindenstraße, ☎ 05462/74740 — <12m
In zentraler Lage am Marktplatz

POS: 52°32'28.11"N/7°52'6.22"E, Karte D5 (S. 8), D2
Platz: = 16, = 2 (<12 m) auf Pflaster, Rasengittersteinen. =12 CHEM GRAU. Ganzjährig geöffnet.
Preis: Übernachtung gratis inkl. Entsorgung. Strom 1 €/kWh, Wasser 1 €/80 l. Übernachtungsgebühr für 2023 möglich.
Kontakt: Gemeinde Ankum, ☎ 05462/74740, info@ankum.de, www.ankum.de.
Distanz: 0 km, 0,1 km, 0,1 km, 0,2 km.
Gastro: Internationale Gastronomie im Ort.
Freizeit: Reiten, Naturpark TerraVita, Golfen, Tennis, Ankumer See 0,1 km, Prähistorischer Lehrpfad bei den Hünengräbern im Giersfeld 5 km.
POI: Historischer Ortskern, Artländer Dom.

49577 Ankum-Tütingen — €19,00

Ferienhof Buse-Glass, Tütingen 5, ☎ 05462/8555 — >12m
Typisch niedersächsische Hofanlage mit altem Eichenbestand

POS: 52°31'32.00"N/7°52'3.00"E, Karte D5 (S. 8), D2
Platz: = 3 auf Naturboden, Wiese, Schotter. =3 (16 A) WC. Ganzjährig geöffnet.
Preis: 19 € inkl. Strom, Wasser, Dusche, WC, Müll-Entsorgung, WLAN. Jede weitere Pers. 5 €, Kind (bis 12 J.) 3 €, Hund 3 €.
Kontakt: Waltraud Glass, ☎ 05462/8555, walliglass@web.de, www.ferienhof-buse-glass.de.
Distanz: 0,8 km, weitere Restaurants in 2 km, 2 km, 2 km, 2 km.
Gastro: Verkauf von hofeigenen Produkten.
Freizeit: 6 km, 2 km. Ponyreiten, Riesentrampolin, Wellness Kneipp-Gesundheitshof, Badminton, Reithalle in Ankum 2 km, Golfplatz in Westerholte 4 km, Wassersport am Alfsee 10 km.
POI: Steingräber Giersfeld 4 km, Tuchmachermuseum Bramsche 15 km, Varusschlacht Kalkriese 18 km.

09456 Annaberg-Buchholz — €9,60

Wohnmobilstellplatz an der Parkstraße, Parkstraße 19, ☎ 03733/19433 Zentrumsnah — <8m

POS: 50°34'46.98"N/13°0'44.72"E, Karte D12 (S. 15), E2
Platz: = 8 auf Pflaster. CHEM GRAU. Ganzjährig geöffnet.
Preis: 9,60 € inkl. Entsorgung. Strom 1 €/2 kWh, Wasser 2 €/100 l, Kurtaxe 1,80 €/Pers., Kurtaxe (bis 18 J.) 0,90 €/Pers. Kurzzeitparken 0,40 €/h. Bezahlung über PayByPhone-App, per SMS oder in der Tourist-Information.
Kontakt: Tourist-Information, ☎ 03733/19433, tourist-info@annaberg-buchholz.de, www.annaberg-buchholz.de/de/unterkuenfte.
Freizeit: Bergwerke, Stadtführungen, Museen.
POI: Manufaktur der Träume, St. Annenkirche, Frohnauer Hammer OT Frohnau, Adam-Ries-Haus, Bergkirche St. Marien mit Bergmännischer Krippe, Erzgebirgsmuseum mit Silberbergwerk Gößner.

09456 Annaberg-Buchholz — €9,60

Wohnmobilstellplatz an der Silberlandhalle, Talstraße 8-10, ☎ 03733/19433 An der Sporthalle — <10m

POS: 50°34'22.26"N/12°59'54.78"E, Karte D12 (S. 15), E2
Platz: = 4 auf Wiese. Ganzjährig geöffnet.
Preis: 9,60 €. Strom 1 €/2 kWh, Kurtaxe 1,80 €/Pers., Kurtaxe (bis 17 J.) 0,90 €/Pers. Kurzzeitparken 0,40 €/1 h. Bezahlung über PayByPhone-App oder per SMS.
Kontakt: Tourist-Information, ☎ 03733/19433, tourist-info@annaberg-buchholz.de, www.annaberg-buchholz.de.
Distanz: 0,9 km, 0,9 km, 1,2 km.
Freizeit: Stadt- und Museumsbesuche.
POI: St. Annenkirche, Frohnauer Hammer und Besucherbergwerk Markus Röhling in Annaberg.

76855 Annweiler am Trifels-Bindersbach — €5,00

Am Kurpark, Bindersbacher Straße, ☎ 06346/2200 — <10m
Entlang der K3 beim Kurpark

POS: 49°11'46.96"N/7°58'11.21"E, Karte D9 (S. 12), D5
Platz: = 10 auf Asphalt. CHEM GRAU. Ganzjährig geöffnet.
Preis: 5 € inkl. Entsorgung, Müll-Entsorgung. Wasser 1 €/80 l.
Kontakt: Büro für Tourismus, ☎ 06346/2200, info@trifelsland.de, www.trifelsland.de.
Distanz: 0,8 km, weitere Restaurants in 1 km, 1 km, 1 km, 1 km.
Gastro: Mehrere Restaurants in der Innenstadt.
Freizeit: 1,9 km, 15 km.
POI: Altstadt 1 km, Burg Trifels 4 km.

91522 Ansbach — €15,00

Kempe's Autohof Ansbach, Vetterstraße 1, ☎ 0981/9531680 — >12m
Bewachter Parkplatz eines Esso-Autohofs

POS: 49°15'45.00"N/10°35'8.00"E, Karte D11 (S. 14), A5
Platz: = 6 auf Asphalt. Wasser nur über Kanister. 24 h geöffnet, Anmeldung über die Tankstelle. Ganzjährig geöffnet.
Preis: 15 € inkl. Müll-Entsorgung. Davon Mindestverzehr im Restaurant 10 €.

Kontakt: 0981/9531680, ansbach@kempes-autohof.de, www.kempes-autohof.de.
Distanz: 0,5 km, 1,5 km, 2 km.
Gastro: Kaffeebar. Restaurant am Autohof, Mo-Do 16:00-22:00 Uhr, Fr 16:00-20:00 Uhr, So 12:00-16:00 Uhr, Sa Ruhetag.
Freizeit: 6 km, 6 km. Baden, Segeln, Bach-Wochen und Kammerfestspiele in Ansbach, Festspiele Feuchtwangen.
POI: Orangerie, barocke Altstadt Ansbach mit Galgenmühle 5 km, Weißes Schloss bei Weidenbach 8 km, Dennenloher Schlosspark 18 km.

91522 Ansbach — €10,00 — <12m

Wohnmobilstellplatz Ansbach, Am Stadion 2, 0981/51243
Beim Freizeitbad Aquella neben dem Lkw-/Bus-Parkplatz, nahe der Bahnlinie

POS: 49°18'15.72"N/10°33'29.05"E, Karte D11 (S. 14), A5
Platz: P = 24 auf Schotter, Asphalt. =24 (16 A) CHEM GRAU . Leinenpflicht für Hunde. Ganzjährig geöffnet.
Preis: 10 € inkl. Entsorgung, Müll-Entsorgung, Kurtaxe. Strom 0,50 €/kWh, Wasser 0,50 €/60 l.
Kontakt: Tourist-Info Ansbach, 0981/51243, tourismus@ansbach.de, www.ansbach.de.
Distanz: 0,1 km, 1 km, 1 km, 1 km.
Freizeit: Reiten, Tennis, Freizeitbad Aquella 0,1 km.
POI: Synagoge, Markgrafen-Museum, Kaspar-Hauser-Denkmal, Markgräfliche Residenz 1,5 km.

26689 Apen — gratis — <8m

Parkplatz Viehmarkt, Am Viehmarkt 2, 04489/7373
Im Zentrum

POS: 53°13'5.76"N/7°48'7.24"E, Karte D1 (S. 4), D5
Platz: / = 10 auf Pflaster. . Aufenthalt max. 2 Tage. Ganzjährig geöffnet.
Preis: Übernachtung gratis.
Kontakt: Gemeinde Apen, 04489/7373, info@apen-touristik.de, www.apen-touristik.de.
Distanz: 0,1 km, weitere Restaurants in 1 km, 0,1 km, 0,1 km, 0,5 km.
Gastro: Restaurant Saloniki. Weitere Restaurants in der Umgebung.
Freizeit: 1 km, 3 km. Angeln im alten Hafenbecken.
POI: Schinkenmuseum im Ort, St. Nikolai-Kirche, restaurierte Windmühle 1,5 km.

26689 Apen-Hengstforde — gratis — <8m

Stellplatz am Freibad Hengstforde, Hauptstraße 200, 04489/7373
Gegenüber vom Freibad

POS: 53°13'4.36"N/7°47'10.32"E, Karte D1 (S. 4), D5
Platz: = 7 auf Rasengittersteinen, Wiese. . Aufenthalt max. 3 Tage. Ganzjährig geöffnet.
Preis: Übernachtung gratis.
Kontakt: Gemeinde Apen, 04489/7373, info@apen-touristik.de, www.apen-touristik.de.
Distanz: 0,1 km, weitere Restaurants in 1 km, 1 km, 1 km, 1,5 km, 5,7 km (Campingplatz Nordloh, Schanzenweg 4, 26689 Apen/Nordloh).
Gastro: Restaurant Landgasthof Hengstforder Mühle.
Freizeit: 2 km. Angeln am Aper Tief (mit Gästekarte), Süßwasserbad 0,1 km, Freibad 0,1 km.
POI: Restaurierte Windmühle 0,3 km, St. Nikolai-Kirche in Apen 1,5 km, Schinkenmuseum 1,5 km.

99510 Apolda — €4,00 — <8m

Stellplatz an der Dreifeldsporthalle, Am Sportpark, 03644/650100
An der Herressener Promenade

POS: 51°1'7.47"N/11°30'37.47"E, Karte D7 (S. 10), B5
Platz: P = 4 auf Asphalt, Rasengittersteinen. GRAU. Aufenthalt max. 1 Nacht. Platz beleuchtet, kein Schatten. Ganzjährig geöffnet.
Preis: 4 €. Strom 0,50 €/kWh, Wasser 1 €/l. Bezahlung am Parkscheinautomat.
Kontakt: Tourist-Information, 03644/650100, tourismus@apolda.de, www.apolda.de.
Anfahrt: Über Adolf-Aber-Straße.
Distanz: 0,5 km, 0,5 km, 0,8 km.
Freizeit: 0,3 km. Lutherweg, Napoleon-Radweg.
POI: Kunsthaus Apolda Avantgarde, Lutherkirche, Glocken-Stadt-Museum, Kulturfabrik, Eiermannbau.

39619 Arendsee/Altmark — €26,40 — <12m

Campingplatz Im grünen Elsebusch, Lüchower Straße 6 a, 039384/986935 Campinggelände in der Nähe des Arendsees

POS: 52°52'35.91"N/11°27'42.51"E, Karte D7 (S. 10), B1
Platz: = 30, = 30 (<12 m) auf Wiese. =(6A) CHEM GRAU . Fußballfeld, Basketballkorb, Beach-Volleyball. Ganzjährig geöffnet.
Preis: 26,40 € inkl. Strom, Wasser, Entsorgung, Dusche, Müll-Entsorgung, Kurtaxe, WLAN, WC. Hund 2,50 €.
Kontakt: Bettina Hüls, 039384/986935, Mobil: 0160/8962743, info@campingplatzarendsee.de, www.campingplatzarendsee.de.
Distanz: 0,4 km, 0,7 km, weitere Restaurants in 2,5 km, 2 km, 2,5 km.
Gastro: Buscheria. Frühstück, Brötchenservice, Getränke, Eis, Kaffee und Kuchen, von 8:00-13:00 Uhr und 14:30-18:00 Uhr.
Freizeit: 2,5 km, 25 km, 1,5 km. Stand-Up-Paddling, Kanu fahren, Kremserfahrten, Minigolf, Wracktauchen im Arendsee, Badestelle 0,4 km.
POI: Heimatmuseum und Klosterruine 1 km, Tempel Gustav Nagel 1,5 km, Rundlingsdörfer 2,5 km.

88260 Argenbühl-Eglofs — gratis — <12m

Parkplatz hinter dem Hallenbad, Eisenharzer Weg, 07566/940210
Auf dem Parkplatz zwischen Panoramabad und Sportplatz

POS: 47°39'54.89"N/9°56'15.31"E, Karte D14 (S. 17), G4
Platz: P = 3 auf Asphalt. . Aufenthalt max. 2 Tage. Ganzjährig geöffnet.
Preis: Übernachtung gratis.
Kontakt: Tourist Information Argenbühl, 07566/940210, info@argenbuehl.de, www.argenbuehl.de.
Distanz: 0,5 km, 0,5 km, 0,7 km.
Gastro: Mehrere Restaurants im Ort 0,6 km.
Freizeit: 0,1 km. Ballonfahren, Panoramabad Eglofs, Nordic Walking Park Argenbühl-Isny, Loipen im Winter 0,6 km, Naturweiher Moorbad Mai-Okt 1,5 km.
POI: Lourdes Grotte 0,9 km, historischer Dorfplatz mit Barockkirche 2 km, Isny 10 km, Wangen 12 km.

88260 Argenbühl-Eisenharz — gratis — <8m

Parkplatz hinter dem Rathaus/Turnhalle, Kirchstraße 9, 07566/940210
Auf einem Parkplatz in der Ortsmitte

POS: 47°41'19.04"N/9°57'32.19"E, Karte D14 (S. 17), G4
Platz: = 2 auf Asphalt. Aufenthalt max. 2 Nächte. Platz wird auch von Pkw belegt. Ganzjährig geöffnet.
Preis: Übernachtung gratis.
Kontakt: Tourist-Information Argenbühl, 07566/940210, info@argenbuehl.de, www.argenbuehl.de.
Distanz: 0 km, 0,3 km, 0,3 km.
Freizeit: 1,5 km. Naturlehrpfad 1,5 km.
POI: Burgruine Ratzenried, Hammerschmiede, Musikmuseum Eglofs, Heimatmuseum Ratzenried.

88260 Argenbühl-Ratzenried — gratis — <8m

Parkplatz Turnhalle Ratzenried, Schulstraße 15, 07566/94020
Am östlichen Ortsrand

POS: 47°43'18.73"N/9°54'15.16"E, Karte D14 (S. 17), G4
Platz: = 2 auf Asphalt. . Aufenthalt max. 2 Nächte. Ganzjährig geöffnet.

A

Preis: Übernachtung gratis.
Kontakt: Tourist-Information Argenbühl, ☎ 07566/94020, info@argenbuehl.de.
Distanz: 0 km, 0,2 km, 0,2 km.
Freizeit: Badeweiher 1 km.

88260 Argenbühl-Siggen

gratis | <6m

Parkplatz Siggener Höhe, K8012, ☎ **07566/94020** An der Straße mit schönem Aussichtspunkt auf die Nagelflukette

POS: 47°42'24.48"N/9°55'33.50"E, Karte D14 (S. 17), G4
Platz: P = 2 auf Asphalt. Quer zur Straße parken, kein Service. Aufenthalt max. 2 Nächte. Ganzjährig geöffnet.
Preis: Übernachtung gratis.
Kontakt: Tourist Information Argenbühl, ☎ 07566/94020, info@argenbuehl.de, www.argenbuehl.de.
Distanz: 1,5 km, 3 km, 3 km.
Freizeit: Badeweiher 1 km.

93471 Arnbruck-Rappendorf

€20,00 | <12m

Landhotel Rappenhof, Rappendorf 5, ☎ **09945/1374** Beim Hotel und Bauernhof am Fuße des Kaitersbergs

POS: 49°8'7.14"N/12°57'3.85"E, Karte D12 (S. 15), E5
Platz: P = 5 auf Wiese. WC CHEM GRAU. Ankunft bis 20:00 Uhr, WC-Nutzung zu den Öffnungszeiten des Landhotels. Ganzjährig geöffnet. Ausnahme: 15.11.-15.12.
Preis: 20 € inkl. Strom, Wasser, Entsorgung, WC, Müll-Entsorgung.
Kontakt: Familie Neumeier, ☎ 09945/1374, info@landhotel-rappenhof.de, www.landhotel-rappenhof.de.
Distanz: Ⓗ 2,5 km, weitere Restaurants in 3 km Entfernung, 4 km, 4 km.
Gastro: Bayerische Spezialitäten. Brötchen auf Bestellung ab 8:00 Uhr. Restaurant, Mo-So 18:00-19:30 Uhr. Fleisch aus eigener Landwirtschaft.
Freizeit: 3 km, 3 km, 0,1 km. Geführte Wandertouren, Streichelzoo, Rundflüge 3 km, Ski Alpin 8 km, Casino in Bad Kötzting 10 km.
POI: Glashütte Weinfurtner in Arnbruck 3 km, Burg Neunussberg 10 km.

59759 Arnsberg-Hüsten

gratis | <10m

Parkplatz Nass, Am Solepark, ☎ **02932/2012226** Beim Sportzentrum Große Wiese

POS: 51°25'51.04"N/8°0'13.73"E, Karte D5 (S. 8), D5
Platz: P = 4 auf Asphalt. Ganzjährig geöffnet.
Preis: Übernachtung gratis.
Kontakt: Wirtschaftsförderung Arnsberg GmbH, ☎ 02932/2012226, info@arnsberg-info.de, www.arnsberg.de.
Distanz: 0,2 km, weitere Restaurants in 1,2 km, Ⓗ 0,2 km, 0,5 km, 0,8 km.
Gastro: Bistro im Freizeitbad Nass 0,2 km.
Freizeit: 0,2 km, 0,2 km. Freizeitbad Nass mit Saunalandschaft, Solepark mit Gradierwerk, Kneippen.
POI: Hirschberger Tor, Klassizismus-Viertel mit Neumarkt, Propsteikirche St. Laurentius, Pfarrkirche St. Petri 0,8 km, Haus Hüsten 0,8 km.

99310 Arnstadt

€15,00 | <10m

Arnstädter Sport- und Freizeitbad am Wollmarkt, Wollmarkt 19, ☎ **03628/603379** Beim Bad am Fluss Gera

POS: 50°50'5.56"N/10°57'15.21"E, Karte D11 (S. 14), A1
Platz: / = 4 auf Wiese. WC. Leinenpflicht für Hunde. B wird empfohlen. Anfahrt/Reservierung während der Bad-Öffnungszeiten: Mo-Fr 8:00-22:00 Uhr, Sa 9:00-18:00 Uhr, So/Feiertage 9:00-18:00 Uhr. Ganzjährig geöffnet. Ausnahme: im Juni/Juli 3-4 Wochen geschlossen.
Preis: 15 € inkl. Strom, Dusche, WC, Müll-Entsorgung. Gebühr inkl. Familienkarte für das Bad gültig (1 h), Schlüsselpfand 30 €.
Kontakt: Arnstädter Sport- und Freizeitbad, ☎ 03628/603379, info@bad-arnstadt.de, www.bad-arnstadt.de.
Distanz: Ⓗ 0,5 km, 0,5 km, 0,5 km, 1 km.
Freizeit: Wandern, Radfahren, Saunalandschaft im Arnstädter Bad.
POI: Schlossgarten mit Neideckruine, historische Innenstadt.

97450 Arnstein

€10,00 | <6m

Wohnmobilstellplatz am Naturbadesee Arnstein, Am Alten Schwimmbad 10, ☎ **09363/8010** In der Nähe des Naturbadesees

POS: 49°58'36.12"N/9°57'33.60"E, Karte D10 (S. 13), G3
Platz: P = 9 auf Rasengittersteinen. =4 (16 A) CHEM GRAU. Anfahrt 7:00-22:00 Uhr, Abreise bis 12:00 Uhr. VE Apr-Okt. Ganzjährig geöffnet.
Preis: Ab 10 €. Strom 1 €/2 kWh, Wasser 1 €/80 l. Mo-Fr 10 €, Sa/So 15 €. Parkschein gut sichtbar hinter die Windschutzscheibe legen.
Kontakt: Stadt Arnstein, ☎ 09363/8010, poststelle@arnstein.bayern.de, www.arnstein.de.
Distanz: Ⓗ 0,3 km, 0,5 km, 0,5 km, 0,5 km, weitere Restaurants in 1 km.
Gastro: Mehrere Restaurants im Ort.
Freizeit: 1 km. Beachvolleyball, Stadtführungen, Naturbadesee.
POI: Wallfahrtskirche Maria Sondheim 0,2 km, Altstadt, Rosengarten/Schlossanlage 0,5 km.

94424 Arnstorf-Mariakirchen

€19,00 | <6m

Schlossbräu Mariakirchen, Obere Hofmark 3, ☎ **08723/978710** Unter einer alten Eiche, mit Blick auf die Kollbachwiesen

POS: 48°34'32.90"N/12°51'37.39"E, Karte D16 (S. 19), E2
Platz: / = 4 auf Schotterrasen. =2 WC. B wird empfohlen. Ganzjährig geöffnet. Ausnahme: 22.12.-8.1.
Preis: 19 € inkl. Strom, Wasser, Dusche, WC. Inkl. Nutzung von Naturbad und Duschen im Hotel. Sauna und Frühstücksbüfett gegen Aufpreis.
Kontakt: Schlossbräu Mariakirchen, ☎ 08723/978710, info@schloss-mariakirchen.de, www.schlossbraeu-mariakirchen.de.
Distanz: 0 km, 0,3 km.
Gastro: Hausbrauerei mit bayerischer Küche. Frühstücksbüfett gegen Aufpreis.
Freizeit: Sauna, Naturbad.
POI: Wasserschloss zu Mariakirchen, Pfarrkirche Maria Himmelfahrt.

21380 Artlenburg

€10,00 | <12m | Gutschein

Sportboothafen und Campingplatz an der Elbe, Hafenstraße 2, ☎ **04139/7040** Am Hafen

POS: 53°22'35.97"N/10°29'3.26"E, Karte D2 (S. 5), H4
Platz: P = 40, = 5 (<12 m) auf Schotterrasen, Wiese. =40 (16 A) WC CHEM GRAU. B wird empfohlen. Anfahrt 9:00-13:00 Uhr, 15:00-20:00 Uhr, ab Anfang Okt bis 19:00 Uhr. Geöffnet 10.4.-20.10.
Preis: Ab 10 € inkl. Strom, Wasser, Entsorgung, Dusche, WC, Müll-Entsorgung, WLAN. Hund 3 €. Mobil > 7,50 m 15 €, am Wasser 20 €. Mobil < 7,5 m am Wasser 15 €, sonst 10 €.
Kontakt: Flecken Artlenburg, Herr Klingemann, ☎ 04139/7040, Mobil: 0171/3712143, verwaltung@artlenburg.de, www.artlenburg.de.
Distanz: Ⓗ 0,5 km, 0,5 km, 0,5 km.
Freizeit: 1 km. Elbufer, Sportboothafen.
POI: Windmühle 1 km.

95659 Arzberg gratis

Stellplatz Arzberg, Friedrich-Ebert-Straße 6, ☎ 09233/4040 Am Rathausparkplatz neben dem öffentlichen WC <10m

POS: 50°3'18.49"N/12°11'22.42"E, Karte D11 (S.14), D3
Platz: P / = 2 auf Eco-Raster/Gras, Asphalt. =2 (16 A) WC GRAU. Öffentliches WC. Ganzjährig geöffnet.
Preis: Übernachtung gratis inkl. Strom.
Kontakt: Stadt Arzberg, ☎ 09233/4040, stadt@arzberg.de, www.arzberg.de.
Distanz: 0,5 km, 0,5 km, 0,5 km, weitere Restaurants in 0,6 km, Ⓗ 0,5 km.
Freizeit: 0,5 km. Kegeln, Angeln, Tennis, Langlauf, beheiztes Freibad, Naherholungsgebiet am Feisnitz-Stausee 3 km.
POI: Kirchenburganlage aus dem 14./15. Jh., Wohnhaus Alexander von Humboldts, Volkskundliches Gerätemuseum Arzberg-Bergnersreuth 3 km, Schloss im Ortsteil Röthenbach 3 km.

37318 Asbach-Sickenberg €6,00

Grenzmuseum Schifflersgrund, Platz der Wiedervereinigung 1, ☎ 036087/98409 Am thüringisch-hessischen Grenzmuseum im Naturpark Eichsfeld-Hainisch-Werratal <12m Gutschein

2022 geprüft E

POS: 51°17'4.76"N/9°59'43.85"E, Karte D6 (S.9), G5
Platz: P / = 40 auf Wiese, Schotter. =4 (16 A) CHEM GRAU. WC im Museum nur zu den Öffnungszeiten, Entsorgung nur während der Anwesenheit des Hausmeisters von 10:00-17:00 Uhr möglich. Ganzjährig geöffnet.
Preis: 6 €. Strom 1 €, Wasser 1 €/50 l, Entsorgung 1 €. Ermäßigter Museumseintritt 4,50 €.
Kontakt: Arbeitskreis Grenzinformation e.V., Wolfgang Ruske, ☎ 036087/98409, info@grenzmuseum.de, www.grenzmuseum.de.
Distanz: 2 km, 2 km, 2 km, Ⓗ 2 km.
Gastro: Mehrere Restaurants im Ort.
Freizeit: 3 km, 3 km, 2 km. Besuch im Grenzmuseum täglich 10:00-17:00 Uhr, Gradierwerk mit Werratal Therme 2 km.
POI: Grenzmuseum Schifflersgrund, Salzmuseum 2 km, Altstadt Bad Sooden-Allendorf 3 km.

Sie haben einen neuen Stellplatz entdeckt? Dann teilen Sie uns diesen mit per E-Mail an **bordatlas@doldemedien.de** oder über das Online-Meldeformular unter **www.bordatlas.de/meldung**

63741 Aschaffenburg-Nilkheim €6,00

Reisemobilstellplatz Willigisbrücke, Großostheimer Straße/Willigisbrücke, ☎ 06021/391421 Am Mainufer zwischen Willigis- und Adenauerbrücke <8m

2021 geprüft

POS: 49°58'14.97"N/9°8'18.98"E, Karte D10 (S.13), F3
Platz: = 30 auf Sand/Splitt, Schotter, Asphalt. =30 . Aufenthalt max. 7 Tage. Ganzjährig geöffnet. Ausnahme: Sperrung bei drohendem Hochwasser des Mains (aktuelle Wettervorhersagen/Hochwassersituationen beachten).
Preis: Ab 6 €. Strom 0,50 €/kWh, Wasser 0,50 €. 15.10.-15.3. 6 €, 16.3.-14.10. 8 €. Staffelpreise abhängig von der Aufenthaltsdauer (beim Bezahlvorgang bitte angeben). Bezahlung am Automat in bar, mit Kredit- oder Bankkarte.
Kontakt: Stadtwerke Aschaffenburg, ☎ 06021/391421, parkhaeuser@stwab.de, www.stwab.de.
Distanz: 0 km, Ⓗ 0,4 km, 0,4 km, E 1 km (Am Floßhafen, unterhalb der Adenauerbrücke, 63741 Aschaffenburg-Nilkheim), 4 km.
Gastro: Mehrere Restaurants in der Altstadt ab 0,4 km.
Freizeit: 1 km, 1 km, 3 km. Main-Rundfahrten, Main-/Limes-Radweg, Stadtführungen, Minigolf 0,4 km.
POI: Altstadt und Schloss Johannisburg, Park Schönbusch 0,5 km, Pompejanum 0,6 km.

59387 Ascheberg gratis

Wohnmobilstellplatz Ascheberg, Appelhofstraße, ☎ 02593/6091300 An einer Wiese im rückwärtigen Raum der Appelhofstraße <12m

POS: 51°47'25.07"N/7°37'10.96"E, Karte D5 (S.8), C4
Platz: = 4 auf Asphalt. . Ganzjährig geöffnet.
Preis: Übernachtung gratis.
Kontakt: Ascheberg Marketing e.V., ☎ 02593/6091300, touristinfo@ascheberg.de, www.ascheberg-touristinfo.de.
Distanz: Ⓗ 0 km, 0,1 km, 0,1 km, 0,1 km, weitere Restaurants in 0,3 km.
Gastro: Mehrere Restaurants im Ort.
Freizeit: 11,1 km, 7 km. Swin-Golf 5 km, Golfplatz 7 km.
POI: Schloss Westerwinkel 7 km, Schloss Nordkirchen 10 km.

59387 Ascheberg-Davensberg gratis

Gasthaus Eickholt, Frieport 22, ☎ 02593/7565 Beim Hotel-Restaurant im Naherholungsgebiet Davert <6m

POS: 51°49'31.75"N/7°35'38.10"E, Karte D5 (S.8), C4
Platz: = 4 auf Schotter, Asphalt. =4 (16 A) WC . WC im Restaurant zu den Öffnungszeiten. Ganzjährig geöffnet.
Preis: Für Restaurantgäste kostenlos. Einkehr obligatorisch. Strom 3 €.
Kontakt: Familie Schütte, ☎ 02593/7565, info@gasthaus-eickholt.de, www.Gasthaus-Eickholt.de.
Distanz: 0 km, 0,8 km, 1 km, Ⓗ 1,2 km.
Gastro: Am Platz, Mi-Do 14:00-22:00 Uhr, Fr-So 11:00-22:00 Uhr, Mo-Di Ruhetag. Frühstücksservice.
Freizeit: 15 km, 8 km, 5 km. Swin-Golf, Kegeln, Planwagenfahrten, Venner Moor 4 km, Allwetter-Zoo Münster 14 km.
POI: Burgturm Davensberg 1 km, Teufelseiche 1,5 km, Schloss Nordkirchen 12 km, Schloss Westerwinkel 14 km.

06449 Aschersleben gratis

Freizeitzentrum Ballhaus, Seegraben 7–8, ☎ 03473/226100 Zwischen Straße und Bahngleisen am Hintereingang des Sportzentrums <10m

POS: 51°45'39.72"N/11°27'27.31"E, Karte D7 (S.10), B4
Platz: P = 10 auf Pflaster, Rasengittersteinen. WC CHEM GRAU . VE werktags von 8:00-15:30 Uhr. Anmeldung im Sportzentrum. Ganzjährig geöffnet.
Preis: Übernachtung gratis. Strom 1 €/6 h, Wasser 1 €, Entsorgung 5 €, Duschen 4 €.
Kontakt: ☎ 03473/226100, info@aschersleben-ballhaus.de, www.aschersleben-ballhaus.de.
Distanz: Ⓗ 0,5 km 0,5 km, 1 km.
Freizeit: Tennis, Fitness, Schwimmen.

71546 Aspach-Großaspach gratis

Basislager an der Gemeindehalle, Rübengasse 22, ☎ 07191/2120 Hinter der Gemeindehalle <6m

POS: 48°57'50.89"N/9°23'48.38"E, Karte D14 (S.17), G1
Platz: P / = 6 auf Asphalt. . Ganzjährig geöffnet.
Preis: Übernachtung gratis.
Kontakt: Gemeinde Aspach, ☎ 07191/2120, info@aspach.de, www.aspach.de.
Distanz: 0,3 km, weitere Restaurants in 0,4 km, 0,4 km, Ⓗ 0,4 km, 0,4 km, E 2 km (Caravan-Servicestation Aspach, Pumpstation unterhalb vom Fürstenhof, direkt an der L1124, 71546 Aspach).
Gastro: Gasthaus Traube 0,3 km.
Freizeit: 4 km, 5 km.
POI: Juliana Kirche 0,4 km.

A

71546 Aspach-Großaspach gratis <6m

Ruhezone im Fautenhau, Im Fautenhau, ☎ 07191/2120
Zwischen den Gemeinden Großaspach und Allmersbach

POS: 48°58'41.86"N/9°23'43.45"E, Karte D14 (S. 17), G1
Platz: = 7, = 3 (<10 m) auf Schotter. Ganzjährig geöffnet.
Preis: Übernachtung gratis.
Kontakt: Gemeinde Aspach, ☎ 07191/2120, info@aspach.de, www.aspach.de.
Distanz: 0,2 km, 0,5 km, 1 km, 1 km, 3,2 km (Caravan-Servicestation Aspach, Pumpstation unterhalb vom Fürstenhof, direkt an der L1124, 71546 Aspach).
Freizeit: 5 km, 2 km. Weinprobe.
POI: Skulpturenpark Lapidarium 4 km, historische Kelter Kleinaspach 5 km.

71546 Aspach-Großaspach gratis <8m

Wohlfühlzone am Lapidarium, Sonnenhof/Ortsstraße, ☎ 07191/2120
In ruhiger Lage im Grünen zwischen Kleinaspach und Einöd

POS: 48°59'50.67"N/9°21'25.88"E, Karte D14 (S. 17), G1
Platz: = 3 auf Schotter. Aufenthalt max. 1 Nacht. Ganzjährig geöffnet.
Preis: Übernachtung gratis.
Kontakt: Gemeinde Aspach, ☎ 07191/2120, info@aspach.de, www.aspach.de.
Distanz: 0,5 km, 0,7 km, 1 km, 1 km, 4,5 km (Caravan-Servicestation Aspach, Pumpstation unterhalb vom Fürstenhof, direkt an der L1124, 71546 Aspach).
Gastro: Mehrere Gaststätten ab 1 km.
Freizeit: 10 km, 8 km. Weinprobe.
POI: Skulpturenpark Lapidarium, historische Kelter Kleinaspach 0,5 km.

71546 Aspach-Kleinaspach gratis <10m

Platz an der Sonne, Eselsweg, ☎ 07191/2120 Am Ortsrand von Kleinaspach am Weinberg

POS: 48°59'29.72"N/9°21'56.38"E, Karte D14 (S. 17), G1
Platz: / = 4 auf Schotter. Ganzjährig geöffnet.
Preis: Übernachtung gratis.
Kontakt: Gemeinde Aspach, ☎ 07191/2120, info@aspach.de, www.aspach.de.
Distanz: 0,3 km, 0,1 km, 0,3 km, 0,3 km, 5,5 km (Caravan-Servicestation Aspach, Pumpstation unterhalb vom Fürstenhof, direkt an der L1124, 71546 Aspach).
Freizeit: 10 km, 10 km. Berg/Talbus vom 1.5.-3.10., Wein-Wander-Weg 0,5 km.
POI: Historische Kelter 0,5 km, Skulpturenpark Lapidarium 1 km.

71546 Aspach-Rietenau gratis <8m

Stellplatz Komfortzone am Sportplatz Rietenau, Fleckenackerweg, ☎ 07191/2625 Auf dem Vereinsgelände zwischen Großaspach und Allmersbach

POS: 48°59'11.13"N/9°24'37.40"E, Karte D14 (S. 17), F1
Platz: = 4 auf Asphalt. Frischwasser am Sportzentrum. Ganzjährig geöffnet.
Preis: Übernachtung gratis. Strom 3 €. Strom über Münzautomat.
Kontakt: Vereinsgaststätte El Greco, Stelios Malamas, ☎ 07191/2625, info@aspach.de, www.aspach.de/tourismus-freizeit/caravan-service.
Distanz: 0 km, weitere Restaurants in 1 km, 1,5 km, 1,5 km, 4,6 km (Caravan-Servicestation Aspach, Pumpstation unterhalb vom Fürstenhof, direkt an der L1124, 71546 Aspach).
Gastro: Vereinsgaststätte El Greco/Biergarten am Platz, Apr-Sep 12:00-21:00 Uhr, Okt-März 15:00-21:00 Uhr.
Freizeit: 5 km, 2 km.
POI: Skulpturenpark Lapidarium 5 km, historische Kelter Kleinaspach 6 km.

71546 Aspach-Röhrach gratis <12m

Besenwirtschaft Zum Röhrachkeller, Röhrach 16, ☎ 0171/1215805
Bei einer Besenwirtschaft im Winzerhof

POS: 48°58'58.95"N/9°22'34.51"E, Karte D14 (S. 17), G1
Platz: / = 20 auf Schotter, Wiese. =20 WC CHEM GRAU. Stellplatz ist auch bei geschlossener Besenwirtschaft nutzbar.
Preis: Für Restaurantgäste kostenlos, inkl. Wasser, WC. Einkehr obligatorisch. Strom 10 €, Dusche 2 €.
Kontakt: Walter Seeger, Mobil: 0171/1215805, weinbauseeger@gmail.com, www.zur-gruenflaeche.de.
Distanz: 0 km, 1,5 km, 4,5 km.
Gastro: Besenwirtschaft, Öffnungszeiten siehe Website.
Freizeit: 5 km, 5 km, 2 km. Weinprobe, Mitarbeit bei der Ernte/Weinbergpflege.
POI: Mittelalterliche Burg Lichtenberg, Skulpturenpark Lapidarium 2 km, historische Kelter 2 km.

57439 Attendorn €12,50 <8m

Stellplatz Atta-Höhle, Finnentroper Straße 39, ☎ 02722/93750
Gesonderter Bereich auf dem Besucher-Parkplatz in Ortsrandlage

2021 geprüft

POS: 51°7'30.65"N/7°54'48.26"E, Karte D8 (S. 11), D5
Platz: = 6 auf Pflaster. GRAU. nur bei Gruppen. Ganzjährig geöffnet. Ausnahme: 21.11.-25.12., 9.1.-24.3.
Preis: 12,50 € inkl. Strom, Wasser, Entsorgung. Nur Übernachtung 2,50 €.
Kontakt: Attahöhle, ☎ 02722/93750, info@atta-hoehle.de, www.atta-hoehle.de.
Distanz: 0,2 km, 0,2 km, weitere Restaurants in 0,9 km, 0,2 km, 1,5 km.
Gastro: Restaurant Himmelreich, Öffnungszeiten wie Atta-Höhle (siehe Website), Nov-Feb Mo Ruhetag.
Freizeit: 0,9 km, 0,9 km, 2,5 km. Besuch der Tropfsteinhöhle, Kleineisenbahn Biggoline.
POI: Altstadt, Attahöhle/Burg Schnellenberg 2 km, Biggesee mit Aussichtsplattform 3,5 km.

57439 Attendorn €23,00 <12m

Wohnmobilhafen Hof Biggen, Finnentroper Straße 131, ☎ 02722/9553
Von Bäumen umgebene Stellflächen im Grünen

POS: 51°8'12.16"N/7°56'23.76"E, Karte D8 (S. 11), D5
Platz: = 8 auf Schotter, Wiese. WC CHEM GRAU. Anfahrt 24 h. Ganzjährig geöffnet.
Preis: 23 € inkl. Strom, Wasser, Entsorgung, Dusche, WC. Jede weitere Pers. 7 €, Kind (2-15 J.) 4 €. Waschmaschine/Trockner je 3 €, 1 Hund gratis, jeder weitere Hund 4 €.
Kontakt: Campingplatz Hof Biggen, ☎ 02722/9553, info@biggen.de, www.biggen.de.
Distanz: 0 km, 3,5 km.
Gastro: Restaurant am Platz. Brötchenservice.
Freizeit: Biggesee 4 km.
POI: Südsauerlandmuseum, Ruine Waldenburg, Biggeblick, Burg Schnellenberg, Atta Höhle, Attendorner Feuerwehr Museum.

08280 Aue-Bad Schlema gratis <8m

Parkplatz Anton-Günther-Platz, Thomas-Mann-Straße, ☎ 03771/281125 Auf einem gemischten Parkplatz in Zentrumsnähe

POS: 50°35'12.92"N/12°41'45.43"E, Karte D11 (S. 14), D2
Platz: = 2 auf Asphalt. Aufenthalt max. 1 Nacht. Ganzjährig geöffnet. Ausnahme: 3. Woche im Juli wegen Stadtfest gesperrt.
Preis: Übernachtung gratis. Mo-Fr 8:00-18:00 Uhr 0,10 €/h, sonst gratis.
Kontakt: Stadtinformation, ☎ 03771/281125, stadtinformation@aue.de, www.erzgebirge.de.
Distanz: 0,2 km, 0,2 km, 0,2 km, 0,4 km.

91275 Auerbach-Hohe Tanne/Oberpfalz €10,00 <10m

Stellplatz Gaststätte Schlupfloch, Hohe Tanne 4a, ☎ 0171/2853844
Teilweise schattiger Platz außerhalb Auerbachs

2020 geprüft

POS: 49°40'9.98"N/11°36'38.63"E, Karte D11 (S. 14), C4

Platz: = 30 auf Schotterrasen, Wiese, Schotter. =30 (16 A) WC CHEM GRAU . Nachts beleuchtet. Im Winter auf Voranmeldung. Ganzjährig geöffnet.
Preis: 10 € inkl. Entsorgung, WC, WLAN. Strom 0,70 €/kWh, Wasser 1 €/80 l. VE für Durchreisende 3 €. Preisänderungen 2023 möglich.
Kontakt: Gerhard Beyerlein, ☎ 0171/2853844, gerhard-beyerlein@t-online.de, www.schlupfloch-auerbach.de.
Distanz: 0 km, Ⓗ 0,2 km, 1,5 km, 3 km.
Gastro: Biergarten. Brötchenservice.
Freizeit: 2 km, 3 km. Klettermöglichkeiten.
POI: Maximiliansgrotte 5 km, Burg Neuhaus 8 km.

91275 Auerbach/Oberpfalz — €5,00 — <10 m

Stellplatz am Behälterweiher, Am Behälterweiher, ☎ 09643/2017
Zentrale, aber dennoch naturnahe Lage am Rand der Innenstadt

2021 geprüft E

POS: 49°41'39.71"N/11°37'50.37"E, Karte D11 (S. 14), C4
Platz: = 8 auf Asphalt, Sand/Splitt. =8 CHEM GRAU . Anfahrt 6:00-22:00 Uhr, Aufenthalt max. 3 Tage. Ganzjährig geöffnet.
Preis: 5 € inkl. Strom, Entsorgung. Wasser 1 €/100 l. Inkl. 5 kWh Strom. Gebühr ist an der Stromsäule zu entrichten.
Kontakt: ☎ 09643/2017, info@auerbach.de, www.auerbach.de.
Distanz: 0,2 km, Ⓗ 0,3 km, 0,3 km, 0,3 km.
Freizeit: 1,5 km, 1,5 km. Tennisclub 0,3 km, Reitclub 1,1 km.
POI: Museum 34 0,3 km, LodesMuseum 0,3 km, Naturschutzgebiet Leonie 1,5 km, Bergbaumuseum Maffeischächte 3 km.

31749 Auetal-Rolfshagen — gratis — <8 m

Wohnmobilstellplatz am Freibad, Horstsiek, ☎ 05752/1810
In der Dorfmitte neben dem Freibad

POS: 52°14'7.79"N/9°8'51.54"E, Karte D6 (S. 9), F2
Platz: = 4 auf Schotter. CHEM GRAU . Ganzjährig geöffnet.
Preis: Übernachtung gratis. Strom 1 €/2 kWh, Wasser 0,10 €/10 l.
Kontakt: Gemeinde Auetal, ☎ 05752/1810, rathaus@auetal.de, www.westliches-weserbergland.de.
Distanz: 0,4 km, 0,5 km, 0,8 km.
Freizeit: Paddeln, Klettern am Hohenstein, Golfen, Nordic Walking.
POI: Katharinenkirche in Kathrinhagen 4,5 km, Heimatmuseum Auetal 12 km, Schillat-Höhle 15,3 km, Burg Schaumburg in Rinteln 20 km.

91347 Aufseß — €10,00 — <10 m

Brauereienweg-Stellplatz Hochstahl, Hochstahl 24, ☎ 09204/271
An der Brauerei Reichold in Hochstahl

POS: 49°53'3.15"N/11°15'59.51"E, Karte D11 (S. 14), B3
Platz: = 38 auf Wiese, Asphalt, Schotter, Pflaster. CHEM GRAU . WLAN im Gasthof. Ganzjährig geöffnet.
Preis: 10 € inkl. Entsorgung, Müll-Entsorgung, WLAN, WC. Strom 2 €, Wasser 1 €, Dusche 1 €.
Kontakt: Hilmar Reichold, ☎ 09204/271, gasthof@reichold.de, www.brauerei-reichold.de/wohnmobilstellplaetze.
Distanz: 3 km, 3 km, 3 km.
Gastro: Brötchenservice.
Freizeit: 5 km, 6 km. Brauereienweg.
POI: Therme Obernsees-Mistelgau 7 km, Pottenstein 15 km, Bamberg 25 km.

86152 Augsburg — €8,00 — <12 m

Wohnmobilstellplatz Wertach, Bürgermeister-Ackermann-Straße 1, ☎ 0821/551686
Zentrale Lage, zwischen Straße und der Wertach

2021 geprüft E

POS: 48°22'10.76"N/10°52'40.09"E, Karte D15 (S. 18), B2
Platz: = 25 auf Schotter, Sand/Splitt. =16 (16 A) CHEM GRAU . Ganzjährig geöffnet.
Preis: 8 € inkl. Entsorgung. Strom 1 €/2 kWh, Wasser 1 €/100 l. 1 €/h bis max. 8 €/24 h. Bezahlung am Automat.
Kontakt: Werner Hardt, ☎ 0821/551686, info@augsburg-wohnmobil.de, www.augsburg.de.
Anfahrt: Zufahrt für Reisemobile bis 7,5 t.
Distanz: 0,1 km, weitere Restaurants in 0,1 km, 0,3 km, Ⓗ 0,3 km, 2 km.
Gastro: Mehrere Restaurants in der Nähe.
Freizeit: 0,5 km, 0,6 km.
POI: UNESCO-Weltkulturerbe Augsburger Wasserwirtschaft, Fuggerei, Rathaus, Dom, Augsburger Puppenkiste, Museen ab 1,5 km.

Hinweis der Redaktion: Aufgrund der wirtschaftlichen Lage und der andauernden Energiekrise kann es in 2023 zu noch nicht absehbaren Preiserhöhungen bei Service- und Übernachtungsgebühren kommen. Wir bitten um Verständnis und verweisen auf die **Bordatlas WebApp.** Die Stellplatzdaten werden dort laufend überarbeitet und stehen online stets aktuell zur Verfügung.

86169 Augsburg — €9,00 — <8 m

Stellplatz beim Sportverein TSG 1885 Augsburg-Lechhausen e.V., Schillstraße 105-109, ☎ 0821/701007
In der Nähe der Lechauen

2021 geprüft E

POS: 48°23'22.17"N/10°54'12.84"E, Karte D15 (S. 18), B2
Platz: = 4 auf Schotter, Kiesel. =6 (16 A) WC CHEM GRAU . Leinenpflicht für Hunde. WC über den Sportlereingang der Gaststätte (von 8:00-22:00 Uhr) zu erreichen. Sollte der Platz belegt sein, kann man für 1 Nacht auch gegenüber parken. Ganzjährig geöffnet.
Preis: 9 € inkl. Entsorgung, WC, Müll-Entsorgung. Strom 1 €/2 kWh, Wasser 1 €/100 l, Dusche 2 €/Pers.
Kontakt: TSG 1885 Augsburg-Lechhausen e.V., H. Hafner, ☎ 0821/701007, info@tsg-augsburg.de, www.tsg-augsburg.de.
Distanz: 0 km, 0,1 km, Ⓗ 0,6 km, 5,5 km.
Gastro: Bäckerei. Sportkiosk, bei schönem Wetter ab ca. 16:00 Uhr geöffnet.
Freizeit: 2 km, 3 km. Kegelbahnen, Stadtbesichtigung, Tennisplätze.
POI: Altstadt mit Fuggerei 3,5 km, Rathaus/Dom 3,5 km, Augsburger Puppenkiste mit Museum 4 km.

09573 Augustusburg — €10,00 — <8 m — neu

Hotel am Kunnerstein, Waldstraße 23, ☎ 037291/20598 Auf dem Areal des Hotels, direkt am Wald im Erzgebirge

POS: 50°48'11.13"N/13°5'54.56"E, Karte D12 (S. 15), E1
Platz: = 6 auf Asphalt. =3 . Ganzjährig geöffnet.
Preis: 10 € inkl. Strom, Wasser.
Kontakt: Hotel Kunnerstein, ☎ 037291/20598, hotel-kunnerstein@freenet.de, www.hotel-kunnerstein.de.
Distanz: 0 km, 0,3 km, 1 km.
Gastro: Hotel-Restaurant.
Freizeit: Langlauf, Wintersport, Bowling-/ Kegelbahn Im Hotel, Landschaftsschutzgebiet Augustusburg-Sternmühlental, Fahrt mit der Drahtseilbahn Erdmannsdorf–Augustusburg, ausgewiesene Wander- und Radwege, Sommerrodelbahn und Minigolf 2 km.
POI: Schloss Augustusburg mit Kutschenmuseum, Museum für Jagdtier- und Vogelkunde sowie einem Motorradmuseum 1,4 km.

88326 Aulendorf — gratis — <12 m

Carthago-City, Carthago Ring 1, ☎ 07525/920000
Vor dem Carthago-Werk

POS: 47°56'16.36"N/9°39'11.08"E, Karte D14 (S. 17), G4

A B

Platz: P = 20 auf Asphalt. =20 CHEM GRAU . So/Feiertag geschlossen. Ganzjährig geöffnet.
Preis: Übernachtung gratis inkl. aller Personen, Entsorgung, WLAN. Strom 0,50 €/kWh, Wasser 1 €/100 l.
Kontakt: ☎ 07525/920000, info@carthago.com, www.carthago.com.
Distanz: Ⓗ 0,2 km, 0,4 km, 0,8 km, 1,2 km.
Freizeit: 4 km. Radtouren, Werksbesichtigung, Schwabentherme Aulendorf 4 km.
POI: Vogel Herrenmühle/Mühlenladen Aulendorf, Schloss Aulendorf mit Spielzeugmuseum 2 km.

88326 Aulendorf — €10,00 — <6m

Ritterkeller und Gasthaus Rad/ Hotel Arthus, Im Gumpen 1,
☎ 07525/92210 Ruhig und zentrumsnah

POS: 47°57'8.96"N/9°38'16.71"E, Karte D14 (S. 17), G4
Platz: P / = 2 auf Sand/Splitt. =2 (16 A) . P Anfahrt 7:00-23:00 Uhr. Ganzjährig geöffnet. Ausnahme: 24.12.-26.12., 31.12.-1.1.
Preis: 10 € inkl. Strom, Kurtaxe, WC. Für Restaurantgäste kostenlos.
Kontakt: Jessica Spähn, ☎ 07525/92210, info@ritterkeller.de, www.ritterkeller.de.
Distanz: 0 km, Ⓗ 0,3 km, 0,5 km, 0,7 km.
Gastro: Frühstück im Hotel möglich. Gasthaus Rad, Mo-So 11:30-14:00 Uhr und 17:30-22:00 Uhr.
Freizeit: 5 km, 1 km. Rittermahl im Ritterkeller, Schwabentherme 0,5 km, Ravensburger Spieleland 30 km.
POI: Aulendorfer Schloss mit Schlossmuseum 0,2 km.

88326 Aulendorf — €10,00 — <12m

Schwaben-Therme, Ebisweilerstraße 5
Am Thermal- und Freizeitbad mit Alpenblick

POS: 47°57'26.16"N/9°38'12.20"E, Karte D14 (S. 17), G4
Platz: P = 20 auf Kiesel. . Ganzjährig geöffnet.
Preis: 10 €. Bezahlung am Parkscheinautomat, Münz- und Kartenzahlung möglich.
Kontakt: parkraumueberwachung.michel@web.de, www.parkraumueberwachung-michel.de.
Distanz: 0,1 km, Ⓗ 0,3 km, 0,8 km, 1 km.
Gastro: Restaurant in der Therme. Ferienhof Tiergarten 1,4 km. Schlossbrauerei Aulendorf 0,6 km.
Freizeit: Thermalbad mit Spaßbad, Wellnesspauschalen, Massageanwendungen, Wassergymnastik.
POI: Schlossmuseum Aulendorf 0,5 km, berühmte Dorfkirche in Steinhausen 12 km, Bad Waldsee 13,8 km.

91589 Aurach — €15,00 — <8m

Shell Autohof Aurach, Steinauerweg 383, ☎ 09804/802
Auf dem Parkplatz am Autohof

POS: 49°15'10.00"N/10°25'54.00"E, Karte D11 (S. 14), A5
Platz: P / = 30 auf Pflaster. WC . Tankstelle mit Shop/Reisebedarf, EC-Automat. WLAN im Restaurant, Anfahrt 24 h. Ganzjährig geöffnet.
Preis: 15 € inkl. Wasser, WC. Dusche 3 €/Pers.
Kontakt: ☎ 09804/802, autohof-aurach@t-online.de, www.autohof-aurach.de.
Distanz: 0 km, Ⓗ 0,5 km, 1 km, 1 km.
Gastro: Restaurant, Mo-So 8:30-21:30 Uhr. Kaffeebar 24 h geöffnet.
Freizeit: 10 km, 10 km. Whirlpool am Platz.

26603 Aurich — €10,00 — <12m

Wohnmobilstellplatz am Wohlfühl- und Familienbad De Baalje, Am Ellernfeld 2, ☎ 04941/124000
Direkt neben dem Bad

POS: 53°27'56.39"N/7°28'36.16"E, Karte D1 (S. 4), C4
Platz: P / = 20 auf Sand/Splitt, Asphalt. WC CHEM GRAU . Abfahrt bis 17:00 Uhr. Stellplatztickets von Mo-Fr von 6:30-20:30 Uhr, Sa+So von 8:00-20:30 Uhr an der Badkasse. Duschen im Schwimmbad bei Vorlage der Quittung, WC im Foyer des Bades. Ganzjährig geöffnet.
Preis: 10 € inkl. Kurtaxe. Strom 1 €/kWh, Wasser 1 €/100 l, Entsorgung 1 €, Duschen 1,50 €.
Kontakt: Martin Schmidt, ☎ 04941/124000, info@debaalje.de, www.debaalje.de.
Distanz: 0,1 km, Ⓗ 0,5 km, 0,5 km, 0,5 km.
Freizeit: 0,3 km. Paddelstation 0,2 km, Boote am Hafen 0,3 km.
POI: Auricher Schloss 0,7 km, diverse Museen 1 km.

26607 Aurich-Middels — €6,00 — <12m — neu

Landgasthof Alte Post, Esenser Straße 299, ☎ 04947/509790
Am Landgasthof mit Reetdach

POS: 53°32'43.26"N/7°36'27.54"E, Karte D1 (S. 4), C4
Platz: P / = 6 auf Asphalt, Pflaster. CHEM GRAU . Aufenthalt unbegrenzt. Hunde im Restaurant nicht erlaubt. Ankunft bis 22:00 Uhr. Ganzjährig geöffnet.
Preis: 6 €. Bei Verzehr im Restaurant werden 3 € angerechnet.
Kontakt: Olga Janssen, ☎ 04947/509790, info@landgasthof-alte-post.de, www.landgasthof-alte-post.de.
Distanz: 0 km, 0 km, Ⓗ 0,1 km, 1 km.

Gastro: Frühstück möglich. Am Platz, 11:00-21:30 Uhr.
Freizeit: 10 km. Wellness/ Beautybereich mit Sauna, Bowling/Kegelbahn im Haus.
POI: Moormuseum in Moordorf 18 km, Blumenhalle in Wiesmoor 25 km.

B

55422 Bacharach — €12,00 — <8m

Reisemobilplatz Camping Sonnenstrand, An der B9, ☎ 06743/1752
Zentrumsnah, zwischen B9 und Rheinufer

2022 geprüft E

POS: 50°3'13.00"N/7°46'22.00"E, Karte D9 (S. 12), C3
Platz: = 75 auf Schotter. =66 (6 A) WC CHEM GRAU . Anmeldung an der Rezeption, Abreise bis 12:00 Uhr. Pro Platz max. 2 Hunde. Bahnlinie in der Nähe. Ganzjährig geöffnet. Ausnahme: im Winter wegen Hochwassergefahr bedingt nutzbar.
Preis: 12 € inkl. Entsorgung, WC, Müll-Entsorgung, WLAN, Kurtaxe. Jede weitere Pers. 5,50 €, Kind (bis 14 J.) 3 €, Strom 3 €, Wasser 1 €, Dusche 1 €, Hund je 1 €, Waschmaschine/Trockner je 5 €. Duschmarke 1 €. Bezahlung an der nahegelegenen Rezeption/Kiosk.
Kontakt: Eric Schlüter, ☎ 06743/1752, info@camping-sonnenstrand.de, www.camping-rhein.de.
Distanz: 0 km, weitere Restaurants in 0,3 km, 0,6 km, 0,8 km, Ⓗ 15 km.
Gastro: Am Platz, Mo-So 17:00-21:00 Uhr. Brötchenservice auf Bestellung.
Freizeit: 12 km, 12 km. Weinbergwanderung, Weinproben in der Stadt, Schiffsanlegestelle 0,1 km.
POI: Altstadt 0,8 km, Burg Stahleck 1,5 km, Pfalz bei Kaub 2 km, Loreley 10 km, Mäuseturm Bingen 15 km.

71522 Backnang — gratis — <8m

Reisemobilstellplatz Backnang, Martin-Dietrich-Allee,
☎ 07191/894277 Am nordöstlichen Stadtrand, in der Nähe der Bäder

POS: 48°57'1.29"N/9°27'10.31"E, Karte D14 (S. 17), F1
Platz: P = 4 auf Schotterrasen. CHEM GRAU . Ganzjährig geöffnet.
Preis: Übernachtung gratis inkl. Entsorgung. Wasser 1 €/10 min.

Kontakt: Stadtbauamt Backnang, ☎ 07191/894277, stadtbauamt@backnang.de, www.backnang.de.
Distanz: 0,5 km, 0,5 km, 1,5 km, 1,5 km.
Freizeit: 0,3 km, 0,3 km. Wonnemar Backnang 0,3 km.
POI: Altstadt Backnang 1,5 km.

93077 Bad Abbach €24,00

Campingplatz Freizeitinsel, Inselstraße 1 a, ☎ 09405/9570401 >12 m
Kurzzeitplätze auf einem ruhigen, terrassierten Wiesenplatz

POS: 48°56'13.88"N/12°1'14.83"E, Karte D15 (S. 18), C1
Platz: = 8 auf Schotterrasen. =8 (6 A) WC CHEM GRAU. Erlebnis-Bauernhof. Rezeption: 8:00-12:00 Uhr, 15:00-19:00 Uhr. Geöffnet: März-Nov.
Preis: 24 € inkl. Strom, Wasser, Entsorgung, Dusche, WC, Müll-Entsorgung, WLAN. Jede weitere Pers. 10 €, Kind (bis 9 J.) 5 €, Kind (bis 16 J.) 7,50 €, Kurtaxe 1,80 €/Pers.
Kontakt: Alois Schmidbauer, ☎ 09405/9570401, info@campingplatz-freizeitinsel.de, www.campingplatz-freizeitinsel.de.
Distanz: 1 km, weitere Restaurants in 15 km, 1,5 km.
Gastro: Inselcafé am Campingplatz. Brötchenservice.
Freizeit: 0,4 km, 2 km, 18 km. Kaiser-Therme, Kanuverleih.
POI: Regensburg mit Dom 15 km, Donaudurchbruch 15 km, Hundertwasser-Turm 18 km.

93077 Bad Abbach €12,00

Kaiser-Therme, Kurallee 4, ☎ 09405/95170 <12 m
Beim Haupteingang zum Thermalbadezentrum mit Blick auf Bad Abbach

2022 geprüft E

POS: 48°55'38.29"N/12°2'27.59"E, Karte D15 (S. 18), C1

Platz: = 34 auf Naturboden, Pflaster. =34 WC CHEM. Anfahrt 24 h. Nachmeldung am nächsten Tag zu den Öffnungszeiten der Therme. Nutzung von Duschen/WC in der Therme von 9:00-20:00 Uhr. Ganzjährig geöffnet.
Preis: 12 € inkl. Strom, Entsorgung, WC, Müll-Entsorgung, WLAN. Wasser 1 €/80 l, Kurtaxe (ab 16 J.) 1,80 €/Pers.
Kontakt: Zweckverband Kurmittelhaus Bad Abbach, ☎ 09405/95170, info@kaiser-therme.de, www.kaiser-therme.de.
Distanz: 0 km, 0 km, Busverbindung Linie 16 nach Regensburg, 0,5 km, 3 km.
Gastro: Café/Bistro, Di-Fr 11:00-20:30 Uhr, Sa-So 11:00-18:30 Uhr, Mo Ruhetag.
Freizeit: 1 km. Ambulante Kur, Jurasteig, Saunawelt/orientalische Schönheitsbäder, Kaiser-Therme, Tennis 2 km, Golfplatz Deutenhof 4 km.
POI: Romanische Kirche in Oberndorf 2 km, Befreiungshalle/Archäologisches Museum in Kelheim 8 km, Domstadt Regensburg 8 km, Donau-Durchbruch/Kloster Weltenburg 12 km.

83043 Bad Aibling €15,00

Therme Bad Aibling, Lindenstraße/Heubergstraße, ☎ 08061/9066200 <12 m
Auf dem Thermenparkplatz P13

POS: 47°51'22.87"N/12°0'21.66"E, Karte D15 (S. 18), C4
Platz: = 31 auf Asphalt. =28 WC CHEM GRAU. Aufenthalt max. 3 Tage (auf Anfrage länger). WC in der Therme von 10:00-22:00 Uhr. Ganzjährig geöffnet.
Preis: 15 € inkl. Strom, Entsorgung, WC, Müll-Entsorgung, WLAN, Kurtaxe. Wasser 1 €/80 l.
Kontakt: Therme Bad Aibling, ☎ 08061/9066200, info@therme-bad-aibling.de, www.therme-bad-aibling.de.
Distanz: 0,1 km, weitere Restaurants in 1 km, 0,1 km, 0,6 km, 1,5 km.
Gastro: Gastronomie Therme Bad Aibling.
Freizeit: 0,5 km. Therme mit Sauna und Massagen 0,1 km, Kurpark 1 km, Minigolf 1 km.
POI: Radome in Mietraching 3 km, Schloss Maxlrain 6 km.

95680 Bad Alexandersbad €7,00

Stellplatz am Alexbad, Birkleinweg, ☎ 09232/99250 Ruhige Waldrandlage neben dem Alexbad, nahe Kurpark <8 m

POS: 50°1'0.12"N/12°0'52.66"E, Karte D11 (S. 14), C3
Platz: = 4 auf Schotter, Asphalt, Pflaster. CHEM GRAU. Anmeldung/Abwicklung zu den Öffnungszeiten des Gästeservices (siehe Website). Ganzjährig geöffnet.
Preis: 7 €. Kurtaxe 1,50 €/Pers. Mit Gästekarte Nachlass beim Besuch im Alexbad.
Kontakt: Gesundheitszentrum Bad Alexandersbad, ☎ 09232/99250, alexbad@badalexandersbad.de, alexbad.de.
Distanz: 0,2 km, 0,2 km.
Freizeit: 0,1 km, 18 km. 0,8 km.
POI: Badesee 0,8 km.

34454 Bad Arolsen-Wetterburg €15,00

Reisemobilhafen Twistesee, Bericher Seeweg 1, ☎ 05691/8069383 <12 m
An der Twistetalsperre mit Blick auf den See und den gegenüberliegenden Ort Wetterburg

2020 geprüft E

POS: 51°23'1.20"N/9°3'58.34"E, Karte D6 (S. 9), F5
Platz: = 150 auf Naturboden, Wiese, Schotter. =150 (16 A) WC CHEM GRAU. Reservierung ab 3 Tagen. Rabatt für Stellplatzgäste im Golfclub und Freizeit-/Erlebnisbad, kostenfreier Abstellplatz für Pkw. Ganzjährig geöffnet.
Preis: 15 € inkl. aller Personen, Entsorgung, WC, Müll-Entsorgung, Kurtaxe, WLAN. Strom 0,80 €/kWh, Wasser 1 €/80 l, Dusche 1 €/5 min.
Kontakt: Reisemobilhafen Twistesee, ☎ 05691/8069383, info@reisemobilhafen-twistesee.de, www.reisemobilhafen-twistesee.de.
Distanz: 0,5 km, 0,8 km, 1 km, 4 km.
Gastro: Lebensmittel-/Getränkebestellung über Brötchenservice am Vortag. Mi/Fr Lebensmittelwagen am Platz. Imbiss am Wochenende.
Freizeit: 2,5 km. Rundflüge, Reiten, Angeln, Tennis, Strandbad, Arolser Kram/Viehmarkt Anfang Aug, Hundestrand 0,1 km, Bootsverleih 0,8 km, Golfplatz 0,8 km, Wasserskianlage 1 km.
POI: Altstadt mit Schloss 2,5 km, Kugelsburg 4 km.

Tipp

Der Stellplatz liegt in einer herrlichen Naturlandschaft direkt am See. Freizeitspaß für die ganze Familie! Bootsverleih, Wasserskianlage, Adventure Golf etc. Zahlreiche Gastronomie in 500 m Entfernung. Saisonal hat an den WE ein Imbiss am Platz geöffnet. Leihwagen 29 € am Tag um die Region zu erkunden!

82435 Bad Bayersoien €14,00

Wohnmobilstellplatz Bad Bayersoien, Am Bauhof 6, ☎ 08845/7030610 <10 m
Am Ortsrand, Blick auf Ammergauer Alpen

2021 geprüft E

POS: 47°41'14.33"N/10°59'58.04"E, Karte D15 (S. 18), B4
Platz: = 8 auf Schotterrasen. CHEM

B

GRAU. Beleuchtet. Ganzjährig geöffnet.
Preis: 14 € inkl. Entsorgung. Jede weitere Pers. 2 €, Kind (bis 16 J.) gratis, Strom 1 €/2 kWh, Wasser 1 €/80 l. Gästekarte mit zahlreichen Vorteilen gegen Vorlage des Zahlbelegs in der Kur-/Tourist-info.
Kontakt: Tourist-Information Bad Bayersoien, ☎ 08845/7030610, bad-bayersoien@ammergauer-alpen.de, www.ammergauer-alpen.de.
Distanz: 0,2 km, 0,3 km, 0,3 km.
Freizeit: E-Bike-Ladestation am See, Angeln, Kneipp.-Tretbecken am Bärenbachweg, Direkter Zugang zur Langlaufloipe, Naturbadesee Bayersoiener See mit Liegewiese und Ruderbootverleih 0,5 km.
POI: Museum im Bierlinghaus, Kloster Rottenbuch.

79415 Bad Bellingen €14,00 <10m

Balinea Thermen, Badstraße 14, ☎ 07635/8080
Beim Kurpark an den Balinea Thermen

2022 geprüft E

POS: 47°43'47.11"N/7°33'7.96"E, Karte D13 (S. 16), C4
Platz: = 27 auf Pflaster. =27 (16 A) CHEM GRAU. WLAN-Hotspot Freifunk. Anmeldung täglich von 9:00-12:00 Uhr (HS auch 14:00-17:00 Uhr) an der Tourist-Information im Kurmittelhausgang im Gebäude der Balinea Thermen. Ganzjährig geöffnet.
Preis: 14 € inkl. Strom, Wasser, Entsorgung, WLAN-Hotspot Freifunk, WC. Dusche 3,50 €/30 min. Kurtaxe März-Okt 2,25 €/Pers., Nov-Feb 1,45 €/Pers. Beim Besuch des Thermalbades werden 2 € angerechnet.
Kontakt: Bade- und Kurverwaltung Bad Bellingen, ☎ 07635/8080, info@bad-bellingen.de, www.bad-bellingen.de.
Distanz: 0,1 km, 0,1 km, 0,3 km, 0,5 km.
Gastro: Café im Park.
Freizeit: 0,2 km, 0,2 km. Kurpark, Barfußpark, Besuch Thermalbad, Kanustation, Fahrrad-/E-Bikeverleih 0,5 km.
POI: Bädermuseum 4 km, historische Dampfeisenbahn Kandern 10 km.

79415 Bad Bellingen-Bamlach €28,50 <8m

Campingpark Lug ins Land, Römerstraße 3, ☎ 07635/8277708
Kurzzeit-Stellplatz vor der Schranke

POS: 47°42'43.88"N/7°32'49.50"E, Karte D13 (S. 16), C4
Platz: = 5 auf Rasengittersteinen. =5 WC CHEM GRAU. Aufenthalt max. 1 Nacht (nur von 22:00-11:30 Uhr am Folgetag). Ganzjährig geöffnet.
Preis: Ab 28,50 € inkl. Entsorgung, Dusche, WC, Müll-Entsorgung. Strom 3,50 € oder 0,70 €/kWh, Kurtaxe 1,75 €/Pers. Im Campingpark 34,50-42,50 € je nach Saison.
Kontakt: Lug ins Land Erlebnis GmbH, ☎ 07635/8277708, info@camping-luginsland.de, www.camping-luginsland.de.
Distanz: 0,5 km, 0,5 km, 0,5 km, weitere Restaurants in 1 km Entfernung.
Gastro: Auf dem Platz.
POI: Golfplatz 2mal 18-Loch 1 km, Therme Bad Bellingen 2 km.

14806 Bad Belzig €11,00 <8m

Reisemobilstellplatz an der SteinTherme, Am Kurpark 15, ☎ 033841/38800 Im Naturpark Hoher Fläming

2020 geprüft E

POS: 52°9'4.93"N/12°35'54.51"E, Karte D7 (S. 10), D3
Platz: = 12 auf Asphalt, Schotter, Pflaster. CHEM GRAU. Leinenpflicht für Hunde. Parkschein deutlich sichtbar hinter die Windschutzsscheibe legen. Ganzjährig geöffnet.
Preis: 11 € inkl. Entsorgung, Kurtaxe. Jede weitere Pers. 1,50 €, Strom 1 €/6 h, Wasser 1 €/10 min.
Kontakt: Bad Belzig Kur GmbH, ☎ 033841/38800, info@steintherme.de, www.steintherme.de.
Distanz: 0,1 km, 0,2 km, 0,8 km, 1,1 km.
Gastro: Restaurant VillaMedici.
POI: St. Marien Kirche 1,4 km, Reißigerhaus 1,5 km, Burg Eisenhardt mit Turm und Heimatmuseum 2,2 km.

48455 Bad Bentheim €9,00 <12m

Stellplatz am Schlosspark, Funkenstiege, ☎ 05922/98330
Im Schlosspark unterhalb der Burg

2022 geprüft E

POS: 52°18'13.80"N/7°9'18.88"E, Karte D5 (S. 8), C2
Platz: = 45 auf Pflaster. =48 WC CHEM GRAU. Aufenthalt max. 3 Tage. Ganzjährig geöffnet. Ausnahme: Sperrung am letzten Wochenende im Aug wegen Flohmarkt.
Preis: 9 € inkl. Entsorgung, WC, Müll-Entsorgung, Kurtaxe, WLAN. Strom 0,50 €/kWh, Wasser 1 €/80 l, Dusche 1 €/Pers. Bezahlung am Automat, Kartenzahlung möglich. Der zweite Teil des Parkscheins ist die Gastkarte mit Vergünstigungen in Bad Bentheim.
Kontakt: Touristinformation Bad Bentheim, ☎ 05922/98330, info@badbentheim.de, www.badbentheim.de.
Distanz: 0 km, 0,1 km, weitere Restaurants in 0,5 km, 0,3 km, 0,5 km.
Freizeit: 1 km, 1 km, 0,5 km. Nachtwächterrundgang (Mo, Mi, Fr, Sa ab 21:00 Uhr), Kuranwendungen, Minigolf 0,2 km, Spielbank 1,5 km, Bentheimer Mineraltherme 2 km, Freilichtspiele 2 km, 18-Loch-Golfanlage 2 km.
POI: Burganlage, Altstadt und Sandsteinmuseum 0,2 km.

48455 Bad Bentheim-Gildehaus €8,00 <12m

Stellplatz Am Mühlenberg, Mühlenberg, ☎ 05922/98330 Bei der historischen Ostmühle auf dem Mühlenberg

POS: 52°17'35.73"N/7°6'5.03"E, Karte D5 (S. 8), C2
Platz: = 10 auf Pflaster. =10 WC CHEM GRAU. Ganzjährig geöffnet. Ausnahme: Mehrfach im Jahr Sperrung wegen Veranstaltungen.
Preis: 8 € inkl. Entsorgung, WC, Müll-Entsorgung, Kurtaxe. Strom 0,50 €/kWh, Wasser 1 €/80 l. Abtrennbarer Aschnitt des Parkscheins ist gleichzeitig Gastkarte für Vergünstigung in der Villa Kunterbunt.
Kontakt: Touristinformation Bad Bentheim, ☎ 05922/98330, info@badbentheim.de, www.badbentheim.de.
Distanz: 0 km, weitere Restaurants in 0,1 km, 0,2 km, 0,5 km, 0,7 km.
Gastro: Restaurant Villa Kunterbunt, Mi-Sa 12:00-22:00 Uhr, So 10:00-22:00 Uhr, Mo-Di Ruhetag.
Freizeit: 2 km, 2 km, 0,8 km. Mühlenführungen Apr-Okt, Brotbacken im Backhaus an der Windmühle, Thermalbad/Kurzentrum 5 km.
POI: Bad Bentheim mit Schloss und Thermalbad 4 km.

76887 Bad Bergzabern €6,00 <8m

Stellplatz an den Schlossgärten, Weinbergstraße 7/Ecke Luitpoldstraße, ☎ 06343/93390
Öffentlicher Parkplatz nahe der Innenstadt

2021 geprüft E

POS: 49°6'11.87"N/7°59'51.11"E, Karte D13 (S. 16), D1
Platz: = 14 auf Pflaster. =14 WC CHEM GRAU. Aufenthalt max. 7 Tage. Oft von Pkw belegt. Schmaler Bodeneinlass. WC nur am WE geöffnet. Ganzjährig geöffnet.
Preis: 6 €. Strom 1 €/kWh, Wasser 0,10 €/10 l. Kurtaxe HS 3,60 € (Apr-Okt), NS 3 € (Nov-März).
Kontakt: Stadtwerke Bad Bergzabern, ☎ 06343/93390, info@stadtwerke-bza.de, www.bad-bergzabern.de.
Distanz: 0,2 km, 0,2 km, 0,4 km, weitere Restaurants in 0,7 km, 0,4 km.
Gastro: Mehrere Restaurants in unmittelbarer Nähe.
Freizeit: 0,6 km, 0,6 km. Kneipp-Lehrpfad, Helle Nacht am 1. WE im Juli, Kurpark mit Kräutergarten/Wassertretstelle 0,5 km.
POI: Schloss Bergzabern, Altstadt 0,2 km, Biosphären-Reservat Fischbach 30 km.

B

76887 Bad Bergzabern €15,00

Weingut Hitziger, Liebfrauenbergweg 3, ☎ 06343/1710 In den Weinbergen mit Blick über die Rheinebene zum Schwarzwald <12m

2021 geprüft

POS: 49°6'26.11"N/7°59'48.85"E, Karte D13 (S. 16), D1
Platz: = 8 auf Schotter, Sand/Splitt. =12 (8A) CHEM GRAU . R wird empfohlen. Anfahrt Anmeldung in der Vinothek zu den Öffnungszeiten Mo-Sa 9:00-18:00 Uhr, So 10:00-12:00 Uhr. Geöffnet: 1.3.-30.11.
Preis: 15€ inkl. aller Personen, Wasser, Entsorgung. Strom 1€/kWh.
Kontakt: Weingut Hitziger, Herr Stefan Hitziger, ☎ 06343/1710, info@weingut-hitziger.de, www.weingut-hitziger.de.
Distanz: 1 km, 1 km, Ⓗ 1 km, 2 km.
Freizeit: 3 km, 3 km, 3 km. Kellerführung, Weinprobe Fr 19:30 Uhr auf Voranmeldung, Weingut-Führung, Kneipp-Lehrpfad, Kureinrichtungen und Thermalbad 3 km.
POI: Westwall- und Stadtmuseum 1 km, Altstadt mit Schloss 1 km, Deutsches Weintor 8 km, Schuhmuseum 15 km.

99438 Bad Berka gratis

Reisemobil-Parkplatz P2, Bleichstraße, ☎ 036458/5790 Im Zentrum des Kurortes <12m

POS: 50°53'57.98"N/11°17'9.30"E, Karte D11 (S. 14), B1
Platz: P / = 13 auf Pflaster. =3 (16A) CHEM. Ganzjährig geöffnet.
Preis: Übernachtung gratis. Strom 1€/3h, Wasser 1€/50l, Entsorgung 1€.
Kontakt: Stadt Bad Berka, ☎ 036458/5790, tourismus@bad-berka.de, www.bad-berka.de.
Distanz: 0,5 km, 0,5 km, weitere Restaurants in 0,7 km, Ⓗ 0,7 km, 0,7 km.
Gastro: Mehrere Restaurants in der Umgebung.
Freizeit: 1 km, 10 km, 0,5 km. Wandern, Naturerlebnispfad am Schlossberg 0,4 km, Kneipprundweg (9 km) 0,5 km.
POI: Kurpark mit Goethebrunnen/Kneippanlage 0,3 km, Aussichtsturm Paulinenturm 2 km, Goethe-Stadt Weimar 12 km, Altstadt Erfurt 24 km.

57319 Bad Berleburg gratis

Wohnmobilstellplatz Bismarckstraße, Bismarckstraße 8, ☎ 02751/93633 Ruhige, zentrale Lage oberhalb des Bahnhofs <12m

2021 geprüft

POS: 51°3'2.68"N/8°23'40.10"E, Karte D10 (S. 13), E1
Platz: P = 3 auf Schotter. CHEM . Ganzjährig geöffnet.
Preis: Übernachtung gratis inkl. Entsorgung. Strom 1€/6h, Wasser 1€/40l. Bezahlung per Münzeinwurf.
Kontakt: BLB-Tourismus GmbH, ☎ 02751/93633, info@blb-tourismus.de, www.blb-tourismus.de.
Distanz: Ⓗ 0,2 km, 0,3 km, 0,3 km, 0,5 km.
Freizeit: 1 km, 1 km. Wintersport (Rodeln, Ski alpin, Ski nordisch, Schneewandern), Via Adrina, Premiumwanderweg Wittgensteiner Schieferpfad, Rothaarbad 1 km, Kletterwandgebiet Am Kaplerstein 10 km, Wisentwildnis 15 km.
POI: Schloss Berleburg 1 km.

57319 Bad Berleburg-Arfeld gratis

Wohnmobilstellplatz Zentrum Via Adrina, Stedenhofstraße 2, ☎ 02755/8229 Auf dem Parkplatz des Zentrums Via Adrina <10m

2021 geprüft

POS: 51°0'51.20"N/8°26'21.99"E, Karte D10 (S. 13), E1
Platz: P = 3 auf Pflaster. GRAU . Keine Reservierung möglich. E-Bike Ladestation. WC und Dusche in unmittelbarer Nähe. Ganzjährig geöffnet.
Preis: Übernachtung gratis inkl. Entsorgung, WLAN. Strom 1€/4h, Wasser 1€/10 min. Der Betreiber Gemeinschaftsverein Arfeld e.V. freut sich über eine Spende.
Kontakt: Zentrum Via Adrina, Waldemar Kiel, ☎ 02755/8229, info@zentrum-via-adrina.de, www.zentrum-via-adrina.info.
Gastro: SB-Eisenbahner-Café, Mo-So 7:30-22:00 Uhr. Verkauf regionaler und fair gehandelter Waren.
Freizeit: Eder-Radweg, Naturparkführungen, Ausstellung der Modellbahnfreunde Arfeld.
POI: Naturpark Sauerland Rothaargebirge, Schloss Berleburg, Naturpark-Infozentrum in Bad Berleburg 6,1 km.

57319 Bad Berleburg-Laibach gratis

Landgasthof Restaurant Laibach, Auf dem Laibach 1, ☎ 02751/7218 Neben dem Hotel bzw. Hotelparkplatz <12m

POS: 51°4'5.30"N/8°26'42.99"E, Karte D10 (S. 13), E1
Platz: / = 4 auf Schotter, Asphalt. =4 . Leichtes Gefälle. Ganzjährig geöffnet. Ausnahmen: 2 Wochen im Sommer geschlossen (s. Website).
Preis: Übernachtung gratis inkl. Wasser. Strom 5€/24h. Wasser auf Nachfrage.
Kontakt: Landgasthof Restaurant Laibach, Herr Michael Müller, ☎ 02751/7218, info@landgasthof-laibach.de, www.landgasthof-laibach.de.
Distanz: 0 km, Ⓗ 0,1 km, 5 km, 5 km.

Gastro: Am Platz, gutbürgerliche Küche, Mi-Sa 11:30-14:00 Uhr und 17:30-20:00 Uhr, So 11:30-18:00 Uhr, Mo-Di Ruhetag. Frühstück auf Vorbestellung.
Freizeit: 6 km, 6 km, 5 km. Ausgewiesene Wanderwege, Skilanglauf.
POI: Schloss Sayn-Wittgenstein 6 km, verschiedene Museen 10 km, Freilichtbühne Hallenberg 17 km, Kahler Asten/Winterberg 28 km, Panorama-Park Sauerland 30 km.

95460 Bad Berneck gratis

Stellplatz Am Klang, Klang 16, ☎ 09273/574374 Neben Kindergarten, Schule und der Ölschnitz <10m

POS: 50°2'29.75"N/11°39'58.11"E, Karte D11 (S. 14), C3
Platz: P = 6, = 1 (<9 m) auf Asphalt. =6 (10A) CHEM GRAU . Leinenpflicht für Hunde. Anfahrt 24 h. Aufenthalt max. 3 Nächte. Wohnwagen nur mit autarker Entsorgung, Zugfahrzeug muss außerhalb geparkt werden. Ganzjährig geöffnet.
Preis: Übernachtung gratis inkl. Entsorgung. Strom 1€/6h, Wasser 1€/80l. Bezahlung an den Zapfsäulen nur mit Münzgeld (1€, keine Geldrückgabe).
Kontakt: Tourist-Info Bad Berneck, Gerald Jung, ☎ 09273/574374, touristinfo@badberneck.de, www.badberneck.de.
Distanz: 0,5 km, Ⓗ 0,7 km, 0,8 km, weitere Restaurants in 1 km, 1 km.
Freizeit: 4 km, 12 km, 14 km. Nordic Walking, Dendrologischer Garten 0,6 km, Minigolfanlage 1,5 km, Kurpark mit Kneippanlage 1,5 km, Kletterpark Oxenkopf 14 km.
POI: Burgruinen 1,5 km, Altstadt 1,5 km, Naturpark Fichtelgebirge 5 km.

29549 Bad Bevensen €16,00

Wohnmobilstellplatz am Kurpark, Kurpark, ☎ 05821/976830 In zentraler Lage am Kurpark, 2 Minuten zum Kurhaus und zur Jod-Sole-Therme <10m

POS: 53°4'46.18"N/10°35'13.19"E, Karte D2 (S. 5), H5
Platz: P = 18 auf Asphalt. WC CHEM GRAU . Elektronische Schrankenanlage. Ganzjährig geöffnet.
Preis: 16€ inkl. Hund. Jede weitere Pers. (ab 18 J.) 2€, Strom 0,60€/kWh, Wasser 2€/100l, Entsorgung 1€, Kurtaxe (ab 18 J.) Apr-Okt 3€, Nov-März 2,70€. Bezahlung am Automat mit Girocard, Maestro, MasterCard, Visa, VPAY.
Kontakt: Tourist-Information, ☎ 05821/976830, info@bad-bevensen.de, www.bad-bevensen.de.
Distanz: 0,4 km, 0,6 km.

Gastro: Restaurants in der Innenstadt mit regionaler und internationaler Küche.
Freizeit: Kurhaus (Veranstaltungen, Konzerte), Jod-Sole-Therme 0,1 km.
POI: Kirchplatz und Dreikönigskirche 0,7 km, Altstadt mit Ratsapotheke 1,4 km, Klein Bünstorfer Heide 2,2 km, Kloster Medingen 2,2 km, Kloster Ebstorf 12 km.

29549 Bad Bevensen — €5,40

Wohnmobilstellplatz Waagekai, Waagekai, ☎ 05821/89391 Ruhiger, stadtnaher Stellplatz am Elbe-Seiten-Kanal — <8m

2021 geprüft

POS: 53°4'26.00"N/10°36'7.00"E, Karte D2 (S. 5), H5
Platz: = 20 auf Sand/Splitt. =12 (10 A) CHEM GRAU. VE in den Wintermonaten außer Betrieb, Frischwasser im Winter zu den Öffnungszeiten der Touristinfo im Kurhaus. Ganzjährig geöffnet.
Preis: 5,40 € inkl. Wasser, Entsorgung. Strom 1 €/2 kWh, Kurtaxe Apr-Okt 3 €, Nov-März 2,70 €. Bezahlung am Automat (nur Barzahlung) oder in der Touristinfo im Kurhaus, Strom nur mit 1-Euro-Münzen.
Kontakt: P. Fuhrhop, ☎ 05821/89391, info@bevensen-ebstorf.de, www.bad-bevensen.de.
Distanz: 0,5 km, weitere Restaurants in 1 km, 0,6 km, Ⓗ 0,8 km, 1,2 km.
Freizeit: 1,4 km. Kuranlagen 1 km, Kurhaus 1 km (Veranstaltungen, Konzerte), Jod-Sole-Therme 1 km, Minigolf 1,4 km, Kanu-/Tretbootverleih 1,4 km, Freibad 2 km, Golfplatz 5 km.
POI: Kurpark Bad Bevensen 1,5 km, Klein Bünstorfer Heide 2 km, Kloster Medingen 4 km, Königsgräber bei Haaßel 4 km, Addenstorfer Heide 8 km, Kloster Ebstorf 12 km.

06647 Bad Bibra — gratis

Stellplatz am Haus des Gastes, Bürgergarten 1, ☎ 034465/19433 Im Zentrum von Bad Bibra an der Tourist-Info und an der Stiftskirche — <10m — neu

POS: 51°12'19.32"N/11°34'43.24"E, Karte D7 (S. 10), B5
Platz: = 2 auf Schotterrasen, Schotter. WC . Aufenthalt max. 1 Nacht. WC zu den Öffnungszeiten des Tourismusbüros. Ganzjährig geöffnet. Ausnahme: Sperrung an Himmelfahrt und am 3. Advent-Wochenende sowie bei Veranstaltungen auf der Festbühne.
Preis: Übernachtung gratis. Kurtaxe 0,50 €/Pers.
Kontakt: Tourist-Information An der Finne, ☎ 034465/19433, info@tourismus-finne.de, www.tourismus-finne.de.
Distanz: 0,6 km, 0,6 km, 0,6 km.

Freizeit: 1,2 km. Kneipp-Anlagen mit öffentlichen Kneippspaziergängen, Rad- und Wanderwege, Besichtigung von Skulpturen internationaler Künstler in Bad Bibra und Steinbach, Besuch des Arche Nebra Museums 15 km.
POI: Stiftskirche, Viadukte, Gesundbrunnen und Badehausstein, Altes Rathaus Bad Bibra, Geo-Naturpark Saale-Unstrut-Triasland 17,2 km.

84364 Bad Birnbach — €19,80

Wohnmobilhafen Terrassencamping Theresienhof, Breindoblweg 6, ☎ 08563/96320 Ruhig, terrassenförmig angelegt — >12m

POS: 48°27'1.34"N/13°5'40.30"E, Karte D16 (S. 19), F2
Platz: = 5 auf Schotterrasen, Wiese, Schotter. WC CHEM GRAU . Anfahrt bis 19:00 Uhr, Abreise bis 11:30 Uhr, Aufenthalt max. 1-3 Nächte. Ganzjährig geöffnet.
Preis: 19,80 € inkl. Wasser, Entsorgung, Dusche, WC, Müll-Entsorgung. Strom 3 €, Kurtaxe 2,50 €/Pers., Hund 3 €. Spätabreise bis 18:00 Uhr plus 8 €.
Kontakt: Terrassencamping-Theresienhof, Theresia Schreiner, ☎ 08563/96320, info@camping-theresienhof.de, www.camping-theresienhof.de.
Distanz: 0,5 km, 0,5 km, 0,5 km, Ⓗ 1,5 km.
Freizeit: 1 km, 0,5 km. Rad-/Wanderwege vor dem Haus, Freizeitzentrum 1 km, Golfplatz Bad Birnbach BellaVista 2 km, Golfplatz Bad Griesbach 8 km.
POI: Wallfahrtskirche Sommerei 8 km, Schloss Thurnstein in Postmünster 18 km.

84364 Bad Birnbach-Lengham/Rottal — €21,50

Kur-Gutshof-Camping Arterhof, Hauptstraße 3 - Lengham, ☎ 08563/96130 Vor dem Campingplatz im niederbayerischen Bäderdreieck — <12m

POS: 48°26'10.35"N/13°6'26.74"E, Karte D16 (S. 19), F2
Platz: = 20, = 20 (<12 m) auf Eco-Raster/Gras. WC CHEM GRAU . Aufenthalt max. 3 Nächte (danach Umzug auf Campingplatz möglich). Ganzjährig geöffnet.
Preis: 21,50 € inkl. Entsorgung, WC. Strom 0,80 €/kWh, Wasser 0,10 €/10 l, Kurtaxe 2,50 €/Pers., Hund 4,90 €. Inkl. Nutzung der Arterhof Thermenwelt.
Kontakt: Familie Sigl, ☎ 08563/96130, info@arterhof.de, www.arterhof.de.
Distanz: 0 km, 0 km, Ⓗ 0 km, 1,5 km.
Gastro: Nostalgiewirtshaus Roßstall mit regionaler Küche von eigenen Galloway-Rindern, Mo-Sa 12:00-14:00 Uhr und 17:00-21:00 Uhr, So 12:00-21:00 Uhr. Frühstück.
Freizeit: Busausflüge (nach Passau, Salzburg, Prag, Wien, Tschechien), Nordic Walking, Rottaltherme (kostenloser Shuttlebus) 1,5 km.
POI: Bruder-Konrad-Hof 5 km, Kloster Asbach 10 km, Schloss Ortenburg 15 km, Kloster Aldersbach 18 km.

84364 Bad Birnbach-Lengham/Rottal — €21,50

Wohnmobil-Hafen Arterhof, Hauptstraße 3 – Lengham, ☎ 08563/96130 An der Arterhof-Thermenwelt — <12m

POS: 48°26'10.33"N/13°6'26.78"E, Karte D16 (S. 19), F2
Platz: = 14, = 1 (<12 m) auf Pflaster, Eco-Raster/Gras. =14 (16 A) WC CHEM GRAU . Hundedusche, alles für Gesundheit, Fitness, Wellness, Hofladen. Aufenthalt max. 3 Nächte. Abreise bis 12:00 Uhr, bei Spätabreise bis 18:00 Uhr zzgl. 10 €, freie Platzwahl, neues Sanitärhaus. Ganzjährig geöffnet.
Preis: 21,50 € inkl. Entsorgung, Dusche, WC, Müll-Entsorgung, WLAN. Strom 0,80 €/kWh, Wasser 0,10 €/10 l, Hund 4,90 €, Kurtaxe 2,50 €/Pers. Inkl. Nutzung Arterhof-Thermenwelt. 10 € Pfand für die Armbänder für die Arterhof-Thermenwelt (wird bei Abreise zurückerstattet).
Kontakt: Familie Sigl, ☎ 08563/96130, info@arterhof.de, www.arterhof.de.
Distanz: Ⓗ 0 km, 0 km, 1,5 km.
Gastro: Nostalgiewirtshaus Roßstall mit regionaler Küche von eigenen Galloway-Rindern, Mo-Sa 12:00-14:00 Uhr und 17:00-21:00 Uhr, So 12:00-21:00 Uhr. Frühstück.
Freizeit: Busausflüge (nach Passau, Salzburg, Prag, Wien, Tschechien), Nordic Walking, Rottal-Therme (kostenloser Shuttlebus) 2 km.
POI: Bruder-Konrad-Hof 5 km, Kloster Asbach 10 km, Schloss Ortenburg 15 km, Kloster Aldersbach 18 km.

Tipp

Luxuriöser Wohnmobilhafen mitten im grünen Wohnzimmer Bad Birnbachs für max. 3 Tage. Stellplätze mit Pflastersteinen befestigt, Größe ca. 110 m², Frischwasser- und Entsorgungssäule, Ablassgrube mit Nachspülautomat, Stromversorgungssäulen, Nostalgiewirtshaus, Gebühr: 21,50 €/Tag inkl. Arterhof Thermenwelt, Sanitärnutzung.

97708 Bad Bocklet — €6,00

Parkplatz Am Kurpark, Aschacher Straße, ☎ 09708/707030 <10m
Teil eines öffentlichen Parkplatzes gegenüber vom Kurpark

POS: 50°15'54.16"N/10°4'27.53"E, Karte D10 (S. 13), H3
Platz: = 13 auf Pflaster. =14 (16 A) CHEM GRAU. Leinenpflicht für Hunde. Anmeldung in der Kur- und Touristinfo, bei Anreise nach 16:30 Uhr am Empfang des Kurhaus-Hotels. Ganzjährig geöffnet.
Preis: 6 € inkl. Entsorgung, Müll-Entsorgung, WLAN. Strom 0,50 €/kWh, Wasser 1 €/80 l, Dusche 3 €/Pers., Kurtaxe 2,40 €/Pers.
Kontakt: Staatsbad & Touristik Bad Bocklet GmbH, ☎ 09708/707030, info@badbocklet.de, www.badbocklet.de.
Distanz: 0,1 km, 0,2 km, weitere Restaurants in 0,3 km, 0,3 km.
Gastro: Laudensack Bad Bocklet 0,4 km.
Freizeit: 10 km, 0,1 km, 0,4 km. Kurkonzerte, geführte Wanderungen, Waldbaden und Kräuterführungen, Kurpark mit Minigolf und Kneipp-Becken 0,1 km, KissSalis Therme mit SaunaPark und WellnessPavillon in Bad Kissingen 10 km.
POI: Museen Schloss Aschach 2 km.

29389 Bad Bodenteich — €3,50

Stellplatz am Wochenmarktplatz, Burgstraße, ☎ 05824/3541 <8m
Im Ortszentrum

2021 geprüft

POS: 52°49'59.16"N/10°40'59.70"E, Karte D7 (S. 10), A1
Platz: = 2 auf Schotter. =3 (16 A). Aufenthalt max. 2 Nächte, Infokasten am Stellplatz. Ganzjährig geöffnet.
Preis: 3,50 € inkl. Kurtaxe. Strom 3,50 €. Bezahlung: Feb-Nov tägl. 10:00-20:00 Uhr im Eis-Café Dolomiti, Dez-Jan in der Touristinfo/Bürgerbüro.
Kontakt: Kurverwaltung Bad Bodenteich, ☎ 05824/3541, tourismus@sg-aue.de, www.samtgemeinde-aue.de.
Distanz: 0,2 km, 0,2 km, weitere Restaurants in 0,3 km, Ⓗ 0,5 km, 0,5 km.
Freizeit: 1,1 km, 0,3 km. Mini/Crossgolfplatz, Angeln, Vierhundert-Wasser-Barfuß-Pfad, Burgführung, Bootsverleih, Freizeitanlage Kurpark am See 0,5 km, Naturlehrpfad Bodenteicher Heide 2 km.
POI: Burg Bodenteich 0,1 km, St. Petri Kirche 0,5 km, Heidefläche 3 km.

73087 Bad Boll — gratis

Traum-Fabrik, Jurastraße 2, ☎ 07164/902390 Markierte Stellfläche gegenüber der Matratzenfabrik <6m

POS: 48°38'54.04"N/9°36'46.82"E, Karte D14 (S. 17), G2
Platz: = 1 auf Wiese, Rasengittersteinen. Strom und Wasser auf Anfrage, für Kunden kostenlos. Ganzjährig geöffnet.
Preis: Übernachtung gratis.
Kontakt: Maiers Bettwarenfabrik GmbH & Co. KG, ☎ 07164/902390, info@traum-fabrik.de, www.traum-fabrik.de.
Distanz: 0,1 km, Ⓗ 0,3 km, 2,5 km.
Gastro: Restaurant Conca-d-oro, 0,3 km.
Freizeit: 2 km, 5 km, 2 km. Fabrikverkauf mit Sonderprogramm Gesund schlafen unterwegs, Kurhaus mit Thermalbad und Schwefelquelle 2 km, Albrand Steilabfall 5 km.
POI: Urwelt-Museum Holzmaden 6 km, Märklin Museum Göppingen 10 km.

08648 Bad Brambach — €20,00

Freibad Bad Brambach, Forststraße 10, ☎ 037438/20700 <12m
Separater Bereich auf dem Freibadgelände

POS: 50°13'14.17"N/12°18'43.55"E, Karte D11 (S. 14), D3
Platz: = 12 auf Sand/Splitt, Wiese. =12 WC CHEM GRAU. Anmeldung bei Fam. Riedel, Ankunft von 8:00-20:00 Uhr. Geöffnet: Apr-Okt.
Preis: 20 € inkl. Wasser, Entsorgung, Dusche, WC, Müll-Entsorgung. Jede weitere Pers. 4,50 €, Strom 3,50 €, Kurtaxe 1,80 €/Pers.
Kontakt: Familie Riedel, ☎ 037438/20700, Mobil: 0152/28471212, riedelhannelore@gmail.com, www.badbrambach.de.
Distanz: 0,2 km, Ⓗ 0,5 km, 0,6 km, 2 km.
Gastro: Stadt Leipzig, Felsenkeller.
Freizeit: 1,3 km. Kegelbahn, regelmäßige Kulturangebote, Kurpark 1 km, Staatsbad mit Bade- und Saunalandschaft 1,3 km.
POI: Heimatmuseum 0,5 km, denkmalgeschütztes Dorf Raun 5 km, Aussichtsturm 5 km, Schloss Schönberg 5 km.

97769 Bad Brückenau — €3,00

Stellplatz Ancenisstraße, Ancenisstraße, ☎ 09741/80411 <12m
An der Therme Sinnflut

POS: 50°18'43.33"N/9°47'50.72"E, Karte D10 (S. 13), G2
Platz: = 10 auf Schotter. CHEM GRAU. Ganzjährig geöffnet.
Preis: 3 € inkl. Entsorgung. Strom 2 €/8 h, Wasser 1 €/100 l, Kurtaxe 2,50 €/Pers.
Kontakt: Tourist-Information, ☎ 09741/80411, tourismus@bad-brueckenau.de, www.bad-brueckenau.de.
Distanz: 0,1 km, weitere Restaurants in 0,3 km, Ⓗ 0,1 km, 0,1 km, 0,2 km.
Gastro: Bistro im Tegut-Einkaufsmarkt. Arche Noah in der Therme Sinnflut.
Freizeit: 0,1 km, 0,1 km (Therme Sinnflut mit Heilwasser, Saunaanlage), 0,3 km. Georgi-Kurpark, Siebener Park, Nordic Walking-Aktiv-Zentrum, Rhönexpress Bahn-Radweg ab Platz, Hochseil-Klettergarten 3 km.
POI: Altstadt mit fränkischem Fachwerk 0,3 km, Staatsbad mit historischem Schlosspark 3 km, Deutsches Fahrradmuseum 3 km.

97769 Bad Brückenau — €3,00

Stellplatz Buchwaldstraße, Buchwaldstraße, ☎ 09741/80411 <12m
Stadtnah, gegenüber Georgi-Kurpark

POS: 50°18'24.66"N/9°47'10.47"E, Karte D10 (S. 13), G2
Platz: = 20 auf Schotter. =10. Ganzjährig geöffnet.
Preis: 3 € inkl. Müll-Entsorgung. Strom 2 €/8 h, Kurtaxe 2,50 €/Pers. Kurtaxe ab der 2. Nacht. Dusche in der Therme Sinnflut (vergünstigt).
Kontakt: Tourist Information, ☎ 09741/80411, tourismus@bad-brueckenau.de, www.bad-brueckenau.de.
Distanz: 0,1 km, Ⓗ 0,1 km (Busbahnhof Bad Brückenau ÖPNV), 0,3 km, 0,5 km, 2,3 km (Stellplatz Ancenis Straße, Gänsrain 2, 97769 Bad Brückenau).
Gastro: Brötchenservice. Weitere Restaurants Richtung Stadtmitte. Tankstelle mit Einkaufsmöglichkeit am Platz.
Freizeit: 0,8 km, 0,8 km, 0,8 km (Fahrrad Riemey). Kurpark mit Gesundheitseinrichtungen 0,5 km, Minigolfanlage 3 km, Hochseilgarten Volkers 3 km.
POI: Altstadt 0,5 km, Königliches Staatsbad 3 km, Deutsches Fahrradmuseum 3 km.

97769 Bad Brückenau — €10,00

Wohnmobilstellplatz Schlosspark König Ludwig I., Schlüchterner Straße 4, ☎ 09741/8020 Auf einem Plateau, oberhalb des historischen Staatsbad-Ensembles <10m

POS: 50°18'20.38"N/9°44'56.41"E, Karte D10 (S. 13), G2
Platz: = 10 auf Asphalt. =10 (16 A) WC CHEM GRAU. Ganzjährig geöffnet.
Preis: 10 € inkl. Entsorgung, WC. Strom 1 €/kWh, Wasser 2 €/100 l. Bezahlung am Kassenautomat/Parkdeck im EG. Nutzung setzt den Erwerb der Gastkarte (2,90 €/Pers. pro Tag inkl. Leistungspaket) in der Gäste-Information im Schlosspark/Haus des Gastes (Mo-Sa. 9:00-12:00 Uhr und 13:30-17:00 Uhr, So+Feiertage 9:00-12:00 Uhr) voraus.
Kontakt: Staatl. Kurverwaltung Bad Brückenau, ☎ 09741/8020, info@staatsbad.de, staatsbad.de.
Distanz: Ⓗ 0,1 km, 0,3 km, weitere Restaurants in 0,8 km, 3 km, 3 km.
Freizeit: 3 km, 3 km. Vital-Spa Wellness-Oase, Sauna, Quellwasserpool, Minigolf kostenfrei mit Gastkarte, Bewegungsbad 0,1 km, Spielplatz 0,3 km.
POI: Deutsches Fahrradmuseum 0,5 km, Hochseilgarten Volkersberg 7 km, Kreuzberg 30 km.

B

88422 Bad Buchau €9,50 <8m

Stellplatz am Freibad, Friedhofstraße, ☎ 07582/808180
Auf dem Parkplatz am Freibad

POS: 48°3'46.95"N/9°37'2.28"E, Karte D14 (S. 17), G3
Platz: P = 10 auf Asphalt. WC. Anmeldung: am Kiosk des Freibads oder in der Tourist-Information am Marktplatz. Nur während der Freibadsaison nutzbar. Geöffnet: Mitte Mai-1.9.
Preis: 9,50 € inkl. Kurtaxe.
Kontakt: Stadt Bad Buchau, ☎ 07582/808180, gast@stadt-badbuchau.de, www.bad-buchau.de.
Distanz: 0,6 km, 0,7 km, 0,8 km.
Freizeit: Minigolf, Adelindis-Therme 0,8 km, Naturerlebnispfad im Wackelwald 1,5 km.
POI: Federseemuseum 1 km.

88422 Bad Buchau €11,50 <12m

Stellplatz Am Kurpark, Am Thermalbad Adelindis-Therme, Seegasse 41, ☎ 07582/808180 Zentrumsnahe, ruhige Lage mit großzügigen Parzellen

2021 geprüft

POS: 48°4'7.37"N/9°36'23.58"E, Karte D14 (S. 17), G3
Platz: P = 21 auf Pflaster, Asphalt. =21 CHEM GRAU. Reservierung ab 7 Nächten. Ganzjährig geöffnet.
Preis: Ab 11,50 € inkl. Entsorgung, Müll-Entsorgung, WLAN, Kurtaxe. Strom 0,50 €/kWh, Wasser 2 €/200 l. XL-Plätze 13 €. Bezahlung am Parkscheinautomat (Bar, EC-Karte, Visa/Mastercard).
Kontakt: Stadt Bad Buchau, Margit Vaut, ☎ 07582/808180, gast@stadt-badbuchau.de, www.bad-buchau.de.
Distanz: 0,3 km, 0,5 km, Ⓗ 0,5 km, 0,5 km.
Gastro: Verschiedene Restaurants auf dem Marktplatz.
Freizeit: 0,5 km, 0,1 km. Rad/Wanderwege, Archäologischer Moorlehrpfad, Adelindis-Therme mit Saunalandschaft, Ambulante Kuren/Moorbäder, Steganlage im Federsee 0,4 km, Naturerlebnispark Wackelwald 0,4 km.
POI: Europareservat Federsee 0,4 km, archäologisches Federseemuseum 0,5 km, Stiftskirche mit Museum 0,5 km, Bachritterburg 4 km.

88422 Bad Buchau €10,00 <10m

Stellplatz beim Federseemuseum, August-Gröber-Platz, ☎ 07582/808180
Am Naturschutzgebiet und Federseesteg

2021 geprüft

POS: 48°4'12.42"N/9°36'33.88"E, Karte D14 (S. 17), G3
Platz: P = 12, = 5 (<10 m) auf Asphalt. =12 WC. Reservierung ab 7 Nächten. WC-Anlage 8:00-20:00 Uhr. Ganzjährig geöffnet.
Preis: 10 € inkl. Kurtaxe. Strom 0,50 €/kWh. Bezahlung am Automat bis 2 Nächte (Bar, EC-Karte, Visa/Mastercard) oder in der Tourist-Info (Marktplatz 6).
Kontakt: Stadt Bad Buchau, ☎ 07582/808180, gast@stadt-badbuchau.de, www.bad-buchau.de.
Distanz: E 0,3 km (Stellplatz Seegasse, Seegasse/Federseeweg, 88422 Bad Buchau), 0,5 km, Ⓗ 0,5 km, 0,6 km, 0,8 km.
Gastro: Mehrere Restaurants im Umkreis von 0,5 km.
Freizeit: Archäologischer Moorlehrpfad, Naturschutzgebiet, Steganlage im Federsee 0,1 km, Adelindis Therme 0,5 km.
POI: Archäologisches Federseemuseum mit Steinzeitdorf, Stiftskirche 0,5 km, mittelalterliche Bachritterburg 4 km.

88422 Bad Buchau €11,50 <10m

Stellplatz Seegasse-Rondell, Seegasse/Federseeweg, ☎ 07582/808180 Am Rande des Stadtzentrums

2021 geprüft

POS: 48°4'5.75"N/9°36'33.24"E, Karte D14 (S. 17), G3
Platz: P = 17 auf Pflaster, Asphalt. =17 (16 A) CHEM GRAU. Reservierung ab 7 Nächten, Anfahrt 24 h. Ganzjährig geöffnet.
Preis: 11,50 € inkl. Entsorgung, Kurtaxe, WLAN. Strom 0,50 €/kWh, Wasser 0,10 €/10 l. Bezahlung am Automat (Bar, EC-Karte, Visa/Mastercard) oder in der Tourist-Info (Marktplatz 6).
Kontakt: Stadt Bad Buchau, ☎ 07582/808180, gast@stadt-badbuchau.de, www.bad-buchau.de.
Anfahrt: Navi: Federseeweg 7.
Distanz: 0,2 km, weitere Restaurants in 0,5 km, 0,4 km, Ⓗ 0,5 km, 0,5 km.
Freizeit: 1 km. Unterhaltungs- und Freizeitprogramm, Adelindis Therme 0,3 km, Naturschutzgebiet 0,3 km, Archäologischer Moorlehrpfad 0,3 km, Steganlage im Federsee 0,4 km, Wackelwald 0,5 km, Freibad 1 km.
POI: Archäologisches Federseemuseum mit Steinzeitdorf 0,4 km, Stiftskirche 0,7 km, mittelalterliche Bachritterburg 4 km.

65520 Bad Camberg gratis <10m

Reisemobilstellplatz P1 Bad Camberg, Jahnstraße 11, ☎ 06434/2020
Auf einem ehemaligen Sportplatz

2020 geprüft

POS: 50°17'48.59"N/8°15'59.87"E, Karte D9 (S. 12), D2
Platz: P = 8 auf Schotter. =4 (16 A) CHEM GRAU. Frisch-/Abwasser wegen Frostgefahr vom 1.12.-31.3. außer Betrieb. Ganzjährig geöffnet.
Preis: Übernachtung gratis. Strom 1 €/2 kWh, Wasser 0,50 €/130 l, Entsorgung 1 €.
Kontakt: Stadt Bad Camberg, ☎ 06434/2020, kurverwaltung@bad-camberg.de, www.bad-camberg.de.
Distanz: Ⓗ 0,1 km, 0,1 km, 0,2 km, weitere Restaurants in 0,3 km, 0,5 km.
Freizeit: 0,5 km, 0,3 km. Kneipp-Kurpark und Kneipp-Kräutergarten 0,5 km, Minigolf 0,5 km, Freizeit/Erholungsbad 0,1 km 1 km.
POI: Altstadt 0,1 km, Limburg 20 km, Feldberg 30 km.

98663 Bad Colberg-Heldburg €15,00 <12m

Stellplatz Countryscheune-Einöd, Einöd 385, ☎ 036871/30490
Im Hof und im Sommer auch auf der Wiese des Reiterhofs

POS: 50°15'48.05"N/10°44'19.81"E, Karte D11 (S. 14), A2
Platz: / = 6 auf Schotter. =6 WC. Ganzjährig geöffnet. Bis März 2023 wegen Renovierung geschlossen.
Preis: 15 € inkl. Dusche, WC.
Kontakt: Heidrun Otto, ☎ 036871/30490, info@countryscheune.de, www.countryscheune.de.
Distanz: Ⓗ 0,1 km, 0,2 km, 3 km.
Gastro: Am Platz, Do-Fr 12:00-14:00 Uhr und 17:00-20:00 Uhr, Sa 12:00-21:00 Uhr, So 11:00-20:00 Uhr, Mo-Mi Ruhetag.
Freizeit: 7 km, 7 km, 7 km. Reiten, Terrassentherme Bad Colberg 6 km.
POI: Turniere, Veste Heldburg 3 km, Wildpark Tambach 8 km, Veste Coburg 12 km.

73342 Bad Ditzenbach €5,00 <12m

Stellplatz an der Vinzenz Therme, Badstraße 20, ☎ 07334/760
Parkplatz hinter Technik-Gebäuden der Vinzenz Klinik an der B466

POS: 48°35'22.70"N/9°42'18.25"E, Karte D14 (S. 17), G2
Platz: = 12, = 1 (<12 m) auf Schotter, Asphalt. CHEM GRAU. Stromkastenschlüssel gegen 50 € Kaution an der Rezeption der Klinik (8:00-17:00 Uhr)/Kasse der Therme (9:00-19:00 Uhr). Ganzjährig geöffnet.
Preis: Ab 5 € inkl. Strom, Wasser, Entsorgung. 1.5.-31.10. 5 €, 1.11.-30.4. 6 €.
Kontakt: Vinzenz Therme Bad Ditzenbach, Herr Peter Flämig, ☎ 07334/760, vinzenztherme@vinzenz.de, www.vinzenzklinik.de.
Distanz: Ⓗ 0,1 km, 0,5 km, 0,5 km, 0,5 km.
Freizeit: 0,5 km. Vinzenz Therme 0,5 km.
POI: Ruine Hiltenburg 1 km, Wallfahrtskirche Ave Maria 3 km, Ruine Reußenstein 7 km, Geislingen 9 km.

B

33014 Bad Driburg €7,00 <12m

Driburg-Therme, Georg-Nave-Straße 24, ☎ **05253/70116** Teilbereich des Parkplatzes oberhalb der Therme

2020 geprüft E

POS: 51°44'35.17"N/9°1'35.06"E, Karte D6 (S. 9), F4
Platz: = 15 auf Pflaster. =11 WC CHEM . WC/Duschen zu den Thermen-Öffnungszeiten. Ganzjährig geöffnet.
Preis: 7 € inkl. Wasser, Entsorgung. Strom 3 €/24 h, Dusche 2 €/Pers., Kurtaxe 3,10 €/Pers. Inkl. 1 € Ermäßigung auf den Thermeneintritt und freier Eintritt in den Kurgarten.
Kontakt: Driburg-Therme, ☎ 05253/70116, christiane.seemer@driburg-therme.de, www.driburg-therme.de.
Distanz: 0 km, weitere Restaurants in 0,5 km, Ⓗ 0,5 km, 0,5 km, 0,5 km.
Gastro: Restaurant, Mo 14:00-20:00 Uhr, Di-Fr 10:00-22:00 Uhr, Apr-Sept: Sa+So 10:00-20:00 Uhr, Okt-März: Sa 10:00-22:00 Uhr, So 10:00-20:00 Uhr.
Freizeit: Besuch des Thermalbads, Tennis-/Golfplatz 0,1 km, Kurpark 0,5 km, Eggegebirge 1 km.
POI: Mühlenrad im Stadtkern 2 km, Ruine Iburg 4 km, Kloster 4 km.

04849 Bad Düben gratis <6m

Parkplatz Kurgebiet Bad Düben, Parkstraße 1, ☎ **034243/52886** An der Obermühle nahe des Wellnesszentrums Heide Spa

2022 geprüft E

POS: 51°36'6.24"N/12°34'57.48"E, Karte D7 (S. 10), D4
Platz: = 4 auf Asphalt, Rasengittersteinen. CHEM GRAU. Leinenpflicht für Hunde. Aufenthalt max. 3 Tage. Ganzjährig geöffnet.
Preis: Übernachtung gratis. Wasser 1 €, Entsorgung 1 €, Kurtaxe (ab 13 J.) 2 €/Pers.
Kontakt: Stadt Bad Düben, ☎ 034243/52886, touristinformation@bad-dueben.de, www.bad-dueben.de.
Distanz: Ⓗ 0,3 km, 0,5 km, 0,5 km, 1 km.
Gastro: Restaurant Der Grieche im Kurhaus, Di-So 11:30-14:30 Uhr und 17:30-23:00 Uhr, Mo Ruhetag.
Freizeit: 0,2 km, 2 km. Kurpark mit SupaGolf Anlage, Naturpark Dübener Heide, Moorlehrpfad, Wander-/Radwege, Hotel/Resort Heide Spa 0,5 km, NaturSportBad/Freibad 2 km.
POI: Obermühle im Museumsdorf Bad Düben 0,3 km, Artesischer Brunnen 1 km, Altstadt 1 km, Schiffmühle im Burggarten 2 km.

04849 Bad Düben-Hammermühle gratis <8m

Wohnmobilstellplatz am Natur-SportBad, Wittenberger Straße 91C, ☎ **034243/52886** Vor dem Freibad, nördlich der Stadt Bad Düben

POS: 51°37'3.76"N/12°34'57.07"E, Karte D7 (S. 10), D4
Platz: = 5 auf Pflaster. CHEM GRAU . Leinenpflicht für Hunde. Aufenthalt max. 3 Tage. Ganzjährig geöffnet.
Preis: Übernachtung gratis. Strom 0,50 €/kWh, Wasser 1 €/100 l, Entsorgung 1 €, Kurtaxe (ab 13 J.) 2 €/Pers. Bezahlung der Kurtaxe HS an der Badkasse/NS in der Touristinfo, fällig ab 2. Übernachtung.
Kontakt: Stadtverwaltung Bad Düben, ☎ 034243/52886, tourismus@bad-dueben.de, www.bad-dueben.de.
Distanz: 0 km, 2,8 km, 2,8 km.
Gastro: Kiosk/Imbiss am Platz. Gaststätte Hammermühle 0,7 km.
Freizeit: 5 km. Wander-/Radwege, Naturpark Dübener Heide, Kurpark mit SupaGolf-Anlage, Freibad/NaturSportBad, naturbelassene Flussauenlandschaft.
POI: Moorlehrpfad am Kurpark, Obermühle Bad Düben, Kurstadt Bad Düben 2,8 km.

67098 Bad Dürkheim €14,00 <10m

KNAUS Reisemobilhafen Bad Dürkheim, In den Almen 1, ☎ **06322/61356** Separater Reisemobilplatz beim 4-Sterne-Campingpark

POS: 49°28'29.52"N/8°11'29.32"E, Karte D9 (S. 12), D5
Platz: = 16 auf Wiese. =16 (16 A) WC CHEM GRAU . Hunde nur nach Anmeldung. Ganzjährig geöffnet.
Preis: 14 € inkl. Entsorgung, Müll-Entsorgung, Hund. Strom 0,70 €/kWh, Wasser 2 €/60 l, Kurtaxe 2 €/Pers., VE für Durchreisende 5 €, WC/Dusche 6 €.
Kontakt: Helmut Knaus Campingparks, ☎ 06322/61356, badduerkheim@knauscamp.de, www.knauscamp.de/bad-duerkheim.
Distanz: Ⓗ 0,1 km, 0,2 km, 0,8 km, 1 km.
Freizeit: 1,5 km, 1,5 km. Angeln, Golfplatz, Badesee mit Sandstrand, Bogenschießen, Stadtführung, Kanuverleih, Flugsportplatz 0,2 km.
POI: Holiday Park, Altstadt Bad Dürkheim mit Dürkheimer Riesenfass, Museen, Kirchen 1,5 km.

Vor der Anreise empfehlen wir, Kontakt mit dem Betreiber aufzunehmen, um die Auslastung des Stellplatzes abzufragen.

67098 Bad Dürkheim €25,00 <10m

Weingut Hauer & Hauer's Gutsausschank, In den Kornwiesen 1, ☎ **06322/63375** In sonniger, ruhiger Lage außerhalb von Bad Dürkheim

POS: 49°28'3.38"N/8°12'2.21"E, Karte D9 (S. 12), D5
Platz: = 10, = 2 (<8 m) auf Schotterrasen, Schotter, Wiese, Kiesel. WC CHEM GRAU . wird empfohlen. Ankunft Sa-Di nur mit einer Reservierung einen Tag vorab, Mi-Fr 13:00-17:00 Uhr, bei geöffnetem Gutsausschank bis 21:00 Uhr. Abfahrt ab 9:00-11:00 Uhr, sonst auf vorherige Absprache. Geöffnet: Feb-Ende Nov.
Preis: 25 € inkl. Strom, Wasser, Entsorgung, Dusche, WC, Müll-Entsorgung. Jede weitere Pers. 4 €, Kurtaxe 2 €/Pers. Stellplatz ohne Dusche/WC 17 €. Bei Weinkauf von 18 Flaschen eine Übernachtung gratis (Kurtaxe ausgenommen). Für je 12 Flaschen Mehrkauf wird eine weitere Nacht vergütet.
Kontakt: Familie Hauer, ☎ 06322/63375, info@katharinenhof-hauer.de, www.katharinenhof-hauer.de.
Distanz: 0,2 km, Ⓗ 0,5 km, 0,8 km, 2 km.
Gastro: Gutsausschank, saisonale Öffnungszeiten (siehe Website). In der Regel Mi-Sa ab 17:00 Uhr.
Freizeit: 1 km, 1 km. Naturschutzpark 4 km, Tierpark und Holiday-Park Haßloch 8 km.
POI: Naturkundemuseum 2 km, Burg 3 km.

67098 Bad Dürkheim €8,00 <12m

Wohnmobilstellplatz In der Silz, In der Silz/Leistadter Straße/L517, ☎ **06322/9354500** Großparkplatz, an Weinberge angrenzend

2022 geprüft E

POS: 49°28'9.28"N/8°10'2.01"E, Karte D9 (S. 12), D5
Platz: = 90 auf Wiese, Schotter. =30 (16 A) CHEM GRAU. Aufenthalt max. 3 Nächte, Gästekarte in der Tourist-Info gegen Vorlage des Parktickets. Ganzjährig geöffnet.
Preis: Ab 8 € inkl. Entsorgung, Müll-Entsorgung, Kurtaxe. Strom 1 €/kWh, Wasser 1 €/80 l. In der 2.+3. Sep-Woche 10 €/Tag. Bezahlung per Parkster-App möglich.
Kontakt: Stadt Bad Dürkheim, ☎ 06322/9354500, tourismus@bad-duerkheim.de, www.bad-duerkheim.com.
Distanz: Ⓗ 0,1 km, 0,4 km, weitere Restaurants in 0,6 km, 0,7 km, 1 km.
Freizeit: 0,5 km, 0,5 km. Kuren, Stadtbesichtigung, Wandern im Naturpark Pfälzer Wald.
POI: Dürkheimer Riesenfass, Gradierbau, Vigilienturm und Schlosskirche 0,4 km, Kriemhildenstuhl, Keltischer Ringwall, Eichhaus und ältestes Haus von Bad Dürkheim 0,5 km, Pfalzmuseum/Römerkelter am Weilberg 1,5 km, Klosterruine Limburg 3 km, Burgruine Hardenburg 4 km.

B

78073 Bad Dürrheim €9,00 >12m

Reisemobilhafen Bad Dürrheim, Huberstraße 34/2, ☎ 0771/12739
Am Kurpark/Thermalbad Solemar

2020 geprüft

POS: 48°0'42.27"N/8°32'3.63"E, Karte D14 (S. 17), E3
Platz: = 400 auf Schotterrasen, Wiese, Schotter, Kiesel. =400 (4 A) WC CHEM GRAU . Autoverleih. Clubtreffen nach Anmeldung, weitere Angebote siehe Website. Ganzjährig geöffnet.
Preis: 9 € inkl. Wasser, Entsorgung, WC, Müll-Entsorgung, WLAN, Hund. Jede weitere Pers. 4,80 €, Strom 3,50 €, Dusche 2 €/Pers., Kurtaxe (ab 18 J.) 3 €/Pers. Ab der 2. Nacht 22,40 Euro inkl. freier Eintritt für 2 Pers. in die Solemar-Therme (3 h). Gästekarte 3-Welten-Card inkl. (siehe www.dreiwelten.com). Reservierungsgebühr (ab 3 Nächten) 3 €. Etwaige Preisänderungen finden Sie unter www.womo-badduerrheim.de.
Kontakt: Reisemobilhafen Bad Dürrheim, Herr Andreas Bertsch, ☎ 0771/12739, info@womo-badduerrheim.de, www.womo-badduerrheim.de.
Distanz: 0,3 km, weitere Restaurants in 0,5 km, Ⓗ 0,5 km, 0,6 km, 1 km.
Gastro: Brötchenservice am Service-Center von 7:30-11:00 Uhr. Strandperle im Solemar.
Freizeit: 0,3 km, 0,3 km. Thermalbad mit Wellness-Center, Beachvolleyball, Kletterwand 0,3 km, Adventure-Golf-Anlage (mit 3-Welten-Card gratis) 0,3 km, Nordic-Walking-Parcours 0,3 km.
POI: Fasnacht/Maskenmuseum 0,3 km, Neckarursprung 6 km, Donauquelle/Schloss Donaueschingen 10 km, Altstadt Villingen 12 km.

Tipp

Der Reisemobilhafen Bad Dürrheim liegt idyllisch auf 4 Bereichen, direkt am Wellness-Zentrum „Solemar". Wir garantieren jedem Wohnmobil einen freien Platz. Verschiedene Lokalitäten und Freizeitaktivitäten sind in unmittelbarer Nähe. Auf unserer Webseite www.womobadduerrheim.de haben Sie die Möglichkeit, sich ausführlich zu informieren. Wir freuen uns auf Ihren Besuch.

78073 Bad Dürrheim €25,00 <8m

Waldeck Spa Kur- und Wellness Resort, Waldstraße 18, ☎ 07726/663100
Markierte Stellflächen im Hotel-Komplex

POS: 48°1'5.85"N/8°32'24.22"E, Karte D14 (S. 17), E3
Platz: = 5 auf Pflaster. WC CHEM GRAU . Nachts beleuchtet, Hunde nur am Wohnmobil gestattet. Ganzjährig geöffnet.
Preis: 25 € inkl. Strom, Wasser, Entsorgung, Dusche, WC, Müll-Entsorgung. Jede weitere Pers. 10 €, Kurtaxe 2,90 €/Pers., WLAN 4,50 €/Tag. Kostenlose Nutzung der Spa-Einrichtungen des Hotels, täglich 1 Frühstücksbrötchen/Person gratis. Ab 3 Übernachtungen 2 € Ermäßigung auf den Eintritt in das Thermalbad Solemar.
Kontakt: Frau Viola Kahl, ☎ 07726/663100, info@hotel-waldeck.com, www.waldeck-spa.com.
Distanz: 0 km, 0,3 km, Ⓗ 0,7 km, 0,8 km.
Gastro: Zeppelin Bistro/Bar. Casablanca (Internationale Küche), warme Küche 11:45-13:30 Uhr, 18:30-20:30 Uhr. Büfett-Restaurant Spiegelsaal. Brötchenservice.
Freizeit: 1 km, 0,5 km. Waldeck-Fitnesscenter, WellnessWelt, Solemar Therme Bad Dürrheim, Rad/Wanderwege.
POI: Narrenschopf-Museum 2 km.

31707 Bad Eilsen gratis >12m

Wohnmobilstellplatz am Remisengelände, Bahnhofstraße, ☎ 05722/88650 Gegenüber vom Kurpark

2021 geprüft

POS: 52°14'21.22"N/9°6'9.66"E, Karte D6 (S. 9), F2
Platz: = 7 auf Schotter. =8 (16 A) CHEM GRAU. Anmeldung in der Tourist-Info, Bückeburger Str. 2. Ganzjährig geöffnet.
Preis: Übernachtung gratis inkl. Entsorgung. Strom 1 €/2 kWh, Wasser 1 €/100 l. Kurtaxe 2,20 € für 1. Person, Begleitperson 1,60 €/Tag, Kurtaxe Kind (bis 17 J.) gratis. Bezahlung Strom/Wasser über Münzautomat.
Kontakt: Gemeinde Bad Eilsen, ☎ 05722/88650, info@bad-eilsen.de, www.bad-eilsen.de.
Distanz: 0,2 km, Ⓗ 0,3 km, 0,3 km, 0,4 km.
Gastro: Mehrere Restaurants im Ort.
Freizeit: Ausgangspunkt zu zahlreichen Ausflugszielen, Rad-/Wanderwege, Tennisplätze 0,5 km, Reitanlage 1 km, Golfplatz 2 km.
POI: Kurpark Bad Eilsen, Stift Obernkirchen 5 km, Schloss Bückeburg 5 km, Stadt Rinteln 8 km, Schillat-Höhle 16 km.

56130 Bad Ems €16,00 <10m

Yachthafen Kutscher's Marina, Nievernerstraße 20, ☎ 02603/4297
Bei der Marina am südlichen Ufer des Lahn-Kanals

2020 geprüft

POS: 50°19'58.45"N/7°42'6.72"E, Karte D9 (S. 12), C2
Platz: = 16 auf Schotter. =16 (16 A) WC CHEM GRAU . Ganzjährig geöffnet.
Preis: 16 € inkl. Entsorgung, WC, Müll-Entsorgung, Kurtaxe, WLAN. Strom 0,50 €/kWh. Wasser gegen Spende, Dusche 2x 0,50 €.
Kontakt: Yachthafen Bad Ems GmbH, Frau Kutscher, ☎ 02603/4297, Mobil: 0151/46306840, info@yachthafen-badems.de, www.yachthafen-badems.de.
Distanz: 0,3 km, Ⓗ 0,5 km, 1 km, weitere Restaurants in 2 km, 1 km.
Gastro: Große Bäckerei in unmittelbarer Nähe.
Freizeit: 1 km, 1 km, 0,5 km. Wassersport, Wellness-Center im Thermalbad 1 km.
POI: Russische Kirche, Kurpark, Stadtmuseum 1 km, Limes Nachbauten 1,5 km, Künstlerhaus Schloss Balmoral 2 km, Römerturm 5 km.

34308 Bad Emstal €7,00 <10m

Wohnmobilstellplatz am Kurpark Bad Emstal, Karlsbader Straße 4, ☎ 05624/999714 Am Kurpark

POS: 51°14'54.63"N/9°14'57.04"E, Karte D6 (S. 9), F5
Platz: = 8 auf Schotter. CHEM. nur bei Gruppen. Strom/Wasserversorgung über Münzautomat. Ganzjährig geöffnet.
Preis: 7 €. Strom 1 €/8 h, Wasser 1 €/100 l, Kurtaxe 1 €/Pers.
Kontakt: Sabine Schwarzer, ☎ 05624/999714, tourismus@bad-emstal.de, www.bad-emstal.de.
Distanz: 0,2 km, Ⓗ 0,3 km, 0,8 km, 1 km.
Gastro: Mehrere Restaurants in der Nähe.
Freizeit: Führungen im Rosen-/Kräutergarten, Wandern, Nordic Walking.
POI: Freibad Balhorn, Klostermuseum Merxhausen 3 km, Schloss Riede 5 km, Wehrkirche Balhorn 6 km, Burgruine Falkenstein 10 km.

34308 Bad Emstal-Balhorn €15,00 <12m

Wohnmobilplatz Ferienanlage Erzeberg, Birkenstraße 21, ☎ 05625/5274 Vor der Ferienanlage Erzeberg

POS: 51°16'9.44"N/9°15'5.40"E, Karte D6 (S. 9), F5
Platz: = 14 auf Schotterrasen, Schotter. =14 (10 A) WC CHEM GRAU . Ganzjährig geöffnet. Ausnahme: 1.11.-15.12., 15.1.-28.2.
Preis: 15 € inkl. Strom, Wasser, Entsorgung, WC, Müll-Entsorgung, WLAN, Kurtaxe. Jede weitere Pers. 5 €, Kind (bis 14 J.) 4 €, Dusche 1 €/Pers., Hund 1 €. Strom inkl. bis 5 kWh, jede weitere kWh 0,60 €. Nutzung des Hallenbades inkl.
Kontakt: Familie Kleffel, ☎ 05625/5274, info@erzeberg.de, www.erzeberg.de.
Distanz: 0 km, 0,8 km, Ⓗ 0,8 km, 0,8 km.
Gastro: Restaurant Zum Camper am Platz, warme Küche 18:00-21:00 Uhr.
Freizeit: 1 km. Wellnessbereich am Platz, Wandern/Radfahren im Habichtswald.
POI: Fritzlar 10 km, Bergpark Wilhelmshöhe 18 km, Edersee 20 km, Kassel 20 km.

35080 Bad Endbach €5,00

Wohnmobilstellplatz am Sportpark, Am Bewegungsbad 4, ☎ 02776/801870 <6m
Ruhige Lage am Ortsrand

POS: 50°45'22.42"N/8°28'43.46"E, Karte D10 (S. 13), E1
Platz: = 18 auf Rasengittersteinen. WC CHEM. Auffahrkeile gegen Pfand. Kostenlose Nutzung des WC in der Lahn-Dill-Bergland-Therme zu den Öffnungszeiten. Ganzjährig geöffnet.
Preis: 5 € inkl. Strom, Wasser, Entsorgung, WC. Kurtaxe HS 1,20 €, NS 0,60 €. Anmeldung/Bezahlung an der Thermenkasse.
Kontakt: Tourist-Information Bad Endbach, ☎ 02776/801870, info@bad-endbach.de, www.bad-endbach.de.
Distanz: 0,1 km, Ⓗ 0,1 km, 0,2 km, weitere Restaurants in 1 km, 1 km.
Gastro: Café/Restaurant in der Lahn-Dill-Bergland-Therme.
Freizeit: 1 km. Kneipp-Kräutergarten/-Barfuß-Erlebnispfad, Bade-/Saunaland mit Kurmittelzentrum, Loipen, Tennis, Badminton, Kegeln, Lahn-Dill-Bergland-Therme 0,1 km.
POI: Aussichtsturm, Kunst/Kulturhaus Alte Schule 1 km, 100-jähriges Eisenbahnviadukt 1 km, Burgruine Dernbach 8 km.

49152 Bad Essen-Wittlage €12,00

Stellplatz Falkenburg, Falkenburg 3, ☎ 0174/5848039 >12m
Ortsnahe Lage neben dem Yachthafen am Mittellandkanal

POS: 52°19'24.12"N/8°21'46.14"E, Karte D6 (S. 9), E2
Platz: = 50 auf Schotterrasen, Schotter, Wiese. =36 (4 A) WC CHEM GRAU. SAT-Anschluss. Ankunft bis 20:00 Uhr. Ganzjährig geöffnet.
Preis: 12 € inkl. Entsorgung, Müll-Entsorgung, Kurtaxe, WLAN. Strom 3 €, Wasser 1 €/100 l, Dusche 1 €/Pers., WC 2 €.
Kontakt: Renate Mielke, Mobil: 0174/5848039, wohnmobilstellplatz.falkenburg@gmail.com, www.stellplatz-badessen.de.
Distanz: Ⓗ 0,7 km, 0,8 km, 0,9 km, 1 km.
Freizeit: 1,5 km, 1,5 km.
POI: Altstadt Bad Essen 1,3 km, Schloss Hünnefeld 1,7 km, Schloss Ippenburg 2 km, Saurierfährte Barkhausen 7 km.

83075 Bad Feilnbach-Derndorf gratis

Gasthof Tiroler Hof, Aiblinger Straße 95, ☎ 08066/213 <12m
Beim Gasthof in verkehrsgünstiger Lage nahe der A8

POS: 47°45'53.04"N/12°2'19.05"E, Karte D15 (S. 18), C4
Platz: = 2 auf Schotter. WC. Übernachtung auch an den Ruhetagen Mi+Do möglich. WC zu den Öffnungszeiten im Restaurant. Ganzjährig geöffnet. Ausnahme: im November nur Parkplatz.
Preis: Für Restaurantgäste kostenlos. Einkehr obligatorisch.
Kontakt: Familie Anzinger, ☎ 08066/213, info@der-tirolerhof.de, gasthof@tirolerhof-bad-feilnbach.de.
Distanz: 0 km, 1 km, 2,8 km.
Gastro: Warme Küche, Fr-Di 11:30-14:00 Uhr und 17:30-20:00 Uhr, Mi-Do Ruhetag.
Freizeit: 2 km, 10 km.
POI: Bad Feilnbach 2 km.

06567 Bad Frankenhausen/Kyffhäuser gratis

Waldgaststätte Sennhütte, Napptal 2, ☎ 034671/6620 <10m
Am Rande des Naturparks Kyffhäuser

POS: 51°21'58.81"N/11°5'45.36"E, Karte D7 (S. 10), B5
Platz: = 3 auf Wiese, Schotter. WC. wird empfohlen. Ganzjährig geöffnet. Ausnahme: 24.12., 30.12.
Preis: Für Restaurantgäste kostenlos. Einkehr obligatorisch. Strom 3 €, Wasser 3 €.
Kontakt: Familie Illiger, ☎ 034671/6620, sennhuette@t-online.de, www.sennhuette-frankenhausen.de/.
Distanz: 0 km, 1,5 km, 1,5 km, Ⓗ 5 km.
Gastro: Restaurant, Di-Do 17:00-21:00 Uhr, Fr-So 11:30-21:00 Uhr, Mo Ruhetag. Frühstücksbüfett im Hotel.
Freizeit: 2 km, 2 km, 2 km. Wandern/Radtouren durch den Kyffhäuser Wald, Sommerrodelbahn in Straußberg 25 km.
POI: Bauernkriegspanorama 1 km, Barbarossahöhle 4 km, Kyffhäuserdenkmal/Ruine Rothenburg 10 km.

06567 Bad Frankenhausen/Kyffhäuser €15,00

Wohnmobilstellplatz an der Kyffhäuser-Therme, August-Bebel-Platz 9, ☎ 034671/5123 <10m
Ruhig und zentrumsnah gelegen

2021 geprüft

POS: 51°21'20.22"N/11°6'11.78"E, Karte D7 (S. 10), B5
Platz: = 15 auf Rasengittersteinen. WC CHEM. wird empfohlen. Anfahrt täglich 9:00-21:00 Uhr, Anmeldung an der Rezeption der Therme. Ganzjährig geöffnet.
Preis: 15 € inkl. Strom, Wasser, Entsorgung, Müll-Entsorgung, Sanitär-Nutzung. Dusche 3,50 €/30 min, Kurtaxe 2,50 €/Pers. Kurtaxe Kind 1,50 €, 1 € Ermäßigung für die Kyffhäuser-Therme mit Bade- und Saunalandschaft.
Kontakt: Kur & Tourismus GmbH Bad Frankenhausen, ☎ 034671/5123, kur@bad-frankenhausen.de, www.kyffhaeuser-therme.de.
Distanz: 0,1 km, 0,1 km, weitere Restaurants in 0,2 km, Ⓗ 0,3 km, 0,5 km.
Gastro: Hotel Straube 0,2 km. Restaurant Schwan 0,2 km. Caféteria Schluckse an der Therme.
Freizeit: 0,1 km. Reiten, Wanderrouten, Radwege (Unstrut-Werra-Radweg, Unstrut-Radweg), Solewasser-Vitalpark 0,3 km, Barbarossahöhle 5 km, Stausee Kelbra 14 km.
POI: Flugplatz Udersleben, Schiefer Turm 0,5 km, Kloster Göllingen 9 km, Kyffhäuser-Denkmal 12 km, Schloss Sondershausen 20 km, Königspfalz in Tilleda 23 km.

06567 Bad Frankenhausen/Kyffhäuser €7,50

Wohnmobilstellplatz Schulze, Bachmühlenweg 2, ☎ 034671/63082 >12m
Abgezäuntes Wiesengelände am westlichen Ortsrand

2021 geprüft

POS: 51°21'18.77"N/11°5'29.29"E, Karte D7 (S. 10), B5
Platz: = 40 auf Wiese. =12 CHEM GRAU. Leinenpflicht für Hunde. Anfahrt zu den Öffnungszeiten Di-Fr 8:00-21:00 Uhr, Sa 8:00-18:00 Uhr, So 8:00-13:00 Uhr, Mo Ruhetag. Ideal für Caravantreffen. Ganzjährig geöffnet.
Preis: 7,50 €. Strom 3 €, Wasser 1 €/80 l, Entsorgung 1 €, Müll-Entsorgung 0,50 €, Kurtaxe 2,50 €/Pers.
Kontakt: Harald Schulze, ☎ 034671/63082, 1a-Autoservice-Schulze@gmx.de.
Distanz: 0,3 km, 0,3 km, weitere Restaurants in 0,5 km, Ⓗ 0,5 km, 0,8 km.
Gastro: Morgens Brötchenservice am Platz. Gasthaus Zur Quelle 0,5 km.
Freizeit: 10 km, 0,5 km. Solevitalbad (Mai-Sep), Kyffhäuser-Therme 1 km.
POI: Panorama-Museum 2 km, Barbarossa-Höhle 6 km, Kyffhäuser-Denkmal 12 km.

94072 Bad Füssing €14,00

Campingplatz Holmernhof, Am Tennispark 10, ☎ 08531/24740 <12m
Kurzzeitstellplätze vor dem Campingplatz nahe der Therme

POS: 48°21'29.35"N/13°18'24.70"E, Karte D16 (S. 19), F2
Platz: = 7 auf Rasengittersteinen. WC CHEM GRAU. Aufenthalt max. 3 Nächte. Ganzjährig geöffnet.
Preis: 14 € inkl. Entsorgung, WLAN. Strom 0,70 €/kWh, Wasser 1 €/60 l, WC 5,30 €. Kurtaxe (ab 17 J.) 2,20-2,90 €.
Kontakt: Familie Köck, ☎ 08531/24740, info@holmernhof-camping.de, www.holmernhof.de.
Distanz: 0,8 km, 1 km.
Gastro: Am Platz, Fr-Mo 11:00-14:00 Uhr und 17:00-23:00 Uhr, Mi-Do 17:00-22:00 Uhr, Di Ruhetag.
Freizeit: 0,2 km, 1 km. Tennispark, Wellness-/Kurangebot, geführte Radwanderungen, Therme 1 Bad Füssing 0,8 km.
POI: Bernstein Museum 2 km, Augustiner Chorherrenstift in Reichersberg, Österreich 5 km, Mühlenmuseum 5 km, Wallfahrtskirche Himmelfahrt zu St. Leonhard 11 km.

94072 Bad Füssing €15,00

Maiers Burgwirtschaft, Inntalstraße 24, ☎ 08531/92470 <12m
Auf dem Parkplatz des Wirtshauses

POS: 48°20'40.44"N/13°19'12.03"E, Karte D16 (S. 19), F2

B

Platz: = 8 auf Asphalt. Anmeldung in der Gaststätte. WC zu den Öffnungszeiten der Gaststätte von 9:00-24:00 Uhr. Ganzjährig geöffnet.
Preis: 15 € inkl. WC. Davon 8 € Verzehrgutschein.
Kontakt: Familie Maier, ☎ 08531/92470, info@burgwirtschaft.com, www.burgwirtschaft.com.
Distanz: 0 km, Ⓗ 0,1 km, 0,8 km, 0,8 km.
Gastro: Am Platz, Mo-Do 12:00-0:30 Uhr, Fr-Sa 12:00-1:00 Uhr, So 9:30-0:30 Uhr.
Freizeit: 2 km, 2 km. Abendveranstaltung mit Live-Musik, 18-Loch Golfplatz, Europa Therme Bad Füssing 2 km.
POI: Leonhardi/Bernsteinmuseum, Passau 30 km.

94072 Bad Füssing-Egglfing €37,90

Max1-Thermalcamping mit Genuss, Falkenstraße 12, ☎ 08537/96170 >12m
Vor dem Campinggelände

POS: 48°19'58.05"N/13°18'49.91"E, Karte D16 (S. 19), F2
Platz: = 12 auf Schotter. =12 (16 A) WC CHEM GRAU. Hundebad. Aufenthalt max. 3 Tage. Ganzjährig geöffnet.
Preis: 37,90 € inkl. Dusche, WC, Müll-Entsorgung, WLAN. Strom 0,80 €/kWh, Wasser 1 €, Kurtaxe 1,85 €/Pers. 27,90 € inkl. Thermalbad/Saunabenutzung.
Kontakt: Doris Fuchs, ☎ 08537/96170, info@campingmax.de, www.campingmax.de.
Distanz: 0 km, 1 km, 3,5 km.
Gastro: Warme Küche, 11:00-14:00 Uhr, ab 17:00 Uhr. Halbpension. Brötchenservice. Di Ruhetag. Weitere Restaurants im Ort.
Freizeit: Schwimmen, Physiotherapie, Radtouren, Wellness.
POI: Bäderdreieck, Naturschutzgebiet Unterer Inn 20 km.

37581 Bad Gandersheim €10,00

Regenbogencamping Bad Gandersheim, Braunschweiger Straße 12, ☎ 0431/2372370 Vor dem Campinggelände am Rande des Kurparks <8m

POS: 51°52'1.00"N/10°2'59.00"E, Karte D6 (S. 9), G3
Platz: = 30 auf Asphalt, Wiese. WC CHEM GRAU. Aufenthalt max. 1 Nacht. Geöffnet: 1.4.-31.10.
Preis: 10 € inkl. Strom, Entsorgung, WC, Müll-Entsorgung. Dusche 0,50 €/6 min. Weitere Stellplätze auf dem Campingplatz zu den Campingtarifen.
Kontakt: Regenbogen AG, ☎ 0431/2372370, 05382/1595, urlaub@regenbogen.ag, www.regenbogen.ag.
Distanz: Ⓗ 0,8 km, 1 km, 1 km, 1 km.
Freizeit: 1,5 km, 1,5 km. Sportflugplatz 2 km.
POI: Altstadt mit Rathaus 2 km, 1100-jähriger Stiftskirche 2 km, Kulturzentrum Brunshausen 3 km.

37581 Bad Gandersheim €10,00

Wohnmobilstellplatz Rio Gande, An der Wiek, ☎ 0173/3544784 <10m
In ruhiger Lage an der Gande, in Altstadtnähe

POS: 51°52'18.63"N/10°1'15.32"E, Karte D6 (S. 9), G3
Platz: = 20 auf Schotter. =14 (10 A) CHEM GRAU. Picknick-Plätze. Aufenthalt max. 3 Tage. Ganzjährig geöffnet.
Preis: 10 € inkl. Entsorgung, Müll-Entsorgung, Kurtaxe. Strom 1 €, Wasser 1 €/80 l. Parkscheinautomat mit Münzbetrieb.
Kontakt: Manfred Ahrens, Mobil: 0173/3544784, manfred-ahrens-seb@gmx.de, www.bad-gandersheim-online.de.
Distanz: 0,2 km, 0,2 km, 0,5 km, Ⓗ 1 km.
Gastro: Bäckerei 0,3 km. Restaurants in der Nähe.
Freizeit: 0,5 km, 0,5 km. Reiten, Angeln, Tennis, Vital-Park 1 km, Minigolf 2 km, Rundflüge vom Sportflugplatz 2 km.
POI: Altstadt mit Rathaus, Abtei, Kaisersaal, Burg und Heimatmuseum 0,5 km, Landesgartenschau (14.4.-14.10.2023) 2 km.

93333 Bad Gögging €12,00

Limes-Therme, Am Brunnenforum 1, ☎ 09445/20090 Separater Stellplatz am Thermal-Mineralbad am Ortsrand <10m

2022 geprüft E

POS: 48°49'2.46"N/11°47'24.19"E, Karte D15 (S. 18), C1
Platz: = 43 auf Schotterrasen, Asphalt. =43 (16 A) CHEM GRAU. Dusche in der Therme. Anmeldung an der Thermalbad-Kasse. Ganzjährig geöffnet.
Preis: 12 € inkl. Entsorgung, Müll-Entsorgung, WLAN. Strom 0,60 €/kWh, Wasser 0,50 €/50 l, Kurtaxe (ab 17 J.) 2,10 €/Pers., Kurtaxe (7-16 J.) 1,40 €/Pers.
Kontakt: Limes-Therme, ☎ 09445/20090, info@limes-therme.de, www.limes-therme.de.
Distanz: Ⓗ 0,2 km, 0,2 km, 0,5 km, weitere Restaurants in 1,5 km, 0,5 km.
Gastro: Mehrere Restaurants mit bayerischer und internationaler Küche.
Freizeit: 1 km. Heilbehandlung durch medizinische Bäder, Sport-Park und Golfplatz in unmittelbarer Nähe, Thermal-Erholungsbad mit Römersauna, Massage.
POI: Römisches Bademuseum 1,5 km.

94086 Bad Griesbach/Rottal €21,00

Kur- und Feriencamping Holmernhof Dreiquellenbad, Singham 40, ☎ 08532/96130 <10m
An einem Umspannwerk beim Campingplatz

POS: 48°25'12.21"N/13°11'30.40"E, Karte D16 (S. 19), F2
Platz: = 29 auf Schotterrasen, Rasengittersteinen. =29 (16 A) WC CHEM GRAU. Mietauto-Verleih. wird empfohlen. Aufenthalt max. 3 Nächte, Abreise bis 11:00 Uhr (Tagespauschale bei Abreise nach 11:00 Uhr 8 €). Öffnungszeiten Rezeption 7:30-12:30 Uhr und 14:30-18:00 Uhr. Ganzjährig geöffnet.
Preis: 21 € inkl. Entsorgung, Dusche, WC, Müll-Entsorgung, WLAN. Strom 0,70 €/kWh, Wasser 1 €/80 l, Kurtaxe 2,10 €/Pers., Hund 4 €. Stellplatzgebühr beinhaltet zeitlich unbeschränkte Nutzung der Thermal-Vital Oase.
Kontakt: Frau Annalena Maier-Köck, ☎ 08532/96130, info@camping-bad-griesbach.de, www.camping-bad-griesbach.de.
Distanz: 0 km, 0 km, weitere Restaurants in 0,8 km, 0,1 km, 5 km.
Gastro: Am Platz, warme Küche 11:30-14:00 Uhr und 17:30-21:00 Uhr. Kiosk.
Freizeit: Wohlfühl-Therme 1,5 km.
POI: Barockstadt Schärding, Dreiflüssestadt Passau.

94086 Bad Griesbach/Rottal-Karpfham gratis

Gasthof Zum Pfandl, Schwaimer Straße 9, ☎ 08532/926990 <12m
In verkehrsgünstiger, aber ruhiger Lage zur B388, mit Blick auf das Kurgebiet

POS: 48°25'12.43"N/13°12'30.23"E, Karte D16 (S. 19), F2
Platz: = 4 auf Schotter. =1 WC. Ankunft bis 20:00 Uhr. Aufenthalt auch am Ruhetag möglich. Ganzjährig geöffnet.
Preis: Für Restaurantgäste kostenlos. Einkehr obligatorisch. Strom 4 €/Tag.
Kontakt: Familie Heller, ☎ 08532/926990, info@pfandl.net, www.pfandl.net.
Distanz: 0 km, Ⓗ 0,1 km, 0,5 km.
Gastro: Am Platz, Öffnungszeiten siehe www.pfandl.net. Frühstücksbüfett.
Freizeit: 2 km, 2 km, 1 km. Wellness/Kuren in Bad Griesbach mit Pendelbus vom Hotel, Golfplätze 1,5 km, Kuranlagen 3 km.
POI: Stadt Griesbach 5 km.

38667 Bad Harzburg €17,50

Wohnmobilstellplatz an der Sole-Therme, Nordhäuser Straße 10 (Einfahrt), ☎ 05322/75397 <12m
Am Naturbach Radau, neben der Sole-Therme

POS: 51°52'9.02"N/10°33'29.18"E, Karte D7 (S. 10), A3
Platz: = 40 auf Schotter, Wiese, Schotterrasen, Kiesel. =60 (16 A) WC CHEM GRAU. Von Apr-Ende Okt 80 Plätze. Geeignet für Wohnmobilclubs mit separaten Stellplätzen für 35 Womos. Ganzjährig geöffnet.
Preis: 17,50 € inkl. Entsorgung, Dusche, WC, Kurtaxe, WLAN. Strom 0,50 €/kWh, Wasser 0,50 €/110 l. Inkl. Hatix(Busfahrkarte)-Gästekarte.
Kontakt: Andreas Markewitz, ☎ 05322/75397, info@wohnmobilstellplatz-bad-harzburg.de, www.wohnmobilstellplatz-bad-harzburg.de.
Distanz: 0 km, Ⓗ 0,1 km, 0,8 km, 0,8 km.
Gastro: Bistro Hexenstübchen am Platz, Mo-So 8:00-10:00 Uhr und 17:00-19:00 Uhr. Brötchenservice.
Freizeit: 2,5 km. Nordic Walking, Baumwipfelpfad 0,4 km, Skyrope-Hochseilgarten 0,4 km, Burgberg-Seilbahn 0,4 km, Bad Harzburger Sole-

Therme & Sauna-Erlebniswelt 0,5 km, Märchenwald 3 km.
POI: Bündheimer Schloss, Burgberg-Ruine 0,5 km, Lutherkirche 0,8 km, Museum in der Remise 1,5 km, Vollblutgestüt/Galopprennbahn 2,1 km.

76332 Bad Herrenalb €9,00

Siebentäler Therme Bad Herrenalb, Schweizer Wiese 9, ☎ 07083/92590 <8m
Auf dem vorderen Bereich des Besucher-Parkplatzes

2022 geprüft E

POS: 48°48'12.23"N/8°26'27.19"E, Karte D14 (S.17), E1
Platz: = 5 auf Pflaster. =4 CHEM GRAU. Enge, leicht geneigte Stellflächen. Ganzjährig geöffnet.
Preis: 9 € inkl. Strom, Wasser. Entsorgung 1 €, Kurtaxe (ab 14 J.) 3,70 €/Pers. Kurtaxe Kind (bis 13 J.) gratis.
Kontakt: Stadtwerke Bad Herrenalb GmbH, ☎ 07083/92590, sandy.landgraf@stw-badherrenalb.de, www.siebentaelertherme.de.
Distanz: Ⓗ 0,2 km, 0,2 km, 0,5 km, 0,5 km.
Freizeit: 1 km. Klettern, Naturlehrpfad, Thermalbad mit Wellness, Massagen, Wandern, Tennis 0,5 km, Reiten 3 km.
POI: Klosterruine 1,5 km, Falkensteinfelsen 1,5 km, Technikmuseum Marxzell 8 km, Schloss Ettlingen 15 km.

36251 Bad Hersfeld €6,25

Am Freibad Geistal, Am Schwimmbad, ☎ 06621/201886 <12m
Am Freibad

2022 geprüft E

POS: 50°52'29.85"N/9°42'0.50"E, Karte D10 (S.13), G1
Platz: = 6 auf Asphalt, Rasengittersteinen. =6 WC CHEM GRAU . Ganzjährig geöffnet. Ausnahme: Zum Lullusfest geschlossen.
Preis: 6,25 € inkl. Entsorgung. Strom 0,50 €/kWh, Wasser 1 €/80 l.
Kontakt: Stadt Bad Hersfeld, ☎ 06621/201886, touristinfo@bad-hersfeld.de, www.bad-hersfeld.de.
Distanz: 0,1 km, weitere Restaurants in 1 km, 0,5 km, Ⓗ 0,5 km, 1 km.
Gastro: Zahlreiche Restaurants in der Innenstadt.
Freizeit: 2 km, 2 km. Basketball, Sinnepark, Beachvolleyball, Minigolf, Fußball, Klettern, Jahn-Park 0,1 km, Festspiele von Jun-Aug in der Stiftsruine 0,5 km.
POI: Altstadt 0,5 km, größte romanische Kirchenruine der Welt 0,5 km.

36251 Bad Hersfeld gratis

Parkplatz Seilerweg, Seilerweg 3, ☎ 06621/201886 <12m
Großparkplatz am Schilde-Park

POS: 50°52'17.40"N/9°42'41.54"E, Karte D10 (S.13), G1
Platz: / = 4 auf Asphalt. . Geöffnet: 1.1.-30.4., 1.7.-31.12.
Preis: Übernachtung gratis.
Kontakt: Tourist-Information, ☎ 06621/201886, touristinfo@bad-hersfeld.de, www.bad-hersfeld.de.
Distanz: Ⓗ 0,2 km, 0,3 km, 0,5 km, 0,5 km.
Gastro: Mehrere Restaurants in der Innenstadt.
Freizeit: 0,5 km, 2 km. Besuch der Festspiele, Stadtbesichtigung.
POI: Wissens- und Erlebniswelt Wortreich, Stiftsruine, Altstadt Bad Hersfeld.

36251 Bad Hersfeld gratis

Reisemobilplatz Auf der Unteraue, Auf der Unteraue 5, ☎ 06621/201886 <12m
Auf dem Parkplatz bei der Kleingartenanlage

2022 geprüft

POS: 50°51'27.60"N/9°41'52.37"E, Karte D10 (S.13), G1
Platz: = 3 auf Sand/Splitt, Asphalt. . Ganzjährig geöffnet. Ausnahme: 1.5.-30.6.
Preis: Übernachtung gratis.
Kontakt: Stadt Bad Hersfeld, ☎ 06621/201886, touristinfo@bad-hersfeld.de, www.bad-hersfeld.de.
Distanz: Ⓗ 0,2 km, 0,5 km, 1 km, 2,3 km.
Gastro: Henkel's Beste Biergarten.
Freizeit: 2 km, 2 km, 1 km. Stadtbesichtigung, Reiterhof Steinhoff (Auf dem Tageberg) 0,3 km, Reiterhof Wehrneberg 1,5 km.
POI: Altstadt und Stiftsruine 0,5 km.

36251 Bad Hersfeld gratis

Wohnmobilstellplatz Kolpingstraße, Kolpingstraße 6, ☎ 06621/201886 <12m
Auf dem Parkstreifen neben dem Großparkplatz beim Hallenbad Aqua-Fit

POS: 50°52'4.40"N/9°43'46.30"E, Karte D9 (S.12), G1
Platz: = 2 auf Asphalt. . Großparkplatz beim Hallenbad für Wohnmobile gesperrt. Ganzjährig geöffnet.
Preis: Übernachtung gratis.
Kontakt: Stadt Bad Hersfeld, ☎ 06621/201886, touristinfo@bad-hersfeld.de, www.bad-hersfeld.de.
Distanz: 1 km, 1 km, 3 km.
Freizeit: 3 km, 3 km. Schwimmen, diverse Veranstaltungen (siehe Website), Nordic Walking.
POI: Stiftsruine 3 km, Dudengrab 3 km, Linggdenkmal 3 km, Katharinenturm 3 km.

36251 Bad Hersfeld-Allmershausen €5,00

Waldhotel Glimmesmühle, Homberger Straße 172 c, ☎ 06621/3081 <12m
In Einzellage nordwestlich von Bad Hersfeld

POS: 50°53'3.48"N/9°40'9.47"E, Karte D10 (S.13), G1
Platz: = 3 auf Schotter. WC. Anmeldung im Hotel erforderlich. Aufenthalt nach Absprache. Strom auf Anfrage.
Preis: 5 €. Strom 5 €.
Kontakt: Familie Wolff, ☎ 06621/3081, hotel@glimmesmuehle.de, www.glimmesmuehle.de.
Distanz: 0 km, weitere Restaurants in 1,5 km, 1,5 km, 3 km.
Gastro: Am Platz, Mo-Sa 11:30-14:00 Uhr und 17:30-20:00 Uhr, So 11:30-14:00 Uhr, Änderungen vorbehalten. Brötchen- oder Frühstücksservice auf Vorbestellung.
Freizeit: 1,5 km, 5 km. Rad- und Wanderwege am Haus.
POI: Kleinste Fachwerkkirche Europas in Allmershausen 1 km, Stadtmuseum und Stadtkirche 3 km, Stiftsruine in Bad Hersfeld (Jun-Aug Bad Hersfelder Festspiele) 3,5 km.

87541 Bad Hindelang €14,00

Komfort-Stellplatz Bad Hindelang, Ostrachstraße 23, ☎ 08324/2219 <12m
Unter alten Bäumen am Ortsrand zwischen zwei Bergbächen

2022 geprüft E

POS: 47°29'57.99"N/10°22'19.84"E, Karte D14 (S.17), H5
Platz: = 30 auf Schotterrasen. =30 (16 A) WC CHEM GRAU . Wintertauglich, Reservierung ab 7 Tagen möglich, Trockenraum ganzjährig nutzbar. Ganzjährig geöffnet.
Preis: Ab 14 € inkl. aller Personen, Entsorgung, WC, Müll-Entsorgung, WLAN. Strom 0,70 €/kWh, Wasser 0,20 €/10 l, Dusche mit Fußbodenheizung 1 €/4 min, Sauna 8 €. 14-20 € je nach Saison, Kurtaxe 2,90 €, Kurtaxe Kind 1,50 €, Busticket im Preis inkl.
Kontakt: Familie Kullmann, ☎ 08324/2219, buchung@wohnmobil-stellplatz-hindelang.de, www.wohnmobil-stellplatz-hindelang.de.
Distanz: 0,1 km, 1 km, Ⓗ 1 km, 1 km.
Gastro: Hotel im Wiesengrund 0,2 km, Mo-Fr 14:00-23:45 Uhr, Sa-So 11:30-23:45 Uhr, bis 21:00 Uhr durchgehend warme Küche. Frühstückbüfett 12 €/Pers. oder Brötchenservice im Hotel.
Freizeit: 0,1 km (beheizt), 0,5 km. Wanderwege, Langlauf- und Skater-Loipen direkt am Stellplatz, Hornbahn zum Wandergebiet oder Naturrodelbahn im Winter 0,3 km, Tennishalle/Fitnessstudio 0,3 km.
POI: Heimatmusem 0,5 km, Käserei/Hammerschmiede im Ort 0,5 km, Kutschenmuseum 5 km.

61352 Bad Homburg v.d. Höhe €10,00

<10m

Bauernhof Lindenhof, Jakob-Lengfelder-Straße 152, ☎ 06172/43283
Bewirtschafteter Familienbetrieb am Ortsrand

2021 geprüft

POS: 50°12'35.19"N/8°38'0.51"E, Karte D10 (S.13), E3
Platz: P = 3 auf Schotter. WC CHEM/Bio GRAU. B wird empfohlen. Hofladen mit Fleisch- und Wurstwaren, Obst und Gemüse. Ganzjährig geöffnet.
Preis: 10€. Strom 3€, Wasser 1€/100 l. Teilbetrag wird als Gutschein für Hofladen erstattet.
Kontakt: Lindenhof Familien Rieß, Sabine und Karsten Rieß, ☎ 06172/43283, lindenhof.riess@web.de.
Distanz: 0,5 km, 0,8 km, 2,2 km.
Gastro: Café im Hofladen mit kleiner Brotzeit, Do-So 13:00-18:30 Uhr, Mo-Mi Ruhetag.
Freizeit: Saalburg, Hessenpark, Opelzoo, Schwimmen im Thermalbad, Regionalpark Rundroute (193 km lange Wander- und Fahrradroute rund um Frankfurt).
POI: Schloss und Kurbad Bad Homburg.

49186 Bad Iburg €8,00

<10m

Stellplatz am Charlottenburger Ring/ Schlossberg, Charlottenburger Ring 27, ☎ 05403/40464 In zentraler Lage, am Fuß des Iburger Schlosses, nahe Charlottensee

POS: 52°9'25.57"N/8°2'25.13"E, Karte D5 (S.8), D3
Platz: P = 8 auf Naturboden, Schotterrasen. Ganzjährig geöffnet.
Preis: 8€ inkl. aller Personen.
Kontakt: Tourist-Information Bad Iburg, ☎ 05403/40464, tourist-info@badiburg.de, www.badiburg.de.
Distanz: H 0,1 km, 0,2 km, 0,6 km, 1 km.
Gastro: Charlottensee-Grill 0,2 km. Restaurant Schlossmühle 0,2 km.
Freizeit: 2 km. Rad/Wanderwege, Wassertretstellen, Bootsverleih, Schloss Iburg 0,2 km, Baumwipfelpfad 0,3 km, Kneipp-Erlebnispark 0,3 km.
POI: Teutoburger Wald, Uhrenmuseum 0,7 km, Heimatmuseum Averbecks 2 km.

34385 Bad Karlshafen €15,00

<10m

Wohnmobilstellplatz am rechten Weserufer, Am Rechten Weserufer 2, ☎ 05672/710
Separat neben dem Campinggelände

2020 geprüft

POS: 51°38'39.34"N/9°26'58.60"E, Karte D6 (S.9), G4
Platz: P = 42 auf Wiese, Asphalt. =42 (16 A) WC CHEM GRAU. Poollandschaft, Campingshop. Gratis-Hundetüten in der Camping-Rezeption. Ganzjährig geöffnet.
Preis: Ab 15€ inkl. aller Personen, Entsorgung, Dusche, WC, Müll-Entsorgung, Kurtaxe. Strom 0,70€/kWh, Wasser 1€/50 l. WLAN 500 MB frei, danach ab 2€. Stellplatz auf Wiese 17€.
Kontakt: Mietzner GmbH, ☎ 05672/710, info@camper-karli-event.de, www.camper-karli-event.de.
Distanz: H 0,1 km, 0,1 km, 0,5 km, 0,6 km.
Freizeit: 0,1 km. Angeln, Weserbergland-Therme 0,5 km.
POI: Altstadt 0,3 km, Hugenottenmuseum 0,8 km, Krukenburg 2,4 km, Sababurg 17,4 km.

97688 Bad Kissingen €6,00

<10m

Stellplatz an der KissSalis Therme, Heiligenfelder Allee 16, ☎ 0971/1218000 Auf dem Parkplatz der Therme in ruhiger Lage, nahe Kurpark

2022 geprüft

POS: 50°11'19.12"N/10°3'40.76"E, Karte D10 (S.13), H3
Platz: P = 18 auf Pflaster. =22 (16 A) WC CHEM GRAU. Stellplätze leicht schräg. Anmeldung im Glasbüro im Foyer der Therme täglich 9:00-18:00 Uhr. Baumaßnahmen für 2022/2023 geplant, vor Anreise auf Webseite informieren. Ganzjährig geöffnet.
Preis: 6€ inkl. Entsorgung, WC, Müll-Entsorgung. Strom 1€/8 h, Wasser 1€/90 l, Kurtaxe 3,60€/ Pers. Mit der Gästekarte erhält man eine Zusatzstunde für die Therme.
Kontakt: Natascha Kiesel, ☎ 0971/1218000, info@kissalis.de, www.kissalis.de.
Distanz: 0 km, H 0,2 km, 0,3 km, 1 km.
Gastro: Frühstück im Bistro und Restaurant der KissSalis Therme möglich. Restaurant geöffnet, So-Do 9:00-22:00 Uhr, Fr-Sa 9:00-0:00 Uhr.
Freizeit: 1,8 km, 1,8 km. Tennis, Training/Fitness-Kurse in der FitnessArena, Nordic Walking, Kanu fahren, kosmetische Behandlungen/Massagen im WellnessPavillon, KissSalis Therme 0,1 km, Weg der Besinnung 0,5 km.
POI: Wildpark Klaushof 4 km, Burg Botenlauben 4 km, Pfad der Baumgiganten 4,5 km, Schloss Aschach 8 km, Wittelsbacher Turm 9,5 km.

07639 Bad Klosterlausnitz €10,00

<12m

Kristall Therme, Köstritzer Straße 16, ☎ 036601/5980
Auf dem Thermen-Parkplatz

POS: 50°54'41.19"N/11°52'20.29"E, Karte D11 (S.14), C1
Platz: = 6 auf Schotter. =6 (16 A) WC GRAU. Therme mit Sauna, Massage- und Wellnessangeboten. Anmeldung/Bezahlung an der Thermenkasse (Öffnungszeiten siehe Website), WC gratis im Foyer, Dusche gegen Thermen-Eintritt. Ganzjährig geöffnet.
Preis: 10€ inkl. Entsorgung, WC, Müll-Entsorgung. Strom 1€/2 kWh, Wasser 1€/80 l, Kurtaxe (ab 11 J.) 0,65€/Pers., Kurtaxe (ab 18 J.) 1,30€/Pers.
Kontakt: Kristall Sauna-Wellnesspark, ☎ 036601/5980, info@kristalltherme-bad-klosterlausnitz.de, www.kristalltherme-bad-klosterlausnitz.de.
Distanz: 0,1 km, H 0,2 km, 0,5 km, 1 km.
Gastro: Thermen-Restaurant 0,1 km, Brötchenservice auf Wunsch ab 9:00 Uhr möglich. Gasthof Zu den drei Schwänen 0,3 km, In Piazza 0,6 km.
Freizeit: Wandern, Radfahren, Reiten, Nordic Walking.
POI: Klosterkirche Bad Klosterlausnitz 1 km, Schlosskirche in Eisenberg 9,4 km, Gedenkstätte der Naturforscherfamilie Brehm in Renthendorf 20,3 km, Dornburger Schlösser 25,1 km.

82433 Bad Kohlgrub-Sonnen €25,00

<8m

Campingoase Reindl, Sonnen 93, ☎ 08845/74100 Am Waldrand, am Fuß des Hörnle in 1000 m Höhe

POS: 47°39'28.52"N/11°2'38.07"E, Karte D15 (S.18), B4
Platz: P = 16 auf Wiese, Schotter. =26 (16 A) WC CHEM GRAU. B Anfahrt bis 21:00 Uhr. Teilweise uneben. Wohnmobile > 7 m bitte vorher anfragen. Ganzjährig geöffnet.
Preis: 25€ inkl. Wasser, Entsorgung, Dusche, WC, Müll-Entsorgung. Jede weitere Pers. 3€, Strom 0,65€/kWh, Kurtaxe (ab 16 J.) 2,40€/Pers., Hund 2,50€.
Kontakt: Florian Reindl, ☎ 08845/74100, Mobil: 0174/30689233, reiflo9@web.de, www.hotelwaldruh.de.
Distanz: 0,1 km, weitere Restaurants in 2 km, 1 km, H 1,5 km, 2 km.
Gastro: Hotel Waldruh. Guggenbergalm, Do-Mo 12:00-21:00 Uhr, Di-Mi Ruhetag.
Freizeit: 2 km, 1 km, 0,1 km. Bergtouren, Wintersport, Wellness-Oase am Platz, Minigolf/ Tennisplatz 2 km, Wassersport am Staffelsee 10 km, Zugspitze 35 km.
POI: Naturpark Ammergauer Alpen, Wieskirche 12 km, Schloss Linderhof 15 km, Kloster Ettal 15 km, Freilichtmuseum 20 km.

64732 Bad König €5,00 <8m

Odenwald-Therme P3, Am Bahndamm, ☎ 06063/57850
Auf dem Thermenparkplatz

2022 geprüft

POS: 49°44'35.43"N/9°0'11.72"E, Karte D10 (S.13), F4
Platz: = 5 auf Pflaster. Ganzjährig geöffnet.
Preis: 5€ inkl. Strom, Kurtaxe. Bezahlung am Automat (kein Wechselgeld).
Kontakt: Kurgesellschaft Bad König GmbH, ☎ 06063/57850, touristinfo@badkoenig.de, www.badkoenig.de.
Distanz: 0,1 km, 0,1 km, 0,2 km, 0,3 km (im städtischen Bauhof, Mobil 0171/5517482), 0,5 km.
Gastro: Bäcker 0,3 km entfernt. Restaurant der Odenwald-Therme und weitere in unmittelbarer Nähe.
Freizeit: 0,1 km. Therme am Platz, Kurpark mit Seen und Kneipptretanlage 0,2 km.
POI: Altes und Neues Schloss in Bad König 0,5 km, Schloss Fürstenau 6 km, Römerkastell 10 km, Schloss Erbach und Elfenbeinmuseum 10 km.

97631 Bad Königshofen im Grabfeld €15,00 <10m

FrankenTherme Bad Königshofen, Am Kurzentrum 1, ☎ 09761/91200
Gärtnerisch gestaltetes Gelände mit unterschiedlichen Arealen, teils mit Grünstreifen

2021 geprüft

POS: 50°18'6.24"N/10°28'34.55"E, Karte D11 (S.14), A2
Platz: = 100 auf Pflaster, Eco-Raster/Gras, Asphalt. =100 (16 A) WC CHEM GRAU. Gasservice nach telefonischer Vorbestellung möglich, Naturheilwassersee. Reservierung ab 14 Tagen Aufenthalt möglich. Anmeldung an der Thermen-Information. Barrierefreies Sanitärgebäude, getrennte VE. Ganzjährig geöffnet.
Preis: 15€ inkl. WC, Müll-Entsorgung, Kurtaxe, WLAN. Strom 0,50€/kWh, Wasser 1€/70 l, Entsorgung 2€, Dusche 0,50€/3 min. Stellplatz bei Inanspruchnahme von Anwendungen im Therapie- & Wellnesscenter 14€.
Kontakt: Kurverwaltung, ☎ 09761/91200, info@frankentherme.de, www.frankentherme.de.
Distanz: 0,1 km, 0,2 km, weitere Restaurants in 0,4 km, 0,5 km, 0,5 km.
Gastro: Im Sommer freitags Grillen in der Gartenlaube. Bäckerservice (Mo-So ab 8:00 Uhr, Di Ruhetag). Restaurant Storchennest in der FrankenTherme, Mo-Fr 11:30-18:00 Uhr, Sa-So 11:30-20:00 Uhr, Feiertag 11:30-20:00 Uhr.
Freizeit: 0,2 km, 0,2 km, 25 km. Gradierpavillon im Kurpark, Veranstaltungen der Kurverwaltung, Wellness- und Therapiebereich 0,2 km, Tennispark (Indoor) mit Fitness-Center 0,5 km, Ballonfahrten 4 km, Walderlebnispfad 8 km, Freizeitpark Märchenwald 8 km.
POI: Altstadt mit fränkischen Fachwerkhäusern 0,2 km, Archäologisches Museum Schranne 0,3 km, Turm-Museum 0,4 km, Renaissance-Rathaus 0,4 km, Stadtpfarrkirche/Wallfahrtskirche 0,5 km.

97631 Bad Königshofen im Grabfeld €12,50 <8m neu

Wohnmobilstellplatz Freizeitzentrum Sambachshof, Sambachshof 3, ☎ 09761/3962780 Neben Freizeitpark Märchenwald Sambachshof

POS: 50°14'34.64"N/10°27'38.88"E, Karte D11 (S.14), A2
Platz: = 15 auf Rasengittersteinen, Pflaster. WC GRAU. Fitnessraum, Seminarräume für Firmen- und Familienfeiern, TV-Anschluss. Bis 12 m Länge auf Anfrage. Nov-März WC/Dusche eingeschränkt nutzbar. Ganzjährig geöffnet.
Preis: 12,50€ inkl. Entsorgung, WLAN. Wasser 1€/100 l, Dusche 1,50€, Waschmaschine 2€.
Kontakt: ☎ 09761/3962780, info@sambachshof-bad-koenigshofen.de, www.sambachshof-bad-koenigshofen.de.
Distanz: 5 km, 6,5 km, 7 km.
Gastro: Frühstücksservice (1.4.-31.10.).
Freizeit: 7,8 km, 7,8 km. Langlauf, Angeln, weitverzweigte Wander- und Radwegenetze, Walderlebnispfad 0,2 km, Damwildgehege 0,2 km, Freizeitpark Märchenwald Sambachshof mit Märchenhäuschen und Fahrattraktionen 0,3 km, Badesee 3 km, FrankenTherme Bad Königshofen 7,8 km.
POI: Renaissance-Rathaus, UNESCO-Biosphärenreservat Rhön, Turm-Museum, Altstadt Bad Königshofen mit fränkischen Fachwerkhäusern 7 km.

06628 Bad Kösen €12,00 <12m

Berghotel Wilhelmsburg, Eckartsbergaer Straße 20, ☎ 034463/3670
In Einzellage mit Blick über Bad Kösen

POS: 51°7'59.09"N/11°42'44.06"E, Karte D7 (S.10), C5
Platz: = 5 auf Schotterrasen. =4 (10 A) WC. Ankunft bis 20:00 Uhr. Geöffnet: Apr-Okt.
Preis: 12€ inkl. Strom, Wasser, WC, Müll-Entsorgung. Kurtaxe 2€/Pers.
Kontakt: Michael Backer, ☎ 034463/3670, info@berghotel-wilhelmsburg.de, www.berghotel-wilhelmsburg.de.
Distanz: 0 km 2 km, 2 km, 2 km.
Gastro: Am Platz, Di-Do 17:00-21:00 Uhr, Fr 15:00-21:00 Uhr, Sa-So 12:00-21:00 Uhr, Mo Ruhetag. Frühstücksservice.
Freizeit: 8 km, 12 km, 2 km.
POI: Käthe-Kruse-Puppenmuseum 2 km, Gradierwerk 2 km, Rudelsburg 4 km, Naumburger Dom 7 km.

07586 Bad Köstritz gratis <8m

Stellplatz am Sommerbad, Heinrich-Schütz-Straße 4, ☎ 036605/88145
Parkfläche neben Freizeit- und Erholungsbad

POS: 50°56'1.91"N/12°0'41.35"E, Karte D11 (S.14), C1
Platz: = 2 auf Sand/Splitt. Aufenthalt max. 24 h. Kein Service. Ganzjährig geöffnet.
Preis: Übernachtung gratis.
Kontakt: Stadtverwaltung Bad Köstritz, Anne-Cathrin Ritschel, ☎ 036605/88145, anne-cathrin.ritschel@stadt-bad-koestritz.de, www.stadt-bad-koestritz.de.
Freizeit: Wandern/Angeln an der Elster.
POI: Heinrich-Schütz-Haus, Dahlien-Zentrum, Archäologisch-geschichtlicher Lehrpfad.

93444 Bad Kötzting €5,00 <8m

AQACUR Badewelt, Bgm.-Seidl-Platz 1, ☎ 09941/94750
Im Kneippheilbad Bad Kötzting im Naturpark Oberer Bayerischer Wald

2021 geprüft

POS: 49°10'31.85"N/12°51'42.26"E, Karte D12 (S.15), E5
Platz: = 4 auf Asphalt. CHEM GRAU. Anfahrt bis 22:00 Uhr. Aufenthalt max. 3 Tage. Ganzjährig geöffnet.
Preis: 5€ inkl. Entsorgung. Strom 2€/6 h oder 4€/12 h, Wasser 2€, Kurtaxe 1,50€/Pers., Kurtaxe (0-14 J.) gratis. Bezahlung an der Badkasse zu den regulären Öffnungszeiten. Strom- und Wassergebühren über Münzeinwurf.

B

Kontakt: Aqacur Badewelt Bad Kötzting, ☎ 09941/94750, info@aqacur.de, www.aqacur.de.
Distanz: 0,3 km, 0,4 km, 0,4 km.
Freizeit: Wellness-Oase, Bayerwald - Wanderungen und Hochtouren, Bierbad im holzbefeuerten Badezuber, Saunalandschaft, Kur- und Erholungspark.
POI: Wallfahrtskirche Weißenregen, Ausstellung Faszination Universum, Kirchenburg mit Stadtpfarrkirche, Waldfestspiele am Ludwigsberg, Altes Rathaus mit Glockenspiel, Pfingstrittmuseum.

55543 Bad Kreuznach €18,00 <12 m

Stellplatz Salinental, Saline Karlshalle 11, ☎ 0671/29843330
Nahe Gradierwerk am Fluss Nahe mit direktem Zugang zur Roseninsel

POS: 49°49'41.01"N/7°50'59.11"E, Karte D9 (S. 12), D4
Platz: P = 30 auf Sand/Splitt, Wiese. =32 (13 A) WC CHEM . Abfrage freier Stellplätze unter Tel. 0671/29843330. Ganzjährig geöffnet.
Preis: 18 € inkl. Strom, Entsorgung, WC, Kurtaxe, WLAN. Frischwasser und Dusche gegen Gebühr.
Kontakt: Stellplatz Salinental, ☎ 0671/29843330, www.braunundroethgastronomie.com.
Distanz: Ⓗ 0,2 km, 0,5 km, 1 km, 1,8 km.
Gastro: Brauhaus mit Speisewirtschaft und großem Außenbereich.
Freizeit: 0,2 km, 1,8 km, 0,8 km. Organisierte Bootstouren, Theater und Konzerte, Salinental (größtes Freiluft-Inhalatorium Europas mit Gradierwerkanlagen), Kurgebiet mit Parkanlagen, Rittermahl auf der Kauzenburg, Boule- und Minigolfanlagen 1 km, crucenia Thermen 1,7 km.
POI: Museen im Rittergut Bangert (Schlosspark-Museum, Römerhalle, Museum für Puppentheaterkultur) 1,5 km, Rotenfels, Rheingrafenstein 2 km, Schmittenstollen/Quecksilberbergwerk 2,5 km, Brückenhäuser 2,8 km.

55545 Bad Kreuznach-Winzenheim €12,00 <12 m

Weingut Gut Neuhof, Gut Neuhof/Anfahrt über Mönchberg, ☎ 0671/41119
Am Ortsrand, zwischen Weinbergen und Wiesen inmitten der Natur

POS: 49°52'9.21"N/7°51'33.83"E, Karte D9 (S. 12), D3
Platz: = 4 auf Wiese, Asphalt. . wird empfohlen. Ankunft von 8:00-22:00 Uhr, telefonische Anmeldung erwünscht, Aufenthalt max. 14 Tage. Ganzjährig geöffnet.
Preis: 12 € inkl. Strom, Wasser.
Kontakt: Wigbert Wolfahrt, ☎ 0671/41119, info@gut-neuhof.de, www.gut-neuhof.de.
Distanz: Ⓗ 0,4 km, 0,5 km, 0,5 km, 3 km.
Gastro: Restaurant Calimero.

Freizeit: 6 km, 5 km, 5 km. Tennis, Barfußweg, Weinprobe mit Weinberführung, Golf, Hochseilgarten, Nordic Walking, Bäderhaus Bad Kreuznach 4 km, crucenia Thermen Bad Kreuznach 4 km.
POI: Rotenfels höchste Steilwand 5 km, Römermuseum 5 km, Augsburger Puppenkiste 5 km.

79189 Bad Krozingen €15,50 <10 m

Wohnmobilstellplatz am Rebberg, Thermenallee, ☎ 07633/4008163
Neben der Vita Classica-Therme und in unmittelbarer Nähe zum Kurpark

2021 geprüft

POS: 47°55'1.45"N/7°41'16.51"E, Karte D13 (S. 16), C4
Platz: = 75 auf Sand/Splitt, Schotter, Asphalt. =75 (16 A) WC CHEM GRAU . Reservierung ab 3 Nächten inkl. Gratis-Thermen-Eintritt, Duschen in der Therme. Anmeldung nach 18:00 Uhr an der Thermalbad-Kasse, Abreise bis 12:00 Uhr. Ganzjährig geöffnet.
Preis: Ab 15,50 € inkl. Wasser, Entsorgung, WC, Müll-Entsorgung, WLAN. Strom 3,50 €/Tag, Dusche 3 €/30 min. Komfort-Stellplatz (100 m²) 17,50 €. inkl. KONUS-Gästekarte.
Kontakt: Kur und Bäder GmbH, ☎ 07633/4008163, Mobil: 0152/09563170, womostellplatz@bad-krozingen.info, www.bad-krozingen.info.
Distanz: 0,1 km, weitere Restaurants in 0,8 km, Ⓗ 0,3 km, 0,7 km, 1 km.
Freizeit: 0,2 km, 0,2 km. Vita Classica-Therme, Kurpark 0,3 km, Tennisplatz 0,5 km, Aquarado-Freizeitbad 1,3 km.
POI: Schloss mit Sammlung historischer Tasteninstrumente 0,5 km, Glöcklehofkapelle 1 km, Staufenburg 5 km, Freiburg im Breisgau 15 km.

57334 Bad Laasphe €9,00 <12 m

Reisemobilstellplatz Mühlenstraße, Mühlenstraße 30a, ☎ 02752/898
An der Lahn, in zentraler Lage in der Nähe der Altstadt

POS: 50°55'27.58"N/8°24'42.56"E, Karte D10 (S. 13), E1
Platz: P = 7 auf Pflaster. =7 CHEM GRAU. Sitzecke. Uneingeschränkter SAT-Empfang. Am Wochenende bis zu 7 Zusatzplätze auf dem PKW-Parkplatz am Rathaus. Ganzjährig geöffnet.
Preis: 9 € inkl. Entsorgung, Müll-Entsorgung. Strom 0,50 €/kWh, Wasser 0,50 €/80 l, Kurtaxe 1,70 €/Pers.
Kontakt: TKS Bad Laasphe GmbH, Manuela Spies, ☎ 02752/898, info@tourismus-badlaasphe.de, www.bad-laasphe.de.
Distanz: 0,1 km, Ⓗ 0,3 km, 0,3 km, 0,3 km, 1 km.

Gastro: Eisdiele, Bäckereien mit Café in der Nähe. Restaurants mit regionaler und mediterraner Küche fußläufig erreichbar.
Freizeit: 0,6 km. Museumsführung, Rothaarsteig-Spur Ilsetalpfad, Mythen/Sagenweg, Lahnwanderweg, Bad Laaspher Bierwegelchen.
POI: Altstadt 0,5 km, Pilz/Radiomuseum 0,5 km, Industriemuseum 1 km, Heimatmuseum Banfe 6 km, Heimatmuseum Feudingen 10 km.

57334 Bad Laasphe-Feudingen €16,50 <12 m neu

Artenschutzzentrum Feudingen, Im Dernbach 13, ☎ 0151/21376645
Am Wisent und Bison Artenschutzzentrum

POS: 50°56'11.85"N/8°17'59.14"E, Karte D10 (S. 13), E1
Platz: P = 3 auf Schotterrasen. GRAU . wird empfohlen. Anreise ab 7:00 Uhr, Abreise bis 13:00 Uhr. Hunde nur nach vorheriger Absprache. Ganzjährig geöffnet.
Preis: 16,50 € inkl. Entsorgung, Kurtaxe. Kind (ab 12 J.) 2,50 €, Strom 5 €/Tag.
Kontakt: Artenschutzzentrum Feudingen, Achim Wickel, Mobil: 0151/21376645, wickel.12.ina@gmail.com.
Distanz: Ⓗ 0,3 km, 1,2 km, 1,3 km, 1,5 km, 12 km (Mühlenstraße 30, 57334 Bad Laasphe).
Gastro: Restaurant im Auerbach 1,2 km.
Freizeit: 1,2 km. Führungen und Fütterungen rund um die Wisente und Bisons.
POI: Artenschutzzentrum Feudingen, Brauerei Bosch 12 km, Internationales Radiomuseum Bad Laasphe 12 km.

57334 Bad Laasphe-Volkholz €28,00 <10 m

Relais & Château Hotel Jagdhof Glashütte, Glashütter Straße 20, ☎ 02754/3990
Ruhiger Platz bei der Hotelanlage an der Lahn

POS: 50°55'14.71"N/8°16'48.50"E, Karte D10 (S. 13), E1
Platz: = 4 auf Asphalt, Pflaster. =4 (13-16 A) WC . WLAN im Restaurant. Ganzjährig geöffnet.
Preis: 28 € inkl. Strom, Wasser, WC, Kurtaxe. Dusche 5 €/Pers. Einkehr obligatorisch.
Kontakt: Familie Dornhöfer, ☎ 02754/3990, info@jagdhof-glashuette.de, www.jagdhof-glashuette.de.
Distanz: 0 km, Ⓗ 1,5 km, 4 km, 4 km.
Gastro: Gourmet-Restaurant Ars Vivendi, Mi-Sa 18:00-23:00 Uhr. Jagdhofstuben, Di-Fr 18:00-22:00 Uhr, Sa+So 12:00-14:30 Uhr, 18:00-21:00 Uhr. Frühstücksservice im Hotel. Fuhrmannskneipe, Di-Fr 18:00-22:00 Uhr, Sa+So 12:00-15:00 Uhr, 18:00-21:00 Uhr.
Freizeit: 4 km, 15 km. Mountainbiking.
POI: Radiomuseum in Bad Laasphe 12 km, Wittgensteiner Schloss 15 km, Schloss Bad Berleburg 25 km, Rubens-Museum in Siegen 30 km.

99947 Bad Langensalza €4,00 <12m

Wohnmobilstellplatz an der Friederiken Therme, Böhmenstraße, ☎ 03603/397610
Geneigte Stellflächen auf dem gekennzeichneten Bereich eines Großparkplatzes

POS: 51°6'59.53"N/10°38'41.40"E, Karte D7 (S. 10), A5
Platz: = 30 auf Rasengittersteinen. =16 (10 A) CHEM GRAU. Anmeldung/Bezahlung täglich 9:00-22:00 Uhr an der Rezeption der Friederiken Therme. Ganzjährig geöffnet.
Preis: 4 € inkl. Entsorgung. Strom 1 €/10 h, Wasser 1 €/10 min, Kurtaxe 2 €/Pers. Schlüssel für Entsorgung gegen 10 € Pfand. Preisänderungen 2023 möglich.
Kontakt: KTL Kur und Tourismus Bad Langensalza GmbH, ☎ 03603/397610, info@friederikentherme.de, www.friederikentherme.de.
Anfahrt: Über Breitscheidstraße.
Distanz: Ⓗ 0,1 km, 0,2 km, weitere Restaurants in 0,5 km, 0,2 km, 0,8 km.
Gastro: Bistro in der Friederiken Therme mit Frühstück/Kuchenangebot, geöffnet von 9:00-22:00 Uhr.
Freizeit: Kindererlebniswelt Rumpelburg, Stadt/Gartenführung, Friederiken Therme 0,3 km (Thermalbad), Bowling/Kegelbahn 0,5 km.
POI: Apothekenmuseum mit Apothekergarten 0,6 km, Japanischer Garten 0,7 km, Altstadt 0,8 km, Arboretum 1 km, Rosengarten 1 km, Baumkronenpfad im Nationalpark Hainich 12 km.

04651 Bad Lausick gratis <12m

Kur- und Freizeitbad Riff, Am Riff 3, ☎ 034345/7150
Auf dem Besucherparkplatz

POS: 51°8'36.09"N/12°39'13.94"E, Karte D8 (S. 11), E5
Platz: = 15 auf Rasengittersteinen. Öffnungszeiten des Kur/Freizeitbades: Mo-Fr 10:00-22:00 Uhr und Sa, So/Feiertag 9:00-22:00 Uhr. Ganzjährig geöffnet.
Preis: Übernachtung gratis.
Kontakt: Kur/Freizeitbad Riff, ☎ 034345/7150, info@riff-badlausick.de, www.freizeitbad-riff.de.
Distanz: Ⓗ 0,1 km, 0,1 km, 0,1 km, 1,5 km.
Gastro: Riff-Restaurant, Mo-Do 15:00-21:00 Uhr, Fr-Sa 11:30-22:00 Uhr, So 11:30-21:00 Uhr. Burg-Restaurant Hudelburg, Mo-So 11:30-21:00 Uhr.
Freizeit: 0,1 km. Kur- und Freizeitbad Riff, Kurpark 0,1 km.
POI: Freilichtbühne im Kurpark 0,5 km, Kirche St. Kilian 1,5 km, Stadtmuseum 1,5 km, Bockwindmühle Ballendorf/Ebersbach 2 km.

36448 Bad Liebenstein €8,00 <8m

Villa Georg, Café Kulturinsel, Friedensallee 12, ☎ 036961/33400
Parkplatz am Gast- und Kulturhaus

POS: 50°49'8.68"N/10°21'17.91"E, Karte D10 (S. 13), H1
Platz: = 6 auf Schotter. CHEM GRAU. Ganzjährig geöffnet.
Preis: 8 €. Strom 2 €.
Kontakt: Hans-Jürgen Liebau, ☎ 036961/33400, info@villa-georg.de, www.villa-georg.de.
Distanz: Ⓗ 0,5 km, 0,5 km, 1,1 km.
Freizeit: 2,5 km, 12 km. Stadt/Parkführungen.
POI: Schloss Altenstein 1,5 km, Wartburg 20 km.

33175 Bad Lippspringe €12,00 <10m

Wohnmobilplatz-Arminiuspark, Burgstraße 10, ☎ 05252/26260
An der Burgruine im Arminiuspark

2020 geprüft

POS: 51°46'52.36"N/8°49'28.44"E, Karte D6 (S. 9), F4
Platz: = 11 auf Pflaster. =10 (16 A) GRAU. Ganzjährig geöffnet.
Preis: 12 € inkl. Entsorgung, Müll-Entsorgung, Kurtaxe. Strom 1 €/8 h, Wasser 1 €/100 l, VE für Durchreisende 10 €. Gästekarte inklusive.
Kontakt: Stadt Bad Lippspringe Stadtmarketing, ☎ 05252/26260, marketing@bad-lippspringe.de, www.bad-lippspringe.de.
Distanz: 0,5 km, 0,5 km, Ⓗ 0,5 km, 0,5 km.
Freizeit: 2 km, 0,5 km. Stadtführungen, Veranstaltungsprogramm, Planetenweg, Arminius- und Liborius-Heilquellen 0,3 km, Heilwald 1,5 km, Tourist-Info 1,5 km, Westfalen-Therme 2 km, Golfplatz 3,5 km.
POI: Prinzenpalais, Burgruine 0,3 km, Liboriustrinkhalle 0,3 km, Lippequellen 0,3 km, Gartenschau 1,5 km.

07356 Bad Lobenstein €5,00 <8m Gutschein

Wohnmobilstellplatz Ardesia Therme, Parkstraße 8, ☎ 036651/3939100
In der Ortsmitte bei der Therme am Kurpark

POS: 50°27'0.05"N/11°38'35.17"E, Karte D11 (S. 14), C2
Platz: = 10 auf Wiese, Asphalt. WC CHEM. Anfahrt 8:00-22:00 Uhr. Tagsüber WC in der Therme. Ganzjährig geöffnet. Ausnahme: 24.12. und letzte volle Juni-Woche.
Preis: 5 € inkl. Wasser, Entsorgung, WC, WLAN. Strom 0,50 €/kWh, Dusche 3 €, Kurtaxe 2 €/Pers. Kurtaxe ab der 1. Nacht.
Kontakt: ☎ 036651/3939100, info@ardesia-therme.de, www.ardesia-therme.de.
Distanz: 0 km, 0 km, weitere Restaurants in 0,5 km, Ⓗ 0,3 km, 0,5 km.
Gastro: Caféteria, geöffnet von 8:00-21:00 Uhr.
Freizeit: 0,5 km. Moorbad und Sauna, Thermalbad, Fahrgastschifffahrt 12 km.
POI: Altstadt Bad Lobenstein mit altem Turm, neuem Schloss und alter Wache 0,5 km, Heinrichshütte 8 km, Bleilochtalsperre 10 km, Schloss Burgk 17 km.

23714 Bad Malente-Gremsmühlen €6,00 <12m

Parkplatz Krützen, Sebastian-Kneipp-Straße, ☎ 04523/9842730
Am Ortszentrum, nahe Arboretum und Wildpark

2022 geprüft

POS: 54°10'19.72"N/10°32'58.90"E, Karte D2 (S. 5), H2
Platz: = 5 auf Asphalt, Pflaster. CHEM. Aufenthalt max. 1 Nacht. Ganzjährig geöffnet.
Preis: 6 €. Kurtaxe Nov-Apr 1 €, Mai-Okt 2 € pP. Parkscheinautomat.
Kontakt: Malente Tourismus- und Service GmbH, ☎ 04523/9842730, info@tourismus-malente.de, www.holsteinischeschweiz.de.
Distanz: Ⓗ 0,5 km, 0,5 km, weitere Restaurants in 1 km, 0,5 km, 1 km.
Gastro: Deutsche, italienische, chinesische, griechische Küche in der Nähe.
Freizeit: 0,5 km, 2 km, 0,5 km. Wassertreten im Kurpark, Nordic-Walking-Park, Hochseilgarten, Arboretum/Wildpark 0,2 km, Dieksee 0,8 km, 5-Seen/Kellerseefahrt 0,8 km.
POI: Heimatmuseum Tewskate 0,1 km, denkmalgeschützer Kurpark 0,3 km, WunderWeltWasser 0,8 km, Holzbergturm Neversfelde 2 km, Schloss Eutin/Ostholstein-Museum Eutin 10 km.

56470 Bad Marienberg-Zinhain €10,00 >12m

Wohnmobilpark am MarienBad, Bismarckstraße 65/Zufahrt über Zinhainer Weg 38, ☎ 02661/1300
In ruhiger Lage am Freizeitbad

2022 geprüft

POS: 50°38'34.96"N/7°56'7.85"E, Karte D9 (S. 12), D2
Platz: = 41 auf Sand/Splitt. =41 (16 A) WC CHEM GRAU. Duschen zu den Öffnungszeiten: Mo-Fr 8:00-10:00 Uhr, Sa-So 8:00-9:00 Uhr. Ganzjährig geöffnet.
Preis: 10 € inkl. Entsorgung, Dusche, WC, Müll-Entsorgung. Strom 0,50 €/kWh, Wasser 1 €/100 l, Kurtaxe 1,50 €/Pers., Kurtaxe (bis 10 J.) 0,75 €/Pers. Ermäßigter Eintritt ins Aktivbad/Sauna.
Kontakt: MarienBad GmbH, ☎ 02661/1300, info@marienbad-info.de, www.marienbad-info.de.
Distanz: , Ⓗ 0,1 km, 0,8 km, 1 km.
Gastro: Bistro während der Bad-Öffnungszeiten. Brötchenservice.

B

Freizeit: 3,5 km. Freizeitbad Marienbad mit Saunadorf, Tennishalle 0,3 km, Kletterwald 1 km, Langlaufloipen/Ski-Abfahrt 1 km, Barfußweg 1,5 km, Boule-Bahn im Kurpark 2 km.
POI: Basaltpark-Geotop mit Rundwanderweg 0,1 km, Wildpark mit Falknerei 1 km, Hedwigsturm 1 km, Apothekergarten nach Pfarrer Kneipp 1,5 km.

97980 Bad Mergentheim €10,90

Wohnmobilstellplatz an der Solymar Therme, Arkau 5, ☎ 07931/574815 <12 m
Direkt am Freibad

2022 geprüft

POS: 49°29'35.32"N/9°47'36.57"E, Karte D10 (S. 13), G5
Platz: = 33 auf Schotter. =32 (16 A) CHEM GRAU . Ganzjährig geöffnet.
Preis: 10,90 € inkl. Müll-Entsorgung, Kurtaxe, WLAN, Hund. Strom 1 €/8 h. Bezahlung am Parkautomat. Ver- und Entsorgung 2€.
Kontakt: ☎ 07931/574815, tourismus@bad-mergentheim.de, www.bad-mergentheim.de.
Distanz: 0,1 km, 0,5 km, weitere Restaurants in 1,5 km, 2 km, 2 km.
Freizeit: 0,2 km. Weinlehrpfad mit Weinprobe, Kanuverleih, Thermalbad 0,3 km, Wildpark 5 km.
POI: Kur/Schlosspark 0,4 km, Münster St. Johannes, Martinskapelle 2 km, Stuppacher Madonna 8 km.

97980 Bad Mergentheim-Markelsheim gratis

Stellplatz Markelsheim, Jahnstraße, ☎ 07931/2610 An der Turn- und Festhalle in der Nähe der Tauber <8 m

POS: 49°28'33.11"N/9°50'0.27"E, Karte D10 (S. 13), G5
Platz: = 4 auf Pflaster. . Aufenthalt max. 2 Nächte. Ganzjährig geöffnet.
Preis: Übernachtung gratis.
Kontakt: Ortsverwaltung Rathaus Markelsheim, ☎ 07931/2610, info@markelsheim.de, www.markelsheim.de.
Distanz: 0,2 km, 0,2 km, 0,2 km, 3 km, 5 km (Wohnmobilstellplatz Bad Mergentheim, Arkau 5, 97980 Bad Mergentheim).
Gastro: In der Ortsmitte.
Freizeit: 6 km, 6 km, 6 km. Weinort mit Kellerführung, Weinprobe und Weinlehrpfad, Radfahren, Wandern, Panoramafahrt mit dem gelben Wagen 0,5 km, Minigolf 1 km, Freizeit- und Bowlinganlage 1 km, Therme Solymar 6 km.
POI: Ruine Neuhaus 2 km, Wildpark Bad Mergentheim 3,1 km, Heilbad Bad Mergentheim mit Deutschordenschloss, Schlosspark, Kurpark, Altstadt 6 km, Schloss Weikersheim 7,3 km, Stuppacher Madonna 12 km.

97980 Bad Mergentheim-Markelsheim gratis

Weingärtner Markelsheim eG, Scheuerntorstraße 19, ☎ 07931/90600 <12 m
Hinter der Winzergenossenschaft

POS: 49°28'28.44"N/9°49'48.04"E, Karte D10 (S. 13), G5
Platz: = 2 auf Schotter. . Ganzjährig geöffnet.
Preis: Übernachtung gratis. Bei Weinkauf kostenlos.
Kontakt: Winzergenossenschaft, ☎ 07931/90600, info@markelsheimer-wein.de, www.markelsheimer-wein.de.
Distanz: 0,1 km, weitere Restaurants in 0,3 km, 1 km, 3 km, 8 km.
Freizeit: Weinlehrpfad, Weinprobe, Kellerführung, Kegel/Bowlingcenter 0,2 km, Therme Solymar 5 km.
POI: Ruine Neuhaus 2 km, Deutschordenschloss 4 km.

31848 Bad Münder gratis

Parkplatz am Rohmelbad, Friedrich-Ludwig-Jahn-Straße, ☎ 05042/929804 Auf dem Parkplatz des Mineralwasser-Freibades am Ortsrand <12 m

2022 geprüft

POS: 52°11'36.00"N/9°28'15.00"E, Karte D6 (S. 9), G3
Platz: = 3 auf Asphalt. . Leicht abfallendes Gelände. WC im Schwimmbad zu den Öffnungszeiten. Ganzjährig geöffnet.
Preis: Übernachtung gratis.
Kontakt: Tourismuszentrale östliches Weserbergland, ☎ 05042/929804, info@bad-muender.de, www.bad-muender.de.
Distanz: 0,4 km, 0,5 km, 0,6 km, 0,6 km, 1,9 km (Kläranlage Osterberg, Am Osterberg, 31848 Bad Münder).
Freizeit: 0,1 km, 1 km. Nordic Walking, ambulante Kuranwendungen, Radwandern, Gesundheitsstandort mit 4 Heilquellen, Wassertretstelle 0,5 km, Minigolf im Kur- und Landschaftspark 0,5 km, Golfplatz 1 km, Weser-Radweg 20 km.
POI: Gradierwerk 0,5 km, Fachwerk-Altstadt 1 km.

55583 Bad Münster/Stein-Ebernburg €10,00

Weingut Rapp, Schloßgartenstraße 74, ☎ 06708/2312 <8 m
Ruhige Lage am Ortsrand, neben dem Weingut und Landgästehaus

2021 geprüft

POS: 49°48'26.39"N/7°49'45.22"E, Karte D9 (S. 12), D4
Platz: = 8 auf Sand/Splitt, Schotter. =3 (16 A) CHEM GRAU . Weingarten. wird empfohlen. Sitzmöglichkeiten und Laube auf Obstwiese, mit altem Baumbestand. Ganzjährig geöffnet.
Preis: 10 € inkl. Entsorgung, WLAN. Jede weitere Pers. 5 €, Strom 2,50 €, Wasser 1 €/100 l, Kurtaxe 2,80 €/Pers., Hund 1 €. Strom bei Nutzung einer Klimaanlage 10 €. Bei Weinkauf ab 12 Flaschen eine Nacht frei.
Kontakt: Brigitte Sitzius-Rapp & Walter Rapp, ☎ 06708/2312, info@weingut-rapp.de, www.weingut-rapp.de.
Distanz: 0 km, weitere Restaurants in 0,6 km, 0,5 km, 0,8 km, 1,2 km.
Gastro: Frühstück im Gästehaus von 8:00-9:30 Uhr möglich (8 €/Pers.). Weinstube am Platz.
Freizeit: 2 km. Von Mai-Okt jeden Do Weinprobe um 19:30 Uhr, Golfclub Nahetal 2 km.
POI: Kurpark Bad Münster 2 km, Bad Kreuznach 4 km.

02953 Bad Muskau €10,00

Wohnmobilstellplatz Bad Muskau, Bautzener Straße 39, ☎ 035771/50492 <12 m
In Stadtrandlage am UNESCO-Welterbe Muskauer Parks/Park Muzakowski

2020 geprüft

POS: 51°32'1.01"N/14°43'10.98"E, Karte D8 (S. 11), H4
Platz: = 20 auf Rasengittersteinen. CHEM . Geöffnet: Apr-Okt.
Preis: Ab 10 € inkl. Entsorgung, WLAN. Wasser 0,10 €/10 l, Kurtaxe 1,25 €/Pers. 12 € inkl. Strom.
Kontakt: Bad Muskau Touristik, ☎ 035771/50492, Mobil: 0151/40762843, info@badmuskau.info, www.muskau.info.
Distanz: 0,1 km, 1 km, weitere Restaurants in 1,5 km, 1 km, 2 km.
Gastro: Brötchenservice am Platz. Mehrere Restaurants im Ort.
Freizeit: 10 km, 4 km, 1,5 km. Wandern/Radwandern, Grenzübergang nach Polen 0,5 km.
POI: Fürst-Pückler-Park 2 km, Erlebniswelt Krauschwitz 4 km, Rhododendronpark Kromlau 6 km, Museumsbahnhof Waldeisenbahn Muskau 8 km, Aussichtsturm Am Schweren Berg Weißwasser 12 km, Halbendorfer See 12 km.

61231 Bad Nauheim €7,00

Usa-Wellenbad, In der Au 2, ☎ 06032/91930 <12 m
Auf dem Parkplatz des Erlebnisbades

POS: 50°21'12.68"N/8°44'32.50"E, Karte D10 (S. 13), E2
Platz: = 40 auf Asphalt. . Ganzjährig geöffnet.
Preis: 7 €. Bezahlung im Bad.
Kontakt: Zweckverband Schwimmbad, ☎ 06032/91930, info@usa-wellenbad.de, www.usa-wellenbad.de.
Distanz: , , 0,3 km, 1 km.
Gastro: Restaurant und Café Bamberger im Wellenbad, Mo 15:00-22:00 Uhr, Di-So 11:00-22:00 Uhr.
Freizeit: 0,5 km. Sauna und Solarium im Wellenbad, Radwandern, Tennisplatz, Reithalle 0,2 km, Eisstadion 2 km.
POI: Europas größte zusammenhängende Jugendstilanlage sowie Salinen in Bad Nauheim, Burg und Adolfsturm in Friedberg.

B

31542 Bad Nenndorf

gratis <12m

Wohnmobilstellplatz am Sportzentrum, Bahnhofstraße 77, ☎ 05723/748560
Beim Hallenbad am Ortsrand

2022 geprüft

POS: 52°20'36.65"N/9°22'37.00"E, Karte D6 (S. 9), F2
Platz: = 14 auf Schotter. =8 WC CHEM GRAU. Ganzjährig geöffnet.
Preis: Übernachtung gratis. Strom 2 €/6 h, Wasser 2 €/45 l. WC im Hallenbad nebenan (kostenpflichtig).
Kontakt: Tourist-Information Bad Nenndorf, ☎ 05723/748560, tourist-info@badnenndorf.de, www.badnenndorf.de.
Distanz: 0,1 km, Ⓗ 0,1 km, 0,2 km, weitere Restaurants in 1 km, 0,8 km, 0,9 km.
Gastro: Gastronomie im ehemaligen Bahnhof.
Freizeit: 0,1 km, 1 km. Rad-/Wanderwege, Landgrafentherme, Wellness/Beauty 0,4 km, Moorbadehaus 1,1 km.
POI: Museum Bad Nenndorf, Historischer Kurpark 1 km, Deutschlands einmalige Süntelbuchenallee 1,3 km, Agnes-Miegel-Museum 1,5 km, Stadthagen Altstadt 10 km, Klosterstollen Barsinghausen 14 km, Schloss Bückeburg 36 km.

95698 Bad Neualbenreuth

€ 14,00 <12m

Reisemobilhafen Sibyllenbad, Kurallee 1, ☎ 09638/912200
Auf dem P3 am Kurmittelhaus Sibyllenbad

POS: 49°58'57.52"N/12°25'27.74"E, Karte D11 (S. 14), D3
Platz: P = 36 auf Rasengittersteinen, Wiese. =36 (16 A) CHEM GRAU. Gaslieferung durch den Platzwart. Sibyllenbad nur für Kinder ab 10 J. Ganzjährig geöffnet.
Preis: 14 € inkl. Wasser, Entsorgung, Müll-Entsorgung, WC. Jede weitere Pers. 3 €, Strom 0,60 €/kWh, Kurtaxe (ab 16 J.) 2 €/Pers.
Kontakt: Harald Waidhas, ☎ 09638/912200, Mobil: 0171/1010025, reisemobilhafen@camping-sibyllenbad.de, camping-sibyllenbad.de.
Distanz: 0,5 km, 1,5 km, 1,5 km.
Gastro: Cafébar Fellner 0,8 km. Adamhof in Hardeck 0,8 km.
Freizeit: 0,8 km, 0,8 km, 1 km. Solarium, ambulante Kur, Beauty-Programm, 18-Loch Golfplatz 3 km.
POI: Marktplatz mit Egerländer Fachwerkhäusern, Marienbad, Basilika, Bibliothekssaal, Wallfahrtskirche Kappel in Waldsassen 12 km, Fischereimuseum in Tirschenreuth 18 km.

53474 Bad Neuenahr-Ahrweiler

€ 5,00 <12m

Apollinaris-Stadion, Kreuzstraße, ☎ 02641/91710 Öffentlicher Parkplatz des Apollinaris-Stadions

POS: 50°32'39.99"N/7°9'7.54"E, Karte D9 (S. 12), B2
Platz: P / = 20 auf Pflaster. WC CHEM GRAU. Ganzjährig geöffnet.
Preis: 5 €. Wasser 1 €/80 l. Bezahlung am Parkscheinautomat.
Kontakt: Stadt Bad Neuenahr-Ahrweiler, ☎ 02641/91710, info@ahrtaltourismus.de, www.ahrtal.de.
Distanz: 0,5 km, weitere Restaurants in 1 km, 1 km, 1 km, Ⓗ 1 km.
Gastro: Mehrere Restaurants in der Nähe.
Freizeit: 2 km, 2 km, 1 km. Weinbaulehrpfad.
POI: Altstadt Ahrweiler 4 km, Römervilla 5 km, ehemaliger Regierungsbunker 5 km.

53474 Bad Neuenahr-Ahrweiler

€ 15,00 <8m

Weingut Sonnenberg, Heerstraße 98, ☎ 02641/6713
Am Fuße der Weinberge

POS: 50°32'55.00"N/7°8'18.00"E, Karte D9 (S. 12), B2
Platz: P = 10 auf Sand/Splitt, Wiese. WC . wird empfohlen. Öffnungszeiten Weingut: Mo-Fr 10:00-12:00 Uhr und 14:00-18:00 Uhr, Sa 10:00-14:00 Uhr, So 10:00-12:00 Uhr. Ganzjährig geöffnet.
Preis: Ab 15 € inkl. Strom, Dusche, WC. Hund 5 €. Einzelübernachtung (nicht in der HS sowie an Wochenenden) 20 €/Tag. Ab 2 Nächten 15 €. An verlängerten Wochenenden (Pfingsten etc.) kann nur der komplette Zeitraum gebucht werden.
Kontakt: Weingut Sonnenberg, Herr Marc Linden, ☎ 02641/6713, Mobil: 0177/7948949, info@weingut-sonnenberg.de, www.weingut-sonnenberg.de.
Distanz: 0,3 km, 0,3 km, 0,3 km, weitere Restaurants in 0,4 km, Ⓗ 0,3 km.
Freizeit: 0,5 km, 0,5 km, 0,5 km.
POI: Altstadt Ahrweiler 4 km.

97616 Bad Neustadt/Saale

€ 8,00 <12m

Reisemobilplatz Am Kurpark, Mühlbacher Straße, ☎ 09771/6310310
Durch Bäume und Büsche getrennt

POS: 50°19'1.95"N/10°13'18.31"E, Karte D10 (S. 13), H2
Platz: P = 54 auf Sand/Splitt, Wiese. CHEM . Beleuchtet. Ganzjährig geöffnet.
Preis: 8 € inkl. Strom, Entsorgung, Müll-Entsorgung, Kurtaxe. Wasser 1 €/50 l. Parkticket am Automat oder beim Sicherheitsdienst lösen.
Kontakt: Tourismus- und Stadtmarketing Bad Neustadt, ☎ 09771/6310310, info@tourismus-nes.de,

B

www.bad-neustadt-erleben.de/reisemobilstellplatz.
Distanz: 0,2 km, weitere Restaurants in 0,6 km, 0,3 km, 0,5 km, 0,6 km.
Gastro: Restaurant Haus am Park.
Freizeit: 0,5 km, 0,5 km, 0,8 km. Nordic Walking, Barfußpfad, Fränkische Saale, Tennis.
POI: Kur- und Schlosspark 0,2 km, Altstadt 0,6 km, Ruine Salzburg 0,7 km.

32545 Bad Oeynhausen gratis <12 m

Wohnmobilstellplatz am Sielbad, Mindener Straße 2, ☎ 05731/13900
Auf einem öffentlichen Parkplatz am Freibad

POS: 52°12'26.47"N/8°48'2.31"E, Karte D6 (S. 9), F3
Platz: = 4, = 2 (<12 m) auf Asphalt. Aufenthalt max. 2 Tage. Ganzjährig geöffnet.
Preis: Übernachtung gratis.
Kontakt: Stadt Bad Oeynhausen, ☎ 05731/13900, info@badoeynhausen.de, www.badoeynhausen.de.
Distanz: 0,1 km, 0,2 km, 0,2 km, 1 km.
Freizeit: 0,1 km, 1 km, 0,2 km. Spielpark, Stadtbesuch, GOP-Varieté im Kaiserpalais 0,3 km, Freizeitgelände Großer Weserbogen 0,5 km.
POI: Märchen- und Wesersagenmuseum 0,3 km.

32547 Bad Oeynhausen gratis <8 m

Parkplatz am Südbahnhof, Südbahnstraße, ☎ 05731/1300
Am Südbahnhof

2021 geprüft

POS: 52°11'48.88"N/8°48'2.76"E, Karte D6 (S. 9), F3
Platz: = 4 auf Pflaster. Aufenthalt max. 2 Tage. Ganzjährig geöffnet.
Preis: Übernachtung gratis.
Kontakt: Stadt Bad Oeynhausen, ☎ 05731/1300, info@badoeynhausen.de, www.badoeynhausen.de.
Distanz: 0,2 km, weitere Restaurants in 0,3 km, 0,4 km, 0,4 km.
Gastro: Mehrere Restaurants in unmittelbarer Nähe.
Freizeit: 1,5 km, 0,1 km, 1 km. Kurpark, Aqua Magica 1 km, Freizeitgelände Großer Weserbogen 2 km.
POI: Märchen/Wesersagenmuseum 0,5 km.

23843 Bad Oldesloe gratis <8 m

Wohnmobilstellplatz auf dem Exer, Am Bürgerpark, ☎ 04531/5040 Am Bürgerpark im Bereich der Stormarnhalle

2021 geprüft

POS: 53°48'39.80"N/10°22'8.62"E, Karte D2 (S. 5), H3
Platz: = 8 auf Schotter. =8 (16 A) CHEM GRAU. Aufenthalt max. 3 Tage. Ausweichplatz am benachbarten Parkplatz (Voraussetzung: ausreichend Parkraum). WC/Duschen in der Schwimmhalle. Ganzjährig geöffnet. Ausnahmen: Bei Sonderveranstaltungen gesperrt.
Preis: Übernachtung gratis inkl. Entsorgung, WLAN. Strom 2 €, Wasser 1 €/100 l.
Kontakt: Stadt Bad Oldesloe, ☎ 04531/5040, stadtinfo@badoldesloe.de, www.badoldesloe.de.
Distanz: 0 km, 0 km, 0,1 km, 0,5 km.

Freizeit: 4 km, 0,1 km, 0,1 km. Bergrennstrecke Travering mit Off-Road-Parcour, Rad-/Wanderwege entlang der Trave, Minigolf 0,1 km, Kanuverleih 0,1 km, Travebad 0,3 km.
POI: Peter-Paul-Kirche 0,7 km, Heiligengeist-Viertel 0,7 km, Menno-Kate 2 km, längster Obstlehrpfad Europas 3 km, Brennermoor 3 km, Kloster Nütschau 5 km.

63619 Bad Orb €7,00 <8 m

Wohnmobilstellplatz am Bahnhof, Austraße, ☎ 06052/830
Am Busbahnhof nahe der Altstadt

2022 geprüft

POS: 50°13'48.26"N/9°20'48.38"E, Karte D10 (S. 13), F3
Platz: = 4 auf Pflaster. =4 (16 A) WC. Ganzjährig geöffnet.
Preis: 7 € inkl. Strom, Wasser, Kurtaxe.
Kontakt: Tourist-Information, ☎ 06052/830, info@bad-orb.info, www.bad-orb.info.
Distanz: 0 km, 0,2 km, 0,3 km, 0,5 km, 2 km (Stellplatz am Kurpark, Spessartstraße, 63619 Bad Orb).
Gastro: Restaurant Alter Bahnhof, Mo + Do 18:00-22:00 Uhr, Fr-Sa 11:30-14:00 Uhr und 18:00-22:00 Uhr, So 11:30-14:00 Uhr und 18:00-21:00 Uhr, Di-Mi Ruhetag.
Freizeit: 1 km, 0,8 km, 0,5 km. Golfplatz, Wanderwege, Flowtrail, Mountainbike-Tourenetz 0,3 km, Toskana Therme 0,8 km, Naturerlebnis-Freibad 1 km, Deutschlands längster Barfußpfad 1 km.
POI: Museum, Dampfkleinbahn Emma im Autal, Altstadt/Fachwerk 0,2 km, Gradierwerk 0,6 km, Wartturm auf dem Molkenberg 2 km.

63619 Bad Orb €12,00 <10 m

Wohnmobilstellplatz am Kurpark, Spessartstraße, ☎ 06052/830
In unmittelbarer Nähe zum Kurpark mit Gradierwerk und der Toskana Therme

2022 geprüft

POS: 50°12'58.73"N/9°21'20.38"E, Karte D10 (S. 13), F3
Platz: = 9 auf Sand/Splitt. =10 (16 A) CHEM GRAU. Weitere Stellplätze am Busbahnhof. Ganzjährig geöffnet.
Preis: 12 € inkl. Entsorgung, Kurtaxe. Strom 1 €/8 h, Wasser 1 €/90 l. Bezahlung in Münzen. Parkbeleg enthält Kurkarte für bis zu 2 Pers. (Gratis-Angebote/Ermäßigungen).
Kontakt: Tourist-Information, ☎ 06052/830, info@bad-orb.info, www.bad-orb.info.
Distanz: 0,1 km, 0,1 km, 0,5 km, 0,5 km.
Gastro: Mehrere Restaurants im Ort.
Freizeit: Dampfkleinbahn Emma, Freiluft-Inhalatorium/Gradierwerk, Golfplatz, Stadt-, Nachtwächter-/Themenführungen, Kneipp-Anlage, Kutschfahrten, Deutschlands längster Barfußpfad 0,1 km, Mountainbike-Tourennetz 0,1 km, Naturerlebnis-Freibad 0,2 km, Toskana-Therme 0,3 km, Premiumwanderweg Spessartbogen 0,5 km.
POI: Gradierwerk 0,4 km, Altstadt/Fachwerk 0,5 km.

77740 Bad Peterstal-Griesbach €11,00 <12 m

An den Heilquellen Reisemobilstellplatz, Schwarzwaldstraße 40, ☎ 07806/986600
Beim Gesundheitshotel und Heilbad

POS: 48°25'59.54"N/8°12'47.46"E, Karte D13 (S. 16), D2
Platz: = 13 auf Schotterrasen. =12 (10 A) WC CHEM GRAU. Abreise bis 12:00 Uhr. Ganzjährig geöffnet.
Preis: 11 € inkl. Entsorgung, WC, WLAN. Jede weitere Pers. 1 €, Strom 1 €/8 h, Wasser 1 €/2 min, Dusche 1,50 €/Pers., Kurtaxe 1,90 €/Pers., Hund 0,50 €. KONUS-Gästekarte inkl.
Kontakt: GesundheitsHotel Das Bad Peterstal KG, Steffen Nork, ☎ 07806/986600, rezeption@an-den-heilquellen.de, www.an-den-heilquellen.de.
Distanz: , weitere Restaurants in 0,5 km, 0,1 km, 0,6 km, 0,7 km.
Gastro: Brötchenservice. Hotel-Restaurant am Platz. Café Am Brunnentempel. Gasthaus Schützen. Gasthaus Engel.
Freizeit: 0,9 km. Wanderwege Himmelssteig/Schwarzwaldsteig, Heilbad, Fitnessbereich 9:00-19:00 Uhr gratis, Sauna, Massagen/Wohlfühlbäder am Platz, E-Bike-Verleih 0,6 km.
POI: Nationalpark Nordschwarzwald, Allerheiligen Wasserfälle 12 km, Nationalparkzentrum Ruhestein 19 km.

31812 Bad Pyrmont €30,00 <12 m

Campingpark Schellental, Am Schellenhof 1-3, ☎ 05281/8772
Ruhige, waldreiche Umgebung mit schöner Aussicht

POS: 51°59'44.15"N/9°16'38.21"E, Karte D6 (S. 9), F3
Platz: = 15, = 90 (<12 m) auf Schotterrasen. =15 (6 A) WC CHEM GRAU. nur bei Gruppen. Ganzjährig geöffnet.
Preis: 30 € inkl. Strom, Wasser, Entsorgung, Dusche, WC, Müll-Entsorgung, WLAN. 20 € bei Ankunft nach 17:00 Uhr und Abfahrt vor 11:00 Uhr.
Kontakt: Familie Patzig, ☎ 05281/8772, camping@schellental.de, camping.schellental.de.
Distanz: 0,5 km, weitere Restaurants in 1,3 km, 1 km, 1,5 km, 1,5 km.

Gastro: Brötchenservice. Biergarten am Platz, warme Küche Mi-Sa 17:00-21:00 Uhr, So 12:00-21:00 Uhr. Gasthof Schellental.
Freizeit: 2 km, 2 km, 1,5 km. Nordic Walking (ausgeschriebene Strecken), Rundwanderwege ab Platz, Thermalbad 1 km, Hufelandtherme 1,3 km, Kurpark 1,5 km.
POI: Aussichtsturm/Burganlage 0,8 km, Wasserschloss 1,5 km, Dunsthöhle 1,5 km.

31812 Bad Pyrmont — €13,00 — >12m

Reisemobilhafen in den Emmerauen, Hauptmann-Bölke-Weg 1, 05281/940520 In naturnaher Lage am Rande eines Naturschutzgebietes

POS: 51°58'44.90"N/9°15'11.50"E, Karte D6 (S. 9), F3
Platz: = 65 auf Schotterrasen, Schotter. =68 (16 A) CHEM GRAU. nur bei Gruppen. Kostenfreie Nutzung der Stadtbusse. Ganzjährig geöffnet.
Preis: 13 € inkl. Entsorgung, Dusche, WC, Müll-Entsorgung, Kurtaxe, WLAN. Strom 0,60 €/kWh, Wasser 0,10 €/10 l, Kurtaxe 3,40 €/Pers. Kurtaxe ab der 2. Pers. 2,50 €/p.P. Ein freier Eintritt pro Tag in die Therme inkl. Sauna (1,5 h) sowie in das Hallen-Wellenfreibad.
Kontakt: Bad Pyrmont Tourismus GmbH, Regine Köpnick, 05281/940520, info@badpyrmont.de, www.rmh-emmerauen.de.
Distanz: 0,2 km, 0,4 km, 0,4 km, 0,4 km.
Gastro: Tierpark-Café 0,1 km.
Freizeit: 0,2 km, 0,2 km, 0,2 km. Tenniscenter, Kurpark 0,5 km, Therme 1,2 km.
POI: Museum/Wandelhalle, Palmengarten 0,4 km, historisches Stadtzentrum mit Kurpark 0,4 km, Wasserschloss 0,4 km, Dunsthöhle 1,2 km.

74906 Bad Rappenau — €12,00 — <12m

24-Express-Autohof Bad Rappenau Süd A6, Wilhelm-Hauff-Straße 43, 07066/915353
Auf großem Parkplatz des Autohofs

POS: 49°12'40.97"N/9°3'56.94"E, Karte D10 (S. 13), F5
Platz: = 25 auf Schotter, Asphalt. WC. Ganzjährig geöffnet.
Preis: 12 € inkl. Dusche, WC. Inkl. Verzehrmarken.
Kontakt: 07066/915353, badrappenau@24-autohof.de, www.24-autohof.de.
Distanz: 0 km, 1 km, 5 km, 7 km.
Gastro: Restaurant 24 Autohof, warme Küche 24 h. Subway.
Freizeit: 5 km, 5 km. Wandern, Radfahren.
POI: Parkanlage, Wasserschloss, Kurhaus, Heimat/alinenmuseum.

74906 Bad Rappenau — €10,00 — <8m

Wohnmobilstellplatz Weinbrennerstraße, Weinbrennerstraße / P1 Südseite, 07264/922393
P1 neben Salinenpark und Einsiedelwald

2022 geprüft E

POS: 49°14'6.88"N/9°6'51.39"E, Karte D10 (S. 13), F5
Platz: = 24 auf Pflaster, Schotter. =30 (16 A) CHEM GRAU. Anmeldung und Bezahlung am Schalter der Gäste-Information im Foyer vom Sole- und Sauna-Paradies RappSoDie. Ganzjährig geöffnet.
Preis: 10 € inkl. Entsorgung. Kind (6-13 J.) 2,50 €, Kind (bis 5 J.) gratis, jede weitere Pers. 5 €, Strom 1 €/kWh, Wasser 1 €/5 min. Kurtaxe extra.
Kontakt: Gäste-Information Bad Rappenau, 07264/922393, gaesteinfo@badrappenau.de, www.badrappenau-tourismus.de.
Distanz: 0,3 km, weitere Restaurants in 0,5 km, 0,7 km, 1 km, 1,2 km.
Freizeit: Bikinimuseum – weltweit einziges Museum zum Thema Bademode, Salinenpark 0,1 km, Kurpark 0,4 km, Wasserschloss/Kurhaus 0,7 km, 18-Loch-Golfplatz 3 km.
POI: Sole Gradieranlage 0,1 km, historische Sole-Bohranlage 0,3 km, Wasserschloss von 1601 2 km, Bergkirche 9. Jh. in Heinsheim 4 km.

83435 Bad Reichenhall — €19,60 — <10m

Wohnmobilpark Bad Reichenhall/ An der Rupertus-Therme, Hammerschmiedweg, 08651/76220 In ruhiger Lage im Anschluss an den Uferweg der Saalach

2021 geprüft E

POS: 47°44'4.26"N/12°52'31.93"E, Karte D16 (S. 19), E4
Platz: = 25 auf Asphalt, Kiesel. CHEM GRAU. Anfahrt 24 h. WC zu den Thermen-Öffnungszeiten. 9 Stellplätze nur mit Reservierung ab 3 Tage. Ganzjährig geöffnet.
Preis: 19,60 € inkl. Strom, Entsorgung, Müll-Entsorgung, WLAN. Jede weitere Pers. 3,30 €, Wasser 1 €/70 l. 3 Nächte 55,60 €, 5 Nächte 90,60 €, 7 Nächte 123,60 €. Reservierungsgebühr 3 €. Inkl. Gastkarte mit 2 € Ermäßigung auf den Thermeneintritt, kostenfreie Busfahrten in Bad Reichenhall.
Kontakt: 08651/76220, info@rupertustherme.de, www.rupertustherme.de/service/wohnmobilpark.
Distanz: Tankstelle 0,1 km, 0,5 km, 0,5 km, 0,5 km, 0,5 km.
Freizeit: 0,2 km, 0,2 km. Rupertus Therme mit E-Bike-Verleih 0,2 km.
POI: Gradierwerk im Kurpark 0,8 km, Alte Saline 1,3 km, Predigtstuhlbahn 2 km, Schloss Marzoll 2 km.

96476 Bad Rodach — €15,00 — <12m

Wohnmobilstellplatz Thermenaue, Thermalbadstraße 18, 09564/92320
Auf zwei Ebenen mit unterschiedlichen Stellplatzgrößen, umgeben von Bäumen

2021 geprüft E

POS: 50°20'7.49"N/10°46'2.35"E, Karte D11 (S. 14), A2
Platz: = 70, = 5 (<12 m) auf Schotter, Naturboden. =70 (16 A) WC CHEM GRAU. nur bei Gruppen. Anmeldung von 11:00-17:00 Uhr im Welcome Center, ab 17:00 Uhr an der Rezeption der ThermeNatur. Dusche in der ThermeNatur. Ganzjährig geöffnet.
Preis: 15 € inkl. aller Personen, Entsorgung, WC. Strom 0,60 €/kWh, Wasser 1 €/100 l, Dusche 2 €/30 min. Inklusive 2-€-Wertgutschein (einzulösen beim Eintritt in die Badelandschaft und Saunawelt Erdfeuer).
Kontakt: Gästeinformation Bad Rodach, 09564/92320, gaesteinfo@bad-rodach.de, www.therme-natur.de.
Distanz: 0,2 km, 0,3 km, 0,5 km, 1 km.
Gastro: Thermenrestaurant in der ThermeNatur, So-Do 11:30-21:00 Uhr, Fr-Sa 11:30-22:00 Uhr, warme Küche 11:30-20:00 Uhr. Brötchenservice täglich zwischen 8:00-8:15 Uhr auf Voranmeldung.
Freizeit: 0,3 km, 0,3 km, 0,3 km. Kegeln.
POI: Altstadt 1 km, Zweiländermuseum 8 km, Burgenmuseum Veste Heldburg 10 km, Schloss Rosenau/Goebel-Porzellanmuseum 20 km.

49214 Bad Rothenfelde — €15,00 — <12m

Campotel – Wohnmobilpark Osnabrückerland, Heidland 65, 05424/210600 Ruhige Lage im Grünen

POS: 52°5'56.09"N/8°10'22.95"E, Karte D5 (S. 8), D3
Platz: / = 60 auf Wiese, Schotter. =35 (16 A) WC CHEM GRAU. Ganzjährig geöffnet.
Preis: 15 € inkl. Entsorgung, Dusche, WC, Müll-Entsorgung, Kurtaxe. Strom 0,50 €/kWh, Wasser 0,10 €/10 l.
Kontakt: Johan Bosch, 05424/210600, info@campotel.de, www.campotel.de.
Distanz: , 0,7 km, 1 km, 1,5 km.
Gastro: Mehrere Restaurants im Ort. Imbiss, Restaurant, Biergarten. Frühstück/Partyservice.
Freizeit: 1,5 km. Ökologischer Badesee, Tennis, Animation, Waldlehrpfad.
POI: Westeuropas längste Sole-Saline 10 km, Burg Harkotten 10 km, Ausgrabungsstätte Varus-Schlacht 10 km, Osnabrück 25 km, Teutoburger Wald 30 km.

B

15526 Bad Saarow — gratis

Caravanparkplatz Bad Saarow, Ringstraße, ☎ 033631/8680 Beim Kurpark und der Therme in Zentrumsnähe — <8m

POS: 52°17'40.00"N/14°3'44.00"E, Karte D8 (S. 11), G2
Platz: = 6 auf Pflaster. Aufenthalt max. 1 Nacht. Betreuung durch Platzwart. Ganzjährig geöffnet.
Preis: Übernachtung gratis.
Kontakt: Gemeinde Bad Saarow, ☎ 033631/8680, info@bad-saarow.de, www.bad-saarow.de.
Distanz: 0 km, 0,2 km, 0,3 km, 0,5 km.
Freizeit: 1,6 km, 0,8 km, 0,3 km. Geführte Wanderungen, Radfahren, Saarow Therme 0,7 km, Scharmützelsee 0,8 km, Bootsverleih 1,2 km.
POI: Historisches Zentrum mit Bahnhof 0,3 km.

15526 Bad Saarow — gratis

Parkplatz Strolin, Silberberger Straße, ☎ 033631/8680 Öffentlicher Parkplatz in Hafennähe — <12m

2022 geprüft

POS: 52°16'30.52"N/14°2'25.16"E, Karte D8 (S. 11), G2
Platz: = 3 auf Pflaster, Schotter. Ganzjährig geöffnet. Aufenthalt max. 2 Nächte.
Preis: Übernachtung gratis.
Kontakt: Gemeinde Bad Saarow, ☎ 033631/8680, info@bad-saarow.de, www.bad-saarow.de.
Distanz: , 0,1 km, 0,3 km, 2,5 km.
Freizeit: 0,3 km, 1 km. Geführte Wanderungen, Thermen-Sonderpaket, Surfschule 0,2 km, Bootsverleih/Yachthafen 0,2 km, Schiffsanlegestelle 0,3 km, Kurpark 0,5 km, Saarow Therme 3,2 km.
POI: Historisches Zentrum 1 km.

37441 Bad Sachsa — €5,00

Harzer Schnitzelhaus & Waffelbäckerei, Schützenstraße 13, ☎ 05523/932000 Vor dem Restaurant in geschützter, ruhiger Lage — <6m

POS: 51°35'53.35"N/10°33'2.53"E, Karte D7 (S. 10), A4
Platz: = 2 auf Asphalt. Anfahrt ab 12:00 Uhr. Aufenthalt max. 1 Nacht. Ganzjährig geöffnet.
Preis: 5 €. Für Restaurantgäste kostenlos.
Kontakt: Harzer Schnitzelhaus & Waffelbäckerei, Jens Rüdiger Faupel, ☎ 05523/932000, info@harzer-schnitzelhaus.de, www.harzer-schnitzelhaus.de.
Distanz: 0 km, 0,1 km, 0,8 km, 1 km.
Gastro: Am Platz, Mo-So 11:30-22:00 Uhr.
Freizeit: 5 km, 0,5 km, 0,5 km. Tanzveranstaltungen im Haus, Erlebnisbad und Ferienwelt Salztal Paradies 0,9 km.
POI: Grenzlandmuseum 0,3 km, Märchengrund 1 km, Greifvogelpark 1,5 km, Konzertsaison im Kloster Walkenried 6 km.

79713 Bad Säckingen — €13,00

Wohnmobilstellplatz Am Rheinufer, Austraße, ☎ 07761/568325 In der Nähe des Rheins und der malerischen Altstadt, direkt an der Schweizer Grenze — <12m

POS: 47°32'57.84"N/7°56'48.93"E, Karte D13 (S. 16), D5
Platz: = 28 auf Kiesel. =38 (16 A) CHEM GRAU . Ganzjährig geöffnet. Ausnahme: Während des Frühjahrs- und Herbstmarktes geschlossen.
Preis: 13 € inkl. Strom, Entsorgung, Müll-Entsorgung, Kurtaxe, WLAN. Wasser 1 €/100 l, WC 0,50 €. Bezahlung am Parkscheinautomat (Bar, EC, Maestro-Kreditkarte). KONUS-Gästekarte (u.a. freier Eintritt in das Trompeterschloss, ermäßigter Eintritt in die Aqualon-Therme) mit Abholung am Info-Point bzw. im Tourismus- und Kulturamt.
Kontakt: Tourismus- und Kulturamt Bad Säckingen, ☎ 07761/568325, merz@badsaeckingen.de, www.badsaeckingen.de.
Distanz: 0,3 km, 0,4 km, 0,5 km, 0,8 km.
Gastro: Mehrere Restaurants in der Nähe.
Freizeit: 1,5 km, 1,5 km, 0,5 km. Rad- und Wanderwege, Personenschifffahrt auf dem Rhein 0,3 km, Aqualon Thermalbad mit Saunen 1,5 km, Tennishalle 2 km, Golfplatz 3 km, Wildgehege und Bergsee 4 km.
POI: Hochrheinmuseum Schloss Schönau mit Museen, Schlosspark, Trompetenmuseum, Scheffelräume, Längste Holzbrücke Europas 0,3 km, Altstadt, Fridolinsmünster 0,5 km, Müllmuseum 4 km.

31162 Bad Salzdetfurth-Detfurth — €5,00

Stellplatz Solebad, Solebadstraße, ☎ 05063/9990 Separater Bereich auf dem Parkplatz des Solebads — <10m

2020 geprüft

POS: 52°4'18.90"N/10°1'7.47"E, Karte D6 (S. 9), G3
Platz: = 10 auf Asphalt. =10 (16 A) CHEM GRAU . Ganzjährig geöffnet.
Preis: 5 € inkl. Entsorgung. Strom 1 €/6 h, Wasser 1 €/50 l. Bezahlung am Automat.
Kontakt: Stadt Bad Salzdetfurth, ☎ 05063/9990, info@bad-salzdetfurth.de, www.bad-salzdetfurth.de.
Distanz: 0 km, weitere Restaurants in 1,5 km, 0,2 km, 2 km, 2,5 km.
Freizeit: Mountainbiking, Stadtführungen, GPS Schatzsuche, Segelfliegen, E-Bike-Verleih in der Tourist-Info Bad Salzdefurth, 18-Loch-Adventure Golfanlage, Therapiezentrum 1 km.
POI: Kurpark, Altstadt 1,5 km, Domstadt Hildesheim 18 km.

36364 Bad Salzschlirf — €4,00

Wohnmobilstellplatz am Kurpark, Riedstraße, ☎ 06648/2266 In unmittelbarer Nähe zur Bahnlinie — <8m

POS: 50°37'16.30"N/9°30'11.12"E, Karte D10 (S. 13), G2
Platz: = 11 auf Asphalt. =12 CHEM GRAU . Ganzjährig geöffnet.
Preis: 4 € inkl. WLAN. Strom 0,50 €/kWh, Wasser 1 €/80 l, Entsorgung 1 €. Kurtaxe (ab 14 J.) 2,50 €/Pers.
Kontakt: Gemeinde Bad Salzschlirf, ☎ 06648/2266, info@Bad-Salzschlirf.de, www.bad-salzschlirf.de.
Distanz: , 0,2 km, 0,5 km, 0,5 km, weitere Restaurants in 0,5 km.
Gastro: Mehrere Restaurants im Ort.
Freizeit: 1 km. Ambulante Rehabilitation, Kosmetik/Wellness-Behandlung, Kurpark mit Minigolf, Tischtennis 0,2 km, Fahrrad/E-Bike-Verleih in der Tourist-Information 0,5 km, geführte Wanderungen/Radwanderungen 0,5 km.
POI: Park der Generationen 0,5 km, Heimatmuseum 0,5 km, Mariengrotte 1 km.

32105 Bad Salzuflen — €10,00

Wohnmobilpark Flachsheide, Forsthausweg 1, ☎ 05222/183183 In der Nähe der VitaSol-Therme und des Kurparks — <10m

POS: 52°5'50.94"N/8°45'6.47"E, Karte D6 (S. 9), F3
Platz: = 65 auf Schotterrasen, Schotter. =65 (10 A) CHEM GRAU . Ganzjährig geöffnet.
Preis: 10 € inkl. Entsorgung, Müll-Entsorgung, WLAN. Strom 0,50 €/kWh, Wasser 1 €/100 l. Kurtaxe HS 3,50 €, NS 3,20, Kind (bis 14 J.) 1,60 €, Dusche/WC in der Therme 3 €/30 min. SalzuflenCARD bei Übernachtung inkl. freier Eintritt in Kurpark/Wandelhalle, freie Fahrt mit dem Stadtbus, Ermäßigung in der VitaSol-Therme.
Kontakt: Staatsbad Salzuflen GmbH, ☎ 05222/183183, info@staatsbad-salzuflen.de, www.staatsbad-salzuflen.de.
Distanz: 0,1 km, 0,8 km, 1 km, 1 km, Kurpark 1,3 km.
Freizeit: 2,5 km, 0,1 km, 1 km. Nordic Walking-Park, Wellness/Gesundheitsangebote, Therme mit Sauna/Fitness, Kuranlagen 0,5 km.
POI: Erlebnisgradierwerk 0,8 km, historische Innenstadt 1 km.

B

36433 Bad Salzungen €14,00

Sole Reisemobilhafen Bad Salzungen-Eisenach, Am Flößrasen 6, ☎ 03695/693434 Zentrumsnah und in direkter Nähe zur Solewelt mit Gradierwerk

<12m

2020 geprüft

POS: 50°48'55.67"N/10°14'21.56"E, Karte D10 (S. 13), H1
Platz: = 80 auf Schotterrasen, Pflaster, Rasengittersteinen. =88 (16 A) CHEM GRAU . Leinenpflicht für Hunde. WC und Duschen zu den Öffnungszeiten in der Solewelt (gebührenpflichtig). Rezeption behindertengerecht, Sanitärkabine für Rollstuhlfahrer am Platz. Ganzjährig geöffnet.
Preis: 14 € inkl. Entsorgung, Müll-Entsorgung. Strom 1 €/2 kWh, Wasser 1 €/80 l oder 0,10 €/8 l, Dusche 2 €/30 min, Kurtaxe (ab 16 J.) 1,50 €/Pers. Anmeldung, Bezahlung und Strommarken am Stellplatz, bei der Tourist-Info (Museum am Gradierwerk) oder in der Solewelt.
Kontakt: Tourist-Info, ☎ 03695/693434, info@sole-reisemobilhafen.de, www.sole-reisemobilhafen.de.
Anfahrt: Anfahrt über Am Solbad oder Vordere Teichgasse.
Distanz: 0,3 km, weitere Restaurants in 0,5 km, Ⓗ 0,5 km, 0,6 km, 0,7 km.
Gastro: Verkauf von Thüringer Wurstprodukten am Platz. Brötchenservice (Mo-Sa 8:00-8:30 Uhr).
Freizeit: 2,5 km, 0,3 km, 0,4 km: Kanu-Anlegestelle, Sole-Aktivbad/Sole-Saunaland, PneumoKur: Atemwegskur bei COPD im Wohnmobil, 18-Loch-Spielgolf-Anlage, Werratal-Radweg, Gradierwerk 0,2 km.
POI: Drachen- und Landgrafenschlucht bei Eisenach, Erlebnisbergwerk Merkers, Theaterstadt Meiningen und Sandsteinhöhle Walldorf, Wartburg, Bachhaus, Lutherhaus uvm. in Eisenach, Trusetal mit Wasserfall und Zwergenpark, Museum am Gradierwerk 0,2 km.

36433 Bad Salzungen-Möhra €10,00

Wohnmobilstellplatz Alte Ziegelei, Ziegelei 1, ☎ 0179/4130888 Außerhalb von Möhra, in ruhiger Lage mit Baumbestand

<12m

neu

POS: 50°52'7.68"N/10°13'41.63"E, Karte D10 (S. 13), H1
Platz: = 10 auf Asphalt, Wiese. CHEM/ Bio GRAU . Ganzjährig geöffnet.
Preis: 10 € inkl. Strom, Wasser, Entsorgung.
Kontakt: Jochen Damerow, ☎ 0179/4130888, Mobil: 01525/3680946, jo.damerow@googlemail.com.
Distanz: Ⓗ 0,4 km, 2,1 km, 4,5 km.
Freizeit: Ausgewiesene Rad-/Wanderwege, Besichtigung Geflügelpark Möhra, Drachenschlucht 16 km.
POI: Lutherkirche, Lietebaum, Lutherhaus, Lutherdenkmal, Bad Salzungen 10 km, Schloss Altenstein 12 km, Erlebnis Bergwerk Merkers 14 km, Wartburg 21 km.

36469 Bad Salzungen-Möhra gratis

Stellplatz beim Sportplatz, Martinstraße, ☎ 03695/671112 Gegenüber vom Sportplatz, am südlichen Ortsrand von Möhra

<10m

POS: 50°51'32.53"N/10°15'14.25"E, Karte D10 (S. 13), H1
Platz: = 6 auf Schotter. . Ganzjährig geöffnet.
Preis: Übernachtung gratis.
Kontakt: Stadt Bad Salzungen, Detlef Schulz, ☎ 03695/671112, tourismus@badsalzungen.de.
Distanz: 0,3 km, weitere Restaurants in 0,6 km, 0,5 km, Ⓗ 0,5 km, 0,5 km.
Freizeit: Besichtigung Geflügelpark Möhra, Luther-Touren, Wandern auf dem Pummpälzweg.
POI: Lutherdenkmal, Lutherkirche, Lutherhaus.

59505 Bad Sassendorf €10,00

Kur-Camping Rumkerhof, Weslarner Straße 30, ☎ 02921/53118 Bei einem Bauernfachwerkhaus, am nördl. Ortsrand

<10m

POS: 51°35'44.78"N/8°10'43.83"E, Karte D5 (S. 8), D4
Platz: = 90, = 90 (<9 m) auf Schotter, Schotterrasen. =93 (16 A) WC CHEM GRAU . Service: Gasabnahme nach G607. Keine Fremdentsorgung. Ganzjährig geöffnet.
Preis: 10 € inkl. Entsorgung, Müll-Entsorgung, WLAN. Strom 0,60 €/kWh, Wasser 1 €/100 l oder 0,10 €/10 l, Kurtaxe (ab 15 J.) 3,40 €/Pers. Bei Nutzung von Dusche/WC fällt eine zusätzliche Personengebühr in Höhe von 4 €/Erw. an, Jugendliche 3,50 €, Kind 2,50 €.
Kontakt: Familie Trockels, ☎ 02921/53118, Mobil: 0170/783091, email@rumkerhof.de, www.rumkerhof.de.
Distanz: Ⓗ 0,1 km, 0,5 km, 1,5 km, 1,5 km.
Gastro: Kleiner Hofladen mit regionalen Lebensmitteln und einigen Campingartikeln. Brötchen- und Getränkeservice am Platz.
Freizeit: 8 km, 1,5 km, 1 km. Fütterung der Tiere, Kurpark 0,1 km, Thermalbad 1,5 km, Sportflugplatz mit Fallschirmspringerschule 5 km, Wassersport am Möhnesee und Golfplatz 15 km, Kanufahrten auf der Lippe ab Lippstadt 20 km.
POI: Altstadt Soest 5 km.

88348 Bad Saulgau €11,00

Wohnmobilstellplatz Sonnenhof-Therme, Am schönen Moos, ☎ 07581/48390 Neben der Sonnenhof-Therme Bad Saulgau

<12m

POS: 48°1'1.07"N/9°29'18.39"E, Karte D14 (S. 17), G3
Platz: = 53 auf Pflaster, Asphalt. =60 WC CHEM GRAU , Anmeldung an der Thermalbadkasse täglich 10:00-20:00 Uhr, vergünstigter Eintritt in die Therme. Nutzung der Duschen in der Therme gegen Gebühr. Reservierung ab 2 Tage. Ganzjährig geöffnet.
Preis: 11 € inkl. Entsorgung, Müll-Entsorgung. Strom 0,50 €/kWh, Wasser 1 €/50 l. Komfortplätze 12 €. Preisänderung 2023 möglich.
Kontakt: Verwaltung Sonnenhof-Therme, ☎ 07581/48390, info@sonnenhof-therme.de, www.sonnenhof-therme.de.
Distanz: 1 km, 1 km, 1,5 km.
Gastro: Thermalbad-Restaurant, Mo-Sa ab 11:00 Uhr, So ab 10:00 Uhr.
Freizeit: 3 km, 1 km. Ambulante Vorsorgeleistungen, Gästeprogramm, Naturlehrpfad, Rad-/Wanderwege.
POI: Altstadt Bad Saulgau 0,5 km, Oberschwäbische Barockstraße 2 km, Hummelmuseum im Kloster Sießen 3 km.

06905 Bad Schmiedeberg-Pretzsch €14,50

Campingpark & Wohnmobilhafen Am Großen Lausiger Teich, Lausiger-Teich-Straße 1, ☎ 034926/57475 Vor der Schranke am Waldrand

<10m

POS: 51°41'10.32"N/12°48'3.34"E, Karte D8 (S. 11), E4
Platz: / = 20 auf Schotterrasen, Wiese. WC CHEM GRAU . Geöffnet: Ostern-Ende Okt.
Preis: 14,50 € inkl. Wasser, WC, Müll-Entsorgung. Entsorgung 5 €, Dusche 1 €/4 min, WLAN 2 €, Hund 3 €.
Kontakt: Frau Sandra Plato, ☎ 034926/57475, camping@lausiger-teiche.de, www.lausiger-teiche.de.
Distanz: 0 km, weitere Restaurants in 5 km, Ⓗ 0,1 km, 3 km, 4 km.
Gastro: Bistro Teichhaus am Platz. Abendessen auf Vorbestellung (Di+Fr geschlossen), Sa.mittag Feldküche. Täglich Brot/Brötchen auf Vorbestellung (nach Verfügbarkeit).
Freizeit: 23 km, 20 km. Fußball, in 3 km, Beachvolleyball, Rad/Wanderwege (Elberadweg), Tischtennis, Minigolfanlage 3 km, Angeln 5 km.
POI: Schloss/Park Pretzsch 5 km, Kurstadt Bad Schmiedeberg 5 km, Wasserschloss Reinharz 9 km, Militärmuseum Kossa 15 km, Schloss Hartenfels Torgau 22 km.

76669 Bad Schönborn-Mingolsheim €12,00

WellMobilPark, Kraichgaustraße 16, >12m
☎ 0176/21994771
Schattenlose Lage neben dem TherMarium am Ortsrand

2022 geprüft E

POS: 49°13'6.25"N/8°40'17.67"E, Karte D10 (S. 13), E5
Platz: P = 86 auf Schotterrasen, Schotter. =86 (4/16 A) WC CHEM GRAU B Anfahrt 24 h, Service-Center geöffnet von 7:30-17:00 Uhr. Dusche/WC im TherMarium zu den Öffnungszeiten. Ganzjährig geöffnet.
Preis: Ab 12 € inkl. WC, Müll-Entsorgung, WLAN. Strom 2 € oder 0,50 €/kWh, Wasser 0,10 €/10 l, Entsorgung 0,20 €, Dusche 3 €/Pers. Ab 10 m Länge 17 €. Reservierung ab 3 Nächten 2 €.
Kontakt: Peter Reidinger, Mobil: 0176/21994771, info@wellmobilpark.de, www.wellmobilpark.de.
Distanz: 0,2 km, 0,2 km, weitere Restaurants in 1 km, 0,8 km, 1,3 km.
Gastro: Brötchenservice am Platz.
Freizeit: 3 km. Radwandern, Sole-Aktiv-Park, Thermalbad mit Sauna, Wellness, Fitness 0,2 km, Badesee 4 km.
POI: Bruchsal, Heidelberg, Speyer, Karlsruhe, Schloss Kislau 1,5 km.

88427 Bad Schussenried €5,00

Reisemobilstellplatz am Zellersee, <12m
Zellerseeweg, ☎ 07583/9401170
Am Naturfreibad Zellersee, nahe Kurpark

2021 geprüft E

POS: 48°0'7.56"N/9°38'49.31"E, Karte D14 (S. 17), G3
Platz: P = 10 auf Asphalt. =5 . Ganzjährig geöffnet.
Preis: 5 € inkl. Strom, Wasser, Kurtaxe.
Kontakt: Tourist-Information, ☎ 07583/9401170, info@touristinfo-bs.de, www.bad-schussenried.de.
Distanz: 0,5 km, 1 km, 1 km, 1 km.
Gastro: Mehrere Restaurants im Ort 1 km. Strandcafé Zellersee, Mo-So 9:00-21:00 Uhr. Restaurant, Mo-So 7:00-21:00 Uhr. Kiosk am Zellersee.
Freizeit: 0,1 km, 0,4 km. Konzertbesuch im Bibliothekssaal, Badesee, Thermalbad 6 km.
POI: Bierkrugmuseum in Bad Schussenried 0,5 km, Pfarrkirche Sankt Magnus mit Klostermuseum 0,8 km, Mühlenmuseum 3 km, Freilichtmuseum Kürnbach 4 km, Wallfahrtskirche Steinhausen 5 km.

88427 Bad Schussenried €12,00

Schussenrieder Brauerei Ott, <12m
Wilhelm-Schussen-Straße 12,
☎ 07583/40411 In zentraler Lage hinter der Brauereigaststätte mit Museum

2021 geprüft E

POS: 48°0'11.79"N/9°39'34.44"E, Karte D14 (S. 17), G3
Platz: = 50 auf Asphalt, Schotter. =16 (4 A) CHEM GRAU . 32 E-Bike Ladestationen im Brauereihof (gratis). Neue VE-Station. WC in der Brauereigaststätte. Ganzjährig geöffnet.
Preis: 12 € inkl. Kurtaxe, WLAN. Strom 1 €/2 kWh, Entsorgung 1 €/100 l. Inkl. 2 € Verzehrgutschein. Bezahlung am Ticketautomat.
Kontakt: Schussenrieder Brauerei Ott, ☎ 07583/40411, museum@schussenrieder.de, www.schussenrieder.de.
Distanz: 0 km, 0 km, 0 km, 0,1 km.
Gastro: Brauereigaststätte, geöffnet Mi-So ab 11:00 Uhr, Mo+Di Ruhetag.
Freizeit: 2 km, 5 km, 2 km. Führung durch Museum und Brauerei (Museum Mo+Di geschlossen, Veranstaltungskalender/Öffnungszeiten siehe Website), Schwaben-Therme Aulendorf 5 km, Federsee 7 km.
POI: Kloster Bad Schussenried, Dorfkirche Steinhausen 4 km, Kreisfreilichtmuseum Kürnbach 4 km, Schloss Aulendorf 5 km.

65307 Bad Schwalbach €10,00

Wohnmobilstellplatz im Kurpark, <10m
Reitallee 21, ☎ 06124/500200
Im Röthelbachtal, mitten im Kurpark

2022 geprüft E

POS: 50°8'22.86"N/8°3'48.76"E, Karte D9 (S. 12), D3
Platz: = 4 auf Pflaster. =4 (16 A) WC CHEM GRAU. Gasflaschentausch beim Baustoff-Fachhandel Becker. Ganzjährig geöffnet.
Preis: 10 € inkl. Entsorgung, WC. Strom 0,50 €/kWh, Wasser 0,50 €/3 min. Bezahlung am Parkscheinautomat.
Kontakt: Stadt Bad Schwalbach, ☎ 06124/500200, tourist-info@bad-schwalbach.de, www.bad-schwalbach.de.
Distanz: 0,3 km, 0,3 km, 0,5 km, 0,5 km.
Gastro: Mehrere Restaurants im Ort.
Freizeit: 2,2 km. Wisper Trail Schwälbchens Flug, Naturpark Rhein-Taunus, Kurpark mit Heilwasserbrunnen, Minigolfanlage 1 km, Tennisplatz 1,1 km, Moorbahn 1,2 km, Kneipp-Barfußpfad in Bad Schwalbach 1,2 km, Freizeitpark Taunus Wunderland 5,7 km.
POI: Kneipp-Heilpflanzengarten, Kurhaus mit -park 0,5 km, Weinbrunnen 1 km, Waldsee 2 km.

23611 Bad Schwartau €5,00

Wohnmobilstellplatz Riesebusch, <8m
Riesebusch, ☎ 0451/2000-2334
Zentrumsnah, neben dem Landschaftsschutzgebiet

2021 geprüft E

POS: 53°55'26.80"N/10°41'53.02"E, Karte D3 (S. 6), A3
Platz: P = 15 auf Pflaster. GRAU. Hundeauslaufplatz. Anfahrt 24 h. Ganzjährig geöffnet.
Preis: 5 € inkl. Entsorgung, Müll-Entsorgung. Strom 1 €/8 h, Wasser 1 €/90 l, Kurtaxe 1,65 €/Pers.
Kontakt: Stadt Bad Schwartau, ☎ 0451/2000-2334, stadtverwaltung@bad-schwartau.de, www.bad-schwartau.de.
Distanz: 0,1 km, 0,2 km, 0,5 km, 0,5 km.
Gastro: Restaurants im Ort. Bäckereien ab 0,5 km.
Freizeit: 0,4 km. Trimm-Dich-Pfad, Minigolf, Asklepios Klinik mit angrenzendem Kurpark 0,1 km, Aussichtssäule am Pariner Berg 3 km, Strand 9 km.
POI: Holstein Therme 0,5 km, historisches Amtsgericht 0,5 km.

23795 Bad Segeberg €10,00

Wohnmobilstellplatz Kalkbergblick, <12m
Kastanienweg 1, ☎ 04551/1655
Gegenüber der Jugendherberge, in der Nähe des großen Segeberger Sees

2022 geprüft E

POS: 53°56'18.60"N/10°18'55.44"E, Karte D2 (S. 5), H3
Platz: P = 22 auf Schotterrasen. =16 (6 A) CHEM GRAU. B nur bei Gruppen. Ganzjährig geöffnet.
Preis: 10 € inkl. Entsorgung, Müll-Entsorgung, Kurtaxe. Strom 2 €/12 h oder 4 €/24 h, Wasser 1 €/90 l, VE für Durchreisende 2 €. Tagesplatzgebühr 3 €.
Kontakt: Brigitte Cords, ☎ 04551/1655, Mobil: 0177/5511656, brigittecords@web.de, www.womostellplatz-badsegeberg.de.
Distanz: 0,3 km, weitere Restaurants in 0,4 km, 0,3 km, 0,8 km, 0,9 km.
Freizeit: 0,2 km, 1,2 km, 1,9 km. Radweg um den See und an der Trave, Angeln, Ruder- und Tretboot fahren, Bouleplatz 0,1 km, Minigolf 0,2 km, Badeanstalt am Segeberger See 0,2 km, Bootsvermietung 0,3 km.
POI: Noctalis-Fledermauszentrum 0,2 km, Heimatmuseum 0,3 km, Kalkberghöhlen 0,7 km, Kalkberg mit Freilichttheater 0,7 km, Marienkirche 0,7 km.

55566 Bad Sobernheim €12,00 <10m

Stellplatz Nohfels Park, Hömigweg 1, 0160/3010039 Am Stadtrand bei einer Minigolfanlage an der Nahe

2020 geprüft E

POS: 49°46'44.61"N/7°39'28.83"E, Karte D9 (S. 12), C4
Platz: = 80 auf Wiese, Schotter, Rasengittersteinen. =40 (16 A) CHEM GRAU. Anmeldung im Restaurant-Café oder telefonisch ab 9:00 Uhr. Ganzjährig geöffnet.
Preis: 12 € inkl. Entsorgung, Müll-Entsorgung, Kurtaxe, WLAN, Hund. Strom 4 €, Wasser 1 €/80 l. Preisänderung 2023 möglich.
Kontakt: Frau Nitsch, 0160/3010039, info@nohfels-park.de, nohfels-park.de.
Distanz: 0 km, weitere Restaurants in 1 km, 0,8 km, 0,8 km, 1 km.
Gastro: Restaurant/Café am Platz, So-Mi 11:00-21:00 Uhr, Do-Sa 11:00-23:00 Uhr. Brötchenservice.
Freizeit: 0,8 km. Minigolf, Barfußpfad, Wellness/Kurangebote 0,4 km, Draisinen-Fahrstrecke in Staudernheim 2,5 km.
POI: Ev. Matthiaskirche 1 km, Freilichtmuseum Bad Sobernheim 1,3 km, Heimatmuseum Priorhof 1,5 km, Klosterruine Disibodenberg 3 km, Brückenhäuser Bad Kreuznach 16 km, Edelsteinmine Idar-Oberstein 25 km.

63628 Bad Soden-Salmünster €9,90 <10m

Wohnmobilstellplatz an der Spessart Therme, Parkstraße 12a, 06056/744126 Im Stadtteil Bad Soden am Kurpark

2022 geprüft E

POS: 50°17'7.59"N/9°21'33.36"E, Karte D10 (S. 13), F3
Platz: = 38 auf Schotter. =38 (16 A) CHEM GRAU. Öffentliches/barrierefreies WC in der Therme in 0,7 km. Ganzjährig geöffnet.
Preis: 9,90 € inkl. aller Personen, Entsorgung, Müll-Entsorgung, Kurtaxe, WLAN. Strom 0,50 €/kWh, Wasser 1 €/140 l. Bezahlung am Automat oder an der Thermenkasse
Kontakt: 06056/744126, stellplatz@spessart-therme.de, www.wohnmobilstellplatz-badsoden-salmuenster.de.
Distanz: 0,3 km, weitere Restaurants in 0,7 km, 0,8 km, 0,8 km, 1 km.
Gastro: Bistro in der Spessart Therme. Weitere Restaurants in der Umgebung. Mobiler Supermarkt, Mo-Sa zwischen 8:15-8:30 Uhr auf dem Stellplatz.
Freizeit: 0,3 km, 1,5 km. Thermalsole-Bad inkl. Saunalandschaft und Wellness, Radweg R3, 18-Loch-Golfplatz Alsberg 10 km.

POI: Burgruine Stolzenberg 0,8 km, Gebrüder Grimm-Stadt Steinau 10 km, Wächtersbach Schloss mit Keramikmanufaktur 10 km, Tropfsteinhöhle Steinau 10 km, Erlebnispark Steinau 12 km.

37242 Bad Sooden-Allendorf €20,00 <10m

Wohnmobilstellplatz Franzrasen, Franzrasen, 0171/3697446 Auf dem Festplatz auf einer Flussinsel der Werra

2021 geprüft E

POS: 51°16'18.44"N/9°58'19.02"E, Karte D6 (S. 9), G5
Platz: = 120 auf Wiese, Schotter. =32 (16 A) WC CHEM GRAU. B nur bei Gruppen. Ganzjährig geöffnet. Ausnahme: Erntedank- und Heimatfest im Aug, Ausweichplatz am Sportplatz Alleerasen (0,4 km).
Preis: 20 € inkl. Strom, Wasser, Entsorgung, Müll-Entsorgung, Kurtaxe. Duschen/WC in der Werratal Therme 3 €.
Kontakt: Thomas Kohlstädt, Mobil: 0171/3697446, thomas-kohlstaedt@service.de, www.bad-sooden-allendorf.de.
Distanz: 0,1 km, 0,5 km, 1 km, 1 km.
Gastro: Brötchenservice auf dem Platz. Mehrere Restaurants ab 1 km.
Freizeit: 1,5 km, 2 km, 1 km. Ambulante Kuren, Wander-/Radwege ab Platz, Werratal Therme 0,8 km, Kurpark 1 km, SpielGolf-Platz 1 km.
POI: Kirch-/Bibelgarten 0,4 km, Gradierwerk 0,8 km, Salzmuseum/Brunnen vor dem Tore 1 km, Grenzmuseum 3 km, Burg Ludwigstein 8 km, Grube Gustav 10 km, Burgruine Hanstein 10 km.

96231 Bad Staffelstein €7,00 <12m

Stellplatz Campingplatz Bad Staffelstein, Seestraße 3, 09573/7797 Auf dem Pkw-Parkplatz gegenüber vom Hallenbad AquaRiese, in der Nähe des Kurparks

2022 geprüft E

POS: 50°6'45.75"N/10°59'7.88"E, Karte D11 (S. 14), B3
Platz: = 24 auf Sand/Splitt, Wiese, Schotter. WC CHEM GRAU. B wird empfohlen. Ankunft 9:00-20:00 Uhr, Anmeldung an der Camping-Rezeption. Waschmaschine/Trockner auf Anfrage. Ganzjährig geöffnet.
Preis: 7 € inkl. Entsorgung. Strom 0,70 €/kWh, Wasser 1 €, WC 2 €, Kurtaxe (ab 19 J.) 2 €/Pers., Kurtaxe (14-18 J.) 1,25 €/Pers.
Kontakt: 09573/7797, info@aquariese.de, www.aquariese.de.
Distanz: 0,1 km, 1 km, 1,5 km.
Gastro: Restaurant im Schwimmbad. warme Küche 14:00-20:00 Uhr.
Freizeit: 0,2 km. Surfen, Badesee Bad Staffelstein, Segeln, Angeln, Obermain-Therme 1 km.

POI: Kloster Banz 2 km, Thermalzentrum 2,5 km, Staffelberg 3 km, Wallfahrtskirche Vierzehnheiligen 4 km.

96231 Bad Staffelstein €12,00 >12m

Wohnmobilstellplatz an der Obermain Therme, Am Kurpark 1, 09573/96190 Beim Kurpark

2022 geprüft E

POS: 50°6'29.90"N/10°59'18.08"E, Karte D11 (S. 14), B3
Platz: = 27 auf Rasengittersteinen. CHEM GRAU. Aufenthalt max. 30 Nächte. Anmeldung/Abwicklung zu den Thermen-Öffnungszeiten. WC im Kurpark/in der Therme. Ganzjährig geöffnet.
Preis: 12 € inkl. Entsorgung, Kurtaxe, WLAN, WC. Strom 0,70 €/kWh, Wasser 0,70 €/40 l. Inkl. Gästekarte (ermäßigter Thermeneintritt und weitere Vorteile).
Kontakt: Hans-Josef Stich, 09573/96190, service@obermaintherme.de, www.obermaintherme.de.
Distanz: 0,1 km, weitere Restaurants in 0,6 km, 0,2 km, 1 km, 1,5 km.
Gastro: Brötchenservice. Salzstube am Kurpark 0,1 km. Rödiger's Bistro am Meer 0,1 km.
Freizeit: Pilger-/Keltenwege, Brauereiwanderwege, Kanufahren auf dem Main.
POI: Staffelberg 4 km, Kloster Banz 4 km, Wallfahrtskirche Vierzehnheiligen 6 km.

95138 Bad Steben €10,50 <10m Gutschein

Wohnmobilstellplatz an der Therme, Steinbacher Straße 18, 09288/9600 Nahe Therme und Kurpark, oberhalb des Freibades

POS: 50°21'46.14"N/11°37'56.68"E, Karte D11 (S. 14), C2
Platz: = 44 auf Pflaster. =24 (16 A) WC CHEM GRAU. Neu errichtetes Sanitärgebäude (Toiletten, Duschen, Waschmaschine, Trockner), Kabelfernsehen. Mit Bäumen und Sträuchern parzelliert, separierte VE-Station. Anmeldung bis 22:00 Uhr an der Thermen-Kasse oder im Service-Center. Straße in Hörweite. Ganzjährig geöffnet.
Preis: 10,50 € inkl. Entsorgung, WC, Müll-Entsorgung, WLAN, Kabelfernsehen. Strom 0,70 €/kWh, Wasser 0,10 €/10 l, Dusche 3 €/30 min, Kurtaxe (ab 18 J.) 3,30 €/Pers. Mit Gästekarte bis zu 2,50 € Ermäßigung auf den Thermen-Eintritt.
Kontakt: Bayerisches Staatsbad Bad Steben GmbH, 09288/9600, service@staatsbad-bad-steben.de, www.therme-bad-steben.de/wohnmobilstellplatz.
Distanz: 0,2 km, 0,3 km, 1 km, 1,2 km.
Gastro: Mehrere Restaurants und Cafés im Ort.

B

Freizeit: 0,5 km. Besuch der Therme und des Wellness- und Gesundheitszentrums, Mountainbikestrecken, Gesundheitswandern im Kurpark, Naturpark Frankenwald, Tennis 0,3 km, Spielbank 1 km.
POI: Burg Lauenstein, Feste Rosenberg in Kronach, Plassenburg in Kulmbach, Burgruine Lichtenberg 3 km, Schaubergwerk Blechschmidenhammer 6 km, Höllental 6 km.

06485 Bad Suderode €20,00

Hotel Am Kurpark, Jägerstraße 7, >12m
☎ 039485/50094 Am Waldrand in Quedlinburg, am Nordrand des Harz

POS: 51°43'36.36"N/11°7'12.77"E, Karte D7 (S. 10), B4
Platz: P = 6 auf Wiese, Rasengittersteinen. WC GRAU. B wird empfohlen. Ganzjährig geöffnet.
Preis: 20 € inkl. Müll-Entsorgung, WLAN, Dusche/WC. Jede weitere Pers. 5 €, Kind (ab 6 J.) 3 €, Strom 0,50 €/kWh, Kurtaxe 3 €/Pers., Kurtaxe (ab 7 J.) 1 €/Pers., Hund 1 €.
Kontakt: Frau K. Kaden, ☎ 039485/50094, 4939(0)48550094, hakbs@t-online.de, www.hotel-am-kurpark-bad-suderode.de.
Distanz: 0 km, 0,5 km, Ⓗ 0,5 km, 0,6 km.
Gastro: Restaurant am Platz, warme Küche 18:00-20:00 Uhr. Brötchenservice/Frühstücksbüfett.
Freizeit: 7 km, 0,1 km, 0,1 km. Nordic Walking.
POI: Quedlinburg mit Altstadt 9 km.

99518 Bad Sulza €18,50

Wohnmobilstellplatz Am Gradierwerk, Am Gradierwerk, ☎ 036461/8210 Am Ilmtal-Radweg, nahe Gradierwerk Louise, fußläufig zur Toskana Therme <12m

2021 geprüft E

POS: 51°5'52.02"N/11°37'52.72"E, Karte D7 (S. 10), C5
Platz: P = 16 auf Wiese, Schotter, Rasengittersteinen. =16 WC CHEM GRAU. Ganzjährig geöffnet.
Preis: Ab 15,50 € inkl. Entsorgung, Dusche, WC, Müll-Entsorgung, Kurtaxe. Strom 1 €/8 h, Wasser 1 €/80 l. 1.4.-31.10. 18,50 €, 1.11.-31.3. 15,50 €. Bezahlung am Automat.
Kontakt: Kurgesellschaft Heilbad Bad Sulza mbH, Tourist-Info, Melanie Kornhaas ☎ 036461/8210, info@bad-sulza.de, www.bad-sulza.de.
Distanz: Ⓗ 0,3 km, 0,5 km, 0,5 km, 0,5 km.
Gastro: Mehrere Restaurants im Innenstadtbereich.
Freizeit: 0,1 km, 0,5 km, 0,5 km. Ilmtal-Radweg, Kanu fahren, Segway-Touren, Angeln, Toskana Therme mit Saunawelt 0,5 km.
POI: Weinregion Saale-Unstrut um Bad Sulza, Goethe Gartenhaus 2, Gradierwerk Louise 0,1 km, Historischer Kurpark 0,5 km.

99891 Bad Tabarz €23,00

Womo-Stellplatz Bad Tabarz, Karl-Kornhaß-Straße21, ☎ 0176/24806941 Neben TABBS, zentral und ruhig gelegen mit Bergblick <12m

POS: 50°52'41.33"N/10°31'11.40"E, Karte D10 (S. 13), H1
Platz: P = 15 auf Wiese. WC CHEM GRAU. Barrierefreies Sanitärgebäude inkl. Familiendusche. Ganzjährig geöffnet.
Preis: Ab 23 € inkl. Strom, Wasser, Entsorgung, Dusche, WC, WLAN, Hund. Kind (bis 13 J.) 3,50 €, jede weitere Pers. 5 €, Kurtaxe 3,50 €/Pers., Kurtaxe (bis 13 J.) 1,50 €/Pers.
Kontakt: René Maas, Mobil: 0176/24806941, womo_stellplatz.bad_tabarz@yahoo.com, www.bad-tabarz.de.
Distanz: 0,3 km, 0,3 km, 0,3 km, Ⓗ 0,4 km.
Gastro: Hotel zur Post. Balkangrill. Romantikschenke Anno 1700. Deysingslust.
Freizeit: 0,2 km, 0,2 km, 0,5 km. Inselsberg, Vulkanstieg, Kletterfelsen im Landragrund, Kletterpark.
POI: Marienglashöhle 4 km, Aussichtsturm Inselsberg 5 km, Wartburg bei Eisenach 25 km, Eisenach 25 km, Gotha 25 km.

75385 Bad Teinach-Zavelstein gratis

Wanderheim Zavelstein, Fronwaldstraße 48, ☎ 07053/92940 Im großen Garten des Wanderheims im Naturschutzgebiet <8m

2022 geprüft

POS: 48°41'57.16"N/8°41'44.00"E, Karte D13 (S. 16), E2
Platz: = 4 auf Schotter. WC. B wird empfohlen. WC im Gasthof zu den Öffnungszeiten geöffnet. Ganzjährig geöffnet.
Preis: Übernachtung gratis.
Kontakt: Berlins KroneLamm Hotelbetrieb GmbH, Familie Berlin, ☎ 07053/92940, info@berlins-hotel.de, www.berlins-hotel.de.
Distanz: 0 km, weitere Restaurants in 1,1 km, Ⓗ 1 km, 1 km, 1 km.
Gastro: Restaurant am Platz, warme Küche 11:30-20:00 Uhr. Frühstücksservice möglich.
Freizeit: 1 km. Wandern (Ostweg), Mineraltherme in Bad Teinach 3 km.
POI: Burgruine Zavelstein 1 km.

99955 Bad Tennstedt gratis

Caravan-Stellplatz Zweifeldersporthalle, Am Schwimmbad/Kutzleber Landstraße, ☎ 036041/57076 Im Innenhof der Zweifeldersporthalle am Ortsrand <8m

POS: 51°9'35.43"N/10°50'21.37"E, Karte D7 (S. 10), A5
Platz: P = 5, = 1 (<8 m) auf Asphalt. B nur bei Gruppen. WC-Nutzung zu den Öffnungszeiten der Zweifelderhalle. WLAN an der Tourist-Info. Ganzjährig geöffnet.
Preis: Übernachtung gratis.
Kontakt: Stadtverwaltung Bad Tennstedt, ☎ 036041/57076, touristinformation@badtennstedt.de, www.stadtbadtennstedt.de.
Distanz: Ⓗ 0,4 km, 0,5 km, 0,5 km, 0,5 km.
Gastro: Mehrere Restaurants im Ort.
Freizeit: 13 km, 15 km, 0,9 km. Angeln, Wandern, Stadtführungen, Kneipp-Anlage im natürlichen Bachlauf und Schwefelwasser-Tretbecken sowie Barfußpfade im Kurpark 0,3 km, Naturschutzgebiet Bruchwiese 1 km.
POI: Historischer Stadtkern mit Museen, Kurpark 0,5 km.

83646 Bad Tölz €16,00

Wohnmobilstation an der Isarpromenade, Königsdorfer Straße, ☎ 08041/78670 An der Isarpromenade <10m

2022 geprüft E

POS: 47°45'47.06"N/11°33'1.53"E, Karte D15 (S. 18), C3
Platz: P = 30 auf Schotter. WC CHEM GRAU. Aufenthalt max. 48 h. Bitte Schlauch für die Befüllung von Wasserkanistern mitbringen. WC-Anlage wird um 19:00 Uhr geschlossen. Ganzjährig geöffnet.
Preis: 16 € inkl. Entsorgung, WC, Kurtaxe. Wasser 1 €/50 l. 8 €/12 h, 32 €/48 h. Gästekarte gegen Vorlage des Parktickets in der Tourist-Info.
Kontakt: Tourist-Information, ☎ 08041/78670, info@bad-toelz.de, www.bad-toelz.de.
Distanz: Ⓗ 0,1 km, 0,3 km, weitere Restaurants in 0,5 km, 0,5 km, 1 km.
Gastro: Brötchenservice siehe Schautafeln im Bereich der Entsorgungsstation. Zum Lindenhof 0,3 km. Tölzer Binderbräu 0,8 km.
Freizeit: 2 km, 1 km, 1 km. Kreativ-Angebote, Konzerte (Tölzer Knabenchor), Auf den Spuren des Bullen von Tölz, Veranstaltungen im Kurhaus 1 km, Naturfreibad Eichmühle 2 km, Kletterhalle 2,5 km, RSSArena (Eisstadion) 2,5 km.
POI: Historische Marktstraße 1 km, Stadtmuseum 1 km, Handwerkersiedlung Gries 1 km, Franziskanerkloster mit Klostergarten 1 km, Kalvarienbergkirche 2 km.

73337 Bad Überkingen €3,00

Thermalbad Bad Überkingen, Otto-Neidhart-Platz 15, ☎ 07331/200926 Auf dem hinteren Parkplatzbereich des Thermalbades <8m

POS: 48°36'7.25"N/9°47'51.69"E, Karte D14 (S. 17), G2

Platz: = 4 auf Asphalt. =4. Anmeldung an der Thermalbad-Rezeption. Mit Kurkarte 0,50 € Ermäßigung auf den Thermalbad-Eintritt. Ganzjährig geöffnet.
Preis: 3 € inkl. Kurtaxe. Strom 0,50 €/kWh.
Kontakt: Tourist-Info Bad Überkingen, ☎ 07331/200926, touristik@bad-ueberkingen.de, www.bad-ueberkingen.de.
Distanz: 0,1 km, 0,1 km, Ⓗ 0,3 km, 0,3 km.
Freizeit: 0,1 km, 0,1 km. Wander- und Radwegenetz, Nordic-Walking-Parcours 0,8 km.
POI: Löwenpfad 0,2 km, Ruine Helfenstein 4 km, Fabrikverkauf Geislingen 4 km, Wallfahrtskirche Ave Maria 7 km, Kräuterhaus/-garten St. Bernhard Bad Ditzenbach 9 km, Fils-Ursprung 18 km.

72574 Bad Urach — €10,00

Wohnmobilstellplatz Bad Urach, Bäderstraße, ☎ 07125/94320 — <8m — Gutschein
Nahe Kurzentrum, AlbThermen und dem Uracher Wasserfall

2020 geprüft

POS: 48°30'2.62"N/9°22'38.14"E, Karte D14 (S. 17), G2
Platz: = 26 auf Asphalt, Pflaster. =26 (16 A) CHEM GRAU. wird empfohlen. Stromschlüssel/Infotüte bei der Kurverwaltung und in den AlbThermen. Ganzjährig geöffnet.
Preis: 10 € inkl. aller Personen, Strom, Müll-Entsorgung, Kurtaxe, WLAN. Wasser 1 €. Bezahlung am Automat per EC-Karte oder Münzgeld.
Kontakt: Städtische Kurverwaltung, ☎ 07125/94320, mail@badurach.info, www.badurach-tourismus.de.
Distanz: Ⓗ 0,1 km, 0,2 km, weitere Restaurants in 2 km, 1 km, 2,4 km.
Freizeit: 1,5 km, 0,4 km. Stadt- und Schlossführungen, Premiumwanderwege Grafensteige, 5 Steige, Thermal-Mineralbad AlbThermen mit Saunalandschaft 0,3 km, Kindererlebniszentrum Entdeckerwelt 2 km, Minigolfanlage 3 km.
POI: Historischer Fachwerk-Stadtkern Bad Urach 1,5 km, Burgruine Hohenurach 2 km, Uracher Wasserfall 2,5 km, Gütersteiner Wasserfall 3,5 km, Outlet-City Metzingen 10 km.

61118 Bad Vilbel — gratis

Stellplatz am Festplatz, Festplatzstraße, ☎ 06101/602247 Zentral in der Quellen- und Festspielstadt — <8m — neu

POS: 50°11'24.54"N/8°44'50.32"E, Karte D10 (S. 13), E3
Platz: = 3 auf Schotterrasen, Schotter. Ganzjährig geöffnet.
Preis: Übernachtung gratis.
Kontakt: Sabine Freitag, ☎ 06101/602247, tourist-info@bad-vilbel.de, www.bad-vilbel.de.
Distanz: 1,5 km.
Freizeit: Besuch der Burgfestspiele, Rad- und Wanderwege.
POI: Burg- und Kurpark.

61118 Bad Vilbel — gratis

Wohnmobilstellplatz am Freibad, Huizener Straße 1, ☎ 06101/602247 — <8m — neu
Hinter dem Freibad an der Nidda

POS: 50°10'49.97"N/8°44'1.54"E, Karte D10 (S. 13), E3
Platz: = 2 auf Pflaster. Reservierung nicht möglich. Ganzjährig geöffnet.
Preis: Übernachtung gratis.
Kontakt: Stadt Bad Vilbel– Tourist-Info/Kur-und Bäderverwaltung, Sabine Freitag, ☎ 06101/602247, tourist-info@bad-vilbel.de, www.bad-vilbel.de.
Distanz: 0,2 km, 0,3 km, Ⓗ 0,3 km, 0,5 km.
Freizeit: Besuch der Burgfestspiele.
POI: Burg- und Kurpark.

88339 Bad Waldsee — €15,00

Hofgut Elchenreute, Elchenreute 1, ☎ 07524/914444 — <12m
Gepflegte Gutsanlage in einer Waldlichtung, direkt am Naturschutzgebiet

POS: 47°57'14.00"N/9°41'53.00"E, Karte D14 (S. 17), G4
Platz: = 20 auf Schotterrasen. WC. Großer Kinderspielplatz. Ganzjährig geöffnet.
Preis: 15 €. Verzehrgutschein 10 € wird auf die Gebühr angerechnet.
Kontakt: Familie Eberle, ☎ 07524/914444, post@elchenreute.de, www.elchenreute.de.
Distanz: 0 km, weitere Restaurants in 6 km, 6 km, 6 km, Ⓗ 6 km.
Gastro: Am Platz, Do 17:00-22:00 Uhr, Fr 17:00-22:30 Uhr, Sa 16:00-22:00 Uhr, So 11:00-14:00 Uhr, Mo-Mi Ruhetag.
Freizeit: 6 km, 6 km, 6 km. Biergartensommer im Hofgut jeden So von Mai-Okt.
POI: Altstadt Bad Waldsee 6 km, Schussenrieder Bierkrugmuseum 10 km.

88339 Bad Waldsee — gratis

Parkplatz Erwin Hymer Museum, Robert-Bosch-Straße 7, ☎ 07524/97667600 — <12m
Besucherparkplatz des Museums

POS: 47°56'12.58"N/9°45'41.00"E, Karte D14 (S. 17), G4
Platz: = 60 auf Pflaster. Mit extra großen Parkplätzen für Reisemobile, keine VE. Ganzjährig geöffnet.
Preis: Übernachtung gratis.
Kontakt: Erwin Hymer Museum, ☎ 07524/97667600, info@erwin-hymer-museum.de, www.erwin-hymer-museum.de.
Distanz: 0 km, weitere Restaurants in 2 km, Ⓗ 0,1 km, 3 km, 3 km.
Gastro: Restaurant Caravano am Platz, Fr-Mi 10:00-18:00 Uhr, Do 10:00-21:00 Uhr.
Freizeit: Freibad Bad Waldsee, Erwin Hymer Museum, Therme Bad Waldsee.
POI: Altstadt Bad Waldsee 3 km.

88339 Bad Waldsee — €9,00

Reisemobil-Stellplatz bei der Waldsee-Therme, Unterurbacher Weg, ☎ 07524/941342 — >12m
Nahe Waldsee-Therme, ruhig im Grünen

2022 geprüft

POS: 47°54'51.25"N/9°45'38.00"E, Karte D14 (S. 17), G4
Platz: = 39 auf Pflaster. =42 (16 A) CHEM GRAU. CEE-Steckdosen. 12 Plätze 7 m, 25 Plätze 8 m, 2 Plätze 12,50 m. Ganzjährig geöffnet.
Preis: 9 € inkl. Entsorgung, Müll-Entsorgung, WLAN. Strom 1 €/2 kWh, Wasser 1 €/80 l, Kurtaxe (ab

16 J.) 2 €/Pers. Bezahlung/Strommünzen am Parkscheinautomat.
Kontakt: Tourist-Information Bad Waldsee, ☎ 07524/941342, touristinfo@bad-waldsee.de, www.bad-waldsee.de.
Distanz: Ⓗ 0 km, 0,3 km, weitere Restaurants in 0,6 km, 0,6 km, 0,6 km.
Gastro: Im Sommer Brötchenservice (Mo-Fr).
Freizeit: 1 km, 0,3 km, 1 km. Verschiedene Therapien in der Waldsee-Therme, Konzerte, Museen, Stadtsee Aktiv-Weg 1 km, Tennisanlage 1,4 km, Kletterpark Tannenbühl 1,5 km, Golfplatz 4,3 km.
POI: Fasnetmuseum in der Ölmühle 1,1 km, Erwin-Hymer-Museum 3,9 km, Bierkrugmuseum Bad Schussenried 13 km, Automuseum Wolfegg 14 km, Basilika Weingarten 19 km.

88339 Bad Waldsee €25,00

Stellplatz Bad Waldsee, Hopfenweiler 9, ☎ 07524/40170 >12m
Im Fürstlichen Golf- und Natur-Resort mit einer der schönsten 45-Loch Golfanlagen Deutschlands

POS: 47°56'0.80"N/9°46'21.95"E, Karte D14 (S. 17), G4
Platz: = 35 auf Schotterrasen, Schotter, Wiese. WC CHEM GRAU. Überwiegend eben und schattenlos. Ganzjährig geöffnet.
Preis: 25 € inkl. Wasser, Entsorgung, Dusche, WC, WLAN, Sauna/Fitnessraum. Strom je 2 €, Kurtaxe 2 €/Pers. Greenfee-Ermäßigung 20 € (65 statt 85 €).
Kontakt: Fürstliches Golf- und Natur-Resort Bad Waldsee, ☎ 07524/40170, info@waldsee-golf.de, www.stellplatz-badwaldsee.de.
Distanz: 0 km, 2,5 km, 2,5 km.
Gastro: Restaurant im Hofgut. Café-Restaurant Ausblick T-19 mit Sonnenterrasse. Weinbar. Brötchenservice/ Frühstücksbüffet/ Halbpension buchbar.
Freizeit: Mountainbike-Parcours Saubadtrail, Eisstockschießen (ganzjährig), Fürstliches Winterleuchten im Winter, Bogenschießen, Cross-Skating, Langlauf, LED-Nachtgolfanlage, 45-Loch Golf-Anlage, Fitnessraum, Sauna, Massage, Personal Coach, Wanderweg HW5 und Jakobsweg.
POI: Erwin Hymer Museum 1,5 km, Altstadt von Bad Waldsee mit Stadtsee und Freibad 2,5 km, Waldsee-Therme 2,5 km.

88339 Bad Waldsee €21,00

Stellplatz Bertsch & Lott, Mattenhaus 4, ☎ 0160/3754921 <12m
Auf einer teils befestigten Obstbaumwiese

POS: 47°57'4.59"N/9°45'29.54"E, Karte D14 (S. 17), G4
Platz: = 18 auf Schotterrasen, Sand/Splitt, Wiese. WC CHEM. wird empfohlen. Geöffnet: Apr-Okt.
Preis: 21 € inkl. Wasser, Entsorgung, Dusche, WC, WLAN. Kurtaxe 2 €/Pers. Preisänderung 2023 möglich.
Kontakt: Claudia und Manuel Bertsch, ☎ 0160/3754921, manuel.bertsch@freenet.de, stellplatz-bertsch-lott.business.site.
Distanz: 0,4 km, weitere Restaurants in 3 km, Ⓗ 3 km, 3 km, 3 km.
Gastro: Sa/So Brötchenservice. Landgasthof Kreuz.
Freizeit: 1,5 km. Minigolf und Golfplatz in Bad Waldsee 2,5 km, Freibad am Stadtsee 3 km, Thermalbad 3 km.
POI: Erwin Hymer Museum 1,5 km, Altstadt Bad Waldsee 3 km, Burg Waldburg 25 km.

88339 Bad Waldsee-Gaisbeuren gratis

Hotel Gasthaus Adler, Bundesstraße 15, ☎ 07524/9980 <8m
Auf dem Hotelgelände beim Parkplatz

POS: 47°53'45.41"N/9°43'17.36"E, Karte D14 (S. 17), G4
Platz: = 3 auf Schotter, Asphalt. WC. Anfahrt 24 h. Ganzjährig geöffnet.
Preis: Für Restaurantgäste kostenlos, inkl. WC. Einkehr obligatorisch.
Kontakt: Hotel Gasthaus Adler, Familie Bösch, ☎ 07524/9980, mail@hotel-gasthaus-adler.de, www.hotel-gasthaus-adler.de.
Distanz: , weitere Restaurants in 2 km, Ⓗ 0,1 km, 2 km, 4 km.
Gastro: Restaurant mit Biergarten/Terrasse und regionalen Produkten der Saison (Spezialitäten: Wild aus eigener Jagd, Allgäuer Weiderind), Do Ruhetag, Betriebsferien über die Fastnachtszeit.
Freizeit: 4 km. Therme 4 km.
POI: Stadtkern 4 km, Museum und Skulpturenpark 4 km, Galerie/Ausstellung 4 km.

59597 Bad Westernkotten €6,00

Café-Restaurant Gerling, Schäferkämper Weg 32, ☎ 0171/2600577 Beim Damwildgehege <10m

POS: 51°37'33.21"N/8°21'30.77"E, Karte D6 (S. 9), E4
Platz: = 4 auf Schotter. =4 WC CHEM. WC zu den Öffnungszeiten des Cafés. Ganzjährig geöffnet. Ausnahme: Anfang Jan. 3 Wochen geschlossen.
Preis: 6 € inkl. Wasser, WC. Für Restaurantgäste kostenlos. Strom 2 €.
Kontakt: Ulrich Gerling, Mobil: 0171/2600577, mail@cafe-gerling.de, www.cafe-gerling.de.
Distanz: Ⓗ 0,3 km, 0,8 km, 0,8 km.
Gastro: Am Platz, Mo + Fr 14:30-23:00 Uhr, Do 9:00-11:30 Uhr und 14:30-23:00 Uhr, Sa 11:30-23:00 Uhr, So 9:00-23:00 Uhr, Di-Mi Ruhetag, warme Küche 17:30-21:00 Uhr. Frühstück möglich.
Freizeit: 2 km, 0,8 km. Thermalbad 0,8 km.
POI: Naturschutzgebiet, Wassermühle 0,9 km, Muckenbruch 1,2 km, Lippstadt 4 km, Soest 16 km, Paderborn 28 km.

59597 Bad Westernkotten €9,00

Wohnmobilplatz An den Sole-Thermen, Mühlenweg 1, ☎ 02943/9765810 <12m
Separater Platz bei den Hellweg-Sole-Thermen

POS: 51°37'52.31"N/8°21'7.32"E, Karte D6 (S. 9), E4
Platz: = 46 auf Schotterrasen, Asphalt. =46 (16 A) CHEM GRAU. 3 Plätze sind behindertengerecht. Ganzjährig geöffnet.
Preis: 9 € inkl. Entsorgung, Müll-Entsorgung. Strom 0,50 €/kWh, Wasser 0,10 €/10 l.
Kontakt: Hans Lüning, ☎ 02943/9765810, info@wohnmobilplatz-bad-westernkotten.de, www.wohnmobilplatz-bad-westernkotten.de.
Distanz: 0,2 km, weitere Restaurants in 0,3 km, Ⓗ 0,3 km, 0,3 km, 0,5 km.
Freizeit: 2 km, 0,1 km, 0,3 km. Thermalbad, Minigolf, Wandern, ausgeschilderte Walking-touren.
POI: Großer Kurpark mit 2 Gradierwerken 0,3 km, Naturmoor Muckenbruch 1,5 km, Schloss Erwitte 2 km, Schäferkämper Wassermühle (technisches Kulturdenkmal) 2 km.

75323 Bad Wildbad €15,00

Wohnmobilstellplatz Bad Wildbad, Kernerstraße 126, ☎ 07081/10280 <10m
Öffentlicher Parkplatz am Kurpark

POS: 48°44'28.56"N/8°32'50.42"E, Karte D14 (S. 17), E2
Platz: = 11 auf Asphalt. CHEM GRAU. Aufenthalt max. 3 Tage. 2 Plätze für Wohnmobile mit Überlänge. Ganzjährig geöffnet.
Preis: 15 € inkl. Entsorgung, Kurtaxe. Strom 2 €/8 h oder 4 €. Wasser gegen Gebühr. Bezahlung am Parkscheinautomat in bar/EC-Karte. Gästekarte bei Anmeldung in der Touristik Bad Wildbad, König-Karl-Straße 5.
Kontakt: Touristik Bad Wildbad GmbH, ☎ 07081/10280, touristik@bad-wildbad.de, www.bad-wildbad.de.
Distanz: Ⓗ 0,2 km, 0,5 km, 1,5 km, 1,8 km.
Gastro: Weitere Restaurants in der Innenstadt.
Freizeit: Abenteuerwald Sommerberg, Baumwipfelpfad Schwarzwald, Hängebrücke Wildline, Palais Thermal 1 km, Sommerbergbahn 1,5 km, Vital Therme 1,5 km, Wander- & Radparadies 1,5 km, Freibad Calmbach 7 km.
POI: Rathaus, Königlicher Kurpark 0,1 km, Kurtheater im Kurpark 0,6 km, Forum König-Karls-Bad 1 km, Heimat- und Flößermuseum 3 km, Infozentrum Kaltenbronn 13,2 km.

34537 Bad Wildungen €5,00

Wohnmobilplatz Bad Wildungen, Bahnhof Bad Wildungen/ Berliner Straße, ☎ 05621/9656741 >12m
Separater Wohnmobilplatz am Bahnhof

2021 geprüft

POS: 51°7'12.49"N/9°8'13.41"E, Karte D6 (S. 9), F5
Platz: = 28 auf Rasengittersteinen. =14 CHEM GRAU. Ganzjährig geöffnet.
Preis: 5€. Strom 1€/2kWh, Wasser 1€/40l, Kurtaxe (ab 17 J.) 2,60€/Pers.
Kontakt: Stadt Bad Wildungen, ☎ 05621/9656741, info@badwildungen.net, www.badwildungen.de.
Distanz: 0,1km, 0,1km, 0,5km, 0,8km, weitere Restaurants in 1km.
Freizeit: 1km, 1km. Stadt- und thematische Erlebnisführungen, Heilquellen 1km, Freizeitbad Heloponte 1km, Nationalpark Kellerwald/Edersee 10km.
POI: Altstadt und Kurpark 0,5km, gotische Stadtkirche mit berühmtem Flügelaltar 0,5km, Schloss Friedrichstein 1km, Schneewittchendorf Bergfreiheit 12km.

34537 Bad Wildungen-Reinhardshausen €10,00

Hof Frekot, Wiesenweg 23, ☎ 05621/4280 <10m
Ehemaliges Bauernhofgelände in Südhanglage des Wildunger Berglandes

POS: 51°6'40.11"N/9°4'0.49"E, Karte D6 (S. 9), F5
Platz: = 15, = 5 (<10m) auf Wiese, Schotter. =20 (40A) WC CHEM GRAU. wird empfohlen. Ganzjährig geöffnet.
Preis: 10€ inkl. Wasser, Entsorgung, Dusche, WC, Müll-Entsorgung, WLAN. Strom 0,60€/kWh, Waschmaschine/Trockner 2€.
Kontakt: Familie Frekot, ☎ 05621/4280, Mobil: 0171/9489963, winfried.frekot@gmx.de.
Distanz: 0,3km, 0,5km, 0,5km, 0,5km, weitere Restaurants in 1km.
Gastro: Gasthaus Saustall.
Freizeit: 5km, 1km. Bergwandern, Kurpark/Kurhaus 0,8km.
POI: Schloss Friedrichstein 5km, Schloss Waldeck 15km, Edersee 15km.

19336 Bad Wilsnack €15,00

Kristall Kur- und Gradier-Therme, Am Kähling 1, ☎ 038791/80880 <12m
Separate Stellflächen bei der Therme

POS: 52°57'46.04"N/11°56'52.51"E, Karte D3 (S. 6), C5
Platz: = 80 auf Schotterrasen, Wiese. =42 (16A) WC CHEM GRAU. Physiotherapiepraxis, Sauna, Massage, Wellness. Anmeldung an der Thermenkasse So-Do 8:45-22:00 Uhr, Fr+Sa 8:45-23:00 Uhr. Ganzjährig geöffnet. Ausnahme: 24.12.
Preis: 15€ inkl. Entsorgung, Dusche, WC, Müll-Entsorgung. Strom 1€/2kWh, Wasser 1€/80l, Kurtaxe (ab 18 J.) 1,50€/Pers., Kurtaxe (ab 11 J.) 0,75€/Pers.
Kontakt: ☎ 038791/80880, info@kristalltherme-bad-wilsnack.de, www.kristalltherme-bad-wilsnack.de.
Distanz: 0km, weitere Restaurants in 0,3km, 0km, 1,2km, 1,5km.
Gastro: Sir Franz Gastronomie in der Kristall-Therme, warme Küche So-Do 9:00-21:15 Uhr, Fr+Sa 9:00-22:15 Uhr. Brötchenservice ab 8:00 Uhr.
Freizeit: 17km, 17km, 0,3km.
POI: Wunderblutkirche St. Nicolai 1,5km, Wasserburg Plattenburg 8km, Storchendorf Rühstädt 10km, Dom Havelberg 20km.

74206 Bad Wimpfen €15,00

Wohnmobilstellplatz beim SRH-Gesundheitszentrum, Bei der alten Saline 2, ☎ 07063/520 Am SRH-Gesundheitszentrum, Kurpark und Solebad <8m

2020 geprüft

POS: 49°14'2.32"N/9°9'1.75"E, Karte D10 (S. 13), F5
Platz: = 8 auf Pflaster, Rasengittersteinen. =8 (16A) CHEM GRAU. Einfahrt mit Kamerasystem. Mit Eingabe des Kennzeichens kann am Automat bezahlt werden. Ganzjährig geöffnet.
Preis: 15€ inkl. Kurtaxe. Strom 1€/12h, Wasser 1€/5min, Entsorgung 1€. Bezahlung online über https://meinprm.com/parken oder am Automat.
Kontakt: SRH Gesundheitszentrum, ☎ 07063/520, info.gbw@srh.de, www.gesundheitszentrum-badwimpfen.de.
Distanz: 0,2km, weitere Restaurants in 1km, 0,5km, 0,5km, 1km.
Gastro: Café am Solebad 0,2km. Hotel am Rosengarten 0,2km. Restaurants in der Altstadt 1km.
Freizeit: 2km, 0,2km, 1km. Schifffahrten auf dem Neckar, Kanu fahren (Neckar, Kocher & Jagst), Altstadtbesichtigung, Solebad 0,2km, Minigolf 1km, Erlebnispark Tripsdrill 30km.
POI: Salzbergwerk Bad Friedrichshall 6km, Burg Guttenberg 6km, Siebenbürgisches Museum auf Schloss Horneck in Gundelsheim 8km, Auto/Technikmuseum Sinsheim 25km.

91438 Bad Windsheim €15,00

Wohnmobilstellplatz am Dr. Hans Schmotzer Freibad, Westheimer Straße 22, ☎ 09841/2251 Auf dem angrenzenden Gelände des Freibades <8m neu

POS: 49°29'44.00"N/10°24'45.00"E, Karte D11 (S. 14), A4
Platz: = 15 auf Schotter, Schotterrasen. WC CHEM GRAU. wird empfohlen. Anmeldung an der Freibad-Kasse. Geöffnet: Anfang Mai-Mitte Sep.
Preis: 15€ inkl. Entsorgung, Dusche, WC. Jede weitere Pers. 4€, Strom 1,50€, Kurtaxe (ab 16 J.) 2,30€/Pers. Kind/Jugendlicher 2,50€. Eintritt ins Freibad inkl.
Kontakt: Dr. Hans Schmotzer Freibad, ☎ 09841/2251, freibad@sw-bw.de, www.sw-bw.de/baeder/freibad.
Distanz: 0km, 0,5km, 0,8km, 1,3km.
Gastro: Freibad-Kiosk.
Freizeit: Freibad mit 80 m lange Riesen-Wasser-Rutsche, Kaltbadweiher, Rad- und Wanderwege, Beachvolleyball, Tischtennis, Basketball, Minigolf, Franken Therme mit Fitness- und Wellnessbereich 2,4km.
POI: Fränkisches Freilandmuseum Bad Windsheim 0,2km, Altstadt und Reichsstadtmuseum 1,3km.

91438 Bad Windsheim €5,00

Wohnmobilstellplatz am Freilandmuseum, Bernhard-Bickert-Weg, ☎ 09841/66800 <8m neu
Separater Teil des öffentlichen Parkplatzes beim Freilandmuseum

2022 geprüft

POS: 49°29'49.42"N/10°25'2.80"E, Karte D11 (S. 14), A4
Platz: = 20 auf Wiese. Nur für autarke Wohnmobile. WC zu den Museums-Öffnungszeiten. Geöffnet: Anfang März-Ende Okt.
Preis: 5€. Kurtaxe 2,50€/Pers.
Kontakt: Fränkisches Freilandmuseum, ☎ 09841/66800, info@freilandmuseum.de, www.freilandmuseum.de.
Distanz: 0,2km (Westheimer Straße 22, (am Freibad-eingang), 91438 Bad Windsheim), 0,2km, 0,4km, 0,5km, 0,5km.
Gastro: Gaststätten im Freilandmuseum 0,5km.
Freizeit: Freibad 0,1km, Therme 0,1km, Kureinrichtungen 1,5km.
POI: Fränkisches Freilandmuseum 0,1km, Museum Kirche in Franken 0,3km.

91438 Bad Windsheim-Külsheim €12,50

PhoeniX-Reisemobilhafen, Bad Windsheimer Straße 7, ☎ 09841/685087 <12m
Neben der Therme und dem Kongresscenter mit Blick zum Naturpark Steigerwald

2022 geprüft

POS: 49°30'47.57"N/10°24'58.81"E, Karte D11 (S. 14), A4
Platz: = 104, = 6 (<12m) auf Schotter. =110 (16A) WC CHEM GRAU. Reservierung ab 2 Nächten möglich. Ganzjährig geöffnet.
Preis: 12,50€ inkl. Entsorgung, WC, Müll-Entsorgung, Kurtaxe, WLAN. Strom 0,75€/kWh, Wasser 1€/80l, Dusche 0,50€/4min, Kurtaxe 2,40€/Pers., Waschmaschine/Trockner je 2,50€. 20er-Bonuskarte für Stellplatz, Bonuskarte mit Rabatten in Gastronomiebetrieben und im Einzelhandel.

B

Kontakt: Wolfgang Westphal, ☎ 09841/685087, info@phoenix-reisemobilhafen.de, www.phoenix-reisemobilhafen.de.
Distanz: 0,2 km, 0,3 km, Ⓗ 0,5 km, 1,2 km.
Gastro: Restaurant Salza in der Franken-Therme, Mo-So 9:00-22:00 Uhr.
Freizeit: 2,5 km, 0,2 km, 2,1 km. Besuch der Therme, Gradierwerk 0,3 km, Kneipp-Anlage 0,3 km, Kurpark 0,4 km, Minigolf 0,5 km, Fränkisches Freilandmuseum 1,5 km, Golfplatz 2,5 km.
POI: Altstadt und Reichsstadtmuseum 1,2 km.

86825 Bad Wörishofen €13,00

<8m

Reisemobilpark der Therme Bad Wörishofen, Thermenallee 1, ☎ **08274/399302** Direkt an der Südsee-Therme, idyllisch am Bach gelegen

POS: 48°1'20.26"N/10°35'24.86"E, Karte D15 (S.18), A3
Platz: P = 50 auf Asphalt. =50 WC CHEM. An-/Abmeldung täglich zu den Öffnungszeiten (10:00-22:00 Uhr) an der Saunakasse der Therme. WC von 8:00-22:00 Uhr in der Thermen-Galeria. Ganzjährig geöffnet.
Preis: 13 € inkl. Strom, WC. Wasser 1 €, Entsorgung 1 €, Kurtaxe 1,35 €/Pers. 1 € Rabatt auf alle 4-Stunden-/Tagestarife der Therme.
Kontakt: ☎ 08274/399302, info@therme-badwoerishofen.de, www.therme-badwoerishofen.de.
Distanz: Ⓗ 0,5 km, 0,5 km, 1,5 km.
Gastro: Restaurant H.A. Gastro, Do-Sa 11:00-19:00 Uhr, So-Mi Ruhetag. Restaurant blueStar, Mo-So 11:30-20:00 Uhr. Brötchenservice.
Freizeit: 4 km. Thermalbaden (ab 16 Jahre), Rad-/Wanderwege 0,5 km, Loipen/Eissporthalle 1,5 km, Freizeitpark 4 km.
POI: Sebastian-Kneipp-Museum 2 km, Altstadt Mindelheim 7 km, Barockkirche/Kloster Irsee 14 km.

Hinweis der Redaktion:
Aufgrund der wirtschaftlichen Lage und der andauernden Energiekrise kann es in 2023 zu noch nicht absehbaren Preiserhöhungen bei Service- und Übernachtungsgebühren kommen.

Wir bitten um Verständnis und verweisen auf die Bordatlas WebApp. Die Stellplatzdaten werden dort laufend überarbeitet und stehen online stets aktuell zur Verfügung.

33181 Bad Wünnenberg €8,00

<12m

Wohnmobilhafen Im Aatal, In den Erlen, ☎ **02953/99880**
Am Eingang zum Natur-Erlebnispark Aatal

POS: 51°31'13.74"N/8°42'4.64"E, Karte D6 (S.9), E4
Platz: = 12 auf Schotter. =12 (16 A) CHEM GRAU. Kureinrichtung (ambulant), Wasser von Apr-Okt, Wassertretbecken. Ganzjährig geöffnet.
Preis: 8 € inkl. Entsorgung, Müll-Entsorgung, Kurtaxe, WLAN. Strom 1 €/2 kWh, Wasser 1 €/100 l. Ermäßigter Eintritt ins Schwimmbad. VE per Münzeinwurf.
Kontakt: Bad Wünnenberg Touristik GmbH, ☎ 02953/99880, info@bad-wuennenberg-touristik.de, www.bad-wuennenberg.de.
Distanz: 0 km, 0,2 km, weitere Restaurants in 0,5 km, 0,5 km, Ⓗ 0,5 km.
Gastro: Brötchenservice am Samstag.
Freizeit: 0,3 km, 0,3 km, 0,4 km. Paddelteich, Wander- und Radwege, Tiergehege, Naturerlebnis Aatal mit Barfußpfad, Aabachtalsperre 3,5 km.
POI: Spanckenhof, historischer Speicher mit Schnapsdestille, historischer Wehrturm ab 0,5 km.

Tipp

Der Wohnmobilhafen „Im Aatal" überzeugt mit seiner zentralen und doch ruhigen Lage in der Ortsmitte Bad Wünnenbergs. In unmittelbarer Nähe beginnt das idyllische Naturerlebnis Aatal mit zahlreichen Erholungs- und Freizeitangeboten, wie dem über einen Kilometer langen Barfußpfad am Paddelteich. Ausgiebige Rad- und Wandertouren laden den Gast ein, die schöne Umgebung zu erkunden.

33181 Bad Wünnenberg-Leiberg gratis

<12m

Landgasthof Kaiser, Hauptstraße 42, ☎ **02953/407**
Ruhiger Parkplatz in der Dorfmitte

POS: 51°31'10.74"N/8°39'11.74"E, Karte D6 (S.9), E4
Platz: / = 6 auf Pflaster. WC. WC auf Anfrage im Gasthof. Ganzjährig geöffnet. Aufenthalt auch am Ruhetag möglich.
Preis: Für Restaurantgäste kostenlos, inkl. WC. Einkehr obligatorisch.
Kontakt: Josef Kaiser, ☎ 02953/407, info@landgasthof-kaiser.de, www.landgasthof-kaiser.de.
Distanz: 0 km, , 0,2 km, Ⓗ 0,2 km.
Gastro: Am Platz, Di-Mi + Fr-Sa 17:00-22:00 Uhr, So 11:00-13:00 Uhr, Mo + Do Ruhetag.
Freizeit: 3 km, 3 km, 3 km. Abenteuerpark Aatal, Golfen, Joggen, Sintfeld-Höhenweg.
POI: Jesuitenkirche 10 km, Wewelsburg 15 km, Kloster Dalheim 15 km.

88410 Bad Wurzach/Allgäu €10,00

<12m

Wohnmobilstellplatz Bad Wurzach, An der Thermalquelle 1/Riedhalde, ☎ **07564/302150** Am Naturschutzgebiet Wurzacher Ried, Hallenbad und feelMoor-Therme mit Sauna und Wellness

2022 geprüft

POS: 47°54'53.00"N/9°54'14.00"E, Karte D14 (S.17), G4
Platz: = 26 auf Asphalt. =26 (16 A) CHEM GRAU. Vorabbuchung per App. Anmeldung per Kassenautomat/Schranke. Nutzung der sanitären Einrichtungen und Duschen zu den Öffnungszeiten der feelMoor Therme (Mo-So 10:00-22:00 Uhr), 0,3 km. Ganzjährig geöffnet.
Preis: Ab 10 €. Strom nach Verbrauch. Wegen Umbau standen die Preise für 2023 zum Redaktionsschluss noch nicht fest. Weitere Informationen: www.badwurzach.de.
Kontakt: ☎ 07564/302150, service@bad-wurzach.de, www.stellplatz-bad-wurzach.de/tourismus.
Distanz: 0,3 km, 0,3 km, weitere Restaurants in 0,5 km, 0,7 km, Ⓗ 1 km.
Freizeit: 9,4 km, 0,3 km, 0,3 km. Erholen in der feelMoor-Therme mit Sauna, Rad-/Wanderwege, aktiv sein in der Moorerlebniswelt Wurzacher Ried, Naturschutzzentrum/MoorExtrem 0,3 km, neues Hallenbad 0,3 km, Minigolf 0,5 km, Tennis 1,2 km, Angeln 1,3 km.
POI: Rokoko-Hauskapelle im ehemaligen Kloster Maria Rosengarten 0,4 km, Wurzacher Schloss mit Barocktreppenhaus 0,6 km, Wallfahrtskirche Gottesberg 0,9 km, Leprosenhaus 1,6 km, Torfmuseum, -bähnle und -lehrpfad 2 km.

Tipp

Am Rande des Naturschutzgebiets Wurzacher Ried und unweit der feelMoor-Therme befindet sich auf einem erhöhten, aber ebenen Gelände der Stellplatz für Naturbegeisterte. Entdecken Sie die größte intakte Hochmoorfläche Mitteleuropas oder genießen Sie in der Moorbadeabteilung unterm Sternenhimmel die wohltuende Wirkung des Naturmoores – Bad Wurzach im Allgäu tut einfach gut!

34596 Bad Zwesten €6,00

Wohnmobilhafen Bad Zwesten, Hardtstraße 7, ☎ 05626/773 <8m
In der Ortsmitte am Kurhaus

POS: 51°3'30.50"N/9°10'34.64"E, Karte D10 (S. 13), F1
Platz: = 10 auf Schotter. =8 WC CHEM GRAU . Ganzjährig geöffnet.
Preis: 6 € inkl. Entsorgung, Müll-Entsorgung, Kurtaxe. Strom 1 €/kWh, Wasser 1 €/100 l. Tagesaufenthalt 3 €/4 h.
Kontakt: Kurverwaltung Bad Zwesten, ☎ 05626/773, tourismus@badzwesten.de, www.bad-zwesten.de.
Distanz: 0,1 km, 0,3 km, 0,3 km, 0,3 km.
Gastro: Zahlreiche Gaststätten im Ort.
Freizeit: 0,1 km, 0,3 km. Planetenweg 0,2 km, Kurhaus und Kurpark 0,2 km, Tennisplatz 0,2 km, Angelmöglichkeit 1 km, Kellerwaldsteig 1 km, Archäologischer Wanderweg 3 km.
POI: Wehrkirche 0,3 km, Brunnentempel Heilquelle 1 km, Burgruine Löwenstein mit Jausenstation 2 km.

26160 Bad Zwischenahn €11,00

Wohnmobilstellplatz am Badepark, Am Badepark 1, ☎ 04403/619159 <10m
Im Zentrum des Kurortes

2022 geprüft

POS: 53°11'12.09"N/8°0'1.48"E, Karte D1 (S. 4), D5
Platz: = 50 auf Pflaster. =50 WC CHEM GRAU . Im Sommer Dusche/WC mit Gästekarte im Freibad. Ganzjährig geöffnet.
Preis: 11 € inkl. Wasser, Entsorgung, Dusche, WC, Müll-Entsorgung, WLAN. Strom 0,60 €/kWh, Kurtaxe 2,30 €/Pers.
Kontakt: Bad Zwischenahner Touristik GmbH, Frau Anja Patschureck, ☎ 04403/619159, wohnmobil@bad-zwischenahn-touristik.de, www.bad-zwischenahn-touristik.de/womo.
Distanz: 0,2 km, 0,2 km, 0,2 km, 0,4 km.
Gastro: Restaurant im Hotel Am Badepark und mehrere Restaurants in unmittelbarer Nähe.
Freizeit: 1,6 km, 0,4 km. Seerundfahrten, Wandern, Radtouren, Zwischenahner Meer 0,2 km, Wellness am Meer 1,6 km, Rehazentrum 1,7 km.
POI: St.-Johannes-Kirche 0,4 km, Wasserturm 0,8 km, Altes Kurhaus 1 km, Freilichtmuseum Ammerländer Bauernhaus 1,3 km, Bodenstation Moor 4,5 km.

26160 Bad Zwischenahn-Halfstede €17,00

Campingplatz und Reisemobilpark Oeltjen, Wiefelsteder Straße 62, ☎ 04403/8457 <12m
Parzellierte Stellplätze in der Nähe des Zwischenahner Meers

POS: 53°12'12.14"N/8°2'23.63"E, Karte D1 (S. 4), D5
Platz: / = 35 auf Wiese. =35 (16 A) WC CHEM GRAU . Dusche/WC im Winter geschlossen. Geöffnet: Mitte März-Ende Okt.
Preis: 17 € inkl. Wasser, Entsorgung, Dusche, WC, Müll-Entsorgung. Jede weitere Pers. 3,50 €, Strom 3,50 €, Kurtaxe 2,30 €/Pers. VE für Durchreisende 5 €.
Kontakt: Familie Oeltjen, ☎ 04403/8457, camping-oeltjen@gmx.de, www.ammerland-touristik.de.
Distanz: 0 km, weitere Restaurants in 1 km, 0,5 km, 1,5 km, 3 km.
Gastro: Huer Hus.
Freizeit: 4 km, 4 km, 2 km. Wellenhallenbad, Wassersport, Zwischenahner Meer 0,1 km.
POI: Gartenkulturzentrum 2,8 km, Ammerland Museum 3 km.

26160 Bad Zwischenahn-Rostrup gratis

Park der Gärten, Elmendorfer Straße 40 (P1), ☎ 04403/81960 <10m
Separater Bereich auf dem Parkplatz beim Zwischenahner Meer

2022 geprüft

POS: 53°11'58.70"N/7°59'30.88"E, Karte D1 (S. 4), D5
Platz: = 12 auf Schotter, Asphalt. =12 (16 A) . Ganzjährig geöffnet.
Preis: Übernachtung gratis. Strom 1 €/2 kWh, Wasser 1 €/50 l, Kurtaxe 2,30 €/Pers.
Kontakt: Christian Wandscher, ☎ 04403/81960, info@park-der-gaerten.de, www.park-der-gaerten.de.
Distanz: 0 km, weitere Restaurants in 0,6 km, 0,1 km, 2 km, 3 km, 4,8 km (Kläranlage Bad Zwischenahn, An den Wiesen 33, 26160 Bad Zwischenahn).
Freizeit: 3 km, 3 km, 4 km. Besuch der Gartenschau.
POI: Park der Gärten, Zwischenahner Meer 1 km, Katharina-Kirche 1,3 km.

76532 Baden-Baden €12,00

Reisemobilstellplatz Baden-Baden, Hubertusstraße 2, ☎ 07221/275200 <10m
Begrüntes Areal unterhalb der B500

POS: 48°46'56.00"N/8°12'13.87"E, Karte D13 (S. 16), D1
Platz: = 28 auf Schotter. =28 (16 A) CHEM . Videoüberwacht, nachts beleuchtet, Aufenthalt max. 4 Tage. Ganzjährig geöffnet.
Preis: 12 € inkl. Entsorgung, Müll-Entsorgung. Strom 0,50 €/kWh, Wasser 1 €/100 l, Kurtaxe 3,50 €/Pers. Gebühr beinhaltet Kurtaxe für eine Person. Bezahlung am Parkscheinautomat mit Münzen/Scheinen, kein Wechselgeld.
Kontakt: Baden-Baden Kur & Tourismus GmbH, ☎ 07221/275200, info@baden-baden.com, www.baden-baden.com.
Distanz: 0,3 km, 0,5 km, 3 km.
Gastro: Zahlreiche Restaurants in der Nähe.
Freizeit: 3 km, 5 km. Merkurbergbahn, Park/Gartenanlage Lichtentaler Allee, Caracalla-Therme mit historischem Friedrichsbad 5 km.
POI: UNESCO-Welterbe Baden-Baden 4 km, Festspielhaus 4 km, Museum Frieder Burda 4 km, Lichtentaler Allee/Casino 4 km, Kloster Lichtenthal 6 km, Merkurberg 7 km.

79410 Badenweiler gratis

Wohnmobilstellplatz am Kurpark, Kandernerstraße 3, ☎ 07632/218960 <10m neu
Auf dem öffentlichen Parkplatz Süd am Waldrand

POS: 47°47'46.30"N/7°40'9.30"E, Karte D13 (S. 16), C4
Platz: = 10 auf Asphalt. . Ganzjährig geöffnet.
Preis: Übernachtung gratis. Kurtaxe 3,20 €/Pers. Bezahlung der Kurtaxe bei der Touristinformation.
Kontakt: Badenweiler Tourismus, ☎ 07632/218960, info@badenweiler-tourismus.de, www.badenweiler.de.
Distanz: 0,3 km, 0,5 km, 1 km, 1,5 km.
Gastro: Ratskeller 0,8 km. Privathotel Post 0,8 km. Hotel Fini Ressort 0,5 km.
Freizeit: 0,8 km. Ausgangspunkt für Wanderungen/Fahrradtouren, Thermalbad Cassiopeia Therme 0,8 km, Naturkundemuseum Park der Sinne 1,5 km.
POI: Großherzogliches Palais 0,6 km, Pauluskirche 0,8 km, Römische Badruine 0,8 km, Kurhaus mit Kur- und Schlosspark 0,8 km, Burg Baden 1 km, Literarisches Museum Badenweiler Tschechow-Salon 1 km.

54299 Baesweiler gratis

Stellplatz am Bergpark, Herzogenrather Weg 25, ☎ 02401/8000 <8m
Ruhiger Stellplatz im Wohngebiet und am Park

POS: 50°54'29.58"N/6°10'1.57"E, Karte D9 (S. 12), A1
Platz: = 3 auf Schotter. . Benutzung der Toiletten im Carl-Alexander-Park möglich (Schlüssel im Bistro erhältlich). Ganzjährig geöffnet.
Preis: Übernachtung gratis.
Kontakt: Stadt Baesweiler, ☎ 02401/8000, info@stadt.baesweiler.de, www.baesweiler.de.
Distanz: 0,3 km, 0,5 km, 0,5 km, 1 km.
Gastro: Bäckerei in 0,3 km Entfernung.
Freizeit: 2 km. Spaziergänge im Carl-Alexander-Park, Haldenaufstieg zur Aussichtsplattform.
POI: Burg Baesweiler 1 km, Aachen 20 km.

49456 Bakum-Vestrup €15,00

Bauernhof Hoyer, Hochelstenerstraße 1 A, ☎ 04446/7111 <12m
Beim Bauernhof in ruhiger Ortsrandlage

POS: 52°45'20.80"N/8°8'46.42"E, Karte D5 (S. 8), D1
Platz: = 10 auf Schotterrasen, Pflaster, Wiese, Schotter. =4 (16 A) WC CHEM GRAU . nur bei Gruppen. Späteste Ankunft 21:00 Uhr, sonst vorherige Anmeldung. Friedlicher

B

Berner-Sennenhund bewegt sich frei auf der Anlage. Ganzjährig geöffnet.
Preis: 15 € inkl. Strom, Wasser, Entsorgung, WC, Müll-Entsorgung. Hund je 5 €.
Kontakt: Josef Hoyer, ☎ 04446/7111, Mobil: 0173/2423985, famhoyer@gmx.de.
Distanz: 0,5 km, Ⓗ 0,5 km, 4 km.
Gastro: Gasthof Hönemann 0,7 km.
Freizeit: 13 km, 4 km.
POI: Museumsdorf Cloppenburg 15 km.

87538 Balderschwang €18,00

Wohnmobilplatz Schwabenhof, Schwabenhof 23, ☎ 08328/924060 <12 m
Neben dem Gasthof, im Naturpark Nagelfluh

2021 geprüft

POS: 47°27'29.08"N/10°7'42.19"E, Karte D14 (S.17), H5
Platz: P = 50 auf Naturboden, Schotter. WC CHEM GRAU . Badeteich. P wird empfohlen. In Ferienzeiten unbedingt reservieren. Ganzjährig geöffnet.
Preis: Ab 18 € inkl. Wasser, Entsorgung, WC, WLAN. Kind (bis 14 J.) 1,50 €, jede weitere Pers. 3 €, Strom 4,50 €, Dusche 1 €/5 min, Müll-Entsorgung 0,30 €, Kurtaxe 2 €/Pers., Hund 3 €. Je nach Saison und Fahrzeuglänge 22,30-29,30 € inkl. Kurtaxe und Müll-Entsorgung.
Kontakt: Erich Kohler, ☎ 08328/924060, info@schwabenhof.com, www.schwabenhof.com.
Distanz: 0 km, weitere Restaurants in 0,5 km, Ⓗ 0,1 km, 3 km, 10 km.
Gastro: Am Platz, warme Küche 11:00-21:00 Uhr. Frühstücksservice 15 €/Pers. oder 3-Gang Menü am Abend 25 €/Pers. möglich. Brötchenservice.
Freizeit: 15 km, 20 km, 2 km. Loipe/Skilift am Haus, Bergfrühstück auf einer nahegelegenen Alpe, Wintersport, Bushaltestelle 0,1 km.

31609 Balge-Mehlbergen €15,00

Marina Mehlbergen, Werder Straße, ☎ 0177/2560666 <12 m
In ruhiger Lage am Weserufer

POS: 52°41'14.95"N/9°10'39.87"E, Karte D6 (S.9), F1
Platz: P = 20 auf Wiese, Schotter. =18 (16 A) WC CHEM . 24 h geöffnet und überwacht. Geöffnet: 1.4.-31.10.
Preis: 15 € inkl. Wasser, Entsorgung, Dusche, WC, Müll-Entsorgung. Strom 0,50 €/kWh, Waschmaschine/Trockner je 3 €. Nutzung Angelteich 7,50 €.
Kontakt: Kurt Gross, Mobil: 0177/2560666, bootshafen-mehlbergen@gmx.de, www.marina-mehlbergen.de.
Distanz: 1 km, Ⓗ 1 km, 1,5 km, 2 km.
Gastro: Imbiss am Platz, Mo-So 11:00-19:00 Uhr. Gasthaus Frank in Marklohe.
Freizeit: 2 km, 1,5 km. Weser-Radweg, privater Angel- und Badeteich mit Sandstrand.
POI: St.-Clemens-Kirche Marklohe, St.-Bartholomäus-Kirche, Kurhaus Blenhorst.

21730 Balje-Hörne gratis

Natureum Niederelbe, Neuenhof, ☎ 04770/831129 Am Natur- und Freilichtmuseum am Oste-Sperrwerk <12 m

2022 geprüft

POS: 53°49'8.78"N/9°2'16.60"E, Karte D2 (S.5), F3
Platz: P = 6 auf Schotter. . Anfahrt 24 h. Ganzjährig geöffnet.
Preis: Übernachtung gratis.
Kontakt: Gemeinde Balje, ☎ 04770/831129, info@tourismus-kehdingen.de, www.tourismus-kehdingen.de.
Distanz: Ⓗ 0,3 km, 5 km, 6 km, 6 km.
Gastro: Witt's Gasthof zur Post in Oederquart. Armer Ritter in Balje-Hörne. Zwei Linden in Balje.
Freizeit: 5 km, 10 km, 10 km. Busfahrt Vogelkieker, Angeln, Museumsbesuch, Surfen, Wasserski fahren.
POI: Natureum Niederelbe.

06493 Ballenstedt €8,00

Gäste & Seminarhaus Harz, Neue Bahnhofstraße 2, ☎ 039483/83178 <12 m
Separater Bereich beim Parkplatz mit Schrankenzugang

POS: 51°43'23.23"N/11°14'48.35"E, Karte D7 (S.10), B4
Platz: = 6 auf Asphalt. GRAU . Leinenpflicht für Hunde. Ganzjährig geöffnet.
Preis: 8 € inkl. aller Personen, Wasser, Entsorgung. Strom 4 €.
Kontakt: Andreas Gehrendorf, ☎ 039483/83178, andreas@gehrendorf.de, www.gsh-harz.de.
Distanz: 0,2 km, weitere Restaurants in 0,9 km, 0,3 km, Ⓗ 0,3 km, 0,9 km.
Gastro: Pizzeria Amici 0,2 km. Athen 0,9 km.
Freizeit: Wanderweg Selke.
POI: Längste innerstädtische Allee Sachsen Anhalts, Schlosspark, Ballenstedt, Residenzschloss, Schlossensemble-Schlosstheater.

06493 Ballenstedt €16,00

Verkehrslandeplatz Ballenstedt-Harz, Asmusstedt 13, ☎ 039483/215 >12 m
Großer Stellplatz am Rande des Verkehrslandeplatzes

POS: 51°44'30.47"N/11°14'2.06"E, Karte D7 (S.10), B4
Platz: P = 30 auf Schotter. =16 (24 A) WC CHEM . Ganzjährig geöffnet.
Preis: 16 € inkl. Strom, Wasser, Entsorgung, Dusche, WC, WLAN. Jede weitere Pers. 8 €, Kurtaxe 2 €/Pers. Inkl. kostenfreie Nutzung ÖPNV im LK Harz. Preisänderungen 2023 möglich.
Kontakt: Flugplatz Ballenstedt-Harz GmbH, ☎ 039483/215, info@flugplatz-ballenstedt.de, www.flugplatz-ballenstedt.de.
Distanz: Ⓗ 0,2 km, 2 km, 2 km.
Gastro: Gaststätte Fliegerhorst am Flugplatz, Apr-Okt, Di-So 10:00-20:00 Uhr, Mo Ruhetag.
Freizeit: 18 km, 15 km. Nordic Walking, Rundflüge mit Motor- und Ultraleichtflugzeugen, Motorseglern und Segelflugzeugen, Golfplatz Meisdorf 5 km, Harzer Schmalspurbahn 5 km, Bodetal und Hexentanzplatz Thale 12 km.
POI: Schloss Ballenstedt 2 km, Burg Falkenstein 8 km, Weltkulturerbestadt Quedlinburg 10 km, Burgruine Regenstein 20 km.

58802 Balve gratis

Wohnmobilstellplatz Balve, In der Murmke 9, ☎ 02375/926158 <12 m
Stadtnah beim Hallenbad

POS: 51°19'37.35"N/7°52'8.38"E, Karte D5 (S.8), D5
Platz: P = 3 auf Pflaster, Wiese. =3 CHEM . Ganzjährig geöffnet.
Preis: Übernachtung gratis. Strom 1 €/kWh, Wasser 1 €/80 l.
Kontakt: Stadt Balve, ☎ 02375/926158, innenstadtbuero@balve.de, www.hoennetal.de.
Distanz: Ⓗ 0,3 km, 0,4 km, 0,4 km, weitere Restaurants in 2 km, 0,5 km.
Gastro: Restaurant Haus Padberg. Haus Drei Könige.
Freizeit: 5 km. Nordic Walking, Sorpesee 4 km, Strandbad 8 km.
POI: St. Blasius Pfarrkirche 0,3 km, Luisenhütte mit Museen für Vor-/Frühgeschichte 2 km, Balver Höhle 2 km, Schloss Wocklum 2,5 km.

58802 Balve-Binolen €10,00

Hotel Restaurant Haus Recke, Binolen 1, ☎ 02379/209 An Wiesen angrenzende Stellflächen gegenüber vom Hotel <8 m

POS: 51°22'13.44"N/7°51'37.85"E, Karte D5 (S.8), D5
Platz: = 3 auf Asphalt, Rasengittersteinen. WC CHEM . Ganzjährig geöffnet.
Preis: 10 € inkl. Entsorgung, WLAN. Für Restaurantgäste kostenlos. Strom 1 €/kWh, Wasser 1 €/100 l.
Kontakt: Ulrich Vanselow, ☎ 02379/209, info@haus-recke.de, www.haus-recke.de.
Distanz: 0 km, weitere Restaurants in 2 km, Ⓗ 0,1 km, 0,8 km, 4 km.
Gastro: Am Platz, warme Küche 11:30-14:00 Uhr, 18:00-22:00 Uhr, Mo+Do Ruhetag.
POI: Tropfsteinhöhle Reckenhöhle.

Vor der Anreise empfehlen wir, Kontakt mit dem Betreiber aufzunehmen, um die Auslastung des Stellplatzes abzufragen.

96047 Bamberg €15,00

P+R Heinrichsdamm, Heinrichsdamm 33/Münchner Ring, ☎ 0951/774977 <10m
Am Main, mit Lärmschutzwand

2022 geprüft

POS: 49°53'10.65"N/10°54'10.23"E, Karte D11 (S.14), A3
Platz: P = 25 auf Schotterrasen, Asphalt. CHEM GRAU. Aufenthalt max. 3 Tage. Ganzjährig geöffnet.
Preis: 15 € inkl. Entsorgung, Müll-Entsorgung, WLAN. Strom 0,50 €/kWh, Wasser 1 €/100 l. Bezahlung am Automat mit Münzgeld (kein Wechselgeld) und EC-Karte.
Kontakt: Stadtwerke Bamberg Verkehrs und Park GmbH, ☎ 0951/774977, verkehrsbetrieb@stadtwerke-bamberg.de, www.stadtwerke-bamberg.de.
Distanz: 0,1 km, 0,7 km, 0,7 km, 3 km.
Gastro: Brötchen am Kiosk 0,2 km.
Freizeit: 2 km, 2 km. Boot fahren, Minigolf.
POI: Altstadt Bamberg 0,7 km, Schloss Bug 2,8 km, Altenburg 3,7 km.

96050 Bamberg €15,00

Reisemobilstellplatz am Bambados, Pödeldorfer Straße 176, ☎ 0951/770 <8m neu
Direkt am Hallenbad

POS: 49°54'4.39"N/10°55'31.75"E, Karte D11 (S.14), A3
Platz: = 23 auf Wiese, Naturboden. CHEM GRAU. Ganzjährig geöffnet.
Preis: 15 €. Strom 0,50 €/kWh, Wasser 0,10 €/10 l. Bezahlung mit Münzgeld (keine Wechselgeldoption), Maestro, Visa, Mastercard und V-Pay.
Kontakt: STWB Stadtwerke Bamberg GmbH, ☎ 0951/770, info@stadtwerke-bamberg.de, www.stadtwerke-bamberg.de/baeder/bambados.
Distanz: 0 km, 1,5 km, 5,7 km.
Gastro: Gastätte im Volkspark. Gastronomie im Bad.
Freizeit: Bambados (Naturbadeteich, Whirlpool, 5-Sterne-Premium-Sauna, Kelo-, Erd- und finnische Sauna sowie Spa-Bereich), Freibad Stadionbad, Volkspark, Hauptsmoorwald 5,3 km.
POI: Innenstadt Bamberg mit Dom 7,5 km.

17429 Bansin/Seebad (Usedom) €22,00

Ostseecamping Bansin, Am Heuberg 1, ☎ 03837/829248 <12m
In Strandnähe, auf der Ostseeinsel Usedom

POS: 53°59'18.42"N/14°6'45.91"E, Karte D4 (S.7), F3
Platz: P = 120 auf Wiese, Sand/Splitt. WC CHEM GRAU. Hundestrand, kleiner Shop. Ganzjährig geöffnet.
Preis: Ab 22 € inkl. Wasser, Entsorgung, WC. Kind (bis 13 J.) 3,50 €, jede weitere Pers. 8 €, Strom 4 €, Dusche 1 €, Kurtaxe 2,70 €/Pers., Hund 4 €, VE für Durchreisende 8 €. 1.9.-30.4. 22 €, 1.5.-31.8. 30 €. Wohnmobile ab 8 m 2 € extra.
Kontakt: Paul-Peter Knopf, ☎ 03837/829248, info@ostseecamping-bansin.de, ostsee-camping-bansin.de.
Gastro: Imbiss Rollmops in Strandnähe.
Freizeit: Wander-/Radwege, FKK Strand 0,3 km.

78580 Bärenthal €12,00

Wohnmobil-Stellplatz Baeralodge, Gnadenweilerstraße 36, ☎ 01515/3074744 <12m
Zwischen Waldrand und Seltenbach am Dorfende, sehr ruhige Lage

POS: 48°4'27.33"N/8°55'57.83"E, Karte D14 (S.17), F3
Platz: P = 11 auf Schotter. =11 (16 A) WC CHEM GRAU. Waschmaschine/Trockner. Ganzjährig geöffnet.
Preis: 12 € inkl. Entsorgung, Müll-Entsorgung, WLAN. Strom 3 €, Wasser 1 €/80 l, Dusche 1 €.
Kontakt: Yvonne Trinkler, ☎ 01515/3074744, info@baeralodge.de, www.baeralodge.de.
Distanz: 0 km, 0,5 km, 0,5 km, 8 km.
Gastro: Restaurant Baeralodge am Platz (Mo, Di Ruhetag). Restaurant Scharfes Eck. Restaurant Karpfen.
Freizeit: Langlauf, Motor- und Mountainbike-Strecken, Wanderwege.
POI: Kapelle Maria Mutter Gottes Europa 2 km, Kolbinger Höhle 7,8 km, Kloster Beuron 8 km.

18445 Barhöft €24,00

Caravanplatz-Barhöft, Am Hafen 13, ☎ 038323/531 <10m
In ruhiger Lage am kleinen Hafen Barhöft

POS: 54°25'55.10"N/13°1'39.27"E, Karte D3 (S.6), D2
Platz: P = 24 auf Naturboden. =24 (10 A) WC CHEM GRAU. Anmeldung/Codekarte für den Zugang zum Sanitärcontainer beim Hafenmeister. Geöffnet: Anfang März-Ende Nov.
Preis: 24 € inkl. Strom, Wasser, Entsorgung, Dusche, WC, Müll-Entsorgung. Kind (bis 10 J.) gratis. Jede weitere Pers. 4 €.
Kontakt: Hafenmeisterbüro/Jan Sprenger, ☎ 038323/531, Mobil: 01515/8502706, hafen@sprenger-barhoeft-maritim.de, www.sprenger-barhoeft-maritim.de.
Distanz: 0,1 km, 0,3 km, weitere Restaurants in 5 km, 0,3 km, 0,3 km.
Freizeit: 12 km, 0,3 km. Schiffsrundfahrten, Angeln, Hafen 0,3 km, Bootsverleih 0,3 km, Strand 0,5 km.
POI: Alte oberirdische Bunkeranlagen der NVA 0,3 km, Aussichtsturm mit Blick über den Darß und Hiddensee 0,5 km.

25355 Barmstedt €5,00

Wohnmobilstellplatz am Rantzauer See, Seestraße/Roissy-En-Brie-Platz, ☎ 04123/68170 <12m
Nahe der Badestelle am Rantzauer See

POS: 53°47'13.17"N/9°45'49.93"E, Karte D2 (S.5), G3
Platz: P = 5 auf Schotter. CHEM GRAU. Dusche/WC, WLAN an der Badestelle am Rantzauer See während der Saison 2.5.-15.9. Infos über die Website. Ganzjährig geöffnet.
Preis: 5 € inkl. Strom, Wasser, Entsorgung, WLAN, Sanitär-Nutzung. Dusche 0,50 €.
Kontakt: Stadtwerke Barmstedt, Stadtwerke ☎ 04123/68170, info@barmstedter-badewonne.de, www.stadtwerke-barmstedt.de.
Distanz: 0 km, weitere Restaurants in 0,5 km, 0,3 km, 0,5 km, 0,7 km.
Gastro: Seegarten Bistro, Café und Restaurant am Platz mit Außenterrasse und Blick auf die Schlossinsel. Imbiss gegenüber.
Freizeit: Badestelle am Rantzauer See, Volleyball-Spielfeld, Bootsverleih 0,3 km, Kulturschusterei mit Konzerten/Kino 0,6 km.
POI: Schlossinsel mit Wassermühle 0,4 km, Heimatmuseum 0,4 km, Café Galerie Schlossgefängnis 0,4 km, Heiligen-Geist-Kirche 1 km.

95671 Bärnau-Altglashütte gratis

Gasthof und Wald-Pension Blei, Altglashütte 4, ☎ 09635/283 <12m
Großer Parkplatz am Waldgasthof

POS: 49°46'22.30"N/12°23'19.79"E, Karte D11 (S.14), D4
Platz: = 15 auf Wiese, Asphalt. WC. WC-Nutzung zu den Öffnungszeiten des Restaurants. Ganzjährig geöffnet.
Preis: Für Restaurantgäste kostenlos. Einkehr obligatorisch.
Kontakt: Gasthof Blei, Johann Heinig, ☎ 09635/283, info@gasthof-blei.de, www.gasthof-blei.de.
Distanz: 0 km, 8 km, 8 km, 8 km.
Gastro: Am Platz, Mi-Fr 11:00-14:00 Uhr und 17:30-22:00 Uhr, Sa-So 9:00-0:00 Uhr, Mo-Di Ruhetag.
Freizeit: 0,5 km. Langlaufloipen.
POI: Stausee Liebensteinspeicher 5 km, Schloss Liebenstein 7 km, Mittelpunkt Europas 8 km, Gedenkstätte KZ Flossenbürg 8 km, Burgruine Flossenbürg 8 km, Geschichtspark Bernau 8 km.

19089 Barnin €15,00

Caravan Stellplatz & Hofladen Am Wäldchen, Crivitzer Straße 1, ☎ 03863/5229203 <10m
Privatgrundstück am Ortsrand

2021 geprüft

POS: 53°35'33.61"N/11°41'30.19"E, Karte D3 (S.6), B4
Platz: P = 6 auf Wiese. =6 WC GRAU. B wird empfohlen. Anfahrt 14:00-20:00 Uhr. Aufenthalt max. 72 h. Ganzjährig geöffnet.
Preis: 15 € inkl. Entsorgung. Strom 0,50 €/kWh, Wasser 2 €, Dusche 5 €/Pers.

B

Kontakt: Frank Block, 03863/5229203, Mobil: 01515/5696171, wassermannfrank@web.de, caravan-stellplatz-am-waeldchen.business.site.
Distanz: 0 km, 0,5 km, 0,5 km, 1 km.
Gastro: Brötchenservice. Imbiss. Hofladen.
Freizeit: Badesee Barniner See 0,2 km.

49406 Barnstorf — gratis <10 m

Midden int Dörp (Mitten im Dorf), Ecke Rathausweg/Brinkstraße, 05442/8090 Auf einem Parkplatz im Ort

POS: 52°42'42.00"N/8°30'29.00"E, Karte D6 (S. 9), E1
Platz: = 3, = 1 (<10 m) auf Pflaster. CHEM. Ganzjährig geöffnet.
Preis: Übernachtung gratis inkl. Entsorgung. Strom 1 €/8 h, Wasser 1 €/90 l.
Kontakt: Samtgemeinde Barnstorf, 05442/8090, yvonne.kuhlmann@barnstorf.de, www.barnstorf.de.
Distanz: 0 km, 0,2 km, 0,5 km, 0,8 km.
Gastro: Mehrere Restaurants 0,2 km.
Freizeit: 0,2 km, 0,1 km. Umwelt-Erlebnis-Zentrum, Rad-/Wanderwege, Kanu fahren, Ballonfahren 0,3 km.
POI: Meyer-Köster-Haus am Roggenberg, St. Veit Kirche 0,5 km, Heimatmuseum 0,8 km, Umwelt-Erlebnis-Zentrum 2 km.

26676 Barßel — €9,00 >12 m

Reisemobilhafen Barßel, Deichstraße, 0174/5459734 Am Bootshafen neben der Paddel- und Pedalstation

2022 geprüft

POS: 53°10'6.10"N/7°44'0.17"E, Karte D1 (S. 4), D5
Platz: = 43 auf Schotterrasen, Naturboden. WC CHEM GRAU. 18 Plätze am Bootshafen, 25 Plätze gegenüber in einer Waldlichtung. Dusche/WC am Bootshafen. Ganzjährig geöffnet.
Preis: 9 € inkl. Wasser, Entsorgung, WC, WLAN. Strom 0,50 €/kWh, Dusche 0,50 €/3 min. Waschmaschine/Trockner 1-5 € (je nach Programm). Preisänderung 2023 möglich.
Kontakt: Hafenmeisterin Monika Weerts, Mobil: 0174/5459734, pp-weerts@t-online.de, womo-stellplatz-barssel.de.
Distanz: 0 km, weitere Restaurants in 0,2 km, 0,2 km, 0,2 km, 0,5 km.
Gastro: Restaurant am Hafen.
Freizeit: 7 km, 0,5 km, 0,1 km. Wasser/Radwanderungen, Angeln, Gästeführungen, Paddel/Pedalstation 0,1 km, Schifffahrten 0,2 km.
POI: Museumsschiff Angela von Barßel von 1896 0,3 km, Ebkensche Windmühle 1 km, Moor/Fehnmuseum Elisabethfehn 2,5 km.

26676 Barßel-Harkebrügge — €12,50 <12 m neu

Wohnmobilcamp Småland, Am Fuhrenkamp Direkt am Harkebrügger See

2022 geprüft

POS: 53°7'33.93"N/7°48'31.19"E, Karte D1 (S. 4), D5
Platz: = 22 auf Schotterrasen. WC CHEM GRAU. Ganzjährig geöffnet.
Preis: Ab 12,50 € inkl. aller Personen, Entsorgung. Strom 1 €, Wasser 1 €. 12,50 € im Winter, 17,50 € im Sommer.
Kontakt: Familie Lampe, wohnmobilcampamharkebrueggersee@outlook.de, www.wohnmobilcamp-smaland.de
Distanz: 0,7 km, 0,7 km, 0,8 km, 0,9 km.
Gastro: Restaurant Block 0,8 km.
Freizeit: Barfußpark, ausgewiesene Radwege, Badesee, Schwimmen, Stand-Up-Paddling, Kanu fahren.
POI: Museumsschiff Angela von Barßel von 1896, Ebkensche Windmühle, Moor/Fehnmuseum Elisabethfehn.

30890 Barsinghausen — €8,00 <8 m

Besucherbergwerk Klosterstollen, Hinterkampstraße 6, 05105/514187 Am Zechenpark und Erholungsgebiet Deister

2021 geprüft

POS: 52°17'56.16"N/9°28'9.90"E, Karte D6 (S. 9), G2
Platz: = 5, = 1 (<8 m) auf Schotter. CHEM GRAU. Aufenthalt max. 3 Tage, ansteigendes Gelände. Ganzjährig geöffnet.
Preis: 8 € inkl. Entsorgung. Strom 0,50 €/kWh, Wasser 0,50 €/50 l. Strom/Wasser nach Verbrauch. Bezahlung in Münzen.
Kontakt: Alte Zeche - Gemeinnützige Betriebs GmbH, 05105/514187, info@klosterstollen.de, www.barsinghausen.de.
Distanz: 0,3 km, 0,3 km, 0,3 km.
Gastro: Café. Mehrere gastronomische Betriebe in der Nähe. Biergarten im Sommer am Wochenende.
Freizeit: 1,5 km, 1,5 km. Erlebnis-Wandertouren im Erholungsgebiet Deister, Tennishalle und Kegelbahn, Spiel und Sport im Haldepark, Besichtigung des Bergwerks mit Museum.
POI: Kloster Barsinghausen, Besucherbergwerk und Bergwerksmuseum, Nordmannsturm im Deister 2 km, Wasserschloss Wichtringhausen 5 km.

18356 Barth — €7,00 <10 m

Stellplatz Barth, Am Osthafen, 038231/2464 Stellflächen für Reisemobile, Pkw und Busse

2021 geprüft

POS: 54°22'10.04"N/12°43'54.90"E, Karte D3 (S. 6), D2
Platz: = 10 auf Pflaster. =12 WC. Nachts beleuchtet. WC in 0,2 km. Ganzjährig geöffnet.
Preis: 7 € inkl. WC, Kurtaxe. Strom 0,50 €/kWh.
Kontakt: Barth-Information, 038231/2464, info@stadt-barth.de, www.stadt-barth.de.
Distanz: 0,1 km, weitere Restaurants in 0,2 km, 0,2 km, 0,3 km, 0,5 km.
Gastro: Zahlreiche Restaurants an der Promenade.
Freizeit: Windsurfen, Kanu fahren, Segeln.
POI: Dammtor, historisches Stadtzentrum 0,3 km, St.-Marien-Kirche 0,4 km, Vineta-Museum 0,9 km.

18356 Barth — €12,00 >12 m

Wohnmobilparkplatz Barther Segler-Verein, Am Westhafen 15, 038231/82021 Auf dem Gelände der Marina am Barther Bodden

2021 geprüft

POS: 54°22'18.79"N/12°43'28.74"E, Karte D3 (S. 6), D2
Platz: = 32 auf Schotterrasen. =32 WC CHEM GRAU. nur bei Gruppen. Ganzjährig geöffnet.
Preis: 12 € inkl. Entsorgung, Müll-Entsorgung, WLAN. Strom 1 €/2 kWh, Wasser 1 €/100 l, Dusche 1 €/4 min, Kurtaxe 1,20 €/Pers. 20 € Kaution für den WC-Schlüssel.
Kontakt: Heike Baddack, 038231/82021, jfz@barther-seglerverein.de, www.barther-seglerverein.de.
Distanz: , 0,1 km, 0,3 km, 0,3 km.
Gastro: Restaurant Vinetablick auf dem Gelände, Mo-So 11:00-22:00 Uhr, Okt-Apr Mo Ruhetag, an Feiertagen können die Öffnungszeiten variieren.
POI: Altstadt 0,3 km, St. Marienkirche 0,4 km, Vineta Museum 0,5 km, Boddenbühne 1 km.

15837 Baruth/Mark — €10,00 <10 m

Spruchs Alter Landgasthof, Dornswalder Straße 1, 033704/66353 Hinter dem Gasthof im Ortsteil Dornswalde

POS: 52°2'41.30"N/13°35'51.97"E, Karte D8 (S. 11), F3
Platz: = 10 auf Wiese, Asphalt. WC. Nächste VE in Baruth. WLAN in der Gaststätte nutzbar. Aufenthalt auch am Ruhetag möglich. Ganzjährig geöffnet. Ausnahme: im Jan auf Anfrage.

Preis: 10 €. Für Restaurantgäste kostenlos. Strom 3 €, Wasser 2 €.
Kontakt: Ulrich Bernhardt, ☎ 033704/66353, Mobil: 01575/2842458, bernhardt-ulrich@gmx.de, www.spruchs.de.
Distanz: , Ⓗ 0,5 km, 8 km, 8 km, 8 km.
Freizeit: 10 km, 3 km. Wildpark.
POI: Glashüttenmuseum 2 km, Tropical Island 15 km.

35088 Battenberg/Eder — gratis — <12 m

Parkplatz am Hallen- und Freibad, Senonches Straße, ☎ 06452/93440
In ruhiger Lage bei den Sportplätzen

POS: 51°0'43.45"N/8°38'6.51"E, Karte D10 (S. 13), E1
Platz: = 3 auf Asphalt. Ganzjährig geöffnet.
Preis: Übernachtung gratis.
Kontakt: Stadt Battenberg, ☎ 06452/93440, info@battenberg-eder.de, www.battenberg-eder.de.
Distanz: 0,5 km, 0,5 km, 0,5 km, Ⓗ 0,8 km.
Freizeit: Baden, Tennisplatz 0,5 km, Drachenflugzentrum, Wildgehege, Skilanglauf, Minigolf 7 km.
POI: Historische Gebäude, Stadtmuseum und Besucherbergwerk 1 km, Altstadt Frankenberg 15 km, Schloss Bad Berleburg 18 km.

35088 Battenberg/Eder — gratis — <12 m

Parkplatz an der Festhalle, Festplatzweg, ☎ 06452/93440 Einsam gelegener Parkplatz mit schönem Blick auf das Edertal

POS: 51°0'33.07"N/8°38'11.02"E, Karte D10 (S. 13), E1
Platz: = 3 auf Schotter. Aufenthalt max. 3 Nächte. Ganzjährig geöffnet.
Preis: Übernachtung gratis.
Kontakt: Stadt Battenberg, ☎ 06452/93440, info@battenberg-eder.de, www.battenberg-eder.de.
Distanz: Ⓗ 0,5 km, 0,5 km, 0,5 km, 1 km.
Freizeit: 1 km, 1 km. Drachenflieger Start- und Landeplatz, Wildgehege, Skilanglauf 7 km.
POI: Historische Gebäude, Stadtmuseum und Besucherbergwerk 1 km, Altstadt Frankenberg 15 km, Schloss Bad Berleburg 18 km.

96148 Baunach — €9,00 — <10 m

Wohnmobilstellplatz am Altstadtparkplatz, Bahnhofstraße, ☎ 09544/9846777 Nahe des Flusses Baunach

2022 geprüft

POS: 49°59'14.97"N/10°51'15.87"E, Karte D11 (S. 14), A3
Platz: = 12 auf Schotterrasen, Schotter. CHEM GRAU. Aufenthalt max. 72 h. Ganzjährig geöffnet.
Preis: 9 €. Strom 1 €/8 h, Wasser 1 €/40 l, Entsorgung 1 €. Bezahlung auch per Parkster App, Stromsäulen mit Münzbetrieb.
Kontakt: Stadt Baunach, Melanie Schmitt, ☎ 09544/9846777, buergerhaus@stadt-baunach.de, www.tourismus-baunach.de.
Distanz: Ⓗ 0,1 km, 0,1 km, 0,5 km, 0,9 km.
Freizeit: 14 km, 0,5 km. Angeln mit Angelschein, Radwege, beschilderte Wanderwege, Baunacher Brückenhaussee 1,5 km.
POI: Historischer Rundgang durch Baunach 0,2 km, Krippenmuseum Baunach 0,2 km, Naturerlebnisweg Südsee 0,4 km, Gotische Magdalenenkapelle 0,5 km, Weltkulturerbe Bamberg 15 km, Basilika Vierzehnheiligen, Schloss Banz 20 km.

34225 Baunatal — €7,00 — <8 m

Wohnmobilstellplatz am Parkstadion, Friedrich-Ebert-Allee, ☎ 0561/95379580 Begrünte Freifläche vor dem Parkstadion, zentrumsnah

2022 geprüft

POS: 51°15'27.75"N/9°23'55.67"E, Karte D6 (S. 9), F5
Platz: = 16 auf Schotterrasen. CHEM. Ganzjährig geöffnet.
Preis: 7 €. Strom 0,50 €/kWh, Wasser 1 €/60 l, Entsorgung 0,10 €.
Kontakt: Tanja Großberndt, ☎ 0561/95379580, grossberndt@stadtmarketing-baunatal.de, www.stadtmarketing-baunatal.de.
Distanz: Ⓗ 0,2 km, 0,2 km, 0,3 km, 0,5 km.
Gastro: Mehrere Restaurants im Ort.
Freizeit: 0,1 km, 0,1 km. Stadtführungen, Freizeitfußball, Tennisanlage 0,5 km, Driving-Golf-Anlage 10 km.
POI: Käfer-Skulpturen in allen Stadtteilen, Stadtmuseum mit Hessenstube in Altenritte.

02625 Bautzen — gratis — <12 m

Touristparkplatz Bautzen, Schliebenstraße 24, ☎ 03591/42016 Gekennzeichnete Flächen auf einem Großparkplatz

2022 geprüft

POS: 51°10'55.05"N/14°24'54.01"E, Karte D8 (S. 11), G5
Platz: = 4 auf Asphalt. =2 (16 A) WC CHEM GRAU. Aufenthalt max. 1 Nacht. WC bei Frost nicht nutzbar. Ganzjährig geöffnet.
Preis: Übernachtung gratis inkl. Wasser, WC. Strom 0,50 €/kWh, Entsorgung 1 €. Preisänderungen 2023 mögl.
Kontakt: Touristinformation Bautzen-Budysin, ☎ 03591/42016, touristinfo@bautzen.de, www.bautzen.de.
Distanz: Ⓗ 0,1 km, 0,3 km, 0,3 km, 1,2 km.
Gastro: Mehrere Restaurants im Ort.
Freizeit: 1,5 km, 2,5 km, 2,1 km. Saurierpark Bautzen-Kleinwelka 4 km.
POI: Alte Wasserkunst 0,8 km, Stasi Gedenkstätte 1 km, Altstadt 1 km.

02625 Bautzen — gratis — <8 m

Wohnmobilstellplatz am Schützenplatz, Am Schützenplatz 4, ☎ 03591/42016
Im hinteren Bereich eines Großparkplatzes

2022 geprüft

POS: 51°11'9.08"N/14°25'24.04"E, Karte D8 (S. 11), G5
Platz: = 20 auf Schotterrasen. Aufenthalt max. 1 Nacht. Beleuchteter Platz. Ganzjährig geöffnet.
Preis: Übernachtung gratis.
Kontakt: Tourist-Information, ☎ 03591/42016, touristinfo@bautzen.de, www.bautzen.de.
Distanz: 0,7 km, 0,8 km.
POI: Altstadt, Museum Bautzen, Stasi-Gedenkstätte.

94137 Bayerbach — €20,00 — <12 m

Vital CAMP Bayerbach, Huckenham 11, ☎ 08532/9278070
Fünf-Sterne Wellness- und Ferienresort im Rottaler Bäderdreieck

2022 geprüft

POS: 48°24'55.33"N/13°7'50.80"E, Karte D16 (S. 19), F2
Platz: = 12 auf Pflaster, Naturboden. =8 (16 A) WC CHEM GRAU. Naturbadeseen. Ⓡ wird empfohlen. Terrassenförmig angelegt. Wellnesszentrum mit Thermalhallenbad und SaunaWelt. Aufenthalt max. 1 Nacht. Geöffnet: 9.1.-30.6. und 4.10.-18.12.
Preis: 20 € inkl. Wasser, Entsorgung, Dusche, WLAN, WC. Jede weitere Pers. 9 €, Strom 0,90 €/kWh, Kurtaxe 1 €/Pers., Hund 3 €. Inkl. 2 Kinder bis 12 J. und Eintritt ins Thermalhallenbad und die SaunaWelt. Nebenkostenpauschale 2 €.
Kontakt: Hannes Weber, ☎ 08532/9278070, info@vitalcamping-bayerbach.de, www.vitalcamping-bayerbach.de.
Distanz: 0 km, weitere Restaurants in 1 km, 0,5 km, Ⓗ 0,5 km, 1 km.
Gastro: Huckenhamer Stadl am Platz, warme Küche 11:00-21:00 Uhr.
Freizeit: 3 km, 3 km. Kinder-Ferienprogramm, Fit und Vital Programm, Nordic Walking, Physiotherapie und Beautysalon, Bella Vista Golfpark 5 km, Wildpark Ortenburg 20 km.
POI: Bad Birnbach 2 km, Wallfahrtskirche Mariä Heimsuchung in Langwinkl 7 km, Schloss Ortenburg 15 km, Kloster Asbach 15 km, Wasserschloss Schönau 18 km.

B

94252 Bayerisch Eisenstein €10,00

Parkplatz Arber-Bergbahn, Talstation Arber 1, ☎ 09925/94140 Auf dem Parkplatz an der Talstation Großer Arber <10m

2021 geprüft

POS: 49°7'19.19"N/13°8'29.39"E, Karte D12 (S. 15), F5
Platz: = 20 auf Asphalt. WC. Ganzjährig geöffnet.
Preis: 10€ inkl. WC.
Kontakt: Arber-Bergbahn, ☎ 09925/94140, arber@hohenzollern.com, www.arber.de.
Distanz: 0,1 km, 4,5 km.
Gastro: Gasthaus zur Gondelbahn 0,1 km.
Freizeit: Rodelbahn im Arbär-Kinderland, Wintersport-Alpinski, Rad-/Wanderwege, Kleiner Arbersee 1,8 km, Fahrt mit der Arbersee-Bahn 2,8 km, Bayerwald-Tierpark 6,7 km.
POI: Rißlochwasserfälle 6,4 km, Besucherbergwerk Bodenmais 7,1 km, Weinfurtner Glasdorf 10,7 km.

95444 Bayreuth gratis

Mainüberdachung am Hohenzollernplatz, Hohenzollernring 30, ☎ 0921/88588 Öffentlicher Parkplatz nahe Zentrum <6m

POS: 49°56'50.64"N/11°34'36.20"E, Karte D11 (S. 14), C3
Platz: = 2 auf Asphalt. Kein Service. Aufenthalt max. 1 Nacht. Ganzjährig geöffnet.
Preis: Übernachtung gratis. Gebührenpflichtig von 8:00-19:00 Uhr, 0,50€/30 min, max. 2€. Bezahlung am Parkscheinautomat.
Kontakt: Tourist-Information Bayreuth, ☎ 0921/88588, info@bayreuth-tourismus.de, www.bayreuth-tourismus.de.
Distanz: 0 km, weitere Restaurants in 0,1 km, 0,1 km, 0,3 km.
Freizeit: Lohengrin Therme.
POI: Markgräfliches Opernhaus 0,4 km, Neues Schloss 1,5 km, Hofgarten 2 km.

95448 Bayreuth gratis

Stellplatz Grünewaldstraße, Grünewaldstraße, ☎ 0921/251436 Pkw-Parkplatz mit Stellflächen für Reisemobile

2021 geprüft

POS: 49°56'40.87"N/11°35'35.49"E, Karte D11 (S. 14), C3
Platz: = 39 auf Rasengittersteinen. =9 CHEM GRAU. Ganzjährig geöffnet. Ausnahme: Sperrung oder temporär kostenpflichtig bei Großveranstaltungen auf dem Volksfestplatz/im Stadion.
Preis: Übernachtung gratis. Strom 1€/4 h, Wasser 1€/50 l, Entsorgung 1€.
Kontakt: Stadt Bayreuth, ☎ 0921/251436, strassenverkehrsamt@stadt.bayreuth.de, www.bayreuth.de.
Distanz: 0,1 km, 0,4 km, 0,7 km, 0,7 km.
Freizeit: 2 km, 0,3 km. Bayreuther Festspiele, Sportzentrum mit Eissportstadion/Tennisanlage 0,3 km.
POI: Markgräfliches Opernhaus (Welterbe), Stadtkirche 0,7 km, Altes Schloss 0,7 km, Neues Schloss 1,7 km, Festspielhaus 2 km, Eremitage 3 km.

95448 Bayreuth-Seulbitz €10,00

Stellplatz Lohengrin Therme Bayreuth, Kurpromenade 5, ☎ 0921/792400 Auf dem hinteren Parkplatz der Therme <10m

POS: 49°56'30.52"N/11°38'5.04"E, Karte D11 (S. 14), C3
Platz: = 20 auf Asphalt. WC CHEM. Teils leicht abschüssiges Gelände. Platz häufig voll belegt (abends auf Pkw-Parkplatz ausweichen), Dusche im Bad. Ganzjährig geöffnet. Ausnahme: nach den Pfingstferien für 10 Tage geschlossen.
Preis: 10€ inkl. WLAN. Strom 1€/6 h, Wasser 1€/50 l, Entsorgung 1€, Dusche 1,50€/Pers. 10% Rabatt auf den Eintritt in die Therme und Sauna.
Kontakt: Stadtwerke Verkehr und Bäder, ☎ 0921/792400, info@lohengrin-therme.de, www.lohengrin-therme.de.
Distanz: 0,1 km, 0,5 km, weitere Restaurants in 1 km, 1 km, 5 km.
Gastro: Bistro in der Therme, geöffnet 11:00-20:30 Uhr. Eremitenhof 0,5 km.
Freizeit: Besuch der Lohengrin Therme mit Sauna- und Wellnessbereich, Golfplatz Rodersberg 0,5 km.
POI: Eremitage 1,5 km, Schlösser, Opern- und Festspielhaus 5 km, Fränkische Schweiz 25 km.

83735 Bayrischzell €15,00

Wohnmobilstellplatz Bayrischzell, Seebergstraße 15, ☎ 08023/648 Am Fuße des Seebergs neben Tennisplätzen und Minigolfanlage <8m

2022 geprüft

POS: 47°40'18.71"N/12°0'35.79"E, Karte D15 (S. 18), C4
Platz: = 20 auf Schotter. CHEM. Brotzeitplatz. Aufenthalt max. 8 Tage. Ganzjährig geöffnet.
Preis: 15€ inkl. Entsorgung, Müll-Entsorgung, Kurtaxe. Strom 0,50€/3 kWh, Wasser 0,50€/25 l.
Kontakt: Frau Micheline Sbrizzai, ☎ 08023/648, tourist-info@bayrischzell.de, www.bayrischzell.de.
Distanz: 0,5 km, 0,5 km, 0,5 km, 0,8 km.
Gastro: Restaurant Café Huber. Sportalm. Gasthof Post. Hotel Alpenrose. Gasthof Alpenwirt.
Freizeit: 0,8 km, 0,5 km. Tennis, Drachenfliegen, Nordic Walking, Wintersport (Langlauf und Alpin), Minigolf, Klettern, Wendelstein-Seilbahn 1,5 km, Hochseilgarten 2 km.
POI: Rosenkranzkapelle, Pfarrkirche St. Margareth 0,5 km, Wendelstein mit Höhle u. Kapelle 5 km.

36179 Bebra gratis

Mehrzweckplatz, Bei der Laupfütze, ☎ 06622/9023100 Auf dem Mehrzweckplatz in der Stadtmitte <12m

POS: 50°58'10.02"N/9°47'22.89"E, Karte D10 (S. 13), G1
Platz: / = 9 auf Asphalt. Aufenthalt max. 1 Übernachtung. Ganzjährig geöffnet. Ausnahme: Anfang Okt wegen Kirmes geschlossen.
Preis: Übernachtung gratis.
Kontakt: Stadt Bebra, ☎ 06622/9023100, mail@seb-bebra.de, www.bebra-stadt.de.
Distanz: , 0,2 km, 0,2 km, 0,2 km.
Freizeit: 1,5 km, 0,5 km. Angeln am Breitenbacher See, Segeln, Kajak-/SUP- und Tretbootverleih am Breitenbacher See 1,5 km.
POI: Dauerausstellung Bahnhof Bebra: Knotenpunkt im Kaiserreich - Grenzstation im Kalten Krieg 0,7 km, Wasserturm mit Museumseisenbahn 1 km.

36179 Bebra €8,00

Wohnmobilstellplatz an den Breitenbacher Seen, An der K74 - Hersfelder Straße, ☎ 06622/9023100 Am großen Badesee in unmittelbarer Nähe zur Fulda <12m

2020 geprüft

POS: 50°57'34.00"N/9°47'16.00"E, Karte D10 (S. 13), G1
Platz: = 40 auf Wiese. =40 CHEM GRAU. Geöffnet: Apr-Okt (witterungsabhängig).
Preis: 8€ inkl. Entsorgung, Müll-Entsorgung, Kurtaxe. Strom 0,50€/kWh, Wasser 1€/80-100 l oder 0,10€/8-10 l. 8€/Tag, 50€/Woche.
Kontakt: Stadt Bebra, ☎ 06622/9023100, mail@seb-bebra.de, www.stadtentwicklung-bebra.de.
Distanz: 0,2 km, 0,2 km, 0,8 km, 1 km.
Gastro: Imbiss am Platz. Restaurant Breitenbacher Hof 0,8 km, Do-Mo 12:00-14:00 Uhr und 17:30-20:30 Uhr, Di-Mi Ruhetag.
Freizeit: 2 km, 7 km. Schwimmen, Surfen, Tretboot-/SUP-Verleih (www.radstation-bebra.de), Angeln, Segeln, Fulda-Radweg R1, Biberbad Bebra (Freibad) 2,5 km.
POI: Dauerausstellung Bahnhof Bebra: Knotenpunkt im Kaiserreich - Grenzstation im Kalte Krieg 1,5 km, Wasserturm mit Museumseisenbahn 2 km, Dauerausstellung: Begegnung mit Adam von Trott zu Solz 8 km.

66701 Beckingen-Düppenweiler €9,00

Landgasthaus Wilscheider Hof, Zum Wilscheider Hof, ☎ 06832/441 Alter Landgasthof mit Weiheranlagen <8m

POS: 49°25'34.13"N/6°45'50.56"E, Karte D9 (S. 12), B5
Platz: / = 13 auf Wiese. =5 (4 A) WC CHEM. Großer Vereinsplatz und Partykeller, auch für Clubtreffen geeignet. Ganzjährig geöffnet.
Preis: 9€ inkl. Wasser, Entsorgung, WC, Müll-Entsorgung. Strom 1,50€, Dusche 1,50€/Pers.
Kontakt: Benito Peter Schütz, ☎ 06832/441, info@wilscheiderhof.de, www.wilscheiderhof.de.
Distanz: 0 km, 1,5 km, 1,5 km, 1,5 km.
Gastro: Restaurant am Platz, Fr-Sa 17:00-22:00 Uhr, So 10:00-22:00 Uhr, Mo-Do Ruhetag, warme Küche ab Fr+Sa 18:00-21:00 Uhr, So 12:00-14:00 Uhr und 18:00-21:00 Uhr. Mittagstisch/Brötchenservice auf Anfrage.
Freizeit: 6 km, 4 km, 8 km. Litermont-Sagenweg, Kupferbergwerk im Ort, Veranstaltungen im Landgasthof Apr-Nov, Reitstall 0,5 km, Stausee mit Bootsverleih 9 km, Wolfspark Merzig 10 km.

POI: Westwallbunker in Düppenweiler, historisches Kupferbergwerk, Festungsstadt Saarlouis 10 km, UNESCO-Weltkulturerbe Alte Völklinger Hütte 20 km.

66701 Beckingen-Düppenweiler €5,00

<8m

Wohnmobilplatz in Düppenweiler, Brunnenstraße 13, ☎ 06835/55105 Auf einem ruhigen, parkähnlichen Gelände am Ortsrand

POS: 49°24'51.25"N/6°46'11.96"E, Karte D9 (S. 12), B5
Platz: = 3 auf Rasengittersteinen. CHEM. Aufenthalt max. 3 Nächte. Bis zu 24 weitere Stellplätze ohne Kennzeichnung. Keine VE von Nov-Feb. Ganzjährig geöffnet.
Preis: 5 €. Strom 1 €/8 h, Wasser 1 €/100 l, Entsorgung 1 €.
Kontakt: Gemeinde Beckingen, ☎ 06835/55105, rathaus@beckingen.de, www.beckingen.de.
Distanz: 0,2 km, 0,2 km, 0,2 km, 0,2 km.
Gastro: Weitere Restaurants im Ort sowie in unmittelbarer Umgebung.
Freizeit: 10 km, 10 km. Wandern auf dem Litermont-Sagenweg, Reiten 2 km, Naturschutzgebiet Wolferskopf 4 km, Badesee 10 km.
POI: Neugotische Kirche 0,2 km, historisches Kupferbergwerk Düppenweiler 1 km.

59269 Beckum gratis

<10m

Parkplatz am Hallenbad, Paterweg 4, ☎ 02521/290 Parkplatz am Hallenbad

POS: 51°45'5.06"N/8°2'8.23"E, Karte D5 (S. 8), D4
Platz: = 3 auf Pflaster. WC CHEM. Aufenthalt max. 3 Tage. Dusche/WC gegen Gebühr im Hallenbad zu den Öffnungszeiten. Offene Feuerstellen sind verboten. Ganzjährig geöffnet.
Preis: Übernachtung gratis. Strom 0,50 €/kWh, Wasser 0,50 €/100 l.
Kontakt: Hallenbad Beckum, ☎ 02521/290, stadt@beckum.de, www.beckum.de.
Distanz: 0,6 km, 0,7 km, 0,8 km, weitere Restaurants in 1 km.
Freizeit: 0,1 km, 0,1 km. Schwimmen, Zementroute Beckum 0,1 km, Werse-Rad-Weg 0,5 km, Badesee Tuttenbrock 4 km.
POI: Stadtmuseum 0,8 km, Höxberg Wildgehege 3 km, Phönix-Park 3,4 km.

50181 Bedburg-Alt-Kaster gratis

<10m neu

Wohnmobilstellplatz am Sportplatz, Albert-Schweitzer-Straße 4a, ☎ 02272/4020 Auf einem beleuchteten Parkplatz nahe des historischen Ortskerns Alt-Kaster

POS: 51°0'29.48"N/6°33'30.00"E, Karte D9 (S. 12), B1
Platz: / = 5 auf Asphalt, Pflaster. Ganzjährig geöffnet.
Preis: Übernachtung gratis.
Kontakt: Stadt Bedburg, ☎ 02272/4020, stadtverwaltung@bedburg.de, www.bedburg.de.
Distanz: 1 km, 1 km.
Gastro: Landhaus Danielshof 0,1 km.
Freizeit: 1 km. Naherholungsgebiet Kasterer See und Peringssee, Werwolf-Wanderweg, Erftradweg, Fahrten in den Tagebau, Erlebnisfreibad Bedburg, Golfclub Erftaue, Wellnessbad monte mare 1 km.
POI: Schloss Bedburg, hist. Ortskern Alt-Kaster mit Burgruine, alten Giebelhäusern und Stadtbefestigung.

47551 Bedburg-Hau €9,50

>12m

Womopark Moyland, Moyländer Allee 3 A, ☎ 02821/20110 In ruhiger Lage am Schloss Moyland

2022 geprüft E

POS: 51°45'19.04"N/6°14'36.70"E, Karte D5 (S. 8), A4
Platz: = 100 auf Schotterrasen. =65 (6 A) CHEM GRAU. nur bei Gruppen. Nachts beleuchtet. 150 zusätzliche Plätze für Gruppentreffen. Ganzjährig geöffnet.
Preis: 9,50 € inkl. Entsorgung, Müll-Entsorgung, Kurtaxe, WLAN. Strom 2,50 €, Wasser 0,50 €/50 l. Inkl. ermäßigter Eintritt ins Museum Schloss Moyland. Bei Ankunft am So oder Mo 4 Übernachtungen zum Preis von 3 (28,50 €).
Kontakt: Womopark Moyland, Jürgen Cronauer, ☎ 02821/20110, info@womopark-moyland.de, www.womopark-moyland.de.
Distanz: 0,2 km, 0,2 km, 2 km, weitere Restaurants in 4 km, 2,5 km.
Freizeit: 5 km, 3 km, 0,2 km. Golf International Moyland 1,2 km.
POI: Schloss Moyland mit Museum 0,2 km, Voltaire Weg 0,2 km, offene Gärten am Niederrhein 3 km.

87739 Bedernau €10,00

<8m

Natur-Therme Bedernau, Zur Naturtherme 25, ☎ 08265/733596 Ruhiger Stellplatz bei der Natur-Therme Bedernau

POS: 48°6'35.51"N/10°23'19.17"E, Karte D14 (S. 17), H3
Platz: = 4 auf Schotter. =1 (16 A) WC. Naturschwimmteich. Anreise vor 12:00 Uhr/nach 19:00 Uhr, telefonische Voranmeldung mindestens 1 Tag vor Anreise. Geöffnet: Mai-Okt.
Preis: 10 € inkl. Dusche, WC. Strom 3 €. WC/Duschen zu den Öffnungszeiten, für Thermenbesucher gebührenfrei.
Kontakt: Naturtherme Bedernau, ☎ 08265/733596, info@naturtherme-bedernau.de, www.naturtherme-bedernau.de.
Distanz: Weitere Restaurants in 0,8 km Entfernung, 1 km, 3 km, 3 km.
Gastro: Bistro am Platz.
Freizeit: Allgäu Skyline Park 20 km.
POI: Kloster Baumgärtle 5 km, Kreisstadt Mindelheim 13 km, Bad Wörishofen 22 km.

14547 Beelitz €19,00

<8m neu

Wohnmobilstellplatz an der Landesgartenschau, Trebbiner Straße 20, ☎ 033204/391210 2022 eröffneter Platz an der Brandenburgischen Landesgartenschau

2022 geprüft

POS: 52°13'60.00"N/12°59'6.00"E, Karte D8 (S. 11), E2
Platz: = 16 auf Asphalt. WC. Pkw-Ticket ziehen und dann am Automat auf Wohnmobil upgraden. Geöffnet: 1.3-31.10.
Preis: 19 € inkl. Strom, Wasser, WC.
Kontakt: LAGA Beelitz gGmbH, ☎ 033204/391210, info@laga-beelitz.de, laga-beelitz.de.
Distanz: 0 km, weitere Restaurants in 1 km, 0,1 km, 0,5 km, 1,2 km.
Gastro: Mehrere gastronomische Angebote und viele Genussinseln auf der Landesgartenschau.
Freizeit: Vogelbeobachtungssteg im Riebener See, Baum und Zeit – Baumkronenpfad Beelitz, Altstadtführungen, Besuch der Landesgartenschau.
POI: Spargelmuseum, Bockwindmühle Beelitz, Spargelstadt Beelitz mit Wasserturm.

14547 Beelitz-Klaistow €20,00

<12m

Wohnmobilstellplatz am Spargel- und Erlebnishof Klaistow, Glindower Straße 28, ☎ 033206/61070 Familienfreundlicher Hof mit Restaurant inmitten der Natur

2022 geprüft E

POS: 52°17'49.96"N/12°51'29.03"E, Karte D8 (S. 11), E2
Platz: = 63, = 33 (<12 m) auf Wiese. CHEM GRAU. wird empfohlen. Beleuchtet/bewacht. WC auf dem Hof. Geöffnet: 19.4.-30.12.
Preis: Ab 20 € inkl. Strom, Wasser, Entsorgung, WLAN. Je nach Stellplatzgröße 20-22 €.
Kontakt: Buschmann & Winkelmann GmbH, Antje Winkelmann, ☎ 033206/61070, info@buschmann-winkelmann.de, www.spargelhof-klaistow.de.
Distanz: 0,3 km, 0,3 km.
Gastro: Obstweinverkostung. Hofrestaurant. Hofladen mit Bäckerei.
Freizeit: Teilnahme am Spargelseminar, Wildtiergehege, Jeep-Parcours, Betriebsführung zur Spargelzeit, Streichelzoo, Kletterwald 0,5 km, NaturParkZentrum am Wildgehege Glauer Tal 29,5 km.
POI: Naturpark Nuthe-Nieplitz.

B

14547 Beelitz-Rieben €18,00

Wohnmobilstellplatz am Riebener See, Riebener Dorfstraße 13, ☎ 0176/83180800 Am Waldrand <10 m neu

POS: 52°11'23.53"N/13°2'29.17"E, Karte D8 (S. 11), E2
Platz: = 8 auf Wiese. CHEM GRAU. Anfahrt 8:00-20:00 Uhr. Geöffnet: März-Ende Okt.
Preis: 18 € inkl. Strom, Wasser, Entsorgung, Dusche, WLAN. Bezahlung beim Betreiber.
Kontakt: Fabian Ristau, ☎ 0176/83180800, fabian.ristau@t-online.de.
Distanz: 0 km, Ⓗ 0 km, 1 km, 7,8 km.
Gastro: Landgasthof Rieben.
Freizeit: Ausgewiesene Wander- und Fahrradwege, Altstadtführungen, Besuch der Landesgartenschau, Vogelbeobachtungssteg im Riebener See, Baden im Riebener See.
POI: Spargelstadt Beelitz mit Wasserturm 7,3 km.

15848 Beeskow €20,00

Marina am Yachthafen, Spreeinsel 5, ☎ 0170/2046748 Ruhige Lage auf der Spreeinsel neben dem Stadtpark <12 m

2020 geprüft E

POS: 52°10'23.12"N/14°15'17.37"E, Karte D8 (S. 11), G2
Platz: = 20, = 8 (<14 m) auf Schotterrasen, Pflaster, Wiese. WC CHEM/Bio GRAU. R wird empfohlen. Anmeldung Mo-So 10:00-18:00 Uhr. Nutzung des Grillplatzes nach Anmeldung. Geöffnet: 1.3-31.10.
Preis: 20 € inkl. Strom, Wasser, Entsorgung, WC, Müll-Entsorgung. Dusche 1 €/4 min. 10 € Pfand für Schlüssel Dusche/WC.
Kontakt: André Rädel, Mobil: 0170/2046748, spreeinsel@marina-beeskow.de, www.marina-beeskow.de.
Distanz: 0,1 km, 0,5 km, 0,8 km, Ⓗ 1 km.
Freizeit: 3 km, 0,3 km. Angeln, Volleyballplatz 0,1 km.
POI: Burg Beeskow 0,1 km, Altstadt 0,8 km, St. Marien Kirche 0,8 km.

15848 Beeskow €5,00

Stellplatz Michaelis, Charlottenhof 26, ☎ 0173/6063900 In ruhiger Lage im Industriegebiet <12 m

POS: 52°11'20.09"N/14°15'10.54"E, Karte D8 (S. 11), G2
Platz: = 20 auf Wiese. =20 (16 A) CHEM GRAU. Ebenes Wiesengelände. Ganzjährig geöffnet.
Preis: 5 € inkl. Entsorgung. Strom 3 €, Wasser 3 €/100 l, Müll-Entsorgung 3 €.
Kontakt: Burkhard Michaelis, Mobil: 0173/6063900, ABM26@gmx.de.
Distanz: Ⓗ 2 km, 2 km, 4 km, 4 km.
Freizeit: 4 km. Bootsverleih.
POI: Altstadt mit Stadtmauer, Burg, Marienkirche 4 km.

15848 Beeskow €20,00

Wohnmobilstellplatz Am Spreepark, Bertholdplatz 6, ☎ 0152/08895290 Am Spreepark mit historischer Badeanstalt <12 m

2021 geprüft E

POS: 52°9'52.09"N/14°14'24.69"E, Karte D8 (S. 11), G2
Platz: P = 30 auf Wiese, Schotter. WC CHEM GRAU. R nur bei Gruppen. 6 Reserve-Stellplätze mit Strom. Geöffnet: 1.4.-31.10.
Preis: 20 € inkl. Strom, Wasser, Entsorgung, Dusche, WC, Müll-Entsorgung. Jede weitere Pers. 10 €, Hund 2 €, Waschmaschine/Trockner je 2 €. NS 16 €, jede weitere Pers. 8 €. Bezahlung beim Platzwart oder an der Badkasse. Preisänderungen 2023 vorgesehen.
Kontakt: Spreepark – Camping und Caravan, ☎ 0152/08895290, spreepark.camping@gmx.de, www.spreepark-beeskow.de.
Distanz: Ⓗ 0,5 km, 0,9 km, 1 km.
Freizeit: 0,2 km, 0,1 km. Kegeln, Flussbadeanstalt, Minigolf, Beachvolleyball, Kanuverleih 0,1 km, Naturlehrpfad 0,1 km, Radweg 0,2 km, Motorbootverleih 1,5 km.
POI: Altstadt, Marienkirche von 1380, Stadtmauer mit Wehrtürmen 1 km, Musikmuseum 1,5 km, Ragoner Schlosspark 5,3 km, Bisonpark im Krügersdorf 6,2 km.

15848 Beeskow-Radinkendorf €15,00

Stellplatz am Spree-Radweg, Dorfstraße 29, ☎ 01575/3021180 Privater Stellplatz im Oder-Spree-Seengebiet <10 m

POS: 52°12'45.09"N/14°16'6.84"E, Karte D8 (S. 11), G2
Platz: = 1, = 1 (<10 m) auf Naturboden, Wiese. CHEM GRAU. R Verfügbarkeit telefonisch erfragen. Ganzjährig geöffnet.
Preis: 15 € inkl. Entsorgung, Müll-Entsorgung, WLAN. Strom extra.
Kontakt: Nico Ludwig, ☎ 01575/3021180.
Distanz: Ⓗ 0,1 km, 0,5 km, weitere Restaurants in 3 km, 2 km, 2,2 km.
Freizeit: Wandern, Spree-Radweg, Badesandstrand 0,1 km.
POI: Altstadt, Musikmuseum Beeskow 2,5 km, Regionalmuseum Burg Beeskow 2,7 km.

14778 Beetzsee-Brielow €20,00

Pension am Beetzsee, Seestraße 1, ☎ 0173/4394186 Wiesengrundstück am See >12 m

POS: 52°28'12.36"N/12°33'54.63"E, Karte D7 (S. 10), D2
Platz: = 5 auf Wiese. =6 (16 A) CHEM GRAU. Geöffnet: Mai-Okt.
Preis: 20 € inkl. Strom, Wasser, Entsorgung, Dusche, Müll-Entsorgung.
Kontakt: Ralf Kutz, Mobil: 0173/4394186, pension-am-beetzsee@arcor.de, pension-beetzsee.bplaced.net.
Distanz: 1,5 km, 1,5 km, 2 km, Ⓗ 2 km.
Gastro: Restaurant Fischerhütte in Radewege.
Freizeit: Surfen, Storchenradweg, Baden, Angeln, Segeln.
POI: Stadt Brandenburg 5 km.

14778 Beetzsee-Brielow €20,00

WWR Brielow/Marina Beetzsee, Seestraße 2, ☎ 033837/40205 Am Beetzsee mit eigenem kleinem Strand und Restaurant Beetzsee Terrassen <10 m

POS: 52°28'8.84"N/12°33'56.96"E, Karte D7 (S. 10), D2
Platz: = 20, = 5 (<13 m) auf Wiese, Schotterrasen. =25 (16 A) WC CHEM/Bio GRAU. R wird empfohlen. Telefonische Anmeldung am Wartebereich mit persönlicher Einweisung. Ganzjährig geöffnet.
Preis: 20 € inkl. Strom, Wasser, Entsorgung, WC, Müll-Entsorgung, Kurtaxe, WLAN. Dusche 1 €/Pers.
Kontakt: BBG GmbH, Robert Siemon, ☎ 033837/40205, info@wwr-brielow.de, www.ferien-am-beetzsee.de.
Distanz: 0 km, weitere Restaurants in 3 km, 2 km, 2 km, Ⓗ 2 km.
Gastro: Am Platz, Mo-So 11:00-21:00 Uhr. Frühstücksservice.
Freizeit: 6 km, 6 km. Ruder-/Sportbootverleih, Badestrand, Angeln, Storchenweg 0,5 km.
POI: Industriemuseum Brandenburg 5 km, Dom zu Brandenburg 6 km.

24321 Behrensdorf/Ostsee €17,00

Campingpark und Restaurant Waldesruh, Neuland 5, ☎ 04381/8555 Vor dem Campingplatz, 200 m vom Ostsee-Strand entfernt <10 m

POS: 54°21'28.19"N/10°36'6.01"E, Karte D2 (S. 5), H2
Platz: P = 23 auf Schotterrasen, Schotter. =23 (16 A) WC CHEM/Bio GRAU. Reservierung ab 4. Nacht. Geöffnet: Mitte März-Mitte Okt.
Preis: Ab 17 € inkl. Wasser, Entsorgung, WC, Müll-Entsorgung. Jede weitere Pers. 1 €, Strom 0,45 €/kWh, Dusche 0,70 €/5 min, WLAN 5 €/48 h, Hund 1,50 €. NS 17 €, HS 20 €. Preiserhöhung für Strom und Dusche möglich.
Kontakt: Campingpark Waldesruh, Stefanie Treczokat, ☎ 04381/8555, info@camp-waldesruh.de, www.camp-waldesruh.de.

Distanz: 0 km, weitere Restaurants in 0,8 km, , 0,3 km, Ⓗ 2 km.
Gastro: Restaurant Waldesruh, Fr-So 11:30-14:00 Uhr und 17:30-21:00 Uhr, Mo-Do Ruhetag.
Freizeit: 18 km, 1 km. Tauchschule, Veranstaltungen am Campingplatz, Wassersport, Freizeitpark mit Erlebnisbad in Weißenhaus 18 km.
POI: Leuchtfeuer Neuland 0,5 km, Herrenschloss Panker 4 km, Aussichtsturm Hessenstein 5 km, U-Boot-Ehrenmal in Laboe 25 km.

92339 Beilngries — €24,50

Naturama Beilngries, An der Altmühl 24, ☎ 08461/606730 — <10m — neu

Inmitten von Bäumen und direkt an der Altmühl

POS: 49°1'34.80"N/11°28'13.18"E, Karte D15 (S. 18), B1
Platz: P / = 160 auf Wiese, Schotter. WC CHEM GRAU . Umweltgebühr, Bootsverleih und -transport. Ganzjährig geöffnet.
Preis: Ab 24,50 € inkl. Wasser, Entsorgung, Dusche, WC, Müll-Entsorgung, WLAN. Kind (4-13 J.) 4,50 €, Strom einmalig 1,50 € und 4 €/Tag, Kurtaxe 1 €/Pers., Hund 3 €, Umweltgebühr 1 €/Pers., Waschmaschine/Trockner je €. 8.4.-18.5. 24,50 €, 1.9.-31.12. 25,50 €, 19.5.-31.8. 32 €, 1.1.-18.5. 25,50 €. Preise gelten für den Standardplatz. Plätze am Wasser mit/ohne Privatbad mit Aufpreis.
Kontakt: ☎ 08461/606730, service@naturama-beilngries.de, www.naturama-beilngries.de.
Distanz: 0,7 km, 0,7 km, Ⓗ 0,8 km.
Gastro: Öffnungszeiten Mi-So. Kleine Gaststätte mit Biergarten am Campingplatz, warme Küche ab 18:00 Uhr.
Freizeit: 0,2 km, 0,8 km, 0,5 km. Radfahren, Bootsfahrten, Stehpaddeln auf der Altmühl, Wandern, Tennis 0,1 km, Golfplatz 2 km, Swin Golf 3 km.
POI: Spielzeug-, Musikapparate- und Brauereimuseum 1 km, Schloss Hirschberg 3 km.

92339 Beilngries-Paulushofen — gratis

Landgasthof Euringer, Dorfstraße 23, ☎ 08461/6510 — <12m

Beim Landgasthof mit eigener Metzgerei im Ortszentrum

POS: 49°0'39.00"N/11°30'12.00"E, Karte D15 (S. 18), B1
Platz: = 10 auf Pflaster, Schotter, Asphalt. . Ganzjährig geöffnet. Ausnahme: 8.1.-22.1., 13.8.-27.8.
Preis: Für Restaurantgäste kostenlos. Einkehr obligatorisch.
Kontakt: Familie Euringer, ☎ 08461/6510, willkommen@landgasthof-euringer.de, www.landgasthof-euringer.de.
Distanz: 0 km, 0 km, weitere Restaurants in 4 km, Ⓗ 0,1 km, 4 km.
Gastro: Am Platz, Mo-Sa 7:00-0:00 Uhr, So 7:00-15:00 Uhr, warme Küche 11:30-21:00 Uhr. Frühstücksservice möglich.
Freizeit: 4 km, 4 km.
POI: Altmühltal.

71717 Beilstein — gratis

Weingut Krohmer, Winzerhausener Weg 22, ☎ 07062/3725 — <8m

Auf dem Weingut

POS: 49°2'18.26"N/9°18'20.22"E, Karte D14 (S. 17), F1
Platz: / / = 8 auf Schotter. Anfahrt 24 h. Ganzjährig geöffnet.
Preis: Übernachtung gratis. Strom 5 €, Wasser 5 €. Weinkauf erwünscht.
Kontakt: Familie Krohmer, ☎ 07062/3725, info@weingut-krohmer.de, www.weingut-krohmer.de.
Distanz: (Gruppenklärwerk Häldenmühle, In der Au 3, 71672 Marbach am Neckar), 0 km, 0,6 km, Ⓗ 0,7 km, 1 km.
Gastro: Weinstube zur Bütte (Besen-Öffnungszeiten siehe Website).
Freizeit: 1 km, 1 km. Wanderwege.
POI: Salzbergwerk Heilbronn, Burg Beilstein 3 km, Erlebnispark Tripsdrill 20 km.

76756 Bellheim — €6,00

Wohnmobilplatz am Tennisclub, Auchtweide, ☎ 0172/7277063 — <12m

Auf dem Parkplatz des Tennisclubs hinter dem Schwimmpark

POS: 49°11'43.16"N/8°16'29.38"E, Karte D9 (S. 12), D5
Platz: = 8 auf Schotter, Asphalt. WC. Geöffnet: Mai-Okt, Aufenthalt nach Vereinbarung.
Preis: 6 € inkl. Strom, Wasser, WC, Müll-Entsorgung. Dusche 2 €/Pers.
Kontakt: TC Grün-Weiß Bellheim e.V., Franz-Josef Werner, ☎ 0172/7277063, Mobil: 0173/8789021, franz-josef.werner@superkabel.de.
Anfahrt: Navi: Postgrabenstraße.
Distanz: 0 km, 0,5 km, 0,5 km, Ⓗ 1 km.
Gastro: Restaurant im Clubhaus. Weitere Restaurants fußläufig erreichbar.
Freizeit: 0,2 km. Tennis und Boule spielen auf Anmeldung, 0,2 km.
POI: Germersheim mit Rhein und Festung 10 km, Speyer 20 km.

56170 Bendorf-Sayn — gratis

Wohnmobilstellplatz Bendorf-Sayn, Althansweg 2, ☎ 02622/703105 — <12m

Teil des öffentlichen Parkplatzes

POS: 50°26'29.99"N/7°34'48.13"E, Karte D9 (S. 12), C2
Platz: P = 6 auf Sand/Splitt, Schotterrasen. . Ganzjährig geöffnet.
Preis: Übernachtung gratis.
Kontakt: Tourist-Information Stadt Bendorf, ☎ 02622/703105, touristinfo.sayn@bendorf.de, www.bendorf.de.
Distanz: Ⓗ 0,4 km, 0,4 km, 0,5 km, 0,7 km.
Gastro: Die Sayner Scheune 0,4 km.
Freizeit: 0,5 km. Wandern auf dem Rheinsteig, Schmetterlingsgarten, Kletterwald Sayn 1,5 km, Zoo Neuwied im OT Heimbach-Weis 2 km.
POI: Schloss Sayn mit Park 0,5 km, Rheinisches Eisenkunstgussmuseum 0,6 km, Mühlenmuseum Heins Mühle 0,8 km, Burg und Abtei Sayn 0,9 km.

83671 Benediktbeuern — €7,00

Stellplatz am Sportzentrum, Schwimmbadstraße 37, ☎ 08857/248 — <10m

In ruhiger Lage am Sportzentrum

POS: 47°41'56.75"N/11°24'58.36"E, Karte D15 (S. 18), B4
Platz: P = 15 auf Asphalt. =16 CHEM GRAU. Aufenthalt max. 3 Nächte. Geöffnet: 1.4-31.10.
Preis: 7 € inkl. Wasser, Entsorgung, Müll-Entsorgung, Kurtaxe. Strom 0,50 €/kWh.
Kontakt: Tourist-Information, ☎ 08857/248, tourismus@benediktbeuern.de, www.benediktbeuern.de/wohnmobilstellplatz.
Distanz: 0,2 km, weitere Restaurants in 1 km, 1 km, Ⓗ 1 km, 1 km.
Gastro: Restaurant Einkehr zum Alpenwarmbad.
Freizeit: 0,2 km, 6 km, 1 km. Alpenwarmbad 0,2 km.
POI: Kloster Benediktbeuern 1,5 km, Franz Marc Museum Kochel 7 km, Bad Tölz 16 km.

Sie haben einen neuen Stellplatz entdeckt? Dann teilen Sie uns diesen mit per E-Mail an **bordatlas@doldemedien.de** oder über das Online-Meldeformular unter **www.bordatlas.de/meldung**

B

71726 Benningen/Neckar gratis

Parkplatz Gemeindehalle, Max-Eyth-Straße, ☎ 07144/9060 <12m
Auf dem Parkplatz in der Nähe der Bahngleise

POS: 48°56'44.44"N/9°13'59.61"E, Karte D14 (S. 17), F1
Platz: = 4 auf Schotter. Nächste VE beim Gruppenklärwerk Häldenmühle. Ganzjährig geöffnet.
Preis: Übernachtung gratis.
Kontakt: Gemeinde Benningen, ☎ 07144/9060, rathaus@benningen.de, www.benningen.de.
Distanz: 0,1 km, weitere Restaurants in 2 km, 1 km, 1 km, 1 km, 2,8 km (Anlage beim Gruppenklärwerk Häldenmühle, An der Landstraße 110, 71726 Benningen/Neckar).
Gastro: Bürgerschenke.
Freizeit: 7 km, 5 km, 5 km. Wander-/Radwege im Neckartal.
POI: Schiller-Nationalmuseum in Marbach 5 km, Ludwigsburger Schloss 8 km.

93176 Beratzhausen-Friesenmühle €10,00

Landgasthof Friesenmühle, Friesenmühle 1, ☎ 09493/735 <10m
Beim Gasthof an der Schwarzen Laber in Waldnähe

2021 geprüft

POS: 49°5'8.27"N/11°48'45.87"E, Karte D15 (S. 18), C1
Platz: = 6, = 10 (<10 m) auf Schotter. WC. WC zu den Öffnungszeiten. Aufenthalt max. 24 h. Ganzjährig geöffnet. Ausnahme: Betriebsurlaub im Jan.
Preis: 10 € inkl. Strom, Kurtaxe.
Kontakt: Familie Seitz, ☎ 09493/735, info@friesenmuehle.de, www.friesenmuehle.de.
Distanz: 0 km, weitere Restaurants in 1 km, 0,4 km, 0,5 km, 1 km.
Gastro: Am Platz, Fr-Di 11:30-14:00 Uhr und 17:00-20:00 Uhr, Do 17:00-20:00 Uhr, Mi Ruhetag, Apr-Sep Mi Ruhetag, Do ab 17:00 Uhr, Okt-März Mi+Do Ruhetag. Brötchenservice. Frühstück auf Anfrage.
Freizeit: 0,5 km. Radweg entlang der Schwarzen Laber, Western-/Englischreiten, Tennis, Eisstockschießen, Langlauf, Skilifte am Schlossberg 1,5 km.
POI: UNESCO-Welterbestadt Regensburg, barocke Pfarrkirche/gotische St. Michaelskapelle im Ort, Kallmünz 18 km, Kloster Weltenburg am Donaudurchbruch 25 km, Höhlen am Main-Donau-Kanal 25 km.

93176 Beratzhausen-Rechberg gratis

Landgasthof Rechberger-Hof, Leonhard-Nüber-Straße 5, ☎ 09493/1553 <10m
Auf dem Parkplatz in verkehrsgünstiger Lage zur A3

2021 geprüft

POS: 49°8'16.00"N/11°52'1.00"E, Karte D15 (S. 18), C1
Platz: = 1 auf Schotter. WC. Aufenthalt max. 3 Tage. Ganzjährig geöffnet.
Preis: Für Restaurantgäste kostenlos. Einkehr obligatorisch.
Kontakt: Anna-Maria Schmidmeier, ☎ 09493/1553, info@rechberger-hof.de, www.rechberger-hof.de.
Distanz: 0 km, 0,1 km, 8,2 km.
Gastro: Warme Küche, 11:00-14:00 Uhr, 17:00-20:30 Uhr, Mo/Di Ruhetag. Frühstückservice auf Anfrage.
Freizeit: 7,9 km. Reiten, Obsterlebnis-Wanderwege, Wintersport, 0,3 km, Western-/Englischreiten in Jo's Westernstables 6 km.
POI: Wallfahrtskirche Maria Heimsuchung 0,5 km, Katharieder Bauernhanddruck bei Fa. Schleyerbach 2 km, Altstadt Kallmünz 9,7 km.

92334 Berching €7,00

Wohnmobilstellplatz an der Schiffsanlegestelle, Uferpromenade 3, ☎ 08462/20513 <12m
Am Main-Donau-Kanal, 200 m vor der Altstadt

POS: 49°6'34.99"N/11°26'20.83"E, Karte D11 (S. 14), B5
Platz: = 15 auf Schotterrasen, Rasengittersteinen. WC CHEM GRAU. Leinenpflicht für Hunde. Tickets am Kassenautomat lösen und gut sichtbar im Wohnmobil hinterlegen. Ganzjährig geöffnet.
Preis: Ab 7 € inkl. Entsorgung, Müll-Entsorgung, WLAN. Strom 1 €/8 h, Wasser 1 €/100 l, WC 0,50 €. Staffelpreise: 7 €/Tag, 14 €/2 Tage, 18 €/3 Tage.
Kontakt: Stadt Berching, ☎ 08462/20513, tourismus@berching.de, www.berching.de.
Distanz: 0,1 km (am Volksfestplatz gegenüber), 0,2 km, 0,5 km, 0,5 km.
Gastro: Restaurants und Biergarten in der Altstadt. Imbiss an der Schiffsanlegestelle.
Freizeit: 0,5 km, 0,5 km, 0,5 km. Kulturprogramm, Schifffahrt auf dem Main-Donau-Kanal, Tal der Weißen Laaber 5 km.
POI: Mittelalterliche Altstadt 0,2 km, Heimat- und Gluckmuseum an der Johannisbrücke 0,6 km, Kloster Plankstetten 5 km.

92334 Berching €15,00

Wohnmobilstellplatz Stampfermühle, Schwimmbadweg 3, ☎ 0175/7100115 <10m neu
In Bachnähe an der Gaststätte

POS: 49°6'30.50"N/11°26'36.61"E, Karte D11 (S. 14), B5
Platz: = 15 auf Wiese, Schotterrasen. WC CHEM GRAU. Bis max. 4 Tonnen. Anfahrt 8:00-20:00 Uhr. Geöffnet: Anfang März-Mitte Okt.
Preis: 15 € inkl. Strom, Wasser, Entsorgung, WC.
Kontakt: Biergarten Stampfermühle, Markus Meyer, ☎ 0175/7100115, meyer.markus1983@gmail.com, www.stampfermuehle.com.
Distanz: 0 km, 0,5 km, 0,5 km, 0,5 km.
Gastro: Stampfermühle mit Biergarten.
Freizeit: 0,5 km, 0,5 km. Begehbare Stadtmauer Berching, ausgewiesene Rad-/Wanderwege, Schifffahrt auf dem Main-Donau-Kanal, Tal der Weißen Laaber 5 km.
POI: Mittelalterliche Altstadt 0,5 km, Heimat- und Gluckmuseum an der Johannisbrücke 0,6 km, Kloster Plankstetten 5 km.

83471 Berchtesgaden €20,00

Reisemobilstellplatz Allweglehen, Allweggasse 4, ☎ 08652/2396 <12m
In ruhiger Lage 100 m unterhalb der Zufahrt zum Campingplatz

2022 geprüft

POS: 47°38'52.80"N/13°2'22.90"E, Karte D16 (S. 19), F4
Platz: = 28, = 28 (<12 m) auf Sand/Splitt. =32 (16 A) WC CHEM GRAU. E-Smart zur Miete, E-Bike-Verleih. Anfahrt 24 h. WC/Dusche barrierefrei. Ganzjährig geöffnet.
Preis: Ab 20 € inkl. Strom, Wasser, Entsorgung, Dusche, WC, Müll-Entsorgung. Kurtaxe 2,60 €/Pers. 10.1.-31.5. 20 €, 1.6.-6.11. 25 €, 7.11.-22.12. 20 €, 23.12.-9.1. 25 €.
Kontakt: Camping Allweglehen, Herr Thomas Fendt, ☎ 08652/2396, urlaub@allweglehen.de, www.allweglehen.de.
Anfahrt: Einfahrt ist mit einer großen Fahne markiert. Steile Auffahrt mit Ausweichstellen. Eine Schlepphilfe wird angeboten.
Distanz: 0 km, weitere Restaurants in 1 km, 0,5 km, 3 km, 5 km.
Gastro: Restaurant mit Biergarten am Platz, geöffnet je nach Saison: 17:00-20:00 Uhr bzw. 17:00-21:00 Uhr. Imbiss/Kiosk mit Bäckerwaren.
Freizeit: Aktivprogramm ab Platz mit ausgebildeten Bergführern - Wanderungen, Klettersteige, Bergsteigen, Rafting, Naturrodelbahn im Winter, Tandem Paragliding, Wellness/Thermalpool gegen Gebühr, Canyoning, Goldgraben am Untersberg, Motorrad BMW Testride Center, Naturrodelbahnen, Eislaufhalle, Snow-Tubing, Ski-und Schneeschuhtouren, Watzmann Therme 3 km, Sommerrodelbahn 7 km, Golfplatz 7 km, Alpenzoo mit Greifvögeln 7 km, Königssee inkl. Schifffahrt 8 km.
POI: Haus der Berge in Berchtesgaden, Obersalzberg Dokumentation, Kehlstein, Salzheilstollen/Besucherbergwerk 3 km, Berchtesgaden 5 km, Eishöhle am Untersberg 7,6 km, Salzburg 18 km.

95180 Berg-Schnarchenreuth €8,00

Gasthaus Gebhardt, Von-Dobeneck-Straße 9, ☎ 09293/1500 Beim Gasthaus in verkehrsgünstiger Lage zur A9 **<12m**

POS: 50°23'17.98"N/11°46'50.20"E, Karte D11 (S.14), C2
Platz: = 8 auf Pflaster, Wiese. WC. R wird empfohlen. Nutzung von WC/WLAN in der Gaststätte zu den Öffnungszeiten. Geöffnet: Apr-Okt.
Preis: 8 € inkl. WLAN. Strom 2,50 €, Wasser 2,50 €.
Kontakt: Gasthaus Gebhardt, Ingrid Gebhardt, ☎ 09293/1500, klaus.gebhardt@online.de, gasthaus-gebhardt.business.site/.
Distanz: 0,1 km, weitere Restaurants in 2 km, 0,2 km, H 0,2 km, 0,2 km.
Gastro: Am Platz, Mo + Fr 17:00-22:00 Uhr, So 10:00-21:00 Uhr, Di-Do + Sa Ruhetag, warme Küche Mo, Fr 17:00-19:30 Uhr, So 11:00-13.30 Uhr, 17:00-19:30 Uhr. Brötchenservice möglich.
Freizeit: 5 km. Radfahren, Wandern zwischen Frankenwald und Thüringer Wald, Kurpark Bad Steben 10 km.
POI: Eisenpark in Eisenbühl 3 km, Deutsch-Deutsches Grenzlandmuseum in Mödlareuth 8 km, Theresienstein in Hof, schönster Park Deutschlands 15 km.

07980 Berga-Clodra €14,50

Autocamping Am Töpferberg, Dorfstraße 35, ☎ 03662/320438 Campingplatz ohne Schranke in ruhiger Waldlage **<12m**

POS: 50°45'34.74"N/12°7'27.42"E, Karte D11 (S.14), C1
Platz: = 30 auf Wiese. =30 (16 A) WC GRAU. Geöffnet: Ostern-Ende Okt.
Preis: 14,50 € inkl. Strom, Wasser, Dusche, WC, Müll-Entsorgung. Kurtaxe 2 €/Pers. Kind 2 €.
Kontakt: Franziska Rossbach, ☎ 03662/320438, info@toepferberg.de, www.toepferberg.de.
Distanz: , 0 km, weitere Restaurants in 5 km, H 0,8 km, 5 km.
Gastro: Restaurant am Töpferberg, Mo-Di + Fr 11:00-14:00 Uhr und 17:00-20:00 Uhr, Sa-So 11:00-20:00 Uhr, Mi-Do Ruhetag. Ruhetag: Mi ganzjährig, Do Nov-März.
Freizeit: 7 km. Radwandern, Angeln, Reiten, Wandern, Reiterhof 1 km, Gondelstation 5 km, Talsperre Hohenleuben 6 km, Erlebnisbad 15 km.
POI: Schloss Osterburg in Weida 5 km, Burg Reichenfels 8 km, Schlosspark Greiz 15 km.

29303 Bergen €18,50

Hotel Gasthof Zum Becklinger Holz, Becklingen 21, ☎ 05051/4512 Am Waldrand **<12m**

POS: 52°52'14.44"N/9°53'50.08"E, Karte D6 (S.9), G1
Platz: P = 17 auf Schotter. WC CHEM GRAU. Ganzjährig geöffnet.
Preis: 18,50 € inkl. Strom, Wasser, Entsorgung, Dusche, WC, WLAN.
Kontakt: Familie Ahrens, ☎ 05051/4512, info@zum-becklinger-holz.de, www.zum-becklinger-holz.de.
Distanz: 0 km, 0,7 km, 8 km.
Gastro: Am Platz, Mi-So 17:00-21:00 Uhr, Mo-Di Ruhetag. Spezialitäten aus der Lüneburger Heide. Brötchen- und Zeitungsservice.
Freizeit: Kutschfahrten, Kanufahrten, Naturschutzgebiet Großes Moor bei Becklingen 4 km, Soltau-Therme Sole 17 km.
POI: Heimatmuseum Bergen 8 km, Gedenkstätte Bergen-Belsen 13 km, Spielzeug/Heimatmuseum Soltau 17 km, Heidepark Soltau 25 km.

29303 Bergen €8,00

Reisemobilplatz Bergen, Ziegeleiweg 7, ☎ 05051/47964 Ruhig und zentral gelegener Wohnmobilstellplatz im Grünen **<6m**

2022 geprüft E

POS: 52°48'46.12"N/9°57'50.89"E, Karte D6 (S.9), G1
Platz: P = 6 auf Wiese, Schotter, Rasengittersteinen. =8 (16 A) CHEM GRAU. Anfahrt bis 22:00 Uhr. Ganzjährig geöffnet.
Preis: 8 € inkl. Entsorgung, Müll-Entsorgung. Strom 1 €/kWh, Wasser 1 €/6 min. Strom/Wasser gegen Münzzahlung, Bezahlung der Stellplatzgebühr bei der Tourist-Info im Standesamtgebäude oder der Stadtkasse im Rathaus.
Kontakt: Tourist-Info Bergen, Heike Thumann, ☎ 05051/47964, touristinfo@bergen-online.de, tourismus.stadt-bergen.de/.
Distanz: H 0,5 km, 0,5 km, weitere Restaurants in 1 km, 0,5 km, 1 km.
Gastro: Café am Museum 0,5 km. Café & Bistro 9 Einhalb 0,7 km. Eiscafé Miriam 0,8 km.
Freizeit: Rad- und Fernwanderwege, Schwimmbad Winsen (Aller), Hallenbad Bergen 1 km, Wildpark Müden 15 km, Heidepark Soltau und Therme 25 km.
POI: Museum Römstedthaus 0,5 km, zahlreiche Hügel-/Steingräber in der Umgebung 2,5 km, Gedenkstätte Bergen-Belsen 6 km, Salinenmuseum Sülze und Afrika-Museum 8 km, Waldarbeit-Museum in Becklingen 9 km, Altstadt von Celle 24 km.

29303 Bergen-Becklingen €10,00

Rippenhof, Becklingen 5, ☎ 05051/6349 Auf einem Bauernhof mit Erlebnisgastronomie **<10m**

2022 geprüft E

POS: 52°51'54.21"N/9°54'21.34"E, Karte D6 (S.9), G1
Platz: P = 20 auf Schotterrasen, Wiese. WC GRAU. R wird empfohlen. Stammtisch willkommen. Ganzjährig geöffnet.
Preis: 10 € inkl. Entsorgung, WC, Müll-Entsorgung, Kurtaxe. Strom 4 €, Wasser 2 €/150 l, Dusche 2 €/Pers.
Kontakt: Wilhelm Habermann, ☎ 05051/6349, Mobil: 0173/9023021, info@rippenhof.de, www.rippenhof.de.
Distanz: 0,1 km, H 0,5 km, 4 km, 8 km.
Gastro: Bewirtung am Hof oder in der Diele möglich. Restaurant Zum Becklinger Hof 1 km.
Freizeit: 15 km, 9 km. Führung zum Waldarbeitmuseum und Backhaus, Soltau Therme 17 km.
POI: Panzermuseum Munster, Weltvogelpark Walsrode, Museum Römstedthaus Bergen 15 km, Heidepark Soltau 16 km, Gedenkstätte Bergen-Belsen 16 km, Erdölmuseum Wietze 23 km, Altstadt Celle 34 km.

83346 Bergen/Bayern €6,00

Parkplatz an der Hochfelln-Seilbahn, Hochfellnstraße 69, ☎ 08662/5575 Am Rande eines Privatparkplatzes für Besucher der Hochfelln-Seilbahn **<12m**

2022 geprüft

POS: 47°47'52.70"N/12°35'26.92"E, Karte D16 (S.19), E4
Platz: P = 15 auf Schotter. Aufenthalt max. 2 Nächte. Ganzjährig geöffnet.
Preis: 6 €. Kurtaxe 1 €/Pers. Gespanne 9 €. Kurtaxe wird am Parkplatz erhoben. Übernachtungspreis gilt bis zum Folgetag 10:00 Uhr.
Kontakt: Claudia Parzinger, ☎ 08662/5575, parzingerb@yahoo.de.
Distanz: H 0 km, 0,2 km, 0,3 km, 1 km.
Freizeit: 1,5 km. Gleitschirm-/Drachenfliegen, Nordic Walking, Bergwandern.
POI: Hochfellnseilbahn 0,1 km, Maxhüttenmuseum 0,3 km, Chiemsee 6 km.

18528 Bergen/Rügen €20,00

Wohnmobilhafen Bergen auf Rügen, Tilzower Weg 32a, ☎ 03838/404255 In ruhiger Ortsrandlage **<12m**

2021 geprüft E

POS: 54°24'9.05"N/13°25'42.84"E, Karte D4 (S.7), E2
Platz: P = 20 auf Schotterrasen, Asphalt, Wiese. =20 (25 A) WC CHEM GRAU. Strandkörbe. Ankunft 24 h, bewacht. Geöffnet: Apr-Okt.
Preis: Ab 20 € inkl. Entsorgung, WC, Müll-Entsorgung, WLAN. Jede weitere Pers. 4 €, Strom 5 €, Wasser 1 €/90 l, Dusche 2 €/6 min, Waschmaschine/Trockner je 4 €. Kind 2,50 €.

Kontakt: Kay Theen, ☎ 03838/404255, Mobil: 0171/5322664, info@wohnmobil-stellplatz-ruegen.de, www.wohnmobil-stellplatz-ruegen.de.
Distanz: Ⓗ 0,1 km, 0,3 km, 0,5 km, weitere Restaurants in 0,8 km, 1,2 km.
Gastro: Restaurant in Bergen 0,5 km.
Freizeit: Radweg angrenzend, Sommerrodelbahn 2 km, Baumwipfelpfad 9 km, Störtebekerfestspiele 10 km.
POI: Rugardaussichtsturm, Störtebeker Ralswiek 10 km, Ostseebad Binz 15 km, Seebrücke Sellin 20 km, Ozeaneum Stralsund 25 km.

50126 Bergheim/Erft-Paffendorf — gratis — <10 m

Wohnmobilstellplatz Bergheim-Paffendorf, Antoniusstraße/Kastanienallee, ☎ 02271/89250 Auf dem Parkplatz nahe Erft und Wasserschloss Paffendorf

2021 geprüft

POS: 50°57'50.50"N/6°36'42.39"E, Karte D9 (S. 12), B1
Platz: = 8 auf Asphalt. Aufenthalt max. 3 Nächte. Ganzjährig geöffnet.
Preis: Übernachtung gratis.
Kontakt: Kreisstadt Bergheim, ☎ 02271/89250, tourismus@bergheim.de, www.bergheim.de.
Distanz: Ⓗ 0,5 km, 1 km, 2 km, 2,1 km.
Freizeit: 3 km, 3 km, 3 km. Minigolfplatz, Kajakstation 1 km, Segelflugplatz 2 km.
POI: Schloss Paffendorf 0,5 km, Altstadt 3,5 km.

51469 Bergisch Gladbach-Paffrath — €10,00 — <8 m

Wohnmobilstellplatz Bergisch Gladbach, Borngasse 2, ☎ 02202/285992 Am Kombibad Paffrath

2021 geprüft

POS: 50°59'56.00"N/7°5'24.00"E, Karte D9 (S. 12), B1
Platz: = 20 auf Rasengittersteinen. =20 CHEM GRAU. Anfahrt nur bei Anwesenheit des Platzwartes (Mo-Fr 9:00-11:00 Uhr, 15:00-17:00 Uhr, WE/Feiertag 10:00-12:00 Uhr) oder auf Voranmeldung per Mail mindestens 4 Tage vor Anreise. Anmeldung am Infocontainer. Geöffnet: Ostern-Mitte Okt.
Preis: 10 € inkl. Entsorgung. Strom 2 €, Wasser 2 €. Bezahlung über Chip-Coins, erhältlich beim Platzwart.
Kontakt: GL-Service gGmbH, ☎ 02202/285992, Mobil: 0157/85148749, wohnmobilstellplatz@gl-service-ggmbh.de, www.gl-service-ggmbh.de.
Distanz: Ⓗ 1 km, 2 km, 2 km, 2 km.
Freizeit: Rad-/Wanderwege, Kombibad Paffrath, Wildpark Dünnwald 2 km.
POI: Städtische Galerie Villa Zanders 3 km, Hauptpfarrkirche St. Laurentius 3 km, Straßenbahnmuseum Köln Thielenbruch 4 km, Schloss Bensberg 5 km.

59192 Bergkamen-Rünthe — €10,00 — <12 m

Wohnmobilhafen Marina Rünthe, Hafenweg, ☎ 0172/9722575
Am Yachthafen neben dem Naturschutzgebiet

POS: 51°38'28.60"N/7°38'36.95"E, Karte D5 (S. 8), C4
Platz: = 18 auf Schotterrasen. =18 (16 A) CHEM GRAU. Infostand. Anfahrt 24 h, Clubtreffen auf Anfrage. Ganzjährig geöffnet.
Preis: 10 € inkl. Müll-Entsorgung, WC. Strom 0,50 €/kWh, Wasser 0,10 €/10 l, Entsorgung 1 €.
Kontakt: Detlef Göke, Mobil: 0172/9722575, info@wohnmobilhafen-bergkamen.de, www.wohnmobilhafen-bergkamen.de.
Distanz: Ⓗ 0,3 km, 0,5 km, 0,5 km, 0,5 km.
Gastro: Frühstücksangebote/Brötchenverkauf im Hafencafé von Mo-Sa von 9:00-12:00 Uhr. Liquid-Liberty Classic Bar auf dem Wasser. Pier47. Restaurant zum Yachthafen (Bosnia).
Freizeit: 3,5 km, 5 km. Fahrgastschifffahrt, Tennis/Fitness 1 km, Drachenbootfahrt 1 km, Ganzjahres-Natursolebad Werne 2,5 km, Westernreiten 6 km, Eissporthalle 7 km, Naturfreibad Heil 7 km.
POI: Bergehalde Großes Holz mit Korridorpark, Beversee (Naturschutzgebiet), Ökologiestation 2 km, Stadtmuseum mit römischer Abteilung und Ausgrabungsstätte Römerlager 6 km.

51702 Bergneustadt — gratis — <10 m

Wohnmobilstellplatz Bergneustadt, Talstraße 5, ☎ 02261/43184
Auf dem Parkplatz der Grünanlage

POS: 51°1'20.53"N/7°39'3.93"E, Karte D9 (S. 12), C1
Platz: = 3 auf Asphalt. CHEM GRAU. Ganzjährig geöffnet.
Preis: Übernachtung gratis.
Kontakt: Tourist-Info Bergneustadt, ☎ 02261/43184, tourismus@bergneustadt.de, www.bergneustadt-tourismus.de.
Distanz: 0,2 km, 1,2 km.
Gastro: Cafés/Restaurants 0,2 km.
Freizeit: Wander-/Radrouten, Wintersportgebiet Blockhaus-Belmicke 11 km.
POI: Altstadt mit Fachwerkhäusern, Losemundbrunnen, Altstadtkirche 0,4 km, Ev. Kirche in Wiedenest 3 km, Affen-/Vogelpark mit Indoor-Erlebnishalle 7 km, Eisenbahnmuseum Dieringhausen 11 km.

97493 Bergrheinfeld-Garstadt — gratis — <8 m

Wohnmobilstellplatz Bergrheinfeld-Garstadt/Main, Dorfstraße ggü. Brunnholzstraße, ☎ 09721/970017
Am Mainufer mit Sicht auf die Schleuse Garstadt und das KKW Grafenrheinfeld

POS: 49°58'15.17"N/10°10'27.69"E, Karte D10 (S. 13), H3
Platz: = 10 auf Schotterrasen. Aufenthalt max. 7 Tage. Geöffnet: 1.4.-31.10.
Preis: Übernachtung gratis. Um freiwillige Spende wird gebeten.
Kontakt: Jürgen Dölzer, ☎ 09721/970017, gemeindeverwaltung@bergrheinfeld.de, www.bergrheinfeld.de.
Distanz: Ⓗ 0,3 km, 0,3 km, 6 km.
Gastro: Gasthof Metzgerei Zum Schiff. Weinbaubetriebe in der Umgebung.
Freizeit: 5 km. Mainradweg, Reiten, Bildstockwanderung.
POI: Zehnthaus mit Gemeindebibliothek.

97241 Bergtheim — €18,00 — >12 m — Gutschein

Weingut Schmitt, Am Weinfaß 1, ☎ 09367/90910 Unter Alleebäumen mit Blick auf Obstbäume und Felder

POS: 49°53'37.98"N/10°3'46.17"E, Karte D10 (S. 13), H3
Platz: = 8, = 4 (<15 m) auf Schotter, Wiese. WC. Grillen erlaubt. wird empfohlen. Wohnmobile mit Überlänge und Überhöhe möglich. Ausnahme: Mitte August 1 Woche und 10.12.-15.1. geschlossen.
Preis: 18 €. Strom 3 €. Inkl. Gutschein für Weinkauf.
Kontakt: Anja Schmitt-Kraiß, ☎ 09367/90910, info@privat-weingut-schmitt.de, www.privat-weingut-schmitt.de.
Distanz: 0,5 km, weitere Restaurants in 2,5 km, 0,5 km, 0,5 km, Ⓗ 1 km.
Gastro: Hofläden mit Gemüse, Obst. Sportgaststätte 0,5 km.
Freizeit: 10 km, 9 km. Weinprobe, Fahrradreparatur, Tennis 0,5 km, Reiten 0,5 km, Kegeln 0,5 km.
POI: Wallfahrtskirche Fährbrück 2,5 km, Walderlebniszentrum Gramschatz 5 km, Schloss Werneck 9 km, Würzburg Residenz 12 km.

37297 Berkatal-Frankershausen — gratis — <12 m

Stellplatz an den Hie- und Kripplöchern, Am Sportplatz, ☎ 05657/98910 Kurzzeit-Stellplätze im Naturschutzgebiet der Hie- und Kripplöcher

POS: 51°14'15.27"N/9°54'54.45"E, Karte D6 (S. 9), G5
Platz: = 3 auf Asphalt. Ganzj. geöffnet.
Preis: Übernachtung gratis.
Kontakt: Gemeinde Berkatal, Walter Schäfer, ☎ 05657/98910, gemeinde@berkatal.de, www.berkatal.de.
Distanz: Ⓗ 0,1 km, 0,3 km, 0,5 km, 0,5 km, 1,3 km (WK Tank Berkatal — Autohaus Schäfer, Leppermühle 2, 37297 Berkatal-Frankershausen).
Freizeit: 6 km, 6 km, 6 km. Geführte Wanderungen, Naturpark Meißner 0,1 km, Bergwildpark Meißner-Germerode 7 km.
POI: Besucherbergwerk 4 km.

12557 Berlin €12,50

Wohnmobilstellplatz NeoHostel, Grünauer Straße 212, ☎ 030/509301550 Am ehemaligen Köpenicker Betonwerk <8m neu

POS: 52°25'51.57"N/13°34'15.21"E, Karte D8 (S.11), F2
Platz: P = 5 auf Rasengittersteinen. WC. Gemeinschaftsküchen und -bäder sowie Waschmaschinen im Hostel. Anfahrt 6:00-22:00 Uhr. Ganzjährig geöffnet.
Preis: 12,50 € inkl. WC, WLAN. Kaution 50 €.
Kontakt: Neohostel, ☎ 030/509301550, contact@neohostel.com, www.neohostel.com.
Distanz: Ⓗ 0,1 km, 0,7 km, 0,9 km, 19 km.
Freizeit: 3,9 km. Europaradweg R1, thematische Stadtführungen mit Bus oder per Schiff, Aquadom & Sea-Life Berlin 18 km.
POI: Barockschloss Köpenick 2 km, Köpenicker Altstadt 3 km, Rathaus von Köpenick 3 km, Brandenburger Tor 19 km.

13357 Berlin-Gesundbrunnen €32,00

Wohnmobil-Oase-Berlin, Hochstraße 4, ☎ 0175/2466247 Zentraler Reisemobilstellplatz in Berlin-Mitte <12m

POS: 52°32'56.11"N/13°23'1.23"E, Karte D8 (S.11), E1
Platz: P = 85 auf Asphalt, Schotter, Pflaster. =100 (6, 16 A) WC CHEM GRAU. Ankunft ab 11:00-18:00 Uhr, Abreise bis 11:00 Uhr des Folgetages. Um Voranmeldung wird gebeten. Ganzjährig geöffnet.
Preis: Ab 32 € inkl. Entsorgung, Müll-Entsorgung. Jede weitere Pers. 4 €, Kind (2-12 J.) 2 €, Wasser 1 €/100 l, Hund 2,50 €, Dusche/WC 2,50 €/Pers. Strom (6A) 4 €, (16A) 1 €/kWH. 32-34 € je nach Fahrzeuglänge.
Kontakt: Kathleen Schmidt, ☎ 0175/2466247, camping@wohnmobil-oase-berlin.com, www.wohnmobil-oase-berlin.com.
Anfahrt: Eingabe ins Navi: 13357 Hochstraße 4.
Distanz: Ⓗ 0,2 km, 0,2 km, 0,3 km, weitere Restaurants in 0,4 km, 3 km.
Gastro: Brötchenservice auf Anfrage.
Freizeit: 0,2 km, 0,2 km. Trabi-Safari durch Berlin, Stadtrundfahrten, Sightseeing-Rundfahrt auf der Spree, Madame Tussauds 4,5 km, Sea-Life 5 km, Legoland Discovery Centre 5,5 km.
POI: Brandenburger Tor, Reichstagsgebäude, Berliner Fernsehturm, Alexanderplatz, Check-Point Charlie.

12557 Berlin-Köpenick €20,00

BWSG Marina Wendenschloss, Wendenschlossstraße 350-354, ☎ 030/6513415 Direkt am Ufer der Dahme im Bezirk Berlin-Köpenick (außerhalb der Umweltzone) <12m

POS: 52°25'31.22"N/13°35'2.52"E, Karte D8 (S.11), F2
Platz: = 10 auf Pflaster, Wiese, Naturboden. =10 (4 A) WC CHEM GRAU. wird empfohlen. Bootsverleih. Abreise bis 12:00 Uhr danach 8 € Aufschlag. Auf Wunsch Verkauf der Berliner Welcome Card. Geöffnet: Apr-Okt (Beginn und Ende abhängig vom Ende/Beginn Winterlager der Boote aus der Marina).
Preis: Ab 20 € inkl. Strom, Wasser, Entsorgung, WC, Müll-Entsorgung, Kurtaxe, WLAN. Dusche 1 €/5 min.
Kontakt: Berliner Wassersport- und Service GmbH, ☎ 030/6513415, info@bwsg-berlin.de, www.bwsg-berlin.de.
Distanz: 0,1 km, weitere Restaurants in 1 km, Ⓗ 0,1 km, 0,1 km, 2 km.
Gastro: Restaurant Skipper's, Mo-Fr 11:30-14:00 Uhr, Sa-So Ruhetag. Sonntags-Bäcker.
Freizeit: 2 km, 2 km. Sportbootcharter, Badeeinstieg in die Dahme, Schifffahrt, ÖPNV Anbindung, Thematische Stadtführungen mit Bus oder Schiff.
POI: Rathaus von Köpenick 2 km, Barockschloss Köpenick 2 km, Innenstadt Berlin (40 min.) 20 km.

12557 Berlin-Köpenick €29,00

Historisches Fährhaus Yachthafen Wendenschloss, Müggelbergallee 1, ☎ 030/65474425 Am Ufer der Dahme <10m

POS: 52°25'8.08"N/13°35'14.41"E, Karte D8 (S.11), F2
Platz: P = 14 auf Kiesel. =14 (10 A) WC CHEM. Leinenpflicht für Hunde. wird empfohlen. Reservierung ab 5 Übernachtungen (Gebühr 10 €) auf der Website, sonst am Tag der Anreise (ab 10:30 Uhr) anrufen und Verfügbarkeit erfragen. Bei Anreise nach 18:00 Uhr tel. Anmeldung nötig. Abreise bis 12:00 Uhr. 7 Plätze mit möblierter 9 m² Terrasse + möblierter 100 m² Uferterrasse. Im Winter eingeschränktes/kein Stellplatz-Angebot. Ganzjährig geöffnet.
Preis: Ab 29 € inkl. Wasser, Entsorgung, WC, Müll-Entsorgung. Jede weitere Pers. 4 €, Kind (bis 4 J.) gratis, Strom 6 €/Tag, Dusche 1 €/5 min, WLAN 5 €, Hund 3 €, Sauna für 4 Pers. 10 €/30 min. Bis 6 m Fahrzeuglänge (inkl. Fahrradgepäckträger) 29 €, bis 8,5 m Fahrzeuglänge (inkl. Fahrradgepäckträger) 34 €.
Kontakt: Rainer Löber, ☎ 030/65474425, Mobil: 0172/8769803, info@reisemobilstellplatz-berlin.de, www.reisemobilstellplatz-berlin.de.
Distanz: 0 km, Ⓗ 0,1 km, 0,5 km, 2 km.
Gastro: Italienisches Bistro.
Freizeit: 2 km. Schwimmen, Yachtchartermöglichkeit (www.charter-berlin.de), Bootsverleih für Tagesboote (führerscheinfrei möglich), Stadttouren Berlin.
POI: Schloss Köpenick 1,5 km, Altstadt Köpenick 1,6 km, Berlin Innenstadt 15 km.

13595 Berlin-Spandau €36,00

Marina Lanke-Berlin, Scharfe Lanke 109-131, ☎ 030/36200916 Auf dem Gelände der Marina am Westufer der Unterhavel <8m

POS: 52°30'7.32"N/13°11'9.81"E, Karte D8 (S.11), E2
Platz: P = 15 auf Asphalt. =16 (15 A) WC CHEM GRAU. Nur Online-Buchung möglich, bei Gespannen Pkw auf dem Parkplatz abstellen. Max. 2 Hunde erlaubt. Anreise 12:00-18:00 Uhr. Öffnungszeiten Hafenbüro: Mo-Fr 8:00-19:00 Uhr, Sa, So und Feiertag 10:00-19:00 Uhr. Geöffnet: 9.5.-4.10.
Preis: Ab 36 € inkl. Strom, Wasser, Entsorgung, Dusche, WC, Müll-Entsorgung. Jede weitere Pers. 5 €, Kind (4-16 J.) 3 €, Hund 2,50 €, Waschmaschine 3 €, Trockner 2 €, VE für Durchreisende 10 €. Wohnmobile/Wohnwagen bis 6 m 29 €, bis 7,50 m 35 €, zzgl. Personengebühr. Auto bei Gespannen zzgl. 5 €.
Kontakt: Marina Lanke-Berlin AG, ☎ 030/36200916, wohnmobilstellplatz@marina-lanke.de, www.marina-lanke.de/yachthafen-berlin/wohnmobilstellplatz.
Distanz: , Ⓗ 0,6 km, 1 km, 15 km.
Gastro: Hafenrestaurant Da Peppe, Di-So 12:00-22:00 Uhr, Mo Ruhetag. Adda Café und Restaurant, Mo-So 9:00-22:00 Uhr.
Freizeit: 2,5 km, 2,5 km. Stand-Up-Paddling, Motorbootverleih, Segelschule, Olympia-Stadion 5 km, Legoland Discovery Centre 16 km.
POI: Flugzeugmuseum am Flugfeld Gatow 4 km, Altstadt und Zitadelle Spandau 4,5 km, Künstlerviertel in der Imchenallee Kladow 5 km.

13595 Berlin-Spandau €40,00

Wohnmobilstellplatz Bootsstände Angermann, Am Pichelssee 48-50, ☎ 030/3612084 Auf einer Halbinsel in der Havelstadt Spandau <12m neu

POS: 52°30'33.50"N/13°11'57.34"E, Karte D8 (S.11), E2
Platz: = 15 auf Wiese, Kiesel. WC CHEM GRAU. E-Bike Verleih. Reservierung nur per E-Mail. Geöffnet: 15.5.-30.9.
Preis: 40 € inkl. Strom, Wasser, Entsorgung, Dusche, WC, WLAN.
Kontakt: Alexander Angermann, ☎ 030/3612084, Mobil: 0160/6389673, office@bootsstaende-angermann.de, www.bootsstaende-angermann.de.
Anfahrt: Außerhalb der Umweltzone.
Distanz: 0,5 km, 0,5 km, 3 km.
Freizeit: Wanderungen entlang der Scharfen Lanke, Fahrradwanderungen rund um die Untere Havel Wasserstraße, Bootsverleih 0,5 km, Badestelle Kuhborn 1 km.
POI: Klein Venedig 0,4 km, Hauptstadt Berlin mit Regierungsviertel und Museen 13,6 km.

88697 Bermatingen gratis

TOTAL Autohof Dietz, Salemer Straße 47, ☎ 07544/741930 Hinter der Tankstelle <10m

POS: 47°44'9.15"N/9°20'29.02"E, Karte D14 (S.17), F4
Platz: = 7 auf Schotter. WC. Shop. Ganzjährig geöffnet.

Preis: Übernachtung gratis.
Kontakt: Christian Dietz, ☎ 07544/741930.
Distanz: 0 km, Ⓗ 0,5 km, 0,6 km, 0,7 km.
Gastro: Mehrere Gaststätten im Ort 0,5 km. Bistro am Platz. Täglich frische Backwaren an der Tankstelle.
Freizeit: 5 km, 10 km.
POI: Bodensee 7 km.

67593 Bermersheim — gratis

Weingut Kroll, Alzeyer Straße 14, ☎ 06244/285 Am Weingut Kroll und am Rand der Weinberge — <8 m

POS: 49°40'58.81"N/8°13'21.58"E, Karte D10 (S. 13), E4
Platz: P = 8 auf Naturboden. =8 CHEM GRAU. Ganzjährig geöffnet.
Preis: Übernachtung gratis.
Kontakt: Weingut Kroll, ☎ 06244/285, Mobil: 0177/2347630, info@weingut-kroll.com, www.weingut-kroll.com.
Distanz: 2 km.
Freizeit: Weinprobe, Bouleplatz (Anfrage), Planwagenfahrt.

83233 Bernau/Chiemsee — €18,00

Tenniszentrum Bernau, Buchenstraße 17, ☎ 08051/8822 Um einen kleinen Zierteich gruppiert zwischen Tenniszentrum und Modellautomuseum — <10 m

2020 geprüft

POS: 47°48'34.00"N/12°22'56.00"E, Karte D15 (S. 18), D4
Platz: P = 40 auf Schotter, Asphalt. WC CHEM GRAU. Aufenthalt max. 5 Tage. Ankunft von 7:30-21:00 Uhr. Ganzjährig geöffnet.
Preis: 18 € inkl. Wasser, Entsorgung, Dusche, WC, WLAN. Jede weitere Pers. 3,50 €, Strom 0,50 €/kWh, Kurtaxe 1,50 €/Pers., Waschmaschine/Trockner je 4 €.
Kontakt: Ralf Bayer, ☎ 08051/8822, tenniszentrum.bernau@t-online.de, www.tenniszentrum-bernau.de.
Distanz: Ⓗ 0 km, , weitere Restaurants in 0,8 km, 0,5 km, 1,5 km.
Gastro: Restaurant Sportiv.
Freizeit: 2 km, 0,3 km, 2 km. Kletterhalle, Squash, Tennis.
POI: Modellautomuseum, Schloss Herrenchiemsee, Kampenwand, Chiemsee mit Frauen- und Herreninsel 3 km.

83233 Bernau/Chiemsee — €15,00

Wohnmobilhafen Bernau-Felden, Rasthausstraße 15, ☎ 08051/9631525 Zwischen A8 und Chiemseeufer im Chiemseepark Bernau-Felden — <10 m

2021 geprüft

POS: 47°49'50.00"N/12°23'8.00"E, Karte D15 (S. 18), D4
Platz: P = 50 auf Asphalt, Schotter. WC CHEM GRAU. Ganzjährig geöffnet.
Preis: Ab 15 € inkl. Grauwasser-Entsorgung. Strom 0,70 €, Wasser 1 €, Entsorgung 2 €, Dusche 1 €/4 min, WC 0,50 €, Kurtaxe (ab 16 J.) 1,50 €/Pers. 1.5.-30.9. 19 €, 1.10.-30.4. 15 €. Bezahlung am Münzautomat.
Kontakt: Oskar Deibert, ☎ 08051/9631525, Mobil: 0176/66638502, info@wohnmobilhafen-am-chiemsee.de, wohnmobilhafen-am-chiemsee.de.
Distanz: 2,3 km, 2,5 km.
Freizeit: Chiemsee Infocenter, Surf-/Segelschule, Beachsoccerplatz, Strandbad, SUP-/Kajakverleih.
POI: Modellautomuseum, Chiemsee mit Frauen-/Herreninsel.

79872 Bernau/Schwarzwald — €10,00

Wohnmobilstellplatz Am Spitzenberg, Innerlehen/Rathausstraße 18, ☎ 07675/160030 In ruhiger Lage beim Wanderparkplatz Spitzenberg — <12 m

POS: 47°48'23.05"N/8°1'46.92"E, Karte D13 (S. 16), D4
Platz: P = 31, = 4 (<11 m) auf Wiese, Asphalt, Naturboden. =31 WC CHEM. Geöffnet 1.4.-30.9.
Preis: 10 € inkl. Entsorgung, WC, Müll-Entsorgung, Kurtaxe. Strom 1 €/8 h, Wasser 1 €/100 l.
Kontakt: Gemeinde Bernau, ☎ 07675/160030, tourist-information@bernau-schwarzwald.de, www.bernau-schwarzwald.de.
Distanz: 0,5 km, Ⓗ 0,5 km, 0,5 km.
Gastro: Mehrere Gaststätten 0,5 km.
Freizeit: 10 km, 1 km, 1 km. Wintersport, Nordic Walking, Radon Revital Bad 10 km, Schluchsee 15 km.
POI: Hans-Thoma-Kunstmuseum 1 km, Bauern/Holzschneflermuseum 3 km, Dom St. Blasien 10 km.

06406 Bernburg/Saale — gratis

Wohnmobilstellplatz Aderstedter Straße, Aderstedter Straße, ☎ 03471/3469311 In der Nähe eines Saale-Altarmes — <10 m

POS: 51°47'18.40"N/11°42'19.84"E, Karte D7 (S. 10), C4
Platz: P = 3 auf Asphalt. Ganzjährig geöffnet.
Preis: Übernachtung gratis.
Kontakt: Bernburger Freizeit GmbH, ☎ 03471/3469311, stadtinfo@bernburger-freizeit.de, www.bernburger-freizeit.de.
Distanz: 3,2 km, E 7,3 km (Camping Bernburg, Dr.-John-Rittmeister-Straße 12-13, 06406 Bernburg/Saale).
Gastro: Sl´otel im Parforcehaus. Gartenlokal Waldfrieden 0,4 km (saisonale Öffnungszeiten).
Freizeit: Rad- und Wanderwege ab Platz, Baden, Angeln.
POI: Schloss Bernburg, Tierpark, Paradies und Märchengarten.

06406 Bernburg/Saale — gratis

Wohnmobilstellplatz Bernburg, Fischergasse, ☎ 03471/3469311 Parkplatz an der Saale, unterhalb des Bernburger Schlosses — <10 m

2020 geprüft

POS: 51°47'34.61"N/11°44'0.27"E, Karte D7 (S. 10), C4
Platz: P = 2 auf Pflaster. Anfahrt 24 h. Gelände mit Gefälle, Auffahrkeile erforderlich. Ganzjährig geöffnet.
Preis: Übernachtung gratis.
Kontakt: Bernburg Freizeit GmbH, ☎ 03471/3469311, stadtinfo@bernburger-freizeit.de, www.bernburger-freizeit.de.
Distanz: 0,3 km, 0,3 km, 0,5 km, E 1,7 km (Camping Bernburg, Dr-John-Rittmeister-Straße 12-13, 06406 Bernburg/Saale).
Freizeit: 2 km. Boots- und Schifffahrt auf der Saale, Saaleradweg/-promenade ab Platz.
POI: Schloss Bernburg und Tierpark.

06406 Bernburg/Saale — gratis

Wohnmobilstellplatz Bernburg Zentrum, Käthe-Kollwitz-Straße/Ecke H.-Zille-Straße, ☎ 03471/3469311 Mitten in der Altstadt neben der Stadtinformation — <10 m

POS: 51°47'37.73"N/11°44'25.21"E, Karte D7 (S. 10), C4
Platz: P = 1 auf Pflaster. Ganzjährig geöffnet.
Preis: Übernachtung gratis.
Kontakt: Bernburger Freizeit GmbH, ☎ 03471/3469311, stadtinfo@bernburger-freizeit.de, www.bernburger-freizeit.de.
Distanz: E (Camping Bernburg, Dr.-John-Rittmeister-Straße 12-13, 06406 Bernburg/Saale), 0 km, 0,1 km, 0,1 km, Ⓗ 0,3 km.
Gastro: Mehrere Restaurants im Zentrum.
POI: Altstadt mit einer Vielzahl von Sehenswürdigkeiten, Schloss Bernburg.

27804 Berne — gratis

Parkplatz am Fähranleger Motzen, Motzener Straße, ☎ 04406/941101 An der Weser mit Fährverbindungen nach Bremen-Blumenthal — <10 m

POS: 53°10'47.00"N/8°33'28.00"E, Karte D2 (S. 5), E5
Platz: P = 4 auf Pflaster. CHEM. Ganzjährig geöffnet.
Preis: Übernachtung gratis inkl. Entsorgung. Strom 2 €/8 h, Wasser 1 €/60 l. Strom per Münzeinwurf.

Kontakt: Gemeinde Berne, 04406/941101, gemeinde@gemeinde-berne.de, www.nordseejadeweser.de.
Distanz: 0,1 km, 0,1 km, 2 km, weitere Restaurants in 6 km, 6 km.
Gastro: Fähr-Imbiss Motzener Fähre. Mehrere Restaurants im Ort.
Freizeit: 5 km. Weserstrand mit Bademöglichkeit, Radwanderungen, Segelboothafen, Strandgelände Juliusplate.
POI: Fassmer-Werft 0,1 km, St.-Marien-Kirche in Warfleth 2 km, historischer Ortskern, St. Aegidiuskirche in Berne 6 km, Storchenpflegestation 10 km, Arboretum Neuenkoop 13,3 km.

54470 Bernkastel-Kues-Wehlen €12,00

Wohnmobilstellplatz Weingut Studert-Prüm, Hauptstraße 163 A, 06531/2487 Am Moselufer in ruhiger Lage bei den Weinbergen <10 m

POS: 49°56'19.16"N/7°2'57.11"E, Karte D9 (S. 12), B3
Platz: = 43 auf Schotterrasen. =43 (6 A) CHEM GRAU. Ankunft vor 20:00 Uhr. Geöffnet: Apr-Okt.
Preis: 12 € inkl. Strom, Wasser, Entsorgung, Müll-Entsorgung. Kurtaxe 1,50 €/Pers.
Kontakt: Weingut Studert-Prüm, Michael Studert, 06531/2487, info@studert-pruem.de, www.studert-pruem.com.
Distanz: 0,1 km, weitere Restaurants in 0,6 km, 0,2 km, 0,5 km, 3 km.
Gastro: Restaurant Topinambur 0,1 km.
Freizeit: 2 km, 2 km. Wanderung durch Weinberge sowie den Obst-Art-Weg, Schifffahrten, Angeln an der Mosel, Radfahren auf dem Moselradweg oder Maare-Moselradweg, Weinprobe, Tennis 3 km.
POI: Burg/Kuranlage in Bernkastel-Kues 3 km, Altstadt Bernkastel 3 km.

94505 Bernried/Bayr. Wald €20,00

Wild-Berghof Buchet, Buchet 2, 09905/248 Am Hof mit Gasthof und Blick zum Rotwildgehege >12 m

POS: 48°55'25.33"N/12°55'11.15"E, Karte D9 (S. 12), A3
Platz: = 15 auf Schotter, Wiese, Schotterrasen. WC . Aufenthalt max. 1 Nacht. Ganzjährig geöffnet. Ausnahmen: Nov-März auf Anfrage.
Preis: 20 € inkl. Wasser, WC, WLAN. Jede weitere Pers. 10 €.
Kontakt: Thomas Gstettenbauer, 09905/248, wildberghof-buchet@t-online.de, www.wildberghof-buchet.de.
Distanz: 0 km, 2,5 km, 3 km.
Gastro: Restaurant mit Biergarten, Mi-So 11:00-23:00 Uhr, Mo-Di Ruhetag, Dez-März Fr-So 11:00-23:00 Uhr. Warme Küche bis 20:00 Uhr, kalte Küche bis 21:00 Uhr. Verkauf eigener Produkte im Hofmarkt.
Freizeit: Wildlehrpfad, markierte Rundwanderwege, Angeln, Sommerrodeln am Egidi-Buckel 20 km, Bayerwald-Tierpark Lohberg 30 km.
POI: Größtes Hirschwildreservat im Naturpark Bayerischer Wald, Schloss Egg 5 km, Kloster Metten 10 km, Glashütten an der Glasstraße 25 km, Kloster Windberg 25 km.

38835 Berßel gratis

Gasthof zum Schloss, Schloss 1, 039421/2556 Im Schlosshof >12 m

POS: 51°57'9.28"N/10°45'38.22"E, Karte D7 (S. 10), A3
Platz: = 20 auf Schotter. WC. Ganzjährig geöffnet.
Preis: Für Restaurantgäste kostenlos. Einkehr obligatorisch.
Kontakt: Familie Kucharzeck, 039421/2556, schloss-berssel@web.de, www.harzburger-wanderseite.de.
Distanz: 0 km, 0,2 km, 0,3 km, 4 km.
Gastro: Gasthof zum Schloss, Do-Sa 17:00-21:00 Uhr, So 11:30-14:30 Uhr, Mo-Mi Ruhetag.
Freizeit: 5 km, 20 km. Ausflüge in den Harz, Waldgebiet Fallstein 1 km, Reiten/Tennis 3 km.
POI: Wasserschloss Zilly 4 km, Wernigerode 12 km, Halberstädter Dom 25 km, Brocken 30 km.

39517 Bertingen €18,90

Campingplatz Bertingen & Indianer Tipi-Dorf, Zu den kurzen Enden 1, 039366/51037 Auf dem weitläufigen Wiesengelände mit angelegtem See >12 m

POS: 52°21'19.21"N/11°50'25.58"E, Karte D7 (S. 10), C2
Platz: = 50 auf Wiese. =60 (16 A) WC CHEM GRAU. Hund. nur bei Gruppen. Anfahrt 14:00-20:00 Uhr. Geöffnet: Ostern-Okt, auf Anfrage auch im Winter möglich.
Preis: 18,90 € inkl. Wasser, WC, Müll-Entsorgung, WLAN. Jede weitere Pers. 8,40 €, Kind (4-15 J.) 6,40 €, Strom 0,70 €/kWh, Dusche 0,50 €/2 min, Hund 2 €. Preisänderung 2023 möglich.
Kontakt: Gerhard Müller, 039366/51037, anfrage@tipi-dorf.de, www.tipi-dorf.de.
Distanz: 0 km, 0,4 km, 0,4 km, 10 km.
Gastro: Frühstücksservice. Restaurant am Platz, Do-So Frühstück, Mittag- und Abendessen, Mi Frühstück und Abendessen, Mo/Di nur Frühstück.
Freizeit: 12 km, 12 km. Kinderanimation mit Trikefahrt, Goldsuchen, Kuhmelken, Wandern, Reiten, Bootstouren auf der Elbe, Elberadweg 0,4 km, Bowlingbahn 2,5 km, Badesee 5 km.
POI: Buddelschiffmuseum 12 km, Tierpark Weißewarte 18 km, Kalimandscharo 24 km.

39517 Bertingen €15,00

Wohnmobilstellplatz La Porte, Im Wald 3, 0393/66979000 Auf einer großen Wiese in einer Waldlichtung <12 m

POS: 52°21'14.61"N/11°49'6.62"E, Karte D7 (S. 10), C2
Platz: = 50 auf Wiese, Rasengittersteinen. =10 WC CHEM GRAU . wird empfohlen. Ganzjährig geöffnet.
Preis: Ab 15 € inkl. Strom, Wasser, Entsorgung, Kurtaxe, WLAN, Duschen. Kind (bis 13 J.) 3 €, jede weitere Pers. 5 €, Hund 3 €. Standardplatz 15 €, Premiumstellplatz 20 €. Buchung über die Website mögl.
Kontakt: La Porte Hotel und Restaurant, Henrik Steek, 0393/66979000, info@hotel-laporte.de, www.hotel-laporte.de.
Gastro: Am Platz, Öffnungszeiten siehe Website.
Freizeit: Natur-Schwimmteich, Panzer-Power-Fahr-Event

Mahlwinkel, Bowling, Magdeburg/Wasserstraßenkreuz, Kutschfahrten, Elberadweg Dresden-Cuxhaven 0,2 km, Tennisplatz 4 km.
POI: Historischer Stadtkern Tangermünde, Stadtpark Tangerhütte 13,5 km, Wildpark Weißewarte 21 km.

74354 Besigheim €7,50

Wohnmobilplatz Auf dem Kies, Auf dem Kies 32, 07143/80780 In ruhiger Lage beim Minigolfplatz, zentrumsnah <12 m

POS: 48°59'52.34"N/9°8'54.02"E, Karte D14 (S. 17), F1
Platz: = 16 auf Schotter. =12 (16 A) CHEM . Ganzjährig geöffnet.
Preis: 7,50 € inkl. Entsorgung, Kurtaxe, WLAN. Strom 0,50 €/kWh, Wasser 1 €/50 l. Bezahlung am Parkscheinautomat.
Kontakt: Tourismus und Stadtmarketing, 07143/80780, tourismus@besigheim.de, www.besigheim.de.
Distanz: 0,1 km, 0,2 km, 0,5 km, 0,6 km.
Gastro: Restaurant an den Sportstätten und weitere in der Altstadt 0,3 km.
Freizeit: 0,5 km. Stadtführungen, Weinprobe bei der Felsengartenkellerei, Minigolf, Enztal-/Neckartalradweg, Schifffahrt auf dem Neckar 0,6 km, Erlebnispark Tripsdrill in Cleebronn 9 km.
POI: Mittelalterlicher Stadtkern 0,5 km, Felsengärten Hessigheim 4 km.

59909 Bestwig gratis

Parkplatz hinter dem Rathaus, Rathausplatz, 02904/712810 In einer ruhigen Seitenstraße hinter dem Rathaus <8 m

POS: 51°21'37.55"N/8°24'2.28"E, Karte D6 (S. 9), E5
Platz: = 4 auf Rasengittersteinen. Barrierefreies WC am Bahnhof Bestwig und zu den Öffnungszeiten im Rathaus. Ganzjährig geöffnet.
Preis: Übernachtung gratis.
Kontakt: Tourist-Information Bestwig, 02904/712810, bestwig@hennesee-sauerland.de, www.hennesee-sauerland.de.
Distanz: 0,1 km, 0,2 km, 0,2 km, 0,2 km.
Freizeit: 8 km, 2 km. Ruhrtal Radweg 0,1 km, Klettersteinbruch 0,7 km, Thermalbad 8 km.
POI: Modellautorennbahn 0,4 km, Sauerländer Besucherbergwerk Ramsbeck 7 km, Hennesee 10 km, Freizeitpark Fort-Fun Abenteuerland 10 km.

Vor der Anreise empfehlen wir, Kontakt mit dem Betreiber aufzunehmen, um die Auslastung des Stellplatzes abzufragen.

B

59909 Bestwig-Ramsbeck gratis

<8m

Parkplatz SauerländerBesucherbergwerk, Glück-auf-Straße 3, ☎ 02905/250 Stellplatz auf dem hinteren Teil des Parkplatzes

2020 geprüft

POS: 51°18'53.85"N/8°24'10.39"E, Karte D5 (S. 8), D5
Platz: P = 6 auf Asphalt, Pflaster. Ganzjährig geöffnet.
Preis: Übernachtung gratis.
Kontakt: Sauerländer Besucherbergwerk, ☎ 02905/250, info@sauerlaender-besucherbergwerk.de, www.sauerlaender-besucherbergwerk.de.
Distanz: 0,2 km, 0,2 km, 0,8 km, 6 km.
Gastro: Restaurant Zur Lore.
Freizeit: 11 km, 11 km. Führungen unter Tage im Sauerländer Besuchsbergwerk, Freizeitpark Fort Fun 3 km.
POI: Bergbauwanderweg, Sauerländer Besucherbergwerk 0,2 km, Bestwiger Panoramaweg 1 km, Hennesee 15 km.

59909 Bestwig-Valme €21,00

<8m

Campingplatz Valmetal, Valme 2 A, ☎ 02905/253 Stellplätze für Wohnmobile auf dem Campingplatz

POS: 51°17'18.04"N/8°24'23.92"E, Karte D6 (S. 9), E5
Platz: P = 5, = 14 (<9 m) auf Schotterrasen, Schotter. =5 (16 A) WC CHEM GRAU . P wird empfohlen. Ankunft Mo-Sa von 11.00 -13:00 Uhr/15:00-19:00 Uhr, So 11.00-13:00 Uhr/15:00-16.00 Uhr. Ganzjährig geöffnet.
Preis: 21 € inkl. Wasser, Entsorgung, WC, WLAN. Kind (4-15 J.) 4 €, Kind (ab 16 J.) 7 €, Strom 0,60 €/kWh, Dusche 1 €/5 min, Hund 1 €.
Kontakt: Olaf Siewert, ☎ 02905/253, Mobil: 0160(0)/3477739, camping-valmetal@t-online.de, www.camping-valmetal.de.
Distanz: 0,2 km, weitere Restaurants in 3 km, 1,5 km, 2 km, 6 km.
Gastro: Restaurant mit Biergarten 0,2 km. Kiosk, Brötchenservice von Apr-Okt. Landgasthof Rüppel 1,5 km.
Freizeit: 10 km, 15 km. Wintersport, Wandern, Wassersport am Hennesee, Abenteuerland Fort Fun 4 km, Sauerlandtherme Aqua Olsberg 15 km, Badesee 18 km, Bikepark 20 km.
POI: Erzbergwerkmuseum mit Grubeneinfahrt in Ramsbeck 2,5 km.

59909 Bestwig-Wasserfall gratis

<10m neu

Fort Fun Abenteuerland, Aurorastraße 50, ☎ 02905/81123 Auf dem Besucherparkplatz des Freizeitparks

POS: 51°18'31.44"N/8°26'12.86"E, Karte D6 (S. 9), E5
Platz: = 10 auf Asphalt, Schotter. . Um Anmeldung am Parkeingang, vorab per E-Mail oder telefonisch wird gebeten. Ganzjährig geöffnet.
Preis: Übernachtung gratis.
Kontakt: Fort Fun Abenteuerland, ☎ 02905/81123, post@fortfun.de, www.fortfun.de.
Distanz: 0 km, weitere Restaurants in 2 km.
Gastro: Restaurants im Park.
Freizeit: Fort Fun Abenteuerpark mit zahlreichen Attraktionen.
POI: Olsberg 11 km, Bestwig 11,2 km.

72660 Beuren €10,00

<12m neu

Wohnmobilstellplatz Panorama Therme Beuren, Am Thermalbad 20, ☎ 07025/910400 Neu errichteter Stellplatz in der Nähe der Panorama Therme, am Albtrauf mit Blick zur Burg Hohenneuffen

POS: 48°33'56.93"N/9°23'46.60"E, Karte D14 (S. 17), G2
Platz: P = 58 auf Schotterrasen. CHEM GRAU . Picknickplatz. Schrankensystem für Zu- und Abfahrt. Durch Hecken parzelliert. Dusche/WC in der Therme zu den Öffnungszeiten. Sanitärgebäude auf dem Platz in Planung. Ganzjährig geöffnet.
Preis: 10 € inkl. Entsorgung, Müll-Entsorgung. Strom und Wasser nach Verbrauch (Preise stehen noch nicht fest). Bezahlung per Smartphone und Web-App (EC-/Kreditkarte, Paypal oder Sofortüberweisung) oder am Kassenautomat (EC- oder Kreditkarte). Preiserhöhung ab 1.7.2023.
Kontakt: Tourist-Info Beuren, ☎ 07025/910400, tourist-info@beuren.de, www.wohnmobil-beuren.de.
Distanz: 0,1 km, 0,2 km, 1 km, 1 km.
Gastro: Thermen-Restaurant Friedrichs. Weitere Gaststätten im Ort. Restaurant Schloss-Café.
Freizeit: Premiumwanderweg hochgehlegen, Premiumspazierwanderweg hochgehnießen, Premiumwanderweg hochgehfestigt, Gästeführungen im Ort und im Biosphärengebiet Schwäbische Alb, Panorama Therme Beuren 0,1 km.
POI: Freilichtmuseum Beuren 2,4 km, Burgruine Hohenneuffen 4,2 km.

88631 Beuron €16,00

<12m

Der Talhof, Talhof 2, ☎ 07579/933143 Auf dem Talhof nahe der Donau

2021 geprüft

POS: 48°4'11.84"N/9°0'20.09"E, Karte D14 (S. 17), F3
Platz: P = 10, = 1 (<12 m) auf Schotterrasen, Wiese. =8 (16 A) WC CHEM . Ganzjährig geöffnet.
Preis: 16 € inkl. Müll-Entsorgung. Strom 6 €/24 h, Wasser 1 €/100 l, Entsorgung 1 €, WC 5 €/Pers., Kurtaxe 0,50 €/Pers. Kurtaxe ab der 2. Nacht.
Kontakt: Ulrike und Manfred Frei, ☎ 07579/933143, info@talhof-donautal.de, www.talhof-donautal.de.
Distanz: 3 km, 3 km, 3 km, 3 km, weitere Restaurants in 5 km.
Gastro: Brötchenservice auf Bestellung. Bewirtung von angemeldeten Gruppen ab 10 Personen. Getränkeverkauf. Grillabende.
Freizeit: 15 km, 24 km. E-Bike mieten unter www.e-bike-donautal.de, Bootfahren, Minigolf, Baden, Angeln, Klettern, Freizeitzentrum Hausen 3 km.
POI: Kloster Beuron 6 km, Karolingische Klosterstadt Meßkirch-Campus Galli 15 km, Schloss Sigmaringen 24 km.

88631 Beuron €10,00

<12m

Wohnmobilstellplatz Klosterparkplatz Beuron, Abteistraße 24, ☎ 07579/92100 Zentrumsnaher Parkplatz, neben Kloster Beuron

2021 geprüft

POS: 48°3'10.94"N/8°58'1.64"E, Karte D14 (S. 17), F3
Platz: P = 21 auf Rasengittersteinen. CHEM GRAU . Beleuchtet. Ganzjährig geöffnet.
Preis: 10 € inkl. Entsorgung. Strom 1 €/4 h, Wasser 1 €/100 l. Parkscheinautomat.
Kontakt: ☎ 07579/92100, info@beuron.de, beuron.de.
Distanz: 0,1 km, 0,4 km.
Gastro: Gasthaus Drahtesel am Platz, Fr-Mo 11:00-20:00 Uhr, Mi-Do 14:00-20:00 Uhr, Di Ruhetag. Gasthaus Bahnhof Hausen im Tal. Café Härtel. Hotel Pelikan.
Freizeit: Minigolfplatz Hausen im Tal.
POI: Historische Holzbrücke 0,2 km, Benediktiner-Erzabtei Sankt Martin 0,3 km, Maurus-Kapelle 3 km, Schloss Bronnen 3,2 km, Schloss Werenwag 7,2 km, Campus Galli 13,1 km, Burgruine Falkenstein 14 km.

88631 Beuron-Thiergarten €6,00

>12m

Jack Rattle's Tal der Piraten, Donautalstraße 17, ☎ 07570/550 Bei einer Ölmühle mit regionalem Hofladen

POS: 48°5'11.07"N/9°5'50.33"E, Karte D14 (S. 17), F3
Platz: = 10 auf Schotter. =10 CHEM GRAU . P nur bei Gruppen. Im Winter kein Wasser wegen Frostgefahr. Ganzjährig geöffnet.
Preis: 6 € inkl. Strom, Wasser, Entsorgung, Kurtaxe. Bezahlung im Hofladen. Preisänderung 2023 möglich.
Kontakt: Jürgen Belthle, ☎ 07570/550, info@jackrattle.de, www.jackrattle.de.
Distanz: 0,5 km, 1 km, weitere Restaurants in 3 km, 5 km, 5 km.
Gastro: SB-Hofladen.
Freizeit: 15 km, 5 km, 7 km. Angeln, Holz machen im Frühjahr, Kanu-Vermietstation für Kanufahrten auf der Donau. (Mai-3.10.).
POI: Hängebrücke Inzigkofen, Ölmühle Ölfreunde, Kleinste Basilika nördlich der Alpen 0,5 km, Schloss Sigmaringen 10 km, Kloster Beuron 10 km.

37639 Bevern gratis

<12m

Schwimm-und Freizeitzentrum Bevern-Burgberg, Jahnstraße 5, ☎ 05531/99440 Auf dem Parkplatz am Schwimmbad

POS: 51°51'27.25"N/9°30'29.51"E, Karte D6 (S. 9), G3

Platz: = 5 auf Asphalt. Ganzjährig geöffnet.
Preis: Übernachtung gratis.
Kontakt: Samtgemeinde Bevern, 05531/99440, samtgemeinde@bevern.de, www.bevern.de.
Distanz: 0,2 km, 1 km, 1 km, 1 km.
Gastro: Gaststätte Am Burgbergstadion. Gasthaus Hesse.
Freizeit: Weser-Radweg, Wandern auf dem Burgberg, Europaradweg R 1, Kanuanlage Reileifzen 8 km, Kanuanlage Dölme 12 km.
POI: Naturpark Solling-Vogler, Weser-Renaissance-Schloss Bevern 1,2 km, Orchideenwiese Burgberg 10 km, Zisterzienserkloster Amelungsborn 13,1 km.

27616 Beverstedt-Bokel — gratis — >12m

Wohnmobilstellplatz Bokel, Seebeckstraße, 04747/1810
In ruhiger Lage beim Waldbad

POS: 53°23'37.91"N/8°46'57.87"E, Karte D2 (S.5), F4
Platz: P = 5 auf Schotter. GRAU . Leinenpflicht für Hunde. VE vom 1.4.-31.10. Ganzjährig geöffnet.
Preis: Übernachtung gratis. Strom 1 €/2 kWh, Wasser 1 €/100 l, Entsorgung 1 €, Dusche 0,50 €, Sanitär-Nutzung 1 €/Pers. WC im Waldbad gegen Entgelt.
Kontakt: Gemeinde Beverstedt, 04747/1810, info@gemeinde-beverstedt.de, www.beverstedt.de.
Distanz: 1 km, 1,5 km, 3 km, 6 km, weitere Restaurants in 6,5 km.
POI: Wassermühle Deelbrügge 5 km, Großes Moor 5,5 km, Otterbiotop 10 km.

37688 Beverungen-Würgassen — €13,50 — <10m

Stellplatz am Landhotel Alte Linde, Würrigser Straße 4, 05273/375140
Beim Spielplatz an der Weser

2021 geprüft

POS: 51°38'41.55"N/9°25'4.76"E, Karte D6 (S.9), F4
Platz: P = 25 auf Naturboden, Schotter. WC CHEM . P wird empfohlen. Ganzjährig geöffnet.
Preis: 13,50 € inkl. Wasser, Entsorgung, WC, Müll-Entsorgung. Strom 3,50 €, Dusche 3 €.
Kontakt: Joachim Evens, 05273/375140, info@alte-linde.de, www.alte-linde.de.
Distanz: 0 km, weitere Restaurants in 0,3 km, 0,3 km, 0,3 km, 0,5 km.
Gastro: Brötchenservice, Bestellung bis 17:00 Uhr am Vortag, Abholung um 7:30 Uhr in der Alten Linde.
Freizeit: Bootsanleger, Rudern, Personenfähre, Weserradweg R99.
POI: Weser-Skywalk 2,5 km.

66450 Bexbach — €8,00 — <12m

Reisemobilhafen Bexbach, Im Blumengarten, 06826/529142
Am Rande der Parkanlage Blumengarten

2020 geprüft

POS: 49°20'27.37"N/7°15'25.30"E, Karte D9 (S.12), C5
Platz: = 35 auf Wiese, Schotter. =30 (6-10 A) WC CHEM GRAU . P nur bei Gruppen. Bei Clubtreffen auf 200 Stellplätze erweiterbar. Ganzjährig geöffnet.
Preis: 8 € inkl. Entsorgung, WC, WLAN, Hund. Strom 2 €, Wasser 1 €/100 l.
Kontakt: Stadt Bexbach, 06826/529142, messe@bexbach.de, www.bexbach.de.
Distanz: 0,3 km, 0,5 km, 0,5 km, 0,7 km, weitere Restaurants in 1 km.
Gastro: Brötchenservice nach Rücksprache.
Freizeit: 1,5 km. Nordic Walking, Reiterhöfe 0,5 km.
POI: Kirkeler Burg 5 km, Neunkircher Zoo 6,5 km, Homburger Schlossberghöhlen 8 km, Römermuseum Schwarzenacker 8 km.

88400 Biberach/Riß — €5,00 — <10m

Wohnmobil-Stellplatz Biberach, Rißstraße 2, 07351/51165 Im nordöstlichen Stadtgebiet, direkt an der Riß

2020 geprüft

POS: 48°6'10.46"N/9°47'44.30"E, Karte D14 (S.17), G3
Platz: P = 18 auf Schotter. CHEM GRAU . VE nur in der frostfreien Zeit von Apr-Okt. Ganzjährig geöffnet.
Preis: 5 € inkl. Wasser, Entsorgung, Kurtaxe. Strom 0,50 €/kWh.
Kontakt: Stadt Biberach, 07351/51165, tourismus@biberach-riss.de, www.biberach-tourismus.de.
Distanz: 0,1 km, weitere Restaurants in 0,5 km, 0,4 km, 0,5 km, 1 km.
Gastro: Restaurant Golden Star Deluxe (gegenüber), Mi-Mo 11:30-14:30 Uhr und 17:30-20:30 Uhr, Di Ruhetag.
Freizeit: 1,5 km, 1,5 km, 0,5 km. Kletterwald Biberach, Stadtführungen, im Juli historisches Biberacher Schützenfest, Donau-Bodensee-Radweg, 0,1 km, Wochenmarkt (Mi/Sa) 0,8 km, Kino-Center 1 km, Gesundheitspark Jordanbad 4 km.

POI: Wallfahrtskirche, Museum Biberach, Wieland-Museum mit Wieland-Park. Station der Oberschwäbischen Barockstraße 0,7 km, Altstadt 0,7 km, Naturschutzgebiet Federsee 15 km.

B

77781 Biberach/Schwarzwald — gratis — <12m

Landgasthof Kinzigstrand, Reiherwald 1, 07835/63990
In naturnaher Lage am Gasthof

POS: 48°19'43.00"N/8°1'39.00"E, Karte D13 (S.16), D3
Platz: = 5, = 1 (<12 m) auf Wiese, Schotter. CHEM GRAU . P wird empfohlen. Ganzjährig geöffnet.
Preis: Für Restaurantgäste kostenlos. Einkehr obligatorisch. Strom auf Anfrage.
Kontakt: Familie Schülle, 07835/63990, kinzigstrand@t-online.de, www.kinzigstrand.de.
Distanz: 0 km, 2 km, 2 km, 2 km.
Gastro: Restaurant am Platz, warme Küche 12:00-13:30 Uhr, 17:00-20:30 Uhr, Mo/Di Ruhetag.
Freizeit: 3 km. Radfahren, Wandern.
POI: Freilichtmuseum Vogtsbauernhof 18 km, Triberger Wasserfälle 22 km.

55234 Biebelnheim — €5,00 — <8m

Wohnmobilpark Am Petersberg, Flonheimer Straße 34, 06733/921170 Neben dem Autohaus und Reisemobil-Handelsbetrieb

POS: 49°47'40.33"N/8°9'44.96"E, Karte D9 (S.12), D4
Platz: P = 4 auf Pflaster. =4 CHEM . Reisemobil-Werkstatt, Mietwagen ab 19 €/Tag und 0,10 €/km. Geöffnet: Nov-März.
Preis: 5 € inkl. Wasser, Entsorgung, Müll-Entsorgung, Kurtaxe. Strom 2 €.
Kontakt: Autohaus am Petersberg, 06733/921170, buero@wohnmobil24.com, www.wohnmobilpark-petersberg.de.
Distanz: 0,2 km, 0,3 km, 1 km, 2 km.
Freizeit: 20 km, 14 km. Rheinhessen-Radweg, Weinbergführungen, Weinprobe bei Winzern, Biotop 0,5 km.
POI: Kirche, Riesen-Eiche, Petersberg 0,3 km, St.-Nikolaikirche/Museum in Alzey 8 km.

35216 Biedenkopf — gratis — <8m

Parkplatz Stadtwerke, Mühlweg 16, 06461/95010 Auf dem Parkplatz hinter den Stadtwerken

POS: 50°54'34.15"N/8°31'38.00"E, Karte D10 (S.13), E1
Platz: P = 4 auf Asphalt. =3 . Aufenthalt max. 3 Tage. Ganzjährig geöffnet.
Preis: Übernachtung gratis. Strom 1 €.
Kontakt: Magistrat der Stadt Biedenkopf, 06461/95010, aktiv@biedenkopf.de, www.biedenkopf-tourismus.de.
Distanz: E, 0 km, 0,1 km, 0,3 km, 0,3 km.
Freizeit: 1 km. Freizeitzentrum Sackpfeife 10 km.
POI: Landgrafenschloss mit Hinterlandmuseum, Hospitalkirche, Stadtkirche, Fachwerk-Altstadt 1 km, Schartenhof 4 km.

B

33615 Bielefeld €5,00

Wohnmobilstellplatz am Johannisberg, Dornberger Straße 53, 0521/516999 <10m
Mitten im Naturpark Teutoburger Wald

POS: 52°1'17.90"N/8°30'47.28"E, Karte D6 (S.9), E3
Platz: = 10 auf Pflaster. =10 (16 A) CHEM GRAU. VE von Nov-Feb außer Betrieb. Ganzjährig geöffnet.
Preis: 5 € inkl. Entsorgung, Kurtaxe. Strom 1 €/2 kWh. Wasser 0,10 €/8 l.
Kontakt: Touristinformation, 0521/516999, touristinfo@bielefeld-marketing.de, www.bielefeld.de.
Distanz: 0,3 km, 0,5 km, 1,4 km, 2 km.
Gastro: Mehrere Restaurants im Ort.
Freizeit: 4,4 km, 2,3 km. Kletterpark auf dem Johannisberg 0,3 km, Tierpark Olderdissen 0,5 km.
POI: Kunsthalle Bielefeld 1 km, Neustädter Marienkirche 1,8 km, Sparrenburg 2 km, Ravensberger Spinnerei 2,6 km.

33729 Bielefeld-Brake gratis

Freizeit KG, Herforder Straße 630-634, 0521/977323 <10m
Großparkplatz auf dem Betriebsgelände der Freizeit KG

POS: 52°4'17.00"N/8°36'58.00"E, Karte D6 (S.9), E3
Platz: / = 1 auf Pflaster. =1 CHEM GRAU. nur bei Gruppen. Ganzjährig geöffnet.
Preis: Übernachtung gratis. Wasser 1 €, Entsorgung 1 €.
Kontakt: Freizeit KG, 0521/977323, bielefeld@freizeit-kg.de, www.freizeit-kg.de.
Distanz: 0,5 km, 1 km, 2 km, 4 km.
Gastro: Milser Krug.
Freizeit: Naherholungsgebiet Obersee 4 km, Tierpark Olderdissen 10 km.
POI: Alte ehemalige Hansestadt Herford 4 km, Leinenweberstadt Bielefeld 8 km.

33689 Bielefeld-Sennestadt gratis

Huppertz Freizeit & Mehr, Dunlopstraße 44, 05205/950988 <12m
Gepflasterter Parkplatz vor dem Verkaufsgebäude der Firma Huppertz

POS: 51°56'22.48"N/8°33'50.64"E, Karte D6 (S.9), E3
Platz: = 3, = 2 (<12 m) auf Pflaster. =1 (16 A) CHEM GRAU. Schräges Gelände, Auffahrkeile empfehlenswert. Ganzjährig geöffnet.
Preis: Übernachtung gratis. Strom 2 €, Wasser 1 €, Entsorgung 1 €.
Kontakt: Huppertz Freizeit & Mehr, Angelika Huppertz, 05205/950988, info@huppertz-freizeit.de, www.huppertz-freizeit.de.
Distanz: 0,5 km, 1 km, 1 km, 2 km, weitere Restaurants in 2,5 km.
Freizeit: 5 km, 5 km. Hollywoodpark und Safariland 12 km, Tierpark Olderdissen 17 km.
POI: Bauernhausmuseum 6 km, Schloss Holte und Sparrenburg 7 km.

29553 Bienenbüttel €8,00

Wohnmobilstellplatz Ilmenauhalle, Niendorfer Straße 11, 05823/98000 <10m
In ruhiger Lage an der Ilmenauhalle

2021 geprüft

POS: 53°8'42.53"N/10°29'22.49"E, Karte D2 (S.5), H5
Platz: = 12 auf Pflaster, Schotter. =12 (16 A) CHEM. Ganzjährig geöffnet.
Preis: 8 € inkl. Entsorgung. Strom 1 €/8 h, Wasser 1 €/10 min.
Kontakt: Gemeinde Bienenbüttel, 05823/98000, rathaus@bienenbuettel.de, www.bienenbuettel.de.
Distanz: 0,4 km, 0,5 km, 0,5 km, 0,5 km.
Freizeit: 1,8 km. Kanuverleih, Jod-Sole-Therme Bad Bevensen 10 km.
POI: Skulpturenpfad 0,5 km, Lüneburg 15 km.

54636 Biersdorf am See gratis

Wohnmobilstellplatz am Stausee Bitburg, Zur Rotlay 16, 06561/94340 <6m
Direkt am Stausee Bitburg

2020 geprüft

POS: 50°0'58.90"N/6°26'27.44"E, Karte D9 (S.12), A3
Platz: = 4 auf Asphalt. WC. Aufenthalt max. 1 Tag. Eben und schattig. Ganzjährig geöffnet.
Preis: Übernachtung gratis.
Kontakt: Tourist-Information Bitburger Land, 06561/94340, info@eifel-direkt.de, www.eifel-direkt.de.
Distanz: 0 km, 0 km.
Gastro: Ferdis Bootshaus, geöffnet 10:00-22:00 Uhr.
Freizeit: 10 km, 2,2 km. Tretboot fahren, Angeln, Tandemspringen, Baden, Naturlabyrinth Lausberg 1,6 km, Wellness-Center/Hallenbad im Dorint Hotel am Stausee 2,2 km.
POI: Einsiedelei 2,4 km, Schloss Hamm 3,1 km, Museum Bitburg 9,6 km, Villa Otrang 10,6 km, Bierstadt Bitburg 11 km.

87640 Biessenhofen-Hörmanshofen €10,00

Gasthof Stegmühle, An der Stegmühle 2, 08341/90200 <10m
Vor dem Gasthof

POS: 47°49'26.14"N/10°38'40.79"E, Karte D15 (S.18), A3
Platz: = 2 auf Naturboden, Schotter. =2 (6 A) WC CHEM/Bio GRAU. Ganzjährig geöffnet.
Preis: 10 € inkl. Strom, Wasser, Entsorgung, Dusche, WC, Müll-Entsorgung, Kurtaxe. Für Restaurantgäste kostenlos.
Kontakt: Clemens Höfle, 08341/90200, Mobil: 0171/3054909, hoefle@gasthof-stegmuehle.de, www.gasthof-stegmuehle.de.
Distanz: 0 km, 0,5 km, 1 km, 1 km.
Gastro: Gasthof Stegmühle, warme Küche Mo, Di, Fr ab 17:00 Uhr, Sa ab 15:00 Uhr, So ab 10:00 Uhr, Mi+Do Ruhetag. Pilsbar, Sky Live Fußballübertragungen.
Freizeit: 5 km, 5 km. Langlauf, Rad-/Wanderwege, Loipe am Haus, Go-Kartbahn 5 km.
POI: Altstadt Kaufbeuren 5 km, Wieskirche 25 km.

74321 Bietigheim-Bissingen €7,50

Wohnmobilstellplatz Altstadt/Parkplatz, Farbstraße, 07142/74227 <8m
Am Ufer der Metter gegenüber der Bietigheimer Altstadt

POS: 48°57'28.81"N/9°7'27.41"E, Karte D14 (S.17), F1
Platz: = 7 auf Asphalt. =8 CHEM GRAU. Aufenthalt max. 4 Tage. Ganzjährig geöffnet.
Preis: 7,50 € inkl. Entsorgung, Müll-Entsorgung, Kurtaxe. Strom 0,50 €/kWh, Wasser 1 €/10 min.
Kontakt: Touristinfo Stadt Bietigheim-Bissingen, 07142/74227, tourismus@bietigheim-bissingen.de, www.bietigheim-bissingen.de.
Distanz: 0,1 km, weitere Restaurants in 0,2 km, 0,2 km, 0,2 km, 0,5 km.
Freizeit: 1,5 km, 0,5 km. Kanutouren auf der Enz, Stadtführungen, Bootsverleih 0,7 km, Eis-Arena 1 km, Badepark Ellental 1,2 km, Minigolfanlage 1,3 km.
POI: Bietigheimer Altstadt 0,1 km, Barockstadt Ludwigsburg 10 km, Schillerstadt Marbach am Neckar 12 km, Erlebnispark Tripsdrill in Cleebronn 15 km.

B

48727 Billerbeck €8,00 <10m

Am Freibad Billerbeck, Osterwicker Straße, ☎ 02543/7373
Am Rand des staatlich anerkannten Erholungsortes

POS: 51°58'46.00"N/7°16'51.00"E, Karte D5 (S.8), C3
Platz: P = 11 auf Schotter, Rasengittersteinen. WC CHEM GRAU. Anfahrt 24 h. Aufenthalt max. 5 Nächte. WC/Dusche nur zu den Bad-Öffnungszeiten. Ganzjährig geöffnet.
Preis: 8 € inkl. Entsorgung, Dusche, WC, Müll-Entsorgung, Kurtaxe. Strom 1 €/kWh, Wasser 1 €/100 l. Mai-Sep 8 €/Tag inkl. Eintritt ins Freibad mit WC/Dusche, von Okt-Apr kostenfrei.
Kontakt: Stadt Billerbeck, ☎ 02543/7373, touristik@billerbeck.de, www.billerbeck-muensterland.de.
Distanz: 0,2 km, weitere Restaurants in 0,4 km, 0,5 km, 0,6 km, Ⓗ 1 km.
Gastro: Infos zu Gaststätten siehe Stellplatz-Aushang.
Freizeit: 0,1 km. Wandern in den Baumbergen, Nordic Walking, Stadtführungen.
POI: Ludgerus-Dom, Kirche St. Johann, Haus Beckebans, Kolvenburg in Billerbeck, Schloss Darfeld 4 km, Benediktiner-Abtei Gerleve 6 km.

74842 Billigheim gratis <10m

Wohnmobilstellplatz Billigheim, Karl-von-Goebel-Straße 10, ☎ 06265/92000
Zentrumsnah am Schlosspark

POS: 49°20'49.89"N/9°15'22.95"E, Karte D9 (S.12), D5
Platz: P = 3 auf Pflaster. B wird empfohlen. Ganzjährig geöffnet.
Preis: Übernachtung gratis.
Kontakt: Gemeindeverwaltung Billigheim, ☎ 06265/92000, zentrale@billigheim.de, www.billigheim.de.
Distanz: 0 km, Ⓗ 0 km, 0,1 km, 0,2 km.
Freizeit: Radweg Schefflenztal, Waldmühlbacher Bildstockwanderungen.
POI: Schlosspark, Altstadt mit Arcoplatz 0,3 km, Römermuseum 18,7 km, Odenwälder Freilandmuseum 38 km.

76831 Billigheim-Ingenheim €12,00 <10m

Camping im Klingbachtal, Klingener Straße, ☎ 06349/6145
Übernachtungsplätze vor der Schranke

POS: 49°8'12.89"N/8°4'20.66"E, Karte D9 (S.12), D5
Platz: P = 6 auf Pflaster. =6 (16 A) WC CHEM GRAU. Rezeption geöffnet von 8:00-19:00 Uhr (spätere Anfahrt möglich). Geöffnet: 1.4.-31.10.
Preis: 12 € inkl. Wasser, Entsorgung, Dusche, WC, Müll-Entsorgung, WLAN. Jede weitere Pers. 8 €, Kind (3-14 J.) 4 €, Strom 2,50 €. Inkl. Freibadeintritt.
Kontakt: Marcus Wirth, ☎ 06349/6145, info@camping-klingbachtal.de, www.camping-klingbachtal.de.
Distanz: 0 km, weitere Restaurants in 0,3 km, Ⓗ 0,1 km, 0,5 km, 1 km.
Gastro: Bistro am Platz (während der Freibad-Saison an 7 Tagen geöffnet), Mo-Sa 8:00-21:00 Uhr, So Ruhetag. Brötchenservice.
Freizeit: 7 km, 8 km.
POI: Burg Trifels 10 km.

55411 Bingen/Rhein €5,00 <8m neu

Wohnmobilstellplatz an der Schiffswerft, Mainzer Straße 123, ☎ 06721/184200
Direkt am Rheinufer auf gemischtem Parkplatz

POS: 49°58'13.75"N/7°55'50.82"E, Karte D9 (S.12), D3
Platz: P = 10 auf Schotter. Kein Service. Ganzjährig geöffnet.
Preis: 5 €.
Kontakt: Tourist-Information, ☎ 06721/184200, stadtverwaltung@bingen.de, www.bingen.de.
Distanz: 0,5 km, 2 km, 2,2 km.
Gastro: Restaurant Papa Rhein.
Freizeit: Spaziergang am Rhein entlang, Schifffahrt z.B. Burgenrundfahrt oder Loreleyfahrt, Erlebnispfad Binger Wald.
POI: UNESCO-Welterbe Oberes Mittelrheintal, Bingen am Rhein (Binger Mäuseturm, Forum Hildegard von Bingen) 2,2 km.

55411 Bingen/Rhein-Gaulsheim €9,50 <12m

Wohnmobilpark Bingen, Ausserhalb 11, ☎ 06721/153421
In ruhiger Lage 200 m vom Rhein entfernt

POS: 49°58'7.61"N/7°56'39.62"E, Karte D9 (S.12), D3
Platz: P = 40 auf Pflaster, Rasengittersteinen, Naturboden. =40 (6 A) CHEM GRAU. Leinenpflicht für Hunde. B Aufenthalt max. 10 Tage, Abreise bis 11:00 Uhr. Separate Plätze für Reisemobile mit Anhänger. Geöffnet: Ostern-Nov (Weihnachten & Silvester geöffnet).
Preis: 9,50 € inkl. Entsorgung, Müll-Entsorgung, Kurtaxe, WLAN. Strom 3 €, Wasser 2 €/80 l, VE für Durchreisende 2 €, Waschmaschine/Trockner je 3 €.
Kontakt: Wohnmobilpark Bingen, Christine Schnieders, ☎ 06721/153421, info@wohnmobilpark-bingen.de, www.wohnmobilpark-bingen.de.
Distanz: Ⓗ 0,1 km, 0,3 km, 0,8 km, 3 km.
Gastro: Brötchenservice. Metzgereiservice. Kräuterwand zur Selbstbedienung am Platz.
Freizeit: 4 km, 4 km. NABU-Führungen, Rheinschifffahrt, Boot fahren, Rhein 0,2 km.
POI: Rochuskapelle 2 km, Burg Klopp 2,5 km, Niederwalddenkmal/Drosselgasse in Rüdesheim 3 km, Mäuseturm Bingen 4 km.

18609 Binz/Rügen €24,00 <12m

Wohnmobil-Oase Prora, Proraer Chaussee 60, ☎ 038393/699777
Von Wald umgeben, mitten im Naturschutzpark

2021 geprüft

E

POS: 54°26'52.36"N/13°33'35.11"E, Karte D4 (S.7), F2
Platz: P = 165 auf Schotterrasen, Pflaster, Wiese, Schotter, Asphalt. WC CHEM GRAU. Ausflugsangebot. B nur bei Gruppen. Ganzjährig geöffnet.
Preis: Ab 24 € inkl. Wasser, Entsorgung, Dusche, WC, Müll-Entsorgung, WLAN. Kind (bis 14 J.) gratis, Strom 6 €/Tag, Kurtaxe (ab 3 J.) 2,80 €/Pers., Waschmaschine/Trockner je 4,50 €. VS/NS 24 €, HS 30 €. Jede weitere Person 6-8 € je nach Saison, Hund 2-2,50 €, Kurtaxe Hund 2 €/Tag. XXL-Plätze 25,50-32 €.
Kontakt: ☎ 038393/699777, reservierung@wohnmobiloase-ruegen.de, www.wohnmobilstellplatz-ruegen.de.
Distanz: 0 km, weitere Restaurants in 4 km, Ⓗ 0,1 km, 0,8 km, 6 km.
Gastro: Holla die Waldfee, 12:00-21:00 Uhr. Brötchenservice am Platz.
Freizeit: Klettergarten 1,5 km, Ostseestrand 1,6 km, Hundestrand Prora 1,6 km, Wassersport 1,8 km.
POI: Eisenbahnmuseum 0,7 km, Baumwipfelpfad 0,7 km, Museumsmeile Prora 1,5 km, Feuersteinfelder 4 km, Rasender Roland 7 km.

49626 Bippen €15,00 >12m

Ferienhof Nyenhuis, Hallweg 8, ☎ 05435/638 Am Wald, auf seperater Wiese am Bauernhof

POS: 52°35'38.83"N/7°43'53.41"E, Karte D5 (S.8), D1
Platz: = 20 auf Wiese. =3 (25 A) WC CHEM GRAU. B nur bei Gruppen. Trockener Platz, jederzeit befahrbar. Ankunft 7:00-21:00 Uhr. Ganzjährig geöffnet.
Preis: 15 € inkl. Strom, Wasser, Entsorgung, WLAN. Hund 4 €, WC/Duschen 3,50 €/Pers.
Kontakt: Ferienhof Nyenhuis, Familie Nyenhuis, ☎ 05435/638, Mobil: 0175/7726531, johannesnyenhuis@t-online.de, www.ferienhofnyenhuis.de.
Distanz: 1 km, Ⓗ 1,5 km, 1,5 km, 1,5 km.
Gastro: Frühstück möglich, Brötchenservice.
Freizeit: 1,5 km, 10 km. Angeln, Hofbesichtigung, Draisinenfahrten 1,5 km, Panzer/Offroad-Quad fahren 10 km, Wasserski 20 km, Swin-Golf 25 km.
POI: Haitec/Haifischzentrum Kuhlhoff 1,5 km, Stift Börstel 7 km, Schloss Fürstenau 10 km.

B

49626 Bippen gratis

Wohnmobilstellplatz am Schützenplatz, Am Schützenplatz, ☎ 05435/840 <8m

Auf einem Pkw-Parkplatz

2022 geprüft

POS: 52°34'54.31"N/7°44'19.13"E, Karte D5 (S. 8), C2
Platz: P = 2 auf Pflaster. WC. Ganzjährig geöffnet.
Preis: Übernachtung gratis.
Kontakt: Gemeinde Bippen, ☎ 05435/840, bippen@fuerstenau.de, www.fuerstenau.de.
Distanz: 0 km, 0,1 km, Ⓗ 0,2 km, 4,7 km.
Freizeit: 0,6 km. ErlebnisPauschale Fürstenau leben & erleben, Reiten.
POI: St. Georgs Kirche 0,2 km, Draisinenbahnhof 0,4 km, Ölmühle Lonnebecke 5 km, Museum Meyer-Haus, Berge 6 km.

96120 Bischberg-Trosdorf €15,00

Wohnmobilstellplatz Bischberg, Bürgermeister-Wachter-Straße 3, ☎ 09503/2194694 Direkt am Main <8m neu

POS: 49°55'16.63"N/10°48'22.60"E, Karte D11 (S. 14), A3
Platz: P = 250 auf Schotterrasen. CHEM GRAU. Beleuchtet, teils schattig. Ganzjährig geöffnet.
Preis: Ab 15 € inkl. Entsorgung. Strom 1 €/ kWh, Wasser 1 €/100 l. 15-20 €, je nach Platz. Bezahlung beim Betreiber oder Parkscheinautomat.
Kontakt: ☎ 09503/2194694, wohnmobilhafen@outlook.de, wohnmobilhafenbischberg.de.
Distanz: Ⓗ 0,3 km, 0,3 km, 0,3 km, 0,9 km.
Freizeit: 4,8 km, 10 km. Radweg nach Bamberg direkt am Platz.
POI: Bamberg 8 km.

35649 Bischoffen €9,00

Parkplatz am Aartalsee, Am See, ☎ 06444/92310 <8m

Am nördlichen Seeufer

POS: 50°42'10.00"N/8°28'2.55"E, Karte D10 (S. 13), E1
Platz: P = 10 auf Pflaster. =8 (16 A) WC CHEM GRAU. Ganzjährig geöffnet.
Preis: 9 € inkl. Entsorgung, Müll-Entsorgung, Kurtaxe. Strom 1 €/2 kWh, Wasser 1 €/80 l.
Kontakt: Gemeinde Bischoffen, ☎ 06444/92310, rathaus@bischoffen.de, www.bischoffen.de.
Distanz: 0,5 km, weitere Restaurants in 0,6 km, Ⓗ 0,7 km, 0,8 km, 1,1 km.
Gastro: Seehof, Seeterrasse, Aartalgrill, Döner-Imbiss, Cafe Schäfer.
Freizeit: Aartalsee-Panoramaweg, Bootsverleih 0,5 km, Badesee 0,5 km.
POI: Aartalsperre, Altstadt Herborn 17 km, Vogel- und Naturschutztierpark Herborn 17 km, Dillenburg Wilhelmsturm Villa Grün und Altstadt 18 km, Besucherbergwerk Grube Fortuna 20 km, Altstadt Wetzlar 26 km.

95493 Bischofsgrün €5,00

Wohnmobilstellplatz Bischofsgrün, Rangenweg, ☎ 09276/1292 <8m

Auf dem Großparkplatz nahe Ortsmitte

POS: 50°3'14.59"N/11°47'32.61"E, Karte D11 (S. 14), C3
Platz: = 6 auf Asphalt. =6 (16 A) CHEM GRAU. Öffentliches WC in 30 m. Ganzjährig geöffnet.
Preis: 5 € inkl. Entsorgung, Müll-Entsorgung. Strom 1 €/12 h, Wasser 1 €/40 l, Kurtaxe 2 €/Pers., Kurtaxe (bis 14 J.) gratis.
Kontakt: Gemeinde Bischofsgrün, ☎ 09276/1292, touristinfo@bischofsgruen.de, www.bischofsgruen.de.
Distanz: 0,2 km, weitere Restaurants in 0,4 km, 0,2 km, 0,3 km, Ⓗ 0,4 km.
Freizeit: 7 km, 7 km. Schneeschuhtouren, OutdoorPark Oxenkopf (Kletterwald), historischer Ortsrundgang, Heilklima-Wanderpark, Jean-Paul-Weg, Walderlebnispfad, Fränkischer Gebirgsweg, Märchenwanderweg 1 km, Seilschwebebahn Ochsenkopf 1,5 km, Aussichtsturm Asenturm Ochsenkopf (1024 m) 3,5 km.
POI: Besucherbergwerk 7 km, Wildpark Mehlmeisel 14 km.

97653 Bischofsheim/Rhön €8,00

Reisemobilstellplatz Gasthof Roth, Kreuzberg 10, ☎ 09772/1245 >12m

Am Kreuzberg an der Straße zum Kloster

2021 geprüft

POS: 50°22'56.52"N/9°58'41.44"E, Karte D10 (S. 13), G2
Platz: = 25 auf Wiese, Schotterrasen, Kiesel. WC. B nur bei Gruppen. Anfahrt 24 h. Zusätzlicher Service nur zu den Restaurant-Öffnungszeiten. Bei Nässe auf geschotterten Teil bleiben oder Parkplatz am Gasthof nutzen. Ganzjährig geöffnet.
Preis: 8 € inkl. aller Personen. Strom 0,50 €/kWh, Wasser 0,20 €, Dusche 3 €, Kurtaxe (ab 16 J.) 1 €/ Pers. 21 €/3 Tage, Verrechnung von 4 € bei einem Verzehrwert von 30 €, Service am Gasthof.
Kontakt: Gasthof Roth, David Roth, ☎ 09772/1245, gasthof-roth@t-online.de, www.berggasthof-roth.de.
Distanz: 0 km, Ⓗ 0,2 km, 2,2 km (Hallenbad Haselbach, Viehweg 1, 97653 Bischofsheim in der Rhön), 3,5 km, 5 km.
Gastro: Gasthof Roth, Mo-Di 17:00-20:30 Uhr, Fr 17:00-22:00 Uhr, Sa 11:00-22:00 Uhr, So 11:00-21:00 Uhr, Mi-Do Ruhetag. Brötchen-/Frühstücksservice auf Vorbestellung.
Freizeit: 6,6 km, 2,3 km, 4,6 km. Flowtrail, Mountainbiking, Wanderungen in der Bayerische Rhön, Skilift 0,2 km, Loipeneinstieg 0,7 km, Kletterpark 2,2 km.
POI: Kloster Kreuzberg 1 km, Gemündener Hütte 1,1 km, Burgruine Osterburg 3 km, Besucherbergwerk Bauersberg 10 km.

97653 Bischofsheim/Rhön-Haselbach €5,00

Hallenbad Haselbach, Viehweg 1, ☎ 09772/910150 <12m

Am Hallenbad mit schöner Fernsicht

2021 geprüft

POS: 50°23'40.00"N/9°59'50.00"E, Karte D10 (S. 13), G2
Platz: = 8 auf Asphalt. CHEM GRAU. Leicht uneben, nachts beleuchtet. Nachtruhe ab 22:00 Uhr. Ganzjährig geöffnet.
Preis: 5 € inkl. Müll-Entsorgung, Kurtaxe, Hund. Wasser 1 €. Bezahlung über Umschlag mit Kfz-Nummer in den Briefkasten am Platz (wird vom Campingplatz überwacht).
Kontakt: Stadt Bischofsheim, ☎ 09772/910150, tourist-info@bischofsheim-rhoen.de, www.bischofsheim.info.
Distanz: Ⓗ 1 km, 1,5 km, 1,5 km, 1,5 km.
Gastro: Zahlreiche Gastronomiebetriebe am Bischofsheimer Marktplatz 1,5 km.
Freizeit: 2 km, 0,8 km. Mountainbiking, Langlauf/ Alpin-Ski, Ballon fahren, Minigolf am Campingplatz 3 km.
POI: Altstadt Bischofsheim 1,5 km, Ruine Osterburg 3 km, Kloster Kreuzberg mit Wallfahrtskirche und Brauerei des weltberühmten Kreuzbergbieres 5 km.

01877 Bischofswerda €5,00

Berggasthof Butterberg, Butterberg 1, ☎ 03594/703034 <6m

Im Wald innerhalb des Naturparks

POS: 51°9'21.04"N/14°11'3.53"E, Karte D12 (S. 15), G1
Platz: = 3 auf Sand/Splitt. WC CHEM. B wird empfohlen. Ganzjährig geöffnet.
Preis: 5 €. Für Restaurantgäste kostenlos. Strom 3,50 €, Wasser 3 €, Entsorgung 3 €.
Kontakt: Karl-Heinz & Heidi John, ☎ 03594/703034, info@butterberg.com, www.butterberg.com.
Distanz: 2 km, 3 km, Ⓗ 3 km.
Gastro: Durchgehend warme Küche. Berggasthof Butterberg, So-Mo 11:00-17:00 Uhr, Di-Fr 11:00-21:00 Uhr, Sa 11:00-22:00 Uhr. Frühstücksservice.
Freizeit: 3 km, 12 km. Tierpark 3 km, Schlösser/ Burgen 3 km.
POI: Burg Stolpen 12 km, Altstadt Bautzen 21 km, Elbsandsteingebirge 25 km, Dresden 25 km.

83483 Bischofswiesen-Loipl €10,00

Götschen-Alm, Kollertradte 21, <10m
☎ 08652/9779659
An der Almgaststätte mit angrenzendem Skigebiet

POS: 47°38'56.97"N/12°56'13.23"E, Karte D16 (S. 19), E4
Platz: / = 10 auf Schotter. Geöffnet: Mai-Okt von 8:00-21:30 Uhr, Mi Ruhetag.
Preis: 10 €. Müll-Entsorgung 1 €, Kurtaxe 2,60 €/Pers., Kurtaxe (6-16 J.) 1,30 €/Pers. 10 € werden als Verzehrgutschein angerechnet.
Kontakt: Familie Wimmer, ☎ 08652/9779659, info@goetschenalm.com, www.goetschenalm.com.
Anfahrt: Über Bischofswiesen zur Götschen-Alm, 14% Steigung.
Distanz: 0 km, weitere Restaurants in 2,5 km, 2 km, 2 km, Ⓗ 2,5 km.
Gastro: Warme Küche, 8:00-20:30 Uhr. Frühstücksbüfett von 8:00-10:00 Uhr (auf Anmeldung), Brötchenservice.
Freizeit: 4 km, 5 km, 5 km. Nordic Walking, Skifahren, Wanderwege auf den Götschenkopf (1307 m), Sommerrodelbahn 5 km, Hintersee, Königssee 7 km, Europas größte Eishöhle Marktschellenberg 7,5 km.
POI: Kehlsteinhaus, Salzbergwerk 7 km, Obersalzbergwerk 10 km.

29646 Bispingen-Volkwardingen €25,00

Reiter- und Ferienhof Cohrs, <10m
Volkwardingen 4, ☎ 0171/9306977
Am Naturschutzgebiet Lüneburger Heide

POS: 53°8'1.00"N/10°0'4.55"E, Karte D2 (S. 5), G5
Platz: = 6, = 6 (<10 m) auf Wiese. =10 (16 A) WC CHEM GRAU. Ganzjährig geöffnet.
Preis: 25 € inkl. Strom, Wasser, Entsorgung, Dusche, WC, Müll-Entsorgung. 4 Pers. inkl., jede weitere Pers. 5 €.
Kontakt: Ferienhof Cohrs, Frau Marianne Cohrs, Mobil: 0171/9306977, hof-cohrs@gmx.de, www.hof-cohrs.de.
Distanz: Ⓗ 0,5 km, 3 km, weitere Restaurants in 4 km, 5 km, 5 km.
Gastro: Brötchenservice am Hof.
Freizeit: 5 km, 5 km, 5 km. Reitunterricht, Minigolfplatz 0,1 km, Skihalle 3 km, Verrücktes Haus 3 km, Kartbahn 3 km, Barfußpark 6 km, Greifvogelgehege 6 km, Wildpark Nindorf 18 km, Heidepark Soltau 18 km.
POI: Heidemuseum Wilsede 5 km, Totengrund, Hügelgräber, Hannibals Grab, Wilsede/Wilseder Berg 5,5 km.

49143 Bissendorf gratis

Veregge & Welz GmbH, <10m
Gewerbepark 14, ☎ 05402/92990
Vor dem Wohnwagen- und Wohnmobilhändler

POS: 52°14'27.94"N/8°8'22.14"E, Karte D6 (S. 9), E2
Platz: / = 4 auf Asphalt. =4 (16 A) CHEM GRAU. Ganzjährig geöffnet.
Preis: Übernachtung gratis. Strom 1 €/6 h, Wasser 1 €, Entsorgung 1 €.
Kontakt: Veregge & Welz GmbH, ☎ 05402/92990, i nfo@veregge-welz.de, www.veregge-welz.de.
Distanz: Ⓗ 0,1 km, 1 km, 1 km, 1 km.
Gastro: Restaurants in Bissendorf und Osnabrück.
Freizeit: 8 km, 8 km. Naturpark Terra vita 6 km, Zoo Osnabrück 8 km.
POI: Burgen/Schlösser 5 km.

06749 Bitterfeld-Wolfen €12,00

Wohnmobilstellplatz Parkplatz <8m
Seepromenade, Berliner Straße 6, neu
☎ 03494/66600
Am großen Goitzschesee

POS: 51°37'39.00"N/12°20'41.00"E, Karte D7 (S. 10), C4
Platz: = 30 auf Schotter. Mit Schranke. Ganzjährig geöffnet.
Preis: 12 €. Tagesticket 2 €.
Kontakt: Stadt Bitterfeld-Wolfen, ☎ 03494/66600, info@bitterfeld-wolfen.de, www.bitterfeld-wolfen.de.
Distanz: 0,1 km, 2,5 km, 2,6 km.
Gastro: Restaurant Stadthafen Bitterfeld. Seensucht.
Freizeit: Kanu fahren, Badesee Großen Goitzschesee mit Strand, ausgewiesene Rad-/Wanderwege, Segeln/Surfen.
POI: Gläserne Aspirin-Fabrik, Bitterfeld mit historischem Rathaus 2,3 km, Bitterfelder Berg und Bitterfelder Bogen 2,4 km.

06766 Bitterfeld-Wolfen €20,00

Freizeitbad Woliday, Reudener >12m
Straße 87, ☎ 03494/368690
In ruhiger Stadtrandlage

POS: 51°40'16.12"N/12°14'55.88"E, Karte D7 (S. 10), C4
Platz: / = 5 auf Schotter. =8 (32 A) WC. Anmeldung an der Kasse. Dusche/WC zu den Öffnungszeiten des Bades. Das Bad ist aufgrund von Energiesparmaßnahmen zeitweilig geschlossen (siehe Website). Ganzjährig geöffnet.
Preis: 20 € inkl. Strom, Wasser, Dusche, WC, Müll-Entsorgung, Kurtaxe. 3-stündiger Eintritt ins Bad für alle Personen inbegriffen.
Kontakt: Daniel Willner, ☎ 03494/368690, kontakt@woliday.de, www.woliday.de.
Distanz: 0 km, Ⓗ 0,2 km, 0,4 km, 0,9 km.
Gastro: Ristorante San Lorenzo 0,5 km. Imbiss am Platz.
Freizeit: Reudener Park, Seenland Goitzsche 15 km.
POI: Bitterfelder Bogen 10 km, Ferropolis - die Stadt aus Eisen 20 km.

87544 Blaichach €15,50

Alpen-Rundblick Mobil Camping, <12m
Am Eichbichl 1, ☎ 08321/88026
In ortsnaher Lage, inmitten der Natur mit Wiesen und Bergen

POS: 47°32'45.67"N/10°15'35.90"E, Karte D14 (S. 17), H5
Platz: = 55 auf Schotterrasen. CHEM GRAU. Ganzjährig geöffnet.
Preis: Ab 15,50 € inkl. Entsorgung, Müll-Entsorgung. Strom 0,70 €/kWh, Wasser 1 €/80-100 l, Kurtaxe 2,20 €/Pers. Aktuelle Preise siehe Website. Bonuskarte ohne Zeitlimit: Bei 10 bestätigten Übernachtungen ist die 11. gratis.
Kontakt: Alpen-Rundblick Mobil Camping, Herr Remigius Siegel, ☎ 08321/88026, Mobil: 0171/5161492, info@alpen-rundblick.de, www.alpen-rundblick.de.
Distanz: Ⓗ 0,1 km, 0,2 km, 0,3 km, weitere Restaurants in 0,4 km, 0,5 km.
Gastro: Getränkeausschank am Platz.
Freizeit: 2 km, 2 km. Geführte Erlebnistouren, Angeln, Radtouren im Allgäu, Wildwasserfahrten auf der Iller, Boot fahren, Familien Vital-Park mit Naturfreibad 2,5 km, Sommer-/Winterrodelbahnen 3 km, Viehscheid (Mitte Sep) 3,5 km.
POI: Naturpark Nagelfluhkette.

38889 Blankenburg/Harz €6,00

Caravanparkplatz Schnappelberg, <8m
Schnappelberg, ☎ 03944/3685066
Im Stadtzentrum gegenüber vom Kleinen Schloss

POS: 51°47'21.44"N/10°57'33.80"E, Karte D7 (S. 10), A4
Platz: = 7, = 1 (<15 m) auf Asphalt. =6 (8 A) WC GRAU. Picknickplatz. Ganzjährig geöffnet.
Preis: 6 €. Strom 2,50 €, Wasser 2 €, WC 0,50 €, Kurtaxe 2,50 €/Pers.
Kontakt: Karsten Winter, ☎ 03944/3685066, karstenwinter@aol.com, www.parkplatz-am-schnappelberg.de.
Distanz: 0,1 km, Ⓗ 0,1 km.
Gastro: Am Platz (Kiosk), warme Küche 12:00-18:00 Uhr.
Freizeit: 2 km, 15 km, 2 km. Wandern, Stadtführung.
POI: Kleines Schloss, barocke Parks und Gärten 0,1 km, Teufelsmauer 0,2 km, Kloster Michaelstein 3 km, Burg und Festung Regenstein 5 km.

B

38889 Blankenburg/Harz €6,00 <8m

Wohnmobilstellplatz am Schnappelberg, Schnappelberg, **03944/362260** An den Barocken Schlossgärten, nahe der Altstadt

POS: 51°47'19.99"N/10°57'39.02"E, Karte D7 (S. 10), A4
Platz: = 6 auf Pflaster. Ganzjähr. geöffnet.
Preis: 6 €. Strom 1 €/kWh, Kurtaxe 2,50 €/Pers.
Kontakt: 03944/362260, touristinfo@blankenburg.de, www.blankenburg.de.
Distanz: , 0,1 km, 0,1 km, 0,2 km, weitere Restaurants in 1,5 km.
Freizeit: 1 km. Wandern, Kletterwald 1 km.
POI: Kleines Schloss Blankenburg mit Schlossgarten 0,1 km, Teufelsmauer 0,2 km, Großes Schloss Blankenburg 1 km, Burgruine Regenstein 5 km.

53945 Blankenheim €8,00 <12m

Parkplatz an der Weiherhalle, Koblenzer Straße, **02449/87222** Unweit der Altstadt des Erholungsorts Blankenheim

2021 geprüft

POS: 50°26'8.00"N/6°39'19.00"E, Karte D9 (S. 12), B2
Platz: = 15 auf Schotter. =15 CHEM GRAU . Ganzjährig geöffnet.
Preis: 8 € inkl. Kurtaxe. Strom 1 €/8 h, Wasser 1 €, Entsorgung 1 €.
Kontakt: Gemeinde Blankenheim, 02449/87222, touristinfo@blankenheim.de, www.blankenheim.de.
Distanz: 0,2 km, 0,3 km, 0,5 km, 0,5 km.
Freizeit: 0,5 km. Kahn-/Tretbootfahrten, Minigolf 0,2 km, Tiergarten-Tunnelanlage 0,5 km, Wassersport auf dem Freilinger See 8 km.
POI: Burg Blankenheim, Stadttoranlagen spätgotische Pfarrkirche, Eifelmuseum, Burgruine Schloßthal 8 km, Wacholder-Naturschutzgebiet Lampertstal mit Eifelblick Kalvarienberg 12 km.

17237 Blankensee-Rödlin €8,00 <8m

Fischerei Reimer, Fischerweg 16, **039826/12223** Am Ufer des Rödliner Sees neben dem Fischereibetrieb

POS: 53°23'35.45"N/13°14'3.29"E, Karte D4 (S. 7), E4
Platz: = 4 auf Wiese, Naturboden. =3 . Ankunft bis 20:00 Uhr. Boote auf dem See nicht erlaubt. Geöffnet: 1.4.-30.10.
Preis: 8 €. Strom 2 €. Wasser nach Verbrauch. Angeltageskarte 8 €.
Kontakt: Familie Reimer-Meißner, 039826/12223, sabine-reimer-meissner@gmx.de.
Distanz: 1 km, 1 km, 3 km, 10 km, weitere Restaurants in 4 km Entfernung.
Gastro: Imbiss auf dem Fischerhof, Frühstück nach Absprache. Fischbrötchen (8:00-18:00 Uhr).
Freizeit: 20 km. Radfahren, Badesee, Angeln mit Fischereischein, Müritz Nationalpark 25 km.
POI: Pfingstsonntag Fischerfest, Klosterkirche Wanzka 1,5 km, Klosterkirche Wanzka 3 km.

66869 Blaubach €10,00 <12m

Hotel Reweschnier, Kuseler Straße 1, **06381/923800** Am Ortsrand, umgeben von Wiesen und Feldern

POS: 49°33'30.41"N/7°23'54.53"E, Karte D9 (S. 12), C4
Platz: = 2 auf Pflaster. . Ganzjährig geöffnet.
Preis: 10 € inkl. WLAN. Dusche 5 €/Pers.
Kontakt: 06381/923800, info@reweschnier.de, www.reweschnier.de.
Distanz: 0 km, 0,5 km, 0,5 km, 2 km.
Gastro: Am Platz, warme Küche Mo-Fr 17:30-20:30 Uhr, Sa+So 11:30-14:00 Uhr und 17:30-20:30 Uhr.
Freizeit: 2 km, 2 km. Nordic Walking, Draisinen fahren.
POI: Ruine Lichtenberg 3 km.

89143 Blaubeuren €20,00 <12m

Wohnmobilstellplatz Blaubeuren, Dodelweg 20, **07344/966990** In ruhiger Lage und zentrumsnah

POS: 48°24'53.27"N/9°47'27.82"E, Karte D14 (S. 17), G2
Platz: = 21 auf Pflaster, Asphalt. =16 (16 A) WC CHEM GRAU . Ganzjährig geöffnet.
Preis: 20 € inkl. Strom, WC, Müll-Entsorgung, WLAN. Wasser 1 €/4 min, Entsorgung 1 €.
Kontakt: Tourist-Information Blaubeuren, 07344/966990, womo@blaubeuren.de, www.blaubeuren.de/wohnmobilstellplatz.
Distanz: 1 km, weitere Restaurants in 1 km Entfernung, 1 km.
Freizeit: 1 km. Wanderreiten, Blautopfbähnle, Museumsbesuche.
POI: Benediktinerkloster 0,5 km, Blautopf 0,6 km, Urgeschichtliches Museum 0,7 km, Historische Fachwerkstatt 1 km, UNESCO-Welterbe 4 km, Ulmer Münster 20 km.

74572 Blaufelden €26,00 <12m

Ökoferienhof Retzbach, Naicha 7, **07953/542** Minicamp auf aktiv bewirtschaftetem Demeter-Milchviehbetrieb

POS: 49°19'2.33"N/10°1'48.39"E, Karte D10 (S. 13), H5
Platz: = 10 auf Wiese. WC . WC kann genutzt werden. Spielmöglichkeiten auf dem Hof. Hunde nur nach Absprache. Ganzjährig geöffnet.
Preis: 26 €. Jede weitere Pers. 3 €.
Kontakt: Dorothee Retzbach, 07953/542, oekoferienhof.retzbach@web.de, www.oekoferienhofretzbach.de.
Freizeit: Diverse Hof-Aktivitäten.

89134 Blaustein-Ehrenstein gratis <12m

Stellplatz am Freizeitbad Bad Blau, Boschstraße 12, **07304/4369614** Neben dem Parkplatz des Freizeitbads

POS: 48°25'0.97"N/9°55'4.37"E, Karte D14 (S. 17), G2
Platz: = 3 auf Schotter. WC . WC gegen Gebühr zu den Bad-Öffnungszeiten. Bahnlinie in Hörweite. Ganzjährig geöffnet.
Preis: Übernachtung gratis.
Kontakt: Tourismus Stadt Blaustein, 07304/4369614, 07304/4369636, tourismus@blaustein.de, www.blaustein.de.
Distanz: , weitere Restaurants in 0,5 km, 0,5 km, 0,5 km, 0,5 km.
Gastro: Lixpark-Gaststätte. Bistro im Freizeitbad.
Freizeit: 7 km. Bade- und Saunalandschaft Bad Blau.
POI: Museum Lebenslinien in der Villa Lindenhof, UNESCO-Welterbe Steinzeitdorf-Ehrenstein, Ulmer Münster 7 km, Blautopf Blaubeuren 13 km.

21354 Bleckede €9,50 <12m

Wohnmobilstellplatz Bleckede - Schützenplatz, Schützenweg 1 Auf dem Schützenplatz zwischen Zentrum und Hafen

POS: 53°17'44.66"N/10°43'54.56"E, Karte D3 (S. 6), A5

B

Platz: = 20 auf Schotterrasen. WC CHEM. Aufenthalt max. 24 h. Buchen und Bezahlen über die Parkster-App (www.parkster.com). Ganzjährig geöffnet.
Preis: 9,50 € inkl. Entsorgung.
Kontakt: Stadt Bleckede, rathaus@bleckede.de, www.bleckede-tourismus.de.
Distanz: 0,1 km, weitere Restaurants in 0,5 km, 0,2 km, 0,3 km, 0,5 km.
Freizeit: 7 km. Rad-/Wanderwege in die Elbtalaue 0,5 km, Fahrten mit der Fahrrad-Draisine 7 km.
POI: Historische Innenstadt Bleckede 0,3 km, Biosphaerium Elbtalaue 0,3 km, Bleckeder Kleinbahn 0,7 km, Aussichtspunkt Viehler Höhe 7 km, Findlingsring in Breetze 8 km, Rundwanderweg Jungsteinzeitgräber im Schieringer Forst 9 km.

21354 Bleckede — €14,50 — <8m — neu

Wohnmobilstellplatz Bleckede - Hafen, Elbstraße, ☎ 05852/9770
An der Hafeneinfahrt zwischen Elbfähre und Elbdeich

POS: 53°17'45.00"N/10°44'4.00"E, Karte D3 (S. 6), A5
Platz: = 12 auf Rasengittersteinen. Aufenthalt max. 24 h. Ganzjährig geöffnet.
Preis: 14,50 €. Strom 1 €/kWh. Buchung/Bezahlung über Parkster-App.
Kontakt: Stadt Bleckede, ☎ 05852/9770, www.bleckede.de.
Distanz: 0,1 km, 0,5 km, 0,6 km, 0,8 km, 0,8 km (Wohnmobilstellplatz Bleckede, Schützenweg 1, 21354 Bleckede).
Gastro: Cafés und Restaurants in der Innenstadt.
Freizeit: 7 km, 1,5 km. Fahrrad-Draisine Alt Garge 6 km.
POI: Historische Innenstadt/Deutsche Fachwerkstraße 0,6 km, Biosphaerium Elbtalaue - Schloss Bleckede 0,8 km, Bleckeder Kleinbahn 1 km.

21354 Bleckede-Alt Garge — €12,00 — <10m

KNAUS Reisemobilhafen Bleckede, Am Waldbad 23, ☎ 05854/311
4-Sterne Reisemobilhafen in naturnaher Lage

POS: 53°15'34.83"N/10°48'20.38"E, Karte D3 (S. 6), A5
Platz: = 5 auf Asphalt. =6 (16 A) WC CHEM GRAU. Waschmaschine, Trockner, Sauna. Schmale, leicht abschüssige Plätze. Geöffnet: März-Ende Nov.
Preis: 12 € inkl. Wasser, Entsorgung, Müll-Entsorgung. Strom 0,70 €/kWh, WC/Dusche 5 €/Pers.
Kontakt: Helmut Knaus KG Campingparks, ☎ 05854/311, elbtalaue@knauscamp.de, www.knauscamp.de/bleckede.
Distanz: 0,1 km, 0,8 km, weitere Restaurants in 6 km Entfernung, 6 km.
Gastro: Brötchenservice. Bistro. Restaurant Korfu 0,8 km.
Freizeit: Tischtennis, Tennisplatz, Boule-Bahn, Bolzplatz, Waldbad, Biosphärenreservat Elbtalaue.
POI: Deutsches Salzmuseum, Museum Fürstentum Lüneburg, Biosphärium Schloss Bleckede 6 km, Schiffshebewerk Scharnebeck 24 km, Altstadt Lüneburg 30 km.

24327 Blekendorf-Sehlendorf — €12,00 — <8m

Parkplatz am Sehlendorfer Strand, Strandstraße 24, ☎ 04382/92234
Naturbelassener Stellplatz in Strandnähe

POS: 54°18'20.64"N/13°41'37.74"E, Karte D3 (S. 6), A2
Platz: = 42 auf Wiese. WC CHEM GRAU. VE über Münzbetrieb, Münzen sind in der Tourist-Info, im Café Fleck oder im Strandbasar für 1 € erhältlich. Geöffnet: 1.4.-31.10.
Preis: 12 € inkl. WC, Müll-Entsorgung. Wasser 1 €, Entsorgung 1 €, Dusche 1 €. Kurtaxe HS (Jun-Aug) 3 €, NS (Mai und 1.9.-15.9.) 1,50 €.
Kontakt: Kurbetrieb der Gemeinde Blekendorf, ☎ 04382/92234, info@sehlendorfer-strand.de, www.sehlendorfer-strand.de.
Distanz: 0 km, weitere Restaurants in 0,4 km, 1 km, 3 km, 4 km.
Gastro: Während der HS: Restaurant Packhus und Dünenhuus.
Freizeit: 2 km. Schwimmen, Surf-/Segelschule 0,1 km, Minigolfplatz 2 km.
POI: Naturschutzgebiet Sehlendorfer Binnensee 0,4 km, Vogelschutzgebiet 6,5 km, Aussichtsplattform 7,1 km.

23730 Bliesdorf-Strand — €15,00 — <12m

Ostsee-Campingplatz Kagelbusch, Scharberg, ☎ 04562/7122
Vor dem Campingplatz in ruhiger, naturnaher Lage

POS: 54°7'31.61"N/10°55'39.16"E, Karte D3 (S. 6), A3
Platz: = 8 auf Sand/Splitt, Wiese. =4 (16 A) WC CHEM. Backshop, Waschmaschine/Trockner. Aufenthalt max. 2 Nächte. Strom über Münzautomat. Nutzung von WC und aller weiteren Einrichtungen auf dem Campingplatz möglich. Geöffnet 24.3.-8.10.
Preis: 15 € inkl. Wasser, Entsorgung, WC, Müll-Entsorgung, Servicepauschale. Strom 1 €/kWh, Dusche 1 €/4 min, WLAN 3 €/Tag, Hund 8 €, Waschmaschine/Trockner je 2,80 €. Bezahlung an der Rezeption.
Kontakt: Ostsee-Campingplatz Kagelbusch L. Gosch GmbH & Co. KG, ☎ 04562/7122, info@ostseecamping.de, www.ostseecamping.de.
Distanz: 0 km, weitere Restaurants in 1,3 km, 0 km, 1 km, 1,3 km.
Gastro: Restaurant Ollex.
Freizeit: Boule, Segeln, Trimm-Dich-Pfad, Schwimmen, Outdoor-Fitness-Anlage, Golfplatz 3 km.
POI: Kloster Cismar 8 km.

66440 Blieskastel — gratis — <10m

Stellplatz am Freizeitzentrum, Bliesaue 1, ☎ 06842/9261314 Teil des Pkw-Parkplatzes am Freizeit- und Familienbad

2020 geprüft

POS: 49°14'9.21"N/7°16'3.88"E, Karte D9 (S. 12), C5
Platz: = 3 auf Asphalt. Dusche/WC im Freizeitzentrum. Ganzjährig geöffnet.
Preis: Übernachtung gratis.
Kontakt: Tourist-Info Blieskastel, ☎ 06842/9261314, tourismus@blieskastel.de, www.blieskastel.de.
Distanz: 0 km, 0,1 km, 0,1 km, weitere Restaurants in 0,5 km, 0,5 km, 7,7 km (Wohnmobilstellplatz Würzbacher Weiher, Marxstraße, 66440 Niederwürzbach).
Gastro: Mehrere Restaurants 0,5 km.
Freizeit: 0,5 km. Wandern, Radfahren auf dem Bliestal Freizeitweg.
POI: Barocke Altstadt von Blieskastel 0,5 km.

66440 Blieskastel-Niederwürzbach — €6,00 — <10m

Hotel-Restaurant Hubertushof, Kirschendell 32, ☎ 06842/6544
Am Waldrand oder auf dem Restaurantparkplatz neben dem Hotel

POS: 49°14'40.19"N/7°12'56.51"E, Karte D9 (S. 12), C5
Platz: = 4 auf Wiese, Schotter. WC. Anfahrt bis 22:00 Uhr, Aufenthalt max. 2 Tage. WC-Nutzung zu den Öffnungszeiten des Restaurants. Ganzjährig geöffnet. Ausnahmen: in KW 1 und 2 und teilweise in den Sommerferien geschlossen (siehe Website).
Preis: 6 € inkl. WC, Kurtaxe. Für Restaurantgäste kostenlos. Strom 3,50 €.
Kontakt: Familie Born, ☎ 06842/6544, hubertushof.born@t-online.de, www.hubertushof-born.de.
Distanz: 0 km, 0 km, weitere Restaurants in 2 km, 0,2 km, 1 km, 2 km (am Niederwürzbacher Weiher).
Gastro: Am Platz, Mi-Sa 17:00-21:00 Uhr, So 11:30-14:00 Uhr und 17:00-21:00 Uhr, Mo-Di Ruhetag. Frühstücks-/Brötchenservice auf Anfrage.
Freizeit: 8 km, 8 km. Abenteuerspielplatz.
POI: Weiheranlage mit historischen Gebäuden 2 km, Barockstadt Blieskastel 8 km, römische Ausgrabungen mit Museum 10 km.

B

66440 Blieskastel-Niederwürzbach €4,50

<12m

Reisemobilplatz Niederwürzbacher Weiher, Marxstraße, **0175/2432544** In ruhiger Lage direkt am See

POS: 49°14'48.76"N/7°11'29.04"E, Karte D9 (S. 12), C5
Platz: = 10 auf Wiese, Schotter. =4 (16 A) WC CHEM GRAU. wird empfohlen. WC/Dusche inkl. behindertengerechter Toilette und Wickelraum vom 1.3.-31.10. täglich von 9:00-20:00 Uhr geöffnet. Geöffnet: 1.3.-31.10.
Preis: 4,50 € inkl. Entsorgung, Dusche, WC, Kurtaxe. Strom 1 €/4 h, Wasser 1 €/10 min.
Kontakt: Biergarten Niederwürzbach, Jan Pfeiffer, Mobil: 0175/2432544, info@blieskastel.de, www.blieskastel.de/kultur-tourismus/wohnmobilstellplaetze/.
Distanz: 0,1 km, weitere Restaurants in 0,5 km, 0,5 km, 0,5 km, 1 km.
Gastro: Weitere Restaurants am See und Ort. Biergarten vor Ort.
Freizeit: Hallenbad, Freibad 6 km, Klettern 7 km, Kanu fahren auf der Blies 8 km.
POI: Weiheranlage mit historischen Gebäuden, Schlosskirche und Orangerie Blieskastel 7 km, Barockstadt Blieskastel mit Kloster 8 km, römische Ausgrabungen mit Museum 10 km.

26487 Blomberg €5,00

<12m

Dorfplatz Blomberg, Hauptstraße 26A, **04977/234** Lage in der Ortsmitte

POS: 53°34'38.00"N/7°33'28.00"E, Karte D1 (S. 4), C4
Platz: = 20 auf Wiese, Rasengittersteinen, Schotterrasen, Pflaster. =20 (16 A) CHEM GRAU. E-Bike-Ladestation. Im Winter keine Entsorgung. Ganzjährig geöffnet. Ausnahme: während des Schützenfestes am 4. WE im Juli und die Woche davor geschlossen.
Preis: 5 €. Entsorgung 1 €. Wasser gegen Gebühr.
Kontakt: Gemeinde Blomberg, 04977/234, www.blomberg-ostfriesland.de.
Distanz: , 0,1 km, 0,2 km, 0,3 km.
Gastro: Dörpkroog.
Freizeit: 10 km, 15 km, 0,2 km. Bouleplatz.
POI: Nordseeheilbad Bensersiel, Hochmoorsee Ewiges Meer 8 km, malerischer Stadtkern Esens 12 km.

32825 Blomberg/Lippe gratis

<10m

Reisemobilplatz Blomberg, Schießhalle Blomberg, Alter Dreschplatz, **05235/5040** Separater Platz nahe dem Stadtzentrum

POS: 51°56'36.76"N/9°5'51.60"E, Karte D6 (S. 9), F3
Platz: = 8 auf Schotter. CHEM GRAU. Glascontainer. Ganzjährig geöffnet.
Preis: Übernachtung gratis. Strom 1 €/2 kWh, Wasser 1 €/100 l.
Kontakt: Stadt Blomberg, 05235/5040, Mobil: 05235/5028342, info@blomberg-marketing.de, www.blomberg-lippe.de.
Distanz: 0,2 km, 0,5 km, 0,5 km.
Freizeit: 0,3 km, 0,5 km, 1 km. Stadtrundgang.
POI: Altstadt/Burg Blomberg 0,4 km.

78176 Blumberg €6,50

<12m

Wohnmobilbahnhof Blumberg, Oberes Ried, **07702/51200** Zwölf parzellierte Plätze und eine große freie Fläche zum Parken

POS: 47°50'20.74"N/8°32'32.06"E, Karte D14 (S. 17), E4
Platz: = 25 auf Schotter. CHEM GRAU. Ganzjährig geöffnet.
Preis: Ab 6,50 € inkl. Entsorgung, Müll-Entsorgung. Strom 2 €, Wasser 1 €, Dusche €. Nov-Apr 6,50 €, Kurtaxe 1 €/Pers., Mai-Okt 7 €, Kurtaxe 1,50 €/Pers. Der Platzwart kommt abends (17:00-18:00 Uhr) vorbei und kassiert die Gebühren.
Kontakt: Touristinfo Blumberg, 07702/51200, touristinfo@stadt-blumberg.de, www.stadt-blumberg.de.
Distanz: 0,2 km, 0,3 km, 0,4 km, 1 km.
Gastro: Sportrestaurant direkt nebenan.
Freizeit: 13 km. Panorama-Freibad, geführte Segway-Touren, Rundwanderwege, Vita Parcours, Eichberg und Buchberg, geführte E-Bike Touren, Schwarzwälder Genießerpfad Sauschwänzle-Weg, Fahrt mit der historischen Sauschwänzlebahn 1,5 km, Wanderungen in der Wutachschlucht 8 km.
POI: Eisenbahnmuseum und Reiterstellwerk 1,5 km, Schluchtensteig 3 km, Schleifenbachwasserfälle 3 km, Straußenfarm Steppacher Hof 3 km.

78176 Blumberg-Achdorf €6,50

<12m

Wohnmobilstellplatz Achdorfer Tal, Zufahrt parallel zum Uferweg, **07702/51200** In ruhiger Lage an der Wutach, außerhalb des Ortes

POS: 47°50'7.51"N/8°29'53.80"E, Karte D14 (S. 17), E4
Platz: = 9 auf Wiese, Schotter. . Ganzjährig geöffnet.
Preis: Ab 6,50 €. Strom 2 €, Wasser 1 €. Nov-Apr 6,50 €, Kurtaxe 1 €/Pers. Mai-Okt 7 €, Kurtaxe 1,50 €/Pers. Platzwart kommt abends (18:30-19:30 Uhr) vorbei und kassiert die Gebühren.
Kontakt: Touristinfo Blumberg, 07702/51200, touristinfo@stadt-blumberg.de, www.stadt-blumberg.de.
Distanz: 0,2 km, 0,5 km, 0,5 km, 0,8 km (Kläranlage Blumberg-Achdorf, Uferweg 2, 78176 Blumberg-Achdorf), 1,5 km.
Gastro: Gasthaus Scheffellinde. Haus des Gastes.
Freizeit: 3 km. Nordic-Walking Arena mit VitaParcours, Segway-Touren, Rundwanderwege, Schwarzwälder Genießerpfad Sauschwänzle-Weg, E-Bike-Touren, Wanderungen in der Wutachschlucht 3 km, Panorama-Freibad 3 km.
POI: Schleifenbachwasserfälle, historische Zugfahrten mit der Sauschwänzlebahn 5 km, Eisenbahnmuseum und Reiterstellwerk 5 km, Straußenfarm Steppacher Hof 9 km.

78176 Blumberg-Zollhaus gratis

<12m

Bahnhof Blumberg-Zollhaus, Bahnhofstraße 1, **07702/51200** Auf dem Parkplatz der Sauschwänzlebahn

POS: 47°50'14.65"N/8°33'26.67"E, Karte D14 (S. 17), E4
Platz: = 5 auf Schotter. . Ganzjährig geöffnet.
Preis: Übernachtung gratis.
Kontakt: Touristinfo Blumberg, 07702/51200, touristinfo@stadt-blumberg.de, www.stadt-blumberg.de.
Distanz: 0,1 km, 1,5 km, 1,5 km, 2 km, 5,3 km (Kläranlage Blumdorf-Achdorf, Uferweg 2, 78176 Blumberg-Achdorf).
Gastro: Bäckerei & Café Jim Knöpfle.
Freizeit: Nordic-Walking Arena mit Vita Parcours, geführte E-Bike-Touren, Wanderungen in der Wutachschlucht, Eisenbahnmuseum und Reiterstellwerk, Schwarzwälder Genießerpfad Sauschwänzle-Weg, geführte Segway-Touren, Panorama-Freibad 3 km.
POI: Eichberg und Buchberg, historische Zugfahrten mit der Sauschwänzlebahn, Straußenfarm Steppacher Hof 3 km, Schleifenbachwasserfälle 4 km.

71032 Böblingen gratis

<12m

Stellplatz Zimmerschlag, Im Zimmerschlag 9, **07031/6691426** Mitten in der Natur, bei den Tennisanlagen am Stadtrand

POS: 48°40'11.86"N/9°2'0.23"E, Karte D14 (S. 17), F2
Platz: = 4 auf Asphalt, Rasengittersteinen. CHEM GRAU. Geöffnet: 1.4.-31.10.
Preis: Übernachtung gratis.
Kontakt: Tobias Hackmaier, 07031/6691426, wirtschaftsfoerderung@boeblingen.de, www.boeblingen.de.
Distanz: 0 km, 0,3 km, 1,7 km, 3 km.
Gastro: Diverse Restaurants in unmittelbarer Umgebung: Gasthaus zum Schützen, Michaela Petrella Gaststätte Zimmerschlag, Die Eisenbahner, Nostos Griechischer Genuss, Leon's Food Club.
Freizeit: 4,4 km, 1,4 km.
POI: Dionysiuskirche 3 km, Museum Zehentscheuer (Deutsches Bauernkriegsmuseum/Städtische Galerie) 3 km, Deutsches Fleischermuseum 3 km, Stadtgarten 3,2 km, Motorworld 4 km.

46397 Bocholt — €10,00 — <12m

Womopark Bocholt am Aasee, Uhlandstraße 39, ☎ 02871/2359199
Schräg gegenüber vom Textilmuseum, neben Aasee und Freizeitanlage

2022 geprüft

POS: 51°50'6.44"N/6°37'53.72"E, Karte D5 (S. 8), B3
Platz: = 50 auf Pflaster, Asphalt, Schotter. =48 (16 A) WC CHEM GRAU. Erweiterungsfläche für 25-30 Fahrzeuge, Trockner, Waschmaschine. Reservierung ab 2 Nächten (nur über Website), Wohnwagen auf Anfrage. Ganzjährig geöffnet.
Preis: 10 € inkl. aller Personen, Entsorgung, Müll-Entsorgung, Kurtaxe. Strom 0,70 €/kWh, Wasser 0,10 €/10 l oder 0,50 €/50 l oder 1 €/100 l, Dusche 1 €, WC 0,50 €, WLAN 1 €/24 h, Trockner 2,50 €, Waschmaschine 3,50 €, VE für Durchreisende 2 €. Tagesbesucher 3 €.
Kontakt: Herr Michael Stahl, ☎ 02871/2359199, info@womopark-bocholt.de, www.womopark-bocholt.de.
Distanz: 0,3 km, 0,3 km, 0,3 km, weitere Restaurants in 0,5 km, 0,9 km.
Freizeit: 0,5 km, 4 km. Angeln (Angelscheine können ausgestellt werden), Freizeitanlage mit Minigolf, Spielplatz, Tiefseilgarten 0,1 km, Freizeitanlage Aasee mit Badestelle, Segeln, Surfen und Wandern 0,7 km.
POI: Textilmuseum 0,1 km, Handwerksmuseum 0,7 km, St. Georg-Kirche und historisches Rathaus 1,1 km.

Tipp

46397 Bocholt — gratis — <12m

Wohnmobilstellplatz Stadtwald, Unter den Eichen, ☎ 02871/5044
Am Naherholungsgebiet Bocholter Stadtwald auf dem Parkplatz des Euregio-Gymnasiums

POS: 51°50'55.08"N/6°38'13.44"E, Karte D5 (S. 8), B3
Platz: = 3 auf Asphalt. Am nordöstlichen Stadtrand. Aufenthalt max. 3 Tage. Ganzjährig geöffnet.
Preis: Übernachtung gratis.
Kontakt: Tourist-Info Bocholt, ☎ 02871/5044, info@tourist-info-bocholt.de, www.bocholt.de.
Anfahrt: Beim Gymnasium auf Schüler achten.
Distanz: 0 km, weitere Restaurants in 2 km, 0,4 km, 0,5 km, 2,4 km.
Gastro: Restaurant Unter den Eichen, warme Küche 17:00-22:00 Uhr.
Freizeit: 3 km, 3 km, 2 km. Nordic Walking, Wassersport am Aasee.

POI: Textilmuseum 2 km, St. Georg-Kirche und historisches Rathaus 2,5 km, Handwerksmuseum 2,9 km.

46399 Bocholt — gratis — <12m

Sauna- & Wasserwelten Bahia, Hemdener Weg 169, ☎ 02871/272660 Auf dem Parkplatz des Bahia im Norden der Stadt

POS: 51°51'43.17"N/6°36'40.96"E, Karte D5 (S. 8), B3
Platz: = 10 auf Pflaster. WC CHEM GRAU. WC zu den Bad-Öffnungszeiten. Bitte langsam fahren, Bade- und Saunagäste kreuzen die Straße. Bei der Nutzung der VE kann es vorübergehend zu Störungen kommen. Ganzjährig geöffnet.
Preis: Übernachtung gratis. Für Badbesucher 48 h gratis. Wertmarker für VE an der Barkasse.
Kontakt: Bäderleitung, ☎ 02871/272660, info@bahia.de, www.bahia.de.
Distanz: 0 km, 0 km, 1,3 km, 3,5 km.
Gastro: Genusswelten im Bahia, Mo-So 11:00-22:00 Uhr.
Freizeit: 3 km. Besuch im Spaßbad mit Saunawelt.
POI: St. Georg-Kirche und Textilmuseum 3,5 km, Handwerksmuseum sowie Dampfmaschine Fuckepott im Stadtgebiet Bocholt 5 km.

31167 Bockenem — €20,00 — >12m — neu

Wohnmobil- und Campingpark Ambergau, Hainbergstraße 25, ☎ 0171/6564670
Neu eröffneter Wohnmobil- und Campingplatz inmitten der Natur

POS: 52°1'10.00"N/10°10'47.85"E, Karte D6 (S. 9), H3
Platz: = 145 auf Wiese, Schotter, Schotterrasen. CHEM GRAU. Schwimmteich, Waschmaschine, Trockner, Hundespielwiese. wird empfohlen. Abreise bis 11:00 Uhr. Check-in/Check-out 24 h über Einfahrtsterminal möglich. Freie Platzwahl. Stromsteckdose an Hauptsäulen mit Münzen freischaltbar. Ganzjährig geöffnet.
Preis: 20 €. Jede weitere Pers. 5 €, Kind (bis 14 J.) 3,50 €, Wasser 0,10 €/10 l, Hund 2 €.
Kontakt: Wohnmobil-und Campingpark Ambergau, Herr Walter Oldenburger, Mobil: 0171/6564670, info@wohnmobil-und-campingpark-ambergau.de, wohnmobil-und-campingpark-ambergau.de.
Gastro: Täglich Brötchenservice (auf Vorbestellung bis 17:00 Uhr am Vortag).
Freizeit: Grillabende je nach Belegung, Besuch der Landesgartenschau 2023 in Bad Gandersheim, Volleyballplatz, Wandern zu den Boddensteiner Klippen.

31167 Bockenem — gratis — <12m

Reisemobilplatz Am Freibad, Mahlumer Straße 31, ☎ 05067/2420
In ruhiger Lage am beheizten Freibad

POS: 52°0'29.03"N/10°8'8.83"E, Karte D6 (S. 9), H3
Platz: = 5 auf Schotterrasen. Info-Tafel am Platz. WC während der Freibadsaison. Duschen im Freibad gegen Zahlung des Eintritts. Ganzjährig geöffnet.
Preis: Übernachtung gratis.
Kontakt: Stadt Bockenem, ☎ 05067/2420, info@bockenem.de, www.bockenem.de.
Distanz: 0,3 km, 0,3 km, 0,3 km, 0,5 km.
Gastro: Kiosk. Biergarten am Freibad.
Freizeit: 17 km. Minigolf, Familienpark Sottrum 9 km.
POI: Tilly-Haus, Turmuhrenmuseum, historischer Hochofen 0,5 km, Wilhelm-Busch-Haus/Grab 12 km.

67278 Bockenheim/Weinstraße — gratis — <10m

Haus der Deutschen Weinstraße, Weinstraße 90, ☎ 06359/946410
Am Festplatz gegenüber vom Haus der Deutschen Weinstraße

2021 geprüft

POS: 49°36'32.00"N/8°10'57.00"E, Karte D10 (S. 13), E4
Platz: = 20, = 2 (<10 m) auf Asphalt. Platz liegt an tagsüber stark befahrener Straße, Aufenhalt max. 3 Tage. Ganzjährig geöffnet. Ausnahme: im Okt. geschlossen.
Preis: Übernachtung gratis.
Kontakt: Gemeindeverwaltung Bockenheim, ☎ 06359/946410, info@bockenheim.de, www.bockenheim.de.
Distanz: 0 km, 0,5 km, 1 km.
Gastro: Mehrere Restaurants 0,1 km.
Freizeit: Radfahren, Touren entlang der Weinstraße, zahlreiche Weingüter mit Weinproben 0,2 km.
POI: Lambertskirche, Mandelblüte im März entlang der Weinstraße, Martinskirche.

67278 Bockenheim/Weinstraße — €10,00 — <10m

Weingut Benß, Am Spiegelpfad 10, ☎ 06359/4333 Inmitten der Weinberge auf einer großen Wiese direkt vor dem Weingut, ruhige Ortsrandlage

POS: 49°35'59.12"N/8°10'43.65"E, Karte D9 (S. 12), D4

Platz: = 8, = 2 (<10 m) auf Wiese. WC. Neues WC-Gebäude. Spielturm für Kinder. Ganzjährig geöffnet.
Preis: 10 € inkl. Strom, WC, Kurtaxe.
Kontakt: Weingut Benß, Stefan Benß, ☎ 06359/4333, info@bensswein.de, www.weingut-benss.de.
Distanz: 0,6 km, Ⓗ 0,6 km, 0,7 km, 7 km.
Gastro: Mehrere Gaststätten im Ort.
Freizeit: 10 km. Radfahren, Wandern, Weinprobe im Weinkeller, Weinbergsrundgang, Weinfeste.
POI: Alte Martins-Kirsch, Weinstraße 0,2 km, Kapelle in den Weinbergen 1 km, Opferstein der Kelten 1,5 km.

55294 Bodenheim — gratis — <8m

Wohnmobilstellplatz am Reichsritterstift, Am Plattenhohl,
☎ 06135/92600
An der Albansstatue am Ortsrand

POS: 49°55'52.00"N/8°18'2.71"E, Karte D10 (S. 13), E3
Platz: = 3 auf Asphalt. Aufenthalt max. 3 Nächte. Ganzjährig geöffnet.
Preis: Übernachtung gratis.
Kontakt: Gemeinde Bodenheim, ☎ 06135/92600, ortsbuergermeister@bodenheim.de, www.bodenheim.de.
Anfahrt: Über die Straßen Schönborner Platz und Am Reichsritterstift.
Distanz: 0,8 km, 0,9 km.
Gastro: Mehrere Weingutsschänken in der näheren Umgebung. Potsdamer Hof.
Freizeit: 4,3 km langer historischer Rundgang.
POI: Rheinterrassenweg, Dollespark.

94249 Bodenmais — €20,00 — <10m

Camping Resort Bodenmais, Regener Straße 45,
☎ 09924/9432080 Kurzzeitplätze im Restaurantbereich, am Fuße des Silberberges

2021 geprüft

POS: 49°3'36.00"N/13°6'15.65"E, Karte D12 (S. 15), F5
Platz: = 6 auf Rasengittersteinen, Schotterrasen. WC CHEM GRAU. Mietbäder gegen Gebühr, Waschmaschine, Trockner. Aufenthalt max. 2 Nächte. Ganzjährig geöffnet.
Preis: Ab 20 € inkl. WLAN. Strom 0,75 €/kWh, Entsorgung 2 €, Kurtaxe 2,50 €/Pers., Kurtaxe (6-15 J.) 1,30 €/Pers. Jede weitere Person 12-14,50 €, Kind (3-17 J.) 7,50- 9,50 €, Hund 5,50-6,50 €. HS 30 €, NS 20 €.
Kontakt: Camping Resort Bodenmais, Diana Heigl, ☎ 09924/9432080, info@campingresort-bodenmais.de, www.campingresort-bodenmais.de.
Distanz: 0 km, 0,8 km.
Gastro: Reichhaltiges Frühstücksbüfett, 14,50 €/Pers.
Freizeit: Wintersport, Panoramasauna, Bio/Dampfsauna, Bikeparcours, Kanutouren.
POI: Silberberg, Großer Arber, Rißlochwasserfälle.

> Vor der Anreise empfehlen wir, Kontakt mit dem Betreiber aufzunehmen, um die Auslastung des Stellplatzes abzufragen.

94249 Bodenmais — €10,00 — <8m

Reisemobilstellplatz Bodenmais, Kötztinger Straße 37,
☎ 09924/778135 Im Bayerischen Wald, am Rande des öffentlichen Parkplatzes

2021 geprüft

POS: 49°4'16.21"N/13°5'31.96"E, Karte D12 (S. 15), F5
Platz: = 12 auf Asphalt. CHEM GRAU. Leicht geneigte Stellflächen. Ganzjährig geöffnet.
Preis: 10 € inkl. Entsorgung. Strom 0,50 €/kWh, Wasser 0,50 €/100 l, Kurtaxe 2,50 €/Pers. Kurtaxe Kind 1,30 €. Bezahlung am Parkautomat, Kartenzahlung möglich.
Kontakt: Bodenmais Tourismus & Marketing GmbH, ☎ 09924/778135, info@bodenmais.de, www.bodenmais.de.
Distanz: 0,1 km, 0,3 km, Ⓗ 0,3 km, 0,3 km, weitere Restaurants in 0,5 km.
Gastro: Zahlreiche Betriebe in unmittelbarer Nähe. Brauerei Adam Bräu.
Freizeit: 0,3 km, 0,5 km, 0,5 km. Bogenschießen, Feriendialyse möglich, Sesselbahn/Abenteuer-Spielplatz, Rodelbahn, Tennis, Vital-Zentrum, Golf, Joska Glasparadies 1 km.
POI: Passau, Silberbergwerk Bodenmais.

37619 Bodenwerder — €12,00 — <10m

Stellplatz Am Mühlentor, Am Mühlentor, ☎ 05533/40541 Am Rand der Münchhausen-Altstadt an der Weser

2021 geprüft

POS: 51°58'49.63"N/9°31'4.60"E, Karte D6 (S. 9), G3
Platz: = 62 auf Rasengittersteinen, Schotter. WC CHEM GRAU. Leinenpflicht für Hunde. Anfahrt und Tickets zu den Öffnungszeiten des Kiosks Mo-So 8:30-20:00 Uhr (1.4.-31.10.) bzw. 10:00-18:00 Uhr (1.11.-31.3.). Ganzjährig geöffnet.
Preis: 12 € inkl. aller Personen, Entsorgung, Müll-Entsorgung, WLAN, Hund. Strom 0,50 €/kWh, Wasser 1 €/100 l. Guthabenkarte für Sanitärbereich und Strom.
Kontakt: Stadt Bodenwerder, ☎ 05533/40541, Mobil: 0176/80067395, touristinformation@bodenwerder-polle.de, www.muenchhausenland.de.
Distanz: 0,1 km, 0,5 km, 0,5 km, Ⓗ 0,5 km.
Gastro: Mehrere Restaurants und Cafés in der Altstadt ab 0,1 km. Kiosk am Platz.
Freizeit: 2 km. Stadt-/Museumsführungen, Draisinenfahrten, Hydrobike-Touren, Schifffahrt, Bogenschießen, Sommerrodelbahn 1 km.
POI: Münchhausen-Museum, romanische Klosterkirche Kemnade 0,5 km, Münchhausen-Gutshof 0,7 km, Schloss Hehlen 3 km, Kloster Buchhagen 4 km.

92439 Bodenwöhr-Neuenschwand — €10,00 — >12m

Gasthof Zum Troidlwirt, Bodenwöhrer Straße 6,
☎ 09434/1234 Neben dem Gäste-Parkplatz, abgetrennt durch eine Hecke

POS: 49°17'5.94"N/12°15'29.25"E, Karte D11 (S. 14), D5
Platz: = 20, = 10 (<10 m) auf Wiese, Rasengittersteinen, Pflaster, Schotterrasen. =16 (16 A) WC CHEM GRAU. Sanitäranlagen im Gasthof geöffnet von 7:00-9:00 Uhr und 17:00-20:30 Uhr. Geöffnet 1.3.-31.10.
Preis: 10 € inkl. Strom, Wasser, Entsorgung, WC, Kurtaxe, WLAN. Jede weitere Pers. 2,50 €, Dusche 2 €/Pers., Müll-Entsorgung 1 €.
Kontakt: Familie Wiendl, ☎ 09434/1234, info@troidlwirt.de, www.troidlwirt.de.
Distanz: Ⓗ 0 km, 0 km, weitere Restaurants in 5 km, 0,2 km, 5 km.
Gastro: Am Platz, Mo-Fr 6:00-9:00 Uhr und 17:00-21:00 Uhr, Sa-So Ruhetag, Frühstück auf Voranmeldung auch am Ruhetag möglich.
Freizeit: 12 km, 5 km. Gut ausgeschilderte Radwege, Hammersee in der Oberpfälzer Seenlandschaft 3,5 km, Steinberger See 5,5 km, Brückl- und Murnersee 6,5 km.
POI: Aussichtsturm über das Seenland in Fuhrn 8 km, Regental mit Burgruine Stockerfels 10 km, Klosterkirche und Felsenkellergewölbe in Schwandorf 12 km.

78351 Bodman-Ludwigshafen — €14,00 — <8m

Der erste Wohnmobilhafen am See, Am Sportplatz 3, ☎ 07773/920516
An der B31 am nördlichen Ortsrand

POS: 47°49'25.71"N/9°3'5.84"E, Karte D13 (S. 16), F4
Platz: = 26 auf Wiese, Schotterrasen. =24 (16 A) CHEM GRAU. Ganzjährig geöffnet.
Preis: 14 € inkl. Entsorgung, Kurtaxe. Strom 2 €, Wasser 1 €/100 l.
Kontakt: Begher/Rietschel GbR, ☎ 07773/920516, info@berietech.de, www.der-erste-wohnmobilhafen-am-see.de.
Distanz: 0,5 km, 0,5 km, Ⓗ 0,5 km, 0,8 km.
Gastro: Bäckerei 0,4 km.
Freizeit: Wassersport, Freizeitangebote auch unter www.die-ersten-am-see.de, Ausflugsfahrten mit dem Schiff, See 0,8 km.
POI: Ruine Kargegg, Marienschlucht, Ruine Alt Bodman, Kloster Frauenberg.

94327 Bogen — €12,00 — <12m

Stellplatz am Freibad Bogen, Kotaustraße 12, ☎ 09422/505115
Auf dem Großparkplatz beim Freibad

POS: 48°54'27.42"N/12°41'14.95"E, Karte D16 (S. 19), E1

Platz: P = 5 auf Schotterrasen, Pflaster, Rasengittersteinen. =8 (10 A) WC CHEM GRAU . Dusche/WC im Schwimmbad (Mai-Sep), ab Sep öffentliches WC. Ganzjährig geöffnet. Ausnahme: Anfang Juli während des Bogener Volksfestes (je 5 Tage vorher/nachher) gesperrt.
Preis: Ab 12 € inkl. Dusche, WC, Kurtaxe, WLAN. Strom 1 €/4 h, Wasser 1 €/100 l, Entsorgung 2 €. 15.5.-1.9. 15 €, 2.9.-14.5. 12 €. Im Winter 10 €. Während der Freibadsaison Anmeldung/Bezahlung an der Freibadkasse.
Kontakt: Stadtwerke Bogen, ☎ 09422/505115, stellplatz@bogen.de, www.freibad-bogen.de/wohnmobilstellplaetze.
Distanz: 0,3 km, 0,5 km, 0,5 km, Ⓗ 0,5 km.
Gastro: Mehrere Restaurants ab 0,5 km.
Freizeit: 2 km. Stadtführungen, Donau/Regen-Radweg, Edelwies Natur- und Freizeitpark 13 km.
POI: Klosterkirche 3 km, Bogenberg mit Wallfahrtskirche Mariä Himmelfahrt 3 km.

49163 Bohmte gratis

Landgasthaus Gieseke-Asshorn, Am Schwaken Hof, ☎ 05471/95800 <12 m
Beim traditionsreichen Hotel-Restaurant, in der Ortsmitte

POS: 52°22'0.63"N/8°18'46.39"E, Karte D6 (S. 9), E2
Platz: = 2 auf Schotter, Pflaster. =2 . Ganzjährig geöffnet.
Preis: Für Restaurantgäste kostenlos. Einkehr obligatorisch.
Kontakt: Herr Asshorn, ☎ 05471/95800, info@gieseke-asshorn.de, www.gieseke-asshorn.de.
Distanz: , , 0,2 km, Ⓗ 0,2 km.
Gastro: Spezialitätenwochen, Schlemmerbüfetts, Frühstücksservice, Mo + Mi-Sa 17:00-22:30 Uhr, So 11:00-13:30 Uhr und 17:00-20:30 Uhr, Di Ruhetag.
Freizeit: 0,5 km, 0,5 km, 0,3 km. Golf/Tennisplatz, Sauna/Solarium im Hotel, Fahrradtouren, Dümmersee 15 km.
POI: Varus-Ausgrabungen 15 km.

24220 Böhnhusen €11,00

Hof Treptow, Dorfstraße 21, ☎ 04347/1669 <12 m
Auf dem ehemaligen Bauernhof

POS: 54°13'16.71"N/10°4'11.81"E, Karte D2 (S. 5), G2
Platz: / = 20 auf Sand/Splitt, Wiese. =20 (16 A) WC . P wird empfohlen. Ganzjährig geöffnet.
Preis: 11 € inkl. Dusche, WC, Müll-Entsorgung. Jede weitere Pers. 1 €, Strom 3,50 €/24 h, Wasser 1 €/100 l.
Kontakt: Hof Treptow, Andreas Treptow, ☎ 04347/1669, mail@hof-treptow.de, www.hof-treptow.de.
Distanz: 0 km, weitere Restaurants in 1 km, , Ⓗ 3 km, 3 km.
Gastro: Angrenzender Biergarten, warme Küche Sa ab 17:30 Uhr, So ab 11:30 Uhr. Urtypische Holsteiner Gerichte nach Oma's Rezepten. Frühstücksservice.
Freizeit: 3 km, 20 km. Spazierengehen, Radfahren, Bauerndiplom, Eidertalwanderweg 3 km.
POI: Museum Tor zur Urzeit 5 km, Klosterkirche 6 km, Freilichtmuseum 7 km, Kieler Förde 11 km.

19258 Boizenburg/Elbe gratis

Stellplatz Am Boizenburger Hafen, Hafenplatz, ☎ 038847/335354 <12 m
An der Hafenpromenade, 5 Gehminuten von der Altstadt

POS: 53°22'35.27"N/10°42'59.93"E, Karte D3 (S. 6), A4
Platz: P = 8 auf Pflaster. =12 (16 A) WC . Öffentliches, behindertengerechtes WC. VE nach telefonischer Absprache im Klärwerk Boizenburg, Tel. 038847/38114. Ganzjährig geöffnet.
Preis: Übernachtung gratis inkl. WC, WLAN. Strom 1 €/kWh.
Kontakt: Stadtinformation Boizenburg/Elbe, ☎ 038847/335354, stadtinfo@boizenburg-elbe.de, www.boizenburg.de.
Distanz: 0,1 km, 0,4 km, Ⓗ 0,5 km, 0,5 km, E 4,1 km (Klärwerk Boizenburg/Elbe, Am Gammgraben 5, 19258 Boizenburg/Elbe).
Gastro: Restaurant Athen 0,1 km.
Freizeit: 3,5 km, 0,5 km. Elberadweg/Deichweg ab Platz, Fahrgastschifffahrt, Biosphärenreservat Flusslandschaft Elbe, Naturerlebnisbad 3,5 km.
POI: Freiluftausstellung EinFlussReich, Museumsschiff Minna 0,1 km, historische Wallanlage 0,2 km, Weidenschneck 0,3 km, Erstes Deutsches Fliesenmuseum 0,4 km, Heimatmuseum 0,5 km, Elbbergmuseum 1,4 km, Aussichtsturm Elwkieker 1,8 km.

24802 Bokel €10,00

Hof Ulliwood, Lindenallee 15, ☎ 01577/9061945 <12 m
Auf einer Wiese am Hof

POS: 54°12'57.57"N/9°48'27.56"E, Karte D2 (S. 5), G2
Platz: / / = 5 auf Wiese. =5 (16 A) . Ganzjährig geöffnet.
Preis: 10 € inkl. Wasser, Müll-Entsorgung, WLAN. Strom 2 €.
Kontakt: Bärbel Finn, Mobil: 01577/9061945, info@ulliwood.de, www.ulliwood.de.
Distanz: Ⓗ 0,5 km, 0,8 km, 0,8 km, 3 km, weitere Restaurants in 8 km.
Freizeit: 0,5 km. Führung über den anliegenden Kunstpfad.
POI: Naturpark Westensee, Aal-Museum 0,3 km, Kinderkunstpfad Bokel 0,3 km.

54669 Bollendorf €25,00

Wohnmobilstellplatz am Waldhotel Sonnenberg/Nübel, Sonnenbergallee 1/Waldhotel Nübel 1, ☎ 06526/92800 <10 m
Im Herzen des deutsch-luxemburgischen Naturparks in absolut ruhiger Südhang-Einzellage mit Rundblick ins Sauertal

POS: 49°51'18.78"N/6°20'56.71"E, Karte D9 (S. 12), A4
Platz: = 3 auf Asphalt, Wiese, Naturboden. WC CHEM/Bio GRAU . Sauna. P Anfahrt 8:00-21:00 Uhr. Aufenthalt max. 14 Tage. Ganzjährig geöffnet.
Preis: Ab 25 € inkl. Wasser, Dusche, WC, WLAN, Schwimmbad. Strom 10 €/Tag, Entsorgung 5 €/Pers., Kurtaxe (ab 16 J.) 0,80 €/Pers., Sauna 15 €/Pers.
Kontakt: Waldhotel Sonneberg Hotel Nübel GbR, Hermann Nübel, ☎ 06526/92800, Mobil: 0171/3103950, buchung@waldhotel.com, www.waldhotel.com.
Gastro: Brötchenservice. Frühstück.
Freizeit: Besuch des Märchenpfades, Kanu fahren, Angeln, Wander-/Fahrradwege, Tennis 2 km, Reiten 5 km, Golfplatz 7 km.
POI: Grüne Hölle 0,5 km, Schloss Weilerbach 2 km, Schloss Beaufort 6 km.

87538 Bolsterlang €12,00

Wohnmobilstellplatz an der Hörnerbahn, Hörnerstraße 12-16, ☎ 08326/9091 <10 m neu
In den Bergen, auf einem Parkplatz direkt an der Hörnerbahn mit Gaststätte in der Nähe

POS: 47°27'47.79"N/10°13'41.14"E, Karte D14 (S. 17), H5
Platz: P / = 20 auf Schotter, Kiesel, Sand/Splitt. CHEM GRAU . VE nur im Sommer, Leinenpflicht für Hunde, E-Bike-Verleih (Sport Speiser im Ort). Einfahrt 24/7 über manuell zu öffnende Schranke. Überwiegend ebener Untergrund, kein Schatten. Ganzjährig geöffnet.
Preis: 12 € inkl. WLAN. Strom 1 €/kWh, Kurtaxe 1,50 €/Pers. Bezahlung: Parkscheinautomat oder Betreiber.
Kontakt: Hörnerbahn GmbH & Co. KG, Martin Fahr, ☎ 08326/9091, info@hoernerbahn.de, www.hoernerbahn.de.
Distanz: Ⓗ 0 km, 0 km, Talhütte 0,1 km, 0,6 km, 0,6 km (Dorfladen Bolsterlang).
Gastro: Restaurant, Biergarten, Imbiss. Brötchenservice im Dorfladen. Talhütte Bolsterlang.
Freizeit: Panorama-Höhenwanderweg, ausgewiesene Fahrrad- und Wanderwege, Minigolfplatz, Bogenschießen (mit eigenem Material), Wintersport, Skilift, Kurpark mit Kneippanlage, Musikpavillon, Winterwandern, Langlaufloipe, 18-Loch Golfplatz Oberallgäu.
POI: Naturschutzgebiet, Skiflugschanze Oberstdorf 7 km.

B

23946 Boltenhagen/Ostseebad €18,00

Krämers Wohnmobilhafen, Ostseeallee 58 b, ☎ 038825/23288 <10m
In Strandnähe

POS: 53°58'52.71"N/11°13'9.24"E, Karte D3 (S.6), B3
Platz: = 45 auf Schotterrasen, Wiese, Schotter. =50 (6 A) WC CHEM GRAU wird empfohlen. Anfahrt bis 21:00 Uhr. Ganzjährig geöffnet. Ausnahme: Nov/Jan nur auf Anfrage.
Preis: Ab 18 € inkl. Entsorgung, WC, Müll-Entsorgung. Jede weitere Pers. 2 €, Strom 3 €, Wasser 0,20 €/20 l, Dusche 0,50 €/2 min. 1.9.-31.5. 18 €, 1.6.-31.8. 20 €. Kurtaxe (ab 16 J.) 1.5.-30.9. 2,10 €, 1.10.-30.4. 1,50 €, 1 Hund inkl., jeder weitere 1 €. Wohnmobile > 8 m zzgl. 3 €. Keine Kartenzahlung möglich. Preiseerhöhungen für 2023 vorgesehen (aktuelle Preise siehe Website).
Kontakt: Familie A. Krämer, ☎ 038825/23288, Mobil: 0177/2928198, info@kraemerswohnmobilhafen.de, www.kraemerswohnmobilhafen.de.
Distanz: 0,1 km, 0,1 km, 0,2 km, weitere Restaurants in 0,5 km, 1 km.
Freizeit: 0,5 km. Wassersport, Ostseestrand 0,2 km, FKK-Strand 0,3 km, Reithalle 0,5 km, Hundestrand 0,7 km.
POI: Steilküste Redewisch 2 km, Schloss Bothmer 5 km, Windmühle bei Klütz 6 km, Hansestadt Wismar 25 km.

23946 Boltenhagen/Ostseebad €30,00

Regenbogen Boltenhagen, Ostseeallee 54, ☎ 0431/237230 <8m
Wohnmobilhafen vor der Ferienanlage

POS: 53°58'53.42"N/11°13'3.06"E, Karte D3 (S.6), B3
Platz: = 18 auf Wiese. WC CHEM GRAU. Tagesticket 10:00-18:00 Uhr, Nachtticket 18:00-10:00 Uhr. Geöffnet: 1.3.-31.12.
Preis: Ab 30 € inkl. Strom, Wasser, WC. HS 40 €. Tagesticket NS 10 €, HS 15 € HS, Nachtticket NS 20 €, HS 25 €. Zzgl Kurtaxe. Preisänderung 2023 möglich.
Kontakt: ☎ 0431/237230, urlaub@regenbogen.ag, www.regenbogen.ag.
Distanz: 0,2 km, 0,4 km, 0,6 km, 0,9 km.

23946 Boltenhagen/Ostseebad €19,00

Wohnmobilpark Boltenhagen, Ostseeallee 58, ☎ 038825/21030 In der Nähe vom naturbelassenen Ostsee-Sandstrand <8m

POS: 53°58'53.00"N/11°13'6.00"E, Karte D3 (S.6), B3
Platz: = 50 auf Schotterrasen. WC CHEM. Reservierung ab 3 Nächten möglich, Anfahrt 24 h, Abreise bis 11:00 Uhr. Ganzjährig geöffnet.
Preis: 19 € inkl. WC, Müll-Entsorgung, WLAN, Hund. Jede weitere Pers. 2,50 €, Kind (3-14 J.) 1,50 €, Strom 3,50 €, Wasser ab 0,10 €, Entsorgung 2 €, jeder weitere Hund 1 €. 1.5.-30.9. und 21.12.-7.1. 19 €, sonst auf Anfrage. Dusche 1 €. Womo mit Überlänge 3 € extra. Tagesticket 5 €. Nur Barzahlung.
Kontakt: Markus Kruschinski, ☎ 038825/21030, Mobil: 0163/1418141, banana.jack@gmx.de, www.bananajack.de.
Distanz: 0,2 km, 0,3 km.
Gastro: Verkaufswagen (HS).
Freizeit: 25 km, 0,1 km. Wassersport, Wandern, Radfahren, Strand 0,3 km, Hundestrand 0,8 km.
POI: Steilküste Redewisch 2 km, Windmühle Klütz 5 km, Schloss Bothmer 6 km.

71149 Bondorf €8,00

Wohnmobilstellplatz Bondorf Golfplatz Domäne Niederreutin, Niederreutin 1, ☎ 07457/94490 <10m
Am Ende der rechten Parkplatzhälfte

POS: 48°31'39.03"N/8°48'31.82"E, Karte D14 (S.17), F2
Platz: = 4 auf Schotter. WC. nur bei Gruppen. Aufenthalt max. 3 Nächte. WC, Umkleiden und Duschen im Golfclub nach Anmeldung. Ganzjährig geöffnet.
Preis: 8 €. Strom 2 €/24 h. Keine Stellplatzgebühr für Gäste der Golfanlage. Bezahlung vor Ort im Clubhaus (Sekretariat).
Kontakt: Golfclub Domäne Niederreutin GmbH, Markus Eblen, ☎ 07457/94490, info@golf-bondorf.de, www.golf-bondorf.de.
Distanz: 0 km, 2 km, 2,2 km, 2,4 km.
Gastro: Restaurant Hofgut.
Freizeit: Golfspielen 27-Loch Anlage.
POI: Burgruine Hohennagold, Schloßberg.

53175 Bonn gratis

Wohnmobilstellplatz An der Rheinaue, Carlo-Schmid-Straße, ☎ 0228/775000 <8m
Gegenüber der Rheinaue in Autobahnnähe

POS: 50°42'34.28"N/7°8'22.52"E, Karte D9 (S.12), B1
Platz: = 17 auf Pflaster, Asphalt. Ganzjährig geöffnet. Ausnahme: während der Veranstaltung Rhein in Flammen am 1. WE im Mai geschlossen.
Preis: Übernachtung gratis.
Kontakt: Bonn-Information, ☎ 0228/775000, bonninformation@bonn.de, www.bonn.de.
Distanz: 0,1 km, weitere Restaurants in 0,5 km, 2 km, 4,2 km, 6,7 km (Kläranlage Salierweg, Salierweg 7, 53117 Bonn).
Gastro: Rheinauen-Restaurant 0,1 km.
Freizeit: 2,5 km, 5,5 km. Radfahren an den Rheinufern und im Rheinauenpark, Schiffstour auf dem Rhein, Freizeitpark Rheinaue 0,5 km.
POI: Haus der Geschichte 2 km, Godesburg 2,5 km, Museumsmeile Bonn 2,5 km, Beethovenhaus 4,5 km, Bonner City 4,5 km.

79848 Bonndorf/Schwarzwald €7,50

Wohnmobilstellplatz beim Freibad, Ob dem Tal 1, ☎ 07703/7607 <8m
Stellplatz beim Schwimmbad

POS: 47°48'59.91"N/8°20'22.96"E, Karte D13 (S.16), E4
Platz: = 10 auf Asphalt. WC CHEM GRAU. Anmeldung von Jun-Sep im Freibad, von Okt-Mai in der Touristinfo. WC/Dusche während der Freibadsaison kostenfrei nutzbar. Ganzjährig geöffnet.
Preis: 7,50 € inkl. Entsorgung, Dusche, WC. Strom 0,50 €/kWh, Wasser 1 €/80 l, Kurtaxe 1,30 €/Pers.
Kontakt: Touristinformation, Petra Kaiser, ☎ 07703/7607, touristinfo@bonndorf.de, www.bonndorf.de.
Distanz: 0,2 km, 0,3 km, 0,7 km, 0,7 km.
Gastro: Gasthaus Kranz, Möhringers Schwarzwaldhotel, Braukessel.
Freizeit: Natur-und Wandererlebnis Wutachschlucht, Hallenbad in Möhringers Schwarzwaldhotel.
POI: Schloss-Narrenstuben, Wander-/Naturschutzgebiet Wutachschlucht, Philospehnweg mit Spruchtafeln, Japanischer Garten 0,5 km, Schloss 0,5 km.

79848 Bonndorf/Schwarzwald-Holzschlag €5,00

Stellplatz Holzschlag, Schulstraße 1, ☎ 07703/7607 <8m
Auf dem Dorfplatz

POS: 47°50'59.49"N/8°16'2.30"E, Karte D13 (S.16), E4
Platz: = 8 auf Pflaster. CHEM GRAU. Anmeldung direkt gegenüber vom Platz bei Frau Faller. Ganzjährig geöffnet.
Preis: 5 € inkl. Wasser, Entsorgung. Kurtaxe 1,10 €/Pers.
Kontakt: Tourist-Information, Petra Kaiser, ☎ 07703/7607, touristinfo@bonndorf.de, www.bonndorf.de.
Distanz: 0,2 km, 0,2 km, 7 km.
Gastro: Kiosk. Gasthaus Krone und Gasthaus Nicklas.
Freizeit: 7 km, 7 km, 7 km. Wanderungen durch die Wutachschlucht.
POI: Bienenlehrpfad Via Apis, Japanischer Garten in Bonndorf, Feldberg, Kulturzentrum Schloss Bonndorf, Titisee, Schluchsee.

Sie haben einen neuen Stellplatz entdeckt? Dann teilen Sie uns diesen mit per E-Mail an **bordatlas@doldemedien.de** oder über das Online-Meldeformular unter **www.bordatlas.de/meldung**

74357 Bönnigheim €7,50

Mineralfreibad Bönnigheim, Bachstraße, ☎ 07143/273151 <8m
Gegenüber vom Mineralfreibad

POS: 49°2'21.02"N/9°5'2.91"E, Karte D14 (S.17), F1
Platz: P = 9 auf Rasengittersteinen. =8 CHEM . Aufenthalt max. 3 Tage. Dusche/WC im Freibad. Ganzjährig geöffnet.
Preis: 7,50€. Strom 1€/2kWh, Wasser 1€/100l.
Kontakt: Stadtverwaltung Bönnigheim, Frau Andrea Joos, ☎ 07143/273151, andrea.joos@boennigheim.de, www.boennigheim.de.
Distanz: Ⓗ 0,1km, 0,1km, weitere Restaurants in 1km, 1km, 1km.
Gastro: Klosterburg Stuben mit Biergarten/Mittagstisch/Partyservice 0,3km.
Freizeit: 0,5km. Freizeitpark Tripsdrill 3km, Wildparadies Stromberg 3,5km.
POI: Schwäbisches Schnapsmuseum 0,5km, Museum Charlotte Zander 0,8km, Altstadt 0,8km, Vinothek 0,8km, Literaturmuseum Sophie La Roche 0,8km, Cyriakuskirche mit Lettner/Hochaltar 1km.

56154 Boppard €5,00

Remigiusparkplatz, B9/St. Remigius-Platz, ☎ 06742/3888 <8m
Gemischter Parkplatz an der B9, 5 Gehminuten zur Seilbahn Talstation Mühltal

POS: 50°14'7.76"N/7°34'37.93"E, Karte D9 (S.12), C3
Platz: P = 5 auf Asphalt. . Ganzjährig geöffnet.
Preis: 5€.
Kontakt: Tourist-Information, ☎ 06742/3888, tourist@boppard.de, www.boppard-tourismus.de.
Distanz: 0,1km, Ⓗ 0,1km, 0,8km, 1,5km.
Freizeit: 1,5km. Weinproben, Wandern 0,1km, Einstieg Mittelrhein Klettersteig sowie Traumschleife Mittelrhein Klettersteig 0,1km.
POI: Kurfürstliche Burg 1,2km, Römerkastell 1,2km, Koblenz 17,5km, Deutsches Eck 18,2km, Festung Ehrenbreitstein 20,7km.

33178 Borchen gratis

Am Rathaus, Unter der Burg 1, ☎ 05251/38880 Abgetrennter Bereich des Parkplatzes am Rathaus <8m

POS: 51°39'24.74"N/8°43'20.31"E, Karte D6 (S.9), E4
Platz: P = 2 auf Asphalt. =2 CHEM GRAU. Ganzjährig geöffnet.
Preis: Übernachtung gratis inkl. Entsorgung. Strom 0,50€/kWh, Wasser 0,50€/50l.
Kontakt: Gemeinde Borchen, ☎ 05251/38880, info@borchen.de, www.borchen.de.
Distanz: , 0,5km, 0,5km.

Gastro: Restaurant Kouzina. Genusswerkstatt am Mallinckrodthof. Landhauscafé Borchen.
Freizeit: Radwege, Wanderwege, Mallinckrodthof mit großem Spielplatz und Sinnesgarten 1,7km, Paddelteich in Etteln 4km.
POI: Mallinckrodthof.

25852 Bordelum-Sterdebüll €15,00

Landhaus Sterdebüll, Dorfstraße 90, ☎ 04671/91100 Sehr ruhig gelegener Parkplatz hinter dem Landhaus >12m

POS: 54°38'35.00"N/8°54'30.00"E, Karte D2 (S.5), F1
Platz: = 2 auf Schotter. =1 (30A) . Wasser auf Anfrage. Ganzjährig geöffnet.
Preis: 15€ inkl. Strom, Wasser, Kurtaxe, WLAN.
Kontakt: Familie Prien, ☎ 04671/91100, info@landhaussterdebuell.de, www.landhaussterdebuell.de.
Distanz: Ⓗ 0,1km, 2km, 5km.
Freizeit: 2km, 2km. Radfahren, Wattwandern, Fährhafen nach Hooge, Amrum, Föhr 8km.
POI: Nationalpark Wattenmeer mit Hamburger Hallig/Hallig Hooge, Naturkundliches Informationszentrum Schlüttsiel 8km.

24582 Bordesholm gratis

Parkplatz Bordesholm, Kieler Straße 80, ☎ 0700/24582001 <10m
Am nördlichen Ortsrand

POS: 54°11'2.00"N/10°1'36.00"E, Karte D2 (S.5), G2
Platz: = 6 auf Schotterrasen. . Aufenthalt für max. 1 Nacht wird geduldet. Ganzjährig geöffnet.
Preis: Übernachtung gratis.
Kontakt: Tourist-Info Bordesholm, ☎ 0700/24582001, info@bordesholmer-land.de, www.bordesholm.de.
Distanz: 0,6km, 1,4km.
Gastro: Villa Coloniale. Restaurant Emma's.
Freizeit: Bordesholmer Ökopfad, Segeln am Bordersholmer See mit Badeanstalt.
POI: Klosterkirche, Klosterinsel, Naturpark Westensee-Obere Eider.

24392 Boren-Lindau €18,00

Schlei-Marina-Lindauhof, Lindauhof 5, ☎ 04641/3141 <8m
In ruhiger Lage direkt am Wasser

POS: 54°35'13.59"N/9°48'12.50"E, Karte D2 (S.5), G1
Platz: P = 5 auf Sand/Splitt, Wiese. =6 (8A) WC . wird empfohlen. Geöffnet: Mai-Sep.
Preis: 18€ inkl. Wasser, WC, Müll-Entsorgung. Strom 2,50€/kWh, Dusche 1€/Pers., WLAN 0,50€. Wasser nur in kleinen Mengen gratis. Preisänderungen 2023 möglich.
Kontakt: Ines Oehmann, ☎ 04641/3141, hafenmeister@schlei-marina-lindauhof.de, www.schlei-marina-lindauhof.de.
Distanz: 0km, weitere Restaurants in 0,8km, 1km, Ⓗ 1,1km, 2,9km, 8,1km (Campingpark Schlei-Karschau, Karschau 56, 24407 Rabenkirchen-Faulück).
Gastro: Restaurant am Platz, warme Küche Fr-Mo 12:00-19:00 Uhr. Brötchenservice möglich.
Freizeit: Tretboot-/Kanufahrten, Segeln, Bootsverleih.
POI: Gut Lindauhof 0,2km.

24589 Borgdorf-Seedorf €18,50

See Camping BUM, Hauptstraße, ☎ 04392/84840 <12m
Naturbelassene Anlage mit Bäumen und Hecken

POS: 54°10'57.45"N/9°53'3.54"E, Karte D2 (S.5), G2
Platz: P = 24 auf Wiese. =8 (16A) WC CHEM GRAU . Leinenpflicht für Hunde. Ankunft 15:00-21:00 Uhr. Ganzjährig geöffnet.
Preis: 18,50€ inkl. Entsorgung, WC, Müll-Entsorgung, WLAN. Jede weitere Pers. 4€, Kind (bis 14J.) 2,50€, Strom 0,50€/kWh, Wasser 1€/100l, Hund 2€.
Kontakt: ☎ 04392/84840, info@seecampingbum.de, www.seecampingbum.de.
Distanz: 0km, weitere Restaurants in 3km, Ⓗ 0,2km, 3km, 3km.
Gastro: Am Platz. Brötchenservice/Kiosk.
Freizeit: Angeln, Badesee, Ruderbootverleih, Zeltprogramm, Swingolf 3km, Tierpark 6km, 18-Loch Golfplatz 12km.
POI: Denkmal/Museum, Kiel Hafen City.

18211 Börgerende €35,00

Ferien-Camp Börgerende, Deichstraße 16, ☎ 038203/81126 <10m
Reisemobilplätze am Campingplatz direkt an der Ostsee

POS: 54°9'9.24"N/11°53'59.33"E, Karte D3 (S.6), C2
Platz: P = 24 auf Schotter, Rasengittersteinen. =22 (16A) CHEM GRAU . Geöffnet: Apr-Okt.
Preis: Ab 24€ inkl. Entsorgung, Dusche, Müll-Entsorgung, WLAN, WC. Jede weitere Pers. 6-7€, Kind (ab 6J.) 3-4€, Hund 5-6€. Strom 0,85 €/kWh, Wasser 1€/90 l, Kurtaxe (ab 13J.) 1,70€/Pers. 37.3.-5.11.24 €, 26.6.-3.9. 31 €.
Kontakt: Jan Schlutow, ☎ 038203/81126, info@ostseeferiencamp.de, www.ostseeferiencamp.de.
Distanz: 0,4km, 0,5km, Ⓗ 0,5km.
Gastro: Gaststätte am Campingplatz, warme Küche 12:00-21:00 Uhr.
Freizeit: 15km, 0,5km. Massagen, Sauna und Solarium, Kinderanimation in der HS, Radfahren, Wandern, Badestrand 0,1km, Bäderbahn Molli 3km, Tennis 6km, Golfplatz 10km.
POI: Heiligendamm 3km, Münster Bad Doberan 9km, Warnemünde 12km, Kühlungsborn 12km.

B

33829 Borgholzhausen gratis <10 m

Stellplatz Bergstraße, Bergstraße, ☎ 05425/8070 Ruhige Lage am Ortsrand direkt am Wanderweg, nahe Luisenturm

POS: 52°6'23.28"N/8°17'48.16"E, Karte D7 (S.10), C4
Platz: = 3 auf Schotter. =2. Ganzjährig geöffnet.
Preis: Übernachtung gratis.
Kontakt: Stadt Borgholzhausen, ☎ 05425/8070, kontakt@borgholzhausen.de, www.borgholzhausen.de.
Distanz: 1 km.
Gastro: Restaurante Liban.
POI: Luisenturm.

33829 Borgholzhausen gratis <10 m

Stellplatz Bernd Grewe, Bielefelderstraße 57, ☎ 05425/7047 Auf dem Erlebnishof im Teutoburger Wald

POS: 52°6'7.28"N/8°20'5.63"E, Karte D7 (S.10), C4
Platz: = 3 auf Wiese. Hofladen, Maislabyrinth.
Preis: Übernachtung gratis.
Kontakt: Bernd Grewe, ☎ 05425/7047, hofladen-grewe@t-online.de, www.maislabyrinth-borgholzhausen.de.
Distanz: 0 km, weitere Restaurants in 0,8 km, 3,3 km.
Gastro: Bistro mit Biergartenflair.
Freizeit: Ackersurfen, Swingolf, Hüpfburg, Trampolin, Hanflabyrinth, Fußballgolf, Pedal-Gocart.

33829 Borgholzhausen gratis <10 m

Stellplatz Borgholzhausen, Ravensberger Straße 35, ☎ 05425/8070 Zentrumsnahe Lage

POS: 52°5'52.01"N/8°17'55.48"E, Karte D7 (S.10), C4
Platz: = 3 auf Sand/Splitt, Kiesel. CHEM GRAU. Ganzjährig geöffnet.
Preis: Übernachtung gratis inkl. Entsorgung. Strom 1 €/8 h, Wasser 1 €/100 l.
Kontakt: Stadt Borgholzhausen, ☎ 05425/8070, kontakt@borgholzhausen.de, www.borgholzhausen.de.
Distanz: 0,5 km.
POI: Luisenturm, Museum Borgholzhausen, Burg Ravensberg.

46325 Borken €6,00 <10 m

Stellplatz am Aquarius-Freizeitbad, Parkstraße 20, ☎ 02861/939252 Separater Stellplatz beim Freizeitbad

2022 geprüft

POS: 51°50'10.57"N/6°51'39.06"E, Karte D5 (S.8), B3
Platz: = 15 auf Schotterrasen. GRAU . Aufenthalt max. 3 Tage. WC/Dusche im Aquarius-Bad (gegen Gebühr) nach vorheriger Absprache (info@aquarius-borken.de). Ganzjährig geöffnet.
Preis: 6 €. Strom 1 €, Wasser 1 €/100 l. Entsorgung gegen Gebühr.
Kontakt: Tourist-Info Borken, ☎ 02861/939252, touristinfo@borken.de, www.borken.de.
Distanz: 0 km, Ⓗ 0,5 km, 1 km, 1 km.
Freizeit: 1,2 km. Freizeitbad Aquarius.
POI: Stadtturm Borken 1 km, Wasserburg Gemen 3 km.

46325 Borken gratis <12 m

Stellplatz am Forellenhof Wolter, Zum Homborn 9, ☎ 0171/6019048 Am Gasthof mit Forellenzuchtanlage und Angelteichen

POS: 51°51'44.98"N/6°53'52.07"E, Karte D5 (S.8), B3
Platz: = 5 auf Schotterrasen, Schotter. Anfahrt 24 h. Ganzjährig geöffnet.
Preis: Übernachtung gratis.
Kontakt: Forellenhof Wolter, ☎ 0171/6019048, mkonert1@web.de, www.gestuet-forellenhof.de.
Distanz: 0 km, 2 km, 2,9 km.
Gastro: Am Platz.
Freizeit: 6 km. Kutschfahrt, Reitkurs/Westernreiten, Angeln, Wildgehege 0,1 km, Artesischer Brunnen in Ramsdorf 5 km.
POI: Wasserschloss Gemen 1 km, Wasserschloss Velen 7 km, Geologischer Garten/Apothekergarten mit Heimathaus 8,5 km, Wasserschloss Raesfeld 10 km.

46325 Borken-Gemen gratis <12 m

Stellplatz an der Wasserburg Gemen, Coesfelder Straße, ☎ 02861/939252 Öffentlicher Parkplatz beim Sportplatz

POS: 51°51'42.67"N/6°52'10.42"E, Karte D5 (S.8), B3
Platz: = 5 auf Pflaster. Aufenthalt max. 72 h. Ganzjährig geöffnet.
Preis: Übernachtung gratis.
Kontakt: Stadt Borken, ☎ 02861/939252, tourist-info@borken.de, www.borken.de.
Distanz: Ⓗ 0,3 km, 0,4 km, 0,5 km, 1,3 km, 3,2 km (Aquarius Borken, Parkstraße 20, 46325 Borken).
Freizeit: 4 km, 4 km, 1,9 km. Kulturprogramm in der Stadthalle Vennehof 2 km, Wildpferde am Merfelder Bruch 25 km.
POI: Wasserburg Gemen 0,2 km, Borken mit den 5 mittelalterlichen Stadttürmen 2,6 km, Schloss Velen 9,8 km, Schloss Raesfeld 14 km.

46325 Borken-Hoxfeld gratis <12 m

Stellplatz Pröbstinger Allee, Pröbstinger Allee, ☎ 02861/939252 Am Herrenhaus Pröbsting, nahe Pröbstingsee

POS: 51°50'19.49"N/6°48'20.63"E, Karte D5 (S.8), B3
Platz: = 10 auf Pflaster. Aufenthalt max. 72 h. Ganzjährig geöffnet.
Preis: Übernachtung gratis.
Kontakt: Stadt Borken, ☎ 02861/939252, tourist-info@borken.de, www.borken.de.
Distanz: Ⓗ 0,5 km, 0,6 km, weitere Restaurants in 2,3 km, 3 km, 5 km (Aquarius-Freizeitbad, Parkstraße 20, 46325 Borken), 5 km.
Gastro: Bootshaus. Hotel-Restaurant Landhaus Grüneklee. Gasthof Jägerkrug.
Freizeit: 5 km, 5 km, 5 km. Segelflugplatz Hoxfeld, Bootsvermietung, Planeten-Wanderweg, Kletterwald Borken mit Bistro 1 km, Badesee 1 km.
POI: Haus Pröbstingsee 1 km, Stadtkern Borken 5 km, Wasserburg Gemen 6 km.

46325 Borken-Weseke gratis <12 m

Festplatz Weseke, Borkenwirther Straße, ☎ 02861/939252 Parkplatz ohne ausgewiesene Reisemobilstellplätze

POS: 51°54'18.15"N/6°51'5.36"E, Karte D5 (S.8), B3
Platz: = 10 auf Rasengittersteinen. Aufenthalt max. 72 h. Ganzjährig geöffnet.
Preis: Übernachtung gratis.
Kontakt: Stadt Borken, ☎ 02861/939252, tourist-info@borken.de, www.borken.de.
Distanz: 0,4 km, Ⓗ 0,4 km, 0,5 km, 0,6 km, 9,8 km (Stellplatz am Aquarius-Freizeitbad, Parkstraße 20, 46325 Borken).
Gastro: Kletterwald Borken mit Bistro 11 km.
Freizeit: 9 km, 6,8 km.
POI: Geologischer Garten und Apothekergarten 0,5 km, Staudengarten Picker 1 km, Wasserschloss Gemen mit barocker Marienkirche und Schlossfreiheit 5 km, Stadtkern Borken mit 5 mittelalterlichen Stadttürmen 7 km.

34582 Borken/Hessen gratis <12 m

Stellplatz am Hallenbad/NSG Borkener See, Westrandstraße 40, ☎ 05682/808271 Auf einem Parkplatz am Naturschutzgebiet Borkener See

POS: 51°2'39.95"N/9°16'27.00"E, Karte D6 (S.9), F5
Platz: = 2 auf Asphalt. Hallenbad ist wegen einer mehrjährigen Neubauphase geschlossen. Ganzjährig geöffnet.
Preis: Übernachtung gratis.
Kontakt: Tourist-Info der Stadt Borken, ☎ 05682/808271, touristinfo@borken-hessen.de, www.borken-hessen.de.
Distanz: 0,3 km, 0,6 km, weitere Restaurants in 0,8 km, Ⓗ 0,8 km, 1 km.
Gastro: Parkhotel & Restaurant – Bürgerhaus 0,6 km.
Freizeit: 11 km, 0,8 km. Wandern im Naturschutzgebiet Borkener See, Naturbadesee Stockelache (Liegewiese, Gastronomie, Sanitäranlagen, Abenteuerspielplatz, Wasserrutsche) 3 km, Singliser See (Surfen, Tauchen, Marinekameradschaft mit Küstenwachboot, Bistro mit Seeterrasse) 3 km.
POI: Hessisches Braunkohle-Bergbaumuseum 1 km, Fritzlarer Dom 11 km.

Sie haben einen neuen Stellplatz entdeckt? Dann teilen Sie uns diesen mit per E-Mail an **bordatlas@doldemedien.de** oder über das Online-Meldeformular unter **www.bordatlas.de/meldung**

34582 Borken/Hessen €6,00 <10m

Wohnmobilstellplatz am Naturbadesee Stockelache, L3223/Kleinengliser Straße, ☎ 05682/808271 Auf dem Parkplatz des Naturbadesees Stockelache

POS: 51°4'0.52"N/9°14'43.02"E, Karte D6 (S.9), F5
Platz: = 3 auf Schotter. WC . E-Bike Ladesäule. Anfahrt 24 h. Keine Reservierung möglich. WC auf dem Seegelände zu den Gastro-Öffnungszeiten. Ganzjährig geöffnet.
Preis: 6€. Preise Badesee siehe Aushang bzw. Online-Ticketverkauf.
Kontakt: Tourist-Info (keine Reservierung), ☎ 05682/808271, touristinfo@borken-hessen.de, www.borken-hessen.de.
Distanz: 0,1 km, weitere Restaurants in 2,2 km, 0,1 km, 1 km, 3,8 km, 6 km (Wohnmobilstellplatz am Singliser See, L3149/Main-Weser-Straße, 34582 Borken/Hessen).
Gastro: Gastronomie/Biergarten am Platz.
Freizeit: SUP- und Tretbootverleih, Badestrand (eintrittspflichtige Badesaison 1.5.-30.9.) 0,3 km, Beach-Volleyball-Felder 0,4 km.
POI: Hessisches Braunkohle Bergbaumuseum 3 km, Naturschutzgebiet Borkener See 4 km, Singliser See mit Wohnmobilstellplatz 6 km.

34582 Borken/Hessen €10,00 <10m

Wohnmobilstellplatz am Singliser See, L3149/Main-Weser-Straße, ☎ 05682/808271 Auf dem Parkplatz des Singliser Sees

POS: 51°3'19.94"N/9°18'40.34"E, Karte D6 (S.9), F5
Platz: = 12 auf Schotter. WC CHEM GRAU . Anfahrt 24 h. Ganzjährig geöffnet.
Preis: 10€ inkl. Entsorgung. Wasser 2€/180 l.
Kontakt: Tourist-Information, ☎ 05682/808271, touristinfo@borken-hessen.de, www.borken-hessen.de.
Distanz: 0,1 km, weitere Restaurants in 3 km, 1,3 km, 1,5 km, 3 km.
Gastro: Bistro am Platz.
Freizeit: 12 km, 2 km. Wassersport, Tauchen, Segeln, Ausflugsfahrten mit dem Boot, Naturbadesee Stockelache 6 km.
POI: Hessisches Braunkohle Bergbaumuseum 3,5 km, Naturschutzgebiet Borkender See 4 km.

34582 Borken/Hessen-Gombeth €10,00 <12m

Stellplatz am Parkplatz Singliser See, L3149/Main-Weser-Straße, ☎ 05682/808271 Am Ortsanfang des Stadtteils Gombeth zwischen Gombether und Singliser See

POS: 51°3'32.56"N/9°17'45.48"E, Karte D6 (S.9), F5
Platz: = 7 auf Wiese. . Anfahrt 24 h. VE auf der gegenüberliegenden Seeseite in 1,8 km. Ganzjährig geöffnet.
Preis: 10€. Bezahlung am Parkscheinautomat.
Kontakt: Tourist-Information, ☎ 05682/808271, touristinfo@borken-hessen.de, www.borken-hessen.de.
Distanz: 0,5 km, 1,3 km, 1,3 km, 1,8 km (Wohnmobilstellplatz am Singliser See, L3149/Main-Weser-Straße, 34582 Borken/Hessen).
Gastro: Bistro am Singliser See.
Freizeit: Surf/Wassersport mit Tauchbasis, Naturbadesee Stockelache mit Sandstrand, Hundestrand, Schwalm-Radweg, Stand-Up-Paddling, Seenrundweg, Singliser See.
POI: Hessisches Braunkohle Bergbaumuseum.

56348 Bornich €10,00 <8m

Parkplatz an der Loreley, Loreley 7, ☎ 06771/9599093 Auf dem Loreleyfelsen über dem Rhein

POS: 50°8'31.00"N/7°44'1.00"E, Karte D9 (S.12), C3
Platz: = 25 auf Schotter, Kiesel, Rasengittersteinen. . Aufenthalt max. 24 h. Ganzjährig geöffnet. Ausnahmen: Bei Veranstaltungen gesperrt.
Preis: 10€.
Kontakt: Loreley Besucherzentrum, ☎ 06771/9599093, besucherzentrum@loreley-touristik.de, www.loreley-touristik.de.
Distanz: 0,1 km, 4 km.
Freizeit: 1 km. Sommerrodelbahn, Rhein 1 km.
POI: Kultur-/Landschaftspark 0,1 km, hist. Stadtturm, Loreley-Museum 2 km, Burg Pfalzgrafenstein 13 km.

24306 Bösdorf-Kleinmeinsdorf €9,00 <10m

Landhaus Zur Tenne, Hörn 6, ☎ 04522/6103 Beim ehemaligen Gasthaus abseits der B76

POS: 54°7'40.59"N/10°30'7.03"E, Karte D2 (S.5), H3
Platz: = 10 auf Wiese, Schotter. =10 (6 A) CHEM GRAU. Ganzjährig geöffnet.
Preis: 9€ inkl. aller Personen, Wasser, Entsorgung, Müll-Entsorgung, Kurtaxe. Strom 3€.
Kontakt: Familie Albers, ☎ 04522/6103, info@zurtenne.de, www.zurtenne.de.
Distanz: 0,1 km, 5 km, 5 km, 6 km.
Freizeit: 6 km. Wassersport und Baden 2 km, Golfplatz 4 km, Freizeitpark Hanse-Park 12 km.
POI: Rosenstadt Eutin 5 km, Schloss Plön 6 km.

24306 Bösdorf-Pfingstberg €15,00 >12m

Hof Schlossblick, Alte Salzstraße 8, ☎ 04522/9738 Auf der Hofanlage in der Holsteinischen Schweiz

POS: 54°7'28.62"N/10°28'22.28"E, Karte D2 (S.5), H3
Platz: = 5, = 3 (<15 m) auf Wiese, Schotter, Schotterrasen. WC . Sauna, Trockner, Waschmaschine. wird empfohlen. Aufenthalt max. 6 Wochen. Ankunft bis 20:00 Uhr. Rezeption geöffnet von 10:00-20:00 Uhr. Keine Wasserentnahme bei Frost. Ganzjährig geöffnet.
Preis: 15€ inkl. Strom, Wasser, Dusche, WC, Müll-Entsorgung, WLAN.
Kontakt: Familie Rothfos, ☎ 04522/9738, info@hof-schlossblick.de, www.hof-schlossblick.de.
Distanz: 0,2 km, 2,5 km, 5 km, 8 km (Ascheberger Parkplatz, 24306 Plön), 8 km.
Gastro: Brötchenservice.
Freizeit: 2 km, 8 km. Beachvolleyball, Streichelzoo, Ackergliding, Fünf-Seen-Platte 3 km, Kanuverleih in Plön 6 km.
POI: Plöner Schloss 7 km.

26219 Bösel gratis <8m

Parkplatz an der Jahnstraße, Jahnstraße 14, ☎ 04494/922897 Auf dem Parkplatz bei den Sportanlagen in der Ortsmitte

POS: 53°0'16.95"N/7°57'30.60"E, Karte D1 (S.4), D5
Platz: = 2 auf Pflaster. WC . Aufenthalt max. 3 Tage. Ganzjährig geöffnet.
Preis: Übernachtung gratis. Wasser- und Stromversorgung kostenlos nach Absprache am Hallenbad.
Kontakt: Gemeinde Bösel, ☎ 04494/922897, schwimmhalle.boesel@ewe.net, www.boesel.de.
Distanz: 0,2 km, 0,2 km, 0,3 km, 0,3 km.
Gastro: Mehrere Restaurants in der Nähe.
Freizeit: 6 km. Radwandern auf dem Reiherweg, Tennisplatz und -halle 1 km, Reitplatz und -halle in Osterloh 2 km.
POI: Heimathaus mit landwirtschaftlichem Museum und Brotbackhaus 1 km.

46236 Bottrop gratis <12m

Parkplatz am Parkfriedhof, Hans-Böckler-Straße, ☎ 02041/703394 Auf einem öffentlichen Parkplatz

2021 geprüft

POS: 51°31'47.20"N/6°54'13.79"E, Karte D5 (S.8), B4
Platz: = 5 auf Pflaster. . Ganzjährig geöffnet.
Preis: Übernachtung gratis.
Kontakt: Stadt Bottrop, ☎ 02041/703394, heribert.wilken@bottrop.de, www.bottrop.de.
Distanz: , 1 km, 1 km, 1 km.
Gastro: Café gegenüber.
Freizeit: 0,4 km. Indoor-Sportarena 1 km, Alpincenter 5 km, Moviepark 7 km.
POI: Tetraeder.

B

46244 Bottrop-Kirchhellen €8,00

Movie Park Germany, Warner Allee 1, ☎ 02045/899899 Vor Deutschlands einzigartigem Film- und Freizeitpark <12m

POS: 51°37'22.14"N/6°58'20.20"E, Karte D5 (S. 8), B4
Platz: = 100 auf Pflaster, Asphalt. Aufenthalt max. 2 Nächte. Geöffnet: Ende März-Anfang Nov.
Preis: 8€.
Kontakt: ☎ 02045/899899, info@moviepark.de, www.moviepark.de.
Distanz: 0,1 km, Ⓗ 0,1 km, 2 km, 2 km.
Gastro: Im Park.
Freizeit: 5 km, 8 km. Besuch im Freizeitpark, Centro Oberhausen 15 km.
POI: Schloss Beck 1 km.

37120 Bovenden €8,00

Wohnmobilstellplatz Bovenden, Vor dem Tore 13, ☎ 0551/8201163 Am Ortsrand, direkt am Einstieg des Leine-Heide-Radwegs <10m

2022 geprüft E

POS: 51°35'10.32"N/9°55'10.33"E, Karte D6 (S. 9), G4
Platz: = 4 auf Rasengittersteinen, Pflaster. =4 CHEM GRAU. Aufenthalt max. 96 h. Kein Schatten, beleuchtet und eben. Ganzjährig geöffnet.
Preis: 8€ inkl. aller Personen, Entsorgung. Strom 1 €/2 kWh, Wasser 1 €/100 l. Kaffeespender inkl.
Kontakt: Gemeinde Bovenden, Mario Dumke, ☎ 0551/8201163, dumke@bovenden.de, www.bovenden.de.
Distanz: 0,8 km, 0,8 km, 1,3 km.
Freizeit: 4 km. Leine-Heide-Radweg.
POI: Burg Plesse-Perle des Leinetales.

06193 Brachwitz (Wettin-Löbejün) €10,00

Hafen & Campingplatz Brachwitz, Thomas-Müntzer-Straße 8a, ☎ 034606/29160 Parzellierte Stellflächen am Fähranleger am Ortsausgang >12m

2021 geprüft

POS: 51°32'1.83"N/11°52'11.58"E, Karte D7 (S. 10), C4
Platz: = 20 auf Naturboden, Wiese, Schotter. =20 WC. Wasser in kleinen Mengen. Geöffnet: Apr-Okt.
Preis: 10€ inkl. WC. Strom 1 €/kWh. Bezahlung am Parkautomat, Strom über Münzautomat.
Kontakt: David Hauff, ☎ 034606/29160, Mobil: 0170/2345100, info@wwz-halle.de, www.wwz-halle.de.
Distanz: Ⓗ 0,2 km, 0,3 km, 0,5 km, 5 km, E 8 km (WWZ Halle, Magdeburger Chaussee 71, 06193 Sennewitz).
Gastro: Pizzeria Ciccio 0,4 km, Fr 17:00-22:00 Uhr, Sa-So 11:30-14:30 Uhr und 17:00-22:00 Uhr, Mo-Do Ruhetag.
Freizeit: 10 km, 10 km, 10 km. Radtouren entlang der Saale, Kanu-/Kajakvermietung bei Schloss Giebichenstein.
POI: Moritzburg 10 km, Burg Giebichenstein 10 km.

74336 Brackenheim gratis

Weingut Sommer/Claudia Pfähler, Im Krämer 1, ☎ 07149/71357766 Rasenplatz hinter dem Haus mit Blick auf die Weinberge <10m

POS: 49°5'39.40"N/9°1'22.23"E, Karte D14 (S. 17), F1
Platz: = 5 auf Schotter, Wiese. B Ankunft bis 20:00 Uhr, Aufenthalt max. 3 Tage. Bei Ankunft bitte anmelden. Ganzjährig geöffnet.
Preis: Übernachtung gratis.
Kontakt: Claudia Pfähler, ☎ 07149/71357766, 07135/963563, weingut.sommer@googlemail.com, www.weingut-sommer-haberschlacht.de.
Distanz: 0,2 km, Ⓗ 0,3 km, 3,5 km.
Gastro: Besenwirtschaft am Weingut, geöffnet je eine Woche ab Anfang März, Ostermontag, Anfang Mai, Aug und Okt.
Freizeit: 6 km, 6 km. Weinprobe, Mitarbeit bei der Weinlese, Kellerführung auf Anfrage, Golfplatz Stetten 6 km, Erlebnispark Tripsdrill 8 km.
POI: Schloss Stocksberg 3 km, Neipperg'sches Schloss in Neipperg 4 km, Ruine Kapelle Ottilienberg 4 km.

74336 Brackenheim €10,00

Weingut Winkler, Stockheimer Straße 13, ☎ 07135/13023 Im Hof und auf der Hauswiese des Weinguts <8m Gutschein

POS: 49°4'48.00"N/9°3'46.00"E, Karte D14 (S. 17), F1
Platz: = 3 auf Wiese, Asphalt, Rasengittersteinen. =5 GRAU. B wird empfohlen. Ganzjährig geöffnet.
Preis: 10€ inkl. Strom, Wasser, Entsorgung, WLAN. Dusche 4 €/Pers. Ab 80€ Weineinkauf 1 Übernachtung gratis.
Kontakt: Weingut Winkler GbR, Familie Winkler, ☎ 07135/13023, Mobil: 0172/8151040, info@winklerwein.de, www.winklerwein.de.
Distanz: Ⓗ 0,5 km, 1 km.
Gastro: Besenwirtschaft im Weingut, aktuelle Termine siehe Website.
Freizeit: 5 km, 1 km. Weinbergwandern, Weinprobe, Freizeitpark Tripsdrill 3 km.
POI: Theodor-Heuss-Museum 1 km, Auto-Technik-Museum Sinsheim 15 km.

74336 Brackenheim-Hausen €10,00

Stellplatz am Jupiterweinkeller, Kelterstraße 2, ☎ 07135/974210 Stellplatz beim Weingut am Ortsrand <10m

POS: 49°4'51.99"N/9°6'19.40"E, Karte D14 (S. 17), F1
Platz: = 2 auf Asphalt. WC zu den Öffnungszeiten der Kellerei. Strom auf Anfrage möglich. Ganzjährig geöffnet.
Preis: 10€ inkl. Strom. Stellplatzgebühr wird bei Weinkauf verrechnet.
Kontakt: ☎ 07135/974210, info@jupiterweinkeller.de, www.jupiterweinkeller.de.
Distanz: 0,6 km, Ⓗ 0,8 km, 3 km, 4 km.
Freizeit: Radfahren, Wandern, Weinprobe.
POI: Aussichtsturm Hörnle 3 km.

74336 Brackenheim-Neipperg €12,00

Weingut Echle, Marsaner Straße 18, ☎ 07135/8134 An den Weinbergen, unterhalb der Burg der Grafen von Neipperg >12m

POS: 49°6'8.00"N/9°2'56.50"E, Karte D14 (S. 17), F1
Platz: = 10 auf Asphalt. =10 (10 A) WC CHEM GRAU. Verkaufszeit: Mo-Sa 7:00-19:00 Uhr. Ganzjährig geöffnet.
Preis: 12€ inkl. Strom, Wasser, Entsorgung, WC, Müllentsorgung, Kurtaxe. Dusche 2 €/Pers. Ab einem Kauf von 12 Weinflaschen/Spirituosen oder Besuch der Besenwirtschaft Übernachtung gratis.
Kontakt: Weingut Echle, ☎ 07135/8134, info@weingut-echle.de, www.weingut-echle.de.
Distanz: 0 km, weitere Restaurants in 0,3 km, 0,3 km, Ⓗ 0,3 km, 4 km.
Gastro: Besenwirtschaft Zum Alten Pflug, geöffnet: jeden ersten So im Monat und Fr+Sa davor.
Freizeit: 6 km, 4 km. Weinprobe, Herbstfest Anfang Okt, Hoffest am 1. Mai, Affenzoo 6 km, Golfplatz 6 km, Freizeitpark Tripsdrill mit Wildgehege 15 km.
POI: Theodor-Heuss-Museum 4 km, Auto-Technik-Museum Sinsheim 20 km.

26919 Brake/Unterweser gratis

City-Parkplatz in der Innenstadt, Willy-Brandt-Straße, ☎ 04401/19433 Zwischen Bahnlinie und Durchgangsstraße in zentraler Lage an der Fußgängerzone <8m

POS: 53°19'31.00"N/8°28'46.56"E, Karte D2 (S. 5), E5
Platz: = 2 auf Pflaster, Asphalt. =2. WC 0,5 km entfernt. Ganzjährig geöffnet.
Preis: Übernachtung gratis. Strom 3€. Schlüssel für Strom gegen 50€ Pfand bei der Tourist-Info.
Kontakt: Stadt Brake, ☎ 04401/19433, info@brake-touristinfo.de, www.brake-touristinfo.de.
Distanz: 0,1 km, 0,1 km, 0,2 km, Ⓗ 0,3 km, E 0,7 km (Stellplatz am Binnenhafen, Hafenstraße, 26919 Brake/Unterweser).
Gastro: Mehrere Restaurants in unmittelbarer Nähe.
Freizeit: 1 km, 1 km, 1,5 km. Stadt-/Museumsführungen, Ausflugsfahrten zur Weserinsel Harriersand, Personenfähre zur Insel 0,4 km.
POI: Schifffahrtsmuseum 0,3 km, St. Bartholomäuskirche in Golzwarden 3 km.

26919 Brake/Unterweser gratis

Stellplatz am Binnenhafen, Hafenstraße, ☎ 04401/19433 <8m

In zentraler Lage am Sportboothafen

POS: 53°19'40.97"N/8°28'57.51"E, Karte D2 (S.5), E5

Platz: = 4 auf Pflaster. WC CHEM GRAU. WC in der Touristinfo, Kaje 9, 0,4 km. Ganzjährig geöffnet.

Preis: Übernachtung gratis inkl. Entsorgung, WC. Strom 1 €/6 h.

Kontakt: Tourist-Information, ☎ 04401/19433, info@brake-touristinfo.de, www.brake-touristinfo.de.

Distanz: 0,1 km, weitere Restaurants in 0,2 km, 0,2 km, 0,2 km, 0,3 km.

Freizeit: 1,5 km, 1,5 km, 1,5 km. Fährverbindung nach Harriersand, Stadtrundgang Maritime Wege, Weserpromenade, Bootsfahrten.

POI: Telegraf mit Schifffahrtsmuseum Unterweser 0,4 km.

33034 Brakel-Bellersen €10,50

Wohnmobilhafen Brakel-Bellersen, Meinolfusstraße 6, ☎ 05276/381 <12m

Begrünter Stellplatz am Ortsrand

POS: 51°46'20.57"N/9°11'19.81"E, Karte D6 (S.9), F4

Platz: = 21 auf Rasengittersteinen. =21 CHEM. Geöffnet von 9:00-21:00 Uhr. Ganzjährig geöffnet.

Preis: 10,50 € inkl. Strom, Wasser, Kurtaxe. Entsorgung 0,50 €.

Kontakt: Walburga Meise, ☎ 05276/381, info@wohnmobilhafen-bellersen.de, www.wohnmobilhafen-bellersen.de.

Distanz: 0,3 km, weitere Restaurants in 7 km, 0,5 km, 0,5 km.

Gastro: Restaurant-Bistro Kornkammer.

Freizeit: 5 km, 5 km. Tennis spielen.

POI: Marienmünster 7 km.

49565 Bramsche gratis

Stellplatz Hase Bad Bramsche, Malgartener Straße 49, ☎ 05461/887180 <12m

Auf dem Parkplatz beim Hase Bad mit Varus-Therme

POS: 52°24'52.00"N/7°59'38.00"E, Karte D5 (S.8), D2

Platz: = 6 auf Pflaster. =6 (16 A) WC CHEM. WC zu den Bad-Öffnungszeiten. Ganzjährig geöffnet.

Preis: Übernachtung gratis inkl. Entsorgung. Strom 1 €/5 h, Wasser 1 €/100 l. Wertmarken für Strom/Wasser im Aquarena oder im Café Hasesee.

Kontakt: Jörg Kampmeyer, ☎ 05461/887180, stadtmarketing@bramsche.de, www.bramsche.de.

Distanz: 0,1 km, 0,1 km, 1,5 km, 1,5 km.

Gastro: Aquarena am Hase Bad, Mo + Fr 12:00-20:00 Uhr, Di-Do 8:30-20:00 Uhr, Sa-So 9:00-18:00 Uhr, Frühstück Di-Do ab 8:30-11:00 Uhr, Sa+So ab 9:00 Uhr. Café am Hasesee. Hotel Idingshof.

Freizeit: 1 km. Hase Bad mit Außenbecken, Rutsche, Sauna und Sonnenstudio, Hasesee 0,5 km, Badesee Darnsee 1 km, Alfsee 12 km.

POI: St. Martin Kirche 1,5 km, Tuchmacher Museum 2 km, Kloster Malgarten 7 km, Varusschlacht Museum und Park Kalkriese 12 km, Eisenzeithaus in Venne 17 km.

49565 Bramsche-Achmer gratis

Reisemobile Lewandowsky, Am Kanal 1b, ☎ 05461/65488 Beim Camping-/Freizeitfachgeschäft im Gewerbegebiet <8m

POS: 52°23'6.88"N/7°55'45.43"E, Karte D5 (S.8), D2

Platz: = 2, = 1 (<12 m) auf Schotter. =2 (16 A) CHEM GRAU. B wird empfohlen. Strom/Wasser nur während der Geschäftszeiten, Entsorgung jederzeit. Ganzjährig geöffnet.

Preis: Übernachtung gratis. Strom 2 €, Wasser 2 €, Entsorgung 2 €.

Kontakt: Lewandowsky GbR, Udo Lewandowsky, ☎ 05461/65488, info@lewandowsky-reisemobile.de, www.lewandowsky-reisemobile.de.

Distanz: 1 km, 1 km, 1 km, 1,5 km.

Freizeit: 5 km, 5 km, 5 km. Kanusport, Mittellandkanal 0,1 km.

POI: Tuchmacher Museum Bramsche 5 km, Museum und Park Kalkriese mit Ausgrabungen der Varusschlacht 12 km.

49565 Bramsche-Kalkriese €12,00

Landgasthof Varus-Deele, Venner Straße 67, ☎ 05468/9736 <10m

Nahe der Ausgrabungen der Varusschlacht, ca. 800 m zum Mittellandkanal

POS: 52°24'27.93"N/8°7'5.87"E, Karte D5 (S.8), D2

Platz: = 15 auf Schotter. WC CHEM GRAU. B wird empfohlen. Treffen bis zu 100 Fahrzeuge auf Anfrage möglich. Ganzjährig geöffnet.

Preis: 12 € inkl. Entsorgung, WC, WLAN. Strom 2 €.

Kontakt: Heidi Sommerfrüchte, ☎ 05468/9736, info@varus-deele.de, www.varus-deele.de.

Distanz: 0 km, weitere Restaurants in 5 km, 0,7 km, 5 km, 5 km.

Gastro: Frühstücksservice. Öffnungszeiten Landgasthof siehe Website.

Freizeit: 10 km, 10 km.

POI: Museum/Park zur Varusschlacht 0,3 km, Tuchmacher Museum Bramsche 12 km, Kloster Malgarten 14 km, Alfsee 17 km.

49565 Bramsche-Kalkriese €11,00

Reisemobilhafen Waldwinkel, Zum Dreschhaus 4, ☎ 05468/9394580 Vor dem Campingplatz am Nordhang des Wiehengebirges <10m

POS: 52°23'43.44"N/8°6'14.47"E, Karte D5 (S.8), D2

Platz: = 60, = 1 (<10 m) auf Wiese. =86 (16 A) WC CHEM GRAU. Badesee, Spielplatz, Eventscheune. B nur bei Gruppen. Anfahrt 24 h (Nachtkasse). Bademöglichkeiten für Hunde im hinteren Teichbereich möglich. Ideal für große Clubtreffen. Ganzjährig geöffnet.

Preis: 11 € inkl. Dusche, WC, Müll-Entsorgung, Kurtaxe, WLAN. Strom 2 €, Wasser 0,10 €/10 l.

Kontakt: Herr Thomas Knoke, ☎ 05468/9394580, Mobil: 01520/8968610, campingplatzwaldwinkel@web.de, www.campingplatz-waldwinkel.com.

Distanz: 0 km, weitere Restaurants in 6 km, 3,5 km, 3,5 km.

Gastro: Restaurant mit gutbürgerlicher Küche am Platz. Brötchen-/Frühstücksservice in der HS.

Freizeit: 10 km. Hase Bad und Varus-Therme 10 km, Zoo Osnabrück 22 km.

POI: Mittellandkanal 2 km, Museum und Park Kalkriese 4,5 km, Wasserburg Alt Barenaue 5 km, Bramsche mit Tuchmacher-Museum 10 km, Kloster Malgarten 11,5 km, Altstadt Osnabrück 20 km, Schloss Ippenburg mit Gärten in Bad Essen 25 km.

14770 Brandenburg/Havel €13,00

Stadtmarina Brandenburg, Am Hafen 7, ☎ 03381/8908100 <12m

Auf einer Grünfläche unter schattigen Platanen mit Blick auf die Havel

POS: 52°25'28.29"N/12°33'12.30"E, Karte D7 (S.10), D2

Platz: = 23 auf Naturboden. =25 (16 A) WC CHEM GRAU. B Ankunft ab 13:00 Uhr, Abreise bis 11:00 Uhr. Öffnungszeiten Gelände Mai-Okt 8:00-21:30 Uhr, Nov-Apr 8:00-20:00 Uhr. Für manche Stellplätze ist ein langes Stromkabel nötig. Ganzjährig geöffnet.

Preis: Ab 13 € inkl. WLAN. Jede weitere Pers. 2 €, Kind (bis 14 J.) 1 €, Strom 5 €/Nacht, Wasser 2 €/Woche, Entsorgung 1 €/Woche, WC 2,50 €/Nacht, Müll-Entsorgung 1 €, Hund 2 €, Waschmaschine/Trockner je 4,50 €. Je nach Saison und Standplatz 13-25 €. 2 Kinder inklusive.

Kontakt: Sarah Engel, ☎ 03381/8908100, info@stadtmarina-brandenburg.de, www.stadtmarina-brandenburg.de.

Distanz: 0,5 km, 0,8 km, 0,8 km, 1 km.

Gastro: Snackbar mit Kaffee, Kuchen, Getränke und Eis.
Freizeit: 2 km. SUP- und Kanuverleih, Kräutergarten, Badesee und Bootsverleih.
POI: Marienberg Parkanlage 1,5 km, Dom 2 km.

B

14776 Brandenburg/Havel €18,00 <10m

Wassersportzentrum Alte Feuerwache, Wredowstraße 9, 03381/222018
In zentraler Lage am Wassersportzentrum

POS: 52°24'20.28"N/12°32'54.10"E, Karte D7 (S. 10), D2
Platz: = 26 auf Wiese, Asphalt. =20 (16 A) WC CHEM GRAU . wird empfohlen. Mitarbeiter von 7:00-19:00 Uhr vor Ort. Ganzjährig geöffnet.
Preis: Ab 18 € inkl. Strom, Wasser, Entsorgung, Dusche, WC, Müll-Entsorgung, WLAN. Asphalt-Stellplatz 18 €, auf Wiese 26 €, am Wasser 32 €. Fahrzeuge über 10 m Länge mit Aufpreis. Buchung über Website mögl.
Kontakt: Bernd Helmers, 03381/222018, info@wassersportzentrum-alte-feuerwache.de, www.wassersportzentrum-alte-feuerwache.de.
Distanz: 0,2 km, 0,3 km, 0,5 km, 2 km.
Gastro: Brötchenservice.
Freizeit: 3 km, 3 km. Beachvolleyballfeld, Kanuverleih, Wassersport.
POI: St. Pauli Kloster, Archäologisches Landesmuseum 0,5 km, Innenstadt Brandenburg 0,5 km, Altstadt mit Dom und mehreren Kirchen 2 km, Industriemuseum 3 km.

14776 Brandenburg/Havel €18,00 <8m

Wohnmobilstellplatz Havel Marin, Krakauer Landstraße 32, 03381/890175 An der Marina am Rand des Ortsteils Krakauer Vorstadt

POS: 52°25'18.32"N/12°34'54.39"E, Karte D7 (S. 10), D2
Platz: = 10 auf Asphalt, Wiese, Pflaster. WC CHEM GRAU . Trockner/Waschmaschine. wird empfohlen. Geöffnet: 15.1.-15.12.
Preis: 18 € inkl. Strom, Entsorgung. Dusche 1 €, Trockner/Waschmaschine je 4 €. Bezahlung beim Hafenmeister.
Kontakt: Restaurant Havel Marin, 03381/890175, info@havel-marin.de, www.havel-marin.de.
Distanz: 0 km, weitere Restaurants in 0,5 km, 0,2 km, 2,2 km.
Gastro: Restaurant Havel Marin, Mi-So 12:00-21:00 Uhr, Mo-Di Ruhetag.
Freizeit: Kanu fahren, Bootsverleih, Segeln/Surfen, Angeln.
POI: Altstadt.

56459 Brandscheid gratis <8m

Stellplatz an der Wassertretanlage, Mühlenweg, 02663/291494
An der Wassertretanlage, neben dem Spielplatz

POS: 50°33'44.27"N/7°55'1.46"E, Karte D9 (S. 12), D2
Platz: = 2 auf Schotterrasen, Schotter. Ganzjährig geöffnet.
Preis: Übernachtung gratis.
Kontakt: Nina Engel, 02663/291494, info@waellerland.de, www.waellerland.de.
Distanz: 0,3 km, 0,6 km, 3 km, weitere Restaurants in 4 km, 3 km.
Freizeit: 7 km, 15 km, 7 km. Wandern auf dem Westerwald-Steig, Wassertretanlage, Golf 8 km, Wiesensee 9 km.
POI: Schloss und Museum Westerburg 5 km, Liebfrauenkirche 6 km, Flugsportplatz Ailertchen 6 km, Holzbachschlucht 7 km, Stöffel-Park Enspel 15 km.

56338 Braubach €14,00 <12m Gutschein

Wohnmobilstellplatz Braubach, B42/Rheinuferstraße, 06771/4389929
Am Rheinufer neben den Rheinanlagen am südlichen Ortseingang

2020 geprüft

POS: 50°16'11.00"N/7°38'50.00"E, Karte D9 (S. 12), C3
Platz: = 36 auf Asphalt. WC CHEM GRAU . Anfahrt 24 h. Durchgangsstraße B42/Bahnlinie in Hörweite. WC mit PIN-Code (auf dem Kassenbeleg). Ganzjährig geöffnet.
Preis: 14 € inkl. Strom, Wasser, Entsorgung, WC. Dusche 1 €/Pers.
Kontakt: Tourist-Information Braubach, 06771/4389929, info@wohnmobilstellplatz-braubach.de, www.wohnmobilstellplatz-braubach.de.
Distanz: 0,3 km, 0,3 km, 0,8 km, 1 km.
Freizeit: 4 km, 4 km, 0,5 km. Rheinradweg, Schifffahrten.
POI: Schloss Philippsburg 0,2 km, Marksburg 1,2 km, Burg Lahneck 5,3 km.

54472 Brauneberg €12,00 <10m

Wohnmobilplatz Brauneberger Juffer, Moselweinstraße 61a, 06534/933333 Am Moselufer mit Blick auf Mosel und Weinberge, zentrumsnah

2020 geprüft

POS: 49°54'21.36"N/6°58'37.16"E, Karte D9 (S. 12), B3
Platz: = 25 auf Schotterrasen, Wiese, Schotter. CHEM GRAU . Parzelliert und durch Hecken abgetrennt. Ganzjährig geöffnet.
Preis: 12 € inkl. Strom, Wasser, Entsorgung, Müll-Entsorgung. Im Winter Gebühren im Kuvert in Briefkasten der VE einwerfen.
Kontakt: Touristikbüro Brauneberg, Ingrid Fischer, 06534/933333, info@brauneberg.de, www.brauneberg.de.
Distanz: , 0,1 km, 0,2 km, 2 km.
Gastro: Juffer-Weinstube Weingut Schiffmann-Junk. Minigolfplatz & Bistro Chrijus. Straußwirtschaft Harald Konrad Fehres. Straußwirtschaft Rainer Heil. Weinstube Wolfgang Kohl.
Freizeit: 10 km, 10 km, 0,6 km. Kulturwanderweg Grafen, Gold und Schwarzer Peter, Minigolfplatz, Kirchenführungen, Schiffsfahrten, Weinbergführungen.
POI: Nussbaumallee 0,1 km, Franziskanerinnen Kloster 0,2 km, Simultankirche 0,5 km, römische Kelteranlage 3,5 km.

38700 Braunlage €15,00 <12m

Campingplatz Braunlage, Am Campingplatz 1, 05520/9996931
Kurzzeitstellplätze vor dem Campinggelände

POS: 51°42'48.80"N/10°35'49.26"E, Karte D6 (S. 9), H4
Platz: = 8 auf Schotter, Asphalt. =8 (6 A) WC CHEM GRAU . wird empfohlen. Anreise 16:00-19:00 Uhr, Abreise 8:00-10:30 Uhr. Aufenthalt max. 24 h. Telefonische Vorabreservierung erforderlich. Rezeption Mo-So 8:00-12:30 Uhr und 13:30-19:00 Uhr. Ganzjährig geöffnet. Ausnahme: Im Nov geschlossen.
Preis: 14,50 € inkl. Wasser, Entsorgung, Dusche, WC. Jede weitere Pers. 6 €, Kind (6-17 J.) 4,75 €, Kind (0-5 J.) 2,75 €, Strom 2,75 €, Kurtaxe (ab 17 J.) 2,80 €/Pers., Kurtaxe (6-17 J.) 1,55 €/Pers., Hund 1,50 €. Kurtaxe nur für das älteste Kind. Preisänderung 2023 möglich.
Kontakt: 05520/9996931, info@camping-braunlage.de, www.camping-braunlage.de.
Distanz: 0 km, 1,5 km, 1,5 km, 2 km.
Gastro: Am Platz, warme Küche Di-So 17:00-20:30 Uhr. Mo Ruhetag. Frühstück (Vorreservierung notwendig), Di-So 8:00-11:00 Uhr. Mo Ruhetag. Brötchenservice (wird zum Wohnmobil gebracht).
Freizeit: 1 km, 1 km. Langlauf, Mountainbiking, Monsterroller fahren, Klettern.
POI: Hexenstieg, Wurmberg 1 km, Bad Harzburg 10 km, Brocken 10 km.

06242 Braunsbedra-Krumpa €16,00 <12m

Mobilpark am Geiseltalsee, Schortauer Weg 1, 034632/90309
In Seenähe, teilweise schattiger Platz unter Platanen

2020 geprüft

POS: 51°17'39.06"N/11°51'11.98"E, Karte D7 (S. 10), C5
Platz: = 70, = 30 (<12 m) auf Pflaster, Rasengittersteinen, Wiese. =30 WC CHEM GRAU . Grillhütte. Ganzjährig geöffnet.
Preis: 16 € inkl. Wasser, Entsorgung, WC, Müll-Entsorgung, WLAN. Strom 1 €/kWh, Dusche 2 €.
Kontakt: Astrid Klinger-Lehmann, 034632/90309, Mobil: 01522/8636701, info@pension-am-geiseltalsee.com, www.pension-am-geiseltalsee.com.
Distanz: , 0,3 km, 1,5 km, 3 km.
Gastro: Restaurant und Biergarten täglich geöffnet. Brötchen-/Frühstücksservice.
Freizeit: Saale-Radwanderweg, E-Bike-Verleih, Geiseltalsee mit Fahrgastschifffahrt 0,9 km, Bootsschule, Wassersport 1 km, Badestelle 1 km.
POI: Burg Querfurt, Altstadt/Stadtbefestigung Neuenburg, Dom St. Peter, Kloster Marienzell.

Vor der Anreise empfehlen wir, Kontakt mit dem Betreiber aufzunehmen, um die Auslastung des Stellplatzes abzufragen.

38114 Braunschweig €13,00

Reisemobilstellplatz Freizeitbad Wasserwelt, Am Schützenplatz 1, ☎ 0531/48210500 <10m
Nahe Ölpersee und Innenstadt

POS: 52°17'5.68"N/10°31'2.37"E, Karte D6 (S. 9), H2
Platz: P = 17 auf Pflaster. WC CHEM GRAU. R Aufenthalt max. 5 Nächte, Anmeldung 7:00-21:00 Uhr (So 7:00-20:00 Uhr) an der Badkasse, 10 % Ermäßigung auf Tageskarten im Freizeitbad, WC tagsüber im Eingangsbereich der Wasserwelt. Ganzjährig geöffnet.
Preis: 13 € inkl. Strom, Wasser, Entsorgung, WC, Müll-Entsorgung, WLAN. Jede weitere Pers. 2 €, Kind (bis 3 J.) gratis. Pfand für SmartCard (Service) 5 €.
Kontakt: Stadtbad Braunschweig Sport und Freizeit GmbH, ☎ 0531/48210500, info@stadtbad-bs.de, www.wasserwelt-bs.de.
Distanz: Ⓗ 0,2 km, 0,8 km, 2,2 km.
Gastro: Bistro Im Eingangsbereich der Wasserwelt.
Freizeit: 0,1 km. Freizeitbad Wasserwelt, Dom, Innenstadt mit Burg, Altstadt mit Rathaus/Gewandhaus 2 km.

38122 Braunschweig €5,00

Stellplatz Braunschweig, Theodor-Heuss-Straße, ☎ 0531/4706565 <10m
Im Süden der Stadt, nördlich vom Messegelände, in Autobahnnähe

2020 geprüft E

POS: 52°14'59.17"N/10°31'9.87"E, Karte D6 (S. 9), H2
Platz: P = 16 auf Sand/Splitt. =6 (16 A) CHEM GRAU. Aufenthalt max. 2 Nächte. Ganzjährig geöffnet.
Preis: 5 € inkl. aller Personen, Entsorgung. Strom 1 €/8 h, Wasser 1 €/10 min. Bezahlung am Parkscheinautomat per Münzeinwurf oder EC-Karte.
Kontakt: Stadt Braunschweig, ☎ 0531/4706565, liegenschaften@braunschweig.de, www.braunschweig.de.
Distanz: Ⓗ 0,1 km, 0,8 km, 1,5 km.
Gastro: Mehrere Restaurants ab 1 km.
Freizeit: 1 km, 1 km. Internationale Sportveranstaltungen, Bootsfahrt, Theaterbesuch, Stadtführung, Erholungsgebiet Südsee 1,8 km.
POI: Historische Innenstadt mit Burg 2 km.

38112 Braunschweig-Watenbüttel €20,00

Wohnmobilstellplatz am BMC Yachthafen, Celler Heerstraße 333, ☎ 05303/1256 Am Mittellandkanal <12m neu

POS: 52°18'43.69"N/10°27'8.29"E, Karte D6 (S. 9), H2
Platz: = 25 auf Wiese, Schotterrasen. WC CHEM GRAU. Ganzjährig geöffnet.
Preis: 20 € inkl. Strom, Wasser, Entsorgung, Dusche, WC, Müll-Entsorgung, WLAN. Anhänger 5 €/Nacht. Bezahlung beim Hafenmeister oder per Briefumschlag.
Kontakt: Hafenmeister, ☎ 05303/1256, Mobil: 0151/1167431€, info@bmc-braunschweig.de, www.bmc-braunschweig.de.
Distanz: 0,9 km, 0,9 km, 0,9 km, Ⓗ 0,9 km.
Freizeit: 9 km. Sportbootführerscheine.
POI: Altstadt Braunschweig mit Dom und Burg 8,5 km, Herzog-August-Bibliothek Wolfenbüttel 22,9 km.

25821 Bredstedt gratis

Stellplatz Süderstraße, Süderstraße 75, ☎ 04671/5857 <12m
Auf dem Parkplatz bei den Sportanlagen

POS: 54°36'45.34"N/8°58'18.07"E, Karte D2 (S. 5), F1
Platz: P / = 5 auf Asphalt, Rasengittersteinen. WC. Ganzjährig geöffnet.
Preis: Übernachtung gratis. Strom 1 €/2 kWh.
Kontakt: Tourist-Info Bredstedt, ☎ 04671/5857, info@nordseeurlaub.sh, www.bredstedt.de.
Distanz: 0,5 km, 0,5 km, 0,5 km, Ⓗ 0,5 km.
Freizeit: 0,1 km, 0,5 km. Tourist-Info 0,5 km, Naturzentrum Mittleres Nordfriesland 1 km, Naturerlebnisraum Stollberg 3 km.
POI: St. Nikolai Kirche 0,3 km, Automobilmuseum 2 km.

79206 Breisach/Rhein €14,00

Wohnmobil-Parkplatz, Josef-Bueb-Straße, ☎ 07667/940155 <12m
Am Rheinufer

2022 geprüft E

POS: 48°1'47.23"N/7°34'30.94"E, Karte D13 (S. 16), C3
Platz: = 80 auf Asphalt. WC CHEM GRAU. Öffentliches WC in der Nähe (max. 5 min zu Fuß). Ganzjährig geöffnet. Ausnahme: Bei Veranstaltungen gesperrt (Termine siehe Website).
Preis: 14 € inkl. Entsorgung, Dusche, WC, Müll-Entsorgung, Kurtaxe. Wasser 1 €. 14 €/Nacht, 22 €/2 Nächte und 29 €/3 Nächte. Inkl. Konus-Gästekarte.
Kontakt: Stadt Breisach, ☎ 07667/940155, breisach-touristik@breisach.de, www.breisach.de.
Distanz: Ⓗ 0,5 km, 0,5 km, 0,5 km, 0,5 km.
Gastro: Mehrere Restaurants in der Nähe.
Freizeit: 1 km, 2 km, 0,5 km. Radwege, Schifffahrten, Tennis, Minigolf, Wasserski-Kurse, kulinarische Weinprobe und Weinbergführung, Kellereiführung (ganzjährig), Gästebegrüßung mit Stadtführung (Di um 10:30 Uhr von Ostern-Ende Okt), diverse Stadtfeste, Europapark Rust 35 km.
POI: St. Stephansmünster und Museum für Stadtgeschichte 0,5 km, Colmar 23 km, Freiburg 25 km.

36287 Breitenbach/Herzberg €10,00

Stellplatz Burg Herzberg, Burg Herzberg, ☎ 06675/918880 <12m
Unmittelbar vor der Burgmauer mit Ausblick

2020 geprüft

POS: 50°46'10.86"N/9°27'37.42"E, Karte D10 (S. 13), F2
Platz: P = 15 auf Wiese. Bei größeren Gruppen steht die Burgwiese zusätzlich zur Verfügung. Ankunft bis 20:00 Uhr. Ganzjährig geöffnet. Ausnahme: Mittwochs keine Anreise.
Preis: 10 € inkl. Wasser.
Kontakt: Marcel Weiprecht, ☎ 06675/918880, Mobil: 0162/7055555, burg.schaenke@web.de, www.herzbergschaenke.de.
Distanz: 0,1 km, 6 km, Ⓗ 6 km, 6 km.
Gastro: Burg Herzberg Schänke, Do-Mo 11:00-21:00 Uhr, Di 11:00-15:00 Uhr, Mi Ruhetag.
Freizeit: 5 km, 15 km.
POI: Burg Herzberg 0,1 km.

08359 Breitenbrunn/Erzgebirge €32,50

Sportpark Rabenberg e. V., Rabenberg, ☎ 037756/1710 Auf dem Plateau des Rabenberges in 860 m Höhe <8m

POS: 50°27'20.53"N/12°44'30.65"E, Karte D12 (S. 15), E2
Platz: P / = 25 auf Asphalt, Rasengittersteinen. =19 WC CHEM. Ankunft bis 22:00 Uhr. Ganzjährig geöffnet.
Preis: Ab 32,50 € inkl. Wasser, Entsorgung, WC, Müll-Entsorgung. Jede weitere Pers. 10 €, Strom 2 €/Tag, Dusche 1 €/3 min, WLAN 2 €/24 h, Hund 2 €. Standardplatz 32,50 €, Komfortplatz 37,50 €. Inkl. Nutzung der Schwimm- und Sporthalle (1 h), Fitnessraum, Außenanlage (außer Tennis). 50 % Rabatt auf den Eintritt in das TrailCenter Rabenberg.
Kontakt: Sven Röber, ☎ 037756/1710, kontakt@sportpark-rabenberg.de, www.sportpark-rabenberg.de.
Distanz: 0,2 km, weitere Restaurants in 5 km, Ⓗ 5 km, 5 km, 5 km.
Gastro: Restaurant im Sportzentrum, Frühstück 10 €/Pers., Mittagessen ab 10,50 €/Pers., Abendessen ab 13 €, Halbpension 23 €/Pers., Vollpension 28 €/Pers. Mehrere Gaststätten in Breitenbrunn 5 km.

Freizeit: 6 km. Badminton, Klettern, Tennis/Squash, Beachvolleyball, Kegeln, Wintersport.
POI: Besucherbergwerk St. Christoph 5 km, Schloss Schwarzenberg 10 km, Besucherbergwerk Glöckl 10 km, Eisenbahnmuseum der Fichtelbergbahn 15 km.

06536 Breitenstein €9,00 <8m

Gaststätte Zum Harzer Hexenteufel, Am Schützenplatz 110 e, ☎ 034654/855711 Sehr ruhige Lage

POS: 51°37'3.22"N/10°56'57.02"E, Karte D7 (S. 10), A4
Platz: = 20 auf Sand/Splitt, Schotter, Wiese. =8 (16 A) CHEM GRAU . Müllentsorgung möglich. Ganzjährig geöffnet.
Preis: 9 €. Strom 1 €/8 h, Wasser 1 €/30 l.
Kontakt: Andreas Schmiedehausen, ☎ 034654/855711, schmiedehausen7@aol.com.
Distanz: Ⓗ 0,1 km, 0,2 km.
Gastro: Am Platz, Di-Mi + Sa 11:00-16:00 Uhr, Fr + So 11:00-20:00 Uhr, Mo + Do Ruhetag. Spezialitäten des Hauses, abends Steinofen-Pizza, Hexen- und Teufelsburger.
Freizeit: 7 km, 7 km. Angeln, Skilanglauf (12 km gespurte Loipen), Lamahof, Bergsee Güntersberge 2 km, Spaßbad Thyragrotte Stolberg 7 km, Westernstadt Pullmann City Harz 12 km.
POI: Baumannshöhle, Rappbodetalsperre mit längster Hängebrücke, Schauhöhle, Auerberg mit Josephskreuz in Stolberg 6 km, Stolberg 7 km, Burgruine Honstein in Neustadt 12 km.

86488 Breitenthal €8,00 <10m

Wohnmobilstellplatz See Camping Günztal, Oberrieder Weiherstraße 11, ☎ 08282/881870
Am Oberrieder Weiher auf der Zufahrt zum Campingplatz

POS: 48°13'30.61"N/10°17'30.81"E, Karte D14 (S. 17), H3
Platz: P = 10 auf Schotterrasen. =10 (6 A) WC CHEM GRAU . Leinenpflicht für Hunde. VE/WC nur auf dem Campingplatz in 0,4 km. Geöffnet: 22.4.-22.10.
Preis: 8 € inkl. Müll-Entsorgung. Strom 4 €, Wasser 2 €, Entsorgung 2 €, Dusche 2,50 €, WC 2,50 €, WLAN €.
Kontakt: See Camping Günztal, U. Kaiser-Uszkoreit, ☎ 08282/881870, info@see-camping-guenztal.de, www.see-camping-guenztal.de.
Distanz: Ⓗ 1 km, 2 km, 2 km, weitere Restaurants in 6 km, 6 km.
Gastro: Sonnenterasse am Oberieder Weiher 1 km. Brötchenservice auf Vorbestellung bis 18:00 Uhr am Vortag. Bistro am Campingplatz.
Freizeit: 6 km, 6 km. Veranstaltungen/Feste im Umkreis, Tretbootverleih 0,3 km, Legoland Deutschland 30 km.
POI: Altstadt Krumbach 6 km.

98597 Breitungen/Werra €8,00 <12m

Hotel Jagdhaus Seeblick, Seeblick 1, ☎ 036848/2760 Umgeben von Wäldern auf dem Gelände des Hotels in Einzellage

POS: 50°44'34.00"N/10°19'24.00"E, Karte D10 (S. 13), H1
Platz: / = 20 auf Wiese, Schotter, Asphalt. =20 WC . Ganzjährig geöffnet.
Preis: 8 € inkl. Wasser, Müll-Entsorgung, Kurtaxe. Strom 2 €.
Kontakt: Familie Wenig, ☎ 036848/2760, kontakt@jagdhaus-seeblick.de, www.jagdhaus-seeblick.de.
Distanz: , Bahnhof 1,5 km, 2 km, 2 km.
Freizeit: 15 km. Rotwildgehege am Haus, Naturschutzgebiet Breitunger See 1,5 km, Radweg 2,5 km.
POI: Renaissanceschloss 3 km, Trusetaler Wasserfall 8 km, Marienglashöhle 25 km, Wartburg Eisenach 30 km.

28201 Bremen €17,00 <12m

Reisemobilstellplatz am Kuhhirten, Kuhhirtenweg, ☎ 0173/9850092
Ruhiger, stadtnaher Stellplatz in der Nähe der Weser

POS: 53°3'54.24"N/8°49'7.67"E, Karte D2 (S. 5), F5
Platz: P = 100 auf Schotterrasen, Sand/Splitt, Schotter. =100 (16 A) CHEM GRAU . Reservierung zu bestimmten Zeiten (siehe Website). 90 Plätze mit SAT-Anschluss. Ganzjährig geöffnet.
Preis: 17 € inkl. aller Personen, Entsorgung, Müll-Entsorgung, Kurtaxe, WLAN. Strom 0,60 €/kWh, Wasser 0,10 €/10 l oder 1 €/100 l, Dusche 1 €/5 min, WC 2 €/Tag.
Kontakt: Hans Bahrenburg, Mobil: 0173/9850092, stellplatz-bremen@t-online.de, www.stellplatz-bremen.de.
Distanz: 0,1 km, weitere Restaurants in 0,5 km, Ⓗ 0,7 km, 0,7 km, 1,2 km.
Gastro: Brötchenservice (von Ostern-Silvester täglich, sonst: Sa+So). Restaurant Kuhhirten.
Freizeit: 1,5 km, 1,5 km, 0,7 km. Hafenrundfahrt, Stand-Up-Paddling am Werdersee, Weserufer 0,1 km, zwei Naturfreibäder 0,5 km.
POI: Weserstadion/Werder 1 km, Altstadt-Schnoorviertel 1,3 km, Schlachte 1,3 km, Dom 1,4 km, Roland 1,4 km, Rathaus 1,5 km, Museen 1,5 km, Universum Science Center 7 km.

28359 Bremen €19,50 <10m

Hanse Camping Bremen, Hochschulring 1, ☎ 0421/30746825
Separater Stellplatz am Stadtwaldsee

POS: 53°6'53.08"N/8°50'1.48"E, Karte D2 (S. 5), F5
Platz: P = 20 auf Rasengittersteinen, Wiese. WC CHEM GRAU . R wird empfohlen. Aufenthalt max. 5 Tage. Ganzjährig geöffnet.
Preis: Ab 19,50 € inkl. Strom, Entsorgung, Dusche, WC. Wasser 1 €/40 l. 1.4.-30.9. 24 €, 1.10.-31.3. 19,50 €. NS: jede weitere Person 6,50 €, Kind (3-14 J.) 4,50 €, HS: jede weitere Person 8 €, Kind (3-14 J.) 6 €.
Kontakt: Hanse Camping, ☎ 0421/30746825, info@hansecamping.de, www.hansecamping.de.
Distanz: 0 km, 2 km, 6 km.
Gastro: Restaurant Il Lago. Kiosk am Platz.
Freizeit: Tauchschule, Pits Tauchbasis, Wümmeradweg, Radfernweg Hamburg-Bremen, Badestrand Stadtwaldsee.
POI: Universum Science Center/Rhododendron-Park 0,5 km, Hansestadt Bremen 6 km.

28207 Bremen-Hastedt €19,00 <8m

Wohnmobilstellplatz Bremen, Schosterboorn 9, ☎ 0421/790300
Auf dem Hof des ArtHotel Bremen

POS: 53°4'3.77"N/8°51'49.03"E, Karte D2 (S. 5), F5
Platz: P / = 10 auf Schotterrasen. =8 WC CHEM GRAU . R wird empfohlen. Anfahrt 24 h. Ganzjährig geöffnet.
Preis: 19 € inkl. Strom, Entsorgung, WC, Müll-Entsorgung, Kurtaxe, WLAN. Wasser 2 €, Dusche 1,50 €, Waschmaschine/Trockner 14 €. Citysteuer 0,95 €/Nacht.
Kontakt: Hagen Kelber, ☎ 0421/790300, info@hotelgruppe-kelber.de, www.wohnmobilstellplatz-bremen.de.
Distanz: Ⓗ 0,1 km, 0,1 km, 0,9 km, 3 km.
Gastro: Frühstücksbüfett im ArtHotel 15 €/Pers..
Freizeit: 2 km, 2 km. Sauna 12 €/2 Pers. (max. 1 h), Stadtbesichtigung.
POI: Altstadt Bremen 3 km.

28717 Bremen-Lesum €7,00 <10m

Reisemobilplatz Bremer Schweiz, Im Pohl, ☎ 0179/5389704
Separater Reisemobilplatz, von Bäumen umgeben an der Straße zum Fluss Lesum

POS: 53°10'3.00"N/8°41'45.00"E, Karte D2 (S. 5), E5
Platz: P = 12 auf Schotterrasen, Schotter. =8 (8 A) CHEM GRAU . Anfahrt 24 h. Ganzjährig geöffnet.
Preis: 7 € inkl. Entsorgung, Müll-Entsorgung. Strom

0,75 €/kWh, Wasser 1 €/10 min.
Kontakt: Förderverein Reisemobil-Tourismus Bremen Nord e.V., Mobil: 0179/5389704, mari.heinz@t-online.de.
Distanz: 0,1 km, 0,1 km, 0,3 km, 0,3 km.
Gastro: Diverse Restaurants in unmittelbarer Umgebung. Griechisches Restaurant 0,1 km.
Freizeit: 1 km. Ausflugsfahrten mit dem Bus, Stadtbesuch, Schifffahrt, Wander-/Radwege am Platz.
POI: Heimatmuseum Schloss Schönebeck 6 km, Museumshafen Vegesack 7 km, U-Boot-Bunker Valentin 14 km.

27568 Bremerhaven €16,50

<8m

Stellplatz havencamp Bremerhaven, Bürgermeister-Smidt-Straße 209, 0471/3096690 In zentraler Lage auf dem Gelände des Havenhostels

2022 geprüft

POS: 53°33'33.52"N/8°34'5.52"E, Karte D2 (S.5), E4
Platz: = 20 auf Wiese, Asphalt. =6 WC CHEM GRAU. nur bei Gruppen. Aufenthalt in der Lounge-Bar und den Spielräumen des Havenhostels möglich. Ganzjährig geöffnet.
Preis: 16,50 € inkl. Strom, Wasser, Dusche, WC, Müll-Entsorgung, WLAN. Jede weitere Pers. 3 €, Entsorgung 1,50 €, Waschmaschine/Trockner je 2 €.
Kontakt: havenhostel Bremerhaven, 0471/3096690, bremerhaven@havenhostel.de, www.havencamp.de.
Distanz: 0,2 km, 0,2 km, 1 km, 2 km.
Gastro: Frühstück/Abendessen im Havenhostel, auf Bestellung auch Lunchpakete.
Freizeit: 0,1 km. Museumsbesuche, Stadt-/Hafenrundfahrten.
POI: Klimahaus 2 km, Schifffahrtsmuseum 2 km, Mediterraneo 2 km.

27570 Bremerhaven €15,00

<10m

Reisemobil-Stellplatz Doppelschleuse, An der Neuen Schleuse 15, 0471/80936151 Zwischen Doppelschleuse, Fischereihafen und Weserdeich

POS: 53°31'55.94"N/8°34'34.31"E, Karte D2 (S.5), E4
Platz: = 63 auf Schotter, Asphalt, Rasengittersteinen. =48 (16 A) WC CHEM GRAU. Leinenpflicht für Hunde, Sanitärgebäude nur mit Schlüssel gegen 20 € Pfand zugänglich. Anfahrt 24 h. Öffnungszeiten Servicehaus März-Okt: Mo-Di 8:00-13:00 Uhr, 13:30-16:00 Uhr, Mi-Fr 8:00-13:00 Uhr, 13:30-16:30 Uhr. Sa, So, Feiertag 8:00-13:00 Uhr, 13:30-16:30 Uhr, ab Nov bis 13:00 Uhr. Ganzjährig geöffnet.
Preis: 15 € inkl. Entsorgung, Müll-Entsorgung. Strom 0,50 €/kWh, Wasser 1 €/80 l, Dusche 0,50 €.

Kontakt: Erlebnis Bremerhaven, Frank Sleine, 0471/80936151, reisemobil@erlebnis-bremerhaven.de, www.bremerhaven.de.
Distanz: 0,9 km, 1,3 km, 3,2 km, 3,2 km.
Gastro: Brötchenservice (auf Vorbestellung bis 15:30 Uhr).
Freizeit: 4,2 km, 3,1 km, 3,6 km. Einkaufszentrum Mein Outlet, Helgoland/Weserfahrt, Stadt/Hafenrundfahrten, Richtfunkturm mit Aussichtsplattform 1,9 km, Weser-Strandbad 2,2 km, Zoo am Meer 2,8 km.
POI: Klimahaus, historisches Museum 0,9 km, Deutsches Schifffahrtsmuseum, U-Boot Wilhelm Bauer 2,2 km, Deutsches Auswanderer Haus 2,5 km.

27572 Bremerhaven-Fischereihafen 1 €12,00

<8m

Reisemobil-Stellplatz Fischkai, Hoebelstraße 52, 0471/80936153 Nahe der Schlemmermeile Schaufenster Fischereihafen

2022 geprüft

POS: 53°31'36.26"N/8°34'34.95"E, Karte D2 (S.5), E4
Platz: = 47 auf Schotter. =30 (16 A) WC CHEM GRAU. Betreutes Servicehaus geöffnet Mo-So 8:00-11:00 Uhr und 14:00-17:00 Uhr. Geöffnet: März-Okt.
Preis: 12 € inkl. Entsorgung, WC, Müll-Entsorgung. Strom 0,50 €/kWh, Wasser 1 €/80 l, Dusche 0,50 €/Pers. Bezahlung am Münzautomat. Schlüssel für Dusche/WC gegen 20 € Pfand im Servicehaus.
Kontakt: Erlebnis Bremerhaven, 0471/80936153, reisemobil@erlebnis-bremerhaven.de, www.bremerhaven.de.
Distanz: 1 km, 1 km, 2,4 km, 6,3 km.
Gastro: Brötchenservice, Vorbestellung bis 15:30 Uhr am Vortag.
Freizeit: 6,9 km, 3 km, 1 km. Stadtbesichtigung, Erlebnisgastronomie 1 km.
POI: Deutsches Schifffahrtsmuseum, ehemalige Fischpackhalle 0,5 km, Fischbahnhof 1 km, Theater im Fischereihafen 1,1 km, Klimahaus 4,8 km, Deutsches Auswandererhaus 4,8 km, Zoo am Meer 4,8 km.

27432 Bremervörde €14,00

<12m

Gutschein

Wohnmobilstation Bremervörde, Kiebitzweg 1, 04761/987142 Auf dem Parkplatz am Vörder See inmitten des Natur- und Erlebnisparks Bremervörde

2021 geprüft

POS: 53°29'42.44"N/9°9'5.30"E, Karte D2 (S.5), F4
Platz: = 40 auf Rasengittersteinen. =21 (10 A) WC CHEM GRAU

. Öffnungszeiten des Service- und Infopoints: Mo-Sa 8:00-10:00 Uhr und 16:00-18:00 Uhr, So/Feiertag 9:00-11:00 Uhr und 16:00-18:00 Uhr. Ganzjährig geöffnet.
Preis: 14 € inkl. Strom, Wasser, Entsorgung, WC, Müll-Entsorgung, WLAN. Dusche 2 €/Pers.
Kontakt: Tourist-Information Bremervörde, 04761/987142, touristik@bremervoerde.de, www.parkdersinne-brv.de.
Distanz: 0,3 km, 1,1 km, 1,3 km, 2 km.
Gastro: Brötchenservice. Kiosk am Vörder See 0,5 km. Restaurant Haus am See 0,3 km, Mi-Sa 17:30-22:00 Uhr, So 11:30-22:00 Uhr, Mo-Di Ruhetag, Biergarten geöffnet bei gutem Wetter, Mi+Do ab 16:00 Uhr, Fr+Sa ab 14:00 Uhr, So ab 12:00 Uhr.
Freizeit: 2,6 km. Hallen- und Freibad Delphino, Natur- und Erlebnispark rund um den Vörder See, Wassersportrevier Vörder See, Rad- und Wanderwege, Minigolf, Spiellandschaften 0,2 km, Paddeln auf der Oste 1,5 km, Ausflüge mit dem historischen Moorexpress 2 km.
POI: Auepark rund um das Bachmann-Museum, St. Liborius-Kirche 1,3 km, Bremervörder Sportboothafen 2 km.

27432 Bremervörde-Elm gratis

<12m

Stellplatz Elmer Landhaus, Elmer Landstraße 26, 04761/99520 Beim Landgasthof, an der Touristenstraße

POS: 53°31'4.00"N/9°12'22.00"E, Karte D2 (S.5), F4
Platz: = 10 auf Wiese, Schotter. Kein Service, nur für autarke Fahrzeuge. Ganzjährig geöffnet.
Preis: Übernachtung gratis.
Kontakt: Gasthof Elmer Landhaus GmbH, Natalia Kosecki, 04761/99520, Mobil: 0157(0)74467075, info@schomakers.info, www.schomakers.info.
Distanz: , 0,1 km, 0,1 km, 0,1 km.
Gastro: Momentan steht der Gasthof nur für Veranstaltungen zur Verfügung. Gaststätte Zum Elmer See 3,6 km. Weitere Restaurants in der Umgebung.
Freizeit: Kanuverleih im Umkreis, Boot fahren, Angeln.
POI: Windmühle mit Bäckereimuseum 0,3 km.

56814 Bremm €17,00

<10m

Weingut Oster-Franzen, Calmontstraße 96, 02675/9119918 Oberhalb des Weinguts

2022 geprüft

POS: 50°5'43.75"N/7°7'25.89"E, Karte D9 (S.12), B3
Platz: = 16 auf Schotter. =16 (16 A) WC CHEM GRAU. Schranke an der Zufahrt von Hand zu öffnen. März-Okt: Aufenthalt max. 3 Tage. Rezeption täglich 18:00-19:30 Uhr.
Preis: 17 € inkl. WC, Müll-Entsorgung, WLAN, Kurtaxe.

B

Strom 0,71 €/kWh, Wasser 0,50 €/55 l, Dusche 1 €/5 min. 1.3.-31.10. 17 €. Kind 1,50 €.

Kontakt: Familie Oster-Franzen, ☎ 02675/9119918, info@oster-franzen.de, www.oster-franzen.de.

Distanz: 0,3 km, 0,4 km, Ⓗ 0,5 km, 0,5 km.

Gastro: Bäckerei 0,3 km.

Freizeit: 6 km, 6 km, 0,4 km. Weinverkostung ohne Voranmeldung, Wohnmobil-Wein-Wochenende, Klettersteig durch den Calmont 1 km, Schiffsanleger 3 km.

POI: Bremm, Calmont Gipfelkreuz 2 km, Klosterruine Stuben 3 km, römisches Höhenheiligtum 3 km, Vierseenblick 4 km, Moselburgen 5 km.

19306 Brenz €10,00

Landhaus Böttcher, Parchimer Straße 11, ☎ 038757/37220 Am Ortsausgang von Alt Brenz Richtung Parchim <10m

POS: 53°23'10.98"N/11°40'16.16"E, Karte D3 (S. 6), B4

Platz: = 4, = 2 (<14 m) auf Schotter, Asphalt, Rasengittersteinen. . nur bei Gruppen. Aufenthalt max. 3 Tage. Ankunft 10:00-20:00 Uhr. WLAN gratis (nur in Hausnähe). Müllentsorgung nur in kleinen Mengen. Geöffnet: März-Okt.

Preis: 10 € inkl. WLAN. Strom 2 €/16 h, Wasser 2 €/100 l, Müllentsorgung 2 €.

Kontakt: Landhaus Böttcher, Burkhard Böttcher, ☎ 038757/37220, Mobil: 0172/3935933, landhaus.boettcher@online.de, www.landhaus-boettcher.de.

Distanz: Weitere Restaurants in Entfernung, 0,2 km, Ⓗ 0,5 km, 0,6 km, 7 km, 8 km (Klärwerk Neustadt-Glewe, Goetheallee-Ausbau, 19306 Neustadt-Glewe).

Gastro: Gasthof Zur Erholung. Brötchenservice am Platz.

Freizeit: 14 km. Wandern, Radfahren im Naturschutzgebiet Lewitz 2 km, Badesee in Neustadt-Glewe 8 km, Golf 33 km, Wasserski 33 km.

POI: Vogel-Naturschutzgebiet Lewitz 2 km, Burg Neustadt-Glewe 8 km, Barockschloss Ludwigslust 15 km.

75015 Bretten gratis

Behördenzentrum Bretten, Hermann-Beuttenmüller-Straße 6, ☎ 07252/583710 Im Zentrum <8m

POS: 49°2'2.90"N/8°42'7.56"E, Karte D10 (S. 13), E1

Platz: = 2 auf Asphalt. Ganzjährig geöffnet.

Preis: Übernachtung gratis.

Kontakt: Tourist-Info Bretten, ☎ 07252/583710, tourist-info@bretten.de, www.bretten.de.

POI: Altstadt Bretten.

75015 Bretten gratis

Hallensportzentrum Bretten, Willi-Hesselbacher-Weg, ☎ 07252/583710 Auf dem Parkplatz des Hallensportzentrums <8m

POS: 49°1'48.16"N/8°43'6.97"E, Karte D10 (S. 13), E1

Platz: = 4 auf Asphalt. . Ganzjährig geöffnet.

Preis: Übernachtung gratis.

Kontakt: Tourist-Info Bretten, ☎ 07252/583710, touristinfo@bretten.de, www.bretten.de.

Distanz: 0,1 km, Ⓗ 0,5 km, 0,7 km, 1 km.

Freizeit: 0,2 km, 0,2 km. Stadt/Museumsbesuch, Tierpark Bretten, Radfahren.

POI: Gerbermuseum 0,8 km, Pfeiferturm 0,8 km, Schutzengelmuseum im Schweizer Hof 0,8 km, hist. Altstadt mit Melanchthonhaus und Stadtbefestigung 1 km.

75015 Bretten gratis

Parkplatz Kletterwald, Salzhofen 10, ☎ 07252/583710 Beim Tierpark/Kletterwald <8m

POS: 49°0'59.65"N/8°41'56.84"E, Karte D10 (S. 13), E1

Platz: = 2 auf Naturboden, Kiesel. Keine Anfahrt Sa/So von 8:00-18:00 Uhr. Ganzjährig geöffnet.

Preis: Übernachtung gratis.

Kontakt: Tourist-Info Bretten, Carmen Drabek, ☎ 07252/583710, tourist-info@bretten.de, www.bretten.de.

Distanz: 2,5 km, 3 km, 3 km.

Freizeit: 3,3 km, 3,3 km. Tierpark/Kletterwald, Bikepark Bretten 0,5 km.

POI: Hist. Altstadt mit Marktplatz, Stiftskirche und Rathaus 3 km, Melanchthonhaus 3,5 km, Kloster Maulbronn 14 km.

75015 Bretten gratis

Parkplatz Seedamm, Am Seedamm, ☎ 07252/583710 Auf einem großen Parkplatz im Zentrum <8m

POS: 49°2'7.07"N/8°42'17.92"E, Karte D10 (S. 13), E1

Platz: = 2 auf Asphalt. . Ganzjährig geöffnet.

Preis: Übernachtung gratis.

Kontakt: Tourist-Info Bretten, ☎ 07252/583710, touristinfo@bretten.de, www.bretten.de.

75015 Bretten-Ruit gratis

Im Ruiter Tal, Im Ruiter Tal, ☎ 07252/583710 Parkplatz in der Nähe der Festhalle an einem Bachlauf <10m

POS: 49°0'42.08"N/8°43'22.16"E, Karte D10 (S. 13), E1

Platz: = 3 auf Asphalt. . Ganzjährig geöffnet.

Preis: Übernachtung gratis.

Kontakt: Tourist-Info, ☎ 07252/583710, touristinfo@bretten.de, www.bretten.de.

Distanz: Ⓗ 0,5 km, 0,6 km, 2,5 km.

Freizeit: 3 km, 3 km. Wandern, Besichtigungen, Radfahren, Streichelzoo 3 km.

POI: Schutzengel Museum 5 km, Melanchthon Museum 5 km, Altstadt Bretten 5 km.

74626 Bretzfeld-Dimbach €12,00

Weingut & Weinstube Karl Busch, Greuthof 1 (Aussiedlerhof), ☎ 07946/2465 Aussiedlerhof umgeben von Weinbergen, Feldern, Wiesen und Wald <12m

POS: 49°10'15.32"N/9°22'30.73"E, Karte D10 (S. 13), G5

Platz: = 5, = 2 (<12 m) auf Rasengittersteinen, Schotter. GRAU. nur bei Gruppen. Ganzjährig geöffnet.

Preis: 12 € inkl. Strom, Wasser, Entsorgung.

Kontakt: Weinstube und Weingut Karl Busch, Markus Busch, ☎ 07946/2465, info@karlbusch-wein.de, www.karl-busch.com.

Distanz: 0,6 km, 1,5 km, weitere Restaurants in 0,6 km Entfernung.

Gastro: Verkauf eigener Produkte. Besenwirtschaft/Weinstube am Platz, Besenkalender siehe Website. Restaurant Bahnhof Busch 7 km, Fr-So 17:30-21:30 Uhr, Mo-Do Ruhetag.

Freizeit: Radfahren, Wandern.

64747 Breuberg-Neustadt gratis

Wohnmobilstellplatz Breuberg Aue, Bahnhofstraße 4, ☎ 06163/7090 Am Fuße der Burg Breuberg an der Breuberg Aue <12m

2022 geprüft

POS: 49°48'57.44"N/9°2'25.71"E, Karte D10 (S. 13), F4

Platz: = 4 auf Asphalt. =4 CHEM GRAU. Ganzjährig geöffnet.

Preis: Übernachtung gratis. Strom 0,50 €/kWh, Wasser 1 €/60-70 l, Entsorgung 1 €/5 min.

Kontakt: Stadt Breuberg, ☎ 06163/7090, info@breuberg.de, www.breuberg.de.

Distanz: 0,3 km, 0,3 km, Ⓗ 0,3 km, 3 km.

Freizeit: 3 km. Wandern, Angeln, Erlebnispfad, Radfahren, Tennis, Nordic Walking, Kutsch-/Planwagenfahrten, Starkenburger Klettersteig 3 km.

POI: Breuberg-Museum, UNESCO-Geopark Bergstraße/Odenwald, Kirchen im Umkreis, Burg Breuberg 1 km.

34479 Breuna gratis

Parkplatz Märchenland-Therme, Schulstraße 5, ☎ 05693/1349 Transitplatz an der Märchenlandtherme <12m

2022 geprüft

POS: 51°25'7.55"N/9°11'10.25"E, Karte D6 (S. 9), F5

Platz: = 3 auf Schotter. =4 (16 A) . Aufenthalt max. 3 Nächte. Anmeldung in der Märchenlandtherme. DU/WC bei Schwimmbad/Saunabesuch möglich. Nächste VE am SVG Autohof A44. Ganzjährig geöffnet.
Preis: Übernachtung gratis. Strom 3 €.
Kontakt: Gemeinde Breuna, ☎ 05693/1349, gemeinde@breuna.de, www.breuna.de.
Distanz: 0 km, weitere Restaurants in 0,5 km, 0,2 km, 0,5 km, 0,6 km, 2,2 km (SVG Autohof A44, Warburger Straße 45, 34466 Wolfhagen).
Gastro: Restaurant am Platz, warme Küche Di-Sa 17:00-21:30 Uhr, So 12:00-19:00 Uhr.
Freizeit: Lauf- und Walkingpark, Reiterhof 0,5 km.
POI: Freizeitanlage Sauerbrunnen 5 km, Kugelsburg 5 km, Twistesee 10 km.

16230 Breydin €10,00

<10 m

Wohnmobilstellplatz am Landhotel Trampe, Am Landhotel 1, ☎ 033451/560
Naturparkplatz am Landhotel

POS: 52°46'7.72"N/13°50'24.81"E, Karte D4 (S. 7), F5
Platz: = 6, = 2 (<12 m) auf Asphalt, Schotter, Sand/Splitt. nur bei Gruppen. Anfahrt 10:00-20:00 Uhr. Ganzjährig geöffnet.
Preis: 10 € inkl. Wasser. Strom 2 €/Tag. Bezahlung in Gasthaus.
Kontakt: Landhotel Trampe, ☎ 033451/560, info@bargomobile-berlin.de, www.bargomobile-berlin.de.
Distanz: 0,1 km, 1 km.
Gastro: Landhotel Trampe mit Restaurant und Biergarten. Brötchenservice.
Freizeit: E-Scooterverleih.
POI: Schiffshebewerk Niederfinow, Kloster Chorin, Schlosspark Trampe, Burg Breydin.

56820 Briedern €8,00

<12 m

Wohnmobilstellplatz Briedern, Moselstraße, ☎ 02673/1878
Am Ortsrand von Briedern am östlichen Moselufer

POS: 50°6'43.50"N/7°12'28.50"E, Karte D9 (S. 12), C3
Platz: = 30 auf Schotterrasen, Wiese. CHEM GRAU . VE von Ostern-1.11. Geöffnet: Karfreitag-Ende Okt.
Preis: 8 € inkl. Entsorgung, Müll-Entsorgung, Kurtaxe. Wasser 1 €.
Kontakt: Gemeindeverwaltung Briedern, Peter Görgen, Ortsbürgermeister, ☎ 02673/1878, Mobil: 0172/6535249, briedern@vgcochem.de, www.briedern.de.

Distanz: 0,3 km, 0,3 km, 0,4 km, 4 km.
Gastro: Café 0,4 km. Weinwirtschaften 0,4 km.
Freizeit: 9 km, 13 km, 0,1 km. Wandern, Weinprobe und Besuch der Winzerhöfe.
POI: Historischer Ort Beilstein 2 km, Ruine Metternich in Beilstein 3 km, Klosterruine Stuben 10 km.

21382 Brietlingen €12,00

<10 m

Campingplatz am Reihersee, Auf den Bergen 96, ☎ 04133/3226
Vor der Schranke

POS: 53°20'28.15"N/10°27'59.60"E, Karte D2 (S. 5), H5
Platz: = 2 auf Pflaster. WC CHEM GRAU . Leinenpflicht für Hunde. Aufenthalt max. 1 Nacht. Ganzjährig geöffnet.
Preis: Ab 12 €. Strom 3 €, VE für Durchreisende 3 €. Hund 4-5 €. Bezahlung über Kuvert im Briefkasten.
Kontakt: Peter-Henning Reinstorf, ☎ 04133/3226, info@campingplatzreihersee.de, www.campingplatzreihersee.de.
Distanz: 0,3 km, weitere Restaurants in 2 km, 2 km, 2 km.
Gastro: Gaststätte am Wiesengrund 0,3 km. Brötchenservice.
Freizeit: Reihersee mit zwei Badestränden/Liegewiese, Trampolin für Kinder, Rad-/Wanderwege Reihersee, Paddeltouren, Rundflüge auf Anfrage, Kanuverleih 0,5 km.
POI: Schiffshebewerk Scharnebeck 8 km, Altstadt Lüneburg mit Stintmarkt 13 km.

21382 Brietlingen-Lüdershausen €15,00

<12 m

Kurzzeitstellplatz vor Campingplatz Reihersee, Auf den Bergen 96, ☎ 04133/3878
Kurzzeitplatz vor der Schranke

2021 geprüft

POS: 53°20'31.60"N/10°28'14.17"E, Karte D2 (S. 5), H5
Platz: = 2 auf Wiese. =15 WC CHEM GRAU . Leinenpflicht für Hunde. Anreise zwischen 1:00 Uhr und 24:00 Uhr. Aufenthalt max. 1 Nacht. Ganzjährig geöffnet.
Preis: 15 € inkl. WC, Müll-Entsorgung. Jede weitere Pers. 2 €, Kind (6-12 J.) 1 €, Strom 3 €, Wasser 2,50 €, Entsorgung 1,50 €, Hund 4 €. Preisänderungen 2023 möglich.
Kontakt: Martina Lohse-Düfel, ☎ 04133/3878, lohse-duefel@gmx.de, www.campingplatzreihersee.de.
Anfahrt: Nach Abfahrt von der B209 ins Feriengebiet nach 200 m 1. Einfahrt li. nehmen (Beschilderung Wohnmobile/Badestrand).
Distanz: , 1,5 km, 1,5 km, 2 km.
Gastro: Imbiss am Badestrand von März-Nov.

Freizeit: 7 km, 12 km, 1 km. Reihersee mit zwei Badestränden, Angeln, Flohmarkt, Kanuverleih am Platz, Reiten 2 km.
POI: Schiffshebewerk Scharnebeck 8 km, Altstadt Lüneburg 10 km, Schleuse in Lauenburg 12 km, Altstadt Lauenburg mit Elbufer 12 km.

B

59929 Brilon €10,00

<10 m

Wohnmobilhafen Brilon, Altenbürener Straße 19, ☎ 02961/1712
In zentraler Lage neben der Schützenhalle

2022 geprüft

POS: 51°23'37.17"N/8°33'27.62"E, Karte D6 (S. 9), E5
Platz: = 12 auf Schotterrasen. =12 (16 A) CHEM GRAU . Wohnmobile > 9 m und Wohnmobile mit Anhänger können auf dem angrenzenden Parkplatz stehen. Ganzjährig geöffnet. Ausnahme: Schützenfest (Ende Juni) und bei großen Veranstaltungen.
Preis: 10 € inkl. Entsorgung, Müll-Entsorgung, WLAN. Strom 0,50 €/kWh, Wasser 1 €/80 l. Kurzzeitparken 1 €/h.
Kontakt: Torsten Becker, ☎ 02961/1712, info@schuetzen-brilon.de, www.wohnmobilhafen-brilon.de.
Distanz: 0,1 km, 0,2 km, 0,4 km, weitere Restaurants in 0,7 km, 0,7 km.
Freizeit: 6 km, 0,7 km. Radfahren, Rothaarsteig, Altstadtrundgang, Wintersport, Schießsportanlage/Tennisplatz 0,1 km, Minigolfanlage 1,4 km, Golfplatz 2,8 km.
POI: Marktplatz mit hist. Rathaus 0,7 km, Museum Haus Hövener 0,7 km, Propsteikirche 0,8 km, Kyrill-Tor 4 km.

27386 Brockel-Wensebrock €15,00

<12 m

Camping-Gasthof Waidmann's Ruh, Wensebrock 1, ☎ 04266/2250
Obstwiese hinter einem ehemaligen Landgasthof an der B71

POS: 53°6'6.00"N/9°29'56.00"E, Karte D2 (S. 5), G5
Platz: = 10 auf Wiese. =20 (16 A) WC CHEM GRAU . Ganzjährig geöffnet.
Preis: 15 € inkl. Strom, Wasser, Entsorgung, Dusche, WC, Müll-Entsorgung. Jede weitere Pers. 4 €. Kind 2,50 €. Preisänderungen möglich.
Kontakt: Familie Lüdemann, ☎ 04266/2250, info@waidmanns-ruh.de, www.waidmanns-ruh.de.
Anfahrt: An der B71 bei Brockel, enge Einfahrt zwischen Reithkamp und Bösenkampweg.
Distanz: 0 km, 2 km, 2 km, 4 km.
Freizeit: 4 km, 8 km. Bullensee 6 km.
POI: Windmühle Brockel 2 km, Heidepark Soltau 28 km, Vogelpark Walsrode 30 km.

B

25576 Brokdorf €5,00

Reisemobilplatz Brokdorf, Dorfstraße 54 <12m
Direkt am Elbdeich

POS: 53°51'52.10"N/9°18'59.99"E, Karte D2 (S.5), F3
Platz: P = 30 auf Rasengittersteinen. WC CHEM GRAU. Aufenthalt max. 72 h. WC von Nov-Feb geschlossen. Ganzjährig geöffnet.
Preis: Ab 5 €. Strom 1 €/2 kWh, Wasser 1 €/70 l, Entsorgung 1 €, Dusche 1 €. NS (Nov-Feb) 5 €, HS (März-Okt) 10 €/Tag, 2 Tage 15 €, 3 Tage 20 €.
Kontakt: Gemeinde Brokdorf, info@brokdorf-elbe.de, www.brokdorf-elbe.de/tourismus/wohnmobile.
Distanz: , H 0,1 km, 0,1 km, 0,2 km (nahkauf).
Gastro: Elbblick Brokdorf Restaurant Café Hotel Sell, Mi-So 11:30-21:00 Uhr, Mo-Di Ruhetag.
Freizeit: 0,5 km, 10 km, 10 km. Tennis, Segeln, Schwimmen, Angeln, Kanutouren, Eissport im Elbe-Eisstadion 0,5 km.
POI: Altstadt Glückstadt 10 km, Kulturdenkmäler Wilster 10 km, Schöpfmühle Honigfleth in Stördorf 12 km, Schiffsschleusen Nord-Ostsee-Kanal 12 km, tiefste Landstelle Deutschlands bei Neuendorf 16 km.

98596 Brotterode-Trusetal €5,00

Stellplatz am Trusetaler Wasserfall, Brotteroder Straße, ☎ 036840/81578 <12m
Öffentlicher Parkplatz zwischen Wasserfall und Zwergenpark

POS: 50°47'44.92"N/10°25'18.06"E, Karte D10 (S.13), H1
Platz: = 5 auf Schotterrasen, Rasengittersteinen. WC. WC zu den Betriebszeiten des Trusetaler Wasserfalls (Ostern-Ende Okt) täglich von 10:00-18:00 Uhr. Ganzjährig geöffnet.
Preis: 5 € inkl. WC. Kurtaxe 1 €/Pers., Kurtaxe (6-14 J.) 0,50 €/Pers.
Kontakt: Tourismus Brotterode-Trusetal, ☎ 036840/81578, tourismus@brotterode-trusetal.de, www.tourismus.brotterode-trusetal.de.
Distanz: H 0 km, 2 km, 2 km, 2 km.
Gastro: Berggasthof (Ostern-Okt). Café Wintersport am Trusetaler Wasserfall, geöffnet 12:00-17:00 Uhr (wetterbedingte Änderungen möglich), Mi Ruhetag.
Freizeit: 4 km, 12 km. Walking, Inselbergbad Brotterode 5 km, Sommerrodelbahn auf dem Kleinen Inselsberg in Brotterode 6 km, Erlebnisbad Tabbs 16 km.
POI: Wallenburger Turm 3 km, Besucherbergwerk Hühn 3 km, Schaubergwerk am Aschenberg, Bad Liebenstein 6 km, Schmalkalden 12 km, Sandstein- und Märchenhöhle Walldorf 20 km.

98599 Brotterode-Trusetal €10,00

Inselbergbad Brotterode, Am Bad 1, ☎ 036840/37310 Am Inselbergbad <10m

2020 geprüft

POS: 50°49'21.76"N/10°27'11.54"E, Karte D11 (S.14), A1
Platz: P = 10 auf Schotter. WC. Dusche/WC/Wasser zu den Bad-Öffnungszeiten. Ganzjährig geöffnet.
Preis: 10 € inkl. Wasser, Dusche, WC, Müll-Entsorgung. Strom 2,50 €/Tag, Kurtaxe 1 €/Pers., Kurtaxe (6-14 J.) 0,50 €/Pers. 5 € Rabatt auf den Badeintritt.
Kontakt: ☎ 036840/37310, info@inselbergbad.de, www.tourismus.brotterode-trusetal.de.
Distanz: H 0 km, 0,2 km, 0,2 km, 2 km.
Gastro: Pfefferstübchen. Hotel Berggarten. Hotel zur guten Quelle.
Freizeit: 10 km. Nordic Walking, Langlauf, Wandern, Sommerrodeln, Radfahren, Bungee-/Trampolinspringen, Funpark Inselsberg 4,3 km.
POI: Trusetaler Wasserfall 5 km, Museum Schloss Wilhemsburg 18 km, Wartburg 26 km.

27305 Bruchhausen-Vilsen €19,00

Hoffbruhuus Heidhoff, Ziegenberg 22, ☎ 04247/322 Auf dem Hof der Brauerei im Ortsteil Oerdinghausen <12m

POS: 52°45'19.93"N/8°54'26.12"E, Karte D6 (S.9), F1
Platz: = 3 auf Wiese. WC. Telefonische Anmeldung erbeten. Ganzjährig geöffnet.
Preis: 19 € inkl. Wasser, WC, Hund. Jede weitere Pers. 6 €, Kind (bis 3 J.) gratis, Kind (4-15 J.) 3,50 €, Strom 0,50 €/kWh.
Kontakt: Cord Heidhoff, ☎ 04247/322, info@hoffbruhuus.de, www.hoffbruhuus.de.
Distanz: 4 km, 5 km, 6 km.
Gastro: Gasthof mit Brauerei am Platz.
Freizeit: Kloster Heiligenberg, Kinderspielparadies Ballorig in Sulingen.
POI: Museumseisenbahn 5 km, Automuseum 8 km.

27305 Bruchhausen-Vilsen €8,00

Wohnmobilstellplatz an der Museumseisenbahn, Am Gaswerk/ Bollenstraße, ☎ 04252/930050 <12m
Neben der Museumseisenbahn und dem Wasser-Erlebnisspielplatz

POS: 52°49'34.79"N/8°59'42.46"E, Karte D6 (S.9), F1
Platz: P = 40 auf Wiese, Schotter. =24 (16 A) WC CHEM GRAU. Kein WC/Wasser im Winter. Ganzjährig geöffnet.
Preis: 8 € inkl. WC, Müll-Entsorgung, Kurtaxe, WLAN. Strom 0,50 €/kWh, Wasser 1 €/100 l, Dusche 1 €/5 min. Gebühren werden abends kassiert oder können im Tourismus-Service bezahlt werden.
Kontakt: Samtgemeinde Bruchhausen-Vilsen, ☎ 04252/930050, tourismus@bruchhausen-vilsen.de, www.bruchhausen-vilsen.de.
Distanz: , H 0,2 km, 0,3 km, weitere Restaurants in 0,5 km, 0,5 km.
Gastro: Restaurant Dillertal.
Freizeit: 1,5 km, 8 km, 1 km. Eislaufen, Nordic Walking, Kurpark mit Minigolf/Bouleplatz 1,5 km.
POI: Wassererlebnisspielplatz, Museumseisenbahn 0,1 km, Historischer Ortskern 0,5 km, Ringwallanlage 6 km, Klostermühle Heiligenberg 6 km, Wassermühle Bruchmühlen 6 km.

27305 Bruchhausen-Vilsen €12,00

Wohnmobilstellplatz Lüttsche-Hoff, Stapelshorn 18, ☎ 0170/6351505 <10m neu
In ruhiger Lage zwischen Feldern

POS: 52°49'27.17"N/9°3'16.13"E, Karte D6 (S.9), F1
Platz: P = 18 auf Wiese. WC. wird empfohlen. Ganzjährig geöffnet.
Preis: 12 €. Strom 5 €/Tag, WC 2 €/Pers.
Kontakt: Niña Helbing, ☎ 0170/6351505, Mobil: 0170/3431954, info@luettsche-hoff.de, www.luettsche-hoff.de.
Distanz: H 0,1 km, 5 km, weitere Restaurants in 7 km, 5 km.
Gastro: Klostermühle Heiligenberg 7 km. Restaurant Alter Bahnhof 5 km.
Freizeit: Walderlebnispfad auf dem Heiligenberg, Wandern im Naherholungsgebiet Sellingsloh, Wolfcenter Dörverden 16 km.
POI: Museums-Eisenbahn 5,2 km, Kloster Heiligenberg und Ringwallanlage 7 km.

76646 Bruchsal gratis

Reisemobilstellplatz Giesgraben, Giesgrabenweg, ☎ 07251/5059460 <10m
In der Nähe vom Sportzentrum und Freibad

2021 geprüft

POS: 49°7'56.28"N/8°35'22.88"E, Karte D14 (S.17), E1
Platz: P = 2 auf Asphalt. Aufenthalt max. 2 Tage. Weitere Stellplätze beim Naturfreundehaus, Karlsruher Straße 215. Ganzjährig geöffnet.
Preis: Übernachtung gratis.
Kontakt: Tourist-Information Bruchsal, ☎ 07251/5059460, touristinformation@btmv.de, www.bruchsal-erleben.de.
Distanz: H 0,1 km, 0,3 km, 0,5 km, 0,5 km.
Freizeit: 0,1 km, 0,1 km. Schloss-/Stadtbesichtigung, Freizeit- und Hallenbad SaSch!, Minigolf 0,1 km.
POI: Schlossgarten 0,5 km, Barockschloss Bruchsal mit Deutschem Musikautomatenmuseum 1 km, Bergfried 1,5 km, Belvedere im Stadtgarten 1,5 km, barocke St. Peterskirche 2 km.

B

41379 Brüggen €10,00

Wohnmobilstellplatz Brüggen, Borner Straße 53, ☎ 0170/4409250 <10m
In ruhiger Lage, nahe Ortsmitte

2020 geprüft E

POS: 51°14'33.83"N/6°11'23.74"E, Karte D5 (S. 8), A5
Platz: P = 40 auf Rasengittersteinen. =40 CHEM. Schranke manuell öffnen. Ganzjährig geöffnet.
Preis: 10 € inkl. Strom, Wasser, Entsorgung, Kurtaxe.
Kontakt: Hermann Cüsters, ☎ 0170/4409250, info@brueggen.de, www.brueggen.de.
Distanz: , 0,2 km, weitere Restaurants in 0,5 km, Ⓗ 0,5 km, 0,5 km.
Freizeit: 10 km, 0,5 km, 0,3 km. Natur-/Tierpark, sehr gut ausgebautes Wander-/Radwegenetz, Konzerte/Theater in den Sommermonaten.
POI: Kreuzherrenkloster mit St. Nikolauskirche 0,6 km, Brüggener Mühle 0,7 km, Burg Brüggen mit Naturpark-Infostelle 0,8 km, Borner See 2,5 km.

41379 Brüggen-Bracht €15,00

Camping- und Freizeitplatz Brachter Wald, Sankt-Barbara-Straße 42-44, ☎ 02157/125975 Stellplätze auf dem Camping- und Freizeitplatz <8m

POS: 51°15'21.71"N/6°10'27.59"E, Karte D5 (S. 8), A5
Platz: P = 14 auf Wiese, Rasengittersteinen. =14 (6 A) WC CHEM GRAU . Anfahrt 9:00-19:00 Uhr, Abreise bis 12:00 Uhr. Geöffnet: 31.10.-1.4.
Preis: 15 € inkl. Wasser, Entsorgung, WC. Jede weitere Pers. 4 €, Strom 3,50 €/24 h, Dusche 1,20 €, Hund 2 €.
Kontakt: Herr Markus Schmid, ☎ 02157/125975, info@brachter-wald.de, www.brachter-wald.de.
Distanz: 0,2 km, Ⓗ 0,5 km, 2 km, 2 km.
Freizeit: 5 km, 2 km. Mountainbiketouren, Stadtbesuch, Naturschutzpark 0,3 km, Tierpark 1 km.
POI: Burg Brüggen mit Jagd-/Naturkundemuseum 2 km, mittelalterlicher Stadtkern 2 km.

Hinweis der Redaktion: Aufgrund der wirtschaftlichen Lage und der andauernden Energiekrise kann es in 2023 zu noch nicht absehbaren Preiserhöhungen bei Service- und Übernachtungsgebühren kommen. Wir bitten um Verständnis und verweisen auf die Bordatlas WebApp. Die Stellplatzdaten werden dort laufend überarbeitet und stehen online stets aktuell zur Verfügung.

25541 Brunsbüttel €8,00

Freizeitbad Brunsbüttel, Am Freizeitbad 2, ☎ 04852/940450 Von Baumgruppen und Wiesen umgebener Platz <12m

2021 geprüft E

POS: 53°53'58.07"N/9°7'55.18"E, Karte D2 (S. 5), F3
Platz: P = 50 auf Schotterrasen. =6 WC CHEM GRAU . WC/Dusche in der Schwimmhalle zwischen 15:00-19:00 Uhr. Geöffnet: Ende März-Ende Okt, Ausnahmen: Bei Veranstaltungen gesperrt.
Preis: 8 € inkl. Müll-Entsorgung. Strom 1 €/2 kWh, Wasser 2 €/100 l, Entsorgung 2 €, WC/Dusche 2,50 €.
Kontakt: ☎ 04852/940450, info@freizeitbad-brunsbuettel.de, www.freizeitbad-brunsbuettel.de.
Distanz: 0,3 km, 0,5 km, 0,6 km.
Gastro: Mehrere Restaurants in Brunsbüttel.
Freizeit: 2 km. Minigolfanlage am Platz, Hundeauslaufplatz 0,3 km.
POI: Schleusenanlage des Nordostseekanals 1 km, hist. Ortskern 3 km.

25541 Brunsbüttel €18,00

Wohnmobilstellplatz am alten Hafen, Auf dem Deiche 2a, ☎ 04852/8391909 Mit Blick auf den Schiffsverkehr und die Schleusen des NOK <8m

2021 geprüft E

POS: 53°53'36.51"N/9°7'34.06"E, Karte D2 (S. 5), F3
Platz: P = 15 auf Schotterrasen. WC CHEM GRAU . P wird empfohlen. Platz nicht gesichert vor Sturmfluten. Bei Starkwind/Sturm siehe www.sturmflutwarnungen.de. Tel. Reservierung/Bezahlung 8:00-10:00 Uhr und 16:00-18:00 Uhr. Freie Plätze durch grüne Beschilderung gekennzeichnet. Geöffnet: 1.5.-30.9.
Preis: 18 € inkl. Strom, Wasser, Entsorgung, Dusche, WC, Müll-Entsorgung. Bezahlung im Hafenmeisterbüro.
Kontakt: Seglervereinigung Brunsbüttel e.V., Hafenmeister, ☎ 04852/8391909, hafenmeister@svb-bru.de, svb-bru.de.
Distanz: 0,3 km, 0,3 km.
Gastro: Mehrere Restaurants in Brunsbüttel.
Freizeit: 0,3 km. Freibad Ulitzhorn 0,3 km.
POI: Schleusenanlage des Nord-Ostsee-Kanals, Brunsbüttel 0,5 km.

89290 Buch gratis

Wirtshaus Wolperdinger im Hirsch, Roggenburger Straße 1, ☎ 07347/7482 Auf dem Parkplatz der Gaststätte nahe der Iller <12m

POS: 48°12'40.00"N/10°4'43.00"E, Karte D14 (S. 17), H3
Platz: = 3, = 4 (<12 m) auf Asphalt, Schotter. WC . Biergarten. P Ganzjährig geöffnet.
Preis: Für Restaurantgäste kostenlos. Einkehr obligatorisch.
Kontakt: Bastian Hatzinger, ☎ 07347/7482, wolperdinger@b-hatzinger.de, infos-ulm.de.
Distanz: Ⓗ 0,5 km, 1 km, 1 km.
Gastro: Gaststätte Wolperdinger im Hirsch, Sa 17:00-22:00 Uhr, So 10:00-22:00 Uhr, Mo-Fr Ruhetag.
Freizeit: 1 km, 0,5 km. Badesee, Kegelbahn.
POI: Heiliges Grab Dietenheim, Herrenweiherpark Regglisweiler, Altstadt, Kirche, Kapellen und Fuggerschloss Dietenheim, Kloster Brandenburg in Regglisweiler 4 km.

74722 Buchen €8,00

Wohnmobilhafen Morretal, Mühltalstraße 15, ☎ 06281/5350 Am Waldschwimmbad, am Zusammenfluss von Morre und Hollerbach <10m

2021 geprüft E

POS: 49°31'44.40"N/9°18'34.70"E, Karte D10 (S. 13), F4
Platz: = 12 auf Schotterrasen. =2 (16 A) CHEM . Im Landschaftsschutzgebiet in ruhiger Lage. E-Bike-Ladestation (gratis) am Waldschwimmbad. Ganzjährig geöffnet.
Preis: 8 €. Strom 1 €/kWh, Wasser 1 €/100 l, Dusche 0,20 €. 3 Tage 20 €, Badeintritt inkl. (Mai-Mitte Sep). Bezahlung am Münzautomat.
Kontakt: Energie- und Dienstleistungen Buchen, ☎ 06281/5350, info@morretal.de, www.morretal.de.
Distanz: 0,5 km, weitere Restaurants in 0,8 km, 1,3 km, 1,4 km, Ⓗ 1,5 km.
Gastro: Gasthaus Waldeck 0,5 km (Mühltahlstr.). Biergarten am Waldschwimmbad.
Freizeit: Tennis und Squash, Klettern, Reiten, Waldschwimmbad, Golfclub Glashofen-Neusaß 15 km.
POI: Altstadt mit Resten der Stadtbefestigung 1,3 km, Eberstadter Tropfsteinhöhle, Eingangstor zum UNESCO Geo-Naturpark Odenwald 9 km, Freilandmuseum Walldürn-Gottersdorf 18 km, Historama-Park Adventon Osterburken 22 km.

79256 Buchenbach/Breisgau €15,00

Wanglerhof, Vogtweg 1, ☎ 07661/1204 Auf einem weitläufigen Wiesenstück, teilweise schattig >12m

POS: 47°58'4.97"N/7°59'32.32"E, Karte D13 (S. 16), D4
Platz: P / = 8 auf Wiese, Schotter. WC CHEM GRAU . Aufenthalt bis 6 Wochen, Anfahrt 24 h. Keine Müll-Entsorgung möglich. Geöffnet: Ostern-Allerheiligen.
Preis: 15 € inkl. Strom, Wasser, Entsorgung, WC,

Kurtaxe, WLAN. Dusche 3 €, Waschmaschine/Trockner je 3 €. Inkl. Konus-Gästekarte für kostenfreie Benutzung regionaler öffentlicher Verkehrsmittel.

Kontakt: Philipp Mayer, ☎ 07661/1204, info@wanglerhof.de.
Distanz: 0 km, 0,1 km, Ⓗ 0,2 km, 1,2 km.
Freizeit: 3 km, 7 km, 3 km. Mountainbiking auf ausgewiesenen Strecken, Wildpark Steinwasen mit Sommerrodelbahn 10 km.
POI: Himmelreich/Höllentalbahn 1 km (steilste Eisenbahnstrecke Deutschlands), St. Märgen 8 km, Freiburg 10 km.

87474 Buchenberg — gratis — <8m — neu

Wohnmobilstellplatz Buchenberg, Eschacher-Straße/Freizeitpark am Moorbad, ☎ 08378/920222
Öffentlicher Stellplatz auf der Sonnenterrasse im Allgäuer Seenland

POS: 47°41'54.51"N/10°13'48.36"E, Karte D14 (S. 17), H4
Platz: = 4 auf Asphalt. Keine Serviceeinrichtungen. Ganzjährig geöffnet.
Preis: Übernachtung gratis.
Kontakt: Tourist-Info Buchenberg, ☎ 08378/920222, tourismus@buchenberg.de, www.buchenberg.de.
Distanz: 0,8 km, 0,8 km, 0,8 km.
Freizeit: Freizeitpark, Wintersport Skigebiet Eschach, Kneipp-Tretbecken, Badesee Eschacher Weiher, Moorbad, Wandern, Kneippwanderung, Minigolf, Moorlehrpfad (1,5 km).
POI: Heimatmuseum Buchenberg.

23911 Buchholz bei Ratzeburg — € 21,00 — <10m

Naturcamping Buchholz, Am Campingplatz 1, ☎ 04541/4255
Am Westufer des Ratzeburger Sees

POS: 53°44'18.00"N/10°44'24.00"E, Karte D3 (S. 6), A4
Platz: = 9 auf Schotter, Asphalt. =9 (16 A) WC CHEM GRAU. Anfahrt von 14:00-19:00 Uhr und 21:00-22:00 Uhr. Geöffnet: 1.4.-30.9.
Preis: 21 € inkl. Strom, Wasser, Entsorgung, Dusche, WC, Müll-Entsorgung. Jede weitere Pers. 8 €, WLAN 3 €, Hund 2,50 €. Kind 3,50 €. NS 16 €.
Kontakt: André Schwake, ☎ 04541/4255, office@naturcampingbuchholz.de, www.naturcampingbuchholz.de.
Distanz: Ⓗ 0,9 km, 6 km, 6 km.
Gastro: Restaurant Zur Angelsmühle, warme Küche 12:00-20:30 Uhr.
Freizeit: 6 km, 6 km. Kanuverleih, E-Bike-Verleih, Massage zu festen Terminen am See, Ruderboot, Sauna direkt am See.
POI: Dom/Museum in Ratzeburg 6 km, Till Eulenspiegel-Museum in Mölln 13 km, Holstentor in Lübeck 19 km.

31675 Bückeburg — € 7,00 — <10m

Wohnmobilstellplatz am Schloss, Reitweg, Fürstliche Hofkammer, ☎ 05722/955821 Zentrumsnah am Schlosspark mit Blick auf das Schloss

2020 geprüft

POS: 52°15'28.75"N/9°2'46.40"E, Karte D6 (S. 9), F2
Platz: = 20 auf Schotter. =20 (16 A) GRAU. TV/SAT-Anschlüsse, Leinenpflicht für Hunde. Aufenthalt max. 7 Tage. Ankunft bis 22:00 Uhr. Ganzjährig geöffnet.
Preis: 7 € inkl. Entsorgung, Müll-Entsorgung. Strom 1 €/12 h, Wasser 1 €. 7 €/24 h, 3 €/5 h. Bei Vorlage des kleinen Parkscheinabschnitts 1 € Rabatt im Schloss Bückeburg/bei der Fürstlichen Hofreitschule.
Kontakt: Fürstliche Hofkammer, ☎ 05722/955821, info@schloss-bueckeburg.de, www.schloss-bueckeburg.de.
Distanz: Ⓗ 0,4 km, 0,4 km, 0,5 km.
Gastro: Alte Schlossküche täglich geöffnet. Biergarten nur in den Sommermonaten.
Freizeit: 1 km, 0,5 km. Stadtführungen auf Anmeldung bei der Tourist-Information, Schlossbesichtigung.
POI: Fürstliche Hofreitschule 0,2 km, Schloss Bückeburg 0,2 km, Museum Bückeburg 0,4 km, Hubschraubermuseum 0,5 km, Mausoleum Bückeburg 1,1 km.

31675 Bückeburg — gratis — <10m

Wohnmobilstellplatz Neumarktplatz, Unterwallweg 5, ☎ 05722/206181
Kleiner, einfacher Stellplatz auf einem öffentlichen Parkplatz

2020 geprüft

POS: 52°15'51.13"N/9°3'2.33"E, Karte D6 (S. 9), F3
Platz: = 10 auf Schotterrasen. GRAU. Ausweichplatz für den Wohnmobilstellplatz am Schloss. Ganzjährig geöffnet.
Preis: Übernachtung gratis inkl. Entsorgung. Strom 0,50 €/kWh, Wasser 1 €/100 l.
Kontakt: Stadt Bückeburg, ☎ 05722/206181, tourist-info@bueckeburg.de, www.bueckeburg.de.
Distanz: Ⓗ 0,1 km, 0,3 km, 0,4 km, 0,4 km.
Gastro: Mehrere Restaurants im Stadtgebiet.
Freizeit: 1 km, 1 km. Wandern, Reiten, Segelfliegen.
POI: Stadtkirche mit Weser-Renaissance-Fassade, Schloss mit Park/Mausoleum, Fürstliche Hofreitschule, Hubschraubermuseum 0,5 km, Landesmuseum und Rathaus 1 km.

27333 Bücken — gratis — <10m

Reisemobilstellplatz Bücken, Bruchstraße, ☎ 04251/81547 Zentrumsnah

2022 geprüft

POS: 52°46'46.27"N/9°7'38.80"E, Karte D6 (S. 9), F1
Platz: = 4 auf Eco-Raster/Gras. Ganzjährig geöffnet.
Preis: Übernachtung gratis.
Kontakt: Samtgemeinde Grafschaft Hoya, ☎ 04251/81547, tourismus@hoya-weser.de, www.grafschaft-hoya.de.
Distanz: 0,1 km, weitere Restaurants in 0,3 km, 0,5 km, 0,5 km.
Freizeit: 4,2 km. Wandern.
POI: Stiftskirche St. Materniani et St. Nicolai 0,3 km, Fachwerkbauten Ostertorstraße 18 0,5 km.

38372 Büddenstedt — gratis — <12m

Stellplatz Büddenstedt, Am Sportplatz, ☎ 05351/171717
Ruhiger Stellplatz am Sportplatz

POS: 52°10'32.53"N/11°1'5.77"E, Karte D7 (S. 10), A3
Platz: = 2 auf Asphalt. Ganzjährig geöffnet.
Preis: Übernachtung gratis.
Kontakt: Stadt Helmstedt, ☎ 05351/171717, tourismus@stadt-helmstedt.de, www.stadt-helmstedt.de.
Distanz: , , Ⓗ 0,3 km, 1 km.
Freizeit: Ausflüge in die Umgebung und nach Helmstedt, Radfahren, Wandern.
POI: Heimatmuseum Reinsdorf 4 km, Freilichtmuseum 4 km, Grenzdenkmal Hötensleben 7 km, Forschungsmuseum Schöningen 7 km.

63654 Büdingen — € 10,00 — <12m

Wohnmobilstellplatz An der Jägerwiese am Büdinger Freibad, In den Jägerwiesen 3, ☎ 06042/96370 Separate Stellplätze auf dem Parkplatz des Freibades

2022 geprüft

POS: 50°17'27.95"N/9°7'30.63"E, Karte D10 (S. 13), F2
Platz: = 8 auf Asphalt, Pflaster. WC CHEM GRAU. 2,70 m breiter Streifen Aufenthaltsfläche, Picknick-Bereich, Leinenpflicht für Hunde. WC im Freibad zu den Öffnungszeiten Mai-12.6. und Sep tägl. 7:00-19:00 Uhr, ab 13.6.-Ende Aug täglich 7:00-20:00 Uhr. Ganzjährig geöffnet.
Preis: Ab 10 € inkl. Entsorgung, WC, 2,70 m breiter Streifen Aufenthaltsfläche. Strom 1 €/2 kWh, Wasser 0,90 €/l. Bezahlung am Parkscheinautomat oder per App.
Kontakt: Büdinger Tourismus und Marketing GmbH, ☎ 06042/96370, mail@buedingen.info, www.buedingen.info.

Anfahrt: Zufahrt über den Freibad-Parkplatz.
Distanz: Ⓗ 0,1 km, 1 km, 1 km, 1 km.
Gastro: Mehrere Restaurants in der Altstadt 1 km.
Freizeit: Stadt- und Nachtwächterführungen, Minigolf 1 km.
POI: Historisches Stadtzentrum 1 km, Schloss Büdingen 1 km, Jerusalemer Tor 1,5 km.

77815 Bühl — gratis — <10 m

Erlebnis-Imkerei Cum Natura, Am Froschbächle 17, ☎ 07223/951150 Auf dem Hof hinter dem Haus der Imkerei

POS: 48°42'26.65"N/8°7'55.41"E, Karte D13 (S. 16), D2
Platz: = 8 auf Schotterrasen. Aufenthalt max. 48 h. Ganzjährig geöffnet.
Preis: Übernachtung gratis.
Kontakt: ☎ 07223/951150, info@cumnatura.de, imkergut.de.
Distanz: 0,5 km, 1,5 km.
Gastro: Probierproben. Verkaufsladen mit Imkereiprodukten (Honig, Propolis-Produkte, Gelée Royale). Kaffee zu den Öffnungszeiten.
Freizeit: Honig- und Bienenprodukte mit Kostproben.

77815 Bühl — gratis — <10 m

Wohnmobilstellplatz am Schwarzwaldbad, Ludwig-Jahn-Straße 8, ☎ 07223/935331 Auf dem Parkplatz b eim Hallen- und Freibad

POS: 48°41'18.48"N/8°7'47.19"E, Karte D13 (S. 16), D2
Platz: = 15 auf Schotter, Asphalt. Anfahrt 24 h. Hinweis: Ende 2022 entsteht in unmittelbarer Nähe ein neuer Platz, der den bestehenden Platz ersetzt. Weitere Infos hierzu siehe Website. Ganzjährig geöffnet.
Preis: Übernachtung gratis.
Kontakt: Tourist-Information Bühl, Bianca Lang, ☎ 07223/935331, tourist.info@buehl.de, www.buehl.de.
Distanz: Ⓗ 0,1 km, 0,5 km, 0,5 km, 1 km.
Freizeit: 2 km. Radwandern, Besichtigungen, Wintersport 15 km.
POI: Stadtpfarrkirche St. Peter und Paul sowie Barockkirche Kappelwindeck 1 km, Burgruine Alt-Windeck 4 km, Gertelbach-Wasserfälle 8 km.

77815 Bühl-Eisental — gratis — <12 m

Wohnmobilstellplatz bei der Affentaler Winzergenossenschaft, Betschgräblerplatz, ☎ 07223/98980 Am Fuße des Bühler Reblandes, direkt am Winzerbetrieb

POS: 48°42'35.07"N/8°8'53.36"E, Karte D13 (S. 16), D2
Platz: P = 2 auf Asphalt. Vinothek. Ganzjährig geöffnet.
Preis: Übernachtung gratis.
Kontakt: Affentaler Winzer eG, Nicole Kist, ☎ 07223/98980, info@affentaler.de, www.affentaler.de.
Distanz: Ⓗ 0,1 km, 0,4 km, 2 km, 2 km, B 3 km.
Gastro: Gasthaus Rebstock.
Freizeit: Weinprobe oder Wein-Event, Keller- und Weinbergführungen.
POI: Stadtpfarrkirche St. Peter und Paul sowie Barockkirche Kappelwindeck, Gertelbach-Wasserfälle, Burgwindeck 3 km, Hornisgrinde 12 km, Schwarzwald/Mumelsee 12 km.

77815 Bühl-Unterstmatt — €14,00 — <12 m

Stellplatz beim Ski- und Wanderheim Ochsenstall, Hundsrücken 1, ☎ +497(0)226920911 Auf der in 1036 m Höhe liegenden, bewirtschafteten Hütte im Nordschwarzwald

POS: 48°36'58.41"N/8°12'39.85"E, Karte D13 (S. 16), D2
Platz: = 3 auf Schotter. WC. Waschmaschine/Trockner. B Aufenthalt min. 2 Tage. Die Hütte ist von Di-So täglich ab 11:00 Uhr geöffnet. Geöffnet: Mai-15.11.
Preis: 14 € inkl. Wasser, Dusche, WC. Strom 3 €, Kurtaxe (ab 16 J.) 2 €/Pers.
Kontakt: Ralf Peplau, ☎ +497(0)226920911, info@wanderheim-ochsenstall.de, www.wanderheim-ochsenstall.de.
Distanz: 0 km, 14 km.
Gastro: Gasthaus Ochsenstall mit Biergarten.
Freizeit: Mountainbiken, Ausgewiesene Wanderwege (direkt am Westweg und Europäischen Fernwanderweg E1).
POI: Hornisgrinde, Mummelsee.

37127 Bühren — €5,00 — >12 m

Stellplatz Bühren, Im Teiche/Alter Festplatz, ☎ 0160/7529135 Separater Übernachtungsplatz an einem Bachlauf

POS: 51°29'0.58"N/9°40'27.79"E, Karte D6 (S. 9), G4
Platz: = 30, = 10 (<20 m) auf Naturboden, Wiese, Schotterrasen. CHEM GRAU. VE 0,5 km entfernt an der linken Hofseite des Gebäudes, Grund 9/11. Nach längerem Regen ist der Platz teils matschig. Ganzjährig geöffnet.
Preis: 5 € inkl. Wasser, Entsorgung, Kurtaxe.
Kontakt: Enno Fischer, ☎ 0160/7529135, Mobil: 0170/8470482, efischer66@web.de, www.buehren.de.
Distanz: 0,3 km, Ⓗ 0,3 km, 6 km, 6 km, weitere Restaurants in 6 km Entfernung.
Freizeit: 7 km. Geführte Wanderungen, Wanderweg B1.
POI: Kulturpfad Bühren 0,1 km, Schedequelle 0,5 km, Dorfkirche 0,5 km, Gaußturm 7 km.

26831 Bunde — €3,00 — <8 m

Parkplatz am Hallenbad/Sportanlage Mölenland, Kellingwold, ☎ 04953/80947 Ebene, befestigte Fläche auf dem Großparkplatz

POS: 53°11'12.54"N/7°16'27.27"E, Karte D1 (S. 4), C5
Platz: = 10 auf Pflaster, Asphalt. B nur bei Gruppen. WC/Duschen zu den Hallenbad-Öffnungszeiten. Ganzjährig geöffnet.
Preis: 3 € inkl. aller Personen.
Kontakt: Gemeinde Bunde, Touristinformation, ☎ 04953/80947, touristik@gemeinde-bunde.de, www.gemeinde-bunde.de.
Distanz: Ⓗ 0,2 km, 0,5 km, 0,5 km, 0,5 km.
Gastro: Kiosk. Morgens Brötchen im Mölenland-Bad Café. Restaurants im Ort. Imbiss.
Freizeit: 0,1 km. Schwimmen, Radwandern, Wandern.
POI: Holländer-Galerie-Windmühle 0,3 km, Romanische Kirche 0,3 km, Natur- und Kulturpark/Dollartmuseum 0,5 km, Steinhaus 3 km.

26831 Bunde — €3,00 — <10 m

Stellplatz am Friedhofsweg, Friedhofsweg, ☎ 04953/80947 Auf dem öffentlichen Parkplatz bei der Kirche im Ortskern

POS: 53°11'6.14"N/7°16'1.23"E, Karte D1 (S. 4), C5
Platz: P = 15 auf Rasengittersteinen. CHEM, B nur bei Gruppen. Ganzjährig geöffnet. Ausnahmen: Platz 14 Tage vor und an Pfingsten gesperrt, Alternativplatz am Mölenlandbad (ohne VE).
Preis: 3 €. Strom 0,60 €/kWh, Wasser 0,50 €, Entsorgung 0,50 €.
Kontakt: Gemeinde Bunde/Touristeninformation, ☎ 04953/80947, touristik@gemeinde-bunde.de, www.gemeinde-bunde.de.
Distanz: Ⓗ 0,1 km, 0,4 km, 0,4 km, 0,5 km.
Gastro: Mehrere Restaurants im Ort.
Freizeit: 0,5 km, 1,5 km. Angeln, Radwandern auf der internationalen Dollard-Route, Reithalle Bunderhee 3 km, Thermalbad Neuschanz in Holland 4 km.
POI: Reisemobitreffen, romanische Kirche aus dem 13. Jh. 0,2 km, Museum Natur-/Kulturpark Dollart 0,5 km, Holländer-Galerie-Windmühle 0,5 km, Steinhaus 3 km.

26831 Bunde-Ditzumverlaat — €5,00 — <8 m

Freizeitgelände Ditzumerverlaat, Denkmalstraße, ☎ 04953/80947 Entlang des Ditzumer Sieltiefs, direkt an der Internationalen Dollartroute

POS: 53°15'37.81"N/7°16'3.71"E, Karte D1 (S. 4), C5
Platz: = 15 auf Pflaster, Rasengittersteinen. =8 CHEM. B nur bei Gruppen. Ganzjährig geöffnet. Ausnahmen: Sperrung eine Woche nach Pfingsten.
Preis: 5 € inkl. Strom, Kurtaxe. Wasser 0,50 €, Entsorgung 0,50 €. Barzahlung beim Platzwart.
Kontakt: Gemeinde Bunde, ☎ 04953/80947, touristik@gemeinde-bunde.de, www.gemeinde-bunde.de.
Distanz: 0,1 km, Ⓗ 0,1 km, 0,1 km, 10 km.
Gastro: Nächstes Restaurant in Bunde 8 km. Bäckerei und Lebensmittelladen direkt vor Ort.
Freizeit: 10 km, 0,5 km. Angeln, Segeln, Paddel-

B

und Pedal-Verleihstation, Wandern, Surfen, Radwandern, Störtebekerdiplom, Diplomboßeln in den Sommermonaten.
POI: Wasserschöpfmühle von 1804 am Wynhamster Kolk 1,2 km, Meerbusen Dollart 4 km.

32257 Bünde — gratis — <10m

Stellplatz am Stadtgarten, Sedanstraße, ☎ 05223/161389
Zentrumsnahe und ruhige Lage

2022 geprüft

POS: 52°11'56.99"N/8°35'28.72"E, Karte D6 (S. 9), E3
Platz: = 5 auf Pflaster. Aufenthalt max. 3 Nächte. Ganzjährig geöffnet.
Preis: Übernachtung gratis.
Kontakt: Stadtmarketing Stadt Bünde, Miriam Dröge, ☎ 05223/161389, m.droege@buende.de, www.buende.de.
Distanz: 0,1 km, Ⓗ 0,2 km, 0,5 km, 1 km, 2,1 km (Aral-Tankstelle, Herforder Straße 147/151, 32257 Bünde).
Gastro: Restaurant Delphi.
Freizeit: 1 km, 3,2 km. Idealer Ausgangspunkt für Radtouren 1,6 km.
POI: Deutsches Tabak- und Zigarrenmuseum 0,8 km, Heimatmuseum 0,8 km, Dobergmuseum 0,8 km, geologisches Naturdenkmal Doberg 2,8 km.

33142 Büren — gratis — <10m

Stellplatz am Freibad, Fürstenberger Straße 1a, ☎ 02951/970204
In zentraler Lage

POS: 51°32'59.28"N/8°33'50.12"E, Karte D6 (S. 9), E4
Platz: = 8 auf Schotterrasen. =8 CHEM. Ganzjährig geöffnet.
Preis: Übernachtung gratis inkl. WLAN. Strom 1 €/8 h, Entsorgung 1 €.
Kontakt: Stadt Büren, ☎ 02951/970204, wandern@bueren.de, www.tourismus-in-bueren.de.
Distanz: , 0,2 km, Ⓗ 0,5 km, 0,5 km.
Freizeit: 0,2 km, 1 km. Stadtbesichtigung.
POI: Burgruine Ringelstein, Almeauen-Bürgerpark, barocke Jesuitenkirche 0,5 km, Büren-Harth 9 km, Museum Wewelsburg 1933-1945 Erinnerungs- und Gedenkstätte 9 km, Paderborn 17 km.

33142 Büren — gratis — <6m

Stellplatz Wewelsburg, Niederhagen, ☎ 02951/970204 Vor dem Tennisplatz außerhalb der Ortschaft

POS: 51°36'39.82"N/8°39'24.55"E, Karte D6 (S. 9), E4
Platz: = 4 auf Asphalt. Parkplatz wird auch von Tennisplatz-Besuchern genutzt. Ganzjährig geöffnet.
Preis: Übernachtung gratis.
Kontakt: Stadt Büren, ☎ 02951/970204, wandern@bueren.de, www.tourismus-in-bueren.de.
Distanz: 0,1 km, Ⓗ 0,4 km, 0,5 km, 1 km.
Gastro: Zum Burgfrieden.
Freizeit: 12 km, 12 km. Stadt/Burgbesichtigungen.
POI: Wewelsburg, Gut Holthausen, Paderborner Dom, Burgruine Ringelstein, Almeauen-Bürgerpark, Stadt Büren 9,2 km, Jesuitenkirche in Büren 12 km, Paderborn 15 km.

03096 Burg/Spreewald — €30,00 — <8m

Landgasthof Zur Wildbahn, Wildbahnweg 20, ☎ 035603/293
Beim Gasthof mit Kahnanlegestelle

POS: 51°51'3.95"N/14°5'38.44"E, Karte D8 (S. 11), G3
Platz: = 5 auf Asphalt, Rasengittersteinen. GRAU. Paddelboot-Verleih. Ankunft 14:00-17:00 Uhr. Ganzjährig geöffnet.
Preis: 30 € inkl. Strom, Wasser, Dusche, WC. Jede weitere Pers. 3 €, Kurtaxe 2 €/Pers.
Kontakt: ☎ 035603/293, post@zurwildbahn.de, www.zurwildbahn.de.
Distanz: , Ⓗ 1 km, 4 km, 6 km.
Gastro: Gaststätte, Mo-Fr 17:00-21:00 Uhr, Sa-So 12:00-21:00 Uhr, Frühstück auf Anfrage.
Freizeit: 4 km. Kahnfahrt durch das Biosphärenreservat Spreewald, Spreewaldtherme 4 km.
POI: Bismarckturm 4 km, Schinkelkirche 6 km, Spreewald-Museumsdorf Lehde 12 km.

03096 Burg/Spreewald — €10,00 — <8m — neu

Wohnmobilstellplatz an der Weidenburg, Fasanenweg, ☎ 035603/750160
Im Biosphärenreservat am Ortsrand von Burg im Spreewald

2022 geprüft

POS: 51°50'49.29"N/14°9'16.19"E, Karte D8 (S. 11), G3
Platz: = 10 auf Schotter, Sand/Splitt. WC. Aufenthalt max. 48.h. Ganzjährig geöffnet. Ausnahme: 2.6.-7.6.
Preis: 10 €. Kurtaxe 2 €/Pers.
Kontakt: Touristinfo Burg im Spreewald, ☎ 035603/750160, info@burgimspreewald.de, www.burgimspreewald.de.
Distanz: 1 km, weitere Restaurants in 5 km, 1,2 km.
Freizeit: 3 km. Natur-Erlebnis-Uhr, Wandertouren, Spreeradweg, Wasserwandern, Kahnfahrten in den Fliessen 1 km, Spreewald Therme 3 km.
POI: Biosphärenreservat Spreewald, Kräutergarten Kräuterey 0,1 km, Bismarckturm 0,3 km.

91593 Burgbernheim — gratis — <8m

Wohnmobilplatz Im Gründlein, Im Gründlein, ☎ 09843/3090
In der Grünanlage hinter dem Freibad am Ortsrand

POS: 49°26'47.00"N/10°19'7.00"E, Karte D10 (S. 13), H5
Platz: = 12 auf Rasengittersteinen. =10 (16 A) CHEM GRAU. Aufenthalt max. 1 Woche. Nachtruhe ab 22:00 Uhr. Ganzjährig geöffnet.
Preis: Übernachtung gratis. Strom 1,50 €/kWh, Wasser 0,50 €/60 l. Münzeinwurf an der Wassersäule. Bitte Spendenbox beachten, Fremdenverkehrsbeitrag auf freiwilliger Basis 0,75 €/Pers.
Kontakt: Stadt Burgbernheim, ☎ 09843/3090, tourist@burgbernheim.de, www.burgbernheim.de.
Distanz: Ⓗ 0,4 km, 0,5 km, weitere Restaurants in 0,8 km, 0,6 km, 0,7 km.
Gastro: Biergarten in unmittelbarer Nähe.
Freizeit: 0,1 km, 10 km, 0,4 km. Skilanglauf, Vogelwanderung, Wandern auf dem Natur- und Erlebnispfad, Wintersport, Minigolf und Irrgarten 0,1 km, Skilift 0,4 km.
POI: Ehemalige Wehrkirchenanlage 0,7 km, Rathaus 0,8 km.

54472 Burgen — €15,00 — <8m

Weingut Bohn-Leimbrock, Lindenstraße 6, ☎ 06534/383 Hinter dem Weingut inmitten von Obstbäumen

POS: 49°52'45.81"N/7°0'2.28"E, Karte D9 (S. 12), B3
Platz: = 4 auf Wiese, Schotter. =2 WC. Leinenpflicht für Hunde. Ganzjährig geöffnet.
Preis: 15 € inkl. Strom, Wasser, Dusche, WC.
Kontakt: Annette Leimbrock-Debus, ☎ 06534/383, annette@keller-leimbrock.de, www.bohn-leimbrock.de.
Distanz: 0,2 km, Ⓗ 0,2 km, 0,2 km, weitere Restaurants in 0,6 km, 4 km.
Freizeit: 12 km, 12 km, 6 km. Weinlagenrundgang, Weinprobe, Führung durch den Weinkeller, Weinbergwanderung.
POI: Ruine Veldenz 2 km, Ruine Landshut, Weinmuseum Bernkastel-Kues 12 km.

54472 Burgen — €8,00 — <10m

Weingut Gorges-Müller, Am Frohnbach 11, ☎ 06534/8299
Am Ortsrand direkt am Frohnbach

POS: 49°52'46.07"N/6°59'54.63"E, Karte D9 (S. 12), B3
Platz: = 2 auf Wiese, Pflaster. Ganzjährig geöffnet.

Preis: 8 € inkl. Strom, Wasser.
Kontakt: Familie Müller, ☎ 06534/8299, info@weingut-gorges-mueller.de, weingut-gorges-mueller.de.
Distanz: 0,2 km, 0,2 km, 0,4 km.
Freizeit: Wandern, Radfahren auf dem Moselradweg.

56332 Burgen/Mosel — €15,50 — <10m

KNAUS Campingpark Burgen/Mosel, Am Bootshafen (an der B49), ☎ **02605/952176** Zwischen Mosel und Straße mit einzelnen großen Bäumen

POS: 50°12'16.21"N/7°22'51.61"E, Karte D9 (S. 12), C3
Platz: P = 12 auf Schotterrasen. =12 (16 A) WC CHEM GRAU. Geöffnet: 31.3.-15.10.
Preis: 15,50 € inkl. Wasser, Entsorgung, Müll-Entsorgung, WLAN, Hund. Strom 1 €/kWh, Dusche 0,40 €/min, WC 5 €, Kurtaxe /Pers.
Kontakt: Helmut Knaus KG Campingparks, ☎ 02605/952176, mosel@knauscamp.de, www.knauscamp.de/mosel-burgen.
Distanz: 0 km, weitere Restaurants in 0,5 km, , 0,5 km, 7 km.
Gastro: Bistro am Bootshafen.
Freizeit: Kanu fahren, Wasserski, Angeln, Wild-/Freizeitpark Klotten/Cochem 20 km.
POI: Burg Eltz 10 km, Vulkanpark Mayen 25 km, Deutsches Eck Koblenz 30 km.

86977 Burggen — gratis — <8m

Gaststätte Fichtl, Auf der Burg 12, ☎ **08860/283** Im Hof der Gaststätte mit Alpen- und Zugspitzblick

POS: 47°47'4.12"N/10°49'5.12"E, Karte D15 (S. 18), B4
Platz: = 4 auf Asphalt. CHEM GRAU.
Preis: Für Restaurantgäste kostenlos, inkl. Wasser, Entsorgung. Einkehr obligatorisch. Strom nach Verbrauch.
Kontakt: Familie Meixner, ☎ 08860/283, Mobil: 0171/6204985, haus-fichtl@t-online.de, www.gasthaus-fichtl.de.
Distanz: 0 km, 0,7 km.
Gastro: Biergarten, geöffnet Fr, Sa, So.
Freizeit: Schlossbesichtigungen, Wanderungen.
POI: Schloss Linderhof, Schloss Neuschwanstein und Hohenschwangau, Oberammergau, Wieskirche.

96152 Burghaslach-Gleißenberg — €15,00 — >12m

Kempe's Autohof, An der Eichelfahrt 1, ☎ **09552/9309415** Vor dem Restaurant, abseits der Straße

POS: 49°44'23.00"N/10°38'10.59"E, Karte D11 (S. 14), A4
Platz: / = 30 auf Wiese. . Ganzjährig geöffnet.
Preis: 15 €. Dusche 3 €, WC 0,50 €. 10 € werden auf den Verzehr im Restaurant angerechnet.
Kontakt: Gabriele Kranz, ☎ 09552/9309415, burghaslach@kempes-autohof.de, www.kempes-autohof.de.
Distanz: , weitere Restaurants in 1 km, 1 km, 3 km, 4,2 km (Parkplatz Bamberger Straße, 96132 Schlüsselfeld).

Gastro: Frische Backwaren und Kaffee im Tankstellen-Bistro rund um die Uhr. Pizza und Snacks an der Tankstelle täglich 24 Stunden, warme Küche Mo-Fr 16:00-22:00 Uhr, Sa 9:00-15:00 Uhr, So/Feiertag 11:00-15:00 Uhr.
Freizeit: 1,5 km. Wander-/Radwegenetz Steigerwald, Freizeitland Geiselwind 10 km, Golfplatz 10 km.
POI: Schloss Pommersfelden 10 km.

96152 Burghaslach-Oberrimbach — €15,00 — >12m

Hotel-Restaurant Steigerwaldhaus, Oberrimbach 2, ☎ **09552/92390** Auf dem Hotelparkplatz oder einer Grünfläche in ruhiger Lage

POS: 49°43'43.24"N/10°32'25.39"E, Karte D11 (S. 14), A4
Platz: = 6, = 2 (<18 m) auf Wiese, Schotter, Asphalt. =6 WC . Ladestation, Leinenpflicht für Hunde. Reservierung wird empfohlen. Ankunft 8:00-22:00 Uhr. Hunde im Restaurant nicht erlaubt. Nächste VE in Aschbach (14 km). Ganzjährig geöffnet. Ausnahmen: im Jan und Aug teilweise geschlossen.
Preis: 15 € inkl. Wasser, WC, Kurtaxe, WLAN. Strom ab 6 €, Dusche 4 €/Pers., Müll-Entsorgung ab 5 €. Bei Verzehr 10 € Stellplatzgebühr.
Kontakt: Landhotel Steigerwaldhaus, Martin Klein, ☎ 09552/92390, Steigerwaldhaus@t-online.de, www.steigerwaldhaus.de.
Distanz: 0 km, 0,3 km, 4 km, 4 km, 14 km.
Gastro: Am Platz, warme Küche Mi-So 18:00-21:00 Uhr, Sa, So+Feiertag zusätzlich 11:30-14:00 Uhr. Frühstücksservice.
Freizeit: 4 km, 10 km. Pool, Tischtennis, Trampolin, Wanderwege, Klettergarten 9 km, Freizeitpark Geiselwind 9 km, Sommer- und Winterrodelbahn 12 km.
POI: Schloss Schwarzenberg 10 km, Schloss Pommersfelden und Spielzeugmuseum Uffenheim 20 km, Freilandmuseum Bad Winsheim 25 km.

36151 Burghaun — gratis — <8m

Wohnmobilstellplatz an der Weiheranlage, Oberste Straße, ☎ **06652/960117** Am Parkplatz der Naherholungsanlage Weiher

POS: 50°41'30.03"N/9°43'55.50"E, Karte D10 (S. 13), G1
Platz: P = 3 auf Asphalt. =4 WC CHEM . Ganzjährig geöffnet.
Preis: Übernachtung gratis inkl. Entsorgung. Strom 0,50 €/kWh, Wasser 1 €/100 l.
Kontakt: Marktgemeinde Burghaun, ☎ 06652/960117, info@burghaun.de, www.burghaun.de.
Distanz: 0 km, weitere Restaurants in 1 km, 0,1 km, 0,2 km, 0,5 km.
Gastro: Kiosk am Platz (Apr-Okt), Mo-Sa 12:00-17:00 Uhr, So Ruhetag. Biergarten (Apr-Okt), Mo-Sa 17:00-20:00 Uhr, So 12:00-20:00 Uhr. Historischer Eisenbahnwaggon 2 km.
Freizeit: 6 km, 6 km, 5 km. Ruder-/Tretbootverleih, Wandern, Kneippanlage, Radfahren, Wasserspielplatz, Ausflüge in der Rhön, Kegelspielradweg 1,7 km.
POI: Herrenhaus im Schlosshof und Barock-Kirchen in Burghaun 1 km, Galerie Liebau 2 km, Salzbom Rothenkirchen 5 km.

84489 Burghausen — €10,00 — <12m

Wohnmobilstellplatz am Grillplatz, Berghamer Straße 1, ☎ **08677/887140** Am Waldpark

POS: 48°9'16.00"N/12°48'32.00"E, Karte D16 (S. 19), E3
Platz: P = 18 auf Schotterrasen. =4 WC CHEM GRAU. Aufenthalt max. 7 Tage. Anmeldung am Parkautomaten oder im Bürgerhaus, Marktler Str. 15a, Tel.: 08677/97400. Außerhalb der Öffnungszeiten Anmeldung im Bürgerhaus-Café. Ganzjährig geöffnet.
Preis: 10 € inkl. WC. Strom 0,50 €/kWh, Wasser 1 €, Dusche 0,50 €/Pers. WC-Schlüssel im Bürgerhaus gegen Kaution. VE gegen Münzeinwurf.
Kontakt: Burghauser Touristik GmbH, ☎ 08677/887140, info@visit-burghausen.com, www.visit-burghausen.com.
Distanz: 0,4 km, 0,8 km, 1,5 km, 2 km.
Gastro: Große Auswahl im Stadtgebiet und in der Altstadt.
Freizeit: 2,5 km, 2,5 km, 1 km. Burgführung, Plättenfahrt auf der Salzach, Stadtführung, Wöhrsee-Badeanstalt 2,5 km.
POI: Weltlängste Burg 3 km, denkmalgeschützte Altstadt 3 km, Kloster Raithenhaslach 5 km.

84508 Burgkirchen/Alz — €18,00 — <12m

Peterhof, Peterhof 24, ☎ **08679/6265** Im Obstgarten und im Innenhof des Ackerbaubetriebs in Alleinlage außerhalb der Ortschaft

POS: 48°9'5.58"N/12°44'59.80"E, Karte D16 (S. 19), E3
Platz: / = 3 auf Wiese, Asphalt, Pflaster. =3 (16 A) WC . Waschmaschine. Ankunft 8:00-18:00 Uhr oder nach Vereinbarung. Ganzjährig geöffnet.
Preis: 18 € inkl. Wasser, Dusche, WC, Müll-Entsorgung. Jede weitere Pers. 5 €, Strom 0,60 €/kWh, WLAN 1 €/Tag.
Kontakt: Familie Glöcklhofer, ☎ 08679/6265, rupert.gloecklhofer@t-online.de, www.peterhof-gloecklhofer.de.
Distanz: 1 km, 2 km, 3 km, 3 km.
Gastro: Brötchenservice am Hof.
Freizeit: 3 km, 8 km. 4 Alpakas auf der Weide, Sportpark Castello 3 km, Golfplatz und Kartbahn 12 km, Angeln mit Angelschein 15 km.
POI: Längste Burg der Welt 8 km, Wallfahrtsort Altötting 12 km.

Vor der Anreise empfehlen wir, Kontakt mit dem Betreiber aufzunehmen, um die Auslastung des Stellplatzes abzufragen.

B

96224 Burgkunstadt gratis

Am Festplatz, Alter Postweg, ☎ 09572/38813 <8 m
Auf dem Festplatz

2021 geprüft E

POS: 50°8'22.55"N/11°14'58.99"E, Karte D11 (S. 14), B3
Platz: P = 5 auf Sand/Splitt. Aufenthalt max. 48 h. Ganzjährig geöffnet.
Preis: Übernachtung gratis.
Kontakt: Stadt Burgkunstadt, ☎ 09572/38813, rathaus@burgkunstadt.de, www.burgkunstadt.de.
Distanz: 0,1 km, 0,2 km, weitere Restaurants in 0,5 km, E 0,4 km (Agip-Tankstelle, In der Au 1, 96224 Burgkunstadt), 0,5 km.
Freizeit: 1 km, 1 km. Bowlinganlage, Angeln, In- und Outdoor-Minigolfanlage, Reiten, Freibad Kunomare, Stadtbesichtigung, Reitgelände Theisau 3 km.
POI: Deutsches Schustermuseum, Stadtpfarrkirche St. Heinrich und Kunigunde, Marktplatz mit Fachwerkrathaus 1 km, jüdischer Friedhof 2,5 km, Plassenburg Kulmbach 18 km, Basilika Vierzehnheiligen und Kloster Banz 20 km.

93133 Burglengenfeld gratis

Wohnmobilstellplatz am Volksfestplatz, Friedhofstraße 40-48, ☎ 09471/171820 <10 m
Längsparkplätze in zentraler Lage an der Naab

2021 geprüft E

POS: 49°12'30.80"N/12°2'6.10"E, Karte D11 (S. 14), C5
Platz: P / = 3 auf Asphalt. CHEM GRAU. Aufenthalt max. 14 Tage. Ganzjährig geöffnet.
Preis: Übernachtung gratis inkl. Wasser, Entsorgung. Strom 1 €/kWh.
Kontakt: ☎ 09471/171820, 09471/992211, urlaub@burglengenfeld.de, www.burglengenfeld.de.
Distanz: Ⓗ 0,2 km, 0,4 km, 0,5 km, 0,7 km.
Gastro: Gasthof zum Burgblick.
Freizeit: 4,7 km, 4,7 km, 2 km. Naabtalradweg, Wanderungen, Angeln, Wild- und Freizeitpark Höllohe/Teublitz 6,6 km.
POI: Historischer Marktplatz mit alter Stadtmauer 0,7 km, Burg 2 km, Kallmünz 8,5 km.

63927 Bürgstadt gratis

Wohnmobilstellplatz Bürgstadt, Josef-Ullrich-Straße (alte Festhalle), ☎ 09371/97380 <12 m
Teilweise überdachter Bereich an der alten Festhalle

2021 geprüft E

POS: 49°42'47.65"N/9°15'49.88"E, Karte D10 (S. 13), F4
Platz: P = 25 auf Asphalt. =12 (16 A) CHEM GRAU. Leinenpflicht für Hunde. Aufenthalt max. 6 Nächte. Öffentliches WC an der Radweg-Station in 0,2 km. Ganzjährig geöffnet.
Preis: Übernachtung gratis inkl. Entsorgung. Strom 1 €/3 h, Wasser 1 €/2 min oder 1 €/40 l.
Kontakt: Tourist-Info, ☎ 09371/97380, poststelle@buergstadt.de, www.buergstadt.de.
Distanz: 0,2 km, 0,5 km, 0,5 km.
Freizeit: 1 km, 1 km, 1 km. Schifffahrten auf dem Main, Nordic Walking.
POI: Rathaus, Ringwall, Ruine der Centgrafenkapelle, alte Pfarrkirche St. Margareta, Martinskapelle mit berühmten Wand- und Deckenmalereien 0,5 km.

76835 Burrweiler €6,00

Weingut Diether Bauer, Weinstraße 52, ☎ 06345/1813 <10 m
Beim Weingut am Ortsrand mit Blick in die Rheinebene und den Pfälzer Wald

POS: 49°14'44.89"N/8°4'16.65"E, Karte D9 (S. 12), D5
Platz: = 3, = 3 (<10 m) auf Pflaster. WC. Ganzjährig geöffnet.
Preis: 6 € inkl. Strom, Wasser, WC.
Kontakt: Herr Diether Bauer, ☎ 06345/1813.
Distanz: 0,3 km, 0,3 km, 0,3 km, Ⓗ 0,5 km.
Gastro: Mehrere Speiselokale im Ort.
Freizeit: 3 km, 7 km. Weinprobe, Wandern im Pfälzer Wald, Subtropischer Pflanzenwuchs im Park 1 km, Zoo 7 km, Holiday-Park Haßloch 15 km.
POI: Wallfahrtskapelle 2 km, historische Walddusche 4 km, Hambacher Schloss 12 km, Burg Trifels 20 km.

76835 Burrweiler €9,00

Weingut-Gästehaus Hermann Eberle, Böchinger Straße 3, ☎ 06345/919245 <12 m
Mitten in den Weinbergen

POS: 49°14'48.43"N/8°4'51.06"E, Karte D9 (S. 12), D5
Platz: = 3, = 2 (<12 m) auf Pflaster, Schotterrasen. WC GRAU R Ankunft ab 13:00 Uhr, Abreise bis 12:00 Uhr, späteste Ankunft 21:00 Uhr. WC nur tagsüber zugänglich. Ganzjährig geöffnet.
Preis: 9 € inkl. Strom, Wasser, WC, Kurtaxe.
Kontakt: Hermann Eberle, ☎ 06345/919245, info@weingut-eberle.de, www.weingut-eberle.de.
Distanz: 0,1 km, 0,2 km, 0,2 km, Ⓗ 0,3 km.
Gastro: Mehrere Restaurants im Ort 0,5 km.
Freizeit: 3 km, 8 km, 6 km. Weinprobe, Betriebsbesichtigung, Boulebahn am Weingut, Burgen, Schlösser, Kapellen, Zoo in Landau 7 km, Holiday-Park Haßloch 15 km.
POI: Wallfahrtskapelle 2 km, Villa Ludwigshöhe 4 km, Hambacher Schloss 12 km, Burg Trifels 15 km, Speyerer Dom 25 km.

24866 Busdorf €5,00

Autohof Wikingerland, Wittgenstein 2, ☎ 04621/30310 <10 m
An der Shell-Rastanlage Wikingerland

POS: 54°28'37.27"N/9°32'37.89"E, Karte D2 (S. 5), G2
Platz: P / = 6 auf Pflaster. WC CHEM. Längere Mobile dürfen auf den Lkw-Plätzen stehen. Auto-/Erdgastankstelle am Platz. Ganzjährig geöffnet.
Preis: 5 € inkl. WC. Wasser 1 €, Entsorgung 1 €, Dusche 2,50 €. Inkl. 5 € Verzehrgutschein für Restaurant und Shop.
Kontakt: Herr Baumgart, ☎ 04621/30310, info@autohof-wikingerland.de, www.autohof-wikingerland.de.
Distanz: Ⓗ 0,1 km, 3 km, 5 km.
Gastro: Burger King. Frühstücksservice. Restaurant am Platz, durchgehend warme Küche.
Freizeit: 5 km, 3 km, 3 km.
POI: Dom 5 km, Besichtigung des Wikingermuseums mit Wikingerdorf 5 km, Keltenstadt Schleswig mit Schloss 5 km.

25761 Büsum €15,00

Wohnmobilpark Büsum, Dr.-Martin-Bahr-Straße 5, ☎ 04834/9192 <12 m
Am Büsumer Hafen, neben dem Science-Center Phänomania

2022 geprüft E

POS: 54°7'44.09"N/8°52'7.91"E, Karte D2 (S. 5), F3
Platz: P = 120 auf Schotterrasen. =150 (4 A) WC CHEM GRAU. WC/Duschen gegen Gebühr zu den Imbiss-Öffnungszeiten. Ganzjährig geöffnet.
Preis: 15 € inkl. Strom, Entsorgung, WLAN, Müll-Entsorgnung. Wasser 1 €/50 l oder 0,20 €/10 l, Dusche 1 €/Pers., WC 0,50 €, Kurtaxe (ab 18 J.) 3 €/Pers. Gästekarte (ab 18 J.) Mai-Okt 3 €/Pers., Nov-Apr 1,50 €/Pers. Bezahlung Stellplatzgebühren am Kassenautomat, Kurtaxe im Blockhaus.
Kontakt: WMV BÜSUM GbR, Sven Clausen, ☎ 04834/9192, info@wmv-buesum.de, www.wohnmobiluebernachtungsplatz.de.
Distanz: , weitere Restaurants in 0,3 km, Ⓗ 0,1 km, 0,5 km, 1 km.
Gastro: Imbiss und mehrere Restaurants in der Nähe.
Freizeit: 1 km, 0,8 km. Helgolandfahrten, Wellness-Oase im Vitamaris, Kurkonzerte und diverse Veranstaltungen, Wattlaufen, Kiten, Outdoorkartbahn 0,3 km, Minigolf 0,7 km, Freizeitbad Meerzeit 1 km, Museum 1 km, Hundeauslaufplatz (Rechenmeisterweg) 1,8 km, Hundestrand 2,2 km.
POI: Erlebniszentrum Phänomania 0,1 km, Leuchtturm 1,8 km.

B

26969 Butjadingen-Fedderwardersiel €15,00

<10m

Familie Henken's Reisemobilhafen, Lagunenweg 1, ☎ 04733/1552
Auf dem Außendeichgelände zwischen Fischkutter- und Yachthafen

POS: 53°35'44.25"N/8°21'27.06"E, Karte D2 (S.5), E4
Platz: = 80 auf Schotterrasen, Wiese. =48 (6 A) CHEM GRAU . Gasversorgung. wird empfohlen. Strom muss durch Platzwart an- und abgeklemmt werden. Es wird empfohlen, im Frühjahr/Herbst anzurufen, ob der Platz geöffnet ist. Geöffnet: 1.3.-31.10.
Preis: 15 € inkl. Entsorgung, Müll-Entsorgung, WLAN. Strom 3 €/Tag, Wasser 0,10 €/10 l, Kurtaxe (ab 13 J.) 2,85 €/Pers., Kurtaxe (3-12 J.) 1,95 €/Pers.
Kontakt: Dirk Henken, ☎ 04733/1552, info@reisemobil-hafen.de, www.reisemobil-hafen.de.
Distanz: 0 km, 0,1 km, weitere Restaurants in 0,2 km, 0,1 km, Ⓗ 0,2 km.
Gastro: Restaurant Nordseeblick, Havenhuus und Fischerklause. Drei Imbisse.
Freizeit: 2 km, 11 km. Geführte Wattwanderungen, Ausflüge mit dem Schiff, Nordseestrand 0,1 km.
POI: Nationalpark-Haus und Museum, Fischerhafen 0,1 km, Deutsches Schifffahrtsmuseum Bremerhaven 16 km.

26969 Butjadingen-Fedderwardersiel €14,00

<10m

Wohnmobilhafen Butjadinger Yachtclub, Lagunenweg 1, ☎ 0162/7329505
Hinter dem kleinen Yachthafen

POS: 53°35'36.15"N/8°21'33.04"E, Karte D2 (S.5), E4
Platz: P = 45 auf Wiese. WC CHEM GRAU . Keine Reservierung möglich. Abreise bis spätestens 14:00 Uhr. Anmeldung über Umschläge mit Vordrucken im Vorraum des Clubhauses oder auf der Website zum Download. Geöffnet: 14.4.-15.10.
Preis: Ab 14 € inkl. Wasser, Entsorgung, WC, WLAN. Strom 3 €/Tag, Dusche 1 €/4 min, Kurtaxe 2,90 €/Pers., Kurtaxe (bis 12 J.) 1,95 €/Pers., Hund 2 €/Tag, Waschmaschine/Trockner je 4 €. Wohnmobile bis 7,99 m 14 €, Wohnmobile 8-10 m 19 €. Nur Barzahlung möglich.
Kontakt: Hafenmeister Butjadinger Yachtclub, Mobil: 0162/7329505, info@butjadinger-yachtclub.de, www.butjadinger-yachtclub.de.
Distanz: 0,3 km, weitere Restaurants in 0,4 km, 0,4 km, Ⓗ 0,4 km, 0,4 km.
Gastro: Restaurant Nordseeblick im Hafen.
Freizeit: Surf-/Kiteschule 0,5 km.
POI: Fischerhafen 0,3 km, Nationalpark/Museum 0,3 km, Langwarder Groden 1 km, Nordseelagune 2 km.

26969 Butjadingen-Iggewarden €20,00

<8m

Hof Iggewarden, Iggewarden 1, ☎ 04733/317
Auf dem Erlebnisbauernhof mit Restaurant und Bauernladen an einer Durchgangsstraße

POS: 53°35'12.00"N/8°19'36.00"E, Karte D2 (S.5), E4
Platz: = 20 auf Schotter. =3 (16 A) WC CHEM/Bio GRAU . wird empfohlen. Entsorgung (ohne Chemie-Zusatz) durch manuelles Ausleeren des Behälters (kein Überfahren der Anlage). Stellplätze werden teilweise durch Pkw zugestellt. WLAN-Hotspot beim Gasthof. Ganzjährig geöffnet.
Preis: 20 € inkl. Strom Wasser, WC, Müll-Entsorgung. Kurtaxe extra.
Kontakt: Susanne und Reinhard Evers, ☎ 04733/317, iggewarden@t-online.de, www.hof-iggewarden.de.
Distanz: , Ⓗ 0,3 km, 3 km, 3 km.
Gastro: Hofladen. Frühstücksservice. Restaurant am Platz, 12:00-14:00 Uhr und mehrere Grillfeste je nach Saison.
Freizeit: 7 km, 3 km. Erstes deutsches Radwegenetz, Strandpromenade mit Wattensteg und Kunstwerken 3 km, Wattwandern im Nationalpark Wattenmeer 3 km, Nordseelagune 3,5 km.
POI: Kirche Langwarden mit Schnitger-Orgel 2,5 km, Kutterhafen Fedderwardersiel 3 km, Nationalpark-haus Fedderwardersiel 3 km, Museumswindmühle Seefeld 11 km.

26969 Butjadingen-Tossens €30,00

<12m

Ferienhof Renken, Prieweg 7, ☎ 04736/351
Auf einem bewirtschafteten Bauernhof, 3 km von der Nordsee entfernt

POS: 53°33'6.15"N/8°16'41.35"E, Karte D2 (S.5), E4
Platz: = 2 auf Schotter. WC . Badezimmer mit Dusche. Anfahrt 8:00-22:00 Uhr. Ganzjährig geöffnet.
Preis: 30 € inkl. Wasser, WC, WLAN. Jede weitere Pers. 5 €, Strom 0,60 €/kWh. Kind 2,50 €, Kurtaxe Apr-Okt 2,90 € (ab 13 J.), Kind (3-12 J.) 1,95 €, Nov-März 1,25 € (ab 13 J.), Kind (3-12 J.) 0,85 €
Kontakt: Melanie Gerdes-Renken, ☎ 04736/351, ferienhof-renken@web.de, www.ferienhof-renken.de.
Distanz: Ⓗ 2,5 km, 3 km, 3 km, 3 km.
Gastro: Milch und Eier am Hof. Mehrere Restaurant in Tossens.
Freizeit: 12 km, 3 km. Spielgeräte für Kinder, Trampolin, Mithilfe im Stall, Nordseestrand 3 km, Naturerlebnispfad Langwarder Groden 8 km.
POI: Hafen 11 km, Lagune 12 km, Bremerhaven 28 km.

35510 Butzbach gratis

<8m neu

Wohnmobilstellplatz Butzbach, Küchengartenweg, ☎ 06033/995310
Zentrumsnah an der Stadtmauer

POS: 50°26'8.49"N/8°40'20.37"E, Karte D10 (S.13), E2
Platz: = 5 auf Schotter. . Ganzjährig geöffnet. Ausnahme: Bei Veranstaltungen temporär gesperrt.
Preis: Übernachtung gratis.
Kontakt: Tourist-Information, ☎ 06033/995310, tourist-info@stadt-butzbach.de, stadt-butzbach.de.
Distanz: 0,1 km, 0,1 km, Ⓗ 0,1 km, 0,2 km.
Gastro: Restaurant Oniro.
Freizeit: 1 km, 1 km.
POI: Markus Kirche 0,2 km, Altes Rathaus 0,2 km, Museum 0,2 km, Schlosspark 0,4 km.

21614 Buxtehude €15,00

<12m

Stellplatz am Wassersportverein, Am Hafen 5, ☎ 0152/36158600
Mit Blick auf die Altstadt

POS: 53°28'44.81"N/9°42'14.32"E, Karte D2 (S.5), G4
Platz: = 9 auf Pflaster, Wiese. WC CHEM GRAU . Leinenpflicht für Hunde. Gelände umzäunt. Ganzjährig geöffnet.
Preis: 15 € inkl. Strom, Wasser, Entsorgung, Dusche, WC.
Kontakt: Buxtehuder Wassersportverein Hansa e.V., Mobil: 0152/36158600, info@bwvhansa.de, www.bwvhansa.de.
Distanz: Ⓗ 0,2 km, 0,3 km, 0,3 km.
Freizeit: Kanusteg, Rad- und Wanderwege.
POI: Museum für Regionalgeschichte und Kunst 0,7 km.

21614 Buxtehude €7,00

<12m

Wohnmobilstellplatz Schützenplatz, Genslerweg, ☎ 04161/5012345
Ruhige und zentrale Lage unter Bäumen an der Este

POS: 53°28'17.00"N/9°41'43.00"E, Karte D2 (S.5), G4

Platz: = 30 auf Sand/Splitt, Schotter. =42 . Ganzjährig geöffnet. Ausnahme: Sperrungen bei Messen/Veranstaltungen, Termine siehe Website.
Preis: 7 € inkl. Kurtaxe, WLAN. Strom 1 €/2 kWh, Wasser 1 €/80 l, Entsorgung 1 €.
Kontakt: Hansestadt Buxtehude, Servicecenter Kultur & Tourismus, 04161/5012345, stadtinfo@stadt.buxtehude.de, www.buxtehude.de.
Distanz: 0,1 km, weitere Restaurants in 0,2 km, 0,1 km, 0,1 km, 0,5 km.
Gastro: Mehrere Restaurants im Ort.
Freizeit: 1,5 km, 0,8 km, 2 km. Schifffahrt auf der Este und Elbe, Deichspaziergänge, Nachtwächterrundgang, Wandern, Altstadtführungen, Radfahren, Boßeln, 2 Golfplätze 5 km.
POI: Buxtehude Museum für Regionalgeschichte und Kunst, Altstadt mit Fachwerkhäusern und Flethanlage 0,5 km, Ovelgönner Wassermühle 5 km.

21614 Buxtehude-Neukloster — €5,00 — <12 m

Wohnmobilstellplatz in Neukloster/Pfingstmarktplatz, Cuxhavener Straße, 04161/5012345
An der B73 im Ortszentrum
2022 geprüft

POS: 53°28'47.72"N/9°38'8.31"E, Karte D2 (S. 5), G4
Platz: = 40 auf Asphalt. Aufenthalt max. 1 Nacht. Ankunft Mo-Fr 8:00-20:00 Uhr, Sa 8:00-19:00 Uhr, So 9:00-19:00 Uhr. Schlüssel für Duschen/WC im Imbiss. Ganzjährig geöffnet. Ausnahme: Eine Woche vor und nach Pfingsten geschlossen.
Preis: 5 €. Wasser 1 €, Entsorgung 1 €, Dusche 2 €.
Kontakt: Hansestadt Buxtehude, 04161/5012345, stadtinfo@stadt.buxtehude.de, www.buxtehude.de.
Distanz: 0 km, weitere Restaurants in 0,5 km, 0 km, 0,3 km, 0,5 km.
Gastro: Imbiss am Platz. Bäckerei 0,2 km.
Freizeit: 4 km, 4 km, 5 km. Nachtwächterrundgang, Altstadtführungen, Barkassenfahrten auf der Este (ausgewählte Termine) und Elbe, S-Bahn Anschluss nach Hamburg (40 Min).
POI: Flethanlage, St. Petri Kirche 5 km, Buxtehuder Altstadt mit Fachwerkhäusern 5 km, Buxtehude Museum für Regionalgeschichte und Kunst 5 km, Ovelgönner Wassermühle 7 km.

C

90556 Cadolzburg — gratis — <12 m

Festplatz Cadolzburg, Am Höhbuck, 09103/79010 Ruhig gelegen, im Zentrum nahe Burg und Altstadt

2020 geprüft

POS: 49°27'40.54"N/10°51'6.37"E, Karte D11 (S. 14), A5
Platz: = 8 auf Asphalt, Kiesel. =8 (16 A). Nachts beleuchtet. Aufenthalt max. 3 Tage. Ganzjährig geöffnet. Ausnahme: Sperrung bei Veranstaltungen.
Preis: Übernachtung gratis. Strom 1 €/kWh, Wasser 1 €/80 l. Preisänderung 2023 möglich.
Kontakt: Gemeindewerke Cadolzburg, 09103/79010, info@werke-cadolzburg.de, www.werke-cadolzburg.de.
Distanz: 0,2 km, 0,8 km, 0,8 km, 1 km.
Freizeit: 7 km, 7 km, 3 km. Burg-/Nachtwächterführungen auf Anmeldung im Rathaus.
POI: Burg Cadolzburg 0,2 km, Altstadt 0,3 km, Nürnberg 20 km.

34379 Calden — gratis — <12 m

Stellplatz Waldschwimmbad Calden, Waldschwimmbad 1, Zum Lindenrondell, 05674/7020
Gekennzeichnete Flächen am Eingang

POS: 51°23'34.54"N/9°23'55.38"E, Karte D6 (S. 9), F5
Platz: = 10 auf Schotterrasen. Ganzjährig geöffnet.
Preis: Übernachtung gratis.
Kontakt: Gemeinde Calden, 05674/7020, gemeinde@calden.de, www.calden.de.
Distanz: 0 km, weitere Restaurants in 1 km, 0,5 km, 1 km, 2 km.
Gastro: Schwimmbad-Restaurant. Schlosshotel Wilhelmsthal.
Freizeit: 0,2 km. Disc-Golf-Anlage.
POI: Lindenallee 0,3 km, Rokoko-Schloss Wilhelmsthal 1 km, Bergpark Wilhelmshöhe (UNESCO-Weltkulturerbe) 15 km.

39359 Calvörde — €14,00 — >12 m

Stellplatz am Mittellandkanal, L 24, 0171/7571657
Am Sportboothafen

POS: 52°23'0.94"N/11°18'0.67"E, Karte D7 (S. 10), B2
Platz: = 12 auf Schotterrasen, Schotter. Gasflaschen-Tausch an der Tankstelle. Geöffnet: 1.4.-31.10.
Preis: 14 € inkl. Wasser, Entsorgung, Dusche, WC, Müll-Entsorgung. Jede weitere Pers. 2 €, Strom 3 €/Tag.
Kontakt: Hansjoachim Schumann, 0171/7571657, sportboothafen-calvoerde@gmx.de, www.sportboothafen-calvoerde.de.
Distanz: 0,4 km, weitere Restaurants in 0,5 km, 0,5 km, 1,5 km, 1,5 km, 1,5 km.
Freizeit: 15 km. Tretbootverleih.
POI: St.-Georgs-Kirche 2,5 km, Luftkurort Flechtingen 4 km, Naturpark Drömling 4 km, Schloss Dorst 10 km.

Sie haben einen neuen Stellplatz entdeckt? Dann teilen Sie uns diesen mit per E-Mail an **bordatlas@doldemedien.de** oder über das Online-Meldeformular unter **www.bordatlas.de/meldung**

75365 Calw — gratis — <12 m

Stellplatz Am Alten Bahnhof, Bahnhofstraße, 07051/167399
Auf dem Parkplatz an der Bahnhofstraße zwischen B463 und Bahnlinie

2020 geprüft

POS: 48°42'21.42"N/8°44'16.18"E, Karte D14 (S. 17), E2
Platz: = 4 auf Rasengittersteinen. =4 (16 A). Weitere Stellplätze auf dem angrenzenden Großparkplatz. Ganzjährig geöffnet.
Preis: Übernachtung gratis inkl. Entsorgung. Strom 0,50 €/kWh, Wasser 1 €/120 l.
Kontakt: Touristinformation Stadt Calw, 07051/167399, touristinfo@calw.de, www.calw.de/stellplatz-calw.
Distanz: 0,2 km, 0,2 km, 1 km, 1 km.
Gastro: Mehrere Restaurants in der Calwer Innenstadt. Pizzaservice 0,2 km.
Freizeit: 5 km. Nagoldtal-Radweg, ausgewiesene Wandertouren, Premiumweg, Stadt- und Klosterführungen (Tel.: 07051/167399).
POI: Historische Fachwerkstadt mit Hermann-Hesse-Museum, Museum der Stadt im Palais Vischer, Gerbereimuseum, ehemaliges Gefängnis der Lange 1 km, Kloster Hirsau mit Klostermuseum 3 km, Burgruine Waldeck 5 km.

75365 Calw-Hirsau — gratis — <10 m

Wohnmobilstellplatz Flößerwasen, Am Flößerwasen, 07051/167399
An der B463 in einer Grünanlage an der Nagold, mit Sicht auf das Kloster Hirsau

POS: 48°44'10.20"N/8°44'7.99"E, Karte D14 (S. 17), E2
Platz: = 6 auf Schotter, Schotterrasen. =8 (16 A). Eben und beleuchtet. Aufenthalt max. 72 h. Ganzjährig geöffnet.
Preis: Übernachtung gratis. Strom 0,50 €/kWh, Wasser 1 €/120 l.
Kontakt: Tourist-Information Calw, Manuela Röskamm, 07051/167399, touristinfo@calw.de, www.calw.de.
Distanz: 0,2 km, weitere Restaurants in 1 km, 0,2 km, 0,5 km, 1 km.
Gastro: Imbiss 0,2 km. Mehrere Restaurants in Ortsmitte.
Freizeit: 8 km. Kurpark, Bienenlehrpfad, Nagoldtalradweg direkt am Platz, Wanderwege, Klosterführungen.
POI: Klostermuseum 0,2 km, Aureliuskirche 0,2 km, Kräutergarten 0,3 km, Kloster St. Peter und Paul mit Jagdschloss in Hirsau 0,6 km, Museum der Stadt (Palais Vischer) 2,4 km, Hermann-Hesse-Museum 2,6 km, historische Fachwerkinnenstadt 2,6 km, Gerbereimuseum 2,8 km, thematische Stadtführungen 3 km.

C

26409 Carolinensiel-Harlesiel/Nordseebad €13,50

Stellplatz an der Mole, Schwerinsgroden, ☎ 04464/949398 <10m
Mit direktem Inselblick auf Wangerooge und Spiekeroog

POS: 53°42'35.33"N/7°48'33.19"E, Karte D1 (S.4), D4
Platz: = 56 auf Pflaster. =56 (16 A) WC CHEM GRAU. Beheiztes Meerwasserfreibad (15.5.-15.9.). Ankunft 24 h. Neue Sanitäranlagen und direkte Stromversorgung am Platz. Geöffnet: 15.3.-31.10. (bei Hochwasser evtl. früher geschlossen).
Preis: 13,50 € inkl. Entsorgung, Dusche, WC, Müll-Entsorgung. Strom ab 3,50 €, Kurtaxe (ab 16 J.) 3 €/Pers., Hund 2,50 €. Strom 3,50 €/ Nacht (6 A), 4,50 €/Nacht (16 A), zzgl. Gästebeitrag.
Kontakt: Campingplatz Harlesiel, ☎ 04464/949398, info@campingplatz-harlesiel.de, www.campingplatz-harlesiel.de.
Distanz: Ⓗ 0,2 km, 1,5 km, 1,5 km.
Freizeit: 1,5 km, 1 km. Animation am Strand, Wassersport, Ausflug zu den Seehundbänken, Wattwandern, Badestrand.
POI: Museumshafen Carolinensiel 2 km, Wangerooge 7 km.

26409 Carolinensiel-Harlesiel/Nordseebad €13,50

Wohnmobilstellplatz am Campingplatz, Schwerinsgroden 1, ☎ 04464/949398 <10m Vor dem Deich mit Blick auf Wangerooge und Spiekeroog

POS: 53°42'26.63"N/7°48'19.57"E, Karte D1 (S.4), D4
Platz: = 83 auf Pflaster. =83 (6/16 A) CHEM GRAU. Beheiztes Meerwasserfreibad. wird empfohlen. Geöffnet: Mitte März-Okt.
Preis: 13,50 € inkl. Entsorgung, Dusche, Müll-Entsorgung, WLAN, WC. Strom ab 3,50 €, Wasser 0,50 €/80 l, Hund 2,50 €. Strom 3,50 €/ Nacht (6 A), 4,50 €/ Nacht (16 A), Gästebeitrag 15.3.-31.10./1.11.-14.3.: Ab 16 J. 3 €/1,50 €, Kind (4-15 J.) 1,50 €/frei. Inklusive Freibad-Nutzung vom 15.5.-15.9. Preisänderung 2023 möglich.
Kontakt: Nordseebad Carolinensiel-Harlesiel, ☎ 04464/949398, info@campingplatz-harlesiel.de, www.campingplatz-harlesiel.de.
Distanz: 0 km, weitere Restaurants in 0,5 km, Ⓗ 0,3 km, 1,5 km, 1,5 km.
Gastro: Restaurant am Platz.
Freizeit: 1 km, 1 km. Wassersport, Angeln, Geführte Wattwanderungen.
POI: Nationalpark Wattenmeer, Deutsches Sielhafenmuseum 1 km.

26409 Carolinensiel/Nordseebad €5,00

Campingplatz Boyungs, Friedrichsgroden 2 A, ☎ 04464/1738 <10m
Kurzzeitplätze in ruhiger Lage hinter dem Deich

POS: 53°41'55.53"N/7°48'20.79"E, Karte D1 (S.4), D4
Platz: / = 16 auf Pflaster, Wiese, Rasengittersteinen. =16 (10 A) WC CHEM GRAU. wird empfohlen. Anbindung an das Kurzentrum. Anreise ab 11:00 Uhr, Abreise bis 11:00 Uhr mit Reservierung über E-Mail. Geöffnet: 15.3.-15.11.
Preis: 5 € inkl. Wasser, Entsorgung, Dusche, WC, Müll-Entsorgung. Kind (ab 4 J.) 5 €, Strom 4 €/Tag, Kurtaxe 3 €/Pers., Kurtaxe (bis 15 J.) 1,50 €/Pers., WLAN 2 €/Tag, Waschmaschine/Trockner je 3 €. 15.3.-15.11. 5 €. WLAN 4 €/3 Tage, 7 €/7 Tage oder 12 €/31 Tage.
Kontakt: Campingplatz Boyungs, Ralf Boyungs, ☎ 04464/1738, Mobil: 0151/58487536, campingplatz.caro@gmx.de, www.nordseecamping-boyungs.de.
Anfahrt: Über die Friedrichsschleuse geradeaus in die Sackgasse Friedrichsgroden.
Distanz: Ⓗ 0,3 km, 0,5 km, 1 km, 1 km.
Gastro: Mobiler Hofladen einmal die Woche. Willi's Café und Restaurant im Kurzentrum Cliner Quelle.
Freizeit: 1 km, 1 km. Schiffsausflüge zu den Seehundbänken, Wangerooge und Helgoland, Angeln, Wassersport.
POI: Sielhafenmuseum 1 km.

17237 Carpin €5,00

Landgasthof Am Schlesersee, Hauptstraße 25, ☎ 039821/40770 <12m
Am Rande des Müritz-Nationalparks

POS: 53°21'15.98"N/13°14'26.41"E, Karte D4 (S.7), E4
Platz: = 10 auf Wiese, Schotter. =10 WC. Streichelzoo. WC zu den Öffnungszeiten des Landgasthofes. Ganzjährig geöffnet.
Preis: 5 € inkl. WC. Für Restaurantgäste kostenlos. Strom 5 €/Tag.
Kontakt: Matthias Schreyer, ☎ 039821/40770, m.schreyer@landgasthof-schlesersee.de, www.landgasthof-schlesersee.de.
Distanz: 0,2 km, 4 km.
Gastro: Restaurant am Platz, geöffnet Do-So, warme Küche 11:00-21:00 Uhr oder auf Nachfrage. Frühstück auf Nachfrage.
Freizeit: 0,2 km, 0,5 km. Reiten, Badestelle am Haus, Wassersport in den umliegenden Seen, Baden, Kremser- und Kutschfahrten.
POI: Mecklenburger Kleinseenplatte, Vogelwarte, Müritz-Nationalpark 5 km.

97355 Castell gratis

Fürstlich Castell´sches Domänenamt, Schlossplatz 5, ☎ 09325/60160 <10m
Am Weingut

POS: 49°44'30.46"N/10°21'12.78"E, Karte D10 (S.13), H4
Platz: = 1 auf Pflaster. Aufenthalt max. 1 Nacht. Ganzjährig geöffnet.
Preis: Übernachtung gratis.
Kontakt: ☎ 09325/60160, weingut@castell.de, castell.de.
Distanz: 0,4 km.
Gastro: Vinothek am Platz. Restaurant Weinstall Castell.
Freizeit: Weinbergführungen, Wanderungen durch die Weinberge.
POI: Schloss- und Park Castell.

97355 Castell gratis

Wohnmobilstellplatz an der Kneippanlage, Greuther Straße, ☎ 09325/6248 <10m Am Rande eines Naturbiotops gegenüber vom Sportplatz

POS: 49°44'51.92"N/10°21'9.24"E, Karte D10 (S.13), H4
Platz: = 5 auf Schotter, Schotterrasen. Kneippanlage mit Umkleideräumen. Ganzjährig geöffnet.
Preis: Übernachtung gratis.
Kontakt: ☎ 09325/6248, gemeinde@castell-gemeinde.de, www.castell-gemeinde.de.
Distanz: 0,5 km, 0,5 km, Ⓗ 0,5 km, 0,5 km.
Freizeit: Wanderungen durch die Weinberge, Weinbergführungen.
POI: Grüne Pracht vor Schloss Castell, Naturpark Steigerwald, historischer Ortskern, Turm auf dem Schlossberg.

29221 Celle €12,00

Wohnmobilstellplatz am Badeland, 77er Straße 36, ☎ 05141/9519388 >12m
Am Französischen Garten, nahe der Innenstadt

POS: 52°37'3.14"N/10°4'59.67"E, Karte D6 (S.9), G1
Platz: = 55 auf Rasengittersteinen, Asphalt. =45 (16A 45 A) WC CHEM GRAU. 10 Stellflächen bis zu drei Monate im Voraus reservierbar. Ganzjährig geöffnet.
Preis: 12 € inkl. Entsorgung, WC, Müll-Entsorgung, WLAN. Strom 1 €/2 kWh, Wasser 1 €/100 l, Dusche 1 €/4 min, Trockner/Waschmaschine je 3 €. Kartenpfand 7 €. Bezahlung mit EC-Karte/Kreditkarte.
Kontakt: Celler Parkbetriebe, Thomas Edathy, ☎ 05141/9519388, info@womo-celle.de, www.womo-celle.de.
Distanz: Ⓗ 0,2 km, 0,5 km, 0,5 km, weitere Restaurants in 0,7 km, 1 km.
Gastro: Brötchenservice im Stellplatzbüro.
Freizeit: 0,1 km, 0,1 km. Minigolf.
POI: Europas größtes Fachwerkensemble, Niedersächsisches Landgestüt 0,6 km, Altstadt Celle 0,7 km, Schloss Celle 0,8 km.

Schützen Sie die Umwelt und verwenden Sie Sanitärflüssigkeiten nur nach Dosierempfehlung oder verzichten Sie lieber ganz darauf und entleeren Sie dafür häufiger. In den Zeitschriften **Reisemobil International** oder **CamperVans** erfahren Sie, welche umweltfreundlichen Alternativen es zu Kassettentoiletten gibt (Trockentrenntoiletten).

C

93413 Cham — €16,00 — <12m

Kanu Club Graf Luckner Cham, Badstraße 31, ☎ 09971/9147
Am Fluss Regen, an der B22

2021 geprüft E

POS: 49°13'20.29"N/12°40'38.17"E, Karte D11 (S. 14), D5
Platz: P = 8 auf Schotter. WC CHEM GRAU. WC von Nov-März nur mit Voranmeldung. Ganzjährig geöffnet.
Preis: 16 € inkl. Entsorgung, WC. Jede weitere Pers. 5 €, Strom 0,50 €/kWh, Wasser 1 €/100 l. Bezahlung der Stellplatzgebühr beim Platzwart ab 19:30 Uhr, Strom/Wasser über Münzautomat.
Kontakt: Doris Wutz, ☎ 09971/9147, mail@kc-cham.de, www.kc-cham.de.
Distanz: 0,7 km, weitere Restaurants in 1 km, Ⓗ 0,8 km, 1 km, 1,3 km.
Gastro: Getränke sind abends im Vereinsheim erhältlich.
Freizeit: 0,5 km, 1,4 km. Churpfalzpark Traitsching 8 km.
POI: Marktplatz mit historischen Bürgerhäusern/Rathaus 1 km.

09120 Chemnitz — €11,00 — <6m

Stellplatz an der Rehaklinik – atr, Beckerstraße 16, ☎ 0371/3827411
Direkt im Stadtpark von Chemnitz, im eingezäunten Parkgelände der Rehaklinik

POS: 50°49'25.68"N/12°55'2.92"E, Karte D12 (S. 15), E1
Platz: P = 3 auf Wiese, Schotter, Rasengittersteinen. =3 (16 A) WC CHEM. Anmeldung/Reservierung wochentags 7:00-18:30 Uhr (auch per Mail möglich: atr@rehaklinik-online.de). Abreise jederzeit möglich. Entsorgung Abwasser/Fäkalien nur nach vorheriger Absprache. Pfandgebühr für Parkplatzchip in Höhe von 30 €. Ganzjährig geöffnet. Ausnahme: Bei starkem Schneefall keine Nutzug möglich.
Preis: 11 € inkl. Strom, Wasser, Entsorgung, Dusche, WC, Müll-Entsorgung, Kurtaxe. Für Restaurantgäste kostenlos.
Kontakt: Anett Thiel, ☎ 0371/3827411, atr@rehaklinik-online.de, www.rehaklinik-online.de.
Distanz: Ⓗ 0,2 km, 0,5 km, weitere Restaurants in 0,5 km Entfernung, 2 km.
Gastro: Warme Küche in der Rehaklinik, Mo-So 11:00-14:00 Uhr.
Freizeit: 6 km, 1,5 km, 2 km. Wandern, Physiotherapie/Rehabilitation/Einzelbehandlungen/Massagen, Radfahren.
POI: Gunzenhauser Museum 0,5 km, Stadtkern Chemnitz 2 km.

16230 Chorin — €25,00 — <10m

Ökohof Engler, Serwester Dorfstraße 72, ☎ 0170/2106589
Kleiner Biohof mit Legehennenhaltung im OT Serwest, im Biosphärenreservat Schorfheide-Chorin

POS: 52°55'45.52"N/13°55'30.96"E, Karte D4 (S. 7), F5
Platz: = 3, = 3 (<10 m) auf Wiese. =3 (16 A) WC CHEM GRAU. Aufenthaltsraum, Küche. Anreise bis 19:00 Uhr, telefonische Reservierung. Ganzjährig geöffnet.
Preis: 25 € inkl. Strom, Wasser, WC, Müll-Entsorgung. Dusche 3 €/Tag.
Kontakt: Familie Engler, Mobil: 0170/2106589, oekohof-engler@gmx.de, www.oekohof-engler.de.
Distanz: 2 km, 5 km.
Gastro: Kleiner Hofladen mit hofeigenen Produkten. Imbiss 0,5 km.
Freizeit: 7 km. Mithilfe bei der Obst-/Gemüseernte, Serwester Badesee 1 km, Kanuverleih an der Stadtschleuse Eberswalde 14 km.
POI: Kloster Chorin 7 km, Schiffshebewerk Niederfinow 15 km, Weltnaturerbe Buchenwald Grumsin 19 km, NABU-Erlebniszentrum Blumberger Mühle 25 km.

74389 Cleebronn — €10,00 — <12m

Erlebnispark Tripsdrill, Wildparadies-Tripsdrill-Straße 2, ☎ 07135/999333
Camping-Wiese zwischen Erlebnispark und Wildparadies

POS: 49°1'52.78"N/9°3'4.63"E, Karte D14 (S. 17), F1
Platz: P = 30 auf Wiese, Schotter. WC. Anmeldung an der Rezeption bis spätestens 21:30 Uhr. Anfahrt 8:00-20:00 Uhr. Geöffnet: Ostern-Anfang Nov.
Preis: 10 € inkl. Dusche, WC. Jede weitere Pers. 10 €, Kind (0-4 J.) gratis.
Kontakt: Erlebnispark Tripsdrill, ☎ 07135/999333, info@tripsdrill.de, www.tripsdrill.de.
Distanz: Ⓗ 0,1 km, 1 km, weitere Restaurants in 1,8 km, 2 km, 3 km.
Gastro: Zur Altweibermühle im Erlebnispark Tripsdrill (Eintritt nur mit gültigem Tages-Pass).
Freizeit: 3 km, 15 km. Besuch im Erlebnispark, Fütterung der Wölfe, Bären und Greifvögel täglich außer Fr, Neckarschifffahrt 8 km.
POI: Kapelle Michaelsberg 1 km, Felsengärten Besigheim 12 km.

49661 Cloppenburg — gratis — <10m

Museumsdorf Cloppenburg, Bether Straße 6, ☎ 04471/94840
Auf dem Parkplatz des Freilichtmuseums

2021 geprüft

POS: 52°51'6.50"N/8°3'11.00"E, Karte D5 (S. 8), D1
Platz: = 10 auf Pflaster. Aufenthalt max. 24 h, Öffnungszeiten Museumsdorf: März-Okt 10:00-18:00 Uhr, Nov-Feb 10:00-16:30 Uhr. Ganzjährig geöffnet. Ausnahme: 24.12. und 31.12. geschlossen.
Preis: Übernachtung gratis. Nur für Museumsbesucher kostenlos.
Kontakt: Museumsleitung, ☎ 04471/94840, info@museumsdorf.de, www.museumsdorf.de.
Distanz: 1,2 km, 1,3 km.
Gastro: Dorfkrug im Museumsdorf.
Freizeit: 0,5 km, 0,5 km, 1 km. Pädagogische Angebote wie Buttern, Blaufärben und Backen auf Anfrage, Führungen, Besichtigung des Museumsdorfs, Thülsfelder Talsperre 10 km.
POI: St. Andreas Kirche in Cloppenburg.

49661 Cloppenburg — €5,00 — <8m

Parkplatz Am Stadtpark, Hagenweg, ☎ 04471/1850
Parkplatz im Stadtzentrum

POS: 52°50'47.25"N/8°2'49.02"E, Karte D5 (S. 8), D1
Platz: P = 8 auf Schotterrasen, Pflaster. CHEM GRAU. Aufenthalt max. 3 Tage. Ganzjährig geöffnet.
Preis: 5 €. Strom 0,50 €/kWh, Wasser 1 €/70 l, Entsorgung 1 €.
Kontakt: Stadt Cloppenburg, ☎ 04471/1850, rathaus@cloppenburg.de, www.cloppenburg.de.
Distanz: 0,1 km, weitere Restaurants in 0,2 km, 0,2 km, 0,2 km, Ⓗ 0,5 km.
Gastro: Mehrere Restaurants im Ort.
Freizeit: 0,5 km, 0,5 km, 1 km. Stadtbesichtigung, Thülsfelder Talsperre 8 km.
POI: Museumsdorf Cloppenburg 0,5 km.

96450 Coburg
€2,50 <10m

Parkplatz Ketschenanger, Schützen-/ Bamberger Straße, ☎ 09561/898000
Separater Bereich auf dem Großparkplatz Anger in Citynähe

POS: 50°15'10.66"N/10°57'50.72"E, Karte D11 (S. 14), B3
Platz: = 10 auf Asphalt. Aufenthalt max. 2 Tage. Ganzjährig geöffnet. Ausnahme: Sperrung bei Veranstaltungen.
Preis: 2,50€ inkl. aller Personen. Gebührenpflichtig Mo-Sa 8:00-19:00 Uhr, 0,50€/angefangene 30 Min., max. 2,50€/24 h.
Kontakt: Stadt Coburg, ☎ 09561/898000, info@tourist.coburg.de, www.coburg-tourist.de.
Distanz: 0,1 km, 0,1 km, 0,3 km, 0,5 km, 1,4 km (Aral-Tankstelle, Ernst-Faber-Straße 19, 96450 Coburg).
Gastro: Henneberger Haus 0,5 km.
Freizeit: 2 km, 2 km.
POI: Rosengarten 0,3 km, Schloss Ehrenburg 0,7 km, Puppenmuseum 0,7 km, Hofgarten 1 km, Veste Coburg 2,4 km.

96450 Coburg
€12,00 <12m

Wohnmobilstellplatz Vesteblick, Rosenauerstraße 32 (Einfahrt über Badweg), ☎ 09561/7491640
Neben dem Hallen-/Freibad Aquaria, mit Blick auf die Burganlage Veste

POS: 50°16'12.00"N/10°58'31.95"E, Karte D11 (S. 14), B3
Platz: = 22 auf Schotter, Asphalt, Schotterrasen. =22 CHEM GRAU. Leinenpflicht für Hunde. Abreise bis 12:00 Uhr. Ganzjährig geöffnet.
Preis: 12€ inkl. Entsorgung. Strom 0,80€/kWh, Wasser 1€/100 l. Bezahlung an der Badkasse, außerhalb der Öffnungszeiten über einen Tresor vor dem Schwimmbad.
Kontakt: SÜC Bus und Aquaria GmbH, ☎ 09561/7491640, info@aquaria-coburg.de, www.aquaria-coburg.de.
Distanz: 0,1 km, 0,1 km, 0,4 km, 0,8 km.
Freizeit: Saunawelt.
POI: Coburger Puppenmuseum, Alststadt Coburg 0,8 km, Veste Coburg 1,5 km, Schloss Callenberg 4 km.

56812 Cochem
gratis <6m

Wohnmobilstellplatz an der Nordbrücke, Moselstraße, ☎ 02671/60040
Parkplatz gegenüber der Polizeistation

POS: 50°9'11.13"N/7°10'6.10"E, Karte D9 (S. 12), B3
Platz: = 10 auf Pflaster, Wiese. Ganzjährig geöffnet.
Preis: Übernachtung gratis. Gebührenpflichtig von 8:00-19:00 Uhr (die ersten 30 min 0,20€, dann 1€/h oder 0,50€/30 min), sonst gratis.
Kontakt: Tourist-Info Ferienland Cochem, ☎ 02671/60040, info@ferienland-cochem.de, www.cochem.de/tourismus.
Distanz: 0,3 km, 0,3 km, 0,3 km, 0,5 km.
Freizeit: 0,3 km. Kanu fahren, Nordic Walking, Freizeitzentrum Cochem 2 km, Sessellift/Wildpark 3 km, Klotten Freizeitpark 7 km.
POI: Senfmühle 1,5 km, Reichsburg Cochem 2 km.

48653 Coesfeld
gratis <8m

Brauhaus Stephanus, Overhagenweg 1, ☎ 02541/1000
Am Brauhaus im südlichen Stadtgebiet

POS: 51°56'11.41"N/7°9'25.22"E, Karte D5 (S. 8), C3
Platz: = 4 auf Pflaster. =3 . WC zu den Öffnungszeiten des Restaurants. Ganzjährig geöffnet. Ausnahme: 26.12. und 1.1. geschlossen.
Preis: Für Restaurantgäste kostenlos, inkl. Strom. Einkehr obligatorisch.
Kontakt: Stephan & Matthias Rulle, ☎ 02541/1000, info@brauhaus-stephanus.de, www.brauhaus-stephanus.de.
Distanz: 0 km, 0,1 km, 0,2 km, 1 km.
Gastro: Restaurant, Mo 11:00-0:00 Uhr, Di-So Ruhetag.
Freizeit: 2 km, 2 km, 1 km. Brauereibesichtigung, Veranstaltungen im Brauhaus.
POI: Benediktinerkloster 7 km.

48653 Coesfeld
gratis <10m

Wohnmobilstellplatz am Konzert Theater Coesfeld, Osterwicker Straße 39, ☎ 02541/9391017 Beim Freizeitzentrum Nord mit Theater, Bad und Sportanlagen

POS: 51°57'12.01"N/7°10'26.19"E, Karte D5 (S. 8), C3
Platz: = 12 auf Schotter. =12 (16 A) CHEM GRAU. WC zu den Badöffnungszeiten, Aufenthalt max. 7 Tage, Nachtruhe 22:00-7:00 Uhr. Ganzjährig geöffnet. Ausnahme: Sperrung wegen Pfingst- und Kreuzerhöhungskirmes.
Preis: Übernachtung gratis inkl. Entsorgung, Müll-Entsorgung. Strom 1€/2 kWh, Wasser 1€/100 l. Bezahlung Strom/Wasser am Automat, Dusche/WC im Bad gegen Gebühr.
Kontakt: Stadtmarketing Verein Coesfeld & Partner e.V., ☎ 02541/9391017, info@coesfeld.de, www.coesfeld.de.
Distanz: 0,4 km, 0,6 km, 1 km, 1,3 km.
Gastro: Mehrere Restaurants im Ort.
Freizeit: 0,2 km, 0,2 km. Stadtführung, Cinema Coesfeld, Konzert Theater Coesfeld 0,1 km.
POI: Promenade mit Walkenbrückentor (Stadtmuseum) 0,8 km, St. Lambertikirche mit Coesfelder Kreuz 0,8 km, Pulverturm 1 km, Jakobikirche 1,2 km.

C

97903 Collenberg-Reistenhausen
gratis <12m

Stellplatz Mainstraße, Mainstraße, ☎ 09376/971012
Direkt am Mainufer

POS: 49°46'13.02"N/9°19'19.80"E, Karte D10 (S. 13), F4
Platz: = 3 auf Schotter. Öffentliches WC tagsüber nutzbar. Ganzjährig geöffnet.
Preis: Übernachtung gratis.
Kontakt: Gemeinde Collenberg, ☎ 09376/971012, gemeinde@collenberg-main.de, www.collenberg-main.de.
Anfahrt: Achtung: Durchfahrt wegen Eisenbahnbrücke nur bis 3,10 m Höhe.
Distanz: 0,2 km, 0,3 km, 0,5 km, 1,2 km.
Gastro: Restaurant Zur alten Eisenbahn.
Freizeit: 8,6 km, 11,1 km. Buntsandstein Erlebnisweg, Angeln, Bogenschießparcours.
POI: Fechenbacher Schloss 1 km, Ruine Kollenburg 2,7 km.

91598 Colmberg
€12,00 <8m neu

Wohnmobilstellplatz Colmberg, Am Gartenfeld 23, ☎ 09803/93290 Nahe der Ortsmitte mit direktem Anschluss an Gastronomie und Einzelhandel

POS: 49°21'14.00"N/10°24'28.00"E, Karte D11 (S. 14), A5
Platz: = 12 auf Schotter. CHEM GRAU. Schranke an der Einfahrt. Aufenthalt 7 Nächte. Ganzjährig geöffnet.
Preis: 12€ inkl. Entsorgung. Strom 0,50€/kWh, Wasser 1€/80 l. Bezahlung am Automat.
Kontakt: Markt Colmberg, Andreas Funk, ☎ 09803/93290, info@colmberg.de, www.colmberg.de.
Distanz: 0,4 km, 0,5 km.
Freizeit: Baden im Badesee, Angeln, ausgewiesene Wander- und Radwege, Golf.
POI: Burg Colmberg, Dorf Häslabronn, Colmberg mit typisch fränkischen Fachwerkhäusern, Naturpark Frankenhöhe, europäische Wasserscheideweg.

C

31863 Coppenbrügge — €7,00 — <12m

Parkplatz am Frei- und Hallenbad, Felsenkellerweg, ☎ 05156/7819-27
Am Ortsrand mit Blick auf den Ith

POS: 52°6'58.26"N/9°32'11.66"E, Karte D6 (S. 9), G3
Platz: = 12 auf Schotter. =12 (16 A) WC GRAU . Stellplätze leicht geneigt. WC/Duschen im Schwimmbad zu den Öffnungszeiten. Ganzjährig geöffnet.
Preis: 7 € inkl. Entsorgung, Wasser. Strom 0,50 €/kWh.
Kontakt: Flecken Coppenbrügge, Gerald Mehrtens, ☎ 05156/7819-27, Mobil: 0160/2308095, mehrtens@coppenbruegge.de, www.coppenbruegge.de.
Distanz: 0,1 km, weitere Restaurants in 0,5 km, 0,5 km, 0,5 km, Ⓗ 0,5 km.
Freizeit: Nordic-Walking, Reiten, Freibad 0,1 km, Tennisplatz 1,5 km, Segelflugplatz Bisperode 10 km, Freizeitpark Rasti-Land 12 km.
POI: Burganlage Coppenbrügge mit Museum 1 km, Adam und Eva Felspartie bei den Bessinger Klippen 2 km.

06869 Coswig/Anhalt — €22,00 — >12m

Marina Coswig, Elbstraße 19, ☎ 034903/496224
Auf einer 5 ha großen Anlage an der Elbe

2021 geprüft

POS: 51°52'50.72"N/12°26'8.46"E, Karte D7 (S. 10), D3
Platz: = 80 auf Schotterrasen, Wiese. =50 (10 A) WC CHEM GRAU . Shop, E-Bike-Verleih. nur bei Gruppen. Anfahrt 24 h. Abreise am Folgetag bis 12:00 Uhr. Ganzjährig geöffnet.
Preis: 22 € inkl. Wasser, Entsorgung, WC, Müll-Entsorgung, WLAN. Jede weitere Pers. 4 €, Strom 0,80 €/kWh, Dusche 1 €/4 min, Hund 2 €. Gespanne 27 €. Schrankenanlage mit Parkscheinautomat.
Kontakt: Nicole Krauthahn, ☎ 034903/496224, info@marina-coswig.de, www.marina-coswig.de.
Distanz: 0,2 km, 0,3 km, Ⓗ 0,3 km, 1 km.
Gastro: Frühstücks- und Brötchenservice (Frühstück ab 12 € Euro inkl. 1 Heißgetränk). Mehrere Restaurants in unmittelbarer Umgebung.
Freizeit: 4 km, 15 km. Kanutouren ab 25 €, Hundestrand, Wassersportschule, Beachvolleyballfeld, Billard, Kanuverleih, Elberadweg, Rollerverleih im Haus, Badesee Flämingbad 3 km.
POI: Ferropolis, Schloss Coswig 1,5 km, Nikolaikirche 1,5 km, Naturparkinfozentrum des Naturpark Fläming 1,6 km, Wörlitzer Park 5 km, Lutherstadt Wittenberg 15 km, Hundertwasserschule 18 km, Bauhaus Dessau 20 km.

Sie haben einen neuen Stellplatz entdeckt? Dann teilen Sie uns diesen mit per E-Mail an **bordatlas@doldemedien.de** oder über das Online-Meldeformular unter **www.bordatlas.de/meldung**

03042 Cottbus-Branitz — €12,00 — <8m

Caravanstellplatz Spreeauenpark, Kiekebuscher Straße, ☎ 0355/7542368 Mitten im Grünen, im ehemaligen BUGA-Park, neben dem Tierpark

2020 geprüft

POS: 51°44'47.69"N/14°21'7.94"E, Karte D8 (S. 11), G3
Platz: = 12 auf Pflaster, Rasengittersteinen. =12 (16 A) WC CHEM GRAU . wird empfohlen. Check-in 9:00-17:30 Uhr an der Tierparkkasse, Check-out bis 12:00 Uhr. Geöffnet: 1.4.-30.9., Okt-März auf Anfrage.
Preis: 12 € inkl. Strom, Wasser, Entsorgung, WC, Müll-Entsorgung. Inkl. Parkeintritt, Kaution für Schlüssel 20 €.
Kontakt: Angela Nattke, ☎ 0355/7542368, nattke.angela@cmt-cottbus.de, www.cmt-cottbus.de.
Distanz: 0,1 km, weitere Restaurants in 0,5 km, Ⓗ 0,5 km, 2 km, 3,5 km.
Gastro: Parkcafé am Spreeauenpark 0,1 km.
Freizeit: 3 km, 3 km. Erlebnispark Teichland 12,5 km.
POI: Tierpark 0,2 km, Schloss Branitz mit Park 0,2 km, Parkeisenbahn 0,2 km.

74564 Crailsheim — gratis — <8m

Wohnmobilstellplatz am Volksfestplatz, Am Volksfestplatz, ☎ 07951/4030 Nordöstlich von Crailsheim

2022 geprüft

POS: 49°8'19.95"N/10°4'30.81"E, Karte D10 (S. 13), H5
Platz: = 2 auf Asphalt. . WC am Kiosk nebenan. Ganzjährig geöffnet. Ausnahme: Sperrung bei Veranstaltungen.
Preis: Übernachtung gratis.
Kontakt: ☎ 07951/4030, tourismus@crailsheim.de, www.crailsheim.de.
Distanz: 0 km, 0 km, 1,4 km.
Freizeit: Stadtbesichtigung, Rad- und Wanderwege.
POI: Crailsheim 1,4 km.

97993 Creglingen — gratis — <8m

Stellplatz am Sportplatz, Nähe Rothenburger Straße 40, ☎ 07933/631 In der Nähe der Tauber

POS: 49°28'2.43"N/10°2'21.67"E, Karte D10 (S. 13), H5
Platz: = 2 auf Schotter, Wiese. . Schmale Zufahrt, nicht für größere Wohnmobile geeigent. Stellmöglichkeit wählbar an der Tauber. Ganzjährig geöffnet.
Preis: Übernachtung gratis.
Kontakt: Jutta Weber, ☎ 07933/631, 07933/7010, touristinformation-creglingen@t-online.de, www.creglingen.de.
Anfahrt: Über die Rothenburger Strasse einbiegen auf den schmalen Weidenweg, ca. 50 m abwärts fahren.
Distanz: 0,4 km, 0,5 km, 0,6 km, Ⓗ 0,8 km, 5 km (Campingplatz Romantische Strasse (gegen Gebühr), Münster 67, 97993 Creglingen-Münster).
Gastro: Eisdiele Michelangelo. Blockhaus-Restaurant. Pizzeria Salvatore. Restaurant Hirschen.
Freizeit: 5 km, 1 km. Radweg Liebliches Taubertal 1 km, Münstersee 6 km.
POI: Altstadt Creglingen, Jüdisches Museum 0,8 km, Lindleinturm Museum 0,8 km, Fingerhutmuseum 2 km, Herrgottskirche, Riemenschneider-Altar 2 km, Rothenburg ob der Tauber 20 km.

97993 Creglingen — gratis — <8m

Taubertor-Parkplatz, Kieselallee, ☎ 07933/631 Auf dem Parkplatz an einer Durchgangsstraße

POS: 49°28'19.00"N/10°1'41.00"E, Karte D10 (S. 13), H5
Platz: = 1 auf Asphalt. . Stellplatz neben der E-Auto-Ladesäule. Ganzjährig geöffnet.
Preis: Übernachtung gratis.
Kontakt: Touristinformation, Jutta Weber, ☎ 07933/631, touristinformation-creglingen@t-online.de, www.creglingen.de.
Distanz: 0,1 km, 0,1 km, Ⓗ 0,1 km, 0,2 km, 5 km (Campingplatz Romantische Strasse (gegen Gebühr), Münster 67, 97993 Creglingen-Münster).
Gastro: Blockhaus-Restaurant 0,3 km. Pizzeria Adria da Salvatore 0,2 km. Eisdiele Michelangelo 0,3 km. Gasthaus Hirschen 0,2 km.
Freizeit: 5 km, 18 km, 1 km. Radweg Liebliches Taubertal 1 km, Badesee Münstersee 5 km.
POI: Historischer Stadtrundgang, Jüdisches Museum 0,3 km, Lindleinturm Museum 0,5 km, Herrgottskirche, Riemenschneider-Altar 1 km, Fingerhutmuseum 2 km, Rothenburg ob der Tauber 20 km.

03246 Crinitz — €18,00 — <10m

Waldbad Crinitz, Bergener Straße, ☎ 035324/308074
An einem Waldfreibad

POS: 51°44'45.38"N/13°45'20.46"E, Karte D8 (S. 11), F3
Platz: = 11 auf Rasengittersteinen. =18 (10 A) WC CHEM . Ganzjährig geöffnet.
Preis: 18 € inkl. Entsorgung, Dusche, WC, Müll-Entsorgung. Jede weitere Pers. 5 €, Strom 0,50 €/kWh, Wasser 0,50 €. Eintritt ins Waldbad in der Saison (1.6.-31.8.) gratis.

Kontakt: Harald Stolley, ☎ 035324/308074, Mobil: 0172/2906086, waldbad-crinitz@hstolley.de, www.waldbad-crinitz.de.
Distanz: 0 km, weitere Restaurants in 2 km, 2 km, 2 km, 2 km.
Gastro: Gaststätte mit Sonnenterrasse.
Freizeit: 18 km. Beachvolleyballplatz, Keramikkurse, Anbindung an Fürst-Pückler-Radweg.
POI: Töpfereien, Wasserschloss Fürstlich Drehna 3 km, Sielmanns Natur-Erlebniszentrum Wanninchen 9,6 km, Naturpark-Station Wanninchen 10 km, liegender Eiffelturm 23 km.

19089 Crivitz €10,00 <12m

Wohnmobilstellplatz am Crivitzer See, Geschwister Scholl Straße, ☎ 03863/555983
Auf der Festwiese, am Ortsrand in Seenähe

2021 geprüft E

POS: 53°34'43.00"N/11°38'17.00"E, Karte D3 (S.6), B4
Platz: P = 6, = 6 (<12 m) auf Wiese. CHEM/Bio GRAU. Beleuchtet. VE nur von 1.5.-31.10. Ganzjährig geöffnet.
Preis: 10 € inkl. Wasser, Entsorgung. Strom 0,60 €/kWh. Bezahlung am Automat oder beim Platzwart.
Kontakt: Stadt Crivitz, Jana Nützmann, ☎ 03863/555983, Mobil: 0152/59140026, crivitz@stadt-crivitz.de, www.stadt-crivitz.de.
Distanz: 0,1 km.
Freizeit: Walderlebnispfad Sagenhafte Lewitz, Vogelweg Lewitz, Rad- und Wanderweg rund um Crivitz, Räuber Röpke Pfad, Angeln.

27472 Cuxhaven €12,50 <12m

Fährhafen Cuxhaven, Am Fährhafen, ☎ 04721/5000
Im Hafengebiet an der Elbe

2022 geprüft E

POS: 53°52'34.00"N/8°42'13.00"E, Karte D2 (S.5), E3
Platz: P = 135 auf Pflaster. =100 (16 A) CHEM GRAU. Leinenpflicht für Hunde. Ganzjährig geöffnet.
Preis: Ab 12,50 € inkl. Entsorgung, Müll-Entsorgung. Strom 1 €/2 kWh, Wasser 1 €/80 l, Kurtaxe 1,50 €/Pers., Kurtaxe 2 €/Pers. 1.11.-28.2. 12,50 €, 1.3.-31.10. 17,50 €.
Kontakt: Niedersachsen Ports GmbH & Co.KG, ☎ 04721/5000, cuxhaven@nports.de, www.tourismus.cuxhaven.de.
Distanz: 0,1 km, 0,2 km, 1 km, 1 km.
Gastro: Diverse Restaurants rund um den Hafen. Brötchenservice.

Freizeit: 4 km, 2 km, 1 km. Wassersport, Hafenrundfahrten, Wattwandern, Sandstrand 2 km.
POI: Aussichtsplattform Alte Liebe und Hafenschleuse 1 km, Fischereihafen 1 km, Wrack- und Fischereimuseum 2,1 km, Schloss Ritzebüttel 3 km.

27476 Cuxhaven-Döse €25,00 <12m

Ferienhof Grüne Oase, Schultheiß-Leo-Ahlf-Weg 2, ☎ 04721/48183 In den Feldern zwischen Stadtmitte und Sandstränden

POS: 53°52'25.67"N/8°40'12.08"E, Karte D2 (S.5), E3
Platz: P = 3 auf Wiese. =6 (10 A) WC . B Anfahrt bis 20:00 Uhr. Ganzjährig geöffnet.
Preis: Ab 25 € inkl. Strom, Wasser, Dusche, WC, Müll-Entsorgung. Jede weitere Pers. 5 €, Kurtaxe 3,50 €/Pers. Campingbusse (bis 5 m) 20 €, Wohnmobile 5-7,50 m 25 €, ab 7,5 m 30 €. Wohnwagen bis 5 m 30 €, über 5 m 35 €.
Kontakt: Familie Ahlf-Burhop, ☎ 04721/48183, www.gruene-oase-cuxhaven.de.
Distanz: 0,8 km, 1 km, 1 km, 2 km.
Freizeit: 2 km, 2 km, 2 km. Strand und Kuranlage 2 km.
POI: Kugelbake, Leuchtturm Alte Liebe in Cuxhaven 1,5 km.

27476 Cuxhaven-Döse €11,00 <10m

Stellplatz Messeplatz Döse, Strandstraße 80, ☎ 04721/404444
Parkplatz der Kugelbake-Halle

2021 geprüft E

POS: 53°53'27.56"N/8°40'40.58"E, Karte D2 (S.5), E3
Platz: = 28 auf Pflaster. =36 (10 A) WC CHEM GRAU. Ganzjährig geöffnet.
Preis: 11 € inkl. Entsorgung, WC, Müll-Entsorgung. Strom 1 €/kWh, Wasser 1 €/60 l, Dusche 1 €/5 min, Kurtaxe (ab 16 J.) 3,20 €/Pers.
Kontakt: Nordseeheilbad Cuxhaven GmbH, ☎ 04721/404444, ticketverkauf@tourismus.cuxhaven.de, www.cuxhaven.de.
Distanz: 0,1 km, weitere Restaurants in 0,5 km, 0,1 km, 0,5 km, 0,5 km.
Freizeit: 0,8 km, 2 km, 0,5 km. Wassersport, Kurkonzerte im Sommer, Unterhaltungsprogramm in der Kugelbake-Halle, Wattwandern, Strand 0,1 km, Elbe-Grünstrand 0,1 km, Kurpark mit Zoo 0,1 km.
POI: Kugelbake 0,2 km, Museen 3 km, mehrere Häfen ab 3 km, Schloss Ritzebüttel 4 km, Pier Steubenhöft und Hapag-Hallen 5 km.

27476 Cuxhaven-Duhnen €17,00 <12m

Strandparkplatz Duhnen, Duhner Allee 2, ☎ 04721/48241
Zentrumsnah am Strand

2021 geprüft E

POS: 53°53'3.10"N/8°38'50.85"E, Karte D2 (S.5), E3
Platz: P = 60 auf Pflaster, Schotter. =120 (6/10 A) WC CHEM. An- und Abklemmen von 9:00-11:00 Uhr/17:00-18:00 Uhr, Tickets am Kassenautomat. Ganzjährig geöffnet.
Preis: 17 € inkl. Wasser, Entsorgung, Müll-Entsorgung, Hund. Strom 4 €/Tag, Dusche 1 €/Pers., WC 0,50 €. Kurtaxe: HS 3,20 €/Tag, NS 3,20 €/Tag.
Kontakt: Dierk Henseleit, ☎ 04721/48241, www.strandparkplatz-duhnen.de.
Distanz: 0,4 km, 0,1 km, 0,1 km, 0,2 km.
Freizeit: 1 km, 0,6 km. Wattwandern zur Insel Neuwerk, Badestrand 0,2 km, Thalassozentrum ahoi 1 km.
POI: Kuranlagen 0,8 km, Hafen, Fischmarkt und Schiffsmuseum 5 km, Wattenmeer Besucherzentrum in Cuxhaven-Sahlenburg (Fußweg 4,6 km) 6,6 km.

D

25899 Dagebüll €12,00 <12m

Reisemobilhafen am Nordseedeich, Am Badedeich 15, ☎ 04667/349
Auf einer ehemaligen Pferdekoppel

POS: 54°43'36.00"N/8°41'43.00"E, Karte D2 (S.5), E1
Platz: P = 10 auf Sand/Splitt, Schotter. =6 (6 A) . Anfahrt 24 h, Anmeldung/Zahlung in der Gartenhütte. Ganzjährig geöffnet.
Preis: Ab 12 € inkl. Wasser, Hund. Strom 2 €/24 h. Reisemobile >8 m 15 €.
Kontakt: Harald Wolf, ☎ 04667/349, Mobil: 0171/6979646, h-wolf-dagebuell@t-online.de.
Distanz: 0,1 km, weitere Restaurants in 0,2 km, 0,3 km, 0,4 km, 0,5 km.
Gastro: Strandimbiss. Strandhotel Dagebüll.
Freizeit: 7 km, 12 km. Schifffahrt zu den Inseln Föhr, Amrum, Wattwandern zu den Halligen Oland und Langeneß, Badestrand, Wassersport.
POI: Nolde-Museum 20 km.

D

25899 Dagebüll €23,00

Womo Ankerplatz am Deich, Fährhafenstraße 2, ☎ 04681/80241 <12m neu
Direkt am Deich, unweit der Mole

2022 geprüft E

POS: 54°43'52.93"N/8°42'8.68"E, Karte D2 (S.5), E1
Platz: P = 142 auf Schotterrasen. WC CHEM GRAU. Familienbäder (barrierefrei zugänglich), Leinenpflicht für Hunde, Hundewiese auf dem Nachbargrundstück, Geschirrwaschraum. Beschrankte Zufahrt. Ganzjährig geöffnet.
Preis: 23 € inkl. aller Personen, Wasser, Entsorgung, Dusche, WC, WLAN, Waschmaschine/Trockner. Strom 1 €/kWh. Bargeldlose Zahlung via Smartphone oder an einem Check-in Terminal im Waschhaus.
Kontakt: ☎ 04681/80241, info@womoankerplatz.de, womoankerplatz.de.
Distanz: 0,2 km, 0,2 km, Ⓗ 0,6 km, 0,6 km.
Freizeit: Wattwanderungen, Badestrand Dagebüll, Schifffahrt nach Föhr oder Amrum, Radtouren.
POI: Leuchtturm Dagebüll, Museum Hans-Momsen-Haus in Fahretoft 9 km.

25899 Dagebüll-Hafen €27,00

Campingplatz Neuwarft, Nordseestraße 20, ☎ 04667/95140 <8m
An der Hotelanlage, 300 m von Strand und Hafenmole entfernt

POS: 54°43'44.63"N/8°41'56.17"E, Karte D2 (S.5), E1
Platz: = 3 auf Pflaster. =3 CHEM GRAU. Geöffnet 7:00-22:00 Uhr. Geöffnet 1.4.-31.10.
Preis: 27 € inkl. Wasser, Entsorgung, Dusche, WLAN, WC. Strom 4 €, Hund 0,50 €, Waschmaschine/Trockner je 4 €. 20 € Schlüsselpfand für WC/Dusche in bar.
Kontakt: ☎ 04667/95140, anfrage@hotel-neuwarft.de, www.hotel-neuwarft.de.
Distanz: 0,2 km, Ⓗ 0,2 km, 0,2 km, 0,2 km.
Gastro: Hotel Neuwarft, Strandhotel, Lauri's, Strandimbiss, Austernfischer.
Freizeit: Wattwanderungen, Ausflugsfahrten mit dem Schiff, Badedeich 0,3 km.
POI: Besuch der Insel Föhr, Städte: Husum, Friedrichstadt, Flensburg, Halligen: Oland, Langeness, Nolde Museum, Westküsten Museum, Naturkundemuseum.

53949 Dahlem gratis

Flugplatz Dahlemer Binz, Dahlemer Binz, ☎ 02447/95550 Am Flugplatz <12m

POS: 50°24'29.54"N/6°32'17.43"E, Karte D9 (S.12), B2
Platz: / = 3 auf Asphalt. CHEM GRAU. Ganzjährig geöffnet.
Preis: Übernachtung gratis.
Kontakt: Gemeinde Dahlem, ☎ 02447/95550, buergermeister@dahlem.de, www.dahlem.de.
Distanz: Ⓗ 0,2 km, 1 km, 2 km, 3 km.
Gastro: Flugplatzhotel an der Dahlemer Binz.
Freizeit: 3 km, 3 km. Kart fahren, Fallschirmspringen, Naherholungsanlage Kronenburger See 8 km.
POI: Besucherbergwerk Grube Wohlfahrt 5 km, Krippen/Eisenbahnmuseum 7 km, historischer Ortskern Kronenburg 8 km.

53949 Dahlem-Kronenburg €10,00

Kronenburger See, Seeuferstraße, ☎ 02447/95550 <12m
An der Naherholungsanlage am Stausee

POS: 50°21'29.10"N/6°28'24.58"E, Karte D9 (S.12), B2
Platz: P = 12 auf Wiese, Schotter. =12 (16 A) WC CHEM GRAU. Ganzjährig geöffnet.
Preis: 10 € inkl. Strom, Kurtaxe. Wasser 1 €/120 l, Entsorgung 1 €.
Kontakt: Zweckverband Kronenburger See, ☎ 02447/95550, buergermeister@dahlem.de, www.kronenburger-see.de.
Distanz: Ⓗ 0,5 km, 0,5 km, weitere Restaurants in 4 km, 0,5 km, 4 km.
Gastro: Seeterasse am Kronenburger See.
Freizeit: 1 km. Tennis, Minigolf, Boccia, Wasserspielgeräte, Miniscooter, Beach-Volleyball, Angeln.
POI: Altstadt Kronenburg 1 km, Krippen/Eisenbahnmuseum 7 km, Besucherbergwerk Grube Wohlfahrt 12 km.

15936 Dahme/Mark gratis

Sportwelt Dahme, Quellweg 1, ☎ 035451/98120 Auf dem Parkplatz an der Sportwelt Dahme/Mark <8m

2022 geprüft

POS: 51°52'30.88"N/13°26'5.71"E, Karte D8 (S.11), F3
Platz: P / = 3 auf Rasengittersteinen. WC. WC zu den Öffnungszeiten der Sportwelt Dahme. Ganzjährig geöffnet.
Preis: Übernachtung gratis. Dusche 0,50 €, WC 0,50 €.
Kontakt: Tourist-Information Dahme/Mark, ☎ 035451/98120, touristinfo@dahme.de, www.dahme.de.
Distanz: 0 km, weitere Restaurants in 0,5 km, Ⓗ 1 km, 1 km, 1 km.
Gastro: Mehrere Restaurants im historischen Stadtkern.
Freizeit: 1 km, 0,5 km. Tennis, Sauna, Squash, Solarium.
POI: Tierpark, Schlosspark 0,2 km, Kirche St. Marien 1 km, Museum 1 km, Altstadt 1 km.

49401 Damme-Dümmerlohausen gratis

Reisemobilstellplatz Westufer Dümmer-See, Dümmerstraße 39, ☎ 05491/6620 Parkplatz an der Westseite des Sees bei Dümmerlohausen <8m

POS: 52°31'46.00"N/8°18'35.00"E, Karte D6 (S.9), E2
Platz: P = 12 auf Schotter. =6 WC CHEM GRAU. Aufenthalt max. 3 Tage. Ganzjährig geöffnet.
Preis: Übernachtung gratis inkl. WC, Hund. Strom 1 €/kWh. VE und Wasser 1 €. Bezug der Wertmarken im Gasthof nebenan.
Kontakt: Stadt Damme, ☎ 05491/6620, info@damme.de, www.damme.de.
Distanz: 0 km, weitere Restaurants in 0,2 km, Ⓗ 0,5 km, 1 km, 7 km.
Freizeit: 8 km, 8 km, 6 km. Surf-/Segelschule 0,1 km, Nordic Walking-Park 5 km, Dammer Berge mit Aussichtsturm 5 km, Bergsee/Bexaddetal 8 km.
POI: Dümmer Vogelschau 1 km, Skulpturenpfad 7 km, Pfarrkirche St. Viktor/Stadtmuseum 7 km, Hünengräber Römerschanzen 9 km.

24351 Damp €19,00

Wohnmobilpark Damp, Parkstraße 2, ☎ 04352/9117198 In unmittelbarer Nähe zum Ostsee-Resort Damp >12m

2021 geprüft E

POS: 54°34'39.00"N/10°0'56.00"E, Karte D2 (S.5), G1
Platz: P = 170 auf Schotter, Wiese, Schotterrasen. =120 (6 A) WC CHEM GRAU. Trockner, Hundedusche, Shuttlebus, Physiotherapie und Massage, Minishop, Waschmaschine. Anfahrt 24 h. Abfahrt bis 12:00 Uhr, in der Sommerzeit Ausweichplätze auf der Wiese ohne Strom. Ganzjährig geöffnet.
Preis: 19 € inkl. Entsorgung, WC, Müll-Entsorgung, WLAN. Kind (bis 12 J.) gratis, jede weitere Pers. 4 €, Strom 0,60 €/kWh, Wasser 0,10 €/10 l oder 1 €/100 l, Dusche 1 €/4 min, Hund 1 €.

Kontakt: Wohnmobilpark Damp, Atilla Ögretici, ☎ 04352/9117198, info@wohnmobilpark-damp.de, www.wohnmobilpark-damp.de.
Distanz: 0 km, weitere Restaurants in 1 km, 0,2 km, 1 km, 1 km.
Gastro: Brötchenservice (nur am WE mit Vorbestellung). Grillzelt am Platz Fr und Sa in der Hauptsaison. Griechisches Restaurant Taverne Achilles, Mo + Mi-Fr 17:00-22:00 Uhr, Sa-So 12:00-15:30 Uhr und 17:00-22:00 Uhr, Di Ruhetag.
Freizeit: 1,7 km. Kleiner Badesee mit Liegewiese, Wassersport, Nordic Walking, Wakeboardpark Damp 0,3 km, Hundestrand mit Bademöglichkeit 0,7 km, Vitalwelt 1 km, Entdeckerbad Damp 1,7 km.
POI: Museumseisenbahn, Kappeln mit Altstadt 20 km, Bad Arnis 20 km, Eckernförde 20 km.

99837 Dankmarshausen — €8,00 — <10 m

Hotel Waldschlösschen, Waldstraße 31, ☎ 036922/437200
Parkplatz am Hotel beim Naturschutzgebiet

POS: 50°55'32.22"N/10°0'27.83"E, Karte D10 (S. 13), G1
Platz: = 5, = 3 (<10 m) auf Schotterrasen, Rasengittersteinen. Ganzjährig geöffnet.
Preis: 8 € inkl. Strom, Wasser, WC, Müll-Entsorgung. Dusche 2 €/Pers.
Kontakt: Frau Annerose Gebhardt, ☎ 036922/437200, info@urlaub-im-werratal.de, www.urlaub-im-werratal.de.
Distanz: 0 km, weitere Restaurants in 1 km, 0,5 km, 0,5 km, 6 km.
Gastro: Am Platz, warme Küche16:00-22:00 Uhr.
Freizeit: 6 km, 6 km. Geführte Klettertour auf den Monte Kali Mi/So, Sommerrodelbahn Brotterode, Angeln, Kanutouren, Naturschutzgebiet Rhäden.
POI: Schloss und Museum Friedewald 20 km, Wartburg 30 km, Erlebnisbergwerk Merkers 30 km.

17159 Dargun — gratis — <8 m

Wohnmobilstellplatz am Waldeck, Am Waldeck, ☎ 03995/922381
In ruhiger Lage am Waldrand

POS: 53°53'33.33"N/12°51'4.74"E, Karte D3 (S. 6), D3
Platz: P = 8 auf Wiese, Naturboden. Ganzjährig geöffnet.
Preis: Übernachtung gratis.
Kontakt: Stadt Dargun, ☎ 03995/922381, stadtinfo@dargun.de, www.dargun.de.
Distanz: 0,3 km, 0,5 km, 0,5 km.
Freizeit: Naturpark Flusslandschaft Peenetal, Angeln, Irrgarten, Baden im Klostersee, Ausflug mit der Naturpark-Draisine, historischer Erlebnispfad Slawische Burgwallanlage.
POI: Kloster- und Schlossanlage Dargun 0,8 km.

38871 Darlingerode — €15,00 — <12 m

Wohnmobilpark Harzblick, Hinter den Gärten 11, ☎ 03943/607133
In ruhiger Lage im Ort Darlingerode

POS: 51°51'9.94"N/10°44'11.17"E, Karte D7 (S. 10), A3
Platz: P = 10, = 10 (<12 m) auf Schotterrasen. =12 (16 A) CHEM GRAU. Infomappe mit aktuellen Tipps, Großer Einkaufsmarkt. P nur bei Gruppen. Kurtaxe enthält alle Busfahrten in der Region und weitere Ermäßigungen. Ganzjährig geöffnet.
Preis: 15 € inkl. Entsorgung, Müll-Entsorgung. Strom 0,60 €/kWh, Wasser 1 €/100 l, Kurtaxe 2,50 €/Pers., WLAN 1 €/Tag. Caravan 18 €, Preisänderung für Strom 2023 möglich.
Kontakt: Helga König, ☎ 03943/607133, Mobil: 0163/3275222, info@wohnmobil-harz.de, www.wohnmobil-harz.de.
Distanz: 0,3 km, 0,5 km, 0,5 km, 1 km, weitere Restaurants in 2 km.
Gastro: Mehrere Restaurants im Ort. Bäcker und Fleischerei 0,1 km.
Freizeit: 3 km, 3 km. Reiten, Tennis, Harzer Schmalspurbahn 5 km.
POI: Baumkuchenhaus mit Verkostung und Schaubacken 1 km, Brauerei Besichtigung Hasseröder 1 km, Schokoladenfabrik mit Werksverkauf 1 km.

37586 Dassel — €4,00 — <8 m

Stellplatz am Badesee, L547, ☎ 05564/2020 An Badesee und Zeltplatz in der Ortschaft Lauenberg

POS: 51°45'27.08"N/9°45'53.91"E, Karte D6 (S. 9), G4
Platz: P = 8 auf Schotter, Asphalt. =8 (16 A) WC CHEM GRAU. Ganzjährig geöffnet.
Preis: 4 € inkl. Strom, Wasser, Entsorgung, Müll-Entsorgung, Kurtaxe, Hund. Außerhalb der Saisonzeiten des Badesees (Okt-Apr) gratis, die Nutzung des Badesees ist für Stellplatzgäste kostenfrei.
Kontakt: Stadt Dassel, ☎ 05564/2020, buergermeister@stadt-dassel.de, www.stadt-dassel.de.
Distanz: 0,3 km, 0,3 km, 0,5 km, weitere Restaurants in 0,5 km Entfernung, 0,5 km.
Gastro: Bistro am Badesee während der Saison geöffnet.
Freizeit: Minigolf, Nordic Walking, Mountainbiking, Wichtelpfad Sievershausen, Waldseilgarten TreeRock/Abenteuerpark Hochsolling 13 km.
POI: St. Laurentius-Kirche Dassel, Naturpark Solling-Vogler, Burguine Löwenburg 1 km, Töpferdorf Fredesloh 5 km, Historisches Technikmuseum Blankschmiede Neimke 8 km.

37586 Dassel — gratis — <8 m

Wohnmobilstellplatz am Sollingbad, An der Badeanstalt, ☎ 05564/20234
Nur 500 m von der Altstadt entfernt

POS: 51°48'25.55"N/9°41'22.22"E, Karte D6 (S. 9), G4
Platz: P = 5 auf Asphalt. Dusche/WC gegen Eintritt zu den Öffnungszeiten im Freibad. Ganzjährig geöffnet.
Preis: Übernachtung gratis.
Kontakt: Stadt Dassel, ☎ 05564/20234, buergermeister@stadt-dassel.de, www.stadt-dassel.de.
Distanz: 0,5 km, 0,5 km, 0,5 km, weitere Restaurants in 0,8 km, 1 km.
Freizeit: Minigolf.
POI: Altstadt 0,5 km, Museum Grafschaft Dassel 0,7 km, St. Laurentius-Kirche 0,7 km, Technikmuseum Blankenschmiede 0,7 km, Naturpark Solling-Vogler 5 km.

45711 Datteln-Bockum — €17,00 — >12 m

Reisemobilhafen Haard-Camping, In den Wellen 30, ☎ 02363/361391
Reisemobilhafen vor der Schranke im Naturpark Hohe Mark

POS: 51°40'41.86"N/7°16'56.96"E, Karte D5 (S. 8), C4
Platz: = 20, = 3 (<13 m) auf Schotterrasen, Wiese, Schotter. =18 (13 A) WC CHEM GRAU. 4 beheizte Miet-Bäder mit Dusche, WC und Waschbecken, 2 zusätzliche Komfortstellplätze. P wird empfohlen. Ganzjährig geöffnet.
Preis: 17 € inkl. Strom, Wasser, Entsorgung, WC, Müll-Entsorgung, WLAN. Dusche 1 €.
Kontakt: Haard-Camping, Michael Weber, ☎ 02363/361391, Mobil: 0175/4056440, info@haard-camping.de, www.haard-camping.de.
Distanz: 0,1 km, weitere Restaurants in 1,2 km, 3,5 km, 4,5 km, 5 km.
Gastro: Restaurant in unmittelbarer Nähe (Haard-Oase).
Freizeit: 1 km, 1 km, 1 km. Wandern und Radfahren durch den Haard-Wald, Spielplatz mit Bolzplatz, 3 Trampoline, Golf 1 km, Tennis 5 km, Reiten 5 km, Gut Eversum Tier- und Freizeitpark 5,3 km.
POI: Hermann-Grochtmann-Museum 5 km, Römermuseum Haltern 10 km, Altes Schiffshebewerk und Industriemuseum Henrichenburg 10 km.

45711 Datteln-Klostern — €10,00 — <12 m

Erholungspark Wehlingsheide, Im Wehling 26, ☎ 02363/33404
Ruhige Lage in der Bauernschaft Klostern

POS: 51°40'54.01"N/7°18'15.17"E, Karte D5 (S. 8), C4
Platz: P = 16 auf Rasengittersteinen, Wiese, Schotterrasen. =8 (16 A) WC CHEM GRAU. Anfahrt 24 h, Aufenthalt max. 3 Tage. Ganzjährig geöffnet.
Preis: 10 € inkl. Entsorgung, Müll-Entsorgung. Strom 1 €/kWh, Wasser 1 €/150 l, Dusche 0,50 €/4 min. Strom/Wasser über Münzautomat, Zugang zum Sanitärgebäude 3 €.
Kontakt: Friedrich Schnieder, ☎ 02363/33404,

info@wehlingsheide.de, www.wehlingsheide.de.
Distanz: 0,5 km, weitere Restaurants in 3 km, Ⓗ 1,5 km, 3 km, 5 km.
Gastro: Brötchenservice in der Saison. Campinggaststätte.
Freizeit: 6 km, 6 km. Angeln.
POI: Schiffshebewerk Henrichenburg 8 km, Wasserburg Vischering 15 km.

D

94469 Deggendorf
gratis <8m

Stellplatz am Donaupark, Neusiedler Straße/Abzweigung Ackerloh, ☎ **0991/2960535** Zentrumsnah, beim Festplatz Ackerloh

2022 geprüft

POS: 48°49'58.56"N/12°56'49.37"E, Karte D16 (S. 19), E1
Platz: = 5 auf Schotter, Wiese. Ganzjährig geöffnet.
Preis: Übernachtung gratis.
Kontakt: Tourist-Information, ☎ 0991/2960535, tourismus@deggendorf.de, www.deggendorf.travel.
Distanz: 0 km, 0,7 km, 1 km.
Freizeit: Angeln, Rundflüge mit Segel- und Motorsportflugzeugen, Kletterzentrum Deggendorf, Bewegungsparcours.
POI: Handwerksmuseum, Stadtmuseum 0,8 km, spätgotisches Rathaus 0,8 km.

94469 Deggendorf
€6,50 <10m

Stellplatz am Elypso Ganzjahresbad, Sandnerhofweg 4-6, ☎ **0991/28960** Am Freizeit- und Erlebnisbad im Grünen

POS: 48°49'14.84"N/12°54'34.64"E, Karte D16 (S. 19), E1
Platz: = 4 auf Pflaster. CHEM . E-Tankstelle. Ankunft 9:00-21:00 Uhr, Abreise bis 11:00 Uhr. Ticket und Schlüssel für den Stellplatz (5 € Pfand) an der Bad-Kasse. Ganzjährig geöffnet.
Preis: 6,50 € inkl. Entsorgung. Strom 1 €/kWh, Wasser 0,50 €/80 l. Wasser/Strom über Münzautomat. Preisänderung 2023 mögl.
Kontakt: ☎ 0991/28960, info@elypso.de, www.elypso.de.
Distanz: Ⓗ, , 5 km, 5 km.
Gastro: Gastronomie Elypso, warme Küche 10:00-21:00 Uhr.
Freizeit: Wintersport, Sauna, Wellness, Burgsee 1 km, Hackerweiher 1,8 km, Stauffendorfer Weiher mit FKK-Badestelle 2,2 km.
POI: Stadtmuseum/Handwerksmuseum Deggendorf 5 km.

88693 Deggenhausertal
€19,00 <12m neu

Obsthof Moll, Hagenbuch 6, ☎ **01525/9804891** Unter Apfelbäumen mit Blick auf die Ponykoppel, im Hinterland vom Bodensee

POS: 47°46'46.62"N/9°22'51.98"E, Karte D14 (S. 17), F4
Platz: = 3 auf Schotter, Wiese, Kiesel. Hofladen. Anfahrt 7:00-22:00 Uhr. Auffahrkeile vor Ort vorhanden. Ganzjährig geöffnet.
Preis: 19 € inkl. Strom, Wasser, Feuerholz für Lagerfeuer.
Kontakt: Melanie Moll, Mobil: 01525/9804891, info@obsthof-moll.de, obsthof-moll.de.
Distanz: 0,5 km, 0,6 km, Ⓗ 0,6 km, 6 km.
Gastro: Hotel Adler in Wittenhofen. Weitere Gaststätten im Deggenhausertal.
Freizeit: Führung durch den Betrieb, Mitarbeit bei der Ernte (Aug-Nov), Spaziergang mit Ponys, Wandern, mehrere Bademöglichkeiten in der nahen Umgebung, Wassersport am Bodensee, Ausgangspunkt für Wanderungen/Radtouren.
POI: Sky Walk Allgäu, Ravensburger Spieleland, Insel Mainau, Affenberg Salem 8 km, Schloss Heiligenberg 10 km, Meersburg 15 km, Friedrichshafen mit Zeppelinmuseum 18 km.

67146 Deidesheim
€9,50 <10m

Weingut Herbert Gießen Erben, Weinstraße 3, ☎ **06326/391** Im Betriebshof eines Traditions-Weinguts

POS: 49°24'42.13"N/8°11'28.31"E, Karte D9 (S. 12), D5
Platz: = 2 auf Asphalt. =4 (16 A) WC GRAU . Ganzjährig geöffnet.
Preis: 9,50 € inkl. Strom, Wasser, Entsorgung, WC, Müll-Entsorgung, Kurtaxe.
Kontakt: Herbert Gießen, ☎ 06326/391, weingut-giessen@t-online.de.
Distanz: 0,3 km, 0,5 km, Ⓗ 0,5 km, 0,7 km.
Gastro: Leopold Restaurant im Weingut von Winning 0,4 km. Fumi 0,5 km.
Freizeit: 0,8 km, 7 km, 0,8 km. Weinprobe, Holiday Park Haßloch 10 km.
POI: Viele Burgen und Schlösser entlang der Deutschen Weinstraße, Kurpfalzpark 6 km.

21717 Deinste
gratis <10m

Golf Club Deinster Geest, Im Mühlenfeld 30, ☎ **04149/277707** Beim Gut in ruhiger Lage

POS: 53°31'51.63"N/9°26'3.66"E, Karte D2 (S. 5), F4
Platz: = 15 auf Wiese, Schotterrasen. WC. Dusche/WC im Restaurant am Platz verfügbar, Strom auf Anfrage. Ganzjährig geöffnet.
Preis: Für Restaurantgäste kostenlos, inkl. Dusche, WC. Einkehr obligatorisch.
Kontakt: Tim Steffens, ☎ 04149/277707, golfclub@deinste.golf, www.deinste.golf/golf-club/kontakt/.
Distanz: Ⓗ 0,5 km, 0,5 km, 1 km, 1,2 km.
Gastro: Am Platz, Mo-So 11:00-21:30 Uhr.
Freizeit: 4 km. Angeln, Golfplatz 0,1 km, Badesee 4,9 km.
POI: Haltestelle des Moorexpress 0,5 km, Deutsches Feld- und Kleinbahnmuseum 0,5 km.

33129 Delbrück
€9,00 <10m

Wohnmobilstellplatz am Nordring, Nordring 1, ☎ **05250/8445** Beim Hallenbad am Waldrand

2022 geprüft

POS: 51°46'12.50"N/8°33'15.25"E, Karte D6 (S. 9), E4
Platz: = 8 auf Schotter. =2 (16 A) CHEM GRAU . Leinenpflicht für Hunde. Aufenthalt max. 7 Tage. WC/Dusche zu den Öffnungszeiten im Hallenbad. Ganzjährig geöffnet.
Preis: 9 € inkl. Strom, Wasser, Entsorgung, Müll-Entsorgung, Kurtaxe, WC. Dusche inkl. Hallenbadeintritt 3,50 €.
Kontakt: Stadt Delbrück, ☎ 05250/8445, tourist@stadt-delbrueck.de, www.delbrueck.de.
Distanz: 0 km, weitere Restaurants in 0,3 km, Ⓗ 0,5 km, 0,5 km, 0,8 km.
Gastro: Bistro im Hallenbad.
Freizeit: Abenteuerspielplatz, Radwege, Sportplatz und Beachvolleyballfeld 0,1 km, Erlebnispark Meiwes 7 km.
POI: Kirchplatz mit schiefem Kirchturm 0,7 km, Kulturdenkmal Boker Heide Kanal 3 km, gastliches Dorf 5 km, Naturschutzgebiet Steinhorster Becken 6 km, Römerlager Anreppen 7 km.

31073 Delligsen-Hohenbüchen
gratis <12m neu

Wohnmobilstellplatz am Hilsbad Hohenbüchen, Fuhrmannstraße 4, ☎ **05181/8066861** Gemischte Parkplätze am Freibad

POS: 51°58'16.53"N/9°45'36.95"E, Karte D6 (S. 9), G3
Platz: = 8 auf Wiese. WC/Dusche kostenfrei bei Verzehr in der Bad-Gastronomie. Geöffnet: Während der Schwimmbad-Saison.
Preis: Übernachtung gratis. Service in Planung. Ab dann kostenpflichtig.
Kontakt: Ortsvorsteher Hohenbüchen, ☎ 05181/8066861, stellplatz@hohenbuechen.work, www.hohenbuechen.work/wohnmobilstellplatz.
Distanz: 0 km, weitere Restaurants in 0,5 km, 0,4 km, 0,4 km.
Gastro: Gastronomie im Hilsbad.
Freizeit: Radtouren/Wanderungen rund um den Ith und den Hilsberg.
POI: Lippoldshöhle, Glasbläserort Grünenplan.

27749 Delmenhorst
gratis <10m

Reisemobilhafen Delmenhorst, An den Graften, ☎ **04221/992299** Im Stadtzentrum auf einem großen Parkplatz

2021 geprüft

POS: 53°2'51.10"N/8°37'26.92"E, Karte D2 (S. 5), E5

Platz: P = 8 auf Pflaster. =8 WC CHEM GRAU. WC am Kiosk, Duschen bei der GraftTherme. Ganzjährig geöffnet. Ausnahme: Bei Veranstaltungen geschlossen.
Preis: Übernachtung gratis inkl. Entsorgung. Strom 1 €/kWh, WC 0,50 €.
Kontakt: Delmenhorster Wirtschaftsförderungsgesellschaft mbH, ☎ 04221/992299, marketing@dwfg.de, www.dwfg.de.
Distanz: 0,3 km, weitere Restaurants in 1 km, Ⓗ 0,3 km, 0,5 km, 0,6 km.
Freizeit: 0,2 km, 0,2 km, 0,5 km. Theater, Geocachingtouren, Tagesausflüge für Gruppen, GraftTherme 0,4 km.
POI: Nordwestdeutsches Museum für Industriekultur 1,2 km, städtische Galerie Delmenhorst 2 km, Museumsmühle Hasbergen 5,4 km.

27751 Delmenhorst — €5,00 — <12m

Hotel-Restaurant Thomsen, Bremer Straße 186, ☎ 04221/9700 Auf dem Parkplatz einer großzügigen Hotelanlage

POS: 53°3'11.64"N/8°39'43.10"E, Karte D2 (S. 5), E5
Platz: = 6, = 1 (< 12 m) auf Asphalt. =1 WC. Ankunft 6:00-23:00 Uhr. WLAN nur im Hotel verfügbar. Keine Park-Gartenanlage. Ganzjährig geöffnet.
Preis: 5 € inkl. WC, Kurtaxe, WLAN. Für Restaurantgäste kostenlos. Strom 4 €.
Kontakt: Hotel Thomsen, Olaf Thomsen, ☎ 04221/9700, info@hotel-thomsen.de, www.hotel-thomsen.de.
Distanz: 0 km, weitere Restaurants in 0,1 km, Ⓗ 0,1 km, 1 km, 2 km.
Gastro: Frühstücksservice möglich. Am Platz, So-Fr 11:30-14:00 Uhr und 17:30-22:00 Uhr, Sa 11:30-14:00 Uhr.
Freizeit: 3 km, 3 km, 1 km. Fitnessraum, Sauna, Solarium und Kegelbahn.
POI: Innenstadt Bremen 10 km.

85095 Denkendorf — €10,00 — <12m

Gasthof Lindenwirt, Hauptstraße 43, ☎ 08466/349 Im Hinterhof des Gasthofs

POS: 48°55'28.32"N/11°27'16.81"E, Karte D15 (S. 18), B1
Platz: P / = 10 auf Asphalt. =24 WC. WC/WLAN nur im Gasthaus verfügbar. Ganzjährig geöffnet.
Preis: 10 € inkl. Strom, Wasser, WC, WLAN.
Kontakt: Alfons Hundsdorfer, ☎ 08466/349, info@gasthof-lindenwirt.de, www.gasthof-lindenwirt.de.
Distanz: 0 km, weitere Restaurants in 0,5 km, 0,5 km.
Gastro: Am Platz, Mi-So 17:30-21:00 Uhr, Mo-Di Ruhetag. Frühstücksservice.
Freizeit: 5 km, 15 km, 0,5 km.
POI: Main-Donau-Kanal, Altmühltal, Arnthöhle 5 km, Befreiungshalle Kelheim 20 km.

08393 Dennheritz-Oberschindmaas — €5,00 — <8m

Bresler Mobile, Zwickauer Straße 78, ☎ 03763/440833 Auf dem Betriebsgelände

POS: 50°48'35.69"N/12°29'8.91"E, Karte D11 (S. 14), D1
Platz: = 4 auf Schotter, Kiesel. =4. Zufahrtsweg rechts am Gelände. Schranke per Hand öffnen. Zufahrt auch außerhalb der Geschäftszeit (Mo-Fr von 9:00-16:00 Uhr) möglich. Kleine überdachte Sitzgelegenheit mit Blick ins Erzgebirge. Ganzjährig geöffnet.
Preis: 5 € inkl. Kurtaxe. Strom 0,50 €/kWh.
Kontakt: ☎ 03763/440833, mail@bresler-mobile.de.
Distanz: Ⓗ 0,3 km, 0,4 km, weitere Restaurants in 1,5 km, 3 km, 3 km.
Freizeit: 6 km, 12 km.
POI: Schloss Glauchau 6 km, Horchmuseum Zwickau 10 km, Sachsenring 20 km.

36466 Dermbach-Bernshausen — gratis — <10m

Campingplatz Rhön Feeling, Bernshausen 29, ☎ 036964/82523 Mitten im Grünen, hinter dem Hotel

POS: 50°43'55.26"N/10°11'37.02"E, Karte D10 (S. 13), H1
Platz: = 20, = 2 (< 20 m) auf Wiese. WC. wird empfohlen. Geöffnet: Apr-Dez.
Preis: Übernachtung gratis inkl. Wasser, Dusche, WC. Strom 3,50 €, Hund 2 €/Nacht.
Kontakt: Rhön Feeling GmbH, Familie Michael Heidinger, ☎ 036964/82523, info@rhoen-feeling.de, www.rhoen-feeling.de.
Distanz: 1 km, 6 km.
Gastro: Restaurant mit Biergarten. Frühstücksbüfett auf Anmeldung 13 €/Pers., Kinder ab 6 €. Brötchenservice. Lagerfeuerstelle auf Anfrage.
Freizeit: Westernreiterhof, Badesee Schönsee 2 km.
POI: Wartburg, Erlebnis Bergwerk Merkers, Point Alpha.

06846 Dessau — €16,00 — <8m

Seesportverein Dessau, Leopoldshafen 4, ☎ 0340/617235 Auf der Halbinsel zwischen Elbe und Leopoldshafen

POS: 51°51'22.53"N/12°13'13.14"E, Karte D7 (S. 10), C3
Platz: / = 10 auf Schotterrasen, Wiese. =10 (10 A) WC CHEM GRAU. Ganzjährig geöffnet.
Preis: 16 € inkl. Entsorgung, WC. Strom 1 €/kWh, Wasser 1 €/100 l, Dusche 1 €.
Kontakt: Seesportverein Dessau e.V., ☎ 0340/617235, info@seesport-dessau.de, www.seesport-dessau.de.
Distanz: 0,8 km, Ⓗ 0,8 km, 1 km, 3 km.
Gastro: Restaurant Kornhaus im Ort 0,8 km.
Freizeit: 2,5 km, 2,5 km. Motorbootrennen, Wasserwandern auf der Elbe, Radwandern auf dem Elbe-Radweg, Radtour Bauhaus 1 km.
POI: Meisterhäuser Bauhaus 2 km, Wörlitzer Park 16,5 km.

06846 Dessau-Roßlau — €11,00 — <8m

Wohnmobilstellplatz Hugo Junkers, Alte Landebahn 27, ☎ 0340/8991350 Am Flugplatz Dessau zwischen der Stadt Dessau-Roßlau und dem UNESCO-Biosphärenreservat Mittelelbe

POS: 51°50'3.32"N/12°10'56.19"E, Karte D7 (S. 10), C3
Platz: = 8 auf Schotterrasen. =8 (10 A) WC CHEM GRAU. Anfahrt 24 h. Öffnungszeiten Flugplatz: Mo-Fr 8:00-20:00 Uhr, Sa, So+Feiertag 9:00-19:00 Uhr. Ganzjährig geöffnet.
Preis: 11 € inkl. Strom, Dusche, WC, Müll-Entsorgung, Kurtaxe, WLAN. Wasser 5 €, Entsorgung 5 €. VE für Durchreisende 5 €.
Kontakt: Flugplatz Dessau, ☎ 0340/8991350, flugplatz@dvv-dessau.de, www.flugplatz-dessau.de.
Distanz: 0,8 km, Ⓗ 0,8 km, 1 km, 5 km.
Freizeit: 2,5 km, 5,2 km, 5 km. Fallschirmspringen, Segelfliegen, Gartenreich Dessau-Wörlitz 5 km.
POI: Technikmuseum Hugo Junkers 2,4 km, Biosphärenreservat Mittelelbe 5 km, UNESCO-Weltkulturerbe Bauhaus und Meisterhäuser 5 km.

06862 Dessau-Roßlau — €10,00 — <12m

Reisemobilplatz am Bowlingtreff, Herrmann-Wäschke-Weg 17, ☎ 034901/531080 An der Bowlingbahn nahe des Dessau-Wörlitzer Gartenreiches und des Biosphärenreservats Mittlere Elbe

2022 geprüft — E

POS: 51°53'55.51"N/12°15'22.67"E, Karte D7 (S. 10), C3
Platz: P / = 52 auf Schotterrasen. =52 (16 A) CHEM GRAU. nur bei Gruppen. Anfahrt bis 22:00 Uhr. Münzstromsäulen im Mittelbereich mit 8 Steckdosen, Freischaltung nur bei Anwesenheit des Betreibers möglich. Ganzjährig geöffnet.
Preis: 10 € inkl. Entsorgung, Müll-Entsorgung, Hund. Strom ab 2 €, Wasser 1 €/80 l oder 0,10 €/10 l. VE für Durchreisende 3 €. Bezahlung beim Betreiber oder am Parkscheinautomat (nur Münzen).
Kontakt: Klaus Abramowski, ☎ 034901/531080, hallo@bowlingtreff-rosslau.de, www.bowlingtreff-rosslau.de.
Distanz: Ⓗ 0,1 km, 0,2 km, 2,5 km, 2,5 km.
Gastro: Restaurant Bowling-Treff am Platz, Mi-Sa 16:00-22:00 Uhr, So 12:00-19:00 Uhr, Mo-Di Ruhetag.
Freizeit: 0,2 km. Bowlingbahn.
POI: Wasserburg 2 km, Bauhausarchitektur 11 km, Technikmuseum Hugo Junkers 13 km, Wörlitz 15 km.

D

26847 Detern-Stickhausen €12,00

<12m

Reisemobilplatz Detern, Alte Heerstraße 6, ☎ 04957/711
Mitten in Ostfriesland, nahe Ortskern Detern, am Fluss Jümme

POS: 53°12'57.29"N/7°38'46.67"E, Karte D1 (S. 4), C5
Platz: P = 40 auf Pflaster, Schotter. =40 (10 A) CHEM GRAU. Waschmaschine/Trockner, Paddel-/Pedalstation, Küche, Badesee, Behinderten-WC und Dusche. P WC 8:00-22:00 Uhr. Gratis-WLAN nach Verfügbarkeit. Ganzjährig geöffnet.
Preis: 12 € inkl. Entsorgung, Dusche, Müll-Entsorgung, WLAN, WC. Strom 2 €/24 h, Wasser 1 €/100 l oder 0,10 €/10 l. Ab 3 Nächten Gästekarte mit Vergünstigungen und Nutzung des Urlauberbusses.
Kontakt: Freizeit- und Erholungs-GmbH, ☎ 04957/711, info@detern.de, www.detern.de.
Distanz: Ⓗ 0,1 km, 0,4 km, weitere Restaurants in 2 km, 1 km, 1,5 km.
Freizeit: 7 km, 9 km. Burgführungen, Bouleplatz, Radfahren, Kanuverleih, Jümmesee mit Sandstrand und Abenteuerspielplatz 1,5 km.
POI: Burg Stickhausen 0,5 km, historische handbetriebene Fähre (Kurbelfähre) Pünte 8 km, schmalste Brücke Deutschlands Arndorf 8 km.

32756 Detmold €10,00

<8m

Wohnmobilstellplatz Detmold Werrebogen, Hornsche Straße 50, ☎ 05231/977177 Zentrumsnah im Grünen

POS: 51°55'48.21"N/8°53'12.77"E, Karte D6 (S. 9), F3
Platz: P = 21 auf Pflaster. =10 CHEM GRAU. Leinenpflicht für Hunde. Aufenthalt max. 72 h. Parkschein gut sichtbar hinter die Windschutzscheibe legen. Ganzjährig geöffnet.
Preis: 10 € inkl. aller Personen, Entsorgung. Strom 0,50 €/kWh, Wasser 0,50 €/50 l. RFID-Karte gegen 4 € Pfand.
Kontakt: Stadtverkehr Detmold, ☎ 05231/977177, info@stadtverkehr-detmold.de, www.stadtverkehr-detmold.de.
Distanz: Ⓗ 0,3 km, 0,5 km, 0,8 km, 1 km.
Freizeit: 4,3 km, 1 km, 1,6 km. Fußballgolf, Minigolf, Tennis 0,8 km, Freizeitbad Aqualip 1 km, Teuto Kletterpark am Hermannsdenkmal 7,3 km.
POI: Adlerwarte Berlebeck, Externsteine HBM, Fürstliches Residenzschloss, Lippisches Landesmuseum Detmold, Naturpark Teutoburger Wald/Eggegebirge, historischer Stadtkern, Vogelpark Heiligenkirchen 6,3 km, Hermannsdenkmal in Detmold 7,3 km.

97337 Dettelbach €7,00

<10m

Wohnmobilstellplatz an der Mainlände, An der Mainlände, ☎ 09324/3560
Direkt am Mainufer

2022 geprüft · E

POS: 49°48'3.89"N/10°10'5.09"E, Karte D10 (S. 13), H4
Platz: P = 60 auf Wiese, Rasengittersteinen, Schotter. =30 (16 A) CHEM GRAU. Aufenthalt max. 3 Tage. Ganzjährig geöffnet. Ausnahme: Sperrung bei Hochwasser.
Preis: 7 € inkl. Entsorgung. Strom 0,50 €/kWh, Wasser 1 €/60 l. Bezahlung am Parkscheinautomat.
Kontakt: Stadt Dettelbach, ☎ 09324/3560, tourismus@dettelbach.de, www.dettelbach-entdecken.de.
Distanz: 0,1 km, weitere Restaurants in 0,5 km, 0,2 km, Ⓗ 0,5 km, 0,5 km.
Freizeit: 2 km. Golfplatz in Mainsondheim 5 km.
POI: Handwerkermuseum im Faltertor 0,5 km, Kunstmuseum Pilger/Wallfahrer 0,6 km, Kultur/Kommunikationszentrum 0,6 km, Stadtpfarrkirche St. Augustinus 0,7 km, Wallfahrtskirche Maria im Sand 1 km.

54570 Deudesfeld gratis

<10m

Stellplatz am Leyendecker Platz, Manderscheider Straße, ☎ 06599/344 Innerorts am Gasthaus

POS: 50°6'6.04"N/6°43'54.23"E, Karte D9 (S. 12), B3
Platz: P = 4 auf Schotter. Bewacht, beleuchtet. Aufenthalt max. 14 Tage. Ganzjährig geöffnet.
Preis: Übernachtung gratis.
Kontakt: Herr Horst Bender, ☎ 06599/344, Mobil: 0151/18811112, ortsgemeinde.deudesfeld@vgdaun.de, www.deudesfeld.de.
Distanz: Ⓗ 0 km, 0,1 km, 0,1 km, 0,3 km.
Gastro: Gaststätte Zur Quelle.
Freizeit: 10 km, 20 km, 20 km. Minigolf, Angeln, ausgewiesene Wanderwege, Schwimmen, Meerfelder Maar 3 km.
POI: Kloster Himmerod 8 km, Manderscheider Burgen 8 km.

54570 Deudesfeld gratis

<10m

Wohnmobilstellplatz Deudesfeld, Meisburgerstraße 1, ☎ 06599/391
Von Hecken umgeben am Ortsrand

POS: 50°6'2.40"N/6°43'45.12"E, Karte D9 (S. 12), B3
Platz: P = 9 auf Schotterrasen. =9 (10 A) CHEM GRAU. Keine Wasserversorgung im Winter. Aufenthalt max. 14 Tage pro Quartal. Ganzjährig geöffnet.
Preis: Übernachtung gratis inkl. Kurtaxe, Hund. Strom 0,70 €/kWh, Wasser 1 €/100 l, Entsorgung 1 €.
Kontakt: Horst Bender, ☎ 06599/391, horst@elektro-bender.de, www.deudesfeld.de/wohnmobilstellplatz.html.
Distanz: Ⓗ 0,2 km, 0,3 km, weitere Restaurants in 0,4 km, 0,3 km, 0,3 km.
Freizeit: 10 km, 20 km. Schwimmen, Minigolf, Angeln, Meerfelder Maar 3 km.
POI: Manderscheider Burgen 8 km, Eifelmaare 10 km, Kloster Himmerod 12 km.

34519 Diemelsee-Heringhausen €16,00

<8m

Camping-Park Hohes Rad, Hohes Rad 1, ☎ 05633/99099
Vor dem Campingplatz

2020 geprüft · E

POS: 51°21'52.46"N/8°43'10.01"E, Karte D6 (S. 9), F5
Platz: = 5 auf Schotterrasen, Wiese, Schotter. =5 (16 A) WC CHEM GRAU. Nur Kassettenentsorgung. Ganzjährig geöffnet.
Preis: 16 € inkl. Wasser, Entsorgung, Dusche, WC, Müll-Entsorgung. Jede weitere Pers. 6 €, Kind (8-14 J.) 4 €, Kind (4-7 J.) 3 €, Strom 0,60 €/kWh, Kurtaxe (ab 14 J.) 2 €/Pers., WLAN 1 €/Tag, Hund 2 €.
Kontakt: Karl Schiemann, ☎ 05633/99099, k.schiemann@freenet.de, www.camping-diemelsee.de.
Distanz: Ⓗ 0,3 km, 1 km, 1 km, 1,3 km, 6 km.
Gastro: Kiosk, Brötchen während der Saison.
Freizeit: 1 km, 1 km, 2 km. Schwimmen, Surfen, Talsperre Diemelsee 0,1 km.
POI: Bergwerk 6 km, Glashütte 15 km.

34519 Diemelsee-Heringhausen €5,00

<12m

Wohnmobilstellplatz Diemelsee, Hohes Rad 1, ☎ 05633/91133
Am Ufer des Diemelsees

2020 geprüft

POS: 51°21'53.61"N/8°43'8.01"E, Karte D6 (S. 9), F5
Platz: = 30 auf Schotter. Leicht schräge Stellplätze am Waldrand. Nächste VE Station am Ortsausgang von Heringhausen ca. 2 km. Ganzjährig geöffnet.
Preis: 5 €. Kurtaxe 1,50 €/Pers. Bezahlung bei der Tourist-Information Diemelsee (Mo-Fr 9:00-16:00 Uhr, Sa 10:00-12:00 Uhr).
Kontakt: Tourist-Information Diemelsee, ☎ 05633/91133, info@diemelsee.de, www.diemelsee.de.
Distanz: Ⓗ 0,5 km, 1,3 km, weitere Restaurants in 1,5 km, 1,6 km, 7 km.
Freizeit: 1,4 km. Surfen, Angeln, Segeln, Boot fahren, Minigolf, Schwimmen, Hundestrand 0,3 km, Schiffsrundfahrten 1 km, Golfpark 1,8 km.
POI: Visionarium Diemelsee 1,4 km, Aussichtsturm Dommel 8,5 km, Besucherbergwerk Grube 9 km, Kloster Flechtdorf 13 km.

34474 Diemelstadt-Wrexen gratis

Wohnmobilstellplatz Steinberg, Steinberg 18, ☎ 05694/97980 In ruhiger Lage direkt am Freibad Steinbergbad <8m

POS: 51°30'22.40"N/9°0'21.19"E, Karte D6 (S. 9), F4
Platz: = 4 auf Schotter. Ganzjährig geöffnet.
Preis: Übernachtung gratis.
Kontakt: Stadt Diemelstadt, ☎ 05694/97980, info@diemelstadt.de, www.diemelstadt.de.
Distanz: 1 km, 1 km, Ⓗ 1,5 km, 1,5 km.
Gastro: Im Freibad.
Freizeit: 0,2 km. Angeln.
POI: Altstadt Rhoden mit Schloss 5 km, Hardehausen 7 km, Barockschloss Bad Arolsen 15 km.

31603 Diepenau-Lavelsoh gratis

Wohnmobilstellplatz Lavesloh, Am Bahnhof 3, ☎ 05763/18338 Zentrumsnah, am Hochzeitsbahnhof (Museumseisenbahn) <12m

POS: 52°25'28.88"N/8°44'22.38"E, Karte D6 (S. 9), E2
Platz: = 5 auf Pflaster. =8 (16 A) CHEM GRAU. Caravans auf Anfrage. Ganzjährig geöffnet.
Preis: Übernachtung gratis. Strom 1 €/8 h, Wasser 1 €/100 l, Entsorgung 1 €.
Kontakt: Samtgemeinde Uchte, ☎ 05763/18338, s.gehrke@sg-uchte.de, www.uchte.de.
Distanz: 0,1 km, weitere Restaurants in 0,4 km, Ⓗ 0,2 km, 0,4 km, 1 km.
Freizeit: 17 km, 6 km. Fahrt mit dem historischen Zug.
POI: Moorbahn Uchter Moor 6 km, Museumshof Gehannfors Hof 7 km, Kranichbeobachtungsturm 10 km.

31603 Diepenau-Steinbrink €9,00

Stellplatz am Tor zum Moor, Steinbrinker Straße 8, ☎ 05777/290 Auf einem Wiesengelände am ehemaligen Gasthof <12m

POS: 52°28'37.00"N/8°44'25.00"E, Karte D6 (S. 9), E2
Platz: = 20 auf Pflaster, Wiese. =20 (16 A) CHEM GRAU. Freie Platzwahl auf dem gesamten Gelände. Akzeptanz eines freilaufenden familien- und kinderfreundlichen Haushund wird vorausgesetzt. Sozialverträgliche Hunde der Gäste dürfen sich unter Obacht des Halters ebenfalls frei auf dem Gelände bewegen. Entsprechendes Verständnis anreisender Wohnmobile ohne Hund wird vorausgesetzt. Ganzjährig geöffnet.
Preis: 9 € inkl. Strom, Wasser, Entsorgung, Müll-Entsorgung, Kurtaxe, WC.
Kontakt: Jürgen Rösener, ☎ 05777/290, Mobil: 0170/7558184, laroe@t-online.de.
Distanz: Ⓗ 0,1 km, 0,5 km, 1 km, 3 km, weitere Restaurants in 7 km.
Freizeit: 10 km, 2 km, 2 km. Planwagenfahrten, Moorführungen mit der Feldbahn, Wandern, Radtouren.
POI: Das Tor zum Moor 0,5 km, Naturpark Ströhlen 3 km, Dicker Willi von Tonnenheide 5 km, Museumshof Rahden 15 km, Woatermöhln Harrienstedt 15 km.

49356 Diepholz gratis

Flugplatz-Café Weitblick, Lehmder Damm 3, ☎ 05441/4426 Beim Café am Flugplatz <8m

POS: 52°34'53.95"N/8°20'56.04"E, Karte D6 (S. 9), E2
Platz: = 5 auf Wiese. Ganzjährig geöffnet.
Preis: Übernachtung gratis.
Kontakt: Franziska de Boer, ☎ 05441/4426, info@flugplatz-diepholz.de, www.flugplatz-diepholz.de.
Distanz: 0 km, 2,3 km.
Gastro: Café Weitblick, Mi-Fr 15:00-18:00 Uhr, Sa-So 11:00-18:00 Uhr, Mo-Di Ruhetag.
Freizeit: Trampolin, Vermittlung von Rundflügen über das Dümmerland.

49356 Diepholz gratis

Parkplatz Am Heldenhain, Am Heldenhain, ☎ 05441/909204 Auf der Wiese hinter dem Markt- und Festplatz <8m

POS: 52°36'46.00"N/8°22'13.00"E, Karte D6 (S. 9), E2
Platz: = 20 auf Wiese. =12 (20 A) CHEM GRAU. Aufenthalt max. 3 Tage. Ganzjährig geöffnet.
Preis: Übernachtung gratis inkl. Kurtaxe, WLAN. Strom 0,50 €/kWh, Wasser 1 €/80 l, Entsorgung 1 €. Münzautomat für Strom/Wasser (kein Wechselgeld).
Kontakt: Gesellschaft für Wirtschaftsförderung und Stadtmarketing Diepholz mbH, Christina Bünnemeyer, ☎ 05441/909204, wista@stadt-diepholz.de, www.stadt-diepholz.de.
Distanz: 0 km, 0,5 km, 0,5 km, weitere Restaurants in 1 km, Ⓗ 0,5 km.
Freizeit: 1 km, 0,5 km. Moorlehrpfad 2 km, Dammer Berge 10 km, Dümmer See 13 km.
POI: Diepholzer Schloss 1 km, Heimatmuseum Aschen 4 km.

76889 Dierbach €5,00

Gemeindehalle, Jahnstraße, ☎ 06340/1797 An der Gemeindehalle beim Sportplatz <12m

POS: 49°4'53.21"N/8°3'40.69"E, Karte D13 (S. 16), D1
Platz: = 10 auf Schotter. =10 GRAU. Jederzeit frei zugänglich. Ganzjährig geöffnet.
Preis: 5 € inkl. Strom, Wasser, Dusche, Kurtaxe, WLAN. Münzzahlung an der Parkuhr.
Kontakt: Manfred Huckle, ☎ 06340/1797, info@gemeinde-dierbach.de, www.gemeinde-dierbach.de.
Distanz: 0,3 km, 0,3 km, 3 km, Ⓗ 3 km.
Gastro: Im Ort.
Freizeit: 8 km, 8 km. Kakteenland Steinfeld 4,7 km.

76889 Dierbach €15,00

Weinhaus-Weinstube Geiger, Hauptstraße 21, ☎ 06340/412 Wiesengelände am traditionsreichen Familienweingut >12m

POS: 49°5'4.60"N/8°4'2.32"E, Karte D13 (S. 16), D1
Platz: = 29 auf Wiese. WC. R wird empfohlen. Geöffnet: März-Dez (3. Advent).
Preis: 15 € inkl. Strom, Wasser, Entsorgung, Dusche, WC, Müll-Entsorgung, Kurtaxe, WLAN.
Kontakt: Familie Geiger, ☎ 06340/412, info@weinhaus-geiger.de, www.weinhaus-geiger.de.
Distanz: 0 km, Ⓗ 0,3 km, 0,6 km, 4 km.
Gastro: Weinverkauf, Mo-Fr 8:00-18:00 Uhr, Sa-So 9:00-12:00 Uhr. Weinstube, Fr 17:00-21:00 Uhr, Sa-So 16:00-21:00 Uhr, Mo-Do Ruhetag.
Freizeit: 5 km, 7 km. Pfälzer Burgenland 10 km, Weintor in Schweigen-Rechtenbach 15 km.
POI: Kakteenland Steinfeld 7 km.

01612 Diesbar-Seußlitz €4,00

Parkplatz An der Weinstraße, An der Weinstraße 1, ☎ 035267/5000 Gegenüber vom Schloss Seußlitz mit Blick auf die Elbe <8m

POS: 51°14'28.28"N/13°24'51.57"E, Karte D8 (S. 11), F5

D

Platz: = 6 auf Pflaster. WC. WC von Apr-Dez, kein Winterdienst. Ganzjährig geöffnet.
Preis: 4 € inkl. Kurtaxe. Strom 1 €/2 h, WC 0,50 €. 4 € von 9:00-19:00 Uhr oder 0,50 €/h.
Kontakt: ☎ 035267/5000, hdg-elbweindoerfer@nuenchritz.de, www.nuenchritz.de.
Distanz: 0,1 km, 0,2 km.
Gastro: Warme Küche, 11:00-24:00 Uhr.
Freizeit: Dampferfahrten, Elberadweg/Anschlussradwege, Rundwanderwege, Schiffsrundfahrten, Radfahren, Naturerlebniszentrum Hebelei 1,2 km.
POI: Ausstellungen im Haus des Gastes, Schlosskirche.

86911 Dießen am Ammersee — €12,00 — <8m

Wohnmobilstellplatz Dießen, Seestraße/Windermerestraße, ☎ **08807/929417** Entlang der Seestraße beim P+R-Platz am Bahnhof

POS: 47°57'10.86"N/11°6'18.60"E, Karte D15 (S. 18), B3
Platz: P = 12 auf Schotter. =12 CHEM GRAU. Aufenthalt max. 3 Tage. Parkschein für jeden weiteren Tag bis 10:00 Uhr lösen. Campingverhalten nicht erlaubt. Nahe Bahnlinie/Busparkparkplatz. Ganzjährig geöffnet.
Preis: 12 €. Strom 1 €/4 h, Wasser 1 €/70 l, Entsorgung 1 €.
Kontakt: Tourist-Information, ☎ 08807/929417, info@tourist-info-diessen.de, www.tourist-info-diessen.de.
Distanz: H 0,2 km, 0,3 km, 0,3 km, 0,3 km.
Freizeit: 2 km, 1 km. Segeln, Minigolf, Tret-/Ruderboot fahren, Strandbad St. Alban 2 km.
POI: Carl Orff Museum 0,3 km, Katholische Pfarrkirche Mariä Himmelfahrt, Marienmünster 2 km.

92345 Dietfurt/Altmühl — gratis — <8m

Pavillon an der Schiffsanlegestelle, Griesstetter Straße, ☎ **08464/640019** An der Schiffsanlegestelle des Main-Donau-Kanals

2022 geprüft E

POS: 49°1'38.69"N/11°34'55.73"E, Karte D15 (S. 18), C1
Platz: P = 7 auf Schotter. Aufenthalt max. 1 Nacht. Behindertengerechtes WC am Kiosk (nur im Sommer). Ganzjährig geöffnet.
Preis: Übernachtung gratis.
Kontakt: Stadt Dietfurt, ☎ 08464/640019, touristik@dietfurt.de, www.dietfurt.de.
Distanz: H 0,4 km, 0,5 km, weitere Restaurants in 0,7 km, 0,5 km, 1 km, E 1,1 km (Kläranlage Dietfurt – auch Frischwasser, Industriestraße 61, 92345 Dietfurt).
Gastro: Kiosk am Platz, im Sommer geöffnet.
Freizeit: 3 km, 2 km. Radwege, Angeln, Schifffahrten, Bootwandern.
POI: Mühlenmuseum 0,5 km, Wallfahrtskirche Griesstetten 0,5 km, Chinesenbrunnen 0,6 km, Museum im Hollerhaus, 4000 Jahre Kultur im Altmühlental 0,6 km, Wagnerei-Museum 0,6 km, historisches Stadtbild mit Resten der Stadtmauer 1 km.

78661 Dietingen — €9,00 — <12m

Reisemobilpark Turm und Kristalle, Fronstraße 7, ☎ **0741/9420276** Auf ebenem, naturnahem Gelände neben dem Mineralien- und Fossilienmuseum

POS: 48°12'1.57"N/8°38'46.29"E, Karte D14 (S. 17), E3
Platz: P = 48 auf Schotterrasen. =48 (16 A) CHEM GRAU. Anfahrt 24 h. Ganzjährig geöffnet.
Preis: Ab 9 € inkl. aller Personen, Entsorgung, Müll-Entsorgung, Kurtaxe, WLAN, Hund. Strom 0,70 €/kWh, Wasser 1 €/100 l. 34 Komfort-Parzellen 10 €, 14 Classic-Parzellen 9 €.
Kontakt: Alexandra Erler, ☎ 0741/9420276, Mobil: 0157/80797811, info@rmp-tuk.de, www.reisemobilpark-turm-und-kristalle.de.
Distanz: H 0,1 km, 0,2 km, 0,6 km, weitere Restaurants in 0,9 km, 0,8 km.
Freizeit: 6,5 km, 6,2 km, 7,6 km.
POI: Ruine Neckarburg, Mineralien-/Fossilienmuseum Welt der Kristalle 0,1 km, ThyssenKrupp Testturm 2,8 km, Rottweil 4,8 km.

35683 Dillenburg — gratis — >12m

Parkplatz am Aquarenabad/ Sportplatz, Stadionstraße, ☎ **02771/896151** In zentraler Lage auf dem Parkplatz des Aquarena-Schwimmbades

POS: 50°44'26.41"N/8°16'43.65"E, Karte D10 (S. 13), E1
Platz: P = 8 auf Asphalt. CHEM GRAU. Aufenthalt max. 3 Tage. Ganzjährig geöffnet.
Preis: Übernachtung gratis inkl. Entsorgung. Strom 1 €/2 kWh, Wasser 1 €.
Kontakt: Tourist-Info, ☎ 02771/896151, touristinfo@dillenburg.de, www.dillenburg.de.
Distanz: H 0,1 km, 0,3 km, 0,3 km, 0,3 km.
Freizeit: 0,1 km. Führungen durch die Altstadt und unterirdischen Verteidigungsanlagen, Wildpark Donsbach 3 km.
POI: Schlossberg mit oranien-nassauischem Museum im Wilhelmsturm 0,5 km, unterirdische Verteidigungsanlagen Kasematten 0,5 km, Wirtschaftsgeschichtliches Museum Villa Grün 0,5 km, Hessisches Landgestüt, Altstadt 0,8 km.

35683 Dillenburg — €30,00 — <12m

Waldcamp Meerbornsheide, Meerbornsheide 1-2, ☎ **02771/3305022** Terrassierte Stellflächen im Wald

POS: 50°43'52.43"N/8°15'44.35"E, Karte D10 (S. 13), E1
Platz: = 50 auf Wiese, Schotter. WC CHEM/Bio GRAU. Ankunft 8:00-13:00 Uhr und 15:00-21:00 Uhr, Abfahrt bis 11:00 Uhr. Ganzjährig geöffnet.
Preis: 30 € inkl. Strom, Entsorgung, Dusche, WC, Müll-Entsorgung, WLAN. Hund 2,50 €.
Kontakt: Erzsébet Cimpan, ☎ 02771/3305022, e.cimpan@web.de, www.waldcamp-meerbornsheide.eu.
Distanz: H 0,7 km, 2,5 km, 2,5 km, 2,5 km.
Gastro: Imbiss am Platz (Getränke).
Freizeit: 7 km, 2,5 km. Rothaarsteig Wanderweg, Wikdpark Dillenburg-Donsbach, Grillkurs, Golfplatz 5 km, Vogelpark 8 km.
POI: Schloss Dillenburg 2 km, Wilhelmsturm-Schlossberg 2 km, Wildpark Donsbach 3 km.

84130 Dingolfing — gratis — <12m

Stellplatz am Wollanger, Wollanger, ☎ **08731/327100** An der Isarhangleite am Freizeitbad Caprima, Eis- und Isar-Wald-Stadion

2020 geprüft E

POS: 48°37'41.62"N/12°30'14.35"E, Karte D15 (S. 18), D2
Platz: P = 12 auf Schotter. =12 (10 A) GRAU. Aufenthalt max. 3 Tage. Ganzjährig geöffnet. Ausnahme: Sperrung wegen Volksfest im Oktober.
Preis: Übernachtung gratis inkl. Entsorgung. Strom 1 €/12 h, Wasser 1 €/80 l. Bezahlung mit Wertmarken, an der Badkasse erhältlich.
Kontakt: Informationszentrum im Bruckstadel, ☎ 08731/327100, tourismus@dingolfing.de, www.dingolfing.de.
Anfahrt: Der Beschilderung im Parkleitsystem folgen. Einfahrt am Berg etwas eng. 4t-Beschränkung.
Distanz: H 0,3 km, 0,3 km, weitere Restaurants in 0,5 km, 0,7 km, 1 km.
Freizeit: 0,2 km. Stadt- und Kulturführungen, Isarradweg, Erlebnisbad Caprima 0,2 km.
POI: Wollertor 0,3 km, Stadtpfarrkirche St. Johannes 0,5 km, Museum Dingolfing 0,8 km, Storchenturm mit Wehrgang 0,8 km.

91550 Dinkelsbühl — €6,00 — <10m

Wohnmobilstellplatz P 2a, Mönchsrother Straße, ☎ **09851/902341** Schattiger Platz am Friedhof, nahe dem Zentrum

POS: 49°3'49.35"N/10°19'37.62"E, Karte D14 (S. 17), H1
Platz: P = 40 auf Rasengittersteinen. =15 (16 A) CHEM GRAU. Aufenthalt max. 7 Tage, sehr eng. 20 Ausweichplätze auf dem angrenzenden Pkw-Parkplatz. Ganzjährig geöffnet.
Preis: 6 € inkl. Entsorgung, Müll-Entsorgung, Kurtaxe. Strom 0,50 €/kWh, Wasser 1 €/100 l. Bezahlung am Parkscheinautomat, keine Kartenzahlung möglich. Automat gibt Wechselgeld aus.
Kontakt: Touristik Service Dinkelsbühl, ☎ 09851/902341, touristik.service@dinkelsbuehl.de, www.tourismus-dinkelsbuehl.de.
Distanz: 0,1 km, 0,3 km, weitere Restaurants in 0,6 km, 0,5 km, H 0,5 km.
Freizeit: 2 km, 1 km, 1 km. Angeln, Golfen.
POI: Münster St. Georg, Museum 0,3 km, Altstadt 0,3 km.

91550 Dinkelsbühl — €6,00

Wohnmobilstellplatz P5, Larrieder Straße 12, ☎ 09851/902440 Am Rande eines Großparkplatzes, mit Blick zur Wörnitz — <6m

2020 geprüft

POS: 49°4'28.56"N/10°19'21.40"E, Karte D14 (S.17)
Platz: = 35 auf Rasengittersteinen, Schotter. CHEM GRAU. Kein Schatten, leicht geneigt. Ganzjährig geöffnet.
Preis: 6 € inkl. Entsorgung. Strom 0,50 €/kWh, Wasser 1 €/100 l. Bezahlung am Parkscheinautomat, Kartenzahlung möglich. Automat gibt kein Wechselgeld aus.
Kontakt: Touristik Service Dinkelsbühl, ☎ 09851/902440, touristik.service@dinkelsbuehl.de, www.tourismus-dinkelsbuehl.de.
Distanz: 0,3 km, 0,3 km, Ⓗ 0,7 km, 1 km.
Freizeit: 0,5 km, 2 km. Radfahren, Wandern.
POI: Museum, Hesselberg 19 km.

01744 Dippoldiswalde-Malter — €10,00

Pension Annette, Dippoldiswalder Straße 75, ☎ 03504/618483 Am Rand der Dippoldiswalder Heide, umgeben von Streuobstwiesen — <8m

POS: 50°54'57.88"N/13°39'51.30"E, Karte D12 (S.15), F1
Platz: = 6 auf Rasengittersteinen, Sand/Splitt. =6 (16 A) WC CHEM GRAU. Anfahrt 6:00-20:00 Uhr. WLAN nur in der Pension verfügbar. Keine Wasserversorgung von Ende Okt-März. Ganzjährig geöffnet.
Preis: 10 € inkl. Strom, Wasser, Müll-Entsorgung, WLAN. Entsorgung 3 €, Dusche 1,50 €/Pers., WC 1 €. Inkl. Nutzung des beheizten Außenpools.
Kontakt: Annette Walther, ☎ 03504/618483, info@pension-annette.de, www.pension-annette.de.
Distanz: Ⓗ 0,1 km, 0,5 km, weitere Restaurants in 0,6 km, 2 km, 2 km.
Gastro: Frühstücksangebot in der Pension.
Freizeit: 1 km, 3 km.
POI: Schloss Moritzburg 18 km, Dresden 20 km.

49201 Dissen/Teutoburger Wald — gratis

Wohnmobilstellplatz am Schützenhaus, Schützenstraße/Röwekamp 1, ☎ 05421/5427 Am Waldrand auf dem Parkplatz der Gaststätte — >12m

POS: 52°7'31.57"N/8°12'51.73"E, Karte D5 (S.8), D3
Platz: = 3 auf Schotter, Pflaster. Ganzjährig geöffnet.
Preis: Für Restaurantgäste kostenlos. Einkehr obligatorisch.
Kontakt: Christoph Johanmeier, ☎ 05421/5427, Cjsystems@live.de, www.sv-dissen.de.
Distanz: 0 km, 1 km.
Gastro: Waldgasthaus Röwekamp.
Freizeit: Wandern, Radfahren.

97456 Dittelbrunn-Hambach — €1,00

Gasthaus Goldene Flasche, Strohgasse 1, ☎ 09725/4477 Bei einem Familienbetrieb mit Biergarten, Metzgerei und Party-Service — <12m

POS: 50°5'51.83"N/10°12'26.32"E, Karte D10 (S.13), H3
Platz: = 5 auf Wiese, Schotter, Asphalt. Ganzjährig geöffnet.
Preis: 1 €. Für Restaurantgäste kostenlos.
Kontakt: Ansgar Zänglein, ☎ 09725/4477, goldeneflasche@gmx.de.
Distanz: Ⓗ 0,2 km, 0,2 km.
Gastro: Restaurant am Platz, warme Küche 11:00-14:00 Uhr, 17:00-22:00 Uhr.
Freizeit: 6 km, 3 km, 0,5 km.
POI: Rad-/Rennsportmuseum 1 km, Georg-Schäfer-Museum Schweinfurt 10 km.

67596 Dittelsheim-Heßloch — gratis

Reisemobilstellplatz Kloppberghalle, Am Lerchenweg 8, ☎ 06244/905216 Hinter der Kloppberghalle, in sehr ruhiger Lage — <8m

POS: 49°44'37.41"N/8°14'27.96"E, Karte D10 (S.13), E1
Platz: = 4 auf Pflaster. Aufenthalt max. 3 Nächte. Ganzjährig geöffnet. Ausnahme: Sperrung am letzten Juni-WE.
Preis: Übernachtung gratis.
Kontakt: Ortsgemeinde, ☎ 06244/905216, dihe@vg-wonnegau.de, dittelsheim-hessloch.de.
Distanz: 0,5 km, 0,5 km.
Freizeit: Idealer Ausgangspunkt für Wanderungen/Radtouren.

04720 Döbeln — €5,00

Sport- und Freizeitzentrum WelWel, Fichtestraße 10, ☎ 03431/579161 Auf dem Gelände des Sport- und Freizeitzentrums — <10m

2022 geprüft

POS: 51°6'53.39"N/13°7'49.79"E, Karte D8 (S.11), E5
Platz: = 5 auf Wiese, Schotter. WC. Dusche auf Anfrage gegen Gebühr zu den Öffnungszeiten im Freizeitzentrum. Ganzjährig geöffnet.
Preis: 5 € inkl. aller Personen. Pauschale für Strom, Wasser und WC 5 €.
Kontakt: Stadtinformation Döbeln, ☎ 03431/579161, stadtinformation@doebeln.de, www.welwel.de.
Distanz: 0,3 km, 0,3 km, 0,5 km, Ⓗ 1 km.
Gastro: WelWel Restaurant.
Freizeit: 2 km, 2 km, 1 km. Minigolf.
POI: Döbelner Riesenstiefel im Rathaus 0,3 km, Nikolaikirche 0,5 km, Döbelner Pferdebahnmuseum 0,8 km.

03159 Döbern-Eichwege — €15,00

HüttenCamp Döbern-Eichwege, Dubraucker Straße 17, ☎ 035600/239037 Ruhig gelegener, naturbelassener Platz im Europäischen Geopark Muskauer Faltenbogen — <10m

POS: 51°36'22.12"N/14°36'51.58"E, Karte D8 (S.11), G4
Platz: = 8, = 2 (<10 m) auf Schotterrasen, Schotter. =7 (16 A) CHEM/Bio GRAU. Geöffnet: 1.4.-30.10.
Preis: 15 € inkl. Strom, Wasser, WLAN. Entsorgung 3 €, Dusche 1,50 €/Pers.
Kontakt: Frau Andrea Bartsch, ☎ 035600/239037, info@huettencamp.de, www.huettencamp.de.
Distanz: Ⓗ 0,4 km, 0,5 km, 2 km, 2 km.
Gastro: Imbiss und Brötchenservice am Platz.
Freizeit: 5 km, 8 km. Ausflüge nach Polen, Anschluss an zahlreiche Radwege in die Niederlausitz, Badesee Eichwege 1 km, Affenzoo Jocksdorf 8 km.
POI: Feldsteinkirche Eichwege 0,8 km, Glasmuseum Döbern 2,5 km, Fürst-Pückler-Park Bad Muskau 12 km, Rosengarten Forst 12 km, Geopark Muskauer Faltenbogen 25 km.

55278 Dolgesheim — €10,00

Weingut Held, Hof Ruhgewann, ☎ 06733/8911 Beim Weingut auf einer Anhöhe mit Sicht in die Rheinhessische Hügellandschaft — <12m

POS: 49°47'28.98"N/8°14'59.24"E, Karte D10 (S.13), E4
Platz: = 8, = 3 (<12 m) auf Pflaster, Wiese. WC CHEM GRAU. Ⓡ wird empfohlen.
Preis: 10 € inkl. Strom, Wasser, Entsorgung, WC, WLAN.
Kontakt: Thomas Held, ☎ 06733/8911, info@weingut-held.com, www.weingut-held.com.
Distanz: 0,6 km, 0,8 km, Ⓗ 1 km, 1 km.
Gastro: Pizzeria Angelo 0,8 km.
Freizeit: Weinbergsrundfahrten, Weinwanderungen.

55278 Dolgesheim — €20,00

Weingut Seck, Weinolsheimer Straße 12, ☎ 06733/324 Beim Weingut am Dorfrand — <12m

POS: 49°47'50.61"N/8°15'41.11"E, Karte D9 (S.12), D4

Platz: = 15, = 5 (<15 m) auf Pflaster, Wiese, Schotter. =4 (16 A) WC CHEM GRAU . Bitte telefonisch oder per E-Mail anmelden. Ganzjährig geöffnet.
Preis: 20 € inkl. Strom, Wasser, Entsorgung, Dusche, WC, WLAN.
Kontakt: Weingut Seck, Axel Seck, 06733/324, info@weingut-seck.de, www.weingut-seck.de.
Distanz: 0,3 km, 0,5 km, 0,5 km, weitere Restaurants in 5 km, 2 km.
Freizeit: 10 km, 11 km, 6 km. Weinprobe/Führung durch den Weinkeller, Mithilfe bei der Weinlese.
POI: Mainz 22 km, Wormser Dom 25 km.

D

91601 Dombühl — gratis — <8m

Gasthaus zur Linde, Bortenberg 4,
09868/412
Vor dem Resaurant in ländlicher Lage

POS: 49°14'51.35"N/10°19'3.44"E, Karte D11 (S. 14), A5
Platz: = 5 auf Schotter, Wiese. WC. WC-Nutzung nur zu den Öffnungszeiten. Ganzjährig geöffnet.
Preis: Übernachtung gratis.
Kontakt: 09868/412, info@wendhack.de, www.wendhack.de.
Distanz: 0 km, weitere Restaurants in 2,1 km, 0,1 km, 3 km, 7 km.
Gastro: Restaurant, Di-Do 16:00-23:00 Uhr, Fr-So 11:00-23:00 Uhr, Mo Ruhetag. Biergarten am Platz.
POI: Evangelisch-lutherische Pfarrkirche St. Veit 2,8 km, Friedhofsbefestigung 2,8 km, Rathaus 2,8 km, Steinkreuz 5 km.

19303 Dömitz — €21,00 — <12m

Hotel Hafen Dömitz, Hafenplatz 3,
038758/364290 Am Hafen an der Müritz-Elde-Wasserstraße

2021 geprüft

POS: 53°8'12.00"N/11°15'23.00"E, Karte D3 (S. 6), B5
Platz: = 24 auf Naturboden, Wiese. WC GRAU . Teilweise Leinenpflicht für Hunde. Anfahrt 24 h, Abreise bis 14:00 Uhr. Ab Mai-8.10. weitere 22 Stellplätze am Bahndamm. Elektrische Kochgeräte, Klima-/Heizgeräte bitte anmelden (gebührenpflichtig). Badebekleidung im Hotel/Restaurant sowie im Beach Club unerwünscht. WLAN in der Hotel-Lobby und im Restaurant. Ganzjährig geöffnet.
Preis: Ab 21 € inkl. Strom, Entsorgung, WC, Müll-Entsorgung, Kurtaxe, WLAN. Wasser 1 €/100 l, Dusche 1 €/5 min. NS 21 €, Juli+August 27 €, VS/NS 25 €. Bezahlung an der Hotelrezeption von 9:00-18:00 Uhr.
Kontakt: Hotel Dömitzer Hafen, Hafenmeisterei, Herr Kirstein, 038758/364290, Mobil: 0172/1015005, michael.kirstein@travdo-hotels.de, www.doemitzer-hafen.de.
Distanz: 0 km, weitere Restaurants in 0,6 km, 0,1 km, 0,2 km, 0,4 km.
Gastro: Hafen-Restaurant am Platz (regionale Küche mit saisonalen Produkten), warme Küche 12:00-14:00 Uhr und 17:00-20:00 Uhr. Tägl. Brötchenservice im Restaurant von 7:00-10:30 Uhr.
Freizeit: 15 km, 15 km, 0,5 km. Fahrgastschifffahrt, Kanuverleih (Ostern-Dez) 0,5 km.

POI: Steinschleuse von 1572, Naturpark Mecklenburgisches Elbtal/Biosphärenreservat Flusslandschaft Elbe, Festung Dömitz 1,8 km, Informationszentrum UNESCO-Biosphärenreservat Flusslandschaft Elbe 1,9 km, Schmölener Wanderdüne 3,5 km.

19303 Dömitz — €20,00 — >12m

Wasserwanderzentrum Marina-Dömitz, An der Schleuse 1,
01515/2019020
Am Campinggelände des Bootsanlegers

2021 geprüft E

POS: 53°8'26.84"N/11°15'31.99"E, Karte D3 (S. 6), B5
Platz: P / = 40 auf Wiese, Rasengittersteinen. =40 (16 A) WC CHEM GRAU . Slipanlage. Geöffnet: Apr-Okt.
Preis: 20 € inkl. Entsorgung, WC, Müll-Entsorgung. Jede weitere Pers. 3,50 €, Strom 1 €/kWh, Wasser 1 €/100 l, Dusche 1 €/5 min. Slipanlage 15 €/Boot.
Kontakt: Hafenmeister, Mobil: 01515/2019020, info@wwz-doemitz.de, www.wwz-doemitz.de.
Distanz: 0,1 km, 0,1 km, 0,2 km, weitere Restaurants in 1 km, 0,5 km.
Freizeit: 15 km, 25 km, 0,5 km. Schifffahrt, Naturbadestelle 0,5 km, Dünen 2 km, Hochseilwald 2,5 km.
POI: Altstadt 0,7 km, Flachlandfestung aus dem 16. Jh. 1 km, Steinschleuse 1 km, Wanderdüne 3,5 km.

78166 Donaueschingen — gratis — <12m

Stellplatz am Schlosspark, Stadionstraße/Prinz-Fritzi-Allee,
0771/857221 Am Quellfluss Breg, in unmittelbarer Nähe zum renaturierten Donauursprung

2021 geprüft E

POS: 47°56'51.36"N/8°30'42.66"E, Karte D14 (S. 17), E4
Platz: P = 20 auf Naturboden. =20 (10 A) . Aufenthalt max. 2 Nächte. Ganzjährig geöffnet.
Preis: Übernachtung gratis. Strom 0,50 €/kWh, Wasser 1 €/50 l, Kurtaxe 1,50 €/Pers., Kurtaxe (6-17 J.) 0,50 €/Pers. Inkl. KONUS-Gästekarte. Bezahlung in der Tourist-Info, Karlstraße 58.
Kontakt: Stadt Donaueschingen, 0771/857221, tourist.info@donaueschingen.de, www.donaueschingen.de.
Distanz: 0,4 km, 0,7 km, E 0,9 km (Verbandskläranlage Donaueschingen, Im Haberfeld 97, 78166 Donaueschingen), 1 km, 1,2 km.
Gastro: Mehrere Restaurants im Ort.
Freizeit: 0,2 km, 4 km, 1 km. Erlebnisführung, Donauradweg Donaueschingen-Passau 0,1 km, Tennis/Squash 0,2 km, Minigolf 0,3 km.
POI: Donauursprung 1 km, Donauquelle 1 km, Stadtzentrum 1 km, Stadtkirche St. Johann 1 km, Schloss 1,2 km, Fürstlich Fürstenbergische Sammlungen 1,3 km.

Sie haben einen neuen Stellplatz entdeckt? Dann teilen Sie uns diesen mit per E-Mail an **bordatlas@doldemedien.de**

93093 Donaustauf — €12,00 — <10m

Wohnmobilstellplatz Donaustauf, Regensburger Straße nahe Festplatz,
09403/95020 Beim Festplatz Donaustauf in der Nähe der Tankstelle

2021 geprüft

POS: 49°1'41.24"N/12°12'18.95"E, Karte D15 (S. 18), D1
Platz: P = 12 auf Sand/Splitt. =10 WC. Straße in Hörweite. Ganzjährig geöffnet. Ausnahme: Sperrung während der Festveranstaltung vom 28.6.-14.7.2023 und jeden Freitag von 13:30-16:30 Uhr (Bauernmarkt).
Preis: 12 €. Strom 0,50 €/kWh. Bezahlung am Parkscheinautomat.
Kontakt: Markt Donaustauf, 09403/95020, poststelle@vg-donaustauf.de, www.donaustauf.de.
Distanz: 0,1 km, weitere Restaurants in 0,3 km, 0,2 km, 0,3 km, 0,3 km.
Freizeit: 6 km. Schifffahrten auf der Donau, Stadtführungen, Führungen in das Kleinste Weinbaugebiet Deutschlands, Golfplatz 4 km.
POI: Wallfahrtskirche St. Salvator, Burgruine 0,3 km, Chinesischer Turm 0,5 km, Nationaldenkmal Walhalla 3 km, Weinbaumuseum Bach 8 km, UNESCO Welterbe Regensburg 10 km.

86609 Donauwörth — gratis — <8m

Wohnmobilstellplatz am Festplatz, Neue Obermayerstraße 2,
0906/789151 Separate Stellflächen auf einem Großparkplatz in der Innenstadt

2021 geprüft E

POS: 48°42'52.28"N/10°46'44.25"E, Karte D15 (S. 18), A2
Platz: P = 20 auf Asphalt. =16 (16 A) CHEM GRAU . Aufenthalt max. 5 Nächte. Vom 1.11.-31.3. wird die Anzahl der vorhandenen Stellplätze auf sieben reduziert. Bahnlinie in Hörweite. Ganzjährig geöffnet.
Preis: Übernachtung gratis. Strom 1 €/kWh, Wasser 1 €/100 l.
Kontakt: Tourist-Information Donauwörth, 0906/789151, tourist-info@donauwoerth.de, www.donauwoerth.de.
Distanz: 0,1 km, 0,2 km, 0,3 km, 0,8 km.
Freizeit: 2 km, 1 km. Langlauf, Angeln, Beach-Volleyball-Halle 1 km, Kletterhalle 1,5 km, 18-Loch-Golfplatz 2 km.
POI: Käthe-Kruse-Puppenmuseum, Donauspitz (Zusammenfluss von Donau und Wörnitz) 0,2 km, Insel Ried 0,3 km, Klosteranlage Heilig Kreuz 0,8 km.

29683 Dorfmark €21,00

Campingplatz zur Tausendjährigen Linde, Brock 1, ☎ 05163/453 Naturbelassener Camping in der Lüneburger Heide <12m

POS: 52°53'14.28"N/9°44'59.06"E, Karte D6 (S.9), G1
Platz: = 5 auf Pflaster, Wiese. WC CHEM GRAU . nur bei Gruppen. Plätze mit Hecken abgetrennt (ab 2 Tagen Aufenthalt). Geöffnet: Mai-Okt.
Preis: 21 € inkl. Strom, Wasser, WC, Müll-Entsorgung. Kind (0-12 J.) 2 €, jede weitere Pers. 4 €, Entsorgung 2 €, Dusche 1 €, WLAN 1,50 €/Tag.
Kontakt: E.+D. Lange, ☎ 05163/453, info@dexterfarm.de, www.dexterfarm.de.
Distanz: 0,5 km, 2,5 km, weitere Restaurants in 3 km, 3 km, 3 km, 15 km (in Hillern).
Freizeit: 1 km, 4 km, 3 km. Kartbahn, Mitarbeit auf dem Bauernhof, Heidepark 12 km, Vogelpark 15 km, Serengetipark 15 km.

41541 Dormagen-Zons €6,00

Parkplatz Rheintor-Zons, Herrenweg 2, ☎ 02133/257647 Gemischter Parkplatz nahe Zollfeste Zons und Rhein <8m

2020 geprüft

POS: 51°7'26.00"N/6°51'6.00"E, Karte D5 (S.8), B5
Platz: = 6 auf Schotter. . Aufenthalt max. 3 Tage. Keine Reservierung möglich. Ganzjährig geöffnet.
Preis: 6 € inkl. aller Personen. Strom 1 €/kWh.
Kontakt: Stadtmarketing Dormagen, ☎ 02133/257647, tourismus@swd-dormagen.de, dormagen.de.
Distanz: 0,1 km, 0,4 km, 0,4 km, 0,5 km.
Gastro: Restaurant zum Volksgarten 0,1 km.
Freizeit: 6 km, 5 km. Fahrradverleih im Hotel Schloss Friedestrom 0,1 km.
POI: Zollfeste Zons 0,6 km, Kreismuseum/Burg Friedestrom 0,7 km, Kloster Knechtsteden 10 km.

26553 Dornum-Dornumersiel €22,00

Wohnmobilplatz Am alten Hafen, Schöpfwerkstraße, ☎ 04933/351 In Zentrumsnähe <10m

2022 geprüft

POS: 53°40'21.13"N/7°28'49.64"E, Karte D1 (S.4), C4
Platz: = 30 auf Pflaster. =6 (16 A) . Ganzjährig geöffnet. Ganzjährig geöffnet.
Preis: Ab 22 € inkl. Wasser, Müll-Entsorgung, WLAN. Strom 1 €/kWh. 22-27 € je nach Saison. Bezahlung per Smartphone mit Barcode-Scanner notwendig.
Kontakt: Tourismus GmbH Gemeinde Dornum, ☎ 04933/351, 04933/91110, anfrage@dornum-camping.de, www.dornum.de.
Distanz: 0,2 km, 0,2 km, weitere Restaurants in 0,4 km, 0,3 km, 0,4 km.
Freizeit: 1 km, 8 km, 0,2 km. Badestrand 0,8 km, Erlebnisbad Ocean Wave in Norddeich 24 km.
POI: Dornum mit Schloss, Burg, Kirche, Synagoge 6 km, Norden - älteste Stadt Ostfrieslands 20 km, MachMitMuseum Miraculum in Aurich 22 km.

26553 Dornum-Dornumersiel €22,00

Wohnmobilplatz Nordseeblick, Am Nordseestrand 1, ☎ 04933/351 Am Nationalpark Niedersächsisches Wattenmeer im Nordseebad Dornumersiel <10m

2021 geprüft

POS: 53°40'44.78"N/7°28'43.56"E, Karte D1 (S.4), C4
Platz: = 38 auf Rasengittersteinen. =38 (16 A) CHEM GRAU . Ganzjährig geöffnet. Öffnungszeiten wetterabhängig (bei Sturmfluten geschlossen).
Preis: 22 € inkl. Entsorgung, Müll-Entsorgung, Kurtaxe, WLAN, WC. Strom 1 €/kWh, Wasser 2 €/100 l, Dusche 0,25 €/min, Waschmaschine/Trockner je 4 €. Schnelles WLAN kostenpflichtig, WC/Dusche kostenpflichtig auf dem Camping.
Kontakt: Tourismus GmbH Gemeinde Dornum, ☎ 04933/351, campingplatz@dornum.de, www.dornum.de.
Distanz: 0,3 km, 0,5 km, 0,5 km, 0,5 km.
Freizeit: 0,1 km, 0,5 km. Mini- und Abenteuergolfanlage, Radwege, Hochseeangeln, Inhalationshaus, Kitesport mit Kiteschule, geführte Wattwanderung zu den Ostfriesischen Inseln, Schifffahrten, Strand 0,3 km (Sand- und Grünstrand), Hundestrand (1 €/Hund) 0,5 km.
POI: Weltnaturerbe Wattenmeer 0,2 km.

26892 Dörpen gratis

Wohnmobilstellplatz Schützenplatz, Veeneweg 3, ☎ 04963/4344 Auf dem Festplatz nahe Freizeitbad <12m

POS: 52°58'16.99"N/7°20'5.73"E, Karte D5 (S.8), C1
Platz: = 25, = 3 (<12 m) auf Wiese, Pflaster. . VE, Strom, WC und WLAN in Planung. Ganzjährig geöffnet. Ausnahme: Am Wochenende nach Pfingsten geschlossen.
Preis: Übernachtung gratis. Zur Zeit noch kostenlos, nach Umbau 2022 Preise für Übernachtung und Service siehe www.bsv-doerpen.de.
Kontakt: Torsten Görlich, ☎ 04963/4344, dartschlumpf@gmail.com, www.bsv-doerpen.de.
Distanz: 0,5 km, 0,5 km, 0,5 km, 2,5 km.
Gastro: Gaststätte Westhus. Restaurant Ellerbrock.
Freizeit: 0,3 km, 1 km. Radfahren, Wassersport, Angeln.
POI: Heimathaus 0,5 km, Papier-Erlebnis-Welt Dörpen 2,5 km, Festung Bourtange (NL) 10 km, Meyer Werft 18 km.

76889 Dörrenbach €6,00

Stellplatz am Sportplatz, Übergasse Am Ortsrand <12m

POS: 49°5'17.80"N/7°58'10.10"E, Karte D13 (S.16), D1
Platz: = 10 auf Sand/Splitt. =3 (16 A) CHEM GRAU . Strom/Wasser nur, wenn Ansprechpartner vor Ort. Von Mitte Nov-März kein Strom/Wasser. Ganzjährig geöffnet. Ausnahme: Sperrung bei Veranstaltungen.
Preis: 6 € inkl. Strom, Wasser.
Kontakt: Ortsgemeinde Dörrenbach, info@doerrenbach.de, www.doerrenbach.de.
Distanz: 0,6 km, 0,6 km, 0,6 km, 0,7 km.
Gastro: Weinstube Spundloch.
Freizeit: 3 km, 3 km, 3 km.
POI: Gebrüder Grimm Märchenwanderweg 0,6 km, Wehrkirchanlage, historisches Rathaus 0,7 km, Wallfahrtskapelle am Kolmerberg 1,7 km, Schloss/Kurpark Bad Bergzabern 3 km, Stäffelsbergturm mit Aussicht bis zum Schwarzwald 3 km, Weintor in Schweigen 7 km, Altstadt Wissembourg 9 km.

46282 Dorsten €11,00

Reisemobilhafen An der Lippe, Zur Lippe, ☎ 02362/95172270 Zwischen der Lippe und dem Wesel-Datteln-Kanal, teilweise neben einem Biotop <10m

2022 geprüft

POS: 51°39'55.66"N/6°58'2.22"E, Karte D5 (S.8), B4
Platz: = 38 auf Schotter. =38 (16 A) CHEM GRAU . wird empfohlen. Mind. 3 Tage im Voraus reservieren. Anwesenheit Platzwart: 9:00-10:00 Uhr, vom 1.4.-31.10. zusätzlich von 17:00-18:00 Uhr. Dusche/WC kostenlos im Freizeitbad Atlantis. Ganzjährig geöffnet.
Preis: 11 € inkl. Entsorgung, Müll-Entsorgung, Kurtaxe. Strom 0,70 €/kWh oder 2 €/8 h, Wasser 0,10 €/10 l, VE für Durchreisende 1 €. Bezahlung sofort nach Ankunft am Parkscheinautomat oder per Parkgebührenumschlag an der Infohütte. Womodo-Touristcard (1 Karte/Pers.) für Rabatte in Dorstener Geschäften, erhältlich beim Platzwart oder an der Atlantis-Badkasse.
Kontakt: Bäderbetrieb Dorsten GmbH, Nicole Krause, ☎ 02362/95172270, info@womodo.de, www.womodo.de.

D

Distanz: Ⓗ 0,2 km, 0,3 km, weitere Restaurants in 0,5 km, 0,4 km, 0,4 km.
Gastro: Brötchenservice. Weitere Restaurants in der Altstadt.
Freizeit: 0,4 km. Geführte Radtouren, historische Hanserundgänge, Stadt-/Nachtwächterführungen, Kanufahrten, Tennisplatz 0,4 km, Spaßbad Atlantis Dorsten 0,4 km, MercadenShopping Center 0,5 km, Lippefähre 2,5 km, Moviepark Germany Bottrop 7 km.
POI: Jüdisches Museum 0,8 km, Schleuse 2 km, Zechensiedlung Hervest 2,5 km, Tüshaus Mühle 7 km, Wasserschloss Lembeck 11 km.

46284 Dorsten-Holsterhausen — gratis

Restaurant Zum blauen See, Luisenstraße 42, ☎ 02362/62357 — <8m
Am Restaurant

POS: 51°40'54.00"N/6°58'0.00"E, Karte D5 (S. 8), B4
Platz: = 3 auf Schotter. WC. WC zu den Öffnungszeiten. An Ruhetagen keine Anfahrt möglich. Ganzjährig geöffnet.
Preis: Für Restaurantgäste kostenlos, inkl. WC. Einkehr obligatorisch.
Kontakt: Thomas Püttmann, ☎ 02362/62357, info@zum-blauen-see.de, www.zum-blauen-see.de.
Distanz: 0 km, weitere Restaurants in 0,4 km, Ⓗ 0,1 km, 0,5 km, 1 km.
Gastro: Warme Küche, 12:00-14:30 Uhr, 17:00-22:00 Uhr, Mo/Di Ruhetag.
Freizeit: 0,5 km. Römer Route Xanten-Detmold mit Anbindung an den Radweg zur Warner Bros. Movie World 2 km.
POI: Schloss Lembeck 9,2 km, Warner Bros. Movie World 10,3 km, Freizeitpark Schloss Beck 10,5 km.

27313 Dörverden — gratis

Reisemobilstellplatz Dörverden, Zufahrt über die Straße In der Worth, ☎ 04234/39912 In ruhiger Lage im Ortskern — <12m

POS: 52°50'43.53"N/9°13'36.00"E, Karte D6 (S. 9), F1
Platz: = 5 auf Schotter. =5 (13 A) CHEM GRAU. Aufenthalt max. 3 Nächte, Gasflaschen-Tausch bei Metalltechnik Klahr oder bei der Raiffeisen-Warengenossenschaft. Ganzjährig geöffnet.
Preis: Übernachtung gratis inkl. Entsorgung, Müll-Entsorgung. Strom 1 €/8 h, Wasser 1 €/90 l. Duschen im Hallenbad 2 €. Preisänderungen 2023 möglich.
Kontakt: Gemeinde Dörverden, ☎ 04234/39912, info@doerverden.de, www.doerverden.de.
Distanz: 0,2 km, weitere Restaurants in 0,8 km, 0,2 km, 0,2 km, 0,3 km (Grauwasser), Ⓗ 0,4 km.
Freizeit: 13 km, 0,5 km.
POI: Kulturgut Ehmken-Hoff 0,2 km, Wolfcenter in Dörverden-Barme 3,3 km.

27313 Dörverden-Barme — gratis

Wolfcenter, Kasernenstraße 2, ☎ 04234/943110 Am Wolfcenter — <12m

POS: 52°49'37.13"N/9°12'50.26"E, Karte D6 (S. 9), F1
Platz: / = 30 auf Schotter, Asphalt. . Ganzjährig geöffnet.
Preis: Übernachtung gratis. Strom auf Anfrage.
Kontakt: Frank und Christina Faß, ☎ 04234/943110, info@wolfcenter.de, www.wolfcenter.de.
Distanz: 0 km, Ⓗ 0,5 km, 5 km, 5 km.
Gastro: Am Platz, warme Küche 12:00-16:00 Uhr. Frühstück auf Anmeldung.
Freizeit: 4 km. Besuch des Wolfcenters, Serengetipark Hodenhagen, Dinopark Münchehagen.
POI: Verdener Dom, Universum Bremen, Vogelpark Walsrode, Verdener Dünen.

27801 Dötlingen-Grad — €12,00

Bauer Uwes Lutje Deel, Auf der Grad 10, ☎ 04482/1781 — <12m
Stellplatz auf dem Hof

POS: 52°59'14.91"N/8°21'21.22"E, Karte D6 (S. 9), E1
Platz: = 15 auf Pflaster, Wiese. CHEM GRAU. Leinenpflicht für Hunde. Hofladen in Planung. Ganzjährig geöffnet.
Preis: 12 € inkl. Strom, Wasser, Entsorgung, WLAN.
Kontakt: Iris und Uwe Abel, ☎ 04482/1781, hofcafe_abel@aol.com, baueruweslutjedeel.eatbu.com.
Gastro: Hof-Café, geöffnet Fr, Sa, So von 14:00-18:00 Uhr.
Freizeit: Bauern-Golf, Hunte-Radweg, Wild/Freizeitpark Ostrittrum.

21423 Drage — €19,00

Camping Stover Strand International Kloodt OHG, Stover Strand 10, ☎ 04177/430 Parkartig angelegter Stellplatz mit Elbblick und Strandzugang, nahe Hamburg — >12m

POS: 53°25'29.07"N/10°17'42.51"E, Karte D2 (S. 5), H4
Platz: P = 150, = 100 (<18 m) auf Schotterrasen, Wiese, Rasengittersteinen. =100 (16 A) WC CHEM GRAU . P wird empfohlen. Anfahrt 8:00-20:00 Uhr Hamburg-Card an der Rezeption, Auto-, Rad- und Bootsverleih, Hamburg-Shuttle, kostenloser Fahrradbus. Ganzjährig geöffnet.
Preis: 19 € inkl. Entsorgung, WC, Müll-Entsorgung, WLAN. Jede weitere Pers. 9 €, Kind (2-12 J.) 5 €, Strom 0,60 €/kWh3 €/Nacht, Wasser 1 €/80 l, Dusche 1 €/4 min, Hund je 4 €.
Kontakt: Campingplatz Stover Strand International Kloodt oHG, Herr Norbert Kloodt, ☎ 04177/430, info@stover-strand.de, www.camping-stover-strand.de.
Distanz: 0,4 km, weitere Restaurants in 1 km, 0,5 km, 0,8 km, Ⓗ 0,9 km.
Gastro: Restaurant Stover StrandGut. Hausboot Unsinkbar.
Freizeit: 6 km, 9 km. Angeln, Yachthafen, Boot fahren, Baden, Sightseeingfahrt Hamburger Hafen (wöchentlich), Kanu fahren, Minigolfplatz 1 km, Reitstall 3 km.
POI: Fischtreppe 2 km, Lüneburg 20 km, Schiffshebewerk Scharnebeck 20 km, Hamburger Innenstadt 30 km.

Tipp

Der Campingplatz Stover Strand bietet Ihnen einen extra Wohnmobilstellplatz mit direktem Blick auf die Elbe. Ein Restaurant, ein Hausboot, ein Imbiss und ein eigener Frischemarkt sorgen für die ausreichende Versorgung direkt am Platz! Ideale Busanbindung für Ausflüge nach Hamburg. Shuttle-Service an Feiertagen und Wochenenden.

31623 Drakenburg — €14,00

Reisemobilstellplatz Drakenburg, Zum Campingplatz 1, ☎ 05024/401 — <12m
Am östlichen Weserufer mit Blick auf den Fluss

2022 geprüft — E

POS: 52°41'41.27"N/9°12'3.43"E, Karte D6 (S. 9), F1
Platz: P / = 25 auf Wiese. WC CHEM GRAU . Kochgelegenheit, Waschmaschine/Trockner, Getränkeautomat. P wird empfohlen. Stellplatz befindet sich auf dem Campingplatz. Geöffnet: 1.4.-15.10.
Preis: 14 € inkl. Strom, Wasser, Entsorgung, Dusche, WC, Müll-Entsorgung, WLAN. Jede weitere Pers. 7 €, Kind (bis 14 J.) 2 €.
Kontakt: Wassersport-Weser e.V., ☎ 05024/401, Mobil: 0152/52844546, wsw-reservierung@t-online.de, www.wassersport-weser.de.
Distanz: 1,5 km, 1,5 km, Ⓗ 2 km, 6 km.
Freizeit: 7 km, 7 km. Angeln, Groß-Kartodrom Drakenburg 1,5 km.
POI: Drakenburg mit Renaissance-Tor und Heimatmuseum 1,5 km.

18556 Dranske — €15,80

Caravancamp Ostseeblick, Seestraße 39 a, ☎ 038391/8196 — <12m
Naturplatz an der Ostsee mit Blick auf die Insel Hiddensee

2020 geprüft — E

POS: 54°37'44.49"N/13°13'20.40"E, Karte D4 (S. 7), E1
Platz: P / = 70 auf Wiese, Rasengittersteinen. CHEM GRAU . Minishop (8:00-19:00 Uhr). P wird empfohlen. Ankunft 8:00-21:00 Uhr. Geöffnet: Apr-Okt.
Preis: Ab 15,80 € inkl. Wasser, Entsorgung, Müll-Entsorgung, WC. Strom 3,20 €, Dusche 1 €/4 min, WLAN 3 €/Tag, Hund 2,70 €. 1.4.-1.5. 15,80 €, 1.5.-30.6. 19,80 €, 1.9.-31.10. 19,80 €, 1.7.-31.8. 26,90 €. Je nach Saison Erw. 5,20-8,20 €, Kind 1,90-2,40 €.
Kontakt: Roland Jahnke, ☎ 038391/8196, caravancamp.ostseeblick@t-online.de, www.caravancamp-ostseeblick.de.
Distanz: , 0,2 km, 0,3 km, weitere Restaurants in 0,5 km, Ⓗ 0,5 km.
Gastro: Brötchenservice auf Vorbestellung.
Freizeit: 6 km, 0,1 km. Wassersport, Surf- und Segelschule 0,5 km, Reiterhof 2 km, Naturschutzgebiet Der Bug 3 km, Golfplatz 7 km.
POI: Insel Hiddensee 15 km, Kap Arkona 17 km, Königsstuhl 25 km.

18556 Dranske €14,50

Wohnmobilhafen Küstencamp, Nonnenwitz 23, ☎ 038391/939070 <12m
Naturnah, auf der Halbinsel Wittow nahe Ostseestrand

POS: 54°39'46.67"N/13°16'8.95"E, Karte D4 (S.7), E1
Platz: = 15, = 3 (<15 m) auf Schotterrasen, Wiese, Sand/Splitt. =12 (16 A) CHEM GRAU. SAT-Empfang, Umweltpauschale. Ⓡ wird empfohlen. Anfahrt 7:00-12:00 Uhr und 15:00-22:00 Uhr, in der HS max. 2 Übernachtungen. WLAN im Bereich der Rezeption. Geöffnet: Apr-Nov, zusätzlich vom 22.12.-6.1.
Preis: Ab 14,50 € inkl. Wasser, Entsorgung, Müll-Entsorgung, WLAN, Hund, WC. Strom 0,60 €/kWh, Dusche 1,20 €/4 min, Kurtaxe 1,50 €/Pers., Umweltpauschale 1 €/Pers. 2.7.-3.9. 17,50 €.
Kontakt: Küstencamp, Mark Großefeld, ☎ 038391/939070, info@kuestencamp-ruegen.de, www.kuestencamp-ruegen.de.
Distanz: 0,4 km, weitere Restaurants in 0,8 km, Ⓗ 1 km, 4 km, 6 km.
Freizeit: 1 km. Leihwagen, Naturstrand 0,1 km, Übungsgolfanlage 1 km.
POI: Kap Arkona 12 km.

19288 Dreenkrögen €20,00

Wohnmobilstellplatz Camping Dreenkrögen, Dreenkröger See, ☎ 0175/2987632 Mitten im Wald am Badesee Dreenkrögen <10m neu

POS: 53°25'31.82"N/11°30'24.77"E, Karte D3 (S.6), B4
Platz: / = 15 auf Schotter, Schotterrasen. WC CHEM GRAU. Neue kostenlose Außenduschen, neuer Rutsch- und Sprungturm, neuer 70 m langer Steg, Campingküche mit Kühlschrank, Herd und Spüle. Ⓡ wird empfohlen. Jeder Stellplatz mit Seeblick. Im Winter kein Frischwasser. Ganzjährig geöffnet.
Preis: Ab 20 € inkl. Wasser, Dusche, WC. Strom 1 €/kWh, Entsorgung 3 €. 1.4.-30.9. 25 €, 1.10.-31.3. 20 €. Im Winter sind Dusche und WC abgestellt. Preisänderungen beim Strom vorbehalten.
Kontakt: Jürgen Wilsdorf, Mobil: 0175/2987632, j.wilsdorf@web.de, www.campingplatz-dreenkroegen.de.
Distanz: 1 km, 4 km, 4 km.
Freizeit: Rad- und Wanderwege, Badestrand, Angeln.
POI: Museum der Mahn- und Gedenkstätten Wöbbelin, Schloss Ludwigslust 10 km.

16845 Dreetz bei Neustadt/Dosse €10,00

Reiterhof Müller, Schulstraße 61, ☎ 033970/86188 >12m
Auf einem landwirtschaftlichen Anwesen am Waldrand

POS: 52°47'52.27"N/12°28'6.06"E, Karte D7 (S.10), D1
Platz: / = 10 auf Wiese. =6 WC CHEM GRAU. Ganzjährig geöffnet.
Preis: 10 € inkl. Wasser. Strom 4 €, Hund 5 €. Dusche und WC 2 €/Person.
Kontakt: Thomas Müller, ☎ 033970/86188, thomas@mueller-reiten.de, www.mueller-reiten.de.
Distanz: Ⓗ 0,1 km, 0,5 km, 1 km, 4 km.
Gastro: Mehrere Restaurants in Neustadt 4 km.
Freizeit: 6 km, 18 km, 4 km. Angeln, Miet-Kanu am Hof, Kutschfahrt, Reiten, Baden am Dreetzer See 2 km, Motocross 2 km.
POI: Landeshauptgestüt Neustadt 6 km, Filmtierschule 6 km, Otto-Lilienthal-Gedenkstätte, Mumie des Ritter Kahlbutz 10 km.

07819 Dreitzsch €25,00

Büchersmühle Dreitzsch, Ortsstraße 55, ☎ 036481/50638 <12m
Denkmalgeschützte Fachwerkmühle nahe der B281

POS: 50°44'25.20"N/11°47'26.06"E, Karte D11 (S.14), C1
Platz: / = 4 auf Asphalt. =2 (16 A). Hunde nach Absprache. Eingeschränkter Winterdienst. Ganzjährig geöffnet.
Preis: 25 € inkl. Strom, Wasser. Übernachtung im Heu 5 €.
Kontakt: Silvia Frantzen-Woltemas, ☎ 036481/50638, frawo07819@aol.com.
Distanz: Ⓗ 0,5 km, 2 km, 2 km, 3 km, weitere Restaurants in 5 km.
Freizeit: 8 km, 20 km. Stöbern auf dem Antik-/Trödelboden, Viele Badeseen in der Umgebung, Mitarbeit auf dem Hof.
POI: Muschelkabinett 0,2 km, Jagdschloss Neustadt 4 km.

99869 Drei Gleichen-Mühlberg €26,00

Camping Drei Gleichen, Campingplatz 1, ☎ 036256/22715 <10m
Separates Areal hinter der Schranke

POS: 50°52'29.14"N/10°48'33.37"E, Karte D11 (S.14), A1
Platz: = 15, = 5 (<12 m) auf Wiese. WC CHEM GRAU. Waschmaschine/Trockner, CamperClean Reinigungsstation für Kassettentoiletten. Ⓡ wird empfohlen. Für größere Mobile geeignet. Anfahrt 15:00-22:00 Uhr. Von 19:00-22:00 Uhr nur für gebuchte Stellplätze mit PIN-Code über SB-Terminal. Geöffnet: 1.4.-31.10.
Preis: 26 € inkl. Wasser, Entsorgung, WC. Strom 0,75 €/kWh, Waschmaschine/Trockner je 3 €. Dusche 0,05 €/7 sec. CamperClean pro Vorgang 2,50 €.
Kontakt: Herr Frank Klingelhöfer, ☎ 036256/22715, Mobil: 0171/3122715, info@camping-drei-gleichen.de, camping-drei-gleichen.de.
Distanz: 0,3 km, weitere Restaurants in 1 km, Ⓗ 1 km, 1 km.
Gastro: Frühstücksbüfett 10 € (an der Rezeption buchbar). Brötchenschrank.
Freizeit: 8 km. Radweg Thüringer Städtekette, Wanderweg Burgenroute, Golfplatz 0,3 km.
POI: Burgenensemble Drei Gleichen 1,5 km, Arnstadt 11 km, Gotha 16 km.

Tipp

Für das leibliche Wohl: Fußläufig können Sie am Abend noch schnell etwas Essen gehen. Das Restaurant Tauben-nest liegt nur 300 Meter vom Platz entfernt. Mühlberg (ältestes Dorf Thüringens) mit Mühlburg und seiner Gastronomie ist fußläufig erreichbar. Über den Brötchenservice (1.4.–31.10.) versorgen wir Sie auf Vorbestellung mit frischen Brötchen. Auch frischen Kaffee und Kaffeespezialitäten erhalten Sie am Morgen bei uns im Kiosk.

48317 Drensteinfurt €8,00

Stellplatz am Erlbad, Im Erlfeld, ☎ 02508/413 <12m
Am Eingangsbereich des Erlbades

POS: 51°47'23.11"N/7°44'52.72"E, Karte D5 (S.8), C4
Platz: = 3 auf Pflaster, Asphalt. =2 (16 A) WC CHEM GRAU. Ⓡ wird empfohlen. VE nur zu den Freibad-Öffnungszeiten (Mai-Sep), Informationen/Anmeldung im Erlbad. Geöffnet: Anfang Mai-Ende Sep.
Preis: 8 € inkl. Strom, Wasser, Entsorgung, Dusche, WC, Müll-Entsorgung. Jede weitere Pers. 4 €. Inkl. Freibadbesuch. Außerhalb der Saison gratis und ohne Service.
Kontakt: Andreas Willuweit, ☎ 02508/413, erlbad@drensteinfurt.info, www.drensteinfurt.de.

Distanz: 0,8 km, 0,8 km, 1 km, weitere Restaurants in 1,3 km, Ⓗ 1,8 km.
Freizeit: Jakobspilgerweg, Werse-Radweg.
POI: Wasserschloss Steinfurt 1 km, Bienenmuseum 1 km, Synagoge 1 km.

01097 Dresden €25,00

Parkplatz Wiesentorstraße, Wiesentorstraße, ☎ 0351/48427524 <10 m
Öffentlicher Parkplatz unter hohen Bäumen, am rechten, nördlichen Elbufer

POS: 51°3'24.84"N/13°44'35.71"E, Karte D8 (S. 11), F5
Platz: = 30 auf Asphalt. WC CHEM GRAU. Anfahrt 24 h. Kein SAT-Empfang, nur DVBT. Ganzjährig geöffnet.
Preis: 25 € inkl. Strom. Wasser 2 €, Entsorgung 2 €, WC 0,50 €. Parken bei geringer Auslastung auch stundenweise möglich (2,50 €/h).
Kontakt: Parkplatzmanagement Semperoper, ☎ 0351/48427524, kundenservice@contipark.de, www.mein-contipark.de.
Distanz: 0,2 km, 0,2 km, weitere Restaurants in 0,4 km, 1 km, Ⓗ 1 km.
Gastro: Morgens mobiler Bäckerservice auf dem Platz.
Freizeit: 1 km, 1 km. Dampferfahrten, Elbetalradweg, Anlegestelle der Weißen Flotte 0,3 km.
POI: Altstadt, Schloss 0,9 km, Semperoper, Zwinger, Kathedrale, Kulturpalast und Frauenkirche 1,1 km.

01139 Dresden €20,00

CaravaningPark schaffer-mobil, Kötzschenbroder Straße 125, ☎ 0351/837480 <12 m
Ruhige, begrünte und sichere Übernachtungsmöglichkeit in Dresden

POS: 51°5'6.74"N/13°40'52.67"E, Karte D8 (S. 11), F5
Platz: = 100 auf Schotterrasen, Wiese. =100 (16 A) WC CHEM GRAU. Camping- und Zubehörshop, Waschmaschine und Trockner, Mietwagen. An- bzw. Abreise täglich von 7:30-19:00 Uhr. Zugang über eine moderne Schrankenanlage. Parkticket gilt für 24 h. Reservierung nicht möglich. Ganzjährig geöffnet.
Preis: 20 € inkl. Entsorgung, WC, Müll-Entsorgung, WLAN, Kurtaxe. Strom 1 €/kWh, Wasser 1 €/100 l, Dusche 1 €/Pers.
Kontakt: schaffer-mobil Wohnmobile GmbH, Sören Schaffer, ☎ 0351/837480, schaffer@schaffer-mobil.de, www.schaffer-mobil.de.
Distanz: Ⓗ 0,1 km, 0,3 km, weitere Restaurants in 2,5 km, 0,6 km, 5 km.
Gastro: Brötchenservice am Platz. Mehrere Restaurants in unmittelbarer Umgebung.
Freizeit: 2 km, 2 km. Radweg in die Altstadt, nach Dresden, Meißen/in die Sächsische Schweiz, Stadtbesichtigung Dresden (Bus/Straßenbahnanschluss ca. 20 Min. bis zum Zentrum), Elberadweg 0,4 km, Naturpark Dresdener Heide 8 km.
POI: Dresdner Altstadt, Frauenkirche, Zwinger, Semperoper, Karl May Museum 3 km, Porzellanmanufaktur 10 km, Jagdschloss Moritzburg 10 km.

01156 Dresden €13,00

Zschoner Mühle, Zschoner Grund 2 (am Waldparkplatz), ☎ 0162/9496552 <8 m
Am westlichen Stadtrand, im Landschaftsschutzgebiet

POS: 51°3'32.23"N/13°38'27.52"E, Karte D8 (S. 11), F5
Platz: = 5 auf Wiese, Kiesel. wird empfohlen. Ganzjährig geöffnet.
Preis: 13 €. Jede weitere Pers. 5 €, Kind (bis 4 J.) gratis, Strom 2,50 €/Tag.
Kontakt: Thomas Winkler, ☎ 0162/9496552, Mobil: 0162(0)9496552, winkler@zschoner-muehle.de, www.zschoner-muehle.de.
Distanz: 0 km, Ⓗ 0,3 km, 1 km.
Gastro: BIO-Gartenlokal MühlenMahlZeit, Do + Sa-Di 14:00-22:00 Uhr, Mi + Fr Ruhetag.
Freizeit: 1 km. Mühlenführungen, Wanderweg Zschoner-Grund-Weg, Brotbackkurse, Wein- und Kräuterführung, Dresdner Mühlenmuseum mit Aktionen am Platz, Kurse zur Herstellung von Kräuterprodukten, NaturBad Zschoner Grund 1 km.
POI: Dresden 7 km.

01157 Dresden €6,00

Stellplatz Knopf, Meißner Landstraße 157, ☎ 0351/4520965 <12 m
Beim ehemaligem Gartenbaubetrieb an der B6 und der Eisenbahnlinie

POS: 51°4'50.66"N/13°39'18.53"E, Karte D8 (S. 11), F5
Platz: = 7, = 2 (<12 m) auf Schotterrasen, Wiese. =5 WC. Aufenthalt max. 14 Tage, Anfahrt 8:00-21:00 Uhr, Mittagspause 12:00-14:00 Uhr. Hunde sind nicht erlaubt. Geöffnet: März-Okt.
Preis: Ab 6 €. Strom 4 €/24 h, Wasser 3 €, Dusche 2 €/Pers., WC 1,50 €/Pers. Ab 6 m Länge 6 €+ Beherbergungssteuer 0,40 €/Nacht, Caravan mit Fahrzeug 8 € + Beherbergungssteuer 0,60 €/Nacht.
Kontakt: Werner Knopf, ☎ 0351/4520965, Mobil: 0174/5808993, familie-knopf@outlook.de.
Distanz: 0,2 km, Ⓗ 0,3 km, 0,5 km, 2 km.
Gastro: Mehrere Restaurants im Ort.
Freizeit: 2 km (Stausee Cossebaude). Elberadweg 0,5 km.
POI: Windmühle Gohlis, Elbufer 1,5 km, Dresden-Zentrum mit Frauenkirche und Zwinger 8 km, Meißen 18 km, Moritzburg 25 km.

01307 Dresden €12,00

Stellplatz Sachsenplatz, Käthe-Kollwitz-Ufer 4, ☎ 0162/9843662 >12 m
In zentraler Lage an der Albertbrücke, durch Uferstraße von den Elbwiesen getrennt

POS: 51°3'27.49"N/13°45'39.11"E, Karte D8 (S. 11), F5
Platz: = 30 auf Sand/Splitt, Wiese, Schotter, Naturboden. =15 (10 A). Auch für sehr große Wohnmobile problemlos befahrbar. Unter Bäumen teilweise eingeschränkter SAT-Empfang. Ganzjährig geöffnet.
Preis: 12 € inkl. Müll-Entsorgung, Kurtaxe. Strom 5 €. Bezahlung über Münzautomat mit Karte oder Hartgeld (keine Scheine).
Kontakt: NOBIS GmbH & Co. KG, Frank Nobis, Mobil: 0162/9843662, info@wohnmobilstellplatz-dresden.de, www.wohnmobilstellplatz-dresden.de.
Distanz: , 0,1 km, Ⓗ 0,1 km, 0,3 km.
Gastro: Gaststätte Der Johannstädter. Brötchenservice während der Saison.
Freizeit: 1,5 km, 1,5 km. Radtouren Weinberge/Elberadweg, Dampferfahrten, Stadtbesichtigung.
POI: Albertinum 1,4 km, Frauenkirche 1,5 km, Grünes Gewölbe 1,6 km, Semperoper 1,7 km.

21706 Drochtersen gratis

Hallenbad Drochtersen, Am Sportplatz, ☎ 04770/831129 <12 m
Auf dem Großparkplatz am Sportzentrum

POS: 53°42'21.29"N/9°22'57.07"E, Karte D2 (S. 5), F4
Platz: = 6 auf Asphalt. Ganzjährig geöffnet.
Preis: Übernachtung gratis.
Kontakt: Gemeinde Drochtersen, ☎ 04770/831129, info@tourismus-kehdingen.de, www.tourismus-kehdingen.de.
Distanz: 0,4 km, 0,5 km, Ⓗ 1 km, 1 km.
Gastro: Restaurant in der Tennishalle.
Freizeit: 10 km, 5 km.
POI: Heimatstube Assel 6 km, Kehdinger Küstenschiffahrts-Museum 9,5 km, Heimathof Hüll 12 km.

21706 Drochtersen-Assel gratis

Am Alten Hafen, Asseler Hafenstraße, ☎ 04770/831129 Auf dem Parkplatz am alten Hafen, ruhige Lage <12 m

POS: 53°41'31.88"N/9°26'15.11"E, Karte D2 (S. 5), F4
Platz: = 6 auf Pflaster. Ganzjährig geöffnet.
Preis: Übernachtung gratis.
Kontakt: Gemeinde Drochtersen, Andrea Grothmann, ☎ 04770/831129, info@tourismus-kehdingen.de, www.tourismus-kehdingen.de.
Distanz: 0,1 km, 0,3 km, Ⓗ 0,6 km, 1 km.
Gastro: Gasthof Schröder 0,3 km. Hotel zur Post.
Freizeit: 5 km, 5 km, 9 km. Angeln.
POI: Museum Heimatstube 0,1 km, Festung Grauerort 3 km.

D

21706 Drochtersen-Krautsand €10,00 <12m

Wohnmobilstellplatz Krautsand, Elbinsel Krautsand 28, ☎ 04770/831129
Am Schiffsanleger/Elbdeich

POS: 53°45'6.34"N/9°23'25.84"E, Karte D2 (S.5), F4
Platz: = 10 auf Wiese, Rasengittersteinen. . Geöffnet: 15.4-3.10.
Preis: 10 € inkl. Strom.
Kontakt: Gemeinde Drochtersen, ☎ 04770/831129, info@tourismus-kehdingen.de, www.tourismus-kehdingen.de.
Distanz: 0,5 km, 0,5 km, 5 km, 5 km.
Gastro: Bistro Strandzeit. Restaurant Zum Oberfreuer. Restaurant Krutsander. Restaurant Sandbank.
Freizeit: 15 km, 5 km, 0,8 km. Elbstrand 0,1 km, Schiffsanleger 0,2 km, Hundestrand 0,6 km.
POI: Blick auf die Elbe.

57489 Drolshagen-Dumicke gratis <12m

Haus Dumicketal, Dumicker Straße 11, ☎ 02761/62424
Idyllisches Landhotel am Dorfrand

POS: 51°3'36.50"N/7°49'18.50"E, Karte D9 (S.12), C1
Platz: = 2 auf Wiese, Schotter. =2. Ganzjährig geöffnet.
Preis: Für Restaurantgäste kostenlos. Einkehr obligatorisch. Strom 5 €/24 h.
Kontakt: Familie Lütticke, ☎ 02761/62424, Mobil: 02761/942440, mluetticke@hausdumicketal.de, www.hausdumicketal.de.
Distanz: 0 km, weitere Restaurants in 2,5 km, 0,1 km, 0,3 km, 10 km.
Gastro: Am Platz, Mo 17:00-22:00 Uhr, Di-Sa 10:00-14:30 Uhr und 17:00-22:00 Uhr, So 10:00-15:00 Uhr.
Freizeit: 3 km, 5 km, 3 km. Segelfliegen, Reiten, Langlauf, Wassersport am Biggesee 2 km.
POI: Attahöhle, Burg Schnellenberg 10 km, Panoramapark, Karl May Festspiele Elspe 30 km.

57489 Drolshagen-Lüdespert gratis <12m

Landgasthof Zur Bauernschänke, Am Kleefeld 1, ☎ 02763/351 Beim Gasthof in ländlicher, waldreicher Umgebung

POS: 51°4'5.34"N/7°42'28.26"E, Karte D9 (S.12), C1
Platz: = 2, = 2 (<12 m) auf Asphalt. . Ganzjährig geöffnet. Ausnahme: in den Betriebsferien (telefonisch erfragen).
Preis: Übernachtung gratis.
Kontakt: Familie Stock, ☎ 02763/351, bauernschaenke@t-online.de, www.zurbauernschaenke.de.
Distanz: 0 km, weitere Restaurants in 2,2 km, 0,3 km, 0,5 km, 8 km.
Gastro: Landgasthof, Mo + Mi-Sa 17:00-21:00 Uhr, So 10:30-14:00 Uhr und 17:00-21:00 Uhr, Di Ruhetag.
Freizeit: 8 km, 8 km. Kegelbahn im Haus, Radwandern, Segelflugplatz 2 km, Listersperre 7 km, Biggesee 13 km.
POI: Vogelpark Eckhagen 8 km, Attahöhle Attendorn 16 km.

17255 Drosedow €14,60 <8m

FKK Campingplatz am Rätzsee, Am Campingplatz 1, ☎ 039828/266191 An der Kleinseenplatte zwischen Mirow und Wustrow

POS: 53°15'10.08"N/12°54'32.23"E, Karte D3 (S.6), D5
Platz: = 3 auf Sand/Splitt, Schotter. =3 WC CHEM GRAU . Minimarkt. Aufenthalt max. 3 Nächte, Mitbenutzung der Campinganlage. Hunde nur in der NS erlaubt. Geöffnet 1.4.-31.10.
Preis: Ab 14,60 € inkl. Wasser, Entsorgung, WC, Müll-Entsorgung. Strom 4 €, Dusche 1 €/3 min, WLAN 1,50 €/Tag, Hund 6 €. NS 14,60 €, ZS 18,20 €, HS 18,70 €.
Kontakt: Campingzeit am Rätzsee GmbH, Herr Dr. Martin Löser und Fabian Heule ☎ 039828/266191, info@raetzsee.de, www.raetzsee.de.
Distanz: 1,2 km, 1,2 km, 6,5 km, 6,5 km, weitere Restaurants in 7,9 km.
Gastro: Caféterrasse/Shop am Platz.
Freizeit: Geführte Nacktwanderungen, FKK-Badesee mit Strand/Badesteg.
POI: Burg Wesenberg 7,7 km, Rheinsberg 20 km, Müritz 27 km.

37115 Duderstadt €3,00 <12m

Stellplatz Adenauerring, Adenauerring, ☎ 05527/841200
Begrünte Anlage am Stadtzentrum

POS: 51°30'36.86"N/10°16'22.14"E, Karte D6 (S.9), H4
Platz: = 20 auf Wiese, Schotter, Schotterrasen. =4 (16 A) CHEM. Aufenthalt max. 1 Nacht. Vom 1.11.-31.3. kein Wasser. Ganzjährig geöffnet.
Preis: 3 €. Strom 1 €/kWh, Wasser 1 €/120 l, Entsorgung 1 €/53 l. Wertmünzen in der Gästeinformation Marktstraße 66, Star-Tankstellle, Penny Markt, Jugendgästehaus.
Kontakt: Stadt Duderstadt, ☎ 05527/841200, info@duderstadt.de, tourismus.duderstadt.de.
Distanz: 0 km, weitere Restaurants in 0,5 km, 0,2 km, 0,2 km, 1 km.
Gastro: Imbiss am Ring, auf dem Parkplatz.
Freizeit: 1 km, 0,1 km. Ausgangspunkt für Wanderungen, Tennis/Squashhalle 0,1 km, Bogenschießen, Minigolf 1 km, Heinz Sielmann Natur-Erlebniszentrum auf dem Gut Herbigshagen 4 km, Golf/Bärenpark Worbis 15 km.
POI: Stadtmauer, Wall, Westerturm von 1424 1 km, Altstadt 1 km, Grenzlandmuseum Eichsfeld 3 km.

37115 Duderstadt gratis <12m

Stellplatz am Freibad, August-Werner-Allee, ☎ 05527/841200
Am Ende der Straße neben Wendehammer, hinter dem Freibad

POS: 51°30'21.46"N/10°15'33.80"E, Karte D6 (S.9), H4
Platz: = 5 auf Schotterrasen. . Aufenthalt max. 24 h. Ganzjährig geöffnet.
Preis: Übernachtung gratis.
Kontakt: Stadtverwaltung Duderstadt, ☎ 05527/841200, info@duderstadt.de, www.duderstadt.de.
Distanz: 0,2 km, 0,5 km, 0,7 km, 1 km, 1,5 km (Stellplatz am Adenauerring, Adenauerring 17, 37115 Duderstadt).
Freizeit: 1 km, 1 km. Tennis- und Squashhalle 1 km, Heinz-Sielmann-Erlebniszentrum 4 km, Boot fahren 12 km, Golf- und Bärenpark Worbis 15 km.
POI: Westerturm von 1424 0,5 km, Rathaus von 1302 0,5 km, Altstadt 0,7 km, Grenzlandmuseum Eichsfeld 3 km.

47137 Duisburg-Obermeiderich gratis <12m

Landschaftspark Duisburg-Nord, Emscherstraße 71, ☎ 0203/4291919
Bei einem zur Großstadtoase umfunktionierten, stillgelegten Hüttenwerk

POS: 51°29'1.74"N/6°46'51.60"E, Karte D5 (S.8), B4
Platz: = 8 auf Schotter, Asphalt. WC CHEM . Anfahrt 24 h. Stellplätze nicht explizit ausgewiesen, nur eine einzelne Entsorgungsstation. Ganzjährig geöffnet.
Preis: Übernachtung gratis.
Kontakt: ☎ 0203/4291919, info@landschaftspark.de, www.landschaftspark.de.
Distanz: 0,1 km, weitere Restaurants in 0,5 km, 1 km, 1 km.
Gastro: Hauptschalthaus, Mi-So 12:00-20:00 Uhr, Mo-Di Ruhetag.
Freizeit: 5 km, 1 km. Teilnahme an Führungen unterschiedlichster Art, Tauchen, Besuch des Landschaftsparks, Klettern.
POI: Rathaus und Salvatorkirche 9 km, Hafenrundfahrten ab Schwanentor 9 km, Innenhafen 9 km.

47119 Duisburg-Ruhrort €8,00 <12m

Stellplatz am Ruhrorter Yacht-Club e.V., Am Eisenbahnbassin 42, ☎ 0203/82409 Am Freizeithafen und Flussufer

POS: 51°27'30.58"N/6°43'45.46"E, Karte D5 (S.8), B4
Platz: = 5 auf Rasengittersteinen, Pflaster. WC . Ganzjährig geöffnet.
Preis: 8 € inkl. WC, Müll-Entsorgung. Strom 1,50 €, Wasser 1 €/100 l, Dusche 1 €.
Kontakt: Wolfgang Schulz, ☎ 0203/82409, Mobil: 0176/22053176, ryc@gmx.de, www.ruhrorter-yachtclub.de.

Distanz: 0,5 km, 0,6 km, 0,6 km, 0,7 km.
POI: Binnenschifffahrtsmuseum.

48249 Dülmen — gratis

Die Sauna Insel, Wierlings Busch 16, <10m
☎ 02594/3014
Auf dem Areal einer Saunalandschaft

POS: 51°49'31.19"N/7°18'48.02"E, Karte D5 (S. 8), C3
Platz: = 12 auf Wiese. . nur bei Gruppen. Anfahrt 24 h. Sauna-Insel täglich 9:00-23:00 Uhr, Fr bis 24:00 Uhr, Damensauna Mi 9:00-14:00 Uhr. Ganzjährig geöffnet. Ausnahme: Ostersonntag, Weihnachten und Neujahr.
Preis: Übernachtung gratis inkl. Strom. Für Saunagäste kostenlos, Strom nach vorheriger Anmeldung an der Rezeption.
Kontakt: Bruno Tangermann/Karin Tork, ☎ 02594/3014, info@sauna-insel.de, www.sauna-insel.de.
Distanz: 0 km, weitere Restaurants in 4 km, 1 km, 2 km, 4 km.
Gastro: Restaurant am Platz bei Saunabesuch.
Freizeit: 6,6 km, 6,6 km, 4,8 km. Saunalandschaft mit Massage-Angebot.
POI: Dülmener Wildpferde 20,9 km.

48249 Dülmen — gratis

Kapellenweg/Sportzentrum Süd, Kapellenweg, ☎ 02594/12345 <12m
Parkplatz am Sportzentrum Süd

POS: 51°49'21.14"N/7°16'49.70"E, Karte D5 (S. 8), C3
Platz: = 7 auf Pflaster. CHEM. Aufenthalt max. 72 h. VE am gelb gekennzeichneten Kanaleinlauf am Kapellenweg, Wasser gegen Bezahlung im DJK Clubheim. Ganzjährig geöffnet.
Preis: Übernachtung gratis.
Kontakt: Dülmen Marketing e.V., Katrin Finn-Wedler, ☎ 02594/12345, duelmen-marketing@duelmen.de, www.duelmen-marketing.de.
Distanz: 0,1 km, weitere Restaurants in 1 km, 0,6 km, 1 km, 1 km.
Freizeit: 3,5 km, 3,5 km, 2 km. Dülmener Hochseilgarten, Wildpark 1,5 km, Wildpferdegehege Merfelder Bruch 12 km, Halterner Stausee 12 km.
POI: Burg Vischering Lüdinghausen 12 km.

48249 Dülmen — €14,50

Stellplatz düb, Nordlandwehr 99, <8m
☎ 02594/12345 Am der Freizeitanlage Nord mit Freizeitbad düb

POS: 51°50'40.26"N/7°16'18.64"E, Karte D5 (S. 8), C3
Platz: = 20 auf Schotterrasen. WC CHEM . Campingbutler. wird empfohlen. Ganzjährig geöffnet.
Preis: 14,50 € inkl. Entsorgung. Reservierung und Bezahlung per App.
Kontakt: Dülmen Marketing e.V., Katrin Finn-Wedler, ☎ 02594/12345, duelmen-marketing@duelmen.de, www.dueb.de.
Distanz: 0,5 km, 1 km, 1,5 km, 1,8 km.
Gastro: Restaurants im Bad, Di-Do + So 10:00-20:00 Uhr, Fr-Sa 10:00-21:00 Uhr, Mo Ruhetag.
Freizeit: 1,8 km. Freizeitbad düb.
POI: Innenstadt Dülmen 1,8 km, Wildpferde im Merfelder Bruch 12 km.

48249 Dülmen — gratis

Stellplatz Hausdülmen, Sandstraße, ☎ 02594/12345 <12m
Am Heubach und am Sportplatz

POS: 51°48'25.77"N/7°14'50.42"E, Karte D5 (S. 8), C3
Platz: = 10 auf Wiese. . Aufenthalt max. 72 h. Ganzjährig geöffnet.
Preis: Übernachtung gratis.
Kontakt: Dülmen Marketing e.V., Katrin Finn-Wedler, ☎ 02594/12345, duelmen-marketing@duelmen.de, www.duelmen-marketing.de.
Distanz: 0,5 km, 0,5 km, 0,5 km, weitere Restaurants in 1 km, 3 km.
Gastro: Restaurant Burgschenke.
Freizeit: 5,6 km, 5,6 km, 5,6 km. Radwege, Badeseen 2 km, Dülmener Hochseilgarten 3,8 km.
POI: Innenstadt Dülmen 3,4 km, Wildpferde im Merfelder Bruch 10 km.

48249 Dülmen — gratis

Stellplatz Hüttendyk, Hüttendyk/Zufahrt über Halterner Straße, <12m
☎ 02594/12345
Wenige Gehminuten vom Zentrum

POS: 51°49'33.00"N/7°16'19.00"E, Karte D5 (S. 8), C3
Platz: = 6 auf Rasengittersteinen. CHEM GRAU. Aufenthalt max. 72 h, Platz ist als Einbahnstraße angelegt, bitte längs parken. Ganzjährig geöffnet.
Preis: Übernachtung gratis inkl. Entsorgung. Strom 2 €/8 h, Wasser 1 €/100 l.
Kontakt: Dülmen Marketing e.V., Katrin Finn-Wedler, ☎ 02594/12345, duelmen-marketing@duelmen.de, www.duelmen-marketing.de.
Distanz: 0 km, 0,3 km, 0,4 km, weitere Restaurants in 0,5 km, 1,8 km.
Freizeit: 2,4 km, 2,4 km, 1,8 km. Dülmener Hochseilgarten 1 km, Sauna 4,6 km.
POI: Innenstadt Dülmen 0,3 km, Wildpferde im Merfelder Bruch 12 km.

77770 Durbach — €8,00

Festplatz Durbach, Grol 29/Festplatz, <12m
☎ 0781/42153 Umgeben von Weinbergen, mit Busanbindung

POS: 48°29'37.64"N/8°0'36.63"E, Karte D13 (S. 16), D2
Platz: = 15 auf Schotter. =8 WC CHEM GRAU. Auf Anfrage auch für Gruppen mit mehr als 10 Fahrzeugen möglich. Ganzjährig geöffnet. Ausnahme: Sperrung bei Großveranstaltungen.
Preis: 8 € inkl. Wasser, Entsorgung, WC, Müll-Entsorgung. Strom 1 €/kWh.
Kontakt: Tourismus Durbach e.V., ☎ 0781/42153, info@durbach.de, www.durbach.de.
Distanz: 0,4 km, weitere Restaurants in 0,5 km, 0,4 km, 1 km.
Freizeit: 1 km. Weinproben mit Kellerführungen, Mithilfe bei der Weinlese auf Anfrage, Geführte Wanderungen, Hausbrennerei-Besichtigung mit Kostprobe.
POI: Skulpturenpark 0,5 km, Wein- und Heimatmuseum 1 km, Schloss Staufenberg 2 km, Straßburg 25 km.

77770 Durbach-Ebersweier — €8,00

Wohnmobilstellplatz Ebersweier, Wiesenstraße, ☎ 0781/42153 <12m
In ruhiger Lage bei der Halle am Durbach

POS: 48°30'6.32"N/7°59'22.73"E, Karte D13 (S. 16), D2
Platz: = 6 auf Schotter. CHEM . nur bei Gruppen. Auf Anfrage auch für Gruppen mit mehr als 6 Fahrzeugen möglich. Ganzjährig geöffnet.
Preis: 8 € inkl. Kurtaxe. Strom 1 €/kWh, Wasser 1 €, Entsorgung 1 €, Kurtaxe 1,90 €/Pers. Inkl. KONUS-Gästekarte.
Kontakt: Tourismus Durbach e.V., ☎ 0781/42153, info@durbach.de, www.durbach.de.
Distanz: 0,2 km, 0,3 km, 0,5 km, 2 km.
Gastro: Schwarzwald Gasthof Schwarzes Kreuz. Gasthaus Weilermühle 0,5 km.
Freizeit: 3,5 km. Adventure-Golf, Konzerte, geführte Wanderungen, Weinproben mit Kellerführungen, Kultur im Schloss, Hausbrennerei-Besichtigung mit Verkostung.
POI: Skulpturenpark 2 km, Wein/Heimatmuseum 2,5 km, Schloss Staufenberg mit Wein/Vesperstube 3 km, Straßburg 25 km.

52349 Düren — €8,00

IG Reisemobilhafen Düren im GHT-Park, Rurstraße 188, ☎ 02421/33847 <12m
Im Gewerbe-Handwerk-Technologie-Park Düren

POS: 50°48'31.56"N/6°27'59.53"E, Karte D9 (S. 12), A1
Platz: = 18 auf Schotter. =18 (16 A) CHEM/Bio GRAU . Schwenkgrill. Reservierung unter Tel.: 0177/9573340 oder 0151/24111479. Ganzjährig geöffnet.
Preis: 8 € inkl. Wasser, Entsorgung, Müll-Entsorgung. Strom 4 €, Versorgung für Durchreisende 2 €, Entsorgung für Durchreisende 1 €.
Kontakt: Hans Joachim Junk, ☎ 02421/33847, hasi-junk@t-online.de, www.ig-reisemobilhafen-dueren.eu.
Distanz: 0,5 km, 0,5 km, weitere Restaurants in 1 km Entfernung, 1 km.
Freizeit: 3 km, 2,5 km, 0,5 km. Marktbesuch in der Stadt der Märkte; z.B. Bier-, Geranien-, Mai-, Herbstmarkt, Annakirmes.
POI: Leopold-Hoesch-Museum und Papiermuseum 2 km, Schloss Burgau 6 km.

Vor der Anreise empfehlen wir, Kontakt mit dem Betreiber aufzunehmen, um die Auslastung des Stellplatzes abzufragen.

40479 Düsseldorf €18,00 <8m

Parkplatz Rheinterrasse/Tonhalle, Robert-Lehr-Ufer 1
Am Rhein unterhalb der Rheinterrassen, außerhalb der Umweltzone

2022 geprüft

POS: 51°14'0.38"N/6°46'16.26"E, Karte D5 (S. 8), B5
Platz: = 30 auf Pflaster. Ganzjährig geöffnet.
Preis: 18 €. 3 €/h.
Kontakt: Goldbeck Parking Services GmbH, info@goldbeck-parking.de, www.goldbeck-parking.de.
Distanz: 0,5 km, 0,5 km, 1 km.
Gastro: Restaurants an der Unteren Rheinwerft.
POI: Düsseldorfer Altstadt 0,5 km.

40474 Düsseldorf-Stockum €35,00 <12m

Caravan Center/Messeparkplatz P1, Am Staad/Stockumer Höfe, **☎ 0211/4560136** Größter Stellplatz Europas unweit der Messehallen

POS: 51°16'11.87"N/6°43'21.83"E, Karte D5 (S. 8), B5
Platz: = 800 auf Rasengittersteinen, Asphalt. =800 (16 A) WC CHEM GRAU . Zugang zu Dusche/WC über Code auf dem Parkticket. Ganzjährig geöffnet.
Preis: 35 € inkl. Strom, Entsorgung, Dusche, WC, Müll-Entsorgung. Wasser 1 €. Bezahlung am Kassenautomat per EC- oder Kreditkarte von 8:00-16:00 Uhr.
Kontakt: Messe Düsseldorf, ☎ 0211/4560136, caravan-center@Messe-Duesseldorf.de, www.messe-duesseldorf.de.
Distanz: 0 km, 2,5 km, 3 km, 5 km.
Gastro: Am Platz, warme Küche 18:00-22:00 Uhr.
Freizeit: 0,5 km, 0,5 km. Besuch der Messe, Stadtbesichtigung.
POI: Rheinauen 0,5 km, Aquazoo 3 km, Kaiserswerth 4 km, Düsseldorfer Altstadt 5 km.

E

69412 Eberbach €8,00 <12m

Wohnmobilstellplatz In der Au, Festplatz in der Au 7, ☎ 06271/87242
Am Badezentrum mit drei Bereichen

2020 geprüft

POS: 49°27'44.78"N/8°58'39.47"E, Karte D10 (S. 13), F5
Platz: = 30 auf Schotter, Wiese. =24 (16 A) CHEM GRAU . Ganzjährig geöffnet. Ausnahme: die letzten zwei Wochen im August.
Preis: 8 € inkl. Entsorgung, Müll-Entsorgung. Strom 1 €/2 kWh, Wasser 1 €/60 l. Bezahlung von Stellplatzgebühr/Strom bargeldlos am Automat, VE mit Münzgeld.
Kontakt: Stadt Eberbach, ☎ 06271/87242, tourismus@eberbach.de, www.eberbach.de.
Distanz: 0,1 km (Festplatz in der Au), 0,1 km, 1,2 km, 3 km.
Gastro: Mehrere Restaurants im Ort.
Freizeit: Tennishalle in der Nähe, diverse Radwege (z.B. Neckartalradweg), Baden.
POI: Neckartal mit vielen Burgen, Altstadt mit Museum in Eberbach 3 km.

69412 Eberbach gratis <12m

Wohnmobilstellplatz Neckarlauer, B37, Uferstraße, ☎ 06271/87242
Öffentlicher Parkplatz P5 am Neckarufer

2020 geprüft

POS: 49°27'36.52"N/8°59'11.25"E, Karte D10 (S. 13), F5
Platz: = 6 auf Asphalt. . Aufenthalt max. 1 Nacht. Platz ist auch für sehr große Wohnmobile geeignet. Ganzjährig geöffnet. Ausnahme: Sperrung bei Hochwasser.
Preis: Übernachtung gratis.
Kontakt: Stadt Eberbach, ☎ 06271/87242, tourismus@eberbach.de, www.eberbach.de.
Distanz: 0,2 km, weitere Restaurants in 0,3 km, 0,2 km, 0,3 km, 0,5 km, 1,9 km (Sportgelände in der Au, Festplatz in der Au 7, 69412 Eberbach).
Freizeit: 2 km, 2 km, 0,5 km. Boot fahren, Naturpark-Infozentrum 1 km.
POI: Altstadt mit Küfereimuseum 0,5 km, Burgruine Eberbach 1,7 km.

91320 Ebermannstadt gratis <6m

Parkplatz P 2 (Oberes Tor), Oberes Tor In Altstadtnähe, wenige Gehminuten vom Marktplatz

2022 geprüft

POS: 49°46'58.65"N/11°11'19.32"E, Karte D11 (S. 14), B4
Platz: = 5 auf Pflaster, Asphalt. . Aufenthalt max. 1 Nacht. Tourist-Info 0,2 km, Tankstelle 1,4 km entfernt. Ganzjährig geöffnet.
Preis: Übernachtung gratis.
Distanz: 0,1 km, 0,5 km, 0,5 km, 0,6 km (Apr-Okt, Kalkwerk 5, 91320 Ebermannstadt), 0,8 km.
Freizeit: Tennis 1 km, Fahrten mit der Dampfbahn Fränkische Schweiz (So von Mai-Okt) 1 km, Familienbad EbserMare 2 km, Golfplatz 4 km, Sternwarte Feuerstein 8,5 km.
POI: Altstadt 0,3 km, Marienkapelle (etwa 14. Jh.) 0,7 km, Bing-Höhle in Streitberg 4 km, Ruine Neideck 5 km, Flugplatz Feuerstein 8 km, Fränkische-Schweiz-Museum 18 km.

96106 Ebern €8,00 <10m

Autohaus Dietz - Freizeitcenter, Bahnhofstraße 37, ☎ 09531/62760
Am Ortsrand

2022 geprüft

POS: 50°6'4.29"N/10°47'23.57"E, Karte D11 (S. 14), A3
Platz: = 5 auf Rasengittersteinen. WC CHEM GRAU . Werkstatt und Verkauf. WC zu den Öffnungszeiten des Autohauses. Für Werkstattkunden gratis. Ganzjährig geöffnet.
Preis: 8 € inkl. Strom, WC. Wasser 1 €/100 l, Entsorgung 1 €.
Kontakt: Heinz Dietz, ☎ 09531/62760, zentrale@wohnmobil-caravan.de, www.wohnmobil-caravan.de.
Distanz: 0,2 km, 0,5 km, 0,5 km, 0,5 km.
Freizeit: 2,5 km, 0,5 km, 1 km. Stadtführung.
POI: Stadt Ebern mit Heimatmuseum 1 km.

96106 Ebern €8,50 <12m

Wohnmobilstellplatz Ebern, Am Bahnhof, ☎ 09531/62914 Direkt an der Stadtmauer im grünen Anlagenring

2022 geprüft

POS: 50°5'43.03"N/10°47'44.32"E, Karte D11 (S. 14), A3
Platz: = 20 auf Schotterrasen. =20 (13 A) WC CHEM GRAU . nur bei Gruppen. Platzwart ist morgens und abends vor Ort. Ganzjährig geöffnet.
Preis: 8,50 € inkl. Wasser, Entsorgung, Dusche, WC, Müll-Entsorgung. Strom 1 €/2 kWh, Waschmaschine/Trockner je 2 €.
Kontakt: Tourismus- und Werbegemeinschaft Ebern, ☎ 09531/62914, touristinfo@ebern.de, www.wohnmobilstellplatz-ebern.de.
Distanz: 0,1 km, 0,2 km, 0,3 km, 0,4 km.
Freizeit: 1 km, 0,2 km, 0,3 km. Sportstudio inkl. Sauna (20 €/14 Tage), Ausflüge in den Dt. Burgenwinkel, Tennis und Squash, Reiten und Kutschfahrten, geführte Wanderungen, Angeln, Stadtführungen mit dem Eberner Türmer, Flugsport, Wildpark Tambach 12 km, Thermalbad Staffelstein 20 km.
POI: Altstadt 0,1 km, Heimatmuseum 0,4 km, zahlreiche Burgen und Schlösser 3 km, Naturpark Haßberge 12,3 km, Schloss Banz, Vierzehnheiligen 20 km.

E

02730 Ebersbach-Neugersdorf €14,00 <8m

Caravanstellplatz am Freibad, Kottmarsdorfer Straße 1, ☎ 03586/365111 Neben Kirche und Freibad

POS: 51°0'34.51"N/14°35'53.39"E, Karte D8 (S. 11), H5
Platz: = 7 auf Pflaster. =3 (16 A) WC CHEM . Waschmaschine. Öffnungszeiten des Freibades: täglich von 10:00-19:00 Uhr. Geöffnet zur Badesaison (15.5.-15.9).
Preis: Ab 14 € inkl. Wasser, Entsorgung, Müll-Entsorgung. 17 € inkl. WC, Dusche, Strom, Wasser, Entsorgung, Müll-Entsorgung.
Kontakt: Bademeister Thomas Mache, ☎ 03586/365111, info@ebersbach-neugersdorf.de, www.ebersbach-neugersdorf.de.
Distanz: 0,5 km, weitere Restaurants in 1 km, 0,5 km, 1 km, 1,5 km.
Gastro: Kiosk im Freibad.
Freizeit: 3 km. Kirchenführung, Besuch im Freibad, Lausitz-Radwegenetz, Spreequellen 1 km.
POI: Ev. Kirche im böhmischen Barockstil, Aussichtsturm und Heimatmuseum auf dem Schlechteberg 1,5 km, Faktorenhaus Alte Mangel 2 km, Bockwindmühle Kottmarsdorf 3 km.

85560 Ebersberg €10,00 <8m

Hotel-Gasthof Huber, Oberndorf 11, ☎ 08092/8670 Auf dem Hotelparkplatz

POS: 48°4'44.63"N/11°59'45.84"E, Karte D15 (S. 18), C3
Platz: = 5 auf Asphalt. Ganzjährig geöffnet.
Preis: 10 €.
Kontakt: Familie Huber, ☎ 08092/8670, info@hotel-gasthof-huber.de, www.hotel-gasthof-huber.de.
Distanz: 0 km, 2 km, 2,2 km.
Gastro: Am Platz, Di Ruhetag.
Freizeit: Panorama-Radweg Isar-Inn, Golf 4 km.
POI: Ebersberg 2,2 km, Wasserburg am Inn 17,5 km.

99518 Eberstedt €19,80 <12m

Ölmühle Eberstedt GmbH, Dorfstraße 28-29, ☎ 036461/877744 Bei der Mühle am Fluss

2021 geprüft E

POS: 51°4'32.33"N/11°35'14.37"E, Karte D7 (S. 10), B5
Platz: = 10 auf Schotterrasen, Naturboden. =10 WC CHEM GRAU . wird empfohlen. Anfahrt 11:00-22:00 Uhr. Sanitär im Hüttendorf von Nov-März geschlossen, ansonsten Zugang mit Schlüssel jederzeit möglich. Geöffnet: Apr-Ende Okt.
Preis: 19,80 € inkl. Strom, Entsorgung, WC, Kurtaxe. Dusche 3,50 €/Tag.
Kontakt: Ölmühle Eberstedt, ☎ 036461/877744, info@oelmuehle-eberstedt.com, www.oelmuehle-eberstedt.com.
Anfahrt: Eingang durch Niedertrebra.
Distanz: 0 km, 0,5 km, 0,5 km, 1 km.
Gastro: Am Platz, Mo-So 11:30-15:00 Uhr und 17:00-21:00 Uhr. Biergarten bei gutem Wetter, Fr 14:00-19:00 Uhr, Sa-So 11:00-19:00 Uhr, Mo-Do Ruhetag. Frühstücksbüfett 10 €/Pers., Restaurant von Nov-Apr Di+Mi ab 17:00 Uhr, von Mai-Okt kein Ruhetag.
Freizeit: 3 km, 3 km. Angelteich, Toskana Therme Bad Sulza 4,1 km.
POI: Schwimmendes Hüttendorf, Ölmühle, Radfahrerkirche Eberstedt 0,5 km, begehbare Sonnenuhr 0,5 km.

16225 Eberswalde gratis <8m

Parkplatz Marienstraße, Marienstraße, ☎ 03334/64325 Öffentlicher Parkplatz im Stadtzentrum, am Finow-Kanal

POS: 52°50'10.81"N/13°49'29.53"E, Karte D8 (S. 11), F1
Platz: = 2 auf Asphalt. . Ganzjährig geöffnet.
Preis: Übernachtung gratis.
Kontakt: Stadt Eberswalde, Ordnungsamt, ☎ 03334/64325, ordnungsamt@eberswalde.de, www.tourismus-eberswalde.de.
Distanz: 0,3 km, 0,3 km, 0,6 km, 0,8 km.
Freizeit: 2,5 km, 1 km. Stadtführungen und Schifffahrt auf dem Finow-Kanal Tel. 03334/64520, Zoo 3 km, Familiengarten Eberswalde 5 km, Schiffshebewerk Niederfinow 11 km.
POI: Kloster Chorin 11 km.

16225 Eberswalde €5,00 <12m

Wald-Solar-Heim Eberswalde, Brunnenstraße 25, ☎ 03334/289245 Parkplatz des Natur-Erlebnis-Bildungszentrums

POS: 52°49'36.77"N/13°48'21.55"E, Karte D8 (S. 11), F1
Platz: = 2 auf Rasengittersteinen. =2 . Aufenthalt max. 7 Tage. Wasser bekommt man nur, wenn Mitarbeiter vor Ort sind. Ganzjährig geöffnet.
Preis: 5 € inkl. Wasser. Strom 3,50 €.
Kontakt: Thomas Simon, ☎ 03334/289245, info@waldsolarheim.de, www.waldsolarheim.de.
Distanz: 0,1 km, 1 km, 1 km, weitere Restaurants in 1,3 km, 1 km.
Gastro: Bei Veranstaltungen im Haus ist Mitverpflegung möglich.
Freizeit: 4 km, 4 km, 1 km. Altstadtbesichtigung, geführte Waldwanderungen, Forstbotanischer Garten 0,5 km, Kanu- und Radtouren 1 km, Zoo 1 km, Familiengarten 3 km.
POI: Museum 1 km, Kloster Chorin 8 km, Luftfahrtmuseum 12 km, Schiffshebewerk 15 km.

16227 Eberswalde-Wolfswinkel gratis <12m

Parkplatz Alte Chemische/Familiengarten, Eberswalder Straße, ☎ 03334/64325 Parkplatz am Familiengarten (Gelände der Landesgartenschau 2002)

POS: 52°50'18.74"N/13°45'55.71"E, Karte D8 (S. 11), F1
Platz: = 6 auf Asphalt. . Ganzjährig geöffnet.
Preis: Übernachtung gratis.
Kontakt: Stadt Eberswalde, Ordnungsamt, ☎ 03334/64325, ordnungsamt@eberswalde.de, www.eberswalde.de.
Distanz: 0,1 km, weitere Restaurants in 3 km, 0,2 km, 0,3 km, 6 km.
Gastro: Zum Schleusenkrug.
Freizeit: 1 km, 3 km. Stadtführungen und Schifffahrt auf dem Finowkanal Tel. 03334/64520, Familiengarten 0,3 km, Forstbotanischer Garten 3 km, Schiffshebewerk Niederfinow 17 km.
POI: Zoo 2,5 km, Kloster Chorin 11 km.

79285 Ebringen gratis <8m

Wonmobilstellplatz Ebringen, Schulstraße 8, ☎ 07664/50580 Gepflasterter Platz neben der Schönberghalle

POS: 47°57'21.10"N/7°46'33.50"E, Karte D13 (S. 16), C4
Platz: = 4 auf Pflaster. . Aufenthalt max. 2 Tage. Ganzjährig geöffnet.
Preis: Übernachtung gratis.
Kontakt: Gemeindeverwaltung Ebringen, ☎ 07664/50580, www.ebringen.de.
Distanz: 0,2 km, 0,2 km, 0,3 km, 0,3 km.
Freizeit: Naturwaldpfad (4 km langer Rundweg).
POI: Schloss Ebringen 0,5 km, Berghauser Kapelle 2,8 km.

35085 Ebsdorfergrund-Frauenberg €20,00 <10m

Hotel-Restaurant Zur Burgruine Frauenberg, Cappeler Straße 10, ☎ 06424/1379 Mit Blick auf Wälder und Felder

POS: 50°45'35.00"N/8°47'31.00"E, Karte D10 (S. 13), F1
Platz: = 3 auf Schotter, Wiese. =1 WC . nur bei Gruppen. Wasser nur über Kanister möglich. WC zu den Öffnungszeiten im Hotel-Restaurant. Ganzjährig geöffnet. Ausnahme: 27.12.-18.1.
Preis: 20 € inkl. Strom, Wasser. Für Restaurantgäste kostenlos.
Kontakt: Familie Debelius, ☎ 06424/1379, info@zur-burgruine-frauenberg.de, www.zur-burgruine-frauenberg.de.
Distanz: 0 km, weitere Restaurants in 6 km, 0,3 km, 2 km, 6 km.
Gastro: Restaurant am Platz, Mo-So 12:00-14:00 Uhr und 18:00-21:30 Uhr. Frühstücksbüfett.
Freizeit: 3 km, 3 km.
POI: Höfe in Dreihausen, Warteturm in Wittelsberg, Schlossanlage in Rauischholzhausen, Burgruine Frauenberg 0,5 km, Universitätsstadt Marburg mit Schloss 6 km.

E

54668 Echternacherbrück €26,50

Campingpark Echternacherbrück, Mindener Straße 18, ☎ 06525/340 <10m
Im Naturpark Südeifel

POS: 49°48'43.78"N/6°25'52.88"E, Karte D9 (S. 12), A4
Platz: = 15 auf Wiese, Rasengittersteinen. =15 (16 A) WC CHEM GRAU . Anfahrt 24 h. Gasflaschentausch an der Rezeption. Geöffnet: 1.4.-31.10.
Preis: Ab 26,50 € inkl. Strom, Wasser, Entsorgung, Dusche, WC, Müll-Entsorgung, Kurtaxe, WLAN. Je nach Saison 26,50-36,30 €.
Kontakt: Erwin Thiex, ☎ 06525/340, info@echternacherbrueck.de, www.echternacherbrueck.de.
Distanz: 0 km, weitere Restaurants in 0,3 km, 0,1 km, 0,3 km, 0,4 km.
Gastro: Camping-Restaurant. Pizzeria 0,3 km. Frühstücksservice.
Freizeit: 0,1 km, 0,4 km. Besichtigung der Bitburger Brauerei Marken Erlebniswelt, Schifffahrten auf der Mosel, Minigolf, Wander- und Radwege ab Platz, Kanu fahren, Echternacher See 1 km.
POI: Altstadt Echternach 0,5 km, Liboriuskapelle 1,5 km, Bitburg 21 km, Trier 25 km, Luxemburg 25 km.

61209 Echzell gratis

Wohnmobilstellplatz Echzell, Am Preulen 1, ☎ 06008/912010 Auf dem Parkplatz der Horlofftalhalle >12m

2020 geprüft E

POS: 50°23'24.07"N/8°53'40.21"E, Karte D10 (S. 13), F2
Platz: = 3 auf Rasengittersteinen. =4 CHEM GRAU . Ganzjährig geöffnet.
Preis: Übernachtung gratis. Strom 0,50 €/kWh, Wasser 0,50 €/40 l.
Kontakt: Gemeinde Echzell, ☎ 06008/912010, gemeinde@echzell.de, www.echzell.de.
Distanz: 0 km, weitere Restaurants in 1 km, 0,1 km, 0,5 km, 1 km.
Gastro: Balkan Restaurant am Platz, mehrere Restaurants im Ort.
Freizeit: Werksbesichtigung La Strada.
POI: La Strada Fahrzeugbau GmbH 0,6 km, Schloss Ysenburg 9 km, Burg Münzenberg 14 km.

97799 Eckarts €6,00

Stellplatz am Gasthof Zum schwarzen Roß, Züntersbacher Straße 8, ☎ 09746/249 Naturbelassener Stellplatz <8m

POS: 50°17'9.51"N/9°43'21.59"E, Karte D10 (S. 13), G3
Platz: = 5 auf Schotterrasen. WC . Anreise auch am Ruhetag möglich. Ganzjährig geöffnet.
Preis: 6 €. Für Restaurantgäste kostenlos. Strom 3 €/24 h.
Kontakt: Familie Roth, ☎ 09746/249, info@gasthofzumschwarzenross.de, www.gasthofzumschwarzenross.de.
Distanz: 0 km, weitere Restaurants in 2 km, 0,2 km, 0,3 km, 6 km.
Gastro: Restaurant am Platz, Fr-Sa 17:00-21:00 Uhr, So 11:00-14:00 Uhr und 17:00-21:00 Uhr, Mo-Do Ruhetag. Frühstücksservice auf Anfrage.
Freizeit: 3 km, 3 km. Mitarbeit auf dem Feld.
POI: Staatsbad Brückenau, Dt. Fahrradmuseum 6 km, Burg Schwarzenfels 8 km, Kloster Kreuzberg 20 km.

24340 Eckernförde €20,00

Wohnmobilstellplatz am Noor, Kakabellenweg, ☎ 04351/9050 <10m
Zentrumsnah am Windebyer Noor

2021 geprüft E

POS: 54°27'51.84"N/9°50'2.94"E, Karte D2 (S. 5), G2
Platz: = 49 auf Asphalt, Rasengittersteinen. =72 (16 A) WC CHEM GRAU . Hundedusche im Servicegebäude. Abreise bis 15:00 Uhr am Folgetag, bei Ankunft vor 8:00 Uhr gilt der Vortag als Anreisetag. Zufahrt über eine Schrankenanlage. Zugang zu Servicegebäude, Entsorgung und Energiesäulen sowie Bezahlung mittels Chipkarte, erhältlich bei der Ankunft am Kassenautomat, Bezahlung bei Abreise. Ganzjährig geöffnet.
Preis: 20 € inkl. Entsorgung, Dusche, WC, Müll-Entsorgung, WLAN. Strom 0,50 €/kWh, Wasser 1 €/100 l, Waschmaschine/Trockner je 2 €. Kurtaxe (1.1.-30.4.) 1,50 €/Pers., (1.5.-30.9.) 2,50 €/Pers. Inkl. kostenfreie Nutzung des Busverkehrs. Bezahlung nur mit EC/Kreditkarte.
Kontakt: Stadtwerke SH GmbH & Co. KG, ☎ 04351/9050, womo-eck@stadtwerke-sh.de, www.stellplatzamnoor.de.
Distanz: 0,1 km, 0,2 km, 0,2 km, weitere Restaurants in 0,6 km, 0,4 km.
Freizeit: 0,3 km, 0,3 km. Angeln, Strand 0,6 km, Meerwasser-Wellenbad mit Sauna 0,6 km, Minigolfanlage 0,8 km, Hafen 1 km.
POI: Historischer Friedhof 0,4 km, Ostsee-Infocenter 0,6 km, Hafen Eckernförde 1 km.

Tipp

Der großzügig angelegte Stellplatz liegt schön und ruhig am Windebyer Noor. In nur wenigen Gehminuten erreichen Sie die Innenstadt, den Eckernförder Hafen und den herrlichen Ostseestrand. Der Platz erwartet seine Gäste mit einer hervorragenden Infrastruktur, modernen Sanitäreinrichtungen und einer Küche mit Aufenthaltsraum. Stand: 2022

24340 Eckernförde-Altenhof €18,00

Wohnmobilpark Ostsee, Historischer Gasthof Grüner Jäger, Bundesstraße 76, ☎ 04351/41404 <12m
Wiesengelände im Landschaftschutzgebiet hinter dem Gasthof

POS: 54°26'39.02"N/9°54'20.85"E, Karte D2 (S. 5), G2
Platz: = 60 auf Wiese, Naturboden. =60 (60 A) WC CHEM GRAU . Leinenpflicht für Hunde. Grundsätzlich erst anmelden, dann den Platz befahren. Reisemobilclub-Treffen bis 130 Personen im historischen Saal möglich. Geöffnet: 1.3. - 30.10..
Preis: 18 € inkl. Strom, Wasser, Entsorgung, WC, Müll-Entsorgung, Kurtaxe, WLAN. Dusche 1 €/Pers.
Kontakt: Restaurant Grüner Jäger, Dietmar Schentek, ☎ 04351/41404, kontakt@gruenerjaeger-altenhof.de, www.gruenerjaeger-altenhof.de.
Distanz: 0 km, weitere Restaurants in 3 km, 0,2 km, 2 km, 5 km.
Gastro: Am Platz, Do-Di 8:00-20:00 Uhr, Mi Ruhetag. Brötchen- und Zeitungsservice.
Freizeit: 1 km. Ausgeschilderte Fahrradwege, Strände der Eckernförder Bucht 0,8 km, Hochseilgarten 2 km, Hallenbad (Meerwasserwellenbad) 4 km, Golf 4 km, Fischmarkt Eckernförde (1. So im Monat) 6 km, Tierpark Gettorf 8 km.
POI: Gut Altenhof mit Schleswig-Holstein Musik Festival 3 km, Eckernförder Altstadt 5 km.

67480 Edenkoben €10,00

Brennerei und Weinstube Göring, Blücherstraße 45, ☎ 06323/2898 <8m
Aussiedlerhof am südlichen Stadtrand

POS: 49°16'41.25"N/8°8'2.20"E, Karte D9 (S. 12), D5
Platz: = 5 auf Schotterrasen. CHEM GRAU . Brennerei und Weinstube. Ganzjährig geöffnet.
Preis: 10 € inkl. Wasser, Entsorgung. Strom 0,50 €/kWh.
Kontakt: Brennerei & Weinstube, Nikolaus Göring, ☎ 06323/2898, Mobil: 0179/5353003, info@brennerei-goering.de, www.brennerei-goering.de.
Distanz: 0,5 km, 0,5 km, 0,8 km, weitere Restaurants in 1 km, 1 km.
Gastro: Weinstube mit Sonnenterrasse am Platz (nur zeitweise geöffnet), Fr-So 17:00-23:00 Uhr, Mo-Do Ruhetag.
Freizeit: 3 km. Naturpark Pfälzer Wald 2,5 km.
POI: Heimatmuseum 1 km, Schloss Villa Ludwigshöhe 3 km, Sesselbahn zur Rietburg 3 km.

E

67480 Edenkoben gratis

Wein- und Sektgut Edel-Brauch, St.-Martiner-Straße 30, ☎ 06323/2555 <12 m
Ruhiger Platz in den Weinbergen

2020 geprüft

POS: 49°17'22.89"N/8°7'22.88"E, Karte D9 (S. 12), D5
Platz: = 4 auf Wiese, Schotter. =10 (16 A) CHEM GRAU . Ganzjährig geöffnet.
Preis: Übernachtung gratis inkl. Strom, Entsorgung. Übernachtung auf Spendenbasis. Weinkauf/Einkehr in die Gastronomie erwünscht.
Kontakt: Christa Edel, ☎ 06323/2555, edel-brauch@t-online.de, www.edel-brauch.de.
Distanz: 0 km, weitere Restaurants in 2 km, 1 km, Ⓗ 1 km, 1,5 km.
Gastro: Restaurant, Fr-Sa 17:00-21:00 Uhr, So 11:00-20:00 Uhr, Mo-Do Ruhetag, Feiertag 11:00-20:00 Uhr.
Freizeit: 3 km.
POI: Hambacher Schloss, Schloss Villa Ludwigshöhe.

67480 Edenkoben €12,00

Weingut Fitz-Schneider, Klosterstraße 157a, ☎ 06323/5210 <10 m
Hinter dem Gästehaus beim Weingut

POS: 49°17'2.16"N/8°7'1.70"E, Karte D9 (S. 12), D5
Platz: = 12, = 2 (<8.5 m) auf Schotter. =16 (16 A) WC GRAU . wird empfohlen. Weingut geöffnet Mo-Sa 9:00-12:00 Uhr und 14:00-18:00 Uhr, So geschlossen. Geöffnet: März-Nov.
Preis: 12 € inkl. Wasser, Entsorgung, Dusche, WC, Müll-Entsorgung, WLAN. Jede weitere Pers. 3 €, Strom 0,60 €/kWh, Kurtaxe 1 €/Pers. 1 Nacht kostenlos bei Weinkauf ab 80 €.
Kontakt: Erna Schneider, ☎ 06323/5210, info@wein-fitz-schneider.de, www.wein-fitz-schneider.de.
Anfahrt: Über einen geteerten Feldweg und privaten Schotterweg. Bitte am Weingut erfragen.
Distanz: Ⓗ 1 km, 1 km, 1 km, 1 km.
Gastro: Brötchenservice und alle Produkte des Weinguts am Platz.
Freizeit: 3 km, 0,5 km. Mitarbeit bei der Traubenernte, Keller- und Weinbergführung, Weinprobe, Weinlehrpfad und Kneipp-Becken 1 km, Spielplatz 1 km, Seilbahn zur Rietburg 4 km.
POI: Weinbaumuseum, Galerie Neumühle 1 km, Kropsburg, Friedensdenkmal 3 km, Schloss Ludwigshöhe 3 km, Hambacher Schloss 8 km.

67480 Edenkoben €15,00

Weingut Hans J. Schreieck, Klosterstraße 177, ☎ 06323/5394 <8 m
Hinter dem Weingut mit Blick auf Weinberge

POS: 49°16'59.45"N/8°6'32.61"E, Karte D9 (S. 12), D5
Platz: = 5 auf Wiese. =4 (16 A) WC GRAU . Vor Ankunft telefonisch anmelden. Campingverhalten nicht erlaubt. Ganzjährig geöffnet.
Preis: 15 € inkl. Wasser, WC. Strom 0,50 €/kWh, Kurtaxe 1 €/Pers. Strom bis 5kWh inklusive.
Kontakt: Hans J. Schreieck, ☎ 06323/5394, schreieck-wein@t-online.de, schreieck-wein.de.
Distanz: Ⓗ 1 km, 1 km, weitere Restaurants in 1,5 km, 1,5 km, 1,5 km.
Gastro: Mehrere Restaurants im Ort.
POI: Mit der Seilbahn zur Rietburg, Galerie Neumühle 0,1 km, Kropsburg, Friedensdenkmal 2 km, Schloss Villa Ludwigshöhe 3 km, Hambacher Schloss 8 km.

67480 Edenkoben €10,00

Wohnmobilstellplatz am Kirchberg, Über Bismarckstraße, ☎ 06323/9897858 In zentraler Lage, leicht abschüssig <12 m

2020 geprüft

POS: 49°16'55.18"N/8°7'51.24"E, Karte D9 (S. 12), D5
Platz: = 40 auf Pflaster. CHEM GRAU. Aufenthalt max. 3 Tage. Informationsmappe vor Ort. Ganzjährig geöffnet.
Preis: 10 € inkl. Entsorgung, Müll-Entsorgung, Kurtaxe. Wasser 1 €/100 l.
Kontakt: I-Punkt Stadtmitte, ☎ 06323/9897858, i-punkt@edenkoben.de, www.edenkoben.de.
Distanz: 0,2 km, 0,2 km, 0,5 km, Ⓗ 0,5 km.
Gastro: Mehrere Gastrobetriebe im Umkreis von 1 km (siehe Infomappe).
Freizeit: 3 km, 0,5 km. Pädel- und Kirchenführung, Nordic Walking Park, Wein, Sekt- und Destillatproben, Weg der Gedichte, Skulpturenweg, Kulturveranstaltungen, Sesselbahn 2 km, Freilichtmuseum Weinlehrpfad Edenkoben 2 km, Bootsverleih am Hilschweiher saisonal möglich 3 km.
POI: Museum für Weinbau und Stadtgeschichte 0,5 km, Schloss Villa Ludwigshöhe und Sesselbahn zur Burgruine Rietburg 4 km, Friedensdenkmal 4 km.

34295 Edermünde-Grifte €5,00

Wohnmobilstellplatz Ederaue, Aueweg, ☎ 05665/790915 <12 m
Neben dem Kreisel am Ortseingang

POS: 51°12'44.93"N/9°26'55.51"E, Karte D6 (S. 9), F5
Platz: = 6 auf Sand/Splitt, Asphalt. =6 (6 A) CHEM GRAU. Anfahrt 6:00-22:00 Uhr. Nov-März kein Wasser. Ganzjährig geöffnet.
Preis: 5 € inkl. Entsorgung, Kurtaxe. Strom 1 €/3 h, Wasser 1 €/100 l. Stellplatzgebühr und Strom sind an der Stromsäule zu entrichten.
Kontakt: Gemeinde Edermünde, ☎ 05665/790915, info@gemeinde.edermuende.de, www.edermuende.de.
Distanz: Ⓗ 0,1 km, 0,1 km, 0,2 km, 0,3 km.
Freizeit: 3 km, 7 km. Eder-Radweg, Angeln.
POI: Bergpark Wilhelmshöhe Kassel 18 km, Schloss Wilhelmstal in Calden 27 km.

34549 Edertal-Hemfurth-Edersee €10,00

Wohnmobilstellplatz Hemfurth/Edersee, Kraftwerkstraße, ☎ 05623/808212 Parkplatz an der Eder <12 m

POS: 51°10'13.11"N/9°3'4.16"E, Karte D6 (S. 9), F5
Platz: = 30 auf Asphalt, Naturboden. =16 CHEM GRAU. Nachtruhe 22:00-6:00 Uhr. Entsorgung: Kein Abpumpen über Schlauch möglich. Ganzjährig geöffnet.
Preis: 10 € inkl. Entsorgung, Müll-Entsorgung. Strom 1 €/kWh, Wasser 1 €/80 l. Bezahlung am Parkscheinautomat oder über Parkster-App.
Kontakt: Gemeinde Edertal, ☎ 05623/808212, gemeinde@edertal.de, www.edersee.com.
Distanz: 0,3 km, weitere Restaurants in 1 km, 0,3 km, Ⓗ 0,5 km, 0,5 km.
Freizeit: 10 km, 10 km, 0,5 km. Angeln, Ederauen-Erlebnispfad, Nationalpark Kellerwald-Edersee 0,8 km, Adventure-/Minigolf 0,9 km, Schiffsrundfahrt 2 km, Bootsverleih/Wasserski 2 km, Surfschule 2 km, Eder Draisine 2 km, Kanuverleih 3 km, Kletter- und Wildpark Edersee 3 km, Golf- und Segelflugplatz in Waldeck 7 km.
POI: Kabinenseilbahn zum Peterskopf, Edertalsperre 1 km, Schloss Waldeck 7 km, Dom- und Kaiserstadt Fritzlar 15 km.

34549 Edertal-Rehbach €6,00

Wohnmobilstellplatz Rehbach, Am Eschelsberg, ☎ 05623/8080 <10 m
Ruhiger, öffentlicher Stellplatz an der Eder

POS: 51°11'1.93"N/9°1'38.97"E, Karte D6 (S. 9), F5
Platz: = 20 auf Wiese. . WC im naheliegenden Restaurant zu den Öffnungszeiten. Ganzjährig geöffnet.
Preis: Ab 6 €. 6 € bis 8 m, 10 € über 8 m. Bezahlung am Automat.
Kontakt: ☎ 05623/8080, info@edersee.com, edertal.de.
Gastro: Ausflugslokal Strandoase. Restaurant Fischerhütte.
Freizeit: Schiffsrundfahrten, Bootsverleih, Aquapark, Rehbachstrand 0,5 km, Edersee mit Sperrmauer 1 km.
POI: Standseilbahn zum Peterskopf (nimmt auch Fahrräder mit), Wildpark Edersee 3 km.

Hinweis der Redaktion: Aufgrund der wirtschaftlichen Lage und der andauernden Energiekrise kann es in 2023 zu noch nicht absehbaren Preiserhöhungen bei Service- und Übernachtungsgebühren kommen. Wir bitten um Verständnis und verweisen auf die **Bordatlas WebApp**. Die Stellplatzdaten werden dort laufend überarbeitet und stehen online stets aktuell zur Verfügung.

34549 Edertal-Wellen €10,00 <12m

Reiterparadies Talhof, Obere Stiegel 9, ☎ 05621/2682
Stellplatz beim Ferien-Reiterhof

POS: 51°8'50.17"N/9°10'18.07"E, Karte D6 (S. 9), F5
Platz: = 3 auf Wiese. WC CHEM GRAU. B Ganzjährig geöffnet.
Preis: 10 € inkl. Wasser, Entsorgung, Dusche, WC, Müll-Entsorgung. Jede weitere Pers. 5 €, Strom 2 €/Tag.
Kontakt: Familie Biederbeck, ☎ 05621/2682, talhofwellen@web.de, www.talhof-edertal.de.
Distanz: 0 km, 0,5 km, 0,5 km, Ⓗ 0,5 km.
Gastro: Bauernhof-Pension, Frühstück, Mittagstisch, nachmittags Café, Abendessen. Nach Absprache.
Freizeit: 4 km, 5 km. Freizeitanlage Heloponte mit Hallen-/Freibad, Mitarbeit auf dem Feld, Wildpark, Reitunterricht, Reiten mit Ponys, Haflingern, Warmblütern, Seilbahn, Kutschfahrten, Minigolf 4 km, Edersee 7 km.
POI: Kreuzkirche 2 km, Steinkammergrab 5 km, Burg Friedrichstein 6 km, Burg Waldeck 12 km.

67483 Edesheim €10,00 <12m

Weingut Erich Braun & Söhne, Ludwigstraße 151, ☎ 06323/4083
Hinter dem Weingut

POS: 49°15'23.19"N/8°6'58.80"E, Karte D9 (S. 12), D5
Platz: P = 3, = 3 (<12 m) auf Wiese. =3 (16 A) GRAU. Ganzjährig geöffnet.
Preis: 10 € inkl. Strom, Wasser, Entsorgung, Kurtaxe, WLAN.
Kontakt: Familie Braun, ☎ 06323/4083, info@weingutbraun.com, www.weingutbraun.com.
Distanz: Ⓗ 0,1 km, 0,5 km, weitere Restaurants in 1 km, 0,5 km, 1 km.
Gastro: Weinstube Zum Zechpeter, Flemlingen. Restaurant im Schloss Edesheim. Zur Blume 0,8 km. Zum Logel 1 km. Am Dorfbrunnen 1 km.
Freizeit: 0,3 km. Weingutführung mit Weinprobe.
POI: Schloss Edesheim 0,5 km, Villa Ludwigshöhe 2 km.

67483 Edesheim €12,00 <10m

Weingut Erlenmühle, Erlenmühle 1, ☎ 06323/7441
Am Weingut mit Weinstube

POS: 49°15'30.62"N/8°6'51.15"E, Karte D9 (S. 12), D5
Platz: P = 7 auf Schotterrasen, Wiese. WC CHEM GRAU. B wird empfohlen. Ganzjährig geöffnet.
Preis: 12 € inkl. Strom, Wasser, Entsorgung, WC. Ohne Strom 8 €.
Kontakt: Klaus Sperling, ☎ 06323/7441, info@weingut-erlenmuehle.de, www.weingut-erlenmuehle.de.
Anfahrt: Von Edesheim bis zum Weingut enge Anfahrt.
Distanz: Ⓗ 0,1 km, 0,2 km, 0,2 km.
Gastro: Weinstube am Platz, Fr+Sa ab 14:00-21:00 Uhr (Juli-Ende Okt). Weinstube Doris 0,4 km.
Freizeit: 0,8 km, 0,1 km. Weinprobe und Edelbrandverkostung, Rad-/Wanderwege am Weingut, Führung durch das Weingut.
POI: Rhodt 2 km, Deutsche Weinstraße 2 km, Schloss Ludwigshöhe 3 km, Sesselbahn Schloss Rietburg 3 km, Hambacher Schloss 5 km, Kloster Heilsbrück 5 km.

67483 Edesheim €12,00 <10m

Weingut Rehm, Ludwigstraße 36 und 56, ☎ 06323/7749 Ruhiger Stellplatz hinter dem Weingut am Modenbach

POS: 49°15'38.96"N/8°7'37.04"E, Karte D9 (S. 12), D5
Platz: = 3 auf Schotterrasen, Wiese. CHEM GRAU. B wird empfohlen. Vor Anreise bitte auf Website informieren. Ganzjährig geöffnet.
Preis: 12 € inkl. Strom, Wasser, Entsorgung.
Kontakt: Martina Rehm, ☎ 06323/7749, info@weingut-rehm.de, www.weingut-rehm.de.
Distanz: 0,3 km, 0,3 km, weitere Restaurants in 0,5 km, 0,5 km, Ⓗ 1 km.
Gastro: Mehrere Restaurants, Bäckerei, Metzgerei im Ort.
Freizeit: 1 km, 8 km, 2 km. Weinbergwanderungen, Weinverkostung auf Anfrage, Radwege, 0,3 km, Tennisplatz 2 km, Golfplatz 4 km.
POI: Siegesdenkmal in Edenkoben 2 km, Sesselbahn zur Rietburg 2 km, Schloss Villa Ludwigshöhe 2 km, Hambacher Schloss 5 km, Landau Pfalz 8 km, Neustadt a.d. Weinstraße 10 km.

67483 Edesheim €12,00 <12m

Weingut-Gästehaus Boos, Ludwigstraße 150, ☎ 06323/2288 In den Weinbergen

POS: 49°15'27.40"N/8°7'5.20"E, Karte D9 (S. 12), D5
Platz: P = 6 auf Wiese. CHEM GRAU. B wird empfohlen. Anreise ab 14:00-18:00 Uhr, Abreise bis 12:00 Uhr. Ganzjährig geöffnet.
Preis: 12 € inkl. Strom, Wasser, Entsorgung.
Kontakt: Weingut-Gästehaus Boos, Rainer Boos, ☎ 06323/2288, info@weingut-boos.com, www.weingut-gaestezimmer-boos.de.
Distanz: , weitere Restaurants in 0,3 km Entfernung, 1 km, Ⓗ 1,5 km.

Freizeit: 0,5 km, 8 km. Weinprobe, Kellerführung, Rad- und Wanderwege, Weinlehrpfad 3 km, Waldlehrpfad 5 km, Holiday Park Haßloch 15 km.
POI: Hambacher Schloss 3 km, Villa Ludwigshöhe 3 km.

67483 Edesheim €5,00 <8m

Weinhaus Dimpfl, Ruprechtstraße 60, ☎ 06323/1222 Bei den Weinbergen

POS: 49°15'30.35"N/8°7'31.37"E, Karte D9 (S. 12), D5
Platz: = 3 auf Pflaster, Wiese. =3. Ganzjährig geöffnet.
Preis: 5 €. Strom 0,50 €/kWh, Wasser 2 €. Stellplatzgebühr wird bei Einkauf (ab 60 €) verrechnet.
Kontakt: Weinhaus Dimpfl GbR, Hans und Rosemarie Dimpfl, ☎ 06323/1222, Mobil: 0171/4808740, info@weinhaus-dimpfl.de, www.weinhaus-dimpfl.de.
Distanz: 0,2 km, Ⓗ 0,3 km, 0,3 km, 0,3 km, B 3 km (in Edenkoben).
Gastro: Gourmetrestaurant Schloss Edesheim 0,8 km. Gasthaus Zur Blume 0,2 km.
Freizeit: 0,5 km, 8 km. Weinprobe, Spazieren am Modenbach.
POI: Hambacher Schloss 3 km, Villa Ludwigshöhe 3 km.

26188 Edewecht €5,00 <12m

Reisemobilstellplatz in Edewecht, Rathausstraße 7, ☎ 04405/9162340
Am Marktplatz in zentraler Lage

POS: 53°7'45.32"N/7°58'53.31"E, Karte D1 (S. 4), D5
Platz: P = 11 auf Rasengittersteinen. =11 CHEM GRAU. Ganzjährig geöffnet. Ausnahme: Einschränkungen gibt es am zweiten Mai-Wochenende (Marktpartie) und am zweiten Adventswochenende (Weihnachtsmarkt).
Preis: 5 €. Strom 1 €/6 h, Wasser 1 €/8 min.
Kontakt: Tourist-Info Edewecht e.V., ☎ 04405/9162340, gemeinde@edewecht.de, www.edewecht.de.
Distanz: 0 km, 0,1 km, Ⓗ 0,1 km, 0,1 km.
Gastro: Mehrere Restaurants im Ort.
Freizeit: 1,5 km, 1,5 km, 1 km. Rad-/Wanderwege, Reiterhöfe ab 1,5 km, Trimmpfad 8 km.
POI: Bergfried 0,5 km, St. Nikolai-Kirche 0,5 km, Windmühlen 0,5 km, renaturierte Moore 6 km, Heimatmuseum 15 km.

56814 Ediger-Eller €8,50 <10m

Wohnmobilplatz Ediger, Moselweinstraße, ☎ 02675/1344
Stellplätze am Moselufer im Ortsteil Ediger

POS: 50°5'35.28"N/7°9'34.66"E, Karte D9 (S. 12), B3
Platz: P = 26 auf Pflaster, Wiese, Schotter. Ganzjährig geöffnet.
Preis: 8,50 € inkl. Wasser. Strom 2 €/24 h. Ende Nov-Ende März gratis.
Kontakt: Gemeinde Ediger-Eller, ☎ 02675/1344, info@ediger-eller.de, www.ediger-eller.de.
Distanz: 0,5 km, 0,5 km, 0,5 km, Ⓗ 0,5 km.
Freizeit: 10 km, 20 km, 0,5 km. Klettersteig im Calmont (steilster Weinberg Europas), Weinbergwanderungen, Kulturweg der Religionen, Führungen durch den historischen Stadtkern von Ediger und Eller, Golf.

POI: Alte Stadtmauer, Altstadt mit vielen Fachwerkhäusern und Weinhöfen, Kreuzkapelle, Pfarrkirche St. Martin mit außergewöhnlichem Schiefer-Turm und Kapelle der Muttergottes von Einsiedeln in Ediger, Weinmuseum 3 km.

56814 Ediger-Eller — €7,50

Wohnmobilplatz Eller, Moselweinstraße, ☎ 02675/1344 — <10 m
Am Moselufer im Ortsteil Eller

POS: 50°5'56.96"N/7°8'38.18"E, Karte D9 (S. 12), B3
Platz: = 15 auf Pflaster, Asphalt. Ganzjährig geöffnet.
Preis: 7,50 €. Ende Nov-Ende März gratis, sonst 7,50 € pro Nacht.
Kontakt: Gemeinde Ediger-Eller, ☎ 02675/1344, info@ediger-eller.de, www.ediger-eller.de.
Distanz: 0,1 km, 0,3 km, 1 km, 1 km.
Gastro: Restaurants, Weinstuben, Straußwirtschaften und Cafés.
Freizeit: 8 km, 20 km, 0,5 km. Kanu fahren, Führungen durch den historischen Stadtkern von Ediger und Eller, Angeln, Golf, Klettersteig im Calmont (steilster Weinberg Europas), Paragliding, Geführte Weinwanderungen, Boule 0,3 km.
POI: Pfarrkirche St. Hilarius 12.-18. Jh. und Rochuskapelle 15. Jh. in Eller 0,2 km, römisches Höhenheiligtum auf dem Calmont 1 km, Kaiser-Wilhelm-Tunnel mit wilhelminischem Eisenbahnportal 1 km, Kloster-Ruine Stuben 2 km.

79588 Efringen-Kirchen — €18,00

Weingut Straub, Alemannenstraße 12, ☎ 07628/1300 — <8 m
Wiese hinter dem Weingut im Ortsteil Blansingen

POS: 47°41'30.01"N/7°32'30.23"E, Karte D13 (S. 16), C4
Platz: = 3 auf Wiese. WC. Geöffnet: Ostern-Okt.
Preis: 18 € inkl. Wasser, Dusche, Müll-Entsorgung. Strom 2,50 €. Bei Weinkauf in Höhe von mind. 60 € gratis.
Kontakt: Frau Claudia Straub, ☎ 07628/1300, Mobil: 0176/82594789, gutedel@weingut-straub.de, www.weingut-straub.de.
Anfahrt: Durchfahrtshöhe max. 3,2 m.
Distanz: 0,1 km, 0,1 km, 0,4 km, weitere Restaurants in 6 km, 5,9 km.
Gastro: Am Platz. Flammkuchen á la Wohnmobildinner Fr-So auf Vorbestellung bis 17:30 Uhr.
Freizeit: Weinprobe, Thermalbad 5,7 km.
POI: Isteiner Klotz 4,2 km, Vogelpark Steinen 27 km.

79588 Efringen-Kirchen — €12,00

Wohnmobilstellplatz Gutenau, Gutenau 17, ☎ 0171/3139733 — <8 m
Ruhiger Platz am südlichen Ortsrand

POS: 47°38'42.67"N/7°33'52.01"E, Karte D13 (S. 16), C4
Platz: = 6 auf Pflaster, Rasengittersteinen. GRAU. Nachts beleuchtet, Live-Webcam. Ganzjährig geöffnet.
Preis: 12 € inkl. Wasser, Entsorgung, Müll-Entsorgung. Strom 0,50 €/kWh.
Kontakt: Wolfgang Schneider, Mobil: 0171/3139733, wolfgang.schneider@bs.ch, p-gutenau.de.
Distanz: 1 km, 1,5 km, 1,5 km, 1,5 km.

Freizeit: Rad-/Wanderweg am Rhein.
POI: Rhein-Seitenarm, Isteiner Klotz 3,9 km.

21272 Egestorf-Nordheide — €12,00

Naturerlebnisbad Aquadies, Ahornweg 7, ☎ 04175/280 — <12 m
Terrassiert am Naturerlebnis-Bad

2021 geprüft

POS: 53°11'54.45"N/10°3'15.38"E, Karte D2 (S. 5), G5
Platz: = 40 auf Schotter. =20 (16 A) WC CHEM GRAU. Anfahrt 24 h. WC im Naturerlebnisbad Aquadies gegen ermäßigten Eintritt (15.5.-15.9. von 9:00-18:00 Uhr, Stellplatzticket vorzeigen). Gratis-Ringbuslinie Heide-Shuttle (15.7.-15.10.), Infotafel vor Ort. Ganzjährig geöffnet.
Preis: 12 € inkl. Entsorgung, WC, Müll-Entsorgung. Strom 4 €/Tag, Wasser 1 €, Dusche 2 €/Pers. 12€/Nacht. 22 €/2 Nächte, 30 €/3 Nächte, 63 €/Woche. Wohnmobile mit Anhänger +11 €.
Kontakt: Gemeinde Egestorf, ☎ 04175/280, info@gemeinde-egestorf.de, www.aquadies.de.
Distanz: 0,5 km, weitere Restaurants in 2 km, 1 km, 1 km, 1 km.
Gastro: Kiosk (Mai-Okt von 10:00-18:00 Uhr). Brötchenservice von Mai-Okt. Weitere Restaurants im Ort.
Freizeit: Naturerlebnisbad Aquadies, Heide Himmel – Baumwipfelpfad Nindorf, Wandern und Radfahren im Naturschutzgebiet Lüneburger Heide, Norddeutschlands größter Barfußpark 0,5 km, Naturschutzgebiet Lüneburger Heide 2 km, Wildpark 12 km.
POI: Philosophischer Steingarten 1 km, St.-Stephanus-Kirche von 1645 1 km, Dorfmuseum im Dresslers Hus 1 km.

84307 Eggenfelden-Gern — gratis

Stellplatz Birkenallee, Birkenallee, ☎ 08721/7080 — <12 m
Öffentlicher Parkplatz im Stadtteil Gern

POS: 48°24'6.58"N/12°45'57.06"E, Karte D16 (S. 19), E2
Platz: = 5 auf Rasengittersteinen. Ganzjährig geöffnet.
Preis: Übernachtung gratis.
Kontakt: Stadt Eggenfelden, Herr Roy Drechsler, ☎ 08721/7080, stadt@eggenfelden.de, www.eggenfelden.de.
Distanz: 0,2 km, 0,5 km, 0,5 km.
Freizeit: 2 km, 15 km. Rottal-Radweg.

POI: Bildungs- und Kulturzentrum SchlossÖkonomie Gern 0,3 km, Stadtpfarrkirche am Stadtplatz 0,8 km, Berta-Hummel-Museum und Bauernhofmuseum Massing 15 km.

49577 Eggermühlen-Bockraden — €25,00

Reiterhotel Vox, Bockradener Schulstraße 2, ☎ 05435/443 — >12 m
Auf dem Reiterhof mit Restaurant

POS: 52°34'21.17"N/7°47'40.53"E, Karte D5 (S. 8), D2
Platz: = 8 auf Sand/Splitt, Wiese, Asphalt. =4 (16 A) WC CHEM GRAU. Anfahrt 24 h nach Absprache. Ganzjährig geöffnet.
Preis: 25 € inkl. Strom, Wasser, Entsorgung, Dusche, WC, Kurtaxe, WLAN. Wellness 8 €/Pers.
Kontakt: Familie Vox, ☎ 05435/443, info@reiterhotel-vox.de, www.reiterhotel-vox.de.
Anfahrt: Zufahrt über Feldweg mit ca. 3 m Breite.
Distanz: 0 km, weitere Restaurants in 5 km, 1 km, 3 km, 3 km.
Gastro: Am Platz, Mo-So 10:00-20:00 Uhr.
Freizeit: 5 km, 5 km. Wellnessbereich, Kutschfahrten, Sauna (Infrarotsauna), Reiten.
POI: Hünengräber 2 km, Wasserschloss 3 km, Museumsdorf 25 km, Moormuseum 25 km.

17367 Eggesin — €18,00

Natur-Campingplatz Am Hafen, Pasewalker Straße 1A, ☎ 039779/60082 Am Hafen, mitten im Naturpark Am Stettiner Haff — <12 m — neu

POS: 53°40'52.36"N/14°4'12.54"E, Karte D4 (S. 7), F3
Platz: = 15 auf Wiese. WC GRAU. Bootsverleih mit Angelkähnen, Kanus und Tretbooten. wird empfohlen. Geöffnet: 15.4.-3.10.
Preis: 18 € inkl. Wasser, Entsorgung, Dusche, WC. Jede weitere Pers. 4 €, Kind (3-14 J.) 2 €, Strom 3 €/Nacht, Hund 1 €.

Kontakt: Bärbel Ertelt, ☎ 039779/60082, Mobil: 0170/1695025, randow-floss@gmx.de, randow-floss.de.
Distanz: 0 km, 0,3 km, 0,4 km, 0,9 km, 1 km.
Freizeit: Angeln, geführte Floßfahrten durch den Naturpark, Boot- und Tretboot fahren, Wasserwandern auf der Uecker und Randow, geführte Wanderungen z.B. die Bibertouren, Seebad Ueckermünde 7 km.
POI: Naturpark Am Stettiner Haff, Internationales Kahnschifferzentrum an der Randow 0,3 km, Botanischer Garten Christiansberg 12,5 km.

94535 Eging am See — €16,00 — <12m

Bavaria Kur-Sport-Camping-Park, Grafenauer Straße 31, ☎ 08544/8089
Separate Stellplätze vor dem Camping-Park

POS: 48°43'15.66"N/13°15'54.82"E, Karte D16 (S. 19), F1
Platz: = 15 auf Asphalt. =6 (6 A) CHEM GRAU. Aufenthalt max. 2 Tage. Ganzjährig geöffnet.
Preis: Ab 16 € inkl. Strom, Wasser, Entsorgung, Dusche, Müll-Entsorgung, WC. Jede weitere Pers. 7 €, Kind (3-14 J.) 4 €, Kurtaxe (ab 16 J.) 1 €/Pers., WLAN 2 €/24 h, Hund 3 €, Waschmaschine/Trockner je 3 €. Stop-Over Platz (18:00-10:00 Uhr) 18 €.
Kontakt: Wolfgang Auer, ☎ 08544/8089, info@bavaria-camping.de, www.bavaria-camping.de.
Distanz: 1,5 km, 1,5 km, 1,5 km.
Gastro: Brötchenservice.
Freizeit: 0,6 km, 0,7 km. Minigolf, Tennis, Badesee 0,5 km, Sonnen Therme Eging mit Saunalandschaft 0,6 km.
POI: Westernstadt Pullmann City 2 km, Nationalpark Bayerischer Wald 15 km, Passau 25 km.

89584 Ehingen/Donau — gratis — <12m

Stellplatz am Stadion, Am Stadion, ☎ 07391/503207 Stellplatz mit Aussicht auf Ehingen und das Donautal

2022 geprüft

POS: 48°16'44.92"N/9°44'3.03"E, Karte D14 (S. 17), G3
Platz: = 13 auf Asphalt. CHEM GRAU. Anfahrt 24 h, von Dez-Feb kein Wasser. Ganzjährig geöffnet. Ausnahme: bei Veranstaltungen ist der Platz von Pkw zugestellt.
Preis: Übernachtung gratis inkl. Entsorgung, WLAN. Strom 0,50 €/kWh, Wasser 0,50 €/50 l. 4 Tage (3 Nächte) kostenfrei - jeder weitere Tag pro Nacht 4 €.
Kontakt: Stadtverwaltung Ehingen, ☎ 07391/503207, tourismus@ehingen.de, www.ehingen.de/wohnmobil.
Distanz: 0,3 km, weitere Restaurants in 0,5 km, 0,5 km, 1 km, 1 km.
Freizeit: 1 km. Attraktive Angebote rund um die Bierkulturstadt Ehingen, Ausflüge zur Oberschwäbischen Barockstraße, Donauradweg.
POI: Oberschwäbische Barockstraße, Blautopf Biosphärengebiet/GeoPark, Wolfertturm 1 km, Franziskanerkloster 1,3 km, Schloss Mochental 10 km.

89584 Ehingen/Donau-Berg — gratis — <8m

Stellplatz BrauereiWirtschaft, Graf-Konrad-Straße 21, ☎ 07391/771733
Neben der Brauerei und dem Museum Brauerei Gewölbe

POS: 48°15'42.84"N/9°44'8.90"E, Karte D14 (S. 17), G3
Platz: = 4 auf Pflaster. Ganzjährig geöffnet.
Preis: Für Restaurantgäste kostenlos. Einkehr obligatorisch.
Kontakt: ☎ 07391/771733, wirtschaft@bergbier.de, www.bergbier.de.
Distanz: , 0,5 km, 0,5 km, 1,5 km, 3,3 km (Am Stadion, 89584 Ehingen/Donau).
Gastro: Brauereishop und Bierkeller täglich von 11:00-22:00 Uhr. BrauereiWirtschaft, warme Küche Mo-So 11:00-21:00 Uhr, Biergarten, geöffnet 1.5-31.8. (bei gutem Wetter), Fr ab 17:00 Uhr, Sa ab 14:00 Uhr, So ab 11:00 Uhr.
Freizeit: Brauereibesichtigungen, Bierverkostungen und Braukurse können über die Homepage reserviert werden.

Tipp

Die Stellplätze liegen direkt gegenüber der BrauereiWirtschaft. Diese lädt mit leckeren Bieren, schwäbischen Leckereien und ausgezeichnetem Service herzlich ein. Ein Brauereishop und ein Getränkemarkt finden sich dort zudem. Auf der Festwiese stehen weitere ebenerdige Stellplätze zur Verfügung. Ausgangspunkt für viele beschilderte Radtouren (Berg Bier-Tour, Donauradweg, kommunale Radrundwege).

36115 Ehrenberg-Seiferts — €12,00 — <8m

Stellplatz krenzers rhön, Eisenacher Straße 24, ☎ 06683/96340 An der Schau-Kelterei mit Blick auf eine Streuobstwiese

POS: 50°31'29.17"N/10°0'59.93"E, Karte D10 (S. 13), G2
Platz: = 3 auf Asphalt. WC. Anfahrt ab 15:00 Uhr. 2 Plätze mit Strom an der Schau-Kelterei, 1 Platz ohne Strom oberhalb der Schäferwagenwiese. Wasser auf Anfrage. Ganzjährig geöffnet.
Preis: 12 € inkl. Dusche, WC. Kind (ab 7 J.) 5 €, Strom 5 €, Kurtaxe 1 €/Pers. Einkehr obligatorisch.
Kontakt: Familie Krenzer, ☎ 06683/96340, info@rhoenerlebnis.de, www.rhoenerlebnis.de.
Distanz: 0 km, weitere Restaurants in 0,4 km, 0,1 km, 0,3 km, 4 km, 5 km.
Gastro: Gastronomie am Platz, Mo-Fr 8:00-10:00 Uhr und 18:00-22:00 Uhr, Sa-So 8:00-10:00 Uhr und 18:00-23:00 Uhr. Frühstücksbüfett 12 €/Pers..
Freizeit: Führungen mit Verkostung durch die Manufaktur für Apfelwein und ApfelSherry.

35630 Ehringshausen — gratis — <8m

Stellplatz am Hallenbad, Neustadtstraße, ☎ 06443/6090 Auf dem Parkplatz in ruhiger Lage am Ortsrand

POS: 50°36'6.11"N/8°22'31.52"E, Karte D10 (S. 13), E2
Platz: = 2 auf Asphalt. WC/Dusche gegen Eintritt im Hallenbad nutzbar. Ganzjährig geöffnet.
Preis: Übernachtung gratis.
Kontakt: Gemeinde Ehringshausen, ☎ 06443/6090, info@ehringshausen.de, www.ehringshausen.de.
Distanz: 0,2 km, 0,5 km, 0,5 km, 0,5 km.
Gastro: Weitere Restaurants im Ort. Gaststätte Solmser Hof, Bahnhofstraße.
Freizeit: Dilltal-Radweg.
POI: Grube Fortuna 8,1 km, Burg Greifenstein 9 km, Nationaler Geopark Westerwald-Lahn-Taunus 13,9 km, Schloss Braunfels 14 km.

E

97246 Eibelstadt — €14,00 — <10m

Wassersportclub Eibelstadt e.V., Mainparkring, ☎ 09303/9849584 An der Sportstätte am Mainufer, nahe der Autobahn

POS: 49°43'52.04"N/9°59'14.87"E, Karte D10 (S. 13), G4
Platz: = 90 auf Schotterrasen, Wiese. =90 (6 A) WC CHEM GRAU. Leinenpflicht für Hunde. Anfahrt 7:00-19:00 Uhr. Ganzjährig geöffnet.
Preis: Ab 14 € inkl. aller Personen, Strom, Entsorgung, WC. Jede weitere Pers. 2 €, Wasser 1 €/80 l, Dusche 1 €/5 min. 14-19 € je nach Fahrzeuglänge.
Kontakt: Gerhard Braun, ☎ 09303/9849584, Mobil: 0171/8669968, info@wsc-eibelstadt.de, www.wsc-wohnmobile.de.
Distanz: 1 km, 1 km, 2 km.
Gastro: Brötchenservice in der HS. Weingüter in der Umgebung.
Freizeit: Angeln, Radfahren auf dem Main-Radweg, Erwerb eines Bootsführerscheins, Sauna am Platz, Kanu fahren, Bogenschießen, Nordic Walking Center Eibelstadt 2 km.
POI: Altstadt Eibelstadt mit Stadtmauer 1,8 km, Pfarrkirche St. Nikolaus mit Werken von Riemenschneider 1,8 km, Würzburg 10 km.

08309 Eibenstock — €20,00 — <8m

Badegärten Eibenstock, Am Bühl 3, ☎ 037752/5070
Ruhiges Areal unterhalb des Parkplatzes mit Blick auf die Badegärten

POS: 50°30'22.33"N/12°35'58.42"E, Karte D11 (S. 14), D2
Platz: = 18 auf Schotterrasen, Schotter, Rasengittersteinen, Wiese. WC

CHEM GRAU. Küchenzeile. Reservierung wird empfohlen. Nachts beleuchtet. Anmeldung an der Rezeption 8:00-22:00 Uhr. Ganzjährig geöffnet.
Preis: 20 € inkl. WC. Strom 2 €/12 h, Wasser 2 €/50 l, Entsorgung 2 €, Dusche 1 €, Kurtaxe 1,50 €/Pers. Bezahlung mit Wertmünzen. Kaution für Sanitär-Schlüssel 35 €.
Kontakt: Badegärten Eibenstock GmbH, ☎ 037752/5070, wellness@badegaerten.de, www.badegaerten.de.
Distanz: , 0,2 km, 1 km, 2 km.
Gastro: Frühstücksservice.
Freizeit: Radfahren, Badegärten Eibenstock, Bergbaulehrpfad 0,3 km, Reiterhof 0,3 km, Rundweg um Trinkwassertalsperre 3 km.
POI: Wurzelrudis Erlebniswelt 1 km, Auersberg 6 km.

E

08309 Eibenstock-Wildenthal — €6,00 — <8m

Stellplatz Familie Ott, Alte Poststraße 29, ☎ 037752/3518
Ruhige Stellplätze am Ortsrand

POS: 50°27'5.41"N/12°37'55.11"E, Karte D12 (S. 15), E2
Platz: = 6 auf Wiese. =6 (6 A). Ganzjährig geöffnet.
Preis: 6 € inkl. Wasser, Müll-Entsorgung. Strom 0,35 €/kWh. Preisänderung 2023 möglich.
Kontakt: Angelika Ott, ☎ 037752/3518, familie_ott@freenet.de.
Distanz: 0,2 km, weitere Restaurants in 0,3 km, 0,2 km, 0,3 km, 0,3 km.
Gastro: Hammerschänke 0,3 km.
Freizeit: 12 km, 7 km, 8 km. Radweg Richtung Karlsbad in Tschechien, Wanderwege, Wintersport, Bobbahn und Minigolf in der Nähe, Badegärten Eibenstock 6 km.
POI: Dreifaltigkeitskirche 4 km, Schaubergwerk Glöckl 12 km.

94428 Eichendorf-Exing — €7,00 — <12m

Gasthaus Zum Alten Brauhaus, Exing 7, ☎ 09956/350
Beim historischen Gasthaus im Vilstal

POS: 48°38'13.62"N/12°46'59.58"E, Karte D16 (S. 19), E2
Platz: = 15 auf Schotter. WC CHEM. Wildgehege. Anfahrt auch an Ruhetagen. Aufenthalt unbegrenzt. Ganzjährig geöffnet.
Preis: 7 € inkl. Strom, Wasser. Dusche 1,50 €.
Kontakt: Alexandra Flexeder, ☎ 09956/350, zum.alten.brauhaus@gmx.net, www.zum-alten-brauhaus.info.
Distanz: 0 km, 0,4 km, 1 km, 10 km.
Gastro: Restaurant am Platz mit großem Biergarten, warme Küche 18:00-20:00 Uhr, Mi+Fr Ruhetag.
Freizeit: 4 km, 9 km, 4 km. Ausflüge im Vilstal und entlang der Isar, Tanznachmittage, Vilstal-Radweg, Jagd.
POI: Bockerlbahn 1 km, Wachsende Felsen bei Landau 12 km.

08626 Eichigt-Süßebach — €10,00 — <12m

Landgasthof Süßebach, Hauptstraße 9, ☎ 037430/63705
Stellplatz beim Landgasthof

POS: 50°21'45.68"N/12°9'20.43"E, Karte D11 (S. 14), C2
Platz: = 1 auf Asphalt. WC. Telefonische Reservierung erbeten. Ganzjährig geöffnet.
Preis: 10 € inkl. Strom, Wasser, WC. Dusche auf Anfrage. Für Restaurantgäste kostenlos, Einkehr obligatorisch.
Kontakt: Herr Herr Kutsche, ☎ 037430/63705, info@landgasthof-suessebach.de, www.landgasthof-suessebach.de.
Distanz: 0 km, weitere Restaurants in 4 km, 3 km, 3,4 km.
Gastro: Restaurant, Mi-Mo 11:00-22:00 Uhr, Di Ruhetag.

Freizeit: 3 km, 3 km. Grenzübergang Tschechien 3 km.
POI: Bad Elster 15 km, Markneukirchen 17 km.

85072 Eichstätt — €12,00 — <12m

Stellplatz Schottenwiese/ Volksfestplatz, Schottenwiese neben Pirkheimer Straße, ☎ 08421/900610
Am Rande der Altstadt

2022 geprüft E

POS: 48°53'3.47"N/11°11'51.90"E, Karte D15 (S. 18), B1
Platz: = 70 auf Schotterrasen. =48 WC CHEM GRAU. Leinenpflicht für Hunde. Ausweichplätze am Freiwasserparkplatz. WC von Okt-März geschlossen. Ganzjährig geöffnet. Ausnahme: Sperrung während des Eichstätter Volksfestes (1. Woche im Sep).
Preis: 12 € inkl. Entsorgung, WC, Müll-Entsorgung. Strom 0,50 €/kWh, Wasser 1 €/80 l, Dusche 0,50 €/4 min. Bezahlung am Parkscheinautomat.
Kontakt: Servicebüro Wohnmobil- und Zeltplatz Eichstätt, Karl Daum, ☎ 08421/900610, platzbetreuung-eichstaett@gmx.de, www.eichstaett.de.
Distanz: 0,1 km, 0,3 km, 0,5 km, 1 km.
Gastro: Bäcker-/Frühstücksservice während der HS täglich um 8:00 Uhr. Brauereigasthöfe in der Altstadt.
Freizeit: 1 km, 0,1 km, 1 km. Altmühltal-Radwanderweg, Nordic Walking, Tennisanlage 0,1 km, Bootsverleih 0,2 km.
POI: Barocke Altstadt mit Schutzengelkirche, Museen und Dom 0,5 km, Heiliges Grab in der Kapuzinerkirche 1,5 km, Fossiliensteinbrüche 2 km, Willibaldsburg 2,7 km, Römerkastell Pfünz 6 km.

79356 Eichstetten — €15,00 — <10m

Weingut Köbelin, Altweg 131, ☎ 07663/1414
Beim Weingut mit Rebbergblick

2022 geprüft E

POS: 48°5'41.98"N/7°43'13.94"E, Karte D13 (S. 16), C3
Platz: = 3 auf Schotter. CHEM GRAU. Ganzjährig geöffnet.
Preis: 15 € inkl. Strom, Wasser, Entsorgung, Müll-Entsorgung, Kurtaxe.
Kontakt: Weingut Köbelin, Arndt Köbelin, ☎ 07663/1414, info@weingut-koebelin.de, www.weingut-koebelin.de.
Distanz: 0,5 km, 0,5 km, 0,8 km, 0,8 km.
Gastro: Pizzeria und Gasthof im Ort.
Freizeit: 4 km, 8 km, 1 km. Führung/Weindegustation während der Öffnungszeiten des Weinguts, Wandern auf dem Geopfad.
POI: Geopfad, Kaiserstühler Samengarten, Eichelspitzturm 2 km.

18249 Eickhof — €24,00 — <12m

Naturdorf Eickhof, Dorfstraße 14, ☎ 038462/20419 Am Flusslauf der Warnow im Naturpark Sternberger Seenland

POS: 53°47'5.55"N/11°50'25.30"E, Karte D3 (S. 6), C3
Platz: = 3 auf Wiese. WC GRAU. Leinenpflicht für Hunde. Ganzjährig geöffnet.
Preis: 24 € inkl. Strom, Wasser, Entsorgung, Dusche. Hund 2,50 €.
Kontakt: Brit Abeln, ☎ 038462/20419, Mobil: 0174/9450230, naturdorf-eickhof@email.de, www.naturdorf-eickhof.de.
Distanz: 2 km, 13 km.
Gastro: Brötchenservice.
Freizeit: Paddel-Touren durch das Warnow-Durchbruchstal, Wandern, Radfahren, Badestrand, Volleyballfeld, Kanuverleih.
POI: Naturpark Sternberger Seenland, Besuch des Freilichtmuseum Slawenburg in Groß Raden mit Führung 9 km.

78253 Eigeltingen/Hohentwiel — gratis — <6m

Hotel Lochmühle, Hinterdorfstraße 44, ☎ 07774/93930
Hotel-Gelände mit Erlebnisbauernhof

POS: 47°51'47.36"N/8°53'33.96"E, Karte D14 (S. 17), F4
Platz: = 10 auf Schotterrasen, Wiese. =12 (16 A) WC. Reservierung wird empfohlen. Ganzjährig geöffnet.
Preis: Für Restaurantgäste kostenlos, inkl. Dusche, WC, WLAN. Einkehr obligatorisch. Strom 5 €, Wasser 1,50 €, Müll-Entsorgung 1 €.
Kontakt: Hotel Lochmühle GmbH, Herr Chris Bihler, ☎ 07774/93930, info@lochmuehle-eigeltingen.de, www.erlebnisgastronomie.de.
Distanz: 0 km, 0,5 km, 1 km, 8 km.
Gastro: Restaurant und take-away, Mo-So 11:30-21:00 Uhr.
Freizeit: 0,3 km, 15 km, 0,2 km. Ravensburger Spieleland, Kutsch-/Traktorfahrten, Tierpark mit Streichelzoo, Reiten, Abenteuer im Steinbruch mit Seilbrücke und Deutschlands längstem Flying Fox, Moto-Cross, Bauernhof-Gaudi, Golfplatz 2 km.
POI: Insel Mainau, Schloss Langenstein 2 km.

37574 Einbeck — €8,50 — <10m

Hallen- und Freibad, Ochsenhofweg 11, ☎ 05561/9420
In ruhiger Lage am Hallen- und Freibad

2022 geprüft E

POS: 51°49'27.51"N/9°51'48.44"E, Karte D6 (S. 9), G4

Platz: = 30 auf Schotter, Asphalt, Wiese. =30 WC CHEM GRAU. Leinenpflicht für Hunde. WC/Dusche im Hallenbad zu den Öffnungszeiten. Ganzjährig geöffnet.
Preis: 8,50 € inkl. Dusche, WC, Müll-Entsorgung, Kurtaxe. Strom 0,50 €/kWh, Wasser 1 €/60 l, Entsorgung 1 €. Eintritt für 1 Person im Hallen- und Freibad inkl. der Nutzung von WC und Duschen gratis. Bezahlung am Kassenautomat zu den Bad-Öffnungszeiten.
Kontakt: Stadtwerke Einbeck GmbH, Bernd Kunert, ☎ 05561/9420, info@stadtwerke-einbeck.de, www.baeder.stadtwerke-einbeck.de.
Distanz: 0 km, weitere Restaurants in 0,8 km, Ⓗ 0,3 km, 0,8 km, 0,8 km.
Gastro: Imbiss (Svens Bistro Auszeit) im Hallen- und Freibad. Weitere Restaurants auf dem Marktplatz.
Freizeit: 1 km. Bierproben im Einbecker Brauhaus auf Voranmeldung, Hallen- und Freibad, Stadtführungen, Nordic-Walking-Park 0,5 km, Golfplatz 3 km.
POI: Altstadt, PS Speicher, Senfmühle, Blaudruck, Brauerei, Kaffeerösterei 0,8 km.

82432 Einsiedl €10,00

Nachtparkplatz Einsiedl, B11, ☎ **0160/5727746** <10m
Im Landschaftsschutzgebiet, 300 m vom Walchensee entfernt

2022 geprüft

POS: 47°34'9.32"N/11°18'9.66"E, Karte D15 (S. 18), B4
Platz: P / = 90 auf Schotter. =26 (16 A). Anfahrt 24 h, Abreise bis 11:00 Uhr. Aufenthalt max. 3 Nächte. Parzellierter Stellplatz. Bei Frost kein Wasser. Ganzjährig geöffnet. Ausnahme: im Winter witterungsabhängig, Sperrung bei Glatteis.
Preis: 10 € inkl. Müll-Entsorgung. Strom 1 €/kWh, Wasser 1 €/70 l. Bezahlung am Parkscheinautomat (kein Wechselgeld).
Kontakt: Berndt Pangerl, Mobil: 0160/5727746, info@nachtparkplatz-einsiedl.de, www.nachtparkplatz-einsiedl.de.
Distanz: Ⓗ 0,2 km, 3,2 km, 3,2 km, 3,2 km, 10 km (Am Horn 1, 82481 Mittenwald).
Freizeit: Walchensee 0,3 km.
POI: Herzogstand 3,5 km, Walchensee-Kraftwerk 16 km.

99817 Eisenach €12,00

Parkplatz Karl-Marx-Straße, Karl-Marx-Straße, ☎ **03691/670800** <8m
Nahe dem Stadtzentrum

POS: 50°58'43.82"N/10°19'22.78"E, Karte D10 (S. 13), H1
Platz: P = 10 auf Schotter. CHEM GRAU. Anfahrt 24 h. Bus zur Wartburg vom Karlsplatz. Ganzjährig geöffnet.
Preis: 12 € inkl. Entsorgung. Strom 1 €/4 h, Wasser 1 €/50 l. Preisänderung 2023 geplant.
Kontakt: Stadtverwaltung Eisenach, ☎ 03691/670800, info@eisenach.de, www.eisenach.info.
Distanz: 0,1 km, Ⓗ 0,1 km, 0,1 km, 0,3 km.
Freizeit: 1 km, 1 km. Stadtbesichtigung.
POI: Automobile Welt 0,3 km, Lutherhaus 0,7 km, Bachhaus 0,8 km, Wartburg 5 km.

99817 Eisenach €12,00

Stellplatz am Automobilmuseum, Heinrich-Erhard-Platz/Clemdastraße <10m
Parkstreifen im zentrumsnahen Industriegebiet

2020 geprüft

POS: 50°58'53.25"N/10°19'23.69"E, Karte D10 (S. 13), H1
Platz: P = 3 auf Pflaster. Ganzjährig geöffnet.
Preis: 12 € inkl. aller Personen, Strom. Preisänderung 2023 geplant.
Kontakt: www.eisenach.info.
Distanz: 0,2 km, 0,4 km (Parkplatz Karl-Marx-Straße, Karl-Marx-Straße 40, 99817 Eisenach), 1 km.
Freizeit: Wanderung zur Wartburg.
POI: Lutherhaus, Wartburg.

99817 Eisenach-Stregda €15,00

Wohnmobile A. Waldhelm OHG, Ringstraße 27, ☎ **03691/610651** <10m
Betriebsgelände mit Ausblick auf die Wartburg

POS: 51°0'8.15"N/10°19'37.79"E, Karte D10 (S. 13), H1
Platz: P = 20, = 2 (<10 m) auf Asphalt, Rasengittersteinen. =20 (16 A) WC CHEM GRAU. Mietwagen 34,50 €/Tag, Fritz-Berger-Shop, Werkstattservice, Fahrservice in die Stadt/zur Wartburg. R wird empfohlen. Um Reservierung bei Gespannen/großen Reisemobilen wird gebeten. Ganzjährig geöffnet.
Preis: 15 € inkl. Wasser, Entsorgung, WLAN. Jede weitere Pers. 3 €, Strom 1 €/kWh, Dusche 0,50 €/2 min, VE für Durchreisende 3 €. Gebühr bei Ankunft im Büro bezahlen, außerhalb der Öffnungszeiten ausliegende Umschläge nutzen.
Kontakt: Anett Waldhelm, ☎ 03691/610651, info@wohnmobile-waldhelm.de, www.wohnmobile-waldhelm.de.
Distanz: Ⓗ 0,1 km, 1 km, 2 km, weitere Restaurants in 4 km, 4 km.
Gastro: Restaurant und Café Tino Kuchinke.
Freizeit: 1,5 km, 1,5 km, 2 km. Beginn des Rennsteigs 5 km.
POI: Lutherhaus /Bachhaus 4 km, Wartburg 8 km.

Sie haben einen neuen Stellplatz entdeckt? Dann teilen Sie uns diesen mit per E-Mail an **bordatlas@doldemedien.de** oder über das Online-Meldeformular unter **www.bordatlas.de/meldung**

79871 Eisenbach/Hochschwarzwald €8,00

Wohnmobilstellplatz Höchstberg, Am Sportplatz, ☎ **07657/91030** >12m
Neben den Sportanlagen

2021 geprüft

POS: 47°56'57.14"N/8°15'19.21"E, Karte D13 (S. 16), D3
Platz: = 20 auf Wiese, Schotter. =8 CHEM GRAU. Anmeldung 14:00-20:00 Uhr im Clubhaus/Restaurant Am Wald. Keine Reservierung möglich. Ganzjährig geöffnet.
Preis: 8 € inkl. Strom. Kurtaxe (ab 16 J.) 1,90 €/Pers., Kurtaxe (6-15 J.) 1,20 €/Pers. Entsorgung 1 €.
Kontakt: Gemeinde Eisenbach, ☎ 07657/91030, 07657/7129987, info@eisenbach.de, www.eisenbach.de.
Distanz: 0 km, weitere Restaurants in 0,2 km, 0,2 km, Ⓗ 0,2 km, 0,2 km.
Gastro: Clubhaus/Restaurant Am Wald.
Freizeit: 7 km. Alpin-Ski, Wandern, Mountainbiking, Langlauf, Radfahren, Feldberg 25 km.
POI: Heimatstube in der Wolfwinkelhalle mit Sammlung antiker Uhren, Mineralienausstellung und Vogelsammlung. Besichtigung auf Anmeldung unter Tel.: 07657/91030 2 km, Rathaus 2 km, Kirche 2 km.

07607 Eisenberg €15,00

Stellplatz Amtsschreibersmühle, Mühltal 2, ☎ **036691/42117** <8m
Im Hof der Mühle im Eisenberger Mühltal

POS: 50°57'3.56"N/11°54'2.68"E, Karte D11 (S. 14), C1
Platz: P / = 5 auf Schotter. =12 (6 A) WC CHEM GRAU. Ganzjährig geöffnet.
Preis: 15 € inkl. Strom, Wasser, Entsorgung, Müll-Entsorgung. WC 0,50 €.
Kontakt: ☎ 036691/42117, eisenberger-mühltal.de.
Distanz: 4,5 km, 4,5 km.
Gastro: Mehrere Restaurants im Ort.
Freizeit: 6 km, 6 km, 6 km. Streichelzoo mit Pferden und Eseln.
POI: Meuschkensmühle, Wirkungsstätte von Milo Barus 5 km, Heilbad Bad Klosterlausnitz 8 km, Keramikmuseum Bürgel 15 km.

07607 Eisenberg €5,00

Wohnmobilstellplatz Eisenberg, Geraer Straße 88/Landesstraße L3007, ☎ **036691/73454** Am Ortsrand vor dem Silberberg, gegenüber vom Tierpark <10m

2022 geprüft

POS: 50°57'58.06"N/11°54'42.27"E, Karte D11 (S. 14), C1
Platz: P = 7 auf Pflaster, Asphalt. =4 (16 A) CHEM GRAU. Aufenthalt max. 2 Tage.

E

Abends beleuchtet. Gasflaschentausch in 3 km. WLAN-Hotspot am Marktplatz. Ausweichplatz: Parkplatz Verkehrsgarten (An der Lessingstraße) oder Parkplatz an der Robertsmühle (Mühltalsweg 24), beide ohne Service. Ganzjährig geöffnet.
Preis: 5 € inkl. Entsorgung, Müll-Entsorgung. Strom 1,50 €/kWh, Wasser 1,50 €/120 l. Bezahlung am Münzautomat/per App MobilLET (nur Parkgebühren).
Kontakt: Stadt Eisenberg, ☎ 036691/73454, info@stadt-eisenberg.de, www.stadt-eisenberg.de.
Distanz: Ⓗ 0,1 km, 0,6 km, 1 km, 1 km.
Gastro: Mehrere Restaurants, Bäcker, Metzgerei im Ort.
Freizeit: 2 km, 1,3 km, 2 km. Tiergarten 0,5 km, Mühltal 2 km.
POI: Eisenberger Mühltal, Schlosskirche 1 km, Stadtmuseum 1,3 km.

97247 Eisenheim-Obereisenheim €10,00

Stellplatz an der Winzerhalle, An der Mainaue 2, ☎ 09386/808 >12m
Bei der Winzerhalle am schönen Mainufer

2022 geprüft

POS: 49°53'16.52"N/10°10'43.83"E, Karte D10 (S. 13), H3
Platz: = 80 auf Wiese, Asphalt. =30 (16 A) CHEM GRAU. Für Reisemobiltreffen geeignet. Müllentsorgung gegen Gebühr in hauhaltsüblichen Kleinmengen. Ganzjährig geöffnet.
Preis: 10 € inkl. Entsorgung. Strom 0,50 €/kWh, Wasser 1 €/80 l. 3 € können als Gutschein bei allen Betreibern (5 Winzer und 2 Wirte) eingelöst werden.
Kontakt: Gerd Grämer, ☎ 09386/808, info@weingut-graemer.de, www.stellplatz-obereisenheim.de.
Distanz: 0,1 km, 0,5 km, weitere Restaurants in 0,9 km, Ⓗ 0,5 km, 4 km.
Gastro: Weinstuben, Heckenwirtschaften und Weinkeller ab 0,5 km.
Freizeit: 7 km, 7 km, 7 km. Keller-/Weinbergführung, Angeln, Kanuverleih 0,1 km, Beach-Volleyball und Basketball 0,5 km.
POI: Spielzeugmuseum 1 km, Magischer Punkt - Aussicht über die gesamte Mainschleife 3 km, Vogelsburg 4 km, Wallfahrtskirche Maria im Weinberg 5 km.

97247 Eisenheim-Untereisenheim €10,00

Weingut Hirn, Dipbacherstraße 8, ☎ 09386/388 <8m neu
Am Ortsrand von Untereisenheim

POS: 49°53'9.34"N/10°9'26.60"E, Karte D10 (S. 13), H3
Platz: = 12 auf Wiese, Schotterrasen. WC. Geöffnet: letzte Märzwoche-Ende Okt.
Preis: 10 € inkl. WC. Strom 0,75 €/kWh, Dusche 2 €/5 min.
Kontakt: Familie Hirn, ☎ 09386/388, info@weingut-hirn.de, www.weingut-hirn.de.
Distanz: 0 km.
Gastro: Heckenwirtschaft im Sommer, Mo-So 12:00-20:00 Uhr, geöffnet: Ende März-Juni und Mitte Sep-Ende Okt.

54533 Eisenschmitt-Eichelhütte €10,00

Hotel-Restaurant Molitors Mühle, Eichelhütte 15, ☎ 06567/9660 <12m
Hotelanlage im Salmtal mit Wellnessbereich

POS: 50°2'12.41"N/6°44'19.06"E, Karte D9 (S. 12), B3
Platz: = 5 auf Schotterrasen. =3 (10 A) WC. wird empfohlen. Späteste Anreise 18:00 Uhr. Ganzjährig geöffnet.
Preis: 10 € inkl. Wasser, WC, WLAN. Für Restaurantgäste kostenlos. Strom auf Anfrage gegen Gebühr.
Kontakt: Michael Molitor, ☎ 06567/9660, hotel@molitors-muehle.de, www.molitors-muehle.de.
Distanz: 0 km, weitere Restaurants in 6 km, Ⓗ 0,2 km, 1 km, 6 km.
Gastro: Wild und frische Forellen, vegetarische Gerichte. warme Küche, 12:00-21:00 Uhr. Frühstücksservice.
Freizeit: Bio-Sauna, Außensauna, Dampfbad, Finnische Pfahlsauna mit Badesee, Massagen, Tennisplatz am Hotel, Mountainbike-Verleih, Weinproben, Badesee, Angeln, geführte Wanderungen mit Picknick, verschiedene Wild-/Freizeitparks 25 km.
POI: Kloster Himmerod 1 km, Eifelmaare 10 km, Manderscheider Burgen 12 km, römische Ausgrabungen 15 km, Glockengießerei 18 km.

98673 Eisfeld gratis

Stellplatz Am Volkshaus, Am Volkshaus, ☎ 03686/300308 <12m
In zentraler Lage, 200 m von der Innenstadt entfernt

POS: 50°25'34.68"N/10°54'38.28"E, Karte D11 (S. 14), B2
Platz: = 4 auf Wiese, Asphalt, Rasengittersteinen. Ganzjährig geöffnet. Ausnahme: während des Eisfelder Ku(h)lturfests (Termin siehe Website) geschlossen.
Preis: Übernachtung gratis.
Kontakt: Touristinformation, ☎ 03686/300308, touristinfo@stadt-eisfeld.de, www.stadt-eisfeld.de.
Distanz: 0,1 km, 0,3 km, Ⓗ 0,6 km.
Gastro: Mehrere Restaurants in unmittelbarer Nähe.
Freizeit: 7 km, 20 km. Werratal-Radweg, Schlossbesichtigung, Rennsteig 10 km, Blessberg mit Aussichtsturm 12 km, Bergsee Ratscher 15 km.
POI: Schloss Eisfeld 0,5 km, Schloss Schleusingen mit Museum 17 km, Veste Coburg 22 km, Spielzeugmuseum Sonneberg 25 km.

98673 Eisfeld €10,00

Waldhotel Hubertus, Coburger Straße 501 (B4), ☎ 03686/618880 <10m
Auf dem Parkplatz des Waldhotels

POS: 50°23'50.60"N/10°55'23.16"E, Karte D11 (S. 14), A2
Platz: = 20 auf Wiese, Schotter, Asphalt. WC. Keine Entsorgung möglich. Ganzjährig geöffnet.
Preis: 10 € inkl. Strom.
Kontakt: Waldhotel Hubertus, Ralf Linke, ☎ 03686/618880, Mobil: 0151/54839121, info@waldhotel-hubertus.de, www.waldhotel-hubertus.de.
Distanz: 0 km, weitere Restaurants in 3 km, Ⓗ 0,1 km, 1,5 km, 2 km.
Gastro: Frühstücks-/Brötchenservice gegen Gebühr.
Freizeit: 10 km, 10 km. Skiwandern, Sommerrodelbahn Waffenrod 5 km.
POI: Porzellanmuseum im Schloss Eisfeld, Otto-Ludwig-Museum 1,5 km, Coburg mit Veste 20 km.

98673 Eisfeld-Bockstadt €25,00

Wohnmobilstellplatz Camping am Werra-Radweg, Münchhausenallee 4, ☎ 03686/306282 <12m
Umgeben von Wald

2022 geprüft

POS: 50°24'22.34"N/10°52'48.01"E, Karte D11 (S. 14), A2
Platz: = 28 auf Schotterrasen, Wiese. =28 WC CHEM GRAU. Sauna, Waschmaschine und Trockner. nur bei Gruppen. Anreise bis 20:00 Uhr, später auf Anfrage. Geöffnet: 10.4.-Anfang Okt.
Preis: 25 € inkl. Strom, Wasser, Entsorgung, Dusche, WC, Hund. Jede weitere Pers. 5 €. 20 € ab der 2. Nacht.
Kontakt: Uwe Kirchmeier, ☎ 03686/306282, Mobil: 0171/2002734, info@unterkunft-werraradweg.de, www.unterkunft-werraradweg.de.
Distanz: 0,3 km, Ⓗ 0,3 km, 1 km, 3 km.
Freizeit: 3 km, 11 km. Werra Radweg 0,1 km, 0,2 km.
POI: Münchhausen Rundweg, Schloss Bockstadt 0,4 km, Museum Eisfeld 4,2 km.

98673 Eisfeld-Sachsenbrunn gratis

Stellplatz Sachsenbrunn, Zum Fischteich, ☎ 03686/390242 <12m
Am Werratal-Radweg, ruhig gelegen

POS: 50°26'57.09"N/10°57'8.23"E, Karte D11 (S. 14), B2
Platz: = 10 auf Schotter. Anfahrt 24 h, Aufenthalt max. 3 Tage. Ganzjährig geöffnet.
Preis: Übernachtung gratis.
Kontakt: Sven Gregor, ☎ 03686/390242, service@stadt-eisfeld.de, www.stadt-eisfeld.de.
Distanz: Ⓗ 0,1 km, 0,1 km, 0,1 km, 0,1 km, weitere Restaurants in 0,2 km.
Gastro: Landgasthof Zum Lindenbaum, Di-Do 11:00-14:00 Uhr, Fr-So 11:00-14:00 Uhr und 17:00-22:00 Uhr, Mo Ruhetag.
Freizeit: 20 km, 20 km, 5 km. Phänomania Erlebniszentrum Suhl, Werratal-Radweg, Murmelmuseum 0,5 km.
POI: Itzquelle 5 km, St. Marienkirche Stelzen 5 km, Naturpark-Infozentrum Friedrichshöhe 7,5 km, Dreistromstein 10 km, Blessberg mit Aussichtsturm 10 km.

06295 Eisleben/Lutherstadt — €10,00

Wohnmobilstellplatz Eisleben, Wiesenweg, ☎ 03475/602124 — <8m
An einer Sportstätte am Ortsrand

2022 geprüft

POS: 51°31'43.84"N/11°33'45.03"E, Karte D7 (S. 10), B4
Platz: P = 7 auf Asphalt. CHEM GRAU. Ganzjährig geöffnet.
Preis: 10 € inkl. Entsorgung. Strom 1 €/2 kWh, Wasser 1 €/100 l, VE für Durchreisende 1 €. Bezahlung am Parkscheinautomat.
Kontakt: Tourist-Information Lutherstadt Eisleben, ☎ 03475/602124, info@lutherstaedte-eisleben-mansfeld.de, lutherstaedte-eisleben-mansfeld.de.
Distanz: 0,9 km, 0,9 km, 0,9 km.
Freizeit: 0,9 km, 1,6 km, 1,4 km. Fahrt mit der historischen Mansfelder Bergwerksbahn, Lutherweg in Mansfeld, Wanderungen im Südharz.
POI: Fachwerkstadt Stolberg und Rosenstadt Sangerhausen, Begegnungsstätte Schloss Mansfeld, UNESCO-Weltkulturerbe Luthergedenkstätten mit mehreren Museen, Zisterzienserinnenkloster Helfta.

06295 Eisleben/Lutherstadt-Rothenschirmbach — gratis

Wohnmobilstellplatz Rothenschirmbach, Gewerbegebiet Rothenschirmbach 26/27, ☎ 034776/611177 — <10m — Gutschein
Beim Händler im Gewerbegebiet

POS: 51°27'3.19"N/11°32'28.30"E, Karte D7 (S. 10), B4
Platz: P = 10 auf Pflaster. WC. Camping-zubehör-Shop und Werkstatt direkt am Platz. Strom, Wasser, VE auf Anfrage. Ganzjährig geöffnet.
Preis: Übernachtung gratis inkl. WC. Strom 1 €/kWh, Wasser 1 €/100 l.
Kontakt: Wohnmobile Schmidt, Yvonne Raase, ☎ 034776/611177, yraase@automobileschmidt.de, hondaschmidt.de/wohnmobile/stellplatz.
Distanz: 0,2 km, 0,2 km, 0,4 km.
Freizeit: Landmarkt Erlebnisgarten mit Generationenspielplatz 0,3 km.
POI: Lutherstadt Eisleben UNESCO-Weltkulturerbe 9 km.

53783 Eitorf — gratis

Wohnmobilstellplatz an der Kelterser Brücke, Brückenstraße, ☎ 02243/19433 — <10m
Zwischen Ortsrand und Flussufer, zentral gelegen

2020 geprüft

POS: 50°46'33.54"N/7°26'53.25"E, Karte D9 (S. 12), C1
Platz: P = 3 auf Schotter. Ganzjährig geöffnet.
Preis: Übernachtung gratis.
Kontakt: Gemeinde Eitorf Tourist Information, ☎ 02243/19433, 02243/89153, touristinfo@eitorf.de, www.eitorf-erleben.de.
Distanz: 0 km, weitere Restaurants in 0,2 km, 0,2 km, 0,5 km, 0,5 km.
Gastro: Eitorfer Biergarten (Mai-Sep), Di-Fr 15:00-23:00 Uhr, Sa-So 12:00-23:00 Uhr, Mo Ruhetag. Mehrere Restaurants in der Ortsmitte.
Freizeit: 0,2 km. Kanu fahren.

38875 Elend — €5,00

Am Waldbad, Am Waldbad 1, ☎ 039455/470 — <12m
An der Waldbadschenke beim Waldfreibad

2022 geprüft

POS: 51°44'46.09"N/10°41'42.63"E, Karte D7 (S. 10), A4
Platz: = 10 auf Schotterrasen, Wiese. Keine Reservierung möglich. Anmeldung in der Waldbadschenke. Nur für autarke Fahrzeuge. Ganzjährig geöffnet. Ausnahme: Im Winter nur eingeschränkt nutzbar.
Preis: 5 €. Kurtaxe (ab 16 J.) 2,50 €/Pers.
Kontakt: Peter Hunger, ☎ 039455/470, peter@waldbadschenke.de, www.waldbadschenke.de.
Distanz: , , , 0,5 km.
Gastro: Waldbadschenke, durchgehend warme Küche. Auch im Winter geöffnet, im Nov/März Schließung möglich.
Freizeit: 6 km, 0,5 km. Fahrt mit der Brockenbahn, Langlaufloipen, Quad fahren, Wandern und Mountainbiking im Nationalpark Hochharz, Sportklettern, Brockenbahn, Bogenschießen, Waldbad mit Seerosenteich Skilift und Eishalle 5 km, Brocken 20 km.
POI: Altstadt und Schloss Wernigerode 20 km.

38875 Elend — €16,50

Harz Mountain Camp Am Schierker Stern, Am Stern 1, ☎ 039455/58817 — <10m
Stellplatz vor dem Campingplatz

POS: 51°45'25.13"N/10°41'0.99"E, Karte D7 (S. 10), A4
Platz: P = 7 auf Schotter. =6 (16 A) WC CHEM GRAU. Sauna. Rezeption: 8:00-13:00 Uhr und 15:00-19:00 Uhr. Ganzjährig geöffnet. Ausnahme: Betriebsferien vom 7.11.22-18.12.22 + 13.2.23-12.3.23.
Preis: 16,50 € inkl. Wasser, Entsorgung, WC, Müll-Entsorgung. Strom 4 €/Tag, Kurtaxe (ab 16 J.) 2,50 €/Pers.
Kontakt: Corina Nitschke, ☎ 039455/58817, info@harz-camping.com, www.harz-camping.com.
Distanz: 0,1 km, 0,5 km, 1,5 km, 1,5 km.
Gastro: Mehrere Restaurants im Ort. Brötchenservice.
Freizeit: 2 km, 6 km, 1 km. Rodeln, Ski fahren.
POI: Harzer Schmalspurbahn 1,5 km, Brocken 8 km, Schloss Wernigerode 10 km.

97725 Elfershausen-Langendorf — gratis

Wohnmobilstellplatz Langendorf, Westheimer Straße 4, ☎ 09704/91100 — <10m — neu
Am Rand einer Kleingartenanlage im Ortsteil Langendorf

POS: 50°7'19.89"N/9°56'35.23"E, Karte D10 (S. 13), G3
Platz: = 6 auf Schotter, Schotterrasen. Ganzjährig geöffnet.
Preis: Übernachtung gratis.
Kontakt: Markt Elfershausen, ☎ 09704/91100, poststelle@elfershausen.de, www.elfershausen.de.
Distanz: 0,3 km, 0,3 km, 3,8 km.
Gastro: Gasthaus zum Adler 0,3 km.
Freizeit: Wander- und Ragwege entlang der Fränkischen Saale, Radweg nach Hammelburg startet direkt am Platz, Spaziergang an der fränkischen Saale.
POI: Siehe auch www.frankens-saalestueck.de, Zwiebel-Kirchturm von Langendorf, Schloss Elfershausen, Trimburg, historisches Schreinersch-Haus in Machtilshausen.

73488 Ellenberg-Haselbach — €24,00

Campingplatz Sonneneck, Haselbach 12, ☎ 07965/2359 — <8m
Übernachtungsplätze vor dem Campingplatz

POS: 48°59'12.78"N/10°13'0.78"E, Karte D14 (S. 17), H1
Platz: P = 2 auf Rasengittersteinen. =2 (16 A) CHEM GRAU. B wird empfohlen. Geöffnet: Apr-Okt.
Preis: 24 € inkl. Wasser, Entsorgung, Dusche, Müll-Entsorgung, Kurtaxe, WC. Kind (3-14 J.) 4 €, jede weitere Pers. 7 €, Strom 3 €, WLAN 3 €/Tag, Hund 2 €, Waschmaschine/Trockner je 3 €.

Hinweis der Redaktion: Aufgrund der wirtschaftlichen Lage und der andauernden Energiekrise kann es in 2023 zu noch nicht absehbaren Preiserhöhungen bei Service- und Übernachtungsgebühren kommen. Wir bitten um Verständnis und verweisen auf die **Bordatlas WebApp**. Die Stellplatzdaten werden dort laufend überarbeitet und stehen online stets aktuell zur Verfügung.

Kontakt: Familie Uhl, ☎ 07965/2359, kontakt@camping-sonneneck.de, www.camping-sonneneck.de.
Distanz: Ⓗ, 0 km, weitere Restaurants in 0,5 km, 3 km, 3 km.
Gastro: Am Platz.
Freizeit: 4 km, 9 km, 9 km. Stadt- und Museumsführung, Badeufer am Platz, Wassersport.
POI: Schloss und Kirche in Ellwangen 10 km, Besucherbergwerk Aalen 25 km.

56821 Ellenz-Poltersdorf — €13,00 — <8m

Weingut Udo & Claudia Loosen, Im Goldbäumchen 4,
☎ 02673/962340 Neben dem Weingut

POS: 50°6'47.01"N/7°14'4.77"E, Karte D9 (S. 12), C3
Platz: = 14 auf Schotter. Leinenpflicht für Hunde. Ganzjährig geöffnet.
Preis: 13 € inkl. Strom, WC, Müll-Entsorgung. Jede weitere Pers. 1 €, Dusche 1 €/Pers.
Kontakt: Herr Udo Loosen, ☎ 02673/962340, claudia.loosen@t-online.de, www.goldbäumchen-loosen.de.
Distanz: Ⓗ 0,2 km, 0,5 km, 1 km.
Freizeit: 0,3 km, 10 km, 0,3 km. Weinfeste Aug/Sep, Weinprobe, Nordic Walking-Park 0,5 km.
POI: Ruine Metternich & Beilstein 1 km, Ediger-Eller 10 km, Cochem 10 km, Freizeitpark Klotti 12 km, Burg Elz 20 km, Hängeseilbrücke Geierlay 20 km.

73479 Ellwangen/Jagst — €17,00 — <10m

Natur & City Camping Ellwangen, Rotenbacher Straße 45,
☎ 07961/7921
Auf der Ostalb, naturnah an der Jagst
2022 geprüft

POS: 48°57'35.91"N/10°7'17.31"E, Karte D14 (S. 17), H1
Platz: = 9 auf Rasengittersteinen, Wiese. WC. Aufenthalt max. 3 Nächte. Abreise bis 13:00 Uhr, WC/Dusche auf dem Camping gegen Gebühr. Geöffnet: 2.4.-31.10.
Preis: Ab 17 € inkl. Strom. Jede weitere Pers. 4 €, Kind (3-17 J.) 3 €, WC 2,50 €/Pers., Hund 3 €. 2.4.-1.7. 17 €, 30.8.-31.10. 17 €, 2.7.-29.8. 19 €. Bezahlung an der Camping-Rezeption.
Kontakt: Natur & City Camping Ellwangen, ☎ 07961/7921, info@nc-camping.de, www.nc-camping.de.
Distanz: , weitere Restaurants in 0,5 km, Ⓗ 0,4 km, 0,4 km, 0,5 km.
Freizeit: 0,2 km. Radfahren auf dem Kocher-Jagst-Radweg, Ausflüge an der Jagst, Ellwanger Wellenbad 0,2 km, Waldseilgarten Waldstetten Schwarzhornhaus 30 km.
POI: Altstadt mit Marktplatz und Basilika Stiftskirche St. Veit 0,5 km, Schloss Ellwangen mit Museum 1,7 km, Wallfahrtskirche Schönenberg 3,5 km.

18107 Elmenhorst — €15,00 — <12m

Stellplatz Elmenhorst, Gewerbeallee 3a, ☎ 0171/9833443
Am Rande des Gewerbegebietes

2021 geprüft

POS: 54°9'10.12"N/12°1'0.45"E, Karte D3 (S. 6), C2
Platz: = 24 auf Pflaster. =24 (16 A) WC CHEM/Bio GRAU . Verkauf von selbstgebrautem Bier. nur bei Gruppen. Anfahrt von 7:00-22:00 Uhr, Schranke öffnet automatisch (ab 22:00-7:00 Uhr geschlossen, spätere Ankunft 24 h vorher anmelden), Ausfahrt nur mit gültigem Tages-/Wochenticket. Ganzjährig geöffnet.
Preis: 15 € inkl. Entsorgung, WC, Müll-Entsorgung, WLAN. Strom 0,50 €/kWh, Wasser 1 €/100 l, Dusche 0,50 €/min, Kurtaxe 5 €/Pers. 7 Tage 95 €, VE für Durchreisende 5 €.
Kontakt: Herr Erhard Marbach, ☎ 0171/9833443, Mobil: 0171/9833443, info@stellplatz-elmenhorst.de, www.stellplatz-elmenhorst.de.
Distanz: 0,1 km, 0,3 km, Ⓗ 0,3 km, 0,4 km.
Gastro: Landhaus Brückner 3 km. Zum Froschkönig 0,5 km. Zur guten Laune 2 km.
Freizeit: 10 km. Nordic Walking, Kletterseilgarten, Wassersport, Golfplatz Warnemünde 1 km, Ostsee Elmenhorster Strand 4,5 km.
POI: Warnemünde 5 km, Bad Doberan 12 km, Rostock 15 km.

18107 Elmenhorst-Lichtenhagen — €15,00 — <10m

Wohnmobilstellplatz Stuhr, Hauptstraße 47, ☎ 0381/7696725
Befestigte Wiese auf dem Gelände des Park- und Shuttleservice

2021 geprüft

POS: 54°9'34.70"N/12°0'15.62"E, Karte D3 (S. 6), C2
Platz: = 40 auf Wiese. =24 (6 A) WC CHEM GRAU . Leinenpflicht für Hunde. Anfahrt bis 22:00 Uhr. Geöffnet: Apr-Ende Okt.
Preis: 15 € inkl. Wasser, Entsorgung, Müll-Entsorgung. Kind (ab 12 J.) 3 €, Strom 4 €/24 h, Hund 3 €, Familienbäder 3,50 €, VE für Durchreisende 5,50 €, WC/Duschen 3 €/Pers.
Kontakt: Frau Zanke, ☎ 0381/7696725, Mobil: 0172/1635127, info@stellplatzimgruenen.de, www.stellplatzimgruenen.de.
Distanz: 0,1 km, weitere Restaurants in 0,3 km, Ⓗ 0,2 km, 0,2 km, 0,3 km.
Gastro: Gastronomie Froschkönig 0,1 km. weitere Restaurants in Lichtenhagen, Nienhagen, Warnemüde.
Freizeit: Ostseestrand 2 km.
POI: Warnemünde 7 km, Rostock-Stadtmitte 17 km.

25335 Elmshorn — gratis — <12m

Parkplatz Wedenkamp Nordufer, Wedenkamp, Nordufer,
☎ 04121/6450 Stadtnaher Pkw-Parkplatz
2021 geprüft

POS: 53°45'5.34"N/9°39'6.22"E, Karte D2 (S. 5), G4
Platz: = 4 auf Pflaster, Schotter. WC CHEM GRAU. Schlüssel für WC gegen Pfand bei Netzwarte der Stadtwerke (Westerstr. 50-54). Entsorgung rückwärts über Pkw-Parkplatz anfahrbar. Ganzjährig geöffnet. Ausnahme: Letztes WE im Aug.
Preis: Übernachtung gratis inkl. Entsorgung. Wasser 1 €/100 l.
Kontakt: Stadt Elmshorn, ☎ 04121/6450, info@vbv-elmshorn.de, www.elmshorn.de.
Distanz: Ⓗ 0,1 km, 0,3 km, 0,3 km, 0,5 km.
Freizeit: 2,3 km, 2,3 km, 0,5 km.
POI: Fußgängerzone, St. Nikolai-Kirche 0,2 km, Industriemuseum 0,7 km, Arboretum 20 km.

67471 Elmstein — gratis — <8m

Wohnmobilstellplatz Elmstein, Bahnhofstraße 88, ☎ 06328/234
Mitten im Pfälzerwald und Mountainbikepark

POS: 49°20'53.21"N/7°56'36.58"E, Karte D9 (S. 12), D5
Platz: = 4 auf Schotter. =4 . WLAN-Hotspot und Liegewiese in ca. 150 m. nur bei Gruppen. WC/Duschen im Besucher-Informationszentrum (150 m) zu den Öffnungszeiten der Touristinfo geöffnet. Ganzjährig geöffnet.
Preis: Übernachtung gratis. Strom 0,50 €/kWh.
Kontakt: Besucherinformationszentrum Flößerei und Trift, ☎ 06328/234, touristinfo@elmstein.de, www.elmstein.de.
Distanz: 0,4 km (Bistro am Minigolf), weitere Restaurants in 10 km, Ⓗ 0,5 km, 0,5 km, 0,8 km, 15 km (Kläranlage Elmstein, 67471 Elmstein).
Gastro: 2 Bäckereien 0,7 km. Waldtante (Iggelbach) 4,5 km. Landmetzgerei Zum Rehfelsen 0,8 km. Pizzeria/Eiscafé Grotta Azzura 0,8 km.
Freizeit: 20 km, 20 km, 3 km. Historische Dampfeisenbahn (nur So, Termine beachten), Kuckucksbahnhof 0,2 km, Minigolf und Pit-Pat-Anlage 0,3 km, Trifterlebnispfad 2,5 km, Naturfreundehaus Elmstein 2,6 km, ZipLine Park 4,5 km, Naturbadeweiher 5 km.
POI: Alte Samenklenge – Haus der Wald- und Forstgeschichte 0,8 km, Schlimbach Orgel-Dorfkirche Mariä Heimsuchung 0,8 km, historische Wappenschmiede 0,8 km, Burgruine Elmstein 1,5 km.

67471 Elmstein-Harzofen — €3,00 — <8m

Wohnmobilstellplatz NaturFreundeHaus, Esthaler Straße 63-67, ☎ 06328/229
Im Biosphärenreservat Naturpark Pfälzerwald

POS: 49°21'41.15"N/7°57'6.53"E, Karte D9 (S. 12), D5
Platz: = 12 auf Wiese, Naturboden. Bei Frost kein Wasser. Ganzjährig geöffnet.
Preis: 3 €. Strom 4 €/Nacht, Wasser 3 €/Nacht.
Kontakt: Naturfreundehaus Elmstein, ☎ 06328/229, info@naturfreundehaus-elmstein.de, www.naturfreundehaus-elmstein.de.
Distanz: 0 km, 2,5 km (Kläranlage Elmstein, An der L499, 67471 Elmstein).
Gastro: Gastronomie im NaturFreundeHaus mit Biergarten und Grillplatz, warme Küche Mi-So 12:00-16:00 Uhr, an Wochenenden bei Bedarf auch länger. Mo+Di Ruhetag.
Freizeit: Waldführungen - Wanderungen durch den Elmsteiner Wald, Helmbachweiher Naturbad, Ziplinepark Elmstein am Ochsenkopf, Mountainbike Park.
POI: Alter Turm in Elmstein-Appenthal (Kapellenruine), hist. Eisenhammer, Burgruine Elmstein (12. Jh.), Museum für Wald- und Forstgeschichte Alte Samenklenge.

67471 Elmstein-Schwarzbach — €5,00 — <12m

Gasthaus-Pension Waldesruhe, Schwarzbach 36, ☎ 06306/338
Stellplatz am Gasthaus

POS: 49°20'25.83"N/7°50'4.18"E, Karte D9 (S. 12), D5

Platz: = 5 auf Schotterrasen, Wiese. nur bei Gruppen. Geöffnet: März-Okt.
Preis: 5 €. Hund 3 €.
Kontakt: Pension Waldesruhe, Rainer Schwarz, ☎ 06306/338, schwarz55@aol.com, www.pfaelzerwald-waldesruhe.de.
Distanz: 0 km, 0,5 km, 10 km.
Freizeit: 8 km, 20 km, 10 km. Jagen/Fischen, Mountainbike-Park, Freizeitbad Monte Mare Kaiserslautern, Schwimmbad Trippstadt/Heltersberg, Mountainbiking, Wandern 1 km.
POI: Luitpoldturm 3 km, Burgruine Spangenberg 12 km, Trifels Annweiler 24 km.

63820 Elsenfeld €15,00

Wohnmobilstellplatz am Schalkhaus, Schippacher Straße 11, ☎ **06022/5083877** <10 m
Neben dem Weinlokal, direkt an der Elsava

2022 geprüft

POS: 49°49'46.07"N/9°12'20.12"E, Karte D10 (S. 13), F4
Platz: = 16 auf Schotterrasen. =16 (16 A) WC CHEM GRAU . Weinverkauf. Anfahrt auch an Ruhetagen möglich. Ganzjährig geöffnet.
Preis: 15 €. Strom 0,50 €/kWh.
Kontakt: Familie Hefner, ☎ 06022/5083877, 06022/5083878, info@schalkhaus.de, schalkhaus.de.
Distanz: 0 km, Ⓗ 0,1 km, 0,1 km, 0,3 km.
Gastro: Gaststätte Schalkhaus, 19 Tage/Monat geöffnet (immer ab 1. Mittwoch), warme Küche: 17:00-20:30 Uhr, So ab 11:30 Uhr. Weinverkauf.
Freizeit: 3 km. Weinprobe, Mitarbeit bei der Weinlese möglich, Rotweinwanderweg.
POI: Rück-Besinnungsweg 0,8 km, Kloster Himmelthal 2 km, Schloss Mespelbrunn 18 km.

26931 Elsfleth €8,00

Wohnmobilstellplatz an der Elsflether Kaje, An der Kaje 1a, ☎ **04404/50460** <12 m
In ruhiger Lage, direkt an der Hunte

POS: 53°14'15.28"N/8°27'55.98"E, Karte D2 (S. 5), E5
Platz: = 28 auf Pflaster. =16 WC CHEM GRAU . Lärm durch vorbeifahrende oder anlegende Schiffe möglich. Ganzjährig geöffnet. Ausnahme: Sperrung bei Veranstaltungen (siehe Website).
Preis: 8 € inkl. Entsorgung, WC, Müll-Entsorgung, Kurtaxe. Strom 1 €/8 h, Wasser 1 €, Dusche 2 €. Gutscheine für Vergünstigungen bei Aufenthalt.
Kontakt: Stadt Elsfleth, Touristik-Information, ☎ 04404/50460, info@elsfleth-tourismus.de, www.elsfleth.de.
Distanz: , 0,2 km, Ⓗ 0,2 km, 0,5 km.
Gastro: Kogge Elsfleth, Do-Di 11:30-14:00 Uhr und 17:30-21:00 Uhr, Mi Ruhetag.
Freizeit: 0,8 km, 0,2 km. Maritime Wege, Bootsfahrten, Weserinsel Elsflether Sand, Strand 0,9 km.
POI: Schifffahrtsmuseum, Yachthafen, Segelschulschiff Großherzogin Elisabeth 0,2 km, Huntesperrwerk 2 km.

07985 Elsterberg gratis

Sportplatz Elsteraue, An der Elsteraue 7, ☎ **036621/8810** <12 m
Beim Sportplatz am Fluss

POS: 50°36'35.10"N/12°10'31.90"E, Karte D11 (S. 14), C2
Platz: = 5 auf Schotter. =6 (10 A) CHEM GRAU . Geöffnet: Apr-Okt.
Preis: Übernachtung gratis. Strom 1 €/2 h, Wasser 1 €/4 min.
Kontakt: Stadtverwaltung Elsterberg, ☎ 036621/8810, elsterberg.de/wohnmobilstellplaetze.html.
Distanz: 0,5 km, 0,5 km, 1 km, Ⓗ 1 km.
Freizeit: 2 km, 7 km. Kinderspielplatz mit Tischtennis, Rutsche, Waldbad 2 km.
POI: Burgruine Elsterberg 1 km, Oberes und unteres Schloss 5 km, Göltzschtalbrücke 5 km.

02979 Elsterheide-Geierswalde €10,00

Ferien & Freizeitpark Geierswalde, Promenadenweg 1-3 >12 m Gutschein
Am Badestrand des Geierswalder Sees im Lausitzer Seenland

2020 geprüft

POS: 51°29'43.39"N/14°7'57.42"E, Karte D8 (S. 11), G4
Platz: = 100 auf Naturboden, Wiese. CHEM/Bio GRAU . nur bei Gruppen. Anreise: 9:30-12:00 Uhr und 14:00-18:00 Uhr, Sa+So 9:30-12:00 Uhr und 15:00-18:00 Uhr. Geöffnet: 1.4.-31.10.
Preis: Ab 10 € inkl. Wasser, Entsorgung, Dusche, Müll-Entsorgung, WC. Strom 4 €. Je nach Stellplatzgröße 10-14 €.
Kontakt: Ferien & Freizeitpark Geierswalde GbR, Herr Martin Tinko, urlaub@geierswaldersee.de, www.geierswaldersee.de.
Anfahrt: Bei Anreise aus Richtung Senftenberg: Nicht innerhalb der Ortschaft abbiegen, sondern erst hinter dem Ortsausgangsschild rechts abbiegen. (Hinweisschild: Badestrand/Schiffsanleger).
Distanz: 1 km, 1 km, Ⓗ 1 km, 6 km.
Gastro: Zur Grubenlampe in Geierswalde 1 km. Weitere Restaurants: Ulf`s Scheune, der Leuchtturm 1,9 km.
Freizeit: 12 km, 0,2 km. Wassersport, Reiterhof, Quadtouren, Badestrand 0,2 km, Volleyball 0,3 km, Skihalle Snowtropolis 12 km.
POI: Landmarken (Aussichtsturm) 4 km, Lausitzring 20 km.

Sie haben einen neuen Stellplatz entdeckt? Dann teilen Sie uns diesen mit per E-Mail an **bordatlas@doldemedien.de**

02979 Elsterheide-Tätzschwitz €20,00

Stellplatz Tätzschwitz, Am Hochwald 27, ☎ **035722/93400** <10 m
Auf einem ehemaligen Bauernhof am Waldrand

2020 geprüft

POS: 51°28'57.19"N/14°6'23.73"E, Karte D8 (S. 11), G4
Platz: = 9, = 8 (<8.5 m) auf Wiese, Rasengittersteinen. =9 (6-10 A) WC CHEM GRAU . Anfahrt 24 h, Aufenthalt unbegrenzt. 4 Auffahrplatten vorhanden. Geöffnet: Apr-Okt.
Preis: 20 € inkl. Strom, Dusche, WC.
Kontakt: Familie Zahn, ☎ 035722/93400, Mobil: 01707029319, stellplatz@expeditours.de, www.expeditours.de.
Distanz: 0,5 km, weitere Restaurants in 1,5 km, Ⓗ 0,5 km, 0,5 km, 5 km.
Gastro: Seestern. Leuchtturm 2,5 km. Mareens Steakhaus 0,5 km.
Freizeit: 1,5 km, 10 km, 8 km. Amphitheater, Fahrradwege, Bootsslip 1 km, Strand 3 km, Bootsverleih für Paddel, Segel- und Motorboote 8 km.
POI: Lausitzer Seenland 1,5 km, Schloss Senftenberg 10 km, Bergbaumuseum 15 km, Schloss Hoyerswerda 16 km.

01920 Elstra-Rauschwitz gratis

Caravan & Reisemobile Böhm, Bischofswerdaer Landstraße 3, ☎ **035793/5368** Am Rand eines Sportgeländes <12 m

POS: 51°11'48.20"N/14°8'5.48"E, Karte D8 (S. 11), G5
Platz: = 5, = 5 (<12 m) auf Schotter, Pflaster. =2 (16 A) CHEM GRAU . Reparaturen jeglicher Art für Reisemobile/Wohnwagen. Ganzjährig geöffnet.
Preis: Übernachtung gratis inkl. Entsorgung. Wasser 1 €/100 l.
Kontakt: Conrad Böhm, ☎ 035793/5368, caravan-boehm@gmx.de, www.caravanboehm.de.
Distanz: Ⓗ 0,1 km, 3 km, 3,3 km, 3,3 km.
Gastro: Restaurants Lindenhof 5 km, Zur Linde 3 km.
Freizeit: 2 km, 8 km, 8 km. Nationalpark Sächsische Schweiz 20 km.
POI: Kloster Marienstern 5 km, Schloss Rammenau 6 km, Lessing-Stadt Kamenz 10 km, Dresden 25 km.

97483 Eltmann €10,00

Parkplatz Mainlände, Mainlände, ☎ **09522/89970** Begrünter, in einen Langzeitparkplatz integrierter Stellplatz <12 m

2022 geprüft

POS: 49°58'22.52"N/10°39'40.62"E, Karte D11 (S. 14), A3

E

Platz: = 17 auf Schotter. CHEM GRAU. Leinenpflicht für Hunde. Im Winter kein Wasser, Fahrradverleih im Ritz Eltmann (Marktplatz 7). Ganzjährig geöffnet.
Preis: 10 € inkl. Müll-Entsorgung. Strom 2 €/6 h, Wasser 2 €/80 l. Bis 3 Tage 25 €, bis 7 Tage 50 €. Bezahlung über Parkster-App. Wertmarken bei Edeka Gutbrod oder im Ritz Eltmann.
Kontakt: Stadt Eltmann, ☎ 09522/89970, ritz@eltmann.de, www.eltmann.de.
Distanz: 0,3 km, 0,4 km, 0,4 km.
Gastro: Gaststätte Weißes Kreuz, Eltmann. Gaststätte Mainterrasse, Eltmann. Gaststätte Engel, Roßstadt.
Freizeit: 1 km, 0,5 km. Burgbesichtigung mit Turmbesteigung (Führung über Ritz-Eltmann buchen), Weinbergführung/Weinprobe 6 km, Golfplatz 6 km.
POI: Heimatmuseum 0,4 km, Klenzekirche 0,6 km, Kreuzkapelle 0,8 km, Wallburg 1 km, Wallfahrtskirche Maria Limbach 3 km.

65343 Eltville/Rhein — €5,00

Parkplatz Weinhohle, Weinhohle, ☎ **06123/90980** In zentraler Lage — <10m

POS: 50°1'42.51"N/8°7'25.56"E, Karte D9 (S. 12), D3
Platz: = 20 auf Asphalt. WC CHEM GRAU. Aufenthalt max. 3 Tage. Ganzjährig geöffnet.
Preis: 5 € inkl. Wasser, Entsorgung. Bezahlung am Parkscheinautomat.
Kontakt: Tourist-Information Eltville, ☎ 06123/90980, touristik@eltville.de, www.eltville.de.
Distanz: 0,1 km, 0,2 km, weitere Restaurants in 0,5 km, 0,5 km, Ⓗ 0,5 km.
Gastro: Mehrere Restaurants im Ort.
Freizeit: 1 km. Weinproben, Altstadtführungen.
POI: Kurfürstliche Burg 0,5 km, Kirche St. Peter und Paul 0,5 km, Kloster Eberbach 8 km.

65346 Eltville/Rhein-Erbach — €15,00

Weinhof Martin, Bachhöller Weg 4, ☎ **06123/62856** — <8m
In ruhiger Lage beim Weingut

POS: 50°1'24.99"N/8°5'18.86"E, Karte D9 (S. 12), D3
Platz: = 8 auf Asphalt, Schotter, Rasengittersteinen, Sand/Splitt, Naturboden. CHEM GRAU. Weinautomat, E-Bike-Ladestation. Geöffnet: Mitte März-Mitte Nov.
Preis: 15 € inkl. Strom, Wasser, Entsorgung, WLAN. Gutschrift 10 % ab 75 € Einkaufswert in der Vinothek.
Kontakt: Weinhof Martin, ☎ 06123/62856, info@weinhof-martin.de, weinhof-martin.de.
Anfahrt: Navi: Franseckystraße, geradeaus durchfahren, führt in den Bachhöller Weg.
Distanz: 0,2 km.
Gastro: Weingarten im Sommer, Vinothek ganzjährig.
Freizeit: Idealer Ausgangspunkt für Wanderungen/Radtouren.
POI: Rosenstadt Eltville am Rhein 3,6 km, gotisches Weindorf Kiedrich 4 km, Kloster Eberbach 4,9 km, Schloss Johannisberg 11,4 km.

65346 Eltville/Rhein-Kloster Eberbach — €10,00

Stellplatz am Kloster Eberbach, Kloster Eberbach, ☎ **06723/9178240** — <10m
Rund um die Anlage der ehemaligen Zisterzienserabtei

POS: 50°2'28.05"N/8°2'54.03"E, Karte D9 (S. 12)
Platz: = 8 auf Pflaster, Asphalt. Ganzjährig geöffnet.
Preis: 10 €. Bezahlung am Automat.
Kontakt: Kloster Eberbach, ☎ 06723/9178240, hotel@kloster-eberbach.de, kloster-eberbach.de.
Anfahrt: Stellplätze befinden sich entlang der westlichen Zufahrt des Klostergeländes.
Gastro: Klosterladen. Vinothek. Klostergastronomie.
Freizeit: Führungen/Weinproben in Kloster Eberbach.
POI: Kloster Eberbach.

79215 Elzach-Oberprechtal — €12,00

Wohnmobilstellplatz Elzwiese, Schulstraße 8, ☎ **07682/19433** — <8m
Inmitten der Natur im Elzacher Ortsteil Oberprechtal

POS: 48°12'51.61"N/8°8'19.18"E, Karte D13 (S. 16), D3
Platz: = 12 auf Schotter. CHEM GRAU. Ganzjährig geöffnet.
Preis: 12 € inkl. Strom, Wasser, Entsorgung, WLAN. Eintritt ins Schwimmbad gratis mit KONUS-Gästekarte (2,20 €/Pers. und Tag).
Kontakt: Stadt Elzach, Philipp Häßler, ☎ 07682/19433, tourist-info@elzach.de, www.zweitaelerland.de.
Distanz: 0,3 km, 7 km, 8 km.
Gastro: Landgasthaus Rössle. Gasthaus Schäcks Adler. Höhengasthaus Landwassereck. Cafe Endehof. Gasthaus Schützen.
Freizeit: 0,1 km. Wanderwegenetz, Kurpark, Beheiztes Freibad, Angelsee.
POI: Historische Hammerschmiede.

66887 Elzweiler — gratis

Stellplatz Elzweiler, Hauptstraße 7, ☎ **06381/424270** In der Ortsmitte — <6m

POS: 49°34'49.00"N/7°30'50.05"E, Karte D9 (S. 12), C4
Platz: = 2 auf Pflaster. CHEM. Stellflächen geneigt. Ganzjährig geöffnet.
Preis: Übernachtung gratis. Strom 1 €, Entsorgung 1 €.
Kontakt: Tourist-Information Pfälzer Bergland hin & weg, ☎ 06381/424270, touristinformation@kv-kus.de, www.pfaelzerbergland.de.
Distanz: 0 km, 1,3 km, weitere Restaurants in 1,7 km, 5 km.
Freizeit: 11 km, 11 km.
POI: Bienenlehrpfad zwischen Altenglan und Welchweiler 3 km, Ruine Sprengelburg 7 km, Besucherbergwerk Wolfstein 12 km.

26721 Emden — gratis

Wohnmobilstellplatz Friesentherme, Theaterstraße 2, ☎ **04921/3960** — <8m
Zentrumsnaher Stellplatz gegenüber vom Bad

2021 geprüft

POS: 53°22'30.07"N/7°12'4.54"E, Karte D1 (S. 4), C4
Platz: = 4 auf Pflaster. Eben, beleuchtet. Ganzjährig geöffnet.
Preis: Übernachtung gratis. Strom 1 €/kWh.
Kontakt: ☎ 04921/3960, info@stadtwerke-emden.de, www.friesentherme-emden.de.
Distanz: 0 km, Ⓗ 0,2 km, 1 km, 2 km.
Gastro: Gastronomie in der Therme.
Freizeit: Besuch der Friesentherme mit Wellness, Sauna und Hamam.

26723 Emden — €5,00

Emder Yacht Club e. V., Außenhafen, Hafenstraße, ☎ **04921/24293** — <8m
Parkplatz am Außenhafen

POS: 53°20'15.71"N/7°11'2.17"E, Karte D1 (S. 4), C5
Platz: = 10 auf Pflaster. Weitere Stellplätze an der Wendeplatte 200 m entfernt. Ganzjährig geöffnet.
Preis: 5 €.
Kontakt: Dieter Stomberg, ☎ 04921/24293, www.emderyachtclub.de.
Distanz: Ⓗ 0,3 km, 0,7 km, 1,5 km, 4 km.
POI: Rathaus und Hafentor in Emden.

26725 Emden — €12,00

Wohnmobilstellplatz Alter Binnenhafen, Am Eisenbahndock 1, ☎ **0160/90741870** — <10m
In der Stadtmitte am Eisenbahndock

2022 geprüft

POS: 53°21'47.03"N/7°12'29.00"E, Karte D1 (S. 4), C4
Platz: = 42 auf Pflaster. WC CHEM GRAU. Anmeldung in der Saison 8:00-11:00 Uhr und 16:00-17:00 Uhr, übrige Zeit siehe Aushang. Geringer Abstand zwischen den Reisemobilen, Verkehrslärm von Straße und Eisenbahnbrücke. Ganzjährig geöffnet.
Preis: 12 €. Strom 0,50 €/kWh, Wasser 0,50 €/100 l, Entsorgung 0,50 €, Dusche 1 €, WC 0,50 €, Trockner 1 €, Waschmaschine 3 €.
Kontakt: Günter Laurenawitz, Mobil: 0160/90741870, info@ag-ems.de, www.ag-ems.de.
Distanz: Ⓗ 0,5 km, 0,5 km, 0,5 km, 0,8 km.
Freizeit: 1 km, 2,5 km, 2 km. Radfahren auf der Internationalen Dollartroute oder der Deutschen Fehnroute, Tagesausflüge nach Borkum, Hafen-/

Grachtenfahrten, Paddeln auf den Emder Wasserstraßen, Friesentherme 3 km.

POI: Rathaus/Landesmuseum, Pelzerhaus, Feuerschiff, Dat Otto Huus, Emder Wallanlage, Kunsthalle Stiftung Henry Nannen 0,5 km.

49824 Emlichheim — €9,50 — <10 m

Ferienbauernhof de Slaaphoeve, Kanalstraße 7, ☎ 05943/4248
In ruhiger Lage am Stadtrand

POS: 52°37'27.70"N/6°52'44.82"E, Karte D5 (S. 8), B1
Platz: P = 4 auf Schotterrasen, Wiese. =5 (6 A) WC CHEM GRAU. Duschen. Wäscheservice gegen Gebühr. Aufenthalt max. 7 Tage. Geöffnet: 1.4.-30.9.
Preis: 9,50 € inkl. Wasser, Dusche, WC, WLAN. Jede weitere Pers. 3,50 €, Strom 2,50 €/Tag, Entsorgung 2 €, Hund 1 €.
Kontakt: Ferienbauernhof de Slaaphoeve, ☎ 05943/4248, info@slaaphoeve.de, www.slaaphoeve.de.
Distanz: 2 km, 2,5 km.
Gastro: Frische Eier vom Hof.
Freizeit: Wösten- und Erdölroute, Wanderroute Noaberpad, Radweg Vechtetal.
POI: Schoonebeek 3 km, Coevorden (Niederlande) 9 km.

49824 Emlichheim — €5,00 — <12 m

Wohnmobilstellplatz Emlichheim, Dorfstraße 14, ☎ 05943/9992915
In der Ortsmitte

POS: 52°36'23.89"N/6°51'0.30"E, Karte D5 (S. 8), B1
Platz: P = 5 auf Pflaster. WC CHEM GRAU. Aufenthalt max. 10 Tage. Ganzjährig geöffnet.
Preis: 5 € inkl. Entsorgung, WC, Kurtaxe. Strom 1 €/2 kWh, Wasser 1 €/80 l.
Kontakt: VVV-Verein Vier an der Vechte e.V., ☎ 05943/9992915, info@vvv-emlichheim.de, www.vvv-emlichheim.de.
Distanz: 0,1 km, 0,1 km, 0,2 km.
Gastro: Mehrere Restaurants im Ort.
Freizeit: 2 km. Boule-Bahn, Kanuverleih, Klangpfad, Zoo Emmen 22 km, Tierpark Nordhorn 29 km.

79312 Emmendingen — €7,00 — <12 m

Wohnmobilstellplatz am Freibad, Am Sportfeld 25, ☎ 07641/19433
Am westlichen Ortsrand

2022 geprüft — E

POS: 48°7'4.48"N/7°50'33.87"E, Karte D13 (S. 16), D3
Platz: = 30 auf Asphalt. CHEM GRAU. Anfahrt 24 h, Aufenthalt max. 3 Tage. Ganzjährig geöffnet.
Preis: 7 € inkl. WLAN. Wasser 1 €, Entsorgung 0,50 €.
Kontakt: Stadt Emmendingen, ☎ 07641/19433, touristinfo@emmendingen.de, tourismus.emmendingen.de.
Distanz: 0,1 km, weitere Restaurants in 0,3 km, 0,4 km, Ⓗ 0,5 km, 0,7 km.
Freizeit: 6 km, 1 km. Sportcenter mit Tennis, Squash, Badminton, Klettern, Kegeln und Sauna, Gastweinlese, Weinprobe, Trimm-Dich-Pfad 1 km, Badesee Kollmarsreute 3,5 km.
POI: Eichbergturm-höchster Aussichtsturm im Schwarzwald 3 km, Altstadt, Schlosserhaus, Burgruine Hochburg, Jüdisches Museum, Deutsches Tagebucharchiv 3 km.

46446 Emmerich/Rhein — gratis — <10 m

Parkplatz Rheinpromenade, Rheinpromenade/Kleiner Wall, ☎ 02822/931040
Provisorische Stellplätze auf Schotterparkplatz am Kleiner Wall, Nähe Martinikirche

POS: 51°49'55.41"N/6°14'9.97"E, Karte D5 (S. 8), A3
Platz: P = 6 auf Schotter. Aufenthalt max. 3 Tage. Fahrradverleih in der Tourist-Info. Geöffnet: 1.5.-1.10.
Preis: Für Restaurantgäste kostenlos. Einkehr obligat.
Kontakt: Wfg Emmerich, Wirtschaftsförderungsgesellschaft & Stadtmarketing Emmerich am Rhein, ☎ 02822/931040, tourismus@wfg-emmerich.de, www.wfg-emmerich.de.
Distanz: 0,5 km, weitere Restaurants in 1 km, Ⓗ 1 km, 1 km.
Freizeit: 2 km, 2 km, 1 km. Theater- und Musemsbesuch, Fahrgastschiffahrt 0,5 km, Golfplatz im Ortsteil Hüthum-Borghees 3 km.
POI: Skulpturen an der Rheinpromenade 0,2 km, St. Martinikirche 0,2 km, längste Hängebrücke Deutschlands 0,5 km, Schlösschen Borghees 8 km, Gerritzens Mühle im Stadtteil Elten 8 km.

46446 Emmerich/Rhein-Hochelten — €15,00 — <8 m

Stellplatz auf dem Eltenberg, Luitgardisstraße 1, ☎ 02822/931040 Neben der Touristinformation im Erholungsgebiet Elten

2022 geprüft — E

POS: 51°51'55.92"N/6°10'19.18"E, Karte D5 (S. 8), A3
Platz: = 15 auf Schotterrasen, Pflaster. WC CHEM GRAU. Leinenpflicht für Hunde. Ganzjährig geöffnet.
Preis: 15 € inkl. aller Personen, Entsorgung, WC, WLAN. Strom 0,80 €/kWh, Wasser 1 €/100 l.
Kontakt: Wirtschaftsförderungs- und Stadtmarketing Gesellschaft Emmerich am Rhein mbH, ☎ 02822/931040, tourismus@wfg-emmerich.de, wfg-emmerich.de/.
Distanz: 0,1 km, weitere Restaurants in 1,5 km, Ⓗ 0,5 km, 2 km, 2 km.
Gastro: Restaurant Pannekoekhuys.
Freizeit: 9 km, 9 km, 9 km. Minigolf am Platz, Aussichtspunkt 0,1 km.
POI: Drususbrunnen 0,1 km, St. Vitus Kirche 0,1 km, historische Windmühle 2 km, neu gestaltete Rheinpromenade Emmerich 8 km.

46446 Emmerich/Rhein-Hüthum — €15,00 — <10 m

Yachthafen Emmerich, Fackeldeystraße 15-65, ☎ 02822/4091 Gekennzeichneter Platz oberhalb des Yachthafens

2021 geprüft — E

POS: 51°50'11.77"N/6°13'10.35"E, Karte D5 (S. 8), A3
Platz: P = 55 auf Wiese, Rasengittersteinen. CHEM GRAU. Auf Anfrage auch längere Wohnmobile möglich. Geöffnet: 15.3.-31.10. (Saisonbeginn/-ende kann je nach Wetterlage variieren).
Preis: 15 € inkl. Strom, Wasser, Entsorgung, Dusche, Müll-Entsorgung, WLAN, WC.
Kontakt: Harrie Goris, ☎ 02822/4091, info@yhe.de, www.yhe.eu.
Distanz: 1 km, 2 km.
Gastro: In der Sommersaison auf dem Restaurantschiff am Platz, Mo-Fr 12:00-21:00 Uhr, Sa-So 9:00-21:00 Uhr.
Freizeit: 2 km, 2 km, 1 km. Nordic Walking-Route Montferland, Angeln, Rheinaue 2 km, Schiffsausflüge auf dem Rhein mit der Rheinkönigin 2 km, Embricana Sport- und Freizeitbad 2 km, Minigolfplatz, Hochelten 5 km, Hits for Kids: Kernie's Familienpark Kalkar 13 km.
POI: Rheinmuseum 2 km, Rheinpromenade 2 km, Plakatmuseum 2 km, PAN–Museum 2 km, Stadttheater 2 km, Drususbrunnen Elten 3 km, s'Heerenberg-Schloss 3 km.

31860 Emmerthal-Grohnde — €25,00 — <12 m

Campingplatz Grohnder Fährhaus, Grohnder Fähre 1, ☎ 05155/34798-3
Parzellierte Flächen an der historischen Gierseilfähre

POS: 52°1'4.88"N/9°25'33.83"E, Karte D6 (S. 9), F3

Platz: = 80, = 10 (<12 m) auf Schotterrasen, Wiese, Kiesel. =45 (16 A) WC CHEM GRAU . Anfahrt 24 h. Geöffnet: 1.3.-31.12.
Preis: 25 € inkl. Entsorgung, Dusche, WC, WLAN. Kind (15-17 J.) 5 €, Kind (3-14 J.) 4 €, jede weitere Pers. (ab 18 J.) 6 €, Strom 0,70 €/kWh, Wasser 0,10 €/10 l.
Kontakt: Grohnder Fährhaus GmbH, ☎ 05155/34798-3, camping@grohnder-faehrhaus.de, www.grohnder-faehrhaus.de.
Distanz: 0 km, weitere Restaurants in 4 km, 0,2 km, Ⓗ 0,3 km, 1 km.
Gastro: Beachbar. Wirtshaus mit Biergarten am Platz. Brötchenservice. Frühstückservice auf Anfrage im Hotel.
Freizeit: 10 km, 4 km. Weser-Radweg, Volleyball, Schifffahrt auf der Weser, Rad-Servicestation, Nutzung des Wellnessbereichs im Hotel, E-Bike-Verleih.
POI: Museum für Landtechnik 4 km, Hämelschenburg 8 km, Rattenfängerstadt Hameln/Münchhausenstadt Bodenwerder 10 km, Bad Pyrmont/Salzhemmendorf 12 km.

E

31860 Emmerthal-Grohnde gratis

Stellplatz beim ehemaligen Gasthaus Zur Post, Grohnder Straße 25, ☎ 05155/5330 <12 m
Parkplatz beim ehemaligen Hotel-Restaurant

POS: 52°1'17.87"N/9°25'6.91"E, Karte D6 (S. 9), F3
Platz: = 2 auf Schotter. . Ganzjährig geöffnet.
Preis: Übernachtung gratis.
Kontakt: Familie Leinemann, ☎ 05155/5330, Mobil: 0173/2609853, leinemann-grohnde@t-online.de, www.gasthauszurpost-grohnde.de.
Distanz: , Ⓗ 0,5 km, 0,5 km.
Freizeit: 15 km, 5 km. Bootsfahrten auf der Weser, Abenteuerspielplatz 2 km, Rattenfänger-Festspiele jeden Sa im Sommer in Hameln 12 km.
POI: Museum für Landtechnik und Landarbeit in Börry 4 km, Rattenfängerstadt Hameln 10 km, Schloss Hämelschenburg 12 km.

48488 Emsbüren-Elbergen €9,00

Stellplatz Elberger Schlipse, Elbergen 1, ☎ 0157/71270140 <12 m
Beim Gasthof im Ortsteil Elbergen

2021 geprüft

POS: 52°28'8.34"N/7°18'1.17"E, Karte D5 (S. 8), C2
Platz: = 9 auf Wiese. =9 WC CHEM GRAU . wird empfohlen. Ganzjährig geöffnet.
Preis: 9 € inkl. Wasser, Entsorgung, WC. Strom 3,50 €/Tag.
Kontakt: Herr Smolka, Mobil: 0157/71270140, info@hotel-am-wasserfall.de.
Anfahrt: Niedrige Brücke, Anfahrt möglichst aus Richtung Lingen.
Distanz: Ⓗ 2 km, 2 km, 2,6 km, weitere Restaurants in 3,5 km, 7 km.
Gastro: Brötchenservice.
Freizeit: 7 km, 7 km, 2,6 km. Bootsfahrten 3,5 km.
POI: Schloss Herzford 2 km, Emsbüren 6 km, Altstadt Lingen 8 km.

48282 Emsdetten €8,00

Wohnmobilstellplatz Emsdetten, Friedrichstraße 4a, ☎ 02572/93070 <10 m
In zentraler und doch ruhiger Lage, 400 m bis zur Innenstadt

2021 geprüft

POS: 52°10'15.08"N/7°31'43.75"E, Karte D5 (S. 8), C3
Platz: = 7 auf Schotter. CHEM GRAU . Aufenthalt max. 5 Tage. Ganzjährig geöffnet.
Preis: 8 € inkl. Kurtaxe. Strom 0,50 €/kWh, Wasser 0,50 €/40 l. EC-Zahlung am Parkscheinautomat.
Kontakt: Verkehrsverein Emsdetten, ☎ 02572/93070, info@vvemsdetten.de, www.vvemsdetten.de.
Distanz: 0,2 km, 0,3 km, weitere Restaurants in 0,7 km, 0,4 km, Ⓗ 0,7 km.
Gastro: Cafés, Bistros, Restaurants in der Innenstadt.
Freizeit: 2 km, 2 km, 0,2 km. Kanutouren.
POI: Wannenmachermuseum 0,5 km, August-Holländer-Museum 0,5 km, Stadtpark mit kleinem Tierpark 2,3 km, Naturschutzgebiet Emsdettener Venn 4,5 km.

Tipp

Der Wohnmobil-Stellplatz liegt direkt am Park Hof Deitmar und ist ein idealer Ausgangspunkt für ausgedehnte Radtouren rund um Emsdetten oder auch einen Stadtbummel. Die Tourist-Information und das Veranstaltungszentrum Stroetmanns Fabrik liegen in unmittelbarer Nachbarschaft. Auch die Innenstadt mit zahlreichen Cafés, Restaurants und Geschäften ist nur 5 Gehminuten entfernt.

79346 Endingen/Kaiserstuhl €16,00

Wohnmobilgarten Kirschenhof, Königsweg Hof 1, ☎ 07642/9282845 <10 m
Zwischen Obstbäumen am Kaiserstühler Radrundweg

2022 geprüft

POS: 48°8'33.03"N/7°39'44.50"E, Karte D13 (S. 16), C3
Platz: = 50 auf Wiese, Schotter. =40 (6 A) CHEM GRAU . wird empfohlen. Ganzjährig geöffnet. Von Nov-März eingeschränkter Service.
Preis: 16 € inkl. Strom, Wasser, Entsorgung, WLAN. Jede weitere Pers. 1 €, Kurtaxe 1,50 €/Pers., Kurtaxe (6-12 J.) 0,75 €/Pers., Hund 0,50 €.
Kontakt: Nicole Schmidt, ☎ 07642/9282845, info@kirschenhof-schmidt.de, www.kirschenhof-schmidt.de.
Distanz: 0 km, weitere Restaurants in 1 km, Ⓗ 0,8 km, 1 km, 2 km.
Gastro: Öffnungszeiten Café/Vesperstube, Mo + Mi-Fr 14:00-19:00 Uhr, Sa-So 12:00-19:00 Uhr, Di Ruhetag. Brötchenservice.
Freizeit: 4 km. Weinbergführungen zu Fuß oder mit dem Traktor, Wandern auf dem Bienenfresserpfad, Oldtimertouren, Weinproben, Baggersee 4 km, Europa-Park Rust 20 km.
POI: Kirschenmuseum 1 km, Altstadt Endingen 4 km, Freiburg 20 km.

79346 Endingen/Kaiserstuhl €23,00

Wohnmobilstellplatz Mathilde – Kaffee & Wein, Schambachhof 3, ☎ 07642/9217312 <8 m
Ruhige Lage inmitten von Weinbergen

POS: 48°8'8.45"N/7°42'48.68"E, Karte D13 (S. 16), C3
Platz: / = 24 auf Wiese, Schotterrasen. =24 WC CHEM GRAU . Trockner, Waschmaschine. Anfahrt von 10:00-20:00 Uhr. Anmeldung im Café während der Öffnungszeiten. An Ruhetagen von 18:00-19:00 Uhr. Ein- und Ausfahrt videoüberwacht. Ganzjährig geöffnet. Ausnahme: 2 Wochen im November.
Preis: 23 € inkl. Strom, Entsorgung, Dusche, WC, Müll-Entsorgung, WLAN. Jede weitere Pers. 5 €, Kurtaxe (ab 14 J.) 1,50 €/Pers., Kurtaxe (7-14 J.) 0,75 €/Pers., VE für Durchreisende 4 €. Kurtaxe beinhaltet die KONUS-Gästekarte. Sanitär von Nov-Mitte März geschlossen. In diesem Zeitraum 20 €/Nacht inkl. Strom, Wasser, VE. Bezahlung in bar oder per EC-Karte.
Kontakt: Tine Baumann, ☎ 07642/9217312, info@mathilde-kaffee-wein.de, www.mathilde-kaffee-wein.de.
Distanz: 0 km, 0,8 km.
Gastro: Täglich frische Brötchen ab 9:00 Uhr. Café und Weinstube am Platz, Mi-Do 14:00-21:00 Uhr, Fr 14:00-23:00 Uhr, Sa-So 14:00-19:00 Uhr, Mo-Di Ruhetag.
Freizeit: Wanderungen und Radtouren, Schwimmen im Natur-Badeweiher 1,8 km.

79346 Endingen/Kaiserstuhl gratis

Wohnmobilstellplatz Stadthalle, Bahlinger Weg 1, ☎ 07642/689990 <8 m
Stellplatz in Altstadtnähe

POS: 48°8'18.31"N/7°42'12.87"E, Karte D13 (S. 16), C3
Platz: = 5 auf Schotterrasen. . Beleuchtet. Ganzjährig geöffnet.
Preis: Übernachtung gratis.
Kontakt: Tourist Information, ☎ 07642/689990, touristinfo@endingen.de, www.endingen.de.
Distanz: 0,5 km.
Freizeit: 0,2 km. Brauchtumsfahrten, Fahrt mit dem Rebenbummler - Museumsbahnen.

25917 Enge-Sande gratis

Bergers Hotel & Landgasthof, Dorfstraße 28, ☎ 04662/3190 <8 m
Parkplatz am nordfriesischen Gasthof

POS: 54°43'35.88"N/8°58'55.41"E, Karte D2 (S. 5), F1
Platz: = 3 auf Schotter. WC. Aufenthalt max. 1 Nacht. Ganzjährig geöffnet.
Preis: Für Restaurantgäste kostenlos. Einkehr obligat.
Kontakt: Susanne & Uwe Berger, ☎ 04662/3190, info@bergers-landgasthof.de, www.bergers-landgasthof.de.
Distanz: Ⓗ 0,1 km, 0,2 km, 0,4 km.
Gastro: Restaurant, Mo-So 17:30-20:30 Uhr. Frühstück auf Voranmeldung.

Freizeit: 4 km, 5 km. Golfplatz Hof Berg 5 km, Nationalpark Wattenmeer 16 km.

51766 Engelskirchen-Ründeroth — gratis — <12 m

Stellplatz am ehemaligen Freibad Ründeroth, Dörrenbergplatz, ☎ 02263/83401 Auf dem Parkplatz am Kurpark und am Aggerstrand

POS: 50°59'49.00"N/7°27'51.50"E, Karte D9 (S. 12), C1
Platz: P = 1 auf Asphalt. Ganzjährig geöffnet.
Preis: Übernachtung gratis.
Kontakt: Gemeinde Engelskirchen, ☎ 02263/83401, buergerbuero@engelskirchen.de, www.engelskirchen.de.
Distanz: 0,2 km, weitere Restaurants in 0,4 km, Ⓗ 0,5 km, 0,6 km, 5 km.
Gastro: Mehrere Restaurants in Ründeroth und Engelskirchen.
Freizeit: 5,2 km. Schwimmen im Fluss Agger.
POI: Aggerthalhöhle 0,8 km, Rheinisches Industriemuseum 4 km.

78234 Engen-Neuhausen — €6,00 — >12 m

BEMO caravaning GmbH, Allmendstraße 1, ☎ 07733/94130 Auf dem Firmengelände

POS: 47°50'10.21"N/8°46'35.40"E, Karte D14 (S. 17), E4
Platz: = 5 auf Schotter, Wiese. =6 (6 A) CHEM GRAU. Werkstattservice für alle Fahrzeuge. P nur bei Gruppen. Öffnungszeiten: Mo-Fr 9:00-12:00 Uhr/14:00-18:00 Uhr, Sa 9:00-12:00 Uhr, Anfahrt bis 21:00 Uhr. Ganzjährig geöffnet.
Preis: 6 € inkl. Müll-Entsorgung, Kurtaxe. Strom 0,60 €/kWh, Wasser 1 €/100 l, Entsorgung 1 €.
Kontakt: Markus Wegmann, ☎ 07733/94130, info@bemo-caravaning.de, www.bemo-caravaning.de.
Distanz: Ⓗ 0,1 km, 0,4 km, 2,1 km, 2,4 km.
Gastro: Gasthaus Bären Welschingen 3,2 km. Kapuzinerstube Engen 2,4 km. Thai Asia Restaurant Engen 2 km.
Freizeit: 2 km, 15 km. Ausflüge in die Hegau-Vulkanlandschaft.
POI: Altstadt Engen 2 km, Aachquelle (größte Quelle Deutschlands) 5 km, Ruine Hohentwiel/Hegauberge 10 km, Bodensee 18 km.

56850 Enkirch — €10,00 — <12 m

Wohnmobilstellplatz Moselvorgelände, Moselvorgelände, ☎ 06541/9265 Naturbelassener Platz direkt an der Mosel

2022 geprüft E

POS: 49°59'5.59"N/7°7'12.04"E, Karte D9 (S. 12), B3
Platz: = 200 auf Wiese. =108 (10 A) WC CHEM GRAU. 3 Duschen und jeweils 3 Damen-/Herrentoiletten. VE von 8:00-12:00 Uhr/16:00-20:00 Uhr. Geöffnet: Apr-Okt. Ausnahme: bei Hochwasser gesperrt.
Preis: 10 € inkl. Entsorgung, Müll-Entsorgung, Kurtaxe, WLAN. Strom 1 €/2 kWh, Wasser 1 €/80 l, Dusche 1 €/6 min, Waschmaschine/Trockner je 3 €.
Kontakt: Gemeinde Enkirch, ☎ 06541/9265, info@enkirch.de, www.enkirch.de.
Distanz: , 0,1 km, weitere Restaurants in 0,2 km, Ⓗ 0,2 km, 0,2 km.
Gastro: 15 Gastronomiebetriebe im Ort.
Freizeit: 5 km, 5 km, 5 km. Gässchen-Rundweg, Rundwanderwege über 90 km, Orts-/Museumsführungen, Bouleplatz, Weinproben, Angeln, Planwagenfahrten, Tischtennis, Thermalbad mit Therapie-/Wellnesscenter 7 km.
POI: Grevenburg 5 km, Zell 15 km, Bernkastel-Kues 30 km.

58256 Ennepetal — €6,00 — <6 m

Wohnmobilstellplatz am Klutertbad, Mittelstraße 108, ☎ 02333/604400 Beim Hallen- und Freibad, direkt an der Ennepe

POS: 51°17'33.56"N/7°22'35.69"E, Karte D5 (S. 8), C5
Platz: P = 4 auf Sand/Splitt, Schotter. =4 (16 A) WC. Leinenpflicht für Hunde. Aufenthalt max. 3 Tage. Anmeldung bei Ankunft an der Badkasse. WC zu den Bad-Öffnungszeiten Ganzjährig geöffnet.
Preis: 6 € inkl. Strom, WC.
Kontakt: Klutertbad, ☎ 02333/604400, info@klutertbad.de, www.klutertbad.de.
Distanz: 0,1 km, weitere Restaurants in 3 km, 1 km, Ⓗ 1 km, 3 km.
Gastro: Bistro mit Biergarten am Hallenbad, Mo 15:00-21:00 Uhr, Di-So 10:00-21:00 Uhr, warme Küche schließt ½ Stunde vor Betriebsschluss.
Freizeit: Nordic Walking-Parcours, Besuch im Freizeitbad, Minigolf 0,1 km, Streichelzoo 0,4 km.
POI: Straßenindustriemuseum ab 1 km, Kluterthöhle 2 km, Schwebebahn Wuppertal 12 km, Freilichtmuseum Hagen 15 km.

58256 Ennepetal-Oelkinghausen — gratis — <12 m

Stellplatz Möller, Königsfelder Straße 17, ☎ 02333/974953 Gelände der Firma Möller electronic

POS: 51°17'27.60"N/7°19'12.00"E, Karte D5 (S. 8), C5
Platz: P = 1 auf Pflaster, Rasengittersteinen. =3 (6 A) CHEM/Bio GRAU. P nur bei Gruppen. Anfahrt 24 h (Tor selbst öffnen), VE und WC Mo-Fr 8:00-17:00 Uhr, keine Fremdentsorgung. Ganzjährig geöffnet.
Preis: Übernachtung gratis. Strom 3 €/24 h, Wasser 2 €, Entsorgung 1 €. Spenden willkommen.
Kontakt: Frau Christine Möller, ☎ 02333/974953, Mobil: 0160/7187545, ch.moeller@moeller-electronic.de, moeller-electronic.de.
Distanz: , Ⓗ 0,1 km, Gasflaschentausch 0,3 km (Königsfelder Straße 31, 58256 Ennepetal), 1,5 km, weitere Restaurants in 2 km, 2 km.
Gastro: Imbiss in der Nähe. Backstube Raiffeisenmarkt. Restaurant Schloss Martfeld.
Freizeit: 3 km, 3 km. Schlosspark 1 km, Asthmaheilstätte in der Naturhöhle Kluterthöhle 2 km, Heilenbecker-Talsperre 2 km, Ennepe-Talsperre 5 km.
POI: Schloss Martfeld 1 km, Kluterthöhle 2 km, Sternwarte 3 km, Altstadt in Schwelm 3 km, Wuppertaler Schwebebahn 10 km, Altstadt in Hattingen 12 km.

59320 Ennigerloh — €5,00 — <10 m

Landgasthaus Hohen Hagen, Zum Hohen Hagen 4, ☎ 02522/2353 Parkplatz im Grünen am Landgasthaus

POS: 51°48'41.11"N/8°4'34.57"E, Karte D5 (S. 8), D3
Platz: = 6 auf Schotter. =6 (16 A) WC. P wird empfohlen. Ganzjährig geöffnet.
Preis: 5 € inkl. Wasser, WC, WLAN. Für Restaurantgäste kostenlos. Strom 1,50 €.
Kontakt: Landgasthaus Hohen Hagen, Heiko Weitenberg, ☎ 02522/2353, info@hohenhagen.de, www.hohenhagen.de.
Distanz: 4 km, 6 km, Ⓗ 8 km.
Gastro: Am Platz, Mi-Fr 17:00-21:00 Uhr, Sa 15:00-21:00 Uhr, So 11:00-17:30 Uhr, Mo-Di Ruhetag.
Freizeit: 6 km, 8 km. Pott's Brauerei 5 km.
POI: Naturschutzgebiet Vellerner Brook, Älteste Brauerei Westfalens Beckum 8 km.

E

59320 Ennigerloh
gratis
<12m

Stellplatz am Naturbad Ennigerloh, Am Freibad 1, ☎ 02524/283001
Am Naturbad in ruhiger Lage

POS: 51°49'59.19"N/8°0'59.34"E, Karte D5 (S. 8), D3
Platz: = 2 auf Pflaster. =2 (16 A) CHEM GRAU. Ganzjährig geöffnet.
Preis: Übernachtung gratis inkl. Entsorgung. Strom 0,50 €/kWh, Wasser 0,50 €/50 l.
Kontakt: Stadttouristik Ennigerloh, Philip Wettengel, ☎ 02524/283001, stadtmarketing@ennigerloh.de, www.ennigerloh-erleben.de.
Distanz: 0,8 km, 0,8 km, 1 km.
Freizeit: Naturbad Ennigerloh, Kleeblatt/Zementroute, Reiten, Werse-Radweg, Radtour Kultur-Parcours.
POI: Ennigerloher Windmühle 0,5 km, Schloss Vornholz Ostenfelde 4 km, Haus Diek, Westkirchen 5 km.

54340 Ensch
€6,50
<12m

Reisemobilplatz An den Zwei Pappeln, Moselwiesen, ☎ 06507/3684
Gekennzeichnete Stellplätze an der Mosel

POS: 49°49'37.80"N/6°50'7.56"E, Karte D9 (S. 12), B4
Platz: = 31 auf Wiese, Schotter. =48 (16 A) CHEM GRAU. VE auf einem Parkplatz an der mittleren Dorfeinfahrt an der B35. Geöffnet: März-Nov.
Preis: 6,50 € inkl. Entsorgung. Strom 3,50 €/24 h, Wasser 1 €/10 min.
Kontakt: Familie Bettina und Franz Lentes, ☎ 06507/3684, lentes62@web.de, www.andenzweipappeln.jimdo.com.
Distanz: , Ⓗ 0,2 km, 0,3 km, 0,5 km.
Gastro: Täglich Brötchenservice.
Freizeit: 7 km, 7 km, 0,5 km. Führung durch den Museumsweinkeller mit Weinprobe, Angeln an der Mosel, Golfplatz Ensch-Birkenheck 2 km, Reiterhof 2 km.
POI: Dorfmuseum Altes Backhaus 0,5 km, Martinskreuz 1 km, Sauernbrunnen 3 km.

66571 Eppelborn-Dirmingen
gratis
<10m

Freizeitzentrum Finkenrech, Tholeyer Straße, ☎ 06821/972920
Auf dem Gelände des Freizeitzentrums

POS: 49°26'0.53"N/6°59'50.38"E, Karte D9 (S. 12), B5
Platz: = 3 auf Sand/Splitt, Schotter. =3 (16 A) WC. Ganzjährig geöffnet. Ausnahme: Sperrung bei Großveranstaltungen (Termine siehe Website).
Preis: Übernachtung gratis. Strom 0,50 €/kWh. Stromsäule nur mit 0,50 €-Münzen.
Kontakt: Tourismus- und Kulturzentrale Landkreis Neunkirchen, ☎ 06821/972920, info@finkenrech.de, www.finkenrech.de.
Distanz: 0 km, 2,7 km, 2,7 km, Ⓗ 3 km.
Gastro: Landhotel Finkenrech. Weitere Restaurants in Eppelborn.
Freizeit: 8 km. Maislabyrinth (über die Sommermonate), Wanderweg Waldwirtschaft im Wandel, Freizeit/Skaterweg Reden 16 km.
POI: Statio Dominus Mundi 7 km, Jean-Lurcat-Museum 7 km, Erlebnisort Reden 8 km, Burgruine Kerpen 9 km, Gondwana - das Prähistorium 16 km (Erlebnismuseum), Altstadt Ottweiler 19 km.

66957 Eppenbrunn
€7,00
<6m

Parkplatz Ortsmitte, Neudorfstraße, ☎ 06331/8720
Öffentlicher Parkplatz im Zentrum

POS: 49°6'54.87"N/7°33'14.04"E, Karte D9 (S. 12), C5
Platz: = 3 auf Pflaster. Freizeitpark nebenan. Ganzjährig geöffnet.
Preis: 7 €. Kurtaxe 1 €/Pers. Bezahlung per App/www.ticket-regional.de.
Kontakt: Verbandsgemeinde Pirmasens-Land, ☎ 06331/8720, touristinfo@pirmasens-land.de, www.eppenbrunn.de.
Distanz: 0,1 km, weitere Restaurants in 0,9 km, Ⓗ 0,1 km, 0,1 km, 0,1 km.
Gastro: Mehrere Restaurants im Ort.
Freizeit: 15 km, 15 km. Premiumwanderweg, Freizeitpark 0,1 km.
POI: Stüdenbachtal 1,5 km, Reitersprung 2 km, Altschlossfelsen 3 km, Dianabild 5 km.

66957 Eppenbrunn
€7,00
<6m

Stellplatz am Sportzentrum, Im Sportzentrum, ☎ 06331/8720
Parkplatz am Sportzentrum

POS: 49°6'40.41"N/7°33'56.85"E, Karte D9 (S. 12), C5
Platz: = 6 auf Wiese, Schotter. Parkbuchten sehr schräg, am WE teilweise von Sportplatzbesuchern belegt. Ganzjährig geöffnet.
Preis: 7 €. Kurtaxe 1 €/Pers. Bezahlung per App/www.ticket-regional.de.
Kontakt: Verbandsgemeinde Pirmasens-Land, ☎ 06331/8720, touristinfo@pirmasens-land.de, www.urlaubsregion-pirmasens.land.
Distanz: 0,5 km, Ⓗ 0,5 km, 0,5 km, 0,5 km, weitere Restaurants in 0,9 km.
Freizeit: 15 km, 15 km. Premiumwanderweg, Freizeitpark 0,5 km.
POI: Stüdenbachtal 1,5 km, Reitersprung 2 km, Altschlossfelsen 3 km, Dianabild 5 km.

66957 Eppenbrunn
€8,00
>12m

Waldparkplatz Hotel Kupper, Himbaumstraße 22, ☎ 06335/9130
Auf dem Parkplatz des Hotels

POS: 49°6'57.48"N/7°33'2.80"E, Karte D9 (S. 12), C5
Platz: = 2 auf Schotter. WC. wird empfohlen. An-und Abmeldung an der Rezeption bis 10:00 Uhr. Duschen im Hallenbad (5 €/Pers.) bis 11:30 Uhr möglich. Ganzjährig geöffnet.
Preis: 8 € inkl. Wasser. Strom 0,50 €/kWh. Zzgl. ortsüblicher Kurtaxe.
Kontakt: Hotel Kupper, Ursula Kupper, ☎ 06335/9130, info@hotelkupper.de, www.hotelkupper.de.
Distanz: 0 km, weitere Restaurants in 0,5 km, 1,2 km.
Gastro: Biergarten Kupper´s Gaade mit Jagdstube, Mi-Fr 13:00-22:00 Uhr, Sa-So 12:00-22:00 Uhr, Mo-Di Ruhetag.
Freizeit: Premium-Rundwanderweg Altschlosspfad.
POI: Dianabild, Altschlossfelsen, Lourdesgrotte.

75031 Eppingen
€7,00
<10m

Wohnmobilhalt an der Hilsbach, Talstraße 23, ☎ 0726/29201155
Ruhige, teilweise schattige Lage an der Hilsbach

2022 geprüft

POS: 49°8'26.29"N/8°54'23.76"E, Karte D10 (S. 13), F5
Platz: = 22 auf Asphalt, Wiese. =22 CHEM GRAU. Moderne VE-Anlagen für Strom, Wasser, Müll und Schmutzwasser. Ganzjährig geöffnet.
Preis: 7 € inkl. WLAN. Strom 0,50 €/kWh, Wasser 1 €/70 l. Bezahlung am Automat mit Bargeld, Kredit- oder EC-Karte.
Kontakt: Stadt Eppingen, Sandra Wickenhäuser, ☎ 0726/29201155, s.wickenhaeuser@eppingen.de, www.eppingen.de.
Distanz: 0 km, 0,4 km.
Freizeit: Stadtbesichtigung.
POI: Stadt- und Fachwerkmuseum Alte Universität, Altstadt Eppingen, Baumann´sches Haus, Pfeifferturm (Wahrzeichen der Stadt Eppingen).

Tipp

Fachwerkstadt mit Pfiff! Im Juni 2021 neu eröffneter Wohnmobilstellplatz mit 22 gut anfahrbaren, modernen Stellplätzen. Die Eppinger Innen- und Altstadt ist nur 3 Minuten Fußweg entfernt und bietet Ihnen eine Vielzahl von gemütlichen Einkehrmöglichkeiten in einer attraktiven und lebendigen Altstadt. Viele Rundgänge, Museen und Sehenswürdigkeiten warten auf Sie.

75031 Eppingen
€18,00
<10m

Moonlight-Ranch, Alter Mühlbacher Weg 5, ☎ 07262/3740 In ruhiger Einzellage, südlich des Stadtkerns

POS: 49°7'16.00"N/8°54'17.00"E, Karte D10 (S. 13), F5
Platz: = 2 auf Wiese. WC. Shuttle-Service nach Eppingen. Ganzjährig geöffnet.
Preis: 18 € inkl. Strom, Wasser, Dusche, Kurtaxe.
Kontakt: Sabine Teegen, ☎ 07262/3740, info@moonlight-ranch.de, www.moonlight-ranch.de.
Distanz: 0 km, Ⓗ 1 km, 1 km, 1 km.

Gastro: Warme Küche, Di-Sa 11:00-21:00 Uhr, So 10:00-20:00 Uhr, Mo Ruhetag. Frühstücksservice auf Anfrage.
Freizeit: Wohlfühlpfad am Jägersee, Badesee 2 km.

64711 Erbach/Odenwald — €10,00 — <10 m

Waldgaststätte Habermannskreuz, Habermannskreuz 1, ☎ 06061/2497
Beim Gasthaus am Wald

2020 geprüft

POS: 49°39'55.71"N/9°2'27.69"E, Karte D13 (S. 16), F4
Platz: = 5 auf Schotterrasen. wird empfohlen. Ganzjährig geöffnet.
Preis: 10 € inkl. Wasser. Für Restaurantgäste kostenlos. Strom 1 €/kWh.
Kontakt: Jürgen Malsy, ☎ 06061/2497, elma123haba@gmail.com, www.habermannskreuz.de.
Distanz: 0 km, 5 km, 7 km.
Gastro: Am Platz, warme Küche 11:00-19:30 Uhr, Womo-Dinner (1 Stunde im Voraus bestellen), Mo+Di Ruhetag.
Freizeit: 7 km, 4 km, 5 km.

64711 Erbach/Odenwald — gratis — <12 m

Wohnmobilplatz Alexanderbad, Wiesenweg, ☎ 06062/64880
Separates Areal auf dem Parkplatz des Freizeitbades

2020 geprüft

POS: 49°39'47.95"N/8°59'20.70"E, Karte D10 (S. 13), F4
Platz: = 11 auf Pflaster. =6 (16 A) CHEM GRAU. Aufenthalt max. 3 Tage. Ganzjährig geöffnet.
Preis: Übernachtung gratis inkl. Entsorgung. Strom 0,50 €/kWh, Wasser 1 €/70 l. Freiwillige Spende erwünscht.
Kontakt: Kreisstadt Erbach, ☎ 06062/64880, tourismus@erbach.de, www.erbach.de.
Distanz: Ⓗ 0,3 km, 0,3 km, 0,5 km, weitere Restaurants in 0,9 km, 1 km.
Freizeit: 0,8 km. Planwagenfahrten/Reiten, Wildpark Brudergrund 2,5 km, Marbachstausee 8 km, Odenwald-Therme Bad König 10 km, Golfplatz 15 km.
POI: Altstadt 0,8 km, weltberühmte Sammlungen im Barockschloss am Marktplatz 0,9 km, Deutsches Elfenbeinmuseum 0,9 km.

92681 Erbendorf — gratis — >12 m

Stellplatz Bahnhofstraße, Bahnhofstraße, ☎ 09682/921012 Befestigter, beleuchteter Stellplatz am Zentrum/Festplatz

POS: 49°50'31.81"N/12°2'51.48"E, Karte D11 (S. 14), C4
Platz: = 8 auf Pflaster. CHEM GRAU. Aufenthalt max. 3 Tage. Ganzjährig geöffnet.
Preis: Übernachtung gratis inkl. Entsorgung. Strom 1 €/2 kWh, Wasser 1 €/10 min.
Kontakt: Tourist-Info Erbendorf, ☎ 09682/921012, tourist-info@erbendorf.de, www.erbendorf.de.
Distanz: 0,1 km, 0,1 km, 0,2 km, Ⓗ 0,2 km.
Gastro: Am Platz.
Freizeit: 1 km, 1 km, 0,5 km. Heimat- und Bergbaumuseum, Nordic-Walking-Kurse, Schnapsbrennerei, Besichtigung von Porzellanfabrik und Pralinenherstellung, Angelmöglichkeiten, Segelflugmöglichkeit 1,5 km.
POI: Naturpark Steinwald 3 km, Oberpfalzturm 5 km, Naturparkinfozentrum im Waldhaus 8,9 km, Kontinentale Tiefenbohrung 10 km.

85435 Erding — €15,00 — <10 m

Wohnmobilpark Erding, Ziegelstatt 1, ☎ 08122/9598705 Teil des Bauernhofs Gersthof an der Therme Erding

POS: 48°17'32.19"N/11°53'9.62"E, Karte D15 (S. 18), C3
Platz: = 55 auf Schotter. =60 (16 A) WC CHEM GRAU. Leinenpflicht für Hunde, Info-Tafel. Reservierung über Website. Von Juli-Sep Aufenthalt max. 3 Nächte. Zufahrt über automatische Schranke. Ganzjährig geöffnet.
Preis: 15 € inkl. Entsorgung, WC, Müll-Entsorgung. Strom 1 €/2 kWh, Wasser 1 €/80 l, Dusche 1 €/4 min. 15 €/Tag, 30 €/2 Tage, 44 €/3 Tage, ab 4 Tagen 14 €/Tag. Preisänderung 2023 möglich.
Kontakt: Klaus Gerst, ☎ 08122/9598705, info@wohnmobilpark-erding.de, www.wohnmobilpark-erding.de.
Distanz: 0,2 km, weitere Restaurants in 0,6 km, Ⓗ 0,2 km, 0,8 km, 1,5 km.
Gastro: Bäckerei und Gastronomie im Eingangsbereich der Therme. Mehrere Restaurants im Ort.
Freizeit: 0,3 km, 0,3 km, 1 km. Therme Erding 0,3 km, Besichtigung der Brauerei Erding 3 km, Kronthaler Weiher 4 km.
POI: Heimatmuseum 3 km, Herderhaus im OT Bergham 3 km, hist. Altstadt 3 km.

71729 Erdmannhausen — gratis — <8 m

Parkplatz beim Schützenhaus, Steinheimer Weg 1, ☎ 07144/1020
Stellplatz ohne Service

POS: 48°56'58.54"N/9°17'16.75"E, Karte D14 (S. 17), F1
Platz: = 1 auf Asphalt. Ganzjährig geöffnet.
Preis: Übernachtung gratis.
Kontakt: Tourismusgemeinschaft Marbach-Bottwartal, ☎ 07144/1020, www.erdmannhausen.de.
Distanz: (Gruppenklärwerk Häldenmühle, Landstraße L1100, zwischen Marbach und Murr, 71672 Marbach am Neckar), 1,5 km, Ⓗ 2 km, 4 km.
Gastro: Schützenhaus.
Freizeit: 10 km, 5 km, 5 km.

99094 Erfurt — €19,00 — <12 m

Wohnmobilstellplatz Tor zur Stadt Erfurt, Gothaer Straße 30, ☎ 0361/65314820 Mitten im Grünen angelegter, in zwei Terrassen unterteilter Stellplatz.

POS: 50°57'21.43"N/10°59'1.69"E, Karte D11 (S. 14), B1
Platz: = 48 auf Schotter. WC CHEM GRAU. wird empfohlen. Öffnungszeiten Rezeption täglich 8:00-20:00 Uhr. Ankunft ab 13:00 Uhr, Abreise bis 12:00 Uhr. Ganzjährig geöffnet.
Preis: Ab 19 € inkl. Entsorgung. Strom 0,70 €/kWh, Wasser 2 €, Dusche 1 €, VE für Durchreisende 3 €, Trockner 3 €, Waschmaschine 3 €. 1.11.-31.3. 19 €, 1.4.-31.10. 22 €. Zzgl. 5% Kulturförderabgabe.
Kontakt: ☎ 0361/65314820, info@erfurt-wohnmobil.de, www.erfurt-wohnmobil.de.
Anfahrt: Einfahrt über Wartburgstraße.
Distanz: Ⓗ 0,2 km, 0,5 km, 3,7 km.
Gastro: Kiosk. Eisverkauf. Brötchenservice.
Freizeit: Radfernweg Thüringer Städtekette, Naherholungsgebiet Erfurter Seen, egapark Erfurt, Altstadtführung, Thüringer Zoopark Erfurt.
POI: Dom St. Marien, Stadt Erfurt, mittelalterliche Mikwe, Zitadelle Petersberg, Krämerbrücke.

99097 Erfurt — €16,50 — <10 m

Wohnmobilpark Trautmann Erfurt, Rottenbacherweg 11, ☎ 0361/413980
In ruhiger Stadtrandlage, optimale Verkehrsanbindung

POS: 50°57'14.84"N/11°4'0.60"E, Karte D11 (S. 14), B1
Platz: = 20, = 4 (<10 m) auf Sand/Splitt, Schotter. =30 (16 A) WC CHEM GRAU. Leinenpflicht für Hunde. Videoüberwacht. Aufenthalt max. 5 Tage, Anfahrt 11:00-23:00 Uhr. Ganzjährig geöffnet.
Preis: 16,50 € inkl. Entsorgung, WC, Müll-Entsorgung. Wasser 0,50 €/50 l, Dusche 2,50 €/Pers., Kurtaxe (ab 18 J.) 1 €/Pers., WLAN 1 €, Trockner 3 €, Waschmaschine 3,50 €. Wasser 10 l gratis, Strom bis 5 kWh 2 €/24 h, darüber hinaus 0,50 €/kWh.
Kontakt: Wohnmobilpark Erfurt, Herr Hans-Jürgen Trautmann, ☎ 0361/413980, Mobil: 0171/4803577, info@caravan-erfurt.de, www.caravan-erfurt.de.
Distanz: Ⓗ 0,2 km, 0,2 km, 6 km (Stadtzentrum), 8 km.
Gastro: Gartenlokal 0,4 km. Mehrere Restaurants im Ort.
Freizeit: 10 km, 3 km, 3 km.
POI: Krämerbrücke 8 km, Altstadt, Dom 8 km.

E

97250 Erlabrunn €5,00 <12m

Wohnmobilstellplatz Erlabrunner Badesee, Schleusenweg,
☎ 0931/468620 Zwischen See und Sportgelände, am Nordufer der Erlabrunner Badeseen

POS: 49°51'16.20"N/9°51'6.60"E, Karte D10 (S. 13), G4
Platz: = 5 auf Pflaster. WC beim Badesee während Kiosk-Öffnungszeiten. Ganzjährig geöffnet.
Preis: 5 €. Strom 0,50 €/kWh. Bezahlung beim Sportheim des TSV Erlabrunn, Strom über Automat.
Kontakt: Verwaltungsgemeinschaft Margetshöchheim, ☎ 0931/468620, buergerbuero@vgem-margetshoechheim.bayern.de, www.weinort-erlabrunn.de.
Distanz: 0,1 km, weitere Restaurants in 1,5 km, 1,5 km, 1,5 km, 6 km, 8 km (Kläranlage Zellingen, Bahnhofstraße, 97225 Zellingen).
Gastro: Kiosk und Grillplatz am Badesee.
Freizeit: 6 km, 15 km, 15 km.
POI: Weingaden Thüngersheim 6,2 km, Schloss Veitshöchheim 13 km, Würzburg 15 km, Karlstadt 15 km.

91058 Erlangen gratis >12m

Gasthof Ritter St. Georg, Herzogenauracher Damm 11, ☎ 09131/76650
Stellflächen auf dem Gäste-Parkplatz

POS: 49°34'37.19"N/10°59'5.37"E, Karte D11 (S. 14), B4
Platz: = 3, = 2 (<20 m) auf Schotterrasen, Pflaster. Gasthof geöffnet bis 22:00 Uhr, Stellflächen besonders an Wochenenden zugeparkt mit Pkw. Ganzjährig geöffnet.
Preis: Für Restaurantgäste kostenlos, inkl. WLAN. Einkehr obligatorisch. Mindestverzehr im Gasthof 12 € pro Erwachsener (Kinder frei), auch Frühstück möglich.
Kontakt: Gasthof und Hotel Ritter St. Georg, Hans Birnbaum, ☎ 09131/76650, ritter@birnbaum-hotels.de, www.gasthof-ritter-st-georg.de.
Distanz: 0,1 km, 0,2 km, 0,3 km, 0,5 km.
Gastro: Gasthof, Mo-Sa 11:30-21:00 Uhr, So 11:30-20:30 Uhr.
Freizeit: 2 km, 1,3 km. Sauna, Dampfbad, Minigolf 3,2 km.
POI: Playmobilland in Zirndorf, Erlangen, Fränkische Schweiz 15 km, Nürnberg 15 km, UNESCO-Weltkulturerbe Stadt Bamberg 45 km.

91058 Erlangen-Tennenlohe €15,00 <12m

Autohof Tennenlohe, Sebastianstraße 28, ☎ 09131/602151
Nicht ausgewiesene Stellflächen auf den Lkw-Parkplätzen am Autohof

POS: 49°32'43.29"N/11°1'48.97"E, Karte D11 (S. 14), B4
Platz: = 15 auf Asphalt. WLAN im Restaurant. Ganzjährig geöffnet.
Preis: 15 €. Dusche 2,50 €, WC 0,70 €. Stellplatzgebühr als Verzehrgutschein im Restaurant einlösbar.
Kontakt: Martius, ☎ 09131/602151, kontakt@autohoftennenlohe.de.
Distanz: 0 km, 0 km, 0,1 km, 0,5 km.
Gastro: Restaurant im Autohof, Mo-So 13:00-21:00 Uhr.
Freizeit: Walderlebnispark für Kinder 0,5 km.
POI: Altstadt Erlangen 7 km, Nürnberger Altstadt mit Burg 18 km.

57339 Erndtebrück-Zinse €7,00 <8m

Pension Hofius, Hilchenbacher Weg 2, ☎ 02753/3358
Wiesengrundstück bei der Pension

POS: 51°0'22.02"N/8°12'43.32"E, Karte D10 (S. 13), E1
Platz: = 3 auf Wiese, Asphalt. wird empfohlen. Bei sehr nasser Witterung sind die Wiesenflächen nicht befahrbar. Geöffnet: Apr-Okt.
Preis: 7 € inkl. Strom, Wasser.
Kontakt: Pension Hofius, Meik Hofius, ☎ 02753/3358, info@pension-hofius.de, www.pension-hofius.de.
Distanz: 5 km, 5 km, 5 km.
Gastro: Frühstück, Halbpension, Vollpension auf Anfrage.
Freizeit: 12 km, 5 km, 5 km. Rothaarsteig 1,5 km, Segel- und Motorflugplatz 8 km.
POI: Panorama-Park, Ginsburg, Wisent-Wildnis, Puppenhaus und Bald's historische Fahrzeugschau in Erndtebrück 5 km, Schloss Bad Berleburg 15 km, Schiefer-Schaubergwerk Raumland 20 km.

57339 Erndtebrück-Zinse €8,00 <10m

Pension Landhaus zum Rothaarsteig, Im Zaun 2, ☎ 02753/3354 Bei der Pension, Gelände leicht abfallend

POS: 51°0'56.65"N/8°12'9.35"E, Karte D10 (S. 13), E1
Platz: = 5 auf Wiese, Schotter, Schotterrasen. =5 (16 A) wird empfohlen. Ganzjährig geöffnet. Ausnahme: Im Winter witterungsabhängig.
Preis: 8 € inkl. WLAN. Strom 3 €, Wasser 2 €. Dusche/WC 15 €.
Kontakt: Friedhelm Weiß, ☎ 02753/3354, Mobil: 01609/2641227, info@landhaus-zum-rothaarsteig.de, www.landhaus-zum-rothaarsteig.de.
Distanz: 1,5 km, 6 km, 7 km.
Freizeit: 7 km, 6 km. Skilanglauf 0,2 km, Sportflugplatz in Schameder und Rundflüge über die Region 9 km.
POI: Historisches BMW Motorradmuseum in Erndtebrück 7 km, Ginsburg 10 km, Schieferbergmuseum 15 km, Rhein-Weser Turm 15 km, Wiesnwildnis 18 km, Bad Berleburg 20 km.

56814 Ernst/Mosel €12,00 <10m

Gaststätte Mosella Schinkenstube, Weingartenstraße 97,
☎ 02671/980310 Leicht geneigtes Gelände auf einer Wiese am Ortsrand

2021 geprüft

POS: 50°8'36.15"N/7°13'53.84"E, Karte D9 (S. 12), C3
Platz: = 18 auf Wiese, Schotter. CHEM GRAU. Durch Holzbohlen abgeteilte Stellflächen, etwas eng. Ganzjährig geöffnet.
Preis: 12 € inkl. Strom, Wasser, Entsorgung, Müll-Entsorgung.
Kontakt: Frank Schinnen, ☎ 02671/980310, info@mosella-schinkenstube.de, www.mosella-schinkenstube.de.
Distanz: 0 km, 0,2 km, 0,2 km, 0,5 km.
Gastro: Restaurant Mosella, Do-Di 9:00-22:00 Uhr, Mi Ruhetag. Bäckerei am Platz.
POI: Altstadt und Reichsburg Cochem 5 km, Kloster Maria Engelport 12 km.

56814 Ernst/Mosel €10,00 <10m

Reisemobilstellplatz Im Weinberg, Auf dem Acker 3, ☎ 02671/7561 Auf dem Gelände einer Weingenossenschaft

2021 geprüft

POS: 50°8'33.11"N/7°13'55.00"E, Karte D9 (S. 12), C3
Platz: = 50 auf Schotter, Rasengittersteinen. CHEM. Teilweise unebenes, leicht abfallendes Gelände. Ganzjährig geöffnet.
Preis: 10 € inkl. Entsorgung, Müll-Entsorgung. Strom 0,60 €/kWh, Wasser 0,10 €/10 l oder 1 €/100 l.
Kontakt: Eva Hausmann-Müller, ☎ 02671/7561, vinothek-ernst@moselland.de, www.vinothek-ernst.de.
Distanz: 0,1 km, 0,2 km, 0,2 km, 0,5 km.
Freizeit: 3 km, 4 km, 0,5 km. Weinprobe.
POI: Kreuzkirche Fankel 3 km, Reichsburg Cochem und Kloster Maria Engelport 5 km.

88521 Ertingen €14,00

Wohnmobilstellplatz an den Schwarzachtalseen, Schwarzachtalstraße 44, <10m
☎ 07586/92080 Mit Seeblick, durch die Promenade vom Seeufer getrennt

2022 geprüft E

POS: 48°4'55.00"N/9°27'34.00"E, Karte D14 (S. 17), G3
Platz: P = 24 auf Schotter. WC CHEM GRAU. Geöffnet: 1.4.-31.10.
Preis: 14 €. Strom 0,50 €/kWh, Wasser 1 €. Bezahlung am Parkscheinautomat.
Kontakt: Gemeinde Herbertingen, ☎ 07586/92080, info@herbertingen.de, www.schwarzachtalseen.de.
Distanz: 0 km, weitere Restaurants in 2 km, 2 km, 2 km, Ⓗ 7 km.
Gastro: Kiosk, Café & Restaurant in der Nähe.
Freizeit: 2 km. Badesee, Ausflüge, Abenteuerspielplatz, Radfahren.
POI: Keltenmuseum Heuneburg 10 km, Federsee/Federseemuseum 12 km, Freilichtmuseum Kürnbach 18 km, Schloss Sigmaringen 26 km.

76831 Eschbach €15,00

Weingut Ehrhart, Weinstraße 2, >12m
☎ 06345/7474 Platz mit Blick in die Weinberge auf einem Bio-Weingut

POS: 49°10'34.82"N/8°1'18.21"E, Karte D9 (S. 12), D5
Platz: = 6 auf Wiese, Rasengittersteinen. WC. B Ganzjährig geöffnet.
Preis: 15 € inkl. Strom, Wasser, WC.
Kontakt: Benjamin Ehrhart, ☎ 06345/7474, mail@weingut-ehrhart.de, www.weingut-ehrhart.de.
Distanz: , Ⓗ 0,2 km, 0,5 km, 0,5 km.
Gastro: Gutsausschank im Weingut mit Pfälzer Küche und einer attraktiven Weinkarte im Sep und Okt.
Freizeit: 6 km. Weinproben, Betriebs-/Weinbergführungen, Feuer auf geeigneter Grillunterlage erlaubt.

76831 Eschbach €10,00

Weingut Wind, Weinstraße 3+5, <12m
☎ 06345/2343 Hinter dem Weingut in den Weinbergen Gutschein

2021 geprüft E

POS: 49°10'30.91"N/8°1'21.73"E, Karte D9 (S. 12), D5
Platz: P = 5 auf Wiese, Schotter. =4 GRAU. Ganzjährig geöffnet.
Preis: 10 € inkl. Strom, Entsorgung. Beim Kauf von 12 Flaschen Wein entfällt die Stellplatzgebühr pro Nacht.
Kontakt: Familie Wind, ☎ 06345/2343, info@weingut-wind.de, www.weingut-wind.de.
Distanz: , Ⓗ 0,1 km, 0,2 km, 0,3 km, weitere Restaurants in 0,4 km.
Gastro: Mehrere Restaurants im Ort.
Freizeit: 5 km, 8 km. Weinbergführungen und Weinprobe, Mitarbeit in den Weinbergen, Wanderwege in den Naturpark Pfälzer Wald.
POI: Madenburg 1,5 km, Burg Landeck 6 km, Hambacher Schloss 20 km.

79427 Eschbach €10,00

Breisgau-Wohnmobile, Eschbacherstraße 4a, ☎ 07634/5948444 Im Gewerbepark Breisgau in ruhiger Waldrandlage <8m

2022 geprüft E

POS: 47°54'7.32"N/7°37'55.91"E, Karte D13 (S. 16), C4
Platz: P = 6 auf Schotterrasen. =12 (16 A) CHEM GRAU. Leinenpflicht für Hunde, Shop mit Campingzubehör, Wohnmobil-/Caravan Service. Videoüberwacht. Entsorgungsstation vor dem Rolltor. Ausführen von Hunden auf dem Platz nicht erlaubt. Ganzjährig geöffnet.
Preis: 10 € inkl. Entsorgung, Müll-Entsorgung, Kurtaxe, WLAN, WC. Strom 0,65 €/kWh, Wasser 1 €/100 l, Dusche 1 €/5 min.
Kontakt: Breisgau-Wohnmobile, Sven Busse, ☎ 07634/5948444, info@breisgau-wohnmobile.de, www.breisgau-wohnmobile.de.
Distanz: Ⓗ, 0,5 km, weitere Restaurants in 3 km, 2 km, 2 km.
Gastro: Restaurant Picknickers im Gewerbepark Breisgau 0,3 km. Bäcker und Bistro 0,5 km.
Freizeit: 3 km, 3 km. Radfahren, Thermalbäder, Wandern (Rheinauen, Vogesen, Schwarzwald), Fallschirmspringen 1,5 km, Segelflugplatz 1,5 km.
POI: Staufen 10 km, Freiburger Münster 20 km.

29348 Eschede gratis

Stellplatz Am Schützenplatz, Bundesstraße 191/Uelzener Straße 22-24, <12m
☎ 05142/4110 In zentraler Lage auf einer großzügigen Parkfläche

POS: 52°44'13.26"N/10°14'27.18"E, Karte D6 (S. 9), H1
Platz: P = 10 auf Schotter. CHEM GRAU. Stellflächen durch Hecken von der Straße abgeteilt. Ganzjährig geöffnet.
Preis: Übernachtung gratis inkl. Entsorgung. Wasser 1 €.
Kontakt: Gemeinde Eschede, ☎ 05142/4110, tourismus@eschede.de, www.eschede.de.
Distanz: 0,5 km, 0,5 km, Ⓗ 1,5 km.
Gastro: Restaurant Deutsches Haus 0,5 km.
Freizeit: 0,1 km. Naturpark Südheide.
POI: Naturparkinformationszentrum 1,3 km, Celle 15 km.

92676 Eschenbach/Oberpfalz gratis

Wohnmobilstellplatz am Sportplatz, Sommerleitenweg 20, <8m
☎ 09645/920015 Beim Sportplatz am Ortsrand in der Nähe vom Rußweiher

2021 geprüft

POS: 49°45'19.85"N/11°49'2.34"E, Karte D11 (S. 14), C4
Platz: P = 15 auf Schotterrasen, Rasengittersteinen. Kein Schatten, beleuchtet. Ganzjährig geöffnet.
Preis: Übernachtung gratis. Strom 1 €.
Kontakt: Stadtverwaltung, ☎ 09645/920015, poststelle@eschenbach-opf.de, www.eschenbach-opf.de.
Distanz: Ⓗ 0,4 km, 0,5 km, 0,6 km, weitere Restaurants in 1 km, 1,2 km.
Gastro: Hotel am See.
Freizeit: 0,2 km, 1 km. Radfahren im Naturschutzgebiet, Hochseilgarten 1,2 km, Adventure Minigolf 1,7 km, Tennisplatz 3 km, Vogelbeobachtungsstation 4 km.
POI: Kirche St. Peter und Paul und Wurzelmuseum Tremmersdorf 4 km, Kloster Speinshart 5,1 km, Barbaraberg (ehemalige Wallfahrtskirche) 8,5 km, Rauhe Kulm 11,4 km.

37632 Eschershausen gratis

Stellplatz am Angerplatz, Angerweg, <12m
☎ 05532/90050 Abgeteilter Bereich eines öffentlichen Parkplatzes

2021 geprüft E

POS: 51°55'47.47"N/9°37'43.51"E, Karte D6 (S. 9), G3
Platz: P = 10 auf Pflaster. CHEM GRAU. Aufenthalt max. 3 Tage. Ganzjährig geöffnet. Ausnahme: Im Juni wegen einer Veranstaltung 2 Wochen gesperrt.
Preis: Übernachtung gratis. Strom 0,50 €/kWh, Wasser 1 €/80 l, Entsorgung 1 €.
Kontakt: Touristik-Information, ☎ 05532/90050, info@eschershausen-stadtoldendorf.de, www.eschershausen-stadtoldendorf.de.
Distanz: Ⓗ 0,2 km, 0,5 km, weitere Restaurants in 0,7 km, 0,6 km, 0,7 km.
Gastro: Im Ort.
Freizeit: 0,8 km. Ausflüge ins Weserbergland, Segelfliegen und Klettergebiet am Ith 4 km.
POI: Wilhelm-Raabe-Museum 0,5 km.

E

37269 Eschwege — €12,00

KNAUS Reisemobilhafen Eschwege, Am Werratalsee 2, ☎ 05651/338883
Am Werratalsee
<10m — neu

2022 geprüft — E

POS: 51°11'30.71"N/10°4'2.15"E, Karte D6 (S.9), H5
Platz: = 34 auf Schotter, Rasengittersteinen. WC CHEM GRAU. Aufenthalt max. 3 Nächte. Geöffnet: 1.3-26.11.
Preis: Ab 12 € inkl. aller Personen, Grauwasser-Entsorgung. Strom 0,75 €/kWh, Wasser 0,75 €/60 l, WC 5 €/Pers., VE für Durchreisende 5 €. Premium-stellplatz am Ufer 17,50 €.
Kontakt: Helmut KNAUS KG Campingparks, ☎ 05651/338883, eschwege@knauscamp.de, www.knauscamp.de/eschwege.
Anfahrt: Navi: Eingabe Postweg oder GBS.
Distanz: , 0,5 km, 0,5 km, 1 km.
Gastro: Brötchenservice. Bistro mit Terrasse.
Freizeit: 3,5 km. Tretbootfahrten, Boule-Bahn, Stadtführung, Freizeitprogramm und Kinderanimation in der HS, Segeln, Kanutouren, Erlebnisrundfahrt Werratalsee, Angeln, Minigolf 1 km, Kletterwald 1 km, Wildpark Germerode 10 km.
POI: Museum Zinnfigurenkabinett und Heimatmuseum 1 km, Marktkirche und Neustädter Kirche 1 km, hist. Altstadt mit Fachwerk 1 km, Besucherbergwerk Grube Gustav 9 km.

26427 Esens — €6,40

Schützenplatz Esens, Bahnhofstraße/ Am Schützenplatz, ☎ 04971/9170
In ruhiger Lage, 500 m vom Zentrum entfernt
<8m

POS: 53°38'21.85"N/7°36'35.91"E, Karte D1 (S.4), C4
Platz: / = 20 auf Pflaster, Wiese, Schotter. =16 CHEM GRAU. Aufenthalt max. 3 Nächte. VE am benachbarten Bauhof (im Winter kein Wasser). Ganzjährig geöffnet. Ausnahme: Bei Veranstaltungen gesperrt (Termine siehe Website). Ausweichstandort am Sportzentrum, Hohekamp (ohne Wasser+VE).
Preis: Ab 6,40 € inkl. Wasser, Entsorgung, Müll-Entsorgung. Strom 1,50 €/kWh. 15.3.-31.10. 6,40 €, 1.11.-14.3. 7 €. Kurtaxe 1-3,20 €, Kurtaxe Kind (6-17 J.) 0,50-1 €.
Kontakt: Esens-Bensersiel Tourismus GmbH, ☎ 04971/9170, camping@bensersiel.de, www.bensersiel.de/camping/mit-wohnmobil.
Distanz: 0,2 km, 0,4 km, 0,5 km, 0,5 km.
Freizeit: 6 km, 5,5 km, 0,8 km. Kutschfahrten, Wattwanderungen, Stadtführungen 1 km, Indoor-Spielpark 3 km, maritimer Sport-Themen-Park am Strand 5,5 km, Schiffsausflüge 6 km.
POI: Königliches Amtsgericht 0,4 km, 3D-Museum 0,9 km, Bernsteinhaus 0,9 km, Ahnensaal im Rathaus 0,9 km, Tidebrunnen 1 km, St.-Magnus-kirche mit Turmmuseum 1 km, Museum Leben am Meer 1,2 km.

> Vor der Anreise empfehlen wir, Kontakt mit dem Betreiber aufzunehmen, um die Auslastung des Stellplatzes abzufragen.

92693 Eslarn — €5,00

Am Biererlebnis Kommunbrauhaus, Brennerstraße 28, ☎ 09653/92070
Im Zentrum Eslarns, im Oberpfälzer Wald
<8m

POS: 49°34'43.62"N/12°31'13.80"E, Karte D11 (S.14), D4
Platz: = 3 auf Rasengittersteinen. Sitzplatzanlage im Freien, E-Bike Ladestation. wird empfohlen. Aufenthalt max. 3 Tage. Anmeldung im Tourismusbüro im Rathaus. WC/Dusche im Sommer in der Freizeitanlage. Ganzjährig geöffnet.
Preis: 5 €.
Kontakt: Markt Eslarn, ☎ 09653/92070, tourismus@eslarn.de, www.eslarn.de/kommunbrauhaus.htm.
Distanz: 0 km, 0,4 km, 0,6 km.
Gastro: Biererlebnis Kommunbrauhaus mit Zoiglbier.
Freizeit: Zoigl-Skulpturenweg, Museumsführungen Biererlebnis Kommunbrauhaus, Bürgermeister-Karl-Roth-Kurpark mit Vogelpark (Mai-Okt), Freizeitanlage Atzmannsee.
POI: Barockkirche Mariä Himmelfahrt.

92693 Eslarn — €5,00

Freizeitanlage Atzmannsee, Sportplatzstraße, ☎ 09653/92070
An der Freizeitanlage mit Naturbadesee
<12m

POS: 49°34'43.44"N/12°30'36.25"E, Karte D11 (S.14), D4
Platz: = 3 auf Asphalt. WC. Ganzjährig geöffnet. Aufenthalt max. 3 Tage.
Preis: 5 € inkl. Müll-Entsorgung. Wasser/WC auf Anfrage.
Kontakt: Markt Eslarn, ☎ 09653/92070, tourismus@eslarn.de, www.eslarn.de.
Distanz: 1 km, 1 km, 1,5 km, 5 km.
Freizeit: 9 km, 1 km. Minigolf, Gef. Wanderungen.
POI: Barockkirche Mariä Himmelfahrt 1 km.

59889 Eslohe — €13,00

Aussiedlerhof Brögger, Obermarpe 12, ☎ 02973/3996
Kleiner, abgelegener Bauernhof am Rande des Schmallenberger Sauerlands
<8m

POS: 51°12'16.99"N/8°8'6.14"E, Karte D6 (S.9), E5
Platz: / = 3 auf Asphalt. WC. wird empfohlen. Ganzjährig geöffnet. Ausnahme: 1.10.-27.12.
Preis: 13 € inkl. Wasser, WLAN. Strom 0,30 €/kWh, Kurtaxe 2 €/Pers. 1.1.-30.9. 13 €.
Kontakt: Familie Brögger, ☎ 02973/3996, familie.broegger@web.de.
Freizeit: Radfahren, Wandern.

59889 Eslohe — €31,00

Seemers Campingplatz im Grünen - Landgasthof Seemer, Südstraße 4, ☎ 02973/570 Neben dem Landgasthof am Mühlenbach und der Wenne
<8m

2022 geprüft

POS: 51°17'18.91"N/8°10'39.82"E, Karte D6 (S.9), E5
Platz: / = 11 auf Schotterrasen. WC. Spülstation, Leinenpflicht für Hunde, Hundedusche, Waschmaschine. Befahren des Platzes nur mit vorheriger Reservierung (Hunde bitte anmelden). Ganzjährig geöffnet.
Preis: Ab 31 € inkl. Strom, Wasser, Dusche, WC, Müll-Entsorgung, WLAN. Jede weitere Pers. 11 €, Kind (0-3 J.) gratis, Hund je 2,50 €. Strom für 2 Pers. inklusive. Stellplatz Classic ab 31 €, Stellplatz Superior mit Blick auf den Bach ab 33 € (Preis abhängig vom Datum).
Kontakt: Landgasthof Seemer, Julia Seemer, ☎ 02973/570, post@seemer.de, www.seemer.de.
Distanz: 0 km, 6 km.
Gastro: Landgasthof Seemer. Öffnungszeiten Gastronomie: www.seemer.de. Reservierung erforderlich.
Freizeit: Fliegenfischen direkt an der Wenne, Motorradtouren, direkte Anbindung an den Sauerland-Höhenflug und SauerlandRadring, Fahrradverleih in Eslohe oder Schmallenberg.
POI: Maschinen- und Heimatmuseum Eslohe.

59889 Eslohe — €10,00

Wohnmobilstellplatz im Kurpark Eslohe, Eberhard-Koenig-Straße, ☎ 02973/8000
Zentral am Kurpark und Esselufer
<10m

2022 geprüft — E

POS: 51°15'27.72"N/8°10'22.43"E, Karte D6 (S.9), E5
Platz: = 5 auf Rasengittersteinen. CHEM GRAU. Ganzjährig geöffnet.
Preis: 10 € inkl. Entsorgung. Strom 1 €/kWh, Wasser 1 €/50 l, Kurtaxe 2 €/Pers. Gästekarte (SauerlandCard) wird digital zur Verfügung gestellt. Die Buchung erfolgt vor Ort über QR-Code, siehe Info-Tafel.
Kontakt: Gemeinde Eslohe, ☎ 02973/8000, post@eslohe.de, www.eslohe.de.
Distanz: 0,3 km, 0,3 km, 0,5 km, 0,5 km.
Freizeit: 0,1 km, 0,1 km. Kur- und Rundwanderwege, Minigolf 0,1 km, 0,1 km.
POI: Museum DampfLandLeute 0,6 km.

59889 Eslohe-Wenholthausen €45,00

Landhaus Monikas Ferienhof, Wenneweg 6, ☎ 02973/1433 <8m

Auf dem Gelände eines Ferienbauernhofs

POS: 51°17'11.00"N/8°10'44.00"E, Karte D5 (S.8), D5
Platz: = 3 auf Pflaster, Wiese. =3 WC CHEM. Ganzjährig geöffnet.
Preis: 45 € inkl. Strom, Wasser, Entsorgung, Dusche, WC, Müll-Entsorgung, WLAN. Jede weitere Pers. 9 €, Kind (bis 11 J.) 7,50 €, Kurtaxe (ab 14 J.) 2 €/Pers., Hund 5 €. Nutzung des Hallenbades gratis.
Kontakt: Familie Lübke, ☎ 02973/1433, info@monikas-ferienhof.de, www.monikas-ferienhof.de.
Distanz: , , 0,2 km, 0,4 km.
Gastro: Frühstücksservice 8 €. Restaurants im Ort.
Freizeit: 4 km. Planwagenfahrten, Teilnahme an Hofveranstaltungen, Sauna, Streichelzoo und Traktorfahrten, Grillabende, Angeln in der Wenne, Massagen/Reiki.
POI: Heimatmuseum Eslohe 4 km.

59889 Eslohe-Wenholthausen gratis

Stellplatz Wenholthausen, L541, ☎ 02973/8000 <8m neu

An der historischen Wennebrücke

POS: 51°17'21.88"N/8°10'32.21"E, Karte D5 (S.8), D5
Platz: = 2 auf Rasengittersteinen. . Picknicktische. Ganzjährig geöffnet.
Preis: Übernachtung gratis.
Kontakt: Gemeinde Eslohe, ☎ 02973/8000, post@eslohe.de, www.eslohe.de.
Distanz: 0,5 km, 0,5 km, 0,5 km.
Gastro: Landgasthof Seemer, Gasthof Hochstein, Sauerländer Hof Beckmann, Pizzaria Bei Toni 0,5 km.
Freizeit: Kur- und Rundwanderwege.
POI: Museum DampfLandLeute 6,5 km.

34314 Espenau-Schäferberg €10,00

Waldhotel Schäferberg, Wilhelmsthaler Straße 14, ☎ 05673/9960 <10m

Hotelparkplatz an der B7 nördlich von Kassel

POS: 51°23'8.27"N/9°26'19.86"E, Karte D6 (S.9), G5
Platz: = 4 auf Pflaster. . Ganzjährig geöffnet.
Preis: 10 €. Für Restaurantgäste kostenlos.
Kontakt: Waldhotel Schäferberg, ☎ 05673/9960, info@schaeferberg.de, www.schaeferberg.de.
Distanz: , weitere Restaurants in 3 km, 0,5 km, 2 km, 2 km.
Gastro: Restaurant Blaue Ente und Libelle, Mo-Do 11:30-14:00 Uhr und 18:00-21:30 Uhr, Fr-So 11:30-21:30 Uhr.
Freizeit: 4 km, 5 km. Ausflüge in die Kasseler Umgebung.
POI: Rokokoschloss Wilhelmsthal 2 km, UNESCO Weltkulturerbe Bergpark Wilhelmshöhe mit Schloss und Herkules 11 km.

45128 Essen €9,00

Wohnmobilstellplatz Essen, Baedekerstraße, ☎ 0201/887200 <8m

Zentral im Südviertel

POS: 51°26'53.67"N/7°0'34.01"E, Karte D5 (S.8), B4
Platz: = 5 auf Asphalt. . Aufenthalt max. 3 Tage. Campingverhalten nicht erlaubt. Ganzjährig geöffnet.
Preis: 9 €. Strom auf Anfrage. Bezahlung am Parkscheinautomat.
Kontakt: Essen Marketing, ☎ 0201/887200, info@essen-marketing.de, www.visitessen.de.
Distanz: 0,2 km, weitere Restaurants in 0,4 km, 0,6 km, 1 km.
Gastro: Mehrere Restaurants in der Umgebung.
Freizeit: 1,8 km. Stadtgarten 0,2 km, Philharmonie 0,3 km.
POI: Museum Folkwang, Aalto-Theater 0,4 km, alte Synagoge 1,4 km, Dom 1,5 km.

76879 Essingen €10,00

Weingut Schweikart Dalberghof, Kirchstraße 16, ☎ 06347/919220 <12m

Grünfläche mit befestigtem Stellplatz

POS: 49°14'4.17"N/8°10'32.23"E, Karte D10 (S.13), D5
Platz: = 3 auf Pflaster, Wiese. =3 (16 A) . Ganzjährig geöffnet.
Preis: 10 € inkl. Strom, Wasser.
Kontakt: ☎ 06347/919220, Mobil: 0178/3076905, info@weingutschweikart.de, www.weingutschweikart.de.
Distanz: , 0,5 km, weitere Restaurants in 2,3 km, 0,6 km, 0,6 km (Bäckerei).
Freizeit: 5 km, 7 km. Weinproben, Draisinenbahn 3 km, Squash, Badminton 3 km, Golfplatz mit Restaurant 3 km, Tennis, Minigolf 3 km, Freibad 5 km.
POI: Führung mit Informationen zur Dorfgeschichte, Altes Rathaus 0,4 km, jüdischer Friedhof 0,7 km, Wendelinuskapelle 1 km.

73457 Essingen-Lauterburg €15,00

Campingplatz Hirtenteich, Hasenweide 2, ☎ 07365/296 >12m

Vor dem Verwaltungsgebäude

POS: 48°47'12.00"N/9°58'54.00"E, Karte D14 (S.17), H1
Platz: = 3, = 3 (<15 m) auf Wiese, Schotter. =60 (16 A) WC CHEM GRAU . nur bei Gruppen. Anfahrt von 13:00-20:00 Uhr. Ganzjähr. geöffnet.
Preis: 15 € inkl. Wasser, Entsorgung, Dusche, WC, Müll-Entsorgung, WLAN, Hund. Kind (bis 14 J.) 4 €, jede weitere Pers. 6,50 €, Strom 0,60 €/kWh. 1.1.-31.12. 15 €.
Kontakt: Alexej Orlopp, ☎ 07365/296, info@hirtenteich.camp, www.hirtenteich.camp.
Distanz: 0,5 km, 1 km, 1 km, 3 km.
Gastro: Kiosk. Frühstücksservice nach Vereinbarung. Gaststätte Wirtshaus zum Pfaffensturz, Di-Fr 17:00-21:00 Uhr, Sa-So 11:00-21:00 Uhr, Mo Ruhetag.
Freizeit: 3 km. Sauna, Skilifte und gespurte Loipen 0,5 km.
POI: Ruine Rosenstein und Naturhöhle 4 km, Limestherme 7 km, Besucherbergwerk mit Atemkuren in Aalen 10 km, Schloss, Museen und Naturtheater in Heidenheim 20 km.

E

73728 Esslingen/Neckar gratis

Stellplatz Äußerer Burgplatz, Mülbergerstraße, ☎ 0711/39693969 <8m

Platz am Rande eines Parks nahe der Burg

POS: 48°44'49.71"N/9°18'38.28"E, Karte D14 (S.17), F2
Platz: = 2 auf Asphalt. . Aufenthalt max. 48 h. Ganzjährig geöffnet.
Preis: Übernachtung gratis.
Kontakt: Stadt Esslingen, ☎ 0711/39693969, info@esslingen-marketing.de, www.esslingen-marketing.de.
Anfahrt: Steile, teils enge Abfahrt.
Distanz: , weitere Restaurants in 1 km, 0,2 km, 0,6 km, 0,9 km.
Gastro: Restaurant an der Burg.
Freizeit: 1,9 km, 1,9 km. Spaziergang über die Burgsteige oder Burgstaffel hinunter zur historischen Innenstadt, Thermalbad 1,5 km.
POI: Burg 0,3 km, historisches Stadtzentrum 0,9 km, Merkelsches Bad 1,9 km.

26897 Esterwegen gratis

Wohnmobilstellplatz am Erikasee, Zum Erikasee, ☎ 05955/902378 <8m

Sehr lange Zufahrt

POS: 52°59'36.42"N/7°40'8.45"E, Karte D1 (S.4), B5
Platz: = 10 auf Schotterrasen, Pflaster, Rasengittersteinen. =12 (16 A) WC CHEM GRAU . Leinenpflicht für Hunde. Aufenthalt max. 6 Nächte. Hunde am Badestrand verboten. Ganzjährig geöffnet.
Preis: Übernachtung gratis inkl. Entsorgung, WC. Strom 1 €/2 kWh, Wasser 1 €/100 l.
Kontakt: Gemeinde Esterwegen, Norbert Rosema, ☎ 05955/902378, norbert.rosema@nordhuemmling.de, www.esterwegen.de.
Distanz: 2 km, 2 km, 2,5 km, weitere Restaurants in 3 km, 2,5 km.
Gastro: Restaurant & Café Ala Turka. Hotel Graf Balduin in Esterwegen.
Freizeit: 10 km, 20 km. Tretbootverleih bei der Minigolf-Anlage, Minigolfanlage am See, Moor-Info-Pfad 2,1 km.
POI: Kloster Esterwegen mit sehenswerten Meditationsräumen (öffentlich zugänglich) 2 km, Gedenkstätte Emslandlager 2 km, St. Johannes-Kirche und Altes Herrenhaus 2,5 km.

E

31629 Estorf — gratis

Stellplatz Im Scheunenviertel, Neue Schulstraße, ☎ 05761/705421 — <12m
In einer Parkanlage

2022 geprüft

POS: 52°35'13.98"N/9°8'44.13"E, Karte D6 (S.9), F2
Platz: = 1 auf Schotter. Aufenthalt max. 24 h. Ganzjährig geöffnet.
Preis: Übernachtung gratis.
Kontakt: Rolf Klusmann, ☎ 05761/705421, Mobil: 05761/7050, rolf.klusmann@sg-mittelweser.de, www.sg-mittelweser.de.
Distanz: , 0,3 km, Ⓗ 0,4 km, 0,5 km.
Gastro: Mehrere Restaurants im Ort.
Freizeit: Reiten, Weserradweg, Angeln, Planwagen- und Kutschfahrten, Mühlenstraße.
POI: Kirche Estorf 0,6 km, Golddorf Brokeloh 8 km, Kloster und Domänengelände in Schinna 11 km.

21727 Estorf-Gräpel — gratis

Wohnmobilstellplatz Gräpel – An der Prahmfähre, Zum Hafen 21, ☎ 04144/20990 — <8m
Am Fluss Oste bei der Pramfähre

2021 geprüft

POS: 53°33'58.50"N/9°10'22.79"E, Karte D2 (S.5), F4
Platz: = 3 auf Pflaster. Aufenthalt max. 3 Nächte. Geöffnet: Apr-Okt.
Preis: Übernachtung gratis.
Kontakt: ☎ 04144/20990, wagner@oldendorf-himmelpforten.de, www.oldendorf-himmelpforten.de.
Distanz: , 0,2 km, 0,5 km.
Gastro: Zum Osteblick.
Freizeit: Radfahren, Angeln.

67754 Eßweiler — gratis

Stellplatz an der Kneippanlage, Landstraße 369, ☎ 0170/5276427 — <8m
In ruhiger Lage

POS: 49°33'18.38"N/7°33'23.11"E, Karte D9 (S.12), C4
Platz: = 3 auf Pflaster. Wasserhahn, aber kein Trinkwasser. Ganzjährig geöffnet.
Preis: Übernachtung gratis.
Kontakt: Monica Riesinger, ☎ 0170/5276427, buergermeister@essweiler.de, www.essweiler.de.
Distanz: 0,6 km, 3 km, 10 km.
Freizeit: 8,9 km. Draisinentour, Wanderwege, Nordic Walking, Kneippanlage.

77955 Ettenheim — gratis

Ernst Caravan & Freizeit Center, Rudolf-Hell-Straße 32-44, ☎ 07822/89380 — <10m
Stellplatz vor dem Firmengelände

POS: 48°16'27.67"N/7°46'53.18"E, Karte D13 (S.16), C3
Platz: = 40 auf Pflaster, Asphalt. =12 (8 A) CHEM GRAU. Aufenthalt max. 1-2 Nächte. Ganzjährig geöffnet.
Preis: Übernachtung gratis. Strom 1 €/kWh, Wasser 1 €, Entsorgung 1 €.
Kontakt: Christian Ernst, ☎ 07822/89380, info@ernst-caravan.de, www.ernst-caravan.de.
Distanz: 0,5 km, Ⓗ 0,6 km, 0,8 km, 3,5 km.
Gastro: Mehrere Restaurants im Umkreis.
Freizeit: 5 km, 3 km. Ausflüge ins Elsass.
POI: Barocke Altstadt Ettenheim 4 km, Taubergießen 7 km, Europapark Rust 7 km.

76275 Ettlingen — €10,00

Wohnmobilstellplatz am Ettlinger Albgau-Freibad, Schöllbronner Straße 69, ☎ 07243/101549 Ausgewiesene Stellplätze beim beheizten Freibad — <12m

POS: 48°56'8.69"N/8°25'3.33"E, Karte D14 (S.17), E1
Platz: = 8 auf Asphalt. =4 CHEM GRAU . Aufenthalt max. 48 h. Parken nur auf der ausgewiesenen Stellfläche für Wohnmobile. Trinkwasseranschluss vorhanden. Ganzjährig geöffnet.
Preis: 10 € inkl. Entsorgung. Strom 2 €/8 h, Wasser 2 €/5 min. Bezahlung am Parkscheinautomat mit Geldscheinen oder per Handyparken-App.
Kontakt: Stadt Ettlingen, ☎ 07243/101549, info@ettlingen.de, www.ettlingen.de.
Distanz: Ⓗ 0,2 km, 0,3 km, 0,7 km, 2 km.
Gastro: Weitere Restaurants im Stadtzentrum.
Freizeit: 0,3 km. Mountainbike-Trails, Stadtbesuch.
POI: Altstadt Ettlingen 0,8 km, Schloss 1,2 km.

97776 Eußenheim — €10,00

Winzerfamilie Jonas, Am Stockbrunnen 11, ☎ 09353/8988 Auf einer Wiese mit Obstbäumen am Ortsrand — <10m

POS: 49°59'13.77"N/9°48'15.09"E, Karte D10 (S.13), G3
Platz: = 8 auf Wiese, Schotter. =8 GRAU . wird empfohlen. Ankunft bis 20:00 Uhr. Ganzjährig geöffnet.
Preis: 10 € inkl. Kurtaxe. Strom 3 €/24 h, Wasser 1 €, Entsorgung 1 €.
Kontakt: Gerda Jonas, ☎ 09353/8988, Mobil: 0160/95079318, ge-jonas@t-online.de, www.winzerfamilie-jonas.de.
Distanz: Ⓗ 0,2 km, 0,3 km, weitere Restaurants in 5 km, 0,5 km, 4 km.
Gastro: Bäckerei mit Café/Außenterrasse. Hofladen mit Heißer Theke. Vinothek mit Terrasse.
Freizeit: 5 km, 5 km. Naturschutzgebiet Edelweiß, Führung durch die Weinberge, Weinernte, Weinproben.
POI: Burgruine Homburg 5 km, Altstadt Karlstadt 5 km.

76857 Eußerthal — gratis

Gasthaus Birkenthaler Hof, Taubensuhlstraße 2, ☎ 06345/1441 — <8m
Im Eußerthal

POS: 49°14'56.90"N/7°57'40.85"E, Karte D9 (S.12), D5
Platz: = 2 auf Asphalt. Außerhalb der Öffnungszeiten nur nach Absprache. Ganzjährig geöffnet.
Preis: Für Restaurantgäste kostenlos. Einkehr obligatorisch.
Kontakt: Franz Sanda, ☎ 06345/1441, info@birkenthalerhof.de, www.birkenthalerhof.de.
Distanz: , Ⓗ 0,7 km, 1 km, 1 km.
Gastro: Warme Küche, So/Feiertag ab 11:00 Uhr durchgehend.
Freizeit: Wandern im Pfälzerwald.
POI: Klosterkirche 1 km, Bürstenbindermuseum 5 km.

76857 Eußerthal — €12,00

Wohnmobilstellplatz Schüler, Schulstraße/Radweg, ☎ 06345/919040 Am Ortsrand, in ruhiger Lage — <12m

2020 geprüft

POS: 49°14'19.28"N/7°58'32.96"E, Karte D9 (S.12), D5
Platz: = 6 auf Schotterrasen. =6 (10 A) CHEM GRAU. Empfang durch den Platzwirt. Geöffnet: 1.3.-1.11.
Preis: 12 € inkl. Strom, Wasser.
Kontakt: Peter Schüler, ☎ 06345/919040, schueler-eusserthal@t-online.de, www.wohnmobilstellplatz-eusserthal.de.
Distanz: 0,5 km, 0,5 km, Ⓗ 0,5 km, 1,5 km.
Gastro: Eußerthaler Klosterstüb´l 0,6 km. Restaurant Birkenthaler Hof.
Freizeit: 5 km, 17 km. Radweg, Wandern im Hütten-Wanderparadies Eußerthal.
POI: Burg Trifels in Annweiler 5 km.

23701 Eutin €22,00

Naturpark-Camping Prinzenholz, Prinzenholzweg 20, ☎ 04521/5281 <12m
Am Kellersee mit einer 25 m breiten Sandbucht samt Liegewiese

POS: 54°9'39.93"N/10°36'7.20"E, Karte D2 (S. 5), H3
Platz: P = 2 auf Sand/Splitt, Naturboden. =2 (19 A) WC CHEM GRAU . P Weitere Stellplätze auf dem Gelände zu den Campingtarifen. Geöffnet: 1.4-31.10.
Preis: Ab 22 € inkl. Strom, Wasser, Entsorgung, Dusche, WC, Müll-Entsorgung, WLAN. Jede weitere Pers. 8,50 €, Kind (2-14 J.) 4,50 €, Hund 4 €. 1.4.-30.4. 22 €, 6.6.-20.6. 23 €, 30.8.-24.10. 23 €, 30.4.-6.6. 23 €, 20.6.-30.8. 23 €.
Kontakt: Naturparkcamping Prinzenholz, Gerlinde Jaensch, ☎ 04521/5281, Mobil: 0178/6251577, info@nc-prinzenholz.de, www.naturpark-camping-prinzenholz.de.
Distanz: , weitere Restaurants in 0,5 km, 0,2 km, Ⓗ 0,5 km, 2 km.
Gastro: Café am Campingplatz, geöffnet 9:00-19:00 Uhr. Brötchenservice (Bestellung bis 16:45 Uhr).
Freizeit: 2 km. Badminton- und Soccerplatz, Beach-Volleyball, Tischtennis, Nordic Walking, Reiten, Wassersport (SUP-Kurse, Kanu, Segeln).
POI: Eutiner Wasserturm, Weingut Ingenhof, Bräutigams Eiche, Historische Badeanstalt, Immenhof/Gut Rothensande, Altstadt und Schloss Eutin 2 km.

23701 Eutin gratis

Parkplatz Innenstadt, Elisabethstraße am Bahnhof, ☎ 04521/70970 <8m
Auf dem Park & Ride Platz am Bahnhof

POS: 54°8'7.46"N/10°36'33.75"E, Karte D2 (S. 5), H3
Platz: P = 8 auf Pflaster. . Ganzjährig geöffnet.
Preis: Übernachtung gratis.
Kontakt: Tourist-Info Eutin, ☎ 04521/70970, info@eutin-tourismus.de, www.eutin-tourismus.de.
Distanz: 0,1 km, Ⓗ 0,1 km, 0,3 km, 0,3 km, weitere Restaurants in 0,4 km.
Gastro: Mehrere Restaurants Richtung Stadtzentrum.
Freizeit: 1,3 km, 1,3 km, 0,7 km. Seerundfahrten, Kanutouren, Altstadtbummel, Kleiner Eutiner See 0,5 km, Tennis/Minigolf 1,8 km, Badestelle 1,8 km, Kanuverleih 2,4 km.
POI: Windmühle 0,2 km, Altstadt Eutin 0,3 km, Stadtführungen/Nachtwächterrundgang 0,3 km, Museum im Reitstall 0,4 km, Schloss mit englischem Landschaftsgarten 0,6 km.

23701 Eutin €18,00

Reisemobilpark Eutiner See, Oldenburger Landstraße 21, ☎ 04521/70970 In der Holsteinischen Schweiz, am Großen Eutiner See <10m

E

POS: 54°8'2.38"N/10°37'45.66"E, Karte D2 (S. 5), H3
Platz: = 24 auf Pflaster, Sand/Splitt. =24 WC CHEM GRAU . Behindertengerechte Dusche/WC, Spüle, Vermietung von Elektro-Cabrios ab 79 €/Tag. Aufenthalt max. 14 Tage. Anmeldung am Automat im Kassenhaus. Ganzjährig geöffnet.
Preis: 18 € inkl. Entsorgung, WC, Müll-Entsorgung, WLAN. Strom 0,80 €/kWh, Wasser 1,20 €/100 l, Dusche 1,20 €/5 min, Waschmaschine/Trockner je 2,40 €. Bargeldlose Bezahlung über Chipkarte. Kassenbeleg mit Abreisedatum hinter der Windschutzscheibe legen.
Kontakt: Tourist-Info Eutin, ☎ 04521/70970, info@eutin-tourismus.de, reisemobilpark-eutin.de.
Distanz: 1 km, 1 km, 1 km.
Freizeit: 1,9 km. Wandern, Radfahren, Seerundfahrten 0,1 km, Festspiele 1 km, 1,5 km, historische Badeanstalt am Großen Eutiner See 2,2 km.
POI: Schloss Eutin 1 km, Altstadt und Museum 1 km, Jagdschlösschen am Ukleisee 7,5 km.

48351 Everswinkel gratis

Parkplatz Vitus-Bad, Alverskirchener Straße 29, ☎ 02582/669313 Auf dem Parkplatz des Bades mit Saunadorf <8m

POS: 51°55'22.06"N/7°50'18.52"E, Karte D5 (S. 8), D3
Platz: P = 3, = 3 (<10 m) auf Pflaster. =2 CHEM . WC zu den Öffnungszeiten im Schwimmbad/Rathaus. Ganzjährig geöffnet. Ausnahme: 24.12.
Preis: Übernachtung gratis inkl. Entsorgung. Strom 0,50 €/kWh, Wasser 0,50 €/50 l. Strom/Wasser am Automat, Marken für 1 € im Schwimmbad, im Restaurant Diepenbrock und beim Verkehrsverein (siehe Aushang am Platz).
Kontakt: Verkehrsverein Everswinkel, ☎ 02582/669313, info@verkehrsverein-everswinkel.de, www.everswinkel.de.
Distanz: 0,1 km, Ⓗ 0,1 km, 0,5 km, weitere Restaurants in 0,6 km, 0,6 km.
Gastro: Restaurant Diepenbrock. Restaurant Strietholt. Imbiss im Schwimmbad. Mehrere Restaurants, Cafés, Bäckereien im Ort.
Freizeit: 0,6 km. Radweg 100-Schlösser-Route direkt ab Platz, Freizeitbad und Vitus-Saunadorf, Kanuwandern, Sportpark Wester 1 km, Golfplatz in Alverskirchen 2 km.
POI: Pfarrkirche St. Magnus 0,2 km, Mitmach-Museum Up'n Hoff 0,5 km, Pfarrkirche St. Agatha 2 km, Haus Brückhausen 2 km.

32699 Extertal-Meierberg €10,00

Ferienpark Buschhof, Meierberger-straße 15, ☎ 05262/2575 <10m
Mit Blick auf Wiesen und einen Streichelzoo

POS: 52°6'16.21"N/9°7'8.11"E, Karte D6 (S. 9), F3
Platz: P = 2 auf Schotterrasen. =2 (10 A) WC CHEM GRAU . WLAN. P wird empfohlen. Ganzjährig geöffnet.
Preis: 10 € inkl. Strom, Dusche, Müll-Entsorgung, WLAN. Jede weitere Pers. 4,50 €, Kind (1-14 J.) 2,50 €, Wasser 1 €/100 l, Entsorgung 0,50 €, WC 2,50 €, Hund 2,50 €.
Kontakt: Rohloff Ferienpark GmbH – Ferienpark Buschhof, Volker Schlüter, ☎ 05262/2575, buschhof@ferienpark.de, www.ferienpark.de.
Distanz: 3 km, 5 km, 5 km.
Gastro: Gaststätte Buschhof am Platz.
Freizeit: 5 km, 5 km. Schwimmteich und Boccia am Platz, Ponyreiten und Longieren für Kinder, Skilift 5 km, Tierpark Kalletal 7 km, Golfplatz 10 km.
POI: Herrmannsdenkmal 3 km, Altstadt Rinteln 10 km, Altstadt Hameln 20 km, Schloss Bückeburg 20 km, Externsteine 30 km.

27324 Eystrup gratis

Reisemobilstellplatz Eystrup, Bahnhofstraße 21, ☎ 04254/8222 <12m
Stellplätze auf einem landwirtschaftlichen Hof

POS: 52°46'48.28"N/9°13'3.69"E, Karte D6 (S. 9), F1
Platz: = 5 auf Schotter. . P Aufenthalt max. 5 Tage, späteste Ankunft 22:00 Uhr. Ganzjährig geöffnet.
Preis: Übernachtung gratis.
Kontakt: Fritz Niemeyer, ☎ 04254/8222.
Distanz: , , 0,1 km, Ⓗ 0,8 km.
Gastro: Restaurant Buchengrill, Mo-Sa 11:30-22:00 Uhr, So 16:00-22:00 Uhr, Feiertage 16:00-22:00 Uhr.
Freizeit: 3 km, 0,1 km. Naturfreibad 1,5 km.
POI: Windmühle und Zwillingslinde 2 km.

F

15306 Falkenhagen (Mark) — gratis — <12m

Parkplatz Gabelsee, Am Gabelsee 2, ☎ 0162/6701160
Öffentlicher Parkplatz nahe Seehotel Luisenhof

POS: 52°25'9.00"N/14°18'50.00"E, Karte D8 (S. 11), G2
Platz: = 2 auf Pflaster, Rasengittersteinen. Ganzjährig geöffnet.
Preis: Übernachtung gratis.
Kontakt: Gemeinde Falkenhagen, Mobil: 0162/6701160, info@amt-seelow-land.de, www.amt-seelow-land.de.
Distanz: 0,5 km, weitere Restaurants in 1 km, 1,3 km, Ⓗ 1,5 km, 15 km.
Freizeit: Wassersport, Tennis, Minigolf im Ort.
POI: Mittelalterliche Feldsteinkirche (Ausstellung Sarin) 1 km, Gedenkstätte Seelower Höhen 14 km, Kunstspeicher (B167) in Friedersdorf 16 km.

15306 Falkenhagen (Mark) — €10,00 — <12m

Sport- und Freizeitanlage Schwarzer See, Am Sportplatz, ☎ 0162/6701160
Auf dem Parkplatz, in der Nähe des Badesees

POS: 52°25'37.60"N/14°19'21.34"E, Karte D8 (S. 11), G2
Platz: = 4 auf Pflaster, Rasengittersteinen. WC nur bei Gruppen. Betreuungspersonal nicht ständig vor Ort, WC nach Absprache. Ganzjährig geöffnet.
Preis: 10 €. Strom 3 €/24 h.
Kontakt: Sport- und Freizeitanlage Schwarzer See, Mobil: 0162/6701160, info@amt-seelow-land.de, www.falkenhagen-mark.de.
Distanz: Ⓗ 0,3 km, 0,3 km, 0,5 km, weitere Restaurants in 9,7 km, 15 km.
Freizeit: 20 km, 0,5 km. Sportanlagen, Strandbad 0,1 km.
POI: Schweizer Haus Falkenhagen 0,5 km, mittelalterliche Feldsteinkirche 0,5 km, Rittergut Komturei Lietzen 7 km, Gedenkstätte Seelower Höhen 14 km, Kunstspeicher an der B167 16 km.

29328 Faßberg — €5,00 — <12m

Schützenplatz, Moorweg 12, ☎ 05055/5970
Auf dem Festplatz am Ortsrand

2022 geprüft

POS: 52°54'20.11"N/10°10'11.01"E, Karte D6 (S. 9), H1
Platz: = 20 auf Schotterrasen, Wiese. CHEM. VE in den Wintermonaten nur eingeschränkt nutzbar. Ganzjährig geöffnet.
Preis: 5 € inkl. Wasser, Entsorgung, Kurtaxe.
Kontakt: Gemeinde Faßberg, ☎ 05055/5970, tourismus@fassberg.de, www.fassberg.de.
Distanz: 0,4 km, weitere Restaurants in 1 km, 0,5 km, 0,8 km, Ⓗ 1 km.
Gastro: Gasthaus Taacke.
Freizeit: 2 km, 0,5 km. Heidewanderung, Dorfführung.
POI: Luftbrückenmuseum 0,4 km, Gauß-Stein 5 km.

29328 Faßberg-Müden — €5,00 — <12m

Stellplatz Heidesee, Unterlüßer Straße, ☎ 05055/5970 Ebener Platz mit Baumbestand am Ortsrand von Müden

2022 geprüft

POS: 52°52'45.15"N/10°7'31.41"E, Karte D6 (S. 9), H1
Platz: = 15 auf Wiese, Schotter. CHEM GRAU. VE in den Wintermonaten nur eingeschränkt nutzbar. Ganzjährig geöffnet.
Preis: 5 € inkl. Wasser, Entsorgung.
Kontakt: Gemeinde Faßberg, ☎ 05055/5970, tourismus@fassberg.de, www.fassberg.de.
Distanz: Ⓗ 0,2 km, 0,5 km, weitere Restaurants in 0,6 km, 1,5 km, 1,5 km.
Gastro: Gasthaus Heidesee. Restaurant Akropolis.
Freizeit: 3 km, 8 km, 0,5 km. Kutschfahrten, Geocaching, Skulpturenweg Wasserkunst, Dorfführung, Kanutour, Heidesee 1 km, Wildpark 1 km, Kieselgur-Rundwanderweg 11 km.
POI: Alte Dorfkirche 0,3 km, Hermann-Löns-Denkmal 3 km.

29328 Faßberg-Müden — €5,00 — <12m

Wildpark Müden, Willighäuser Kirchweg/Heuweg, ☎ 05055/5970
Naturnaher, ruhiger Stellplatz am Waldrand

2022 geprüft

POS: 52°52'19.87"N/10°6'33.04"E, Karte D6 (S. 9), H1
Platz: = 15 auf Wiese. WC am Stellplatz Unterlüßer Straße, von Nov-März keine VE. Ganzjährig geöffnet.
Preis: 5 € inkl. Wasser.
Kontakt: Gemeinde Faßberg, ☎ 05055/5970, Mobil: 05055/5970, tourismus@fassberg.de, www.fassberg.de.
Distanz: 0,2 km, Ⓗ 0,5 km, 0,6 km, weitere Restaurants in 0,7 km, 1 km, 2,4 km (Stellplatz Heidesee, Unterlüßer Straße, 29328 Faßberg-Müden).
Gastro: Griechisches Restaurant Akropolis, Gasthaus Heidesee.
Freizeit: 2 km, 2 km, 0,5 km. Wildpark, Heidewanderung, Kanutour, Kutschfahrten, Dorfführung, Kieselgur-Rundwanderweg 11 km.
POI: Alte Dorfkirche 0,5 km, Hermann-Löns-Denkmal 1,5 km.

23769 Fehmarn — €20,00 — <12m

Belt-Camping-Fehmarn, Altenteil 24, ☎ 04372/391
Vor dem Campingplatz im Norden Fehmarns

POS: 54°31'44.30"N/11°5'34.09"E, Karte D3 (S. 6), B2
Platz: = 8 auf Sand/Splitt. WC CHEM GRAU. Anfahrt 24 h, Anmeldung und Bezahlung an der Camping-Rezeption. Geöffnet: 1.4. - 4.10.
Preis: Ab 20 € inkl. Entsorgung, Dusche, WC, Müll-Entsorgung. Strom 3,50 €, WLAN 4 €/Tag, Kurtaxe 2 €/Pers. 1.4.-17.5. 20 €, 31.5.-30.6. 20 €, 31.8.-4.10. 20 €, 17.5.-31.5. 30 €, 7.1.-31.8. 30 €.
Kontakt: Familie Averhoff, ☎ 04372/391, info@belt-camping-fehmarn.de, www.belt-camping-fehmarn.de.
Distanz: 3 km, weitere Restaurants in 3,5 km, 6 km, 6 km, Ⓗ 6 km.
Gastro: Restaurant, Mo-So 10:00-15:00 Uhr und 17:00-21:00 Uhr.
Freizeit: 18 km, 3 km. Badestrand hinter dem Deich, Kinderanimation/Veranstaltungen in der Therme (in der HS), Golfplatz 18 km.
POI: Ostsee-Aussichtsplattform 1 km, Orther Hafen 12 km, Burger Innenstadt 15 km, Flügger Leuchtturm 15 km, Fehmarnsundbrücke 17 km.

F

23769 Fehmarn €10,00

Ferienhof Höper, Mittelhof, <12m
☎ 04372/291 Einzeln gelegener, aktiv bewirtschafteter Bauernhof, sehr ruhig

POS: 54°27'43.47"N/11°5'41.14"E, Karte D3 (S.6), B2
Platz: = 5 auf Wiese. =5 WC GRAU . P wird empfohlen. Keine Chemietoiletten-Entsorgung, Ruhezeiten: 12:00-14:00 Uhr und 22:00-8:00 Uhr. Geöffnet: Apr-Okt.
Preis: 10€ inkl. Wasser, Müll-Entsorgung. Jede weitere Pers. 5€, Kind (0-12 J.) 4€, Strom 3€, Dusche 0,50€/6 min, WLAN ab 3€, Hund 3€.
Kontakt: Hilke Höper, ☎ 04372/291, Mobil: 0172/4144810, info@mittelhof-hoeper.de, www.mittelhof-hoeper.de.
Distanz: H 0,2 km, 1 km, weitere Restaurants in 1,2 km, 1 km, 3 km.
Gastro: Frühstücksservice. Brötchenservice.
Freizeit: 12 km, 1,3 km. Grillabende, Mithilfe auf dem Bauernhof, Surfrevier Orther Bucht 1 km, Wasservogelreservat Wallnau 6 km.
POI: Yachthafen 1 km, Mühlenmuseum 1 km, Leuchtturm Flügge 6 km, Galileo-Wissenswelt, Schmetterlingshaus, Soccergolf 9 km, Meereszentrum, Farmworld 9 km, Adventure-Golf (Minigolf) 14 km, Fährhafen Puttgarden 15 km.

23769 Fehmarn €22,00

Stellplatz Hintz, Am Steinkamp 2 b, <12m
☎ **04371/86160**
Neben dem Firmengelände, zentrumsnah

POS: 54°26'33.21"N/11°11'22.43"E, Karte D3 (S.6), B2
Platz: P = 20 auf Kiesel. WC CHEM GRAU . Gasflaschentausch. Ganzjährig geöffnet.
Preis: 22€ inkl. Strom, Müll-Entsorgung, WLAN. Wasser 1€/5 min, Entsorgung 1€, Dusche 1€/5 min, WC 0,50€. Kurtaxe HS 4€/Wohnmobil, NS 2€/Wohnmobil.
Kontakt: Hans-Wilfried Hintz, ☎ 04371/86160, hwhburg@t-online.de.
Distanz: 0,1 km, weitere Restaurants in 0,7 km, H 0,2 km, 0,2 km, 0,7 km.
Gastro: Mehrere Restaurants im Ort.
Freizeit: 3 km, 1 km.
POI: Fischereihafen, Rathaus Burg 0,5 km, Inseltöpferei 0,5 km, Kirche und Heimatmuseum 0,8 km.

Sie haben einen neuen Stellplatz entdeckt? Dann teilen Sie uns diesen mit per E-Mail an **bordatlas@doldemedien.de**

23769 Fehmarn-Burgstaaken €10,00

Stellplatz am Kommunalhafen, Burgstaaken/Am Binnensee, <10m
☎ **04371/506642**
Beim Fischerei- und Handelshafen

2022 geprüft

POS: 54°25'13.74"N/11°11'33.33"E, Karte D3 (S.6), B2
Platz: P = 16 auf Pflaster, Asphalt. WC. Aufenthalt max. 1 Nacht. Campingverhalten nicht erlaubt. Ganzjährig geöffnet.
Preis: 10€. Alternativ 1 €/h, Bezahlung am Parkscheinautomat.
Kontakt: Parkraumbewirtschaftung, ☎ 04371/506642, info@stadtfehmarn.de, www.stadtfehmarn.de.
Distanz: 0,1 km, H 0,2 km, 1 km, 1 km.
Gastro: Täglich Frischfisch vom Fischkutter, mehrere Fischräuchereien in der Nähe.
Freizeit: 2 km, 2 km. Climbing am Silo, Erlebnishafen Burgstaaken, Wassersport, Badewelt FehMare 2 km, Strand 2 km, Meereszentrum Fehmarn 4 km.
POI: U-Boot-Museum 0,1 km, Nikolaikirche und Marktplatz Burg 2 km.

23769 Fehmarn-Fehmarnsund €20,00

Camping Miramar, Fehmarnsund 70, <12m
☎ **04371/3220** Angelegter Reisemobilplatz vor dem Campinggelände Miramar

POS: 54°24'16.46"N/11°8'29.19"E, Karte D3 (S.6), B2
Platz: P = 25 auf Wiese, Rasengittersteinen. =25 (16 A) WC CHEM GRAU . Sauna. Geöffnet: 1.4.-31.10. Ausnahme: 1.11.-1.4.
Preis: Ab 20€ inkl. Wasser, Entsorgung, Dusche, WC, Müll-Entsorgung. Strom 3,50€/Nacht, WLAN 4€/Tag, Kurtaxe 2€/Pers. 1.4.-17.5. 20€, 17.5.-21.5. 38,50€, 1.9.-31.10. 20€, 21.5.-26.5. 20€, 26.5.-30.5. 38,50€, 24.6.-1.9. 38,50€, 30.5.-24.6. 20€.
Kontakt: Francesca Klahn, ☎ 04371/3220, campingmiramar@t-online.de, www.camping-miramar.de.
Distanz: 1,5 km, weitere Restaurants in 5 km Entfernung.
Gastro: Restaurant Globetrotter, Mo-So 12:00-15:00 Uhr und 18:00-22:00 Uhr.
Freizeit: 6 km, 6 km. Kinder/Jugendanimation, Minigolf, Sportkurse für Erwachsene, Surfen, Angeln, Volleyball, Golfplatz 1,5 km, Reiterhof 3 km, Meereszentrum-Erlebnishafen Burgstaaken 6 km.
POI: Hafen Burgstaaken 5 km, Mühlenmuseum Lemkenhafen 7 km, idyllischer Ort Burg auf Fehmarn 8 km.

23769 Fehmarn-Gammendorf €9,00

Campingplatz Am Niobe, Gammendörp Strand, ☎ **04371/3286** <10m
Beim Natur-Campingplatz nahe Naturschutzgebiet Grüner Brink

POS: 54°31'17.06"N/11°9'17.41"E, Karte D3 (S.6), B2
Platz: P = 7 auf Naturboden. CHEM . Anfahrt 24 h. Schattig und windgeschützt. Ganzjährig geöffnet.
Preis: Ab 9€. Strom 3€, Entsorgung 3€, Kurtaxe 2€/Pers., Hund ab 3€. 1.7.-1.9. 18€, 15.10.-1.4. 9€, 1.4.-1.7. 15€, 1.9.-15.10. 15€. Je nach Saison 9-18€. Hund 3-5€. Bezahlung durch Einwurf in den Kasten.
Kontakt: Familie Mackeprang, ☎ 04371/3286, info@camping-am-niobe.de, www.camping-am-niobe.de.
Distanz: 0 km, weitere Restaurants in 12 km, 3 km, H 6 km, 12 km.
Gastro: Frühstücksbistro. Restaurant-Café Niobe.
Freizeit: 12 km. Walken, Angeln, Beachvolleyball, Fußball und Tischtennis am Platz, Badestrand direkt hinter den Dünen 0,1 km.

23769 Fehmarn-Johannisberg €15,00

Campingplatz Johannisberg, Johannisberg 1, ☎ **04371/6059926** >12m
Im Landschaftsschutzgebiet Grüner Brink

POS: 54°30'2.39"N/11°10'44.49"E, Karte D3 (S.6), B2
Platz: P = 50 auf Wiese, Schotter. WC CHEM . Anfahrt 24 h. Ganzjährig geöffnet.
Preis: Ab 15€. Strom 0,50€/kWh, Wasser 0,10€/10 l, Entsorgung 2€, Dusche 1€/6 min. HS 20€. Ostseecard notwendig 1€ NS/2€ HS.
Kontakt: ☎ 04371/6059926, info@campingplatz-johannisberg.de, www.campingplatz-johannisberg.de.
Distanz: 2 km, 2 km, H 2,5 km, 8 km.
Gastro: Chillaz Pizzabar.
Freizeit: 8 km, 8 km. Walkingstrecke aus Holtstein, Surfer- und Kiterparadies Grüner Brink, Badestrand 2 km.
POI: Niobe Denkmal 2 km, Fährbahnhof 3 km, Mühlenmuseum 8 km, Aquarium mit Haifischtunnel 8 km.

F

23769 Fehmarn-Klausdorf €24,00

Camping Klausdorfer Strand, Klausdorfer Strandweg 100, >12m
☎ 04371/2549 Vor der Schranke des Campingplatzes an der Ostküste

POS: 54°27'26.89"N/11°16'21.13"E, Karte D3 (S.6), B2
Platz: P = 13 auf Wiese, Rasengittersteinen. =13 (6 A) WC CHEM GRAU . WLAN, eingeschränkt. wird empfohlen. Hundedusche. Anreise bis 22:00 Uhr. Geöffnet: 1.4.-16.10.
Preis: Ab 24 € inkl. Strom, Wasser, Entsorgung, Dusche, WC, Müll-Entsorgung, WLAN. 30.4.-27.5. 39 €, 18.6.-29.8. 39 €, 1.4.-18.4. 32 €, 27.5.-18.6. 32 €, 19.8.-18.10. 32 €, 18.4.-30.4. 24 €.
Kontakt: Jörn-Henning Kohlhoff, ☎ 04371/2549, info@camping-klausdorferstrand.de, www.camping-klausdorferstrand.de.
Distanz: 0 km, Ⓗ 0,2 km, 6 km, 7 km.
Gastro: Am Platz. Brötchenservice im Campingladen.
Freizeit: 7 km, 7 km. Animation, Drachenwiese, Ausflüge nach Dänemark, Sauna/Massage, Tauchschule 5 km, Golf 7 km.
POI: Galileo Wissenswelt 6 km, Burg auf Fehmarn 6 km, Schmetterlingspark 6 km, Meereszentrum 6 km, Fährhafen Puttgarden 7 km.

23769 Fehmarn-Meeschendorf €16,00

Camping Südstrand, Feriensiedlung Residenz 1003, ☎ 04371/2189 <10m
An der Südküste Fehmarns

POS: 54°24'51.40"N/11°14'55.89"E, Karte D3 (S.6), B2
Platz: P = 25 auf Schotterrasen, Wiese. =18 (6 A) WC CHEM GRAU . VE auf dem Campingplatz. Geöffnet: 1.4.-8.10.
Preis: Ab 16 € inkl. aller Personen, Strom, Wasser, Entsorgung, WC, Müll-Entsorgung. Kurtaxe 2,30 €/Pers., WLAN 4 €/24 h, Kurtaxe 2 €/Pers. HS Himmelfahrt/Pfingsten/Jul/Aug 20 €, NS 16 €.
Kontakt: Nicolas Bumann, ☎ 04371/2189, info@camping-suedstrand.de, www.camping-suedstrand.de.
Distanz: Ⓗ 0,1 km, 5,5 km, 6,7 km.
Gastro: Bistro am Platz.
Freizeit: 5 km. Katamaran- und Surfschule, Hochseilgarten, Wassersport.
POI: Mühlenmuseum Lemkenhafen.

23769 Fehmarn-Meeschendorf €25,00

Insel-Camp Fehmarn, Zum Meeresstrand 100, ☎ 04371/50300 In ruhiger, begrünter Südlage am Ostsee-Strand <10m

POS: 54°24'57.52"N/11°14'39.95"E, Karte D3 (S.6), B2
Platz: P = 11 auf Asphalt. =11 (16 A) WC CHEM GRAU . Aufenthalt max. 2 Tage. Geöffnet: 1.4.-3.10.
Preis: 25 € inkl. Dusche, WC, Müll-Entsorgung. Strom 0,50 €/kWh, Wasser 1 €/100 l, Entsorgung 1 €. Kurtaxe HS (15.5.-14.9.) 2 €, NS 1 €.
Kontakt: Insel-Camp Fehmarn, Katherin Kleingarn, ☎ 04371/50300, info@inselcamp.de, www.inselcamp.de.
Distanz: 0 km, weitere Restaurants in 4 km, 2,5 km, Ⓗ 2,6 km, 3,3 km.
Gastro: Am Platz, warme Küche in der HS ab 14:00-21:00 Uhr. Brötchenservice.
Freizeit: 0,5 km, 2,4 km, 1,9 km. Wellnesangebot inkl. Massage und Sauna, Angeln, Ostseestrand, Sportfeld, Surfen, Segeln, Baden in der Ostsee, FehMare Erlebnisbad 2,5 km, Reiten 3 km.
POI: Heimatmuseum 4 km, St. Nicolai Kirche in Burg 5 km, Altstadt Burg 5 km, Fischereihafen Burgstaaken 6,6 km, Meereszentrum in Burg 7 km, Wasservogelreservat Wallnau 18 km.

23769 Fehmarn-Strukkamp €26,00

Camping Strukkamphuk, Strukkamp 83, ☎ 04371/2194 <10m
Separater Stellplatz auf einer ebenen Wiese mit Hecken und vereinzelt Bäumen hinter dem Deich

POS: 54°24'41.78"N/11°5'56.68"E, Karte D3 (S.6), B2
Platz: P = 26 auf Wiese, Sand/Splitt. =26 (16 A) WC CHEM GRAU . Geöffnet: 31.03-29.10.2023.
Preis: Ab 26 € inkl. Strom, Wasser, Entsorgung, Dusche, WC, Müll-Entsorgung, WLAN. Jede weitere Pers. (ab 18 J.) HS 10,50 €, NS 8,50 €, Kind (2-17 J.) HS 6,50 €, NS 5 €, Kurtaxe 2 €/Pers. 26.5.-8.6. 31 €, 25.6.-27.8. 31 €, 1.4.-25.5. 26 €, 9.6.-25.6. 26 €, 28.8.-30.10. 26 €.
Kontakt: Camping Strukkamphuk, ☎ 04371/2194, camping@strukkamphuk.de, www.strukkamphuk.de.
Distanz: 0 km, weitere Restaurants in 8 km, Ⓗ , 0 km, 8 km.
Gastro: Restaurant Wind & Wasser, Mo-So 12:00-21:00 Uhr.
Freizeit: 7 km. Kunstrasenplatz, Surfschule, Wassersport, Skateranlage, Radfahren, Wandern, Golfplatz 4 km, Vogelschutzgebiet Wallnau 15 km.

Tipp

Direkt an der Ostsee gelegen, lockt der Campingplatz Strukkamphuk mit großen und charmanten Stellplätzen für Wohnwagen, Wohnmobile und Zelte. Genießer, Familien und Herzblut-Camper sind in der grünen Idylle am Meer goldrichtig. Sie suchen das absolute Inselfeeling? Ein toller Surfspot, Platz zum Entspannen und malerische Sonnenuntergänge erwarten Sie hier. Fehmarn ruft!

23769 Fehmarn-Sulsdorf €10,00

Mini-Camping Kleingarn, Dörpdiek 10, ☎ 01718/655850 <8m
Kleines Campinggelände bei einem b ewirtschafteten Bauernhof in Dorfrandlage mit Blick in die Natur

POS: 54°27'27.41"N/11°2'31.05"E, Karte D3 (S.6), A2
Platz: P = 105 auf Schotterrasen, Wiese. WC . Ganzjährig geöffnet.
Preis: 10 € inkl. Wasser, Dusche, WC, Müll-Entsorgung. Jede weitere Pers. 5 €, Strom 0,50 €/kWh, Kurtaxe 2 €/Pers.
Kontakt: Familie Kleingarn, ☎ 01718/655850, n.kleingarn@t-online.de, www.bauernhof-kleingarn.de.
Distanz: Ⓗ 0,2 km, 1 km, 1 km, weitere Restaurants in 3,5 km.
Gastro: Kap Orth. Lindenhof. Café am Hafen. Ellies.
Freizeit: 1,5 km, 0,1 km. Surfschule mit Kindersurfing, Ponyhof Wallnau 3 km.
POI: Orther Hafen 1 km, Flügger Leuchtturm 1,5 km, Mühlenmuseum 4 km.

23769 Fehmarn-Sulsdorf €20,00

Mini-Camping Kleingarn, Gollendorfer Weg 11, ☎ 0171(0)8655850 <8m
Zweites Campinggelände neben einer Feldscheune am Ortsrand.

POS: 54°27'26.20"N/11°2'50.18"E, Karte D3 (S.6), A2
Platz: P = 10 auf Wiese. WC . Ganzjährig geöffnet.
Preis: 20 € inkl. Wasser, Dusche. Jede weitere Pers. 5 €,

Strom 0,50 €/kWh. Kurtaxe NS 1 €/HS 2 €.
Kontakt: Niko Kleingarn, ☎ 0171(0)8655850, info@bauernhof-kleingarn.de, www.bauernhof-kleingarn.de.
Distanz: 0,2 km, Ⓗ 0,4 km, 1 km, weitere Restaurants in 3,5 km, 1 km, 3 km (Chemietoilette, Camping Flügger Strand, Flügge 2, 23769 Fehmarn).
Gastro: Mehrere Restaurants ab 1 km.
Freizeit: 14 km, 1 km. Reiten, Wassersport, Ostseestrand 0,9 km.
POI: Orther Hafen 1 km, Flügger Leuchtturm 1,5 km, Mühlenmuseum 4 km, Naturschutzgebiet Wallnau 6 km.

23769 Fehmarn-Wulfen €20,74

<12m Gutschein

Wohnmobilpark Wulfener Hals, Wulfener Hals Weg 100, ☎ 04371/86280 Am Surfrevier Burger Binnensee und Golfpark Fehmarn

POS: 54°24'25.00"N/11°10'27.45"E, Karte D3 (S.6), B2
Platz: = 95 auf Schotterrasen, Wiese, Rasengittersteinen. WC CHEM GRAU. Massage-/Kosmetikpraxis, Solarium, Sauna, Kinderbad. wird empfohlen. Ganzjährig geöffnet.
Preis: Ab 20,74 € inkl. Strom, Wasser, Entsorgung, WLAN. Trockner 3 €, Waschmaschine 4 €. 20,74-58,99 € je nach Saison.
Kontakt: Riechey Freizeitanlagen GmbH & Co. KG, ☎ 04371/86280, info@wulfenerhals.de, www.wulfenerhals.de.
Distanz: 0 km, 0 km, 0,8 km, Ⓗ 1 km.
Gastro: Restaurant Wulfener Hals. Restaurant Seeblick. Restaurant am Golfplatz. Aktuelle Öffnungszeiten siehe Website. Brötchenservice. Bistro. Eiscafé.
Freizeit: 7 km. Tauchschule, Reiten, Golfpark Fehmarn, Animationsprogramm, Surf-, Segel- und Golfschule, Musikveranstaltungen und Abendshows (Apr-Okt).
POI: Stadt Burg 5 km, Meereszentrum 6 km, Galileo Wissenswelt 6 km, Leuchtturm Flügge 9 km, Vogelreservat Wallnau 18 km.

Tipp

Angrenzend an den Ferienpark befindet sich der Golfpark Fehmarn mit einem 9-Loch-Kurzplatz sowie einem 18-Loch Golfplatz. Gäste erhalten hier einen Greenfee-Rabatt. Außerdem befindet sich die Wassersportstation „Windsurfing Wulfen" direkt vor Ort – perfekt gelegen am Burger Binnensee und der Ostsee. Hier ist für jeden etwas dabei!

16833 Fehrbellin €10,00

<12m

Frank Fritsch Stellplatz, Gewerbepark 29, ☎ 033932/60812 Im Gewerbegebiet

POS: 52°47'52.24"N/12°47'8.16"E, Karte D8 (S.11), E1
Platz: = 20 auf Wiese. CHEM GRAU. Ganzjährig geöffnet.
Preis: 10 € inkl. Strom, Wasser, Entsorgung. 15 € für Reisemobile über 7 m Länge.
Kontakt: Frank Fritsch, ☎ 033932/60812.
Distanz: Ⓗ 0,1 km, 2 km, 2,7 km.
Gastro: Mehrere Restaurants im Ort.
Freizeit: 10 km. Radfahren, Wandern, Wasserwandern.
POI: Schlachtfeld Hakenberg 5 km, Storchendorf 8,4 km, Fontanestadt Neuruppin 10 km.

79868 Feldberg/Schwarzwald €10,00

<12m

Wohnmobilstellplatz Altglashütten, Dreiseenbahnweg, ☎ 07655/8010 Entlang der Dreiseenbahnlinie im Ortsteil Altglashütten

2022 geprüft

POS: 47°51'32.47"N/8°6'52.81"E, Karte D13 (S.16), D4
Platz: = 16 auf Schotter. =16 (16 A) CHEM GRAU. Ganzjährig geöffnet.
Preis: 10 € inkl. Entsorgung. Strom 1 €/8 h, Wasser 1 €/100 l, Kurtaxe 2,70 €/Pers., Kurtaxe (bis 15 J.) 1 €/Pers. Inkl. Konus-Gästekarte.
Kontakt: Gemeinde Feldberg, ☎ 07655/8010, homepage@feldberg-schwarzwald.de, www.feldberg.org.
Distanz: Ⓗ 0,2 km, 0,3 km, weitere Restaurants in 0,5 km, 0,5 km, 2 km.
Gastro: Bistro am Bahnhof.
Freizeit: 3 km. Mountainbiking, Rodelbahn Saig-Titisee und Hasenhorn Coaster, Badeseen (Schluchsee 4 km, Titisee 8 km), 9-Loch-Anlage Golfplatz, Radfahren, Wichtelpfad, Action-Forest, Wandern, Kletterwald Feldberg 8 km, Liftverbund Feldberg 8 km, Feldbergbahn 8 km, Badeparadies Schwarzwald 10 km.
POI: Feldbergturm 8 km.

70734 Fellbach €5,00

<10m

Stellplatz Fellbach, Esslinger Straße 102, ☎ 0711/57561415 Separater Teil des Erlebnisbad-Parkplatzes

POS: 48°48'27.58"N/9°16'5.15"E, Karte D14 (S.17), F1
Platz: = 7 auf Pflaster. CHEM. Aufenthalt max. 72 h. WC gegen Eintritt zu den Freibad-Öffnungszeiten. Ganzjährig geöffnet.
Preis: 5 € inkl. Entsorgung. Strom 0,50 €/kWh, Wasser 0,50 €/80 l. Bezahlung am Parkscheinautomat.
Kontakt: Fellbach Event & Location GmbH, ☎ 0711/57561415, i-punkt@schwabenlandhalle.de, www.fellbach-tourismus.de.
Anfahrt: Schilder → Freizeitbad F3 folgen, dort beschilderte Einfahrt, nicht über engen Pkw-Parkplatz einfahren.
Distanz: Ⓗ 0,2 km, 0,2 km, weitere Restaurants in 0,7 km, 0,8 km, 1 km.
Freizeit: Stadtbesichtigung, MineralBad Cannstatt 5 km.

F

34587 Felsberg €8,00

<10m neu

Wohnmobilstellplatz am Ernst-Schaake-Bad, Untere Birkenallee 29, ☎ 05662/9392880 Direkt neben dem Campingplatz

2022 geprüft

POS: 51°7'56.91"N/9°25'5.97"E, Karte D6 (S.9), G5
Platz: = 6 auf Schotterrasen, Wiese, Naturboden. CHEM GRAU. Leinenpflicht für Hunde. Anfahrt 6:00-22:00 Uhr. Ganzjährig geöffnet.

Preis: 8 € inkl. Strom, Entsorgung. Wasser 1 €/100 l.
Kontakt: ☎ 05662/9392880, 05662/50219, stadtverwaltung@felsberg.de, www.felsberg.de.
Distanz: 1 km, 1 km, 1,2 km.
Freizeit: Eder-Radweg, Ernst-Schaake-Bad, Burgenbesichtigungen.
POI: Klosterruine Kartause, Rhododendrongarten, Felsberg - die Drei-Burgen-Stadt im Edertal mit Altenburg, Burg Heiligenberg und Felsburg, Altstadt Melsungen 6 km.

14715 Ferchesar — €36,50 — <10m

Campingpark Buntspecht, Weg zum Zeltplatz, ☎ 033874/90072
Im Naturpark Westhavelland

POS: 52°39'15.69"N/12°25'42.88"E, Karte D7 (S. 10), D1
Platz: = 170 auf Wiese. =170 (16 A) WC CHEM GRAU . Thai-Massagen, Bootsverleih, Minimarkt, Streichelzoo. 5 zusätzliche Plätze für Kurzzeitaufenthalt. Geöffnet: 1.4.-15.10.
Preis: 36,50 € inkl. Strom, Wasser, Entsorgung, Dusche, WC, Kurtaxe. VE für Durchreisende 2,50 €. WLAN kostenpflichtig.
Kontakt: ☎ 033874/90072, campingpark-buntspecht@web.de, www.campingpark-buntspecht.de.
Distanz: 0 km, weitere Restaurants in 1 km, Ⓗ 1 km, 1 km.
Gastro: Pizzeria Don Carlo am Platz, warme Küche 12:00-22:00 Uhr.
Freizeit: 10 km.
POI: Optik-Industrie-Museum-Rathenow 15 km.

Tipp

Unser mehrfach ausgezeichneter Familien-Campingpark liegt direkt am See im Herzen des Naturparks Westhavelland. Dem ersten Sternepark Deutschlands, da man hier den Sternenhimmel noch unverfälscht erkennen kann. XL-Stellplätze stehen im gesamten Seebereich zur Verfügung. Berlin und Potsdam sind mit der Bahn in ca. 40 Min. erreichbar. Eine Reise, die sich lohnt!

37339 Ferna — €8,00 — <12m

Müller's Landgasthaus Grenzsnak, An der B 247, ☎ 036071/96243
Übernachtungsplatz am ehemaligen Grenzkontrollpunkt Thüringen/Niedersachsen

POS: 51°27'33.74"N/10°18'11.20"E, Karte D6 (S. 9), H4
Platz: = 20 auf Schotter, Asphalt. =3 (16 A) WC. nur bei Gruppen. Um telefonische Voranmeldung wird gebeten. WC nicht barrierefrei und nur zu den Öffnungszeiten nutzbar. Ganzjährig geöffnet.
Preis: 8 € inkl. Wasser, WC, Kurtaxe. Strom auf Anfrage. Ab einem Mindestverzehr von 13,50 € wird die Stellplatzgebühr mit der Verzehrsumme verrechnet.
Kontakt: Familie Müller, ☎ 036071/96243, grenzsnak-ferna@gmx.de, grenzsnak-ferna.de.
Distanz: Ⓗ 0,2 km, 0,5 km, 2 km.
Gastro: Restaurant, Mi-So 11:00-15:00 Uhr und 18:00-21:00 Uhr, Mo-Di Ruhetag.
Freizeit: 5 km, 5 km, 6 km. Teistungen Burg 2 km, Bärenpark Worbis 5 km, Kurtherme Heilbad 15 km.
POI: Grenzlandmuseum Eichsfeld 3 km, Heinz Sielmann Stiftung auf Gut Herbigshagen 7 km, Burg Bodenstein 8 km, Stadtkern Kloster Duderstadt 8 km, Stadtkern Heiligenstadt 15 km.

90537 Feucht — €7,00 — <12m

Stellplatz am Feuchtasia, Chormantelweg, ☎ 09128/99140
Ebene Schotterrasenfläche am Freibad in Waldrandlage

POS: 49°22'42.93"N/11°13'30.62"E, Karte D11 (S. 14), B5
Platz: P = 9 auf Schotterrasen. =8 (16 A) WC CHEM GRAU. Anfahrt 24 h. Aufenthalt max. 3 Tage. Ganzjährig geöffnet.
Preis: 7 € inkl. Entsorgung, Müll-Entsorgung. Strom 0,50 €/kWh, Wasser 1 €/80 l.
Kontakt: Gemeindewerke Feucht Holding GmbH, ☎ 09128/99140, fgw@feucht-gw.de, www.feucht-gw.de.
Distanz: Ⓗ 0,9 km, 0,9 km, 1 km, 1 km.
Freizeit: 0,1 km. Nordic Walking, Lauf- & Walking-parcours Feucht, Bouleplatz.
POI: Pfinzigschloss, Zeidelschloss 1 km, Zeidelmuseum 1 km, Hermann-Oberth-Raumfahrt-Museum 1 km, Nürnberg 16 km.

91555 Feuchtwangen — gratis — <10m

Landgasthof-Pension zur Tenne, Bernau 3, ☎ 09852/2438
Auf dem weitläufigen Parkplatz eines Restaurants

POS: 49°8'39.98"N/10°22'0.62"E, Karte D11 (S. 14), A5
Platz: = 15 auf Asphalt. . Ganzjährig geöffnet.
Preis: Für Restaurantgäste kostenlos. Einkehr obligatorisch. Strom 5 €.
Kontakt: Familie Soldner, ☎ 09852/2438, info@landgasthof-zur-tenne.de, www.landgasthof-zur-tenne.de.
Distanz: 0 km, 0,5 km.
Gastro: Restaurant, Mo-Di + Do-Fr 11:30-14:00 Uhr und 17:00-20:30 Uhr, Sa-So 11:00-14:00 Uhr und 17:00-21:00 Uhr, Mi Ruhetag. Frühstück möglich.
Freizeit: Tanzcafé an diversen Sonntagen.

Sie haben einen neuen Stellplatz entdeckt? Dann teilen Sie uns diesen mit per E-Mail an **bordatlas@doldemedien.de** oder über das Online-Meldeformular unter **www.bordatlas.de/meldung**

91555 Feuchtwangen — gratis — <10m

Wohnmobilstellplatz am Schleifweiher, Dinkelsbühler Straße, ☎ 09852/90455
Parzellierte Stellflächen neben dem Freibad

2021 geprüft

POS: 49°9'40.22"N/10°19'38.09"E, Karte D11 (S. 14), A5
Platz: = 7 auf Schotter. =8 CHEM GRAU. Ganzjährig geöffnet.
Preis: Übernachtung gratis. Strom 1 €/kWh, Wasser 1 €/100 l.
Kontakt: Tourist-Info Feuchtwangen, ☎ 09852/90455, touristinformation@feuchtwangen.de, www.tourismus-feuchtwangen.de.
Distanz: 0,5 km, weitere Restaurants in 0,9 km, Ⓗ 1 km, 1 km.
Gastro: Mehrere Restaurants in der Umgebung.
Freizeit: 0,1 km, 1,4 km, 0,9 km. Schwimmen.
POI: Sängermuseum, Stiftskirche, Fränkisches Museum Feuchtwangen 0,9 km, Kreuzgangspiele im Sommer 1 km, Romanischer Kreuzgang 1 km, Altstadt 1 km.

91555 Feuchtwangen-Thürnhofen — €4,00 — <12m

Gaststätte Zum Grünen Wald, Thürnhofen 28, ☎ 09855/97970
Beim Gasthof mit Angelsee am Waldrand

POS: 49°9'48.46"N/10°23'53.89"E, Karte D10 (S. 13), H5
Platz: = 5 auf Wiese, Schotter, Asphalt. =5 (16 A) CHEM GRAU . Anreise auch am Ruhetag (Mo) möglich.
Preis: 4 € inkl. Kurtaxe. Für Restaurantgäste kostenlos. Strom 2 €/3 kWh, Wasser 1,50 €, Entsorgung 1,50 €, Müll-Entsorgung 5 €.
Kontakt: Familie Bräutigam, ☎ 09855/97970, info@braeutigam-pension.de, www.braeutigam-pension.de.
Distanz: 0 km, Ⓗ 0,2 km, 2 km, 5 km.
Gastro: Restaurant, Mo 18:00-19:00 Uhr, Di-So 17:00-19:15 Uhr. Frühstücksservice auf Voranmeldung.
Freizeit: 5 km, 5 km. Schwimmen, Angeln (Tageskarte 5 €) auf Anfrage, Spielbank Feuchtwangen 5 km.
POI: Alstadt Feuchtwangen 5 km, historische Stadtkerne in Dinkelsbühl und Herrieden 15 km.

91555 Feuchtwangen-Walkmühle — gratis — <12m

Landgasthof Walkmühle, Walkmühle 1, ☎ 09852/679990
Ehemalige Mühle in ruhiger Lage, am Ende einer Sackgasse

POS: 49°9'17.08"N/10°20'16.82"E, Karte D10 (S. 13), H5
Platz: = 4, = 3 (<10 m) auf Schotter. WC . Aufenthalt nach Absprache. Ganzjährig geöffnet. Ausnahme: 2 mal 2 Wochen Betriebsurlaub.
Preis: Für Restaurantgäste kostenlos, inkl. Strom, Wasser, WC. Einkehr obligatorisch.
Kontakt: Thomas Hüner, ☎ 09852/679990, info@walkmuehle-feuchtwangen.de, www.walkmuehle-feuchtwangen.de.
Distanz: 1 km, 1 km, Ⓗ 1 km.
Gastro: Am Platz, Sommer: Di-Sa 17:00-23:00 Uhr, So 11:30-21:30 Uhr, Mo Ruhetag, Winter: Di-Sa

17:00-23:00 Uhr, So+Mo Ruhetag. Frühstücksservice Okt-März.

Freizeit: 1 km, 1 km, 1 km. Bouleplätze, Minigolf, Sommer-/Winter-Eisstockbahn, Freilichttheater Kreuzgangspiele mit Kindertheater im Sommer 1,5 km.

POI: Historische Innenstadt 1,5 km.

95686 Fichtelberg gratis

>12m

Deutsches Fahrzeugmuseum Fichtelberg, Nagler Weg 9-11, ☎ 09272/9710 Parkplatz mit Picknickplätzen

POS: 49°59'52.25"N/11°51'20.57"E, Karte D11 (S.14), C3

Platz: = 20, = 2 (<20 m) auf Wiese, Asphalt. Ganzjährig geöffnet.

Preis: Übernachtung gratis. Museumsbesuch obligatorisch.

Kontakt: ☎ 09272/9710, info@amf-museum.de, www.amf-museum.de.

Distanz: 0,5 km.

Gastro: Erlebnisrestaurant Museo, täglich 11:00-23:00 Uhr geöffnet, Mo Ruhetag.

Freizeit: 1,5 km. Reiten, Wald-/ Radwege, Radweg nach Eger, Werksverkauf von Lederwaren der Firma Monte Pelle, Wildpark Mehlmeisel und Aussichtsturm Ochsenkopf 3 km.

POI: Silberbergwerk 2 km.

70794 Filderstadt-Bernhausen €7,00

<10m

Kultur- und Kongresszentrum FILharmonie, Tübinger Straße 40 (Selby Cycle), ☎ 0711/709760 Neben einem Grünstreifen am Rande des Parkplatzes P2 mit freiem Blick über die Filderebene

2022 geprüft E

POS: 48°40'13.88"N/9°12'42.11"E, Karte D14 (S.17), F2

Platz: = 8 auf Schotter. =8 (16 A) CHEM GRAU. Ganzjährig geöffnet. Ausnahme: 2 Tage Anfang März für Pferdemarkt geschlossen.

Preis: 7 € inkl. Entsorgung, Müll-Entsorgung, Kurtaxe. Strom 0,50 €/kWh, Wasser 1 €/80 l. Bezahlung am Parkscheinautomat.

Kontakt: FILharmonie Filderstadt, ☎ 0711/709760, filharmonie@filderstadt.de, www.filharmoniefilderstadt.de.

Distanz: 0,1 km, 0,2 km, 0,4 km, 1 km.

Gastro: Restaurant Stadion, warme Küche 11:30-14:30 Uhr, 17:30-22:30 Uhr. Mehrere Restaurants in der Umgebung.

Freizeit: 2 km, 0,2 km. Vielfältiges Kulturprogramm in der FILharmonie, Fildorado Erlebnisbad 3 km, SI-Erlebniscenter mit Musical, Kino, Spielbank 10 km.

POI: Gotische Jakobuskirche 0,2 km, Gottlob-Häußler-Heimatmuseum 2 km, spätgotische Georgskirche 2 km, Gutshof Gutenhalde 2 km.

70794 Filderstadt-Bonlanden gratis

<8m neu

Wohnmobilstellplatz Sport- und Badezentrum Fildorado, Mahlestraße 50, ☎ 0711/772066 Auf dem Parkplatz des Erlebnisbades

POS: 48°39'4.74"N/9°12'29.80"E, Karte D14 (S.17), F2

Platz: = 2 auf Pflaster. Ganzjährig geöffnet.

Preis: Übernachtung gratis.

Kontakt: Sport- und Badezentrum Fildorado, ☎ 0711/772066, info@fildorado.de, www.fildorado.de.

Distanz: 0 km, 0 6 km, 0,7 km, 3,2 km (Kultur- und Kongresszentrum FILharmonie, Tübinger Straße 70794 Filderstadt-Bernhausen).

Gastro: Erlebnisbad-Restaurant.

Freizeit: Sauna/Goldbergwerk-Sauna, Fitness-Club, Erlebnisbad Fildorado mit Wellness/SPA.

POI: Filderstadt 1 km

57413 Finnentrop gratis

<8m

Stellplatz im Lennepark Finnentrop, Attendorner Straße, ☎ 02721/5120 Am Radbahnhof im Lennetal

2022 geprüft E

POS: 51°10'30.81"N/7°57'51.26"E, Karte D5 (S.8), D5

Platz: = 5 auf Pflaster. CHEM GRAU. Beleuchtet. Ganzjährig geöffnet.

Preis: Übernachtung gratis. Strom 1 €/kWh, Entsorgung 1 €/0,5 min.

Kontakt: Gemeinde Finnentrop, ☎ 02721/5120, rathaus@finnentrop.de, www.finnentrop.de.

Distanz: 0,5 km, 1 km.

Freizeit: 2,6 km. Outdoor-Fitnessgeräte, Radtouren auf dem SauerlandRadring, der Lenneroute und dem Ruhr-Sieg-Radweg, Erlebnisbad Finto (Sauna, Schwimmbad) 2,6 km, Biggesee 16 km.

POI: Elspe-Festival, Bikepark, Blox-Boulderhalle, Atta-Höhle, Panorama Park, Bowlinghalle Players Lounge, Fledermaustunnel am Sauerland-Radring, Pumpspeicherwerk mit Rundweg am Oberbecken, Erlebnisbad Finto mit Sauna und Außenbecken für Kleinkinder, Museum Heimatstube Schönholthausen.

57413 Finnentrop-Faulebutter gratis

<8m

Landgasthof Rademacher, Faulebutter 2, ☎ 02724/215 Auf dem Parkplatz im Weiler Faulebutter

POS: 51°13'21.18"N/8°1'47.56"E, Karte D5 (S.8), D5

Platz: = 4 auf Schotter. WC. Aufenthalt max. 2 Tage. WC im Restaurant. Ganzjährig geöffnet.

Preis: Für Restaurantgäste kostenlos. Einkehr obligatorisch.

Kontakt: Josef Rademacher, ☎ 02724/215, info@landgasthof-rademacher.de, www.landgasthof-rademacher.de.

Distanz: 0 km, weitere Restaurants in 5 km, 5 km, 5 km, 0 km.

Gastro: Warme Küche, Fr-Mi 11:00-20:00 Uhr, Do Ruhetag.

Freizeit: 13 km, 11 km. Wandern, Karl-May-Festspiele in Elspe 20 km.

POI: Landwirtschaftsmuseum 5 km, Attahöhle 22 km.

86923 Finning-Oberfinning gratis

<8m

Restaurant Zum Staudenwirt, Staudenweg 6, ☎ 08806/92000 Parkplatz am Gasthof

POS: 48°1'4.15"N/11°1'8.43"E, Karte D15 (S.18), B3

Platz: = 3 auf Schotter. WC. Ganzjährig geöffnet. Ausnahme: Jan und Pfingsten.

Preis: Für Restaurantgäste kostenlos, inkl. Wasser. Einkehr obligatorisch.

Kontakt: Veronika und Konrad Wolfmiller, ☎ 08806/92000, info@staudenwirt.de, www.staudenwirt.de.

Distanz: 0 km, 0,5 km, 0,7 km, 6 km.

Gastro: Am Platz, Do-Mo 8:00-0:00 Uhr, Di-Mi Ruhetag. Frühstück täglich möglich.

Freizeit: 7 km, 11 km, 11 km.

POI: Windach-Stausee 3 km, Ammersee 5 km.

03238 Finsterwalde gratis

<8m

Wohnmobilstellplatz Finsterwalde, Karl-Marx-Straße, ☎ 03531/717830 Zentrumsnah

2022 geprüft E

POS: 51°37'57.92"N/13°42'35.85"E, Karte D8 (S.11), F4

Platz: = 4 auf Pflaster. CHEM GRAU. 1.11.-31.3. kein Wasser. Ganzjährig geöffnet.

Preis: Übernachtung gratis inkl. Strom, Wasser, Entsorgung.

Kontakt: Tourist-Info, ☎ 03531/717830, info@finsterwalde-touristinfo.de, www.finsterwalde.de.

Distanz: 0 km, 0,1 km.

Gastro: Mehrere Restaurants im Ort.

Freizeit: 1 km, 0,5 km, 0,5 km.

POI: Schloss Finsterwalde 0,7 km.

66996 Fischbach bei Dahn €20,00

<6m

Biosphärenhaus Pfälzerwald/Nordvogesen, Am Königsbruch 1, ☎ 06393/92100 Im Wald unterhalb des Biosphärenhauses

POS: 49°5'14.88"N/7°43'37.28"E, Karte D9 (S.12), C5

Platz: = 6 auf Sand/Splitt. CHEM. Aufenthalt max. 2 Nächte. Nur nach telefonischer Voranmeldung. Frischwasser nur in kleinen Mengen. Geöffnet: Ostern-Ende Okt.

Preis: 20 € inkl. Wasser, Entsorgung, Kurtaxe. Strom 0,50 €/kWh. Gebühr inkl. Rabattgutschein (2 €) für den Eintritt ins Biosphärenhaus.

Kontakt: Ulrich Diehl, ☎ 06393/92100, info@biosphaerenhaus.de, www.biosphaerenhaus.de.

Distanz: 0,2 km, 0,5 km, weitere Restaurants in 0,9 km, 0,8 km, 0,9 km.

Freizeit: 1 km, 17 km. Fitness- und Erlebnis-Rundwege, Besuch des Biosphärenhauses, See 1 km.

POI: Barfußpfad 3 km, Burg Fleckenstein 14 km.

F

55743 Fischbach/Nahe — gratis

<8m

Historisches Kupferbergwerk Fischbach, Hosenbachstraße, ☎ 06784/2304
Parkplatz am historischen Kupferbergwerk

POS: 49°45'14.21"N/7°22'57.12"E, Karte D9 (S. 12), C4
Platz: P = 10 auf Schotter. . nur bei Gruppen. Ganzjährig geöffnet.
Preis: Übernachtung gratis.
Kontakt: Nicolai Bollenbach, ☎ 06784/2304, info@besucherbergwerk-fischbach.de, www.besucherbergwerk-fischbach.de.
Distanz: 1,2 km, 1,7 km, 1,9 km, weitere Restaurants in 3,5 km, 4,4 km.
Gastro: Restaurant Zur Kupferstube.
Freizeit: 10 km. Historisches Kupferbergwerk, ganzjährig geöffnet, Bergbau-Rundweg (3,5 km), Wildfreigehege-Wildenburg in Kempfeld 19,6 km.
POI: Altstadt Herrstein 7 km, Idar-Oberstein 10 km, Wasserschleife Biehl 10 km, Deutsches Edelsteinmuseum in Idar-Oberstein 11,6 km.

55743 Fischbach/Nahe — €8,00

>12m

Wohnmobilpark Fischbach-Nahe, Marktstraße, ☎ 0173/3101988
Auf einem ebenen, parzellierten Wiesengelände an der Nahe

POS: 49°44'26.28"N/7°24'19.36"E, Karte D9 (S. 12), C4
Platz: P = 41 auf Wiese. =40 (16 A) CHEM GRAU . nur bei Gruppen. Geöffnet: März-Nov.
Preis: 8 € inkl. Wasser, Entsorgung, Müll-Entsorgung. Strom ab 3 €.
Kontakt: Gerd und Lore Dämgen, ☎ 0173/3101988, Mobil: 0152/01801906, daemgengl@t-online.de, www.wohnmobilparkfischbach-nahe.de.
Distanz: 0,1 km, 0,5 km, 0,6 km, 1,3 km.
Freizeit: 6 km. Tagesangelschein ab Stellplatz, Bärenroute, Edelstein-Erlebniswelt 8 km, Edelsteinstollen Steinkaulenberg 15 km.
POI: Historisches Kupferbergwerk 2,5 km, Ortskern Herrstein 8 km, Idar-Oberstein mit Edelsteinbörse/-museum 8 km.

83730 Fischbachau — €12,00

<8m

Leitzachtaler Ziegenhof, Sandbichl 2+4, ☎ 08028/2064
Neben dem Demeterhof auf ebenem Gelände mit Bergblick

POS: 47°42'58.81"N/11°56'39.25"E, Karte D15 (S. 18), C4
Platz: = 4 auf Wiese, Schotter. WC GRAU. Winterabstellplätze auf Anfrage. Ganzjährig geöffnet.
Preis: 12 € inkl. Wasser, Entsorgung. Jede weitere Pers. 3 €, Strom 0,70 €/kWh. Preiserhöhung 2023 möglich.
Kontakt: Werner Haase, ☎ 08028/2064, haase.ziegenhof@gmx.de, www.ziegenhof-leitzachtal.de.
Distanz: 0,1 km, 0,4 km, 0,5 km, 2 km.
Gastro: Hofladen mit Käse und Fleisch, Milchautomat mit Frischmilch. Restaurant Klosterstüberl.
Freizeit: 1 km.
POI: Kloster und Basilika St. Martin 0,5 km, Wallfahrtskirche Birkenstein 1,5 km.

83730 Fischbachau — €12,00

<12m

Wohlschlagerhof, Schreiern 10, ☎ 08028/909929
Am Bio-Ferienbauernhof

POS: 47°45'40.55"N/11°54'57.84"E, Karte D15 (S. 18), C4
Platz: = 3, = 2 (<10 m) auf Wiese. =4 (10 A) . Ankunft bis 21:00 Uhr, Aufenthalt max. 4 Wochen. Geöffnet: Apr-Okt.
Preis: 12 € inkl. Strom, Wasser. Kurtaxe 1,40 €/Pers.
Kontakt: Familie Bernlochner, ☎ 08028/909929, Mobil: 0170/3515215, wohlschlagerhof@freenet.de, www.wohlschlagerhof.de.
Distanz: 1 km, 1 km, 1 km, weitere Restaurants in 2 km, 1,5 km.
Freizeit: 1 km, 18 km, 7 km. Reiten, Kräuterwanderung.
POI: Wallfahrtsort Birkenstein 7 km, Wendelsteinhöhle 10 km.

83730 Fischbachau-Elbach — €5,00

<12m

Gasthof Sonnenkaiser, Leitzachtalstraße 116, ☎ 08028/90530
Traditionsreicher Postgasthof im Leitzachtal, 3 km nördlich von Fischbachau

POS: 47°44'27.97"N/11°57'10.42"E, Karte D15 (S. 18), C4
Platz: = 5 auf Schotter. WC . Ganzjährig geöffnet.
Preis: 5 €. Strom 5 €.
Kontakt: Familie Felsl, ☎ 08028/90530, info@sonnenkaiser.de, www.sonnenkaiser.de.
Distanz: 0,3 km, 0,3 km, 3 km.
Gastro: Gasthof Sonnenkaiser (Forellen aus eigenen Teichen und Obstbrennerei), warme Küche 11:30-14:00 Uhr, 17:00-20:00 Uhr. Frühstück.
Freizeit: 2 km, 10 km. Bergwandern, Kutsch- und Pferdeschlittenfahrten, Loipen in der Nähe, Wintersport, Skilift Sudelfeld 0,5 km.
POI: Kirche Elbach mit Krippe 0,3 km, Wallfahrtskirche Birken 1 km, Wendelsteinhöhle 12 km.

87538 Fischen/Allgäu — €12,00

<12m

Wohnmobilstellplatz Fischen, Mühlenstraße 58, ☎ 08326/36460
Am Freizeitbad, zwischen Wiesen und Grundbach, mit Blick auf die Allgäuer Berge

2020 geprüft

POS: 47°26'58.26"N/10°16'7.97"E, Karte D14 (S. 17), H5
Platz: P = 28 auf Schotterrasen, Sand/Splitt. =17 (6 A) CHEM GRAU . Anmeldung bei Mitarbeiterin (1-2 x tägl. anwesend). Duschen nur im Sommer im Freizeitbad. Ganzj. geöffnet.
Preis: 12 € inkl. Entsorgung, Müll-Entsorgung, Sanitär-Nutzung. Strom 1 €/2 kWh, Kurtaxe 2,50 €/Pers. Freier Eintritt mit Allgäu-Walser-Card (Gästekarte) ins Freizeitbad Fischen (Sommer) und Skilift Stinesser (Winter).
Kontakt: Gästeinformation Fischen, ☎ 08326/36460, fischen@hoernerdoerfer.de, www.hoernerdoerfer.de.
Distanz: 0,5 km, 0,8 km, 1 km, 1 km.
Gastro: Mehrere Restaurants im Ort.
Freizeit: 0,2 km, 6 km, 1 km. Nordic Walking, Wintersport, Golf, Rafting, Skilift Stinesser 0,8 km, FIS Skimuseum Fischen 1 km, Bergbahn (Bolsterlang) 4 km, Nebelhornbahn Oberstdorf 6 km.
POI: Sturmannshöhle Obermaiselstein 3 km, Skisprungschanze Oberstdorf 6 km, Breitachklamm Oberstdorf-Tiefenbach 7,5 km.

97650 Fladungen — €16,00

<8m

Campingplatz Fladungen, Flurstraße 16-18, ☎ 09778/919111 Neben dem Freibad vor dem kommunalen Campingplatz

POS: 50°31'15.04"N/10°8'19.48"E, Karte D10 (S. 13), H2
Platz: P = 6 auf Wiese, Rasengittersteinen. =3 (16 A) WC CHEM GRAU . Waschmaschine. Ankunft möglichst vor 20:00 Uhr. Ganzjährig geöffnet.
Preis: 16 € inkl. Wasser, Entsorgung, Dusche, WC, Müll-Entsorgung. Jede weitere Pers. 5 €, Strom 0,50 €/kWh, Waschmaschine 0,50 €. Bezahlung in bar. Angel-Tageskarten beim Angelsportverein Fladungen.
Kontakt: Tourist Information, Greta Gutmann, ☎ 09778/919111, Mobil: 0170/3691542, info@fladungen-rhoen.de, www.fladungen-rhoen.de.
Distanz: 0,5 km, 0,7 km, 1 km, 1 km.
Gastro: Hotel Sonnentau 1,5 km. Wirtshaus am Fränkischen Freilandmuseum Schwarzer Adler 1 km.
Freizeit: 0,1 km, 10 km, 0,5 km. Angeln, Tennis, Tischtennis am Platz, Balance Nordic Walkingpark 0,7 km, Loipen an der Sennhütte 6 km.
POI: Nordic Walking Park, Altstadt, Rhönmuseum, Fränkisches Freilandmuseum und Museumsbahn

Rhön-Zügle 0,7 km, Wallfahrtskirche St. Gangolf 2 km, größte und älteste Kirchenburg Deutschlands 10 km.

76835 Flemlingen €5,00

Weingut Eichhorn, Maxstraße 21, ☎ 06323/1811 <10m
Vor einem Weinberg, gute Fernsicht

POS: 49°14'29.04"N/8°5'36.36"E, Karte D9 (S. 12), D5
Platz: = 10, = 6 (<10 m) auf Wiese. =10 . Um telefonische Absprache wird gebeten. Geöffnet: 1.4.-30.11.
Preis: 5 € inkl. Wasser, WC. Strom 4 €/24 h, Dusche 3 €/Pers.
Kontakt: Jürgen und Thomas Eichhorn, ☎ 06323/1811, Mobil: 0170/9014668, weingut-eichhorn@t-online.de, www.weingut-eichhorn.de.
Distanz: 0,2 km, 0,3 km, weitere Restaurants in 0,4 km, 0,4 km, 0,4 km.
Gastro: Drei Weinstuben im Ort.
Freizeit: 5 km, 7 km. Weinberg-/Kellerführungen, Weinprobe.
POI: Hambacher Schloss 10 km, Burg Triefels 10 km, Villa Ludwigshöhe 10 km, Dom/Museum in Speyer 30 km.

24937 Flensburg gratis

Reisemobilplatz Flensburg, Am Industriehafen/Ladestraße des Industriehafens, ☎ 0461/851000 <12m
Einfacher Übernachtungsplatz mit Blick auf die Hafeneinfahrt

2021 geprüft

POS: 54°48'16.52"N/9°26'36.65"E, Karte D2 (S. 5), F1
Platz: = 20 auf Schotter. . Aufenthalt max. 24 h, Platz stark frequentiert. Ganzjährig geöffnet.
Preis: Übernachtung gratis.
Kontakt: Stadt Flensburg, ☎ 0461/851000, info@tbz-flensburg.de, www.flensburg.de.
Distanz: 0,1 km (Klärwerk, Kielseng 17, 24937 Flensburg), 0,2 km, 0,5 km, 0,5 km, 0,7 km, weitere Restaurants in 1,5 km.
Gastro: Mehrere Restaurants in der Innenstadt.
Freizeit: 1 km. Angeln, Stadtbesichtigung.
POI: Nordertor, Schifffahrtsmuseum, Museumsberg und Altstadt Flensburg 3 km, Science Center Phänomenta (Phänomene aus Naturwissenschaft/Technik) 3,5 km.

24941 Flensburg gratis

Wohnmobilstellplatz Citti-Park Flensburg, Lilienthalstraße 6, ☎ 0461/57063030 <10m
Gegenüber vom Citti-Park Shopping-Center

POS: 54°46'27.20"N/9°23'39.21"E, Karte D2 (S. 5), F1
Platz: = 33 auf Asphalt. CHEM GRAU. Beleuchtet. Ganzjährig geöffnet.
Preis: Übernachtung gratis inkl. Entsorgung. Wasser 1 €/100 l.
Kontakt: Citti-Park Flensburg, ☎ 0461/57063030, info@citti.de, www.citti-park.de.
Distanz: 0,1 km, 0,1 km, 4 km.
Gastro: Mehrere Restaurants im Shoppingcenter.
Freizeit: Kids-Club, Shopping Center, Gesundheitszentrum medicum.

98593 Floh-Seligenthal €13,00

Caravanstellplatz im Schneidmühlengrund, Schneidmühlengrund 7, ☎ 03683/408848 <12m
Im Grünen am Ortsrand Kleinschmalkaldens, nahe dem Waldschwimmbad

2020 geprüft

POS: 50°48'8.79"N/10°29'45.60"E, Karte D10 (S. 13), H1
Platz: = 8 auf Rasengittersteinen, Pflaster. WC CHEM GRAU . Hundewaschplatz. Zufahrt über Schrankenanlage. Ganzjährig geöffnet.
Preis: 13 € inkl. WC, Müll-Entsorgung. Strom 0,50 €/kWh, Wasser 1 €/100 l oder 0,10 €/10 l, Dusche 1 €/10 min, Kurtaxe 1 €/Pers., Hundewaschplatz 1 €.
Kontakt: Andrea Jung, ☎ 03683/408848, info@floh-seligenthal.de, floh-seligenthal.de.
Distanz: 1 km, 1,9 km, 2 km, 5 km.
Gastro: Brötchenservice.
Freizeit: 0,3 km, 8 km, 9 km. Radfahren, Wanderwege direkt ab Stellplatz.
POI: Größte Kuhglocke der Welt in Kleinschmalkalden 2 km, Bergsee Ebertswiese 10 km, Trusetaler Wasserfall 12 km, Marienglashöhle 13 km, Besucherbergwek Hühn 15 km, Wallenburger Turm 16 km.

55237 Flonheim €15,00

Meyerhof - Weingut, Vinothek & Gästehaus, Meyerhof (Ausserhalb), ☎ 06734/8714 <8m
Beim Winzerhof mit Vinothek und Gästehaus

POS: 49°47'17.59"N/8°2'43.99"E, Karte D9 (S. 12), D4
Platz: = 3 auf Pflaster, Wiese. wird empfohlen. Anfahrt Mo-Fr 9:00-12:00 Uhr und 14:00-20:00 Uhr, Sa 14:00-17:00 Uhr sowie nach telefonischer Vereinbarung. Ganzjährig geöffnet.
Preis: 15 € inkl. Strom, Wasser, Müll-Entsorgung, WLAN.
Kontakt: Familie Hammer & Engel, ☎ 06734/8714, info@weingut-meyerhof.de, www.weingut-meyerhof.de.
Distanz: 0,2 km, 0,2 km, 0,3 km, 0,3 km.
Gastro: Brötchenservice. Weinrestaurant Dohlmühle 0,4 km. Straußwirtschaft Thiel 0,5 km. Pizzeria Terranova. Frühstücksbüfett im Gästehaus.
Freizeit: 10 km, 20 km. Weinlesewochenende am letzten Sep- und ersten Okt-Wochenende, Führungen durch das Weingut mit Weinprobe, Weinwanderung, Planwagenfahrt, Tennis/Golfplatz 10 km.
POI: Kirche im Ortskern 0,3 km, Weinberghäuschen Trullo 2 km.

63639 Flörsbachtal-Lohrhaupten €10,00

F

Stellplatz am Freibad Lohrhaupten, Gartenstraße 100, ☎ 06057/90010 <10m
Am Ortsrand, neben dem Freibad

2020 geprüft

POS: 50°7'19.69"N/9°28'25.11"E, Karte D10 (S. 13), G3
Platz: = 8 auf Schotterrasen. WC CHEM GRAU . WC/Dusche im Winter geschlossen. Ganzjährig geöffnet.
Preis: 10 € inkl. Wasser, Entsorgung, WC, Duschen. Strom 0,50 €/kWh.
Kontakt: Platzwart, Wolfgang Schmidt, ☎ 06057/90010, Mobil: 0151/46508663, info@floersbachtal.net, www.floersbachtal.de.
Distanz: 0 km, 0,2 km, 0,8 km, 1 km.
Gastro: Keilerstübchen, Do-So geöffnet.
Freizeit: 0,1 km. Schwimmen, Kneipp-Anlage 0,1 km.

66887 Föckelberg gratis

Wohnmobilplatz auf dem Potzberg, Auf dem Potzberg, ☎ 06381/6080123 <12m
Am Wildpark und der Falknerei Potzberg

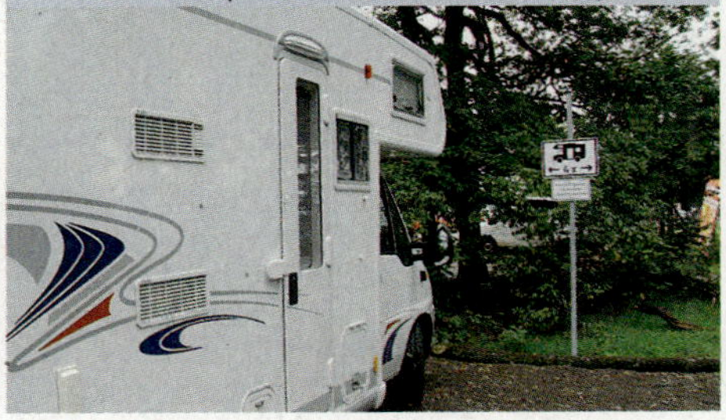

POS: 49°31'17.63"N/7°28'50.72"E, Karte D9 (S. 12), C4
Platz: = 4 auf Schotter. . Ganzjährig geöffnet.
Preis: Übernachtung gratis.
Kontakt: ☎ 06381/6080123, 06381/6080127, tourismus@vgka.de, www.pfaelzerbergland.de.
Distanz: , weitere Restaurants in 5 km, 3 km, 3 km, 3 km.
Gastro: Blockhütte Zum Adlerblick im Wildpark. Weitere Restaurants in Altenglan.
Freizeit: Besuch im Wildpark mit Greifvogelschau.
POI: Wolfskirche Bosenbach 4 km, Kapelle und Ruine Remigiusburg 6 km, Burg Lichtenberg 10 km.

F

76596 Forbach-Gausbach €15,00

Wohnmobilstellplatz am Rappenfelsen, Murgtalstraße 1, <12m
07228/2691 Am Ortsrand

POS: 48°41'19.90"N/8°21'42.26"E, Karte D13 (S.16), D2
Platz: = 7 auf Schotter. CHEM GRAU. Hütte mit Getränkeangebot. Nachts beleuchtet. Anfahrt 24 h. Ganzjährig geöffnet.
Preis: 15 € inkl. Strom, Wasser, Entsorgung, Müll-Entsorgung, WLAN. Konus-Gästekarte inklusive.
Kontakt: Björn Dieterle, 07228/2691, Mobil: 0172/7420614, dieterle-b@t-online.de.
Distanz: 0,4 km, 0,6 km, 1 km, 1,5 km.
Gastro: Brötchenservice.
Freizeit: 0,4 km. Kanu fahren, Murgtal-Radweg, Wildwasserrafting, Schwimmen, Bogenschießen, Wandern, Angeln, Klettern am Rappenfelsen.
POI: Murggarten 1 km, historische Holzbrücke 1,5 km, Giersteine Naturdenkmal 4 km, Murgtal-Museum 4 km, Ebetmühle und Backhäusle 4 km, Schwarzenbachtalsperre 11 km, Unimogmuseum Gaggenau 19 km.

91301 Forchheim €9,00

Wohnmobilstellplatz Forchheim, An der Regnitzbrücke, 09191/4449 <12m
Am Sport- und Freizeitgelände zwischen Main-Donau-Kanal und Regnitz-Altwasser

2021 geprüft E

POS: 49°43'15.00"N/11°2'58.00"E, Karte D11 (S.14), B4
Platz: = 20 auf Sand/Splitt, Rasengittersteinen. =20 (16 A) WC CHEM GRAU. In Hörweite zur A73. WC/Dusche des Sportplatzes vom 1.3.-31.10., Do 7:00-16:15 Uhr, Fr 7:00-11:30 Uhr. Ganzjährig geöffnet.
Preis: 9 € inkl. Entsorgung, WC, Müll-Entsorgung, Kurtaxe. Strom 0,50 €/kWh, Wasser 1 €/100 l, Dusche 1,50 €.
Kontakt: Platzwart Herr Eberlein, Herr Mauser, 09191/4449, Mobil: 0173/8638631, tourist@forchheim.de, forchheim-erleben.de.
Anfahrt: Enge Brücke, max. 5,5 t.
Distanz: 0,3 km, 0,4 km, 1 km, 1 km.
Gastro: Mehrere Gastronomiebetriebe in der Altstadt.
Freizeit: 1 km. RegnitzRadweg, Sommerstockbahn, Kneippanlage, Minigolf, Kino 1 km, Erlebnisbad 2 km, Bierkeller 2,5 km.
POI: Kellerwald Der größte Biergarten der Welt 2,5 km.

67147 Forst an der Weinstraße €15,00

Weingut Margarethenhof, Wiesenweg 4, 06326/8302 Im Hof des Weinguts neben dem Hausweinberg <8m

POS: 49°25'43.27"N/8°11'34.79"E, Karte D9 (S.12), D5
Platz: = 6 auf Pflaster, Wiese, Naturboden. =6 WC. Weingut geöffnet Mo, Mi-Sa von 9:00-18:00 Uhr, Mittagspause 12:00-13:00 Uhr, Di Ruhetag. Anreise außerhalb der Öffnungszeiten nur nach vorheriger Absprache. Ganzjährig geöffnet.
Preis: 15 € inkl. Strom, WC.
Kontakt: Weingut Margarethenhof GbR, Elisabeth Lucas, 06326/8302, info@margarethenhof-forst.de, www.margarethenhof-forst.de.
Distanz: 0,3 km, 0,3 km, 0,5 km, 1 km.
Gastro: Mehrere Restaurants im Ort.
Freizeit: 2 km, 6 km, 0,5 km. Radweg, Nordic-Walking, Weinproben.
POI: Historischer Weinort Forst mit Dorfkirche aus dem 16. Jh. 0,5 km, Wachtenburg 2,5 km, römische Ausgrabungen Villa Rustica 4 km.

03149 Forst/Lausitz gratis

Wohnmobilstellplatz am Gutenbergplatz, Gutenbergplatz, <8m
03562/989350 Zentrumsnaher Parkplatz am Oder-Neiße Radweg

POS: 51°44'40.12"N/14°39'21.09"E, Karte D8 (S.11), G3
Platz: = 2 auf Pflaster. Ganzjährig geöffnet.
Preis: Übernachtung gratis.
Kontakt: Tourist-Info Forst/Lausitz, 03562/989350, info@forst-information.de, www.lausitzerseenland.de.
Distanz: 0,5 km, 0,6 km, 0,8 km.
Gastro: Grieschisches Restaurant Elia 0,5 km.
Freizeit: Stadtbesichtigung, Besuch des Ostdeutschen Rosengartens, Oder-Neiße-Radweg.
POI: Stadtkirche St. Nikolai Forst.

03149 Forst/Lausitz gratis

Wohnmobilstellplatz am Parkplatz Ostdeutscher Rosengarten, Ringstraße 41, 03562/989350 Öffentlicher Parkplatz am Ortsrand, nahe der polnischen Grenze <8m

POS: 51°43'44.68"N/14°39'37.40"E, Karte D8 (S.11), G3
Platz: = 10 auf Asphalt, Wiese, Sand/Splitt. Ganzjährig geöffnet.
Preis: Übernachtung gratis.
Kontakt: Tourist-Info Forst/Lausitz, 03562/989350, info@forst-information.de, www.forst-lausitz.de.
Gastro: Restaurant & Cafe Rosenflair 0,3 km.
Freizeit: 0,2 km. Fürst-Pückler-Radweg, Oder-Neiße-Radweg, Sport- und Erlebnisfreibad 0,2 km.
POI: Ostdeutscher Rosengarten 0,1 km.

35066 Frankenberg/Eder gratis

Wohnmobilplatz Frankenberg, Teichweg 3/ Ederberglandhalle, <8m
06451/505207 Neben der Ederberglandhalle nahe dem Frei-/Hallenbad in zentraler Lage

2020 geprüft E

POS: 51°3'20.77"N/8°48'3.37"E, Karte D6 (S.9), F5
Platz: = 4 auf Schotter. =8 (16 A) CHEM GRAU. Wasser Apr-Sep, im Winter nur zu den Öffnungszeiten der Ederberglandhalle aus einem Außen-Absperrhahn. Ganzjährig geöffnet.
Preis: Übernachtung gratis inkl. WLAN. Strom 2 €/kWh, Wasser 1 €/50 l, Entsorgung 1 €/25 l.
Kontakt: Stadt Frankenberg, 06451/505207, info@frankenberg.de, www.frankenberg.de.
Anfahrt: Zufahrt nur über den Parkplatz der Ederberglandhalle.
Distanz: 0 km, 0,1 km, 0,1 km, 0,1 km, weitere Restaurants in 0,5 km.
Gastro: Restaurant Wieners, warme Küche 12:00-15:00 Uhr, 18:00-24:00 Uhr.
Freizeit: 0,1 km, 0,1 km, 1,5 km. Nordic Walking, Museumsführung, Minigolf/Beach-Volleyball 0,1 km, Tanzglockenspiel 0,5 km, Wasserpark 1 km, Wildpark am Gossberg 3 km.
POI: Historisches zehntürmiges Rathaus mit Glockenspiel 0,5 km, Altstadt mit Liebfrauenkirche, Steinhaus, Hexenturm und restaurierten Fachwerkgebäuden 0,5 km, Thonet-Museum (Möbelherstellung) 2 km.

99826 Frankenroda €18,00

Campingplatz-Landgasthof-Reiterhof Probstei Zella, Probstei Zella 1, <12m
036924/41976 Am Reiterhof/Restaurant im Naturpark Eichsfeld-Hainich-Werratal

POS: 51°6'21.93"N/10°17'46.86"E, Karte D6 (S.9), H5
Platz: = 35 auf Wiese. =30 WC CHEM GRAU. wird empfohlen. Geöffnet: Apr-Okt.
Preis: 18 € inkl. Wasser, Entsorgung, Dusche, WC, WLAN. Jede weitere Pers. 7 €, Kind (bis 14 J.) 5 €, Strom 5 €, Müll-Entsorgung 2 €, Hund 1 €.
Kontakt: Grit Groß, 036924/41976, zella@zella.de, www.zella.de.
Distanz: 0 km, 2 km, 2 km, 2,5 km.
Gastro: Frühstücks-/Brötchenservice. Landgasthof Probstei Zella mit Biergarten, Mo-So 11:30-21:00 Uhr.
Freizeit: 7 km, 18 km. Reitunterricht, geführte Reittouren, Naturbadeteich, Kutschfahrten, Boots- und Kanuverleih.
POI: Thomas Münzer Kanzel 1 km, Graues und Rotes Schloss Mihla 5 km, Wartburg Eisenach 18 km.

15234 Frankfurt/Oder €15,00

Marina Winterhafen, Hafenstraße 2, <10m
☎ 01522/2586094 Zentrumsnah, an einem ruhigen Seitenarm der Oder

2022 geprüft E

POS: 52°21'16.52"N/14°33'1.45"E, Karte D8 (S. 11), G2
Platz: P = 6 auf Schotterrasen, Rasengittersteinen, Wiese. =6 (16 A) WC CHEM GRAU . R wird empfohlen. Ausnahme: 1.1.-31.3., 1.11.-31.12.
Preis: 15 € inkl. aller Personen, Wasser, Entsorgung, Dusche, WC, Müll-Entsorgung, WLAN. Jede weitere Pers. 3 €, Strom 0,50 €/kWh.
Kontakt: Sportboot Marina am Winterhafen UG, Jens Kroll, ☎ 01522/2586094, zentrale@marina-winterhafen.com, www.marina-winterhafen.com.
Anfahrt: Über die Hafenstraße, Einfahrt am Südtor.
Distanz: 0,2 km, Ⓗ 0,3 km, 0,6 km, 1 km.
Gastro: Mehrere Restaurants im Zentrum.
Freizeit: 12 km, 5 km. Bootsvermietung.
POI: Marienkirche 1 km, Sportstadion Slubice 2,9 km.

15236 Frankfurt/Oder gratis

Hotel Gasthof Goldener Hahn, Marie-Curie-Straße 10, <10m
☎ 0335/5212753
Am Ortsrand von Markendorf in Ostbrandenburg

POS: 52°18'53.38"N/14°28'56.08"E, Karte D8 (S. 11), G2
Platz: = 5 auf Asphalt, Wiese. WC . R Ganzjährig geöffnet.
Preis: Übernachtung gratis inkl. WLAN. Strom 7,50 €/Tag, Wasser 5 €/Tag.
Kontakt: Herr Hähn, ☎ 0335/5212753, haehn@gasthof-goldener-hahn.de, www.gasthof-goldener-hahn.de.
Distanz: 0 km, Ⓗ 0,1 km, 6 km.
Gastro: Restaurant, Bar und Biergarten.
Freizeit: Radwandern im Schlaubetal, Badesee Helenesee 13,9 km.

94258 Frauenau-Zwieselau €24,00

Camping Green Village, Zwieselau 13, ☎ 09922/6475 Am Fluss Regen im Nationalpark Bayerischer Wald <12m

POS: 49°0'29.92"N/13°16'33.44"E, Karte D16 (S. 19), F1
Platz: = 30 auf Wiese. =30 WC CHEM GRAU . Anfahrt 24 h. Geöffnet: 1.5.-31.10.
Preis: 24 € inkl. Wasser, Entsorgung, Dusche, WC, Müll-Entsorgung, Kurtaxe, WLAN. Jede weitere Pers. 8,50 €, jede weitere Pers. (13-18 J.) 6 €, Kind (3-12 J.) 5,50 €, Strom 3 €. Nutzung des Nahverkehrs gratis.
Kontakt: Herr Fürst, ☎ 09922/6475, info@camping-bayrischerwald.de, camping-bayrischerwald.de.
Distanz: Ⓗ 0,1 km, 2 km, 3 km, 3 km.
Freizeit: 3 km, 3 km, 3 km. mehrere Glashütten in der Umgebung, Rad-/Wanderwege führen ab Platz, Golf, Reiten.
POI: Oberzwieselau, Nationalpark Bayerischer Wald, Burg Unterzwieselau 2 km, Burg Buchenau 5 km.

09599 Freiberg €13,50

Wohnmobilstellplatz am Johannisbad, Johann-Sebastian-Bach-Straße 1 A, ☎ 03731/20020 <8m
Auf dem begrünten Parkplatz des Bades

POS: 50°54'51.39"N/13°20'3.50"E, Karte D12 (S. 15), F1
Platz: P = 19 auf Pflaster. =12 (16 A) WC CHEM GRAU . Aufenthalt unbegrenzt, Self-Check-in, WC/Duschen zu den Bad-Öffnungszeiten. Ganzjährig geöffnet.
Preis: 13,50 € inkl. WC, Müll-Entsorgung, Kurtaxe. Strom 0,50 €/kWh, Wasser 1 €, Entsorgung 1 €, Dusche 2 €/Pers. Ab 2 Nächten 11,50 €/Nacht, ab 6 Nächten 8 €/Nacht. Gespann zzgl. 3 €.
Kontakt: ☎ 03731/20020, info@camping-freiberg.de, www.camping-freiberg.de/wohnmobilstellplatz.
Anfahrt: Zufahrt über Lessingstraße.
Distanz: 0,6 km, 1 km, 1 km, Ⓗ 1 km.
Gastro: Warme Küche, 11:00-20:00 Uhr. Brötchenservice oder Frühstück im Bad, im Sommer ab 8:00 Uhr, im Winter ab 9:00 Uhr.
Freizeit: Stadtbesichtigung.
POI: Altstadt mit Dom, terra mineralia im Schloss, Besucherbergwerk Reiche Zeche.

79108 Freiburg im Breisgau-Brühl €13,00

Wohnmobilstellplatz Freiburg, Suwonallee 1 P7-P9, >12m
☎ 0761/2025139 Nahe des neuen SC-Stadions

POS: 48°0'58.46"N/7°50'5.09"E, Karte D13 (S. 16), D3
Platz: P = 100 auf Asphalt, Eco-Raster/Gras. =84 (16 A) CHEM GRAU . Leinenpflicht für Hunde. R wird empfohlen. Beleuchtet. Ganzjährig geöffnet. Ausnahme: Sperrung für 24 h an Heimspieltagen.
Preis: Ab 13 € inkl. Wasser, Entsorgung, Müll-Entsorgung. Jede weitere Pers. 2 €, Strom 1 €/kWh, VE für Durchreisende 4 €. 13 € bis 8 m Länge, darüber 2 €/m. Inkl. 3 Personen, Kinder gratis.
Kontakt: Eckhard Tigges, ☎ 0761/2025139, kontakt@stellplatz-freiburg.de, www.stellplatz-freiburg.de.
Distanz: Ⓗ 0,4 km, 1 km, 1 km, 3 km.
POI: Botanischer Garten, Seepark mit Ökohaus und japanischem Garten 1,3 km, Altstadt mit Münster 3 km.

Sie haben einen neuen Stellplatz entdeckt? Dann teilen Sie uns diesen mit per E-Mail an **bordatlas@doldemedien.de** oder über das Online-Meldeformular unter **www.bordatlas.de/meldung**

21729 Freiburg/Elbe €11,00

Sport- und Freizeitzentrum Am Bassin, Am Bassin 25, <12m
☎ 04779/92310
Vor dem Sport- und Freizeitzentrum

2022 geprüft E

POS: 53°49'23.20"N/9°17'35.19"E, Karte D2 (S. 5), F3
Platz: = 20 auf Pflaster. WC CHEM GRAU . Platzwart kassiert ab 18:00 Uhr gegen Quittung, ansonsten am nächsten Morgen. Ganzjährig geöffnet.
Preis: 11 € inkl. Strom, Wasser, Entsorgung, WC, Müll-Entsorgung. Dusche 1 €/Pers.
Kontakt: Samtgemeinde Nordkehdingen, ☎ 04779/92310, info@tourismus-kehdingen.de, www.tourismus-kehdingen.de.
Anfahrt: Auf Beschilderung achten, scharfe Kurve, Deichüberfahrt.
Distanz: 0,5 km, 0,5 km, 0,5 km, Ⓗ 0,5 km.
Gastro: Gut Schöneworth. Gästehaus Kehdinger Hof.
Freizeit: 6 km, 18 km, 9 km. Fahrten mit dem Vogel-, Moor- und Tidenkieker, Wattlaufen 1,8 km.
POI: Ortskern, Kirche mit Denkmalsorgel 0,3 km, Hafen 0,4 km, Kehdinger Küstenschiffahrts-Museum 8 km, Natureum Niederelbe in Balje 15 km.

63579 Freigericht-Horbach gratis

Stellplatz Näßlichgrund, Parkstraße, ☎ 06055/9160 <8m
Am Waldrand beim Festplatz, am Rand des Naturparks Hessischer Spessart

POS: 50°8'16.57"N/9°9'54.82"E, Karte D10 (S. 13), F3
Platz: P = 8 auf Asphalt, Schotter. CHEM/Bio GRAU . Ganzjährig geöffnet. Ausnahmen: Sperrung bei Veranstaltungen auf dem Festplatz (siehe Website).
Preis: Übernachtung gratis. Strom 0,50 €/kWh.
Kontakt: Gemeinde Freigericht, ☎ 06055/9160, gemeinde@freigericht.de, www.freigericht.de.
Distanz: 0,2 km, 0,2 km, Ⓗ 0,2 km, 0,5 km.
Freizeit: 4 km. Inklusionspark für alle, naturkundliche Führungen, Spessartspuren in Somborn/Neuses (Rundkurse), Spessartbiken (www.spessartbiken.de), Premiumwanderweg Spessartfährte, Premiumwanderweg Spessartbogen 0,2 km, Kneippanlage 0,2 km, Besinnungsweg (24 km lang) 0,2 km, Freizeit-/Familienbad Platsch 4 km, Golfplatz 5 km.
POI: Michaelskirche 0,3 km, Mariengrotte 0,8 km.

F

56244 Freilingen €10,00

Stellplatz am Postweiher/ Campingplatz Freilingen, Hohestraße 30, ☎ 02666/242526 <12m
Am Strandbad gegenüber vom Campingplatz

2020 geprüft

POS: 50°33'48.93"N/7°49'23.80"E, Karte D9 (S. 12), D2
Platz: = 20 auf Schotterrasen, Wiese. =8 (16 A) WC CHEM GRAU nur bei Gruppen. Aufenthalt max. 5 Tage. Ganzjährig geöffnet.
Preis: 10 € inkl. Entsorgung, Müll-Entsorgung, Kurtaxe. Strom 2 €, Wasser 1 €/80 l, Dusche je 1 €, WC 1,50 €.
Kontakt: ☎ 02666/242526, info@campingplatz-freilingen.de, www.campingplatz-freilingen.de.
Distanz: 0 km, weitere Restaurants in 7 km, Ⓗ 1 km, 1 km, 1 km.
Gastro: Brötchenservice, Kiosk während der Saison. Café-Bistro Am Postweiher Freilingen, Mi-So 9:00-19:00 Uhr, Mo-Di Ruhetag.
Freizeit: 8 km. Boot fahren, Windsurfen, Minigolfanlage, Golfplatz 4 km.
POI: Westerwälder Seenplatte, Aussichtsturm Helleberg 4 km, Stöffelpark 6 km, Hachenburg Altstadt 8 km.

66629 Freisen-Oberkirchen €5,00

Wohnmobilstellplatz am Weiselbergbad, Schwimmbadstraße 3, ☎ 06855/6880 Parkplatz des Freizeitbades <8m

POS: 49°32'0.63"N/7°15'36.27"E, Karte D9 (S. 12), C4
Platz: = 3 auf Pflaster. wird empfohlen. Anmeldung im Bad. Ganzjährig geöffnet.
Preis: 5 €. Strom 2 €. WC/Dusche im Schwimmbad gegen Gebühr.
Kontakt: Weiselbergbad, ☎ 06855/6880, rathaus@freisen.de, www.freisen.de.
Distanz: 0 km, 0,5 km, 0,5 km.
Gastro: Cafeteria im Bad.
Freizeit: Mountainbiking, Tennis 0,1 km, Eisenbahnerlebnisweg 1 km, Windenergie-Lehrpfad 4 km, Naturwildpark 5 km.
POI: Mithras-Tempel bei Schwarzerden, Oberkirchener Talbrücke, Steinerner Schrank und Steinernes Meer, Weiselberg, Mineralogisches Museum in Freisen 3 km.

85354 Freising gratis

Parkplatz Korbiniansbrücke Freising, Luitpoldstraße, ☎ 08161/5444111 <10m
Zentrumsnah, auf dem öffentlichen Parkplatz am Bahnhof an der Isar

2020 geprüft

POS: 48°23'49.64"N/11°44'57.96"E, Karte D15 (S. 18), C2
Platz: = 4 auf Sand/Splitt, Schotterrasen. Aufenthalt max. 24 h. Ganzjährig geöffnet. Ausnahme: Sperrung bei Veranstaltungen.
Preis: Übernachtung gratis.
Kontakt: Touristinformation, ☎ 08161/5444111, touristinfo@freising.de, tourismus.freising.de.
Distanz: Ⓗ, 0,5 km.
Gastro: Bräustüberl Weihenstephan mit Biergarten, Mo-So 10:00-23:00 Uhr, warme Küche 11:30-21:00 Uhr.
Freizeit: Badesee Stoibermühle, Naherholungsgebiet Vöttinger Weiher, Bayerische Staatsbrauerei Weihenstephan mit Brauereiführung (nur für Gruppen), Erholungsgebiet Pulling.
POI: Domberg, Altstadt, Weihenstephaner Gärten.

27259 Freistatt €7,00

Wohnmobilstellplatz Freistatt, Badeweg, ☎ 05448/88524 <8m
Am Sinnesgarten

POS: 52°37'35.43"N/8°39'9.49"E, Karte D6 (S. 9), F1
Platz: = 6 auf Wiese, Pflaster. WC CHEM GRAU. Ganzjährig geöffnet.
Preis: 7 € inkl. Strom, Wasser, Entsorgung.
Kontakt: Stiftung Bethel-Bethel im Norden, ☎ 05448/88524, freistaetter-feldbahn@bethel.de, www.freistaetter-feldbahn.de.
Distanz: 0,4 km, 0,5 km.
Freizeit: Ausflüge ins Naturschutzgebiet Freistätter Moor, Besuch des Planetenwegs, Bouleplatz, Fahrten mit der Freistätter Feldbahn (Apr-Okt jeden So/Feiertag, außer Karfreitag), Wasserspielplatz.
POI: Sinnesgarten mit Parkanlage und Fitnessparcour, Kranich-Rastgebiet.

01705 Freital-Hainsberg €12,00

Caravan Hains Freizeitzentrum Freital, An der Kleinbahn 24, ☎ 0351/6520960 Am Freizeitzentrum <8m

POS: 50°58'24.95"N/13°37'16.53"E, Karte D8 (S. 11), F5
Platz: = 6 auf Pflaster. WC CHEM GRAU. Leinenpflicht für Hunde. 2 Parzellen (10x5 m), 4 Parzellen (7x4 m), für Womo über 7,5 t geeignet. Duschen/WC im Hains. Ganzjährig geöffnet.
Preis: 12 €. Jede weitere Pers. 3 €. Ab der 7. Übernachtung 10 €, jede weitere Person 2 €. Kinder ab 3 Jahren sind kostenpflichtig.
Kontakt: Freizeitzentrum Hains Freital, ☎ 0351/6520960, info@hains.de, www.hains.de/caravan.
Distanz: 0 km, Ⓗ 0,1 km, 0,5 km, 3 km.
Gastro: Restaurant im Hains 0,1 km.
Freizeit: Badminton, überdachte Eisbahn, Bowlingbahn, Tennis- und Beachvolleyballplatz im Sommer, Schwimmhalle und Erlebnisbad, Sauna, Fitnessbereich, Einkaufszentrum Weißeritz Park Freital 0,1 km.
POI: Fachwerkhaus im Pesterwitzer Ortskern, König-Albert-Denkmal, Städtische Sammlungen Freital auf Schloss Burgk.

96158 Frensdorf-Reundorf gratis

Am Schmausenkeller, Am Bahnhof 13, ☎ 09502/608 Auf dem Parkplatz des Bierkellers Schmausenkeller am Waldrand <8m

2021 geprüft

POS: 49°48'52.27"N/10°53'44.91"E, Karte D11 (S. 14), A3
Platz: = 15 auf Wiese, Sand/Splitt, Naturboden. Leinenpflicht für Hunde. Übernachtung in der VS und NS nur von Fr-Mo, ab Kellersaison täglich. Anfahrt bis 19:00 Uhr und nur mit täglicher Anmeldung an der Küchentheke bei Essensbestellung. Einkehr (mit Speis und Trank) erwünscht. Anmeldung wird von 21:30-0:30 Uhr kontrolliert. Wenn Schmausenkeller geschlossen, keine Übernachtung erwünscht. Campingverhalten nicht erlaubt. Geöffnet: März-Ende Okt.
Preis: Übernachtung gratis. Für Bierkellergäste kostenlos. Einkehr verpflichtend. Kontrollgang ab 22.30 Uhr, ohne Anmeldung wird geweckt.
Kontakt: Schmausenkeller, Anita Dietz, ☎ 09502/608, info@schmausenkeller.de, www.schmausenkeller.de.
Distanz: 0 km, 1 km, Ⓗ 1 km, 2 km.
Gastro: Schmausenkeller, Biergarten mit Selbstbedienung und eigener Brauerei (Felsenkeller aus dem Jahre 1814). Frühstück möglich.
Freizeit: 10 km. Brauerei-Wanderweg, Kegeln auf alter Natur-Kegelbahn, Naturbadesee in Frensdorf 4 km.
POI: Bauernmuseum in Frensdorf 3 km, Wallfahrtskirche Schlüsselau 7,8 km, Bamberg 8 km.

19300 Fresenbrügge €12,00

Wohnmobil- und Wasserwanderrastplatz, Eldeufer 1, ☎ 01629/818645 <12m
Naturbelassen am Elde-Müritz-Kanal

2021 geprüft

POS: 53°15'48.67"N/11°32'32.94"E, Karte D3 (S. 6), B5
Platz: = 30 auf Wiese, Schotter. =30 (16 A) WC CHEM GRAU nur bei Gruppen. Dauercamping möglich, täglich von 8:00-21:00 Uhr geöffnet. Ganzjährig geöffnet.
Preis: 12 € inkl. Wasser, Entsorgung, WC. Strom 0,50 €/kWh, Dusche 1 €. Inkl. kostenloser Kanuverleih.
Kontakt: Maik Küchler, ☎ 01629/818645, camping.fresenbruegge@gmail.com, camping-fresenbrügge.de.
Distanz: Ⓗ 2 km, 2 km, 2 km, 2 km.
Gastro: Lieferservice.
Freizeit: 3 km. Fußball, Volleyball, Angeln, Tischtennis, Kanu fahren.
POI: Grabower Museum 2 km, Neustädler Burg und Schloss 8 km, Ludwigsluster Schlosspark 10 km.

57258 Freudenberg gratis

Am Gambachsweiher, Gambachsweg 19, ☎ 02734/43164 Direkt am Gambachsweiher und Warmwasserfreibad <10m

POS: 50°54'17.09"N/7°52'37.53"E, Karte D9 (S.12), D1
Platz: P = 3 auf Schotter, Schotterrasen. =2 CHEM GRAU. Aufenthalt max. 3 Tage. Ganzjährig geöffnet.
Preis: Übernachtung gratis.
Kontakt: Tourist-Information, ☎ 02734/43164, tourist@freudenberg-stadt.de, www.freudenberg-wirkt.de.
Distanz: 1 km, 2 km, Ⓗ 3,5 km, 4 km.
Gastro: Gaststätte Moritz 2 km. Eiscafé Eiszeit. Café Kaktus (Kurpark). Zum Knoten. Hotel zur Altstadt. Zum Pinsel.
Freizeit: 0,5 km. Warmwasserfreibad, Kultur-Flecken Weg, Rundwanderweg Wasserstaaten, Freilichtbühne, Minigolf 1 km.
POI: Altstadt und Kurpark mit seinem berühmten Fotoblick, Technikmuseum, 4fachwerk Museum.

97896 Freudenberg/Main €6,00

Wohnmobilstellplatz in Freudenberg/Main, Hauptstraße 41, ☎ 09375/920090 Zwischen Main und Durchgangsstraße <10m

2020 geprüft E

POS: 49°44'24.25"N/9°19'9.94"E, Karte D10 (S.13), F4
Platz: P = 10 auf Pflaster. CHEM GRAU. Ganzjährig geöffnet.
Preis: 6 € inkl. Entsorgung, Müll-Entsorgung, WLAN. Strom 2 €/24 h, Wasser 1 €/5 min.
Kontakt: Stadtverwaltung Freudenberg, ☎ 09375/920090, touristinfo@freudenberg-main.de, www.freudenberg-main.de.
Distanz: 0,1 km, weitere Restaurants in 0,3 km, 0,1 km, Ⓗ 0,4 km, 0,5 km.
Freizeit: 2 km, 0,5 km. Fahrten mit dem Schiff, Boulebahn, Zoo (kostenlos) 2 km.
POI: Altstadt mit denkmalgeschütztem Rathaus 0,4 km, Burg Freudenburg 0,6 km.

72250 Freudenstadt gratis

Wohnmobilstellplatz am Panorama-Bad, Eugen-Nägele-Straße, ☎ 07441/864730 Auf dem unteren Parkplatz am Erlebnisbad <8m

2022 geprüft E

POS: 48°28'18.51"N/8°24'56.77"E, Karte D13 (S.16), D2
Platz: = 5 auf Pflaster. GRAU. Leicht abschüssig, durch Baumreihen begrünt. Ganzjährig geöffnet.
Preis: Übernachtung gratis. Wasser 1 €/80 l.
Kontakt: Tourist-Information, ☎ 07441/864730, touristinfo@freudenstadt.de, www.freudenstadt.de.
Distanz: 0,3 km, 1,1 km, 1,1 km.
Freizeit: Panorama-Bad, Freudenstädter Bähnle.
POI: Experimenta Freudenstadt 1 km, Marktplatz mit Museum und Rathaus 1,4 km, Friedrichsturm 2,7 km, Glockenspiel am Martin-Luther-Platz 3 km, hist. Besucherbergwerk mit Luftschutzbunker 3,5 km, Dorfmuseum Dietersweiler 6,8 km, Kienberg 8,5 km, Aussichtsplattform Ellbachseeblick 16 km, Kloster Alpirsbach 18,4 km.

06632 Freyburg/Unstrut €20,00

Caravanstellplatz Schleusenblick, Wasserstraße 22, ☎ 034464/36611 In der Nähe der Altstadt am Wasser <8m

2021 geprüft E

POS: 51°12'38.43"N/11°46'8.54"E, Karte D7 (S.10), C5
Platz: / = 8 auf Rasengittersteinen. =14 (16 A) WC CHEM. B wird empfohlen. Ganzjährig geöffnet.
Preis: 20 € inkl. Strom, Wasser, Entsorgung, Dusche, WC, Müll-Entsorgung, WLAN. Kurtaxe 2 €/Pers.
Kontakt: Heiner Schulz, ☎ 034464/36611, schleusenblick@gmx.de.
Anfahrt: Enge Einfahrt, max. Durchfahrtshöhe 3,30 m.
Distanz: 0 km, 0,1 km, Ⓗ 0,5 km, 0,5 km.
Gastro: Mehrere Restaurants im Ort.
Freizeit: 0,5 km, 9 km, 0,5 km. Stadtführungen, Wein- und Sektproben.
POI: Rotkäppchen Sektkellerei 0,5 km, Turnvater Jahn Museum 0,5 km, Schloss Neuenburg 1 km.

Hinweis der Redaktion: Aufgrund der wirtschaftlichen Lage und der andauernden Energiekrise kann es in 2023 zu noch nicht absehbaren Preiserhöhungen bei Service- und Übernachtungsgebühren kommen. Wir bitten um Verständnis und verweisen auf die **Bordatlas WebApp.** Die Stellplatzdaten werden dort laufend überarbeitet und stehen online stets aktuell zur Verfügung.

92342 Freystadt gratis

Stellplatz Freystadt, Am Mühlbach, ☎ 09179/94900 Am Altstadtgürtel, auf einem Areal neben dem Festplatz <12m

POS: 49°11'49.92"N/11°19'39.73"E, Karte D11 (S.14), B5
Platz: = 12 auf Schotter, Sand/Splitt. =12 (16 A) CHEM GRAU. Aufenthalt max. 4 Nächte. Ganzjährig geöffnet.
Preis: Übernachtung gratis. Strom 0,50 €/kWh, Wasser 0,50 €/50 l.
Kontakt: Stadt Freystadt, ☎ 09179/94900, info@freystadt.de, www.freystadt.de.
Distanz: 0,1 km, weitere Restaurants in 0,3 km, 0,2 km, Ⓗ 0,2 km, 0,5 km.
Freizeit: 2 km, 10 km.
POI: Wallfahrtskirche Maria Hilf 0,9 km, Main-Donau-Kanal 5 km.

92342 Freystadt-Oberndorf €15,00

Straußenfarm Erlbacher und Lebenshof, Oberndorf E33, ☎ 09179/965494 Stellplatz direkt bei den Tieren <10m

POS: 49°10'27.70"N/11°22'15.59"E, Karte D11 (S.14), B5
Platz: P = 2, = 2 (<10 m) auf Wiese, Schotterrasen. WC GRAU. B Anfahrt bis ca. 20:00 Uhr. Aufenthalt max. 4 Tage. Bitte am Wohnhaus anmelden. Geöffnet: 1.4.-31.10.
Preis: 15 € inkl. Entsorgung. Strom 0,50 €/kWh, Wasser 1 €/100 l. 4 Personen inklusive.
Kontakt: Harald Erlbacher, ☎ 09179/965494, Mobil: 0175/1583150, info@straussenfarm-erlbacher.de, straussenfarm-erlbacher.de.
Distanz: Ⓗ 0,2 km, Metzgerei 0,5 km, 1 km (Thai Restaurant), 1 km.
Freizeit: 5 km. Farm-Führungen.
POI: Altstadt Freystadt 5,2 km, Wallfahrtskirche Maria Hilf 6,8 km, Franziskanerkloster 7 km, Steinerne Rinne bei Erasbach 9,5 km.

94078 Freyung-Solla €8,00

Wohnmobilstellplatz Freizeitanlage Solla, Solla 2a, ☎ 08551/588150 Neben Eishalle und Skilift am südwestl. Ortsrand <12m

2021 geprüft E

POS: 48°48'4.08"N/13°32'27.25"E, Karte D16 (S.19), F1

Platz: = 12 auf Rasengittersteinen. =10 CHEM . Ganzjährig geöffnet.
Preis: 8 € inkl. Entsorgung, Kurtaxe. Strom 0,50 €/kWh, Wasser 1 €. Gebühr inkl. Gästekarte.
Kontakt: Tourist-Info, ☎ 08551/588150, touristinfo@freyung.de, www.freyung.de.
Distanz: Ⓗ 0,2 km, 0,5 km, 1 km, 1 km.
Gastro: Weitere Restaurants im Ort in 1 km.
Freizeit: 0,5 km, 1,5 km, 0,5 km. Wanderwege, Bolzplatz, Nordic Fitness Sports Park, Skilift und Eishalle, Wildbachklamm Buchberger Leite 2 km, Nationalpark Bayerischer Wald 15 km.
POI: Heimatmuseum im Schramlhaus 0,8 km, Bergglashütte 1 km, Schloss Wolfstein, Jagd-Land-Fluss mit National- und Naturpark-Information 1 km, Freilichtmuseum Finsterau 19 km.

F

72636 Frickenhausen-Linsenhofen — gratis

Auf dem Katzengarten, Im Käppele 35, ☎ 07025/2742 — <10 m
Inmitten von Wein- und Streuobsthängen, am Fuß des Hohen Neuffen

POS: 48°34'54.97"N/9°22'35.30"E, Karte D14 (S. 17), F2
Platz: = 8 auf Schotter. CHEM GRAU. Leinenpflicht für Hunde. Aufenthalt max. 7 Tage. Keine Reservierung möglich. Ganzjährig geöffnet.
Preis: Übernachtung gratis. Strom 1 €/2 kWh, Wasser 1 €/100 l.
Kontakt: Regine Theimer, ☎ 07025/2742, regine.theimer@frickenhausen.de, www.frickenhausen.de.
Distanz: Ⓗ 1 km, 1 km, 1 km, 2 km.
Freizeit: 3 km, 3 km. Verkostung örtlicher Weine und Destillate, Frickenhäuser Erlebniswege, Weinbergführung, Panorama-Therme Beuren 3 km.
POI: Outlet City Metzingen, Freilichtmuseum Beuren 3,5 km.

86316 Friedberg/Schwaben — gratis

Am Friedberger See, Seestraße, ☎ 0821/6002450 — <8 m
Am Naturfreibad Friedberger See

POS: 48°21'56.19"N/10°57'55.31"E, Karte D15 (S. 18), B2
Platz: = 4 auf Asphalt. . Aufenthalt max. 3 Tage. WC nur während des Badebetriebs/der Kiosk-Öffnungszeiten. Ganzjährig geöffnet.
Preis: Übernachtung gratis.
Kontakt: Stadt Friedberg, ☎ 0821/6002450, 0821/6002451, touristinfo@friedberg.de, www.friedberg.de.
Distanz: 0 km, weitere Restaurants in 0,2 km, Ⓗ 0,5 km, 0,5 km, 1,5 km, 4 km (Fa. Pfundmeir, Marquartstraße 2, 86316 Friedberg).
Freizeit: 1 km, 1 km. Wasserski, Beachvolleyball, Minigolf, Radwegenetz, Angeln, Badesee, Tauchschule, Schwimmen.

POI: Wittelsbacher Schloss mit Dauerausstellungen Friedberger Uhren und Fayencen 17./18. Jh. 0,5 km, Altstadt Friedberg 1 km, Wallfahrtskirche Herrgottsruh 2 km.

86316 Friedberg/Schwaben — €10,00

An der Gerberwiese, Gerberweg, ☎ 0821/6002450 In zentrale Lage — <10 m

POS: 48°21'16.81"N/10°58'27.56"E, Karte D15 (S. 18), B2
Platz: = 6 auf Sand/Splitt. CHEM GRAU . Leinenpflicht für Hunde. Aufenthalt max. 3 Tage. Ganzjährig geöffnet. Ausnahme: Sperrung des Platzes auf Anordnung der Stadt Friedberg möglich.
Preis: 10 € inkl. Entsorgung. Strom 1 €/kWh, Wasser 1 €/80 l. Parkscheinautomat.
Kontakt: Stadt Friedberg, ☎ 0821/6002450, 0821/6002451, touristinfo@friedberg.de, www.friedberg.de.
Distanz: 0,1 km, 0,2 km, 0,2 km.
Gastro: Mehrere Gaststätten in der Innenstadt.
Freizeit: 0,8 km. Beschildertes Rad- und Wanderwegenetz, Fahrradverleih/E-Bike-Verleih über Touristinfo, Liegewiese am Friedberger See, Stadtführungen, Themenführungen, Friedberger See mit Wasserskianlage 1 km.
POI: Altstadt Friedberg an der Romantischen Straße 0,2 km, Wittelsbacher Schloss mit Museum und Café, Friedberger Uhren 0,6 km, Wallfahrtskirche Unseres Herrn Ruhe 1 km.

86316 Friedberg/Schwaben — gratis

An der Wallfahrtskirche Herrgottsruh, Herrgottsruhstraße 29, ☎ 0821/6002450 Parkplatz an der Wallfahrtskirche im Stadtzentrum — <8 m

2020 geprüft

POS: 48°21'27.32"N/10°59'28.67"E, Karte D15 (S. 18), B2
Platz: = 3 auf Asphalt, Kiesel. . Leinenpflicht für Hunde. Aufenthalt max. 3 Nächte. Ganzjährig geöffnet.
Preis: Übernachtung gratis.
Kontakt: Stadt Friedberg, ☎ 0821/6002450, 0600/2451, info@friedberg.de, www.friedberg.de.
Distanz: 0,1 km, weitere Restaurants in 0,2 km, Ⓗ 0,2 km, 0,2 km, 0,3 km, 2,2 km (Gartentechnik Pfundmeir, Marquardtstraße 2a, 86316 Friedberg).
Gastro: Gasthaus Kreisi 0,2 km.
Freizeit: 0,5 km, 0,5 km. Stadt-/Kirchenführungen, Beachvolleyball 2 km, Reiten 2 km, Minigolfen 2 km, Friedberger See 2 km.
POI: Wittelsbacher Schloss mit Dauerausstellungen Friedberger Uhren und Fayencen 17./18. Jh. 0,5 km, Altstadt Friedberg 0,6 km.

26446 Friedeburg — €5,00

Wohnmobilstellplatz Schützenplatz, Schützenweg, ☎ 04465/1415 — <12 m
Parkplatz in der Ortsmitte

POS: 53°27'17.00"N/7°50'1.50"E, Karte D1 (S. 4), D4
Platz: = 20 auf Wiese. =6 (16 A) WC . Leinenpflicht für Hunde. WC/Dusche und Eintritt ins Waldfreibad zu den Bad-Öffnungszeiten gratis. Öffentliches WC beim Rathaus. VE gratis bei der Kläranlage, Wasser 1 € (Münzgerät, 24 h zugänglich). Ganzjährig geöffnet.
Preis: 5 € inkl. Müll-Entsorgung, Kurtaxe. Strom 1 €/8 h. Apr-Okt kostenpflichtig, sonst kostenlos.
Kontakt: Tourist-Info Friedeburg, ☎ 04465/1415, tourist-info@friedeburg.de, www.urlaub-friedeburg.de.
Distanz: 0,1 km, weitere Restaurants in 0,3 km, Ⓗ 0,2 km, 0,3 km, 0,3 km, 0,8 km (Kläranlage, Am Tief, 26446 Friedeburg).
Freizeit: 0,1 km, 15 km. Reiten, Tennis, Paddel- und Pedalstation am Ems-Jade-Kanal 3 km.
POI: Heimatkundliches Museum 0,8 km, Holländerwindmühle Horsten 4 km, mittelalterliche Kirchen 4 km.

26446 Friedeburg-Marx — €15,00

Ferienhof Beekmann, Streeker Straße 14, ☎ 04465/8736 — <12 m
Umgeben von Wallhecken mit alten Eichen

POS: 53°24'42.00"N/7°50'50.00"E, Karte D1 (S. 4), D4
Platz: = 6 auf Pflaster, Wiese. =7 WC CHEM GRAU . Geöffnet: 1.4.-1.11.
Preis: 15 € inkl. Wasser, Entsorgung, Dusche, WC. Jede weitere Pers. 4 €, Strom/Müllgebühr 4 €/Tag.
Kontakt: Familie Beekmann, ☎ 04465/8736, ferienhofbeekmann@gmx.de.
Distanz: 2 km, 2 km, 5 km.
Gastro: Restaurant Heidekrug.
Freizeit: 6,5 km, 10 km. Go-Karts, Kettcars für Kinder, Moorwanderungen, Volleyball-/Bolzplatz am Hof, Schifffahrt auf dem Timmeler Meer, Tagesfahrten zu den Inseln Spiekeroog, Wangerooge 30 km.
POI: Schulmuseum in Bohlenbergerfeld 7 km, Blumenstadt Wiesmoor 10 km.

95688 Friedenfels — €3,50

Reisemobilplatz an der Steinwaldhalle, Am Hammerweiher 3, ☎ 09683/923115 Parkplatz in der Ortsmitte — <8 m

POS: 49°52'52.60"N/12°6'10.31"E, Karte D11 (S. 14), C3
Platz: = 4 auf Pflaster, Asphalt. =2 WC. WC saisonal geöffnet. VE bei der Kläranlage (Mo-Fr 9:00-11:00 Uhr). Ganzjährig geöffnet.
Preis: 3,50 € inkl. Entsorgung. Strom 1 €/8 h, Kurtaxe

0,75 €/Pers. Kurtaxe 2 Tage frei, sonst 0,75 €/Tag. Bezahlung bei Ankunft in der Tourist-Info oder außerhalb der Öffnungszeiten (WE/Feiertage) im Goldenen Engel, Gemmingenstr. 16.
Kontakt: Gemeinde Friedenfels, Melanie Höfer, ☎ 09683/923115, tourist-Info@friedenfels.de, www.friedenfels.de/tourismus.
Distanz: 0 km, 0,1 km, 0,3 km, 0,5 km, 1,4 km (Unterneumühle/Abzweig Sieglestraße, 95688 Friedenfels).
Gastro: Schlossschänke. Gasthof Goldener Engel.
Freizeit: 0,3 km, 10 km. Kneipptretbecken, Wandern im Naturpark Steinwald, Steinwaldradweg und Anbindung an Oberpfälzer Radl-Welt, Freibad.
POI: Wallfahrtskirche Fuchsmühl 6 km, Burgruine Weißenstein 6 km, Burg Falkenberg 10 km, Basilika Waldsassen 20 km.

95688 Friedenfels — €3,50 — <10 m

Reisemobilplatz Frauenreuther Weiher, Weißensteiner Weg,
☎ 09683/923115 Nahe dem Angelgewässer

POS: 49°53'33.44"N/12°5'8.74"E, Karte D11 (S. 14), C3
Platz: = 5 auf Asphalt. VE an der Kläranlage, Unterneumühle (Mo-Fr 9:00–11:00 Uhr). Ganzjährig geöffnet.
Preis: 3,50 € inkl. Wasser. Bezahlung bei Ankunft in der Tourist-Info oder außerhalb der Öffnungszeiten (WE/Feiertage) im Goldenen Engel, Gemmingenstr. 16.
Kontakt: Gemeinde Friedenfels, Melanie Höfer, ☎ 09683/923115, tourist-info@friedenfels.de, www.friedenfels.de/tourismus.
Distanz: 0,1 km, 2 km, , 2 km, 2 km, 3,4 km (Unterneumühle/Abzweig Sieglestraße, 95688 Friedenfels).
Gastro: Goldener Engel. Schlossschänke.
Freizeit: 2 km, 10 km. Angeln, Radfahren auf dem Steinwaldradweg und Anbindung an die Oberpfälzer Radl-Welt, Wandern im Naturpark Steinwald.
POI: Wallfahrtskirche Fuchsmühl 6 km, Burgruine Weißenstein 6 km, Burg Falkenberg 10 km, Basilika Waldsassen 20 km.

88046 Friedrichshafen — €13,20 — <12 m

Wohnmobilstellplätze beim CAP Rotach, Lindauer Straße 2,
☎ 07541/20355444
Gegenüber der Jugendherberge

POS: 47°39'0.50"N/9°29'46.71"E, Karte D14 (S. 17), G4
Platz: = 21 auf Asphalt. CHEM GRAU. Aufenthalt max. 3 Tage. Ganzjährig geöffnet.
Preis: 13,20 € inkl. Kurtaxe. Strom 0,50 €/kWh, Wasser 1 €. 1.4.-31.10. 13,20 €. Von 8:00-22:00 Uhr 0,66 €/h, Mindestgebühr 0,60 €, von 22:00-8:00 Uhr 1,32 €/h, Mindestgebühr 1,30 €.
Kontakt: Tourist-Info Friedrichshafen, ☎ 07541/20355444, tourist-info@friedrichshafen.de, www.tourismus.friedrichshafen.de.
Distanz: , weitere Restaurants in 0,5 km, 0,3 km, 0,8 km, 0,8 km.
Gastro: Brötchenservice im Restaurant des Campingplatzes.
Freizeit: 3 km, 1,8 km, 2,4 km. Schiffsanlegestelle 0,8 km, Aussichtsturm Moleturm 1,5 km.
POI: Zeppelinmuseum 0,8 km, Schulmuseum 2 km, Schlosskirche und Schloss (ohne Innenbesichtigung) 2,4 km, Dornier Museum 4 km.

25718 Friedrichskoog-Spitze — €10,00 — <12 m

Parkplatz 2, Nordseestraße,
☎ 04854/904940
In Deichsichtweite und Meeresnähe

POS: 54°1'56.73"N/8°50'51.86"E, Karte D2 (S. 5), F3
Platz: = 40 auf Wiese, Asphalt. CHEM GRAU. Kein Dauerstellplatz. Ganzjährig geöffnet.
Preis: 10 € inkl. Wasser, Entsorgung, Hund, Kurtaxe. Bezahlung am Münzautomat. Gebührenpflichtig von März-Okt, im Winter gratis.
Kontakt: Gemeinde Friedrichskoog, ☎ 04854/904940, info@friedrichskoog.de, www.friedrichskoog.de.
Distanz: 0,3 km, weitere Restaurants in 0,5 km, 0,5 km, 4 km, 4 km.
Gastro: Möven-Kieker 0,5 km. Seaside.
Freizeit: 2 km. Wassersport, Deichspaziergänge, Wattwandern, Hundepark/Hundeauslaufplatz 0,1 km, Wattenmeer/Badestrand 0,4 km, Hundestrand (Leinenpflicht) 0,6 km, Wattführung, auch mit Hund (www.watterleben.de) 1 km, Freizeit- & Gesundheitscenter für Hunde (www.dog-ways.de) 3,3 km, Fahrraddraisine von Marne nach St. Michaelisdonn 16 km.
POI: Seehundstation Friedrichskoog 4 km.

25840 Friedrichstadt — €18,00 — >12 m

Friedrichstädter Wohnmobilstellplatz am Halbmond, Halbmond 5,
☎ 04881/937048 Direkt am Eiderdeich hinter dem Sportboothafen

POS: 54°22'18.92"N/9°5'12.71"E, Karte D2 (S. 5), F2
Platz: = 66 auf Wiese, Schotter. =64 (16 A) WC CHEM GRAU. Kräuter-/Teebeete, eingezäunter Hundeplatz. Anfahrt 6:00-23:00 Uhr, unter der Woche Abreise bis 14:00 Uhr, am So erst um 18:00 Uhr. Ganzjährig geöffnet.
Preis: 18 € inkl. aller Personen, Entsorgung, WC, Müll-Entsorgung, Kurtaxe, WLAN, Hund. Strom 0,70 €/kWh, Wasser 0,10 €/10 l, Dusche 1,50 €/3 min, Waschmaschine/Trockner je 4 €. 22 Plätze online über Website buchbar.
Kontakt: Anja Andersen, Dieter Rathmann, ☎ 04881/937048, info@wohnmobilstellplatz-friedrichstadt.de, www.wohnmobilstellplatz-friedrichstadt.de.
Distanz: 0,2 km, 0,3 km, 0,3 km, 0,5 km, weitere Restaurants in 0,8 km.
Gastro: Bäckereien in der Nähe. Restaurants Meeresküchen Metzner, Altes Amtsgericht, Boddenberg und Holländische Stube. Craftbox (Gourmetimbiss) am Platz, geöffnet Fr-So.
Freizeit: 0,7 km, 0,5 km. Angeln, Grachtenfahrten mit dem Tret-, Elektroboot oder Kanu.
POI: Hist. Zentrum 0,3 km.

F

34621 Frielendorf — €11,00 — <12 m — Gutschein

Wohnmobilpark Silbersee, Zum Silbersee, ☎ 0172/7230666
Am Nordwestrand des Knüllgebirges, in Seenähe

POS: 50°59'2.21"N/9°20'48.72"E, Karte D10 (S. 13), F1
Platz: = 40 auf Schotterrasen, Wiese, Schotter. =40 (6 A) WC CHEM GRAU. nur bei Gruppen. Geöffnet: Apr-Okt.
Preis: 11 € inkl. Wasser, Entsorgung, Müll-Entsorgung. Strom 2 €, Dusche 1 €/5 min, Kurtaxe (6-18 J.) 0,95 €/Pers., Kurtaxe 1,90 €/Pers., Kurtaxe (bis 6 J.) gratis.
Kontakt: Tom Althaus, Mobil: 0172/7230666, info@wohnmobilpark-silbersee.de, www.wohnmobilpark-silbersee.de.
Distanz: 0,3 km, weitere Restaurants in 0,6 km, 0,4 km, 1 km, 2 km.
Gastro: Mehrere Restaurants fußläufig zu erreichen. Brötchenservice/Rollender Supermarkt ab 9:00 Uhr.
Freizeit: 0,3 km, 0,3 km. Tretboot/Kanufahren, Wellnessbad 0,3 km, Badesee mit Liegewiese 0,3 km, Tretbootverleih 0,4 km, Sommerrodelbahn 0,4 km, Kinder-Spiele-Land (Indoor-Spielplatz) 0,4 km, Minigolf 0,4 km, 3D Bogensport-Parcours 0,5 km, Kletterpark 0,6 km, Reiterhof/Ponyreiten 1,2 km.
POI: Gebrüder-Grimm-Märchenstraße, hist. Mittelalter-Fachwerkstadt Homberg 5 km, Aussichtsturm Hohe Knüll 7 km, Wild- und Tierpark Knüll 8 km.

26169 Friesoythe — gratis — <10 m

Reisemobilstellplatz am aquaferrum Friesoythe, Thüler Straße 28A,
☎ 04491/784780
Am Ortsrand beim Schwimmbad aquaferrum

POS: 53°0'41.22"N/7°51'41.75"E, Karte D5 (S. 8), D1
Platz: = 4 auf Pflaster. CHEM GRAU. SAT-Empfang. Markierte Stellflächen in Queraufstellung zwischen den Bäumen. Ganzjährig geöffnet.
Preis: Übernachtung gratis. Strom 6 €/24 h, Wasser 1 €/100 l, Entsorgung 3 €/3 min. Vergünstigter Eintritt ins Schwimmbad.
Kontakt: aquaferrum Friesoythe, ☎ 04491/784780, info@aquaferrum.de, www.friesoythe.de.
Distanz: 0,9 km, 0,9 km, 0,9 km.

Freizeit: Kletterwald Friesoythe Thüle, Tier- und Freizeitpark, Schwimmbad aquaferrum.
POI: Werkhaus Pancratz, Postgeschichtliches Museum, Alte Wassermühle.

26169 Friesoythe €13,00

Reisemobilstellplatz am Soesteheim, Thüler Straße 34, ☎ 04491/921400 <10m neu
Am Fluss Soeste, bei der Freizeit & Bildungstätte

POS: 53°0'8.78"N/7°51'56.05"E, Karte D5 (S. 8), D1
Platz: = 12 auf Wiese, Sand/Splitt. WC GRAU. Bitte um telefonische Anmeldung. Chem-Entsorgung auf Anfrage. Ganzjährig geöffnet.
Preis: 13 € inkl. Entsorgung, Dusche, WC, WLAN. Kind (bis 14 J.) 3 €, jede weitere Pers. 4 €, Strom 0,60 €/kWh, Hund 2 €. Wasser gegen Gebühr. Bezahlung beim Betreiber.
Kontakt: Ludger Meerjans, ☎ 04491/921400, soesteheim@meerjans.de, soesteheim.de.
Distanz: 0 km, 1,5 km, 2 km, weitere Restaurants in 2,6 km, 2,3 km.
Freizeit: 0,8 km, 3,8 km. Angeln (Tageskarte im Nachbarort erhältlich), Beachvolleyball, Baden, Kanu/Kajak fahren, Freizeitbad aquaferrum 0,8 km.
POI: Postgeschichtliches Museum 2,4 km, Werkhaus Pancratz 2,4 km, Alte Wassermühle 2,6 km, Thülsfelder Talsperre 12,2 km.

26169 Friesoythe-Altenoythe €15,00

Gut Altenoythe, Vitusstraße 9, ☎ 04491/921225 <12m neu
Direkt am Aroniafeld oder Apfelweide, zwischen Altenoythe und Friesoythe

POS: 53°1'59.52"N/7°52'19.17"E, Karte D5 (S. 8), D1
Platz: = 3 auf Wiese, Pflaster. Hofladen, Galloway-Herde, Ziegengehege, Käserei, Ponys. wird empfohlen. Nur für autarke Wohnmobile und Wohnwagen. Strom und Grauwasserentsorgung auf Anfrage. Ganzjährig geöffnet. Witterungsabhängig oder bedingt durch Ernte/Pflegearbeiten kurzfristige Sperrung möglich.
Preis: 15 €. Strom 1 €.
Kontakt: Familie Wreesmann, Jan Wreesmann, ☎ 04491/921225, kontakt@gutaltenoythe.de, www.gutaltenoythe.de.
Distanz: 0,6 km, 0,6 km, 2,3 km.
Freizeit: Blick in die Käserei mit Bildervortrag und Verkostung, Führungen auf dem Bauernhof, Hilfe bei der Obsternte.
POI: Erholungsgebiet Thülsfelder Talsperre.

26169 Friesoythe-Gehlenberg €7,50

Wohnmobilstellplatz Heidehof, Neulorup 22, ☎ 04493/921303 Mitten im Grünen auf dem Camp, neben Quellsee <10m neu

POS: 52°58'39.79"N/7°44'6.41"E, Karte D5 (S. 8), D1
Platz: = 20 auf Wiese. WC GRAU. Mitnahme von eigenem Pferd auf Anfrage. Geöffnet: 15.4.-15.10.
Preis: 7,50 € inkl. Wasser, Entsorgung, WC. Jede weitere Pers. 2,50 €, Kind (bis 12 J.) 1,50 €, Strom 1 €/Tag, Dusche 0,70 €, Hund 2 €.
Kontakt: Heinz Jansen-Olliges, ☎ 04493/921303, info@heidehof-jo.de, heidehof-jo.de.
Distanz: 0 km, 0 km, 8 km.
Freizeit: Wanderungen in den Eleonorenwald, Baden im Quellsee, Tatemeer (Moorlandschaft).

26169 Friesoythe-Thülsfelde €16,00

Touristenstellplatz Seeblick, Seeblickstraße 3, ☎ 04495/92750 An der Thülsfelder Talsperre neben dem Hotel-Parkplatz <10m

POS: 52°56'3.69"N/7°55'51.47"E, Karte D5 (S. 8), D1
Platz: = 4 auf Wiese. WC. Anmeldung an der Hotel-Rezeption, VE und weitere Stellplätze auf dem angeschlossenen Campingplatz. Geöffnet: 1.1.-1.12.
Preis: 16 € inkl. WC. Kind (bis 15 J.) 4 €, Kind (ab 16 J.) 8 €, Strom 4 €.
Kontakt: Hotel Seeblick, Herr Heinrich Göken, ☎ 04495/92750, camping@hotel-seeblick-goeken.de, www.hotel-seeblick-goeken.de/camping.
Distanz: 0 km, 1 km, 3 km, 8 km.
Gastro: Frühstücksbuffet, Mo-Fr 7:00-11:30 Uhr, SA/So und feiertags 8:00-11:30 Uhr, 15,50 €/Pes., Kinder (ab 3 J.) 9,50 €, ab 12 J. 14,50 €, am Wochenende/feiertags zzgl. 2€/4 €. Restaurant und Café mit Seeterrasse, warme Küche Apr-Sep 12:00-14:00 Uhr/17:30-21:30 Uhr, Okt-März 12:00-14:00 Uhr/17:30-20:30 Uhr.
Freizeit: 13 km, 13 km. Badestelle 0,2 km, Kletterwald Nord 0,5 km, Tier- und Freizeitpark Thüle 3,5 km, Golfplatz 4 km, Reithalle 7 km, Vehnemoor 8 km, Hochmoor Molberger Dose 10 km, Tennisplätze 11 km.
POI: Alte Kirchen und Großsteingräber 5 km, Wallfahrtsort Bethen 12 km, Museumsdorf Cloppenburg 13 km.

34560 Fritzlar €7,00

Stellplatz Am Grauen Turm, Am Grauen Turm, ☎ 05622/988643 <12m
Ruhig und zentrumsnah an der alten Stadtmauer

POS: 51°7'53.63"N/9°16'8.63"E, Karte D6 (S. 9), F5
Platz: = 10 auf Pflaster. =6 (16 A) WC CHEM GRAU. Wasseranschluss am Grauen Turm. Öffentliches WC 8:00-18:00 Uhr. Ganzjährig geöffnet.
Preis: 7 € inkl. Entsorgung, WC. Strom 1 €/2 kWh, Wasser 1 €/90 l. 1 €/h (bis 4 h). Bezahlung am Parkscheinautomat.
Kontakt: Tourist-Info Fritzlar, ☎ 05622/988643, touristinfo@fritzlar.de, www.fritzlar.de.
Distanz: 0,3 km, weitere Restaurants in 0,4 km, 0,4 km, 0,5 km, 0,6 km.
Freizeit: 17 km. Eder-Radweg 1 km, Freibad Eder-Auen-Erlebnisbad 1 km, Multiplex-Kino 3 km, Bowling-Center 3 km, Sport- und Freizeitpark 3 km.
POI: Grauer Turm 0,1 km, gotische Steinhäuser 0,4 km, St. Peter Dom mit Dommuseum, Rathaus (ältestes Amtshaus Deutschlands) und Regionalmuseum 0,4 km.

34560 Fritzlar €7,00

Stellplatz Ederaue, Pipprichsweg, ☎ 05622/5851 >12m
Auf großem Festplatz in der Nähe der Eder

POS: 51°7'26.98"N/9°15'52.81"E, Karte D6 (S. 9), F5
Platz: = 18 auf Schotterrasen. =16 (6/16 A) CHEM GRAU. nur bei Gruppen. Ganzjährig geöffnet. Ausnahme: 2. und 3. Juli-Woche geschlossen.
Preis: 7 € inkl. Entsorgung, Müll-Entsorgung, Kurtaxe. Strom 3 €. Wasser gegen Spende.
Kontakt: Harald Kurze, ☎ 05622/5851, Mobil: 0163/1455954, stellplatz-ederaue@gmx.de, www.fritzlar.de.
Distanz: 0,1 km, 0,2 km, weitere Restaurants in 0,6 km, 0,8 km, 1 km.
Freizeit: 10 km. Freizeitsportanlage, beheiztes Erlebnisbad Ederaue, Bowlingbahn, Ederauen-Radweg.
POI: Hochzeitshaus-Museum 1 km, hist. Altstadt mit Dom 1 km.

58730 Fröndenberg/Ruhr gratis

Parkplatz am Rathaus, Ruhrstraße 9, ☎ 02373/976151 <12m
Direkt am Stadtzentrum und am RuhrtalRadweg

POS: 51°28'15.02"N/7°46'4.88"E, Karte D5 (S. 8), C4
Platz: = 3 auf Pflaster. Aufenthalt Fr 14:00 Uhr-Mo 6:00 Uhr. Ganzjährig geöffnet.
Preis: Übernachtung gratis.
Kontakt: Stadt Fröndenberg, ☎ 02373/976151, stadt@froendenberg.de, www.tourismus-froendenberg.de.
Distanz: 0,1 km, weitere Restaurants in 0,3 km, 0,2 km, 0,3 km.
Freizeit: 0,6 km, 0,6 km. Wandern auf dem Westfalenwanderweg, Radfahren auf dem Rundkurs der Zabelroute und auf dem RuhrtalRadweg, Stadtbesichtigung, 2 Golfplätze ab 1 km.
POI: Kettenschmiedemuseum 0,2 km, Stiftskirche in der Altstadt mit Altar von Conrad von Soest 0,4 km, Bismarckturm 5 km.

F

58730 Fröndenberg/Ruhr-Ostbüren €20,00

Camping auf dem Bauernhof Fröndenberg, Burgstraße 5, ☎ 02303/490651 <8m
Am Ortsrand von Ostbüren

POS: 51°30'52.56"N/7°46'25.32"E, Karte D4 (S. 7), C4
Platz: = 3 auf Wiese. =3 (16 A) WC . Geöffnet: 15.3.-31.10.
Preis: 20 € inkl. Strom, Wasser, WC, Müll-Entsorgung, Duschen.
Kontakt: Otto & Heinrich Dahlhoff, ☎ 02303/490651, mail@bauernhoferlebnis-froendenberg.de, bauernhoferlebnis-froendenberg.de.
Distanz: Ⓗ 0,3 km, 3 km, 6 km.
Gastro: Brötchenservice.
Freizeit: 5 km. Besuch bei den Bauernhoftieren, Tiere streicheln, Ruhrtalradweg, Fahrzeuge für Kinder, Tennisplatz 0,5 km, Golfplatz 3 km.

36037 Fulda €5,00

Wohnmobilstellplatz Johannisau, Johannisstraße, ☎ 0661/1021341 <12m
Ebene Schotterfläche in den Fuldaauen neben dem Stadion

POS: 50°32'31.99"N/9°39'59.09"E, Karte D10 (S. 13), G2
Platz: P = 10 auf Schotter. =8 (16 A) . Entsorgung auf dem Parkplatz Weimarer Straße gegen Gebühr. Ganzjährig geöffnet.
Preis: 5 €. Strom 0,50 €/kWh, Wasser 1 €/100 l.
Kontakt: Birgit Hau, ☎ 0661/1021341, tourismus@fulda.de, www.tourismus-fulda.de.
Distanz: 1 km, Ⓗ 1 km, 1 km, 1,8 km, E 2,8 km (Parkplatz Weimarer Straße, Weimarer Straße 21-23, 36039 Fulda).
Gastro: Restaurants in der Innenstadt.
Freizeit: 1 km, 3,5 km. Geführte Kanu-/Radtouren, Stadt-/Museumsbesichtigungen.
POI: Hoher Dom 1,3 km, Stadtschloss Fulda 1,5 km.

36039 Fulda €6,00

Wohnmobilstellplatz Weimarer Straße, Weimarer Straße 21-23, ☎ 0661/1021813 Großraumparkplatz am westlichen Innenstadtrand <12m

2021 geprüft E

POS: 50°33'23.11"N/9°39'58.07"E, Karte D10 (S. 13), G2
Platz: P = 17 auf Rasengittersteinen, Asphalt. =24 (6/16 A) WC CHEM GRAU. Wertstoffhof angrenzend. Ganzjährig geöffnet.
Preis: 6 € inkl. WC, Kurtaxe. Strom 1 €/2 kWh, Wasser 1 €/5 min, Entsorgung 1 €.
Kontakt: Stadt Fulda, ☎ 0661/1021813, tourismus@fulda.de, www.tourismus-fulda.de.
Distanz: Ⓗ 0 km, 0,2 km, 0,5 km, 1,5 km.
Gastro: Mehrere Restaurants im Ort.

Freizeit: 1,5 km, 1,5 km, 3 km. Stadt- und Museumsbesichtigungen, Veranstaltungs- und Kinderprogramm beim Tourismus- und Kongressmanagement Fulda (Palais Buttlar, Bonifatiusplatz 1).
POI: Barockviertel mit Schloss, Dom und Michaelskirche 1 km, Vonderau-Museum mit Planetarium 1 km, Deutsches Feuerwehrmuseum 1,5 km, Museum Schloss Fasanerie 7 km.

17213 Fünfseen-Lenz-Süd €19,80

Lenzer Hafen, Zum Hafen 1, ☎ 039932/12335 Am Kanal zwischen Plauer- und Petersdorfer See <12m

POS: 53°28'6.18"N/12°20'58.74"E, Karte D3 (S. 6), C4
Platz: P = 25 auf Wiese, Schotter. =32 (16 A) WC GRAU. Waschmaschine/Trockner. B WC-Entsorgung ohne Chemie und ohne Bio-Zusätze. 10 Stellplätze direkt am Kanal in Hafennähe. Geöffnet: Apr-Okt.
Preis: Ab 19,80 € inkl. Wasser, Entsorgung, WC, Müll-Entsorgung. Jede weitere Pers. 1,50 €, Strom 1 €/2 kWh, Dusche 2 €, Hund 2 €.
Kontakt: Lenzer Hafen, Susanne Malow, ☎ 039932/12335, Mobil: 0171/4018739, info@lenzer-hafen.de, www.lenzer-hafen.de.
Distanz: 0,1 km, weitere Restaurants in 0,2 km, 4 km, 5 km, Ⓗ 6 km.
Gastro: Brötchenservice/Frühstück. Lenzer Hafen, warme Küche 12:00-19:30 Uhr. Lenzer Krug. Strandperle.
Freizeit: 20 km, 4 km. Angeln, geführte Bootstouren, Bootsvermietung, auch führerscheinfreie Boote, Ausbildung zum Bootsführerschein am Platz, Badestrand 0,1 km, Affenwald mit Sommerrodelbahn 5 km.
POI: Bärenwald am Plauer See 6 km, DDR-Museum Malchow 6 km, agrarhistorisches Museum Alt-Schwerin 8 km.

49584 Fürstenau gratis

Stellplätze am Schloss, Schloßplatz 1, ☎ 05901/932019 <8m
Auf dem Schlossparkplatz

POS: 52°31'0.00"N/7°40'22.00"E, Karte D5 (S. 8), C2
Platz: P = 2 auf Pflaster. =4 (6 A) WC. Ganzjährig geöffnet.
Preis: Übernachtung gratis. WC 2 €.
Kontakt: Tourist-Information Samtgemeinde Fürstenau, Sandra Fenstermann, ☎ 05901/932019, tib@fuerstenau.de, www.fuerstenau.de.
Anfahrt: Enge Einfahrt.
Distanz: 0 km, weitere Restaurants in 0,1 km, , 0,2 km, Ⓗ 0,2 km.
Gastro: Zahlreiche Restaurants in der Nähe.

Freizeit: 2 km, 1 km. Fahrrad-Draisinenstrecke 2 km.
POI: Schlossanlage, das Hohe Tor von 1556, Altes Rathaus und Fachwerkhäuser aus dem 16. Jh.

16798 Fürstenberg/Havel €15,00

Marina Fürstenberg, Ravensbrücker Dorfstraße 26 b, ☎ 033093/39203 >12m
Ruhiges Gelände an der Nordspitze des Schwedtsees

POS: 53°11'34.71"N/13°8'58.33"E, Karte D4 (S. 7), E5
Platz: P = 85 auf Schotterrasen, Wiese. =85 (16 A) WC CHEM GRAU . B Preise gelten für den Anreisetag bis zum Folgetag 11:00 Uhr. Reservierung ab 5 Übernachtungen. Geöffnet: Apr-Ende Okt.
Preis: 15 € inkl. Entsorgung, WC, Müll-Entsorgung, WLAN, Hund. Kind (ab 5 J.) 3 €, Strom 0,70 €/kWh, Wasser 1,50 €/100 l, Dusche 1 €/3 min, jeder weitere Hund 2 €. Platz am See (hundefrei) 2 € Aufpreis.
Kontakt: Marina Fürstenberg, Michel Strohwald, ☎ 033093/39203, info@marina-fuerstenberg.de, www.marina-fuerstenberg.de.
Distanz: , weitere Restaurants in 1,2 km, Ⓗ 0,5 km, 1,5 km.
Gastro: Stella Marina, Mo-So 11:00-22:00 Uhr.
Freizeit: 2 km, 1 km. Bootsverleih, Wassersport.
POI: Gedenkstätte Ravensbrück 1,3 km, Kloster Himmelpfort 7 km, Großer Stechlinsee 12 km, Ziegeleipark Mildenberg 27 km.

94142 Fürsteneck €8,50

Camping Schrottenbaummühle, Schrottenbaummühle 1, ☎ 08504/1739 <8m
Stellplätze neben dem Campingplatz an der Ilz

POS: 48°44'3.04"N/13°26'14.18"E, Karte D16 (S. 19), F1
Platz: P = 5 auf Schotterrasen, Wiese. =4 (16 A) CHEM GRAU . B wird empfohlen. Enge Durchfahrt. Reservierung in der HS empfohlen, Quick-Stop von 18:00-10:00 Uhr.
Preis: 8,50 € inkl. Wasser, Entsorgung, Dusche, Müll-Entsorgung, Kurtaxe, WC. Strom 2,50 €, Hund 2,50 €. 9.4.-31.10. 8,50 €.
Kontakt: Anton Segl, ☎ 08504/1739, info@schrottenbaummuehle.de, www.schrottenbaummuehle.de.
Distanz: 0 km, weitere Restaurants in 6 km, 6 km, Ⓗ 6 km, 7 km.
Gastro: Restaurant am Platz, Mo-So 12:00-20:00 Uhr.
Freizeit: 7 km, 7 km. Wandern im Naturschutzgebiet Obere Ilz.
POI: Schloss Fürsteneck 4 km, Museumsdorf Bayerischer Wald 8 km, Keltendorf Gabreta 10 km, Westernstadt Pullman City 15 km.

F

82256 Fürstenfeldbruck €5,00

Wohnmobilstellplatz am Pucher Meer, Augsburger Straße 80, ☎ 08141/2810 <10m
Am Erholungsgebiet Pucher Meer

POS: 48°11'17.49"N/11°13'58.25"E, Karte D15 (S. 18), B3
Platz: = 5 auf Asphalt. Leinenpflicht für Hunde. Aufenthalt max. 7 Tage/Monat. Ganzjährig geöffnet.
Preis: 5€.
Kontakt: Claudia Metzner, ☎ 08141/2810, tourismus@fuerstenfeldbruck.de, www.fuerstenfeldbruck.de.
Distanz: 0 km, weitere Restaurants in 2,5 km, Ⓗ 0 km, 1,5 km, 2,5 km.
Gastro: Pucher Meer Biergarten, Beachbar.
Freizeit: 2 km. Badesee, 2 Beachvolleyball-Plätze, Minigolfanlage 1 km, Kletterinsel 1,2 km, Hallen- und Freibad AmperOase 2 km.
POI: Edignalinde in Puch 0,5 km, Kloster Fürstenfeld 1,5 km, Stadt Fürstenfeldbruck 2,5 km, Bauernhofmuseum Jexhof 7 km.

82256 Fürstenfeldbruck €12,00

Wohnmobilstellplatz an der AmperOase, Klosterstraße, ☎ 08141/2810 <10m
Im hinteren Bereich des Parkplatzes, direkt an der Amper

2022 geprüft

POS: 48°10'23.02"N/11°14'36.81"E, Karte D15 (S. 18), B3
Platz: = 10 auf Asphalt. =10 (16 A) CHEM GRAU. Aufenthalt max. 7 Tage pro Monat. Ganzjährig geöffnet.
Preis: 12€ inkl. Strom, Wasser, Entsorgung, Müll-Entsorgung, Kurtaxe. Bezahlung am Parkscheinautomat.
Kontakt: Claudia Metzner, ☎ 08141/2810, tourismus@fuerstenfeldbruck.de, www.fuerstenfeldbruck.de.
Distanz: 0,1 km, weitere Restaurants in 0,2 km, 0,5 km, 1 km, Ⓗ 2,5 km.
Freizeit: 0,2 km, 0,2 km, 0,5 km. Hallen- und Freibad AmperOase 0,2 km, Kletterinsel 0,4 km, Reitzentrum Kloster Fürstenfeld 0,5 km, Minigolfanlage 0,9 km, Squashpalast 2,5 km.
POI: Barocke Klosterkirche und Museum Fürstenfeldbruck 0,5 km, Bauernhofmuseum Jexhof 8 km.

Sie haben einen neuen Stellplatz entdeckt? Dann teilen Sie uns diesen mit per E-Mail an **bordatlas@doldemedien.de** oder über das Online-Meldeformular unter **www.bordatlas.de/meldung**

90766 Fürth gratis

Stellplatz am Fürthermare, Scherbsgraben 15, ☎ 0911/7230540 Separate Flächen auf dem Thermalbad-Parkplatz <8m

POS: 49°28'35.73"N/10°58'37.55"E, Karte D11 (S. 14), B5
Platz: = 5 auf Rasengittersteinen. WC/Duschen nur für Badegäste. Ganzjährig geöffnet.
Preis: Übernachtung gratis.
Kontakt: ☎ 0911/7230540, info@fuerthermare.de, www.fuerthermare.de.
Distanz: , weitere Restaurants in 0,5 km, Ⓗ 0,5 km, 1,5 km.
Gastro: Bistro im Thermalbad.
Freizeit: Geführte Stadtspaziergänge, Freizeitbad Fürthermare.
POI: Jüdisches Museum Franken in Fürth 3 km, Hornschuchpromenade und Königswarterstraße 3,6 km.

93437 Furth im Wald gratis

Parkplatz P5 am Friedhof, Hochstraße/Böhmerstraße, ☎ 09973/50980 Am Ortsrand <8m

POS: 49°18'47.37"N/12°50'40.80"E, Karte D12 (S. 15), E5
Platz: = 5, = 3 (<7.5 m) auf Asphalt. Aufkleber am Wanderschaukasten weist den Stellplatz aus. Ganzjährig geöffnet.
Preis: Übernachtung gratis.
Kontakt: Lisa Kager, ☎ 09973/50980, tourist@furth.de, www.furth.de.
Distanz: 0,2 km, 0,5 km, 1 km, Ⓗ 1 km.
Gastro: Mehrere Restaurants im Ort.
Freizeit: 3 km, 2 km. Erlebniswelt Flederwisch 1 km, Drachensee 3 km, Wildgarten 3 km.
POI: Further Felsengänge 0,5 km, Stadtplatz mit Museum 0,5 km, Drachenhöhle 1,5 km.

78120 Furtwangen im Schwarzwald €5,00

Wohnmobilstellplatz Furtwangen, Schillerstraße, ☎ 07723/939103 <10m neu
Zentrumsnahe Lage

2021 geprüft

POS: 48°2'58.02"N/8°12'32.00"E, Karte D13 (S. 16), D3
Platz: = 5 auf Asphalt. Ganzjährig geöffnet.
Preis: 5€.
Kontakt: Stadt Furtwangen, Juliane Güttsches, ☎ 07723/939103, jguettsches.stadt@furtwangen.de, www.furtwangen.de.
Distanz: , 0,4 km, 0,6 km.
Freizeit: 0,3 km. Führung im deutschen Uhrenmuseum.
POI: Deutsches Uhrenmuseum 0,1 km, Brendturm 6 km, Donauquelle 7,4 km.

78120 Furtwangen im Schwarzwald €5,00

Wohnmobilstellplatz Hinterbreg, Hinterbreg 15, ☎ 07665/6068 Direkt beim Freizeitcenter Furtwangen <8m neu

POS: 48°2'36.73"N/8°11'40.43"E, Karte D13 (S. 16), D3
Platz: = 10 auf Asphalt. WC. Ganzjährig geöffnet.
Preis: 5€ inkl. Dusche, WC.
Kontakt: Mike Bächle, ☎ 07665/6068, kontakt@mb-eventgastronomie.de, mb-eventgastronomie.de.
Distanz: 0 km, weitere Restaurants in 0,9 km, 0,9 km, 0,9 km.
Freizeit: Indoor-Soccer, Tennis.

87629 Füssen €19,00

Füssen Mobil, Abt-Hafner-Straße 2, ☎ 08362/921290 Im Norden Füssens mit sehr guter Anbindung <12m

2020 geprüft

POS: 47°34'57.07"N/10°42'12.14"E, Karte D15 (S. 18), A4
Platz: / = 33 auf Schotter, Asphalt, Wiese, Naturboden. =36 (6/16 A) WC CHEM GRAU. Anmeldung im Sportstudio gegenüber Mo-Fr 8:00-22:00 Uhr, Sa/So/Feiertag 8:00-21:00 Uhr, dort Gratis-WLAN. Ganzjährig geöffnet.
Preis: 19€ inkl. Wasser, Entsorgung, WC, Kurtaxe. Strom 1,50€, Dusche 0,50€/3 min.
Kontakt: Füssen Mobil, Herbert Hiemer, ☎ 08362/921290, info@sportstudio-fuessen.de, www.fuessen-mobil.de.
Distanz: Ⓗ 0,2 km, 0,5 km, 0,6 km, 1,5 km.
Gastro: Bistro im Sportstudio. Café 0,2 km.
Freizeit: 0,5 km, 3,5 km, 2,5 km. Fitnessstudio mit Saunalandschaft, Forggensee-Radrundweg, Kanu fahren/Baden (Forggensee), Waldseilgarten Pfronten 10 km.
POI: Altstadt Füssen (15-20 Min. Fußweg) 1,8 km, Hohes Schloss 2 km, Schloss Neuschwanstein und Hohenschwangau 6 km.

87629 Füssen €19,00

Wohnmobilpark Füssen, Abt-Hafner-Straße 7a, ☎ 08362/9262180 Zentrumsnaher Stellplatz <10m

2020 geprüft

POS: 47°34'56.59"N/10°42'7.14"E, Karte D15 (S. 18), A4

Platz: = 52 auf Schotter, Wiese. WC CHEM GRAU. Leinenpflicht für Hunde. Anfahrt 10:00-20:00 Uhr, Anreise bei Reservierung bis 18:00 Uhr, später auf Anfrage. Ganzjährig geöffnet.
Preis: 19 € inkl. Wasser, Entsorgung, WC, Müll-Entsorgung, WLAN. Jede weitere Pers. 3 €, Strom 4 €/Tag, Dusche 2 €/Pers., Kurtaxe 3 €/Pers., Hund 1 €, VE für Durchreisende 5 €. FüssenCard inkl.
Kontakt: Lyudmyla Caliskan, 08362/9262180, info@wohnmobilpark-fuessen.de, wohnmobilpark-fuessen.de.
Distanz: 0,1 km, 0,1 km, 0,1 km, 1,8 km.
Gastro: Bäckereien in der Nähe. Kebap-Salon am Platz. Sushi und Nem 0,1 km.
Freizeit: 1 km, 4 km. Forggensee 0,4 km, Hopfensee 4 km.
POI: Altstadt Füssen mit Schloss, Museen, Kloster, Schloss Neuschwanstein und Hohenschwangau.

87629 Füssen — €19,00

Wohnmobilplatz Füssen, Camper's Stop, Abt-Hafner-Straße 9, 08362/940104 — <10 m
Im Gewerbegebiet am Stadtrand

2020 geprüft

POS: 47°34'56.05"N/10°42'3.00"E, Karte D15 (S. 18), A4
Platz: = 90 auf Sand/Splitt, Schotter, Kiesel. =90 (16 A) WC CHEM GRAU. Hundedusche, Waschmaschine/Trockner, Spülküche. Ganzjährig geöffnet.
Preis: 19 € inkl. Entsorgung, WC, Müll-Entsorgung, WLAN, Hund. Strom 1 €/kWh, Wasser 0,50 €/100 l, Dusche 1 €/5 min. Füssen-Card mit Bus-Nutzung inkl.
Kontakt: Hendrik Reichel, 08362/940104, Mobil: 0160/90703392, info@wohnmobilplatz.de, www.wohnmobilplatz.de.
Distanz: 0 km, weitere Restaurants in 0,4 km, 0,1 km, 0,3 km, 1,5 km.
Gastro: Gaststätte Am Platzerl, warme Küehe 17:00-20:30 Uhr. Bäckerei 0,1 km, auch So geöffnet.
Freizeit: 3 km, 5 km, 0,3 km. Ski- und Langlauf, Angeln, Walderlebniszentrum, Minigolf 1 km, Schifffahrt und Tretbootverleih auf dem Foggensee 1 km, Sommerrodelbahn 5 km, Seilbahn auf den Tegelberg 6 km.
POI: Museum, Kloster und Kirche 1,5 km, Altstadt von Füssen mit Schloss 1,5 km, Schlösser Neuschwanstein und Hohenschwangau 5 km.

G

76571 Gaggenau — €10,00

Stellplatz beim Thermalbad Rotherma, Badstraße, 07225/97880 Auf dem Parkplatz — <10 m

POS: 48°48'29.11"N/8°18'6.96"E, Karte D14 (S. 17), E1
Platz: = 6 auf Pflaster. CHEM GRAU. Anmeldung an der Kasse im Thermalbad. Ganzjährig geöffnet.
Preis: 10 €. Strom und Wasser gegen Gebühr (Münzbetrieb), 4 € Rabatt auf Eintritt des Thermalbads.
Kontakt: 07225/97880, info@rotherma.de, www.rotherma.de.
Distanz: 0,3 km, weitere Restaurants in 0,4 km, 0,3 km, 2 km.
Gastro: Bistro im Thermalbad.
Freizeit: Besuch des Thermalbades.
POI: Schloss Bad Rotenfels 1 km, Unimog-Museum 2 km, Baden-Baden 6 km.

74405 Gaildorf — gratis

Reisemobilstellplatz Gaildorf, Bleichgärten, 07971/253513 Ruhig und dennoch zentral, hinter der Sporthalle — <8 m

2021 geprüft

POS: 49°0'8.73"N/9°45'57.01"E, Karte D14 (S. 17), G1
Platz: = 9 auf Asphalt. =8 CHEM GRAU. Leinenpflicht für Hunde. An- und Abfahrt 24 h, Aufenthalt max. 3 Tage. Nachts beleuchtet. Strom von Nov-Feb, Wasser von Nov-Apr abgestellt. Kampfhunde nicht erlaubt. Ganzjährig geöffnet.
Preis: Übernachtung gratis inkl. Strom, Wasser.
Kontakt: Stadt Gaildorf, 07971/253513, tourist@gaildorf.de, www.gaildorf.de.
Distanz: 0,4 km, 0,5 km, 0,5 km, weitere Restaurants in 3,2 km, 0,5 km.
Gastro: Gaststätten, Cafés, Bars im Stadtzentrum 0,5 km.
Freizeit: 11 km. Geologischer Lehrpfad und Rundwanderwege (z.B. Gaildorfer Kulturweg), Kocher-Jagst-Radweg, BikeTouren Gaildorf.
POI: Altes Schloss, evangelische Stadtkirche 0,5 km, historischer Stadtrundgang 0,5 km, Kernerturm 2 km.

78262 Gailingen — €20,00

Parkplatz Rheinuferpark, Strandweg, 07734/930320 — <8 m
Eingezäunter Parkplatz am Rheinuferpark

POS: 47°41'26.00"N/8°45'25.00"E, Karte D14 (S. 17), E4
Platz: = 20 auf Wiese. WC CHEM GRAU. Aufenthalt max. 3 Tage, Sanitärgebäude am Rheinuferpark. Geöffnet: 1.4-31.10.
Preis: 20 € inkl. Wasser, Entsorgung, Dusche, WC. Bezahlung am Automat in bar, mit EC-Karte oder per Handy mit der kostenlosen EasyPark-App.
Kontakt: Gemeinde Gailingen, 07734/930320, info@gailingen.de, www.gailingen.de.
Distanz: 0,4 km, 0,4 km, 1,5 km, 1,5 km.
Gastro: Mehrere Restaurants im Ort.
Freizeit: 0,1 km.
POI: Stein am Rhein 9 km.

19386 Gallin-Kuppentin — €8,00

Wohnmobilstellplatz am Schwedenhof, Seestraße 37, 0176/34909145 — <10 m
Am Ortsrand von Daschow

2021 geprüft E

POS: 53°29'58.36"N/12°10'6.37"E, Karte D3 (S. 6), C4
Platz: = 25 auf Wiese. CHEM/Bio GRAU. WLAN, Waschmaschine. wird empfohlen. Ganzjährig geöffnet.
Preis: 8 € inkl. WLAN. Strom 0,50 €/kWh, Wasser 1,50 €, Entsorgung 1 €.
Kontakt: Andreas Struck, Mobil: 0176/34909145, meckschwedenranch@web.de.
Freizeit: Imkerei, Badesee 0,5 km.
POI: Lübz 8 km, Plau am See 8 km.

72501 Gammertingen — gratis

Freizeitanlage an der Lauchert, Reutlinger Straße, 07574/406100 — <12 m
Auf dem linken Parkplatzareal der Anlage

2021 geprüft E

POS: 48°15'21.85"N/9°12'38.70"E, Karte D14 (S. 17), F3
Platz: = 6 auf Schotterrasen, Schotter. WC CHEM GRAU. WC von Nov-Apr geschlossen. Straßenlärm deutlich hörbar. Ganzjährig geöffnet.
Preis: Übernachtung gratis. Strom 2 €/12 h, Wasser 2 €, Entsorgung 2 €. Strom per Wertmarkeneinwurf (erhältlich im Tourismusbüro oder bei der Aral-Tankstelle, Sigmaringer Str. 40).
Kontakt: Bürger- und Tourismusbüro, 07574/406100, info@gammertingen.de, www.gammertingen.de.
Distanz: 0,7 km, 0,7 km, 1,1 km, 1,1 km, 2,2 km (Sammelkläranlage, Sigmaringer Straße 60, 72501 Gammertingen).
Freizeit: Kutschfahrten, Erlebnispfad Natur auf der Spur, Wasser- und Abenteuerspielplatz, Kneipp-Anlage, Lebendiger Uferlehrpfad 11 km, Höhleninformationszentrum 11 km.
POI: Narrenmuseum in Hettingen 1,5 km, Strübhaus und Heimatmuseum Veringenstadt 11 km, Ruine Horstein in Bingen 21 km.

27777 Ganderkesee €22,00

Camping & Ferienpark Falkensteinsee, Falkensteinsee 1, <8m
☎ 04222/9470077 Inmitten der Natur

POS: 53°2'48.58"N/8°27'50.73"E, Karte D2 (S.5), E5
Platz: P = 100 auf Wiese. =100 (16 A) WC CHEM/Bio GRAU . Hundebadesee, Hundewiese. Ankunft von 9:00-12:00 Uhr und 15:00-18:00 Uhr, spätere Anreise nach Absprache. Ganzjährig geöffnet.
Preis: 22 € inkl. Wasser, Entsorgung, WC, Müll-Entsorgung. Jede weitere Pers. 7 €, Kind (0-3 J.) 0,50 €, Kind (4-13 J.) 4 €, Strom 3 €0,80 €/kWh, Dusche 0,25 €/min, WLAN 3 €/Tag, Hund 3,50 €.
Kontakt: Meiners & Geiger GbR, Rieke Meiners, ☎ 04222/9470077, camping@falkensteinsee.de, www.falkensteinsee.de.
Distanz: 0 km, weitere Restaurants in 1 km, 1,5 km, Ⓗ 1,5 km, 6 km.
Gastro: SeeHuus Restaurant am Platz, Mo-So 8:30-22:00 Uhr, Frühstücksbüffet 8:30-11:00 Uhr (auf Voranmeldung), warme Küche 12:00-21:00 Uhr. Von Nov-Ostern geänderte Öffnungszeiten.
Freizeit: 8 km, 6 km, 6 km. Minigolf, Urwald Hasbruch, Golfplatz 10 km, Wildeshauser Geest 23 km.
POI: Oldenburg 25 km, Bremen 28 km.

27777 Ganderkesee gratis

Stellplatz am Freibad/SaunaHuus, Heideweg 2, ☎ 04222/440 <8m
In grüner Umgebung

POS: 53°1'43.97"N/8°33'29.89"E, Karte D2 (S.5), E5
Platz: P = 4 auf Rasengittersteinen. =6 (16 A) . Entsorgung auf dem Festplatz Raiffeisenstraße, 2 km. Ganzjährig geöffnet.
Preis: Übernachtung gratis. Strom 1 €/8 h, Wasser 1 €/100 l. Versorgung per Münzeinwurf.
Kontakt: Gemeinde Ganderkesee, ☎ 04222/440, tourismus@ganderkesee.de, www.gemeindeganderkesee.de.
Distanz: Ⓗ 0,2 km, 0,3 km, weitere Restaurants in 1,2 km, 0,7 km, 1,2 km, 2 km (Festplatz, Raiffeisenstraße, 27777 Ganderkesee).
Gastro: Mehrere Restaurants im Ort.
Freizeit: 2 km, 2 km. Fallschirm springen, Schwimmen und Saunieren im SaunaHuus.
POI: St. Cyprian und Corneliuskirche mit Arp-Schnitger-Orgel 1,2 km, Urwald Hasbruch 6 km, Mühle De lütje Anja 7 km.

52538 Gangelt €10,00

Freibad/Rodebachtal, Am Freibad 13, <12m
☎ 02454/936341 Am Freizeitzentrum

POS: 50°59'8.86"N/5°59'55.20"E, Karte D9 (S.12), A1
Platz: P = 40 auf Schotterrasen, Rasengittersteinen. =40 WC CHEM GRAU . Geschirrspülbecken, Kahnweiher, Minigolf, Wickel- und Bügelraum. wird empfohlen. Eingezäunt mit Schiebetor und Schranke. Videoüberwacht. Ganzjährig geöffnet.
Preis: Ab 10 € inkl. aller Personen, Wasser, Entsorgung, WC, Müll-Entsorgung, WLAN. Strom 0,40 €/kWh, Dusche 0,60 €/Pers., Waschmaschine/Trockner (Wertmarken) 2,40 €. 15 € Osterferien-Herbstferien NRW.
Kontakt: Fa. Prospex Infocenter Gangelt, ☎ 02454/936341, infocenter@gangelt.de, www.infocenter-gangelt.de.
Distanz: 0,1 km, Ⓗ 0,3 km, 0,8 km, 0,8 km.
Gastro: Café im Infocenter bis 18:00 Uhr. Brötchenservice. Restaurant gegenüber bis 21:30 Uhr geöffnet.
Freizeit: Natur- und Landschaftspark Rodebach-Rodebeek 0,2 km, Tennisplatz 0,5 km, Segelfliegen 1 km, Wildpark 3 km.
POI: Altstadt mit Toren und Mauerresten 1 km, historische Selfkantbahn in Schierwaldenrath 6 km.

19395 Ganzlin-Wangelin €45,00

Wangeliner Garten, Vietlübber Straße 35a, ☎ 038737/499876 <10m
Größter Schau- und Kräutergarten Mecklenburg-Vorpommerns

POS: 53°23'45.94"N/12°10'53.97"E, Karte D3 (S.6), C4
Platz: = 5 auf Wiese. WC CHEM . wird empfohlen. Ganzjährig geöffnet.
Preis: 45 € inkl. Strom, Wasser, Dusche, WC.
Kontakt: Stefan Köhler, ☎ 038737/499876, Mobil: 0172/8380914, unterkunft@wangeliner-garten.de, wangeliner-garten.de.
Distanz: 0,5 km, Ⓗ 0,5 km, 6 km, weitere Restaurants in 8 km, 8 km.
Freizeit: 8 km, 8 km. Führung durch die Wangeliner Gärten (ermäßigter Eintritt für Stellplatzgäste).
POI: Kranich-Rastgebiet 1 km, Lehmmuseum Gnevsdorf 3 km, Altstadt Plau am See 8 km, Naturschutzgebiet Marienfließ 10 km, Modemuseum Schloss Meyenburg 13,8 km.

30827 Garbsen-Berenbostel €5,00

Camping Centrum Berenbostel, Berenbosteler Straße 4 a, <8m
☎ 05131/93192
Auf dem Gelände eines Reisemobil-Händlers

POS: 52°26'6.85"N/9°35'49.70"E, Karte D6 (S.9), G2
Platz: = 3 auf Pflaster. WC GRAU . wird empfohlen. Reservierung während der Messezeiten erwünscht. Ganzjährig geöffnet.
Preis: 5 € inkl. Entsorgung, WC, Müll-Entsorgung, WLAN. Strom 5 €/24 h, Wasser 5 €, Dusche 5 €.
Kontakt: Camping Centrum Berenbostel, Herr Schmidt, ☎ 05131/93192, info@campinfo.de, www.campinfo.de.
Distanz: Ⓗ 0,1 km, 0,1 km, 0,5 km.
Gastro: Frühstück im Hotel Garni. Mehrere Restaurants in der Nähe.
Freizeit: 0,5 km. Messebesuch in Hannover.
POI: Schlosspark Herrenhausen 5 km.

84518 Garching/Alz-Hartfeld €5,00

Wohnmobilstellplatz am Freizeitgelände, Tassilostraße 15, <8m
☎ 08634/6210
Beim Freibad am Ortsrand von Hartfeld

POS: 48°8'10.73"N/12°35'47.66"E, Karte D15 (S.18), D3
Platz: = 5 auf Schotter, Schotterrasen. . Videoüberwacht. Geöffnet: Mai-Mitte Sep.
Preis: 5 € inkl. Wasser.
Kontakt: Gemeinde Garching an der Alz, ☎ 08634/6210, info@garching-alz.de, www.garching-alz.de.
Distanz: 0,3 km, 0,3 km, 0,4 km.
Freizeit: Walder Höhenweg, Radtour rund um Garching.
POI: Schloss und Schlosskapelle St. Erasmus, Schnablinger Kircherl.

39638 Gardelegen €7,00

Stellplatz Lebenshilfe Gardelegen, Bismarker Straße 45, <12m
☎ 03907/807713
In zentraler, verkehrsberuhigter Lage

POS: 52°31'51.38"N/11°24'8.31"E, Karte D7 (S.10), B2
Platz: P = 16 auf Asphalt. CHEM GRAU . Geöffnet: März-Okt.
Preis: 7 € inkl. Grauwasserentsorgung. Strom 0,50 €/kWh, Wasser 1 €/80 l, Entsorgung Kassettentoilette 1 €.
Kontakt: Lebenshilfe Altmark-West, ☎ 03907/807713, info@lebenshilfe-altmark-west.de, www.lebenshilfe-altmark-west.de.
Distanz: Ⓗ 0,5 km, 0,5 km, 0,5 km, 0,5 km.
Freizeit: 4 km. Stadtführung, Radwanderungen, städtische Parkanlage, Tiergehege.
POI: Wallanlage Grüner Ring 0,5 km, Altstadt 1 km, Jagdschloss Letzungen 11 km.

82467 Garmisch-Partenkirchen €19,00

Camp am Wank, Wankbahnstraße 2, >12m
☎ 08821/7972550 An der Talstation der Wankbahn

POS: 47°30'16.06"N/11°6'25.50"E, Karte D15 (S.18), B5

Platz: P = 110 auf Asphalt. =110 (6-16 A) WC CHEM GRAU . Anmeldung/Bezahlung von 8:00-16:30 Uhr im Anmeldehäuschen, beleuchtet. Ganzjährig geöffnet.
Preis: 19 € inkl. aller Personen, Strom, Wasser, Entsorgung, WC, Müll-Entsorgung, WLAN, Hund. Kurtaxe 3 €/Pers., Kurtaxe (6-15 J.) 1 €/Pers., VE für Durchreisende 2 €, Duschen 1 €/6 min. Kartenzahlung möglich.
Kontakt: Bayerische Zugspitzbahn Bergbahn AG, ☎ 08821/7972550, camp@zugspitze.de, zugspitze.de/camp.
Distanz: H 0,1 km, 0,3 km, weitere Restaurants in 1,5 km, 0,8 km, 1 km.
Gastro: Brötchenservice. Gaststätte Schützenhaus 0,2 km.
Freizeit: 2,5 km, 2,5 km, 2,5 km. Paragliding, Wandergebiet Wank und Wankbahn, Wintersport, Klettern, Olympia-Skistadion 2,5 km, Partnachklamm 3 km, Zugspitze 5 km, Höllentalklamm 5 km.
POI: Burgruine Werdenfels 2,5 km.

29471 Gartow €12,00

Campingplatz Gartow, Am Helk 3, ☎ 05846/979060 <10 m
Vor dem Campingplatz

POS: 53°1'36.85"N/11°26'34.83"E, Karte D3 (S. 6), B5
Platz: P = 4 auf Wiese. =4 (16 A) CHEM GRAU . B wird empfohlen. Öffnungszeiten Rezeption: HS 8:00-13:00 Uhr, 15:00-18:00 Uhr, NS eingeschränkt, sonst nach telefonischer Absprache. Geöffnet: 15.03-31.10.
Preis: 12 € inkl. aller Personen, Wasser, Entsorgung, Müll-Entsorgung, WC. Strom 0,50 €/2 kWh, Dusche 1 €/7 min, WLAN 1,95 €/Tag.
Kontakt: Anja Sander, ☎ 05846/979060, info@campingpark-gartow.de, www.campingpark-gartow.de.
Distanz: H 0,1 km, 0,1 km, weitere Restaurants in 0,4 km, 1 km, 1,5 km.
Gastro: Restaurant Bistro zur Therme.
Freizeit: 0,1 km, 0,5 km. Wassererlebnispark, Minigolf und Tennisanlage 0,1 km, Wendland Therme 0,2 km, Badesee 0,7 km, Boots- und Kanuverleih 1,5 km.
POI: Elbaue, Nemitzer Heide 10 km, Grenzlandmuseum 10 km, Rundlingsdörfer 24 km.

29471 Gartow gratis

Imbiss am See, Springstraße 88, ☎ 05846/333 Am Gartower See im Naturpark Elbufer-Drawehn <12 m neu

POS: 53°1'43.47"N/11°27'7.94"E, Karte D3 (S. 6), B5
Platz: = 20 auf Wiese, Schotter. . Aufenthalt max. 24 h. Nur für autarke Fahrzeuge. Ganzjährig geöffnet.
Preis: Übernachtung gratis.
Kontakt: Tourist-Information Gartow, ☎ 05846/333, www.gartow-erleben.de.
Distanz: 0 km, 0 km, 0,5 km, H 1 km.
Gastro: Imbiss am See.
Freizeit: 0,5 km, 1 km. Schlauchbootverleih, Reiten und Kutschfahrten, Angeln, Wassersport, Badestrand 0,1 km, Wassererlebnispark 0,5 km, Reiterhof und Biberlehrpfad 1 km, Wildgatter 2,5 km, Nemitzer Heide 12 km.
POI: Mehrere Rundlingsdörfer in der Umgebung, Grenzlandmuseum 10 km.

55435 Gau-Algesheim €9,00

Reisemobilstellplatz Gau-Algesheim, Binger Straße 48, ☎ 06725/2517 >12 m
Familienbetriebener, ruhiger Stellplatz in der Stadt des Weines

2022 geprüft E

POS: 49°57'48.09"N/8°0'43.11"E, Karte D9 (S. 12), D3
Platz: P = 38 auf Pflaster. =45 (16 A) CHEM GRAU . B Duschen im Schwimmbad. Ganzjährig geöffnet.
Preis: 9 € inkl. aller Personen, Wasser, Entsorgung, Müll-Entsorgung, WLAN, Hund. Strom 3 €/24 h. Bezahlung am Kassenautomat/beim Platzwart.
Kontakt: Peter Gerharz, ☎ 06725/2517, reimo@gerharz-weinerlebnis.de, www.reimoplatz.de.
Distanz: 0,1 km, H 0,1 km, 0,5 km, 0,5 km.
Freizeit: 2 km, 0,4 km, 0,5 km. Geoökologischer Lehrpfad und Weinlehrpfad im Ort, Stadtbesichtigung, Freizeitbad Rheinwelle 0,9 km, Rheinfähre Ingelheim 4 km.
POI: Marktplatz und Fahrradmuseum im Schloss Ardeck, Stadtmauerturm, katholische Kirche.

55435 Gau-Algesheim €10,00

Weingut Gerharz-Hochthurn, Ingelheimer Straße 74, ☎ 06725/2516 Hinter dem Weingut <12 m

POS: 49°57'45.31"N/8°1'24.98"E, Karte D9 (S. 12), D3
Platz: = 15 auf Pflaster. =15 (16 A) WC CHEM GRAU. Leinenpflicht für Hunde. Aufenthalt max. 5 Nächte. Reservierung bei Veranstaltungen (siehe Website). Ganzjährig geöffnet.
Preis: 10 € inkl. aller Personen, Strom, Wasser, Entsorgung, Hund. Strom bei Nutzung von Klimaanlage oder Heizung 5 €. WC gegen Gebühr. Beim Kauf von 6 Flaschen Wein 1. Nacht 5 €, ab Einkaufswert 150 € 2 Nächte kostenfrei.
Kontakt: Familie Gerharz-Hochthurn, ☎ 06725/2516, weingut@gerharz-hochthurn.de, www.gerharz-hochthurn.de.
Distanz: H 0,2 km, 0,3 km, 0,7 km, 1 km.
Freizeit: 1 km, 1 km, 0,2 km. Weinprobe auf Anmeldung, Betriebs-/Kellerführung, Weinwanderweg, Rheinfähre Ingelheim 4 km.
POI: Marktplatz 0,5 km, Schloss Ardeck 1,2 km, Fahrradmuseum 1,2 km, Bismarckturm 1,5 km.

55599 Gau-Bickelheim gratis

Winzerhof Alfons Schnabel, Bahnhofstraße 31, ☎ 06701/7582 <12 m
Im Hof des Weinguts am Ortsrand

2021 geprüft E

POS: 49°50'21.56"N/8°1'22.01"E, Karte D9 (S. 12), D4
Platz: = 10 auf Wiese, Schotter. =24 CHEM GRAU . Weinautomat. B VE nur von März-Anfang Nov. Platz liegt an der Bahnlinie. Ganzjährig geöffnet. Ausnahme: 12.5.-14.5., 30.7.-1.8., 23.12.-1.1.
Preis: Übernachtung gratis inkl. Wasser, WLAN. Strom 5 €/24 h, Dusche 2 €. Achtung: Übernachtung nur beim Kauf von 6 Fl. Wein/Saft.
Kontakt: Christoph Schnabel, ☎ 06701/7582, info@winzerhof-schnabel.de, www.winzerhof-schnabel.de.
Distanz: H 0,1 km, 0,3 km, 0,5 km, weitere Restaurants in 0,4 km Entfernung, 0,4 km.
Gastro: Weinschänke saisonal geöffnet, Termine unter www.winzerhof-schnabel.de, Fr 18:00-21:00 Uhr, Sa-Do Ruhetag.
Freizeit: 4 km, 8 km. Planwagenfahrt durch die Weinberge ab 10 Pers., Weinprobe, Werksbesichtigung Eura Wohnmobile in Sprendlingen 4 km, Betriebsführung, Golfplatz 2 km.
POI: Bad Kreuznach 12 km, Bad Münster 15 km, Bingen/Rüdesheim 15 km.

55234 Gau-Heppenheim €12,00

Weingut & Weinerlebnis Gustavshof, Hauptstraße 53, ☎ 06731/42545 <10 m
Im Rebgarten des Weinguts

POS: 49°44'29.21"N/8°10'15.57"E, Karte D9 (S. 12), D4
Platz: P = 3 auf Pflaster. . B Aufenthalt nach Absprache. Geöffnet: Apr.-Nov.
Preis: 12 € inkl. aller Personen, Strom, Wasser.
Kontakt: Weingut Gustavshof, Fam. Roll, ☎ 06731/42545, info@gustavshof.de, www.gustavshof.de.
Distanz: , H 0,3 km, 2 km, 2 km.
Freizeit: 5 km, 18 km. Weinprobe/Wanderungen, Betriebsbesichtigung, Planwagenfahrten, Kegelbahn 2 km, Ballonfahrten 2 km, Tennis-/Squashhalle 4 km.
POI: St. Urban-Kirche 0,3 km, Stadt Alzey mit Museum 5 km.

Schützen Sie die Umwelt und verwenden Sie Sanitärflüssigkeiten nur nach Dosierempfehlung oder verzichten Sie lieber ganz darauf und entleeren Sie dafür häufiger. In den Zeitschriften **Reisemobil International** oder **CamperVans** erfahren Sie, welche umweltfreundlichen Alternativen es zu Kassettentoiletten gibt (Trockentrenntoiletten).

G

G

55234 Gau-Heppenheim €8,00

Weingut Mohrenmühle, Mohrenmühle 2, ☎ 06731/8630 <10m
An einem Bach in Ortsrandlage

POS: 49°45'6.05"N/8°9'46.53"E, Karte D9 (S. 12), D4
Platz: / = 3 auf Wiese, Schotterrasen. Ganzjährig geöffnet.
Preis: 8 € inkl. Strom, Wasser.
Kontakt: Jochen Steingaß, ☎ 06731/8630, info@mohrenmuehle.de, www.mohrenmuehle.de.
Distanz: 1 km, 1 km, 1 km, weitere Restaurants in 5 km, Ⓗ 1 km.
Gastro: Gasthaus Krone 1 km.
Freizeit: 4 km, 15 km, 4 km. Weinwanderung, Führung durch den Weinkeller, Weinprobe.
POI: Alzey 4 km.

55239 Gau-Odernheim gratis

Parkplatz Petersberghalle, Mühlstraße, ☎ 06733/403 <6m
Parkplatz der Sporthalle am Ortsrand

POS: 49°47'7.00"N/8°11'44.70"E, Karte D9 (S. 12), D4
Platz: = 3 auf Rasengittersteinen. Aufenthalt max. 3 Tage. Ganzjährig geöffnet.
Preis: Übernachtung gratis.
Kontakt: Gemeinde Gau-Odernheim, ☎ 06733/403, rathaus@gau-odernheim.de, www.gau-odernheim.de.
Distanz: Ⓗ 0,2 km, 0,2 km, 0,5 km, 0,7 km.
Gastro: Sportheim.
Freizeit: Wandern.
POI: Naturerlebnisplatz mit Insektenhotel, Fachwerkhäuser und Rathaus am Obermarkt 0,3 km, Simultankirche 0,4 km.

57580 Gebhardshain gratis

Wohnmobilstellplatz am Festplatz, Steinebacher Straße, ☎ 02741/291412 <12m
Neben Sport- und Freizeitplätzen

POS: 50°44'39.50"N/7°49'15.00"E, Karte D9 (S. 12), D1
Platz: P / = 3 auf Asphalt, Rasengittersteinen. Aufenthalt max. 1 Tag. Ganzjährig geöffnet.
Preis: Übernachtung gratis.
Kontakt: Gemeinde Gebhardshain, Herr Fries, ☎ 02741/291412, ortsbuergermeister@gebhardshain.net, www.vg-bg.de.
Distanz: 0,1 km, 0,1 km, 0,2 km, Ⓗ 0,2 km.
Gastro: Rhodos-Grill.
Freizeit: 5 km, 10 km. Freiluft-Schach, Tennis und Streetball spielen, Radfahren.
POI: Maria-Magdalena-Kirche, Dorf- und Heimatmuseum 0,5 km, Motorradmuseum 2 km, historische Wassermühle 3 km, Besucherbergwerk 4 km.

63688 Gedern €11,00

Campingpark am Gederner See, Am Gederner See 19, ☎ 06045/952643 <12m
Im Bereich der Zufahrt zum Erholungsgebiet

POS: 50°25'50.12"N/9°11'3.52"E, Karte D10 (S. 13), F2
Platz: P = 13 auf Schotterrasen. =13 (16 A) WC CHEM GRAU. WC auf dem Campingplatz. Ganzjährig geöffnet.
Preis: 11 € inkl. Entsorgung. Strom 0,50 €/kWh, Wasser 1 €/100 l. Dusche und WC 3 €/Pers.
Kontakt: Axel Groß, ☎ 06045/952643, info@campingpark-gedern.de, www.campingpark-gedern.de.
Distanz: 0,1 km, weitere Restaurants in 1 km, 0,8 km, 1 km, Ⓗ 1 km.
Gastro: Restaurant Seewirt am Platz. Brötchenservice.
Freizeit: 1 km, 1 km. Badesee mit Strandbar, Aquapark und Kletter-Eisberg, Wandern, Radfahren, Wintersport.
POI: Vulkanring Vogelsberg, Schloss Gedern 1 km.

49744 Geeste €10,00

Womopark Geeste, Biener Straße 13 a <12m
Am Speichersee Geeste

POS: 52°35'39.13"N/7°16'26.51"E, Karte D5 (S. 8), C2
Platz: P = 63 auf Pflaster, Wiese. =16 Stk (16 A) WC CHEM GRAU. Leinenpflicht für Hunde. Max. 2 Hunde. Ganzjährig geöffnet.
Preis: Ab 10 € inkl. Wasser, Entsorgung, WC, Müll-Entsorgung. Strom 0,90 €/kWh. 1.1.-30.12. 10 €, 1.1.-30.12. 13 €.
Kontakt: Womopark-Geeste GmbH, Info@womopark-geeste.de, Www.womopark-Geeste.de.
Distanz: Ⓗ 0,1 km, 0,5 km, 1,2 km, 3 km.
Gastro: Restaurant Aepken in 4,4 km. Restaurant zur Krone in 1,2 km (nur zu Fuß erreichbar).
Freizeit: 4,3 km. Segeln, Wandern, Angeln, Kanu fahren, Radfahren, Moor-Energie-Erlebnispfad 7 km.
POI: 800-jährige St. Nikolaus-Kirche Groß Hesepe, Moormuseum 7 km.

21502 Geesthacht €7,00

Stellplatz Alter Schiffsanleger 777, Elbuferstraße, ☎ 04152/131400 <10m
Direkt an der Elbe

POS: 53°25'31.03"N/10°22'44.98"E, Karte D2 (S. 5), H4
Platz: P = 16 auf Sand/Splitt. =12 (16 A) CHEM GRAU. Aufenthalt max. 3 Tage. Ganzjährig geöffnet.
Preis: 7 € inkl. aller Personen. Strom 0,50 €/kWh, Wasser 1 €/100 l.
Kontakt: Tourist-Information Geesthacht, ☎ 04152/131400, touristinfo@geesthacht.de, www.geesthacht-tourismus.de.
Distanz: Ⓗ 0,5 km, 1,5 km, 1,5 km.
Gastro: Mehrere Restaurants in Geesthacht.
Freizeit: 0,4 km, 1,5 km. Minigolf 0,4 km, Hochseilgarten 2 km, Naturschutzgebiet Elbufer 2 km.
POI: St.-Salvatoris-Kirche 1 km, Museum Geesthacht 1,5 km, Schleuse 3 km.

27624 Geestland-Bad Bederkesa gratis

Romantik Hotel Bösehof, Hauptmann-Böse-Straße 19, ☎ 04745/9480 >12m
Ehemaliger Gutshof von 1826 in ruhiger Lage

POS: 53°37'30.00"N/8°49'60.00"E, Karte D2 (S. 5), F4
Platz: = 5, = 1 (<20 m) auf Pflaster, Asphalt. Ganzjährig geöffnet.
Preis: Für Restaurantgäste kostenlos. Einkehr obligatorisch.
Kontakt: Romantik Hotel Bösehof, Familie Manke, ☎ 04745/9480, info@boesehof.de, www.boesehof.de.
Distanz: , 0,5 km, Ⓗ 0,5 km, 0,8 km.
Gastro: Am Platz, Mo-Do 7:00-10:30 Uhr und 14:00-22:00 Uhr, Fr-So 7:00-10:30 Uhr und 12:00-22:00 Uhr. Frühstücksservice.
Freizeit: 1 km, 1 km, 2 km. Besuch des Erlebnismuseums Auswandererhaus in Bremerhaven, Moorerlebnisbahn, Wassersport am Bederkesaer See 1 km.
POI: Museum in der Burg 1 km.

30989 Gehrden gratis

Wohnmobilstellplatz an den Sporthallen, Lange Feldstraße 12, ☎ 05108/6404114 <10m
An den Sporthallen gegenüber vom Delfi-Bad

POS: 52°18'45.01"N/9°36'36.52"E, Karte D6 (S. 9), G2
Platz: = 2 auf Pflaster. =4 (16 A). Ganzjährig geöffnet.
Preis: Übernachtung gratis. Strom 0,50 €/kWh.
Kontakt: Stadt Gehrden, ☎ 05108/6404114, Mobil: 0172/5177766, info@gehrden.de, www.gehrden.de.
Distanz: Ⓗ 0,1 km, 0,2 km, 0,3 km, 1 km.
Freizeit: 0,1 km, 0,1 km.
POI: Kapelle Everloh, Struckmeyers Mühle, St. Bonifatiuskirche, Margarethenkirche.

36419 Geisa €10,00

Freizeit- und Sportanlage an der Ulster, Schleider Straße-Sportplatz, ☎ 036967/69115 <12m
Im Grünen, von Bäumen umgeben

POS: 50°42'25.49"N/9°56'59.63"E, Karte D10 (S. 13), G2
Platz: P = 8 auf Wiese. =8 CHEM GRAU. Aufenthalt max. 5 Tage. VE nur von März-Okt. Ganzjährig geöffnet.

Preis: 10 € inkl. Entsorgung, Müll-Entsorgung. Strom 0,50 €/kWh, Wasser 1 €/80 l.
Kontakt: Stadtverwaltung Geisa, ☎ 036967/69115, info@geisa.de, www.geisa.de.
Distanz: 0,5 km, Ⓗ 0,5 km, 1 km, 2 km.
Gastro: Gaststätte Geisschänke. Weitere Restaurants online auf: www.geisa.de/tourismus.
Freizeit: 10 km, 2 km. Audio-Tour Grenzerlebnis, Naturlehrpfad, Geisaer Traditionsfeste, Wandern z.B. Extratour Point-Alpha-Weg, Carillonkonzerte in der Stadtpfarrkirche, historischer Lehrpfad Geisa, Kegeln, Fahrradverleih Abel 1 km.
POI: Stadtmauer, Schlossplatzensemble, Stadtpfarrkirche, Friedhof, Stadtmuseum, Gedenkstätte Point-Alpha mit Skulpturenweg 2 km.

63826 Geiselbach — gratis

<10 m

Stellplatz Geiselbach/Festplatz, Ungenbachstraße/Festplatz, ☎ 06024/635930 Ruhiger Stellplatz am Festplatz nahe der Ortsmitte

POS: 50°7'17.71"N/9°11'50.69"E, Karte D10 (S. 13), F3
Platz: P = 8 auf Schotter. =8 (16 A) CHEM GRAU. Aufenthalt max. 3 Tage. Von Dez-März wegen Frostgefahr kein Wasser. Ganzjährig geöffnet.
Preis: Übernachtung gratis inkl. Wasser, Entsorgung. Strom 0,50 €/kWh.
Kontakt: Gemeinde Geiselbach, ☎ 06024/635930, poststelle@geiselbach.bayern.de, www.geiselbach.de.
Distanz: , 0,1 km, 0,1 km, weitere Restaurants in 5 km, Ⓗ 0,2 km.
Freizeit: 7 km. Naturerlebnisbad.
POI: Teufelsmühle, Kreuzweg.

67715 Geiselberg — gratis

<12 m

Grillplatz Geiselberg, Hauptstraße / K31, ☎ 06307/993043 Gegenüber vom Sportheim

POS: 49°19'26.70"N/7°42'34.64"E, Karte D9 (S. 12), C5
Platz: / = 10 auf Schotter. WC CHEM GRAU . Grillplatz mit Dach und Toilettengebäude (35 €/Tag). Aufenthalt max. 2 Nächte. Ganzjährig geöffnet.
Preis: Übernachtung gratis inkl. Wasser, Entsorgung, WC.
Kontakt: Touristinformation Holzland Sickingerhöhe, Marika Vatter, ☎ 06307/993043, info@geiselberg.de, www.geiselberg.de.
Distanz: 1 km, 1,5 km, 2 km - 3,5 km, Ⓗ 2 km.
Gastro: Sportheim Heltersberg. Bäckerei im Dorf.
Freizeit: 3,2 km, 8 km.

96160 Geiselwind — gratis

<8 m — neu

P1 Schutzwiesenstraße, Schutzwiesenstraße, ☎ 09556/92220 Auf dem öffentlichen Parkplatz

POS: 49°46'20.81"N/10°28'4.58"E, Karte D10 (S. 13), H4
Platz: = 4 auf Rasengittersteinen, Asphalt. . Keine Serviceeinrichtungen vorhanden. Ganzjährig geöffnet.
Preis: Übernachtung gratis.
Kontakt: Markt Geiselwind, ☎ 09556/92220, markt@geiselwind.de, www.geiselwind.de.
Distanz: 0,2 km, 0,2 km, 0,3 km.
Freizeit: Themenradweg Steigerwald-Tour, Traumrunde Geiselwind durch den Naturpark Steigerwald, Kletterwald 0,4 km, Erlebnispark Freizeit-Land Geiselwind mit über 120 Abenteuern und Attraktionen 1,2 km, Baumwipfelpfad Steigerwald 14,1 km, Sommerrodelbahn Vestenbergsgreuth 21,2 km.
POI: Murrmann Denkmal 0,2 km, Herrnhuter Schlossanlage bzw. Schlösslein-Kolonie in Rehweiler 1 km, Ilmbacher Tor Gräfenneuses 3,2 km.

85290 Geisenfeld — gratis

<10 m

Wohnmobilstellplatz Geisenfeld, Jahnstraße, ☎ 08452/980 Am Bewegungspark und Hallenbad

POS: 48°40'45.66"N/11°36'39.31"E, Karte D15 (S. 18), C2
Platz: P = 3 auf Schotter, Wiese. =3 CHEM GRAU . Ganzjährig geöffnet. Ausnahme: im Sep geschlossen.
Preis: Übernachtung gratis inkl. Entsorgung. Strom 1 €/2 kWh.
Kontakt: Verwaltungsgemeinschaft Geisenfeld, ☎ 08452/980, tourismus@geisenfeld.de, www.geisenfeld.de.
Distanz: 0,2 km, 0,3 km, 1,5 km.
Freizeit: Ilmtalradweg, Wasserskipark am Lorenzisee 4 km, Seenplatte Feilenmoos 4 km.
POI: Altstadt Geisenfeld, Romanische Kirche Ainau 2 km, Römer- und Keltenmuseum in Manching 11 km, Deutsches Hopfenmuseum Wolnzach 11 km, Kuchlbauers Bierwelt in Abensberg 29 km.

65366 Geisenheim-Marienthal — €5,00

<8 m

Weingut und Gutsausschank Ostermühle, Ostermühle 1, ☎ 06722/8923 Am Weingut im Wiesenthal, ruhige Lage

POS: 50°0'22.40"N/7°57'37.84"E, Karte D9 (S. 12), D3
Platz: = 2 auf Pflaster, Naturboden. =2 (30 A) GRAU . Weinprobe. B wird empfohlen. Ganzjährig geöffnet.
Preis: 5 €. Für Restaurantgäste kostenlos. Strom 2 €/24 h.
Kontakt: Karl Daniel, ☎ 06722/8923, info@weingut-ostermuehle.de, www.weingut-ostermuehle.de.
Distanz: Ⓗ 0,5 km, 1 km, weitere Restaurants in 1 km Entfernung, 2 km.
Gastro: Weinausschank mit kleiner Vesperkarte, Mo-So 16:00-22:00 Uhr.
Freizeit: 6 km, 5 km.
POI: Schloss Johannisberg 2 km, Rüdesheim 6 km.

54413 Geisfeld — €15,00

<10 m

Erholungsoase Alt, Markusstraße 13, ☎ 06586/9928569 In ruhiger Ortslage

POS: 49°43'1.41"N/6°57'22.13"E, Karte D9 (S. 12), B4
Platz: P = 2 auf Rasengittersteinen, Wiese. =2 (3 A) WC CHEM GRAU . Ladestation E-Mobil, Fahrradkeller, E-Bike-Verleih nach Terminabsprache. Ganzjährig geöffnet.
Preis: 15 € inkl. aller Personen, Dusche, WC. Strom 0,50 €/kWh, Wasser 0,50 €/5 min.
Kontakt: Karen und Thomas Alt, ☎ 06586/9928569, Mobil: 0151/74441213, erholungsoase.alt@gmail.com, www.erholungsoasealt.com.
Distanz: Ⓗ 0,3 km, 0,3 km, 0,3 km, 7 km.
Gastro: Brötchenservice/Regiomat (Versorgungsautomat mit regionalen Produkten). Landhaus Heimisch.
Freizeit: 9 km, 7 km. Gasgrill, Begegnungshütte mit Angeboten (Weinproben, geführte Wanderungen), Sommerrodelbahn/Kletterpark Erbeskopf 15 km.
POI: Wildfreigehege (Wildkatzen/Wölfe) Wildenburg im Nationalpark Hunsrück-Hochwald, Flugausstellung 8 km, Feuerwehrmuseum 8 km, Burg Grimburg 16 km.

G

78187 Geisingen — €11,00

<10 m

Reisemobilstellplatz Geisingen, Am Espen 8, ☎ 07704/6699 Zentrale Lage am Donaualtarm im Grünen

2021 geprüft — E

POS: 47°55'12.45"N/8°38'59.75"E, Karte D14 (S. 17), E4
Platz: P = 37 auf Schotter. =37 (16 A) CHEM GRAU . Ganzjährig geöffnet.
Preis: 11 € inkl. aller Personen, Entsorgung, Müll-Entsorgung, WLAN. Strom 2 €/4 kWh, Wasser 1 €/80 l. 1 Tag 11 €, 2 Tage 20 €, 3 Tage 28 €, 4 Tage 35 €, 5 Tage 40 €, 1 Woche (7 Tage) 45 €.
Kontakt: Herr Erich Bertsche, ☎ 07704/6699, Mobil: 0171/6981853, info@geisingen.de, www.geisingen.de.
Distanz: Ⓗ 0,4 km, 0,5 km, weitere Restaurants in 0,5 km, 0,5 km, 0,5 km.
Freizeit: 15 km, 15 km. Donauradweg, Überdachte Inlinebahn 0,3 km.
POI: Altstadt Geisingen 0,5 km, Aussichtspunkt Wartenberg 3 km, Naturschutzgebiet Unterhölzer Wald 3 km, Donauversickerung Immendingen 10 km.

Tipp

Die Raumschaft Geisingen ist als Ausgangspunkt zahlreicher Reiseziele ein Paradies für Wander- und Radfreunde, Inline-Skater, Reisemobilisten und Erholungssuchende. Ein 125 km langes Wander-Wegenetz erschließt das Aitrachtal, das Naturschutzgebiet „Unterhölzer Wald", den Wartenberg mit Ausblick auf die Landschaft der jungen Donau. Der Donauradweg führt durch die historische Altstadt.

G

47608 Geldern — gratis — <12m

Freizeit-Store-Diepers, Liebigstraße 33, ☎ 02831/7799 Betriebsgelände im Gewerbegebiet am Waldrand

POS: 51°31'47.03"N/6°21'16.29"E, Karte D5 (S. 8), A4
Platz: = 3, = 2 (<10 m) auf Schotter. CHEM GRAU. Zubehör, Fachwerkstatt. Ganzjährig geöffnet. Ausnahme: Betriebsferien (bitte erfragen).
Preis: Übernachtung gratis.
Kontakt: Freizeit-Store-Diepers, Silvia Diepers, ☎ 02831/7799, geschaeft@freizeit-store-diepers.de, www.freizeit-store-diepers.de.
Distanz: 1 km, 1 km, 1,5 km, 2 km.
Freizeit: 5 km, 2 km, 1,5 km. Tennis, Squash, Kanufahrten auf der Niers.
POI: Mühlenturm 2 km, Schloss Haag 2 km, Schloss Walbeck 5 km.

47608 Geldern — €8,00 — >12m

Reisemobilstellplatz Am Holländer See, Am Holländer See 19, ☎ 02831/398555 Nahe Innenstadt, durch 2 Sichtschutzwälle von der Straße getrennt

2021 geprüft

POS: 51°30'40.26"N/6°19'42.38"E, Karte D5 (S. 8), A4
Platz: = 50 auf Schotterrasen. =48 (16 A) CHEM GRAU. Ganzjährig geöffnet. Ausnahme: Pfingsten geschlossen.
Preis: 8 € inkl. aller Personen, Entsorgung, Müll-Entsorgung. Strom 0,50 €/0,8 kWh, Wasser 1 €/80 l. 3-Tage-Ticket 19 €. Bezahlung am Parkscheinautomat (nur Münzgeld) oder über Easypark App (0,29 € Bearbeitungsgebühr).
Kontakt: Stadt Geldern, ☎ 02831/398555, tourismus@geldern.de, www.geldern.de.
Distanz: 0,2 km, 0,3 km, weitere Restaurants in 1 km, 0,5 km.
Freizeit: 6 km, 1 km. Reisemobilfest am letzten Apr-Wochenende, 0,5 km, Parkbad Gelderland 0,7 km, Tennis 2 km, Golf 4 km, Wald-Freibad 6 km.
POI: Mühlenturm, Kirche St. Maria-Magdalena, Heilig-Geist-Kirche 2 km, Schloss Haag 3 km.

47608 Geldern — gratis — <8m

See Park Janssen, Danziger Straße 5, ☎ 02831/9290 Hotelparkplatz, durch Bäume unterteilt

POS: 51°31'42.00"N/6°20'1.00"E, Karte D5 (S. 8), A4
Platz: = 5 auf Asphalt. WC. Wellness mit Massage und Kosmetik. WC im Restaurant zu den Öffnungszeiten nutzbar. Ganzjährig geöffnet.
Preis: Übernachtung gratis.
Kontakt: Heinz Janssen, ☎ 02831/9290, info@seepark.de, www.seepark.de.
Distanz: 0,5 km, 1 km, 1,5 km, 1,5 km.
Gastro: Restaurant, Terrasse und Wintergarten. warme Küche, 12:00-22:00 Uhr.
Freizeit: 6 km, 1 km. 8000 qm große SPA-Anlage, Hallenbad, Fitness, Saunapark, Solarium, Kegel-/Bowlingbahn im Freizeit Center 3 km.
POI: Schloss Haag, Mühlenturm, Kirche St. Maria-Magdalena, Heilig-Geist-Kirche (alle in der Innenstadt) 1,5 km, größte Altbierbrauerei der Welt, Betriebsbesichtigung und Brauereiausschank Diebels live in Issum 8 km.

47608 Geldern-Veert — gratis — <10m

Stellplatz am Sportplatz, Hülspaßweg 20, ☎ 02831/398555 Öffentlicher Parkplatz in ruhiger Lage

POS: 51°31'46.21"N/6°18'12.59"E, Karte D5 (S. 8), A4
Platz: = 30 auf Schotter. Entsorgung auf den Stellplätzen am Holländer See und am Freibad Walbeck möglich. Ganzjährig geöffnet.
Preis: Übernachtung gratis.
Kontakt: Stadt Geldern, ☎ 02831/398555, info@geldern.de, www.geldern.de.
Distanz: 0,5 km, 1 km, weitere Restaurants in 2 km, 1 km, 1 km.
Gastro: Mehrere Restaurants im Ort.
Freizeit: 6 km, 3 km, 3 km. Paddeln, Tennis am Sportplatz, Wandern, Golf 2 km.
POI: Schloss Haag 2 km, Mühlenturm, Kirche St. Maria-Magdalena, Heilig-Geist-Kirche 3 km.

47608 Geldern-Walbeck — €10,00 — <12m

Reisemobilhafen Waldfreibad Walbeck, Am Freibad 16, ☎ 02831/398555 Beschatteter, separater Stellplatz am Waldfreibad Walbeck

POS: 51°29'40.89"N/6°13'37.41"E, Karte D5 (S. 8), A4
Platz: = 50 auf Schotterrasen. =36 (16 A) CHEM GRAU. Infohütte und Gästebetreuung. Ganzjährig geöffnet.
Preis: Ab 10 € inkl. aller Personen, Entsorgung, Müll-Entsorgung, Sanitär-Nutzung, WC/Dusche (nur Badesaison/Freibad-Öffnungszeiten). Strom 0,50 €/0,8 kWh, Wasser 1 €/80 l. Normaler Stellplatz/großer Stellplatz oder Stellplatz mit Satellitenempfang 10 bzw. 12 €/Nacht, 2 Nächte 20 bzw. 24 €, 3 Nächte 26 bzw. 32 €. Bargeldlose Bezahlung am Parkscheinautomat über Easypark App (0,29 € Bearbeitungsgebühr) oder Barzahlung an der Freibadkasse zu den Öffnungszeiten.
Kontakt: Bäderverein Waldfreibad e.V., ☎ 02831/398555, tourismus@geldern.de, www.geldern.de.
Distanz: 0,1 km, 1 km, weitere Restaurants in 1 km, 1 km, 1,5 km.
Gastro: Im Dorf Walbeck.
Freizeit: 0,3 km, 6 km, 6 km. holländische Grenze 2 km.
POI: Schloss Walbeck, Turm- und Kokerwindmühle in Geldern-Walbeck 1 km, Schlossgärten in Arcen (NL) 3 km.

09423 Gelenau — €10,00 — <10m

Wohnmobilstellplatz im Erlebnisland Kegelsberg, Kemtauer Straße 27, ☎ 037297/7900 Zwischen Chemnitz und Annaberg-Buchholz

POS: 50°43'8.35"N/12°58'42.77"E, Karte D12 (S. 15), E1
Platz: / = 7 auf Rasengittersteinen. WC CHEM GRAU. Minigolf, Aufenthaltsraum. wird empfohlen. Anfahrt 24 h. Beleuchtet. VE/WC im Winter eingeschränkt. Ganzjährig geöffnet.
Preis: Ab 10 € inkl. Entsorgung, WC, Müll-Entsorgung, WLAN. Jede weitere Pers. 5 €, Kind (bis 3 J.) gratis, Strom 0,50 €/kWh, Wasser 0,10 €/10 l. 5 Nächte 40 €, 7 Nächte 60 €, jede weitere Pers. 20 €/7 Nächte. Inkl. Duschen in der Wander-/Bikestation 17 €, 5 Nächte 75 €, 7 Nächte 95 €, jede weitere Pers. 40 €/7 Nächte.
Kontakt: Gelenauer Wohnungsgesellschaft mbH, ☎ 037297/7900, Mobil: 0152/25737302, fewo@gewo-gmbh.de, www.gelenau.de.
Distanz: 0,3 km, 0,5 km, 0,5 km, 0,5 km, weitere Restaurants in 1 km.
Gastro: Bäcker 0,1 km. Anubis - ägyptische Spezialitäten.
Freizeit: Sommerrodelbahn, Beachvolleyball, Radfahren, Wandern, Erlebnisfreibad, Minigolf, Wildgehege 0,1 km.
POI: Spielplatz auf der Schmetterlingswiese, Lopesa Sammlungsdepot, Erstes Deutsches Strumpfmuseum 0,7 km, DDR-Museum 1,6 km.

63571 Gelnhausen — gratis — <12m

Wohnmobilstellplatz am Hallenbad, Am Hallenbad, ☎ 06051/8300 Neben der Hauptdurchgangsstraße

2022 geprüft

POS: 50°12'1.32"N/9°10'40.63"E, Karte D10 (S. 13), F3
Platz: = 5 auf Asphalt. CHEM GRAU. Ganzjährig geöffnet.
Preis: Übernachtung gratis. Strom 1 €, Wasser 1 €/100 l, Entsorgung 1 €.
Kontakt: Tourist-Information, ☎ 06051/8300, info@gelnhausen.de, www.gelnhausen.de.
Distanz: 0,2 km, 0,2 km, 0,2 km, 0,5 km.
Gastro: Weitere Restaurants in der Altstadt.
Freizeit: 1 km, 0,5 km. Stadt-/Erlebnisführung Gelnhausen, Fallschirmspringen, Rundflüge, Wandern, Abenteuergolf.

POI: Altstadt mit malerischen Fachwerkhäusern, Marienkirche, Hexenturm und ehemaliger Synagoge, Kaiserpfalz 1,4 km.

45883 Gelsenkirchen — €7,00 — <10 m

Reisemobilplatz am Gesundheitspark Nienhausen, Feldmarkstraße 201, ☎ 0209/95705275
Im Grünen in der Nähe einer Therme

POS: 51°30'3.12"N/7°3'46.48"E, Karte D5 (S. 8), B4
Platz: P = 22 auf Pflaster. =22 CHEM GRAU. Frei- und Wellenbad im Sommer, Sole und Baden, Wellnessangebote, Saunalandschaft mit Saunagarten. nur bei Gruppen. Gespanne nach Absprache. Schlüssel für Dusche im Café in der Kinderburg. Ganzjährig geöffnet.
Preis: 7 € inkl. Entsorgung. Jede weitere Pers. 3 €, Strom 1 €/2 kWh, Wasser 1 €/90 l, Dusche 3 €/Pers. Inkl. Freibadbesuch (Sommer) und 3 € Rabatt bei Kursteilnahme/Tageseintritt in die Sauna- und Solelandschaft. Vergünstigungen auf Freizeitangebote mit Reisemobil-Bonuscard. Preisänderungen 2023 möglich.
Kontakt: Revierpark Nienhausen GmbH, ☎ 0209/95705275, info@nienhausen.de, www.nienhausen.de.
Anfahrt: Navi: Feldmarkstr. 209.
Distanz: 0,3 km, weitere Restaurants in 0,5 km, Ⓗ 0,8 km, 1 km, 2 km.
Gastro: Brötchenservice, auf tel. Bestellung am Vortag.
Freizeit: 0,3 km, 0,3 km. Alma Park 4,5 km, Zoom Erlebniswelt 7 km, Veltins Arena 8 km, Villa Hügel in Essen 20 km.
POI: UNESCO-Welterbe Zollverein 3 km, Nordsternpark 6 km.

35329 Gemünden/Felda — gratis — <12 m

Reisemobilplatz an der Mehrzweckhalle, Feldastraße 58, ☎ 06634/96060 Mit Büschen parzelliert

POS: 50°41'15.86"N/9°2'52.38"E, Karte D10 (S. 13), F2
Platz: P = 6 auf Pflaster. . Ganzjährig geöffnet. Ausnahme: Sperrung bei Großveranstaltungen.
Preis: Übernachtung gratis.
Kontakt: Gemeinde Gemünden, ☎ 06634/96060, info@gemuenden-felda.de, www.gemuenden-felda.de.
Distanz: 0,3 km, 0,5 km, Ⓗ 0,5 km, 0,5 km.
Freizeit: Kutschfahrten 0,4 km.

55490 Gemünden/Hunsrück — gratis — <8 m — neu

Stellplatz Traumschleife Heimat, Raiffeisenstraße 13, ☎ 06765/525
Zentrumsnah am Simmerbach

2022 geprüft

POS: 49°53'38.60"N/7°28'41.75"E, Karte D9 (S. 12), C3
Platz: = 5 auf Schotter, Sand/Splitt. . Ganzjährig geöffnet.
Preis: Übernachtung gratis. Strom 2 €.
Kontakt: Gemeinde, ☎ 06765/525, ortsgemeinde@gemuenden.de, www.gemuenden.de.
Distanz: Ⓗ 0,5 km, 0,5 km, 0,5 km, 0,5 km.
Freizeit: 1 km. Nachtwächter-Rundgang, Wanderwegenetz z.B. Traumschleife Hahnenbachtaltour, Bach- und Waldlehrpfad Gemünden, GeoLehrpfad Gemünden, gut beschildertes Radwegenetz.
POI: Schloss Gemünden 0,6 km.

97737 Gemünden/Main — €7,00 — <8 m

Stellplatz An der Fränkischen Saale, Duivenallee, ☎ 09351/80011300
Am Saaleufer/Sportplatz nahe Zentrum und Bahnlinie

POS: 50°3'30.55"N/9°41'19.98"E, Karte D10 (S. 13), G3
Platz: P = 5 auf Rasengittersteinen. CHEM GRAU . Sportplatz. Aufenthalt max. 2 Nächte. Wasser, Dusche, VE (auch für Durchreisende) am Campingplatz Saale-Insel (1.4-15.10., 2-3 €). Stromanschluss nur auf der Lindenwiese. Ganzjährig geöffnet.
Preis: 7 €. Entsorgung 3 €, Dusche 2 €. Bezahlung am Parkautomat (Abfahrt Saalebrücke).
Kontakt: Tourist-Information, ☎ 09351/80011300, touristinformation@gemuenden.bayern.de, www.stadt-gemuenden.de.
Distanz: 0,3 km (Campingplatz Saale-Insel, Duivenallee 2, 97737 Gemünden/Main), Ⓗ 0,5 km, 0,5 km, 0,5 km, 0,5 km.
Gastro: Mehrere Restaurants.
Freizeit: 0,5 km. Tennis, Minigolf, Freilichtfestspiele im Juli/Aug, Kanuverleih 0,3 km.
POI: Huttenschloss 0,3 km, Altstadt 0,5 km, Ruine Scherenburg 0,8 km, Kloster Schönau 4 km.

97737 Gemünden/Main — €7,00 — <12 m

Wohnmobilstellplatz Lindenwiese, Duivenallee/Lindenwiese, ☎ 09351/80011300 Am fränkischen Saaleufer

POS: 50°3'25.02"N/9°41'17.34"E, Karte D10 (S. 13), G3
Platz: P = 12 auf Asphalt, Rasengittersteinen. . Aufenthalt max. 2 Nächte. Dusche/VE für Durchreisende am Campingplatz Saale-Insel (1.4-15.10., 2-3 €). Ganzjährig geöffnet.
Preis: 7 €. Strom 0,65 €/kWh, Dusche auf dem Campingplatz (bis 15.10. geöffnet) 2 €. Bezahlung am Parkautomat (Abfahrt Saalebrücke).
Kontakt: Touristinformation, ☎ 09351/80011300, touristinformation@gemuenden.bayern.de, www.stadt-gemuenden.de.
Distanz: 0,2 km, 0,3 km, Ⓗ 0,3 km, 0,5 km (Campingplatz Saale-Insel, Duivenallee 2, 97737 Gemünden/Main), 0,5 km.
Gastro: Restaurant Zur Linde 0,2 km.
Freizeit: 0,4 km, 0,7 km, 0,4 km. Führungen durch den Rauharzgarten, Kostümführungen.
POI: Huttenschloss 0,3 km, Kirche 0,4 km, Ruine Scherenburg 0,7 km, Ronkarzgarten 0,7 km.

35285 Gemünden/Wohra — gratis — <10 m

Stellplatz Gemünden an der Wohra, Auestraße 26, ☎ 06453/7421 Am Ortsrand, beim Schwimmbad und Campingplatz

POS: 50°58'8.76"N/8°58'29.05"E, Karte D10 (S. 13), F1
Platz: P = 2 auf Schotter, Pflaster. WC CHEM GRAU . Aufenthalt max. 2 Nächte. WC/Dusche beim Campingplatz gegenüber 5 €/Tag. Ganzjährig geöffnet.
Preis: Übernachtung gratis inkl. Entsorgung. Strom 1 €/kWh, Wasser 1 €/100 l.
Kontakt: Sabine Möbus, ☎ 06453/7421, info@hsm-freizeit.de, www.hsm-freizeit.de.
Distanz: 0 km, weitere Restaurants in 0,6 km, 0,6 km.
Gastro: Gaststätte Aumühle am Platz.
Freizeit: Rad-/Wanderwege.
POI: Altstadt, Kunst-und Erlebnispfad.

77723 Gengenbach — €13,00 — <10 m

Brennerei & Weingut Wild, Streuobstgarten 1, ☎ 07803/5555
Bei der Vinothek umgeben von Streuobstwiesen

POS: 48°23'15.12"N/8°1'10.66"E, Karte D13 (S. 16), D2
Platz: = 15 auf Schotter. . WC zu den Öffnungszeiten der Vinothek. Ganzjährig geöffnet.
Preis: 13 € inkl. Strom, Wasser, WC. Kurtaxe 2,25 €/Pers. Bei Einkauf ab 50 € 1 Nacht gratis.
Kontakt: Inge Wild, ☎ 07803/5555, info@wild-brennerei.de, www.wild-brennerei.de.
Distanz: Ⓗ 0,3 km, 0,5 km, 2,5 km, 2,5 km.
Gastro: Wein- und Schnapsproben. Gasthaus Kreuz. Strohhof. Ganterstüble.
Freizeit: Mountainbiking, Wandern, Erlebniswanderung Hotzenplotzpfad, Schwimmen.
POI: Altstadt Gengenbach 2,5 km, Vogtsbauernhöfe 26,2 km, Rodelbahn Gutach 28,2 km.

77723 Gengenbach — €10,00 — >12 m

WoMo Park Gengenbach, Berhauptenerstraße 2 am Kinzigdamm, ☎ 07824/6649670
Am Kinzigstrand, in Stadtnähe

2021 geprüft

POS: 48°24'5.66"N/8°0'28.73"E, Karte D13 (S. 16), D2
Platz: = 38 auf Schotter, Schotterrasen.

CHEM GRAU. Leinenpflicht für Hunde. P nur bei Gruppen. Ganzjährig geöffnet.

Preis: 10 € inkl. Entsorgung, Hund. Strom 1 €/kWh, Wasser 1 €/100 l. Kurtaxe (je nach Saison) 1,80-2,50 € inkl. KONUS-Gästekarte (freie Nutzung von Insel-Freibad und ÖPNV Schwarzwald).

Kontakt: Tom Junglas, ☎ 07824/6649670, info@junglas-design.de, www.womoparkortenau.de.

Distanz: 0,1 km, 0,3 km, 0,3 km.

Freizeit: 0,1 km. Stadtbesichtigung.

POI: Altstadt 0,3 km.

39307 Genthin — gratis — <6m

Wohnmobilstellplatz Genthin, Mühlenstraße, ☎ 03933/802225
Direkt am Elbe-Havel-Kanal, unterhalb des Wasserturms

2021 geprüft

POS: 52°24'36.00"N/12°9'17.20"E, Karte D7 (S. 10), C2

Platz: P = 8 auf Rasengittersteinen. Beleuchtet. Ganzjährig geöffnet.

Preis: Übernachtung gratis.

Kontakt: Touristinfo Genthin, ☎ 03933/802225, info@touristinfo-genthin.de, www.stadt-genthin.de.

Distanz: H 0,4 km, 0,5 km, 0,8 km, 0,9 km.

Gastro: Bootshaus Genthin 0,9 km.

Freizeit: 1,6 km, 0,8 km. Tierpark Zabakuck 10,5 km.

POI: Wasserturm Genthin, Stadtkirche Trinitatis 0,4 km, Kreismuseum 0,9 km, Altenplathower Kirche mit Grabstein Plothos 2,1 km, Schloss Parchin 8,9 km.

99887 Georgenthal — €20,00 — <12m

Lohmühlenmuseum mit Freigelände, Lohmühle 1-5, ☎ 036252/46000
Eingezäunter Stellplatz mit Sanitärhaus am Museum

POS: 50°48'31.59"N/10°37'26.16"E, Karte D11 (S. 14), A1

Platz: = 30 auf Sand/Splitt, Pflaster, Naturboden. =30 (16 A) WC CHEM GRAU P Telefonische Anmeldung. Ganzjährig geöffnet. Ausnahmen: 2.1.-1.2.

Preis: 20 € inkl. Strom, Wasser, Entsorgung, WC, Müll-Entsorgung, Kurtaxe. Jede weitere Pers. 4 €, Kind (bis 17 J.) 2 €, Dusche 1 €.

Kontakt: Lohmühlenmuseum, Susanne Strobel, ☎ 036252/46000, Mobil: 01520/1877462, museum@lohmuehle.info, www.lohmuehle.info.

Distanz: 0 km, weitere Restaurants in 1 km, H 0,1 km, 1 km, 1 km.

Freizeit: 1,5 km, 8 km, 2,5 km. Apfelstädt-Radweg, Saurierpfad mit Sauriermodellen, Spazierwege entlang des Flusses Apfelstädt, Fischteiche, Wildgehege.

POI: Rennsteig 5 km, Oberhof 15 km, Schloss Gotha 15 km, Wartburg Eisenach 25 km.

99887 Georgenthal-Gospiteroda — gratis — <12m

Hotel Thüringer Waldblick Boxberg, Boxberg 86, ☎ 03622/637090
Ruhige Lage, mit Blick auf den Inselsberg

POS: 50°53'53.44"N/10°39'23.97"E, Karte D11 (S. 14), A1

Platz: = 20 auf Wiese, Asphalt. WC. Ganzjährig geöffnet.

Preis: Für Restaurantgäste kostenlos, inkl. WC. Einkehr obligatorisch. Strom 3 €, Dusche 2,50 €.

Kontakt: Dieter Straßer, ☎ 03622/637090, info@hotel-thueringerwaldblick.de, www.hotel-thueringerwaldblick.de.

Distanz: , 1,5 km, 1,5 km, H 1,8 km.

Gastro: Am Platz, warme Küche Mo-Sa 12:00-19:30 Uhr, So 11:00-18:30 Uhr.

Freizeit: 15 km, 12 km. Mountainbiking, Wander-/Radwege im Thüringer Wald, Skigebiet Oberhof, Rennsteig, Tischtennisplatte, Klettergerüst, Streichelzoo, Reitstall 6 km.

POI: Inselsberg auf dem Rennsteig, Kulturstadt Weimar, Landeshauptstadt Erfurt, älteste deutsche Pferderennbahn Boxberg 0,4 km, Schloss Friedenstein in Gotha 10 km, Wartburg Eisenach 22 km.

49124 Georgsmarienhütte — gratis — <12m

Wohnmobilstellplatz am Schützenhaus, Schützenstraße 10, ☎ 05401/8500 In unmittelbarer Nähe zu Wald- und Wandergebieten im Teutoburger Wald

POS: 52°11'59.91"N/8°2'26.77"E, Karte D5 (S. 8), D3

Platz: = 3 auf Schotterrasen. Ganzjährig geöffnet.

Preis: Übernachtung gratis.

Kontakt: Stadt Georgsmarienhütte, ☎ 05401/8500, info@georgsmarienhuette.de, www.georgsmarienhuette.de.

Distanz: 0,3 km, 0,4 km, 0,5 km.

Freizeit: 0,9 km, 0,9 km. Wanderung Von Turm zu Turm auf der Höhenkuppe des Teutoburger Waldes, UNESCO Global Geopark Terra.vita, Wald- und Panoramabad 0,9 km.

POI: Haus Ohrbeck, Villa Stahmer, Klosterkonvent, Wasserfall Holsteteich 0,1 km.

07551 Gera — €15,00 — <12m

Wohnmobilpark Gessenpark, Gessentalstraße 7, ☎ 0365/732060
Im Naturschutzgebiet am südwestlichen Stadtrand

POS: 50°51'30.75"N/12°5'32.20"E, Karte D11 (S. 14), C1

Platz: = 19 auf Schotterrasen, Sand/Splitt, Pflaster. =20 (16 A) WC CHEM GRAU P nur bei Gruppen. Anfahrt 24 h. Anmeldung Mo-Fr 8:30-12:30 Uhr im Büro, sonst telefonisch, bei Nachtanreise bitte am nächsten Morgen. Nacht-Ruhezeiten: Mo-Fr 22:00-6:00 Uhr, Sa-So 23:00-8:00 Uhr. Ganzjährig geöffnet.

Preis: 15 € inkl. aller Personen, Entsorgung, Müll-Entsorgung, WLAN. Strom 1 €, Wasser 1 €, Dusche 1 €/3 min, WC 1 €. Bei Reservierung fallen 10 € Gebühr an, die bei Ankunft verrechnet wird.

Kontakt: Sigrid Roßmann, ☎ 0365/732060, Mobil: 0176/22613495, mail@gessenpark.de, www.gessenpark.de.

Distanz: H 0,5 km, 0,5 km, 1,5 km, weitere Restaurants in 1,8 km, 3 km.

Freizeit: 3 km, 4,1 km, 1 km.

POI: Waldzoo Gera 3 km, Geraer Höhler 3 km, Haus Schulenburg 4,3 km, Otto-Dix-Haus 5 km, Schloss Osterstein 5,5 km.

76726 Germersheim — €10,00 — <12m

Wohnmobilplatz Carnot'sche Mauer, Weißenburger Tor, ☎ 07274/960301
In die Festungsanlage integriert, nahe der Innenstadt

2020 geprüft

POS: 49°13'10.68"N/8°22'38.03"E, Karte D9 (S. 12), D5

Platz: P = 15 auf Pflaster. =15 CHEM GRAU. Einfahrt auch für große Reisemobile geeignet. Kaum SAT-Empfang durch Bäume, Platz ist mit Kabelfernsehen versorgt (Kabel mitbringen oder beim Tourismusbüro ausleihen). Ganzjährig geöffnet.

Preis: 10 € inkl. aller Personen, Strom, Wasser, Entsorgung, Hund.

Kontakt: Tourismus-, Kultur- und Besucherzentrum, ☎ 07274/960301, tourist-info@germersheim.eu, www.germersheim.eu.

Distanz: H 0,2 km, 0,5 km, 0,5 km, 0,5 km.

Gastro: Mehrere Restaurants im Ort.

Freizeit: 0,5 km. Kutschfahrt durch Stadt und Festung, Nachenfahrt (Kahnfahrt) auf den Altrheinarmen, Stadt- und Festungsbesichtigung, Anbindung an regionale und überregionale Radwanderwege, Rheinaue 0,5 km, drei Baggerseen 3 km.

POI: Festungsanlage Germersheim 0,1 km, Deutsches Straßenmuseum 0,1 km, Stadt- und Festungsmuseum 0,5 km, Alte Ziegelei 5 km.

76593 Gernsbach — €10,00 — <12m

Parkplatz Murginsel, Schloss-/Klingelstraße, ☎ 07224/64444
Am Stadtrand nahe Murginsel

POS: 48°45'33.40"N/8°20'20.92"E, Karte D13 (S. 16), D1

Platz: P = 8 auf Asphalt. =8 (6,5 A) WC CHEM GRAU. Grillplatz mit Anmeldung Tel.: 07224/64428, WC-Anlage 6:00-22:00 Uhr. Ganzjährig geöffnet.

Preis: 10 € inkl. Entsorgung, Kurtaxe. Strom 1 €/12 h, Wasser 1 €/100 l. Inkl. KONUS-Gästekarte (Gratis-Nutzung des ÖPNV) für alle Fahrzeuginsassen.

Kontakt: Tourist-Info Gernsbach, ☎ 07224/64444, touristinfo@gernsbach.de, www.gernsbach.de.

Distanz: 0,3 km, 0,4 km, 0,8 km, H 0,8 km.

Gastro: Mehrere Restaurants im Ort. Bäcker 0,4 km.

Freizeit: 0,4 km, 0,1 km. Boule, Stadtführungen mit Begrüßung im Alten Rathaus (gratis), Murgleiter 0,3 km, Ortenauer Weinpfad 0,4 km, Gernsbacher Sagenweg 0,5 km, Premiumweg Gernsbacher Runde 2,8 km, Skigebiet Kaltenbronn 12 km.

POI: Altstadt Gernsbach 0,4 km, Katz'scher Garten 0,7 km, Schloss Eberstein mit Weingut 2 km, Hochmoorgebiet Kaltenbronn 18 km.

G

76593 Gernsbach-Obertsrot
gratis <6m

Parkplatz am Schwimmbad, Am Schwimmbad 3, ☎ 07224/64444
Am Ortsrand, gegenüber vom Schwimmbad

2022 geprüft

POS: 48°44'30.31"N/8°20'29.99"E, Karte D13 (S. 16), D1
Platz: = 5 auf Wiese, Schotter. Ganzjährig geöffnet.
Preis: Übernachtung gratis. Strom 1 €/12 h.
Kontakt: Tourist-Information Gernsbach, ☎ 07224/64444, touristinfo@gernsbach.de, www.gernsbach.de.
Distanz: 0,5 km, Ⓗ 0,7 km, 1 km, 1,2 km.
Gastro: Gasthaus Ochsen. Gourmet-Restaurant und Schloss-Schänke 5 km.
POI: Altstadt Gernsbach mit Altem Rathaus, Stadtmauer, Kirchen, Brunnen und Gassen 3 km, Katz'scher Garten 3 km, Schloss Eberstein mit Weingut 5 km, Hochmoorgebiet Kaltenbronn 15 km.

76593 Gernsbach-Reichental
gratis <8m

Wohnmobilstellplatz Reichental, Auwiesenstraße 16/Festplatz, ☎ 07224/64444 Am Rande des Festplatzes an der Auffahrt zum Sportplatz

2022 geprüft

POS: 48°43'53.90"N/8°23'45.50"E, Karte D14 (S. 17), E1
Platz: P = 2 auf Schotter. CHEM. Strom-/Wasserversorgung auf der anderen Seite der Auffahrt, am Lager-Gebäude der Sportvereine. Ganzjährig geöffnet.
Preis: Übernachtung gratis inkl. aller Personen, Wasser, Entsorgung. Strom gegen Gebühr.
Kontakt: ☎ 07224/64444, touristinfo@gernsbach.de, www.gernsbach.de.
Distanz: 0,5 km, 0,5 km, Ⓗ 0,5 km, 1 km, weitere Restaurants in 8 km.
Freizeit: 0,7 km. Panoramaweg, 0,3 km, 0,3 km, Solar-Bad 0,6 km, Naturerlebnisweg und Kindererlebnispfad Kaltenbronn 9 km.
POI: Altes Rathaus, Waldmuseum Reichental (nur So, Mai-Okt) 0,6 km, Katz'scher Garten mit Arboretum 8 km, Hochmoor Kaltenbronn 9 km, Schloss Eberstein 9 km.

97779 Geroda
gratis <10m neu

Wohnmobilstellplatz Geroda, Mühlweg 8, ☎ 09741/91190
Im Thulbatal am Fuße der Schwarzen Berge im Naturpark Bayerische Rhön

POS: 50°16'41.72"N/9°53'44.15"E, Karte D10 (S. 13), G3
Platz: = 4 auf Asphalt, Rasengittersteinen, Schotter. WC CHEM GRAU. Ganzjährig geöffnet.
Preis: Übernachtung gratis inkl. Wasser, Entsorgung. Spenden erwünscht.
Kontakt: Verwaltungsgemeinschaft Bad Brückenau, ☎ 09741/91190, poststelle@vgem-bad-brueckenau.de, www.markt-geroda.de.
Distanz: 0,2 km, 0,2 km.
Freizeit: Wintersport, Kissinger Hütte und Würzburger Karl-Straub-Haus, Ausflugs- und Wanderziele Berghaus Rhön.
POI: Naturpark Bayerische Rhön, Naturschutzgebiet Schwarze Berge.

91726 Gerolfingen
gratis <8m

Brauerei-Gasthof Rötter, Hauptstraße 48, ☎ 09854/380
Am Fuße des Hesselberg

POS: 49°3'16.01"N/10°30'19.30"E, Karte D15 (S. 18), A1
Platz: = 5, = 3 (<10 m) auf Schotter. WC. Ⓑ wird empfohlen. Um telefonische Voranmeldung wird gebeten. WC zu den Öffnungszeiten des Gasthauses Mo 18:00-23:00 Uhr, Di-So 9:00-23:00 Uhr möglich. Ganzjährig geöffnet.
Preis: Für Restaurantgäste kostenlos. Einkehr obligatorisch. Strom 5 €/Tag.
Kontakt: Christine Rötter-Rank, ☎ 09854/380, info@roetter-gerolfingen.de, www.roetter-gerolfingen.de.
Distanz: 0 km, Ⓗ 0,1 km, 0,1 km, 0,5 km.
Gastro: Am Platz, Mo 18:00-23:00 Uhr, Di-So 9:00-23:00 Uhr.
Freizeit: Radtouren, Badeweiher, Wandern.
POI: Hesselberg 2 km, Altmühlsee 27 km.

91726 Gerolfingen-Aufkirchen
€6,00 <10m

Stellplatz Hesselbergblick, Aufkirchen 16D, ☎ 09854/802
Am Ortsrand mit Blick auf den Hesselberg

2021 geprüft

POS: 49°3'0.69"N/10°30'28.21"E, Karte D14 (S. 17), H1
Platz: P = 5 auf Schotterrasen, Pflaster. WC GRAU. Ⓑ Ankunft 7:00-22:00 Uhr, bei späterer Ankunft telefonisch anmelden. Ganzjährig geöffnet.
Preis: 6 € inkl. Strom, Wasser, Dusche, WC, Kurtaxe, Grauwasser-Entsorgung. Jede weitere Pers. 6 €. Klimaanlage 5 €/Tag.
Kontakt: Heike Ruck, ☎ 09854/802, Mobil: 0171/3241785, heike.ruck@aol.com, www.hesselberg.de.
Distanz: 0,5 km, 0,5 km, Ⓗ 0,6 km, 0,8 km.
Gastro: Gaststätten, 4 bürgerliche sehr gute Gaststätten in Gerolfingen und Aufkirchen.
Freizeit: 2 km. Schwimmen, Angeln an der Wörnitz mit Tageskarten, Wandern, Radfahren rund um den Hesselberg, Kneippanlage Wunibaldquelle 1 km.
POI: Römerpark Limeseum Ruffenhofen 1 km, Hesselberg 4 km, Dinkelsbühl 15 km.

54568 Gerolstein
€13,00 >12m

Stellplatz am Hallenbad, Am Sportfeld, ☎ 06591/133000
Zwischen Tennisplätzen und Frei- und Hallenbad

2021 geprüft

POS: 50°13'16.16"N/6°39'13.12"E, Karte D9 (S. 12), B3
Platz: P = 36 auf Wiese, Asphalt. =16 WC CHEM GRAU. Ganzjährig geöffnet.
Preis: 13 € inkl. aller Personen, Strom, Wasser, Entsorgung, Dusche, WC, Müll-Entsorgung, WLAN. Dusche/WC während der Schwimmbadzeit kostenfrei. GeroCastCard im Preis enthalten. Bezahlung zu den Öffnungszeiten im Bad, bei der Tourist-Info am Bahnhof oder beim Platzwart vor Ort.
Kontakt: Stadt Gerolstein, ☎ 06591/133000, touristinfo@gerolsteiner-land.de, www.gerolsteiner-land.de.
Distanz: 0,5 km, Ⓗ 0,5 km, 0,5 km, 0,5 km.
Freizeit: 3 km.
POI: Kreisheimatmuseum 0,5 km, Erlöserkirche 0,5 km, Gerolsteiner Dolomiten 1 km, Naturkundemuseum 1,5 km, Ruine Löwenburg 1,5 km, Telefonmuseum 1,5 km.

97447 Gerolzhofen
gratis <8m

Großparkplatz P1 Geomaris, Ecke Berliner/Dingolshäuser Straße, ☎ 09382/903512 Parkplatz am Stadtrand am Badeparadies Geomaris

POS: 49°53'57.80"N/10°21'36.69"E, Karte D10 (S. 13), H3
Platz: P = 7 auf Pflaster. Ganzjährig geöffnet.
Preis: Übernachtung gratis.
Kontakt: Tourist-Information Gerolzhofen, ☎ 09382/903512, info@gerolzhofen.info, www.gerolzhofen.de.
Distanz: Ⓗ 0,1 km, 0,2 km, 0,3 km, weitere Restaurants in 0,3 km Entfernung, 0,5 km, 0,9 km (Zentralparkplatz an der Volkach, Schallfelder Straße 30, 97447 Gerolzhofen).
Freizeit: 0,2 km, 0,2 km. Erlebnisbad Geomaris, Trimmpfad, Weinprobe, Stadtführungen.
POI: Altstadt mit doppeltem Stadtmauerring und Steigerwalddom 0,5 km, Museumskapelle Kunst und Geist der Gotik 0,5 km, Stadtmuseum mit der Dauerausstellung Welterfolg Nähmaschine 0,5 km, 1. Bayerisches Schulmuseum 1 km.

G

97447 Gerolzhofen — gratis — <8m

Zentralparkplatz An der Volkach, Schallfelder Straße 30, ☎ 09382/903512
Parkplatz am Rande der Altstadt

2021 geprüft

POS: 49°53'53.91"N/10°21'2.65"E, Karte D10 (S. 13), H3
Platz: = 7 auf Pflaster, Schotter. WC CHEM. Ganzjährig geöffnet.
Preis: Übernachtung gratis. Strom 0,50 €/kWh.
Kontakt: Tourist-Information Stadt Gerolzhofen, ☎ 09382/903512, info@weinpanorama-steigerwald.de, www.gerolzhofen.de.
Distanz: 0,1 km, 0,2 km, 0,3 km, 0,3 km.
Gastro: Restaurants und Café 0,2 km.
Freizeit: 0,3 km, 0,5 km. Trimmpfad, Besuch im Erlebnisbad, Weinprobe, Boule-/Kartbahn.
POI: Stadtmuseum mit der Dauerausstellung Welterfolg Nähmaschine, 1. Bayerisches Schulmuseum, Altstadt mit doppeltem Stadtmauerring und Steigerwalddom, Museumskapelle.

36129 Gersfeld/Rhön-Schachen — €13,00 — <10m

Campingplatz Hochrhön, Schachen 13, ☎ 06654/7836
Im Anschluss an den Campingplatz mit schönem Ausblick

POS: 50°27'46.26"N/9°55'11.34"E, Karte D10 (S. 13), G2
Platz: P = 20 auf Wiese. =18 (16 A) CHEM GRAU. Trockner, Waschmaschine. Ankunft bis 19:00 Uhr, Abfahrt bis 11:00 Uhr. Geöffnet 13.4.-1.12.
Preis: 13 € inkl. aller Personen, Wasser, Entsorgung, Müll-Entsorgung, Hund. Jede weitere Pers., Strom 1 €/kWh, Dusche 0,50 €/8 min, Trockner €, Waschmaschine €. VE für Durchreisende 5 €.
Kontakt: Campingplatz Hochrhön, Cornelia Richter, ☎ 06654/7836, info@camping-hochrhoen.de, www.camping-hochrhoen.de.
Anfahrt: Über die Einfahrt des Campingplatzes erreichbar.
Distanz: 0,4 km, weitere Restaurants in 2 km, 2 km, 2 km, 2 km.
Gastro: Restaurant Zur schönen Aussicht, Di-Fr 17:00-21:00 Uhr, Sa-So 11:30-14:00 Uhr und 17:00-21:00 Uhr, Mo Ruhetag, vom 1.11.-30.4. Mo+Di Ruhetag.
Freizeit: 2 km, 2 km. Wanderwege, Reiten.
POI: Guckaisee, Naturpark Hessische Rhön, Wildpark Gersfeld 4 km, Segelflugmuseum Wasserkuppe 8 km.

99331 Geschwenda — gratis — <12m

Parkplatz am ehemaligen Waldbad, Parkplatz Waldbad, ☎ 036205/76523
Stellflächen leicht schräg

POS: 50°43'24.21"N/10°49'4.42"E, Karte D11 (S. 14), A1
Platz: = 3 auf Wiese, Schotter. Geöffnet: Mai-Sep.
Preis: Übernachtung gratis.
Kontakt: Gemeinde Geschwenda, ☎ 036205/76523, fremdenverkehr@geschwenda.de, www.geschwenda.de.
Distanz: 0,5 km, weitere Restaurants in 1 km, 1 km, 1 km, 1 km.
Freizeit: 15 km. Wanderwege, Volleyballplatz.
POI: 1. Deutsches Thermometer-Museum 3 km, Lütschetalsperre 5 km, Schloss Elgersburg 8 km, Puppenmuseum Arnstadt 15 km.

99331 Geschwenda — gratis — <12m

Parkplatz am Kickelhähnchen, Kickelhähnchen, ☎ 036205/76523 Parkplatz am Waldrand beim Sportplatz

POS: 50°43'49.71"N/10°48'49.77"E, Karte D11 (S. 14), A1
Platz: = 3 auf Schotter. =2 (16 A). Ganzjährig geöffnet.
Preis: Übernachtung gratis.
Kontakt: Gemeinde Geschwenda, ☎ 036205/76523, fremdenverkehr@geschwenda.de, www.geschwenda.de.
Distanz: 0,2 km, weitere Restaurants in 0,8 km, 0,7 km, 1 km, 1 km.
Freizeit: 15 km, 8 km. Gut ausgeschilderte Wanderwege, Volleyballplatz.
POI: 1. Deutsches Thermometer-Museum 3 km, Lütschetalsperre 5 km, Schloss Elgersburg 8 km, Puppenmuseum Arnstadt 15 km.

91608 Geslau-Lauterbach — €33,22 — <10m

Mohrenhof Franken, Lauterbach 3, ☎ 09867/978609 Durchreiseplätze im Eingangsbereich des Campingplatzes

POS: 49°20'41.31"N/10°19'24.92"E, Karte D10 (S. 13), H5
Platz: P = 6 auf Asphalt. WC CHEM/Bio GRAU. R wird empfohlen. Aufenthalt max. 2 Nächte. Eigene Feuerstelle in unmittelbarer Nähe. Ganzjährig geöffnet.
Preis: 33,22 € inkl. Wasser, Entsorgung, Dusche, WC. Jede weitere Pers. (ab 18 J.) 9 €, jede weitere Pers. (3-18 J.) 5,50 €, Strom 0,60 €/kWh, Hund 3,77 €. Vergünstigte Tarife in der NS, Umweltabgabe 1 €/Kind 0,50 €.
Kontakt: Mohrenhof Franken GmbH, Andreas Mohr, ☎ 09867/978609, Mobil: 0170/3584733, info@mohrenhof-franken.de, www.mohrenhof-franken.de.
Distanz: 0,5 km, 2 km, 2,5 km.
Gastro: Seekneipe Mohrenhof am Platz (Regionale Küche), warme Küche ab 16:00 Uhr, So+Feiertag ab 11:00 Uhr. Frühstücksservice im Lädchen. Täglich frische Semmeln vom Bäcker und frische Milch von eigenen Kühen, sowie selbst gekochte Marmelade mit Zutaten aus der Region.
Freizeit: 10 km, 10 km, 6 km. Badesee, Bogenschießen am Platz, Ponyreiten, Freizeitprogramm für Kinder auf dem Ferienhof, Indoorspielplatz, Paddeln, Adventure Golf, Bauernhof, Angeln, Kneipp-Anlage 0,7 km, Golfplätze 8 km (in Colmberg und Schönbronn), Klettergarten Rothenburg o.d. Tauber 11 km.
POI: Burg Colmberg 4 km, Schloss Schillingsfürst mit Falknerei 8 km, Rothenburg o.d.T. 10 km.

24214 Gettorf — €15,00 — <10m

Premium Mobilpark Gettorf, Eichkoppel 1a, ☎ 04346/41160 Bei einer Reisemobil-Werkstatt im Gewerbegebiet

POS: 54°24'44.31"N/9°59'0.58"E, Karte D2 (S. 5), G2
Platz: P = 16 auf Rasengittersteinen, Asphalt. =10 (A) WC CHEM GRAU. Küche mit Aufenthaltsraum, Camping-Zubehörshop, täglich Dekra/HU+AU. Ankunft jederzeit möglich. Öffnungszeiten Empfang/Shop: Mo-Fr 8:00-18:00 Uhr, Sa 9:00-13:00 Uhr, außerhalb der Öffnungszeiten mit Kassenautomat. Ganzjährig geöffnet.
Preis: 15 € inkl. Entsorgung, Dusche, WC, WLAN, 4 Pers. Jede weitere Pers. 4 €, Strom 0,50 €/kWh, Wasser 0,10 €/10 l oder 1 €/100 l, Waschmaschine/Trockner je 2,50 €, VE für Durchreisende 5 €.
Kontakt: Premium Mobilpark Gettorf, Petra Mahlke, ☎ 04346/41160, freizeit@pmkuntz.de, premium-mobilpark.de.
Distanz: 0,2 km, 0,5 km, 0,5 km, 1 km.
Gastro: Café Alte Schule im Gut Wulfshagen. Bistro, bürgerliche Küche, Italiener. Bäcker (Mo-So) 0,1 km.
Freizeit: 0,1 km. Fitnessstudio mit Wellness in der Nähe, Ostseebad Eckernförde samt Südstrand 13 km, Olympiazentrum Schilksee, Strand 14 km.
POI: Tierpark Gettorf, Geotanium Steinzeit Museum, Heimatmuseum.

58285 Gevelsberg — gratis — <10m

Wohnmobilstellplatz am Ennepebogen, Nirgenastraße/Mühlenstraße, ☎ 02332/771106 Auf einem Parkplatz im Zentrum

POS: 51°19'18.00"N/7°20'36.00"E, Karte D5 (S. 8), C5
Platz: P = 2 auf Asphalt. =2 CHEM GRAU. Ganzjährig geöffnet.
Preis: Übernachtung gratis inkl. Entsorgung. Strom 0,50 €/kWh, Wasser 0,50 €/40 l.
Kontakt: ☎ 02332/771106, wirtschaftsfoerderung@stadtgevelsberg.de, www.gevelsberg.de.
Distanz: 0,1 km, 0,3 km, weitere Restaurants in 0,5 km, 0,5 km, 0,5 km.
Freizeit: 2,7 km, 2,7 km. Klettern, Stadtführung, Erlebnispark Gevelsberg 1,4 km, Golfplatz 5,7 km.
POI: Kloster 1,8 km, Engelbert-Denkmal 1,8 km.

56825 Gevenich — gratis — <10m

Stellplatz Gevenich, Am Sportplatz, ☎ 02678/953264
Ruhige Stellflächen unter Bäumen

POS: 50°8'50.00"N/7°5'3.00"E, Karte D9 (S. 12), B3
Platz: P = 5 auf Schotterrasen. Ganzjährig geöffnet.
Preis: Übernachtung gratis.
Kontakt: Walter Brauns, ☎ 02678/953264, Mobil: 0171/7169860, walterbrauns@gmx.de, www.gevenich.com.
Distanz: 0,5 km, 0,5 km, 1 km.
Freizeit: 13 km, 13 km. Tierpark Klotten 15 km, Calmont Klettersteig 15 km.
POI: Mosel 12 km, Burg Cochem 13 km.

09468 Geyer — gratis

Waldschänke Geyer, Elterleiner Str. 74, ☎ 037346/6190 Auf dem Parkplatz — <12 m

POS: 50°36'28.86"N/12°54'19.07"E, Karte D12 (S. 15), E1
Platz: = 6, = 3 (<10 m) auf Asphalt, Wiese. WC CHEM GRAU. Ankunft bis 18:00 Uhr. Ganzjährig geöffnet.
Preis: Für Restaurantgäste kostenlos. Einkehr obligatorisch. Strom 5 €, Wasser 5 €, Dusche 3 €, WC 3 €.
Kontakt: Familie Gerlach, ☎ 037346/6190, info@pension-waldschaenke.de, www.pension-waldschaenke.de.
Distanz: 0 km, 0,1 km, 2 km, 2 km.
Gastro: Frühstücksbüfett, ab 8:00 Uhr. Restaurant, Fr-Di 11:00-20:00 Uhr, Mi-Do Ruhetag.
Freizeit: 3 km, 3 km. Loipen, Reitwegenetz, Kutsch- und Kremserfahrt, Ski-/Schlittenverleih.
POI: Frohnauer Hammer, alte Schmiede und Technikmuseum 10 km, Annenkirche in Annaberg 12 km.

89537 Giengen/Brenz — € 6,00

Wohnmobilstellplatz am Brenzufer, Hermaringer Straße 11/1, ☎ 07322/9522920 Zentrumsnaher Stellplatz am Ufer der Brenz — <12 m

POS: 48°37'6.93"N/10°14'40.59"E, Karte D14 (S. 17), H2
Platz: P = 8 auf Pflaster. =8 (16 A) CHEM GRAU. Leinenpflicht für Hunde. Aufenthalt max. 3 Tage. Im Winter kein Wasser. Ganzjährig geöffnet.
Preis: 6 € inkl. Entsorgung. Strom 0,60 €/kWh, Wasser 1 €/100 l. Bezahlung am Parkscheinautomat.
Kontakt: Tourist-Information Giengen, ☎ 07322/9522920, tourist-info@giengen.de, www.giengen.de.
Distanz: 0,1 km, 0,3 km, 0,3 km, 0,8 km.
Freizeit: 1,5 km, 1 km.
POI: Altstadt Giengen mit Stadtkirche 0,3 km, Steiff Museum 0,5 km, Alte Mühle Burgberg 6 km, HöhlenErlebnisWelt Giengen-Hürben 7 km.

Tipp

Schön gelegener Stellplatz am Ufer der Brenz. Nur wenige Gehminuten von der Giengener Innenstadt und vom Steiff Museum entfernt. Verkehrsgünstige Lage am östlichen Ausläufer der Schwäbischen Alb, unweit der A7 Würzburg-Ulm. Ausfahrt Giengen-Herbrechtingen. Die umliegenden Sehenswürdigkeiten, Rad- und Wanderwege sind bestens erreichbar.

89537 Giengen/Brenz-Hürben — € 7,00

Reisemobilstation Charlottenhöhle, Lonetalstraße 61, ☎ 07324/987146 Am Fuße der Charlottenhöhle — <12 m

POS: 48°35'4.35"N/10°12'40.29"E, Karte D14 (S. 17), H2
Platz: P / = 14 auf Schotter. =14 (32 A) WC CHEM GRAU. Grillplatz am Höhlenhaus, Schauhöhle für Kinder, Müllentsorgung. Sanitäreinrichtungen zu den Öffnungszeiten des HöhlenHauses (10:30-16:30 Uhr, 1.11.-31.3. eingeschränkt geöffnet). Im Winter kein Wasser. Ganzjährig geöffnet.
Preis: 7 € inkl. aller Personen, Wasser, Entsorgung, Müllentsorgung. Strom 2 €/16 h, Dusche 2 €. VE für Durchreisende 2 €. Übernachtungsgebühr in einem Umschlag (beschriftet mit Autonummer, Land und Datum) in den Briefkasten werfen, Quittung mit Autonummer versehen gut sichtbar ins Wohnmobil legen.
Kontakt: Giengen-Hürben Höhlen- und Heimatverein, ☎ 07324/987146, hoehlenerlebniswelt@giengen.de, www.hoehlenerlebniswelt.de.
Distanz: 0,1 km, 0,5 km, 0,5 km, 0,5 km, weitere Restaurants in 6 km.
Gastro: HöhlenHaus (durch den Höhlen/Heimatverein bewirtschaftet), Mo-So 10:30-16:30 Uhr, Geöffnet: 1.4.-31.10.
Freizeit: 6 km, 6 km. Albschäferweg, Höhlenführungen, Erlebnismuseum HöhlenSchauLand, Naherholungs-/Freizeitanlage Burgberg 2,5 km.
POI: Charlottenhöhle mit HöhlenErlebnisWelt, Jakobswegle, Stadtmuseum Giengen 0,5 km, Die Alte Mühle Burgberg (Wasserrad-Mahlmühle von 1344) 3 km, Steiff Museum 6 km.

Tipp

Stellplatz in ruhiger, landschaftlich attraktiver Lage am östlichen Ausläufer der Schwäbischen Alb. Nur einen Steinwurf von der HöhlenErlebnisWelt Giengen-Hürben entfernt. Beste Anbindung an die A7, Ausfahrt Giengen-Herbrechtingen.

35398 Gießen — gratis

Wohnmobilstellplatz Gießen, Ringallee 10, ☎ 0641/7081447 Auf dem Parkplatz beim Badezentrum Ringallee — <10 m

POS: 50°35'21.66"N/8°41'1.45"E, Karte D10 (S. 13), E2
Platz: P = 6 auf Pflaster. =6 . Ganzjährig geöffnet.
Preis: Übernachtung gratis. Strom 0,50 €/kWh. Strom über Münzautomat.
Kontakt: Stadtwerke Gießen, ☎ 0641/7081447, info@stadtwerke-giessen.de, www.stadtwerke-giessen.de.
Distanz: 0,5 km, 0,5 km, 0,5 km, 0,7 km.
Freizeit: Besuch des Badezentrums, Stadtbesichtigung.
POI: Mathematikum, Liebig-Museum, Botanischer Garten.

38518 Gifhorn — € 5,00

Wohnmobilstellplatz Gifhorn, Zur Allerwelle 1, ☎ 05371/9901887 Am Sport- und Freizeitbad — <10 m

2021 geprüft E

POS: 52°29'3.49"N/10°33'14.13"E, Karte D7 (S. 10), A2
Platz: P = 20 auf Rasengittersteinen. =20 WC GRAU. WC/Duschen zu den Öffnungszeiten des Sport- und Freizeitzentrums Allerwelle gegen Zahlung des Eintrittspreises. VE an der Zufahrt. Ganzjährig geöffnet.
Preis: 5 € inkl. Entsorgung, Müll-Entsorgung. Strom 1 €/8 h, Wasser 1 €/80 l.
Kontakt: Parkraum- und Schwimmbadgesellschaft Stadt Gifhorn mbH, Stadt Gifhorn, ☎ 05371/9901887, info@psg-gifhorn.de, www.allerwelle.de.
Distanz: 0,5 km, 1 km, 2 km.
Gastro: Panoramacafé 2 km. Restaurants am Platz.
Freizeit: , , 1 km. Stadt- und Schlossführung, Wasserwandern, Bootsverleih 3 km, Ballonfahrten 8 km.
POI: Welfenschloss und Mühlen-Freilichtmuseum in der Altstadt 1 km, Kinomuseum Vollbüttel 10 km.

54558 Gillenfeld — € 12,00

Campingplatz am Pulvermaar, Am Pulvermaar, ☎ 06573/311 Direkt am Pulvermaar in der Nähe des Naturfreibades — >12 m

POS: 50°8'3.93"N/6°55'29.66"E, Karte D9 (S. 12), B3
Platz: P = 18 auf Schotterrasen. CHEM GRAU . Leinenpflicht für Hunde. Entsorgung am Campingplatz. Geöffnet: 1.4.-31.10..
Preis: 12 € inkl. Hund. Strom 1 €/kWh, Wasser 0,50 €/50 l, Entsorgung 1,50 €.
Kontakt: Harald Meul, ☎ 06573/311, info@pulvermaarcamping.de, www.pulvermaarcamping.de.
Distanz: 0,1 km, weitere Restaurants in 2 km, 2 km, 2 km, 2 km.
Gastro: Restaurant, So-Do 8:00-20:00 Uhr, Fr-Sa 8:00-21:00 Uhr. Brötchenservice am Kiosk.
Freizeit: Pulvermaar, Maar-Mosel-Radweg 2 km, Eifelsteig 8 km.
POI: Lavabombe Strohn 2,5 km, Manderscheider Burgen 8 km.

G

54558 Gillenfeld €9,00

Wohnmobilhafen Pulvermaar, Hinterm Pulvermaar, ☎ 06573/287 <12m

Auf dem nordöstlichen Kraterrand des ehemaligen Vulkans, über dem Pulvermaar-See, mit weitem Blick in die Landschaft der Vulkaneifel

POS: 50°8'1.52"N/6°55'53.38"E, Karte D9 (S. 12), B3
Platz: = 40 auf Schotterrasen, Wiese. =24 (16 A) CHEM GRAU. E-Bike-Verleih im Feriendorf, Leinenpflicht für Hunde. Betreuung durch das benachbarte Feriendorf Pulvermaar. Anmeldung an der Rezeption (300 m), mehr Stellplätze für Reisemobil-Clubs/Events auf Anfrage. Ganzjährig geöffnet.
Preis: 9 € inkl. Entsorgung. Jede weitere Pers. 1 €, Strom 0,50 €/kWh, Wasser 1 €/50 l, Dusche 2 €/Pers., Müll-Entsorgung 1 €, Hund 1 €.
Kontakt: Feriendorf Pulvermaar, Frank G. Fetten, ☎ 06573/287, 06573/996500, Mobil: 0172/8879345, info@feriendorf-pulvermaar.de, www.wohnmobil-pulvermaar.de.
Distanz: 2 km, 2 km, weitere Restaurants in 2,4 km, 2,4 km, Ⓗ 2,5 km.
Gastro: Kiosk im Feriendorf. Imbiss. Brötchenservice/Kuchen.
Freizeit: 0,4 km, 15 km, 0,4 km. Geologische Exkursionen auf Anfrage (www.vulkane-maare-fuehrungen.de), Reitplatz, Nordic Walking, Kanu fahren, 0,4 km, Naturfreibad am Pulvermaar 0,4 km, Naturfreibad am Maar mit Bootsfahrten 0,4 km, Maare-Mosel-Radweg (Einstieg in Gillenfeld) 2,4 km, Segelflugplatz mit Motorflug, Ultraleichtflug und Rundflügen 7 km, Vulkaneifel-Therme Bad Bertrich 15 km, Wildpark und Sommerrodelbahn in Daun 15 km, Nürburgring 30 km.
POI: Vulkanhaus in Strohn 4 km, Burgen und Maarmuseum in Manderscheid 10 km, Dauner Maare 10 km.

67578 Gimbsheim €10,00

Weingut Falger-Baier, Alsheimer Straße 25, ☎ 06249/4565 <8m

Auf dem großen Hof des Weinguts am Ortsausgang

POS: 49°46'39.11"N/8°22'10.60"E, Karte D10 (S. 13), E4
Platz: / = 3 auf Pflaster. . Ganzjährig geöffnet.
Preis: 10 € inkl. Strom, Wasser. Beim Kauf von 24 Flaschen Wein ist die Übernachtung gratis.
Kontakt: Edmunde Baier, ☎ 06249/4565, info@weinhausfalgerbaier.de, www.weinhausfalgerbaier.de.
Distanz: Ⓗ 0,2 km, 0,6 km, 0,6 km, 1,5 km.
Gastro: Pizzaservice. Mehrere Gaststätten im Ort.
Freizeit: 1 km, 15 km. Weinprobe, Weinbergführung, Tennisanlage 1 km, Badesee 1,5 km, Radwanderweg am Rheinufer 1,5 km, Golfplatz 9 km.
POI: Altrhein-Erlebnispfad, Untergrundführung, Katharinenkirche in Oppenheim, Worms 20 km.

73333 Gingen an der Fils €6,00

Wohnmobilstellplatz Gingen an der Fils, Böhringer Weg, ☎ 07162/96060 <10m neu

Am Rande der Schwäbischen Alb

POS: 48°39'8.86"N/9°46'38.10"E, Karte D14 (S. 17), G2
Platz: P = 8 auf Schotterrasen, Kiesel. CHEM GRAU. Leinenpflicht für Hunde, Sitzgelegenheit im Grünen. Aufenthalt max. 3 Tage. Nachtruhe ab 22:00 Uhr. Ganzjährig geöffnet.
Preis: 6 € inkl. Entsorgung. Bezahlung über Parkster-App.
Kontakt: Gemeinde Gingen an der Fils, ☎ 07162/96060, info@gingen.de, www.gingen.de.
Distanz: 1 km, 1,1 km, 1,2 km.
Freizeit: Radwege, Wander- und Rundwege z.B. Grünenberg-Biotop Turm-Grasweg oder prämierter Wanderweg Albtraufgängerweg.
POI: Johanneskirche, Landschaftspark Albtrauf und Fils, Aussichtspunkt des Hausbergs Hohenstein.

18569 Gingst-Haidhof €22,00

Campingplatz Haidhof, Haidhof 2, ☎ 038305/344 <10m

In zentraler Lage auf der Insel Rügen

POS: 54°26'53.58"N/13°15'36.48"E, Karte D4 (S. 7), E2
Platz: = 15, = 10 (<12 m) auf Wiese. WC CHEM GRAU . Leinenpflicht für Hunde. B VE nur für Übernachtungsgäste. Geöffnet: 15.4.-15.10.
Preis: 22 € inkl. Wasser, Entsorgung, WLAN. Jede weitere Pers. 4 €, Strom 3 €, Dusche 1 €. Preisänderungen 2023 möglich.
Kontakt: Rainer Wolf, ☎ 038305/344, Wolf-Gingst@t-online.de, www.rwolf.de.
Distanz: 0,5 km, 0,5 km, Ⓗ 0,5 km, 0,5 km, weitere Restaurants in 0,7 km.
Freizeit: 12 km, 0,6 km. Tischtennis, Volleyball, Bolzplatz, Rügenpark Gingst 1,8 km, Freizeitzentrum 10 km.
POI: Museum Historische Handwerksstuben, Jacobi-Kirche 0,5 km, Aussichtsturm Hoch Hilgor und Insel Hiddensee 12 km, Jagdschloss Granitz 20 km, Kreidefelsen 30 km.

45964 Gladbeck €3,00

Reisemobil-Parkplatz Wittringer Wald, Ecke Bohmertstraße/Burgstraße, ☎ 0209/68980 <12m

Abgeteilter Bereich des Parkplatzes der Erholungsanlage

POS: 51°33'32.27"N/6°59'3.86"E, Karte D5 (S. 8), B4
Platz: P / = 25 auf Rasengittersteinen. CHEM GRAU . In den Sommermonaten bis Mitte Sep keine Entsorgung in der Zeit von 11:00-19:00 Uhr. Ganzjährig geöffnet.
Preis: 3 €. Bezahlung über Gebührenkasten an der Schranke oder beim Betreiber vor Ort.
Kontakt: RMC Gladbeck, Herr Hans Fölz, ☎ 0209/68980, Mobil: 0177/6522221, hans.foelz@t-online.de, www.rmcgladbeck.de.
Distanz: Ⓗ 0,2 km, 0,5 km, weitere Restaurants in 2 km, 2 km, 2 km.
Gastro: Mehrere Restaurants in unmittelbarer Umgebung.
Freizeit: 0,5 km, 2 km. Movie Park Germany 8 km, Zoom-Erlebniswelt Gelsenkirchen 13 km, Alma-Park Gelsenkirchen 17 km.
POI: Wasserschloss Wittringen 0,5 km, Alpincenter Bottrop 7 km, Schloss Beck 8 km.

35075 Gladenbach €6,00

Wohnmobilstellplatz Rosengarten Gladenbach, Hoherainstraße 45, ☎ 06462/407404 <12m

Zentrumsnah, in ruhiger Lage

POS: 50°46'28.68"N/8°34'45.48"E, Karte D10 (S. 13), E1
Platz: P = 8 auf Rasengittersteinen. CHEM . Anmeldung/Bezahlung im Restaurant Zu Jeddoloh's Rosengarten in 70 m. Ganzjährig geöffnet.
Preis: 6 € inkl. Strom, Wasser, Entsorgung. Anmeldung/Bezahlung im Restaurant Zu Jeddoloh's Rosengarten in 70 m.
Kontakt: Hotel-Restaurant Zu Jeddeloh's Rosengarten, ☎ 06462/407404, rezeption@rosengarten-gladenbach.de, www.gladenbach.de.
Distanz: 0,5 km, 0,5 km, 0,7 km.
Gastro: Restaurant Zu Jeddoloh's Rosengarten, Öffnungszeiten: Mo-Sa ab 17:00 Uhr, Feiertag ab 11:30-14:30 Uhr per Vorabreservierung, So Ruhetag.
Freizeit: 0,5 km, 0,5 km, 1 km. Tennisplätze und -halle 1 km, Reithalle und Minigolfplatz 1,5 km.
POI: Martinskirche und Handweberei Hinderer 0,5 km, Heimatmuseum 0,5 km, Burgruine Blankenstein 1 km.

66907 Glan-Münchweiler gratis

Stellplatz am Bahnhof, Bahnhofstraße, ☎ 06373/5040 <6m

Zentral gelegen zwischen Bahnhofsgebäude und Feuerwehrhaus

POS: 49°28'10.81"N/7°26'40.57"E, Karte D9 (S. 12), C5
Platz: P = 3 auf Pflaster. =4 (16 A) CHEM GRAU. Beleuchtet. Ganzjährig geöffnet.
Preis: Übernachtung gratis inkl. Entsorgung. Strom 1 €/2 h, Wasser 1 €.
Kontakt: Verbandsgemeinde Oberes Glantal, ☎ 06373/5040, poststelle@vgog.de, www.vgog.de.
Distanz: Ⓗ 0 km, 0 km, 0,1 km, 0,3 km.
Freizeit: 12 km, 12 km. Barbarossa-Radweg, Glan-Blies-Radweg, Draisinentour ab Altenglan 11 km.
POI: Jüdisches Museum in Steinbach am Glan 5 km, Wildpark mit Greifvogelschau auf dem Potzberg 10 km, Burg Lichtenberg in Thallichtenberg 14 km.

66887 Glanbrücken €5,00

Wohnmobilstellplatz An den Mühlen, An den Mühlen, ☎ 06387/7405 <8m
Wiesengelände an einem Bach

2020 geprüft

POS: 49°36'42.00"N/7°31'50.21"E, Karte D9 (S. 12), C4
Platz: = 3 auf Rasengittersteinen. =4 CHEM GRAU. Aufenthalt max. 7 Tage. Ganzjährig geöffnet.
Preis: 5 € inkl. aller Personen, Entsorgung. Strom 1 €/2 kWh, Wasser 0,50 €/2 min.
Kontakt: Gemeinde Glanbrücken, ☎ 06387/7405, og@glanbruecken.de, glanbruecken.de.
Distanz: 0,2 km, 0,2 km, 0,5 km.
Gastro: Imbiss im Ort 0,2 km.

72293 Glatten gratis

Naturerlebnisfreibad Glatten, Lombacher Straße 51, ☎ 07443/96070 Auf dem Parkplatz des Freibads, beschattet unter Bäumen <8m

POS: 48°26'20.02"N/8°30'32.08"E, Karte D14 (S. 17), E2
Platz: = 4 auf Schotterrasen. =4 CHEM GRAU. Geöffnet: Apr-Okt.
Preis: Übernachtung gratis. Strom 1 €, Wasser 2 €, Entsorgung 2 €.
Kontakt: Gästeinformation, ☎ 07443/96070, hauptverwaltung@glatten.de, www.glatten.de.
Distanz: 0,3 km, Ⓗ 0,5 km, 0,5 km, weitere Restaurants in 1,1 km, 1 km.
Gastro: Kiosk am Platz.
POI: Altstadt Dornstetten 5 km, Freudenstadt 7 km, Wasserschloss Glatt 17 km.

72293 Glatten-Neuneck €30,00

Stellplatz Almruhe, Ziegelackerweg 2, ☎ 07443/2895500 <10m
Am Waldrand, auf einer kleinen Hochebene über dem Glatttal

POS: 48°24'41.48"N/8°32'10.15"E, Karte D14 (S. 17), E2
Platz: = 8 auf Schotter, Pflaster. =8 (16 A) WC. Befestigt. Anreise (ab 14:00 Uhr) nur nach Voranmeldung und -buchung möglich, Abreise bis 11:00 Uhr.
Preis: 30 € inkl. Strom, Wasser, Dusche, WC, Müll-Entsorgung. Jede weitere Pers. 8 €, Hund 3 €. 17.4.-30.11. 30 €. Strom bis 3 kWh gratis, sonst 0,50 €/kWh, privates Mietbad 20 € (ab 2 Nächte).
Kontakt: Familie Däuber, ☎ 07443/2895500, unruhe@almruhe.de, www.almruhe.de.
Distanz: 1,7 km, 3,3 km (Naturerlebnisbad Glatten, Lombacher Straße 51, 72293 Glatten), 5 km.
Freizeit: Ausgewiesene Rad-/Wanderwege.
POI: Waldsofa im Gries 5 km, Wasserschloss Glatt 14 km.

63695 Glauburg-Stockheim €6,00

Wohnmobilstellplatz an der Kulturhalle Stockheim, Bahnhofstraße 51, ☎ 06041/4031 An der Kulturhalle neben dem Bahnhofsgelände <10m

POS: 50°19'33.73"N/9°0'39.10"E, Karte D10 (S. 13), F2
Platz: = 5 auf Rasengittersteinen, Schotter, Eco-Raster/Gras, Pflaster, Sand/Splitt. Lärmbelästigung durch ausfahrende Züge. Ganzjährig geöffnet.
Preis: Ab 6 € inkl. Wasser. 6 € ohne Strom, 9 € mit Strom. 2 € Ermäßigung auf den Eintritt in den Modellbahnhof oder die Kulturhalle Stockheim.
Kontakt: Kulturhalle Stockheim, Harald Steinke, ☎ 06041/4031, Mobil: 0171/3684743, kultur@kulturhalle-stockheim.de, www.kulturhalle-stockheim.de.
Distanz: Ⓗ 0,1 km, 0,6 km, 0,6 km, 0,6 km.
Gastro: Bistro/Bäcker 0,6 km.
Freizeit: Vulkanradweg ab Platz.
POI: Kulturhalle Stockheim, Keltenmuseum auf dem Glauberg 2 km.

76835 Gleisweiler €5,00

Weingut Fritz Wadle, Weinstraße 20, ☎ 06345/3676 <12m
An der deutschen Weinstraße

POS: 49°14'24.66"N/8°4'4.00"E, Karte D9 (S. 12), D5
Platz: = 6 auf Wiese, Schotter. =1 (6 A). Anfahrt bis 18:00 Uhr, Aufenthalt max. 3 Tage. Geöffnet: Apr-Nov.
Preis: 5 €. Strom und Wasser nach Verbrauch.
Kontakt: Familie Wadle, ☎ 06345/3676, Mobil: 0171/1403884, weingut-fritz-wadle@t-online.de, www.wadle-wein.de.
Distanz: Ⓗ 0,2 km, 0,3 km, 5 km.
Gastro: Restaurants und Weinstuben 0,4 km.
Freizeit: 4 km, 7 km, 7 km. Gut ausgebaute Rad- und Wanderwege, Weinprobe, Weinberg- und Kellerführung, Weinwanderweg 0,5 km, Holiday Park Haßloch 25 km.
POI: Subtropischer Park und historische Walddusche 1,5 km, Burgen und Schlösser ab 5 km.

76835 Gleisweiler gratis

Weingut-Weinstube Kost, Hainbachtalstraße 3, ☎ 06345/3000 Beim Familienbetrieb mit Gutsausschank <8m

POS: 49°14'18.08"N/8°4'1.15"E, Karte D9 (S. 12), D5
Platz: = 3 auf Wiese. =4. Ganzjährig geöffnet.
Preis: Übernachtung gratis inkl. Strom, Wasser.
Kontakt: Familie Kost, ☎ 06345/3000, info@kostwein.de, www.kostwein.de.
Distanz: Ⓗ, 0,1 km, weitere Restaurants in 0,3 km, 0,5 km, 0,5 km.
Gastro: Warme Küche, Mi + Fr-So 17:00-21:00 Uhr, Mo-Di + Do Ruhetag, Geöffnet: Feb-Nov.
Freizeit: 6 km, 8 km, 8 km. Weinprobe, Wein-Wander-Wochenenden (Mandelblüte, Weinfrühling, Martini, Glühwein und Silvester), Weinbergführungen, Weinfest am ersten Aug-Wochenende, Kurpark Gleisweiler 0,5 km, Wandern/Radwandern im Pfälzer Wald, Hütten am Wochenende bewirtschaftet 3 km.
POI: Papiermuseum mit Papierschöpfen (So 14:00 Uhr) 0,4 km, historische Walddusche 1,5 km, Schloss Ludwigshöhe 6 km, Burg Trifels 8 km, Hambacher Schloss 12 km.

G

76835 Gleisweiler €6,00

Winzerhof am Teufelsberg, Hainbachtalstraße 23, ☎ 06345/2118 <8m
Zwischen Obstbäumen und Reben

POS: 49°14'15.46"N/8°3'50.93"E, Karte D9 (S. 12), D5
Platz: = 3 auf Wiese, Schotter. =5 (16 A) CHEM GRAU. wird empfohlen. Ganzjährig geöffnet.
Preis: 6 € inkl. Entsorgung. Wasser/Strom nach Verbrauch.
Kontakt: Familie Wadle, ☎ 06345/2118, info@winzerhof-am-teufelsberg.de, www.winzerhof-am-teufelsberg.de.
Distanz: Ⓗ 0,5 km, 0,5 km, weitere Restaurants in 1 km, 0,5 km, 5 km.
Gastro: Bäckerei mit Café und schöner Außensitzanlage 2 km.
Freizeit: 4 km, 7 km, 7 km. Betriebsbesichtigung, Pfälzer Waldverein Hütten, Bouleplatz, Trifelsblick Hütte, Kneippen an der Walddusche 1 km, Zoo und Freizeitbad La Ola Landau 8 km.
POI: Historische Walddusche 1 km, St.-Anna-Kapelle 3 km, Burg Scharfeneck 3 km.

76889 Gleiszellen-Gleishorbach gratis

Weingut Familie Schönlaub, Neubergstraße 14, ☎ 06343/8142 <12m
Parkplatz vor dem Weingut

POS: 49°7'54.13"N/8°0'16.56"E, Karte D9 (S. 12), D5
Platz: = 2 auf Schotterrasen. =2 (16 A) WC. Anreise Mo-Sa 8:00-18:00 Uhr, So 10:00-12:00 Uhr. Ganzjährig geöffnet.
Preis: Übernachtung gratis inkl. Strom, Wasser, WC. Kostenlos bei einem Einkauf im Weingut, sonst nach Vereinbarung.
Kontakt: Heinrich Schönlaub, ☎ 06343/8142, Mobil: 0151/28319429, info@weingut-schoenlaub.de, weingut-schoenlaub.de.
Distanz: 0,2 km, 0,2 km, weitere Restaurants in 0,4 km, Ⓗ 0,5 km, 1 km.
Gastro: Restaurant Südpfalz-Terrassen.
Freizeit: 3,5 km, 3,5 km. Weinkellerführung/-probe, Thermalbad Bad Bergzabern 4 km.
POI: Winzergasse und St. Dionysius-Kapelle, Burg Landeck 2 km, Wild- und Wanderpark Südliche Weinstraße 6 km, Burg Trifels 14 km.

G

79286 Glottertal — gratis <6m

Landidyll Hotel zum Kreuz, Landstraße 14, ☎ 07684/206 Hotelparkplatz am Beginn des Glottertales

POS: 48°3'8.91"N/7°55'40.99"E, Karte D13 (S. 16), D3
Platz: = 1 auf Asphalt. WC . B wird empfohlen. Späteste Ankunft 21:00 Uhr. Ganzjährig geöffnet.
Preis: Für Restaurantgäste kostenlos, inkl. WC. Einkehr obligatorisch.
Kontakt: Karl-Heinrich Kunz, ☎ 07684/206, mail@zum-kreuz.com, www.zum-kreuz.com.
Distanz: 0 km, 1,5 km, 1,5 km.
Gastro: Am Platz, Di-Fr 17:00-0:00 Uhr, Sa-So 12:00-14:00 Uhr und 17:00-0:00 Uhr, Mo Ruhetag. Frühstücksservice. Di Weinprobe in der Winzergenossenschaft Glottertal.
Freizeit: 2,5 km, 5 km. Wellnessbereich vor Ort.
POI: Klosterkirche in St. Peter 10 km, Münsterstadt Freiburg 14 km, Collmar 30 km.

18551 Glowe — €15,00 <12m

Stellplatz am Strand, Waldsiedlung Auf einem Parkplatz in Strandnähe

2021 geprüft E

POS: 54°34'5.03"N/13°27'33.05"E, Karte D4 (S. 7), E1
Platz: = 14 auf Pflaster. =12 CHEM GRAU . Von Juni-Aug ist der Platz von 19:00-21:00 Uhr, in der VS und NS von 18:30-19:30 Uhr betreut. Keine Reservierung möglich. Geöffnet: Ostern-Mitte Oktober, sonst ohne Service.
Preis: 15 € inkl. aller Personen, Strom, Wasser, Entsorgung. Zzgl. ortsübliche Kurtaxe. Bezahlung am Parkautomat mit Münzgeld.
Distanz: 0,1 km, 0,3 km, 0,7 km.
Gastro: Fisch & Fang.
Freizeit: 0,1 km, 0,3 km. Schwimmen, Ausflugsfahrten mit dem Schiff, Segeln, Surfen, Bootsverleih, Boot fahren, Badestrand 0,1 km, Dinosaurierland Rügen 5,7 km.
POI: Gotische Kirche St. Paul in Bobbin.

24960 Glücksburg-Holnis — €20,50 <12m

Ostseecamp Glücksburg-Holnis, An der Promenade 1, ☎ 04631/622071 Parzellierte Plätze auf dem Campingplatz

POS: 54°51'27.00"N/9°35'28.00"E, Karte D2 (S. 5), G1
Platz: = 60 auf Wiese. =60 (10 A) WC CHEM/Bio GRAU . Leinenpflicht für Hunde, Ostseestrand, Separater FKK-Strand. B Im Winter Nutzung des WC im Café. Geöffnet: April-Mitte Okt.
Preis: Ab 20,50 € inkl. Dusche, WC, Müll-Entsorgung. Strom 5 €, Kurtaxe 2,50 €/Pers. VS/NS (bis zu einer Länge von 7,5 m) ab 20,50 €, HS ab 28,50 €. Jede weitere Pers. 6,50-8 €, Jgdl. (15-17 J.) 4-5 €, Kind (2-14 J.) 2-4 €, Hund 3-4,50 €. Entsorgung mit biologisch abbaubarer Sanitärflüssigkeit gratis.
Kontakt: Wiebke-Sophie Volquardsen, ☎ 04631/622071; info@ostseecamp-holnis.de, www.ostseecamp-holnis.de.
Distanz: 0,1 km, 0,1 km, weitere Restaurants in 2 km, 6 km, 6 km.
Gastro: Restaurant an der Promenade 0,1 km. Strandcafé am Platz.
Freizeit: 6 km. Gokart-Verleih, Angeln, Tischtennis, Beachvolleyball, Wassersport, Surf- und Kiteschule 1 km, 18-Loch-Golfplatz 2 km.
POI: Rosarium 3 km, Schloss Glücksburg 6 km, Hafenstadt Flensburg 14 km.

25348 Glückstadt — €10,00 <10m

Außenhafen Glückstadt, Am Hafen, ☎ 04124/937585 Direkt am Elbdeich und Glückstädter Außenhafen mit freiem Blick auf die Elbe

2021 geprüft

POS: 53°47'7.31"N/9°24'33.61"E, Karte D2 (S. 5), F3
Platz: = 16 auf Asphalt, Schotter. WC . Parkplatz liegt in überflutungsgefährdetem Gebiet. Ganzjährig geöffnet.
Preis: 10 €.
Kontakt: Touristinformation Glückstadt, ☎ 04124/937585, info@glueckstadt-tourismus.de, www.glueckstadt-tourismus.de.
Distanz: Weitere Restaurants in 0,1 km Entfernung, 0,8 km, 0,8 km, 1 km, 1,5 km.
Gastro: Hafenbistro Nettchen. Bistro Pier 53.
Freizeit: 0,6 km, 0,8 km. Wassersport, Matjeswochen ab jedem zweiten Do im Juni für vier Tage, Ausflüge ins Alte Land.
POI: Denkmalgeschützte Hafenzeile 0,3 km, Museum 0,8 km, historischer Stadtkern mit Marktplatz und radialer Straßenanordnung 2,3 km.

25348 Glückstadt — gratis <12m

P&R-Platz, Pentzstraße, ☎ 04124/937585 In Bahnhofsnähe

POS: 53°47'17.78"N/9°25'51.66"E, Karte D2 (S. 5), F3
Platz: = 12 auf Asphalt. . Ganzjährig geöffnet.
Preis: Übernachtung gratis.
Kontakt: Tourist-Information Glückstadt, ☎ 04124/937585, info@glueckstadt-tourismus.de, www.glueckstadt-tourismus.de.
Distanz: 0,2 km, 0,2 km, 0,2 km, 0,5 km.
Gastro: Restaurant Korfu mit Kegelbahn und Biergarten.
Freizeit: 1,2 km, 0,5 km.
POI: Stadtdenkmal Glückstadt.

83703 Gmund/Tegernsee-Ostin — €38,00 <10m

Stellplatz Oedberg, Angerlweber 3, ☎ 08022/665386 Bei der Freizeitanlage Oedberg

2020 geprüft E

POS: 47°44'39.45"N/11°46'22.35"E, Karte D15 (S. 18), C4
Platz: = 50 auf Schotterrasen. CHEM GRAU . Sommerrodelbahn, Streichelzoo, Kletterwald. B Reservierungen unter 08022/665386 oder per E-Mail an camping@oedberg.de. Ganzjährig geöffnet.
Preis: 38 € inkl. Kurtaxe. Strom 0,60 €/kWh, Wasser 2 €/200 l. Inkl. 2 Personen.
Kontakt: ☎ 08022/665386, camping@oedberg.de, www.oedberg.de.
Distanz: , 3 km.
Gastro: Oedbergalm mit Sonnenterrasse. Biergarten (in den Ferien täglich geöffnet).
Freizeit: Gespurte Loipen und Skilift, Rad-/Wanderwege, Tegernsee 3,5 km.

27442 Gnarrenburg — gratis <12m

Schulzentrum Brilliter Weg, Brilliter Weg, ☎ 04763/627111 Parkplatz des Schulzentrums

2021 geprüft E

POS: 53°23'28.00"N/9°0'2.00"E, Karte D2 (S. 5), F4
Platz: = 15 auf Pflaster. CHEM . Regelmäßige Reisemobiltreffen. Ganzjährig geöffnet.
Preis: Übernachtung gratis inkl. Wasser, Entsorgung.
Kontakt: Touristik Gnarrenburg e.V., ☎ 04763/627111, info@touristik-gnarrenburg.de, www.touristik-gnarrenburg.de.
Distanz: 0 km, 0,5 km, 0,5 km, 1 km.
Freizeit: 1 km, 1 km. Ausgeschilderte Rad- und Wanderwege ab Platz, Moorerlebnispfad Augustendorf 7 km.
POI: Großsteingrab im Eichholz 0,7 km, Glasmuseum in Gnarrenburg 1 km, Museumshof in Augustendorf 5 km, Vogelbeobachtungsturm Augustendorf 5,5 km.

27442 Gnarrenburg-Brillit
gratis <12m

An der Schützenhalle, Alte Straße, ☎ 04763/627111
Leicht abschüssiges Gelände am Waldrand

POS: 53°24'49.77"N/9°0'4.19"E, Karte D2 (S. 5), F4
Platz: = 20 auf Schotter. CHEM. Regelmäßige Reisemobiltreffen. Ganzjährig geöffnet.
Preis: Übernachtung gratis inkl. Wasser, Entsorgung.
Kontakt: Touristik Gnarrenburg e.V., ☎ 04763/627111, info@touristik-gnarrenburg.de, www.touristik-gnarrenburg.de.
Distanz: 1 km, 3 km, 5 km.
Freizeit: 3 km, 3 km. Ausgeschilderte Rad- und Wanderwege, Moorerlebnispfad in Augustendorf 7 km.
POI: Restaurierte Kartoffelvorratsscheune in Brillit 0,5 km, Glasmuseum Gnarrenburg 3 km, Museumshof in Augustendorf 5 km.

27442 Gnarrenburg-Langenhausen
€15,00 <10m

Brümmers Landhaus, Friedrichsdorf 58, ☎ 04763/921073 Auf dem Restaurantparkplatz

POS: 53°23'54.69"N/9°1'56.88"E, Karte D2 (S. 5), F4
Platz: = 15 auf Pflaster, Schotter. Anfahrt 9:00-21:00 Uhr. Ganzjährig geöffnet.
Preis: 15 € inkl. Strom, WC (zu den Öffnungszeiten).
Kontakt: Familie Heitmann, ☎ 04763/921073, brümmers-landhaus.de.
Distanz: 0 km, 0,1 km, 3 km, 3 km.
Gastro: Am Platz, warme Küche 12:00-14:00 Uhr, 18:00-20:00 Uhr. Spezialmenüs nach Wunsch, Frühstücksservice.
Freizeit: 3 km, 12 km, 3 km. Teufelsmoor und Moorlehrpfad, Kegelbahn, Kremserfahrten, Törfpedder-Tüügnis-Wettkämpfe, Reitplatz 7 km.
POI: Weltkünstlerort Worpswede 17 km.

47574 Goch
€5,00 <12m

Stellplatz Friedensplatz, Thielenstraße, ☎ 02823/320148
Am Ufer der Niers nahe dem Stadtzentrum

POS: 51°40'32.93"N/6°10'9.97"E, Karte D5 (S. 8), A4
Platz: = 70 auf Schotterrasen. =60 (16 A) CHEM GRAU. E-Bike-Ladestation. nur bei Gruppen. Ganzjährig geöffnet.
Preis: 5 € inkl. aller Personen, Entsorgung, Müll-Entsorgung. Strom 0,50 €/kWh, Wasser 1 €/80 l. Bezahlung am Parkscheinautomat.
Kontakt: Tourist-Info Goch, ☎ 02823/320148, tourist-info@goch.de, www.goch.de/reisemobil.
Distanz: 0,1 km, 0,3 km, weitere Restaurants in 0,9 km, 0,7 km, 0,9 km.
Gastro: Heidestübchen.
Freizeit: 7,3 km, 7,3 km, 2 km. Paddeln, Freizeit- und Erholungsbad GochNess mit Saunalandschaft 9 km, Plantaria Vogel- und Blumenwelt in Kevelaer 10 km.
POI: Historische Bauwerke (Rathaus, gotische Pfarrkirche St. Maria Magdalena, Wassermühle an der Susbrücke, Männer- und Frauenhaus), Stadtzentrum von Goch und Schloss Kalbeck 2 km.

47574 Goch-Kessel
gratis <8m neu

Wohnmobilstellplatz am GochNess Erlebnisbad, Kranenburger Straße 20, ☎ 02823/320148 Direkt am Erlebnisbad und Badesee, in Kessel

POS: 51°42'9.00"N/6°5'21.00"E, Karte D5 (S. 8), A4
Platz: = 10 auf Wiese.
Preis: Übernachtung gratis.
Kontakt: ☎ 02823/320148, tourist-info@goch.de, www.gochness.de.
Distanz: 0,5 km, 1 km, 3 km, 6,7 km.
Freizeit: Badesee, Erlebnisbad GochNess, Hot-Stone-Massage, Saunalandschaft, Reiten, klassische Aroma-Massagen, Reisemobilfest am letzten WE im Juli, ausgewiesene Rad- und Wanderwege, Bambusmassage.
POI: Mittelalterliches Steintor 6,7 km, Stadt Goch 6,7 km, Museum Goch 6,8 km, Kultur- und Kongresszentrum Kastell 6,9 km.

29473 Göhrde-Metzingen
€15,00 <10m

Motel Route 216/Rolly's Trucker Stop, An der Bundesstraße 1, ☎ 0171/8346950 Am Motel

POS: 53°7'46.73"N/10°57'18.50"E, Karte D3 (S. 6), A5
Platz: = 3 auf Rasengittersteinen. =4 WC. WC/Dusche zu den Öffnungszeiten: Mo-Fr 5:00-21:30 Uhr. An WE/Feier- und Brückentagen nach telefonischer Absprache. Geöffnet: Apr-Okt.
Preis: 15 € inkl. Strom, Wasser. Dusche 2,50 €/Pers. 8 € ohne Strom.
Kontakt: Carola Roßberg, ☎ 0171/8346950, carola_rossberg@hotmail.com.
Distanz: 0 km, weitere Restaurants in 6 km, 0,1 km, 6 km, 6 km.
Gastro: Am Platz, warme Küche Mo-Fr 6:00-19:00 Uhr. weitere Restaurants in Hitzacker 6 km.
Freizeit: 6 km, 6 km. Golfen, Reiten.
POI: Hünengräber, Feuerlilien 2 km, Waldemar-Turm in Dannenberg 12 km.

Hinweis der Redaktion: Aufgrund der wirtschaftlichen Lage und der andauernden Energiekrise kann es in 2023 zu noch nicht absehbaren Preiserhöhungen bei Service- und Übernachtungsgebühren kommen. Wir bitten um Verständnis und verweisen auf die **Bordatlas WebApp**. Die Stellplatzdaten werden dort laufend überarbeitet und stehen online stets aktuell zur Verfügung.

17213 Göhren-Lebbin
€15,00 <10m

PopUp Camp Fleesensee, Tannenweg 1, ☎ 039932/80400
Inmitten der malerischen Naturlandschaft

POS: 53°28'25.46"N/12°29'50.46"E, Karte D3 (S. 6), D4
Platz: = 56 auf Wiese, Naturboden. WC. wird empfohlen. Über 70 m² große Stellplätze mit bequemer Zufahrt. Anmeldung an der Rezeption täglich von 12:00-20:00 Uhr. Ganzjährig geöffnet.
Preis: 15 € inkl. Strom, Wasser, Dusche, WC. Kostenfreie Nutzung der Resort-Shuttles, zzgl. Kurtaxe.
Kontakt: PopUp Camp Fleesensee, GOLF Fleesensee, ☎ 039932/80400, Mobil: 0172/4389902, popupcamp@fleesensee.de, fleesensee.de/popupcamp.
Gastro: Beach-Bar/Gastronomie am Platz. Brötchenlieferservice.
Freizeit: 2 km, 2 km, 2 km. Tennis, Fußballgolf, Squash, Anschluss ans Radwegenetz Mecklenburgische Seenplatte, 72-Loch-Golfanlage, Streichelzoo 2 km, Strand mit Beachvolleyball/Tischtennisfeld in Untergöhren am Fleesensee 4 km.

01824 Gohrisch
€27,40 <6m

Caravan Camping Sächsische Schweiz, Dorfstraße 181D, ☎ 035021/59107
Auf Wiesenstreifen vor dem Camping

POS: 50°54'54.51"N/14°6'26.04"E, Karte D12 (S. 15), G1
Platz: = 5 auf Wiese, Schotter. =5 WC CHEM GRAU. wird empfohlen. Kostenlose Mitnutzung aller Campingplatzeinrichtungen. Ganzjährig geöffnet. Ausnahme: 9.1.-28.2.
Preis: Ab 27,40 € inkl. Wasser, Entsorgung, WC, Müll-Entsorgung. Strom einmalig 2,50 € und 0,65 €/kWh, Dusche 0,60 €/3 min, Kurtaxe 2,30 €/Pers., Kurtaxe (7-17 J.) 1,80 €/Pers., WLAN 2 €/Tag, Hund 3 €, Sauna 6 €/2 h. 27,40-31,10 €. Jede weitere Pers. 8,40-9,80 €, Kind 4-6,10. Preisänderungen für 2023 vorgesehen.

Kontakt: Frau Becker, Herr Straßberger, ☎ 035021/59107, nfo@caravan-camping-saechsischeschweiz.de, www.caravan-camping-saechsischeschweiz.de.
Distanz: 0,1 km, 0,5 km, Ⓗ 0,5 km, 4 km.
Gastro: Gaststätte Falkensteinblick, warme Küche ab 14:00 Uhr (im Winter geschlossen).
Freizeit: 4 km. Tischtennis, Shuttle zum Elberadweg, Beach-Volleyball, geführte Wanderungen, Fußball, Elbe-Freizeitland 6 km.
POI: Malerweg, Nationalpark Sächsische Schweiz, Festung Königstein 4 km, Fels Lilienstein 4 km, Felsbrücke Bastei 6 km.

49424 Goldenstedt-Arkeburg — gratis

Haus im Moor, Arkeburger Straße 22, <12 m
☎ **04444/2694** Am Rande des Naturschutzgebietes Goldenstedter Moor

POS: 52°43'40.75"N/8°23'26.58"E, Karte D6 (S. 9), E1
Platz: = 5 auf Schotter. WC. Ganzjährig geöffnet.
Preis: Übernachtung gratis.
Kontakt: Naturschutz- u. Informationszentrum (NIZ), ☎ 04444/2694, haus-im-moor@niz-goldenstedt.de, www.niz-goldenstedt.de.
Distanz: Ⓗ 0 km, 7 km, 7 km.
Gastro: Buchweizenspezialitäten beim NIZ.
Freizeit: 7 km, 10 km, 10 km. Moor- und Obsterlebnispfad, Moorbahnfahrten, geführte Moorwanderungen.
POI: Moortunnel Museum Unter der Erde, Ringwallanlage Arkeburg 1 km, kleines Museum 7 km, Ostdeutsche Heimat- und Trachtenstuben 9 km.

95497 Goldkronach — gratis

Besucherparkplatz, Schulstraße, ☎ **09273/9840** <12 m
Nahe Innenstadt in ruhiger Lage

POS: 50°0'45.13"N/11°40'56.93"E, Karte D11 (S. 14), C3
Platz: = 15, = 2 (<12 m) auf Schotterrasen, Asphalt, Schotter. =4 (16 A) CHEM GRAU. Ganzjährig geöffnet.
Preis: Übernachtung gratis. Strom 1 €/8 h oder 2 €/16 h, Wasser 1 €/10 min. Bezahlung am Münzautomat. Freiwillige Abgabe von 5 € erwünscht.
Kontakt: Stadt Goldkronach, ☎ 09273/9840, poststelle@goldkronach.bayern.de, www.goldkronach.de.
Distanz: 0 km, weitere Restaurants in 0,5 km, 0,5 km, 0,5 km, Ⓗ 0,5 km.
Gastro: Pizzeria Zum Olli am Platz, Mi-So 17:00-22:00 Uhr, Mo-Di Ruhetag.
Freizeit: 12 km. Beachvolleyballplatz, Wandern/Radfahren im Fichtelgebirge, Badeweiher 2 km.

POI: Historische Felsenkeller 0,5 km, Goldbergbaumuseum 0,6 km, Goldwaschanlage 3 km, Besucherbergwerke 3 km.

73033 Göppingen — gratis

Wohnmobilstellplatz Schockensee, Mozartstraße, ☎ **07161/6504444** <10 m
Hinter dem Schockenseegelände der EWS-Arena

POS: 48°42'37.32"N/9°38'44.70"E, Karte D14 (S. 17), G2
Platz: = 8 auf Asphalt. CHEM GRAU. Schattig, ruhig. Aufenthalt max. 3 Nächte. Ganzjährig geöffnet.
Preis: Übernachtung gratis inkl. Entsorgung. Strom 0,50 €/kWh, Wasser 1 €/60 l.
Kontakt: Ipunkt im Rathaus, ☎ 07161/6504444, ipunkt@goeppingen.de, www.goeppingen.de.
Distanz: Ⓗ 0,1 km, 0,2 km, 0,8 km, weitere Restaurants in 0,9 km, 1 km.
Gastro: Hotel Restaurant Hohenstaufen. Ristorante Kaiserhof. Der Andechser.
Freizeit: 1,5 km. Handball-Bundesligaspiele Frisch auf Göppingen, Tierpark 0,4 km, Barbarossa Thermen 0,5 km, Wildgehege 2 km, Golfplatz 2,5 km.
POI: Stadtmuseum 0,5 km, Renaissanceschloss 1 km, Märklin-Museum 1,5 km, Hohenstaufen 8,5 km.

73037 Göppingen-Hohenstaufen — gratis

Naturstellplatz Aasrücken, Aasrücken Hohenstaufen, ☎ **07161/6504444** <8 m
Im Wandergebiet mit Ausblick

POS: 48°44'59.43"N/9°43'31.70"E, Karte D14 (S. 17), G2
Platz: = 1 auf Schotter. Aufenthalt max. 3 Nächte. Ganzjährig geöffnet.
Preis: Übernachtung gratis.
Kontakt: Ipunkt im Rathaus, ☎ 07161/6504444, ipunkt@goeppingen.de, www.goeppingen.de.
Distanz: Ⓗ 0,5 km, 1,4 km, 1,9 km, 8,5 km, 9,7 km (Wohnmobilstellplatz Schockensee, Mozartstraße, 73033 Göppingen).
Gastro: Berggaststätte Himmel & Erde.
Freizeit: Löwenpfad Staufer-Runde, Ausgangspunkt für Wanderungen rund um den Hohenstaufen.
POI: Ausstellung Die Staufer 1,4 km, Burgruine Hohenstaufen 1,6 km, Spielburg 1,8 km, Gipfel Hohenstaufen 1,9 km, Göppingen 8,5 km.

29475 Gorleben — €7,50

Sportboothafen Gorleben, Ringstraße, <8 m
☎ **0151/42418345** Am Anleger des Sportboothafens an einem Seitenarm der Elbe

POS: 53°2'59.40"N/11°21'5.00"E, Karte D3 (S. 6), B5
Platz: = 4 auf Rasengittersteinen. =4 (3 A). WC/Dusche im nahegelegenen Bootshaus (Schlüssel beim Hafenmeister). Geöffnet: Apr-Okt.
Preis: 7,50 € inkl. Müll-Entsorgung. Strom 2 €/5 h, Wasser 2 €/10 min, Dusche 1,50 €/Pers., WC 1,50 €.
Kontakt: Hafenmeister, Mobil: 0151/42418345, gemeinde@gorleben.de, www.gorleben.de.
Distanz: 0,2 km, weitere Restaurants in 0,5 km, 0,3 km, Ⓗ 0,4 km.
Freizeit: 8 km. Wassersport.
POI: Niedersächsische Elbtalaue, Biosphärenreservat.

02826 Görlitz — €20,00

Picobello Pension, Uferstraße 32, ☎ **03581/420010** In Altstadtnähe, an der Ochsenbastei und am Fluss Neiße <10 m

POS: 51°9'22.31"N/14°59'41.16"E, Karte D8 (S. 11), H5
Platz: = 2 auf Rasengittersteinen. Fahrrad-Verleih auf Anfrage. Ganzjähr. geöffnet.
Preis: 20 € inkl. Strom, Wasser. WLAN 3 €/24 h, Hund 5 €, Duschen einmalig 3 €/Pers. und / Nacht.
Kontakt: Pension Picobello, Herr Sebo, ☎ 03581/420010, info@pico-bello.com, www.picobello-pension.de.
Distanz: 0,1 km, weitere Restaurants in 0,1 km, 0,1 km, 1 km, 2 km (Rothenburger Straße 33, 02826 Görlitz).
Gastro: Biergarten und Terrasse.
Freizeit: Altstadt, Naturschutz-Tierpark Görlitz 2,5 km.
POI: Heiliges Grab, historisches Stadtzentrum, Altstadtbrücke 0,3 km, Dreifaltigkeitskirche 0,6 km, Polen 1 km.

02827 Görlitz — gratis

Hafen Görlitz, Hafenstraße 100, ☎ **035822/3774920** <8 m
Unbefestigter schattiger Parkplatz, im Süden des Berzdorfer Sees

POS: 51°4'18.75"N/14°57'19.91"E, Karte D8 (S. 11), H5
Platz: = 10 auf Schotter. Reservierung über das Hafencafé. WC im Hafencafé auf Anmeldung gegen Gebühr. Ganzjährig geöffnet.
Preis: Übernachtung gratis.
Kontakt: Hafen Görlitz, Herr Andreas Zimmermann, ☎ 035822/3774920, info@hafen-goerlitz.eu, hafen-goerlitz.eu.
Distanz: 0 km, 12,1 km.
Gastro: Hafencafé, Mi-So 11:00-18:00 Uhr, Mo-Di Ruhetag.
Freizeit: Aussichtsplattform, Badewiese.
POI: Altstadt Görlitz 12 km.

02827 Görlitz-Biesnitz — €20,00

Sport- und Freizeitparadies Rosenhof, Geschwister-Scholl-Straße 15, ☎ **03581/74820** >12 m
Hinter der Reit- und Sportanlage

POS: 51°8'9.29"N/14°57'49.77"E, Karte D8 (S. 11), H5
Platz: = 80 auf Naturboden, Pflaster, Wiese, Eco-

Raster/Gras, Rasengittersteinen. =40 WC CHEM GRAU. Ganzjährig geöffnet.

Preis: 20 € inkl. Strom, Wasser, Entsorgung, Dusche, WC, Müll-Entsorgung, WLAN, Kurtaxe. Jede weitere Pers. 5 €. Wohnmobil > 7 m 25 €.

Kontakt: Herr Daume jr., ☎ 03581/74820, service@rosenhof-goerlitz.de, www.rosenhof-goerlitz.de.

Distanz: 0 km, weitere Restaurants in 1,2 km, Ⓗ 0,3 km, 0,3 km, 4,5 km.

Gastro: Am Platz, Mo-So 8:00-21:00 Uhr, warme Küche Mi-So 17:00-21:00 Uhr. Brötchen vorbestellen.

Freizeit: 3 km, 2 km, 0,1 km. Hallenfußball, Bowlingbahn, Tennisplatz, Reitplatz, Squashanlage, Fitness Center, Kutschfahrten, Volleyball, Kegelbahn, Tischtennis, Sauna.

POI: Burghotel Landeskrone 3 km, historischer Stadtkern Görlitz 3 km.

06667 Goseck — €7,00

Reisemobilstellplatz Am Wald, Weststraße 3A, ☎ 03443/3365925 — <8m — neu

Am Waldrand nahe Schloss Goseck, zwischen Naumburg/Saale, Weißenfels, Freyburg/Unstrut

POS: 51°11'35.94"N/11°52'10.65"E, Karte D7 (S. 10), C5

Platz: P = 6, = 1 (<8 m) auf Wiese. =(10 A) WC CHEM GRAU. Müllentsorgung, Teppiche auf dem Rasen nicht erlaubt. R wird empfohlen. Anreise 1.4.-31.10. 14:00-22:00 Uhr, Abreise bis 13:00 Uhr. Anreise vom 1.11.-31.3. auf telefonische Anfrage. Geöffnet: Ostern-Okt, Nov-März auf telefonische Anfrage.

Preis: 7 €. Jede weitere Pers. 5 €, Strom 2,50 €/3 kWh oder 4 €/5 kWh oder 5,50 €/7 kWh, Wasser 1 €/100 l, Hund 1 €, Müllentsorgung 1 €. Bezahlung in bar, per Karte oder Paypal.

Kontakt: Doreen Friedrich, ☎ 03443/3365925, Mobil: 0172/7943039, campingamwald@web.de, www.campingamwald-goseck.de.

Distanz: 0,2 km, 0,5 km, 0,5 km.

Gastro: Frühstück auf Anfrage (10 €/Pers.). Brötchenservice im Dorfladen (So+Feiertag auf Anfrage am Stellplatz) 0,5 km. Weinverkostung im Weingut Goseck. Schlossschenke Goseck 0,5 km.

Freizeit: Saale-Radweg, Tischtennis, Wanderrundweg um Goseck.

POI: Schloss Goseck, Sonnenobservatorium Goseck, Naumburger Dom 10 km.

38640 Goslar — gratis

Parkplatz Füllekuhle, Bertha-von-Suttner-Straße, ☎ 05321/78060 — <8m

Öffentlicher Parkplatz im Stadtgebiet

2021 geprüft

POS: 51°54'38.80"N/10°25'2.16"E, Karte D6 (S. 9), H3

Platz: P / = 10 auf Pflaster. Gästebeitrag. Stellflächen leicht abschüssig, Straße in Hörweite. Ganzjährig geöffnet.

Preis: Übernachtung gratis. Gästebeitrag 2,30 €/Pers. Bezahlung in der Tourist-Info.

Kontakt: Tourist-Information Goslar, ☎ 05321/78060, marketing@goslar.de, www.goslar.de.

Distanz: Ⓗ 0,2 km, 0,6 km, 0,6 km, 0,8 km.

Gastro: Mehrere Restaurants in der Innenstadt.

Freizeit: 2,8 km, 1,7 km. Wandern, Mountainbiking, Harzrundfahrten, Stadtführungen, Einstieg ins Mountainbike-Wegenetz der Volksbank Arena Harz 0,5 km.

POI: Marktplatz mit Rathaus, zahlreiche Museen, Kirchen, Klöster, Bürger- und Gildehäuser, Weltkulturerbe Rammelsberg - Museum und Besucherbergwerk, Kaiserpfalz 1 km.

38690 Goslar-Vienenburg — gratis

Vienenburger See, Am Schacht 1, ☎ 05321/704115 — <12m

Auf einer Parkfläche am See

2022 geprüft

POS: 51°57'25.29"N/10°34'2.66"E, Karte D6 (S. 9), H3

Platz: P = 4 auf Pflaster. Aufenthalt max. 1 Tag. Ganzjährig geöffnet.

Preis: Übernachtung gratis.

Kontakt: Stadt Goslar, ☎ 05321/704115, buergerbuero@goslar.de, www.goslar.de.

Distanz: Ⓗ 0,3 km, 0,3 km, 0,3 km, 0,5 km.

Gastro: Bei Andreas (griech. Restaurant) 0,3 km.

Freizeit: 0,5 km. Tretboot fahren, Angeln, Vienenburger See 0,1 km, Harlyturm 1 km.

POI: Ältester Bahnhof Deutschlands mit Eisenbahnmuseum 0,8 km, Klostergut Wöltingerode 1,5 km.

76857 Gossersweiler-Stein — gratis

Wohnmobilparkplatz an der Berglandhalle, Schulweg 14, ☎ 06346/6789 — <10m

Auf dem Parkplatz unterhalb der Berglandhalle

2021 geprüft

POS: 49°9'40.00"N/7°56'8.00"E, Karte D9 (S. 12), D5

Platz: = 5 auf Schotter. Nur für autarke Wohnmobile, Aufenthalt max. 3 Tage. Ganzjährig geöffnet.

Preis: Übernachtung gratis.

Kontakt: Ortsgemeinde Gossersweiler-Stein, ☎ 06346/6789, ortsgemeinde@gossersweiler-stein.de, gossersweiler-stein.de.

Distanz: Ⓗ 1 km, 1 km, 1 km, 1 km.

Gastro: El Humano Pizza & Pasta 1 km.

Freizeit: Wandern rund um Gossersweiler-Stein.

POI: Ruine Madenburg bei Eschbach, Rötzenfels, Burg Berwartstein bei Erlenbach, Aussichtsturm 4 Burgen Blick.

91327 Gößweinstein — €20,00

Restaurant-Café und Hotel Krone, Balthasar-Neumann-Straße 9/ Burgstraße, ☎ 09242/207 — <6m

Eingefriedete Parkplätze im Ortszentrum

POS: 49°46'13.95"N/11°20'14.23"E, Karte D11 (S. 14), B4

Platz: P / = 1 auf Schotter. =1 (6 A) WC. R Ankunft bis 21:00 Uhr. WC und Versorgung im Hotel. Geöffnet: Apr-Okt.

Preis: 20 € inkl. Strom, Dusche, WC, WLAN. Für Restaurantgäste kostenlos. Jede weitere Pers. 5 €. Restaurantbesuch erwünscht.

Kontakt: Dominika Brendel, ☎ 09242/207, krone-goessweinstein@t-online.de, www.krone-goessweinstein.de.

Distanz: 0 km, Ⓗ 0,1 km, 0,1 km, 1 km.

Gastro: Warme Küche, 11:30-20:00 Uhr.

Freizeit: 1 km, 7 km, 1 km. Golfplatz 7 km.

POI: Basilika 0,1 km, Burg 0,5 km, mehrere Tropfsteinhöhlen 7 km, Falknerei, Sommerrodelbahn, Museen 7 km.

G

91327 Gößweinstein — €10,00

Wohnmobilstellplatz am Friedhof, Viktor-von-Scheffel-Straße, ☎ 09242/456 Im Ortskern hinter der Basilika — <10m

POS: 49°46'8.48"N/11°20'21.35"E, Karte D11 (S. 14), B4

Platz: P = 8 auf Pflaster. Beleuchtet. Leicht schräg, Auffahrkeile erforderlich. Keine Serviceeinrichtungen. Ganzjährig geöffnet.

Preis: 10 €.

Kontakt: Touristinformation Gößweinstein, ☎ 09242/456, info@goessweinstein.de, www.ferienzentrum-goessweinstein.de.

Anfahrt: Zufahrt von der Hauptstraße in die Viktor-von-Scheffel-Straße ist durch den Klosterbogen auf eine Durchfahrtshöhe von 2,5 m begrenzt. Größere Mobile müssen über Hauptstraße, Sportplatz und Viktor-von-Scheffel-Straße zum Stellplatz fahren.

Distanz: Ⓗ 0 km, 0,2 km, 0,2 km, 0,5 km.

Freizeit: Kajak fahren, Fliegenfischen an der Wiesent, Klettern, Wintersport, ausgewiesene Wanderwege.

POI: Pfarr- und Wallfahrtskirche zur Heiligsten Dreifaltigkeit 0,1 km, Burg Gößweinstein 0,5 km, mehrere Tropfsteinhöhlen 7 km.

99867 Gotha — gratis

Busparkplatz am Marstall, Parkallee, ☎ 03621/510450 — <10m

Neben dem zentralen Busparkplatz

POS: 50°56'38.55"N/10°42'34.65"E, Karte D11 (S. 14), A1

Platz: P = 3 auf Asphalt. WC. Ganzjährig geöffnet.

Preis: Übernachtung gratis.

Kontakt: Tourist-Information Gotha, ☎ 03621/510450, tiefbauamt@gotha.de, www.gotha-adelt.de.

Distanz: Ⓗ 0,2 km, 0,5 km, 0,6 km.

Gastro: Pagenhaus, Schloss Friedenstein.

Freizeit: 2 km, 2 km, 1 km.

POI: Herzogliches Museum 0,3 km, Schloss Friedenstein 0,5 km, Altstadt 0,9 km, Augustinerkloster 1 km, Marienglashöhle 17 km.

G

99867 Gotha gratis

Wohnmobilstellplatz Brückenstraße, Gothardstraße 14, ☎ 03621/510450 <8m
Auf einem Parkplatz, nahe Zentrum

POS: 50°56'59.77"N/10°42'45.33"E, Karte D11 (S. 14), A1
Platz: = 6 auf Asphalt. Ganzjährig geöffnet.
Preis: Übernachtung gratis.
Kontakt: Tourist-Info Gotha, ☎ 03621/510450, tourist-info@gotha-adelt.de, www.gotha-adelt.de.
Distanz: Ⓗ 0,2 km, 0,4 km, 0,4 km.
POI: Altstadt Gotha, Augustinerkloster und -kirche, Gustav-Freytag-Gedenkstätte, Buttermarkt, Dt. Versicherungsmuseum Ernst Wilhelm Arnoldi.

17207 Gotthun €21,00

Pension Müritzwiese, Müritzweg 11, ☎ 039931/53441 <10m
Gekennzeichnete Plätze an der Pension

POS: 53°25'16.00"N/12°35'30.00"E, Karte D3 (S. 6), D4
Platz: P / = 15 auf Pflaster, Wiese. =30 (16 A) WC CHEM GRAU. Hund nach Absprache. Ganzjährig geöffnet.
Preis: 21 € inkl. Wasser, Entsorgung, Dusche, WC, Müll-Entsorgung. Jede weitere Pers. 5 €, Kind (bis 14 J.) 4 €, Strom 3,50 €, Hund 3 €.
Kontakt: Petra Augustin, ☎ 039931/53441, Mobil: 0170/2060156, mueritzwiese@web.de, www.pension-mueritzwiese.de.
Distanz: 0,5 km, weitere Restaurants in 0,8 km, Ⓗ 1 km, 4 km, 4 km.
Gastro: Frühstück möglich. Landgasthof Gotthun 0,5 km.
Freizeit: 4 km, 5 km. Müritzradweg, Wassersport, Falknerei und Wisentgehege in der Nähe, Badestelle 1,2 km, Reithof 4 km, Fahrgastschifffahrt ab Röbel 4 km, Golfplatz 8 km.
POI: Feldsteinscheune 7 km, Agrarmuseum 15 km, Müritzeum 20 km.

37073 Göttingen €15,00

Badeparadies Eiswiese, Windausweg 60, ☎ 0551/507090 <10m
In den Leineauen nahe der Altstadt

POS: 51°31'17.86"N/9°55'47.76"E, Karte D6 (S. 9), G4
Platz: = 28 auf Schotter. =24 (16 A) WC CHEM GRAU. Aufenthalt max. 3 Tage, 12 Ausweichflächen (mit Strom) auf dem angrenzenden Pkw-Parkplatz, WC im Foyer des Badeparadieses, Dusche im Schwimmbad (Mo-Fr 7:30-22:30 Uhr, Sa-So 8:00-22:30 Uhr) oder im Freibad Brauweg (gegen Entgelt). Ganzjährig geöffnet.
Preis: 15 € inkl. aller Personen, Strom, Wasser, Entsorgung, WLAN. Dusche 1 €. Kontaktlose Bezahlung am Parkscheinautomat oder bar an der Badkasse.
Kontakt: Göttinger Sport- und Freizeit GmbH, ☎ 0551/507090, info@goesf.de, www.goesf.de.
Distanz: Ⓗ 0,1 km, 0,5 km, 0,5 km, weitere Restaurants in 0,5 km Entfernung.
Gastro: Bäckerei mit Café 0,2 km. Restaurant Poseidon.
Freizeit: 0,1 km, 0,1 km. Badeparadies.
POI: Altstadt 2 km.

54470 Graach/Mosel €15,00

Sun-Park Wohnmobilpark Graach/Mosel, Gestade 16 A, ☎ 06531/9719988 >12m
Am Moselufer, direkt an der Straße

2022 geprüft

POS: 49°56'5.76"N/7°3'38.83"E, Karte D9 (S. 12), B3
Platz: P = 140 auf Schotterrasen. =160 (16 A) CHEM GRAU. Bootsanleger. Wasser/WC/Dusche über PIN-Code. Geöffnet: Apr-Okt.
Preis: 15 € inkl. Strom, Wasser, Entsorgung, Müll-Entsorgung, WC. Jede weitere Pers. 2 €, Dusche 2 €/Pers.
Kontakt: Peter Kertels, ☎ 06531/9719988, info@sunpark-mosel.de, www.sunpark-mosel.de.
Distanz: Ⓗ 0,1 km, 0,5 km, weitere Restaurants in 1,8 km, 0,5 km, 2 km.
Gastro: Brötchenservice.
Freizeit: 2 km, 2 km. Moselschifffahrt, Moselradweg.

POI: Bernkastel-Kues 2 km, Burg Landshut 3 km, Cusanius Geburtshaus 3 km, Multimediales Weinmuseum 3 km, Traben-Trarbach 20 km.

18181 Graal-Müritz €20,00

Parkplatz Strandmitte, Muschelweg, ☎ 038206/7030 <8m
Öffentlicher Parkplatz im Ort, 0,5 km zur Ostsee

2021 geprüft

POS: 54°15'30.16"N/12°15'10.70"E, Karte D3 (S. 6), C2
Platz: P = 15 auf Wiese, Rasengittersteinen. GRAU. Aufenthalt max. 1 Nacht. Campingverhalten nicht erlaubt. Auf den für Wohnmobile ausgewiesenen Bereich achten. Ganzjährig geöffnet.
Preis: 20 €. Wasser 1 €/50 l, Kurtaxe 2 €/Pers.
Kontakt: Ostseeheilbad Graal-Müritz, ☎ 038206/7030, touristinformation.tuk@graal-mueritz.de, www.graal-mueritz.de.
Distanz: 0,2 km, 0,2 km, weitere Restaurants in 0,4 km, Ⓗ 1 km.
Freizeit: 0,2 km, 0,1 km. geführte Moorwanderungen, ambulante Kur, Aquadrom 0,1 km, Badestrand 0,5 km.
POI: Jagdschloss Gelbensande 10 km, Forst- und Köhlerhof Wiethagen und Freilichtmuseum Glockenhagen 12 km, Vogelpark Marlow 25 km.

19300 Grabow €5,00

Parkplatz am Hafen, Canalstraße 1, ☎ 038756/50342 <12m
Öffentlicher Parkplatz im Stadtzentrum

2022 geprüft

POS: 53°16'38.96"N/11°33'35.19"E, Karte D3 (S. 6), B5
Platz: P / = 18 auf Pflaster. WC CHEM GRAU. Sanitärgebäude barrierefrei. Keine direkte Grauwasserentsorgung möglich (kleine Behälter verwenden). Geöffnet: Mai-Sep.
Preis: 5 € inkl. aller Personen, Müll-Entsorgung. Strom 1 €/2 kWh, Wasser 0,50 €/100 l, Entsorgung 0,50 €, Dusche 1 €/3 min, WC 0,50 €. Bezahlung ausschließlich per Münzeinwurf am Automat (kein Wechselgeld).
Kontakt: Stadt Grabow, Hauptamt, Nele Dreyer, ☎ 038756/50342, info@grabow.de, www.grabow.de.
Distanz: 0,2 km, 0,2 km, 0,7 km, Ⓗ 0,8 km.
Gastro: Hotel Stadt Hamburg. Mediterranes Restaurant in der Canalstraße.
Freizeit: 1 km, 0,3 km. Museum mit wechselnden Ausstellungen 0,4 km, Waldbad 1 km.
POI: Altstadtkern mit Fachwerkhäusern 0,3 km, Kirche und Rathaus 0,3 km, Heimatmuseum 0,4 km.

94481 Grafenau
€10,00 <12m

Wohnmobilstellplatz am Kurpark, Galgenau 7, ☎ 08552/962343
Abgeteilter Bereich auf dem Park- und Festplatz

2021 geprüft

POS: 48°51'17.00"N/13°24'11.85"E, Karte D16 (S.19), F1
Platz: P = 18 auf Rasengittersteinen. =9 (13A) CHEM GRAU . Ganzjährig geöffnet. Ausnahme: Sperrung in der 1. Juli-Woche wegen Großveranstaltung (siehe Website).
Preis: 10€ inkl. Entsorgung, Müll-Entsorgung, WLAN. Strom 0,70€/kWh, Wasser 0,10€, Kurtaxe (ab 18J.) 1,95€/Pers., Kurtaxe (ab 6J.) 0,90€/Pers. Bezahlung am Automat mit Kreditkarte, EC-Karte oder in bar (nur Münzen).
Kontakt: Tourist-Info, ☎ 08552/962343, tourismus@grafenau.de, www.grafenau.de.
Distanz: Ⓗ 0,3km, 0,5km, 0,6km, 0,8km.
Freizeit: 0,3km, 1km, 1km. Sommerrodelbahn, Familienprogramme, Kneippanlage 0,2km, Minigolf 0,3km, Nationalpark Bayerwald 11km.
POI: Museen 0,5km, Bauernmöbel- und Schnupftabakmuseum 0,5km, Altstadt 0,8km.

91322 Gräfenberg-Haidhof
€20,00 <12m

Hotel Schloßberg mit Parkanlage, Haidhof 5, ☎ 09197/62840
Hinter Parkanlage des Hotels, ruhige Lage

POS: 49°41'18.94"N/11°13'21.05"E, Karte D11 (S.14), B4
Platz: = 5 auf Wiese, Rasengittersteinen. . Nur für autarke Wohnmobile. WLAN im Hotel und Restaurant. Geöffnet: April-Okt. Ausnahme: Im August 2 Wochen geschlossen.
Preis: 20€ inkl. Strom, Wasser. 1.4.-31.10. 20€.
Kontakt: ☎ 09197/62840, info@hotel-schlossberg.com, www.hotel-schlossberg.com.
Distanz: , Ⓗ 0,5km, 0,5km, 3km.
Gastro: Hotel Schloßberg, Mi-Sa 11:00-20:00 Uhr, So 11:00-14:00 Uhr, Mo-Di Ruhetag.
Freizeit: 8km, 8km. Pit-Pat-Anlage im Park.
POI: Brauereien 3km, Basilika 14km, Höhlen 15km.

79865 Grafenhausen
gratis <10m neu

Wohnmobilstellplatz Grafenhausen, Rothauser Straße, ☎ 07652/12068571 Am südlichen Rand des Hochschwarzwaldes

2022 geprüft

POS: 47°47'10.40"N/8°14'42.70"E, Karte D13 (S.16), D4
Platz: P = 9 auf Schotter. . Aufenthalt max. 24 h. Ganzjährig geöffnet.
Preis: Übernachtung gratis.
Kontakt: Tourist-Information Rothauser Land, ☎ 07652/12068571, grafenhausen@hochschwarzwald.de, www.grafenhausen.de.
Distanz: 0,3km, 0,3km, 0,4km, Ⓗ 0,4km.
Gastro: Brauerei Rothaus mit Brauereibesichtigung, Genusswelt mit Biergarten und vieles mehr 1,6km.
Freizeit: 1,5km, 2km. Wandern, Radfahren, Klettern, Wintersport-Skilift Rothaus, Schlühüwanapark, Genießerpfad - Rappenfelsensteig, Naturpark Südschwarzwald, Schluchsee 6,4km.
POI: Schwarzwaldhaus der Sinne, Heimatmuseum Hüsli.

97506 Grafenrheinfeld
€6,00 <10m

Wohnmobilstellplatz am Naturbadesee, Hermasweg, ☎ 09723/91330
Halbrund angelegtes Areal am Naturbadesee

2020 geprüft

POS: 50°0'31.55"N/10°12'9.88"E, Karte D10 (S.13), H3
Platz: P = 9 auf Schotter. =10 CHEM GRAU. Leinenpflicht für Hunde. Ganzjähr. geöffnet.
Preis: 6€ inkl. aller Personen, Entsorgung, Müll-Entsorgung. Strom 0,50€/kWh, Wasser 1€/100l. Bei defektem Parkscheinautomat Gebühr in der Bibliothek oder im Rathaus bezahlen.
Kontakt: Tourist-Info, ☎ 09723/91330, gemeinde@grafenrheinfeld.de, www.grafenrheinfeld.de.
Distanz: 0,3km, weitere Restaurants in 0,5km, Ⓗ 0,7km, 0,7km, 0,7km.
Gastro: Kiosk am Badesee. Gaststätte Reiterklause.
Freizeit: 5km, 5km, 3km. Bildstockwanderweg, Naherholungsanlage Altmainschleife Nord mit Sportstätten, Naturbadesee mit Sandstrand.
POI: Georg-Schäfer-Museum, Pfarrkirche Kreuzauffindung, Amtsvogtei, Kirchenschatzmuseum 0,7km.

92655 Grafenwöhr
gratis <10m

Wohnmobilstellplatz Am Waldbad, Am Waldbad, ☎ 09641/92200
Zwischen Spielplatz und Sportpark

POS: 49°43'3.13"N/11°55'20.37"E, Karte D11 (S.14), C4
Platz: P = 6, = 2 (<10m) auf Schotter. CHEM GRAU . VE im Winter eingeschränkt. Anfahrt 24 h. Aufenthalt max. 3 Tage. Ganzjährig geöffnet.
Preis: Übernachtung gratis. Strom, Wasser und Entsorgung gegen Gebühr.
Kontakt: Stadt Grafenwöhr, ☎ 09641/92200, grafenwoehr.de.
Distanz: 0,1km, weitere Restaurants in 1km, Ⓗ 1km, 1,5km, 1,5km.
Freizeit: Beheiztes Waldbad, Mega Fun Indoorpark.
POI: Altstadt, Kultur- und Militärmuseum 2km.

53501 Grafschaft-Holzweiler
gratis <10m

Panorama Sauna, Panoramaweg 2, ☎ 02641/97030
Großer Parkplatz am Erholungscenter

POS: 50°33'38.70"N/7°3'14.23"E, Karte D9 (S.12), B2
Platz: = 15, = 5 (<10m) auf Naturboden, Schotter. . Leinenpflicht für Hunde. Ganzjährig geöffnet. Ausnahme: 24.12.-26.12., 31.12.-1.1.
Preis: Übernachtung gratis.
Kontakt: Ralf Schmidt, ☎ 02641/97030, info@panoramasauna.de, www.panoramasauna.de.
Distanz: 3km, Ⓗ 3km, 3km.
Gastro: Landhaus Holzweiler im Ort. Café und Restaurant im Center.
Freizeit: 7km. Sauna, Massage, Wellness im Gesundheits- und Erholungscenter mit Whirl-Pools, Sonnenstudio und FKK-Freigelände, Sommerrodelbahn 2km, Rotweinwanderweg Ahrtal 3km, Casino Bad Neuenahr 7km, Nürburgring 20km.
POI: Schloss Münchhausen 5km, Kloster Calvarienberg 6km, Schaffenburg 6km.

82491 Grainau
€18,00 <10m Gutschein

G

Camping Erlebnis Zugspitze Wohnmobilhafen Zugspitze, Griesener Straße 2, ☎ 08821/9439111
An der Loisach am Fuße der Zugspitze

2021 geprüft

POS: 47°28'49.38"N/11°3'17.99"E, Karte D15 (S.18), B5
Platz: P = 66 auf Schotterrasen. =66 (16A) CHEM GRAU . R nur bei Gruppen. Nutzung der Busverbindungen ist in der Kurtaxe (Gästekarte) enthalten. Ganzjährig geöffnet.
Preis: Ab 18€ inkl. Entsorgung, Dusche, Müll-Entsorgung, WLAN, WC. Strom 0,80€/kWh, Kurtaxe 3,50€/Pers., Kurtaxe (6-15J.) 1,50€/Pers., Hund 3€. 9.1.-16.2. 18€, 27.2.-30.3. 18€, 17.4.-17.5. 18€, 6.11.-21.12. 18€, 17.2.-26.2. 28€, 31.3.-16.4. 28€, 18.5.-5.11. 28€, 22.12.-7.1. 30€. Jede weitere Pers. 10,50-13€, Kind (6-14 J.) 6,50-9€. Wasser gegen Gebühr.
Kontakt: Rezeption, ☎ 08821/9439111, office@pure-camping.de, www.pure-camping.de.
Distanz: 0,1km, Ⓗ 0,1km, 0,4km, 3km.
Gastro: Restaurant Schmölzer Wirt 0,4km, Mo-So 11:30-22:00 Uhr.
Freizeit: 3km, 3km, 2km. Kanu fahren, E-Bike-Verleih im gegenüberliegenden Camping Resort Zugspitze 0,5km.
POI: Alpspitz/Kreuzeckbahn 2km, Garmisch-Partenkirchen 3km, Kloster Ettal 10km.

Tipp

Unser komfortabler Wohnmobilhafen in idyllischer Lage am Fuße des Zugspitz-Plateaus garantiert Ihnen einen angenehmen Aufenthalt. Auch Kurzzeit-Gäste finden hier bequem Stellmöglichkeiten. Unser Wohnmobilhafen ist als Top-Platz ausgezeichnet und der ideale Zwischenstopp auf dem Weg in den Süden!

G

99428 Grammetal-Obernissa €10,00 <8m

Stellplatz Lassek, Kalte Küche 7A, ☎ 036203/50837 Leicht schräges Wiesengelände am Dorfrand

2021 geprüft

POS: 50°57'11.56"N/11°8'55.06"E, Karte D11 (S.14), B1
Platz: P = 10 auf Wiese, Schotter. =10 (10 A) CHEM GRAU . Ganzjährig geöffnet. Ausnahmen: Sperrung bei Schnee.
Preis: 10 € inkl. Müll-Entsorgung. Strom 3 €, Wasser 2 €/100 l, Entsorgung 0,50 €.
Kontakt: Familie Lassek, ☎ 036203/50837, Mobil: 0173/3867109, fam.lassek@web.de, www.womos-obernissa.de.
Distanz: 0,2 km, 0,3 km, 4 km.
Gastro: Brötchenservice. Restaurant Zur Eintracht 0,3 km, warme Küche 18:00-22:00 Uhr.
Freizeit: 10 km, 10 km. Boot fahren, Reithalle 1 km, Finnland-Sauna in Sohnstedt 2 km.
POI: Sterzingorgel Büssleben 5 km, Erfurt mit Dom 10 km, Weimar 12 km, Buchenwald 20 km.

28879 Grasberg gratis <8m

Stellplatz am P&R-Parkplatz, Wörpedorfer Straße 18, ☎ 04208/91750 Im Ortszentrum

POS: 53°11'0.16"N/8°59'0.21"E, Karte D2 (S.5), F5
Platz: P = 10 auf Schotter, Schotterrasen. =6 (16 A) CHEM GRAU . B nur bei Gruppen. Ganzjährig geöffnet.
Preis: Übernachtung gratis inkl. Entsorgung. Strom 1 €/6 h, Wasser 1 €/15 l.
Kontakt: Gemeinde Grasberg, ☎ 04208/91750, info@grasberg.de, www.grasberg.de.
Distanz: 0,1 km, 0,1 km, 0,2 km, weitere Restaurants in 1 km, 0,5 km.
Freizeit: 5 km, 5 km, 4 km. Golfplatz 4 km.
POI: Worpswede 6,4 km, Freilichtbühne Lilienthal 8,7 km, Teufelsmoor 13,9 km, Hansestadt Bremen 25,4 km.

94541 Grattersdorf €15,00 <12m

Reiterhof Georg Mühlbauer, Untere Hofmark 36, ☎ 09904/846510 Auf einer Wiese, geschützt durch Sträucher und Hecken

POS: 48°48'24.78"N/13°8'50.09"E, Karte D16 (S.19), F1
Platz: P = 3 auf Wiese, Schotter. =3 WC CHEM GRAU . Gemeinschaftsraum, überdachter Stadl/Biergarten mit Arkaden. B Für Clubtreffen erweiterungsfähig, Kinder willkommen. Ganzjährig geöffnet.
Preis: 15 € inkl. Wasser, WC, Müll-Entsorgung. Kind (ab 5 J.) 5 €, Strom 2 €, Entsorgung 2 €, Dusche 2,50 €/Pers., Waschmaschine/Trockner je 2,50 €. Bei Nutzung einer Klimaanlage Strom nach Verbrauch.
Kontakt: Familie Mühlbauer, ☎ 09904/846510, info@reiterhof-muehlbauer.de, www.reiterhof-muehlbauer.de.
Distanz: 0,5 km, 0,5 km, 0,5 km, 0,5 km.
Gastro: Frühstücksservice.
Freizeit: 5 km, 5 km. Thementage wie Kräuterwanderungen und Kochvorführungen, Wanderrundwege, Mithilfe bei der Apfelernte, Pferdekutsch- und -schlittenfahrt, Nordic-Walking-Zentrum Grattersdorf, Mountainbiking, geführte Reitwanderungen, -unterricht, Tennisplatz 3 km, Feng-Shui-Kurpark mit Badeweiher 3 km, Angeln 3 km, Kneipp-Anlage 4 km, Skigebiet Steinberg-Langfurth 5 km.
POI: Felsenhöhle St. Gunther 3 km, Fahrzeug- und Kunstmuseum 5 km, St. Mauritius-Basilika Niederalteich 10 km.

36323 Grebenau gratis <12m

Stellplatz Grebenau, Borngasse 20, ☎ 06646/9700 Im Zentrum neben dem Feuerwehrgerätehaus

POS: 50°44'29.03"N/9°28'19.83"E, Karte D10 (S.13), G1
Platz: P = 5 auf Pflaster. =5 (6 A) CHEM GRAU. B nur bei Gruppen. Ganzjährig geöffnet.
Preis: Übernachtung gratis inkl. Strom, Wasser, Entsorgung. Briefkasten für freiwillige Spenden vorhanden.
Kontakt: Stadtverwaltung Grebenau, ☎ 06646/9700, info@grebenau.de, www.grebenau.de.
Distanz: 0,1 km, 0,1 km, 0,2 km, weitere Restaurants in 5 km, 0,3 km.
Freizeit: 15 km. Naturteich Schwarzenbach mit Grillstelle 0,5 km.
POI: Burg Herzberg 10 km, Altstadt Alsfeld 17 km, Fachwerkstadt Lauterbach 17 km, Bad Hersfeld 25 km.

36355 Grebenhain €6,00 <10m

Wohnmobilstellplatz Hochwaldhausen, Hindenburgstraße/Info-Haus, ☎ 06643/8117 Am Kurpark Ilbeshausen-Hochwaldhausen

POS: 50°31'10.97"N/9°19'3.34"E, Karte D10 (S.13), F2
Platz: = 8 auf Schotterrasen. =3 WC GRAU . Wasser nur außerhalb der Frostperiode. Ganzjährig geöffnet.
Preis: 6 €. Jede weitere Pers. 1,50 €, Strom 0,50 €/kWh, Wasser 1 €, Entsorgung 0,50 €.
Kontakt: Info-Haus Hochwaldhausen, ☎ 06643/8117, infohaus@gemeinde-grebenhain.de, www.grebenhain.de.
Distanz: 0,3 km, 0,3 km, 5 km.
Freizeit: 5 km, 10 km. Geführte Naturpark-Wanderungen, Vulkan-Radweg 0,2 km.
POI: Teufelsmühle 0,5 km, Naturpark Hoher Vogelsberg 0,5 km, Hoherodskopf 6 km.

34393 Grebenstein €5,00 <8m

Stellplatz Grebenstein, Sauertal, ☎ 05674/7050 Zentral gelegen am Diemel-Esse-Fulda-Radweg

POS: 51°26'56.00"N/9°24'31.50"E, Karte D6 (S.9), F4
Platz: P = 6 auf Schotterrasen. =6 CHEM GRAU. Ganzjährig geöffnet. Ausnahme: Sperrung am 2. Juli-Wochenende während des Vieh- und Jahrmarkts.
Preis: 5 € inkl. aller Personen, Hund. Strom 0,50 €/kWh, Wasser 1 €, Entsorgung 1 €.
Kontakt: Stadt Grebenstein, ☎ 05674/7050, rathaus@stadt-grebenstein.de, www.grebenstein.de.
Distanz: 0,2 km, 0,5 km, 0,5 km, 0,5 km, weitere Restaurants in 1 km.
Freizeit: 0,2 km. Radfahren, Stadtführungen, Literarische DenkLehrPfade.
POI: Ackerbürgermuseum, Burgruine, mittelalterliche Altstadt 0,5 km, Hagenmühle 0,6 km.

91171 Greding €16,50 <12m

Hotel, Restaurant & Camping Bauer-Keller, Kraftsbucher Straße 1, ☎ 08463/64000 Der ideale Zwischenstopp

POS: 49°2'26.13"N/11°20'59.77"E, Karte D11 (S.14), B5
Platz: P = 80 auf Schotterrasen, Schotter, Wiese, Naturboden. =80 (6 A) WC CHEM/Bio GRAU . Anreise nur von 11.00-22.00 Uhr, flexible Abreise (spätestens 11.00 Uhr). Keine Entsorgung von Chemietoiletten. Ganzjährig geöffnet. Ausnahme: 1.11.-28.12.
Preis: 16,50 € inkl. Wasser, Entsorgung, WC, Müll-Entsorgung, WLAN. Kind (ab 13 J.) 3 €, Kind (2-12 J.) 2 €, Strom 4 €, Dusche 0,50 €/3 min.
Kontakt: Daniel Bauer, ☎ 08463/64000, info@hotel-bauer-keller.de, www.hotel-bauer-keller.de.
Distanz: 0 km, 0,3 km, 0,5 km, 0,5 km.
Gastro: Am Platz, Mo-Do 17:00-21:00 Uhr, Fr-So 11:30-14:00 Uhr und 16:00-21:00 Uhr, Feiertag 11:30-14:00 Uhr und 16:00-21:00 Uhr. Brötchenservice auf Vorbestellung im Hotel. Frühstück im Restaurant (7:00-9:00 Uhr, vorher reservieren).
Freizeit: 8 km, 0,5 km, 11 km.
POI: Mittelalterlicher Stadtkern, Martinskirche mit Gebeinhaus sowie Museum Natur und Mensch in Greding, Heimbacher Bildstockweg 6 km.

Vor der Anreise empfehlen wir, Kontakt mit dem Betreiber aufzunehmen, um die Auslastung des Stellplatzes abzufragen.

47929 Grefrath gratis

Stellplatz Niers-Perle-Oedt, Mühlengasse, ☎ 02158/4080210 <10m
Auf dem zentralen Kirmesplatz im Ortsteil Oedt

POS: 51°19'22.69"N/6°22'35.37"E, Karte D5 (S. 8), A5
Platz: = 7 auf Pflaster. CHEM. Aufenthalt max. 3 Tage, Stellplatzpaten sorgen für Beratung, Betreuung und überwachen den Platzzustand. Ganzjährig geöffnet.
Preis: Übernachtung gratis.
Kontakt: Michael Schmidt, ☎ 02158/4080210, remis-oedt@t-online.de, www.grefrath.de.
Distanz: 0,3 km, 0,3 km, Ⓗ 0,3 km, 0,4 km.
Gastro: Trattoria Turii 0,3 km.
Freizeit: 4 km, 4 km, 4 km. Paddeln auf der Niers, Naturpark Schwalm-Nette, Rundflüge, Flugplatz Niershorst 3 km.
POI: Burg Uda 0,1 km, Niederrheinisches Freilichtmuseum Grefrath 4 km.

17489 Greifswald €20,00

Caravan-Camping am Museumshafen, Marienstraße 9, ☎ 03834/512101 <10m
Am Museumshafen am Greifswalder Bodden

2022 geprüft

POS: 54°5'55.09"N/13°23'22.51"E, Karte D4 (S. 7), E2
Platz: = 22, = 5 (<10 m) auf Pflaster, Schotter, Rasengittersteinen, Wiese, Schotterrasen. =22 (16 A) WC CHEM/Bio GRAU. Service-Telefon für spätere Anreise, auch Reparatur und Werkstatt. Ganzjährig geöffnet.
Preis: Ab 20 € inkl. Strom, Entsorgung, WC, Müll-Entsorgung, Hund. Jede weitere Pers. 2,50 €, Wasser 2 €/100 l, Dusche 1 €/4 min, WC-Kassettenentsorgung 0,50 €, VE für Durchreisende 5 €, Waschmaschine/Trockner je 5 €. Kind frei. Komfort-Stellplatz 24 €. Tagesparkticket (bei freier Kapazität) 5 €.
Kontakt: Caravancamping Fasten, Herr M.und K. Fasten, ☎ 03834/512101, Mobil: 0174/6948083, bootefasten@web.de, www.ferien-fasten.de.
Distanz: 0,3 km, Ⓗ 0,5 km, 0,8 km, 1 km.
Gastro: Viele Restaurants in der Altstadt.
Freizeit: 5 km, 4,5 km, 3 km. Ostseeradweg, Bootsverleih, Yachtzentrum Hause-Yachts, Dampferfahrt, Segelkurse.
POI: Fischerdorf, Max-Planck-Institut, Theater, Altstadt, Backsteingotik (ca. 8 min.), Museumshafen 0,2 km, Landesmuseum 1 km, Klosterruine Eldena 4 km, Holländische Zugbrücke 5 km.

17489 Greifswald €5,00

Parkplatz Ladebow/Max-Reimann-Straße, Max-Reimann-Straße, ☎ 03834/855901 Öffentlicher Parkplatz für Pkw und Wohnmobil <8m neu

POS: 54°5'47.98"N/13°26'39.14"E, Karte D1 (S. 4), E2
Platz: = 126 auf Eco-Raster/Gras, Pflaster, Schotterrasen. Ganzjährig geöffnet.
Preis: 5 €. Parkschein für mehrere Tage im Voraus lösbar.
Kontakt: ☎ 03834/855901, info@parkraumbewirtschaftung-greifswald.de, www.parkraumbewirtschaftung-greifswald.de.
Anfahrt: Für Wohnmobile bis 3,5 t.
Distanz: 4 km, 4 km, 4 km, 6,7 km (Caravan-Camping am Museumshafen, Marienstraße 9, 17489 Greifswald).
Gastro: Mehrere Restaurants in der Altstadt.
Freizeit: 9,5 km, 9,5 km. Strandbad Eldena 1,2 km, Dampferfahrt 2 km, Tierpark Greifswald 7 km.
POI: Pommersches Landesmuseum 7,4 km, Klosterruine Eldena 11,9 km, Lubmin 12,1 km.

17489 Greifswald €5,00

Parkplatz Salinenstraße/Museumshafen Nord, Ladebower Chaussee 11, ☎ 03834/855901 Öffentlicher Parkplatz für Pkw und Wohnmobile <8m

POS: 54°6'2.91"N/13°22'54.49"E, Karte D1 (S. 4), E2
Platz: = 200 auf Schotterrasen, Pflaster, Eco-Raster/Gras. Ganzjährig geöffnet.
Preis: 5 €. Parkschein für mehrere Tage im Voraus lösbar.
Kontakt: ☎ 03834/855901, info@parkraumbewirtschaftung-greifswald.de, www.parkraumbewirtschaftung-greifswald.de.
Anfahrt: Für Wohnmobile bis 3,5 t.
Distanz: Ⓗ 0,5 km, 0,8 km, 0,8 km, 0,8 km, 2 km (Caravan-Camping am Museumshafen, Marienstraße 9, 17489 Greifswald).
Gastro: Mehrere Restaurants in der Altstadt.
Freizeit: 5 km, 4,5 km, 3 km. Bootsverleih 2 km, Segelkurs 2 km, Dampferfahrt 2 km.

17489 Greifswald €5,00

Parkplatz Strandbad Eldena, Yachtweg, ☎ 03834/855901 Öffentlicher Parkplatz für Pkw und Wohnmobile <8m neu

POS: 54°5'32.50"N/13°27'0.25"E, Karte D1 (S. 4), E2
Platz: = 50 auf Eco-Raster/Gras, Pflaster, Schotterrasen. Ganzjährig geöffnet.
Preis: 5 €. Parkschein für mehrere Tage im Voraus lösbar. Bezahlung am Parkscheinautomat.
Kontakt: ☎ 03834/855901, info@parkraumbewirtschaftung-greifswald.de, www.parkraumbewirtschaftung-greifswald.de.
Distanz: 0,1 km, 0,1 km, Öffentliches WC 0,4 km, 4,6 km, 4,9 km (Caravan-Camping am Museumshafen, Marienstraße 9, 17489 Greifswald).
Gastro: Mehrere Restaurants in der Altstadt.
Freizeit: 3,7 km, 3,7 km, 0,1 km. Bootsverleih, Strandbad Eldena, Dampferfahrt, Segelkurs.
POI: Klosterruine Eldena 0,1 km, Pommersches Landesmuseum 5,4 km, Schloss Ludwigsburg 11,2 km.

17489 Greifswald €5,00

Parkplatz Wieck/An der Mühle, An der Mühle 4, ☎ 03834/855901 Öffentlicher Parkplatz für Pkw und Wohnmobile <8m neu

POS: 54°5'32.49"N/13°26'43.80"E, Karte D1 (S. 4), E2
Platz: = 125 auf Eco-Raster/Gras, Pflaster, Schotterrasen. WC. Ganzjährig geöffnet.
Preis: 5 €. Parkschein für mehrere Tage im Voraus lösbar. Zugang zu Dusche/WC beim Hafenmeister 2 €/Pers.
Kontakt: ☎ 03834/855901, info@parkraumbewirtschaftung-greifswald.de, www.parkraumbewirtschaftung-greifswald.de.
Anfahrt: Für Wohnmobile bis 3,5 t.
Distanz: 0 km, weitere Restaurants in 4 km, 0,4 km, 4,2 km, 4,4 km (Caravan-Camping am Museumshafen, Marienstraße 9, 17489 Greifswald).
Gastro: Mehrere Restaurants in der Innenstadt.
Freizeit: 3,2 km, 3,2 km. Strandbad Eldena 0,2 km, Dampferfahrt 0,2 km, Segelkurs 0,2 km, Bootsverleih 0,3 km, Tierpark 5,9 km.
POI: Klosterruine Eldena 1 km, Pommersches Landesmuseum Greifswald 4,9 km, Schloss Ludwigsburg 10,7 km.

48268 Greven €13,50

Camp Marina, Fuestruper Straße 37, ☎ 02571/3896 Am Yachthafen Alte Fahrt Fuestrup am Dortmund-Ems-Kanal >12m

POS: 52°2'43.93"N/7°41'7.52"E, Karte D5 (S. 8), C3
Platz: = 90 auf Wiese. =90 (6/16 A) WC CHEM GRAU. Pavillon mit großem Grill und Feuerstelle, Tischen und Bänken, Verkauf von Angelkarten, E-Bike-Ladestation. Aufenthalt unbegrenzt, Abfahrt bis 14:00 Uhr. Ganzjährig geöffnet.
Preis: Ab 13,50 € inkl. aller Personen, Entsorgung, WC, Müll-Entsorgung, WLAN, Hund. Wasser 0,50 €/50 l, Dusche 1 €/6 min, Waschmaschine 3 €, Trockner 2,50 €. 13,50-16 € je nach Lage. Strom (6 A) 3,25 €/Tag, (16 A) 5,85 €/Tag.
Kontakt: Fuestrup Mittelpunkt, ☎ 02571/3896, Mobil: 0170/2383896, info@camp-marina.de, www.fuestrup.de.
Distanz: Ⓗ 0,4 km, weitere Restaurants in 2 km Entfernung, 3 km, 10 km.
Gastro: Brötchenservice auf Vorbestellung.
Freizeit: 8 km, 8 km. Wassersport, Angeln, Ems-Auen-Weg.
POI: Vogelschutzgebiet Rieselfelder 2 km, Ausflugsort Gimbte 4 km, Stadt Greven 8 km, Stadt Münster 8 km.

24241 Grevenkrug €35,00

Hotel-Restaurant Auerhahn, An der B4 Nr. 6, ☎ 04322/2288 <12m
Typisch holsteinischer Landgasthof

2021 geprüft

POS: 54°13'5.67"N/10°1'21.38"E, Karte D2 (S. 5), G2
Platz: = 50 auf Asphalt. =128 (50 A) WC. Aufenthalt unbegrenzt. Für Club-Treffen geeignet. Ganzjährig geöffnet.

G

Preis: 35 € inkl. Wasser, Dusche, WC. Strom 1,80 €/kWh. WLAN auf Anfrage gratis.
Kontakt: Auerhahn Hotel und Restaurant, Jörn Schüler, ☎ 04322/2288, info@auerhahn-grevenkrug.de, www.auerhahn-grevenkrug.de.
Distanz: 0 km, Ⓗ 1 km, 5 km, 5 km.
Gastro: Restaurant am Platz, warme Küche Mo-So 18:00-20:00 Uhr. Frühstücksbüfett, Mo-Fr ab 6:00 Uhr, am Wochenende ab 8:00 Uhr, 15 €/Pers.
Freizeit: 5 km, 15 km. Sportzentrum Bordesholm 8 km.
POI: Museumsdorf 3 km.

23936 Grevesmühlen €10,00 <12m

Hotel am See, Klützer Straße 17a, ☎ 03881/7270 Am Ortsausgang

POS: 53°52'6.55"N/11°10'55.59"E, Karte D3 (S. 6), B3
Platz: = 2 auf Asphalt. WC. Stellplätze können von Bussen belegt sein, bitte vorher anrufen. WC im Hotel. Ganzjährig geöffnet. Ausnahme: 24.12.
Preis: 10 €.
Kontakt: Angela Sieber, ☎ 03881/7270, hotel-am-see@bibendi.de, grevesmuehlen-hotel.de.
Distanz: Ⓗ 0,1 km, 0,2 km, 0,5 km.
Gastro: Restaurant am Platz, warme Küche Mo-Fr 17:00-21:00 Uhr, Sa/So ab 12:00 Uhr. Frühstück im Hotel (12,50 €/Pers.).
Freizeit: 1 km, 1 km. Spaßbad Wonnemar in Wismar 15 km.
POI: Klützer Mühle (1902) 1,5 km, Steinzeitdorf, Kussow 10 km, Schloss Bothmer 15 km.

04668 Grimma €7,00 <12m

Caravanplatz Grimma, Nerchauer Straße 7, ☎ 0176/97343391 Beim Flussufer der Mulde

POS: 51°14'30.26"N/12°44'15.71"E, Karte D7 (S. 10), D5
Platz: = 40 auf Pflaster, Wiese. =50 (16 A) CHEM GRAU. Leinenpflicht für Hunde. nur bei Gruppen. Nachts beleuchtet. Telefonische An- und Abmeldung erwünscht. Ganzjährig geöffnet.
Preis: 7 €. Strom 1 €/kWh, Wasser 1 €/100 l, Entsorgung 3 €. 35 €/Woche.
Kontakt: M&D Gastro Service Grimma, Mandy Neubauer, ☎ 0176/97343391, mihori@hotmail.de.
Distanz: 1 km, 1 km, 1 km, Ⓗ 1 km.
Gastro: Imbiss.
Freizeit: 8,2 km, 2,2 km. Wassersport, Beachvolleyball, Stadtführung, Ausflugsfahrten mit dem Schiff, Kegeln.
POI: Dorf der Sinne Höfgen 3,9 km.

24376 Grödersby €22,00 <10m

Stellplatz Wassersportgemeinschaft Arnis/Grödersby e.V., Friedenshöherstraße 21, ☎ 04642/4421 Im Arnisser Noor

POS: 54°38'3.87"N/9°55'47.04"E, Karte D2 (S. 5), G1
Platz: = 20 auf Schotterrasen. =20 (10 A) WC CHEM GRAU. Leinenpflicht für Hunde, E-Bike-Verleih, Slipanlage. Anfahrt 24 h durch Münzgerät an Einfahrtsschranke möglich, Anmeldung beim Hafenmeiser 8:00-9:00 Uhr und 17:00-19:00 Uhr. Geöffnet: 1.5.-30.9.
Preis: 22 € inkl. aller Personen, Strom, Wasser, Entsorgung, Dusche, WC, Müll-Entsorgung, WLAN. 25 € bei mehr als 2 Pers., schulpflichtige Kinder kostenlos.
Kontakt: Hafenmeister, ☎ 04642/4421, hafenmeister@wsg-arnis.de, www.wsg-arnis.de.
Distanz: 0,1 km, weitere Restaurants in 0,5 km, 0,6 km, Ⓗ 0,6 km, 4 km.
Gastro: Spechts Speisewirtschaft, Di-Sa 18:00-21:00 Uhr, So 12:00-14:00 Uhr und 18:00-21:00 Uhr, Mo Ruhetag, im Herbst/Winter Mo-Mi Ruhetag.
Freizeit: 10 km, 4 km. Freiluftschachspiel, Fahrten mit dem Ausflugsschiff, Wassersport, Boulebahn.
POI: Arnis mit Schifferkirche.

23743 Grömitz €17,00 >12m

Wohnmobilpark Achtern Diek, Lenster Weg 1, ☎ 04562/2661028 Strandnah, direkt hinterm Deich

2020 geprüft

POS: 54°9'28.13"N/10°59'25.10"E, Karte D3 (S. 6), A2
Platz: = 154 auf Rasengittersteinen, Asphalt, Schotterrasen. =10 A WC CHEM GRAU. Leinenpflicht für Hunde, Hundedusche, Strandkörbe. Anfahrt 24 h, Reservierungen nicht möglich. Videoüberwacht. VE nur für Gäste. 4 barrierefreie Stellplätze, 10 für Wohnmobile >10 m. Ganzjährig geöffnet.
Preis: Ab 17 € inkl. WC, WLAN, Hund. Jede weitere Pers. 3 €, Kind (0-11 J.) gratis, Strom 0,65 €/kWh, Wasser 1 €/80 l, Entsorgung 1,90 €, Dusche 1 €/4 min, Hundedusche 1 €/5 min, jeder weitere Hund je 2 €, Waschmaschine/Trockner je 4,50 €. Inkl. Grauwasserentsorgung. HS Apr-Okt 19 €, Kurtaxe 3 €/Pers., NS Nov-März 17 €, Kurtaxe 2 €/Pers. Bezahlung nur mit EC- oder Kreditkarte.
Kontakt: Wohnmobilpark Achtern Diek, ☎ 04562/2661028, info@womo-groemitz.de, www.womo-groemitz.de.
Distanz: 0,1 km, Ⓗ 0,5 km, 1,5 km, 2 km.
Gastro: Eier- und Fleischautomat. Restaurant Zur Düne 0,1 km. Bäcker 0,4 km. Bistro mit Kaffee und Kuchen 1 km.
Freizeit: Sandstrand, Eselpark Nessendorf, Hansapark Sierksdorf, Beachvolleyball, Reiten, Surfen, Klettergarten 0,4 km, Minigolf 0,4 km.
POI: Steilküste, Kloster Cismar, Golfclub Grömitz, Dahmer Leuchtturm, Wildschweingehege Kellenhusener Forst, Seebrücke Grömitz, Zoo Arche Noah in Grömitz 1,9 km, Wallmuseum Oldenburg 16 km.

23743 Grömitz-Cismar €17,00 <8m

Wohnmobilplatz Hof Kattenberg, Kattenberg 8, ☎ 04366/1241 Auf der Hofanlage am Waldrand

POS: 54°11'10.81"N/10°57'54.36"E, Karte D3 (S. 6), A2
Platz: = 5 auf Schotterrasen. =6 (16 A) WC CHEM GRAU. Geöffnet: Ostern-Okt.
Preis: 17 € inkl. Wasser, Entsorgung, WC, Müll-Entsorgung. Strom 3 €.
Kontakt: Sabine Höft-Dammer, ☎ 04366/1241, hoeft-dammer@t-online.de, www.kreativ.cismar.de.
Distanz: 1,5 km, Ⓗ 1,5 km, 5 km, weitere Restaurants in 6 km, 6 km.
Gastro: Klostercafé Cismar. Gasthaus Zur Düne, Lensterstrand.
Freizeit: 6 km, 6 km, 6 km. Kreativ-Werkstatt mit Workshops, Ostsee 5 km.
POI: Kloster Cismar mit diversen Ausstellungen 1,5 km, Museum Haus der Natur 1,5 km, Zoo Arche Noah 6 km, Museumshof Lensahn 6 km.

06408 Gröna gratis <8m

Wohnmobilstellplatz Gröna, An der Saale, ☎ 03471/3469311 Am Ufer der Saale neben dem Saaleradwanderweg

POS: 51°45'49.92"N/11°41'43.52"E, Karte D7 (S. 10), C4
Platz: = 4 auf Naturboden, Schotterrasen. Bei lang anhaltender Feuchtigkeit Befahrbarkeit eigenverantwortlich prüfen. Ganzjährig geöffnet.
Preis: Übernachtung gratis.
Kontakt: Bernburger Freizeit GmbH, ☎ 03471/3469311, stadtinfo@bernburger-freizeit.de, www.bernburger-freizeit.de.
Anfahrt: Schmale Zufahrt mit Gefälle.
Distanz: 0,1 km (saisonale Öffnungszeiten).
Freizeit: Kanu fahren, Radfahren, Angeln, Ausgangspunkt für Wanderungen, Badestrand.
POI: Dorfkern mit evangelischer Kirche St. Petri.

48599 Gronau €12,00 <12m

Camping- & Freizeitanlagen Dreiländersee, Hagelsweg, ☎ 01511/5220033 Direkt am Dreiländersee. Kennzeichnung: P2 und P3

2022 geprüft

POS: 52°14'13.27"N/7°4'49.24"E, Karte D5 (S. 8), B3
Platz: = 150 auf Wiese. =40 (16 A) CHEM GRAU. wird empfohlen. Reservierte Plätze ausgeschildert. Sehr viele spontane Plätze verfügbar. VE gegenüber des Platzes. Ganzjährig geöffnet.
Preis: 12 € inkl. Entsorgung. Strom 1 €/kWh, Wasser 0,50 €. Preiserhöhung 2023 möglich.
Kontakt: Camping- & Freizeitanlagen Dreiländersee, Nina Rövekamp, Mobil: 01511/5220033, info@campingplatz-gronau.com, www.campingplatz-gronau.com.
Distanz: Ⓗ 0,5 km, 4 km, 4 km.

Gastro: Gasthof Driland. Bistro am Campingplatz. Seeblick Restaurant.
Freizeit: 6 km, 5 km, 5 km. Radfahren, Badesee, Soccer, Tennisplatz, Stand-Up-Paddling, Minigolf, Angeln, Surfen, Boot fahren, ehemaliges Landesgartenschaugelände 0,5 km, Reitplatz 0,5 km.
POI: Rock- und Popmuseum Gronau 5 km, Geologisches Freilichtmuseum Bad Bentheim 12 km.

31028 Gronau/Leine €5,00

Sport- und Freizeitcenter Kuhmasch, Kuhmasch 2, ☎ 05182/9020 <6m
Auf einem Teilbereich des Parkplatzes

POS: 52°4'56.86"N/9°46'14.86"E, Karte D6 (S. 9), G3
Platz: = 4 auf Schotter. . Anmeldung während der Badesaison (15.5.-15.9.) im Freibad, sonst in der Minigolfanlage. Ganzjährig geöffnet.
Preis: 5 € inkl. WC. Schlüssel gegen Kaution 10 €.
Kontakt: Samtgemeinde Gronau, Samtgemeinde Gronau, ☎ 05182/9020, info@sg-leinebergland.de, www.sg-leinebergland.de.
Distanz: , 0,3 km, 0,3 km, 0,3 km.
Gastro: Restaurant im Freibad (während der Badesaison).
Freizeit: Minigolf, Tennis, Fußball im Freizeitzentrum, Kanu fahren, 18-Loch-Golfplatz in Rheden 3 km.
POI: Stadtkirche St. Matthäi, St.-Josephs-Kirche und Museum im Engelbrechten'schen Hof in Gronau.

17094 Groß Nemerow €10,00

Wohnmobilstellplatz am Tollensesee, Am Damm, ☎ 039605/2600 <8m
Am Ortsrand von Klein Nemerow

POS: 53°29'11.35"N/13°12'57.95"E, Karte D4 (S. 7), E4
Platz: = 6 auf Rasengittersteinen. GRAU . Wasser/Strom und Grauwasser-Entsorgung auf Anmeldung im Hotel Seehotel Heidehof (0,3 km). Ganzjährig geöffnet.
Preis: 10 € inkl. Strom, Wasser, Entsorgung.
Kontakt: Seehotel Heidehof, ☎ 039605/2600, amt@stargarder-land.de, www.burg-stargard.de.
Distanz: 0 km, 0,2 km, 0,3 km (Seehotel Heidehof, Seestraße 11, 17094 Groß Nemerow).
Freizeit: Badesee-Tollensesee, öffentlicher Badestrand fußläufig erreichbar.

16928 Groß Pankow-Groß Woltersdorf €16,00

Zeltplatz Groß Woltersdorf, Am Märchenwald 5, ☎ 03395/302694 >12m
Am Naturbadesee in Waldnähe

POS: 53°4'57.00"N/12°9'20.00"E, Karte D3 (S. 6), C5
Platz: = 5 auf Wiese, Schotter. =5 (16 A) WC . Ganzjährig geöffnet.
Preis: 16 € inkl. Wasser, Dusche, WC, Müll-Entsorgung, WLAN. Jede weitere Pers. 3 €, Strom 0,35 €/kWh.
Kontakt: Wahrberge Verein e.V., ☎ 03395/302694, verein@wahrberge.de, www.wahrberge.de.
Distanz: 0,2 km, 0,2 km, weitere Restaurants in 6 km, 8 km.
Freizeit: 0,3 km. Gläser gravieren, Sommerrodelbahn (Mai-Sep) 0,3 km, Waldlehrpark 0,5 km.
POI: Kleinbahnmuseum Lindenberg 5 km, Porzellanmuseum Wolfshagen 15 km.

64823 Groß-Umstadt gratis

Parkplatz am Freibad, Mühlstraße 40 AG, ☎ 06078/781261 In Ortsrandlage <12m

POS: 49°51'28.12"N/8°55'42.08"E, Karte D10 (S. 13), F4
Platz: = 5 auf Schotter. . Ein Stellplatz ist ausgewiesen. Ganzjährig geöffnet.
Preis: Übernachtung gratis.
Kontakt: Stadt Groß-Umstadt, ☎ 06078/781261, tourismus@gross-umstadt.de, www.gross-umstadt.de.
Distanz: 0,2 km, 0,5 km, 0,5 km, 1 km.
Gastro: Mehrere Restaurants in der Statdmitte.
Freizeit: Weinwagenfahrt, Pumptrack vor Ort, Stadtführungen, Cobi-Golf-Anlage 0,1 km, Weinlehrpfad 2 km, Naturlehrpfad für Kinder 2 km, Geopark-Pfad 3,5 km.
POI: Historischer Marktplatz 1 km, Museum Gruberhof 1,5 km.

64823 Groß-Umstadt gratis

Parkplatz Kellergrund in Heubach, Wilhelm-Leuschner-Straße 270, ☎ 06078/781261 In idyllischer Lage im Wald <12m

POS: 49°50'20.75"N/8°59'40.98"E, Karte D10 (S. 13), F4
Platz: = 5 auf Schotter. . Ganzjährig geöffnet.
Preis: Übernachtung gratis.
Kontakt: Stadt Groß-Umstadt, ☎ 06078/781261, tourismus@gross-umstadt.de, www.gross-umstadt.de.
Distanz: 1,5 km, 1,5 km, 5 km, 5 km.
Gastro: Straußenwirtschaften im Herbst in Groß-Umstadt (siehe Website). Gastroguide: www.gross-umstadt.de.
Freizeit: 4 km. Weinwagenfahrt, Tretbecken in Heubach, Golf, Wanderwege, Geopark-Führungen, Geopark-Pfad 6 km.
POI: Historischer Marktplatz 4 km, Altstadt 5 km, Museum Gruberhof 5,5 km.

37247 Großalmerode gratis

Parkplatz am Sportzentrum Schwarzenbergstadion/Panoramabad, Heinrich-Koch-Straße, ☎ 05604/93350 <8m
Am Panoramabad mit Blick über den Ort

POS: 51°15'55.38"N/9°47'2.97"E, Karte D6 (S. 9), G5
Platz: = 3 auf Schotter. . Ganzjährig geöffnet.
Preis: Übernachtung gratis.
Kontakt: Stadt Großalmerode, ☎ 05604/93350, info@grossalmerode.de, www.grossalmerode.de.
Freizeit: Mountainbike-Strecken, Geo-Naturpark Frau-Holle-Land, Wanderarena des Kaufunger Waldes ab Platz, Technisch-Historischer Lehr- und Wanderpfad.
POI: Glas- und Keramikmuseum, Bilsteinturm.

37247 Großalmerode gratis

Stellplatz Wiese am Mühlgraben, Oststraße, ☎ 05604/933526 <12m
In Ortsrandlage

POS: 51°15'31.17"N/9°47'35.32"E, Karte D6 (S. 9), G5
Platz: = 20 auf Wiese. =4 CHEM GRAU. Ganzjährig geöffnet.
Preis: Übernachtung gratis inkl. Entsorgung. Strom 1 €/24 h, Wasser 1 €/100 l.
Kontakt: Bürgerinformation Großalmerode, ☎ 05604/933526, buergerinfo@grossalmerode.de, www.grossalmerode.de.
Distanz: 0,1 km, 1 km, 1 km, 1,5 km, weitere Restaurants in 2 km.
Freizeit: 2 km, 5 km. Mountainbiking, Stadtführung.
POI: Glas- & Keramikmuseum 1 km, Bilsteinturm 2 km.

G

71723 Großbottwar gratis

Bottwartaler Winzer, Oberstenfelder Straße 80, ☎ 07148/96000 <8m
Zentrumsnaher Parkplatz

POS: 49°0'13.10"N/9°17'57.21"E, Karte D14 (S. 17), G1
Platz: = 2 auf Asphalt. . wird empfohlen. Ganzjährig geöffnet.
Preis: Übernachtung gratis. Weinkauf erwünscht.
Kontakt: ☎ 07148/96000, info@bottwartalerwinzer.de, bottwartalerwinzer.de.
Distanz: 0 km, 0,2 km, 1 km, 9 km (Gruppenklärwerk Häldenmühle, Landstraße 110, 71672 Marbach am Neckar).
Gastro: Weinverkostung.

71723 Großbottwar €5,00

Wohnmobilstellplatz im Sportgebiet Winzerhäuser Tal, In den Frauengärten 10, (in der Verlängerung des Parkplatzes an der Wunnensteinhalle), ☎ 07148/310 <12m
Separate Stellflächen in ländlicher Umgebung

POS: 49°0'15.48"N/9°17'11.57"E, Karte D14 (S. 17), G1
Platz: = 5 auf Rasengittersteinen, Schotter. CHEM GRAU . Aufenthalt max. 5 Tage, Parkberechtigung auf dem Platz durch eine beauftragte Person der Stadt (täglich 18:00-19:00 Uhr) oder im Rathaus (Bürgerbüro) zu den Öffnungszeiten. Im Winter kein Wasser. Im Winter nächste VE Holiday-Clean beim Gruppenklärwerk Häldenmühle, an der Landstraße 110, zwischen Marbach und Murr. Ganzjährig geöffnet.
Preis: 5 €. Strom 0,50 €/kWh, Wasser 0,50 €/40 l.
Kontakt: Stadt Großbottwar, ☎ 07148/310, stadt@grossbottwar.de, www.grossbottwar.de.
Distanz: 0,2 km, 1 km, 1 km, 1 km.
Freizeit: 3 km, 3 km. Reiten, Minigolf, Weinlehrpfad am Wunnenstein mit Aussichtsturm 4 km.

POI: Historischer Stadtkern mit dem Fachwerkrathaus von 1556 1 km, Bottwartalkellerei 1,5 km.

98701 Großbreitenbach €19,50 <10m

Wohnmobil- und Ferienpark Großbreitenbach, Am Schwimmbad 6, ☎ 036781/42398
Von Wiesen umgeben am Ortsrand

2020 geprüft

POS: 50°35'12.21"N/10°59'30.51"E, Karte D11 (S. 14), A2
Platz: = 12 auf Schotter, Schotterrasen. =12 (10 A) WC CHEM GRAU. Waschmaschine/Trockner, Modellflugplatz. WC/Dusche mit Schlüssel. Ganzjährig geöffnet.
Preis: 19,50 € inkl. Strom, Wasser, Entsorgung, WC, Müll-Entsorgung, WLAN. Jede weitere Pers. 5 €, Kind (6-14 J.) 2 €, Dusche 1 €/5 min, Kurtaxe 2 €/Pers., Kurtaxe (6-14 J.) 1 €/Pers., Hund 2 €.
Kontakt: Thüringen Tourist UG, Cornelia Koch, ☎ 036781/42398, info@wohnmobil-ferienpark.com, www.wohnmobil-ferienpark.de.
Distanz: 0,5 km, Ⓗ 0,5 km, 1 km, 1,5 km.
Gastro: Brötchenservice auf Bestellung am Vortag bis 16:00 Uhr.
Freizeit: 18 km. Ilm-Rennsteig-Radweg.
POI: Modellflugmuseum, Kloßpressenmuseum 2 km.

26629 Großefehn-Bagband €9,00 <10m

Ostfriesen Bräu, Voerstad 8, ☎ 04946/203
Historische Landbrauerei mit Gaststätte

POS: 53°21'0.40"N/7°36'38.20"E, Karte D1 (S. 4), C5
Platz: = 4 auf Pflaster. =1 (10 A) WC. Keine Reservierung möglich. Ganzjährig geöffnet.
Preis: 9 € inkl. aller Personen, Strom. Für Restaurantgäste kostenlos ab einem Verzehr von 9 €.
Kontakt: Ostfriesen Bräu, René Krischer, ☎ 04946/203, post@ostfriesenbraeu.de, www.ostfriesenbraeu.de.
Distanz: Ⓗ 1 km.
Gastro: Mi-So ab 11:00 Uhr (durchgehend warme Küche bis 21:00 Uhr), Mo+Di Ruhetag, in der NS gesonderte Öffnungszeiten (siehe Website).
Freizeit: 1 km. Brauereibesichtigung, Golfplatz in Wiesmoor 10 km, Blumenhalle 10 km.
POI: 5 Mühlen in 0,2 km.

26629 Großefehn-Timmel €10,00 <10m

Ferienhof Welsch, Ulbargerstraße 17, ☎ 04945/912900 Ferienhof mit Pferden

2021 geprüft

POS: 53°21'53.04"N/7°31'44.09"E, Karte D1 (S. 4), C5
Platz: = 10 auf Schotterrasen, Wiese, Rasengittersteinen. =8 (10 A) CHEM GRAU. Waschmaschine und Trockner, Fitnessraum, Solarium, Sauna. Abfahrt bis 14:00 Uhr. Im Winter kein Frischwasser. Ganzjährig geöffnet.
Preis: 10 € inkl. aller Personen, Entsorgung, WLAN. Strom 0,80 €/kWh, Wasser 1 €. Ab 3 Nächten 8 €.
Kontakt: Bernd Welsch, ☎ 04945/912900, Mobil: 0151(0)22360236, bernd.welsch@tonline.de, www.fewo-welsch.de.
Distanz: 0,6 km, 1 km, 1 km, Ⓗ 1 km.
Gastro: Restaurant Kastanjehoff.
Freizeit: 1 km, 10 km. Reiten.
POI: Timmeler Meer 1 km.

24623 Großenaspe gratis <12m

Wildpark Eekholt, Stellbrooker Weg, ☎ 04327/99230
Auf den Parkplätzen des Naturerlebnisparks

POS: 53°56'53.61"N/10°1'49.97"E, Karte D2 (S. 5), G3
Platz: = 10 auf Sand/Splitt, Wiese. P0 bei den Busparkplätzen und P1 im hinteren Bereich. Max. 5 Mobile pro Bereich. Ganzjährig geöffnet.
Preis: Übernachtung gratis. Für Wildparkbesucher kostenlos.
Kontakt: ☎ 04327/99230, info@wildpark-eekholt.de, www.wildpark-eekholt.de.
Distanz: 7 km, 7 km.
Gastro: Öffnungszeiten Mo-So 11:30-17:30 Uhr, (Kontakt: 0178/5044020, kiekutstuben@gmx.de). Kiek-ut-Stuben am Parkeingang (www.kiekutstuben-eekholt.de). Kioske und Souvenir-Shops im Park.
Freizeit: Falknerische Flugvorführungen im Sommerhalbjahr 3x täglich, Führung im Wildpark mit Fütterungen (Sommer 9:00-18:00 Uhr, im Winter 10:00-16:00 Uhr. Verbleib bis Einbruch der Dunkelheit, max. bis 20:00 Uhr).
POI: Karl-May-Spiele Bad Segeberg 20 km.

23775 Großenbrode €16,00 <10m

Wohnmobilhafen Reise, Südstrand 1
Im Zentrum, 200 m vom Südstrand entfernt

POS: 54°21'40.06"N/11°5'7.44"E, Karte D3 (S. 6), A2
Platz: = 50 auf Wiese, Schotter. =50 (6 A) WC CHEM GRAU. Physiotherapie, Fitnesscenter. Ganzjährig geöffnet.
Preis: Ab 16 € inkl. Strom, Entsorgung, WC, Müll-Entsorgung. Wasser 0,50 €/60 l, Dusche 1 €/Pers., Kurtaxe 2 €/Pers., WLAN ab 0,50 €, Waschmaschine 3 €, Trockner 3 €. 15.3.-14.6. 18 €, 15.6.-14.9. 20 €, 15.9.-14.11. 18 €, 15.11.-14.3. 16 €. Inkl. 2 Personen.
Kontakt: Wohnmobilhafen Reise, Eric Reise, info@wohnmobilhafen-reise.de, www.wohnmobilhafen-reise.de.
Distanz: 0 km, weitere Restaurants in 0,7 km, 0,1 km (Nahkauf Großenbrode), Ⓗ 0,8 km.
Gastro: Restaurant und Bar Frieda, Do-So 17:30-21:30 Uhr, Mo-Mi Ruhetag.
Freizeit: 12 km. Sauna, Fitness, Angeln, SurfSchule Großenbrode, Abenteuerspielplatz 0,1 km, Strand 0,3 km.
POI: Adventure Golf Heiligenhafen, Fehmarn/Vogelfluglinie 2 km, Heiligenhafen, Hafen/Innenstadt 5 km, Meereszentrum Burg/Fehmarn 11 km.

23775 Großenbrode €14,00 <12m

Wohnmobilstellplatz Wassersportzentrum Großenbrode, Am Kai 29, ☎ 0152/22040353 Beide Stellplätze in unmittelbarer Nähe zum Großenbroder Binnensee und zum breiten Südstrand

2022 geprüft

POS: 54°21'21.01"N/11°4'41.24"E, Karte D3 (S. 6), A2
Platz: = 60 auf Wiese, Schotterrasen. =60 (16 A) WC CHEM GRAU. Leinenpflicht für Hunde. Ganzjährig geöffnet.
Preis: Ab 14 € inkl. Entsorgung, Müll-Entsorgung, Kurtaxe, WLAN. Strom 1 €/kWh, Wasser 0,50 €/80 l, Dusche 1 €/5 min, WC 0,20 €, Waschmaschine/Wäschetrockner je 4 €. 1.10.-31.5. 14 €, 1.6.-30.9. 16 €.
Kontakt: Andreas Olberding, Mobil: 0152/22040353, info@wassersportzentrum.net, www.wassersportzentrum.net.
Distanz: 0,1 km, weitere Restaurants in 0,2 km, Ⓗ 0,4 km, 0,7 km, 1 km.
Gastro: Restaurant am Platz. weitere Gastronomie (Eiscafé, Beachbar) an der Promenade.
Freizeit: 0,2 km. Angeln, Wassersport, Sportboothafen 0,1 km, Surf- und Segelschule 0,2 km, Badestrand 0,2 km.

01558 Großenhain €5,00 <8m

Caravanstellplatz Kulturschloss Großenhain, Carl-Maria-von-Weber-Allee, ☎ 03522/3040 In der Nähe des Gartenschauparkes mit Natur-Erlebnisbad

POS: 51°17'24.93"N/13°32'9.12"E, Karte D8 (S. 11), F5
Platz: = 4 auf Rasengittersteinen. =4 (16 A) CHEM GRAU. nur bei Gruppen. Ganzjährig geöffnet.
Preis: Ab 5 € inkl. aller Personen, Strom. Wasser 1,30 €/100 l, Entsorgung 1,30 €. 1.5.-31.10. 7 €, 1.11.-30.4. 5 €. Bezahlung am Parkscheinautomat in Münzen, VE mit EC-Karte. Parkschein bitte gut sichtbar hinter der Windschutzscheibe anbringen.

Kontakt: Stadt Großenhain, ☎ 03522/3040, info@stadt.grossenhain.de, www.grossenhain.de.
Distanz: 0,1 km, weitere Restaurants in 0,3 km, Ⓗ 0,3 km, 0,3 km, 0,4 km.
Gastro: Schlosskeller.
Freizeit: 0,5 km. Natur-Erlebnisbad 0,1 km.
POI: Kulturzentrum Schloss 0,1 km, Altstadt mit Marienkirche, Museum Alte Lateinschule, Preuskerbücherei 0,3 km.

26197 Großenkneten — gratis <6m

Ahlhorner Straße/Wilhelm-Wellmann-Platz, Ahlhorner Straße, ☎ 04435/600117 Auf dem Dorfplatz

POS: 52°56'33.54"N/8°15'26.73"E, Karte D6 (S. 9), E1
Platz: = 3 auf Rasengittersteinen. =3 CHEM GRAU. Ganzjährig geöffnet.
Preis: Übernachtung gratis inkl. Entsorgung. Strom 1 €/2 kWh, Wasser 1 €/90 l.
Kontakt: Gemeinde Großenkneten, ☎ 04435/600117, touristinfo@grossenkneten.de, www.grossenkneten.de.
Distanz: 0,2 km, weitere Restaurants in 0,7 km, 0,2 km, 0,2 km.
Gastro: Gasthaus Kempermann.
Freizeit: 15 km, 15 km. geführte Wanderungen und Radtouren, Kanu fahren, Reitplatz, Ahlhorner Fischteiche 12 km.
POI: Biohof Bakenhus 2 km, Großsteingräber 7 km.

26197 Großenkneten-Ahlhorn — gratis <6m

Am Bahnhof, Am Bahnhof, ☎ 04435/600117 Auf einem Parkplatz am Wendehammer

POS: 52°53'54.74"N/8°12'32.63"E, Karte D6 (S. 9), E1
Platz: = 3 auf Pflaster. CHEM GRAU. Aufenthalt max. 3 Tage. Ganzjährig geöffnet.
Preis: Übernachtung gratis. Strom 1 €/2 kWh, Wasser 1 €/90 l.
Kontakt: Tourist-Info Gemeinde Großenkneten, ☎ 04435/600117, touristinfo@grossenkneten.de, www.grossenkneten.de.
Distanz: 0,2 km, Ⓗ 0,2 km, 0,2 km, 0,3 km.
Freizeit: Radfahren, Wandern.
POI: Großsteingräber 5,8 km, Besichtigung Biohof Bakenhus 6,5 km, Ahlhorner Fischteiche 7,8 km, Sager Heide 8,5 km.

26197 Großenkneten-Huntlosen — gratis <6m

Dorfplatz, Bahnhofstraße, ☎ 04435/600117 Im Ortsteil Huntlosen

POS: 52°59'29.62"N/8°17'11.80"E, Karte D6 (S. 9), E1
Platz: = 3 auf Rasengittersteinen. =3 CHEM GRAU. Ganzjährig geöffnet.
Preis: Übernachtung gratis. Strom 1 €/2 kWh, Wasser 1 €/80 l.
Kontakt: Gemeinde Großenkneten, ☎ 04435/600117, touristinfo@grossenkneten.de, www.grossenkneten.de.
Distanz: Ⓗ 0,2 km, 0,7 km, 0,7 km, 1 km.
Gastro: Meyer's Gasthaus, Restaurant Fischbeck's, Restaurant Schalotte.
Freizeit: 15 km, 15 km, 0,5 km. Geführte Radtouren und Wanderungen, Kanufahrten auf der Hunte, Kutschfahrten, Tennisplatz 0,4 km.
POI: Mehrere Mühlen, St. Briccius-Kirche Huntlosen 0,4 km, Biohof Bakenhus 8 km, Großsteingräber 12 km.

21712 Großenwörden — €5,00 <10m

Reisemobilstellplatz Großenwörden, Deichstraße 21, ☎ 04775/8166 Am Ostedeich mit Bootsanleger

POS: 53°40'40.43"N/9°15'25.57"E, Karte D2 (S. 5), F4
Platz: = 3 auf Schotter. =3 (10 A). Ganzjährig geöffnet.
Preis: 5 €. Strom 2 €, Wasser 2 €.
Kontakt: Gemeinde Großenwörden, ☎ 04775/8166, heinz.heinsohn@ewetel.net.
Distanz: 0,2 km, 0,3 km, weitere Restaurants in 0,5 km, Ⓗ 0,5 km, 5 km.
Freizeit: 10 km, 10 km, 0,5 km. Reiten, Moorwanderungen, Kanutouren auf der Oste.
POI: Kirche Großenwörden (1636) 0,1 km, Heimathof Hüll 4 km, historische Schwebefähre Osten 7 km, Moorbahn, Aschhorner Moor 15 km.

26532 Großheide — gratis <12m

Reisemobilstellplatz an der Kieselbucht, Kruisweg, ☎ 04936/3179320 Am Badesee mit Ostfrieslands erstem Palmenstrand

POS: 53°35'14.00"N/7°21'56.00"E, Karte D1 (S. 4), C4
Platz: / = 5 auf Schotterrasen. WC. Dixi-Toiletten vom 15.5. bis 15.9. Ganzjährig geöffnet.
Preis: Übernachtung gratis.
Kontakt: Gemeinde Großheide, Stephan Hinrichs, ☎ 04936/3179320, urlaub@grossheide.de, www.grossheide.info/urlaub/wohnmobilstellplatze.
Anfahrt: Kruisweg (bis max. 6 t).
Distanz: Ⓗ 0,4 km, 0,9 km, 1 km, 1,1 km.
Gastro: Mehrere Restaurants im Ort.
Freizeit: 2 km, 3 km. Badesee, Rundweg, Palmenstrand, Beachvolleyballplätze, Tret-/Paddelbootveleih 3 km.
POI: Tjaden-Mühle, Südcoldinne/Rote Mühle, Berumerfehn 3 km, Wald-/Moormuseum Berumerfehn 3 km, Historischer Torfkahn 3 km, Ewiges Meer 6 km, Nordsee 12 km.

26532 Großheide-Berumerfehn — gratis <12m

Stellplatz am Berumerfehner Wald, Kirchweg, ☎ 04936/3179320 Öffentlicher Parkplatz am Wald

POS: 53°33'37.34"N/7°20'47.14"E, Karte D1 (S. 4), C4
Platz: / = 5 auf Pflaster. Ganzjährig geöffnet.
Preis: Übernachtung gratis.
Kontakt: Gemeinde Großheide, Herr Hinrichs, ☎ 04936/3179320, urlaub@grossheide.de, www.grossheide.info/urlaub/wohnmobilstellplatze/stellplatz-berumerfehn.
Distanz: 0 km, weitere Restaurants in 0,2 km, Ⓗ 0,2 km, 0,4 km, 3,1 km.
Gastro: Hotel/Restaurant Kompaniehaus, warme Küche Mi-So 12:30-14:30 Uhr und 17:30-22:00 Uhr.
Freizeit: 5 km, 7 km. Paddel- und Tretbootverleih, Badesee mit Palmenstrand 3 km.
POI: Schleusenanlage am Waldeingang, Historischer Torfkahn, Wald- und Moormuseum, Schoofsche Mühle Berumerfehn 0,3 km, Tjaden-Mühle Südcoldinne 4 km.

02747 Großhennersdorf-Neundorf — €25,00 <12m

Camping am Bauernhof, Burkersdorferstraße 17, ☎ 035873/30817 Ruhiger Stellplatz beim Familienbetrieb

POS: 51°0'19.19"N/14°49'37.38"E, Karte D8 (S. 11), H5
Platz: / = 5 auf Wiese. =5 (16 A) CHEM GRAU. Ganzjährig geöffnet.
Preis: 25 € inkl. Dusche, Müll-Entsorgung, Kurtaxe, WC. Jede weitere Pers. 8,50 €, Kind (5-12 J.) 6,50 €, Strom 3 €, Wasser 3 €, Entsorgung 3 €. Tagesgäste 2 €, Schlafen im Heu 11,50 € pP, ab 10 Pers. 10,50 €.
Kontakt: Camping am Bauernhof, Anita Leubner,

G

☎ 035873/30817, Mobil: 0177/3205188, anitaleubner@aol.com, www.camping-bauernhof-neundorf.de.

Distanz: 3 km, 3 km, 3 km.

Gastro: Kleiner Hofladen auf Anfrage. Frühstück, Grillpakete, Grillausleihe inkl. Reinigung. Mittagessen und Abendbrot auf Anfrage.

Freizeit: 5 km, 7 km. Hofführung, Kleines Hofmuseum, Tiere füttern, Trixi-Park in Großschönau, Mitarbeit am Hof, Kneippanlage.

POI: Bautzen, Altstadt Görlitz 15 km, Zittauer Gebirge 15 km.

63920 Großheubach — €25,00

Weingut-Gasthaus Zur Bretzel, Kirchstraße 1, ☎ 09371/2824 Ebenes, eingezäuntes Gelände am hist. Ortskern — <12 m

2022 geprüft

POS: 49°43'32.66"N/9°13'13.18"E, Karte D10 (S. 13), F4

Platz: = 25 auf Schotterrasen. WC CHEM GRAU. Ganzjährig geöffnet.

Preis: 25 € inkl. Strom, Wasser, Entsorgung, WC. Dusche 1 €/Pers. 10-€-Verzehrgutschein für den Besuch im Restaurant oder für den Kauf von Wein/Destillaten.

Kontakt: Karlheinz Stock, ☎ 09371/2824, weinbretzel@t-online.de, www.weingut-bretzel.de.

Distanz: 0 km, weitere Restaurants in 0,1 km, 0,1 km, 0,3 km, 0,5 km.

Gastro: Am Platz, Fr-Sa 17:00-23:00 Uhr, So 12:00-23:00 Uhr, Mo-Do Ruhetag. Mehrmals im Jahr 10 Tage Häckerwirtschaft (Termine siehe Website), geöffnet täglich von 12:00-23:00 Uhr.

Freizeit: 4 km, 0,1 km. Führung durch den Weinkeller, Maintal-Radweg, Wein- und Schnapsprobe, Angeln, Boccia 0,3 km, Weinlehrpfad 2 km.

POI: Kloster Engelberg 2 km, Mildenburg in Miltenberg 3 km, Abteikirche Amorbach 8 km.

54534 Großlittgen-Himmerod — gratis

Gasthof Graf-Zils, Abteilstraße1, ☎ 06575/4480 Auf dem Gelände des Klosters Himmerod — <8 m

POS: 50°1'46.01"N/6°45'19.05"E, Karte D9 (S. 12), B3

Platz: = 3 auf Schotter. =1. Geöffnet: Mitte März-Anfang Dez.

Preis: Für Restaurantgäste kostenlos. Einkehr obligatorisch. Strom möglich. Preis auf Verhandlungsbasis.

Kontakt: Gasthof Graf-Zils, ☎ 06575/4480, grafzils@t-online.de, www.gasthof-graf-zils.de.

Distanz: 0 km, 2 km, 12 km.

Gastro: Am Platz, warme Küche 12:00-14:00 Uhr, 18:00-20:00 Uhr.

Freizeit: 15 km, 15 km, 10 km.

POI: Mosenberg 10 km, Windsborn-Kratersee – einziger Kratersee nördlich der Alpen 10 km, Manderscheid/Burgen 15 km, Moselstädtchen Bernkastel-Kues und Traben-Trarbach 30 km.

09518 Großrückerswalde/Erzgebirge — gratis

Landgasthof Wemmer, Marienberger Straße 171, ☎ 03735/90510 Im Naturpark Erzgebirge-Vogtland — >12 m

POS: 50°37'52.14"N/13°7'29.20"E, Karte D12 (S. 15), E1

Platz: = 5 auf Pflaster, Asphalt. WC CHEM GRAU. Ganzjährig geöffnet.

Preis: Für Restaurantgäste kostenlos, inkl. Müll-Entsorgung, WLAN. Einkehr obligatorisch. Strom 5 €, Wasser 2,50 €, Entsorgung 2 €, Dusche 5 €/Pers., WC 2 €.

Kontakt: Familie Wemmer, ☎ 03735/90510, info@landgasthof-wemmer.de, www.landgasthof-wemmer.de.

Distanz: 0,1 km, 3 km.

Gastro: Landgasthof Wemmer, Mo-Do 11:00-14:00 Uhr und 17:00-23:00 Uhr, Fr 11:00-14:00 Uhr und 17:00-0:00 Uhr, Sa 11:00-1:00 Uhr, So 11:00-20:00 Uhr. Frühstück auf Anmeldung.

Freizeit: 4 km, 4 km, 4 km. Preßnitztalbahn 10 km.

POI: St.-Annen-Kirche in der Bergstadt Annaberg-Buchholz 14 km.

09603 Großschirma — €11,00

Stellplatz Friedrich August Schmiede, Münzbachtal 1, ☎ 0173/9477978 Privater Stellplatz in ruhiger Lage — <12 m

POS: 50°57'54.70"N/13°18'36.18"E, Karte D8 (S. 11), F5

Platz: = 10 auf Wiese, Schotter, Rasengittersteinen. WC GRAU. wird empfohlen. Telefonische Voranmeldung notwendig. Wohnwagen-Gespanne auf Anfrage. Ganzjährig geöffnet.

Preis: 11 € inkl. aller Personen, Entsorgung, WC. Strom 0,50 €/kWh, Wasser 1 €/100 l.

Kontakt: Tim Meyer, Mobil: 0173/9477978, friedrichaugustschmiede@web.de, www.friedrich-august-schmiede.de.

Distanz: 0,1 km, 1 km, 2 km, 3 km.

Freizeit: 10 km, 5 km. Bergbaumuseum, Terra Mineralia.

POI: Weltkulturerbe Nordrevier Freiberg.

02779 Großschönau — €20,00

Trixi Ferienpark Zittauer Gebirge, Jonsdorfer Straße 40, ☎ 035841/631421 Im familienfreundlichen Ferienpark direkt am Waldrand im Zittauer Gebirge — >12 m

POS: 50°52'40.52"N/14°40'21.33"E, Karte D12 (S. 15), H1

Platz: = 70 auf Wiese. WC GRAU. Waldstrandbad, Trixi-Club, ganzjähriges Animationsprogramm, separates Babybad, Freizeitbad, Wellness- und Saunalandschaft. wird empfohlen. Ankunft 7:30-21:00 Uhr. Ganzjährig geöffnet.

Preis: Ab 20 € inkl. Strom, Wasser, Entsorgung, WC, Müll-Entsorgung, WLAN. Jede weitere Pers. (14-18 J.) 0,70 €, Dusche 0,80 €, Kurtaxe (ab 18 J.) 1,40 €/Pers. NS 20 €, HS 26-33 €. Jede weitere Pers. (ab 14 J.)NS 4 €/ HS 7 €, Kind (3-13 J.) NS 2 €/HS 4 €. Kurzzeitstellplatz (1 Nacht, ohne Strom/Sanitärnutzung) 15 €. Inkl. Eintritt ins Waldstrandbad (Jun-Aug). VE für Durchreisende 4 €.

Kontakt: TRIXI-Park GmbH, Annette Scheibe, ☎ 035841/631421, info@trixi-ferienpark.de, www.trixi-ferienpark.de.

Distanz: 0,5 km, 0,5 km, weitere Restaurants in 2 km, 0,5 km.

Gastro: Restaurant, Badgastronomie.

Freizeit: Wellness-Oase, Schmetterlingshaus/Eissporthalle 4 km, Rodelbahn 10 km, Tierpark 10 km.

POI: Museen 2 km, Naturparkhaus Zittauer Gebirge 4 km, Altstadtkern Zittau 10 km, Burganlage Oybin 15 km.

02799 Großschönau-Waltersdorf — €22,00

Camping-Bauernhof Lauscheblick, Saalendorf 5, ☎ 035841/36357 Bäuerlicher Familienbetrieb mit Campingwiese — <10 m

POS: 50°52'7.91"N/14°40'19.58"E, Karte D12 (S. 15), H1

Platz: = 10 auf Pflaster, Wiese. =10 (16 A) WC CHEM GRAU. Viele Hoftiere, Hofladen mit Milchtankstelle, Miniküche mit Kühlschrank, kleiner Aufenthaltsraum. wird empfohlen. Ankunft 14:00-18:00 Uhr, Abreise 9:00-11:00 Uhr. Geöffnet: 1.4.-31.10.

Preis: 22 € inkl. Wasser, Entsorgung, Dusche, WC, Müll-Entsorgung. Jede weitere Pers. 11 €, Kind (6-11 J.) 3 €, Kind (12-16 J.) 4 €, Kurtaxe (ab 14 J.) 1,40 €/Pers., Hund 1 €, Trockner 2 €, Waschmaschine 3 €. Strompauschale für 1 Nacht 3 €, ab 2 Nächte Strom 0,70 €/kWh. Mobil kurzfristig abstellen 2,50 €. Preisänderungen 2023 möglich.

Kontakt: Renate Sell, ☎ 035841/36357, camping@sell-hof.de, www.sell-hof.de.

Anfahrt: Zufahrt durch den Hof.

Distanz: , 0,1 km, 1 km, weitere Restaurants in 2 km, 2 km.

Gastro: Frische Backwaren auf Bestellung, von Di-So ab 7:30 Uhr. Hofladen.

Freizeit: 1 km, 1 km, 1 km. Hofführung, Ausflüge nach Tschechien und Polen, Reiten und Eishalle 5 km, Sommerrodelbahn 10 km.

POI: Naturparkhaus Zittauer Gebirge 1,6 km, Mühlen- und Damastmuseum 5 km, Burg und Klosteranlage Oybin 10 km.

24991 Großsolt-Mühlenbrück — €20,00

Stellplatz Flensburger Straße, Flensburger Straße 20, ☎ 04633/966550 Am Ortsrand — <12 m

POS: 54°42'30.31"N/9°31'20.66"E, Karte D2 (S. 5), F1

Platz: = 13 auf Schotter. =8 CHEM GRAU. Anfahrt 24 h. Bei später Anreise am nächsten Morgen telefonisch anmelden. Geöffnet: Apr-Sep.

Preis: 20 € inkl. Wasser, Entsorgung, Müll-Entsorgung, WC. Strom 2 €/Tag, Dusche 0,50 €/3 min.

Kontakt: Sabine Witt, ☎ 04633/966550, info@urlaub-witt.de, www.urlaub-witt.de.

Distanz: 0,1 km, 0,2 km, 2 km, 2 km.

Gastro: Mehrere Restaurants im Ort.

Freizeit: 5 km, 10 km.

POI: Flensburg 10 km.

63868 Großwallstadt — gratis

Stellplatz Mainstraße, Mainstraße, ☎ 06022/22070 — <8m
Am Main und an der Main-Auen-Badewelt

2020 geprüft

POS: 49°52'20.54"N/9°9'31.78"E, Karte D10 (S. 13), F4
Platz: = 3 auf Wiese. Ganzjährig geöffnet.
Preis: Übernachtung gratis.
Kontakt: Gemeinde Großwallstadt, ☎ 06022/22070, info@grosswallstadt.de, www.grosswallstadt.de.
Distanz: 0,2 km, 0,5 km, 0,5 km.
Gastro: Mehrere Restaurants ab 0,6 km.
Freizeit: 0,3 km. Schifffahrt, Schwimmbad mit Badesee in direkter Nähe, MainAuen-Badewelt 0,3 km.
POI: Heimschneider-Museum 0,8 km.

82439 Großweil — €15,00

Freilichtmuseum Glentleiten, An der Glentleiten 4, ☎ 08851/1850 — <12m
Auf dem Museumsparkplatz

POS: 47°39'51.39"N/11°17'2.67"E, Karte D15 (S. 18), B4
Platz: = 10 auf Schotter. Museum geöffnet von 19.3.-11.11. täglich (außer Mo) 10:00-17:00 Uhr, Juni-Sep auch Mo, feiertags immer geöffnet. Aufenthalt tagsüber nur für Museumsbesucher, sonst eine Nacht von 18:00-8:00 Uhr. Geöffnet: Juni-Ende Sep.
Preis: 15 €. 1 Museumseintritt inklusive.
Kontakt: ☎ 08851/1850, freilichtmuseum@glentleiten.de, www.glentleiten.de.
Anfahrt: Steile Anfahrt.
Distanz: 0,1 km, 2 km, 2 km.
Gastro: Kramerladen (selbstgebackene Kuchen, kleine Speisen, Eis, Kaffee und verschiedene Getränke). Museumsgastronomie (Bayerische Spezialitäten, im Museum gebrautes Bio-Bier).
Freizeit: 8 km, 8 km, 2 km. Kurse für Museumsbesucher, Aktionstage, Handwerksvorführungen, Freilichtmuseum Glentleiten.
POI: Kloster Benediktbeuern, Franz-Marc-Museum, Schloßmuseum Murnau, Berge und Seen 15 km.

82439 Großweil — €20,00

Kreut-Alm, Kreut 1, ☎ 08841/5822 — <12m
Großparkplatz am Ausflugsgasthof

POS: 47°39'43.00"N/11°16'58.00"E, Karte D15 (S. 18), B4
Platz: = 30, = 4 (<10 m) auf Asphalt. Geöffnet: Apr-Nov.
Preis: 20 €. Strom 6 €. Wasser nach Verbrauch.
Kontakt: Familie Mayr, ☎ 08841/5822, info@kreutalm.de, www.kreutalm.de.
Distanz: 0,2 km, 2 km, 2 km.
Gastro: Restaurant am Platz, warme Küche 11:00-21:00 Uhr, Öffnungszeiten siehe Website.
Freizeit: 8 km, 8 km, 2 km. Pferdegestüt Schwaiganger 5 km, Familien und Erlebnisbad Trimini 10 km.
POI: Freilichtmuseum Glentleiten 0,2 km, Kloster Benediktbeuern 15 km.

16775 Großwoltersdorf-Altglobsow — €20,00

Ferienhof Altglobsow, Seestraße 11b, ☎ 033082/50250 Zwischen Waldrand und dem Globsower See — <10m

POS: 53°7'53.00"N/13°6'57.95"E, Karte D4 (S. 7), E5
Platz: = 15 auf Wiese. =20 (16 A) WC CHEM GRAU. nur bei Gruppen. Späteste Ankunftszeit 20:00 Uhr, VE im Sanitärgebäude. Ganzjährig geöffnet.
Preis: 20 € inkl. Wasser, Entsorgung. Kind (bis 12 J.) 4 €, jede weitere Pers. 6 €, Strom 0,45 €/kWh, Dusche 1,20 €/5 min, Hund 3 €.
Kontakt: Heike Schüler, ☎ 033082/50250, info@ferienhof-altglobsow.de, ferienhof-altglobsow.de.
Distanz: 0 km, weitere Restaurants in 3 km, 0,3 km, 0,3 km, 7 km.
Gastro: Café am Platz, Mo + Fr 15:00-20:00 Uhr, Sa-So 12:00-20:00 Uhr, Di-Do Ruhetag, warme Küche bis 19:00 Uhr. Hotel Birkenhof 3 km.
Freizeit: 0,2 km, 6 km. SUP-Verleih, E-Chopper-Verleih, Radwandern, Angeln, Wandern.
POI: Museum Gut Zernikow 5 km, Stechlin 6 km, Glasmacherhaus Neuglobsow 6,3 km.

35305 Grünberg — gratis

Reisemobilplatz Stadt Grünberg, Gerichtsstraße 6-8, ☎ 06401/804118 — <8m
Bei der Gallushalle

2020 geprüft

POS: 50°35'42.72"N/8°57'21.64"E, Karte D10 (S. 13), F2
Platz: = 8 auf Schotterrasen. =10 CHEM GRAU. Entsorgung in 0,1 km. Ganzjährig geöffnet.
Preis: Übernachtung gratis. Strom 0,50 €/kWh, Wasser 1 €/70 l, Entsorgung 1 €.
Kontakt: Stadt Grünberg, ☎ 06401/804118, info@gruenberg.de, www.gruenberg.de.
Distanz: 0,1 km, 0,5 km, 0,5 km, 0,8 km.
Freizeit: 1,5 km. Naherholungsgebiet Brunnental 2 km.
POI: Hist. Altstadt 0,8 km, Diebsturm 0,8 km, städtisches Museum im Spital 1 km.

21720 Grünendeich — €12,00

Wohnmobilstellplatz am Lühe-Anleger, Elbdeich 62, ☎ 04142/8990 — <12m
Parkplatz an der Elbe

2022 geprüft

POS: 53°34'22.27"N/9°37'53.37"E, Karte D2 (S. 5), G4
Platz: = 10 auf Schotter. Fähranbindung. Ganzjährig geöffnet. Ausnahme: Bei Hochwasser gesperrt.
Preis: 12 € inkl. Müll-Entsorgung. Bezahlung am Automat.
Kontakt: Samtgemeinde Lühe, ☎ 04142/8990, info@luehe-online.de, www.luehe-online.de.
Distanz: , weitere Restaurants in 1 km, 0,1 km, 1 km, 1 km, 3 km (Kläranlage, Wetterndorf 13, 21720 Steinkirchen).
Gastro: Kiosk und Imbiss am Platz.
Freizeit: 2 km. Elbefahrt, Elberadweg, Gästeführungen in historischer Festtracht.
POI: St. Martini et Nicolai Kirche mit Arp-Schnitger-Orgel in Steinkirchen, Fachwerkschifferkirche in Grünendeich, Hogendiekbrücke 2 km, Haus der maritimen Landschaft Unterelbe 2 km.

17237 Grünow — €12,00

Ferien- und Pferdehof Scholz, Ollendorf 38, ☎ 039821/41743 — <10m
Kurzzeitstellplätze in der Nähe der Mecklenburger Seenplatte

POS: 53°21'55.08"N/13°18'35.10"E, Karte D4 (S. 7), E4
Platz: = 4 auf Naturboden, Wiese. WC. An- und Abreise zwischen 7:00-20:00 Uhr. Geöffnet: Apr-Okt.
Preis: 12 € inkl. Wasser, WC, Müll-Entsorgung. Jede weitere Pers. 3,50 €, Kind (bis 12 J.) 2 €, Dusche 0,50 €/3 min, Hund 2,50 €. Strom nach Verbrauch.
Kontakt: Brigitte Scholz, ☎ 039821/41743, info@pferdehof-scholz.com, www.ferien-pferdehof-scholz.de.
Distanz: 2 km, 5 km, weitere Restaurants in 10 km, 10 km.
Gastro: Brötchenservice. Hofladen (Brötchen, Eier, Honig, selbstgebackene Kuchen, Keramikwaren).
Freizeit: 0,5 km. Mitarbeit am Hof, Pony reiten, Wandern, Radfahren, Sommerrodelbahn, Seeadlertour in Feldberg 10 km.
POI: Müritz Nationalpark 2 km, Kurstadt Feldberg 10 km, Fischerdorf Rödlin 10 km, Burg Stargard 15 km, Tierpark Neustrelitz 20 km.

74417 Gschwend — gratis

Beim Badesee, Frickenhofer Straße, ☎ 07972/6810 Neben dem Naturbadesee im Naturpark Schwäbisch-Fränkischer Wald — <8m

2020 geprüft

POS: 48°56'8.06"N/9°45'5.18"E, Karte D14 (S. 17), G1
Platz: = 5, = 5 (<10 m) auf Schotter. WC. WC vom 1.5.-15.9. Ganzjährig geöffnet.
Preis: Übernachtung gratis.
Kontakt: Gemeinde Gschwend, ☎ 07972/6810, info@gschwend.de, www.gschwend.de.
Distanz: , weitere Restaurants in 0,5 km, 0,5 km, 0,7 km, 1 km, 3,5 km (Kläranlage, Joosenhofer Sägmühle 2, 74417 Gschwend).
Gastro: Kiosk am Badesee, geöffnet vom 1.5.-15.9.
Freizeit: 1 km, 12 km. Hallenbad mit Saunabereich, Schwabenpark Gmeinweiler 8 km.
POI: Märchenwald und Walderlebnispfad 1 km, Teufelskanzel Rotenhar und Teufelsküche Humbach 2,5 km, Weiterweg Rotenhar 3 km, Hagbergturm Gschwend 3,5 km, Gallengrotte 14 km.

G

24357 Güby — €12,50 — <8m

Hotel & Restaurant Schlei-Liesel, Dorfstraße 2, ☎ 04354/99770
Auf dem Hotelparkplatz rund ums Haus in der Nähe der Schlei, teils befestigt

POS: 54°29'1.91"N/9°39'53.68"E, Karte D2 (S. 5), G2
Platz: = 5 auf Asphalt, Sand/Splitt. =1 (13 A) WC. wird empfohlen. Anfahrt Mo-Sa ab 7:30 Uhr, So ab 8:00 Uhr bis spätestens 21:00 Uhr oder nach telefonischer Voranmeldung. Aufenthalt max. 2 Tage. WC zu den Öffnungszeiten 7:30-21:00 Uhr. Ganzjährig geöffnet. Ausnahme: 1.1.-31.1., 10.10.-24.10.
Preis: 12,50 € inkl. WC, WLAN. Für Restaurantgäste kostenlos. Strom 5 €/Tag. Inkl. Frühstück für 2 Pers. 29 €.
Kontakt: Hotel & Restaurant Schlei-Liesel, Herr Frank Jebe-Öhlerich, ☎ 04354/99770, Mobil: 0177/4342926, info@hotel-schlei.de, www.hotel-schlei.de.
Distanz: Ⓗ 0,1 km, 0,7 km, 1,5 km.
Gastro: Schlei-Liesel, Mo-Mi 17:30-21:00 Uhr, Fr-So 13:00-21:00 Uhr, regionale Produkte mit französischem Flair. Koseler Hof.
Freizeit: 8 km, 10 km. Segeln, Golfplatz 1 km, Wellenbad Eckernförde 10 km.
POI: Ostseefjord Schlei 2,5 km, Eckernförde 7 km, Landesmuseum Schloss Gottorf 7 km, Wikingerdorf Haithabu 7 km, Naturpark Hüttener Berge 12 km.

74363 Güglingen — gratis — <12m

Wohnmobilplatz am Freibad, Kreuzgärten, ☎ 07135/10835
Am Ufer der Zaber

POS: 49°3'53.25"N/8°59'40.83"E, Karte D14 (S. 17), F1
Platz: = 10 auf Schotterrasen. CHEM GRAU. Leinenpflicht für Hunde. Aufenthalt max. 5 Tage. Okt-Apr auf Anfrage geöffnet.
Preis: Übernachtung gratis inkl. Entsorgung. Wasser 2 €.
Kontakt: Stadt Güglingen, ☎ 07135/10835, Mobil: 0172/7184895, stadt@gueglingen.de, www.gueglingen.de.
Distanz: Ⓗ 0,5 km, 0,5 km, 0,9 km.
Gastro: Mehrere Restaurants 1 km. Kiosk im Freibad, geöffnet von Mai-Sep.
Freizeit: Radfahren, ausgeschilderte Wege der ÖkoRegio-Tour Zabergäu, Wandern, Freizeitpark Tripsdrill 7 km.
POI: Stadtkern mit 50 Freiluft-Kunstwerken 1 km, Mauritiuskirche 1 km, Römermuseum 1 km, römische Ausgrabungen 1,5 km.

67598 Gundersheim — €7,00 — <10m

Hupperts Wohnmobil-Wingert, Untere Grabenstraße 21, ☎ 06244/308 Am Ortsrand, durch Reben parzelliert, mit Blick auf die Weinberge

POS: 49°41'42.57"N/8°12'18.79"E, Karte D10 (S. 13), E4
Platz: = 12 auf Schotterrasen, Sand/Splitt. =6 (6 A). Anfahrt 24 h, Aufenthalt max. 3 Nächte. Ganzjährig geöffnet.
Preis: 7 € inkl. aller Personen. Strom 3 €.
Kontakt: Andreas Huppert, ☎ 06244/308, post@weingut-huppert.de, www.weingut-huppert.de.
Distanz: Ⓗ 0,2 km, 0,3 km, 0,3 km, 0,3 km.
Gastro: Weinstube Huppert's gud Stubb, Mi-Sa ab 18:00 Uhr, So/feiertags 11:30-22:00 Uhr, Reservierung: Tel. 06244/57326.
Freizeit: 15 km, 15 km. Weinbergwanderung, Weinprobe 0,3 km.
POI: Stadt Alzey 15 km, Stadt Worms 15 km.

67583 Guntersblum — €5,00 — <10m

Stellplatz am Sportplatz, Alsheimer Straße 29, ☎ 06249/902112
Hinter den Tennis- und Sportplätzen

2022 geprüft E

POS: 49°47'22.96"N/8°20'34.50"E, Karte D10 (S. 13), E4
Platz: = 16 auf Sand/Splitt. =12 CHEM. Aufenthalt max. 5 Tage. Ganzjährig geöffnet. Ausnahme: Am vorletzten WE im Aug wegen Veranstaltung gesperrt.
Preis: 5 € inkl. Entsorgung. Strom 0,50 €/kWh, Wasser 1 €/80 l.
Kontakt: Gemeinde Guntersblum, ☎ 06249/902112, info@guntersblum.eu, www.guntersblum.eu.
Distanz: 0,5 km, 1 km, 1 km, Ⓗ 1,5 km.
Freizeit: 5 km, 9 km. Rheinradweg nach Mainz und Worms, Führungen und Fahrten (Info unter Tel. 06249/902217), Kellerwegfest, Nordic-Walking-Park, Hoffeste unter www.vin-novativ.de, Öko-Lehrpfad am Rhein 4 km, Rhein-Uferweg 4 km, Europa-Vogelreservat Kühkopf 4 km.
POI: Julianenbrunnen, Obersteinischer Hof (ehemaliger Adelshof), Dalberger Hof (ehemaliger kurkölnischer Lehnshof), Altes und Neues Schloss in Guntersblum.

67583 Guntersblum — €15,00 — <12m

Weingut Schauf, Alsheimer Straße 95, ☎ 06249/2286
Zwischen Weingut und Weinbergen

POS: 49°47'12.00"N/8°20'35.00"E, Karte D9 (S. 12), D4
Platz: = 25, = 20 (<12 m) auf Wiese. . Weinproben. wird empfohlen. Anfahrt 8:00-19:00 Uhr. Geöffnet: Mai-Ende Sep.
Preis: 15 € inkl. Strom, Wasser.
Kontakt: Familie Schauf, ☎ 06249/2286, post@schauf-katharinenhof.de, www.schauf-katharinenhof.de.
Distanz: 2 km, Ⓗ 2 km, 2,5 km.
Gastro: Mehrere Restaurants ab 1 km.
Freizeit: 3 km, 10 km, 1 km. Nordic Walking, Erlebnispfad in den Weinbergen.
POI: Kühkopf 4 km (Naturschutzgebiet), Oppenheim 8 km.

89312 Günzburg — €8,00 — <10m — Gutschein

Camping Gutshof Donauried, Heidenheimer Straße 115, ☎ 08221/2076946
Auf einem ehemaligen Gutshof mit direkten Zugang zum Badesee

POS: 48°29'13.96"N/10°15'21.72"E, Karte D14 (S. 17), H2
Platz: = 25 auf Schotter. =25 (16 A) WC CHEM GRAU. wird empfohlen. Bezahlung beim Betreiber, Mittagspause HS 12:00-14:00 Uhr/NS 12:00-15:00 Uhr. Geöffnet: Apr-Okt (im Winter auf Anfrage).
Preis: Ab 8 € inkl. Entsorgung, WC, Müll-Entsorgung, WLAN. Jede weitere Pers. 5,50 €, Kind (5-14 J.) 4,50 €, Strom 1 €/kWh, Wasser 0,50 €/60 l, Dusche 0,50 €/5 min, Hund 1,50 €, Trockner 3,50 €, Waschmaschine 2,50 €. Standardplatz 8 €, Komfortplatz 10 €.
Kontakt: Camping Gutshof Donauried, Herr Ulrich Gottschalk, ☎ 08221/2076946, info@campingplatz-guenzburg.de, www.campingplatz-guenzburg.de.
Distanz: Ⓗ 0,1 km, 0,8 km, weitere Restaurants in 5 km, 6 km, 6 km.
Gastro: Brötchenservice. Bistro und Kiosk von Apr-Okt (in der HS bis 20:00 Uhr), Di-So 17:00-19:30 Uhr, Mo Ruhetag.
Freizeit: 3 km, 10 km, 5 km. Kartbahn 1,5 km, Minigolfanlage 3 km, Tennisplatz 3,5 km, Legoland 8 km, Fallschirmspringen und Wasserski 8 km.
POI: Altstadt Günzburg 5 km, Charlottenhöhle 15 km, Steiff Teddybärenmuseum in Giengen 20 km.

89312 Günzburg — €46,00 — <12m

LEGOLAND Feriendorf, LEGOLAND Allee 3, ☎ 08221/700185
Am Waldrand beim Park-Eingang

2022 geprüft E

POS: 48°25'35.31"N/10°18'33.25"E, Karte D14 (S. 17), H2
Platz: = 165 auf Schotter, Schotterrasen. WC CHEM. Spülküchen. wird empfohlen. Aufenthalt max. 5 Tage. Anfahrt während der Saison (außer an Schließtagen)

nach Anmeldung an der Rezeption (24 h geöffnet) von 7:30-22:00 Uhr mit Einfahrtskarte. Geöffnet: Apr-Nov.
Preis: 46 € inkl. Strom, Wasser, Entsorgung, WC, WLAN, Waschmaschine/Trockner, Duschen. 25.3.-5.11. 46 €. 38-50 € bei Vorab-Reservierung, 42-54 € vor Ort.
Kontakt: LEGOLAND Deutschland Freizeitpark GmbH, ☎ 08221/700185, reservierung@legoland-feriendorf.de, www.legoland.de.
Distanz: Ⓗ , 🛒 4,9 km, 🥖 5,6 km.
Gastro: Mehrere Restaurants im Feriendorf.
Freizeit: 6,5 km, 12 km. LEGOLAND, Minigolf, Hochseilgarten, Bowlingbahn.
POI: Frauenkirche und Burg Günzburg 5,6 km, Kloster Wettenhausen 10 km.

89312 Günzburg — €14,00

Wohnmobilstellplatz am Waldbad, Heidenheimer Straße 6, ☎ **08221/36716** In den Donau-Auen — <12m

POS: 48°27'47.55"N/10°16'11.23"E, Karte D14 (S.17), H2
Platz: = 43 auf Schotter. =28 WC CHEM GRAU . Ganzjährig geöffnet.
Preis: 14 € inkl. Entsorgung, Dusche, WC, Müll-Entsorgung, WLAN. Strom 0,50 €/kWh, Wasser 1 €/100 l. 5 € Kaution für die Zugangskarte.
Kontakt: ☎ 08221/36716, stelzle@stadtwerke-guenzburg.de, www.stadtwerke-guenzburg.de.
Distanz: Ⓗ 0,1 km, 🥖 1,3 km, 🛒 1,4 km, 1,5 km.
Freizeit: Waldbad, Legoland 5 km.
POI: Frauenkirche 1,3 km, hist. Altstadt 1,5 km.

91710 Gunzenhausen-Schlungenhof — €11,00

Wohnmobilstellplatz Surfzentrum Schungenhof, Ansbacher Straße 99, ☎ **09831/508191** Am Surfzentrum, 150 m vom See entfernt — <8m

POS: 49°7'54.69"N/10°44'7.29"E, Karte D15 (S.18), A1
Platz: P = 85 auf Schotterrasen, Wiese. =65 WC CHEM GRAU . Hundestrand, Fahrgastschiff. WC/Duschen von Mai-Sep von 7:30-19:30 Uhr. Geöffnet: 1.4.-31.10.
Preis: Ab 11 € inkl. Strom, Entsorgung, Müll-Entsorgung. Wasser 0,20 €/40 l, Kurtaxe (ab 18 J.) 1,50 €/Pers. Übernachtung (18:00-10:00 Uhr) 11 €, Kombiticket (8:00-10:00 Uhr) 14 €, Tagesgebühr (8:00-18:00 Uhr) 6 €, Wochenkarte 90 €.
Kontakt: Zweckverband Altmühlsee, ☎ 09831/508191, info@altmuehlsee.de, www.altmuehlsee.de.
Distanz: 0,5 km, weitere Restaurants in 1,5 km, Ⓗ 1 km, 🛒 1 km, 🥖 2 km.
Gastro: Strandcafé am Surfzentrum von Apr-Okt, warme Küche 11:00-18:00 Uhr. Frühstücksservice (ab 7:30 Uhr).
Freizeit: 4,5 km, 3 km. SUP-Schule, Surfschule, Führungen auf der Vogelinsel, Kiten, Badestrand mit Beachvolleyballfeld, Bootsvermietung, Kinderautobahn, Kanuverleih, Angeln, Bungee-Trampolinanlage, Rikschaverleih, Segeln.
POI: Wasserschloss und gotische Stadtkirche in Muhr am See 1 km, Heimatmuseum 3,5 km, Museum für Vor- und Frühgeschichte, Fossilien- und Steindruckmuseum 3,5 km, ehem. Markgräfliches Jagdschloss 3,5 km, Stadt- und Turmführungen in Gunzenhausen 3,5 km, Muhr am See 4,5 km.

29476 Gusborn-Zadrau — gratis

Stellplatz Zadrau, Gusborner Straße 6, ☎ **05861/9861451** Mit Blick auf den Wald — <10m

POS: 53°3'3.59"N/11°10'30.65"E, Karte D3 (S.6), B5
Platz: P = 5 auf Wiese. Aufenthalt max. 1 Nacht. VE am Stadtbad Dannenberg. Ganzjährig geöffnet. Im Winter Überschwemmungsgefahr.
Preis: Übernachtung gratis. Spende erwünscht.
Kontakt: Jürgen Eising, ☎ 05861/9861451, www.elbtalaue.de.
Distanz: 🛒 10 km, 🥖 10 km, E 10,2 km (Stadtbad/Campingplatz Dannenberg, Bäckergrund 32, 29451 Dannenberg).
Gastro: Mehrere Restaurants ab 10 km.
Freizeit: 10 km. Wandern, Radfahren.
POI: Dannenberg/Elbe 10 km, Lüchow 10 km, Hitzacker/Elbe 20 km.

18273 Güstrow — €25,00

Caravanplatz Hotel am Tierpark, Verbindungschaussee 7, ☎ **03843/7800** Von Wiesen umgebener Stellplatz — <12m

POS: 53°47'29.87"N/12°12'54.35"E, Karte D3 (S.6), C3
Platz: P = 30 auf Schotterrasen. =30 WC CHEM GRAU . Sauna gegen Gebühr. Anfahrt 6:00-20:30 Uhr. Brötchen und Zeitungen in der Anmeldung. Ganzjährig geöffnet.
Preis: 25 € inkl. Strom, Entsorgung, WC, Müll-Entsorgung, Duschen. Kurtaxe 2,50 €/Pers.
Kontakt: Familienhotel Am Tierpark, ☎ 03843/7800, info@familienhotel-am-tierpark-guestrow.de, www.familienhotel-am-tierpark-guestrow.de.
Distanz: , Ⓗ 0,1 km, 🛒 2 km, 🥖 4 km.
Gastro: Restaurant am Platz, warme Küche 18:00-20:00 Uhr, Abendbüfett 19,50 €/Pers. Brötchenservice. Frühstücksbüfett, 6:30-10:00 Uhr.
Freizeit: 1,5 km, 0,5 km. Natur- und Umweltpark (Tierpark) mit Führungen zu den Bären und Wölfen, Sauna- und Erlebnisbad Oase 0,5 km.
POI: Renaissance-Schloss 4 km, Ernst-Barlach-Museum, Stadtmuseum 4 km, hist. Altstadt, Dom, Pfarrkirche 4 km.

Sie haben einen neuen Stellplatz entdeckt? Dann teilen Sie uns diesen mit per E-Mail an **bordatlas@doldemedien.de**

18273 Güstrow — gratis

Parkplatz Gleviner Platz, Gleviner Platz, ☎ **03843/681023** In Zentrumsnähe — <8m

POS: 53°47'27.24"N/12°10'48.49"E, Karte D3 (S.6), C3
Platz: P = 3 auf Sand/Splitt, Pflaster. WC. Ganzjährig geöffnet.
Preis: Übernachtung gratis inkl. WC. Preisänderungen 2023 möglich.
Kontakt: Güstrow-Tourismus e.V., ☎ 03843/681023, info@guestrow-tourismus.de, www.guestrow-tourismus.de.
Distanz: Ⓗ , 0,2 km, weitere Restaurants in 0,3 km, 🥖 0,4 km, 🛒 0,4 km.
Gastro: Marktbäckerei Hornung.
Freizeit: Schiffsrundfahrten ab Malchow, Freizeitbad Oase 2,5 km, Umweltpark 3,5 km.
POI: Heilig-Geist-Kirche mit Krippenausstellung 0,3 km, Schloss Güstrow 0,6 km, Ernst-Barlach-Museen 1,1 km.

G

55595 Gutenberg — €10,00

Weingut & Brennerei Dapper, Am Schlossberg 5, ☎ **06706/301** Auf einem Weingut unterhalb der Gutenburg — <8m

POS: 49°52'50.94"N/7°47'57.74"E, Karte D9 (S.12), C4
Platz: / = 4 auf Pflaster. WC. R Aufenthalt nach Absprache. Ganzjährig geöffnet.
Preis: 10 €. Strom, Wasser und Entsorgung (in üblichen Mengen) gratis. Strom bei Betrieb von Heizung/Klimaanlage exklusive. Ab Weinkauf von 6 Flaschen 5 €.
Kontakt: Familie Dapper, ☎ 06706/301, weingut-dapper@t-online.de, www.weingut-dapper.de.
Distanz: Ⓗ 0,1 km, 🥖 0,5 km, 🛒 2 km, 2 km.
Gastro: Brötchenservice auf Anfrage.
Freizeit: 2 km, 7 km.
POI: Bad Kreuznach 7 km, Brückenhäuser 7 km, Rotenfels, höchste Steilwand nördlich der Alpen 7 km, Salinen Bad Kreuznach 8 km.

33332 Gütersloh — €6,00

Wohnmobilstellplatz Die Welle Gütersloh, Stadtring Sundern 10, ☎ **05241/822164** Stellplatz am Freizeitbad — <10m

POS: 51°53'54.01"N/8°24'16.39"E, Karte D6 (S.9), E3
Platz: = 6 auf Schotterrasen. WC . Leinenpflicht für Hunde. Aufenthalt max. 7 Tage. WC im Bad-Foyer zu den Öffnungszeiten, Duschen gegen Eintrittsgebühr. Betrieb von Generatoren verboten. Ganzjährig geöffnet.
Preis: 6 € inkl. Strom, Wasser. Bezahlung an der Badkasse.

Kontakt: Die Welle Gütersloh, 05241/822164, baederbetriebe@stadtwerke-gt.de, www.stadtwerke-gt.de.
Distanz: , 2,3 km.
Freizeit: Wassererlebnispfad an der Dalke, Freizeitbad Die Welle mit Sauna.
POI: Stadt Gütersloh, Stadtpark mit Botanischem Garten.

27404 Gyhum €10,00

Hotel-Restaurant Niedersachsen-Hof, Sick 13, 04286/9400 <12 m
Auf einer großen Wiese am Hotel

POS: 53°12'56.96"N/9°17'47.41"E, Karte D2 (S.5), F5
Platz: = 5 auf Wiese. WC . WC im Hotel zu den Öffnungszeiten. Ganzjährig geöffnet.
Preis: 10 € inkl. WC. Strom 3 €/24 h.
Kontakt: Hans-Heiner Köhnken, 04286/9400, info@niedersachsenhof.de, www.niedersachsenhof.de.
Distanz: 0,3 km, 1 km, 4 km.
Gastro: Hotel Restaurant, Di-Do 16:00-22:00 Uhr, Sa 16:00-23:00 Uhr, So 11:00-15:00 Uhr, Mo + Fr Ruhetag. Frühstück auf Anfrage.
Freizeit: 4 km, 10 km. Whirlpool, Solarium, Saunarium.
POI: 1000-jährige Kirche 1 km, Kreisstadt Rotenburg 15 km.

G H

H

34317 Habichtswald-Dörnberg gratis

Wohnmobilstellplatz Dörnberg, Bergweg, 05606/59960 <8 m
In Ortsrandlage am Festplatz

POS: 51°20'37.10"N/9°20'37.58"E, Karte D6 (S.9), F5
Platz: = 4 auf Schotterrasen. WC . Leinenpflicht für Hunde. Geöffnet: Apr-Ende Sep.
Preis: Übernachtung gratis. Strom 1 €, WC 1 €. Schlüssel für Strom/Sanitärgebäude gegen 20 € Pfand bei der bft-Tankstelle Wolfhager Straße 20.
Kontakt: 05606/59960, info@habichtswald.de, www.habichtswald.de.
Distanz: 0,4 km, 0,5 km, 0,6 km, 0,8 km.
Freizeit: 3 km, 9 km. Tennis, Klettergarten 5 km, Segelflugplatz 5 km, Thermalbad 9 km.
POI: Naturparkzentrum Habichtswald (3,8 km zu Fuß) 7,8 km, Bergpark Wilhelmshöhe Kassel 9 km, Documenta-Kunstausstellung Kassel 13 km.

34317 Habichtswald-Ehlen gratis

Wohnmobilstellplatz Ehlen, Hasenbreite, 05606/59960 <8 m
Am Schwimmbad neben Tennisplatz, Grillplatz und Sportplatz

POS: 51°19'22.58"N/9°19'10.41"E, Karte D6 (S.9), F5
Platz: = 6 auf Schotterrasen. WC . Leinenpflicht für Hunde. Schlüssel für Strom und Sanitärgebäude gegen 20 € Pfand an der Freibadkasse. Geöffnet: Apr-Ende Sep.
Preis: Übernachtung gratis. Strom und WC 2 €/Tag.
Kontakt: 05606/59960, info@habichtswald.de, www.habichtswald.de.
Distanz: 0 km, weitere Restaurants in 0,8 km, 0,8 km, 0,9 km, 0,9 km.
Gastro: Schwimmbadgaststätte am Platz.
Freizeit: 0,1 km. Tennis, Klettergarten 5 km, Alpenpfad/Naturschutzzentrum 5 km, Segelflugplatz 5 km, Thermalbad 9 km.
POI: Bergpark Wilhelmshöhe Kassel 9 km, Documenta-Kunstausstellung Kassel 13 km.

57627 Hachenburg gratis

Parkplatz am Burggarten, Alexanderring/In der Burgbitz, 02662/958339 Öffentlicher Parkplatz am Burggarten und Schloss <8 m

2021 geprüft

POS: 50°39'45.90"N/7°49'38.49"E, Karte D9 (S.12), D2
Platz: = 8 auf Rasengittersteinen, Asphalt. =8 (16 A) WC CHEM GRAU. Öffentliches WC im angrenzenden Burggarten. Ganzjährig geöffnet.
Preis: Übernachtung gratis. Bezahlung am Münzautomat.
Kontakt: Tourist-Information Hachenburger Westerwald, 02662/958339, info@hachenburger-westerwald.de, www.hachenburger-westerwald.de.
Distanz: 0,5 km, 0,5 km, 0,5 km, 0,8 km.
Freizeit: 1 km, 1 km. Mountainbiking, Erlebniswandern, Brauereibesichtigung, Stadtführung, Minigolf 0,2 km, Kneipp-Tretbecken 0,3 km, Tennis-/Sportplatz 0,6 km, Westerwälder Seenplatte 10 km.
POI: Historischer Stadtkern mit Hachenburger Schloss 0,3 km, Schlosskirche 0,5 km, Marktplatz-Ensemble 0,5 km, Pfarrkirche Maria Himmelfahrt 0,5 km, Zisterzienserabtei Marienstatt 4 km, Landschaftsmuseum Westerwald, Basaltpark 10 km.

55546 Hackenheim €10,00

Bonnheimer Hof, Binger Weg/Alte Straße, 0671/79615270 <12 m
Vor dem Landgasthof mit romantischem Innenhof unter Platanen

POS: 49°49'46.73"N/7°54'30.72"E, Karte D9 (S.12), D4
Platz: = 15 auf Pflaster, Wiese, Schotter. WC . Anmeldung zu den Öffnungszeiten des Restaurants. Ganzjährig geöffnet.
Preis: 10 € inkl. Wasser, Entsorgung, WLAN. Für Restaurantgäste kostenlos. Strom 2,50 €/Nacht. WC 5 €/Nacht (Schlüssel gegen 20 € Pfand zu den Öffnungszeiten, Rückgabe ab 11:00 Uhr). Bei Weinkauf in Höhe von 50 € Stellplatz für 1 Nacht kostenfrei.
Kontakt: Bonnheimer Hof, Matthias Lorenz, 0671/79615270, Mobil: 0170/2878065, info@bonnheimerhof.com, www.bonnheimerhof.com.
Distanz: 0 km, 0,3 km, 1 km, 1 km.
Gastro: Warme Küche, 17:00-22:00 Uhr, So+Feiertag ab 11:00 Uhr.
Freizeit: 2,5 km, 4 km, 4 km.
POI: Brückenhäuser 0,5 km, Schloss Rheingrafenstein 3 km, Schloss Kauzenburg und Römervilla in Bad Kreuznach 5 km.

29693 Hademstorf €20,00

Stellplatz Waldhaus Allertal, Waldhaus Allertal 1, 05071/912517 Auf einer Wiese im Wald <10 m

POS: 52°42'26.42"N/9°39'26.64"E, Karte D6 (S.9), G1
Platz: = 50 auf Wiese. WC CHEM . Anfahrt 8:00-22:00 Uhr. Ganzjährig geöffnet.
Preis: 20 € inkl. Wasser, Entsorgung, Dusche, Müll-Entsorgung. Strom 2,50 € ab 2. Nacht.
Kontakt: Rassa Hoffmann, 05071/912517, Mobil: 0157/56506825, rastete309@googlemail.com.
Distanz: 0,1 km, 2 km, 3 km.
Gastro: Am Platz, warme Küche 17:00-22:00 Uhr. Brötchenservice. Frühstück möglich.
Freizeit: 5 km. Ausflüge zum Serengeti-Park Hodenhagen, Heide Park Soltau und Vogelpark Walsrode.

26524 Hage €9,00

Wohnmobilstellplatz Wichter Weg, Wichter Weg 58, 04931/189970 <8 m Gutschein
In Seenähe, von Bäumen umgeben, 300 m vom Kurzentrum entfernt

2021 geprüft

POS: 53°36'18.16"N/7°19'11.81"E, Karte D1 (S.4), C4
Platz: = 12 auf Pflaster, Rasengittersteinen. =12 (16 A) CHEM GRAU . Öffentliches WC und sanitäre Anlagen im Kurzentrum zu den Öffnungszeiten. Ganzjährig geöffnet.
Preis: 9 € inkl. Müll-Entsorgung, WLAN. Strom 1 €/kWh, Entsorgung 0,50 €/50-80 l, Kurtaxe (ab 18 J.) 1,90 €/Pers. Gästebeitragspflicht vom 15.3. - 31.10. Bezahlung am Münzautomat oder im Kurzentrum.
Kontakt: Kurverwaltung Hage, 04931/189970, kurverwaltung@sg-hage.de, www.hage-nordsee.de.
Distanz: 0,3 km, 0,3 km, 3 km, 3 km.
Gastro: Weitere Restaurants in der Ortsmitte.
Freizeit: 0,3 km. Golfen, Golfanlage Schloss Lütetsburg, Minigolf, See direkt hinter dem Stellplatz, Boßeln, Wattwandern, Kiessee Berum 0,5 km.
POI: St. Ansgari Kirche, St. Ludgeri-Kirche in Norden 3 km, Wasserschloss Lütesburg 4,5 km.

58091 Hagen-Eilpe gratis <8m

LWL-Freilichtmuseum Hagen, Mäckingerbach, ☎ 02331/78070
Auf dem Parkplatz des Freilichtmuseums

POS: 51°20'6.57"N/7°28'36.28"E, Karte D5 (S. 8), C5
Platz: = 3 auf Pflaster. WC. Platz ist nachts und am Ruhetag (Mo) mit Schranke geschlossen. Geöffnet: Apr-Okt. Ausnahme: Mo Ruhetag.
Preis: Übernachtung gratis inkl. WC. Museumsbesuch obligatorisch.
Kontakt: Uta Wenning-Kuschel, ☎ 02331/78070, lwl@lwl.org, www.lwl-freilichtmuseum-hagen.de.
Distanz: 0,1 km, weitere Restaurants in 0,3 km, 0,1 km, 2 km, 3 km.
Gastro: Restaurant Rosengarten, Mo + Mi-Fr 11:30-14:30 Uhr und 17:00-21:00 Uhr, Sa 11:30-22:00 Uhr, So 11:30-20:00 Uhr, Di Ruhetag. Museumsgaststätte, Mo-Sa 9:00-17:30 Uhr, So 9:00-18:00 Uhr.
Freizeit: 5 km, 5 km. Museumsbesuch.
POI: Jugendstil in Hagen, Freilichtmuseum Hagen, Hohenhof 3 km, Schumachermuseum 3 km, Osthausmuseum 3 km, Schloss Hohenlimburg 6 km.

49170 Hagen/Teutoburger Wald gratis <10m

Wohnmobilstellplatz am Schulten Holz, Zum Jägerberg 20, ☎ 05401/97720
Ruhiger Stellplatz am Kirschlehrpfad

POS: 52°12'12.00"N/7°58'40.00"E, Karte D5 (S. 8), D3
Platz: / = 15 auf Pflaster, Wiese, Schotter. =8 (16 A) WC CHEM GRAU. Nachtruhe von 22:00-7:00 Uhr, Aufenthalt max. 14 Tage. Ganzjährig geöffnet. Ausnahme: Palmsonntag und Karsamstag geschlossen.
Preis: Übernachtung gratis. Elektronische Spende erwünscht über PayPal an gemeindekasse@hagen-atw.de (Betreff/Nachricht: Reisemobilstellplatz).
Kontakt: Gemeinde Hagen a.T.W., Friedhelm Ossege, ☎ 05401/97720, info@hagen-atw.de, www.hagen-atw.de.
Distanz: 0,5 km, weitere Restaurants in 1 km, 0,6 km, 0,7 km, 0,7 km.
Freizeit: 1,4 km, 0,3 km. Kirschlehrpfad, 130-km-Wanderwegenetz mit Radwanderrouten.
POI: Ehemalige Kirche Hagen 0,4 km, altes Pfarrhaus und Töpfereimuseum 0,5 km, Gellenbecker Mühle 2,5 km.

19230 Hagenow gratis <10m neu

Wohnmobilstellplatz Teichstraße, Teichstraße 56, ☎ 03883/729096
Auf einem gemischten Parkplatz

POS: 53°26'14.55"N/11°11'18.00"E, Karte D3 (S. 6), B4
Platz: = 4 auf Asphalt. WC. Ganzjährig geöffnet.
Preis: Übernachtung gratis.
Kontakt: Tourist-Info Hagenow, ☎ 03883/729096, hagenow-info@hagenow.de, www.hagenow.de.
Distanz: 0,5 km, 3,4 km.
POI: Museum für Alltagskultur der Griesen Gegend und Alte Synagoge Hagenow 0,9 km, Trolli Werksverkauf 3,3 km, Kühne Werksverkauf 4,4 km.

38644 Hahnenklee-Bockswiese gratis <10m

Reisemobilstellplatz Hahnenklee, Am Bocksberg/Großparkplatz Stabkirche, ☎ 05325/51040
Auf einem öffentlichen Parkplatz

POS: 51°51'24.74"N/10°20'35.56"E, Karte D6 (S. 9), H3
Platz: P / = 10 auf Pflaster. CHEM. Enge Stellplätze, Auffahrkeile erforderlich. Ganzjährig geöffnet.
Preis: Übernachtung gratis inkl. Entsorgung. Wasser 2 €/60 l, Kurtaxe 2,30 €/Pers.
Kontakt: Hahnenklee Tourismus Marketing GmbH, ☎ 05325/51040, info@hahnenklee.de, www.hahnenklee.de.
Distanz: 0,2 km, 0,5 km, 0,5 km, 8 km.
Gastro: Mehrere Restaurants im Ort.
Freizeit: 2 km, 0,5 km. ErlebnisBocksBerg mit Sommerrodelbahn, Wintersport, Angeln, Mountainbiking in der Volksbank Arena Harz, Wandern auf dem Liebesbankweg, Skilift 0,5 km, Bike-Park Hahnenklee 1 km, Minigolf, Tennis 1 km, Loipen 2 km, Waldseebad Kuttelbacher Teich mit Bootsverleih 5 km.
POI: Oberharzer Wasserregal, Stabkirche Hahnenklee 0,2 km, Paul-Lincke-Platz 0,5 km, Weltkulturerbe Goslar 16 km.

65623 Hahnstätten gratis <10m

Wohnmobilstellplatz Hahnstätten, Jahnstraße, ☎ 06486/9179141
Parkstreifen am Aartal Radweg

POS: 50°18'6.00"N/8°3'58.00"E, Karte D9 (S. 12), D2
Platz: P = 3, = 3 (<9 m) auf Sand/Splitt, Schotter, Kiese. Ganzjährig geöffnet.
Preis: Übernachtung gratis.
Kontakt: Verbandsgemeinde Aar-Einrich, Daniel Schmidt, ☎ 06486/9179141, tourismus@vg-aar-einrich.de, www.vg-aar-einrich.de.
Distanz: 0,3 km, 0,4 km, 0,4 km, weitere Restaurants in 1 km, 0,5 km.
Freizeit: 10,6 km. Aartal Radweg 0,1 km, Aar-Höhenweg 0,5 km, Draisinentouren 3,5 km, Golfgreen Aarbergen 4,5 km, Freibad 9,5 km.
POI: Heimatsammlung Hahnstätten 1,2 km, Burg Hohenfels 5 km.

35708 Haiger €5,00 <8m

Wohnmobilstellplatz OBI, Lohwiese 1, ☎ 02773/74160
Auf dem Parkplatz des Baumarktes

POS: 50°44'39.22"N/8°12'29.75"E, Karte D10 (S. 13), E1
Platz: P / = 2 auf Asphalt. Ganzjährig geöffnet.
Preis: 5 €.
Kontakt: ☎ 02773/74160, www.haiger.de.
Distanz: 0,1 km, 0,4 km, weitere Restaurants in 0,6 km, 0,5 km, 1 km.
Freizeit: 0,5 km. Trimmpfad.
POI: Heimatmuseum Haus Fischbach 0,5 km.

72401 Haigerloch gratis <10m

Wohnmobilstellplatz Haigerloch, Weildorfer Kreuz 1, ☎ 07474/69727
Zentrumsnah beim Haigerlocher Familienfreibad

POS: 48°22'7.35"N/8°47'39.01"E, Karte D14 (S. 17), F2
Platz: P = 10 auf Asphalt. CHEM GRAU. Aufenthalt max. 3 Nächte, WC im Freibad (gegen Gebühr), Wasser von Nov-März abgestellt. Ganzjährig geöffnet.
Preis: Übernachtung gratis. Strom 1 €, Wasser 1 €.
Kontakt: Tourist-Info im Rathaus, ☎ 07474/69727, tourist-info@haigerloch.de, www.haigerloch.de.
Distanz: 0,1 km, 0,1 km, 0,5 km, 1 km.
Gastro: Hotel-Restaurant Krone, Pizzeria Calimero, Schlosscafé Haigerloch. Informationen zu den Gaststätten unter www.haigerloch.de.
Freizeit: 0,1 km.
POI: Römerturm 0,5 km, Altstadt 1 km, Schloss Haigerloch, Schlosskirche 1 km.

76835 Hainfeld €5,00 <12m

Theodorus Wein- und Sektgut, Theodorhof, ☎ 06323/5034
Hinter dem Weingut im Innenhof

POS: 49°15'19.23"N/8°5'55.03"E, Karte D9 (S. 12), D5
Platz: / = 3 auf Pflaster. Anfahrt nach telefonischer Vereinbarung. Ganzjährig geöffnet.
Preis: 5 € inkl. Strom, Wasser. Bei Weinkauf ab 6 Fl. gratis.
Kontakt: Ulrike Lergenmüller, ☎ 06323/5034, info@theodorus-wein.de, www.theodorus-wein.de.
Distanz: 0,4 km, weitere Restaurants in 0,5 km, 0,5 km, 0,5 km, 0,5 km.
Gastro: Restaurant Am Dorfbrunnen in Hainfeld.
Freizeit: 1 km, 8 km, 6 km. Weinproben, Hilfe bei der Weinlese, Führung durch das Weingut.
POI: Barockort Hainfeld 0,3 km, Burg Trifels 14 km.

76835 Hainfeld €10,00 <8m

Weingut Edgar und Andreas Lutz, Kastanienberg 7, ☎ 06323/3925
Ruhige Lage am Modenbach

POS: 49°15'23.52"N/8°5'54.86"E, Karte D9 (S. 12), D5
Platz: P / = 3 auf Wiese, Pflaster. WC. B wird empfohlen. Ganzjährig geöffnet.
Preis: 10 € inkl. Strom, Wasser, Dusche, WC. Bei Weinkauf 1. Nacht kostenlos.
Kontakt: Gerlinde Lutz, ☎ 06323/3925, weingut-lutz@t-online.de, www.lutz-wein.de.
Distanz: 0,2 km, 0,2 km, 0,2 km, 2 km.
Gastro: Restaur. Zum Dorfbrunnen. Gasthaus Logel 0,2 km.
Freizeit: 2 km, 8 km, 2 km. Führungen durch den Weinkeller, Weinprobe auf Anfrage.
POI: Villa Ludwigshöhe 3 km, Hambacher Schloss 12 km.

07607 Hainspitz €4,00 <8m

Wohnmobilstellplatz am Hainspitzer See, Kiesweg, ☎ 036691/73454
Direkt am Flächennaturdenkmal Hainspitzer See

POS: 50°57'36.00"N/11°50'8.00"E, Karte D11 (S. 14), C1
Platz: P = 2 auf Schotterrasen. Ganzjährig geöffnet.
Preis: 4 €. Bezahlung am Parkscheinautomat.
Kontakt: Tourist-Information, Stefanie Hirschfeld, ☎ 036691/73454, info@stadt-eisenberg.de, www.stadt-eisenberg.de.
Distanz: 0,1 km, 0,1 km.
Gastro: Gasthaus am See.
Freizeit: Wanderwege, Gutspark Hainspitz, Hainspitzer See.

H

38820 Halberstadt €15,00

Camping am See, Warmholzberg 70, >12m
03941/609308 Vor dem Campingplatz in ruhiger Hanglage

POS: 51°54'34.30"N/11°5'5.53"E, Karte D7 (S. 10), B3
Platz: = 3 auf Sand/Splitt, Schotter. WC CHEM GRAU. Leinenpflicht für Hunde, kleine Einkaufsmöglichkeit. R wird empfohlen. Park & Sleep von 21:00-10:00 Uhr. Vom 1.11.-31.3. auf Anfrage bzw. Voranmeldung. Ganzjährig geöffnet.
Preis: 15 € inkl. Strom, Wasser, Entsorgung, WC, WLAN, Duschen.
Kontakt: Sebastian Otto, 03941/609308, Mobil: 0176/84042782, info@camping-am-see.de, www.camping-am-see.de.
Distanz: 0,1 km, H 1 km.
Gastro: Von Apr-Okt am Platz.
Freizeit: 0,1 km, 4 km. Schwimmen, Angeln.
POI: Altstadt Halberstadt.

38820 Halberstadt gratis

Großparkplatz Düsterngraben, Düsterngraben, **03941/551815** <8m
Im Stadtzentrum unterhalb des Domplatzes

2022 geprüft

POS: 51°53'47.70"N/11°2'45.93"E, Karte D7 (S. 10), B3
Platz: P = 5 auf Pflaster. =4 (3 A). Ganzjährig geöffnet.
Preis: Übernachtung gratis. Strom 0,50 €/kWh.
Kontakt: Tourist-Information Halberstadt, 03941/551815, tourist-info@halberstadt.de, www.halberstadt-tourismus.de.
Distanz: 0,2 km, 0,3 km, weitere Restaurants in 0,5 km, H 0,3 km, 0,8 km.
Gastro: Zahlreiche Restaurants & Cafés. Kaffeeröesterei Löper.
Freizeit: 8,2 km. Stadtführung, Bowlingcenter 1 km, Badesee 3,7 km.
POI: Heineanum-Museum Halberstadt 0,2 km, Dom und Domschatz Halberstadt 0,3 km, John-Cage-Orgel-Kunst-Projekt 0,3 km, Hist. Landschaftspark Spiegelsberge 4,7 km, Schloss Langenstein 7,1 km, Langensteiner Höhlenwohnungen 8 km.

38820 Halberstadt €4,00

Walter Krienitz Platz, Wehrstedterstraße 48, **03941/551815** Auf dem Besucherparkplatz des Klinikums Halberstadt <10m

POS: 51°54'2.18"N/11°3'31.09"E, Karte D7 (S. 10), B3
Platz: P = 5 auf Asphalt, Pflaster. Ganzjährig geöffnet.
Preis: 4 €.
Kontakt: Touristinfo Halberstadt, 03941/551815, halberstadt-info@halberstadt.de, www.halberstadt.de.
Freizeit: Tiergarten Halberstadt.
POI: Mahn-und Gedenkstätte Langenstein-Zwieberge, Dom, Städtisches Museum.

39340 Haldensleben gratis

Parkplatz am Stendaler Torturm, Stendaler Straße 13, <8m
03904/479184 Auf dem Parkplatz am Eingang zum historischen Stadtzentrum

POS: 52°17'34.70"N/11°24'48.80"E, Karte D7 (S. 10), B2
Platz: P = 10 auf Pflaster, Asphalt. Geöffnet: 1.4.-31.10.
Preis: Übernachtung gratis.
Kontakt: Stadt Haldensleben, 03904/479184, kontakt@haldensleben.de, www.stadt-haldensleben.de.
Distanz: H 0,1 km, 0,2 km, weitere Restaurants in 0,2 km, 0,2 km, 0,5 km.
Freizeit: 2 km. Fahrt auf Mittellandkanal, Stadtführung.
POI: Historischer Stadtkern mit fast vollständig erhaltener Stadtmauer, Bülstringer und Stendaler Torturm (beides 13. Jh.) 0,2 km, Schloss Hundisburg mit Barockgarten und Landschaftspark Althaldensleben 3 km.

39340 Haldensleben €15,00

Sportboothafen Haldensleben, Kronesruhe 26, **03904/724763** >12m
Auf einer befestigten Wiese mit Blick auf den Hafen, leicht abschüssig

POS: 52°16'45.60"N/11°24'10.57"E, Karte D7 (S. 10), B2
Platz: P = 10 auf Wiese. =1 (16 A) WC CHEM/Bio. Geöffnet: April-Okt.
Preis: 15 € inkl. Entsorgung, WC, Müll-Entsorgung. Jede weitere Pers., Strom 3 €, Wasser 1 €/100 l, Dusche 1 €/4 min, Waschmaschine/Trockner je 3 €.
Kontakt: Sportboothafen Haldensleben, Uta Lippmann, 03904/724763, info@sportboothafen-haldensleben.de, www.sportboothafen-haldensleben.de.
Distanz: 0,4 km, H 0,7 km, 0,9 km, weitere Restaurants in 1,2 km, 2,1 km.
POI: Altstadt 1,2 km, Marktplatz mit reitendem Roland 1,4 km, Schloss Hundisburg 5 km.

85399 Hallbergmoos €20,00

Hausler Hof, Garchinger Weg 72, <10m
0811/1830 Am Erlebnisbauernhof mit Wochenmarkt und Marktküche

POS: 48°17'25.40"N/11°43'14.23"E, Karte D15 (S. 18), C3
Platz: = 10 auf Wiese, Schotter. =20 (16 A) WC CHEM GRAU. Natursee. R wird empfohlen. Anreise Mo-Sa 9:30-17:00 Uhr. Ganzjährig geöffnet.
Preis: 20 € inkl. Strom, Wasser, Entsorgung, WC, WLAN, Duschen. Jede weitere Pers. 8 €.
Kontakt: Josef Hausler, 0811/1830, info@hausler-hof.de, www.hausler-hof.de.
Distanz: H 2,5 km, 3 km, 4 km, 6 km.
Gastro: Warme Küche: jeden Fr (Marktküche) sowie bei Veranstaltungen, weitere Informationen auf der Website. Gasthof Neuwirt in Goldach.
Freizeit: 7 km. Tretfahrzeuge für Kinder, Angeln, Therme Erding 12 km.

06108 Halle/Saale gratis

An der Stadtschleuse, An der Stadtschleuse 1, <8m
0345/1229984 Im Zentrum

2021 geprüft

POS: 51°28'50.40"N/11°57'41.14"E, Karte D7 (S. 10), C4
Platz: = 12 auf Asphalt. Lärmbelästigung möglich. Ganzjährig geöffnet.
Preis: Übernachtung gratis.
Kontakt: Stadtmarketing Halle/Saale, 0345/1229984, info@stadtmarketing-halle.de, www.halle-tourismus.de.
Distanz: 0,5 km, H 0,5 km.
Freizeit: Saale-Radwanderweg.
POI: Technisches Halloren- und Salinemuseum, Altstadt, Händels Geburtshaus, Marktkirche, Halloren Schokoladenmuseum.

06114 Halle/Saale €5,00

Wohnmobilstellplatz Fährstraße, Fährstraße 1, **0345/1229984** <6m
Am Fluss, gegenüber der Burg Giebichenstein am Saale-Radwanderweg

2021 geprüft E

POS: 51°30'6.23"N/11°57'13.08"E, Karte D7 (S. 10), C4
Platz: P = 3 auf Pflaster, Asphalt. =4 WC CHEM. Aufenthalt max. 5 Tage, WC geöffnet 8:00-20:00 Uhr. Ganzjährig geöffnet.
Preis: 5 € inkl. Entsorgung. Strom 1 €/8 h, Wasser 1 €/Tag. 5 €/Tag, 7 €/2 Tage, 8 €/3 Tage, 9 €/4 Tage, 10 €/5 Tage. 0,50 €/h.
Kontakt: Tourist-Info Halle/Saale, 0345/1229984, touristinfo@stadtmarketing-halle.de, www.halle-tourismus.de.
Distanz: H 0,1 km, 0,1 km, 1 km, 3 km.
Gastro: Restaurant Objekt 5 0,1 km, Mo-Fr 17:00-23:00 Uhr, Sa 12:00-23:00 Uhr, So 12:00-21:00 Uhr.
Freizeit: 1,5 km, 3 km, 1,6 km. Wassersport, Stadtbesichtigung, Zoo Halle 1,4 km, Bootsverleih 1,5 km.
POI: Dorfkirche Böllberg, Burg Giebichenstein 0,1 km, Landesmuseum für Vorgeschichte (Himmelsscheibe von Nebra) 0,5 km, Kunstmuseum Moritzburg 2,3 km, Händel-Haus 2,9 km, Altstadt 3 km, Technisches Halloren- und Salinemuseum 4,5 km.

91352 Hallerndorf-Schnaid gratis

Brauhaus am Kreuzberg, Kreuzberg 1, **09545/4736** <8m
Am Waldrand

POS: 49°45'35.88"N/10°57'15.49"E, Karte D11 (S. 14), B4
Platz: = 3 auf Asphalt. WC. Ganzjährig geöffnet. Übernachtung zu den Restaurantzeiten Do-So möglich.
Preis: Für Restaurantgäste kostenlos. Einkehr obligat.
Kontakt: Familie Winkelmann, 09545/4736, info@brauhaus-am-kreuzberg.de, www.brauhaus-am-kreuzberg.de.
Gastro: Brauhaus, geöffnet von Anfang März-Mitte Dez, Do-So ab 11:00 Uhr, Mo-Mi Ruhetag.
Freizeit: Brauereitouren.

45721 Haltern am See €15,00

Stellplatz beim RMS Reisemobile-Spezialist GmbH, Hellweg 252, <12m
☎ 02364/965222 Am Rande eines Gewerbegebietes, in der Nähe des Stausees

POS: 51°45'21.40"N/7°12'5.47"E, Karte D5 (S. 8), C4
Platz: = 3 auf Schotterrasen, Pflaster. =5 (10/16 A) CHEM GRAU. Ankunft bis 20:00 Uhr (Winterzeit 18:00 Uhr). Ganzjährig geöffnet.
Preis: 15 € inkl. aller Personen, Strom, Entsorgung. Wasser 1 €/ca. 100 l.
Kontakt: RMS-Reisemobile Spezialist GmbH, B. Stahnke, ☎ 02364/965222, info@rms-reisemobile.de, www.rms-reisemobile.de.
Distanz: Ⓗ 0,2 km, 1 km, 1,5 km, 2 km, weitere Restaurants in 3 km.
Freizeit: 3 km, 3 km. Radfahren und Wandern, Segeln und Wassersport am See, Reiterhöfe und Ferienparks 4 km, Flugplatz Borkenberge 15 km.
POI: Römermuseen, Westruper Heide 5 km.

45721 Haltern am See €11,00

Wohnmobilpark Haltern am See, Hullerner Straße 45-49, <10m
☎ 02364/924027 Nahe dem Halterner Stausee, am Freizeitbad Aquarell

2022 geprüft

POS: 51°44'30.72"N/7°12'2.55"E, Karte D5 (S. 8), C4
Platz: P = 30 auf Rasengittersteinen. =30 (16 A) WC CHEM GRAU. Beleuchtet. Duschen im Freizeitbad. Ganzjährig geöffnet.
Preis: 11 € inkl. aller Personen, Entsorgung, WC, Müll-Entsorgung, WLAN. Strom 0,50 €/kWh, Wasser 1 €/100 l, Dusche 1,50 €/Pers., VE für Durchreisende 5 €. Bezahlung zeitnah nach Anreise am Automat. Sonderkonditionen im Freizeitbad Aquarell für Platzgäste. Preisänderungen 2023 mögl.
Kontakt: Stadtwerke Haltern am See GmbH, ☎ 02364/924027, aquarell@stadtwerke-haltern.de, www.wohnmobilpark-haltern.de.
Distanz: 0,6 km, Ⓗ 0,8 km, 1 km, 1,5 km.
Gastro: Bistro in Freizeitbad.
Freizeit: 0,1 km, 0,1 km, 2 km. Seebad 0,5 km, Seerundfahrt 1 km, Kanu-/Tretbootverleih 4 km, Freizeitpark Ketteler Hof 8,6 km, Naturwildpark Granat 10 km.
POI: Hist. Altstadt 0,6 km, LWI-Römermuseum 4 km.

27729 Hambergen €3,50

Festplatz Hambergen, Langenend, ☎ 04793/787015 >12m
In der Ortsmitte

POS: 53°18'38.50"N/8°49'27.70"E, Karte D2 (S. 5), F5
Platz: = 6 auf Pflaster. =5. Öffnungszeiten Boxenshop: Mo-Sa 7:00-21:00 Uhr, So 9:00-21:00 Uhr. Ganzjährig geöffnet.
Preis: 3,50 € inkl. Strom.
Kontakt: Anke Fiedler, ☎ 04793/787015, touristik@hambergen.de, www.hambergen.de.
Distanz: 0,1 km, weitere Restaurants in 0,3 km, 0,3 km, Ⓗ 0,3 km, 0,3 km.
Gastro: Hamberger Krug 1,5 km.
Freizeit: 0,3 km, 0,3 km. Golfplatz 5 km.
POI: Hamberger Moor 3 km, Museumsanlage Moorkate 4 km, Mühle Lübberstedt 5 km, Künstlerort Worpswede 12 km, Hansestadt Bremen 30 km.

20097 Hamburg €29,00

Wohnmobilhafen Hamburg, Grüner Deich 8, ☎ 040/796133130 <8m
In zentraler Lage im Stadtteil Hammerbrook

2020 geprüft

POS: 53°32'35.72"N/10°1'33.15"E, Karte D2 (S. 5), G4
Platz: P = 45 auf Schotter. =45 (6 A) WC CHEM GRAU. Infos siehe Website. Videoüberwachung. Rezeption geöffnet Mo-So 8:00-12:00 Uhr und 12:30-16:30 Uhr. Ganzjährig geöffnet.

Vor der Anreise empfehlen wir, Kontakt mit dem Betreiber aufzunehmen, um die Auslastung des Stellplatzes abzufragen.

Preis: 29 € inkl. Strom, Wasser, Entsorgung, Dusche, WC, Müll-Entsorgung. Jede weitere Pers. 5 €, Kind (0-5 J.) gratis.
Kontakt: Hamburger Stadtrundfahrt – Die Roten Doppeldecker GmbH, ☎ 040/796133130, wohnmobilhafen-hamburg@die-roten-doppeldecker.de, www.wohnmobilhafen-hamburg.de.
Anfahrt: Anfahrt über Süderstraße (ggü. Haus-Nr. 71 A).
Distanz: Ⓗ 0,2 km, 0,8 km, 2 km, 2 km.
Gastro: Bäckereien in unmittelbarer Nähe.
Freizeit: 3 km, 3 km, 0,2 km. Stadtrundfahrten.
POI: Hamburger Innenstadt, Reeperbahn, Speicherstadt, Fischmarkt, Rathaus, Alsteranleger, Hafen.

H

20359 Hamburg €15,00

Parkplatz Heiligengeistfeld, Glacischaussee, ☎ 0211/586707-0 <8m
In zentraler Lage zw. Messe und Reeperbahn

POS: 53°33'7.44"N/9°58'12.72"E, Karte D2 (S. 5), G4
Platz: = 100 auf Asphalt, Schotter. WC. Aufenthalt max. 3 Tage. Ganzjährig geöffnet. Ausnahme: während der DOM-Spielzeiten keine Parkmöglichkeiten für Wohnmobile.
Preis: 15 €. Strom 5 €/24 h, Wasser/WC/Dusche 5 €/2 Pers./Tag. Schlüsselpfand WC 10 €. Gebühr gilt bis 10:00 Uhr des Folgetages.
Kontakt: Goldbeck Parking Services GmbH, Sascha Mangels, ☎ 0211/586707-0, info@goldbeck-parking.de, goldbeck-parking.de/parkplatzsuche.
Anfahrt: Über die Glacischaussee Eingang C (außerhalb der Spielzeiten Hamburger DOM).
Distanz: 0,3 km, weitere Restaurants in 0,4 km, Ⓗ 0,5 km, 0,6 km.
Freizeit: Minigolfanlage 0,7 km, Miniatur-Wunderland 2,5 km, Hamburg Dungeon 2,5 km.
POI: Hamburger Dom 0,5 km, Museum für Hamburgische Geschichte 1 km.

20359 Hamburg €12,50 <10m

Parkplatz Strand Pauli, St. Pauli
Hafenstraße 89, ☎ 04191/99660
Öffentlicher Parkplatz nahe den Landungsbrücken und dem Fischmarkt

2022 geprüft

POS: 53°32'45.81"N/9°57'40.14"E, Karte D2 (S.5), G4
Platz: = 15 auf Asphalt. Ganzjährig geöffnet.
Preis: Ab 12,50 €. Fr-So 19,50 €, Mo-Do 12,50 €. Gebühr gilt ab Ankunft bis 9:00 Uhr am Folgetag.
Kontakt: Stefan Pütz, ☎ 04191/99660, kontakt@puetz-security.de.
Distanz: 0,1 km, 0,5 km.
Freizeit: Stadtbesichtigung.
POI: Hafencity, Fischmarkt, Landungsbrücken.

H

21109 Hamburg €24,00 >12m

Stellplatz Elbepark Bunthaus,
Moorwerder Hauptdeich 33,
☎ 040/18047215 Ruhige Stellflächen im Innenhof oder an der Elbe

POS: 53°27'39.82"N/10°3'47.21"E, Karte D2 (S.5), G4
Platz: P = 80 auf Pflaster, Wiese, Asphalt. WC CHEM GRAU . B wird empfohlen. Anfahrt 24 h, Stellplatzgröße 8-15 m, Rezeption Mo-So 9:00-17:00 Uhr. Reservierung über die Website. Geöffnet: 15.3.-1.10.
Preis: Ab 24 € inkl. Wasser, Entsorgung, WC, Müll-Entsorgung, WLAN. Jede weitere Pers. 3 €, Dusche 1 €/5 min, Waschmaschine/Trockner je 4 €. 24-28 € je nach Stellplatzlage.
Kontakt: Marc Jans, ☎ 040/18047215, info@elbepark-bunthaus.de, www.elbepark-bunthaus.de.
Distanz: 0 km, weitere Restaurants in 5,4 km, Ⓗ 0,1 km, 4 km, 6 km.
Gastro: Am Platz, Mi-Fr 17:00-22:00 Uhr, Sa-So 12:00-22:00 Uhr, Mo-Di Ruhetag.
Freizeit: 14 km, 8 km. Angeln, Strand 5 km.
POI: Hamburg 11 km.

21109 Hamburg €12,00 >12m

Wohnmobilhafen Hamburg Süd,
Finkenrieker Hauptdeich 5,
☎ 0157/89670755 An der Süderelbe gelegen, 1,5 km von der A1 (Abfahrt Hamburg-Stillhorn)

POS: 53°28'29.15"N/10°0'5.23"E, Karte D2 (S.5), G4
Platz: P = 60, = 10 (< 10 m) auf Schotterrasen, Asphalt. =60 (16 A) WC CHEM GRAU . Waschmaschine/Wäschetrockner. Ganzjährig geöffnet.
Preis: 12 € inkl. Müll-Entsorgung. Strom 1 €/kWh, Wasser 1 €/100 l, Entsorgung 1 €, Dusche 1 €/5 min, WC 0,20 €.
Kontakt: Jörg Sonnenberg, Mobil: 0157/89670755, u.heydorn@outlook.com, www.wohnmobilplatz-hamburg.de.
Distanz: Ⓗ 0,4 km, 2 km, 3 km.
Gastro: Zahlreiche Restaurants in Hamburg.
Freizeit: Angeln, StadtRad (Nächste Station: Ecke Karl-Arnold-Ring/Dahlgrünring), Hundestrand, Badestrand 0,1 km.
POI: Reeperbahn, Rathaus, Miniatur Wunderland, Hamburger Hafen.

22527 Hamburg-Eimsbüttel €35,00 <8m

Privatplatz Hamburg-City,
Leopardenstraße 14,
☎ 040/40170775 Auf privatem Grundstück in ruhiger, grüner Wohngegend

POS: 53°35'12.99"N/9°56'44.89"E, Karte D2 (S.5), G4
Platz: = 1, = 1 (< 7 m) auf Pflaster. CHEM/Bio GRAU . B Ganzjährig geöffnet.
Preis: 35 € inkl. aller Personen, Strom, Wasser, Entsorgung, Müll-Entsorgung, WLAN.
Kontakt: Gaby Ter-Minassian, ☎ 040/40170775, kontakt@ter-minassian.de, www.ter-minassian.de.
Anfahrt: Einfahrt in die Leopardenstraße nur mit bestätigter Reservierung aus Rücksicht auf Nachbarn und spielende Kinder.
Distanz: 0,5 km, weitere Restaurants in 0,6 km, 0,7 km, Ⓗ 0,8 km, 5 km.
Gastro: Bäckerei/Cafés mit Frühstücksangebot in der Nähe. Brötchenservice.
Freizeit: 3 km, 3 km. Hafenrundfahrt, Wassersport, Hagenbecks Tierpark 0,8 km.
POI: Rathaus, Alsteranleger, Hafen, Speicherstadt, Fischmarkt, Hamburger Innenstadt, Elbe 5 km.

59073 Hamm €8,00 <8m

Wohnmobilstellplatz Albert Anlauf,
Heessener Straße 124,
☎ 02381/30126 Privater Stellplatz an einer Durchgangsstraße.

POS: 51°41'46.71"N/7°49'34.49"E, Karte D5 (S.8), D4
Platz: = 2 auf Schotter, Sand/Splitt. . B wird empfohlen. Aufenthalt max. 2 Nächte. Nur nach telefonischer Voranmeldung. Hunde nicht erlaubt. Ganzjährig geöffnet.
Preis: 8 € inkl. Wasser. Strom 0,80 €/kWh. Strom bis 3 kWh gratis.
Kontakt: Albert Anlauf, ☎ 02381/30126, anlauf-hamm@t-online.de.
Distanz: Ⓗ 0,2 km, 1,8 km.
Freizeit: Wasserski- Anlage, Tierpark, Paintball-Anlage, Kletterpark 10 km.
POI: Industriedenkmäler, Glaselefant im Maximilianpark, Sri Kamadchi Ampal Tempel, Schlösser, Parks & Herrenhäuser, Innenstadt.

57577 Hamm/Sieg €12,00 <12m neu

Naturcamp Alte Wiese,
Thalhauser Straße 11,
☎ 0177/6761341
Unmittelbar am größten Naturschwimmbad des Westerwaldes

POS: 50°45'22.67"N/7°40'44.43"E, Karte D9 (S.12), C1
Platz: P / = 5 auf Schotter. =5 (16 A) WC CHEM GRAU . Direkter Zugang zum Naturschwimmbad, Hobbit-Home, Campingfass, Leinenpflicht für Hunde, Tipis. B wird empfohlen. Anreise jederzeit möglich, keine Schranke. Geöffnet: 1.4.-31.10. und nach Absprache.
Preis: 12 € inkl. Entsorgung. Strom 1 €/2 kWh, Wasser 1 €/90 l. Strom/Wasser über Münzautomat (1 €-Münzen) direkt vor den Stellplätzen. Bezahlung auch per PayPal möglich.
Kontakt: Naturcamp Alte Wiese, Wolfgang Schumacher, Mobil: 0177/6761341, info@naturcamp-alte-wiese.de, www.naturcamp-alte-wiese.de.
Anfahrt: Anfahrt vom Parkplatz des Schwimmbades aus über einen befestigten Weg links am Schwimmbad vorbei.
Distanz: Ⓗ 0,4 km, 1 km, 1 km, weitere Restaurants in 4 km, 1 km.
Gastro: Mehrere Restaurants in Marienthal 4 km.
Freizeit: 7 km. Mehrere Wanderwege in unmittelbarer Umgebung, Naturschwimmbad, Panabora Baumwipfelpfad in Waldbröl 25 km.
POI: Raiffeisenmuseum Hamm 1,5 km, Kloster Marienthal 4 km, Raiffeisenturm Beul 7 km, Besucherbergwerk Grube Bindweide in Steinebach 25 km.

57577 Hamm/Sieg gratis <8m

Waldschwimmbad,
Thalhausermühle, ☎ 02682/969789
Am größten Naturfreibad des Westerwaldes

POS: 50°45'29.00"N/7°40'25.00"E, Karte D9 (S.12), C1
Platz: P = 6 auf Pflaster, Wiese, Schotter. . Ganzjährig geöffnet.
Preis: Übernachtung gratis.
Kontakt: Tourist-Info Hamm/Sieg, ☎ 02682/969789, tourismus@hamm-sieg.de, www.hamm-sieg.de.
Distanz: 1,5 km, weitere Restaurants in 4 km, 1,5 km, Ⓗ 1,5 km, 1,5 km.
Freizeit: Klosterdorf- und Marienwanderweg, Westerwaldsteig, Raiffeisens Sonntags-Spaziergang.
POI: Deutsches Raiffeisenmuseum und Haus der Heimatfreunde 2 km, ehemaliges Franziskanerkloster Marienthal 4 km.

97762 Hammelburg €6,00 >12m

Stellplatz Bleichrasen, Am Bleichrasen, ☎ 09732/902430
Am Stadtrand zwischen Fränkischer Saale und Kellereischloss

2020 geprüft E

POS: 50°6'49.00"N/9°53'16.53"E, Karte D10 (S. 13), G3
Platz: P = 35 auf Pflaster, Asphalt, Schotter. =32 (16 A) WC GRAU . Ganzjährig geöffnet.
Preis: 6 € inkl. Wasser, Entsorgung, WC. Strom 0,50 €/kWh. 9:00-17:59 Uhr 2,50 €, 18:00-8:59 Uhr 4 €, 24-Stunden-Ticket: 6 €.
Kontakt: Tourist-Information Stadt Hammelburg, ☎ 09732/902430, touristik@hammelburg.de, www.hammelburg.de.
Distanz: 0 km, weitere Restaurants in 0,5 km, H 0,1 km, 0,3 km, 0,8 km.
Gastro: Cafés/Restaurants in unmittelbarer Nähe.
Freizeit: 1 km, 1 km, 0,3 km. Bootswandern, Angeln, Bogenschießen 1 km, Tennisanlage 1,5 km.
POI: Stadtmauer mit Mönchsturm 1 km, Kellereischloss, Rathaus mit Marktbrunnen, Stadtpfarrkirche, Museum Herrenmühle 1 km, Hüter-/Baderturm (mit begehbarer Aussichtsplattform) 1 km, Kloster Altstadt mit Kapellenkreuzweg 1,5 km, Schloss Saaleck und Weinlehrpfad 3 km.

97762 Hammelburg gratis <8m

Wohnmobilstellplatz Hotel Kaiser, An der Walkmühle 11, ☎ 09732/91130
Unterhalb des Hotel-Parkplatzes, am Radweg und an den angrenzenden Feldern

POS: 50°6'54.95"N/9°54'6.46"E, Karte D10 (S. 13), G3
Platz: P / = 4 auf Schotter. CHEM GRAU. R wird empfohlen. Ganzjährig geöffnet.
Preis: Übernachtung gratis inkl. Entsorgung. Strom 5 €/Nacht, Wasser 1 €/100 l.
Kontakt: Kaisers/Weinland/Hotel, Sandra Kaiser, ☎ 09732/91130, info@kaisers-weinland-hotel.de, www.kaisers-weinland-hotel.de.
Distanz: 0 km, H 0,1 km, 0,1 km, 0,7 km.
Gastro: Am Platz, warme Küche siehe Website. Frühstücksservice auf Anfrage möglich.
Freizeit: 0,6 km, 0,6 km. Weinbergshüttenwanderung Vinica.
POI: Altstadt Hammelburg 1 km, Weinbergshütte Vinica 2 km.

97762 Hammelburg-Diebach €13,00 <10m

Forellenhof Reuß, Am Erlich 30, ☎ 09732/3053065
Ruhige, naturnahe Stellflächen mit Blick über das Saaletal

2022 geprüft E

POS: 50°8'2.88"N/9°49'8.03"E, Karte D10 (S. 13), G3
Platz: P / = 76 auf Schotterrasen. =40 (10 A) WC CHEM GRAU . Waschmaschine, Streichelzoo, TV-Empfang, Spülküche. R nur bei Gruppen. Außerhalb der Saison mit eingeschränktem Service. Rezeption mit Direktvermarkterladen, geöffnet März-Ende Okt. Ganzjährig geöffnet.
Preis: 13 € inkl. aller Personen, Entsorgung, WC, Müll-Entsorgung. Strom 0,80 €/kWh, Wasser 0,10 €/10 l, Dusche 2 €, Waschmaschine 2 €.
Kontakt: Karl-Heinz Reuß, ☎ 09732/3053065, Mobil: 0171/7521731, info@ausblick-forellenhof.de, www.ausblick-forellenhof.de.
Distanz: 0 km, weitere Restaurants in 2 km, 1,5 km, 1,5 km, H 2 km.
Gastro: Gaststätte Ausblick am Platz, Mi-Fr 16:00-21:00 Uhr, Sa 14:00-21:00 Uhr, So 12:00-20:00 Uhr, Mo-Di Ruhetag. Brötchenservice.
Freizeit: 7 km, 7 km.
POI: Schloss Saaleck 6 km, Altstadt von Hammelburg 7 km, Trimburg 15 km.

24983 Handewitt €10,00 <12m

Scandinavian Park Petersen KG, Scandinavian Park 13, ☎ 04608/971650
Beim Autohof

POS: 54°46'46.99"N/9°20'1.01"E, Karte D2 (S. 5), F1
Platz: P / = 200 auf Pflaster, Asphalt. WC CHEM GRAU. Auto- und Truckwaschanlage. Anfahrt 8:00-22:00 Uhr, im Sommer längere Öffnungszeiten. Ganzjährig geöffnet.
Preis: 10 € inkl. Wasser, WC. Dusche 0,50 €. Davon 7,50 € Gutschrift für Verzehr.
Kontakt: ☎ 04608/971650, info@scandinavian-park.de, www.scandinavian-park.com.
Distanz: E 0 km (an der Tankstelle), 0 km, weitere Restaurants in 6 km, H 0,3 km, 0,3 km, 3 km.
Gastro: Burger King und Hotel Etap. Steak'n More.
Freizeit: Badeseen, Funpark (Indoorspielplatz).
POI: Sternwarten.

29386 Hankensbüttel €10,00 <12m neu

Wohnmobilstellplatz am Bohldamm, Wiesenweg, ☎ 05832/830
Stellplätze am nordöstlichen Ortsrand

2021 geprüft E

POS: 52°43'48.86"N/10°36'47.50"E, Karte D6 (S. 9), H1
Platz: P = 10 auf Wiese, Schotter. WC CHEM GRAU . Kleines WC-Haus. Grillen nur nach Anmeldung bei der Gemeinde erlaubt, Parkberechtigungsscheine beim Platzwart. Aufenthalt max. 3 Tage. Geöffnet: 1.4.-30.9.
Preis: 10 € inkl. aller Personen.
Kontakt: ☎ 05832/830, info@sg-hankensbuettel.de, www.sg-hankensbuettel.de.
Distanz: H 0,5 km, 0,5 km, 0,5 km, 0,7 km.
Gastro: Restaurant im Otter-Zentrum sowie Bistro am Waldbad (saisonal geöffnet).
Freizeit: 0,5 km, 11 km, 1 km. Angeln.
POI: Otter-Zentrum, Kloster Isenhagen, Wassermühle, Jagdmuseum Wulff 5 km, Heidegebiet 6 km, Schulmuseum Steinhorst und Museum im Dorf in Lüben 15 km, Mühlen-Freilichtmuseum Gifhorn 30 km.

H

34346 Hann. Münden gratis <12m

Am Hochbad, Rattwerder, ☎ 05541/75313
Öffentlicher Parkplatz am Freibad, Ausweichplatz für Wohnmobilstellplatz Tanzwerder

2022 geprüft

POS: 51°24'24.00"N/9°38'46.00"E, Karte D6 (S. 9), G5
Platz: = 10 auf Asphalt. . Ganzjährig geöffnet.
Preis: Übernachtung gratis.
Kontakt: Stadt Hann. Münden, ☎ 05541/75313, info@hann.muenden-marketing.de, www.hann.muenden-erlebnisregion.de.
Distanz: H 0,5 km, 0,6 km, 1 km, 1,7 km.
Freizeit: 1 km. Kanuverleih 0,3 km, Schiffsrundfahrt 1 km, Stadtführung 1,8 km.
POI: Tillyschanze 1,2 km, Wasserspuren 2 km, Weserrenaissance 2 km, Altstadt mit Rathaus/Fachwerkhäusern aus dem 6. Jh. 2 km, Rathaus 2 km, Welfenschloss 2,2 km.

34346 Hann. Münden gratis <12m

Am Werraweg, Werraweg 24,
☎ 05541/75313
Öffentlicher Parkplatz in Altstadtnähe, Ausweichplatz für Parkplatz Tanzwerder

2020 geprüft

POS: 51°25'0.42"N/9°39'41.78"E, Karte D6 (S. 9), G5
Platz: = 10 auf Schotter. Ganzjährig geöffnet.
Preis: Übernachtung gratis.
Kontakt: Stadt Hann. Münden, ☎ 05541/75313, Mobil: 05541/75343, info@hann.muenden-marketing.de, www.hann.muenden-erlebnisregion.de.
Distanz: 0,7 km, 0,8 km, 0,8 km, 0,8 km.
Freizeit: 1,5 km, 1,6 km. Stadtführung 0,7 km, Kanuverleih 1,1 km, Schiffsrundfahrt 1,3 km.
POI: Altstadt mit Rathaus und Fachwerkhäusern aus 6 Jahrhunderten 0,2 km, Welfenschloss 0,5 km, Weserrenaissance-Rathaus 0,7 km, Wasserspuren 0,8 km, Tillyschanze 2 km.

34346 Hann. Münden €24,00 <8m

Grüne Insel Tanzwerder,
Tanzwerder 1, ☎ 05541/12257
Auf der Insel am Rande der Altstadt

2020 geprüft

POS: 51°25'0.20"N/9°38'50.80"E, Karte D6 (S. 9), G5
Platz: = 20 auf Schotterrasen. =20 (6 A) WC CHEM GRAU . wird empfohlen. Ankunft 12:00-20:00 Uhr, Aufenthalt unbeschränkt. Nutzung der Campingeinrichtungen inklusive. Geöffnet: 1.4.-15.10.
Preis: 24 € inkl. Wasser, Entsorgung, Dusche, WC, Müll-Entsorgung, Kurtaxe. Kind (1-15 J.) 6 €, Kind (ab 16 J.) 10 €, Strom 5 €, WLAN 1 €/24 h, Hund 3 €.
Kontakt: Familie Busch, ☎ 05541/12257, info@busch-freizeit.de, www.busch-freizeit.de.
Anfahrt: Zufahrt über schmale Brücke mit Beschränkung auf 3,5 t. Gilt nur für Reisemobile.
Distanz: 0,1 km, 0,1 km, 0,2 km, 0,2 km.
Freizeit: 0,5 km, 0,5 km. Tretrollerverleih, Kanuverleih, Angeln, Minigolf, Schiffsrundfahrten 0,3 km, Sauna 0,5 km, Bowlinganlage/Kegelbahn 1 km, Reiten 3 km, Wasserskianlage 5 km, Golfplatz 8 km.
POI: Altstadt 0,1 km, Weserstein 0,3 km, Welfenschloss 0,3 km, Tillyschanze 0,5 km, Kloster Bursfelde 12 km.

34346 Hann. Münden €7,20 <12m

Wohnmobilstellplatz Am Weserstein,
Gustav-Blume-Weg, ☎ 05541/75313
Auf einer Insel inmitten der Fulda

2021 geprüft

POS: 51°25'12.76"N/9°38'54.90"E, Karte D6 (S. 9), G5
Platz: = 30 auf Pflaster, Wiese. =8 (16 A) WC CHEM . Öffentliches WC von 7:00-18:00 Uhr, Kurzzeitparken möglich. Ganzjährig geöffnet.
Preis: 7,20 € inkl. aller Personen, WC. Strom 1 €/8 h, Wasser 1 €.
Kontakt: Hann. Münden Marketing GmbH, ☎ 05541/75313, 05541/75343, info@hann.muenden-marketing.de, www.hann.muenden-erlebnisregion.de.
Distanz: 0,5 km, 0,7 km, 1 km.
Gastro: Mehrere Restaurants ab 0,3 km.
Freizeit: 1,5 km, 0,5 km. Stadtführung 0,5 km, Kanuverleih 0,5 km.
POI: Weserrenaissance, Wasserspuren 0,5 km, mittelalterliche Altstadt 0,7 km, Welfenschloss 0,7 km, Museen, Ausstellungen 0,7 km, Tillyschanze 1,5 km.

Tipp

Der Wohnmobilstellplatz „Am Weserstein" befindet sich auf der idyllischen Flussinsel Tanzwerder und in unmittelbarer Nähe des geschichtsträchtigen Wesersteins. Die Altstadt mit mehr als 700 Fachwerkhäusern aus sechs Jahrhunderten, Restaurants und Einkaufsmöglichkeiten befindet sich nur wenige Gehminuten entfernt. Auch dem berühmten Doktor Eisenbart können Gäste hier begegnen.

30165 Hannover €18,00 <12m neu

Wohnmobilstellplatz Hannover-Nord,
Schulenburger Landstraße 130B,
☎ 0511/639595 Idealer Ausgangspunkt für eine Stadtbesichtigung

POS: 52°24'25.69"N/9°42'43.60"E, Karte D6 (S. 9), G2
Platz: = 25, = 3 (<15 m) auf Asphalt, Schotter, Pflaster. =18 CHEM GRAU . Anfahrt 24 h. Ganzjährig geöffnet.
Preis: 18 € inkl. Entsorgung, WLAN. Wasser 1 €/50 l, VE für Durchreisende 5 €. 18 € incl. Strom bis 5 kWh, 15 € ohne Strom bzw. Autarkplatz, Kurzzeitparken 5 €/4 h. Bezahlung am EC-Terminal oder in bar im Büro während der Öffnungszeiten (Mo-Fr 8:00-18:00 Uhr, Sa 8:00-12:00 Uhr und 17:00-18:00 Uhr, So 17:00-18:00 Uhr).
Kontakt: Die Leihe, Fred Bartling, ☎ 0511/639595, reisemobile@die-leihe.de, die-leihe-reisemobile.de/wohnmobilstellplatz.
Anfahrt: Ausserhalb der Umweltzone.
Distanz: 0,1 km, 0,2 km, 0,2 km, 3,5 km.
Gastro: Restaurants, Bistros, Cafés und Imbiss im Umkreis.
Freizeit: 0,7 km (Hainhölzer Naturbad). Herrenhäuser Gärten 1,2 km, SEA LIFE Hannover 1,3 km, Erlebnis-Zoo Hannover 7,1 km.
POI: Schloss Herrenhausen 1,2 km, Wilhelm-Busch Museum 1,3 km, Hannah-Arendt-Haus 3 km, Altstadt Hannover mit Rathaus 3,5 km.

30419 Hannover-Herrenhausen €20,00 <8m

Parkplatz Herrenhäuser Gärten,
Am Großen Garten 5,
☎ 0511/16834000 Auf einem Parkplatz in der Nähe der Herrenhäuser Gärten

POS: 52°23'23.14"N/9°41'33.54"E, Karte D6 (S. 9), G2
Platz: = 8 auf Schotter. Ganzjährig geöffnet.
Preis: 20 €.
Kontakt: Herrenhäuser Gärten Verwaltung, ☎ 0511/16834000, herrenhaeuser-gaerten@hannover-stadt.de, www.hannover.de.
Distanz: 0,3 km, 0,3 km, 0,3 km, 3 km.
Freizeit: 2 km, 4 km. Boule, Tennisplatz, Tischtennis, Nordic Walking, Kegelbahn.
POI: Herrenhäuser Gärten 0,3 km, Sealife Aquarium 0,4 km, Berggarten 0,4 km, Wilhelm-Busch-Museum 1,5 km, Schloss Marienburg 28 km.

86655 Harburg/Schwaben €8,00 >12m

Stellplatz Burg Harburg,
Burgstraße1, ☎ 09080/96990
Auf einem Parkplatz hinter der Burg

2020 geprüft

POS: 48°47'5.59"N/10°41'3.00"E, Karte D15 (S. 18), A1
Platz: = 6 auf Schotter. . Ganzjährig geöffnet.
Preis: 8 € inkl. Strom.
Kontakt: Stadt Harburg, ☎ 09080/96990, poststelle@stadt-harburg-schwaben.de, www.stadt-harburg-schwaben.de.
Distanz: 0,2 km, weitere Restaurants in 1,5 km, 1,5 km, 1,5 km.
Gastro: Burgschenke, Di-So 10:00-22:00 Uhr, Mo Ruhetag, warme Küche bis 20:00 Uhr.
Freizeit: 12 km, 1,1 km.
POI: Burg Harburg 0,4 km.

Sie haben einen neuen Stellplatz entdeckt? Dann teilen Sie uns diesen mit per E-Mail an **bordatlas@doldemedien.de** oder über das Online-Meldeformular unter **www.bordatlas.de/meldung**

86655 Harburg/Schwaben gratis

Wohnmobilstellplatz Harburg, Grasstraße, ☎ 09080/969924 <10 m
An der Wörnitz mit Blick auf die Harburg

2020 geprüft

POS: 48°47'8.53"N/10°41'28.75"E, Karte D15 (S.18), A1
Platz: = 4 auf Asphalt. Hochwasserbedingt nicht immer nutzbar. Geöffnet 1.4.-31.10.
Preis: Übernachtung gratis.
Kontakt: Amt für Tourismus, ☎ 09080/969924, poststelle@stadt-harburg-schwaben.de, www.stadt-harburg-schwaben.de.
Distanz: 0,2 km, 0,2 km, 0,2 km.
Gastro: Mehrere Gaststätten im Altstadtbereich.
Freizeit: Radweg direkt am Platz, Baden, Wandern, Angeln.
POI: Altstadt und Schloss Harburg, Alte steinerne Brücke, Harburger Märchenweg.

37181 Hardegsen €10,00

Wohnmobilhafen Steinbreite, Alte-Uslarer-Straße 1, ☎ 0151/27109936 <10 m
Zentrumsnah, auf einer mit Bäumen umsäumten Anhöhe eines Buntsandsteinmassivs

POS: 51°39'2.59"N/9°49'23.10"E, Karte D6 (S.9), G4
Platz: = 15 auf Rasengittersteinen, Schotter, Wiese. =24 (16 A) WC CHEM GRAU. Leinenpflicht für Hunde, 2 überdachte Sitzgruppen. wird empfohlen. Türcode für Sanitärhaus über Platzwart-Teams, Erreichbarkeit 8:00-13:00 Uhr und 15:00-20:00 Uhr. Bei Anreise nach 20:00 Uhr Anmeldung per SMS/E-Mail. Ganzjährig geöffnet.
Preis: 10 € inkl. Entsorgung, Müll-Entsorgung, WLAN. Strom 1 €/8 h, Wasser 1 €/100 l, WC 6 €/Nacht. Reservierungsgebühr 3 €. Gebühr für WC gilt für alle Personen im Wohnmobil. Bezahlung erfolgt kontaktlos per Briefumschlag.
Kontakt: Platzwart-Team, Mobil: 0151/27109936, womoha@hardegsen.de, www.wohnmobilhafen-hardegsen.de.
Distanz: 0,1 km, 0,4 km, 0,5 km, 0,5 km.
Freizeit: 0,4 km. Mountainbiking im Naturpark Solling-Vogler, Kurpark an der Burg, Wildpark mit Streichelzoo 0,9 km.
POI: St. Mauritius Kirche mit Edskes-Orgel 0,4 km, Burganlage 0,4 km.

74736 Hardheim gratis

Waldhotel Wohlfahrtsmühle, Wohlfahrtsmühle 1, ☎ 06283/22220 <12 m
Ehemalige Mühle mit Fischteichen

POS: 49°36'59.12"N/9°26'56.63"E, Karte D10 (S.13), G4
Platz: = 2 auf Schotter. Ganzjährig geöffnet.
Preis: Für Restaurantgäste kostenlos. Einkehr obligatorisch.
Kontakt: Armin Münster, ☎ 06283/22220, email@wohlfahrtsmuehle.com, www.wohlfahrtsmuehle.com.
Distanz: 0 km, 2 km, 2 km, 4 km.
Gastro: Frühstück möglich. Restaurant am Platz, Do-Sa 11:30-14:00 Uhr und 17:30-21:00 Uhr, Mi ab 17:30 Uhr. Gehobene Gastronomie, Wild aus eigener Jagd, Forellen aus eigener Zucht.
Freizeit: 6 km, 4 km, 2 km. Golfanlage.
POI: Hardheimer Heimatmuseum, Hardheimer Schloss und Limespfad im Wallfahrtsort Walldürn 2 km, Freilandmuseum Gottersdorf, Kloster Bronnbach 10 km.

74736 Hardheim gratis

Wohnmobilstellplatz Am alten Bahnhof, Bretzinger Straße 14, ☎ 06283/580 <10 m
In landschaftlich reizvoller Lage

2022 geprüft

POS: 49°36'8.00"N/9°28'15.54"E, Karte D10 (S.13), G4
Platz: = 12 auf Schotterrasen, Schotter. =12 (16 A) CHEM GRAU. Aufenthalt max. 8 Tage. Ganzjährig geöffnet.
Preis: Übernachtung gratis inkl. Entsorgung, Müll-Entsorgung. Strom 1 €/2 kWh, Wasser 1 €/80 l.
Kontakt: Gemeinde Hardheim, ☎ 06283/580, rathaus@hardheim.de, www.hardheim.de.
Distanz: 0,4 km, 0,8 km, 0,9 km, 1 km.
Freizeit: Wandern, Mountainbiking, Radfahren, Bouleanlage an der Sportanlage 2 km.
POI: Steinerner Turm 0,6 km, Erfataldom 1 km, Hardheimer Schloss 1 km, Museum 1 km, Erfatalhalle 1 km, Modell Ariane V Rakete 1,5 km.

78739 Hardt €15,00

Wohnmobilstellplatz Alte Hafnerei, Königsfelder Straße 60, ☎ 074229/92688 <8 m neu
Am Ortsrand neben einer 200 Jahre alten Linde

POS: 48°10'38.30"N/8°24'46.21"E, Karte D14 (S.17), E3
Platz: = 3 auf Wiese, Naturboden. =2 (16 A) WC GRAU. Leinenpflicht für Hunde, Sitzgelegenheiten, Aufenthaltsraum, Gemeinschaftsküche. Geöffnet: Anfang April-Ende Okt.
Preis: 15 € inkl. Strom, Wasser, Entsorgung, WC, WLAN.
Kontakt: Frank Herzog, ☎ 074229/92688, f.herzog@aichhalden.de, wohnmobilstellplatz-alte-hafnerei.business.site.
Distanz: 0,1 km, 1 km, 1 km, 1,5 km, 7,6 km (Bahnhofstraße, 78713 Schramberg).
Gastro: Mönchhof 1,5 km. Leo´s Pizza 1,5 km.
Freizeit: 6 km, 7 km. Besichtigung der Alten Hafnerei auf Anfrage, Besuch des Freilichtmuseum Vogtsbauernhof, Schramberger Burgenpfad, ausgewiesene Wanderwege z.B. Paradiestour Katzenpfad, Auerhahnweg, Lauterbacher Wandersteig.
POI: Königsfeld 6 km, Rottweil 19 km, Albert Schweizer Haus in Rottweil 19 km, Triberger Wasserfälle und Schwarzwaldmuseum 28 km.

49733 Haren/Ems €10,00

Bagger-Park Emsland, Wittenberger Straße 10, ☎ 05932/7338926 <8 m
Beim Bagger-Park

POS: 52°46'7.70"N/7°10'0.95"E, Karte D5 (S.8), C1
Platz: = 6 auf Wiese. Geöffnet: März-Nov.
Preis: 10 € inkl. WC. Jede weitere Pers. 5 €, Kind (bis 10 J.) 3,50 €, Strom 4 €/24 h, Wasser 1 €/100 l, Dusche (auf Anfrage) 2 €.
Kontakt: Ursula Meyer, ☎ 05932/7338926, kontakt@bagger-park.de, www.bagger-park.de.
Distanz: 0 km, weitere Restaurants in 5 km, 5 km, 5 km, 5 km.
Gastro: Imbiss: 11:00-18:00 Uhr.
Freizeit: 5 km, 5 km, 5 km. Quad fahren, Bagger fahren (Erwerb eines Baggerdiploms möglich), Bagger-Park täglich geöffnet von 11:00-18:00 Uhr.
POI: Harener Dom 5 km, Schloß Dankern 5 km, Meyer-Werft Papenburg 25 km.

49733 Haren/Ems €18,00

Emsland-Camp, Harener Straße 34, ☎ 05935/8044 <12 m
In ruhiger Lage am Dorfrand von Fehndorf, nahe der holländischen Grenze

POS: 52°46'41.81"N/7°7'15.30"E, Karte D8 (S.11), C1
Platz: = 40 auf Pflaster, Wiese. WC CHEM GRAU. Private Badezimmer, Friseur, Massagepraxis, Wellness. wird empfohlen. Ganzjährig geöffnet.
Preis: 18 € inkl. aller Personen, Wasser, Entsorgung, WC, Müll-Entsorgung, WLAN, Hund. Strom 0,60 €/kWh.
Kontakt: Emsland-Camp, Sandra Tieben, ☎ 05935/8044, info@emsland-camping.de, www.emsland-camping.de.
Distanz: 0,1 km, 0,6 km, 0,7 km.
Gastro: Holländische Snackbar.
Freizeit: E-Scooter, E-Bikes, E-Autos (Smart und BMW i3), Beachvolleyball, SUP-Vermietung, Bade- und Angelsee, Emsradweg, Bolzplatz, Tennisplatz 0,7 km, Ferienzentrum Schloss Dankern 6 km, Golfpark Düneburg 7 km.

POI: Kloster Ter Apel, Internationaler Naturpark Moor-Veenland, Museumsdorf Veenpark 7 km, Schifffahrtsmuseum Haren 10 km, Naturschutzgebiet Bargerveen 11 km, Zoo Emmen 19 km.

49733 Haren/Ems — €13,00

Ferienzentrum Schloss Dankern, Rentmeisterstraße/Am Tiergarten, ☎ 05932/72230 Ferienanlage mit Freizeitpark, Badesee und Abenteuerparadies — <12 m

POS: 52°47'48.00"N/7°12'21.00"E, Karte D5 (S. 8), C1
Platz: P = 20 auf Schotterrasen. CHEM. Aufenthalt max. 3 Nächte. Geöffnet: 25.3 -31.10.
Preis: 13 € inkl. Strom, Wasser, Entsorgung.
Kontakt: Ferienzentrum Schloss Dankern, ☎ 05932/72230, ferienzentrum@schloss-dankern.de, www.schloss-dankern.de.
Distanz: 0,1 km, weitere Restaurants in 1 km, Ⓗ 1 km, 1,7 km, 3 km.
Gastro: Mehrere Restaurants, Café und Bistro im Park.
Freizeit: Dankernsee, Tauchen, Surfen, Wasserskianlage, Tennisanlage, Reitplatz, Achterbahn, Autoscooter.
POI: Moormuseum 15 km.

H

49733 Haren/Ems — gratis

Parkplatz am Amisia-Anleger, Schleusenstraße, ☎ 05932/71313 Am Anleger des Ausflugsdampfers an der Ems — <12 m

2021 geprüft

POS: 52°47'20.50"N/7°14'51.00"E, Karte D5 (S. 8), C1
Platz: P = 20 auf Rasengittersteinen. Ebener, fester Untergrund. Aufenthalt max. 1 Nacht. Ganzjährig geöffnet.
Preis: Übernachtung gratis.
Kontakt: Stadt Haren/Ems, ☎ 05932/71313, mail@touristinfo-haren.de, www.haren.de.
Anfahrt: Navi: Ems/Schleusenstraße eingeben, sonst führen die Geräte über eine gesperrte Fußgängerdrehbrücke des Rüthenbrock-Kanals.
Distanz: 0,1 km, Ⓗ 0,3 km, 0,5 km, 0,6 km.
Gastro: Mehrere Restaurants im Ort.
Freizeit: 1 km, 1 km. Fahrten mit dem Ausflugsdampfer, DEK-Radweg, Stadtbummel, Golfplatz Düneburg 3 km, Ferienzentrum Schloss Dankern 4 km.
POI: Schifffahrtsmuseum 0,3 km, St. Martinus Kirche 0,5 km, Mühlenmuseum 1,5 km.

49733 Haren/Ems — €15,00

Wohnmobilstellplatz am Yachthafen, Am Yachthafen 2, ☎ 0173/4645990 Am Rand des Parkplatzes mit Blick aufs Wasser — <12 m

2020 geprüft E

POS: 52°47'7.05"N/7°14'45.91"E, Karte D5 (S. 8), C1
Platz: P = 3 auf Pflaster. WC CHEM. Geöffnet: 1.4.-31.10.
Preis: 15 € inkl. Strom, Wasser, Entsorgung, WC. Inkl. Strom bis 2 kWh.
Kontakt: Hafenmeister, ☎ 0173/4645990, info@wsh-haren.de, www.wsh-haren.de.
Distanz: 1,7 km, 1,9 km.
Freizeit: 1,1 km, 3,6 km.
POI: Schifffahrtsmuseum Haren 0,7 km, Schloss Dankern 5 km, Emsland Moormuseum 25,2 km.

21698 Harsefeld — gratis

Klosterpark, Kirchenstraße, ☎ 04164/887135 Ruhige Stellflächen am Klosterpark — >12 m

POS: 53°27'15.21"N/9°30'9.98"E, Karte D2 (S. 5), G4
Platz: = 5 auf Pflaster. Aufenthalt max. 5 Tage. Ganzjährig geöffnet.
Preis: Übernachtung gratis. Für Strom wird eine Spende erwartet.
Kontakt: Stadt Harsefeld, ☎ 04164/887135, touristinfo@harsefeld.de, www.harsefeld.de.
Distanz: 0 km, 0,1 km, weitere Restaurants in 0,4 km, 0,4 km, Ⓗ 0,4 km, E 2,2 km (Klärwerk Harsefeld, Im Butendiek 28, 21698 Harsefeld).
Gastro: Mehrere Restaurants im Ort.
Freizeit: 1 km, 6 km, 0,2 km. Über 100 km ausgeschilderte Radrouten, Draisine im Bahnhof, Eissporthalle, Sauna und Fitness-Center im Ort, Musikveranstaltungen und Märkte.
POI: Alter Heer-, Handels- und Pilgerweg in Ottendorf bei Ahlerstedt, Kirche und Museum Harsefeld, Klosterpark, Garten der Steine 2 km, Naturerlebnis Auetal 2,5 km.

33428 Harsewinkel — gratis

Frei- und Hallenbad, Prozessionsweg 8, ☎ 05247/2175 Öffentlicher Parkplatz am Frei- und Hallenbad — <8 m

POS: 51°57'54.62"N/8°13'11.52"E, Karte D6 (S. 9), E3
Platz: P = 3 auf Wiese, Pflaster. WC. Aufenthalt max. 2 Tage. VE auf Anfrage im Frei- und Hallenbad (bis 21:00 Uhr). Ganzjährig geöffnet.
Preis: Übernachtung gratis. Badbesuch erwünscht.
Kontakt: Frei- & Hallenbad Harsewinkel, ☎ 05247/2175, baederbetrieb@harsewinkel.de, www.harsewinkel.de.
Distanz: 0,2 km, Ⓗ 0,5 km, 0,6 km, 0,6 km.
Gastro: Restaurants in der Ortsmitte.
Freizeit: 5 km. Kartbahn, Fitness-Treff, Saunapark und Golf im Ort.
POI: Motorrad- und Puppenmuseum Beckmann 3 km, Klosterensemble Marienfeld 6 km, Heimatmuseum 6 km.

06493 Harzgerode — gratis

Parkplatz Wallgarten, Wallstraße, ☎ 039484/7476123 Separate Plätze auf dem öffentlichem Parkplatz in Altstadtnähe — <12 m

2021 geprüft

POS: 51°38'31.41"N/11°8'26.07"E, Karte D7 (S. 10), B4
Platz: P = 4 auf Asphalt. Aufenthalt max. 24 h. Ganzjährig geöffnet.
Preis: Übernachtung gratis.
Kontakt: Stadt Harzgerode, ☎ 039484/7476123, info@harzgerode.de, www.harzgerode-tourismus.de.
Distanz: 0,1 km, 0,3 km, Ⓗ 0,3 km.
Gastro: Mehrere Restaurants ab 0,1 km.
Freizeit: 1 km. Erlebnisweg Harzgeröder Kugelspaß, 120 km ausgeschilderte Wanderwege, Harzer Schmalspur-Bahnhof 0,3 km, Naturlehrpfad 1,5 km.
POI: Stadtmauer, Schloss mit Kunstgussausstellung, historischer Marktplatz 0,3 km, St. Marienkirche 0,5 km, Museum Neue Maschinenfabrik Carlswerk in Mägdesprung 4 km, Bergwerksmuseum Straßberg 10 km, Josefskreuz – größtes Doppelkreuz der Welt 10 km.

01920 Haselbachtal — €11,00

Stellplatz am Freibad Bischheim, Jahnstraße 15, ☎ 03578/71263 Auf dem Gelände des Freibads/Sportstadions — <8 m

POS: 51°14'8.46"N/14°1'34.53"E, Karte D8 (S. 11), G5
Platz: P = 11 auf Schotterrasen. =11 (16 A) CHEM GRAU R Ganzjährig geöffnet.
Preis: Ab 11 € inkl. Wasser, Entsorgung, WLAN, WC. Strom 2 €. 15.6.-16.9. 13 €, 17.9.-14.6. 11 €. Jede weitere Pers. 3 € NS/3,50 € HS, Kind (6-17 J.) 2 € NS/2,50 € HS.
Kontakt: Gemeindeverwaltung Haselbachtal, Silvio Berger (Platzwart), ☎ 03578/71263, wiesengrund@haselbachtal.de, www.haselbachtal.de.
Distanz: 0,1 km, 0,5 km, 0,5 km, Ⓗ 0,5 km.
Gastro: Restaurant Kulturmühle (geöffnet Sa/So Abend).
Freizeit: 10 km. Freilichttheater 3 km.
POI: Denkmalgeschützter Vierseithof in Häslich 1 km.

49740 Haselünne — gratis

Stellplatz beim Freibad/Sportzentrum, Lingener Straße, ☎ 05961/509320 Auf dem Freibad-Parkplatz unweit der Hase — <10 m

POS: 52°40'2.90"N/7°28'55.24"E, Karte D5 (S. 8), C1
Platz: P = 3 auf Pflaster. CHEM. Ganzjährig geöffnet.
Preis: Übernachtung gratis.
Kontakt: Stadt Haselünne, ☎ 05961/509320, touristinfo@haseluenne.de, www.haseluenne.de.
Distanz: , 0,2 km, weitere Restaurants in 0,5 km, Ⓗ 0,2 km, 0,8 km.
Gastro: Mehrere Restaurants ab 0,2 km.
Freizeit: 0,5 km, 0,6 km. Kanu fahren.
POI: Heimatmuseum 0,2 km, gotische Hallenkirche 0,6 km.

49740 Haselünne gratis

Wohnmobilstellplatz Am See, Am See, ☎ 05961/509320 <8m
Auf dem Parkplatz am Haselünner See

2020 geprüft

POS: 52°40'14.02"N/7°29'58.59"E, Karte D5 (S. 8), C1
Platz: = 6 auf Pflaster. CHEM. Ganzjährig geöffnet.
Preis: Übernachtung gratis. Wasser 1 €/100 l, Entsorgung 1 €.
Kontakt: Stadt Haselünne, ☎ 05961/509320, touristinfo@haseluenne.de, www.haseluenne.de.
Distanz: 0,1 km, weitere Restaurants in 1 km, Ⓗ 0,5 km, 0,6 km, 1 km.
Gastro: Hotel Seeblick.
Freizeit: 2 km, 2 km, 2 km. Wildgehege, Kanu fahren, Naturschutzgebiet Wacholderhain 0,6 km.
POI: Wacholderhain, Kornbrennereien, Klosterkirche 1,5 km, gotische Hallenkirche 2 km, Hüvener Mühle 10 km, Königsgrab in Groß Berßen 14 km.

49740 Haselünne-Eltern €12,00

WOMO Stellplatz Eltern, Georg-Bernd Straße 30, ☎ 0174/4285802 Am Ortsrand in der Korn- und Hansestadt <10m neu

POS: 52°41'4.84"N/7°30'31.64"E, Karte D5 (S. 8), C1
Platz: = 5 auf Schotter, Wiese. CHEM GRAU. Geöffnet: Anfang März-Ende Okt.
Preis: 12 €. Strom 3 €, Wasser 1 €/100 l.
Kontakt: Marion Eckholt, Mobil: 0174/4285802, info@mumeckholt.de.
Distanz: 0,2 km, 1 km, 1,4 km.
Freizeit: Wandern, Wildgehege Haselünne, ausgewiesene Fahrradwege ab Platz, Ablegen des Wacholder – Abiturs, Fahrt mit dem Historischen Dampfzug durch das romantische Hasetal, Kanu fahren.
POI: Gotische Hallenkirche, Haselünner Naturschutzgebiet Wacholderhain, Brennereimuseum, Freilicht- und Heimatmuseum.

49740 Haselünne-Polle €23,00

Ferienhof Dröge-Polle, Pollerstraße 19, ☎ 05961/5375 <12m
Im Hasetal

POS: 52°39'6.00"N/7°29'51.50"E, Karte D5 (S. 8), C1
Platz: = 3 auf Wiese. =6 (16 A) WC. Ganzjährig geöffnet.
Preis: 23 € inkl. Strom, Wasser, Dusche, WC, WLAN. Jede weitere Pers. 8 €.
Kontakt: André Dröge, ☎ 05961/5375, info@droege-polle.de, www.droege-polle.de.
Distanz: 2 km, 2 km, Ⓗ 2 km, 3 km.
Gastro: Frühstück in der Pension nach Absprache.
Freizeit: 2 km, 3 km. Reiten, Kanu fahren auf der Hase, Bootsverleih im Haus, Angeln, Minigolfanlage 3 km, Freizeitzentrum Schloss Dankern 25 km, Tierpark Emmen in Holland 35 km.
POI: Brennereimuseum und Wacholderhain 2 km.

97437 Haßfurt €12,00

Naturfreundehaus am Hafen Haßfurt, Am Hafen 8, ☎ 0175/7240039 <12m
Kleiner ruhiger Rasenplatz direkt am Main

POS: 50°1'34.11"N/10°30'57.96"E, Karte D11 (S. 14), A3
Platz: = 20 auf Wiese. CHEM GRAU. wird empfohlen. Keine Fremdentsorgung. Geöffnet: 1.4.-31.10.
Preis: 12 € inkl. Entsorgung, WC. Jede weitere Pers. 4 €, Kind (6-15 J.) 3 €, Strom 3 €, Wasser 1 €/100 l, Dusche 0,50 €. Naturfreunde-Mitglieder 1 €/Tag Rabatt.
Kontakt: Platzwart Klaus, Mobil: 0175/7240039, info@naturfreunde-hassfurt.de, www.naturfreunde-hassfurt.de.
Anfahrt: NAVI: Anfahrt von Osten nicht über Augsfelder Straße (Unterführung, Durchfahrtshöhe nur 1,90 m). Anfahrt von Osten/Westen/Norden über B26.
Distanz: 0 km, weitere Restaurants in 1 km, Ⓗ 0,7 km, 0,8 km, 1 km.
Gastro: Meehäusle am Platz, Mi-So 11:00-21:00 Uhr, Mo-Di Ruhetag.
Freizeit: Ausflüge in die Hassberge und den Steigerwald, Kanu-Einstiegsstelle, Tennisplatz 0,3 km, Segelfliegen und Fallschirmspringen 0,5 km, Freizeitbad 2 km, Eissporthalle 2 km, Golfplatz 10 km.
POI: Altstadt, Ritterkapelle und Stadtpfarrkirche mit Riemenschneiderfiguren 1 km.

97437 Haßfurt €9,00

Reisemobilplatz Festplatz Gries, Ringstraße 12a, ☎ 09521/688300 <10m
Im hinteren Bereich des Festplatzes, nahe der Altstadt

2022 geprüft

POS: 50°1'50.70"N/10°30'3.00"E, Karte D11 (S. 14), A3
Platz: = 32 auf Pflaster, Asphalt, Rasengittersteinen. =27 (16 A) WC CHEM GRAU. Wasser/WC von Frühjahr-Herbst. Ausweichplatz bei Veranstaltungen auf der angrenzenden Wiese. Ganzjährig geöffnet.
Preis: 9 € inkl. Entsorgung, WC, Müll-Entsorgung. Strom 2,50 €, Wasser 1 €/5 min, Dusche 1 €/7 min.
Kontakt: Platzwart, Konny Schleelein, ☎ 09521/688300, info@hassfurt.de, www.hassfurt.de.
Distanz: Ⓗ 0,1 km, 0,3 km, 0,3 km, weitere Restaurants in 0,5 km, 0,4 km.
Gastro: Gasthöfe/Restaurants in der Altstadt.
Freizeit: Paddeln im Main/in den umliegenden Baggerseen, Main-Radwanderweg, Stadt-/Kirchenführung 0,5 km, Freizeit-/Erlebnisbad mit Wärmehalle, Dampfgrotte und 127 m langer Wasserrutsche 1 km, Eissportstadion 1 km, Rundflüge 2 km.
POI: Altstadt/Stadtpfarrkirche mit Riemenschneiderfiguren 0,8 km, Ritterkapelle 1,5 km.

77716 Haslach/Kinzigtal gratis

Klosterplatz, Klosterstraße 1, ☎ 07832/706172 Am ehem. Kapuzinerkloster am Rand der historischen Altstadt <12m

POS: 48°16'32.09"N/8°5'6.42"E, Karte D13 (S. 16), D3
Platz: = 10 auf Asphalt. WC. Anreise ab 16:00 Uhr empfohlen. Ganzjährig geöffnet.
Preis: Übernachtung gratis.
Kontakt: Tourist-Info, ☎ 07832/706172, info@haslach.de, www.haslach.de.
Distanz: 0,3 km, 0,3 km, weitere Restaurants in 0,4 km, Ⓗ 0,3 km, 0,8 km.
Gastro: Mehrere Restaurants und Cafés.
Freizeit: 0,3 km, 6 km. Wandern, Stadtführungen, Radfahren.
POI: Besucherbergwerk Segen Gottes 2 km, Kleinbrennermuseum Steinach und Burgruine Hausach 4 km, Freilichtmuseum Vogtsbauernhof 5 km, Glashütte Wolfach 6 km.

77716 Haslach/Kinzigtal gratis

Parkplatz Eichenbach-Sporthalle, Strickerweg, ☎ 07832/706172 Beim Freibad und den Sporthallen <8m

POS: 48°16'44.79"N/8°4'48.32"E, Karte D13 (S. 16), D3
Platz: = 10 auf Pflaster. Bei Belegung des Schwimmbad-Parkplatzes im Hochsommer bitte auf den Parkplatz Markthalle in 0,2 km ausweichen. Ganzjährig geöffnet.
Preis: Übernachtung gratis.
Kontakt: Tourist-Info, ☎ 07832/706172, info@haslach.de, www.haslach.de.
Distanz: 0,3 km, weitere Restaurants in 0,4 km, Ⓗ 0,4 km, 0,7 km, 0,7 km.
Freizeit: 0,7 km. Schwimmen, Bergwerksführung.
POI: Schwarzwälder Trachtenmuseum, Fachwerkaltstadt mit Hansjakob-Museum 0,6 km, Besucherbergwerk Segen Gottes 3 km, Aussichtsturm Urenkopf 5 km.

77716 Haslach/Kinzigtal gratis

Waldsee-Parkplatz, Waldseeweg, ☎ 07832/706172 Auf dem Parkplatz der Erholungsanlage Waldsee <6m

POS: 48°16'17.18"N/8°5'30.07"E, Karte D13 (S. 16), D3

H

Platz: = 10 auf Asphalt. Ganzjährig geöffnet.
Preis: Übernachtung gratis.
Kontakt: Tourist-Information, ☎ 07832/706172, info@haslach.de, www.haslach.de.
Distanz: 0,1 km, 0,5 km, 0,5 km, 0,8 km.
Gastro: Restaurant und Biergarten (im Sommer) Waldseeterrasse 0,2 km.
Freizeit: 0,5 km, 6 km. Minigolf, Schwimmen, Wanderung zum Aussichtsturm Urenkopf.
POI: Schwarzwälder Trachtenmuseum, historische Fachwerkstadt und Hansjakob-Museum 0,5 km, Besucherbergwerk Segen Gottes 2 km.

67454 Haßloch/Pfalz — gratis

Badepark Haßloch, Lachener Weg 175, <12m
☎ 06324/5994760
In der Nähe von Freibad und Tennisplatz

POS: 49°20'53.00"N/8°14'51.00"E, Karte D9 (S. 12), D5
Platz: = 9 auf Pflaster. Sauna. Separater Platz, teilweise schattig. Wasser zu den Bad-Öffnungszeiten, im Sommer Mo-Sa 10:00-20:00 Uhr, So/Feiertage bis 19:00 Uhr, im Winter Mo Ruhetag. Ganzjährig geöffnet.
Preis: Übernachtung gratis.
Kontakt: ☎ 06324/5994760, kontakt@badepark.de, badepark.de.
Distanz: , 0,1 km, 2 km.
Gastro: Bistro im Badepark (nicht nur für Badegäste).
Freizeit: Badepark Haßloch, Holiday Park Haßloch 7 km.

25474 Hasloh — €25,00

Camping Tante Henni, Garstedter Weg 36a, <10m
☎ 04106/798966 Am südlichen Dorfrand

POS: 53°41'33.00"N/9°55'33.90"E, Karte D2 (S. 5), G4
Platz: / = 40 auf Wiese, Schotter, Sand/Splitt. =21 (16 A) WC CHEM GRAU . Anfahrt 13:00-22:00 Uhr, Abfahrt bis 11:00 Uhr. Rezeption HS 8:00-22:00 Uhr, sonst über Mobilnummer. Reservierungen nur online möglich. Schrankensystem. Ganzjährig geöffnet.
Preis: Ab 25 € inkl. Wasser, Entsorgung, WC, Müll-Entsorgung, WLAN. Jede weitere Pers. 5 €, Dusche 1 €/5 min. Je nach Kategorie 25-35 €.
Kontakt: Norbert Schadendorf, ☎ 04106/798966, Mobil: 0177/3605261, norbert@tante-henni.de, www.tante-henni.de.
Distanz: 0,8 km, 0,8 km, 1 km, weitere Restaurants in 1,5 km, 1,5 km.
Gastro: Brötchenservice. Café Freiluft am Platz.
Freizeit: Hochseilgarten in Hasloh, Angelsee Teufelssee 5 km, Golfanlage Wulfsmühle 5 km, Arriba Erlebnisbad 6 km, Wasserskiarena Norderstedt Stadtpark 12 km.
POI: Touristikmetropole Hamburg.

24376 Hasselberg — €18,00

Campingplatz Hasselberg, Drecht 7, ☎ 04642/6383 <12m
An der Ostsee

POS: 54°43'11.73"N/9°59'11.95"E, Karte D2 (S. 5), G1
Platz: / = 10 auf Wiese. =10 (6/10 A) CHEM GRAU . Geöffnet: 1.4.-3.10.
Preis: 18 € inkl. Wasser, Entsorgung, Müll-Entsorgung, WC. Jede weitere Pers. 5 €, Kind (4-14 J.) 3 €, Strom 2 €, Dusche 0,50 €/7 min, WLAN 5 €/Tag, Hund 2 €.
Kontakt: Hans Wilhelm Stöckmann, ☎ 04642/6383, kontakt@campingplatz-hasselberg.de, camping-hasselberg.de.
Distanz: 0 km, weitere Restaurants in 2 km, 0,1 km, 2 km, 10 km.
Gastro: Strand-Restaurant am Platz, warme Küche 11:30-20:30 Uhr. Imbiss am Platz.
Freizeit: 24 km, 14 km, 4 km. Trikes am Platz, Wassersport.
POI: Schloss Gelting 8 km, Deekelsen Der Landarzt 10 km.

24376 Hasselberg — €18,00

Ostseecamping Gut Oehe, Drecht 6, ☎ 04642/6124 <10m
Auf Halbinsel Oehe-Maasholm mit Strand

POS: 54°42'55.84"N/9°59'26.32"E, Karte D2 (S. 5), G1
Platz: = 10 auf Wiese. =10 (16 A) CHEM . Neues Waschhaus, Komfortstellplätze. Mit Doppeldeich geschützte Liegewiese. In den Wintermonaten bitte unter Tel. 04642/6029 anmelden. Geöffnet: 25.3-9.10.
Preis: Ab 18 € inkl. Wasser, Dusche, Müll-Entsorgung, WLAN, WC. Strom 5 €, Entsorgung 2 €, Hund 4 €. Jede weitere Pers. 6 €, Kind (bis 14 J.) 3,50 €. Sparpreis-Stellplatz ab 18 €, sonst NS 26 €, HS 31 €.
Kontakt: Familie Matz, ☎ 04642/6124, camping@gut-oehe.de, www.camping-oehe.de.
Distanz: 0 km, 0 km, 0,5 km, 2,5 km.
Gastro: Restaurant und Supermarkt am Platz.
Freizeit: 15 km, 10 km, 2 km. Wassersport, Museumseisenbahnstrecke von Kappeln nach Süderbrarup 10 km.
POI: Schloss Gelting 8 km, Kappler Kirche 10 km, Kappeln 10 km.

38899 Hasselfelde — €10,00

Wohnmobilstellplatz Westernstadt Pullman City Harz, Im Rosentale 1, <8m
☎ 039459/7310 neu
Direkt an der Westernstadt

POS: 51°42'3.64"N/10°51'57.66"E, Karte D7 (S. 10), A4
Platz: / = 60 auf Wiese, Schotterrasen. WC CHEM GRAU . Nur für Westernstadtbesucher. Aufenthalt unbegrenzt. Leinenpflicht für Hunde. Geöffnet: 8.4.-31.10. Nov+Dez nur an den Wochenenden.
Preis: 10 € inkl. Entsorgung, WC. Dusche 2,50 €/5 min.
Kontakt: Pullman City Harz, ☎ 039459/7310, info@pullmancityharz.de, www.pullmancityharz.de.
Distanz: 0 km, weitere Restaurants in 1,3 km, 1,3 km, 1,3 km.
Gastro: Big Mosse Saloon & Dance Hall. Buffalo Bill's Steak & Burger House. Mehrere Restaurants z.B.. Legends Corner.
Freizeit: Authentische Darbietungen, Westernstadt mit actionreichen Westernshows, Goldschürfen und vieles mehr.
POI: Harzdrenalin 4 km.

26209 Hatten-Kirchhatten — €17,80

Campingplatz Hatten, Kreyenweg 8, <8m
☎ 04482/677 Im Freizeitzentrum
Hatten im Naturpark Wildeshauser Geest

POS: 53°1'34.00"N/8°20'6.00"E, Karte D2 (S. 5), E5
Platz: = 134, = 10 (<7 m) auf Wiese. =134 (16 A) CHEM GRAU . Umweltbeitrag. Anreise ab 15:00 Uhr, Abreise bis 11:00 Uhr. Ganzjährig geöffnet.
Preis: Ab 17,80 € inkl. Wasser, Entsorgung, Dusche, WC. Strom 2,50 €, Müll-Entsorgung 1 €, WLAN 2 €, Hund 2 €, Umweltbeitrag 2 €. 17,80-27,50 € je nach Saison und Stellplatz. Stromanschluss gebührenpflichtig, Verbrauch gratis. Jede weitere Pers. 6,60-8 €, Kind (5-13 J.) 4-5,50 €, Hund 2-3,50 €. Standardplatz inkl. Strom, Duschen. Komfortplatz inkl. Strom, Wasser, Entsorgung, Duschen.
Kontakt: Freizeitzentrum Hatten, ☎ 04482/677, info@fzz-hatten.de, www.fzz-hatten.de.
Distanz: 0,1 km, 1,5 km, 1,5 km, 1,5 km.
Gastro: Brötchenservice im Büro. Kiosk und Eisdiele im Freibad. Restaurant & Steakhouse Opatija, Mo + Mi-Sa 17:30-23:00 Uhr, So 12:00-15:00 Uhr und 17:00-22:00 Uhr, Di Ruhetag.
Freizeit: 10 km. Kletterwald, Tennis-, Volleyball- und Minigolfplatz im Freizeitzentrum.
POI: Kirche in Kirchhatten 1,5 km, Steingräber 2 km, Schmiedemuseum 6 km, Druckereimuseum 9 km.

45525 Hattingen €6,00

Parkplatz alter ZOB, August-Bebel-/Martin-Luther-Straße, ☎ 02324/951395 <12m
Parkplatz in der Innenstadt

POS: 51°23'54.18"N/7°10'47.91"E, Karte D5 (S.8), C5
Platz: = 2 auf Asphalt. Ganzjährig geöffnet.
Preis: 6€. Gebührenpflichtig Mo-Fr 9:00-19:00 Uhr, Sa 9:00-13:00 Uhr, So/Feiertage gratis.
Kontakt: Stadtmarketing Hattingen, ☎ 02324/951395, info@hattingen-marketing.de, www.stadtmarketing-hattingen.de.
Distanz: 0,1 km, 2 km, E 4,9 km (Kläranlage, Weg zum Wasserwerk 15, 45525 Hattingen).
Gastro: Mehrere Restaurants in unmittelbarer Nähe.
Freizeit: 3 km, 1 km. Stadtführungen, Tennis und Badminton 1,5 km.
POI: Altstadt 0,5 km, Westfälisches Industriemuseum 1,5 km, Ruine Isenburg 2 km, Burg Blankenstein 3 km.

45525 Hattingen gratis

Parkplatz hinter den Amtshäusern, Bahnhofsstraße 48, ☎ 02324/2043095 <12m
Parkplatz mit Fußweg zur Ruhr

POS: 51°24'6.41"N/7°10'36.03"E, Karte D5 (S.8), C5
Platz: = 3 auf Schotter. Reisemobile nur von Fr Nachmittag-So erlaubt. Ganzjährig geöffnet.
Preis: Übernachtung gratis.
Kontakt: Stadtmarketing Hattingen, ☎ 02324/2043095, info@hattingen-marketing.de, www.hattingen-marketing.de.
Distanz: 0,5 km, 0,5 km, 0,5 km, E 1,1 km (Kläranlage, Weg zum Wasserwerk 15, 45525 Hattingen).
Freizeit: 3 km, 1 km. Führungen durch die Altstadt, Badminton 1 km, Tennisplatz 1 km.
POI: Altstadt 0,5 km, Westfälisches Industriemuseum 1 km, Ruine Isenburg 2 km, Burg Blankenstein 3 km.

45525 Hattingen €15,00

Stellplatz Ruhrbogen Grum, Ruhrdeich 6-8, ☎ 02324/951296 <12m
Am Radweg an der Ruhr

POS: 51°24'25.70"N/7°10'39.30"E, Karte D5 (S.8), C5
Platz: P = 27 auf Schotterrasen, Sand/Splitt. =20 (16 A) WC CHEM GRAU. R wird empfohlen. Anfahrt 24 h. Ganzjährig geöffnet.
Preis: 15€ inkl. aller Personen, Entsorgung, WC, Müll-Entsorgung, Hund. Strom 1€/kWh, Wasser 1€/100 l, Dusche 0,50€.
Kontakt: Landhaus Grum, ☎ 02324/951296, info@landhaus-grum.de, landhaus-grum.de.
Distanz: Ⓗ 1,2 km, 1,4 km, 2,5 km.
Gastro: Am Platz.
POI: LWL Industriemuseum 1 km, Stadtmuseum 4,1 km, Burg Blankenstein 4,3 km.

45525 Hattingen €12,00

Wohnmobilstellplatz Ruhrtal, Ruhrdeich 24, ☎ 02324/506584 <12m
In ruhiger Lage nahe der Ruhr

2020 geprüft E

POS: 51°24'30.82"N/7°10'51.01"E, Karte D5 (S.8), C5
Platz: P = 17 auf Schotterrasen. =18 (16 A) WC CHEM/Bio GRAU. R Reservierung telefonisch oder per E-Mail möglich. Anmeldung an der Kasse der Minigolfanlage. Ganzjährig geöffnet.
Preis: 12€ inkl. Entsorgung, WC, Müll-Entsorgung, WLAN. Strom 1€/2 kWh, Wasser 1€/90 l, Dusche 1€/4 min.
Kontakt: Herr Lenartz, ☎ 02324/506584, Mobil: 0170/2093142, info@wohnmobilstellplatz-ruhrtal.de, www.wohnmobilstellplatz-ruhrtal.de.
Distanz: , weitere Restaurants in 0,5 km, Ⓗ 0,3 km, 1,5 km, 2 km.
Gastro: Restaurant, Mo-So 12:00-18:00 Uhr. Biergarten am Platz. Totos Gasthaus, Henrichs, Landhaus Grum.
Freizeit: 3 km. Wandern, Minigolf auf eigener Anlage, Radfahren entlang der Ruhr, Hundewiese (15 ha) 0,4 km.
POI: Westfälisches Industriemuseum 0,6 km, Altstadt 1,5 km, Burg- und Stadtmuseum Blankenstein 3 km.

37197 Hattorf/Harz €19,00

Camping Lotje, B27 Nr. 1 (zwischen Herzberg und Gieboldehausen), ☎ 05521/4359 <12m
Vor dem Naturcamping an der Oder

POS: 51°37'41.50"N/10°16'13.49"E, Karte D6 (S.9), H4
Platz: P / = 70 auf Wiese. Waschmaschine/Trockner. Ankunft 14:00-19:00 Uhr, Ruhezeit von 22:00-7:00 Uhr. 1.4.-31.10.
Preis: Ab 19€ inkl. Wasser, Dusche, WLAN, WC. Jede weitere Pers. 5€, Kind (2-13 J.) 3€, Strom 4€, Müll-Entsorgung 1€, Hund 3€. 19-20,50€ je nach Saison. Preisänderung 2023 mögl.
Kontakt: Camping Lotje, Freddy und Daniëlle Luttje, ☎ 05521/4359, info@campinglotje.de, www.campinglotje.de.
Distanz: , weitere Restaurants in 4,3 km, 4 km, 4 km, Ⓗ 4 km.
Gastro: Kiosk/Imbiss (Snacks/Getränke). Brötchenservice (zum Platz).
Freizeit: 2,5 km. Fitnessräume, Tischtennis, Angeln, Segelflugplatz, Abenteuerspielplatz, Boule-Spielbahn, Tennisanlage, Golfanlage 20 km.
POI: Rhumequelle, größte Quelle Europas 8 km, Einhornhöhle Scharzfeld 15 km.

76846 Hauenstein €10,00

Stellplatz am Deutschen Schuhmuseum Hauenstein, Turnstraße 5, ☎ 06392/9233340 <12m
Zentrale Lage mit Blick über den Luftkurort

2022 geprüft E

POS: 49°11'22.50"N/7°51'20.30"E, Karte D9 (S.12), D5
Platz: P = 14 auf Schotter. CHEM GRAU. Ganzjährig geöffnet.
Preis: 10€ inkl. Strom, Wasser, Entsorgung.
Kontakt: Deutsches Schuhmuseum, ☎ 06392/9233340, info@museum-hauenstein.de, www.museum-hauenstein.de.
Distanz: 0,2 km, weitere Restaurants in 2 km, Ⓗ 0,2 km, 0,3 km, 0,3 km.
Gastro: Landgasthof Zum Ochsen. Hotel Hauenstein Hof. Paddelweiher-Hütte. Waldhotel Felsentor.
Freizeit: 2 km, 2 km. Rad-/Wanderangebot, Museumsbesuch.
POI: Deutsches Schuhmuseum, Josef Seibel Schuhfabrik 1,5 km, Burgruine Falkenburg 1,5 km, Burgruine Lindelbrunn 5 km, Erlebnispark Teufelstisch 10 km, Burg Trifels, Annweiler a. Trifels 10 km.

77756 Hausach €5,00

Stellplatz am Kinzigtalbad Ortenau, Schanze 4, ☎ 07831/7975 <10m
Neben dem Ganzjahresbad im Grünen

POS: 48°17'10.40"N/8°9'56.96"E, Karte D13 (S.16), D3
Platz: = 8 auf Schotter. CHEM GRAU. Ganzjährig geöffnet.
Preis: 5€ inkl. Entsorgung. Strom 1€/kWh, Wasser 1€/100 l, Kurtaxe 1,50€/Pers.
Kontakt: Stadt Hausach – Kultur und Tourismus, ☎ 07831/7975, tourist-info@hausach.de, www.hausach.de.
Distanz: Ⓗ 0,5 km, 1 km, 2 km.
Gastro: Restaurant Akropolis. Landhaus Hechtsberg. Gasthaus Eiche. Gasthaus Blume.
Freizeit: , . Minigolf (Am Kinzigdamm in der Stadtmitte), Abenteuerweg, Premiumwanderweg Hausacher Bergsteig, Sauna Im Kinzigtalbad Ortenau.
POI: Burg Husen 1,5 km, Städtisches Museum Herrenhaus 2 km, Dorfkirche 2,5 km, Bergbaufreilichtmuseum Erzpoche 2,5 km, Freilichtmuseum Vogtsbauernhof 5 km.

79837 Häusern €10,00

Wohnmobilstellplatz Häusern, In der Würze 35, ☎ 07652/12060 Am Minigolfplatz im Schwarzwälder Luftkurort <12m

2022 geprüft E

POS: 47°45'9.22"N/8°10'26.66"E, Karte D13 (S.16), D4

Platz: = 6 auf Schotterrasen, Schotter. CHEM GRAU. Aufenthalt max. 3 Tage. Ganzjährig geöffnet.
Preis: 10 € inkl. Entsorgung. Strom 1 €/kWh, Wasser 1 €/4 min, Kurtaxe 1,71 €/Pers. Bezahlung am Münzautomat.
Kontakt: Tourist-Information, ☎ 07652/12060, haeusern@hochschwarzwald.de, www.hochschwarzwald.de/Haeusern.
Distanz: 0,2 km, 0,3 km, 0,3 km, 0,3 km.
Gastro: Landgasthof zum Dorfkrug 0,3 km. Restaurant Kamino.
Freizeit: 2 km. Minigolf, Wildtierpfad, Waldfreibad in Höchenschwand, E-Bike Verleih bei der Tourist-Info, gut markiertes Netz von Wald- und Wanderwegen, Skilift.
POI: St. Fridolinskirche, Wittlisberger Kapelle.

39539 Havelberg — €10,00

Stellplatz Campinginsel Havelberg, Spülinsel 6, ☎ 039387/20655 <10 m
Auf der Campinginsel in der Havel gegenüber der Altstadt

POS: 52°49'42.00"N/12°4'6.00"E, Karte D7 (S. 10), C1
Platz: = 18 auf Wiese, Schotter. WC auf dem Campingplatz vom 1.4.-31.10. Ganzjährig geöffnet.
Preis: 10 €. Strom 3 €/Tag.
Kontakt: Familie Heldt, ☎ 039387/20655, Mobil: 0152/02881331, info@campinginsel-havelberg.de, www.campinginsel-havelberg.de.
Distanz: 0 km, weitere Restaurants in 0,2 km, 1 km, 1,5 km.
Gastro: Café und Biergarten auf dem Platz, Brötchenservice.
Freizeit: 0,8 km, 19 km. Angeln, Tennisplatz, Dom- und Museumsführungen, Boot fahren, Großschach, Havel-Schifffahrt, Radfahren, Hafenfest am letzten Juli-Wochenende, Minigolfanlage, Elbe Radweg, Wandern, Bootsverleih 0,3 km, Kegelbahn 0,3 km.
POI: Bad Wilsnack, Prignitz-Museum, Biberinsel, Altstadt 0,3 km, St. Mariendom 2,5 km.

14798 Havelsee-Pritzerbe — €15,00

Wohnmobilpark Havel-Oase, Vor dem Kietz 8, ☎ 0162/4214175 <12 m
Am Havelufer im Naturpark Westhavelland

POS: 52°29'48.34"N/12°27'6.24"E, Karte D7 (S. 10), D2
Platz: = 20 auf Wiese. =20 (8 A) WC CHEM GRAU. In der Wintersaison Aufenthalt nach telefonischer Absprache. 8 Stellplätze direkt am Wasser per Online-Reservierung. Sonstige Reservierungen bitte nur per E-Mail oder WhatsApp. Ganzjährig geöffnet.
Preis: Ab 15 € inkl. aller Personen, Wasser, Entsorgung, Müll-Entsorgung. Strom 1 €/kWh, Dusche 1,50 €/5 min, WLAN 1,50 €/3 Tag, Hund 2 €. Platz am Wasser 18 €.
Kontakt: Funboot-Havelsee, Heiko Schulz, ☎ 0162/4214175, funboot-havelsee@pritzerbe.de, www.havel-oase.de.
Distanz: 0,2 km, 0,3 km, 0,5 km.

Gastro: Gasthof am Kreutzdamm 0,5 km. Brötchenservice.
Freizeit: Badeplatz, Ausflugsfahrten mit dem Schiff, Bootsverleih.

48329 Havixbeck — gratis

Privatbrauerei Klute, Poppenbeck 28, ☎ 02507/98390 Historische Gasthausbrauerei außerhalb des Ortes <12 m

POS: 51°59'21.22"N/7°23'34.85"E, Karte D5 (S. 8), C3
Platz: = 15 auf Asphalt. Ganzjährig geöffnet.
Preis: Für Restaurantgäste kostenlos. Einkehr obligatorisch.
Kontakt: Herr Sür, ☎ 02507/98390, service@klutes.de, www.klutes.de.
Distanz: 0 km, 2 km, 2 km, 2 km.
Gastro: Brauhaus Klute, warme Küche 12:00-19:30 Uhr, Ruhetage: Okt-März Mo+Di, sonst nur Mo. Braushauslädchen (westfälische Wurst- und Schinkenspezialitäten), täglich ab 11:00 Uhr.
Freizeit: 4 km, 4 km, 3 km. Kutschfahrten, Planwagenfahrten (Reservierung notwendig).
POI: Sandsteinmuseum 2 km, Stiftsdorf Hohenholte 4,8 km, Burg Hülshoff 10 km, Haus Rüschhaus mit Droste-Museum 12 km.

48329 Havixbeck — gratis

Stellplatz am Freibad, Kardinal-von-Hartmann-Straße, ☎ 02507/330 In ruhiger Lage auf dem Parkplatz im Wohngebiet <8 m

POS: 51°58'32.35"N/7°25'16.02"E, Karte D5 (S. 8), C3
Platz: = 8 auf Pflaster. =8 WC CHEM GRAU. Schräg auffahren, rangieren schwierig, wenn Pkw dort stehen. Ganzjährig geöffnet.
Preis: Übernachtung gratis inkl. Entsorgung. Strom 0,50 €/kWh, Wasser 1 €/100 l.
Kontakt: Gemeinde Havixbeck, ☎ 02507/330, gemeinde@havixbeck.de, www.havixbeck.de.
Distanz: 0,3 km, 0,7 km, 0,7 km, 0,7 km.
Freizeit: 0,1 km, 3 km. Nostalgie-Kutschfahrten, Angeln, Ortsführungen, Barfußgang, Generationenpark mit Skate-Park 0,5 km.
POI: Baumberger-Sandstein-Museum 1,3 km, 100 Wasserschlösser/-burgen des Münsterlands ab 6 km, Burg Hülshoff mit Droste-Museum in Havixbeck 7,2 km.

72379 Hechingen — €5,00

Burg Hohenzollern, K 7110, ☎ 07471/2428 Einfache Stellflächen auf dem oberen Parkplatz unterhalb der Burg <8 m

POS: 48°19'31.26"N/8°57'47.54"E, Karte D14 (S. 17), F3

Platz: = 5 auf Asphalt. =1 WC. Leinenpflicht für Hunde. Aufenthalt max. 1 Nacht. WC nur tagsüber geöffnet. Buchung im Online-Ticket-Shop möglich. Ganzjährig geöffnet. Ausnahme: siehe Website.
Preis: 5 €. Strom 4 €. Strom auf Anfrage.
Kontakt: Verwaltung Burg Hohenzollern, ☎ 07471/2428, info@burg-hohenzollern.com, www.burg-hohenzollern.com.
Distanz: 3 km, 5,8 km.
Gastro: Café/Restaurant Burg Hohenzollern und Burg-Biergarten.
Freizeit: 10,4 km, 7,9 km. Veranstaltungen, Burgführung, 0,3 km, 0,3 km.
POI: Burg Hohenzollern 0,8 km, Bärenhöhle 30 km, mehrere Burgen/Schlösser im Umkreis von 30 km.

72379 Hechingen — €10,00

Stellplatz Hofgut Domäne, Brielhof 1, ☎ 07471/96019210 Auf dem Parkplatz der Freizeitanlage mit Erlebnisgastronomie <8 m

POS: 48°20'13.88"N/8°57'1.28"E, Karte D14 (S. 17), F3
Platz: = 18 auf Pflaster. Ganzjährig geöffnet.
Preis: 10 € inkl. aller Personen. Strom 10 €.
Kontakt: Thomas Lacher, ☎ 07471/96019210, info@hofgut-domaene.de, www.hofgut-domaene.de.
Distanz: 0 km, 1,5 km, 2 km, 2 km.
Gastro: Brauereigaststätte mit Biergarten. Öffnungszeiten, Mi-Fr 16:00-22:00 Uhr, Sa-So 11:30-22:00 Uhr, Mo-Di Ruhetag, von Mai-Sep Sa Ruhetag.
Freizeit: Adventure-/Minigolf, Golfen.
POI: Burg Hohenzollern.

72379 Hechingen — €15,00

Zollernalbcamping, Niederhechinger Straße 41, ☎ 07471/9897980 <10 m
Separate Anlage am nordwestlichen Stadtrand

POS: 48°21'35.20"N/8°57'30.24"E, Karte D14 (S. 17), F3
Platz: = 20 auf Schotter. WC CHEM GRAU. nur bei Gruppen. Aufenthalt max. 3 Tage. Ganzjährig geöffnet.
Preis: 15 € inkl. Müll-Entsorgung. Strom 1 €/kWh, Wasser 1 €/80 l, Entsorgung 2 €, WC/Dusche 5,50 €/Pers.
Kontakt: Jochen Klingler, ☎ 07471/9897980, info@zollernalbcamping.de, www.zollernalbcamping.de.
Distanz: 0 km, 0,3 km, 0,3 km, 1 km.
Gastro: Warme Küche, 18:00-22:00 Uhr.
Freizeit: 0,1 km, 0,1 km. Ballonfahrten, Tennisplätze 0,1 km, Minigolf 0,2 km, Golfplatz 4 km.
POI: Märchenpfad, historische Innenstadt, sehenswerte Kirchen, Synagoge und mehrere Museen in Hechingen, Oldtimermuseum 1 km, Villa Rustic 2 km, Römisches Freilichtmuseum 4 km, Burg Hohenzollern 5 km.

25761 Hedwigenkoog — €18,00

Ferienhof Folger, Westerkoog 14, ☎ 04834/9270 Kleiner Platz zwischen Hecken, Deich und Schafweide <10 m

POS: 54°10'42.00"N/8°49'4.00"E, Karte D2 (S. 5), F2

Platz: P = 5, = 2 (<9 m) auf Wiese, Naturboden. =5 WC GRAU . R wird empfohlen. Bei Anreise ab 18.00 Uhr bitte melden. Geöffnet: 1.4.-1.10.
Preis: 18 € inkl. Strom, Wasser, Dusche, WC, Müll-Entsorgung. Hund 3 €.
Kontakt: Carmen Folger, ☎ 04834/9270, Mobil: 0170/2117838, info@bauernhofferien-nordsee.de, www.bauernhofcamping-nordsee.de.
Distanz: Ⓗ 0 km, , weitere Restaurants in 2 km, 2 km, 8 km.
Freizeit: 8 km, 8 km, 4 km. Ponyreiten, Fütterung der Streicheltiere, kurtaxefreier Badestrand 0,5 km.
POI: Büsum 8 km, Eidersperrwerk 10 km, St. Peter Ording 25 km.

25746 Heide — €12,00 — <10m

Wohnmobilplatz Heide, Landvogt-Johannsen-Straße 59,
☎ 0481/2122160 Zwischen Stadtpark und Schwimmzentrum Dithmarscher Wasserwelt

POS: 54°12'8.00"N/9°6'45.00"E, Karte D2 (S. 5), F2
Platz: P = 22 auf Rasengittersteinen. =22 CHEM GRAU . Leinenpflicht für Hunde. Einhaltung der Nachtruhe ab 22:00 Uhr erwünscht. WC zu den Bad-Öffnungszeiten gegen Eintritt. Ganzjährig geöffnet.
Preis: 12 € inkl. Strom, Müll-Entsorgung. Wasser 1 €/100 l, Entsorgung 1 €.
Kontakt: Heide Stadtmarketing GmbH, ☎ 0481/2122160, info@heide-stadtmarketing.de, www.heide-stadtmarketing.de.
Distanz: 0,1 km, Ⓗ 0,1 km, 1 km, 2 km.
Freizeit: Dithmarscher Wasserwelt.
POI: Wasserturm, St. Jürgens-Kirche, Altes Pastorat, Postelvilla 1 km, Museumsinsel Lüttenheid mit Klaus-Grotz-Museum, Heimatmuseum und Brahmshaus 1,5 km.

91180 Heideck — gratis — <6m

Am Nördlichen Stadtgraben, Nördlicher Stadtgraben,
☎ 09177/494013 Im Ortszentrum

POS: 49°8'4.16"N/11°7'33.55"E, Karte D11 (S. 14), B5
Platz: = 3 auf Schotterrasen. . Ganzjährig geöffnet.
Preis: Übernachtung gratis.
Kontakt: Stadt Heideck, Anna-Lena Priem, ☎ 09177/494013, anna-lena.priem@heideck.de, www.heideck.de.
Distanz: 1 km.
POI: Pfarrkirche St. Johannes, Rathaus Zehntscheuer Heideck, Frauenkirche, Museum.

91180 Heideck — gratis — <6m

Stellplatz Am Freibad, Rambacher Straße 11,
☎ 09177/494013 Beim Freibad

POS: 49°7'40.74"N/11°6'38.86"E, Karte D11 (S. 14), B5
Platz: = 6 auf Schotterrasen. . Ganzjährig geöffnet.
Preis: Übernachtung gratis.
Kontakt: Stadt Heideck, Anna-Lena Priem, ☎ 09177/494013, anna-lena.priem@heideck.de, www.heideck.de.
Freizeit: Schwimmen.
POI: Pfarrkirche St. Johannes, Frauenkirche, Museum in Heideck.

91180 Heideck-Seiboldsmühle — gratis — <6m

Stellplatz Seiboldsmühle, St2226,
☎ 09177/494013 An der Durchgangsstraße am alten Bahnhof

POS: 49°8'32.15"N/11°8'48.44"E, Karte D11 (S. 14), B5
Platz: P = 6 auf Schotterrasen. . Ganzjährig geöffnet.
Preis: Übernachtung gratis.
Kontakt: Anna-Lena Priem, ☎ 09177/494013, ann-lena.priem@heideck.de, www.heideck.de.
Freizeit: Boccia-Bahn.
POI: Frauenkirche, Pfarrkirche St. Johannes, Museum.

69124 Heidelberg — €20,00 — <10m

Wohnmobilstellplatz Heidelberg, Harbigweg 1-3, ☎ 06221/67419669
Zentrumsnah, neben dem Sportzentrum Süd

E

POS: 49°23'29.94"N/8°40'15.59"E, Karte D10 (S. 13), E5
Platz: P = 48 auf Schotter. =48 WC CHEM GRAU . Keine Reservierung möglich, Entsorgungsstation im Winter beheizt, WLAN im Biergarten. Ganzjährig geöffnet.
Preis: 20 € inkl. Strom, Entsorgung, Hund. 4 Personen und 2 Hunde inklusive.
Kontakt: Oliver Lechner, ☎ 06221/67419669, womo@sprungbude-heidelberg.de, www.wohnmobilstellplatz-heidelberg.com.
Distanz: Ⓗ 0,1 km, 0,8 km, 0,8 km.
Gastro: Biergarten OMA's.
Freizeit: Sprungbude-Trampolinhalle, Biergarten, Strandbereich, Minigolf, Boule, Alla-Hopp-Anlage, Tischhockey.
POI: Stadtbesichtigung Heidelberg, Schloss Heidelberg 5 km.

46359 Heiden — €10,00 — <12m

Hotel-Restaurant Beckmann, Borkener Straße 7a, ☎ 02867/97470
Auf dem Hotelgelände in der Ortsmitte

POS: 51°49'32.29"N/6°55'50.88"E, Karte D5 (S. 8), B3
Platz: / = 7 auf Pflaster, Asphalt. WC . R Öffnungszeiten je nach Saison, vor Anreise telefonisch erfragen.
Preis: 10 € inkl. Strom, Wasser, WC, WLAN.
Kontakt: Familie Beckmann, ☎ 02867/97470, info@landhotel-beckmann.de, www.landhotel-beckmann.de.
Distanz: , , weitere Restaurants in 0,2 km, 0,5 km, Ⓗ 0,5 km.
Gastro: Restaurant mit Biergarten, 1.10.-30.4.: Mo+Di, Fr ab 16:30 Uhr, Sa ab 11:00 Uhr, So ab 9:00 Uhr, 1.5.-30.9. Mo+Di ab 15:00 Uhr, Fr+Sa ab 11:00 Uhr, So ab 9:00 Uhr.
Freizeit: 1 km. Planwagenfahrten, Kegelbahn im Haus, Bauernminigolf in der Tierarena und Kinderspielscheune am Haus, Freizeitgelände mit Minigolf, Boule und Tennis 1 km, Wildpark Frankenhof 4 km.
POI: Teufelsteine 3 km, Artesischer Brunnen 4 km, Jugendburg Gemen in Borken 5 km.

H

21258 Heidenau — €14,00 — <8m

Ferienzentrum Heidenau, Zum Ferienzentrum 1, ☎ 04182/4272
Separater Wohnmobilstellplatz am Ferienpark in der Nordheide

POS: 53°18'31.48"N/9°37'17.40"E, Karte D2 (S. 5), G5
Platz: P = 22 auf Rasengittersteinen, Schotterrasen. =22 (16 A) WC CHEM GRAU . Kostenlose Hundekotbeutel. Keine Reservierung, Belegung telefonisch erfragen. Check-in am Automat. Zugang zu den Campingeinrichtungen. Hunde sind nur auf dem Stellplatz erlaubt. Ganzjährig geöffnet.
Preis: 14 € inkl. Wasser, Entsorgung. Strom 0,50 €/kWh, WC 0,50 €.
Kontakt: Ferienzentrum Heidenau, Nadja Abel, ☎ 04182/4272, info@ferienzentrum-heidenau.de, www.ferienzentrum-heidenau.de.
Distanz: 0 km, 2,5 km, 2,5 km.
Gastro: Am Campingplatz.
Freizeit: Ponyreiten, Tennis, Angeln, Moorbahn Burgsittensen 8 km.
POI: Landpark Lauenbrück 19 km.

89520 Heidenheim/Brenz — €2,00 — <12m

Wohnmobilstellplatz in den Seewiesen, In den Seewiesen,
☎ 07321/3274910 Separater Reisemobilplatz am Brenzpark an der Brenz

POS: 48°41'40.51"N/10°9'48.84"E, Karte D14 (S. 17), H2

Platz: = 22 auf Schotter. =12 (16 A) CHEM. Aufenthalt max. 4 Tage. Ganzjährig geöffnet.
Preis: 2 €. Strom 0,50 €/kWh, Wasser 1 €/70 l, Entsorgung 1 €.
Kontakt: Stadt-Information, ☎ 07321/3274910, stadt-information@heidenheim.de, www.tourismus-heidenheim.de.
Distanz: Ⓗ 0,5 km, 0,8 km, 0,8 km, 2,5 km.
Gastro: Café Lieblingsplatz 1,9 km. Gaststätte Brenzstüble 0,7 km. Weitere Restaurants: www.tourismus-heidenheim.de.
Freizeit: 5 km, 3,6 km, 1,6 km. Kanu-/Bootsfahrten, Brenz-Tour-Radwegesystem, Juli: Opernfestspiele in der Rittersaal-Ruine auf Schloss Hellenstein 0,5 km, Juni-Aug: Naturtheater Heidenheim 0,5 km, Stadtführung 2,5 km, Hellenstein-Bad Aquarena 3,6 km, Freizeitpark Schloss Hellenstein 4,5 km, Steiff-Erlebniswelt Giengen 14 km, Charlottenhöhle 15 km.
POI: Kunstmuseum mit Hermann-Voith-Galerie 1,5 km, Museum im Römerbad 1,5 km, Schloss Hellenstein mit Museum für Kutschen, Chaisen, Karren 3,5 km.

H

65321 Heidenrod-Grebenroth — gratis — <12 m

Pension Garni Klausermühle, Dorfstraße 20, ☎ 06772/5848
Übernachtungsplätze auf dem Pensions-Parkplatz in der Ortsmitte

POS: 50°11'57.10"N/7°55'56.52"E, Karte D9 (S. 12), D3
Platz: = 3 auf Pflaster, Schotter. Telefonische Anfrage erbeten. Ganzjährig geöffnet.
Preis: Übernachtung gratis.
Kontakt: Familie Müller, ☎ 06772/5848, klausermuehle@t-online.de.
Distanz: 0 km, Ⓗ 0,2 km, 3 km, 5 km.
Freizeit: 4 km, 10 km. Wispersee 10 km.
POI: Ruine Römerkastell am Limes 2 km, Nikolaus-August-Otto-Museum 3 km.

74076 Heilbronn — €5,00 — <10 m

Wohnmbilstellplatz am Weinschatzkeller, Binswanger Straße 150, ☎ 07131/15790
Vor der Genossenschaftskellerei

POS: 49°10'3.04"N/9°14'36.41"E, Karte D14 (S. 17), F1
Platz: = 5 auf Rasengittersteinen. WC CHEM GRAU. Grauwasser-Entsorgung in 150 m. wird empfohlen. Mo-Fr 8:30-18:00 Uhr, Sa 8:30-14:00 Uhr, Mai bis 3. Advent So 11:00-17:00 Uhr. Ganzjährig geöffnet.
Preis: 5 € inkl. aller Personen. Strom 2 €, Wasser 1 €. Bezahlung und Schlüssel für Stromanschluss an der Theke im Weinschatzkeller oder im Weingarten (Pfand 30 €, nur in bar). Erstattung der Übernachtungsgebühr bei einem Einkauf ab 50 € im Weinschatzkeller.
Kontakt: Genossenschaftskellerei Heilbronn eG, ☎ 07131/15790, info@wg-heilbronn.de, www.wg-heilbronn.de.
Distanz: 0 km, weitere Restaurants in 2,5 km, Ⓗ, 2,5 km, 4 km.
Gastro: Weingarten in den Sommermonaten, warme Küche Mo-Fr 17:00-21:00 Uhr.
Freizeit: 5 km, 5 km, 4 km. Führung durch den Weinschatzkeller, Weinerlebnisführung, Waldkletterpark 4 km.
POI: Kilianskirche Heilbronn 4 km, Burg Weibertreu 5,5 km.

74081 Heilbronn — gratis — <8 m

Wohnmobil-Parkplatz Wertwiesenpark, Neckarhalde 23, ☎ 07131/562270 in ruhiger Lage beim Freizeitpark Wertwiesen

POS: 49°7'49.41"N/9°12'13.59"E, Karte D10 (S. 13), F5
Platz: = 20 auf Schotter. =12 (16 A) WC CHEM. Anfahrt 24 h. Aufenthalt max. 3 Tage. Ganzjährig geöffnet.
Preis: Übernachtung gratis inkl. WC. Strom 0,50 €/kWh, Wasser 1 €/100 l. Entsorgung gegen Gebühr.
Kontakt: Tourist-Information Heilbronn, ☎ 07131/562270, info@heilbronn-marketing.de, www.heilbronn.de/tourismus.
Distanz: 0 km, Ⓗ 0,5 km, 0,8 km, 1 km.
Gastro: Kiosk am Platz.
Freizeit: 1,5 km, 1 km. Boots-/Rikschaverleih, Minigolf, Neckarschifffahrt 1,5 km, Weinprobe in der Wein-Villa 1,5 km, Stadtführung 1,5 km, Wein-Panorama-Weg am Wartberg 2,5 km.
POI: Pfühlpark, Kilianskirche 1,9 km, Experimenta Heilbronn 1,9 km.

88633 Heiligenberg — €5,00 — <12 m

Parkplatz Sennerei Schläge, Betenbrunner Straße, ☎ 07554/998312
Begrünter Parkplatz beim Rathaus

POS: 47°49'7.68"N/9°18'51.95"E, Karte D14 (S. 17), F4
Platz: = 10 auf Rasengittersteinen. CHEM. Von Apr-Okt mit Versorgung. Ganzjährig geöffnet.
Preis: 5 €. Wasser 1 €, Entsorgung 1 €.
Kontakt: Gemeinde Heiligenberg, ☎ 07554/998312, touristinfo@heiligenberg.de, www.heiligenberg.de.
Distanz: 0,1 km, weitere Restaurants in 0,4 km, 0,2 km, Ⓗ 0,4 km, 4,7 km.
Gastro: Schlosscafé Neyer 0,3 km. Ristorante Da Pino direkt am Parkplatz.
Freizeit: 0,3 km, 0,5 km. Langlaufloipe ab Parkplatz, Besuch bei der Künstlergemeinschaft AllerArt Kunst und Werk, Wanderwege, Kirchenbesichtigung, Affenfreigehege Salem 12 km.
POI: Schloss Heiligenberg/Wallfahrtskirche Betenbrunn 1 km, Schloss Salem 10 km.

23774 Heiligenhafen — €14,00 — >12 m

Reisemobilstellplatz Heiligenhafen, Eichholzweg 26, ☎ 04362/50340
In Strandnähe, direkt am Binnensee

✔ 2022 geprüft E

POS: 54°22'40.49"N/10°57'15.66"E, Karte D3 (S. 6), A2
Platz: = 99 auf Schotterrasen, Wiese, Schotter, Asphalt. =99 (16 A) WC CHEM GRAU. Ganzjährig geöffnet.
Preis: Ab 14 € inkl. Entsorgung, WC, Müll-Entsorgung, WLAN. Jede weitere Pers. 3 €, Kind (bis 15 J.) 1 €, Strom 0,75 €/kWh, Wasser 1 €/100 l, Dusche 1 €/5 min, Kurtaxe (ab 18 J.) 3 €/Pers., Waschmaschine/Trockner je 4 €. Je nach Kategorie 14-17 €.
Kontakt: HVB GmbH & Co. KG, Michaela Thiele, ☎ 04362/50340, Mobil: 0178/1465017, info@hvbkg.de, www.reisemobilstellplatz-heiligenhafen.de.
Distanz: 0,2 km, weitere Restaurants in 0,5 km, Ⓗ 0,2 km, 1,8 km, 1,8 km.
Gastro: Restaurant/Imbiss im Ostsee-Ferienpark 0,2 km.
Freizeit: 0,2 km, 0,2 km. Wassersport, Indoor-Kinderspielwelt Schatzinsel und Aktiv-Hus im Ostsee Ferienpark 0,2 km, Ostseestrand 0,6 km, Naturschutzgebiet Graswarder 3,9 km.
POI: Erlebnis-Seebrücke, Fischereihafen, Steilküste, Yachthafen 2 km.

42579 Heiligenhaus — gratis — <8 m

Parkplatz am PanoramaRadweg, Bahnhofstraße/Westfalenstraße, ☎ 02056130 An der B227 am Panoramaradweg nahe Innenstadt

POS: 51°19'42.31"N/6°58'23.22"E, Karte D5 (S. 8), B5
Platz: = 3 auf Asphalt. Aufenthalt max. 3 Tage. Ganzjährig geöffnet.
Preis: Für Restaurantgäste kostenlos. Einkehr obligatorisch.
Kontakt: Stadt Heiligenhaus, Stephan Nau, ☎ 02056130, 02056/13-455, info@heiligenhaus.de, www.heiligenhaus.de.
Distanz: Weitere Restaurants in Entfernung, 0,1 km, Ⓗ 0,3 km, 0,3 km, 0,3 km.
Freizeit: 1,5 km, 1,5 km.
POI: Erste Waggonbrücke Deutschlands, Museumsbereich Abtsküche 3 km.

91332 Heiligenstadt
gratis

<12 m

Wohnmobilstellplatz Hellmuth-Breckner-Parkplatz, Hauptstraße 41, ☎ 09198/929932 An der Leinleiter

POS: 49°52'0.53"N/11°10'7.48"E, Karte D11 (S.14), B4
Platz: = 5 auf Asphalt, Pflaster. Ganzjährig geöffnet.
Preis: Übernachtung gratis.
Kontakt: Touristinformation im Bürgerbüro, ☎ 09198/929932, tourismus@markt-heiligenstadt.de, www.markt-heiligenstadt.de.
Distanz: 0,1 km, 0,1 km, 0,2 km, Ⓗ 0,5 km.
Gastro: Restaurant Hotel Heiligenstadter Hof 0,1 km. Brauerei Aichinger-Gasthof Drei Kronen 0,1 km.
Freizeit: Schwimmen im Heiligenstädter See 0,4 km, Kletterwald Veilbronn 6 km.
POI: St. Veit-Michaelskirche 0,1 km, Schloss Greifenstein 3 km.

52396 Heimbach
€10,00

<12 m

Wohnmobilhafen Heimbach, An der Laag 4, ☎ 02446/809990 Am Bahnhof der Rurtalbahn, am Eingang zum Nationalpark Eifel

2022 geprüft

POS: 50°38'13.00"N/6°28'23.00"E, Karte D9 (S.12), A2
Platz: = 19 auf Sand/Splitt, Pflaster, Schotter, Kiesel. =20 (16 A) CHEM GRAU. Nur für autarke Fahrzeuge. Nachts kein Zugverkehr, Straßenlärm bei schönem Wetter vor allem durch Motorräder möglich. Ganzjährig geöffnet.
Preis: 10 € inkl. Entsorgung, Kurtaxe. Strom 0,50 €/kWh, Wasser 0,10 €/10 l oder 1 €/100 l. Ab 2 Übernachtungen Kurtaxe 0,45 €, Winterangebot (15.11.-1.3.): 2 Tage zahlen, 3 Tage bleiben (2+1). Bei 10 Nächten die 11. Nacht frei. Parkscheinautomat am Platz.
Kontakt: Günter Becker, ☎ 02446/809990, info@wohnmobilhafen-heimbach.de, www.wohnmobilhafen-heimbach.de.
Distanz: Ⓗ 0,1 km, 0,5 km, 0,8 km, 0,8 km.
Freizeit: 0,5 km, 0,1 km. Segeln, Wandern im Nationalpark Eifel, Rursee-Schifffahrt, Angeln, Rudern auf der Talsperre Rursee.
POI: Nationalpark Tor 0,1 km, Kunstakademie Burg Hengebach 1 km, Jugendstil Kraftwerk Heimbach 2,5 km, Rurtalsperre Schwammenauel 3 km, Abtei Mariawald 4 km.

21726 Heinbockel-Hagenah
gratis

<12 m

Landhaus Hagenah, An der Bundesstraße 2, ☎ 04149/231070 Geschützter, beleuchteter Parkplatz, etwas zurückgesetzt von der B74 im Grünen

POS: 53°32'35.18"N/9°19'13.63"E, Karte D2 (S.5), F4
Platz: = 10 auf Schotter, Asphalt, Sand/Splitt. Ganzjährig geöffnet.
Preis: Für Restaurantgäste kostenlos. Einkehr obligatorisch.
Kontakt: Landhaus Hagenah, Sylwie Tisn, ☎ 04149/231070, Mobil: 0157/37915493, landhaushagenah@web.de, www.landhaushagenah.de.
Distanz: 0 km, 0,2 km, 10 km, 10,7 km (Kläranlage Fredenbeck, Schwingestraße 38, 21717 Fredenbeck).
Gastro: Am Platz, Do-Sa 16:00-21:00 Uhr, So 12:00-14:00 Uhr und 16:00-21:00 Uhr, Mo-Mi Ruhetag.
Freizeit: Wassersport auf der Oste, Wasserwelt Solemio, Angeln, Wandergebiet, Elbtour mit dem Fährschiff von Stade in die Hafenstadt Hamburg.
POI: Kirche St. Cosmae in Stade, Schwedenspeicher, Baumhaus in Stade, Kunsthaus Stade.

73092 Heiningen
€7,00

<10 m

Wohnmobilstellplatz am Voralbbad, Krautgarten 1, ☎ 07161/40917 Bei den Sport- und Freizeiteinrichtungen

POS: 48°39'22.58"N/9°39'16.68"E, Karte D14 (S.17), G2
Platz: = 6 auf Schotter. =6 CHEM. Ganzjährig geöffnet.
Preis: 7 € inkl. WLAN. Strom 0,50 €/kWh, Wasser 1 €/80 l. Dusche im Hallenbad 3,50 €/Pers. inkl. Eintritt.
Kontakt: Gemeinde Heiningen, ☎ 07161/40917, bistro-voralbhalle@gmx.de, www.heiningen-online.de.
Distanz: 0,1 km, weitere Restaurants in 0,6 km, 0,2 km, Ⓗ 0,2 km, 0,6 km.
Gastro: Bistro Voralbhalle.
Freizeit: Wandern, Kutschfahrten, Bouleplatz, Radfahren, Minigolfanlage.

52525 Heinsberg
€12,00

<10 m

Reisemobilstellplatz Heinsberg am Lago, Fritz-Bauer-Straße 3, ☎ 024339390968 Ruhig, am Seeufer

POS: 51°4'24.37"N/6°5'35.26"E, Karte D5 (S.8), A5
Platz: = 31 auf Schotterrasen. =44 (16 A) CHEM GRAU. An-/Abreise 6:00-22:00 Uhr. Ganzjährig geöffnet.
Preis: 12 € inkl. aller Personen, Entsorgung, Müll-Entsorgung. Strom 0,50 €/kWh, Wasser 1 €/100 l. 13 weitere Stellplätze auf Platz 2 (12 €, Gültigkeit 2 Tage, Ticket auf Platz 1 lösen).
Kontakt: Herr Heinrichs, ☎ 024339390968, info@3h-reisemobilstellplatz.de, www.3h-reisemobilstellplatz.de.
Distanz: 0 km, weitere Restaurants in 0,8 km, Ⓗ 0,2 km, 0,8 km, 0,8 km.
Gastro: Laguna Beach Club am Platz.
Freizeit: 2 km. Badestrand mit Bootsverleih.
POI: Parkanlage Burg- und Kirchberg 1,5 km, Heinsberger Torbogenhaus/Museum 2 km.

98663 Heldburg
gratis

<8 m

Wohnmobilstellplatz Am Rainbrünnlein, Am Rainbrünnlein 284, ☎ 036871/20159 An der L1134, am Fuße der Veste Heldburg

POS: 50°16'43.92"N/10°43'49.46"E, Karte D11 (S.14), A3
Platz: = 5 auf Sand/Splitt, Rasengittersteinen. CHEM GRAU. Von Okt-März kein Strom/Wasser. Ganzjährig geöffnet.
Preis: Übernachtung gratis inkl. Entsorgung. Strom 1 €/8 h, Wasser 1 €/60 l.
Kontakt: Tourist-Info Heldburg, ☎ 036871/20159, info@stadt-heldburg.de, www.stadt-heldburg.de.
Distanz: 0,2 km, 0,3 km, Ⓗ 0,3 km, 0,4 km.
Gastro: Gasthaus Torschenke.
Freizeit: 6 km. Radwandern (Heldburger-Highlights-Tour), Veste-Heldburg-Weg, Stadtführungen, Thüringens Terrassentherme Bad Colberg 6 km.
POI: Altstadt mit Stadtmauer und Türmen 0,2 km, Deutsches Burgenmusem Veste Heldburg 1,5 km, Zweiländermuseum Rodachtal in Streufdorf 10 km.

H

53940 Hellenthal
€15,00

<12 m

Wohnmobilstellplatz an der Oleftalsperre, Oleftalstraße, ☎ 02482/85115 Direkt unterhalb der Staumauer

2022 geprüft

POS: 50°29'40.08"N/6°25'24.06"E, Karte D9 (S.12), A2
Platz: = 16 auf Asphalt. CHEM GRAU. Leinenpflicht für Hunde. Ganzjährig geöffnet.
Preis: 15 € inkl. Strom, Entsorgung, Kurtaxe. Wasser 1 €/100 l.
Kontakt: Tourist Info Hellenthal, ☎ 02482/85115, tourismus@hellenthal.de, www.hellenthal.de.
Distanz: 1 km, 1 km, Ⓗ 1 km, 1 km.
Gastro: Restaurant Grenzlandstuben 1 km.
Freizeit: 15 km, 15 km, 1,5 km.
POI: Narzissenwiesen, Wildenburg, Oleftalsperre, Burg Reifferscheid, Freizeit und Wintersportgebiet Weißer Stein, Nationalpark Infopunkt Tourist-Info 1,5 km, Greifvogelstation und Wildgehege 1,5 km, Besucherbergwerk Grube Wohlfahrt 10 km.

Sie haben einen neuen Stellplatz entdeckt? Dann teilen Sie uns diesen mit per E-Mail an **bordatlas@doldemedien.de**

53940 Hellenthal-Udenbreth €15,00

>12m

Wohnmobilhafen Am Weißen Stein, Am Weißen Stein 29,
☎ 02448/9198086
Am Wintersportzentrum Weißer Stein

2022 geprüft · E

POS: 50°24'34.35"N/6°22'22.88"E, Karte D9 (S. 12), A2
Platz: = 30 auf Schotterrasen, Schotter. =24 (4/6 A) WC CHEM GRAU . Ganzjährig geöffnet. Zwei Jumbo-Stellplätze für übergroße Reisemobile.
Preis: 15 € inkl. Entsorgung, Dusche, Kurtaxe. Kind (ab 12 J.) 1,50 €, Strom 3 €/Tag, Wasser 2 €/120 l, WC 1 €/Tag.
Kontakt: Petra Weinberger, ☎ 02448/9198086, wohnmobilhafen@ok.de, weisserstein-wohnmobilhafen.de.
Distanz: 0,2 km, 0,5 km, 1 km, 10 km.
Gastro: Café.
Freizeit: 15 km, 15 km. Ski- und Rodellift, ausgezeichnete Wanderwege, Loipe, Ausstellung Wetter, Klima, Mensch, Wintersportgebiet 0,7 km, Oleftalsperre 13 km, Wildgehege Hellenthal mit Greifvogelstation 15 km.
POI: Besucherbergwerk Grube Wohlfahrt 8 km.

27367 Hellwege €30,00

<8m

Der Eichenhof, Am Goldanger 10,
☎ 04264/83990
Sehr ruhige Lage in einem Eichenwald

POS: 53°4'21.00"N/9°13'45.00"E, Karte D2 (S. 5), F5
Platz: = 1 auf Wiese. =2 WC . Streichelzoo. Ⓡ wird empfohlen. Ganzjährig geöffnet.
Preis: 30 € inkl. Strom, Wasser, Dusche, WC, WLAN. Jede weitere Pers. 5 €.
Kontakt: Susanne Heitmann, ☎ 04264/83990, rezeption@eichenhof-hellwege.de, www.pension-eichenhof.de.
Distanz: 0,3 km, weitere Restaurants in 1 km, 0,5 km, 5 km, 5 km.
Gastro: Am Wochenende Eichenhof Café von 9:00-18:00 Uhr mit Kaffee, Kuchen, Eis, Waffeln und mehr. Brötchenservice oder reichhaltiges Frühstücksbüfett. Prüser's Gasthof 0,3 km. Hofladen.
Freizeit: 5 km, 0,3 km. Organisierte Kanutouren, Grillen, Reiten, Spaßbad 15 km.
POI: Domstadt Verden und Rotenburg/Wümme 15 km.

95233 Helmbrechts gratis

<10m

Stellplatz am Badeweiher Wüstenselbitz, Lohstraße,
☎ 09252/7010
Beim Badeweiher und Turnplatz

2022 geprüft · E

POS: 50°13'10.27"N/11°41'27.19"E, Karte D11 (S. 14), C3
Platz: = 8 auf Schotterrasen. =4 (16 A) CHEM GRAU . Ganzjährig geöffnet.
Preis: Übernachtung gratis inkl. Entsorgung. Strom 0,50 €, Wasser 1 €/100 l.
Kontakt: Stadt Helmbrechts, ☎ 09252/7010, info@stadt-helmbrechts.de, www.stadt-helmbrechts.de.
Distanz: 0,1 km (an der Turnhalle), 0,6 km, 0,7 km, 0,7 km, 3 km.
Gastro: Gaststätte Birkenhof in Wüstenselbitz. Kiosk am See.
Freizeit: 6 km, 3 km. Volleyballfeld, Badeweiher, Kneippbad, Eventspielplatz Helmbrechts 5 km.
POI: Oberfränkisches Textilmuseum 5 km.

95233 Helmbrechts gratis

<12m

Wellenhallenbad Aquawell, Adolf-Haack-Straße 7, ☎ 09252/5850
Am Wellenhallenbad

2022 geprüft

POS: 50°14'9.70"N/11°42'41.54"E, Karte D11 (S. 14), C3
Platz: = 3 auf Asphalt. WC . Während der Bad-Öffnungszeiten nur beschränkt Plätze für Reisemobile. WC zu den Badezeiten. Ganzjährig geöffnet.
Preis: Übernachtung gratis.
Kontakt: Wellenhallenbad Aquawell, ☎ 09252/5850, mail@aquawell.info, www.aquawell.info.
Distanz: 0,1 km, 0,3 km, 1 km.
Gastro: Bar.
Freizeit: 2 km, 0,1 km. Wellenbad Aquawell mit Dampfbad.
POI: Oberfränkisches Textilmuseum 1 km, Aussichtsturm Kirchberg 1,5 km.

38350 Helmstedt gratis

<12m

Wohnmobilstellplatz Maschweg, Maschweg, ☎ 05351/171717
Zentrumsnah, in der Nähe des Lappwalds und des Waldbads Birkerteich

2022 geprüft · E

POS: 52°14'6.02"N/11°0'40.55"E, Karte D7 (S. 10), A2
Platz: = 20 auf Schotter. =8 (13 A) GRAU . Ganzjährig geöffnet.
Preis: Übernachtung gratis inkl. Wasser, Entsorgung. Strom 1 €/4 h, Wasser 1 €/3 min.
Kontakt: Stadt Helmstedt, ☎ 05351/171717, tourismus@stadt-helmstedt.de, www.stadt-helmstedt.de.
Distanz: 0 km, 0,2 km, 0,4 km, 2,5 km.
Gastro: Gaststätte Schützenhaus am Platz. Mehrere Restaurants im Ort.
Freizeit: 0,9 km, 0,8 km, 0,3 km. Radfahren im Naturpark Elm-Lappwald.
POI: Kloster St. Ludgerus und St. Marienberg, Stadtkern mit Juleum, Taubenhaus, Rathaus und Kirche 0,3 km, Zonengrenz-Museum Helmstedt und Lübbensteine 3 km.

38350 Helmstedt-Bad Helmstedt gratis

<8m

Brunnentheater, Brunnental, ☎ 05351/170
Öffentlicher Parkplatz, 3 km von Helmstedt

2021 geprüft

POS: 52°14'13.10"N/11°3'44.40"E, Karte D7 (S. 10), A2
Platz: = 5 auf Asphalt. . Grillplatznutzung nach Anmeldung bei der Stadt. Ganzjährig geöffnet.
Preis: Übernachtung gratis inkl. WLAN.
Kontakt: Stadt Helmstedt, ☎ 05351/170, rathaus@stadt-helmstedt.de, www.stadt-helmstedt.de.
Distanz: 0,1 km, 0,2 km, weitere Restaurants in 0,5 km, 2 km, 3 km.
Freizeit: 3 km, 5 km, 0,2 km. Radfahren im Naturpark Elm-Lappwald.
POI: Stadtkern Helmstedt mit Juleum, Taubenhaus, Rathaus und Kirche St. Stephani 3 km, Klöster St. Marienberg und St. Ludgerus 4 km, Zonengrenz-Museum Helmstedt und Lübbensteine 4 km.

67716 Heltersberg
gratis <12m

Stellplatz Am Bergbad, Bergstraße, ☎ 06333/63548
In ruhiger Ortsrandlage am Freibad

POS: 49°18'59.49"N/7°42'7.88"E, Karte D9 (S.12), C5
Platz: = 6 auf Wiese, Schotter. Ganzjährig geöffnet.
Preis: Übernachtung gratis.
Kontakt: ☎ 06333/63548, rathaus@heltersberg.de, www.heltersberg.de.
Distanz: 1 km, Ⓗ 1 km, 1 km, weitere Restaurants in 1,5 km, 1,5 km.
Gastro: Gaststätte am Sportplatz.
Freizeit: Radfahren, Naturlehrpfad mit Aussichtstum, Wandern, Mountainbikepark.
POI: Heimatmuseum.

58675 Hemer
€5,00 <12m

Wohnmobilstellplatz Hemer, Hönnetalstraße 27, ☎ 02372/551372
Nahe Sauerlandpark an der Hönnetalstraße, direkt am Felsenmeermuseum

2022 geprüft

POS: 51°22'43.97"N/7°46'16.63"E, Karte D5 (S.8), C5
Platz: P = 20 auf Schotterrasen. CHEM GRAU. Aufenthalt max. 3 Tage. Ganzjährig geöffnet.
Preis: 5 €. Strom 0,50 €/kWh, Wasser 1 €/80 l, Entsorgung 1 €.
Kontakt: Stadt Hemer Kulturbüro, Diana Naumann, ☎ 02372/551372, touristik@hemer.de.
Distanz: Ⓗ 0,2 km, 0,3 km, 0,5 km, 1 km.
Gastro: Mehrere Gastronomie-/Imbissangebote in der nahen Umgebung.
Freizeit: 5 km, 1 km. Naherholungsgebiet 0,5 km, Sauerlandpark Hemer 1,5 km.
POI: Sandwiger Mühle 0,1 km, Heimatmuseum 0,1 km, Felsenmeer 0,5 km, Naturpark-Infozentrum Hemer 1,5 km, Sauerlandpark 1,5 km.

53773 Hennef
€14,00 <10m

Gasthof Em Wingert, Im Rosental 20, ☎ 02242/2095 Auf einem von Wald umgebenen, naturbelassenen Gelände

POS: 50°44'56.26"N/7°18'22.86"E, Karte D9 (S.12), C1
Platz: = 20 auf Wiese. WC CHEM. P wird empfohlen. Ganzjährig geöffnet.
Preis: 14 € inkl. Wasser, Entsorgung, WC, WLAN. Dusche 1 €. Strom 2,50 €/Tag oder nach Verbrauch.
Kontakt: Dagmar Unkel-Rein, ☎ 02242/2095, info@em-wingert.de, gasthof-em-wingert.metro.rest.
Distanz: 0 km, Ⓗ 0,5 km, 0,5 km, 1 km.
Gastro: Am Platz, Di-Sa 17:00-23:00 Uhr, So 11:00-14:00 Uhr und 17:00-23:00 Uhr, Mo Ruhetag. Warme Küche, 17:00-21:00 Uhr. Frühstücksservice.
Freizeit: 2 km, 2 km. Mitarbeit in der Küche, Golfplatz 2 km.
POI: Blankenberg, älteste Kleinstadt Deutschlands 5 km.

53773 Hennef
gratis <8m neu

Wanderparklatz Siegdamm, Siegaue, ☎ 02242/19433
Direkt am Siegdamm

2022 geprüft

POS: 50°47'10.43"N/7°16'53.96"E, Karte D9 (S.12), C1
Platz: P = 3 auf Schotter, Sand/Splitt. Aufenthalt max. 24 h. Ganzjährig geöffnet.
Preis: Übernachtung gratis.
Kontakt: Tourist-Info Hennef, ☎ 02242/19433, tourismus@hennef.de, www.tourismus-hennef.de.
Distanz: 0,3 km, weitere Restaurants in 1,4 km, Ⓗ 1,3 km, 1,4 km, 1,4 km.
Gastro: Sieglinde 0,3 km.
Freizeit: 9,9 km. Kajak fahren auf der Sieg, Labyrinth im Kurpark, Minigolf, Stadtführungen, Hennefer Waagen-Wanderweg.
POI: Hennefer Gesteingarten, mittelalterliche Stadt Blankenberg 2,5 km, Dauerausstellung Gewichte, Waagen und Wägen im Wandel der Zeit in der Hennefer Meys Fabrik 3,2 km (Beethovenstraße 21), Marien-Wallfahrtskirche in Bödingen 4,1 km, Schloss Allner 4,4 km.

35745 Herborn
gratis <10m

City Parkplatz/Schießplatz, Sinner Landstraße, ☎ 02772/7081900
Am Rand eines Großparkplatzes

POS: 50°40'44.34"N/8°18'25.62"E, Karte D9 (S.12), E2
Platz: = 10 auf Asphalt. =4 CHEM GRAU. Ganzjährig geöffnet.
Preis: Übernachtung gratis. Strom 1 €/90 min, Wasser 1 €/90 l.
Kontakt: Stadtmarketing Herborn GmbH, ☎ 02772/7081900, tourist@herborn.de, www.herborn-erleben.de.
Distanz: 0,1 km, Ⓗ 0,1 km, 0,4 km, 0,5 km.
Freizeit: 2,3 km.
POI: Wildgehege Herborn 1,8 km, Aussichtsturm Dillblick am Wildgehege 1,8 km, Tierpark Herborn-Uckersdorf 7 km.

36358 Herbstein
€6,00 <10m

Stellplatz VulkanTherme, Zum Thermalbad 1, ☎ 06643/960019 Separater Bereich auf dem Parkplatz an der Therme

POS: 50°34'7.20"N/9°20'47.39"E, Karte D10 (S.13), F2
Platz: P = 11 auf Asphalt. =16 (16 A) WC CHEM GRAU. Wellness- und Kuranwendungen. Anmeldung in der VulkanTherme Mo 14:00-20:00 Uhr, Di-So 9:00-20:00 Uhr. Ganzjährig geöffnet.
Preis: 6 € inkl. Entsorgung. Strom 1 €/kWh, Wasser 1 €, Dusche 1,50 €/Pers., Kurtaxe (ab 18 J.) 1,50 €/Pers., Kurtaxe (16-17 J.) 1 €/Pers. WC zu den Thermen-Öffnungszeiten gratis.
Kontakt: Kurverwaltung Herbstein, ☎ 06643/960019, 06643/1666, kurverwaltung@herbstein.de, www.herbstein.de.
Distanz: 0 km, weitere Restaurants in 0,5 km, Ⓗ 0,2 km, 0,2 km, 1,5 km.
Gastro: Thermen-Bistro in der VulkanTherme, Mo 14:00-20:00 Uhr, Di + Do 9:00-20:00 Uhr, Mi + Fr 9:00-22:00 Uhr, Sa-So 9:00-18:00 Uhr.
Freizeit: 7 km, 0,2 km. PitPat, Minigolf, Vulkan Therme, VulkanSauna, Discgolf-Anlage, Lauterbach 1 km.
POI: Erster Bibelpark Deutschlands, Fastnachts- und Stattmuseum 1 km, Hoherodskopf/Taufstein 12 km, Vogelpark 23 km.

58313 Herdecke
gratis <6m

Stellplatz an der Ruhrbrücke, Vorhaller Weg, ggü. Haus-Nr. 2/4, ☎ 02330/611212 Gegenüber vom Sportfischereiverein Hagen/Herdecke an der Ruhr

POS: 51°23'37.76"N/7°25'58.67"E, Karte D5 (S.8), C5
Platz: P = 3 auf Sand/Splitt, Pflaster. Ganzjährig geöffnet.
Preis: Übernachtung gratis.
Kontakt: Stadtverwaltung Herdecke, ☎ 02330/611212, tourismusinfo@herdecke.de, www.herdecke.de.
Distanz: 0,5 km, Ⓗ 0,5 km, 1 km, 1,1 km.
Freizeit: 0,5 km, 0,5 km, 1 km. Kanutouren.
POI: Sackträgerbrunnen 1 km, Altstadt mit Fußgängerzone 1,3 km, Stiftskirche St. Marien 1,5 km, Ruhrviadukt 2,5 km.

32052 Herford
gratis <12m

Am Stadion, Dennewitzstraße 15, ☎ 05221/1891526
Hinter dem Stadion

POS: 52°6'17.08"N/8°41'22.69"E, Karte D6 (S.9), E3
Platz: = 10 auf Asphalt. Jederzeit zugänglich. Ganzjährig geöffnet.
Preis: Übernachtung gratis.
Kontakt: Stadt Herford, ☎ 05221/1891526, tourist-info@herford.de, www.herford.de.
Distanz: 0,2 km, 0,5 km, Ⓗ 0,5 km, 2 km.
Freizeit: 0,3 km, 0,3 km, 2,5 km. Kanu fahren, Stadtführung, Bade- und Saunabesuch, Tierpark Herford 2 km.
POI: Marta Herford Museum 1 km, historischer Stadtkern, gotische Hallenkirchen 2 km.

Sie haben einen neuen Stellplatz entdeckt? Dann teilen Sie uns diesen mit per E-Mail an **bordatlas@doldemedien.de** oder über das Online-Meldeformular unter **www.bordatlas.de/meldung**

32052 Herford €7,00

Wohnmobilstellplatz am H2O Herford, Wiesestraße 90, ☎ 05221/922277 <12m
Beim Freizeitbad

POS: 52°6'26.09"N/8°41'8.98"E, Karte D6 (S.9), E3
Platz: = 22 auf Asphalt. =22 WC CHEM GRAU. WC/Dusche zu den Bad-Öffnungszeiten Mo-Fr 10:00-21:00 Uhr, Sa/So und Feiertage 9:00-21:00 Uhr. Ganzjährig geöffnet.
Preis: 7 € inkl. Entsorgung, WC, Müll-Entsorgung, WLAN. Strom 1 €/8 h, Wasser 1 €/100 l. Für Tagesgäste gebührenfrei. Bezahlung per EC-Karte am Automaten oder bar an der Badkasse.
Kontakt: Sport- und Freizeitbad H2O, ☎ 05221/922277, info@h2o-herford.de, www.h2o-herford.de.
Distanz: 0,2 km, weitere Restaurants in 1,2 km, 0,5 km, 2 km, 3,4 km.
Gastro: Bistro, Mo-Fr 10:00-21:00, Sa-So 9:00-21:00 Uhr.
Freizeit: 3 km. Schwimmen.
POI: Marta Herford 2 km.

17429 Heringsdorf €37,00

Wohnmobilstellplatz Familie Knüppel, Seestraße 60A, ☎ 0152/09424385 <8m neu
Im Privatgarten mit familiärer Atmosphäre, nahe Strand

2022 geprüft

POS: 53°58'5.64"N/14°8'11.51"E, Karte D4 (S.7), F3
Platz: = 3 auf Wiese. WC GRAU. Leinenpflicht für Hunde. Geöffnet: Anfang Apr-Ende Okt.
Preis: 37 € inkl. Strom, Wasser, Entsorgung, Dusche, WC, Müll-Entsorgung. Jede weitere Pers. 6 €, Kind (bis 16 J.) 4 €, Hund 2 €.
Kontakt: Familie Knüppel, ☎ 0152/09424385, robertoknueppel@web.de.
Anfahrt: Steile Auffahrt.
Distanz: 0,2 km, 0,5 km, 2,4 km.
Freizeit: Baumwipfelpfad Usedom, Badestrand 0,8 km.

17424 Heringsdorf-Neuhof €10,00

Privatplatz Blasendorff, Labahnstraße 10, ☎ 038378/31109 Im Garten eines Privatgrundstücks <8m

POS: 53°57'33.89"N/14°9'24.85"E, Karte D4 (S.7), F3
Platz: = 3 auf Naturboden, Wiese. =3 (6 A) CHEM GRAU. Ankunft 10:00-19:00 Uhr. Ganzjährig geöffnet. Ausnahme: im Winter wetterabhängig.
Preis: 10 €. Wasser 0,50 €/30 l, Entsorgung 1 €. Wasser am Automat, Fremdenverkehrsabgabe 0,50 €/Wohnmobil.
Kontakt: Siegmund Blasendorff, ☎ 038378/31109, blasendorff@online.de, www.blasendorff-usedom.de.
Distanz: 0,2 km, weitere Restaurants in 0,5 km, 0,2 km, 0,2 km, 0,9 km.
Freizeit: 1 km. Ostseestrand.
POI: Seebrücke 1,7 km, Schloss Mellenthin 10 km.

37293 Herleshausen €10,00

Hotel-Restaurant-Fleischerei Schneider, Am Anger 7, ☎ 05654/6428 In der Ortsmitte <8m

POS: 51°0'22.27"N/10°9'43.41"E, Karte D10 (S.13), H1
Platz: = 2 auf Asphalt. =2. Späteste Ankunft 21:00 Uhr, Aufenthalt max. 1 Woche, für Aufenthalt am So/Mo vorher anmelden. Ganzjährig geöffnet.
Preis: 10 €. Strom 6 €, WC 6 €.
Kontakt: Familie Schneider, ☎ 05654/6428, info@hotel-fleischerei-schneider.de, www.hotel-fleischerei-schneider.de.
Distanz: 0 km, 0,5 km, 1 km, 5 km.
Gastro: Frühstücksservice im Restaurant. Am Platz, Di-Sa 8:00-14:00 Uhr und 18:00-21:30 Uhr, So 8:00-14:30 Uhr, Mo Ruhetag.
Freizeit: 1 km. Kanuverleih 5 km, Golf 10 km.
POI: Bachhaus Brandenburg 2 km, Brandenfels 8 km, Wartburg in Eisenach 10 km.

29320 Hermannsburg €2,00

Schützenplatz, Lotharstraße 75, ☎ 05052/6574 <12m
Am östlichen Ortsrand am Wald

POS: 52°49'41.16"N/10°6'34.87"E, Karte D6 (S.9), G1
Platz: = 40 auf Wiese. Ganzjährig geöffnet.
Preis: 2 €.
Kontakt: Tourist-Info Gemeinde Südheide, ☎ 05052/6574, hermannsburg@lueneburger-heide.de, www.hermannsburg-urlaub.de.
Distanz: 0,2 km (am Hallenbad), 0,5 km, weitere Restaurants in 1,2 km, 1 km, 3 km, 3 km.
Freizeit: 15 km, 0,2 km, 3 km. Paddeln, Schwimmen, Kutschfahrten 2 km.
POI: Albert-König-Museum, Ludwig-Harms-Haus 1 km, Heidelandschaft 3,5 km, Hügelgräber 6 km, Hermann-Löns-Gedenkstein 8 km, Museumsdorf Hösseringen 26 km.

29320 Hermannsburg-Baven gratis

Waldcafé Backebergsmühle, Backebergsmühle 4, ☎ 05052/2306 Auf dem Parkplatz des Cafés bzw. der Korbimkerei <6m

POS: 52°51'22.50"N/10°4'59.90"E, Karte D6 (S.9), G1
Platz: = 3 auf Wiese. Wildblumengarten mit Lehrpfad. Geöffnet: März-Okt.
Preis: Für Restaurantgäste kostenlos. Einkehr obligatorisch.
Kontakt: Hans-Jürgen Winterhoff, ☎ 05052/2306, sahneloeffel@gmx.de, www.wald-cafe.de.
Distanz: 0,3 km, 3 km, 3 km, 4 km.
Gastro: Café am Platz, Mo-So 14:00-18:00 Uhr, Winterpause von Nov-März. Verkauf der Imkerei-Produkte.
Freizeit: 3 km, 3 km, 3 km. Bootsverleih 3 km.
POI: Korb-Imkerei, Hermann-Löns-Gedenkstein 1 km.

29320 Hermannsburg-Bonstorf gratis

Sportplatz Bonstorf, Schulstraße, ☎ 05052/6574 <12m
Beim Teich am Ortsrand von Bonstorf

2021 geprüft

POS: 52°51'55.20"N/10°3'3.11"E, Karte D6 (S.9), G1
Platz: = 3 auf Schotter. Ganzjährig geöffnet.
Preis: Übernachtung gratis.
Kontakt: Tourist Information Hermannsburg, ☎ 05052/6574, hermannsburg@lueneburger-heide.de, www.hermannsburg-urlaub.de.
Anfahrt: Enge Einfahrt.
Distanz: , 5 km.
Gastro: Zahlreiche gastronomische Betriebe im Ort.
Freizeit: 6 km, 5 km. Paddeln, Kutschfahrten 7 km.
POI: Hermann-Löns-Gedenkstein 4 km, Hügelgräber 6 km, Museumsdorf Hösseringen 28 km.

29320 Hermannsburg-Lutter €15,00

Lutterhof, Lutter 1 Verlängerung Waldstraße, ☎ 05052/3376 <12m
Landwirtschaftlicher Betrieb mit Islandpferden und Zwergziegen in einem alten Eichenhain an der Örtze

POS: 52°50'33.79"N/10°5'58.21"E, Karte D6 (S.9), G1
Platz: = 5 auf Naturboden. =4 (16 A) WC. Katzen nicht erlaubt. Ganzjährig geöffnet.
Preis: 15 € inkl. Strom, Wasser, Dusche, WC.
Kontakt: Dorit und Jürgen Rabe, ☎ 05052/3376, Mobil: 0172/8542628, dorit.rabe@lutterhof.de, www.lutterhof.de.
Distanz: 2 km, 2 km, 2 km.
Freizeit: 3 km, 2 km. Angeln im Teich 10 €/Tag, Paddelmöglichkeit auf der Örtze direkt ab Hof (16.05.-15.10.).
POI: Wassermühle 0,2 km.

66919 Hermersberg
gratis <12m

Wohnmobilstellplatz am Sportplatz, Am Tauhübel, ☎ 06333/63923
Am Sportplatz in Ortsrandlage nahe der A62

POS: 49°19'34.48"N/7°37'56.98"E, Karte D9 (S.12), C5
Platz: = 5 auf Pflaster. Aufenthalt max. 1 Nacht. Ganzjährig geöffnet.
Preis: Übernachtung gratis.
Kontakt: Gemeinde Hermersberg, ☎ 06333/63923, info@hermersberg.de, www.hermersberg.de.
Distanz: 0,5 km, 0,8 km, Ⓗ 0,8 km.

54411 Hermeskeil
€7,00 <10m

Wohnmobilstellplatz Am Labachweg, Labachweg, ☎ 06503/809500 Mitten in der Stadt, neben dem Frei- und Hallenbad

POS: 49°39'12.88"N/6°56'27.48"E, Karte D9 (S.12), B4
Platz: P = 6 auf Asphalt, Pflaster. CHEM GRAU. Leinenpflicht für Hunde. Ganzjährig geöffnet.
Preis: 7 €. Strom 0,50 €/kWh, Wasser 1 €/l, Entsorgung 1 €.
Kontakt: Tourist-Information Hermeskeil, ☎ 06503/809500, info@hermeskeil.de, www.hermeskeil.de.
Distanz: 0,2 km, 0,3 km, 0,5 km.
Freizeit: 0,2 km, 0,2 km. Erholungsgebiet Pflanzgarten mit Spazierwegen, Stadtpark und Innenstadt fußläufig, Saar-Hunsrück-Steig, Feuerwehr Erlebnis-Museum 0,5 km, Hunsrück-Radweg 0,6 km, Ruwer-Hochwald-Radweg 1 km, Primstal-Radweg 1,3 km, Flugausstellung P. Junior 4,5 km.
POI: Nationalpark Hunsrück-Hochwald, Mammutbäume am Tivoli, Naturpark Saar-Hunsrück, Hochwaldmuseum 0,5 km.

01776 Hermsdorf-Neuhermsdorf
gratis <12m

Landhotel Altes Zollhaus, Altenberger Straße 7, ☎ 035057/540
Auf dem Hotelparkplatz

POS: 50°44'8.33"N/13°39'25.42"E, Karte D12 (S.15), F1
Platz: = 2 auf Rasengittersteinen. WC. R
Ganzjährig geöffnet.
Preis: Für Restaurantgäste kostenlos, inkl. WLAN. Einkehr obligatorisch. Wellness/Sauna 18 €. Wellnessbereich mit Saunen 12 €, Billardraum 5 €/h.
Kontakt: ☎ 035057/540, info@hotel-zollhaus.com, www.landhotel-altes-zollhaus.com.
Distanz: , Ⓗ 0,3 km, 4 km, 4 km.
Gastro: Restaurant/Pizzeria am Platz, Mo-Fr 11:30-14:00 Uhr und 17:00-21:00 Uhr, Sa-So 11:30-21:00 Uhr, Pizzeria Mi-Fr 17:00-21:00 Uhr, Sa+So/feiertags 11:30-21:00 Uhr, Mo-Di Ruhetag.
Freizeit: 12 km. Bierverkostungen, Yogaseminare, Badesee, Wintersport, Sommerrodelbahn 12 km.
POI: Bergwerke, Burgen, Schlösser in der Umgebung 12 km.

01776 Hermsdorf-Neuhermsdorf
€5,00 <12m

SWF Ski- und Sporthotel, Bahnhofstraße 7, ☎ 035057/54590
Ehemaliger Bahnhof mit Königlichem Empfangssalon und Eisenbahnmuseum, sehr ruhige Lage

POS: 50°43'56.83"N/13°39'51.54"E, Karte D12 (S.15), F1
Platz: P = 8, = 4 (<12 m) auf Wiese, Schotter, Asphalt. =8 (16 A) WC . Geöffnet: 1.3.-30.11.
Preis: 5 €. Strom 1 €/24 h oder 0,50 €/kWh, Wasser 2 €, Dusche 1 €/Pers., Kurtaxe 1 €/Pers.
Kontakt: SWF Sporthotel GmbH, Herr Dietrich, ☎ 035057/54590, info@swf-sporthotel.de, www.swf-sporthotel.de.
Distanz: 0 km, Ⓗ 0,3 km, 0,3 km, 4 km.
Gastro: Königlicher Salon und Restaurant Sporthotel am Platz, Mo-So 11:00-19:00 Uhr. Frühstücks-/Brötchenservice auf Anfrage.
Freizeit: 10 km, 10 km. Kutsch- und Kremserfahrten, Volleyball, Sauna, Tischtennis, Ski-/Rodelverleih im Haus, Pilze/Beeren sammeln, Loipe, Wintersport, Sommerrodelbahn 12 km.
POI: Eisenbahnmuseum, Bauernmuseum Hermsdorf 5 km, Burgruine und Silbermannmuseum Frauenstein 13 km.

71083 Herrenberg
€5,00 <10m

Wohnmobilhafen Herrenberg, Längenholz 4, ☎ 07032/924316
In Altstadtnähe, angrenzend an den Naturpark Schönbuch

2022 geprüft

POS: 48°35'24.58"N/8°52'39.37"E, Karte D14 (S.17), F2
Platz: P = 10 auf Schotterrasen. =16A GRAU . Infotafel mit Ausflugstipps. Aufenthalt max. 5 Nächte. Ganzjährig geöffnet.
Preis: 5 €.
Kontakt: Stadt Herrenberg, Gisela Grandinetti, ☎ 07032/924316, g.grandinetti@herrenberg.de, www.herrenberg.de.
Distanz: Ⓗ 0,2 km, 1 km, 1,1 km, 1,2 km.
Gastro: In fußläufiger Entfernung.
Freizeit: 0,1 km. Fischpfad, Streuobsterlebniswege, Freizeitpark 0,1 km, Naturfreibad 0,1 km.
POI: Jerg Ratgeb Skulpturenpfad, denkmalgeschützte Altstadt mit historischem Rundgang und Fachwerkpfad, Stiftskirche mit Glockenmuseum 1,3 km, Schönbuchturm 4 km, KZ Gedenkstätte Talfingen 11 km, Tübingen 20 km, Kloster Bebenhausen 25 km.

91567 Herrieden
gratis <12m

Festplatz Herrieden, St 2248, ☎ 09825/80812 Von Bäumen gesäumter Pkw-Parkplatz vor der Stadtmauer

POS: 49°13'53.05"N/10°29'44.66"E, Karte D11 (S.14), A5
Platz: / = 10 auf Wiese, Asphalt. =12 . Aufenthalt max. 2 Nächte oder auf Anmeldung im Ordnungsamt. WC im Rathaus. Bitte Benutzungsordnung beachten. Ganzjährig geöffnet. Ausnahmen: Sperrung bei Veranstaltungen (3. WE im Sep).
Preis: Übernachtung gratis. Strom 0,50 €/kWh, Wasser 2,14 €. Ab 3 Tagen 10 €. Bezahlung beim Ordnungsamt (Herrnhof 10) am Abreisetag. Strom bei Aufenthalt bis 3 Tage über Münzautomat, Strom/Frischwasser sonst im Nebengebäude.
Kontakt: Stadt Herrieden, ☎ 09825/80812, mail@herrieden.de, www.herrieden.de.
Distanz: , 0,2 km, 0,5 km, Ⓗ 0,5 km, E 4 km (Autohof Herrieden, Am Eichelberg 2, 91567 Herrieden).
Freizeit: 0,8 km, 0,8 km. Angeln, Naturlehrpfad 0,1 km, Kneippanlage in Lattenbuch 0,2 km, Stadtführung 0,4 km, Minigolf 0,8 km, Bildstock- und Kapellenwanderweg 1 km, Kräuterlehrgarten in Elbersroth 9 km.
POI: Altstadt mit Stadtmauer 0,1 km, Frauenkirche mit restaurierter, barocker Holzdecke 0,5 km.

79737 Herrischried
gratis <8m

Wohnmobilstellplatz Herrischried, Liftstraße 71, ☎ 07764/920041
Im Freizeitzentrum Herrischried

POS: 47°39'47.10"N/7°59'8.45"E, Karte D13 (S.16), D4
Platz: = 10 auf Asphalt. . Ganzjährig geöffnet.
Preis: Übernachtung gratis.
Kontakt: ☎ 07764/920041, touristinfo@herrischried.de, www.herrischried.de.
Distanz: 0 km, 1 km, 1,2 km.
Freizeit: Minigolf- und Tennisanlage, Wintersport-Skilift, Eissporthalle.
POI: Ödlandkapelle, Freilichtmuseum Klausenhof.

02747 Herrnhut
gratis <8m

Wohnmobilstellplatz Herrnhut, Uttendörferweg 1-3, ☎ 035873/30733
Am Ortsausgang nahe Waldbad, ruhige Lage am Waldrand

POS: 51°0'47.84"N/14°44'53.97"E, Karte D8 (S.11), H5
Platz: = 5 auf Pflaster. . Beleuchtet. Ganzjährig geöffnet.
Preis: Übernachtung gratis. Strom 1 €/2 h.
Kontakt: Kultur- und Fremdenverkehrsamt, ☎ 035873/30733, tourismus@herrnhut.de, www.herrnhut.de.
Distanz: 0,5 km.
Gastro: Coffeehouse-Bäcker (im alten Bahnhof). Försters Kaffeestube. Hutbergkeller.
Freizeit: 0,1 km. Waldbad, Besuch des Heimatmuseum Herrnhut.
POI: Herrnhuter Gottesacker, Kirchensaal der Herrnhuter Brüdergemeinde, Völkerkundemuseum, Herrnhuter Sterne mit Manufaktur mit Schauwerkstatt, Heimatmuseum.

H

H

82211 Herrsching am Ammersee €18,00

Wohnmobilstellplatz Herrsching, Mühlfeld 24, ☎ 0152/53479331 Am Ammersee mit Strandzugang

<12m neu

2022 geprüft

POS: 47°59'11.61"N/11°9'54.56"E, Karte D15 (S. 18), B3
Platz: = 40 auf Rasengittersteinen, Wiese. WC CHEM GRAU . Kiosk. Geöffnet: Apr-Okt (je nach Witterung).
Preis: Ab 18 € inkl. Wasser, Entsorgung, WLAN. Strom 6 €/Tag, Hund 1 €, Umweltabgabe 1 €.
Kontakt: Familie Ketterer, ☎ 0152/53479331, info@wohnmobilstellplatz-herrsching.de, www.wohnmobilstellplatz-herrsching.de.
Distanz: 0,1 km, weitere Restaurants in 0,3 km, Ⓗ 0,5 km, 1,3 km, 1,5 km.
Gastro: Herrschinger Brauhaus.
Freizeit: 17 km, 1,5 km. Bademöglichkeit, SUP, Ammersee Schifffahrt, Wassersport, ausgewiesene Radwege, Surfen.
POI: Kurpark mit Kurparkschlösschen, Seepromenade 0,3 km, Wallfahrtsort Kloster Andechs 4 km.

55756 Herrstein gratis

Stellplatz Herrstein, Brühlstraße, ☎ 06785/791400 Auf dem öffentlichen Park- und Festplatz

<10m

POS: 49°46'43.98"N/7°20'9.66"E, Karte D9 (S. 12), C4
Platz: = 3 auf Rasengittersteinen. CHEM GRAU . Ganzjährig geöffnet.
Preis: Übernachtung gratis. Strom 0,50 €/kWh, Wasser 1 €/80 l.
Kontakt: Ortsgemeinde Herrstein, ☎ 06785/791400, info@edelsteinland.de, www.edelsteinland.de.
Distanz: 0,3 km, Ⓗ 0,3 km, 0,3 km, 0,5 km.
Gastro: Mehrere Restaurants 0,5 km.
Freizeit: 5 km, 9 km. Kreative Hobbykurse: Schleifen und Goldschmieden, geführte Wanderungen/Mineraliensuche, Weinprobe unter Tage.
POI: Histor. Ortskern 0,3 km, Edelsteinschleiferei 4 km, Kupferbergwerk Fischbach 8 km, Deutsches Edelsteinmuseum 9 km, Wildenburg Kempfeld 10 km.

91217 Hersbruck gratis

Gasthof Grüner Baum, Kühnhofen 3, ☎ 09151/609560 Hinter einer Scheune, von der Straße nicht einsehbar

<10m

POS: 49°31'24.05"N/11°25'29.60"E, Karte D11 (S. 14), B4
Platz: = 2 auf Pflaster. . Ganzjährig geöffnet. Ausnahme: 22.12.-25.12.
Preis: Übernachtung gratis. Strom 5 €, Wasser 3 €. Einkehr im Restaurant erwünscht.
Kontakt: Hans-Peter Eberhard, ☎ 09151/609560, info@gruener-baum-hersbruck.de, www.gruener-baum-hersbruck.de.
Distanz: Ⓗ 0 km, 0 km, weitere Restaurants in 5 km, 0 km, 2 km.
Gastro: Am Platz, warme Küche Mo 17:30-20:30 Uhr, Di-Sa 11:30-14:00 Uhr und 17:00-20:30 Uhr, So 11:30-14:00 Uhr und 17:00-20:00 Uhr.
Freizeit: 3 km, 3 km, 3 km. Klettern im Hirschbachtal, Kanu fahren, Golfplatz, Angeln, Pedelec-Verleih 2 km.
POI: Altstadt Hersbruck 3 km, Burg Hohenstein 6 km.

91217 Hersbruck €10,00

Stellplatz der Fackelmann Therme Hersbruck, Badstraße 16, ☎ 09151/83930 Nur 50 m von der Therme entfernt

<10m

POS: 49°30'40.48"N/11°26'33.29"E, Karte D11 (S. 14), B4
Platz: = 6 auf Schotter, Naturboden, Kiesel. =6 (10 A) CHEM GRAU . Wellnessbereich, Saunalandschaft. wird empfohlen. Anfahrt ab 12:00 Uhr, Abfahrt bis 11:00 Uhr. Öffnungszeiten der Therme: Mo-Fr 9:00-22:00 Uhr, Sa 10:00-23:00 Uhr, So 9:00 - 20:00 Uhr. Ganzjährig geöffnet.
Preis: 10 € inkl. aller Personen, Strom, Entsorgung. Wasser 1 €/50 l. Online-Bezahlung/Reservierung: www.fackelmanntherme.de/info/service-und-touristinfo.
Kontakt: ☎ 09151/83930, info@fackelmanntherme.de, www.fackelmanntherme.de.
Distanz: 0,1 km, Ⓗ 0,1 km, 0,5 km, 1 km.
Gastro: Thermen-Gastronomie, warme Küche Mo-Fr bis 21:00 Uhr, Sa bis 22:00 Uhr, So bis 21:00 Uhr.
Freizeit: 0,1 km, 0,1 km, 1,5 km. Golfplatz, Segelflugplatz, Klettern, Reitplatz, Kanu fahren, Happurger Badesee 3 km, Freizeitland Fränkisches Wunderland in Plech 24 km.
POI: KZ-Gelände, Hirtenmuseum, Doggerstollen, Nürnberg 3 km.

58849 Herscheid gratis

Freibad Herscheid, Unterdorfstraße 24, ☎ 02357/909332 Vor dem DLRG-Heim am Warmwasserfreibad

<10m

POS: 51°10'31.26"N/7°44'35.01"E, Karte D5 (S. 8), C5
Platz: = 2 auf Schotter. =4 CHEM GRAU . WC/Duschen im Freibad von Mai-Sep gratis nutzbar. Ganzjährig geöffnet.
Preis: Übernachtung gratis. Strom 1 €/8 h, Wasser 1 €/10 min.
Kontakt: Gemeinde Herscheid, ☎ 02357/909332, holthaus@herscheid.de, www.herscheid.de.
Distanz: Ⓗ 0,3 km, 0,3 km, 0,5 km, 0,5 km.
Freizeit: Drachen-/Gleitschirmfliegen, Wandern, Radfahren, Schwimmen.
POI: Märkische Museumseisenbahn 5 km, Robert-Kolb-Turm auf der Nordhelle 6 km.

58849 Herscheid-Niederholte gratis

Café-Restaurant Vedder, Nieder-Holte 1, ☎ 02357/2458 Auf dem Restaurant-Parkplatz

<12m

POS: 51°10'14.84"N/7°42'17.58"E, Karte D5 (S. 8), C5
Platz: = 10 auf Schotter, Asphalt. . Nächste VE am Freibad Herscheid in 4 km. Ganzjährig geöffnet.
Preis: Übernachtung gratis.
Kontakt: Familie Vedder, ☎ 02357/2458, Mobil: 0176(0)22501965, info@restaurant-vedder.de, www.restaurant-vedder.de.
Distanz: 0 km, Ⓗ 2 km, 4 km (am Freibad Herscheid), 4 km, 4 km.
Gastro: Café-Restaurant Vedder am Platz, Mi-Sa 12:00-22:00 Uhr, So 11:00-22:00 Uhr, Mo-Di Ruhetag.
Freizeit: 4 km. Wintersport, Rundwanderwege, Minigolf, Saunadorf 8 km, Aqua Magis 12 km, Freizeitbad 16 km.
POI: Museen, Versetalsperre 1 km, Lanhaus Stottmert 2 km.

58849 Herscheid-Reblin gratis

Stellplatz am Jagdhaus Weber, Reblin 11, ☎ 02357/90900 Am Hotel-Restaurant mit Blick über das Ebbetal auf die Nordhelle

<12m

POS: 51°9'31.92"N/7°44'40.14"E, Karte D5 (S. 8), C5
Platz: = 5, = 3 (<12 m) auf Wiese, Schotter. . Ankunft bis 21:00 Uhr. Geöffnet: 1.5.-31.10.
Preis: Übernachtung gratis.
Kontakt: Harald Weber, ☎ 02357/90900, info@jagdhaus-weber.de, www.jagdhaus-weber.de.
Distanz: Ⓗ 0 km, 0 km, weitere Restaurants in 3 km, 3 km, 3 km.
Gastro: Am Platz, Mo + Mi-Sa 17:00-22:00 Uhr, Di + So Ruhetag, warme Küche Mo/Mi-Sa 18:00-20:00 Uhr.
Freizeit: 3 km, 15 km. Saunadorf 15 km, Aqua Magis 15 km.
POI: Attahöhle 15 km, Biggetalsperre 20 km.

67273 Herxheim am Berg €25,00

Panorama-Stellplatz Herxheimer Himmelreich, Weinstraße 80, ☎ 06353/989157 Auf dem höchsten Punkt der Deutschen Weinstraße

<10m

POS: 49°30'49.68"N/8°10'48.05"E, Karte D10 (S. 13), E4
Platz: = 9 auf Rasengittersteinen, Wiese. WC GRAU . wird empfohlen. Wartung/Reparatur von Reisemobilen

(Basisfahrzeug). Mo-Fr 7:30-12:00 Uhr und 13:00-17:30 Uhr. Sa 9:00-12:00 Uhr, telefonische Absprache möglich. Ganzjährig geöffnet.
Preis: 25 € inkl. aller Personen, Strom, Wasser, Entsorgung, Dusche, WC, Müll-Entsorgung, WLAN.
Kontakt: Autohaus Schmidt GmbH, Jörg Schmidt, ☎ 06353/989157, auto-schmidt@web.de, autoschmidt-gmbh.de.
Distanz: 0,1 km, 0,8 km, Ⓗ 1 km, 2 km.
Gastro: Beckers Woistubb 0,8 km. Gutsausschank Petri.
Freizeit: 5 km, 5 km, 0,1 km. Wandern im Pfälzerwald und den Weinbergen, E-Bike Verleih, Golfplatz Dackenheim 0,8 km, Holiday Park Haßloch 30 km.
POI: Freinsheim 2 km, Bad Dürkheim mit Salzsaline 6 km, Burg Hardenburg 8 km.

37412 Herzberg am Harz-Scharzfeld €23,00

Wohnmobilstellplatz am Südharz, Fliederweg 3, ☎ 05521/99770 <10 m neu
Neben Autohaus mit Wohnmobil-Service

POS: 51°37'49.98"N/10°22'10.72"E, Karte D6 (S. 9), H4
Platz: = 12 auf Schotterrasen, Schotter, Pflaster. WC CHEM GRAU. Leinenpflicht für Hunde, kleiner Shop mit regionlan Produkten, Rundum- & Reparaturservice. R Reservierung telefonisch. Anreise 24 h. Ganzjährig geöffnet.
Preis: 23 € inkl. Strom, Wasser, Entsorgung, Dusche, WC, Müll-Entsorgung, WLAN. In Verbindung mit einem Werkstatttermin in unserem Autohaus kann sich die Gebühr verringern. Bezahlung bar oder mit EC-Karte.
Kontakt: Autohaus Fricke, Svenja Fricke, ☎ 05521/99770, Mobil: 0171/4360442, womostellplatzamsuedharz@gmail.com, www.wohnmobilstellplatzamsuedharz.de.
Distanz: 0,3 km, 0,5 km, 0,8 km.
Gastro: Brötchenservice.
Freizeit: Ausgewiesene Fahrrad- und Wanderwege.
POI: Steinkirche 0,5 km, Einhornhöhle 2 km, Burgruine Schwarzfels 3,5 km, Welfenschloss Herzberg und Lonauer Wasserfall 4 km, Hausberg Bad Lauterberg 6,7 km.

37412 Herzberg am Harz-Sieber gratis

Wohnmobilstellplatz Sieber, Tiefenbeek, ☎ 05521/852111 <12 m
Markierter Teil eines öffentlichen Parkplatzes

2022 geprüft

POS: 51°41'39.31"N/10°25'5.98"E, Karte D6 (S. 9), H4
Platz: = 4 auf Asphalt. WC. Ganzjährig geöffnet.
Preis: Übernachtung gratis. Strom 1 €/kWh.
Kontakt: Tourist-Info, ☎ 05521/852111, touristinfo@herzberg.de, www.touristinformation-herzberg.de.
Distanz: Ⓗ 0,1 km, 0,1 km, 7 km.
Freizeit: Kurpark, Abenteuerspielplatz.
POI: Knollen (Wanderweg) 4,6 km, Hanskühnenburg (Wanderweg) 6 km.

33442 Herzebrock-Clarholz gratis

Wohnmobilstellplatz am Hallenbad, Am Hallenbad, ☎ 05245/4440 <10 m
Am Waldrand, am nördlichen Ortsrand, im Teutoburger Wald

2022 geprüft

POS: 51°53'18.05"N/8°14'42.23"E, Karte D6 (S. 9), E3
Platz: = 5 auf Rasengittersteinen. CHEM GRAU. Aufenthalt max. 1 Woche. Ganzjährig geöffnet.
Preis: Übernachtung gratis inkl. Entsorgung. Strom 0,50 €/kWh, Wasser 0,10 €/10 l.
Kontakt: Gemeinde Herzebrock-Clarholz, ☎ 05245/4440, kontakt@herzebrock-clarholz.de, www.herzebrock-clarholz.de.
Distanz: 0,3 km, 1,9 km.
Freizeit: Padel-Court-Anlage, Ems-Radweg.
POI: Caspar Ritter von Zumbusch-Museum, Klosteranlage Herzebrock, Schloss Möhler.

49770 Herzlake gratis

Wohnmobilplatz Herzlake, Im Mersch, ☎ 05962/8823 <10 m
Am Bootssteg der Hase, nahe Sportzentrum Hasetal

2020 geprüft

POS: 52°40'53.52"N/7°36'18.25"E, Karte D5 (S. 8), C1
Platz: = 20 auf Schotterrasen, Pflaster. WC CHEM GRAU. WC-Container. Aufenthalt max. 3 Nächte Ausweichmöglichkeit bei starker Belegung: gepflasterter Parkplatz des Hasetalstadions in unmittelbarer Nähe. Geöffnet: 15.3.-15.11.
Preis: Übernachtung gratis inkl. Wasser, Entsorgung.
Kontakt: Samtgemeinde Herzlake, ☎ 05962/8823, samtgemeinde@herzlake.de, www.herzlake.de.
Distanz: 0,2 km, 0,2 km, 0,3 km, Ⓗ 0,3 km.
Freizeit: 10 km, 10 km, 0,5 km. Kanu fahren auf der Hase, Tennisplatz 0,1 km, Reithalle und -platz 0,3 km, Museumseisenbahn Haltestelle Herzlake 0,8 km, Moorführungen 5 km, Naturschutzgebiet Hahnenmoor 5 km.
POI: St. Nikolaus-Kirche 0,3 km, Erdholländer-Kappenwindmühle Aselage 2 km, Torfwerk mit Café 3 km, Waldbühne Ahmsen 14 km.

Sie haben einen neuen Stellplatz entdeckt? Dann teilen Sie uns diesen mit per E-Mail an **bordatlas@doldemedien.de** oder über das Online-Meldeformular unter **www.bordatlas.de/meldung**

91074 Herzogenaurach €9,50

Freizeitbad Atlantis, Würzburger Straße 35, ☎ 09132/904700 <10 m
Separate Stellflächen auf dem hinteren Parkplatzbereich

2020 geprüft

POS: 49°34'23.33"N/10°51'55.61"E, Karte D11 (S. 14), A4
Platz: = 12 auf Schotter. CHEM. Anfahrt 24 h. WLAN im Bad-Foyer. Ganzjährig geöffnet.
Preis: 9,50 € inkl. aller Personen, Entsorgung, Müll-Entsorgung. Strom 0,50 €/kWh, Wasser 1 €. 2-€-Gutschein für Badbesuch oder Restaurant.
Kontakt: Herzo Bäder- und Verkehrs GmbH, ☎ 09132/904700, info@atlantis-bad.de, www.atlantis-bad.de.
Distanz: , Ⓗ 0,1 km, 0,3 km, 1 km.
Gastro: Restaurant Atlantis im Bad.
Freizeit: Freizeitbad Atlantis.
POI: Pfarrkirche St. Magdalena in der hist. Altstadt 1 km, Stadtmuseum Herzogenaurach 1,5 km.

26835 Hesel €8,00

Reisemobilstellplatz am Marktplatz, Kirchstraße 5-13, ☎ 04950/937080 <8 m
Im Zentrum auf dem Dorfplatz

2022 geprüft

POS: 53°18'17.00"N/7°35'29.00"E, Karte D1 (S. 4), C5
Platz: = 12 auf Pflaster. =16 (10 A) CHEM GRAU. Kein Wasser im Winter. Ganzjährig geöffnet. Ausnahme: Ende Sep-Anfang Okt wegen Erntefest.
Preis: 8 € inkl. Wasser, Entsorgung, Müll-Entsorgung. Strom 2 €/6 h.
Kontakt: Tourist-Info, ☎ 04950/937080, info@urlaubsregion-hesel.de, www.urlaubsregion-hesel.de.
Distanz: 0 km, 0,2 km, 0,3 km, Ⓗ 0,4 km.
Gastro: Am Platz, warme Küche, So ab 11:00 Uhr Brunch, ab 12:00 Uhr Mittagstisch, ab 14:00 Uhr Café/Tee/Kuchen, ab 18:00 Uhr Abendkarte, Di-Sa ab 17:30-23:00 Uhr.
Freizeit: 0,7 km, 0,4 km. Radwegenetz nach dem Knotenpunktsystem, geführte Boßeltouren (mind. 8-10 Personen), Wandern im Heseler Wald (600 ha).
POI: Kurbelfähre in Holtland, Grüne Lunge von Hesel, Gut Stikelkamp in Neukamperfehn, Archäologische Ausstellung in der Villa Popken/Tourist Information 0,3 km, Wehrkirche und Windmühle Holtland 3 km, Wasserpark in Hasselt 5 km.

H

74394 Hessigheim gratis <12m

Felsengartenkellerei Besigheim, Am Felsengarten 1, ☎ 07143/816018
Großkellerei unterhalb der Hessigheimer Felsengärten

POS: 48°59'45.12"N/9°10'49.37"E, Karte D14 (S.17), F1
Platz: = 10 auf Schotter. =2 . Kellereiführungen, Weinprobe. Öffnungszeiten: Mo-Fr 8:30-18:00 Uhr, Sa 9:00-16:00 Uhr, So 12:00-17:00 Uhr. WC zu den Öffnungszeiten. Grillen bei der Stadt anmelden, Weinkauf ist erwünscht. Ganzjährig geöffnet.
Preis: Übernachtung gratis inkl. aller Personen. Einkauf in der Vinothek erwünscht.
Kontakt: Felsengartenkellerei Besigheim eG, ☎ 07143/816018, info@felsengartenkellerei.de, www.felsengartenkellerei.de.
Distanz: Ⓗ 0,5 km, 0,5 km, 0,5 km.
Gastro: Gässles Stüble oder Gasthaus Cantz 0,8 km. Ausschank und Vesper im Kellereihof (Fr, Sa/So).
Freizeit: 5 km, 10 km. Klettern in den Felsengärten 1 km.
POI: Heimatstube im Alten Rathaus Hessigheim, Naturschutzgebiet Felsengärten 1 km, Altstadt Besigheim 5 km, Römerhaus in Wahlheim 5 km, Altstadt Bietigheim-Bissingen 10 km, Schiller-Nationalmuseum Marbach 15 km, Schloss und Blühendes Barock in Ludwigsburg 20 km.

37235 Hessisch Lichtenau €16,80 <12m

Wohnmobilstellplatz Grundmühle, Grundmühle 14, ☎ 05602/3659
Im Naturpark Meissner-Kaufunger-Wald, umgeben von Döfern

POS: 51°12'7.77"N/9°37'45.02"E, Karte D6 (S.9), G5
Platz: = 40 auf Wiese, Schotter. WC CHEM GRAU . Grill- und Lagerfeuermöglichkeiten. Platz wird mit Quellwasser versorgt. Ganzjährig geöffnet. 1.4.-30.9.
Preis: 16,80 € inkl. Wasser, WLAN. Jede weitere Pers. 5 €, Kind (4-16 J.) 3,50 €, jede weitere Pers. (16-19 J.) 4 €, Strom einmalig 1,50 € und 0,60 €/kWh, Müll-Entsorgung 0,40 €, Hund 2,50 €. Preisänderung 2023 geplant.
Kontakt: Martina Winkler, ☎ 05602/3659, info@grundmuehle-quentel.de, www.grundmühle-quentel.de.
Distanz: 0 km, 0,4 km, Ⓗ 2 km, 4 km.
Gastro: Restaurant Grundmühle Quentel Zum Mühlenstübchen (Biergarten, Wintergarten, bürgerliche Küche), warme Küche 12:00-20:00 Uhr, Mo Ruhetag.
Freizeit: 6 km. Großer erwärmter Quellwasser-Pool.
POI: Hessisch Lichtenau 4 km, hist. Altstadt 6 km, Fr. Holle-Park, Teichanlagen 6 km, Klosterkirche Reichenbach 14 km, Hoher Meißner mit Naturpark 20 km.

Vor der Anreise empfehlen wir, Kontakt mit dem Betreiber aufzunehmen, um die Auslastung des Stellplatzes abzufragen.

37235 Hessisch Lichtenau gratis <8m

Wohnmobilstellplatz Hopfelder Straße, Hopfelder Straße, ☎ 05602/807147 Parkplatz in der Kernstadt

POS: 51°11'37.53"N/9°43'25.35"E, Karte D6 (S.9), G5
Platz: = 8 auf Pflaster. CHEM GRAU. Ganzjährig geöffnet.
Preis: Übernachtung gratis. Strom 0,50 €/kWh.
Kontakt: Stadt Hessisch Lichtenau, ☎ 05602/807147, kultur-tourismus@hessisch-lichtenau.de, www.hessisch-lichtenau.de.
Distanz: 0,3 km, 0,3 km, weitere Restaurants in 0,4 km, Ⓗ 0,5 km, 0,5 km.
Gastro: Restaurants/Eis-Café in der Innenstadt.
Freizeit: 6 km, 2 km. Stadt-/Themenführungen auf Voranmeldung, Wanderweg Grimm-Steig, Kunstwanderweg Ars Natura, Premiumwanderweg, Schwimmen, Sport-/Wellnesscenter Reuter 2 km.
POI: Karpfenfänger-Teichanlage 0,1 km, Altstadt 0,3 km, Frau Holle-Rundweg 0,3 km, Frau Holle-Museum Holleum und Park mit Skulpturen/Märchenfiguren 0,5 km, Holle-Modellbahn 3 km, Klosterkirche und Ruine Reichenbach 8 km, Hoher Meißner 14 km.

37235 Hessisch Lichtenau-Fürstenhagen €6,00 <8m

Reisemobilstellplatz am Sportcenter, Breslauer Straße 18, ☎ 05602/5709
In Ortsrandlage

POS: 51°12'24.31"N/9°41'40.71"E, Karte D6 (S.9), G5
Platz: = 10 auf Schotter. =10 WC CHEM GRAU. Ganzjährig geöffnet.
Preis: 6 € inkl. Entsorgung. Strom 1 €/kWh, Wasser 1 €/80 l. Bei Besuch des Sportcenters 20% Ermäßigung auf Saunawelt, Squash, Fitnesstraining, Solarien, Massage/Badminton.
Kontakt: Alexander Reuter, ☎ 05602/5709, info@sportcenter-fuerstenhagen.de, www.sportcenter-fuerstenhagen.de.
Distanz: Ⓗ 1 km, 1,5 km, 3 km.
Gastro: Restaurant Zorbas 3,5 km. Café Märchenstube 0,8 km.
Freizeit: 3 km. Stadt-/Themenführungen auf Voranmeldung, Schwimmen.
POI: Holle-Modelleisenbahn 1 km, Kerzentunker 1 km, Mausoleum und Stift d. G. Lenoir 1 km, Frau Holle-Park 2 km, hist. Altstadt 3 km, Klosterkirche Reichenbach 9 km, Hoher Meißner mit Naturpark 15 km, Documenta-Stadt Kassel 20 km.

37235 Hessisch Lichtenau-Velmeden gratis <12m

Landhotel Hubertus, Hausener Straße 12, ☎ 05602/80090
Am Landhotel

POS: 51°12'48.18"N/9°47'51.94"E, Karte D6 (S.9), G5
Platz: = 3 auf Pflaster. WC . Ganzjährig geöffnet.
Preis: Für Restaurantgäste kostenlos. Einkehr obligatorisch. Strom/Wasser nach Absprache, WC gratis.
Kontakt: Familie Burgener, ☎ 05602/80090, landhotel.hubertus@t-online.de, www.landhotel-hubertus.de.
Distanz: 0 km, 0 km, Ⓗ 0,2 km, 2 km.
Gastro: Warme Küche, Mo-Sa 17:00-20:00 Uhr, So 11:30-14:00 Uhr/17:00-20:00 Uhr, Mi Ruhetag.
Freizeit: 6 km, 6 km, 6 km. Kegelbahn, Naturpark Hoher Meißner 4 km.
POI: Eisenbahnmuseum 1,5 km, Hoher Meißner 5 km, Klosterkirche und Ruine Reichenbach 8 km, Besucherbergwerk 13 km.

37235 Hessisch Lichtenau-Walburg €15,00 >12m

Alter Bahnhof, Bahnhofstraße 5, ☎ 0177/3351613
Ehemaliger, stillgelegter Bahnhof

POS: 51°12'2.02"N/9°46'38.09"E, Karte D6 (S.9), G5
Platz: = 10 auf Schotterrasen, Wiese, Schotter, Asphalt. =10 (10 A) CHEM GRAU . Leinenpflicht für Hunde, SAT-Anschluss und DVB-T vorhanden, Räume für Clubtreffen. Ganzjährig geöffnet.
Preis: 15 € inkl. Strom, Wasser, Entsorgung, Dusche, WLAN, WC. Kind (ab 15 J.) 5 €. Inkl. 2 Erw., 1 Jugendlicher ab 15 J. und Kinder.
Kontakt: Liga und Ralf Herbert, Mobil: 0177/3351613, gleiswolf@arcor.de.
Distanz: 0,2 km, weitere Restaurants in 0,4 km, Ⓗ 0,5 km, 0,6 km, 4 km.
Gastro: Restaurant Zur Linde 0,2 km. Gasthaus zum Schwan 0,4 km. Brötchenservice 0,2 km.-
Freizeit: 5,5 km. Di-Do Möglichkeiten zum Line Dance, Nahverkehr/Bus mit Fahrradmitnahme in den Sommermonaten, Kino, Badeteich in 1 km.
POI: Aussichtspunkt Hoher Meißner 8 km, Ruine Reichenbach 8,5 km, Frau Holle Teich 11 km.

31840 Hessisch Oldendorf gratis <12m

Parkplatz Südwall, Weserstraße, ☎ 05152/7820 Öffentlicher Parkplatz mit Baumbestand südlich des Stadtzentrums

POS: 52°10'0.61"N/9°15'4.48"E, Karte D6 (S.9), F3
Platz: = 4 auf Pflaster. CHEM GRAU . Aufenthalt max. 5 Tage. Ganzjährig geöffnet.
Preis: Übernachtung gratis. Wasser 1 €/100 l, Entsorgung je 1 €. Wasser am Münzautomat.
Kontakt: Stadt Hessisch Oldendorf, ☎ 05152/7820, system@stadt-ho.de, www.hessisch-oldendorf.de.
Distanz: Ⓗ 0,3 km, 0,3 km, 1,1 km.
Gastro: Mehrere Restaurants in der Nähe.
Freizeit: 0,6 km. Kanu fahren, Nordic Walking, Besuch Tropfsteinschauhöhle, Weser-Radweg 0,5 km, Kanuverleih 5 km.
POI: Münchhausen-Hof im Weserrenaissance-Stil 0,2 km, Stift Fischbeck 5 km, Felsformation und Naturschutzgebiet Hohenstein 8 km, Schillat-Höhle (Deutschlands nördlichste Tropfsteinhöhle) 8 km.

31840 Hessisch Oldendorf-Großenwieden gratis

Wohnmobilstellplatz Großenwieden, Am Steinbrink/Weserfähre, <12 m
05152/782117 An der Weser-Fähre

POS: 52°10'18.83"N/9°11'23.10"E, Karte D6 (S. 9), F3
Platz: P = 5 auf Schotter. Aufenthalt max. 5 Tage. Ganzjährig geöffnet.
Preis: Übernachtung gratis.
Kontakt: Stadt Hessisch Oldendorf, 05152/782117, system@stadt-hessisch-oldendorf.de, www.hessisch-oldendorf.de.
Distanz: 0,2 km, 0,3 km, Ⓗ 0,3 km, 4 km.
Gastro: Gaststätte Beißner.
Freizeit: 4 km. Weser-Radweg.
POI: Weser-Fähre Großenwieden 0,2 km, St.-Matthaei-Kirche 0,2 km, Alter Stift Fischbeck 4 km.

73540 Heubach €8,00

Reisemobilpark Heubach, Mögglinger Straße 41, <10 m **0171/7756320** Gepflasterte Zufahrt und Rasenanteil an jedem Stellplatz

POS: 48°47'50.85"N/9°56'14.93"E, Karte D14 (S. 17), G2
Platz: P = 6 auf Wiese, Rasengittersteinen. CHEM GRAU. Wasser nur bis Ende Okt. WC zu den Freibad-Öffnungszeiten. Ganzjährig geöffnet.
Preis: 8 €. Strom 1 €/kWh, Wasser 1 €/90 l oder 0,10 €/8 l, Entsorgung 0,50 €.
Kontakt: Alfred Schmid, 0171/7756320, tc-rosenstein@t-online.de, www.trailer-center-rosenstein.de.
Distanz: Ⓗ 0,2 km, 0,3 km, 0,3 km, 0,8 km.
Freizeit: 0,5 km, 0,5 km. Wandern, Klettern, Mountainbiking, Radfahren, geführte Radtouren auf Anfrage, Limes-Thermen in Aalen 8 km.
POI: Heubacher Schloss mit Miedermuseum, Blockturm, mehrere Museen 1 km, Rosenstein mit Höhlen 1,5 km, Besucherbergwerk Tiefer Stollen 12 km.

76831 Heuchelheim-Klingen €10,00

Wein- und Sektgut Junghof, Hauptstraße 21, <12 m **06349/1881**
Auf dem Gelände des Weingutes

POS: 49°8'44.43"N/8°3'21.72"E, Karte D13 (S. 16), A1
Platz: = 2 auf Rasengittersteinen. =2 CHEM. P wird empfohlen. Ganzjährig geöffnet.
Preis: 10 € inkl. Wasser, Entsorgung. Für Restaurantgäste kostenlos.
Kontakt: E. Jung & Sohn, 06349/1881, junghof@weingut-junghof.de, www.weingut-junghof.de.
Distanz: , 0,5 km, Ⓗ 0,5 km, 2 km.
Gastro: Straußwirtschaft im Weingut, Di + Do-Fr 15:00-21:00 Uhr, Mi + Sa-So 12:30-19:00 Uhr, Mo Ruhetag, Öffnungszeit ca. Jun-Okt (siehe Website). Weinverkauf ganzjährig.

Freizeit: 3 km, 8 km, 0,5 km. Führungen durch den Weinkeller, Mitarbeit bei der Weinlese.
POI: Burgen 3 km, Kakteenland 10 km.

57271 Hilchenbach gratis

Parkplatz P 4, Rothenberger Straße, <8 m **02733/288133**
Parkplatz im Stadtzentrum

POS: 50°59'48.77"N/8°6'40.64"E, Karte D9 (S. 12), D1
Platz: P = 3 auf Schotter, Sand/Splitt. WC. Öffentliches WC (auch Behinderten-WC/Wickelstation) in 100 m. Ganzjährig geöffnet.
Preis: Übernachtung gratis.
Kontakt: Stadt Hilchenbach, 02733/288133, touristinfo@hilchenbach.de, www.hilchenbach.de.
Distanz: Ⓗ 0,1 km, 0,1 km, 0,1 km, weitere Restaurants in 0,3 km, 0,2 km.
Freizeit: 3 km. Kneipp-Barfußpfad 0,2 km, Mehrgenerationenspielplatz 0,2 km, Minigolfanlage 0,5 km, Freibad 0,5 km, Breitenbach-Talsperre 2 km, Rothaarsteig 5 km.
POI: Stadtmuseum in der Wilhelmsburg 0,2 km, hist. Marktplatz 0,3 km.

57271 Hilchenbach-Lützel gratis

Parkplatz Lützel, Gillerbergstraße 28, <8 m
02733/288133 Direkt am Rothaarsteig

POS: 50°58'18.99"N/8°9'41.04"E, Karte D9 (S. 12), D1
Platz: P = 3 auf Asphalt. Ganzjährig geöffnet.
Preis: Übernachtung gratis.
Kontakt: Stadt Hilchenbach, 02733/288133, touristinfo@hilchenbach.de, www.hilchenbach.de.
Freizeit: Rothaarsteig und Naturschutzgebiet Ginsberger Heide.
POI: Ruine Ginsburg, Walderlebniskarussell, Gillerturm, Wunschstuhl.

57271 Hilchenbach-Müsen gratis

Parkplatz am Bürgerhaus, Merklinghäuser Weg, <8 m **02733/288133**
Öffentlicher Parkplatz zwischen dem Naturfreibad Müsen und dem Bürgerhaus Müsen

POS: 50°59'34.69"N/8°2'39.12"E, Karte D9 (S. 12), D1
Platz: P = 3 auf Asphalt. Duschen/WC zu den Freibad-Öffnungszeiten. Ganzjährig geöffnet.
Preis: Übernachtung gratis.
Kontakt: Stadt Hilchenbach, 02733/288133, touristinfo@hilchenbach.de, www.hilchenbach.de.
Distanz: Ⓗ 0,2 km, 0,4 km, weitere Restaurants in 0,8 km, 1 km, 1 km.

Freizeit: 2 km. Schwimmen, Angeln im Hüttenweiher, Kindelsberg mit Aussichtsturm/Restaurant 3 km.
POI: Wanderhöhepunkt Kindelsbergpfad, Schaubergwerk Stahlberger Erbstollen mit Museum 1 km, Ausgrabungsstätte Altenberg 1,5 km.

98646 Hildburghausen gratis

Parkplatz Friedrich-Rückert-Straße, Friedrich-Rückert-Straße, <12 m
03685/774184 Nähe Schlosspark und Werra

POS: 50°25'30.52"N/10°43'23.65"E, Karte D11 (S. 14), A2
Platz: P = 3 auf Pflaster. Ganzjährig geöffnet.
Preis: Übernachtung gratis.
Kontakt: Tourist-Info Hildburghausen, 03685/774184, tourist-info@hildburghausen.de, www.hildburghausen.de.
Distanz: 0,3 km, 0,5 km, 0,5 km, Ⓗ 0,5 km.
Freizeit: 1,5 km, 1,5 km.
POI: Monument Ursauriers 0,6 km, Stadtmuseum Alte Post, historisches Rathaus, barocke Kirche St. Leopold, spätbarocke Christuskirche 0,7 km, Bismarckturm 3 km.

H

36115 Hilders/Rhön gratis

Erlebnisbad Ulsterwelle, Neben Heideweg 19, <12 m **06681/960815**
Zentrumsnah und dennoch ruhige Lage

POS: 50°34'8.49"N/9°59'35.31"E, Karte D10 (S. 13), G2
Platz: = 3 auf Schotter. Herz-Kreislauf-Park, Wellnessbereich. Dusche im Erlebnisbad. Ganzjährig geöffnet.
Preis: Übernachtung gratis.
Kontakt: Gemeinde Hilders, 06681/960815, tourist-info@hilders.de, www.hilders.de.
Distanz: Ⓗ 0,5 km, 0,5 km, 0,5 km, 0,7 km.
Gastro: Bistro im Erlebnisbad.
Freizeit: 0,1 km, 0,1 km, 0,5 km. Schwimmen, Milseburgradweg.
POI: Wasserkuppe 16 km.

31134 Hildesheim gratis

Stellplatz am Hohnsensee, Hohnsen, <8 m **05121/17980**
Stellflächen mit Blick auf den See

POS: 52°8'20.31"N/9°57'14.13"E, Karte D6 (S. 9), G3
Platz: P = 4 auf Schotter. WC. Leinenpflicht für Hunde. Aufenthalt max. 2 Nächte. Ganzjährig geöffnet.
Preis: Übernachtung gratis.
Kontakt: Hildesheim Marketing GmbH, Tourist-Information, 05121/17980, tourist-info@hildesheim-marketing.de, www.hildesheim-tourismus.de.
Distanz: 0,3 km, weitere Restaurants in 1 km, Ⓗ 0,5 km, 1,4 km, 2,4 km, 9 km (Entsorgung in der Kläranlage, Kanalstraße 50, 31137 Hildesheim).
Gastro: Noah Restaurant & Café.
Freizeit: 0,7 km, 3 km, 1,3 km. Bewegungsparcours, Segway-Touren, im Sommer JoBeach und Freibad JoWiese, Badesee 0,1 km, Hundefreilauffläche 0,5 km.
POI: St. Godehard mit Fachwerkviertel 1 km, UNESCO-Welterbe Mariendom 1,5 km, UNESCO-Welterbe St. Michaelis 1,9 km, hist. Marktplatz 1,9 km.

H

54576 Hillesheim/Eifel €12,00

Wohnmobilstellplatz Birkenhof, Birkenhof 1, ☎ 06593/403 <10 m
In der Krimihauptstadt Deutschlands auf einem Bauernhof

2022 geprüft E

POS: 50°17'11.19"N/6°41'27.48"E, Karte D9 (S. 12), B2
Platz: = 6, = 2 (<12 m) auf Schotter. =6 (16 A) GRAU . Hoftiere Schweine, Hühner, Katzen und ein Hund. nur bei Gruppen. Voranmeldung per Mail/Telefon. Ganzjährig geöffnet.
Preis: 12 € inkl. Strom, Wasser, WLAN. Hund 1 €.
Kontakt: Peter Maas, ☎ 06593/403, info@wohnmobilstellplatz-birkenhof.de, www.wohnmobilstellplatz-birkenhof.de.
Distanz: Ⓗ 1 km, E 1,5 km (Trierer Straße 1, Viehmarkt, 54576 Hillesheim/Eifel), 1,5 km, 2 km, 2 km.
Gastro: Frische Brötchen, Eier/Milch am Hof. Cafés/Restaurants im Stadtzentrum.
Freizeit: 10 km, 2 km, 0,5 km. Trampolin, Melken/Fütterung der Hoftiere, Geo-Pfad mit ausgebauten Wanderwegen 0,5 km, Eifelsteig, Ausgangspunkt Schwedenschanze 1 km, Erholungsgebiet Bolsdorfer Tälchen 2 km, Golfplatz 4 km.
POI: Historischer Stadtkern umgeben von einer gut erhaltenen Stadtmauer 2 km, Nohner Wasserfall, Waldwanderweg mit Tieren 12 km.

54576 Hillesheim/Eifel €7,00

Wohnmobilstellplatz Markt- und Messeplatz, Trierer Straße 1, ☎ 06593/809200 Auf dem ehemaligen Viehmarktplatz am Altstadtrand <12 m

2022 geprüft E

POS: 50°17'19.65"N/6°40'20.49"E, Karte D9 (S. 12), B2
Platz: = 6 auf Schotter. CHEM. Bitte rechts unterhalb der Markthalle abstellen (Bauhofzufahrt freihalten). Strom auf Anfrage beim städtischen Bauhof im UG der Markthalle. Ganzjährig geöffnet. Ausnahme: Sperrung bei Veranstaltungen, Ausweichplatz Stellplatz Birkenhof.
Preis: 7 € inkl. Entsorgung.
Kontakt: Tourist-Info Hillesheim, ☎ 06593/809200, hillesheim@gerolsteiner-land.de, www.hillesheim.de.
Distanz: 0,1 km, 0,2 km, 0,2 km, Ⓗ 0,4 km.
Freizeit: 10 km, 0,1 km. Golfen, Wandern, Geo-Pfad mit gut ausgebauten Wanderwegen 0,3 km, Golfplatz 1,5 km, Naherholungsgebiet Bolsdorfer Tälchen 3 km.
POI: Historischer Stadtkern umgeben von einer gut erhaltenen Stadtmauer 0,1 km.

56204 Hillscheid €24,50

Wohnmobilpark Hüttenmühle, Hüttenmühle 1, ☎ 02620/9547560 <12 m
Mitten im Westerwald, in ruhiger Lage

2021 geprüft E

POS: 50°23'54.89"N/7°42'59.93"E, Karte D9 (S. 12), C2
Platz: = 23 auf Schotter. WC CHEM GRAU . Anfahrt Mo-Sa 8:00-11:00 Uhr und 14:00-22:00 Uhr, So 8:00-20:00 Uhr. Wenn möglich online buchen. Ganzjährig geöffnet. Ausnahme: Während der Betriebsferien geschlossen (Termine siehe Website).
Preis: Ab 24,50 € inkl. Strom, Wasser, Entsorgung, Dusche, WC, Müll-Entsorgung, WLAN. Kind (bis 3 J.) gratis, Kind (4-12 J.) 3 €, jede weitere Pers. 5 €, Hund 2 €, Waschmaschine/Trockner je 2 €. 1.8.-30.9. 26,50 €. 26,50 € für Womo mit Überlänge.
Kontakt: Hotel Hüttenmühle Hillscheid, Malika Jakobs, ☎ 02620/9547560, info@huettenmuehle-hillscheid.de, www.huettenmuehle-hillscheid.de.
Distanz: 0 km.
Gastro: Frühstücksservice, bio-zertifiziertes Frühstückbüfett 14 €/Pers., Kind 7 €. Restaurant Mühlenstube, Halbpension ab 39 €/Pers.. Brötchenservice.
Freizeit: Besuch der Saunalandschaft, Wanderwege.
POI: Limesturm in Hillscheid, Keramikmuseum in Höhr-Grenzhausen, Besichtigung Festung Ehrenbreitstein mit Seilbahn.

91161 Hilpoltstein €7,00

Am Main-Donau-Kanal/Lände Hilpoltstein, Am Main-Donau-Kanal 1, ☎ 09174/978505 Am Kanal mit Blick auf die Schleuse Hilpoltstein <12 m

2021 geprüft E

POS: 49°12'15.55"N/11°11'19.35"E, Karte D11 (S. 14), B5
Platz: = 80 auf Wiese. CHEM . Geöffnet: 1.4.-31.10.
Preis: 7 € inkl. Entsorgung.
Kontakt: ☎ 09174/978505, tourismus@hilpoltstein.de, www.hilpoltstein.de.
Distanz: 0,5 km, Ⓗ 0,5 km, 0,5 km, 1 km, E 1,6 km (Am Rothsee, Seezentrum, 91161 Hilpoltstein-Heuberg).
Gastro: Bäcker Sa ab 8:00 Uhr am Platz. Gasthaus Rothsee.
Freizeit: 1 km, 0,5 km. Reitstall, Wassersport, Badesee 0,5 km.
POI: Mittelalterliche Burgstadt Hilpoltstein mit Fachwerk, Burgruine, ehemalige Residenz, Museum Schwarzes Roß, Döderleinsturm, Reste der Stadtmauer 1,5 km.

91161 Hilpoltstein-Heuberg €8,00

Seezentrum Heuberg am Rothsee, Am Rothsee, ☎ 09171/814310 <10 m
Am Großen Rothsee

2022 geprüft E

POS: 49°12'34.00"N/11°11'10.00"E, Karte D11 (S. 14), B5
Platz: = 50 auf Wiese, Rasengittersteinen, Schotter. WC CHEM . Behinderten-WC. Ganzjährig geöffnet.
Preis: 8 € inkl. Wasser, Entsorgung, Müll-Entsorgung. Strom 0,50 €/kWh. Bezahlung am Parkscheinautomat.
Kontakt: Zweckverband Rothsee, ☎ 09171/814310, info@rothsee.de, www.rothsee.de.
Distanz: Ⓗ 0,2 km, 0,3 km, weitere Restaurants in 1 km, 0,9 km, 1,8 km.
Gastro: Gasthaus und Café Rothsee am Platz.
Freizeit: 3 km, 0,2 km. Minigolf, Segway, Badestrand 0,1 km, Wassersport 0,1 km, Tretbootverleih 0,2 km, Schleuse Eckersmühlen 0,6 km, Hundestrand 0,8 km, Anlegestelle Hilpoltstein am Main-Donau-Kanal 0,8 km, Baderampe für Rollstuhlfahrer 2,5 km.
POI: Umweltstation 0,1 km, Altstadt Hilpoltstein mit Burg 2 km, historischer Eisenhammer 5 km.

29584 Himbergen gratis

Reisemobilstellplatz Himbergen, Göhrdestraße 1, ☎ 05828/1322 <12 m
An der Gaststätte Himberger Treff

POS: 53°5'38.56"N/10°43'26.25"E, Karte D3 (S. 6), A5
Platz: = 3 auf Pflaster, Schotter. . Ganzjährig geöffnet.
Preis: Übernachtung gratis. Einkehr ins Restaurant erwünscht.
Kontakt: Gemeinde Himbergen, ☎ 05828/1322, gemeinde.himbergen@t-online.de, www.himbergen.de.
Distanz: 0 km, Ⓗ 0,3 km, 0,3 km, 0,4 km.
Gastro: Himberger Treff, geöffnet Di-Sa ab 18:00 Uhr, So/Feiertag ab 10:00 Uhr, Mo Ruhetag. Gasthaus Burmester, geöffnet Mi-So 11:30-14:00 Uhr/17:30-21:00 Uhr.
Freizeit: 9 km. Wandern in der Göhrde (größtes Waldgebiet Niedersachsens).
POI: Die Göhrde.

21709 Himmelpforten gratis

Am Gasthaus Jarck, Breitenwisch 3, ☎ 04144/5421 In ruhiger Lage außerhalb des Ortes Richtung Großenwörden <12 m

POS: 53°38'17.00"N/9°17'45.00"E, Karte D2 (S. 5), F4
Platz: = 15 auf Pflaster. . Ganzjähr. geöffnet.

Preis: Übernachtung gratis. Strom/Wasser auf Anfrage.
Kontakt: Yvonne und Holger Jarck, ☎ 04144/5421, info@gasthaus-jarck.de, www.gasthaus-jarck.de.
Distanz: H 2 km, 2,5 km, 2,5 km.
Gastro: Nur für geschlossene Gesellschaften geöffnet.
Freizeit: 15 km, 15 km, 15 km. Boßeln, Tauchen im Kreidesee in Hemmoor 15 km.
POI: Stade 13 km.

17498 Hinrichshagen €20,00

Caravanstellplatz Wöller, Chaussee 12, ☎ 03834/500448 Eingezäunter Reisemobilplatz in einer Grünanlage >12m

POS: 54°4'28.00"N/13°21'8.00"E, Karte D4 (S. 7), E3
Platz: P = 50 auf Wiese, Schotter. =30 (6 A) WC CHEM GRAU. Anmeldung 8:00-21:00 Uhr. Geöffnet: 1.3.-31.10.
Preis: 20 € inkl. Strom, Wasser, Entsorgung, Dusche, WC. VE für Durchreisende 5 €.
Kontakt: Herr Kay Wöller, ☎ 03834/500448, caravan.service.woeller@t-online.de, www.caravan-woeller.de.
Distanz: H 0,1 km, 1 km, 2 km, 3 km.
Freizeit: 6 km, 6 km, 2 km. Ausflugsfahrten mit dem Schiff.
POI: Dom St. Nikolai Greifswald 4 km, Wiecker Zugbrücke 7 km, Klosterruine 8 km.

96114 Hirschaid €9,00

Wohnmobilstellplatz RegnitzArena, Georg-Kügel-Ring 3, ☎ 09543/82250 An der Sporthalle <10m

2021 geprüft E

POS: 49°48'42.77"N/10°59'11.44"E, Karte D11 (S. 14), B4
Platz: P = 8 auf Pflaster. CHEM GRAU. Ganzjährig geöffnet.
Preis: 9 € inkl. Entsorgung. Strom 0,50 €/kWh, Wasser 1 €/80 l. Bezahlung am Kassenautomat im Erlebnisbad Franken-Lagune.
Kontakt: ☎ 09543/82250, markt@hirschaid.de, www.hirschaid.de.
Distanz: 0,3 km, weitere Restaurants in 0,6 km, 0,6 km, H 0,8 km, 8 km.
Freizeit: 0,9 km. Radfahren, Erlebnisbad Franken-Lagune 0,9 km.
POI: Regnitz-Arena 0,3 km, Schloss Sassanfahrt 1,3 km, Neubertsee 2,8 km.

Sie haben einen neuen Stellplatz entdeckt?
Dann teilen Sie uns diesen mit per
E-Mail an **bordatlas@doldemedien.de**

92242 Hirschau €24,50

Freizeitpark Monte Kaolino, Wolfgang-Drossbach-Straße 114, ☎ 09622/81502 An einer Sanddüne <12m

POS: 49°31'50.80"N/11°57'54.57"E, Karte D11 (S. 14), C4
Platz: / = 30 auf Schotterrasen. =200 (16 A) WC CHEM GRAU. Tennis, Minigolf, Beach-Volleyball, Mobilheim-Vermietung, Tischtennis. R Ganzjährig geöffnet.
Preis: Ab 24,50 € inkl. Wasser, Entsorgung, Dusche. Jede weitere Pers. 8 €, Kind (6-15 J.) 4,50 €, Strom 0,40 €/kWh, Hund 5 €, Waschmaschine/Trockner je 2 €. NS 24,50 €, HS 25,50 €. Jeweils inkl. Eintritt ins Bad.
Kontakt: Freizeitpark Monte Kaolino, Monika Reindl, ☎ 09622/81502, info@montekaolino.eu, www.montekaolino.eu.
Distanz: H 0,5 km, 2,5 km, 2,5 km.
Gastro: Brötchenservice. Restaurant am Platz.
Freizeit: Sandski fahren, Sommerrodelbahn, Ski-Langlauf, Waldhochseilgarten.
POI: Naturpark Fränkische Schweiz/Veldensteiner Forst, Weiden 18 km, Amberg 18 km.

92242 Hirschau gratis

Parkplatz Hirschau, Walkstraße, ☎ 09622/81122 Zentrumsnah auf dem Stadtparkplatz <8m

POS: 49°32'44.08"N/11°56'38.37"E, Karte D11 (S. 14), C4
Platz: P = 4 auf Schotter. . WC am Rathaus. Ganzjährig geöffnet.
Preis: Übernachtung gratis.
Kontakt: Stadt Hirschau, Monika Reindl, ☎ 09622/81122, stadt@hirschau.de, www.hirschau.de.
Distanz: 0,2 km, weitere Restaurants in 0,3 km, 0,2 km, 0,2 km, H 0,3 km.
Freizeit: 2 km. Freizeitpark 2 km.
POI: Stadtpfarrkirche 0,3 km, Monte Kaolino 3 km, Basilika St. Martin 15 km, Rathaus Amberg 15 km.

69434 Hirschhorn/Neckar €10,00

Wohnmobilstellplatz Zum Nikolas, Jahnstraße 2, ☎ 06272/2980 Am Neckar <10m

2020 geprüft E

POS: 49°26'33.68"N/8°53'53.47"E, Karte D10 (S. 13), F5
Platz: P = 25 auf Wiese. =26 (6 A) CHEM GRAU. R Ganzjährig geöffnet.
Preis: 10 € inkl. aller Personen, Entsorgung, Müll-Entsorgung. Strom 5 €, Wasser 0,50 €/40 l.
Kontakt: Nikola Sekulov, ☎ 06272/2980, kontakt@zum-nikolas.de, zum-nikolas.de.
Distanz: 0 km, weitere Restaurants in 0,5 km, 0,5 km, H 0,5 km, 1,5 km.

Gastro: FC Sportheims Zum Nikolas.
Freizeit: 10 km, 10 km, 1,5 km. Angeln, hist. Stadtrundgang, Stadtführung, Neckar-Schifffahrt.
POI: Langbein-Museum 0,3 km, Burg Hirschhorn 0,5 km, Vierburgenstadt Neckarsteinach 8 km, Bergfeste Dilsberg in Neckargemünd 17 km.

63697 Hirzenhain gratis

Festplatz Hirzenhain, Robert-Eichenauer-Weg, ☎ 06045/9700 In zentraler Lage <12m

POS: 50°23'33.27"N/9°8'11.06"E, Karte D10 (S. 13), F2
Platz: = 5 auf Pflaster. . R Ganzjährig geöffnet.
Preis: Übernachtung gratis. Wasser und Strom gegen Gebühr nach Anmeldung.
Kontakt: Gemeinde Hirzenhain, ☎ 06045/9700, info@hirzenhain.de, www.hirzenhain.de.
Distanz: , weitere Restaurants in 0,5 km, , 0,1 km, H 0,3 km.
Freizeit: 1 km, 2 km. MTB-Route, Vulkanradweg, Gederner See 6 km, Sommerrodelbahn Hoherodskopf 20 km.
POI: Augustiner Klosterkirche und Kunstgussmuseum im Ort, hist. Ortskern Büdingen 15 km.

63697 Hirzenhain gratis

Müller Mobil, Junkernwiese 2, ☎ 06045/954000 Am Firmengelände <8m

POS: 50°24'1.68"N/9°8'52.57"E, Karte D10 (S. 13), F2
Platz: P / = 5 auf Schotter. CHEM. Aufenthalt max. 3 Tage. Ganzjährig geöffnet.
Preis: Übernachtung gratis inkl. Strom, Entsorgung. Wasser 1 €/100 l. Frischwasser über Münzeinwurf.
Kontakt: Müller Mobil, Achim Müller, ☎ 06045/954000, info@mueller-mobil.de, www.mueller-mobil.de.
Distanz: 0,1 km, H 0,3 km, 0,5 km.
Gastro: Restaurant Henkelsmühle 0,1 km. Restaurant Fuchsbau 0,6 km.
Freizeit: 2 km, 4 km, 4 km. Vulkanradweg 0,1 km, Sommerrodelbahn 20 km.
POI: Vogelsberger Kasper 0,5 km, Eisenkunstgussmuseum 1,5 km, Keltenfürst Glauberg 15 km.

29456 Hitzacker/Elbe gratis

Parkplatz Bleichwiese, Marschtorstraße, ☎ 05862/96970 An der Innenstadt-Insel, nahe der Elbe <12m

2021 geprüft E

POS: 53°8'58.37"N/11°3'3.95"E, Karte D3 (S. 6), A5
Platz: / = 60 auf Rasengittersteinen. =18 WC CHEM GRAU. Aufenthalt max. 1

H

Tag. Keine Müll-Entsorgung. Barrierefreies WC in der Marschtorstraße (8:00-20:00 Uhr, 24.12.-1.1. geschlossen) in 0,3 km. Ganzjährig geöffnet.
Preis: Übernachtung gratis inkl. Entsorgung. Strom 2 €/6 h, Wasser 2 €/80 l, Dusche 2 €.
Kontakt: Samtgemeinde Elbtalaue, ☎ 05862/96970, 05861/8080, gaesteinfo@hitzacker.de, touren.wendland-elbe.de.
Distanz: 0 km, 0,1 km, 0,1 km, Ⓗ 0,5 km.
Gastro: Mehrere Restaurants im Ort.
Freizeit: 0,6 km, 15 km. Minigolf, Tennis, Wander- und Radwanderwege, Rundwanderwege, Kutschfahrten, Elberadweg, Elbrundfahrten.
POI: Altstadtinsel 0,1 km, Prinz-Claus-Gedächtnis-Büste 0,2 km, Archäologisches Zentrum, Johanneskirche 0,2 km, Altes Zollhaus 0,2 km.

79862 Höchenschwand €13,00

Wohnmobilplatz Natursportzentrum Höchenschwand, Natursportzentrum, ☎ **07672/48180** Am nördlichen Ortsrand, mit vielen Freizeiteinrichtungen
<8 m

POS: 47°44'12.73"N/8°9'37.23"E, Karte D13 (S. 16), D4
Platz: = 20 auf Schotterrasen. =12 (10 A) CHEM GRAU . Spülküche. Anmeldung bei der Tourist-Info im Haus des Gastes oder bei der Saunawelt-Höchenschwand im Natursportzentrum. Ganzjährig geöffnet.
Preis: 13 € inkl. aller Personen, Entsorgung, Müll-Entsorgung, WLAN, WC. Strom 1 €/6 h, Wasser 1 €/15 min. Aufenthalt inkl. Konus-Gästekarte zur kostenfreien Nutzung von Bus/Bahn im Schwarzwald.
Kontakt: Tourist-Information, ☎ 07672/48180, info@hoechenschwand.de, www.hoechenschwand.de.
Distanz: 0,2 km, weitere Restaurants in 0,5 km, 0,4 km, 0,5 km, Ⓗ 0,5 km, 0,9 km (Haus des Gastes, Dr. Rudolf-Eberle-Straße 3, 79862 Höchenschwand).
Gastro: Loipenhaus mit warmer Küche 0,2 km. Bistro, Snacks (15.9.-30.4.).
Freizeit: 1,5 km, 0,5 km, 0,5 km. Teamwelt, Saunawelt Höchenschwand, Natursportzentrum, Waldsportpfad, Nordic Walking, Tennishalle und Freiplätze 0,1 km, Aussichts-/Kletterturm 0,2 km, Riesenschaukel und Flying Fox nur auf Anfrage 0,2 km, Rodelhang/Familienskilift 0,2 km.
POI: Dom in St. Blasien 7 km, Schluchsee 12 km.

67691 Hochspeyer €5,00

Am Schwimmbad, Mühlhofstraße 24-26, ☎ **06305/710** Am solarbeheizten Freibad
<12 m

2021 geprüft

POS: 49°26'27.72"N/7°53'35.69"E, Karte D9 (S. 12), D5
Platz: = 6 auf Pflaster. CHEM . Aufenthalt max. 3 Tage. Ganzjährig geöffnet. Ausnahme: 1.8.-15.8.
Preis: 5 € inkl. Entsorgung. Strom 0,50 €/kWh, Wasser 1 €/50 l.
Kontakt: Verbandsgemeinde Enkenbach-Alsenborn, ☎ 06305/710, info@enkenbach-alsenborn.de, www.hochspeyer.eu.
Distanz: Ⓗ 0,5 km, 0,5 km, weitere Restaurants in 1 km, 0,5 km, 0,8 km.
Freizeit: 1,9 km. Kelten-Rundweg, Nordic Walking-Park mit geführten Touren, Mountainbikepark Pfälzerwald 0,1 km.
POI: Größtes Vorkommen an Keltengräbern in Deutschland, Barbarossa-Burg Kaiserslautern 10 km.

91315 Höchstadt/Aisch gratis

Großparkplatz am Eisstadion, Kieferndorfer Weg 77, ☎ **09193/6260** Am östlichen Stadtrand mit Radwegen ab Platz
<12 m

POS: 49°42'28.00"N/10°50'2.00"E, Karte D11 (S. 14), A4
Platz: = 5 auf Asphalt. . Anfahrt 24 h. Ganzjährig geöffnet.
Preis: Übernachtung gratis.
Kontakt: Stadt Höchstadt, ☎ 09193/6260, stadt@hoechstadt.de, www.hoechstadt.de.
Distanz: Ⓗ 0,1 km, 0,3 km, 0,6 km (Kläranlage Höchstadt/Aisch, Medbacher Weg 12, 91315 Höchstadt/Aisch), 1,5 km, 2 km.
Freizeit: 3 km, 4 km. Bamberg-Rothenburg-Radweg, Karpfenradweg, Eisstadion (ab Okt), Rhein-Main-Donau-Radweg.
POI: Schloss, Spix-Museum und Heimatmuseum Höchstadt 2 km, Kellerbergmuseum 3 km, Schloss Weißenstein in Pommersfelden 8 km.

91315 Höchstadt/Aisch €6,00

Restaurant Aischblick, Große Bauerngasse 88a, ☎ **09193/698090** Auf dem Restaurantparkplatz
<10 m

POS: 49°42'8.50"N/10°49'30.50"E, Karte D11 (S. 14), A4
Platz: = 3, = 2 (<9 m) auf Schotter, Asphalt. =3 (16 A) . wird empfohlen. 3 Schlaf-Fässer mit max. 4 Schlafplätzen zusätzlich buchbar. WC zu den Öffnungszeiten des Restaurants. Ganzjährig geöffnet. Ausnahme: 1.8.-1.9.
Preis: 6 € inkl. Wasser, WLAN. Jede weitere Pers. 3 €, Strom 5 €/24 h. Übernachtungsgebühr wird auf den Verzehr im Restaurant angerechnet.
Kontakt: Restaurant Aischblick, Norbert Gumbrecht, ☎ 09193/698090, kontakt@aischblick.de, www.aischblick.de.
Distanz: 0 km, Ⓗ , 0,3 km, 1 km.
Gastro: Am Platz, Mi-Fr 11:00-14:00 Uhr und 17:30-22:00 Uhr, Sa-So 11:00-22:00 Uhr, Mo-Di Ruhetag. Frühstück auf Vorbestellung.

Freizeit: 0,3 km, 2 km, 2 km. Aischtal- und Karpfen-Radwanderweg.
POI: Barockkirche und Schloss Hohestete 1 km, Heimatmuseum und Ritter-Spix-Museum 1 km, Schloss Weißenstein 8 km.

55585 Hochstätten €15,00

Bio-Weingut Otto Laubenstein, Entengasse 2, ☎ **06362/993120** Großzügige Stellflächen auf dem Weingut
<12 m

POS: 49°45'53.30"N/7°49'54.35"E, Karte D9 (S. 12), D4
Platz: = 5 auf Wiese, Schotter. =5 (16 A) . wird empfohlen. Ganzjährig geöffnet.
Preis: 15 € inkl. aller Personen, Strom, Wasser.
Kontakt: Marita Laubenstein-Hashagen, ☎ 06362/993120, info@laubenstein.com, www.laubenstein.com.
Distanz: 0,5 km, 0,5 km, Ⓗ 0,5 km, 3 km.
Freizeit: Weinprobe (5 €/Pers.), geführte Wanderungen, Bogenschießen, Kanu fahren, Angeln im angrenzenden Bachlauf der Alsenz, Golfplatz 5,6 km, Gradierwerke (Salinen) 8,1 km, Reitschule 11 km.
POI: Diverse Burgen/Schlösser, Künstlerbahnhof mit wechselnden Ausstellungen 5,6 km, Steinskulpturen Museum 7,2 km, Rotenfels 8,6 km, Altstadt und Schlossparkmuseum Bad Kreuznach 10 km.

29693 Hodenhagen €29,00

Serengeti-Park Masai Mara, Am Safaripark 1, ☎ **05164/979990** Großzügige Anlage inmitten von Feldern und Wald
<12 m

POS: 52°45'8.80"N/9°36'51.98"E, Karte D6 (S. 9), G1
Platz: = 40 auf Wiese, Schotter. =1 (16 A) WC CHEM GRAU . Leinenpflicht für Hunde. Check-in 10:30 Uhr, Check-out 10:00 Uhr. Geöffnet: Mitte März-Anfang Nov.
Preis: 29 € inkl. Strom, Wasser, Entsorgung, Dusche, WC, Müll-Entsorgung. Jede weitere Pers. 5 €. Inkl. 4 Personen.
Kontakt: ☎ 05164/979990, uebernachten@serengeti-park.de, www.serengeti-park.de.
Distanz: 0,5 km, 5 km, 5 km, Ⓗ 5 km.
Gastro: Restaurant Savanne/Zanzibar, Frühstücksbüfett 11,50 €/Pers. Abendbüfett 22,50 €/Pers. Brötchenservice/.
Freizeit: Besuch des Tier- und Freizeitparks, Vogelpark Walsrode 24 km.

29693 Hodenhagen gratis

Wohnmobilstellplatz Volksloh, Volksloh/Am Stege, ☎ **05164/970781** Direkt an der Meiße
<10 m

2021 geprüft

POS: 52°45'38.23"N/9°35'20.61"E, Karte D6 (S. 9), G1

Platz: = 6 auf Pflaster. =6 (6 A) CHEM GRAU. Badesee, Minigolfanlage, Kiosk. Aufenthalt max. 2 Nächte. VE Apr-Okt (7:00-10:00 Uhr/18:00-20:00 Uhr). An-/Abreise 7:00-22:00 Uhr. Ganzjährig geöffnet.
Preis: Übernachtung gratis. Strom 1 €/12 h, Wasser 1 €. Ab 2023 gebührenpflichtig. Preise auf Website abrufbar.
Kontakt: Samtgemeinde Ahlden, ☎ 05164/970781, touristinfo-samtgemeinde@ahlden.eu, www.ahlden.info.
Distanz: 0,3 km, weitere Restaurants in 0,4 km, 0,4 km, Ⓗ 0,5 km, 0,5 km.
Gastro: Restaurant Café am Deich 0,2 km.
Freizeit: 0,1 km, 9,3 km. Reiten, Kutsch-/Planwagenfahrten, Minigolf, Fallschirmspringen, Angeln, Segelfliegen, Tennis, Serengetipark Hodenhagen 2,2 km, Schloss Bothmer 6,9 km, Vogelpark Walsrode 14 km.
POI: Brinkanlage Hodenhagen 0,3 km, Schloss Ahlden 2 km, Kloster Walsrode 11 km.

25569 Hodorf — €24,00 — <10m

Stellplatz Fährhaus Hodorf, Dorfstraße 14, ☎ 01520/9403445 Auf dem Ferienhof am hauseigenen Schwimmteich

POS: 53°53'45.56"N/9°26'0.83"E, Karte D2 (S. 5), G3
Platz: / = 5 auf Wiese. =10 (16/32 A) GRAU. wird empfohlen. Geöffnet: Apr-Sep.
Preis: Ab 24 € inkl. Dusche, Müll-Entsorgung, WLAN, WC. Kind (0-11 J.) 6 €, jede weitere Pers. 12 €, Strom 4 €/Nacht, Wasser 1 €, Entsorgung 1 €, Hund je 2 €. Fahrzeuge > 7 m 28 €.
Kontakt: Fährhaus Hodorf GbR, Klaus Schäpe, Mobil: 01520/9403445, info@faehrhaus-hodorf.de, www.faehrhaus-hodorf.de.
Distanz: Ⓗ 2 km, 3 km, 6 km, weitere Restaurants in 10 km, 7 km.
Gastro: Frühstück am Platz möglich.
Freizeit: 10 km, 15 km, 10 km. 2 Fahrräder vor Ort zur Verfügung, mehrere können auf Wunsch geordert werden, Angeln, Boot fahren.
POI: Treckerscheune Neuenkirchen 5 km, Bockmühle Wilster 10 km, Glückstadt 15 km, Tiefste Landstelle Deutschlands 15 km, Schleusen Brunsbüttel 20 km.

95028 Hof — €5,00 — <6m

Stellplatz am Hofbad, Oberer Anger 4, ☎ 09281/8157777
Am Hallen- und Freibad in Hof

POS: 50°18'50.71"N/11°55'11.96"E, Karte D11 (S. 14), C4
Platz: = 4 auf Asphalt. Ganzjährig geöffnet.
Preis: 5 €.
Kontakt: Tourist-Info Hof, Martina Martin, ☎ 09281/8157777, martina.martin@stadt-hof.de, www.hof.de.
Distanz: 0,1 km, 0,4 km, 1 km.
Freizeit: 2 km. Sauna, Infrarot-Kabine und Aroma-Dampfbad im Hofbad.
POI: St. Lorenzkirche, Botanischer Garten, Bürgerpark Theresienstein, Saaleauen, Zoo Hof, Altstadt Hof 0,4 km.

95030 Hof — €5,00 — <10m

Am SB-Waschpark-Hof, Hofecker Straße 2, ☎ 0174/8635155
Im Anschluss an den SB-Waschpark-Hof im Grünen

POS: 50°19'37.96"N/11°53'36.26"E, Karte D11 (S. 14), C2
Platz: = 5, = 1 (< 12 m) auf Schotter, Schotterrasen. =2 (16 A) CHEM GRAU. Wohnmobi waschplatz mit Laufsteg für Fahrzeuge bis 3,40 m Höhe. Anfahrt 24 h. Videoüberwachung. 2 Steckdosen an der Rückseite der Luftsäule. Ganzjährig geöffnet.
Preis: 5 €. Strom 2 €/Tag, Wasser 1 €/4 min, Entsorgung 1 €.
Kontakt: Reinhard Buchta, Mobil: 0174/8635155, info@sb-waschpark-hof.de, www.sb-waschpark-hof.de.
Distanz: Ⓗ 0,1 km, 0,4 km, 0,5 km, weitere Restaurants in 0,7 km, 2,5 km.
Freizeit: 4 km, 4 km. Saale-Radwanderweg 1 km, Naherholungsgebiet Untreusee 6 km.
POI: Stadtpark Theresienstein mit Zoologischem Garten 2 km, Altstadt 2,5 km, Deutsch-Deutsches Museum Mödlareuth 13 km.

95030 Hof — €7,00 — <8m

Stellplatz Untreusee, Schaumberggrund, ☎ 09281/8157777
Am Naherholungsgebiet Untreusee in ruhiger Stadtrandlage

POS: 50°16'59.51"N/11°55'7.13"E, Karte D11 (S. 14), C2
Platz: = 10 auf Wiese, Schotter. =4. Aufenthalt max. 4 Tage. Ganzjährig geöffnet.
Preis: 7 € inkl. Strom.
Kontakt: Tourist-Info, ☎ 09281/8157777, touristinfo@stadt-hof.de, www.hof.de.
Distanz: Ⓗ 0,2 km, 0,2 km, weitere Restaurants in 1 km, 0,4 km, 4 km.
Freizeit: 0,1 km, 3 km. Angeln, Wassersport, Nordic Walking, Kletterpark, Naherholungsgebiet Untreusee mit Badeufer, Ruder-/Tretbootverleih 0,2 km, Minigolf 0,3 km, Hundestrand am See 0,5 km, Fernwehpark 1,5 km, Saale-Radweg 2,5 km.
POI: Altstadt mit Rathaus und Kirchen 2 km, Deutsch-Deutsches Museum Mödlareuth 10 km, Fichtelgebirge 20 km.

95032 Hof — gratis — <8m

Stellplätze am Bürgerpark, Plauener Straße 54, ☎ 09281/8157777 Am Bürgerpark Theresienstein, in Innnenstadtnähe

POS: 50°19'47.12"N/11°55'11.01"E, Karte D11 (S. 14), C2
Platz: = 8 auf Asphalt. Stellplätze nahe der A93 (4 km). Ganzjährig geöffnet.
Preis: Übernachtung gratis.
Kontakt: Tourist-Info, ☎ 09281/8157777, touristinfo@stadt-hof.de, www.hof.de.
Distanz: Ⓗ 0,1 km, 0,2 km, 1 km, 2 km.
Gastro: Biergarten und Gaststätten in unmittelbarer Nähe.
Freizeit: 5 km, 3 km, 2 km. Konzerte, Theater, Stadtbummel, Rundwanderwege, Nordic Walking, Saale-Radweg 2,5 km, Untreusee mit Kletterpark und Sportangeboten 4 km.
POI: Zoo, Botanischer/Geologischer Garten, Landschaftspark Theresienstein, Altstadt mit Rathaus und Hofer Wärschtlamo, Saaleauen, Regionalmuseum 0,5 km.

34369 Hofgeismar — gratis — <12m

Reisemobilplatz Sälber Tor, Am Sälber Tor, ☎ 05671/999222
Am Rande der Altstadt

POS: 51°29'44.00"N/9°22'30.00"E, Karte D6 (S. 9), F4
Platz: = 58 auf Schotterrasen, Schotter. =26 (16 A) CHEM GRAU. nur bei Gruppen. Aufenthalt max. 3 Tage, WLAN wird eingerichtet. Ganzjährig geöffnet.
Preis: Übernachtung gratis. Strom 2 €/kWh, Wasser 1 €/80 l. Stromsäule nur mit 2-€-Münzen.
Kontakt: Stadt Hofgeismar, ☎ 05671/999222, mail@naturpark-reinhardswald.de, www.naturpark-reinhardswald.de.
Distanz: Ⓗ 0 km, 0,1 km, weitere Restaurants in 0,4 km, 0,2 km, 0,5 km.
Gastro: Brötchenservice durch Bäckerwagen. Café 0,1 km.
Freizeit: 1 km, 1 km, 1 km. Stadt-/Burgführungen, Segelfliegen, Themenführungen im Reinhardswald 5 km.
POI: Altstadt mit Stadt-/Apothekenmuseum 0,1 km, Burg Grebenstein 8 km, Trendelburg 9 km, Urwald Sababurg 10 km, Wasserschloss Wülmersen 12 km, Tierpark Sababurg 12 km, Naturpark-Infozentrum Sababurg 13,9 km, Dornröschenschloss Sababurg 14 km, Documenta Stadt Kassel mit Weltkulturerbe-Status 25 km.

97461 Hofheim €20,00

Landgasthof Burgblick, Manauer Straße 3-5, ☎ 09523/450 <12m
Vor dem Camping am Gasthof Burgblick, einem ehemaligen Bauernhof in Einzellage

POS: 50°9'1.39"N/10°33'0.19"E, Karte D10 (S. 13), H3
Platz: = 10 auf Wiese. Ganzjährig geöffnet.
Preis: 20€ inkl. WC. Jede weitere Pers. 5€, Strom 2€ oder 0,60€/kWh, Dusche 0,50€, Hund 3€. Inkl. 4 Personen.
Kontakt: Landgasthof Burgblick, Helmut Hauck, ☎ 09523/450, info@landgasthof-burgblick.de, www.landgasthof-burgblick.de.
Distanz: 0km, weitere Restaurants in 2km, Ⓗ 2km, 2,5km, 2,5km.
Gastro: Am Platz, Mo-Sa 17:00-20:00 Uhr, So 11:00-14:00 Uhr und 17:00-20:00 Uhr. Brötchenservice.
Freizeit: 2,5km, 2,5km. Angeln.
POI: Park Bettenburg 1km.

H

97461 Hofheim/Unterfranken €10,00

Reisemobilstellplatz am Freibad, Johannisstraße 28, ☎ 09523/5033710 <10m In ruhiger Lage am Hallen-/Freibad, fußläufig zur Fachwerk-Altstadt

2021 geprüft E

POS: 50°8'31.00"N/10°31'4.00"E, Karte D10 (S. 13), H3
Platz: P = 30 auf Schotter, Schotterrasen. =29 CHEM GRAU. nur bei Gruppen. Saison: 1.3.-30.11. Außerhalb der Saison Aufenthalt ohne VE/WC. Ganzjährig geöffnet.
Preis: 10€ inkl. Entsorgung, Dusche, Müll-Entsorgung, WC. Jede weitere Pers., Strom 0,50€/kWh, Wasser 1€/80l, Waschmaschine/Trockner je 2,50€.
Kontakt: Tourist-Information Haßberge, ☎ 09523/5033710, Mobil: 0160/1283151, info@hassberge-tourismus.de, www.hassberge-tourismus.de/erleben.
Distanz: Ⓗ 0,5km, 0,5km, 0,7km, 0,8km.
Gastro: Mehrere Restaurants im Ort. Brötchenservice am Platz.
Freizeit: Kulturveranstaltungen im histor. Schüttbau, Fitnessstudio mit Sauna und Tennisplätzen 0,5km.
POI: Naturpark Haßberge, Landschaftspark Bettenburg, Erlebniswanderweg Burgen & Schlösser, Rotkreuz-Museum, Altstadt 0,5km, Eisenbahnmuseum 0,7km.

94544 Hofkirchen-Zaundorf gratis

Gasthof Pension Stanek, Zaundorf 4, ☎ 08545/327 >12m Am Gasthof im niederbayerischen Erholungsort

POS: 48°40'32.74"N/13°9'45.36"E, Karte D16 (S. 19), F2
Platz: = 2, = 1 (<12m) auf Pflaster. Ganzjährig geöffnet.
Preis: Für Restaurantgäste kostenlos. Einkehr obligatorisch.
Kontakt: Elfriede Stanek, ☎ 08545/327, pensionstanek@gmx.de, www.pension-stanek.de.
Distanz: 0km, 0,1km, Ⓗ 2km, 3km.
Gastro: Am Platz, Mi+Do Ruhetag. Frühstücksservice.
Freizeit: 3km, 8km. Westernstadt Pullmann City in Eging 8km.
POI: Burgruinen Hilgartsberg/Schöllnstein 2,5km, Wallfahrtskapelle 5km, Benediktinerabtei Schweiklberg in Vilshofen 6km.

29478 Höhbeck-Vietze €20,00

Hütten-Hotel Elbhöhe, Am Elbufer 9, ☎ 05846/1707 <8m
In ruhiger Lage an der Elbe

POS: 53°4'17.24"N/11°24'45.87"E, Karte D3 (S. 6), B5
Platz: = 4 auf Schotterrasen, Wiese. =2 (10A). wird empfohlen. Geöffnet: März-Okt.
Preis: 20€ inkl. Strom, Wasser, Müll-Entsorgung, WLAN, WC.
Kontakt: Hütten-Hotel Elbhöhe, Jörg Schneider, ☎ 05846/1707, info@huetten-hotel.de, www.huetten-hotel.de.
Distanz: 0km, weitere Restaurants in 4km, Ⓗ 0,5km, 7km, 7km.
Gastro: Am Platz, warme Küche Do-So 17:00-20:30 Uhr, Do-So 15:00 Uhr, Kiosk Sa-So 12:00-18:00 Uhr. Frühstück ab 8:30 Uhr (8-12 €/Pers.).
Freizeit: 18km, 7km, 7km. Geführte Kanu- und Bibertouren, Kanustation Gartow, Angeln, Wendlandtherme mit Wassererlebnispark 7km.
POI: Heimatmuseum Vietze 0,8km, Schloss Gartow 7km, Grenzlandmuseum 20km.

38700 Hohegeiß €13,00

Wohnmobilstellplatz am Bärenbache, Bärenbachweg 10, ☎ 05583/1306 <12m
Separater Wohnmobilstellplatz auf dem Camping

POS: 51°39'24.88"N/10°40'4.08"E, Karte D6 (S. 9), H4
Platz: P = 20 auf Rasengittersteinen, Wiese, Schotterrasen. WC CHEM GRAU. Späteste Ankunft 23:00 Uhr. Ganzjährig geöffnet.
Preis: Ab 13€ inkl. Wasser, Entsorgung, Dusche, WC, Müll-Entsorgung. Kurtaxe (ab 18 J.) 2,30€/Pers., Hund 3€. Jede weitere Pers. (ab 17 J.) 6-7€, Kind (3-16 J.) 4,50-5€. Kurtaxe Kind 1,30€. Strom (1.5.-31.8.) 3,50€/Tag, (1.9.-30.4.) 4,50€/Tag. Ab 4 Tagen einmalig 1€ und 0,70€/kWh. HS 1.7.-31.8., NS 1.9.-30.6.
Kontakt: Harald Böhringer, ☎ 05583/1306, info@campingplatz-hohegeiss.de, campingplatz-hohegeiss.de.
Distanz: 0,5km, 0,5km, Ⓗ 0,5km, 0,8km.
Freizeit: Waldschwimmbad.
POI: Heimatmuseum Hohegeiß 0,6km, Braunlage (Wurmbergbahn) 13km.

66989 Höheinöd gratis

Stellplatz am Haus des Bürgers, Hauptstraße 24, ☎ 0173/6364196 <8m
In der Ortsmitte

POS: 49°17'13.76"N/7°36'16.54"E, Karte D9 (S. 12), C5
Platz: = 3 auf Pflaster. Aufenthalt max. 2 Tage. Ganzjährig geöffnet.
Preis: Übernachtung gratis.
Kontakt: Tourist-Info Holzland-Sickingerhöhe, Lothar Weber, Mobil: 0173/6364196, info@waldfischbach-burgalben.de, www.hoeheinoed.de.
Distanz: 0km, Ⓗ 0,7km, 5km, 5km.
Gastro: Gasthaus Zum Schwan Waldfischbach-Burgalben.
Freizeit: 14km, 6km. Radfahren/Wandern auf dem Sickinger Höhenweg.
POI: Ramersfelsen, Sickinger Höhe.

16556 Hohen Neuendorf €20,00

Motel Havelidyll, Havelhausener Brücke 1, ☎ 03301/530077 >12m
Am Oder-Havel-Kanal

POS: 52°43'18.32"N/13°15'4.02"E, Karte D8 (S. 11), E1
Platz: P = 7 auf Wiese. =15 (16A) WC CHEM/Bio GRAU. Ganzjährig geöffnet.
Preis: 20€ inkl. Wasser, Entsorgung, WC, Müll-Entsorgung.
Kontakt: Ronny Müller, ☎ 03301/530077, Mobil: 0171/3563393, motelhavelidyll@aol.com, www.motel-havelidyll.de.
Anfahrt: Navi: 16556 Borgsdorf, Havelhausener-Brücke 1.
Distanz: Ⓗ 0,5km, 1km, 2km.
Gastro: Am Platz, warme Küche 5:30-1:00 Uhr. Frühstück ab 5:30 Uhr.
Freizeit: 4km, 4km. Besichtigungen, Tierpark 8km.
POI: Schloss Oranienburg 4km, KZ-Sachsenhausen 5km.

23948 Hohen Schönberg €10,00

Ostseehotel Klützer Winkel, Kalkhorster Straße 5, ☎ 038827/8870 <8m Stellflächen bei der Hotelanlage

POS: 53°58'43.66"N/11°4'19.68"E, Karte D3 (S. 6), A3
Platz: P = 9 auf Schotter. Wellness-Scheune. nur bei Gruppen. Anreise bis 21:30 Uhr, danach auf Anfrage. Kostenfreies WLAN im Haupthaus. Ganzjährig geöffnet.
Preis: 10€ inkl. Strom. Schwimmbad, Sauna und WC 10€/Pers.
Kontakt: ☎ 038827/8870, ostseehotel@bibendi.de.
Distanz: 0km, weitere Restaurants in 4km, 0,2km, Ⓗ 0,2km, 2km.

Gastro: Am Platz, warme Küche 12:00-20:30 Uhr. Brötchenservice.
Freizeit: 2 km. Wassersport, Spaßbad Wonnemar in Wismar 25 km.
POI: Schloss Kalkhorst 2 km, Klütz mit Schloss Bothmer und Schlosspark 6 km, Seebrücke Boltenhagen 15 km, Steinzeitdorf Kussow 15 km.

95691 Hohenberg/Eger €10,00

Wiesenfestplatz, Selber Straße 14, ☎ 09233/771132 In der Stadtmitte unterhalb des ehemaligen Rathauses mit Panoramablick nach Tschechien <12 m

POS: 50°5'52.27"N/12°13'15.63"E, Karte D11 (S. 14), D3
Platz: = 15, = 10 (<10 m) auf Pflaster. =12 WC CHEM GRAU. Barrierefreie Toilette mit Duschmöglichkeit. Ganzjähr. geöffnet.
Preis: 10 € inkl. Strom, Wasser, Entsorgung, WLAN. Dusche 0,50 €/min.
Kontakt: Stadt Hohenberg, ☎ 09233/771132, info@stadt-hohenberg.de, www.hohenberg.info.
Distanz: 0,1 km, weitere Restaurants in 0,5 km, Ⓗ 0,3 km, 0,5 km, 0,5 km.
Freizeit: 5 km, 14 km. Radwege ab Stellplatz, Naturschutzgebiet Kocherangen 0,3 km, Wanderübergang in die Tschechische Republik 1,5 km.
POI: Werksverkäufe Porzellan Dibbern, Textilien Feiler, Tapeten Taubert, Burganlage Hohenberg 0,2 km, Deutsches Porzellanmuseum 0,5 km, Carolinenquelle (eisenhaltiger Säuerling) 1 km.

92277 Hohenburg €8,00

Sportplatz Hohenburg, Sportplatzweg 1, ☎ 09626/605 Parkplatz am Sportheim <12 m

POS: 49°17'31.50"N/11°48'33.00"E, Karte D11 (S. 14), C5
Platz: = 6 auf Rasengittersteinen. Ganzjährig geöffnet.
Preis: 8 €. Strom 2 €/Nacht.
Kontakt: TuS Hohenburg, ☎ 09626/605, kontakt@tus-hohenburg.de, www.tus-hohenburg.de.
Distanz: 0,7 km, Ⓗ 0,7 km, 0,7 km, 0,7 km.
Gastro: Sportgaststätte während des Trainings-/Spielbetriebs geöffnet.
Freizeit: 13 km, 22 km. Angeln, markierte Wanderwege, Schwimmen, Nordic Walking, Radfahren.
POI: Hist. Rathaus 0,5 km, Ruine Hohenburg 2 km, Ruine Roßstein 6 km, Schloss Heimhof 7 km, König-Otto-Höhle 20 km.

02906 Hohendubrau €29,00

Freizeit- und Campingpark Thräna Lausitz, Zum Wildgehege 1, ☎ 035876/41238 Campingpark in Waldrandlage >12 m

POS: 51°14'5.50"N/14°41'57.51"E, Karte D8 (S. 11), H5
Platz: P = 40, = 20 (<15 m) auf Schotterrasen, Wiese. =10 (10 A) WC CHEM GRAU. Leinenpflicht für Hunde. B Geöffnet: Mai-Sep, Apr-Okt auf Anfrage.
Preis: 29 € inkl. Wasser, Dusche, WC, Müll-Entsorgung, WLAN, Kurtaxe, Waschmaschine/Trockner. Kind (ab 15 J.) 8 €, Kind (3-14 J.) 5 €, Kind (0-2 J.) gratis, Strom 3,20 € oder 0,80 €/kWh, Hund 3 €, VE für Durchreisende €. Inkl. Eintritt in die Freizeitoase am Wildgehege.
Kontakt: Freizeit- und Campingpark Thräna, Joachim Mitschke, ☎ 035876/41238, Mobil: 0174/9152380, info@freizeitcamp-thraena.de, www.freizeitcamp-thraena.de.
Distanz: 0,5 km, Ⓗ 1 km, 3 km, 6 km.
Gastro: Freiluftgastronomie am Platz. Brötchenservice.
Freizeit: Schwimmteich nur für Campinggäste, Gaudi-Golf, Freizeitoase mit Riesensandkasten (Tagesgäste 5 € ab 3 J.), Wander-/Radwandergebiet Hohe Dubrau und Königshainer Berge, Kleiner Reiterhof 1,5 km, Aussichtsturm Monumentberg 2,5 km.
POI: Kulturinsel Einsiedel, Zittauer Gebirge, Heide-Teichlandschaft 11 km, Altstädte Bautzen, Görlitz 20 km.

24257 Hohenfelde €15,00

Bauernhof-Camping Krumbeck, Strandstraße 16, ☎ 0170/4058879 Idyllischer Stellplatz, direkt hinter dem Bauernhof <8 m

POS: 54°22'54.94"N/10°29'37.71"E, Karte D2 (S. 5), H2
Platz: = 7, = 4 (<10 m) auf Wiese. =8 (10A) (15 A) WC CHEM GRAU. B wird empfohlen. Geöffnet: 1.4.-15.10.
Preis: 15 € inkl. Wasser, Entsorgung, Dusche, WC, Müll-Entsorgung. Jede weitere Pers. 4,50 €, Strom 0,50 €/kWh.
Kontakt: Betty Krumbeck, Mobil: 0170/4058879, eberhard.krumbeck@t-online.de, www.ostsee-hohenfelde.de.
Distanz: 0,4 km, 0,4 km, Ⓗ 1,5 km, 1,5 km.
Freizeit: 10 km, 8 km. Schwimmen, Surfen, Straußenfarm 1 km, Weißenhäuser Strand 20 km.
POI: Schloss Panker 6 km, Marine-Ehrenmal und U-Boot in Laboe 15 km.

86978 Hohenfurch gratis

Hotel Negele-Restaurant Piroska, Hauptplatz 2, ☎ 0861/9109770 Großer Parkplatz an der Rückseite des Hotels <8 m

POS: 47°50'57.58"N/10°53'49.46"E, Karte D14 (S. 17), H4
Platz: = 10 auf Pflaster. Ganzjährig geöffnet.
Preis: Übernachtung gratis. Einkehr erwünscht.
Kontakt: Familie Hajnal, ☎ 0861/9109770, Mobil: 0171/1437643, info@negele-hohenfurch.de, www.negele-hohenfurch.de.
Distanz: 0 km, 0,5 km.
Gastro: Restaurant Piroska, warme Küche 11.00-15.00 Uhr, 18:00-22 00 Uhr.
Freizeit: 3 km, 5 km, 4 km. gut ausgebaute Wanderwege, Angeln, Kegelbahn im Haus, Schwimmen, Tennisplätze am Hotel, Reiten, Familien-Skilift, Tennis, Reitstall 4 km.
POI: Kirchen im Pfaffenwinkel, Wieskirche 15 km, Schlösser Neuschwanstein und Hohenschwangau 30 km.

23968 Hohenkirchen-Beckerwitz €15,00

Ostseecamping Beckerwitzer Strand, Ostseestraße 10, ☎ 038428/60265 In Einzellage mit Ostseeblick, 50 m vom Strand entfernt <10 m

POS: 53°56'26.83"N/11°19'2.83"E, Karte D3 (S. 6), B3
Platz: P / = 30 auf Wiese. CHEM GRAU. Strand (unbewacht). Rezeptionszeiten 9:00-18:00 Uhr, Anfahrt jederzeit möglich. Aufenthalt max. 24 h. Geöffnet: 1.4.-30.9.
Preis: 15 € inkl. Entsorgung, Müll-Entsorgung. Wasser 1 €.
Kontakt: Familie Pertenbreiter, ☎ 038428/60265, Mobil: 0163/8101087, janpertenbreiter@freenet.de, www.ostseecampingbeckerwitz.de.
Distanz: , weitere Restaurants in 1,5 km, Ⓗ 1,5 km, 1,5 km, 6 km.
Gastro: Brötchenservice. Imbiss am Platz.
Freizeit: 15 km, 12 km, 1,7 km. Wassersport, Ausflüge, Ernte auf dem Erdbeerhof, Golfplatz 2 km, Kartbahn 3,5 km.
POI: Schloss Botmer in Klütz 14 km, Steinzeitdorf Kussow 15 km, Hansestadt Wismar 15 km, Ostseebad Boltenhagen 18 km.

65329 Hohenstein-Burg Hohenstein €10,00

Landgasthof Wiesenmühle, Aarstraße 3, ☎ 06120/5888 An der Aar, mit großem Biergarten, unter Kastanien <12 m

H

POS: 50°11'49.00"N/8°3'12.00"E, Karte D9 (S. 12), D3
Platz: = 3 auf Rasengittersteinen. Ganzjährig geöffnet. Ausnahme: Jan oder Feb wegen Betriebsferien geschlossen.
Preis: 10 €. Für Restaurantgäste kostenlos. Strom nach Verbrauch.
Kontakt: Familie Jung, ☎ 06120/5888, landgasthof.wiesenmuehle@t-online.de.
Anfahrt: Achtung: Laut Betreiber leiten Navis trotz korrekter Eingabe der Adresse nicht zum Stellplatz.
Distanz: Ⓗ 0,5 km, 4 km, 4 km.
Gastro: Frühstück auf Bestellung im Restaurant. Landgasthof, Mi-Fr 11:30-14:00 Uhr und 17:00-21:00 Uhr, Sa-So 11:30-21:00 Uhr, Mo-Di Ruhetag.
Freizeit: 8 km. Wandern, Radfahren.
POI: Burg Hohenstein 0,4 km, Limburg 25 km.

72531 Hohenstein-Eglingen €8,00

Rudis Hühnerhof, Brunnengässle 6/ Hartweg 13, ☎ 07383/942313 Am Ortsrand auf der Schwäbischen Alb, oberhalb des großen Lautertals <10 m

2021 geprüft E

POS: 48°21'9.96"N/9°25'49.07"E, Karte D14 (S. 17), F3
Platz: P = 5, = 1 (<10 m) auf Rasengittersteinen. =4 (16 A) CHEM GRAU. Am Rande des Biosphärengebiets Schwäbische Alb. Geöffnet: März-Nov.
Preis: 8 € inkl. aller Personen, Wasser, Entsorgung. Strom 2 €/Nacht.
Kontakt: Familie Bross, ☎ 07383/942313, info@rudis-huehnerhof.de, www.rudis-huehnerhof.de.
Anfahrt: Zufahrt über Hartweg.
Distanz: , 0,3 km, Ⓗ 0,3 km, 0,3 km.
Gastro: Hofladen. Brötchenservice am WE. Landgasthof Hirsch Dapfen 3 km. Gasthaus Adler gegenüber vom Hof 0,3 km. Brauerei Gasthof Lamm Ödenwaldstetten 4 km.
Freizeit: 8 km, 8 km. Hofbesichtigung mit Führung, Haupt-/Landesgestüt Marbach 6 km.
POI: Wimsener Höhle, Burgruine Hohenstein, Bauernhausmuseum Ödenwaldstetten 5 km, Jüdischer Friedhof Buttenhausen 6 km, Schloss/Gedenkstätte Grafeneck 8 km.

H

72531 Hohenstein-Ödenwaldstetten €4,00

Wohnmobilstellplatz am Bauernhaus-museum, Jahnweg 3, ☎ 07387/98700 <8m
Am Museum in ruhiger Ortsrandlage

2021 geprüft

POS: 48°20'51.25"N/9°22'36.76"E, Karte D14 (S. 17), F3
Platz: P = 4 auf Schotter. CHEM GRAU. Aufenthalt max. 3 Nächte, längerer Aufenthalt nur nach Genehmigung durch das Rathaus. Strom reicht für Heizzwecke nicht aus. Geöffnet: Apr-Ende Okt.
Preis: 4 € inkl. Entsorgung. Strom 1 €/6 h, Wasser 1 €/100 l. Bezahlung im Museum oder im Rathaus (Im Dorf 14).
Kontakt: Gemeindeverwaltung, ☎ 07387/98700, rathaus@gemeinde-hohenstein.de, www.gemeinde-hohenstein.de.
Distanz: 0,3 km, 0,3 km, Ⓗ 0,3 km.
Gastro: Lamm Brauerei-Gasthof in Ödenwaldstetten. Weitere Restaurants in Eglingen, Meidelstetten und Bernloch.
Freizeit: Naturerlebnispfad Häulesrain in Meidelstetten.
POI: Bauernhausmuseum, Burgruine Hohenstein 4 km, Naturerlebnispfad 6 km.

86558 Hohenwart gratis

Wohnmobilstellplatz Hohenwart, Schulstraße, ☎ 08443/6911 Mit Blick ins Paartal und auf das Benediktinerinnenkloster <12m

2022 geprüft

POS: 48°35'50.24"N/11°23'7.12"E, Karte D15 (S. 18), B2
Platz: = 12 auf Schotter. CHEM. Während der Frostperiode kein Wasser. Ganzjährig geöffnet. Ausnahme: Mitte-Ende Juli (Volksfest).
Preis: Übernachtung gratis inkl. Wasser, Entsorgung, Müll-Entsorgung.
Kontakt: Stefan Oberpriller, ☎ 08443/6911, oberpriller@markt-hohenwart.de, www.markt-hohenwart.de.
Distanz: 0,8 km, 0,8 km, Ⓗ 0,8 km, 0,8 km.
Gastro: Mehrere Restaurants im Ortskern.
Freizeit: 12 km, 12 km. Ortsführungen.
POI: Historischer Ortskern.

Sie haben einen neuen Stellplatz entdeckt? Dann teilen Sie uns diesen mit per E-Mail an **bordatlas@doldemedien.de** oder über das Online-Meldeformular unter **www.bordatlas.de/meldung**

24806 Hohn €20,00

Café auf dem Rosenhof Hohn, Westende 12, ☎ 0152/5252488654 Hinter dem Café eines ehemaligen Bauernhofs <8m

POS: 54°17'59.72"N/9°29'45.93"E, Karte D2 (S. 5), F2
Platz: P = 5 auf Schotterrasen, Wiese. =5 (8 A) CHEM GRAU. nur bei Gruppen. Ganzjährig geöffnet.
Preis: 20 € inkl. aller Personen, Strom, Wasser, Entsorgung, WLAN.
Kontakt: Knut Miethke, Mobil: 0152/5252488654, miethke@m-sales.de, www.rosenhof-hohn.de.
Distanz: 0 km, 1 km, Ⓗ 1 km, 1 km.
Gastro: Öffnungszeiten Café Mi-So 14:00-18:00 Uhr.
Freizeit: 1 km, 15 km. Angeln, Bootsausflüge 15 km.
POI: Rendsburg 15 km.

29362 Hohne €10,00

Stellplatz Am Waldbad, Am Schwimmbad 23, ☎ 05083/693 <8m
Inmitten von Feldern gelegen

POS: 52°35'32.90"N/10°22'32.58"E, Karte D6 (S. 9), H2
Platz: P = 4 auf Schotter. =4. Aufenthalt max. 1 Woche. Dusche/WC und Wasser zu den Bad-Öffnungszeiten. Schlüssel für Stromsäule gegen Kaution von 50 € im Waldbad, beim EDEKA-Markt Ankermann oder bei der Raiwa-Tankstelle in Hohne. Ganzjährig geöffnet.
Preis: 10 € inkl. aller Personen, Strom. Dusche 1 €.
Kontakt: Förderverein Waldbad Hohne/Spechtshorn e.V., ☎ 05083/693, Mobil: 0163/7293622, waldschwimmbad@gmx.de, www.waldbad-hohne-spechtshorn.de.
Distanz: 0,2 km, weitere Restaurants in 0,8 km, 0,5 km, Ⓗ 0,5 km, 0,6 km.
Gastro: Gasthaus und Hotel Anderer's 0,2 km.
Freizeit: 0,1 km. Kutschfahrten, Kanutouren.
POI: Energiemuseum Spechtshorn 0,8 km.

21522 Hohnstorf €14,00

Auf dem Deich, Schulstraße 1a, ☎ 04139/6561 <8m
Mit Blick auf Lauenburg und die Elbtalaue

2021 geprüft

POS: 53°21'45.66"N/10°33'44.82"E, Karte D2 (S. 5), H4
Platz: P = 9 auf Pflaster. =12 CHEM GRAU. Aufenthalt max. 3 Nächte. Ganzjährig geöffnet.
Preis: 14 € inkl. Entsorgung. Strom 0,50 €/kWh, Wasser 0,10 €/10 l.
Kontakt: Gemeinde Hohnstorf, ☎ 04139/6561, gemeinde@hohnstorf-elbe.de, www.hohnstorf.de.
Distanz: Ⓗ 0,4 km, 0,4 km, 1 km.
Gastro: Restaurant Zum Hohnstorfer 1,5 km. Griechisches Restaurant Elia 1,8 km. Restaurant Alexandros 0,5 km.
Freizeit: 3 km, 20 km, 5 km. Bouleplatz 0,3 km.
POI: Biosphärenreservat Flusslandschaft Elbe, Altstadt Lauenburg 2 km, Schiffshebewerk 11 km, Fachwerkstadt Lüneburg 21 km, Bleckede 22 km.

21522 Hohnstorf-Bullendorf €19,00

Wohnmobilplatz Bullerby Knüppel, Elbuferstraße 35, ☎ 04139/6037 <12m
Stellflächen auf einem naturbelassenen Platz

POS: 53°20'49.59"N/10°34'24.48"E, Karte D2 (S. 5), H4
Platz: = 40 auf Wiese. =40 (16 A) CHEM GRAU. nur bei Gruppen. Anfahrt ab 15:00 Uhr, Abfahrt bis 11:00 Uhr. Ganzjährig geöffnet.
Preis: 19 € inkl. Wasser, Entsorgung, Müll-Entsorgung, Kurtaxe, WC. Kind (ab 15 J.) 5 €, Kind (bis 15 J.) 3 €, Strom 0,70 €/kWh oder 1,50 €, Dusche 0,60 €/Pers., Hund 1,50 €.
Kontakt: Carsten Knüppel, ☎ 04139/6037, info@campbullerby.de, www.campbullerby.de.
Distanz: Ⓗ 0 km, 0,3 km, 0,5 km, 3 km.
Freizeit: 4 km. Schwimmen in der Elbe.
POI: Lauenburg Altstadt 5 km, Raddampfer Kaiser Wilhelm 5 km, Schiffshebewerk Scharnebeck 7 km, Lüneburg Altstadt 20 km.

56203 Höhr-Grenzhausen gratis

Wohnmobilstellplatz Grenzhausen, Martin-Luther-Straße 5, ☎ 02624/19433 In Autobahnnähe, etwa 400 m von der Ausfahrt Höhr-Grenzhausen (A48) <8m

2021 geprüft

POS: 50°26'23.00"N/7°39'35.00"E, Karte D9 (S. 12), C2
Platz: P = 5 auf Schotter. CHEM GRAU. Aufenthalt max. 2 Nächte. Ganzjährig geöffnet.
Preis: Übernachtung gratis. Strom 1 €/kWh, Wasser 1 €/20 l.
Kontakt: Verbandsgemeindeverwaltung Höhr-Grenzhausen, ☎ 02624/19433, hg@kannenbaeckerland.de, www.hoehr-grenzhausen.de.
Distanz: Ⓗ 0,2 km, 0,2 km, 0,4 km.
POI: Limesturm Hillscheid, Themenweg Ton, Tonbergbaumuseum in Siershahn, Keramikmuseum Westerwald, Stelenrundweg.

24321 Hohwacht €15,00

Stellplatz Alt-Hohwacht, Am Buchholz, ☎ 04381/7085 Auf einem öffentlichen Parkplatz in Strandnähe <8m

POS: 54°19'8.37"N/10°40'34.55"E, Karte D3 (S.6), A2
Platz: = 19 auf Asphalt. =20 (16A) CHEM GRAU. Apr-Okt Duschcontainer am Platz, alternativ Dusche/WC am Strand in 300 m. Ganzjährig geöffnet. Ausnahme: Sperrung bei Hochwasser.
Preis: 15€. Strom 1€, Wasser 1€, Entsorgung 1€, Kurtaxe 2,50€/Pers.
Kontakt: Kurbetrieb Hohwacht, ☎ 04381/7085, info@kurbetrieb-hohwacht.de, www.hohwacht.de.
Distanz: Ⓗ 0,1 km, 0,5 km, 0,5 km, 0,8 km.
Gastro: Mehrere Restaurants in 0,5 km.
Freizeit: 0,5 km. Segeln, Nordic Walking, Tauchen, Surfen, Wandern, Strand 0,3 km, Golfplatz 3 km, Reitplatz 3 km.
POI: Hohwachter Flunder am Kurstrand 0,5 km, Leuchtturm Neuland 4 km, Bismarckturm 7 km.

49451 Holdorf €13,00

Wohnmobilstellplatz Heidesee, Zum Heidesee 53, ☎ 05494/980321 Beim Zeltplatz am Seeufer <12m

POS: 52°34'41.39"N/8°6'53.68"E, Karte D5 (S.8), D2
Platz: = 60 auf Wiese, Schotter, Rasengittersteinen. =60 (6/16A) WC CHEM GRAU. Aufenthaltsraum und überdachte Sitzfläche vorhanden. Ganzjährig geöffnet. Ausnahme: Gespanne/Zelte nur Ende März-Anfang Okt (28.3.-10.10.).
Preis: 13€ inkl. Wasser, Entsorgung. Jede weitere Pers. 4€, Strom 3€, Dusche 1€/Pers., WLAN 0,50€/Tag, Hund 1€. Gespanne/Zelte inkl. Strom und Badesee-Eintritt 20€.
Kontakt: Nina Bahlmann, ☎ 05494/980321, Mobil: 0176/32955300, zeltplatz-heidesee@t-online.de, www.zeltplatz-heidesee.de.
Distanz: Weitere Restaurants in 1 km Entfernung, 1 km, 1,2 km, Ⓗ 1,8 km.
Gastro: Imbiss und Kiosk, Ende März-Mitte Okt, warme Küche 11:00-20:30 Uhr. Brötchenservice.
Freizeit: 1,5 km, 1 km. Tennisplatz, Badesee, Angeln, Nordic Walking, Reitplatz.
POI: Kirche St. Peter und Paul 1 km, Gut Ihorst 5 km.

21723 Hollern-Twielenfleth €12,00

Parkplatz Twielenfleth, Am Deich 43, ☎ 04142/8990 Neben dem Fährhaus Twielenfleth im Deichvorland mit Elbblick <8m

2022 geprüft

POS: 53°36'15.36"N/9°33'33.97"E, Karte D2 (S.5), G4
Platz: = 12 auf Pflaster. Ganzjährig geöffnet.
Preis: 12€. Bezahlung am Parkscheinautomat.
Kontakt: Samtgemeinde Lühe, ☎ 04142/8990, info@luehe-online.de, www.luehe-online.de.
Anfahrt: Schmale Deichüberfahrt (Einbahnstraße).
Distanz: 0,1 km, weitere Restaurants in 2,2 km, Ⓗ 0,1 km, 2 km, 2 km, 3 km (Kläranlage, Wetterndorf 13, 21720 Steinkirchen).
Gastro: Imbiss Kaffeeklappe. Fährhaus Twielenfleth.
Freizeit: 0,2 km. Gästeführungen in historischer Festtracht.
POI: Ausstellung von Schiffsmodellen im Twielenflether Leuchtturm 0,1 km, Mühle Venti Amica (Freundin des Windes) 0,2 km, Mehrgenerationen Park 0,2 km, Kirche in Twielenfleth 0,7 km, ältester Turm im Alten Land an der Kirche in Hollern 1 km.

96142 Hollfeld-Schönfeld gratis

Landhaus Schönfelder Hof, Schönfeld 2, ☎ 09206/277 Am traditionsreichen Familienbetrieb <10m

POS: 49°56'7.00"N/11°21'17.00"E, Karte D11 (S.14), B3
Platz: = 10 auf Schotter. Aufenthalt auch an Ruhetagen möglich. Ganzjährig geöffnet.
Preis: Für Restaurantgäste kostenlos. Einkehr obligatorisch.
Kontakt: Familie Schreiber, ☎ 09206/277, info@schoenfelderhof.de, www.schoenfelderhof.de.
Distanz: 0 km, Ⓗ 0,1 km, 1 km, 5 km.
Gastro: Restaurant am Platz, Mi-Sa ab 17:00 Uhr, So auch 11:00-14:00 Uhr, Mo/Di Ruhetag (außer an Feiertagen).
Freizeit: 5 km, 5 km, 5 km. Wandern, Radfahren.
POI: Felsengarten und Burg 8 km, Teufelshöhle 15 km.

27729 Holste-Hellingst €10,00

Wohnmobilstellplatz Altes Sägewerk, Dorfstraße 4, ☎ 0172/1750000 Privater Stellplatz am Ortsrand mit freien Blick auf eine Wiese mit Waldrand, ruhige Lage <10m neu

POS: 53°22'26.91"N/8°51'32.10"E, Karte D2 (S.5), F5
Platz: = 3 auf Wiese, Eco-Raster/Gras, Schotter. CHEM GRAU. Infohütte, Sitzecke mit Grillmöglichkeit, Hundedusche. wird empfohlen. Befestigt, parzelliert und begrünt. An- und Abreise möglichst von 8:00-21:30 Uhr, sonst auf Voranmeldung. Reservierung per WhatsApp unter: 0172/1750000 oder per E-Mail: tomskyd@web.de. Ganzjährig geöffnet.
Preis: 10€ inkl. Entsorgung. Strom 2€/24 h oder 1€/12 h, Wasser 1€/50 l. Bezahlung beim Betreiber oder per stille Kasse in der Infohütte.
Kontakt: Thomas Duppke, Mobil: 0172/1750000, tomskyd@web.de, www.womo-stellplatz-altessaegewerk.de.
Distanz: 0,2 km (SB-Hofladen), 8 km, 8 km.
Gastro: Griechisches Restaurant Pegasos 8 km. Italienisches Restaurant Vittoria 8 km.
Freizeit: 10 km. Teufelsmoor, Hambad in Hambergen, Rad- und Wanderwege, Badesee Stedener See 0,9 km, Vorgeschichtsweg Seemoor 3,5 km, Kanu-Touren auf der Lune, der Hamme und Geeste 12 km.
POI: Künstlerdorf Worpswede 21 km, Bremerhaven 28 km, Bremervörde 28 km.

H

56379 Holzappel €6,00

Stellplatz am Herthasee, Am Herthasee, ☎ 06439/348 An der B417, direkt am Herthasee mit Bäumen und Schatten >12m

2020 geprüft

POS: 50°21'43.20"N/7°54'6.94"E, Karte D9 (S.12), D2
Platz: = 12 auf Wiese. =14 (16A) WC CHEM GRAU. nur bei Gruppen. Aufenthalt max. 72 h, längerer Aufenthalt nach Absprache. Langzeitcamper stehen auf dem Feld hinter der Schranke. Ganzjährig geöffnet.
Preis: Ab 6€ inkl. aller Personen, Entsorgung, Müll-Entsorgung. Strom 1€/2 kWh, Wasser 1€/80 l. 11€/48 h, 15€/72 h. Bezahlung nur mit Münzen.
Kontakt: Ortsgemeinde Holzappel, Harald Nöllge, ☎ 06439/348, holzappel-gemeinde@t-online.de, www.holzappel-herthasee.de.
Distanz: 0,3 km, weitere Restaurants in 1 km, 1,5 km, Ⓗ 1,5 km, 1,5 km.
Gastro: Seerestaurant (saisonal geöffnet, im Winter geschlossen) 0,3 km. Weinwirtschaft 1 km.
Freizeit: 8 km, 10 km. Angeln, Bootfahren, Badesee gegen Gebühr, Minigolf, Tennisanlage 0,5 km.
POI: Heimat- und Bergbaumuseum Esterau, Burg- und Schloss Laurenburg 4 km, Burgruine Balduinenstein 8 km, Diezer Grafenschloss 10 km, Schloss Schaumburg 11 km, Schloß Oranienstein 11 km.

55469 Holzbach/Hunsrück €17,00 <10m

Höhenhof-Familienbauernhof, Höhenhof, ☎ 06761/6290
Bauern-/Reiterhof in Einzellage mit Panoramablick

POS: 49°56'49.46"N/7°32'3.94"E, Karte D9 (S.12), C3
Platz: = 3 auf Sand/Splitt. =3 CHEM/Bio GRAU. Späteste Ankunft 18:00 Uhr, auf Anfrage auch später möglich. Ganzjährig geöffnet.
Preis: Ab 17 € inkl. Strom, Wasser, Entsorgung, Dusche, WLAN, WC. Kind (3-13 J.) 6 €, Kind (ab 14 J.) 9 €, Hund 3 €. HS 25 €.
Kontakt: Olaf Zappel, ☎ 06761/6290, info@hoehenhof.de, www.hoehenhof.de.
Distanz: 0 km, 0,5 km, 2 km.
Gastro: Pizza-Taxi. Grillabend. Brötchenservice am Hof. Hofladen mit Produkten aus eigener Herstellung.
Freizeit: 5 km, 5 km. Reiten, Bauerngolf, Barfußpfad, Schilf-Labyrinth, Fahrrad- und Wanderrouten, Spielscheune, Tischtennis, Kutsch-/Planwagenfahrten, Kettcars, Kleiner See, gemeinsame Fütterung der Hoftiere, Hochwildschutzpark 9 km.
POI: Nunkirche bei Sargenroth 4 km, Freilandmuseum und Schinderhannesturm in Simmern 5 km, Kaisergrube, geologischer Lehrpfad in Gemünden 10 km.

H

73271 Holzmaden gratis <8m

Parkplatz Urweltsteinbruch Holzmaden, Aichelberger Straße 75, ☎ 07023/900010
Auf dem Parkplatz des Urweltsteinbruchs

POS: 48°38'8.04"N/9°31'39.00"E, Karte D14 (S.17), G2
Platz: = 3 auf Pflaster, Rasengittersteinen. Aufenthalt max. 1 Nacht. Kostenfreie Entsorgung am Gruppenklärwerk in Wendlingen/Neckar. Ganzjährig geöffnet.
Preis: Übernachtung gratis.
Kontakt: Gemeinde Holzmaden, ☎ 07023/900010, info@holzmaden.de, www.holzmaden.de.
Distanz: 1 km, 1 km, 1 km, E 16 km (Gruppenklärwerk Wendlingen, Vorstadtstraße 101, 73240 Wendlingen/Neckar).
Gastro: Mehrere Restaurants im Ort.
Freizeit: 5 km, 7 km. Fossilien und Versteinerungen suchen, Urwelt-Museum Hauff, Wandern, Radfahren, Thermalbad Beuren 15 km.
POI: Freilichtmuseum Beuren 15 km.

Vor der Anreise empfehlen wir, Kontakt mit dem Betreiber aufzunehmen, um die Auslastung des Stellplatzes abzufragen.

37603 Holzminden €12,00 >12m

Mobilcamping, Stahler Ufer 16, ☎ 05531/990965 Direkt an der Weser, Supermarkt, Frei- und Hallenbad angrenzend, Innenstadt fußläufig

2022 geprüft

POS: 51°49'39.80"N/9°26'22.27"E, Karte D6 (S.9), G4
Platz: = 150 auf Wiese, Schotter, Schotterrasen. =150 (16 A) WC CHEM GRAU. Angelteich. wird empfohlen. Unbegrenzter Aufenthalt. Ganzjährig geöffnet.
Preis: Ab 12 € inkl. aller Personen, Entsorgung, WC, Müll-Entsorgung, WLAN. Strom 0,60 €/kWh, Wasser 0,10 €/10 l, Dusche 0,50 €/4 min. 12-15 €. 110er-Übernachtungskarte ab 110 €.
Kontakt: Mobilcamping Holzminden, ☎ 05531/990965, Mobil: 0162/9633136, info@mobilcamping.de, www.mobilcamping.de.
Distanz: 0,2 km, 0,3 km, 0,5 km, 0,5 km.
Freizeit: 0,1 km, 0,1 km, 1 km. Brauereibesichtigung, Angeln, Stadtführung, Veranstaltungen auf dem Platz, Weserradweg, Tennis, Squash 0,2 km, Kanu-Verleih 5 km, Hochsolling 8 km, Kletterpark und Wildpark Neuhaus 13 km.
POI: Schloss Bevern und Kloster Corvey 8 km.

Tipp

Stellplätze gibt es mittlerweile wie Sand am Meer, doch es gibt nur einen Wilfried Wagner – er gehört zu den Stellplatzbetreibern der ersten Stunde und führt gemeinsam mit Christoph + Viktor den TopPlatz im Weserbergland mit viel Herzblut. Legendär ist sein Gedächtnis für wiederkehrende Gäste, ihre Kfz-Kennzeichen und Lieblingsbrötchen und natürlich für seine vielen Veranstaltungen.

37603 Holzminden-Neuhaus gratis <12m

Haus des Gastes, Lindenstraße 8, ☎ 05536/1011
Öffentlicher Parkplatz in Zentrumsnähe

POS: 51°45'6.10"N/9°31'25.91"E, Karte D6 (S.9), G4
Platz: = 3 auf Pflaster. Aufenthalt max. 3 Nächte. Ganzjährig geöffnet.
Preis: Übernachtung gratis.
Kontakt: ☎ 05536/1011, info@hochsolling.de, www.hochsolling.de.
Distanz: 1 km, 1 km, 1 km, weitere Restaurants in 1,6 km, 1 km.
Gastro: Hotel Restaurant Christina.
Freizeit: 12 km, 12 km, 12 km. Minigolfanlage, MTB-Verleih, Wildpark mit Wildparkhaus 1 km, Hochseilgarten 4 km.
POI: Hochsolling-Turm 3 km, Hochmoor 5 km.

34576 Homberg/Efze gratis <8m

Wohnmobilparkplatz Hans-Staden-Allee, Hans-Staden-Allee 16, ☎ 05681/994250 Im Zentrum, an einer Allee

POS: 51°2'9.11"N/9°24'35.42"E, Karte D10 (S.13), F1
Platz: = 2 auf Asphalt. Ganzjährig geöffnet.
Preis: Übernachtung gratis.
Kontakt: Stadt Homberg, ☎ 05681/994250, info@homberg-efze.de, homberg-efze.eu.
Distanz: 0 km, 0,1 km, 0,1 km.
Freizeit: Stadtführung (über die Touristinfo am Marktplatz).
POI: Altstadt Homberg.

34576 Homberg/Efze gratis <10m

Wohnmobilstellplatz Holzhäuser Feld, Waßmuthshäuser Straße/Dresdner Allee, ☎ 05681/939161 Unterhalb des Schlossberges, neben der Bundesstraße

2022 geprüft

POS: 51°1'39.70"N/9°24'52.68"E, Karte D10 (S.13), F1
Platz: = 10 auf Schotter. CHEM GRAU. Aufenthalt max. 4 Tage. Ganzjährig geöffnet.
Preis: Übernachtung gratis. Strom 1 €/4 h, Wasser 1 €/80 l.
Kontakt: Stadt Homberg, ☎ 05681/939161, touristinfo@homberg-efze.eu, www.homberg-efze.de.
Distanz: 0,5 km, 1 km, 2 km.
Freizeit: 1,5 km, 15 km, 0,5 km. Stadt- und Burgführungen auf Anmeldung 1,8 km, Wildpark Knüll 5 km.
POI: Historischer Marktplatz, Altstadt und mittelalterliche Befestigungsanlage mit Pförtchen 0,5 km, Burg 1,8 km.

35315 Homberg/Ohm gratis <8m

Stadthallenplatz, Stadthallenweg 12, ☎ 06633/18443 Öffentlicher Parkplatz in Ortsrandlage, mit Blick auf das Ohmtal

POS: 50°43'34.51"N/8°59'40.54"E, Karte D10 (S.13), F1
Platz: = 5 auf Asphalt. =4 WC CHEM GRAU. Aufenthalt max. 7 Tage. Ganzjährig geöffnet. Ausnahme: Sperrung wegen Veranstaltungen an den letzten zwei Okt.wochen.
Preis: Übernachtung gratis. Strom 0,50 €/kWh, Wasser 1 €/10 min. WC im UG der Stadthalle gratis.
Kontakt: Stadtverwaltung Homberg, ☎ 06633/18443, tourist-info@homberg.de, www.homberg.de.
Distanz: 0,1 km, weitere Restaurants in 0,2 km, 0,5 km, 1 km, 1 km.
Gastro: Mehrere Gaststätten in unmittelbarer Umgebung.
Freizeit: 1 km. Wandern, Radfahren.
POI: Altstadt 0,5 km, Stadtmuseum 0,6 km, Gießen 25 km, Marburg 25 km.

66424 Homburg gratis

Wohnmobilstellplatz am KOI <8m
Homburg, Kaiserslauterer Straße 19a,
☎ 06841/1010 Neben dem Kombibad

POS: 49°20'9.45"N/7°21'3.28"E, Karte D9 (S. 12), C5
Platz: = 4 auf Asphalt. CHEM GRAU. Ganzjährig geöffnet.
Preis: Übernachtung gratis inkl. Entsorgung. Strom 0,50 €/kWh, Wasser 0,50 €/40 l.
Kontakt: Kreisstadt Homburg, ☎ 06841/1010, touristik@homburg.de, www.homburg.de.
Distanz: 0 km, weitere Restaurants in 0,4 km, Ⓗ 0,1 km, 1,7 km, 2,4 km.
Gastro: Restaurant im Bad.
Freizeit: Freizeitbad mit Sauna, Wellness & Spa, Hamam (türkisches Bad).
POI: Festung Homburg 2,5 km, Beeder Turm 4,3 km, Gustavsburg 5,5 km.

66424 Homburg-Eichelscheid €17,00

Camping Königsbruch, <8m
Zum Königsbruch 1, ☎ 06841/3625
Liegt umgeben vom Naturschutzgebiet Königsbruch an der Grenze zu Rheinland-Pfalz

POS: 49°21'50.73"N/7°22'34.08"E, Karte D9 (S. 12), C5
Platz: P / = 7 auf Schotterrasen, Wiese, Pflaster. =15 (16 A) WC CHEM GRAU . P wird empfohlen. Ganzjährig geöffnet.
Preis: 17 € inkl. Wasser, Entsorgung, Dusche, WC. Strom 3,50 €, Hund 2 €.
Kontakt: ☎ 06841/3625, info@camping-koenigsbruch.de, www.camping-koenigsbruch.de.
Distanz: 0,2 km, weitere Restaurants in 5 km, Ⓗ 2 km, 6 km, 6 km.
Gastro: Wirtshaus am Königsbruch.
Freizeit: Rudern, Kletterpark Homburg-Jägersburg, Fußball, Tennis, Angeln.
POI: Homburger Schlossberghöhlen 5 km, Römermuseum 8 km, Grubenmuseum Blexbach 10 km.

99428 Hopfgarten €10,00

Pension Aurin zur Wassermühle, <10m
Wassermühle 1, ☎ 03643/825830
In einem Gehöft in Einzellage am Ortsrand

POS: 50°59'24.52"N/11°12'39.45"E, Karte D11 (S. 14), B1
Platz: / = 3 auf Wiese, Schotter. Anreise bis 22:00 Uhr. Ganzjährig geöffnet.
Preis: 10 € inkl. Wasser. Strom 2 €.
Kontakt: Familie Aurin, ☎ 03643/825830, pensionaurin@gmx.de, www.pension-aurin.de.
Distanz: 0,3 km, Ⓗ 0,8 km, 1 km, 4 km.
Gastro: Frühstücks- oder Brötchenservice in der Pension. Gasthof Zur Weintraube in Hopfgarten.
Freizeit: 8 km, 10 km. Reiterhof 1,5 km.
POI: Weimar 8 km, Erfurt 8 km, Schlossanlage Tiefurt 10 km, Mahn- und Gedenkstätte Buchenwald 10 km.

48496 Hopsten gratis

Stellplatz an der Sporthalle, <12m
Rüschendorfer Straße 4,
☎ 05458/93250 Pflasterfläche an der Turnhalle

POS: 52°23'8.34"N/7°36'18.69"E, Karte D5 (S. 8), C2
Platz: = 6 auf Pflaster. WC CHEM GRAU. Aufenthalt max. 3 Tage. Strom, Wasser, WC, VE auf Anmeldung. Ganzjährig geöffnet.
Preis: Übernachtung gratis inkl. aller Personen, Strom, Wasser, Entsorgung.
Kontakt: Gemeinde Hopsten, ☎ 05458/93250, info@hopsten.de, www.hopsten.de.
Distanz: 0,2 km, weitere Restaurants in 0,3 km, 0,2 km, Ⓗ 0,3 km, 0,6 km.
Gastro: Mehrere Restaurants und Eisdiele im Ortskern.
Freizeit: 0,5 km. Rad-/Wanderwege, beschilderte Nordic Walking-Strecken.
POI: Historischer Ortskern mit barocker Kirche, gepflegten Töddenhäusern, geschichtsträchtiges Haus Nieland (bekannt durch den Dichterkreis Werkleute auf Haus Nieland) 1 km, Naturpark terra.vita mit Premium Wanderroute 6 km.

72160 Horb/Neckar gratis

Stellplatz beim Neckarbad, <8m
Mühlener Straße 90, ☎ 07451/9010
Am Neckarbad

POS: 48°26'53.75"N/8°42'7.48"E, Karte D14 (S. 17), E2
Platz: = 5 auf Asphalt. Ganzjährig geöffnet.
Preis: Übernachtung gratis.
Kontakt: Stadt Horb am Neckar, ☎ 07451/9010, stadtinfo@horb.de, www.horb.de.
Distanz: 0,8 km, weitere Restaurants in 1 km, 1 km, 1 2 km.
Gastro: Biergarten 1 km.
Freizeit: Kanu fahren, Sportzentrum 0,3 km, Markthalle 1,2 km.
POI: Altstadt, Stiftskirche Heilig Kreuz 1,4 km, Burg Hohenberg 1,5 km, Ottilienkapelle 1,5 km, Liebfrauenhöhe 11 km, Rottenburg am Neckar 22 km.

88263 Horgenzell gratis

Wohnmobilstellplatz Horgenzell, <10m
Alpenblick 15, ☎ 07504/970132
Zwischen Bodensee und oberschwäbischem Hügelland

POS: 47°48'11.00"N/9°29'39.00"E, Karte D14 (S. 17), G4
Platz: P = 8 auf Sand/Splitt. CHEM GRAU. Aufenthalt max. 7 Tage. Ganzjährig geöffnet.
Preis: Übernachtung gratis. Strom, Wasser und Entsorgung gegen Gebühr.
Kontakt: Hannah Weiß, ☎ 07504/970132, h.weiss@horgenzell.de, www.horgenzell.de.
Distanz: 0,5 km, 0,5 km, Ⓗ 0,6 km, 2 km.
Gastro: Metzgerimbiss geöffnet bis 18:00 Uhr.
Freizeit: Wandern, Radfahren.
POI: Bodensee 20 km.

02923 Horka-Biehain €32,50

Erholungsgebiet Biehainer Seen, <12m
Zum Waldsee 11, ☎ 035892/5446
Bewachter Parkplatz vor dem Campingplatz

POS: 51°17'2.81"N/14°55'23.63"E, Karte D8 (S. 11), H4
Platz: / = 10 (<10 m) auf Wiese, Schotter. CHEM . Leinenpflicht für Hunde. Anfahrt ab 12:00 Uhr, Abfahrt bis 12:00 Uhr. Geöffnet: 15.4.-30.10.
Preis: 32,50 € inkl. Wasser, WC, Müll-Entsorgung. Jede weitere Pers. 5,50 €, Kind (6-15 J.) 4 €, Strom 4,50 €, Hund 3 €, Duschen 1,50 €, Waschmaschine 3,50 €.
Kontakt: Biehainer Seen e.V., ☎ 035892/5446, info@camping-ebs.de, www.camping-ebs.de.
Distanz: 0,1 km, 1 km, Ⓗ 5 km, 10 km.
Gastro: Waldschänke und Strandkiosk vor Ort. Restaurant Zur Mücke 3 km. Restaurant Zur Wehrkirche 5 km.
Freizeit: 5 km. Badesee, Fußball, Volleyball, Tischtennis, Radweg 5 km.
POI: Kulturanlage Einsiedel 10 km, Europastadt Görlitz 15 km.

32805 Horn-Bad Meinberg €12,00

Rosenhof-Lippe, Zum Rosenbusch <8m
102, ☎ 0171/8173338 neu
Am Rande des Teutoburger Waldes

POS: 51°53'3.50"N/8°55'27.46"E, Karte D6 (S. 9), F3
Platz: P = 3 auf Wiese. WC . Hofladen, Pferdepension. Geöffnet: 1.4.-31.10.
Preis: 12 € inkl. Wasser. Strom 3 €. Preisändeung für 2023 möglich.
Kontakt: Rosenhof-Lippe, Ralf Pieper, Mobil: 0171/8173338, info@rosenhof-lippe.com, www.rosenhof-lippe.com.
Distanz: 3 km, 3 km, 3 km.
Freizeit: Geführte Eselwanderungen, Besuch des Vogelparks und Freilichtmuseums, Räuberrunde für Kinder.
POI: Lavendelfelder der lippischen Provence 2 km, Externsteinen 3 km, Hermannsdenkmal 7,9 km.

32805 Horn-Bad Meinberg €20,00

Straußenhof Möller, Billerbecker- <12m
straße 61, ☎ 01512/6376189
Direkt neben dem Straußengehege

POS: 51°53'27.44"N/9°3'21.97"E, Karte D6 (S. 9), F3
Platz: / = 3 auf Wiese. . Nur für autarke Wohnmobile. Ganzjährig geöffnet.
Preis: 20 €.
Kontakt: Nils Möller, ☎ 01512/6376189, kontakt@straussenhof-moeller.de, straussenhof-moeller.de.
Distanz: 0,5 km, 7,6 km.
Gastro: Samstags Hofladen mit eigenen Produkten.
Freizeit: 0,8 km. Rad- oder Wandertouren, Alpaka-Wanderung, Straußenführung, Meinberger Badehaus 5 km, kleiner Freizeitpark und Bootsverleih am Schiedersee 9,6 km.
POI: Externsteine 14,1 km, Schloss und Freilichtmuseum Detmold 16,5 km, Vogelpark und Adlerwarte 19,5 km, Hermannsdenkmal 25,9 km.

Hinweis der Redaktion: Aufgrund der wirtschaftlichen Lage und der andauernden Energiekrise kann es in 2023 zu noch nicht absehbaren Preiserhöhungen bei Service- und Übernachtungsgebühren kommen. Wir bitten um Verständnis und verweisen auf die **Bordatlas WebApp.** Die Stellplatzdaten werden dort laufend überarbeitet und stehen online stets aktuell zur Verfügung.

H

66500 Hornbach €9,00

Wohnmobilstellplatz an der Pirminiushalle, Bahnhofstraße, ☎ **06338/809153** Am Ortsrand <10m

2022 geprüft

POS: 49°11'1.77"N/7°21'56.79"E, Karte D9 (S. 12), C5
Platz: = 26 auf Sand/Splitt, Schotter. CHEM GRAU . wird empfohlen. Anreise ab 13:00, Abreise bis ca. 12:30 Uhr. Ganzjährig geöffnet.
Preis: 9 € inkl. Entsorgung, Müll-Entsorgung, Toiletten. Strom 1 €/2 kWh, Wasser 1 €/ca. 60 l. Bezahlung beim Platzwart oder per Einwurf in den Briefkasten.
Kontakt: Fremdenverkehrsverein Stadt Hornbach, Birgit Grünewald, ☎ 06338/809153, Mobil: 0151/21242037, info@stadt-hornbach.de, www.klosterstadt-hornbach.de.
Distanz: 0,1 km, 1 km.
Gastro: Restaurant Capito, Di-So 17:00-0:00 Uhr, Mo Ruhetag.
Freizeit: 0,5 km. Wandern, Pfälzer Jakobsweg.
POI: Klosterkirche und St. Fabian-Stift 0,5 km, Michaelskapelle 0,5 km, Pirminiusgrab 0,5 km, ehemalige Klosteranlage mit Museum 0,5 km, Oberes Stadttor 0,6 km.

25997 Hörnum/Sylt €27,00

Wohnmobilstellplatz Hörnum, Am Campingplatz 1, ☎ **04651/8358431** Hinter den Dünen auf separatem Areal, 200 m südlich vom Camping <10m

POS: 54°45'50.29"N/8°17'0.12"E, Karte D2 (S. 5), E1
Platz: = 32 auf Schotterrasen, Sand/Splitt. CHEM GRAU . Spüle, Waschmaschine und Trockner gegen Gebühr. wird empfohlen. Anreise bis 20:00 Uhr. Direkter Zugang zum Strand, im Winter keine Versorgung. Mehr als 1 Hund nur auf Anfrage. Ganzjährig geöffnet.
Preis: Ab 27 € inkl. Wasser, Entsorgung, WLAN. Kind (bis 13 J.) 4 €, jede weitere Pers. 6 €, Strom 0,80 €/kWh, Dusche 0,50 €, Kurtaxe (ab 18 J.) 2,90 €/Pers., Hund 3,50 €, Abfallpauschale (einmalig) 2,50 €. Je nach Saison 27-29 €. Anpassung der Strompreise möglich.
Kontakt: Tourismus-Service Hörnum, ☎ 04651/8358431, campingplatz@hoernum.de, www.hoernum.de.
Anfahrt: Mit der Sylt-Fähre ab Rømø, weiter nach Hörnum oder mit dem Shuttle.
Distanz: 0,1 km, Ⓗ 0,1 km, 0,7 km, 0,7 km.
Freizeit: 18 km.
POI: Leuchtturm 0,8 km, Hafen in Hörnum 0,8 km.

54552 Hörschhausen €16,00

Mechels Hof, Daunerstraße 24, ☎ **02692/322** An einem aktiven Ferienbauernhof in der Vulkaneifel >12m

POS: 50°14'33.28"N/6°55'41.49"E, Karte D9 (S. 12), B3
Platz: / = 3 auf Schotter, Asphalt. =3 (16 A) WC CHEM GRAU . Aufenthalt unbegrenzt nach telefonischer Absprache. Ganzjährig geöffnet.
Preis: 16 € inkl. Wasser, Entsorgung, Müll-Entsorgung. Jede weitere Pers. 5 €, Kind (ab 3 J.) 3 €, Strom 3 €, Hund 1 €, Dusche/WC 3 €/Tag.
Kontakt: Walter Bretz, ☎ 02692/322, mechels-hof@t-online.de, www.bauer-walter.de.
Distanz: Ⓗ 0,2 km, 0,5 km, 4 km, 5 km.
Freizeit: 5 km, 5 km, 5 km. Mitarbeit auf dem Hof, Ponyreiten, Nürburgring 12 km.
POI: Mehrere Freizeitparks ab 12 km.

48477 Hörstel-Bevergern €12,00

Wohnmobilstellplatz Bevergern, Dünnenbirkenweg 70, ☎ **05459/7380** Ruhiger Stellplatz in der Nähe von Schloss Surenburg <12m neu

POS: 52°15'49.78"N/7°34'38.86"E, Karte D5 (S. 8), C2
Platz: = 3, = 3 (<12 m) auf Wiese. . Für autarke Wohnmobile und Wohnwagen. Aufenthalt max. 3 Nächte. Ganzjährig geöffnet.
Preis: 12 € inkl. Strom.
Kontakt: Andrea Heekenjann, ☎ 05459/7380, heekenjann@t-online.de, www.hoerstel.de.
Distanz: 1,5 km, 1,5 km.
Gastro: Klosterhof und Gasthof Zum Adler 1,5 km.
Freizeit: 17 km. Idealer Ausgangspunkt für Radtouren, Wanderweg Hermannsweg direkt ab Platz, Schwimmen und Surfen am Torfmoorsee 2 km.
POI: Schloss Surenburg, Bevergerner Altstadt, Kloster Gravenhorst, Teutoburger Wald 3,5 km, Rheine 8 km, Ibbenbüren 9 km, Emsdetten 15 km.

48477 Hörstel-Riesenbeck €8,00

Wohnmobilhafen Riesenbeck, Postdamm/Lazarusbrücke DEK, ☎ **05454/9110** Befestigter, unebener Stellplatz am Dortmund-Ems-Kanal <12m

POS: 52°15'21.67"N/7°38'1.12"E, Karte D5 (S. 8), C2
Platz: = 18 auf Sand/Splitt, Schotter. =18. Aufenthalt max. 5 Tage. Info-Tafel am Platz. Ganzjährig geöffnet.
Preis: 8 € inkl. aller Personen. Strom 1 €/2 kWh.
Kontakt: Stadt Hörstel, ☎ 05454/9110, stadt@hoerstel.de, www.hoerstel.de.
Anfahrt: Navi: Aus Richtung Rheine Münsterstr./Postdamm eingeben, ab dort beschildert.
Distanz: Ⓗ 0,1 km, 0,3 km, 0,3 km, 0,4 km (Tankstelle Riesenbeck Pruß, Heinrich-Niemeyer-Straße 48, 48477 Hörstel-Riesenbeck), 0,4 km, weitere Restaurants in 0,5 km.
Freizeit: 4 km, 0,5 km, 0,5 km. Skaten.
POI: Landmaschinenmuseum Riesenbeck 1 km, Wasserschloss Surenburg 2 km, Heimathaus Bevergern 4 km, Kloster Gravenhorst 6 km.

24797 Hörsten €14,00

Wohnmobilhafen am Flugplatz Schachtholm NOK, Schachtholm 1 (Kreisstraße 27), ☎ **04331/708850** Südlich des Nord-Ostsee-Kanals, neben dem Flugplatz Rendsburg-Schachtholm <12m

2022 geprüft

POS: 54°13'29.00"N/9°36'7.00"E, Karte D2 (S. 5), G2
Platz: = 52 auf Schotterrasen, Wiese. =49 (16 A) CHEM GRAU . Keine Sanitäranlagen vor Ort. Infotafel am Platz, Vereinstreffen möglich. Ganzjährig geöffnet.
Preis: 14 € inkl. aller Personen, Müll-Entsorgung. Strom 0,60 €/kWh, Wasser 1 €/75 l, Entsorgung 1 €.
Kontakt: ☎ 04331/708850, Mobil: 0171/4147046, platz@spann-an.de, www.spann-an.de.
Distanz: 1 km, weitere Restaurants in 4 km, 5 km, Ⓗ 5 km, 7 km.
Gastro: Imbiss am Platz. Brötchenservice in der HS. Restaurant Himmelstürmer mit warmer Küche, Di-Fr 11:00-22:00 Uhr, Sa/So 10:00-22:00 Uhr.
Freizeit: 15 km, 15 km, 15 km. Rundflüge am Flugplatz, Schiffe beobachten, Radfahren.
POI: Eisenbahnhochbrücke mit Schwebefähre 11 km.

33161 Hövelhof €10,00

Campingplatz Apelhof, Paderborner Straße 172, ☎ **05257/2232** Am Badesee <8m

POS: 51°48'5.65"N/8°40'35.44"E, Karte D6 (S. 9), E4
Platz: = 12 auf Schotterrasen. WC CHEM GRAU . Waschmaschine, Trockner. Zugang Dusche/WC, Campingverhalten nicht erlaubt. Ganzjährig geöffnet.
Preis: 10 € inkl. Entsorgung. Jede weitere Pers. 2 €.
Kontakt: Herr Heinz-Georg Osdiek, ☎ 05257/2232, info@camping-apelhof.de, www.camping-apelhof.de.
Distanz: 0 km, Ⓗ 0,2 km, 2,5 km.
Freizeit: Fahrradwege, Wander-/Angelmöglichkeiten, Badesee, Emsquellen und Emsradwegstart 6,3 km.

33161 Hövelhof gratis

Wohnmobilstellplatz am Bahnhof, Bahnhofstraße, ☎ **05257/5009860** Direkt am Bahnhof <8m

2022 geprüft

POS: 51°49'29.61"N/8°39'37.96"E, Karte D6 (S. 9), E4

Platz: P = 6 auf Sand/Splitt, Schotter. =8. Wasser/WC am Bahnhof. Ganzjährig geöffnet.
Preis: Übernachtung gratis inkl. Wasser. Strom 1 €/2 kWh.
Kontakt: Tourist-Information Hövelhof, ☎ 05257/5009860, tourismus@hoevelhof.de, www.hoevelhof.de.
Distanz: Ⓗ 0 km, 0,1 km, weitere Restaurants in 0,3 km, 0,2 km, 0,3 km, 3,5 km (Wohnmobilstellplatz am Apelhof, Paderborner Straße 172, 33161 Hövelhof).
Gastro: Werk7. Hotel Victoria mit Bistro am Bahnhof.
Freizeit: 1 km, 0,7 km. Tourist-Information 0,5 km, Safariland Stukenbrock 9,5 km.
POI: Jagdschloss 0,5 km, Heimatzentrum Senne 1,3 km, Emsquellen 6 km.

37671 Höxter — €11,00

Stellplatz Höxter Floßplatz, Im Brückfeld, ☎ 05271/2589 — >12 m — Gutschein
An der Weser mit Blick auf die Altstadt, durch Hecken parzelliert

2021 geprüft

POS: 51°46'26.29"N/9°23'15.00"E, Karte D6 (S. 9), F4
Platz: P = 65 auf Schotter, Schotterrasen. =48 (16 A) WC CHEM GRAU. Kleines Sanitärgebäude auf dem Platz. Öffentliches, barrierefreies WC in 0,3 km. Ganzjährig geöffnet.
Preis: 11 € inkl. Entsorgung, Müll-Entsorgung. Strom 1 €/2 kWh, Wasser 1 €/ca. 80 l oder 0,10 €/ca. 8 l, Dusche 0,50 €, WC 0,50 €. Bezahlung Strom, Wasser, WC am Münzautomat. Gebühr in bar, per EC-Karte oder Park-App. Ermäßigter Eintritt ins Freibad (Coupon am Campingplatz erhältlich).
Kontakt: Wesercamping Höxter, Thomas Hachmann, ☎ 05271/2589, info@wesercamping-hoexter.de, www.wesercamping-hoexter.de.
Distanz: Ⓗ 0,3 km, 0,3 km, 0,5 km, 0,5 km.
Gastro: Brötchenservice von Ostern-Ende der Herbstferien in NRW. Restaurants in Höxter.
Freizeit: 0,3 km, 0,3 km. Besuch der Landesgartenschau in Höxter (20.4.-15.10.2023), Weserfernradweg, Naturpark Hochsolling 12 km, Kletterpark Neuhaus 12 km.
POI: Fachwerkhäuser, Altstadt 0,3 km, Weltkulturerbe Schloss Corvey 1,5 km, Freizeitanlage Höxter-Godelheim (Badesee) 3 km, Schloss Fürstenberg, Porzellanmanufaktur 7 km.

37671 Höxter-Godelheim — €9,00

Freizeitanlage Höxter-Godelheim, Godelheimer Straße 33, ☎ 05271/2589 — <10 m — Gutschein
An den Godelheimer Seen, durch Hecken und Sträucher parzelliert

2021 geprüft

POS: 51°45'31.71"N/9°22'31.65"E, Karte D6 (S. 9), F4

Platz: P = 40 auf Schotterrasen, Pflaster, Rasengittersteinen. WC CHEM GRAU. B nur bei Gruppen. Lärmbelästigung durch Bahn und Straße. WC/Dusche in der Freizeitanlage von Apr-Okt. Ganzjährig geöffnet.
Preis: 9 € inkl. aller Personen, Wasser, Entsorgung, Dusche, WC, Müll-Entsorgung. Münzautomat.
Kontakt: Wesercamping Höxter, Thomas Hachmann, ☎ 05271/2589, info@wesercamping-hoexter.de, www.wesercamping-hoexter.de.
Distanz: 0 km, Ⓗ 2 km, 2,5 km, 2,5 km.
Gastro: Weitere Restaurants in Höxter und Godelheim. Brötchenservice von Ostern-Ende der Herbstferien NRW. Restaurant Strandgut in der Freizeitanlage.
Freizeit: 1,8 km, 1,5 km, 1,8 km. Beachvolleyballfeld, Surfen, Tretbootverleih, Bouleplatz, Badestelle, Weserradweg R99 0,1 km.
POI: Historischer Stadtkern Höxter 1,5 km, Weltkulturerbe Schloss Corvey 4 km, Porzellanmanufaktur Fürstenberg 10 km.

27318 Hoya/Weser — €5,00

Reisemobilplatz Weserblick, Stettiner Straße, ☎ 04251/81547 Ruhiger Platz am Ortsrand, etwas erhöht an der Weser — <10 m

2022 geprüft

POS: 52°48'0.13"N/9°8'46.14"E, Karte D6 (S. 9), F1
Platz: = 10 auf Schotterrasen, Wiese. =12 CHEM GRAU. Infotafel mit Stadtplan, Sitzbänke/Tische. Weitere 20 Plätze in freier Platzwahl befinden sich auf der Wiese gegenüber der Entsorgungsstation. Ganzjährig geöffnet.
Preis: 5 €. Strom 0,60 €/kWh, Wasser 0,10 €/10 l oder 1 €/150 l. Bezahlung am Parkscheinautomat.
Kontakt: Samtgemeinde Grafschaft Hoya, ☎ 04251/81547, tourismus@hoya-weser.de, www.grafschaft-hoya.de.
Distanz: Ⓗ 0,5 km, 0,5 km, 0,5 km, 0,5 km.
Freizeit: 4 km. Grafen-Ring (75-km-Radweg), Bootsverleih 0,3 km, Boots-/Schifffahrt 0,5 km, Segelfliegen 1 km, Freizeitbad 2 km, Minigolf 2 km.
POI: Wind- und Wassermühlen, Weser-Filmhof, Altstadt Hoya und Heimatmuseum 0,5 km, Kaffkieker-Fahrten (historischer Triebwagen) 0,5 km, doppeltürmige Stiftskirche Bücken 2 km.

02977 Hoyerswerda — gratis

Längsparkplatz Dr.-Wilhelm-Külz-Straße, Dr.-Wilhelm-Külz-Straße, ☎ 03571/2096170 — <8 m
Längsparkplatz nahe Lausitzcenter

POS: 51°26'12.39"N/14°15'47.88"E, Karte D8 (S. 11), G4
Platz: P = 2 auf Asphalt. Aufenthalt max 5 Nächte. Campingverhalten nicht erlaubt. Ganzjährig geöffnet.

Preis: Übernachtung gratis.
Kontakt: Tourist-Info Hoyerswerda, ☎ 03571/2096170, hoyerswerda@lausitzerseenland.de, www.hoyerswerda.de.
Freizeit: Zoo Hoyerswerda.
POI: Z-Com Computer Museum, Industriemuseum Energiefabrik Knappenrode, Krabat-Mühle Schwarzkollm.

02977 Hoyerswerda — gratis

Parkplatz Pforzheimer Platz, Pforzheimer Platz, ☎ 03571/2096170 — <8 m
Zentrumsnaher Stellplatz

POS: 51°26'3.82"N/14°14'43.15"E, Karte D8 (S. 11), G4
Platz: P = 8 auf Pflaster. Campingverhalten nicht erlaubt. Aufenthalt max. 5 Nächte. Ganzjährig geöffnet.
Preis: Übernachtung gratis.
Kontakt: Tourist-Info Hoyerswerda, ☎ 03571/2096170, hoyerswerda@lausitzerseenland.de, www.hoyerswerda.de.
Distanz: 0,1 km.
POI: Stadtbesichtigung Hoyerswerda, Zoo mit Museum und Schloss.

02977 Hoyerswerda — gratis

Wohnmobilstellplatz am Gondelteich/Lausitzbad, Gondelteich 1, ☎ 03571/2096170 Am Lausitzbad im Grünen — <10 m

2022 geprüft

POS: 51°25'56.66"N/14°15'6.21"E, Karte D8 (S. 11), G4
Platz: P = 5 auf Schotterrasen. CHEM GRAU. Aufenthalt unbegrenzt. Ganzjährig geöffnet.

H

Preis: Übernachtung gratis. Strom 0,50 €/kWh, Wasser 1 €/100 l, Entsorgung 2 €.
Kontakt: Tourist-Info Hoyerswerda, ☎ 03571/2096170, hoyerswerda@lausitzerseenland.de, www.hoyerswerda.de.
Freizeit: Lausitzbad, Niederlausitzer Bergbautour, Froschradweg, Seenland-Route, Scheibe-See 5 km.
POI: Z-Com Computermuseum 0,9 km, Lausitz-Center und Lausitzhalle 1,1 km, Stadtmuseum im Schloss 1,2 km, Kulturfabrik 1,4 km, Zoo 1,7 km.

56412 Hübingen-Westerwald €11,00

Familienferiendorf Hübingen, Am Buchenberg 1, ☎ 06439/920040 <10 m
Am Waldrand mit Westerwald- und Taunusblick

POS: 50°21'29.03"N/7°50'12.71"E, Karte D9 (S. 12), D2
Platz: = 10, = 3 (<12 m) auf Schotter, Schotterrasen. WC CHEM GRAU . wird empfohlen. Anmeldung an der Rezeption (9:00-17:00 Uhr, am Wochenende 9:00-13:00 Uhr). Geöffnet: 1.3.-31.10.
Preis: 11 €. Strom 4 €, Wasser 1 €, Entsorgung 10 €.
Kontakt: Hanno Heil, ☎ 06439/920040, info@ffd-huebingen.de, www.familienferiendorf-huebingen.de.
Distanz: Ⓗ 0,6 km, 0,6 km, 5 km.
Gastro: Restaurant Rückerhof oder Zum Hannes in Welschneudorf 5 km.
Freizeit: Familienprogramm im BaSalto Mitmachzirkus oder im Feriendorf, Tischtennis, Volleyball, Niedrigseilparcours, Kanuverleih an der Lahn.
POI: Altstädte von Montabaur, Limburg und Diez, Limeswanderweg, Bad Ems, Koblenz mit Festung Ehrenbreitstein.

41836 Hückelhoven-Schaufenberg €9,00

Wohnmobilstellplatz Hückelhoven Haldenblick, Jacobastraße 66, ☎ 0243/39390968 In Stadtrandlage, unmittelbar am Camping-Center <10 m

2022 geprüft E

POS: 51°3'48.00"N/6°12'11.00"E, Karte D5 (S. 8), A5
Platz: = 14 auf Schotterrasen. =10 (10 A) CHEM GRAU . Ganzjährig geöffnet.
Preis: 9 € inkl. Strom. Wasser 1 €/120 l. Bezahlung am Ticketautomat.
Kontakt: 3H Freizeit und Camping GmbH, Herr Heinrichs, ☎ 0243/39390968, info@3h-reisemobilstellplatz.de, www.3h-reisemobilstellplatz.de.
Distanz: , weitere Restaurants in 0,4 km, 0,1 km, 0,5 km.
Gastro: Jägerhof Ratheim. Restaurant Mediteran Hückelhoven. El Sambrero Hückelhoven.
Freizeit: Wandern, Einstieg zum RurUfer-Radweg, Besucherbergwerk Schacht 3 mit restauriertem Fördergerüst.
POI: Wasserburg Haus Hall, Adolfosee, Zeche Sophia Jacoba Schacht 3, Rurtal-Korbmacher Museum, Millicher Halde, Bergarbeitersiedlungen in Hückelhoven und Schaufenberg.

42499 Hückeswagen gratis

Reisemobilplatz An der Schnabelsmühle, Schnabelsmühle, ☎ 02192/88806 Bei den Sportanlagen <6 m

POS: 51°9'17.17"N/7°20'2.14"E, Karte D5 (S. 8), C5
Platz: P = 5 auf Asphalt. . Stellplätze sind schräg und werden manchmal von Pkw belegt. Aufenthalt max. 1 Nacht, längere Fahrzeuge bitte längs parken. Ganzjährig geöffnet.
Preis: Übernachtung gratis.
Kontakt: Schloss-Stadt Hückeswagen, Heike Rösner, ☎ 02192/88806, heike.roesner@hueckeswagen.de, www.hueckeswagen.de.
Distanz: 1 km, 1,5 km, weitere Restaurants in 1 km Entfernung, 1 km, Ⓗ 1 km.
Freizeit: 2 km. Bergischer Panoramasteig in der Nähe, Rundwanderweg Wasserweg an der Wuppervorsperre, Wassersport an der Bevertalsperre 2 km.
POI: Altstadt 1 km, Schloss mit Heimatmuseum 1 km.

42499 Hückeswagen gratis

Stellplatz Wupperaue, An der Wupperniederung, ☎ 02192/88806 <8 m
Stadtnah am Bergischen Panorama-Radweg

POS: 51°9'0.12"N/7°20'44.40"E, Karte D5 (S. 8), C5
Platz: P = 3 auf Asphalt. =3 . Ganzjährig geöffnet.
Preis: Übernachtung gratis inkl. Strom.
Kontakt: Heike Rösner, ☎ 02192/88806, heike.roesner@hueckeswagen.de, www.hueckeswagen.de.
Distanz: 0,1 km, 0,1 km, Ⓗ 0,3 km, 0,5 km, weitere Restaurants in 3 km, 7,2 km (Wohnmobilstellplatz Wipperfürth, Wupperstraße 13, 51688 Wipperfürth).
Gastro: Mehrere Restaurants im Ort. Eiscafés Firuli und Valenti. Bäckereien Beckmann und Steinbrink.
Freizeit: 4 km. Kanuwandern, Radfahren, Bahnstraßenweg 0,3 km, Bergischer Panoramasteig 3 km, Badesee Bevertalsperre 3 km, Wasserweg 3,5 km, Klettergarten/Segway fahren 4 km.
POI: Wupperauen 0,2 km, Schloss 0,5 km, hist. Altstadt 0,5 km.

27798 Hude €15,00

Haus Sandersfeld (Swingerclub), Bremer Straße 24, ☎ 04408/807313 <12 m
Nur für Erwachsene, in Seenähe

POS: 53°4'27.61"N/8°24'58.26"E, Karte D2 (S. 5), E5
Platz: = 30, = 20 (<12 m) auf Schotterrasen, Pflaster, Wiese. =20 (36 A) WC CHEM GRAU . Für weitere Informationen bitte anrufen. Ganzjährig geöffnet.
Preis: 15 € inkl. Strom, Wasser, Entsorgung, Dusche, WC.
Kontakt: Haus Sandersfeld, ☎ 04408/807313, info@haus-sandersfeld.de, www.haus-sandersfeld.de.
Distanz: 2 km, 8 km.
Gastro: Restaurant am Golfplatz 3,5 km.
Freizeit: Swingen, Golfplatz 3,5 km.
POI: Oldenburg 15 km, Bremen 25 km.

27798 Hude €5,00

Wohnmobilstellplatz Hude, Schützenstraße/Ecke Auf dem Klüterort, ☎ 04408/8090950 <12 m
Zentrumsnaher Parkplatz beim Hallenbad

2022 geprüft E

POS: 53°6'29.49"N/8°27'31.62"E, Karte D2 (S. 5), E5
Platz: P = 10 auf Schotter, Asphalt, Pflaster. GRAU . Ganzjährig geöffnet. Ausnahme: Sperrung bei Veranstaltungen.
Preis: 5 €. Strom 0,50 €/kWh, Wasser 1 €. Bezahlung am Parkscheinautomat.
Kontakt: Gemeinde Hude, ☎ 04408/8090950, info@touristik-palette-hude.de, www.touristik-palette-hude.de.
Distanz: , 0,1 km, weitere Restaurants in 0,5 km, Ⓗ 0,4 km, 1 km.
Freizeit: 2 km. Boule, Reiten, Angeln, verschiedene Angebote im Gästeführer, Golfen, Planeten-Lehrpfad, Fahrradwerkstatt 2 km, Golfplatz und Pferdehof 3 km, Urwald Hasbruch mit 1250-jähriger Eiche 4 km.
POI: Zeitstrahl 2000 (erdgeschichtlicher Lehrpfad) 1 km, Klosterruine im historischen Klosterbereich 2 km, Heimatmuseum Vielstedter Bauernhaus 4 km, NSG Wittemoor/Holler Moor 6 km.

49448 Hüde €17,00

Campingplatz Dümmersee C10, Zum Fischerhafen 15, ☎ 05443/8912 <8 m
Direkt am See

POS: 52°29'47.47"N/8°21'15.19"E, Karte D6 (S. 9), E2
Platz: / = 15 auf Wiese. WC CHEM GRAU . Trockner, Waschmaschine. wird empfohlen. Anreise nach Absprache bis 20:00 Uhr. Ganzjährig geöffnet.

Preis: 17 € inkl. Wasser, Entsorgung, WC, WLAN. Jede weitere Pers. 4,50 €, Kind (3-5 J.) 2 €, Kind (6-11 J.) 2,50 €, Strom 3 € oder, Hund 1,50 €.
Kontakt: Heiko Picksmeier-Piening, ☎ 05443/8912, Mobil: 0151/74311123, campingplatz-duemmersee@web.de, www.campingplatz-duemmersee.de.
Distanz: 0,2 km, 0,5 km, 3 km, 3 km.
Gastro: Eisdiele 0,5 km. Fischimbiss 0,5 km. Aalräucherei 3 km.
Freizeit: 0,4 km, 2 km. Badesee Dümmer, Bouleplatz, Wassersport, Beachvolleyball, Hundewiese, Surfschule, Wandern im Naturpark Dümmer, Bootsverleih 0,5 km.
POI: Erholungsort Hüde 0,2 km, Stadtmuseum Damme 18 km.

49448 Hüde — €13,00 — <12m

Freizeitarena Dümmer See, Rohrdommelweg 33, ☎ 05447/2468
Am südöstlichen Ufer des Dümmer Sees

POS: 52°30'6.51"N/8°21'15.45"E, Karte D6 (S. 9), E2
Platz: = 50 auf Wiese, Schotter, Schotterrasen. WC CHEM. Ideal für Familien mit kleineren Kindern, Wassersportler, Wanderer und Radfahrer. Geöffnet: 1.4.-31.10., sonst auf Anfrage.
Preis: 13 € inkl. Wasser, Entsorgung, Dusche, WC, Müll-Entsorgung. Jede weitere Pers. 5 €, Kind (bis 5 J.) gratis, Strom 5 €.
Kontakt: Robin Poetter, ☎ 05447/2468, info@surfschule-duemmersee.de, www.surfschule-duemmersee.de.
Distanz: 0,1 km, weitere Restaurants in 1 km, 0,3 km, 0,5 km, 0,8 km.
Gastro: Café/Restaurant Villa.
Freizeit: 1 km, 0,2 km. Kanu fahren, Wassersport, Stand-up-Paddeln, Surf-/Segelschule 0,2 km, Badestrand 0,6 km, Bootsverleih 0,7 km.
POI: Dümmer Museum/Naturschutzstation 5 km.

78183 Hüfingen — €9,00 — <12m

Wohnmobilstellplatz an der Breg, Bräunlinger Straße 1, ☎ 0771/600919
Festplatzgelände am Ufer der Breg

2021 geprüft E

POS: 47°55'23.57"N/8°29'11.34"E, Karte D14 (S. 17), E4
Platz: = 30 auf Schotterrasen, Asphalt, Wiese, Naturboden. =22 WC CHEM GRAU. Kiosk. Ganzjährig geöffnet.
Preis: 9 € inkl. Entsorgung. Strom 1,50 €/8 h, Wasser 1,50 €/100 l, Kurtaxe 1,50 €/Pers. Bezahlung und Wertmünzenkauf von 8:30-9:00 Uhr am Platz. Gratis-WLAN im Rathaus.
Kontakt: Stadt Hüfingen, ☎ 0771/600919, tourismus-kultur@huefingen.de, www.huefingen.de.
Distanz: Weitere Restaurants in 0,2 km Entfernung, 0,3 km, 0,3 km, 0,3 km, 0,5 km.
Gastro: Kiosk am Platz.
Freizeit: 0,8 km. Natur-Erlebnis-Spielplatz, Aquari-Familienfreizeitbad 1 km, Römerbad 1 km, Orchideenwald 3 km, Wandergebiet Gauchach-/Wutachschlucht 8 km.
POI: Altstadt 0,2 km, Museum für Kunst und Geschichte 0,5 km, Schloss zu Fürstenberg 0,5 km, Schulmuseum 1 km.

72584 Hülben — gratis — >12m

Wohnmobilhafen Hülben, Kaltentalstraße, ☎ 07125/96860
Teil des Park- und Festplatzes am nordöstlichen Ortsrand

POS: 48°31'33.80"N/9°24'44.20"E, Karte D14 (S. 17), G2
Platz: = 10 auf Wiese, Schotter. =6 (16 A) CHEM. Aufenthalt max. 5 Tage. Verlängerung auf Antrag bei der Gemeinde. Keine Müll-Entsorgung möglich. Ganzjährig geöffnet.
Preis: Übernachtung gratis inkl. Entsorgung. Strom 0,50 €/kWh. Wasser über Münzautomaten.
Kontakt: Gemeinde Hülben, ☎ 07125/96860, info@huelben.de, www.huelben.de.
Distanz: 0,2 km, weitere Restaurants in 0,5 km, 0,5 km, 0,8 km, 1 km.
Gastro: Stadiongaststätte Hülben.
Freizeit: 7 km, 5 km. Skilanglauf, Tennis, Inlineskating, Thermal-/Mineralbäder in Bad Urach und Beuren 7 km.
POI: Heidengraben (keltische Befestigung) 2 km, astronomischer Lehrpfad 2 km, Burg Hohenneuffen 5 km, Burgruine Hohenurach und Uracher Wasserfall 8 km.

83730 Hundham-Fischbachau — €50,00 — <8m

Hof Gottenau, Gottenau 1, ☎ 08028/2164
Am Erlebnisbauernhof mit Bergblick

POS: 47°45'21.13"N/11°55'47.53"E, Karte D15 (S. 18), C4
Platz: = 2 auf Schotter, Wiese. WC. Duschen, Kühe, Pferde, Streichelzoo, Reitplatz. Ganzjährig geöffnet.
Preis: Ab 50 € inkl. Duschen. Kind (2-14 J.) 12,50 €, Kurtaxe (ab 6 J.) 0,70 €/Pers., Kurtaxe 1,40 €/Pers., Hund 6 €. Inkl. privatem Bad. Sonntagspauschale (Aufenthalt bis 18:00 Uhr) 50 €, Bezahlung per Vorkasse in bar oder nach Absprache vor Ort.
Kontakt: Regina & Korbinian Zehetmair, ☎ 08028/2164, info@hof-gottenau.de, www.hof-gottenau.de.
Gastro: Brötchenservice, Frühstückskorb, frische Bio-Kuhmilch. Kleiner Hofladen Genusseck.
Freizeit: 3 km. Radweg, Langlaufloipe, Badesee (Schliersee), Mitmach-Bauernhof, großer Fuhrpark und Kletterspielplatz, Reitschule, Golf, geführte Reitwanderungen, Wintersport, Rodelbahn Oedberg-Flizzer 16 km, Familienwanderweg Bayrischzell 17 km, Besuch im Bergtierpark Blindham 28 km.
POI: Kirchen in Fischbachau, Elbach und Schliersee, Wendelstein mit Höhle und Kapelle 7,8 km.

56414 Hundsangen — gratis — <8m

WeWo Caravaning GmbH, Industriestraße 8, ☎ 06435/961600
Beim Reisemobilhändler im Gewerbegebiet

POS: 50°27'38.00"N/7°58'48.00"E, Karte D9 (S. 12), D2
Platz: = 2 auf Schotter. =1 CHEM/Bio. Shop geöffnet von 9:00-12:00 Uhr, 14:00-17:00 Uhr, VE nur zu den Geschäftszeiten. Ganzjährig geöffnet.
Preis: Übernachtung gratis.
Kontakt: Marcus Welzenberg, ☎ 06435/961600, info@we-wo.de, www.we-wo.de.
Distanz: 0,5 km, 1 km, 1 km, 5 km, weitere Restaurants in 10 km.
Freizeit: 2 km.
POI: Altstadt Limburg mit Dom 10 km.

36088 Hünfeld — €14,00 — <10m

KNAUS Reisemobilhafen Hünfeld (Praforst), Dr.-Detlev-Rudelsdorff-Allee 6, ☎ 06652/749090
Übernachtungsplätze vor dem Camping

POS: 50°39'10.07"N/9°43'34.98"E, Karte D10 (S. 13), G2
Platz: = 5 auf Schotter. =5 (16 A) WC CHEM GRAU. Aufenthaltsraum mit TV. Ganzjährig geöffnet.
Preis: 14 € inkl. Wasser, Entsorgung, Müll-Entsorgung, Hund. Strom 4 €, WC 5 €/Pers.
Kontakt: KNAUS Campingpark Hünfeld, ☎ 06652/749090, huenfeld@knauscamp.de, www.knauscamp.de/huenfeld-praforst.
Distanz: 0 km, weitere Restaurants in 0,1 km, 0,5 km, 3 km, 3 km.
Gastro: Minimarkt und Brötchenservice.
Freizeit: 3 km, 4 km, 4 km. Vita-Parcours, Minigolf, Angeln, Golfanlage.
POI: Konrad-Zuse-Museum Hünfeld, UNESCO-Biosphärenreservat Rhön, Museum Modern Art, Burgenstadt Schlitz 15 km, Bischofssitz Fulda 15 km, Barock- und Domstadt Fulda 16 km, Erlebnis- und Gedenkstätte Point-Alpha 25 km.

H

36088 Hünfeld
€5,00 <12m

Reisemobilplatz Hessisches Kegelspiel, Landerneauallee, ☎ 06652/180195
Zentrumsnahe Plätze inmitten der Park- und Freizeitanlage Seefläche Haselgrund

2022 geprüft E

POS: 50°40'34.66"N/9°46'37.09"E, Karte D10 (S. 13), G2
Platz: = 18 auf Kiesel. CHEM GRAU. Anfahrt 24 h, Aufenthalt max. 3 Tage, Stellplätze auf Perlkies. Ganzjährig geöffnet.
Preis: 5€ inkl. Entsorgung. Strom 1€/kWh, Wasser 1€/75 l.
Kontakt: Magistrat der Stadt Hünfeld, Christine Jecker, ☎ 06652/180195, info@hessisches-kegelspiel.de, www.hessischeskegelspiel.de.
Distanz: Ⓗ 0,2 km, 0,3 km, 0,5 km, 0,5 km.
Gastro: Gaststätte Schützenhof Lühn 0,8 km. Gastronomie F.C. Aha 0,8 km.
Freizeit: 0,6 km, 1 km. Angeln, Boot fahren, Stadt- und Regionalführungen, Freibad 0,1 km, Nordic Walking und Ruderboot fahren 0,5 km, Reithalle 0,5 km, 27-Loch-Golfplatz 5 km.
POI: Das offene Buch: Literatur an 120 Hausfassaden, Bürgerpark, St. Bonifatius-Kloster 0,4 km, Konrad-Zuse-Museum 1 km, Museum-Modern-Art 1,2 km, Keltische Ringwallanlage Stallberg 5 km.

35410 Hungen-Inheiden
gratis <10m

Festplatz Seegebiet Inheiden, Seestraße, ☎ 06402/850
Unweit des Inheidener/Trais-Horloffer Sees am Festplatz

2020 geprüft E

POS: 50°27'18.91"N/8°54'0.91"E, Karte D10 (S. 13), F2
Platz: P = 6 auf Rasengittersteinen. =6 WC CHEM GRAU. VE nur vom 1.4.-31.10. Ganzjährig geöffnet.
Preis: Übernachtung gratis inkl. Entsorgung. Strom 2€/6 h, Wasser 2€.
Kontakt: ☎ 06402/850, info@hungen.de, www.hungen.de.
Distanz: Ⓗ 0,1 km, 0,5 km, 0,5 km, 0,5 km.
Gastro: Imbiss am Stellplatz. weitere Restaurants im Ort.
Freizeit: 2 km. Segeln, Diverse Wanderwege, Angeln, Badesee, Surfen.
POI: Naturschutzgebiet, Schloss Hungen 2 km, Heimatmuseum Obbornhofen 5 km, Burg Minzenberg 10 km.

46569 Hünxe
€8,00 <8m

Häxehüsli Hünxe, Möllenweg 6, ☎ 02858/838528 Erlebnishof mit Kreativ-Werkstatt, nahe der A3

POS: 51°39'41.81"N/6°43'6.45"E, Karte D5 (S. 8), B4
Platz: / = 1 auf Naturboden. =1 (16 A) WC . Duschen. Voranmeldung und kurze Absprache spätestens am Vortag der geplanten Anreise erforderlich. Geöffnet: 1.3.-31.10.
Preis: 8€. Wasser/Strom gegen Gebühr.
Kontakt: Nicole Miriam Eckert, ☎ 02858/838528, info@haexehuesli.de, haexehuesli.de.
Distanz: Ⓗ 1 km, 3 km, 3 km, 7 km.
Gastro: Imbiss 3 km.
Freizeit: 7 km, 7 km. Reiten, Spinnkurse, Schafe melken, Verarbeitung von Schafwolle, Herstellen von Glasperlen-Unikaten, Kräuter-Nachmittage, Golfplatz 6 km.

52393 Hürtgenwald-Bergstein
gratis <12m

Parkplatz Burgstraße, Burgstraße, ☎ 02446/805790 Auf dem befestigten Parkplatz am Ende der Burgstraße

POS: 50°41'44.50"N/6°26'21.00"E, Karte D9 (S. 12), A1
Platz: / = 5 auf Asphalt, Pflaster. . Ganzjährig geöffnet.
Preis: Übernachtung gratis.
Kontakt: Rureifel-Tourismus-Zentrale, ☎ 02446/805790, info@rureifel-tourismus.de, www.rureifel-tourismus.de.
Distanz: 1,5 km, 1,5 km, Ⓗ 1,5 km, 8 km.
Gastro: Restaurant Zum Burgberg.
Freizeit: 12 km. Segelflugplatz 1 km, Wildpark Schmidt 9 km.
POI: Aussichtsturm Krawutschke, Burgmuseum in der ehemaligen Landesburg von 1177 in Nideggen 5 km.

52393 Hürtgenwald-Hürtgen
gratis <12m

Kriegsgräberstätte Hürtgen, Höhenstraße, ☎ 02446/805790
Parkplatz am Soldatenfriedhof

POS: 50°42'19.60"N/6°21'38.22"E, Karte D9 (S. 12), A1
Platz: P = 9 auf Asphalt. . Ganzjährig geöffnet.
Preis: Übernachtung gratis.
Kontakt: Rureifel-Tourismus-Zentrale, ☎ 02446/805790, info@rureifel-tourismus.de, www.rureifel-tourismus.de.
Distanz: Ⓗ 0,1 km, 1 km, 3 km, 3 km.
Freizeit: 3 km. Wildpark Schmidt 7 km.
POI: Soldatenfriedhof am Ort, Museum Hürtgenwald 1944 und im Frieden in Vossenack 2 km.

52393 Hürtgenwald-Zerkall
gratis <12m

Nationalpark-Infopunkt Zerkall, Auel 1, ☎ 02446/805790
Am Zusammenfluss von Kall und Rur

POS: 50°41'27.62"N/6°27'19.79"E, Karte D9 (S. 12), A1
Platz: = 12 auf Naturboden. . Ganzjährig geöffnet.
Preis: Übernachtung gratis.
Kontakt: Rureifel-Tourismus-Zentrale, ☎ 02446/805790, info@rureifel-tourismus.de, www.rureifel-tourismus.de.
Distanz: 0,2 km, Ⓗ 0,2 km, 0,5 km, 3 km.
Gastro: Gut Kallerbend in 1 km. weitere Restaurants: Nideggen, Schmidt, Vossenack, Simonskall.
Freizeit: 7 km. Rur-Ufer-Radweg, Kanufahren auf der Rur.
POI: Naturschutzgebiet Kalltal, hist. Ortskern und Burgmuseum in Nideggen, Wildpark Schmidt 6 km.

25813 Husum-Porrenkoog
€12,00 <12m

Loof's Wohnmobilhafen, Dockkoogstraße 7, ☎ 04841/2033
Beim Loof-Seafood-Bistro, hinter der Eisenbahnüberführung

2022 geprüft E

POS: 54°28'30.00"N/9°2'32.00"E, Karte D2 (S. 5), F2
Platz: P = 30 auf Sand/Splitt, Schotter. WC CHEM. Anmeldung über Hotel Altes Zollamt, Kleikuhle 1-2, Tel. 04841/2033. Ganzjährig geöffnet.
Preis: 12€ inkl. aller Personen, Entsorgung, Müll-Entsorgung. Strom 0,50€/kWh, Wasser 1€/100 l, Dusche 0,50€/Pers. 1.Tag 12€ inkl. 2-€-Verzehrbon im Loof-Seafood-Bistro, jede weitere Nacht 10€. Schlüsselpfandgebühr 50€.
Kontakt: Hotel Altes Zollamt, ☎ 04841/2033, www.fischhausloof.de.
Distanz: 0,2 km, 0,5 km, 0,5 km, Ⓗ 0,8 km.
Gastro: Loof-Seafood-Bistro 0,2 km (kein Ruhetag).
Freizeit: 1,5 km, 1,5 km, 0,5 km. Ausflugsfahrt zu den Halligen und nach Helgoland, Wattwandern, Personenschifffahrt nach Pellworm, Föhr, Amrum und Sylt 0,2 km, Badestrand 0,8 km.
POI: Theodor-Storm-Haus und Schifffahrtsmuseum 0,4 km.

Sie haben einen neuen Stellplatz entdeckt? Dann teilen Sie uns diesen mit per E-Mail an **bordatlas@doldemedien.de** oder über das Online-Meldeformular unter **www.bordatlas.de/meldung**

I

49479 Ibbenbüren €3,00

Aaseebad Ibbenbüren, An der Umfluth 99, ☎ 05451/14770 <12m
In ruhiger Lage in der Nähe der Ibbenbürener Aa

POS: 52°15'43.82"N/7°43'54.33"E, Karte D5 (S.8), C2
Platz: P = 20 auf Wiese. WC. Aufenthalt max. 4 Nächte. Wasser/WC zu den Bad-Öffnungszeiten. Ganzjährig geöffnet.
Preis: 3 € inkl. Wasser, WC.
Kontakt: Aaseebad Ibbenbüren, ☎ 05451/14770, info@stadtmarketing-ibbenbueren.de, www.stadtmarketing-ibbenbueren.de.
Distanz: 0,2 km, 1,5 km, 2 km.
Freizeit: Wasserspielplatz, Aasee-Park mit Aaseebad, Boule-Bahn sowie Aasee-Beach mit Tretbootverleih, Kletterwald 1,5 km, Swingolf 2,5 km, Minigolf 3 km, Sommerrodelbahn mit Märchenwald 3 km.
POI: Dörenther Klippen mit Felsformation Hockendes Weib, Garten- und Teichlandschaft mit Unterwasserpark im NaturaGart-Park, Heimatmuseum 1,5 km, Naturdenkmal Dörenther Klippen 2,5 km, Erlebnishof Löbke 5 km, Botanischer Garten Loismann 7 km.

49479 Ibbenbüren gratis

Freizeitpark Sommerrodelbahn, Münsterstraße 265, ☎ 05451/3226 <6m
Auf dem Parkplatz des Freizeitparks

POS: 52°15'0.95"N/7°42'14.04"E, Karte D5 (S.8), C2
Platz: = 5 auf Wiese, Schotter, Asphalt, Sand/Splitt, Naturboden. Aufenthalt max. 4 Tage. Außerhalb der Öffnungszeiten des Parks (in den Morgen- und Abendstunden) ist das Betreten der gesamten Freizeitanlage nicht gestattet. Öffnungszeiten auf www.sommerrodelbahn.de. Geöffnet: Apr-Okt.
Preis: Übernachtung gratis.
Kontakt: Freizeitpark Sommerrodelbahn, Hermann Derhake, ☎ 05451/3226, info@sommerrodelbahn.de, www.sommerrodelbahn.de.
Distanz: 0,1 km, 1 km, 3 km, 4 km.
Gastro: Hubertushof 1 km.
Freizeit: 3 km, 3 km, 3 km. Märchenwald, Sommerrodelbahn, Rodeln, Aaseebad 3 km.
POI: Dörenther Klippen mit Felsformation Hockendes Weib- und Naturerlebnispark mit Tauchparadies 1 km, Naturagart 1,5 km.

49479 Ibbenbüren €7,00

TOTAL Autohof, Münsterstraße 212a, ☎ 05451/936673 >12m neu
Quickstop auf dem LKW-Parkplatz, direkt an der Abfahrt BAB Ibbenbüren

POS: 52°15'29.31"N/7°42'38.91"E, Karte D5 (S.8), C2
Platz: = 5, = 2 (<15 m) auf Pflaster. WC CHEM GRAU. Anfahrt 24 h. Ganzjährig geöffnet.
Preis: 7 €. Entsorgung 1 €. Inkl. Verzehrgutschein 5 €.
Kontakt: TOTAL Autohof, Wolfgang Klausmeyer, ☎ 05451/936673, w.klausmeyer@osnanet.de, www.klausmeyer.eu.
Distanz: 0 km, weitere Restaurants in 1,8 km, 1 km, 1,5 km, 2 km.
Gastro: Bistro im Autohof.
Freizeit: 2 km, 2 km, 1 km. Freizeitpark Sommerrodelbahn, Aasee-Park mit Aaseebad.
POI: Dörenther Klippen mit Felsformation Hockendes Weib und Naturerlebnispark mit Tauchparadies.

49479 Ibbenbüren-Dickenberg €10,00

Gasthof Dickenberg, Rheiner Straße 324, ☎ 05451/74463 Großer Gasthof-Parkplatz mit angrenzender Parkanlage <8m

2021 geprüft

POS: 52°18'50.00"N/7°40'15.00"E, Karte D5 (S.8), C2
Platz: P = 4 auf Rasengittersteinen. WC. WC/Duschen im Hotel. Ganzjährig geöffnet.
Preis: 10 € inkl. Strom, Dusche.
Kontakt: Wolfgang Antrup, ☎ 05451/74463, info@gasthof-antrup.de, www.gasthof-antrup.de.
Distanz: 0,1 km, 0,1 km.
Gastro: Geöffnet, Do-Sa ab 16:00 Uhr, So 10:00-14:00 Uhr und ab 16:00 Uhr.
Freizeit: 5 km, 1 km. Wellnessbereich im Haus, Rad-/Rundwanderweg, Aasee 5 km, Sommerrodelbahn 7 km, Märchenwald 7 km.
POI: Bergbau-Museum 4 km, Motorrad-Museum 5 km, Dörenther Klippen 8 km, Naturagart 10 km, Botanischer Garten Loismann 11 km, Schaugärten Stratmann 12 km, Altstadt Tecklenburg 13 km.

49479 Ibbenbüren-Laggenbeck €5,00

Landgasthof Mühlenkamp, Bocketaler Straße 142, ☎ 05451/996420 In ruhiger Lage <8m

POS: 52°15'6.45"N/7°46'13.45"E, Karte D5 (S.8), C2
Platz: = 3 auf Schotter. WC. Aufenthalt max. 2 Tage, Anfahrt bis 22:00 Uhr. WC zu den Restaurant-Öffnungszeiten. Ganzjährig geöffnet.
Preis: 5 €. Für Restaurantgäste kostenlos.
Kontakt: Eva-Maria Kuck, ☎ 05451/996420, info@landgasthof-muehlenkamp.de, www.landgasthof-muehlenkamp.de.
Distanz: 1 km, 2 km, 2,5 km.
Gastro: Restaurant auf Anfrage.
Freizeit: 2 km, 7 km. Naturschwefelbad Holthausen, Segeln auf dem Aasee, Kletterwald (März-Okt) 6 km, Sommerrodelbahn mit Märchenwald 8 km.
POI: Motorradmuseum 6 km, Freilichtbühne Tecklenburg 6 km, Dörenther Klippen 8 km.

49479 Ibbenbüren-Laggenbeck €5,00

Ristorante Pizzeria Il Gabbiano, Tecklenburger Straße 14, ☎ 05451/8204 <10m
Auf dem Restaurant-Parkplatz

POS: 52°15'38.12"N/7°47'22.47"E, Karte D5 (S.8), C2
Platz: = 5 auf Schotter. =5 (16 A). wird empfohlen. Ganzjährig geöffnet. Ausnahme: In den Herbstferien geschlossen.
Preis: 5 € inkl. Strom, Wasser, WLAN.
Kontakt: Il Gabbiano, Salvatore Fico, ☎ 05451/8204, kontakt@ilgabbiano.de, www.ilgabbiano.de.
Distanz: , 0,1 km, 0,5 km, 5 km.
Gastro: Restaurant am Platz, Mi-Mo 17:00-23:00 Uhr, Di Ruhetag, Do Schlemmer-Büffet.
Freizeit: 0,3 km. Tennisplatz 0,1 km.
POI: Tecklenburg 5 km.

55743 Idar-Oberstein €7,50

Wohnmobilstellplatz an der hist. Weiherschleife, Tiefensteiner Straße 87, ☎ 06781/9335033 >12m neu
Am Waldrand an der historischen Weiherschleife am Idarbach

POS: 49°43'45.10"N/7°17'14.16"E, Karte D9 (S.12), C4
Platz: P = 13 auf Schotter, Wiese. CHEM GRAU. Leinenpflicht für Hunde. Aufenthalt max. 4 Tage. Ganzjährig geöffnet.
Preis: 7,50 € inkl. Entsorgung. Strom 0,50 €/kWh, Wasser 0,10 €/10 l, VE für Durchreisende 2,50 €. Bezahlung am Münzautomat.
Kontakt: Betriebsverwaltung Edelsteinminen, ☎ 06781/9335033, info@edelsteinland.de, www.edelsteinland.de.
Distanz: 0,1 km, 0,2 km, 0,5 km, 3 km.
Gastro: Restaurant zur Weiherschleife.
Freizeit: 1 km, 2 km. Nationalpark Hunsrück-Hochwald, Tretbootverleih, Saar-Hunsrück-Steig, Golf 3 km, Flugplatz 6 km.
POI: Industriedenkmal Jakob Bengel, Edelstein Erlebniswelt, Wasser Wissenswerk Kempfeld, Wildfreigehege Wildenburg, Kupferbergwerk Fischbach, historische Weiherschleife mit Edelsteinausstellung, Mineralienfühlraum und Shop, Schloss Oberstein & Burg Bosselstein, Deutsches Edelsteinmuseum 3 km, Edelsteinminen Steinkaulenberg in Algenrodt 3 km, Deutsches Mineralienmuseum 6 km, Felsenkirche, Schloss Oberstein und Museum 6 km, moderne Schleifereien in Oberstein 6,5 km.

39606 Iden €25,00

Gutshaus Büttnershof, Büttnershof 38, ☎ 039390/81046 <10 m
Inmitten der Natur, in der Parkanlage des Gutshauses, an der Straße der Romanik

POS: 52°46'59.51"N/12°0'37.29"E, Karte D7 (S. 10), C1
Platz: = 10, = 10 (<9 m) auf Wiese. =6 WC. Ankunft bis 22:00 Uhr, Aufenthalt unbegrenzt. Für Clubtreffen bis zu 60 Personen geeignet. Geöffnet: Apr-Okt. Ausnahme: jeweils am 1. Wochenende (Sa+So) im Monat aufgrund einer Großveranstaltung geschlossen.
Preis: 25 € inkl. Strom, Dusche, WC.
Kontakt: Bernd und Elke Prüfert, ☎ 039390/81046, Mobil: 01523/1753775, info@gutshaus-buettnershof.de, www.gutshaus-buettnershof.de.
Distanz: 0 km, 6 km.
Gastro: Frühstücksservice.
Freizeit: 8 km. Rad fahren, Volieren, kleiner Tierpark, Wandern, Elbe 1,5 km.
POI: Dom in Havelberg 6 km.

65510 Idstein €10,00

Wohnmobilhafen Himmelsbornweg, Himmelsbornweg, ☎ 06126/78620 In ruhiger Lage am Rande eines Erholungsgebietes <12 m

2021 geprüft E

POS: 50°13'3.39"N/8°16'44.40"E, Karte D10 (S. 13), E3
Platz: = 12 auf Pflaster. =12 CHEM GRAU. Nachts beleuchtet. Für Wohnmobile bis 7,5 t Gesamtgewicht. Von Nov-März kein Wasser. Ganzjährig geöffnet.
Preis: 10 € inkl. aller Personen, Entsorgung. Strom 1 €/8 h, Wasser 1 €/80 l.
Kontakt: Tourist-Info Idstein, ☎ 06126/78620, tourist-info@idstein.de, www.idstein.de.
Distanz: 0,1 km, Ⓗ 0,4 km, 0,5 km, 1,5 km.
Gastro: Restaurant Two for You.
Freizeit: 2 km, 2 km. E-Bike Verleih im Hotel Felsenkeller, Stadtführung, Naturpark Rhein-Taunus, Golfplatz 0,2 km, Tennisplatz 4 km.
POI: Unionskirche 0,8 km, Schloss 1 km, Hexenturm 1 km, Römerturm 3 km.

94547 Iggensbach gratis

Hotel Stegmühle, Kopfsberg 2, ☎ 09903/327 Ruhige Lage, gegenüber der Hauskapelle Zum heiligen Benedikt <12 m

POS: 48°43'8.95"N/13°10'1.24"E, Karte D16 (S. 19), F1
Platz: = 10 auf Schotter. wird empfohlen. Ganzjährig geöffnet.
Preis: Übernachtung gratis. Einkehr ins Restaurant erwünscht.
Kontakt: Hotel Stegmühle, Josef Schosser, ☎ 09903/327, hotelstegmuehle@t-online.de, www.hotel-stegmuehle.de.
Anfahrt: Im Winter erschwerte Zufahrt.
Distanz: 2 km, 2 km, weitere Restaurants in 2,5 km Entfernung.
Gastro: Frühstück/Brötchenservice auf Anfrage. Am Platz, warme Küche 11:00-14:00 Uhr und 17:00-21:00 Uhr.
Freizeit: 7 km, 10 km, 3 km. Tischtennis, Fischweiher.
POI: Ziegeleimuseum 6 km, Eginger See 7 km, Westernstadt Pullman City 12 km, Museumsdorf Tittling 12 km.

94547 Iggensbach €5,00

Restaurant-Pension Weihermühle, Kopfsberg 1, ☎ 09903/326 >12 m
In einem Tal zwischen Wiesen und Wäldern

2022 geprüft

POS: 48°43'15.68"N/13°9'51.09"E, Karte D16 (S. 19), F1
Platz: P / = 15 auf Schotterrasen, Wiese, Schotter. =6 WC. nur bei Gruppen. Aufenthalt max. 2 Tage. Ganzjährig geöffnet.
Preis: 5 €. Strom 2 €. Wertmarken am Automat.
Kontakt: Alfons Wallner, ☎ 09903/326, info@hotel-weihermuehle.com, www.hotel-weihermuehle.com.
Distanz: , Ⓗ 2 km, 2 km, 2 km.
Gastro: Am Platz, Do-So 11:00-13:00 Uhr und 17:00-21:00 Uhr, Mo-Mi Ruhetag, 11:00-13:00 Uhr, 17:00-21:00 Uhr. Frühstück auf Vorbestellung.
Freizeit: 6 km, 12 km, 2 km. Wildgehege 0,5 km.
POI: Ziegeleimuseum 6 km, Museumsdorf 12 km, Westernstadt Pullmann City 12 km.

21775 Ihlienworth €5,00

Stellplatz auf der Schöpfwerksinsel, Hauptstraße 1, ☎ 04755/912334 >12 m
Ruhig gelegen auf einer Insel zwischen den Flüssen Medem und Emmelke

POS: 53°44'40.09"N/8°55'2.58"E, Karte D2 (S. 5), F4
Platz: = 10 auf Schotter. CHEM GRAU. Geöffnet: 15.3.-15.11.
Preis: 5 € inkl. aller Personen, Entsorgung. Strom 1 €/6 h, Wasser 1 €/90 l. Bezahlung an HonestyBox.
Kontakt: Bürgerbüro Ihlienworth, ☎ 04755/912334, bb.ihlienworth@land.hadeln.de, www.ihlienworth.de.
Distanz: Ⓗ 0,1 km, 0,4 km, weitere Restaurants in 0,6 km, 0,4 km, 0,4 km.
Gastro: Restaurants in Ihlienworth: Gasthaus Katt.
Freizeit: 1 km, 10 km, 1 km. Baden im Fluss, Paddeln, Angeln, Kanuanleger am Platz.
POI: Sietland-Kahnfahrten 0,4 km, Milchmuseum 0,4 km, Cuxhafen 10 km, Bremerhaven 20 km.

26632 Ihlow-Ihlowerfehn gratis

Reisemobilplatz Ihler Meer, 1. Kompanieweg 3, ☎ 04929/89100 <6 m
Vor dem Bürgerhaus, nahe Badesee Ihler Meer

2021 geprüft E

POS: 53°24'42.00"N/7°26'24.00"E, Karte D1 (S. 4), C4
Platz: P = 6 auf Pflaster. CHEM GRAU. Ganzjährig geöffnet.
Preis: Übernachtung gratis. Strom 0,50 €/kWh, Wasser 2 €, Entsorgung 2 €. Strom am Automat (50-Cent-Münzen), Entsorgung mit 1-€-Münzen.
Kontakt: EDI GmbH Ihlow, ☎ 04929/89100, Mobil: 0170/2769746, touristik@ihlow.de, www.ihlow-tourismus.de.
Distanz: 0,1 km, weitere Restaurants in 1,1 km, Ⓗ 0,5 km, 1,2 km.
Gastro: Gaststätte in direkter Nähe.
Freizeit: Nordic Walking, Info-Material mit Ausflugstipps in die Umgebung im Foyer des Bürgerhauses, Wasserwandern, Beach-Volleyball, Wassersport, Jogging, Badesee Ihler Meer 0,1 km, Naturschutzstation Fehntjer Tief 5 km.
POI: Klosterstätte Ihlow im Ihlower Staatsforst, 45 m hohe Teilrekonstruktion mit Aussichtsplattform auf ca. 32 m Höhe. Raum der Spurensuche mit Ausgrabungen. Klostergarten und Kloster-Café 2 km, Mittelpunkt Ostfrieslands 8,5 km.

79241 Ihringen €27,00

Kaiserstuhl Camping, Nachtwaid 5, ☎ 07668/950065 >12 m
Vor dem Camping, in ruhiger Lage

POS: 48°1'48.63"N/7°39'25.60"E, Karte D13 (S. 16), C3
Platz: P / = 15 auf Rasengittersteinen. =15 (16 A) WC CHEM GRAU. Anfahrt 24 h. Abfahrt bis 11:30 Uhr, Aufenthalt unbegrenzt. Geöffnet: 1.34-22.10.
Preis: 27 € inkl. aller Personen, Wasser, Entsorgung, Dusche, WC, Müll-Entsorgung. Strom 0,60 €/kWh. 5 kWh Strom inkl. Preisänderung 2023 geplant.
Kontakt: Robin Breiss, ☎ 07668/950065, info@kaiserstuhlcamping.de, www.kaiserstuhlcamping.de.
Distanz: 0 km, weitere Restaurants in 1 km, Ⓗ 1 km, 1 km, 1 km.
Gastro: Pizzeria Bella Italia, 17:00-21:00 Uhr.
Freizeit: 0,1 km, 5 km, 1 km. Traktorfahrten in die Weinberge, Sport- und Freizeitzentrum, Kellerbesichtigung.
POI: Heimatmuseum 1 km, Mammutbäume/-wald im Liliental 1,5 km, Neulindenturm 1,5 km, Badischer Winzerkeller 6 km, Münster 6 km.

79241 Ihringen €12,00 <12m

Weingut Schweizer, Keltenweg 1, ☎ 07668/908411
Auf dem Weingut außerhalb des Orts

POS: 48°2'20.93"N/7°38'7.17"E, Karte D13 (S. 16), C3
Platz: = 3 auf Schotter, Pflaster. WC CHEM GRAU. wird empfohlen. WC nur in der Vinothek, Sitzmöglichkeiten auf der Veranda. Ganzjährig geöffnet.
Preis: 12 € inkl. Strom, Wasser, Entsorgung, WC, WLAN. Anteilige Anrechung bei Weineinkauf in der Vinothek. Ab 150 € Weinkauf 1 Übernachtung gratis.
Kontakt: Nadine Schweizer, ☎ 07668/908411, Mobil: 0170/1702094, schweiz.m@gmx.de, www.weingut-schweizer.de.
Distanz: 1,3 km, 1,4 km, 1,5 km, Ⓗ 1,5 km.
Gastro: Vesper. Frühstücksservice.
Freizeit: 3 km, 16 km, 1,6 km. Besuch der Vinothek nach telefonischer Absprache, Rebsafari, Weinprobe.
POI: Freiburg 17 km, Colmar 18 km.

76831 Ilbesheim €12,00 <8m

Weingut Erlenwein, Wacholderhof, ☎ 06345/919370
Einzelgehöft inmitten von Weinbergen mit Blick auf den Pfälzer Wald und die Rheinebene

2021 geprüft

POS: 49°11'14.33"N/8°2'2.63"E, Karte D9 (S. 12), D5
Platz: = 6 auf Wiese. =6 (10 A) WC CHEM GRAU. wird empfohlen. Anmeldung: Mo-Sa 9:00-11:30 Uhr/15:00-18:00 Uhr, So nur nach Absprache.
Preis: 12 € inkl. aller Personen, Strom, Wasser, Entsorgung, WC, WLAN. 1.4.-31.10. 12 €.
Kontakt: Familie Erlenwein, ☎ 06345/919370, wein@weingut-erlenwein.de, www.weingut-erlenwein.de.
Distanz: 1 km, weitere Restaurants in 1,5 km, 1,5 km, Ⓗ 1,5 km, 1,5 km.
Freizeit: 8 km, 8 km. Kellerbesichtigung, Mitarbeit bei der Weinlese nach Absprache, Weinprobe, Motorrollerverleih 1 km, Wild- und Wanderpark 10 km, Waldlehrpfad am deutschen Weintor 20 km, Freizeitpark 20 km.
POI: Mehrere Burgen 4 km, Stadt Landau 8 km, Hambacher Schloss 20 km, Dom in Speyer 30 km.

99768 Ilfeld €16,00 <8m

Hotel Restaurant Harzparadies, Ilgerstraße 8, ☎ 036331/50580
Stellplatz beim Hotel

POS: 51°34'42.00"N/10°47'16.19"E, Karte D7 (S. 10), A4
Platz: = 6 auf Asphalt. WC CHEM GRAU. nur bei Gruppen. Anfahrt nach Absprache. Ganzjährig geöffnet.
Preis: 16 € inkl. Müll-Entsorgung, WLAN. Strom 3 €, Wasser 2 €, Entsorgung 5 €, Kurtaxe 1 €/Pers.
Kontakt: Simone Schmidt, ☎ 036331/50580, info@hotel-harzparadies.de, www.hotel-harzparadies.de.
Distanz: 0,1 km, Ⓗ 0,2 km, 0,2 km, 0,5 km.
Freizeit: 1 km, 3 km.
POI: Brocken 2 km, Robensteiner Stollen 2 km, Burgruine Hohenstein 4 km, KZ Gedenkstätte Mittelbau-Dora 5 km, Kyffhäuserdenkmal mit der Ruine der Reichsburg Kyffhausen 20 km.

99768 Ilfeld-Sophienhof €5,00 <10m

Hotel Brauner Hirsch, Sophienstraße 16, ☎ 036331/48144
Auf der Wiese am Hotelparkplatz

2021 geprüft

POS: 51°38'6.37"N/10°47'29.79"E, Karte D7 (S. 10), A4
Platz: = 10 auf Wiese. =6 WC. Brauerei. WLAN im Gasthaus. Ganzjährig geöffnet.
Preis: 5 € inkl. WC. Jede weitere Pers. 5 €, Strom 1 €/kWh, Dusche 5 €/2 Pers.
Kontakt: Thomas Kuche, ☎ 036331/48144, info@braunerhirsch-sophienhof.de, www.braunerhirsch-sophienhof.de.
Distanz: 9 km, 9 km.
Gastro: Am Platz, warme Küche 11:00-21:00 Uhr, Büfettessen Fr ab 18:00 Uhr, Sa 11:00-14:30 Uhr/ab 18:00 Uhr, So 11:00-14:30 Uhr. Frühstücksbüfett.
POI: Haltepunkt Harzquerbahn (Schmalspur/Dampfloks) 0,5 km, Karlshausturm 3,5 km, Schaubergwerk Rabensteiner Stollen 13 km.

89257 Illertissen €10,00 <12m neu

Stellplatz am Reitsportzentrum Illertissen, Obenhausener Straße 9, ☎ 0171/6533646 Privater Stellplatz, direkt an einer Reitanlage

POS: 48°13'30.15"N/10°7'23.12"E, Karte D14 (S. 17), H3
Platz: = 20 auf Schotterrasen. Geräuschkulisse durch Nähe zur A7. Ganzjährig geöffnet.
Preis: 10 € inkl. Strom.
Kontakt: Herr Armin Zeller, Mobil: 0171/6533646, arminzeller@ulmer-zeitarbeit.de, reitsportzentrum-illertissen.de.
Distanz: 1,2 km, 1,4 km, 2,4 km.
Freizeit: Kletterzentrum Illertissen, Badesee Au.
POI: Illertisser Baum- und Kunstpfad, Vöhlinschloss und Museen.

75428 Illingen-Schützingen gratis <10m

Weingut Zaiß, Feldbergweg 9, ☎ 07043/920660
Am Ortsrand

POS: 48°59'43.33"N/8°54'32.12"E, Karte D14 (S. 17), F1
Platz: = 2 auf Schotter, Wiese. Vermietung von Ferienwohnungen. Aufenthalt max. 2 Nächte, Reservierung per Telefon oder E-Mail. Ganzjährig geöffnet.
Preis: Für Restaurantgäste kostenlos. Einkehr obligatorisch. Preis und Strom auf Anfrage, bei Weinkauf kostenlos.
Kontakt: Familie Zaiß, ☎ 07043/920660, info@weingut-zaiss.de, www.weingut-zaiss.de.
Distanz: 5 km, weitere Restaurants in 5 km Entfernung.
Gastro: Warme Küche, Mi-So 11:30-22:00 Uhr. Restaurant Zum Heiligenberg.
Freizeit: Radfahren/Wandern im Kraichgau-Stromberg.
POI: Cyriakuskirche Illingen, Zisterzienserkloster Maulbronn 8 km.

98693 Ilmenau gratis <12m

Festhalle Ilmenau, Naumannstraße 22, ☎ 03677/600610
Parkplatz beim Stadtpark

POS: 50°40'54.79"N/10°54'17.03"E, Karte D11 (S. 14), A1
Platz: = 4 auf Asphalt. CHEM GRAU. Aufenthalt max. 1 Nacht (längere Aufenthalte auf dem Waldcampingplatz Meyersgrund), bei technischen Problemen: Sport- und Betriebsamt, Tel. 03677/600610. Ganzjährig geöffnet.
Preis: Übernachtung gratis. Wasser 2 €, Entsorgung 2 €.
Kontakt: Sport- und Betriebsamt Stadt Ilmenau, ☎ 03677/600610, stadtinfo@ilmenau.de, www.ilmenau.de.
Distanz: Ⓗ 0,1 km, 0,2 km, weitere Restaurants in 0,3 km, 0,3 km, 1,5 km.
Freizeit: 0,2 km, 1 km. Sport- und Freizeitbad Hammergrund, Nordic Walking-Park, Ilmtal-Radweg 0,1 km, Goethe-Wanderweg 0,5 km, Eishalle 1 km, Rennschlitten- und Freizeitbahn 1 km.
POI: Ziegenbrunnen in der Altstadt 1 km, Amtshaus mit GoetheStadtMuseum und Ilmenau-Information 2 km, Stadtkirche St. Jakobus 2 km, Altes und Neues Technikum 3 km, Schlittenscheune 3 km, Jagdhaus Gabelbach 4 km.

98694 Ilmenau-Frauenwald €10,00 <12m

Waldhotel Rennsteighöhe, Am Rothenberg 1, ☎ 036782/62200
Hotelgelände in ruhiger, reizvoller Waldlage

2021 geprüft

POS: 50°36'27.04"N/10°50'49.37"E, Karte D11 (S. 14), A1
Platz: = 10 auf Schotter, Wiese, Naturboden. =10 (16 A) WC. nur bei Gruppen. Ganzjährig geöffnet.
Preis: Ab 10 € inkl. Wasser, WC, Müll-Entsorgung, WLAN. Jede weitere Pers. 5 €, Strom 3 €/Nacht, Dusche 2,50 €/Pers., Kurtaxe 1,80 €/Pers. Dez-März 15 €.
Kontakt: Waldhotel Rennsteighöhe, Kathleen Höhn, ☎ 036782/62200, waldhotel.rennsteighoehe@t-online.de, www.waldhotel-rennsteighoehe.de.
Distanz: 0 km, weitere Restaurants in 4 km, Ⓗ 0,5 km, 3 km, 3 km.
Gastro: Am Platz, warme Küche 11:00-21:00 Uhr, NS bis 20:00 Uhr. Frühstücksbüfett ab 7:30 Uhr.
Freizeit: 1 km, 18 km, 5 km. Sauna im Haus.
POI: Stasi-Bunkermuseum, Rennsteiggarten Oberhof 15 km, Saalfelder Feengrotte, Meeresaquarium Zella-Mehlis 18 km, Waffenmuseum Suhl, Kloster Veßra 20 km.

38871 Ilsenburg/Harz — €12,00 — <10m

Wohnmobilstellplatz Ilsetal, Ilsetal 16a, ☎ 01525/3210757 Am Fuße des Harzer Brocken, von Wald umgeben

2022 geprüft

POS: 51°51'14.97"N/10°40'11.56"E, Karte D7 (S. 10), A3
Platz: = 90, = 6 auf Schotterrasen, Schotter, Wiese. =60 WC CHEM GRAU . Nachts beleuchtet. Anmeldung/Dusche im Outdoorshop gegenüber (Öffnungszeiten siehe Webseite). Ganzjährig geöffnet.
Preis: 12 € inkl. Entsorgung, WLAN. Strom 0,60 €/kWh, Wasser 1 €/100 l, Dusche 1 €/3 min, Kurtaxe (ab 16 J.) 2,50 €/Pers., VE für Durchreisende 5 €. WC 1,50 €/Pers. (Kind 1 €). Bei Abreise nach 14:00 Uhr wird Tagesticket über 5 € fällig.
Kontakt: Anke am Ende, ☎ 01525/3210757, kontakt@wanderlust-ilsetal.de, www.wanderlust-ilsetal.de.
Distanz: 0,3 km, weitere Restaurants in 0,5 km, 1 km, 1 km.
Gastro: Brötchen auf Vorameldung.
Freizeit: 1 km. Kutschfahrt, Europaradweg R1, Führung mit dem Nationalparkranger, Heinrich-Heine-Weg (Brockenaufstieg).
POI: Nationalparkhaus 0,1 km, Klosterkirche 0,5 km, Fürst Stollberg Hütte 1,5 km, Ilsefälle 2 km, Eckertalsperre 8 km, Brocken 10 km.

34376 Immenhausen — gratis — <10m

Parkplatz am Hallen- und Freibad, Bernhardt-Vocke-Straße 5, ☎ 05673/5030 Auf dem Parkplatz beim Sportzentrum

POS: 51°26'1.85"N/9°28'41.39"E, Karte D6 (S. 9), G4
Platz: = 8 auf Pflaster, Schotter. CHEM GRAU. Ganzjährig geöffnet.
Preis: Übernachtung gratis. Strom 1 €, Wasser 1 €, Entsorgung 1 €.
Kontakt: Pascal Göhl, ☎ 05673/5030, post@immenhausen.de, www.immenhausen.de.
Distanz: 0 km, weitere Restaurants in 0,2 km, 1 km, 1 km, 1 km.
Gastro: Am Platz, warme Küche 11:30-14:00 Uhr und 17:00-22:30 Uhr.
Freizeit: 0,1 km, 0,1 km.
POI: Stadtmauer, historisches Rathaus und Hufeisenturm 1 km.

87509 Immenstadt — €13,00 — <12m

Viehmarktplatz P3, Badeweg, ☎ 08323/998877 Zwischen Großem Alpsee und hist. Zentrum

POS: 47°33'42.40"N/10°12'31.10"E, Karte D14 (S. 17), H5
Platz: = 25 auf Schotter. WC CHEM . Aufenthalt max. 3 Nächte. Ganzjährig geöffnet.
Preis: 13 € inkl. aller Personen, Wasser, Entsorgung, Müll-Entsorgung, Kurtaxe. Strom 1 €/kWh.
Kontakt: Stadt Immenstadt, ☎ 08323/998877, info@immenstadt-tourist.de, www.immenstadt.de.
Distanz: 0,1 km, 0,2 km, 0,4 km, weitere Restaurants in 0,6 km, 1 km.
Freizeit: 1 km, 1,7 km. Freizeitaktivitäten in der Stadt, Sessellift am Mittagberg 1 km, Freibad Kleiner Alpsee 1 km, Schifffahrt auf der Santa Maria Loreto 1,7 km, Alpsee Skytrail 1,7 km, Liegewiese am Großen Alpsee 2 km, Alpsee Bergwelt 6 km.
POI: Museum Hofmühle 1,1 km, Ruine Rothenfels 2,5 km, Ruine Laubenbergerstein 2,8 km, Bergbauernmuseum 8 km.

76831 Impflingen — €10,00 — <8m

Weingut Junker, Sonnenberghof, ☎ 06341/84144 Mitten im Grünen mit Blick auf die beleuchtete Madenburg

2021 geprüft

POS: 49°9'44.47"N/8°6'25.40"E, Karte D9 (S. 12), D5
Platz: = 3 auf Schotter, Wiese, Schotterrasen. WC GRAU . nur bei Gruppen. Info über VE vor Ort. Ganzjährig geöffnet.
Preis: 10 € inkl. Wasser. Strom 3 €.
Kontakt: Gudrun Damian, ☎ 06341/84144, Mobil: 0171/9221426, mail@weingut-junker.de, www.weingut-junker.de.
Distanz: 0 km, 0,5 km, 0,5 km, 2 km.
Gastro: Weinstube am Weingut, von Mai-Juni und Sep-Okt mit Speisen. Weinstube Hoppedizel 0,5 km. Brötchenservice.
Freizeit: 4 km, 6 km, 5 km. Busverbindung nach Frankreich im Ort, Weinproben, Einkehr in urige Weinstuben, Besichtigung des Weinguts, Weinfeste (März-Okt, Termine siehe Die Pfalz feiert-Kalender) 5 km.
POI: Insheim, Mörzheim 1 km, Landau 4 km, Burgen mit einzigartigem Blick in die Rheinebene 5 km, Pfälzer Wald 10 km, Elsass 25 km.

52459 Inden — €2,00 — <8m

Stellplatz am Indemann, Zum Indemann 1, ☎ 02465/3952 Auf dem Parkplatz des Freizeitzentrums Goltsteinkuppe

POS: 50°51'2.70"N/6°21'59.90"E, Karte D9 (S. 12), A1
Platz: = 2 auf Schotter. WC . E-Bike-Ladestation. Öffnungszeiten Aussichtsturm 1.4.-2.11. 10:00-20:00 Uhr, 3.11.-31.3. 11:30-16:30 Uhr. Öffentliches WC im Indemann Aussichtsturm. Ganzjährig geöffnet.
Preis: 2 € inkl. WC. Tagesticket 2 €.
Kontakt: Gemeinde Inden, ☎ 02465/3952, infopoint@indemann.de, www.indemann.de.
Anfahrt: Zufahrt über die Merödgener Straße.
Distanz: 0,5 km, 1 km, 1 km.
Gastro: Restaurant Indemann, Mo+Di Ruhetag, Mi-So ab 11:30 Uhr, Sa+So öffnet zusätzlich der Kiosk ab 11:00 Uhr.
Freizeit: 8 km, 15 km, 3 km. Piratenspielplatz, Nordic Walking, Minigolfanlage, Picknickplatz, Fußballgolf.
POI: Aussichtsturm/Tagebau Indemann, Blausteinsee Eschweiler 8 km, Zitadelle Jülich 12 km, Aachener Dom 23 km.

55218 Ingelheim/Rhein — €20,00 — >12m

Wein- und Sektgut Menk, Außenliegend 143, ☎ 06132/75164 Auf dem Mainzer Berg, umgeben von Obstplantagen und Weinbergen

POS: 49°58'16.66"N/8°5'36.57"E, Karte D9 (S. 12), D3
Platz: = 3, = 3 (<20 m) auf Schotterrasen. WC GRAU . Ankunft und telefonische Erreichbarkeit von 10:00-19:00 Uhr. Ganzjährig geöffnet.
Preis: 20 € inkl. Entsorgung. Jede weitere Pers. 3 €, Strom 4 €, Wasser 4 €, WC 4 €/Tag, Müll-Entsorgung 2 €.
Kontakt: Anke Menk, ☎ 06132/75164, weingut@weingut-menk.de, www.weingut-menk.de.
Anfahrt: Navi: Mainzer Str. 255.
Distanz: 1,5 km, weitere Restaurants in 3 km, 2 km, 2 km, 3 km.
Gastro: Mehrere Restaurants in der näheren Umgebung.
Freizeit: 5 km, 8 km, 5 km. Weinproben möglich.
POI: Kaiserpfalz 3 km, Burgkirche 3 km, Mainz 15 km.

55218 Ingelheim/Rhein — gratis — <12m

Wohnmobilstellplatz Im Blumengarten, Im Blumengarten 22, ☎ 06132/710009200 Separat ausgewiesener Parkstreifen neben der Sport- und Freizeitanlage

2022 geprüft

POS: 49°58'52.39"N/8°3'34.30"E, Karte D9 (S. 12), D3
Platz: = 8 auf Schotter, Sand/Splitt. CHEM GRAU . Aufenthalt max. 3 Tage. Ganzjährig geöffnet.
Preis: Übernachtung gratis inkl. Entsorgung. Strom 1 €/kWh, Wasser 1 €/70-100 l.
Kontakt: Tourist-Information, ☎ 06132/710009200, touristinformation@ikum-ingelheim.de, www.ingelheim-erleben.de.
Distanz: 0 km, 0,5 km, 1 km.
Gastro: Restaurant Clubheim. Winzerkeller Restaurant. Restaurant Da Luigi.
Freizeit: 0,2 km. Ikasee, ausgewiesene Radwege, Minigolf.
POI: Winzerkeller Ingelheim 0,9 km, Kaiserpfalz 1,5 km, Rhein 2 km, Rüdesheim 15 km.

85049 Ingolstadt €5,50

Parkplatz Jahnstraße, Jahnstraße, <8m
☎ 0841/3053141
Zentraler, öffentlicher Parkplatz am Hallenbad

2022 geprüft

POS: 48°45'37.56"N/11°25'12.33"E, Karte D15 (S. 18), B1
Platz: P = 13 auf Asphalt. WC CHEM GRAU. Aufenthalt max. 3 Nächte. Sehr enge Parkbuchten. Ganzjährig geöffnet.
Preis: 5,50 € inkl. Strom. Wasser 1 €/80 l, Entsorgung 1 €. Tagesticket 5,50 €. Mo-Fr von 18:00-7:00 Uhr gratis, So+Feiertag gratis.
Kontakt: IFG Ingolstadt AöR, ☎ 0841/3053141, parken@ingolstadt.de, www.ingolstadt-ifg.de.
Distanz: 0,3 km, Ⓗ 0,3 km, 0,5 km, 0,5 km.
Freizeit: 0,2 km, 0,1 km. Donau-Radwanderweg mit Anbindung an das Radnetz Donau-Altmühl, Sport-Bad 0,1 km, Factory Outlet Center 7 km.
POI: Festungsanlage im Klenzepark 0,2 km, Deutsches Medizinhistorisches Museum in der Alten Anatomie 0,5 km, Asamkirche Maria de Victoria 1 km, Liebfrauenmünster 1 km, Museum Alf Lechner 1,5 km, Museum für konkrete Kunst in der alten Donaukaserne 1,5 km, Audimuseum Mobile 2 km.

23999 Insel Poel-Niendorf €14,00

Poeler Forellenhof, Niendorf 13, <8m
☎ 038425/4200 Fischrestaurant und Räucherei am Ufer der Wismarer Bucht

2022 geprüft

POS: 53°59'40.00"N/11°26'46.00"E, Karte D3 (S. 6), B3
Platz: = 15 auf Asphalt. WC CHEM GRAU. Fahrzeuge ab 8 m nur auf Anfrage. Ganzjährig geöffnet.
Preis: 14 € inkl. Strom, Entsorgung, Dusche, WC, Müll-Entsorgung. Jede weitere Pers. 1,50 €, Wasser 2 €, Kurtaxe 2,50 €/Pers. Jede weitere Person 1,50 €. Kurtaxe (1.4.-31.10.) 2,50 €, (1.11.-31.3.) 1,50 €. Preiserhöhung 2023 möglich.
Kontakt: Manfred Hanekamp, ☎ 038425/4200, poeler-forellenhof@t-online.de, www.poeler-forellenhof.de.
Distanz: Ⓗ 0,2 km, 2 km.
Gastro: Traditionsräucherei mit Verkauf und Imbiss, Brötchenservice.
Freizeit: 3 km, 12 km. Badestrand 1,5 km.
POI: Poeler Kirche mit Schlosswallanlagen 1 km, Heimatmuseum und Fischereihafen in Kirchdorf 3 km.

23999 Insel Poel-Timmendorf €27,00

Wohnmobil-Parkplatz Timmendorf, <10m
Tau'n Lüchttorm 3, ☎ 0172/3805694
Großer Parkplatz in Strandnähe

2021 geprüft

POS: 53°59'34.59"N/11°22'49.59"E, Karte D3 (S. 6), B3
Platz: P = 64 auf Sand/Splitt, Wiese. =64 WC CHEM GRAU. Ganzjährig geöffnet.
Preis: 27 € inkl. Entsorgung, WC, Kurtaxe. Strom 1 €/kWh, Wasser 0,50 €/80 l.
Kontakt: Jens Schröder, Mobil: 0172/3805694, jsnkl@t-online.de, www.insel-poel.de.
Distanz: Ⓗ 0,1 km, 0,1 km, 0,1 km.
Gastro: Am Leuchtturm.
Freizeit: Schwimmen, Badestrand 0,3 km.
POI: Altstadt und Hafen Wismar 22 km.

83334 Inzell €14,80

Hausernhof, Bichlstraße 24, <8m
☎ 08665/547 Neben dem Ferienbauernhof in ruhiger Lage mit Bergblick

POS: 47°45'34.21"N/12°45'9.52"E, Karte D16 (S. 19), E3
Platz: = 6 auf Rasengittersteinen. =6 WC CHEM. wird empfohlen. Frischwasser nur mit Gießkanne oder Kanister. Geöffnet: Apr-Okt.
Preis: 14,80 € inkl. Wasser, Entsorgung, WC. Jede weitere Pers. 3 €, Strom 0,77 €/kWh, Dusche 1 €/4 min, Kurtaxe (6-15 J.) 1 €/Pers., Kurtaxe 2,10 €/Pers.
Kontakt: Thomas Scheurl, ☎ 08665/547, info@hausernhof.de, www.hausernhof.de.
Distanz: 0,2 km, weitere Restaurants in 0,4 km, 0,4 km, 0,5 km, Ⓗ 0,8 km.
Freizeit: 0,8 km, 0,8 km. Wanderwege, Rad-/Mountainbike fahren, Langlaufloipe, Drachen-/Gleitschirm fliegen, Eisstadion Inzell 1 km.
POI: Verschiedene Almen, Frillensee, Moor-Erlebnispfad, Bergwald-Erlebnispfad, Salzburg 27 km.

97346 Iphofen €5,00

Wohnmobilstellplatz am <8m
Weingut Claußen-Wintzheimer,
Mühlenweg 1, ☎ 09323/3477
Ruhige Lage, mit Blick auf das Rödelseer Tor

POS: 49°42'24.92"N/10°15'30.11"E, Karte D10 (S. 13), H4
Platz: = 3 auf Wiese, Naturboden. Anfahrt zu den Öffnungszeiten des Weinguts: Mo-Sa 9:00 -18:00 Uhr, So+Feiertag 9:00-12:00 Uhr. Keine Müll-Entsorgung und WC-Nutzung. Ganzjährig geöffnet.
Preis: 5 €. Für Restaurantgäste kostenlos. Strom 5 €/Tag, Wasser 5 €/Tag.
Kontakt: Herr Frank Wintzheimer, ☎ 09323/3477, info@claussen-wintzheimer.de, www.claussen-wintzheimer.de.
POI: Altstadt.

97346 Iphofen €10,00

Wohnmobilstellplatz am <10m
Weingut Emmerich,
Einersheimer Straße 47, ☎ 09323/875930
Auf der Wiese mit Blick auf den Schwanberg

POS: 49°41'47.68"N/10°16'22.57"E, Karte D10 (S. 13), H4
Platz: P = 12 auf Wiese, Naturboden, Schotterrasen. WC. Anfahrt Mo-Sa 9:00-12:00 Uhr und 13:00-18:00 Uhr, So+Feiertag bis 12:00 Uhr. Abreise bis 14:00 Uhr. Um vorherige Kontaktaufnahme wird gebeten. Ganzjährig geöffnet.
Preis: 10 € inkl. Wasser. Strom 5 €/Tag.
Kontakt: Familie Emmerich, ☎ 09323/875930, kontakt@weingut-emmerich.de, www.weingut-emmerich.de.
Gastro: Frühstückskarton (Vorbestellung am Vortag). Gutsausschank Sonne.Wein.Picknick (siehe Website).
Freizeit: 2,6 km, 2 km, 1,5 km, 2 km.
POI: Altstadt Iphofen 1,5 km.

97346 Iphofen gratis

Wohnmobilstellplatz Iphofen, <12m
Einersheimer Straße/Birklinger
Straße, ☎ 09323/870306 An der historischen Stadtmauer mit Blick auf den Eulenturm

2022 geprüft

POS: 49°42'8.96"N/10°15'51.98"E, Karte D10 (S. 13), H4
Platz: P = 9 auf Rasengittersteinen. =6 (10 A) CHEM GRAU. Aufenthalt max. 3 Tage. Ganzjährig geöffnet.
Preis: Übernachtung gratis inkl. Entsorgung, WLAN. Strom 0,50 €/kWh, Wasser 1 €/100 l.
Kontakt: Tourist Information Iphofen, Stadt Iphofen, ☎ 09323/870306, tourist@iphofen.de, www.iphofen.de.
Anfahrt: Gegenüber der Feuerwehr, Zufahrt bitte unbedingt freihalten.
Distanz: Ⓗ 0,1 km, 0,2 km, weitere Restaurants in 0,5 km, 0,5 km, 0,7 km.
Freizeit: 3 km, 1 km, 0,7 km. Stadt- und Wein-Erlebnisführungen 0,5 km, Vinothek 0,5 km, Kellerführung 0,5 km, Weinprobe 0,5 km,

Traumrunden 0,7 km, Kneippanlage 1,5 km, Geschichtsweinberg 2,2 km, Terroir F 3 km, Geoökologischer Lehrpfad 3 km.

POI: Wallanlage mit 3 doppelten Stadttoren 0,2 km, Geschichtsscheune mit Ausstellung Iphöfer Geschichte 0,5 km, Knauf-Museum, Marktplatz, Stadtpfarrkirche St. Veit mit Riemenschneider Figur 0,5 km.

97346 Iphofen-Dornheim — gratis

Gasthaus und Bauernhof Stierhof, Dorfstraße 6+8, ☎ 09326/1875 Zentral gelegener Stellplatz mit kleinem Streichelzoo — <12 m

POS: 49°39'8.37"N/10°19'41.88"E, Karte D10 (S. 13), H4
Platz: = 3 auf Wiese, Asphalt, Naturboden. =3 (25 A) WC. Schlepper- Ausstellung. B nur bei Gruppen. Ganzjährig geöffnet.
Preis: Übernachtung gratis inkl. WC. Dusche 3 €/Pers. Übernachtung auf Spendenbasis, Strom und Wasser nach Verbrauch.
Kontakt: Irma Stierhof, ☎ 09326/1875, info@urlaub-auf-dem-stierhof.de, www.urlaub-auf-dem-stierhof.de.
Distanz: 0,2 km, weitere Restaurants in 6 km, Ⓗ 0,5 km, 0,5 km, 3 km.
Freizeit: 6 km, 9 km, 9 km. Führungen für Kinder im Naturwald, Mitarbeit im Stall, Kennenlernen und Umgang mit Tieren.
POI: Rothen, Würzburg, Iphofen 9 km.

97258 Ippesheim — €10,00

Eni Service Station Gollhofen, Industriestraße 1, ☎ 09339/98910 Autohof mit Shop, Bistro und Restaurant — >12 m

POS: 49°35'9.85"N/10°10'28.93"E, Karte D10 (S. 13), H4
Platz: = 10 auf Asphalt. B nur bei Gruppen. Ganzjährig geöffnet.
Preis: 10 €. Dusche 3 €.
Kontakt: ☎ 09339/98910, Eni.gollhofen@gmail.de.
Distanz: 2 km, Ⓗ 2 km, 6 km.
Gastro: Warme Küche, 11:00-22:00 Uhr. Frühstück von 6:00-11:00 Uhr.
Freizeit: 6 km, 6 km, 6 km. Kartbahn.
POI: Bad Windsheim 25 km, Rothenburg o.T. 30 km.

56479 Irmtraut — €5,00

Stellplatz Irmtraut, Ober dem Dorfe 4, ☎ 06436/4371 In ruhiger Lage in einer Sackgasse mit Wendemöglichkeit — <8 m

POS: 50°33'13.73"N/8°3'51.60"E, Karte D9 (S. 12), D2
Platz: P = 3 auf Pflaster. WC CHEM GRAU. B nur bei Gruppen. VE im Winter eingeschränkt. Ganzjährig geöffnet.
Preis: 5 € inkl. Strom, Wasser, Entsorgung, Müll-Entsorgung. Stromzuschlag bei Nutzung von Klimaanlage/Heizung. Bezahlung gegenüber im Wohnhaus bei Fam. Roß.
Kontakt: Monika Roß, ☎ 06436/4371, moni@ross-irmtraut.de.
Distanz: 0,5 km, Ⓗ 0,5 km, 0,5 km, weitere Restaurants in 0,7 km, 6 km.
Freizeit: 10 km, 17 km, 6 km. Westerwald-Steig 1,5 km, Wiesensee 8 km, Kletterwald 17 km, Basalt Park 17 km.

58636 Iserlohn — gratis

Parkplatz Seilerblick, Friesenstraße/Tennisanlage, ☎ 02371/2171820 Öffentlicher Parkplatz der Tennisanlage, im Naherholungsgebiet Seilersee — <8 m

POS: 51°23'2.86"N/7°42'40.24"E, Karte D5 (S. 8), C5
Platz: P = 4 auf Asphalt. CHEM GRAU. Anfahrt 24 h. Ganzjährig geöffnet.
Preis: Übernachtung gratis. Strom 0,50 €/kWh, Wasser 1 €, Entsorgung 1 €.
Kontakt: Stadtinformation, ☎ 02371/2171820, stadtinfo@iserlohn.de, www.iserlohn.de.
Distanz: Ⓗ 0,2 km, 0,2 km, 0,5 km, 1,5 km.
Gastro: Seilers im Schleddenhof, Di-Sa 17:00-22:00 Uhr, So-Mo Ruhetag.
Freizeit: 0,2 km, 0,2 km. Naherholungsgebiet, Solebad und Eishalle 0,2 km.
POI: Nadelmuseum und Gelbgießerei Barendorf 2 km, Felsenmeer und Heinrichshöhle in Hemer 5 km, Dechenhöhle 6 km.

88316 Isny — €10,00

Reisemobilplatz Untere Mühle, Seidenstraße 41, ☎ 07562/9999050 Zentrumsnah, am Bach Ach und am Kurpark — <10 m

POS: 47°41'40.26"N/10°2'15.99"E, Karte D14 (S. 17), H4
Platz: P = 16 auf Schotter. =14 WC CHEM GRAU. Aufenthalt max. 2 Nächte, Abreise bis 14:00 Uhr. WC zu den Öffnungszeiten im Haus der Begegnung Untere Mühle/im Kurhaus am Park. Ganzjährig geöffnet.
Preis: 10 € inkl. Entsorgung, Müll-Entsorgung. Strom 0,50 €/kWh, Wasser 0,10 €/10 l, Kurtaxe 1,50 €/Pers. Für Dethleffs-Wohnmobillisten 8 €. Bezahlung online vor Ort.
Kontakt: Isny Marketing GmbH, ☎ 07562/9999050, info@isny-marketing.de, www.isny.de/stellplatz.
Distanz: 0,2 km, 0,2 km, Ⓗ 0,2 km, 0,2 km.
Gastro: Regionale/internationale Küche 0,2 km.
Freizeit: 6 km, 20 km, 2 km. Radtouren in der RadReiseRegion Naturschutzkammern, Stadtführungen (www.isny.de/erlebnisse), Sommerabendkonzerte im Kurpark Mi von Juni-Aug, DSV-Nordic Aktivzentrum mit ausgedehntem Nordic Walking-/Loipen-Netz 0,5 km, Naturfreibad Beuren 6 km.
POI: Galerie im Turm 0,3 km, Altstadt 0,3 km, Kunsthalle/Galerie im Schloss 0,5 km, Wassertor-Museum 0,5 km.

88316 Isny — €5,00

Stellplatz am Dethleffs Werk, Alemannenstraße (Werkseinfahrt Süd), ☎ 07562/987100 Für Durchreisende und Dethleffs-Kunden auf dem Werksgelände — <10 m

POS: 47°41'57.58"N/10°3'18.02"E, Karte D14 (S. 17), H4
Platz: P = 9, = 1 (<10 m) auf Asphalt, Rasengittersteinen. CHEM GRAU. Anfahrt 24 h. Aufenthalt max. 2 Nächte. Anmeldung und Bezahlung beim Portier (Werkseinfahrt Süd). WC/Dusche werktags im Duschcontainer. Ganzjährig geöffnet.
Preis: 5 € inkl. Strom, Wasser, Entsorgung. Kurtaxe 1,50 €/Pers. Für Dethleffs-Reisemobilisten sind 2 Übernachtungen gratis (Kurtaxe zzgl.).
Kontakt: ☎ 07562/987100, info@dethleffs.de, www.dethleffs.de.
Distanz: 0,8 km, Ⓗ 0,8 km, 1 km, weitere Restaurants in 1 km Entfernung, 1 km.
Freizeit: 0,2 km. Bergwandern (Schwarzer Grat), Trimm-Dich-Pfad 2 km, Minigolf 2 km, Badesee 2 km.
POI: Altstadt von Isny 1 km, Burgruine Alttrauchburg 2 km, Aussichtspunkt Hohe Linde 2 km.

46419 Isselburg — €5,00

Parkplatz Münsterdeich, Münsterdeich, ☎ 02874/942344 Gegenüber dem Stadtwehrturm neben dem Friedhof direkt an der Issel — <10 m

POS: 51°50'4.00"N/6°27'53.00"E, Karte D5 (S. 8), B3
Platz: P = 6 auf Rasengittersteinen. CHEM. Ganzjährig geöffnet.
Preis: 5 € inkl. Entsorgung. Strom 1 €/24 h, Wasser 1 €/100 l.
Kontakt: Stadt Isselburg, ☎ 02874/942344, tina.schumacher@isselburg.de, www.isselburg.de.
Distanz: Ⓗ, 0,1 km, 0,2 km, weitere Restaurants in 0,3 km, 0,5 km.
Freizeit: 16 km, 1 km. Biotop-Wildpark.
POI: Wasserburg Anholt 5 km.

46419 Isselburg-Anholt gratis

Brüggenhütte, Hahnerfeld 23, <8m
☎ 02874/942344
Hotel-Restaurant mit großem Biergarten, nahe der niederländischen Grenze

POS: 51°51'11.42"N/6°28'16.30"E, Karte D5 (S.8), B3
Platz: P = 5 auf Sand/Splitt, Schotter. Info-Tafel mit Rad-/Wanderwegen. Ganzjährig geöffnet.
Preis: Übernachtung gratis.
Kontakt: Stadt Isselburg, Tina Schumacher, ☎ 02874/942344, tina.schumacher@isselburg.de, www.isselburg.de.
Distanz: 0 km, weitere Restaurants in 1,5 km, Ⓗ 1,5 km, 3 km, 3 km.
Gastro: Restaurant, Mo-So 12:00-14:00 Uhr und 16:00-20:00 Uhr. Bauerncafé 0,5 km. Frühstücksservice.
Freizeit: 10 km, 10 km, 3 km. Tennis, ausgewiesene Rad-/Wanderwege, Golfplatz 3 km.
POI: Anholter Schweiz Biotop und Wildpark 4 km, Wasserburg Anholt 4 km.

46419 Isselburg-Vehlingen €7,00

Biotopwildpark Anholter Schweiz, Pferdehorster Straße 1, <10m
☎ 02874/45355 Direkt am Wildpark

POS: 51°49'58.24"N/6°25'45.12"E, Karte D5 (S.8), A3
Platz: P = 6 auf Schotter. WC. Aufenthalt max. 3 Nächte. Ankunft bis 17:45 Uhr. Anmeldung im Wildpark (täglich 9:00-18:00 Uhr). Geöffnet: 15.3.-25.10.
Preis: 7 € inkl. aller Personen, Strom, WC, Müll-Entsorgung. Inkl. 4 Personen. 20 € Pfand für Stromschlüssel. Preisnachlass bei Wildparkbesuch.
Kontakt: Werner Boland, ☎ 02874/45355, info@schweizer-haeuschen.de, www.anholter-schweiz.de.
Distanz: 1 km, Ⓗ 1 km, 1,5 km, 1,5 km, 7 km (De Rietstap Wikkerink Tankstelle, Anholtseweg 30, 7091 HB Dinxperlo).
Gastro: Gasthaus AlmRuhe.
Freizeit: 10 km, 10 km, 6 km. Wandern, Ponyhof 6 km.
POI: Wasserburg Anholt 2,8 km.

46419 Isselburg-Werth gratis

Ponyhof Leiting, Alte Bundesstraße 3, ☎ 02873/757 <12m
An der B67, nahe der holländischen Grenze

POS: 51°48'45.85"N/6°29'31.62"E, Karte D5 (S.8), B3
Platz: = 10 auf Wiese. WC. Kiosk. Aufenthalt max. 3 Nächte. WLAN im Hof. Geöffnet: März-Okt.
Preis: Übernachtung gratis.
Kontakt: Familie Leiting, ☎ 02873/757, info@ponyhof-leiting.de, www.ponyhof-leiting.de.
Distanz: 0 km, weitere Restaurants in 3 km, Ⓗ 0,4 km, 3 km, 3 km.
Gastro: Pommesbude und Imbiss am Spielplatz.
Freizeit: 10 km, 15 km. Ponyreiten, Riesentandem-Verleih, Westernexpressfahrt, Ziegengehege am Platz.
POI: Schloss Anholt 7 km.

47661 Issum-Sevelen €13,00

Wohnmobilpark Hexenland-Sevelen, Koetherdyck 18 ☎ 0172/2061691 <10m
In der Freizeitanlage Koetherdyck im Grüngürtel von Sevelen

POS: 51°29'56.69"N/6°26'12.32"E, Karte D5 (S.8), A4
Platz: P = 34 auf Wiese, Naturboden, Schotterrasen. =17 (10 A) WC CHEM GRAU B Anfahrt 24 h. Geeignet für Clubtreffen, Hauptplatz/Nebenplatz jeweils 17 Plätze. Ganzjährig geöffnet.
Preis: 13 € inkl. Wasser, Entsorgung, WC, Müll-Entsorgung, WLAN. Strom 3 €/24 h, Dusche 1 €/5 min. 1.1.-31.12. 13 €. Zehnerkarte 110 €. Strom auf dem Nebenplatz nach Verbrauch 0,50 €/kWh (Münzautomat).
Kontakt: Wohnmobilpark Hexenland, Theo Dammertz, Mobil: 0172/2061691, buero@dammertz-partner.de, www.wohnmobilpark-hexenland-sevelen.de.
Anfahrt: Enge Einfahrt. Große Mobile können über den Parkplatz einfahren.
Distanz: Ⓗ 0,4 km, 0,8 km, weitere Restaurants in 5 km, 0,8 km, 1,3 km.
Gastro: Restaurant in der Ortsmitte.
Freizeit: 0,2 km. Kleiner Spielplatz mit Schaukel, Roller und Kinderfahrrad vorhanden, Schwimmen im Sommer, Sommerterrasse mit Sitzgruppen, Radweg Niederrheinroute, Radweg Herrensitzroute, Natursee zum Angeln 0,2 km, Funbox-Skatebordanlage 0,3 km.
POI: Dahlen-Mühle in Sevelen 1 km, Herrlichkeitsmühle Issum 6 km.

25524 Itzehoe gratis

Wohnmobilstellplatz Malzmüllerwiesen, Schumacherallee, <12m
☎ 04821/9490120
Ruhiger, zentral gelegener Parkplatz an der Stör

POS: 53°55'8.21"N/9°31'7.58"E, Karte D2 (S.5), G3
Platz: P = 10 auf Schotter. =6 WC CHEM GRAU Infotafel. Ganzjährig geöffnet. Ausnahmen: Bei Großveranstaltungen (2-mal jährlich) geschlossen, Info siehe Website.
Preis: Übernachtung gratis inkl. WC. Strom 0,50 €/kWh, Wasser 1 €/80 l, Entsorgung 1 €.
Kontakt: Stadtmanagement Itzehoe GmbH, ☎ 04821/9490120, info@mein-itzehoe.de, www.mein-itzehoe.de.
Distanz: 0,1 km, 0,2 km, 0,2 km, Ⓗ 0,3 km.
Gastro: Restaurant Amadeus.
Freizeit: 0,4 km, 0,6 km.
POI: Wenzel-Hablik-Museum 0,1 km, Rathaus 0,1 km, Theater Itzehoe 0,3 km, St. Laurentii-Kirche mit Klosterhof 0,3 km, Kreismuseum Prinzesshof mit Park 0,4 km.

J

17194 Jabel €25,00

Stellplatz am Wirtshaus Zur Eibe, Hoher Damm 7, ☎ 039929/767899 >12m
Nahe am Jabelschen See und dem Wisent-Reservat Damerow (Mecklenburger Seenplatte)

POS: 53°32'19.05"N/12°32'42.38"E, Karte D3 (S.6), C4
Platz: P / = 20 auf Schotter, Rasengittersteinen. =6 (16 A) WC CHEM GRAU B wird empfohlen. Geöffnet: Mai-Okt.
Preis: 25 € inkl. aller Personen, Strom, Wasser, Entsorgung, WLAN. Dusche 1 €/4 min, WC 0,50 €, Müll-Entsorgung 2 €.
Kontakt: ☎ 039929/767899, Mobil: 0160/0709990, info@wirtshauszureibe.de, www.wirtshauszureibe.de.
Distanz: 0 km, weitere Restaurants in 3 km, 0,2 km, Ⓗ 1 km, 8 km.
Gastro: Restaurant am Platz.
Freizeit: 2 km, 20 km, 0,5 km. Bootsverleih 0,2 km.
POI: Wisent-Reservat Damerow 3,5 km.

26349 Jade €15,00

Melkhus Drei Eichen, Kreuzmoorstraße 28, ☎ 04454/1802 <12m
In ruhiger Lage

POS: 53°18'54.93"N/8°13'48.54"E, Karte D2 (S.5), E5
Platz: P / = 10 auf Schotter. =10 (3 A) WC GRAU Ganzjährig geöffnet.
Preis: 15 € inkl. Wasser, WC, WLAN. Strom 2 €, Dusche 1 €.
Kontakt: Gerold Struck, ☎ 04454/1802, Mobil: 0170/3551737, info@stellplatz-3-eichen.de, www.stellplatz-3-eichen.de.
Distanz: 4 km, 4 km, 4 km, weitere Restaurants in 7 km, Ⓗ 4 km.
Gastro: Lieferservice Sultan.
Freizeit: 4 km, 5 km. Streichelzoo, Tier- und Freizeitpark 4 km.
POI: Kirche 2,5 km, Galerie 4 km.

26349 Jade-Jaderberg gratis <10 m

Jaderpark, Tiergartenstraße 69, ☎ 04454/91130
Auf dem Parkplatz vor dem Jaderpark

POS: 53°19'38.94"N/8°11'10.93"E, Karte D1 (S. 4), D5
Platz: = 20 auf Wiese. Geöffnet: Mitte/Ende März-Ende Okt.
Preis: Übernachtung gratis. Nur in Verbindung mit einem Jaderpark-Besuch. Eintrittspreise siehe Website.
Kontakt: Hauptbüro, ☎ 04454/91130, info@jaderpark.de, www.jaderpark.de.
Distanz: 0,1 km, 0,5 km, 0,5 km.
Gastro: Restaurant im Freizeitpark, geöffnet von Apr-Okt 9:00-18:00 Uhr.
Freizeit: 7 km, 11 km. Tier- und Freizeitpark.
POI: Oelsen-Haus in Jaderberg 1 km, Trinitatiskirche in Jade 5 km, Windmühle bei Varel 11 km.

26349 Jade-Schweiburg gratis <10 m

Stellplatz Quittenweg, Quittenweg, ☎ 04455/1458
In einer Siedlung in ruhiger Lage

POS: 53°23'29.59"N/8°15'59.22"E, Karte D2 (S. 5), E4
Platz: = 6 auf Schotter. =6 (6 A) CHEM GRAU . Sportplatz. Grillplatz-Nutzung in Abstimmung mit der Kirchengemeinde. Ganzjährig geöffnet.
Preis: Übernachtung gratis inkl. Entsorgung, Müll-Entsorgung. Strom 1 €/8 h, Wasser 1 €.
Kontakt: Jade Touristik, ☎ 04455/1458, info@jade-touristik.de, www.jade-touristik.de.
Distanz: 0 km, 0,8 km, Ⓗ 1 km, 3 km, weitere Restaurants in 3,5 km.
Gastro: Mehrere Restaurants ab 1,2 km.
Freizeit: 10 km, 12 km, 7 km. Wattwandern, Kanu fahren, Wassersport, Strandbad Sehestedt 6 km, Salzwiesen-Erlebnispfad Sehestedt 7 km, Tier- und Freizeitpark Jaderberg 12,5 km.
POI: Bollenhagener Moorwald mit Baumkronenturm, Nordseestrand 0,5 km, Galerie Schönhof 3 km, Das Schwimmende Moor von Sehestedt (UNESCO-Weltnaturerbe) 6 km, Nationalpark-Haus und Museum 28 km.

24878 Jagel €14,00 <12 m

Wohnmobilhafen Jagel, Bundesstraße 13, ☎ 04624/451794
Beim Betriebsgelände am Ortsrand

POS: 54°27'15.82"N/9°32'11.89"E, Karte D2 (S. 5), G2
Platz: = 31, = 4 (<12 m) auf Wiese. =24 (6 A) WC CHEM GRAU . Wohnmobil-Shop, Werkstattservice. nur bei Gruppen. Geöffnet 1.4.-1.11.
Preis: 14 € inkl. Wasser, Entsorgung, Dusche, WC, Müll-Entsorgung. Jede weitere Pers. 2 €, Strom 3,50 €, Hund 1 €. Inkl. 4 Personen.
Kontakt: Wohnmobile und Transporte Jagel GmbH, Sven Johmann, ☎ 04624/451794, post@wohnmobilhof-jagel.de, www.wohnmobilhof-jagel.de.
Distanz: Ⓗ 0,1 km, 0,3 km, 7 km.
Gastro: Bringdienst von der Pizzeria Solemio.
Freizeit: 5 km, 8 km, 5 km. Wasserski-Seilbahn Jagel 1 km.
POI: Schloss Gottorf 5 km, Wikinger Museum 5 km, Dom 8 km.

73489 Jagstzell gratis <8 m

Stellplatz Jagst erleben, An der Mühlstraße, ☎ 07967/90600
Zentrumsnah, neben den Bahngleisen an der Jagst

2022 geprüft

POS: 49°1'44.67"N/10°5'54.80"E, Karte D14 (S. 17), H1
Platz: = 2 auf Asphalt. WC GRAU . Kein Schatten. Im Winter kein Wasser wegen Frostgefahr. Ganzjährig geöffnet.
Preis: Übernachtung gratis inkl. Entsorgung. Strom 1 €/2 h. Münzautomat.
Kontakt: Gemeindeverwaltung, ☎ 07967/90600, sekretariat@jagstzell.de, www.jagstzell.de.
Distanz: 0,1 km, 0,1 km.
Freizeit: Naherholungsgebiete am Orrot- und Fischbachsee, Wasserspielplatz Jagst-erleben 0,1 km.

26844 Jemgum-Ditzum €10,00 <10 m

Wohnmobilstellplatz Ditzum – Am Deich, An't Spittland 3 (Abzweig von der Molkereistraße), ☎ 0160/96638226
Am Emsdeich, in direkter Nähe zum Hafen

2022 geprüft

POS: 53°18'54.52"N/7°17'8.81"E, Karte D1 (S. 4), C5
Platz: = 60 auf Schotterrasen. =60 (16 A) WC CHEM GRAU . Nachts beleuchtet. Ganzjährig geöffnet.
Preis: 10 € inkl. Entsorgung, Müll-Entsorgung, WLAN. Strom 1 €/2 kWh, Wasser 1 €/100 l, Dusche 1 €/6 min. Gästebeitrag Juni-Aug 1,50 €, sonst 1 €. Bezahlung per EC-Karte am Automat. Preisänderung 2023 geplant.
Kontakt: Gemeinde Jemgum, Mobil: 0160/96638226, www.jemgum-urlaub.de.
Distanz: Ⓗ 0,2 km, 0,3 km, 0,3 km, weitere Restaurants in 0,4 km, 0,3 km.
Gastro: Brötchenservice.
Freizeit: 0,5 km. Kanu fahren, Federball-/Boul-Anlage, Radwandertour auf der Dollart-Route, Ausflugsfahrten nach Borkum und internationale Dollardroute über Emden nach Delfzijl NL 0,4 km, Naturschutzgebiet Dollart 2 km.
POI: Mühle und Fischereihafen mit Sielbauwerk im Fischerdorf Ditzum 0,3 km, Kirche 0,3 km, Bültjer Werft 0,4 km, Emssperrwerk Gandersum/Nendorp 1,5 km.

26844 Jemgum-Ditzum €10,00 <8 m

Wohnmobilstellplatz Ditzum – Ankerplatz, Pogumer Straße 1, ☎ 0160/96638226 An der Kreisstraße 43, beim Lebensmittelmarkt Nah & Gut Blank

2021 geprüft

POS: 53°18'55.87"N/7°16'34.63"E, Karte D1 (S. 4), C5
Platz: = 15 auf Wiese, Schotter. =16 (16 A) WC CHEM GRAU . Infrarothwärmekabine. Ganzjährig geöffnet.
Preis: 10 € inkl. Entsorgung, WC, Müll-Entsorgung, WLAN. Strom 1 €/2 kWh, Wasser 1 €/100 l, Dusche 1 €/6 min. Gästebeitrag Juni-Aug 1,50 €, sonst 1 €. Bezahlung beim Platzwart, EC-Kartenautomat beim Supermarkt. Preisänderung 2023 geplant.
Kontakt: Lebensmittelmarkt Nah & Gut Blank, Luitpold Handwerker, Mobil: 0160/96638226, luitpold.handwerker@ewetel.net, www.ditzum-touristik.de.
Distanz: 0,3 km, weitere Restaurants in 0,4 km, Ⓗ 0,3 km, 0,3 km.
Gastro: Schnellimbiss, Café und Supermarkt am Platz.
Freizeit: 0,5 km. Nordseeküste am Dollart 5 km.
POI: Mühle und Fischereihafen mit Sielbauwerk im Fischerdorf Ditzum 0,3 km, Kirche 0,3 km, Fischerdorf 0,3 km, Emssperrwerk 2 km.

07749 Jena €20,00 <8 m

Campingplatz Jena Unter dem Jenzig, Am Erlkönig 3, ☎ 03641/666688
Ruhig, aber zentrumsnah auf dem Stadtcamping

POS: 50°56'11.43"N/11°36'28.74"E, Karte D11 (S. 14), B1
Platz: = 45 auf Schotterrasen, Schotter, Kiesel. =47 (6/16 A) WC CHEM GRAU . Geöffnet: März-Okt.
Preis: 20 € inkl. Entsorgung, Dusche, Müll-Entsorgung, WLAN. Jede weitere Pers. 10 €, Kind (4-13 J.) 4 €, Kind (14-17 J.) 7 €, Strom 3 €, Hund 1 €. Preiserhöhung 2023 möglich.
Kontakt: Steffen Albrecht, ☎ 03641/666688, post@jenacamping.de, www.jenacamping.de.
Distanz: 0 km, weitere Restaurants in 0,2 km, Ⓗ 0,2 km, 0,4 km, 2 km.
Gastro: Imbiss am Platz ab 15:00 Uhr. Brötchen- und Getränkeversorgung von Mai-Sep.
Freizeit: 0,1 km. Stadtbesichtigung, Bergwandern.
POI: Schillerkirche 0,5 km, Botanischer Garten 2 km, Planetarium 2 km, Stadtzentrum Jena 2 km, Weimar 20 km.

39319 Jerichow
gratis
<8m

Kloster Jerichow, Am Kloster 1, ☎ 039343/285
Auf dem Parkplatz des Klosters

2021 geprüft

POS: 52°30'9.15"N/12°1'3.36"E, Karte D7 (S. 10), C2
Platz: = 5 auf Pflaster, Asphalt. WC in den Klosteranlagen (kostenpflichtig), geöffnet Apr-Okt 10:00-18:00 Uhr, Nov-März Di-So+ Feiertag10:00-16:00 Uhr, 24.+25.12. und 1.1. geschlossen. Ganzjährig geöffnet.
Preis: Übernachtung gratis. Strom 0,50€, WC 0,50€.
Kontakt: ☎ 039343/285, kloster-jerichow.de.
Distanz: 0 km, weitere Restaurants in 1 km, 0,2 km, 0,4 km, 1 km.
Gastro: Restaurants, Cafés, Imbiss direkt vor Ort.
Freizeit: 12 km. Besuch des Klostermuseums und der Holländerwindmühle, Elberadweg.
POI: Kloster Jerichow, Klostergarten, Roman. Kirche.

34632 Jesberg
€15,00
<10m

Campingplatz Kellerwald, Freizeitzentrum, ☎ 0173/5495482
Am Ortsrand mit Blick auf den Kellerwaldturm

POS: 50°59'48.66"N/9°8'2.15"E, Karte D10 (S. 13), F1
Platz: = 5 auf Schotter. =20 (16 A) WC CHEM GRAU . Ganzjährig geöffnet.
Preis: 15€ inkl. Strom, Wasser, Entsorgung, Dusche, WC, Müll-Entsorgung. Jede weitere Pers. 4€, Kind (bis 15 J.) 2€, Hund 2,50€/Tag, Waschmaschine/Trockner je 3€. Gebührenerhöhung zum 1.4.2023 geplant. Infos/Höhe der Gebühren werden rechtzeitig auf der Website bekanntgegeben.
Kontakt: Gemeinde Jesberg, Mobil: 0173/5495482, camping@gemeinde-jesberg.de, www.gemeinde-jesberg.de.
Distanz: 0,1 km, weitere Restaurants in 0,5 km, 0,5 km, 0,5 km, 1 km.
Gastro: Kellerwaldstube 0,2 km.
Freizeit: 0,1 km. Tischtennis, Tennisplatz, Beachvolleyball, Kegelbahn.
POI: Barockschlösschen 1 km, Schloßberg 2 km, Prinzessinneneiche 4 km, Kellerwaldturm 5 km.

15913 Jessern
€15,50
<10m

Campingplatz An der Geisterschlucht, An der Geisterschlucht, ☎ 03547/179360 Am südöstlichen Ufer des kleinen Schwielochsees

POS: 52°0'49.21"N/14°11'40.60"E, Karte D8 (S. 11), G3
Platz: = 30, = 10 (<10 m) auf Naturboden, Wiese, Schotter, Sand/Splitt. =40 (16 A) WC CHEM GRAU . Camperküche kostenfrei nutzbar. wird empfohlen. Bei Anreise nach 18:00 Uhr vorher anrufen. Geöffnet: Apr-Okt.
Preis: Ab 15,50€ inkl. WC, Müll-Entsorgung, WLAN. Jede weitere Pers. 4€, Kind (3-12 J.) 2,50€, Strom einmalig 2,30€ und 0,50€/kWh, Dusche 2€, Hund 3€. Ostern und Pfingsten 17€. Jede weitere Pers. 4,50€, Kind (3-12 J.) 3€. Preisänderung 2023 möglich.
Kontakt: Campingplatz Jessern, ☎ 03547/179360, Mobil: 0172/3745136, jessern-camping-am-schwielochsee@gmx.de, www.campingplatz-jessern.de.
Distanz: 0 km, 0,3 km, 0,3 km, 0,5 km.
Freizeit: 0,3 km, 25 km. Wassersport, Badestrand und Bootsverleih 0,4 km.
POI: Feldsteinkirche Zaue 8 km, Holländermühle und Schinkel-Kirche Straupitz 12 km, Spreewald 20 km, Burg Beeskow 30 km.

71131 Jettingen
€5,00
<10m

Stellplatz auf dem Bauernhof Rinderknecht, Höhenhöfe 2, ☎ 07452/816181 Nördlich von Oberjettingen am Lernort Bauernhof

POS: 48°35'27.01"N/8°45'38.25"E, Karte D14 (S. 17), E2
Platz: = 8 auf Schotter. CHEM GRAU . Leinenpflicht für Hunde. nur bei Gruppen. Ganzjährig geöffnet.
Preis: 5€ inkl. Entsorgung. Strom und Wasser nach Verbrauch.
Kontakt: Ingwart Rinderknecht, ☎ 07452/816181, Mobil: 0172/1408725, info@bauernhof-rinderknecht.de, bauernhof-rinderknecht.de.
Distanz: 1,4 km, 1,4 km, 1,5 km, 1,5 km.
Gastro: SB-Hofladen mit Milch, Eier, Käse, Nudeln und Kartoffeln.
Freizeit: Rad-/Wanderwegenetz.
POI: Schönbuchturm 10 km.

26441 Jever
€8,00
<12m

Sport- und Freizeitzentrum Jahnstraße, Jahnstraße, ☎ 04461/939263
Ebene Stellplätze beim Freibad

POS: 53°34'33.00"N/7°53'26.00"E, Karte D1 (S. 4), D4
Platz: = 24 auf Pflaster. =24 CHEM GRAU. Ganzjährig geöffnet.
Preis: 8€ inkl. Entsorgung. Strom 2€, Wasser 2€. Inkl. 1 Wertmarke für Strom oder Wasser, Bezahlung der Stellplatzgebühr/Kauf der Wertmarken im MP Fitness-Park Jever, Jahnstr. 6.
Kontakt: Tourist-Information Stadt Jever, ☎ 04461/939263, tourist-info@stadt-jever.de, www.stadt-jever.de.
Distanz: 0,1 km, 0,5 km, 0,5 km, weitere Restaurants in 1 km, 0,8 km.
Freizeit: 0,1 km, 0,8 km. Nachtwächterrundgang, Stadt-, Schloss/Brauereiführung, Tennisanlage, Besichtigung der Blaudruckerei.
POI: Altstadt mit Schloss-/Graftenanlage 0,8 km, Friesisches Brauhaus 0,8 km.

09477 Jöhstadt-Steinbach
gratis
<6m

Raststätte am Wildbach, Schmalzgrubner Straße 18, ☎ 037343/88738
An der Preßnitztalbahn, am Fluss Preßnitz

POS: 50°33'15.39"N/13°8'40.30"E, Karte D12 (S. 15), E2
Platz: = 3, = 2 (<8 m) auf Schotter. . wird empfohlen. Mo+Di Ruhetag, Anfahrt dennoch möglich. Strom auf Anfrage. Ganzjährig geöffnet.
Preis: Übernachtung gratis.
Kontakt: Raststätte am Wildbach, Dave Weber, ☎ 037343/88738, www.raststaette-wildbach.de.
Distanz: 0 km, 0,2 km, 1,5 km, 1,5 km.
Gastro: Am Platz, Mi-So 11:00-19:00 Uhr, Mo-Di Ruhetag, im Nov geschlossen.
Freizeit: 1,5 km, 16 km, 7 km. Mitarbeit bei der IG Preßnitztalbahn, Tagesausflug nach Prag, Forellen angeln, Baden im Fluss, Langlauf, Backen im Steinbackofen, Mountainbiking, Bahnhof der Preßnitztal-Museumsbahn 0,3 km.
POI: Besucherbergwerk 1,5 km, Burg Wolkenstein 14 km, Annenkirche in Annaberg 15 km.

25862 Joldelund
€12,00
>12m

Wohnmobilstellplatz Sterntaler, Na Rossieg 2, ☎ 04673/359 Ehemaliger Resthof umgeben von Wiesen und Wäldern

POS: 54°38'56.32"N/9°9'21.54"E, Karte D2 (S. 5), F1
Platz: = 9 auf Wiese, Schotterrasen. =1 (8 A) WC CHEM GRAU . Ganzjährig geöffnet.
Preis: 12€ inkl. Strom, Wasser, Entsorgung, Müll-Entsorgung, WLAN. WC/Duschen 1,50€/Pers.
Kontakt: Herr Hansen, ☎ 04673/359, Mobil: 0171/2721247, hphansen@gmx.de.
Distanz: 1 km, 1 km.
Freizeit: Atelier mit Kreativkursen.

21635 Jork
€7,00
<12m

Festplatz Jork, Am Fleet, ☎ 04162/914755
Ebene Stellflächen auf dem Festplatz

2021 geprüft

POS: 53°31'48.64"N/9°40'47.96"E, Karte D2 (S. 5), G4
Platz: = 80 auf Pflaster. =2 (16 A) WC CHEM. Ganzjährig geöffnet. Ausnahme: Sperrung bei Veranstaltungen.
Preis: 7€ inkl. WC. Strom 0,50€/kWh, Wasser 1€/90 l, Dusche 0,50€/15 min.
Kontakt: Tourist-Info Altes Land, ☎ 04162/914755, info@tourismus-altesland.de, www.tourismus-altesland.de.
Anfahrt: Zwei Zufahrten: Eine führt über eine Brücke (zulässiges Gesamtgewicht beachten).
Distanz: 0,1 km, 0,1 km, 0,1 km, 0,1 km.
Freizeit: 10 km, 10 km, 8 km. Tennisplatz neben den Stellplätzen 0,5 km, Touristik-Zentrale Jork 0,5 km, Elbufer 4 km.
POI: Ortskern von Jork mit Rathaus und St. Matthias-Kirche 0,5 km, Museum, Werth'scher Hof und Nikolai-Kirche 1 km, Windmühle Aurora 1,5 km.

21635 Jork
€13,00
<8m

Stubbe's Gasthaus, Lühe 46, ☎ 04142/2535 Ruhiger Stellplatz im Garten, am malerischen Deichwanderweg

POS: 53°34'7.42"N/9°37'59.32"E, Karte D2 (S. 5), G4

J

Platz: = 14 auf Schotter, Rasengittersteinen. =7 (16 A) WC . wird empfohlen. 7 neue Stellplätze ohne Strom am Lühedeich. Ganzjährig geöffnet.
Preis: 13 € inkl. Dusche, WC, WLAN. Strom 2 €. Brötchenservice inkl.
Kontakt: Frau Nicole Stubbe, ☎ 04142/2535, info@stubbes-gasthaus.de, www.stubbes-gasthaus.de.
Distanz: Weitere Restaurants in 0,1 km Entfernung, 1 km, 3 km (in Wetterndorf), 3 km, 3 km.
Gastro: Stubbe's Gasthaus, Mi-So 11:30-20:00 Uhr, Mo-Di Ruhetag. Frühstücksservice (ab 7,50 €). Restaurant Pension Elbblick. Elbfischer Buckow.
Freizeit: 7 km, 15 km, 1 km. Fahrt mit der Lühe-Schulau-Fähre zur Schiffsbegrüßungsanlage nach Schulau Willkommenshöft, Picknick am Gartenteich, Radwanderbus.
POI: Kirchen und Museen im Alten Land, Altstadt Stade 15 km.

21635 Jork-Neuenschleuse €7,00 <10m

Wohnmobilstellplatz Jork – Am Yachthafen, Yachthafenstraße, ☎ 04162/914755
Am Deich beim Yachthafen Neuenschleuse

2022 geprüft

POS: 53°33'10.82"N/9°40'6.83"E, Karte D2 (S. 5), G4
Platz: = 18, = 10 (<10 m) auf Wiese, Schotter. =16 WC CHEM GRAU . Öffentliches WC tagsüber geöffnet. Schlüssel für Dusche im Bistro zu den Öffnungszeiten. Ganzjährig geöffnet.
Preis: 7 € inkl. aller Personen, Entsorgung, Müll-Entsorgung. Strom 0,50 €/kWh, Wasser 1 €/100 l, Dusche 2 €.
Kontakt: Tourist-Info Altes Land, ☎ 04162/914755, info@tourismus-altesland.de, www.tourismus-altesland.de.
Distanz: 0,1 km, weitere Restaurants in 3 km, 1 km, 2,5 km, 3 km.
Gastro: Café Möwen Nest, Mi-Do 9:00-12:00 Uhr, Fr-So 9:00-18:00 Uhr, Mo-Di Ruhetag.
Freizeit: 10 km, 3 km.
POI: Borsteler Kirche 2 km, Museum Altes Land 3 km, Kirche Jork 3 km, Hogendiekbrücke 6 km.

55270 Jugenheim/Rheinhessen €15,00 <10m

Weingut Diehl-Blees, Am Goldberg 1, ☎ 06130/401
Stellplatz vor und hinter dem Weingut

POS: 49°53'47.66"N/8°5'13.68"E, Karte D9 (S. 12), D3
Platz: / = 2 auf Pflaster, Schotterrasen, . Gästezimmer für Mitreisende. Ganzjährig geöffnet.
Preis: 15 € inkl. Strom, Wasser. Beim Kauf von 12 Flaschen Wein Übernachtung gratis.
Kontakt: ☎ 06130/401, info@weingut-diehl-blees.de, weingut-diehl-blees.de.
Distanz: 0,3 km, 0,3 km, 0,3 km.
Freizeit: Weinprobe auf Anfrage.
POI: Bismarckturm (Ingelheim am Rhein) 14,5 km.

52428 Jülich €9,50 <10m

Brückenkopf-Park Jülich, Rurauenstraße 11, ☎ 02461/979519
Großer Stellplatz am Brückenkopf-Park

2020 geprüft

POS: 50°55'24.54"N/6°20'25.92"E, Karte D9 (S. 12), A1
Platz: = 22 auf Wiese. =24 (16 A) WC CHEM GRAU . nur bei Gruppen. Für Reisemobiltreffen geeignet, Wiesengelände mit Platz für bis zu 100 Fahrzeuge. Anfahrt 24 h. Ganzjährig geöffnet.
Preis: 9,50 € inkl. Strom, Entsorgung, WC. Wasser 1 €/90 l, Dusche 1 €/5 min, Stromabsicherung (Ampere) 0,50 €/kWh. Ermäßigter Eintritt in den Freizeitpark (5 €, Kinder 3,50 €), Duschen/WC am Zeltplatz.
Kontakt: Brückenkopf-Park Jülich GmbH, Bernd Müller, ☎ 02461/979519, info@brueckenkopf-park.de, Manuela Horrig, ☎ 02461/979526, maho@brueckenkopf-park.de, www.brueckenkopf-park.de.
Distanz: 0,1 km, 0,5 km, 0,9 km, 2 km.
Gastro: Jufa Hotel im Brückenkopf-Park Jülich.
Freizeit: 0,5 km, 1 km. Kanu- und Radfahren, Beach-Volleyball, Kletterfelsen und Minigolf, Brückenkopf-Park mit Möglichkeiten für Sport und Spiel, Sport- und Freizeitanlagen im Park, Wandern zur Sophienhöhe, Hochseilklettergarten 0,5 km.
POI: Napoleonische Festungsanlage im Park 0,2 km, Hexenturm 1 km, Renaissancefestung Zitadelle 1 km, Tagebau Hambach 10 km.

54584 Jünkerath-Glaadt €12,00 <10m

Stellplatz Eifelland, Glaadter Straße 16, ☎ 0151/11658553
Umgeben von Bäumen, direkt an einem Bach

2021 geprüft

POS: 50°21'1.00"N/6°33'56.00"E, Karte D9 (S. 12), B2
Platz: = 11 auf Schotterrasen, Schotter. =16 WC CHEM GRAU . Ganzjährig geöffnet.
Preis: 12 € inkl. Wasser, Entsorgung, WC. Strom 2 €/Tag, Dusche 1 €/4 min.
Kontakt: Julia Hiedels, ☎ 0151/11658553, stellplatz-eifelland@freenet.de.
Distanz: 0,1 km, 0,6 km, weitere Restaurants in 3 km, 0,9 km, 1 km.
Freizeit: Angeln, Stausee Jünkerath 1 km, Kronenburger See 7,9 km.
POI: Burgruine Glaadt 1 km, Eisenbahnmuseum 1,6 km.

14913 Jüterbog gratis <8m

Wohnmobilstellplatz Jüterbog, An der Tränke 1, ☎ 03372/463117 Am Blanken Teich mit Blick auf die Liebfrauenkirche

POS: 51°59'16.00"N/13°4'4.00"E, Karte D8 (S. 11), E3
Platz: = 5 auf Asphalt. . Beleuchtet. Aufenthalt unbegrenzt. Ganzjährig geöffnet.
Preis: Übernachtung gratis.
Kontakt: ☎ 03372/463117, buergerinfo@jueterbog.de, www.jueterbog.eu.
Distanz: 0,1 km, 0,1 km, 0,4 km, 0,5 km.
Gastro: Gaststätte Fuchsbau 0,1 km.
Freizeit: 0,1 km. Tetzeltour, Stadttour bei Nacht.
POI: Schlosspark Jüterbog, Europäischen Route der Backsteingotik, Liebfrauenkirche des ehemaligen Marienklosters.

K

01665 Käbschütztal-Krögis €15,00 <10m

Camping-its.me, Gewerbestraße 7, ☎ 035244/124906 Beim Händler im Industriegebiet, in Autobahnnähe

POS: 51°7'9.08"N/13°22'31.11"E, Karte D8 (S. 11), F5
Platz: = 5, = 3 (<15 m) auf Schotter, Wiese, Pflaster. WC GRAU . Ankunft und Abfahrt nach vorheriger Absprache. Ganzjährig geöffnet.
Preis: 15 €. Strom 5 €, Wasser 2 €/100 l.
Kontakt: Camping-its.me, Mathias Krusche, ☎ 035244/124906, buchung@camping-its.me, camping-its.me.
Distanz: 0,3 km, 0,5 km, 0,5 km, 7 km.
Gastro: Restaurant Zum heißen Stein, Wendischbora 7 km.
Freizeit: 5 km, 10 km.
POI: Meißen 10 km.

06642 Kaiserpfalz-Wohlmirstedt €20,00 <12m neu

Wohnmobilstellplatz Hotel zur Kaiserpfalz, Allerstedter Straße 10, ☎ 034672/169333
Gegenüber vom Hotel auf einer befestigten Wiese, zentrumsnah

2022 geprüft

POS: 51°14'54.72"N/11°27'35.76"E, Karte D7 (S. 10), B5
Platz: = 13 auf Wiese. CHEM GRAU . Eben, kein Schatten. Späteste Ankunft bis 21:00 Uhr. Ganzjährig geöffnet.
Preis: 20 € inkl. Strom, Wasser, Entsorgung.
Kontakt: Kaiserpfalz Betriebs GmbH, ☎ 034672/169333, info@kaiserpfalz-hotel.de, kaiserpfalz-hotel.de.
Distanz: 0,2 km, 0,2 km, 8,2 km.
Gastro: Restaurant zur Kaiserpfalz, geöffnet: 8:00-21:00 Uhr. Frühstücksservice im Hotel.
Freizeit: Wellness und Kegeln im Hotel, Rad- und Wasserwandern an und auf der Unstrut, Wandern, Kanuverleih Nebra 9,5 km.

J K

POI: Erlebnistierpark Memleben 2,5 km, Modellbahn Wiehe 3,1 km, Schloss Wiehe 3,7 km, Besuch des Arche Nebra Museums 5,6 km, Fundort der Himmelsscheibe 5,8 km.

73667 Kaisersbach-Ebni — gratis — <6m

Restaurant Gajas Welt, Winnender Straße 81, ☎ 07184/601 Auf dem Parkplatz neben dem Restaurant

POS: 48°55'20.93"N/9°35'51.43"E, Karte D14 (S. 17), G1
Platz: = 1 auf Wiese, Asphalt. Geöffnet: Feb-Dez.
Preis: Für Restaurantgäste kostenlos, inkl. WLAN. Einkehr obligatorisch. Strom 2 €/24 h.
Kontakt: Claudia Bihlmaier, ☎ 07184/601, gajas-welt@ebni.de, www.gajas-welt.de.
Distanz: 0 km, weitere Restaurants in 0,2 km, 0,1 km, 0,5 km, 3 km.
Gastro: Veganes Restaurant am Platz, Fr-Sa 17:30-21:00 Uhr, So 12:00-20:00 Uhr, Mo-Do Ruhetag.
Freizeit: Bade-/Angelsee 1 km, Schwabenpark 4 km.
POI: Limes-Römerkastell 8 km.

73667 Kaisersbach-Gmeinweiler — gratis — <12m

Schwaben-Park, Hofwiesen 11, ☎ 07182/936100 Parkplatz vor dem Erlebnis-/Freizeitpark

POS: 48°54'13.26"N/9°39'12.62"E, Karte D14 (S. 17), G1
Platz: = 6 auf Schotter. Geöffnet: Mitte März-Anfang Nov. Ausnahme: einige Tage im Okt geschlossen (vorher anrufen).
Preis: Übernachtung gratis.
Kontakt: Familie Hudelmaier, ☎ 07182/936100, info@schwabenpark.de, www.schwabenpark.de.
Distanz: 0 km, weitere Restaurants in 3 km, 0,2 km, 3 km, 3 km.
Gastro: Restaurant und mehrere Kioske auf dem Parkgelände, warme Küche 11:00-18:00 Uhr.
Freizeit: 8 km. Schwaben-Park, Sommerrodelbahn 3 km, Ebnisee 7 km.
POI: Römerkastell und Limes 4 km.

56759 Kaisersesch — gratis — <10m

Wohnmobilstellplatz Am Markt, Am Markt, ☎ 02653/9996502 Befestigter Parkplatz in ruhiger Lage, auch für größere Wohnmobile geeignet

POS: 50°13'57.64"N/7°8'24.33"E, Karte D9 (S. 12), B3
Platz: = 3 auf Pflaster. Leinenpflicht für Hunde. Ganzjährig geöffnet.
Preis: Übernachtung gratis.
Kontakt: Touristik-Büro Schieferland Kaisersesch, ☎ 02653/9996502, stadt@kaisersesch.de, www.stadt-kaisersesch.de.
Distanz: 0,1 km, 0,2 km, weitere Restaurants in 0,4 km, 0,2 km, 0,2 km, 16,4 km (Wohnmobilstellplatz Mayen, Polcher Straße, 56727 Mayen).
Freizeit: 13 km, 13 km, 13 km. Walken, Wandern, Radfahren.
POI: Mosel 10 km, Cochem 13 km, Burg Elz 24 km, Nürburgring 30 km.

67657 Kaiserslautern — gratis — <8m

monte mare Kaiserslautern, Mailänder Straße 6, ☎ 0631/30380 Beim Freizeitbad mit Sauna- und Wellnessanlage am Wald

POS: 49°27'11.79"N/7°48'41.78"E, Karte D9 (S. 12), C5
Platz: = 10, = 4 (<12 m) auf Pflaster, Schotter, Asphalt. nur bei Gruppen. Parkstreifen an der Seite nutzen. WC kostenfrei im Bad, Dusche gegen Eintritt. Ganzjährig geöffnet.
Preis: Übernachtung gratis.
Kontakt: Holger Samuelsen, ☎ 0631/30380, Kaiserslautern@monte-mare.de, www.monte-mare.de/de/kaiserslautern.
Distanz: 2 km, 4 km.
Gastro: In der Sauna, Mo-So 9:00-20:30 Uhr. Im Bad, Mo-So 12:00-18:30 Uhr.
Freizeit: 4 km. monte mare Kaiserslautern mit Sauna und Wellness, Planet Bowling.
POI: Pfälzer Wald, Pfalztheater 4 km, Gartenschau Kaiserslautern 4 km.

67657 Kaiserslautern — €10,00 — <10m

Wohnmobilstellplatz Daennerplatz, Mannheimer Straße 208, ☎ 0631/3652317 Für Reisemobile abgetrennter Parkplatz am Hauptfriedhof

POS: 49°26'33.54"N/7°48'8.01"E, Karte D10 (S. 13), D5
Platz: = 11 auf Pflaster. =12 CHEM GRAU. Coins für Strom/Wasser bei der SWK in der Stiftswaldstraße 4 (24 h) oder der SWK in der Fruchthallstraße 14 (Mo-Fr 7:00-18:00 Uhr, Sa von 10:00-14:00 Uhr). Ganzjährig geöffnet.
Preis: 10 € inkl. aller Personen, Entsorgung, Müll-Entsorgung. Strom 2 €/2 kWh, Wasser 1 €. Inkl. Busticket für 5 Personen.
Kontakt: Tourist Information Kaiserslautern, ☎ 0631/3652317, touristinformation@kaiserslautern.de, www.kaiserslautern.de.
Distanz: 0,2 km, 1 km, 3 km, 3 km.
Freizeit: 3 km.
POI: Kaiserpfalz 3 km, Wildpark 3 km, Japanischer Garten 3 km, Stiftskirche 3 km.

36148 Kalbach-Heubach — €18,00 — <8m

Stellplatz Rhönsicht, Neuweg 2, ☎ 09742/727 Am Landgasthof Rhönsicht

POS: 50°22'56.49"N/9°42'55.38"E, Karte D10 (S. 13), G2
Platz: / = 7 auf Wiese. WC CHEM GRAU. wird empfohlen. Anfahrt 10:00-21:00 Uhr. Geöffnet: Ostern-Okt.
Preis: 18 € inkl. Strom, Wasser, Entsorgung. Einkehr obligatorisch.
Kontakt: Jenny Jäger-Jost, ☎ 09742/727, info@rhoensicht.de, www.rhoensicht.de.
Distanz: 0 km, 0,6 km, 3 km.
Gastro: Landgasthof Rhönsicht und Biergarten, Do Ruhetag. Brötchenservice.
Freizeit: 12 km, 15 km. Wanderwege.
POI: Kloster Kreuzberg, UNESCO-Biosphärenreservat Rhön, Bad Brückenau 15 km, Barock-/Domstadt Fulda 20 km.

47546 Kalkar — €8,50 — <12m

Reisemobilpark Kalkar, Waysche Straße 1-3, ☎ 02821/20110 Mit altem Baumbestand in ruhiger, zentraler Lage

POS: 51°44'24.00"N/6°18'3.00"E, Karte D5 (S. 8), A4
Platz: = 35 auf Wiese, Schotter. =24 (16 A) CHEM GRAU. nur bei Gruppen. Reservierung für Gruppen ab 6 Fahrzeugen möglich. Nachts beleuchtet. Ganzjährig geöffnet.
Preis: 8,50 € inkl. aller Personen, Entsorgung, Müll-Entsorgung, WLAN. Strom 1 €/2 kWh, Wasser 1 €.
Kontakt: J. Cronauer, ☎ 02821/20110, j.cronauer@t-online.de, www.reisemobilpark-kalkar.de.
Distanz: 0,4 km, weitere Restaurants in 0,5 km, 0,5 km, 0,5 km, 1 km.
Freizeit: 3 km, 12 km, 0,5 km. Stadtbesichtigung und Führung, Golfanlage 4 km, Freizeitpark Wunderland Kalkar 4 km, Freizeitbad Wisseler See 4 km.
POI: Altstadt mit St. Nicolai-Kirche und historischer Mühle am Hanselaertor 0,5 km, Museum Schloss Moyland 4 km, Museum Kurhaus Kleve 12 km.

K

53925 Kall-Golbach — €8,00 — <8m

Stellplatz Klöcker, Kapellenstraße 25, ☎ 02441/6880 Auf einem ehemaligen Bauernhof

POS: 50°31'41.38"N/6°32'13.44"E, Karte D9 (S. 12), B2
Platz: / = 10 auf Wiese, Schotter. CHEM GRAU. Aufenthalt unbegrenzt. Unterstellmöglichkeit für Pferde nach Vereinbarung. Ganzjährig geöffnet.
Preis: 8 € inkl. Entsorgung. Strom 0,50 €/kWh, Wasser 1 €. WC/Dusche 2,50 €/Tag.
Kontakt: Alfons Klöcker, ☎ 02441/6880, A.Kloecker52@gmx.de, www.wohnmobilhafen-eifel.de.
Distanz: 0,4 km, weitere Restaurants in 3 km, 0,6 km, 3 km, 3 km.
Freizeit: 3 km, 2 km. Eifelwanderweg Eifelsteig, Aktivpark: Tennis, Squash, Fitnesscenter, Aktivi (Unterhaltung für Kinder) 3 km.
POI: Kloster Steinfeld, Hochwildpark Kommern 15 km, Freilichtmuseum Kommern 15 km, Vogelpark Hellental 15 km, Burg Vogelsang 20 km, Ruhrsee 20 km, Bad Münster Eifel 25 km.

53925 Kall-Keldenich — €20,00 — <10m — neu

Wohnmobilstellplatz Hubertushof, Hubertushof 2, ☎ 02441/6334 Biobauernhof am Rande des Nationalparks Eifel, inmitten von Wiesen am Wald

POS: 50°31'38.59"N/6°34'41.25"E, Karte D9 (S. 12), B2

Platz: P / = 3 auf Asphalt. WC CHEM GRAU . Pferdegastboxen, Aufenthaltsraum, Reitanlage, Hoftiere, Leinenpflicht für Hunde, Picknick-Bereich, Ferienwohnungen. B wird empfohlen. Beleuchtet. Mehrere Hunde nur nach Absprache. Ganzjährig geöffnet.
Preis: 20 € inkl. Strom, Wasser, Entsorgung, WC. Jede weitere Pers. 2 €, Hund 2 €. Inkl. 4 Pers., 1 Hund gratis.
Kontakt: Hubertushof, Hubert und Ingrid Ferfer, ☎ 02441/6334, Mobil: 0172/2469853, hubertushof-ferfer@t-online.de, www.hubertushof-ferfer.de.
Distanz: 4 km, 4 km, 4 km.
Gastro: Biomilch und Eier direkt vom Hof.
Freizeit: 15 km. Ausgewiesene Wanderwege, Wintersport, Rodeln, Skifahren, Stallbesuch, Römerkanalwanderweg, Eifelschleifen direkt ab Hof, kleiner Spielplatz und 4 Berg-Kettcars, Reiten auf Anfrage nur mit Reitunterricht, Mountainbikestrecke.
POI: Wildfreigehege Hellenthal, Nationalpark Eifel, Römische Wasserleitung 3 km, Kloster Steinfeld 6,3 km, LVR-Freilichtmuseum Kommern 15,4 km.

53925 Kall-Urft — €8,00

Wohnmobilpark Urft, Urfttalstraße 31-33, ☎ 02441/6520 — <12m
Am Gillesbach, durch Hecken abgegrenzt

POS: 50°30'36.60"N/6°34'29.23"E, Karte D9 (S. 12), B2
Platz: P = 10 auf Schotterrasen, Schotter. CHEM GRAU . Leinenpflicht für Hunde. B Anfahrt 24 h. Für Wasser eigener Schlauch und Adapter notwendig. Ganzjährig geöffnet.
Preis: 8 € inkl. Entsorgung. Strom 1 €/2 kWh, Wasser 1 €/80 l. Inkl. 4 Pers. Bezahlung in Münzen und per App(mobilet).
Kontakt: Erich Breuer, ☎ 02441/6520, Mobil: +491(0)722122487, erich.breuer@t-online.de, www.wohnmobilpark-urft.de.
Distanz: 0,5 km, weitere Restaurants in 0,6 km, 0,5 km, Ⓗ 0,5 km, 5 km.
Freizeit: 5 km. Nationalpark Eifel, Eifelsteig Aachen-Trier.
POI: Waldlehrpfad, Fliegenfischen an der Urft, Wanderwege, ehemaliger Landesbunker Ausweichsitz NRW Urft, Römische Wasserleitung 1,5 km, KlosterSteinfeld 2 km.

32689 Kalletal-Heidelbeck — €14,00

Café-Restaurant Schlosskrug, Kurstraße 1, ☎ 05264/9163 — >12m
In Park- und Waldnähe

POS: 52°7'15.35"N/9°0'11.11"E, Karte D6 (S. 9), F3
Platz: P = 20, = 10 (<20 m) auf Schotter. =8 (16 A) . B Ganzjährig geöffnet. Ausnahme 18.10.-9.11.
Preis: 14 € inkl. Strom, Wasser. Für Restaurantgäste kostenlos.
Kontakt: Café-Restaurant-Bierhaus, Fam. Korf, ☎ 05264/9163, info@schlosskrug-heidelbeck.de, www.schlosskrug-heidelbeck.de.
Distanz: Ⓗ 0,1 km, 4 km.
Gastro: Restaurant Tannenhof Kalletal, Do 17:00-21:00 Uhr, Fr-So 11:30-21:00 Uhr, Mo-Mi Ruhetag.
Freizeit: 6 km, 13 km. Kinderreiten am Reiterhof, Weser-Freizeitcenter mit Wasserski 12 km.
POI: Altstadt Rinteln, Hexenbürgermeisterhaus Lemgo, Altstadt Lemgo, Weserschifffahrt, Wald- und Forstmuseum 0,2 km, Bad Salzuflen 20 km, Bad Oeynhausen 20 km, Kaiser-Wilhelm-Denkmal 25 km.

67169 Kallstadt/Weinstraße — €10,00

Wohnmobilstellplatz beim Weingut Henninger, Weinstraße 2, ☎ 06322/1335 Am Ortsrand zwischen Weingut und den Weinbergen — <10m

POS: 49°29'10.50"N/8°10'45.25"E, Karte D9 (S. 12), D5
Platz: = 3 auf Wiese. WC GRAU . B Schlüssel für Dusche/WC beim Weingut (50 m vom Stellplatz) gegen 10 € Kaution. Geöffnet: März-Okt.
Preis: 10 € inkl. Wasser, Entsorgung, Dusche, WC. Strom 2 €/Tag.
Kontakt: Weingut Henninger, Dieter Henninger, ☎ 06322/1335, service@weingut-henninger.de, www.weingut-henninger.de.
Distanz: 0,2 km, weitere Restaurants in 0,4 km, Ⓗ 0,3 km, 0,6 km, 3 km (Hit, Lidl, Aldi usw.).
Gastro: Mehrere Restaurants und Straußwirtschaften im Ort. Weinprobe zu den Geschäftszeiten Mo-Sa 9:00-12:00 Uhr und 14:00-18:00 Uhr, So nach Absprache.
POI: Freinsheim 3 km (Stadtmauer), Bad Dürkheim 3 km (Kurpark und Riesenfass).

24568 Kaltenkirchen — €10,00

Stellplatz an der HolstenTherme, Norderstraße, ☎ 04191/91220 Separater Platz in ruhiger Lage ggü. der Therme — <12m

POS: 53°50'16.39"N/9°56'47.27"E, Karte D2 (S. 5), G3
Platz: = 30 auf Wiese, Schotter. =8 CHEM GRAU . Nachts beleuchtet. Sani-Service-Station in der Straße Im Grunde. WC in der Therme. Ganzjährig geöffnet.
Preis: 10 € inkl. aller Personen, WLAN. Strom 0,50 €/kWh, Wasser 0,10 €/10 l, Entsorgung 1 €.
Kontakt: HolstenTherme GmbH, ☎ 04191/91220, service@holstentherme.de, www.holstentherme.de.
Distanz: 0,4 km, 1,5 km.
Gastro: Bistro Havana im ErlebnisBad. Orientalisches Restaurant in der SaunaWelt (für Besucher). Weitere Restaurants im Hotel Dreiklang 0,2 km.
Freizeit: HolstenTherme mit Erlebnisbad, Saunawelt und Sportbecken, Freizeitpark mit Wanderwegen 0,6 km, Golfplatz Lutzhorn 15 km, Wander-/Radwanderwege im Segeberger Forst 18 km, Wildpark Eekholt in Großenaspe 20 km.
POI: Arboretum Ellerhoop 20 km.

36452 Kaltennordheim — €3,00

Eddies Eiscafé, Hinterm Kirchhof 11, ☎ 036946/20712 Am Ortsrand von Kaltensundheim, mitten im Biosphärenreservat Rhön — <8m

POS: 50°36'30.84"N/10°9'41.11"E, Karte D10 (S. 13), H2
Platz: P / = 3 auf Pflaster, Wiese. =2 (16 A) . Ganzjährig geöffnet.
Preis: 3 € inkl. Wasser, Dusche. Für Restaurantgäste kostenlos. Strom nach Verbrauch.
Kontakt: Edgar Friedrichs, ☎ 036946/20712, eddis-eiscafe@t-online.de, www.eddies-eiscafe.de.
Distanz: Ⓗ 0,1 km, 0,1 km, weitere Restaurants in 0,4 km Entfernung, 0,4 km.
Gastro: Eiscafé, Sa-Mo 14:00-21:00 Uhr, Di-Fr Ruhetag, Di - Fr nur nach Absprache.
Freizeit: 3 km, 0,1 km. Wandern/Radwandern in der thüringischen Rhön, Grimmelbachstausee 1,5 km.
POI: Sandstein-Märchenhöhle Walldorf 20 km, Meininger Theater 24 km.

36452 Kaltennordheim — gratis

Stellplatz In der Aue, In der Aue 14, ☎ 036966/7780 Zentrumsnah beim Feuerwehrgerätehaus — <8m

POS: 50°37'48.52"N/10°9'34.13"E, Karte D10 (S. 13), H2
Platz: P = 4 auf Schotter. =4. Ganzjährig geöffnet.
Preis: Übernachtung gratis. Strom 0,50 €/kWh.
Kontakt: Stadt Kaltennordheim, ☎ 036966/7780, info@kaltennordheim.de, www.kaltennordheim.de.
Distanz: Ⓗ 0,2 km, 0,3 km, 0,5 km, 0,6 km.
Freizeit: 0,6 km.
POI: Schloss Kaltennordheim 0,7 km.

97318 Kaltensondheim — €10,00

Weinbau Beuschel, An der Marter 20, ☎ 0177/6022141 Auf dem Hof des Weinguts — <10m

POS: 49°43'52.58"N/10°5'12.96"E, Karte D10 (S. 13), H4
Platz: / = 3 auf Pflaster, Wiese. . B Ganzjährig geöffnet.
Preis: 10 € inkl. Wasser. Strom 0,50 €/kWh.
Kontakt: J. Beuschel, Mobil: 0177/6022141, joachimbeuschel@yahoo.de, www.weinbau-beuschel.de.
Distanz: 4,5 km, 5 km.
Freizeit: 5 km, 5 km. Radfahren, Weinverkostung, Mitwirken auf dem Hof.
POI: Wildpark Sommerhausen 6 km.

59174 Kamen gratis <8m

Reisemobile Brumberg, Herbert-Wehner-Straße 16, ☎ 02307/79825
Auf dem Betriebsgelände

2020 geprüft E

POS: 51°35'20.07"N/7°38'39.23"E, Karte D5 (S. 8), C4
Platz: P = 4 auf Pflaster. =4 (16 A) CHEM GRAU . Reisemobilservice. Ganzjährig geöffnet.
Preis: Übernachtung gratis inkl. Entsorgung, WLAN. Strom 0,50 €/kWh, Wasser 0,50 €/100 l.
Kontakt: Kai Brumberg, ☎ 02307/79825, info@brumberg-reisemobile.de, www.brumberg-reisemobile.de.
Distanz: , Ⓗ 0,5 km, 1 km, weitere Restaurants in 1,7 km, 1,5 km.
Freizeit: 2 km, 5 km, 0,5 km. Ausflüge.
POI: Datteln-Hamm-Kanal 8 km, Bergehalde Großes Holz mit Panoramaaussicht 9 km.

01917 Kamenz gratis <10m

Stellplätze Kamenz Innenstadt, Am Damm, ☎ 03578/379205 Teil eines öffentlichen Parkplatzes, sehr ruhig gelegen

POS: 51°16'12.03"N/14°5'25.92"E, Karte D8 (S. 11), G5
Platz: P = 3 auf Pflaster. Aufenthalt max. 1 Nacht, Auffahrkeile erforderlich. Ganzjährig geöffnet.
Preis: Übernachtung gratis.
Kontakt: Kamenz-Information, ☎ 03578/379205, kamenzinformation@kamenz.de, www.kamenz.de/tourismus.
Distanz: 0,3 km, weitere Restaurants in 0,4 km, 0,5 km, Ⓗ 0,5 km, 0,5 km.
Freizeit: 2,5 km. Stadtführung, Parkbesuche, Shopping.
POI: Sakralmuseum Klosterkirche St. Annen, Museum der Westlausitz 0,3 km, Hauptkirche St. Marien 0,5 km, Lessing-Museum 0,5 km, Marktplatz/Rathaus 0,5 km.

01917 Kamenz-Bernbruch gratis <12m

Radeberger-Reisemobile, Am Ring, Gewerbegebiet am Ochsenberg, ☎ 03578/302448 Auf dem Betriebsgelände

POS: 51°17'52.40"N/14°5'36.87"E, Karte D8 (S. 11), G5
Platz: = 100 auf Rasengittersteinen. =4 (10 A) WC CHEM GRAU. Anfahrt 24 h, Zubehör-Shop geöffnet Mo-Fr 9:00-18:00 Uhr, Sa 9:00-14:00 Uhr. Ganzjährig geöffnet.
Preis: Übernachtung gratis inkl. Wasser, WC. Strom 1 €/12 h.
Kontakt: Lutz Haase, ☎ 03578/302448, verkauf-lausitz@radeberger-reisemobile.de, www.radeberger-reisemobile.de/.
Distanz: Ⓗ 0,2 km, 1 km, 1,5 km, 2,5 km.
Freizeit: 12 km, 2 km, 3 km. Reiterhof 4 km.
POI: Forstfest Kamenz (jährlich im Aug) 3 km, Lessingmuseum 3 km, Hutberg 4 km, Hauptkirche und Kloster St. Marien in Panschwitz 8 km, Pfefferküchlerei Pulsnitz 12 km.

89358 Kammeltal-Ettenbeuren €13,50 <8m

Wohnmobilstellplatz Kammelaue, Zum Sportplatz 12, ☎ 0173/8548165
In ruhiger Lage am Ortsrand

POS: 48°22'30.73"N/10°21'36.34"E, Karte D14 (S. 17), H2
Platz: P = 36 auf Wiese, Schotter. =30 (6 A) WC CHEM GRAU . Ankunft 8:00-22:00 Uhr. Generatoren nicht erlaubt. Das Auslegen von Teppichen ist verboten. Grillen nur auf Anfrage. Geöffnet: Anfang Apr-Ende Sep.
Preis: 13,50 € inkl. Entsorgung, Müll-Entsorgung. Jede weitere Pers. 3 €, Strom 4 €, Wasser 0,25 €/10 l, Dusche 3 €, WLAN 2 €/12 h.
Kontakt: Familie Haas, ☎ 0173/8548165, info@kammelaue.de, www.wohnmobilstellplatz-kammelaue.de.
Distanz: 0 km, weitere Restaurants in 4 km, Ⓗ 0,5 km, 0,5 km.
Gastro: Biergarten am Stellplatz.
Freizeit: 3 km, 10 km. Fußballgolf, Ponyreiten, Outlet-Center Jettingen, geführte Wanderungen mit Workshops/Vorträgen, Torflehrpfad, Jugendfreizeitgelände 0,1 km, Legoland 9 km, Skylinepark 30 km.
POI: Jüdische Synagoge 2 km, Kloster Wettenhausen 2 km, Schulmuseum 6 km, Roggenburg 15 km.

17419 Kamminke (Usedom) €28,00 <10m

Campingplatz Haffküste/Kamminke, Garzer Weg, ☎ 038376/299113
Auf einem ebenen, parzellierten Wiesengelände an der Küste

POS: 53°52'21.21"N/14°11'54.64"E, Karte D4 (S. 7), F3
Platz: P = 100 auf Wiese. =60 (16 A) WC CHEM GRAU . B wird empfohlen. Rezeption von 8:00-20:00 Uhr geöffnet. Geöffnet: Mai-Sep.
Preis: Ab 28 € inkl. Müll-Entsorgung. Strom 4 €, Dusche 1 €/5 min, Hund 3,50 €, Waschmaschine 4,50 €. 1.6.-15.9. 32 €. Jede weitere Pers. 8-9 €, Kind (3-14 J.) 4-5 €. Stellplätze mit Seeblick 31-36 € je nach Saison.
Kontakt: Matthias Joachimstaler, ☎ 038376/299113, info@insel-usedom-camping.de, www.insel-usedom-camping.de.
Distanz: Ⓗ 1 km, 1 km, 1 km, 5 km.
Gastro: Imbiss auf dem Platz.
Freizeit: 1,5 km. Reiten, Schwimmen, Segeln, Surfen.
POI: Golm 2 km, Heringsdorf und Bansin 15 km, Drei Kaiserbäder Ahlbeck 15 km.

56341 Kamp-Bornhofen €12,00 <10m

Stellplatz am Bistro Anker, Rheinuferstraße 66a, ☎ 06773/215
Am Rheinufer neben dem Freibad

POS: 50°13'22.71"N/7°37'10.48"E, Karte D9 (S. 12), C3
Platz: P = 8 auf Schotterterrassen, Schotter. =6 (6 A) . Ganzjährig geöffnet.
Preis: 12 €. Strom 3 €, Müll-Entsorgung 0,50 €.
Kontakt: Torben Eriksen, ☎ 06773/215, info@hotel-anker.com, www.hotel-anker.com.
Distanz: Ⓗ, , 0,2 km, 1 km, B 12 km (Richtung Koblenz).
Freizeit: 24 km. Schwimmen, Schifffahrt, Naturlehrpfad.
POI: Naturpark Nassau, Schiffermuseum 0,2 km, Burgen feindlicher Brüder 1 km, Lorelei 10 km, Marksburg 12 km.

47475 Kamp-Lintfort €12,00 <10m

Wohnmobilstellplatz Kamp-Lintfort, Gohrstraße 60, ☎ 02842/21040
Zentrumsnah

2020 geprüft E

POS: 51°30'8.88"N/6°31'54.94"E, Karte D5 (S. 8), B4
Platz: = 39 auf Rasengittersteinen, Schotter. WC CHEM GRAU . Leinenpflicht für Hunde. Großzügige Parzellen, eben, kein Schatten. Aufenthalt max. 7 Nächte. An- und Abfahrt von 6:00-22:00 Uhr. Ganzjährig geöffnet.
Preis: 12 € inkl. Entsorgung, WLAN. Strom 0,50 €/kWh, Wasser 1 €/100 l, Dusche 0,50 €/min. Bezahlung am Parkscheinautomat.
Kontakt: Wellings Parkhotel, ☎ 02842/21040, info@wellings-parkhotel.de, womo-kali.de.
Distanz: 0,4 km.
Gastro: Frühstück im Wellings Parkhotel 16,50 €/Pers.
POI: Alt-Siedlung Friedrich Heinrich, Kloster Kamp.

79400 Kandern €22,50 <8m

Terrassen Camping Kandern, Schwimmbadweg 2, ☎ 07626/7874
Ruhig und naturnah

2020 geprüft E

POS: 47°43'12.82"N/7°39'35.74"E, Karte D13 (S. 16), C4
Platz: = 40 auf Wiese, Schotterterrassen, Schotter, Naturboden, Kiesel. =16 A WC CHEM GRAU . B Späteste Ankunftszeit 20:00 Uhr. Geöffnet: 15.03 - 15.10.
Preis: 22,50 € inkl. Wasser, Entsorgung. Kind (ab 14 J.) 6,90 €, Kind (3-14 J.) 4,40 €, Kind (bis 2 J.) 1 €, Strom 0,70 €/kWh, Müll-Entsorgung 0,50 €/Pers., Kurtaxe (ab 16 J.) 1,60 €/Pers., Hund 3,50 €. Strom bei 1-3 Nächten 3,50 €/Nacht.
Kontakt: Matthias Mischee, ☎ 07626/7874, kontakt@terrassen-camping-kandern.de, www.terrassen-camping-kandern.de.
Distanz: 0,3 km, 1 km, 1 km, Ⓗ 1 km.
Gastro: Brötchenservice.
Freizeit: 0,1 km. Golf, Beachvolleyball, Tennis.
POI: Keramikmuseum, Schloss Rötteln, Vitra Haus und Vitra Design Museum in Weil am Rhein, Schloss Bürgeln 3,5 km.

K

79400 Kandern-Egerten €9,00

<10m

Kreiterhof Weinschänke, Wollbacher Straße 1, ☎ 07626/591
Bauernhof mit Weinschänke und Erdbeerfeldern

2022 geprüft

POS: 47°40'31.60"N/7°39'58.52"E, Karte D13 (S. 16), C4
Platz: P / = 6 auf Schotter. WC. Geöffnet: Apr-Dez.
Preis: 9 € inkl. Strom, Wasser, WC.
Kontakt: Armin Kreiter, ☎ 07626/591, info@kreiterhof.de, www.kreiterhof.de.
Distanz: 0,2 km, Ⓗ 2 km, 6 km.
Gastro: Frühstücksservice. Weinschänke, Di-Do 15:00-21:00 Uhr, Fr-So 11:00-21:00 Uhr, Mo Ruhetag.
Freizeit: 6 km, 12 km, 6 km. Geologischer/planetonischer Lehrpfad, Erdbeeren ernten, Dampfzugfahrt 2 km, Vogelpark 12 km.
POI: Burgruine Rötteln 10 km, Basel 13 km.

77966 Kappel-Grafenhausen €12,00

<12m

Shell-Autohof, Hauptstraße 199-203, ☎ 07822/86360 Am Ortsrand

POS: 48°16'53.25"N/7°46'37.71"E, Karte D13 (S. 16), C3
Platz: / = 10 auf Asphalt. WC. VE in der Nähe. Ganzjährig geöffnet.
Preis: 12 € inkl. WLAN. Dusche 3 €/Pers. 6 € Verzehrgutschein.
Kontakt: ☎ 07822/86360, grafenhausen@shell-autohof.de, www.shell-autohof.de.
Distanz: 0 km, weitere Restaurants in 0,5 km, Ⓗ 0,1 km, 0,5 km, 0,5 km.
Freizeit: 2 km. Elsass 3 km, Europa-Park Rust 3 km.

24376 Kappeln €17,00

>12m

Stellplatz Ancker Yachting, Am Hafen 23 A, ☎ 04642/1563
An der Schlei, hinter dem städtischen Grillplatz und dem Bootslager der Ancker Yachting

2020 geprüft

POS: 54°39'56.76"N/9°56'14.59"E, Karte D2 (S. 5), G1
Platz: P / = 50 auf Sand/Splitt, Schotter. =42 (16 A) WC CHEM GRAU. Ganzjährig geöffnet.
Preis: 17 € inkl. Wasser, Entsorgung, WC, Müll-Entsorgung, WLAN. Strom 0,50 €/kWh. Gespanne 21 €. Bezahlung am Automat mit EC-/Kreditkarte.
Kontakt: Thedje Ancker, ☎ 04642/1563, info@ancker-yachting.de, www.ancker-yachting.de.
Anfahrt: über Wassermühlenstraße/Ziegeleiweg.
Distanz: 0,2 km, 0,4 km, 0,4 km, Ⓗ 1 km.
Freizeit: 0,2 km. Segeln, Baden, Surfen.
POI: Museumshafen, Heringszaun, St. Nikolai Kirche, Angelner Dampfeisenbahn, Mühle Amanda mit historischem Sägewerk.

24376 Kappeln €12,00

<10m

Aral Ellenberg, Eckernförder Straße 9b, ☎ 04642/81008
Östlich von Kappeln, in der Nähe der Schlei

POS: 54°39'25.00"N/9°56'41.00"E, Karte D2 (S. 5), G1
Platz: P = 10 auf Pflaster. =9 (16 A) WC CHEM GRAU. Selbstwaschboxen, Tankstellen-Shop (24 h geöffnet). Ganzjährig geöffnet.
Preis: 12 € inkl. WC, Müll-Entsorgung. Strom 5 €/24 h, Wasser 0,50 €/100 l, Entsorgung 0,50 €. Kaution für Stromschlüssel 25 €.
Kontakt: Aral Ellenberg, ☎ 04642/81008, info@ellenberg-hofer.de.
Distanz: 0 km, Ⓗ 0,5 km, 0,5 km, 1 km.
Freizeit: 5 km, 5 km. Ausflüge entlang der Schlei, Ostsee 2,5 km.
POI: Museumseisenbahn 2 km, Schloss Rundhof 5 km.

77876 Kappelrodeck €8,00

<10m

Wohnmobilstellplatz am Heidenhof, Heidenhof 4, ☎ 07842/80210
Reisemobilstellplatz beim Freibad

POS: 48°34'43.37"N/8°7'45.94"E, Karte D13 (S. 16), D2
Platz: P = 17 auf Schotter. =17 (16 A) CHEM GRAU. Ganzjährig geöffnet.
Preis: 8 € inkl. aller Personen, Entsorgung, Müll-Entsorgung, WLAN. Strom 1 €/kWh, Wasser 1 €/100 l. 1 Tag 8 €, 3 Tage 21 €, 7 Tage 42 €. Kurtaxe inkl. KONUS-Gästekarte (kostenlose Nutzung von Bus und Bahn im gesamten Schwarzwald), erhältlich in der Tourist-Information im Rathaus/Café Zuckerbergschloss. Bezahlung am Automat mit Münzen und EC-Karte.
Kontakt: Gemeinde Kappelrodeck, ☎ 07842/80210, tourist-info@kappelrodeck.de, www.achertal.de.
Distanz: 0,2 km, weitere Restaurants in 1 km, Ⓗ 0,5 km, 0,8 km, 1 km.
Freizeit: 0,1 km. Tagesausflüge nach Straßburg/Elsaß, Baden-Baden, Europapark, geführte Wanderungen, Nordic Walking, Wein- und Schnapsproben, Nationalpark Schwarzwald, Mountainbiking, Tennisplatz 3 km, Wasserfälle 9 km.
POI: Galerie im Zuckerbergschloss 0,2 km, kath. Kirche St. Nikolaus 0,8 km, Nationalparkzentrum Seebach 13,6 km.

Tipp

Willkommen im Rotweindorf! Der Wohnmobilstellplatz liegt in ruhiger und idyllischer Lage mit Blick in die Weinberge am Ortsrand des „Rotweindorfes" Kappelrodeck im Achertal. Kappelrodeck liegt an der Badischen Weinstraße in der Ortenau – schon Goethe schwärmte von diesem Fleckchen Erde. Herrliche Wanderwege, anspruchsvolle Mountainbike-Strecken und das beheizte Freibad liegen in unmittelbarer Nähe.

17192 Kargow-Federow €15,00

<12m

Informationshaus am Müritz-Nationalpark, Damerower Straße 6, ☎ 03991/668849 Am Informationshaus und Eingang zum Müritz-Nationalpark

POS: 53°29'5.75"N/12°45'33.59"E, Karte D3 (S. 6), D4
Platz: P = 16, = 3 (<12 m) auf Pflaster. =16 WC CHEM GRAU. Ganzjährig geöffnet.
Preis: 15 € inkl. WC, Müll-Entsorgung. Strom 1 €/kWh, Entsorgung 5 €, Sanitär-Nutzung 0,50 €. Bezahlung am Automat.
Kontakt: Nationalpark-Service, Axel Schultz, ☎ 03991/668849, info@nationalpark-service.de, www.nationalpark-service.de.
Distanz: 0 km, 0,4 km, 4 km.
Gastro: Bauernhofrestaurant Die bunte Kuh. Gutshaus Federow.
Freizeit: 3 km. Beobachtung von Fischadlern, Wanderung mit Nationalpark-Rangers.
POI: Müritz-Nationalpark, Stadt Waren 4 km.

17192 Kargow-Schwarzenhof €15,00

<12m

Reisemolilstellplatz Ziegenwiese, Schwarzenhof 7, ☎ 03991/633842
Ruhige Lage im Müritz-Nationalpark

POS: 53°27'46.48"N/12°47'56.89"E, Karte D3 (S. 6), D4
Platz: P = 20, = 10 (<10 m) auf Wiese, Rasengittersteinen. =10 (10 A) CHEM GRAU. Ganzjährig geöffnet.
Preis: 15 € inkl. aller Personen, Wasser, Müll-Entsorgung. Strom 2 €, Entsorgung 5 €.
Kontakt: Jens Lemke, ☎ 03991/633842, Mobil: 0175/1986361, info-ziegenwiese@t-online.de.
Distanz: Ⓗ 0,1 km, 0,1 km, weitere Restaurants in 5 km, 4 km.
Freizeit: 8 km, 0,1 km. Geführte Kranich- und Rotwildbeobachtungen im Sep/Okt, Badestelle 2 km, Fischadler-Videoübertragung live aus dem Horst 4 km, Aussichtsturm Käflingsberg 5 km.
POI: Nationalparkinformation und Ausstellung 0,2 km, Zinnminiaturenmuseum 8 km.

17449 Karlshagen /Ostseebad (Usedom) €12,00

<12m

neu

Wohnmobilstellplatz am Hafen Karlshagen, Peenestraße 60, ☎ 038371/55490
In unmittelbarer Hafennähe

2022 geprüft

POS: 54°6'38.11"N/13°48'46.80"E, Karte D4 (S. 7), F2
Platz: = 5 auf Rasengittersteinen. WC. Aufenthalt max. 1 Nacht. Ganzjährig geöffnet.

Preis: 12 € inkl. WC. Strom 1 €/kWh, Dusche 1 €/3 min. Bezahlung am Münzautomat.
Kontakt: Touristinformation Ostseebad Karlshagen, ☎ 038371/55490, touristinformation@karlshagen.de, www.karlshagen.de.
Distanz: 0,2 km, 1,3 km, 1,7 km.
Gastro: Rstaurant Veermaster, Fischimbiss Ehmke, Restaurant Peeneblick (Peeneblick).
POI: Strand, Naturschutzzentrum (Dünenstraße).

76189 Karlsruhe gratis <8 m

Rheinstrandbad Rappenwört, Hermann-Schneider-Allee 54, ☎ 0721/602997580 Auf gemischtem Parkplatz

POS: 48°59'55.49"N/8°17'48.31"E, Karte D14 (S. 17), E1
Platz: = 15 auf Asphalt. Aufenthalt max. 24 h. Schattige Plätze. Ganzjährig geöffnet.
Preis: Übernachtung gratis. Duschen und WC im Strandbad gegen Eintritt.
Kontakt: Tourist-Information Karlsruhe, ☎ 0721/602997580, touristinfo@karlsruhe-tourismus.de, www.karlsruhe-erleben.de.
POI: Schloss, Stadt Karlsruhe.

76199 Karlsruhe gratis <8 m

Ettlinger Allee, Ettlinger Allee, ☎ 0721/602997580 Parkbuchten parallel zur Ettlinger Allee, unmittelbar an der B10

POS: 48°59'15.00"N/8°24'15.00"E, Karte D14 (S. 17), E1
Platz: = 5 auf Asphalt. Aufenthalt max. 24 h. Ganzjährig geöffnet.
Preis: Übernachtung gratis.
Kontakt: KTG Karlsruhe Tourismus GmbH, ☎ 0721/602997580, touristinfo@karlsruhe-tourismus.de, www.karlsruhe.de.
Distanz: 0 km, 0,1 km, weitere Restaurants in 2,4 km, Ⓗ 0,2 km, 0,5 km.
Gastro: Chinarestaurant Yangda. Erasmus Restaurant.
Freizeit: 0,7 km. Freizeitbad 2 km.
POI: Zoo Karlsruhe 2,4 km, Karlsruher Schloss 3,5 km.

76187 Karlsruhe-Maxau gratis <10 m

Yachthafen Maxau, Maxau am Rhein, ☎ 0721/602997580 Direkt am Rhein, unweit der Rheinbrücke/B10 und der Raffinerie

POS: 49°2'14.60"N/8°18'21.03"E, Karte D14 (S. 17), E1
Platz: = 12 auf Sand/Splitt. Große Infotafel mit Stadtplan. Aufenthalt max. 24 h. Ganzjährig geöffnet.
Preis: Übernachtung gratis.
Kontakt: Touristinformation Karlsruhe, ☎ 0721/602997580, touristinfo@karlsruhe-tourismus.de, www.karlsruhe.de.
Distanz: 0,1 km, weitere Restaurants in 2 km, Ⓗ 0,1 km, 2,5 km, 2,5 km.
Gastro: Mehrere Restaurants in Knielingen oder Maximiliansau ab 2,5 km. Clubschiff-Restaurant im Hafen. Rstaurant Rheinterrassen.
Freizeit: 4 km. Badeseen 4 km.
POI: Stadtkern Wörth 4 km, Karlsruhe Zentrum/Schloss 9 km.

97753 Karlstadt €10,00 <10 m

Wohnmobilstellplatz Karlstadt, Karlburger Straße 16, ☎ 09353/906688 Unterhalb der Karlsburg am Main, mit Blick auf Karlstadt

POS: 49°57'38.47"N/9°45'35.50"E, Karte D10 (S. 13), G3
Platz: = 17 auf Sand/Splitt. =17 CHEM GRAU. Leinenpflicht für Hunde. VE im Winter je nach Witterung eingeschränkt. Ganzjährig geöffnet. Ausnahme: Sperrung bei Hochwassergefahr möglich.
Preis: 10 € inkl. aller Personen, Entsorgung, Müll-Entsorgung, WLAN. Strom 0,50 €/kWh, Wasser 1 €/80 l.
Kontakt: Touristinformation, Kornelia Winkler, ☎ 09353/906688, tourismus@karlstadt.de, www.karlstadt.de.
Distanz: Ⓗ 0,4 km, 0,7 km, 0,8 km, weitere Restaurants in 1 km, 2 km.
Gastro: Mehrere Restaurants im Ort.
Freizeit: 1 km, 2 km, 2 km. Angeln, Bootsfahrten, Weinproben, Klettergarten.
POI: Burgruine Karlsburg 0,8 km, Klempner/Kupferschmiede-Museum 0,8 km.

17406 Karnin (Usedom) €15,00 <12 m

Marina Karnin, Hafen Karnin, ☎ 0170/4776366 Am Yachthafen, Wasserwanderrastplatz mit Bootsliegeplätzen

POS: 53°50'41.56"N/13°51'30.95"E, Karte D4 (S. 7), F3
Platz: / = 4 auf Pflaster. WC. Geöffnet: 1.5.-1.10.
Preis: 15 €. Strom 1 €/kWh, Wasser 0,50 €/100 l.
Kontakt: Marina Bärenwald, ☎ 0170/4776366, mbaerenwald@web.de, www.marina-karnin.de.
Distanz: 0,5 km, 5 km, 5 km.
Gastro: Imbiss mit Fischangebot/Hausmannskost.
Freizeit: Personenfähre Kamp-Karnin, Angeln, Wandern, Radfahren.
POI: Hubbrücke Karnin.

06638 Karsdorf €20,00 <10 m

Zeltplatz Karsdorf, Mühlplatz 8, ☎ 034461/24388 Kleiner Platz direkt an der Unstrut

POS: 51°16'46.37"N/11°38'59.36"E, Karte D7 (S. 10), C5
Platz: = 3, = 2 (<15 m) auf Wiese. =2 (10 A) WC. wird empfohlen. Geöffnet: 30.4.-1.10.
Preis: 20 € inkl. Wasser, Dusche, WC, Müll-Entsorgung, WLAN. Jede weitere Pers. 9 €, Kind (bis 16 J.) 6 €, Strom 5 €/Tag. Grillnutzung 10 €.
Kontakt: Andreas Baatz, ☎ 034461/24388, info@kanuverleih-nebra.de, www.kanuverleih-nebra.de.
Distanz: 0,2 km, weitere Restaurants in 4 km, 0,4 km, Ⓗ 0,6 km, 1,8 km.
Gastro: Frühstück 9 €/Pers. (Kind 6 €).
Freizeit: 6 km. Kanuverleih, Fahrrad-/E-Bike-Verleih, Naturpark Saale-Unstrut-Triasland 12 km.
POI: Arche Nebra 10 km, Kloster Memleben 16 km, Sektkellerei Rotkäppchen 16 km.

19357 Karstädt-Klein Warnow €15,00 <12 m

Ferien-und Pferdehof Schörfke, Siedlung 5, ☎ 038788/50813 In ruhiger Lage beim Pferdehof zwischen Wiesen und Feldern

POS: 53°14'6.06"N/11°40'22.46"E, Karte D3 (S. 6), B5
Platz: = 3 auf Wiese. =3 WC GRAU. Ganzjährig geöffnet.
Preis: 15 € inkl. Strom, Wasser, WC. Dusche je 2 €.
Kontakt: Pferdehof Schörfke, ☎ 038788/50813, pferdehofschoerfke@gmx.de, www.pferdehofschörfke.de.
Anfahrt: Über die A14 - nicht aufs Navi verlassen.
Distanz: 3 km, 10 km.
Freizeit: Reiten.

22929 Kasseburg €12,00 <10 m

Heuherberge am Sachsenwald - Hoppelino auf Haase Heuhof, Tannenweg 5, ☎ 04154/601645 Im Grünen am Sachsenwald

POS: 53°33'19.09"N/10°24'32.05"E, Karte D2 (S. 5), H4
Platz: = 5, = 1 (<10 m) auf Sand/Splitt, Wiese, Schotter. =2 WC. wird empfohlen. Übernachtung im Heu auf Anfrage möglich. Ganzjährig geöffnet.
Preis: 12 € inkl. WC, WLAN. Strom 3 €.
Kontakt: Bettina Haase, ☎ 04154/601645, info@hoppelino.de, www.hoppelino.de.
Distanz: 3 km, weitere Restaurants in 8 km, Ⓗ 5 km, 8 km, 8 km.
Gastro: Pizza, Imbiss in der Nähe. Restaurant Grandermühle. Frühstück auf Anfrage.
Freizeit: 11 km, 25 km. Treckerfahrten, Hoftiere, Spielgelände mit Hüpfkissen und Gokarts, Heuherberge für Kinder, Klettergarten 11 km.
POI: Schmetterlingsgarten, Hahnheider Aussichtsturm 8 km, Bismarck-Museum 9 km, Hamburg 30 km.

34121 Kassel €15,00 <12 m

Kassel Camping- & Wohnmobilplatz, Giesenallee 9, ☎ 0561/7077170 Gegenüber vom Camping beim Erholungsgebiet Fuldaaue und Park Karlsaue

POS: 51°17'27.74"N/9°29'13.59"E, Karte D6 (S. 9), G5

K

Platz: P = 20 auf Pflaster, Schotter. =20 (16 A) WC CHEM GRAU. Check-in am Automat. Frischwasser nur außerhalb der Frostperiode. Gute Anbindung an die Innenstadt mit dem ÖPNV. Ganzjährig geöffnet.
Preis: 15 € inkl. Entsorgung, Müll-Entsorgung. Strom 1,20 €/kWh, Wasser 2 €/100 l, Dusche 0,20 €/min, Nutzung WC/Dusche auf dem Camping 5 €. CampCard für WC gegen 5 € Pfand. Außerhalb der Saisonzeiten des Campingplatzes 10 € (WC/Dusche nicht verfügbar).
Kontakt: Kassel Marketing, ☎ 0561/7077170, info@campingplatz-kassel.de, campingplatz-kassel.de.
Distanz: Ⓗ 0,2 km, 0,7 km, weitere Restaurants in 1 km, 1,4 km, 3 km.
Freizeit: 1,5 km, 1,5 km. Nordic Walking, Tennis 0,5 km, Sportanlagen 0,6 km.
POI: Messe Kassel 1 km, Orangerie 2,3 km, Grimmwelt Kassel 3 km, Erholungsgebiet Fuladaaue 5 km, Wilhelmshöhe 10 km, Bergpark Wilhelmshöhe 10 km.

92280 Kastl/Oberpfalz — gratis, <12 m

Wohnmobilstellplatz Kastl, Utzenhofener Straße, ☎ 09625/92040 Auf dem Wanderparkplatz am ehemaligen Bahnhof

POS: 49°21'59.90"N/11°41'1.89"E, Karte D11 (S. 14), C5
Platz: P = 5 auf Schotter. WC CHEM GRAU. An der Bundesstraße, daher etwas laut, nächste Tankstelle in 0,3 km. Ganzjährig geöffnet.
Preis: Übernachtung gratis.
Kontakt: Markt Kastl, ☎ 09625/92040, info@kastl.de, www.kastl.de.
Distanz: 0,1 km, weitere Restaurants in 0,5 km, 0,2 km, 1 km.
Gastro: Eiscafé neben dem Platz.
Freizeit: 1,5 km.
POI: Klosterkirche, historischer Marktplatz und Heimatmuseum 1 km, Schweppermannsburg 1,5 km.

56368 Katzenelnbogen — gratis, >12 m

Stellplatz am Marktplatz, Marktstraße, ☎ 06486/9179141 Im Stadtzentrum auf dem Marktplatz

POS: 50°15'56.19"N/7°58'20.49"E, Karte D9 (S. 12), D3
Platz: P = 5 auf Asphalt. =4 CHEM GRAU. Ganzjährig geöffnet. Ausnahme: 15.8.-31.8.
Preis: Übernachtung gratis inkl. Entsorgung. Strom 0,50 €/kWh, Wasser 0,50 €/90 l.
Kontakt: Daniel Schmidt, ☎ 06486/9179141, tourismus@vg-aar-einrich.de, www.vg-aar-einrich.de.
Distanz: Ⓗ 0,2 km, 0,5 km, 0,5 km, 0,5 km.

Freizeit: 1 km. Radfahren, Nordic Walking-Wege, Wanderwege.
POI: Historischer Ortskern 0,8 km, Limeskastell Pohl 10 km, Dom Limburg 20 km.

87600 Kaufbeuren — gratis, <10 m

Wohnmobilstellplatz Kaufbeuren, Buronstraße, ☎ 08341/437190 Am nördlichen Stadtrand, nahe Durchgangsstraße

2022 geprüft E

POS: 47°53'57.10"N/10°36'59.95"E, Karte D15 (S. 18), A3
Platz: = 8 auf Schotter, Asphalt. =6 (16 A) CHEM GRAU. Aufenthalt max. 3 Tage. Ganzjährig geöffnet.
Preis: Übernachtung gratis inkl. Entsorgung, Müll-Entsorgung. Strom 1 €/kWh, Wasser 0,10 €/5 l.
Kontakt: Stadt Kaufbeuren, ☎ 08341/437190, tourist-info@kaufbeuren.de, www.kaufbeuren-tourismus.de.
Distanz: 1 km, Ⓗ 1 km, 1,5 km, 3,1 km.
Freizeit: 4,8 km, 3 km, 3 km. Erlebnisbad in Kaufbeuren-Neugablonz, Radfahren, Ostallgäuer Wanderwege 0,3 km.
POI: St. Blasiuskirche 2,5 km, Hauberrisser Rathaus 3 km, Museen 3,5 km, historisches Stadtzentrum 3,5 km, Crescentiakloster 3,8 km, Allkarthalle 4 km.

34260 Kaufungen — gratis, <12 m

Parkplatz am alten Festplatz, Am Stechkopf, ☎ 05605/8020 In zentraler, verkehrsberuhigter Lage zwischen Ober- und Niederkaufungen

POS: 51°17'9.05"N/9°37'9.90"E, Karte D6 (S. 9), G5
Platz: P = 2 auf Pflaster. CHEM GRAU. Aufenthalt max. 3 Tage. Ganzjährig geöffnet.
Preis: Übernachtung gratis inkl. Entsorgung. Wasser 2 €/40 l.
Kontakt: Gemeinde Kaufungen, ☎ 05605/8020, info@kaufungen.de, www.kaufungen.eu.
Distanz: 0,1 km, weitere Restaurants in 0,3 km, Ⓗ 0,3 km, 0,3 km, 0,4 km.
Freizeit: 5 km, 12 km. Tennishalle 0,2 km.
POI: Altes Ziegeleimuseum 1 km, Heimatmuseum 1,2 km, Stiftskirche 1,5 km, Bergwerksmuseum Roßgang 2,7 km.

23863 Kayhude — gratis, <10 m

Schwarz Mobile Freizeit, Segeberger Straße 5, ☎ 040/6391706 Auf dem Firmengelände am Ortsrand

POS: 53°44'55.91"N/10°7'30.81"E, Karte D2 (S. 5), H4
Platz: = 2 auf Schotter. =5 (16 A) CHEM. Ankunft Mo-Fr 9:00-18:00 Uhr, Sa 9:00-15:00 Uhr, im Winter bis 17:00 bzw. 14:00 Uhr. Von 18:00-9:00 Uhr ist das Gelände verschlossen. Ganzjährig geöffnet.
Preis: Übernachtung gratis inkl. Strom, Entsorgung. Wasser gegen Gebühr.
Kontakt: Schwarz Mobile Freizeit GmbH, ☎ 040/6391706, info@schwarz-mobile-freizeit.de, www.schwarz-mobile-freizeit.de.
Distanz: Ⓗ 0,2 km, 0,3 km, weitere Restaurants in 1 km, 8 km, 8 km.
Gastro: Restaurant auf der anderen Straßenseite.
Freizeit: 5 km. Kanusport, Karl-May-Festspiele und Kalkberg Bad Segeberg 25 km.
POI: Hamburg 30 km.

77694 Kehl — €12,00, <12 m

Wohnmobilstellplatz am Wasserturm, Schwimmbadstraße 1, ☎ 07851/884671 Bei den Sportstätten, in der Nähe von Rhein, historischem Wasserturm und der Jugendherberge

POS: 48°33'49.69"N/7°48'50.06"E, Karte D13 (S. 16), C2
Platz: = 40 auf Schotter. CHEM GRAU. Ganzjährig geöffnet. 33 Plätze bis 7 m Länge, 7 Plätze bis 11 m Länge.
Preis: 12 € inkl. Entsorgung, Müll-Entsorgung. Strom 0,50 €/kWh oder 2 €/4 kWh, Wasser 1 €/80 l.
Kontakt: Bettina Tiggemann, ☎ 07851/884671, b.tiggemann@stadt-kehl.de, www.technische-dienste.kehl.de.
Distanz: Ⓗ 0,2 km, 0,3 km, 0,5 km, 1 km.
Freizeit: 7 km (Freibad Auenheim), 1 km. Rad wandern in den Rheinauen und in Straßburg, ehemaliges Landesgartenschaugelände Kehl-Straßburg 1 km.
POI: Altstadt Straßburg /Europaparlament 5 km.

06537 Kelbra — €12,00, >12 m

Seecamping Kelbra, Lange Straße 150, ☎ 034651/45290 An der Talsperre Kelbra zwischen Harz und Kyffhäusergebirge

POS: 51°25'33.24"N/11°0'10.80"E, Karte D7 (S. 10), B4
Platz: P = 15 auf Wiese, Schotter. =15 (16 A) WC CHEM GRAU. WLAN nur im Umkreis der Rezeption. Ganzjährig geöffnet.

Preis: Ab 12€ inkl. Strom, Wasser, Entsorgung, Dusche, WC, WLAN. Hund 2,50€, Entsorgung Chemietoilette 2€. HS 1. Nacht 15€, dann 17€. NS 1. Nacht 12€, dann 14€. Jede weitere Pers. HS 3€, NS 2€.
Kontakt: ☎ 034651/45290, buchung@campingplatz-kelbra.de, www.stausee-kelbra.de.
Distanz: 0 km, weitere Restaurants in 0,5 km, 0,1 km, 1,5 km, Ⓗ 2,5 km.
Gastro: Restaurant Seeblick am Platz, Mo-Do 11:30-14:00 Uhr, Fr-Sa 11:30-21:00 Uhr, So 11:30-17:00 Uhr.
Freizeit: 15 km. Segeln, Surfen, Badesee, Schwimmen.
POI: Königspfalz Tilleda 7 km, Barbarossahöhle Rottleben 7 km, Kyffhäuser-Denkmal 9 km, Panoramamuseum Bad Frankenhausen 15 km.

93309 Kelheim €8,50

Ausweichstellplatz Stadt Kelheim, Am Pflegerspitz, ☎ 09441/701234 <12 m
Separater Bereich auf dem hinteren Teil des Volksfestplatzes

2020 geprüft E

POS: 48°54'54.78"N/11°52'34.98"E, Karte D15 (S. 18), C1
Platz: = 45 auf Schotter. =16 WC CHEM GRAU. VE nur außerhalb der Frostperiode. Ganzjährig geöffnet. Ausnahme: bei Großveranstaltungen (Mai/Aug) geschlossen.
Preis: 8,50€ inkl. Entsorgung, WC, Müll-Entsorgung. Strom 1€/2 kWh, Wasser 1€/80 l.
Kontakt: Stadt Kelheim, ☎ 09441/701234, tourismus@kelheim.de, www.kelheim.de.
Distanz: 0,1 km, weitere Restaurants in 0,5 km, Ⓗ 0,5 km, 0,7 km, 1 km.
Freizeit: 2 km, 2 km, 1 km. Minigolf, Schiffsausflüge zum Donaudurchbruch/ins Altmühltal, Kaiser-Therme Bad Abbach 10 km, Limes-Therme Bad Gögging 15 km, Sommerrodelbahn Riedenburg 18 km.
POI: Franziskanerkirche mit Orgelmuseum in Kelheim 0,5 km, Archäologisches Museum 0,8 km, Befreiungshalle 2 km, Kloster Weltenburg 6 km, Tropfsteinhöhle Schulerloch 9 km.

93309 Kelheim €8,50

Wohnmobilstellplatz Am Pflegerspitz, Am Pflegerspitz 1, ☎ 09441/701234 <10 m
Am Flussarm Kleine Donau

2022 geprüft E

POS: 48°54'48.21"N/11°52'34.93"E, Karte D15 (S. 18), C1
Platz: 🅿 = 45 auf Schotter. =60 (16 A) CHEM GRAU. Keine Reservierung möglich. Ausweichplatz am Volksfestplatz/Parkplatz P3. Ganzjährig geöffnet.
Preis: 8,50€ inkl. aller Personen, Entsorgung, Müll-Entsorgung, WC. Strom 1€/2 kWh, Wasser 1€/80 l. Bezahlung in bar, mit EC-/Kreditkarte oder via Handy mit der moBILET-App.
Kontakt: Tourist-Info Stadt Kelheim, ☎ 09441/701234, tourismus@kelheim.de, www.kelheim.de.
Distanz: 0,1 km, weitere Restaurants in 1 km, 0,5 km, Ⓗ 0,5 km, 0,5 km.
Freizeit: 2 km, 2 km, 1 km. Sportinsel mit Ballsport, Kampfsport und Wellness, Tennisplatz, Schiffsanleger zum Kloster Weltenburg 0,5 km, Kaiser-Therme Bad Abbach 15 km, Sommerrodelbahn Riedenburg 18 km.
POI: Archäologisches Museum 0,5 km, Franziskanerkirche mit Orgelmuseum 0,5 km, Befreiungshalle 1 km, Kloster Weltenburg 6 km, Tropfsteinhöhle Schulerloch 9 km.

54427 Kell am See €24,00

Campingplatz Freibad Hochwald, Abzweigung L143, ☎ 06581/81175 <8 m
Nahe Keller Stausee

POS: 49°38'15.84"N/6°48'4.80"E, Karte D9 (S. 12), B4
Platz: 🅿 = 28 auf Schotterrasen, Asphalt. =10 (16 A) WC CHEM GRAU 🅱 wird empfohlen. Geöffnet: April-Nov.
Preis: 24€ inkl. Wasser, Entsorgung, Dusche, WC, Müll-Entsorgung. Strom 1€/kWh. Preisänderungen 2023 möglich.
Kontakt: Campingplatz Hochwald, ☎ 06581/81175, camping.hochwald@saarburg-kell.de, www.saarburg-kell.de.
Distanz: Ⓗ 1,5 km, 2 km, 2 km, 2 km.
Freizeit: 12 km, 2 km. Angeln/Tretbootverleih am Stausee 1 km, Barfußpfad in Schillingen 4 km, Walderlebnispfad in Zerf 12 km.
POI: Krippenausstellung 1 km, Grimburg 7 km, Flugausstellung Hermeskeil 15 km, Trier 30 km.

25548 Kellinghusen gratis

Wohnmobilplatz Am Freibad, Jakob-Fleischer-Straße, ☎ 04822/376230 <8 m
Von Hecken umgeben, in ruhiger Lage am Freibad

2021 geprüft E

POS: 53°56'49.20"N/9°42'36.70"E, Karte D2 (S. 5), G3
Platz: = 5 auf Schotter. WC CHEM GRAU. WC im Freibad zu den Öffnungszeiten (Mai-Sep) gegen Gebühr. Ganzjährig geöffnet.
Preis: Übernachtung gratis inkl. Entsorgung. Strom 1€, Wasser 1€, WC 3€. Bezahlung VE in Münzen.
Kontakt: Stadtmarketing, ☎ 04822/376230, info@kellinghusen.de, www.kellinghusen.de.
Distanz: 0,3 km, Ⓗ 0,3 km, 0,5 km.
Gastro: Restaurants vor Ort: Adria, Dionysos, Le Rose, Keramos, Chi Wan, TABA.
Freizeit: 0,2 km. Wasserwandern auf Stör und Bramau, Reiten und Kutschfahrten, Angeln, Kanuverleih 0,1 km.
POI: Kirche 0,5 km, Rathaus 0,5 km, Fayence-Keramik-Museum 0,5 km, Luisenberger Turm 1 km, Fayence-Keramik-Werkstätten 1 km.

06901 Kemberg-Bergwitz €10,00

Bergwitzsee Resort Strandweg, Strandweg In ruhiger Lage auf dem Parkplatz beim öffentlichen Badestrand <12 m

POS: 51°47'36.72"N/12°34'41.01"E, Karte D7 (S. 10), D4
Platz: 🅿 = 20 auf Wiese. 🅱 wird empfohlen. WC im Sommer nur tagsüber nutzbar. Anmeldung an der Rezeption/am Imbiss. Weitere Stellplätze auf dem Campingplatz. Ganzjährig geöffnet.
Preis: 10€ inkl. aller Personen. WC 0,50€. Mit der Welterbecard eine Nacht gratis.
Kontakt: Campingplatz Bergwitzsee, info@bergwitzsee.de, www.bergwitzsee.de.
Distanz: Weitere Restaurants in 0,4 km Entfernung, 0,4 km, 1,3 km, Ⓗ 1,3 km, 1,3 km.
Gastro: Brötchen- und Frühstücksservice, Gaststätte und Imbiss am nahegelegenen Campingplatz.
Freizeit: 0,4 km. Ruder-/Tretbootverleih, Bergwitzsee, Surfen, Sonnwendfeier im Juni, Slipanlage 0,3 km.
POI: Lutherstadt Wittenberg 11 km, Ferropolis, die Stadt aus Eisen 13 km, Gartenreich Dessau-Wörlitz 16 km, Bauhausstadt Dessau 28 km.

95478 Kemnath gratis

Parkplatz am Eisweiher, Am Eisweiher 8, ☎ 09642/707709 <10 m
Ausgewiesene Plätze in Zentrumsnähe

POS: 49°52'19.14"N/11°53'15.15"E, Karte D11 (S. 14), C3
Platz: 🅿 = 5 auf Rasengittersteinen. =10 (16 A) CHEM GRAU. Ganzjährig geöffnet.
Preis: Übernachtung gratis. Strom 1€/6 h, Wasser 1€/10 min. Strom/Wasser am Münzautomat.
Kontakt: Stadt Kemnath, Tourist-Info, Kerstin Hörl, ☎ 09642/707709, tourist-info@kemnath.de, www.kemnath.de.
Distanz: 0,3 km, 0,3 km, 0,3 km, Ⓗ 4 km.
Freizeit: 4 km, 0,2 km. Langlauf, Eisstockschießen, Phantastischer Karpfenweg von 2,8 km Länge rund um den Stadtkern, Schlittschuh laufen, historische Stadtführungen, Angeln.
POI: Altstadt, Heimat- und Handfeuerwaffenmuseum in der Fronfeste 0,5 km, Burgruine Waldeck 3 km.

47906 Kempen €10,00

Reisemobilpark Kempen, Berliner Allee, ☎ 0151/12714214 Neben dem Erlebnisbad Aqua Sol nahe der Altstadt <10 m

2022 geprüft E

POS: 51°22'2.49"N/6°24'26.23"E, Karte D5 (S. 8), A5

K

Platz: = 29 auf Schotter. =30 (16 A) CHEM GRAU . wird empfohlen. Ganzjährig geöffnet.
Preis: 10 €. Wasser 1 €/90 l. Strom 1 €/1,5 kWh3-Tages-Ticket 27 €, Bezahlung an der Rezeption.
Kontakt: Dieter Riedel, Mobil: 0151/12714214, info@reisemobilpark-kempen.de, www.reisemobilpark-kempen.de.
Distanz: 1 km, 1 km.
Gastro: Brötchenservice auf Wunsch (am Wochenende).
Freizeit: Tennisplatz.
POI: Peterturm, Befestigungsturm mit Holländerwindmühle, Kirche St. Marien, Stadtfestungsring mit Kuhtor aus dem 14. Jh.

55758 Kempfeld gratis

Wildenburg Kempfeld, Wildenburger Straße 22, ☎ 06786/7212 Am Wildfreigehege im Nationalpark Hunsrück-Hochwald <10m

POS: 49°46'32.00"N/7°15'16.00"E, Karte D9 (S. 12), C4
Platz: = 3, = 3 (<10 m) auf Pflaster. . Ganzjährig geöffnet.
Preis: Übernachtung gratis. Spende erwünscht.
Kontakt: Tourist Information Herrstein, ☎ 06786/7212, info@wildfreigehege-wildenburg.de, www.wildfreigehege-wildenburg.de.
Distanz: 0,1 km, Ⓗ 2 km, 2 km.
Gastro: Imbiss am Wildfreigehege.
Freizeit: 15 km, 15 km. Naturpark Saar-Hunsrück, Wandern auf dem Saar-Hunsrück-Steig, Wildfreigehege Wildenburg mit 300 überwiegend heimischen Tieren im Nationalpark Hunsrück-Hochwald (Wildkatzen/Wölfe), Geschichts-/Walderlebnispfad.
POI: Aussichtsturm am Saar-Hunsrück-Steig und der Deutschen Edelsteinstraße, Edelsteingarten Kempfeld 2 km.

K

87435 Kempten €5,00

Wohnmobilplatz am Illerstadion, Illerdamm, ☎ 0831/9609550 Neben dem Hauptzugang zum Illerstadion, am Rande der Altstadt <6m

2022 geprüft

POS: 47°43'45.93"N/10°19'9.24"E, Karte D14 (S. 17), H4
Platz: = 7 auf Asphalt. CHEM. Aufenthalt max. 3 Tage, VE nur von März-Mitte Nov. Ganzjährig geöffnet.
Preis: 5 € inkl. aller Personen, Müll-Entsorgung. Wasser 1 €/10 min.
Kontakt: Kempten Tourismus, ☎ 0831/9609550, info@kempten-tourismus.de, www.kempten-tourismus.de.
Distanz: Ⓗ 0,4 km, 0,4 km, 0,4 km, weitere Restaurants in 0,5 km, 0,5 km.

Gastro: Mehrere Restaurants in der Innenstadt.
Freizeit: 3,6 km, 3,6 km, 1 km. Kletterzentrum 3,7 km.
POI: Historische Baudenkmäler ab 0,2 km, Archäologischer Park Cambodunum 0,8 km, Museen 1,5 km.

79341 Kenzingen €15,00

Ritters-Weingut/Weinstube, Rossleiteweg 1, ☎ 07644/931784 In idyllischer Lage inmitten der Weinberge <6m

POS: 48°11'14.66"N/7°47'1.03"E, Karte D13 (S. 16), C3
Platz: / = 5 auf Schotter, Wiese. =3 WC . Ganzjährig geöffnet.
Preis: 15 € inkl. Strom. Wasser 2,50 €.
Kontakt: Thomas Ritter, ☎ 07644/931784, Mobil: 0173/3640787, info@ritters-weinstube.de, www.ritters-weinstube.de.
Distanz: 0 km, weitere Restaurants in 2 km, Ⓗ 1,5 km, 2 km, 2 km.
Gastro: Weinstube, Mi-So 17:00-21:00 Uhr, Mo-Di Ruhetag.
Freizeit: 5 km. Abend der Volksmusik in der Weinstube, Weinprobe nach Absprache, Abenteuer im Wald (Waldklettergarten) Kenzingen 2 km, Europapark Rust 12 km.
POI: Narrenmuseum 1 km, Burgruine Lichteneck 2 km.

47647 Kerken-Aldekerk €8,00

Reisemobilpark Aldekerker Platte, Kempener Straße 9, ☎ 0157/33933985 Parzellierte Stellplätze in ruhiger Lage am Ortsrand <10m

2021 geprüft

POS: 51°26'7.64"N/6°25'9.12"E, Karte D5 (S. 8), B4
Platz: = 30 auf Schotterrasen. =30 (6 A) CHEM GRAU . nur bei Gruppen. Ab Jan Bonuskarte für 1 kostenlose Nacht nach 10 Übernachtungen. Ganzjährig geöffnet.
Preis: 8 € inkl. aller Personen, Wasser, Entsorgung, Müll-Entsorgung. Strom 3 €/ Nacht. VE für Durchreisende 4 €. 8 €/ Nacht, 21 €/3 Nächte.
Kontakt: Elisabeth Franken, Mobil: 0157/33933985, e.franken.kerken@gmail.com, www.wohnmobilstellplatz-kerken.de.
Distanz: 0,4 km, weitere Restaurants in 0,5 km, 0,5 km, Ⓗ 0,5 km, 0,6 km.
Gastro: Imbiss in kurzer Entfernung.
Freizeit: 3 km, 6 km. Besichtigung des alten Ortskerns mit kleinem Museum, Angeln mit Fischereischein.
POI: Thermalbad Arcen (NL) 22 km, Kevelar Wallfahrtsort 22 km, Archäologischer Park Xanten 30 km.

Sie haben einen neuen Stellplatz entdeckt? Dann teilen Sie uns diesen mit per E-Mail an **bordatlas@doldemedien.de** oder über das Online-Meldeformular unter **www.bordatlas.de/meldung**

71394 Kernen-Stetten €10,00

Weingut Zimmer, Frauenländerstraße 85, ☎ 07151/910068 Am Ortsrand von Kernen-Stetten, in ruhiger Lage im Grünen <10m

2020 geprüft

POS: 48°47'55.33"N/9°21'7.38"E, Karte D14 (S. 17), F1
Platz: = 3, = 2 (<10 m) auf Schotterrasen, Naturboden, Schotter, Wiese. =2 (10 A) . 24-h-Weinautomat. Geöffnet: Apr-Okt.
Preis: 10 € inkl. Strom, Wasser, Müll-Entsorgung.
Kontakt: Walter Zimmer, ☎ 07151/910068, info@zimmer-weingut.de, www.zimmer-weingut.de.
Distanz: Ⓗ 0,3 km, 1 km, 1 km, 1 km, weitere Restaurants in 1,6 km.
Freizeit: 1 km, 7 km. Weinbergwanderung, BMX-Bahn/Mountainbike Wege 2 km, Weinweg Stetten und Remstal-Route 2 km, Skulpturenallee Strümpfelbach 5 km.
POI: Ruine Yburg 2,4 km, Mercedes-Benz Museum 11 km, Porsche Museum 19 km.

54518 Kesten €10,00

Wohnmobilpark Kesten, Urmetzgasse an der K134, ☎ 06535/949334 Auf einer Wiese im Moselvorgelände <12m

2021 geprüft

POS: 49°54'10.00"N/6°57'43.00"E, Karte D9 (S. 12), B3
Platz: = 115 auf Schotterrasen, Wiese, Schotter. =115 (6 A) CHEM GRAU . Kostenloser Fernsehempfang (SAT-Anlage) und WLAN auf einigen Plätzen, Leihkabel gegen eine Kaution von 25 €. Geöffnet: Ostern-Okt.
Preis: 10 € inkl. Entsorgung, Müll-Entsorgung, WLAN. Strom 2,50 €, Wasser 0,10 €/10 l. Reservierungsgebühr 3 €.
Kontakt: Gemeinde Kesten, ☎ 06535/949334, info@kesten-mosel.de, wohnmobilpark-kesten.de.
Distanz: 0,2 km, weitere Restaurants in 0,3 km, Ⓗ 0,3 km, 0,3 km, 5 km.
Gastro: Einkaufsmöglichkeit durch einen Lebensmittelwagen, Aushang der Zeiten vor Ort. Bäckermobil kommt zum Platz.
Freizeit: 9 km, 9 km, 0,5 km. Motorboot fahren, Angeln (Angelschein beim Platzwart), Weinprobe, Slipanlage für Boote 0,1 km, Wassertretbecken 1,5 km.
POI: Historischer Ortskern 0,3 km, Burg Bernkastel 9 km, Neumagen ältestes Weindorf 10 km.

49577 Kettenkamp gratis

Wohnmobilstellplatz Kettenkamp, Hauptstraße 2, ☎ 05436/95300 An der Gaststätte Klaus <8m neu

POS: 52°35'28.01"N/7°50'3.18"E, Karte D5 (S. 8), D2

Platz: = 4 auf Asphalt, Pflaster. CHEM GRAU. Ganzjährig geöffnet.
Preis: Übernachtung gratis inkl. Entsorgung. Strom 0,50 €/kWh, Wasser 1 €.
Kontakt: Gemeinde Kettenkamp, ☎ 05436/95300, womostellplatzkettenkamp@gmail.com, www.kettenkamp.de.
Distanz: 0 km, weitere Restaurants in 0,5 km, 0,2 km, 0,8 km.
Gastro: Gaststätte Klaus.
Freizeit: Naturpark Nördlicher Teutoburger Wald-Wiehengebirge, Radwege direkt ab Stellplatz, Alfsee 20 km.
POI: Historisches Mühlengelände in Kettenkamp.

14669 Ketzin €18,00

Ferienhof Havelblick, Fischerstraße 8, ☎ 033233/279056 <8m
Auf einem ehemaligen Bauerngehöft an der Ketziner Havel

POS: 52°28'24.26"N/12°50'28.40"E, Karte D8 (S. 11), E2
Platz: = 10 auf Wiese, Schotter. WC CHEM GRAU. wird empfohlen. Anfahrt bis 20:00 Uhr, enge Zufahrtsstraßen. Ganzjährig geöffnet.
Preis: 18 € inkl. Entsorgung, WC. Strom 2,50 €, Wasser 3 €, Dusche 1 €/5 min, Müll-Entsorgung 0,25 €. Ab 18 € je nach Fahrzeuglänge und Anzahl der Personen.
Kontakt: Ferienhof Havelblick, Jenny Neumann, ☎ 033233/279056, Mobil: 0179/5287167, ferienhof-havelblick@t-online.de, www.ferienhof-havelblick.de.
Distanz: Ⓗ 0,2 km, 0,3 km, 0,5 km, 0,5 km.
Gastro: Restaurant Fontana. Weitere Restaurants: Redo XXL, Restaurant An der Fähre.
Freizeit: 1,5 km, 25 km, 0,2 km. Kanu fahren, Ruderbootverleih am Hof, Strandbad 1 km.
POI: Landhaussitz von Königin Luise und Schloss in Paretz 3 km, Museum in Ketzin 4 km, Schloss Sanssouci Potsdam 25 km.

14669 Ketzin-Falkenrehde €19,00

Gutshof Havelland, Potsdamer Allee 30, ☎ 033233/870 Hinter dem Hotel-Restaurant in ruhiger Lage im Havelland >12m

POS: 52°30'1.20"N/12°55'19.81"E, Karte D8 (S. 11), E2
Platz: = 10 auf Wiese. WC CHEM GRAU. Bei Anfahrt nach 20:00 Uhr wird telefonische Anmeldung empfohlen. WC zu den Öffnungszeiten im Gutshof. Ganzjährig geöffnet. Ausnahmen: 24.12. und 1.1.
Preis: 19 € inkl. aller Personen, Strom, Entsorgung, WC, WLAN.
Kontakt: Herr Marczinzik, ☎ 033233/870, info@gutshof-havelland.de, www.gutshof-havelland.de.
Distanz: 0 km, weitere Restaurants in 7 km, Ⓗ 0,4 km, 6 km, 6 km.
Gastro: Restaurant am Platz, geöffnet Mo-Sa 18:00-21:00 Uhr, So Ruhetag.
Freizeit: 7 km. Havelrundfahrt, Reiten 5 km, Anglerparadies in Ketzin 6 km, Golfplatz in Tremmen 15 km.
POI: Schloss Paretz 6 km, Schloss Sanssouci 20 km, Potsdam Innenstadt 20 km.

47623 Kevelaer gratis

Reisemobilstellplatz Solegarten St. Jakob, Hüls 13, ☎ 02832/122991 <8m
Am Solegarten St. Jakob mit Gradierwerk

POS: 51°34'43.66"N/6°13'59.68"E, Karte D5 (S. 8), A4
Platz: = 8 auf Asphalt. Ganzjährig geöffnet.
Preis: Übernachtung gratis.
Kontakt: Wallfahrtsstadt Kevelaer Tourismus & Kultur, Melanie Pastuska, ☎ 02832/122991, tourismus@kevelaer.de, www.kevelaer-tourismus.de.
Distanz: 0,4 km, 0,7 km, 1,2 km.
Freizeit: 0,3 km, 1,7 km. Freizeitpark (Irrland), Bouleplatz, Fitnessparcours, Kneippanlage, Gradierwerk (Solegarten St. Jakob), Stadt-/Themenführungen, Solegarten St. Jakob 0,4 km.
POI: Kapellenplatz, Wallfahrtsort Kevelaer mit Marienbasilika, Innenstadt mit über 200 denkmalgeschützten Häusern 1,4 km.

47623 Kevelaer gratis

Stellplatz am Europaplatz, Gelderner Straße 113, ☎ 02832/122991 Zentrumsnah, in unmittelbarer Nähe zum Bahnhof <12m

POS: 51°34'44.71"N/6°15'14.48"E, Karte D5 (S. 8), A4
Platz: = 13 auf Pflaster. Ganzjährig geöffnet.
Preis: Übernachtung gratis.
Kontakt: Wallfahrtsstadt Kevelaer Tourismus & Kultur, Melanie Pastuska, ☎ 02832/122991, tourismus@kevelaer.de, www.kevelaer-tourismus.de.
Distanz: 0,4 km, 0,5 km, Ⓗ 0,5 km, 0,5 km, 7,8 km (Reisemobilhafen Den Heyberg, Im Auwelt 45, 47624 Kevelaer).
Gastro: Mehrere Restaurants in unmittelbarer Nähe.
Freizeit: 1 km, 2 km, 1,8 km. Stadtführungen, Paddeln, Theater und Kabarett, Ballonfahrten, Advents- und Krippenmarkt, Bauernhof-Erlebnisoase Irrland 5,5 km.
POI: Mehr als 200 denkmalgeschützte Häuser, Niederrheinisches Museum für Volkskunde/Kulturgeschichte 0,5 km, Marienbasilika 1 km, Kapellenplatz 1 km.

47624 Kevelaer-Twisteden €9,50

Reisemobilhafen Den Heyberg, Im Auwelt 45, ☎ 0162/1655880 <12m
Inmitten von ruhigen Wäldern auf dem Gelände des Traberpark Den Heyberg.

2021 geprüft

POS: 51°33'23.39"N/6°11'12.65"E, Karte D5 (S. 8), A4
Platz: = 130 auf Schotterrasen, Asphalt. =120 (6 A) CHEM GRAU. nur bei Gruppen. Anfahrt 24 h. Ganzjährig geöffnet.
Preis: 9,50 € inkl. Strom, Wasser, Entsorgung, Müll-Entsorgung. VE für Durchreisende 3 €. Preisänderungen 2023 möglich.
Kontakt: Doris Wustmans, ☎ 0162/1655880, info@reisemobilhafen-den-heyberg.de, www.reisemobilhafen-den-heyberg.de.
Distanz: 1,5 km, weitere Restaurants in 6 km, 2 km, 2 km.
Freizeit: 5 km, 4 km. Wettannahmen für alle deutschen Trab-/Galopprennen in der Wettannahmestelle, Besuch Plantaria, Erlebnispark Irrland 1,5 km, Naturschutzgebiet De Hamert, NL 2 km, Naturschutzgebiet Maasduinen-NL 3 km, Thermalbad Arcen 10 km.
POI: Wallfahrtsort Kevelaer 4 km.

65399 Kiedrich €15,00

Gutsschänke & Weingut Klostermühle, An der Klostermühle 3, ☎ 06123/4021 Nahe der Weinberge, kurz hinter dem Ortsrand <8m

POS: 50°1'54.96"N/8°6'26.20"E, Karte D9 (S. 12), D3
Platz: = 3 auf Pflaster. WC zu den Öffnungszeiten. Ganzjährig geöffnet. Fr+Sa Parkplatz geschlossen.
Preis: 15 €. Wird bei Weineinkauf ab 100 € verrechnet.
Kontakt: Lorenz Witte, ☎ 06123/4021, info@klostermuehle.de, www.klostermuehle.de.
Distanz: 0 km, Ⓗ 0,1 km, 1 km, 1 km.
Gastro: Klostermühle, Di-Sa 16:00-22:30 Uhr, So 12:00-21:30 Uhr, Mo Ruhetag.
Freizeit: 0,8 km, 0,8 km. Kutschfahrten, Schiffsausflüge auf dem Rhein.
POI: Gutenberg-Gedenkstätte 1,2 km, Burg Eltville 1,2 km, Sebastiansturm 1,2 km, Burg Crass 1,3 km.

83088 Kiefersfelden €10,00

Stellplatz am Hödenauer See, Guggenauer Weg 1 A, ☎ 08033/6648 <12m
Gegenüber dem Wassersportzentrum nahe der Bahnlinie

2021 geprüft

POS: 47°37'42.56"N/12°11'21.45"E, Karte D15 (S. 18), D4

K

Platz: P = 30 auf Schotter, Wiese, Schotterrasen, Kiesel. WC. Ganzjährig geöffnet.
Preis: 10 € inkl. aller Personen, WC, WLAN. Dusche 0,50 €/4 min.
Kontakt: Wetsports GmbH, Jana Wittenbrock, 08033/6648, Mobil: 0174/1865222, info@wetsports.de, www.wetsports.de.
Distanz: 0 km, weitere Restaurants in 0,2 km, 0,5 km, 2 km, 2 km.
Gastro: Am Platz ab 11:00 Uhr. Hausgemachte Burger, Salate, Pasta & Co. Frühstück (Apr-Okt).
Freizeit: 2 km. Fahrradverleih am Platz auf Anfrage, Badestelle, Wasserski- und Wakeboardseilbahn (Mai-Mitte Okt), Inn-Schifffahrt/-Fähre 2 km.
POI: Museum im Blaahaus 2 km, Gießenbachklamm 3 km, Festung Kufstein 8 km.

83088 Kiefersfelden €8,00

<8m

Wohnmobilstellplatz Kiefersfelden am Bahnhof, Bahnhofstraße 40, **08033/976527** Direkt an den Bahngleisen

2021 geprüft E

POS: 47°36'38.83"N/12°11'30.63"E, Karte D15 (S. 18), D4
Platz: P = 16 auf Schotter. CHEM GRAU. Leinenpflicht für Hunde. Aufenthalt max. 3 Tage, WC/Dusche im Freizeitbad Innsola (5 Gehminuten). Ganzjährig geöffnet.
Preis: 8 € inkl. Entsorgung. Strom 1 €/kWh, Wasser 1 €/5 min. Strom/Frischwasser über Münzautomat. Duschmöglichkeit (Gebühr 2,50 €) im Freizeitbad. Bei Vorlage des Parkschein-Abrisses Ermäßigung im Freizeitbad Innsola.
Kontakt: Kaiser-Reich Tourist Info, Andrea Weber, 08033/976527, info@kiefersfelden.de, www.tourismus-kiefersfelden.de.
Distanz: 0,1 km, 0,1 km, 0,2 km, 0,2 km.
Gastro: Mehrere Restaurants/Cafés im Ort.
Freizeit: 0,1 km, 0,1 km, 0,1 km. Energiewanderweg, geführte Wanderungen, Canyoning, Rafting, Ritterschauspiele (Jul-Sep), Kinder-Skilift 1 km, Wasserskianlage 2 km.
POI: Heimatmuseum 1 km, Gießenbachklamm 3 km, Festung Kufstein 4 km.

24106 Kiel-Wik €15,00

<8m

Wohnmobilstellplatz Förde- und Kanalblick, Mecklenburger Straße 58, **0431/38908515** An der Mündung vom Nord-Ostsee-Kanal in die Kieler Förde

2021 geprüft E

POS: 54°21'51.51"N/10°8'44.79"E, Karte D2 (S. 5), G2
Platz: P = 30 auf Pflaster, Schotter. =30 (4 A) WC CHEM GRAU. WC nachts geschlossen, Dixi-Toilette vorhanden. Keine Dusche. Ganzjährig geöffnet.
Preis: Ab 15 € inkl. aller Personen, Wasser, Entsorgung, Müll-Entsorgung. Strom 5 €/Tag. Preis je nach Lage 15-19 Euro.
Kontakt: Bellavista Wohnmobilstellplatz Betrieb, UG, Michael Kmoch, 0431/38908515, m.kmoch@bella-vista-kiel.de, www.wohnmobil-stellplatz-kiel.de.
Distanz: 1 km, 1 km, 1,5 km, 7 km.
Gastro: Imbiss am Platz (Kaffee und Kuchen). Brötchenservice. Wintergarten und Laden.
Freizeit: 3 km, 6 km. Radfahren entlang Kanal und Förde, Schleusen im Nord-Ostsee-Kanal, Kanalüberfahrt.
POI: 50er-Jahre-Museum Kiel (am Platz), Schleusenanlage des Nord-Ostsee-Kanals 0,5 km, Marineehrung Laboe und Leuchtturm Holtenau 20 km.

54538 Kinheim €10,00

<10m

Platz am Moselufer, Moselweinstraße 0, **06532/3444** Am Moselufer

2022 geprüft E

POS: 49°58'18.64"N/7°3'25.04"E, Karte D9 (S. 12), B3
Platz: = 50 auf Wiese. =30 (10 A) CHEM GRAU. Geöffnet: Apr-Okt.
Preis: 10 € inkl. aller Personen, Wasser, Entsorgung, Müll-Entsorgung, WLAN. Strom 4 €. Bezahlung an der Ticketsäule in bar (Münzeinwurf) oder mit Karte.
Kontakt: Ortsgemeinde Kinheim, 06532/3444, info@kinheim.de, www.kinheim.de.
Distanz: 0,1 km, 0,1 km, 0,2 km, Tankstelle 2,5 km, 2,5 km.
Freizeit: 2,5 km, 1,5 km. Schifffahrt auf der Mosel, Winzer 0,1 km, Wassertretanlage 1 km, Thermalbad 8 km.
POI: Historische Burgstraße 0,2 km, römische Villa in Kindel 1 km, römische Kelteranlage 1,5 km.

85110 Kipfenberg-Pfahldorf €15,00

<12m

Landhotel Geyer, Alte Hauptstraße 10, **08465/1730630** Neben dem Landhotel im Naturpark Altmühltal

POS: 48°57'35.32"N/11°19'56.61"E, Karte D15 (S. 18), B1
Platz: = 6, = 3 (<12 m) auf Schotter. Ganzjährig geöffnet.
Preis: 15 €. Für Restaurantgäste kostenlos. Strom 5 €.
Kontakt: Landhotel Geyer GmbH, Johann Geyer, 08465/1730630, info@landhotel-geyer.de, www.landhotel-geyer.de.
Distanz: 4 km, 6 km.
Gastro: Restaurant, Mo-So 7:00-20:30 Uhr. Frühstück 7:30 - 10:00, Mittagessen 11:30-13:30 Uhr, Abendessen 18:00 - 20:30.
Freizeit: 4 km, 14 km, 0,2 km. Nordic Walking, Wellness, Wacholderheide 1,5 km, Altmühl/Bootsverleih 4 km.
POI: Kipfenberg Römer/Bajuwarenmuseum 5 km, Eichstätt Infopoint Limes 5 km, Bauernhofmuseum Hofstetten 10 km, Altstadt Eichstätt 14 km.

94259 Kirchberg im Wald-Reichertsried €17,00

<10m

Klein-Campingplatz Arberblick, Reichertsried 34, **09927/225** Kleines Gelände in Südosthanglage mit terrassierten Einzelplätzen

POS: 48°53'30.56"N/13°9'49.85"E, Karte D16 (S. 19), F1
Platz: P = 7, = 3 (<12 m) auf Schotterrasen, Pflaster, Asphalt, Schotter. =7 (6-10 A) WC CHEM GRAU. R wird empfohlen. Anfahrt bis 22:00 Uhr. Nachts beleuchtet. SAT TV-Anschluss möglich. Geöffnet Apr-Nov (Dez-März auf Anfrage).
Preis: 17 € inkl. Wasser, Entsorgung, WC, Müll-Entsorgung, WLAN, Kurtaxe. Strom 0,65 €/kWh oder 2 €, Hund 1,50 €.
Kontakt: Bau und Vermietung, Familie Augustin, 09927/225, Mobil: 0171/2382408, augustinbau@t-online.de.
Distanz: 1,6 km, 1,6 km, 1,6 km, 1,6 km, weitere Restaurants in 2 km.
Gastro: Pizzeria Rialto.
Freizeit: 10 km. Langlauf, Moor-Lehrpfad, Reptilien Zoo 1,6 km, Haus der Bienen 1,6 km, BMW-Biker-Park 9 km.
POI: Burgruine Weißenstein 7 km, Glasstraße 10 km, Märchenwald 25 km, Nationalpark Bayerischer Wald mit Nationalpark-Haus 25 km, weltweit längster Baumwipfelpfad 25 km, Bauernhausmuseum 25 km.

55481 Kirchberg/Hunsrück €8,00

<8m

AMB Reisemobile GmbH, Herbert-Kühn-Straße 10, **06763/544** Auf dem Gelände des Caravan-Handelsbetriebes

POS: 49°57'14.14"N/7°24'30.67"E, Karte D9 (S. 12), C3
Platz: P = 5 auf Wiese, Schotter. =8 CHEM/Bio GRAU. Anfahrt/Anmeldung und VE nur zu den Öffnungszeiten Mo-Fr 9:00-13:00 und 14:00-18:00 Uhr, Sa 9:00-16:00 Uhr.
Preis: 8 € inkl. aller Personen, Strom, Wasser, Entsorgung. 1.3.-31.10. 8 €.
Kontakt: AMB Reisemobile GmbH, 06763/544, info@amb-reisemobile.de, www.amb-reisemobile.com.
Distanz: 0,5 km, 0,5 km, 1 km, 1,5 km.
Freizeit: 1,5 km, 1,5 km, 1 km.
POI: Historischer Marktplatz in Kirchberg 1 km, Da Ciccio 1,5 km.

Vor der Anreise empfehlen wir, Kontakt mit dem Betreiber aufzunehmen, um die Auslastung des Stellplatzes abzufragen.

74592 Kirchberg/Jagst — gratis

<10m

Wohnmobilstellplatz unterhalb der historischen Altstadt, Hohenloher Straße, ☎ 07954/98010
Auf einem Parkplatz unterhalb der Altstadt

2022 geprüft

POS: 49°12'13.70"N/9°59'0.60"E, Karte D10 (S.13), G5
Platz: = 6 auf Schotter. =1 (16 A) GRAU. Ganzjährig geöffnet.
Preis: Übernachtung gratis. Strom 0,25 €/kWh, Wasser 1 €/80 l.
Kontakt: Stadt Kirchberg/Jagst, ☎ 07954/98010, info@kirchberg-jagst.de, www.kirchberg-jagst.de.
Distanz: 1 km, 1 km, 1 km, Ⓗ 1 km.
Freizeit: 8 km.
POI: Sandelsches Museum 1 km, Hofgarten mit Orangerie 1 km, Schloss Kirchberg 1 km.

27245 Kirchdorf — €20,00

<8m

Landhotel Baumann's Hof, Kuppendorfer Straße 2, ☎ 04273/93010
Stellplätze unter alten Eichen an der Kirchdorfer Heide

POS: 52°35'31.49"N/8°51'10.04"E, Karte D6 (S.9), F2
Platz: = 2 auf Asphalt, Wiese. WC . Pferdegastboxen. Ganzjährig geöffnet.
Preis: 20 € inkl. Strom, Wasser, WLAN. Dusche/WC +10 €/Nacht.
Kontakt: Astrid Unger, ☎ 04273/93010, info@baumanns-hof.de, www.baumanns-hof.de.
Distanz: 0 km, 1,2 km.
Gastro: Biergarten, Restaurant und Café am Platz.
Freizeit: 1,3 km. Naturfreibad Kirchdorf, Minigolf, Tierpark Ströhen, Wellness-Oase, Kegelbahn, Heideparkplatz mit Rundwegen 1,5 km.
POI: Moorkirche in Freistatt, Freistätter Feldbahn mit Sinnesgarten und Planetenweg, Moor- und Kranichzentrum Moorwelten Wagenfeld 17 km.

95158 Kirchenlamitz — gratis

<12m

Stellplatz Kirchenlamitz, Weißenstädter Straße 79, ☎ 09285/95915
Auf dem Gelände des Nahkauf-Marktes

POS: 50°8'55.52"N/11°56'29.38"E, Karte D11 (S.14), C3
Platz: / = 12 auf Asphalt. =5 . Einkaufsmöglichkeit Mo-Fr 8:00-19:00 Uhr, Sa 8:00-18:00 Uhr. Ganzjährig geöffnet.
Preis: Übernachtung gratis inkl. Strom, Wasser. Spende erwünscht, kostenfreie Entsorgung am Wertstoffhof.
Kontakt: Herr Grosser, ☎ 09285/95915, tourist@kirchenlamitz.de, www.kirchenlamitz.de.
Distanz: (Nahkauf-Markt), Ⓗ 0,1 km, 0,5 km, weitere Restaurants in 1,3 km, 0,8 km, 1,1 km (Wertstoffhof, Spitalgasse, 95158 Kirchenlamitz).
Freizeit: 1 km. Sechsämterradweg und Mountainbikestrecken, Spielplatz 0,2 km, Mountainbike-Tourengebiet 0,3 km, Nordic Walking-Park 0,8 km, Waldschwimmbad Weißenstädter See 8 km.
POI: Granitlabyrinth Epprechtstein 1,3 km, Burgruine Epprechtstein 2,5 km, Großer Kornberg 7 km, Förmitzspeichersee 7 km.

36275 Kirchheim/Hessen — €12,00

<8m

Campingplatz am Seepark, Brunnenstraße 20-25, ☎ 06628/1525
Im Knüllgebirge, nahe dem Ibrastausee

2022 geprüft

POS: 50°48'51.90"N/9°31'3.95"E, Karte D10 (S.13), G1
Platz: = 25, = 20 (<8 m) auf Schotter. WC CHEM GRAU . Wasserski. nur bei Gruppen. Anfahrt: 8:00-13:00 Uhr und 15:00-22:00 Uhr, Abreise bis 12:00 Uhr. Ganzjährig geöffnet.
Preis: 12 € inkl. Wasser, Entsorgung. Strom 4 €/5 kWh oder 0,70 €/kWh, Dusche 0,50 €/3 min, WC 1,50 €, Müll-Entsorgung 0,50 €, Kurtaxe 1,50 €/Pers. Sondertarife in der NS/HS.
Kontakt: Campingplatz Seepark Kirchheim/Hessen, Heinrich Hartung, ☎ 06628/1525, info@campseepark.de, www.campseepark.de.
Distanz: , weitere Restaurants in 5 km, Ⓗ 0,5 km, 5 km, 5 km.
Gastro: Camping-Restaurant am Platz, HS 17:00-22:00 Uhr, NS 17:00-21:00 Uhr. Frühstücksservice 8:00-10:00 Uhr.
Freizeit: 5 km, 15 km, 15 km. Volleyball, Fußball, Minigolf, Bootsverleih 0,5 km, Badestrand 0,6 km, Angeln/Wasserski 1 km.
POI: Steinmühle in Ottau-Schorbach 10 km, Burg Herzberg Breiten 10 km, Festspielstadt Bad Hersfeld 15 km, Stiftsruine Bad Hersfeld mit Festspielen von Juni-Aug 20 km.

73230 Kirchheim/Teck — gratis

<10m

Parkplatz Ziegelwasen, Obere Steinstraße, ☎ 07021/502555 Auf einem Großparkplatz, am Rand der Altstadt

POS: 48°39'0.84"N/9°27'31.31"E, Karte D14 (S.17), G2
Platz: = 6 auf Schotter. . Aufenthalt max. 7 Tage. Ganzjährig geöffnet. Ausnahmen: vorübergehende Platzsperrungen (bei Veranstaltungen) siehe Website.
Preis: Übernachtung gratis.
Kontakt: Stadt Kirchheim unter Teck, ☎ 07021/502555, tourist@kirchheim-teck.de, www.kirchheim-teck.de.
Distanz: 0,1 km, weitere Restaurants in 0,2 km, 0,3 km, 0,5 km, Ⓗ 1,5 km, 9,3 km (Gruppenklärwerk Wendlingen, Vorstadtstraße 101, 73240 Wendlingen am Neckar).
Freizeit: 1 km, 1,9 km.
POI: Altstadt 0,3 km, Urwelt Museum Holzmaden 6 km, Burg Teck 8 km, Römerpark Köngen 12 km.

67281 Kirchheim/Weinstraße — €10,00

<10m

Weingut Ellbrück Gästehaus, Bruchmühle 1, ☎ 06359/3251 Neben dem Weingut, an der Deutschen Weinstraße

POS: 49°32'27.57"N/8°11'34.46"E, Karte D9 (S.12), D4
Platz: / = 4 auf Schotter, Wiese. WC . Mo-Fr 8:00-12:00 Uhr und 14:00-18:00 Uhr, Sa 8:00-16:00 Uhr, So+Feiertag nach telefonischer Vereinbarung. Ganzjährig geöffnet. Ausnahme: 1.8.-15.8., 1.1.-15.1.
Preis: 10 € inkl. aller Personen, WC, Müll-Entsorgung.
Kontakt: Weingut & Gästehaus, Christian Ellbrück, ☎ 06359/3251, Mobil: 0162/4403598, weingut@ellbrueck.de, www.ellbrueck.de.
Distanz: 0,6 km, weitere Restaurants in 0,8 km, 1 km, Ⓗ 1 km, 3 km.
Gastro: Restaurant. Bistro. Weinprobe mit Vesper auf Voranmeldung.
Freizeit: 5 km, 5 km, 3 km. Mühlenwanderweg, Kraut/Rüben Radweg, Golfplatz Dackenheim 1 km.
POI: Freinsheim 4 km, Neuleiningen 4 km, Bad Dürkheim 10 km, Holiday Park Haßloch 30 km.

K

67281 Kirchheim/Weinstraße — €13,00

<10m

Weingut Rogenwieser, Am Grünborn 10, ☎ 06359/960304
In den Weinbergen mit Blick auf Haardt und Pfälzer Rebenmeer

POS: 49°32'3.55"N/8°10'53.85"E, Karte D9 (S.12), D4
Platz: / = 8 auf Wiese, Sand/Splitt. =8 (16 A) CHEM GRAU . Ganzjährig geöffnet.
Preis: 13 € inkl. Strom, Wasser, WLAN.
Kontakt: Christian Rogenwieser, ☎ 06359/960304, mail@rogenwieser.de, www.rogenwieser.de.
Distanz: 0,4 km, 0,4 km, 0,4 km, Ⓗ 0,4 km.
Gastro: Alter Bahnhof 0,4 km. Sternerestaurant Schwarz 0,4 km.
Freizeit: 5 km, 5 km, 5 km. Weinprobe mit Kellerführung nach Absprache, Rad- oder Wandertouren.
POI: Altstadt Freinsheim 2 km, Burg Neuleiningen 2 km.

67292 Kirchheimbolanden
gratis <10m

Messeplatz Herrngarten, Hitzfeldstraße, ☎ 06352/40040
In zentraler Lage zur Innenstadt

2022 geprüft E

POS: 49°39'58.73"N/8°0'49.43"E, Karte D9 (S. 12), D4
Platz: P = 7 auf Pflaster. =8 (16 A) GRAU. E-Bike-Ladestation, Leinenpflicht für Hunde. Aufenthalt max. 2 Tage. Bei Grauwasser-Entsorgung keine chemischen Mittel erlaubt. WLAN über Westpfalz.Freifunk.net. Ganzjährig geöffnet. Ausnahme: Sperrung bei Veranstaltungen (siehe Website).
Preis: Übernachtung gratis inkl. Entsorgung, WLAN. Strom 0,50 €/kWh, Wasser 1 €/100 l.
Kontakt: Stadt Kirchheimbolanden, ☎ 06352/40040, vg@kirchheimbolanden.de, www.kirchheimbolanden.de.
Distanz: 0,1 km, weitere Restaurants in 0,2 km, 0,1 km, 0,5 km.
Freizeit: 1,9 km, 1,9 km. Residenzfest am 2. WE im Aug, historische Stadtführung durch die Kleine Residenz mit Stadtmauerbegehung, Naturschutzgebiet Drosselfels/Schwarzfels 4 km, Naherholungsgebiet Donnersberg 8 km.
POI: Schlossgarten 0,1 km, Paulskirche von 1740 mit Mozartorgel 1 km, Puppenstubenmuseum Jakobsweiler 9 km, Keltenwall Donnersberg 11 km.

K

57399 Kirchhundem
€20,00 >12m Gutschein

Berggasthof-Restaurant Rhein-Weser-Turm, Rhein-Weser-Turm 2, ☎ 02723/72242
In Alleinlage am Rothaarsteig

2020 geprüft E

POS: 51°4'16.68"N/8°11'51.84"E, Karte D5 (S. 8), D5
Platz: P / = 10 auf Wiese, Schotter. =10 (16 A) WC CHEM GRAU. Ganzjährig geöffnet.
Preis: 20 € inkl. Strom, Wasser, Entsorgung, WC, Müll-Entsorgung. 10 € ohne Strom.
Kontakt: Familie Schwermer, ☎ 02723/72242, rheinweserturm@aol.com, www.rhein-weser-turm.de.
Distanz: Ⓗ 0,5 km, 4 km, 7 km.
Gastro: Restaurant am Platz, warme Küche bis 19:00 Uhr, Mo Ruhetag. Brötchenservice. Frühstück auf Vorbestellung.
Freizeit: 4 km, 7 km. Therapeutisches Wandern, Wintersport, Turmführung, Skiverleih 0,1 km, Bad und Wellnessoase am Rothaarsteig in Oberhundem 3 km, Biggesee 25 km, Tropfsteinhöhle Attendorn 25 km.
POI: Stickereimuseum Oberhundem 3 km, Aquädukt Heinsberg 7 km, Sauerlandpyramiden 15 km, Galileo-Park 15 km, Karl May Festspiele Elspe 20 km, Schloss Bad Berleburg 24 km.

57399 Kirchhundem
€12,00 >12m

Restaurant Zur Hahnenquelle, Rhein-Weser-Turm 1, ☎ 02723/9289914
Auf dem Rothaarsteig gelegen mit großem Parkplatz am Waldrand.

POS: 51°4'20.20"N/8°11'51.40"E, Karte D5 (S. 8), D5
Platz: = 10, = 2 (<15 m) auf Schotter, Schotterrasen. =7 WC CHEM/Bio GRAU. R wird empfohlen. Ganzjährig geöffnet.
Preis: 12 € inkl. Strom, Entsorgung, Dusche, WC.
Kontakt: Zur Hahnenquelle, Ralf Grondke-Timm, ☎ 02723/9289914, info@zurhahnenquelle.de, www.zurhahnenquelle.de.
Distanz: 6 km, 6 km.
Gastro: Restaurant Zur Hahnenquelle am Platz, Sa 11:00-17:00 Uhr, So 9:00-17:00 Uhr, Mo-Fr Ruhetag. Frühstücksbüffet 15,90 €/Pers., Kinder bis 3 J. gratis, bis 10 J. 6,90 €.
Freizeit: 15 km, 6 km. Wintersport, Weihnachtsbaum schlagen, Wanderungen auf dem Weg der Sinne im Rothaarsteig, Panoramapark Sauerland 0,3 km.
POI: Adolfsburg 6 km.

57399 Kirchhundem-Hofolpe
gratis <10m neu

Wohnmobilstellplatz Hofolpe, Kampstraße 13, ☎ 02723/2263
Bei der Schützenhalle Hofolpe, in Waldrandlage

POS: 51°4'14.83"N/8°4'10.72"E, Karte D5 (S. 8), D5
Platz: P = 10 auf Pflaster. WC. Beleuchtet. Ganzjährig geöffnet.
Preis: Übernachtung gratis.
Kontakt: Heimatschutzverein Hofolpe-Heidschott e.V., ☎ 02723/2263, info@heimatschutzverein-hofolpe.de, www.heimatschutzverein-hofolpe.de.
Distanz: 0,2 km, 4,5 km, 4,5 km.
Freizeit: Turmbesteigung des Aussichtsturms Hohe Bracht, Wandern-Wandertour über die Hohe Bracht, Benolpe und Mark, Langlauf, Wintersport.
POI: Galileo-Park mit naturwissenschaftlichen Ausstellungen 10 km, PanoramaPark Sauerland 16,3 km, Karl-May-Festspiele-Elspe Festival 17,1 km.

66459 Kirkel-Neuhäusel
€20,00 <8m

Caravanplatz Mühlenweiher, Unnerweg 5c, ☎ 06849/1810555
In der Ortsmitte, neben dem Naturfreibad

POS: 49°16'54.53"N/7°13'41.38"E, Karte D9 (S. 12), C5
Platz: P / = 5 auf Pflaster. =5 (10 A) CHEM GRAU. Aufenthalt max. 1 Nacht. Wohnmobile über 8 m Länge laufen Gefahr an der steilen Auffahrt aufzusitzen. Karte für Zugang zu WC des Campingplatzes an der Rezeption. Kostenloser Eintritt ins Naturfreibad nebenan. Ganzjährig geöffnet.
Preis: 20 € inkl. Wasser, Entsorgung, Müll-Entsorgung. Jede weitere Pers. 5 €, Kind (3-15 J.) 3 €, Strom einmalig 1,65 € und 0,60 €/kWh oder 3,50 €/Nacht, Dusche 2,50 €, Hund 2,50 €.
Kontakt: Markus Neumann, ☎ 06849/1810555, info@caravanplatz-kirkel.de, www.caravanplatz-kirkel.de.
Distanz: 0,5 km, weitere Restaurants in 1 km, Ⓗ 0,5 km, 1 km, 1 km.
Gastro: Brötchenservice. Restaurant Mühlenweiher am Platz, Mi-So 17:00-22:00 Uhr, Mo-Di Ruhetag, warme Küche 18:00-21:00 Uhr.
Freizeit: 0,1 km, 5 km. Naturfreibad, Wander-/Radwege an der Grenze zu Frankreich, Nordic Walking, Felsenpfad, Angeln, Tennis.
POI: Burg Kirkel 1,5 km, Gondwana Dinosaurier Park 20 km.

55606 Kirn
gratis <10m

Wohnmobilstellplatz am Schmisserhang, Altstadt 9, ☎ 06752/135155
Etwas zurückgesetzt am Kyrburghang, unweit der Innenstadt

POS: 49°47'6.50"N/7°27'17.54"E, Karte D9 (S. 12), C4
Platz: P = 3 auf Schotter, Schotterrasen. Sitzgruppe. Öffentliches WC neben dem Info-Point auf dem Parkplatz Kiesel in 0,3 km. Ganzjährig geöffnet.
Preis: Übernachtung gratis.
Kontakt: Touristinformation Kirner Land, ☎ 06752/135155, tourismus@kirner-land.de, www.kirn.de.
Distanz: 0,4 km, 0,4 km, 0,4 km.
POI: Burgruine Kyrburg 1 km, Schloss Wartenstein 3,5 km, Schloss Dhaun 6 km.

02681 Kirschau
gratis <10m

P3 an der Körse-Therme, Badweg 3, ☎ 03592/515830
Neben der Therme an der Hauptspree

POS: 51°5'37.00"N/14°25'46.00"E, Karte D8 (S. 11), G5
Platz: = 3 auf Asphalt. Ganzjährig geöffnet.
Preis: Übernachtung gratis.
Kontakt: Körse-Therme, ☎ 03592/515830, info@koerse-therme.de, www.koerse-therme.de.
Distanz: 0 km, 0,4 km, 0,4 km.
Gastro: Caféteria im Bad.
Freizeit: Solebad und -stollen, Sauna, Spreeradweg.
POI: Burgruine Körse, Kirche Crostau mit der einzigen Silbermannorgel Ostsachsens, zahlreiche Umgebindehäuser.

55743 Kirschweiler
gratis >12m

Restaurant Kirschweiler Brücke, Kirschweiler Brücke 2, ☎ 06781/33383 Parkplatz an der B422

POS: 49°45'34.83"N/7°14'58.63"E, Karte D9 (S. 12), C4
Platz: / = 8 auf Schotter. Hunde nur am Stellplatz, nicht im Restaurant erlaubt. Ganzjährig geöffnet.
Preis: Für Restaurantgäste kostenlos. Einkehr obligatorisch.
Kontakt: Restaurant Kirschweiler-Brücke, Hans-Werner Veek, ☎ 06781/33383,

kirschweilerbruecke@web.de, www.kirschweilerbruecke.de.

Distanz: 0 km, weitere Restaurants in 1 km, Ⓗ 0 km, 0,5 km, 2 km, 4,6 km (Wohnmobilstellplatz an der hist. Weiherschleife, Tiefensteiner Straße 87, 55743 Idar-Oberstein).

Gastro: Restaurant am Platz, warme 12:00-14:00 Uhr/18:00-21:00 Uhr. Di+Mi Ruhetag.

Freizeit: 2 km, 5 km. Besichtigung der Edelsteinschleifereien 0,3 km, Golfplatz 1 km, Wildfreigehege 4 km.

POI: Historische Weiherschleife 4 km, Edelsteinmuseum 5 km, Kupfer- und Schieferbergwerk 8 km.

88353 Kißlegg — €7,00 — <8m

Strandbad Obersee Kißlegg, Strandbadweg 2, ☎ 07563/936142
Am Strandbad Obersee, mit Naturbadesee

POS: 47°47'45.05"N/9°52'45.25"E, Karte D14 (S. 17), G4

Platz: = 24 auf Pflaster, Asphalt, Schotter. =6 (16 A) CHEM GRAU. Aufenthalt unbegrenzt, WC/Dusche zu den Öffnungszeiten im Strandbad. Ganzjährig geöffnet.

Preis: 7 € inkl. Entsorgung, Müll-Entsorgung. Strom 0,50 €/kWh, Wasser 1 €/100 l, Dusche 1 €/Pers.

Kontakt: Gemeinde Kißlegg, ☎ 07563/936142, tourist@kisslegg.de, www.kisslegg.de.

Distanz: Ⓗ 0,2 km, 0,5 km, weitere Restaurants in 0,8 km, 0,8 km, 3 km.

Gastro: Kiosk im Strandbad Mai-Sep.

Freizeit: 0,3 km, 2 km, 1 km. Themenwanderungen, Angeln Mai-Dez, Kapellenfahrt, Seen/Moorlandschaften in der Umgebung, Tennisplätze 0,8 km, Lehrpfad Burgermoos und Arrisrieder Moos 1 km.

POI: Neues Schloss im Barockstil (öffentliche Führung Sa, So+Feiertag 15:00 Uhr) 0,5 km, Barockkirche St. Gallus und Ulrich 0,8 km, barocke Friedhofskapelle St. Anna 1 km.

86438 Kissing — gratis — <8m

Kühners Landhaus, Gewerbering 3, ☎ 08233/20005
Auf einem Restaurant-Parkplatz an der B2

POS: 48°17'40.67"N/10°57'57.74"E, Karte D15 (S. 18), B3

Platz: = 2 auf Pflaster. wird empfohlen. Ganzjährig geöffnet. Aktuelle Öffnungszeiten auf Website abrufbar.

Preis: Für Restaurantgäste kostenlos. Einkehr obligatorisch.

Kontakt: Andreas Kühner, ☎ 08233/20005, info@kuehners-landhaus.de, www.kuehners-landhaus.de.

Distanz: 0 km, weitere Restaurants in 1,5 km, Ⓗ 0,3 km, 1 km, 1,7 km.

Gastro: Restaurant am Platz (gehobene Küche mit regionalen Spezialitäten), Mi-Do 17:30-0:00 Uhr, Fr-Sa 11:30-15:30 Uhr und 18:00-0:00 Uhr, So 11:30-15:30 Uhr, Mo-Di Ruhetag.

Freizeit: 5 km, 10 km. Ausflüge nach Augsburg und Umgebung, Badeseen ab 2 km, Freibad 5 km.

POI: Weitmannsee 2 km, Lechstaustufen und Lechauen 4 km, Augsburg-Innenstadt 10 km.

97318 Kitzingen-Etwashausen — €11,00 — <10m

Wohnmobilplatz Am Bleichwasen, Bleichwasen, ☎ 09321/208888
Großzügig angelegter, begrünter Platz direkt am Mainufer

2022 geprüft

POS: 49°44'35.01"N/10°9'48.94"E, Karte D10 (S. 13), H4

Platz: = 70 auf Asphalt, Schotterrasen. =66 (16 A) CHEM GRAU. Leinenpflicht für Hunde, Info-Pavillon, SAT-Empfang, Toilettencontainer. Aufenthalt max. 3 Tage. Im Winter nur eingeschränkte VE wegen Hochwasser-/Frostgefahr. Ganzjährig geöffnet.

Preis: 11 € inkl. aller Personen, Entsorgung, Müll-Entsorgung, WLAN. Strom 0,50 €/kWh, Wasser 1 €/60 l. Bezahlung am Parkscheinautomat (Scheine und Münzen, kein Wechselgeld), EC- und Kreditkartenzahlung beim Kontrolleur (morgens und abends).

Kontakt: Vanessa Feineis, ☎ 09321/208888, tourismus@stadt-kitzingen.de, www.visit-kitzingen.de.

Distanz: 0,3 km, weitere Restaurants in 0,7 km, Ⓗ 0,4 km, 0,5 km, 1 km.

Gastro: Mehrere Restaurants im Ort.

Freizeit: 1 km, 1 km, 0,5 km. StadtSchoppen Best of Frankenwein (Mai-Okt: Do-So), So mit Live-Musik, Stadtführung (Mai-Okt, Sa+So 11:00 Uhr), Weinwanderpfad, Traumrunde Kitzingen-Sulzfeld, Weinfeste, Kirchweihen und Bauernmarkt (Fr. Vormittag), Mainradweg, Weinproben.

POI: Kreuzkapelle (Balthasar Neumann) 0,3 km, Altstadt 0,7 km, Conditorei-Museum (Café Rösner) 0,7 km, Deutsches Fastnachts-Museum 1,3 km.

54524 Klausen — gratis — <12m

Stellplatz Klausen, Trierer Straße, ☎ 06578/102905 Am historischen Ortskern des Wallfahrtsortes Klausen

POS: 49°54'20.00"N/6°52'52.00"E, Karte D9 (S. 12), B3

Platz: = 5 auf Asphalt. Aufenthalt max. 3 Nächte. Ganzjährig geöffnet.

Preis: Übernachtung gratis inkl. aller Personen.

Kontakt: Gemeindeverwaltung Klausen, ☎ 06578/102905, gemeindeverwaltung@klausen.de, www.klausen.de.

Distanz: 0 km, weitere Restaurants in 0,2 km, 0,1 km, 0,1 km, Ⓗ 0,1 km.

Gastro: Café und Pizzeria 0,1 km. Dorfladen mit Lebensmittel, Backwaren täglich frisch, regionale Produkte.

Freizeit: 12 km, 12 km, 6 km. Maare-Mosel-Radweg.

POI: Barocker Abtsgarten mit Kräutern (barocke Gartenanlage mit Kräutergarten), spätgotische Wallfahrtskirche aus 1502, Aussichtspunkt Mosel an der Piesporter Grillhütte 0,1 km (an der Piesporter Grillhütte).

19322 Klein Lüben — €25,00 — <10m

Bauernhof Nickel, An der Kirche 8, ☎ 038791/79432 Inmitten des Biosphärenreservats Brandenburgisches Elbtal

POS: 52°57'54.85"N/11°51'10.74"E, Karte D3 (S. 6), C5

Platz: = 2 auf Wiese. =2 (16/32 A) WC. Ankunft bis 20:00 Uhr. Ganzjährig geöffnet.

Preis: 25 € inkl. Strom, Wasser, Dusche, WC, WLAN. Jede weitere Pers. 5 €. E-Bikes laden 2 €/Tag.

Kontakt: Familie Nickel/Beckmann, ☎ 038791/79432, BeckmannHermannshof@web.de, www.bauernhof-nickel.de.

Distanz: Ⓗ 0,2 km, 3 km, 6 km.

Freizeit: 0,5 km, 6 km. Bade- und Angelmöglichkeit 0,5 km, Biosphärenreservat 1 km, Elberadweg 2 km, Thermalbad 6 km, Tierpark Perleberg 15 km.

POI: Storchendorf Rühstädt 6 km, Altstadt und Wunderblutkirche in Bad Wilsnack 6 km.

19406 Klein Pritz — €10,00 — >12m

Wohnmobilrastplatz Schwarzbieroase, Borkower Weg 1-4, ☎ 038485/25452 Auf einem ruhigen, naturbelassenen Grundstück

2021 geprüft

POS: 53°38'24.02"N/11°56'56.44"E, Karte D3 (S. 6), C4

Platz: = 12 auf Wiese, Naturboden. =12 (16 A) CHEM GRAU. Ganzjährig geöffnet.

Preis: 10 € inkl. aller Personen, Wasser, WC. Strom 2 €/kWh, Entsorgung 2 €. WLAN in der Pension verfügbar.

Kontakt: Annegret Bennecke, ☎ 038485/25452, Mobil: 01523/4344628, schwarzbieroase@web.de.

Distanz: 0 km, weitere Restaurants in 2,5 km, Ⓗ 0,1 km, 2 km, 4 km.

Gastro: Essen auf Anfrage in der Pension.

Freizeit: 2 km. Angeln, Kanu fahren, im Herbst geführte Pilzwanderung, Kleinpritzer See, Kutschfahrten, Reiten, Minigolf 2 km.

POI: Kloster Dobbertin, Mühle Dabel 5 km, Rothener Mühle 6 km, Slawenburg Groß Raden 15 km.

24369 Klein Waabs — €18,00 — <10m

Wohnmobilstellplatz Ostsee-Campingplatz Familie Heide, Strandweg 31, ☎ 04352/2530
An der Ostseeküste

POS: 54°31'51.17"N/10°0'10.97"E, Karte D2 (S. 5), G2

Platz: = 14 auf Wiese, Rasengittersteinen. =14 (16 A) CHEM GRAU. wird empfohlen. Geöffnet: April-Okt.

Preis: Ab 18 € inkl. Wasser, Entsorgung, Dusche, WLAN, WC. Strom 4 €. Jede weit. ere Pers. 6,50-10 €, Kind (13-17 J.) 5-8,50 €, Kind (3-12 J.) 4-7,50 €. Hund 5,50-8,50 Mietbad 16-20 €. Je nach Saison €18-28 €.

Kontakt: Helga & Karsten Heide GbR, Helga & Karsten Heide, ☎ 04352/2530, info@waabs.de, www.waabs.de.

Distanz: 0 km, weitere Restaurants in 1 km, 0 km, 0,5 km, Ⓗ 0,5 km.

Gastro: Restaurant Meeresblick am Platz, warme Küche 11:00-22:00 Uhr (HS), 17:00-22:00 Uhr (NS).

Freizeit: 9 km. Fußball, Swingolfanlage, Volleyball, Strandwanderung, Hochseilgarten, Tretmobil- und Tretboot-Verleih, Minigolf, Tennis.

POI: Schloss Damp 6 km, Sieseby (Fachwerk-Dorf) 12 km, Eckernförde 13 km, Arnis (kleinste Stadt Deutschlands) 18 km.

66271 Kleinblittersdorf €13,00 >12m

Wohnmobilpark im Saarland Thermen Resort, Zum Bergwald 8, ☎ 06805/9418500
Auf leicht gestuftem Gelände, umgeben von Wiesen und Bäumen

2020 geprüft E

POS: 49°7'46.69"N/7°3'9.54"E, Karte D9 (S. 12), B5
Platz: P = 61 auf Schotterrasen, Schotter. =61 (16 A) WC CHEM GRAU. B wird empfohlen. Barrierefreies WC, asphaltierte Fahrwege. Ganzjährig geöffnet.
Preis: Ab 13 € inkl. Entsorgung, WC, Müll-Entsorgung, WLAN. Strom 1 €/kWh, Wasser 1 €/100 l. 2 extra große Stellflächen zu 16 €, Reservierungsgebühr 3 €.
Kontakt: Wohnmobilpark Müller, Ariane Müller, ☎ 06805/9418500, Mobil: 0163/7955363, info@womopark-saar.de, www.womopark-saar.de.
Distanz: Ⓗ 0,2 km, 1 km, 1,5 km.
Gastro: Brötchenservice Mo-Sa vom örtlichen Bäcker.
Freizeit: 4 km, 0,2 km. Fitness-/Gesundheitszentrum am Platz, Jakobsweg, Rad-/Wanderwege, Saarland-Therme.
POI: Kulturpark Reinheim 14 km, Schloss Saarbrücken 15 km, Weltkulturerbe Völklinger Hütte 28 km.

99195 Kleinrudestedt €15,00 <10m

Wohnmobilstellplatz am Storchennest, Breite Straße 1, ☎ 0173/3752226 Zwischen Erfurt, Weimar und Sömmerda, in der Nähe zur A71

POS: 51°4'56.47"N/11°6'21.19"E, Karte D7 (S. 10), B5
Platz: = 5, = 2 (<15 m) auf Wiese. B Ganzjährig geöffnet.
Preis: 15 €. Jede weitere Pers. 2 €, Strom 2 €, Wasser 2 €, Hund 2 €.
Kontakt: Karina Oehlwein, Mobil: 0173/3752226, koehlwein@gmail.com, www.uebernachtung-oehlwein.de.
Distanz: Ⓗ 0 km.
Freizeit: Strandbad Stotternheim 6 km, Naherholungsgebiet Alperstedter See 8 km.
POI: Zoopark Erfurt 10 km, Vogelpark Tirica 12 km, Historisch-Technisches Museum Sömmerda 14 km, Erfurt 15 km.

63839 Kleinwallstadt €5,00 <12m

Wohnmobilstellplatz Kleinwallstadt, Am Mainufer, ☎ 06022/22060
Am rechten Mainufer

POS: 49°52'33.53"N/9°9'49.78"E, Karte D10 (S. 13), F4
Platz: P = 8 auf Asphalt. =12 CHEM GRAU. Leinenpflicht für Hunde. Aufenthalt max. 4 Tage. Von Nov-März kein Frischwasser. Ganzjährig geöffnet. Ausnahmen: Sperrung bei großen Festveranstaltungen.
Preis: 5 € inkl. aller Personen, Entsorgung. Strom 1 €/6 h, Wasser 1 €/5 min.
Kontakt: Markt Kleinwallstadt, ☎ 06022/22060, rathaus@kleinwallstadt.de, www.kleinwallstadt.de.
Distanz: Ⓗ 0,3 km, 0,5 km, 0,5 km, 0,5 km.
Freizeit: 1 km. Radwegenetz, Streuobsterlebnisweg, Waldlehrpfad, Naturpark Plattenberg 2 km.
POI: Historischer Römer mit altem/neuem Rathaus, Zehntscheune, Pfarrkirche 0,5 km.

47533 Kleve €10,50 <10m

Reisemobilpark Kleve, Landwehr 4, ☎ 02821/20110
Am ehemaligen Kurpark gelegener, eingezäunter Reisemobilpark in der Nähe der Altrheinniederung

POS: 51°48'4.32"N/6°7'54.43"E, Karte D5 (S. 8), A4
Platz: P = 75 auf Schotterrasen, Wiese, Schotter. =45 (6 A) WC CHEM GRAU. Minigolf. B nur bei Gruppen. Ganzjährig geöffnet.
Preis: 10,50 € inkl. Entsorgung, Müll-Entsorgung, Kurtaxe, WLAN. Jede weitere Pers. 1,50 €, Strom 3,50 €/24 h, Wasser 0,10 €/10 l, Dusche 1 €/6 min, WC 0,50 €. Mit Strom 14 €. Angebot 4 Nächte zum Preis von 3 (Strom extra für die 4. Nacht). 10er-Karte 80 €, mit Strom 105 €.
Kontakt: Jürgen Cronauer, ☎ 02821/20110, j.cronauer@t-online.de, www.campingpark-kleve.de.
Distanz: Ⓗ 0,2 km, 0,4 km, 1,2 km.
Gastro: Bistro De Kantine.
Freizeit: 2,5 km. Klever Tierpark 0,3 km.
POI: Ehemaliger Kurpark mit Museum 0,1 km.

47533 Kleve €5,00 <10m

Stellplatz am Bahnhof, Van-den-Bergh-Straße, ☎ 02821/84806
In zentraler Lage hinter dem Bahnhof

2020 geprüft E

POS: 51°47'20.81"N/6°8'53.47"E, Karte D5 (S. 8), A4
Platz: P = 60 auf Schotterrasen. =5 (16 A) CHEM. Ganzjährig geöffnet. Ausnahme: im Juli 2 Wochen wegen Stadtkirmes geschlossen.
Preis: 5 € inkl. Wasser, Entsorgung. Strom 0,50 €/kWh.
Kontakt: Wirtschaft & Tourismus Stadt Kleve GmbH, ☎ 02821/84806, tourismus@wtm-kleve.de, www.kleve-tourismus.de.
Distanz: Ⓗ 0,1 km, 0,4 km, 0,4 km, 0,4 km.
Gastro: Mehrere Restaurants in Kleve.
Freizeit: 5 km, 1 km. Kanu- und Kajaktouren, Klever Kulturtage, Tiergarten 3 km.
POI: Museum B.C. Koekkoek-Haus 1 km, Schwanenburg 1,2 km, Mühlenmuseum Donsbrüggen 5 km.

47533 Kleve gratis <8m

Stellplatz an der Tiergartenstraße, Tiergartenstraße, ☎ 02821/84806
Separater Bereich auf dem Parkplatz neben dem Tierpark

POS: 51°47'49.84"N/6°7'19.94"E, Karte D5 (S. 8), A4
Platz: P = 5 auf Wiese. Ganzjährig geöffnet.
Preis: Übernachtung gratis.
Kontakt: Wirtschaft & Tourismus Stadt Kleve GmbH, ☎ 02821/84806, tourismus@wtm-kleve.de, www.kleve-tourismus.de.
Distanz: 0,2 km, weitere Restaurants in 1,5 km, Ⓗ 0,5 km, 1,5 km, 1,5 km.
Gastro: Restaurant Altes Landhaus am Forstgarten.
Freizeit: 5 km, 5 km, 2 km. Spaziergang durch die historische Gartenanlage, Besuch im Tierpark.
POI: Museum Kurhaus 0,1 km, Schwanenburg 2 km.

47533 Kleve-Griethausen gratis <8m

Stellplatz am Angelsportheim, Wehrpöhl, ☎ 02821/84806 Hinter dem Deich auf dem Parkplatz am Angelsportheim

POS: 51°49'28.67"N/6°9'51.14"E, Karte D5 (S. 8), A4
Platz: P = 5 auf Asphalt. Ganzjährig geöffnet.
Preis: Übernachtung gratis.

Unsere Korrespondenten sind fast das ganze Jahr unterwegs, um für Sie, liebe Leserin und Leser, aktuelle Daten zu recherchieren und über Neuerungen zu berichten. Sie sind damit eine wertvolle Ergänzung des Redaktionsteams, um den Bordatlas zu einem unentbehrlichen Standardwerk für alle Wohnmobilfahrer zu machen.

Kontakt: Wirtschaft & Tourismus Stadt Kleve GmbH, ☎ 02821/84806, info@wtm-kleve.de, www.kleve-tourismus.de.
Anfahrt: Durchfahrtshöhe in Griethausen 2,60 m, Zufahrt auch über Brienen möglich.
Distanz: 0,4 km, 0,6 km, weitere Restaurants in 3 km, Ⓗ 1 km, 4,5 km.
Freizeit: 9 km, 9 km, 4,5 km. Angeln im Altrhein.
POI: Eisenbahnbrücke über den Altrhein 0,1 km, Pfarrkirche St. Martinus 0,3 km.

47533 Kleve-Keeken — €13,00 — <10m

Angel- und Camperclub Willisee, Zyfflicher Straße 33, ☎ 0170/8604008
An einem naturbelassenen See

POS: 51°50'24.00"N/6°5'1.00"E, Karte D5 (S. 8), A3
Platz: = 33 auf Schotterrasen, Wiese, Schotter. =33 (6 A) WC CHEM GRAU . wird empfohlen. Aufenthalt unbegrenzt, Ankunft 11:00-18:00 Uhr. Ganzjährig geöffnet. Ausnahme: im Jan geschlossen.
Preis: 13 € inkl. Entsorgung, WC, Müll-Entsorgung, WLAN, Kurtaxe. Jede weitere Pers. 2 €, Strom 3 €/Nacht, Wasser 0,10 €/10 l, Dusche 1 €/6 min. Preisänderungen für 2023 geplant.
Kontakt: Petra u. Herbert van Benthum, Mobil: 0170/8604008, herbertvanbenthum@web.de.
Distanz: Ⓗ 0,1 km, 0,2 km, 0,4 km, weitere Restaurants in 4 km, 3 km.
Freizeit: 10 km, 10 km, 3 km. Wandern.
POI: Millingerward 3 km, Forstgarten Kleve 7 km, Naturschutzgebiet Millingerwaard 7 km.

47533 Kleve-Kellen — gratis — <8m

Stellplatz an der Sporthalle, Postdeich, ☎ 02821/84806
Auf dem Parkplatz am Stadtrand

POS: 51°48'17.02"N/6°9'48.66"E, Karte D5 (S. 8), A4
Platz: = 5 auf Pflaster. . Ganzjährig geöffnet.
Preis: Übernachtung gratis.
Kontakt: Wirtschaft & Tourismus Stadt Kleve GmbH, ☎ 02821/84806, info@wtm-kleve.de, www.kleve-tourismus.de.
Distanz: 0,3 km, 0,3 km, weitere Restaurants in 1,5 km, Ⓗ 0,3 km, 2,5 km.
Gastro: Steakhouse El Poncho.
Freizeit: 7 km, 7 km, 2,5 km. Naturpark 1 km.
POI: Rokokoschlösschen Schmidthausen 0,5 km, Museum Kurhaus 2,5 km, Schwanenburg 2,5 km.

47533 Kleve-Reichswalde — gratis — <8m

Stellplatz am Sportplatz, Dorfanger, ☎ 02821/84806 Auf dem Parkplatz des Sportplatzes am Stadtrand

POS: 51°45'36.50"N/6°6'10.19"E, Karte D5 (S. 8), A4
Platz: = 5 auf Asphalt. . Ganzjährig geöffnet.
Preis: Übernachtung gratis.
Kontakt: Wirtschaft & Tourismus Stadt Kleve GmbH, ☎ 02821/84806, info@wtm-kleve.de, www.kleve-tourismus.de.
Distanz: 0,6 km, weitere Restaurants in 2,5 km, Ⓗ 0,8 km, 2 km, 3 km.
Freizeit: 5 km, 5 km, 3,5 km. Tiergehege 0,2 km.
POI: Museum Kurhaus 5 km, Schwanenburg 5 km.

47533 Kleve-Rindern — gratis — <8m

Am Bürgerhaus, Drususdeich, ☎ 02821/84806
Parkplatz am Bürgerhaus

POS: 51°48'44.68"N/6°7'46.32"E, Karte D5 (S. 8), A4
Platz: = 5 auf Wiese, Schotter. . Ganzjährig geöffnet.
Preis: Übernachtung gratis.
Kontakt: Wirtschaft & Tourismus Stadt Kleve GmbH, ☎ 02821/84806, info@wtm-kleve.de, www.kleve-tourismus.de.
Anfahrt: Anfahrt über die Keekener Straße und Breite Straße. Die Straßen Spyckscher Baum und Tweestrom sind für große Wohnmobile nicht zugelassen.
Distanz: 0,4 km, weitere Restaurants in 4 km, 0,4 km, Ⓗ 1 km, 4 km.
Gastro: Landhaus Rindern.
Freizeit: 7 km, 7 km, 3 km.
POI: Kirche St. Willibrord 0,2 km, Rindernsche Kolke 0,3 km, Museum Forum Arenacum 0,5 km.

47533 Kleve-Schenkenschanz — gratis — <8m

Stellplatz Schenkenschanz, Schenkenschanz, ☎ 02821/84806
Am Ortseingang am Altrhein in der Nähe des großen Fluttors

POS: 51°50'8.68"N/6°6'44.72"E, Karte D5 (S. 8), A4
Platz: = 5 auf Schotter. . Ganzjährig geöffnet. Ausnahme: Sperrung bei Hochwasser.
Preis: Übernachtung gratis.
Kontakt: Wirtschaft & Tourismus Stadt Kleve GmbH, ☎ 02821/84806, info@wtm-kleve.de, www.kleve-tourismus.de.
Anfahrt: Griethausen: Durchfahrtshöhe 2,60 m; alternativ per Fährüberfahrt in Düffelward.
Distanz: Ⓗ 0,3 km, 2,5 km, 2,5 km, weitere Restaurants in 6 km, 10 km.
Freizeit: 13 km, 13 km, 9 km. Beobachtung der Winterquartiere arktischer Gänse von Okt-Feb.
POI: Malerisches Dörfchen Schenkenschanz, Fluttor.

76889 Klingenmünster — gratis — <8m — neu

Wohnmobilstellplatz an der Klingbachhalle, Mühlgasse 14, ☎ 06349/3417
Am Ortsrand des Dorfes am Klingbach

POS: 49°8'21.66"N/8°0'47.80"E, Karte D13 (S. 16), D1
Platz: = 8 auf Pflaster. CHEM GRAU. Öffentliches WC in 0,3 km. Ganzjährig geöffnet.
Preis: Übernachtung gratis. Strom 0,50 €/kWh, Wasser 1 €/80 l, Entsorgung 1 €.
Kontakt: Gemeinde Klingenmünster, ☎ 06349/3417, info@klingenmuenster.org, www.klingenmuenster.org.
Distanz: 0,3 km, weitere Restaurants in 0,5 km, Ⓗ 0,5 km, 0,5 km, 0,5 km.
Freizeit: Weinproben, ausgewiesene Radwege an der südlichen Weinstraße, Wandern im Biosphärenreservat Naturpark Pfälzerwald, 0,3 km.
POI: August-Becker-Museum 0,4 km, Kloster Klingenmünster 0,7 km, Burgruine Landeck 0,8 km.

01665 Klipphausen-Scharfenberg — €15,00 — <8m — neu

Wohnmobilstellplatz am Hoffnungsschacht, Schachtberg 12, ☎ 03521/7540077 Naturbelassener, gepflegter Stellplatz auf einer ebenen Wiese umgeben von Bäumen

POS: 51°7'19.18"N/13°31'24.16"E, Karte D8 (S. 11), F5
Platz: = 3 auf Rasengittersteinen, Wiese. . Lagerfeuer- und Grillplatz. Die Anzahl der Stellplätze variiert zwischen 3 - 6. Geöffnet: Feb-Nov.
Preis: 15 €. Strom 2 €, Wasser 2 €. Feuerholz wird nach Verbrauch abgerechnet.
Kontakt: Antje Arlautzki, ☎ 03521/7540077, info@hoffnungsschacht.de, www.hoffnungsschacht.de.
Anfahrt: Große Wohnmobile fahren besser an der Einfahrt vorbei, wenden etwas weiter oben und fahren von oben kommend in die Einfahrt.
Distanz: 0,8 km, 1 km, 5 km.
Gastro: Biergarten (nur am Wochenende geöffnet). Willys - Die Eiskugel.
Freizeit: Angeln, Wandern, Tischtennisplatte, Elberadweg.
POI: Schachthaus mit Silberbergwerkmuseum, Schloss Scharfenberg, Porzellanmanufaktur Meißen 4,5 km, Dresden 20,6 km.

14797 Kloster Lehnin — gratis — <12m

Wohnmobilstellplatz Kloster Lehnin, Kaltenhausen, Alte Michelsdorfer Straße, ☎ 03382/2363899
Zentrumsnah im westlichen Ortsteil

POS: 52°19'6.74"N/12°44'10.50"E, Karte D10 (S. 13), D2
Platz: / = 5 auf Pflaster. =4. Ganzjährig geöffnet.
Preis: Übernachtung gratis. Strom 1 €/kWh.
Kontakt: ☎ 03382/2363899, info@kloster-lehnin.net, www.kloster-lehnin.net.
Distanz: 0,1 km, 0,3 km.

K

38486 Klötze gratis

Reisemobilstellplatz am Waldbad Klötze, Schützenstraße 48, ☎ 03909/403117 <10 m neu
Am Ortsausgang neben dem Freibad

2022 geprüft

POS: 52°37'43.80"N/11°11'4.88"E, Karte D7 (S.10), B1
Platz: = 3 auf Schotter. CHEM GRAU. Ganzjährig geöffnet.
Preis: Übernachtung gratis inkl. Entsorgung. Strom 1 €/8 h, Wasser 1 €/10 min oder 1 €/90 l.
Kontakt: Stadt Klötze, ☎ 03909/403117, 03909/2170, info@stadt-kloetze.de, www.stadt-kloetze.de.
Distanz: 0 km, 0,5 km, 1 km.
Gastro: Griechisches Restaurant Hellas, Di-So 11:30-14:30 Uhr und 17:00-23:00 Uhr.
Freizeit: Naturpark Drömling, Radfahren, Wanderungen in den Klötzer Forst, Altmarkrundkurs, Trimm-Dich-Pfad 0,1 km, Tierpark Arche Noah 0,1 km.
POI: St. Ägidiuskirche, Holländer – Windmühle mit Restaurant in der Ringstraße, Stadt Klötze mit Fachwerkhäusern im alten Celler Baustil 1 km.

K

54340 Klüsserath gratis

Reisemobilpark Sonnenplatz Klüsserath, Am Moselufer >12 m
Angelegtes, ebenes Wiesengrundstück an der Mosel

2022 geprüft

POS: 49°50'28.13"N/6°51'12.47"E, Karte D9 (S.12), B4
Platz: = 350 auf Wiese, Kiesel. =120 (10 A) CHEM GRAU. Geöffnet: Ostern oder 1.4.-31.10. Ausnahme: Im Winter wegen Hochwassergefahr geschlossen.
Preis: Übernachtung gratis inkl. aller Personen. Betreiberwechsel 2023. Preise und Kontaktdaten waren zum Redaktionsschluss nicht bekannt. Weitere Infos siehe Website.
Kontakt: Reisemobilpark Sonnenplatz Klüsserath, www.weinortkluesserath.de.
Distanz: , 0,3 km, weitere Restaurants in 0,6 km, 0,4 km, 5 km.
Gastro: Mehrere Restaurants/Straußwirtschaften im Ort.
Freizeit: 0,2 km. Angeln, Weinproben, Schiffsanleger 0,1 km, Reiten 0,5 km, Motocross 3 km.
POI: Historischer Burgkeller in Klüsserath 1 km, Porta Nigra Trier 20 km.

23948 Klütz-Wohlenberg €20,00

Feriendorf an der Ostsee, An der Chaussee 5, ☎ 038825/410 <12 m
Beim Feriendorf

POS: 53°56'22.00"N/11°14'47.00"E, Karte D3 (S.6), B3
Platz: = 12 auf Wiese. =6 (16 A) WC. WLAN an der Rezeption. Ganzjährig geöffnet. Witterungsabhängig.
Preis: 20 € inkl. Strom, WC, Müll-Entsorgung, WLAN. Dusche 0,50 €/4 min.
Kontakt: Helmut Bley, ☎ 038825/410, feriendorf.ostsee@t-online.de, www.feriendorf-ostsee.de.
Distanz: 0,2 km, 0,3 km, 5 km, 5 km.
Gastro: Am Platz, warme Küche 11:30-21:00 Uhr. Brötchenservice.
Freizeit: 0,1 km. Billard, Kegelbahn, Hoteleigenes Agrarmuseum, Tischtennis, Steinbackofen, Pferdehof 1,4 km, Erlebnisbad Wonnemar in Wismar 15 km.
POI: Schloss Botmer und Schmetterlingspark in Klütz 6 km, Großsteingräber 16 km.

97478 Knetzgau-Wohnau €25,00

Schmitt'n Hof, Zabelsteinstraße 15, ☎ 09528/1285 <8 m
In ruhiger Lage, am Fuß des Zabelsteins im Naturpark Steigerwald

POS: 49°57'48.90"N/10°27'21.18"E, Karte D11 (S.14), A3
Platz: / = 12 auf Wiese, Rasengittersteinen. =8 WC CHEM GRAU. Anreise täglich 14:00-19:00 Uhr. Geöffnet: April-Ende Okt.
Preis: 25 € inkl. Strom, Wasser, Entsorgung, WC. Jede weitere Pers. 9 €, jede weitere Pers., Hund 1 €. 30.4.-31.10. 25 €. Restmüllentsorgung gegen Gebühr.
Kontakt: Schmitt'n-Hof, Familie Schmitt, ☎ 09528/1285, schmittn-hof@t-online.de, www.schmittn-hof.de.
Distanz: , 8 km, 12 km.
Gastro: Gasthöfe in der Umgebung. Verkauf von hausgemachten Brotaufstrichen, Honig, Nudeln, Weinverkauf.
Freizeit: 14 km, 14 km. Badeseen in der Umgebung, Bogenschießen, Radwege.
POI: Weltkulturerbestadt Bamberg, Baumwipfelpfad, Nähmaschinenmuseum, Burgruine Zabelstein 2,5 km, Wallfahrtskirche Maria Limbach und Kloster Mariaburghausen 8 km.

34593 Knüllwald-Niederbeisheim €23,00

Campingplatz am Bauernhof, Zum Lierloch 1, ☎ 05685/228 <12 m
Vor dem Campingplatz am Bauernhof

POS: 51°1'59.70"N/9°32'7.93"E, Karte D10 (S.13), G1
Platz: / = 40 auf Schotter, Wiese. =20 WC CHEM GRAU. wird empfohlen. Ankunft von 16:00-19:00 Uhr oder nach telefonischer Absprache. Geöffnet: März-Okt.
Preis: 23 € inkl. Wasser, Entsorgung, Dusche, Kurtaxe. Jede weitere Pers. 6,50 €, Kind (bis 13 J.) 3 €, Strom 0,75 €/kWh oder 4 €/Nacht, Müll-Entsorgung 1 €/Tag, Hund 3 €. 4 Plätze vor der Schranke 12 € ohne Service.
Kontakt: Uta Imberger, ☎ 05685/228, info@campingplatzambauernhof.de, camping-nordhessen.de.
Distanz: 1 km, 1 km, 1 km, 2 km, weitere Restaurants in 4 km.
Gastro: Brötchenservice nach Absprache.
Freizeit: 0,4 km, 12 km. Tretfahrzeuge für Kinder am Hof, Waldlehrpfad 1 km.
POI: Bienenmuseum 1 km.

56330 Kobern-Gondorf €5,00

Reisemobilplatz an der Mosel, Moselvorgelände, ☎ 02607/1055 <12 m
Direkt am Moselufer neben der B416 und der Bahnlinie

2022 geprüft

POS: 50°18'21.00"N/7°27'39.00"E, Karte D9 (S.12), C2
Platz: = 25 auf Pflaster. CHEM GRAU. Kein Wasser während der Frostperiode. Betreuung durch Platzwart. Geöffnet: Apr-Okt.
Preis: 5 € inkl. Entsorgung. Wasser 1 €/100 l.
Kontakt: Gemeinde Kobern-Gondorf, ☎ 02607/1055, Tourist@kobern-gondorf.de.
Anfahrt: Bei Hochwasser Zufahrt über Ortsmitte nutzen.
Distanz: 0,3 km, weitere Restaurants in 0,5 km, 0,5 km, 1,3 km.
Freizeit: 5 km, 15 km, 0,5 km. Führung durch die Weinberge, Ortsführung, Kutschfahrten, Weinprobe.
POI: Historischer Markplatz 0,5 km, Niederburg 1,5 km, St. Matthiaskapelle aus dem Jahr 1230 2 km.

56070 Koblenz €19,50

KNAUS Reisemobilhafen Rhein-Mosel/Koblenz, Schartwiesenweg 6, ☎ 0261/82719 <12 m
Mit Blick auf das Deutsche Eck und die Festung Ehrenbreitstein

POS: 50°21'57.30"N/7°36'14.39"E, Karte D9 (S.12), C2
Platz: = 10 auf Rasengittersteinen. =10 (6 A) WC CHEM GRAU. Aufenthalt max. 3 Tage. Ganzjährig geöffnet.
Preis: 19,50 € inkl. aller Personen, Strom, Wasser, Entsorgung, Hund. WC 5 €, VE für Durchreisende 5 €.
Kontakt: Helmut KNAUS KG Campingparks, ☎ 0261/82719, koblenz@knauscamp.de, www.knauscamp.de/koblenz.
Anfahrt: Navi über Neuendorfer Straße.
Distanz: 0 km, weitere Restaurants in 0,5 km, 0,3 km, 0,5 km, 0,7 km.
Gastro: Bistro Rhein-Moselblick. Minimarkt.

Freizeit: 3 km, 3 km, 1 km. Boule-Bahn, Stadtführungen, Tischtennis, Radtouren.
POI: Deutsches Eck 0,5 km, Romanticum Koblenz 1,2 km, Kurfürstliches Schloss Koblenz 1,5 km, Seilbahn Koblenz 3,1 km, Festung Ehrenbreitstein 3,3 km, Garten der Schmetterlinge Schlosspark Bendorf-Sayn 10,7 km.

56072 Koblenz-Metternich €10,00

<12m

Autohof Koblenz, Am Rübenacher Wald 2,
☎ 0261/927560 Tank- und Rastanlage an der Ausfahrt Koblenz-Metternich

POS: 50°20'49.02"N/7°30'26.82"E, Karte D9 (S. 12), C2
Platz: P = 20, = 10 (<12 m) auf Pflaster, Asphalt. WC. Tankstelle, Toiletten, Duschen 24h geöffnet. Ganzjährig geöffnet.
Preis: 10 €. Dusche 3 €/4 Pers., WC 0,50 €/Pers.
Kontakt: Unique Oil Koblenz GmbH, Sergej Vorster, ☎ 0261/927560, Mobil: 0176/21118016, koblenz.oil@unique-oaf.de.
Distanz: Ⓗ 0,1 km, 5 km, 10 km.
Gastro: Regionale gut bürgerliche Küche, Mo-Fr 11:00-22:00 Uhr, Sa-So 11:00-20:00 Uhr.
Freizeit: 5 km.
POI: Mosel 5 km, Deutsches Eck 8,5 km, Zoo Neuwied 20 km.

56070 Koblenz-Wallersheim €13,00

<10m

Reisemobilstellplatz Koblenz, Hans-Böckler-Straße 1a / Werner-von-Siemens Straße,
☎ 0261/9839930 Am Messeparkplatz

2021 geprüft · E

POS: 50°22'57.74"N/7°36'0.79"E, Karte D9 (S. 12), C2
Platz: P = 60 auf Rasengittersteinen, Wiese. =38 WC CHEM GRAU. Ⓑ wird empfohlen. Eingezäunt, ruhig und beleuchtet. Anfahrt 9:00-16:00 Uhr, Spätanreise bis 20:00 Uhr möglich, Check-out bis 12:00 Uhr. Ganzjährig geöffnet. Ausnahme: 24.12.-27.12. und 31.12.
Preis: 13 € inkl. Strom, Wasser, Entsorgung, WLAN. Jede weitere Pers. 1 €, Hund 1 €, WC-Duschcontainer 3 €/Tag, Müll-/Umweltgebühr 1 €/Tag. Bezahlung/Schlüssel für Duschcontainer beim Platzwart.
Kontakt: ☎ 0261/9839930, info@reisemobilstellplatz-koblenz.de, www.koblenz-touristik.de.
Distanz: Ⓗ 0,1 km, 0,8 km, 1 km, 4 km.
Gastro: Restaurant Pfeffermühle. Brötchenservice.
Freizeit: 8 km, 9 km.
POI: Deutsches Eck, Festung Ehrenbreitstein mit Seilbahn.

95189 Köditz-Saalenstein €12,00

<12m

Mergner-Hof, Saalenstein 9,
☎ 09281/67674 Am Ortsrand, 5 km nordöstlich von Köditz

POS: 50°21'46.35"N/11°51'26.44"E, Karte D11 (S. 14), C2
Platz: P = 3 auf Schotter, Pflaster. =3 (16 A) WC GRAU. Hofladen mit eigenen Produkten. Ⓑ Ganzjährig geöffnet.
Preis: 12 € inkl. aller Personen, Strom, Wasser. Nutzung WC und Dusche 5 €/Tag.
Kontakt: Familie Mergner, ☎ 09281/67674, info@mergner-hof.de, www.mergner-hof.de.
Distanz: Ⓗ 1 km, 1 km, weitere Restaurants in 3 km Entfernung, 3 km.
Gastro: Brötchenservice.
Freizeit: 7 km, 7 km. Mitarbeit im Stall/bei der Ernte, Wildpark 2 km, Badesee 2 km.
POI: Museen 4 km, Höllental 15 km.

72664 Kohlberg €5,00

<10m

Wohnmobilstellplatz am Jusi, Beim Steinbrückle, ☎ 07025/91018
Am Ortsrand beim Sportplatz

POS: 48°33'25.99"N/9°20'44.76"E, Karte D14 (S. 17), F2
Platz: P = 5 auf Schotter. =5. Leinenpflicht für Hunde. Aufenthalt max. 14 Tage, Nachtruhe 22:00-7:00 Uhr. Ganzjährig geöffnet.
Preis: 5 €. Bezahlung erfolgt mobil über Handy/Smartphone.
Kontakt: ☎ 07025/91018, rathaus@kohlberg.de, www.kohlberg.de.
Distanz: Ⓗ 0,8 km, 1 km, 1,2 km.
POI: Freilichtmuseum Beuren 5 km, Outletcity Metzingen 7,9 km.

97509 Kolitzheim-Zeilitzheim €15,00

<8m · neu

Wohnmobilstellplatz am Weinhof Herbert, Johann-Pröschel-Straße 18,
☎ 09381/9823 Am Weingut mit Bauernhof und Weinrestaurant

POS: 49°53'52.15"N/10°15'54.94"E, Karte D10 (S. 13), H4
Platz: = 4, = 4 (<8 m) auf Schotter, Wiese. WC CHEM GRAU. Ⓑ Ganzjährig geöffnet. Ausnahme: 27.12.-Faschingswochenende auf Anfrage.
Preis: 15 € inkl. Strom, Wasser, Entsorgung, WC. Strom bei Betrieb von Klimaanlage/Elektroheizung nach Verbrauch.
Kontakt: Ute und Gerhard Herbert, ☎ 09381/9823, Mobil: 0151/55872325, weinhof-herbert@web.de, www.weinhof-herbert.de.
Anfahrt: Anfahrt über Schleifweg/ Neuen Weg in den ersten Bauernhof rechts (Schotterweg) einbiegen.
Distanz: 0 km, 0,2 km, 6 km.
Gastro: Weinrestaurant mit Sonnenterasse (typisch fränkische Küche), geöffnet Sa, So und Feiertage.
Freizeit: Fränkisch historischer Ortsrundgang mit geschichtlichen Hinweisen, gut ausgeschilderter 5 km langer Weinwanderweg, Besuch des modernen Milchviehbetriebs auf Anfrage, Radtouren entlang der Mainschleife.
POI: Zeilitzheim Ortskern, Volkach Altstadt, Mainschleife, Steigerwald.

03099 Kolkwitz €14,00

<12m

Kurzzeitstellplatz für Wohnmobile, Papitzer Straße 48, ☎ 0355/287413
Eingezäunter Naturplatz unter Laubbäumen in ruhiger Waldrandlage

2022 geprüft · E

POS: 51°46'2.09"N/14°13'28.28"E, Karte D8 (S. 11), G3
Platz: = 3 auf Wiese. =3 (16 A) WC CHEM GRAU. Ⓑ wird empfohlen. Anfahrt nach Absprache per Telefon. Geöffnet: Apr.-Okt.
Preis: 14 € inkl. Strom, Wasser, Entsorgung.
Kontakt: Familie Korreng, ☎ 0355/287413, korreng@t-online.de.
Distanz: Ⓗ 0,5 km, 1,7 km, weitere Restaurants in 2,5 km, 2 km, 2 km.
Freizeit: 7 km, 7 km.
POI: Biosphärenreservat Spreewald 12 km, Branitzer Park und Schloss Cottbus 12 km.

K

99625 Kölleda €5,00

<8m

Hotel & Restaurant Alte Molkerei, Battgendorfer Straße 1,
☎ 03635/46040 Parkplatz am familiären Drei-Sterne-Hotel/Restaurant

POS: 51°11'26.01"N/11°15'6.68"E, Karte D7 (S. 10), B5
Platz: = 1, = 1 (<8 m) auf Rasengittersteinen. =2 WC. Ⓑ wird empfohlen. WC/Wasser (nur Waschbecken) und WLAN nach Absprache im Restaurant. Ganzjährig geöffnet.
Preis: 5 € inkl. aller Personen. Strom 5 €/Nacht.
Kontakt: Hotel & Restaurant Alte Molkerei, Jens Hauptmann, ☎ 03635/46040, info@altemolkerei-online.de, www.altemolkerei-online.de.
Distanz: 0 km, Ⓗ 0,3 km, 0,5 km, 0,8 km.
Gastro: Restaurant mit Biergarten, warme Küche Mo-Sa 17:30-22:00 Uhr, So+Feiertage sowie auf Reservierung ab 11:00 Uhr.
Freizeit: 2 km, 10 km. Anschluss an den Unstrut- und den Finne-Radwanderweg 0,5 km, Modellbahnausstellung 20 km, Kanuverleih 20 km.
POI: Schloss Beichlingen 5 km, Weimar 25 km, Kyffhäusergebirge 25 km, Erfurt 30 km.

94262 Kollnburg €10,00

Berghütte Zum Pröller, Hinterviechtach 3, ☎ 09942/94480 In Einzellage, an der Liftanlage des Pröller Nordhangs <10m

POS: 49°1'47.24"N/12°50'21.74"E, Karte D12 (S. 15), E5
Platz: = 5 auf Schotter. =2. Geöffnet: Mai-Okt.
Preis: 10 € inkl. Wasser. Strom 10 €/Tag.
Kontakt: Familie Probst/Weikl, ☎ 09942/94480, info@baerwurz-resl.de, www.baerwurz-resl.de.
Distanz: Ⓗ 2 km, 2,5 km, 6 km, 9,2 km (am Klärwerk, Am Regenufer 1, 94234 Viechtach).
Gastro: Am Platz, Fr-So 11:00-18:00 Uhr, Mo-Do Ruhetag.
Freizeit: 6 km, 6 km, 4 km. Freizeit- und Rodelparadies St. Englmar, Mountainbiking, Fuhrter Drachenstich, Kräuterwanderung, Sommerrodelbahn, Brot backen, Fußball- und Volleyballfeld am Haus, Waldwipfelweg Maibrunn 6,6 km, Ski- und Schlittenverleih 7 km.
POI: Pröller Gipfelkreuz 1,4 km, Ruine Kollnburg 3 km, St. Englmar 4,2 km, Gläserne Scheune und Kristallmuseum 6 km.

K

50735 Köln-Riehl €14,00

Reisemobilhafen Köln, An der Schanz, ☎ 0178/4674591 Am westlichen Rheinufer, hinter dem Jugendgästehaus (Umweltzone) <12m

2021 geprüft

POS: 50°57'45.19"N/6°59'10.21"E, Karte D9 (S. 12), B1
Platz: P = 60 auf Pflaster, Asphalt. =60 (16 A) CHEM GRAU. Reservierung nur über die Website. Ganzjährig geöffnet.
Preis: 14 € inkl. aller Personen, Entsorgung, Müll-Entsorgung. Strom 0,50 €/kWh, Wasser 1 €/70 l.
Kontakt: Elke und Robert Frohn, Mobil: 0178/4674591, info@reisemobilhafen-koeln.de, www.reisemobilhafen-koeln.de.
Distanz: 0,2 km, Ⓗ 0,2 km, 1 km, 1 km.
Freizeit: 1 km, 1 km. Zoo/Flora 1 km, Aqualand 11,7 km.
POI: Historischer Stadtkern mit Dom 2 km.

97486 Königsberg/Bayern gratis

Wohnmobilstellplatz am Altstadtparkplatz Bleichdamm, Altershäuser Straße, ☎ 09525/922214 Nahe Altstadt und Stadthalle <12m

POS: 50°4'47.12"N/10°34'7.08"E, Karte D11 (S. 14), A3
Platz: P = 4 auf Pflaster. =3 CHEM GRAU. Leinenpflicht für Hunde. Aufenthalt max. 3 Tage. Ganzjährig geöffnet.
Preis: Übernachtung gratis inkl. Entsorgung, WLAN. Strom 0,50 €/kWh, Wasser 0,50 €/5 min.
Kontakt: Stadt Königsberg, ☎ 09525/922214, info@koenigsberg.de, www.koenigsberg.de.
Distanz: 0,5 km, weitere Restaurants in 0,7 km, 0,5 km, Ⓗ 0,6 km, 0,9 km.
Freizeit: 8 km, 8 km.
POI: Altstadt Königsberg 0,2 km, Staufferburg am Schlossberg 1 km.

89551 Königsbronn-Itzelberg gratis

Stellplatz am Itzelberger See, Kapellenstraße, ☎ 07328/96250 Direkt am See <10m

2022 geprüft

POS: 48°44'4.00"N/10°8'1.00"E, Karte D14 (S. 17), H2
Platz: P = 4 auf Schotter. =4 WC CHEM GRAU. Ganzjährig geöffnet.
Preis: Übernachtung gratis inkl. Entsorgung. Strom 0,50 €/kWh, Wasser 1 €.
Kontakt: Gemeinde Königsbronn, ☎ 07328/96250, touristinfo@koenigsbronn.de, www.koenigsbronn.de.
Distanz: 0,3 km, weitere Restaurants in 1,2 km, Ⓗ 0,6 km, 1,5 km, 3 km.
Freizeit: Minigolf, Bootsverleih, Nordic Walking, Kneipp-Anlage.
POI: Klosterhof-Areal.

86343 Königsbrunn €9,00

Stellplatz Königsallee Königsbrunn, Königsallee 1, ☎ 08231/606180 In zentraler Lage am Rande des Stadtzentrums <10m

POS: 48°16'20.83"N/10°52'56.28"E, Karte D15 (S. 18), B3
Platz: P = 13 auf Wiese, Schotter, Asphalt. =12 (16 A) CHEM GRAU. Ganzjährig geöffnet.
Preis: 9 € inkl. Entsorgung. Strom 0,70 €/kWh, Wasser 1 €/53 l.
Kontakt: Freizeit-, Sportstätten- und Kulturgesellschaft mbH Königsbrunn, Maximilian Semmlinger, ☎ 08231/606180, wohnmobilstellplatz@koenigsbrunn.de, www.koenigsbrunn.de.
Distanz: 0,2 km, 0,5 km, 0,5 km.
Gastro: Penalty Sportsbar (Burger, Cocktail & Co.) 0,3 km.
Freizeit: Surfen und Segeln im Mandichosee, Tauchen im Ilsesee, Hydro-Tech eisarena (Okt-März) 0,5 km, Schwimmbad Bobingen 10 km.
POI: Mercateum 0,5 km, Lechfeldmuseum 0,5 km, Wallfahrtskirche Maria Hilf in Klosterlechfeld 15 km, Schloss Kaltenberg 25 km.

07426 Königsee €8,00

Gasthaus Am Waldbad, Waldseestraße 5, ☎ 036738/42662 In ruhiger Waldlage des Erholungsgebietes Waldseebad <8m

2020 geprüft

POS: 50°40'20.85"N/11°6'2.39"E, Karte D11 (S. 14), B2
Platz: P = 8 auf Wiese. =4 (6 A) CHEM/Bio GRAU. Anfahrt bis 18:00 Uhr. Geöffnet März-Nov.
Preis: 8 €. Jede weitere Pers. 3 €, Strom 1 €/kWh, Wasser 1 €/100 l, Entsorgung 1 €.
Kontakt: Holger Heinze, ☎ 036738/42662, Mobil: 0162/6702120, info@gasthaus-amwaldbad-koenigsee.de, www.gasthaus-amwaldbad-koenigsee.de.
Distanz: Weitere Restaurants in 1,5 km Entfernung, Ⓗ 2 km, 3 km, 3 km.
Gastro: Restaurant am Platz, geöffnet auf telefonische Anfrage. Brötchenservice. Frühstück.
Freizeit: 0,1 km, 15 km, 3 km. Tennisplatz 1 km.
POI: Klosterruine Paulinzella 5 km, Burgruine Greifenstein 12 km, Fröbelmuseum in Bad Blankenburg 12 km, Feengrotten 24 km, Schloss Heidecksburg 24 km.

09306 Königsfeld-Stollsdorf €15,00

Spreer's Ferienhaus, Hauptstraße 28, ☎ 03737/42890 Parkplatz für Pkw und Reisemobile am Fuß des Rochlitzer Bergs <8m

POS: 51°2'55.86"N/12°44'42.84"E, Karte D8 (S. 11), E5
Platz: P = 5, = 5 (<8 m) auf Rasengittersteinen. =4 (16 A) CHEM GRAU. Ganzjährig geöffnet.
Preis: 15 € inkl. aller Personen, Strom, Wasser, Entsorgung, Müll-Entsorgung, WLAN.
Kontakt: Spreer's Ferienhaus, Frau Regina Spreer, ☎ 03737/42890, reerps@hotmail.com, www.ferienhaus-spreer.de.
Distanz: 0,1 km, 2 km, weitere Restaurants in 4 km, 4 km, Ⓗ 4 km.
Gastro: Gaststätte.
Freizeit: 4 km, 12 km. Wandern, Reiten 2 km.
POI: Altstadt Rochlitz, Schloss Rochlitz 4 km, Basilika, Kloster und Schloss Wechselburg 6 km, Altstadt und Schloss Colditz 10 km, Burg Gnandstein 15 km.

78126 Königsfeld/Schwarzwald €14,00

<12m Gutschein

Reisemobil-Park Bregnitzhof, Buchenberger Straße 34, ☎ 07725/9164811
Am historischen Bregnitzhof mit Saunalandschaft, Blick auf die Schwäbische Alb

POS: 48°8'24.94"N/8°24'21.38"E, Karte D14 (S. 17), E3
Platz: = 21 auf Schotter, Asphalt. =21 (16 A) CHEM GRAU . Keine An- und Abreise während der Nachtruhe (22:30-6:30 Uhr). Ab 3 Nächten ermäßigter Eintritt zur Saunalandschaft. Reservierung über tourist-info@koenigsfeld.de. Ganzjährig geöffnet.
Preis: Ab 14 € inkl. Strom, Entsorgung. Jede weitere Pers. 4 €, Wasser 0,10 €/10 l, Kurtaxe 2,20 €/Pers. Preisänderung 2023 möglich.
Kontakt: Michael Weisser, ☎ 07725/9164811, weisser.bregnitzhof@gmx.de, www.reisemobilpark-bregnitzhof.de.
Distanz: 0,3 km, weitere Restaurants in 1 km, 0,8 km, 1 km, 1 km.
Gastro: Landgasthaus Schappelstube.
Freizeit: 0,8 km. Kultur-Events, Skilanglauf, Reitanlage 0,4 km, E-Bike-Verleih 0,5 km, Natursportpark (Disc-Golf und Downhill Parcours) 0,8 km, Golf/Minigolf 1 km, CuraVital-Zentrum für Komplementärmedizin 1 km.
POI: Buchenberger Dorfmuseum, Schwarzwald, Mühlen, historische Höfe 1 km, Kirchensaal der Herrnhuter Brüdergemeinde und Zinzendorfplatz 1,2 km, Albert-Schweitzer-Haus 1,3 km, Burgruine Waldau 3 km, Museum / Hofkäserei in Schramberg 15 km.

Tipp

Zwei reizvolle Paradieswege „Oberes Glasbachtal" und „Unteres Glasbachtal" sind mit dem Zertifikat „Qualitätsweg Wanderbares Deutschland" ausgezeichnet. Sie führen durch das wild-romantische Landschaftsschutzgebiet Glasbachtal. Entdecken Sie sagenumwobene Höfe, einladende Vesperstuben und ein herrliches Landschaftsbild. Beide Touren haben mehrere Einstiegsmöglichkeiten und lassen sich kombinieren. Kostenlose Wanderkarte anfordern: 07725/8009-45.

Sie haben einen neuen Stellplatz entdeckt? Dann teilen Sie uns diesen mit per E-Mail an **bordatlas@doldemedien.de** oder über das Online-Meldeformular unter **www.bordatlas.de/meldung**

38154 Königslutter am Elm gratis

<8m

Wohnmobilstellplatz Niedernhof P1, Niedernhof/Amtsgarten, ☎ 05353/912129
In Zentrumsnähe

POS: 52°14'59.55"N/10°49'13.46"E, Karte D7 (S. 10), A2
Platz: = 5 auf Asphalt. GRAU. 24 h zugänglich. Ganzjährig geöffnet.
Preis: Übernachtung gratis. Strom 1 €/8 h, Wasser 1 €/5 min, Entsorgung 1 €.
Kontakt: Stadt Königslutter am Elm, Touristinformation, ☎ 05353/912129, touristinformation@koenigslutter.de, www.koenigslutter.de.
Distanz: 0,1 km, 0,1 km, 0,2 km, 0,2 km.
Gastro: Mehrere Restaurants im Ort.
Freizeit: 1,4 km, 1,4 km. Findlingsgarten 3,5 km, Elebnissteinbruch Hainholz 4 km.
POI: Dom- und Steinmetzmuseum, Geopark-Infozentrum mit Ausstellungsbereich 0,5 km, Kaiserdom 2 km, Museum Mechanischer Musikinstrumente 2 km.

01824 Königstein-Ebenheit €18,00

<8m

Panoramahotel Lilienstein, Ebenheit 7, ☎ 035022/53100
Mit Blick zur Festung Königstein und auf das Elbtal

POS: 50°55'32.00"N/14°4'29.04"E, Karte D12 (S. 15), G1
Platz: = 10 auf Schotterrasen. =20 (16 A) WC CHEM GRAU . nur bei Gruppen. Anfahrt 15:00-20:00 Uhr, Abfahrt bis 14:00 Uhr. Entsorgung nur mit Kassette. Anmeldung an der Rezeption. Ganzjährig geöffnet. Ausnahme: im Januar geschlossen.
Preis: Ab 18 € inkl. aller Personen, Strom, Wasser, Entsorgung, WC, Müll-Entsorgung, WLAN. Dusche 3 €/Pers., Kurtaxe 2,20 €/Pers. 1.4.-1.11. 23 €, 2.11.-31.3. 18 €. Kurtaxe Kind 1,60 €.
Kontakt: Christine Römer, ☎ 035022/53100, info@hotel-lilienstein.de, www.hotel-lilienstein.de.
Distanz: 0 km, weitere Restaurants in 0,5 km, 0,5 km, 0,8 km, 0,8 km.
Gastro: Restaurant am Platz, geöffnet auf telefonische Anfrage. Brötchenservice, täglich 8:00-9:30 Uhr.
Freizeit: 10 km, 6 km, 1 km. Klettern, Kanu fahren, Freilichttheater Rathen, Boots- und Dampferfahrten auf der Elbe, Klettergipfel, Dampferanleger 0,5 km, Freilichtbühne 5 km.
POI: Festung Königstein 3,5 km, Bastei 6 km, Tafelberg 8 km, Burgruine Stolpen und Burg Hohnstein 10 km, Schloss Pillnitz 20 km.

78462 Konstanz €23,00

<8m

Parkplatz Döbele P2, Döbeleplatz, ☎ 07531/133030
Großparkplatz am Rande der Altstadt

POS: 47°39'28.72"N/9°10'9.32"E, Karte D14 (S. 17), F4
Platz: = 12 auf Asphalt. WC . Aufenthalt max. 24 h. Ganzjährig geöffnet.
Preis: 23 € inkl. aller Personen, WC, WLAN. Parkgebühren ab 2 €/30 min, Tageshöchstsatz 23 €. Bezahlung am Parkscheinautomat (hinterer Bereich beim WC) in Münzen, 5 €- und 10 €-Scheinen oder per SMS. Automat wechselt nicht.
Kontakt: Stadt Konstanz, ☎ 07531/133030, kontakt@konstanz-info.com, www.konstanz-info.com.
Distanz: 0 km, 0 km, 0,2 km, 0,5 km.
Gastro: Imbiss am Platz.
Freizeit: 2 km, 5 km, 1 km. Hundestrand im Hörlepark/Schmugglerbucht ab 3 km, Lorettowald 3,6 km, Schwaketenbad 4,9 km.
POI: Altstadt 0,2 km, Rosgartenmuseum 0,5 km, Bodensee 0,8 km, Münster/Konzil 1 km, Imperia am Hafen 1 km.

K

34497 Korbach gratis

<8m

Stellplatz am Edersee-Radweg, Wildunger Landstraße, ☎ 05631/53232
Öffentlicher Parkplatz am Edersee-Radweg

POS: 51°15'49.11"N/8°53'3.07"E, Karte D6 (S. 9), F5
Platz: = 8 auf Schotter, Rasengittersteinen. . Ganzjährig geöffnet.
Preis: Übernachtung gratis.
Kontakt: Dr. Marc Müllenhoff, ☎ 05631/53232, tourismus@korbach.de, www.hansestadt-korbach.de.
Distanz: 1,5 km, 1,5 km, 1,5 km, 1,5 km.
Gastro: Zahlreiche Restaurants/Cafés im Ortszentrum.
Freizeit: 3,4 km, 3 km, 2,6 km. Bowlingbahn, Outdoor Sportanlage mit Beach Bar, Besuch von Konzert- und Theaterveranstaltungen, Sportaktivitäten.
POI: Fossilienfundstätte Korbacher Spalte 1,5 km, Altstadt und Museum 1,5 km, Goldbergwerk Goldhausen 9 km.

Vor der Anreise empfehlen wir, Kontakt mit dem Betreiber aufzunehmen, um die Auslastung des Stellplatzes abzufragen.

34497 Korbach — gratis — <8m

Stellplatz am Tenniscenter Korbach, Westring, ☎ 05631/53232 Separater Bereich, in ruhiger, zentraler Lage

POS: 51°16'21.05"N/8°51'19.70"E, Karte D6 (S. 9), F5
Platz: P = 5 auf Asphalt, Rasengittersteinen. Anfahrt 24 h. Aufenthalt max. 3 Tage. Ganzjährig geöffnet.
Preis: Übernachtung gratis.
Kontakt: Dr. Marc Müllenhoff, ☎ 05631/53232, tourismus@korbach.de, www.hansestadt-korbach.de.
Distanz: 0,3 km, 0,3 km, 1 km, 1 km.
Freizeit: 0,1 km, 0,5 km, 1,5 km. Outdoor Sportanlage mit Beach Bar, Konzerte/Theaterveranstaltungen, Tennis, Radfahren 0,5 km, Outdoor Freizeiterlebnis Stadtkrimi 1 km, Bowlingbahn 1,5 km, Wandern 2 km.
POI: Altstadt/Museum 1 km, Fossilienfundstätte Korbacher Spalte 2,8 km, Eisenberg – Deutschlands größte Goldlagerstätte mit Burgruine, Aussichtsturm und Goldlehrpfad mit Besucherbergwerk 6 km.

K

34497 Korbach — €15,00 — <12m

Wohnmobilhafen der Hansestadt Korbach, Westring 11a, ☎ 05631/5689960 Direkt neben dem Freibad Korbach

2022 geprüft

POS: 51°16'28.05"N/8°51'25.95"E, Karte D6 (S. 9), F5
Platz: P = 18 auf Asphalt, Schotter. =18 (18 A) WC GRAU. Leinenpflicht für Hunde. 5 Stellplätze sind wintertauglich. Ganzjährig geöffnet.
Preis: 15 € inkl. Entsorgung, Dusche, WC, WLAN, Hund. Strom 0,60 €/kWh, Wasser 1 €/100 l. Pfand für Transponderkarte 5 €. VE für Durchreisende 2 € (nur mit Transponderkarte). Die Abrechnung erfolgt bargeldlos. Mit der CampCard kostenfreier Eintritt ins Freibad während der Saison und zahlreiche weitere Vergünstigungen.
Kontakt: Bäderbetriebsgesellschaft Korbach mbH, Wolfgang Wilhelm, ☎ 05631/5689960, info@baeder-korbach.de, www.womohafen-korbach.de.
Distanz: 0,5 km, 1,4 km.
Freizeit: Grillen mit Gas- oder Elektrogrill, Goldbad Korbach, Freibad Korbach.
POI: Fossilienfundstätte Korbacher Spalte, Altstadt, Goldlehrpfad und Besucherbergwerk in Korbach-Goldhausen, Wolfgang-Bonhage-Museum.

34497 Korbach — €12,00 — <8m

Wohnmobilstellplatz am Ellerbruch, Am Ellerbruch 8a, ☎ 0171/2038048 Am Ortsrand von Korbach

POS: 51°15'48.19"N/8°51'54.75"E, Karte D6 (S. 9), F5
Platz: P = 20 auf Schotter. Anfahrt 24 h. Ganzjährig geöffnet.
Preis: 12 € inkl. Strom, Wasser.
Kontakt: Wolfgang Heinemann, Mobil: 0171/2038048, m.heinemann84@gmx.de.
Distanz: 0 km, 0 km, 1 km, 1 km.
Freizeit: 1 km, 1 km.
POI: Georg Viktor Turm 5 km, Willingen 20 km, Edersee 20 km.

34497 Korbach-Meineringhausen — €12,00 — <12m

Wohnmobilstellplatz Hobbywiese, Walmestraße 25, ☎ 0171/5384468 Privater Stellplatz in ruhiger Lage am Ederseebahn-Radweg

POS: 51°15'33.51"N/8°56'17.26"E, Karte D6 (S. 9), F5
Platz: P = 17 auf Wiese, Schotter. =17 (10 A) WC CHEM GRAU. Ausgebaute Scheune mit Kaminofen. P wird empfohlen. Gespanne nur nach Absprache. Clubtreffen möglich. Ganzjährig geöffnet.
Preis: 12 € inkl. Entsorgung, WC, Müll-Entsorgung, WLAN. Strom 0,50 €/kWh, Wasser 1 €/100 l, Dusche 1 €/5 min.
Kontakt: Monika und Hermann Müller, ☎ 0171/5384468, hobbywiese@womo-korbach.de, www.womo-korbach.de.
Distanz: 0,5 km, weitere Restaurants in 5 km, 0,5 km, 0,5 km, 5 km.
Gastro: Brötchen- und Cateringservice auf Anfrage. Restaurant in Korbach, 5 km.
Freizeit: Nordic Walking, Kegeln, E-Bike.
POI: Korbach 5 km, Edersee 15 km.

54306 Kordel — €5,00 — <12m

Hotel-Restaurant Burg Ramstein, Burg Ramstein, 1, ☎ 06505/1735 Auf Hotelgelände neben der Burgruine

POS: 49°49'24.46"N/6°38'36.57"E, Karte D9 (S. 12), B4
Platz: = 10 auf Wiese, Schotter. Ganzjährig geöffnet.
Preis: 5 €. Für Restaurantgäste kostenlos.
Kontakt: Familie Moll, ☎ 06505/1735, info@burg-ramstein.de, www.burg-ramstein.de.
Anfahrt: 3 km südlich vom Ort Kordel.
Distanz: 0 km, weitere Restaurants in 3 km, 3 km, 3 km, 3 km.
Gastro: Restaurant am Platz, warme Küche Do- So 12:00-19:00 Uhr. Frühstücksservice.
Freizeit: 4 km, 15 km, 15 km. Jagdmöglichkeit für Jäger.
POI: Burgruine Ramstein 0,1 km, Kupferbergwerk 0,5 km, Wasserfälle 0,8 km, Genoveva-Höhle 3 km.

41352 Korschenbroich — gratis — <8m

Stellplatz Liedberg, An der Tränke 14, ☎ 02161/6130 Auf einem öffentlichen Parkplatz am Ortsrand von Liedberg

POS: 51°9'50.46"N/6°32'17.54"E, Karte D5 (S. 8), B5
Platz: = 6 auf Rasengittersteinen. Beleuchtet. Ganzjährig geöffnet.
Preis: Übernachtung gratis.
Kontakt: Stadt Korschenbroich, ☎ 02161/6130, stadt@korschenbroich.de, korschenbroich.de.
POI: Mühlenturm, Schloss Liedberg.

17459 Koserow-Damerow — €23,00 — <12m

Autokino Koserow, Alte B111 Nr. 1, ☎ 038375/220377 Auf dem Areal eines Autokinos, 150 m vom Ostseestrand

2022 geprüft

POS: 54°3'48.42"N/13°58'53.85"E, Karte D4 (S. 7), F2
Platz: P / = 35 auf Naturboden, Wiese. WC CHEM GRAU. Abreise bis 10:00 Uhr. Geöffnet: Anfang Mai-Ende Okt.
Preis: 23 € inkl. Wasser, Entsorgung, Müll-Entsorgung. Jede weitere Pers. 3 €, Strom 4,50 €, Dusche 2 €/5 min, WC 0,50 €, Kurtaxe 2 €/Pers., WLAN 0,50 €. Bezahlung beim Platzwart.
Kontakt: René König, ☎ 038375/220377, Mobil: 0172/3819426, koenig-koserow@live.de.
Distanz: 0 km, weitere Restaurants in 1 km, 3 km, 3 km, 3 km.
Gastro: Imbiss am Platz, geöffnet von März-Okt.
Freizeit: Badestrand 0,1 km.
POI: Museum Künstler Otto Niemeyer 0,1 km, Seebrücke 1 km, Karls Erlebnisdorf 3 km.

02708 Kottmar-Obercunnersdorf — €3,00 — >12m

Freizeit- und Erlebnisbad, Kottmarsdorfer Straße 35, ☎ 035875/246022 Am Fuße des Kottmar zwischen Obercunnersdorf und Kottmarsdorf

POS: 51°1'54.16"N/14°39'37.43"E, Karte D8 (S. 11), H5
Platz: = 5 auf Asphalt. Geöffnet: 1.5-30.9.
Preis: 3 €.
Kontakt: Freizeitbad Obercunnersdorf, ☎ 035875/246022, service@bad-oberc.de, www.bad-oberc.de.
Distanz: 0,3 km, 0,4 km, 0,4 km.
Freizeit: 18-Loch-Minigolfanlage, Wintersport auf dem Kottmar.
POI: Sagenpfad (4,5 km langer Wanderweg rund um den 583 m hohen Kottmar), Berg Kottmar.

02708 Kottmar-Obercunnersdorf — gratis — <8m — neu

Wohnmobilstellplatz An der Siedlung, Hintere Dorfstraße 41, ☎ 03586/78040 An einer Sportstätte am Ortsrand

POS: 51°1'56.25"N/14°40'30.79"E, Karte D8 (S. 11), H5
Platz: / = 2 auf Asphalt, Pflaster. Ganzjährig geöffnet.
Preis: Übernachtung gratis. Strom gegen Gebühr.
Kontakt: Gemeinde Kottmar, ☎ 03586/78040, info@gemeinde-kottmar.de, www.gemeinde-kottmar.de.
Distanz: 0 km, 0,6 km.
Freizeit: 1 km. Minigolf 1 km.
POI: Berg Kottmar, Sagenpfad (4,5 km langer Wanderweg rund um den 583 m hohen Kottmar), Museum Schunkelhaus in Obercunnersdorf 0,5 km, Bockwindmühle Kottmarsdorf 3,8 km.

02708 Kottmarsdorf €10,00

Bäckerei Jarmer, Löbauer Straße 14, ☎ 035875/67479 Eingezäunter Bereich neben der Bäckerei <8m

POS: 51°1'47.88"N/14°37'32.06"E, Karte D8 (S. 11), H5
Platz: = 5 auf Asphalt, Rasengittersteinen. =8 GRAU . wird empfohlen. Kein Ruhetag, Aufenthalt unbegrenzt, auch späte Ankunft möglich. Ganzjährig geöffnet.
Preis: 10 € inkl. Wasser. Strom 1 €/Tag.
Kontakt: Ulf Jarmer, ☎ 035875/67479, jarmerbaecker@aol.com.
Distanz: 0,2 km, 0 km, 0,5 km.
Gastro: Frühstücksservice in der Bäckerei, geöffnet Mi-Fr 7:00-11:00 Uhr und 14:00-17:00 Uhr, Sa 7:00-10:00 Uhr. Restaurant Müllerstübchen.
Freizeit: 3 km, 3 km.
POI: Kottmarsdorfer Barockkirche, historische Bockwindmühle, Denkmalsort Obercunnersdorf 3 km, Spreequelle auf dem Kottmar 5 km.

02708 Kottmarsdorf gratis

Bockwindmühle, Obercunnersdorfer Straße 8, ☎ 03586/78040 Gegenüber einer historischen Bockwindmühle mit Gasthaus >12m

POS: 51°1'42.93"N/14°37'49.17"E, Karte D8 (S. 11), H5
Platz: = 3 auf Schotterrasen. . Ganzjährig geöffnet.
Preis: Übernachtung gratis.
Kontakt: Gemeinde Kottmar, ☎ 03586/78040, info@gemeinde-kottmar.de, www.kottmarsdorf.de.
Distanz: 0 km, 0,4 km, 0,4 km.
Gastro: Restaurant Müllerstübchen.
Freizeit: Mühlenrundweg, Schaubackstube im Müllerhaus, Mühlenführung auf Anmeldung, Tel: 035875/62395.
POI: Denkmalgeschützte Oberlausitzer Umgebindehäuser, Bockwindmühle Kottmarsdorf.

54340 Köwerich €12,00

Weingut und Straußwirtschaft Off'm Herach, Beethovenstraße 40, ☎ 06507/3787 In hochwasserfreier Lage <12m

POS: 49°50'29.00"N/6°51'46.00"E, Karte D9 (S. 12), B4
Platz: = 20 auf Wiese, Schotter. =20 (16 A) WC CHEM GRAU. Waschmaschine. wird empfohlen. Reservierung nur per Telefon. Anfahrt bis 22:00 Uhr. Ganzjährig geöffnet.
Preis: 12 € inkl. aller Personen, Entsorgung, WC, Müll-Entsorgung. Strom 0,60 €/kWh, Wasser 1 €, Dusche 1 €/Pers. Ab 2 Tage 10 €. Einkehr erwünscht.
Kontakt: Familie Klären-Maringer, ☎ 06507/3787, www.wohnmobilstellplatz-mosel.de.
Distanz: 0,1 km, weitere Restaurants in 0,1 km Entfernung, Ⓗ 0,2 km, 3 km.
Gastro: Restaurant am Platz, täglich geöffnet. Brötchenservice.
Freizeit: 4 km, 2 km, 3 km. Weinprobe, Mitarbeit im Weinberg/Weinlese, Moselradweg, Ponyreiten 8 km.
POI: Porta Nigra in Trier 22 km.

84559 Kraiburg/Inn gratis

Stellplatz Jahnstraße, Jahnstraße, ☎ 08638/98380 Auf dem öffentlichen Parkplatz im Ort <8m

POS: 48°11'6.81"N/12°25'49.46"E, Karte D15 (S. 18), D3
Platz: = 3 auf Rasengittersteinen. . Aufenthalt max. 3 Tage, nachts beleuchtet. Ganzjährig geöffnet.
Preis: Übernachtung gratis.
Kontakt: Markt Kraiburg, ☎ 08638/98380, poststelle@vg-kraiburg.de, www.markt-kraiburg.de.
Distanz: 0,1 km, Ⓗ 0,5 km, 0,5 km, 0,7 km.
Freizeit: 0,2 km. Baden, Nordic Walking.
POI: Schlossberg mit Kapelle 1 km, Hammerschmiede 2 km, Altötting Gnadenkapelle 20 km, Chiemsee 30 km.

18292 Krakow am See €15,00

Campingplatz am Krakower See, Windfang 1, ☎ 038457/50774 Vor dem Camping in ruhiger Lage <12m

POS: 53°40'13.16"N/12°16'27.51"E, Karte D3 (S. 6), C4
Platz: = 15 auf Rasengittersteinen. =14 (16 A) WC CHEM GRAU . Ganzjährig geöffnet.
Preis: Ab 15 € inkl. Strom, Entsorgung, Dusche, WC, Müll-Entsorgung, WLAN. Wasser 1 €/60 l. Je nach Saison 15-20 €. Jede weitere Pers. 5,50-8,50 €, Kind (ab 6 J.) 1,50-5,50 €, Kind (3-6 J.) 0-3,50 €. Weitere Stellplätze auf dem Camping zu den Campingplatztarifen. Preisänderung 2023 vorgesehen.
Kontakt: Herr van Gersum, ☎ 038457/50774, info@campingplatz-krakower-see.de, www.campingplatz-krakower-see.de.
Distanz: 0 km, weitere Restaurants in 2 km, Ⓗ 0,5 km, 2 km, 2 km.
Gastro: Pizzeria Rabenhorst am Platz.
Freizeit: 6 km, 10 km. Reiten, Surfen, Schwimmen, Angeln.
POI: Alte Synagoge 2 km, Buchdruckmuseum 2 km.

47559 Kranenburg €4,00

Wohnmobilstellplatz Am Sportzentrum, Alde Börg/Großen Haag, ☎ 02826/7959 Am Ortskern mit Blick auf das Naturschutzgebiet Düffel <12m

POS: 51°47'33.19"N/6°0'39.09"E, Karte D5 (S. 8), A3
Platz: = 30 auf Schotterrasen. =12 CHEM GRAU. Ganzjährig geöffnet.
Preis: 4 €. Strom 0,50 €/kWh, Wasser 0,20 €/ca. 20-30 l, Entsorgung 1 €. VE gegen Münzeinwurf (Automat wechselt nicht).
Kontakt: Gemeinde Kranenburg, ☎ 02826/7959, touristik@kranenburg.de, www.kranenburg.de.
Distanz: 0 km, 0,2 km, 0,2 km, 0,3 km (am Feuerwehrdepot, Tiggelstraße 3, 47559 Kranenburg), Ⓗ 0,3 km.
Freizeit: 13 km, 13 km, 0,4 km. Draisine 1,3 km, Badesee 5 km, Erlebnisbad 14 km.
POI: Wallfahrtskirche St. Peter und Paul, historischer Ortskern mit Museum Katharinenhof, Mühlenturm 0,2 km.

K

23992 Krassow €15,00

Stellplatz Krassow, Kastanienallee 56, ☎ 03841/269510 Auf einer Gutsanlage mit Wald- und Parkgelände <10m

POS: 53°52'28.00"N/11°33'56.00"E, Karte D3 (S. 6), B3
Platz: = 10, = 4 (<10 m) auf Schotterrasen. =12 (16 A) WC GRAU . nur bei Gruppen. Anmeldung Mo-Fr 7:00-16:00 Uhr. Ganzjährig geöffnet.
Preis: 15 € inkl. aller Personen, Strom, Wasser, Entsorgung, Müll-Entsorgung, WLAN. WLAN nur begrenzt auf dem Platz verfügbar, WC 2 €/Pers. und Tag.
Kontakt: ☎ 03841/269510, info@urlaub-am-schloss.de, www.urlaub-am-schloss.de.
Distanz: Ⓗ 0,5 km, 1 km, 4 km, 8 km.
Freizeit: 10 km, 12 km, 10 km.
POI: Ostseestrand 8 km, Wismar 8 km, Schweriner See 15 km.

72505 Krauchenwies €18,00

Seencamping Krauchenwies, Ablacher Straße 4, ☎ 07576/9615706 Ebenes, parzelliertes Gelände am Ufer des Ablacher Sees <12m

POS: 48°1'6.72"N/9°13'56.29"E, Karte D14 (S. 17), F3
Platz: = 38 auf Schotterrasen. WC CHEM GRAU . Separate Zufahrt, ohne Schranke. Aufenthalt max. 4 Tage. Geöffnet: 1.4.-1.11.

Preis: 18 € inkl. aller Personen, Strom, Entsorgung, Müll-Entsorgung. Wasser 1 €/80 l, WC 4 €, WLAN 3,50 €/Tag. WC/Dusche im Camp 4 €/Pers.
Kontakt: Herr Werner Schäffer, ☎ 07576/9615706, info@seencamping.de, www.seencamping.de.
Distanz: 0,5 km, Ⓗ 0,5 km, 1 km, weitere Restaurants in 5 km, 1 km.
Freizeit: 9 km. Badesee, Boules-Feld, E-Bike-Station, Basketballplatz, Tischtennis, Fußballplatz, Beachvolleyballplatz, Thermalbad Bad Saulgau 20 km.
POI: Schloss Sigmaringen 10 km, Campus Galli in Messkirch 10 km, Kloster Beuron 20 km.

15910 Krausnick €74,00

Tropical Islands Resort, Tropical-Islands-Allee 1, ☎ 035477/605050 <12m
Auf dem Campingplatz-Areal

2020 geprüft

POS: 52°2'0.43"N/13°44'1.34"E, Karte D8 (S. 11), F3
Platz: P / = 85 auf Wiese. =20 CHEM GRAU . P wird empfohlen. Mindestaufenthalt 2 Nächte. Shuttle-Bus zum Tropical-Islands. Im Winter keine VE. Ganzjährig geöffnet.
Preis: Ab 74 € inkl. Strom, Wasser, Entsorgung, Dusche, WLAN, Sanitär-Nutzung. Jede weitere Pers. 37 €, Kind (4-14 J.) 22,20 €, Kind (0-3 J.) gratis, Hund 3,50 €. Preise inkl. Tickets fürs Tropical Island und Shuttlebus, Komfort-Stellplatz 82 € inkl. Entsorgung.
Kontakt: ☎ 035477/605050, welcome@tropical-islands.de, www.tropical-islands.de.
Distanz: 5 km.
Gastro: Supermarkt/Frühstücksangebot (Büfett) auf dem Campingplatz.
Freizeit: Segway-/Quad-/Elektrofahrradtouren, Kanufahrten, Tropical Islands Resort (24 h geöffnet) 1,6 km.
POI: Dahme-Seengebiet, Spreewald 17 km.

36460 Krayenberggemeinde-Merkers €5,00

Wohnmobilstellplatz Merkers, Waldstadion 1, ☎ 036969/50990 <10m
Sehr ruhiger, weiträumiger Platz in einem sonnigen Waldstück

POS: 50°48'55.13"N/10°6'27.27"E, Karte D10 (S. 13), H1
Platz: = 5, = 2 (<10 m) auf Asphalt, Wiese, Naturboden. WC . P wird empfohlen. Ganzjährig geöffnet.
Preis: 5 € inkl. Entsorgung, WC. Strom 0,30 €, Wasser 0,50 €.
Kontakt: Martin Specht, ☎ 036969/50990, Mobil: 0175/1037775, roswitha.goeldner1@aol.com.
Distanz: 0,8 km, Ⓗ 0,8 km, 5 km.
Gastro: Restaurant in Leimbach.
Freizeit: Schwimmbad in Tiefenort 5 km, Hallenbad - Bad Salzungen 10 km.
POI: Besucherbergwerk Merkers mit Führungen 0,5 km.

47809 Krefeld-Linn gratis

Reisemobilplatz Linn, Alte Rheinbabenstraße 4/Ecke Paul-Hübner Straße, ☎ 02151/861515 In unmittelbarer Nähe des historischen Stadtteils Linn <8m

2022 geprüft

POS: 51°20'7.71"N/6°37'48.13"E, Karte D5 (S. 8), B5
Platz: = 8 auf Asphalt. . Informationstafel. Aufenthalt max. 48 h. Ganzjährig geöffnet.
Preis: Übernachtung gratis.
Kontakt: Stadtmarketing und Kommunikation Krefeld, ☎ 02151/861515, stadtmarketing@krefeld.de, www.krefeld.de.
Distanz: Ⓗ 0 km.
Freizeit: Stadt- und Museumsbesuche.
POI: Archäologisches Museum, Deutsches Textilmuseum, Altstadt.

88079 Kressbronn €15,00

Camping Park Gohren, Zum Seglerhafen, ☎ 07543/60590 Vor dem Campingpark, neben dem Seglerhafen <8m

POS: 47°35'17.70"N/9°33'45.21"E, Karte D14 (S. 17), G4
Platz: P = 15 auf Schotterrasen, Wiese. =45 (16 A) WC CHEM GRAU . P wird empfohlen. Anfahrt 24 h, Aufenthalt max. 48 h, Ein-/Ausfahrtkarten an der Rezeption. Geöffnet: 31.3.–15.10.
Preis: 15 € inkl. Wasser, Entsorgung, Dusche, WC. Strom einmalig 3,90 € und 1,10 €/kWh, Müll-Entsorgung je 2 €, WLAN 1 €/24 h. Rabatte auf Freizeitangebote mit Gästekarte.
Kontakt: ☎ 07543/60590, info@campingplatz-gohren.de, www.campingplatz-gohren.de.
Distanz: Ⓗ 0,1 km, 0,2 km, 2 km, 2 km.
Gastro: Schnaidter Hof, Do-Di 11:00-23:00 Uhr, Mi Ruhetag, außer in den Ferien (BW).
Freizeit: 2 km, 2 km. Kinderprogramm, Wassersport, Bootscharter, Stand-Up-Paddling, Tauchakademie, Abenteuer-Kletterpark 0,2 km, Ultramarin-Yachthafen 0,2 km, Segelschule 0,2 km, Anlegestelle 0,6 km, Bodensee-Schifffahrt 0,8 km, Ravensburger Spieleland 15 km.
POI: Schloss 2 km, Zeppelinmuseum 8 km, Friedrichshafen 10 km, Lindau 13 km, Ravensburg 25 km.

88079 Kressbronn €15,50

Campingplatz Iriswiese, Tunau 16, ☎ 07543/8010 <8m
Am Obersee/östlichen Nordufer des Bodensees, an der Grenze zu Bayern

POS: 47°35'14.46"N/9°35'0.75"E, Karte D14 (S. 17), G4
Platz: / = 5 auf Schotter. . Nutzung der Campinganlage möglich. Geöffnet: 31.3.–22.10.
Preis: 15,50 €. Jede weitere Pers. 10,50 €, Kind (2-13 J.) 5 €, Strom 2 € oder 0,70 €/kWh, Kurtaxe (ab 16 J.) 3,30 €/Pers., Hund 3,50 €.
Kontakt: Campingplatz Iriswiese, ☎ 07543/8010, info@campingplatz-iriswiese.de, www.campingplatz-iriswiese.de.
Distanz: 0 km, Ⓗ 0,2 km, 1,5 km.
Gastro: Am Platz, Mo-So 8:00-22:00 Uhr.
Freizeit: 2 km.

88079 Kressbronn €27,00

Stellplatz Dorfkrug, Tunau 4, ☎ 07543/9800 <12m
Am Gasthof in ländlicher Lage

2020 geprüft

POS: 47°35'24.19"N/9°34'29.89"E, Karte D14 (S. 17), G4
Platz: P = 44 auf Wiese, Rasengittersteinen, Asphalt, Schotterrasen. =44 (6 A) WC CHEM GRAU . An- und Abreise von 8:00-22:00 Uhr. Ein- und Ausfahrt mit automatischer Schranke und Abrechnung am Automat. Geöffnet: 1 Woche vor Ostern-Mitte Okt.
Preis: 27 € inkl. aller Personen, Wasser, Entsorgung, WC, Müll-Entsorgung, WLAN. Dusche 1,50 €/4 min. Strom nach Verbrauch (Preis steht noch nicht fest). Preis inkl. aller Personen, Kinder und Hunde.
Kontakt: Egon Leute, ☎ 07543/9800, info@dorfkrug.de, www.dorfkrug.de.
Distanz: 0 km, weitere Restaurants in 0,8 km, Ⓗ 1 km, 3 km, 3 km.
Gastro: Selbstbedienungs-Biergarten (bei schönem Wetter geöffnet). Brötchenservice. Frühstücksbüfett. Bürgerstüble Schnaidter Hof in Gohren 0,8 km, Mo-So 8:00-22:00 Uhr.
Freizeit: 0,8 km, 3 km. Rad-/Wanderwege, Segeln, Surfen, Tauchen.
POI: Bodensee 0,7 km, Wasserburg 5 km, Lindau 10 km.

83708 Kreuth/Tegernsee €10,00

Parkplatz am Kurpark, Ecke Mühlauerweg/Weißachaustraße, ☎ 08029/1833 Reiner Übernachtungsplatz <10m

2020 geprüft

POS: 47°38'39.31"N/11°44'49.90"E, Karte D15 (S. 18), C4
Platz: P = 2 auf Asphalt, Schotter. . Anzahl Stellplätze abhängig von parkenden Pkw.
Preis: 10 € inkl. aller Personen. Nachtgebühr für Wohnmobile (18:00 bis 8:00 Uhr).
Kontakt: Klaus Miller, ☎ 08029/1833, miller@kreuth.de, www.gemeinde.kreuth.de.
Distanz: Ⓗ 0,2 km, 0,2 km, 0,3 km.

Gastro: Gasthof Batznhäusl, Do-Di 10:00-20:00 Uhr, Mi Ruhetag.
Freizeit: 0,3 km. Kurpark Kreuth.
POI: Wallberg/Wallbergbahn 5 km, Tegernsee 7 km.

83708 Kreuth/Tegernsee €10,00

Parkplatz am Wertstoffhof/Brunnbichl, Im Steinbruch 4, ☎ 08029/1833 <10 m
Reiner Übernachtungsplatz

POS: 47°39'18.13"N/11°45'6.54"E, Karte D15 (S. 18), C4
Platz: = 2 auf Schotter. WC. Je nach Anzahl parkender Pkw stehen ggf. mehr Stellplätze zur Verfügung. Bushaltestelle Brunnbichl direkt am Platz. Ganzjährig geöffnet.
Preis: 10 €. Nachtgebühr für Wohnmobile (18:00 bis 8:00 Uhr). Bezahlung am Parkscheinautomat (kein Wechselgeld) oder per ParkNow-App.
Kontakt: Klaus Miller, ☎ 08029/1833, miller@kreuth.de, www.gemeinde.kreuth.de.
Distanz: Ⓗ 0 km, 0,3 km, 0,4 km.
Freizeit: 1,4 km.
POI: Wallberg/Wallbergbahn 3,6 km, Tegernsee 8 km.

83708 Kreuth/Tegernsee €10,00

Parkplatz an den Hirschbergliften, Bachlerweg 3, ☎ 08029/343 <10 m
Reiner Übernachtungsplatz

POS: 47°39'36.14"N/11°44'33.73"E, Karte D15 (S. 18), C4
Platz: = 2 auf Schotter. WC. Je nach Anzahl parkender Pkw stehen mehr Stellplätze zur Verfügung. Ganzjährig geöffnet.
Preis: 10 €. Nachtgebühr für Wohnmobile (18:00 bis 8:00 Uhr). Parkplatz ist für Skiliftnutzer gebührenfrei.
Kontakt: Josef Kandlinger, ☎ 08029/343, www.gemeinde.kreuth.de.
Distanz: 1 km, weitere Restaurants in 1,7 km, 1,8 km, 1,8 km.
Gastro: Gasthaus zum Hirschberg 1 km.
Freizeit: 2,1 km. Wanderung Richtung Hirschberg.
POI: Wallberg/Wallbergbahn 5,3 km, Tegernsee 8,2 km.

83708 Kreuth/Tegernsee €10,00

Parkplatz Bayerwald 1, Bayerwald 1, ☎ 08029/1833 <10 m
Reiner Übernachtungsplatz

POS: 47°36'59.90"N/11°41'4.63"E, Karte D15 (S. 18), C4
Platz: = 2 auf Asphalt. Je nach Anzahl parkender Pkw stehen mehr Stellplätze zur Verfügung. Ganzjährig geöffnet.
Preis: 10 €. Nachtgebühr für Wohnmobile (18:00 bis 8:00 Uhr). Bezahlung über Parkscheinautomat (kein Wechselgeld) oder per ParkNow-App.
Kontakt: Klaus Miller, ☎ 08029/1833, miller@kreuth.de, www.gemeinde.kreuth.de.
Distanz: 3 km, 5,4 km.
Freizeit: 4,8 km. Wanderung Richtung Tegernseer Hütte..
POI: Wallberg/Wallbergbahn 9,9 km, Tegernsee 14,3 km.

83708 Kreuth/Tegernsee €10,00

Parkplatz Bayerwald zum Roß- und Buchstein, Bayerwald, ☎ 08029/1833 <10 m
Reiner Übernachtungsplatz

POS: 47°36'57.06"N/11°40'36.20"E, Karte D15 (S. 18), C4
Platz: = 2 auf Schotter. Je nach Anzahl parkender Pkw stehen mehr Stellplätze zur Verfügung. Ganzjährig geöffnet.
Preis: 10 €. Nachtgebühr für Wohnmobile (18:00 bis 8:00 Uhr). Bezahlung am Parkscheinautomat (kein Wechselgeld).
Kontakt: Klaus Miller, ☎ 08029/1833, miller@kreuth.de, www.gemeinde.kreuth.de.
Distanz: Ⓗ, 6 km, 6,1 km.
Freizeit: 7,6 km. Wanderung Richtung Ross- und Buchstein 9,2 km.
POI: Wallberg/Wallbergbahn 13 km, Tegernsee 17 km.

83708 Kreuth/Tegernsee €10,00

Parkplatz Gernberg/Siebenhütten Süd, B 307, Wildbad Kreuth, ☎ 08029/1833 Reiner Übernachtungsplatz <10 m

POS: 47°37'21.03"N/11°44'4.89"E, Karte D15 (S. 18), C4
Platz: = 2 auf Schotter, Sand/Splitt. Je nach Anzahl parkender Pkw stehen mehr Stellplätze zur Verfügung. Ganzjährig geöffnet.
Preis: 10 €. Nachtgebühr für Wohnmobile (18:00-8:00 Uhr). Bezahlung am Parkscheinautomat (kein Wechselgeld) oder per ParkNow-App.
Kontakt: Klaus Miller, ☎ 08029/1833, miller@kreuth.de, www.gemeinde.kreuth.de.
Distanz: 2,5 km, 2,6 km.
Freizeit: 3,1 km. Wanderung Richtung Königsalm.
POI: Tegernsee, Wallberg/Wallbergbahn 9,7 km.

83708 Kreuth/Tegernsee-Riedlern €10,00

Parkplatz am Minigolfplatz, Raineralmweg 2, ☎ 08029/1833 <12 m
Reiner Übernachtungsplatz

POS: 47°38'29.87"N/11°44'48.52"E, Karte D15 (S. 18), C4
Platz: = 2 auf Sand/Splitt. Je nach Anzahl parkender Pkw stehen mehr Stellplätze zur Verfügung. Ganzjährig geöffnet.
Preis: 10 €. Nachtgebühr für Wohnmobile 18:00 bis 8:00 Uhr.
Kontakt: Klaus Miller, ☎ 08029/1833, miller@kreuth.de, www.gemeinde.kreuth.de.
Distanz: 0 km, weitere Restaurants in 0,3 km, 0,3 km.
Gastro: Ristorante Pizzeria Il Casale, in der ehemaligen Riedler Stubn.
Freizeit: 0,4 km. Minigolf, Warmfreibad Kreuth 0,4 km.
POI: Tegernsee 9,8 km, Wallberg/Wallbergbahn 11,1 km.

83708 Kreuth/Tegernsee-Wildbad Kreuth €10,00

Parkplatz Klamm-Winterstube, Klamm 2, ☎ 08029/1833 <10 m
Reiner Übernachtungsplatz

POS: 47°37'33.32"N/11°44'49.05"E, Karte D15 (S. 18), C4
Platz: = 2 auf Schotterrasen. WC. Je nach Anzahl parkender Pkw stehen mehr Stellplätze zur Verfügung. Bushaltestelle Klamm direkt am Parkplatz. Ganzjährig geöffnet.
Preis: 10 €. Nachtgebühr für Wohnmobile (18:00 bis 8:00 Uhr). Bezahlung am Parkscheinautomat (kein Wechselgeld) oder per ParkNow-App.
Kontakt: Klaus Miller, ☎ 08029/1833, miller@kreuth.de, www.gemeinde.kreuth.de.
Distanz: Ⓗ 0 km, 0,6 km, 3,3 km.
Freizeit: 4,8 km. Wanderung Richtung Schwarztenn und Buchsteinhütte.
POI: Wallberg/Wallbergbahn 9,9 km, Tegernsee 14,3 km.

83708 Kreuth/Tegernsee-Wildbad Kreuth €10,00

Parkplatz Schwaigeralm, Raineralmweg 79, ☎ 0/80291833 <10 m
Reiner Übernachtungsplatz

POS: 47°37'36.69"N/11°45'9.47"E, Karte D15 (S. 18), C4
Platz: = 2 auf Schotter. Je nach Anzahl parkender Pkw stehen mehr Stellplätze zur Verfügung. Ganzjährig geöffnet.
Preis: 10 €. Nachtgebühr für Wohnmobile (18:00 bis 8:00 Uhr).
Kontakt: Klaus Miller, ☎ 0/80291833, miller@kreuth.de, www.gemeinde.kreuth.de.
Distanz: 0,3 km, weitere Restaurants in 2 km, 2 km, 2 km.
Gastro: Gaststätte Schwaigeralm 0,3 km.
Freizeit: Warmfreibad Kreuth 2,8 km.
POI: Tegernsee 9 km.

57223 Kreuztal gratis

Stellplatz Heugraben, Heugraben, ☎ 02732/510 In einem Naherholungsgebiet in Stadtnähe <10 m

POS: 50°57'27.71"N/7°59'30.09"E, Karte D9 (S. 12), D1
Platz: P = 2 auf Pflaster. =4 (35 A) WC CHEM. Aufenthalt max. 3 Tage. Ganzjährig geöffnet.
Preis: Übernachtung gratis inkl. aller Personen, Entsorgung, WC. Strom 1 €/12 h, Wasser 1 €/100 l.
Kontakt: Gebäudemanagement der Stadt Kreuztal, Frau Jutta Pfeifer, ☎ 02732/510, j.pfeifer@kreuztal.de, www.kreuztal.de.
Distanz: 0,2 km, weitere Restaurants in 0,5 km, Ⓗ 0,2 km, 0,5 km, 0,8 km.
Freizeit: 3 km, 6,5 km. Reiten, Barfußpfad, Kutschfahrten, Golfplatz Berghäuser Tal 4 km, Panoramapark Sauerland Wildpark 35 km.
POI: Dreslers Park 1 km, Schloss Junkernhees 3 km, Kindelsbergturm 6,5 km, Schaubergwerk, Hilchenbach-Müsen 8 km, Oberes Schloss Siegen 12 km, Altstadt Freudenberg 13 km.

97892 Kreuzwertheim gratis

Hotel und Weinhaus Lindenhof, Lindenstraße 41, ☎ 09342/915940 <10 m
Am Hotel in ruhiger Lage

POS: 49°46'30.14"N/9°31'59.81"E, Karte D10 (S. 13), G4
Platz: = 3 auf Schotter. WC. Nachts beleuchtet. WC zu Hotel-Öffnungszeiten. Ganzjährig geöffnet. Ausnahme: 22.12.-6.1.
Preis: Für Restaurantgäste kostenlos. Einkehr obligatorisch. WLAN 3 €/Tag.
Kontakt: Hotel-Restaurant und Salzgrotte, Ingolf Wiessler, ☎ 09342/915940, lindenhof.kreuzwertheim@t-online.de, www.weinhaus-lindenhof.de.
Distanz: 0 km, Ⓗ 0,1 km, 0,5 km, 1 km.
Gastro: Restaurant, Mo-So 12:00-13:30 Uhr und 17:30-20:30 Uhr. Frühstücksbüfett im Hotel.
Freizeit: 3 km, 3 km, 3 km. Himalaya-Salzgrotte, Schifffahrt auf dem Main, Wandern 2,5 km, Tennis 5 km, Golfplatz 7 km.
POI: Burgruine Wertheim/Museen 2 km, Wasserschloss Mespelbrunn 25 km.

K

97892 Kreuzwertheim €10,00

Wohnmobilstellplatz Kreuzwertheim, Fahrgasse, ☎ 09342/92620 <10m
Am Mainufer gegenüber der Burg Wertheim

2022 geprüft

POS: 49°45'45.45"N/9°31'4.49"E, Karte D10 (S. 13), G4
Platz: = 20 auf Asphalt, Schotterrasen. WC CHEM GRAU. Aufenthalt max. 2 Tage. VE nur in den Sommermonaten. Ganzjährig geöffnet. Ausnahme: Sperrung in der letzten Aug- und ersten Sep.woche.
Preis: 10 € inkl. aller Personen, Entsorgung, WC, Müll-Entsorgung, WLAN. Wasser 1 €/80 l. Bezahlung beim Platzwart.
Kontakt: Verwaltungsgemeinschaft Kreuzwertheim, ☎ 09342/92620, poststelle@vgem-kreuzwertheim.bayern.de, www.kreuzwertheim.de.
Distanz: 0,3 km, weitere Restaurants in 0,8 km, 0,3 km, Ⓗ 0,3 km, 0,8 km.
Freizeit: 1,5 km, 10 km, 1,5 km. Boot fahren, Kanuverleih 0,8 km, Tennis-/Squashanlage 5,2 km.
POI: Altstadt Wertheim 1,2 km, Burg Wertheim 1,5 km, Glasmuseum Wertheim 1,5 km, Kartause Grünau 4 km, Kloster Bronnbach 9 km.

67706 Krickenbach €10,00

Stellplatz an der Mehrzweckhalle Krickenbach, In den Dorfwiesen, ☎ 0631/2016138 Am Ortsrand <8m

POS: 49°21'39.79"N/7°40'7.94"E, Karte D9 (S. 12), C5
Platz: = 4 auf Pflaster. CHEM GRAU. Aufenthalt max. 3 Tage. Ganzjährig geöffnet.
Preis: 10 € inkl. WLAN. Strom 1 €/2 kWh, Wasser 1 €/100 l, Entsorgung 1 €.
Kontakt: ☎ 0631/2016138, tourismus@vglandstuhl.de, www.krickenbach.de.
Distanz: 0,1 km, Ⓗ 0,2 km, 0,2 km.
Gastro: In der Mehrzweckhalle.

96317 Kronach €5,00

Wohnmobilstellplatz Hammermühle, Am Sand, ☎ 09261/97212 <12m
Bei den Sportanlagen am Stadtrand

2021 geprüft

POS: 50°13'51.64"N/11°19'41.96"E, Karte D11 (S. 14), B3
Platz: = 12 auf Asphalt. =12 CHEM GRAU. Anfahrt 24 h. Beschattet. Ganzjährig geöffnet.
Preis: 5 € inkl. Entsorgung, Müll-Entsorgung. Strom 0,50 €/kWh, Wasser 2,50 €/100 l. Bezahlung Strom/Wasser in Münzen.
Kontakt: Stadt Kronach, ☎ 09261/97212, poststelle@stadt-kronach.de, www.kronach.de.
Distanz: 0,2 km, 0,4 km, Ⓗ 2 km, 5 km.
Freizeit: 2 km, 2 km. Rosenbergfestspiele auf der Festung im Juni/Aug, Landesgartenschaugelände mit Beachvolleyballfeld und Spielplatz 1 km, Sommerrodelbahn 1,5 km.
POI: Altstadt Kronach 1 km, Festung Rosenberg 1,8 km.

96317 Kronach-Mostrach €15,00

Lucky-Stable-Ranch, Mostrach 1, ☎ 09261/2366 Bio-zertifizierter Lern- und Erlebnisbauernhof, umgeben von Wiesen und Wäldern auf einem Bergrücken <12m

POS: 50°13'5.19"N/11°20'23.35"E, Karte D11 (S. 14), B3
Platz: = 3, = 2 (<12 m) auf Asphalt, Schotterrasen. =5 (16 A) WC GRAU. wird empfohlen. Ganzjährig geöffnet.
Preis: 15 € inkl. Strom, WC, WLAN. Jede weitere Pers. 4 €, Kind (0-5 J.) gratis, Wasser je 3 €, Dusche 3,50 €/Pers. Gebühr für Müll-Entsorgung je nach Aufkommen.
Kontakt: Michaela Menzel, ☎ 09261/2366, Mobil: 0170/6326684, info@lucky-stable-ranch.de, www.lucky-stable-ranch.de.
Anfahrt: Bei Anfahrt über die A 9 ins Navi immer erst in Kronach die endgültige Adresse (Mostrach 1) eingeben.
Distanz: […], […] 2 km, 3 km, 3 km, Ⓗ 4 km.
Gastro: Brötchenservice, So Frühstücksbüfett. Restaurant am Platz, 14:00-18:00 Uhr (nur am WE und im Sommer), Mo Ruhetag.
Freizeit: 3 km, 3 km. verschiedene Entspannungstechniken, Therapie mit Bauernhoftieren, Sauna, Mithilfe im Stall/bei der Pferdepflege, Tennisplätze 1 km, Minigolf 5 km, Golfplatz 8 km.
POI: Lucas-Cranach-Aussichtsturm 0,8 km, Festung Rosenberg 4 km, Flößermuseum 6 km, Brauerei-Museum 6 km.

24848 Kropp €10,00

Hotel Wikingerhof, Tetenhusener Chaussee 1, ☎ 04624/700 <10m
Auf dem Hotel-Parkplatz

POS: 54°24'32.05"N/9°30'34.98"E, Karte D2 (S. 5), G2
Platz: = 3, = 2 (<12 m) auf Pflaster. =3 (2 A) =12. Hunde im Restaurant nicht erlaubt. Ganzjährig geöffnet.
Preis: 10 € inkl. Wasser, Müll-Entsorgung, WLAN. Für Restaurantgäste kostenlos. Strom 5 €.
Kontakt: Hotel Wikingerhof GmbH & Co. KG, Jörn Groth, ☎ 04624/700, info@wikingerhof.de, www.wikingerhof.de.
Distanz: 0,5 km, 0,5 km, weitere Restaurants in 0,5 km Entfernung, Ⓗ 0,5 km.
Gastro: Am Platz, warme Küche 18:00-21:00 Uhr.
Freizeit: 2 km. Tennisplatz 2 km, Golfplatz 10 km.
POI: Schloss Gottorf und Schloss Haithabu 15 km.

24848 Kropp-Kropperbusch gratis

Stellplatz Kropperbusch, Kropperbusch 1, ☎ 04624/802929 <8m
Parkplatz vor dem Hotel an der B77

POS: 54°24'20.69"N/9°32'4.31"E, Karte D2 (S. 5), G2
Platz: = 5 auf Schotter. Ganzjährig geöffnet.
Preis: Übernachtung gratis.
Kontakt: Familie Bandholz, ☎ 04624/802929, info@hotel-kropperbusch.de, www.kropperbusch.de.
Distanz: 2 km, Ⓗ 2 km, 2 km, 2 km.
Freizeit: 3 km, 2,5 km. Reiterhof 0,5 km, Kanufahrten auf der Treene 20 km, Angeln in der Treene und Eider 20 km.
POI: Storchendorf Bergenhusen 12 km, Schloss Haithabu in Haddeby 15 km, Schloss Gottorf in Schleswig 15 km.

54536 Kröv €8,00

Wohnmobilstellplatz Weinbrunnenhalle, Moselweinstraße 35, ☎ 06541/9486 <8m
Gemischter Parkplatz hinter der Weinbrunnenhalle, direkt an der Mosel

2022 geprüft

POS: 49°58'44.10"N/7°5'23.30"E, Karte D9 (S. 12), B3
Platz: = 16 auf Asphalt. Campingverhalten nicht erlaubt. Ganzjährig geöffnet. Bei Hochwassergefahr gesperrt.
Preis: 8 € inkl. aller Personen. Tagsüber kostenlos, außerhalb der Saison gratis.
Kontakt: Tourist-Information, ☎ 06541/9486, info@kroev.de, www.kroev.de.
Distanz: 0,1 km, 0,1 km, Ⓗ 0,1 km, 0,4 km.
Gastro: Römerkeller, Mo + Mi-Sa 17:00-0:00 Uhr, So 11:30-14:30 Uhr und 17:00-0:00 Uhr, Di Ruhetag.
Freizeit: 0,9 km, 5 km, 0,7 km. Schiffsausflüge, Geocoaching, Weinführungen, Moselsteig, Weinkulturweg 0,1 km, Kletterpark auf dem Mont Royal 7 km.
POI: Historische Fachwerkhäuser in Kröv (alte Weinhöfe, Pfarrhof, Grabkapelle Kesselstadt und die Sankt Remigius-Kirche), Adventureforest 7 km.

K

Sie haben einen neuen Stellplatz entdeckt? Dann teilen Sie uns diesen mit per E-Mail an **bordatlas@doldemedien.de** oder über das Online-Meldeformular unter **www.bordatlas.de/meldung**

86381 Krumbach gratis

Stellplatz Dr.-Steinbrenner-Straße, Dr.-Steinbrenner-Straße, <12m
☎ 08282/9020 Parkplatz im Stadtzentrum

2020 geprüft

POS: 48°14'32.67"N/10°21'58.95"E, Karte D15 (S. 18), A3
Platz: P = 3 auf Pflaster, Wiese. =4 CHEM GRAU. Aufenthalt max. 3 Tage. VE von Apr-Okt, je nach Witterung. Ganzjährig geöffnet.
Preis: Übernachtung gratis inkl. Entsorgung. Strom 1 €/6 h, Wasser 0,50 €/40 l.
Kontakt: Stadt Krumbach, ☎ 08282/9020, info@stadt.krumbach.de, www.krumbach.de.
Distanz: 0 km, Ⓗ 0,1 km, 0,2 km, 0,2 km.
Freizeit: 0,5 km. Legoland.
POI: Heimatmuseum 1 km, Kerzenmuseum 3 km.

21732 Krummendeich gratis

Stellplatz beim Naturfreibad, Osterwechtern, ☎ 04770/831129 <10m
Separate Stellplätze am Naturfreibad

POS: 53°49'54.00"N/9°12'9.00"E, Karte D2 (S. 5), F3
Platz: P = 6 auf Schotter. . WC/Dusche gegen Gebühr zu den Freibad-Öffnungszeiten. Ganzjährig geöffnet.
Preis: Übernachtung gratis.
Kontakt: Gemeinde Krummendeich, ☎ 04770/831129, info@tourismus-kehdingen.de, www.tourismus-kehdingen.de.
Distanz: 0,5 km, weitere Restaurants in 5 km, Ⓗ 0,5 km, 0,7 km.
Gastro: Luv Café und Restaurant, Do-Sa 18:00-22:00 Uhr, So 12:00-21:00 Uhr, Mo-Mi Ruhetag.
Freizeit: 12 km. Naturfreibad, Fahrt mit dem Vogelkieker, geführte Naturtouren.
POI: Historischer Ortskern Freiburg/Elbe 7 km.

26736 Krummhörn-Greetsiel €12,00

Reisemobilhafen bei den Zwillingsmühlen, Mühlenstraße, ☎ 04923/91880 <12m
Parkplatz am südöstlichen Ortsrand, Zufahrt asphaltiert

2022 geprüft

POS: 53°29'53.10"N/7°6'14.60"E, Karte D1 (S. 4), C4
Platz: P = 55 auf Schotterrasen, Wiese. CHEM GRAU. Max. Gewicht 20 t, der Platz wird stundenweise betreut. Ganzjährig geöffnet.
Preis: 12 € inkl. Entsorgung. Strom 1 €/8 h, Wasser 2 €/90 l, Kurtaxe 2,30 €/Pers. Inkl. Kurkarte mit vielen Vergünstigungen.
Kontakt: Gemeinde Krummhörn, ☎ 04923/91880, gemeinde@krummhoern.de, www.greetsiel.de.
Distanz: 0,2 km, Ⓗ 0,2 km, 0,5 km, 0,7 km.
Freizeit: 1,2 km, 0,2 km. Anleger für Fahrgastschiffe, Bootsverleih 0,5 km, Badestelle hinter dem Deich 0,5 km, Sauna, Wellness 1,2 km, Badesee 2,5 km.
POI: Zwillingsmühlen, Ortskern 0,5 km, Krabbenkutter, Yachthafen und Nationalpark-Haus 1 km, Mühlen- und Burgmuseum Pewsum 9 km.

26736 Krummhörn-Rysum gratis

Halteplatz Rysum, Äußere Ringstraße 1, ☎ 04926/91880 <6m
Öffentlicher Parkplatz im Rundwarfendorf, 1 km hinter dem Emsdeich

POS: 53°22'51.61"N/7°2'3.27"E, Karte D1 (S. 4), C4
Platz: = 2 auf Pflaster. Ganzjährig geöffnet.
Preis: Übernachtung gratis.
Kontakt: Gemeinde Krummhörn, ☎ 04926/91880, info@greetsiel.de, www.greetsiel.de.
Distanz: 0,3 km, Ⓗ 0,3 km, 1 km, 1 km.
Freizeit: 8 km, 8 km. Dorfführung, Deichwandern, Emsufer 1 km, Trockenstrand in Upleward (Sandstrand hinter dem Deich) 5 km.
POI: Kirche aus dem 15 Jh. mit einer der ältesten spielbaren Orgeln Europas 0,2 km, restaurierte Mühle 1 km, Leuchtturm Campen 5 km.

82494 Krün €19,50

Alpen-Caravanpark Tennsee, Am Tennsee 1, ☎ 08825/170 <10m
Reisemobilhafen inmitten der Natur

2021 geprüft

POS: 47°29'22.71"N/11°15'16.72"E, Karte D15 (S. 18), B5
Platz: P = 37 auf Wiese, Schotter. =37 (16 A) WC CHEM GRAU . Geschirrspüler, Waschmaschine/Trockner. P wird empfohlen. Anfahrt 24 h. 7 Plätze mit Gasversorgung, keine Aufenthaltsbeschränkung. Ganzjährig geöffnet. Ausnahme: 1.11.-15.12.
Preis: Ab 19,50 € inkl. Wasser, Entsorgung, Dusche, WC, Müll-Entsorgung, WLAN. Strom 0,80 €/kWh, Kurtaxe 2,40 €/Pers., Hund 5 €. HS 32,50 €, NS 19,50 €.
Kontakt: Alpen Caravanpark Tennsee, ☎ 08825/170, info@camping-tennsee.de, www.camping-tennsee.de.
Distanz: 0 km, weitere Restaurants in 1 km, 0 km, Ⓗ 0,5 km, 4 km.
Gastro: Restaurant, Mo-So 12:00-14:30 Uhr und 18:00-21:30 Uhr. Beim Mini am Tennsee.
Freizeit: 16 km. Besuch auf dem Bauernhof, Kletter- und Bergtouren, Gratis-Busverbindungen nach Krün, Mittenwald, Garmisch, Jugendraum mit Kinderbetreuung, Grubsee mit Rutsche 0,4 km, Barmsee mit Badeufer 0,5 km, Skilift 1 km, Karwendelgebirge, Bergbahn zur Zugspitze 25 km.
POI: Mittenwald und Geigenbaumuseum 8 km, Garmisch-Partenkirchen 15 km, Schloss Linderhof 20 km.

K

21483 Krüzen €5,00

Tierpark Krüzen, Ziegelei 9, ☎ 04153/3334 Separater Bereich auf dem Parkplatz des Tierparks <12m

2022 geprüft

POS: 53°24'56.64"N/10°31'57.47"E, Karte D2 (S.5), H4
Platz: P = 8, = 5 (<12 m) auf Wiese, Schotter. Geöffnet: 15.1.-15.12.
Preis: 5 €.
Kontakt: R. Holger Drewke, ☎ 04153/3334, www.tierparkkruezen.de.
Distanz: 0,3 km, weitere Restaurants in 1 km, 1 km, 1,5 km, 4 km.
Gastro: Imbiss-Café im Park, warme Küche 10:00-17:00 Uhr.
Freizeit: 6 km. Radwege, Elbe-Schifffahrt, Tierparkbesuch (Eintritt 8 €/Pers., Kind 5 €), Elbe-Lübeck-Kanal 4 km.
POI: Lütau 3 km, Elbschifffahrtsmuseum Lauenburg 5 km, Altstadt Lauenburg 6 km.

K

18225 Kühlungsborn €32,00

Campingpark Kühlungsborn, Waldstraße 1b, ☎ 038293/7195 Eigener Wohnmobil-Stellplatz im Camp, direkt an der Ostsee <10m neu

POS: 54°9'4.90"N/11°43'11.72"E, Karte D3 (S.6), B2
Platz: P = 30 auf Wiese. WC CHEM GRAU. Sauna, Wellness-Bereich. Reservierung nicht möglich. Anfahrt 14:00-22:30 Uhr, Abfahrt bis 10:00 Uhr, außerhalb dieser Zeit Gebühr 10 €. Geöffnet: 11.3.22-15.1.23.
Preis: Ab 32 € inkl. Strom, Wasser, Entsorgung, Dusche, WC. Jede weitere Person (ab 14 J.) 7,50-11,50 €, Kind (3-13 J.) 4-7,50 €. Kurtaxe 1-2 €. Hund 3-6 €. VS 32 €, NS 38,50 €, HS 51,50 €.
Kontakt: Campingpark Kühlungsborn, ☎ 038293/7195, info@topcamping.de, www.topcamping.de.
Distanz: 0 km, weitere Restaurants in 0,1 km, 0 km, 0,1 km.
Gastro: Restaurant am Camp.
Freizeit: Surfen, Segeln, Badestrand, Golf.
POI: Seebad Kühlungsborn.

98547 Kühndorf €10,00

Flugschule Dolmar, Am Flugplatz 1, ☎ 0172/8124344 Bei der Flugschule auf einem naturbelassenen Gelände <12m

POS: 50°36'44.33"N/10°28'15.22"E, Karte D10 (S.13), H2
Platz: P / = 20 auf Wiese, Naturboden, Schotterrasen. =3. Leinenpflicht für Hunde. Ganzjährig geöffnet.
Preis: 10 € inkl. WC, Trinkwasser. Strom 3 €, Dusche 1 €/5 min.
Kontakt: Anton und Lorenz Schlütter, Mobil: 0172/8124344, info@flugschule-dolmar.de, www.flugschule-dolmar.de.
Distanz: 0 km, weitere Restaurants in 1,5 km, 1,3 km, 1,5 km, 2 km.
Gastro: Gaststätte Quax. Pilotprojekt Café & Restaurant, Do-Di 11:00-22:00 Uhr, Mi Ruhetag, Je nach Saison unterschiedlich.
Freizeit: 4 km. Segel- und Drachenfliegen, Rennsteig, Mountainbiking, Bergtouren.
POI: Johanniterburg 1,8 km, Krypta Rohr (Wehrkirche) 4 km.

95326 Kulmbach €5,00

Wohnmobilstellplatz Kulmbach, Schwedensteg, ☎ 09221/95880 Mit Blick auf die Plassenburg <10m

2022 geprüft E

POS: 50°6'40.16"N/11°27'42.56"E, Karte D11 (S.14), B3
Platz: / = 60 auf Schotter. =30 (10/16 A) CHEM GRAU. P nur bei Gruppen. Anfahrt 24 h. Aufenthalt max. 3 Tage. Im Winter kein Wasser. Ganzjährig geöffnet.
Preis: 5 € inkl. aller Personen, Entsorgung, Müll-Entsorgung. Strom 1 €/6 h, Wasser 1 €/100 l oder 0,10 €/10 l. 5 €/Tag auf freiwilliger Basis.
Kontakt: Tourist-Info, ☎ 09221/95880, touristinfo@stadt-kulmbach.de, www.kulmbach.de.
Distanz: 0,1 km, 0,2 km, 0,3 km, 1 km.
Freizeit: 0,5 km, 1 km, 1,5 km. Besichtigung der Altstadt, Fußgängerzone 0,7 km.
POI: Altstadt 0,7 km, Bayerisches Brauereimuseum 0,9 km, Deutsches Zinnfigurenmuseum, Landschaftsmuseum Obermain und Staatliche Sammlung in der Plassenburg 1,1 km.

95326 Kulmbach-Blaich gratis

Museen im Kulmbacher Mönchshof e.V. – Bayerisches Brauerei-, Bäckerei- u. Dt. Gewürzmuseum, Hofer Straße 20, ☎ 09221/4264 Auf dem Parkplatz des Kulmbacher Mönchshof <10m

POS: 50°6'50.17"N/11°28'7.83"E, Karte D11 (S.14), B3
Platz: / = 10 auf Schotter. Aufenthalt max. 24 h. Bei Aufenthalt ab 2 Tagen bitte anmelden. Ganzjährig geöffnet.
Preis: Übernachtung gratis. Für Museumsbesucher/Restaurantgäste kostenlos. Einkehr/Besuch obligatorisch.
Kontakt: Mönchshof-Bräuhaus, ☎ 09221/4264, info@kulmbacher-moenchshof.de, www.kulmbacher-moenchshof.de.
Distanz: 0,1 km, 0,1 km, weitere Restaurants in 0,5 km, 1 km, 1 km.
Gastro: SB-Biergarten, Mi-Fr ab 17:00 Uhr, Sa/So ab 11:00 Uhr. Mönchshof Bräuhaus, geöffnet Di-Sa ab 11:00 Uhr, So ab 8:30 Uhr.
Freizeit: 0,8 km, 1,5 km, 2 km. Museumsführung und Bierprobe/Bierseminar mit Anmeldung, Burgführung.
POI: Altstadt Kulmbach 1 km, Plassenburg 2 km.

97900 Külsheim gratis

Stellplatz am Schloss, Kirchbergweg, ☎ 09345/67311 Zwischen Schloss und Festhalle <12m

2020 geprüft E

POS: 49°40'17.05"N/9°31'20.70"E, Karte D10 (S.13), G4
Platz: P = 8 auf Rasengittersteinen. CHEM GRAU. Wiesengelände teils befestigt. Ganzjährig geöffnet. Ausnahme: Ende Aug-Mitte Sep für ca. 2 Wochen wegen Volksfest geschlossen.
Preis: Übernachtung gratis inkl. Wasser, WLAN.
Kontakt: Stadtverwaltung Külsheim, ☎ 09345/67311, rathaus@kuelsheim.de, www.kuelsheim.de.
Distanz: 0 km, 0,3 km, 0,3 km, 0,5 km.
Freizeit: 2 km. Wandern.
POI: 18 Brunnen in der Stadt, Schloss Külsheim 0,1 km.

92245 Kümmersbruck gratis

Reisemobilstellplatz Kümmersbruck, Am Butzenweg 35 (Sportzentrum), ☎ 09621/7080 Großer Parkplatz am Sportzentrum <8m

POS: 49°25'12.00"N/11°53'45.00"E, Karte D11 (S.14), C5
Platz: P = 8 auf Pflaster. Ganzjährig geöffnet.
Preis: Übernachtung gratis.
Kontakt: Gemeinde Kümmersbruck, ☎ 09621/7080, bauamt@kuemmersbruck.de, www.kuemmersbruck.de.
Distanz: 0 km, weitere Restaurants in 1,1 km, 0,4 km, 1 km, 1,5 km.
Gastro: Sportgaststätte, Mo Ruhetag.
Freizeit: 1,5 km, 1,5 km, 4 km. Vilstal-Radwanderweg, Tennis, Wasserski, Minigolf, Kegelbahn, Naturpark Hirschwald 11 km.
POI: Wasserschloss Moos 4 km, Bergbau- und Industriemuseum Theuern 5 km.

74653 Künzelsau €16,00

Stellplatz am Kocherfreibad, Badplatz 1, ☎ 0170/3118099 Angrenzend an das Freibadgelände <8m

POS: 49°16'43.27"N/9°41'43.28"E, Karte D10 (S.13), G5
Platz: P = 8 auf Wiese. =8 WC GRAU. Bezahlung an der Freibadkasse. Geöffnet: 1.5.-31.8.

Preis: 16 € inkl. Wasser, Entsorgung, WC, WLAN. Jede weitere Pers. 5 €, Kind (bis 16 J.) 2,50 €, Strom 3,25 €/Tag, Dusche 1,50 €. Bezahlung an der Kasse im Biergarten.
Kontakt: Uwe Pimpl, Mobil: 0170/3118099, pimplscatering@web.de, www.kuenzelsau.de.
Distanz: Ⓗ 0,2 km, 0,3 km, 0,3 km, 0,3 km.
Gastro: Kiosk (während der Freibad-Öffnungszeiten). Biergarten/Imbiss.
Freizeit: Radfahren.
POI: Museum Wirth 4 km.

96328 Küps — gratis — <8 m

Stellplatz am TSV-Sportgelände, Lindenstraße, ☎ 09264/6818
In ruhiger Lage am Radweg nach Kronach

POS: 50°11'40.95"N/11°16'37.02"E, Karte D11 (S. 14), B3
Platz: P = 3 auf Schotterrasen. Ganzjährig geöffnet.
Preis: Übernachtung gratis.
Kontakt: Markt Küps, ☎ 09264/6818, rathaus@kueps.de, www.kueps.de.
Distanz: 0,2 km, 0,4 km, 0,5 km, Ⓗ 0,8 km.
Freizeit: 5 km, 0,5 km. Schlossbesichtigungen, Tennisplatz 0,8 km, Reithalle 1,5 km, Golfplatz 2 km.
POI: Altes und Neues Schloss Küps 0,8 km, Schloss Oberlangenstadt 1 km, Burg Theisenort 3 km.

51515 Kürten — gratis — <10 m

Restaurant Zur Mühle, Wipperfürther Straße 391, ☎ 02268/6629
Auf dem Parkplatz hinter dem Haus

POS: 51°3'14.00"N/7°16'7.00"E, Karte D5 (S. 8), C5
Platz: = 2 auf Schotter. B Ganzjährig geöffnet.
Preis: Für Restaurantgäste kostenlos. Einkehr obligatorisch.
Kontakt: ☎ 02268/6629, info@restaurant-zur-muehle.com, www.restaurant-zur-muehle.de.
Distanz: 0 km, weitere Restaurants in 0,2 km, Ⓗ 0,1 km, 0,2 km, 0,4 km.
Gastro: Restaurant am Platz, geöffnet Mo, Do-Sa ab 18:00 Uhr, So/feiertags 12:00-14:00 Uhr und ab 18:00 Uhr. Di/Mi Ruhetag.
Freizeit: 1,8 km, 1,8 km. Golfplatz 1,2 km.
POI: Bergischer Dom Altenberg 12 km.

66869 Kusel — gratis — <12 m

Parkplatz An den Tuchfabriken, Trierer Straße 61, ☎ 06381/42070
Gegenüber der Polizeistation beim Kuselbach

2021 geprüft E

POS: 49°32'24.86"N/7°23'47.45"E, Karte D9 (S. 12), C4
Platz: P = 3 auf Pflaster, Asphalt. GRAU. Aufenthalt max. 3 Tage. Ganzjährig geöffnet.
Preis: Übernachtung gratis inkl. Entsorgung.
Kontakt: Verbandsgemeinde Kusel, ☎ 06381/42070, 06381/9180, touristinformation@kv-kus.de, www.kuseler-musikantenland.de.
Distanz: Ⓗ 0,3 km, 0,3 km, 0,3 km, 0,3 km.
Freizeit: Fritz-Wunderlich-Rad/Wanderweg 0,3 km, Wildpark/Falknerei Potzberg 12 km.
POI: Heimatmuseum 0,3 km, Burg Lichtenberg 5 km.

29482 Küsten — €8,00 — <8 m

Stellplatz am ehemaligen Landhaus, Lüchower Straße 10, ☎ 05841/2345
Eingezäunter Wiesenplatz, im Hannoverschen Wendland

POS: 52°58'38.42"N/11°3'50.43"E, Karte D7 (S. 10), B1
Platz: = 20 auf Wiese. WC CHEM GRAU. Leinenpflicht für Hunde. B wird empfohlen. Gruppen auf Anfrage. Geöffnet: Anfang März-Ende Okt.
Preis: 8 €. Strom 2 €/kWh.
Kontakt: Angela Hädrich, ☎ 05841/2345.
Distanz: 0 km, Ⓗ 0 km, 6 km.
Freizeit: 6 km, 6 km. Wandern, Radwandern, Reiterhof 3 km.
POI: Rundlingsdörfer Göttin 1 km, Älteste Eiche Niedersachsens in Küsten 1 km, Satemin und Lübeln 3 km.

27449 Kutenholz — gratis — <10 m

Festhalle Kutenholz, Bürgermeister Schmetjen Platz 1, ☎ 04762/2980
Auf dem Parkplatz der Festhalle

POS: 53°28'54.89"N/9°18'54.33"E, Karte D2 (S. 5), F4
Platz: = 10 auf Asphalt. Beleuchtet. Ganzjährig geöffnet.
Preis: Übernachtung gratis.
Kontakt: Dieter Murck, ☎ 04762/2980, festhalle.kutenholz@t-online.de, www.festhalle-kutenholz.de.
Distanz: 0,4 km, weitere Restaurants in 5 km, Ⓗ 0,5 km, 0,5 km, 0,8 km.
Gastro: Bei Veranstaltungen Restaurant in der Festhalle. Imbissbude.
Freizeit: Badesee 5,4 km.
POI: Heimathaus 0,1 km, Mühle in Mulsum 4 km.

16866 Kyritz — €10,00 — <8 m

Stellplatz Strandbad am Untersee, Seestraße 120, ☎ 033971/608277
Am Ortsrand in ruhiger Lage

POS: 52°56'19.71"N/12°26'33.21"E, Karte D3 (S. 6), D5
Platz: P = 8 auf Rasengittersteinen. WC. Ganzjährig geöffnet.
Preis: 10 €. Strom 1 €/8 h.
Kontakt: ☎ 033971/608277, tourismus@kyritz.de, www.kyritz-erleben.de.
Distanz: 0,5 km, weitere Restaurants in 2 km, 4 km, 4 km.
Gastro: Imbiss im Strandbad. Restaurant auf der Unterseeinsel.
Freizeit: Radweg Dosse-Städte-Tour, Reiten, Kanufahrten auf dem Untersee, Fähre zur Unterseeinsel mit Restaurant 0,2 km, Strandbad mit Bootsverleih 0,2 km.
POI: Märchenwald 0,5 km, Schloss Bantikow 1 km, Kyritzerseenkette 2 km, Kyritz 3 km, Franziskanerkloster Kyritz mit Klostergarten 4 km.

16866 Kyritz — €10,00 — <10 m

Stellplatz Wässering, Graf-von-der-Schulenburg-Straße, ☎ 033971/608279 Auf dem Parkplatz Wässering am historischen Stadtkern

2020 geprüft E

POS: 52°56'27.00"N/12°24'4.00"E, Karte D3 (S. 6), C5
Platz: P = 15 auf Rasengittersteinen, Sand/Splitt. =15 (16 A) WC CHEM GRAU. Ganzjährig geöffnet.
Preis: 10 €. Strom 1 €/8 h, Wasser 1 €/7 min, Dusche 1 €/5 min, WC 0,50 €.
Kontakt: Stadt Kyritz, ☎ 033971/608279, tourismus@kyritz.de, www.dosse-seen-land.de.
Distanz: 0,1 km, Ⓗ 0,1 km, 0,2 km, weitere Restaurants in 0,5 km, 0,2 km.
Gastro: Imbiss am Stellplatz.
Freizeit: 3 km. Geführte Radtouren, Reiten, Kanutour auf dem Untersee, Strandbad Kyritz 3 km.
POI: Marktplatz 0,2 km, St. Marien Kirche 0,3 km, Franziskanerkloster Kyritz mit Klostergarten 0,5 km, Heimatstube 0,6 km, Rosengarten 1 km, Kyritzer Seenkette 4 km.

K L

L

49824 Laar — €5,00 — <8 m

Wohnmobilstellplatz Laar, Hauptstraße 47, ☎ 05943/9992915
An der Mühle im Ortskern, direkt an der Vechte

POS: 52°36'45.85"N/6°44'35.78"E, Karte D5 (S. 8), B1
Platz: P = 8 auf Pflaster. =8 CHEM GRAU. Aufenthalt max. 10 Tage. Ganzjährig geöffnet.
Preis: 5 € inkl. Entsorgung, Müll-Entsorgung. Strom 1 €/2 kWh, Wasser 1 €/80 l.
Kontakt: VVV-Verein vier an der Vechte e.V., ☎ 05943/9992915, info@vvv-emlichheim.de, www.vvv-emlichheim.de.
Distanz: , Ⓗ 0,1 km, 1,4 km, 6 km.
Freizeit: 8,5 km.
POI: Niederlande.

30880 Laatzen gratis

Stellplatz am Laatzener Leinemasch, Peterskamp, ☎ 0511/82050 <12m
Ruhiger Bereich auf großem Parkplatz, in der Nähe der Leinemasch

POS: 52°18'30.12"N/9°47'45.93"E, Karte D6 (S.9), G2
Platz: = 2 auf Schotter. . Ganzjährig geöffnet.
Preis: Übernachtung gratis.
Kontakt: Rathaus Laatzen, ☎ 0511/82050, rathaus@laatzen.de, www.laatzen.de.
Distanz: 0,1 km, Ⓗ 0,5 km, 1,6 km, 2 km.
Freizeit: 0,5 km, 0,5 km. Baumlehrpfad, Wassergewinnungspfad, Freizeitbad Aqualaatzium mit Saunalandschaft 0,5 km, Wiesendachhaus 0,7 km.
POI: Park der Sinne 0,5 km, Tordenskiold-Gedenkstein in Gleidingen 2 km.

84082 Laberweinting €5,00

Waldgasthof Hart, Hart 1, ☎ 09423/623 Bauernhof mit Gaststätte in einem Naherholungsgebiet >12m

L

POS: 48°46'21.53"N/12°20'47.96"E, Karte D15 (S.18), D1
Platz: / = 20 auf Wiese, Schotter, Asphalt. =20 (16 A) WC CHEM GRAU . Beachvolleyballplatz, Fußballplatz. wird empfohlen. Ankunft bis 20:00 Uhr, Aufenthalt unbegrenzt. Ganzjährig geöffnet.
Preis: 5 € inkl. Entsorgung, WC. Strom 4 €, Wasser 2 €, Dusche 1 €/Pers.
Kontakt: Tobias Ritschel, ☎ 09423/623, waldgasthof-hart@t-online.de, www.waldgasthof-hart.de.
Distanz: 0 km, weitere Restaurants in 4 km, 4 km, 4 km.
Gastro: Am Platz, Do-Mo 10:00-20:00 Uhr, Di-Mi Ruhetag, warme Küche 11:00-20:00 Uhr. Frühstücksservice.
Freizeit: 8 km, 8 km, 8 km. Tierpark Straubing 20 km.
POI: Wallfahrtskirche Baader 1,5 km, Kloster Mallersdorf 4 km.

24235 Laboe €24,00

Wohnmobilstellplatz am Marine-Ehrenmal Laboe, Professor-Munzer-Ring, ☎ 04343/427553 Beim berühmten Marine-Ehrenmal am Ostseestrand <8m

POS: 54°24'37.56"N/10°13'52.54"E, Karte D2 (S.5), H2
Platz: = 18 auf Asphalt. CHEM GRAU. Ganzjährig geöffnet.
Preis: 24 €. Entsorgung 1 €.
Kontakt: Tourismusbetrieb Ostseebad Laboe, ☎ 04343/427553, info@laboe.de, www.laboe.de.
Distanz: 0,1 km, 1,2 km, Ⓗ 1,2 km, 1,2 km.
Gastro: Kiosk am Platz.
Freizeit: 1 km, 1 km. Hochseeangeln, Strandsport, Wassersport (Segeln, Kite-Surfen, Windsurfen, Skaten), Ostseestrand 0,4 km, Hundestrand 0,6 km, Meerwasserhallenbad 1 km, Hafen 1,8 km.
POI: U-Boot und Ehrenmal 0,3 km, Meeresbiologische Station Laboe 0,6 km.

49549 Ladbergen gratis

Gaststätte zur Waldschänke, Erpenbecker Siedlung 63, ☎ 05485/1866 <8m
Ruhige Stellplätze außerhalb des Orts

POS: 52°8'8.00"N/7°47'28.00"E, Karte D5 (S.8), D3
Platz: = 5 auf Pflaster, Wiese. =3 (6 A) CHEM . Ganzjährig geöffnet.
Preis: Für Restaurantgäste kostenlos, inkl. Strom, Entsorgung. Einkehr obligatorisch.
Kontakt: Heiko Kipp, ☎ 05485/1866, info@waldschaenke-kipp.de, www.waldschaenke-ladbergen.de.
Distanz: 0 km, 4 km, 4 km, Ⓗ 4 km.
Gastro: Am Platz (Deutsche Küche), Mo + Do-Fr 15:00-21:30 Uhr, Sa-So 11:00-21:30 Uhr, Di-Mi Ruhetag.
Freizeit: 8 km, 8 km. Friedenspark 4 km, Wildfreigehege 6,5 km, Barfußpark 10 km.
POI: Getreidemühle Erpenbeck 0,2 km, Heimat- und Schuhmachermuseum 4 km.

49549 Ladbergen gratis

Sporthalle am Rathaus, Jahnstraße 1, ☎ 05485/3635 >12m
Parkplatz bei der Sporthalle

POS: 52°8'9.75"N/7°44'19.40"E, Karte D5 (S.8), D3
Platz: / = 8 auf Asphalt, Schotter, Schotterrasen. . Aufenthalt max. 3 Tage. Ganzjährig geöffnet.
Preis: Übernachtung gratis.
Kontakt: Gemeinde Ladbergen, ☎ 05485/3635, touristik@ladbergen.net, www.ladbergen.de.
Distanz: , weitere Restaurants in 0,1 km, Ⓗ 0,1 km, 0,2 km, 0,2 km.
Gastro: Mehrere Restaurants im Ort.
Freizeit: 2 km, 2 km. Nordic Walking, Angeln, Reiten, Golfplatz, Segel-/Motorflugplatz 4 km.
POI: Friedenspark am Rathaus 0,1 km, Heimatmuseum 2 km, Getreidemühle Erpenbeck 4 km.

25926 Ladelund €15,00

Naturbad Ladelund, Stato/An der Landesstraße 245, ☎ 04666/745 <12m
Am Rande des Ladelunder Naturbadesees

2022 geprüft

POS: 54°50'56.88"N/9°2'7.63"E, Karte D2 (S.5), F1
Platz: = 5 auf Wiese. =9 WC CHEM GRAU . wird empfohlen. Ganzjährig geöffnet.
Preis: 15 € inkl. aller Personen, Strom, Wasser, Entsorgung, Dusche, WC, Müll-Entsorgung, Hund. VE für Durchreisende 5 €.
Kontakt: Ulla Petersen, ☎ 04666/745, Mobil: 0171/9386607, i nfo@ladelund.de, www.ladelund.de.
Distanz: Ⓗ 0,5 km, 1 km, 1,3 km, 1,3 km.
Gastro: Kiosk mit Imbiss.
Freizeit: 10 km. Badesee, Reitstall 1,5 km.
POI: KZ-Gedenk- und Begegnungsstätte mit Ausstellung und Gräbern 1 km, Dorfmuseum 1,5 km.

68526 Ladenburg €12,00

Wohnmobilpark Ladenburg, Heidelberger Straße 56, ☎ 06203/9619655 >12m
Am Ortsrand mit Blick auf den Odenwald

2021 geprüft

POS: 49°27'55.53"N/8°36'55.32"E, Karte D10 (S.13), E5
Platz: = 52 auf Schotterrasen, Schotter. =54 (16 A) CHEM GRAU . Mobiler Reisemobilservice. Tourist-Info am Platz, Aufenthalt max. 10 Tage. Abreise bis 14:00 Uhr. Leinenpflicht für Hunde. Ganzjährig geöffnet.
Preis: 12 € inkl. Entsorgung, Müll-Entsorgung, Hund. Strom 1 €/2 kWh, Wasser 1 €/80 l, WLAN 1 €/24 h.
Kontakt: Manuela Mehrmann, ☎ 06203/9619655, Mobil: 0173/2758710, info@wohnmobilstellplatz-ladenburg.de, www.wohnmobilstellplatz-ladenburg.de.
Anfahrt: Im Navi eingeben: Fähre meiden.
Distanz: 0,3 km, 0,5 km, Ⓗ 0,7 km, 0,8 km.
Gastro: Mehrere Restaurants/Cafés in Ladenburg 3 km.
Freizeit: 0,5 km, 0,6 km.
POI: Carl-Benz-Villa 1 km, Carl-Benz-Museum 2 km, Schloss/Luisenpark in Mannheim 12 km, Technik-Museum 12 km, Altstadt/Schloss in Heidelberg 12 km, Dom in Speyer 20 km.

56112 Lahnstein €11,00

Wohnmobilhafen am Kränchen, Johannesstraße 41, ☎ 0171/8309646 <12m
Platz im Grünen, nahe an Lahn und Rhein

2021 geprüft

POS: 50°18'33.02"N/7°35'54.54"E, Karte D9 (S.12), C2
Platz: = 60 auf Schotterrasen, Wiese. =60 CHEM GRAU . Autovermietung für Tagestouren, Leinenpflicht für Hunde. Am Platz nur Dusche, kein WC. Güterzüge hörbar. Ganzjährig geöffnet.
Preis: 11 € inkl. aller Personen, Entsorgung, Müll-Entsorgung. Strom 0,50 €/kWh, Wasser 1 €/100 l, Dusche 1 €/4 min. Bezahlung am Kassenautomat. Preisänderung 2023 möglich.
Kontakt: Michael Mohr, ☎ 0171/8309646, athgmbhjacobsen@gmx.de, www.wohnmobilhafen-lahnstein.de.
Distanz: 0,3 km, weitere Restaurants in 1 km, Ⓗ 0,5 km, 1 km, 1 km.
Freizeit: 1 km, 3 km. Stadtbesichtigung, Ausflugsfahrten mit dem Schiff, Rad- und Wanderwege, Minigolf.
POI: UNESCO-Welterbe Oberes Mittelrheintal, Burg Lahneck 1,8 km.

77933 Lahr/Schwarzwald €6,00

Wohnmobilstellplatz Lahr, Breitmatten 3, ☎ 07821/950210 <10m
Ebene Stellflächen am östlichen Stadtrand

POS: 48°20'21.66"N/7°53'56.40"E, Karte D13 (S. 16), D3
Platz: = 14 auf Pflaster, Rasengittersteinen. =16 CHEM. Nachts beleuchtet. Aufenthalt max. 3 Tage. Ganzjährig geöffnet.
Preis: 6€. Strom 0,50€/kWh, Wasser 1€/100 l. Bezahlung am Münzautomat. Parkschein ermöglicht Vergünstigungen im ÖPNV.
Kontakt: KulTourBüro Tickets & Touristik Lahr, ☎ 07821/950210, kultour@lahr.de, www.lahr.de.
Distanz: 0,2 km, weitere Restaurants in 0,3 km, Ⓗ 0,3 km, 1 km, 2 km.
Freizeit: 4 km, 4 km, 2 km. Stadtpark Lahr 3 km, Europa-Park Rust 20 km.
POI: Burgheimer Kirche (7. Jh), Hammerschmiede Reichenbach, Burgruine Hohen Geroldseck, historische Innenstadt 2 km.

94551 Lalling gratis

Freizeitgelände an den Tennisplätzen, Waldstraße, ☎ 09904/374 <10m
Neben dem Feng-Shui-Kurpark

POS: 48°50'28.97"N/13°8'16.45"E, Karte D16 (S. 19), F1
Platz: = 1 auf Pflaster, Rasengittersteinen. Der Platz ist klein und leicht schräg. Für größere Wohnmobile nur eingeschränkt nutzbar. Ganzjährig geöffnet.
Preis: Übernachtung gratis inkl. aller Personen.
Kontakt: Tourist-Info Lallinger Winkel, Christina Fuchs, ☎ 09904/374, info@lalling.de, www.lallingerwinkel.de.
Distanz: 0,3 km, Ⓗ 0,5 km, 0,5 km, 0,6 km.
Gastro: Hotel-Restaurant Lallinger Hof in Lalling. Terrassen-Café im Feng-Shui-Kurpark. Gasthof Pension Oswald in Ranzing. Gasthaus zum Goldberg in Hunding.
Freizeit: 10 km, 10 km. Feng-Shui-Kurpark mit Pavillon, Organ- und Chakraweg, Störzonenlehrpfad, Themengärten 0,1 km, Waldlehrpfad 0,1 km, Badesee im Park 0,2 km, Kräuterführung- und Kursangebote 1 km, Kneipp-Anlage 2 km, Reiterhof 4 km.
POI: Tourist-Info Lallinger Winkel 0,5 km, Pfarrkirche St. Stephanus in Lalling 1 km, Töpferei Pflugk in Lalling 1 km, Streuobsterlebnisgarten Panholling 3 km.

93462 Lam €20,00

Camping und Wohnmobilstellplatz Lam, Ginglmühler Weg 1, ☎ 09943/1386 <10m
Auf einem Campingplatz in der Ortsmitte

POS: 49°11'36.36"N/13°3'8.58"E, Karte D12 (S. 15), E5
Platz: = 10, = 3 (<10 m) auf Wiese, Schotter. =25 (16 A) CHEM GRAU. wird empfohlen. Anfahrt 8:00-19:00 Uhr. Geöffnet: 1.4.-5.11. + 17.12.-7.1.
Preis: 20€ inkl. Wasser, Entsorgung, Dusche, Müll-Entsorgung, WC. Jede weitere Pers. 7,50€, Kind (0-12 J.) 3,50€, Strom 0,60€/kWh, Kurtaxe (ab 16 J.) 2€/Pers., Kurtaxe (6-15 J.) 0,80€/Pers.
Kontakt: Hubert Falkner, ☎ 09943/1386, hubert.falkner@t-online.de, www.lamer-winkel.bayern.de.
Distanz: 0,1 km, weitere Restaurants in 0,4 km, Ⓗ 0,1 km, 0,4 km, 0,5 km.
Freizeit: 0,3 km. Arber-Region, Seepark Arrach und Natur-Art-Parks, Bayerwald-Tierpark, Osserbad Lam (Frei- und Hallenbad) 0,3 km.

67466 Lambrecht/Pfalz gratis

Wohnmobilstellplatz Lambrecht, Blainviller Straße 1, ☎ 06325/181110 <8m
Am Dorfgemeinschaftshaus in ruhiger, zentraler Lage

2020 geprüft

POS: 49°22'12.13"N/8°4'26.46"E, Karte D9 (S. 12), D5
Platz: = 7 auf Schotter. =7 (13 A) CHEM GRAU. Nachts beleuchtet, Aufenthalt max. 3 Nächte. 2 Stellplätze für Fahrzeuge bis 7,5 m, 3 bis 7 m und 2 bis 6 m. Zu- und Abfahrt eng. Keine Voranmeldung nötig. Ganzjährig geöffnet.
Preis: Übernachtung gratis. Strom/Wasser gegen Gebühr am Münzautomaten.
Kontakt: Tourist-Info Verbandsgemeinde Lambrecht/Pfalz, ☎ 06325/181110, touristinfo@vg-lambrecht.de, www.lambrecht-pfalz.de.
Distanz: 0 km, weitere Restaurants in 0,5 km, 0,1 km, Ⓗ 0,2 km, 0,3 km.
Gastro: Bürgerstube Lambrecht, Mi-Sa 16:30-20:30 Uhr, So 11:00-14:00 Uhr und 16:30-20:30 Uhr, Mo-Di Ruhetag.
Freizeit: 8 km, 9 km. Mountainbikepark, Gästeführungen, Wanderwegenetz, Kurpfalz-Park 7,2 km, Helmbachweiher 10 km.
POI: Burg Spangenberg in Erfenstein, historische Dampfeisenbahn Kuckucksbähnel, Burgruine Neidenfels, Deutsche Weinstraße 10 km.

24238 Lammershagen-Bellin €21,00

Campingplatz Am Selenter See, Am See 1, ☎ 04384/599661 >12m
Auf dem Gelände des Naturcampings mit separater Zufahrt von der B202

POS: 54°16'58.31"N/10°28'35.21"E, Karte D2 (S. 5), H2
Platz: = 15 auf Wiese, Schotter. =15 (16 A) WC CHEM. Mindestaufenthalt 2 Nächte. Ganzjährig geöffnet.
Preis: 21€ inkl. Entsorgung, WC, Müll-Entsorgung. Jede weitere Pers. 3,50€, Kind (6-14 J.) 2,50€, Strom 3€ oder 0,80€/kWh, Wasser 5€/100 l, Dusche 1€/Pers., Hund 3€.
Kontakt: Herr Jahangir, ☎ 04384/599661, Livnoorjahan@t-online.de, www.naturcampingplatz-am-selenter-see.de.
Distanz: 0 km, Ⓗ 0,5 km, 3 km, 3 km.
Gastro: Am Platz, warme Küche 12:00-19:00 Uhr.
Freizeit: 13 km, 3 km. Wassersport, Badestrand 0,2 km.
POI: Schloss Blomenburg 3 km, Schloss Plön 20 km, Freilichtmuseum 20 km.

68623 Lampertheim €10,00

An den Biedensand Bädern, Rheinstraße 90, ☎ 06206/935100 <10m
Neben dem Frei- und Hallenbad, zentrumsnah

POS: 49°35'40.38"N/8°27'14.44"E, Karte D10 (S. 13), E4
Platz: = 4 auf Asphalt. CHEM GRAU. Aufenthalt max. 3 Tage. Keine Reservierung möglich. Freibad geöffnet von 15.5.-15.9. Ganzjährig geöffnet.
Preis: 10€ inkl. Entsorgung. Strom 1€/2 kWh, Wasser 1€/80 l, VE für Durchreisende 3€. Inkl. Schwimmbadnutzung. Bezahlung an Tageskasse/Briefkasten.
Kontakt: Rathaus, ☎ 06206/935100, rathaus-service@lampertheim.de, www.lampertheim.de.
Distanz: Ⓗ 0,2 km, 1,5 km, 1,5 km, 1,5 km.
POI: Naturschutzgebiet Lampertheimer Altrhein 0,1 km.

31195 Lamspringe gratis

Reisemobilplatz Lamspringe, Am Bahnhof (Teilabschnitt Skulpturenweg), ☎ 05183/9469187 <8m
Stellplatz am Radweg zur Kunst

POS: 51°57'13.00"N/10°0'22.50"E, Karte D6 (S. 9), G3
Platz: = 4 auf Pflaster. Aufenthalt max. 3 Tage. Kein Wasser im Winter. Ganzjährig geöffnet.
Preis: Übernachtung gratis. Strom und Wasser gegen Gebühr.
Kontakt: Gemeinde Lamspringe/ Thomas Butchereit, ☎ 05183/9469187, t.butchereit@lamspringe.de, www.lamspringe.de.
Distanz: 0,3 km, 0,5 km, Ⓗ 0,5 km, 1 km.
Freizeit: 1 km. Radweg zur Kunst.
POI: Klosteranlage 1,5 km, Klosterkirche und Klosterpark 1,5 km.

21769 Lamstedt €10,00

Wohnmobilstellplatz Ehlers, Heinrich-Evers-Straße 4, ☎ 04773/879460 <8m
Auf dem Firmengelände

POS: 53°38'14.15"N/9°4'58.84"E, Karte D2 (S. 5), F4
Platz: = 8 auf Schotter. CHEM GRAU. Ganzjährig geöffnet.
Preis: 10€ inkl. Entsorgung. Strom 0,50€/kWh, Wasser 0,50€.
Kontakt: Ehlers Kfz-Technik e.K., ☎ 04773/879460, info@ehlers-kfz.de, www.ehlers-kfz.de.
Distanz: 1 km, 1 km, Ⓗ 1 km, 1 km.
Freizeit: 2 km.

L

94405 Landau/Isar €8,00 >12m

Wohnmobilstellplatz Stadt Landau/Isar, Harburger Straße 25, ☎ 09951/941115
Am Rande des Volksfestplatzes

2020 geprüft

POS: 48°40'37.35"N/12°40'59.68"E, Karte D16 (S. 19), E2
Platz: P = 13 auf Schotter, Rasengittersteinen. =6 (16 A) WC CHEM GRAU. Aufenthalt max. 3 Nächte. Ganzjährig geöffnet. Ausnahme: Sperrung bei Veranstaltungen (siehe Website), Ausweichplätze sind ausgewiesen.
Preis: 8 € inkl. Strom, Wasser, Entsorgung. WC 0,50 €. Nach Ankunft Bezahlung am Parkscheinautomat, tägliche Kontrolle.
Kontakt: Stadt Landau/Isar, ☎ 09951/941115, kulturamt@landau-isar.de, www.landau-isar.de.
Distanz: 0,2 km, 0,3 km, weitere Restaurants in 0,4 km, Ⓗ 0,4 km, 1,3 km.
Freizeit: 0,4 km, 0,4 km. Radfahren.
POI: Wallfahrtskirche Maria im Steinfels 1 km, Heimatmuseum 1,5 km, Museum für Steinzeit und Gegenwart 2 km, Wachsender Felsen in Usterling 4 km.

L

94405 Landau/Isar-Rottersdorf €10,00 <10m

Vilstaler Hof Landgasthof mit Hotel, Andreasstraße 2, ☎ 09956/93020
Auf dem Parkplatz des Gasthofes in ruhiger Lage

POS: 48°36'34.96"N/12°41'42.11"E, Karte D16 (S. 19), E2
Platz: / = 15 auf Pflaster, Schotter. =4 (16 A) CHEM GRAU . Ganzjährig geöffnet.
Preis: 10 € inkl. Strom, Wasser, WLAN. Für Restaurantgäste kostenlos. Entsorgung 5 €.
Kontakt: Anton Bachhuber, ☎ 09956/93020, info@vilstalerhof.de, www.vilstalerhof.de.
Distanz: 0 km, 0,1 km, 5 km, Ⓗ 7 km.
Gastro: Vilstaler Hof, Mo-Fr 17:00-20:00 Uhr, Sa 11:00-13:00 Uhr und 17:00-20:00 Uhr, So 11:00-14:00 Uhr.
Freizeit: 7 km, 7 km. Golfplatz 1,5 km, Bayernpark (Freizeitpark) 15 km, Caprima Wellness- und Erlebnisbad 15 km, Tiergarten Straubing 45 km.
POI: Museum und Marienkirche Landau 7 km, Wachsender Felsen Usterling 9 km.

76829 Landau/Pfalz €10,00 <8m

Freizeitbad La Ola, Horstring 2, ☎ 06341/139200
An den Queichwiesen am Bach Queich

POS: 49°12'7.08"N/8°8'32.85"E, Karte D9 (S. 12), D5
Platz: P = 5 auf Schotter. =5 (6 A) WC CHEM . Ganzjährig geöffnet.
Preis: 10 € inkl. Strom, Müll-Entsorgung. Chip für VE 4 €, an der Kasse erhältlich (9:00-20:00 Uhr). Bezahlung über QR-Code.
Kontakt: Freizeitbad La Ola, ☎ 06341/139200, la-ola@landau.de, www.la-ola.de.
Distanz: , weitere Restaurants in 2 km, Ⓗ 0,2 km, 0,5 km, 2 km.
Freizeit: 2,5 km. Schwimmen, Zoo Landau 1 km.

76829 Landau/Pfalz-Nußdorf €15,00 <10m

Stellplatz Weingut Lorentz, Lindenbergstraße 76, ☎ 06341/63224
In Ortsrandlage im Grünen

2020 geprüft

POS: 49°13'22.12"N/8°6'9.25"E, Karte D9 (S. 12), D5
Platz: P = 6 auf Wiese, Schotter. =6 (16 A) CHEM GRAU . B wird empfohlen. Ganzjährig geöffnet.
Preis: 15 € inkl. Strom, Wasser, Entsorgung.
Kontakt: Weingut Lorentz, Fabienne und Markus Lorentz, ☎ 06341/63224, weingut.lorentz@t-online.de, www.urlaub-mit-wein.de.
Distanz: Ⓗ 0,2 km, 0,2 km, weitere Restaurants in 4 km, 0,5 km, 0,9 km.
Freizeit: 3 km, 5 km, 3 km. Weinprobe mit Besichtigung des Weinguts, Wein-Erlebnispfad mit Kneippbecken 0,4 km, Holiday Park Haßloch 28 km.
POI: Trifels 9 km, Hambacher Schloss 15 km.

76829 Landau/Pfalz-Nußdorf €25,00 <8m

Weingut Villa Hochdörffer, Lindenbergstraße 79, ☎ 06341/649630
Familienweingut inmitten von Weinbergen

POS: 49°13'21.47"N/8°6'9.73"E, Karte D9 (S. 12), D5
Platz: P = 5, = 3 (<7 m) auf Schotterrasen. =8 (16 A) WC . B wird empfohlen. Anreise 15:00-18:00 Uhr, Abreise bis 15:00 Uhr. Bitte vor Einfahrt auf den Platz im Gästehaus an der Rezeption melden. Ganzjährig geöffnet.
Preis: 25 € inkl. Strom, Wasser, Müll-Entsorgung, WLAN. Dusche/WC 5 €/Pers. Bei Weinkauf 5% Rabatt.
Kontakt: Lieselotte Hahn-Hochdörffer, ☎ 06341/649630, Mobil: 0172/7399121, info@weingut-villa.de, www.weingut-villa.de.
Distanz: 0,5 km, Ⓗ 0,5 km, 1 km, 3,5 km, weitere Restaurants in 4,5 km.
Gastro: Restaurant Marienhof 3,5 km. Weinprobe mit Vesper und Flammkuchen von Mi-So möglich. Frühstück im Gästehaus. Restaurant Burrweilerer Mühle 4,5 km.
Freizeit: 1,8 km, 2 km, 1,5 km. Weinproben (Reservierung erbeten), saisonale Veranstaltungen rund ums Weingut, Führungen durch das Weingut.
POI: Stadt Landau 1,5 km, Villa Ludwigshöhe mit Sesselbahn 12 km, Burg Trifels 22 km.

31628 Landesbergen gratis <8m

Stellplatz Auf dem Mühlenplatz, Mühlenplatz, ☎ 05761/705421
Zentrumsnah, in ruhiger Lage

2022 geprüft

POS: 52°33'36.47"N/9°7'30.47"E, Karte D6 (S. 9), F2
Platz: P = 5 auf Pflaster. . Aufenthalt max. 24 h. Ganzjährig geöffnet.
Preis: Übernachtung gratis.
Kontakt: Tourist-Information, Rolf Klusmann, ☎ 05761/705421, rolf.klusmann@sg-mittelweser.de, www.sg-mittelweser.de.
Distanz: , 0,1 km, weitere Restaurants in 0,2 km, Ⓗ 0,3 km, 0,6 km.
Gastro: Restaurant Mühlengasthof.
Freizeit: Mühlenstraße, Reiten, Weserradweg, Angeln.
POI: Hochzeitsmühle Landesbergen, Kloster Schinna 6 km, Schloss Brokeloh 6 km.

31628 Landesbergen €8,00 <12m neu

Wohnmobilstellplatz Landesbergen, Fährstraße, ☎ 05761//705421
Südlich von Landesbergen an der ehemaligen Fährstelle am östl. Weserufer

POS: 52°33'9.85"N/9°6'48.96"E, Karte D6 (S. 9), F2
Platz: = 10 auf Schotter. GRAU. Info-Tafel, 3 Sitzgruppen. Geöffnet: Apr-Okt.
Preis: 8 €. Strom 1 €/2 kWh, Wasser 0,10 €/10 l.
Kontakt: Tourist-Information im Alten Bahnhof, ☎ 05761//705421, tourist@sg-mittelweser.de, www.sg-mittelweser.de.
Distanz: 1,3 km, 1,7 km, 2,3 km.
Gastro: Mühlengasthof Landesbergen 2,1 km.
Freizeit: Radtouren auf dem Weser-Radweg.
POI: Hochzeitsmühle Landesbergen.

31628 Landesbergen-Brokeloh gratis <12m

Stellplatz am Bickbeernhof Brokeloh, Brokeloher Hauptstraße 37, ☎ 05027/1566 Mit Hofladen und Café

POS: 52°33'3.99"N/9°13'0.45"E, Karte D6 (S. 9), F2

Platz: = 5 auf Wiese. Aufenthalt max. 24 h, Anmeldung im Hofladen 10:00-18:00 Uhr. Geöffnet: Mai-Sep.
Preis: Für Restaurantgäste kostenlos. Einkehr obligatorisch.
Kontakt: ☎ 05027/1566, post@bickbeernhof.de, www.bickbeernhof.de.
Distanz: , 0 km, Ⓗ 0,7 km, 0,8 km.
Gastro: Hofladen Di 10:00-17:00 Uhr. Café am Platz saisonal bis 18:00 Uhr geöffnet (siehe Website).

31628 Landesbergen-Brokeloh — €23,00 — >12 m

Stellplatz beim Rittergut Brokeloh, Rittergut Brokeloh 1, ☎ 05027/1341
Am Rand des Naturschutzgebietes Steinhuder Meer

POS: 52°33'3.03"N/9°12'36.55"E, Karte D6 (S. 9), F2
Platz: = 3 auf Wiese. =3 (16 A) WC. Ankunft kann individuell abgesprochen werden, bevorzugt 15:00-18:00 Uhr. Weitere Infos und Belegungskalender auf Website. Zelt aufstellen mögl. WC/Dusche und Gemeinschaftsküche am Heuhotel (150 m). Hunde nach Absprache erlaubt. Ganzjährig geöffnet.
Preis: 23 € inkl. Strom, Wasser, Dusche, WC. Jede weitere Pers. 10 €. Mindestaufenthalt zwei Nächte, Haustiere 2,50 €/ Nacht.
Kontakt: Carsten Niemeyer, ☎ 05027/1341, rittergut.brokeloh@t-online.de, www.rittergut-brokeloh.de.
Anfahrt: Hof von hinten anfahren (Stellplatz im Süden des Hofes): Durch das Dorf fahren, dann über einen Wirtschaftsweg am Kuhstall für den Winter vorbei und durch einen kleinen Wald zum Platz.
Distanz: 0,2 km, Ⓗ 0,2 km, 0,4 km, 0,5 km.
Gastro: Dreschhof Brokeloh. Bickbernhof Brokeloh.
Freizeit: 6 km, 10 km, 10 km. Reiten, Wanderweg (12 km lang) ab Hof, Wassersport am Steinhuder Meer 12 km.
POI: Kloster Loccum 13 km, Altstadt Nienburg 15 km.

31633 Landesbergen-Leese — gratis — <8 m

Stellplatz Auf dem Marktplatz, Loccumer Straße, ☎ 05761/70553
Zentrumsnah

POS: 52°30'12.99"N/9°6'53.55"E, Karte D6 (S. 9), F2
Platz: = 1 auf Asphalt.
Preis: Übernachtung gratis.
Kontakt: Tourist-Information, Andreas Voigts, ☎ 05761/70553, andreas.voigts@sg-mittelweser.de, www.sg-mittelweser.de.
Distanz: 0,3 km, 0,3 km, 0,4 km.
Freizeit: Personenfahrgastschifffahrt mit der Flotte Weser und der Mindener Fahrgastschifffahrt.
POI: Historischer Mühlenplatz mit Hochzeitsmühle und Spieker in Landesbergen, Ziehbrunnen Leese, Schleuse Landesbergen, Heimathaus Leese.

Sie haben einen neuen Stellplatz entdeckt? Dann teilen Sie uns diesen mit per E-Mail an **bordatlas@doldemedien.de** oder über das Online-Meldeformular unter **www.bordatlas.de/meldung**

86899 Landsberg/Lech — €7,00 — >12 m

Parkplatz Waitzinger Wiese, Waitzinger Wiese
Plätze auf beschranktem Parkplatz

2022 geprüft

POS: 48°3'21.55"N/10°52'19.68"E, Karte D15 (S. 18), B3
Platz: = 8 auf Rasengittersteinen. WC CHEM GRAU. Kein Schatten. Reservierung nicht möglich. Ganzjährig geöffnet.
Preis: 7 € inkl. aller Personen, Entsorgung. Strom 1 €/6 h, Wasser 1 €/50 l. Parkscheinautomat.
Kontakt: Kathrin Leicher, k_leicher@stw-landsberg.de, www.stadtwerke-landsberg.de.
POI: Marienbrunnen, Mutterturm, Bayertor.

66849 Landstuhl — gratis — >12 m

Wohnmobilstellplatz Landstuhl, Von Richthofenstraße/ Ecke Bahnstraße, ☎ 06371/83249
Auf einem Parkplatz im Zentrum

2022 geprüft

POS: 49°24'57.21"N/7°34'12.77"E, Karte D9 (S. 12), C5
Platz: = 2 auf Pflaster. =4 (16 A) CHEM. Aufenthalt max. 3 Tage. Im Winter ohne Wasser, Energiesäule mit Münzeinwurf. Ganzjährig geöffnet.
Preis: Übernachtung gratis inkl. Strom, Wasser, Entsorgung, Müll-Entsorgung.
Kontakt: VG Landstuhl, Stefanie Nauerz, ☎ 06371/83249, stefanie.nauerz@landstuhl.de, www.landstuhl.de.
Distanz: 0,1 km, 0,1 km, weitere Restaurants in 0,5 km, Ⓗ 0,1 km, 0,2 km.
Gastro: Mehrere Restaurants.
Freizeit: 0,3 km. Burgspiele und mehrere Stadtfeste, DSV Nordic Walking-Zentrum, Naturschutzgebiet Fleischackerloch, Tourismus Büro 0,7 km, Naturerlebnisbad 2 km, Wellnessanlage Cubo 2 km, Geißweiher und Moorwiesen-Ringgasser-Bruch 5 km, Golfplatz 7 km.
POI: Altstadt, Burg Nanstein 1,1 km, Bismarckturm 1,2 km.

24977 Langballigau — €12,00 — <8 m

Campingplatz Langballigau, Strandweg 3, ☎ 04636/308
Naturbelassene Plätze auf dem Campinggelände mit Blick auf die Flensburger Förde

POS: 54°49'19.00"N/9°39'31.00"E, Karte D2 (S. 5), G1
Platz: = 40, = 50 (<8 m) auf Wiese, Schotter. =24 (6 A) WC CHEM GRAU. Geöffnet: 1.4.-31.10.
Preis: 12 € inkl. Wasser, Entsorgung, Müll-Entsorgung. Jede weitere Pers. 2 €, Strom 3 €, Dusche 1 €/5 min, WC 2 €, Hund 1 €.
Kontakt: Campingplatz-Langballigau, Herr Günter Arnold, ☎ 04636/308, service@campingplatz-langballigau.de, www.campingplatz-langballigau.de.
Distanz: , 3 km, Ⓗ 4 km, 4 km.
Gastro: Strandterrasse und Odinfischer. Brötchenservice.
Freizeit: 10 km, 10 km, 7 km. Tretmobile am Platz, Kite-Surfen, Surfen, Beach-Volleyball, Ausflugsdampfer von Flensburg rund um die Ochseninseln nach Glücksburg und zurück, Reiterhof 3 km, Golfplatz 10 km.
POI: Museumsdorf Unewatt 3 km, Schloss Glücksburg 10 km, Königliches Schloss Gravenstein/DK 12 km, Schifffahrtsmuseum Flensburg 20 km.

19067 Langen Brütz — €15,00 — <12 m

Landhaus Bondzio, Hauptstraße 21a, ☎ 03866/46050 Am Ortsrand in der Nähe des Cambser Sees

POS: 53°39'27.95"N/11°33'23.11"E, Karte D3 (S. 6), B4
Platz: = 2 auf Wiese, Asphalt. Aufenthalt max. 1 Nacht. Geöffnet: 1.4.-31.10.
Preis: 15 € inkl. Strom. Wasser 3 €.
Kontakt: Landhaus Bondzio, Cathleen Krüger, ☎ 03866/46050, service@landhaus-bondzio.de, www.Landhaus-Bondzio.m-vp.de.
Distanz: 0 km, Ⓗ 0,3 km, 0,5 km, 3,5 km.
Gastro: Am Platz, Mi-Sa 16:00-21:00 Uhr, So 12:00-16:00 Uhr, Mo-Di Ruhetag. Frühstücks- oder Brötchenservice.
Freizeit: Damwildgehege, Waldglasmuseum, Badestelle am See 1 km, Schloss Schwerin 12 km.
POI: Schloss, Dom und Museum in Schwerin 12 km.

L

89129 Langenau — gratis — <8 m

Parkplatz Stadthalle, Karlstraße 27, ☎ 07345/9622144
Auf dem Parkplatz bei der Stadthalle

POS: 48°30'6.50"N/10°7'18.65"E, Karte D14 (S. 17), H2
Platz: = 4 auf Pflaster, Rasengittersteinen. =3 CHEM GRAU. Ganzjährig geöffnet.
Preis: Übernachtung gratis. Strom 0,50 €/kWh, Wasser 0,50 €/60 l.
Kontakt: Nadine Maier, ☎ 07345/9622144, touristik@langenau.de, www.langenau.de.
Distanz: 0,1 km, weitere Restaurants in 0,4 km, 0,1 km, Ⓗ 0,2 km, 1,2 km.
Gastro: Café am Marktplatz. Gasthof zum Bad.
Freizeit: 0,8 km, 0,8 km. Ausflüge in die Umgebung.
POI: Martinskirche 0,7 km, Donauried 3 km, Lonetal 4 km, Ulm 17 km, Legoland Günzburg 20 km.

74243 Langenbrettach-Langenbeutingen — gratis — <6 m

Stellplatz Langenbeutingen, Schwabbacher Straße 14, ☎ 07139/93060 Beim Sportplatz

POS: 49°12'46.52"N/9°24'26.26"E, Karte D10 (S. 13), F5
Platz: = 3 auf Asphalt. Aufenthalt max. 1 Nacht. Ganzjährig geöffnet.

Preis: Übernachtung gratis.
Kontakt: Gemeindeverwaltung Langenbrettach, ☎ 07139/93060, info@langenbrettach.de, www.langenbrettach.de.
Distanz: 0,1 km, 0,5 km, 0,5 km, 0,5 km.
Gastro: Pizzeria im Gasthaus Krone 0,5 km. Gasthaus Reiterhof Küffner in Neudeck 2 km.
Freizeit: Reiterhof Küffner 2 km.
POI: Altstadt Öhringen 5 km.

74595 Langenburg — gratis

In der Strut/Freibad, In der Strut 5, ☎ 07905/91020 — <10 m
Auf dem Parkplatz am Ortsrand

2022 geprüft

POS: 49°14'58.94"N/9°52'0.95"E, Karte D10 (S. 13), G5
Platz: = 3 auf Schotter. wird empfohlen. Aufenthalt max. 1 Nacht, auf Anfrage auch länger. Duschen/WC gegen Eintritt im Schwimmbad. Abwasserentsorgung nach Absprache über örtliche Kläranlage, kein Strom/Wasser im Winter. Ganzjährig geöffnet.
Preis: Übernachtung gratis. Münzzähler für Strom/Wasser.
Kontakt: Stadt Langenburg, Verkehrsamt Langenburg, ☎ 07905/91020, post@langenburg.de, www.langenburg.de.
Anfahrt: Von Westen keine Zufahrt, da Höhenbeschränkung 2,80 m in der Stadt.
Distanz: 0 km, weitere Restaurants in 0,7 km, 0,1 km, 1 km, 1,7 km, 4,7 km (Kläranlage Langenburg, In den Hagäckern 1, 74595 Langenburg).
Gastro: Kiosk im Freibad.
Freizeit: 25 km, 10 km. Stadt-/Schlossführungen.
POI: Automobilmuseum 1 km, Schloss Langenburg 1,8 km, Grabungsmuseum und Krypta in Unterregenbach 3 km.

55450 Langenlonsheim — €10,00

Weingut im Zwölbberich, Schützenstraße 14, ☎ 06704/9200 — <8 m
In den Weinbergen, an der unteren Nahe

POS: 49°53'48.39"N/7°53'40.50"E, Karte D9 (S. 12), D3
Platz: = 5 auf Asphalt, Wiese. Bei Anreise am Wochenende telefonische Anmeldung. Ganzjährig geöffnet.
Preis: 10 € inkl. aller Personen. Bei Weinkauf Preisverrechnung nach Absprache.
Kontakt: Hartmut Heintz, Herr Schardt, ☎ 06704/9200, info@zwoelberich.de, www.zwoelberich.de.
Distanz: 0 km, weitere Restaurants in 1 km, 0,5 km, 0,5 km, 1 km.
Gastro: Panorama-Probierstube mit schönem Ausblick, Öffnungszeiten: Mo–Fr 9:00–12:30 Uhr, 14:00–19:00 Uhr, Sa, So+Feiertag geschlossen.
Freizeit: 1 km, 5 km, 7 km. Führung durch den Weinkeller und Weinprobe nach Rücksprache, Besichtigung der biologisch-dynamisch bewirtschafteten Rebanlagen, Mitarbeit bei der Weinlese, Radweg 1 km.
POI: Eremitage-Höhlen 2 km, Niederwalddenkmal 8 km, Rotenfelsmassiv 10 km.

54308 Langsur-Metzdorf — €24,50

Campingplatz Alter Bahnhof, Uferstraße 42, ☎ 06501/12626 — <10 m
An der Sauer im Naturpark Südeifel

POS: 49°45'10.66"N/6°30'12.16"E, Karte D9 (S. 12), A4
Platz: = 25, = 3 (<10 m) auf Wiese, Schotter, Rasengittersteinen. =50 (16 A) WC CHEM GRAU wird empfohlen. Reservierung in der HS erforderlich. Geöffnet: 1.3.-31.12.
Preis: Ab 24,50 € inkl. Strom, Wasser, Entsorgung, WC, Müll-Entsorgung, WLAN. Jede weitere Pers. 3,50 €, Dusche 0,70 €/5 min. 1.7.-31.8. 26,50 €.
Kontakt: Alter Bahnhof Camping, Bernadett Könes, ☎ 06501/12626, info@camping-metzdorf.de, www.camping-metzdorf.de.
Distanz: 0 km, weitere Restaurants in 0,1 km, 0,2 km, 0,4 km, 6 km.
Gastro: Restaurant Alter Bahnhof, Mi-Fr 17:00-21:00 Uhr, Sa-So 12:00-22:00 Uhr, Mo-Di Ruhetag.
Freizeit: 11 km, 11 km, 6 km. Angeln in der Sauer, Radfahren nach Trier, Saarburg und Luxemburg.
POI: Porta Nigra und Dom in Trier 17 km.

24631 Langwedel — €22,00

Caravanpark am Brahmsee, Mühlenstraße 30a, ☎ 04329/1567 — >12 m
An der Mühlenau, im Naturpark Westensee

POS: 54°12'53.67"N/9°55'1.20"E, Karte D2 (S. 5), G2
Platz: / = 12 auf Schotter. =30 (6 A) WC CHEM GRAU . Bootsanlegesteg. Reservierung unter info@caravanpark-sh.de. Ganzjährig geöffnet.
Preis: 22 € inkl. Strom, Wasser, Entsorgung, Dusche, WC, Müll-Entsorgung.
Kontakt: Tim Rathje, ☎ 04329/1567, info@caravanpark-sh.de, caravanpark-sh.de.
Distanz: 0,5 km, weitere Restaurants in 7 km, 0,7 km, 1 km, 7 km.
Freizeit: 7 km. Schwimmen, Angeln, Reiten, Bootfahren, Brahmsee 0,2 km, Gestüt Pohlsee 3 km.
POI: Tierpark Arche Warder 0,5 km, Wildtierpark 1 km, Skulpturenpark Nortorf 7 km, Freilichtmuseum Kiel-Molfsee 10 km, Nord-Ostsee-Kanal 15 km, Kiel 20 km.

17248 Lärz — €16,00

Camping am Müritzarm, Gaarzer Mühle 1, ☎ 01577/3371707 In naturnaher Lage, umgeben von Wasser und Wald — >12 m

POS: 53°19'9.90"N/12°41'53.86"E, Karte D3 (S. 6), D5
Platz: = 50, = 40 (<13 m) auf Wiese. =50 (16 A) WC CHEM GRAU . See Müritzarm. wird empfohlen. In der HS Reservierung für 1 Nacht nicht möglich. Ruhezeit täglich 13:00-15:00 Uhr. Geöffnet: Ostern-Oktober.
Preis: Ab 16 € inkl. WC. Strom 4 €, Entsorgung 3 €, Dusche 0,50 €/3 min, Müll-Entsorgung 0,50 €, Hund ab 3 €. Entsorgung Chemietoilette ab 3 Tagen inklusive. Je nach Platzgröße NS 16 €, HS 22 €. In der NS ist jede 7. Übernachtung kostenlos. Rabattaktionen siehe Website. Preisänderung 2023 möglich.
Kontakt: Camping am Müritzarm, Wolfgang Enders, Mobil: 01577/3371707, camping.mueritzarm@gmail.com, www.camping-mueritzarm.de.
Distanz: 0 km, 0,5 km, 1 km, 3 km.
Gastro: Gaststätte mit Seeblick und Sonnenterrasse am Platz, warme Küche abends an 5 Tagen/Woche. Brötchenservice. Weitere Restaurants in Vipperow oder Rechlin.
Freizeit: 10 km, 3 km. Angeln per Boot, Mecklenburgischer Seen-Radweg, Radfernweg Berlin-Kopenhagen, Müritz-Rundradwanderweg, Badestrand 0,1 km, Bootsverleih 0,1 km, Müritz-Therme Röbel 10 km.
POI: Luftfahrttechnisches Museum 4 km, Schloss Insel Mirow 12 km, Müritz-Nationalpark (Boek) 14 km.

17440 Lassan — €31,00

Naturcamping Lassan, Garthof 5, ☎ 038374/559951 Naturbelassener Campingplatz direkt am Peenestrom — <8 m

POS: 53°56'51.80"N/13°51'25.65"E, Karte D4 (S. 7), F3
Platz: = 5 auf Wiese, Schotter. =6 (6 A) CHEM GRAU . nur bei Gruppen. Geöffnet: Ostern bzw. 1.4.-31.10.
Preis: Ab 31 € inkl. Strom, Wasser, Entsorgung, Dusche, Müll-Entsorgung, Kurtaxe, WC. WLAN 4,95 €. NS 31 €, HS 35 €.
Kontakt: Jürgen Alt, ☎ 038374/559951, info@campingplatz-lassan.de, www.campingplatz-lassan.de.
Distanz: 0 km, 0,5 km, 0,5 km, 0,5 km.
Gastro: Gaststätte Camper Treff, ab Mai täglich außer Di ab 17:00 Uhr, bis Mai und ab Okt Fr-So ab 17:00 Uhr. Imbiss Essbar am Platz. Brötchenservice täglich, Frühstück auf Anfrage. Mai-Sep jeden Fr Fischräuchern. Ackerbürgerei in der Stadt.
Freizeit: Bootsfahrten.
POI: Alte Mühle 0,3 km, Kirche Lassan 0,5 km, Duft- und Tastgarten 3 km, Museen Anklam 16 km.

49688 Lastrup — gratis

Marktplatz, Am Marktplatz, ☎ 04472/89000 Stellplatz auf dem Marktplatz in der Ortsmitte — <12 m

POS: 52°47'46.00"N/7°51'51.00"E, Karte D5 (S. 8), D1
Platz: = 5, = 5 (<12 m) auf Pflaster. . Ganzjährig geöffnet.
Preis: Übernachtung gratis.
Kontakt: Gemeinde Lastrup, ☎ 04472/89000, rathaus@lastrup.de, www.lastrup.de.
Distanz: 0,3 km, weitere Restaurants in 0,4 km, 0,3 km, 0,3 km, 0,5 km.
Freizeit: 1 km, 1 km, 1 km. Schwimmen.
POI: Denkmalgeschütztes Rathaus aus dem 19. Jh., katholische Pfarrkirche St. Petrus 0,2 km, Dorf- und Kulturpark 0,5 km, prähistorische Megalithgräber auf dem Sonderling 1,5 km.

49762 Lathen
€14,50
<12m

Hotel Lathener Marsch, Marschstraße 4, ☎ 05933/934510
Außerhalb des Ortes, am Angelsee

2022 geprüft

POS: 52°51'29.67"N/7°18'17.79"E, Karte D5 (S. 8), C1
Platz: P = 70 auf Wiese, Rasengittersteinen, Pflaster, Naturboden. =24 (6 A) WC CHEM/Bio GRAU . Kleines Sanitärgebäude mit Toilette und Duschen vorhanden. B nur bei Gruppen. Ankunft von 8:00-22:00 Uhr. Ganzjährig geöffnet.
Preis: 14,50 € inkl. aller Personen, Müll-Entsorgung, WLAN. Strom 2,80 €/Nacht, Wasser 1 €/80 l, Entsorgung 1 €, Dusche 0,50 €. Preis für 1 Nacht inkl. Restaurantgutschein von 2,50 €, jede weitere Nacht 12 €. Preisänderungen für 2023 vorgesehen.
Kontakt: Monika Theisling, ☎ 05933/934510, hotel-lathen@t-online.de, www.lathener-marsch.de.
Distanz: 0 km, weitere Restaurants in 1,5 km, 1,5 km, 1,5 km, Ⓗ 1,5 km.
Gastro: Am Platz, warme Küche 12:00-14:00 Uhr und 17:00-21:00 Uhr. Kiosk mit Frühstück/Brötchenservice, Eis und Imbissgerichten.
Freizeit: 1,5 km, 1 km. Angeln am eigenen See oder an der Ems, Tierpark in Emmen (Niederlande), Kanu fahren, Minigolfbahn am Platz, Badesee 0,1 km, Yachthafen 0,2 km, Freizeitanlage Schloss Dankern 10 km.
POI: Schloss Clemenswerth in Sögel 15 km, Meyer Werft Papenburg 20 km, Holland Festung Bourtange 25 km.

06636 Laucha-Kirchscheidungen
€22,00
<10m
neu

Wohnmobilstellplatz Outtour, Zur Unstrut 55, ☎ 034462/601951
Unmittelbar am Ufer der Unstrut

POS: 51°14'42.28"N/11°39'14.16"E, Karte D7 (S. 10), B5
Platz: = 30, = 30 (<9 m) auf Wiese. WC CHEM GRAU . Kanuvermietung, Tipidorf und Kanustation. B wird empfohlen. Anreise ab 14:00 Uhr. Geöffnet: Anfang Apr-Ende Okt.
Preis: 22 € inkl. Entsorgung, WC, WLAN. Jede weitere Pers. 11 €, Kind (bis 11 J.) 6 €, Strom 4 €/Nacht, Dusche 1,50 €, Hund 1 €, Feuerholz 18 €.
Kontakt: Outtour Aktivreisen, Jens Bellmann, ☎ 034462/601951, info@outtour.de, www.outtour.de.
Anfahrt: Für Navieingabe nur den Ort Kirchscheidungen eingeben und vor Ort der Beschilderung folgen.
Distanz: 0 km, weitere Restaurants in 0,5 km, 0,1 km, Ⓗ 0,4 km.
Gastro: Weinverkostung. Brötchenservice. Biergarten. Grillbüfett. Paddlerfrühstück, 9,50 €/Pers.
Freizeit: Idealer Ausgangsort die Saale-Unstrut-Region zu entdecken, Rad-Kanu-Kombitour, Kanutour auf der Unstrut, mehrere ausgewiesene Radwege z.B. Unstrutradweg, Schwimmen im Fluss, Besuch des Arche-Nebra-Museums mit Himmelsscheibe 12 km.
POI: Naturpark Saale-Unstrut-Triasland, Laucha Glockenmuseum 3,5 km, Winzerstadt Freyburg mit Kellerführung in einem der schönsten Holzfasskeller Deutschlands 11,4 km, Naumburg mit Dom 18,9 km.

01979 Lauchhammer-Grünewalde
€16,00
<12m

Wohnmobilhafen Grünewalder Lauch, Lauchstraße 99, ☎ 03574/3826
Am Ostufer des Sees Grünewalder Lauch, im Naturpark Niederlausitzer Heidelandschaft

2020 geprüft

POS: 51°30'24.62"N/13°40'5.02"E, Karte D8 (S. 11), F4
Platz: P = 50 auf Wiese, Schotter. =50 (16 A) WC CHEM/Bio GRAU . B wird empfohlen. Ankunft 8:00-21:00 Uhr, Nutzung der Campingplatz-Angebote möglich. Ganzjährig geöffnet.
Preis: Ab 16 € inkl. Müll-Entsorgung, Grauwasserentsorgung. Jede weitere Pers. 3 €, Strom 0,70 €/kWh, Wasser 0,10 €/10 l, Entsorgung 3 €, WLAN 1,50 €/Tag, Hund ab 3 €. Mit Sanitärnutzung 22 €. Jede weitere Pers. mit Sanitär 7 €. Mini-Vermietung 35 €/Tag.
Kontakt: Themencamping GmbH, Jens Bohge, ☎ 03574/3826, gruenewalder-auch@themencamping.de, www.themencamping.de.
Distanz: 0,1 km, 0,1 km, 3 km, Ⓗ 3,5 km.
Gastro: Minimarkt. Frühstücks- & Brötchenservice. Biergarten (überdacht).
Freizeit: 8 km. Radfahren/Wandern im Naturpark Niederlausitzer Heidelandschaft, Segeln, Bootsverleih, Surfen, Stand-Up-Paddling, Minigolf, Badestrand 0,5 km, Hundestrand 0,7 km.
POI: Biotürme 5 km, Kunstmuseum 8 km, F60 - Besucherbergwerk 10 km, Lausitzring 13 km.

79787 Lauchringen
€8,00
<12m

Wohnmobilplatz Lauchringen an der Wutach, Badstraße, ☎ 07741/60950
Von Bäumen umgeben, am Wutachufer gegenüber vom beheizten Freibad

2022 geprüft

POS: 47°37'31.88"N/8°18'49.20"E, Karte D14 (S. 17), E4
Platz: = 20 auf Wiese, Schotter. CHEM . Die Anmeldebestätigung ist gut sichtbar hinter der Windschutzscheibe anzubringen. Ganzjährig geöffnet.
Preis: 8 € inkl. Entsorgung, Müll-Entsorgung, WLAN. Strom 0,50 €/kWh, Wasser 0,10 €/10 l. Bezahlung von Strom/Wasser am Münzautomat, Stellplatzgebühr von Mai-Sep im Freibad, sonst im Rathaus zu den Öffnungszeiten.
Kontakt: Bürgermeisteramt, ☎ 07741/60950, lauchringen@lauchringen.de, www.lauchringen.de.
Distanz: Ⓗ 0,3 km, 0,5 km, 0,8 km, 1 km.
Gastro: Mehrere Restaurants ab 1,0 km.
Freizeit: 10 km. Abenteuerspielplatz, Ausflüge in die Schweiz und ins Klettgau, Wander- und Radwege ab Platz, Baden, großer Hallen-Kinderspielplatz, Segelflugplatz Bohlhof 5 km, Thermalbad Bad Zurzach 7 km, Wildgehege in Waldshut-Tiengen 10 km.
POI: Burgruine Küssaburg 7 km, Rheinschifffahrt in Waldshut 10 km, Sauschwänzlebahn 23 km.

97922 Lauda-Königshofen
gratis
<6m

Am Messegelände, Messegelände, ☎ 09343/5015332
Auf dem Gelände der Königshöfer Messe

POS: 49°33'9.19"N/9°43'45.90"E, Karte D10 (S. 13), G4
Platz: P = 3 auf Asphalt. . VE an der Kläranlage in Gerlachsheim. Ganzjährig geöffnet. Ausnahme: Sperrung ab ab Mitte Aug-Ende Sep wegen Volksfest.
Preis: Übernachtung gratis inkl. Hund.
Kontakt: Tourist-Information, ☎ 09343/5015332, tourist.info@lauda-koenigshofen.de, www.lauda-koenigshofen.de.
Distanz: 0,6 km, 0,6 km, 4,1 km (Kläranlage Gerlachsheim, Alte Wiesen 4, 97922 Lauda-Königshofen).
Freizeit: Wanderungen am Kirchbergweg.
POI: Lauda 4 km.

97922 Lauda-Königshofen
gratis
<6m

Parkplatz am Wörth, Am Wörth, ☎ 09343/5015332 Beim Sportplatz

POS: 49°34'15.03"N/9°42'31.69"E, Karte D10 (S. 13), G4
Platz: P = 3 auf Asphalt. . VE an der Kläranlage in Gerlachsheim. Ganzjährig geöffnet.
Preis: Übernachtung gratis inkl. Hund.
Kontakt: Tourist-Information, ☎ 09343/5015332, tourist.info@lauda-koenigshofen.de, www.lauda-koenigshofen.de.
Distanz: 0,4 km, 0,5 km, Tankstelle 1,2 km, 1,2 km, 1,6 km (Kläranlage Gerlachsheim, Alte Wiesen 4, 97922 Lauda-Königshofen).
Gastro: Mehrere Restaurants im Ort.
Freizeit: Wanderungen auf dem Jakobsweg Liebliches Taubertal.
POI: Lauda, Heimatmuseum.

L

97922 Lauda-Königshofen gratis

Stellplatz Badstraße, Badstraße 51, ☎ 09343/5015332 <10 m
Am Frei- und Hallenbad am südlichen Ortsrand

POS: 49°33'32.00"N/9°42'3.00"E, Karte D10 (S. 13), G4
Platz: = 4 auf Asphalt. Gratis-VE an der Kläranlage in Gerlachsheim. Ganzjährig geöffnet.
Preis: Übernachtung gratis.
Kontakt: Tourist-Information, ☎ 09343/5015332, tourist.info@lauda-koenigshofen.de, www.lauda-koenigshofen.de.
Distanz: 0,5 km, 0,5 km, 1 km, 2 km, 3,6 km (Kläranlage Gerlachsheim, Alte Wiesen 4, 97922 Lauda-Königshofen).
Gastro: Mehrere Restaurants im Ort.
Freizeit: Radfahren, Wandern.
POI: Lauda 1,5 km, Barockkirche Gerlachsheim 3 km, Bad Mergentheim 10 km, Schloss Weikersheim 20 km.

97922 Lauda-Königshofen-Beckstein gratis

Becksteiner Winzer, Weinstraße 30, ☎ 09343/5000 <10 m
Im Hof der Becksteiner WeinWelt, hinter dem historischen Schulhaus

POS: 49°32'47.66"N/9°42'5.84"E, Karte D10 (S. 13), G4
Platz: = 3 auf Asphalt. Leinenpflicht für Hunde, Vinothek. wird empfohlen. Ganzjährig geöffnet.
Preis: Übernachtung gratis inkl. Strom. Einkauf in der Vinothek erwünscht.
Kontakt: Michael Braun, ☎ 09343/5000, info@becksteiner-winzer.de, www.becksteiner-winzer.de.
Distanz: 0,3 km, 0,3 km.
Gastro: Weinverkostung Sonnenterrasse.
Freizeit: Wein-Wanderung durch die Weinberge (Termine siehe Website).

97922 Lauda-Königshofen-Gerlachsheim gratis

Zum Sportfeld Gerlachsheim, Zum Sportfeld, ☎ 09343/5015332 <6 m
Am Sportfeld in Gerlachsheim

POS: 49°34'47.00"N/9°42'40.00"E, Karte D10 (S. 13), G4
Platz: = 2 auf Asphalt. VE an der Kläranlage in Gerlachsheim. Ganzjährig geöffnet.
Preis: Übernachtung gratis inkl. Hund.
Kontakt: Tourist-Information Lauda, ☎ 09343/5015332, tourist.info@lauda-koenigshofen.de, www.lauda-koenigshofen.de/tourismus+infos/wohnmobilstellplaetze.
Distanz: 0 km, 0,8 km (Kläranlage Gerlachsheim, Alte Wiesen 4, 97922 Lauda-Königshofen).
Gastro: Cafés. Bäckerei.
Freizeit: Weinlehrpfad am Herrenberg, Raderlebnistour am Main-Tauber-Radweg..
POI: Prämonstratenserkloster.

97922 Lauda-Königshofen-Unterbalbach gratis

Stellplatz Unterbalbach, Wagnerstraße, ☎ 09343/5015332 <6 m
Am Ortsrand von Unterbalbach

POS: 49°31'44.31"N/9°44'23.20"E, Karte D10 (S. 13), G4
Platz: = 3 auf Asphalt. VE an der Kläranlage in Gerlachsheim. Ganzjährig geöffnet.
Preis: Übernachtung gratis inkl. Hund.
Kontakt: Tourist-Information, ☎ 09343/5015332, tourist.info@lauda-koenigshofen.de, www.lauda-koenigshofen.de.
Distanz: 7,1 km (Kläranlage Gerlachsheim, Alte Wiesen 4, 97922 Lauda-Königshofen).
Gastro: Pizzeria.
Freizeit: Radweg Liebliches Taubertal – der Klassiker, Erholungsmöglichkeiten an der Tauber, Naherholungsgebiet mit Wassertretbecken, Beachvolleyballplatz, Bouleplatz, Fitnessgeräten und Weinbergsofas.

31867 Lauenau gratis

Brauhaus Felsenkeller, Feggendorfer Straße 10, ☎ 05043/2275 <12 m
Parkplatz am Brauereigasthof

POS: 52°16'43.89"N/9°22'12.10"E, Karte D6 (S. 9), F2
Platz: = 10 auf Schotter. WC in der Brauerei ab 11:00 Uhr. Ganzjährig geöffnet.
Preis: Für Restaurantgäste kostenlos. Einkehr obligatorisch.
Kontakt: Thomas Rupp, ☎ 05043/2275, mail@ruppbraeu.de, www.ruppbraeu.de.
Distanz: 0 km, 0,5 km, 0,8 km.
Gastro: Restaurant im Brauhaus, Mi-Fr ab 17:00 Uhr. Sa, So ab 11:00 Uhr, Mo+Di Ruhetag.
Freizeit: 1 km, 8 km, 8 km. Brauereibesichtigung (nur mit Voranmeldung), Eishalle Lauenau 1 km, Steinhuder Meer 18 km.
POI: Schlösser und Herrensitze in Lauenau, historischer Flecken mit niedersächsischen Fachwerkhäusern 0,2 km.

21481 Lauenburg/Elbe gratis

Hotel-Parkplatz, Restaurant mit Elbblick, Blumenstraße 29, ☎ 04153/2318 <8 m
Restaurant-Parkplatz mit Elbblick in Freibadnähe

POS: 53°22'18.47"N/10°32'45.67"E, Karte D2 (S. 5), H4
Platz: = 1 auf Asphalt. Ganzjährig geöffnet.
Preis: Für Restaurantgäste kostenlos. Einkehr obligatorisch.
Kontakt: Thomas Timm, ☎ 04153/2318, info@hotel-bellevue.de, www.hotel-bellevue.de.
Distanz: 0 km, 0,5 km, 5 km.
Gastro: Restaurant am Platz, Mo-So 12:00-21:00 Uhr.
Freizeit: 1 km. Schifffahrt mit dem Fahrgast-Raddampfer.
POI: Schloss Lauenburg, Elbe-Lübeck-Kanal, Elbauen.

21481 Lauenburg/Elbe €18,00

Marina Beach Lauenburg an der Elbe, Hafenstraße 14b, ☎ 0171/8112185 >12 m
An der Hafenanlage am Abzweig des Elbe-Lübeck-Kanals

POS: 53°22'17.28"N/10°33'54.60"E, Karte D2 (S. 5), H4
Platz: = 20 auf Pflaster, Schotter, Asphalt, Kiesel. =26 (26 A) WC CHEM GRAU. Ganzjährig geöffnet.
Preis: 18 € inkl. aller Personen, Entsorgung, Müll-Entsorgung. Strom 1 €/kWh, Wasser 0,20 €/10 l, Dusche 1 €/2 min, WC 0,50 €, Waschmaschine/Trockner je 5 €.
Kontakt: Yildiz Frühauf, Mobil: 0171/8112185, marinalauenburg@yahoo.de, www.yachthafen-lauenburg.de.
Distanz: 0,5 km, weitere Restaurants in 0,6 km, 0,6 km, 2 km, 3,9 km.
Gastro: Café Bistro Skippertreff, Mo-So 12:00-21:00 Uhr, Okt-Apr geschlossen.
Freizeit: 1,6 km, 24 km.
POI: Altstadt und Elbschifffahrtsmuseum 1 km, Palmschleuse - älteste Schleuse Europas und Raddampfer Kaiser-Wilhelm 1 km.

37697 Lauenförde €11,00

Yachthafen Dreiländereck, Würgasser Straße, ☎ 0172/8486890 <12 m
Bootshafen mit Campinggelände an der Weser

POS: 51°39'1.78"N/9°22'47.70"E, Karte D6 (S. 9), F4
Platz: = 50 auf Wiese, Schotter. =50 (6 A) WC CHEM GRAU. Slipanlage, Gastliegeplätze für Sportboote. nur bei Gruppen. Geöffnet 1.4.-31.10.
Preis: 11 € inkl. Wasser, Entsorgung, WC, Müll-Entsorgung, WLAN. Strom 2,50 € oder 1 €/2 kWh, Dusche 0,50 €, VE für Durchreisende 1 €. Gespanne 15,60 €.
Kontakt: Wilfried Vössing, Mobil: 0172/8486890, wvoessing@t-online.de, www.yachthafen-dreilaendereck.de.
Distanz: 2 km, 2 km, 2 km, weitere Restaurants in 3 km, 3 km.
Gastro: Restaurant in Lauenförde 2 km. Brötchenservice.

Freizeit: 0,1 km. Wassersport, Angeln (Tageskarte 5€), Naturschutzgebiet Hochsolling, Fahrt mit dem Ausflugsboot, Radweg R99 0,1 km, Therme Bad Karlshafen 8 km.
POI: Porzellanmanufaktur 5 km, UNESCO-Weltkulturerbe Kloster Corvey Höxter 15 km.

91207 Lauf/Pegnitz — gratis

P1 Parkplatz Pegnitzwiese, Briver Allee/Weigmannstraße, ☎ 09123/1840 — <10 m
Separate Stellflächen auf einem Parkplatz am Rande der Altstadt

2022 geprüft

POS: 49°30'32.43"N/11°17'0.56"E, Karte D11 (S. 14), B4
Platz: = 4 auf Rasengittersteinen. =4 CHEM. LED-beleuchtete Servicestation. Platz liegt zwischen zwei stark befahrenen Straßen. Ganzjährig geöffnet.
Preis: Übernachtung gratis. Strom 1 €/8 h, Wasser 1 €/80 l.
Kontakt: Stadt Lauf/Pegnitz, ☎ 09123/1840, info@lauf.de, www.lauf.de.
Distanz: 0,3 km, Ⓗ 0,3 km, 0,4 km, 0,4 km.
Freizeit: 1,5 km, 1,5 km. Fünf-Flüsse-Radweg, Laufer Radrundweg, Paneuroparadweg, Ausflüge in die fränkische Schweiz.
POI: Wenzelschloss 0,2 km, Altstadt von Lauf 0,3 km, Industriemuseum 0,7 km.

83410 Laufen — gratis

Parkplatz Fischerhuber, Freilassinger Straße, ☎ 08682/89870 — <10 m
Nahe der B20, am Ortseingang, gegenüber der Tankstelle

POS: 47°56'0.57"N/12°56'16.78"E, Karte D16 (S. 19), E3
Platz: = 4 auf Asphalt. . Aufenthalt max. 48 h. Ganzjährig geöffnet.
Preis: Übernachtung gratis.
Kontakt: Stadt Laufen, Herr Putzhammer, ☎ 08682/89870, info@stadtlaufen.de, laufen.bayern/wohnmobilstellplatz.html.
Distanz: Ⓗ 0,5 km, 0,5 km, 0,5 km.
Gastro: Mehrere Restaurants im Ort.
Freizeit: 15 km, 15 km, 1 km. Radfahren, Wandern.
POI: Historischer Stadtkern mit Kapuzinerkloster und Fronfeste, Salzachbrücke, Stiftskirche, Stille-Nacht-Kapelle 2 km.

Vor der Anreise empfehlen wir, Kontakt mit dem Betreiber aufzunehmen, um die Auslastung des Stellplatzes abzufragen.

79725 Laufenburg/Baden — €8,00

Andelsbachparkplatz, Andelsbachstraße, ☎ 07763/806141 — <8 m
Am Rheinufer, in der Nähe von Schiffsanlegestelle und Strandbad

2022 geprüft

POS: 47°33'55.54"N/8°4'1.73"E, Karte D13 (S. 16), D4
Platz: = 6 auf Pflaster. CHEM. WC/Dusche beim Gartenstrandbad. Auffahrkeile und langes Stromkabel empfehlenswert. Anfahrt 24 h. Ganzjährig geöffnet.
Preis: 8 € inkl. aller Personen. Strom 0,50 €/kWh, Wasser 2 €/5 min, Entsorgung 2 €. Inkl. KONUS-Gästekarte.
Kontakt: Tourismus- und Kulturabteilung, ☎ 07763/806141, willkommen@laufenburg-baden.de, www.laufenburg-tourismus.de.
Distanz: Ⓗ 0,4 km, 0,4 km, 0,5 km, 0,6 km.
Gastro: Brutsches Rebstock, Schlössle Laufenburg. Restaurant Alte Post.
Freizeit: 0,1 km, 5 km. Schifffahrten, Teilnahme an Graf-Hans-Stadtführungen, Kanu fahren, ausgewiesene Radwege z.B. Südschwarzwald-Radweg und Eurovelo 6. 0,5 km.
POI: Heimatmuseum 0,4 km, Altstadt 0,4 km, Burgruine 0,6 km.

74348 Lauffen/Neckar — €7,50

Stellplatz am Freibad, Neckaruferweg, ☎ 07133/20770 — >12 m
Kurzzeit-Stellplatz für Wohnmobile in schöner Lage am Neckarufer

POS: 49°4'9.92"N/9°9'48.11"E, Karte D14 (S. 17), F1
Platz: = 4 auf Schotterrasen, Wiese. =2 (16 A) CHEM GRAU . Aufenthalt max. 3 Nächte. Wasser Apr-Okt. Ganzjährig geöffnet.
Preis: 7,50 € inkl. Entsorgung, Müll-Entsorgung, WLAN. Strom 0,50 €/kWh, Wasser 0,10 €/10 l.
Kontakt: Stadt Lauffen/Neckar, ☎ 07133/20770, info@lauffen-a-n.de, www.lauffen.de.
Distanz: 0,1 km, Ⓗ 1 km, 3 km, 3 km.
Gastro: Freibad-Kiosk (Mai-Sep). Ristorante Pizzeria da Peppe. Biergarten am Minigolf-Platz. Weitere Restaurants in der Umgebung.
Freizeit: 1 km. Startpunkt für Wandertouren, großes Freibad mit Beachvolleyballfeld und Tischtennisplatten, Kanutouren, Minigolf 0,3 km.
POI: Kiesplatz mit Lamparter-Park, Kunstwerk Hölderlin im Kreisverkehr, Regiswindiskirche 2 km, Burgmuseum 2 km, Hölderlinhaus 3 km.

89415 Lauingen — €8,00

Reisemobilstellplatz E-Park, Riedhauserstraße 60, ☎ 09072/9226728 — >12 m
Im Innenhof des E-Park Lauingen, ruhig und zentrumsnah

POS: 48°34'22.05"N/10°25'21.59"E, Karte D14 (S. 17), H2
Platz: = 20 auf Schotter, Schotterrasen. =8 (16 A) WC CHEM GRAU . Anfahrt 24 h, Schlüssel für Duschen tagsüber an der Information/ KM1 Shop, Duschen am Wochenende und am Abend geöffnet. Ganzjährig geöffnet.
Preis: 8 € inkl. WC, WLAN. Strom 0,50 €/kWh, Wasser 1,50 €/100 l, Entsorgung je 1 €, Dusche 3 €/15 min.
Kontakt: E-Park Lauingen, Carmen Krug, ☎ 09072/9226728, info@eepark.de, www.eepark.eu.
Distanz: 0 km, weitere Restaurants in 0,2 km, Ⓗ 0,1 km, 0,3 km, 0,6 km.
Gastro: Restaurant am Platz. Café mit Dachterrasse.
Freizeit: Angeln, Wasserski, Segeln, Rudern, Donau-Radwanderweg.
POI: Eisenbahn-Erlebnispark E-Park, Legoland Günzburg 20 km.

L

88471 Laupheim — €8,00

Reisemobilplatz Schloss Großlaupheim, Klaus-Graf Stauffenberg-Straße 15, ☎ 07392/968000 — <10 m
Separater Bereich auf dem Parkplatz beim Kulturhaus Schloss Großlaupheim

POS: 48°13'47.88"N/9°53'16.02"E, Karte D14 (S. 17), G3
Platz: = 7 auf Eco-Raster/Gras. =6 (16 A) CHEM GRAU. Ganzjährig geöffnet.
Preis: 8 € inkl. aller Personen, Strom. Wasser 0,50 €, Entsorgung 0,50 €.
Kontakt: Stadt Laupheim, ☎ 07392/968000, kultur@laupheim.de, www.schloss-laupheim.de.
Anfahrt: Enge Zufahrtsstraße.
Distanz: 0,1 km, 0,1 km, 0,2 km, Ⓗ 3 km.
Gastro: Schlosscafé.
Freizeit: 1 km, 1 km. Schloss- und Museumsführungen, Bade-/Surfsee 3 km.
POI: Schloss Großlaupheim mit Kulturhaus und Museum, barocke Stadtpfarrkirche St. Peter und Paul 0,2 km, Sternwarte und Planetarium 1,5 km.

98724 Lauscha — gratis

Freizeit- und Erlebnisbad Lauscha, Steinachgrund, ☎ 036702/22944 — <10 m
In ruhiger Lage auf dem Parkplatz des Erlebnisbads

POS: 50°28'30.67"N/11°8'35.79"E, Karte D11 (S. 14), B2

Platz: = 10 auf Asphalt, Schotter. Nur für Fahrzeuge bis 2,8 t. Ganzjährig geöffnet.
Preis: Übernachtung gratis.
Kontakt: Touristinformation, 036702/22944, touristinfo@lauscha.de, www.lauscha.de.
Distanz: 4 km, 6 km, 6 km, 6 km.
Gastro: Mehrere Gaststätten in Lauscha.
Freizeit: 0,5 km. Wintersport, Sprungschanzenanlage Lauscha 2,2 km, Sommerrodelbahn 6 km.
POI: Historisches Stadtbild mit Schieferhäusern und -museum 5 km, Museum für Glaskunst 6 km, Fröbelturm/-museum 10 km.

98724 Lauscha — gratis — <10 m

Parkplatz Obermühle, Obermühle 3, 036702/22944
Öffentlicher Parkplatz (P4) im Stadtgebiet

2020 geprüft

POS: 50°28'50.97"N/11°10'5.12"E, Karte D11 (S. 14), B2
Platz: = 10 auf Asphalt. Aufenthalt max. 1 Nacht. Ganzjährig geöffnet. Ausnahme: 1. und 2. Advents-Wochenende.
Preis: Übernachtung gratis.
Kontakt: Tourist-Information Stadt Lauscha, 036702/22944, touristinfo@lauscha.de, www.lauscha.de.
Distanz: 0,1 km, 0,3 km, 0,5 km, 5 km.
Freizeit: 10 km. Besichtigung von Glasbläserwerkstätten, Studioglas-/Farbglashütten, Kreativ-Workshop Kunstglasbläserei, Sommerrodelbahn/Skilift 4 km.
POI: Museum für Glaskunst 0,5 km, historisches Stadtbild mit Schieferhäusern/-museum in Steinach 10 km, Fröbelturm/-museum in Oberweißbach 12 km, Spielzeugmuseum Sonneberg 22 km.

77794 Lautenbach — €8,00 — <12 m

Wohnmobilstellplatz Lautenbach, Waldstraße 1, 07802/92590
Zwischen Rench und Sportgelände im Anschluss an die historische Koehlermühle

POS: 48°31'5.11"N/8°6'58.73"E, Karte D13 (S. 16), D2
Platz: / = 8 auf Sand/Splitt, Schotter. CHEM GRAU. Ganzjähr. geöffnet.
Preis: 8 €. Strom 0,50 €/kWh, Wasser 1 €/100 l, Kurtaxe 2 €/Pers. Inkl. KONUS-Gästekarte (Tourist-Information, Gasthaus Kreuz o. Hotel Sonnenhof). 20 €/3 Tage, 40 €/7 Tage.
Kontakt: Frau Berisa, 07802/92590, lautenbach@renchtal-tourismus.de, www.lautenbach-renchtal.de.
Distanz: 0,5 km, 0,5 km, weitere Restaurants in 3 km, 0,5 km, 0,5 km.
Freizeit: 3 km, 4 km.
POI: Hexenhaus am Sohlberg, Wallfahrtskirche Mariä Krönung 0,5 km.

38685 Lautenthal — €9,00 — >12 m

Stellplatz Lautenthal, Kaspar-Bitter-Straße 7 b, 05325/4444
An der Tourist-Info, direkt am Waldrand

POS: 51°52'14.21"N/10°17'11.52"E, Karte D6 (S. 9), H3
Platz: / = 30 auf Pflaster, Schotter. =16 (64 A) WC CHEM GRAU. Reservierung nur für Gruppen ab 10 Fahrzeugen möglich. Anfahrt 24 h. Strom bis max. 1.500 W. Im Winter geräumt. Ganzjährig geöffnet.
Preis: 9 € inkl. WC, WLAN, Grauwasserentsorgung. Strom 1 €/4 h, Wasser 1 €/60 l, Entsorgung 2 €, Kurtaxe 1,75 €/Pers., Kurtaxe (6-15 J.) 0,75 €/Pers.
Kontakt: Tourist-Info Lautenthal, 05325/4444, info@lautenthal-harz.de, www.lautenthal-harz.de.
Distanz: 0,1 km, 0,2 km, weitere Restaurants in 0,3 km, 0,5 km, 0,5 km.
Gastro: Mehrere Gaststätten im Ort.
Freizeit: 0,5 km, 0,3 km. Bergbaulehrpfad 1,5 km
POI: Paul-Gerhardt-Kirche 0,3 km, Bergbaumuseum Silbermine Lautenthals Glück 0,4 km.

08315 Lauter-Bernsbach/OT Lauter — €7,50 — <12 m

Hotel & Restaurant Danelchristelgut, Antonsthaler Straße 44, 03771/704750 Im Naturpark Erzgebirge am Wandergebiet in ruhiger Lage

POS: 50°32'46.19"N/12°44'25.31"E, Karte D12 (S. 15), E2
Platz: = 2, = 2 (<12 m) auf Schotterrasen. Geöffnet: Apr-Okt.
Preis: 7,50 €. Für Restaurantgäste kostenlos. Strom 5 €/24 h, Dusche 3 €.
Kontakt: 03771/704750, posthr@danelchristelgut.de, www.erzgebirge-hotel.de.
Distanz: 0 km, weitere Restaurants in 1,5 km, 1 km, 1,5 km, 1,5 km.
Gastro: Frühstück und Abendessen im Hotel auf Anfrage. Öffnungszeiten Restaurant telefonisch erfragen.
Freizeit: 5 km, 6 km, 6 km. Wellness/Sauna gegen Gebühr im Hotel, E-Bike-Verleih und Ladestation, Wintersport, Infrarotkabine, Mountainbiking, Likörfabrik mit Verkostung 2 km, Waldbühne Schwarzenberg 5 km.
POI: Schloss/Kirche, Altstadt von Schwarzenberg 5 km, Eisenbahnmuseum 7 km, Kurbad Schlema 10 km.

36341 Lauterbach/Hessen — €5,00 — <8 m

Freizeitzentrum Lauterbach, Am Sportfeld 9, 06641/184112
Auf dem Parkplatz neben dem Erlebnisbad

2022 geprüft

POS: 50°37'38.26"N/9°23'32.07"E, Karte D10 (S. 13), F2
Platz: = 8 auf Pflaster. CHEM GRAU. nur bei Gruppen. Dusche/WC zu den Öffnungszeiten im Erlebnisbad. Ganzjährig geöffnet.
Preis: 5 € inkl. aller Personen, WLAN. Strom 0,50 €/kWh, Wasser 1 €/50 l, Entsorgung 1 €.
Kontakt: Tourist-Info, 06641/184112, info@lauterbach-hessen.de, www.lauterbach-hessen.de.
Distanz: 0,1 km, 0,1 km, 0,1 km, 0,5 km.
Freizeit: Minigolf, Erlebnisbad Die Welle, Tennisanlage und Eissport-Arena.
POI: Altstadt 0,5 km, Hainigturm 2 km, Schloss Eisenbach 4 km.

36341 Lauterbach/Hessen — gratis — <12 m

Parkplatz Auf der Bleiche, Bleichstraße, 06641/184112
Direkt am Ufer der Lauter in Altstadtnähe

POS: 50°38'18.08"N/9°24'9.14"E, Karte D10 (S. 13), F2
Platz: = 5 auf Schotter. Ganzjährig geöffnet. Ausnahme: Von Pfingsten bis eine Woche nach Fronleichnam gesperrt.
Preis: Übernachtung gratis.
Kontakt: Magistrat der Kreisstadt Lauterbach, 06641/184112, info@lauterbach-hessen.de, www.lauterbach-hessen.de.
Distanz: 0,2 km, 0,2 km, , 0,5 km, 0,5 km,

1,7 km (Freizeitzentrum Steinigsgrund, David-Eifert-Straße, 36341 Lauterbach/Hessen).
Freizeit: 1,5 km, 1,5 km.
POI: Altstadt 0,3 km, Hainigturm 2 km, Schloss Eisenbach 4 km.

67742 Lauterecken €10,00

Wohnmobilstellplatz Villa Toskana, Friedhofweg 3a, ☎ 06382/92170 <12m Gutschein
Ruhiger Stellplatz am Beratungszentrum Villa Toskana

2021 geprüft

POS: 49°39'0.59"N/7°35'16.32"E, Karte D9 (S. 12), C4
Platz: = 30 auf Schotter. =24 (6/16 A) WC CHEM GRAU. Pavillon mit Grillmöglichkeit. nur bei Gruppen. Beleuchtet. Für Clubtreffen geeignet. Ganzjährig geöffnet.
Preis: 10 € inkl. Entsorgung, Müll-Entsorgung. Strom 1 €/8 h oder 1 €/2 kWh, Wasser 1 €/80 l, Dusche 1 €/5 min, WC 5 €.
Kontakt: Frau Michel, ☎ 06382/92170, info@schellerhaus.de, www.schellerhaus.de.
Distanz: 0,2 km, 0,3 km, Ⓗ 0,6 km, 0,9 km.
Gastro: Restaurant Lauterecker Toskana am Platz, Mo + Mi-Sa 17:00-22:00 Uhr, So 11:00-22:00 Uhr, Di Ruhetag. Brötchenservice.
Freizeit: 2,5 km, 0,4 km. Boule-Turnierplatz, Angeln, Lautertal-Radweg, Draisinentour, Planwagen-/Kutschfahrten, Kanu-, Tretboot-/Ruderboot fahren, Nordic-Walking-Strecken.
POI: Schloss Veldenz 0,5 km, Kalksteinbergwerk 15 km.

64686 Lautertal-Staffel/Odenwald €15,00

Kuralpe Kreuzhof, Kuralpe 2, ☎ 06254/95150 <8m
Im UNESCO-Geopark im Felsenmeer

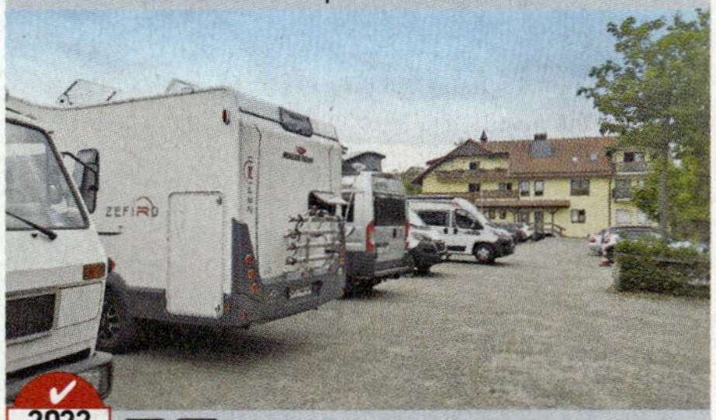

2022 geprüft

POS: 49°44'13.75"N/8°41'5.67"E, Karte D10 (S. 13), E4
Platz: = 6 auf Schotter. =6 (16 A). E-Bike-Ladestation, Hofladen. Ankunft bis 21:30 Uhr. Plätze leicht geneigt. WC zu den Restaurant-Öffnungszeiten. Ganzjährig geöffnet.
Preis: 15 € inkl. aller Personen, Strom, Wasser. Jede weitere Nacht 10 €.
Kontakt: Olaf Bormuth, ☎ 06254/95150, info@kuralpe.de, www.kuralpe.de.
Distanz: 0 km, Ⓗ 0,1 km, 2 km, 8 km.
Gastro: Am Platz, warme Küche 12:00-14:00 Uhr und 17:30-21:00 Uhr, Sa 11:30-21:00 Uhr, So+Ferienzeit 11:30-20:00 Uhr. Brötchenservice.
Freizeit: 7 km. Mithilfe bei Feldarbeit und Obsternte, Reiten, Führungen im Felsenmeer, Golfen, Radtouren (Verleih auf Anmeldung), Kutschfahrten.
POI: Felsenmeer Informationszentrum 6 km, Alsbacher Schloss 12 km, Auerbacher Schloss 12 km.

04936 Lebusa €17,00

Ferienanlage Goldpunkt, Zur Blaue 6, ☎ 035364/341 Auf einer befestigten Wiese am Körbaer Teich <12m

POS: 51°48'44.20"N/13°23'40.32"E, Karte D8 (S. 11), F3
Platz: = 30 auf Schotterrasen, Wiese. =12 WC CHEM GRAU. nur bei Gruppen.
Preis: 17 € inkl. Wasser, Entsorgung, Dusche, WC, Müll-Entsorgung, WLAN. Kind (bis 15 J.) 3 €, jede weitere Pers. 5 €, Strom 3 €.
Kontakt: Ferienanlage Goldpunkt, ☎ 035364/341, Mobil: 0171/1690190, info@ferienanlage-goldpunkt.de, www.ferienanlage-goldpunkt.de.
Distanz: 0 km, Ⓗ 0,2 km, 0,5 km, 2 km.
Gastro: Am Platz.
Freizeit: Angeln, Boot fahren, Tischtennis, Badesee 0,1 km.
POI: Feldsteinkirche Körba 1,1 km, Kirche Lebusa 2,8 km, Bockwindmühle Lebusa 4,2 km.

86983 Lechbruck am See €15,00

Wohnmobilstellplatz Via Claudia Camping, Via Claudia 6, ☎ 08862/8426 <12m Gutschein
Ruhig gelegener Stellplatz am Lechsee

2021 geprüft

POS: 47°42'55.98"N/10°49'18.35"E, Karte D15 (S. 18), A4
Platz: = 52 auf Schotter. =52 (16 A) WC CHEM GRAU. Minishop. Aufenthalt max. 10 Tage. WC/Duschen am Campingplatz. Platz ist online buchbar. Ganzjährig geöffnet.
Preis: Ab 15 € inkl. Strom, Wasser, Entsorgung, Dusche, WC, Müll-Entsorgung. Jede weitere Pers. 3 €, Kind (5-15 J.) 2 €, WLAN 4 €, Hund 5 €, Kurtaxe 1,60 €/Pers. HS max. 2 Hunde, NS 3 Hunde.
Kontakt: Frau Dr. Felicitas Weeber, ☎ 08862/8426, anfrage@camping-lechbruck.de, www.via-claudia-camping.de.
Distanz: Ⓗ 0,5 km, 1 km, 1,5 km.
Gastro: Imbiss täglich ab 14:00 Uhr. Gasthaus Via Claudia Gusto, Di-Fr 17:00-22:00 Uhr, Sa-So 12:00-14:00 Uhr und 17:00-22:00 Uhr, Mo Ruhetag, warme Küche Di-Fr 17:00-21:00 Uhr, Sa, So+Feiertag 12:00-14:00 Uhr und 16:30-21:00 Uhr.
Freizeit: 7 km, 15 km, 1 km. Hundedusche auf dem Camping. Gassi-Runden mit Hundetoiletten, Flößereimuseum 1 km, Bootsverleih 1 km, Floßfahrt auf dem Lech 1,5 km, Golfplatz 3 km.
POI: Wieskirche 8 km, Schloss Neuschwanstein 20 km.

Tipp

Unser großzügiger Via Claudia Wohnmobilstellplatz steht mobilen Gästen 24 Stunden am Tag ganzjährig zur Verfügung. Die einzigartige Lage, am smaragdgrünen Lechsee, eigenständig und doch mit voller Anbindung an unseren Campingplatz. Ausflugsziele wie Schloss Neuschwanstein, Schloss Hohenschwangau, die barocke Wieskirche und die Altstadt von Füssen liegen in nächster Nähe.

25917 Leck €7,50

Reisemobilhafen am Erlebnisbad, Am Stadion 3, ☎ 04662/8181 Parzellierte Stellflächen hinter dem Erlebnisbad Leck <12m

2022 geprüft

POS: 54°46'3.54"N/8°58'53.19"E, Karte D2 (S. 5), F1
Platz: = 20 auf Schotterrasen, Pflaster. =20 CHEM GRAU. WC/Duschen gegen Gebühr im Erlebnisbad Leck. Ganzjährig geöffnet.
Preis: 7,50 € inkl. aller Personen, Entsorgung, WLAN. Strom 1 €/2 kWh, Wasser 1 €/80 l. Bezahlung am Kassenautomat.
Kontakt: Gemeinde Leck, Sabine Schwarz, ☎ 04662/8181, info@reisemobilhafen-leck.de, www.reisemobilhafen-leck.de.
Distanz: Ⓗ 0,3 km, 0,5 km, weitere Restaurants in 1 km, 1 km, 1 km.
Gastro: Gutbürgerliche/internationale Restaurants 1 km. Taverna Zorbas 0,5 km. Bistro im Erlebnisbad.
Freizeit: 8 km, 0,1 km, 1 km. Erlebnisbad Leck, Wandern, Radfahren 0,1 km, Minigolf 0,3 km, Kanu fahren 0,3 km, Langenberger Forst (hist. Ochsenweg) 1 km, Sportflugplatz 6 km, 18-Loch-Golfanlage Hof Berg 8 km.
POI: Kirche St. Willehad, historische Fischerhäuser 0,9 km, Nolde-Museum 25 km.

26789 Leer €15,00

Ems-Marina-Camping, Marinastraße 14-16, ☎ 0491/99751581 In ruhiger Lage an der Ems, hundefreundlich <10m neu

POS: 53°13'30.87"N/7°25'13.43"E, Karte D1 (S. 4), C5
Platz: = 45 auf Wiese. =45 (16 A) WC CHEM GRAU. Slipanlage, Backshop. Anfahrt bis 23:00 Uhr möglich (vorab telefonisch anmelden). Ganzjährig geöffnet.
Preis: Ab 15 € inkl. Entsorgung. Strom 2 €, Hund 3,20 €, Dusche/WC 1,20 €. 17 € inkl. Wasser, Strom, 19,40 € inkl. Wasser, Strom, WC. Bar- und Kartenzahlung möglich.
Kontakt: Ems-Marina-Camping, Clemens Döring, ☎ 0491/99751581, Mobil: 0163/7384307, info@ems-marina-camping.de, ems-marina-camping.de.
Distanz: 0,1 km, 6 km, 7,5 km.
Gastro: Restaurant Texas Riverranch 0,1 km.
Freizeit: 5,2 km, 5,2 km. Radwanderungen, Leeraner Miniaturland 4,2 km.
POI: Altstadt mit Heimatmuseum und Museumshafen 7,5 km, Schloss Evenburg 8,4 km.

L

26789 Leer — €12,00 — <12m

Mühle Logabirum, Logabirumer Straße 55, ☎ 0491/99239955
Stellplatz bei der Mühle

POS: 53°14'50.50"N/7°30'57.16"E, Karte D1 (S.4), C5
Platz: = 4 auf Wiese, Asphalt. =20 (16 A) WC CHEM GRAU. Leinenpflicht für Hunde. nur bei Gruppen. Anreise nach Voranmeldung jederzeit möglich. Bei schlechtem Wetter Sitzmöglichkeit unter einem großen Dach. Ganzjährig geöffnet.
Preis: 12 € inkl. Wasser, Entsorgung, WC. Strom 1 €/kWh, Dusche 3 €/Pers.
Kontakt: Anita und Jan Eiklenborg, ☎ 0491/99239955, muehle@eiklenborg.de.
Distanz: 0,1 km, 0,5 km, 0,5 km, 2 km.
Gastro: Frisches Brot an der Mühle. Restaurant Grüner Hof.
Freizeit: 5 km, 5 km. Führung durch Mühle und Sägewerk.
POI: Schloss Evenburg 2 km, Wasserwerk Hasselt 8 km, Ems Sperrwerk 15 km.

26789 Leer — gratis — <8m

Parkplatz P9/Große Bleiche, Große Bleiche, ☎ 0491/91969670
Auf dem zentralen Festplatz in der Altstadt

POS: 53°13'34.78"N/7°26'49.70"E, Karte D1 (S.4), C5
Platz: = 8 auf Pflaster. =6 (16 A) WC CHEM GRAU. Aufenthalt max. 3 Nächte. Platz wird oft von Pkw und Bussen zugeparkt. Ganzjährig geöffnet. Ausnahme: Sperrung bei Veranstaltungen (1. WE im Mai/2. WE im Okt).
Preis: Übernachtung gratis. Strom 1 €/2 kWh, Wasser 1 €, Entsorgung 1 €.
Kontakt: Stadt Leer, ☎ 0491/91969670, info@leer.de, www.touristik-leer.de.
Distanz: 0 km, weitere Restaurants in 3 km, , 0,4 km, 1 km.
Gastro: Mehrere Restaurants in der Altstadt.
Freizeit: 1,5 km. Bootsfahrten, Rad-/Wanderwege.
POI: Altstadt mit Heimatmuseum und Museumshafen, Phillipsburg in Loga und Leda-Sperrwerk 3 km, Wasserburg Evenburg 3,5 km.

26789 Leer — gratis — <8m

Reisemobilstellplatz am Plytje, Burfehner Weg 34a/Zufahrt über Heisfelder Straße, ☎ 0491/97111110
Auf dem Parkplatz des Hallenbads Plytje

POS: 53°14'21.00"N/7°27'0.00"E, Karte D1 (S.4), C5
Platz: = 5 auf Pflaster, Asphalt. WC. Aufenthalt max. 3 Nächte. WC/Dusche zu den Bad-Öffnungszeiten. Ganzjährig geöffnet.
Preis: Übernachtung gratis. Dusche 1,50 €.
Kontakt: Hallenbad Plytje, ☎ 0491/97111110, info@plytje.com, www.plytje.com.
Distanz: 0,3 km, 0,6 km, 1 km, 1 km.
Gastro: Mehrere Restaurants in der Nähe.
Freizeit: 1,5 km. Stadtbesichtigung.
POI: Altstadt mit Heimatmuseum und Museumshafen 1 km, Wasserburg Evenburg 3 km, Phillipsburg in Loga und Leda-Sperrwerk 3 km.

26789 Leer — gratis — <8m

Reisemobilstellplatz Auf der Nesse, Nessestraße, ☎ 0491/91969670
Am Hafen

POS: 53°13'31.03"N/7°27'16.37"E, Karte D1 (S.4), C5
Platz: = 8 auf Schotter. . Aufenthalt max. 3 Nächte. Ganzjährig geöffnet.
Preis: Übernachtung gratis.
Kontakt: Stadt Leer, ☎ 0491/91969670, touristik@leer.de, www.touristik-leer.de.
Distanz: 0,3 km, 0,3 km, 0,8 km, 3 km.
Freizeit: 15 km, 2,1 km, 0,5 km. Boots- und Hafenrundfahrten.
POI: Heimatmuseum Museumshafen, Altstadt 0,5 km, Phillipsburg in Loga und Leda-Sperrwerk 2,5 km, Wasserburg Evenburg 3 km.

26789 Leer — €15,00 — <10m

Reisemobilstellplatz beim Seglerverein, Seglerweg 3, ☎ 0491/2033
Vereinsgelände am Hafen

POS: 53°13'8.71"N/7°26'53.38"E, Karte D1 (S.4), C5
Platz: = 3 auf Asphalt. WC CHEM. Ganzjährig geöffnet.
Preis: 15 € inkl. Wasser, Entsorgung. Strom 3 €, Dusche 1 €.
Kontakt: Seglerverein Leer, ☎ 0491/2033, info@sv-leer.de, sv-leer.de.
Distanz: 0,2 km, 1 km, 1,9 km.
Freizeit: Radwanderungen, Fahrten mit dem Fahrgastschiff Dollard.
POI: See- und Binnenhafen Leer, Altstadt Leer mit Haus Samson 1,9 km.

26789 Leer-Wiltshausen — gratis — <12m

Landgaststätte zur Jümme-Fähre Pünte, Amdorferstraße 101, ☎ 0491/71866 Auf dem Parkplatz des historischen Restaurants an der Fährstation

POS: 53°13'28.00"N/7°31'33.00"E, Karte D1 (S.4), C5
Platz: = 5 auf Schotter, Wiese. =6 (3,5 A) WC. Liegewiese direkt am Deich. nur bei Gruppen. WC zu den Öffnungszeiten. Ganzjährig geöffnet.
Preis: Für Restaurantgäste kostenlos, inkl. Strom, Wasser, WC. Einkehr obligatorisch.
Kontakt: Joachim Balzen, ☎ 0491/71866, info@puente-leer.de, www.puente-leer.de.
Distanz: 0 km, weitere Restaurants in 3 km, 3 km, 3 km, 3 km.
Gastro: Am Platz, warme Küche Mai-Sep: Mi-So 12:00-14:00 Uhr und 17:30-20:30 Uhr, Okt-Apr: Do+Fr 18:00-21:00 Uhr, Sa+So 12:00-14:30 Uhr und 18:00-21:00 Uhr.
Freizeit: 4 km.
POI: Pünte - älteste handgezogene Fähre Europas (Besichtigung 1.5.-30.9.), Evenburg 2,5 km.

31633 Leese — €4,00 — <10m

Reisemobilstellplatz Leeser See, Mühlenberg, ☎ 05761/705421 In ruhiger Ortsrandlage am Leeser See

POS: 52°30'20.03"N/9°6'13.33"E, Karte D6 (S.9), F2
Platz: = 8 auf Schotter. =8 GRAU. Nachts beleuchtet, hochfrequente LTE-Versorgung. Dusche/WC in Planung. Ganzjährig geöffnet.
Preis: 4 € inkl. Entsorgung, Müll-Entsorgung. Strom 1 €/6 h, Wasser 1 €/10 min. Gebührenpflichtig von Apr-Okt.
Kontakt: Tourist-Info SG Mittelweser, Rolf Klusmann, ☎ 05761/705421, rolf.klusmann@sg-mittelweser.de, www.sg-mittelweser.de.
Distanz: 0,1 km, 0,2 km, weitere Restaurants in 3 km, 0,7 km, 1 km.
Freizeit: Ausflugsfahrten mit dem Schiff auf der Weser.
POI: Historischer Ziehbrunnen 1,1 km, Hochzeitsmühle Landesbergen 7,5 km.

26529 Leezdorf — gratis — >12m

Landgasthaus Leezdorfer Hof, Am Sandkasten 80, ☎ 04934/1485
Landgasthof von 1909, in einer typisch ostfriesischen Gemeinde

POS: 53°33'0.31"N/7°17'40.29"E, Karte D1 (S.4), C4
Platz: = 10 auf Asphalt. =2 . Ganzjährig geöffnet.
Preis: Für Restaurantgäste kostenlos. Einkehr obligatorisch. Strom 5 €, Wasser 5 €.
Kontakt: Familie Saathoff, ☎ 04934/1485, info@leezdorfer-hof.de, www.leezdorfer-hof.de.
Distanz: , 0 km, , 0,1 km.
Gastro: Am Platz, warme Küche 17:00-22:00 Uhr. Essen à la Carte. Frühstück von 7:00-10:00 Uhr, Sa/So 8:00-11:00 Uhr.
Freizeit: 5 km, 5 km, 0,1 km. Kegeln, Hochmoor 1,5 km, Ewiges Meer 5 km, Seehund-Aufzuchtstation in Norden-Nordeich 12 km.
POI: Leezdorfer Mühle von 1896 0,1 km, Störtebekerturm 5 km, Moormuseum Moordorf 10 km.

26529 Leezdorf — gratis — <8m

Stellplatz auf dem Dorfplatz, Sträkweg/Am Sandkasten 78, ☎ 04934/810 Im Zentrum mit Blick auf die Leezdorfer Mühle

POS: 53°32'57.98"N/7°17'38.73"E, Karte D1 (S.4), C4
Platz: = 3 auf Pflaster. . Ganzjährig geöffnet.
Preis: Übernachtung gratis.
Kontakt: Tourist-Info Marienhafe, ☎ 04934/810, info@marienhafe.de, www.marienhafe.de.
Distanz: , 0,1 km, weitere Restaurants in 3,6 km, 0,1 km, 0,3 km, 3,6 km (Wohnmobilstellplatz Tjücher Moortun, Tjücher Moortun, 26529 Marienhafe).
Gastro: Landgasthaus Leezdorfer Hof.
Freizeit: Wassersport, Golfanlage Schloss Lütetsburg, Wattwandern.
POI: Schiefster Kirchturm der Welt in Suurhusen 20 km.

19067 Leezen-Rampe
€20,00 · <12m · neu

Wohnmobilstellplatz Rastplatz No. 5, Leezener Straße 5, ☎ 0173/9847883
Am Orstrand von Rampe

POS: 53°41'5.32"N/11°29'1.05"E, Karte D3 (S.6), B4
Platz: = 20 auf Asphalt, Wiese. CHEM GRAU. Ganzjährig geöffnet.
Preis: 20 € inkl. Strom, Wasser, Entsorgung, Dusche, WC.
Kontakt: ☎ 0173/9847883, rastplatz_no.5@yahoo.com.
Distanz: 0,3 km, 0,4 km, 0,5 km, 0,6 km.
Freizeit: Schifffahrt auf Schweriner See, Badesee 0,5 km.
POI: Schloss Willigrad, Schloss Schwerin.

25774 Lehe
€10,00 · <10m

Hof Nordstern, Preiler Ring 7, ☎ 04882/5146 Nördlichster Bauernhof mit Schafhaltung in Dithmarschen

POS: 54°21'59.10"N/9°1'1.39"E, Karte D1 (S.4)
Platz: = 2 auf Wiese. Ganzjährig geöffnet.
Preis: 10 € inkl. Strom, Wasser, Müll-Entsorgung.
Kontakt: Stefanie Mahmens, ☎ 04882/5146, hof-nordstern.jimdofree.com.
Distanz: 5 km, 5 km, 5 km.
Gastro: Hofladen Achtern Diek.
Freizeit: 5 km. Hofführungen, Workshops und Thementage rund ums Schaf, Tiere streicheln und füttern.
POI: Naturpark Lundener Moor 8 km, Modellbahnzauber in Friedrichstadt 8,8 km, Multimar Wattforum Tönning 13,1 km, Grüne Insel mit Eiderwatt 18,8 km, Wildes Moor bei Schwabstedt 22 km.

24211 Lehmkuhlen-Dammdorf
gratis · >12m

Flair Hotel Neeth, Preetzer Straße 1-3, ☎ 04342/82374 Bei dem idyllisch und ruhig gelegenen Hotel

POS: 54°14'56.74"N/10°18'36.63"E, Karte D2 (S.5), H2
Platz: = 3, = 3 (<10 m) auf Schotterrasen, Naturboden. =1. Ganzjährig geöffnet.
Preis: Für Restaurantgäste kostenlos. Einkehr obligatorisch. WLAN 3 €.
Kontakt: Familie Neeth, ☎ 04342/82374, info@neeth.de, www.neeth.de.
Distanz: , 0,1 km, 3 km, 3 km.
Gastro: Am Platz, Mo-Do 18:00-22:00 Uhr, Fr-Sa 12:00-14:00 Uhr und 18:00-22:00 Uhr, So Ruhetag. Frühstück 16 €/Pers.
Freizeit: 3 km, 4 km. Bogenschießplatz, auch mit Unterricht 1 km, Reiterhof 8 km, Golfplatz 10 km, Fünf-Seen-Fahrt Plön 15 km.
POI: Frühgotische Klosterkirche 3 km.

31275 Lehrte
gratis · <8m

Schützenplatz, Hohnhorstweg 1, ☎ 05132/5051150
In ruhiger Lage am Hohnhorst-Park und gegenüber von den Sportanlagen

2020 geprüft

POS: 52°22'33.84"N/9°58'57.38"E, Karte D6 (S.9), G2
Platz: = 8 auf Sand/Splitt, Schotter. Aufenthalt max. 72 h. Ganzjähr. geöffnet.
Preis: Übernachtung gratis.
Kontakt: Sonja Truffel, ☎ 05132/5051150, sonja.truffel@lehrte.de, stadtmarketing-lehrte.de.
Distanz: 0,2 km, 0,2 km, 0,4 km.
Gastro: Am Platz.
Freizeit: 0,2 km, 0,2 km, 0,4 km. Radfahren im Stadtpark.
POI: Heilpflanzengarten am Klinikum 0,3 km, Städtische Galerie 0,3 km, Stadtpark 0,6 km.

42799 Leichlingen
gratis · <10m

Wohnmobilstellplatz Leichlingen, Am Schulbusch 16, ☎ 02175/992363
Parkplatz am Hallen- und Freibad

POS: 51°6'11.31"N/7°1'17.93"E, Karte D5 (S.8), B5
Platz: = 3 auf Asphalt, Rasengittersteinen. Ganzjährig geöffnet.
Preis: Übernachtung gratis.
Kontakt: Stadt Leichlingen, ☎ 02175/992363, karin.barkowski@leichlingen.de, www.leichlingen.de.
Distanz: 0,3 km, 0,4 km, weitere Restaurants in 0,5 km, 0,5 km.
Freizeit: 0,2 km, 0,2 km, 2 km. Radfahren, Wandern.
POI: Müngstener Brückenpark 16 km, Schloss Burg, Solingen 19 km.

63849 Leidersbach
gratis · <12m

Parkplatz Hofwiese, Hauptstraße 102, ☎ 06028/97410
Öffentlicher Parkplatz im Zentrum

POS: 49°54'5.75"N/9°13'2.66"E, Karte D10 (S.13), F3
Platz: = 6 auf Schotterrasen. =6 (10 A) CHEM GRAU. Aufenthalt max. 5 Tage. Ganzjährig geöffnet. Ausnahmen: Sperrung am 1. WE im Aug und am 1. Advents-WE.
Preis: Übernachtung gratis. Strom 1 €/6 h, Wasser 1 €/4 min.
Kontakt: Gemeinde Leidersbach, Achim Fries, ☎ 06028/97410, rathaus@leidersbach.de, www.leidersbach.de.
Distanz: 0,2 km, 0,2 km, 0,5 km, 2 km.
Gastro: Heidis Eiscafé.
Freizeit: 11 km, 8 km, 1 km. Badesee, Nordic Walking, Wassertretanlage 2 km, Saunawelten 8 km, Freibad Großwallstadt 11 km, Eissporthalle 15 km, Kino 16 km.
POI: Ruine Altenburg 4 km, Wasserschloss Mespelbrunn 15 km, Schloss in Aschaffenburg 16 km.

76774 Leimersheim
gratis · <6m

Parkplatz Sport- und Freizeithalle, Rheinstraße 42, ☎ 07272/70020
In ruhiger Lage bei den Sportanlagen am Rheinradweg

POS: 49°7'31.10"N/8°21'16.33"E, Karte D9 (S.12), D5
Platz: = 3 auf Rasengittersteinen. Anfahrt 8:00-22:00 Uhr. Ganzjährig geöffnet.
Preis: Übernachtung gratis. Strom 0,60 €/kWh.
Kontakt: Südpfalz Tourismus Verbandsgemeinde Rülzheim e.V., ☎ 07272/70020, info@suedpfalztourismus-ruelzheim.de, www.suedpfalztourismus-ruelzheim.de.
Distanz: 0,1 km, weitere Restaurants in 0,5 km, 0,3 km, 0,6 km, 0,6 km, 15,8 km (Wohnmobilplatz Carnot'sche Mauer, Rudolf-von-Habsburg-Straße 1, 76726 Germersheim).
Gastro: Restaurant Müllers am Platz.
Freizeit: 6 km. 500 km langes Radwegenetz, Nordic Walking, Badesee Rülzheim, Nachtwächterführung, Fahrt mit Römerschiff, Maislabyrinth 1 km.
POI: Fischerhaus Heimatmuseum 1 km, Naturschutzgebiet Rheinauen in Hördt 8 km, Straußenfarm Rülzheim 12 km.

37339 Leinefelde-Worbis
gratis · <10m

Alternativer Bärenpark Worbis, Duderstädter Allee 49, ☎ 036074/20090 Auf dem Parkplatz des Tierschutzprojektes (Stiftung für Bären)

POS: 51°25'37.66"N/10°20'57.11"E, Karte D6 (S.9), H5
Platz: = 10 auf Wiese, Sand/Splitt. Teilweise schattig und eben. Campingverhalten nicht erlaubt. Ganzjährig geöffnet.
Preis: Übernachtung gratis inkl. WC.
Kontakt: Alternativer Bärenpark gGmbH, Sabrina Schröder, ☎ 036074/20090, Mobil: 0151/27139935, worbis@baer.de, www.baer.de.
Distanz: 1,5 km.
Freizeit: Gut markierte Wanderwege am Tor zum Ohmgebirge, Besuch des Bärenparks.
POI: St. Peter und Paul Kirche Worbis, Haus Gülden Creutz, Burg Bodenstein.

04103 Leipzig
€15,00 · <8m

Parkplatz Querstraße, Querstraße 14, ☎ 0176/20726842
Bewachter Privatparkplatz für Pkw und Reisemobile, gegenüber dem Penta Hotel

POS: 51°20'24.76"N/12°23'11.02"E, Karte D7 (S.10), D5
Platz: = 10 auf Schotter. Parkplatz für kurzfristige Aufenthalte und autarke Wohnmobile (kein Service). Parkgebühren gelten bis 10:00 Uhr am Folgetag. Ganzjährig geöffnet.
Preis: Ab 15 €.
Kontakt: Roswitha Feustel, Mobil: 0176/20726842.
Distanz: 0,2 km, 0,2 km, 0,2 km, 0,2 km.
Freizeit: Stadtbesuch, Oper 0,3 km.
POI: Historischer Hauptbahnhof 0,3 km, Altstadt 0,5 km, Nikolaikirche 0,8 km, Völkerschlachtdenkmal 2 km.

L

04103 Leipzig €17,50

Wohnmobilstellplatz Parken am Goldstück, Sachsenseite 6, ☎ 0163/3337845 >12m neu

Zentral gelegen am Hauptbahnhof

POS: 51°20'58.17"N/12°23'27.12"E, Karte D7 (S. 10), D5
Platz: P = 14, = 4 (<14 m) auf Asphalt. WC CHEM GRAU. E-Roller-Verleih, Imbiss mit Snacks & Getränken. R wird empfohlen. WC/Duschen geöffnet von 7:00-19:30 Uhr. Anfahrt 24 h. Ganzjährig geöffnet.
Preis: Ab 17,50 € inkl. WC. Strom 2,50 €, Wasser 2 €, Entsorgung 3 €, Dusche 2,50 €/Pers., Kurtaxe 1 €/ Pers. Bis 8 m/17,50 €, ab 8 m/20 €. Kurzparken von 18:00-7:00 Uhr 10 €, ab der 4. Übernachtung 15 €/Tag.
Kontakt: Team Goldstück, Jeannine Niesel, ☎ 0163/3337845, Mobil: 0163/3337830, goldstueck@4-service.de, www.goldstueck-leipzig.de.
Distanz: H 0,5 km, 0,5 km, 0,8 km, 0,8 km, weitere Restaurants in 1 km.
Gastro: Brötchenservice und Frühstücksservice (7 €/ Pers.) auf Vorbestellung möglich.
Freizeit: Kletterwald, Leipziger Messe, Zoologischer Garten 2 km, Freizeitpark Belantis 22,4 km.
POI: Völkerschlachtdenkmal, Panometer Leipzig, Museum der bildenden Künste 0,5 km, GRASSI Museum für Angewandte Kunst 0,8 km, Leipzig mit Thomaskirche 1,6 km.

L

04129 Leipzig €20,00

Wohnmobilstellplatz Leipzig Zentrum und Zoo, Haferkornstraße 3, ☎ 0341/35129303 >12m

Ruhiger, eingezäunter Stellplatz in der Nähe vom Leipziger Zentrum und Zoo

2020 geprüft E

POS: 51°21'24.97"N/12°23'5.65"E, Karte D7 (S. 10), D5
Platz: P = 24, = 30 (<20 m) auf Asphalt. =24 (16 A A) WC CHEM GRAU. Müllentsorgung. R Anfahrt 24 h. Beleuchtet. Dusche/WC 9:00-23:00 Uhr. SAT-Empfang von jedem Platz. Hundewiese nebenan (0,2 km). Ganzjährig geöffnet.
Preis: 20 € inkl. Entsorgung, WLAN, Müllentsorgung. Strom 1 €/kWh, Wasser 0,20 €/10 l, Dusche 1,50 €, WC 0,50 €, VE für Durchreisende 5 €. 20 € je angefangene 24 h (beginnend täglich ab 11:00 Uhr) unabhängig von der Personen- und Tieranzahl.
Kontakt: Boje Sport, Herr Boje Martens, ☎ 0341/35129303, stellplatz@boje-sportartikel.de.
Distanz: 0,3 km, H 0,4 km, 0,7 km, 1,7 km.

Gastro: Mehrere Restaurants im Ort.
Freizeit: 2 km, 2 km, 2 km. Kletterhalle/ Beachvolleyballfelder, Zoo Leipzig 1,7 km, Stadtrundfahrt Hop on Hop off 2 km, Bootsverleih Klingerweg 5 km, Ostsee Sandstrand am Cospudener See 11 km.
POI: Thomaskirche, Gohliser Schlösschen, Nikolaikirche, Bach-Museum, Moritzbastei, Oper, Zeitgeschichtliches Forum.

04249 Leipzig €8,00

Wohnmobilstellplatz am Elsterstausee, Am Stausee 4, ☎ 0177/8685062 <12m neu

Am Waldrand an der Weißen Elster unweit vom Freizeitpark Belantis und dem Cospudener See

POS: 51°16'0.44"N/12°18'52.60"E, Karte D7 (S. 10), D5
Platz: / = 30 auf Schotter, Wiese, Schotterrasen. Ganzjährig geöffnet.
Preis: 8 €. Bezahlung am Parkscheinautomat.
Kontakt: Ingo Sasama, Mobil: 0177/8685062, tanzhausleipzig@aol.com, www.freizeitinleipzig.de.
Anfahrt: Achtung: Keine Anfahrt über A38 Ausfahrt Belantis-Park. Stattdessen über A38, L-Südwest, Leipzig, Rehbach.
Distanz: 0,1 km, 1 km, H 1 km.
Gastro: Bistro am Wochenende.
Freizeit: 1 km. Segeln, Surfen, Badesee Cospuderner See 0,2 km, Freizeitpark Belantis 1 km.
POI: Altstadt Leipzig 8 km.

04347 Leipzig €19,00

Reisemobil-Stellplatz Melinenburg, Stöhrerstraße 3, ☎ 0163/7415648 <10m

In ruhiger Lage am Rand des Abtnaundorfer Parks, außerhalb der Umweltzone

POS: 51°21'59.07"N/12°25'34.13"E, Karte D7 (S. 10), D5
Platz: P = 39, = 2 (<10 m) auf Asphalt, Rasengittersteinen, Wiese. =28 (16 A) CHEM/Bio GRAU. Zertifizierte Gasanlagenprüfung für Wohnmobile/Caravans, Elektromobile zur Miete (Zweitsitzer). R Anreise 8:00-22:00 Uhr, nach 22:00 Uhr auf Anfrage. Abreise bis 12:00 Uhr. Anmeldung Mo-Fr 8:00-12:00 Uhr, Sa/So 8:30-12:00 Uhr. Außerhalb der Öffnungszeiten Platz belegen und am Folgetag anmelden. Reservierung ab 3 Nächten nur per E-Mail. Ganzjährig geöffnet.
Preis: 19 € inkl. Entsorgung, Müll-Entsorgung. Jede weitere Pers. 2 €, Kind (bis 13 J.) gratis, Strom 0,80 €/kWh, Wasser 0,01 €/l, Kurtaxe 1 €/Pers., Hund 2 €. Gespanne nach Anmeldung 23 € inkl. Entsorgung. An verlängerten Wochenenden/Messen/Veranstaltungen Preisaufschlag. Spätabreise (nach 12:00-20:00 Uhr) 10 €.
Kontakt: Frank Reimsbach, Mobil: 0163/7415648, stellplatz-leipzig@gmx.de, www.stellplatz-leipzig.de.
Distanz: 0 km, weitere Restaurants in 0,7 km, H 0,2 km, 0,9 km, 3,8 km.
Gastro: Bistro Präg am Platz, Mo-Fr 6:30-15:00 Uhr, Sa-So Ruhetag.
Freizeit: 1,5 km, 1,5 km. Radfahren (Leihfahrräder 10 €/Tag), Reiterhof 0,4 km, Badesee/Sauna 0,5 km.
POI: Zoo Leipzig 3,5 km, Altstadt mit Museen 3,8 km, Völkerschlachtdenkmal 7,9 km, Panometer 9,4 km.

54340 Leiwen/Mosel €10,00

Ferienweingut Spieles, Schulstraße 20, ☎ 06507/3169 Angelegte Reisemobilplätze an einem Weingut <8m

POS: 49°49'23.79"N/6°52'31.04"E, Karte D9 (S. 12), B4
Platz: / = 4 auf Schotter. =4 CHEM GRAU. R wird empfohlen. Ganzjährig geöffnet.
Preis: 10 € inkl. Strom, Entsorgung, Müll-Entsorgung. Jede weitere Pers. 2 €, Wasser 1 €/50 l.
Kontakt: Marita und Heinz Spieles, ☎ 06507/3169, Mobil: 0170/8126851, weingut.spieles@web.de.
Distanz: 0,3 km, H 0,3 km, 0,3 km, 0,5 km.
Gastro: Grillabende am Weingut auf Anfrage. Frühstücksservice, Getränke.
Freizeit: 2 km, 0,5 km. Weinlese, Betriebsbesichtigung, Weinbergfahrten mit Weinprobe.
POI: Weinmuseum Leiwen 0,5 km, Genovevahöhle 20 km, Porta Nigra und Dom zu Trier 25 km, Bernkastel-Kues 25 km.

66969 Lemberg gratis

Wohnmobilstellplatz Lemberger Weiher/Café-Konditorei-Bäckerei Faass, Talstraße, ☎ 06331/49371 <6m

An einem Weiher am Ortsrand

2020 geprüft E

POS: 49°10'23.01"N/7°38'51.47"E, Karte D9 (S. 12), C5
Platz: = 5 auf Schotterrasen, Eco-Raster/Gras. =4 (24 A) CHEM GRAU. Aufenthalt max. 4 Nächte, im Winter kein Wasser. Ganzjährig geöffnet.
Preis: Übernachtung gratis. Strom 4 €, Wasser 4 €. Schlüsselpfand 10 €.
Kontakt: Café Faass, Herr Faass, ☎ 06331/49371, info@lemberg-pfalz.info, www.lemberg-pfalz.info.
Distanz: H 0,2 km, 0,3 km, 0,4 km, 0,4 km.
Gastro: Kiosk mit kleinen Speisen am Platz. Café-Konditorei & Bäckerei Faass. Waldgaststätte Ad Astra 1,3 km. Pizzeria Sardegna 0,8 km. Restaurant Olympia 0,6 km. Landgasthof Neupert mit Biergarten 0,9 km. Ausflugslokal Sportheim SV Lemberg. Zum Rothenberg mit Biergarten 0,8 km.
Freizeit: 3,5 km (Pirmasens), 3,5 km (Pirmasens). Radweg Dahn-Weißenburg, Brunnenstollenbesichtigung, Premiumwanderwege, Burgbesichtigung.
POI: Burgruine mit Brunnenanlage 2,5 km, Pirmasens 5 km, Dahner Felsenland 12 km.

49459 Lembruch €25,00

Tiemann's Wohnmobilhafen, Tiemanns Hof 2, ☎ 05447/921339 <12m
Mitten im Naturpark Dümmer See

POS: 52°31'25.72"N/8°21'59.70"E, Karte D6 (S. 9), E2
Platz: P = 50 auf Rasengittersteinen, Wiese, Schotter. =50 WC CHEM GRAU . E-Ladestation. P wird empfohlen. Naturnahe Gestaltung mit Hainbuchen, Sanitärgebäude angrenzend an den Wohnmobilhafen. Ganzjährig geöffnet.
Preis: 25 € inkl. Wasser, Entsorgung, Dusche, WC, WLAN. Waschmaschine/Trockner je 3 €. Bezahlung am Parkscheinautomat.
Kontakt: Campingplatz Tiemanns-Hof, Friedrich Eickhoff, ☎ 05447/921339, info@tiemanns-hof.de, www.tiemanns-hof.de.
Anfahrt: Separate Zufahrt über die Seestraße.
Distanz: 0,2 km, 0,3 km.
Gastro: Restaurant Strandlust 0,2 km.
Freizeit: Rad-/Wanderwege, Bouleplatz, Wandern auf Moorpfaden, Hundestrand in der Nähe, Hundewiese am Campingplatz, Beach-Volleyball-Anlage, Badestrand 0,2 km.
POI: Museum und Park Kalkriese.

27809 Lemwerder gratis

Ehem. Vulkanparkplatz an der Weser, über Industriestraße zum Uferweg, ☎ 0421/673911 <8m
An der Weser, nicht weit vom Drachenfestgelände

POS: 53°10'11.77"N/8°36'0.27"E, Karte D2 (S. 5), E5
Platz: P = 5 auf Pflaster. Ganzjährig geöffnet.
Preis: Übernachtung gratis.
Kontakt: Gemeinde Lemwerder, Sabine Prößler, ☎ 0421/673911, proessler@lemwerder.de, www.lemwerder.de.
Distanz: 0,8 km, 1 km, 1,6 km, 2 km.
Gastro: Imbiss Gül 1 km.
Freizeit: 1,6 km. Kanusport.
POI: Weserside-Gallery, Schwarzer Leuchtturm, Kapelle am Deich 1,2 km, Unsichtbare Sehenswürdigkeit Sehnsuchtswesen 1,3 km, Aussichtsturm 2 km.

27809 Lemwerder €6,00

Reisemobilhafen am Peter-Baxmann-Platz, Schlesische Straße 16-17, ☎ 0421/673911 <10m
In ruhiger Lage direkt am Hallenbad

POS: 53°9'28.22"N/8°37'4.13"E, Karte D2 (S. 5), E5
Platz: P = 50 auf Schotterrasen. =10 (16 A) CHEM GRAU . Keine Müllentsorgung, nur Glascontainer. Müll kann von Di-Sa kostenpflichtig beim Recyclinghof in Lemwerder entsorgt werden. Ganzjährig geöffnet.
Preis: 6 €. Strom 3 €/8 h. Wasser und Entsorgung gegen Spende.
Kontakt: Gemeinde Lemwerder, Sabine Prößler, ☎ 0421/673911, proessler@lemwerder.de, www.lemwerder.de.
Distanz: 0,2 km, weitere Restaurants in 0,6 km, 0,5 km, 0,5 km, 0,5 km.
Gastro: Weser-Yacht-Club 0,5 km.
Freizeit: 0,1 km. Boule-Platz am Sport und Freizeit Gelände, Paddeln und Rudern auf der Ollen, Tennishalle 0,1 km, Anlegestelle beim Weser-Yacht-Club, Flughafenstraße 0,5 km.
POI: Aussichtsturm 0,5 km, Weserside-Gallery 0,5 km, Unsichtbare Sehenswürdigkeit (Hörstuhl) 0,8 km, Bremen-Vegesack 0,8 km, Kapelle am Deich 1,5 km.

08485 Lengenfeld €15,00

Naturhof Vogtland, Weststraße 51, ☎ 0179/5266889 <10m
Auf einem Hof in Einzellage, umgeben von Wiesen, Feldern und Wäldern

POS: 50°33'59.04"N/12°20'30.19"E, Karte D11 (S. 14), D2
Platz: = 5, = 1 (<10 m) auf Wiese, Schotterrasen. WC . P wird empfohlen. Telefonische Anmeldung ein bis zwei Tage vor Anfahrt sinnvoll. Ganzjährig geöffnet.
Preis: 15 €. Jede weitere Pers. 1,50 €, Hund 1,50 €. Strom, Frischwasser, WC und WLAN gegen kleine Servicegebühr.
Kontakt: Naturhof, Silvia Kölbel, Mobil: 0179/5266889, info@naturhof-vogtland.de, www.naturhof-vogtland.de.
Distanz: 2 km, 2 km, 4 km.
Gastro: Hofladen mit Obst und Gemüse aus eigenem Anbau, Marmeladen, Säfte, Obstkonserven, Sirup und Eier. Brötchenservice (Bestellung am Vortag).
Freizeit: 5 km. Radwanderweg 2 km.
POI: Aussichtspunkt mit Rundumblick 0,8 km, Goldmuseum, Feuerwehrmuseum, Stadtmuseum 5 km, Freizeitpark Plohn 7 km, Göltzschtalbrücke 12 km.

83661 Lenggries-Fall €10,00

Stellplatz Sylvenstein-Stausee, Dürrachstraße, ☎ 08042/5008800 <12m
Waldparkplatz in ruhiger Lage nahe Sylvensteinsee

2022 geprüft E

POS: 47°34'19.00"N/11°31'56.00"E, Karte D15 (S. 18), C4
Platz: P = 20 auf Naturboden, Schotter. WC CHEM . Aufenthalt max. 24 h. Leicht unebener, naturbelassener Untergrund. Nicht beleuchtet. Ganzjährig geöffnet.
Preis: 10 €. Wasser 2 €, Entsorgung 2 €. 5 € von 5:00-22:00 Uhr, 10 € von 21:00-7:00 Uhr. Wassergebühr pro Füllung.
Kontakt: Gemeinde Lenggries, ☎ 08042/5008800, info@lenggries.de, www.lenggries.de.
Distanz: 0,1 km, 0,1 km, 0,3 km, 10 km.
Gastro: Gasthof Fallerhof 0,5 km. Hotel Jäger vom Fall.
Freizeit: 15 km, 15 km, 15 km. Tauchen, Hochseilgarten am Hotel Jäger von Fall, Angeln, Mountainbiking, Segeln am Sylvensteinsee 0,5 km, Sommerrodelbahn 10 km, Freizeitarena Brauneck 15 km.
POI: Sylvensteinkraftwerk Fall, Kalkofen 15 km, Lenggries mit Kirche St. Jakob, Heimatmuseum 15 km, Kalvarienberg 15 km.

L

57368 Lennestadt gratis

Wohnmobilstellplatz Wigey, Wigeystraße, ☎ 02723/608800 <10m
Am Fluss Lenne

POS: 51°6'27.68"N/8°4'29.69"E, Karte D5 (S. 8), D5
Platz: P = 3 auf Rasengittersteinen. . Öffentliches WC in der Marktgarage und im Rathaus. Ganzjährig geöffnet.
Preis: Übernachtung gratis. Strom 0,50 €/kWh.
Kontakt: Touristinformation Lennestadt und Kirchhundem, ☎ 02723/608800, info@lennestadt-kirchhundem.de, www.lennestadt-kirchhundem.de.
Distanz: 0,3 km, 0,3 km, weitere Restaurants in 0,4 km, 0,4 km, 0,6 km.
Freizeit: 1,5 km. Rad-/Wanderwege, TalVital 9 km.
POI: Sauerland Pyramiden 5 km, Elspe Festival 11 km, Museum der Stadt Lennestadt 12,5 km.

57368 Lennestadt-Altenhundem gratis

Reisemobilstellplatz Volksbank-arena – Sauerlandhalle, Helmut-Kumpf-Straße 57/An der Sauerlandhalle, ☎ 02723/608800 <8m
Am Rand des öffentlichen Parkplatzes

POS: 51°6'20.44"N/8°4'47.19"E, Karte D5 (S. 8), D5

Platz: = 4 auf Asphalt. =4. Öffentliches WC Marktgarage und Rathaus Lennestadt. Ganzjährig geöffnet. Bei Veranstaltungen Ausweichparkplatz Wigey nutzen.
Preis: Übernachtung gratis. Strom 0,50 €/kWh.
Kontakt: Tourist-Information Lennestadt-Kirchhundem, ☎ 02723/608800, info@lennestadt-kirchhundem.de,www.lennestadt-kirchhundem.de.
Distanz: 0,1 km, Ⓗ 0,1 km, 0,4 km, weitere Restaurants in 0,5 km, 0,4 km.
Freizeit: 6 km, 5 km. Radwege Lenne-Route und SauerlandRadring, Bike-Arena 6 km, Wandern auf dem Rothaarsteig 8 km, Elspe Festival mit Karl-May-Festspielen, Freilichtbühne 10 km.
POI: Galileo-Park 4,6 km, Aussichtsturm Hohe Bracht 7 km, Burg Bilstein 7 km.

57368 Lennestadt-Bilstein — gratis — <8m — neu

Wohnmobilstellplatz Bilstein, Am Freibad 4, ☎ 02723/608800
Am Kahnteich, unterhalb der Burg am Ortsrand von Bilstein

POS: 51°5'54.04"N/8°1'32.58"E, Karte D5 (S. 8), D5
Platz: = 4 auf Schotterrasen. WC . WC zu den Öffnungszeiten im benachbarten Naturschwimmbad. Ganzjährig geöffnet.
Preis: Übernachtung gratis. Strom 0,50 €/kWh, Wasser 0,10 €/l.
Kontakt: Tourist-Information Lennestadt & Kirchhundem, ☎ 02723/608800, info@lennestadt-kirchhundem.de, www.bilstein-online.de.
Distanz: 0,4 km, 0,4 km, 0,4 km.
Freizeit: 6 km. Naturschwimmbad Veischedetal, Wandern im Naturschutzgebiet Bilstein/Rosenberg, Crossgolfanlage mit 10 Spielbahnen, PEPA Funpark in Grevenbrück 4 km, Elspe Festival in Elspe 7 km.
POI: Fachwerkhäuser Veischedetal (z.B. Freiheit 45, Bj. 1827) 0,6 km, Burg Bilstein (Jugendherberge) 0,7 km, Aussichtsturm Hohe Bracht 5 km.

57368 Lennestadt-Kickenbach — €10,00 — <8m

Hotel Landhaus im Grund, Zum Grund 23, ☎ 02723/91500
Neben dem Landhotel in ruhiger Ortsrandlage

POS: 51°6'45.49"N/8°6'16.60"E, Karte D5 (S. 8), D5
Platz: = 5, = 3 (<8 m) auf Pflaster, Asphalt. =2 WC . Ankunft bis 22:00 Uhr, Aufenthalt unbegrenzt. Ganzjährig geöffnet.
Preis: 10 €. Für Restaurantgäste kostenlos. Strom/Wasser 5 €.
Kontakt: ☎ 02723/91500, info@im-grund.de, www.im-grund.de.
Distanz: 0 km, Ⓗ 0,2 km, 2 km, 2,5 km.
Gastro: Restaurant am Platz, Do-Di 17:00-23:00 Uhr, Mi Ruhetag. Frühstück auf Voranmeldung.
Freizeit: 5 km, 6 km. Wandern im Rothaargebirge, Aussichtsturm Hohe Bracht 6 km, Karl-May-Festspiele 9 km, Panorama Park 18 km.
POI: Adolfsburg 13 km.

57368 Lennestadt-Langenei — gratis — <12m

Hotel Restaurant Café Schweinsberg, Fredeburger Straße 23, ☎ 02723/80990 Parkplatz beim Hotel

POS: 51°6'47.48"N/8°6'46.37"E, Karte D5 (S. 8), D5
Platz: = 10 auf Schotter. Aufenthalt max. 2-3 Tage. Ganzjährig geöffnet.
Preis: Für Restaurantgäste kostenlos. Einkehr obligatorisch.
Kontakt: Familie Schweinsberg, ☎ 02723/80990, hotel.schweinsberg@t-online.de, www.hotel-schweinsberg.de.
Distanz: Ⓗ 0 km, 0 km, 3 km.
Gastro: Am Platz, warme Küche 10:00-14:00, 17:00-21:30 Uhr. Frühstück bis 10:00 Uhr.
Freizeit: 4 km, 4 km. Kegeln, Klettern, MTBike- und Kletterpark Repetal, Ski Alpin, Bowlingcenter, Langlauf, Reiten und Planwagenfahrt 1 km.
POI: Hennesee, Biggesee, Listertalsperre, Schloss Bad Berleburg, Burg Schnellenberg, Burg Bilstein, Adolfsburg, Fort Fun-Karl-May Festspiele Elspe 15 km.

23738 Lensahn — €10,00 — <8m

Reisemobilplatz Lensahn, Dr.-Julius-Stinde-Straße 13, ☎ 04363/50840
Neben dem Waldschwimmbad mit Kurpark und Mühlenteich

POS: 54°12'53.67"N/10°52'35.62"E, Karte D3 (S. 6), A2
Platz: = 15 auf Rasengittersteinen. WC CHEM GRAU . Anmeldung an der Kasse im Schwimmbad. WC und VE zu den Öffnungszeiten des Waldschwimmbads Mitte Mai-Mitte Sep. Fahrzeuge mit großem Überhang können aufsetzen. Ganzjährig geöffnet.
Preis: 10 € inkl. aller Personen. Strom 2,50 €, Wasser 1 €, Entsorgung 1 €. Eintritt Waldschwimmbad 3,50 €.
Kontakt: Gemeinde Lensahn, Petra Rathje, ☎ 04363/50840, info@lensahn.de, www.lensahn.de.
Distanz: Ⓗ 0,2 km, 0,2 km, weitere Restaurants in 2 km, 1 km, 1,5 km.
Gastro: Restaurant Bei Marco 1 km. Chrome 2 km. Restaurant Samos.
Freizeit: Schwimmen von Mitte Mai-Ende Sep, Kutschfahrten 1,5 km, Schinkenräucherei 1,5 km, Ostseestrand 13 km.
POI: Museumshof und St. Katharinenkirche 1,5 km, Klosterdorf Cismar 8 km.

19309 Lenzen/Elbe — €12,00 — <10m

Stellplatz am Rudower See, Rekener Straße 1, ☎ 038792/7302
An der Badestelle am See in Ortsrandlage

2021 geprüft

POS: 53°5'52.00"N/11°29'33.00"E, Karte D3 (S. 6), B5
Platz: = 20 auf Wiese. =8 (16 A) WC . 16 Plätze auf Wiese, 4 befestigt. Ganzjährig geöffnet.
Preis: Ab 12 € inkl. Müll-Entsorgung. Strom 4 €/24 h, Wasser 1 €/100 l, Dusche 2,50 €/Pers., Schlüsselpfand für Duschen 10 €, Waschmaschine 2 €.
Kontakt: Touristeninformation Lenzener Elbtalaue, ☎ 038792/7302, lenzen-info@t-online.de.
Distanz: 0 km, weitere Restaurants in 2 km, Ⓗ 1 km, 1 km, 2 km.
Gastro: Mehrere Restaurants in Lenzen.
Freizeit: 2 km. Hundestrand, Volleyball- und Spielplatz, Badestrand, Kanuverleih auf Bestellung, Elberadweg 4 km.
POI: Besucherzentrum UNESCO-Biosphärenreservat, Altstadt mit Burg und Kirche 2 km.

71229 Leonberg — €2,50 — <8m

Parkplatz Festplatz Leonberg, Steinstraße 18, ☎ 07152/9901408
Im Stadtzentrum, gegenüber vom Hallenbad (Umweltzone)

2020 geprüft

POS: 48°47'49.00"N/9°1'3.71"E, Karte D14 (S. 17), F1
Platz: = 4 auf Asphalt. =4 (16 A). Aufenthalt max. 3 Tage. Duschen/WC kostenpflichtig zu den Öffnungszeiten des Hallenbads. Ganzjährig geöffnet.
Preis: 2,50 €. Strom 0,70 €/kWh. Mo-Fr von 8:00-18:00 Uhr gebührenpflichtig, Sa+So gratis. Ticket am Parkscheinautomat lösen.
Kontakt: Stadt Leonberg, ☎ 07152/9901408, stadtmarketing@leonberg.de, www.leonberg.de.
Distanz: 0,2 km, weitere Restaurants in 0,4 km, Ⓗ 0,3 km, 0,5 km, 0,6 km.
Freizeit: 0,1 km. Veranstaltungen in der Stadthalle, Shopping im Einkaufszentrum LEO-Center, Stadtpark 0,1 km.
POI: Stadtmuseum, Kunstgalerie 0,4 km, Pomeranzengarten am Schloss 0,5 km, Engelbergturm 2 km.

15324 Letschin-Kienitz — €8,00 — <8m

Am Storchennest, Kienitzer Oderstraße 20, ☎ 033478/4596
Unterteiltes Wiesengelände mit Storchennest, sehr ruhige Lage

POS: 52°40'35.70"N/14°23'54.90"E, Karte D8 (S. 11), G1
Platz: = 12, = 2 (<8 m) auf Wiese. =6 (16 A) WC CHEM GRAU . Freilandschach, Tischtennis. Geöffnet: Apr-Sep/Okt - je nach Wetterlage.
Preis: 8 € inkl. Wasser, Entsorgung, Müll-Entsorgung. Jede weitere Pers. 1 €, Strom 2 €/3 kWh, Dusche 2 €/Pers., WC 1 €, Hund 0,50 €.
Kontakt: Hannelore und Hans Marth, ☎ 033478/4596, Mobil: 0173/4478592, marth40@gmx.de.
Anfahrt: Einfahrt zum Platz über Gartenweg.

Sie haben einen neuen Stellplatz entdeckt? Dann teilen Sie uns diesen mit per E-Mail an **bordatlas@doldemedien.de** oder über das Online-Meldeformular unter **www.bordatlas.de/meldung**

Distanz: 3 km, weitere Restaurants in 5 km, 3 km, 5 km.
Freizeit: Angeln, Bootsfahrten auf der Oder, Radfahren auf dem Oder-Neiße-Radweg 3 km, Sportboothafen Marina in Kienitz 3 km, Badestelle Sophiental am alten Oderarm 6 km, Kanuverleih in Quappendorf 8 km, Freizeitbäder Zechin/Gusow 12 km.
POI: Hafenmühle Kienitz und Kienitzladen, Radfahrerkirche Himmel/Erde Kienitz 3 km, Bockwindmühle Wilhelmsaue/Denkmal Alter Fritz in Letschin 5 km, Gedenkstätte Seelower Höhen 25 km.

39638 Letzlingen — €5,00

Gasthaus Lüders, Jävenitzer Straße 2a, ☎ 039088/6464 — <12 m
Übernachtungsplätze hinter dem Gasthaus

POS: 52°26'53.85"N/11°29'18.30"E, Karte D7 (S. 10), B2
Platz: = 3 auf Asphalt. Ganzjährig geöffnet.
Preis: 5 € inkl. Strom, Wasser, WLAN.
Kontakt: Familie Lüders, ☎ 039088/6464, Karell. Lueders@t-online.de, www.gasthaus-lueders.de.
Distanz: 0 km, 0 km, 0,3 km, Ⓗ 0,5 km.
Gastro: Gasthaus Lüdens, Mo-Di + Do-Sa 17:00-23:00 Uhr, So 11:00-14:00 Uhr, Mi Ruhetag.
Freizeit: 10 km, 15 km.
POI: Jagdschloss Letzlingen 0,6 km.

95191 Leupoldsgrün — gratis

Stellplatz Am Anger, Hauptstraße 48, ☎ 09292/415 Ebener Stellplatz in ruhiger Lage hinter dem Feuerwehrhaus — <10 m

POS: 50°17'38.60"N/11°47'59.10"E, Karte D11 (S. 14), C2
Platz: P = 2 auf Pflaster. CHEM GRAU. Ladestation für E-Bikes, Tischtennisplatte. Ganzjährig geöffnet.
Preis: Übernachtung gratis inkl. Entsorgung, WLAN. Strom 0,50 €/kWh, Wasser 1 €/50 l.
Kontakt: Gemeinde Leupoldsgrün, ☎ 09292/415, gemeinde@leupoldsgruen.de, www.leupoldsgruen.de.
Distanz: 0,1 km, 0,4 km, 0,5 km, Ⓗ 0,7 km.
Gastro: Pizzeria Pepe 0,5 km, Mo 17:00-22:00 Uhr, Di-So Ruhetag.
Freizeit: 12 km. Wandern im Frankenwald, Kletterpark Hof 12 km.
POI: Therme Bad Steben 20 km.

91578 Leutershausen — gratis

Stellplatz Brühlwiese, Steinweg, ☎ 09823/9510 — <8 m
Direkt an der Altmühl nahe Altstadt

POS: 49°17'49.64"N/10°24'34.36"E, Karte D11 (S. 14), A5
Platz: = 10 auf Rasengittersteinen. Ganzjährig geöffnet.
Preis: Übernachtung gratis.
Kontakt: Stadt Leutershausen, ☎ 09823/9510, stadt@leutershausen.de, www.leutershausen.de.
Distanz: 0,3 km, 0,4 km, 0,5 km.
Freizeit: Angeln, Karpfenradweg, Radschmetterling mit verschiedenen Rundtouren, Naturfreibad Altmühlbad, Altmühlradweg.
POI: Altstadt, Motorradmuseum Frankenhöhe, Deutsches Flugpioniermuseum Gustav Weißkopf.

88299 Leutkirch im Allgäu — €12,00

Wohnmobilstellplatz Leutkirch, Kemptener Straße 62, ☎ 07561/87154 Auf einem 2.730 qm großen Gelände, gegenüber vom Freibad Stadtweiher — <12 m

POS: 47°49'20.04"N/10°2'21.97"E, Karte D14 (S. 17), H4
Platz: P = 14 auf Rasengittersteinen. =16 (16 A) CHEM GRAU. Hundetoilette. Altstadtnah und mitten im Grünen. Ganzjährig geöffnet.
Preis: 12 € inkl. Entsorgung, Müll-Entsorgung, WLAN. Strom 0,70 €/kWh, Wasser 1 €/100 l oder 0,10 €/10 l. Dusche/WC im Freibad Stadtweiher (nur zu den Freibad-Öffnungszeiten von Mai-Sep). Parkschein-Abriss (Gästekarte) für einen kostenfreien Eintritt an der Badkasse vorlegen.
Kontakt: Touristinfo Leutkirch, ☎ 07561/87154, touristinfo@leutkirch.de, www.leutkirch.de.
Distanz: 0,5 km, weitere Restaurants in 1,4 km, Ⓗ 0,5 km, 1 km, 1,2 km.
Gastro: Gasthof Bayrischer Hof (Öffnungszeiten siehe Website www.bayrischer-hof.com).
Freizeit: Trimm-Dich-Pfad, Nordic Walking-Parcours, Angeln, Wander-/Radwege, Liegewiese und Spielplatz am Freibad, Loipen im Winter, Tennis, Minigolfplatz in direkter Nähe, Freibad 0,1 km, Kneippbad 0,8 km, Center Parcs Park Allgäu 6 km, Allgäuer Genussmanufaktur 7 km.
POI: Museum im Bock 1,4 km, Altstadt 1,4 km, Schloss Zeil 5 km, Galluskapelle an A96 7 km, Glasmacherdorf Schmidsfelden 8 km.

Tipp

Vor der Kulisse mächtiger Berggipfel liegt die Stadt Leutkirch im Allgäu. Freiheit und Geborgenheit gehören hier zusammen wie Ruhe und Natur. Zu Fuß oder mit dem Rad lassen sich die Sehenswürdigkeiten um den Stellplatz am schönsten erkunden. Das gegenüberliegende Freibad Stadtweiher mit Naturbadesee und beheiztem Schwimmbecken runden einen entspannten Urlaubstag ab.

51373 Leverkusen-Küppersteg — gratis

Camping-Caravaning Meier, Adolf-Kaschny-Straße 9, ☎ 0214/868270 — <12 m
Auf dem Firmenparkplatz

POS: 51°3'8.66"N/7°0'C.39"E, Karte D5 (S. 8), B5
Platz: = 3 auf Pflaster. CHEM GRAU. VE zu den Öffnungszeiten Mo-Fr 9:00-18:00 Uhr, Sa 9:00-14:00 Uhr. Ganzjährig geöffnet.
Preis: Übernachtung gratis. Wasser 0,50 €/2 min, Entsorgung 0,50 €.
Kontakt: Herr Meier, ☎ 0214/868270, info@ccmeier.de, www.ccmeier.de.

Distanz: 0,2 km, 0,2 km, Ⓗ 0,2 km, 1,5 km.
Gastro: Mehrere Restaurants 0,2 km.
Freizeit: 2,5 km, 2,5 km. Radroute Erlebnisweg Rheinschiene, Neuland Park, Freizeit-/Erlebnisbad CaLevornia 2,5 km.
POI: Schloss Morsbroich 5 km.

35423 Lich — gratis

Wohnmobilstellplatz Lich, Ringstraße am Bürgerpark, ☎ 06404/8060 — <12 m
In zentraler Lage zur Innenstadt

POS: 50°30'59.29"N/8°49'20.22"E, Karte D10 (S. 13), F2
Platz: P = 4 auf Rasengittersteinen. =6 (16 A) WC CHEM GRAU. Leinenpflicht für Hunde. Aufenthalt max. 3 Tage. Ganzjähr. geöffnet.
Preis: Übernachtung gratis. Strom 1 €/2 kWh, Wasser 1 €/100 l.
Kontakt: Stadt Lich, ☎ 06404/8060, info@lich.de, www.lich.de.
Distanz: 0,2 km, 0,3 km, weitere Restaurants in 0,4 km, Ⓗ 0,3 km, 0,4 km.
Gastro: Mehrere Restaurants, Cafés, Eisdielen im Ort.
Freizeit: 2 km. Rund- und Themenwanderwege, Themenradwege, Radroute RRR, Golfplatz 1,5 km, Naturpark Hoher Vogelsberg 30 km.
POI: Pforte Ober-Bessingen mit Rotkreuz-Museum, Altstadt, begehbarer Stadtturm und Marienstiftskirche 0,5 km, Klosterruine Arnsburg 5 km, Limes, Aussichtsturm und römisches Kastell 6,5 km.

35423 Lich-Muschenheim — gratis

Wohnmobilstellplatz Muschenheim, Klosterweg 36, ☎ 06404/806100 — <12 m — neu
Am Ortsrand von Muschenheim, nahe Sport- und Kulturhalle

POS: 50°29'23.41"N/8°47'45.11"E, Karte D10 (S. 13), F2
Platz: P = 10 auf Schotter. CHEM GRAU. Aufenthalt max. 3 Nächte. Ganzjährig geöffnet.
Preis: Übernachtung gratis inkl. Entsorgung. Strom 1 €/2 kWh, Wasser 1 €/4 min.
Kontakt: Stadt Lich, ☎ 06404/806100, info@lich.de, www.lich.de.
Distanz: 0,6 km, 0,6 km, Ⓗ 0,7 km, 3 km.
Gastro: Restaurant zum heiligen Stein 0,6 km.
Freizeit: 6,6 km, 6,2 km, 6,3 km. Radfahren, Wandern z.B. kulturhistorischer Wanderweg, Wildpark Klosterwald 0,8 km, Golf 2,1 km.
POI: Ausgrabungen Villa Arnesburg, Burg Arnsburg 0,5 km, Kastell Arnsburg-Alteburg mit römischen Ausgrabungen 0,9 km, Kloster Arnsburg 0,9 km, Megalithgrab Heiliger Stein 2,1 km, Heimatmuseum Lich 3,7 km.

L

33165 Lichtenau-Atteln €5,00 <8m

Wohnmobilhafen Naturbad Altenautal, Dr. Schmücker-Straße 30, 05292/932176 Am Parkplatz des Bades

POS: 51°35'59.52"N/8°48'6.30"E, Karte D6 (S.9), F4
Platz: = 4 auf Pflaster. Ganzjährig geöffnet.
Preis: 5 € inkl. Strom, Wasser, Entsorgung. Naturbad-Kombiticket 10 € (inkl. Familientageskarte Naturbad).
Kontakt: Naturbad Altenautal e. V., 05292/932176, info@naturbad-altenautal.de, www.naturbad-altenautal.de.
Distanz: 0,3 km, 0,4 km.
Freizeit: Sintfeld-Höhenweg, Altenau-Rad- und Wanderweg, Paderborner-Land-Route.
POI: Kloster Dalheim.

08115 Lichtentanne-Schönfels €3,00 <12m

Caravanzentrum Spitzner GmbH, Neumarker Straße 2, 037600/2584 Auf dem Parkplatz des Hobby-Vertragshändlers und Fendt-Servicepartners

POS: 50°40'32.62"N/12°24'28.27"E, Karte D11 (S.14), D1
Platz: = 10 auf Wiese. Späteste Anfahrt Mo-Fr 18:00 Uhr, Sa An-/Abfahrt 9:00-12:00 Uhr, So geschlossen. Geöffnet: Apr-Okt.
Preis: 3 €.
Kontakt: 037600/2584, caravanzentrum@web.de, www.caravanzentrum-spitzner.de.
Distanz: Ⓗ 0,1 km, 0,5 km, 0,5 km, 5 km.
Gastro: Zahlreiche Restaurants im Ort.
Freizeit: 10 km, 10 km.
POI: Burg Altschönfels 1 km, Dom und Museum in Zwickau 6 km.

L

03238 Lichterfeld-Schacksdorf €10,00 <8m

Stellplatz am Besucherbergwerk F60, Bergheider Straße 4, 03531/609319 In abgeschiedener Lage auf dem Besucherparkplatz

POS: 51°35'19.63"N/13°46'52.59"E, Karte D8 (S.11), F4
Platz: = 20 auf Sand/Splitt, Asphalt. Ganzjährig geöffnet.
Preis: 10 €.
Kontakt: 03531/609319, info@f60-concept.de, www.f60.de.
Distanz: Ⓗ 0,1 km, 1,2 km, 1,8 km.
Gastro: Am Platz.
Freizeit: Führungen durch das Industriekulturdenkmal, Konzerte (im Sommer).
POI: Niederlausitzer Museumseisenbahn 7,3 km, Schloss Sallgast 10 km, Töpferdorf Crinitz 24,4 km.

31618 Liebenau €15,00 <12m

Wohnmobilstellplatz Schweizerlust, Schweizerlust 1, 05023/588 Neben dem Hotel-Restaurant an der Großen Aue, einem Nebenfluss der Weser

POS: 52°36'23.49"N/9°5'54.23"E, Karte D6 (S.9), F1
Platz: = 8 auf Naturboden, Schotter. =16 (16 A) WC GRAU. Beschrankt, beleuchtet. Anfahrt 8:00-22:00 Uhr. Platz für Gruppentreffen erweiterbar auf 15 Plätze. Telefonische Voranmeldung erbeten. WC/Behinderten-WC von Di-Sa ab 16:00 Uhr, So ab 11:00 Uhr. Ganzjährig geöffnet.
Preis: 15 € inkl. Strom, Wasser, Entsorgung, WC.
Kontakt: Hotel-Restaurant Schweizerlust, 05023/588, info@schweizerlust.de.
Distanz: 0 km, 0,5 km, Ⓗ 0,5 km, 0,7 km.
Gastro: Reisemobil-Frühstück im Restaurant.
Freizeit: 0,8 km. Kanutouren auf der Großen Aue-Anleger in der Nähe, Weser-Radweg, Naturbad Pennigsehl 7 km.
POI: Altsächsisches Gräberfeld Liebenau/Steyerberg, Romanische Dorfkirchen in Binnen und Büren, alte Wassermühle mit Fischtreppe, Fischadleraussichtsturm in der Liebenauer Wesermarsch, Gotische St. Laurentiuskirche 0,6 km.

38704 Liebenburg gratis <10m

Stellplatz am Schloss, Gitterweg, 05346/900019 Öffentlicher Parkplatz beim Mineralwasserfreibad

POS: 52°1'5.30"N/10°25'14.64"E, Karte D6 (S.9), H3
Platz: = 4 auf Pflaster. Ganzjährig geöffnet.
Preis: Übernachtung gratis.
Kontakt: Gemeinde Liebenburg, Sandra Armbrecht, 05346/900019, s.armbrecht@liebenburg.de, www.liebenburg.de.
Distanz: 0,2 km, Ⓗ 0,2 km, 1 km, 1 km.
Freizeit: 0,2 km. Minigolfanlage.
POI: Schlosskirche 0,3 km, Skulpturenpark 0,3 km, Burganlage 0,3 km, Europäische Straße des Friedens 0,5 km.

49536 Lienen gratis <8m

Stellplatz Hallenfreibad, Holperdorper Straße 37, 05483/739650 Am Hallenfreibad mit Blick über Lienen

POS: 52°9'17.67"N/7°58'12.86"E, Karte D5 (S.8), D3
Platz: = 3 auf Pflaster, Schotter. WC GRAU. Aufenthalt max. 3 Nächte. Ganzjährig geöffnet.
Preis: Übernachtung gratis. Entsorgung 5 €. Dusche/WC zu den Bad-Öffnungszeiten gegen Eintritt.
Kontakt: Gemeinde Lienen, 05483/739650, touristik@lienen.de, www.lienen.de.
Distanz: 0,2 km, weitere Restaurants in 1 km, 0,5 km, 1 km, Ⓗ 1 km.
Freizeit: Historische Ortsrundgänge mit App (kostenlose App notwendig), Beachvolleyball (im Freibad), Tennisplatz (am Schwimmbad), Dampfzugfahrt mit dem historischen Teuto-Express, Reitroute Lienen, Radeln in der Münsterländer Parklandschaft, Boule, Wandern im Teutoburger Wald (auch geführte Wanderungen z.B. Nachtwächterrundgang od. Alpaka-Touren, Infos bei der Tourist-Information), Reiterhof 0,2 km, Barfußpark 0,5 km.
POI: Restaurierte Zwei- und Vierständerfachwerkhäuser.

01723 Limbach bei Wilsdruff €15,00 <12m neu

Wohnmobilstellplatz yourbiketime, Hauptstraße 4, 0172/6255265 Im Garten des Fahrradhändlers

POS: 51°3'4.19"N/13°29'0.83"E, Karte D8 (S.11), F5
Platz: = 4, = 1 (<12 m) auf Wiese. WC GRAU. Fahrrad-Shop und Zubehör, Sitzecke. Feuerstellennutzung nach Absprache (inkl. Holz). WC/Dusche von Apr-Okt. Wohnwagengespanne auf Anfrage. Ganzjährig geöffnet.
Preis: 15 € inkl. Wasser, Dusche, WC, WLAN, Grauwasser-Entsorgung. Jede weitere Pers. 2 €, Strom 2 €/4 Tag, Hund 2 €.
Kontakt: Nico Brückner, Mobil: 0172/6255265, yourbiketime@gmail.com, www.yourbiketime.de.
Distanz: 0,5 km, 0,5 km, 3 km.
Gastro: Rittergut Limbach mit überdachtem Biergarten.
Freizeit: 7 km. E-Bike Tour mit Guide, Mountainbike-Kurs, geführte Rennradtour.
POI: Dresden 20 km, Porzellanmanufaktur Meißen 21 km, Radebeul 23 km.

09212 Limbach-Oberfrohna-Wolkenburg gratis

Stellplatz Schlossblick, Kaufunger Straße 19, ☎ 03722/780 Einfacher Platz mit Blick auf Schloss Wolkenburg <12m

POS: 50°53'58.38"N/12°40'19.20"E, Karte D12 (S. 15), E1
Platz: = 3 auf Schotter. Aufenthalt max. 3 Tage. Ganzjährig geöffnet.
Preis: Übernachtung gratis.
Kontakt: Stadt Limbach-Oberfrohna, ☎ 03722/780, post@limbach-oberfrohna.de, www.limbach-oberfrohna.de.
Distanz: 0,2 km, weitere Restaurants in 1 km, 3 km.
Freizeit: 8 km, 8 km, 10 km. Schlossführung.
POI: Klassizistische Kirche 0,3 km, Schloss Wolkenburg und hist. Eisenkunstgussfiguren 0,3 km, historische Bergbaustätte 0,8 km.

65549 Limburg/Lahn €15,00

Wohnmobilstellplatz CR Limburg, Schleusenweg 16, ☎ 0160/91996659 Nahe der Altstadt, mit Blick auf den Schleusenkanal <12m

POS: 50°23'20.30"N/8°4'23.43"E, Karte D9 (S. 12), D2
Platz: P = 35 auf Schotter. CHEM GRAU. Anfahrt 24 h. Ganzjährig geöffnet.
Preis: 15 € inkl. aller Personen. Strom 0,50 €/kWh, Wasser 0,50 €/50 l. Abrechnung wie Parkplatz: Grundgebühr 5 € (inkl. 2 kWh Strom oder 100 l Wasser), ab der 5. Std. 0,50 €/h.
Kontakt: Camping Resort Limburg GmbH, Kevin Weiß, ☎ 0160/91996659, info@camping-resort-limburg.de, www.camping-resort-limburg.de.
Distanz: 1,5 km.
Gastro: Biergarten.
Freizeit: Wassersport, Radweg.
POI: Altstadt Limburg mit Dom.

65555 Limburg/Lahn €3,00

Freizeitfahrzeuge Singhof, Hoenbergstraße 2, ☎ 06431/778110 Separate Stellplätze auf dem Firmengelände mit freier Zufahrt <10m

POS: 50°24'11.34"N/8°4'17.20"E, Karte D9 (S. 12), D2
Platz: P = 3 auf Sand/Splitt. =3 (6 A). Wasser nur zu den Geschäftszeiten. Ganzjährig geöffnet.
Preis: 3 € inkl. Strom. Einkauf im Zubehörshop erwünscht.
Kontakt: Freizeitfahrzeuge Singhof, Björn Singhof, ☎ 06431/778110, info@singhof.de, www.singhof.de.
Distanz: 0,5 km, 1 km, 2 km.
Gastro: Mehrere Restaurants in Limburg. Boutiquehotel Zeitlos.
Freizeit: 3 km, 3 km.
POI: Altstadt Limburg mit Dom 2 km.

88131 Lindau €20,00

Campingpark Gitzenweiler Hof, Gitzenweiler 88, ☎ 08382/94940 Separate Stellflächen für einmalige Übernachtung auf dem Parkplatz vor der Schranke <10m

POS: 47°35'6.22"N/9°42'23.02"E, Karte D14 (S. 17), G5
Platz: P = 17 auf Rasengittersteinen. =11 (6 A) WC CHEM GRAU. GITZ-Supermarkt, Freibad, Fußballcourt, Hundedusche. WC-Nutzung/Wasser auf dem Camping. Stadtbus nach Lindau alle 30 min. Ganzjährig geöffnet.
Preis: 20 € inkl. Strom, Entsorgung, Dusche, WC, Müll-Entsorgung. Wasser 0,50 €/80 l, Kurtaxe 3,30 €/Pers., Kurtaxe (6-16 J.) 2 €/Pers., WLAN 5 €. Abreise bis 11:00 Uhr.
Kontakt: ☎ 08382/94940, info@gitzenweiler-hof.de, www.gitzenweiler-hof.de.
Distanz: 0 km, weitere Restaurants in 2,3 km, 0,1 km, 0,1 km, 2,3 km.
Gastro: Wirtshaus am Gitzenweiler Hof ganzjährig geöffnet. Pizzeria Ristorante Pinocchio. Imbiss am Platz ganztägig geöffnet.
Freizeit: 6 km. Ponyhof, Beach-Volleyball, Basketball, Soccercourt, Trampoline, geführte Wanderungen, Naturspielplatz, GITZ-Bike Station auch mit Elektro-Rädern und Kindertrailer, Yoga, Golf 2 km, Tennis/Squash 3 km, Wassersport Bodensee 5 km, Therme Lindau 6 km.
POI: Lindau 5 km, Bregenz 10 km, Skywalk Naturerlebnispark Scheidegg 20 km.

Tipp

Inmitten von Wäldern, Wiesen und Weihern lässt es sich bestens urlauben. Der Gitzenweiler Hof ist der „place to be" für Outdoor-Romantiker und Campinghelden in der Vierländerregion. Jeder findet hier sein perfektes Plätzchen, ob mit dem eigenen Zelt, Wohnwagen od. Wohnmobil. Campingneulinge erleben einzigartiges Urlaubsfeeling in mod. Mietwohnwagen oder Varia Homes. Restaurants, Supermarkt, Pool, Ponyhof und ein buntes Programm runden das Angebot ab.

88131 Lindau €15,00

Park-Camping Lindau, Fraunhoferstraße 20, ☎ 08382/8899999 Am bayerischen Bodenseeufer <8m

POS: 47°32'15.95"N/9°43'51.73"E, Karte D14 (S. 17), G5
Platz: P = 12 auf Schotter. WC CHEM GRAU. Leinenpflicht für Hunde. Aufenthalt max. 24 h. Geöffnet von Apr-Mitte Dez.
Preis: 15 € inkl. Wasser, Entsorgung, WC, Müll-Entsorgung. 1.4.-31.10.: Kurtaxe (ab 16 J.) 3,30 €, Kind (ab 6 J.) 2 €. 1.11.-31.3. Kurtaxe (ab 16 J.) 2,20 €, Kind (ab 6 J.) 1,20 €. Nutzung aller Einrichtungen vom Park-Camping Lindau inklusive. Preisänderung 2023 möglich.
Kontakt: Lindau Tourismus und Kongress GmbH, ☎ 08382/8899999, info@park-camping.de, www.park-camping.de/durchreiseplaetze.
Distanz: , weitere Restaurants in 0,2 km, 0,1 km, 0,5 km, 5 km.
Gastro: Restaurant Strandhaus am Platz, Barbecue und Steak, Mo-Fr 12:00-22:00 Uhr, Sa-So Ruhetag. Restaurant Zum Zecher 0,2 km.
Freizeit: Wassersport, Badestrand, Sportplätze auf dem Gelände, Fußball, Basketball, Tischtennis 2 km, Kanu, Kayak, SUP 2 km.
POI: Insel Lindau 4 km, Bregenz mit Seebühne 5 km.

L

88131 Lindau-Zech €20,00

Stellplatz Hartplatz Zech, Bregenzerstraße 177, ☎ 08382/8899900 Am bayerischen Bodenseeufer <10m

POS: 47°32'32.00"N/9°43'53.00"E, Karte D14 (S. 17), G5
Platz: P = 32 auf Asphalt, Schotter. WC CHEM GRAU. Keine Anfahrt zwischen 22:00-6:00 Uhr. Aufenthalt max. 24 h. Ganzjährig geöffnet.
Preis: 20 €. Wasser 1 €, Entsorgung 1 €. 3 € für die ersten beiden Stunden, jede weitere Stunde 1 €. Tagesticket 20 €. Mit der Echt-Bodensee-Card Lindauer Stadtbusse kostenfrei. Bezahlung am Münzautomat.
Kontakt: Lindau Tourismus, ☎ 08382/8899900, info@lindau-tourismus.de, www.stadtlindau.de.
Distanz: 0,4 km, weitere Restaurants in 0,8 km, 0,8 km, 1,1 km.
Gastro: Hafenrestaurant Lindau-Zech 0,8 km.
Freizeit: Uferwanderweg Lindau 0,8 km, Badestrand Bodensee 0,8 km.
POI: Lindauer Insel 4,4 km, Lindauer Hafeneinfahrt 5,3 km, Bregenz mit Seebühne 5,6 km, Stadt Lindau mit Rathaus 9,8 km.

94227 Lindberg €8,00

Wohnmobilstellplatz Nationalparkzentrum Falkenstein, Eisensteinerstraße 20, ☎ 09922/50020 <8m
Im Nationalparkzentrum Falkenstein mit Tierfreigelände und Haus zur Wildnis

POS: 49°3'39.45"N/13°14'7.22"E, Karte D12 (S.15), F5
Platz: P = 5 auf Schotter. WC. Leinenpflicht für Hunde. Aufenthalt max. 2 Nächte. Geöffnet: 1.4.-15.11.
Preis: 8€.
Kontakt: Nationalparkverwaltung Bayerischer Wald, ☎ 09922/50020, hzw@npv-bw.bayern.de, www.nationalpark-bayerischer-wald.de.
Distanz: 0,7 km (Ludwigsthal), 1 km.
Gastro: Gastronomie im Haus zur Wildnis 1 km, Mo-So 9:30-18:00 Uhr. Nationalpark-Laden mit Geschenkartikeln und regionalen Leckereien. biozertifiziert.
Freizeit: 3D-Kino, Steinzeithöhle, Kinder-Erlebnisraum, Tierfreigelände mit Wildpferden, Urrindern, Luchsen und Wölfen 0,5 km.
POI: Nationalpark-Besucherzentrum Haus zur Wildnis mit Dauerausstellung.

94227 Lindberg-Ludwigsthal gratis

Wohnmobilstellplatz Lindberg Schloss Ludwigsthal, Eisensteiner Straße 3, ☎ 09922/7099021 <10m
Gegenüber Schloss Ludwigsthal im Nationalpark Bayerischer Wald

POS: 49°3'21.92"N/13°14'12.95"E, Karte D12 (S.15), F5
Platz: = 8 auf Schotterrasen. Ganzjährig geöffnet.
Preis: Übernachtung gratis.
Kontakt: Tourist-Info Lindberg, ☎ 09922/7099021, lindberg@ferienregion-nationalpark.de, www.arberland-bayerischer-wald.de.
Distanz: 0 km, weitere Restaurants in 0,1 km, Ⓗ 0,1 km, 0,2 km, 5,9 km.
Gastro: Gaststätte Ludwigsthal 0,1 km. Café zum Holzscheidl.
Freizeit: Wildniscamp am Falkenstein, Wintersport, Langlaufloipen, Schneeschuhwandern, Haus zur Wildnis mit Tierfreigelände, Rundwanderweg Hirsch mit Rothirschgehege in Scheuereck, Nationalparkzentrum Falkenstein 0,2 km.
POI: Schloss Ludwigsthal, Bauernhausmuseum Lindberg 2,9 km, Schloss Buchenau 8,8 km.

L

88161 Lindenberg/Allgäu €10,00

Wohnmobilstellplatz am Waldsee, Austraße, ☎ 08381/9284310 <10m
Am Rand eines Natur- und Landschaftsschutzgebietes

POS: 47°36'3.19"N/9°52'34.88"E, Karte D14 (S.17), G4
Platz: P = 11 auf Schotterrasen. CHEM GRAU. Aufenthalt max. 7 Tage. Grauwasser-Entsorgung nur mit tragbaren Tanks. Ganzjährig geöffnet.
Preis: 10€ inkl. Kurtaxe. Strom 1€/kWh, Wasser 1€/100 l.
Kontakt: Tourist-Info in der Kulturfabrik, ☎ 08381/9284310, touristinformation@lindenberg.de, www.lindenberg.de.
Distanz: 0,1 km, weitere Restaurants in 1 km, Ⓗ 0,7 km, 1 km, 1 km.
Gastro: Hotel Waldsee.
Freizeit: Kostenfreies Waldseebad mit Moorwasser 0,2 km.
POI: Waldsee 0,1 km, Stadtpfarrkirche 0,7 km, Deutsches Hutmuseum 2 km.

64678 Lindenfels €10,00

Parkplatz Kappstraße, Kappstraße, ☎ 06255/30644 <8m
Im Kurort, inmitten des UNESCO-Geoparks Bergstraße-Odenwald

2020 geprüft E

POS: 49°40'50.84"N/8°46'57.75"E, Karte D10 (S.13), E4
Platz: P = 10 auf Schotter. =4 WC CHEM. Aufenthalt max. 3 Tage. Ganzjährig geöffnet.
Preis: 10€ inkl. Wasser, Entsorgung, WC, Kurtaxe. Strom 1,50€/kWh.
Kontakt: Stadt Lindenfels, ☎ 06255/30644, touristik@lindenfels.de, www.lindenfels.de.
Distanz: 0,4 km, weitere Restaurants in 0,8 km, Ⓗ 0,5 km, 0,5 km.
Freizeit: 2 km. Lindenfelser Burg- und Trachtenfest, Open-Air-Musikveranstaltungen im Aug, Heilklima-Wandern und -Walken, Radfahren und Mountainbiken, Gleitschirm fliegen, Brauchtumstage Anfang Okt, Heilklima Sportpark Lindenfels 1 km.
POI: Altstadt mit Burgruine, Heimatmuseum und Bürgerturm 1 km, Das Deutsche Drachenmuseum 1 km.

37318 Lindewerra gratis

Wohnmobilstellplatz Lindewerra, Straße zur Einheit/Werrabrücke, ☎ 0160/95680748 <10m
An der Werrabrücke und am Werratalradweg

POS: 51°18'47.20"N/9°56'42.75"E, Karte D6 (S.9), G5
Platz: P = 8 auf Rasengittersteinen, Wiese. =4 WC. Öffentliches WC beim Stockmachermuseum in 0,1 km. Ganzjährig geöffnet.
Preis: Übernachtung gratis. Strom 0,60€/kWh. Spende erwünscht.
Kontakt: Dirk Bindbeutel, Mobil: 0160/95680748, dirkbindbeutel@t-online.de, www.lindewerra.de.
Distanz: 0,1 km, 0,2 km, Ⓗ 0,2 km, 5 km, E 7,3 km (Wohnmobilstellplatz Bad Soden-Allendorf, Franzrasen 4, 37242 Bad Sooden-Allendorf).
Gastro: Gaststätte Kanzelblick. Gaststätte Zur alten Stockmacherei.
Freizeit: 5 km, 5 km, 5 km. Wandergebiet Höheberg, Naturpark Eichsfeld-Hainich-Werratal, Therme Bad Sooden-Allendorf 5 km.
POI: Stockmachermuseum 0,1 km, Teufelskanzel 2,5 km, Burg Ludwigstein 4 km, Burg Hanstein 5 km, Kurstadt Bad Sooden-Allendorf 5 km.

51789 Lindlar gratis

Sport- und Freizeitbad Lindlar, Brionner Straße 1, ☎ 02266/96180 <10m
Ruhige, zentrumsnahe Lage am Schwimmbad und Freizeitpark

POS: 51°0'55.79"N/7°21'58.69"E, Karte D9 (S.12), C1
Platz: P = 2 auf Rasengittersteinen. =4 WC CHEM GRAU. Minigolf. Videoüberwacht. Ganzjährig geöffnet.
Preis: Übernachtung gratis inkl. Entsorgung, Müll-Entsorgung, Kurtaxe, WLAN. Strom 1€/6 h, Wasser 1€/10 min, Dusche 2€/Pers.
Kontakt: Parkbad Lindlar, ☎ 02266/96180, info@parkbad-lindlar.de, www.lindlar.de.
Distanz: 0,1 km, Ⓗ 0,5 km, 0,5 km, 0,8 km.
Freizeit: 0,1 km. Wandern, Steinbruchführung (Lindlarer Steinbrüche), Klettern, Freizeitpark 0,1 km, Minigolfanlage 0,2 km, Hochseilgarten 0,5 km, Tennis 0,5 km, Segelfliegen 2 km.
POI: Schloss Heiligenhoven 0,1 km, Bergisches Freilichtmuseum 0,5 km, historischer Ortskern 0,8 km, Burgruinen 5 km.

49808 Lingen/Ems €5,00

Wohnmobilstellplatz an den Linus Lingen Wasserwelten, Teichstraße 14-16, ☎ 0591/9144144 <8m
Am Dortmund-Ems-Kanal gegenüber vom Schwimmbad mit Sauna

2021 geprüft E

POS: 52°31'5.60"N/7°18'20.94"E, Karte D5 (S.8), C2
Platz: P = 30 auf Schotterrasen, Schotter, Rasengittersteinen. =16 (16 A) CHEM GRAU. Anfahrt 24 h. Von Hecken und Bäumen umgeben. Ganzjährig geöffnet.
Preis: 5€ inkl. aller Personen, Müll-Entsorgung, Grauwasserentsorgung. Strom 0,50€/kWh, Wasser 1€/80 l, Entsorgung 1€.
Kontakt: Tourist-Info Lingen, ☎ 0591/9144144, info@tourismus-lingen.de, www.tourismus-lingen.de.
Distanz: Ⓗ 0,1 km, 1 km, 1 km, 1,2 km.
Gastro: Restaurants und Gasthöfe ab 1 km.
Freizeit: 1 km. Überregionale Radwanderwege, Dortmund-Ems-Kanal 0,5 km, Kanuverleih 1 km.
POI: Historische Innenstadt und Emslandmuseum 1 km.

49808 Lingen/Ems-Hanekenfähr €9,00

Camping am Wasserfall, Am Wasserfall 2, ☎ 01577/1270140 <10m
Vor dem Campingplatz beim Hotel am Wasserfall

POS: 52°28'23.35"N/7°18'5.17"E, Karte D5 (S.8), C2
Platz: P = 12 auf Asphalt. =12 (16 A) WC CHEM GRAU. R wird empfohlen. Reservierung tel. unter 01577/1270140. Ganzjährig geöffnet.

Preis: 9 € inkl. Wasser, Entsorgung. Strom 3,50 €/Tag, Dusche 1 €/8 min.
Kontakt: Hotel am Wasserfall GmbH, Mobil: 01577/1270140, info@camping-am-wasserfall.de, www.hotel-am-wasserfall.de.
Distanz: 0 km, 5 km, 7 km, 7 km.
Gastro: Imbiss am Platz, warme Küche ab 12:00 Uhr.
Freizeit: 6 km. Kanu fahren, Schifffahrten auf der Ems.
POI: Pulverturm 8 km, Alte Posthalterei in Lingen 8 km, St. Bonifatiuskirche 8 km, Schloss Herzford 30 km, Tierpark Nordhorn 30 km.

59510 Lippetal-Lippborg — gratis

Parkplatz Ilmerweg, Ilmerweg, **02923/980228** Auf einem öffentlichen Parkplatz im Ortsteil Lippborg — <8 m

POS: 51°39'55.37"N/8°2'18.13"E, Karte D5 (S. 8), D4
Platz: = 2 auf Pflaster, Asphalt. =2 (16 A) WC CHEM . Öffentliches WC (barrierefrei) von 7:00-20:00 Uhr zugänglich. Ganzjährig geöffnet. Ausnahme: 14.8. und 25.8.-31.8.
Preis: Übernachtung gratis. Strom 0,50 €/kWh, Wasser 0,50 €/50 l.
Kontakt: Gemeinde Lippetal, Heike Ullmann, 02923/980228, post@lippetal.de, www.lippetal.de.
Distanz: 0,1 km, 0,1 km, weitere Restaurants in 0,2 km, 0,2 km, 0,3 km.
Gastro: Lippborger Hof 0,2 km. Restaurant Willenbrink in Lippborg 0,1 km.
Freizeit: 0,5 km. Naturerlebnis Auenland, Gästeführung auf Anfrage, Kegeln 0,2 km, Minigolfanlage 6 km, 18-Loch Golfplatz 6 km.
POI: Sändkers Windmühle 2,2 km, Wasserschloss Haus Assen 3,7 km, St. Ida Wallfahrtsbasilika 9 km, Schloss Hovestadt mit Barockgarten 10 km.

59555 Lippstadt — gratis

Stellplatz Bückeburger Straße, Bückeburger Straße, **02941/58515** Am Kombibad CabrioLi — <8 m

POS: 51°40'24.85"N/8°19'59.71"E, Karte D6 (S. 9), E4
Platz: = 11 auf Pflaster, Asphalt. CHEM GRAU . Im Winter ohne Wasserversorgung. Ganzjährig geöffnet.
Preis: Übernachtung gratis inkl. Entsorgung. Strom 1 €/4 h, Wasser 1 €/100 l.
Kontakt: Stadtinformation im Rathaus, 02941/58515, stadtinfo@kwl-lippstadt.de, www.lippstadt.de.
Distanz: 0,5 km, 0,6 km, 0,9 km, 1 km.
Gastro: Cantina Popolare 0,6 km. Rioja Tapas Bar 0,6 km. weitere Restaurants in der Innenstadt 1 km.
Freizeit: 1 km. Wandern, Kanufahren (Einstiegstelle auf der Lippe direkt vor Ort), Radfahren, Stadttheater Lippstadt, Kombibad CabrioLi, historische Stadtführung 1 km, Peters SchokoWelt 4,5 km, Heilbad Bad Waldliesborn 5,7 km, Strandbad Alberssee 7,1 km.
POI: Lichtpromenade Lippstadt, Altstadt mit evangel. Marienkirche 1 km, Burgruine Lipperode 4,5 km.

59556 Lippstadt-Benninghausen — €15,00

Campingoase-Lange, Dorfstraße 47, **02945/202570** Eingezäuntes Gelände beim Landgasthof — <8 m

POS: 51°39'39.00"N/8°14'40.00"E, Karte D6 (S. 9), E4
Platz: / = 13 auf Pflaster. =13 (16 A) WC CHEM GRAU . wird empfohlen. Ganzjährig geöffnet. Ausnahme: von Nov-Feb nur nach telefonischer Absprache.
Preis: 15 € inkl. Strom, Wasser, Entsorgung. Jede weitere Pers. 2 €, Dusche 1 €.
Kontakt: Burkhard Lange, 02945/202570, Mobil: 0171/1737296, b.lg@gmx.de.
Distanz: 0 km, 2 km, 2,5 km.
Gastro: Landgasthof Lange. Weitere Restaurants im Ort.
Freizeit: 7 km, 8 km, 9 km. Schwimmen in der Lippe, Thalassotherapie, Kinderbetreuung nach Bedarf, Wellness, Kanutouren, Thermalbad Bad Waldliesborn 9,5 km.
POI: Stiftsruine und Marienkirche Lippstadt 8 km.

59558 Lippstadt-Niederdedinghausen — €15,50

Campingparadies Lippstädter Seenplatte, Seeuferstraße 16, **02948/2253** Neben dem Campingplatz in unmittelbarer Nähe zu den Seen — <12 m

POS: 51°42'7.08"N/8°24'28.99"E, Karte D6 (S. 9), E4
Platz: = 18 auf Wiese, Schotter. WC CHEM GRAU . wird empfohlen. Geöffnet: 1.3.-31.10.
Preis: 15,50 € inkl. Entsorgung, WC, Müll-Entsorgung, WLAN. Jede weitere Pers. 8,50 €, Kind (4-15 J.) 5 €, Strom 0,60 €/kWh, Wasser 1 €/100 l, Hund 3 €, Duschen 0,30 €/min.
Kontakt: Familie Schäfermeier, 02948/2253, info@camping-lippstadt.de, www.camping-lippstadt.de.
Anfahrt: Navi: Seeuferstraße 14.
Distanz: 0,5 km, 0,5 km, 4 km, 4 km.
Gastro: Café am Platz. Restaurant Seeterrasse am Alberssee.
Freizeit: 6 km, 5 km. Wassersport, Angelsee (Angelschein erforderlich), Zugang zum Badesee, Tretbootverleih am See, Kanu fahren.
POI: Lippstadt 5 km, Paderborn 15 km.

96170 Lisberg-Trabelsdorf — €18,00

Wohnmobilstellplatz Altes Kurhaus Trabelsdorf, Seeleite 1, **09549/1247** In ruhiger Lage im Steigerwald nahe Bamberg — <12 m

POS: 49°53'28.51"N/10°43'32.94"E, Karte D11 (S. 14), A3
Platz: / = 12 auf Schotter, Schotterrasen. WC CHEM GRAU . Leinenpflicht für Hunde. Anfahrt auch am Ruhetag. Ganzjährig geöffnet.
Preis: 18 € inkl. Dusche, WLAN. Strom 1 €/kWh, Wasser 0,10 €/10 l. Bezahlung im Hotel/an der Rezeption.
Kontakt: Altes Kurhaus, Jürgen Grimmer, 09549/1247, info@altes-kurhaus.de, www.altes-kurhaus.de.
Distanz: 0 km, weitere Restaurants in 0,5 km, 0,6 km, 1,1 km.
Gastro: Restaurant im Alten Kurhaus, Mo-Di 15:00-22:00 Uhr, Mi 7:30-10:00 Uhr, Fr-Sa 11:30-22:00 Uhr, So 11:00-22:00 Uhr, Do Ruhetag. Frühstücksbüffet und Brötchenservice (7:30-10:00 Uhr) täglich im Hotel. Hofladen (eigene Produkte, frische/geräucherte Fische, Wild-Produkte).
Freizeit: E-Bike Verleih, Bierecke Wanderweg (14 Brauereien auf 14 km), Naturbadesee.
POI: Fränkische Bierkultur, Burg Lisberg 1,2 km, Bamberg 15,8 km, Baumwipfelpfad in Ebrach 25,3 km.

96123 Litzendorf-Lohndorf — gratis

Stellplatz Lohndorf, Lohntalstraße 15, **09505/8064106** Auf dem Parkplatz unterhalb des Landhaus Lohntal — <10 m

POS: 49°55'10.06"N/11°2'51.17"E, Karte D11 (S. 14), B3
Platz: = 4 auf Sand/Splitt, Schotter. . Ganzjährig geöffnet.
Preis: Übernachtung gratis.
Kontakt: Tourist-Info Fränkische Toskana, Bianca Müller, 09505/8064106, info@fraenkische-toskana.com, www.fraenkische-toskana.com.
Distanz: 0,2 km, weitere Restaurants in 2 km, 0,5 km, 0,5 km, 3 km.
Freizeit: 11 km, 11 km. Wandern auf dem 13-Brauereien-Weg, Tennisplatz.
POI: Skulpturenweg ab 0,5 km, Pfarrkirche 3 km, Johann-Dientzenhofer-Kirche 3 km, Schloss Seehof 8 km, Weltkulturerbe Bamberg 12 km.

96123 Litzendorf-Tiefenellern — gratis

Parkplatz Tiefenellern, Ellerbergstraße 1, **09505/8064106** Am westlichen Ortseingang — <10 m

POS: 49°55'9.47"N/11°4'12.88"E, Karte D11 (S. 14), B3
Platz: = 5 auf Schotter. . Ganzjährig geöffnet.
Preis: Übernachtung gratis.
Kontakt: Tourist-Info Fränkische Toskana, 09505/8064106, info@fraenkische-toskana.com, www.fraenkische-toskana.com.
Distanz: 0,2 km, 0,2 km, 0,3 km, weitere Restaurants in 2 km, 5 km.
Gastro: Brauerei Hönig/Gasthof Zur Post Tiefenellern,

Mo-Mi + Fr 15:00-22:00 Uhr, Sa-So 10:30-22:00 Uhr, Do Ruhetag.
Freizeit: 13 km. Kunst-/Besinnungsweg 3 km.
POI: Fränkische Straße der Skulpturen 0,6 km, Johann-Dientzenhofer-Kirche 3,7 km, Grabhügelfeld 4 km, Skulpturenweg Figur im Fokus 7 km, Sängerehrenmal 7 km, Schloss Seehof 9 km.

79843 Löffingen €12,00

Wohnmobilstellplatz am Waldbad Löffingen, Am Waldbad/Welschland, <10 m
☎ **07654/80273** Neben dem Freibad

2022 geprüft

POS: 47°53'59.54"N/8°19'59.79"E, Karte D13 (S. 16), D4
Platz: = 7 auf Asphalt. =4 GRAU . Service (Duschen, WC, etc.) nur zu den Öffnungszeiten des Waldbads (ca. Ende Mai-Mitte Sep). Ganzjährig geöffnet.
Preis: 12 € inkl. Strom, Wasser, Entsorgung, Dusche, Kurtaxe. Jede weitere Pers. 2 €, Kind (bis 16 J.) 1 €. Mitte Sep-Mitte Mai gratis, aber ohne Service.
Kontakt: Stadt Löffingen, ☎ 07654/80273, info@loeffingen.de, www.loeffingen.de.
Distanz: 0 km, Ⓗ 0,2 km, 2 km, 2 km.
Gastro: Badcafé während der Badesaison 0,3 km. Tatzmania-Hotel 0,3 km.
Freizeit: 2 km, 2 km. Tennisplatz, Sauna, Tatzmania (Wild-/Freizeitpark) 0,5 km.
POI: Wutachschlucht 5 km.

53797 Lohmar €20,00

Mobilhafen Lohmar-Nord, Meigermühle 1, ☎ **0177/1689642** <12 m
An einem Badefluss im Landschaftsschutzgebiet

POS: 50°51'43.58"N/7°12'49.45"E, Karte D9 (S. 12), C1
Platz: / = 10 auf Schotter, Schotterrasen. =10 (16 A) WC CHEM GRAU . wird empfohlen. Ankunft bis 21:00 Uhr, spätere Ankunft nach telefonischer Absprache. Ganzjährig geöffnet.
Preis: Ab 20 € inkl. Strom, Dusche, WC, Müll-Entsorgung, WLAN. Jede weitere Pers. 5 €, Kind (bis 12 J.) 1 €, Wasser 2,50 €, Entsorgung 2,50 €, Waschmaschine/Trockner je 3 €. Ab der 3.-4. Person 25 €.
Kontakt: Charlotte Schwadorf, Mobil: 0177/1689642, meiger-camping@web.de, www.camping-meigermuehle.de.
Distanz: 0 km, Ⓗ 0,1 km, 3 km, 3 km.
Gastro: Restaurant und Erlebnisbrauerei am Platz, Di-So 12:00-22:00 Uhr, Mo Ruhetag. Restaurant mit Café.
Freizeit: Baden im Fluss, ÖPNV nach Köln, Bonn und Königswinter, Bolz-/Minigolfplatz, Badminton.
POI: Abtei in Siegburg 7 km, Königswinter mit Riesenaquarium 25 km, Bonn 25 km, Köln mit Dom 25 km.

18551 Lohme €23,50

Wohnmobilstellplatz Lohme, Arkonastraße 4, ☎ **038302/889795** <12 m
Von Hecken umgebenes Gelände am Dorfladen

2021 geprüft

POS: 54°34'59.93"N/13°36'49.27"E, Karte D4 (S. 7), E1
Platz: = 35 auf Schotterrasen, Wiese, Schotter. =35 WC CHEM GRAU . Trockner, Waschmaschine. Ganzjährig geöffnet.
Preis: 23,50 € inkl. Müll-Entsorgung. Strom 1 €/2 kWh, Wasser 1 €/80 l, Entsorgung 2 €, Dusche 2 €/5 min, WC 1 €/Pers., WLAN 1,50 €, Hund 1,50 €. Jede weitere Pers. 5 € inkl. Sanitärhaus und Entsorgung.
Kontakt: ☎ 038302/889795, Mobil: 0178/6314488, dorfladen.lohme@gmx.de, www.lohme.de.
Distanz: Ⓗ 0 km, 0,1 km, weitere Restaurants in 0,1 km Entfernung, 0,5 km, 0,5 km.
Gastro: Brötchenservice. Frühstücksbüffet im Dorfladen.
Freizeit: Angeln, Segeln, Reiten, Sportanlage 0,7 km, Thermalbad 12,5 km.
POI: Schwanenstein 0,6 km, Nationalparkzentrum Königsstuhl 4,5 km, Dinosaurierland Rügen 7,2 km, Kreidemuseum Gummanz 13,2 km.

18551 Lohme-Hagen €16,00

Parkplatz Zum Königsstuhl, Stubbenkammerstraße 57, <12 m
☎ **038302/9412** Auf dem öffentlichen Parkplatz, am Rande des Nationalparks Jasmund

2021 geprüft

POS: 54°33'44.45"N/13°37'34.15"E, Karte D4 (S. 7), E1
Platz: = 40 auf Schotterrasen, Wiese, Schotter. =24 (6 A) CHEM GRAU . WC (1.4.-31.10.) 8:00-20:00 Uhr, (1.11.-31.3.) 8:00-16:00 Uhr. Ganzjährig geöffnet.
Preis: 16 € inkl. Müll-Entsorgung. Strom 2,50 €/24 h, Wasser 1 €/100 l, Entsorgung 2 €, Dusche 1 €, Kurtaxe 1 €/Pers., WC 0,50 €. Kurtaxe NS 0,75 €. Bezahlung am Automat.
Kontakt: ☎ 038302/9412, touristik-lohme@t-online.de, www.lohme.de.
Distanz: 0 km, weitere Restaurants in 0,3 km, Ⓗ 0,1 km, 0,3 km, 0,4 km.
Gastro: Bistro und Imbiss am Platz. Wildgaststätte Kleine Försterei 0,3 km, Mo + Do-Sa 17:00-20:00 Uhr, So 12:00-20:00 Uhr, Di-Mi Ruhetag. Weitere Restaurants: Baumhaus Hagen, Pizzeria Nordfeuer, Gerd's Bierstuv.
Freizeit: 5 km, 5 km. Wandern im Nationalpark Jasmund-Königsstuhl, Fußweg zum Königsstuhl 3,5 km, Sassnitz Hafen und Tierpark 6 km, Ostseebadestrand 6 km.
POI: Königsstuhl 3,5 km, Nationalparkzentrum 3,5 km, Lohme Hafen 4 km.

01847 Lohmen €14,00

Reisemobil- und Caravanpark Bastei, Basteistraße, ☎ **0162/6237566** >12 m
Im Nationalpark Sächsische Schweiz

POS: 50°59'6.37"N/14°3'22.00"E, Karte D8 (S. 11), G5
Platz: = 62, = 10 (< 16 m) auf Schotterrasen. WC CHEM GRAU . Leinenpflicht für Hunde, Hundedusche, 4 Einzelbäder. nur bei Gruppen. Beleuchtet. Anfahrt 9:00-20:00 Uhr. Ganzjährig geöffnet.
Preis: 14 € inkl. Entsorgung, Müll-Entsorgung. Strom 3,50 €/Nacht, Wasser 0,50 €/3 min, Dusche 1 €/3 min, WC 3 €/Pers., Kurtaxe (14-17 J.) 1,50 €/Pers., Kurtaxe (ab 18 J.) 2,50 €/Pers., Hund 0,50 €.
Kontakt: Reisemobil- und Caravanpark Bastei, ☎ 0162/6237566, kontakt@reisemobilpark-bastei.de, www.reisemobilpark-bastei.de.
Distanz: 2 km, 2 km, 2 km.
Gastro: Brötchenservice. Hocksteinschänke 2,5 km.
Freizeit: 1,5 km. Shuttlebus zur Bastei direkt vor dem Eingang, Wandern in der wild-romantischen Felsenwelt, Freibad Rathewalde 1,5 km, Miniaturpark Kleine Sächsische Schweiz 6 km.
POI: Raddampfer auf der Elbe, Felsenbühne Rathen, Amselsee und Amselfall, Malerweg.

32584 Löhne €8,00

Wohnmobilstellplatz Löhne, Albert-Schweitzer-Straße 12, <10 m
☎ **05732/73807**
Zwischen Frei-/Hallenbad und der Minigolfanlage beim Fluss Werre

POS: 52°12'15.19"N/8°43'4.40"E, Karte D6 (S. 9), E3
Platz: / = 17 auf Schotter, Schotterrasen. =18 (16 A) CHEM GRAU . Ankunft bis 22:00 Uhr, WC/Duschen im Hallen-/Freibad. Ganzjährig geöffnet.
Preis: 8 € inkl. Wasser, Entsorgung. Strom 1 €/8 h3 €/24 h.
Kontakt: Herr Thomas Hoffmann, ☎ 05732/73807, Mobil: 0171/1607158, hoffmann-trockenbau@t-online.de, www.wohnmobilstellplatz-loehne.de.
Distanz: Ⓗ 0,1 km, 0,2 km, 0,5 km, 0,5 km.
Gastro: Bistros/Restaurants im Marktkauf gegenüber. Beker Krug.
Freizeit: 0,1 km, 0,1 km. Badminton, Kanu fahren, Else-Werre-Radweg, Kegeln, Wasserwandern, Minigolf, Squash.
POI: Schloss Ulenburg 5 km, Rurups Mühle 5 km, Porta Westfalica 7 km.

49393 Lohne
gratis
<6m

Wohnmobilstellplatz Lohne, Vechtaer Straße 3, ☎ 0/4442730390
Wohnmobilstellplatz am Lohneum

POS: 52°40'13.88"N/8°13'59.82"E, Karte D6 (S. 9), E1
Platz: P = 3 auf Rasengittersteinen, Wiese. =4 CHEM GRAU. Aufenthalt max. 3 Tage. Ganzjährig geöffnet.
Preis: Übernachtung gratis inkl. Entsorgung. Strom 2 €, Wasser 1 €/100 l. Bezahlung am Automat.
Kontakt: Stadt Lohne - Infopunkt, Sandra Marischen, ☎ 0/4442730390, infopunkt@lohne.de, www.lohne.de.
Distanz: 0,5 km.
Freizeit: 0,5 km. 18-Loch-Golfplatz, Radfahren, Museum- und Stadtbesichtigung.
POI: Hopener Wald, Waldspielplatz, Industriemuseum, Wassermühle, Wasserburg Hopen, Galerie Luzie Uptmoor, Haus Uptmoor.

97816 Lohr am Main
€ 10,00
<12m

Parkplatz 3 Mainlände, Osttangente, ☎ 09352/848465 Am nordwestlichen Mainufer unter der neuen Mainbrücke

POS: 49°59'40.83"N/9°34'48.73"E, Karte D10 (S. 13), G3
Platz: P = 21 auf Pflaster, Asphalt. CHEM GRAU. Aufenthalt max. 3 Tage. VE nur von Apr-Okt. Ganzjährig geöffnet. Ausnahme: Sperrung bei Hochwasser und Veranstaltungen (Mitte Juli-Anfang Aug).
Preis: 10 €. Strom 1 €/4 h, Wasser 1 €/100 l. 10 € von 20:00-9:00 Uhr, 2 € von 9:00-20:00 Uhr. Bezahlung am Parkscheinautomat.
Kontakt: Tourist-Info Stadt Lohr am Main, ☎ 09352/848465, tourismus@lohr.de, www.lohr.de.
Distanz: 0,2 km, 0,2 km, weitere Restaurants in 0,3 km, Ⓗ 0,2 km, 0,5 km.
Freizeit: 0,1 km, 0,5 km, 3 km. Mainschifffahrt, Schiffsanlegestelle.
POI: Katholische Stadtpfarrkirche St. Michael, Altstadt mit Fischerviertel und Bayersturm 0,1 km, Isolatorenmuseum 0,3 km, Altes Rathaus (1603) 0,3 km, Schloss mit Spessartmuseum 0,5 km, Schulmuseum 1 km.

02999 Lohsa
€ 15,00
<10m

Caravanparadies Dreiweiberner See, Am Strand Weißkollm1, ☎ 0177/6963436
Am Dreiweiberner See im Lausitzer Seenland

2020 geprüft

POS: 51°24'29.24"N/14°24'10.58"E, Karte D8 (S. 11), G4
Platz: P / = 20 auf Schotterrasen. WC CHEM GRAU. Geöffnet: Ostern-Nov.
Preis: 15 € inkl. Strom, Entsorgung, WC, Müll-Entsorgung.
Kontakt: Herr Jörg Berndt, ☎ 0177/6963436, info@hiposbeachbar.de, www.caravan-dreiweibern.de.
Distanz: Ⓗ 1,5 km, 1,5 km, 2 km.
Gastro: Hipos-Beachbar mit Imbiss am Platz (Imbiss/Eis/Getränke).
Freizeit: 10 km. Beachvolleyball, Badestrand, Saurierpark Kleinwelka 30 km.
POI: Energiefabrik Knappenrode 8 km.

17121 Loitz
€ 9,00
<8m

Hafen- und Sportbootmarina Loitz, Mühlentorvorstadt 9, ☎ 0173/1045364 An der Bundeswasserstraße Peene (Kilometer 43)

2020 geprüft

POS: 53°58'14.19"N/13°8'10.28"E, Karte D4 (S. 7), E3
Platz: P / = 20 auf Pflaster, Wiese. =8 (16 A) WC CHEM GRAU. Leinenpflicht für Hunde. R wird empfohlen. Keine Dauerstellplätze. Bei Gespannen: Pkw bitte separat auf ausreichend vorhandenen Stellplätzen abstellen. Weitere Stellplätze im Amazonas-Camp. Geöffnet: Apr-Okt.
Preis: 9 €. Strom 2 €, Wasser 2 €, Entsorgung 2 €, Dusche 1 €/Pers., WC 0,50 €.
Kontakt: Hafenmeister, Herr Müller, Mobil: 0173/1045364, stadtloitz@loitz.de, www.loitz.de.
Distanz: 0 km, 0,5 km, 0,5 km, Ⓗ 0,8 km.
Gastro: Imbiss, warme Küche 10:00-22:00 Uhr. Brötchenservice durch den Hafenmeister. Restaurant Korl Loitz.
Freizeit: 0,5 km. Kanu fahren.
POI: Altstadt Loitz, Marienkirche, Stadtmauer, Steintor 0,5 km, Hansestadt Demmin 14 km, Hansestadt Greifswald 21 km.

54340 Longuich
€ 12,00
<10m

Feiten Weine & Edelbrände, Rioler Weg 2, ☎ 06502/8444
An der Mosel

POS: 49°48'14.44"N/6°46'43.80"E, Karte D9 (S. 12), B4
Platz: P = 40 auf Schotter, Rasengittersteinen. =40 (6/16 A) WC CHEM GRAU. R Vom 1.4.-31.10. Reservierung (Plätze 1-16) ab 3 Nächten gegen Gebühr von 3 € (www.weingut-feiten.de, siehe Kontakt). Ganzjährig geöffnet.
Preis: 12 € inkl. Entsorgung. Strom 2 € oder 0,50 €/kWh, Wasser 0,10 €/10 l, Dusche 1 €. Strom für Plätze 1-8 (16 A) 0,50 €/kWh, Plätze 9-40 (6A) 2 € pauschal.
Kontakt: Siegmund Kaiser, ☎ 06502/8444, info@weingut-feiten.de, www.weingut-feiten.de.
Distanz: 0 km, weitere Restaurants in 0,8 km, Ⓗ 0,7 km, 0,8 km, 1 km.
Gastro: Weinstube neben dem Platz, Anfang Apr-Ende Okt: Do-So.
Freizeit: 2 km, 15 km. Spielplatz, Badesee 2 km, Sommerrodelbahn 2 km.
POI: Römervilla Urbana 1 km, Bergwerk Fell 5 km, Porta Nigra, Dom, Basilika, Kaiserthermen 16 km.

L

54340 Longuich
€ 12,50
>12m

Weingut Longen-Schlöder, Kirchenweg 9, ☎ 06502/8345
Auf dem Gelände des Weinguts, 350 m von der Mosel inmitten von Obstbäumen

POS: 49°48'35.18"N/6°45'47.53"E, Karte D9 (S. 12), B4
Platz: P = 10 auf Schotter. WC. WLAN am/im Restaurant. Ganzjährig geöffnet.
Preis: 12,50 € inkl. aller Personen, WC, WLAN. Strom 4 €, Wasser 3 €, Dusche je 4 €.
Kontakt: Familie Longen, ☎ 06502/8345, info@longen-schloeder.de, www.longen-schloeder.de.
Distanz: 0 km, 0,1 km, Ⓗ 0,5 km, 1 km.
Gastro: Weingut/Vineria.
Freizeit: 1 km, 10 km, 0,1 km. Weinprobe, Veranstaltungskalender (siehe Website), Tennis im Ort, Wasserski im Hafen Schweich 1 km, Golfplatz Ensch 8 km.
POI: Römervilla Urbana 0,5 km, Porta Nigra und Dom in Trier 12 km, Burg Ramstein in Kordel 14 km, Römische Weinkelteranlage in Piesport 20 km.

Unsere Korrespondenten sind fast das ganze Jahr unterwegs, um für Sie, liebe Leserin und Leser, aktuelle Daten zu recherchieren und über Neuerungen zu berichten. Sie sind damit eine wertvolle Ergänzung des Redaktionsteams, um den Bordatlas zu einem unentbehrlichen Standardwerk für alle Wohnmobilfahrer zu machen.

L

49624 Löningen-Angelbeck €20,00

Hof am Kolk, Gänhauk 22, <10m
05432/4740 Stellplätze unter Eichen oder im Garten

POS: 52°43'8.26"N/7°46'11.69"E, Karte D5 (S. 8), D1
Platz: = 5 auf Pflaster, Wiese, Naturboden. WC CHEM GRAU. Aufenthaltsdauer mind. 2 Nächte. Ganzjährig geöffnet.
Preis: 20 € inkl. Strom, Wasser, Entsorgung, Dusche, WC, Müll-Entsorgung. Jede weitere Pers. 5 €.
Kontakt: Familie Meyer, 05432/4740, Mobil: 0170/4156837, hofamkolk@web.de, www.hof-am-kolk.de.
Distanz: 2 km, weitere Restaurants in 7 km, 2 km, 2 km, 2 km.
Gastro: Kneipe Karbarosa in Menslage. Frühstücks- oder Brötchenservice am Hof. Mehrere Restaurants 2 km.
Freizeit: 2 km, 2 km, 2 km. Reiten, Angeln, Spielen in der Heuscheune, Lagerfeuer, Tier- und Freizeitpark Thüle 25 km.
POI: Stift Börstel 8 km, Schloss Clemenswerth 25 km.

79539 Lörrach €13,00

Wohnmobil-Stellplatz Lörrach, Grüttweg 8, 07621/165559 <8m
Ruhige Lage im Landschaftspark Grütt, mit eigener Zufahrt

2021 geprüft

POS: 47°37'27.60"N/7°39'43.64"E, Karte D13 (S. 16), C4
Platz: = 25 auf Schotter, Sand/Splitt. CHEM GRAU. Supermarkt. Anfahrt 24 h. Check-in am Automat. Ganzjährig geöffnet.
Preis: 13 € inkl. Entsorgung, Kurtaxe. Strom 0,70 €/kWh, Wasser 1 €/80 l. Inkl. KONUS-Gästekarte (Bus/Bahn gratis). Bezahlung mit Münzen/EC/Kreditkarte.
Kontakt: Drei-Länder-Camp Lörrach, Sarah Bahner, 07621/165559, info@womo-loerrach.de, www.womo-loerrach.de.
Distanz: 0,2 km, 1 km.
Gastro: Restaurant beim Campingplatz 15.3.-31.10.
Freizeit: 0,4 km. Landschaftspark Grütt 0,2 km, Kandertalbahn 5 km, Erlebnis-Kletterwald Lörrach 5 km, Laguna Badeland Weil am Rhein 7 km.
POI: Burg Rötteln Lörrach mit Museum 2 km, Vitra Haus und Design Museum in Weil am Rhein 5 km, Beyeler Kunstmuseum in Riehen Basel 5 km, Kunstmuseum Basel 13 km.

> Vor der Anreise empfehlen wir, Kontakt mit dem Betreiber aufzunehmen, um die Auslastung des Stellplatzes abzufragen.

64653 Lorsch €10,00

Wohnmobilstellplatz Karolingerstadt Lorsch, Odenwaldallee, 06251/5967501 <10m
In naturnaher Lage am östlichen Ortsrand, fußläufige Entfernung zur Innenstadt

2021 geprüft

POS: 49°39'7.70"N/8°34'44.14"E, Karte D10 (S. 13), E4
Platz: = 16 auf Rasengittersteinen. =16 CHEM GRAU. Beleuchtet. Aufenthalt max. 5 Tage. WC in 0,3 km. Ganzjährig geöffnet.
Preis: 10 € inkl. aller Personen, Entsorgung, Müll-Entsorgung. Strom 1 €/2 kWh, Wasser 1,25 €/100 l.
Kontakt: Kultur- und Tourismusamt Stadt Lorsch, 06251/5967501, kultour@lorsch.de, lorsch.de.
Distanz: 0,2 km, 0,5 km, 0,5 km, 1 km.
Freizeit: 3 km, 6 km, 0,5 km. Wandern im Odenwald, Trimm-Dich-Pfad 3 km, Fitnesspark mit Sauna 4 km, Minigolfanlage 4 km, Badesee 5 km.
POI: Schaudepot Zehntscheune 0,5 km, Karolingisches Freilichtlabor Lauresham 0,5 km, Königshalle 0,5 km, Tabakmuseen 0,5 km, UNESCO-Welterbe Kloster Lorsch 0,5 km.

26901 Lorup gratis

Wohnmobillstellplatz Rathaus Lorup, Rastdorfer Straße 1, 05954/230 <8m
Im Ortszentrum

POS: 52°55'30.18"N/7°38'44.31"E, Karte D5 (S. 8), C1
Platz: = 2 auf Pflaster. WC. Schlüssel für Wasser im Rathaus Lorup Mo-Fr 8:15-12:30 Uhr, Di-Do 14:00-16:30 Uhr. Ganzjährig geöffnet.
Preis: Übernachtung gratis inkl. Strom, Wasser.
Kontakt: Gemeinde Lorup, Herr Wichmann, 05954/230, wichmann@werlte.de, www.lorup.de.
Distanz: 0,1 km, 0,1 km, 0,2 km, 0,2 km, 9 km (Werlte).
Gastro: Gaststätte Samos. Schnellimbiss Bratpann. Gaststätte Bi'n Knöpker. Gasthof Zum Käpt'n.
Freizeit: 9 km, 9 km.
POI: Osternbrink 0,2 km, Heimathaus Krulls Hus 0,2 km, Helkensberg 2,5 km, Bibelgarten Werlte 9 km.

72290 Loßburg gratis

Stellplatz am Sportgelände der SpVgg Loßburg, Auchtweide 50, 07446/950460 <8m
Kostenloser Stellplatz in ruhiger Ortsrandlage mit schönem Blick ins Grüne.

POS: 48°24'55.77"N/8°27'30.54"E, Karte D14 (S. 17), E2
Platz: = 4 auf Asphalt. Ganzjährig geöffnet.
Preis: Übernachtung gratis.
Kontakt: Information im KinzigHaus/Frau Armbruster, 07446/950460, lossburg-information@lossburg.de, www.lossburg.de.
Distanz: 0,5 km, 0,5 km, 0,5 km, 1 km.
Freizeit: 1 km, 1 km, 0,5 km. Kinzigtäler Jakobusweg, Nordic Walking, Langlauf, Rundgang durch Lossburg, Schwimmen, Flößerpfad, Kinzigtal-Radweg.
POI: Naturerlebnispfad Zauberland am Kinzigsee 1 km, Heimatmuseum 1 km, Vogteiturm 2 km, Burgruine Sterneck 5 km.

66679 Losheim am See €10,00

Reisemobilplatz am Stausee, Zum Stausee 198, 06872/609260 <8m
Am Freizeitzentrum Stausee Losheim

2020 geprüft

POS: 49°31'14.96"N/6°44'26.04"E, Karte D9 (S. 12), B4
Platz: = 10 auf Wiese, Asphalt. =8 (16 A) CHEM GRAU. Ganzjährig geöffnet.
Preis: 10 € inkl. Entsorgung, Müll-Entsorgung. Strom 0,50 €/kWh, Wasser 1 €/100 l. Bezahlung am Parkscheinautomat.
Kontakt: Gemeinde Losheim am See, 06872/609260, touristik@losheim.de, www.losheim.de.
Distanz: 0,1 km, 0,1 km, 1 km, 1 km.
Gastro: Restaurant, SB-Restaurant/Imbiss-Kioske. Hochwälder Brauhaus. Mehrere Restaurants im Ort. Seehotel Restaurant.
Freizeit: 9 km, 12 km. Wasserspielplatz, Strandbad, Open Air & Sommerevents, Seegarten, Wassersport am Ostufer, Besuch im Freizeitzentrum (gebührenpflichtig), Kneipp-Anlage, Angelzone am Westufer, Tages- oder Jahreskarte in der Tourist-Info, Bootsverleih 0,2 km, Minigolf und Boulebahn 0,5 km, Saarschleife 10 km, Wolfspark Merzig 12 km.
POI: Keramikmuseum Mettlach 10 km, römische Villenanlage Berg 14 km.

54492 Lösnich €11,00

Wohnmobilstellplatz Lösnich, Untergasse 2/Ecke Gestade, 06532/953867 >12m
In ruhiger Lage an der Mosel Slipanlage

2022 geprüft

POS: 49°58'32.63"N/7°2'33.95"E, Karte D9 (S. 12), B3
Platz: = 120 auf Wiese. =120 (16 A) CHEM GRAU. Leinenpflicht für Hunde, Bolzplatz, Wipptiere, Freiluftschach. nur

bei Gruppen. Geöffnet: Apr-Nov abhängig von Wetterlage und Hochwasserstand.
Preis: 11 € inkl. aller Personen, Strom, Wasser, Entsorgung, Müll-Entsorgung, WLAN.
Kontakt: Tourist-Info Lösnich, ☎ 06532/953867, info@loesnich.de, www.loesnich.de.
Distanz: 0,1 km, 0,1 km, 0,3 km, Ⓗ 0,5 km, 4 km.
Gastro: Bäckerservice.
Freizeit: 4 km, 12 km, 0,2 km. Weinbergwanderungen, Rundwanderweg Der Natur auf der Spur (8,5 km, Dauer 3,5 h), Rad- und Wanderwege, Zuweg zum Moselsteig, Kellerführungen, Bike-Touren (auch geführt), Thermalbad 12 km.
POI: Altstadt von Bernkastel-Kues 12 km, Traben-Tarbach 12 km.

79807 Lottstetten €10,00

Wohnmobilstellplatz Lottstetten, Kaltenbrunnenstraße 2, ☎ 07745/9201-13 <10m
Am Ortseingang unterhalb der Gemeindehalle

POS: 47°37'53.08"N/8°34'41.02"E, Karte D13 (S. 16), D4
Platz: = 8 auf Asphalt. CHEM GRAU. Ganzjährig geöffnet.
Preis: 10 € inkl. aller Personen, Entsorgung, Müll-Entsorgung. Strom 0,60 €/kWh, Wasser 1 €/100 l.
Kontakt: Gemeinde Lottstetten, Alisia Würth, ☎ 07745/9201-13, wuerth@lottstetten.de, www.lottstetten.de.
Distanz: Ⓗ 0,1 km, 0,2 km, 0,3 km, weitere Restaurants in 0,5 km, 0,6 km.
Gastro: Mehrere Restaurants im Ort.
Freizeit: 2,5 km, 12 km.
POI: Rheinfall Schaffhausen 10 km.

27612 Loxstedt €5,00

Stellplatz Am Sportboothafen, Fährstraße, Verlängerung Außendeich, ☎ 04744/480 Auf dem Außendeichgelände am Weserufer, neben dem Bolzplatz <8m

POS: 53°26'39.19"N/8°29'57.78"E, Karte D1 (S. 4), E4
Platz: = 5 auf Pflaster. Aufenthalt max. 72 h. Geöffnet 1.4.-15.10.
Preis: 5 € inkl. aller Personen. Strom 1 €/2 kWh.
Kontakt: Gemeinde Loxstedt, ☎ 04744/480, gemeinde@loxstedt.de, www.loxstedt.de.
Distanz: Ⓗ 0,5 km, 0,5 km, 8 km, weitere Restaurants in 13 km, 8 km.
Freizeit: 18 km, 19 km, 14 km. Segeln, Kanu fahren auf der Lune, Stoteler Badesee 8 km.
POI: St. Laurentius-Kirche mit Arp-Schnitger-Orgel, St.-Marien-Kirche in Loxstedt 15 km.

27612 Loxstedt-Stotel gratis

Reisemobilplatz Stotel, Schulstraße 75, ☎ 04744/430 Neben dem Hotel Haus am See am Stoteler See <8m

POS: 53°26'25.88"N/8°35'36.81"E, Karte D2 (S. 5), E4
Platz: = 4 auf Schotter. Ganzjährig geöffnet.
Preis: Übernachtung gratis.
Kontakt: Gemeinde Loxstedt, ☎ 04744/480, gemeinde@loxstedt.de, www.loxstedt.de.
Distanz: 0 km, 0,1 km, Ⓗ 1 km, 1,5 km.
Gastro: Haus am See, Mi-Sa 17:00-23:00 Uhr, So 11:00-23:00 Uhr, Mo-Di Ruhetag. Restaurant Bathmann in Hahnenknoop 6 km. Marktstübchen in Loxstedt 7 km.
Freizeit: 15 km. Badestrand 0,1 km, Sportboothafen Dedesdorf 8 km.
POI: St. Marien-Kirche mit Matthias-Schreiber-Orgel in Loxstedt 6,5 km, Galerie-Holländer-Windmühle in Dedesdorf 6,5 km, St. Laurentius-Kirche mit Arp-Schnitger-Orgel in Dedesdorf 7,5 km.

32312 Lübbecke gratis

Stadthalle/Hallenbad Lübbecke, Bohlenstraße 29 (Zufahrt über Rahdener Straße), ☎ 05741/276550 Separater Stellplatz, zentrumsnah <8m

POS: 52°18'37.02"N/8°37'6.91"E, Karte D6 (S. 9), E2
Platz: = 3 auf Pflaster. =3 (16 A) CHEM GRAU. wird empfohlen. Aufenthalt max. 3 Tage. Schlüssel für VE auf Anfrage. Anmeldung unter Tel. 05741/276550, Mo-Fr 8:00-16:00 Uhr. Ganzjährig geöffnet.
Preis: Übernachtung gratis.
Kontakt: Stadthalle/Hallenbad Lübbecke, ☎ 05741/276550, stadthalle@luebbecke.de, www.luebbecke.de.
Distanz: Ⓗ 0,5 km, 0,7 km, 0,7 km, 0,8 km.
Freizeit: 5 km. Wanderungen im Torfmoor und im Wiehengebirge.
POI: Altes Rathaus 1 km, St. Andreas Kirche 1 km, Burgmannshof 1 km, Königsmühle Eilhausen 4 km.

15907 Lübben/Spreewald gratis

Bahnhofstraße P 9, Bahnhofstraße, ☎ 03546/3090 Auf öffentlichem Parkplatz <10m

POS: 51°56'9.99"N/13°53'0.65"E, Karte D8 (S. 11), F3
Platz: = 5 auf Asphalt. Leinenpflicht für Hunde. Aufenthalt max. 1 Nacht. Campingverhalten nicht erlaubt. Ganzjährig geöffnet.
Preis: Übernachtung gratis.
Kontakt: Tourismus, Kultur & Stadtmarketing Lübben, ☎ 03546/3090, spreewald-service@tks-luebben.de, www.luebben.de.
Distanz: 0,1 km, 0,7 km.
Gastro: Griechisches Restaurant.
Freizeit: Kahnfahrten, Radtouren.
POI: Schloss Lübben, Regional-Museum.

15907 Lübben/Spreewald gratis

Logenstraße P 10, Logenstraße, ☎ 03546/3090 Auf dem öffentlichen Parkplatz im Erholungsort Lübben <10m

POS: 51°56'17.50"N/13°53'23.19"E, Karte D8 (S. 11), F3
Platz: = 5 auf Asphalt. Leinenpflicht für Hunde. Kein Service. Aufenthalt max. 1 Nacht, Campingverhalten nicht erlaubt. Ganzjährig geöffnet.
Preis: Übernachtung gratis.
Kontakt: Tourismus, Kultur & Stadtmarketing Lübben, ☎ 03546/3090, spreewald-service@tks-luebben.de, www.luebben.de.
Distanz: 0,5 km.
Freizeit: Biosphärenreservat Spreewald.
POI: Paul-Gerhardt-Kirche, Museum Schloss Lübben.

15907 Lübben/Spreewald gratis

Stellplatz Lübben P 12, Am Burglehn 10, ☎ 03546/3090 Zentrumsnah, neben einem Parkplatz im Biosphärengebiet <12m

POS: 51°56'9.99"N/13°53'38.23"E, Karte D8 (S. 11), F3
Platz: / = 20 auf Schotter, Pflaster. Leinenpflicht für Hunde. Aufenthalt max. 1 Nacht. Überwiegend ebener, teilweise schattiger Platz. Campingverhalten nicht erlaubt. Ganzjährig geöffnet.
Preis: Übernachtung gratis.
Kontakt: Tourismus, Kultur & Stadtmarketing Lübben, ☎ 03546/3090, spreewald-service@tks-luebben.de, www.luebben.de/tourismus.
Distanz: 0,5 km, Ⓗ 0,6 km, 0,8 km, 0,8 km.
Freizeit: Kahnfahrten im Spreewald 0,5 km.
POI: Regional Museum 0,7 km, Schloss Lübben 0,7 km.

L

15907 Lübben/Spreewald €18,00

Wohnmobilstellplatz xParking, Frankfurter Straße 61, ☎ 0176/25000287 <10m neu
Ideal für einen Abstecher in den Spreewald

POS: 51°56'56.01"N/13°55'10.19"E, Karte D8 (S. 11), F3
Platz: P = 50 auf Wiese, Pflaster, Sand/Splitt, Schotterrasen. WC CHEM GRAU. R Anfahrt 9:00-19:00 Uhr. Ganzjährig geöffnet.
Preis: Ab 18 € inkl. Strom, Wasser, Entsorgung, WC, Hund. 1.10.-30.5. 18 €, 1.6.-30.9. 23 €.
Kontakt: Wohnmobilstellplatz xParking, Giovanni Lunari, ☎ 0176/25000287, Mobil: 0176/25050036, info@xparking.de, www.xparking.de.
Distanz: H 0,4 km, 1 km, 1,7 km, 1,7 km.
Freizeit: Kahnfahrten im Spreewald, Klanggarten, Minigolf am Strandcafé, Wasserspielplatz Lübben, Bootsverleih Keutel.
POI: Schlossinsel Lübben 1,7 km, Regional Museum 2 km.

03222 Lübbenau €20,00

Spreewald Caravan- und Wohnmobilpark Dammstraße, Dammstraße 62 d, ☎ 03542/2921 <12m
Rasenstellplätze im Hafenviertel der Lübbenauer Altstadt

2022 geprüft

POS: 51°51'44.74"N/13°58'14.56"E, Karte D8 (S. 11), F3
Platz: P = 30, = 10 auf Wiese, Rasengittersteinen, Schotterrasen. =30 (10 A) WC CHEM GRAU. Leinenpflicht für Hunde. R wird empfohlen. Geöffnet: Vor Ostern bis Mitte Okt.
Preis: Ab 20 € inkl. Wasser, Entsorgung, WC, Müll-Entsorgung, WLAN, Hund. Strom 0,50 €/kWh, Dusche 1 €/6 min, Kurtaxe 2 €/Pers.
Kontakt: Yvonne & Guido Reiter, ☎ 03542/2921, Mobil: 0151/59229065, info@spreewald.xyz, spreewald.xyz.
Distanz: 0 km, 0,1 km, weitere Restaurants in 0,3 km, 0,5 km, H 0,6 km.
Gastro: Spreewaldgurken-Direktverkauf. Minishop.
Freizeit: 3 km, 1 km. Paddelboot, Kahnfahrten, Rad- und Wandertouren durch das Biosphärenreservat Spreewald, Bowling 0,3 km, Minigolf 0,3 km, Spreewelten Bad Lübbenau 2,3 km.
POI: Großer Spreewaldhafen Lübbenau, Altstadt Lübbenau mit Nikolaikirche, Freilichtmuseum Lehde 3 km, Slawenburg Raddusch 6 km.

03222 Lübbenau €25,00

Wohnmobilstellplatz am Bahnhof, Bahnhofstraße, ☎ 03542/887040 <8m
Nähe Bahnhof und Altstadt

2022 geprüft

POS: 51°51'40.41"N/13°57'50.10"E, Karte D8 (S. 11), F3
Platz: P = 10 auf Asphalt. CHEM GRAU. Aufenthalt max. 24 h. Bahnlinie in Hörweite. Ganzjährig geöffnet.
Preis: 25 € inkl. Entsorgung. Strom 0,50 €/kWh, Wasser 1 €/80 l. 5 €/h. Parkscheinautomat.
Kontakt: Spreewald-Touristinformation Lübbenau, ☎ 03542/887040, info@luebbenau-spreewald.de, www.luebbenau-spreewald.de.
Distanz: H 0 km, 0,1 km, 0,1 km, weitere Restaurants in 0,8 km, 0,8 km.
Freizeit: 1 km, 1 km, 0,1 km. Kahnfahrten, Bootstouren, Kahnhafen 0,8 km, Spreewelten Lübbenau 1,6 km.
POI: Spreewald-Museum Torhaus 1 km, Freiland- und Gurkenmuseum 2,5 km, Slawenburg Raddusch 6 km, Spreewalddorf Leipe 6,5 km, Besucherbergwerk F60 Lichterfelde 20 km.

03222 Lübbenau-Klein Beuchow €18,00

Camping Am Mühlberg, Luckauer Landstraße 12, ☎ 03542/875695 <12m
Hinter dem Hotel

POS: 51°50'56.75"N/13°54'56.99"E, Karte D8 (S. 11), F3
Platz: P / = 10 auf Wiese, Rasengittersteinen, Schotterrasen. WC CHEM GRAU. Anmeldung in der Hotelrezeption 7:00-20:00 Uhr, nach 20:00 Uhr nur unter 03542/875695 oder 0171/4727778. Geöffnet: 1.3.-31.10.
Preis: 18 € inkl. Wasser, Entsorgung, Dusche, WC, Müll-Entsorgung, WLAN. Jede weitere Pers. 5 €, Kind (3-12 J.) 3,50 €, Kurtaxe (ab 18 J.) 2 €/Pers., Hund 2 €.
Kontakt: Camping Am Mühlberg, Jörg Teller, ☎ 03542/875695, Mobil: 0171/4727778, muehlberg-spreewald@gmx.de, www.camping-lübbenau.de.
Distanz: 0 km, H 0,1 km, 1,5 km, 2 km.
Gastro: Restaurant Am Mühlberg, Mo-Fr 7:00-10:00 Uhr und 17:00-21:00 Uhr, Sa 8:00-11:00 Uhr und 17:00-22:00 Uhr, So 8:00-11:00 Uhr. Frühstücksbüfett 9,50 €.
Freizeit: 15 km, 1,5 km. Radweg in den Spreewald ab Platz, Kahnfahrten durch den Spreewald, Shuttleservice, Spreewelten Sauna- und Badeparadies 1,5 km, Paddelboot 2 km, Naturbadesee 3 km, Tropical Islands Erlebnisbad 20 km.
POI: Freilandmuseum Lehde 3 km, Biosphärenreservat Spreewald 3 km, Slawenburg Raddusch 8 km.

23554 Lübeck €6,00

Lastadie P2 A1, Lastadie, ☎ 0451/798880 <8m
Zentrumsnaher Stellplatz

2022 geprüft

POS: 53°52'19.00"N/10°40'47.00"E, Karte D3 (S. 6), A3
Platz: = 24 auf Pflaster. WC. Aufenthalt max. 24 h. Keine Reservierung möglich. Ganzjährig geöffnet. Ausnahme: Bei Veranstaltungen nur für Busse reserviert (rechtzeitige Beschilderung).
Preis: 6 €. Gebührenpflichtig Mo-Sa 10:00-18:00 Uhr. 1,20 €/h, 6 €/Tag. Bezahlung am Parkscheinautomat.
Kontakt: KWL GmbH, ☎ 0451/798880, parken@luebeck.org, www.parken-luebeck.de/wohnmobilstellplaetze.
Distanz: 0,2 km, 0,5 km.
Freizeit: 0,9 km.
POI: Altstadt von Lübeck 0,2 km, Dom 0,3 km.

23554 Lübeck €6,00

Lastadie P4, Willy-Brandt-Allee/Lastadie, ☎ 0451/798880 <8m
Mit Büschen abgegrenzter Teil eines Großparkplatzes an der Musik- und Kongresshalle

2022 geprüft

POS: 53°52'17.71"N/10°40'43.73"E, Karte D3 (S. 6), A3
Platz: P = 17 auf Asphalt. Aufenthalt max. 24 h. Ausweichplätze und WC in unmittelbarer Nähe. Ganzjährig geöffnet.
Preis: 6 €. 1,20 €/h, 6 €/Tag. Gebührenpflichtig Mo-Sa 10:00-18:00 Uhr. Bezahlung am Parkscheinautomat oder per Handyparken.
Kontakt: KWL GmbH, ☎ 0451/798880, parken@luebeck.org, www.parken-luebeck.de/wohnmobilstellplaetze.
Distanz: 0,5 km, 0,5 km, 0,5 km.
Gastro: Mehrere Restaurants in unmittelbarer Nähe.
Freizeit: 2 km, 1 km.
POI: Altstadt Lübeck (UNESCO-Welterbe) 0,2 km, Hansemuseum 0,8 km.

Hinweis der Redaktion: Aufgrund der wirtschaftlichen Lage und der andauernden Energiekrise kann es in 2023 zu noch nicht absehbaren Preiserhöhungen bei Service- und Übernachtungsgebühren kommen. Wir bitten um Verständnis und verweisen auf die **Bordatlas WebApp**. Die Stellplatzdaten werden dort laufend überarbeitet und stehen online stets aktuell zur Verfügung.

23554 Lübeck €10,00

Nördliche Wallhalbinsel, Willy-Brandt-Allee (Nähe Media Docks), ☎ 0451/798880 Am Wasser, nahe Media Docks <10m

2022 geprüft

POS: 53°52'22.89"N/10°40'50.50"E, Karte D3 (S.6), A3
Platz: = 39 auf Asphalt, Pflaster. Aufenthalt max. 24 h. Ganzjährig geöffnet.
Preis: 10 €. 2 €/h. Parkscheinautomat/HandyParken.
Kontakt: Parken Lübeck, ☎ 0451/798880, parken@luebeck.org, www.parken-luebeck.de.
Distanz: Ⓗ 0,3 km, 0,5 km, 0,5 km, 0,8 km.
Freizeit: Museumsbesuche, Stadtbesichtigung Lübeck.
POI: Holsten Tor 0,5 km, Hansestadt Lübeck 0,8 km, Buddenbrookhaus 1 km.

23556 Lübeck gratis

CITTI-PARK Lübeck, Herrenholz 14, ☎ 0451/89691030 Gegenüber vom Haupteingang des Citti-Parks <10m

2022 geprüft E

POS: 53°51'33.32"N/10°37'36.25"E, Karte D3 (S.6), A3
Platz: = 30 auf Asphalt. WC CHEM GRAU. Beleuchtet. Gasflaschentausch/-kauf bei Citti-Tank. Ganzjährig geöffnet.
Preis: Übernachtung gratis inkl. Entsorgung. Wasser 1 €/100 l.
Kontakt: Citti-Park Lübeck, ☎ 0451/89691030, citti-park.luebeck@citti.de, www.citti-park-luebeck.de.
Anfahrt: Navi: Wohnmobil-Parkplatz mit Entsorgungsstation, CITTI-PARK Lübeck, Herrenholz 14, 23556 Lübeck.
Distanz: 0 km, Ⓗ 0,1 km, 0,1 km, 6 km.
Gastro: Gastronomie im Citti-Park.
POI: Holstentor 5,3 km, Europäisches Hansemuseum 6,7 km, Hansestadt Lübeck 8,2 km.

23568 Lübeck €15,00

Wohnmobiltreff Lübeck, An der Hülshorst 9, ☎ 0451/32111 Neben dem Sportpark <8m

2021 geprüft E

POS: 53°53'43.00"N/10°42'38.00"E, Karte D3 (S.6), A3
Platz: = 45 auf Sand/Splitt, Schotter, Rasengittersteinen. =50 (6 A) GRAU. nur bei Gruppen. Anmeldung ab 15:30 Uhr am Counter der Erlebniswelt Hülshorst, Wasser aus dem Wasserhahn (Dusche). Abreise bis 13:00 Uhr. Ganzjährig geöffnet. Ausnahme: 1.12.-26.12. Fr/Sa geschlossen.
Preis: 15 € inkl. aller Personen, Strom, Wasser, Entsorgung, Müll-Entsorgung, WLAN, WC. Dusche 1 €/5 min. Verzehrgutschein 1 € pP. Strom nicht für Heizzwecke.
Kontakt: Thomas Römer, ☎ 0451/32111, info@erlebniswelt-huelshorst.de, www.sportpark-huelshorst.com/stellplatz.
Distanz: Ⓗ 0,1 km, 0,1 km, 0,5 km, 2,5 km.
Gastro: Restaurant Colinar, Mo-Sa 15:00-20:30 Uhr, So 9:30-20:30 Uhr. Frühstück/Brunch So ab 9:30 Uhr.
Freizeit: Schwarzlicht-Minigolf, Bowling, Billard.
POI: Naturschutzgebiet Schellbruch 0,2 km, hist. Stadtzentrum Lübeck (UNESCO-Weltkulturerbe) 2 km.

23570 Lübeck-Travemünde €8,00

Am Fischereihafen, Travemünder Landstraße 300, ☎ 04502/8040 Am Ortsrand von Lübeck im Ortsteil Travemünde <10m

2022 geprüft E

POS: 53°57'15.95"N/10°51'17.98"E, Karte D3 (S.6), A3
Platz: = 49 auf Rasengittersteinen. CHEM GRAU. Aufenthalt max. 1 Tag. Verfügbare Stellplätze siehe www.parken-luebeck.de/wohnmobilstellplaetze. Ganzjährig geöffnet.
Preis: Ab 8 €. Wasser 0,10 €/10 min. Kurtaxe für 1 Pers. incl., Kurtaxe 15.5.-14.9. 3 €/Pers., Kurtaxe 15.9.-14.5. 1 €/Pers. Je nach Saison 8-12 €. VE-Säule mit Münzeinwurf.
Kontakt: ☎ 04502/8040 info@travemuende-tourismus.de, www.travemuende-tourismus.de.
Freizeit: Museums-/Stadtbesichtigung.
POI: Sealife, Timmendorfer Strand, Hansemuseum, Altstadt Lübeck mit Holstentor, Altstadthafen, Dom und Marienkirche.

23570 Lübeck-Travemünde €26,00

Ferienhof Evershof, Kowitzberg 3, ☎ 04502/77345 Auf einer schönen Hofanlage <8m

POS: 53°58'27.01"N/10°52'17.42"E, Karte D3 (S.6), A3
Platz: = 3 auf Wiese, Rasengittersteinen. =3 (16 A) WC. Anfahrt von 9:00-13:00 Uhr und 15:00-19:00 Uhr. VE auf dem nahegelegenen Stellplatz (Parkplatz am Kowitzberg). In den Sommermonaten auf Wunsch WC/Dusche. Geöffnet: Apr-Okt.
Preis: 26 € inkl. Strom. Jede weitere Pers., Dusche / Pers., Kurtaxe 3 €/Pers., Hund 2 €. Strom für den Betrieb von Klimaanlagen 3 €.
Kontakt: Jörn Halske, ☎ 04502/77345, Mobil: 0177/7734500oder01amEnde, info@evershof.de, www.evershof.de.
Distanz: Ⓗ 0,1 km, 0,2 km (Stellplatz am Kowitzberg), 0,5 km, weitere Restaurants in 1 km, 0,8 km, 2 km.
Gastro: Golfclub Travemünde 0,5 km.
Freizeit: 3 km, 2 km, 0,5 km. Hofanschluss (Tiere füttern, Ponyreiten und mehr), Segelregatta Travermünder Woche Ende Juli, Golfplatz, Strand 0,9 km.
POI: Baurernhofstellplatz strandnah, Naturschutzgebiet und Vogelpark in Travemünde, Travemünder Altstadt und Hafen 3 km, Lübecker Altstadt mit Buddenbrook-, Günter-Grass- u. Willy-Brandt-Haus 20 km.

23570 Lübeck-Travemünde €14,80

Parkplatz am Kowitzberg, Kowitzberg, ☎ 04502/804130 Ruhiger Stellplatz in der Nähe des Brodtener Ufers <12m

POS: 53°58'32.26"N/10°52'34.11"E, Karte D3 (S.6), A3
Platz: = 100 auf Schotterrasen, Wiese. =40 CHEM GRAU. Leinenpflicht für Hunde. Anfahrt 24 h, Aufenthalt max. 24 h. Ganzjährig geöffnet.
Preis: 14,80 € inkl. Entsorgung, Müll-Entsorgung. Jede weitere Pers. 2,80 €, Strom 1 €/5 kWh, Wasser 1 €/100 l, Kurtaxe 2,80 €/Pers. Bezahlung am Automat.
Kontakt: Kurbetrieb Travemünde, Heike Blankenburg, ☎ 04502/804130, heike.blankenburg@luebeck-tourismus.de, www.luebeck-tourismus.de.
Distanz: Ⓗ, 1 km, 1,5 km, 2 km.
Gastro: Mehrere Restaurants im Ort.
Freizeit: 3 km, 1,5 km. Segeln, Surfschule, Beachvolleyball, Beachsoccer, Reiten, Bootsverleih, Golfplatz 1 km, Hochseilgarten im Kurpark Travemünde 1,5 km.
POI: Brodtener Steilküste, Travemünder Promenade, Segelschulschiff Passat 3 km, Skandinavienkai 4 km.

19386 Lübz €15,00

Stellplatz im Hafen am Speicher, Am Hafen 2a, ☎ 0172/3033955 Marina an der Müriz-Elde-Wasserstraße <12m

2021 geprüft E

POS: 53°28'12.60"N/12°1'56.27"E, Karte D3 (S.6), C4
Platz: = 28 auf Schotterrasen. =28 (16 A) WC CHEM GRAU. Leinen-

L

pflicht für Hunde. Abreise bis spätestens 11:00 Uhr, unbegrenzte Aufenthaltsdauer. Kranen von eigenen Booten nach telefonischer Anmeldung möglich. Geöffnet: 15.4.-1.11.

Preis: 15 € inkl. WC, Müll-Entsorgung, Grauwasser-Entsorgung. Jede weitere Pers. 2,50 €, Kind (3-14 J.) 1,50 €, Strom 0,60 €/kWh, Wasser 1 €/100 l, Dusche 1 €/4 min, Hund 1 €, Waschmaschine/Trockner je 4 €. Chemietoiletten-Entsorgung 2 €.

Kontakt: Hafenmeister, Mobil: 0172/3033955, hafenamspeicher@web.de, www.hafen-am-speicher.de.

Distanz: Ⓗ 0,3 km, 0,5 km, 1 km, 1 km.

Freizeit: 5 km, 1 km. Planetarium, Straußenfarm in Riederfelde, Brauereibesichtigung Mecklenburgischen Brauerei Lübz.

19386 Lübz-Broock — €5,00 — <12m

Hotel-Restaurant Am Worns-Berg, Am Wornsberg 1, ☎ 038731/370
Am Hotel-Restaurant in Einzellage am Ortsrand von Broock

POS: 53°28'3.00"N/12°6'25.00"E, Karte D3 (S. 6), C4

Platz: = 4 auf Wiese, Schotter. Ganzjährig geöffnet.

Preis: 5 €. Strom 5 €, Dusche 3 €/Pers. Gebühr (5 €) wird bei Verzehr angerechnet.

Kontakt: Familie Kinzel, ☎ 038731/370, wornsberghotel@t-online.de, www.hotel-wornsberg.m-vp.de.

Distanz: 0 km, 0,3 km, 5 km.

Gastro: Hotel-Restaurant am Worns-Berg, Mo-Sa 17:30-20:00 Uhr, So Ruhetag.

Freizeit: 5 km. Badesee 1,2 km, Bobziner Schleuse 3,5 km.

POI: Ziegeleimuseum 1,5 km.

L

19386 Lübz-Broock — €18,00 — <8m

Naturcampingplatz & Hafen Bermudadreieck, Am Mühlenberg 3, ☎ 038732/999799
Naturbelassenes Waldgelände mit Zugang zur Müritz-Elde-Wasserstraße

POS: 53°29'27.00"N/12°8'18.00"E, Karte D3 (S. 6), C4

Platz: = 12 auf Wiese, Naturboden. =12 (16 A) WC CHEM/Bio GRAU. Leinenpflicht für Hunde. Ⓡ wird empfohlen. Nur für Womos bis 7,5 t. Anreise ab 12:00 Uhr, Check-in ab 16:00 Uhr. Geöffnet: Mai-Sep.

Preis: Ab 18 € inkl. WC, Müll-Entsorgung. Kind (ab 16 J.) 4,50 €, Kind (12-15 J.) 2,50 €, Strom 3 €, Wasser 1 €/100 l, Entsorgung 1 €, Dusche 0,50 €/2 min, Hund 2 €. HS 23 €.

Kontakt: Bermudadreick Naturcamping & Hafen GmbH, ☎ 038732/999799, booking@bermudadreieck.camp, www.naturcamping-bermudadreieck.de.

Distanz: 0 km, 1 km, Ⓗ 4 km, 9 km.

Gastro: Brötchensevice. Hafenbar, Mo-So 16:00-20:00 Uhr.

Freizeit: 10 km. Kanu-, SUP- und Hydrobikeverleih, Angeln.

POI: Älteste Dorfkirche Mecklenburgs 1 km, Schloss Daschow mit Badesee 3 km, ehem. Kloster Dobbertin 15 km, agrarhistorisches Museum Alt Schwerin 20 km.

29439 Lüchow — gratis — >12m

Wohnmobilstellplatz Lüchow, Parkstraße, ☎ 05841/9747386
Am LüBad im Naturpark Elbhöhen-Wendland

POS: 52°58'12.17"N/11°8'49.57"E, Karte D3 (S. 6), B5

Platz: = 2 auf Asphalt, Pflaster. Ganzjährig geöffnet.

Preis: Übernachtung gratis.

Kontakt: Gästeinformation Wendland, ☎ 05841/9747386, info@region-wendland.de, wendland-elbe.de.

Distanz: Ⓗ 0,2 km, 0,5 km, 1 km.

Freizeit: 2 km.

POI: Altstadt 1 km, Rundlingsmuseum 4 km, Nemitzer Heide 16 km, Findlingspark 20 km.

15926 Luckau — gratis — <12m

Stellplatz Südpromenade, Südpromenade, ☎ 03544/5940
Neben dem Stadtpark

POS: 51°50'59.91"N/13°42'54.50"E, Karte D8 (S. 11), F3

Platz: = 10 auf Rasengittersteinen. WC CHEM GRAU. Ganzjährig geöffnet.

Preis: Übernachtung gratis. Strom 1 €/2 kWh, Wasser 1 €/60 l.

Kontakt: Stadt Luckau, ☎ 03544/5940, stadt@luckau.de, www.luckau.de.

Distanz: Ⓗ 0,2 km, 0,3 km, 0,5 km, 1 km.

Freizeit: 0,5 km, 20 km. Stadtführungen, Indoorspielplatz Luckau.

POI: Stadtpark, Napoleonhäuschen, Niederlausitz-Museum, Gärten am Schlossberg, historischer Stadtkern 0,1 km, Höllberghof bei Langengrassau 7,5 km, Sielmanns Natur-Erlebniszentrum Wanninchen 13,6 km, Wasserschloss Fürstlich Drehna 21,6 km.

17375 Luckow-Rieth — €20,00 — <8m

Haffcamping, Stiege 8, ☎ 039775/20772 Am Neuwarper See

POS: 53°41'43.86"N/14°14'2.04"E, Karte D4 (S. 7), F3

Platz: = 5 auf Wiese, Schotter. =5 CHEM GRAU. Ⓡ Anmeldung werktags ab 17:00 Uhr, am WE jederzeit. Geöffnet: Apr-Sep.

Preis: 20 € inkl. Strom, Wasser, Entsorgung, Müll-Entsorgung, WLAN.

Kontakt: Beate Dachner, ☎ 039775/20772, Mobil: 01512/1856720, odett02@web.de, www.haffcamping.de.

Distanz: Ⓗ 1,8 km, 2 km, weitere Restaurants in 5 km, 2 km, 15 km.

Freizeit: 20 km, 1 km. Wassersport, Reiten, Fährfahrt nach Polen, Kutschfahrten, Angeln, Spielplatz 10 km, Tierpark Ueckermünde 15 km.

POI: Botanischer Garten 5 km, Altstadt von Ueckermünde 15 km.

58515 Lüdenscheid — gratis — <10m

Parkplatz Am Nattenberg-Stadion Tor 2, Am Nattenberg 0, ☎ 02351/157394
Auf dem Stadion-Parkplatz

POS: 51°12'36.83"N/7°37'10.74"E, Karte D5 (S. 8), C5

Platz: = 4 auf Schotter. Ganzjährig geöffnet.

Preis: Übernachtung gratis. Strom 1 €/6 h, Wasser 1 €/200 l.

Kontakt: ☎ 02351/157394, info@familienbad-nattenberg.de, www.familienbad-nattenberg.de.

Distanz: Ⓗ 0,5 km, 0,5 km, 0,9 km (Stellplatz am Familienbad Nattenberg, Talstraße 59, 58515 Lüdenscheid), 1 km, 1,5 km.

Freizeit: 0,8 km, 0,8 km. Saunadorf Am Nattenberg 0,8 km.

POI: Schloss Neuenhof, Phänomenta, Versetalsperre, Geschichtsmuseum der Stadt Lüdenscheid.

58515 Lüdenscheid — gratis — <10m

Stellplatz am Familienbad Nattenberg, Talstraße 59, ☎ 02351/157394
Am Schwimmbad-Parkplatz

POS: 51°12'38.41"N/7°37'4.85"E, Karte D5 (S. 8), C5

Platz: = 4 auf Rasengittersteinen. =6 (16 A) CHEM GRAU. Ganzjährig geöffnet.

Preis: Übernachtung gratis. Strom 1 €/6 h, Wasser 1 €/100 l, Entsorgung 1 €. Schwimmbad 3,50 €/1,5 h, 7,50 € inkl. Sauna und Sole.

Kontakt: ☎ 02351/157394, info@familienbad-nattenberg.de, www.familienbad-nattenberg.de.

Distanz: Ⓗ 0,1 km, 0,1 km, weitere Restaurants in 1,5 km, 0,5 km, 1 km.

Freizeit: Saunadorf Nattenberg.

POI: Erlöserkirche 1,5 km, Phänomenta Museum 1,5 km.

31702 Lüdersfeld — €6,00 — <12m

Heinrich's Reisemobilstellplatz, Am Hülsebrink 10, ☎ 05725/94190
Separater Stellplatz neben dem Hotel-Restaurant Zum dicken Heinrich

POS: 52°21'35.54"N/9°15'20.61"E, Karte D6 (S. 9), F2

Platz: = 50 auf Pflaster, Schotter. WC CHEM GRAU. Boulebahn, Beachvolleyballfeld. Ⓡ nur bei Gruppen. WC zu den Restaurant-Öffnungszeiten. Geöffnet: März-Nov.

Preis: 6 € inkl. aller Personen, Strom, Wasser, Entsorgung, WC, Müll-Entsorgung. Inkl. 2 € Verzehrgutschein.

Kontakt: Rolf Parno, ☎ 05725/94190, hotel@zum-dicken-heinrich.de, www.zum-dicken-heinrich.de.
Distanz: 0 km, 0 km, Ⓗ 3 km, 3 km.
Gastro: Restaurant am Platz, Mo-Fr 17:00-22:30 Uhr, Sa-So 12:00-22:30 Uhr.
Freizeit: 4 km, 8 km, 4 km. Altstadtbesuch in Stadthagen, Reithalle 3 km, Dinosaurierpark 9 km, Steinhuder Meer 17 km.
POI: Wilhelm-Busch-Museum in Wiedensahl 12 km, EXPO-Projekt Steinzeichen Steinbergen 14 km, Schloss Bückeburg und Hubschraubermuseum 15 km.

59348 Lüdinghausen €12,00 <10 m

Campingplatz Sikora, Ondrup 16, ☎ 02591/8219
Auf einem Wiesengrundstück

POS: 51°46'53.60"N/7°23'44.25"E, Karte D5 (S. 8), C4
Platz: / = 10 auf Wiese. =12 (16 A) WC CHEM GRAU . Leinenpflicht für Hunde. Ganzjährig geöffnet.
Preis: 12 € inkl. Wasser, Entsorgung, Dusche, WC, Müll-Entsorgung. Jede weitere Pers. 3,50 €, Kind (bis 14 J.) 3 €, Strom 0,65 €/kWh. Keine Kartenzahlung.
Kontakt: Familie Sikora, ☎ 02591/8219, campingplatz-kanalufer@gmx.de, www.campingplatz-kanalufer.de.
Distanz: 1 km, weitere Restaurants in 3,5 km, 2 km, 4 km, Ⓗ 5 km.
Freizeit: 10 km, 3 km. Angeln, Ausflugsfahrten mit dem Schiff, Kanu fahren.
POI: Burg Vischering 4 km, Burg Lüdinghausen 4 km, Burg Kakesbeck 5 km.

59348 Lüdinghausen-Seppenrade gratis <10 m

Rosengarten Seppenrade, Am Rosengarten, ☎ 02591/78008
Gekennzeichnete Stellplätze auf öffentlichem Parkplatz
Gutschein

POS: 51°45'52.00"N/7°23'50.00"E, Karte D5 (S. 8), C4
Platz: = 2 auf Asphalt. . Ganzjährig geöffnet.
Preis: Übernachtung gratis.
Kontakt: Lüdinghausen Marketing e.V., ☎ 02591/78008, info@luedinghausen-marketing.de, www.luedinghausen.de.
Distanz: 0,1 km, Ⓗ 0,2 km, 0,2 km, 0,5 km.
Gastro: Mehrere Restaurants im Ort.
Freizeit: 3 km, 4 km. Radweg Radelpark Münsterland, Spaziergang durch den Rosengarten.
POI: Rosengarten, Burg Lüdinghausen 3,5 km, Blaudruckerei 4 km, Wasserburg Vischering 4,2 km, Burg Kakesbeck 8,2 km.

71638 Ludwigsburg €10,00 <10 m

Parkplatz Forum/Blühendes Barock (Ost), Friedrich-Ebert-Straße, ☎ 07141/9102252 Hinterer Parkplatzbereich, nahe Schlosspark und Park Bärenwiese

POS: 48°53'38.73"N/9°11'49.53"E, Karte D14 (S. 17), F1
Platz: P = 7 auf Asphalt. CHEM GRAU . Aufenthalt max. 3 Tage. Ganzjährig geöffnet.
Preis: 10 € inkl. Entsorgung. Strom 0,50 €/kWh, Wasser 1 €/100 l.

Kontakt: Tourist Information Ludwigsburg, ☎ 07141/9102252, touristinfo@ludwigsburg.de, www.visitludwigsburg.de.
Distanz: 0,1 km, weitere Restaurants in 0,4 km, Ⓗ 0,2 km, 0,5 km, 0,5 km.
Freizeit: 4,5 km, 0,8 km, 0,8 km. Heilbad Hoheneck Ludwigsburg 3,4 km, Spaziergang durch die Zugwiesen 4,5 km.
POI: Blühendes Barock (Gartenanlagen um das Residenzschloss mit Märchengarten) 0,4 km, Residenzschloss Ludwigsburg 0,5 km, historischer Marktplatz mit barocken Bürgerhäusern und Kirchen 0,7 km, Schloss Favorite mit Favoritepark und Allee zum Seeschloss Monrespos 1,3 km, Seeschloss Monrepos 3,5 km.

19288 Ludwigslust €10,00 <8 m

Parkplatz Friedrich-Naumann-Allee, Friedrich-Naumann-Allee 26, ☎ 03874/526251 In ruhiger, zentraler Lage hinter Schloss und Parkanlage

POS: 53°19'38.58"N/11°29'27.11"E, Karte D3 (S. 6), B5
Platz: P = 16 auf Pflaster. =8 WC CHEM GRAU . Ganzjährig geöffnet.
Preis: Ab 10 € inkl. Müll-Entsorgung. Strom 1 €/2,5 kWh, Wasser 1 €/100 l, Entsorgung 1 €. 1.5.-30.9. 12 €, 1.10.-30.4. 10 €. Bezahlung am Automat, Strom und VE mit Münzbetrieb (Automat wechselt nicht).
Kontakt: Stadt Ludwigslust-Information, ☎ 03874/526251, tourismus@ludwigslust.de, www.ludwigslust.de.
Distanz: Ⓗ 0,2 km, 0,2 km, weitere Restaurants in 0,5 km, 0,5 km, 0,5 km.
Gastro: Braumanufaktur Ludwigslust 0,2 km. Orangerie Sanddorn. Restaurant Alte Feuerwache. Ludwigsluster Schloss-Café.
Freizeit: 8 km, 0,8 km. Fitness-Parcours, Open-Air-Veranstaltungen, Reitsport, klassische Konzerte, Angeln, Wandern im Schlosspark.
POI: Museum Natureum 0,1 km, katholische Kirche im Park 0,3 km, Schloss mit Park 0,3 km, Schlosskirche 0,5 km, Palais Bülow 0,8 km.

96337 Ludwigsstadt €7,00 <8 m

Schützenplatz Ludwigsstadt, Lauensteinerstraße 28, ☎ 09263/94925 Im Stadtzentrum

POS: 50°29'14.60"N/11°23'10.61"E, Karte D11 (S. 14), B2
Platz: P = 3 auf Naturboden, Schotter. GRAU. Wasser frostbedingt nur von Apr-Okt. Ganzjährig geöffnet. Ausnahme: im Juli für 2 Wochen (Schützenfest) geschlossen.

Preis: 7 € inkl. aller Personen, Strom, Wasser, Entsorgung. Bezahlung Di-So von 13:00-17:00 Uhr im Schiefermuseum oder am Platz über Briefkasteneinwurf.
Kontakt: ☎ 09263/94925, info@rennsteigregion-im-frankenwald.de, www.rennsteigregion-im-frankenwald.de.
Distanz: 0,5 km, 0,7 km, 0,8 km, Ⓗ 1 km.
Freizeit: 1 km, 2 km.
POI: Schiefermuseum 0,5 km, Burg Lauenstein 4 km, Golddorf Steinbach an der Haide 4,8 km.

32676 Lügde-Elbrinxen €15,00 <12 m

Camping Eichwald, Obere Dorfstraße 80, ☎ 05283/335
Zwischen dem Eichenwald des Hohen Mörth und dem Isenberg

POS: 51°53'54.68"N/9°15'17.76"E, Karte D6 (S. 9), F3
Platz: P = 30, = 30 (<12 m) auf Wiese, Schotter. =50 (10 A) WC CHEM GRAU . Ganzjährig geöffnet.
Preis: 15 € inkl. Strom, Wasser, Entsorgung, WC, Müll-Entsorgung. Jede weitere Pers. 5 €, Dusche 0,50 €/Pers., WLAN 2 €, Hund 2,50 €. Kind 3 €.
Kontakt: Familie Schäfsmeier, ☎ 05283/335, info@camping-eichwald.de, www.camping-eichwald.de.
Distanz: Ⓗ 0,2 km, 0,5 km, 0,5 km, 3 km.
Freizeit: 0,1 km, 10 km, 7 km. Wassersport auf dem Emmerstausee 6 km.
POI: Burgruine Polle und Wehrtürme in Lügde 5 km, Kloster Marienmünster 12 km, Abtei Corvey in Höxter 15 km.

25774 Lunden gratis <8 m

Wohnmobilstellplatz Lunden am Eiderufer, Wollersumer Straße 5, ☎ 04836/9963166 In ruhiger Lage am Eiderufer

POS: 54°19'57.26"N/8°59'43.64"E, Karte D2 (S. 5), F2
Platz: P = 6 auf Schotter. . Ganzjährig geöffnet.
Preis: Übernachtung gratis.
Kontakt: Tourist-Info Lunden, ☎ 04836/9963166, info@echt-eider.de, www.echt-dithmarschen.de.
Distanz: Ⓗ 2 km, 2 km, weitere Restaurants in 5 km, 2 km, 2,8 km, 12,5 km (Stellplatz Kapitänshaus, Am Freizeitpark 1a, 25832 Tönning).
Gastro: Mehrere Restaurants im Ort.
Freizeit: 3,2 km, 15 km, 5 km.
POI: Heimatmuseum 2 km, Geschlechterfriedhof 2 km, Multimar Wattforum 11,7 km.

21335 Lüneburg €15,00 <12 m

Wohnmobilstellplatz Sülzwiesen, Am Bargenturm, ☎ 04131/3098099
Stadtnaher Stellplatz im Bereich der Sülzwiesen

POS: 53°14'44.05"N/10°23'50.82"E, Karte D2 (S. 5), H5
Platz: P = 69 auf Pflaster, Sand/Splitt. =69 (6,5 A) WC CHEM GRAU. Öffentliches WC 0,1 km (7:00-19:00 Uhr). Ganzjährig geöffnet.
Preis: 15 € inkl. Strom, Entsorgung, Müll-Entsorgung. Wasser 1 €/10 min.
Kontakt: Lüneparken, ☎ 04131/3098099, info@parken.lueneburg.de, www.lueneparken.de.
Distanz: , Ⓗ 0,2 km, 0,2 km, 0,5 km.

L

Freizeit: 4 km, 1 km, 3 km. Stadt- und Rathausführung, Minigolf 0,1 km, Freizeitbad SaLü 1 km.
POI: Hist. Altstadt, hist. Rathaus, Deutsches Salzmuseum 0,3 km, St. Johanniskirche 1 km, Kloster Lüne 5 km.

M

16248 Lunow-Stolzenhagen €10,00

VG Camping Stolzenhagen, Kietz 14, ☎ 0159/06164542 >12m
An der Hohensaatener-Friedrichsthaler Wasserstraße im Nationalpark Unteres Odertal

POS: 52°56'56.62"N/14°6'31.81"E, Karte D4 (S. 7), G5
Platz: = 15 auf Pflaster, Wiese, Naturboden. =15 (16 A) WC CHEM GRAU. Beschrankt. WC Apr-Sep. Ganzjährig geöffnet.
Preis: Ab 10 € inkl. Strom, Wasser, Entsorgung, WLAN, Hund. Dusche 1,50 €/5 min, WC 2,50 €. NS 10 € (im Winter kein Wasser, nur Entsorgung), HS 12,50 €.
Kontakt: VG Camping Stolzenhagen GbR, Fabian Gieseler, Mobil: 0159/06164542, camping-stolzenhagen@mail.de, www.camping-stolzenhagen.de.
Distanz: 0,1 km, Ⓗ 1 km, 3 km.
Gastro: Mobile Versorgung (Bäcker Di/Do). Café Goldrand.
Freizeit: 3 km. Paddeln, Nationalpark Unteres Odertal, Oder 0,8 km.
POI: Geologischer Garten Criewen-Sitz 1 km, Nationalpark 11 km, Binnenschifffahrts-Museum Oderberg 15 km, Angermünde 15 km, Kloster Chorin 30 km.

56826 Lutzerath €5,00

Wohnmobilstellplatz Lutzerath, Trierer Straße 2, ☎ 02677/910033 <12m
Am Ortsrand von Lutzerath

POS: 50°7'48.01"N/7°0'32.80"E, Karte D9 (S. 12), B3
Platz: P = 6 auf Schotter. =6 (16 A) WC CHEM GRAU. Anmeldung/Bezahlung der Gebühren im Hotel-Restaurant Maas (Tel. 02677/93630). Ganzjährig geöffnet.
Preis: 5 € inkl. Entsorgung, WC, Kurtaxe. Müll-Entsorgung 10 €. Strom/Wasser gegen Gebühr.
Kontakt: Roswitha Lescher, ☎ 02677/910033, touristinfo.lutzerath@t-online.de, www.lutzerath.de.
Distanz: Ⓗ 0,1 km, 0,3 km, weitere Restaurants in 1 km, 0,5 km, 0,5 km.
Gastro: Hotel-Restaurant Maas in Lutzerath.
Freizeit: 10 km, 10 km, 20 km. Vulkaneifel-Pfade/Maare und Thermen Pfad 1 km.
POI: Wallfahrtskirche Driesch 1 km, Maare/Kraterseen 7 km, Glaubersaltherme Bad Bertrich 10 km.

24404 Maasholm €17,00

Wohnmobilstellplatz Maasholm am Yachthafen, Uleweg 31, ☎ 04642/965068 <12m
Neben dem Yachthafen am Ostseefjord Schlei

2020 geprüft — E

POS: 54°40'58.27"N/9°59'39.09"E, Karte D2 (S. 5), G1
Platz: P = 40 auf Wiese, Schotter. WC CHEM GRAU. Waschmaschine. Leinenpflicht für Hunde, kein Schatten, ebener Platz. Sanitäranlagen beheizt. Ganzjährig geöffnet.
Preis: 17 € inkl. aller Personen, Entsorgung. Strom 3 €, Wasser 1 €/80 l, Dusche 1 €/5 min.
Kontakt: Platzwart, ☎ 04642/965068, gemeindemaasholm@t-online.de, www.maasholm.de.
Distanz: 0,1 km, 0,1 km, weitere Restaurants in 0,4 km, Ⓗ 0,3 km.
Gastro: Restaurant am Platz.
Freizeit: 25 km, 0,3 km. Hochseeangeln, Segelschule, Surfschule, Radwanderwegenetz, Nordic Walking-Route, Angeln, Naturerlebniszentrum 1,5 km, Ostsee 2 km.
POI: Kappeln 10 km, Arnis 15 km.

04827 Machern €17,00

Campingplatz Lübschützer Teiche, Alfred-Frank-Straße 2, ☎ 03425/814784 <8m
Direkt im Landschaftsschutzgebiet

POS: 51°22'44.70"N/12°38'8.35"E, Karte D7 (S. 10), D4
Platz: = 100 auf Schotterrasen. WC. Streichelzoo. Waschmaschine. Geöffnet Apr-Okt.
Preis: 17 €. Jede weitere Pers. 5 €, Kind (5-14 J.) 4 €, Strom 3 €/Tag oder 0,45 €/kWh, Dusche je 1,80 €, Müll-Entsorgung 0,80 €, Hund 1,50 €. Duschmarke 1,80 €. Pfand für Codekarte 15 €, Pfand für Duschschlüssel/WC 5 €.
Kontakt: Familie Meding, ☎ 03425/814784, meding@gaststaette-luebschuetzer-teiche.de, www.gaststätte-lübschützer-teiche.de.
Gastro: Gaststätte Lübschützer Teiche.

39104 Magdeburg €8,00

Stellplatz Petriförder, Petriförder 1, ☎ 0391/5328891 Auf dem Gelände der Anlegestelle an der Elbe <10m

POS: 52°8'1.28"N/11°38'56.83"E, Karte D7 (S. 10), C3
Platz: P = 50 auf Pflaster. WC CHEM. Aufenthalt max. 3 Tage. Von Nov-März keine VE. Ganzjährig geöffnet. Ausnahme: Platz 2 x im Monat wegen Veranstaltungen gesperrt.
Preis: 8 €. Wasser 1 €, Entsorgung 1 €. Bezahlung in Münzen (0,50 €, 1 € und 2 €). Preisänderungen für 2023 vorgesehen.
Kontakt: Ralf Kurth, ☎ 0391/5328891, info@weisseflotte-magdeburg.de, www.magdeburg-tourist.de.
Anfahrt: Über eine durch die Zeichen 250 „Betriebs- und Versorgungsdienst frei" sowie absenkbare Poller gesperrte Strecke. Durch Bezahlung der Gebühr am Automat senkt sich der Poller ab.
Distanz: Ⓗ 0,3 km, 0,5 km, 0,6 km, 0,7 km.
Gastro: Restaurant Petriförder.
Freizeit: Bootfahren.
POI: Schiffshebewerk Rothensee, Dom/Kloster im hist. Stadtkern 0,3 km.

39114 Magdeburg €13,00

Wohnmobilstellplatz Am Winterhafen Magdeburg, Am Winterhafen 1 <10m
Im Stadtpark Rotehorn, an der Zollelbe mit Blick auf die Altstadt

2022 geprüft — E

POS: 52°7'30.43"N/11°38'55.80"E, Karte D7 (S. 10), B3
Platz: P = 32 auf Schotter. =30 WC CHEM GRAU. Keine Reservierungen möglich. Anfahrt 8:00-20:00 Uhr. Aufenthalt max. 14 Tage. 1 Notplatz vorhanden. Ganzjährig geöffnet.
Preis: 13 € inkl. aller Personen, Wasser, Entsorgung, WC, Müll-Entsorgung. Strom 0,60 €/kWh, Dusche 1 €/4 min. Bezahlung bargeldlos.
Kontakt: Marvin Hollenbach, stellplatzamwinterhafen@web.de, www.magdeburg-tourist.de.
Anfahrt: Zurzeit ist die Anfahrt nur über die U5 möglich.
Distanz: Ⓗ 0,5 km, 0,7 km, 1 km, 1 km.
Gastro: Restaurant Lefrog im Stadtpark Rothehorn.
Freizeit: 2 km, 2 km, 1 km. Angeln.
POI: Hundertwasserhaus 1,3 km, Elbauenpark/Jahrtausendturm 1,5 km, Magdeburger Dom 1,5 km.

Tipp

Der Stellplatz liegt mit im Stadtpark Rotehorn in Magdeburg, umgeben von Bäumen, Wiesen und dem Hafenbecken. Ruhige Lage.

86747 Maihingen gratis

Gasthaus Zur Goldenen Sonne, Hauptstraße 28, ☎ 09087/226 <8m
Gasthaus mit Geflügelhof, mitten im Nördlinger Ries

POS: 48°55'40.46"N/10°29'54.93"E, Karte D14 (S. 17), H1

L M

Platz: = 10 auf Sand/Splitt, Schotter. Ankunft bis 20:00 Uhr. Ganzjährig geöffnet.
Preis: Für Restaurantgäste kostenlos. Einkehr obligatorisch.
Kontakt: Karl Huber, ☎ 09087/226, mail@sonne-maihingen.de, www.sonne-maihingen.de.
Distanz: Ⓗ 0,2 km, 0,2 km.
Gastro: Restaurant am Platz, geöffnet Mo-So 11:00-14:00 Uhr, abends ab 17:00 Uhr. Di+Mi Ruhetage.
Freizeit: 10 km, 10 km. Radfahren, Wandern.
POI: Rieser Bauernmuseum, Klosteranlage, barocke Pfarrkirche.

67487 Maikammer — €15,00 — <8m

Weingut Groß, Bahnhofstraße 24, ☎ 06321/59411
Direkt am Weingut, an den Weinbergen

POS: 49°18'21.44"N/8°8'14.20"E, Karte D9 (S. 12), D5
Platz: = 3 auf Schotter, Rasengittersteinen. =3 (16 A). wird empfohlen. Anfahrt 13:00-19:00 Uhr. Ganzjährig geöffnet.
Preis: 15 € inkl. Strom, WC.
Kontakt: Weingut Groß, Melanie Groß, ☎ 06321/59411, info@weingut-gross.de, www.weingut-gross.de.
Distanz: 0,5 km, 0,5 km, Ⓗ 0,5 km, 1 km.
Gastro: Mehrere Restaurants in unmittelbarer Nähe.
Freizeit: 1 km, 14 km, 0,5 km. Weinprobe, Kellerführung.
POI: Hambacher Schloss 6 km, Neustadt an der Weinstraße 7 km, Dom in Speyer 20 km.

67487 Maikammer-Alsterweiler — €9,00 — <10m

Weingut Felix Schädler, Hartmannstraße 64, ☎ 06321/5425
Zwischen den Rebzeilen mit Blick auf das Hambacher Schloss

POS: 49°18'30.54"N/8°7'30.22"E, Karte D9 (S. 12), D5
Platz: = 3 auf Wiese. =3. wird empfohlen. Sanitäranlagen Nov-März geschlossen. Ganzjährig geöffnet.
Preis: 9 € inkl. aller Personen, Strom, Wasser. Eine Flasche Wein bei der Anreise gratis.
Kontakt: Familie Schädler, ☎ 06321/5425, info@schaedler-wein.de, www.schaedler-wein.de.
Distanz: Ⓗ 0,2 km, 0,5 km, 1 km.
Gastro: Mehrere Restaurants in Maikammer ab 1 km.
Freizeit: 1 km, 7 km, 1 km. Kellerführung, Weinprobe.
POI: Hambacher Schloss 6 km, Neustadt-Weinstraße 7 km.

97350 Mainbernheim — gratis — <10m

Parkplatz Mehrzweckhalle, Goldgrubenweg 14, ☎ 09323/804230
Öffentlicher Parkplatz in ruhiger Lage

2022 geprüft

POS: 49°42'41.97"N/10°13'13.48"E, Karte D10 (S. 13), H4
Platz: = 6 auf Pflaster, Asphalt. =4 CHEM GRAU. VE von Apr-Okt. Ganzjährig geöffnet.
Preis: Übernachtung gratis inkl. Entsorgung. Strom 1 €/kWh, Wasser 1,25 €/100 l. Ab dem 4. Tag kostenpflichtig: 10 €/Tag zu bezahlen im Rathaus, Rathausplatz 1, 97350 Mainbernheim.
Kontakt: Stadt Mainbernheim, ☎ 09323/804230, info@mainbernheim.de, www.mainbernheim.de.
Distanz: 0,2 km, 0,3 km, weitere Restaurants in 0,5 km, 0,3 km, Ⓗ 0,5 km.
Freizeit: 6 km, 3 km. Reitplatz, Schützenscheibensammlung 0,2 km, Führung durch die historische Markgrafenstadt 0,2 km.
POI: Johanniskirche (18. Jh.) 0,2 km, historischer Stadtkern/Rathaus (16. Jh.) 0,2 km, denkmalgeschützter Friedhof mit Predigtkanzel 0,3 km.

74535 Mainhardt — €15,00 — <12m

Hotel-Pension-Vesperstube Waldblick, Heilbronner Straße 51, ☎ 07903/2397
Auf dem Hotel-Parkplatz

POS: 49°4'30.00"N/9°33'15.00"E, Karte D14 (S. 17), G1
Platz: = 2 auf Schotterrasen, Wiese, Schotter, Asphalt. =2. wird empfohlen. Ganzjährig geöffnet.
Preis: 15 €. Strom 5 €, Wasser 5 €, WLAN 3 €.
Kontakt: Hotel Waldblick, Claudia Benzinger, ☎ 07903/2397, Mobil: 0160/94655454, info@hotel-vesperstube-waldblick.de, www.hotel-vesperstube-waldblick.de.
Distanz: Ⓗ 0,1 km, 0,5 km, 0,5 km, 0,5 km, weitere Restaurants in 1 km, 3 km.
Gastro: Am Platz, warme Küche Mi-Fr 16:30-21:00 Uhr. Frühstück im Hotel möglich.
Freizeit: 1 km, 16 km, 16 km. Musikantentreff (jeden ersten Fr im Monat), Wellness-Sauna 0,5 km, Limeslehrpfad 1 km, Fuxi-Kinder-Wanderlehrpfad 2 km.
POI: Landhege, Limes 1 km.

97320 Mainstockheim — €12,00 — <10m

Wohnmobilhafen Mainstockheim, Albertshöfer Straße/Am Fährhafen, ☎ 09321/91660
Direkt am Mainufer und an der Mainfähre

2022 geprüft

POS: 49°46'20.14"N/10°9'19.91"E, Karte D10 (S. 13), H4
Platz: = 54 auf Sand/Splitt, Schotter, Wiese, Asphalt. CHEM GRAU. Fähre zum gegenüberliegenden Ort Albertshofen. Ganzjährig geöffnet. Ausnahme: Sperrung bei Hochwasser.
Preis: 12 € inkl. aller Personen, Strom, Wasser, Entsorgung, Müll-Entsorgung, WLAN. VE für Durchreisende 2 €. Anhänger +2 €.
Kontakt: Gemeinde Mainstockheim, BGM Karl-Dieter Fuchs, ☎ 09321/91660, buergermeister@mainstockheim.de, www.mainstockheim.de.
Distanz: Ⓗ 0,2 km, 0,3 km, 0,4 km, 0,6 km.
Gastro: Restaurant am Platz, Mo-So 16:00-22:00 Uhr. Brötchenservice So+Feiertag von 8:00-9:00 Uhr.
Freizeit: 4 km, 4 km, 4 km. Freizeitpark Geiselwind.
POI: Ebracher Hof, St.Gumbertus (kath. ehemalige Synagoge), St. Jakobskirche.

M

55122 Mainz — €12,00 — <12m

Wohnmobilstellplatz Mainz, Dr.-Martin-Luther-King-Weg 21, ☎ 01573/1949711
In ruhiger Lage mit guter Anbindung an die Innenstadt

2021 geprüft

POS: 49°59'55.84"N/8°14'48.23"E, Karte D9 (S. 12), D3
Platz: = 60 auf Pflaster, Schotter, Sand/Splitt. =60 (16 A) CHEM GRAU. Leinenpflicht für Hunde. Ganzjährig geöffnet.
Preis: 12 € inkl. Entsorgung, Müll-Entsorgung, WLAN. Strom 0,70 €/kWh, Wasser 1 €/100 l.
Kontakt: Werner Bradatsch, ☎ 01573/1949711, info@wohnmobil-stellplatz-mainz.de, www.wohnmobil-stellplatz-mainz.de.
Distanz: Ⓗ 0,1 km, 0,2 km, weitere Restaurants in 0,2 km Entfernung, 0,2 km, 2,2 km.
Gastro: Restaurant Haasekessel 0,2 km.
Freizeit: 0,5 km, 0,5 km. Stadtbesichtigung, Stadion 0,2 km, Botanischer Garten 0,6 km, Marktfrühstück 2,2 km.
POI: Stephanskirche mit Chagall-Fenster 2 km, Dom 2,2 km, Gutenberg-Museum 2,2 km, Römisches Schifffahrtsmuseum 3 km.

82216 Maisach — gratis

Reisemobil-Stellplatz am Freibad, Am Bad 1, ☎ 08141/937213 — <8m

In Ortsrandlage

2020 geprüft

POS: 48°13'19.06"N/11°15'27.10"E, Karte D15 (S. 18), B3
Platz: = 3 auf Schotter, Wiese. WC. Toiletten (DIXI) nur von März-Okt geöffnet. Ganzjährig geöffnet.
Preis: Übernachtung gratis inkl. WC.
Kontakt: Gemeinde Maisach, Patrick Ludwig, ☎ 08141/937213, p.ludwig@maisach.de, www.maisach.de.
Distanz: 0,4 km, 0,4 km, 0,4 km, 0,4 km.
Freizeit: 0,1 km.
POI: Kloster Fürstenfeld 4 km.

17139 Malchin — €13,00

Malchiner Kanu-Club e.V., Am Kanal 4/Koesters Eck, ☎ 03994/239468 — <12m

Auf einer Halbinsel (Koesters Eck) an der Peene, am südlichen Ufer des Dahmer Kanals

POS: 53°44'37.53"N/12°45'57.97"E, Karte D3 (S. 6), D3
Platz: = 12, = 5 auf Wiese, Schotter, Pflaster. =12 (10 A) WC CHEM/Bio GRAU. Aufenthaltsraum. wird empfohlen. Anfahrt 10:00-12:00 Uhr und 15:00-18:00 Uhr. Geöffnet: 1.5.-30.9.
Preis: 13 € inkl. Wasser, Entsorgung, WC, Müll-Entsorgung, WLAN. Jede weitere Pers. 3 €, Strom 1 €/kWh, Dusche 1 €/4 min, Hund 1 €.
Kontakt: Malchiner Kanu-Club e.V., ☎ 03994/239468, Mobil: 01520/3645453, info@malchiner-kanu-club.de, www.malchiner-kanu-club.de.
Distanz: 0,1 km, weitere Restaurants in 1 km, 0,5 km, 0,5 km, 0,5 km.
Gastro: Restaurant Milano in Malchin. Imbiss/Peenecafé, warme Küche 10:00-17:00 Uhr.
Freizeit: 1 km, . Kanuverleih, Bootsverleih (Motorboote bis 15 PS), Angelkarte.
POI: Historischer Stadtkern mit Stadtmauer 0,5 km, Schloss Basedow 7 km, Ivenacker Eichen 13 km.

Sie haben einen neuen Stellplatz entdeckt? Dann teilen Sie uns diesen mit per E-Mail an **bordatlas@doldemedien.de** oder über das Online-Meldeformular unter **www.bordatlas.de/meldung**

17213 Malchow — €20,00

Marina Malchow, Ziegeleiweg 5, ☎ 039932/82744 — <8m

Am Malchower See hinter der Bootshalle mit Blick auf den See

2021 geprüft

POS: 53°27'52.00"N/12°25'16.00"E, Karte D3 (S. 6), C4
Platz: = 30, = 4 (<8 m) auf Wiese. GRAU. Anfahrt 8:00-18:00 Uhr. Geöffnet: 1.5.-30.9.
Preis: Ab 20 € inkl. Strom, Wasser, Entsorgung, Dusche, WC. Kurtaxe 2 €/Pers.
Kontakt: Bernd Leuschner, ☎ 039932/82744, kontakt@bootshalle-malchow.de, www.bootshalle-malchow.de.
Distanz: 1,5 km, 1,8 km, weitere Restaurants in 3 km, 3 km, 3 km.
Gastro: Brötchenservice auf Vorbestellung. Restaurant Don Camillo am Erddamm.
Freizeit: 5 km, 5 km, 3 km. Bootsverleih/Slipanlage, Golfplatz 7 km.
POI: Waren/Müritz, Nationalpark, Inselstadt Malchow mit Klosteranlage 2 km.

17213 Malchow — €11,00

Naturcamping Malchow am Plauer See, Zum Plauer See 1, ☎ 039932/49907 — <10m

Direkt am Plauer See

POS: 53°29'31.32"N/12°22'20.35"E, Karte D3 (S. 6), C4
Platz: = 6 auf Schotterrasen. =5 (16 A) WC CHEM GRAU. Aufenthalt max. 3 Nächte. Ganzjährig geöffnet.
Preis: Ab 11 € inkl. Wasser, Entsorgung, Müll-Entsorgung, WLAN, Hund. Jede weitere Pers. 1 €, Strom 3,50 €, Dusche 0,20 €/min, WC 2 €, Kurtaxe 1 €/Pers., jeder weitere Hund 1 €. NS 11 €, HS 16 €.
Kontakt: Naturcamping Malchow Neumann GbR, ☎ 039932/49907, info-malchow@campingtour-mv.de, www.naturcamping-malchow.de.
Distanz: 3,5 km, 3,5 km, 6 km.
Gastro: Am Platz, geöffnet: 1.4.-31.10.
Freizeit: Geführte Floßtouren je nach Witterung, Ruderboot-/Floßverleih, kleiner Hafen am Campingplatz, Wassersport.
POI: Affenwald, Schmetterlingsgarten Alt Schwerin, Naturpark Nossentiner Schwinzer Heide, Museum/Kloster Malchow 5 km, Bärenwald Müritz 10 km.

17213 Malchow — €18,00

Segelverein Malchow, Strandstraße 10a, ☎ 039932/12698 — <12m

Am Fleesensee neben dem Strandbad

2021 geprüft

POS: 53°29'8.67"N/12°26'14.46"E, Karte D3 (S. 6), C4
Platz: = 10 auf Wiese. WC CHEM GRAU. WLAN. Ganzjährig geöffnet.
Preis: 18 € inkl. Wasser, Entsorgung, Dusche, WC, WLAN. Strom 1 €/2 kWh, Müll-Entsorgung 3 €, Hund je 2 €.
Kontakt: Udo Decker, ☎ 039932/12698, webmaster@segelvereinmalchow.de, www.segelvereinmalchow.de.
Distanz: 1,2 km, 1,2 km, 1,8 km.
Gastro: Gaststätte Steg-Haus, Mo-Di 17:00-20:00 Uhr, Mi-So 12:00-20:00 Uhr.
Freizeit: Segeln, Badestrand (im Strandbad nebenan).
POI: Altstadt Malchow 1,8 km.

19294 Malliß — €22,50

Campingplatz Am Wiesengrund, Am Kanal 4, ☎ 038750/21060 — <10m

Kleines naturbelassenes Campinggelände am Ziegeleikanal

POS: 53°11'45.00"N/11°20'26.00"E, Karte D3 (S. 6), B5
Platz: = 2 auf Pflaster. =2 (10 A) CHEM/Bio GRAU. Sauna, Waschmaschine/Trockner. Geöffnet: 1.4.-15.10.
Preis: 22,50 € inkl. Wasser, Entsorgung, Sanitär-Nutzung. Jede weitere Pers. 7,50 €, Kind (bis 14 J.) 3,50 €, Strom 3 €, Dusche 1,50 €, Müll-Entsorgung 2 €, Hund 3 €, Sauna 15 €, Waschmaschine/Trockner je 5 €, VE für Durchreisende 5 €.
Kontakt: Herr Volker Sielaff, ☎ 038750/21060, Mobil: 0172/4406506, sielaff-camping@t-online.de, www.camping-mallniss.m-vp.de.
Distanz: 0,1 km, 3 km, 3 km, 3 km.
Gastro: Restaurant am Platz, warme Küche: Mo-So 15:00-20:00 Uhr.
Freizeit: Wassersport, Bootsverleih, Naturpark Elbtalaue mit Wanderdüne 8 km.
POI: Festung Dömitz 8 km, Schloss Ludwigslust 23 km.

76316 Malsch — gratis

GAST-Caravaning GmbH, Daimlerstraße 20b, ☎ 07246/305600 — <10m

Auf dem Betriebsgelände des Wohnmobil- und Caravan-Händlers

2022 geprüft

POS: 48°53'29.59"N/8°18'23.26"E, Karte D13 (S. 16), D1
Platz: = 15 auf Schotter. Shop und Werkstatt. wird empfohlen. Stellplatz ist tagsüber Kunden- und Mitarbeiterparkplatz. Abends kann der Parkplatz als Stellplatz benutzt werden. Aufenthalt max. 72 h, beleuchtet. Ganzjährig geöffnet.
Preis: Übernachtung gratis.
Kontakt: ☎ 07246/305600, info@gast-caravaning.de, www.gast-caravaning.de.
Distanz: 0,2 km, 0,5 km, 0,8 km, 0,8 km.
Gastro: Mehrere Restaurants in Malsch.

85077 Manching gratis <10m

Parkplatz am Braunweiher, Am Keltenwall, ☎ 08459/850
In der Nähe des Flugplatzes Manching, der Autobahn und der B16

POS: 48°42'38.63"N/11°29'45.00"E, Karte D15 (S. 18), B2
Platz: P = 30 auf Asphalt, Rasengittersteinen. CHEM GRAU. Anfahrt 24 h. Ganzjährig geöffnet.
Preis: Übernachtung gratis. Wasser 1 €/100 l, Entsorgung 1 €.
Kontakt: Markt Manching, ☎ 08459/850, info@manching.de, www.manching.de.
Distanz: Ⓗ 0,6 km, 1 km, 1 km, 1 km.
Freizeit: 10 km, 4 km. Wanderung auf den Spuren der Kelten und Römer, Bade- und Surfsee im Naherholungsgebiet Feilenmoos 5 km.
POI: Kelten- und Römermuseum 0,3 km, Altstadt von Ingolstadt 10 km, Hopfenland Hallertau 10 km, Neudeutsches Hopfenmuseum, Wolnzach 24 km, Donaudurchbruch Weltenburg 30 km.

66399 Mandelbachtal-Gräfinthal gratis <8m

Stellplatz am Kloster Gräfinthal, Gräfinthaler Straße, ☎ 06893/809126
Auf dem Parkplatz an der ehemaligen Klosteranlage

POS: 49°9'35.68"N/7°7'8.98"E, Karte D9 (S. 12), B5
Platz: P = 2 auf Pflaster. Ganzjährig geöffnet.
Preis: Übernachtung gratis.
Kontakt: Gemeinde Mandelbachtal, ☎ 06893/809126, gemeinde@mandelbachtal.de, www.mandelbachtal.de.
Distanz: Ⓗ 0,5 km, 1 km, weitere Restaurants in 6,4 km, 1 km, 2 km.
Gastro: Restaurant Il Ritrovo 1 km.
Freizeit: 12 km, 12 km, 14 km. Naturbühne Gräfinthal (Spielzeit Jun-Aug), Wandern, Radfahren, Kanutouren auf der Blies, Reiten.
POI: Kloster Gräfinthal 0,3 km, Haus der Dorfgeschichte 1 km, Europäischer Kulturpark 8 km.

66399 Mandelbachtal-Ommersheim gratis <10m

Reisemobilplatz Ommersheimer Weiher, Saarbrücker Straße (direkt an der L107), ☎ 06893/809126
Auf dem Parkplatz an der Naherholungsanlage

POS: 49°13'8.20"N/7°10'2.40"E, Karte D9 (S. 12), B5
Platz: P = 2 auf Pflaster. =2. Aufenthalt max. 3 Tage, danach nur nach Absprache möglich. Im Winter kein Wasser. Ganzjährig geöffnet.
Preis: Übernachtung gratis. Strom 1 €/12 h, Wasser 1 €/100 l.
Kontakt: Gemeinde Mandelbachtal, ☎ 06893/809126, gemeinde@mandelbachtal.de, www.mandelbachtal.de.
Distanz: 0,1 km, weitere Restaurants in 2,8 km, 0,5 km, Ⓗ 0,5 km, 1 km.
Gastro: Gaststätte Di Paola's zum Gangelbrunnen.
Freizeit: 10 km, 10 km, 10 km. Kanutouren auf der Blies, Minigolf 0,1 km.
POI: Kloster Gräfinthal 6 km, Europäischer Kulturpark 15 km.

54531 Manderscheid €10,00 <12m

Heidsmühle, Mosenbergstraße 22, ☎ 06572/747 Auf dem Parkplatz für Pkw und Busse hinter dem Gasthof

POS: 50°5'5.58"N/6°47'55.54"E, Karte D9 (S. 12), B3
Platz: = 10, = 4 (<12 m) auf Schotter. WC. Ganzjährig geöffnet.
Preis: 10 € inkl. Wasser, WC. Strom 2,50 €/24 h. Einkehr erwünscht.
Kontakt: Tobias Stadtfeld, ☎ 06572/747, post@heidsmuehle.de, www.heidsmuehle.de.
Distanz: 0 km, 1 km, 1 km, Ⓗ 1 km.
Gastro: Forellenspezialitäten. warme Küche, 11:30-20:00 Uhr.
Freizeit: 1 km, 1 km. Geführte Wanderungen und Mountain-Bike-Touren, Meerfelder Maar 1,5 km.
POI: Maarmuseum 1 km, Manderscheider Burgen 1,5 km.

54531 Manderscheid €17,00 <10m

Naturcamping Vulkaneifel, Herbstwiese, ☎ 06572/92110
Vom Bäumen umgeben, beim naturnahen Camp im Landschaftsschutzgebiet

POS: 50°5'49.13"N/6°47'58.86"E, Karte D9 (S. 12), B3
Platz: = 8 auf Schotterrasen. =8 (6 A) WC CHEM GRAU. 10:00-12:00 Uhr + 17:00-19:00 Uhr nach Aushang, Anfahrt bis 22:00 Uhr. Aufenthalt max. 28 Tage. Geöffnet: Apr-Okt.
Preis: 17 € inkl. Wasser, Entsorgung, Dusche, WC, Müll-Entsorgung. Jede weitere Pers. 8,50 €, Strom 3 €, Hund 2 €. WLAN auf dem Campingplatz 1 €.
Kontakt: Herr Jan Moritz, ☎ 06572/92110, info@naturcamping-vulkaneifel.de, www.naturcamping-vulkaneifel.de.
Distanz: Ⓗ 0,5 km, 0,8 km, weitere Restaurants in 1,4 km, 1 km, 1 km.
Gastro: Frühstücksservice 8:00-9:30 Uhr (10 €/Pers.). Weitere Mahlzeiten auf Voranmeldung.
Freizeit: 1 km, 16 km, 10 km. Mountainbiking, Wandern im Wanderland Manderscheid.
POI: Wachsmanufaktur 1 km, Manderscheider Burgen 2 km, Meerfelder Maar mit Maarmuseum 4 km, Mosenberger Vulkankrater 4 km, Zisterzienserabtei Himmerod 10 km, Puppen- und Spielzeugmuseum Laufeld 10 km.

68163 Mannheim €10,00 <10m

Wohnmobilstellplatz Mannheim-Neuostheim, Hans-Thoma-Straße 3, ☎ 0621/2934004
Beim Maimarktgelände und der SAP-Arena

2021 geprüft E

POS: 49°28'28.47"N/8°31'30.74"E, Karte D10 (S. 13), E5
Platz: P = 15 auf Rasengittersteinen. =16 CHEM GRAU. Aufenthalt max. 14 Tage. Anfahrt bis 22:00 Uhr. Ganzjährig geöffnet.
Preis: 10 € inkl. aller Personen, Entsorgung. Strom 1 €/kWh, Wasser 1 €/100 l. Bezahlung am Automat. Parkschein deutlich sichtbar hinter die Windschutzscheibe legen.
Kontakt: Stadt Mannheim, ☎ 0621/2934004, fb52@mannheim.de, www.wohnmobil-mannheim.de.
Distanz: Ⓗ 0,1 km, 0,2 km, weitere Restaurants in 1,7 km, 0,5 km, 4 km.
Gastro: Kiosk 0,5 km.
Freizeit: 6,3 km, 4,2 km, 2,9 km. Neckartalradweg 0,4 km.
POI: Maimarkt-Gelände 1 km, SAP-Arena 1,4 km, Luisenpark 3 km, Planetarium 3 km, Technoseum 3 km.

71672 Marbach/Neckar gratis <12m

Wohnmobilstellplatz am Bolzplatz, Poppenweilerstraße/Weimarstraße, ☎ 07144/1020 Auf der Schillerhöhe, in der Nähe der Literaturmuseen

2021 geprüft E

POS: 48°56'2.92"N/9°15'39.10"E, Karte D14 (S. 17), F1
Platz: P = 5 auf Pflaster, Asphalt. Aufenthalt max. 2 Nächte. Ganzjährig geöffnet.
Preis: Übernachtung gratis inkl. aller Personen. Strom 2 €/kWh.
Kontakt: Tourismusgemeinschaft Marbach-Bottwartal, ☎ 07144/1020, touristik@schillerstadt-marbach.de, www.schillerstadt-marbach.de.

M

Distanz: Ⓗ 0,2 km, 0,2 km, weitere Restaurants in 0,5 km, 0,5 km, 0,5 km, 3,3 km (Gruppenklärwerk Häldenmühle, Beim Gruppenklärwerk, 71672 Marbach am Neckar).
Gastro: FC-Klause, Mo-Di + Fr-Sa 17:00-22:00 Uhr, Do 17:00-22:30 Uhr, So 11:00-21:30 Uhr, Mi Ruhetag. Weitere Restaurants im Stadtzentrum/auf der Schillerhöhe.
Freizeit: 8 km, 0,2 km, 0,6 km. Schifffahrt auf dem Neckar, Weinproben, Stadtführungen, Boule-Anlage 0,2 km, Panoramaweg 2 km, Tennis im Sportpark Murr 3 km.
POI: Schillerhöhe, Literaturmuseum der Moderne, Schiller-Nationalmuseum, Altstadt mit Schillers Geburtshaus 1,5 km, Barockstadt Ludwigsburg 10 km.

71672 Marbach/Neckar — gratis

<8m

Wohnmobilstellplatz bei der Kelter Weingärtner Marbach, Affalterbacher Straße 65, ☎ 07144/1020 An der Längsseite des Keltersaals, in ruhiger Lage am Ortsrand

POS: 48°56'7.62"N/9°16'19.45"E, Karte D14 (S. 17), F1
Platz: = 2 auf Asphalt. Aufenthalt max. 2 Tage bzw. nach Vereinbarung. Ganzjährig geöffnet. Ausnahme: am 1. WE im Sep geschlossen.
Preis: Übernachtung gratis. Bis 2 Tage gratis.
Kontakt: Tourismusgemeinschaft Marbach-Bottwartal, ☎ 07144/1020, www.weingaertner-marbach.de.
Distanz: 2 km, 3,3 km (Gruppenklärwerk Häldenmühle, Beim Gruppenklärwerk, 71672 Marbach/Neckar).
Freizeit: Panoramaweg, Schifffahrt auf dem Neckar, Besuch der Museen.
POI: Schiller Nationalmuseum, Schillerhöhe, Altstadt mit Schillers Geburtshaus, Literaturmuseum der Moderne.

M

35037 Marburg — €12,00

<8m

Wohnmobilpark Jahnstraße, Jahnstraße, ☎ 06421/205151 Durch Hecken befriedeter Stellplatz, direkt am Uni-Stadion, neben der Jugendherberge

POS: 50°48'12.90"N/8°46'31.70"E, Karte D10 (S. 13), E1
Platz: = 10 auf Sand/Splitt. =10 CHEM GRAU. Platz zur Durchreise geeignet. Ganzjährig geöffnet.
Preis: 12 € inkl. Entsorgung. Strom 1 €/2 kWh, Wasser 1 €/100 l. Bezahlung in bar nur mit 2 €-Münzen oder per Handy-App.
Kontakt: Stadtwerke Marburg, ☎ 06421/205151, info@swmr.de, www.stadtwerke-marburg.de.
Distanz: Ⓗ 0,2 km, 0,5 km, 0,5 km, 1,5 km.
Gastro: Restaurant Havana in Marburg.
Freizeit: 0,2 km, 0,2 km, 1 km.

POI: Altstadt 1 km, Schloss 1,5 km, Elisabethkirche 1,5 km.

09496 Marienberg-Gelobtland — €6,00

<8m

Caravanplatz am Tourismuszentrum im Rätzteichgebiet, Gelobtland 27c, ☎ 03735/602270 Parkplatz in ruhiger Lage am Waldrand

POS: 50°37'28.75"N/13°10'46.92"E, Karte D12 (S. 15), E1
Platz: = 4 auf Pflaster, Schotter. CHEM GRAU. Schlüssel für Stromkasten zu den Öffnungszeiten in der Touristinformation. Im Winter keine Sanistation. Ganzjährig geöffnet.
Preis: 6 € inkl. Strom, Wasser, Entsorgung, Kurtaxe. Bezahlung am Parkautomat.
Kontakt: Stadtverwaltung Marienberg, ☎ 03735/602270, info@marienberg.de, www.marienberg.de.
Distanz: 0,5 km, weitere Restaurants in 1 km, 4 km, 5 km.
Freizeit: 0,3 km, 6 km. Wanderwege, Ski-, Fahrradverleih am Tourismuszentrum, Skilanglauf auf gespurten Loipen, Waldbad Rätzteich 0,2 km, Erlebnisbad Aqua Marien 6 km.
POI: Staatl. anerkannter Erholungsort Pobershau mit Schaubergwerk Molchner Stolln 4 km, historische Stadtanlage mit Merkmalen der Renaissance in Marienberg, spätgotische Hallenkirche St. Marien 5 km, Burgruine Niederlauterstein 9 km.

09496 Marienberg-Pobershau — gratis

<10m

Hotel Schwarzbeerschänke, Amtsseite Hinterer Grund 2, ☎ 03735/91910 Neben dem Hotel am Naturschutzgebiet Schwarzwassertal

POS: 50°38'38.46"N/13°14'5.86"E, Karte D12 (S. 15), F1
Platz: = 3 auf Asphalt. =2 WC. Nur bei Gruppen. Wasser nur in kleinen Mengen. Ganzjährig geöffnet.
Preis: Für Restaurantgäste kostenlos, inkl. Wasser, WC. Einkehr obligatorisch. Strom 5 €.
Kontakt: ☎ 03735/91910, info@schwarzbeerschaenke.de, www.schwarzbeerschaenke.de.
Distanz: 1,5 km, 2 km, 2 km, Ⓗ 2,5 km.
Gastro: Frühstücksservice (ab 8:00 Uhr). Restaurant am Platz, Mo 17:00-21:00 Uhr, Di-So 11:00-21:00 Uhr.
Freizeit: 3 km, 0,5 km. Wellness und Massagen im Hotel, Ausflüge nach Tschechien.
POI: Schaubergwerk Molchner Stollen 1 km, Wehrgangskirche Lauterbach 6 km, Olbernhau Althammer 12 km, Augustusburg 15 km.

09496 Marienberg-Pobershau — €5,00

<12m

Wohnmobilstellplatz Pobershau, Ratsseite Wiesenweg 5, ☎ 03735/23436 Auf einem Wiesengelände am Bach

2021 geprüft

POS: 50°37'56.21"N/13°12'29.80"E, Karte D12 (S. 15), F1
Platz: = 10 auf Schotter, Wiese, Schotterrasen. WC. Kein Schatten, eben. Anmeldung bei Fam. Wiegner, Wiesenweg 5, oder im Gästebüro, Dorfstraße 68, Pobershau. Gästekarte und Schlüssel für Strom, Wasser, WC sind dort erhältlich. Geöffnet: April-Okt.
Preis: 5 € inkl. Strom, Wasser. Kurtaxe 1 €/Pers.
Kontakt: Familie Wiegner, ☎ 03735/23436, Mobil: 0152/59535331, info-pobershau@marienberg.de, www.marienberg.de.
Distanz: 0,8 km, 0,8 km, 0,8 km.
Gastro: Huthaus Zum Molchner Stolln 0,5 km.
Freizeit: 3,3 km, 5,6 km. Wintersport, Wandern, Reiten.
POI: Schaubergwerk Molchner Stolln, aufgelassenes Silber- und Zinnerzbergwerk 0,8 km, Göpel Pyramide in Pobershau 1,1 km, Holzskulpturen in der Galerie zur Hütte 1,4 km, Aussichtsfelsen am Katzenstein 3,9 km.

09496 Marienberg-Wolfsberg — €20,00

<12m

Caravanplatz Drei-Brüder-Höhe, Drei-Brüder-Höhe 1, ☎ 03735/6000 Am Berghotel auf einer Anhöhe von 688 Meter

2021 geprüft

POS: 50°39'23.00"N/13°7'29.00"E, Karte D12 (S. 15), E1
Platz: = 10 auf Wiese, Rasengittersteinen. =10 WC. Geöffnet: Apr-Okt, täglich von 7:00-22:00 Uhr.
Preis: 20 € inkl. Strom, Wasser, Dusche, WC, Müll-Entsorgung. Jede weitere Pers. 10 €, Kind (0-12 J.) gratis, Hund 3 €.
Kontakt: Stadt Marienberg, ☎ 03735/6000, info@3bh.de, www.3bh.de.
Anfahrt: Einbahnstraße.
Distanz: 1 km, 3,2 km, 3,5 km, Ⓗ 4,1 km.
Gastro: Am Platz, warme Küche 11:30-22:00 Uhr. Frühstück möglich.
Freizeit: 5 km, 4,8 km, 8 km. Stadtführung, im Hotel Bowlingbahn und Billard, Wanderwege und Loipen im Rätzteichgebiet 8 km.
POI: Aussichtsturm am Platz, historische Stadtanlage mit Renaissance-Merkmalen und Heimatmuseum in Marienberg 2 km, Schloss Wolkenstein 2 km, Burgruine Niederlauterstein und Wehrkirche Lauterbach 5 km, Schaubergwerk Pobershau 7 km.

26529 Marienhafe €5,00

Wohnmobilstellplatz Tjücher Moortun, Tjücher Moortun, ☎ 04934/81224 Am Seeufer des Naherholungsgebiets Tjücher Moortun <10m

POS: 53°31'44.27"N/7°16'53.56"E, Karte D1 (S. 4), C4
Platz: P = 5 auf Schotter. =4 (6 A) CHEM GRAU . Nachts beleuchtet, Duschen im Schwimmbad (1 km). Ganzjährig geöffnet.
Preis: Ab 5 € inkl. aller Personen, Entsorgung, Müll-Entsorgung. Strom 1 €/2 kWh, Wasser 1 €/100 l. Direkt am Tjücher Moortun 8 €, Nebenfläche 5 €.
Kontakt: Touristinformation Marienhafe, ☎ 04934/81224, touristinfo@marienhafe.de, www.stoertebekerland.de.
Distanz: Ⓗ 1 km, 1 km, 1 km, 1 km.
Freizeit: 1 km. Bewegungsparcours, Spielschiff für Kinder.
POI: Marienkirche (Störtebekerkirche) 1 km.

71706 Markgröningen gratis

Stellplatz Festwiese, Im Tuchgraben, ☎ 07145/130 Am Rande der Altstadt <8m

POS: 48°54'25.70"N/9°4'43.55"E, Karte D14 (S. 17), F1
Platz: P = 2 auf Schotterrasen, Asphalt. Aufenthalt max. 24. Ganzjährig geöffnet. Ausnahme: bei Festveranstaltungen geschlossen (z.B. Schäferlauf 1 x im Jahr Ende Aug).
Preis: Übernachtung gratis.
Kontakt: Stadt Markgröningen, ☎ 07145/130, info@markgroeningen.de, www.markgroeningen.de.
Distanz: 0,3 km, 0,3 km, 0,4 km.
Freizeit: Historischer Stadtrundgang.
POI: Rathaus aus dem 15. Jh. 0,4 km.

15913 Märkische Heide-Alt Schadow €18,00

Wohnmobilhafen Camping Halbinsel Raatsch, Halbinsel Raatsch 1, ☎ 035473/600 Auf einer Halbinsel am Neuendorfer See >12m

POS: 52°6'53.87"N/13°55'37.62"E, Karte D8 (S. 11), F3
Platz: = 15 auf Wiese. =12 WC CHEM GRAU . WLAN an der Rezeption/Restaurant. Ganzjährig geöffnet. Nov-März nach telefonischer Absprache.
Preis: 18 € inkl. Entsorgung, WC, Müll-Entsorgung. Strom 0,70 €/kWh, Wasser 0,50 €/100 l, Hund 3 €.
Kontakt: Reinhard Miethling, ☎ 035473/600, halbinsel-raatsch@t-online.de, www.halbinsel-raatsch.de.
Anfahrt: Adresse fürs Navi: 15913 Märkische Heide, Raatschweg, von dort der Beschilderung folgen.
Distanz: 2,5 km, Ⓗ 2,5 km, 8 km, 8 km.
Gastro: Am Platz, Mai-Sep. Brötchenservice, Apr-Sep.
Freizeit: Wassersport, Bootsverleih.

15377 Märkische Höhe €8,00

Stellplatz Alter Schulgarten, Mittelstraße 20, ☎ 033437/279855 Im ehemaligen Schulgarten, inmitten des Naturparks Märkische Schweiz <12m

POS: 52°36'26.84"N/14°6'36.51"E, Karte D8 (S. 11), G1
Platz: P / = 8 auf Wiese. . Leinenpflicht für Hunde. Ganzjährig geöffnet.
Preis: 8 €. Stellplatzmiete wird als Spende verwendet. Quittung/Spendennachweis kann ausgehändigt werden. Mitarbeiter sammelt das Geld ein.
Kontakt: Lebenszentrum Thomas Müntzer, Frau Sandra Schurke, ☎ 033437/279355, Mobil: 0173/5608903, sandra.schurke@drk-mohs.de, www.maerkischemitte.de.
Distanz: 0,8 km.
Freizeit: NaturaTrail - Durch die Schluchten und Kehlen der Märkischen Schweiz, internationales Fledermausmuseum Julianenhof 1,8 km.
POI: Naturpark Märkische Schweiz, Naturpark-Infozentrum Schweizer Haus 6,4 km.

04416 Markkleeberg €33,00

Seepark Auenhain, Am Feriendorf 2, ☎ 034297/98680 Im Feriendorf direkt am Markkleeberger See <8m

POS: 51°15'38.81"N/12°25'45.74"E, Karte D7 (S. 10), D5
Platz: P / = 6 auf Pflaster. =1 WC CHEM GRAU . Kinderbetreuung, Freizeiteinrichtungen. R wird empfohlen. Anreise ab 12:00 Uhr, Abreise bis 12:00 Uhr. Ganzjährig geöffnet.
Preis: 33 € inkl. aller Personen, Strom, Entsorgung, Dusche, WC, Müll-Entsorgung, WLAN, Kurtaxe. Wasser 1 €/100 l, Waschmaschine/Trockner ab 1 €, VE für Durchreisende 5 €. Inkl. Nutzung des Poolhauses und Kinderbetreuung.
Kontakt: ☎ 034297/98680, info@seepark-auenhain.de, www.seepark-auenhain.de.
Distanz: Ⓗ 0,5 km, 0,5 km, 1,5 km, 4 km.
Gastro: Restaurant Seeperle am Platz. Brötchenservice gegen Gebühr, Frühstück (8:00-10:30 Uhr) und Halbpension möglich. Weitere Restaurants rund um den Markkleeberger See.
Freizeit: Seezugang mit Badestrand 0,2 km, Kanupark Markkleeberg 0,5 km, Zoo Leipzig 10 km, Vergnügungspark Belantis 10 km.
POI: Völkerschlachtdenkmal 5 km, Leipziger Altstadt 9 km.

04416 Markkleeberg-Wachau €27,00

Campinghof Bartl, Bornaer Chaussee 36, ☎ 034297/45452 Kleines Campinggelände auf einem eingezäunten Privatgrundstück <10m

POS: 51°16'13.30"N/12°25'54.50"E, Karte D7 (S. 10), D5
Platz: = 8, / = 8 (<9 m) auf Wiese, Rasengittersteinen. WC CHEM GRAU . R Bewacht. Ganzjährig geöffnet.
Preis: 27 € inkl. Strom, Entsorgung, Dusche, WC, Müll-Entsorgung, WLAN. Jede weitere Pers. 7 €, Kind (2-14 J.) 5 €, Wasser 4 €, Waschmaschine 4 €.
Kontakt: Frau Stefanie Hentke, ☎ 034297/45452, Mobil: 0178/4061573, kontakt@campinghof-bartl.de, www.campinghof-bartl.de.
Distanz: 0,6 km, Ⓗ 0,8 km, 1 km.
Gastro: Kleiner Shop (SeeYou Wachau) mit regionalen Produkten am Platz.
Freizeit: 5 km. Kanuanlage 1,5 km, Markkleeberger See 1,5 km, Neuseenlandschaft 1,5 km, Zoologischer Garten 10 km, Messe Leipzig 14 km.
POI: Völkerschlachtdenkmal 4,5 km, Belantis 8 km, Leipzig mit Gewandhaus, Oper, Thomaskirche, Russische Kirche, Mädlerpassage, Auerbachs Keller 8 km.

08258 Markneukirchen €22,00

Gläserner Bauernhof, Breitenfelder Straße 40, ☎ 037423/77970 Im Ebersbachtal mit Blick auf die Fischteiche <12m Gutschein

POS: 50°19'3.43"N/12°18'53.51"E, Karte D11 (S. 14), D2
Platz: / = 25 auf Wiese. WC GRAU . Überdachter Grillplatz. R wird empfohlen. Anfahrt 8:00-18:00 Uhr (spätere Anreisen nur nach vorheriger Absprache). WLAN-Empfang eingeschränkt. Ganzjährig geöffnet.
Preis: 22 € inkl. Strom, Wasser, Entsorgung, Dusche, WC, Müll-Entsorgung. Kurtaxe 1,60 €/Pers., Kurtaxe (bis 16 J.) 0,80 €/Pers. Wohnwagen 25 €, Zelt 15 € (jeweils inkl. 5 Personen). Bar- und EC-Zahlung möglich.
Kontakt: Carina Martin, ☎ 037423/77970, Mobil: 0171(0)4498142, info@glaeserner-bauernhof.de, www.glaeserner-bauernhof.de.
Distanz: 0 km, weitere Restaurants in 2,5 km, Ⓗ 0,8 km, 2,5 km, 3 km.
Gastro: Hofeigenes Café mit Hofladen. Mo-So Brötchenservice, Frühstück nach Voranmeldung.
Freizeit: 2 km. Angeln, Wandern.
POI: Musikinstrumentmuseum Markneukirchen 2,5 km, Schauwerkstätten Musikinstrumente 3 km, Bismarcksäule 5 km, Bauernmuseum 5 km, Kurort, Theater Bad Elster 11 km.

M

94501 Markt Aidenbach — gratis

Stellplatz am Volksfestplatz, Haidenburger Straße, ☎ 08543/96030 <12m
Auf dem Gelände des Volksfestplatzes

POS: 48°34'12.35"N/13°5'1.69"E, Karte D16 (S. 19), F2
Platz: = 3 auf Sand/Splitt, Schotter. GRAU. Anfahrt 24 h, Aufenthalt max. 1 Woche. Bei Frostgefahr kein Wasser. Ganzjährig geöffnet. Ausnahme: Sperrung wegen Volksfest an Maria Himmelfahrtstagen.
Preis: Übernachtung gratis inkl. Wasser, Entsorgung.
Kontakt: Gemeinde Markt Aidenbach, ☎ 08543/96030, info@aidenbach.de, www.aidenbach.de.
Distanz: 0,2 km, 0,5 km, Ⓗ 0,5 km, 0,5 km.
Gastro: Pizzeria Leonardo da Vinci, Asia Tomjo San, Pizzeria Italia dei Sapori, Pizzeria Romana, Pizzeria Mama Mia.
Freizeit: 1 km.
POI: Brauerei Aldersbach 2 km, Asamkirche Aldersbach 2 km, 3 Denkmäler der Bauernschlacht 3 km.

97348 Markt Einersheim — €5,00

Weingut Gamm, Gipshüttenweg, ☎ 09326/487 <10m
Auf einer Obstwiese am Weingut

POS: 49°41'13.00"N/10°17'48.00"E, Karte D10 (S. 13), H4
Platz: = 10 auf Wiese. Ganzjährig geöffnet.
Preis: 5 €. Strom 3 €/Tag, Wasser 2 €/Tag. Weinkauf erwünscht.
Kontakt: Familie Gamm-Lackner, ☎ 09326/487, info@weingut-gamm.de, www.weingut-gamm.de.
Distanz: Ⓗ 0,2 km, 0,4 km, weitere Restaurants in 3 km, 0,5 km, 0,5 km.
Freizeit: 1 km, 3 km, 3 km. Kellerführung, Sommerweintage in den ersten drei Juni-Wochen, Führung und Wanderung durch den Weinberg, Hoffest am 1. WE im Aug, Weinprobe, Radfahren, Wandern.
POI: Kirchenburg Mönchsondheim 2 km, Museum Iphofen 3 km.

M

97656 Markt Oberelsbach — €5,00

Wohnmobilstellplatz Oberelsbach/Rhön, Gangolfstraße 25, ☎ 09774/91910 In ruhiger Lage an der Els unmittelbar am Ortszentrum <8m

POS: 50°26'30.45"N/10°6'48.92"E, Karte D10 (S. 13), H2
Platz: = 6 auf Sand/Splitt. =6 CHEM GRAU. Aufenthalt max. 3 Tage. Ganzjährig geöffnet.
Preis: 5 € inkl. aller Personen, Entsorgung. Strom 0,50 €/kWh, Wasser 1 €/100 l oder 0,10 €/10 l.
Kontakt: ☎ 09774/91910, tourismus@oberelsbach.de, www.oberelsbach.de/tourismus.
Distanz: 0,3 km, weitere Restaurants in 3 km, Ⓗ 0,5 km, 0,5 km, 0,5 km.
Gastro: Mühlencafé Oberelsbach, Fischerhütte Edwin Ginolfs, Gasthof zum Goldenen Hirschen Unterelsbach, Restaurant Landhaus Hubertus Unterelsbach.
Freizeit: 10 km, 10 km. Kneipp-Tretbecken, Minigolf, Mountainbiking, Biosphärenzentrum Haus der Langen Rhön 0,6 km.

POI: Erstes Deutsches Tabakpfeifenmuseum, Rhönbasilika St. Kilian, Lehrpfad Gangolfsberg mit Prismenwand 4 km, Basaltsee Steinernes Haus 4 km, Rotes und Schwarzes Moor 12 km, Kloster Kreuzberg 15 km.

86865 Markt Wald-Bürgle — €10,00

Wohnmobilpark Markt Wald, Bürgle 1, ☎ 08262/1429 <12m
Am Naturweiher im Naturpark Augsburg Westliche Wälder

POS: 48°8'45.12"N/10°34'31.04"E, Karte D15 (S. 18), A3
Platz: = 20 auf Wiese, Schotter. =10 (16 A) WC CHEM GRAU. Anmeldung und Stellplatzausweis am Abend beim Platzwart. Ganzjährig geöffnet. Ausnahme: im Winter nur nach Absprache.
Preis: 10 € inkl. Entsorgung. Strom 0,50 €/kWh, Wasser 1 €/100 l, WC 3 €/Pers.
Kontakt: Manfred Settele, ☎ 08262/1429, Mobil: 0172/5999411, mail@wohnmobilpark-markt-wald.de, www.wohnmobilpark-markt-wald.de.
Distanz: 1 km, Ⓗ 1 km, 1 km.
Gastro: Restaurant am Platz.
Freizeit: 15 km, 18 km. Nordic Walking, Badesee, Zusamquelle 1 km, Kneipp-Anlage 1,5 km, Skyline-Park 15 km.
POI: Mariengrotte 0,3 km, Christoph-Scheiner-Turm 0,5 km.

97340 Marktbreit/Main — gratis

Restaurant-Weinstube Drachenburg, Enheimer Straße 1, ☎ 09332/1430 <8m
Großer, schattiger Parkplatz vor Drachenburg

POS: 49°39'49.91"N/10°8'26.03"E, Karte D10 (S. 13), H4
Platz: = 2 auf Asphalt. Ganzjährig geöffnet.
Preis: Für Restaurantgäste kostenlos. Einkehr obligatorisch.
Kontakt: Doris Pelzer, ☎ 09332/1430, pelzer.drachenburg@t-online.de, www.drachenburg.eu.
Distanz: 0 km, 0,8 km, 1 km.
Gastro: Restaurant am Platz (fränkische und internationale Spezialitäten, eigene Schnapsbrennerei), warme Küche Do-Sa ab 17:00 Uhr, So 11:00-14:30 Uhr und ab 17:00 Uhr. Di+Mi Ruhetag.
Freizeit: 5 km, 10 km, 4 km. Besichtigungen.
POI: Fränkisches Weinland, Seinsheimer Schloss 1,5 km.

97340 Marktbreit/Main — €7,50

Wohnmobilstellplatz An den Mainwiesen, Marktstefterstraße 1, ☎ 09332/591595 <12m
Am Main in unmittelbarer Nähe zur Altstadt

POS: 49°40'19.39"N/10°8'59.30"E, Karte D10 (S. 13), H4
Platz: = 18 auf Wiese. WC CHEM GRAU. Badebucht mit Liegewiese, Bouleplatz, Beachvolleyballplatz. Ganzjährig geöffnet.
Preis: 7,50 € inkl. Entsorgung, WC, WLAN. Strom 0,50 €/kWh, Wasser 1 €/80-100 l. Bezahlung am Parkscheinautomat (nur Münzgeld).
Kontakt: Tourist-Information der Stadt Marktbreit, ☎ 09332/591595, touristinfo@marktbreit.de, www.marktbreit.de.
Distanz: 0,1 km, 0,5 km, 0,5 km, Ⓗ 0,5 km.
Gastro: Pizzeria Catania am Platz. Weitere Restaurants in der Altstadt.
Freizeit: 5 km, 10 km. Badebucht, Beachvolleyball.
POI: Renaissance-Rathaus 0,5 km, Museum Malerwinkelhaus 0,5 km, Seinsheimsches Schloss 0,6 km, Stadtkirche St. Nikolai 0,7 km.

97828 Marktheidenfeld — €5,00

Landgasthof Baumhof-Tenne, Baumhofstraße 147, ☎ 09391/3549 <8m
Auf dem Parkplatz neben dem Gasthof außerhalb von Marktheidenfeld

POS: 49°50'38.27"N/9°37'52.45"E, Karte D10 (S. 13), G4
Platz: = 10 auf Asphalt. =8 (10 A) WC CHEM GRAU. nur bei Gruppen. Anfahrt bis 23:00 Uhr. Ganzjährig geöffnet.
Preis: 5 € inkl. WLAN. Für Restaurantgäste kostenlos. Strom 3 €/Nacht, Wasser 1 €/100 l.
Kontakt: Landgasthof Baumhof-Tenne, Nadine Jessberger, ☎ 09391/3549, reservierung@baumhoftenne.de, www.baumhoftenne.de.
Distanz: 0 km, Ⓗ 0,2 km, 1 km, 2 km.
Gastro: Am Platz, geöffnet Fr+Sa ab 17:00 Uhr. Frühstück (auf Anmeldung) 9 €/Pers.
Freizeit: 1 km, 1 km.
POI: Aschaffenburg 3 km, Mespelbrunn 20 km, Würzburg 30 km.

Unsere Korrespondenten sind fast das ganze Jahr unterwegs, um für Sie, liebe Leserin und Leser, aktuelle Daten zu recherchieren und über Neuerungen zu berichten. Sie sind damit eine wertvolle Ergänzung des Redaktionsteams, um den Bordatlas zu einem unentbehrlichen Standardwerk für alle Wohnmobilfahrer zu machen.

97828 Marktheidenfeld €10,00

Stellplatz Martinswiese, Georg-Mayr-Straße, ☎ 09391/5035414 <12m
An der alten Mainbrücke am Mainufer

2022 geprüft

POS: 49°50'56.24"N/9°35'57.65"E, Karte D10 (S. 13), G4
Platz: P = 30 auf Schotterrasen, Schotter. WC CHEM GRAU. Anfahrt 24 h. VE nur außerhalb der Frostperiode. Ganzjährig geöffnet. Ausnahmen: Sperrung bei Veranstaltungen (siehe Website), Ausweichplatz ohne VE ist ausgeschildert.
Preis: 10 € inkl. aller Personen, Wasser, Entsorgung, WC, Müll-Entsorgung. Strom 1 €/4 h. Münzzahlung/Zahlung per Parkster App.
Kontakt: Stadt Marktheidenfeld, ☎ 09391/5035414, 09391/50040, tourismus@marktheidenfeld.de, www.marktheidenfeld.de.
Distanz: 0,5 km, 0,5 km, 0,5 km.
Freizeit: 1,5 km, 1,5 km. Nordic Walking, Stadtführung nach Voranmeldung, offene Gästeführungen, Minigolf, Golfplatz, Maintal-Radwanderweg.
POI: Mainpromenade, Altstadt mit St.-Laurentius-Kirche, barockem Bürgerhaus Franck-Haus und Fachwerkhäusern 0,5 km.

84533 Marktl/Inn €25,50

Campingplatz am Marktler Badesee, Queng 3, ☎ 08678/1786 <10m
Kleiner Platz oberhalb eines Badesees, Eco-Camping-Umweltmanagement

POS: 48°16'4.27"N/12°49'51.29"E, Karte D16 (S. 19), E2
Platz: P / = 5 auf Schotterrasen. =5 (16 A) WC CHEM/Bio GRAU. P wird empfohlen. Öffnungszeiten 8:00-12:00 Uhr und 15:30-20:00 Uhr. Anfahrt ab 16:00 Uhr, Abfahrt bis 10:00 Uhr für Kurzzeitstellplatz vor der Schranke. Geöffnet: 1.3.-31.10.
Preis: Ab 25,50 € inkl. Wasser, Entsorgung, Dusche, WC, Müll-Entsorgung. Jede weitere Pers. 9 €, Kind (2-12 J.) 5,50 €, Strom 0,70 €/kWh, Hund 4 €. Platz mit Seeblick 31 €. Preiserhöhungen 2023 vorgesehen. Aktuelle Preise siehe Website.
Kontakt: Campingplatz am Marktler Badesee, Brigitte und Thomas Baier, ☎ 08678/1786, Mobil: 0170/3439341, campingplatz-queng@freenet.de, campingplatz-marktl.de.
Distanz: Ⓗ 2 km, 2 km, 2 km, 2 km.
Gastro: Getränkeservice. Brötchenservice (Mo-Sa vom 1.5.-24.8.).
Freizeit: 12 km, 12 km. Kneipp-Anlage auf dem Camping, Schwimmen im Badesee, Mitarbeit auf dem Hof, Benediktweg, Wanderweg Leonberg 0,3 km, Inntalradweg 0,5 km, Golfplatz 5 km.

POI: Geburtsort des ehemaligen Papst Benedikt XVI 1,8 km, Simbach 10 km, Wallfahrtsort Altötting 12 km, Burganlage Burghausen, Längste Burg der Welt 12 km.

95352 Marktleugast-Hermes gratis

Landgut Hermes, Hermes 1, ☎ 09255/245 Zwischen Wiesen und Wäldern in sehr ruhiger Lage <10m

POS: 50°8'49.53"N/11°36'21.64"E, Karte D11 (S. 14), C3
Platz: / = 10 auf Asphalt. Ganzjährig geöffnet. Ausnahme: Betriebsferien siehe Website.
Preis: Für Restaurantgäste kostenlos. Einkehr obligatorisch.
Kontakt: H.G. Haueis, ☎ 09255/245, info@landgut-hermes.de, www.landgut-hermes.de.
Distanz: 0 km, Ⓗ 2 km, 2 km, 4 km.
Gastro: Restaurant am Platz, Mo-Mi 16:00-22:00 Uhr, Do-Sa 10:00-22:00 Uhr, So 10:00-21:00 Uhr, warme Küche 11:00-14:00 Uhr und 17:00-21:00 Uhr, So bis 20:00 Uhr, Mo-Mi nur abends.
Freizeit: 10 km, 15 km. Modelleisenbahnanlage im Garten.
POI: Barock-Wallfahrtskirche Marienweiher 4 km, Kulmbach 12 km, Textilmuseum 15 km, Deutsches Dampflokmuseum 15 km.

95168 Marktleuthen gratis

Wohnmobilstellplatz im Egerauenpark, Unterer Markt 22, ☎ 0171/9691301 <10m
Am nördlichen Stadtzentrum an der Eger

POS: 50°7'46.55"N/11°59'44.65"E, Karte D11 (S. 14), C3
Platz: P = 12 auf Pflaster. =13 WC CHEM GRAU. Leinenpflicht für Hunde. P Aufenthalt max. 7 Tage, WC/Duschen: 8:00-20:00 Uhr. Ganzjährig geöffnet.
Preis: Übernachtung gratis inkl. aller Personen, Strom, Wasser, Entsorgung, Dusche, WC, Müll-Entsorgung, WLAN. Freiwillige Spende erwünscht.
Kontakt: Robert Schirmer, Mobil: 0171/9691301, womo-marktleuthen@gmx.de, www.marktleuthen.de.
Distanz: 0,2 km, Ⓗ 0,2 km.
Gastro: Gasthaus zum Goldenen Löwen.
Freizeit: 2 km, 10 km. Wandern (markierte Rundwanderwege), Egerauenpark mit Wasserspielplatz und Info-Pavillon.
POI: Altstadtkern mit St.-Nikolaus-Kirche 0,1 km, Greifvogelpark Wunsiedel 12 km, Fichtelgebirgsmuseum Wunsiedel 12 km.

87616 Marktoberdorf €25,00

Ferien-Bauernhof Fuchshof, Kohlhunden 11, ☎ 08342/7140 <8m
Bewirtschafteter Bauernhof

POS: 47°45'6.04"N/10°37'32.44"E, Karte D15 (S. 18), A4
Platz: / = 3 auf Wiese. WC GRAU. P Telefonische Anmeldung erforderlich. Mindestaufenthalt 6 Tage. Detaillierte Preise auf Anfrage. Ganzjährig geöffnet.
Preis: Ab 25 €. Strom, Wasser, WC, Duschen, Müll-Entsorgung.
Kontakt: Familie Fuchs, ☎ 08342/7140, fuchshofurlaub@yahoo.de, www.bauernhofurlaub-fuchshof.de.

Distanz: 2,5 km, 3 km, Ⓗ 3 km, 3 km.
Freizeit: 3 km. Wanderlehrpfad, Lehrpfad ab Haus, Spielscheune, Trampolin und Bolzplatz, Pony reiten, Loipe und 25 km Rad- und Wanderwege, Kinderspielgeräte und -fahrzeuge kostenlos, Badesee 0,5 km, Minigolf 3 km.
POI: Ausgrabungsstätte Römerbad 0,3 km, Marktoberdorf 2,8 km, Heimatmuseum 3 km.

87616 Marktoberdorf €9,20

Wohnmobilstellplatz am Schlossberg, Kurfürstenstraße 19, ☎ 08342/400845 Parkplatz neben dem Schloss <10m

2021 geprüft

POS: 47°46'48.03"N/10°37'26.65"E, Karte D15 (S. 18), A4
Platz: P = 4 auf Pflaster. =4 (16 A) CHEM GRAU. Ganzjährig geöffnet.
Preis: 9,20 € inkl. Entsorgung. Strom 1 €/kWh, Wasser 0,50 €/50 l, Kurtaxe (ab 16 J.) 1,20 €/Pers. Preisänderung 2023 möglich.
Kontakt: Touristikbüro Marktoberdorf, ☎ 08342/400845, touristik@marktoberdorf.de, www.touristik-marktoberdorf.de.
Distanz: 0,5 km, 0,6 km, 0,9 km, Ⓗ 0,9 km.
Gastro: Restaurant Pizzeria Rusticana 0,5 km.
Freizeit: 3,9 km, 1,4 km, 0,7 km. Langlauf, Schwimmen, Münchner Jakobsweg, Konzerte im Schloss 0,1 km, Anton-Schmid-Hallen-/Freibad 1,7 km.
POI: Kurfürstenallee 0,1 km, ehemaliges Fürstbischöfliches Schloss 0,2 km, St. Martinskirche 0,2 km, Paul-Röder-Museum 0,4 km, Frauenkapelle 0,4 km, Römerfunde in Kohlhunden 4,3 km.

M

95615 Marktredwitz gratis

Wohnmobil-Stellplatz am Auenpark, Von-Cramm-Weg 7, ☎ 09231/501128 >12m
In der Nähe des Auenparks und MAKBAD Naturbad

2020 geprüft

POS: 49°59'43.42"N/12°4'54.63"E, Karte D11 (S. 14), C3
Platz: P = 12 auf Eco-Raster/Gras. =6 (16 A) WC CHEM GRAU. Aufenthalt max. 5 Nächte. Ganzjährig geöffnet.
Preis: Übernachtung gratis inkl. Entsorgung, WC, Müll-Entsorgung, WLAN. Strom 0,50 €/kWh, Wasser 0,50 €/150 l.
Kontakt: Tourist Information Marktredwitz, Kerstin Brunner, ☎ 09231/501128, touristinfo@marktredwitz.de, kum-mak.de/oeffentliche-infrastruktur/wohnmobil-stellplatz.
Anfahrt: Zufahrt über Rößlermühlstraße.
Distanz: 0,3 km, Ⓗ 0,3 km, 0,5 km, 0,5 km, weitere Restaurants in 0,5 km Entfernung.

Gastro: Restaurant Meisterhaus mit Biergarten. Restaurant Winkelmühle mit Biergarten 0,8 km, Do-Mo 11:00-14:00 Uhr und 17:00-21:00 Uhr, Di-Mi Ruhetag.
Freizeit: 0,5 km, 1 km. Wallenstein-Radwanderweg, E-Bike Verleih in der Tourist-Information (Markt 29), Beginn des Goldsteig-Wanderwegs (Premium-Wanderweg Marktredwitz-Passau), Tennisanlage 0,1 km, Reitstall St. Hubertus 0,4 km.
POI: Altstadt 0,5 km, Egerland Museum 1,2 km.

83250 Marquartstein €10,00

Hotel-Restaurant Weßner Hof, Pettendorf 11, ☎ 08641/97840 Beim Hotel mit Bauernhof (Tiere), im Grünen mit Blick in die Berge
<8m
neu

POS: 47°46'4.00"N/12°27'39.00"E, Karte D15 (S. 18), D4
Platz: P / = 18 auf Schotter, Wiese. WC CHEM GRAU . B Anmeldung an der Hotel-Rezeption. Reservierung mit Angabe von Namen, Reisedatum und Kennzeichen. Ganzjährig geöffnet.
Preis: 10 € inkl. Wasser, Entsorgung, WC, WLAN. Kind (4-6 J.) 2 €, Kind (9-12 J.) 4 €, Kind (ab 12 J.) 8 €, Strom 5 €/Tag, Dusche 3 €, Kurtaxe 1,50 €/Pers., Hund 4,50 €. Bezahlung beim Betreiber oder im Gastaus an der Rezeption.
Kontakt: Landhotel & Restaurant Wessner Hof, Familie Josef Moritz, ☎ 08641/97840, info@wessnerhof.de, www.wessnerhof.de.
Distanz: 0 km, Ⓗ 0,3 km, 1 km, 1 km.
Gastro: Restaurant mit Produkten aus eigener Landwirtschaft, Mi-Mo 11:30-21:00 Uhr, Di Ruhetag. Brötchenservice.
Freizeit: 0,3 km, 8 km. Segelfliegen, Mountainbiking, Ski-Langlauf, Drachenflugschule auf dem Gelände, Badesee 0,5 km, Märchen-Erlebnispark 3 km, Segelflugplatz 4 km, Segeln am Chiemsee 15 km.
POI: Winkl 13 km, Herren-/Frauenchiemsee 15 km.

M

34431 Marsberg €5,00

Wohnmobilhafen Marsberg, Trift/Am Sportplatz 2, ☎ 02992/3078 Zentrumsnah beim Hallenbad, neben Dreifachturnhalle und Sportplatz
<10m

POS: 51°27'34.77"N/8°50'56.68"E, Karte D6 (S. 9), F4
Platz: P = 4 auf Asphalt. =4 (35 A) CHEM GRAU . Aufenthalt max. 5 Tage, Parkschein/Schlüssel für VE zu den Bad-Öffnungszeiten an der Kasse. Wegen Sanierungsarbeiten am Hallenbad bis Frühjahr 2023 keine VE (siehe Website). Ganzjährig geöffnet.
Preis: 5 € inkl. aller Personen, Strom, Wasser, Entsorgung, Müll-Entsorgung. Schlüsselpfand 20 €.
Kontakt: Hallenbad und Saunalandschaft Diemeltal, Frau ☎ 02992/3078, info@stadtmarketing-marsberg.de, www.tourismus-marsberg.de.
Distanz: 0,3 km, weitere Restaurants in 0,5 km, 0,4 km, 0,8 km, Ⓗ 0,8 km.
Freizeit: 1,5 km. Diemelradweg, Hallenbad/Saunalandschaft Diemeltal 0,2 km, Minigolf-Kombianlage Filz und Miniatur 0,5 km.
POI: Bionik-Pfad, Bergbauspuren Giershagen und Bredelar, Kilianstollen 2 km, Museum Marsberg 2,5 km, hist. Obermarsberg 2,5 km, Naturerlebniswald 12 km, Diemelsee 15 km.

98666 Masserberg €5,00

Zentralparkplatz Am Rennsteig, Rennsteigstraße 2, ☎ 036870/2170 Auf einem gemischten Großparkplatz mit Linienbushaltestelle
<12m

2020 geprüft

POS: 50°31'3.76"N/10°57'49.56"E, Karte D11 (S. 14), A2
Platz: = 9 auf Schotter, Rasengittersteinen. WC. Bei längerem Aufenthalt Rücksprache mit dem Hotelpersonal. Duschen/WC im Rennsteighaus. Ganzjährig geöffnet.
Preis: 5 €. Dusche 2 €, WC 0,50 €, Kurtaxe 3 €/Pers. 10 €/Woche.
Kontakt: Hotel Haus Oberland, ☎ 036870/2170, info@hotel-haus-oberland.de, www.hotel-haus-oberland.de.
Distanz: 0,1 km, 0,3 km, 0,4 km.
Gastro: Restaurant im Hotel Haus Oberland, Mo-So 11:00-21:00 Uhr.
Freizeit: 8 km, 0,3 km. Wintersport, Rennsteig, Erlebnisbad 0,3 km.
POI: Aussichtsturm Rennsteigwarte auf dem Eselsberg 0,5 km, Werraquelle 2,5 km.

84323 Massing/Rottal-Inn gratis

Freilichtmuseum Massing, Steinbüchl 1, ☎ 08724/96030 Teil des öffentlichen Parkplatzes vor dem Freilichtmuseum
<6m

POS: 48°23'42.20"N/12°36'2.09"E, Karte D16 (S. 19), E2
Platz: = 10 auf Schotter. . Ganzjährig geöffnet.
Preis: Übernachtung gratis.
Kontakt: ☎ 08724/96030, massing@freilichtmuseum.de, www.freilichtmuseum.de.
Distanz: 0,5 km, weitere Restaurants in 0,6 km, 0,5 km, 0,5 km, Ⓗ 0,5 km.
Gastro: Museumsstüberl, Öffnungszeiten wie Museum, im Winter: Do-Sa ab 18:00 Uhr, So ab 11:00 Uhr.
Freizeit: 1 km, 1 km. Museumsführung, Spielplatz auf dem Museumsgelände, museumspädagogisches Angebot.
POI: Wallfahrtskirche Anzenberg 3 km.

66506 Maßweiler €10,00

Hitscherhof, Hitscherhof 3, ☎ 06336/839989 Stellflächen vor der Hofanlage
<10m

POS: 49°15'0.65"N/7°31'45.71"E, Karte D9 (S. 12), C5
Platz: = 2, = 2 (<10 m) auf Wiese. . B wird empfohlen. Reservierung nur ein paar Tage im Voraus. Aufenthalt max. 1-2 Tage. Geöffnet: Apr-Okt.
Preis: 10 €. Strom 5 €/Tag.
Kontakt: Daniel Fischer, ☎ 06336/839989, info@hitscherhof.com, www.hitscherhof.com.
Distanz: 0,2 km, Ⓗ 1 km, 2,6 km, 5 km.
Gastro: Hofladen. Frühstückskorb 10 €/Pers.
Freizeit: Felsenwanderweg Rodalben, Keltenpfad Maßweiler, 18-Loch Golfplatz 0,2 km.
POI: Herzogstadt Zweibrücken, Reifenberger Kapellchen, Burgruine Steinenschloss 7,7 km, Kleiner Wasserfall 8 km.

19372 Matzlow-Garwitz €9,00

Marina Matzlow-Garwitz, Parchimer Straße, ☎ 0172/3084993 Hafengelände umgeben von Wiesen und Wäldern
<10m

2021 geprüft

POS: 53°27'9.32"N/11°42'4.12"E, Karte D3 (S. 6), B4
Platz: P = 20, = 5 (<10 m) auf Schotterrasen, Wiese, Schotter, Naturboden. WC CHEM GRAU . B nur bei Gruppen. Geöffnet: April-Okt.
Preis: Ab 9 €. Strom 1 €/kWh, Wasser 1 €/100 l, Entsorgung 3 €, Dusche 1,50 €/3 min, WC 1 €/Pers., Müll-Entsorgung 1 €. Pro laufendem Meter 1,50 €. Bezahlung beim Hafenmeister.
Kontakt: Herr Robert Bonk, Mobil: 0172/3084993, info@marina-matzlow-garwitz.com, www.marina-matzlow-garwitz.com.
Distanz: 0,4 km, Ⓗ 0,5 km, 0,5 km, 11,6 km.
Gastro: Brötchenservice (auf Vorbestellung beim Hafenmeister).
Freizeit: 0,2 km. Kanu fahren.
POI: Museumshof Pingelhof 4 km, Schloss Friedrichsmoor 6 km.

75433 Maulbronn gratis

Wohnmobilstellplatz Maulbronn, Hilsenbeuerstraße/Talaue, ☎ 07043/1030 Beim Busparkplatz am Kloster
<8m

POS: 48°59'56.73"N/8°48'20.37"E, Karte D14 (S. 17), F1
Platz: P = 8 auf Asphalt. =12 (16 A) WC CHEM GRAU . Aufenthalt max. 48 h, Stellplatz ist leicht abschüssig. Im Winter keine VE. Ganzjährig geöffnet.
Preis: Übernachtung gratis. Strom 1 €/kWh, Wasser 1 €/100 l. Bezahlung mit 1-Euro-Münzen.
Kontakt: Stadtverwaltung Maulbronn, ☎ 07043/1030, info@maulbronn.de, www.maulbronn.de.
Anfahrt: Anfahrt über die Hilsenbeuerstraße.
Distanz: Ⓗ 0,2 km, 0,4 km, weitere Restaurants in 1 km, 0,4 km, 0,6 km.
Freizeit: 0,5 km, Badesee 0,9 km.
POI: UNESCO-Welterbe Kloster Maulbronn 0,4 km, Museum auf dem Schafhof und Kunstsammlung 1 km, Dorfmuseum Steinhauberstube 3,7 km.

56727 Mayen €6,50

<8m

Reisemobilstellplatz am Viehmarkt, Polcher Straße, ☎ 02651/903004
Parzellierte Plätze auf öffentlichem Parkplatz

2022 geprüft

POS: 50°19'19.46"N/7°13'41.25"E, Karte D9 (S. 12), C2
Platz: P = 16 auf Schotter. CHEM GRAU. Aufenthalt max. 3 Tage. Ganzjährig geöffnet. Ausnahme: Sperrung während des Lukasmarktes Mitte Okt.
Preis: 6,50 € inkl. Entsorgung. Strom 1 €, Wasser 1 €.
Kontakt: Tourist-Information, ☎ 02651/903004, touristinfo@mayenzeit.de, www.mayen.de.
Distanz: 0 km, 0,1 km, weitere Restaurants in 1 km, 0,1 km, 0,9 km.
Gastro: Mehrere Restaurants im Ort.
Freizeit: 0,6 km, 0,6 km. Radfahren, Wandern, Burgfestspiele Mayen 1 km, Trolli-Park 4,5 km.
POI: Vulkanparkstationen Mayen 0,5 km, EifelTotal und Deutsches Schieferbergwerk 1,1 km, Genovevaburg 1,1 km, Erlebniswelten Grubenfeld 1,5 km, Schloss Bürresheim 5 km, Maria Laach 10 km.

53508 Mayschoß €8,00

<10m

Wohnmobilplatz Mayschoß, Ahrbrücke (Zufahrt über Ahr-Rotweinstraße B 267), ☎ 02643/9022435
Zwischen Ahr und Bahnstrecke in unmittelbarer Nähe zum alten Bahnhof

POS: 50°31'2.64"N/7°1'10.98"E, Karte D9 (S. 12), B2
Platz: P = 70 auf Schotter, Asphalt. WC CHEM GRAU. VE links am Wendekreis. Anmeldung im Restaurant (Bahnsteig 1). Strom/Wasser derzeit noch außer Betrieb (Flutkastrophe). Ganzjährig geöffnet.
Preis: 8 €.
Kontakt: Thorsten Rech, ☎ 02643/9022435, info@genussbahnhof.de, genussbahnhof.de/wohnmobilstellplatz-mayschoss.
Distanz: 0,1 km, weitere Restaurants in 0,4 km, 0,1 km, 0,4 km, 4 km.
Gastro: Zahlreiche Gastronomiebetriebe mit Außen-Terrassen sowie Weinstuben in unmittelbarer Nähe.
Freizeit: 7 km, 7 km, 4 km. Ahr-Radweg, Rotweinwanderweg, Kellereibesichtigung in der Winzergenossenschaft Mayschoß 0,4 km.
POI: Saffenburg 1 km, Klosterruine Marienthal 4,5 km, Kloster Calvarienberg 10,5 km.

88074 Meckenbeuren €15,00

<10m

Gutschein

Ravensburger Spieleland Feriendorf, Hangenstraße 3, ☎ 07542/400480
Stellflächen im Ravensburger Spieleland Feriendorf mit direktem Zugang zum Freizeitpark

POS: 47°42'37.15"N/9°35'34.12"E, Karte D14 (S. 17), G4
Platz: P = 40 auf Schotter. WC CHEM GRAU. Über 70 Attraktionen in acht Themenwelten. R wird empfohlen. Geöffnet: 1.4.-5.11.
Preis: Ab 15 € inkl. Strom, Wasser, WC. Innerhalb der Feriendorf-Saison 29 €, sonst 15 €. Jeweils nur in Verbindung mit vergünstigten Tages-Tickets (33 €/Pers.) für das Ravensburger Spieleland buchbar. Preise und Öffnungszeiten können abweichen (siehe Website).
Kontakt: ☎ 07542/400480, feriendorf@spieleland.de, www.spieleland.de/feriendorf.
Distanz: 0 km, 0,5 km, 1 km, 3,3 km.
Gastro: Spieleland Restaurant. Frühstück 7:30-9:30 Uhr, Abendessen 18:00-21:00 Uhr (innerhalb der Feriendorf-Saison).
Freizeit: Gute-Nacht-Geschichten mit Käpt'n Blaubär im Maus-Kino, Spiele- und Buchverleih, Maus- und Elefant-Erlebniswelt sowie Abendprogramm während der Feriendorf-Saison.

88074 Meckenbeuren €15,00

<8m

Stellplatz Ranch, Weiler 1, ☎ 0157/30126224 Auf dem Gelände eines ehemaligen Bauernhofs im Schussental

POS: 47°43'35.85"N/9°33'41.92"E, Karte D14 (S. 17), G4
Platz: = 4, = 2 (<8 m) auf Schotterrasen, Wiese. WC CHEM GRAU. Leinenpflicht für Hunde. R wird empfohlen. An-/Abreise 6:00-22:00 Uhr. Anfragen per WhatsApp 0157/30126224. Ganzjährig geöffnet.
Preis: 15 € inkl. aller Personen, Strom, Wasser, Entsorgung, WC, WLAN.
Kontakt: Andreas & Daniela Wagner, Mobil: 0157/30126224, bodenseeregion@gmx.de.
Distanz: 0 km, 0,3 km, 5 km, 5 km.
Gastro: Restaurant am Platz, Mi-Do 17:00-21:00 Uhr, Fr-Di Ruhetag.
Freizeit: 10 km, 10 km, 5 km. Kanu fahren, Radfahren, Wandern, FKK-Möglichkeit 0,2 km.
POI: Friedrichshafen 10 km, Kressbronn 15 km, Lindau 20 km.

88074 Meckenbeuren-Reute €15,00

<12m

Wohnmobilplatz Besenwirtschaft Reute, Pfingstweiderstraße 12/1, ☎ 07542/1654 Obstbauernhof und ehemalige Besenwirtschaft in Bodenseenähe

POS: 47°40'49.61"N/9°33'11.22"E, Karte D14 (S. 17), G4
Platz: = 9 auf Wiese, Schotter. WC CHEM GRAU. Verkauf eigener Produkte. Anfahrt bis 20:00 Uhr, Abfahrt bis 12:00 Uhr. Ganzjährig geöffnet.
Preis: 15 € inkl. aller Personen, Wasser, Entsorgung, WC, Müll-Entsorgung. Strom 0,60 €/kWh, Dusche 1,50 €/Pers. Wohnwagen nur auf Anfrage (max. 6 m, max. 3 Nächte) 18 €.
Kontakt: Familie Lehle ☎ 07542/1654, www.bodensee-besenwirtschaft.de.
Distanz: 0,2 km, 0,3 km, weitere Restaurants in 0,3 km Entfernung, 0,3 km, 0,5 km.
Gastro: Alte Schussen 0,4 km, Hildes Vesperstüble 0,45 km und Pizzeria Leone 0,5 km.
Freizeit: 3 km, 5 km. Radfahren, Brennereibesichtigung und Schnapsprobe, Wandern, Ravensburger Spieleland in Meckenbeuren-Liebenau 3 km, Bodensee 5 km.
POI: Schloss in Tettnang 2 km, Friedrichshafen 5 km, mehrere Museen 5 km.

67149 Meckenheim gratis

<8m

Stellplatz an der Sporthalle, Röderheimer Straße, ☎ 06326/219 Hinter der Sporthalle am nördlichen Ortsrand

2021 geprüft

POS: 49°24'42.20"N/8°14'26.53"E, Karte D9 (S. 12), D5
Platz: P = 6 auf Schotter. =6 (10 A). Ganzjährig geöffnet.
Preis: Übernachtung gratis. Strom 0,50 €/kWh. Bezahlung nur mit 0,50 €-Münzen. Preiserhöhungen 2023 möglich.
Kontakt: Gemeinde Meckenheim, ☎ 06326/219, gemeinde-meckenheim.pfalz@t-online.de, www.meckenheim-pfalz.de.
Distanz: 0,1 km, weitere Restaurants in 0,5 km, 0,5 km, 0,5 km, 1 km, 2,1 km (Kläranlage Niederkirchen, Am Sportgelände 2, 67150 Niederkirchen).
Gastro: SV05-Gaststätte Athen. Café LaDolceVita. Alte Töpferei.
Freizeit: 6 km, 10 km, 6 km. Tennis.
POI: Burgruine Wachenheim 7 km, Neustadt mit hist. Stadtkern 10 km, Hambacher Schloss 18 km, Dom in Speyer 25 km.

M

59964 Medebach €40,00

<10m

Ferienhof Zur Hasenkammer, Hasenkammer 4, ☎ 02982/8302 Zwischen Spielplatz und Pferdewiese, mit Blick auf die Mittelgebirgslandschaft des Hochsauerlandes

POS: 51°12'49.99"N/8°41'39.79"E, Karte D6 (S. 9), E5
Platz: P = 40, = 30 (<10 m) auf Wiese. =40 (10 A) WC CHEM GRAU. Nutz- und Streicheltiere, Spülküche, Waschraum mit Waschmaschine/Trockner, Mietbad. R Anfahrt 14:00-16:30 Uhr, Sa 11:00-15:00, So 9:15-11:30 Uhr oder nach Absprache. Ganzjährig geöffnet.
Preis: Ab 40 € inkl. Strom, Wasser, Entsorgung, Dusche, WC, Müll-Entsorgung, WLAN. Kind (ab 15 J.) 6 €, Kind (0-14 J.) 4 €, Kurtaxe (ab 15 J.) 1,50 €/Pers., Hund 4 €, Mietbad 25 €. NS 40 €, HS 50 €. Inkl. Milch-, Eier- und Brötchenservice zur Abholung.

Kontakt: Ferienhof Zur Hasenkammer, Familie Schmidt, 02982/8302, info@ferienhof-hasenkammer.de, www.ferienhof-hasenkammer.de.
Distanz: Weitere Restaurants in 0,5 km Entfernung, 0,5 km, 0,5 km, 1 km, 1,5 km.
Gastro: Hasenstall- Hütte am Aventura SpielBerg.
Freizeit: 0,5 km, 0,5 km. Sommerrodelbahn in Winterberg und Willingen, Walderlebnistour, Naturerlebnispfad, Ponyreiten, Lagerfeuer mit Stockbrot, Planwagenfahren, Angeln, Fackelwanderung, Aventura Spielberg (10 Gehminuten) 0,3 km, Freizeitpark Center-Park 0,5 km.
POI: Ettelsberg Willingen mit Hochheideturm, Skisprungschanze, Milchmu(h)seum Usseln 12 km, Glasbläserei Willingen 16 km, Erlebnisberg Kappe 16 km, Bruchhauser Steine 23 km.

59964 Medebach — gratis — <8m

Wohnmobilstation Schützenplatz, Schützenstraße (Parkplatz), 02982/9218610 In Zentrumsnähe

POS: 51°11'36.60"N/8°42'7.95"E, Karte D5 (S. 8), D5
Platz: = 4 auf Rasengittersteinen. =4 GRAU. Ganzjährig geöffnet.
Preis: Übernachtung gratis. Strom 1 €/2 h, Wasser 1 €/50 l.
Kontakt: Touristik-Gesellschaft Medebach mbH, 02982/9218610, info@medebach-touristik.de, www.medebach-touristik.de.
Distanz: 0,3 km, 0,5 km, weitere Restaurants in 0,7 km, 0,6 km.
Freizeit: 0,3 km. Mountainbiking, Wintersport, Erlebnisbad Aqua Mundo Park Hochsauerland 2,4 km, Aventura der Spielberg 3,3 km.
POI: Marktplatz 0,7 km, Städtisches Museum 1 km, Europäisches Vogelschutzgebiet Medebacher Bucht 2 km, Winterberg 17,5 km, Willingen 21 km.

88709 Meersburg — €12,30 — <12m

Wohnmobilstellplatz Allmend 2, Allmendweg, 07532/440400
Öffentlicher Parkplatz für Busse und Reisemobile, an einer viel befahrenen Straße

POS: 47°42'6.06"N/9°16'19.41"E, Karte D14 (S. 17), F4
Platz: = 30 auf Schotter. Aufenthalt max. 72 h. Im Sommer Bus-Pendelverkehr zur Altstadt (alle 20 min). Ganzjährig geöffnet.
Preis: Ab 12,30 € inkl. Kurtaxe. 1.4.-31.10. 14,60 €, 1.11.-31.3. 12,30 €. Kurtaxe 2,30 €/1,15 € (1.11.-1.4.) pro 2 Personen. EC-Kartenzahlung möglich.
Kontakt: Gästeservice Meersburg, 07532/440400, info@meersburg.de, www.meersburg.de.
Distanz: 0,2 km, 0,5 km, 1 km.
Gastro: Restaurant Letzter Heller 0,2 km.

Freizeit: 2 km, 2 km (Therme), 1,2 km. Angeln, Wanderungen, Weinproben/Stadtführungen im Sommer, Schiffsausflüge, Strandbad 1,5 km, Rad-/Inlinewege 1,5 km, Tauchschule 1,5 km, Bootsverleih 1,5 km, Minigolf 1,7 km, Thermalbad 1,7 km.
POI: Altstadt Meersburg mit Altem/Neuem Schloss 1 km, Bibelgalerie 1 km, Vineum Bodensee 1 km, Zeppelinmuseum 13 km.

88709 Meersburg — €17,30 — <10m

Wohnmobilstellplatz Ergeten, Daisendorfer Straße, 07532/440400
Großes Gelände in einem Wohngebiet

2020 geprüft E

POS: 47°42'3.87"N/9°16'5.97"E, Karte D14 (S. 17), F4
Platz: = 38 auf Schotter, Asphalt. WC CHEM GRAU. Aufenthalt max. 72 h. Gästeservice 9:00-12:30 Uhr/14:00-18:00 Uhr, im Winter 9:00-12:30 Uhr/14:00-16:30 Uhr. WC Mitte März-Mitte Nov. Im Sommer Bus-Pendelverkehr zur Altstadt (alle 20 min), Haltestelle Dr. Zimmermann-Straße oder Parkplatz Allmend. Ganzjährig geöffnet.
Preis: Ab 17,30 € inkl. Entsorgung, WC. Strom 0,50 €/kWh, Wasser 1 €/80-100 l oder 0,10 €/8-10 l, Dusche 1 €. 1.4.-31.10. 19,60 €, 1.11.-1.4. 17,30 €. Kurtaxe 2,30 €/1,15 € (1.11.-1.4.) pro 2 Personen. Bezahlung per Münzautomat oder EC-Karte.
Kontakt: Gästeservice Meersburg, 07532/440400, info@meersburg.de, www.meersburg.de.
Distanz: 0,1 km, 0,2 km, 1,3 km.
Gastro: Gasthof an der Zufahrt.
Freizeit: 1,5 km, 1,2 km, 1 km. Radfahren, Minigolf, Wassersport, Tennis, Angeln, Tauchen.
POI: Neues Schloss 1,2 km, Vineum Bodensee 1,2 km, Museen 1,3 km, Burg Meersburg 1,3 km.

88709 Meersburg — €14,30 — <8m

Wonmobilstellplatz Allmend 1, Allmendweg, 07532/440400
Kleinerer von zwei öffentlichen Parkplätzen am Stadtrand

POS: 47°42'7.80"N/9°16'11.63"E, Karte D14 (S. 17), F4
Platz: / = 20 auf Schotter. WC CHEM GRAU. An einer viel befahrenen Straße. Aufenthalt max. 72 h. Kein WC/Frischwasser im Winter. Gästekarte bei Tourist-Info von Apr-Okt. Im Sommer Bus-Pendelverkehr zur Altstadt (alle 20 min). Ganzjährig geöffnet.
Preis: Ab 14,30 € inkl. aller Personen, Entsorgung, Müll-Entsorgung. Strom 0,50 €/kWh, Wasser 1 €/80-100 l. 1.4.-31.10. 16,60 €, 1.11.-1.4. 14,30 €. Kurtaxe 2,30 €/1,15 € (1.11.-1.4.) pro 2 Personen. Bezahlung mit Münzen oder EC-/Kreditkarte. Preiserhöhungen möglich.
Kontakt: Gästeservice Meersburg, 07532/440400, info@meersburg.de, www.meersburg.de.
Distanz: 0 km, 0,5 km, 1 km.
Gastro: Mehrere Restaurants ab 0,5 km Entfernung.
Freizeit: 2 km, 2 km, 1 km. Angeln, geführte Wanderungen, Weinproben und Stadtführungen im Sommer, Wassersport, Schiffsausflüge/-rundfahrten, Minigolf 1,5 km, Strandbad 1,5 km, Thermalbad 1,5 km, Bootsverleih 1,5 km, Tauchschule 1,5 km.
POI: Fürstenhäusle 1 km, Bibelgalerie 1 km, Altstadt Meersburg mit Altem und Neuem Schloss 1,2 km, VINEUM Bodensee 1,2 km, Pfahlbauten Unteruhldingen 6 km, Zeppelinmuseum in Friedrichshafen 13 km.

17111 Meesiger-Gravelotte — €11,00 — >12m

Campingplatz Meesiger Gravelotte, Am Kummerower See, 039994/10732 Am Wasserwanderrastplatz am Ostufer des Kummerower Sees

POS: 53°49'25.06"N/12°54'56.38"E, Karte D4 (S. 7), E3
Platz: / / = 30 auf Wiese. =30 (10 A) WC CHEM. Kein WLAN verfügbar. Geöffnet: 1.4.-30.9.
Preis: 11 € inkl. Wasser. Kind (ab 14 J.) 3,50 €, Kind (5-14 J.) 2 €, Strom 2,60 €, Entsorgung 3 €, Dusche 1,20 €/4 min, Hund 1,80 €, Kein WLAN verfügbar / Tag, Waschmaschine/Trockner je 3,10 €. Einmalige Verwaltungsgebühr 1 €.
Kontakt: Gemeinde Meesiger, 039994/10732, info@campingplatz-gravelotte.de, www.campingplatz-gravelotte.de.
Distanz: 1 km, 18 km.
Gastro: Imbiss, Hotel Gravelotte 0,1 km. Sa: frisch geräucherter Fisch. Fischimbiss. Frühstücksservice im Hotel + Kiosk mit Brötchenverkauf.
Freizeit: 20 km, 20 km. Schifffahrt auf der Peene, Wassersport, Naturlehrpfad am See.
POI: Ivenacker Eichen 15 km, Fritz Reuter Museum Stavenhagen 20 km.

67735 Mehlbach — gratis — <8m

Parkplatz Pfalzwaldhalle, Hauptstraße 117, 0175/4985083
Am Rand des Biosphärenreservates Naturpark Pfälzerwald

POS: 49°31'41.21"N/7°42'53.36"E, Karte D9 (S. 12), C4
Platz: = 2 auf Schotter. GRAU. Ganzjährig geöffnet.
Preis: Übernachtung gratis.
Kontakt: Gabriele Fliege, Mobil: 0175/4985083, ortsbuergermeister.mehlbach@vgo-o.de.
Distanz: 0,1 km, weitere Restaurants in 3 km, 0,6 km, 3 km.
Gastro: Restaurant am Platz vorhanden.
Freizeit: Historisch kulinarischer Abendspaziergang durch Otterbach (Anmeldung bei Tourist-Information VG Otterbach-Otterberg unter Tel. 06301/31504, Premiumwanderweg Teufelstour.
POI: Sonnenuhr - Reiserberg, Stadt Otterberg mit Abteikirche.

95694 Mehlmeisel — gratis — <8m

Parkplatz Am Park, Am Park, 09272/97913 Allgemeiner Parkplatz am Rathaus und beim Haus des Gastes

POS: 49°58'34.27"N/11°51'16.48"E, Karte D11 (S. 14), C3
Platz: / = 5 auf Asphalt. Aufenthalt max. 3 Tage. Ganzjährig geöffnet.
Preis: Übernachtung gratis.
Kontakt: Gemeinde Mehlmeisel - Touristinformation, 09272/97913, information@mehlmeisel.bayern.de, www.mehlmeisel.de.

M

Distanz: 0,1 km, weitere Restaurants in 0,3 km, 0,1 km, Ⓗ 0,3 km.
Gastro: Sportgaststätte TSV Mehlmeisel. Dorfwirtschaft Goldener Stern.
Freizeit: 20 km. Trimmpfad, Klausen Aussichtsturm, Wildpark Waldhaus Mehlmeisel mit E-Bike Verleih 2,7 km, Naherholungszentrum Bayreuther Haus mit Info-Zentrum Waldhaus Mehlmeisel, Waldmuseum, Aussichtsturm, Kneippanlage und Spielplatz 3 km.
POI: Besucherbergwerk 6 km, Fichtelgebirgsmuseum Wunsiedel 16 km.

57635 Mehren €8,00

Wohnmobilstellplatz Mehren, Gollenseifen 14, ☎ 02686/988125 <10 m
In ruhiger Lage am Westerwaldsteig

POS: 50°41'21.11"N/7°30'57.71"E, Karte D9 (S. 12), C1
Platz: = 5 auf Schotter. =5 (6 A) CHEM/Bio GRAU. Leinenpflicht für Hunde. Kein Frischwasser im Winter. Ganzjährig geöffnet.
Preis: 8 € inkl. aller Personen, Wasser, Entsorgung, WLAN. Strom 1,50 €/Nacht.
Kontakt: Jörg Schwarzbach, ☎ 02686/988125, Mobil: 0160/90671828, jschwarzbach@online.de, www.wohnmobilstellplatz-mehren.de.
Distanz: Ⓗ 0,5 km, 1 km, 1 km, 5 km.
Gastro: Landhaus Mehren. Restaurant Sonnenhof 5,0 km.
Freizeit: Wanderungen können am Platz starten, Westerwaldsteig.
POI: Historischer Ortskern 1 km, Raiffeisen Geburtshaus 5 km.

54346 Mehring €12,00

Weinhaus und Wohnmobilstellplatz Zellerhof, Zellerhof 1, ☎ 06502/2263 <10 m
Stellplatz an der Mosel

POS: 49°47'37.06"N/6°49'9.93"E, Karte D9 (S. 12), B4
Platz: = 43 auf Wiese, Schotter. =42 (6 A) WC CHEM GRAU. Kellerführung und Weinprobe nach Rücksprache, Weinverkauf. Abreise bis spätestens 12:00 Uhr. Ganzjährig geöffnet.
Preis: 12 € inkl. Entsorgung, WC, Müll-Entsorgung, WLAN. Strom 2 €, Wasser 0,50 €/70 l oder 0,10 €/10 l, Dusche 2 €/Pers.
Kontakt: Fabian Annen, ☎ 06502/2263, fabian.annen@gmx.de, www.zellerhof-mosel.de.
Distanz: 0,1 km, 0,3 km, Ⓗ 0,3 km, 0,5 km.
Gastro: Wein- und Biergarten auf der anderen Moselseite.
Freizeit: 6 km, 0,5 km. Weinlesen, Angeln, Weinbaulehrpfad 0,1 km, Wassertretbecken 3 km.
POI: Fünfseenblick 4 km, Römerstadt Trier 19 km.

54346 Mehring €12,00

Wohnmobilstellplatz am Moselbeach, Moselweinstraße 4, ☎ 06502/9969972 <10 m
Direkt an der Mosel am westlichen Ortseingang von Mehring

2020 geprüft E

POS: 49°47'39.26"N/6°49'1.88"E, Karte D9 (S. 12), B4
Platz: P = 60 auf Schotter. WC CHEM. Reparaturservice, Beachvolleyball. P nur bei Gruppen. Bei Hochwasserwarnung vorher anrufen. Betrieb von Klimaanlagen und Heizlüftern ist verboten. Ganzjährig geöffnet.
Preis: 12 € inkl. Entsorgung. Strom 2 €/Tag, Wasser 1 €/100 l, Dusche 2 €. Preisänderung 2023 möglich.
Kontakt: Martin Lex, ☎ 06502/9969972, info@moselbeach.de, moselbeach-mehring.chayns.net.
Distanz: , 0,1 km, Ⓗ 0,3 km, 0,8 km.
Gastro: Restaurant Mosel Beach.
Freizeit: 6 km, 2 km. Allwetterrodelbahn am Rioler Berg, Mitarbeit bei der Weinlese, Besichtigung der Weinkeller, Erlebnisbad 6 km.
POI: Aussichtsturm Fünfseenblick 5 km, Besucherbergwerk Fell 11 km, Trier 17 km.

58540 Meinerzhagen gratis

Wohnmobilstellplatz Musikschule, Schulplatz 7, ☎ 02354/77132 <10 m
Im Zentrum

POS: 51°6'31.74"N/7°38'34.52"E, Karte D5 (S. 8), C5
Platz: P = 3 auf Asphalt. =4 (16 A). Ganzjährig geöffnet.
Preis: Übernachtung gratis. Strom 0,50 €/kWh.
Kontakt: Touristinfo der Stadt Meinerzhagen, ☎ 02354/77132, touristinfo@meinerzhagen.de, www.meinerzhagen.de.
Distanz: Ⓗ 0,3 km, 0,3 km, 0,4 km, 0,4 km.
Gastro: Restaurants, Imbissgastronomie, Bäckereien, Eisdielen.
Freizeit: 1,6 km. Bikepark, Kornbrennerei Krugmann in der Krim 0,4 km, Radstrecke Vom Sauerland ins Bergische Land ab Bahnhof 1 km, Minigolf 1,2 km, Meinhardus Mattenschanzen 1,5 km, Sauerland-Höhenflug 1,6 km, Radstrecke Gipfelstürmer – Über die Höhen des Ebbekamms ab Schützenplatz 2 km, Alpakawanderung, Kuhkuscheln 5 km, Badestellen Listertalsperre 16 km.
POI: Villa im Park 0,4 km, Altstadt 0,5 km, Fischbauchbrücke 2 km, Volmequelle 2,4 km, Schloss Badinghagen 3 km.

98617 Meiningen gratis

Parkplatz Großmutterwiesen, Werrastraße, ☎ 03693/44650 <6 m
Am Rande des Großparkplatzes an der Werra

POS: 50°33'42.74"N/10°24'45.59"E, Karte D11 (S. 14), A2
Platz: P = 5 auf Rasengittersteinen. WC. Ganzjährig geöffnet.
Preis: Übernachtung gratis.
Kontakt: Tourist-Information, ☎ 03693/44650, tourist.info@meiningen.de, www.meiningen.de.
Anfahrt: Zufahrt über Steinweg/Werrastraße.
Distanz: Ⓗ 0,1 km, 0,1 km, 0,1 km.
Gastro: Mehrere Restaurants im Stadtgebiet ab 0,1 km.
Freizeit: 3 km, 3 km. Wandern, Werratal-Radwanderweg, Radfahren, Stadtführung, Theater 1,5 km.
POI: Goetz-Höhle 0,8 km, städtische Galerie ada 0,8 km, historischer Stadtkern mit Stadtkirche 1 km, Kunsthaus Next 1 km, Meininger Museen Schloss Elisabethenburg 1,5 km, Theatermuseum Zauberwelt der Kulisse 1,5 km, Dampflokwerk Meiningen 3 km, Zweiradmuseum 4,5 km.

98617 Meiningen gratis

Parkplatz Volkshaus/Theater, Landsberger Straße, ☎ 03693/44650 <6 m
Am Ufer der Werra beim Schlosspark, gegenüber vom Englischen Garten

POS: 50°34'25.87"N/10°24'45.43"E, Karte D11 (S. 14), A2
Platz: P = 5 auf Pflaster. Ohne Aufenthaltsbeschränkung. Ganzjährig geöffnet.
Preis: Übernachtung gratis.
Kontakt: Tourist-Information, ☎ 03693/44650, tourist.info@meiningen.de, www.meiningen.de.
Distanz: Ⓗ 0,2 km, 0,4 km, 0,5 km.
Gastro: Mehrere Restaurants im Stadtgebiet ab 0,5 km.
Freizeit: 2 km, 2 km. Stadtführung, Wandern, Radfahren, Theaterbesuch.
POI: Städtische Galerie ada 0,2 km, Meininger Museen Schloss Elisabethenburg 0,5 km, Theatermuseum Zauberwelt der Kulisse 0,5 km, Kunsthaus Next 0,8 km, historischer Stadtkern mit Stadtkirche 0,8 km, Dampflokwerk Meiningen 1 km, Zweiradmuseum 1,5 km, Goetz-Höhle 3 km.

98617 Meiningen gratis

Stellplatz am Campingplatz Rohrer Stirn, Rohrer Stirn, ☎ 03693/484421 <10 m
Beim Campingplatz in Waldnähe und Stadtrandlage

POS: 50°34'10.69"N/10°26'4.34"E, Karte D11 (S. 14), A2
Platz: = 8 auf Asphalt, Schotter. =4 (16 A) CHEM GRAU. Kein Winterdienst. Ganzjährig geöffnet.

M

Preis: Übernachtung gratis. Strom 0,70 €/kWh. WC beim Campingplatz: 1.4.-31.10 5,50 €/Pers. und Nacht. Preiserhöhungen möglich.
Kontakt: Stadtwerke Meiningen GmbH, Herr Bauersachs, ☎ 03693/484421, camping@stadtwerke-meiningen.de, www.stadtwerke-meiningen.de.
Distanz: Ⓗ 0,5 km, 0,5 km, weitere Restaurants in 1 km, 1 km, 2 km.
Gastro: Im angrenzenden Hallenbad.
Freizeit: 0,1 km, 0,1 km. Stadtführung.
POI: Meininger Museen Schloss Elisabethenburg, historischer Stadtkern mit Stadtkirche, Theatermuseum Zauberwelt der Kulisse, städtische Galerie ada.

01662 Meißen €17,00 <10m

Freizeitbad Wellenspiel, Berghausstraße 2, ☎ 03521/701130 Auf den Liegewiesen des ehemaligen Freibades

POS: 51°10'29.00"N/13°29'55.00"E, Karte D8 (S. 11), F5
Platz: P = 12 auf Wiese. =12 (16 A) WC CHEM GRAU . Beleuchtet. Areal nicht frei zugänglich, Schlüssel gegen Pfand im Bad erhältlich. Geöffnet: 1.4.-31.10.
Preis: 17 € inkl. Strom, Wasser, Entsorgung, Dusche. Kurtaxe 3 €/Pers., Hund 2 €. Schlüsselkaution 20 €.
Kontakt: Freizeitbad Wellenspiel, ☎ 03521/701130, info@wellenspiel.de, www.wellenspiel.de.
Distanz: Ⓗ 0,2 km, 0,6 km, 3,6 km.
Freizeit: 4 km. Freizeitbad Wellenspiel mit Natursolebecken und Sauna 10:00-22:00 Uhr, Bowling 0,5 km.
POI: Hist. Altstadt 1 km, Albrechtsburg 2 km, Porzellanmanufaktur Meißen 4,3 km, Weingut Schloss Proschwitz in Zadel 6 km.

01662 Meißen €9,50 <8m

Landhaus Nassau, Nassauweg 1, ☎ 03521/738160 Beim Hotel im Landschaftsschutzgebiet Nassau, 3 km nach Meißen

POS: 51°10'17.42"N/13°31'1.26"E, Karte D8 (S. 11), F5
Platz: P = 15, = 5 (<8 m) auf Asphalt, Schotter. =(6 A) WC GRAU . Wäschedienstleistungen nach Absprache möglich (gegen Gebühr). Gespanne auf Reservierung. Bitte Entsorgungshinweise beachten. Platz ist videoüberwacht. WLAN nur im Restaurant, WC nur bis 18:00 Uhr. Ganzjährig geöffnet.
Preis: 9,50 € inkl. Wasser, Entsorgung, Hund. Strom 2,50 €, WC 2 €/Pers., VE für Durchreisende 5 €, Warmwasser 2 €/8 min. WC-Schlüssel an Rezeption zu den Öffnungszeiten gegen Gebühr und Kaution.
Kontakt: Langner & Freitäger Hotelbetriebs GmbH, Herr Gerhard Langner, ☎ 03521/738160, info@landhotels-meissen.de, www.landhotels-meissen.de.
Anfahrt: Zufahrt zum Hotel nur über die Niederauer-Straße (S80).
Distanz: 0 km, Ⓗ 0,8 km, 1,5 km, 3,5 km.
Gastro: Gut bürgerliche, saisonale Küche. Frühstücksservice nach Absprache. Brötchenservice auf Vorbestellung am Vortag, frische Eier aus eigener Haltung.
Freizeit: 8 km, 2,5 km. Wellenspiel Meißen (Hallenbad), Elbe-Radweg 3,1 km.
POI: Sächsische Weinstraße 1 km, Albrechtsburg Meissen 4,2 km, Porzellanmanufaktur 4,5 km, Moritzburg 12 km, Dresden 20 km.

01662 Meißen €15,00 <10m

Wohnmobilstellplatz am Elbeufer, Hochuferstraße, ☎ 03521/41940 Am linken Elbeufer unterhalb Albrechtsburg und Dom

POS: 51°10'4.00"N/13°28'24.00"E, Karte D8 (S. 11), F5
Platz: = 10 auf Asphalt. . Stellflächen leicht uneben, enge Einfahrt. Ganzjährig geöffnet.
Preis: 15 € inkl. Müll-Entsorgung. Bezahlung am Parkscheinautomat.
Kontakt: ☎ 03521/41940, post@stadt-meissen.de, www.touristinfo-meissen.de.
Distanz: 0,1 km, Ⓗ 0,1 km, 0,2 km, 0,8 km.
Gastro: Mehrere Restaurants im Ort.
Freizeit: Stadtbesichtigung.
POI: Dom zu Meißen 0,3 km, Albrechtsburg 0,3 km, Meißner Porzellan-Manufaktur 1,8 km.

55590 Meisenheim €15,00 <10m

Hof Wieseck, Hof Wieseck 1, ☎ 06753/4333 Reiterhof mit Reithalle in ruhiger Lage

POS: 49°42'32.41"N/7°40'50.02"E, Karte D9 (S. 12), C4
Platz: P = 4 auf Wiese. =4 WC . P VE im Ort.
Preis: 15 € inkl. Strom, Wasser, WC, Müll-Entsorgung. Jede weitere Pers. 7,50 €, Dusche 1 €.
Kontakt: Roland Gravius, ☎ 06753/4333, hofwieseck@t-online.de, www.hofwieseck.de.
Distanz: 0,3 km, 0,5 km, 0,6 km, Ⓗ 0,9 km.
Freizeit: 1 km, 20 km. Radwege ab Platz, Wanderreiten, Bootsfahrten, Bootsverleih und Kanutouren auf dem Glan, Stadtführungen 1 km, Draisinenfahrt 8 km.
POI: Altstadt mit Schlosskirche und Fachwerkhäusern 0,6 km, Barfußpfad und Freilichtmuseum 10 km.

55590 Meisenheim €7,00 >12m

Stellplatz Im Heimbachtal, In der Heimbach, ☎ 0152/24612696 In ruhiger Lage in der Nähe des Freibads

POS: 49°42'53.35"N/7°39'28.54"E, Karte D9 (S. 12), C4
Platz: P = 12 auf Schotterrasen. =12 (16 A) CHEM GRAU . P nur bei Gruppen. Unbegrenzter Aufenthalt. Ganzjährig geöffnet. Ausnahme: eine Woche vor und nach dem 1. So im Juli.
Preis: 7 €. Strom 3 €, Wasser 1 €/100 l, Entsorgung 1 €.
Kontakt: Bäderservice Barth, Andreas Barth, Mobil: 0152/24612696, info@baederservice-barth.de, www.stadt-meisenheim.de.
Distanz: Ⓗ 0,5 km, 0,5 km, 1,5 km, 1,5 km.
Freizeit: 0,1 km. Paddeln, Stadtführungen, Nachtwächterführung, Draisinenfahrt.
POI: Altstadt mit Schlosskirche 1,4 km.

77974 Meißenheim €12,00 >12m

Wohnmobilpark Ortenau, Winkelstraße 36, ☎ 07824/6649670 Am Ortsrand auf einem naturbelassenen Gelände in der Nähe vom Altrhein

POS: 48°25'0.08"N/7°46'37.71"E, Karte D13 (S. 16), C2
Platz: P = 80 auf Schotterrasen. CHEM GRAU . P nur bei Gruppen. Anfahrt 24 h. Für Wohnmobiltreffen geeignet. Ganzjährig geöffnet.
Preis: 12 € inkl. Entsorgung. Strom 3,50 € oder 2 €/3 kWh, Wasser 1 €/100 l. Frischwasser per Münzeinwurf. Auto 2,50 €, Anhänger 2,50 €. Preiserhöhung 2023 möglich.
Kontakt: Herr Tom Junglas, ☎ 07824/6649670, info@junglas-design.de, www.womoparkortenau.de.
Distanz: 0,3 km, 0,7 km, Ⓗ 0,8 km, 0,8 km.
Gastro: Gasthaus Eintracht und Gasthaus Linde in 0,7 km.
Freizeit: 0,3 km. Schwimmen, Wandern, Kanu fahren, Kutschfahrten, Radfahren, Baggersee 0,5 km, Naturschutzgebiet Taubergießen 10 km, Europapark 16 km.
POI: Barockkirche (Silbermannorgel) 0,7 km, Friederike-Brion-Grab 0,8 km, Straßburg 20 km.

M

37290 Meißner gratis

Wonmobilstellplatz Meißner-Germerode, Klosterfreiheit, <8m
☎ 05657/989630 Ruhige Lage beim Bergwildpark Meißner und beim Kloster Germerode

POS: 51°11'30.84"N/9°54'4.17"E, Karte D6 (S.9), G5
Platz: = 6 auf Wiese. =4 (16 A) GRAU. Ganzjährig geöffnet. Ausnahme: in der Woche von Christi Himmelfahrt geschlossen.
Preis: Übernachtung gratis inkl. Wasser, Entsorgung. Strom 1 €.
Kontakt: Gemeinde Meißner, ☎ 05657/989630, michael.hartung@gemeinde-meissner.de, www.gemeinde-meissner.de.
Distanz: 0,1 km, 0,2 km (Klosterfreiheit 23, 37290 Meißner), 0,2 km, 0,2 km, 0,3 km.
Gastro: Landhotel Meißnerhof.
Freizeit: 8 km, 12 km. Premiumwanderweg P23 und P1, Mohnblüte im Juni/Juli, Bergwildpark mit Erlebnismuseum 0,2 km.
POI: Frau-Holle-Teich, gotische Kirchenruine, Gold- und Pechmariebrunnen, Klosterkirche mit alter Vogtei des ehemaligen Klosters 0,1 km, Trinkwassermuseum Kasch 1,5 km, Besucherbergwerk Grube Gustav 3 km.

25704 Meldorf €12,00

Action-Surf-Meldorf, Deichstraße 2, ☎ 0179/4520016 >12m
Am Deich zwischen Friedrichskoog und Büsum

2022 geprüft

POS: 54°5'38.36"N/8°57'1.56"E, Karte D2 (S.5), F3
Platz: = 80 auf Wiese. =30 (6 A) CHEM. Leinenpflicht für Hunde. WC nur tagsüber, Frischwasser 10:00-18:00 Uhr. Geöffnet 1.4.-31.10.
Preis: 12 € inkl. aller Personen. Strom 5 €, Wasser 1 €, Entsorgung 5 €.
Kontakt: B. Wengatz Action-Surf-Meldorf, Frau Bärbel Wengatz, Mobil: 0179/4520016, asm@action-surf-meldorf.de, www.action-surf-meldorf.de.
Distanz: 7 km, 9 km, 10 km, 12 km.
Gastro: Imbisswagen, 10:00-18:00 Uhr.
Freizeit: 4,6 km, 4,6 km, 5,9 km. Stand-Up-Paddling, Surfschule und SUP-Verleih am Platz, Hundestrände 2,2 km, Wattführung mit Hund an der Badestelle Nordermeldorf 2,9 km.
POI: Deichlandschaft, Dom und Dithmarscher Landesmuseum in Meldorf 9 km.

49324 Melle gratis

Am GrönegauBad, Am Wellenbad 43, ☎ 05422/965312 <10m
Gegenüber vom GrönegauBad

POS: 52°12'16.95"N/8°19'25.20"E, Karte D6 (S.9), E3
Platz: = 25 auf Rasengittersteinen. Spielplatz in der Nähe, Liegewiese im Bad. Ganzjährig geöffnet.
Preis: Übernachtung gratis.
Kontakt: Stadt Melle, ☎ 05422/965312, tourist@stadt-melle.de, www.melle.info.
Distanz: 0,5 km, weitere Restaurants in 1 km, 1,5 km, 2 km, 2 km.
Gastro: Mehrere Restaurants in den Stadtteilen und der Innenstadt.
Freizeit: 0,1 km, 0,1 km. Waldbühne in den Meller Bergen 6 km.
POI: Planetenweg im Stadtbereich Melle 0,5 km, Heimatmuseen 0,5 km, St. Matthäuskirche, St. Petrikirche 2 km, Automuseum Melle 2 km, Diedrichsburg in den Meller Bergen 7 km, Wasserschlösser 8 km, Windmühle 9 km.

97638 Mellrichstadt gratis

Wohnmobilstellplatz am Malbach, Malbachweg, ☎ 09776/9241 <10m
Im Grünen am Rande eines Wohngebietes

POS: 50°25'52.88"N/10°18'35.75"E, Karte D10 (S.13), H2
Platz: = 10 auf Schotter. CHEM GRAU. WLAN am Marktplatz/Hallenbad. Aufenthalt max. 3 Tage, längere Aufenthalte bei der Tourist-Information (Marktplatz 2) anmelden, Gasflaschentausch bei Fa. Edinger, Kiefernweg 1. Ganzjährig geöffnet.
Preis: Übernachtung gratis. Strom 1 €/kWh, Wasser 1 €/80 l.
Kontakt: Aktives Mellrichstadt Stadt und Tourist-Information, ☎ 09776/9241, aktives.mellrichstadt@t-online.de, www.mellrichstadt-rhoen.de.
Distanz: 0,4 km, 0,5 km, 0,5 km, 0,5 km.
Gastro: Mehrere Restaurants und Gastronomiebetriebe.
Freizeit: 0,5 km, 0,5 km. Wander-/Radwege, Museumsbahn 0,8 km, Naherholungsanlage Kirschgarten 2 km, Tennis 3 km, Segelflugplatz 4 km, Natursee Frickenhausen 7 km.
POI: Kreisgalerie mit Ausstellungen 1 km, Heimatmuseum Salzhaus 2 km, Dokumentationszentrum Kalter Krieg 4 km, Stelenpark mit Panoramablick 4 km, Skulpturenpark am ehemaligen Grenzübergang 6 km.

34212 Melsungen gratis

Parkplatz Waldschwimmbad, Dreuxallee, ☎ 05661/708200 <8m
Am Ortsrand von Melsungen, in Waldnähe

POS: 51°7'25.49"N/9°33'8.16"E, Karte D6 (S.9), G5
Platz: = 5 auf Asphalt. Ganzjährig geöffnet.
Preis: Übernachtung gratis.
Kontakt: Tourist-Info Melsungen, ☎ 05661/708200, tourist-info@melsungen.de, www.melsungen.de.
Distanz: 2 km.
Gastro: Bistro am Waldschwimmbad 0,2 km.
Freizeit: 0,2 km.
POI: Landgrafenschloss mit Schlosspark Melsungen 2,2 km, Fachwerk-Altstadt 2,2 km.

34212 Melsungen €10,00

Wohnmobilstellplatz an der Fulda, Schlachthofstraße, ☎ 05661/708200 <8m
Direkt am Fulda-Radweg R1

2022 geprüft

POS: 51°8'4.64"N/9°32'35.04"E, Karte D6 (S.9), G5
Platz: = 10 auf Rasengittersteinen. Ganzjährig geöffnet.
Preis: 10 €. Strom 0,50 €/kWh, Wasser 1 €/10 min.
Kontakt: Tourist-Info Melsungen, ☎ 05661/708200, tourist-info@melsungen.de, www.melsunger-land.de.
Distanz: 0,1 km, 0,2 km, 0,4 km, weitere Restaurants in 0,8 km, 0,8 km.
Freizeit: 1,7 km. Tretboot- und SUP-Verleih, Fuldaradweg R1, Stadtführungen.
POI: Rathaus, Landgrafenschloss, Fachwerk-Altstadt.

96117 Memmelsdorf €5,00

Hotel Brauerei Gasthof Höhn, Hauptstraße 11, ☎ 0951/406140 <10m
Großer Parkplatz der Kleinbrauerei Höhn, neben einer Wiese und am Bach

POS: 49°55'55.70"N/10°57'3.43"E, Karte D11 (S.14), B3
Platz: = 3 auf Asphalt. Stellplatz telefonisch oder bei Ankunft im Gasthof anmelden. Ganzjährig geöffnet.
Preis: 5 €. Für Restaurantgäste kostenlos.
Kontakt: Hotel Brauerei Gasthof Höhn, Georg Höhn, ☎ 0951/406140, info@gasthof-hoehn.de, www.gasthof-hoehn.de.
Distanz: 0 km, 0,1 km, 0,2 km, 0,4 km.
Gastro: Am Platz, Mo-So 10:00-22:00 Uhr, Mittagstisch und Abendessen. Frühstück 12,50 €/Pers.
Freizeit: 5 km. Brauereiführungen auf Voranmeldung, Radwandern.
POI: Schloss Seehof 0,5 km, UNESCO-Weltkulturerbe Stadt Bamberg 5 km.

M

Hinweis der Redaktion: Aufgrund der wirtschaftlichen Lage und der andauernden Energiekrise kann es in 2023 zu noch nicht absehbaren Preiserhöhungen bei Service- und Übernachtungsgebühren kommen. Wir bitten um Verständnis und verweisen auf die **Bordatlas WebApp.** Die Stellplatzdaten werden dort laufend überarbeitet und stehen online stets aktuell zur Verfügung.

96117 Memmelsdorf
€10,00
<10m

Wohnmobilstellplatz Memmelsdorf Seehofblick, An der Kreisstraße BA5 zw. Memmelsdorf u. Pödeldorf, ☎ 09505/8064106 Zentrumsnaher Stellplatz mit Blick auf Schloss Seehof

2020 geprüft E

POS: 49°55'44.36"N/10°57'8.64"E, Karte D11 (S. 14), B3
Platz: P = 5 auf Pflaster. =5 CHEM GRAU. Glas- und Weißblechcontainer in der Meedensdorfer Straße (am Höhns Keller) 0,8 km. 4 Ladesäulen für E-Autos in 0,1 km. Ganzjährig geöffnet.
Preis: 10 € inkl. aller Personen, Entsorgung. Strom 0,50 €/kWh, Wasser 1 €/100 l. Gebühr an der Spendensäule zu entrichten.
Kontakt: Tourist-Information Fränkische Toskana, ☎ 09505/8064106, info@fraenkische-toskana.com, www.fraenkische-toskana.com.
Distanz: 0,2 km, 0,3 km, Ⓗ 0,4 km, 0,4 km.
Gastro: Hotel Brauerei Gasthof Höhn. Hotel & Brauereigasthof Drei Kronen. Café-Restaurant Schloss Seehof.
Freizeit: 5,4 km, 5,5 km. Skulpturenweg Litzendorf-Memmelsdorf.
POI: Schloss Seehof 0,3 km, Seehofhalle 0,4 km.

M

87700 Memmingen
€10,00
<8m

Stadtpark Neue Welt, Colmarer Straße/Hemmerlestraße, ☎ 08331/850173
Parkplatz am Stadtpark Neue Welt

2022 geprüft E

POS: 47°59'43.64"N/10°10'56.74"E, Karte D14 (S. 17), H3
Platz: P = 18 auf Pflaster. =18 (16 A) CHEM . Aufenthalt max. 72 h. WC im Stadtpark Neue Welt zu den gastronomischen Öffnungszeiten. Ganzjährig geöffnet.
Preis: 10 €. Strom 0,50 €/4 kWh, Wasser 0,50 €/100 l. 3 h kostenfrei, 10 €/Tag, 15 €/2 Tage, 20 €/3 Tage. Bezahlung am Parkscheinautomat.
Kontakt: Stadt Memmingen, ☎ 08331/850173, info@memmingen.de, www.tourismus-memmingen.de.
Distanz: Ⓗ 0,5 km, 0,5 km, 0,8 km, 1 km.
Gastro: Weitere Restaurants in der Innenstadt 1 km. Mehrere Restaurants, Cafés/Bistros.
Freizeit: 1 km, 1 km. Besuch der Museen, Turmbesteigung St. Martin Mai-Okt täglich 15:00 Uhr, Stadtführungen, Eissporthalle Sep-März 2 km.
POI: Altstadt 0,7 km, Kartäuserkloster Buxheim 3 km, Bauernhofmuseum Illerbeuren 12 km, Basilika Ottobeuren 12 km.

56743 Mendig
€5,00
<10m

Stellplatz beim Lava-Dome, Brauerstraße 10, ☎ 02652/9399222
Am Deutschen Vulkan Museum

2021 geprüft E

POS: 50°22'36.33"N/7°17'3.52"E, Karte D9 (S. 12), C2
Platz: P = 12 auf Sand/Splitt, Schotter. =12 CHEM GRAU. Aufenthalt max. 72 h, leicht abschüssige Stellflächen. Ganzjährig geöffnet.
Preis: 5 €. Strom 0,50 €/kWh, Wasser 1 €/80 l.
Kontakt: Lava-Dome, ☎ 02652/9399222, info@lava-dome.de, www.lava-dome.de.
Distanz: 0,2 km, weitere Restaurants in 0,4 km, 0,5 km, Ⓗ 0,5 km, 1 km.
Gastro: Vulkan-Brauhaus mit Felsenkeller.
Freizeit: 1 km.
POI: Deutsches Vulkan-Museum 0,2 km, Wingertsbergwand 2 km, Kloster Maria Laach 4 km.

88512 Mengen-Rulfingen
€18,00
<10m

Wohnmobilstellplatz Zielfinger Seen, Uferweg 18
Direkt am Seeufer gelegen

2021 geprüft E

POS: 48°1'51.31"N/9°16'57.82"E, Karte D14 (S. 17), F3
Platz: P = 50 auf Schotterrasen. =44 (16 A) WC CHEM GRAU . Leinenpflicht für Hunde. Aufenthalt max. 14 Tage. Zugang Badesee, WC/Dusche und Spielplatz mit Schlüssel. Geöffnet: 1 Woche vor Ostern-Anfang Nov.
Preis: 18 € inkl. aller Personen, Entsorgung, Dusche, WC, Müll-Entsorgung, WLAN. Strom 0,84 €/kWh, Wasser 1 €/80 l. Eintritt zum Badesee inkl.
Kontakt: info@wohnmobilplatz-zielfingerseen.de, www.wohnmobilstellplatz-zielfingerseen.de.
Distanz: 0,2 km, Ⓗ 1 km, 2 km.
Gastro: Täglich Brötchenservice am Platz. Südsee-Restaurant am Badesee, Mi-Mo 11:00-22:00 Uhr, Di Ruhetag. Haus am See - Café und Restaurant, Di-So 11:00-21:00 Uhr, Mo Ruhetag.
Freizeit: 4 km, 4 km. Angeln, Wassersport, Donau-Radweg 1 km, Thermalbad Bad Saulgau 20 km.
POI: Gaggli-Nudelhaus Mengen 4 km, Freilichtmuseum Heuneburg 10 km, Schloss Sigmaringen 15 km, Campus Galli 16 km.

35794 Mengerskirchen
€17,00
<12m
neu

Wohnmobilhafen am Wäller Camp, Am Seeweiher 1, ☎ 06476/4190160
Am Seeweiher Mengerskirchen im Westerwald

POS: 50°32'49.91"N/8°8'50.83"E, Karte D9 (S. 12), D2
Platz: P / = 25 auf Schotter, Schotterrasen. WC CHEM GRAU . kostenloser Zugang zum Badebereich, Für Hunde: Separater Seezugang, Duschplatz, Freilauf, Minishop, Naturseebad mit Strand und Beachclub. Anfahrt 24 h, Check-in/Check-out-Terminal. Ganzjährig geöffnet.
Preis: 17 € inkl. Wasser, Entsorgung, WLAN. Strom 0,60 €/25 kWh.
Kontakt: Wäller Camp GmbH, Herr Patrick Kreuseler, ☎ 06476/4190160, info@waeller-camp.de, www.waeller-camp.de.
Distanz: 0 km, weitere Restaurants in 1,2 km, Ⓗ 0,5 km, 2 km, 2 km.
Gastro: Imbiss am Platz (bei Badewetter), Mo-So 12:00-19:00 Uhr. Beachbar am Platz (bei Badewetter), Mo-So 10:00-22:00 Uhr. Brötchenservice. Restaurant Zum Besenbinder 1,2 km.
Freizeit: 2 km. Sport- und Spielmöglichkeiten, Holzbachschlucht Rundwanderung, ausgewiesene Wander- und Radwege, Badesee mit Sandstrand, Skigebiet am Knoten 2 km, Tiergarten Weilburg 19,8 km.
POI: Turmmuseum Mengerskirchen 3,3 km, Domstadt Limburg 20 km, Kristallhöhle Kubach 21,2 km.

79837 Menzenschwand
€11,00
<10m

Stellplatz Skilift Rehbach, Rehbachweg, ☎ 07675/923811
Am Skilift Menzenschwand-Vorderdorf

POS: 47°48'47.62"N/8°4'9.06"E, Karte D13 (S. 16), D4
Platz: P = 20 auf Schotter, Asphalt. =16 (16 A) CHEM GRAU . VE befindet sich auf dem Rehbachweg ca. 50 m vor dem Rehbachparkplatz in Menzenschwand. Geöffnet: Apr-Okt.
Preis: 11 € inkl. aller Personen, Wasser, Entsorgung, Müll-Entsorgung. Strom 3 €. Kurtaxe enthält KONUS-Gästekarte, kostenlose Nutzung aller öffentlichen Verkehrsmittel.
Kontakt: Tourist Information Menzenschwand, ☎ 07675/923811, menzenschwand@stblasien.de, www.st-blasien.de.
Distanz: 0,8 km, Ⓗ 0,8 km, 1,5 km.
Gastro: Mehrere Restaurants ab 2,0 km.
Freizeit: 12 km, 2 km, 2 km. Klettern, Skifahren, Gleitschirmfliegen, Radon Revitalbad 2 km.
POI: Museum Le Petit Salon 2,2 km, Wasserfall Menzenschwand 5 km, Dom St. Blasien 8 km.

49716 Meppen €10,00

KNAUS Campingpark Meppen, Nagelshof 60, ☎ 05931/8811848 <10m neu
Zentrumsnah, hinter dem Emsbad

POS: 52°41'27.81"N/7°17'4.38"E, Karte D5 (S. 8), C1
Platz: = 9 auf Pflaster, Wiese. Infotafel mit allen wichtigen Hinweisen zu Versorgungsmöglichkeiten, Freizeitmöglichkeiten und Sehenswürdigkeiten. Geöffnet: 1.3.-26.11.
Preis: 10€. Strom 2€/24h, Wasser 2€/100l, Entsorgung 3€, WC 6€. WC Kind 4€.
Kontakt: KNAUS Campingpark Meppen, Günter Hemleb, ☎ 05931/8811848, meppen@knauscamp.de, www.knauscamp.de/meppen.
Distanz: 0,1km, weitere Restaurants in 0,5km, Ⓗ 0,1km, 0,3km, 0,5km.
Gastro: Restaurant Marmaris neben dem Platz.
Freizeit: 0,4km. Emsbad Meppen, kulinarischer Altstadtbummel durch Meppens Gastronomie.
POI: Stadtwall – frühere Festungsanlage 0,2km, Gymnasialkirche und hist. Rathaus 0,5km.

35799 Merenberg €14,00

Campingplatz Vöhler Weiher, Am Vöhler Weiher, ☎ 06471/52120 Im Eingangsbereich des offenen Campinggeländes <10m

POS: 50°30'53.00"N/8°10'23.00"E, Karte D10 (S. 13), E2
Platz: = 20 auf Wiese. Geöffnet: Apr-Okt.
Preis: 14€ inkl. Wasser. Jede weitere Pers. 3€, Strom 0,50€/kWh, Dusche 1€.
Kontakt: Monika Ziola-Tropp, ☎ 06471/52120, martintropp@gmx.de, www.camping-vöhler-weiher.de.
Distanz: 0,5km, Ⓗ 0,5km, 1km, 1,5km.
Gastro: Biergarten im Sommer, warme Küche ab 17:00 Uhr, Mo Ruhetag.
Freizeit: 6km, 8km. Angeln.
POI: Schloss Weilburg 8km, Kristallhöhle Weilburg 10km, Schloss Braunfels 10km, Grube Fortuna 14km.

91732 Merkendorf €10,00

Wohnmobilstellplatz Freizeitzentrum Weißbachmühle, Weißbachmühle 3, ☎ 09826/6500 Durch Hecken parzellierte Stellflächen am Freizeitzentrum <10m

POS: 49°12'27.78"N/10°41'33.17"E, Karte D11 (S. 14), A5
Platz: = 11 auf Schotterrasen, Rasengittersteinen, Wiese. Leinenpflicht für Hunde. Aufenthalt max. 7 Tage. WC/Dusche (Apr-Nov) im Naturfreibad, sonst auf Anmeldung bei der Stadtverwaltung (siehe Kontakt). Für Anfahrt am Wochenende Anmeldung bis Do 17:30 Uhr. Ganzjährig geöffnet.
Preis: 10€ inkl. Entsorgung, WC, Müll-Entsorgung. Strom 1€/2kWh, Wasser 1€/80l. 27€/3 Tage.
Kontakt: Stadtverwaltung Merkendorf, ☎ 09826/6500, stadt@merkendorf.de, www.merkendorf.de.
Distanz: Ⓗ 0,8km, 0,8km, 0,8km, weitere Restaurants in 1,5km, 1,5km.
Gastro: Kiosk am Platz, Apr-Sep täglich 10:00-20:00 Uhr. Gasthaus Alte Eiche. Gasthaus Sonne.
Freizeit: 13km, 10km. Naturfreibad, Treffpunkt Stadtgraben.
POI: Heimatmuseum im Ortskern, Altstadt mit Stadtkirche 1km, Rathaus mit Krautbrunnen 1km.

63628 Mernes €7,00

Caravanstellplatz an der Jossa, Jossastraße, ☎ 06660/1376 <10m
In ruhiger Lage beim Freizeitgelände

POS: 50°14'28.91"N/9°28'38.16"E, Karte D10 (S. 13), F3
Platz: = 6 auf Rasengittersteinen. =6 (16A) nur bei Gruppen. Ganzjährig geöffnet.
Preis: 7€. Strom 1€/2kWh, Wasser 0,50€/50l.
Kontakt: Gasthaus Zum Jossatal, Nahkauf Burkhard Kistner, ☎ 06660/1376, info@zum-jossatal.de, www.mernes.de.
Distanz: 0,2km, 0,3km, Ⓗ 0,3km, 0,5km.
Gastro: Gasthaus Zum Jossatal 0,5km. Frühstück im Gasthaus möglich.
Freizeit: 0,1km, 12km, 11km. Geführte Wanderungen auf Anmeldung, Teilnahme am Spessarträuberexamen, Radweg Perlen der Jossa.
POI: Pfarrkirche St. Peter 1km, Hausberg Stacken (Aussichtspunkt, Wachholderheide) 2km.

06217 Merseburg gratis

Wohnmobilstellplatz am Brühl, Am Saaleufer 1/Rischmühle 19, ☎ 03461/214170 <8m
In ruhiger, zentraler Lage am Saaleufer

POS: 51°21'18.18"N/12°0'8.48"E, Karte D7 (S. 10), C5
Platz: = 3 auf Pflaster. Ganzjährig geöffnet.
Preis: Übernachtung gratis.
Kontakt: Touristinformation Merseburg, ☎ 03461/214170, info@merseburg-tourist.de, www.merseburg.de.
Distanz: Ⓗ 0,2km, 0,3km, 0,4km, 0,5km.
Gastro: Mehrere Restaurants in Merseburg.
Freizeit: 2km. Personenschifffahrt auf der Saale, Anlegestelle unterhalb des Schlosses, Saale-Radwanderweg, Planetarium Merseburg 1km, Kegelhalle und Bowlingbahn 1km, Südpark mit Heimattiergarten 1,5km.
POI: Merseburg mit Dom 0,6km, Schloss mit kulturhistorischem Museum 0,7km, Schlossgarten 0,8km, Neumarktkirche St. Thomae 0,8km, Parkanlagen am Gotthardteich 1km, Deutsches Chemie-Museum 3km, Luftfahrt- und Technik-Museumspark 3km.

66663 Merzig €2,50

Das Bad Merzig, Saarwiesenring 3, ☎ 06861/770730 Gekennzeichnete Stellplätze auf dem Parkplatz <8m

POS: 49°26'47.39"N/6°37'30.32"E, Karte D9 (S. 12), B5
Platz: = 32 auf Schotterrasen, Schotter, Wiese. =12 (16A). Stellplätzejeweils mit Schranken abgesperrt, Schlüssel gegen Pfand. Ganzjährig geöffnet.
Preis: Ab 2,50€. Wasser 2€, Entsorgung 2€. Stellplatz ohne Strom 2,50€, Schlüsselpfand 10€. Stellplatz inkl. Strom 7,50€, Schlüsselpfand 50€. 10 % Rabatt auf alle Eintrittstarife ins Bad bei Stellplatzbuchung mit Strom.
Kontakt: Merziger Bäder GmbH, ☎ 06861/770730, info@das-bad-merzig.de, www.dasbadmerzig.de.
Distanz: 0,1km, 2km, 2km, Ⓗ 2km.
Freizeit: 3km, 1km. Das Bad Merzig mit Wellness und Massagen, Schifffahrt auf der Saar, Garten der Sinne 5km, Wolfspark 6km.
POI: Bildhauersymposium Steine an der Grenze 3km, Burg Montclair 5km, Wolfsparkgehege 6km, Saarschleife 12km.

M

59872 Meschede gratis

Parkplatz Hallen- und Freibad Meschede, Arnsberger Straße, ☎ 0291/9022443 Parkplatz gegenüber der Bäder, nahe der B7 (Straßenlärm) <8m

POS: 51°20'56.57"N/8°16'22.01"E, Karte D6 (S. 9), E5
Platz: = 6 auf Pflaster, Asphalt. Frischwasser/WC beim Hallenbad. Gegen Gebühr auch Nutzung von Dusche/Schwimmbad möglich (jeweils zu den Öffnungszeiten des Bades). Ganzjährig geöffnet.
Preis: Übernachtung gratis. Zwischen 18:30-9:30 Uhr gratis.
Kontakt: Tourist-Information Meschede, ☎ 0291/9022443, info@hennesee-tourismus.de, www.hennesee-sauerland.de.
Distanz: 0,5km, weitere Restaurants in 1km, 0,8km, Ⓗ 0,8km, 0,8km.
Gastro: Mehrere Restaurants im Ort.
Freizeit: 0,3km, 0,3km, 1km. Nordic Walking, Ruhrtalradweg, Angeln, Schwimmen, Hennesee mit Badebucht 2km.
POI: Bendiktiner Abtei Königsmünster 1km, St. Walburga Kirche 1km, Burgruine und hist. Ortskern Eversberg 6km.

59872 Meschede-Freienohl gratis

Wofi-Bad Freienohl, Im Ohl 13, ☎ 02903/588 Parkstreifen in einer Nebenstraße des Hallenbades <6m

POS: 51°22'32.68"N/8°10'36.71"E, Karte D6 (S. 9), E5
Platz: = 3 auf Asphalt. Gratis-WLAN Freifunk. Ganzjährig geöffnet.

Preis: Übernachtung gratis inkl. WLAN. Dusche 2 €/Pers. Gebührenfrei von 18:30-12:00 Uhr. WC/Dusche zu den Öffnungszeiten im Hallenbad.
Kontakt: Touristikinformation Meschede, ☎ 02903/588, info@hennesee-sauerland.de, www.hennesee-sauerland.de.
Distanz: 0,5 km, 0,5 km, Ⓗ 0,8 km, 1 km.
Gastro: Frühstücksservice nach Absprache.
Freizeit: Ruhrtal Radweg, Naturpark Arnsberger Wald mit vielen Wanderwegen 1 km, Hennesee 8 km.

59872 Meschede-Hennesee €12,00

KNAUS Campingpark Hennesee **, Mielinghausen 7, ☎ 0291/952720** <10 m
Terrassenförmig angelegt, unterhalb des Campingparks

2020 geprüft

POS: 51°17'54.47"N/8°15'49.36"E, Karte D6 (S. 9), E5
Platz: = 17 auf Wiese, Rasengittersteinen. =16 (6 A) WC CHEM GRAU . Picknicktisch. Ganzjährig geöffnet.
Preis: 12 € inkl. Wasser, Entsorgung, Müll-Entsorgung. Strom 0,70 €/kWh, WC 5 €/Pers.
Kontakt: Helmut KNAUS KG Hennesee, ☎ 0291/952720, hennesee@knauscamp.de, www.knauscamp.de/hennesee-meschede.
Distanz: 0 km, , Ⓗ 0,6 km, 8 km.
Gastro: Restaurant am Platz. Imbiss am See.
Freizeit: 8 km, 8 km. Badesee, Wassersport, Outdoor-Sportgeräte, Animationsprogramm in den Ferien, Radrundtouren, Boule-Anlage, Bootsanlegestelle 0,2 km, Fahrgastschifffahrt Hennesee 0,3 km, Wintersport 12 km, Erlebnispark Fort Fun/Panoramapark 15 km.
POI: Hennesee-Staudamm, Kloster Königsmünster 12 km, Sauerländer Besuch Bergwerk 20 km, Warsteiner Brauereibesichtigung 26 km, Glasbläserei Dillingen 30 km, Karl-May-Festspiele in Elspe 30 km.

63875 Mespelbrunn gratis

Stellplatz Landgasthof Elsavatal, Schlossallee 2, ☎ 06092/289 <12 m
Vor dem Wasserschloss auf dem Parkplatz des Landgasthofes

2022 geprüft

POS: 49°54'20.36"N/9°17'54.36"E, Karte D10 (S. 13), F4
Platz: = 4 auf Asphalt. WC. WC in der Gaststätte zu den Öffnungszeiten. Ganzjährig geöffnet.
Preis: Für Restaurantgäste kostenlos. Einkehr obligatorisch.
Kontakt: ☎ 06092/289, ottootto@online.de, www.elsavatal.de.
Distanz: 0,2 km, 0,2 km, 1 km.
Gastro: Restaurant am Platz, warme Küche bis 20:00 Uhr, So+Feiertag bis 19:00 Uhr. Mo+Di Ruhetag.
Freizeit: Wandern, Radfahren, Ausflugstipps beim Wirt.
POI: Wasserschloss Mespelbrunn 0,4 km, Wallfahrtskirche Hessenthal 2,6 km, Aschaffenburg 20 km.

64409 Messel gratis

Wohnmobilstellplatz Messel, Am Sportplatz, ☎ 06159/715711 <8 m
Am Ortsrand

2021 geprüft

POS: 49°56'19.94"N/8°44'16.94"E, Karte D10 (S. 13), E3
Platz: = 4 auf Pflaster. CHEM GRAU. Leinenpflicht für Hunde.
Preis: Übernachtung gratis. Strom 1 €/kWh, Wasser 1 €/80 l. VE über Münzautomat.
Kontakt: Gemeinde Messel, ☎ 06159/715711, info@messel.de, www.messel.de.
Anfahrt: Zufahrt von Norden (Netto) auf 3,30 m Höhe beschränkt. Zufahrt über die Straße am Sportplatz.
Distanz: 0,3 km, 0,3 km, weitere Restaurants in 0,5 km, Ⓗ 2 km.
POI: Grube Messel 4 km.

72469 Meßstetten gratis

Wohnmobilstellplatz auf dem Blumersberg, Blumersberg, ☎ 07431/63490 <10 m
Beim Sport- und Freizeitgelände mit Panoramablick

POS: 48°10'28.31"N/8°57'31.91"E, Karte D14 (S. 17), F3
Platz: = 9 auf Schotter. =(6A) CHEM GRAU. Leinenpflicht für Hunde. Ganzjährig geöffnet.
Preis: Übernachtung gratis. Strom 1 €/6 h, Wasser 1 €/10 min.
Kontakt: Stadtverwaltung Meßstetten, ☎ 07431/63490, stadt@messstetten.de, www.stadt-messstetten.de.
Distanz: 0,7 km, 0,8 km, 0,8 km.
Freizeit: Skiarena Täle Meßstetten, Tierfreigehege, drei Premiumwanderwege, HochAlbPfade, weitere Rund- und Streckenwanderwege.
POI: Skulpturenpanoramaweg, Heimatmuseum Hossingen, Museum für Volkskunst.

72469 Meßstetten-Oberdigisheim gratis

Wohnmobilstellplatz am Stausee Oberdigisheim, K7172, ☎ 07431/63490 Am Ortsrand von Oberdigisheim, in See- und Waldnähe <10 m

POS: 48°10'16.19"N/8°53'9.82"E, Karte D14 (S. 17), F3
Platz: = 11 auf Schotterrasen, Schotter. =(6A) WC CHEM GRAU . Leinenpflicht für Hunde. Ganzjährig geöffnet.
Preis: Übernachtung gratis inkl. WC. Strom 1 €/6 h, Wasser 1 €/10 min.
Kontakt: Stadtverwaltung Meßstetten, ☎ 07431/63490, stadt@messstetten.de, www.stadt-messstetten.de.
Distanz: 0,4 km, 0,7 km.
Freizeit: Wasserturm mit Aussichtsplattform, Natur-Erlebnis-Zentrum Oberdigisheim, Skiarena Täle Meßstetten, Schwimmen im Stausee, Wildgehege Meßstetten.
POI: Heimatmuseum Hossingen, Museum für Volkskunst.

67582 Mettenheim €10,00

Weingut Seilheimerhof, In den Weingärten 10, ☎ 06242/2378 <10 m
In ruhiger Lage am Weinberg

2021 geprüft

POS: 49°44'5.79"N/8°19'33.60"E, Karte D10 (S. 13), E4
Platz: = 6 auf Wiese. =6 (10 A) WC CHEM GRAU . Geöffnet: Ende März-Ende Okt.
Preis: 10 € inkl. Strom, Wasser, Entsorgung, WC, Müll-Entsorgung, WLAN. Nutzung von Klimaanlagen 6 € extra. Bei Ankunft ein Flasche Wein gratis.
Kontakt: Weingut Seilheimer, Bernd Seilheimer, ☎ 06242/2378, info@seilheimerhof.de, www.seilheimerhof.de.
Distanz: 0,5 km, Ⓗ 0,8 km, 3 km, 3 km.
Freizeit: 6 km, 12 km. Mitarbeit im Weinberg, Führungen durch den Weinkeller, Weinproben in Gruppen ab 8 Personen, Hohlwegwanderweg 2 km, Modellflugplatz 2 km.
POI: Altrheingebiet mit Badeseen 6 km, Niebelungenstadt Worms 12 km.

49497 Mettingen gratis

Stellplatz beim Hallenbad, Bahnhofstraße 18-20, ☎ 05452/5213 <8 m
Direkt am Hallenbad

POS: 52°19'2.73"N/7°46'59.38"E, Karte D5 (S. 8), D2
Platz: = 6 auf Pflaster. =12 WC . Dusche und WC, Vermietung von behindertengerechten Fahrrädern (Rollfiets, Dreirad). Aufenthalt max. 3 Tage. Anmeldung im Hallenbad (Tel.: 05452/98377) oder in der Tourist-Info. Ausweichplätze auf dem Parkplatz in zentraler Lage. VE bei der Kläranlage. Ganzjährig geöffnet.
Preis: Übernachtung gratis.
Kontakt: Tourist-Information Mettingen, ☎ 05452/5213, touristinfo@mettingen.de, www.mettingen-tourismus.de.
Anfahrt: Zufahrt über Fangkampstraße.
Distanz: Ⓗ 0,3 km, 0,3 km, 0,3 km, 0,5 km, 3,2 km (Klärwerk Mettingen, Neuenkirchener Straße 208, 49497 Mettingen).
Gastro: Restaurants, Bistros/Cafés in der Ortsmitte.
Freizeit: 1,5 km. Nordic Walking-Park, Boßeln/Klootschießen, Ballonfahrten, Museums- oder Ortsführungen 0,3 km, Modellflugplatz 2,5 km, Bogenschießplatz 2,5 km, Minigolfplatz 3 km.
POI: Schultenhof, Schulmuseum, Kunstspeicher mit wechselnden Ausstellungen, Postmuseum 0,2 km, Draiflessen Collection mit wechselnden Ausstellungen 0,3 km, Tüöttenmuseum 0,3 km.

66693 Mettlach €5,00

Erlebnis-Brauerei Mettlach/P6 Ziegelbrücke, Bahnhofstraße 32, ☎ 06865/91150 <12m
Auf einem öffentlichen Parkplatz am Restaurant

POS: 49°29'54.05"N/6°35'46.38"E, Karte D9 (S. 12), B4
Platz: P = 6 auf Schotter. WC GRAU. Während der Frostperiode keine VE. Ganzjährig geöffnet.
Preis: 5 € inkl. Wasser, Entsorgung, WC, Müll-Entsorgung. Bezahlung per SMS/in der Tourist-Info.
Kontakt: Saarschleife Touristik GmbH & Co. KG, Carolin Biehl, ☎ 06865/91150, tourist@mettlach.de, www.tourist-info.mettlach.de.
Distanz: 0 km, 0,5 km, Ⓗ 0,5 km, 0,5 km.
Gastro: Am Platz. Brauerei- und Bio-Senf-Verkauf.
Freizeit: 1 km, 8 km, 0,8 km. Brauereiführung, Rad- und Wanderwege, Bootsrundfahrten auf der Saar 0,2 km, Schiffsanlegestelle 0,4 km, Freizeitpark 5 km, Wolfsfreigehege 6 km.
POI: Keravision und Keramikmuseum von Villeroy & Boch 0,2 km, Alter Turm 0,2 km, Abtei-Park mit Erdgeist 0,2 km, Burg Montclair 4 km.

66693 Mettlach €4,00

Johannesbad Fachklinik Gesundheits- & Rehazentrum Saarschleife, Cloefstraße 1A, ☎ 06865/91150 <12m
Am Johannesbad, Parkbucht 6

POS: 49°30'24.30"N/6°32'9.90"E, Karte D9 (S. 12), B4
Platz: P = 8 auf Schotter. WC. Ganzjährig geöffnet.
Preis: 4 € inkl. aller Personen, WC, Müll-Entsorgung.
Kontakt: Saarschleife Touristik, ☎ 06865/91150, info.saarschleife@johannesbad.com, www.johannesbad-medizin.com/saarschleife.
Distanz: Ⓗ 0,2 km, 0,5 km, 0,5 km, 0,5 km.
Freizeit: 8 km. Geführte Wanderungen und Ausflüge, Premiumwandern, Aussichtspunkt Cloef 0,1 km, Johannesbad Sauna 0,2 km, Baumwipfelpfad 0,5 km, Reiterhof 4 km, Erlebniswelt Villeroy & Boch 8 km.
POI: Schmiedevorführung in Tünsdorf 4 km, Burg Montclair 7 km, Alte Abtei Mettlach 8 km, Römische Villa Borg 8,5 km.

98744 Meura gratis

Festplatz Meura, Umgehungsstraße L2654, ☎ 036701/31036 <12m
Auf dem Festplatz

POS: 50°35'2.03"N/11°12'11.65"E, Karte D11 (S. 14), B2
Platz: P = 10 auf Wiese, Schotter. WC. Leinenpflicht für Hunde. Im Winter bei Schnee nicht befahrbar. Kein WC bei Frost. Ganzjährig geöffnet. Ausnahme: Kirmes Ende Juli.
Preis: Übernachtung gratis. WC 0,50 €. Ab 2023 wird der Platz gebührenpflichtig. Höhe der Gebühr war zum Redaktionsschluss nicht bekannt.
Kontakt: Gemeinde Meura, ☎ 036701/31036, gemeinde.meura@t-online.de, www.meura.de.
Distanz: Ⓗ 0,1 km, 0,3 km, 0,3 km, 0,5 km.
Freizeit: 2 km. Bogenschießen, Rad-/Wanderwege, Haflinger Reiterhof (größtes Haflingergestüt Europas) 0,5 km.
POI: Talsperre Leibis/Lichte 1,5 km, Bauernmuseum 9 km.

16945 Meyenburg gratis

Wohnmobilstellplatz Meyenburg, Hagenstraße, ☎ 033968/8250 <8m
Zentrale, aber ruhige Lage am Hagenplatz

POS: 53°18'51.04"N/12°14'15.55"E, Karte D3 (S. 6), C5
Platz: P = 3 auf Pflaster. WC. Strom auf Anfrage. WC (Apr-Okt) in 0,2 km. Ganzjährig geöffnet.
Preis: Übernachtung gratis.
Kontakt: Ordnungsamt, ☎ 033968/8250, mail@amtmeyenburg.de, www.amtmeyenburg.de.
Distanz: 1 km, 1 km, 1 km, Ⓗ 1 km.
Gastro: Parkgaststätte 0,6 km. Eisenbahnromantikhotel 0,9 km. Restaurant Germania am Wilhelmsplatz.
Freizeit: 20 km, 35 km.
POI: Schloss Meyenburg und Park 0,5 km, Kirche, Bibliothek 0,5 km, Schlossmuseum 0,5 km, Modemuseum 0,5 km.

97513 Michelau-Prüßberg gratis

Gaststätte Vollburg Zinner, Vollburgstraße 9, ☎ 09382/1531 <10m
In ruhiger Lage

POS: 49°54'47.58"N/10°26'38.76"E, Karte D10 (S. 13), H3
Platz: = 5 auf Schotter. Anmeldung und Frischwasser in der Gaststätte. Ganzjährig geöffnet.
Preis: Für Restaurantgäste kostenlos. Einkehr obligatorisch.
Kontakt: Markus Zinner, ☎ 09382/1531, gast-wein-zinner@gmx.de, www.gasthaus-vollburg.de.
Distanz: 0 km, weitere Restaurants in 0,5 km, 0,5 km, 7 km.
Gastro: Restaurant am Platz, warme Küche Fr 15:00-20:00 Uhr, Sa 11:00-20:00 Uhr, So 11:00-21:00 Uhr, Mo 14:00-20:00 Uhr.
POI: Rokokokirche, Kreuzweg.

74544 Michelbach an der Bilz gratis

Wohnmobilstellplatz an der Rudolf-Then-Halle, Hagenhofweg 8, ☎ 0791/932100 <8m
Neben der Mehrzweckhalle im Grünen

POS: 49°4'16.72"N/9°46'11.87"E, Karte D14 (S. 17), G1
Platz: P = 2 auf Pflaster. =3 (6 A) CHEM GRAU. Anfahrt 24 h, Aufenthalt max. 2 Nächte. Ganzjährig geöffnet.
Preis: Übernachtung gratis inkl. Strom, Wasser.
Kontakt: Gemeinde Michelbach an der Bilz, ☎ 0791/932100, Mobil: 0174/6773093, info@michelbach-bilz.de, www.michelbach-bilz.de.
Distanz: Ⓗ 0,2 km, 0,5 km, 0,6 km, 1 km.
Gastro: Gasthaus Löwen 1 km. Hofcafé Speck 1,3 km. Gasthaus Grüner Baum 1 km. Spacs Sportsbar 2,5 km.
Freizeit: 0,2 km, 7 km. Schenkenseebad 7 km, Solebad Schwäbisch Hall 7 km.
POI: Schloss Michelbach 0,5 km, Aussichtspunkt Bilz 1,5 km, Aussichtspunkt Einkorn 5 km, Kunsthalle Würth 7 km, Schwäbisch Hall 7 km, Freilandmuseum Wackershofen 14 km.

74545 Michelfeld-Witzmannsweiler €9,00

Vogts Reisemobilplatz, Hauptstraße 21, ☎ 07903/2658 <12m Hinter dem Haus in Einzellage am Waldrand

POS: 49°6'18.00"N/9°37'48.00"E, Karte D10 (S. 13), G5
Platz: = 4 auf Wiese. =4 (16 A) CHEM GRAU. Ganzjährig geöffnet. Ausnahme: Bei starkem Regen geschlossen.
Preis: 9 € inkl. Strom, Wasser, Entsorgung.
Kontakt: Familie Vogt, ☎ 07903/2658, Mobil: 0171/4585148, g.vogtbau@outlook.de.
Distanz: Ⓗ 0,2 km, 1,5 km, 1,5 km, 5 km.
Gastro: Imbiss/Kneipe am Platz, geöffnet Mi+1. und 3. Sa im Monat ab 17:00 Uhr. Gasthaus im Ort 0,2 km.
Freizeit: 6 km, 11 km, 10 km. Badesee 5 km, Limes-Lehrpfad 8 km, Freilichtspiele Schwäbisch-Hall 10 km.
POI: Kloster Gnadental 5 km, Turmuhrenmuseum Mainhardt 10 km.

64720 Michelstadt gratis

Wohnmobilstellplatz Großparkplatz Altstadt, Marktstraße/Wiesenweg, ☎ 06061/74610 <8m Separater Bereich auf dem Parkplatz des Festplatzareals Am Bienenmarkt

POS: 49°40'48.26"N/9°0'3.85"E, Karte D10 (S. 13), F4
Platz: P = 12 auf Schotter. =12 (16 A) WC CHEM. Aufenthalt max. 4 Tage. Ganzjährig geöffnet. Ausnahme: Platz ist jeweils eine Woche vor und nach Pfingsten wegen des Bienenmarktes geschlossen.
Preis: Übernachtung gratis inkl. Entsorgung, WC. Strom 1 €/2 kWh, Wasser 1 €/90 l.
Kontakt: Gästeinformation Michelstadt, Tamara Sauer, ☎ 06061/74610, touristik@michelstadt.de, www.michelstadt.de.
Distanz: Ⓗ 0,1 km, 0,2 km, 0,2 km, 0,3 km, weitere Restaurants in 0,5 km.
Freizeit: 1 km, 1 km, 1 km. Radfahren, geführte Wanderungen, Geopark-Pfad Steinbach, Teilnahme an Stadtführungen.
POI: Stadtmuseum, Altstadt mit Rathaus, Marktplatz, Löwenhof, Kellerei, Stadtmuseum 0,5 km, Einhardsbasilika 1,1 km, Schloss Fürstenau 1,3 km, Limesturm 12 km.

64720 Michelstadt-Vielbrunn gratis

Feriendorf Vielbrunn, Feriendorf, ☎ 06061/74610 <8m Am Waldrand

POS: 49°42'40.82"N/9°6'2.66"E, Karte D10 (S. 13), F4

M

Platz: P = 2 auf Asphalt. CHEM GRAU. Ganzjährig geöffnet.
Preis: Übernachtung gratis.
Kontakt: Anna Allmann, ☎ 06061/74610, touristik@michelstadt.de, www.michelstadt.de.
Anfahrt: Enge, steile Zufahrt.
Distanz: 0,3 km, weitere Restaurants in 0,5 km, 1 km, 1 km, Ⓗ 1 km.
Freizeit: 0,5 km, 15 km. Segelflugplatz 2 km, 2 Golfplätze 5 km.
POI: Limeswachtturm 2 km, Englischer Garten Eulbach 5 km, Abteikirche Amorbach 12 km, Schloss Erbach 15 km, Rathaus Michelstadt 15 km.

63897 Miltenberg/Main — gratis — <10m

Wohnmobilstellplatz am Schwertfegertor, Mainzer Straße, ☎ 09371/404119
Zentrumsnah, nahe dem Schwarzviertel

POS: 49°42'7.75"N/9°14'31.28"E, Karte D10 (S. 13), F4
Platz: = 20 auf Schotter. WC. Aufenthalt max. 3 Tage. Ganzjährig geöffnet.
Preis: Übernachtung gratis.
Kontakt: ☎ 09371/404119, tourismus@miltenberg.info, miltenberg.info.
Distanz: 0,3 km, weitere Restaurants in 0,6 km, 1 km, 1,3 km.
Gastro: Faust Braustuben.
Freizeit: Bismarckweg, Wanderwege im Odenwald, Main-Radweg.
POI: Historischer Marktplatz (Schnatterloch) 0,8 km, Mildenburg 1 km, Stadtpark 1,6 km, Kloster Engelberg in Großheubach 4,6 km.

M

63897 Miltenberg/Main — gratis — <12m

Wohnmobilstellplatz am Schwimmbad, Luitpold-/Jahnstraße, ☎ 09371/404119 Auf dem Areal des Busparkplatzes am südl. Mainufer

POS: 49°42'18.38"N/9°15'30.69"E, Karte D10 (S. 13), F4
Platz: = 20 auf Asphalt. Tagsüber ist der Platz von 10:00-17:00 Uhr für Busse freizuhalten. Ganzjährig geöffnet. Ausnahmen: während der Michaelismesse (Ende Aug/Anfang Sep) den Campingplatz Mainwiese oder den Ausweichstellplatz Fährweg nutzen.
Preis: Übernachtung gratis.
Kontakt: Stadt Miltenberg, ☎ 09371/404119, tourismus@miltenberg.info, www.miltenberg.info.
Distanz: Ⓗ 0,1 km, 0,4 km, 0,5 km.
Gastro: Mehrere Restaurants in der Innenstadt ab 0,5 km.
Freizeit: 0,1 km, 0,1 km. Stadtführung, Brauereiführung (Fr+Sa 7 €/Pers., telefonische Anmeldung 09371/971348), Nordic Walking, Boot fahren, Schiffsrundfahrten, Minigolf, Stadtpark mit Vogelvolieren 1 km.
POI: Hist. Marktplatz (Schnatterloch) 0,7 km, Riesen, älteste Fürstenherberge Deutschlands 1 km, Mildenburg 1 km, Martinskapelle und Rathaus Bürgstadt 2 km, Kloster Engelberg in Großheubach 5 km.

63897 Miltenberg/Main — gratis — <10m

Wohnmobilstellplatz am Yachthafen, Steingaesserstraße, ☎ 09371/404119
Am nördlichen Mainufer zwischen Yachthafen und Campingplatz

POS: 49°42'15.49"N/9°15'18.70"E, Karte D10 (S. 13), F4
Platz: = 10 auf Schotter. Ganzjährig geöffnet. Ausnahmen: während der Michaelismesse (Ende Aug/Anfang Sep) den Campingplatz Mainwiese nutzen.
Preis: Übernachtung gratis.
Kontakt: Stadt Miltenberg, ☎ 09371/404119, tourismus@miltenberg.info, www.miltenberg.info.
Distanz: 0,5 km, 0,5 km, Ⓗ 0,6 km, 0,8 km.
Freizeit: 1 km, 1 km. Schiffsrundfahrten, Brauereiführung (Fr+Sa 8 €/Pers., tel. Anmeldung 09371/971348), Stadtführungen, Main-Radweg, Weinprobe, Stadtpark mit Vogelvolieren 1 km.
POI: Riesen 0,7 km (älteste Fürstenherberge Deutschlands), historischer Marktplatz (Schnatterloch) und Alter Markt 0,8 km, Mildenburg 1 km, Martinskapelle und Rathaus Bürgstadt 3 km, Kloster Engelberg in Großheubach 4 km.

63897 Miltenberg/Main — €1,00 — <8m

Wohnmobilstellplatz an der Martinsbrücke, Kresswiesenweg, ☎ 09371/404119
Zufahrt Ecke Schwimmbad-Parkplatz

POS: 49°42'29.44"N/9°15'40.62"E, Karte D10 (S. 13), F4
Platz: P = 20 auf Schotter. Ganzjährig geöffnet.
Preis: 1 €. Preis/48 h.
Kontakt: Stadt Miltenberg, ☎ 09371/404119, tourismus@miltenberg.info, www.miltenberg.info.
Distanz: 0,5 km, 0,8 km, 0,8 km.
Freizeit: Weinbergführungen, Angeln, Brauereibesichtigung, Stadtführung, Bootsverleih.
POI: Altstadt, Museum Burg Miltenberg, Marktplatz mit Schnatterloch, Museum Stadt Miltenberg.

32423 Minden — €5,00 — <10m

Stellplatz Kanzlers Weide, Hausberger Straße, ☎ 0571/8290659
Am Weserufer mit Blick auf Mindener Dom und Porta Westfalica

POS: 52°17'12.88"N/8°55'28.56"E, Karte D6 (S. 9), F2
Platz: P = 70 auf Pflaster, Schotter, Rasengittersteinen. =18 WC CHEM GRAU. Anfahrt 24 h. Nachts beleuchtet. Ganzjährig geöffnet. Ausnahmen: Sperrung bei Großveranstaltungen.
Preis: 5 € inkl. aller Personen, Müll-Entsorgung, WLAN. Strom 0,50 €/kWh, Wasser 1 €/120 l, Entsorgung 1 €. 1.3.-31.10. 5 €. WC gegen Gebühr. Bezahlung am Parkautomat (mit Münzgeld oder EC-Karte). Nov-Feb gratis.
Kontakt: Minden Marketing GmbH, ☎ 0571/8290659, info@mindenmarketing.de, www.minden-erleben.de.
Distanz: 0,5 km, 0,5 km, 0,5 km, Ⓗ 0,6 km.
Gastro: Strandbar in den Sommermonaten am Platz.
Freizeit: 1 km, 3 km, 0,7 km. Stadtführungen, Schiffsrundfahrten, Disc-Golf, Wassersport, Weserstrand.
POI: Schiffsmühle in Betrieb 0,3 km, mehrere Museen/Kirchen 0,5 km, Kaiser-Wilhelm-Denkmal, Schloss Bückeburg 5 km, Besucherbergwerk Kleinenbremen 10 km.

54310 Minden — €10,00 — <8m

Hotel-Restaurant An der Sauer, Edingerstraße 12, ☎ 06525/275
In ruhiger Lage direkt an der Sauer

POS: 49°49'20.96"N/6°28'23.83"E, Karte D9 (S. 12), A4
Platz: P = 3 auf Asphalt. WC CHEM. Ganzjährig geöffnet.
Preis: 10 € inkl. Strom, Wasser, Entsorgung, WC, WLAN. Für Restaurantgäste kostenlos.
Kontakt: Maggi Rossler, ☎ 06525/275, maggie-rossler@t-online.de, www.rossler-info.de.
Distanz: 0 km, Ⓗ 0,3 km, 0,5 km, 4 km.
Gastro: Restaurant am Platz, Mo-So 10:00-21:00 Uhr.
Freizeit: 4 km, 4 km, 4 km.

54518 Minheim — €8,30 — <12m — Gutschein

Reisemobilpark Minheim, Am Moselufer, ☎ 06887/1553
Auf einem separaten, beleuchteten Wiesengelände an der Mosel

POS: 49°51'55.47"N/6°56'31.32"E, Karte D9 (S. 12), B4
Platz: = 90 auf Kiesel. =88 (16 A) CHEM GRAU. Ganzjährig geöffnet.

Preis: 8,30 € inkl. aller Pers., Entsorgung, Müll-Entsorgung, WLAN. Wasser 1 €/100 l. Strom 1 €/1,5 kWh.
Kontakt: Manfred Hero, ☎ 06887/1553, heromanfred@yahoo.de, top-platz.de/minheim.
Distanz: Ⓗ 0,1 km, 0,1 km, 0,2 km, weitere Restaurants in 0,4 km, 0,4 km.
Gastro: Restaurants und Straußwirtschaften im Ort.
Freizeit: 13 km, 13 km. Bolzplatz, Wasserski, Bootfahren, Weinlehrpfad 0,3 km, Slipanlage und Schiffsanleger 0,4 km, Schleuse 0,7 km.
POI: Schloss Veldenz 17 km.

17252 Mirow €25,00

Hafen 2 Granzower Chaussee, Granzower Chaussee, ☎ 039833/275848 <8m
Am Ostufer des Mirower Sees

POS: 53°17'17.35"N/12°48'42.03"E, Karte D3 (S. 6), D5
Platz: = 5 auf Wiese. WC. wird empfohlen. WC/Duschen im Haupthaus. Geöffnet: 1.4.-31.10.
Preis: 25 €. Jede weitere Pers. 2,50 €, Strom 1 €/kWh, Wasser 1 €/100 l, Entsorgung 5 €, Kurtaxe 1 €/Pers.
Kontakt: Bootsservice Rick, ☎ 039833/275848, info@bootsservice-rick.de, www.bootsservice-rick.de.
Distanz: 0,7 km, 1,8 km (Parkplatz Schlossinsel, Mühlenstraße 1, 17252 Mirow), 2 km.
Gastro: Kiosk am Platz. Brötchenservice.
Freizeit: Mirower See, Bootsverleih (Kanu, Rudern, Drachenboote) 0,7 km.
POI: Schloss Mirow mit Schlossinsel 1,6 km.

17252 Mirow €5,00

Wohnmobilstellplatz am Schlossparkplatz, Schloßstraße/Herrensteig, ☎ 039833/28000 <10m neu
Auf der Schlossinsel am Mirower See
2021 geprüft

POS: 53°16'33.39"N/12°48'45.88"E, Karte D3 (S. 6), D5
Platz: = 10 auf Rasengittersteinen. WC CHEM GRAU. Ganzjährig geöffnet.
Preis: 5 €. Wasser 1 €, Entsorgung 1 €. Tagesticket 8:00-18:00 Uhr 5 €. Von 18:00-8:00 Uhr gratis.
Kontakt: ☎ 039833/28000, sekretariat@amt-mecklenburgische-kleinseenplatte.de, www.amt-mecklenburgische-kleinseenplatte.de.
Distanz: Weitere Restaurants in 0,1 km Entfernung, 0,1 km, 0,3 km, 0,4 km.
Freizeit: Kanu- und Paddeltouren auf der Kleinseenplatte, Mirower See, Fahrradtouren um die Seen und in den Nationalpark.
POI: Eiskeller der Johanniterbrauerei, Johanniterkirche mit Fürstengruft, 3 Königinnen Palais, Torhaus, Schlossinsel mit Barockschloss 0,3 km.

95490 Mistelgau-Obernsees €15,00

Wohnmobilstellplatz Therme Obernsees, An der Therme 1, ☎ 09206/9930014 Ruhig, abseits der Straße gelegene Stellflächen unterhalb der Therme <10m

POS: 49°54'59.19"N/11°22'41.15"E, Karte D11 (S. 14), B3
Platz: = 40, = 8 (<10 m) auf Schotterrasen, Wiese, Schotter. =43 (10 A) WC CHEM. Servicegebäude mit Duschen, WC. Wohnmobilbonus-Card mit Vergünstigungen. Ganzjährig geöffnet.
Preis: 15 € inkl. Entsorgung, Dusche, WC, Müll-Entsorgung, WLAN. Strom 2 €/12 h, Wasser 2 €/50 l, Hund 2 €, Waschmaschine/Trockner je 3 €. Strom max. 36 h. Schlüssel für Sanitär gegen 10 € Kaution, 15 % Rabatt auf Eintritt in die Badewelt und Sauna.
Kontakt: Ulrich Gesell, ☎ 09206/9930014, info@therme-obernsees.de, www.therme-obernsees.de.
Distanz: Ⓗ 0,2 km, 1 km, 1 km, 1 km.
Gastro: Restaurant am Platz, Mo-Do 12:00-18:00 Uhr, Fr-Sa 10:00-20:00 Uhr, So Ruhetag. Brötchenservice. Shop mit regionalen Spezialitäten.
Freizeit: 0,2 km. Saunaparadies.
POI: Schloss Fantaisie in Eckersdorf 7 km, Sophienhöhle und Schloss Rabenstein 14 km, historischer Stadtkern, Altes und Neues Schloss in Bayreuth 15 km.

02763 Mittelherwigsdorf-Oberseifersdorf €15,00

Stellplatz am Schanzberg, Hauptstraße 41, ☎ 01733/582600 Auf einer Streuobstwiese im Dreiländereck <12m neu

POS: 50°56'50.95"N/14°47'52.68"E, Karte D8 (S. 11), H5
Platz: = 20 auf Wiese. CHEM GRAU. Anfahrt 24 h. Ganzjährig geöffnet.
Preis: 15 € inkl. Strom, Wasser, Entsorgung, WLAN, Müllentsorgung. 2 Kinder gratis. Preisänderungen 2023 möglich.
Kontakt: André Scholze, ☎ 01733/582600, info@camping-zittau.de, camping-zittau.de.
Anfahrt: Anfahrt über den Hinteren Weg, am Sportplatz vorbei.
Distanz: 0,8 km, 4 km, 5 km.
Gastro: Sonntags Brötchenservice.
Freizeit: Radfahren, Skifahren, Wandern, Schwimmen, mehrere Badeseen in der Umgebung, Windsurfen, Klettern, Sauna 0,5 km, Tierpark Zittau 5 km.
POI: Sommerrodelbahn, Zittauer Schmalspurbahn, Zittauer Gebirge, historischer Stadtkern von Zittau 5,8 km.

95666 Mitterteich-Großbüchlberg €16,00

Campingplatz Großbüchlberg, Großbüchlberg 32, ☎ 09633/400673 <12m
Am Campingplatz mit Blick über das Stiftland

2022 geprüft

POS: 49°58'19.15"N/12°13'31.18"E, Karte D11 (S. 14), D3
Platz: = 20 auf Rasengittersteinen. =20 (16 A) WC CHEM GRAU. Wellness-Anlage gegen Aufpreis. wird empfohlen. Ganzjährig geöffnet.
Preis: 16 € inkl. Wasser, Entsorgung, Dusche, WC, Müll-Entsorgung. Kind (3-15 J.) 4,50 €, jede weitere Pers. 9 €, Strom 0,60 €/kWh, WLAN 1 €/GB. EC-Kartenzahlung möglich.
Kontakt: Andrea Dolles, ☎ 09633/400673, camping@freizeithugl.de, www.freizeithugl.de.
Distanz: 0,2 km, weitere Restaurants in 3 km, Ⓗ 3 km, 3 km, 3 km.
Gastro: Restaurant Petersklause. Brötchenservice. Restaurant, Di-Mi 17:00-21:00 Uhr, Do-Fr 12:00-23:00 Uhr, Sa 11:00-0:00 Uhr, So 11:00-21:00 Uhr, Mo Ruhetag.
Freizeit: 3 km, 3 km, 3 km. Sommerrodelbahn, Minigolf, Bungee-Trampolin, Pit-Pat-Anlage, Langlaufloipen, Vogelgehege und Ziegen 0,2 km.
POI: Grab/Garten von Therese Neumann 6 km, Stiftsbasilika und Klosterbibliothek Waldsassen 10 km, Dreifaltigkeitskirche Kappl 11,5 km.

09648 Mittweida gratis

Gaststätte und Pension Moritzburg, Rößgener Straße 50, ☎ 03727/3177 <8m
Parkplatz vor der Gaststätte

POS: 50°59'25.90"N/12°58'52.33"E, Karte D12 (S. 15), E1
Platz: = 10, = 8 (<8 m) auf Schotter. Ganzjährig geöffnet.
Preis: Für Restaurantgäste kostenlos. Einkehr obligatorisch.
Kontakt: Babette Sobe, ☎ 03727/3177, moritzburgmittweida@web.de, www.gaststaette-pension-moritzburg.de.
Distanz: 0 km, weitere Restaurants in 0,4 km, Ⓗ 0 km, 0,4 km, 0,4 km.
Gastro: Gaststätte & Biergarten Moritzburg, Mo + Do 11:30-22:00 Uhr, Fr-Sa 11:30-0:00 Uhr, So 10:30-21:00 Uhr, Di-Mi Ruhetag. Frühstücksservice.
Freizeit: 2 km, 2 km. Klettergarten Kriebstein, Stausee 2 km, Öko Park Frankenau 4 km, Wasserskianlage 6 km.
POI: Sachsenburg 3 km, Schaubergwerk 5 km, Burg Kriebstein 6 km, Seebühne Kriebstein 8 km.

96268 Mitwitz €15,00

Waldhotel Bächlein, Bächlein 10, ☎ 09266/9600 <8m
Beim Hotel, mitten im Grünen

M

POS: 50°15'53.03"N/11°14'21.35"E, Karte D11 (S. 14), B3
Platz: = 4 auf Sand/Splitt, Schotter. WC. nur bei Gruppen. An- und Abfahrt 8:00-22:00 Uhr. Ganzjährig geöffnet.
Preis: 15 € inkl. aller Personen, Strom, Wasser, Dusche, WC.
Kontakt: Georg Jung, ☎ 09266/9600, info@waldhotel-baechlein.de, www.waldhotel-baechlein.de.
Distanz: 3,5 km, 3,5 km, 3,5 km, Ⓗ 3,5 km.
Gastro: Restaurant am Platz, warme Küche 11:30-13:30 Uhr und 18:00-21:00 Uhr.
Freizeit: 10 km, 10 km, 10 km. Animationsprogramm für Kinder in der Zeit von Apr-Nov.
POI: Grünes Band (ehemalige Grenze), Wasserschloss Mitwitz 3,5 km, Festung Rosenberg Kronach 10 km.

96268 Mitwitz €13,00

Wohnmobilstellplatz Frankenpark Mitwitz, Am Riegel 20, ☎ 0152/04855163 Im Gewerbegebiet am Rande des Frankenwaldes >12m

2022 geprüft

POS: 50°14'56.00"N/11°13'10.00"E, Karte D11 (S. 14), B3
Platz: = 29 auf Schotter. =4 (16 A) WC CHEM GRAU. Spülgelegenheit im Sommer,

überdachte Terrasse, Leinenpflicht für Hunde, Tourist-Info-Stand. R wird empfohlen. Ganzjährig geöffnet.
Preis: Ab 13 € inkl. Müll-Entsorgung, WLAN, Grauwasser-Entsorgung. Jede weitere Pers. (ab 18 J.) 3,50 €, Strom 1 €/kWh, Wasser 1 €/100 l, Entsorgung 1 €, Dusche 3 €, Komfortduschbad 6,50 €, Waschmaschine/Trockner je 3,50 €. Fahrzeuge mit WC-Kassette 13 €, Liner mit Festtank 15 €.
Kontakt: Frankenpark Mitwitz, Daniela Ströhlein, ☎ 0152/04855163, info@frankenpark-mitwitz.de, www.frankenpark-mitwitz.de.
Distanz: 0,3 km, 0,3 km, Ⓗ 0,5 km, 1 km.
Gastro: Sonntags Brötchenservice. Mehrere Restaurants im Ort.
Freizeit: WildPark Schloss Tambach, Rosenberg Festspiele, Floßfahrten auf der Rodach bei Neuses.
POI: Wasserschloss Mitwitz 1,2 km, Kronacher Freischießen und Licht-Festival Kronach leuchtet im April/Mai mit kostenlosem Shuttle-Service 8 km, Festung Rosenberg 12 km, Veste Coburg 27 km.

74219 Möckmühl — gratis — <12m

Wohnmobilstellplatz Möckmühl, Johann-Sebastian-Bach-Straße, ☎ 06298/2020 Am Schulzentrum zwischen Jagsttalhalle und Hallenbad

2022 geprüft

POS: 49°19'23.89"N/9°22'2.00"E, Karte D10 (S. 13), F5
Platz: P = 15 auf Rasengittersteinen. WC im Hallenbad (während der Sommerferien geschlossen) zu den geltenden Eintrittspreisen. Ganzjährig geöffnet.
Preis: Übernachtung gratis.
Kontakt: Stadt Möckmühl, ☎ 06298/2020, info@moeckmuehl.de, www.moeckmuehl.de.
Distanz: Ⓗ 0,2 km, 0,5 km, 1 km, 1 km, weitere Restaurants in 1,5 km.
Gastro: Restaurants siehe www.moeckmuehl.de.
Freizeit: 0,1 km. Stadtführungen, Kocher-Jagst-Radweg.
POI: Altstadt 1 km, Galerie im Bahnhof 1 km, Heimatmuseum 1 km.

M

47447 Moers — €6,50 — <12m

Parkplatz am Aktivbad Solimare, Filder Straße 144, ☎ 02841/882260 Auf dem Parkplatz des Bades, kein Schatten

POS: 51°26'24.87"N/6°37'3.49"E, Karte D5 (S. 8), B4
Platz: P = 11 auf Schotterrasen, Pflaster. CHEM GRAU. Ganzjährig geöffnet.
Preis: 6,50 € inkl. aller Personen, Entsorgung, Müll-Entsorgung. Strom 0,50 €/kWh, Wasser 1 €/80 l.
Kontakt: Stadt Moers (MoersMarketing), ☎ 02841/882260, info@moers-marketing.de, www.enni.de/freizeit/wohnmobilstellplatz.
Distanz: 0,2 km, weitere Restaurants in 1 km, Ⓗ 0,5 km, 1 km, 1,3 km.
Freizeit: Ausgeschilderte Laufstrecken, Eissporthalle, Radwegnetz NiederRheinroute.
POI: Schloss Moers 2 km, Altstadt 2 km, Halde Rheinpreußen 5 km.

59519 Möhnesee-Delecke — €22,00 — <12m

Wohnmobilstellplatz Möhnesee, Linkstraße 20a, ☎ 02924/981391 Am Nordufer des Möhnesees im Naturpark Arnsberger Wald

2022 geprüft

POS: 51°29'30.42"N/8°4'57.51"E, Karte D5 (S. 8), D4
Platz: = 60 auf Schotter, Schotterrasen. =64 (10 A) WC CHEM GRAU. Leinenpflicht für Hunde, Infomaterial, Spülküche. Ganzjährig geöffnet. Ausnahmen: im Winter wetterabhängig geschlossen (Infos siehe Website).
Preis: 22 € inkl. Strom, Wasser, Entsorgung, Dusche, WC, Müll-Entsorgung. Preisänderungen für 2023 geplant.
Kontakt: Wirtschafts- und Tourismus GmbH Möhnesee, ☎ 02924/981391, info@moehnesee.de, www.moehnesee.de.
Distanz: 0,1 km, Ⓗ 0,5 km, 4,5 km, 4,5 km.
Gastro: Pier 20.
Freizeit: 9 km, 9 km. Badestelle mit Liegewiese nebenan, Angeln, Caravan-Service 6 km.
POI: Naturpark Arnsberger Wald 0,5 km, Drüggelter Kapelle 1,3 km, Möhnetalsperre 1,5 km, Naturschutzgebiet Hevetal 1,7 km, Bismarckturm 2 km, Naturschutzgebiet Kleiberg 3 km.

59519 Möhnesee-Echtrop — gratis — <10m

Kolter-Caravan-Service, Zeissweg 2-4, ☎ 02924/7959 Am Firmengelände, 3 km zum Möhnesee

POS: 51°30'13.20"N/8°9'21.87"E, Karte D5 (S. 8), D4
Platz: = 8 auf Schotter. CHEM GRAU. VE und WLAN nur zu den Geschäftszeiten (Mo-Fr 9:00-18:00 Uhr, Sa 9:30-15:00 Uhr). Ganzjährig geöffnet.
Preis: Übernachtung gratis. Strom 2 €.
Kontakt: Walter Kolter, ☎ 02924/7959, info@kolter-caravan-service.de, www.kolter-caravan-service.de.
Distanz: 2 km, 2 km, 3 km.
Freizeit: 8 km, 8 km, 3 km. Möhnesee 3 km, Wandergebiet Arnsberger Wald 6 km, Sperrmauer 8 km.
POI: Möhnesee-Turm 4,7 km, Bismarckturm 5 km, Altstadt Soest 10 km.

49696 Molbergen — gratis — <10m — neu

Alter Schützenplatz, Am Alten Schützenplatz, ☎ 04475/94940 Im Ortskern, direkt an der Durchgangsstraße

POS: 52°51'27.17"N/7°55'38.05"E, Karte D5 (S. 8), D1
Platz: = 10 auf Pflaster. Mittwochs Einschränkungen durch Wochenmarkt möglich. Aufenthalt max. 3 Wochen. Ganzjährig geöffnet.
Preis: Übernachtung gratis. Strom und Wasser gegen Gebühr.
Kontakt: Gemeinde Molbergen, ☎ 04475/94940, rathaus@molbergen.de, www.molbergen.de.
Distanz: Ⓗ 0 km, 0,1 km, 0,1 km, 0,4 km, E 2,1 km (Kläranlage Molbergen, Zur Kläranlage, 49696 Molbergen).
Freizeit: Wandertour Trimmpfad Dwergte, Radwandertour rund um Molbergen, Wanderung im Hochmoor-Naturschutzgebiet Molberger Dose, Badesee Dwergte 4,2 km, Ferienpark Landal GreenParks Dwergter Sand 4,5 km.
POI: Steingarten Marga 0,3 km, Thuelsfelder Talsperre 12 km.

23879 Mölln/Lauenburg — €7,00 — <12m

Wohnmobilplatz am Ziegelsee, Alt-Möllner Straße/Hafen, ☎ 04542/976510 Separate Stellplätze im Stadtgebiet

2021 geprüft

POS: 53°37'33.52"N/10°41'0.16"E, Karte D2 (S. 5), H4
Platz: P = 24 auf Schotterrasen, Schotter. Nächste VE an der Tankstelle in 1 km (Mo-Fr 8:00-19:00 Uhr, Sa 8:00-16:00 Uhr, Gebühr 1 €). Ganzjährig geöffnet.
Preis: 7 € inkl. Strom. Kurtaxe 2 €/Pers. Bezahlung am Parkscheinautomat.
Kontakt: Tourismus- und Stadtmarketing Mölln, ☎ 04542/976510, info@moelln-tourismus.de, www.moelln-tourismus.de.
Distanz: Ⓗ 0,1 km, 0,2 km, 0,5 km, 0,5 km, E 1 km (Aral Tankstelle, Wasserkrüger Weg 131, 23879 Mööln).
Gastro: Mehrere Restaurants in der Nähe.
Freizeit: 1 km, 1 km, 0,5 km. Naturparkzentrum Uhlenkolk, Angelplatz 0,1 km, Bootstouren 0,5 km, Personenschifffahrt 0,5 km, Kurpark 0,5 km, Stadt- und Museumsführung 1 km, Wildpark und Aussichtsturm 1 km.
POI: Hist. Stadtzentrum mit Museen 0,5 km.

41069 Mönchengladbach — gratis — <6m

Reisemobilstellplatz bei der Firma Camping Krings, Monschauer Straße 10-32, ☎ 02161/300610 Auf dem Firmengelände, direkt an der Straße, 10 m neben der Mönchengladbacher Umweltzone

POS: 51°11'40.08"N/6°24'28.62"E, Karte D5 (S. 8), A5
Platz: P = 15 auf Pflaster. WC CHEM GRAU. VE nur zu den Öffnungszeiten, im Winter kein Service. Ganzjährig geöffnet.

Preis: Übernachtung gratis.
Kontakt: Camping Krings, Herr Bernd Kaminski, ☎ 02161/300610, info@camping-krings.de, www.camping-krings.de.
Anfahrt: Auf die Beschilderung Umweltzone achten.
Distanz: Ⓗ 0,3 km, 0,8 km, 3 km.
Gastro: Brauerei Hensen 0,7 km. Bäcker 0,2 km.
Freizeit: 3 km, 1,5 km, 0,8 km. Stadion im Borussia-Park im Nordpark und Hockey-Park 4,5 km.
POI: Museum Abteiberg 2 km, Altstadt Mönchengladbach/Fanmeile 2,5 km, Schloss Rheydt 5 km.

41189 Mönchengladbach-Wickrath — gratis — <10 m

Schloss Wickrath, Schlossanlage (Zufahrt über den Neukircher Weg), ☎ 02161/2552412
Am Rande der Wickrather Parkanlage

POS: 51°7'43.76"N/6°25'16.97"E, Karte D5 (S. 8), A5
Platz: P = 10 auf Rasengittersteinen. Aufenthalt max. 2 Tage. Ganzjährig geöffnet.
Preis: Übernachtung gratis.
Kontakt: Marketing Gesellschaft Mönchengladbach, Andreas Henke, ☎ 02161/2552412, andreas.henke@mgmg.de, www.deinmg.de.
Distanz: Ⓗ 1 km, 2 km, 2 km, 2 km, E 8,6 km (Camping-Krings, Monschauer Straße 12, 41068 Mönchengladbach).
Freizeit: 2 km, 2 km. Zahlreiche Einkaufsmöglichkeiten im Umkreis 0,1 km, Golfplatz 6 km.
POI: Museum Abteiberg, Schlossanlage Wickrath 0,5 km, evangelische Kirche Wickrathberg 4 km, Schloss Rheydt 10 km.

86653 Monheim — gratis — <8 m

Wohnmobilstellplatz an der Stadthalle Monheim, Schulstraße 2, ☎ 09091/909151 In ruhiger Lage, zentrumsnah

POS: 48°50'41.29"N/10°51'15.78"E, Karte D15 (S. 18), A1
Platz: P = 6 auf Rasengittersteinen. =6 (6 A) CHEM GRAU. Befestigt und barrierefrei. Ganzjährig geöffnet.
Preis: Übernachtung gratis inkl. Entsorgung, WLAN, Kurtaxe. Strom 1 €/10 h, Wasser 1 €/100 l.
Kontakt: Stadt Monheim, Marion Rebele, ☎ 09091/909151, info@monheimer-alb.de, www.monheimer-alb.de.
Distanz: 0,3 km, 0,3 km, weitere Restaurants in 0,4 km, Ⓗ 0,4 km, 0,4 km.
Freizeit: 0,8 km, 0,1 km. Geopark Ries-Infostelle, Wandergebiet Monheimer Alb 0,5 km.
POI: Altstadt Monheim 0,4 km.

17375 Mönkebude — €16,00 — >12 m

Wohnmobilstellplatz Mönkebude, Am Hafen 26, ☎ 039774/29071
Zwei Wohnmobilstellplätze Hafenblick und Strandblick

2021 geprüft · E

POS: 53°46'18.09"N/13°58'17.25"E, Karte D4 (S. 7), F3
Platz: P = 43 auf Wiese, Naturboden. =45 (16 A) WC CHEM/Bio GRAU. Anmeldung beim Hafenmeister: 1.4-31.5. 8:00-13:00 Uhr und 15:00-18:00 Uhr, 1.6.-31.10 7:00-20:00 Uhr, 1.11-31.3. 7:00-16:00 Uhr. Ganzjährig geöffnet.
Preis: 16 € inkl. Strom, Wasser, Entsorgung, WC, Müll-Entsorgung, WLAN. Dusche 1 €, Kurtaxe (ab 18 J.) 1 €/Pers., Kurtaxe (13-17 J.) 0,50 €/Pers., Hund 2 €/Tag, Waschmaschine/Trockner je 4 €. Wohnmobile bis 6,50 m 14 €, jeder weitere Meter 1 €.
Kontakt: Tourismusbetrieb Mönkebude BgA, Stefan Rönnpagel, ☎ 039774/29071, Mobil: 0162/4799943, hafenmeister@moenkebude.de, www.moenkebude.de.
Distanz: 0,2 km, weitere Restaurants in 0,3 km, 0,5 km, Ⓗ 0,8 km.
Gastro: Kiosk Strandoase. Restaurant Strandhalle.
Freizeit: 23 km, 25 km. Sommerfest am Hafen (Jul/Aug), Badestrand mit Strandkorbverleih, Zeesenbootsegeltörns mit Überfahrt zur Insel Usedom, geführte Radtouren, Schifffahrten auf dem Stettiner Haff 0,1 km.
POI: Ukranenland Torgelow, Salzgrotte Balance (1. Himalaya Salzgrotte in Mönkebude) 0,1 km, Schloss/Tierpark Ueckermünde 7 km.

56729 Monreal — gratis — <8 m

Wohnmobilstellplatz am Bahnhof, Bahnhofstraße, ☎ 02651/800995
Öffentlicher Parkplatz in Bahnhofsnähe

POS: 50°17'46.00"N/7°9'12.00"E, Karte D9 (S. 12), C2
Platz: P = 3 auf Schotter. Aufenthalt max. 1 Tag. Ganzjährig geöffnet.
Preis: Übernachtung gratis.
Kontakt: Gemeinde Monreal, ☎ 02651/800995, tourismus@monreal-eifel.de, www.monrealeifel.de.
Distanz: 0 km, 0 km, weitere Restaurants in 0,5 km, Ⓗ 0 km, 0,8 km, E 8 km (Stellplatz am Viehmarktplatz, Polcher Straße, 56727 Mayen).
Gastro: Restaurant direkt am Stellplatz.
Freizeit: Überregionale Radwegeanbindung, Traumpfade Wanderwege.

POI: Burgruinen Löwenburg und Philippsburg 1 km, Eifelmuseum Mayen 8 km, Schloss Bürresheim 12 km.

52156 Monschau — €12,00 — <10 m

Wohnmobilstellplatz Monschau, Biesweg 3, ☎ 02472/80480 Direkt an der Bundesstraße, gegenüber Hallenbad

2022 geprüft · E

POS: 50°33'14.62"N/6°13'55.64"E, Karte D9 (S. 12), A2
Platz: P = 4 auf Asphalt. CHEM GRAU. Schräger Untergrund, beleuchtet, kein Schatten. Aufenthalt max. 1 Nacht. Ganzjährig geöffnet.
Preis: 12 € inkl. Entsorgung. Strom 5 €/10 h, Wasser 4 €/7 min. Tagesgebühr 7 € (10:00-19:00 Uhr), Nachtgebühr 5 € (19:00-10:00 Uhr).
Kontakt: Monschau Touristik, ☎ 02472/80480, touristik@monschau.de, www.monschau.de.
Distanz: Ⓗ 0 km, 0,5 km, 1 km, 1 km.
Gastro: Restaurant Entre Nous 0,5 km. diverse Restaurants in der Altstadt.
Freizeit: Wandern, Stadtbesichtigung.
POI: Nationalpark Eifel, Erlebnismuseum Lernort Natur, deutsch-belgischer Naturpark Hohes Venn-Eifel, Altstadt Monschau.

M

52156 Monschau-Rohren — €9,00 — <10 m

Wohnmobilstellplatz Rohren, Dröft, ☎ 02472/80480 Auf einem Wanderparkplatz am Ortseingang von Rohren

2021 geprüft · E

POS: 50°32'30.69"N/6°17'2.77"E, Karte D9 (S. 12), A2
Platz: = 20 auf Wiese. WC CHEM GRAU. Ganzjährig geöffnet.
Preis: 9 € inkl. Entsorgung. Strom 1 €/kWh, Wasser 1 €/3 min. Tagesgebühr max. 4 €, Nachtgebühr 5 €. Bezahlung am Parkscheinautomat.
Kontakt: Monschau Touristik, ☎ 02472/80480, touristik@monschau.de, www.monschau.de.
Distanz: Ⓗ 0,3 km, 0,5 km, weitere Restaurants in 3 km, 0,7 km, 0,7 km.
Gastro: Matthias im Gasthaus Dederichs 0,5 km.
Freizeit: 0,5 km. Langlauf, Wintersport, Greifvogelstation und Wildfreigehege Hellenthal, Rursee-Schifffahrt.
POI: Nationalpark-Tor Höfen 3 km, Altstadt Monschau 3,4 km, historische Senfmühle Monschau 8,4 km.

> Vor der Anreise empfehlen wir, Kontakt mit dem Betreiber aufzunehmen, um die Auslastung des Stellplatzes abzufragen.

67590 Monsheim €5,00 >12m

Hofgut Holz, Wachenheimer Straße 11, ☎ 06243/32206243 Landwirtschaftlicher Betrieb für Wein- und Ackerbau

POS: 49°37'58.00"N/8°11'53.64"E, Karte D9 (S. 12), D4
Platz: P = 5 auf Pflaster, Wiese, Rasengittersteinen. =3 CHEM GRAU . Ganzjährig geöffnet.
Preis: 5 €. 10 €/Tag für Wasser, Strom, Entsorgung. Ab einem Einkauf von 50 € entfällt die Stellplatzgebühr.
Kontakt: Pia Holz, ☎ 06243/32206243, info@holz-liebrich.de, www.holz-liebrich.de.
Distanz: 0,5 km, 0,8 km, 0,8 km, weitere Restaurants in 2 km, Ⓗ 1 km.
Gastro: Hofladen mit mit eigenen und regionalen Produkten (Wein, Sekt, Secco, Traubensaft und haltbare Produkten von Kollegen).
Freizeit: 4 km, 8 km, 1 km. Mitarbeit auf dem Hof, Weinprobe.
POI: Weintor Bockenheim - Anfang der Deutschen Weinstraße 2 km, Domstadt Worms 10 km.

56410 Montabaur €13,00 <10m

Wohnmobilstellplatz am Schloss, Alleestraße 42, ☎ 0171/2107565 Auf dem Parkplatz des Fahrradhändlers

POS: 50°26'26.20"N/7°49'37.02"E, Karte D9 (S. 12), D2
Platz: P = 7 auf Pflaster. CHEM GRAU. Ganzjährig geöffnet.
Preis: 13 € inkl. Strom, Wasser, Entsorgung.
Kontakt: T. Böckling, Mobil: 0171/2107565, tboeckling@t-online.de.
Distanz: 0,3 km, 0,4 km, 0,6 km.
Freizeit: Besuch des FOC Outlet-Center (10 Gehminuten).
POI: Altstadt 0,6 km.

55234 Monzernheim €10,00 <10m

Weingut Helmut Geil, Am Römer 26, ☎ 06244/220 Im Garten am traditionsreichen Familienweingut

POS: 49°43'25.18"N/8°13'42.58"E, Karte D9 (S. 12), D4
Platz: = 3, = 2 (<10 m) auf Wiese, Schotter. WC CHEM . B nur bei Gruppen. Anmeldung im Weingut. Ganzjährig geöffnet.
Preis: 10 € inkl. Strom, Wasser, Entsorgung.
Kontakt: Familie Geil, ☎ 06244/220, info@geilwein.de, www.geilwein.de.
Distanz: Ⓗ 0,2 km, 0,3 km, 0,5 km, weitere Restaurants in 4 km, 4 km.
Gastro: Brötchenservice.
Freizeit: 11 km, 20 km. Mitarbeit im Weinberg, Worms Heinrich Völker Bad, Weinprobe, Führung durch den Weinkeller/Weinberge auf Anmeldung.
POI: Altstadt von Alzey 10 km, Nibelungenstadt Worms 20 km.

55569 Monzingen gratis <12m

Parkplatz Festhalle, Rosengartenstraße 11, ☎ 06751/856895 Auf dem Parkplatz der Festhalle

POS: 49°47'38.33"N/7°35'26.21"E, Karte D9 (S. 12), C4
Platz: P / = 3 auf Asphalt. . Ganzjährig geöffnet.
Preis: Übernachtung gratis.
Kontakt: Verkehrsverein Monzingen e.V., ☎ 06751/856895, Verkehrsverein@monzingen.de, www.monzingen.de.
Distanz: Ⓗ 0,1 km, 0,5 km, weitere Restaurants in 0,8 km, 0,5 km, 1 km.
Gastro: Pizzeria Alt Monzingen. Hotel-Restaurant Stadtmühle. Restaurant Festhalle.
Freizeit: 5 km, 25 km, 5 km. Wanderwege 0,5 km, Weinproben in den umliegenden Weingütern 0,5 km, Barfußpfad Bad Sobernheim 5 km.
POI: Hist. Ortskern 0,5 km, Freilichtmuseum Bad Sobernheim 7 km.

55569 Monzingen gratis <12m

Weingut Holger Alt, Hauptstraße 67, ☎ 06751/94560 Am Ortsrand in ruhiger Lage im Grünen

POS: 49°48'1.08"N/7°35'28.27"E, Karte D9 (S. 12), C4
Platz: = 3 auf Wiese. . B Anmeldung beim Weingut. Nur für autarke Fahrzeuge. Ganzjährig geöffnet.
Preis: Übernachtung gratis.
Kontakt: Weingut Holger Alt, Nicole Alt, ☎ 06751/94560, info@weingut-alt.de, www.weingut-alt.de.
Distanz: 1 km.
Freizeit: Wandern im Nahetal, Barfußpfad, Weinprobe, Draisinentour, Naheradweg.
POI: Freilichtmuseum, Bad Sobernheim.

55569 Monzingen gratis <8m

Weingut Schauß, Römerstraße 12, ☎ 06751/2882 In Ortsrandlage

POS: 49°48'3.06"N/7°35'22.04"E, Karte D9 (S. 12), C4
Platz: = 3, = 1 (<12 m) auf Pflaster. . Geöffnet: 1.3.-30.11.
Preis: Übernachtung gratis. Strom und Wasser gegen Gebühr. Weinkauf und/oder Restaurantbesuch erwünscht.
Kontakt: Elmar Schauß, ☎ 06751/2882, weingut-schauss@web.de, www.weingut-schauss.de.
Distanz: 0,1 km, 0,3 km, 0,3 km, Ⓗ 0,4 km.
Gastro: Hotel-Restaurant Stadtmühle. Restaurant Alt Monzingen.
Freizeit: 7 km. Weinprobe, Wandern, Radfahren, Barfußpark Bad Sobernheim 7 km.
POI: Hist. Ortskern 0,3 km, Freilichtmuseum Bad Sobernheim 7 km.

26802 Moormerland-Rorichum €10,00 <12m

Gaststätte Bei Cassi, Deichlandstraße 10, ☎ 04924/2006 Traditionsreicher Gasthof in Rorichum, in Sichtweite zum Emsdeich

POS: 53°19'12.57"N/7°21'16.92"E, Karte D1 (S. 4), C5
Platz: P / = 15 auf Pflaster. =24 (16 A) WC CHEM GRAU . B nur bei Gruppen. Ganzjährig geöffnet.
Preis: 10 € inkl. WC, WLAN. Strom 3 €, Wasser 1 €, Entsorgung 1 €, Dusche 2 €/Pers. 5 € werden bei Einkehr (Hauptgericht) verrechnet. Wohnwagen auf Anfrage.
Kontakt: Familie Duprée, ☎ 04924/2006, info@bei-cassi.de, www.bei-cassi.de.
Distanz: 1 km, 1,3 km.
Gastro: Gaststätte, Mo-So 16:00-20:00 Uhr. Frühstück ab 8:00 Uhr (Voranmeldung erforderlich).
Freizeit: 8 km, 14,5 km, 0,2 km. Dorf- und Sperrwerksführungen, Boßeln, Wassersport, Angeln, Nordic Walking, Kanutouren, Paddel & Pedalstation 0,2 km, Reithalle 1 km.
POI: Hist. Kirche im Dorf 0,4 km, Emssperrwerk 4 km, Stadt Emden, Otto-Huus und Kunsthalle 12 km, Altstadt Leer mit Haus Samson 12 km, Heitens Huus in Warsingsfehn 14 km.

78345 Moos €8,00 <8m

Wohnmobilstellplatz Mooswald, Iznanger Straße 52, ☎ 07732/999617 Im Mooswald, auf der Halbinsel Höri

POS: 47°43'0.56"N/8°56'27.50"E, Karte D14 (S. 17), F4
Platz: = 15 auf Schotterrasen. CHEM GRAU . Anfahrt 24 h. Aufenthalt max. 72 h. Ganzjährig geöffnet.
Preis: Ab 8 € inkl. Entsorgung. Strom 0,50 €/kWh, Wasser 1 €/100 l. 1.4.-31.10. 15 €, 1.11.-31.3. 8 €. Kurtaxe (ab 15 J.) HS 1,70 €, NS 1,20 €. Pfand Servicekarte 10 €.

M

Kontakt: Tourist-Info Moos, ☎ 07732/999617, touristik@moos.de, www.moos.de.
Distanz: 0 km.
Gastro: Gasthaus Mooswald am Platz.
Freizeit: Strandbäder Moos und Iznang, Tennisplatz.
POI: Schiener Berg, Horner Wasserturm.

92709 Moosbach €10,00

Stellplatz an der Badestelle Tröbes, Tröbes, ☎ 09656/91111 Auf einer Liegewiese an der Badestelle, in Waldnähe >12 m

POS: 49°33'29.13"N/12°26'28.65"E, Karte D11 (S. 14), D4
Platz: = 9 auf Wiese. =5 WC. Geöffnet: März-Okt.
Preis: 10 € inkl. Wasser, Dusche, WC, Müll-Entsorgung. Strom 0,50 €/kWh, Kurtaxe 0,90 €/Pers.
Kontakt: Maria Grötsch, ☎ 09656/91111, Mobil: 0160/93800662, michldamer@gmx.de, www.moosbach.de.
Distanz: 1 km, 1,5 km, 2 km, weitere Restaurants in 5 km, 5 km.
Gastro: Kiosk am Platz von Juni-Sep (nur bei schönem Wetter), warme Küche ab 11:00 Uhr.
Freizeit: 7 km, 5 km. Badestelle Tröbes, Minigolf 5 km.
POI: Wieskirche 6 km, Schloss Burgtreswitz 6 km.

92709 Moosbach €5,00

Wohnmobilstellplatz bei der Wieskirche, Friedhofgasse, ☎ 09656/920217 Hinterer Teil des Parkplatzes zwischen Friedhof und Wieskirche >12 m

POS: 49°35'29.50"N/12°24'47.50"E, Karte D11 (S. 14), D4
Platz: = 6 auf Wiese, Schotter. =6 CHEM GRAU. Meldeschein ist hinterlegt. Bitte ausfüllen und zusammen mit Stellplatzgebühr in den Briefkasten am Rathaus einwerfen. Geöffnet: 1.3-31.10.
Preis: 5 € inkl. Strom, Wasser, Entsorgung, Müll-Entsorgung.
Kontakt: Markt Moosbach, ☎ 09656/920217, gaeste-info@moosbach.de, www.moosbach.de.
Distanz: 0,1 km, 0,1 km, 0,2 km, weitere Restaurants in 1 km, 0,2 km.
Gastro: Familiengeführte Landgasthöfe im Ortszentrum.
Freizeit: 5 km, 0,2 km. 200 km markierte Wanderwege, Schlossbesichtigung, Minigolf, Wasserspielbereich, Kneippanlage 0,1 km, Allwetterplatz 0,2 km, Bockl-Radweg 2 km, Badestelle Tröbes 5 km.
POI: Pfarrkirche, Generationenpark 0,1 km, Barocke Wieskirche 0,1 km, Schloss Burgtreswitz mit Museum und Naturpark-Infostelle 1,5 km.

01468 Moritzburg €12,00

Stellplatz auf dem Schlossparkplatz, Schlossallee 4, ☎ 035207/8540 Parkplatz gegenüber Schloss Moritzburg <8 m

POS: 51°9'51.00"N/13°40'44.00"E, Karte D8 (S. 11), F5
Platz: = 10 auf Schotter. WC. Ganzjährig geöffnet.
Preis: 12 € inkl. aller Personen. Strom 0,50 €/kWh.
Kontakt: Kulturlandschaft Moritzburg GmbH, ☎ 035207/8540, info@kulturlandschaft-moritzburg.de, www.kulturlandschaft-moritzburg.de.
Distanz: 0,1 km, 0,1 km, weitere Restaurants in 0,2 km, 0,1 km, 0,4 km.
Gastro: Mehrere Restaurants in der Umgebung.
Freizeit: Segway-Touren, Kutschfahrten, Kanufahrten, Lößnitzgrundbahn 0,4 km, Hochseilgarten 0,4 km, Wildgehege 0,5 km.
POI: Schloss Moritzburg 0,1 km, Sächsisches Landesgestüt 0,1 km, Käthe-Kollwitz-Haus 0,5 km.

01468 Moritzburg-Boxdorf gratis

Stellplatz Caravan-Meinert, Am Weiher 4, ☎ 0351/8494529 Hinter dem Handelsbetrieb, in ruhiger Lage auf einer Wiese am Weiher <10 m

POS: 51°7'42.25"N/13°42'34.03"E, Karte D8 (S. 11), F5
Platz: = 8 auf Schotter. =6 (10 A) CHEM GRAU. Ganzjährig geöffnet.
Preis: Übernachtung gratis. Strom 0,50 €/kWh, Wasser 0,50 €.
Kontakt: Caravan Meinert, ☎ 0351/8494529, post@caravan-meinert.de, www.caravan-meinert.de.
Distanz: 0,1 km, 0,3 km, weitere Restaurants in 1,5 km, 1 km, 1,5 km.
Freizeit: 3 km, 3 km.
POI: Waldteiche 1 km, Moritzburg 3 km, Dresden 10 km.

91804 Mörnsheim-Altendorf €13,00

Zeltplatz Hammermühle, Nähe Staatsstraße 2230, ☎ 09145/8364515 Neben einem Zeltplatz an der Altmühl <12 m

POS: 48°52'24.68"N/11°1'52.23"E, Karte D15 (S. 18), B1
Platz: = 21 auf Wiese. CHEM GRAU. Bootsverleih. Abreise bis 12:00 Uhr, Anfahrt 13:00-21:00 Uhr. Geöffnet: Apr-Okt.
Preis: Ab 13 € inkl. Entsorgung, WC. Strom 0,80 €/kWh, Dusche 2 €, Hund 2 €. 1.6.-31.8. 15 €. 13-15 € je nach Saison. XXL-Wohnmobile 15-17 €. Jede weitere Pers. 5,50/6 €, Kind (2-14 J.) 4/4,50 €, Hund 2/3 €.
Kontakt: FB Frankenboot UG, ☎ 09145/8364515, buchung@zeltplatz-hammermuehle.de, www.zeltplatz-hammermuehle.de.
Distanz: 0 km, weitere Restaurants in 2 km, 1 km, 2 km, 4 km.
Gastro: Brennholz/Getränke auf Anfrage. Kiosk/Biergarten am Platz.
Freizeit: 20 km. Sommerrodelbahn Riedenburg, Schwimmen, Golfclub, Kanu-/Kajakfahrten auf der Altmühl, Fossilien sammeln, Altmühltal-Radweg, Klettern, Badesee (Fränkisches Seenland) 30 km.
POI: Die Zwölf Apostel, Ausgrabungen aus der Römerzeit, UNESCO Weltkulturerbe Limes-römischer Grenzwall, Keltenmuseum Dietfurt, Technikmuseum Kratzmühl.

51597 Morsbach gratis

Wohnmobilstellplatz Morsbach, Wiseraue, ☎ 02294/6990 Auf Parkplatz am Ortsrand im Naturpark Bergisches Land <10 m

POS: 50°51'47.97"N/7°43'26.53"E, Karte D9 (S. 12), C1
Platz: = 25 auf Schotterrasen. Ganzjährig geöffnet.
Preis: Übernachtung gratis.
Kontakt: Gemeinde Morsbach, ☎ 02294/6990, info@gemeinde-morsbach.de, www.morsbach.de.
Distanz: 0,1 km, 0,5 km.

M

55758 Mörschied €24,00

Camping Harfenmühle, Harfenmühle 2, ☎ 06786/1304 Beim 5-Sterne Camping Harfenmühle, am Nationalpark Hunsrück-Hochwald <10 m

POS: 49°48'15.89"N/7°16'16.26"E, Karte D9 (S. 12), C4
Platz: = 11, = 11 (<10 m) auf Schotterrasen, Wiese, Naturboden. =11 (6 A) WC CHEM GRAU. Leinenpflicht für Hunde, Mietwagen (5-/7-Sitzer), E-Mountainbike-Verleih, Hundedusche. wird empfohlen. Überfahrbare VE-Station am Eingang. WLAN-Hotspot vor der Rezeption. Geöffnet: Ende März-1. Nov.
Preis: Ab 24 € inkl. Strom, Wasser, Entsorgung, Dusche, WC, Müll-Entsorgung, WLAN. Hund 3,50 €, Waschmaschine/Trockner je 5 €.
Kontakt: Camping Harfenmühle, Familie Koch, ☎ 06786/1304, mail@harfenmuehle.de, harfenmuehle.de.
Distanz: 0 km, 0 km, 0 km, 3 km.
Gastro: Laden mit Imbiss. Restaurant Harfenmühle, tägl. ab 12:00 Uhr. Brötchenservice auf Bestellung.
Freizeit: Naturbadesee, Premiumwanderweg Traumschleife Stumm-Eisenhüttenweg, Edelsteinsuchen für Kinder, Bikepark, Tischtennis, Nordic Walking-Park Mörschied 0,1 km.

POI: Edelstein-Wasserschleiferei, Nationalpark Hunsrück-Hochwald 0,8 km, Edelsteingarten Kempfeld 3 km, Wildenburg Wildfreigehege am Nationalpark-Tor Wildenburg 3 km, Herrstein (hist. Ortskern mit Uhrturm, Fachwerkhäuser und Schinderhannesturm) 6 km.

56290 Mörsdorf — €18,00

Wohnmobilstellplatz Mörsdorf, Windorfer Straße 12, ☎ 06762/9618271 — >12m
Großer Stellplatz am Dorfrand

POS: 50°6'15.55"N/7°20'14.00"E, Karte D9 (S. 12), C3
Platz: = 20 auf Schotter. =10 CHEM GRAU . Tagsüber auch Parkplatz für Besucher der Hängeseilbrücke. Ganzjährig geöffnet.
Preis: 18 € inkl. Strom, Wasser, Entsorgung, WC, WLAN. 18 €/24 h, 10 €/12 h. Preisstaffelung siehe Website. Bezahlung nur mit Kreditkarte.
Kontakt: Gemeinde Mörsdorf, ☎ 06762/9618271, bm-moersdorf@gmx.de, www.geierlay.de.
Distanz: 0,3 km, 0,6 km.
Gastro: Pascals Pizzastube. Museumscafé im Backes. Thai-Restaurant. Rosis Bäckerei/Café. Pizza Scheune Holzofen. Besucherzentrum.
Freizeit: Interaktiver Dorfrundgang, Waldlehrpfad, Tageswanderungen.
POI: Hängeseilbrücke Geierlay 2,4 km.

M

74821 Mosbach — gratis

Stellplatz am Wasemweg, Wasemweg, ☎ 06261/91880 — <8m
Ruhiger Parkplatz am Stadtpark

2022 geprüft

POS: 49°21'37.94"N/9°8'50.93"E, Karte D10 (S. 13), F5
Platz: = 16 auf Sand/Splitt, Asphalt. CHEM GRAU. Aufenthalt max. 3 Nächte. Ganzjährig geöffnet.
Preis: Übernachtung gratis. Strom 1 €, Wasser 1 €.
Kontakt: Tourist-Information, ☎ 06261/91880, tourist.info@mosbach.de, www.mosbach.de.
Distanz: 0,3 km, 0,3 km, 1 km.
Gastro: Indische Haus. Fellini. Restaurant Sägbock. Hotel Zum Amtsstüble.
Freizeit: 1,1 km, 1,1 km, 2 km. Freibad famos, Stadtpark 0,1 km, Greifvogelwarte 12 km.
POI: Mehrere Burgen/Schlösser im Umkreis, Altstadt 0,5 km, Stadtmuseum 0,8 km, Gutleutanlage – Ensemble von Baudenkmälern aus der Zeit der Lepraseuche 1 km, Palm'sches Haus 1 km, Tempelhaus – Wasserburg aus dem 12. Jh., seit 1725 kath. Kirche 3 km, Tropfsteinhöhle Eberstadt 30 km.

72116 Mössingen — €5,00

Wohnmobil-Stellplatz Firstwaldstraße, Firstwaldstraße 32, ☎ 07473/370121 — <10m
Neben dem Freibad mit Blick zum Albtrauf

2022 geprüft

POS: 48°24'47.43"N/9°4'9.80"E, Karte D14 (S. 17), F2
Platz: = 10 auf Schotterrasen, Asphalt. =10 (25 A) CHEM GRAU . Aufenthalt max. 3 Nächte, Verlängerung auf Anfrage bei Tourist-Info. Ganzjährig geöffnet.
Preis: 5 € inkl. aller Personen, WLAN. Strom 0,50 €/kWh, Wasser 1 €, Entsorgung 1 €.
Kontakt: Tourist-Info, Stadtverwaltung Mössingen, ☎ 07473/370121, tourismus@moessingen.de, www.moessingen.de.
Distanz: 0,1 km, 0,5 km, 0,6 km, 1 km.
Gastro: Imbiss im Bad. Gaststätten/Cafés im Ort.
Freizeit: 0,1 km, 2,5 km. Premiumwanderweg Firstwaldrunde, Premiumspazierweg Leisawegle und Streuobstwegle, Streuobst-Erlebniszentrum, Minigolf, Tennisplatz 0,2 km, Premiumwanderweg Dreifürstensteig 3 km, Segelflugplatz 7 km.
POI: Museum hist. Messerschmiede 1 km, Kulturscheune mit Café 1,2 km, NABU-Vogelschutzzentrum 2,5 km, Holzschnitt-Museum Klaus Herzer 4 km, Kurpark Bad Sebastiansweiler 6,2 km, Bergrutsch am Hirschkopf – Nationaler Geotop 7,5 km, Burg Hohenzollern 17 km, Bärenhöhle 22 km.

53804 Much — gratis

Stellplatz am Sportplatz, an der B56, ☎ 02245/610888 Ausgewiesener Stellplatz am Sportplatz mit Skateranlage — <8m

2022 geprüft

POS: 50°54'31.32"N/7°25'4.38"E, Karte D9 (S. 12), C1
Platz: = 1 auf Asphalt. . Aufenthalt max. 5 Tage. Ganzjährig geöffnet.
Preis: Übernachtung gratis.
Kontakt: Gemeinde Much, ☎ 02245/610888, tourismus@much.de, www.go-to-much.de.
Distanz: 0,2 km, 0,7 km, 0,7 km.
Gastro: La Terrazza. Restaurant Schublade. Tapas Bar & Café Descanso. Eiscafé Il Paradiso. Miguel´s Restaurant. Café Heimann.
Freizeit: 1 km, 1,5 km. Waldlehrpfad, Nordic-Walking-Strecken, Kneipp-Anlage und -weg, Schwimmen, Wanderwege (Anschluss an den Bergischen Weg), Quadverleih, Fahrrad- und E-Bike-Routen, Golfplatz 0,7 km.
POI: Burg aus dem 16. Jh. 0,7 km, Kirche aus dem 12. Jh. 1,4 km, Bauern- und Technikmuseum 4,6 km, Schloss Homburg in Nümbrecht 8 km, Tropfsteinhöhle Wiehl 10 km, Freilichtmuseum Lindlar 25 km.

06249 Mücheln/Geiseltal — €20,00

Parkplatz & Wohnmobilstellplatz Zum Weinberg Geiseltalsee, Werkstraße 2a, ☎ 036451/669960 Am Ortsrand von Stöbnitz, am Geiseltalsee mit Zugang zur Halbinsel — <12m

2022 geprüft

POS: 51°19'31.62"N/11°48'30.87"E, Karte D7 (S. 10), C5
Platz: = 15 auf Sand/Splitt, Schotterrasen. WC CHEM GRAU . Wasser nur außerhalb der Frostperiode. Überwiegend eben. Videoüberwacht. Ganzjährig geöffnet.
Preis: 20 € inkl. Strom, Wasser, Entsorgung, WC. Bezahlung am Parkscheinautomat.
Kontakt: GPG GmbH, Denis Koch, ☎ 036451/669960, info@geiseltal-immobilien.de, wohnmobilstellplatz-geiseltalsee.business.site.
Distanz: 0,5 km, 2 km.

35325 Mücke-Flensungen — gratis

Landhotel Gärtner, Bahnhofstraße 116, ☎ 06400/95990 — <8m
Hotelparkplatz in verkehrsgünstiger Lage zur A5

POS: 50°36'54.10"N/9°1'35.77"E, Karte D10 (S. 13), F2
Platz: = 2 auf Schotter, Asphalt. WC . Anfahrt bis 20:00 Uhr, WLAN nur auf Anfrage. Ganzjährig geöffnet. Ausnahme: In den Betriebsferien geschlossen.
Preis: Für Restaurantgäste kostenlos. Einkehr obligatorisch. Strom 5 €, WC 2,50 €, WLAN 5 €.
Kontakt: Landhotel Gärtner, Christine Gärtner, ☎ 06400/95990, info@landhotel-gaertner.de, www.landhotel-gaertner.de.
Distanz: 0,1 km, 0,1 km.
Gastro: Restaurant am Platz (regional, auch vegetarisch und vegan), warme Küche 11:30-14:00 Uhr, 18:00-21:00 Uhr. So+Mo Ruhetag. Frühstücksservice (ab 8:00 Uhr).
Freizeit: 6 km (Grünberg), 2 km. Sonnenterrasse, Modellflugplatz 5 km.
POI: Altstadt Grünberg 6 km, Altstadt Laubach 12 km.

69427 Mudau — €15,00

Stellplatz am Golfpark Mudau, Donebacher Straße 41, ☎ 06284/8408 — <12m
An der Golfanlage inmitten der Natur — neu

POS: 49°32'45.20"N/9°11'49.98"E, Karte D10 (S. 13), F4
Platz: = 20 auf Schotter. WC GRAU. Eine große Vorplatzmatte pro Platz, Mietfahrzeuge. Ganzjährig geöffnet.
Preis: 15 € inkl. Entsorgung, WC. Jede weitere Pers. 5 €, Strom 1 €/kWh, Wasser 1 €/100 l. Inkl. 2 Kinder bis 12 Jahre, jedes weitere Kind 3 €.
Kontakt: Golfclub Mudau und Freizeitanlagen GmbH,

☎ 06284/8408, info@golfclub-mudau.de, www.golfclub-mudau.de.
Gastro: Restaurant Genuss am Golfpark Mudau, Mo-So 11:00-22:00 Uhr. Brötchenservice auf Bestellung am Vortag.
Freizeit: Sommerrodelbahn, Golfkurse (Schnupper- und/oder Platzreifekurse), 18-Loch-Golfanlage, Kletterpark-Hochseilgarten.

69427 Mudau — gratis

Stellplatz Am weißen Stein, Am weißen Stein, ☎ 06284/780 <10m
Parkplatz in der zentraler Lage

POS: 49°32'13.05"N/9°12'12.65"E, Karte D10 (S. 13), F5
Platz: = 2 auf Asphalt. Ganzjährig geöffnet.
Preis: Übernachtung gratis.
Kontakt: Gemeinde Mudau, ☎ 06284/780, rathaus@mudau.de, www.mudau.de.
Distanz: 0,6 km.
Freizeit: Radfahren.

38539 Müden/Aller — €12,00

Wohnmobilstellplatz und Events Müden, Oheweg 3, ☎ 0171/5350613 >12m neu
Am Müdener Kanal

POS: 52°31'57.61"N/10°21'5.90"E, Karte D6 (S. 9), H2
Platz: = 30, = 10 (<15 m) auf Wiese, Schotter. CHEM GRAU. Mietauto am Platz, überdachter Grillplatz. nur bei Gruppen. Ideal für Club- oder Gruppentreffen. Ganzjährig geöffnet.
Preis: 12 € inkl. Entsorgung, WLAN. Strom 0,70 €/kWh, Wasser 1 €/100 l, Mietauto am Platz 18 €.
Kontakt: André Kube, Mobil: 0171/5350613, info@womo-mueden.de, womo-mueden.de.
Distanz: Ⓗ 0,5 km, 0,7 km, 0,8 km, 1,1 km.
Gastro: Pub und überdachter Biergarten.
Freizeit: 7 km, 15 km. Waldbad Hohne, Allerradweg, Angelausflüge, Wandertouren an Aller und Oker, Kanu-Events.
POI: Internationales Wind- und Wassermuseum, hist. Ortskern 0,8 km, Heimatmuseum 0,8 km.

56254 Müden/Mosel — €4,00

Wanderparkplatz Müdener Berg am Österhof, Müdenerberg 1 <8m
Öffentlicher Parkplatz an den Wanderwegen zur Burg Eltz/zum Moselsteig

POS: 50°11'54.06"N/7°20'24.51"E, Karte D9 (S. 12), C3
Platz: = 50, = 10 (<10 m) auf Schotter. Aufenthalt max. 24 h. Ganzjährig geöffnet.
Preis: 4 €.
Kontakt: Gemeindeverwaltung Müden, mueden@vgcochem.de, www.mueden-mosel.de.
Distanz: 3 km, 3 km, weitere Restaurants in 4 km, Ⓗ 3 km, 7 km, 7,5 km (Campingplatz Mosel Islands, Am Werth, 56253 Treis-Karden).
Gastro: Mehrere Restaurants in Müden.
Freizeit: 7 km, 15 km, 6 km. Ausgewiesene Rundwanderwege zur Burg Eltz/Moselsteig, Wandern, Anbindung Traumpfad 1,7 km, Boulebahn 3 km.
POI: Burg Eltz 1,5 km, Burg Pyrmont 6 km.

56254 Müden/Mosel — €6,00

Wohnmobilstellplatz am Festplatz, Moselstraße <10m neu
In verkehrsgünstiger Lage am Ortsrand

POS: 50°11'5.47"N/7°20'9.27"E, Karte D9 (S. 12), C3
Platz: = 20 auf Wiese, Pflaster. Ganzjährig geöffnet.
Preis: 6 €.
Kontakt: Gemeindeverwaltung Müden, mueden@vgcochem.de, www.mueden-mosel.de.
Distanz: 0,2 km, 0,3 km, Ⓗ 0,5 km, 3,5 km, 4,5 km (Campingplatz Mosel Islands, Am Werth, 56253 Treis-Karden).
Gastro: Hotel Sewenig. Gastwirtschaft Balthasar.
Freizeit: 5 km, 2,8 km. Wein- und Naturlehrpfad 0,9 km.
POI: Schleuse Müden, Stiftsmuseum Treis- Karden 2,5 km, Burg Eltz 5 km, Archäologiepark Martberg 5 km, Burg Pyrmont 9 km, Ehrenburg 16 km.

76461 Muggensturm — gratis

Wohnmobilstellplatz am Badesee, Vogesenstraße, ☎ 07222/90930 Ausgewiesene Stellplätze mit Seeblick <8m

POS: 48°52'40.00"N/8°17'21.00"E, Karte D13 (S. 16), D1
Platz: = 3 auf Schotter. Bei Bedarf weitere Stellflächen auf Wiese. Ganzjährig geöffnet.
Preis: Übernachtung gratis.
Kontakt: Gemeinde Muggensturm, ☎ 07222/90930, peket@gmx.de, www.muggensturm.de.
Distanz: Ⓗ 0,2 km, 0,5 km, 1 km, 3 km (GAST-Caravaning GmbH, Daimlerstraße 20 b, 76316 Malsch).
Gastro: Weitere Restaurants im Ort ab 0,5 km. Restaurant am See (nur saisonal geöffnet).
Freizeit: 8 km, 1 km. Tauchen, MÖBS-Radrundweg, Angeln, Schwimmen, Freizeitpark.
POI: Margarethenkapelle 2 km, Schloss Rastatt 8 km, Schloss Favorite, Rastatt-Förch 10 km.

19348 Muggerkuhl — €5,00

Stellplatz beim Dorfgemeinschaftshaus, Dorfstraße 8, ☎ 0173/2028353 <12m
In der Dorfmitte, am Elbe-Müritz-Radweg

POS: 53°15'43.42"N/11°54'15.07"E, Karte D3 (S. 6), C5
Platz: = 3 auf Pflaster. =3 CHEM GRAU. Im Winter kein Wasser. Ganzjährig geöffnet.
Preis: 5 €. Strom 1 €, Wasser 5 €, VE für Durchreisende 5 €. Gebühr für Wasser inkl. Entsorgung. Bezahlung in die Kasse des Vertrauens.
Kontakt: Dorfclub Muggerkuhl, Mobil: 0173/2028353.
Distanz: Ⓗ 0,5 km, 0,5 km, 4 km, 4 km.
Gastro: Stallcafé Grimm im Ort.
Freizeit: 5 km, 13,3 km. Wandern, Alpaka und Lama Ranch Ruhner Berge 12 km.
POI: Aussichtsturm Ruhner Berg 2,2 km, Elefantenhof Platschow 3 km, Berge 4 km.

99974 Mühlhausen/Thüringen — €26,00

Campingplatz am Schwanenteich, Popperöder Gasse 2, ☎ 03601/8883755 Umzäuntes Gelände neben dem Schwanenteich <10m

POS: 51°11'58.94"N/10°25'48.19"E, Karte D6 (S. 9), H5
Platz: = 30 auf Wiese. =24 (10 A) WC CHEM GRAU. Leinenpflicht für Hunde. Geöffnet: 1.4-31.10.
Preis: Ab 26 € inkl. Strom, Wasser, Entsorgung, Dusche, WC, Müll-Entsorgung, WLAN. Hund 3 €. 1.4.-31.5. 26 €, 1.6.-31.8. 35 €, 1.9.-31.10. 26 €. Jede weitere Pers. 10 € HS/8 € NS, Kinder (bis 16 J.) 8 € HS/5 € NS. Campingkarte (3 Euro Pfand) mit Gratis-Eintritt ins Freibad.
Kontakt: Campingplatz am Schwanenteich, ☎ 03601/8883755, info@campingplatz-am-schwanenteich.de, www.campingplatz-am-schwanenteich.de.
Distanz: Ⓗ 0,1 km, 0,3 km, 0,3 km, 2 km.
Gastro: Imbiss im Freibad während der Saison. Café Cabana.
Freizeit: 2 km. Thüringentherme 2 km, Vogelschutzwarte Seebach 6 km, Nationalpark Hainich Information 7 km.
POI: Hist. Altstadt Mühlhausen mit Stadtmauer 2 km, Niederdorla – Mittelpunkt Deutschlands 5 km, Kloster Volkenroda 7 km, Burg Gleichenstein 13 km.

M

99974 Mühlhausen/Thüringen €5,00 <8m

Wohnmobilstellplatz Engelsgarten, Hanfsack, ☎ 03601/452115
Ruhige Lage innerhalb der Stadtmauern in fußläufiger Altstadtnähe

2020 geprüft E

POS: 51°12'37.92"N/10°27'51.07"E, Karte D6 (S. 9), H5
Platz: = 9 auf Pflaster. CHEM GRAU. Platz ohne Zugangsbeschränkung, insofern keine Reservierung möglich. Ganzjährig geöffnet.
Preis: 5 € inkl. aller Personen. Strom 1 €/2 kWh, Wasser 1 €/5 min, Entsorgung 1 €. Bezahlung am Parkautomat.
Kontakt: Stadtverwaltung Mühlhausen, Bürgerbüro, ☎ 03601/452115, 03601/452401, poststelle@muehlhausen.de, www.muehlhausen.de.
Anfahrt: Einfahrt über Hauptmannstr. oder Görmarstr./Hanfsack.
Distanz: 0,2 km, Ⓗ 0,2 km, 0,4 km, 0,5 km, Gasflaschentausch 0,6 km (Friedrich-Engels-Straße 9, 99974 Mühlhausen/Thüringen).
Gastro: Mehrere Restaurants und Cafés im Ort.
Freizeit: 2,7 km (Freibad am Schwanenteich), 0,9 km, 0,7 km (Brauhaus zum Löwen). Fahrt mit der Geckobahn, Museum 0,7 km, Thüringen-Therme 0,9 km.
POI: Baumkronenpfad, Burg Gleichenstein, Niederdorla - Mittelpunkt Deutschlands, Mühlhäuser Museen, Kloster Volkenroda, Nationalpark Hainich, begehbarer Wehrgang (Stadtmauer), Altstadt.

M

91735 Muhr am See €12,00 <10m

Stellplatz am Seezentrum Muhr am See, Zum Seezentrum, ☎ 09831/508191
Beim Strandhaus Muhr, 250 m vom See

POS: 49°8'45.53"N/10°43'36.08"E, Karte D15 (S. 18), A1
Platz: = 80 auf Wiese. =36 WC CHEM GRAU. Wasser nur außerhalb der Frostperiode. Ganzjährig geöffnet.
Preis: 12 € inkl. aller Personen, Müll-Entsorgung. Strom 0,70 €/kWh, Wasser 0,10 €/0,10 l, Dusche 0,50 €. Preisänderung 2023 mögl.
Kontakt: Zweckverband Altmühlsee, ☎ 09831/508191, info@altmuehlsee.de, www.altmuehlsee.de.
Distanz: Ⓗ 1 km, 1 km, 1 km, 1,5 km.
Gastro: Kioskbetrieb am Platz.
Freizeit: 4 km, 4 km, 0,3 km. Bootsvermietung, Radfahren, Kiten, Angeln, Surfen, Beachvolleyball, Altmühlseefestival in allen Seezentren und Erholungsanlagen rund um den Altmühlsee (vorletzter Sa im Aug), Wandern, Schiffsanlegestelle, Bootfahren.
POI: Wasserschloss in Muhr 1 km, Vogelinsel 1,5 km, Altstadt Gunzenhausen 3 km.

Sie haben einen neuen Stellplatz entdeckt?
Dann teilen Sie uns diesen mit per
E-Mail an **bordatlas@doldemedien.de**

06774 Muldestausee €20,00 >12m

Wohnmobil-Camp See- und Waldresort Gröbern, Alte Chausseestraße 1, ☎ 034955/230000
Im Naturpark Dübener Heide, am Gröberner See

POS: 51°41'37.11"N/12°26'56.60"E, Karte D7 (S. 10), D4
Platz: = 24 auf Schotter. =24 (16 A) WC CHEM GRAU. Grillplatz am See gegen Gebühr. Ganzjährig geöffnet.
Preis: Ab 20 € inkl. Strom, Wasser, Entsorgung, Dusche, WC, Müll-Entsorgung, WLAN. NS 20 €, ZS 25 €, HS 30 €.
Kontakt: See- und Waldresort Gröbern, ☎ 034955/230000, rezeption@seeresort-groebern.de, www.seeresort-groebern.de.
Distanz: Ⓗ 0,5 km, weitere Restaurants in 0,5 km Entfernung, 6 km, 6 km.
Gastro: Restaurant Waldelefant am Platz, Mo-So 7:00-10:00 Uhr und 12:00-22:00 Uhr.
Freizeit: Bootsverleih, Badestrand mit Hundestrand 0,5 km, Naturpark Dübener Heide 4 km.
POI: Ferropolis 9 km, Wörlitzer Park 22 km.

Tipp

Luxuriöser 4-Sterne Urlaub im Wohnmobil-Camp des See- und Waldresorts Gröbern. Die modern ausgestatteten, großzügigen Stellplätze am Gröberner See am Rand der Dübener Heide bieten zum Teil direkten Seeblick. Die Nutzung des Fitness- und Saunabereiches sowie das Genießerfrühstück im Restaurant WALDELEFANT können Wohnmobil-Camp-Gäste auf Wunsch zubuchen. Die Nutzung der Strände des Sees ist kostenfrei, eigene Boote können ebenfalls geslippt werden.

45481 Mülheim/Ruhr gratis <8m

Wohnmobilstellplatz Mülheim/Ruhr, Mintarder Straße, ☎ 0208/960960
Stellplatz nahe der Ruhr

POS: 51°24'50.52"N/6°52'12.74"E, Karte D5 (S. 8), B4
Platz: = 5 auf Asphalt. Aufenthalt max. 2 Nächte. Ganzjährig geöffnet.
Preis: Übernachtung gratis.
Kontakt: Stadt Mülheim, ☎ 0208/960960, touristinfo@mst-mh.de, www.muelheim-tourismus.de.
Distanz: Ⓗ 0,2 km, 0,5 km, weitere Restaurants in 1 km, 0,8 km, 2 km.
Freizeit: 8 km, 5 km. Wikinger- und Kanutour auf der Ruhr.
POI: Kloster Saarn 1,5 km, Camera Obscura und Schloss Broich 3 km, Aquarius Wassermuseum 6 km.

79379 Müllheim gratis <10m

Stellplatz am Freibad Müllheim, Ziegleweg 7, ☎ 07631/801500
Nähe Eichwaldstadion, am Waldrand

POS: 47°48'8.54"N/7°38'4.07"E, Karte D13 (S. 16), C4
Platz: = 3 auf Asphalt. Aufenthalt max. 2 Tage, Reisemobile müssen längs parken. Ganzjährig geöffnet.
Preis: Übernachtung gratis.
Kontakt: Tourist-Information Müllheim, ☎ 07631/801500, touristik@muellheim.de, www.muellheim.de.
Distanz: 0,5 km, 0,8 km, 1 km, Ⓗ 1 km.
Freizeit: 5 km, 2 km. Nordic Walking, Weinproben in umliegenden Weingütern, historische Stadtführungen, Cassiopeia Therme Badenweiler 5 km.
POI: Markgräfler Museum und Martinskirche 1 km, Römische Badruine und Burgruine in Badenweiler 5 km.

79379 Müllheim-Britzingen gratis <10m

Parkplatz Nussbaumallee, Nussbaumallee, ☎ 07631/801500
Schulparkplatz in der Innenstadt, unmittelbar an der Straße

POS: 47°48'33.61"N/7°37'47.98"E, Karte D13 (S. 16), C4
Platz: = 2 auf Pflaster. Aufenthalt max. 2 Nächte. Plätze leicht schräg, Parkbuchten nur längs nutzbar. Ganzjährig geöffnet.
Preis: Übernachtung gratis.
Kontakt: Tourist-Information Mülheim, ☎ 07631/801500, touristik@muellheim.de, www.muellheim-touristik.de.
Distanz: 0,1 km, weitere Restaurants in 0,2 km, Ⓗ 0,2 km, 0,3 km, 0,5 km.
Gastro: Mehrere Restaurants/Weingüter in unmittelbarer Nähe.
Freizeit: 0,5 km, 5 km, 1 km. Weinproben in umliegenden Weingütern, historische Stadtführung, Cassiopeia Therme Badenweiler 5 km.
POI: Markgräfler Museum/Martinskirche 0,3 km, Römische Bad-/Burgruine in Badenweiler 5 km.

79379 Müllheim-Britzingen gratis >12m neu

Wohnmobilstellplatz Britzingen, Markgräfler Straße, ☎ 07631/801500
Am Ortsrand des Weindorfs Britzingen

POS: 47°49'44.36"N/7°40'23.93"E, Karte D13 (S. 16), C4
Platz: = 2 auf Asphalt. Beleuchtet. Aufenthalt max. 2 Nächte. Ganzjährig geöffnet.
Preis: Übernachtung gratis.
Kontakt: Tourist-Information Müllheim, ☎ 07631/801500,

info@muellheim-touristik.de,
www.muellheim-touristik.de.

Distanz: 0,1 km, 3 km.
Gastro: Mehrere Restaurants in unmittelbarer Nähe.
Freizeit: 4 km, 7 km, 5 km. Wanderführung durch die Weinberge (Mai-Okt), Weinprobe im Weingut und Winzergenossenschaft.
POI: Markgräfler Museum und Martinskirche 5 km, Römische Badruine und Burgruine in Badenweiler 7 km.

79379 Müllheim-Hügelheim gratis

Stellplatz Hügelheim an der B3, Am Engelberg, ☎ **07631/801500** <6 m
Auf dem Parkplatz hinter dem Friedhof

POS: 47°49'57.99"N/7°37'23.69"E, Karte D13 (S. 16), C4
Platz: = 2 auf Asphalt. Aufenthalt max. 2 Nächte. Ganzjährig geöffnet.
Preis: Übernachtung gratis.
Kontakt: Tourist-Information Müllheim, ☎ 07631/801500, touristik@muellheim.de, www.muellheim-touristik.de.
Anfahrt: Enge Zufahrt, daher nur für kleine Reisemobile geeignet.
Distanz: 0 km, 0,5 km, 2 km.
Gastro: Pizzeria Deutscher Kaiser.
Freizeit: 3 km, 5 km, 2 km. Weinwanderung, Wandern, Weinprobe, Radfahren.
POI: Markgräfler Museum und Martinskirche 2 km, Römische Bad- und Burgruine in Badenweiler 7 km.

79379 Müllheim-Hügelheim gratis

Winzergenossenschaft Hügelheim eG, Sehringer Straße/Basler Straße 12, ☎ **07631/4020** <8 m
Im Hof der Winzergenossenschaft

POS: 47°49'45.55"N/7°37'7.53"E, Karte D13 (S. 16), C4
Platz: = 3 auf Schotter, Asphalt. =2. Aufenthalt max. 3 Tage, Straßenlärm hörbar. Bei Anreise bis 17:00 Uhr kann Strom zur Verfügung gestellt werden. Ganzjährig geöffnet.
Preis: Übernachtung gratis. Strom 5 €. Weinkauf erwünscht.
Kontakt: Thomas Benz, ☎ 07631/4020, info@weinundhof.de, www.weinundhof.de.
Distanz: 0,2 km, 0,3 km.
Gastro: Pizzeria Deutscher Kaiser.
Freizeit: 4 km. Rebwanderweg direkt am Hof.
POI: Markgräfler Museum Müllheim 2 km, Martinskirche 2 km.

15299 Müllrose €15,00

Camping Nitschke, Frankfurter Straße 98, <10 m
☎ **033606/70508** Parkplatz vor und auf dem Betriebsgelände direkt an der B87

POS: 52°15'26.82"N/14°25'38.96"E, Karte D8 (S. 11), G2
Platz: = 13 auf Wiese, Pflaster. =10 (10 A) CHEM GRAU . 3 kostenlose Stellplätze vor dem Betriebsgelände ohne Strom. An-/Abreise, Strom und VE nur zu den Öffnungszeiten Mo-Fr 8:30-12:00 Uhr und 13:00-17:00 Uhr. Gelände wird am Abend abgeschlossen. Schlüssel für das Tor gegen Kaution. Ganzjährig geöffnet.
Preis: 15 € inkl. Strom, Wasser, Entsorgung, Müll-Entsorgung, WLAN. Hund 1 €. VE für Durchreisende 1-2 €.
Kontakt: Herr Marko Nitschke, ☎ 033606/70508, info@camping-nitschke.de, www.camping-nitschke.de.
Distanz: Ⓗ 0,1 km, 0,3 km, weitere Restaurants in 2 km, 1 km.
Gastro: Mehrere Restaurants im Ort.
Freizeit: 2 km. Radfahren, Wandern, idealer Ausgangspunkt für Reisen nach Osteuropa, Bootsfahrten (Marina Schlaubetal), Bootsverleih 0,5 km.
POI: Schlaubetal (Wanderparadies) 2 km, Kleist-Museum Frankfurt/Oder 10 km, Polen 10 km, Zisterzienserkloster Neuzelle 23 km.

95213 Münchberg €7,50

Wohnmobilstellplatz Münchberg, Schützenstraße 26b, ☎ **09251/8740** <10 m
Direkt neben dem Hallen- und Freibad in ruhiger Lage

POS: 50°12'0.08"N/11°47'45.60"E, Karte D11 (S. 14), C2
Platz: = 9 auf Pflaster. =8 (16 A) WC CHEM GRAU . Anfahrt 24 h. Ganzjährig geöffnet. Ausnahme: Während dem Festbetrieb im Juli geschlossen.
Preis: 7,50 € inkl. Strom, Wasser, Entsorgung, WLAN. 25 €/3 Tage, 40 €/5 Tage, 52,50 €/7 Tage.
Kontakt: Stadt Münchberg, ☎ 09251/8740, stadtverwaltung@muenchberg.de, www.muenchberg.de.
Distanz: 0 km, 2 km.
Freizeit: Reitmöglichkeiten, Stadtführungen gratis, Saalequelle mit Waldlehrpfad, Saaleradweg, Kegelbahn, Tennishalle.
POI: Naherholungsgebiet Hintere Höhe, Großer Waldstein, Stadtpark mit GeoPark, Aussichtsturm Rohrbühl, Bauernhofmuseum Kleinlosnitz.

80939 München €15,00

Wohnmobilstellplatz Allianz Arena, Werner-Heisenberg-Allee 25, >12 m
☎ **089/20050** Stellplatz am Busparkplatz Nord (Besucherparkplatz Allianz Arena)

POS: 48°13'15.10"N/11°37'30.86"E, Karte D15 (S. 18), C3
Platz: = 110 auf Schotterrasen, Schotter. =10 WC CHEM. Aktuelle Hinweise auf der Website unter www.allianz-arena.com beachten. Ganzjährig geöffnet. Ausnahme: Jeweils 1 Tag vor/bei Spieltagen des FC Bayern München und während des Oktoberfestes gesperrt.
Preis: 15 € inkl. Entsorgung, WC. Wasser 0,20 €/20 l. Strom gegen Gebühr.
Kontakt: Allianz Arena München Stadion GmbH, ☎ 089/20050, redaktion.internet@allianz-arena.com, allianz-arena.com.
Distanz: Ⓗ 3 km, 5 km, 7 km, weitere Restaurants in 8 km, 20 km.
Gastro: Indoor-Biergarten, Mo-So 10:00-18:00 Uhr.
Freizeit: Führung durch die Allianz Arena mit Besuch des FC Bayern Museums, Deutschland größtes Vereinsmuseum, Sea-Life München 10 km.
POI: Größtes Fußballmuseum Deutschlands, FC Bayern Store (Fanbedarf), älteste romanische Kirche Münchens 0,5 km, Stadtbesichtigung München 5 km.

M

24960 Munkbrarup €35,50

Fördeferien Bockholmwik, Bockholmwik 19, ☎ **04631/2088** <10 m
Ferienanlage an der Flensburger Förde mit Blick auf die Ostsee

POS: 54°49'41.35"N/9°36'34.25"E, Karte D2 (S. 5), G1
Platz: = 100, = 50 (<9 m) auf Wiese, Schotter, Rasengittersteinen, Schotterrasen, Sand/Splitt. WC CHEM GRAU . Hundefreilaufplatz, Waschmaschine/Trockner. Ⓡ wird empfohlen. Check-in von 11:30-13:00 Uhr und 15:00-22:00 Uhr, Check-out bis 11:30 Uhr. Geöffnet: 1.4.-31.10.
Preis: Ab 35,50 € inkl. Strom, Wasser, Entsorgung, Dusche, Müll-Entsorgung. Kind (4-14 J.) 5 €, Kind (1-3 J.) 4 €, jede weitere Pers. 8 €, Hund 4 €. Stellplätze mit Wasserblick 40 €.
Kontakt: Fördeferien Bockholmwik Wohlert und Petersen GbR, ☎ 04631/2088, info@foerdeferien-bockholmwik.de, www.foerdeferien-bockholmwik.de.
Distanz: , , weitere Restaurants in 5 km, Ⓗ 2,5 km, 5 km.

Gastro: Minimarkt. Brötchenservice. Café Restaurant Bock 19, Mo-Di + Do-Fr 15:00-21:30 Uhr, Sa-So 12:00-16:00 Uhr und 17:00-21:30 Uhr, Mi Ruhetag.
Freizeit: 5 km, 5 km. Tischtennis, Badestrand und Wasserrutsche, Volleyballfeld, Reiten, Angeln, Spielplatz mit Hüpfkissen, E-Bikes sowie Fahrräder vor Ort, Minigolf, Tretboot-, Kanu- und SUP-Verleih, Spielscheune, Ostsee, Golfplatz 0,5 km, Energieerlebnispark Glücksburg 5 km.
POI: Schloss Glücksburg 5 km, Lanschaftsmuseum Angeln/Unewatt 6 km, Flensburg 15 km.

97702 Münnerstadt — gratis

Parkplatz am Oberen Tor P2, Dr.-Engelhardt-Weg, ☎ 09733/787482 — <8m
Öffentlicher Parkplatz am südwestlichen Stadtzentrum, hinter der Stadtmauer

POS: 50°14'56.86"N/10°11'29.91"E, Karte D10 (S. 13), H3
Platz: P = 2 auf Asphalt. WC. Aufenthalt max. 3 Tage. Ganzjährig geöffnet.
Preis: Übernachtung gratis.
Kontakt: Stadt Münnerstadt, ☎ 09733/787482, info@muennerstadt.de, www.muennerstadt.de/kultur-freizeit-tourismus/wohnmobilstellplaetze.
Distanz: Ⓗ 0,3 km, 0,4 km, 0,5 km (Parkplatz An der Lache P1, Seminarstraße, 97702 Münnerstadt), 0,5 km.
Gastro: Mehrere Restaurants im Innenstadtbereich 0,4 km.
Freizeit: 10 km. Radfahren, Angeln/Jagen auf Anfrage, Nachtwächterrundgang, Stadt-/Kirchenführung, Premiumwanderweg Michelsberg 0,2 km, Reiten 3 km, Golfplatz in Maria Bildhausen 10 km.
POI: Rokoko-Kirche, Henneberg-Museum, Altstadt mit Toren/Türmen, Stadtpfarrkirche mit Altar von Tilman Riemenschneider und Gemälden von Veit Stoß.

97702 Münnerstadt — gratis

Parkplatz P1/An der Lache, Seminarstraße, ☎ 09733/787482 — <10m
Öffentlicher Parkplatz am Stadtrand

POS: 50°15'7.78"N/10°11'35.61"E, Karte D10 (S. 13), H3
Platz: P = 4 auf Asphalt, Pflaster. CHEM GRAU. Aufenthalt max. 3 Tage. Ganzjährig geöffnet.
Preis: Übernachtung gratis inkl. Entsorgung, Müll-Entsorgung. Strom 0,50 €/kWh, Wasser 1 €/100 l.
Kontakt: Stadt Münnerstadt, ☎ 09733/787482, info@muennerstadt.de, www.muennerstadt.de/kultur-freizeit-tourismus/wohnmobilstellplaetze.
Distanz: 0,4 km, Ⓗ 0,5 km, 0,7 km.
Gastro: Mehrere Restaurants in der Innenstadt ab 0,4 km.
Freizeit: 13 km, 13 km. Nachtwächterrundgang, Stadt- und Kirchenführung, Angeln und Jagen auf Anfrage, Bowling 0,5 km, Tennis 1 km, Reiten 3 km, Golf in Maria Bildhausen 10 km.
POI: Henneberg-Museum, Rokoko-Kirche, Altstadt mit Toren und Türmen, Stadtpfarrkirche mit Altar von Tilman Riemenschneider und Gemälden von Veit Stoß.

72525 Münsingen — €25,80

Hofgut Hopfenburg, Hopfenburg 12, ☎ 07381/93119311 — <10m
Kleine Campinganlage mit Aussicht, im Biosphärengebiet Schwäbische Alb

POS: 48°24'9.94"N/9°30'22.65"E, Karte D14 (S. 17), G2
Platz: = 80 auf Wiese, Kiesel. WC GRAU. Kühlschrank, Trockenraum, Familienbäder, Grillhütte inkl. Holz. Im Winter reduzierte Anzahl an Stellplätzen, deshalb telefonische Anmeldung nötig. WLAN eingeschränkt. Haustiere nur auf Anfrage. Ganzjährig geöffnet.
Preis: Ab 25,80 €. Strom 3,50 €, Hund 3,50 €. Jede weitere Pers. NS 8,30 €/HS 10,40 €, Kind NS 4,10 €/HS 5,70 €. Waschmaschine/Trockner je 2 €. 9.1.-5.4. und 4.10.-24.12. 25,80 €, 25.12.-8.1. und 6.4.-3.10. 32,10 €. Gespanne zusätzl. 1,50 € für den Pkw.
Kontakt: Hofgut Hopfenburg, ☎ 07381/93119311, info@hofgut-hopfenburg.de, www.hofgut-hopfenburg.de.
Distanz: 0 km.
Gastro: Hofladen. Pizza zur Abholung. Frühstücksbuffet nach Reservierung. Brötchenservice.
Freizeit: Besuch der Esel, Schafe und Rinder, Veranstaltungen und Kurse für Erw. und Kinder, geführte Eselwanderungen.
POI: Schloss und Gedenkstätte Grafeneck, Biosphärenzentrum Schwäbische Alb, Bad Urach, Wimsener Höhle.

72525 Münsingen — €10,00

Wohnmobilstellplatz im Wiesental, Grafenecker Straße, ☎ 07381/182145 — <10m
Am westlichen Ortsrand, bei den Sportanlagen am Wiesentalstadion

2022 geprüft

POS: 48°24'33.82"N/9°29'10.32"E, Karte D14 (S. 17), G2
Platz: P = 26 auf Schotter. CHEM GRAU. Ganzjährig geöffnet.
Preis: 10 € inkl. Strom, Entsorgung. Wasser 1 €/100 l. Zahlbar beim Kassierer am Platz, alternativ in der Touristik Information, Hauptstr. 13.
Kontakt: Touristik Information, ☎ 07381/182145, touristinfo@muensingen.de, www.muensingen.com.
Distanz: Ⓗ 0,2 km, 0,7 km, 0,7 km, weitere Restaurants in 2 km, 1 km.
Gastro: Pizzaservice Della Rocca (am Sportheim).
Freizeit: 0,5 km. Stadtführungen, Führungen auf dem ehem. Truppenübungsplatz (Apr-Okt), Wandern, Mountainbiking, Mountainbike-Parcours, Freibad 0,3 km, Thermalbad Bad Urach 15 km.
POI: Hist. Altstadt Münsingen 0,7 km, ehem. Truppenübungsplatz Münsingen 4 km, Großes Lautertal 5 km, Gedenkstätte und Dokumentationszentrum Grafeneck 6 km, Haupt- und Landgestüt Marbach 8 km.

72525 Münsingen-Buttenhausen — €8,00

Ferienhof Holzschuh, Fladhof 1, ☎ 07383/1474 — <12m
Bewirtschafteter Bauernhof mit Tierhaltung in Einzellage, auf der Albhochfläche

2020 geprüft

POS: 48°21'15.93"N/9°27'25.32"E, Karte D14 (S. 17), G2
Platz: = 4, = 2 (<12 m) auf Wiese, Schotter. CHEM. Anfahrt 24 h. Für Reisemobiltreffen geeignet. Ganzjährig geöffnet.
Preis: 8 € inkl. Wasser, Entsorgung, Müll-Entsorgung, WLAN. Strom 3 €/24 h.
Kontakt: Helmut und Elke Holzschuh, ☎ 07383/1474, info@fladhof1.de, www.fladhof1.de.
Distanz: 2 km, 2 km, Ⓗ 2 km, 10 km.
Gastro: Gasthof Adler 2,5 km.
Freizeit: 9 km, 7 km, 6 km. Hofführung/Mitarbeit nach Absprache, Wandern, Radfahren, Bootsverleih an der Lauter (wochentags von Jul-Sep) 6 km, Bären- und Nebelhöhle mit Kinderpark 17 km, Wasserhöhle bei Wimsen (mit dem Boot befahrbar) 18 km.
POI: Burgen im Lautertal ab 2 km, Haupt- und Landesgestüt Marbach 7 km.

72525 Münsingen-Gundelfingen — €10,00

Wohnmobilstellplatz Heiligental, Wittstaig, ☎ 07381/182145 — <10m
Wanderparkplatz im Großen Lautertal im Biosphärengebiet Schwäbische Alb

2022 geprüft

POS: 48°18'57.53"N/9°30'25.84"E, Karte D14 (S. 17), G2
Platz: P = 4 auf Schotter. WC GRAU. Aufenthalt max. 10 Tage, WC saisonal geöffnet. Ganzjährig geöffnet.
Preis: 10 € inkl. Strom, Entsorgung. Wasser 1 €/100 l. 10 €/1 Nacht, 20 €/2 Nächte, 25 €/3 Nächte. Bezahlung in bar bei Anreise bei der Touristik Information Münsingen, Hauptstr. 13 oder per Einwurf in den Briefkasten vor Ort (auf Vertrauensbasis).
Kontakt: Touristik Information Münsingen,

M

☎ 07381/182145, touristinfo@muensingen.de, www.muensingen.com.
Distanz: 0,5 km, 13,6 km.
Gastro: Bauhofstüble (saisonal geöffnet). Land- und Ferienhotel Wittstaig (auch Übernachtungsmöglichkeiten). Bootshaus an der Lauter 2,4 km.
Freizeit: Mountainbiken, Liegewiese mit Grillplatz, Premiumwanderweg „hochgehswiggert" (bis zur Burgruine Hohengundelfingen weiter zur Burg Derneck), Kanuverleih über www.kanutouren.com 2,4 km.
POI: Burg Hohengundelfingen 0,8 km, Burg Derneck 1,4 km, Wimsener Höhle 10,8 km (nur mit dem Boot befahrbar), Münsingen historische Altstadt 14,8 km, Haupt- und Landgestüt Marbach 16,9 km.

72525 Münsingen-Trailfingen €10,00

Wohnmobilstellplatz Trailfingen/Gruorn, Tragolfstraße 59, ☎ 07381/4182 Im Herzen des Biospärengebiets Schwäbische Alb <10m

POS: 48°26'1.77"N/9°30'10.84"E, Karte D14 (S. 17), G2
Platz: = 14 auf Schotter. CHEM GRAU. Ganzjährig geöffnet.
Preis: 10 €. Strom 2 €/3,4 kWh.
Kontakt: Jochen Ostertag, ☎ 07381/4182, 07381/4193, Mobil: 0162/6280023, info@womo-stellplatz-trailfingen-gruorn.de, www.womo-stellplatz-trailfingen-gruorn.de.
Distanz: 0,2 km, 4 km, 4 km, 4 km.
Gastro: Di-So Frühstückservice, Bestellung über www.moritz-stadtcafe.de. Brötchenservice.
Freizeit: 4 km, 4 km. Radfahren und Wanderungen im Biosphärengebiet Schwäbische Alb, 0,5 km.
POI: Ermstal mit Bad Urach – Metzingen – Ruine Hohenurach - Ruine Hohenwitlingen, ehem. Truppenübungsplatz mit ehem. Dorf Gruorn (Kirche und bewirtschaftetes Museumsgebäude), Großes Lautertal mit Burgruinen, hist. Altstadt Münsingen mit Stadtmuseum im Schloss, Trailfinger Schlucht mit Ermsursprung , Biosphärenzentrum Schwäbische Alb 7,5 km.

29633 Munster gratis

Wohnmobilstellplatz am Allwetterbad, Dr. Hermann-Marcks-Straße 14, ☎ 05192/89980 Am Allwetterbad an der Wendeplatte <8m

2021 geprüft

POS: 52°59'1.19"N/10°5'55.49"E, Karte D6 (S. 9), G1
Platz: = 3 auf Asphalt. Ganzjährig geöffnet.
Preis: Übernachtung gratis.
Kontakt: Munster Touristik, ☎ 05192/89980, info@munster-touristik.de, www.munster.de.
Distanz: 0,5 km, 0,7 km, weitere Restaurants in 1 km, 1 km, 1 km, 10,3 km (Campingplatz Zum Oertzewinkel, Kreutzen 22, 29633 Munster).
Gastro: Vereinsheim Sportverein. Kiosk im Allwetterbad. Weitere Restaurants in näherer Umgebung.
Freizeit: Schwimmen, Radfahren, Wandern in der Dethlinger Heide, 6 km, Minigolfanlage 0,3 km, Wildgehege im Oertzetal 1 km, Golfplatz 7 km.
POI: Altdorfanlage Ollershof 0,6 km, Deutsches Panzermuseum 1 km, Schafstallkirche St. Martin 3 km, Naturpark Lüneburger Heide 25 km.

48145 Münster gratis

Wohnmobilstellplatz am Ostbad, Mauritz-Lindenweg/Ecke Manfred-von-Richthofen-Straße, ☎ 0251/4922710 Auf dem öffentlichen Parkplatz des Hallenbades Ost <8m

2022 geprüft

POS: 51°57'33.78"N/7°39'30.52"E, Karte D5 (S. 8), C3
Platz: = 10 auf Asphalt. Ganzjährig geöffnet.
Preis: Übernachtung gratis.
Kontakt: Münster Marketing, ☎ 0251/4922710, info@stadt-muenster.de, www.stadt-muenster.de.
Distanz: 2,5 km.
Gastro: Cafe/Restaurant Garbo. Gaststätte Mauritz Eck.
Freizeit: Münsteraner Krimi-Tour, Stadtbesichtigung.
POI: Stadt und Museum Münster, Prinzipalmarkt mit Lambertikirche, Rathaus und Stadthausturm, Domplatz, Erbdrostenhof.

48157 Münster €18,00

Campingplatz Münster, Laerer Werseufer 7, ☎ 0251/311982 Neben dem Freibad Stapelskotten <10m

POS: 51°56'47.77"N/7°41'27.36"E, Karte D5 (S. 8), C3
Platz: = 22 auf Schotterrasen, Wiese, Schotter. WC CHEM GRAU. nur bei Gruppen. Anfahrt 7:00-20:30 Uhr. Ganzjährig geöffnet.
Preis: 18 € inkl. Strom, WC, Kurtaxe. Jede weitere Pers. 8 €, Kind (12-17 J.) 6,50 €, Kind (4-11 J.) 5,50 €, Wasser 0,50 €/3 min, Entsorgung 1 €, Dusche 0,50 €/3,5 min, WLAN 3 €/Tag.
Kontakt: Campingplatz Münster, Familie Kampert, ☎ 0251/311982, mail@campingplatz-muenster.de, www.campingplatz-muenster.de.
Distanz: 0,1 km, 0,2 km, 1 km, 4,5 km.
Gastro: Gaststätte Wersetiger, Mo-Sa 17:00-21:30 Uhr, So 12:00-21:30 Uhr.
Freizeit: 0,1 km, 1,5 km.
POI: Freilichtmuseum Mühlenhof, mittelalterlicher Stadtkern Münster 5 km.

48157 Münster €15,00

Haus Coerde, Coermühle 50 f, ☎ 0251/32228333 Histor. Hofanlage <10m

POS: 52°0'28.21"N/7°37'35.89"E, Karte D5 (S. 8), C3
Platz: = 2, = 1 (<10 m) auf Pflaster. =3 WC. Geöffnet: Apr-Okt.
Preis: 15 € inkl. Strom, WC, Müll-Entsorgung.
Kontakt: Haus Coerde eG, Petra Hübner, ☎ 0251/32228333, info@haus-coerde.de, www.haus-coerde.de.
Distanz: 0,5 km, weitere Restaurants in 1 km, 0,8 km, 2,5 km, 6 km.
Freizeit: 5 km, 2,5 km, 1,5 km. Kanu fahren, Stadtbesichtigung, Rieselfelder Europa Reservat 3 km, Allwetterzoo Münster 8,3 km.
POI: Altstadt Münster 6 km.

56294 Münstermaifeld gratis

Wohnmobilstellplatz Erlebnisbad-Maifeld, Pilligertorstraße, ☎ 02605/4707 Mit Aussicht bis zur Burg Pyrmont <8m neu

POS: 50°14'43.04"N/7°21'30.53"E, Karte D9 (S. 12), C3
Platz: = 3 auf Pflaster. Geöffnet: Anfang Sep-Mitte Mai (außerhalb der Freibadsaison).
Preis: Übernachtung gratis.
Kontakt: Info-Büro Münstermaifeld, ☎ 02605/4707, info@muenstermaifeld.de, www.muenstermaifeld.de.
Distanz: 0,4 km, 0,4 km, 0,6 km.
Freizeit: Pyrmonter Felsensteig, Maifeld-Radwanderweg, Stadt- und Kirchenführungen, Traumpfad Eltzer Burgpanorama.
POI: Bauernmuseum, Heimat- und Erlebnismuseum, Stiftskirche 0,4 km, historische Höfe und Stadthäuser Münstermaifeld 0,5 km, Archäologisches Museum Maifeld 0,6 km, Burg Eltz 5 km.

M

56294 Münstermaifeld gratis

Wohnmobilstellplatz Stadthalle, An den Gärten 6, ☎ 02605/4707 Zentrumsnah an der Stadthalle <8m neu

2022 geprüft

POS: 50°14'44.46"N/7°22'4.95"E, Karte D9 (S. 12), C3

Platz: = 2 auf Pflaster. . Nachts beleuchtet. Ganzjährig geöffnet.
Preis: Übernachtung gratis.
Kontakt: Info-Büro Münstermaifeld, 02605/4707, info@muenstermaifeld.de, www.muenstermaifeld.de.
Distanz: 0,2 km, 0,3 km, 0,4 km, 0,8 km.
Gastro: Löffel´s Landhaus 0,3 km.
Freizeit: 0,5 km. Maifeld-Radwanderweg, Stadtbesichtigung, Pyrmonter Felsensteig, Mosel 5 km.
POI: Archäologische Museum Maifeld, historische Gebäude Münstermaifeld, Bauernmuseum, Heimat- und Erlebnismuseum, Stiftskirche St. Martin 0,2 km, Burg Eltz 5 km.

35516 Münzenberg — gratis — <10 m

Wohnmobilstellplatz an der Sporthalle, Am Viehtrieb, 06033/96030
Am Ortsrand an der Sporthalle, in der Nähe der Autobahn

2022 geprüft

POS: 50°27'25.51"N/8°46'20.52"E, Karte D10 (S. 13), E2
Platz: = 5 auf Schotter. . Aufenthalt max. 3 Tage. Ganzjährig geöffnet.
Preis: Übernachtung gratis.
Kontakt: Stadtverwaltung Münzenberg, 06033/96030, info@muenzenberg.de, www.muenzenberg.de.
Distanz: 0,1 km, 0,2 km.
Gastro: Gasthaus zur Burg 1 km. Gasthaus Zum Löwen 0,4 km.
POI: Geologischer Garten, Burgruine.

79730 Murg — €15,00 — <12 m

Stellplatz am Naturerlebnisbad, Am Freibad, 07763/9300
Am Rhein in ruhiger Lage

2021 geprüft

POS: 47°33'7.30"N/8°1'26.53"E, Karte D13 (S. 16), D5
Platz: = 15 auf Schotter. =15 CHEM GRAU . Ganzjährig geöffnet.
Preis: 15 € inkl. Entsorgung, Müll-Entsorgung, WLAN. Strom 0,50 €/kWh, Wasser 1 €/100 l.
Kontakt: Gemeindeverwaltung Murg, 07763/9300, post@gemeinde-murg.de, www.murg.de.
Distanz: 0,4 km, 0,5 km, 0,8 km, 0,8 km.
Gastro: Kiosk mit Bewirtung in den Sommermonaten.
Freizeit: Planwagenfahrten, Naturerlebnisbad, Kanutouren/Kanuverleih, Wandern/Radfahren im wildromantischen Murgtal 1 km, Therme/Sauna 6 km.

82418 Murnau am Staffelsee — €5,00 — <10 m

Wohnmobilstellplatz am Bahnhof, Seehauser Straße, 08841/489290
In zentraler Lage am P+R Parkplatz am Bahnhof

2022 geprüft

POS: 47°41'3.80"N/11°11'34.40"E, Karte D15 (S. 18), B4
Platz: = 4 auf Asphalt. =6 CHEM GRAU. Aufenthalt max. 72 h. Ganzjährig geöffnet.
Preis: 5 € inkl. Entsorgung. Strom 1 €/2 kWh, Wasser 1 €/100 l.
Kontakt: Gemeindewerke Murnau, 08841/489290, info@gw-murnau.de, www.murnau.de.
Distanz: 0,1 km, 0,5 km, 0,7 km, 1,5 km.
Gastro: Brötchen im Bahnhofsbistro.
Freizeit: 1,2 km. Wander-/Radtouren, Strandbad am Staffelsee 0,8 km.
POI: Staffelsee 0,7 km, Schlossmuseum Murnau 0,9 km, denkmalgeschützte Fußgängerzone 0,9 km, Münter Haus 1,3 km, Murnauer Moos 2,6 km.

71711 Murr — gratis — <10 m

Parkplatz bei den Sportanlagen, Im Murrtal, 07144/26990
Gekennzeichnete Stellplätze an der Murr

POS: 48°57'44.85"N/9°15'46.76"E, Karte D14 (S. 17), F1
Platz: = 3 auf Asphalt. . Ganzjährig geöffnet.
Preis: Übernachtung gratis.
Kontakt: Gemeinde Murr, 07144/26990, rathaus@gemeinde-murr.de, www.gemeinde-murr.de.
Distanz: 0,1 km, weitere Restaurants in 0,2 km, 0,5 km, 0,5 km, 0,5 km, 3,3 km (Gruppenklärwerk Häldenmühle an der L 1100 zwischen Marbach und Murr, In der Au 3, 71672 Marbach am Neckar).
Gastro: Mehrere Gasthäuser im Ort.
Freizeit: 6 km, 8 km, 3 km. Radfahren, Wandern, Alb-Neckar-Radweg 0,1 km.
POI: Urmensch-Museum und Museum zur Kloster- und Stadtgeschichte in Steinheim 2 km, Schillers Geburtshaus und Literaturmuseen in Marbach 4 km.

71540 Murrhardt — gratis — <10 m

Wohnmobilstellplatz bei der Festhalle, Helmut-Götz-Straße 3, 07192/213777 Ausgewiesene Stellplätze auf dem Parkplatz nahe Ortsmitte

POS: 48°58'46.00"N/9°34'29.00"E, Karte D14 (S. 17), G1
Platz: = 3 auf Rasengittersteinen. CHEM GRAU. VE zwischen dem Gebäude St. Maria Murrhardt und der Festhalle (50 m). Ganzjährig geöffnet.
Preis: Übernachtung gratis inkl. Entsorgung. Wasser 1 €/90 l.
Kontakt: Tourist-Information, 07192/213777, touristik@murrhardt.de, www.murrhardt.de.
Distanz: 0,3 km, 0,4 km, 0,4 km, 0,5 km.
Freizeit: 2 km, 0,5 km. Historische Stadtführung, 0,2 km, Tennisplatz 2 km, Waldsee 6 km, Golfplatz 10 km.
POI: Carl-Schweizer-Museum und Städtische Kunstsammlung in Murrhardt 0,3 km, Römerbad 0,8 km, Naturparkzentrum 0,9 km, Villa Franck 1 km, Limes-Wachtürme 2 km, Hörschbach-Wasserfälle 3 km.

N

72202 Nagold — €5,00 — <8 m

Wohnmobilhafen am Nagoldtal-Radweg, Am Glockenrain, 07452/681135
Am Ufer der Nagold in Stadtrandlage

2021 geprüft

POS: 48°33'53.00"N/8°43'18.00"E, Karte D14 (S. 17), E2
Platz: = 16 auf Schotter. =6 (16 A) CHEM. Aufenthalt max. 4 Tage. Ganzjährig geöffnet.
Preis: 5 €. Strom 1 €/kWh, Wasser 1 €/80 l, Entsorgung 1 €.
Kontakt: Stadt Nagold, 07452/681135, tourismus@nagold.de, www.nagold.de/tourismus.
Distanz: 0,6 km, 1,7 km, 1,7 km, 1,7 km.
Freizeit: 2 km, 2 km. Nagoldtal-Radweg, Stadtführungen 1 km, Bootsverleih an der Nagold 1,4 km.
POI: Burgruine Hohennagold 1 km, Keltische Höhensiedlung am Archäologischen Wanderweg 1 km.

72202 Nagold — gratis — <8 m

Wohnmobilstellplatz am Bahnhof, Bahnhofstraße, 07452/681135
Zentrumsnahe Stellflächen am Bahnhof

POS: 48°33'27.85"N/8°43'38.81"E, Karte D14 (S. 17), E2
Platz: = 10 auf Asphalt. . 24 h geöffnet. Ganzjährig geöffnet.
Preis: Übernachtung gratis.
Kontakt: Stadt Nagold, 07452/681135, tourismus@nagold.de, www.nagold.de/tourismus.
Distanz: 0,2 km, 1,2 km.

Gastro: Restaurant Eisenbahn.
Freizeit: 2,8 km, 2,8 km. Stadtführungen, Wandern, Nagoldtal-Radweg 0,5 km, Bootsverleih an der Nagold 1,5 km.
POI: Altstadt, Burgruine Hohennagold 1,5 km, Keltische Höhensiedlung am Archäologischen Wanderweg 1,5 km.

95119 Naila — gratis

Parkplatz am Bahnhof, Christian-Schlicht-Straße, ☎ 09282/6829 — <8 m
Öffentlicher Parkplatz links vom Bahnhof, zwischen Bahnhof und Staatsstraße

2020 geprüft

POS: 50°19'50.00"N/11°42'41.00"E, Karte D11 (S. 14), C2
Platz: = 5 auf Pflaster. CHEM GRAU. Geräusche durch Bahnverkehr 5:00-23:00 Uhr. Ganzjährig geöffnet.
Preis: Übernachtung gratis. Wasser 1 €/5 min, Entsorgung 1 €.
Kontakt: Tourismus Service Ferienregion Selbitztal-Döbraberg, ☎ 09282/6829, ferienregion@selbitztal.de, www.selbitztal.de.
Distanz: Ⓗ 0 km, 0,3 km, 0,4 km.
Gastro: Bistro Gleis Eins, Fr-Di 17:00-21:00 Uhr.
Freizeit: 1 km, 10 km. Ski-Langlauf, Kegelbahnen, Infozentrum Naturpark Frankenwald am Bahnhof, Minigolf, Geopfad, Fränkischer Gebirgsweg 3 km.
POI: Kirchen und Museum in Naila, Weberhaus in Marlesreuth 4 km, Geologische Gesteinsfalte in Culmitz 5 km.

66907 Nanzdietschweiler — gratis

Multifunktionsplatz am Sportplatz, Hauptstraße/Sportplatz, ☎ 0151/16549925 — <8 m
Ruhig und zentrumsnah am Glan-Blies-Radweg

POS: 49°26'27.00"N/7°26'6.00"E, Karte D9 (S. 12), C5
Platz: = 2 auf Pflaster. CHEM GRAU. Nachts beleuchtet, kein Schatten. Ganzjährig geöffnet.
Preis: Übernachtung gratis inkl. Entsorgung. Strom 1 €, Wasser 1 €.
Kontakt: ☎ 0151/16549925, buergermeister@nanzdietschweiler.de, www.nanzdietschweiler.de.
Distanz: 0,5 km.
Freizeit: Radfahren, Glan-Blies Radweg, Angeln, Erlebnisspielraum, Beachvolleyballanlage.
POI: Dietschweiler Mühle 0,5 km, Schöneberg-Kübelberg 8 km.

56377 Nassau/Lahn — gratis

Wohnmobilstellplatz Nassau, Leifheitstraße, ☎ 02604/95250 — <8 m
Gegenüber dem Großraumparkplatz am Freibad

2020 geprüft

POS: 50°18'41.41"N/7°47'50.64"E, Karte D9 (S. 12), C2
Platz: = 6 auf Asphalt. WC CHEM GRAU. Eisenbahn in Hörweite. Campingverhalten nicht erlaubt. Ganzjährig geöffnet.
Preis: Übernachtung gratis inkl. Entsorgung. Wasser 1 €/100 l.
Kontakt: Tourist-Information Nassau, ☎ 02604/95250, info@badems-nassau.info, www.badems-nassau.info.
Distanz: 0,2 km, 0,4 km, 0,4 km, Ⓗ 0,4 km.
Gastro: Mehrere Restaurants im Zentrum.
Freizeit: 0,4 km. Stadt-/Burgführungen, weingeschichtliche Führungen, Paddeln, Kanu fahren.
POI: Rathaus im Fachwerkstil 0,3 km, Fahrt mit dem Hausboot Huckleberry Inn (Kanucharter) 0,3 km, Steinsche Burg 0,6 km, Burg Nassau 1,3 km.

89564 Nattheim — gratis

Mobilparkplatz beim Ramensteinplatz, Dieselstraße, ☎ 07321/97840 — <12 m
Übernachtungsplatz zwischen Ramensteinbad und -halle

POS: 48°42'8.37"N/10°14'13.46"E, Karte D14 (S. 17), H2
Platz: = 4 auf Schotter, Rasengittersteinen. CHEM. Aufenthalt max. 3 Tage, Nachtruhe ab 22:00 Uhr. Schlüssel für Wasserentnahme beim Bademeister im Hallenbad. Ganzjährig geöffnet. Ausnahmen: bei örtlichen Veranstaltungen Zufahrt nicht möglich.
Preis: Übernachtung gratis inkl. Wasser, Entsorgung, Müll-Entsorgung. Strom 1 €/2 kWh.
Kontakt: Gemeinde Nattheim, ☎ 07321/97840, info@nattheim.de, www.nattheim.de.
Distanz: 0,2 km, Ⓗ 0,5 km, 0,5 km, 0,5 km.

Gastro: Mehrere Restaurants im Ort.
Freizeit: 8 km.
POI: Korallen-/Heimatmuseum, Modelleisenbahnanlage 0,2 km, Schloss Hellenstein mit Kutschenmuseum 5 km, Abteikirche in Neresheim 8 km.

06628 Naumburg-Saaleck — €13,00

Wohnwagen-Stellplatz am Saalebogen, Stendorf 14, ☎ 0162/1685284 — <12 m
Auf einem weitläufigen Privatgrundstück an der Saale

2021 geprüft

POS: 51°6'48.95"N/11°41'45.32"E, Karte D7 (S. 10), C5
Platz: = 18 auf Wiese, Kiesel. CHEM GRAU. Ganzjährig geöffnet.
Preis: 13 € inkl. Wasser, Entsorgung, Müll-Entsorgung. Strom 3 €, Dusche 1 €/6 min. Zusätzlicher Pkw oder Anhänger 3 €.
Kontakt: Steffen Schepers, Mobil: 0162/1685284, info@wohnmobil-stellplatz-saale-unstrut.de, www.wohnmobil-stellplatz-saale-unstrut.de.
Distanz: Ⓗ 0,1 km, 0,5 km, weitere Restaurants in 0,8 km, 0,5 km, 3,5 km.
Gastro: Gasthaus Himmelreich.
Freizeit: 6 km, 5 km, 4 km. Kremserfahrt, Angeln, Kanu fahren, Motorbootfahrt.
POI: Burg Saaleck 1,2 km, Rudelsburg 2,4 km, Gradierwerk 3 km, Puppenmuseum 3 km.

N

06618 Naumburg/Saale — gratis

Parkplatz Hallesche Straße, Hallesche Straße (Abzweig Hallescher Anger), ☎ 03445/273125 — <8 m — neu
Am Stadtrand, nah am Naumburger Blütengrund

POS: 51°9'44.02"N/11°49'21.45"E, Karte D7 (S. 10), C5
Platz: = 8 auf Asphalt. Ganzjährig geöffnet.
Preis: Übernachtung gratis. Strom über Münzautomat.
Kontakt: Stadt Naumburg, ☎ 03445/273125, tourismus@naumburg.de, www.naumburg.de.
Distanz: 1 km, 1,4 km, 0,1 km, weitere Restaurants in 0,8 km.
Gastro: Imbiss in der Nähe.
Freizeit: Saale-Unstrut Radweg, Naturpark Saale-Unstrut-Triasland 3 km, Weinbaugebiet Saale-Unstrut 3 km, Sport- und Freizeitbad bulabana 4,6 km.
POI: Denkmalgeschützte Altstadt 1,4 km, Dom St. Peter und Paul, Hildebrandt-Orgel, Nietzsche-Haus 1,6 km.

06642 Nebra/Unstrut gratis

Wohnmobilstellplatz Arche Nebra, An der Steinklöbe 16, ☎ 034461/25520 <8m

Auf einem Parkplatz am Ortsrand

POS: 51°16'23.08"N/11°32'20.60"E, Karte D7 (S. 10), B5
Platz: = 4 auf Rasengittersteinen, Pflaster. Überwiegend eben, teils schattig. Ganzjährig geöffnet.
Preis: Übernachtung gratis.
Kontakt: ☎ 034461/25520, info@himmelsscheibe-erleben.de, www.himmelsscheibe-erleben.de.
Distanz: 0 km.
Gastro: Restaurant und Biergarten.
Freizeit: Unstrut-Radweg, Besuch des Arche-Nebra-Museums, Himmelscheiben-Radweg, Naturpark Saale-Unstrut-Triasland, Kanu fahren.
POI: Arche Nebra, Fundort der Himmelsscheibe 3 km.

74924 Neckarbischofsheim gratis

Wohnmobilplatz Neckarbischofsheim, Ablassweg/Schwimmbadweg, ☎ 07263/6070 <8m

Angelegter Reisemobilplatz in zentraler Lage

POS: 49°17'37.00"N/8°58'6.00"E, Karte D10 (S. 13), F5
Platz: = 5 auf Schotter. WC GRAU. WC (Mai-Sep) im August-Schütz-Freibad gegenüber gegen Gebühr. Ganzjährig geöffnet.
Preis: Übernachtung gratis.
Kontakt: Stadt Neckarbischofsheim, ☎ 07263/6070, info@neckarbischofsheim.de, www.neckarbischofsheim.de.
Distanz: 0,2 km, Ⓗ 0,3 km, 0,3 km, 0,3 km, weitere Restaurants in 5 km.
Freizeit: 0,1 km, 0,1 km. Stadtführung nach Voranmeldung, Freizeit- und Erholungsstätten 0,1 km, Badewelt Sinsheim 11,1 km.
POI: Fünfeckiger Turm und Altes Schloss 0,3 km, 5 Kirchen in Neckarbischofsheim 0,3 km, Klima Arena Sinsheim 11 km, Auto-Technik-Museum Sinsheim 12 km.

Unsere Korrespondenten sind fast das ganze Jahr unterwegs, um für Sie, liebe Leserin und Leser, aktuelle Daten zu recherchieren und über Neuerungen zu berichten. Sie sind damit eine wertvolle Ergänzung des Redaktionsteams, um den Bordatlas zu einem unentbehrlichen Standardwerk für alle Wohnmobilfahrer zu machen.

74172 Neckarsulm gratis

Stellplatz beim Aquatoll, Reisachmühlweg, ☎ 07132/20000 <8m

Parkplatz P3 unterhalb des Freizeitbades

POS: 49°11'17.52"N/9°14'28.34"E, Karte D10 (S. 13), F5
Platz: P = 25 auf Schotter. CHEM GRAU. Aufenthalt max. 24 h. Beleuchtet. Ganzjährig geöffnet.
Preis: Übernachtung gratis. Wasser 1 €/60 l.
Kontakt: ☎ 07132/20000, info@aquatoll.de, www.aquatoll.de.
Distanz: 0,5 km, weitere Restaurants in 1 km, Ⓗ 0,5 km, 1 km, 2 km.
Freizeit: Freizeitbad Aquatoll geschlossen, nur Sportbad geöffnet.
POI: Zweirad- und NSU-Museum 2 km.

74382 Neckarwestheim gratis

Sport- und Freizeitgelände Bühl, Liebensteinerstraße, ☎ 07133/1840 <6m

Unterhalb von Weinbergen mit Blick auf Schloss Liebenstein

POS: 49°2'30.64"N/9°11'16.53"E, Karte D14 (S. 17), F1
Platz: P = 2 auf Pflaster. =4 (10 A) CHEM. Ganzjährig geöffnet.
Preis: Übernachtung gratis. Strom 2 €/8 h, Wasser 2 €/32 min. 3 Tage kostenlos, ab dem 4. Tag 25 €.
Kontakt: Bürgermeisteramt Neckarwestheim, ☎ 07133/1840, info@neckarwestheim.de, www.neckarwestheim.de.
Distanz: 0,5 km, 1 km, Ⓗ 1 km, 1 km.
Gastro: Panorama Bar Restaurant Stavros. Neckar Grill. Restaurant Schloss Liebenstein.
Freizeit: 7 km, 10 km. Wander-/Radwegenetz, Mitarbeit bei der Weinlese nach Absprache, Golfplatz, Freizeitpark Tripsdrill 15 km.
POI: Schloss Liebenstein 1 km, Stadt Lauffen 7 km.

74865 Neckarzimmern €15,00

Wohnmobilstellplatz/Camping Cimbria, Wiesenweg 1, ☎ 06261/2562 <12m neu

Direkt am Neckar und der Burgenstraße

POS: 49°19'9.44"N/9°7'30.10"E, Karte D10 (S. 13), F5
Platz: P = 70 auf Wiese. =6 A WC CHEM GRAU. Slipanlage. R wird empfohlen. Nur für autarke Fahrzeuge. Geöffnet: 1.4.-31.10.
Preis: Ab 15 € inkl. Wasser, Entsorgung, Müll-Entsorgung, WLAN. Strom 2,50 €, Dusche 2,50 €, Hund 2,50 €, Schwimmbadbesuch 2,50 €/Tag. Je nach Fahrzeuglänge 15 €/8 m, 17,50 €/10 m, 25 €/> 10 m.
Kontakt: Wohnmobilstellplatz/Camping Cimbria, Marta Balcer, ☎ 06261/2562, Mobil: 0160/4278649, info@cimbria-camping.de, www.cimbria-camping.de.
Distanz: 0 km, 0,6 km, 3 km.
Gastro: Marta's Bistro mit Biergarten. Brötchenservice.
Freizeit: Rad- und Wanderwege.
POI: Naturschutzgebiet Auweinberge 1,5 km, Burg Hornberg 1,8 km, Margaretenschlucht 11,8 km, Auto und Technik Museum Sinsheim 30 km.

56858 Neef €11,00

Wohnmobil-Stellplatz am Frauenberg, Moseluferstraße, ☎ 06542/1814055 <12m

Unter Bäumen, zwischen Spiel- und Sportplatz am östlichen Moselufer

2021 geprüft

POS: 50°5'41.01"N/7°8'14.14"E, Karte D9 (S. 12), B3
Platz: = 120 auf Schotterrasen, Wiese. =42 (10 A) CHEM GRAU. Geräusche der Bahnlinie hörbar. Geöffnet: 1.4.-31.-10.
Preis: 11 € inkl. Wasser, Entsorgung. Strom 2 €, VE für Durchreisende 3 €.
Kontakt: Tourist-Information, ☎ 06542/1814055, touristinfo@neefmosel.de, www.neefmosel.de.
Distanz: 0,2 km, 0,3 km, weitere Restaurants in 0,5 km, Ⓗ 0,5 km, 4 km.
Gastro: Täglicher Brötchenservice.
Freizeit: 10 km, 10 km, 1 km. Angeln an der Mosel, zahlreiche Wanderwege 0,3 km, Weinprobe 0,5 km, Calmont – steilster Weinberg Europas 2 km.
POI: Klosterruine Stuben 1,5 km.

24326 Nehmten-Godau €10,00

Camping Godau, Störlandweg 1, ☎ 0152/22972745 <12m

Am Großen Plöner See, in sehr ruhiger Lage

POS: 54°7'18.14"N/10°23'29.23"E, Karte D2 (S. 5), H3
Platz: = 15, = 10 (<12 m) auf Wiese. WC CHEM GRAU. R Aufenthalt max. 3 Nacht. Geöffnet: Ende März-31.10.
Preis: 10 € inkl. Wasser, Entsorgung. Strom 3 €. Preisänderungen für 2023 vorgesehen.
Kontakt: Falk Mahnke, Mobil: 0152/22972745, info@camping-ploener-see.com, camping-ploener-see.com.
Distanz: 0,5 km, Ⓗ 0,5 km, 5 km, 10 km.
Freizeit: 15 km, 5 km. Badesee.
POI: Schloss Plön 15 km.

72147 Nehren — gratis

Wohnmobilstellplatz in den Steinlach-Auen, Steinlach, ☎ 07473/37850 <10 m
In ruhiger Lage beim Tennisclub

2021 geprüft

POS: 48°26'17.00"N/9°3'16.00"E, Karte D14 (S.17), F2
Platz: = 8 auf Schotterrasen. =8 CHEM GRAU. Aufenthalt max. 4 Nächte. Ganzjährig geöffnet.
Preis: Übernachtung gratis. Strom 1 €/kWh, Wasser 1 €, Entsorgung 1 €.
Kontakt: ☎ 07473/37850, info@nehren.de, www.nehren.de.
Distanz: 0,3 km, 1,8 km, 1,8 km.
Freizeit: Tennis, Premiumwanderweg Firstwaldrunde, SV Nehren Sportheim, Dorfführungen, Lehrschwimmbecken 2 km.
POI: Historischer Ortskern mit Veitskirche 1,5 km.

74336 Neipperg — €19,50

Wohnmobilstellplatz Manfred Reiner, Heuhölzle 1, ☎ 07135/7516 <8 m neu
In der Natur, umgeben von Weinbergen, Streuobstwiesen und Wäldern

POS: 49°6'26.63"N/9°2'39.81"E, Karte D14 (S.17), F1
Platz: P = 5 auf Schotterrasen, Kiesel. WC CHEM GRAU. Überdachte Pergola mit Sitzgelegenheit, Holzkohlegrill. P Platz ist beleuchtet. Dusche/Toilette im Untergeschoss des Wohnhauses. Hund nach vorheriger Rücksprache erlaubt. Ganzjährig geöffnet.
Preis: 19,50 € inkl. Strom, Wasser, Entsorgung, Dusche, WC, WLAN. Jede weitere Pers. 3 €. Strom 5 kWh inkl., bei Nutzung einer Klimaanlage Aufpreis.
Kontakt: Manfred und Ute Reiner, ☎ 07135/7516, Mobil: 0172/7609152, fewo.heuhoelzle@gmail.com, www.ferienwohnung-heuhoelzle.de.
Anfahrt: Navi: Friedenstraße, dann der Beschilderung Ferienwohnung Heuhölzle folgen.
Distanz: 0,3 km, 0,4 km, weitere Restaurants in 0,6 km.
Gastro: Mehrere Restaurants ab 0,4 km.
Freizeit: Kelterfest in Neipperg (am letzten WE im August), Technikmuseum Sinsheim, Natur und Wein - Wandern und feiern in den Weinbergen im Juni, Erlebnispark-Tripsdrill 12,4 km, Bad am Viadukt in Bietigheim-Bissingen 24 km, Croco-Island Indoor-Spielplatz Großbottwar 27 km, Greifenwarte Burg Guttenberg Gundelsheim 27,4 km.
POI: Neckarsulm Audi-Forum 23 km, Besuchersalzbergwerk in Bad Friedrichshall 28 km.

03159 Neiße-Malxetal — gratis

Wohnmobilstellplatz am Torhaus, Zelz Nr. 1, ☎ 035600/36870 Auf einem öffentlichen Parkplatz in Zelz <8 m neu

POS: 51°37'7.76"N/14°45'45.42"E, Karte D8 (S.11), G3
Platz: P = 7 auf Schotterrasen. Aufenthalt max. 1-2 Nächte. Kein Winterdienst auf dem Parkplatz. Ganzjährig geöffnet.
Preis: Übernachtung gratis.
Kontakt: Amt Döbern-Land, Jana Bahlo, ☎ 035600/36870, 035600/368787, j.bahlo@amt-doebern-land.de, www.amt-doebern-land.de.
Gastro: Café Zum Alten Zollhaus (Saisonbetrieb).
Freizeit: Oder-Neiße-Radweg, Themenradweg Jerischker Endmoräne-/Neißetaltour.
POI: UNESCO Global Geopark Muskauer Faltenbogen, Neißetalbrücke zum Nachbarland Polen.

02829 Neißeaue-Zentendorf — €35,00

Kulturinsel - Die Geheime Welt von Turisede, Kulturinsel Einsiedel 1, ☎ 035891/49113 Am Waldrand unmittelbar am Abenteuer-Freizeitresort <10 m

POS: 51°17'31.96"N/15°1'16.58"E, Karte D8 (S.11), H4
Platz: P = 40, = 3 (<10 m) auf Schotterrasen, Wiese. =21 (10 A) WC P wird empfohlen. Geöffnet: 25.3.-6.11.
Preis: 35 € inkl. Strom, Wasser, Dusche, WC, Müll-Entsorgung. Im Preis enthalten sind 2 Objekte (Wohnmobil+Zelt, Auto+Caravan). Jedes weitere Objekt kostet 20 €.
Kontakt: Künstlerische Holzgestaltung Bergmann GmbH, Madlen Ebersbach, ☎ 035891/49113, buchung@turisede.de, www.turisede.com.
Distanz: 0 km, weitere Restaurants in 6 km, 5 km, 7 km.
Gastro: Am Platz, ganztägig warme Küche. Frühstücksservice (regional).
Freizeit: 20 km, 8 km. Faulenzum (Sauna ab 10 €/Pers.), Krönum – Theater zum Essen, Tabularasum, schwimmendes Neiße-Floß-Café.
POI: Lausitzer Seenland, UNESCO-Weltkulturerbe Fürst Pückler Park, Flugplatz mit Flugzeugmuseum Rothenburg 7 km, Gerberamuseum 7 km, Europastadt Görlitz 20 km, Erlichthof mit Wolfsstation und -museum 25 km.

15898 Neißemünde-Ratzdorf — €10,00

Waldparkplatz Ratzdorf, Lindenallee 112, ☎ 033652/7260 <10 m
Ruhiger Stellplatz auf einem Waldparkplatz

POS: 52°4'11.52"N/14°44'44.98"E, Karte D8 (S.11), H3
Platz: P = 12 auf Rasengittersteinen. =8 (10 A) WC CHEM/Bio GRAU. Geöffnet: 15.4.-15.10.
Preis: 10 € inkl. aller Personen, Entsorgung. Strom 1 €/2 kWh, Wasser 1 €/100 l, WC 0,50 €, VE für Durchreisende (nach Absprache) 5 €.
Kontakt: Manfred Rösler, ☎ 033652/7260, manfredroesler.ra@web.de, www.ratzdorf.de.
Distanz: 0,2 km, 0,8 km, 2 km, 2 km.
Gastro: Mehrere Restaurants im Ort.
Freizeit: 7 km, 15 km. Wasserwandern (Oder), Angeln, Naturlehrpfad, Oder-Neiße-Radwanderweg, Oder-Neiße-Mündung 0,5 km.
POI: Pegelhäuschen, offene Kirche/Mausoleum, Strohhaus Neuzelle 7 km, Kloster Neuzelle/Park 7 km, Schwerzkower Mühle 10 km, Naturpark Schlaubetal 11 km, Findlingspark Henzendorf 15 km.

89191 Nellingen/Alb — €10,00

Hotel Krone, Aicherstraße 7, ☎ 07337/96960 Ruhiger Hotelparkplatz auf der Schwäbischen Alb <12 m

POS: 48°32'28.04"N/9°47'33.89"E, Karte D14 (S.17), G2
Platz: = 2 auf Asphalt. P Größte deutsche Whiskydestillerie. Bitte an der Rezeption auch Hunde anmelden. Ganzjährig geöffnet.
Preis: 10 €. Für Restaurantgäste und Kunden des Hofladens kostenlos.
Kontakt: Eva-Maria Stricker, ☎ 07337/96960, info@krone-nellingen.de, www.krone-nellingen.de.
Distanz: 0 km, 0 km, 0,1 km, 0,1 km.
Gastro: Am Platz, Mo-Sa ab 16:00 Uhr, So+Feiertag für Gruppen, Feste usw. nach Voranmeldung geöffnet. Frühstücksbüfett bis 10:00 Uhr. Weine, Metzgerei vom eigenen Bio-Bauernhof im Hofladen.
Freizeit: 10 km, 10 km. Fallschirmsprungplatz, Dampflokfahrten in Geislingen, Segelflugplatz, Reitplatz, Schnäppchenkäufe in Geislingen 12 km.
POI: Tiefenhöhle und Hohler Stein bei Laichingen 10 km, Schertelshöhle und Steinernes Haus 15 km, Karstquelle Blautopf in Blaubeuren 17 km, Ulm 25 km.

73450 Neresheim — gratis

Stellplatz Alter Bahnhof, Dischinger Straße, ☎ 07326/8141 Museumsbahnhof mit Blick auf das Kloster <8 m

POS: 48°45'6.16"N/10°20'19.45"E, Karte D14 (S.17), H2
Platz: P = 5 auf Pflaster. =1 CHEM GRAU. Von Okt-Apr kein Wasser wegen Frostgefahr. Ganzjährig geöffnet.
Preis: Übernachtung gratis. Strom 0,50 €/kWh, Wasser 1 €/100 l, Entsorgung 1 €.
Kontakt: Stadt Neresheim, ☎ 07326/8141, tourist@neresheim.de, www.neresheim.de.
Distanz: 0,1 km, 0,1 km, 0,2 km, 0,2 km.
Freizeit: 7 km, 0,5 km. Segelfluggelände Neresheim.
POI: Härtsfeldmuseumsbahn, Kloster Neresheim 1 km, Härtsfeldsee 5 km, Burg Katzenstein 7 km.

94577 Neßlbach-Winzer — €16,50

Donautal-Camping Neßlbach, Schillerstraße 14, ☎ 08545/1233 <10 m
Offenes Campinggelände am Donauradweg nach Wien

POS: 48°41'39.97"N/13°6'58.35"E, Karte D16 (S.19), F1
Platz: P = 40 auf Wiese. =40 (20 A) WC CHEM GRAU. Ganzjährig geöffnet.
Preis: Ab 16,50 € inkl. Wasser, Entsorgung, Dusche, WC, Müll-Entsorgung. Strom 3,50 €, Hund 2 €.

N

1.10.-30.4. 16,50€, 1.5.-30.9. 18€. Jede weitere Person 5-5,50€, Kind (14-18 J.) 4-4,50€, Kind (bis 14 J.) 3-4€.
Kontakt: Tourismus- und Campingverein Neßlbach, ☎ 08545/1233, Mobil: 01512/6245360, info@camping-donautal.de, www.camping-donautal.de.
Distanz: 0,1 km, 0,2 km, 0,3 km, weitere Restaurants in 2 km.
Gastro: Gasthof Augenstein.
Freizeit: 1 km, 10 km, 0,3 km. Tennis, Reiten, Naturschutzgebiet, Angeln, Badesee 0,8 km.
POI: Burgruinen Winzer/Dobl, Ziegel/Kalkmuseum 3 km.

87484 Nesselwang €15,00 <12m

Wohnmobilstellplatz Nesselwang, An der Riese 21a, ☎ 08361/923040
In ruhiger Lage, an der Talstation der Alpspitzbahn, 3 km von der A7

2021 geprüft

POS: 47°37'11.60"N/10°29'53.02"E, Karte D15 (S. 18), A4
Platz: = 58 auf Asphalt, Rasengittersteinen, Pflaster. =58 CHEM GRAU. Leinenpflicht für Hunde, Hundetoilette. Ganzjährig geöffnet.
Preis: 15€ inkl. aller Personen, Wasser, Entsorgung, Müll-Entsorgung, WLAN. Strom 1€/kWh. Bezahlung am Ticketautomat.
Kontakt: Tourist-Information Nesselwang, ☎ 08361/923040, info@nesselwang.de, www.nesselwang.de/wohnmobilstellplatz-nesselwang.html.
Distanz: 0,2 km, weitere Restaurants in 0,3 km, 0,5 km, 1 km, 1 km.
Gastro: Gasthof Hasen. Brauerei-Gasthof Hotel Post. Asia Gourmet. Pizzeria Il Borgo. Pizzeria Il Castello.
Freizeit: 1 km, 0,2 km. Bogenschießen, 3D-Bogenparcours, Biathlon, Ski-/Rodelverleih 0,1 km, Nordic Walking 0,1 km, Laufarena 0,1 km, Ganzjahresrodelbahn Alpspitzcoaster 0,3 km, 8er Gondel- und 4er Sessel-Kombibahn Alpspitzbahn 0,3 km, Kultur- und Ferienprogramm 0,4 km, Tennis/Minigolf 1 km.
POI: Brauereimuseum, Ostereiermuseum 0,4 km, Pfarrkirche St. Andreas 0,5 km, Heimathaus 0,5 km, Skimuseum 0,6 km, Ruine Nesselburg 1 km, barocke Wallfahrtskirche Maria Trost 2 km, Schloss Neuschwanstein/Hohenschwangau 20 km.

N

57250 Netphen €3,50 <8m

Freizeitbad Netphen P3, Brauersdorfer Straße 62, ☎ 002738/1616
Ruhige Stellflächen oberhalb des Freizeitbades

POS: 50°54'44.80"N/8°7'34.08"E, Karte D9 (S. 12), D1
Platz: = 3 auf Pflaster. =4 (4 A) WC CHEM GRAU. Aufenthalt max. 2 Nächte. Rezeption/Freizeitbad geöffnet von 10:00-19:00 Uhr, WC im Bad. Ganzjährig geöffnet.
Preis: 3,50€ inkl. aller Personen, Entsorgung. Strom 1,50€/2 kWh, Wasser 1,50€/70 l, WC 0€. Wertmarken für Strom-/Wasser an der Rezeption.
Kontakt: Freizeitpark Obernautal Netphen GmbH, ☎ 002738/1616, info@n-flow.de, www.n-flow.de.
Distanz: 0,2 km, 1 km, 1 km, 1 km.
Gastro: Bistro im Freizeitpark. Saunabar Hitzefrei.
Freizeit: 0,1 km. Freizeitangebote im Schwimmbad, Saunalandschaft 0,1 km (4 Sterne), Minigolf 0,3 km, Trampolinarena 0,3 km, Fitness-Studio 0,3 km, Reitplatz 0,5 km.
POI: Ginsburg, Waldinformationszentrum Forsthaus Hohenroth, Obernau-Talsperre im Naturpark Rothaargebirge 0,5 km, evang. Kirche aus dem 12. Jh. 1 km, Kohlenmeiler Walpersdorf 15 km, Wasserburg Hainchen 15 km.

53947 Nettersheim/Eifel €11,50 <12m

Wohnmobilhafen in der Eifelgemeinde Nettersheim, Urftstraße, ☎ 02486/1246 Gut ausgestatteter Stellplatz in einem ehemaligen Steinbruch

POS: 50°29'10.29"N/6°37'34.07"E, Karte D9 (S. 12), B2
Platz: = 25 auf Schotter. =25 (6 A) CHEM GRAU. Pauschalangebote für Reisemobil-Clubs, kostenfreier Eintritt in das nahe gelegene Naturzentrum Eifel. Ganzjährig geöffnet.
Preis: 11,50€ inkl. aller Personen, Strom, Entsorgung, Müll-Entsorgung. Wasser 1€.
Kontakt: Eifelgemeinde Nettersheim, ☎ 02486/1246, naturzentrum@nettersheim.de, www.nettersheim.de.
Distanz: 0,3 km, 0,5 km, 0,8 km, 1,3 km.
Gastro: Gaststätte Nettersheimer Hof. Deniz Grill. Café/Bäckerei. Nettersheimer Kebap Haus Deniz. Gaststätte Schruff. Restaurant Freistaat Eifel.
Freizeit: 10 km. Naturerlebnisprogramme, Fossiliensuche, Löwenzahn-Erlebnispfad, Schmetterlingspfad 1,2 km, Hochseilgarten 2 km.
POI: Archäologischer Landschaftspark, Meerwasseraquarium mit Korallenriff, Ausstellungen/Fossiliensammlungen im Naturzentrum Eifel 0,5 km, Denkmäler aus der Römerzeit 1 km, geologische Aufschlüsse 1 km, Matronenheiligtum Görresburg 1 km, Brunnenstube Grüner Pütz 3 km.

41334 Nettetal €30,00 <12m

Kinderbauernhof Steffens, Hülst 16, ☎ 02157/125554 In ruhiger Lage auf dem Kinderbauernhof

POS: 51°17'56.33"N/6°12'19.30"E, Karte D5 (S. 8), A5
Platz: = 3 auf Naturboden. WC GRAU. Duschcontainer mit separater Toilette. Reservierung wird empfohlen. Ganzjährig geöffnet.
Preis: 30€ inkl. aller Personen, Strom, Wasser, Entsorgung, WC, Müll-Entsorgung.
Kontakt: Familie Steffens, ☎ 02157/125554, steffensbande@gmx.de, www.kinderbauernhof-steffens.de.
Distanz: 1 km, 3 km, 3 km, 3 km.
Gastro: Restaurant Kiependräger, Mo + Do-Fr 17:00-21:00 Uhr, Sa 12:00-21:00 Uhr, So 12:00-20:00 Uhr, Di-Mi Ruhetag. Steakhouse Rustika, Mo-Sa 16:00-23:00 Uhr, So 12:00-22:00 Uhr.
Freizeit: 10 km, 3 km, 3 km. Naturpark Maas-Schwalm-Nette.
POI: Altstadt Brüggen 5 km, Textilmuseum Die Scheune 5 km.

29490 Neu Darchau €5,00 <10m

Stellplatz an der Elbfähre, Am Hafen, ☎ 05853/331
In ruhiger Lage am Hafen mit Blick auf die Elbe

POS: 53°13'59.50"N/10°53'23.40"E, Karte D3 (S. 6), A5
Platz: = 2 auf Pflaster. Ganzjährig geöffnet.
Preis: 5€.
Kontakt: Gemeindeverwaltung Neu Darchau, ☎ 05853/331, gemeindeneudarchau@t-online.de, www.neudarchau.eu.
Distanz: 0,7 km, 0,7 km, 3,9 km.
Freizeit: Fahrt mit der Elbfähre.
POI: Historische Innenstadt Bleckede 13 km.

19294 Neu Göhren €15,00 <10m

Bootsanleger-Camping Neu Göhren, Zur Elde 9, ☎ 038755/20309
Campingplatz mit Marina, an der Elde-Müritz-Wasserstraße

POS: 53°11'29.71"N/11°22'29.19"E, Karte D3 (S. 6), B5
Platz: = 50 auf Wiese, Asphalt, Naturboden. =20 WC GRAU. Trockner, Waschmaschine, Slipanlage für Boote. Ganzjährig geöffnet.
Preis: 15€ inkl. Wasser, WC, Müll-Entsorgung, WLAN. Jede weitere Pers. 4€, Kind (bis 12 J.) 3€, Strom 2,50€ oder 0,60€/kWh, Entsorgung 2,50€, Dusche 1€/5 min, Hund 2,50€. Strompreise können sich verändern.
Kontakt: Familie Höffler, ☎ 038755/20309, Mobil: 0162/2441657, bootsanleger-camping@t-online.de, www.bootsanleger-neugoehren.de.
Distanz: 0 km, 6 km, 6 km.
Gastro: Gaststätte Bootsanleger am Platz, Mo-Fr 17:00-22:00 Uhr, Sa-So 11:00-22:00 Uhr. Brötchenservice.

Freizeit: 23 km. Kanuverleih, Radfahren, Angeln, Naturpark Elbtalaue 8 km.
POI: Fritz-Reuter Gedenkstein 3 km, Backsteinschleuse Findenwirunshier 5 km, Festung Dömitz 12 km, Schloss Ludwigslust 25 km.

19294 Neu Kaliß €14,00 <10 m

Wasserwanderrastplatz Find's hier, An der Elde 2, ☎ 038758/59972
Auf naturbelassener, ebener Wiese, mit direktem Blick auf die Elde-Müritz-Wasserstraße

2021 geprüft

POS: 53°10'40.00"N/11°17'46.00"E, Karte D3 (S. 6), B5
Platz: = 15, = 5 (<9 m) auf Wiese. =15 (10 A) WC CHEM/Bio . Leinenpflicht für Hunde. Ganzjährig geöffnet.
Preis: 14 € inkl. Entsorgung, WC, Müll-Entsorgung, WLAN. Strom 0,80 €/kWh, Dusche 1,50 €. Inkl. 100 l Wasser.
Kontakt: Rico Stein, ☎ 038758/59972, Mobil: 0173/2188276, findshier@gmx.de, www.findshier.com.
Distanz: 0,1 km (direkt auf dem Platz), weitere Restaurants in 15 km, Ⓗ 0,5 km, 0,5 km, 0,5 km.
Gastro: Am Platz, Di-So 18:00-22:00 Uhr, Mo Ruhetag, in der NS Fr-So ab 18:00 Uhr.
Freizeit: 15 km. Bootfahren, Kanuverleih.
POI: Forstmuseum in Alt-Kaliß 3 km, Festung in Dömitz 6 km, Wanderdünen in Schmöhlen 7 km.

89231 Neu-Ulm €12,00 >12 m

Wohnmobilstellplatz am Donaubad, Öschweg 6, ☎ 00731/9859920
In der Nähe von Iller und Donau, keine Umweltzone

2021 geprüft

POS: 48°23'0.22"N/9°59'9.07"E, Karte D14 (S. 17), H2
Platz: = 49 auf Kiesel. CHEM GRAU . Leinenpflicht für Hunde. Anfahrt 24 h. Beleuchtet. Info-Point im Bad. Befindet sich im Hochwassergebiet, daher im Notfall innerhalb von 6 Stunden zu räumen. WC gratis im Stadt-Rand, Duschen gegen Gebühr im Bad. Ganzjährig geöffnet.
Preis: Ab 12 € inkl. Entsorgung, Müll-Entsorgung, WLAN. Strom 0,50 €/kWh, Wasser 0,50 €/50 l. 39 Standard-Plätze (10x6 m) 12 €, 10 XL-Plätze (15x6 m) 15 €. Bezahlung am Parkscheinautomat.
Kontakt: ☎ 00731/9859920, service@donaubad.de, www.donaubad.de/womo.
Distanz: , 0 km, Ⓗ 0,2 km.
Gastro: Eisdiele Danubio. Café & Bistro StadtRand.

Freizeit: Museum- und Stadtbesichtigung, Freibad mit Thermalbecken, Eissportanlage, Donaubad mit Sauna.
POI: Ulmer Münster mit dem höchsten Kirchturm der Welt, historisches Fischerviertel.

95698 Neualbenreuth-Wernersreuth gratis <10 m

Naturfreundehaus Wernersreuth, Wernersreuth 19, ☎ 09638/305
Auf dem Parkplatz am Gasthaus in Einzellage

POS: 49°57'46.00"N/12°22'46.00"E, Karte D11 (S. 14), D3
Platz: = 6 auf Pflaster, Schotter. WC . Ganzjährig geöffnet.
Preis: Für Restaurantgäste kostenlos. Einkehr obligatorisch. Kurtaxe 2 €/Pers.
Kontakt: Familie Bock, ☎ 09638/305, Mobil: 01577/4027532, nfhpr-bock@t-online.de, www.naturfreundehaus-wernersreuth.de.
Distanz: 0 km, weitere Restaurants in 0,3 km, 0,5 km, Ⓗ 0,5 km, 4 km.
Gastro: Am Platz, Fr-Sa 11:00-22:00 Uhr, So 10:00-21:00 Uhr, Mo-Do Ruhetag. Frühstück auf Anfrage.
Freizeit: 4 km, 4 km. Wanderwege direkt vom Haus abgehend, Grenzlandturm 4 km, Thermalbad 6 km.
POI: Basilika Waldsassen 8 km.

17033 Neubrandenburg €15,00 <12 m

Neubrandenburger Wassersportzentrum, Augustastraße 7, ☎ 0171/4013488
Beim Wassersportzentrum am Tollensesee

POS: 53°32'15.85"N/13°15'20.38"E, Karte D4 (S. 7), E4
Platz: = 25, = 10 (<10 m) auf Wiese, Schotterrasen. =24 (16 A) WC CHEM GRAU . Abfahrt bis 13:00 Uhr, Platz ist beleuchtet und bewacht. Geöffnet: 1.4.-31.10.
Preis: 15 € inkl. aller Personen, WC, Müll-Entsorgung. Strom 0,50 €/kWh, Wasser 1 €, Entsorgung 1 €, Dusche 1 €/Pers., WLAN 2 €. Preiserhöhung 2023 möglich.
Kontakt: Heiko Leppin, Mobil: 0171/4013488, rent-the-bike@online.de, www.yachthafen-nb.de.
Distanz: 0 km, 0,5 km, Ⓗ 0,5 km, 2 km.
Gastro: Gaststätte Hafenstunde, Do-So 8:30-23:00 Uhr, Mo-Mi Ruhetag.
Freizeit: 0,4 km, 1 km. Angeln, Wassersport, Boots-/Kanuverleih, Tauchschule.
POI: Aussichtsturm 1 km, Stadtzentrum mit Toren, Kirche und Ringmauer 3 km, Miniaturpark Mecklenburgische Seenplatte 3 km.

86633 Neuburg/Donau €23,00 <8 m

Donau-Ruder-Club e.V, Oskar-Wittmann-Straße 5, ☎ 0157/39339952
Campinggelände des Donau-Ruder-Clubs

POS: 48°44'21.70"N/11°11'13.03"E, Karte D15 (S. 18), B2
Platz: = 18, = 18 (<8 m) auf Wiese, Schotter. =20 (6 A) WC CHEM GRAU . Anfahrt 24 h. Anmeldung 17:00-20:00 Uhr im Restaurant Bootshaus. Geöffnet: 1.5.-30.10.
Preis: 23 € inkl. Wasser, Entsorgung, Dusche, WC, Müll-Entsorgung, Kurtaxe. Jede weitere Pers. 7 €, Kind (5-17 J.) 6 €, Strom 4 €. Hygienezulage 1 €/Pers.
Kontakt: Mobil: 0157/39339952, fly-cocktailbar@live.de, www.drcn.de.
Distanz: 0 km, weitere Restaurants in 0,3 km, 0,3 km, Ⓗ 0,5 km, 0,5 km.
Gastro: Restaurant Pier 77 am Platz.
Freizeit: 2 km, 1 km. Wassersport.
POI: Romantische Altstadt 0,3 km, Schloss Neuburg 0,5 km.

86633 Neuburg/Donau €10,00 <12 m

Parkplatz P1 Schlösslwiese, Zur Ringmeierbucht, ☎ 02871/233538 Am nördlichen Donauufer, mit Blick auf Altstadt und Schloss

2021 geprüft

POS: 48°44'24.85"N/11°11'3.71"E, Karte D15 (S. 18), B2
Platz: = 50 auf Sand/Splitt. =36 WC CHEM. Öffentliches WC am nahegelegenen Parkplatz. Ganzjährig geöffnet.
Preis: 10 €. Strom 0,65 €/kWh, WC 0,50 €. Wasser nach Verbrauch, Entsorgung kostenpflichtig. Bezahlung (über aufladbare Karte) am Rezeptionsautomat.
Kontakt: KomParking GmbH, H. Fahrland, ☎ 02871/233538, Mobil: 0171/2695697, parken@komparking.de, www.komparking.de.
Distanz: 0,2 km, Ⓗ 0,5 km, 0,5 km.
Gastro: Bäckerei 0,5 km. Arco Schlösschen 2 km. Steakado Steakhouse. Gasthaus Bierkistl.
Freizeit: 2 km, 2 km. Angeln, Baden in der Donau (direkt am Platz).
POI: Schloss Neuburg 0,5 km, Stadtmuseum 0,5 km, Theater 0,5 km, Altstadt mit Hofkirche, Kongregationssaal, Kirche St. Peter und Provinzialbibliothek 0,9 km, Seminarkirche 1,5 km, Schloss Grünau 7 km.

N

95512 Neudrossenfeld — gratis

Wohnmobilstellplatz Neudrossenfeld, Ledergasse, ☎ 09203/9930 <10 m
Am Ortsrand beim Parkplatz an der Schule

2022 geprüft

POS: 50°0'54.89"N/11°30'33.83"E, Karte D11 (S. 14), B3
Platz: = 8 auf Schotter. Ganzjährig geöffnet.
Preis: Übernachtung gratis. Strom 1 €/2 kWh.
Kontakt: Gemeinde Neudrossenfeld, ☎ 09203/9930, poststelle@neudrossenfeld.de, www.neudrossenfeld.de.
Distanz: 0,4 km, weitere Restaurants in 0,5 km, 0,5 km, 0,5 km, 0,6 km, 15 km (Lohengrin Therme, Kurpromenade 5, 95448 Bayreuth-Seulbitz).
Gastro: Drossenfelder Bräuwerck, Mi-Fr 17:00-22:00 Uhr, Sa 16:00-22:00 Uhr, So 11:00-22:00 Uhr, Mo-Di Ruhetag.
Freizeit: 15 km, 15 km. Rotmain-Auen-Wanderweg, Rotmainradweg.
POI: Lindenbaummuseum 0,6 km, Schloss Neudrossenfeld 0,7 km, Sandsteinbrücke über den Roten Main 1,2 km, Storchennest in Altdrossenfeld 1,6 km, Markgrafenkirche 10,9 km, Bayreuth 12 km, Kulmbach 12 km.

75305 Neuenbürg — gratis

Wohnmobilstellplatz Neuenbürg, Alte Pforzheimer Straße 5, ☎ 07082/791022 Direkt an der Enz >12 m

2022 geprüft

POS: 48°50'49.00"N/8°35'15.00"E, Karte D14 (S. 17), E1
Platz: = 3 auf Schotter. Ganzjährig geöffnet.
Preis: Übernachtung gratis.
Kontakt: ☎ 07082/791022, stadtverwaltung@neuenbuerg.de, www.neuenbuerg.de.
Distanz: 0,2 km, 0,5 km, 1 km, 1,1 km.
Freizeit: 1 km. Fahrt mit dem Enztäler-Radexpress.
POI: Schloss Neuenbürg mit Schlossgarten 1,4 km, Besucherbergwerk 1,6 km.

34599 Neuenhain-Neuental — €5,00

Stellplatz am Ferienpark Neuenhainer See, Seeblick 14, ☎ 06693/1287 Ebener Stellplatz in der Nähe vom Neuenhainer See <8 m

POS: 50°59'45.46"N/9°16'1.39"E, Karte D10 (S. 13), F1
Platz: = 8 auf Asphalt. WC CHEM. WC auf dem Campingplatz mit Chipkarte, Duschen von Dez-Jan geschlossen. Ganzjährig geöffnet.
Preis: 5 € inkl. Entsorgung. Strom 1 €/12 h, Wasser 1 €, Dusche 0,50 €/5 min, WLAN 1,50 €/Tag. Preisänderungen 2023 möglich.
Kontakt: Stadt Neuental, Martin Rockensüß, ☎ 06693/1287, info@neuenhainer-see.de, www.neuenhainer-see.de.
Distanz: 1 km, 1 km, weitere Restaurants in 4 km Entfernung, 4 km.
Gastro: Restaurant auf dem Campingplatz.
Freizeit: 5 km. Tennisplatz, Radfahren, Beach-Volleyball-Feld, Sommerrodelbahn 5 km.
POI: Wildpark Knüll 12 km, Bergbau-Museum Borken 15 km.

49828 Neuenhaus — gratis

Parkplatz Am Neumarkt, Schulstraße 10, ☎ 05941/9110 Auf einem öffentlichen Parkplatz im Stadtzentrum <12 m

POS: 52°29'47.06"N/6°58'1.98"E, Karte D5 (S. 8), B2
Platz: = 5 auf Pflaster. WC CHEM GRAU. Ganzjährig geöffnet.
Preis: Übernachtung gratis. Wasser 2 €, Entsorgung 2 €, WC 2 €.
Kontakt: Stadt Neuenhaus, ☎ 05941/9110, rathaus@neuenhaus.de, www.neuenhaus.de.
Distanz: 0 km, 0,1 km, 0,2 km, 0,5 km.
Gastro: Mehrere Restaurants ab 0,5 km.
Freizeit: 0,5 km, 0,5 km, 1 km.
POI: Mühlenzentrum Veldhausen 3 km.

29643 Neuenkirchen — €8,00

Wohnmobilstellplatz am Hahnenbachtal, Am Freibad 2, ☎ 05195/94026 <8 m
Direkt gegenüber vom Naturbad und nur wenige Gehminuten vom Ortskern entfernt

POS: 53°2'15.43"N/9°42'33.07"E, Karte D2 (S. 5), G5
Platz: = 4 auf Pflaster, Wiese, Schotter. =4 CHEM GRAU. Ganzjährig geöffnet.
Preis: 8 € inkl. Entsorgung. Strom 1 €/h, Wasser 2 €/100 l.
Kontakt: Heide Touristik Neuenkirchen, ☎ 05195/94026, tourismus@dasneuenkirchen.de, www.heidetouristik-neuenkirchen.de.
Distanz: 0,3 km, 0,5 km, 0,8 km, 2 km.
Freizeit: 12 km.
POI: Heide-Erlebnispfad 2,8 km, Schäferhof Neuenkirchen 5 km, Sprengeler Mühle 7 km.

49434 Neuenkirchen-Vörden — gratis

Hotel-Restaurant Fehrenkamp, Fehrenkamp 1, ☎ 05493/224 Beim Hotel <12 m

POS: 52°29'52.00"N/8°4'19.00"E, Karte D5 (S. 8), D2
Platz: = 3 auf Pflaster. WC. Mi/So Ruhetag, gilt nicht für Hotelgäste. Ganzjährig geöffnet.
Preis: Für Restaurantgäste kostenlos, inkl. Wasser, WC. Einkehr obligatorisch.
Kontakt: Michael Otte, ☎ 05493/224, hotel-fehrenkamp@t-online.de, www.neuenkirchen-voerden.de.
Distanz: 0 km, weitere Restaurants in 0,7 km, 1 km, 2 km, 2 km.
Gastro: Restaurant, Mo-Di + Do-Sa 11:00-14:00 Uhr und 17:00-21:30 Uhr, Mi 11:00-14:00 Uhr, So Ruhetag.
Freizeit: 3 km, 10 km. Alfsee 6 km, Dümmer See 15 km.
POI: Windmühle.

49434 Neuenkirchen-Vörden — €15,00

Land-gut-Hotel Café Wahlde, Wahlde 4, ☎ 05493/733 Café-Restaurant in Hanglage im Naturpark Dümmer <12 m

POS: 52°30'32.75"N/8°6'14.51"E, Karte D5 (S. 8), D2
Platz: = 2, = 2 (<12 m) auf Pflaster. =3 (16 A) WC. Späteste Ankunft 20:00 Uhr. Ganzjährig geöffnet.
Preis: 15 € inkl. Wasser, WC. Strom 5 €, WLAN 1 €/h. Übernachtungsgebühr wird beim Verzehr im Restaurant angerechnet.
Kontakt: Daniel Jans-Wenstrup, ☎ 05493/733, info@wahlde.de, www.wahlde.de.
Distanz: 2,5 km, 3 km, 3 km, 4 km.
Gastro: Am Platz, warme Küche (á la carte) ab 18:00-20:30 Uhr. Frühstücksbüfett, Café.
Freizeit: 4 km, 8 km. Angeln, Trimm-Pfad 0,1 km, Wassersport am Alfsee sowie Flugplatz Damme 8 km, Kartbahn Holdorf 10 km.
POI: Ausgrabungsstätte Kalkriese 15 km, Burg Dinklage 20 km.

36286 Neuenstein-Mühlbach — €8,00

Bauernhof Zinn, Zur Vogtmühle 1, ☎ 06677/276 Bauernhof in Einzellage am Ortsrand <10 m

POS: 50°55'46.00"N/9°33'22.00"E, Karte D10 (S. 13), G1
Platz: = 4 auf Schotter, Wiese. =6 (25 A) WC GRAU. Ankunft 7:00-21:00 Uhr. Geöffnet: 1.4.-31.10.
Preis: 8 € inkl. Strom, Dusche, WC. Jede weitere Pers. 1 €.
Kontakt: Jessica Zinn, ☎ 06677/276, forstunternehmen.zinn@gmail.com.
Distanz: 0,5 km, 0,5 km, 4 km.
Gastro: Eier am Hof. Mehrere Gasthöfe ab 1,5 km.
Freizeit: 10 km. Wandern, Mitarbeit auf dem Hof, Wildpark 20 km.
POI: Mehrere Burgen/Schlösser ab 6 km, Bad Hersfeld 10 km, kleine historische Fachwerkstädte in der Umgebung ab 15 km, Edersee 30 km.

72639 Neuffen — €10,00

Wohnmobilstellplatz Am Schützenhaus, Schützenhausweg, ☎ 07025/1060 <6 m
Von Streuobstwiesen umgeben, mit Blick auf den Albtrauf und die Burgruine Hohenneuffen

2021 geprüft

POS: 48°32'49.43"N/9°22'14.27"E, Karte D14 (S. 17), F2
Platz: = 16 auf Asphalt, Schotter. =15 (16 A) CHEM GRAU. VE und Stromanschlüsse in unmittelbarer Nähe. Aufenthalt max. 21 Nächte. Ganzjährig geöffnet.
Preis: 10 €. Strom 2 €/8 h, Wasser 2 €. Bezahlung direkt vor Ort oder per App.
Kontakt: Stadtverwaltung Neuffen, ☎ 07025/1060, stadt@neuffen.de, www.neuffen.de.
Distanz: 0,1 km, weitere Restaurants in 1 km, 0,5 km, 1 km, 1 km.
Gastro: Gaststätte Schützenhaus (www.schuetzenhaus-neuffen.de).
Freizeit: 2 km. Kneippanlage 0,3 km, Höhenfreibad Neuffen 2 km, Panoramatherme Beuren 4 km.
POI: Martinskirche Neuffen, Burg Hohenneuffen, Melchior-Jäger-Haus, Schilling'sches Haus.

N

26427 Neuharlingersiel €20,00

Reisemobilstellplatz am Ostanleger, Am Hafen Ost, ☎ 04974/188900 <10m
Im Hafen des Nordseeheilbades

POS: 53°42'6.28"N/7°42'29.38"E, Karte D1 (S.4), D4
Platz: P = 23 auf Schotter. CHEM GRAU. Aufenthalt max. 3 Nächte. Ganzjährig geöffnet. Ausnahme: Sperrung bei Hochwassergefahr.
Preis: 20€ inkl. Müll-Entsorgung. Strom 0,60€/kWh, Wasser 1€/100l, Entsorgung 1€. Kurtaxe: HS (15.03.-31.10.) 3€, Kind 1,60€, NS Kurtaxe 1€, Kind 0,50€.
Kontakt: Nordsee-Campingplatz Neuharlingersiel, ☎ 04974/188900, camping@neuharlingersiel.de, www.neuharlingersiel.de.
Distanz: 0,1km, 0,2km, weitere Restaurants in 0,5km, 0,5km, 0,5km.
Gastro: Mehrere Restaurants in unmittelbarer Nähe.
Freizeit: Schiffsfahrten, Kutterfahrten (Fähranleger für Fahrten nach Spiekeroog neben dem Stellplatz), Strand, Surf- und Kiteschule, Meerwasser-Hallenbad.
POI: Buddelschiffmuseum 0,5km, historischer Fischereihafen 0,5km, DGzRS-Museum 0,5km, Sielhof 1km, Seriemer Mühle 5km.

98724 Neuhaus am Rennweg €10,00

Rennsteighotel Herrnberger Hof, Eisfelder Straße 44, ☎ 03679/79200 >12m
Auf dem Hotel-Parkplatz

POS: 50°30'24.03"N/11°7'47.47"E, Karte D11 (S.14), B2
Platz: = 3, = 2 (<15m) auf Pflaster. WC. Anfahrt zwischen 8:00-19:00 Uhr. Ganzjährig geöffnet.
Preis: 10€ inkl. Strom, WLAN.
Kontakt: Christian Kleinteich, ☎ 03679/79200, info@rennsteighotel.de, www.rennsteighotel.de.
Distanz: 0,2km, 0,3km, 0,3km, 0,8km.
Gastro: Frühstück möglich.
Freizeit: 1km, 0,5km, 0,5km. Kanu fahren, Schneeschuh-Touren, Bogenschießanlage 1km (3 D Bogenparcours), Reitmöglichkeit 3km, Höhlenexkursionen 6km (Morassina Höhle).
POI: Heimatmuseum, Holzkirche, Pumpspeicherwerk Goldisthal 15km, Spielzeugmuseum Sonneberg 26km, Feengrotten Saalfeld 28km.

21785 Neuhaus/Oste €10,50

Reisemobilstellplatz am Yachthafen, Am Yachthafen, ☎ 0151/16734021 <10m
Am Ufer der Oste

POS: 53°48'12.73"N/9°2'24.80"E, Karte D10 (S.13), F5
Platz: P / = 13 auf Rasengittersteinen. =13 WC CHEM GRAU. R Reservierung beim Platzwart, Tel. 0151/16734021. WC mit Waschmaschine/Trockner während der Anwesenheit des Hafenmeisters von 9:00-11:00 Uhr und 16:00-18:00 Uhr nutzbar. Geöffnet: März-Okt.
Preis: 10,50€ inkl. Wasser, Entsorgung, Müll-Entsorgung, WLAN. Strom 3€, Dusche 2€/Pers., Waschmaschine/Trockner je 7,50€.
Kontakt: Stefan Eichsteller, Mobil: 0151/16734021, wohnmobil@neuhaus-tourismus.de, www.tourismus-gewerbe-neuhaus.de/wohnmobilstellplatz.
Anfahrt: NAVI: Stader Straße 16 eingeben, vor Ort gegenüber über den Deich bis zur Gärtnerei Heller fahren und dort wenden.
Distanz: E 0,2km (Gärtnerei Heller, Stader Straße 18, 21785 Neuhaus/Oste), 0,4km, 0,4km, 0,8km, 2,5km.
Gastro: Bistro am Platz, geöffnet täglich, HS (Juni-Sep) 10:00-21:00 Uhr, NS 13:00-18:00 Uhr.
Freizeit: 7,5km, 7,5km. Angelmöglichkeiten im Ort, Adventure-Golf, Bootssteg mit Liegeplätzen am Wasser, Boule, Wasserskilift 2,5km.
POI: Alter Hafen, historische Ostedeichroute, Kornspeicher mit Heimatmuseum, historischer Ortskern, Emmaus-Kirche, Natureum Niederelbe (Balje).

78579 Neuhausen ob Eck gratis

Stellplatz Neuhausen ob Eck, Beim Friedhof, ☎ 07467/94600 <8m
Beim Freilichtmuseum

POS: 47°58'29.12"N/8°55'25.89"E, Karte D14 (S.17), F3
Platz: = 8 auf Pflaster, Schotter. CHEM. Ganzjährig geöffnet.
Preis: Übernachtung gratis. Entsorgung 1€. Freiwillige Spende in Höhe von 5€ erwünscht.
Kontakt: Gemeinde Neuhausen ob Eck, ☎ 07467/94600, info@neuhausen-ob-eck.de, www.neuhausen-ob-eck.de.
Distanz: 0km, 0,3km, 0,5km, 0,5km.
Gastro: Gasthaus Adler, Gasthaus Ochsen.
Freizeit: 6km, 8km. Radfahren, Wandern, Donautal 3km.
POI: Freilichtmuseum 0,5km.

03058 Neuhausen-Bagenz €20,00

Pension am Wald, Wiesengrund 1, ☎ 035697/304 Großzügiges Areal in Einzellage am Waldrand <8m

POS: 51°38'22.91"N/14°25'35.94"E, Karte D8 (S.11), G4
Platz: = 5, = 4 (<8m) auf Wiese, Asphalt. =10 WC CHEM. Abreise bis 12:00 Uhr. Geöffnet: Apr-Okt.
Preis: 20€ inkl. Strom, Wasser, Entsorgung, Dusche, WC. Jede weitere Pers. 5€, Kind (7-14J.) 2,50€, Hund 2,50€.
Kontakt: Pension am Wald, Peggy Zimmerling, ☎ 035697/304, post@pension-zimmerling.de, www.pension-zimmerling.de.
Distanz: 0km, , 0,8km, 1km.
Gastro: Restaurant am Platz, Do-Sa 17:00-21:00 Uhr, So-Mi Ruhetag. Frühstücksservice.
Freizeit: 10km, 10km. Ausflüge, Angeln, Talsperre Spremberg 1km.
POI: Findlingspark Nochten, Tagebau Welzow-Süd 13km, Zoo Cottbus 15km, Bad Muskau 25km.

17154 Neukalen/Peenestadt €15,00

Reisemobilplatz am Hafen, Am Hafen, ☎ 0152/25725869 <8m
Auf einem begrünten Areal am Hafen

POS: 53°49'27.36"N/12°47'41.21"E, Karte D3 (S.6), D3
Platz: P = 6 auf Schotterrasen. =6 (16A) WC CHEM GRAU. R wird empfohlen. Geöffnet: 1.4.-31.10.
Preis: 15€ inkl. aller Personen, WC. Strom 2€/kWh, Wasser 2€/100l, Entsorgung 2€, Dusche 0,50€/3min, Müll-Entsorgung 1€. Müllbeutel bis max. 50 l.
Kontakt: Stadt Neukalen, Hafenmeister, ☎ 0152/25725869, stadtbauhof@stadt-neukalen.de, www.peenestadt-neukalen.de.
Distanz: 0km, weitere Restaurants in 0,1km, 0,3km, 0,3km, 0,3km.
Gastro: Gasthaus am Hafen. Peenehuus Café & mehr.
Freizeit: 11km. Schiffsausflüge, Freizeitanlage mit Tennisplatz, Bolzplatz, Volleyballfeld, Tischtennis 0,6km, Freizeitzentrum mit Sauna, Fitness, Bowlingbahn 0,6km, Badestelle 0,7km.
POI: Stadtkirche, Rathaus in Neukalen 0,3km, Dargun 9km, Malchin 12km.

17154 Neukalen/Peenestadt €10,00

Wohnmobilhafen beim Campingplatz Peenecamp Neukalen, Schulstraße 3, ☎ 039956/296408 Direkt an der Peene <12m

POS: 53°49'22.82"N/12°47'15.44"E, Karte D3 (S.6), D3
Platz: P / = 8 auf Wiese, Schotter. WC CHEM GRAU. R wird empfohlen. Anfahrt bis 18:00 Uhr, sonst nach Absprache. Duschkarte vor Ort. Ganzjährig geöffnet.
Preis: Ab 10€ inkl. Entsorgung. Strom 3,25€. 1.1.-31.3. 10€, 1.4.-31.5. 12€, 1.6.-31.8. 14€, 1.9.-31.10. 12€, 1.11.-31.12. 10€. Entsorgung für Durchreisende 2€. Preisänderungen 2023 möglich.
Kontakt: Team Peenecamp Neukalen, ☎ 039956/296408, Mobil: 0162/7662949, info@peenecamp.de, www.peenecamp.de.
Distanz: 0,5km, weitere Restaurants in 1km, 0,5km, 0,5km, 0,5km.
Gastro: Frühstücksservice auf Anfrage möglich.
Freizeit: 12km, 22km. Fitnessstudio 0,1km, Bowling 0,1km, Sauna 0,1km.
POI: Naturpark Mecklenburgische Schweiz und Kummerower See, Schlösser der Mecklenburgischen Schweiz, 1000-jährige Eichen von Ivenack 25km.

N

34626 Neukirchen €17,00 <12m

Reisemobilpark Urbachtal, Urbachweg 1, ☎ 06694/5155933
Parkähnliches 1,2 ha großes Gelände direkt am Bachlauf des Urbachs

2022 geprüft

POS: 50°52'17.01"N/9°20'54.67"E, Karte D10 (S. 13), F1
Platz: = 48 auf Schotterrasen, Schotter. =52 (16 A) WC CHEM GRAU. Trockner, Waschmaschine. Wird empfohlen. Ganzjährig geöffnet.
Preis: 17 € inkl. Entsorgung, Müll-Entsorgung, WLAN. Strom 0,70 €/kWh, Wasser 0,10 €/10 l, Kurtaxe 1 €/Pers. Dusche inkl. WC 3,50 € p.P. Reservierungsgebühr 2 €.
Kontakt: Reisemobilpark Urbachtal, Michaela Ritter, ☎ 06694/5155933, Mobil: 01512/1429338, info@reisemobilpark-urbachtal.de, reisemobilpark-urbachtal.de.
Distanz: 0,4 km, 0,4 km, 0,4 km, Ⓗ 0,4 km.
Gastro: Schwälmer Stubb am Platz, Do-So 17:30-22:00 Uhr, Mo-Mi Ruhetag, warme Küche 17:30-20:00 Uhr. Brötchenservice.
Freizeit: 0,5 km, 2 km. Badewelt Neukirchen, Kneippheilbad, Rotkäppchenland, Golf, Bahnradweg.
POI: Historischer Marktplatz Neukirchen 0,8 km, Wildpark Knüll 20 km.

N

93453 Neukirchen beim Heiligen Blut gratis <10m neu

Wohnmobilstellplatz an der Hohenbogenbahn, Liftstraße 2, ☎ 09947/464
An der Talstation der Hohenbergbahn

POS: 49°14'38.56"N/12°57'20.36"E, Karte D12 (S. 15), E5
Platz: = 4 auf Schotter. Strom am Stellplatz, Trinkwasser-Anschluss befindet sich seitlich am Skicenter. WC im Restaurant von Apr-Okt und während der Skisaison geöffnet. Ganzjährig geöffnet.
Preis: Übernachtung gratis. Strom 1 €/kWh, Wasser 1 €/80 l.
Kontakt: Hohenbogenbahn GmbH & Co KG, ☎ 09947/464, www.hohenbogen.de.
Anfahrt: Anfahrt nur von Neukirchen über Passstraße/Vordermais, dann auf die Liftstraße abbiegen.
Distanz: Ⓗ 0 km, 0 km, 3 km, 4 km.
Gastro: Liftstüberl und Berggasthof.
Freizeit: Skate- und Funpark, Wintersport, Sommerrodelbahn.
POI: Wallfahrtskirche und Museum, Kloster, Wachsmuseum 4 km.

94154 Neukirchen vorm Wald €20,00 <8m

Campinganlage Rotbrunn, Pilling 22, ☎ 08504/920260 In ruhiger Lage, 10 km von der Autobahn entfernt

POS: 48°41'8.22"N/13°22'19.60"E, Karte D16 (S. 19), F1
Platz: = 48 auf Wiese, Schotter. =48 CHEM GRAU. Wird empfohlen. Ankunft bis 22:00 Uhr. Ganzjährig geöffnet.
Preis: 20 € inkl. Wasser, WLAN. Jede weitere Pers. 6,50 €, Kind (4-12 J.) 4 €, Kind (13-17 J.) 4,50 €, Strom 0,50 €/kWh. 1.1.-31.12. 20 €.
Kontakt: Johann Kobler, ☎ 08504/920260, mkobler@agrolohn.de, www.camping-rotbrunn.de.
Distanz: 0,8 km, 1 km, 1 km.
Gastro: Café/Gaststätte Rotbrunner Stüberl am Platz, Fr-Mo 17:00-22:00 Uhr, Di-Do Ruhetag, warme Küche bis 20:30 Uhr, So+Feiertag ab 14:00 Uhr Kaffee und Kuchen.
Freizeit: 20 km. Radfahren, Lagerfeuermöglichkeit, Volleyballplatz, Freibad 13 km.
POI: Bayrischer Wald, Museumsdorf Tittling 10 km, Westernstadt Pullmann City 11 km, Dreiflüssestadt Passau 18 km.

47506 Neukirchen-Vluyn €12,00 <6m

Wohnmobilstellplatz Niederrhein, Krefelder Straße 9, ☎ 02845/93490
Ruhiger Stellplatz mit idealer Anbindung (A40/57/42)

POS: 51°26'41.31"N/6°34'36.87"E, Karte D5 (S. 8), B4
Platz: = 16 auf Schotter. =16 (16 A) CHEM GRAU. 24 h videoüberwacht. Ganzjährig geöffnet.
Preis: 12 € inkl. Entsorgung, Müll-Entsorgung. Strom 0,80 €/kWh. Bezahlung mit CampCard, Aufladen im Hotel Dampfmühle.
Kontakt: Aaldering Hotels GmbH & Co. KG, ☎ 02845/93490, info@womo-niederrhein.de, www.wohnmobilstellplatz-niederrhein.de.
Distanz: Ⓗ 0,2 km, 0,2 km, 0,4 km.
Gastro: Frühstücksservice, Mo-Fr 6:00-10:00 Uhr, Sa, So+Feiertag 7:00-11:00 Uhr.
Freizeit: 3 km, 2,7 km, 0,1 km. Wellness und Massagen im Hotel, Schifffahrten auf Rhein, Ruhr und Lippe, geführte Segway-Touren, Sport- und Freizeiteinrichtung Klingerhuf 0,1 km.
POI: Halde Norddeutschland 4,3 km.

23992 Neukloster €18,00 <12m

Wohnmobilpark am See Neukloster, Alte Gärtnerei 3, ☎ 038422/58492
Hinter der Stadthalle am Ostufer der Halbinsel Neukloster

2021 geprüft

POS: 53°51'38.14"N/11°41'43.84"E, Karte D3 (S. 6), B3
Platz: = 69 auf Schotter, Wiese. =56 (10 A) WC CHEM GRAU. Leinenpflicht für Hunde. Anreise ab 12:00 Uhr. Abreise bis 12:00 Uhr. Rezeptionszeiten: 7:30-9:30 Uhr und 14:00-16:00 Uhr. WLAN im Rezeptionsbereich. Ganzjährig geöffnet.
Preis: 18 € inkl. Wasser, Entsorgung, WC, Müll-Entsorgung, WLAN. Dusche 2 €, VE für Durchreisende 5 €. Strom 1 €/1,5 kWh.
Kontakt: Wohnmobilpark am See, Andreas Fenner, ☎ 038422/58492, kontakt@wohnmobilpark-am-see.de, www.wohnmobilpark-am-see.de.
Anfahrt: In Neukloster der Beschilderung Wohnmobilpark folgen (im Navi eventuell August-Bebel-Allee eingeben).
Distanz: Weitere Restaurants in 0,3 km Entfernung, 0,3 km, Ⓗ 0,8 km, 0,8 km, 0,8 km.
Gastro: Biergarten direkt am See (Juli-Aug). Brötchen- und Pizzaservice (ab Ostern-Okt).
Freizeit: Angeln, Badestelle direkt am See, Naturfreibad Neuklostersee mit Bootsverleih und Biergarten 0,4 km, Fahrad fahren 0,5 km.
POI: Klostergarten 0,4 km, Heimatmuseum 0,4 km, Klosterkirche 0,5 km, Kunstscheune Nakenstorf 1 km, Pennewitter Hünengrab 5 km, Naturparkzentrum Sternberger Seenland in Warin 8,5 km.

54347 Neumagen-Dhron €6,00 <12m

Stellplatz beim Weinhaus & Gaststätte Beim Ketsch, In der Zeil 5, ☎ 06507/2020 Inmitten von Weinbergen am Ufer des Dhronbachs

POS: 49°51'52.28"N/6°54'11.11"E, Karte D9 (S. 12), B4
Platz: = 100, = 60 (<12 m) auf Wiese, Schotter. =70 (6/16 A) WC CHEM GRAU. Reservierung möglich, kein Kaufzwang. Ganzjährig geöffnet.
Preis: 6 € inkl. aller Personen, Wasser, Entsorgung, WC, Müll-Entsorgung. Strom 0,50 €/kWh, Dusche 2 €, WLAN 0,50 €. Bei eintägigem Aufenthalt + 1 € für Platz und Dusche. Weinkauf bzw. Einkehr im Restaurant wird mit Platzgebühren verrechnet. Ab 1 Woche Aufenthalt 1 Flasche Wein gratis.
Kontakt: Michael Kettern, ☎ 06507/2020, michaelkettern@aol.com, www.stellplatz-neumagen-dhron.de.

Distanz: 0 km, weitere Restaurants in 1 km, Ⓗ 0,2 km, 0,2 km, 0,5 km.
Gastro: Imbiss-/Speisegaststätte Beim Ketsch. Weinlesezeit von Mitte Sep-Anfang Nov mit Federweisser und Zwiebelkuchen.
Freizeit: 7 km, 8 km. Planwagen-Weinberg-Express, Kellerführung im alten Eichenholzfass-Keller, geführte Weinbergwanderung, Weinproben, Drachenfliegen 0,3 km, Sportboothafen 1,5 km, Segelfliegen 2 km.
POI: Heimatmuseum, Römerweinschiff, römischer Rundgang 1 km, Bernkastel-Kues 20 km, Idar-Oberstein 30 km, Trier 30 km.

54347 Neumagen-Dhron €17,00

Yachthafen Neumagen-Dhron, Moselstraße 19, ☎ 0174/9678296 <10m
Parzellierte Stellflächen direkt an der Mosel

2022 geprüft

POS: 49°51'6.32"N/6°53'33.24"E, Karte D9 (S.12), B4
Platz: P = 60 auf Schotter. =60 (8 A) WC CHEM GRAU. Waschmaschine/Trockner. Abreise bis 12:00 Uhr, für Wohnmobile bis 7,5 t. Geöffnet: 15.3.-15.11.
Preis: Ab 17 € inkl. Entsorgung, Dusche, WC, Müll-Entsorgung, WLAN, Kurtaxe. Jede weitere Pers. 4 €, Strom 3 €, Wasser 0,50 €/50 l. Reisemobile >10 m 20 €, Reisemobile bis 10 m 17 €.
Kontakt: Mobil: 0174/9678296, info@marina-mittelmosel.de, www.marina-mittelmosel.de.
Distanz: 0,1 km, 0,1 km, Ⓗ 0,3 km, 1,2 km.
Gastro: Mehrere Restaurants in der näheren Umgebung.
Freizeit: 6 km, 6 km. Wassersport, Römerweinschiff, Personenschifffahrt, Weinlehrpfad mit Führung 5 km.
POI: Bernkastel-Kues 30 km.

92318 Neumarkt/Oberpfalz gratis

Firma Fritz Berger, Fritz-Berger-Straße 2, ☎ 09181/330460 Auf dem Betriebsgelände <10m

2021 geprüft

POS: 49°18'19.95"N/11°28'59.90"E, Karte D11 (S.14), B5
Platz: = 12 auf Schotterrasen. =15 CHEM GRAU. nur bei Gruppen. Aufenthalt max. 24 h, zugänglich nur zu den Öffnungszeiten des Betriebes, März-Okt 9:00-19:00 Uhr, Sa 9:00-16:00 Uhr, Nov-Feb 9:00-18:00 Uhr, Sa 9:00-14:00 Uhr. Ganzjährig geöffnet.
Preis: Übernachtung gratis inkl. Strom, Wasser, Entsorgung.
Kontakt: ☎ 09181/330460, info@fritz-berger.de, www.fritz-berger.de.
Distanz: Ⓗ 2 km, 2 km, 4 km, 6 km.

Freizeit: 4 km, 7 km, 2 km. Indoor-Spielplatz 4 km, Jura Zoo 9 km, Golfplatz 9 km.
POI: Burgruine Wolfenstein 4 km, Museum für historische Maybach Fahrzeuge 5 km, Sternwarte 7 km, Wallfahrtskirche Mariahilfberg 8 km, Altstadt Neumarkt 8 km, Altmühltal 20 km.

92318 Neumarkt/Oberpfalz-Woffenbach gratis

Wohnmobilstellplatz Neumarkt, Woffenbacher Straße (Parkplatz HS West), ☎ 09181/255125 <8m
In zentraler Lage auf dem Volksfest-Parkplatz

POS: 49°16'53.79"N/11°26'42.09"E, Karte D11 (S.14), B5
Platz: = 30 auf Sand/Splitt, Schotter. Ganzjährig geöffnet.
Preis: Übernachtung gratis.
Kontakt: Stadt Neumarkt in der Oberpfalz, ☎ 09181/255125, tourist-info@neumarkt.de, www.tourismus-neumarkt.de.
Distanz: 0,4 km, weitere Restaurants in 0,6 km, 1 km, 1 km, E 7,5 km (Fritz-Berger GmbH, Fritz-Berger-Straße 1, 92318 Neumarkt).
Gastro: DJK-Sportgaststätte.
Freizeit: 2 km, 2 km, 5 km. Freizeitpark auf dem ehemaligen Landesgartenschau-Gelände 1 km, Spielplatz 1,3 km.
POI: Altstadt mit Stadtmuseum Neumarkt, Museum Lothar Fischer 1,5 km, Museum für historische Maybachfahrzeuge 2 km, Bayerisches Metzgerei- und Weißwurstmuseum 2 km, Wallfahrtskirche Mariahilfberg 4 km, Burgruine Wolfstein 4 km.

24534 Neumünster €13,00

Bad am Stadtwald, Hansaring 177, ☎ 04321/202580 Separater Teil im großen Außengelände des Freizeitbades <12m

POS: 54°4'56.68"N/9°57'39.91"E, Karte D2 (S.5), G3
Platz: P = 22 auf Pflaster, Schotter. WC CHEM GRAU. Ganzjährig geöffnet.
Preis: 13 € inkl. Wasser. Strom 1 €/2 kWh, Entsorgung 0,50 €, Dusche 1 €.
Kontakt: SWN Bäder und Freizeit GmbH, ☎ 04321/202580, bad@swn.net, www.bad-am-stadtwald.de.
Distanz: 0,1 km, weitere Restaurants in 2 km, Ⓗ 0,1 km, 0,3 km.
Gastro: Bistro Bad am Stadtwald, Mo-So 11:00-20:00 Uhr.
Freizeit: Sauna/Wellness, Tierpark Neumünster 2 km, Skulpturenpark am Einfelder See 6 km.
POI: Historische Dampfeisenbahnen 2 km, Museum Lockschuppen Neumünster 2 km, Museum Tuch/Technik 3 km, Altstadtzentrum 3 km.

92431 Neunburg vorm Wald gratis

Wohnmobilstellplatz Am Freibad, Scherrstraße 2, ☎ 09672/9208421 <8m
Direkt am Erlebnisbad im Oberpfälzer Seenland

POS: 49°21'3.45"N/12°22'59.98"E, Karte D11 (S.14), D5
Platz: P = 4 auf Schotterrasen. CHEM GRAU. Dusche/WC zu den Bad-Öffnungszeiten (Mai-Sep). Bei technischen Problemen bitte an 09672/9208500 wenden. Ganzjährig geöffnet.
Preis: Übernachtung gratis inkl. Entsorgung. Strom 1 €, Wasser 1 €.
Kontakt: Gästeinformation, ☎ 09672/9208421, tourist-info.stadt@neunburg.de, www.neunburgvormwald.de.
Distanz: 0,1 km, weitere Restaurants in 0,4 km, Ⓗ 0,2 km, 0,4 km, 0,5 km.
Freizeit: 0,5 km. Schwarzachtal-Radweg, Tret- oder Ruderboot fahren am Obersee, Segeln/Surfen am Eixendorfer See, Wandern auf dem Goldsteig und im Naturpark Oberpfälzer Wald.
POI: Städtischer Rutengängerlehrpfad im Stadtpark, Schwarzachtaler Heimatmuseum, Naturschutzgebiet Prackendorfer und Kulzer Moos.

92431 Neunburg vorm Wald-Katzdorf €20,00

Riesenhof, Katzdorf 11, ☎ 09672/784 <8m
Am Ortsrand in ruhiger Lage auf dem Bauernhof

POS: 49°21'2.11"N/12°21'43.78"E, Karte D11 (S.14), D5
Platz: = 3 auf Wiese. =1 (16 A) WC CHEM GRAU. B Ganzjährig geöffnet.
Preis: 20 € inkl. Strom, Wasser, Entsorgung, WC, Müll-Entsorgung, Kurtaxe.
Kontakt: Florian Scherr, ☎ 09672/784, antonscherr@t-online.de, www.riesenhof-katzdorf.de.
Distanz: 1 km, 1 km, Ⓗ 1 km, 1 km.
Gastro: Gasthof Sporrer, 1 km.
Freizeit: 1 km, 1 km. Angeln, Ponyreiten, Wasserski fahren, Surfen.
POI: Schwarzenburg Steinbergersee Holzkugel 12 km.

N

91233 Neunkirchen am Sand-Weißenbach €5,00

Berghof Glatzenstein, Jurastraße 14, ☎ 09153/7906 Berggasthof in waldreicher Umgebung der Frankenalb <8m

POS: 49°32'23.86"N/11°22'18.38"E, Karte D11 (S.14), B4
Platz: = 3 auf Schotter. Anfahrt auch an Ruhetagen möglich. Ganzjährig geöffnet.
Preis: 5 €. Für Restaurantgäste kostenlos.
Kontakt: Familie Bernet, ☎ 09153/7906, info@berggasthof-glatzenstein.de, www.glatzenstein.de.
Distanz: 2 km, 3 km, 4 km.
Gastro: Am Platz, warme Küche, So 11:00-21:00 Uhr, Fr auf Anmeldung 18:00-21:00 Uhr.
Freizeit: 4 km, 10 km. Archäologischer Wanderweg am Haus.
POI: Festung Rothenberg 3 km, historische Stadtzentren Lauf und Hersbruck 10 km.

74867 Neunkirchen/Baden gratis

Reisemobilplatz am Festplatz, Zwingenberger Straße, ☎ 06262/2077 <8m
Neben einem Spielplatz, gegenüber vom THW

POS: 49°23'16.94"N/9°0'53.81"E, Karte D10 (S.13), F5

Platz: = 4 auf Asphalt. CHEM. Ganzjährig geöffnet.
Preis: Übernachtung gratis.
Kontakt: Heidrun Weishaupt, ☎ 06262/2077, weishaupt-neunkirchen@t-online.de, www.autohaus-weishaupt.net.
Distanz: 0,2 km (Autohaus Weishaupt, Industriestraße 7, 74867 Neunkirchen/Baden), 0,5 km, 0,5 km, 0,7 km, 1 km.
Gastro: Natur Kultur Hotel 1 km. Restaurant Rose.
Freizeit: 3 km, 7 km. Beachvolleyball, Alla Hopp Sportsgelände, Wildpark Schwarzach 3 km.
POI: Heimatmuseum 0,5 km, Mörserglocke Schwarzach 3 km, Schloss Zwingenberg 5 km, Ruine Minneburg 5 km, Burgenstraße Neckartal 7 km, Technik Museum Sinsheim 20 km, Stadt Heidelberg 25 km, Altstädte Eberbach und Mosbach 25 km.

84524 Neuötting €22,50

Stellplatz am Lehneckerhof, Lehneck 1, ☎ 08671/2824 >12 m
Bewirtschafteter Ferienbauernhof in Einzellage

POS: 48°14'7.89"N/12°42'38.63"E, Karte D16 (S. 19), E3
Platz: = 3 auf Schotterrasen, Wiese. WC GRAU. Anfahrt 8:00-20:00 Uhr. Geöffnet: Ostern-Nov.
Preis: 22,50 € inkl. Wasser, Dusche, WC. Jede weitere Pers. 7,50 €, Kind (0-14 J.) 5 €, Strom 3 €, Hund 4 €.
Kontakt: Familie Hartsperger, ☎ 08671/2824, info@lehneck.de, www.lehneck.de.
Distanz: 2 km, 2 km, 2 km, 2 km.
Freizeit: 4 km, 2 km, 2 km. Radfahren, Wandern, Baden.
POI: Altstadt Neuötting 2 km, Basilika und Kapellplatz 2,5 km, Wallfahrtsort Altötting 2,5 km, Marktl – Geburtsort von Papst Benedikt 10 km, Burghausen – längste Burg Europas 16 km.

84524 Neuötting gratis

Wohnmobilstellplatz Neuötting, Landshuter Straße, ☎ 08671/883710 <8 m
Mit Blick auf den Dom des Inntals, neben Parkbahnanlage

POS: 48°14'24.72"N/12°40'32.02"E, Karte D16 (S. 19), E3
Platz: = 4 auf Asphalt. =4 CHEM GRAU. Ganzjährig geöffnet. Ausnahme: während der Neuöttinger Dult (Mitte Aug) geschlossen.
Preis: Übernachtung gratis. Strom 0,50 €/kWh, Wasser 1 €/80-100 l.
Kontakt: Tourist-Information, ☎ 08671/883710, tourismus@neuoetting.de, www.neuoetting.de.
Distanz: 0,2 km, 0,5 km.
Freizeit: Sieben-Kirchen-Radweg, Brauerei-Erlebnisführung, Fahrt mit einer der größten Parkbahnanlagen Süddeutschlands, Führung Krautturm und Metzgergassl mit Schiffsleidessen.
POI: Stadtmuseum 0,5 km, Wallfahrtsort Altötting 2,7 km.

94089 Neureichenau €10,00

KNAUS Reisemobilhafen Lackenhäuser**, Lackenhäuser 127, ☎ 08583/311** Stellflächen vor der Schranke <10 m

POS: 48°44'56.83"N/13°49'1.94"E, Karte D16 (S. 19), G1
Platz: = 6 auf Wiese, Asphalt. =3 (16 A) WC CHEM GRAU. Aufenthalt max. 2 Tage. Ganzjährig geöffnet.
Preis: 10 € inkl. Wasser, Entsorgung. Strom 4 €, WC 5 €/Pers., Müll-Entsorgung 5 €, Kurtaxe 1,50 €/Pers.
Kontakt: Helmut KNAUS KG Campingparks, ☎ 08583/311, lackenhaeuser@knauscamp.de, www.knauscamp.de/lackenhaeuser.
Distanz: 0 km, weitere Restaurants in 7 km, 0 km, 0,5 km, 7 km.
Gastro: SB-Markt mit Kaffee- und Frühstücksecke. Restaurant am Platz.
Freizeit: 3 km. Kleintiergehege, Minigolf, Kegeln, Infrarot- und Salzsteinkabine, Billard, Fußball, Schwalbensee (Angeln), Beachvolleyball, Wintersportgebiet 3 km, Erlebnisbad 18 km.
POI: Dreiländereck Bayern/Böhmen/Österreich, Baumwipfelpfad, Dreisesselberg 10 km.

16816 Neuruppin €8,00

Stellplatz am Sportcenter Neuruppin, Trenckmannstraße 14, ☎ 03391/822030 <8 m
In unmittelbarer Nähe zum See mit Badestelle

POS: 52°55'0.65"N/12°48'16.36"E, Karte D3 (S. 6), D5
Platz: = 10 auf Schotterrasen, Schotter. WC. Anfahrt 24 h. Strom am Stellplatz in Planung. Ganzjährig geöffnet.
Preis: 8 € inkl. WC. Dusche 2 €/Pers. WC/Dusche im Haus.
Kontakt: Herr Reckmann, ☎ 03391/822030, info@sportcenter-neuruppin.de, www.sportcenter-neuruppin.de.
Distanz: 0,5 km, 2 km.
Gastro: Restaurant am Platz, Mo-So 7:00-21:00 Uhr. Frühstücksservice.
Freizeit: 1,5 km. Tennis, Sport- und Erlebnisbad, Fahrgastschiffahrt Neuruppin 1 km.
POI: Altstadt Neuruppin 0,2 km, Tierpark Kunsterspring 25 km, Schloss Rheinsberg 25 km.

97337 Neuses am Berg €5,00

Weingut und Brennerei Mangold, Köhlerstraße 12, ☎ 09324/980981 >12 m
In ruhiger Lage neben dem Weingut mit 40 km Panoramablick über das Maintal

POS: 49°49'47.23"N/10°10'33.28"E, Karte D10 (S. 13), H4
Platz: = 24 auf Schotter, Wiese, Naturboden. =24 WC. wird empfohlen. Anmeldung per Telefon oder E-Mail erwünscht. Wasser mittels Kanne. Ganzjährig geöffnet. Ausnahme: 1.12.-10.1.
Preis: 5 € inkl. WLAN. Strom 0,50 €/kWh, Wasser 1 €/20 l. 10.1.-1.12. 5 €.
Kontakt: Weingut Mangold, ☎ 09324/980981, info@frankenwein-mangold.de, www.frankenwein-mangold.de.
Distanz: 0,5 km, 3 km, 3 km, 3,5 km.
Gastro: Weine, Brände, Liköre und Secco zur Verkostung und/oder zum Kauf.
Freizeit: 15 km, 3 km, 12 km. Weinlese und -verkostung, Bibel Wein Weg 0,3 km.
POI: Renaissance-Rathaus, Dettelbach 3 km.

41460 Neuss gratis

RennbahnPark Neuss, Am RennbahnPark/Zufahrt über Stresemannallee, ☎ 02131/4037795 <8 m
Auf dem Parkplatz an der Rennbahn

POS: 51°11'45.43"N/6°42'2.04"E, Karte D5 (S. 8), B5
Platz: = 5 auf Schotter, Wiese. Ganzjährig geöffnet. Teilweise uneben, kein Schatten. Aufenthalt max. 72 h.
Preis: Übernachtung gratis.
Kontakt: Tourist Information Neuss, ☎ 02131/4037795, tourist-info@neuss-marketing.de, www.neuss-marketing.de.
Distanz: 0 km, 0,1 km, 0,6 km.
Gastro: Restaurant am Platz.
Freizeit: 0,5 km. Veranstaltungen auf der Rennbahn Neuss, Alpenpark Neuss 7 km.
POI: Quirinus-Münster 0,5 km, Museumsinsel Hombroich 6,5 km.

95514 Neustadt am Kulm gratis

Stellplatz beim Sportplatz, Jahnstraße, ☎ 09645/920015 <10 m
Am Sportgelände mit Blick zum Rauhen Kulm und zum Fichtelgebirge

POS: 49°49'45.62"N/11°50'14.88"E, Karte D11 (S. 14), C4
Platz: = 5 auf Wiese, Schotter. Ganzjährig geöffnet.
Preis: Übernachtung gratis.
Kontakt: Tourist-Info Eschenbach i.d.Opf., ☎ 09645/920015, 09645/920016, poststelle@eschenbach-opf.de, www.neustadt-am-kulm.de.
Distanz: 0,2 km, 0,5 km, 0,5 km, 1 km.
Freizeit: 10 km, 7 km. Bademöglichkeit 0,4 km.
POI: Basaltkegel, Rauher Kulm mit Aussichtsturm 2 km, Kloster Speinshart 5 km.

31535 Neustadt am Rübenberge gratis

Reisemobilplatz an der Leine, Suttorfer Straße/Herzog-Erich Allee, ☎ 05032/840 Parkstreifen am Leineufer mit Blick auf die Innenstadt <12 m

2022 geprüft

POS: 52°30'24.73"N/9°27'58.12"E, Karte D6 (S. 9), G2

Platz: P = 8 auf Schotter. Anfahrt 24 h, Aufenthalt max. 1 Nacht. Campingverhalten nicht erlaubt. Ganzjährig geöffnet.
Preis: Übernachtung gratis.
Kontakt: Stadtverwaltung Neustadt am Rübenberge, ☎ 05032/840, igrau@neustadt-a-rbge.de, www.neustadt-a-rbge.de.
Distanz: 0,4 km, 0,5 km, Ⓗ 0,6 km, 1 km.
Freizeit: 1,7 km. Parkanlage Erichsberg 1 km.
POI: Schloss Landestrost und historischer Amtsgarten 0,4 km, Naturparkhaus Mardorf 12,2 km.

31535 Neustadt am Rübenberge-Mardorf — €10,00

Wohnmobilstellplatz Steinhuder Meer, Rote-Kreuz-Straße 16, >12 m
☎ **05036/530** Am Steinhuder Meer

2021 geprüft

POS: 52°29'11.30"N/9°18'2.61"E, Karte D6 (S. 9), F2
Platz: = 60 auf Wiese. =60 (16 A) CHEM GRAU. Anfahrt 24 h. Stellplatzgrößen von 47 bis über 85 qm. Ganzjährig geöffnet.
Preis: 10 € inkl. aller Personen, Entsorgung, Müll-Entsorgung. Strom 3 €, Wasser 1 €/100 l. Parkscheinautomat.
Kontakt: Hartmut Niemeyer, ☎ 05036/530, mailbox@wohnmobilstellplatz-steinhuder-meer.de, www.wohnmobilstellplatz-steinhuder-meer.de.
Distanz: 0,2 km, weitere Restaurants in 0,5 km, Ⓗ 0,3 km, 0,8 km, 0,8 km.
Freizeit: 10 km, 10 km, 1,5 km. Bootstouren, Segeln, Führungen im Naturpark, Kletter- und Abenteuerpark Seatree, Schwimmen, Steinhuder Meer 0,3 km, Minigolfanlage 0,6 km, Golfplatz 1,5 km.
POI: Naturparkhaus Mardorf 1 km, Inselfestung 1,5 km, Schloss Landestrost 10 km.

31535 Neustadt am Rübenberge-Nöpke — €14,00

Campingplatz Nöpke, Am Heisterholz 7, ☎ **05031/4142** <10 m
In ruhiger Waldrandlage

POS: 52°35'59.00"N/9°22'51.00"E, Karte D6 (S. 9), F2
Platz: P = 50, = 4 (<12 m) auf Schotterrasen, Naturboden, Wiese, Schotter. =50 (10 A) WC CHEM/Bio GRAU. Ankunft von 8:00-20:00 Uhr. Ganzjährig geöffnet.
Preis: 14 € inkl. Wasser, WC, Müll-Entsorgung. Jede weitere Pers. 2 €, Strom 0,80 €/kWh, Dusche 1 €/Pers., Hund 1,50 €.
Kontakt: Dieter Littau, ☎ 05031/4142, Mobil: 01520/1947621, noepkecamping@aol.com.
Distanz: 0,5 km, Ⓗ 0,7 km, 1 km, weitere Restaurants in 3 km, 2 km.
Gastro: Dat Nöpker Bierhus.

Freizeit: 0,1 km. Reiten.
POI: Windmühle, Gibichenstein (einer der größten Findlinge Norddeutschlands) 10 km, Ahrbergesche Windmühle 10 km, Steinhuder Meer 25 km.

91413 Neustadt an der Aisch — gratis

Mühlengasthof Kohlenmühle, Bambergerstraße 53, <8 m neu
☎ **09161/662270** An der Traditionsgastätte mit eigener Brauerei

POS: 49°35'1.75"N/10°36'54.15"E, Karte D11 (S. 14), A4
Platz: = 3 auf Pflaster. Obst/Gemüseladen und Metzgerei direkt am Hof. Ganzjährig geöffnet.
Preis: Für Restaurantgäste kostenlos. Einkehr obligatorisch.
Kontakt: Kohlenmühle, ☎ 09161/662270, info@kohlenmuehle.de, www.kohlenmuehle.de.
Distanz: 0 km, 1 km, 1 km.
Gastro: Hausbrauerei mit Bierverkauf über die Theke. Mühlengasthof Kohlenmühle mit gutbürgerlicher Küche Frankens, Di-Do 11:00-14:00 Uhr und 17:00-23:00 Uhr, Fr-Sa 11:00-23:00 Uhr, So 11:00-15:00 Uhr, Mo Ruhetag.
Freizeit: 1,9 km. Aischgründer Bierrunde, Aischtalradweg, Aischgründer GenussRadweg, Waldbad Neustadt a.d. Aisch 1,9 km.
POI: Museen im Alten Schloss 0,6 km, Stadtführungen Neustadt a.d. Aisch 1 km.

91413 Neustadt an der Aisch — gratis

Am Waldbad, Eilersweg 5, <10 m
☎ **09161/66614**
Auf dem Parkplatz am Waldbad

POS: 49°34'32.75"N/10°37'57.16"E, Karte D11 (S. 14), A4
Platz: P = 6 auf Schotterrasen. WC. Ganzjährig geöffnet.
Preis: Übernachtung gratis.
Kontakt: Stadt Neustadt, ☎ 09161/66614, waldbad@neustadtwerke.de, www.waldbad-neustadt.de.
Distanz: 1,2 km, weitere Restaurants in 1,5 km, Ⓗ 0,3 km, 1 km, 1 km, E 3,1 km (Festplatz, An den Sommerkellern, 91413 Neustadt an der Aisch).
Freizeit: 1 km, 1 km. Nordic Walking-Parcours, Trimm-Dich-Pfad, Adventure Golf, Golf`n Fun-Anlage, Joggen.
POI: Museen im alten Schloss mit Aischgründer Karpfenmuseum 2 km, Altstadt 2 km, Therme Bad Windsheim 20 km.

91413 Neustadt an der Aisch — gratis

Festplatz, An den Sommerkellern, <10 m
☎ **09161/66614** Am nördl. Stadtrand unter einer Baumreihe am Festplatz, 5 Minuten zu Fuß in die Innenstadt

2020 geprüft E

POS: 49°34'58.52"N/10°36'13.37"E, Karte D11 (S. 14), A4
Platz: P = 16, = 8 (<9 m) auf Schotter, Rasengittersteinen. =16 (16 A) CHEM GRAU. Gasflaschentausch in 0,5 km. Ganzjährig geöffnet. Ausnahmen: 3 Wochen während der Neustädter Kirchweih, 1 Woche nach Pfingsten.
Preis: Übernachtung gratis inkl. Entsorgung. Strom 1 €/kWh, Wasser 1 €/50 l.
Kontakt: Stadt Neustadt an der Aisch, ☎ 09161/66614, info@neustadt-aisch.de, www.neustadt-aisch.de.
Distanz: 0 km, weitere Restaurants in 0,5 km, Ⓗ 0,3 km, 0,5 km, 0,8 km.
Gastro: Tempel, ital. Spezialitäten, Auszeit.
Freizeit: 3 km, 2,5 km, 1 km. Wander-/Radwege, historischer Rundgang 0,3 km.
POI: Aischgründer Karpfenmuseum, Markgrafenmusem, KinderSpielwelten 0,4 km, Altes/Neues Schloss, Museumsareal 0,4 km, Altstadt 0,5 km, neugotische Kirche/Stadtkirche aus dem 14. Jh. 0,7 km.

N

91413 Neustadt an der Aisch — €12,00

Stellplatz am Sportzentrum, Eilersweg 1, ☎ **09161/60666** <10 m
Privater eingezäunter Stellplatz zwischen Tennishalle und Freibad

POS: 49°34'27.87"N/10°37'43.46"E, Karte D11 (S. 14), A4
Platz: P / = 8 auf Schotterrasen. WC CHEM GRAU. B nur bei Gruppen. Schlüssel für automatische Toranlage bei der Anmeldung im Sportzentrum. Geöffnet: 1.4.-15.10.
Preis: 12 € inkl. WC, Müll-Entsorgung, Grauwasserentsorgung. Strom 3 €, Wasser 1 €/80 l, Dusche 1 €/Pers., Chemietoiletten-Entsorgung 0,50 €.
Kontakt: Friedrich Grau, ☎ 09161/60666, info@sportzentrum-neustadt.de, www.wohnmobilstellplatz-neustadt.de.
Distanz: 0,5 km, Ⓗ 0,5 km, weitere Restaurants in 1 km Entfernung, 1 km.
Freizeit: 0,1 km, 1 km. Tennis, Badminton, Squash, Sauna im Sportzentrum.
POI: Karpfenmuseum 1 km, Altstadt 1 km.

07806 Neustadt an der Orla €15,00

Wohnmobilstellplatz Heinrichsruhe, Heinrichsruhe 1, ☎ 0151/20780406 >12m
Inmitten der Natur mit Blick ins Tal

2021 geprüft E

POS: 50°45'20.01"N/11°45'23.97"E, Karte D11 (S. 14), C1
Platz: P = 40, = 10 (< 15 m) auf Wiese, Schotter. =40 (10 A) CHEM GRAU . Mopedverleih. Haustiere willkommen. Ganzjährig geöffnet.
Preis: 15 € inkl. aller Personen, Entsorgung, Dusche, Müll-Entsorgung, WC. Strom 0,50 €/kWh, Wasser 1 €/2 min.
Kontakt: Herr Luddeneit, ☎ 0151/20780406, heinrichsruhe@gmx.de, www.heinrichsruhe.com.
Distanz: Ⓗ 0,5 km, 3 km, 3 km.
Freizeit: 5 km. Reiterhof 3 km, Minigolf 5 km.
POI: Bismarckturm 1 km, Cranach Altar in der Kirche Neustadt 3 km, historische Jagdanlage Rieseneck 10 km, Leuchtenburg bei Kahla 10 km.

07806 Neustadt an der Orla €10,00

Stellplatz an der Knapp-Mühle, Linda 20 b, ☎ 036481/23836 <12m
An der Galerieholländer Windmühle

POS: 50°41'4.89"N/11°46'59.72"E, Karte D11 (S. 14), C1
Platz: P / = 3 auf Wiese, Schotter. =6 (6 A) CHEM GRAU . Ganzjährig geöffnet.
Preis: 10 € inkl. Wasser, Entsorgung, Kurtaxe. Strom 0,50 €/kWh.
Kontakt: Familie Knapp, ☎ 036481/23836, info@knapp-muehle.de, www.knapp-muehle.de.
Distanz: Ⓗ 0,5 km, 4 km, 6 km, 6 km.
Gastro: Mehrere Restaurants im Ortszentrum.
Freizeit: 12 km. Mühlenbesichtigung, Angeln.
POI: Plothener Teichgebiet 6 km, Neustadt 6 km, Bismarckturm Neustadt 10 km.

96465 Neustadt bei Coburg gratis

Wohnmobilstellplatz am Schützenplatz, Schützenplatz, ☎ 09568/81139 <12m
Beim Familienzentrum am Muppberg

2022 geprüft E

POS: 50°19'28.00"N/11°7'42.00"E, Karte D11 (S. 14), B2
Platz: P = 10 auf Pflaster, Schotter. =8 (16 A) CHEM GRAU . Zum größten Teil im Schatten gelegen. VE vom 1.11.-31.3. wegen Frostgefahr nicht möglich. Ganzjährig geöffnet.
Preis: Übernachtung gratis. Strom 1 €/8 h, Wasser 1 €/10 min.
Kontakt: Stadtverwaltung Neustadt bei Coburg, ☎ 09568/81139, tourist@neustadt-bei-coburg.de, www.neustadt-bei-coburg.de.
Distanz: 0,1 km, Ⓗ 0,3 km, 0,5 km, 0,8 km.
Freizeit: 1,9 km, 1,3 km, 1,1 km. Puppenstadtführung, Brauseminare.
POI: Museum der Deutschen Spielzeugindustrie 0,3 km, Bildungsstätte Innerdeutsche Grenze 1,3 km, Arnoldhütte mit Prinzregententurm 1,5 km, Schloss Rosenau 11 km, Altstadt Coburg mit Veste und Ehrenburg 15 km.

23730 Neustadt in Holstein €24,00

Campingplatz Lotsenhaus, Sandberger Weg 96, ☎ 04561/2557 Am Ostseestrand in Südlage vor dem Campingplatz <10m

POS: 54°5'33.87"N/10°49'36.64"E, Karte D3 (S. 6), A3
Platz: / = 8 auf Sand/Splitt, Wiese, Rasengittersteinen. WC CHEM . B wird empfohlen. Ankunft bis 19:00 Uhr. Anmeldung von 9:00-19:00 Uhr. Geöffnet: 1.4.-31.10.
Preis: Ab 24 € inkl. Wasser, Entsorgung, WC, Müll-Entsorgung, WLAN. Strom 2 €, Dusche 0,70 €/7 min, Kurtaxe 2,50 €/Pers. 24-32 € je nach Saison. Jede weitere Person 7-9 €, Kind (3-14 J.) 2-3 €.
Kontakt: Ron Wittmack, ☎ 04561/2557, camping@campingplatz-lotsenhaus.de, www.campingplatz-lotsenhaus.de.
Distanz: Ⓗ 0,1 km, 0,5 km, 1,5 km.
Gastro: Pizzeria am Platz, Mo 12:00-21:00 Uhr, Di-So 12:00-22:00 Uhr. SB-Laden am Platz. Weitere Restaurants in Neustadt.
Freizeit: 10 km. Tischtennis, Kicker, Dart, Billard.
POI: Hansa-Park 5 km.

23730 Neustadt in Holstein-Pelzerhaken €16,00

Wohnmobilstellplatz Ostsee, Auf der Pelzerwiese 45, ☎ 0170/7734602 <12m
An der Ostsee in der Lübecker Bucht

POS: 54°5'20.29"N/10°52'19.59"E, Karte D3 (S. 6), A3
Platz: P = 85 auf Schotterrasen, Pflaster. =90 (16 A) WC CHEM GRAU . Abwaschmöglichkeit für Geschirr. Abreise bis spätestens 18:00 Uhr. Kosten für WLAN siehe Aushang. Geöffnet: März-Anfang Jan.
Preis: Ab 16 € inkl. Wasser, Entsorgung, WC, Müll-Entsorgung. Jede weitere Pers. 2 €, Strom 1 €/2 kWh, Dusche 1 €/4 min. Kurtaxe HS 2,50 €, NS 1,50 €. HS 18 €, NS 16 €.
Kontakt: Hinrich Behrens, Mobil: 0170/7734602, info@wohnmobilstellplatz-ostsee.de, www.wohnmobilstellplatz-ostsee.de.
Distanz: Ⓗ 0,1 km, 0,4 km, 0,4 km, 0,4 km.
Gastro: Brötchenservice am Kiosk.
Freizeit: 2 km, 8 km, 0,2 km. Surf- und Kite-Schule am Strand, Ostsee 0,1 km, Bootsverleih 5 km, Golfplatz Brodauer Mühle 6 km, Reitanlage 6 km, Hansapark 10 km.
POI: Hafen Neustadt 3 km, Gut Siehagen 6 km.

01844 Neustadt in Sachsen gratis

Mariba Freizeitwelt Neustadt, Götzingerstraße 12, ☎ 03596/502070 <8m
Auf dem Bad-Parkplatz

2022 geprüft

POS: 51°1'27.80"N/14°12'33.40"E, Karte D8 (S. 11), G5
Platz: P = 3 auf Pflaster. WC . Ganzjährig geöffnet.
Preis: Übernachtung gratis. Strom gegen Gebühr.
Kontakt: Freizeit GmbH, ☎ 03596/502070, info@mariba.eu, www.mariba.eu.
Distanz: 0 km, 0,2 km, weitere Restaurants in 2 km, 0,5 km, Ⓗ 0,5 km.
Gastro: Restaurant im Bad, warme Küche ab 11:00 Uhr.
Freizeit: Freizeitbad mit Wellenbecken, Rutschen, Knirpsenwelt und Sauna, Aktivitäten im Freizeitpark, Tennisplatz, Fitnessstudio, Sportcenter, Squashanlage.
POI: Burg Stolpen 8 km, Nationalpark Sächsische Schweiz 10 km, Bastei und Lichtenhainer Wasserfall 12 km.

67433 Neustadt-Haardt gratis

Festplatz am Mandelring, Mandelring, ☎ 06321/926892 <8m
In der Ortsmitte mit Blick auf die Rheinebene

POS: 49°22'2.13"N/8°8'21.68"E, Karte D9 (S. 12), D5
Platz: = 2 auf Asphalt. . Ganzjährig geöffnet. Ausnahme: Mitte-Ende Mai wegen Weinfest geschlossen.
Preis: Übernachtung gratis.
Kontakt: Stadt Neustadt, ☎ 06321/926892, touristinfo@neustadt.eu, www.neustadt.eu.
Anfahrt: Unterhalb der Pergola an der Schule.
Distanz: 0,5 km, Ⓗ 0,5 km, 1 km.
Freizeit: 2 km, 2 km, 2 km.
POI: Burg Winzingen und Haardter Schlösschen in Haardt, Altstadt 1,5 km.

67434 Neustadt-Hambach gratis

Hambacher Schloss Kellerei eG, Weinstraße 110, ☎ 06321/2343 <8m
Im Innenhof der Weinkellerei

POS: 49°20'14.13"N/8°7'53.44"E, Karte D9 (S. 12), D5
Platz: = 2 auf Asphalt. =2 WC. WC zu den Öffnungszeiten: Mo-Fr 8:00-12:00 Uhr und 13:00-17:00 Uhr, Sa 9:00-12:00 Uhr, Abweichungen möglich. Ganzjährig geöffnet. Ausnahme: Sep-Okt wegen der Weinlese eingeschränkt nutzbar.
Preis: Übernachtung gratis inkl. Strom.
Kontakt: Martin Laible, ☎ 06321/2343, info@hskeg.de, www.hskeg.de.

Distanz: , Ⓗ 0,1 km, 0,5 km, 2,1 km.
Gastro: Winzergaststätte der Kellerei.
Freizeit: 1 km. Rietburgbahn fahren, Weinprobe, Neustadt Stadtbummel, Weinbergwanderungen, Hambacher Schloss.
POI: Hambacher Schloss 1 km.

67434 Neustadt-Hambach €5,00

Stellplatz Dammstraße/Schwimmbad, Dammstraße, ☎ 06321/2831 <12 m
Am Schwimmbad

POS: 49°19'52.38"N/8°7'53.45"E, Karte D9 (S. 12), D5
Platz: = 16 auf Sand/Splitt, Schotter. CHEM GRAU. Freibad von Mai-Aug geöffnet. VE im Diedesfelder Weg auf der anderen Seite des Schwimmbads. Ganzjährig geöffnet.
Preis: 5 €.
Kontakt: Ortsverwaltung Neustadt-Hambach, ☎ 06321/2831, ortsverwaltung@neustadt-hambach.de, www.neustadt-hambach.de.
Distanz: 1,0 km, Ⓗ 0,1 km, 0,3 km.
Gastro: Weingüter/Gaststätten in unmittelbarer Nähe.
Freizeit: 0,3 km. Radfahren, Wandermöglichkeiten.
POI: Hambacher Schloss 3 km.

67434 Neustadt-Hambach €15,00

Weingut Disson, Andergasse 96, ☎ 06321/88258 <8 m
Sehr ruhig zwischen Wald und Weinbergen

POS: 49°19'17.77"N/8°7'20.55"E, Karte D9 (S. 12), D5
Platz: P / = 8 auf Wiese. WC CHEM GRAU. B wird empfohlen. Transfermöglichkeiten zu verschiedenen Wander- und Einkaufszielen möglich. Geöffnet: Jan-Nov.
Preis: 15 € inkl. Strom, Wasser, Entsorgung, Dusche, WC, Müll-Entsorgnung. Jede weitere Pers. 4 €.
Kontakt: C. Disson, ☎ 06321/88258, info@weingut-disson.de, www.weingut-disson.de.
Distanz: 0,1 km, weitere Restaurants in 0,1 km, 1 km, 1 km, Ⓗ 3 km.
Gastro: Brötchenservice.
Freizeit: 2 km, 3 km, 3 km. Weinkellerführung, Weinprobe, Wander- und Radwege, Golfplatz 10 km, Freizeitpark 10 km, Thermalbad 15 km.
POI: Schloss 1 km, verschiedene Museen 2 km.

67434 Neustadt-Hambach €25,00

Weingut Müller-Kern, Andergasse 38, ☎ 06321/80251 Am Fuße des Hambacher Schlosses, von Weinbergen umgeben <10 m

POS: 49°19'22.95"N/8°7'40.69"E, Karte D9 (S. 12), D5
Platz: P = 3, / = 3 (<12 m) auf Pflaster, Wiese. =3 (16 A) WC GRAU. B wird empfohlen. Aufenthalt max. 3 Tage. Öffnungszeiten Mo-Sa 9:00-20:00 Uhr, So 9:00-12:00 Uhr. Ganzjährig geöffnet.
Preis: 25 € inkl. Strom, Wasser, Dusche, WC, Müll-Entsorgung. Jede weitere Pers. 3 €.
Kontakt: Weingut Müller-Kern, Herr Steffen Kern, ☎ 06321/80251, Mueller-Kern@t-online.de, www.weintours.de.
Distanz: 0,5 km, 0,5 km, weitere Restaurants in 1 km, Ⓗ 0,5 km, 0,8 km.
Gastro: Weingasthaus Zur Fassdaube. Vinothek. Restaurant FuxBau. Weinstube Mohre Jule. Weinprobe.
Freizeit: 0,5 km, 8 km, 3 km. Weinfeste übers ganze Jahr, Mithilfe im Weinberg, Tennisplatz 1 km, Stadtführungen in Neustadt/Weinstraße 3 km, Fallschirmspringen 4 km, Flugsport 4 km (Aero-Club Lachen-Speyerdorf), Golfplatz 8 km.
POI: Hambacher Schloss 1 km, Barockkirche 3 km, Weindorf St. Martin 4 km, Schloss Villa Ludwigshöhe 5 km, Weinmuseum Deidesheim 10 km, Bad Dürkheimer Fass 15 km, Speyerer Dom 18 km.

67434 Neustadt-Hambach €15,00

Weingut Rebenhof, Andergasse 93, ☎ 06321/30993 Im Innenhof und an der Ostseite des Weingutes in den Weinbergen <8 m

POS: 49°19'16.90"N/8°7'23.51"E, Karte D9 (S. 12), D5
Platz: / = 5 auf Wiese, Rasengittersteinen. =4 (16 A) WC. B Ankunft möglichst vor 20:00 Uhr, Aufenthalt unbegrenzt. Ganzjährig geöffnet.
Preis: 15 € inkl. Wasser, Dusche, WC. Jede weitere Pers. 3,50 €, Strom 0,50 €/kWh, Müll-Entsorgung 0,50 €. Strom bis 2 kWh gratis.
Kontakt: Bruno Müller, ☎ 06321/30993, info@wein-sektgut-rebenhof.de, www.rebenhof-pfalz.de.
Distanz: 1 km, Ⓗ 1,2 km, 2,5 km.
Gastro: Mehrere Restaurants und Weinstuben in unmittelbarer Nähe.
Freizeit: 1 km, 3 km, 1 km. Tennis, Minigolf, Flugsport, Weinprobe, Weinberg- und Kellerführung, Golfen, Holiday-Park Haßloch 8 km.
POI: Hambacher Schloss 1 km, Neustadt mit Altstadt 3 km, Dom in Speyer 20 km.

67434 Neustadt-Hambach €13,00

Weinhaus Kruppenbacher, Andergasse 42, ☎ 06321/81795 <8 m
In ruhiger Ortsrandlage mit Schlossblick

POS: 49°19'22.42"N/8°7'33.96"E, Karte D9 (S. 12), D5
Platz: = 4 auf Pflaster. WC. B wird empfohlen. Ganzjährig geöffnet.
Preis: 13 €. Strom 0,70 €/kWh, Dusche/WC 2,80 €/Pers.
Kontakt: Familie Kruppenbacher, ☎ 06321/81795, info@weinhaus-kruppenbacher.de, www.weinhaus-kruppenbacher.de.
Anfahrt: Bei Anfahrt nach Navi: Achtung, bereits nach Haus Nr. 36 rechts in die kleine Straße abbiegen (vor der Vinothek von Weingut Müller-Kern). Dann nach der roten Halle 3x links fahren.
Distanz: 0,3 km, weitere Restaurants in 1 km, Ⓗ 0,5 km, 1,5 km, 3 km.

Freizeit: 1 km. Weinprobe nach Absprache, Wander- und Radwege.
POI: Hambacher Schloss 3 km.

67435 Neustadt-Lachen-Speyerdorf €10,00

Weingut Kreiselmaier, Goethestraße 77, ☎ 06327/2155 <10 m
Im Garten des Weinguts

POS: 49°19'21.44"N/8°12'2.03"E, Karte D9 (S. 12), D5
Platz: = 3 auf Wiese. B wird empfohlen. Geöffnet: März-Nov.
Preis: 10 € inkl. Strom, Wasser.
Kontakt: Familie Saalfrank, ☎ 06327/2155, info@weingut-kreiselmaier.de, www.weingut-kreiselmaier.de.
Anfahrt: Über den Langwiesenweg.
Distanz: Ⓗ 0,3 km, 0,3 km, weitere Restaurants in 1 km, 0,5 km, 0,5 km, 5 km.
Freizeit: 5 km. Führung durch den Betrieb/Weinprobe, Holiday-Park Haßloch 7 km.
POI: Historische Innenstadt Neustadt 5 km, Hambacher Schloss 6 km, Dom Speyer 15 km.

67435 Neustadt-Mußbach €8,00

Altes Weingut Steigelmann, Lauterbachstraße 33, ☎ 06321/68896 <8 m
In ruhiger Lage am Rande der Weinberge

POS: 49°22'22.74"N/8°10'20.56"E, Karte D9 (S. 12), D5
Platz: P / = 6 auf Wiese. =8 (6 A) CHEM GRAU. B wird empfohlen. Geöffnet: März-Nov.
Preis: 8 € inkl. aller Personen, Strom, Wasser, Entsorgung, Müll-Entsorgung, WLAN.
Kontakt: Stefan Steigelmann, ☎ 06321/68896, info@weingut-steigelmann.de, www.weingut-steigelmann.de.
Distanz: Ⓗ 0,3 km, 0,3 km, weitere Restaurants in 0,4 km, 0,5 km, 0,5 km.
Freizeit: 1 km, 7 km. Führung durchs Weingut mit Weinprobe, Mithilfe bei der Weinlese, Holiday Park Haßloch 15 km.
POI: Hambacher Schloss 9 km, Bad Dürkheimer Riesenfass 15 km, Speyrer Dom 25 km.

Hinweis der Redaktion: Aufgrund der wirtschaftlichen Lage und der andauernden Energiekrise kann es in 2023 zu noch nicht absehbaren Preiserhöhungen bei Service- und Übernachtungsgebühren kommen. Wir bitten um Verständnis und verweisen auf die **Bordatlas WebApp**. Die Stellplatzdaten werden dort laufend überarbeitet und stehen online stets aktuell zur Verfügung.

N

67435 Neustadt-Mußbach €5,00

<10m

Weinland Meckenheim, An der Eselshaut 76, ☎ 06321/95978200 Beim Winzerverein/Gartenwirtschaft Schoppenwiese

POS: 49°22'14.37"N/8°10'29.63"E, Karte D9 (S. 12), D5
Platz: = 13 auf Wiese, Schotter. =13 WC GRAU. Anmeldung Mo-Fr 9:00-18:00 Uhr, Sa 9:00-17:00 Uhr, So/Feiertag 10:00-17:00 Uhr. Ganzjährig geöffnet.
Preis: 5 € inkl. aller Personen, Strom, WC.
Kontakt: ☎ 06321/95978200, info@weinland-meckenheim.de, www.weinland-meckenheim.de.
Distanz: 0,2 km, weitere Restaurants in 1 km, Ⓗ 0,5 km, 1 km, 3 km (Reisemobilstellplatz an der Martin-Luther-Kirche, Martin-Luther-Straße, 67433 Neustadt/Weinstraße).
Gastro: Gartenwirtschaft Schoppenwiese (Apr-Nov je nach Wetterlage), geöffnet Di-So ab 11:00 Uhr.
Freizeit: 1 km, 6 km. Weinproben, Wandern im Pfälzer Wald, Federweißerfest im Sep/Okt, Kurpfalzwildpark 10 km, Holiday Park Haßloch 15 km.
POI: Hambacher Schloss 8 km, Riesenfass Bad Dürkheim 11,5 km, Dom zu Speyer 23 km.

16845 Neustadt/Dosse gratis

<10m

Stellplatz am Amt Neustadt/Dosse, neben Bahnhofstraße 10, ☎ 033970/95202 Hinter dem Amtsgebäude, unweit vom Bahnhof

POS: 52°51'7.28"N/12°26'57.91"E, Karte D7 (S. 10), D1
Platz: = 2 auf Pflaster. Ganzjährig geöffnet.
Preis: Übernachtung gratis.
Kontakt: Amt Neustadt/Dosse, ☎ 033970/95202, ordnungsamt@neustadt-dosse.de, www.neustadt-dosse.de.
Distanz: Ⓗ 0,1 km, 0,1 km, 0,3 km, 2 km.
Gastro: Bistro Wasserturm 0,3 km.
Freizeit: 0,8 km. Reiten, Angeln.
POI: Kreuzkirche 2 km, Technisches Denkmal Gaswerk 3 km, Mumie von Ritter Kalebuz 3 km, Neustädter Gestüt mit Museen 3 km, Arboretum in Dreetz 7 km, Filmtierschule Harsch Sieversdorf 7 km, Roji Japanische Gärten Bartschendorf 9 km.

67433 Neustadt/Weinstraße €8,00

<12m

Reisemobilstellplatz an der Martin-Luther-Kirche, Martin-Luther-Straße, ☎ 06321/926892 Eingefriedeter Stellplatz mit Grünfläche

2021 geprüft E

POS: 49°21'17.86"N/8°9'8.68"E, Karte D9 (S. 12), D5
Platz: = 40 auf Asphalt. =24 CHEM GRAU. Tagsüber Verkehrslärm, nachts ruhig. Ganzjährig geöffnet.
Preis: 8 € inkl. Entsorgung. Strom 1 €/kWh, Wasser 1 €. Parkscheinautomat vor dem Platz, EC-Zahlung möglich.
Kontakt: Stadt Neustadt, ☎ 06321/926892, touristinfo@neustadt.eu, www.neustadt.eu.
Distanz: 0,1 km, Ⓗ 0,1 km, 0,9 km, 1 km.
Gastro: Restaurants in der Innenstadt.
Freizeit: 2 km, 2 km, 1 km. Erlebnistag Deutsche Weinstraße immer am letzten So im Aug, Weinproben, Stadtführungen (Mi 14:00 Uhr, Sa 10:30 Uhr) 1 km, Deutsches Weinlesefest 1 km.
POI: Altstadt mit gotischer Stiftskirche, Eisenbahnmuseum und Kuckucksbähnel 1 km, Hambacher Schloss 3 km.

17235 Neustrelitz €17,00

<10m

Wohnmobilstellplatz am Stadthafen, Am Stadthafen 11, ☎ 03981/4534540 Separater Stellplatz am Zierker See

2022 geprüft E

POS: 53°21'56.00"N/13°3'21.00"E, Karte D4 (S. 7), E4
Platz: = 25 auf Pflaster, Asphalt. =25 (16 A) WC CHEM GRAU. nur bei Gruppen. Serviceeinrichtungen nur von Apr-Okt. Geöffnet: 1.4.-31.10.
Preis: 17 € inkl. Müll-Entsorgung. Jede weitere Pers. 2,50 €, Strom einmalig 2 € und 1,50 €/kWh, Wasser 1,50 €/60 l, Entsorgung einmalig 3 € und 1,50 €, Dusche 1,50 €/3 min, WC ab 0,20 €, Trockner je 2 €, Waschmaschine 6 €. Strom, Wasser, Entsorgung nur mit Wertmarken (1,50 €), erhältlich im Büro des Hafenmeisters.
Kontakt: ☎ 03981/4534540, Mobil: 01520/1614033, hafeninformation@neustrelitz.de, www.neustrelitz.de.
Distanz: 0,2 km, Ⓗ 0,2 km, 0,2 km, 0,3 km.
Gastro: Imbiss und mehrere Restaurants.
Freizeit: 3 km. Kulturquartier, Stadtführungen, Festspiele im Schlossgarten: Freilicht-Operette im Juni, Operette im Juli, Schifffahrt ab Stadthafen, Theater 0,5 km, Slawendorf 0,8 km, Tiergarten 1,2 km, Badeanstalt Glambecker See 1,5 km.
POI: Stadtzentrum, spätbarocker Stadtanlage und achtstrahligem Straßenstern am Markt 0,3 km, Schlosskirche (Plastikgalerie) mit Garten 0,3 km.

56564 Neuwied €15,00

<12m

Marina Neuwied, Rheinstraße 180, ☎ 02631/5118844 Mit Blick auf den Rhein und das stillgelegte AKW am gegenüberliegenden Ufer

POS: 50°24'51.88"N/7°28'47.62"E, Karte D9 (S. 12), C2
Platz: = 60 auf Wiese, Schotter. WC CHEM GRAU. Ganzjährig geöffnet.
Preis: 15 € inkl. aller Personen, Wasser, Entsorgung, Dusche, WC. Strom 1 €/kWh.
Kontakt: ☎ 02631/5118844, Mobil: 0176/63249593, ms.bootsservice@web.de, www.marina-neuwied.de.
Distanz: Ⓗ 1 km, 1 km, 1,5 km, 1,5 km.
Freizeit: 3,5 km, 0,1 km. Wandern, Radfahren, Deichwelle Neuwied 3,5 km.
POI: Kreismuseum 3 km, Burg Altwied 4 km, Schloss Engers 6 km, Kloster Rommersdorf 8 km, Koblenz 20 km.

15898 Neuzelle €17,00

<8m

Gaststätte Zum Zickenzeller, Bahnhofstraße 27, ☎ 033652/7079 Im Hof der Gaststätte in der Ortsmitte

POS: 52°5'35.00"N/14°38'57.00"E, Karte D8 (S. 11), G3
Platz: = 7 auf Pflaster. =5 (16 A) WC CHEM GRAU. nur bei Gruppen. Ganzjährig geöffnet.
Preis: 17 € inkl. Strom, Wasser, Entsorgung, Dusche, WC. Jede weitere Pers. 6 €.
Kontakt: Familie Peschke, ☎ 033652/7079.
Distanz: , 0,1 km, Ⓗ 0,3 km, 1 km.
Gastro: Restaurant geöffnet nach Absprache. Frühstücksservice.
Freizeit: 1,2 km. Brauereibesichtigung, Klosterbrauerei 1 km.
POI: Zisterzienserkloster Neuzelle 0,5 km, Kreuzkirche 1 km.

56645 Nickenich €7,00

<8m

Stellplatz Baggerado, Auf dem Teich 1, ☎ 02632/9583949 Ruhige Ortsrandlage, neben dem Schulungs- und Erlebniszentrum

POS: 50°24'25.54"N/7°19'54.34"E, Karte D9 (S. 12), C2
Platz: = 6 auf Pflaster, Rasengittersteinen. =4 WC CHEM. WC zu den Öffnungszeiten des Erlebniszentrums. Ganzjährig geöffnet.
Preis: 7 € inkl. aller Personen. Strom 1 €/4 h, Wasser 1 €/100 l.
Kontakt: Büro Baggerado GmbH & Co. KG, Jessica Sattler, ☎ 02632/9583949, info@baggerado.de, www.baggerado.de.
Distanz: Ⓗ 1 km, 1 km, 1 km, 1,5 km.

Freizeit: 6 km, 0,5 km. Erlebniszentrum mit Outdoor- u. Indoorbaggern, Naturschutzgebiet Lacher See 9 km.

25892 Niebüll €5,00

Reisemobilparkplatz am Marktplatz, Lornsenstraße, ☎ 04661/6010 <12m
Kurzzeit-Stellplatz auf dem Marktplatz vor der Schwimmhalle

POS: 54°47'19.43"N/8°49'28.26"E, Karte D2 (S.5), F1
Platz: P = 25 auf Wiese, Rasengittersteinen. =18 (16 A) CHEM GRAU . Leinenpflicht für Hunde. Aufenthalt max. 1 Nacht. Ganzjährig geöffnet. Ausnahme: Erste 2 Juni-Wo, Ausweichmöglichkeiten vorhanden.
Preis: 5 € inkl. WLAN. Strom 1 €/8 h, Wasser 1 €/70 l, Entsorgung 1 €. Duschen gegen Eintritt in die Schwimmhalle 3 €/Pers., Kind 1,50 €.
Kontakt: Stadt Niebüll, ☎ 04661/6010, info@stadt-niebuell.de, www.niebuell.de.
Distanz: Ⓗ 0,1 km, 0,2 km, 0,3 km, 0,3 km.
Freizeit: Insel- und Halligfahrten sowie Wattwandern 12 km.
POI: Richard Haizmann-Museum für Moderne Kunst 0,5 km, Naturkundemuseum Niebüll 1 km, Friesenmuseum 1,2 km, Nolde-Museum Seebüll 12 km.

34305 Niedenstein gratis

Wohnmobilstellplatz am Hallenbad, Am Schwimmbad 2, ☎ 05624/99930 <8m
Im Luftkurort, nahe Wald und Schwimmbad

POS: 51°13'37.88"N/9°18'58.06"E, Karte D6 (S.9), F5
Platz: = 2 auf Schotterrasen. . Ganzjährig geöffnet.
Preis: Übernachtung gratis.
Kontakt: Magistrat der Stadt Niedenstein, ☎ 05624/99930, info@niedenstein.de, www.niedenstein.de.
Distanz: 0,3 km, 0,8 km.
Freizeit: Schwimmen, Stadt- und Museumsbesuche, Wandern und Radfahren im Naturpark Habichtswald.
POI: Archiv und Heimatstube Metze, Altenburg- und Stadtmuseum, Burgruine Falkenstein, Edersee, Höhensiedlung Altenburg, Heimatmuseum Kirchberg, Fachwerkstadt Fritzlar, Hessenturm.

56589 Niederbreitbach €12,00

Campingplatz Neuerburg, Im Freizeitpark 1, ☎ 02638/4254 <12m
Vor der Camping- und Wochenendanlage im Freizeitgelände

POS: 50°31'46.52"N/7°24'51.38"E, Karte D9 (S.12), C2
Platz: P = 11 auf Wiese, Schotter. =9 (6 A) WC CHEM GRAU . Zugang zu allen Campingplatzeinrichtungen. Sanitärnutzung 1.11.-31.3. mit Schlüssel (gegen Kaution). Ganzjährig geöffnet.
Preis: 12 € inkl. Strom, WC. Wasser 1 €/80 l, Entsorgung 1 €, Dusche 1 €, WLAN 2 €/Tag, Kurtaxe 0,60 €/Pers., Trockner 3 €, Waschmaschine 4 €. 1.11.-31.3. Aufschlag 4 € (Strom).
Kontakt: Verkehrsverein Niederbreitbach, ☎ 02638/4254, verkehrsverein.niederbreitbach@t-online.de, www.wiedtal-camping.de.
Distanz: Weitere Restaurants in 0,3 km Entfernung, Ⓗ 0,5 km, 0,5 km, 1 km, 3 km.
Gastro: Wiedtal-Lädchen auf dem Campingplatz. Campingstübchen Neuerburg am Platz, Di-Fr 16:00-0:00 Uhr, Sa-So 11:00-0:00 Uhr, Mo Ruhetag.
Freizeit: 1,5 km, 1,5 km. Radwegnetz, Bouleplatz, Wanderwege, Saunalandschaft, Angeln.
POI: Dorfmuseum 0,5 km, Ruine Neuerburg 1,5 km, Mutterhäuser des Franziskanerordens 2 km, Weihnachtsdorf Waldbreitbach 3 km, Römerwelten 9 km, Stadt Linz 14 km.

16248 Niederfinow €15,00

Stellplatz am Schiffshebewerk, Hebewerkstraße 52, ☎ 033362/71873 <10m
Im hinteren Teil des Parkplatzes

POS: 52°50'53.15"N/13°56'25.81"E, Karte D8 (S.11), F1
Platz: P = 10 auf Rasengittersteinen. WC . WC täglich von 9:00-19:00 Uhr. Kein Winterdienst - Platz und Einrichtungen können wetterabhängig von Nov-Feb geschlossen sein. Ganzjährig geöffnet.
Preis: 15 €.
Kontakt: SHW Touristik GmbH, Heike Thiede, ☎ 033362/71873, parkplatz@shwtouristik.com, schiffshebewerk-niederfinow.com.
Distanz: 0,2 km, 2 km.
Gastro: Imbiss am Platz. Weitere Restaurants in unmittelbarer Nähe.
Freizeit: Besichtigung der Schiffshebewerke, Kanuverleih.
POI: Schiffshebewerk Niederfinow, Berlin, Binnenschifffahrtsmuseum 10 km, Kloster Chorin 18 km.

14913 Niedergörsdorf-Gölsdorf €14,00

Gaststätte & Pension Miething, Gölsdorf 41, ☎ 033741/72258 <10m
Auf einer Wiese neben dem Restaurant

POS: 51°57'14.67"N/12°58'45.87"E, Karte D8 (S.11), E3
Platz: / = 15 auf Wiese. WC . wird empfohlen. Ganzjährig geöffnet. Ausnahme: In den Wintermonaten auf Anfrage.
Preis: 14 €. Für Restaurantgäste kostenlos. Jede weitere Pers. 7 €, Kind (bis 14 J.) 3 €, Strom 0,60 €/kWh, WC 3 €.
Kontakt: Familie Miething, ☎ 033741/72258, gasthaus-miething@gmx.de, www.gasthaus-miething.de.
Distanz: 0,1 km, Ⓗ 0,2 km.
Gastro: Frühstücksservice. Restaurant am Platz, warme Küche 10:00-20:00 Uhr. Mi Ruhetag.
Freizeit: 5 km, 20 km, 10 km. Radfahren, Wandern.
POI: Jüteborg 10 km, Kloster Zinna 12 km, Lutherstadt Wittenberg 30 km.

55585 Niederhausen €10,00

Weingut Mathern, Winzerstraße 5-7, ☎ 06758/6714 <8m
Hinterm Weingut im Ortskern

POS: 49°48'8.68"N/7°47'1.45"E, Karte D9 (S.12), D4
Platz: P = 2 auf Wiese. WC . Ankunft bis 18:00 Uhr. Ganzjährig geöffnet.
Preis: 10 €. Strom 7 €, Wasser 5 €.
Kontakt: Frau Gloria Mathern, ☎ 06758/6714, info@weingut-mathern.de, www.weingut-mathern.de.
Distanz: 0,1 km, 0,2 km, 3 km.
Gastro: Frühstück möglich.

67150 Niederkirchen bei Deidesheim gratis

Sportanlage Niederkirchen, Am Sportgelände 1, ☎ 06326/96770 <12m
In Ortsrandlage

2021 geprüft

POS: 49°24'37.56"N/8°13'16.31"E, Karte D9 (S.12), E5
Platz: P / = 12 auf Schotter. =6 (6 A). Ganzjährig geöffnet.
Preis: Übernachtung gratis. Strom nach Verbrauch.
Kontakt: Tourist Service GmbH Deidesheim, ☎ 06326/96770, touristinfo@deidesheim.de, www.deidesheim.de.
Distanz: 0 km, weitere Restaurants in 0,8 km, 0,8 km (Kläranlage Niederkirchen, Am Sportgelände 2, 67150 Niederkirchen bei Deidesheim), Ⓗ 1 km, 1 km, 1 km.
Gastro: Sportgaststätte am Platz.
Freizeit: 3 km, 8 km, 3 km. Weinprobe im Ort, Sport auf der Sportanlage.
POI: Hist. Rathaus am Marktplatz 3 km, 3F Deutsches Museum für Foto-, Film- und Fernsehtechnik 3 km, Andreasbrunnen 3 km, Deidesheim 3 km.

41372 Niederkrüchten €12,00

Campingplatz Graskamp, Graskamp 16, ☎ 02163/81696 <12m
Durch Hecken und Bäume parzellierte Stellplätze

POS: 51°13'21.00"N/6°8'25.00"E, Karte D5 (S.8), A5
Platz: / = 8 auf Wiese. =8 (10 A) WC CHEM GRAU . Ganzjährig geöffnet.
Preis: 12 € inkl. Wasser, Entsorgung, Dusche, WC, Müll-Entsorgung. Strom 2,50 €/24 h.
Kontakt: Familie van de Weyer, ☎ 02163/81696, info@campingplatzgraskamp.de, www.campingplatzgraskamp.de.
Distanz: 1 km, weitere Restaurants in 1 km Entfernung, 2 km.
Gastro: Biergarten. Brötchen-/Zeitungsservice.
Freizeit: 4 km, 5 km, 5 km. Angeln, Reiten, Reitsportanlage 1 km, Go-Kart-Bahn 4 km, Hariksee mit Bootsverleih 8 km, Tierpark 10 km.
POI: Wachholderheide 1 km, Nationalpark De Meinweg 3 km, Roermond Burg Brüggen 4 km.

41372 Niederkrüchten-Elmpt €14,00

Camping Lelefeld, Lelefeld 4, ☎ 02163/81203 Am Ortsrand, im Maas-Schwalm-Nette Naturpark <12m

POS: 51°13'5.04"N/6°8'44.57"E, Karte D5 (S.8), A5
Platz: P = 5 auf Wiese. =5 (10 A) WC CHEM GRAU . wird empfohlen. Ganzjährig geöffnet.

N

Preis: 14 € inkl. Wasser, Entsorgung, WC, Müll-Entsorgung. Strom 0,55 €/kWh, Dusche 0,90 €/Pers., WLAN 3 €/Tag.
Kontakt: Gerhard Blut, ☎ 02163/81203, info@camping-lelefeld.com, www.camping-lelefeld.com.
Distanz: 0,5 km, 1 km, 1 km, 1,5 km, weitere Restaurants in 2 km.
Gastro: Kiosk mit Brötchenservice. Gasthof zur Post.
Freizeit: 4 km, 0,5 km, 3 km. Angeln, Reiten, Reitsportanlage 0,5 km, Kart-Bahn 3 km, Tennis-/Squash Center 4 km, Tierpark 5 km.
POI: Wacholderheide 2 km, Burg Brüggen 3 km.

76889 Niederotterbach — gratis

Bio-Weingut Diehlmann, Hauptstraße 49, ☎ 0176/24178306 — <10 m
Am Bio-Weingut mitten im Grünen

POS: 49°3'51.16"N/8°2'43.34"E, Karte D13 (S. 16), D1
Platz: = 1, = 1 (<13 m) auf Wiese, Naturboden. Ganzjährig geöffnet.
Preis: Übernachtung gratis. Weinkauf erwünscht.
Kontakt: Bio-Weingut Diehlmann, Tobias Diehlmann, Mobil: 0176/24178306, info@biowein-diehlmann.de, www.biowein-diehlmann.de.
Distanz: 0,5 km, 2 km, 2 km.
Freizeit: Schwimmen, Angeln am Freizeitsee Schwanenweiher, Weinprobe, Wandern-Westwallweg, Radfahren.
POI: Deutsches Weintor in Schweigen-Rechtenbach, Weißenburg 7 km, Bad Bergzabern 7 km.

87448 Niedersonthofen — €14,00

Camping Zeh am See, Burgstraße 27, ☎ 08379/7077 — <8 m
An der Campingplatzzufahrt (Campingstüble-Parkplatz) am Niedersonthofener See

POS: 47°37'47.85"N/10°14'42.91"E, Karte D14 (S. 17), H4
Platz: = 4, = 1 (<12 m) auf Rasengittersteinen. =4 (16 A) WC CHEM GRAU. wird empfohlen. Anreise bis 18:00 Uhr. Aufenthalt max. 1 Nacht. Ganzjährig geöffnet. Ausnahme: 15.10.-26.12.
Preis: 14 € inkl. Dusche, WC, Müll-Entsorgung, WLAN. Jede weitere Pers. 1 €, Strom 0,70 €/kWh, Wasser 1,50 €, Entsorgung 3 €, Kurtaxe (ab 16 J.) 1,20 €/Pers., Hund 3,50 €.
Kontakt: Herr Gerd Anders, ☎ 08379/7077, info@camping-zeh-am-see.de, www.camping-zeh-am-see.de.
Distanz: 0,2 km, 0,5 km, 0,5 km, 0,5 km, weitere Restaurants in 0,5 km Entfernung.
Gastro: Frühstücksservice.
Freizeit: 3 km.
POI: Käutertor 0,4 km, Wasserfall 5 km, Bergkäserei 7 km, Allgäuer Bergbauernmuseum 7 km.

97996 Niederstetten — gratis

Wohnmobilstellplatz Frickentalplatz, Frickentalplatz, ☎ 07932/91020 — <8 m
Am Rande eines PKW-Parkplatzes

POS: 49°23'58.81"N/9°54'56.04"E, Karte D10 (S. 13), G5
Platz: = 6 auf Pflaster. WC CHEM GRAU. Anfahrt 9:00-22:00 Uhr. Schmale Stellplätze. Anmeldung sowie Schlüssel für WC und Müllstation (gegen 25 € Kaution) tägl. außer Do von 9:00-22:00 Uhr im Gasthof Löwen, Zehntscheuergasse 1. Bei Rückgabe werden 5 € für Reinigung und Instandhaltung einbehalten. Ganzjährig geöffnet.
Preis: Übernachtung gratis inkl. Entsorgung. Strom 0,50 €/kWh, Wasser 0,10 €/8 l, Dusche 0,50 €/10 min.
Kontakt: Stadtverwaltung Niederstetten, ☎ 07932/91020, info@niederstetten.de, www.niederstetten.de.
Distanz: 0,2 km, 0,7 km, 1 km.
Gastro: Gasthaus Zum Löwen, Mo 16:00-22:00 Uhr, Di + Fr-Sa 10:00-22:00 Uhr, So 11:00-21:00 Uhr, Mi-Do Ruhetag, Wenden Sie sich an diesen Tagen an die Stadtverwaltung in der Albert-Sammt-Str. 1.
Freizeit: Mühlenbesichtigung, Sportflugplatz, Minigolf, Wandern, Sportpark.
POI: Audioguide Hist. Stadtspaziergang kostenfrei 0,2 km, Albert Sammt-Zeppelin Museum 5 km.

97464 Niederwerrn — gratis

Wohnmobilpark Niederwerrn, Jahnstraße 12 — <12 m
Separater Stellplatz auf dem Festplatz

POS: 50°3'38.48"N/10°10'32.66"E, Karte D10 (S. 13), H3
Platz: = 30 auf Asphalt. =2 (16 A) CHEM GRAU. Aufenthalt max. 3 Nächte. Ganzjährig geöffnet.
Preis: Übernachtung gratis. Strom 0,80 €/kWh, Wasser 0,50 €/40 l. Spende erwünscht, Spendensäule am Stromkasten.
Kontakt: Wohnmobilfreunde Schweinfurt, heidi.ries@googlemail.com, www.wohnmobilfreunde-schweinfurt.de.
Distanz: 0,2 km, 0,7 km, 1 km.
Gastro: VfL Sportheim, Jahnstraße.
Freizeit: 3 km, 3 km, 0,5 km. Tiergarten Schweinfurt 6 km.
POI: Museen/Altstadt Schweinfurt 4 km.

94559 Niederwinkling-Waltendorf — €25,00

Der Plank-Hof, Waltendorf 19, ☎ 09906/492 Bewirtschafteter Ferien- und Gasthof in Donaunähe — <12 m

POS: 48°50'46.90"N/12°46'28.17"E, Karte D16 (S. 19), E1
Platz: = 10 auf Wiese. WC CHEM GRAU. Ankunft bis 18:00 Uhr, Anmeldung unter 0171/3866335 notwendig. Ganzjährig geöffnet. Ausnahme: Okt-März Mo geschlossen.
Preis: 25 € inkl. Strom, Wasser, Entsorgung, Dusche, WC.
Kontakt: Familie Plank, ☎ 09906/492, Mobil: 0171/3866335, info@plank-hof.de, www.plank-hof.de.
Distanz: 0 km, 0,1 km, 1 km, 5 km.
Gastro: Plank's Wirtsstubn, Abendessen am Wochenende auf Anmeldung.
Freizeit: 6,5 km. Donau 1 km.
POI: Wallfahrtskirche Heilig Kreuz 7,5 km, Benediktinerabtei Metten 12,5 km.

09399 Niederwürschnitz — gratis

Freizeitgelände Alte Ziegelei, Nach den Steegen 2, ☎ 037296/920707 — <10 m
Ruhiger Stellplatz an einem Ausflugsziel

POS: 50°44'4.72"N/12°46'5.86"E, Karte D12 (S. 15), E1
Platz: = 5 auf Schotter, Sand/Splitt. Ganzjährig geöffnet.
Preis: Übernachtung gratis. Wasser 2 €. Ab dem 4. Tag 5 €.
Kontakt: Niederwürschnitzer Förderverein, ☎ 037296/920707, Mobil: 0171/6560404, ndw-foerderverein@gmx.de, www.freizeitgelaende-alte-ziegelei.de.
Distanz: 0 km, weitere Restaurants in 1,5 km, 0,5 km, 1 km, 1 km.
Gastro: Restaurant am Platz, Mi-So 11:00-19:00 Uhr, Mo-Di Ruhetag.
Freizeit: 4 km, 10 km. Orientalischer Weihnachtsberg Niederwürschnitz, Minigolf, Besuch im Freizeitgelände mit Dorf- und Ziegeleimuseum (auf Nachfrage/Anmeldung).
POI: Bergbaumuseum Oelsnitz 4 km, Knochenstampfe Dorfchemnitz 7 km, Wasserschloss Klaffenbach 12 km, Greifensteine bei Ehrenfriedersdorf 25 km.

31582 Nienburg/Weser — €5,00

Reisemobilstellplatz Nienburg, Oyler Straße, ☎ 05021/917630 — <10 m
Am westlichen Weserufer mit Blick auf den Fluss und die Altstadt

POS: 52°38'31.00"N/9°12'4.70"E, Karte D6 (S. 9), F1
Platz: = 25 auf Schotter. =16 (6,5 A) CHEM GRAU. Eingeschränkter SAT-Empfang. Ganzjährig geöffnet.
Preis: 5 € inkl. Entsorgung. Strom 1 €/8 h, Wasser 1 €/5 min.
Kontakt: Mittelweser-Touristik GmbH, ☎ 05021/917630, info@mittelweser-tourismus.de, www.mittelweser-tourismus.de.
Distanz: 0,3 km, 0,3 km, 0,5 km, weitere Restaurants in 0,6 km, 0,8 km.
Gastro: Mehrere Restaurants in der Altstadt.
Freizeit: 0,7 km. Veranstaltungsprogramm, Fahrgastschiffe der Flotte Weser 0,5 km.
POI: 1000-jährige Altstadt 0,5 km.

31582 Nienburg/Weser — €3,00

Wesavi Sauna & Badelandschaft, Mindener Landstraße 22, ☎ 05021/917630 — <8m — neu

Auf dem Parkplatz des Bades

POS: 52°38'6.81"N/9°12'25.15"E, Karte D6 (S. 9), F1
Platz: = 3 auf Asphalt. Ganzjährig geöffnet.
Preis: 3 €.
Kontakt: Mittelweser-Touristik, ☎ 05021/917630, info@mittelweser-tourismus.de, www.wesavi-nienburg.de.
Distanz: Weitere Restaurants in 0,5 km Entfernung, 0,5 km, 0,5 km, 0,5 km.
Gastro: Bistro im Wesavi.
Freizeit: Wesavi Sauna & Badelandschaft.
POI: Altstadt 0,5 km.

31582 Nienburg/Weser — €2,10

Wohnmobilstellplatz am Bahnhof, Dr.-Franck-Straße, ☎ 05021/917630 — <8m — neu

Auf Parkplatz hinter dem Bahnhof

POS: 52°38'42.22"N/9°13'8.86"E, Karte D6 (S. 9), F1
Platz: = 3 auf Asphalt. Ganzjährig geöffnet.
Preis: 2,10 €. Parkscheinautomat.
Kontakt: Mittelweser-Touristik GmbH, ☎ 05021/917630, info@mittelweser-tourismus.de, www.mittelweser-tourismus.de.
Distanz: Ⓗ 0 km, 0,2 km, 0,4 km, 1,3 km.
Freizeit: Besuch der 1000-jährigen Altstadt 1,5 km.
POI: Altstadt Nienburg/Weser 1,3 km, Museum Nienburg, Fresenhof 1,3 km.

31582 Nienburg/Weser — gratis

Wohnmobilstellplatz Festwiese, Festwiese 3, ☎ 05021/917630 — <10m — neu

Am Rand der Innenstadt an der Weser

2022 geprüft

POS: 52°37'56.67"N/9°12'22.06"E, Karte D6 (S. 9), F1
Platz: = 8 auf Wiese. Ganzjährig geöffnet.
Preis: Übernachtung gratis.
Kontakt: Mittelweser-Touristik GmbH, ☎ 05021/917630, info@mittelweser-tourismus.de, www.mittelweser-tourismus.de.
Distanz: 0,6 km, weitere Restaurants in 0,7 km, 0,6 km, 0,7 km.
Freizeit: 0,7 km, 0,7 km. Wesavi Sauna- und Badelandschaft 0,4 km.
POI: Altstadt 0,7 km, Museum Nienburg, Fresenhof 0,7 km.

29336 Nienhagen — gratis

Freibad Papenhorst, Nienhagener Straße 33, ☎ 05144/49132 — <10m

Übernachtungsplätze auf einer Wiese

2021 geprüft

POS: 52°32'48.00"N/10°7'13.00"E, Karte D6 (S. 9), H2
Platz: = 3 auf Wiese. Aufenthalt max. 3 Tage. Ganzjährig geöffnet.
Preis: Übernachtung gratis.
Kontakt: Frau Strak, ☎ 05144/49132, info@wathlingen.de, www.wathlingen.de.
Distanz: Ⓗ 1 km, 1 km, 1 km, 1,5 km.
Gastro: Mehrere Restaurants in Nienhagen oder Wathlingen 1,5 km.
Freizeit: 1,5 km.
POI: Kloster Wienhausen 7 km, hist. Stadt Celle 10 km.

29336 Nienhagen — gratis

Herzogin-Agnes-Stellplatz, Herzogin-Agnes-Platz, ☎ 05144/49191 Parkplatz Hagensaal, in ruhiger und zentraler Lage — <6m

2021 geprüft

POS: 52°33'24.78"N/10°6'26.52"E, Karte D6 (S. 9), H2
Platz: = 6 auf Pflaster. CHEM GRAU. nur bei Gruppen. Aufenthalt max. 3 Nächte. Ganzjährig geöffnet.
Preis: Übernachtung gratis inkl. Entsorgung. Strom 1 €/3 kWh, Wasser 1 €. Um eine Spende wird gebeten.
Kontakt: Gemeinde Nienhagen, ☎ 05144/49191, kontakt@gemeinde-nienhagen.de, www.gemeinde-nienhagen.de.
Distanz: Ⓗ 0,1 km, 0,1 km, 0,1 km.
Gastro: Lebensmittelmarkt, Apotheke, Bäckerei und Metzgerei vor Ort.
Freizeit: 1,5 km, 0,2 km. Bouleplatz 0,1 km, Kegeln, Bowlen 0,2 km, Tennis 0,2 km, Kanu fahren 1 km, Disc-Golf 1 km, Draisinenfahrt 4 km.
POI: Anästhesiemuseum, Heimatmuseum 0,2 km, Aussichtsplattform zur Naturbeobachtung 4 km, Ölmuseum 7 km.

55283 Nierstein — €15,00

Wohnmobilstellplatz am Liebeshügel, Außerhalb 17, ☎ 06133/5470 — <12m

Inmitten der Weinberge

POS: 49°51'26.00"N/8°19'25.00"E, Karte D9 (S. 12), D4
Platz: = 30 auf Wiese. =25 (6 A) WC CHEM GRAU. Weinverkauf und Verkostungen. Anmeldung in der Vinothek Mo-Fr 10:00-12:00 Uhr, 15:00-17:00 Uhr, Fr 15:00-19:00 Uhr, Sa 10:00-16:00 Uhr. Bei Ankunft am So Bezahlung über Briefkasten-Einwurf oder per Kreditkarte. Anreise nur mit Reservierung. Ganzjährig geöffnet.
Preis: 15 € inkl. Wasser, Entsorgung. Strom 3 €, Dusche 1 €/6 min, Hund 1,50 €.
Kontakt: Diana Gehring, ☎ 06133/5470, info@weingut-gehring.com, www.weingut-gehring.com.
Distanz: 0,5 km, 0,8 km, Ⓗ 0,8 km.
Gastro: Gehrings Weinwirtschaft im Weingut, Mai-Okt Di-Sa, Nov-Apr Do-Sa jeweils 17:00-21:00 Uhr. Zeitung/frisches Brot gegen Gebühr, Bestellung bei Anmeldung.
Freizeit: 10 km, 2 km.
POI: Hist. Ortskern mit Martinskirche, barocken Adelshöfen und Fachwerkhäusern, Katharinenkirche und Weinbaumuseum Oppenheim.

24395 Niesgrau — €20,00

Sporthafen Gelting-Mole, Gelting-Mole 1, ☎ 04643/2235 — <10m

Auf dem östlichen Teil des Hafengeländes

POS: 54°45'7.41"N/9°51'50.91"E, Karte D2 (S. 5), G1
Platz: = 31 auf Rasengittersteinen, Pflaster. =27 WC CHEM GRAU. Trockner, Waschmaschine, Wasser, WC, Dusche nur außerhalb der Frostperiode. Keine Reservierung möglich. Ganzjährig geöffnet.
Preis: 20 € inkl. Strom, Wasser, Entsorgung, Dusche, WLAN. Preisänderung 2023 vorgesehen.
Kontakt: Hafenmeister, ☎ 04643/2235, info@sporthafen-gelting-mole.de, www.sporthafen-gelting-mole.de.
Distanz: 0,3 km, Ⓗ 0,4 km, 3 km.
Gastro: Restaurant Sonne und Meer, warme Küche Mi-So 12:00-20:30 Uhr. Brötchenservice.
POI: Naturschutzgebiet Geltinger Birk 8 km, Leuchtturm Falshöft 8,5 km.

N

Unsere Korrespondenten sind fast das ganze Jahr unterwegs, um für Sie, liebe Leserin und Leser, aktuelle Daten zu recherchieren und über Neuerungen zu berichten. Sie sind damit eine wertvolle Ergänzung des Redaktionsteams, um den Bordatlas zu einem unentbehrlichen Standardwerk für alle Wohnmobilfahrer zu machen.

02906 Niesky-See €18,00

Campingplatz Nordoststrand, Zum Quitzdorfer See 2, ☎ 03588/205720 <10 m
Auf einer Waldlichtung, 50 m vom See entfernt

POS: 51°17'11.48"N/14°46'14.87"E, Karte D8 (S. 11), H4
Platz: = 10, = 10 (<10 m) auf Sand/Splitt, Wiese. =2 (6/16 A) WC CHEM . Bootsverleih, Badesee. B wird empfohlen. Anfahrt 9:00-20:00 Uhr. Geöffnet: Ostern-31.10.
Preis: 18 € inkl. Strom, Wasser, Entsorgung, Dusche, WC, Müll-Entsorgung. Waschmaschine 4 €. Ab der 4. Person 6 €/Pers.
Kontakt: Katrin Böhme, ☎ 03588/205720, 0176/22289026, Mobil: 0176/22289030, info@urlaubamquitzdorfersee.de, www.hundeparadies-info.de.
Distanz: 0,3 km, Ⓗ 1,5 km, 3 km, 3 km.
Gastro: Frühstücksservice (8,90/Pers.). Gaststätte Finnhütte, Mo-So 12:00-20:00 Uhr.
Freizeit: 3 km, 0,5 km. Angeln (nur mit Angelkarte), Wassersport, 0,2 km, Reiten 20 km.
POI: Oberlausitzer Heide- und Teichlandschaft 10 km, Altstadt Görlitz 20 km, Bautzen 20 km.

34329 Nieste €12,00

Jugendburg Sensenstein, Sensenstein 1, ☎ 05605/94490 <10 m
Vor dem Gelände der Sportbildungsstätte

2021 geprüft E

POS: 51°18'33.00"N/9°38'37.00"E, Karte D6 (S. 9), G5
Platz: P = 6, = 2 (<10 m) auf Wiese. =4 (16 A) WC CHEM . B Tel. Voranmeldung erbeten. Gespanne nur nach vorheriger Absprache mit der Hausleitung. Schwimmbadnutzung nach Absprache. Hunde nicht erlaubt. Ganzjährig geöffnet.
Preis: 12 € inkl. Strom, Wasser, Entsorgung, Dusche, WC.
Kontakt: Herr Fuhrmann, ☎ 05605/94490, hausleitung@sensenstein.de, www.sensenstein.de.
Distanz: Ⓗ 0,5 km, 0,8 km, 0,8 km, 0,8 km.
Gastro: Frühstück/Brötchenservice nach Absprache möglich.
Freizeit: 7 km. Wanderschule Nieste.
POI: Niester Riesen (Mammutbäume) 0,3 km, Gläsnertal 1 km, 1000-jährige Stiftskirche 4 km, Burgruine Sichelnstein 10 km.

34266 Niestetal €8,00

Reisemobilstellplatz Niestetal, Spiekershauser Straße/Fuldablick, ☎ 0561/52020 Am Ufer der Fulda <12 m

POS: 51°19'36.60"N/9°33'18.39"E, Karte D6 (S. 9), G5
Platz: P = 3 auf Pflaster. CHEM GRAU. Ganzjährig geöffnet.
Preis: 8 €. Strom 1 €/2 kWh, Wasser 1 €/100 l.
Kontakt: Gemeinde Niestetal, ☎ 0561/52020, info@niestetal.de, www.niestetal.de.
Distanz: Ⓗ 0,1 km, 1 km, 1 km, 1,5 km.
Freizeit: 2 km, 2 km.
POI: Yachthafen 0,1 km, Kassel 3,5 km.

07381 Nimritz gratis

Auto- und Freizeitservice Nimritz, Ortsstraße 29 e, ☎ 03647/428742 <12 m
In ruhiger Lage auf dem Firmengelände

POS: 50°42'2.44"N/11°38'55.02"E, Karte D11 (S. 14), C1
Platz: P = 10 auf Schotterrasen, Rasengittersteinen, Naturboden. =6 (16 A) CHEM . Ganzjährig geöffnet.
Preis: Übernachtung gratis. Strom 0,50 €/kWh, Wasser 0,50 €/50 l.
Kontakt: Matthias Heintz, ☎ 03647/428742, Mobil: 0178/1688573, matthias-heintz@t-online.de.
Distanz: 0,5 km, 4 km, 4 km.
Gastro: Brötchenservice.
Freizeit: 1 km, 4 km.
POI: Schloss Oppurg 3 km, hist. Altstadt Pößneck 4 km, Saaletalsperren 15 km.

04603 Nobitz-Wolperndorf €25,00

Friesenhof Wieratal, Wolperndorfer Ring 24, ☎ 034497/78253 <10 m neu
Am Ortsrand von Wolperndorf

POS: 50°54'42.73"N/12°37'54.77"E, Karte D11 (S. 14), D1
Platz: / = 6 auf Wiese. WC CHEM GRAU . Waschmaschine/Trockner auf Anfrage. B Ganzjährig geöffnet.
Preis: 25 € inkl. Strom, Wasser, Entsorgung, Dusche, WC.
Kontakt: Familie Mäder, ☎ 034497/78253, Mobil: 0172/4658904, hofstuebel@gmail.com, www.friesenpferde-hofstuebel.de.
Distanz: 0,4 km.
Gastro: Brötchenservice. Waldschänke.
Freizeit: Skulpturenpfad, Radweg nach Altenburg.
POI: Kirche St. Walburga, Skatstadt Altenburg mit Schloss- und Spielkartenmuseum 20 km.

66625 Nohfelden-Bosen €16,00

Campingplatz Bostalsee, Am Campingplatz 1, ☎ 06851/8018050 <10 m
Am Westufer des Bostalsees

POS: 49°33'35.29"N/7°3'39.70"E, Karte D9 (S. 12), B4
Platz: P = 10 auf Sand/Splitt. =10 (16 A) WC CHEM GRAU . Ganzjährig geöffnet.
Preis: 16 € inkl. aller Personen, Dusche, WC, Müll-Entsorgung, WLAN. Strom 1 €/kWh, Wasser 0,50 €/50 l, Entsorgung 1 €, Waschmaschine/Trockner 5 €. Strom am Münzautomaten. Schlüsselkarte fürs Sanitärgebäude gegen 10 € Kaution. Parkticket am Parkscheinautomaten.
Kontakt: Freizeitzentrum Bostalsee, ☎ 06851/8018050, campingplatz@bostalsee.de, camping.bostalsee.de.
Distanz: Ⓗ, 0,1 km, weitere Restaurants in 0,5 km, 1 km, 1,6 km.
Freizeit: 5 km, 0,1 km. Kinderanimation während der Ferien, Seefreibad/Segelschule 0,5 km, Bootshafen 0,5 km, Surfschule 3 km, Golfplatz 5 km.
POI: Keltischer Ringwall 10 km, Abtei Tholey und Johann-Adams-Mühle, Schaumberg mit Aussichtsturm 12 km, Sternwarte Peterberg 15 km, Wendelinusbasilika 20 km.

66620 Nonnweiler-Sitzerath gratis

Landgasthof Paulus, Prälat-Faber-Straße 2-4, ☎ 06873/91011 <8 m
Auf dem Parkplatz am Landgasthof

POS: 49°36'13.52"N/6°54'58.53"E, Karte D9 (S. 12), B4
Platz: = 2 auf Pflaster, Sand/Splitt. WC. B Ganzjährig geöffnet.
Preis: Für Restaurantgäste kostenlos. Einkehr obligatorisch. Stellplatz nur in Verbindung mit Verzehr im Landgasthof Paulus.
Kontakt: Thomas A. Nickels, ☎ 06873/91011, info@landgasthof-paulus.de, www.landgasthof-paulus.de.
Distanz: Ⓗ 0,1 km, 3 km.
Gastro: Wein- und Genusszentrum mit Seminaren und Veranstaltungen. Landgasthof, Mi-Sa 12:00-22:00 Uhr, So 12:00-20:00 Uhr, Mo-Di Ruhetag.
Freizeit: 3 km, 3 km. Tafeltour Wadrilltal Premiumwanderweg (10 km Länge), Planetenwanderweg an der Primstalsperre 6 km, Sommerrodelbahn Braunshausen 10 km.
POI: Museumseisenbahn Nonnweiler-Hermeskeil 6 km, keltischer Ringwall bei Otzenhausen 9 km.

26506 Norden-Norddeich €11,00

Wohnmobilstellplatz Norddeich, Dörper Weg, ☎ 04931/923351 <12 m
Gegenüber vom Erlebnisbad Ocean Wave

2021 geprüft E

POS: 53°36'36.53"N/7°9'23.68"E, Karte D1 (S. 4), C4
Platz: P = 100 auf Pflaster, Schotter, Wiese. =100 (16 A) WC CHEM GRAU . Ganzjährig geöffnet.
Preis: 11 € inkl. Wasser, Entsorgung, Müll-Entsorgung, WLAN. Strom 1 €/2 kWh. Kurtaxe (ab 16 J.) NS 1,20 €, HS 2,50 €. Bezahlung am Parkscheinautomaten mit Münzen, EC-/Kreditkarte oder per Handyparken (SMS/App); Bezahlung vormittags auch im Bürocontainer möglich.
Kontakt: Stadt Norden, Lars Carstens, ☎ 04931/923351, 04931/9230, wohnmobile@norden.de, www.norden.de.
Distanz: 0,1 km, weitere Restaurants in 0,4 km, Ⓗ 0,2 km, 0,5 km, 0,7 km.

N

Gastro: Restaurant und Kneipe im Erlebnisbad.
Freizeit: 0,2 km, 0,2 km. Erlebnisbad Ocean Wave, Erlebnispark mit Irrgarten, Schifffahrt nach Norderney und Juist, Sandstrand, Wattwandern, Bowlingbahn 0,2 km, Nationalparkzentrum, Seehund-Aufzuchtstation und Forschungszentrum 0,6 km, Golfplatz 4 km.
POI: Waloseum 3 km, Ludgeri-Kirche mit Arp-Schnittger-Orgel, Ostfriesisches Teemuseum und Heimatmuseum 4 km, Schloss/Parkanlagen in Lütetsburg und Berum 6 km.

26506 Norden-Norddeich €18,00

Womopark Norddeich, Deichstraße 24 a, ☎ 04931/9186478 <12m
Direkt am Deich

2022 geprüft

POS: 53°36'6.67"N/7°8'5.83"E, Karte D1 (S.4), C4
Platz: P = 44 auf Wiese, Schotter. =44 (16 A) WC CHEM GRAU. R wird empfohlen. Reservierung ab 3 Übernachtungen möglich. Max. 2 Hunde. Geöffnet: 15.2.-5.11.
Preis: 18 € inkl. Strom, Wasser, Entsorgung, WC, Müll-Entsorgung, WLAN. Jede weitere Pers. 1 €, Dusche 1 €, Hund 1 €, Trockner 1,50 €/h, Waschmaschine 3 €. Kurtaxe (ab 16. J.) je nach Saison 1,20-2,50 €.
Kontakt: Volker Behrendt, ☎ 04931/9186478, info@womopark-norddeich.de, womopark-norddeich.de.
Distanz: 0 km, 2,5 km, Ⓗ 2,5 km, 3,5 km.
Gastro: Gasthof Großer Krug, warme Küche 17:30-21:00 Uhr. Brötchenservice.
Freizeit: 2,5 km, 2,5 km, 0,3 km. Minigolf, Wattwandern, Erlebnisbad Ocean Wave in Norddeich 2,5 km, Seehundaufzuchtstation 2,5 km, Fähranleger zu den Nordseeinseln Norderney und Juist 3 km, Walmuseum 7,7 km.
POI: Hafen Norddeich 3 km.

26954 Nordenham €5,00

Freizeitbad Störtebeker, Atenser Allee 48, ☎ 04731/84334 <10m
Großer Parkplatz vor dem Freizeitbad

POS: 53°29'41.30"N/8°28'28.06"E, Karte D2 (S.5), E4
Platz: P = 22 auf Rasengittersteinen. =15 (10 A) WC CHEM. Aufenthalt max. 3 Nächte. Dusche/WC gegen Eintritt im Freizeitbad. Ganzjährig geöffnet.
Preis: 5 € inkl. aller Personen, Wasser. Strom 1 €/8 h, Entsorgung 1 €.
Kontakt: Stadt Nordenham, ☎ 04731/84334, baumanagement@nordenham.de, www.nordenham.de.
Distanz: Ⓗ 0,1 km, 0,3 km, weitere Restaurants in 1 km, 0,5 km, 1 km.
Gastro: Bäckerwagen am So. Kiosk im Freizeitbad. Imbiss 0,5 km.
Freizeit: 0,1 km. Freizeitbad Störtebeker, Ausflugsfahrten, Modellbootteich 0,2 km, Angeln 1,5 km, Deich-/Wattwanderungen, Radwanderungen auf überregionalen Radwegen 1,5 km.
POI: Museum 2 km, Moorseer Mühle 6 km, Schifffahrtsmuseum, Klimahaus/Auswanderermuseum in Bremerhaven 15 km.

26548 Norderney €26,00

Campingplatz Eiland, Am Leuchtturm 10, ☎ 04932/2184 <8m
Mit Badestrand direkt hinter den Dünen

POS: 53°42'46.00"N/7°14'44.65"E, Karte D1 (S.4), C4
Platz: = 10, = 15 (<7 m) auf Wiese, Naturboden. =10 (16 A) WC CHEM GRAU. R Mit der Fähre Norddeich-Norderney, Anfahrt 8:00-13:00 und 15:00-18:00 Uhr. Geöffnet: 1.4.-31.10.
Preis: 26 € inkl. Wasser, Entsorgung, Dusche, WC, Müll-Entsorgung. Jede weitere Pers. 8 €, Kind (bis 14 J.) 5 €, Strom 1 €/kWh, Hund 3 €, Trockner 4 €, Waschmaschine 4 €.
Kontakt: Campingplatz Eiland, Klaus Harms, ☎ 04932/2184, www.camping-eiland.de.
Distanz: Ⓗ 0,3 km, 1 km, 5 km, 6 km.
Gastro: Strandpieper Norderney, Do-Di 12:00-21:00 Uhr, Mi Ruhetag, warme Küche bis 19:30 Uhr.
Freizeit: 6 km, 1 km. Strandsauna 1 km, Golfplatz 2 km, Kureinrichtungen aller Art 6 km.
POI: Leuchtturm 1 km, Stadt Norderney 6 km.

96365 Nordhalben €10,00

Wohnmobil-Stellplatz am Erlebnisbad in Nordhalben, Titschendorfer Straße 40, ☎ 0170/8230652 Am Freibad <8m

POS: 50°23'8.49"N/11°30'36.32"E, Karte D11 (S.14), B2
Platz: = 14 auf Asphalt, Schotter. CHEM GRAU. R Einfahrt erst nach Anmeldung (Tel. 0170/8230652). Bis dahin bitte auf dem Bad-Parkplatz halten. Ganzjährig geöffnet.
Preis: 10 € inkl. Wasser, Entsorgung. Strom 3,50 €.
Kontakt: Badgaststätte Bondi, ☎ 0170/8230652.
Distanz: Ⓗ 1,1 km, 1,3 km, 1,8 km.
Gastro: Badgaststätte Bondi, Mi-Mo 10:30-20:00 Uhr, Di Ruhetag.
Freizeit: Naturerlebnisbad.

99734 Nordhausen €10,00

Badehaus Nordhausen, Grimmelallee 40, ☎ 03631/47990 <8m
Neben dem Erlebnisbad

POS: 51°30'23.05"N/10°47'2.88"E, Karte D7 (S.10), A4
Platz: P = 5 auf Rasengittersteinen. WC CHEM GRAU. Plätze sind sehr eng. Bad-Öffnungszeiten 8:00-22:00 Uhr. Ganzjährig geöffnet. Ausnahme: Weihnachtsfeiertage/Neujahr geschlossen.
Preis: 10 € inkl. Strom, Wasser, Entsorgung. Dusche 3 €, VE-Durchreisende 3 €. Inkl. Gutschein 1,5 h Bad für 1 Pers. Nur Übernachtung 5 €.
Kontakt: Badehaus Nordhausen GmbH, ☎ 03631/47990, team@badehaus-nordhausen.de, www.badehaus-nordhausen.de.

Distanz: Ⓗ 0,2 km, 0,2 km, 0,5 km.
Gastro: Mehrere Restaurants in der Nähe. Bistro im Bad.
Freizeit: 2 km. Führungen in der Traditionsbrennerei Nordhausen 0,2 km, Landesgartenschaugelände 2 km.
POI: Hist. Altstadt, Dom Zum Heiligen Kreuz, Kirchen St. Maria im Tale und St. Maria auf dem Berg, mehrere Museen 0,4 km, Landesgartenschau 1 km.

74226 Nordheim €10,00

Müllers Weingut & Weinstube, Im Auerberg 3, ☎ 07133/9293640 <8m
Hinter dem Weingut, direkt am Weinberg

POS: 49°6'9.34"N/9°8'18.28"E, Karte D14 (S.17), F1
Platz: / = 2 auf Rasengittersteinen, Wiese, Naturboden, Schotterrasen. WC. R Anmeldung an der Rezeption. Ganzjährig geöffnet.
Preis: 10 € inkl. aller Personen. Strom 3 €/Tag, Wasser 5 €, Waschmaschine/Trockner 5 €, WC/Dusche 5 €/Pers.
Kontakt: Siegfried Müller, ☎ 07133/9293640, Mobil: 0151/56313333, info@weingut-im-auerberg.de, www.weingut-im-auerberg.de.
Distanz: 0 km.
Gastro: Weinstube, geöffnet am WE und Feiertagen. Weinprobe mit Vesper. Brötchenservice. Frühstück 9 €/Tag und pP.
Freizeit: 0,3 km.

97334 Nordheim am Main €12,00

Wohnmobilstellplatz an der Mainfähre, Escherndorfer Weg, ☎ 09381/2866 <12m
Wiesengelände in ruhiger Lage am Alt-Main

2022 geprüft

POS: 49°51'37.00"N/10°10'47.36"E, Karte D10 (S.13), H4
Platz: P = 50 auf Wiese, Schotter. =4 WC CHEM GRAU. WC-Container mit VE. Aufenthalt max. 3 Tage. Geöffnet: 1.4.-31.10. Ausnahme: Nov-Feb wegen Hochwassergefahr gesperrt.
Preis: 12 € inkl. aller Personen, Wasser, Entsorgung, WC, Müll-Entsorgung. Strom 1 €/kWh. Bezahlung am Parkscheinautomat oder per Parkster-App.
Kontakt: Gemeinde Nordheim am Main, ☎ 09381/2866, info@nordheim-main.de, www.nordheim-main.de.
Distanz: Ⓗ 0,2 km, 0,2 km, 0,3 km, 0,3 km.
Freizeit: 5 km, 5 km. Floßfahrten, Weinseminar, Liegewiese mit Strandkörben, Wandern, Kajak-/Radfahren, Weinfeste, Divino-Vinothek 0,2 km, Rebsortenpfad 0,5 km, Panorama-Plattform 3 km.
POI: Vogelsburg 2 km, Schloss Hallburg 3 km, Volkach, Altstadt/Wallfahrtskapelle Maria im Weingarten 5 km, Kloster Abtei Münsterschwarzach 8 km.

N

48529 Nordhorn €5,00

Wohnmobilstellplatz Nordhorn, Heseper Weg/Seeuferstraße, <12m
☎ 05921/80390 In zentraler Lage am Vechtesee

2022 geprüft E

POS: 52°26'11.67"N/7°4'56.12"E, Karte D5 (S. 8), C2
Platz: = 40 auf Schotterrasen, Wiese. =20 (16 A) CHEM GRAU. Aufenthalt max. 3 Tage. Ganzjährig geöffnet.
Preis: 5 € inkl. Entsorgung, Müll-Entsorgung. Strom 1 €/2 kWh, Wasser 1 €/80 l.
Kontakt: VVV Stadt- und Citymarketing Nordhorn, ☎ 05921/80390, info@vvv-nordhorn.de, www.vvv-nordhorn.de.
Distanz: 0,1 km, Ⓗ 0,5 km, 0,5 km, 0,8 km.
Gastro: Restaurant Pier 99. Weitere Restaurants in der Innenstadt.
Freizeit: 0,5 km. Angeln, Wassersport, Bootsvermietung 0,2 km, Bootsrundfahrten 0,5 km, Tierpark 1 km.
POI: Alte Kirche am Markt, Stadtmuseum Povelturm und Alte Weberei 0,5 km, Kloster Frenswegen 4 km.

59394 Nordkirchen gratis

Bikertreff Nordkirchen, Berger 25, ☎ 02596/972058 <10m
Stellplätze mit Bikerflair in Schlossnähe

POS: 51°43'31.25"N/7°30'24.83"E, Karte D5 (S. 8), C4
Platz: = 15, = 4 (<9 m) auf Naturboden, Wiese, Schotter, Asphalt. =4 WC CHEM/Bio GRAU. Im Sommer bis zu 20 Plätze. nur bei Gruppen. WLAN im Gastronomie-Bereich. Geöffnet: Feb-Dez. An Ruhetagen sind keine Übernachtungen möglich.
Preis: Für Restaurantgäste kostenlos, inkl. WLAN. Einkehr obligatorisch.
Kontakt: Bikertreff Nordkirchen, Herr Heiner Müller, ☎ 02596/972058, Mobil: 0178/1364500, bikertreffnordkirchen@gmail.com, www.bikertreffnordkirchen.de.
Distanz: Ⓗ 1 km, 2,1 km, 2,3 km.
Gastro: Öffnungszeiten siehe Website, Mo Ruhetag.
Freizeit: 9 km, 3,2 km. Ausflüge, Rad- und Wanderweg Burg- und Schlosstour.
POI: Münsterland, Schloss Nordkirchen 3,2 km.

59394 Nordkirchen gratis

Hotel-Restaurant Plettenberger Hof, Schloßstraße 28, ☎ 02596/9270 <8m
Hotel-Parkplatz nahe Eingang zum Schlosspark

POS: 51°44'11.30"N/7°31'41.00"E, Karte D5 (S. 8), C4
Platz: / = 2 auf Asphalt. Aufenthalt an den Ruhetagen mit Anmeldung. Ganzjährig geöffnet.
Preis: Für Restaurantgäste kostenlos. Einkehr obligatorisch.
Kontakt: Familie Lücke, ☎ 02596/9270, info@plettenberger-hof.de, www.plettenberger-hof.de.
Distanz: Ⓗ 0,1 km, 0,2 km.
Gastro: Plettenberger Hof, Mi-So 11:30-14:30 Uhr und 18:00-21:30 Uhr, Mo-Di Ruhetag. Frühstücksservice.
Freizeit: 6 km, 8 km. Radfahren, Schlossführung, Wandern.
POI: Wasserschloss Nordkirchen Westfälisches Versailles 0,5 km.

59394 Nordkirchen €12,00

Wohnmobilstellplatz Nordkirchen, Am Gorbach 10a, ☎ 0171/4367707 <10m
In schöner Lage am Ortsrand, 600 m vom Barockschloss Nordkirchen entfernt

2021 geprüft E

POS: 51°44'24.92"N/7°32'2.09"E, Karte D5 (S. 8), C4
Platz: = 21 auf Schotterrasen, Schotter. =22 (16 A) CHEM GRAU. Gasflaschentausch an der Aral-Tankstelle (1 km) oder im Raiffeisenmarkt Südkirchen (4,5 km). Ganzjährig geöffnet.
Preis: 12 € inkl. Entsorgung, Müll-Entsorgung, WLAN. Strom 0,70 €/kWh, Wasser 1 €/100 l. Inkl. Begrüßungsmappe, umfangreiches Material der Tourismusinformation, Hundekotbeutel, Teebeutel, Betthupferl to go, Nutzung des öffentlichen Bücherschranks, Brettspiele.
Kontakt: Michael Moll, ☎ 0171/4367707, info@dieweltenbummler.de, www.wohnmobilstellplatz-nordkirchen.de.
Distanz: 0,5 km, weitere Restaurants in 0,6 km, 0,5 km, 0,6 km, Ⓗ 0,7 km.
Gastro: Schlossrestaurant 0,7 km. Schlossstuben 0,6 km. Zois Taverna 0,5 km. Plettenberger Hof 0,6 km. Schlaun-Café 0,6 km.
Freizeit: 7 km, 7 km. Minigolf, Tennis.
POI: Schloss Nordkirchen 0,5 km, Schlosspark Nordkirchen 0,7 km, Tiergarten 2,6 km, Schloss Westerwinkel 10,5 km.

Tipp

Besitzer des Platzes ist Reisejournalist Michael Moll, der mehr als 100 Reiseführer veröffentlichte, unter anderem beim National Geographic. Dadurch zeichnet sich der Stellplatz mit viel Liebe zum Detail aus und zeigt zahlreiche Bilder mit Reise- und Wohnmobilmotiven. Zur Begrüßung werden Betthupferl und Tee angeboten. Daher vermittelt der Platz Lust zum Reisen, aber auch zum Bleiben.

86720 Nördlingen im Ries €7,50

Parkplatz Kaiserwiese/Schlössle, Innerer Ring, ☎ 09081/84116 <12m
Vor dem nordwestl. Stadttor Baldinger Tor

2021 geprüft E

POS: 48°51'19.00"N/10°29'3.00"E, Karte D14 (S. 17), H1
Platz: = 30 auf Asphalt. =12 (16 A) WC CHEM. Nachts Lärmbelästigung durch nahegelegenen Club möglich. Aufenthalt max. 7 Tage. Ganzjährig geöffnet.
Preis: 7,50 € inkl. Wasser, Entsorgung. Strom 1,50 €/kWh.
Kontakt: Stadt Nördlingen, ☎ 09081/84116, tourist-information@noerdlingen.de, www.noerdlingen.de.
Distanz: 0,1 km, weitere Restaurants in 0,2 km, 0,3 km, 0,4 km, Ⓗ 0,5 km.
Freizeit: 2 km, 2 km, 2 km. Stadtführung täglich von Ostern-Ende Okt (14:00 Uhr/20:30 Uhr), Rundgang auf der überdachten Stadtmauer, Fahrradtouren durchs Ries.
POI: Rieskrater-Museum, bay. Eisenbahnmuseum, Stadtmuseum, Stadtmauermuseum, Nördlinger Rathaus 0,9 km, hist. Altstadt, spätgotische Hallenkirche St. Georg mit Kirchturm Daniel und dem Türmer 1 km.

77787 Nordrach gratis

Stellplatz an der Hansjakob-Halle, Im Dorf 29, ☎ 07838/929921 <10m
In ruhiger, zentrumsnaher Lage

POS: 48°23'55.71"N/8°4'45.12"E, Karte D13 (S. 16), D2
Platz: / = 8 auf Rasengittersteinen. WC CHEM GRAU. Aufgrund von Bauarbeiten steht die VE bis auf Weiteres nicht zur Verfügung. Ganzjährig geöffnet.
Preis: Übernachtung gratis. Strom 1 €/6 h, Wasser 1 €. Zzgl. Kurtaxe.
Kontakt: Tourist-Info Nordrach, ☎ 07838/929921, touristen-info@nordrach.de, www.nordrach.de.
Distanz: 0 km, 0,1 km, Ⓗ 0,1 km, 2 km, 12,2 km.
Gastro: Mühlenstüble. Vogt auf Mühlstein Gaststätte. Café S´Blaue Hus.
Freizeit: 0,2 km. Geführte Wanderungen, Schwimmbäder in Zell, Biberach, Oberharmersbach, Nordic Walking.
POI: Pfarrkirche 0,1 km, Heil-Kräutergarten 0,5 km, Puppen- und Spielzeugmuseum 0,5 km, Holzschnitzerei Eble 2,5 km, Mühlstein 3 km.

N

25845 Nordstrand — €20,00 — >12m

Womoland Nordstrand, Norderquerweg 2, ☎ 04842/473
Durch Hecken parzellierte Stellplätze

POS: 54°31'3.75"N/8°55'55.87"E, Karte D2 (S.5), F2
Platz: = 44, = 4 (<14 m) auf Schotterrasen, Wiese, Schotter, Kiesel. =50 (16 A) WC CHEM/Bio GRAU . wird empfohlen. Für Clubtreffen geeignet. Geöffnet: 15.12.-15.1. + 15.3.-31.10.
Preis: 20 € inkl. Wasser, Entsorgung, Dusche, WC, Müll-Entsorgung. Jede weitere Pers. 4,50 €, Strom 0,80 €/kWh. Ab 10 Nächten 19 €, Kind 2,50 €, Fahrzeug/Trailer 1,50 €, Kurtaxe je nach Saison 1-2,20 €.
Kontakt: Axel Bertram, ☎ 04842/473, info@womoland-nordstrand.com, www.womoland-nordstrand.com.
Distanz: Ⓗ 1,2 km, 4,5 km, 5 km.
Gastro: Grillabende (Mi/Sa) während der Hochsaison mit leckeren Weinen. Fischbrötchen-Lieferservice.
Freizeit: 4 km, 10 km. Halligenfahrten, Kutschfahrten, Deich-, Watt- und Radwanderungen, Meeresstrand 6 km.
POI: Hallig Südfall, Seehundbänke, Nationalparkhaus 3 km.

25845 Nordstrand-Süderhafen — €22,50 — <10m

Camping Nordstrand Margarethenruh, Süderhafen 8, ☎ 04842/8553
Hinter dem Wattenmeer, im Naturschutzpark Nordfriesisches Wattenmeer

2020 geprüft

POS: 54°28'8.41"N/8°54'36.80"E, Karte D2 (S.5), F2
Platz: = 24, = 12 (<8.5 m) auf Schotterrasen, Wiese, Schotter, Eco-Raster/Gras. =24 (16 A) WC CHEM GRAU . wird empfohlen. Windgeschützt. WLAN nur in Gebäudenähe. Ganzjährig geöffnet.
Preis: 22,50 € inkl. Wasser, Entsorgung, Dusche, WC, Müll-Entsorgung, WLAN. Jede weitere Pers. 6,50 €, Kind (3-15 J.) 4,50 €, Strom 3,90 €, Hund 2,20 €. 1.1.-31.12. 22,50 €. Kurtaxe 1-2,20 €.
Kontakt: Uwe Paulsen, ☎ 04842/8553, Mobil: 0152(0)01952599, info@camping-nordstrand.de, www.camping-nordstrand.de.
Distanz: Ⓗ 0,2 km, 1 km, 3,5 km.
Gastro: Mehrere Restaurants ab 0,1 km.
Freizeit: 8 km, 7 km, 3 km. Wattwandern zu Fuß oder mit Pferd und Wagen, Führungen zu den untergegangenen Orten, Surfen, Schifffahrt zu den Seehundbänken und Halligen.
POI: Schäferhof, Töpferei und 3 Kirchen, Pharisäerhof, Nationalpark Wattenmeer 0,1 km, Inselmuseum 3 km, Museum Husum 18 km.

55585 Norheim/Nahe — €8,50 — <10m

Weingut Brunnenhof, Brunnenhof 1, ☎ 0671/31151 Auf dem Hof des Weinguts bei Bad Kreuznach

POS: 49°48'45.32"N/7°48'44.26"E, Karte D9 (S.12), C4
Platz: = 5 auf Pflaster. CHEM GRAU. wird empfohlen. Ankunft nach Absprache, während der Weinlese begrenzte Verfügbarkeit. Geöffnet: 15.3.-30.10.
Preis: 8,50 €. Strom 0,60 €/kWh, Wasser 2 €.
Kontakt: Ronald Gebhard, ☎ 0671/31151, Mobil: 0173/2434937, weingut-brunnenhof@t-online.de, www.weingut-brunnenhof-nahe.de.
Distanz: Ⓗ 0,3 km, 0,5 km, 0,7 km, 3 km.
Freizeit: 3 km, 3 km. Weinverkostung nach Absprache, Freiluft-Inhalatorium 3 km, Barfußpfad 15 km.
POI: Steinskulpturenmuseum/Steinskulpturenpark 2 km, Rotenfelsmassiv 2 km, Burgruine Rheingrafenstein 3 km, Quecksilberbergwerk 8 km.

37176 Nörten-Hardenberg — €5,00 — <10m

Hallenbad Nörten-Hardenberg, An der Bünte 4, ☎ 05503/804884
Am Schwimmbad mit Wellnessbereich

POS: 51°38'1.08"N/E°56'24.08"E, Karte D6 (S.9), G4
Platz: = 7 auf Pflaster, Schotter. WC . Quittung (Kassenautomat im Hallenbad) gut sichtbar aufs Amaturenbrett legen. Ganzjährig geöffnet.
Preis: 5 € inkl. WC, Müll-Entsorgung. Strom 1 €/8 h, Wasser 1 €. WLAN/30 min gratis.
Kontakt: Jürgen Werner, ☎ 05503/804884, info@hallenbad-noerten-hardenberg.de, www.hallenbad-noerten-hardenberg.de.
Distanz: Ⓗ 0,1 km, 0,4 km, 0,4 km, 0,5 km, 10 km (Wohnmobilhafen Steinbreite, Alte-Uslarer-Straße 1, 37181 Hardegsen).
Gastro: Imbiss im Hallenbad.
Freizeit: Sauna, Wellness.
POI: Burgruine Hardenberg 0,5 km.

37154 Northeim — gratis — <10m

Parkplatz In der Fluth, Nordhäuser Weg 1, ☎ 05551/9660
Öffentlicher Parkplatz am Rand der Altstadt

POS: 51°42'27.41"N/10°0'25.51"E, Karte D6 (S.9), G4
Platz: = 10 auf Asphalt, Pflaster. . Ganzjährig geöffnet.
Preis: Übernachtung gratis.
Kontakt: Stadt Northeim, ☎ 05551/9660, 2.3@northeim.de, www.northeim.de.
Distanz: , 0,2 km, 0,3 km, weitere Restaurants in 0,4 km, Ⓗ 0,4 km.
Freizeit: 1,2 km, 0,5 km. Kanuverleih 0,5 km, Segeln/Surfen am Freizeitsee 5 km.
POI: Theater der Nacht 0,3 km, hist. Altstadt mit Fachwerk 0,3 km, Katlenburg 8 km, Burgruine Hardenberg 11 km, Kloster Marienstein 11 km.

37154 Northeim-Seenplatte — €6,00 — <12m

Parkplatz Großer Freizeitsee, Am Nordhafen, ☎ 05551/9660 Auf einem öffentlichen Parkplatz im Naherholungsgebiet

POS: 51°43'43.86"N/9°57'43.75"E, Karte D6 (S.9), G4
Platz: = 10 auf Schotter, Pflaster. GRAU. Ganzjährig geöffnet.
Preis: 6 € inkl. Entsorgung. Strom 1 €/2 kWh, Wasser 0,50 €/50 l. 3 Tage 15 €, 1 Woche 30 €.
Kontakt: Stadt Northeim, ☎ 05551/9660, 2.3@northeim.de, www.northeim.de.
Distanz: , weitere Restaurants in 3 km, Ⓗ 0,5 km, 3 km, 4 km.
Gastro: Restaurant Seeterrassen (www.seeterrassen-northeim.de).
Freizeit: 4 km, 2 km. Wassersport.
POI: Hist. Fachwerkstadt mit verwunschenem Figurentheater, Theater der Nacht in der alten Stadtmauer 4 km (www.theater-der-nacht.de), Katlenburg 9 km, Burgruine Hardenberg 11 km.

24589 Nortorf — €16,00 — <12m

Übernachtungsplatz Gasthof Ritzebüttel, Rendsburger Straße 11, ☎ 04392/84800
Kleines Campinggelände am Gasthof

POS: 54°10'21.14"N/9°50'33.24"E, Karte D2 (S.5), G2
Platz: / = 30 auf Wiese. WC . Geöffnet: Apr-Okt.
Preis: 16 € inkl. Wasser, Dusche, WC. Jede weitere Pers. 5 €, Kind (4-10 J.) 4 €, Strom 4 €.
Kontakt: Uta und Jochen Krogmann, ☎ 04392/84800, info@gasthof-ritzebuettel.de, www.gasthof-ritzebuettel.de.
Distanz: Ⓗ 0,5 km, 0,8 km.
Gastro: Gasthof Ritzebüttel, warme Küche à la Carte ab 18:00 Uhr, So ab 17:00 Uhr. Mittagstisch Di-Fr 12:00-13:30 Uhr. Frühstücksservice auf Anfrage. Brötchenservice.
Freizeit: 14 km. See 2 km.
POI: Kiel (Fähre nach Skandinavien) 30 km.

N

48301 Nottuln — €10,00 — <8m

Albers Mobile Service Center, Zeppelinstraße 6, ☎ 02502/222906
In ruhiger, ländlicher Lage mit freiem Blick auf die Baumberge

POS: 51°54'47.79"N/7°23'59.02"E, Karte D5 (S.8), C3

Platz: = 10 auf Schotterrasen. WC CHEM GRAU. Fritz Berger Camping-Zubehörshop 0,2 km, Wohnmobil-Werkstatt/Doppelwaschplatz. Ganzjährig geöffnet.
Preis: 10 € inkl. WC, WLAN. Strom 0,50 €/kWh, Wasser 1 €/100 l, Entsorgung 2 €, Dusche 0,50 €/min.
Kontakt: Albers Mobile GmbH, Fabian Albers, ☎ 02502/222906, info@albersmobile.de, reisemobile-albers.de.
Distanz: 0,3 km, weitere Restaurants in 3 km, Ⓗ 0,6 km, 3 km, 4 km.
Gastro: Mehrere Restaurants im Ort.
Freizeit: Wandern, Radfahren.
POI: Longinusturm 10 km.

48301 Nottuln — gratis

Wellenfreibad/Hallenbad, Rudolf-Harbig-Straße 16, ☎ 02502/9420 — <12 m
Parkplatz am Südhang der Münsterländer Baumberge

POS: 51°55'29.00"N/7°20'40.00"E, Karte D5 (S. 8), C3
Platz: = 10 auf Asphalt. Öffnungszeiten Kläranlage Nottuln: Mo-Do 7:00-15:20 Uhr, Fr 7:00-13:20 Uhr. Ganzjähr. geöffnet.
Preis: Übernachtung gratis.
Kontakt: Gemeinde Nottuln, ☎ 02502/9420, info@nottuln.de, www.nottuln.de.
Distanz: 1,5 km, 1,5 km, 1,5 km, weitere Restaurants in 2 km, E 9 km (Kläranlage Nottuln, Industriestraße 1, 48301 Nottuln-Appelhülsen).
Freizeit: 8 km.
POI: Historischer Ortskern mit barocken Kuriengebäuden, Blaudruckerei und Stiftskirche 1,5 km.

51588 Nümbrecht — gratis

Wohnmobilstellplatz Nümbrecht, Gouvieuxstraße, ☎ 02293/302302 — <8 m
Am Ortsrand beim Sportplatz

POS: 50°54'14.98"N/7°31'54.98"E, Karte D9 (S. 12), C1
Platz: = 8 auf Schotter. CHEM GRAU. Ganzjährig geöffnet.
Preis: Übernachtung gratis inkl. Entsorgung. Strom 1 €/8 h, Wasser 1 €/80-100 l. Gratis-Kaffeewassertaste (1x drücken=1-1,5 l Wasser).
Kontakt: Touristinfo Nümbrecht, ☎ 02293/302302, touristinfo@nuembrecht.de, www.nuembrecht.de.
Distanz: Ⓗ 0,1 km, 0,5 km, 0,5 km, 0,5 km.
Freizeit: 0,2 km. Besuch der Holstein's Mühle.
POI: Museum und Forum Schloss Homburg, Dicke Steine, Homburgische Salzgrotte, 1000-jährige Schlosskirche, Benroth (ökologisches Dorf der Zukunft).

53520 Nürburg — €20,00

Motorsport Hotel, Hauptstraße 34, ☎ 02691/92000 — >12 m
Unmittelbar am Nürburgring und der Nürburg Erlebniswelt

POS: 50°20'23.83"N/6°57'1.36"E, Karte D9 (S. 12), B2
Platz: = 10 auf Schotterrasen. =6 (15 A) GRAU. Ganzjährig geöffnet.
Preis: 20 € inkl. aller Personen, Strom, Wasser, Entsorgung, WLAN. Bei Großveranstaltungen Preisänderungen.
Kontakt: Stefan Krämer, ☎ 02691/92000, info@motorsporthotel.de, www.motorsporthotel.de.
Distanz: Ⓗ 0,3 km, 3 km.
Gastro: Restaurant Paddock am Platz, Mi-So 12:00-21:00 Uhr, Mo-Di Ruhetag.
Freizeit: 8 km, 25 km, 8 km. Reiten, Offroad-park, Wander-Touren, Motorsport, Mountainbike-Touren.
POI: Nürburgring mit Museum und Erlebniswelt 0,2 km, Naturschutzgebiet 0,8 km, Burgruine Nürburg 0,8 km.

90411 Nürnberg — €10,00

Restaurant Zum Brez'nwirt, Ziegelsteinstraße 195, ☎ 0911/522020 — <8 m
Stellplatz befindet sich in einer Einflugschneise

POS: 49°29'17.41"N/11°6'19.40"E, Karte D11 (S. 14), B5
Platz: = 4 auf Schotter. WC. Aufenthalt max. 2 Nächte. Bitte tel. anmelden, WC zu den Öffnungszeiten. Ganzjährig geöffnet. Ausnahme: 15.7.-15.8.
Preis: 10 € inkl. WC. Für Restaurantgäste kostenlos. Strom 1 €/kWh.
Kontakt: ☎ 0911/522020, info@breznwirt.de, www.breznwirt.de.
Distanz: Ⓗ 0,2 km, 0,2 km, 3 km.
Gastro: Zum Brez'nwirt, Mi-Fr 11:00-14:00 Uhr und 17:00-23:00 Uhr, Sa 11:00-23:00 Uhr, So 11:00-21:00 Uhr, Mo-Di Ruhetag.
Freizeit: Mit der U-Bahn zur City von Nürnberg in 10 min.
POI: Nürnberg 5 km.

90425 Nürnberg — gratis

Stellplatz am Volkspark Marienberg, Kilianstraße 189, ☎ 0911/23360 — <8 m
Auf einem Parkplatz

POS: 49°28'29.16"N/11°5'38.50"E, Karte D11 (S. 14), B5
Platz: = 8 auf Schotter. Aufenthalt max. 3 Nächte. Ganzjährig geöffnet.
Preis: Übernachtung gratis.
Kontakt: ☎ 0911/23360, tourismus@nuernberg.de, tourismus.nuernberg.de.
Distanz: Ⓗ 0,2 km, 0,3 km, 0,9 km, 3 km.
Freizeit: 4,3 km, 1,3 km, 1 km. Stadt- und Museumsbesuche.
POI: Burg 2,7 km, Altstadt Nürnberg 2,8 km, Frauenkirche 3 km, St. Seebald 3 km, St. Lorenz 3,4 km.

90471 Nürnberg — gratis

Volkspark Dutzendteich, Münchener Straße/Alfred-Hensel-Weg, ☎ 0911/23360 An der Naherholungs-Grünanlage Volkspark Dutzendteich — <8 m

POS: 49°25'21.84"N/11°6'25.50"E, Karte D11 (S. 14), B5
Platz: = 8 auf Asphalt. Aufenthalt max. 3 Nächte. Ganzjährig geöffnet.
Preis: Übernachtung gratis.
Kontakt: ☎ 0911/23360, tourismus@nuernberg.de, tourismus.nuernberg.de.
Distanz: 0,1 km, Ⓗ 0,7 km, 0,7 km, 4 km, E 4,4 km (Knaus Campingpark, Hans-Kalb-Straße 56, 90471 Nürnberg).
Freizeit: 1,5 km, 4 km. Theater- und Konzertbesuche, Christkindlesmarkt, Stadtfeste, Fußballstadion 1,5 km.

POI: Dokumentationszentrum Reichsparteitagsgelände 1,2 km, Germanisches Museum 4 km, Nationalmuseum 4 km, hist. Stadtzentrum 4 km, St. Lorenzkirche, Frauenkirche und St. Sebaldkirche 4 km, Kaiserburg 5 km, Tiergarten 5 km.

90491 Nürnberg — gratis

Stellplatz am Wöhrder See, Dr.-Gustav-Heinemann-Straße 50, ☎ 0911/23360 — <10 m
Parkplatz am Nordufer des Wöhrder See

POS: 49°27'33.06"N/11°6'45.66"E, Karte D11 (S. 14), B5
Platz: = 8 auf Schotter. Überwiegend eben, teilweise schattig. Aufenthalt max. 3 Tage. Ganzjährig geöffnet.
Preis: Übernachtung gratis.
Kontakt: ☎ 0911/23360, tourismus@nuernberg.de, tourismus.nuernberg.de.
Distanz: Ⓗ 0,5 km, 2,5 km.
POI: Felsengänge, Kaiserburg, Altstadt Nürnberg.

72622 Nürtingen-Oberensingen — €7,00

Reisemobilstellplatz Plätschwiesen, Plätschwiesen, ☎ 07022/75381 — <12 m
Neben Festplatzgelände und Sportanlagen

2021 geprüft · E

POS: 48°38'11.00"N/9°19'50.00"E, Karte D14 (S. 17), F2
Platz: = 18 auf Schotterrasen, Schotter. =12 (16 A) CHEM GRAU. Infotafeln und Prospektbox. Aufenthalt max. 7 Nächte. Ganzjährig geöffnet. Ausnahme: 10.5.-26.5.
Preis: 7 €. Strom 0,50 €/kWh, Wasser 1 €/100 l.
Kontakt: Stadt Nürtingen, ☎ 07022/75381, touristinfo@nuertingen.de, www.nuertingen.de.
Distanz: 0,1 km, Ⓗ 0,5 km, 1 km, 1,2 km.
Gastro: Cafe Plätschwiesle. Ristorante Rocco.
Freizeit: 0,6 km, 1 km, 1,5 km. Bootsfahrten, hist. Stadtführung, Stadtfeste/kulturelle Veranstaltungen, Museumsbahn Neuffen-Nürtingen 2 km, Therme in Beuren 12 km.
POI: Stadtmuseum 1 km, Römervilla 1 km, hist. Altstadt 1 km, Burg Teck 12 km, Freilichtmuseum Beuren (Apr-Okt) 12 km, Burg Hohenneuffen 15 km.

N

O

55437 Ober-Hilbersheim gratis

Napoleonshöhe, Sprendlinger Straße 30, ☎ 06728/236 In ruhiger Lage bei der Tennishalle am Ortsrand <8m

2021 geprüft E

POS: 49°53'50.00"N/8°1'28.00"E, Karte D9 (S. 12), D3
Platz: = 40 auf Schotterrasen. =6 CHEM . Aufenthalt max. 4 Tage. Ganzjährig geöffnet.
Preis: Übernachtung gratis. Strom 1 €/2 kWh, Wasser 1 €. Um eine Spende wird gebeten, die beim benachbarten Ortsbürgermeister (Sprendlinger Straße 28A) einzuwerfen ist.
Kontakt: Ortsgemeinde Ober-Hilbersheim, ☎ 06728/236, buergermeister@ober-hilbersheim.de, www.ober-hilbersheim.de.
Distanz: 0,3 km, 0,3 km, weitere Restaurants in 2 km, E 0,5 km (Hauptstraße 32, 55437 Ober-Hilbersheim), 0,5 km, Ⓗ 7 km.
Freizeit: 5 km, 8 km, 8 km. Weinlese, Reiten, Kutschfahrten, Weinprobe, Spargelernte, Reiterhof 1 km.
POI: Laurenziberg 5 km, Kaiserpfalz Ingelheim 12 km.

82487 Oberammergau €16,00

Reisemobilhafen am Campingpark, Ettaler Straße 56 b, ☎ 08822/94105 Am Ortsrand <10m neu

2022 geprüft E

POS: 47°35'25.31"N/11°4'11.76"E, Karte D15 (S. 18), B4
Platz: P = 13 auf Schotter. CHEM GRAU . Aufenthalt max. 1 Nacht. Nur für autarke Wohnmobile, keine Nutzung des Sanitärgebäudes. Anfahrt 5:00-22:00 Uhr. Geöffnet: Mitte Jan-Anfang Feb, Apr-Mitte Okt.
Preis: 16 € inkl. Entsorgung, Müll-Entsorgung. Strom 1 €/kWh, Wasser je 1 €, Kurtaxe 2,50 €/Pers.
Kontakt: Campingpark Oberammergau, Sonja Baur, ☎ 08822/94105, info@camping-oberammergau.de, www.campingpark-oberammergau.de.
Distanz: Ⓗ 0,3 km, 1,4 km, 2,5 km.
Gastro: Brötchenservice.
Freizeit: 2,5 km, 1,5 km. Klettern, Langlauf, Wintersport, Ski-Verleih 2,5 km.
POI: Historischer Stadtkern mit Passionstheater und Museum 1 km, Kloster Ettal 3 km, Schloss Lindenhof 13 km, Wieskirche 20 km.

83080 Oberaudorf €15,00

Stellplatz beim Pechler Hof, Tatzelwurmstraße 7, ☎ 08033/3462 Inmitten von Wiesen am Auerbach an der österreichischen Grenze <12m

POS: 47°39'40.80"N/12°10'7.86"E, Karte D15 (S. 18), D4
Platz: P / = 5 auf Wiese. GRAU . Ganzjährig geöffnet.
Preis: 15 € inkl. aller Personen, Strom, Wasser, Entsorgung, Müll-Entsorgung.
Kontakt: Martin Gruber, ☎ 08033/3462, martingruber@t-online.de, www.urlaub-bauernhof-oberaudorf.de/.
Distanz: Ⓗ 0,3 km, 0,5 km, weitere Restaurants in 0,8 km, 1 km, 1 km.
Gastro: Gasthaus Keindl, Niederaudorf. Brötchenservice nach Vereinbarung. Restaurant ab 11:00 Uhr. eigene Schnapsbrennerei.
Freizeit: 0,2 km, 5 km, 2 km. Streicheltiere, Spielplatz, Trampolin, großer Spielplatz, Skikurse, Mountainbiking, Bergwandern.
POI: Kloster Reisach 0,6 km, Burgtor Oberaudorf 15. Jh. 2 km, Passionsspielhaus Erl 5 km, Tatzelwurm-Wasserfälle 12 km.

36280 Oberaula gratis

Am Kurhessischen Golfclub Oberaula-Bad Hersfeld, Am Golfplatz, ☎ 06628/92080 In sehr ruhiger Waldrandlage <8m

POS: 50°50'8.56"N/9°27'44.72"E, Karte D10 (S. 13), G1
Platz: / = 3 auf Schotter. . Aufenthalt max. 4 Tage. Ganzjährig geöffnet.
Preis: Übernachtung gratis.
Kontakt: Gemeinde Oberaula, ☎ 06628/92080, touristikbuero@oberaula.de, www.oberaula.de.
Distanz: 0,5 km, weitere Restaurants in 2 km, 1 km, Ⓗ 2 km, 2 km, E 3 km (Stellplatz am Sportplatz, Schwimmbadstraße, 36280 Oberaula).
Gastro: Restaurant am Golfplatz, warme Küche 11:00-20:00 Uhr (nur während der Saison geöffnet).
Freizeit: 1 km, 10 km. 18-Loch-Golfanlage (viele offene Turniere), Reiten.
POI: Mühlenmuseum 8 km, Heimatmuseum 10 km, Fachwerkstädte ab 10 km.

36280 Oberaula €18,00

Reiterhof Aumühle, Aumühle 1, ☎ 06628/7481 Am Ortsrand von Wahlshausen, naturnah mit Blick auf den Garten, Bach und Wasserfall <10m

POS: 50°51'8.48"N/9°28'40.46"E, Karte D10 (S. 13), G1
Platz: P = 7 auf Kiesel. =7 CHEM GRAU . Pool im Sommer, Werkstatt für Fahrradreparaturen, Pferdeweiden, Roundpen und Reitplatz, Küche im Hof. Auch für große Wohnmobile bis 9 m geeignet. Pferd kann mitgebracht werden. Ganzjährig geöffnet.
Preis: 18 € inkl. Entsorgung, WLAN, WC/Dusche. Jede weitere Pers. 1 €, Strom 3 €, Wasser 2 €/100 l, Hund je 1 €, Pool im Sommer 3 €.
Kontakt: Marianne Hühn, ☎ 06628/7481, Mobil: 0172/8919155, marianne.huehn@t-online.de, www.reiterhof-aumuehle.de.
Anfahrt: Bitte von der B454 die asphaltierte Zufahrt nutzen.
Distanz: Ⓗ 0,1 km, 0,7 km, weitere Restaurants in 6,5 km.
Gastro: Brötchenservice.
Freizeit: Rotkäppchen-Bahnradweg, Lagerfeuer, Wander- und Radwege, Reitausflüge für erfahrene Reiter, Geocachingtouren, 18-Loch-Golfplatz 2 km.
POI: Burg Herzberg, Stadt Alsfeld, Ziegenhain, Treysa Homberg/Efze, Wildpark Knüll.

36280 Oberaula gratis

Stellplatz am Sportplatz, Schwimmbadstraße, ☎ 06628/92080 Zwischen Stadion und solarbeheiztem Waldschwimmbad <8m

POS: 50°51'15.56"N/9°27'37.68"E, Karte D10 (S. 13), G1
Platz: = 5 auf Schotter. CHEM GRAU. Aufenthalt max. 4 Tage. Ganzjährig geöffnet.
Preis: Übernachtung gratis inkl. Wasser, Entsorgung.
Kontakt: Gemeinde Oberaula, ☎ 06628/92080, touristikbuero@oberaula.de, www.oberaula.de.
Distanz: 0,5 km, Ⓗ 0,5 km.
Gastro: Bäckerei auch am So geöffnet.
Freizeit: 0,1 km, 10 km. Angeln, Baden, Beach-Volleyball, Reiten, Bad Hersfelder Festspiele 20 km.
POI: Waldschwimmbad, Oberaula-Luftkurort, Mühlenmuseum 8 km, Heimatmuseum 10 km, Fachwerkstädte ab 10 km.

36280 Oberaula gratis

Stellplatz Tennishalle, Teichstraße, ☎ 06628/92080 Ebener Platz oberhalb der Tennishalle, zentrumsnah <8m

POS: 50°51'40.19"N/9°28'25.47"E, Karte D10 (S. 13), G1
Platz: = 10 auf Schotter. . Aufenthalt max. 4 Tage. Ganzjährig geöffnet.
Preis: Übernachtung gratis.
Kontakt: Gemeinde Oberaula, ☎ 06628/92080, touristikbuero@oberaula.de, www.oberaula.de.
Distanz: 0,3 km, 0,4 km, 0,5 km, Ⓗ 0,5 km, E 1,2 km (Stellplatz am Sportplatz, Schwimmbadstraße, 36280 Oberaula).
Gastro: Warme Küche, 11:00-23:00 Uhr. Hotel zum Stern, Hersfelder Straße.
Freizeit: 1 km, 10 km. Tennis und Squash spielen, Angeln, Fitnessraum in der Tennishalle.
POI: Mühlenmuseum 8 km, Heimatmuseum 10 km, Fachwerkstädte ab 10 km.

O

55767 Oberbrombach €10,00

Stellplatz Höhenblick, Sonnenberger Straße, ☎ 06787/735 Mit Blick über den Naturpark Saar-Hunsrück <12m

POS: 49°41'39.70"N/7°15'33.88"E, Karte D9 (S. 12), C4
Platz: P = 60 auf Schotterrasen, Wiese. =45 (10/16 A) CHEM GRAU. Holzbacköfen. B nur bei Gruppen. Schutzhütte mit überdachter Außenterrasse (für Clubs bis 60 Pers. geeignet, Nutzung nach Absprache). Ganzjährig geöffnet.
Preis: 10 € inkl. aller Personen, Entsorgung, Müll-Entsorgung. Strom 0,60 €/kWh, Wasser 1 €/100 l. VE für Durchreisende 2 €.
Kontakt: Walter Grün, ☎ 06787/735, Mobil: 0171/9576896, walter.gruen@t-online.de, www.wohnmobilstellplatz-höhenblick.de.
Distanz: 0,3 km, Ⓗ 0,5 km, 1 km, 2 km, weitere Restaurants in 4 km.
Gastro: Mehrere Restaurants 4 km.
Freizeit: 10 km, 8 km. Nahe-Radweg 4 km, Ferienpark Hambachtal 8 km, Zauberwald Oberhambach 10 km.
POI: Frauenburg 4 km, Edelsteinminen Steinkaulenberg 6 km, Felsenkirche 10 km.

75038 Oberderdingen €10,00

Wohnmobilstellplatz Oberderdingen, Brettener Straße, ☎ 07045/202768 Neben dem Freibad, mit niedrigen Sträuchern parzelliert <10m

2022 geprüft E

POS: 49°3'33.08"N/8°47'46.72"E, Karte D14 (S. 17), F1
Platz: P = 8 auf Schotterrasen, Schotter. CHEM GRAU. Ganzjährig geöffnet.
Preis: 10 € inkl. aller Personen, Entsorgung. Strom 1 €/h, Wasser 1 €/10 min.
Kontakt: Tourist-information, ☎ 07045/202768, touristikinfo@oberderdingen.net, www.oberderdingen.de.
Distanz: Ⓗ 0,1 km, 0,2 km, 0,2 km, weitere Restaurants in 0,3 km, 0,5 km.
Freizeit: Naturpark Stromberg-Heuchelberg.
POI: Aussichtspunkt Derdinger Horn und Weinplateau 1,5 km, Museum Waldenserhäusle 2 km.

Sie haben einen neuen Stellplatz entdeckt? Dann teilen Sie uns diesen mit per E-Mail an **bordatlas@doldemedien.de** oder über das Online-Meldeformular unter **www.bordatlas.de/meldung**

46047 Oberhausen €18,00

Wohnmobilstellplatz Marina Oberhausen, Heinz-Schleußer-Straße 1, ☎ 0208/6253590 Gelände am Rhein-Herne-Kanal zw. A42 und Bahngleisen <10m

POS: 51°29'40.00"N/6°52'59.00"E, Karte D5 (S. 8), B4
Platz: P = 35 auf Schotter, Sand/Splitt, Kiesel, Pflaster. =35 (16 A) WC CHEM GRAU. B wird empfohlen. Anfahrt bis 20:00 Uhr. Im Winter kein Wasser. Ganzjährig geöffnet. Ausnahme: Bei Veranstaltungen (siehe Website) gesperrt.
Preis: 18 € inkl. aller Personen, Strom, Dusche, Müll-Entsorgung. Wasser 0,50 €/100 l, Entsorgung 5 €, WC 1 €, Waschmaschine/Trockner je 1 €.
Kontakt: AQUApark Oberhausen, ☎ 0208/6253590, info@aquapark-oberhausen.com, www.aquapark-oberhausen.com.
Distanz: Ⓗ 1,2 km, 1,7 km, 1,7 km, weitere Restaurants in 3 km, 3 km.
Freizeit: 0,1 km. Wassersport, AQUApark (Bergbau-Erlebnisbad) 0,1 km, Sealife 0,3 km, Legoland Discovery Centre 0,6 km.
POI: Gasometer Oberhausen 1,2 km, Schloss Oberhausen 2,2 km, Aquarius-Wassermuseum 7,5 km.

46049 Oberhausen €13,00

Stellplatz Kaisergarten, Am Kaisergarten 30, ☎ 0172/8689043 Am Erholungspark, beim Autobahnkreuz A42/A516 >12m neu

2022 geprüft E

POS: 51°29'13.59"N/6°51'17.11"E, Karte D5 (S. 8), B4
Platz: P = 41, = 8 (<18 m) auf Wiese, Schotterrasen, Schotter. CHEM GRAU. B wird empfohlen. Bahnlinie in Hörweite. Anfahrt 24 h. Ganzjährig geöffnet.
Preis: Ab 13 € inkl. Wasser, Entsorgung. Strom 2 € oder 0,69 €/kWh, VE für Durchreisende 5 €. 13 € bis 9 m Länge, 23 € bis 18 m Länge.
Kontakt: Thomas Loth, Mobil: 0172/8689043, info@stellplatz-kaisergarten.de, stellplatz-kaisergarten.de.
Anfahrt: Von der Autobahn A2/A3A42/A516 ist die Zufahrt zum Stellplatz auch ohne grüne Plakette gestattet.
Distanz: Ⓗ 1 km, 1 km, 1 km, 3 km.
Gastro: Schlossgastronomie 1 km.
Freizeit: 2 km, 2 km. Arena Oberhausen, Hochseilgarten, Sealife Oberhausen, Minigolf, Tiergehege, Aquapark, Trendsportanlage open airea, Legoland Oberhausen.
POI: Schloss Oberhausen mit Galerie 0,5 km, Metronom Theater 1,5 km, Museum in der Antonyhütte und Burg Vondern 5 km.

46049 Oberhausen €5,00

Theater an der Niebuhrg, Niebuhrstraße 61-73, ☎ 0208/860072 Am Theater an der Niebuhrg <10m

POS: 51°28'14.89"N/6°49'10.82"E, Karte D5 (S. 8), B4
Platz: = 6 auf Schotter. =6 (16 A). B wird empfohlen. Ganzjährig geöffnet.
Preis: 5 €. Strom 2 €. Für Theatergäste kostenlos.
Kontakt: Holger Hagemeyer, ☎ 0208/860072, info@niebuhrg.de, www.niebuhrg.de.
Distanz: Ⓗ 0,2 km, 0,2 km, 0,4 km, weitere Restaurants in 1 km, 1,5 km.
Gastro: Biergarten (nur im Rahmen der Veranstaltung geöffnet).
Freizeit: 1,5 km, 1 km, 1 km. Theaterbesuche, Walken, Paddeltouren, Sea Life Aquarium, Stadtbesichtigung, Freizeitparadies CentrO 3 km.
POI: Hafen 2 km, Innenhafen 2 km, Burg Vondern 4 km, Kastell Holten 10 km.

55585 Oberhausen/Nahe €23,00

Camping Nahetal, Bahnhofstraße 34, ☎ 06755/96001 Bei der Campinganlage, im Tal der mittleren Nahe <8m

POS: 49°47'41.90"N/7°45'15.20"E, Karte D9 (S. 12), C4
Platz: P = 30, = 50 (<8 m) auf Wiese, Schotter. =30 (16 A) WC CHEM GRAU. B wird empfohlen. Geöffnet: 1.3.-1.11.
Preis: 23 € inkl. Wasser, Dusche, WC, WLAN. Jede weitere Pers. 6 €, Kind (bis 15 J.) 4 €, Strom 0,80 €/kWh, Entsorgung 1,50 €, Müll-Entsorgung 1,50 €.
Kontakt: Bob Bouma, ☎ 06755/96001, Mobil: 0171/2853252, contact@camping-nahetal.de, www.camping-nahetal.de.
Distanz: , weitere Restaurants in 1 km, 0,5 km, Ⓗ 1 km, 7 km.
Gastro: Bistro am Platz.
Freizeit: Gemütliche Abende am Lagerfeuer, Kanutouren auf der Nahe, Weinproben bei örtlichen Winzern.
POI: Schmittenstollen 3 km, Silbersee 4 km, Burgruine Montfort 4 km, Bad Sobernheimer Freilichtmuseum 10 km.

98559 Oberhof €11,00

Caravanstellplatz am Biathlonstadion, Am Grenzadler, ☎ 0151/55974375 Mitten im Thüringer Wald, mit Blick auf die LOTTO Thüringen Arena am Rennsteig <10m

2022 geprüft E

POS: 50°42'20.33"N/10°41'38.40"E, Karte D11 (S. 14), A1
Platz: P = 43 auf Asphalt. =43 (16 A) WC CHEM GRAU. WC/Dusche im Rennsteighaus am Grenzadler. Geöffnet: Mitte Feb-Mitte Dez.

Ausnahme: bei Sport-Großveranstaltungen temporär geschlossen (Termine siehe www.caravan-oberhof.de).
Preis: 11 € inkl. Entsorgung. Strom 1 €/kWh, Wasser 1 €/80-100 l, Dusche 0,50 €, Kurtaxe (ab 17 J.) 2 €/Pers., Kurtaxe (7-16 J.) 1 €/Pers. Keine Barzahlung möglich.
Kontakt: Zweckverband Thüringer Wintersportzentrum, Jens Weigel, Mobil: 0151/55974375, info@caravan-oberhof.de, www.caravan-oberhof.de.
Distanz: 3 km, 3 km.
Gastro: Restaurant Grenzadler.
Freizeit: 3,8 km. LOTTO Thüringen Skisport-Halle (www.oberhof-skisporthalle.de), Wintersport, H2Oberhof Wellness & Erlebnisbad mit Sauna 3,7 km (www.h2oberhof.de).

98559 Oberhof — €10,00 — <12m

Wohnmobilstellplatz Oberhof, Jahnstraße 7, ☎ 036842/533532
Bei einer Auto-Servicestation am Rennsteig

2020 geprüft

POS: 50°42'10.77"N/10°43'41.80"E, Karte D11 (S. 14), A1
Platz: P = 60 auf Asphalt. =48 (16 A) WC CHEM GRAU. Ganzjährig geöffnet.
Preis: Ab 10 € inkl. Entsorgung, WC, Müll-Entsorgung, WLAN. Kind (ab 14 J.) 8 €, Strom 0,60 €/kWh, Wasser 1 €/100 l. 1.12.-31.3. 15 €, 1.4.-30.11. 10 €.
Kontakt: Tina von Nordheim, ☎ 036842/533532, Mobil: 0157/72561169, info@wohnmobilstellplatz-oberhof.de, www.wohnmobilstellplatz-oberhof.de.
Distanz: 0 km, 0,5 km, Ⓗ 0,6 km, 0,6 km.
Gastro: Restaurant und Café Haus Flora am Platz, Do-Mo 12:00-18:00 Uhr, Di-Mi Ruhetag. Frühstücks- und Brötchenservice.
Freizeit: 0,3 km, 15 km, 0,1 km. Gästefahrten auf der Rennschlittenbahn (Sommer und Winter), Tel. 036842/22520, Minigolf, Tennis, Segway-Touren, Wintersport, Pferdekutsch- bzw. Schlittenfahrten, Klettergarten 0,5 km, H2Oberhof Wellness & Erlebnisbad mit Sauna 0,6 km.
POI: Thüringer Wintersportausstellung und Exotarium 0,5 km, Rennsteiggarten 1 km, Tobiashammer Ohrdruf und Meeresaquarium Zella-Mehlis 10 km.

77704 Oberkirch — €8,00 — <8m

Waldparkplatz Schauenburg, Burgstraße 29, ☎ 07802/2253
Naturbelassener, ruhiger Waldparkplatz unterhalb der Ruine Schauenburg

POS: 48°32'19.81"N/8°5'44.17"E, Karte D13 (S. 16), D2
Platz: P = 6 auf Schotter. =12 (16 A) WC CHEM GRAU. WC nur zu den Öffnungszeiten der Burgwirtschaft. Ganzjährig geöffnet.
Preis: 8 € inkl. aller Personen, Strom, WLAN. Wasser 2 €/100 l, Entsorgung 2 €. Bezahlung per Paypal oder bar in der Gastwirtschaft.
Kontakt: Noarg Gastro GbR Hund & Seiler, ☎ 07802/2253, hallo@burg-oberkirch.de, burg-oberkirch.de.
Distanz: 1 km, 1 km, Ⓗ 1 km, 1,2 km.
Gastro: Burgwirtschaft neben der Schauenburg, Di-So 11:00-22:00 Uhr, Mo Ruhetag, warme Küche Di-Sa 11:00-21:00 Uhr, So 11:00-20:00 Uhr.
Freizeit: 2 km. Burgführungen, Waldlehrpfad.
POI: Ruine Schauenburg 0,1 km, Schloss Gaisbach 0,5 km, Altstadt Oberkirch 1 km.

77704 Oberkirch — €5,00 — <10m

Wohnmobilstellplatz Oberkirch, Renchallee, ☎ 07802/82600
Zentrumsnah an der Rench

POS: 48°31'43.83"N/8°4'24.42"E, Karte D13 (S. 16), D2
Platz: = 37 auf Schotter, Schotterrasen. =34 CHEM GRAU. Ganzjährig geöffnet. Ausnahme: beim Weinfest Ende Aug/Anfang Sep eingeschränkt nutzbar.
Preis: 5 € inkl. Entsorgung, Müll-Entsorgung. Strom 0,50 €/kWh, Wasser 1 €, Kurtaxe 2 €/Pers. 10 €/3 Tage, 18 €/7 Tage. Bezahlung am Parkscheinautomat in Münzen/per EC-Karte. Inkl. Konus-Gästekarte bei Vorlage des Tickets in der Tourist-Info. Preisänderung 2023 geplant.
Kontakt: Renchtal Tourismus GmbH, ☎ 07802/82600, info@renchtal-tourismus.de, www.renchtal-tourismus.de.
Distanz: Ⓗ 0,4 km, 0,4 km, 0,5 km, 0,5 km.
Gastro: Mehrere Restaurants in der Umgebung.
Freizeit: 1 km, 0,5 km.
POI: Altstadt 0,7 km, Heimat-/Grimmelshausenmuseum 1 km, Ruine Schauenburg 3 km, Wallfahrtskirche Mariä-Krönung in Lautenbach 3 km.

77704 Oberkirch — gratis — <10m

Wohnmobilstellplatz Oberkircher Winzer, Renchener Straße 42, ☎ 07802/92580
Auf dem Gelände der Winzergenossenschaft

POS: 48°32'26.51"N/8°4'12.07"E, Karte D13 (S. 16), D2
Platz: = 2 auf Asphalt. Aufenthalt max. 1 Nacht. Ganzjährig geöffnet.
Preis: Übernachtung gratis. Weinkauf erwünscht.
Kontakt: Oberkircher Winzer eG, ☎ 07802/92580, info@oberkircher-winzer.de, www.oberkircher-winzer.de.
Distanz: 0,1 km, 0,3 km, 0,9 km.
Gastro: Vinothek mit Weinverkostung.
POI: Altstadt 1,1 km, Heimat- und Grimmelshausenmuseum 1,5 km, Ruine Schauenburg 2 km.

95145 Oberkotzau — €12,00 — <12m

Wohnmobilstellplatz Am Summa-Park, Fabrikstraße, ☎ 09286/9410
In ruhiger Lage auf dem Freizeitgelände

POS: 50°15'48.72"N/11°56'18.36"E, Karte D11 (S. 14), C2
Platz: P = 9 auf Pflaster, Rasengittersteinen. WC CHEM GRAU. Waschmaschine/Trockner (über Münzautomat). Aufenthalt max. 5 Tage (bei 5-tägiger Nutzung Rabatt). Ganzjährig geöffnet.
Preis: 12 € inkl. Strom, Entsorgung, Dusche, WC, Müll-Entsorgung. Wasser 1 €/100 l. Bezahlung durch Lösen einer Parkkarte am Parkscheinautomat beim Servicegebäude.
Kontakt: ☎ 09286/9410, rathaus@oberkotzau.de, www.oberkotzau.de.
Distanz: 0,2 km, weitere Restaurants in 0,3 km, 0,5 km, Ⓗ 0,5 km, 0,5 km.
Gastro: Mehrere Restaurants im Ort.
Freizeit: 0,3 km. Radwege.
POI: Fernweh-Park Oberkotzau, denkmalgeschützte Pfeiffersbrücke als eine der ältesten Dreibogenbrücken aus Feldsteinen, Schloss Oberkotzau, St. Jakobus Kirche.

09353 Oberlungwitz — €10,00 — <10m

Stellplatz Zum alten Rasthof, Pestalozzistraße 2, ☎ 03723/42818
Am Ortsrand

POS: 50°47'25.06"N/12°44'56.64"E, Karte D12 (S. 15), E1
Platz: = 1, = 1 (<12 m) auf Schotterrasen, Schotter. =1 (2 A). Videoüberwacht, nachts beleuchtet. Ganzjährig geöffnet.
Preis: 10 € inkl. Strom, WLAN.
Kontakt: Benjamin Ehrke, ☎ 03723/42818, gaestezimmer.zum.alten.rasthof@googlemail.com, www.facebook.com/zum.alten.rasthof.
Distanz: Ⓗ 0,1 km, 0,5 km, weitere Restaurants in 1 km, 3 km, 3 km.
Gastro: Frühstücksservice in der Bäckerei 0,5 km. Kleines Café.
Freizeit: 3 km, 4 km. Tennisplatz 4,2 km.
POI: Karl-May-Haus Hohenstein-Ernstthal 2,9 km, Bergbaumuseum Oelsnitz 11,3 km, Indianer- und Westernmuseum am Stausee Oberwald 13,4 km.

O

87538 Obermaiselstein — €12,00 — <12m

Wohnmobilplatz Allgäu Rieder Wies'n mit Wiesenstadl, Am Goldbach 3, ☎ 08326/7950 Auf dem Gelände eines ehemaligen Tennisplatzes

POS: 47°26'40.21"N/10°14'34.72"E, Karte D14 (S. 17), H5
Platz: P = 30 auf Schotter, Asphalt. =30 (6 A) WC CHEM. Kiosk, Minigolf. Waschmaschine und Trockner mit Münzautomat im Sanitärgebäude, Aufenthaltsraum. Ganzjährig geöffnet.
Preis: 12 € inkl. aller Personen, Entsorgung, WC, Müll-Entsorgung, WLAN. Strom 2 €, Dusche 1 €/5 min, Kurtaxe (ab 16 J.) 1,80 €/Pers., Waschmaschine/

Trockner je 2 €. Strom im Winter 4 €.
Kontakt: Herr Karl Schmid, ☎ 08326/7950, info@wohnmobilplatz-allgaeu.de, www.wohnmobilplatz-allgaeu.de.
Distanz: 0,1 km, 0,2 km, 0,2 km.
Gastro: Restaurant Hirschsprungstuben, Mi-So 12:00-14:00 Uhr und 17:00-22:00 Uhr, Mo-Di Ruhetag.
Freizeit: 3 km, 0,5 km, 3 km. Ski fahren/Langlauf, Sommerrodelbahn Alpsee 10 km.
POI: Sturmmannshöhle 1 km, Wildpark 2 km, Hörnerbahn Bolsterlang 2 km, Breitachklamm 4 km, Ski-Sprungschanzen Oberstdorf 5 km.

89611 Obermarchtal-Datthausen — €14,00

Wohnmobilstellplatz Donaublick, Datthausen 27, ☎ 0160/7934225 — <10 m
Am Bauernhof, oberhalb der Donau

POS: 48°12'59.20"N/9°32'0.78"E, Karte D14 (S. 17), G3
Platz: = 2 auf Schotter. WC CHEM GRAU. Telefonische Reservierung erforderlich. Anfahrt 8:00-19:00 Uhr. Ganzjährig geöffnet.
Preis: 14 € inkl. Wasser, Entsorgung, Dusche, WC, WLAN. Strom 2 €.
Kontakt: Stefan Beck, Mobil: 0160/7934225, beck.datthausen@web.de.
Distanz: 1 km, weitere Restaurants in 3,7 km, 3,7 km, 3,7 km.
Freizeit: Angeln, Radfahren, Wandern.
POI: Lautertal, Bussen, Zwiefalten 5,8 km, Schloss Mochental 10,8 km.

78727 Oberndorf/Neckar — gratis

Parkplatz Neckarhalle und Dollauparkplatz in der Austraße, Austraße 12, ☎ 07423/771192 — <10 m
Auf dem Parkplatz einer Sport- und Festhalle, am südlichen Stadtrand gegenüber vom Freibad

POS: 48°16'56.83"N/8°35'4.95"E, Karte D14 (S. 17), E3
Platz: = 14 auf Asphalt. CHEM GRAU. Aufenthalt max. 3 Tage. Ganzjährig geöffnet.
Preis: Übernachtung gratis inkl. Entsorgung. Strom 1 €/8 h, Wasser 1 €/70 l.
Kontakt: Stadt Oberndorf am Neckar, ☎ 07423/771192, stadt@oberndorf.de, www.oberndorf.de.
Anfahrt: A81 bis Oberndorf, beschildert, beidseitig der Straße.
Distanz: Ⓗ 0,2 km, 0,3 km, 1 km.
Gastro: Gaststätte Turnerheim, nebenan.
Freizeit: 0,1 km. Wanderwege in unmittelbarer Nähe, Finnenbahn (gelenkfreundliche Waldlaufbahn), Baden, Minigolfplatz, Neckartal-Radweg.
POI: Heimat- und Waffenmuseum 1 km, ehemaliges Augustinerkloster 1 km.

21787 Oberndorf/Oste-Bentwisch — €10,00

Wohnmobilstellplatz Oberndorf (Oste), Bentwisch, ☎ 04778/81200 — <10 m
Nahe der Ostebrücke

POS: 53°45'14.16"N/9°9'1.89"E, Karte D2 (S. 5), F4
Platz: = 6, = 6 (<10 m) auf Schotter. =6 WC CHEM GRAU. Ganzjährig geöffnet.
Preis: 10 € inkl. Entsorgung, Müll-Entsorgung. Strom 2 €/4 h, Wasser 2 €/100 l, Dusche 1 €, WC 1 €. Münzeinwurf für Sanitäreinrichtungen.
Kontakt: Tourismuszentrale Wingst der Samtgemeinde Land Hadeln, ☎ 04778/81200, urlaub@wingst.de, www.wingst.de.
Distanz: 0,2 km, 0,3 km, weitere Restaurants in 0,7 km, Ⓗ 0,5 km, 0,5 km (Lemke).
Freizeit: 6 km, 6 km, 7 km. Angeln, historische Ostedeich-Route, im Sommer Radtouren des Tourismus- und Heimatvereins, Kunstausstellung in der Kirche (Sommer) 0,2 km, Fahrgastschiff Mocambo 0,5 km, Zoo und Spielpark Wingst 6 km, Wasserski in Neuhaus 11 km.
POI: Museum Spurensuche 0,5 km, St. Georgs-Kirche Oberndorf 0,5 km.

72364 Obernheim — gratis

Wohnmobilstellplatz Alpenblick, Bühlstraße, ☎ 07436/92840 — <8 m
Ebenes Gelände bei den Sportanlagen außerhalb des Ortes

POS: 48°9'35.45"N/8°51'14.90"E, Karte D14 (S. 17), F3
Platz: = 6, = 2 (<12 m) auf Schotter, Asphalt. Aufenthalt max. 2 Tage. Ganzjährig geöffnet.
Preis: Übernachtung gratis.
Kontakt: Gemeinde Obernheim, ☎ 07436/92840, info@obernheim.de, www.obernheim.de.
Distanz: 1 km, 1 km, Ⓗ 1,5 km, 1,5 km.
Freizeit: 1 km. Ballspiele, Tennis, Langlauf, Badesee 3 km.
POI: St. Peter und Paul-Kirche Nusplingen 6 km.

94130 Obernzell — €14,00

Stellplatz am Donauhafen, Am Hafen 4, ☎ 08591/1643 Am Ortsrand von Obernzell mit Blick auf die Donau — <10 m

POS: 48°33'29.81"N/13°37'20.13"E, Karte D16 (S. 19), F2
Platz: = 17 auf Asphalt, Wiese. WC CHEM GRAU. wird empfohlen. Anfahrt bis 19:00 Uhr. Geöffnet: 1.4.-31.10.
Preis: 14 € inkl. Wasser, Entsorgung, Dusche, Kurtaxe, Waschmaschine und Trockner. Jede weitere Pers. 3 €, Strom 3,50 €/Tag, Hund 2,50 €.
Kontakt: Markt Obernzell, Jens Schröter, ☎ 08591/1643, Mobil: 0175/7571135, hafenwart-obernzell@web.de, www.obernzell.de.
Distanz: , weitere Restaurants in 1,5 km, Ⓗ 0,1 km, 0,5 km, 1,5 km.
Gastro: Imbiss am Platz.
Freizeit: 0,1 km.
POI: Schloss mit Keramikmuseum 1,5 km, Passau 16 km.

94130 Obernzell-Erlau — gratis

Gasthof Hotel Zur Post, Hauptstraße 22-24, ☎ 08591/91490 Beim Hotel mit Blick zur Donau und Burg Krempelstein — <12 m

POS: 48°33'49.75"N/13°34'51.17"E, Karte D16 (S. 19), F2
Platz: = 4 auf Wiese, Asphalt. WC. Ganzjährig geöffnet.
Preis: Für Restaurantgäste kostenlos, inkl. aller Personen, WLAN. Einkehr obligatorisch.
Kontakt: Jakob Waldinsperger, ☎ 08591/91490, info@hotel-zur-post-erlau.de, www.hotel-zur-post-erlau.de.
Distanz: 0 km, weitere Restaurants in 0,9 km, Ⓗ 0,1 km, 5 km, 7,8 km.
Gastro: Am Platz, warme Küche 11:30-14:00 Uhr und 18:00-20:30 Uhr. Frühstücksservice.
Freizeit: 5 km, 12 km. Wasserski, Angeln, Golfplatz, Reiten, Bäderdreieck.
POI: Burg Krempelstein 0,5 km, Schloss Obernzell 5 km, 3-Flüsse-Stadt Passau 9 km.

91619 Obernzenn — €8,50

Stellplatz Obernzenn am See, Urphertshofenerstraße 17, ☎ 09844/1438 Stellflächen mit Seeblick — <6 m

POS: 49°26'46.44"N/10°27'21.76"E, Karte D11 (S. 14), A5
Platz: = 10 auf Schotterrasen, Wiese. =6 (16 A) WC CHEM GRAU. Geöffnet: 1.4.-10.10.
Preis: 8,50 €. Strom 3,50 €, Wasser 3 €/100 l, Entsorgung 1,50 €, Dusche 1,80 €.
Kontakt: Harald Kamleiter, ☎ 09844/1438, kamleiter@seecamping-obernzenn.de, seecamping-obernzenn.de.
Distanz: 1 km, 1 km, Ⓗ 1 km, 1,2 km.
Gastro: Brötchenbestellung auf dem Campingplatz.
Freizeit: 10 km, 10 km, 1 km. Wandern, Schwimmen, Radfahren, Therme 10 km.
POI: Schloss Obernzenn 1 km.

97516 Oberschwarzach-Breitbach — gratis

Gasthaus Zur Traube, Breitbach 23, ☎ 09553/981090 — <12 m
Am östlichen Ortsrand hinter dem Gasthaus

POS: 49°50'51.27"N/10°25'45.18"E, Karte D10 (S. 13), H4

O

Platz: = 8, = 5 (<12 m) auf Schotter. =3 (16 A) . Weinverkauf und Wurstwaren aus eigener Herstellung. wird empfohlen. Ganzjährig geöffnet.
Preis: Für Restaurantgäste kostenlos. Einkehr obligatorisch. Strom 5 €, Wasser 5 €.
Kontakt: Familie Schimmel, ☎ 09553/981090, post@traubebreitbach.de, www.traubebreitbach.de.
Distanz: 0,3 km, 1 km, 2 km, 4,5 km.
Gastro: Am Platz, Mo 17:00-21:00 Uhr, Di + Fr-So 11:00-21:00 Uhr, Mi-Do Ruhetag, Spezialitäten aus eigener Wurstküche und Weinbau. Frühstück möglich.
Freizeit: 5 km, 9 km, 2 km. Weinfeste, direkter Anschluss an den Radweg Ebrach-Breitbach-Oberschwarzach, Steigerwaldzentrum und Baumwipfelpfad in direkter Nachbarschaft 2 km, Freizeitland Geiselwind 15 km.
POI: Ebracher Klosterkirche 5 km, mittelalterlicher Stadtkern von Prichsenstadt 8 km, Mainschleife bei Volkach 17 km.

89613 Oberstadion-Moosbeuren — gratis — <8 m

Adler Brauereigasthof Moosbeuren, Biberacherstraße 17, ☎ **07357/921990** Umgeben von Wäldern mit Blick auf den Bussen

POS: 48°10'46.24"N/9°43'30.30"E, Karte D14 (S. 17), G3
Platz: = 6 auf Rasengittersteinen. . wird empfohlen. Ganzjährig geöffnet.
Preis: Für Restaurantgäste kostenlos. Einkehr obligatorisch.
Kontakt: Familie Britsch, ☎ 07357/921990, info@brauereigasthof-moosbeuren.de, www.brauereigasthof-moosbeuren.de.
Gastro: Gasthof mit Brauerei und Biergarten am Platz, Mo-Mi+Sa ab 17:00 Uhr, Fr+So Ruhetag. Frühstück auf Anfrage täglich möglich.

87534 Oberstaufen-Steibis — €12,70 — <12 m

Reisemobilstellplatz Hochgratblick, Am Hößl, ☎ **08386/8180** In zentraler Lage

POS: 47°31'35.45"N/10°1'40.92"E, Karte D14 (S. 17), H5
Platz: / = 45 auf Asphalt. =48 (16 A) . Gasflaschen-Tausch Stahl- und Aluflaschen. Ganzjährig geöffnet.
Preis: 12,70 € inkl. Entsorgung, Müll-Entsorgung, WLAN. Strom 1 €/kWh, Wasser 1 €/100 l, Kurtaxe (bis 17 J.) 1,40 €/Pers., Kurtaxe (ab 18 J.) 2,80 €/Pers. Preiserhöhung Kurtaxe für 2023 geplant.
Kontakt: German Bechteler, ☎ 08386/8180, info@kfz-bechteler.de, www.kfz-bechteler.de.
Distanz: 0,1 km, 0,2 km, weitere Restaurants in 0,3 km, 0,3 km, 0,3 km.
Gastro: Pizzeria. Gasthaus St. Ull'r in Steibis 0,2 km. Gasthaus Goldenes Kreuz 0,3 km.
Freizeit: 5 km, 5 km. Schneeschuhwandern, Kinder- und Erwachsenen-Ski-/Snowboardschule, über 300 km beschildertes Wanderwegenetz, Skilift 0,2 km, 0,2 km, 18-Loch Golfplatz 0,7 km, E-Bikeverleih 0,8 km, Langlaufloipe 2 km, Waldhochseil- und Klettergarten 2 km.
POI: Naturpark Nagelfluh 0,1 km, Wasserfälle 2 km, Hochgratbahn 4 km, Aquaria Erlebnissbad 5 km.

87534 Oberstaufen-Thalkirchdorf — €14,28 — <10 m — neu

Wohnmobilstellplatz Thalkirchdorf, Kirchdorfer Straße 30, ☎ **08386/93000** Stellplatz inmitten der Allgäuer Natur

POS: 47°33'7.52"N/10°4'53.07"E, Karte D14 (S. 17), H5
Platz: = 25 auf Asphalt. . WC in der Lift-Talstation. Aufenthalt max. 3 Tage. Anmeldung per Online-Meldeschein notwendig. Gästekarte Oberstaufen erhältlich im Thaler Dorfladen/Tourist-Info. Bei Störungen Rufbereitschaft Wasserwerk anrufen (0176/20833600) Hinweis: Di (16:00-19.00 Uhr) und Sa (10:00-13:00 Uhr) findet auf dem Gelände das Training der Motorsportgemeinschaft Oberstaufen statt. Geöffnet: Anfang Apr-Ende Nov. Ausnahme: 7.9.-20.9.
Preis: 14,28 € inkl. Entsorgung, WC. Strom 0,70 €/kWh, Wasser 0,10 €/10 l, Kurtaxe (ab 16 J.) 2,80 €/Pers., Kurtaxe (6-15 J.) 1,40 €/Pers. Bezahlung entweder bei Online-Anmeldung per VISA, Mastercard, V-Pay oder Sofortüberweisung oder zu den Öffnungszeiten in der Tourist-Info.
Kontakt: Markt OberstaufenTourismus Eigenbetrieb (TEO), ☎ 08386/93000, resi.vogler@oberstaufen.de, www.oberstaufen.de/camping.
Distanz: 0,5 km, 0,5 km, 1 km.
Freizeit: 6,7 km. Panorama-Golfen, Naturpark Nagelfluhkette, Winterwandern/Wintersport/Rodeln, ausgewiesene Fahrrad- und Wanderwege, Minigolf, Baden/Tretbootfahren/SUP/Angeln am Großen Alpsee 8 km.
POI: Bauernhausmuseum s'Huimatle Knechtenhofen 3,4 km, Miniwelt Oberstaufen 4,1 km, Oberstaufen 7,1 km, Buchenegger Wasserfälle 7,7 km.

87561 Oberstdorf — €15,00 — >12 m

Wohnmobilstellplatz Oberstdorf, Hermann-von-Barth-Straße 9, ☎ **08322/180** In zentraler Lage, 5 Minuten zu Fuß zum Zentrum

2022 geprüft

POS: 47°24'30.87"N/10°17'10.35"E, Karte D14 (S. 17), H5
Platz: = 200 auf Schotter, Asphalt. . Ganzjährig geöffnet.
Preis: 15 € inkl. aller Personen, Wasser, Entsorgung, WLAN. Strom 2,50 €, Dusche 1 €, Kurtaxe 2,60 €/Pers., Kurtaxe (13-16 J.) 1,95 €/Pers., Kurtaxe (0-13 J.) gratis. Duschen für Rollstuhlfahrer gratis.
Kontakt: ☎ 08322/180, info@wohnmobilstellplatz-oberstdorf.de, www.wohnmobilstellplatz-oberstdorf.de.
Anfahrt: Achtung: Nicht den Angaben der Navi-Geräte folgen, sondern den Schildern Richtung Nebelhornbahn/Eisstadion.
Distanz: 0,1 km, 0,1 km, 0,2 km, 0,5 km.
Gastro: Mehrere Restaurants in unmittelbarer Nähe.
Freizeit: 1,5 km, 1,5 km, 0,5 km. Bergwandern, Wintersport, Wildwasserschule, Alpin-/Gleitschirmflugschule, Radtouren, Tennisplatz/-halle in Oberstdorf 0,2 km, Sport-/Eisstadion 0,3 km, Seilbahn zum Nebelhorn 0,4 km, Reitstall in Tiefenbach 3,5 km.
POI: Heimatmuseum Oberstdorf, Wallfahrtskapelle St. Loretto 4 km, Breitachklamm 6 km.

71720 Oberstenfeld — €8,00 — <8 m

Parkplatz am Mineralfreibad Oberes Bottwartal, Beilsteiner Straße 100, ☎ **07144/102379** Parkplatz am Freibad zwischen Oberstenfeld und Beilstein

POS: 49°1'54.85"N/9°19'7.42"E, Karte D14 (S. 17), F1
Platz: = 5 auf Schotterrasen, Asphalt. =4 (16 A) . WLAN und WC (gegen Gebühr) im Freibad. Ganzjährig geöffnet.
Preis: 8 € inkl. Entsorgung. Strom 1 €/2 kWh.
Kontakt: Melissa Kube, ☎ 07144/102379, info@marbach-bottwartal.de, www.oberstenfeld.de.
Distanz: 1 km, 1 km, 1 km, weitere Restaurants in 1,1 km, 2 km, 12 km (Gruppenklärwerk Häldenmühle, In der Au, 71672 Marbach am Neckar).
Freizeit: 1 km. Schwimmen, Kneipp-Anlage, angelegte Wanderwege, Waldlehrpfad oberhalb der Weinberge.
POI: Peterskirche 1 km, Falknerei 1,5 km, Stiftskirche 2 km, Schloss Beilstein 2 km, Burg Lichtenberg 2,5 km.

O

74182 Obersulm-Eschenau — €5,00 — <12 m

Weingut Gruber, Tannenhof/Bruckäcker, ☎ **07130/450128** Am Weingut in Ortsrandlage

POS: 49°8'8.73"N/9°23'58.66"E, Karte D14 (S. 17), F1
Platz: / = 5 auf Schotter, Wiese. . Öffnungszeiten siehe Website. Ganzjährig geöffnet.
Preis: 5 €.
Kontakt: Familie Gruber, ☎ 07130/450128, info@weingut-gruber.de, www.weingut-gruber.de.
Distanz: 0,1 km, 0,5 km, 1 km, 2,5 km.
Gastro: Besenwirtschaft, Öffnungszeiten siehe Website.
Freizeit: 1,5 km. auf Anfrage Mitarbeit bei der Traubenlese, Weinprobe, Kellerführung, Naherholungsgebiet Breitenauer See 3 km, Freizeitpark Tripsdrill 35 km.
POI: Schulmuseum Weiler 2 km, Burgruine Weibertreu 9 km.

74182 Obersulm-Willsbach — gratis — <10 m

Weingut Laicher, Heerweg 21, ☎ **07134/3374** Stellplätze am Weingut

POS: 49°7'56.92"N/9°21'26.56"E, Karte D10 (S. 13), G5
Platz: = 2 auf Schotter. . Besenwirtschaft. Um telefonische Voranmeldung wird gebeten. Geöffnet: Mitte Jan-Nov.
Preis: Übernachtung gratis. Weinprobe und Weinkauf obligatorisch.
Kontakt: Raimund Laicher, ☎ 07134/3374, info@weingut-laicher.de, www.weingut-laicher.de.

Distanz: 0,2 km, 0,3 km, 0,4 km.
Gastro: Besenwirtschaft und Veranstaltungen (Termine siehe Website).
Freizeit: Breitenauer See.
POI: Naturpark Schwäbisch-Fränkischer Wald.

88094 Oberteuringen-Neuhaus €25,50 <8m

Camping am Bauernhof Kramer, St.-Georg-Straße 8, ☎ 07546/2446
Separate Stellflächen beim Ferienhof in ruhiger Lage

POS: 47°44'22.32"N/9°28'21.68"E, Karte D14 (S. 17), G4
Platz: = 6 auf Schotter. WC CHEM GRAU. Anreise 14:00-19:00 Uhr, Abreise bis 12:00 Uhr. Weitere Stellplätze auf dem Campingplatz. Geöffnet: Mai-Sep.
Preis: 25,50 € inkl. Wasser, Entsorgung, Dusche, WC, Müll-Entsorgung, WLAN. Jede weitere Pers. 8,50 €, Kind (0-2 J.) 3 €, Kind (2-15 J.) 6,50 €, Strom 3 €. Nur Barzahlung.
Kontakt: Rudi Kramer, ☎ 07546/2446, kramer@camping-am-bauernhof.de, www.camping-am-bauernhof.de.
Distanz: Ⓗ 0,3 km, 0,4 km, weitere Restaurants in 1,5 km, 0,5 km, 2 km.
Freizeit: 10 km, 10 km. Schwimmen im eigenen Naturteich, Radwandern, Ravensburger Spieleland in Meckenbeuren-Liebenau 10 km.
POI: Zeppelinmuseum in Friedrichshafen 10 km, Ravensburg 15 km, Meersburg 18 km.

97723 Oberthulba €17,00 <12m

Naturcamp Thulba, Untere Au 3, ☎ 0151/26855370
Am Natursee mit Wakeboardanlage

POS: 50°10'19.47"N/9°55'31.47"E, Karte D10 (S. 13), G3
Platz: = 35 auf Schotter, Schotterrasen. =30 (16 A) WC CHEM GRAU. Geöffnet: 1.4.-31.10.
Preis: 17 € inkl. Strom, Wasser, Entsorgung, WC, Müll-Entsorgung, Hund. Jede weitere Pers. 3,50 €, Kind (6-14 J.) 2,50 €, Dusche 1,50 €/Pers., Trockner 2,50 €, Waschmaschine 3 €.
Kontakt: Jessica Leicher, Mobil: 0151/26855370, info@naturcamp-thulbatal.de, www.naturcamp-thulbatal.de.
Distanz: 0,2 km, weitere Restaurants in 2 km, Ⓗ 0,5 km, 0,5 km, 0,5 km.
Gastro: Brauhaus am See, warme Küche Mi-Sa 17:00-22:00 Uhr, So+Feiertag 11:00-22:00 Uhr. Brötchenservice.
Freizeit: 12 km, 16 km, 12 km. Wakeboardanlage am See, Wasserski fahren, Reiten, Thulbatal-Radwanderweg, Angeln, Kneippbecken 0,2 km, Naturbad Aura 6 km, Kanuverleih 8 km, Wildpark Klaushof 10 km, KissSalis Therme 12 km, Wildpark Bad Kissing 15 km.
POI: Trimburg, Ruine Aura 8 km, Altstadt Hammelburg mit Schloss Saaleck 12 km, Kurstadt Bad Kissingen mit Burgruine Botenlaube 12 km.

63179 Obertshausen gratis <6m

monte mare Obertshausen, Badstraße 19, ☎ 06104/80190
Freizeitbad mit Sauna- und Wellnessanlage

POS: 50°4'6.91"N/8°52'0.53"E, Karte D10 (S. 13), F3
Platz: = 4 auf Pflaster. Ganzjährig geöffnet.
Preis: Übernachtung gratis.
Kontakt: ☎ 06104/80190, obertshausen@monte-mare.de, www.monte-mare.de/obertshausen.
Anfahrt: Durchfahrtshöhe max. 2,85 m.
Distanz: , Ⓗ 0,5 km, 1 km, 1 km.
Freizeit: 0,5 km, 0,2 km. monte mare Obertshausen, Waldzoo Offenbach/Main 10 km.
POI: Fasanerie Hanau 8,5 km, Fine Forest Offenbach 8,5 km, Naturmuseum Senckenberg Frankfurt 23 km.

61440 Oberursel €7,00 <6m

Parkplatz am Taunus-Info-Zentrum, Alfred-Lechler-Straße, ☎ 06171/50780 Auf dem Parkplatz

POS: 50°12'54.25"N/8°32'8.29"E, Karte D10 (S. 13), E3
Platz: = 5 auf Pflaster. Aufenthalt max. 3 Tage, Gasflaschen-Tausch im Toom-Baumarkt im Gewerbegebiet (an den drei Hasen). Ganzjährig geöffnet.
Preis: 7 € inkl. aller Personen.
Kontakt: Taunus-Informationszentrum, ☎ 06171/50780, info@oberursel.de, www.oberursel.de.
Distanz: , Ⓗ 0,2 km, 0,5 km, 4 km, 15,6 km (Hinter der Krebsmühle 1, 61440 Oberursel).
Gastro: Restaurant Waldtraut am Platz, warme Küche von 11:30-21:00 Uhr.
Freizeit: 2,5 km, 2,5 km, 0,1 km. Radfahren, E-Bike Verleih im Infozentrum, Naturpark Taunus/Hohemark.
POI: Altstadt 4 km, Opel-Zoo 6,8 km, Feldberg 11 km, Saalburg 12 km.

92526 Oberviechtach gratis <12m

Wohnmobilplatz am Freibad, Im Wiesengrund 20, ☎ 09671/30716
Öffentlicher Parkplatz im Erholungsort

POS: 49°27'10.18"N/12°25'27.66"E, Karte D11 (S. 14), D4
Platz: = 6, = 6 (<12 m) auf Asphalt. =2 (6 A) CHEM GRAU. Geöffnet: Apr-Nov.
Preis: Übernachtung gratis inkl. Strom, Wasser, Entsorgung. Dusche/WC gegen Eintrittsgebühr im benachbarten Freibad (Mai-Sep, Eintrittspreis: 2 € Erw./Kinder 1,50 €).
Kontakt: Stadt Oberviechtach, ☎ 09671/30716, tourismus@oberviechtach.de, www.oberviechtach.de.
Distanz: Ⓗ 0,5 km, 0,5 km, weitere Restaurants in 1 km, 0,5 km, 1 km.
Freizeit: 20 km. Ausflüge in den Bayerischen Wald und das benachbarte Tschechien (böhmische Bäder), Langlauf, Rad-/Wanderwege 1 km, Naturbadeweiher 3 km, Gold-Lehrpfad (historisches Goldabbaugebiet) 8 km.
POI: Doktor-Eisenbarth- und Stadtmuseum 1 km, 9/11 WTC Memorial 1 km, Romanische Ägidiuskirche 2 km, größter Bierkrug der Welt im Gasthof Hammerschänke 4 km (Lukahammer 9, 92526 Oberviechtach).

98744 Oberweißbach €5,00 <8m

Stellplatz beim Fiat-Autohaus Dietrich, Schneidemühlenweg 16, ☎ 036705/62198
Auf dem Areal des Autohauses

POS: 50°34'35.92"N/11°8'13.32"E, Karte D11 (S. 14), B2
Platz: = 5 auf Pflaster. WC . wird empfohlen. Ganzjährig geöffnet.
Preis: 5 € inkl. aller Personen, Wasser. Strom 0,50 €/2 kWh.
Kontakt: Herr Dietrich, ☎ 036705/62198, autodietrich@t-online.de, www.autohausdietrich.de.
Distanz: 0,1 km, Ⓗ 0,5 km, 1 km, 1,6 km.
Freizeit: 7 km, 8 km. Wandern z.B. Kräuterlehrpfad, auf den Spuren der Buckelapotheker, Radfahren (z.B. Schwarzatal Radweg, Rennsteig Radweg), Mountainbiking, Kräuterseminare, Wintersport.
POI: Bergbahn 0,6 km, Fröbelmuseum 1 km, Likörfabrik Trapp 1 km, Glasbläser Schauvorführung 1 km, Fröbelturm 2 km, Talsperre Leibis Lichte 8 km, Haflinger Gestüt Meura 18 km.

55430 Oberwesel €12,00 <8m

Camping Schönburgblick, Aussiedlung B9, ☎ 06744/714501
Neben dem Campinggelände am Rheinufer

POS: 50°6'9.10"N/7°44'11.36"E, Karte D9 (S. 12), C3
Platz: = 22 auf Schotterrasen, Wiese, Schotter. =50 (10 A) CHEM GRAU . wird empfohlen. Schlüssel für Dusche an der Rezeption erhältlich. Geöffnet: 12.3.-1.11.
Preis: 12 € inkl. Wasser, Entsorgung, Müll-Entsorgung. Strom 0,70 €/kWh oder 3,50 €/Nacht, Dusche

O

2,50 €, WLAN 3 €/24 h, Hund 1 €/Nacht, VE für Durchreisende 2,50 €. Preisänderungen für 2023 vorgesehen.
Kontakt: Campingplatz Schönburgblick, Andreas Huber, ☎ 06744/714501, camping-oberwesel@t-online.de, www.camping-oberwesel.de.
Distanz: 0,1 km, weitere Restaurants in 0,6 km, 0,2 km, Ⓗ 0,4 km, 1 km.
Gastro: Biergarten am Campingplatz 0,1 km.
Freizeit: 5 km, 22 km, 1 km. Stadtbesichtigung, Kanu fahren.
POI: Altstadt mit Liebfrauenkirche 1 km.

55430 Oberwesel — gratis — <8m

Gasthaus Rheingoldschenke, Damscheider Weg 1, ☎ 06744/508
Familiärer Gasthof mit Weingut

POS: 50°6'1.18"N/7°42'3.90"E, Karte D9 (S. 12), C3
Platz: P = 4 auf Schotter. =2 (16 A) WC. Aufenthalt auch am Ruhetag möglich, aber ohne Stromversorgung, WLAN/WC im Restaurant. Ganzjährig geöffnet. Ausnahme: Feb geschlossen.
Preis: Für Restaurantgäste kostenlos, inkl. Wasser, WC, WLAN. Einkehr obligatorisch. Strom 5 €/24 h.
Kontakt: Familie Schneider, ☎ 06744/508, hotel@rheingoldschenke.de, www.rheingoldschenke.de.
Distanz: 2 km, Ⓗ 2 km, 2 km, 2,1 km.
Gastro: Am Platz, Mi-Fr 12:00-14:00 Uhr und 17:00-21:30 Uhr, Sa-So 12:00-21:30 Uhr, Mo-Di Ruhetag.
Freizeit: 8 km. Führung durch den Weinkeller, Weinprobe/-verkauf.
POI: Schönburg, Loreley und Pfalz bei Kaub 5 km.

55430 Oberwesel — €8,00 — <8m

Wohnmobilstellplatz Oberwesel, Rheinanlagen/B9, ☎ 06744/710624
Gemischter Parkpatz am Rheinufer

POS: 50°6'29.51"N/7°43'39.95"E, Karte D9 (S. 12), C3
Platz: = 8 auf Pflaster. Bei Hochwasser nicht befahrbar. Womos können nur rheinseitig stehen (wegen tiefhängender Äste). Ganzjährig geöffnet.
Preis: 8 €. Bezahlung am Parkscheinautomat.
Kontakt: Tourist-Information, Heidi Becker, ☎ 06744/710624, info@oberwesel.de, www.oberwesel.de.
Distanz: 0,1 km, 0,2 km, Ⓗ 0,4 km, 1 km.
Freizeit: 8 km, 0,8 km, 0,3 km. Stadtführung, Schiffstouren, geführte Wanderungen.
POI: Altstadt mit begehbarer Stadtmauer 0,1 km, Museum, Kulturhaus 0,3 km, Liebfrauenkirche mit Goldaltar 0,4 km, Oelsbergsteig 0,7 km, Günderodehaus 1,2 km, Schönburg 2,3 km.

34399 Oberweser — €15,00 — <8m

Camping Weißehütte, Weißehütte 1, ☎ 05574/9989994 Auf einem offenen, kleinen Naturcampingplatz

POS: 51°33'59.64"N/9°35'46.57"E, Karte D6 (S. 9), G4
Platz: = 50 auf Wiese, Schotter. =50 (16 A) WC CHEM GRAU. Geöffnet: 15.3.-15.10.
Preis: 15 € inkl. Wasser, Entsorgung, WC, Müll-Entsorgung. Jede weitere Pers. 7,50 €, Strom 0,60 €/kWh oder 3 €, Dusche 0,50 €/4 min, Kurtaxe 0,60 €/Pers.
Kontakt: Ralf Nase, ☎ 05574/9989994, Mobil: 0152/57551598, campingweissehuette@gmail.com, www.weissehuette.com.
Distanz: 0,2 km, weitere Restaurants in 6 km, Ⓗ 0,2 km, 6 km, 6 km.
Gastro: Restaurant Zum Lindenwirt 0,2 km, Do-Di 9:00-21:00 Uhr, Mi Ruhetag. Brötchenservice.
Freizeit: 5 km, 10 km. Radfahren, Kanuwandern, Angeln.
POI: Sababurg/Tierpark 8 km.

09484 Oberwiesenthal — €25,00 — <12m

Wohnmobilstellplatz An der Tennishalle, Vierenstraße 11A, ☎ 037348/1200
Im Ski- und Wandergebiet Oberwiesenthal

POS: 50°25'38.73"N/12°58'9.93"E, Karte D12 (S. 15), E2
Platz: P = 50 auf Schotter, Asphalt. WC CHEM GRAU. Anmeldung an der Rezeption der Tennishalle bis spätestens 18:00 Uhr, Öffnungszeit 10:00-17:00 Uhr. Ganzjährig geöffnet. Ausnahme: Weihnachten und Silvester geschlossen.
Preis: Ab 25 € inkl. Strom, Wasser, Entsorgung, WC, Müll-Entsorgung. Dusche 1 €/Pers., Kurtaxe 2,10 €/Pers.
Kontakt: Sportcenter am Fichtelberg, ☎ 037348/1200, info@oberwiesenthal-freizeitcenter.de, www.o-t-g.net.
Distanz: Ⓗ 0,1 km, 0,3 km, 0,8 km, 1,5 km.
Gastro: Bistro am Platz, warme Küche 10:00-20:00 Uhr.
Freizeit: 0,2 km, 0,8 km. Langlaufloipe an der Halle, Besuch des Tennis-/Freizeitcenters, Pool-Billard, Bowling-/Kegelbahn, Sommerrodelbahn 0,2 km, Skilifte/Eisbahn 0,4 km.
POI: Deutschlands älteste Seilschwebebahn 0,4 km, Schmalspur-Dampfeisenbahn 0,8 km, Annenkirche in Annaberg-Buchholz 20 km, Karlsbad in Tschechien 25 km.

64760 Oberzent-Beerfelden — gratis — <10m

Parkplatz Seeweg, Seeweg, ☎ 06068/7590920 Am Sportgelände

2020 geprüft

POS: 49°33'38.42"N/8°58'30.42"E, Karte D10 (S. 13), F4
Platz: P = 4 auf Asphalt. =4 (16 A). Ganzjährig geöffnet.
Preis: Übernachtung gratis. Strom 0,50 €/kWh, Wasser 0,50 €/50 l.
Kontakt: Stadt Oberzent, Regina Georg, ☎ 06068/7590920, tourismus@stadt-oberzent.de, www.stadt-oberzent.de.

Distanz: Ⓗ 0,1 km, 0,5 km, 1 km, 1,5 km.
Gastro: Ristorante Bella Vita 0,5 km.
Freizeit: 0,5 km, 14 km. Mountainbiking, Nordic Walking.
POI: Zwölf-Röhrenbrunnen 1,5 km, Galgen 2 km, Burgruine Freienstein 4 km.

83119 Obing — €9,00 — <12m

Bauernhof Stöllner, Lindach 1, ☎ 08624/2441 Hof in Alleinlage in Oberbayern, nördlich von Obing

POS: 48°1'24.84"N/12°24'21.99"E, Karte D15 (S. 18), D3
Platz: = 3 auf Wiese, Schotter. =3. Ganzjährig geöffnet.
Preis: 9 €. Strom 1 €, Wasser 1 €.
Kontakt: Alois Stöllner, ☎ 08624/2441, alois.stoellner@gmx.de.
Distanz: Ⓗ 3 km, 3 km, 3 km.
Gastro: Mehrere Gasthöfe 2 km. Frische Milch am Hof.
Freizeit: 2 km, 15 km, 2 km. Angeln, Mitarbeit im Stall, Obinger See 2 km, Tennisplätze 3 km, Minigolf 3 km, Golfanlage 4 km, Chiemsee 14 km.
POI: Pfarrkirche Obing 2 km, Schloss Seeon 5 km, Auto- und Bauernhausmuseum sowie Schloss Amerang 10 km, Wasserburg am Inn 20 km.

67283 Obrigheim-Mühlheim — €15,00 — <12m

Weingut Baum-Storzum, Langenweg 2, ☎ 06359/3383
In den Weinbergen auf einem Aussiedlerhof

POS: 49°35'18.35"N/8°11'35.84"E, Karte D9 (S. 12), D4
Platz: P = 4 auf Pflaster, Rasengittersteinen. =2 (16 A) WC CHEM. Fahrzeuge mit Überlänge möglich. Ganzjährig geöffnet. Ausnahme: Oster-WE und Weihnachtsferien geschlossen.
Preis: 15 € inkl. Strom, Wasser, Entsorgung, WC, WLAN.
Kontakt: Marc Storzum, ☎ 06359/3383, webmaster@weingut-baum-storzum.de, www.weingut-baum-storzum.de.
Distanz: Ⓗ 0,2 km, 1 km, 1 km, weitere Restaurants in 4 km, 2 km.
Freizeit: 4 km, 4 km. Mitarbeit auf dem Feld und Weinberg, Betriebsführung, Weinprobe.
POI: Dom- und Nibelungenstadt Worms 15 km.

O

74847 Obrigheim/Baden — gratis — <8m

Reisemobil-Stellplatz am Neckar, Auweg, ☎ 06261/6460 Am Neckarufer, tagsüber teilweise durch parkende Autos belegt

POS: 49°21'0.25"N/9°5'58.40"E, Karte D10 (S. 13), F5
Platz: P = 6 auf Asphalt. Längs-/Querparken möglich, Infotafel am Platz, Aufenthalt max. 3 Tage. Ganzjährig geöffnet.
Preis: Übernachtung gratis.
Kontakt: Gemeindeverwaltung Obrigheim, Frau Prohaska, ☎ 06261/6460, info@obrigheim.de, www.obrigheim.de.
Distanz: Ⓗ 0,2 km, 0,3 km, 0,3 km, 0,5 km, 2,6 km (Kläranlage Obrigheim, Langenrainstraße 38, 74847 Obrigheim).
Gastro: Mehrere Restaurants im Ort.
Freizeit: Angeln, Minigolf 0,8 km, Bowling 0,8 km, Wildpark Schwarzach 11 km.

POI: Heimatmuseum 1 km, Altstadt Mosbach 7 km, Burg Hornberg 10 km, Burg Guttenberg Greifenwarte 12 km, Stauferstadt Bad Wimpfen 15 km, Technikmuseum Sinsheim 25 km.

97199 Ochsenfurt — gratis — <10m — neu

Wohnmobilstellplatz am Mainufer, Mainuferstraße, ☎ 09331/5855 In zentraler Lage auf einem Großparkplatz am Main

2021 geprüft

POS: 49°40'0.63"N/10°3'37.58"E, Karte D10 (S. 13)
Platz: = 40 auf Schotter. Aufenthalt max. 3 Tage. Ganzjährig geöffnet.
Preis: Übernachtung gratis.
Kontakt: Tourist-Info Ochsenfurt, ☎ 09331/5855, tourismus@stadt-ochsenfurt.de, www.ochsenfurt.de.
Distanz: 0,2 km, 0,2 km.
Gastro: Mehrere Restaurants 0,2 km.
POI: Altstadt Ochsenfurt 0,2 km.

88416 Ochsenhausen — gratis — <12m

An der Kapfhalle, Jahnstraße, ☎ 07352/922026 Parkplatz vor der Schulturnhalle

POS: 48°4'0.81"N/9°56'59.34"E, Karte D14 (S. 17), G3
Platz: = 5 auf Schotter. Aufenthalt max. 2 Wo. Ganzjährig geöffnet.
Preis: Übernachtung gratis.
Kontakt: Tourist-Information Ochsenhausen, ☎ 07352/922026, stadt@ochsenhausen.de, www.ochsenhausen.de.
Distanz: 0,3 km, 0,5 km, Ⓗ 0,5 km, 0,5 km.
Gastro: Mehrere Restaurants ab 0,5 km.
Freizeit: 1 km. Öchslebahn 0,5 km.
POI: Kloster Ochsenhausen 0,2 km.

48607 Ochtrup — gratis — <8m — neu

Happens Hof, Kranenbült, ☎ 02553/97100 In der Osterbauernschaft, am Waldrand

POS: 52°13'25.01"N/7°12'18.70"E, Karte D5 (S. 8), C2
Platz: = 5 auf Schotter, Pflaster. WC.
Preis: Für Restaurantgäste kostenlos, inkl. WC. Einkehr obligatorisch.
Kontakt: Familie Köllmann, ☎ 02553/97100, info@happens-hof.de, www.happens-hof.de.
Distanz: 0 km, 1,7 km.
Gastro: Restaurant und Café Happens Hof mit Biergarten, Mi-So ab 15:00 Uhr geöffnet, So durchgehend. Mo+Di Ruhetag. Weinproben.
Freizeit: Kegelbahn im Restaurant, Designer Outlet Ochtrup 2,2 km.
POI: Haus Welbergen.

55437 Ockenheim — €9,00 — >12m

Metzis Panoramablick, Sporkenheimer Weg (Außerhalb), ☎ 0170/3040249 Angelegte Stellflächen mitten in den Weinbergen

POS: 49°56'47.61"N/7°58'16.50"E, Karte D9 (S. 12), D3
Platz: = 30 auf Schotter, Schotterrasen. =30 CHEM GRAU. Metzgerservice, Vinothek, Kräutergarten, Gasflaschentausch, Waschmaschine/Trockner. Ankunft jederzeit möglich, Büro ab 17:00 Uhr besetzt. Ganzjährig geöffnet.
Preis: 9 € inkl. Entsorgung, Müll-Entsorgung. Strom 0,60 €/kWh, Wasser 0,10 €/10 l, Dusche 1 €. VE für Durchreisende 1,50 Euro.
Kontakt: Andreas und Bernadette Metzroth, Mobil: 0170/3040249, info@metzis-panoramablick.de, www.metzis-panoramablick.de.
Distanz: Ⓗ 0,3 km, 0,5 km, 0,5 km, weitere Restaurants in 0,7 km, 0,8 km.
Gastro: Täglich Brötchenservice.
Freizeit: 5 km, 5 km. Boule, Führung durch den Weinkeller, Mitarbeit bei der Weinlese, Rad-/Wanderwege, Tennis, Schiffstouren ins UNESCO-Welterbe Unteres Mittelrheintal.
POI: Rüdesheim, Bingen, Kaiserpfalz in Ingelheim.

25842 Ockholm — €15,00 — <12m

Stellplatz Kirchwarft Altes Pastorat, Bäderstraße 6, ☎ 04674/96097 Privater, umzäunter Platz in einem ehemaligen Garten

POS: 54°39'55.74"N/8°49'42.77"E, Karte D2 (S. 5), F1
Platz: = 5 auf Schotterrasen, Schotter. =5 (16 A) WC CHEM GRAU. wird empfohlen. Ganzjährig geöffnet.
Preis: 15 € inkl. Wasser, Dusche, WC. Jede weitere Pers. 3 €, Kind (4-14 J.) 2 €, Strom 1 €/kWh oder 5 €, Entsorgung 5 €, Waschmaschine/Trockner je 7 €.
Kontakt: Norbert und Maike Hansen, ☎ 04674/96097, nm.hansen@t-online.de.
Distanz: 0,3 km.
Freizeit: 8 km, 8 km. Schiffahrt zu den Halligen, Baden, Naturwanderweg durch das Vogelschutzgebiet im Hauke-Haien-Koog, Nationalpark Wattenmeer 2 km, Halligen 10 km, Fährhafen zu den Halligen und zu den Inseln Amrum und Föhr 13 km.

51519 Odenthal-Blecher — €8,50 — <8m

Naturheil-SAUNAtorium Eifgen-Sauna, Eifgenstraße 38, ☎ 02174/40104 Teil des Parkplatzes am Pilgerweg nach Altenberg zum Bergischen Dom

POS: 51°3'47.04"N/7°7'40.48"E, Karte D5 (S. 8), B5
Platz: = 4 auf Schotter. =3 (10 A) WC CHEM GRAU. wird empfohlen. Ganzjährig geöffnet.
Preis: 8,50 € inkl. Wasser. Strom 2,50 €, Dusche 4,70 €, Müll-Entsorgung 2 €.
Kontakt: Naturheil-SAUNAtorium Eifgen-Sauna, Axel Päffgen, ☎ 02174/40104, natursauna@t-online.de, ☎ 02174/40135, www.eifgen-sauna.de.
Distanz: 0,3 km, weitere Restaurants in 0,4 km, 0,5 km, 0,5 km, Ⓗ 0,5 km.
Gastro: Panorama-Restaurant, geöffnet auf Anfrage.
Freizeit: 3 km, 3 km. Mountainbiking, Sauna auf Anmeldung ab 30 €/Pers. (9:00-16:00 Uhr und 16:00-22:00 Uhr, Privatnutzung 150 €).
POI: Markus Kapelle Altenberg 1 km, Altenberger Dom 1 km, Zentrum Odenthal 2,5 km.

21734 Oederquart — gratis — <8m

Wohnmobilstellplatz Oederquart, Am Sportplatz, ☎ 04770/831129 Im Grünen am Sportplatz

POS: 53°48'16.24"N/9°14'44.65"E, Karte D2 (S. 5), F3
Platz: = 6 auf Pflaster. Ganzjährig geöffnet.
Preis: Übernachtung gratis.
Kontakt: Gemeinde Oederquart, ☎ 04770/831129, info@tourismus-kehdingen.de, www.tourismus-kehdingen.de.
Distanz: 0,6 km, 0,7 km, 5 km.
Gastro: Witt's Gasthof.
Freizeit: 6,5 km, 16 km. Ausflugsfahrten mit dem Schiff, Wassersport, Angeln, Wattwandern.
POI: Kehdinger Küstenschiffahrts-Museum 7,2 km, Natureum Niederelbe 16 km, Alter Baljer Leuchtturm 18,2 km.

59302 Oelde — €8,00 — <12m

Pott's Brau- & Backhaus, In der Geist 120, ☎ 02522/937714 An der Erlebnisbrauerei

2021 geprüft

POS: 51°48'40.65"N/8°7'58.58"E, Karte D5 (S. 8), D4
Platz: = 20 auf Schotter. CHEM GRAU. nur bei Gruppen. Nachts beleuchtet. Anmeldung/Schlüsselübernahme im Pott's Brau- und Backhaus täglich 9:00-21:00 Uhr. Ganzjährig geöffnet. Ausnahme: 24.12.-1.1.
Preis: 8 € inkl. Strom, Entsorgung, Müll-Entsorgung. Wasser 1 €/60 l. 20 € Schlüsselpfand.
Kontakt: ☎ 02522/937714, brau-backhaus@potts.de, brau-backhaus.de.
Distanz: 0 km, 0,2 km, 1,8 km, Ⓗ 2,5 km.
Gastro: Pott's Brau & Backhaus mit Biergarten, gläserner Brauerei, Bäckerei und Metzgerei.
Freizeit: 3 km. Pott's gläserne Brauerei (Eintritt frei).
POI: Biermuseum/Brunnenkino (je 1 € Eintritt), Kindermuseum Klipp Klapp 1,3 km, Vier-Jahreszeiten-Park 1,3 km, Klostergarten 12,6 km, Museum Abtei Liesborn 16,6 km.

O

59302 Oelde-Stromberg €10,00 <10m

Wohnmobilstellplatz am Freibad Stromberg, Am Hang,
☎ 0152/56824242 Parkplatz am Freibad

POS: 51°47'51.63"N/8°11'56.30"E, Karte D6 (S.9), E4
Platz: = 4 auf Schotterrasen, Sand/Splitt, Pflaster, Wiese, Asphalt. =4 (16 A) WC CHEM GRAU . E-Bike Ladestation. Leistungen im Tennisheim erhältlich, Platz ist beleuchtet. WC/Dusche im beheizten Freibad und Tennisheim. Ganzjährig geöffnet.
Preis: 10 € inkl. aller Personen, Strom, Wasser, Entsorgung, Dusche, WC, Müll-Entsorgung, WLAN. Eintrittspreis Bad 3,50 €.
Kontakt: Herr Weinast, Mobil: 0152/56824242, c.weinast@web.de, www.stromberg.de.
Distanz: 0 km, weitere Restaurants in 1 km, 0,1 km, 1 km, 1 km.
Gastro: Freibad-Café mit Kiosk am Platz.
Freizeit: 0,1 km, 5 km. Tennisplatz, Schwimmen, Boule-Platz, Minigolfanlage 0,1 km, Abenteuerspielplatz 0,2 km.
POI: Burgberg, Mallinkrodthaus, Paulusturm 0,3 km, Kulturmuseum Haus Nottbeck 3,5 km, Landesgartenschaugelände Oelde 5 km.

09376 Oelsnitz/Erzgebirge €12,00 <12m

Wohnmobilstellplatz am Gradierwerk, Hinterm Hedwigschacht, ☎ 037298/38600
Am Ortsrand im Bürger- und Familienpark

2021 geprüft E

POS: 50°44'1.10"N/12°41'50.87"E, Karte D11 (S.14), D1
Platz: = 11 auf Schotter. WC CHEM GRAU . Gasflaschentausch in der Nähe. Ganzjährig geöffnet.
Preis: 12 € inkl. Entsorgung, WC, Müll-Entsorgung. Strom 1 €/2 kWh, Wasser 1 €/100 l.
Kontakt: Stadtverwaltung Oelsnitz/Erzgeb., ☎ 037298/38600, liegenschaften@oelsnitz-erzgeb.de, www.oelsnitz-erzgeb.de.
Distanz: 1 km, 2 km, 2 km.
Gastro: Mehrere Restaurants im Ort.
Freizeit: 2 km. Wanderweg Steinkohlenweg, Gradierwerk mit Natur-/Geologielehrpfad, Naturbad 4 km.
POI: Aussichtsturm Glückauf 2,5 km, Bergbaumuseum Oelsnitz/Erzgebirge 3 km.

45739 Oer-Erkenschwick €19,00 <12m

Campingplatz Ludbrock, Holthäuser Straße 149/151, ☎ 02368/56007 Am Tor zum Naherholungsgebiet Die Haard

POS: 51°39'33.84"N/7°12'55.05"E, Karte D5 (S.8), C4
Platz: = 20 auf Pflaster, Wiese, Schotter. =50 (6-16 A) WC CHEM GRAU . wird empfohlen. Öffnungszeiten: 8:00-13:00 Uhr und 15:00-22:00 Uhr. Ganzjährig geöffnet.
Preis: 19 € inkl. Wasser, Entsorgung, WC, Müll-Entsorgung. Kind (3-13 J.) 4 €, jede weitere Pers. 6 €, Strom 5 € oder 1 €/kWh, Dusche 1 €, Hund 3 €. Nur Barzahlung möglich.
Kontakt: Rudolf und Birgit Ludbrock, ☎ 02368/56007, info@camping-ludbrock.de, www.camping-ludbrock.de.
Distanz: 0,1 km, 2,5 km, 3 km, 3 km.
Freizeit: 2 km, 2 km. Bolzplatz, Kulturangebote, Tischtennis.
POI: Ruhrgebiet, Münsterland, Veltins Arena 15 km, Movie Park 35 km.

65375 Oestrich-Winkel gratis <6m

Wohnmobilplatz am Sportzentrum, Kirchstraße 126, ☎ 06723/992180
Auf dem Parkplatz am Sportzentrum Winkel

POS: 50°0'17.16"N/7°59'57.26"E, Karte D9 (S.12), D3
Platz: = 15 auf Sand/Splitt, Rasengittersteinen. =4 (16 A). Aufenthalt max. 2 Tage. Ganzjährig geöffnet.
Preis: Übernachtung gratis. Strom 0,60 €/ kWh.
Kontakt: Stadt Oestrich-Winkel, ☎ 06723/992180, info@oestrich-winkel.de, www.oestrich-winkel.de.
Distanz: 0,5 km, 0,7 km, 0,7 km, weitere Restaurants in 1 km, 1 km.
Freizeit: 7 km, 7 km. Ortsbesichtigung, Gutsausschank vom Weingut Allendorf Jun-Jul/Sep-Okt, Radweg 0,2 km.
POI: Schloss Vollrads 1 km, Schloss Johannisberg 3 km, Rüdesheim 8 km, Kloster Eberbach 9 km.

86732 Oettingen/Bayern €8,00 <12m

Stellplatz Schießwasen, Schießwasen, ☎ 09082/70952
In Zentrumsnähe am Rande des Festplatzes an der Wörnitz

POS: 48°57'24.89"N/10°36'32.91"E, Karte D15 (S.18), A1
Platz: = 27 auf Pflaster, Rasengittersteinen, Schotter, Wiese. =20 CHEM GRAU . Aufenthalt max. 4 Tage. Ganzjährig geöffnet. Ausnahme: Sperrung Ende Juli-Anfang Aug wegen der Jakobi-Kirchweih.
Preis: 8 €. Strom 1 €/8 h, Wasser 1 €/5 min. Bezahlung per App oder in bar.
Kontakt: Tourist-Information, ☎ 09082/70952, tourist-information@oettingen.de, www.oettingen.de.
Distanz: 0,3 km, 0,3 km, 0,4 km, weitere Restaurants in 0,7 km, 0,7 km.
Gastro: Mehrere Restaurants in der Umgebung.
Freizeit: 0,1 km. Individuelle itour-Stadtführung mit ipod, Schlossführung, Ausflüge im Nördlinger Ries/Donauries, Stadtbesichtigung, Baden, Badeinsel an der Wörnitz mit Kneipp-Anlage, Spielplätzen, Kinderplanschbecken, Biergarten, Kahnfahrten, diversen Freizeitangebote 0,1 km.
POI: Geopark-Infozentrum, Heimatmuseum 0,4 km, Altstadt/Residenzschloss 0,6 km, Brauereimuseum Fürnheim 12 km.

76877 Offenbach an der Queich €5,00 <10m

Stellplatz am Queichtalzentrum, Konrad-Lerch-Ring, ☎ 06348/986127
Teil eines großen Parkplatzes bei der Feuerwehr

POS: 49°12'0.76"N/8°11'39.24"E, Karte D10 (S.13), E5
Platz: = 4 auf Pflaster. =4 CHEM GRAU. Aufenthalt max. 3 Tage. Ganzjährig geöffnet.
Preis: 5 €. Strom 0,50 €/kWh, Wasser 0,10 €/10 l. Strom, Wasser, Entsorgung gegen Entgelt (Münzautomat).
Kontakt: Büro für Tourismus Offenbach, ☎ 06348/986127, rathaus@offenbach-queich.de, www.offenbach-queich.de.
Distanz: 0,2 km, 0,2 km, 0,5 km, 1 km.
Freizeit: 0,1 km, 5 km. 12-Loch Golfplatz 2 km, Freizeitbad La Ola in Landau 3 km.
POI: Draisinenstation Bornheim 2 km, Storchenscheune Bornheim 2 km.

94560 Offenberg-Kapfelberg €24,00 <10m

Camping auf dem Kapfelberg, Kapfelberg 2, ☎ 09905/645
Am Waldrand, mit Blick über das Donautal

POS: 48°52'31.95"N/12°52'49.30"E, Karte D16 (S.19), E1
Platz: = 30 auf Wiese. =45 (16 A) WC CHEM GRAU . Geöffnet: Apr-Okt.
Preis: 24 € inkl. Entsorgung, WC. Jede weitere Pers. 7 €, Kind (3-12 J.) 4 €, Strom 2,50 € oder 0,60 €/kWh, Wasser 2,50 €, Müll-Entsorgung 2,50 €, Hund 3 €. WLAN 1 €/Pers., eigene Waschkabine + WC 3 €/Nacht.
Kontakt: Camping auf dem Kapfelberg, Rudolf Reidinger, ☎ 09905/645, post@camping-kapfelberg.de, www.camping-kapfelberg.de.
Distanz: 1 km, 1 km, 2 km, 2 km.
Freizeit: 4 km, 11 km.
POI: Burgruine Himmelberg 2 km, Kloster Metten 3 km, Burgruine Egg 6 km.

O

77656 Offenburg gratis

<10m

Camping und Freizeit Kuhn, Im Drachenacker 4, ☎ 0781/95950
Großer Kundenparkplatz im Industriegebiet

POS: 48°28'51.40"N/7°55'40.23"E, Karte D13 (S.16), D2
Platz: = 10 auf Pflaster, Asphalt. WC CHEM GRAU . Aufenthalt max. 48 h. Öffnungszeiten Mo-Fr 9:00-18:00 Uhr, Sa 9:00-14:00 Uhr. Ganzjährig geöffnet.
Preis: Übernachtung gratis inkl. aller Personen, Wasser, WC, Müll-Entsorgung. Entsorgung 0,50 €.
Kontakt: ☎ 0781/95950, info@camping-kuhn.de, www.camping-kuhn.de.
Distanz: 0,3 km, 0,5 km, 0,5 km, 1 km, weitere Restaurants in 2 km.
Freizeit: 3 km, 3 km, 3 km. Schwarzwaldhochstraße 20 km, Europapark Rust 35 km.
POI: Weinort Durbach 10 km, Europa-Stadt Straßburg 15 km.

77656 Offenburg €10,00

<10m

Strandbad Gifizsee, Platanenallee 15, ☎ 0781/9276299
In Seelage im Gifiz-Strandbad

POS: 48°27'27.02"N/7°56'17.16"E, Karte D13 (S.16), D2
Platz: P = 20 auf Rasengittersteinen, Wiese. =24 (12 A) WC CHEM GRAU . Leinenpflicht für Hunde. wird empfohlen. Dusche/WC, Wasser und Entsorgung nur während der Badesaison (Mai-Sep). Ganzjährig geöffnet.
Preis: 10 € inkl. aller Personen, Entsorgung, Müll-Entsorgung. Strom 0,50 €/kWh, Wasser 1 €/4 min. Bezahlung per App. WC/Dusche im Bad gegen Eintritt.
Kontakt: Technische Betriebe Offenburg, ☎ 0781/9276299, parken@tbo-offenburg.de, www.strandbad-gifiz.de.
Distanz: 0,2 km, 0,2 km, weitere Restaurants in 2 km, 2 km, 3 km.
Gastro: Kiosk im Bad, geöffnet während der Badesaison, Zugang gegen Eintrittsgebühr.
Freizeit: 2 km, 2 km. Volleyball, Strandbad mit Wasserattraktionen, Europapark Rust 30 km.
POI: Titisee, Straßburg 20 km, Kinzigtal 23 km.

O

55234 Offenheim €7,50

<10m

Pension und Weingut Hirschhof, Alzeyer Straße 1, ☎ 06736/345
Am Ortsrand von Offenheim umgeben von Weinbergen

POS: 49°43'36.83"N/8°2'6.04"E, Karte D9 (S.12), D4
Platz: P = 2 auf Pflaster. =2 WC CHEM GRAU . Anfahrt bis 21:00 Uhr. Ganzjährig geöffnet.
Preis: 7,50 € inkl. aller Personen, Strom, Wasser, Entsorgung, WLAN.
Kontakt: Familie Wasser, ☎ 06736/345, info@hirschhof.com, www.hirschhof.com.
Distanz: 0,2 km, 1,8 km, 1,9 km, weitere Restaurants in 5 km.
Gastro: Frühstücksservice am Weingut nach Absprache. Weinproben mit Winzervesper.
Freizeit: 7 km, 7 km. Hirschgehege, Weinprobe, Wildpark mit Grillhütte 1,5 km.
POI: Historischer Stadtkern/Nikolai-Kirche Alzey 6 km.

87527 Ofterschwang €12,00

<10m

Panoramastellplatz Ofterschwang, Panoramaweg 7, ☎ 08321/67030
Stellplatz auf dem Parkplatz der Bergbahn Weltcup-Express

POS: 47°29'49.91"N/10°13'49.62"E, Karte D14 (S.17), H5
Platz: P = 27 auf Schotter. WC. Aufenthalt max. 48 h. Winternutzung wird individuell auf der Website bekannt gegeben. Geöffnet: ca. Mitte Apr-Mitte Nov.
Preis: 12 € inkl. Müll-Entsorgung. Kurtaxe (ab 14 J.) 1,50 €/Pers. Bei Bergbahnnutzung werden einmalig 5 € auf die Bergbahn-Ticketpreise angerechnet.
Kontakt: Bergbahnen Ofterschwang-Gunzesried GmbH & Co. KG, ☎ 08321/67030, info@go-ofterschwang.de, www.go-ofterschwang.de.
Distanz: 0,6 km, 7 km.
Gastro: Ristorante Pizzeria Cortina, Di-So 17:00-22:30 Uhr, Mo Ruhetag. Schlitte Hitte. Wurzelhütte.

88422 Oggelshausen gratis

<12m

Gasthaus Löwen, Biberacher Straße 8, ☎ 07582/8163
Historisches Gasthaus aus dem 17. Jh.

2021 geprüft

POS: 48°4'15.06"N/9°38'58.63"E, Karte D14 (S.17), G3
Platz: = 4 auf Rasengittersteinen. . Ankunft bis 21:00 Uhr. Ganzjährig geöffnet.
Preis: Für Restaurantgäste kostenlos. Einkehr obligatorisch. Kostenfreies WLAN in der Gaststätte, VE befindet sich in Bad Buchau.
Kontakt: Reiner Dangel, ☎ 07582/8163, loewen-oggelshausen@t-online.de, www.loewen-oggelshausen.de.
Distanz: 3 km.
Gastro: Restaurant am Platz, warme Küche 11:00-14:00 Uhr und 17:00-21:00 Uhr, Mo Ruhetag. Bäckerei 0,1 km.
Freizeit: 4 km, 15 km, 4 km. Wandern, Radfahren, Führung durch ein Skulpturenfeld, Federsee 1 km.
POI: Eisenbahnmuseum 0,2 km, Skulpturenfeld 0,5 km, Federseemuseum 4 km, Dorfkirche Steinhausen 6 km.

82441 Ohlstadt €10,00

<10m

Wohnmobilstellplatz Ohlstadt, Am Freibad 1, ☎ 0/8841671250
Am Solar-Freibad

2021 geprüft

POS: 47°37'51.16"N/11°13'30.43"E, Karte D15 (S.18), B4
Platz: P = 5 auf Asphalt. WC CHEM GRAU . Leinenpflicht für Hunde. Aufenthalt max. 3 Tage. Ganzjährig geöffnet.
Preis: 10 € inkl. Entsorgung. Strom 1 €/12 h, Wasser 1 €/100 l. Inkl. 2 €-Gutschein für die Gastronomie.
Kontakt: Gäste-Information Ohlstadt, ☎ 0/8841671250, gaeste-info@ohlstadt.de, www.ohlstadt.de.
Distanz: 1 km, 1 km, weitere Restaurants in 1 km Entfernung, 1 km, 1 km.
Gastro: Biergarten am Freibad.
Freizeit: 0,1 km. Freilichtmuseum Glentleiten 10 km.
POI: Dorfmuseum Ohlstadt 1 km, Kaulbachvilla 1,1 km, Franz Marc Museum in Kochel am See 16 km, Reptilienhaus in Oberammergau 22 km.

99885 Ohrdruf gratis

<10m
neu

Wohnmobilstellplatz am Schloss, Krügelsteinstraße 1, ☎ 03624/31700100
Zentrumsnah mit Blick auf das Renaissanceschloss Ehrenstein

POS: 50°49'50.26"N/10°44'7.97"E, Karte D11 (S.14), A1
Platz: P = 8 auf Asphalt, Schotterrasen. CHEM GRAU. Aufenthalt max. 3 Tage. Ganzjährig geöffnet.
Preis: Übernachtung gratis. Strom 2 €/2 kWh, Wasser 1 €/30 l, Entsorgung je 2 €. Preiserhöhungen 2023 möglich.
Kontakt: Tourist-Info Stadt Ohrdruf, ☎ 03624/31700100, information@ohrdruf.de, www.ohrdruf.de.
Distanz: 0,4 km, 0,5 km, 0,5 km.
Freizeit: 16,5 km. Stadt- und Schlossbesichtigung.
POI: Schloss Ehrenstein mit Museum, Bibliothek und Tourist-Info 0,2 km, Turm der St. Michaeliskirche 0,3 km, Technisches Denkmal Tobiashammer 3,5 km (derzeit geschlossen), Gotha 13,3 km.

Unsere Korrespondenten sind fast das ganze Jahr unterwegs, um für Sie, liebe Leserin und Leser, aktuelle Daten zu recherchieren und über Neuerungen zu berichten. Sie sind damit eine wertvolle Ergänzung des Redaktionsteams, um den Bordatlas zu einem unentbehrlichen Standardwerk für alle Wohnmobilfahrer zu machen.

74613 Öhringen €20,00

Wohnmobilpark HEICamp Öhringen, Verrenberger Weg 33, ☎ 07941/9898855 >12m Gutschein
Direkt an den Weinbergen, zwischen Öhringen und Autobahn A6

2021 geprüft E

POS: 49°11'32.11"N/9°28'48.96"E, Karte D10 (S.13), G5
Platz: = 50, = 10 (<18 m) auf Schotterrasen, Naturboden, Wiese, Schotter, Pflaster. =40 (16 A) WC CHEM GRAU. Mietwagen. Alle Plätze sind befestigt. Luxuriöse Sanitärräume mit WC, Duschen und mietbare Privatbäder. Ganzjährig geöffnet.
Preis: 20€ inkl. Entsorgung, Müll-Entsorgung, Kurtaxe. Jede weitere Pers. 3€, Strom 0,80€/kWh, Wasser 1€/100 l, Dusche 3€/Pers., WC €, WLAN 2€.
Kontakt: Rainer Heidemann, ☎ 07941/9898855, Mobil: 0176/19915510, urlaub@heicamp.de, www.heicamp.de.
Distanz: Ⓗ 0,1 km, 0,1 km, weitere Restaurants in 1 km, 1,2 km, 1,9 km.
Gastro: Gaststätte Wunderbar mit Biergarten am Platz (regionale und frische Küche sowie Getränke aus der Region), Do-Sa 17:00-20:30 Uhr, So 12:00-17:00 Uhr, Mo-Mi Ruhetag. Brötchenservice.
Freizeit: 2 km, 2 km. Besenwirtschaften, Destillatwege, Jagsttalradweg, Kochertalradweg, Brettachtalradweg, Golfen, Mietfahrräder beim Händler am Ort auf Vorbestellung, Wanderwege, Ohrntalradweg 1,3 km, Kletterturm 1,9 km, Freibad und Schwimmbad mit Sauna 2 km, Spa 6 km.
POI: Limes Blicke 2 km, Öhringen mit Stiftskirche 2 km, Hofgarten/Cappelaue 2 km, Schloss Neuenstein 5 km, Freilandmuseum Wackershofen 10 km.

Tipp

Liebevoll angelegter Wohnmobilpark mitten in Hohenlohe. Schwäbische Küche mit regionalen Produkten in der Gaststätte mit Biergarten Wunderbar. Öhringen bietet eine quirlige, historische Altstadt und den ausgezeichneten Hofgarten. Vielleicht ist auch die Hamballe(Rad)tour das Richtige für Sie. Oder Sie nutzen die Stadtbahn und fahren zur Experimenta nach Heilbronn.

02785 Olbersdorf €12,00

SeeCamping Zittauer Gebirge, Zur Landesgartenschau 02, ☎ 03583/696292 <12m
Im Eingangsbereich des Campingplatzes am Olbersdorfer See

POS: 50°53'38.47"N/14°46'13.41"E, Karte D12 (S.15), H1
Platz: = 4 auf Wiese, Rasengittersteinen. =del (10 A) WC CHEM GRAU. Aufenthalt max. 1 Nacht. Geöffnet: Apr-Okt.
Preis: 12€ inkl. WLAN. Strom 2,50€, Wasser 2€. Grauwasserentsorgung 2€, Chemie-Entsorgung kostenlos od. 2,50€ über Camperclean-Automat.
Kontakt: Steffen Roy, ☎ 03583/696292, info@seecamping-zittau.com, www.sachsencamping.de.
Distanz: Ⓗ 0,1 km, 0,3 km, 0,6 km, weitere Restaurants in 2,5 km, 3 km.
Gastro: Restaurant, Mo 12:00-20:00 Uhr, Di-So Ruhetag. Brötchenservice.
Freizeit: 0,5 km, 0,1 km. Squash-/Tennishalle, Wassersport, Dreiländereck Polen-Tschechien-Deutschland 5 km, Zittauer Gebirge 8 km.
POI: Schmalspur-Dampfeisenbahn 1 km, historischer Stadtkern von Zittau 3 km.

82140 Olching gratis

Wohnmobilstellplatz Olching, Toni März Straße 25, ☎ 08142/2002000 <8m
Transitparkplatz am Speedway-Stadion

POS: 48°12'24.33"N/11°19'20.21"E, Karte D15 (S.18), B3
Platz: = 4 auf Schotter. Beleuchtet, schattig. Aufenthalt max. 48 h. Ganzjährig geöffnet.
Preis: Übernachtung gratis.
Kontakt: Stadt Olching, ☎ 08142/2002000, info@olching.de, www.olching.de.
Freizeit: 0,5 km. Vogelpark Olching, Schwimmen im Olchinger See, Golfplatz Olching, Ampersee.
POI: Schloss Esting, Kloster Fürstenfeld.

26121 Oldenburg gratis

Wohnmobilstellplatz Am Küstenkanal, Westfalendamm, ☎ 0441/3613160 <8m
Vor der Schleuse

POS: 53°7'45.82"N/8°12'52.41"E, Karte D1 (S.4), D5
Platz: = 3 auf Schotter. Ganzjährig geöffnet.
Preis: Übernachtung gratis. Um eine Spende wird gebeten.
Kontakt: Bäderbetriebsgesellschaft Oldenburg, ☎ 0441/3613160, info@baeder-oldenburg.de, baeder-oldenburg.de.
Distanz: 0,4 km, Ⓗ 0,5 km, 0,8 km (Olantis Huntebad, Marschweg, 26122 Oldenburg), 0,8 km, 1 km.
Gastro: Restaurant am Olantis.
Freizeit: 0,8 km, 0,8 km. Olantis Huntebad.
POI: Altstadt Oldenburg 2 km.

26122 Oldenburg gratis

Wohnmobilstellplatz Weser-Ems-Hallen, Europaplatz 12, ☎ 0441/36161366 >12m neu
Direkt an den Weser-Ems-Hallen, zentral nahe Hauptbahnhof

POS: 53°8'52.76"N/8°13'42.74"E, Karte D2 (S.5), E5
Platz: = 5 auf Asphalt. Ganzjährig geöffnet. Ausnahme: Auf- und Abbautage, Veranstaltungstage Kramermarkt Mitte Sep-Mitte Okt.
Preis: Übernachtung gratis.
Kontakt: Oldenburg-Info im Lappan, ☎ 0441/36161366, info@oldenburg-tourist.de, www.oldenburg-tourismus.de.
Distanz: Ⓗ 0 km, 0,5 km, 0,5 km, 2,7 km.
Freizeit: OLantis Huntebad - ErlebnisWelt, Botanischer Garten.
POI: Oldenburger Schloss und Museum 2,8 km.

23758 Oldenburg in Holstein €14,00

Wohnmobilstellplatz am Wall-museum, Professor-Struve-Weg 1, ☎ 04361/4980 <10m neu
Auf Parkplatz des Freilichtmuseums

2022 geprüft E

POS: 54°17'49.00"N/10°52'59.32"E, Karte D3 (S.6), A2
Platz: = 8 auf Schotter, Sand/Splitt. CHEM GRAU. Ganzjährig geöffnet.
Preis: 14€ inkl. Entsorgung. Strom 0,50€/kWh, Wasser 0,20€/min. Parkscheinautomat.
Kontakt: Stadt Oldenburg in Holstein, ☎ 04361/4980, info@stadt-oldenburg.landsh.de, www.oldenburg-holstein.de.
Anfahrt: Ausschilderung zum Museum beachten.
Distanz: 0,5 km, 0,5 km, 0,5 km.
Freizeit: Besuch des Freilichtmuseums, Ferienprogramm: Mittelalter zum Ausprobieren, Subtropisches Badeparadies am Weissenhäuser Strand 7,4 km.
POI: Mittelaltererlebnis-Museum mit Bodendenkmal Oldenburger Ringwall, Gildemuseum.

89129 Öllingen €5,00

Parkplatz beim Rathaus, Hauptstraße, ☎ 07345/7502 >12m Parkplatz unterhalb der Kirche, hinter dem Rathaus

POS: 48°31'42.34"N/10°8'54.19"E, Karte D14 (S.17), H2
Platz: = 4, = 2 (<14 m) auf Pflaster, Rasengittersteinen. =2 (16 A) CHEM GRAU. VE gegen Gebühr. Stromanschluss bei Anmeldung. Stromgebühr in Rathausbriefkasten, Hauptstraße 42, einwerfen. Ganzjährig geöffnet.
Preis: 5€. Strom 2€/24 h.
Kontakt: Gemeindeverwaltung, Gemeinde Öllingen, ☎ 07345/7502, Mobil: 0171/3332733, info@oellingen.de, www.oellingen.de.
Distanz: 0,1 km, weitere Restaurants in 0,5 km, 0,2 km, Ⓗ 0,5 km.
Gastro: Lonetalbrennerei (Do-So geöffnet). Gasthaus Hirsch (nur Fr.abend geöffnet) 0,5 km. Gasthaus Sonne 0,1 km.
Freizeit: 3 km, 3 km. Planwagenfahrten 0,5 km, Legoland Günzburg 25 km.
POI: Weltkulturerbe, Lonetal mit Bocksteinhöhle 3 km, Hohlenstein 4 km, Renaissanceschloss Oberstotzingen 7 km, Vogelherdhöhle im dem Archäopark 7 km.

O

57462 Olpe €20,00

Kurzzeitstellplatz Stade, Kessenhammerweg 2, ☎ 0171/4320427 <10m neu
Am Ortsrand, an der Bigge

POS: 51°3'29.20"N/7°50'33.62"E, Karte D9 (S.12), D1

Platz: P = 3 auf Wiese, Schotterrasen, Rasengittersteinen, Schotter. CHEM GRAU. B Beleuchtet, Anfahrt 9:00-21:00 Uhr. Aufenthalt max. 3 Nächte. Ganzjährig geöffnet.
Preis: 20 € inkl. Strom, Wasser, Entsorgung, Kurtaxe. Jede weitere Pers. 5 €, Hund 3 €. Kind 3 €.
Kontakt: Benedikt Huckestein, Mobil: 0171/4320427, benedikt.huckestein@web.de.
Distanz: 2 km, 2,3 km, 5 km.
Freizeit: 5,1 km, 5,1 km. Wandertouren im Natur-Erlebnisgebiet Biggesee-Listersee, beleuchteter Rundweg um den Obersee der Biggetalsperre, Baden im Biggesee-Strandbad Sondern 0,3 km, Schifffahrt auf dem Biggesee 3 km.
POI: Wasserrad in Olpe (Weierhohl), historischer Stadtkern Olpe 5 km, Stadtmauer 5 km, Marktplatz mit Panneklöpper-Denkmal 5,1 km.

57462 Olpe — €10,00

Reisemobilplatz am Freizeitbad Olpe, Seeweg 5, ☎ 02761/93850 — <12m
Entlang dem Bigge-Ufer

POS: 51°1'54.80"N/7°50'25.68"E, Karte D9 (S. 12), D1
Platz: P = 10 auf Asphalt, Rasengittersteinen. CHEM GRAU. WC im Freizeitbad. Aufenthalt max. 3 Nächte. Ganzjährig geöffnet.
Preis: 10 € inkl. aller Personen, Entsorgung. Strom 1 €/2 kWh, Wasser 0,20 €/10 min. Bezahlung an der Bäderkasse inkl. 2 € Ermäßigung auf den Eintritt.
Kontakt: Olper Bäderbetriebe GmbH, ☎ 02761/93850, info@freizeitbad-olpe.de, www.freizeitbad-olpe.de.
Distanz: weitere Restaurants in 0,3 km, 0,3 km, Ⓗ 0,3 km, 0,3 km.
Gastro: Restaurant im Freizeitbad (nur für Badegäste zugänglich).
Freizeit: Beleuchteter Rundweg um den Obersee der Biggetalsperre (3,4 km), historischer Stadtrundgang, Naturminigolfanlage und Bootsverleih 0,4 km, Schifffahrt auf dem Biggesee 6 km.
POI: Historischer Stadtkern 0,4 km.

59939 Olsberg — €8,50

Stellplatz am AquaOlsberg, Zur Sauerlandtherme 1, ☎ 02962/845050 Direkt am AquaOlsberg — <10m

E

POS: 51°21'22.91"N/8°29'5.60"E, Karte D6 (S. 9), E5
Platz: P = 10 auf Schotterrasen. =10 (10 A) WC CHEM GRAU. Anfahrt 9:00-22:00 Uhr. Duschen im AquaOlsberg. Ganzjährig geöffnet.
Preis: 8,50 € inkl. Entsorgung, Müll-Entsorgung, WLAN. Strom 1,50 €/8 h, Wasser 1,50 €/80 l, Dusche 1,50 €/Pers., Kurtaxe 1,50 €/Pers. Inkl. SauerlandCard (Vergünstigungen).
Kontakt: Johannes Butterweck, ☎ 02962/845050, info@aqua-olsberg.de, www.aqua-olsberg.de.
Anfahrt: Navi: Stehestr. 18 eingeben.
Distanz: weitere Restaurants in 0,4 km, Ⓗ 0,1 km, 0,5 km, 0,5 km.
Gastro: Am Platz im Aqua Olsberg, Mo-So 13:00-19:00 Uhr.
Freizeit: 0,1 km. AquaOlsberg, Bike Arena Sauerland, Planwagenfahrten, Gleitschirmfliegen, Ruhrtalradweg, Rodeln, Führung im Philippstollen, Reiten.
POI: Rosendorf Assinghausen 6,7 km, Bruchhauser Steine 8,6 km.

02736 Oppach — €8,00

Stellplatz am BIO-Markt, August-Bebel-Straße 62, ☎ 035872/33565 — <12m
Eingezäunter, privater Platz in ruhiger Lage

POS: 51°3'1.64"N/14°30'34.46"E, Karte D8 (S. 11), G5
Platz: = 8 auf Schotterrasen. =10 WC CHEM GRAU. Leinenpflicht für Hunde. B wird empfohlen. Ankunft bis 20:00 Uhr. Geöffnet: Ostern-Ende Okt.
Preis: 8 € inkl. Strom, Wasser, Entsorgung, Müll-Entsorgung. Dusche 2 €, WC 2 €.
Kontakt: Christian Sensenschmidt, ☎ 035872/33565, 035872/35220, stellplatz-oppach@biomarkt-oppach.de, www.biomarkt-oppach.de.
Distanz: 0,5 km.
Gastro: Gasthaus Heiterer Blick 0,1 km.
Freizeit: 1 km, 15 km, 2 km.
POI: Historische Landtechnik (Schau am Platz), Brunnenwasser Lehrpfad, Oberlausitzer Umgebindehäuser 15 km.

77728 Oppenau — gratis

Wagner-Maier-Platz, Hauptstraße 1, ☎ 07804/4836 Beim Freizeitbad — <10m
Oppenau nahe dem Oppenauer Stadttor

POS: 48°28'36.43"N/8°10'11.82"E, Karte D13 (S. 16), D2
Platz: P = 6 auf Schotter. =6 CHEM GRAU. Ganzjährig geöffnet.
Preis: Übernachtung gratis inkl. Entsorgung, Müll-Entsorgung. Strom 1 €/8 h, Wasser 1,50 €/80 l, Kurtaxe (ab 15 J.) 1,50 €/Pers. Inkl. Konus-Gästekarte. Bezahlung der Kurtaxe bei der Renchtal Tourismus GmbH Oppenau, Rathausplatz 1.
Kontakt: Renchtal Tourismus GmbH, Anna-Lena Bruder, ☎ 07804/4836, oppenau@renchtal-tourismus.de, www.renchtal-tourismus.de.
Distanz: 0 km, Ⓗ 0,1 km, 0,2 km, 0,3 km.
Gastro: Mehrere Restaurants im Ort.
Freizeit: 0,1 km, 10 km. Kindererlebnispfad Rotkehlchen (Wanderweg), Annis Schwarzwald Geheimnis (Outdoor-Escape-Spiel), Mountainbiking, Radfahren, Gleitschirmfliegen, Nordic Walking, Qualitätswanderweg Maisacher Turmsteig 3 km.
POI: Stadttor 0,1 km, Jahresbaum 0,5 km, Buchkopfturm Oppenau 8,5 km, Klosterruine Allerheiligen und Wasserfälle 11 km.

71570 Oppenweiler — gratis

Caravanstation Oppenweiler, Murrwiesenstraße 15, ☎ 07191/4840 — <8m
Bei der Kläranlage, östlich der Murr

POS: 48°58'47.02"N/9°27'31.18"E, Karte D14 (S. 17), G1
Platz: P = 2 auf Asphalt. CHEM GRAU. Aufenthalt max. 2 Tage. Ganzjährig geöffnet.
Preis: Übernachtung gratis. Wasser 1 €/100 l.
Kontakt: Gemeinde Oppenweiler, ☎ 07191/4840, gemeinde@oppenweiler.de, www.oppenweiler.de.
Distanz: Ⓗ 0,5 km, 0,6 km, weitere Restaurants in 0,7 km, 1 km.
Freizeit: 1 km. Tennis- und Squashhalle 0,1 km.
POI: Wasserschloss mit Schlosspark 0,2 km, Jakobuskirche 0,2 km, Burg Reichenberg 1 km.

07381 Oppurg — €35,00

Rittergut Positz, Rittergut Positz 1, ☎ 03647/504535 — <12m
Auf einem restaurierten Rittergut

POS: 50°43'50.43"N/11°40'26.84"E, Karte D11 (S. 14), C1
Platz: P = 6, = 6 (<15 m) auf Wiese, Sand/Splitt, Naturboden, Schotterrasen, Kiesel. WC. B wird empfohlen. Ganzjährig geöffnet.
Preis: 35 € inkl. Strom, Wasser, WC.
Kontakt: Rittergut Positz, Stefan Schwarzer, ☎ 03647/504535, info@rittergut-positz.de, www.rittergut-positz.de.
Gastro: Wirtshaus mit Thüringer Küche, Mo-So 17:00-21:00 Uhr, warme Küche bis 20:30 Uhr. Frühstückservice.
Freizeit: Baden, Radfahren, Wandern, Saale-Orla-Radwanderweg.
POI: Altstadt Pößneck 8 km, Leuchtenburg mit Porzellanmuseum 12,6 km, Burg Ranis 12,7 km, Hohe Warte Stausee 22,6 km, Feengrotten Saalfeld 28,5 km.

06785 Oranienbaum-Wörlitz — €15,00

Wohnmobilstellplatz Seespitze, Seespitze 25, ☎ 034905/31009 Am Wörlitzer Park, gegenüber der Rousseau-Insel — <10m

POS: 51°50'58.96"N/12°24'41.81"E, Karte D7 (S. 10), D3

Platz: P = 24 auf Pflaster. WC. P nur bei Gruppen. Strom, Wasser und WC vom 1.4.-31.10. Ganzjährig geöffnet.
Preis: 15 € inkl. Wasser, Dusche, WC, WLAN. Strom 5 €, Kurtaxe 1 €/Pers. Bezahlung am Kiosk.
Kontakt: ☎ 034905/31009, Mobil: 0173/3164547, womo-woerlitz@hotmail.de, www.welterbe-gartenreich.de.
Distanz: Ⓗ 0,6 km, 0,6 km, 0,6 km.
Gastro: Mehrere Restaurants in Wörlitz ab 0,4 km.
Freizeit: 15 km, 15 km, 1,4 km. Führungen durch Park und Museen, Greifvogel- und Eulenshow in der Falknerei, Draisinenfahrten, Gondelfahrten auf dem Wörlitzer See, Golfplatz, Elberadweg 0,1 km, Trekkingtouren mit Alpakas 5 km, Kanu- und Paddeltouren auf der Elbe 5 km.
POI: Landschaftspark Wörlitz (UNESCO Gartenreich Dessau-Wörlitz), Hugo-Junkers-Technikmuseum in Dessau, Biosphärenreservat Mittelelbe, Schloss Wörlitz 1,1 km, Barockstadt Oranienbaum mit Park 6 km, Schloss Oranienbaum 6,6 km, Bauhausstadt Dessau 16 km.

16515 Oranienburg — €17,00

Reisemobilstellplatz am Schlosshafen Oranienburg, Rungestraße 47, ☎ **03301/5220450** Am Schlosshafen an der Havel in der Nähe des Oranienburger Schlosses — >12 m

POS: 52°45'27.23"N/13°14'18.42"E, Karte D8 (S. 11), E1
Platz: P = 26 auf Pflaster, Wiese. WC CHEM GRAU. Ganzjährig geöffnet.
Preis: 17 € inkl. Entsorgung, WC, Müll-Entsorgung, WLAN. Strom 1 €/kWh, Wasser 1,50 €/80 l, Dusche 1 €/5 min, VE für Durchreisende 3 €. Gespanne 21 €. Bezahlung in bar beim Hafenmeister oder am TallyCard-Automat. 1 € Rabatt auf den Besuch des Schlossparks und des Schlossmuseums.
Kontakt: Thomas Ahrens, ☎ 03301/5220450, Mobil: 0171/5552013, schlosshafen@oranienburg-erleben.de, www.oranienburg-erleben.de/schlosshafen.
Distanz: 0,2 km, 0,6 km, weitere Restaurants in 0,7 km, Ⓗ 0,6 km, 0,6 km.
Freizeit: Wassersport, Filmpalast Oranienburg 1,2 km, T.U.R.M. Erlebniscity mit Sport-/Spaßbad 2 km, Tier-, Freizeit-/Urzeitpark Germendorf 7 km.
POI: Schloss Oranienburg mit Museum und Park 0,6 km, Museum/Gedenkstätte Sachsenhausen 2 km.

94496 Ortenburg — €23,00

Mühlenhof, Knadlarn 2a, ☎ **08541/8710** Auf der Vierseithofanlage, ehemalige Mühle aus dem 18. Jh. — <8 m

POS: 48°35'37.74"N/13°11'34.98"E, Karte D16 (S. 19), F2
Platz: = 3 auf Wiese. =3 WC CHEM GRAU. Kinderpool. P wird empfohlen. Mindestaufenthalt 3 Tage. Keine Fremdentsorgung. Geöffnet: Mai-Okt.
Preis: 23 € inkl. Strom, Wasser, Dusche, WC. Jede weitere Pers. 6 €, Kind (3-16 J.) 4 €, Hund 3 €. Waschmaschine/Trockner gegen Gebühr, Preisänderungen 2023 möglich.
Kontakt: Franziska Bründl, ☎ 08541/8710, muehlenhof-bruendl@web.de, www.muehlenhof-bruendl.de.
Distanz: 2 km, 4 km, 5 km.
Freizeit: 5 km, 5 km, 5 km. Angeln nur mit Berechtigungsschein, Wild-/Vogelpark 5 km, Rundflüge am Flugplatz Vilshofen 5 km, Golfplatz 10 km, Rottaler Bäderdreieck 16 km.
POI: Dreiflüssestadt Passau 25 km.

01990 Ortrand — €9,00

Erlebniscamping Lausitz in Ortrand, Am Bad 1, ☎ **035755/553509** Auf dem Parkplatz vor dem Campingplatz — <8 m

POS: 51°22'22.49"N/13°46'44.28"E, Karte D8 (S. 11), F4
Platz: P = 6 auf Schotterrasen. WC CHEM GRAU. Minimarkt, Duschen. P wird empfohlen. Ganzjährig geöffnet.
Preis: 9 € inkl. Wasser, Entsorgung. Strom 0,70 €/kWh, WC 3,50 €/Pers., Müll-Entsorgung 2,50 €/Nacht, Hund 3,50 €/Nacht. Komfortstellplätze ab 25,90 €.
Kontakt: Erlebniscamping Lausitz, Karlheinz Philipp, ☎ 035755/553509, erlebniscamping@t-online.de, www.erlebniscamping-lausitz.eu.
Distanz: Ⓗ 1,5 km, 2 km, 2 km, 2,5 km.
Gastro: Bistro am Platz. Frühstücks- und Brötchenservice.
Freizeit: 15 km. Sauna (kostenpflichtig, auf Anmeldung), Brandenburg-Radweg, Angeln (kostenpflichtiges DAV-Gewässer), Schlösser, Mühlen.
POI: Königsbrücker Heide - Naturschutz- und Wildnisgebiet, Höchster Berg Brandenburgs 5 km.

54518 Osann-Monzel — €10,00

Weingut-Straußwirtschaft Pauly, Im Lehen 1, ☎ **06535/556** Grünanlage am Weingut — <10 m

POS: 49°55'16.53"N/6°57'25.68"E, Karte D9 (S. 12), B3
Platz: P = 3 auf Schotter. =3 (16 A) WC. Ganzjährig geöffnet.
Preis: 10 € inkl. aller Personen, WC, Müll-Entsorgung, WLAN. Strom 0,50 €/kWh, Wasser 1 €. Ab 50 € Verzehr oder Weinkauf kostenfrei.
Kontakt: Arnold Pauly, ☎ 06535/556, Mobil: 01515/9413173, info@ferienweingut-pauly.de, www.ferienweingut-pauly.de.
Distanz: Ⓗ 0,2 km, 0,4 km, 0,5 km, 1 km.
Freizeit: 10 km, 10 km. Weinprobe, Mitarbeit bei der Weinernte, Führung durch den Weinkeller.
POI: Römische Kelteranlage in Maring 2 km, Weinmuseum/Burg Landshut in Bernkastel-Kues 10 km.

04758 Oschatz — €16,50

Camping- & Caravaningplatz, Berufsschulstraße 20, ☎ **03435/976240** Ruhige, zentrumsnahe Lage im O-Schatz-Park — <10 m

POS: 51°17'27.75"N/13°6'22.47"E, Karte D8 (S. 11), E5
Platz: P = 8, = 4 (<10 m) auf Schotterrasen. =8 (16 A) WC CHEM GRAU. P wird empfohlen. Anmeldung im Platsch/Saunadorf Oschatz, Berufsschulstr. 20. Geöffnet: 1.4.-31.10.
Preis: 16,50 € inkl. Wasser, Entsorgung, Dusche, WC, Müll-Entsorgung. Kind (ab 17 J.) 4,50 €, Kind (1-16 J.) 2 €, Kind (0-1 J.) gratis, Strom 2 €/8 Nacht, Hund 1 €/Nacht. 1.4.-31.10. 16,50 €.
Kontakt: Oschatzer Freizeitstätten GmbH, Claudia Werner, ☎ 03435/976240, kasse@oschatz-erleben.de, www.oschatz-erleben.com.
Distanz: 0,1 km, Ⓗ 0,5 km, 1 km, 1 km.
Gastro: Restaurant silhOuette in der Freizeiteinrichtung Platsch.
Freizeit: 0,1 km, 1 km. Familienpark mit Minigolf, Freizeitbad Platsch mit Saunadorf, Schwimmhalle, Freibad, Restaurant und Kegelbahn, Wanderungen in der Dahlener Heide und dem Wermsdorfer Wald, Tierpark, Freizeitpark O-Schatz-Park 0,2 km.
POI: Eisenbahnpostkartenmuseum, Straußenfarm Joite in Thalheim, Schmalspur-Dampfeisenbahn 0,5 km, Stadt-/Wagenmuseum 1 km, hist. Türmerwohnung 1 km, Wüstes Schloss Osterland 5 km.

39387 Oschersleben (Bode) — gratis

Wohnmobilstellplatz Am Wiesenpark Oschersleben, Friedensstraße/Schützenplatz, ☎ **03949/912205** Neben dem Erholungsgebiet Wiesenpark mit kostenfrei zugänglichem Tiergehege. — <12 m

POS: 52°1'17.52"N/11°13'47.99"E, Karte D7 (S. 10), B3
Platz: P = 8, = 2 (<12 m) auf Schotter. CHEM GRAU. Aufenthalt max. 3 Tage. Kein offenes Feuer erlaubt. Ganzjährig geöffnet.
Preis: Übernachtung gratis inkl. Entsorgung. Strom 1 €, Wasser 1 €.

O

Kontakt: Stadt Oschersleben (Bode), ☎ 03949/912205, tourismus@oscherslebenbode.de, www.oscherslebenbode.de.
Distanz: Ⓗ 0,2 km, 0,8 km, 1 km, 1,2 km.
Gastro: Zum Athos 0,8 km. Waldschänke.
Freizeit: 3,4 km, 1,5 km. Besuch des Wildgeheges 0,3 km, Motorsport Arena 4,8 km.
POI: Evangelische Kirche (Marktkirche) St. Nicolai, Kulturhistorisches Museum, Museum für Eisenbahngeschichte, Burg Oschersleben 0,6 km.

49076 Osnabrück — €22,00

Campingplatz Bullerby am Attersee, Zum Attersee 50, ☎ 0541/124147 — <12m
Beim Campingplatz am Badesee

POS: 52°18'0.20"N/7°56'25.57"E, Karte D5 (S. 8), D2
Platz: = 10 auf Wiese, Asphalt, Rasengittersteinen. WC CHEM GRAU . nur bei Gruppen. Weitere 50 Stellplätze auf dem Campingplatz. Anfahrt 8:00-20:00 Uhr. Ganzjährig geöffnet.
Preis: 22 € inkl. Wasser, Entsorgung. Jede weitere Pers. 5 €, Strom 1,50 € oder 0,70 €/kWh, Dusche 0,50 €/5 min, Hund 1,50 €. Duschkarten mit Guthaben erhältlich.
Kontakt: Carsten Knüppel, ☎ 0541/124147, info@campbullerby.de, www.campbullerby.de.
Distanz: Ⓗ 0,5 km, 0,8 km, 3 km, 5 km.
Gastro: Restaurant Busch Atter 0,6 km.
Freizeit: 8 km. Sportplatz, Bootsverleih (Ruder-/Tretboote), Attersee, Angeln mit Tageskarte, Tischtennis, Golfplatz 1 km.
POI: Dom Sankt Peter 10 km, Rathaus des Westfälischen Friedens 10 km, Osnabrücker Schloss 11 km.

O

49090 Osnabrück — €15,00

Nettebad, Im Haseesch 6, ☎ 0541/20022270 — <8m
Teil des Parkplatzes am Nettebad

POS: 52°18'8.34"N/8°2'58.71"E, Karte D5 (S. 8), D2
Platz: = 5 auf Asphalt. =5 CHEM . Aufenthalt max. 24 h. Ganzjährig geöffnet.
Preis: 15 € inkl. aller Personen, Entsorgung. Wasser 1 €/100 l. Inkl. 5 € Ermäßigung für den Sport- und Freizeitbereich des Nettebades. Strom 1 €/6h (max. 1500 W).
Kontakt: Nettebad Stadtwerke Osnabrück AG, ☎ 0541/20022270, baeder@swo.de, www.nettebad.de.
Distanz: 1 km, 4 km.
Gastro: Restaurant im Bad, Mo-So 12:00-20:00 Uhr.
Freizeit: Nettebad, Stadtbesichtigung.
POI: Stadtzentrum Osnabrück 4 km, Rathaus des Westfälischen Friedens 4 km, Felix-Nussbaum-Haus 4,5 km, Industriemuseum 7 km, Museum Kalkriese 10 km.

Sie haben einen neuen Stellplatz entdeckt? Dann teilen Sie uns diesen mit per E-Mail an **bordatlas@doldemedien.de** oder über das Online-Meldeformular unter **www.bordatlas.de/meldung**

48346 Ostbevern — €15,00

Wohnmobilstellplatz Am Beverbad, Hanfgarten 22, ☎ 02532/4310350 — <8m
Separater Reisemobilplatz am Beverbad

2022 geprüft

POS: 52°2'11.46"N/7°50'38.25"E, Karte D5 (S. 8), D3
Platz: = 3 auf Schotterrasen. =8 (32 A) WC CHEM GRAU . Anmeldung im Beverbad zu den Öffnungszeiten. Ganzjährig geöffnet.
Preis: 15 € inkl. Strom, Wasser, Entsorgung. VE für Durchreisende 15 €. Inkl. ein Badbesuch, Gratis-Nutzung für 1 Nacht (ohne VE).
Kontakt: Beverbad Ostbevern, Christine Schafberg, ☎ 02532/4310350, info@ostbevern-touristik.de, www.ostbevern.de.
Distanz: 0,3 km, 0,5 km, 0,5 km, Ⓗ 0,5 km.
Gastro: Marjestics. Hotel-Restaurant Alte Post. Beverhof. Mehrere Restaurants 0,1 km.
Freizeit: 0,5 km. Schwimmen, Fitness- und Wellnessbereich, Boule, Riesentandems, 5 Biber-Radrouten und Biberwanderwege, Planwagenfahrten, Boßeln.
POI: Happy Stones Ostbevern, Geocaching, Heimatmuseum 0,5 km, Wasserschloss Lohburg 1 km, Lehrpfad am Schloss Loburg 1 km, Museum der historischen Waschtechnik 8 km.

48346 Ostbevern-Loburg — gratis

Gasthof Mersbäumer, Loburg 47, ☎ 02532/5180 Großzügiger Parkplatz, durch Baumbestand abgeteilt — <12m

POS: 52°2'34.33"N/7°52'30.84"E, Karte D5 (S. 8), D3
Platz: = 3 auf Pflaster, Wiese, Naturboden. WC . Ankunft bis 21:00 Uhr. WC nur im Gasthaus. Ganzjährig geöffnet.
Preis: Für Restaurantgäste kostenlos, inkl. WLAN. Einkehr obligatorisch. Strom 0,50 €/kWh, Wasser 1 €/80 l.
Kontakt: Michael Mersbäumer, ☎ 02532/5180, gasthof-mersbaeumer@t-online.de, www.mersbaeumer.de.
Distanz: Ⓗ 0,1 km, 2,5 km, 3 km, 3 km.
Gastro: Am Platz, Fr-Sa 16:00-22:00 Uhr, So 11:00-22:00 Uhr, Mo-Do Ruhetag, außerhalb dieser Zeiten auf Anfrage. Aktuelle Öffnungszeiten siehe Website. Frühstück möglich.
Freizeit: 3 km, 3 km.
POI: Schloss Loburg 0,5 km.

21756 Osten — €8,00

Parkplatz an der Festhalle, Garten-/Schützenstraße, ☎ 04771/2451 In einer Grünanlage an der Deutschen Fährstraße — <8m

2021 geprüft

POS: 53°41'45.00"N/9°11'18.00"E, Karte D2 (S. 5), F4
Platz: = 10 auf Pflaster. =3 CHEM. VE und öffentliche WC-Anlage am Platz. Ganzjährig geöffnet.
Preis: 8 € inkl. aller Personen, Strom, Wasser, Müll-Entsorgung. Bezahlung zu den Geschäftszeiten (Mo-Fr 9:30-12:30 und 14:00-18:00 Uhr, Sa 9:30-13:00 Uhr) im Möbelhaus Toborg, Schützenstr. 6, Osten.
Kontakt: Gemeinde Osten, Herr Juls, ☎ 04771/2451, t.juls@hemmoor.de, www.gemeinde-osten.de.
Distanz: 0,5 km, Ⓗ 2,5 km.
Gastro: Altes Amtsgericht, Lange Straße 22. Hotel Fährkrug, Deichstraße 1.
Freizeit: 2 km, 2 km, 1 km. Radfahren, Wandern, Angeln, Ruderbootverleih 1 km.
POI: Historischer Ortskern mit Schwebefähre, verschiedenen Museen etc. 0,3 km, Barockkirche St. Petri 0,4 km.

74706 Osterburken — gratis

Hotel Märchenwald, Boschstraße 14, ☎ 06291/64200 — >12m
Am östlichen Stadtrand

POS: 49°25'51.50"N/9°26'34.00"E, Karte D10 (S. 13), G5
Platz: = 3 auf Schotter, Asphalt. WC . Hirschgehege am Haus. wird empfohlen. Ganzjährig geöffnet.
Preis: Für Restaurantgäste kostenlos. Einkehr obligatorisch.
Kontakt: Udo Prukna, ☎ 06291/64200, info@hotelmaerchenwald.de, www.hotelmaerchenwald.de.
Distanz: 1 km, Ⓗ 2 km, 2 km, 2 km.
Gastro: Am Platz, warme Küche Mo+Sa ab 18:00 Uhr, Di-Do 18:00-22:00 Uhr, So 11:30-14:00 Uhr.
Freizeit: 5 km, 2 km. Skulpturen-Radweg, Adventure Park 3 km, Golfplatz 8 km.
POI: Römermuseum 1 km, Limes 1 km, Tropfsteinhöhle 10 km, Burgfestspiele 15 km.

74706 Osterburken — gratis

Wohnmobilstellplatz Am Kirchberg, Am Kirchberg, ☎ 06291/4010 — <8m — neu
In ruhiger, zentrumsnaher Lage

POS: 49°25'47.90"N/9°25'48.38"E, Karte D10 (S. 13), G5
Platz: = 5 auf Schotter. . Ganzjährig geöffnet.
Preis: Übernachtung gratis. Strom 1 €/2,5 kWh, Wasser 1 €/100 l.
Kontakt: Bauamt Stadt Osterburken, Matthias Steinmacher, ☎ 06291/4010, info@osterburken.de, www.osterburken.de.
Gastro: Mehrere Restaurants im Ort.
Freizeit: Skulpturenradweg, Fahrradroute am Fränkischen Radachter, Deutscher Limes-Radweg, Golfplatz 6 km.
POI: Römermuseum 0,7 km, Eberstädter Tropfsteinhöhle 12 km.

49179 Ostercappeln — gratis

Stellplatz im Zentrum, Gartenstraße 13, ☎ 05473/92020 — <6m
Parkplatz am Rand des Ortszentrums

POS: 52°20'40.87"N/8°13'24.22"E, Karte D6 (S. 9), E2
Platz: = 2 auf Pflaster. . Ganzjährig geöffnet.
Preis: Übernachtung gratis.
Kontakt: Gemeinde Ostercappeln, ☎ 05473/92020, info@ostercappeln.de, www.ostercappeln.de.
Distanz: 0,2 km, 0,2 km, Ⓗ 0,5 km.
Gastro: Mehrere Restaurants im Ort.
Freizeit: 4 km, 4 km. Kunst: siehe Tourist-Info, Di-So 14:00-17:00 Uhr, 05473/8019586, Ortsbesichtigung.
POI: Lambertuskirche, Kirchplatz, Alte Mädchenschule, Krebsburg und Schnippenburg 3 km, Eisenzeithaus 6 km.

49179 Ostercappeln €5,00

Wohnmobilstellplatz Hofladen Arche-Hof-Broxten, Alter Damm 1, ☎ 05476/9189933 Am Ortsrand auf dem bewirtschafteten Bauernhof <12m

POS: 52°24'4.70"N/8°12'7.34"E, Karte D6 (S.9), E2
Platz: = 3 auf Wiese. Hofladen. Anfahrt 9.00-20:00 Uhr. Aufenthalt max. 1 Nacht. Ganzjährig geöffnet.
Preis: 5 €. Einkauf im Hofladen erwünscht.
Kontakt: Familie Degen, ☎ 05476/9189933, sellmeyer@web.de, arche-hof-broxten.de.
Distanz: 3 km, 3,2 km, 3,4 km.
Gastro: Brötchenservice.
POI: Dorfmuseum Venner Mühle 3,4 km, Waffel-Museum Meyer 3,8 km, Eisenzeithaus in Venne 4,7 km, Alte Mädchenschule 8,3 km.

49179 Ostercappeln-Schwagstorf gratis

Parkplatz Kronensee, Zum Kronensee 9, ☎ 05473/92020 Auf dem Parkplatz vor dem Freizeitzentrum <8m

POS: 52°22'17.55"N/8°13'46.00"E, Karte D5 (S.8), D2
Platz: = 3 auf Asphalt. Weitere Stellplätze mit VE auf dem angrenzenden Camping. Ganzjährig geöffnet.
Preis: Übernachtung gratis.
Kontakt: Gemeinde Ostercappeln, ☎ 05473/92020, info@ostercappeln.de, www.ostercappeln.de.
Distanz: 4 km, 4 km.
Gastro: Wirtshaus Kronenburg am Platz.
Freizeit: Radfahren, Wassersport, Wandern, Baden 0,5 km.
POI: Museum der Varusschlacht im archäologischen Museumspark Kalkriese 8 km.

49179 Ostercappeln-Schwagstorf gratis

Wanderparkplatz Krebsburger Mühle, Venner Straße, ☎ 05473/92020 Ruhiger Waldparkplatz, nahe Krebsburger Wassermühle <8m

POS: 52°21'10.46"N/8°12'10.92"E, Karte D6 (S.9), E2
Platz: = 2 auf Schotter, Naturboden. Ganzjährig geöffnet.
Preis: Übernachtung gratis.
Kontakt: Gemeinde Ostercappeln, ☎ 05473/92020, info@ostercappeln.de, www.ostercappeln.de.
Distanz: Ⓗ 0,4 km, 4 km, 4 km, 4 km.
Gastro: Wirtshaus Kronenburg, Zum Kronensee 3,5 km. Feuer und Flamme am Kirchplatz. Gasthaus Wortmann am Kirchplatz. Bioladen und Bistro Pusteblume am Kirchplatz.
Freizeit: Radfahren, Wandern, Eisenzeithaus 3 km, Strandbad Kronensee 3 km, Terra.track Schnippenburg, Wanderweg DiVa Walk 6 km.
POI: Engelswiese 0,2 km, Museum Schnippenburg, Fundplatz Schnippenburg 1 km, Lambertuskirche und Vikarie 3 km, Venner Mühle, Eisenzeithaus 6 km.

49179 Ostercappeln-Venne €8,00

Ferienhof Darpvenner Diele, Knostweg 4, ☎ 05476/911473 Auf einem Ferienbauernhof <10m

POS: 52°22'29.65"N/8°10'1.14"E, Karte D6 (S.9), E2
Platz: = 4, = 3 (<10 m) auf Schotter. Ganzjährig geöffnet.
Preis: 8 € inkl. aller Personen, Strom, Wasser, WC, Müll-Entsorgung, WLAN.
Kontakt: Elke Dahl, ☎ 05476/911473, info@darpvenner-diele.de, www.darpvenner-diele.de.
Distanz: 1 km, weitere Restaurants in 1,5 km, 1 km, Ⓗ 1,2 km.
Gastro: Hofcafé am Platz, Mi 9:00-12:00 Uhr und 14:00-18:00 Uhr, Do 14:00-18:00 Uhr, Fr 14:00-22:00 Uhr, Sa-So 9:30-22:00 Uhr, Mo-Di Ruhetag. So Frühstücks-/Mittagsbüfett.
Freizeit: Tischtennis, Angeln 2 km.
POI: Eisenzeithaus 0,1 km, Venner Mühle 1 km, Museumspark Kalkriese 5 km.

49179 Ostercappeln-Venne gratis

Restaurant Beinker, Vördener Straße 1, ☎ 05476/919390 P am Gasthaus am Naturschutzgebiet Vennermoor <8m

POS: 52°26'1.56"N/8°12'37.49"E, Karte D6 (S.9), E2
Platz: = 3 auf Pflaster. Aufenthalt auch am Ruhetag möglich. Ganzjährig geöffnet. Ausnahme: Betriebsurlaub (Termine siehe Website).
Preis: Für Restaurantgäste kostenlos. Einkehr obligatorisch.
Kontakt: Gasthaus Beinker GmbH, Familie Beinker, ☎ 05476/919390, hotel@beinker.de, www.beinker.de.
Distanz: 7 km, 7 km, Ⓗ 7 km, 7 km.
Gastro: Warme Küche.
Freizeit: 10 km, 4 km. Wandern auf dem Venner Moorpfad, Kegeln, Kutschfahrt, Bohlenwege im Moor 2 km, Golfplatz 6 km, Dümmersee 17 km.
POI: Museum der Varusschlacht im archäologischen Museumspark Kalkriese 7 km.

49179 Ostercappeln-Venne gratis

Venner Mühle, Osnabrücker Straße, ☎ 05473/92020 Am Parkplatz Mühleninsel an der Venner Mühle <8m

POS: 52°23'4.20"N/8°9'51.62"E, Karte D6 (S.9), E2
Platz: = 3 auf Wiese, Rasengittersteinen. Ganzjährig geöffnet.
Preis: Übernachtung gratis.
Kontakt: Gemeinde Ostercappeln, ☎ 05473/92020, info@ostercappeln.de, www.ostercappeln.de.
Distanz: 0,5 km, weitere Restaurants in 0,6 km, Ⓗ 0,5 km, 0,6 km.
Gastro: Venner Gasthaus, Il Barolo, Venner Grill, Darpvenner Diele, Gasthaus Beinker.
Freizeit: 6 km, 6 km. Infopfad Venner Mühlenbach, Infopfad Venner Moor, Radwanderweg zum Venner Moor, Freizeitpark Kronensee Schwagsdorf 4 km.
POI: Kronensee, Museum Rund ums Rind, Walburgiskirche und Waffelmuseum 0,2 km, Eisenzeithaus, Venner Mühleninsel 1 km.

27711 Osterholz-Scharmbeck gratis

August-Schlüter-Halle, Lange Straße 20, ☎ 04791/17218 Zentrumsnaher Parkplatz nahe Allwetterbad <12m

POS: 53°13'26.85"N/8°47'23.71"E, Karte D2 (S.5), F5
Platz: = 5 auf Pflaster. CHEM GRAU. Ganzjährig geöffnet.
Preis: Übernachtung gratis inkl. Entsorgung, Müll-Entsorgung.
Kontakt: Stadt Osterholz-Scharmbeck, ☎ 04791/17218, touristik@osterholz-scharmbeck.de, www.osterholz-scharmbeck.de.
Distanz: 0,2 km, Ⓗ 0,2 km, 0,3 km, weitere Restaurants in 0,6 km.
Gastro: Restaurants am Allwetterbad.
Freizeit: 0,3 km, 0,3 km, 0,2 km. Sauna, Solarium/Fitness im Allwetterbad, Torfkahnfahrten, Segelflugplatz 1 km, Teufelsmoor 8 km.
POI: Mühle von Rönn 0,7 km, Gut Sandbeck 1,6 km, Museumsanlage 1,7 km, Künstlerdorf Worpswede 15 km.

27711 Osterholz-Scharmbeck gratis

Parkplatz Campus, Am Barkhof, ☎ 04791/17218 Zwischen Allwetterbad und Campus, nahe Innestadt <12m neu

POS: 53°13'28.00"N/8°47'14.00"E, Karte D2 (S.5), F5
Platz: = 3 auf Pflaster. CHEM GRAU. Ganzjährig geöffnet.
Preis: Übernachtung gratis inkl. Entsorgung. Strom 1 €/8 h, Wasser 1 €/10 min.
Kontakt: Stadt Osterholz-Scharmbeck, ☎ 04791/17218, touristik@osterholz-scharmbeck.de, www.osterholz-scharmbeck.de.
Distanz: 0,3 km, 0,6 km, 1,5 km.
Gastro: Restaurant Boccadillo.
Freizeit: 0,3 km, 0,3 km. Torfkahnfahrten 8 km.
POI: Wasserturm und Mühle von Rönn 0,7 km, Gut Sandbeck 1,6 km, Museumsanlage 1,7 km, Teufelsmoor 8 km, Weltkünstlerort Worpswede 15 km.

O

37520 Osterode am Harz — €8,00 — <10m

Aloha Wohnmobilstellplatz, Schwimmbadstraße 1, ☎ 05522/906415
Auf einem separaten Gelände am Erlebnisbad

2022 geprüft E

POS: 51°43'27.76"N/10°14'49.40"E, Karte D6 (S. 9), H4
Platz: = 7 auf Pflaster, Rasengittersteinen. =14 (16 A) CHEM GRAU . Bad und Sauna zurzeit geschlossen, Eröffnung Anfang 2024. Aufenthalt max. 2 Tage. Ganzjährig geöffnet.
Preis: Ab 8 € inkl. aller Personen. Strom 1,50 €/8 h, Wasser 1 €/70 l, Entsorgung 1 €/4 min. 1.4.-30.9. 8 €, 1.10.-31.3. 12 €.
Kontakt: Holger Helbing, ☎ 05522/906415, aqua-land@osterode.de, www.aqualand-osterode.de.
Distanz: Ⓗ 0,1 km, 0,5 km, 0,5 km, 1 km.
Freizeit: Sauna/Wellness (zurzeit nicht im Betrieb), Bergwerksmuseum Clausthal 13 km, Höhlen-Erlebnis-Zentrum 18 km.
POI: Fachwerk-Altstadt 1 km, Wanderweg Harzer Hexenstieg 1 km.

37520 Osterode am Harz — €18,00 — >12m

Campingplatz Eulenburg, Scheerenberger Straße 100, ☎ 05522/6611
Separater Reisemobilplatz neben dem Campinggelände

2020 geprüft E

POS: 51°43'38.52"N/10°16'59.17"E, Karte D6 (S. 9), H4
Platz: = 14 auf Schotter. =14 (16 A) WC CHEM GRAU . Anreise 8:00-19:00 Uhr (auf Anfrage auch später). Ganzjährig geöffnet.
Preis: 18 € inkl. Entsorgung, Dusche, WC, Müll-Entsorgung, Hund, Schwimmbadnutzung. Jede weitere Pers. 3 €, Strom 1 €/kWh, Wasser 1 €/100 l, WLAN 3 €/24 h. 1.1.-31.12. 18 €. WLAN rund um Gaststube/Biergarten kostenfrei.
Kontakt: Greve und Uhl GmbH und Co. KG, Herr Rolf Grönig, ☎ 05522/6611, Mobil: 0160/90832099, ferien@eulenburg-camping.de, www.eulenburg-camping.de.
Distanz: Ⓗ 0,1 km, 1 km, 2 km, 2,5 km.
Gastro: Kiosk. Gast-/Kaminstube mit Biergarten am Platz, ganztägig bis mindestens 19:00 Uhr.
Freizeit: 3 km. Wandern, Bowling, Radrouten nach Karte, Schlafen im Heu 11 €/Pers., Sösetalsperre 2 km.
POI: Glasbläserei/Mineraliensammlung Clausthal-Zellerfeld 11 km, UNESCO-Weltkulturerbe Harzer Wasserwirtschaft 12 km, Höhlenerlebniszentrum Iberger Tropfsteinhöhle 14 km, Einhornhöhle 15 km.

24783 Osterrönfeld — €20,00 — >12m

Wohnmobilhafen am Kanal-Café NOK, Am Kamp-Kanal 1, ☎ 04331/708850
Mit Blick auf den Nord-Ostsee-Kanal und die Eisenbahnhochbrücke

2021 geprüft E

POS: 54°17'25.97"N/9°40'14.43"E, Karte D2 (S. 5), G2
Platz: = 33 auf Pflaster. WC CHEM GRAU . Ganzjährig geöffnet.
Preis: 20 € inkl. aller Personen, WC, WLAN, Entsorgung von Grauwasser. Strom 0,60 €/kWh, Wasser 1 €/100 l, Dusche 1 €/3 min. Bezahlung am Parkscheinautomat, WLAN-Code auf dem Ticket.
Kontakt: Peter Braag, ☎ 04331/708850, Mobil: 0171/4147046, platz@spann-an.com, www.spann-an.de.
Distanz: 2,1 km, 2,6 km.
Gastro: Kanal-Café, geöffnet 9:00-22:00 Uhr.
Freizeit: 2,7 km. Stadtbesichtigung Rendsburg.

38835 Osterwieck — gratis — <10m

Wohnmobilstellplatz Fallsteinklause, Im Fallstein 5, ☎ 039421/29200
In ruhiger Lage am Waldrand

POS: 51°59'31.73"N/10°42'26,64"E, Karte D6 (S. 9), H3
Platz: = 3 auf Pflaster. . Ganzjährig geöffnet.
Preis: Übernachtung gratis. Strom gegen Gebühr. Einkehr erwünscht.
Kontakt: ☎ 039421/29200, fallsteinklause@web.de, www.fallsteinklause.de.
Distanz: 0 km, 2,3 km.
Gastro: Restaurant und Café am Platz, Mo-So 11:00-19:00 Uhr.
Freizeit: Rundwanderwege in den Fallstein und zum Bismarckturm.
POI: Stadtmuseum, Fachwerkstadt Osterwieck, Wernigerode 22,3 km, Goslar 26,7 km.

97645 Ostheim vor der Rhön — €18,00 — <8m

Rhönpiraten, Scheermühle 1, ☎ 09777/3582344
Bei der Brauerei am Flüsschen Streu

POS: 50°27'31.94"N/10°13'3.91"E, Karte D10 (S. 13), H2
Platz: / = 10 auf Schotter. WC CHEM GRAU . Ganzjährig geöffnet.
Preis: 18 € inkl. Strom, Wasser, WC, Kurtaxe, WLAN. Kind (ab 7 J.) 5 €. Einkehr obligatorisch. Inklusive ein Begrüßungs-Bier.
Kontakt: Stephan Kowalsky, ☎ 09777/3582344, Mobil: 0176/10033925, info@rhoenpiraten.de, www.rhoenpiraten.de.
Distanz: Ⓗ 0,3 km, 0,4 km.
Gastro: Brauerei mit Biergarten (Mai-Okt bei schönem Wetter), Mi-So 17:00-21:00 Uhr, Mo-Di Ruhetag.
Freizeit: 1 km. Naturschutzgebiet, Rad-/Wanderwege, Angeln, Minigolf.
POI: Schloss/Museen, Luftkurort Ostheim vor der Rhön, Kirchenburg 0,5 km, Lichtenburg 3 km.

97645 Ostheim vor der Rhön — €12,00 — >12m

Schmidts Ferienhof, Grundweg 4, ☎ 09777/358844 Bewirtschafteter Bauernhof am Ortsrand in ruhiger Alleinlage

POS: 50°27'11.53"N/10°13'18.56"E, Karte D10 (S. 13), H2
Platz: / = 2 auf Pflaster, Wiese. =3 (16 A) WC CHEM GRAU . Sauna, Aufenthaltsraum. Ganzjährig geöffnet. Ausnahme: 1.12.-31.1.
Preis: 12 € inkl. Strom, Wasser, Entsorgung, Dusche, WC, Müll-Entsorgung. Kurtaxe 1 €/Pers.
Kontakt: Familie Schmidt, ☎ 09777/358844, Mobil: 0151/54256390, info@schmidts-ferienhof.de, www.schmidts-ferienhof.de.
Distanz: 0,5 km, 1 km, Ⓗ 1 km.
Gastro: Lebensmittel vom Bauernhof. Brötchenservice.
Freizeit: 7 km, 1 km, 5 km. Tischtennis/Kinderspiele am Hof, Bauernhofzoo mit gemeinsamen Fütterungen und Ponyreiten, dampfbetriebene Museumseisenbahn 1 km, Stadt-/Burgführungen 1 km.
POI: Kirchenburg/Orgelbaumuseum in Ostheim 1 km, Lichtenburg 2 km, Fränkisches Freilandmuseum in Fladungen 8 km.

97645 Ostheim vor der Rhön — €8,00 — <12m

Wohnmobilstellplatz Streuwiesenparkplatz, Kreuzung Nordheimer Straße/Alexander Straße, ☎ 09777/1850
Am Stadtrand nahe des Flusses Streu

POS: 50°27'31.41"N/10°13'33.60"E, Karte D10 (S. 13), H2
Platz: / = 6 auf Schotter. WC CHEM GRAU. Ganzjährig geöffnet.
Preis: 8 €. Strom 0,50 €/kWh, Wasser 1 €, Entsorgung 1 €, Kurtaxe 1 €/Pers.
Kontakt: Stadt Ostheim, ☎ 09777/1850, tourismus@ostheim.de, www.ostheimrhoen.de.
Distanz: 0,1 km, weitere Restaurants in 0,5 km, Ⓗ 0,5 km, 0,6 km.
Freizeit: 7 km, 1,5 km, 1,5 km. Angeln, Radwandern, Nordic Walking-Trail, Gewässerlehrpfad, Mountainbiking, Kneipp-Tretbecken an der Streu 0,1 km, Naturlehrpfad Weyhershauk 2 km.
POI: Kirchenburg 0,5 km, Orgelbaumuseum 1 km, Lichtenburg 2 km, Fränkisches Freilandmuseum Fladungen 10 km.

O

67574 Osthofen — gratis

Stellplatz am Sommerried, Herrnsheimer Straße/Sportanlage, <10m
☎ 06242/5030109 Am Stadion

2022 geprüft

POS: 49°41'31.93"N/8°19'38.65"E, Karte D10 (S. 13), E4
Platz: = 10 auf Schotter. . Aufenthalt max. 2 Tage. Ganzjährig geöffnet.
Preis: Übernachtung gratis.
Kontakt: Stadt Osthofen, Annette Durlak, ☎ 06242/5030109, tourismus@vg-wonnegau.de, www.osthofen.de.
Distanz: Ⓗ 1 km, 2 km, 2 km, 2 km.
Gastro: Mehrere Restaurants/Straußwirtschaften im Stadtgebiet.
Freizeit: 12 km, 12 km, 12 km. Jedes WE von Mai-Nov Einkehr beim Winzer.
POI: Historische Bergkirche 1 km, Wander- und Radwege rund um Osthofen 2 km, Gedenkstätte KZ Osthofen 2 km, Worms mit Hagen-Denkmal am Rhein, Nibelungenmuseum, Lutherdenkmal und Kaiserdom 12 km.

67574 Osthofen — gratis

Stellplatz an der Wonnegauhalle, Herrnsheimer Straße, <10m
☎ 06242/5030109
Auf dem Festplatz an der Wonnegauhalle

2022 geprüft

POS: 49°41'55.12"N/8°19'35.68"E, Karte D10 (S. 13), E4
Platz: = 50 auf Schotter, Asphalt. . Aufenthalt max. 2 Tage. Ganzjährig geöffnet.
Preis: Übernachtung gratis. Strom 1 €/2 kWh.
Kontakt: Tourist Information Wonnegau, ☎ 06242/5030109, tourismus@vg-wonnegau.de, www.osthofen.de.
Distanz: Ⓗ 0,1 km, 0,5 km, 0,8 km, 0,8 km, weitere Restaurants in 1 km.
Freizeit: 12 km, 12 km, 12 km. Jedes WE von Apr-Nov Einkehr beim Winzer.
POI: Historische Bergkirche 1 km, Gedenkstätte KZ-Osthofen 1,5 km, Hagen-Denkmal am Rhein 12 km, Nibelungenmuseum und Kaiserdom Worms 12 km.

67574 Osthofen — €10,00

Weingut Borntaler Hof, Aussiedlerhof Lang, ☎ 06242/1354 <10m
Auf dem höchsten Punkt Osthofens

POS: 49°41'58.88"N/8°17'57.14"E, Karte D10 (S. 13), E4
Platz: / = 50 auf Wiese. =10 (16 A) . Stellplätze auf der Wiese nur bei trockener Witterung nutzbar. Ganzjährig geöffnet.
Preis: 10 € inkl. aller Personen, Strom, Wasser, WC, Müll-Entsorgung, WLAN.
Kontakt: Benno Lang, ☎ 06242/1354, weingut@borntaler-hof.de, www.borntaler-hof.de.
Anfahrt: Anfahrt über Rhönstraße, 3. Straße (=Höhenstraße) rechts.
Distanz: 0,5 km, 1 km, Ⓗ 1 km, 1 km.
Gastro: Mehrere Restaurants in der Nähe.
Freizeit: 9 km, 9 km. Weinprobe, Damwildgehege, Betriebsführung, Weinbergwandern, Minigolf 9 km, Tierpark in Worms 9 km.
POI: Altstadt mit Dom und Liebfrauenkirche in Worms 9 km, Weinbaumuseum Oppenheim 15 km.

67574 Osthofen — €10,00

Weingut Grittmann, Alter Westhofer Weg 32, ☎ 06242/7108 <10m
Auf einer Streuobstwiese hinter dem Weingut

POS: 49°42'7.38"N/8°18'27.70"E, Karte D10 (S. 13), E4
Platz: = 3, = 1 auf Wiese. . wird empfohlen. Öffnungszeiten Weingut/Vinothek Mo-Fr 8:00-12:00 Uhr/14:00-18:00 Uhr, Sa 8:00-12:00 Uhr. Späteste Ankunft 18:00 Uhr. Ganzjährig geöffnet.
Preis: 10 € inkl. Wasser, WC.
Kontakt: Jens Grittmann, ☎ 06242/7108, grittmannhof@t-online.de, www.grittmannhof.de.
Distanz: Ⓗ 0,1 km, 0,5 km, weitere Restaurants in 0,8 km, 1 km, 2 km.
Gastro: Straußwirtschaft im Sommer. Restaurant, Mi ab 17:00 Uhr (Juni-Aug).
Freizeit: 10 km. Wingertführungen, Mitarbeit bei der Weinlese, Weinprobe/Betriebsführung, Weinbergrundfahrten mit dem Planwagen, Tierpark Worms 12 km.
POI: Bergkirche 1 km, Heimatmuseum Osthofen 3,9 km, Dom-/Lutherstadt Worms 10 km.

88356 Ostrach-Burgweiler — €5,00

Wohnmobilstellplatz Weites Ried, Schulstraße 12, ☎ 07585/30044 <12m
Neben der Riedhalle in Burgweiler

2020 geprüft

POS: 47°55'3.37"N/9°21'18.09"E, Karte D14 (S. 17), F4
Platz: = 4 auf Schotter. . Leinenpflicht für Hunde. Ganzjährig geöffnet.
Preis: 5 € inkl. Wasser. Strom 1 €/8 h. Bezahlung über Einwurf in den Briefkasten.
Kontakt: ☎ 07585/30044, info@ostrach.de, www.ostrach.de.
Distanz: 0,5 km, 1,5 km, 5 km, 1,5 km.
Freizeit: Wandern im Moorgebiet Pfrunger-Burgweiler Ried.
POI: Grenzsteinmuseum 0,5 km, Bannwaldturm Pfrunger Ried 2,9 km.

26842 Ostrhauderfehn — €12,00

Camping- und Freizeitanlage Idasee, Idafehn-Nord 77 b, ☎ 04952/994297 <10m
Separater Stellplatz auf dem Campingplatz am See

POS: 53°9'15.01"N/7°38'34.26"E, Karte D1 (S. 4), C5
Platz: = 16 auf Schotterrasen, Schotter. WC CHEM GRAU . Unbegrenzter Aufenthalt. Ganzjährig geöffnet.
Preis: 12 € inkl. Entsorgung, WC. Dusche 0,50 €. Inkl. 4 kWh Strom.
Kontakt: Familie Kraft, ☎ 04952/994297, info@campingidasee.de, www.campingidasee.de.
Distanz: , weitere Restaurants in 1,5 km, Ⓗ 0,1 km, 1,3 km, 1,3 km.
Gastro: Kiosk an der Wasserskianlage am See.
Freizeit: 7 km, 7 km. Angeln, Abenteuerspielplatz.
POI: Mühle Idafehn, Fehn-/Schifffahrtsmuseum in Rhauderfehn.

26842 Ostrhauderfehn — €9,00

TopPlatz Ostrhauderfehn, Liebigstraße 8, ☎ 04952/80544 <12m
Hinter dem Rathaus und Tourist-Info im Zentrum

2022 geprüft

POS: 53°8'20.32"N/7°37'23.14"E, Karte D1 (S. 4), C5
Platz: = 32 auf Schotterrasen, Asphalt, Wiese, Pflaster. =30 (16 A) WC CHEM GRAU . Leinenpflicht für Hunde, Waschmaschine/Trockner. nur bei Gruppen. Für Veranstaltungen erweiterbar. Zugang WC/Dusche durch Code. Ganzjährig geöffnet.
Preis: 9 € inkl. Entsorgung, WC, Müll-Entsorgung, WLAN. Strom 1 €/2 kWh, Wasser 0,10 €/10 l, Dusche 1 €. Preisänderungen Strom und Wasser 2023 möglich.
Kontakt: Gemeinde Ostrhauderfehn, ☎ 04952/80544, info@ostrhauderfehn.de, www.ostrhauderfehn.de.
Anfahrt: Zufahrt über die Liebigstraße.
Distanz: Ⓗ 0,2 km, 0,2 km, 0,4 km, 0,4 km.
Gastro: Brötchenservice.
Freizeit: 5 km, 2 km, 0,5 km. Wiekentour (29 km langer Radrundkurs), 2 x im Jahr Reisemobiltreffen mit Anmeldung, Wasserski-Anlage auf dem Idasee 1,5 km, Badesee 3 km.
POI: Mühle Idafehn 1 km, Fehn-/Schifffahrtsmuseum Rhauderfehn 5 km, Mühle Hahnentange Rhauderfehn 7 km, Meyer-Werft Papenburg 15 km.

02899 Ostritz
gratis
<8m

Besucherparkplatz Kloster St. Marienthal, Zittauer Straße,
☎ 035823/770 Internationales Begegnungszentrum im Zisterzienserinnenkloster

POS: 51°0'6.52"N/14°55'29.57"E, Karte D8 (S. 11), H5
Platz: P / = 6 auf Rasengittersteinen. Ganzjährig geöffnet.
Preis: Übernachtung gratis. Um eine Spende zur Erhaltung des Klosters wird gebeten.
Kontakt: IBZ St. Marienthal, ☎ 035823/770, info@ibz-marienthal.de, www.ibz-marienthal.de.
Distanz: Ⓗ 0,1 km, 0,1 km, 1 km, 2 km.
Gastro: Klosterschenke, warme Küche 11:00-21:00 Uhr.
Freizeit: 1 km, 20 km, 0,2 km. Öffentliche Klosterführung täglich 15:00 Uhr.
POI: Kloster St. Marienthal 0,3 km, Altstadt Görlitz und Zittau 18 km.

76470 Ötigheim
€7,00
<10m

Wohnmobilstellplatz bei den Tennisplätzen, Rheinstraße 23,
☎ 07222/9197 Am Ortsrand

POS: 48°53'37.79"N/8°13'32.33"E, Karte D13 (S. 16), D1
Platz: P = 4 auf Pflaster, Asphalt. CHEM GRAU. Keine Reservierung. Entsorgung für tragbare Abwassertanks. Leinenpflicht für Hunde. Ganzjährig geöffnet.
Preis: 7 € inkl. aller Personen, Entsorgung. Strom 1 €/2 kWh, Wasser 0,10 €/8 l. Parktickets bei Bäckerei/Konditorei Schröder, Kronenstr. 12 oder Gemeinde Ötigheim, Schulstr. 3.
Kontakt: ☎ 07222/9197, gemeindeverwaltung@oetigheim.de, www.oetigheim.de.
Distanz: 0,2 km, weitere Restaurants in 0,9 km, Ⓗ 0,6 km, 0,7 km, 2 km.
POI: Freilichtbühne Ötigheim 1,5 km.

77883 Ottenhöfen im Schwarzwald
€18,00
<10m

Campingplatz Murhof, Murhof 1,
☎ 0174/6153831 Am Waldrand, im Südwesten des Schwarzwaldes

POS: 48°33'35.88"N/8°9'12.76"E, Karte D13 (S. 16), D2
Platz: P / = 30 auf Wiese, Schotter. WC CHEM GRAU. P Anfahrt 24 h, Wintercamping nach Absprache. Ganzjährig geöffnet.
Preis: Ab 18 € inkl. Entsorgung, Kurtaxe. Strom 0,65 €/kWh, Wasser 1 €/80 l, Dusche 1 €/5 min. Jede weitere Person 6-7,50 €, Kind 2-4 €, Hund 1,50-2,510 €. HS (15.3.-14.9) 23,50 €, NS (15.11-14.3.) 18 €, ZS (15.9.-14.11.) 20,50 €. Inkl. KONUS-Gästekarte.
Kontakt: Herr Klaus Rösch, ☎ 0174/6153831, campingplatz.murhof@gmail.com, campingplatz-murhof.de.
Distanz: 0,2 km, 0,3 km, 0,3 km, Ⓗ 0,5 km.
Gastro: Gasthaus Sportklause, warme Küche 11:30-14:00 Uhr, 18:00-22:00 Uhr.
Freizeit: 0,1 km, 10 km. Mitarbeit auf dem Feld/im Wald, Veranstaltungskalender der Gemeinde (Mai-Okt), geführte Wanderungen, Schnaps-/Weinproben, Mühlenrundweg 9 Mühlen 1 km, geologischer Lehrpfad, Wald-/Weinlehrpfad 2 km.
POI: Historischer Dampfzug 1 km, Edelfrauengrab-Wasserfälle 2 km, Karlsruher Grat 2 km, Allerheiligen-Wasserfälle und Klosterruine 7 km.

31868 Ottenstein
€10,00
<10m
Gutschein

Wohnmobilstellplatz Alte Oberförsterei, Bruchstraße 3,
☎ 05286/229
In ruhiger Lage am Ortsrand

2020 geprüft

POS: 51°56'47.18"N/9°24'9.96"E, Karte D6 (S. 9), F3
Platz: = 19, = 2 (<9 m) auf Schotterrasen, Pflaster, Wiese. =19 CHEM GRAU. P nur bei Gruppen. Wasser im Winter wegen Frostgefahr nur nach telefonischer Anfrage bei der Gemeinde. Ganzjährig geöffnet.
Preis: 10 € inkl. aller Personen, Müll-Entsorgung, WLAN. Strom 1 €/kWh, Wasser 1 €/100 l, Entsorgung 0,50 €.
Kontakt: Flecken Ottenstein, Manfred Weiner, ☎ 05286/229, Mobil: 0175/1609007, info@ottensteiner-hochebene.de, www.ottensteiner-hochebene.de.
Distanz: 0,2 km, 0,2 km, weitere Restaurants in 0,5 km, 0,5 km.
Gastro: Restaurant, Mo-So 18:00-22:00 Uhr.
Freizeit: 5 km, 10 km, 0,5 km. Wandern, Mountainbiken.
POI: Münchhausenstadt Bodenwerder 10 km, Schloss Hämelschenburg 12 km, Rattenfängerstadt Hameln 25 km.

21762 Otterndorf
€12,00
>12m

Stellplatz am Seglertreff Otterndorf, An der Schleuse, ☎ 0177/2556656
Am Deich unter Bäumen

2022 geprüft

POS: 53°49'23.04"N/8°53'41.09"E, Karte D2 (S. 5), F3
Platz: P = 24 auf Eco-Raster/Gras. =12 WC CHEM GRAU. Gasflaschentausch für 21,50 € auf Anfrage beim Kiosk. P nur bei Gruppen. Anfahrt Mo-So 8:00-18:30 Uhr. Geöffnet: 1.4.-31.10.
Preis: 12 € inkl. aller Personen, Wasser, WC, Müll-Entsorgung. Strom 0,60 €/kWh, Dusche 1,50 €/Pers., Kurtaxe 2,50 €/Pers.
Kontakt: Thomas Karbach, Mobil: 0177/2556656, thomas.karbach@ewetel.net, www.otterndorf.de.
Distanz: 0,1 km, weitere Restaurants in 0,3 km, Ⓗ 0,3 km, 1,3 km, 1,6 km.
Gastro: Brötchenservice. Imbiss/Kiosk am Platz.
Freizeit: 1,8 km, 1,8 km, 2,6 km. Badesee, Beachvolleyball, Wassersport, Spielplatz 0,4 km, Windsurf-/Kite-Surfkurse 0,4 km.
POI: Schöpfwerk/Schleuse, Museen 2 km, Altstadt 2 km.

21762 Otterndorf
€10,00
<10m
neu

Wohnmobilstellplatz Otterndorf, Fritz-Pahlke-Straße 7,
☎ 04751/9092914 Beim Reisemobilhändler im Industriegebiet

POS: 53°48'14.89"N/8°53'0.29"E, Karte D2 (S. 5), F3
Platz: P / = 3 auf Schotter. CHEM GRAU. P Aufenthalt max. 2 Nächte. Ganzjährig geöffnet.
Preis: 10 € inkl. Entsorgung. Strom 4 €/Tag, Wasser 1 €/100 l.
Kontakt: Thomas Jahrstorfer, ☎ 04751/9092914, Mobil: 0172/3932478, info@reisemobile-otterndorf.de, www.reisemobile-otterndorf.de.
Distanz: Ⓗ 1 km, 1,1 km, 2 km, 2 km.
Gastro: Brötchenservice.
Freizeit: 1,9 km. Badesee, Otterndorfer Strand, Kanu fahren, Angeln, Sole-Therme Otterndorf 1,9 km.
POI: UNESCO-Weltnaturerbe Wattenmeer Museum, Cuxhaven 14,7 km.

28870 Ottersberg
gratis
<8m

Stellplatz beim Sportzentrum, Fährwisch, ☎ 04205/31700
Neben dem Sporthallen-Zentrum

POS: 53°6'26.43"N/9°8'9.36"E, Karte D2 (S. 5), F5
Platz: = 3 auf Pflaster. CHEM. Platz kann bis Anfang 2023 nicht genutzt werden. Vor Anfahrt Verfügbarkeit bitte telefonisch erfragen. Ganzjährig geöffnet.
Preis: Übernachtung gratis. Strom 1 €, Wasser 1 €.
Kontakt: ☎ 04205/31700, info@flecken-ottersberg.de, www.flecken-ottersberg.de.
Distanz: Ⓗ 0,6 km, 0,7 km, 0,8 km.
Gastro: Restaurants 0,5 km.
Freizeit: 0,1 km. Spazieren durch die Wümmerwiesen.
POI: Heimathaus Irmintraut, Amtshof Ottersberg, Fischerhude 5 km.

34633 Ottrau
€6,00
<8m

Stellplatz am Schwimmbad, Am Schwimmbad 10, ☎ 06639/96090
Verkehrsgünstig am Ortsrand

POS: 50°48'14.93"N/9°23'3.55"E, Karte D10 (S. 13), F1
Platz: P / = 2 auf Asphalt. WC. Dusche/WC zu den Öffnungszeiten des Sportvereins. Ganzjährig geöffnet.
Preis: 6 € inkl. Strom, Wasser, Dusche, WC.
Kontakt: Gemeinde Ottrau, ☎ 06639/96090, info@ottrau.de, www.ottrau.de.
Distanz: Ⓗ 0,1 km, 0,2 km, 0,2 km, 5 km.
Gastro: Restaurant Kalkbergschänke in Weißenborn.
Freizeit: 0,1 km, 11 km. Tennis, Angeln, kulturhistorischer Wanderweg 5 km.
POI: Burg Herzberg 8 km, Alsfeld 11 km.

O

34633 Ottrau-Immichenhain €10,00

Wohnmobilstellplatz am Aussiedlerhof, Aussiedlerhof 1, ☎ **01590/4382750** Am Naturpark Knüll im Rotkäppchenland <10m neu

POS: 50°48'46.28"N/9°21'24.19"E, Karte D10 (S.13), F1
Platz: = 14 auf Rasengittersteinen, Wiese. CHEM GRAU . wird empfohlen. Ganzjährig geöffnet.
Preis: 10 € inkl. Wasser, Entsorgung, WLAN. Strom 2,50 €/Nacht, VE für Durchreisende 5 €.
Kontakt: Stefan Tietzmann, ☎ 01590/4382750, tietzmann1407@gmail.com.
Distanz: 0,4 km, 2,3 km, 2,3 km.
Freizeit: 2,3 km, 13,5 km. Geführte Wanderungen durch den Naturpark Knüll.
POI: Kloster Immichenhain 0,3 km, Steinmühle in Schorbach 6,4 km, Burg Herzberg 10,5 km, hist. Altstadt Alsfeld 14 km.

66564 Ottweiler €5,00

Wohnmobilstellplatz Ottweiler am Wingertsweiher, Am Wingertsbach, ☎ **06824/3511** Im Naherholungsgebiet <10m

POS: 49°24'40.89"N/7°10'51.06"E, Karte D9 (S.12), B5
Platz: = 10 auf Schotter. =8 (8 A) CHEM GRAU . Aufenthalt max. 7 Tage. Ganzjährig geöffnet.
Preis: 5 € inkl. aller Personen, Entsorgung, Müll-Entsorgung. Strom 1 €/8 h, Wasser 1 €/100 l.
Kontakt: Stadt Ottweiler, ☎ 06824/3511, tourist@ottweiler.de, www.ottweiler.de.
Distanz: Ⓗ 0,5 km, 1,5 km, 1,5 km, 1,5 km.
Freizeit: 2 km, 8 km, 5 km. 4 Wanderwege, Nachtwächterrundgang, Angeln, MTB-Strecke Flowtrail-Ottweiler, Ostertalbahn 0,1 km, Neunkircher Zoo 7 km, Freizeitpark St. Wendel 8 km, Golfplatz 8 km.
POI: Insektenmuseum 0,5 km, Saarländisches Schulmuseum 1,5 km, Ottweiler Buchdruck-Werkstatt 1,5 km, Altstadt Ottweiler 1,5 km.

64853 Otzberg-Hering gratis

Wohnmobilstellplatz Hering, Zum Bergfried 20, ☎ **06162/96040** Auf dem Parkplatz Im Finkenhäuschen/Mauerstraße <8m neu

POS: 49°49'9.00"N/8°54'49.00"E, Karte D10 (S.13), F4
Platz: = 2 auf Asphalt. CHEM GRAU . Aufenthalt max. 72 h. Ganzjährig geöffnet.
Preis: Übernachtung gratis inkl. Entsorgung. Strom 0,50 €/kWh, Wasser 1 €/100 l oder 0,10 €/10 l.
Kontakt: Gemeindeverwaltung Otzberg, ☎ 06162/96040, gemeindeverwaltung@otzberg.de, www.otzberg.de.
Distanz: 0,1 km, 0,3 km, Ⓗ 0,6 km.
Gastro: Biergarten auf der Veste Otzberg 0,3 km.
Freizeit: Wander- und Radrouten durch den nördlichen Odenwald, Fahrt mit der Heringer Kleinbahn.
POI: Museum Altes Rathaus Lengfeld, Hofgut Habitzheim, Veste Otzberg mit Ausblick über Odenwald, Bergstraße und das Rhein-Main Gebiet.

26939 Ovelgönne gratis

Stellplatz Burgdorf Ovelgönne, Am Sportplatz, ☎ **04480/820** In ruhiger Lage mit altem Baumbestand <10m

POS: 53°20'36.24"N/8°25'38.85"E, Karte D2 (S.5), E5
Platz: = 5 auf Schotter. =8 (10 A) CHEM GRAU . Aufenthalt max. 14 Tage. Ganzjährig geöffnet. Ausnahme: Sperrung am ersten Mo im Sep sowie am Sa+So davor wegen Pferdemarkt.
Preis: Übernachtung gratis. Strom 1 €/8 h, Wasser 1 €/100 l.
Kontakt: Gemeinde Ovelgönne, ☎ 04480/820, info@ovelgoenne.de, www.ovelgoenne.de.
Distanz: Ⓗ 0,1 km, 0,5 km, 0,5 km, 0,5 km.
Freizeit: 5 km, 6 km. Wattwandern, Wassersport.
POI: Ortskern unter Denkmalschutz 0,5 km, Handwerksmuseum 0,5 km, Heilpflanzenlehrpfad in Oldenbrok/Rüdershausen 8,5 km.

73277 Owen €8,00

Wohnmobilstellplatz Owen, Lauterweg 36, ☎ **07021/80060** Am nördlicher Rand des Biosphärengebiets Schwäbische Alb <10m neu

POS: 48°35'37.52"N/9°26'46.96"E, Karte D14 (S.17), G2
Platz: = 7 auf Sand/Splitt. CHEM GRAU . Ganzjährig geöffnet.
Preis: 8 € inkl. Entsorgung. Strom 1 €/2 kWh, Wasser 1 €/100 l.
Kontakt: Stadt Owen, Eileen Gerstner, ☎ 07021/80060, buergermeisteramt@owen.de, www.owen.de.
Distanz: Ⓗ 0,6 km, 0,8 km, 1,5 km.
Freizeit: 5,9 km, 3 km. Wandern am Teckberg, Radfahren und Wanderungen im Biosphärengebiet Schwäbische Alb, Hist. Stadtrundgang Owen.
POI: Grablege der Herzöge von Teck im Chor der Marienkirche Owen 1 km, Freilichtmuseum Beuren 4,6 km, Burg Diepoldsburg 6,9 km, Burg Teck 11,4 km.

P

33098 Paderborn €7,00

Parkplatz Maspernplatz (Paderhalle), Hathumarstraße 22, ☎ **05251/8812980** Auf dem Parkplatz an der ehemaligen Stadtmauer <8m

2020 geprüft

POS: 51°43'22.82"N/8°45'18.85"E, Karte D6 (S.9), E4
Platz: = 7 auf Pflaster. =3 (16 A) . Ganzjährig geöffnet.
Preis: 7 €. Strom 0,50 €/h. Mo-Sa 8:00-22:00 Uhr 1,20 €/h (max. 7 €).
Kontakt: Tourist-Information Paderborn, ☎ 05251/8812980, tourist-info@paderborn.de, www.paderborn.de/tourismus.
Distanz: Ⓗ 0,1 km, 0,2 km, weitere Restaurants in 0,3 km, 0,5 km, 0,5 km.
Freizeit: 0,2 km, 1 km. Stadtbesichtigung.
POI: Altstadt mit Dom/Kirchen/Galerien/Museen/Rathaus 0,5 km, Computermuseum 1,5 km, Deutsches Traktoren-/Modellautomuseum 3 km, Schloss Neuhaus 4 km.

33102 Paderborn €8,00

Beim Rolandsbad, Fürstenweg 36, ☎ **05251/8812980** Zentrumsnah, beim Rolandsbad <12m

2020 geprüft E

POS: 51°43'42.00"N/8°44'44.00"E, Karte D6 (S.9), E4
Platz: = 16 auf Asphalt. =16 (16 A) CHEM GRAU. Infotafel und Müll-Entsorgung am Platz. Ganzjährig geöffnet.
Preis: 8 € inkl. Entsorgung, Müll-Entsorgung. Jede weitere Pers. gratis, Strom 0,50 €/kWh, Wasser 0,50 €/60 l.
Kontakt: Touristinformation Paderborn, ☎ 05251/8812980, tourist-info@paderborn.de, www.paderborn.de/tourismus.
Distanz: Ⓗ 0,1 km, 0,2 km, 0,7 km, 1 km.
Freizeit: 0,1 km, 0,1 km, 1,3 km. Klettern, Boot fahren, Tennisplatz 0,1 km, PaderKletterPark 1,4 km, Naherholungsgebiet Fischteiche 1,4 km, Lippesee (Wasserski fahren) 7,5 km.
POI: Heinz Nixdorf MuseumsForum (weltgrößtes Computermuseum) 0,7 km, Altstadt mit Dom und Rathaus 1,3 km, Fürstbischöfliche Residenz Schloss Neuhaus 3 km.

Tipp

Der etwa 700 m von der Innenstadt entfernt liegende Stellplatz beim Rolandsbad ist ideal für alle, die eine Besichtigung Paderborns, Wanderungen auf der nahe gelegenen PaderWanderung entlang Deutschlands kürzestem Fluss und Radausflüge auf bekannten Routen in die Umgebung unternehmen möchten. Weitere Informationen: www.paderborn.de/tourismus

O P

33102 Paderborn gratis

<10m

Heinz Nixdorf Museums-Forum, Fürstenallee 7, ☎ 05251/306600
Auf dem Besucherparkplatz des Heinz Nixdorf Museums Forum

2020 geprüft

POS: 51°43'55.84"N/8°44'11.59"E, Karte D6 (S. 9), E4
Platz: = 3 auf Pflaster. WC. Ganzjährig geöffnet.
Preis: Übernachtung gratis.
Kontakt: ☎ 05251/306600, service@hnf.de, www.hnf.de.
Distanz: 1 km, 2,6 km, 2,7 km.
Freizeit: 0,9 km. Wanderungen, Museumsbesuch, Kanutour auf der Lippe, Paderborner Segway-Touren, Rolandsbad 0,9 km, Wasserskiseilbahn am Nesthauser See 7,2 km.
POI: Paderborn mit Dom/Rathaus/Bartholomäuskapelle 1,9 km, Schloss Neuhaus 3,2 km.

33106 Paderborn-Sande gratis

<12m

Am Lippesee-Nordufer, Sennelagerstraße 58, ☎ 05251/8812980 Bei der DLRG-Station am Nordufer des Lippesees

POS: 51°45'38.07"N/8°40'40.45"E, Karte D6 (S. 9), E4
Platz: = 20 auf Wiese, Schotter. Ganzjährig geöffnet.
Preis: Übernachtung gratis inkl. aller Personen.
Kontakt: Tourist Information Paderborn, ☎ 05251/8812980, tourist-info@paderborn.de, www.paderborn.de/tourismus.
Distanz: 0,3 km, 0,5 km, 0,5 km, weitere Restaurants in 0,6 km, 0,5 km.
Gastro: 2 Kioske am See.
Freizeit: 2 km, 10 km. Segeln, Surfen, Tretboot-Verleih im Freizeitparadies Lippesee 0,1 km, Minigolf 0,1 km, Boulebahn 0,1 km, Badestrand 0,5 km, Wasser-Skiseilbahn auf dem Nesthauser See 1,5 km.
POI: Schloss Neuhaus 4 km, Paderborn Innenstadt 8 km.

25794 Pahlen €10,00

<8m

Stellplatz am Hafen, Fischerstraße 15, ☎ 0151/55629777
Gekennzeichnete Plätze am Hafen an der Eider

2021 geprüft

POS: 54°16'16.46"N/9°18'2.76"E, Karte D2 (S. 5), F2
Platz: / = 4 auf Schotterrasen. =3 (16 A) WC. Bootsslip vorhanden. Geöffnet: 15.4.-15.10.
Preis: 10 € inkl. Strom, Wasser, Dusche, WC, Müll-Entsorgung. Jede weitere Pers. 1 €.
Kontakt: Hafenmeisterin Andrea Gries, ☎ 0151/55629777, www.amt-eider.de.
Distanz: 0,2 km, 0,5 km, 1 km, 1 km.
Freizeit: 1 km, 20 km.
POI: Heimatmuseum 1 km.

54439 Palzem €10,00

<12m

Weingut Edwin Pauly, Obermoselstraße 5, ☎ 06583/446 Auf einem Weingut in ruhiger Ortsrandlage mit Blick zur Mosel

POS: 49°33'51.43"N/6°22'28.98"E, Karte D9 (S. 12), A4
Platz: = 3 auf Schotter, Rasengittersteinen. =3 (16 A) WC GRAU. Ganzjährig geöffnet.
Preis: 10 € inkl. aller Personen, Strom, Wasser, Entsorgung, WC, Müll-Entsorgung. Bei Weinkauf ab 50 € entfällt die Gebühr.
Kontakt: Edwin Pauly, ☎ 06583/446, info@paulywein.de, www.paulywein.de.
Distanz: 0,1 km, 0,3 km, 0,5 km, 4 km.
Gastro: Rebenhof, Obermoselstr. 9.
Freizeit: 3 km. Mitarbeit im Weinberg, Römische Villa Borg, Kellerführung, Wanderweg Moselsteig, Weinprobe, Skulpturenweg Steine am Fluß 0,3 km, ausgedehnte Radwege an der Mosel 0,5 km, Saarschleife Orscholz und Wasserfall Saarburg, Baumwipfelpfad 15 km.
POI: Größter römischer Mosaikfußboden diesseits der Alpen 3 km.

26871 Papenburg €12,00

<8m

Camping Papenburg, Zum Poggenpoel 101, ☎ 04961/974026
Am Badesee mit Sandstrand, am Ortsrand

2022 geprüft

POS: 53°3'53.31"N/7°25'36.00"E, Karte D1 (S. 4), C5
Platz: = 10 auf Pflaster. WC CHEM GRAU. Aufenthalt max. 3 Nächte. Mittagspause Rezeption: 13:00-15:00 Uhr. Ganzjährig geöffnet.
Preis: 12 € inkl. Wasser, Entsorgung, Dusche, WC, Müll-Entsorgung. Jede weitere Pers. 5 €, Kind (5-17 J.) 3 €, Strom 3 €.
Kontakt: Campingplatz Papenburg, ☎ 04961/974026, campingplatz@papenburg.de, www.campingplatz-papenburg.de.
Distanz: 0,5 km, 1 km, 2 km, weitere Restaurants in 3,5 km, 3,5 km.
Gastro: Bistro Kiek In auf dem Gelände.
Freizeit: 1 km, 2 km. Angeln mit gültigem Angelschein, Badestrand, Tennis 1 km, Golf 1 km.
POI: Von-Velen-Museumsanlage 2 km, Schifffahrts-Freilichtmuseum im gesamten Stadtgebiet 2,5 km, Bockwindmühle und St. Amandus-Kirche in Papenburg 3,5 km, Meyer Werft 7 km.

26871 Papenburg €10,00

>12m

Hotel Restaurant Hilling, Mittelkanal links 94, ☎ 04961/97760
Auf einer Rasenfläche hinter dem Hotel

2022 geprüft

POS: 53°4'43.98"N/7°26'21.85"E, Karte D1 (S. 4), C5
Platz: = 72 auf Pflaster, Wiese, Rasengittersteinen. =22 (16 A) CHEM GRAU. Gruppentreffen (150 Mobile) auf Anfrage, 22 Stellplätze auf Pflaster mit Stromanschluss und 50 Stellplätze auf Wiese ohne Strom. Schlauch für VE ist nicht vorhanden, bitte mitbringen. Ganzjährig geöffnet.
Preis: 10 € inkl. WLAN. Strom 0,50 €/kWh, Wasser 1 €/60 l, Entsorgung 1 €. Bei Verzehr von 30 € werden 4 € rückvergütet.
Kontakt: Hotel-Restaurant Hilling, Peter Hilling, ☎ 04961/97760, info@hotelhilling.de, www.hotelhilling.de.
Distanz: 0 km, weitere Restaurants in 0,3 km, 0 km, 0,8 km, 0,8 km.
Gastro: Restaurant am Platz, Mo-Sa 17:30-22:00 Uhr, Sa+So Mittagstisch von 12:00-14:00 Uhr. Frühstücksbüfett (11,50 €/Pers. auf Vorbestellung). Brötchenservice.
Freizeit: 2,5 km, 2,5 km, 1 km. Stadtrundfahrt, Bogen- und Armbrustschießen, Planwagenfahrt.

POI: Schifffahrts-Freilichtmuseum in den Kanälen der Stadt, Van-Velen-Anlage 0,5 km, Heimathaus 5 km, Meyer-Werft 7 km.

19370 Parchim — €20,00

Café & Pension Am Brunnen, Am Brunnen 1, ☎ 03871/4689776
>12 m
Gutschein
Auf einer kleinen Obstwiese am Parchimer Sonnenberg direkt am Fluss Elde

POS: 53°24'24.07"N/11°50'10.17"E, Karte D3 (S. 6), C4
Platz: P = 5 auf Wiese. WC CHEM GRAU. Eigener Bootssteg an der Müritz-Elde-Wasserstraße. P wird empfohlen. Anfahrt 11:00-20:00 Uhr, sonst nach telefonischer Anmeldung. Ganzjährig geöffnet.
Preis: 20 € inkl. Strom, Wasser, Entsorgung, Dusche, WC, Müll-Entsorgung, WLAN, Kurtaxe. Jede weitere Pers. 2,50 €.
Kontakt: Jan Jochmann, ☎ 03871/4689776, pensionambrunnen@gmx.de, pensionambrunnen.de.
Distanz: Weitere Restaurants in 1,5 km Entfernung, 1,5 km, Ⓗ 2 km, 2 km, 3 km.
Gastro: Restaurant, Mi 14:00-20:00 Uhr, Do-Fr 14:00-18:00 Uhr, Sa-So 11:00-18:00 Uhr, Mo-Di Ruhetag. Brötchenservice. Frühstücksservice, ab 7:00 Uhr (10 €/Pers.).
Freizeit: 3 km. Kanu fahren, Angeln.
POI: Vietingshöhle 3,2 km, Elefantenhof Platschow 22 km.

19370 Parchim — €10,00

Wasserwanderrastplatz Am Fischerdamm, Am Fischerdamm, ☎ 0174/1912724 In ruhiger Lage im Stadtzentrum, in der Nähe vom Hafen und der Elde
<8 m

POS: 53°25'32.38"N/11°50'32.30"E, Karte D3 (S. 6), C4
Platz: P = 20 auf Pflaster. =15 (6 A) WC CHEM GRAU. Reisemobile >6 m müssen quer parken. Im Winter kein Wasser/Dusche. Ganzjährig geöffnet.
Preis: 10 € inkl. aller Personen, Grauwasserentsorgung. Strom 0,50 €/kWh, Wasser 0,50 €/80 l, Entsorgung 0,50 €, Dusche 0,50 €/Pers., WC 0,50 €. Preisänderung für Serviceleistungen 2023 möglich.
Kontakt: Holger Nüsch, ☎ 0174/1912724, info@hafen-in-parchim.de, www.parchim.de.
Distanz: 0,2 km, 0,3 km, 0,3 km, Ⓗ 0,5 km.
Gastro: Stadtkrug/Brauhaus 0,3 km.
Freizeit: 2 km, 0,5 km. Kanuverleih.
POI: Backsteinkirchen 0,3 km, Rathaus (Backsteingotik) 0,3 km, Fachwerkhäuser im Stadtkern 0,4 km, höchste Douglasien Europas 0,9 km.

94365 Parkstetten — €24,00

Wohnmobilhafen Friedenhain-See Freizeitanlagen, Münsterer Straße 52 A, ☎ 09421/82700
<12 m
Direkt am See mit eigener Zufahrt

POS: 48°55'47.53"N/12°34'43.21"E, Karte D15 (S. 18), D1
Platz: P = 11 auf Schotter, Schotterrasen. =12 (16 A) CHEM GRAU. Zugang zum Strandbad inkl., Hunde verboten. P Anfahrt 12:00-20:00 Uhr. WC, Waschmaschine/Trockner auf Campingplatz. Geöffnet: 1.4.-26.9.
Preis: 24 € inkl. Wasser, Entsorgung, Dusche, Müll-Entsorgung, WLAN, WC. Jede weitere Pers. 3 €, Kind (6-16 J.) 1,50 €. Preiserhöhungen 2023 möglich.
Kontakt: Friedenhain-See Freizeitanlagen GmbH, ☎ 09421/82700, Mobil: 0171/8214508, info@friedenhainsee.de, www.friedenhainsee.de.
Distanz: 3 km, weitere Restaurants in 5 km, Ⓗ 3 km, 3 km, 3 km.
Gastro: Brötchen-/Frühstücksservice.
Freizeit: Wasserski-/Wakebordseilbahn, Segeln, SUP-Verleih, Tennis, Wasserski, Strandbad, Golfen, Breitwellenwasserrutsche, Surfen.
POI: Altstadt Straubing.

94032 Passau — €15,00

Wohnmobilstellplatz Bahnhofstraße, Regensburger Straße 1, ☎ 0851/5600
<8 m
In unmittelbarer Nähe zu den Gleisen am Hauptbahnhof

POS: 48°34'26.31"N/13°26'42.75"E, Karte D16 (S. 19), F2
Platz: = 15 auf Asphalt. WC CHEM GRAU. Neben einem Parkhaus, beleuchtetes WC im Parkhaus gegen Gebühr. Güterverkehr rund um die Uhr. Ganzjährig geöffnet.
Preis: 15 € inkl. aller Personen, Entsorgung. Wasser 0,10 €/9 l. Kostenpflichtig 9:00-19:00 Uhr. 3 €/h, max. 15 €. Bezahlung am Kassenautomat im angrenzenden Parkhaus Bahnhofstraße.
Kontakt: Stadtwerke Passau GmbH, ☎ 0851/5600, info@stadtwerke-passau.de, www.stadtwerke-passau.de.
Distanz: Ⓗ 0,1 km, 0,3 km, 0,5 km, 0,5 km.
Gastro: Imbiss direkt am Platz.
Freizeit: 3 km, 3 km, 0,3 km. Donauradweg, Freizeit- und Erlebnisbad 3 km.
POI: Altstadt 0,5 km, Dom St. Stephan 0,8 km, Dreiflüsseeck 1 km, Burganlage Veste Oberhaus 2 km.

94034 Passau — €15,00

Wohnmobilstellplatz Parkdeck Ilzbrücke, Halser Straße 2, ☎ 0851/396610 Nahe der Altstadt an einer stark befahrenen Straße
<12 m

2022 geprüft E

POS: 48°34'42.55"N/13°28'26.39"E, Karte D16 (S. 19), F2
Platz: P = 13 auf Pflaster. =12 (16 A) WC CHEM GRAU. Aufenthalt max. 24 h wegen Hochwassergefahr. Ganzjährig geöffnet.
Preis: 15 € inkl. Entsorgung. Strom 0,50 €/kWh, Wasser 1 €/50 l. 2 €/h, Tageshöchstsatz 15 €.
Kontakt: Stadt Passau Tourist-Information, ☎ 0851/396610, tourist-info@passau.de, www.passau.de.
Distanz: Ⓗ 0,1 km, 0,5 km, 0,7 km, 2 km.
Freizeit: 7,5 km, 7,5 km, 0,5 km. Donauradweg, Anbindung an Donau-/Goldsteig.
POI: Dom St. Stephan 1 km, Dreiflüsseeck 1 km, Veste Oberhaus 1,2 km, Mariahilf 2 km.

94036 Passau — gratis

Winterhafen Racklau, Racklau, ☎ 0851/396610 Am Ufer der Donau unterhalb der B8 und der Bahnlinie
<12 m

2021 geprüft

POS: 48°34'26.96"N/13°25'37.98"E, Karte D16 (S. 19), F2
Platz: P = 30 auf Schotter. Aufenthalt max. 24 h. Infomaterial über Bus- und Schiffsverkehr. Ganzjährig geöffnet.
Preis: Übernachtung gratis.
Kontakt: Tourist-Information, ☎ 0851/396610, tourist-info@passau.de, www.passau.de.
Distanz: Ⓗ 0,3 km, 0,4 km, Tankstelle 0,5 km, 1 km, E 2 km (Wohnmobilstellplatz Bahnhofstraße, Regensburger Straße 1, 94032 Passau), 2,5 km.
Gastro: Bäckerei-Lieferservice täglich am Platz.
Freizeit: 3,9 km, 3,9 km, 2 km. Stadtbesichtigung, Donauradweg, Freizeit-/Erlebnisbad pep 3,9 km.
POI: Altstadt 2,5 km, Dom St. Stephan 2,5 km, Dreiflusseck 3 km, Burganlage Oberhaus 3 km.

94036 Passau — €25,00

Wohnmobilstellplatz am Bauernhof, Schönleitnerweg 17, ☎ 0151/10983096 Vor einem ehemaligen Bauernhof am Stadtrand
<12 m
neu

2022 geprüft E

POS: 48°33'35.54"N/13°25'51.83"E, Karte D16 (S. 19), F2
Platz: = 3 auf Rasengittersteinen, Asphalt. Hofladen. P wird empfohlen. Ganzjährig geöffnet.
Preis: 25 € inkl. Strom. Wasser 1 €.
Kontakt: Philipp Kottbauer, Mobil: 0151/10983096.
Distanz: 0,5 km, 0,6 km, 3,2 km.
Freizeit: 1 km. Radweg nach Passau.
POI: Bischofsstadt Passau 3,2 km.

P

17449 Peenemünde €18,00

Stellplatz Peenemünde, Fährstraße 9, ☎ 0174/6484045 <10m

Direkt vor den Steganlagen mit Hafenblick

2022 geprüft

POS: 54°8'9.15"N/13°45'44.07"E, Karte D4 (S. 7), F2
Platz: = 80 auf Wiese. =40 WC CHEM GRAU. Ganzjährig geöffnet.
Preis: Ab 18 € inkl. WC, Müll-Entsorgung, Hund. Jede weitere Pers. 2 €, Kind (4-12 J.) 1,50 €, Strom 3 €/Tag, Wasser 1 €, Entsorgung 2 €, Dusche 2 €/5 min. Ab 3,5 t 22 €.
Kontakt: Marina Drews, Mobil: 0174/6484045, info@halbinsel-peenemuende.de, www.halbinsel-peenemuende.de.
Distanz: 0,3 km, weitere Restaurants in 1 km, 1 km, Ⓗ 1,3 km, 8 km.
Gastro: Öffnungszeiten: 8:00-22:00 Uhr. Brötchenservice. Frühstück in der Hafenbar.
Freizeit: Wanderweg mit Blick auf Ostsee & Insel Rügen, Angeln, Hundestrand, Bootsverleih, Thermalbad 16,2 km.
POI: Historisch-technisches Museum Peenemünde 0,8 km, Schmetterlingsfarm Trassenheide 13,5 km, Tierpark Wolgast 22,8 km.

82380 Peißenberg gratis

Parkplatz Moosleite, Moosleite, ☎ 08803/6900 <8m

In der Ortsmitte gegenüber der Bücherei

POS: 47°47'52.41"N/11°3'44.62"E, Karte D15 (S. 18), B4
Platz: = 10 auf Asphalt, Rasengittersteinen. Aufenthalt max. 24 h. Kostenlose VE bei der Fa. Gerard und der Kläranlage Peißenberg. Ganzjährig geöffnet.
Preis: Übernachtung gratis.
Kontakt: Markt Peißenberg, ☎ 08803/6900, poststelle@peissenberg.de, www.peissenberg.de.
Distanz: Ⓗ, 0,1 km, 0,1 km, weitere Restaurants in 0,2 km, 0,2 km, 2,5 km (Kläranlage Peißenberg, Ammerweg 15, 82380 Peißenberg).
Gastro: Mehrere Restaurants im Ort.
Freizeit: Staffelsee 19,7 km.
POI: Bergbaumuseum 0,6 km.

86971 Peiting gratis

Stellplatz am Wellenfreibad, Ammergauer Straße 20a, ☎ 08861/59961 <8m

In ruhiger Lage neben dem Wellenfreibad im Ortszentrum

2021 geprüft

POS: 47°47'35.64"N/10°55'22.69"E, Karte D15 (S. 18), B4
Platz: = 5 auf Schotter. WC. Aufenthalt max. 3 Nächte. Lärmbelästigungen sowie Verunreinigungen sind zu vermeiden. Ganzjährig geöffnet.
Preis: Übernachtung gratis. WC im Wellenfreibad gegen kleine Gebühr.
Kontakt: Touristinfo Peiting, ☎ 08861/59961, touristinfo@peiting.de, www.peiting.de/tourismus/unterkuenfte/wohnmobilstellplaetze.
Distanz: 0,1 km, weitere Restaurants in 0,2 km, 0,2 km, Ⓗ 0,2 km, 0,3 km.
Gastro: Gasthof Dragoner. Asia Restaurant Tai Phuc.
Freizeit: 3 km.
POI: Museum im Klösterle 1 km, Villa Rustica (Ausgrabungsstätte) 2 km.

25849 Pellworm €30,00

Wattenmeercamping-Pellworm, Klostermitteldeich 14, ☎ 04844/7899679 <8m

5 Gehminuten vom Nationalpark Wattenmeer entfernt

POS: 54°31'2.00"N/8°35'41.00"E, Karte D2 (S. 5), E2
Platz: = 12 auf Schotter. =12 (10 A) WC CHEM GRAU. Leinenpflicht für Hunde, Aufenthaltsraum. Bei längeren Fahrzeugen vorher anfragen. Geöffnet: Mitte März-Okt.
Preis: 30 € inkl. Strom, Wasser, Entsorgung, Dusche, WC, Müll-Entsorgung, WLAN, Waschmaschine. Jede weitere Pers. 4 €, Kind (4-14 J.) 3 €, Hund 3 €.
Kontakt: Wattenmeercamping-Pellworm, ☎ 04844/7899679, campingplatz@seegatten.de, www.campingplatz.seegatten.de.
Distanz: Ⓗ, 0,3 km, weitere Restaurants in 1,5 km, 5 km, 7 km.
Gastro: Imbiss am Platz. Brötchen- und Frühstücksservice.
Freizeit: 7 km, 4,6 km. Wattwandern, Minigolf, Reiten, Wattreiten, Badestrand 0,3 km.
POI: Nationalpark Schleswig-Holsteinisches Wattenmeer 0,1 km, Zur Alten Kirche 0,2 km, Nordseestrand 0,3 km, Rungholtmuseum 3 km.

09322 Penig-Tauscha gratis

Hotel Zur Lochmühle, Zur Lochmühle 64, ☎ 037381/66220 <12m

Im Tal der Burgen

POS: 50°55'1.59"N/12°42'5.18"E, Karte D11 (S. 14), D1
Platz: = 2 auf Schotter, Asphalt. WC. Sauna. Stromanschluss, WLAN und Wasser auf dem Hotelgelände. Ganzjährig geöffnet.
Preis: Für Restaurantgäste kostenlos, inkl. WC, WLAN. Einkehr obligatorisch.
Kontakt: Hotel Zur Lochmühle, Herr Klinder, ☎ 037381/66220, hotel@zur-lochmuehle.de, www.zur-lochmuehle.de.
Distanz: , 1 km, 1 km, Ⓗ 1 km.
Gastro: Am Platz, warme Küche Mo ab 17:00 Uhr, Di-So 11:00-22:00 Uhr. Frühstück 8 €/Pers..
Freizeit: 3 km, 7 km. Radtouren an der Mulde.
POI: Talsperre mit Burg Kriebstein, Rochsburg 5 km, Waldenburg 7 km, Chemnitz 10 km, Schloss Rochlitz 20 km, Kriebstein 30 km.

17328 Penkun €5,00

Gasthaus und Hotel Zum Greif, Breite Straße 4, ☎ 039751/61939 Auf dem Hotelparkplatz zwischen mehreren Seen <10m

POS: 53°17'49.92"N/14°14'23.74"E, Karte D4 (S. 7), G4
Platz: = 3, = 3 (<10 m) auf Schotter, Asphalt, Wiese. WC. wird empfohlen. Anfahrt bis 21:30 Uhr. Ganzjährig geöffnet.
Preis: 5 € inkl. Hund. Für Restaurantgäste kostenlos.
Kontakt: Gasthaus und Hotel Zum Greif, Manuela Baumann, ☎ 039751/61939, Mobil: 0152/31097666, manuelabaumann8@aol.com, www.penkun.de.
Distanz: 0,1 km, Ⓗ 0,1 km, 0,7 km, weitere Restaurants in 0,7 km, 0,8 km.
Gastro: Pizzaria Sole Mia (Mo Ruhetag), Restaurant Park am See (Di Ruhetag).
Freizeit: 18 km. Kanuverleih, Reiterhof 0,5 km, Badesee 0,8 km.
POI: Grenzmuseum 0,2 km, Schloss 0,2 km.

18233 Pepelow €16,00

Ostseecamping am Salzhaff, Seeweg 1, ☎ 038294/78686 <12m

Beleuchtetes Wiesengelände vor dem Campingplatz am Salzhaff

2021 geprüft

POS: 54°2'17.11"N/11°35'7.78"E, Karte D3 (S. 6), B3
Platz: = 23 auf Wiese. =23 (16 A) WC CHEM GRAU. Aufenthalt max. 7 Nächte. Ganzjährig geöffnet.
Preis: Ab 16 € inkl. Wasser, WC. Strom 3,50 €, Dusche 0,20 €/min. 1.1.-31.3. 16 €, 4.9.-31.12. 16 €, 1.4.-14.5. 18 €, 5.6.-21.6. 18 €, 15.5.-4.6. 20 €, 22.6.-3.9. 20 €. Personengebühr/Hundepreise siehe Preisliste auf der Website.
Kontakt: Campingtour MV GmbH, Frau Christa Neumann, ☎ 038294/78686, pepelow@campingtour-mv.de, www.ostseecamping-am-salzhaff.de.
Distanz: 0 km, Ⓗ 1 km, 2,5 km.
Gastro: Restaurant Seaside, warme Küche 17:00-21:00 Uhr (je nach Saison).
Freizeit: Baden, Surf- und Kitesurfrevier.
POI: Dorfmuseum Stover Mühle 5 km, Nikolai-Kirche in Wismar 20 km, Klosterkirche Bad Doberan 20 km.

66706 Perl €5,00

Reisemobilstellplatz am PerlBad, Auf dem Sabel 4, ☎ 06867/66101 <10m

Neben dem Hallenbad

POS: 49°28'44.45"N/6°23'5.66"E, Karte D9 (S. 12), A4

Platz: P = 6 auf Schotter. =6 (16 A) CHEM GRAU. Ganzjährig geöffnet.
Preis: 5 € inkl. aller Personen, Entsorgung, Müll-Entsorgung. Strom 1 €/6 h, Wasser 1 €/6 min. Bezahlung über das Handy, im Hallenbad oder bei der Gemeindeverwaltung.
Kontakt: Touristinformation, ☎ 06867/66101, tourist@perl-mosel.de, www.perl-saarschleifenland.de.
Distanz: H 0,1 km, 0,3 km, 0,5 km, 0,5 km, weitere Restaurants in 0,5 km Entfernung.
Freizeit: 10 km, 0,1 km, 1,5 km. Kultur, Spielplatz 0,2 km.
POI: Schengen-Dreiländereck 1 km, Europamuseum Schengen 1,5 km, Saarländisches Brennereimuseum 6 km, Römisches Mosaik Nennig 8 km, Römische Villa Borg 8 km.

66706 Perl-Nennig — €29,00 — <12m

Mosel-Camping Dreiländereck, Zur Moselbrücke 15, ☎ 06866/322
Auf der Schwanenwiese vor dem Campinggelände an der Mosel

POS: 49°32'31.47"N/6°22'15.72"E, Karte D9 (S. 12), A4
Platz: = 10 auf Pflaster, Wiese. =10 (16 A) WC CHEM GRAU R Geöffnet: Apr-Mitte Okt.
Preis: 29 € inkl. Strom, Wasser, Entsorgung, WC, Müll-Entsorgung, WLAN. Jede weitere Pers. 5 €, Kind (bis 14 J.) 4,30 €, Dusche 1,70 €/Pers., Hund 2 €, Waschmaschine 4 €. Preisänderung 2023 möglich.
Kontakt: Reinhold Ollinger, ☎ 06866/322, info@mosel-camping.de, www.mosel-camping.de.
Distanz: 0 km, H 0,2 km, 0,5 km, 1 km.
Gastro: Cafè-Restaurant Moselbrück. Bäcker Mo-Fr ab 9:00 Uhr am Patz.
Freizeit: 0,5 km, 10 km, 0,5 km. Schifffahrt, Wassersport, Angeln, Moselufer-Radweg, Vogel- und Naturschutzgebiete ab 0,1 km, Gärten ohne Grenzen im Dreiländereck D-L-F 20 km.
POI: Römischer Mosaikfußboden in Nenning 1 km, Denkmal Schengen 8 km, Villa Borg 10 km.

19348 Perleberg — gratis — <8m

An der Sophienstraße, Sophienstraße 1, ☎ 03876/781344
Nahe der Altstadt an der Stepenitz

2020 geprüft

POS: 53°4'50.52"N/11°51'44.26"E, Karte D3 (S. 6), C5
Platz: P = 2 auf Pflaster. Ganzjährig geöffnet.
Preis: Übernachtung gratis.
Kontakt: Robert Kazmierczak, ☎ 03876/781344, verkehr@stadt-perleberg.de, www.stadt-perleberg.de.
Distanz: 0,2 km, H 0,2 km, 0,3 km, 0,4 km, weitere Restaurants in 0,5 km.
Freizeit: 1,9 km, 2,2 km, 0,4 km. Fahrten mit dem Spreewaldkahn, Angeln.
POI: Roland 0,3 km, Stadt-/Regionalmuseum 0,6 km, Wunderblutkirche, Bad Wilsnack 9 km, Königsgrab Seddin 10 km.

19348 Perleberg — €17,00 — <12m

Camping- und Caravanhafen Perleberg, Neue Mühle 3, ☎ 03876/301010 Auf einer Halbinsel, jeder Platz mit Zugang zum Fluss Stepenitz

POS: 53°5'27.20"N/11°52'19.58"E, Karte D3 (S. 6), C5
Platz: P = 18 auf Schotterrasen. =60 WC CHEM GRAU R nur bei Gruppen. Duschmarken im Restaurant, Rezeption geöffnet Mi-So 11:00-20:00 Uhr. Ganzjährig geöffnet.
Preis: 17 € inkl. Wasser, Entsorgung, WC, Müll-Entsorgung, Hund. Jede weitere Pers. 5 €, Kind (8-12 J.) 3 €, Strom 5 €, Dusche 1 €/3 min.
Kontakt: Roy Hartung, ☎ 03876/301010, neue.muehle.perleberg@web.de, www.caravanhafen.de.
Distanz: 0 km, weitere Restaurants in 2 km, H 0,6 km, 1,5 km, 2,5 km.
Gastro: Restaurant Neue Mühle, Mi-So 11:00-20:00 Uhr, Mo-Di Ruhetag.
Freizeit: 3 km, 24 km, 0,5 km. Angeln, Fahrten mit dem Stepenitz-Kahn, Tretboot-/Kanuverleih am Platz.
POI: Altstadt Perleberg 4 km, Königsgrab Seddin 10 km, Wunderblutkirche, Bad Wilsnack 18 km.

94157 Perlesreut — gratis — <8m

Stellplatz am Friedhof, Friedhofstraße 3a, ☎ 08555/96190
Am Ortsrand zwischen Fußballplatz und Friedhof

2021 geprüft

POS: 48°46'40.12"N/13°27'0.15"E, Karte D16 (S. 19), F1
Platz: P = 6 auf Rasengittersteinen. =3 WC CHEM GRAU. Leicht schräge Stellflächen. Ganzjährig geöffnet.
Preis: Übernachtung gratis inkl. Entsorgung, WC. Strom 0,70 €/kWh, Wasser 1 €/50 l.
Kontakt: Gemeinde Perlesreut, ☎ 08555/96190, info@perlesreut.de, www.perlesreut.de.
Distanz: 0,5 km, 0,6 km, 1 km.
Freizeit: Rad- und Wanderwege vor Ort.

Hinweis der Redaktion: Aufgrund der wirtschaftlichen Lage und der andauernden Energiekrise kann es in 2023 zu noch nicht absehbaren Preiserhöhungen bei Service- und Übernachtungsgebühren kommen. Wir bitten um Verständnis und verweisen auf die **Bordatlas WebApp.** Die Stellplatzdaten werden dort laufend überarbeitet und stehen online stets aktuell zur Verfügung.

32469 Petershagen/Weser — gratis — <8m

Reisemobilstellplatz Petershagen, Hohoffstraße/Am Sportplatz, ☎ 05702/822157 Am Sportplatz im Ortszentrum, nahe der Altstadt

2021 geprüft

POS: 52°22'32.33"N/8°58'6.36"E, Karte D6 (S. 9), F2
Platz: P = 10 auf Sand/Splitt. =10 (13 A) CHEM GRAU. Aufenthalt max. 3 Tage. Ganzjährig geöffnet.
Preis: Übernachtung gratis. Strom 1 €/6 h, Wasser 1 €, Entsorgung 1 €.
Kontakt: Stadt Petershagen, ☎ 05702/822157, tourismus@petershagen.de, www.petershagen.de.
Distanz: H 0,1 km, 0,1 km, 0,1 km, 0,4 km.
Freizeit: 6 km, 12 km, 0,3 km. Altstadtbesuch, Weserschifffahrt, Anbindung an den Weser-Radweg, Touristinformation im Rathaus Petershagen 0,5 km.
POI: Lechner-Figuren vor dem dem Alten Amtsgericht (0,3 km) und vor dem Rathaus (0,5 km), Altstadt Petershagen 0,1 km, Westfälisches Glasmuseum 3 km.

32469 Petershagen/Weser — €5,00 — <8m

Reisemobilstellplatz Waldhotel Morhoff, Forststraße 1, ☎ 05707/93030 Auf dem Hotel-Parkplatz, 1,5 km südlich des Ortskerns

POS: 52°21'47.20"N/8°57'55.30"E, Karte D6 (S. 9), F2
Platz: = 3 auf Asphalt. . Ganzjährig geöffnet.
Preis: 5 €. Für Restaurantgäste kostenlos. Strom/Wasser gegen Gebühr.
Kontakt: ☎ 05707/93030, info@waldhotel-morhoff.de, balkes-morhoff.de.
Distanz: 0 km, weitere Restaurants in 1,5 km, H , 1,5 km, 3 km.
Gastro: Restaurant am Platz, warme Küche 17:30-20:00 Uhr.
Freizeit: Weserradweg, längste Wasserskistrecke in Nordrhein-Westfalen 0,8 km, Badesee Lahde 5 km, Freibad Lahde 6 km.
POI: Fischer-Altstadt 1,6 km, Schloss Petershagen 1,6 km, Altes Amtsgericht in Petershagen 1,6 km.

32469 Petershagen/Weser — gratis — >12m

Stellplatz am Badesee Lahde (Beachbar 12), Filler Straße 12, ☎ 05702/822157
Am Nordufer des Badesees Lahde

POS: 52°21'28.31"N/9°0'13.97"E, Karte D6 (S. 9), F2
Platz: = 4 auf Wiese. . Aufenthalt max. 3 Tage. Während der Saison (15.5.-15.9.) Anmeldung in der Beachbar erwünscht. Ganzjährig geöffnet.
Preis: Übernachtung gratis. Strom über Münzsäule.
Kontakt: Stadt Petershagen, ☎ 05702/822157, tourismus@petershagen.de, www.petershagen.de.
Distanz: 1 km, 1 km, H 1,4 km, 6 km.
Gastro: Beachbar am Platz.
POI: Westfälisches Industriemuseum Glashütte Gernheim, Störche, Mühlen, Westfälisches Storchenmuseum Windheim, Findlingswald Neuenknick 0,5 km, Minden 13 km.

P

83367 Petting — €18,00 — <12m

Schneiderhof, Seestraße 11a, ☎ **08686/984698** Campinggelände bei einem stillgelegten Bauernhof am Ortsrand

POS: 47°54'49.62"N/12°48'39.62"E, Karte D16 (S. 19), E3
Platz: P = 8, = 2 (<12 m) auf Schotter, Sand/Splitt. =8 WC CHEM GRAU. Geöffnet: Mai-Okt.
Preis: 18 € inkl. Wasser, Entsorgung, Dusche, WC, Müll-Entsorgung. Jede weitere Pers. 6 €, Kind (0-5 J.) gratis, Kind (6-12 J.) 3 €, Strom 0,60 €/kWh, Kurtaxe (ab 12 J.) 0,50 €/Pers., Hund 2 €.
Kontakt: Albert Schwangler jun., ☎ 08686/984698, schneiderhof_camping@yahoo.de, www.stellplatz-schneiderhof.de.
Distanz: 0,3 km, weitere Restaurants in 2 km, 0,3 km, 0,3 km, Ⓗ 0,3 km.
Gastro: Hofeigene Produkte.
Freizeit: 7 km, 15 km, 0,6 km. Reiten, Weidsee 1,2 km, Reitstall Seehof 1,5 km, Waginger See 1,5 km.
POI: Spätgotische Kirche 0,5 km, Schloss Seehaus am Weidsee 1,5 km.

96175 Pettstadt — gratis — <8m

Wohnmobilstellplatz Alte Bachbrücke, Hauptstraße, ☎ **09502/490611**
In Ortsrandlage

POS: 49°49'54.90"N/10°55'28.55"E, Karte D11 (S. 14), B3
Platz: = 3 auf Schotterrasen. Ganzjährig geöffnet.
Preis: Übernachtung gratis.
Kontakt: Gemeinde Pettstadt, ☎ 09502/490611, gemeinde@pettstadt.de, www.pettstadt.de.

P

55546 Pfaffen-Schwabenheim — €12,00 — <10m

Pferdepension Sonnenhof, Brühlstraße, ☎ **06701/7877**
Auf dem Pferdehof am Ortsrand

POS: 49°51'8.11"N/7°57'37.69"E, Karte D9 (S. 12), D4
Platz: = 10 auf Wiese, Schotter. =5 WC GRAU. Ganzjährig geöffnet.
Preis: 12 € inkl. Wasser, Entsorgung. Strom 5 €/Nacht.
Kontakt: Hans Norbert Theis, ☎ 06701/7877, Mobil: 0171/7793572, info@pferdepension-sonnenhof.de, www.pferdepension-sonnenhof.de.
Distanz: 0,3 km, Ⓗ 0,5 km, 2 km.
Gastro: Frühstück auf Anfrage.
Freizeit: 3 km, 5 km, 5 km. Reitunterricht, gemeinsame Ausritte, Kutschfahrten, Arbeiten mit/an den Pferden und Ponys, Familienprogramm auf Wunsch.
POI: Kutschenmuseum, ehemaliges Augustiner Chorherrenstift, Kloster und Klosterkirche 0,3 km, Freilichtmuseum Bad Sobernheim 12 km.

85276 Pfaffenhofen/Ilm — €8,00 — <10m

Wohnmobilstellplatz am Freibad/Stadion, Ingolstädter Straße 64, ☎ **08441/40523227**
In zentraler Lage, von Bäumen umgeben

2022 geprüft

POS: 48°32'10.00"N/11°30'31.00"E, Karte D15 (S. 18), C2
Platz: P = 12 auf Schotter. =12 (16 A) CHEM GRAU. Aufenthalt max. 14 Tage. Ganzjährig geöffnet. Ausnahme: Während des Volksfestes (Ende Aug-Mitte Sep) eingeschränkt nutzbar.
Preis: 8 € inkl. aller Personen, Müll-Entsorgung. Strom 0,50 €/kWh, Wasser 2 €/70 l, Entsorgung 2 €. Stundentarif 1 €/h. Bezahlung am Automat mit Münzen/EC-Karte.
Kontakt: Kundencenter Stadtwerke Pfaffenhofen, ☎ 08441/40523227, marco.krause@stadtwerke-pfaffenhofen.de, www.pfaffenhofen.de.
Distanz: Ⓗ 0,1 km, 0,2 km, weitere Restaurants in 0,7 km, 0,7 km, 0,8 km.
Gastro: Eisstadion mit Gaststätte.
Freizeit: 0,3 km, 1,5 km. Eislaufen, Eisstadion 0,2 km, Kletterhalle DAV 0,3 km, Beachvolleyballplatz 0,4 km.
POI: Lebzelterei und Wachsziehermuseum Hipp 0,7 km, Kloster Scheyern 9 km, Hopfenmuseum Wolnzach 16 km.

79292 Pfaffenweiler — gratis — <8m

Stellplatz am Torbogen Süd, Weinstraße, ☎ **07664/97000**
Ruhig gelegene Stellplätze trotz Nähe zur L125

POS: 47°56'15.67"N/7°45'1.18"E, Karte D13 (S. 16), C4
Platz: = 2 auf Sand/Splitt, Schotter. Aufenthalt max. 24 h. Ganzjährig geöffnet.
Preis: Übernachtung gratis.
Kontakt: Gemeindeverwaltung, Diana Treyer, ☎ 07664/97000, rathaus@pfaffenweiler.de, www.pfaffenweiler.de.
Distanz: Ⓗ 0,1 km, 0,2 km, weitere Restaurants in 0,4 km, 0,5 km, 0,5 km.
Gastro: Hotel-Restaurant Engel 0,2 km. Café-Restaurant Reblandklause.
Freizeit: 7 km, 7 km. Stadtbesichtigungen.
POI: Freilichtmuseum 1 km, Freiburger Münster 10 km, Elsass 25 km.

56291 Pfalzfeld-Hausbay — €24,00 — >12m

Country Camping Schinderhannes, Campingplatz 1/Pfalzfeld, ☎ **06746/3889797** Zwischen Rhein und Mosel

POS: 50°6'21.14"N/7°34'6.60"E, Karte D9 (S. 12), C3
Platz: / = 30 auf Schotter, Schotterrasen. =30 (16 A) WC CHEM/Bio GRAU. Waschmaschine/Trockner. Check-In-Automat in der Rezeption. Ganzjährig geöffnet.
Preis: Ab 24 € inkl. Strom, Wasser, Entsorgung, Dusche, WC, WLAN. Kind (ab 13 J.) 8 €, Kind (3-13 J.) 4 €, Müll-Entsorgung 1 €/Tag, Hund 4 €, Waschmaschine/Trockner je 4 €, VE für Durchreisende 4 €. 23.8.-31.12. 24 €, 27.6.-22.8. 29 €, 1.1.-26.6. 24 €. Info zu Rabatten auf Camping-Karten siehe Website.
Kontakt: Nedelcho Marev, ☎ 06746/3889797, info@countrycamping.de, www.countrycamping.de.
Distanz: , , 0,5 km, Ⓗ 1 km.
Gastro: Restaurant Country mit Kiosk.
Freizeit: 5 km, 1 km. Kegelbahn (10 €/h), Basketball-/Volleyballfeld, Tennis (5 €/h), Bade-, Angel- und Bootsteich, Besichtigungen an Rhein/Mosel, Rad-/Wanderwege ab Campingplatz.
POI: St. Goar 12 km.

84347 Pfarrkirchen — gratis — <8m

Wohnmobil-Parkplatz an der Stadthalle, Dr.-Bachl-Straße 11, ☎ **08561/3060**
Öffentlicher Parkplatz im Stadtzentrum

POS: 48°25'48.23"N/12°56'2.63"E, Karte D16 (S. 19), E2
Platz: P = 6 auf Rasengittersteinen. Ganzjährig geöffnet.
Preis: Übernachtung gratis. Strom 1 €/8 h, Wasser 1 €/100 l.
Kontakt: Stadt Pfarrkirchen, ☎ 08561/3060, info@pfarrkirchen.de, www.pfarrkirchen.de.
Distanz: Ⓗ 0,2 km, 0,3 km, 0,4 km, weitere Restaurants in 0,8 km, 0,4 km.
Freizeit: 0,3 km. Stadtbesuch, älteste Trabrennbahn Bayerns 0,2 km, Erlebnispark Voglsam 13,6 km.
POI: Kulturzentrum Hans-Reiffenstuel-Haus 0,2 km, Heimatmuseum im Alten Rathaus 0,4 km, Wallfahrtskirche Gartlberg 1 km.

75175 Pforzheim — gratis — <6m

Wildpark Pforzheim, Tiefenbronner Straße 100, ☎ **07231/393328**
Am südöstlichen Stadtrand

2022 geprüft

POS: 48°52'32.80"N/8°43'6.99"E, Karte D14 (S. 17), E1
Platz: = 20, = 10 (<6 m) auf Schotter. WC. Stellflächen schräg, Auffahrkeile notwendig. WC in der Wildparkgastronomie zu den Öffnungszeiten. Ganzjährig geöffnet.
Preis: Übernachtung gratis. Gebührenpflichtig 8:00-19:00 Uhr, Mo-Fr 3 €/3 h, Sa, So+Feiertag 5 €/3 h, 2 Tickets für 3 h gelten als Tagesticket (bitte sichtbar nebeneinander ins Fahrzeug legen).
Kontakt: Carsten Schwarz, ☎ 07231/393328, wildpark@pforzheim.de, www.pforzheim.de.
Distanz: (Hohwiesenweg, 75175 Pforzheim), Ⓗ, 0,3 km, weitere Restaurants in 2 km, 1 km, 2 km.
Gastro: Restaurant Wildparkstüble, warme Küche 11:00-19:00 Uhr (im Winter 11:00-17:00 Uhr). Landgasthof Seehaus.
Freizeit: 5 km, 2 km. Waldklettergarten, Enzauenpark 2 km.
POI: Schmuckmuseum 2 km, Gasometer 2 km.

87459 Pfronten-Weißbach €14,00

Wohnmobilstellplatz Pfronten, Am Wiesele 7, ☎ 08363/6437 <10m
Gegenüber vom Gelände der Firma Wohlfart, im Gewerbemischgebiet

POS: 47°35'53.95"N/10°33'7.89"E, Karte D15 (S. 18), A4
Platz: P = 44 auf Schotter. =45 (16 A) WC CHEM GRAU . Werkstatt für Gas, Wasser, Sanitär. Anfahrt 18:00-19:00 Uhr. Im Winter 12 zusätzliche Stellplätze im Hof der Firma Wohlfart. Ganzjährig geöffnet.
Preis: 14 € inkl. Entsorgung, WC, Kurtaxe. Kind (6-15 J.) 1 €, jede weitere Pers. 1,50 €, Wasser 0,50 €/90 l, Dusche 0,50 €/4 min, Waschmaschine/Trockner je 3 €. Strom 1 €/1,4 kWh. Nur Barzahlung. Dusche nur mit 0,50 €-Münzen.
Kontakt: Thomas Wohlfart, ☎ 08363/6437, info@wohnmobilstellplatz-pfronten.de, www.wohnmobilstellplatz-pfronten.de.
Distanz: 0 km, weitere Restaurants in 0,5 km, 0,3 km, 0,3 km, 1,2 km.
Gastro: Gasthaus Wiesele am Platz. Brötchenservice.
Freizeit: 4 km, 4 km, 3 km. Wintersport, Wandern.
POI: Skigebiete 4 km, Schloss Neuschwanstein 15 km.

88630 Pfullendorf €6,00

Wohnmobilstellplatz am Seepark Linzgau, Am Litzelbacher Weg, ☎ 07552/251131 <10m
Neben dem Seepark beim Parkplatz Ost

POS: 47°55'59.56"N/9°14'14.09"E, Karte D14 (S. 17), F4
Platz: P = 25 auf Schotter. WC . Anfahrt 24 h, Aufenthalt max. 3 Tage. VE bei der Kläranlage (50 m). WC/Kaltwasserdusche von Mai-Okt zu den Öffnungszeiten im Seepark. Ganzjährig geöffnet.
Preis: 6 € inkl. aller Personen. Strom 0,50 €/kWh, Wasser 1 €/100 l.
Kontakt: Seepark Linzgau Eigenbetrieb, ☎ 07552/251131, info@seepark-linzgau.de, www.seepark-linzgau.de.
Distanz: E 0,1 km, 0,3 km, weitere Restaurants in 1 km, 0,3 km, 0,5 km, 1 km.
Gastro: Restaurant Lukullum und weitere Restaurants in der Altstadt.
Freizeit: 2 km. Seepark Golf - die etwas andere Minigolfanlage, Tauchzentrum im Seepark, Badesee mit Wasserskipark 0,2 km, Kletterturm 1 km, Obertor 2 km.
POI: Altstadt Pfullendorf 1 km, Wallfahrtskapelle Maria Schray 1 km.

72793 Pfullingen gratis

Wohnmobilstellplatz Pfullingen, Klosterstraße 118, ☎ 07121/70300 <10m
Am Freibad mit Blick zum Albtrauf

2022 geprüft

POS: 48°27'19.15"N/9°13'40.70"E, Karte D14 (S. 17), F2
Platz: P = 8 auf Schotterrasen. =8 (6 A) CHEM GRAU . Aufenthalt max. 3 Nächte, längerer Aufenthalt nur mit Genehmigung durch das Rathaus möglich. Ganzjährig geöffnet.
Preis: Übernachtung gratis. Strom 1 €/2 kWh, Wasser 1 €, Entsorgung 1 €.
Kontakt: Stadt Pfullingen, ☎ 07121/70300, wohnmobilstellplatz@pfullingen.de, www.pfullingen.de/womo.
Distanz: 0 km, weitere Restaurants in 0,5 km, 0,2 km, 1,5 km, 1,5 km.
Gastro: Während der Badesaison (Mai-Sep) am Platz, warme Küche 11:00-23:00 Uhr.
Freizeit: 1,5 km. Minigolf, Wandern, PitPat.
POI: Pfullinger Hallen 0,1 km, Pfullinger Museen 1,2 km, Klosterkirche 1,5 km, Schönbergturm 5 km.

54498 Piesport €12,00

Piesporter Goldtröpfchen, Moselstraße 18, ☎ 06507/2027 <8m
An der Mosel unterhalb der B53 neben einem Gasthof/Weingut

POS: 49°52'21.66"N/6°55'38.79"E, Karte D9 (S. 12), B3
Platz: P = 30 auf Sand/Splitt. =30 CHEM GRAU . Leinenpflicht für Hunde. Ganzjährig geöffnet.
Preis: 12 € inkl. aller Personen, Strom, Wasser, Entsorgung, Müll-Entsorgung, WLAN.
Kontakt: Touristinformation Piesport, ☎ 06507/2027, info@piesport.de, www.piesport.de.
Distanz: 0,3 km, weitere Restaurants in 0,5 km, 0,5 km, 0,5 km, 1,5 km.
Gastro: Bäckermobil kommt zum Platz.
Freizeit: 15 km, 15 km, 1,5 km. Weinfeste, Gleitschirmfliegen, Wasserski, Kellereibesichtigungen, Kanufahrten, geführte Wanderungen und Weinproben (Infos über Tourist-Info).
POI: Funde aus der Römerzeit 1 km, Kirche mit Deckenmalerei im Ort 1,5 km, Bernkastel-Kues 16 km.

54498 Piesport €15,00

Weinhaus St. Joseph, In der Dur 11, ☎ 06507/5161 <8m
Neben dem Rebengarten in ruhiger Lage

POS: 49°52'56.92"N/6°55'38.05"E, Karte D9 (S. 12), B3
Platz: P / = 3 auf Schotter. =6 WC CHEM GRAU . B Anfahrt bis 18:00 Uhr, Abfahrt bis 12:00 Uhr. Ganzjährig geöffnet.
Preis: 15 € inkl. Wasser, WC, Müll-Entsorgung. Jede weitere Pers. 3,50 €, Strom 0,70 €/kWh, Dusche 3 €/Pers.
Kontakt: Egon Spang, ☎ 06507/5161, ferien@weingut-spang.de, www.weingut-spang.de.
Distanz: 0,3 km, 0,5 km, 0,5 km.
Gastro: Straußwirtschaft gegenüber. Frühstück/Brötchenservice möglich. Sekt- und Likörproben.
Freizeit: 17 km, 17 km, 0,2 km.
POI: Barockkirche 0,5 km, römische Sarkophage und Römerschiff 0,5 km, römische Kelteranlage 1 km.

66954 Pirmasens €5,00

Wohnmobilstellplatz am Messegelände, Zeppelinstraße 11, ☎ 06331/2394321 <10m Direkt im Stadtzentrum

POS: 49°12'16.29"N/7°36'30.27"E, Karte D9 (S. 12), C5
Platz: P = 8 auf Naturboden. GRAU . Ganzjährig geöffnet.
Preis: 5 € inkl. WLAN. Strom 1 €/6 h, Wasser 1 €/100 l. Entsorgung gegen Gebühr.
Kontakt: Stadtmarketing & Tourismus Pirmasens, ☎ 06331/2394321, tourismus@pirmasens.de, www.pirmasens.de.
Distanz: 0,2 km, weitere Restaurants in 0,6 km, 0,6 km, 0,7 km, 1,7 km.
Freizeit: Pirmasenser Luft- und Badepark 2,1 km.
POI: Dynamikum Science Center 0,9 km, Wawi Schokoladenwelt mit gläserner Produktion, Café, Museum und Fabrikverkauf 1,6 km.

01796 Pirna €15,00

Caravanstellplatz am Rehazentrum, Schlosspark 13 a, ☎ 0152/04896432 <10m
Am Reha- und Therapiezentrum im Schlosspark der ehem. Festung Sonnenstein

POS: 50°57'36.50"N/13°57'3.51"E, Karte D8 (S. 11), G5
Platz: / = 8 auf Asphalt, Pflaster. =8 (1,5 A) WC CHEM GRAU . Ruhig gelegen, kein

Schatten, überwiegend eben, beleuchtet. Einfahrt über autom. Schrankenanlage. Ganzjährig geöffnet.
Preis: 15 € inkl. Entsorgung, Dusche, WC, Müll-Entsorgung, WLAN. Strom 1 €/8 h, Wasser ab 1 €. Bezahlung bei Anmeldung im Rehazentrum oder bei Frau Sachs. Rezeption in der Mitte des Gebäudes.
Kontakt: Kerstin Sachs, ☎ 0152/04896432, info@reha-zentrum-pirna.de, www.reha-zentrum-pirna.de.
Distanz: Ⓗ 0 km, 2,5 km, 0,8 km, 0,8 km.
Freizeit: 3,5 km, 2,5 km.
POI: Altstadt Pirna 0,8 km, Festung Königstein 11 km.

01796 Pirna-Copitz — gratis — <8 m

Elbeparkplatz P7, Hauptplatz 14, ☎ **03501/556446**
Öffentlicher Parkplatz an der Altstadtbrücke

POS: 50°57'58.88"N/13°56'16.26"E, Karte D8 (S. 11), G5
Platz: = 10 auf Asphalt. Aufenthalt max. 1 Nacht von 17:00-9:00 Uhr. Keine Reservierung möglich. Ganzjährig geöffnet.
Preis: Übernachtung gratis. Einführung von Gebühren 2023 geplant.
Kontakt: TouristService Pirna, ☎ 03501/556446, touristservice@pirna.de, www.pirna.de/tourismus.
Distanz: 1,5 km, 2,5 km (Camping Pirna, Äußere Pillnitzer Straße 1, 01796 Pirna).
Freizeit: 6,9 km, 3,1 km. Elbe-Radweg, Fußgängerfähre über die Elbe.
POI: Altstadt Pirna.

19339 Plattenburg — gratis — <10 m

Stellplatz Burg Plattenburg, Auf der Burg 1 Auf dem Burggelände

POS: 52°57'28.40"N/12°1'47.23"E, Karte D3 (S. 6), C5
Platz: = 4 auf Schotterrasen. =4. Ganzjährig geöffnet.
Preis: Übernachtung gratis inkl. Müll-Entsorgung, Hund. Strom 1 €.
Kontakt: Gemeinde Plattenburg, Heike Zellmer, info@gemeinde-plattenburg.de, www.plattenburg.de.
Distanz: Ⓗ 0,3 km, 5,6 km, 6 km.
Freizeit: Burgführungen, Angelteiche, Therme Bad Wilsnack.
POI: Burg Plattenburg, Wunderblutkirche Bad Wilsnack 8,5 km, Pollo-Kleinbahnmuseum in Lindenberg 15,1 km, Storchendorf Rühstädt 17,2 km, Havelberger Dom 17,9 km.

P

94447 Plattling — gratis — <12 m

Reisemobilplatz am Erlebnisfreibad, Georg-Eckl-Straße, ☎ **09931/890130**
Am Erlebnisbad, gegenüber vom Büglerweiher im Süden der Stadt

2021 geprüft

POS: 48°46'20.17"N/12°52'22.22"E, Karte D16 (S. 19), E1
Platz: = 30 auf Schotter. =4 (16 A) WC CHEM GRAU. Ganzjährig geöffnet.
Preis: Übernachtung gratis inkl. Entsorgung, WC. Strom 0,50 €/kWh, Wasser 1 €/100 l, Dusche 2,80 €.
Kontakt: Stadt Plattling, ☎ 09931/890130, info@plattling.bayern.de, www.meiplattling.de/partner/partner/261.html.
Distanz: 0,1 km, weitere Restaurants in 0,5 km, 0,1 km, Ⓗ 0,5 km, 0,5 km.
Gastro: Freibadgaststätte/mehrere Restaurants im Zentrum.
Freizeit: 0,1 km, 5 km, 1 km. Tennis, Isar-Radweg 0,1 km, altbayrischer Stadtplatz 1 km.
POI: Nepomukmuseum 0,5 km, Bürgerspital mit Gartenanlage 1 km, Kirchen St. Jakob/St. Stephanus 2 km.

19395 Plau am See — €14,00 — <10 m

Campingpark Zuruf am Plauer See, Seestraße 38 D, ☎ **038735/45878**
Naturbelassener Platz in Seenähe

POS: 53°26'15.69"N/12°17'12.08"E, Karte D3 (S. 6), C4
Platz: = 10, = 5 (<12 m) auf Schotterrasen, Wiese. =14 (10 A) WC CHEM/Bio GRAU. Bootsverleih, Verkauf von Camping-Artikeln. wird empfohlen. Anfahrt 7:00-13:00 Uhr, 15:00-22:00 Uhr. In der HS Aufenthalt max. 3 Nächte. Ausnahme: 1.11.-28.2.
Preis: Ab 14 € inkl. Wasser, Entsorgung, WC, Müll-Entsorgung. Jede weitere Pers. 8,80 €, Kind (3-15 J.) 4,40 €, Strom 4 €, Dusche 0,40 €/min, Kurtaxe 1,50 €/Pers. 16.9.-15.6. 14 €, 16.6.-15.9. 17 €.
Kontakt: Angela Meyer-Weidemann, ☎ 038735/45878, campingpark-zuruf@t-online.de, www.campingpark-zuruf.de.
Distanz: , weitere Restaurants in 1,5 km, Ⓗ 0,2 km, 2,5 km, 2,5 km.
Gastro: Restaurant am Platz, Mo 12:00-20:00 Uhr, Di-So Ruhetag. Bistro Schilfhütte am Platz. Burger-Foodtruck. Brötchenservice.
Freizeit: 1 km. Badesee, Paddel-, Ruder- und Motorboot fahren, Outdoor-Schach, Volleyball- und Federballfeld, Tischtennis, Kletterwald 2 km, Sommerrodelbahn 20 km.
POI: Plauer Burgturm 2,5 km, Bärengehege 6 km, Freiluftmuseum Alt-Schwerin 15 km, Lübzer Brauerei 20 km.

19395 Plau am See — gratis — <8 m

Parkplatz Plau am See, Quetziner Straße 16, ☎ **038735/45678**
An der B 103 im Luftkurort

POS: 53°27'42.99"N/12°15'56.15"E, Karte D3 (S. 6), C4
Platz: = 8 auf Asphalt. Ohne Service. Ganzjährig geöffnet.
Preis: Übernachtung gratis. Kurtaxe (ab 16 J.) 1,50 €/Pers. Kurtaxe von Apr-Okt in der Tourist Info Plau am See bezahlen.
Kontakt: Tourist Info Plau am See, ☎ 038735/45678, info@plau-am-see.de, www.plau-am-see.de.
Distanz: 0,1 km, 0,4 km.
Gastro: Fischerhafen am Leuchtturm 1,5 km.
POI: Burgmuseum Plau 0,4 km, Naturpark-Infozentrum Karower Meiler 8 km.

08523 Plauen — €15,00 — <12 m — Gutschein

Wohnmobilstellplatz Plauen, Gerberstraße/Ecke Auenstraße, ☎ **03741/2911027**
Im Zentrum neben dem Stadtstrand und der alten Elsterbrücke

2022 geprüft

POS: 50°29'37.69"N/12°8'31.61"E, Karte D11 (S. 14), C2
Platz: = 12 auf Pflaster. WC. Barrierefreies WC. Ganzjährig geöffnet.
Preis: 15 € inkl. WC. Strom 0,70 €/kWh, Wasser 1 €/100 l.
Kontakt: Tourist-Info Plauen, ☎ 03741/2911027, touristinfo@plauen.de, www.plauen.de/Tourismus-Kultur-und-Freizeit.
Distanz: Ⓗ 0,1 km (Neue Elsterbrücke), 0,2 km, 0,4 km, 0,4 km.
Gastro: Gaststätten, Cafés und Imbiss in der Altstadt 0,4 km.
Freizeit: Elsterradweg, Wandern, Nordic Walking, Falknerei Herrmann.
POI: Altstadt Plauen mit Altem Rathaus, St. Joahnniskirche, Konventgebäude, Vogtlandmuseum, Galerie e.o.plauen, Malzhaus, Weberhäuser und Handwerkerhof, Schaustickerei Plauener Spitze, Spitzenmuseum 0,4 km.

08527 Plauen-Thiergarten — €8,00 — <12 m

Stellplatzwiese Thiergarten, Zum Burgteich 57, ☎ **03741/229163**
Privater, umzäunter Platz im Grünen

POS: 50°28'8.61"N/12°6'29.70"E, Karte D11 (S. 14), C2
Platz: = 10, = 5 (<12 m) auf Wiese. =6 (1,5-16 A) CHEM GRAU. Anfahrt bis 20:00 Uhr. Gespanne nach individueller Absprache. Ganzjährig geöffnet.
Preis: 8 € inkl. aller Personen. Strom 3 €, Wasser 2 €, Entsorgung 3 €.
Kontakt: Herr Kai Sprunk, ☎ 03741/229163, Mobil: 0160/90669143, kai.sprunk@gmx.net.
Distanz: 0 km, Ⓗ 0,2 km, 0,3 km, 4 km.
Gastro: Restaurant Zur Scheune 0,3 km. Brötchenservice auf Anfrage. Café 0,2 km.
Freizeit: 8 km, 5 km (Stadtbad Plauen). Loipe, Wandergebiet 1 km, Kletterwald 16 km.
POI: Salvator-Kirche Kürbitz 3 km, Heimat- und Spitzenmuseum Plauen 5 km, Tropfsteinhöhle Syrau 15 km.

Vor der Anreise empfehlen wir, Kontakt mit dem Betreiber aufzunehmen, um die Auslastung des Stellplatzes abzufragen.

91785 Pleinfeld-Ramsberg

€10,00 | <8m

Wohnmobilstellplatz Ramsberg, Am Segelhafen, ☎ 09144/571
Beim Seglerhafen am Südufer des Großen Brombachsees

POS: 49°7'18.34"N/10°55'38.75"E, Karte D11 (S. 14), A5
Platz: = 28 auf Wiese, Schotter. =28 (16 A) CHEM. Keine Reservierung möglich. WC im Hafengebäude (200 m) 7:00-22:00 Uhr. Strom über Münzautomat. Geöffnet: 25.3.-15.11.
Preis: 10€ inkl. Entsorgung. Strom 0,50€/kWh, Kurtaxe 1,50€/Pers. 10€/nur Übernachtung, 5€/nur Tageskarte, 13,50€/Kombikarte Tag und Nacht. Münzen für Strom und Wasser (kein Wechselgeld).
Kontakt: Zweckverband Brombachsee, ☎ 09144/571, mail@zv-brombachsee.de, www.zv-brombachsee.de/wohnmobil/ramsberg/.
Distanz: 0,3 km, 0,8 km, 0,8 km, Ⓗ 1 km.
Gastro: Kiosk.
Freizeit: Angeln, Wassersport, Volleyball, Hochseilgarten, Ausflugsfahrten mit dem Schiff, Segeln.
POI: Segelhafen.

58840 Plettenberg

€20,00 | <10m

Wohnmobilstellplatz Premium – AquaMagis-Resort, Böddinghauser Feld 1, ☎ 02391/959525
Am AquaMagis, an der Flusspromenade

POS: 51°13'56.96"N/7°51'7.60"E, Karte D5 (S. 8), D5
Platz: P / = 16 auf Pflaster, Eco-Raster/Gras. WC CHEM GRAU . Serviceraum mit Waschmaschine/Trockner und Spülmöglichkeit. Dusche/WC auf dem Base-Camp. Anreise ab 12:00 Uhr, Abreise bis 11:00 Uhr. Ganzjährig geöffnet.
Preis: 20€ inkl. Wasser, Entsorgung, Dusche, WC, Müll-Entsorgung, WLAN. Jede weitere Pers. 5€. 59€ inkl. Badeintritt, jede weitere Pers. 20€.
Kontakt: AquaMagis Plettenberg GmbH, ☎ 02391/959525, urlaubswelt@aquamagis.de, www.aquamagis.de/wohnmobile.
Distanz: , weitere Restaurants in 3,6 km, Ⓗ , 1,7 km, 3,6 km.
Gastro: Restaurant im AquaMagis, mietbare Grills oder Grillkotas.
Freizeit: Erlebnisbad AquaMagis, Bouleplatz, Outdoor-Fitnessgeräte, Slackline.
POI: Burgruine Schwarzenberg 6 km, Museumseisenbahn 9 km, Oestertalsperrre 11,8 km, Attahöhle Attendorn 15 km.

92714 Pleystein

gratis | <8m

Wohnmobilstellplatz Pleystein, Galgenbergweg, ☎ 09654/922233
Auf einem Parkplatz am Stadtzentrum

POS: 49°38'39.00"N/12°24'19.00"E, Karte D11 (S. 14), D4
Platz: = 8, = 5 (<7.5 m) auf Schotter. CHEM. Ganzjährig geöffnet.
Preis: Übernachtung gratis. Service nur von März-Nov.
Kontakt: Stadt Pleystein, ☎ 09654/922233, tourismus@pleystein.de, www.pleystein.de.
Distanz: 0 km, weitere Restaurants in 0,5 km, Ⓗ 0 km, 0 km, 0,5 km.
Gastro: Pizzeria am Platz. Café 0,5 km.
Freizeit: 1 km, 5 km. Radweg, Nordic Walking-Touren, Loipen 0,2 km, Minigolf 1 km, geologischer Wanderweg Play Steinpfad 1 km, Skilift 4 km.
POI: Geologische Landschaftselemente, Glasschleiferweg mit Schönwerth-Sagenweg, Stadtmuseum/Infostelle Geopark Bayern-Böhmen 0,1 km, Rosenquarzfelsen 0,5 km, Wallfahrtskirche und Kloster 0,5 km

24306 Plön

€23,00 | <8m

Naturcamping Spitzenort, Ascheberger Straße 76, ☎ 04522/2769 Komfortabel angelegte Reisemobilstellplätze vor dem Campingplatz

POS: 54°8'50.59"N/10°23'53.83"E, Karte D2 (S. 5), H2
Platz: P = 29 auf Schotter. =12 (10 A) WC CHEM . Picknickplatz an jedem Stellplatz, beheizbarer Außenpool (120 m²). Aufenthalt max. 4 Nächte. Nutzung der Campingplatz-Einrichtungen möglich. Weitere 17 Stellplätze im angrenzenden Womopark. Geöffnet: Apr-Okt.
Preis: Ab 23€ inkl. Strom, Wasser, Entsorgung, Dusche, WC, Müll-Entsorgung, WLAN. Jede weitere Pers. 6,50€. Kind 3,50€, Kurtaxe 2€ (15.5.-15.9.). 23-34€ je nach Stellplatzkategorie.
Kontakt: Achim Kuhnt, ☎ 04522/2769, info@spitzenort.de, www.spitzenort.de.
Distanz: 0 km, 0 km, weitere Restaurants in 1,5 km, Ⓗ 0 km, 1,5 km.
Gastro: Gaststube Seeblick (geöffnet von März-Okt). SB-Markt (täglich frische Brötchen aus dem eigenen Brötchenofen).
Freizeit: 3,5 km. Kanucenter mit Bootsverleih neben dem Platz, Animation auf dem Campingplatz während der Ferienzeit, Große Plöner-See-Rundfahrt, 5-Seen-Fahrt.
POI: Schloss Plön und Prinzeninsel 2 km.

Tipp

Nach 2 Jahren Bauzeit konnten 17 zusätzliche Stellplätze in Betrieb genommen werden. Das neue Gelände liegt in herrlicher Südlage direkt am Großen Plöner See und bietet Motorcaravanern ein Maximum an Komfort. Jeder Platz hat eine eigene Säule für Strom, TV, Wasser und Abwasser. Es gibt neu geschaffene sanitäre Anlagen sowie 8 Mietbäder. Highlight ist die neu erbaute „Sauna am See" mit herrlichem Panoramablick.

24306 Plön

€14,00 | <10m

Campingpark Gut Ruhleben, Missionsweg 2, ☎ 04522/8347
Vor der Schranke des Campingplatzes, zwischen Wald und Plöner See

POS: 54°8'39.79"N/10°27'0.87"E, Karte D2 (S. 5), H2
Platz: P = 7 auf Wiese, Naturboden. WC CHEM GRAU . Anfahrt 24 h, Aufenthalt max. 3 Nächte. Geöffnet: 1.4.-1.10.
Preis: Ab 14€ inkl. Strom, Wasser, Entsorgung. Dusche 1€/5 min, Hund ab 3,50€. NS 14€, HS 19€.
Kontakt: ☎ 04522/8347, campingplatz@camp-ruhleben.de, www.camp-ruhleben.de.
Distanz: Ⓗ 0,5 km, 1,5 km, 4,5 km.
Gastro: Restaurant.
Freizeit: 1 km, 1 km, 3 km. Bummeln in der Plöner Innenstadt, Radfahren und Wandern, Angeln, Kanu und Kajak fahren, Baden, Segeln, Hansa-Park Ostsee 22 km, Besuch der Karl-May-Spiele Bad Segeberg 28 km.
POI: Schloss Plön mit Schlosspark 4,5 km, Schloss Eutin mit Schlosspark 13 km.

Tipp

Ruhige parkähnliche Campinganlage am Großen Plöner See. Ideal für Wassersportler, Radfahrer, Wanderer. Das Stadtzentrum von Plön mit Markt, Nikolaikirche, Schloss und Park sind zu Fuß und mit dem Fahrrad gut erreichbar.

P

24306 Plön-Bösdorf €14,00

Campingpark Augstfelde am Vierer See, Augstfelde 1, ☎ 04522/8128 <12m
Am östlichen Ufer des Vierer Sees

POS: 54°7'44.11"N/10°27'16.88"E, Karte D2 (S.5), H3
Platz: = 16 auf Schotterrasen, Wiese. =16 (16 A) WC CHEM GRAU . Boots-/Kanuverleih, eigenes Seeufer. Mittagspause 13:00-14:30 Uhr, An-/Abreise stets möglich, Aufenthalt max. 3 Nächte. Geöffnet: 1.4.-23.10.
Preis: Ab 14 € inkl. Wasser, Entsorgung, WC, Müll-Entsorgung. Strom 3 €, Dusche 1 €/5 min, WLAN 1,50 €/24 h. Hund NS 3 €, HS 4 €. NS 14 €, HS 20 €.
Kontakt: Janet Lembcke, ☎ 04522/8128, info@augstfelde-camping.de, www.augstfelde-camping.de.
Distanz: 3 km, 3 km, weitere Restaurants in 3 km Entfernung, 3 km, 5 km.
Gastro: Restaurant am Platz, Mo 17:00-21:00 Uhr, Di-So Ruhetag.
Freizeit: 8 km, 6 km. Wassersport, Minigolf, Billard, Tischtennis, Fitness/Wellness, Badestrand (mit separatem Hundestrand) 0,1 km, Golfplatz 0,1 km, Karl-May-Spiele Bad Segeberg 25 km.
POI: Feldsteinkirche Bosau 3 km, Bräutigams Eiche, Dodauer Forst 6 km, Kurpark Bad Malente 8 km, Schloss Plön mit Schlosspark 8 km, Eutiner Festspiele 9 km, Schloss Eutin mit Schlosspark 10 km, Hansapark 20 km.

Tipp

Der Campingpark Augstfelde ist ein idealer Ausgangpunkt für Wanderungen und Fahrradtouren durch den Naturpark Holsteinische-Schweiz mit seinen malerischen Wäldern, Wiesen, Seenlandschaften und kleinen Orten. Sie genießen Ihre Auszeit beim Baden an einem der Sandstrände oder beim Spazierengehen an der eigenen langen Ufer-Promenade. Sie haben die Wahl zwischen herrlichen Wohnmobilplätzen direkt am See oder Stellplätzen für die Durchreise vor der Schranke.

Unsere Korrespondenten sind fast das ganze Jahr unterwegs, um für Sie, liebe Leserin und Leser, aktuelle Daten zu recherchieren und über Neuerungen zu berichten. Sie sind damit eine wertvolle Ergänzung des Redaktionsteams, um den Bordatlas zu einem unentbehrlichen Standardwerk für alle Wohnmobilfahrer zu machen.

24306 Plön €8,00

Womo-Stop Plön, Aschebergerstraße 2, ☎ 04522/50950 Zentrumsnah, zwischen B430 und Kleinem Plöner See <10m

2022 geprüft

POS: 54°9'10.00"N/10°24'15.00"E, Karte D2 (S.5), H2
Platz: = 8 auf Asphalt. CHEM GRAU. Aufenthalt max. 1 Nacht. Ganzjährig geöffnet.
Preis: Ab 9 € inkl. Kurtaxe. Wasser 1 €/60 l, Entsorgung 1 €.
Kontakt: Tourist-Info Großer Plöner See, ☎ 04522/50950, touristinfo@ploen.de, www.ploen.de.
Distanz: 0 km, weitere Restaurants in 0,8 km, 0,2 km, 1 km, 1 km.
Gastro: Imbiss.
Freizeit: 2 km, 5 km, 1 km. Wassersport, Stadt- und Schlossbesichtigung, See-Rundfahrt.
POI: Plöner Schloss und Schlossgebiet 0,2 km.

94060 Pocking €8,50

Gasthaus Pram, Pram 3, ☎ 08531/7996 Beim Gasthof im niederbayerischen Bäderdreieck >12m

POS: 48°23'9.46"N/13°19'25.81"E, Karte D16 (S.19), F2
Platz: = 4, = 3 (<15 m) auf Kiesel. =4 (16 A) WC CHEM . Ganzjährig geöffnet.
Preis: 8,50 € inkl. aller Personen, Strom, Wasser, Entsorgung, WC, WLAN.
Kontakt: Manfred Kreisel, ☎ 08531/7996, gasthauspram.pocking@t-online.de.
Distanz: 0 km, 1 km, 2 km, 2 km.
Gastro: Restaurant, Mi-So 11:00-20:00 Uhr, Mo-Di Ruhetag.
Freizeit: 6 km, 3 km, 6 km. Straußenfarm, Bädereck mit Thermen, Saunaanlagen 3 km.
POI: Drei-Flüsse-Stadt Passau 30 km.

94060 Pocking €8,00

Seecamp GmbH, Haid 3 a/b, ☎ 0176/19779012 Am Naturbadesee, inmitten des niederbayerischen Bäderdreiecks <10m

POS: 48°23'1.89"N/13°18'12.14"E, Karte D16 (S.19), F2
Platz: = 25, = 5 (<9 m) auf Schotter. WC CHEM GRAU . Pflanz-/Pflückgarten, Infrarotkabine, Fasssauna. Reservierung über Mobilnummer, E-Mail oder Website. Ganzjährig geöffnet.
Preis: Ab 8 € inkl. Müll-Entsorgung, WLAN. Kind (ab 12 J.) 6,50 €, Strom einmalig 0,60 €/kWh und 1 €, Entsorgung je 2 €, Hund 2 €, WC/Dusche 2 €/Pers.
Kontakt: Seecamp GmbH, Familie Gruber, Mobil: 0176/19779012, info@seecamp-rottal.de, seecamp-rottal.de.

Distanz: 0,5 km, 0,5 km, 0,5 km, weitere Restaurants in 2,2 km, 1 km.
Gastro: Kiosk am See.
Freizeit: Volleyball, Nordic Walking, Naturbadesee 0,2 km, Europa Therme Bad Füssing 4,2 km.
POI: Sternenhof 0,1 km, Kirchen, Klöster/Burgen 10 km, Dreiflüssestadt Passau 25 km.

08543 Pöhl-Möschwitz €15,00

Wohnmobilstellplatz am Gunzenberg, Hauptstraße 38, ☎ 037439/45050 An der Talsperre Pöhl, von einem kleinen Wald umgeben <12m

2021 geprüft

POS: 50°32'23.77"N/12°11'7.97"E, Karte D11 (S.14), C2
Platz: = 16 auf Schotterrasen, Wiese, Rasengittersteinen. =10 (16 A) CHEM GRAU . Wohnmobil-Servicestation auf dem Campingplatz. Geöffnet: 31.3.-1.11.
Preis: 15 € inkl. aller Personen, Strom, Wasser, Entsorgung, Müll-Entsorgung. Bezahlung am Parkscheinautomat in Münzen oder mit EC-Karte sowie per Easypark-App.
Kontakt: Campingplatz Gunzenberg, ☎ 037439/45050, tourist-info@talsperre-poehl.de, www.talsperre-poehl.de.
Distanz: 0,2 km, 0,3 km, 0,3 km, weitere Restaurants in 1 km, 5 km.
Gastro: Brötchenservice. Am Platz, warme Küche 11:00-21:00 Uhr.
Freizeit: 5 km, 0,1 km. Wassersport, Baden, Hundebadestellen Liegewiese Möschwitz/neben dem Wassersportzentrum, Kletterwald, Angeln, Minigolf, Bootsverleih 0,7 km, Beachvolleyball 0,7 km, Golfplatz mit 9-Loch-Anlage 1 km, Surf-/Segelschule 5 km.
POI: Julius-Mosen-Turm 2 km, Elstertalbrücke 3 km, Hist. Altstadt, Spitzenmuseum, Schaustickerei 5 km, Drachenhöhle Syrau 8 km, Miniaturschauanlage Klein Vogtland in Adorf 30 km.

56751 Polch gratis

Niesmann+Bischoff, August Horch-Straße, ☎ 02654/9330 Am Firmengelände <10m

2021 geprüft

POS: 50°18'22.48"N/7°18'40.55"E, Karte D9 (S.12), C2
Platz: = 12 auf Pflaster. CHEM GRAU . Aufenthalt max. 3 Nächte. Ganzjährig geöffnet.
Preis: Übernachtung gratis. Strom 0,50 €/kWh, Wasser 0,50 €/80 l.
Kontakt: Niesmann + Bischoff GmbH, ☎ 02654/9330, info@niesmann-bischoff.com, www.niesmann-bischoff.de.

Distanz: Ⓗ 0,2 km, 0,5 km, weitere Restaurants in 0,7 km, 0,5 km, 1 km.
Freizeit: 7 km, 12 km. Radweg, Nürburgring 40 km.
POI: Mayen 12 km, Monreal 15 km, Koblenz 28 km.

24395 Pommerby — €18,00

Ostseesonne Camping, Gammeldamm 6, ☎ 04643/2223 — <12 m
In ruhiger Strandlage an der Ostsee

POS: 54°45'47.83"N/9°58'15.38"E, Karte D2 (S. 5), G1
Platz: P = 2 auf Schotter, Rasengittersteinen. =8 (16 A) CHEM GRAU. B Geöffnet: 1.4.-31.10.
Preis: 18 € inkl. Wasser, Entsorgung. Jede weitere Pers. 6,50 €, Kind (2-17 J.) 5 €, Strom 5 €/Tag. 1 Haustier gratis. Gebühr für Stellplatz ohne WC/Dusche.
Kontakt: ☎ 04643/2223, post@camping-ostseesonne.de, www.camping-ostseesonne.de.
Distanz: 0 km, weitere Restaurants in 3 km, Ⓗ 1 km, 5 km, 5 km.
Gastro: Restaurant Upn Diek, warme Küche 12:00-20:00 Uhr. Kiosk/Shop am Platz, geöffnet von 8:00-18:00 Uhr. Brötchenservice.
Freizeit: 10 km, 10 km. Angeln, Fußball, Segeln, Reiten, Kitesurfen/Surfen, Tauchen, Beachvolleyball, Naturschutzgebiet Geltunger Birk 2 km.
POI: Mühle Amanda in Kappeln 6 km, Museumshafen Kappeln 6 km.

96178 Pommersfelden — gratis

Wohnmobilstellplatz Schloss Weissenstein, Schloss Weissenstein, ☎ 09548/98180 Am Schloss — <8 m

POS: 49°45'40.95"N/10°49'13.13"E, Karte D11 (S. 14), B3
Platz: = 3 auf Schotterrasen. Ganzjährig geöffnet.
Preis: Übernachtung gratis.
Kontakt: Schlossverwaltung Schloss Weissenstein, ☎ 09548/98180, info@schloss-weissenstein.de, www.schloss-weissenstein.de.
Distanz: 0,3 km, Ⓗ 0,4 km, 1,1 km.
Freizeit: Schlossbesichtigung.
POI: Schloss Weissenstein 0,5 km.

36163 Poppenhausen/Wasserkuppe — €6,00

Sport- und Freizeitgelände Lüttergrund, Sebastian-Kneipp-Weg, ☎ 06658/960013 — <10 m
Beim Sportgelände in ruhiger Ortsrandlage

POS: 50°29'23.90"N/9°52'35.43"E, Karte D10 (S. 13), G2
Platz: P = 14 auf Pflaster. CHEM GRAU. Aufenthalt max. 3 Tage. Ganzjährig geöffnet.
Preis: 6 € inkl. Entsorgung, Kurtaxe. Strom 2 €/12 h, Wasser 1 €/100 l. Bezahlung am Parkscheinautomat.
Kontakt: Tourist-Info Poppenhausen, ☎ 06658/960013, tourismus@poppenhausen-wasserkuppe.de, www.poppenhausen-wasserkuppe.de.
Distanz: Ⓗ 0,4 km, 0,5 km, weitere Restaurants in 3 km, 0,6 km, 0,7 km.
Gastro: Mehrere Restaurants ab 0,5 km.
Freizeit: 0,2 km, 0,5 km. Segelfliegen, Nordic Walking, Panorama-Park, Tennisanlage, Kneipp-Anlage 0,1 km, Freizeitpark Guckaisee 4 km, Kletterfelsen Steinwand 4 km, Wasserkuppe (Berg der Flieger) 8 km.
POI: Sieblos-Museum im Rathaus 0,6 km, Liebesweg 1,5 km, Ruine Ebersburg 4 km, Kunstmeile 4,5 km.

92284 Poppenricht-Traßlberg — gratis

Wohnmobilstellplatz am Sportplatz, Vilsstraße, ☎ 09621/65830 — <12 m
Neben den Sportanlagen an der Vils

POS: 49°28'54.92"N/11°49'50.39"E, Karte D11 (S. 14), C4
Platz: P = 20 auf Schotter. CHEM GRAU. Sport-/Spielwiese. B nur bei Gruppen. Für Clubtreffen geeignet. Ganzjährig geöffnet.
Preis: Übernachtung gratis.
Kontakt: Gemeinde Poppenricht, ☎ 09621/65830, gemeindeverwaltung@poppenricht.de, www.poppenricht.de.
Anfahrt: Durchfahrtshöhe der Bahnunterführung 3,20 m.
Distanz: Ⓗ 0,5 km, 1 km, 2 km, 3 km.
Gastro: Gasthaus Kopf im Ortsteil Altmannshof. Sportheim am Platz (nur abends/am Wochenende geöffnet).
Freizeit: 5 km, 5 km. Kanufahrten auf der Vils, Angeln.
POI: Kurfürstenbad und Altstadt Amberg 5 km, Altstadt Sulzbach-Rosenberg 6 km.

32457 Porta Westfalica — gratis

Wohnmobilstellplatz am Porta-Bad, Sprengelweg 10, ☎ 0571/71409 — <8 m — neu
Auf dem Parkplatz des Familienbades

POS: 52°13'37.54"N/8°56'9.32"E, Karte D6 (S. 9), F2
Platz: P = 8 auf Pflaster. E-Bike Ladestation. B Dusche/WC zu den Öffnungszeiten im Porta-Bad. Ganzjährig geöffnet.
Preis: Übernachtung gratis.
Kontakt: Stadtwerke Porta Westfalica, ☎ 0571/71409, service@stwpw.de, www.stadtwerke-porta-westfalica.de/porta-bad.
Distanz: 1,2 km, 1,5 km.
Gastro: Bistro im Porta-Bad.
Freizeit: Freizeitbad mit Sauna, Weser-Radweg 3 km, Weserbergland-Weg 4 km.
POI: Windmühle Holzhausen a.d. Porta 3,1 km, Kaiser Wilhelm Denkmal 4,9 km, Burgwall Wittekindsburg 5,7 km, Röckemanns Mühle Eisbergen 6,1 km, Museum für Bergbau und Erdgeschichte 9,8 km, Wassermühlen Kleinenbremen 10 km.

07381 Pößneck — gratis

Stellplatz am Bad am Wald, Bad am Wald, ☎ 03647/4459800 — <8 m
In Angrenzung an den Freibadparkplatz

POS: 50°42'32.68"N/11°34'12.72"E, Karte D11 (S. 14), B1
Platz: P / = 4 auf Wiese, Schotter, Asphalt. Freibad öffnet vorraussichtlich Mai 2023. Ganzjährig geöffnet.
Preis: Übernachtung gratis.
Kontakt: Stadtmarketing Pößneck GmbH, ☎ 03647/4459800, info@stadtmarketing-poessneck.de, www.poessnecker-baeder.de.
Distanz: 0 km, weitere Restaurants in 3 km, Ⓗ 0,1 km, 3 km, 3 km.
Gastro: Imbiss am Platz.
Freizeit: Wandern.
POI: Altstadt Pößneck 3 km, Burg Ranis 7 km, Wasserkraftmuseum Ziegenrück 15 km.

14469 Potsdam — €20,00

Park Sanssouci P1 Historische Mühle, Zur Historischen Mühle, ☎ 0331/96940 Parkplatz an der Rückseite von Schloss Sanssouci — <12 m

2022 geprüft

POS: 52°24'20.94"N/13°2'0.56"E, Karte D8 (S. 11), E2
Platz: = 40 auf Asphalt. Stellflächen abfallend, kein Schatten, Aufenthalt max. 1 Nacht. Ganzjährig geöffnet.
Preis: 20 €.
Kontakt: ☎ 0331/96940, info@spsg.de, www.mobil-potsdam.de.
Distanz: 0,3 km, weitere Restaurants in 1 km, Ⓗ 0,6 km, 2 km.
Gastro: Mövenpick Restaurant Zur Historischen Mühle 0,3 km.
POI: Historische Mühle 0,3 km, Botanischer Garten der Universität Potsdam 0,4 km, Schloss Sanssouci mit neuem Palais und Parkanlagen 0,5 km, Schloss und Park Babelsberg mit Filmstudios Babelsberg 9,6 km.

14469 Potsdam — €15,00

Wohnmobilstellplatz Potsdam Am Krongut, Potsdamer Straße 196, ☎ 0331/60147154 In Fußnähe zu Innenstadt — >12 m

2022 geprüft

POS: 52°24'47.70"N/13°1'43.41"E, Karte D8 (S. 11), E2
Platz: = 70 auf Asphalt, Rasengittersteinen, Pflaster. =8 CHEM GRAU. B nur bei Gruppen. Kameraüberwacht, beschrankt. Sicherheitsdienst vor Ort. Ganzjährig geöffnet.
Preis: 15 € inkl. Müll-Entsorgung. Strom 0,50 €/kWh.
Kontakt: Matthias Weise, ☎ 0331/60147154, Mobil: 0174/9974878, kontakt@wohnmobilstellplatz-potsdam.de, www.wohnmobilstellplatz-potsdam.de.
Distanz: 0,3 km, Ⓗ 0,3 km, 0,6 km, 1,5 km.
Gastro: Restaurant Zur Historischen Mühle in 0,8 km. Knossos Palast in 0,7 km. Castello Potsdam in 0,5 km.
Freizeit: Bugapark, Filmpark Babelsberg 10 km.
POI: Krongut Bornstedt 0,6 km, Schloss und Park Sanssouci am Krongut 0,8 km, Neue Mühle 1 km, Potsdam Innenstadt 1,5 km.

P

14476 Potsdam-Marquardt €15,00

Wohnmobilstellplatz am Gasthof Zum Alten Krug, Hauptstraße 2, ☎ 033208/57233 <8m
In Marquardt im Havelland, nahe Schlänitzsee

2022 geprüft

POS: 52°27'21.65"N/12°58'0.57"E, Karte D8 (S. 11), E2
Platz: = 3 auf Wiese, Schotterrasen. WC CHEM GRAU. B Beleuchtet. Anfahrt 8:00-22:00 Uhr. Ganzjährig geöffnet.
Preis: 15 € inkl. aller Personen, Strom, Wasser, Entsorgung, WC, Müll-Entsorgung, WLAN. Dusche 2,50 €/Tag.
Kontakt: Michael Schulze, ☎ 033208/57233, alterkrug-marquardt@t-online.de, krug-marquardt.de.
Distanz: H 0 km, 0 km, 0,2 km.
Gastro: Am Platz, Di-Do 16:00-23:00 Uhr, Fr-Sa 12:00-23:00 Uhr, So 12:00-22:30 Uhr, Mo Ruhetag, Feiertag 12:00-23:00 Uhr. Brötchenservice. Imbiss.
Freizeit: Badesee Schlänitzsee 0,5 km.
POI: Schloss und Park Marquardt 0,1 km, Schloss Sanssouci und Gärten 8,7 km.

91278 Pottenstein €10,00

Wohnmobilpark Pottenstein, Am Langen Berg 8, ☎ **09242/1788** <12m
In Hochlage über Pottenstein

2022 geprüft

POS: 49°45'47.00"N/11°24'31.00"E, Karte D11 (S. 14), B4
Platz: P = 40 auf Schotterrasen, Schotter. =16 (16 A) CHEM GRAU. Nur autarke Fahrzeuge. Ganzjährig geöffnet.
Preis: 10 € inkl. aller Personen, Müll-Entsorgung, Grauwasser-Entsorgung (über Gulli). Strom 1 €/kWh, Wasser 1 €/ca. 80 l, Entsorgung 1 €.
Kontakt: Georg Spätling, ☎ 09242/1788, info@campingplatz-fraenkische-schweiz.de, www.wohnmobilpark-pottenstein.de.
Distanz: 0,2 km, H 0,5 km, 0,8 km, 1 km.
Freizeit: 6 km, 1 km, 1 km. Golfplatz Bärenrough (Golfen für Jedermann ab 2 €) 0,5 km, Sommerrodelbahn 0,6 km, Bootsverleih am Schöngrundsee 3 km.
POI: Teufelshöhle 3 km, Tüchersfeld mit Museum Fränkische Schweiz 5 km, Basilika und Burg in Gößweinstein 6 km.

Sie haben einen neuen Stellplatz entdeckt? Dann teilen Sie uns diesen mit per E-Mail an **bordatlas@doldemedien.de**

91278 Pottenstein €15,00

Wohnmobilstellplatz Bernerhof, Prüllsbirkig 1, ☎ **09243/1810** <10m
Im Anschluss an den Ferienbauernhof mit Brotzeitstube

POS: 49°46'47.09"N/11°26'38.58"E, Karte D11 (S. 14), B4
Platz: P / = 8 auf Schotter. CHEM GRAU. Anfahrt bis 20:00 Uhr. Ganzjährig geöffnet.
Preis: 15 € inkl. Entsorgung. Strom 1 €/2 kWh, Wasser 1 €/80 l. Zzgl. Umweltgebühr.
Kontakt: Familie Berner, ☎ 09243/1810, info@berner-hof.de, www.berner-hof.de.
Distanz: 0 km, weitere Restaurants in 3 km, H 4 km, 4 km, 5 km.
Gastro: Brotzeitstube am Platz. Gasthof Goldene Krone 3 km.
Freizeit: 5 km, 4 km, 4 km. Rodelbahn, E-Bike, Museen, Kletterwald, Felsenbad Pottenstein 5 km, Sommerrodelbahn und Kletterpark 5 km.
POI: Museum Tüchersfeld, Burg Pottenstein 4 km, Teufelshöhle 6 km.

94267 Prackenbach-Krailing €20,00

Schlossbauer, Dorfstraße 6, ☎ **09942/8844** <10m
Kleines Campinggelände mit Bäumen hinter einem bewirtschafteten Bauernhof

POS: 49°7'1.49"N/12°50'12.04"E, Karte D12 (S. 15), E5
Platz: / = 8 auf Wiese. WC CHEM GRAU. B wird empfohlen. Terrassenförmiger Südhang. Geöffnet: Mai-Okt.
Preis: 20 € inkl. Strom, Wasser, Dusche, WC, Müll-Entsorgung, WLAN, Kurtaxe. Jede weitere Pers. 6 €, Kind (ab 3 J.) 3 €, Entsorgung 0,50 €.
Kontakt: Peter Hastreiter, ☎ 09942/8844, info@urlaub-bayern.net, www.urlaub-bayern.net.
Distanz: , H 0,1 km, 0,1 km, 4 km.
Gastro: Alter Wirt 0,1 km.
Freizeit: 7 km, 8 km, 4 km. Mitarbeit am Hof, Naturpark Bayerischer Wald, Höllensteinstausee 5 km.
POI: Pfahl Naturdenkmal 5 km, Burg Neunussberg 10 km.

24211 Preetz €25,00

Wohnmobilpark Preetz, Kahlbrook 25 A, ☎ **04342/309549** Zentrumsnah, in parkähnlicher Umgebung am See <12m Gutschein

POS: 54°13'41.34"N/10°17'13.83"E, Karte D2 (S. 5), H2
Platz: P = 11 auf Schotterrasen. =11 (16 A) WC CHEM/Bio GRAU. Campingbutler, überdachte Grillecke. B Reservierung online ab 2 Nächten in der VS und 3 Nächten in der HS. Ganzjährig geöffnet.
Preis: 25 € inkl. Strom, Wasser, Entsorgung, Dusche, WC, Müll-Entsorgung, WLAN. Kind (ab 15 J.) 6,50 €, Kind (2-14 J.) 3,50 €, Hund 2 €.
Kontakt: Wohnmobilpark Preetz, Rüdiger Laas, ☎ 04342/309549, info@kanucenter-ploen.de, www.kanucenter-ploen.de.
Anfahrt: Navi: Bitte kleinere Hausnummer eingeben. Die Zufahrt ist über eine schmale Anwohnerstraße, aber ohne Probleme mit den Mobilen zu befahren.
Distanz: 0 km, weitere Restaurants in 0,5 km, H 0,5 km, 0,8 km, 0,8 km.
Gastro: Restaurant am Platz.
Freizeit: 0,5 km, 3 km, 0,1 km. Kanu-/Tretboot fahren, geführte Radtouren, Badesee, Angeln 0,2 km, Reiten 2,5 km, Saunaboot Preetz 3 km, Ostseestrand 15 km, Indoorspielplatz 16 km.
POI: Natur- und Kulturerlebnisraum Schusteracht, Holzschuhmuseum, Schloss Salzau 10 km, Kiel, Laboe 20 km.

17291 Prenzlau €22,00

Sonnenkap Camping, Uckerpromenade 85, ☎ **03984/8629180** Am Stadtrand, in der Nähe des Unteruckersees mit Badestellen <12m

2022 geprüft

POS: 53°17'34.72"N/13°52'16.08"E, Karte D4 (S. 7), F4
Platz: / = 5 auf Wiese. WC CHEM GRAU. B wird empfohlen. Anreise täglich ab 15:00 Uhr, Aufenthalt max. 1 Nacht auf Kurzzeit-Stellplätzen, weitere Stellplätze für längere Aufenthalte auf dem Campingplatz zu dessen Preisen. Ausnahme: 1.11.-30.4.
Preis: Ab 22 € inkl. Wasser, Entsorgung, WC, WLAN. Kind (ab 16 J.) 8 €, Strom 0,50 €/kWh. 1.5.-11.5. 22 €, 26.5.-18.6. 22 €, 4.9.-31.10. 22 €, 12.5.-25.5. 26 €, 19.6.-3.9. 26 €.
Kontakt: Campingplatz Sonnenkap, ☎ 03984/8629180, info@sonnenkap-camping.de, www.sonnenkap-camping.de.
Distanz: 0 km, 2 km.
Gastro: Seerestaurant Am Kap. Bistro/Shop.
Freizeit: Kneippbadestelle, FKK-Badestelle, Shuttle nach Prenzlau halbstündig (7:30-18:00 Uhr), Radrundweg Uckersee, Uckersee.
POI: Dominikanerkloster 2,3 km, Alstadt Prenzlau 2,8 km.

18375 Prerow/Ostseebad €10,00

Einmalübernachtungsparkplatz Fuchsberg, Strandzugang 22, Bäderstraße, ☎ **038233/6100** An der Ostsee im Nationalpark Vorpommersche Boddenlandschaft <12m

POS: 54°26'52.00"N/12°36'18.00"E, Karte D3 (S. 6), D2
Platz: = 15 auf Sand/Splitt, Wiese. WC. Aufenthalt max. 1 Nacht. Ganzjährig geöffnet.
Preis: Ab 10 €. 1.5.-30.9. 12 €, 1.10.-30.4. 10 €.
Kontakt: Kur- und Tourismusbetrieb Ostseebad Prerow, ☎ 038233/6100, info@ostseebad-prerow.de, www.ostseebad-prerow.de.
Distanz: 1,5 km, 2 km, 2 km.
Gastro: Mehrere Restaurants in Prerow.
Freizeit: 3 km. Wassersport, Ostseestrand 0,2 km, Schiffsanleger im Hafen Prerow 2 km.
POI: Seemannskirche 2 km, Darß-Museum 3 km.

P

96332 Pressig-Rothenkirchen €12,00

Wohnmobilstellplatz Rothenkirchen, Badstraße 69, ☎ 09265/5284 <10 m
Separate Flächen beim Naturerlebnisbad

2020 geprüft

POS: 50°22'26.90"N/11°18'57.32"E, Karte D11 (S. 14), B2
Platz: = 20, = 20 (<9 m) auf Schotter, Rasengittersteinen. =8 (6 A) WC CHEM GRAU. Aufenthalt unbegrenzt. Für Reisemobiltreffen geeignet. Geöffnet: Apr-Okt.
Preis: 12 € inkl. aller Personen, Strom, Wasser, Entsorgung, Dusche, WC, Müll-Entsorgung. Gebühren bei Ankunft bei Fam. Ringlstetter (Rothenkirchen, Badstr. 34) bezahlen.
Kontakt: Familie Ringlstetter, ☎ 09265/5284, info@pressig.de, www.pressig.de.
Distanz: 0,5 km, 0,8 km, weitere Restaurants in 3 km, Ⓗ 1 km, 2 km.
Gastro: Gasthaus Hauckensepper in Geyerswörth.
Freizeit: 0,1 km, 3 km. Naturbad im Landleitenbachtal, Beachvolleyball, Tennisplätze und Trimm-Dich-Pfad, Sommerrodelbahn 16 km.
POI: Mittelalterliche Burgruine Rothenkirchen 1 km, Gedenkstätte der ehemaligen Grenze zwischen den Ortsteilen Welitsch und Heinersdorf 6 km, Festung Rosenberg in Kronach 15 km, Burg Lauenstein (Confiserie mit Verkauf) 20 km.

32361 Preußisch Oldendorf gratis

Parkplatz Schwarzer Brink, Bergstraße 64, ☎ 05742/9311200 <10 m
In ruhiger Lage auf dem Wanderparkplatz mitten im Wiehengebirge

POS: 52°17'19.55"N/8°27'38.58"E, Karte D6 (S. 9), E2
Platz: = 4 auf Asphalt. . Ganzjährig geöffnet.
Preis: Übernachtung gratis.
Kontakt: Stadt Preußisch Oldendorf, Christian Streich, ☎ 05742/9311200, touristik@preussischoldendorf.de, www.preussischoldendorf.de.
Distanz: Ⓗ 0,5 km, 0,5 km, weitere Restaurants in 1,5 km, 1,3 km, 3 km.
Gastro: Lindenhof.
Freizeit: 2,5 km, 5 km. Haus des Gastes/Kurpark Bad Holzhausen 5 km.
POI: Bad Holzhausen 5,5 km, Schloss Hüffe Lashorst 5,6 km, Burg Limberg 5,7 km.

32361 Preußisch Oldendorf €15,00

Reisemobilhafen Möwennest, Hafenstraße 27, ☎ 0171/4492792 <8 m
Am Ufer des Mittellandkanals mit freiem Blick auf die Schifffahrt

POS: 52°20'26.11"N/8°28'51.62"E, Karte D6 (S. 9), E2
Platz: = 15 auf Schotterrasen, Schotter. CHEM. Paddelboote, trailerbare Sportboote und SUP-Boards dürfen auch gerne mitgebracht werden. Beleuchtet. Ganzjährig geöffnet.
Preis: 15 € inkl. Entsorgung. Strom 1 €/kWh. SUP-Verleih für Stellplatzgäste 10 €, Motorboot-Verleih 5 €/h günstiger.
Kontakt: Familie Antje und Heinz Hegerding, Mobil: 0171/4492792, dlonly@t-online.de, www.möwennest.net.
Anfahrt: Aus westlicher Richtung nicht dem Navi folgen, sondern bis Pr. Oldendorf auf der B65 bleiben.
Distanz: Ⓗ 0,5 km, 2 km, 4 km, 4 km.
Gastro: Brötchenservice, täglich, auch am So von 7:00-9:00 Uhr, Zustellgebühr 1 €. Zum Frohen Ankerplatz 2 km.
Freizeit: 6 km. Paddeln, Boot- und SUP-Verleih, Wandern, Radfahren, Schiffe beobachten, Angeln.
POI: Mittellandkanal, Westfälische Mühlenstraße, Wiehengebirge mit Aussichtsturm 7 km, Schloss Benkhausen 7,5 km, Kurpark 10 km, Bad Essen 11 km, renaturiertes großes Torfmoor 12 km.

32361 Preußisch Oldendorf €8,00

Wohnmobilstellplatz Bahnhof Bad Holzhausen, Bahnhofstraße 47, ☎ 05742/9311200 In zentraler Lage am Bahnhof im Heilbad Bad Holzhausen <10 m

POS: 52°17'23.11"N/8°32'48.68"E, Karte D6 (S. 9), E2
Platz: = 5 auf Sand/Splitt, Rasengittersteinen. =5 (13 A) CHEM GRAU. Ganzjährig geöffnet.
Preis: 8 € inkl. aller Personen, Entsorgung. Strom 1 €/8 h, Wasser 1 €/6 min.
Kontakt: Touristik Preußisch Oldendorf, ☎ 05742/9311200, Mobil: 01755/655284, touristik@preussischoldendorf.de, www.preussischoldendorf.de.
Distanz: Ⓗ 0,1 km, 0,2 km, weitere Restaurants in 0,5 km, 0,3 km, 1 km.
Freizeit: 5 km, 0,5 km, 1 km. Kurpark mit Haus des Gastes 1 km, Minigolfanlage 5 km.
POI: Gutswassermühle, Fachwerkdorf Offelten, St. Dionysius-Kirche 4 km, Burg Limberg 5 km, Wiehenturm in Börninghausen 7 km, Feuerwehrmuseum Schröttinghausen 10 km.

97357 Prichsenstadt €7,50

Reisemobilplatz am Schützenhaus, Am Mühlseelein 1, ☎ 0171/5818327 <10 m
Stellplatz am Stadtrand

POS: 49°49'0.60"N/10°21'2.78"E, Karte D10 (S. 13), H4
Platz: = 5, = 3 (<9 m) auf Schotter, Schotterrasen. =5 (10 A) . Ganzjährig geöffnet.
Preis: 7,50 € inkl. aller Personen. Strom 2,50 €, Wasser 1 €.
Kontakt: Klaus Linz, ☎ 0171/5818327, klaus.linz@t-online.de, www.prichsenstadt.de.
Distanz: Ⓗ 0,1 km, 0,2 km, 0,2 km.
Freizeit: 0,5 km. Stadtführung (Nachtwächter).
POI: Altstadt 0,1 km, Mineralien-, Fossilien- und Kutschenmuseum 0,3 km.

97357 Prichsenstadt-Neuses am Sand €10,00

Wörners Schloss Weingut & Wellnesshotel, Neuses am Sand 21, ☎ 09383/7179 >12 m
Hinter dem Hotel mit Restaurant und Weingut mit Blick in den Naturpark Steigerwald

POS: 49°50'36.02"N/10°21'17.52"E, Karte D10 (S. 13), H4
Platz: = 12, = 2 (<13 m) auf Schotterrasen, Wiese, Schotter. =1 WC GRAU . Leinenpflicht für Hunde, Winterabstellplätze, Wellnessbereich mit Sauna (15 € pP). Aufenthalt max. 2-3 Nächte. Online-Buchung möglich. Anfahrt Mi-So 14:00-17:00 Uhr, Abreise zwischen 10:00-12:00 Uhr. Anmeldung an der Rezeption. Mo/Di Ruhetag, keine Anreise. Kochen/Grillen im Freien ist nicht gestattet. Geöffnet: Apr-Mitte Dez (Info siehe Website).
Preis: 10 € inkl. aller Personen. Strom 5 €/Tag, Dusche 5 €/Pers. Fahrradverleih 7,50 €/Tag (Mountain- und Trekkingräder).
Kontakt: Wörners Schloss Weingut & Wellnesshotel, Harald Wörner, ☎ 09383/7179, info@woerners-schloss.de, www.woerners-schloss.de/wohnmobilstellplatz-franken.
Distanz: 0 km, weitere Restaurants in 0,1 km, , Ⓗ 0,2 km, 7 km.
Gastro: Restaurant/Weingut, Fr-Sa 17:30-21:00 Uhr, So 16:00-21:00 Uhr, Mo-Do Ruhetag, feiertags ab 12:30 Uhr durchgehend warme Küche. Frühstücksservice.
Freizeit: 7 km, 7 km. Naturpark Steigerwald 3 km, Golfplatz 12 km, Kanuverleih 15 km.
POI: Schloss Neuses, Fossilien-/Mineralienmuseum 3 km, Altstadt Prichsenstadt 3 km, mittelalterliche Altstadt 3 km.

83209 Prien am Chiemsee €15,00

Wohnmobilstellplatz Beilhack West, Beilhackstraße, ☎ 08051/69050 <8 m neu
Im Ortszentrum, am südlichen Ende des Parkplatzes

POS: 47°51'13.62"N/12°20'28.40"E, Karte D15 (S. 18), D4
Platz: / = 7 auf Asphalt. CHEM GRAU. Ganzjährig geöffnet.
Preis: 15 € inkl. Entsorgung, Kurtaxe. Bezahlung am Parkscheinautomat.
Kontakt: Tourismusbüro Prien, ☎ 08051/69050, info@tourismus.prien.de, www.tourismus.prien.de.

P

Distanz: 0,2 km, 0,3 km, 0,3 km, 0,3 km.
Freizeit: 2,5 km. Rad- und Wandertouren, Piratenausflüge am See, Chiemsee mit Frauen- und Herreninsel, Prienavera Erlebnisbad 2,5 km.
POI: Handwerkviertel Am Gries, Schloss Herrenchiemsee, Fraueninsel, Galerie im Alten Rathaus 0,1 km, Heimatmuseum Prien 0,4 km.

17255 Priepert — €23,00 — <8m

Camping Havelperle, An der Havel 33, ☎ 039828/26504 Naturbelassener offener Camping am Ellbogensee

POS: 53°12'55.74"N/13°2'3.85"E, Karte D4 (S. 7), E5
Platz: = 45 auf Naturboden, Wiese. =45 WC CHEM GRAU. Ganzjährig geöffnet.
Preis: 23 € inkl. Strom, Wasser, Entsorgung, WC, Müll-Entsorgung. Kind (bis 15 J.) 3,50 €, jede weitere Pers. 5 €, Dusche 1 €, Hund 3 €. Fahrradverleih 15 €/Tag, ab 3 Tage 12 €/Tag.
Kontakt: ☎ 039828/26504, buchung@camping-havelperle.de, www.camping-havelperle.com.
Distanz: 0,2 km, weitere Restaurants in 3 km, 0,6 km, 0,7 km, 13 km.
Gastro: Havelschmaus, HS (Apr-Okt) 7:00-22:00 Uhr, NS (Nov-März) 8:00-22:00 Uhr.
Freizeit: Wassersport, Boots- und Kanuverleih.
POI: Burg Wesenberg 12 km, Mahn-/Gedenkstätte Ravensbrück 14 km, Schloss Rheinsberg 20 km, Schloss Mirow und Schloss Neustrelitz 22 km.

17255 Priepert — €10,00 — <12m

Wohnmobilpark Am großen Priepertsee, An der Freiheit 8, ☎ 0172/4803651 Auf einer Anhöhe am Großen Priepertsee

2020 geprüft

POS: 53°13'12.19"N/13°2'30.74"E, Karte D4 (S. 7), E5
Platz: P = 27, = 10 (<12 m) auf Wiese. =27 WC CHEM GRAU. R Reservierung Juni-Aug empfohlen, Betreiber kommt täglich zum Platz. Geöffnet: Ende März/Anfang April-Ende Okt.
Preis: 10 € inkl. aller Personen, Wasser, Entsorgung, Müll-Entsorgung. Jede weitere Pers. 1,20 €, Strom 3 €/Nacht, Dusche 1 €/Pers., WC 3 €.
Kontakt: Siegrid Schade, Mobil: 0172/4803651, wohnmobilpark@web.de, www.wohnmobilpark-priepert.de.
Distanz: 0,2 km, 0,2 km, 12 km.
Freizeit: Floßverleih im Ort, Angeln, Badestelle 0,1 km, Kanuverleih 0,3 km, Wasserski am Großen Priepertsee 0,4 km, Tiergarten Neustrelitz 20 km.
POI: Heimatstube Priepert 0,4 km, Burg Wesenberg und Spielzeugmuseum Villa Pusteblume 12 km, Schlossgarten Neustrelitz, Stadtkirche/hist. Slawendorf 20 km, Schloss Rheinsberg und Keramikwerkstätten 25 km.

Vor der Anreise empfehlen wir, Kontakt mit dem Betreiber aufzunehmen, um die Auslastung des Stellplatzes abzufragen.

16928 Pritzwalk — €10,00 — <10m

Stellplatzanlage Dömnitzinsel, Ecke Gartenstraße/Meyenburger Tor, ☎ 03395/76081130 Im Zentrum

POS: 53°9'7.41"N/12°10'37.36"E, Karte D3 (S. 6), C5
Platz: P = 6 auf Pflaster. =8 CHEM. Beleuchtet. Ganzjährig geöffnet.
Preis: 10 € inkl. Entsorgung. Strom 1 €/8 h, Wasser 1 €/10 min.
Kontakt: Tourist-Info Pritzwalk, ☎ 03395/76081130, stadtinfo@pritzwalk.de, www.pritzwalk.de.
Distanz: 0,2 km, 0,2 km, 0,5 km.
Freizeit: Waldschwimmbad 1,2 km.
POI: Museumsfabrik Pritzwalk 0,1 km, St. Nikolai Kirche 0,3 km, Bismarckturm Pritzwalk 2 km.

16928 Pritzwalk — gratis — <10m

Wohnmobilstellplatz Hainholz, Hainholzweg, ☎ 03395/76081130 Stellflächen im Waldpark Hainholz

POS: 53°10'8.12"N/12°11'36.50"E, Karte D3 (S. 6), C5
Platz: P = 4 auf Pflaster, Rasengittersteinen. =4. Beleuchtet. Ganzjährig geöffnet.
Preis: Übernachtung gratis. Strom 1 €/2 kWh, Wasser 1 €/10 min.
Kontakt: Tourist-Info Pritzwalk, ☎ 03395/76081130, stadtinfo@pritzwalk.de, www.pritzwalk.de.
Distanz: 0,2 km, 2 km, 2 km, E 3,1 km (Stellplatzanlage Dömnitzinsel, Gartenstraße 37A, 16928 Pritzwalk).
Gastro: Restaurant Waldhotel am Platz.
Freizeit: 0,2 km, 2,8 km.
POI: Bismarckturm Pritzwalk, St. Nikolai Kirche, Museumsfabrik Pritzwalk 1,5 km.

54597 Pronsfeld — €7,00 — <10m

Reisemobilplatz am alten Bahnhof, Bahnhofstraße, ☎ 06556/900236 Am alten Bahnhof am Waldrand

2022 geprüft

POS: 50°9'49.01"N/6°20'11.65"E, Karte D9 (S. 12), A3
Platz: = 40 auf Schotter. =26 (16 A) CHEM GRAU. Beleuchtet. Ganzjährig geöffnet.
Preis: 7 € inkl. aller Personen, Müll-Entsorgung, WLAN. Strom 0,50 €/kWh, Wasser 0,50 €/60 l.
Kontakt: Ortsgemeinde Pronsfeld, Harald Urfels, ☎ 06556/900236, ob@pronsfeld-eifel.de, www.pronsfeld-eifel.de.
Distanz: 0,3 km, 0,5 km, weitere Restaurants in 2 km, 0,8 km, 9 km.
Gastro: Restaurant, Café, Bäckerei/Imbisstube im Ort.
Freizeit: 8 km, 8 km. Dorfrundgang (beschildert), Bike-Park Pronsfeld, ehemalige Bahntrassen Prümtal-Radweg und Eifel-Ardennen-Radweg ab Platz, 4 Rundwanderwege, Nordic Walking, Eifelzoo Pronsfeld-Lünebach 2 km.
POI: Lavendel-Labyrinth Pronsfeld (Entfernung 0,2 km), Eisenbahnmuseum Pronsfeld 0,3 km, Alte Kirche Pronsfeld 1,5 km, Bergwerkstollen Bleialf 9 km, Basilika Prüm 10 km.

18356 Pruchten — €33,80 — <10m

Naturcamp Pruchten, Am Campingplatz 1, ☎ 038231/2045 Familienfreundlich, zentral auf der Halbinsel Fischland-Darß-Zingst

POS: 54°22'46.35"N/12°39'42.57"E, Karte D3 (S. 6), D2
Platz: P = 90, = 55 (<15 m) auf Wiese. =90 (16 A) WC CHEM GRAU. Leinenpflicht für Hunde, Mietbäder. R wird empfohlen. Geöffnet: 1.4.-31.10., 27.12.-4.1.
Preis: Ab 33,80 € inkl. Wasser, Entsorgung, Dusche, WC, Müll-Entsorgung. Strom 3 €, Kurtaxe 2 €/Pers., WLAN 1 €/Tag, Hund 4 €. 1.4.-31.5. 33,80 €, 1.6.-31.8. 39,50 €, 1.9.-31.10. 33,80 €. Jede weitere Pers. 7,50-10,50 €, Kind (3-14 J.) 4-5 €.
Kontakt: Naturcamp Pruchten, ☎ 038231/2045, info@naturcamp.de, www.naturcamp.de.
Distanz: , weitere Restaurants in 3 km, , , 0,8 km.
Gastro: Brötchenservice, Bestellung am Vortag im Restaurant oder Mini-Markt. Restaurant am Platz, warme Küche 17:30-22:00 Uhr.
Freizeit: 25 km, 20 km. Kiten/Surfen, 3D-Kino, Hundebadestelle 0,5 km, Badestelle am Bodstedter Bodden 0,5 km, Reiterhof 4 km.
POI: Altstadt der Stadt Barth/Museen 4 km, Natureum, Darßer Leuchtturm 12 km.

50259 Pulheim — €10,00 — <6m

Aquarena Pulheim, In den Benden, ☎ 02238/3050740 Auf dem Schwimmbad-Parkplatz

POS: 51°0'53.58"N/6°45'1.38"E, Karte D9 (S. 12), B1
Platz: = 4 auf Asphalt. =6. Sauna. Aufenthalt max. 5 Tage. Ganzjährig geöffnet.
Preis: 10 €. Strom 1 €/2 kWh, Wasser 1 €/100 l. Inkl. 30%-Rabat auf den Eintritt für 1 Pers.
Kontakt: Aquarena Pulheim, ☎ 02238/3050740, kontakt@aquarena-pulheim.de, www.aquarena-pulheim.de.
Distanz: 3,8 km, E 6 km (Zentralkläranlage Pulheim, Am Klärwerk, 50259 Pulheim-Sinnersdorf).
Gastro: Restaurant im Aquarena.

56862 Pünderich €10,00

Moselstellplatz Pünderich, Am Moselufer, ☎ 06541/3111
Etwa 200 Meter außerhalb vom Ort unweit der Mosel mit Blick auf den Fluss und Weinberge

POS: 50°2'36.77"N/7°7'32.88"E, Karte D9 (S.12), B3
Platz: P = 90 auf Schotterrasen. =90 (6 A) WC CHEM GRAU . Geöffnet: Apr-Dez.
Preis: Ab 10 € inkl. Strom, Wasser, Entsorgung, Dusche, WC, Müll-Entsorgung, WLAN. Touristbeitrag. 1,15 €./Pers. 10-15 €.
Kontakt: Moselcampingplatz Pünderich, Edwin van Dongen, ☎ 06541/3111, info@moselcampingplatz.de, www.moselcampingplatz.de.
Distanz: , 0,3 km, weitere Restaurants in 0,4 km, 0,4 km, Ⓗ 0,4 km.
Gastro: Bäcker 0,2 km.
Freizeit: 8 km, 8 km, 0,5 km. Kanutouren, Angeln, Gästeweinlese im Okt, Drachenfliegen, Ortsführungen während der Saison.
POI: Alte Keller 0,3 km, Altes Fährhaus von 1621 0,3 km, Marienburg 2 km, Burg Arras 15 km.

Tipp

Unser Stellplatz liegt direkt am Mosel-Radweg. Sie suchen einen Stellplatz zum Wandern und Radfahren? Dann kommen Sie zu uns! Den Ort Pünderich mit seinen schönen Gassen, Fachwerkhäusern und Straußwirtschaften er-reichen Sie in nur 200 m. Oberhalb des Stellplatzes liegt der Prinzenkopf (Aussichtsturm) und die Marienburg. Hier bekommen Sie einen großartigen Blick ins Moseltal. Viele Restaurants in der Nähe.

18581 Putbus-Lauterbach €20,00

im-jaich Wasserferienwelt, Am Yachthafen, ☎ 038301/8090 <10 m
Am Yachthafen im-jaich Marina Lauterbach, im Biosphärenreservat Süd-Ost-Rügen

2021 geprüft E

POS: 54°20'34.66"N/13°30'15.25"E, Karte D4 (S.7), E2
Platz: P = 22 auf Schotterrasen, Schotter. WC GRAU . Anfahrt HS 7:00-20:00 Uhr, NS 9:00-18:00 Uhr. Geöffnet: April-Ende Okt.
Preis: 20 € inkl. aller Personen, Entsorgung, WC. Strom 0,75 €/kWh, Wasser 0,50 €, Kurtaxe (ab 8 J.) 2 €/Pers., Waschmaschine 5 €, Duschen 1 €/min, Trockner 5 €.
Kontakt: im-jaich oHG, ☎ 038301/8090, info@im-jaich.de, www.im-jaich.de.
Distanz: 0 km, Ⓗ 0,3 km, 0,3 km, 0,5 km.
Gastro: Hafenkiosk. Frühstücks-/Brötchenservice am Kiosk. Restaurant Kormoran. VilmWerft 0,5 km. Am Bodden 0,5 km. Zum schwarzen Bären 0,7 km.
Freizeit: Angelguide, SUP-/Kajakverleih, Bootscharter, E-Bike-Vermietung, Segeltörns, Segelschule, Wellnessangebot, Badestelle 0,5 km, Hallenspielplatz 1 km, Theater in Putbus 2 km.
POI: Insel Vilm 1 km, Fürstliche Residenzstadt Putbus 1,5 km.

18581 Putbus-Lauterbach €19,00

Wohnmobilstellplatz Lauterbach, Zum Findling 8, ☎ 038301/888329 <10 m
500 m vom Lauterbacher Hafen entfernt

2021 geprüft E

POS: 54°20'50.87"N/13°29'54.65"E, Karte D4 (S.7), E2
Platz: = 16 auf Schotterrasen. =23 (16 A) WC CHEM GRAU . Trockner, Waschmaschine. Anfahrt 8:30-17:00 Uhr, Mietbad 7:00-21:00 Uhr. Geöffnet: 1.5.-30.9.
Preis: 19 € inkl. Entsorgung, Müll-Entsorgung. Jede weitere Pers. 3 €, Strom 0,80 €/kWh, Wasser 0,70 €/50 l, Kurtaxe 2 €/Pers., WLAN 1 €/24 h, Hund 3 €, Trockner 5 €, Waschmaschine 5 €, Mietbad 24 €/3 Tag. Abrechnung über mit Guthaben aufgeladenen Transponder (20 € Pfand), Restguthaben wird bei Abreise erstattet.
Kontakt: Frau A. Heise, ☎ 038301/888329, wohnmobilstellplatz-lauterbach@freenet.de, www.wohnmobilstellplatz-insel-ruegen.de.
Distanz: 0,1 km, Ⓗ 0,1 km, 0,3 km, weitere Restaurants in 0,5 km, 0,5 km.
Freizeit: 0,2 km. Hafentage, Indoorspielplatz Pirateninsel, Vilmschwimmen, Segelschule, Angelfahrten, Boot fahren, Rasender Roland 0,6 km.
POI: Lauterbacher Hafen 0,5 km, Residenzstadt Putbus 1,7 km.

18556 Putgarten €15,00

Stellplatz am Kap Arkona, Dorfstraße, ☎ 038391/13037 <12 m
Am Ortseingang vor dem Großparkplatz

2021 geprüft

POS: 54°40'14.48"N/13°24'30.30"E, Karte D4 (S.7), E1
Platz: / = 30 auf Asphalt. WC. Reservierung nicht möglich. Kein Schatten, beleuchtet. Ganzjährig geöffnet.
Preis: 15 € inkl. aller Personen, Wasser, WC, Müll-Entsorgung.
Kontakt: Tourismusgesellschaft mbH Kap Arkona, ☎ 038391/13037, www.kap-arkona.de.
Distanz: 0,4 km, weitere Restaurants in 0,5 km, Ⓗ 0,5 km, 1 km, 6 km.
Freizeit: 20 km, 20 km, 1 km. Besuch der Leuchttürme.
POI: Kap Arkona 2 km, Fischerort Vitt mit der darüber errichteter Kapelle 2 km.

16949 Putlitz gratis

Stellplatz Jungfernsteg, Jungfernsteg, ☎ 033981/80202 <8 m
Ruhige Lage, mit Blick auf den Burgturm

POS: 53°15'2.44"N/12°2'23.42"E, Karte D3 (S.6), C5
Platz: P / = 2 auf Rasengittersteinen, Wiese. WC. WC-Schlüssel zu den Öffnungszeiten der Infothek/Bibliothek (Di 10:00-12:00 Uhr und 13:00-18:00 Uhr, Mi+Do 10:00-12:00 Uhr und 13:00-16:00 Uhr, Fr 9:00-15:00 Uhr) oder auf Anmeldung. Ganzjährig geöffnet.
Preis: Für Restaurantgäste kostenlos, inkl. Strom. Einkehr obligatorisch. Ab dem 4. Tag 10 € inkl. Strom.
Kontakt: Infothek Putlitz, ☎ 033981/80202, bibliothek-putlitz@arcor.de, www.amtputlitz-berge.de.
Distanz: 0 km, weitere Restaurants in 0,2 km, 0,1 km, Ⓗ 0,3 km, 0,4 km.
Freizeit: 1 km.
POI: Historischer Stadtkern, Kirche St. Nikolai 0,1 km, Burgruine Gänseburg Putlitz 0,2 km, Ruhner Berge mit Aussichtsturm 15 km.

Q

49610 Quakenbrück €10,00

Wohnmobilstellplatz Sohlengleite, Am Schützenhof 2, ☎ 05431/907590 <10 m
Ruhiger Stellplatz an der Sohlengleite der Hase

POS: 52°40'8.59"N/7°59'0.65"E, Karte D5 (S.8), D1
Platz: P = 5 auf Rasengittersteinen. WC CHEM GRAU . Ganzjährig geöffnet.
Preis: 10 € inkl. Entsorgung, WC, Duschen. Strom 0,50 €/kWh, Wasser 0,50 €/50 l. Bezahlung bargeldlos über EC-/Kreditkarte.
Kontakt: Touristinformation, ☎ 05431/907590, tourismus.information@artland.de, www.artland.de.
Distanz: 0,3 km, 1,2 km, 1,3 km, Ⓗ 1,5 km.
Freizeit: 1 km, 1 km, 1,5 km. Kanu fahren, Tennis.
POI: Kulturschatz Artland, Altstadt 1,3 km, Stadtmuseum 1,3 km.

06484 Quedlinburg €15,00 <12m

Ferienhaus Seidel, Ditfurter Weg 49b, ☎ 03946/707352
Auf einer großen Wiese in Stadtrandlage

POS: 51°47'59.10"N/11°9'58.52"E, Karte D7 (S.10), B4
Platz: = 2 auf Wiese. =2 (16 A) WC GRAU . Kleiner Pool. Zahlreiche Spielmöglichkeiten für Kinder. Geöffnet: Apr-Okt, wetterabhängig.
Preis: 15 € inkl. Strom, Wasser, Entsorgung, WC, Müll-Entsorgung.
Kontakt: Familie Seidel, ☎ 03946/707352, togoanna@yahoo.de, www.ferienhaus-seidel-quedlinburg.de.
Distanz: 0,5 km, 0,8 km, weitere Restaurants in 1,5 km, 1 km, 2 km.
Freizeit: 6 km, 1,5 km. Stadtführung.
POI: Marktplatz/Rathaus 1,5 km, Stiftskirche/Domschatz 2 km, Kuckucksuhrenmuseum Gernrode 10 km, Burg Falkenstein Meisdorf 14 km.

06484 Quedlinburg €12,00 <6m

Parkplatz an den Fischteichen, An den Fischteichen Am Stadtring mit Blick auf die Stadtmauer der hist. Neustadt

POS: 51°47'34.99"N/11°8'55.06"E, Karte D7 (S.10), B4
Platz: = 6 auf Pflaster. . Ganzjährig geöffnet.
Preis: 12 €. 8 €/4 h. Bezahlung am Parkautomaten.
Kontakt: www.quedlinburg.de.
Distanz: , weitere Restaurants in 0,3 km, , 0,3 km, 1 km.
Freizeit: 8 km, 1 km, 1 km. Stadtführung, Besichtigungen.
POI: Altstadt Quedlinburg 0,3 km, Stiftskirche am Schlossberg 1 km.

06484 Quedlinburg €26,00 <8m

Parkplatz Marschlinger Hof, Marschlinger Hof, ☎ 03946/90550
Auf einem zentralen Bus- und Pkw-Parkplatz

POS: 51°47'27.73"N/11°8'21.83"E, Karte D7 (S.10), B4
Platz: = 6 auf Pflaster. =4 WC CHEM GRAU. WC-Anlage im Winter geschlossen. Ganzjährig geöffnet.
Preis: 26 € inkl. aller Personen, Wasser, Entsorgung. Strom 1 €/6 h. Strom derzeit nicht verfügbar.
Kontakt: Welterbestadt Quedlinburg, ☎ 03946/90550, stadtverwaltung@quedlinburg.de, www.quedlinburg.de.
Distanz: 0 km, 0,2 km, weitere Restaurants in 0,3 km, 0,5 km, 1 km.
Freizeit: 15 km, 0,5 km, 1 km.
POI: Altstadt Quedlinburg 0,1 km, Stiftskirche am Schlossberg 0,6 km.

06484 Quedlinburg €16,00 <8m

Schlossparkplatz, Schenkgasse 2, ☎ 03946/91080
Am Schlossberg gegenüber dem Bowlingcenter

POS: 51°47'13.07"N/11°8'4.95"E, Karte D7 (S.10), B4
Platz: = 6 auf Pflaster. =4 (16 A) CHEM GRAU . An viel befahrener Straße. Ganzjährig geöffnet.
Preis: 16 € inkl. Entsorgung, WLAN. Jede weitere Pers. 3 €, Strom 2 €/8 h, Wasser 1 €.
Kontakt: Herr Mente, ☎ 03946/91080, info@bowling-quedlinburg.de, www.bowling-quedlinburg.de.
Distanz: , 0,1 km, weitere Restaurants in 0,3 km, 0,5 km, 0,8 km.
Gastro: Im Bowlingcenter. So Frühstücksservice.
Freizeit: 8 km, 1 km, 1 km. Besichtigungen, Stadtführung, Bowling Skybar 0,1 km.
POI: Stiftskirche am Schlossberg 0,4 km, Altstadt Quedlinburg 0,7 km.

25712 Quickborn (Dithmarschen) €8,50 <8m

Stellplatz am Helmschen Bach, Hauptstraße 2, ☎ 04825/7134
Privater Stellplatz mit Gartenteich und Bachlauf

POS: 54°0'41.76"N/9°13'0.19"E, Karte D2 (S.5), F3
Platz: = 5 auf Wiese. =3 (16 A) . Reservierung nicht möglich. Ankunft bis 22:00 Uhr. Geöffnet: 1.4.-30.9.
Preis: 8,50 € inkl. Wasser. Strom 0,80 €/kWh.
Kontakt: Brigitte Kaiser, ☎ 04825/7134, Mobil: 0170/1675320, kaiser.brigitte123@yahoo.de.
Distanz: 0,1 km, 2 km, 2,5 km, 3 km.
Gastro: Eisdiele 3 km. bürgerliche Küche, griechische Spezialitäten 3 km.
Freizeit: 2,5 km, 3 km. Partyraum im Schuppen für kleinere WoMo-Treffen, Kutsch- und Kahnfahrten 3 km, Veranstaltungen auf der Burger Freilichtbühne 3 km.
POI: Aussichtsturm mit Waldmuseum 2 km, Nord-Ostsee-Kanal, Eisenbahnhochbrücke Hochdonn 6 km, Draisine-Fahrten St. Michaelisdonn 7 km, Steinzeitpark Aöza Albersdorf 18 km.

Sie haben einen neuen Stellplatz entdeckt?
Dann teilen Sie uns diesen mit per
E-Mail an **bordatlas@doldemedien.de**

R

04519 Rackwitz €24,00 <10m

CAMP DAVID Sport Resort by ALL-on-SEA, Haynaer Straße 1, ☎ 034294/858687 Übernachtungsbereich am Schladitzer See, in der Schladitzer Bucht

POS: 51°26'5.10"N/12°20'38.25"E, Karte D7 (S.10), D4
Platz: = 65 auf Wiese, Schotter, Asphalt. =55 (16 A) WC CHEM GRAU . wird empfohlen. Ankunft Mo-Fr 14:00-18:00 Uhr, Sa+So 9:00-18:00 Uhr, bei späterer Anreise anrufen. Abreise bis 12:00 Uhr. Ganzjährig geöffnet.
Preis: Ab 24 € inkl. Wasser, Entsorgung, Dusche, WC, Müll-Entsorgung, WLAN. Jede weitere Pers. 5 €, Strom 3 €/Nacht. Je nach Saison 24-34 €. Nachstellplatz von 21:00-8:00 Uhr 10 €/24 h. Bezahlung am Automat in bar (nur mit Münzen, kein Wechselgeld), mit EC- und Kreditkarte oder mit der Park App.
Kontakt: Juliane Wolf, ☎ 034294/858687, Mobil: 0160/96300219, unterkunft@all-on-sea.de, www.campdavid-sportresort.de.
Distanz: 0 km, 2 km, 3 km, 3,7 km.
Gastro: Restaurant und Bistro am Platz. Frühstücksservice auf Bestellung (auf Anfrage).
Freizeit: Reiten, Beachvolleyballplätze 0,2 km, Wasser-Fun-Park 0,3 km, Tauchbasis 0,4 km.
POI: Leipziger Innenstadt 13 km, Panometer Leipzig 18 km.

01454 Radeberg-Liegau Augustusbad €5,00 <6m

Restaurant Pechhütte, Langebrücker Straße 132, ☎ 03528/447141
Auf dem Parkplatz des Restaurants in Waldnähe

POS: 51°8'9.65"N/13°52'28.34"E, Karte D8 (S.11), G5
Platz: = 2 auf Sand/Splitt, Schotter. =2 (10 A) WC . Anfahrt Mi-Sa ab 11:30 Uhr. Ganzjährig geöffnet. Ausnahme: Betriebsferien (vorher anfragen, jedes Jahr unterschiedlich).
Preis: 5 € inkl. aller Personen, WC. Für Restaurantgäste kostenlos. Strom 1,50 €/kWh.
Kontakt: Restaurant Pechhütte, Mario Friedrich, ☎ 03528/447141, kontakt@restaurant-pechhuette.de, www.restaurant-pechhuette.de.
Distanz: 0 km, weitere Restaurants in 10 km, 0,4 km, 2 km, 2 km.

Q R

Gastro: Am Platz, Mi-Fr 11:30-14:00 Uhr und 17:30-21:00 Uhr, Sa 11:30-22:00 Uhr, So 11:30-15:00 Uhr, Mo-Di Ruhetag, feiertags geöffnet.
Freizeit: 2 km, 7 km, 7 km. Wandern im Hüttertal, botanischer Blindengarten, Radeberger Bierstadtpfad, Führung durch die Radeberger Exportbierbrauerei, ÖNV-Bahnhof Langebrück 3 km.
POI: Radeberg mit Schloss Klippenstein 3 km, historisches Stadtzentrum Dresden 15 km, Schloss Moritzburg 20 km.

01445 Radebeul €10,00

Caravanstellplatz Schloss Wackerbarth, Meißner Straße 353, ☎ 0351/89550 <10m neu
Gegenüber vom Schloss, am Fuße der Radebeuler Weinberge

POS: 51°6'45.16"N/13°37'5.67"E, Karte D8 (S. 11), F5
Platz: = 20 auf Schotterrasen. Gutsmarkt. Ganzjährig geöffnet.
Preis: 10 €. Bezahlung direkt vor Ort (Bitte passend).
Kontakt: Schloss Wackerbarth, ☎ 0351/89550, kontakt@schloss-wackerbarth.de, www.schloss-wackerbarth.de.
Anfahrt: Einfahrt direkt gegenüber der Wackerbarthstraße 1.
Distanz: 0 km, Ⓗ 0,1 km, 1 km, 3,2 km.
Gastro: Gasthaus am Schloss mit weinkulinarischen Erlebnissen.
Freizeit: Ausflüge in die Region, Weinbergswanderung rund um Schloss Wackerbarth, Sekt- und Weinführungen.
POI: Karl-May Museum Radebeul 3,2 km, Porzellanmanufaktur Meißen 10,1 km, Dresden Altstadt mit Semperoper, Zwinger, Frauenkirche 11 km.

01445 Radebeul €18,00

SSV Planeta Radebeul e.V. – Bootshaus, An der Festwiese 9, ☎ 0351/8537172 <8m
Neben dem Bootshaus, am rechten Elbeufer

POS: 51°6'12.95"N/13°37'30.24"E, Karte D8 (S. 11), F5
Platz: = 14, = 1 (<8 m) auf Wiese. =12 (6 A) WC. Campingküche und überdachte Sitzecke. Anreise Mo-Fr 17:00-19:00 Uhr, Sa+So telefonisch anmelden. Sehr enge Zufahrt zwischen Gebäuden, leicht unebene Stellflächen, VE-Station an der Autobahn Dresden Neustadt nutzen. Geöffnet: 1.4.-30.10.
Preis: 18 € inkl. Wasser, Dusche, WC, Müll-Entsorgung. Jede weitere Pers. 4 €, Kind (bis 14 J.) 2,50 €, Strom 2,50 €.
Kontakt: SSV Planeta Radebeul e.V., ☎ 0351/8537172, 0157/39341899, info@bootshaus-radebeul.de, www.bootshaus-radebeul.de.
Distanz: 0,2 km, 0,5 km, Ⓗ 0,5 km.
Gastro: Mehrere Restaurants in unmittelbarer Nähe.
Freizeit: 1 km, 4 km, 0,2 km. Rudern, Elberadweg, Kanu fahren, Segeln, S-Bahn-Haltestelle nach Dresden und Meißen 0,5 km.
POI: Alter Dorfanger 0,2 km, Karl May-Museum 4 km.

01445 Radebeul €9,80

Wohnmobilstellplatz Radebeul, Kötzschenbrodaer Strasse 64, ☎ 0179/3635074 <10m neu
Direkt neben dem Gartenmarkt in zentraler Lage

POS: 51°5'52.91"N/13°39'16.69"E, Karte D8 (S. 11), F5
Platz: = 10 auf Asphalt. Leinenpflicht für Hunde. Nur für autarke Wohnmobile. Anfahrt 8:00-21:00 Uhr nach telefonischer Ameldung unter 0179/3635074. Aufenthalt max. 3 Tage. Ganzjährig geöffnet.
Preis: 9,80 €.
Kontakt: Daniel Becker, ☎ 0179/3635074, mail@m-rent2go.de, www.stellplatz-radebeul.de.
Anfahrt: Einfahrt über Gartenmarkt.
Distanz: 0 km, Ⓗ 0,2 km, 0,8 km, 1 km.
Freizeit: 1 km. Fahrt mit der Lößnitzgrundbahn nach Moritzburg, Aussicht zum Spitzhaus, Elberadweg, Hallenbad Krokofit 1 km.
POI: Lügenmuseum 0,3 km, Stadt Radebeul 1 km, Karl-May-Museum 1,9 km, Schloss Wackerbarth 3,5 km.

42477 Radevormwald gratis

Parkplatz beim Rathaus, Hohenfuhrstraße 13, ☎ 02195/6060 <8m
Öffentlicher Parkplatz in Stadtmitte

POS: 51°12'16.50"N/7°21'30.36"E, Karte D5 (S. 8), C5
Platz: = 2 auf Asphalt. Ganzjährig geöffnet.
Preis: Übernachtung gratis.
Kontakt: Stadt Radevormwald, ☎ 02195/6060, marc.bormann@radevormwald.de, www.radevormwald.de.
Distanz: Ⓗ 0,1 km, 0,1 km, 0,5 km, 1 km.
Gastro: Mehrere Restaurants.
Freizeit: 0,5 km, 1,5 km. Stadtbesuch.
POI: Heimatmuseum 0,1 km, historisches Gartenhaus von 1772 0,3 km, Tuchmuseum Wülfing 5 km.

78315 Radolfzell am Bodensee €8,00

Wohnmobilstellplatz auf der Halbinsel Mettnau, Strandbadstraße 32 (beim Hartplatz des FC Radolfzell), ☎ 07732/81500 <10m
In zentraler Lage in Ufernähe am Rande der Halbinsel Mettnau

POS: 47°44'16.28"N/8°58'49.66"E, Karte D14 (S. 17), F4
Platz: = 31 auf Schotterrasen. WC CHEM GRAU. Aufenthalt max. 3 Tage. Ganzjährig geöffnet.
Preis: Ab 8 € inkl. Entsorgung, Müll-Entsorgung, WLAN, WC. Strom 0,60 €/kWh, Wasser 1 €/100 l, Dusche 1 €, Kurtaxe (ab 14 J.) 2,80 €/Pers. 1.1.-30.4. 8 €, 1.10.-31.12. 8 €, 1.5.-30.9. 15 €. Bezahlung mit der Pfandkarte (10 €).
Kontakt: Tourist-Information Radolfzell, ☎ 07732/81500, info@radolfzell-tourismus.de, www.radolfzell-tourismus.de.
Distanz: 0,2 km, Ⓗ 0,2 km, 0,6 km, 0,6 km.
Freizeit: 0,7 km, 0,3 km. Schifffahrt, Wanderweg Radolfzeller Runden, Kletterwerk 0,3 km, Strandbad 1 km, Wild-/Freizeitpark Allensbach 10 km.
POI: Altstadt Konstanz, Insel Mainau, Altstadt Radolfzell 0,8 km, Hegauvulkane 12 km, Hermann-Hesse-Museum 14 km, Otto-Dix-Museum 15 km, Insel Reichenau 17 km.

78315 Radolfzell am Bodensee €8,00

Wohnmobilstellplatz Herzen, Zeppelinstraße, ☎ 07732/81500 <12m
Am Bodensee-Radweg bei der Bora Saunalandschaft

POS: 47°44'19.74"N/8°57'12.11"E, Karte D14 (S. 17), F4
Platz: = 15 auf Pflaster, Schotter. =12 (16 A) CHEM GRAU. Aufenthalt max. 3 Tage, keine Reservierung möglich. Ganzjährig geöffnet.
Preis: Ab 8 € inkl. Entsorgung, Müll-Entsorgung. Strom 0,50 €/kWh, Wasser 1 €/80 l, Kurtaxe (ab 14 J.) 2,80 €/Pers. 1.10.-30.4. 8 €, 1.5.-30.9. 11 €.
Kontakt: Stadt Radolfzell, ☎ 07732/81500, info@radolfzell-tourismus.de, www.radolfzell-tourismus.de.
Distanz: Ⓗ 0,2 km, 0,3 km, weitere Restaurants in 0,5 km, 0,7 km, 1,5 km.
Gastro: Restaurant Bora-Sauna und weitere in der Nähe.
Freizeit: 2 km, 1 km. Wassersport, Sauna, Segel- und Surfschule 0,5 km, Kletterwerk mit Innen- und Außenmöglichkeiten 1,5 km.
POI: Altstadt Radolfzell 1,5 km, Hegauvulkane 10 km, Hermann-Hesse-Museum 12 km, Insel Reichenau 17 km.

78315 Radolfzell am Bodensee-Böhringen €13,00

Reisemobilplatz Böhringer See, Hindenburgstraße, ☎ 07732/3853 <8m
Neben dem Campingplatz Böhringer See

POS: 47°45'40.00"N/8°55'60.00"E, Karte D14 (S. 17), F4
Platz: = 10 auf Wiese. =20 (16 A) CHEM GRAU. Geöffnet: 15.3.-15.10.
Preis: 13 € inkl. Wasser, Entsorgung, WC. Strom 3 €/24 h, Dusche 2 €, WLAN 3 €, Kurtaxe 2,80 €/Pers.
Kontakt: Herr Helmlinger, ☎ 07732/3853, Mobil: 0176/24893248, p.helmlinger@web.de, www.radolfzell.de.
Distanz: 1 km, Ⓗ 1 km, weitere Restaurants in 1 km Entfernung, 1 km.
Gastro: Zwei Restaurants und See-Imbiss am Platz.
Freizeit: 7 km, 3 km. Angeln, Badeufer, Baden, Bodensee 3 km.
POI: Zentrum Radolfzell 3 km, Insel Mainau 20 km, Rheinfall Schaffhausen 30 km.

R

46348 Raesfeld €10,00 <10m

Wohnmobilstellplatz Graf Alexander, Parkplatz am Südring, ☎ 02865/60910
Am historischen Wasserschloss Raesfeld

POS: 51°45'55.83"N/6°49'50.82"E, Karte D5 (S.8), B4
Platz: = 8 auf Schotterrasen. =8 (16A) . Aufenthalt max. 2 Nächte. Ganzjährig geöffnet.
Preis: 10€ inkl. aller Personen, Entsorgung, Dusche, WC, Müll-Entsorgung. Strom 1€/kWh, Wasser 1€/8min.
Kontakt: Tourist-Info im Naturparkhaus, ☎ 02865/60910, tourist-info@raesfeld.de, www.raesfeld.de.
Distanz: 0,5km, 0,5km, 0,5km, 0,5km.
Freizeit: 10km, 10km, 0,2km. Führungen durch die Schlossanlage, Spaziergänge im Renaissance-Tiergarten, Rundgang und Kornprobe in der Kornbrennerei Die kleine Brennerei im Münsterland (nach Voranmeldung).
POI: Bewegungs- und Bürgerpark, Museum am Schloss mit Schauausstellung Raesfeld 1939-1945, Wasserschloss Raesfeld 0,2km, Pfarrkirche Raesfeld 1km, 1500-jährige Femeiche in Erle 4km.

32369 Rahden gratis <8m neu

Wohnmobilstellplatz am Museumshof, Museumshof 1, ☎ 05771/7350
Unmittelbar neben dem Museumshof

POS: 52°26'19.96"N/8°35'53.66"E, Karte D6 (S.9), E2
Platz: = 8 auf Rasengittersteinen, Pflaster. . Ganzjährig geöffnet.
Preis: Übernachtung gratis inkl. Entsorgung, WLAN. Strom 1€/kWh, Wasser 1€/50l.
Kontakt: Lena Buhrmester, ☎ 05771/7350, l.buhrmester@rahden.de, www.rahden.de.
Distanz: 0km, 0,5km, 1,4km.
Gastro: Gasthaus am Museumshof.
Freizeit: Nostalgische Fahrt mit der Museumsbahn, Ausgangspunkt für Wanderungen/Radtouren im Naturschutzgebiet Große Aue, Boule-Platz, Freilichtmuseum.
POI: St.-Johannis-Kirche, Burgruine, Museumshof Rahden.

R

86641 Rain gratis <12m

Stellplatz am ehemaligen Volksfestplatz, Kraftwerkstraße/Fasanenweg, ☎ 09090/703333
Am Waldrand in der Nähe des Lech

2021 geprüft

POS: 48°41'31.55"N/10°54'21.41"E, Karte D15 (S.18), A2
Platz: = 8 auf Pflaster, Schotter. . Leinenpflicht für Hunde. Aufenthalt max. 5 Tage in Folge, im Zeitraum von 3 Monaten max. 18 Tage. Wasser am Automat. Ganzjährig geöffnet.
Preis: Übernachtung gratis. Strom 2€/6h, Wasser 2€.
Kontakt: Stadt Rain, ☎ 09090/703333, tourismus@rain.de, www.rain.de.
Distanz: 0,5km, weitere Restaurants in 0,8km, 0,5km, 0,8km, 1km.
Gastro: Restaurants/Imbisse in der Innenstadt ab 0,5km.
Freizeit: 0,5km. Gästeführungen, Baggerseen 2,5km.
POI: Dehner Blumenpark 0,4km, Altstadt mit Rathaus im Rokoko-Stil 0,5km, kath. Stadtpfarrkirche 0,5km.

19309 Rambow €20,00 <10m

Hof Richert, Dorfstraße 16, ☎ 038792/509799
In unberührter Natur mit Blick auf das schönste Moor Deutschlands

POS: 53°8'55.75"N/11°35'3.73"E, Karte D3 (S.6), B5
Platz: = 3 auf Wiese. . Ganzjährig geöffnet.
Preis: 20€ inkl. Strom, Wasser, Dusche, WC, WLAN.
Kontakt: Hof Richert, Holger Richert, ☎ 038792/509799, Mobil: 07137/153910, info@hof-richert.de, www.hof-richert.de.
Distanz: 10km, 10km.
Freizeit: Wanderungen im Moor, Rambower See, Kutschfahrten, Angeln, Baden im Rudower See in Lenzen 10km.
POI: UNESCO-Biosphärenreservat Flusslandschaft Elbe, Rambower Moor, Dorfkirche Rambow 0,3km, Stadt Lenzen 9,6km, Zinnfigurendiorama auf der Burg Lenzen 11km, Tierpark in Perleberg 24km, Elefantenhof Platschow 25,4km.

86871 Rammingen gratis <10m neu

Allgäu Skyline Park, Skyline-Park-Straße 1, ☎ 08245/966914
Auf dem Parkplatz des Freizeitparks

POS: 48°2'39.31"N/10°35'27.88"E, Karte D15 (S.18), A3
Platz: = 10 auf Asphalt. . Leinenpflicht für Hunde. Aufenthalt max. 1 Nacht und nur in Verbindung mit einem Parkbesuch. Parkplatzwächter weist morgens einen anderen Stellplatz zu. Öffnungszeiten des Freizeitparks siehe Webseite. Geöffnet: 2.4.-6.11.
Preis: Übernachtung gratis.
Kontakt: Allgäu Skyline Park, ☎ 08245/966914, service@skylinepark.de, www.skylinepark.de.
Distanz: 0km, 2,7km, 2,7km.
Gastro: Frühstücksangebot im Hauptrestaurant ab 9:30 Uhr. Löwi's Restaurant, Gastro-Stände und Biergärten im Park.
Freizeit: 3,6km. Allgäu Skyline Park mit mehr als 60 Fahrgeschäften und Attraktionen, Therme Bad Wörishofen 3,6km.
POI: Bad Wörishofen 4,2km, Sebastian-Kneipp-Museum 5km, Altstadt Mindelheim 7,6km, Barockkirche/Kloster Irsee 19,1km.

97729 Ramsthal gratis <10m

Wohnmobilstellplatz am Festplatz, Kreisstraße KG 4/Hauptstraße, ☎ 09704/913125 Am Ortsrand, neben dem Festplatz beim Feuerwehrhaus

2022 geprüft

POS: 50°8'15.93"N/10°3'39.95"E, Karte D10 (S.13), H3
Platz: = 12 auf Pflaster, Wiese. =12 . Ganzjährig geöffnet.
Preis: Übernachtung gratis inkl. Entsorgung. Strom 1€/kWh, Wasser 1€/80l. Freiwillige Spende erbeten.
Kontakt: Silke Hack, ☎ 09704/913125, hack.silke@vg-euerdorf.de, www.ramsthal.de.
Distanz: 0,6km, 0,8km, 0,8km, 4,1km.
Gastro: Bäcker mit Lebensmitteln im Ort. Metzgerei im Ort. Gasthaus Wahler.
Freizeit: 6,8km. Mitarbeit bei der Weinlese/am Weinberg, Poetischer Waldwanderweg 0,3km, Weinerlebniswege 0,5km, Naturbad 6,8km.
POI: Ramsthaler Kunstweg 0,8km, Wittelsbacher Turm 4km, Museum Terra Triassica in Euerdorf 5km, terroir-f Punkt in Ramsthal Geotop 5km, Trimburg 8km, Ruine Aura 9km, Schloss Saaleck bei Hammelburg 16km.

97236 Randersacker €10,00 <8m

Winzerhof & Gästezimmer Schmachtenberger, Würzburger Straße 25, ☎ 0931/700502 Gegenüber vom Winzerhof, neben der Bundesstraße

POS: 49°45'37.15"N/9°58'41.87"E, Karte D10 (S.13), G4
Platz: = 6 auf Schotter. =7 (6A) . Anfahrt bis 20:00 Uhr erwünscht, Abfahrt bis 11:00 Uhr am Folgetag, WLAN im Hof. Ganzjährig geöffnet.
Preis: 10€ inkl. Wasser, Entsorgung, WLAN. Strom 0,70€/kWh, Müll-Entsorgung 1€. 10€ Pfand für den Schüssel zur Toiletten-Entsorgung.
Kontakt: Anton Schmachtenberger, ☎ 0931/700502, info@winzerhof-und-gaestezimmer.de, www.winzerhof-und-gaestezimmer.de.
Distanz: 0,2km, 0,2km, 0,2km, 0,3km.
Freizeit: 4km, 4km, 4km. Wanderweg zum altfränkischen Weinberg 2km, Tierpark Sommerhausen 10km.
POI: UNESCO-Weltkulturerbe Residenz Würzburg 6km, Festung Marienberg/Käppele 6km, Rokkokogarten Veitshöchheim 10km.

25873 Rantrum €12,50

Reisemobilhafen Rantrum, Am Sportplatz 19, ☎ 0160/8434809 <10m
Auf dem Sport-/Freizeitgelände

POS: 54°26'0.74"N/9°7'39.92"E, Karte D2 (S.5), F2
Platz: = 10 auf Schotter. =12 (16 A) WC CHEM GRAU . Leinenpflicht für Hunde, Grillhütte. wird empfohlen. Bei Frost kein Wasser. Ganzjährig geöffnet.
Preis: 12,50 € inkl. Strom, Wasser, Entsorgung, Dusche, WC, Müll-Entsorgung, WLAN. Nutzung des angrenzenden, beheizten Schwimmbads während der Saison.
Kontakt: Ulf Petersen, Mobil: 0160/8434809, reisemobilhafen@rantrum.de, www.rantrum.de.
Distanz: , 0,3 km, 0,5 km, 1 km.
Gastro: Kiosk am Schwimmbad direkt gegenüber.
Freizeit: Reiten, Bootsfahrten, Ausflugsfahrten mit dem Schiff, Freizeitpark Rantrum, Tennis.
POI: Husum Hafen 7 km, Friedrichstadt 10 km, Tönning mit Multimar-Wattforum 15 km.

36169 Rasdorf €10,00

Gedenkstätte Point Alpha, Hummelsberg 1, ☎ 06651/919030 <10m neu
Auf dem Parkplatz des ehemaligen US Camps der Gedenkstätte

POS: 50°43'25.52"N/9°56'1.17"E, Karte D10 (S.13), G1
Platz: = 3 auf Schotter. . Leinenpflicht für Hunde. Gebühr ist nach Befahren des Stellplatzes über den Onlineshop (www.pointalpha.com) oder an der Kasse der Gedenkstätte zu entrichten. Aufenthalt max. 2 Nächte. Ganzjährig geöffnet.
Preis: 10 €.
Kontakt: Gedenkstätte Point Alpha, ☎ 06651/919030, service@pointalpha.com, www.pointalpha.com.
Distanz: 0,7 km, 1 km, 1 km.
Freizeit: Besuch der Gedenkstätte Point Alpha.
POI: US Camp, Haus auf der Grenze mit Dauerausstellung, Weg der Hoffnung, Wiesenfelder Turm.

36169 Rasdorf €4,00

Sport- und Freizeitgelände Rasdorf, Setzelbacher Straße 11, ☎ 06651/96010 <10m
Öffentlicher Parkplatz am Sportgelände

POS: 50°42'52.51"N/9°54'11.53"E, Karte D10 (S.13), G1
Platz: = 4 auf Pflaster, Rasengittersteinen. =4 CHEM GRAU . Aufenthalt max. 3 Tage. Parktickets bei der Gemeindeverwaltung, in Restaurants/Lebensmittelgeschäften. Ganzjährig geöffnet.
Preis: 4 € inkl. aller Personen, Entsorgung. Strom 1 €/kWh, Wasser 1 €/120 l.
Kontakt: Gemeinde Rasdorf, ☎ 06651/96010, info@rasdorf.de, www.rasdorf.de.
Distanz: 0,5 km, 0,5 km, weitere Restaurants in 0,6 km, 0,5 km, 0,5 km.
Gastro: Trattoria Il Calabrese (Am Anger 20). Landgasthof zum Adler (Am Anger 1).
Freizeit: 12 km, 12 km, 12 km. Beachvolleyball, Tennisplatz 0,1 km.
POI: Gotische Stiftskirche, mittelalterlicher Wehrfriedhof und größter Dorfanger Hessens 0,7 km, Gehilfersbergkapelle 2 km, Gedenkstätte Point Alpha 2 km.

76437 Rastatt €10,00

Stellplatz Rastatt, Leopoldring 8, ☎ 07222/9721220 In ruhiger, zentrumsnaher Lage in einem Wohngebiet <10m neu

POS: 48°51'14.17"N/8°11'56.67"E, Karte D13 (S.16), D1
Platz: = 10 auf Pflaster. =5 (6 A) CHEM GRAU. Coins für Strom und Wasser im Rewe-Markt (Joseph-von-Eichendorff-Weg 2) in 0,5 km. Ganzjährig geöffnet.
Preis: 10 € inkl. Entsorgung. Strom 1,50 €/5 h, Wasser 1,50 €/10 min. Bezahlung per Kreditkarte über einen QR-Code.
Kontakt: Tourist-Info Rastatt, ☎ 07222/9721220, touristinformation@rastatt.de, www.tourismus-rastatt.de.
Distanz: 0,5 km (Rewe Markt), 0,5 km, 0,5 km, 0,7 km.
Gastro: Mehrere Restaurants in der Stadtmitte.
Freizeit: Historische Route (Route durch die Innenstadt, vorbei an 24 Sehenswürdigkeiten), Radfahren (z.B. Tour de Murg), Residenzschloss Rastatt (Barockschloss), Spaziergänge an der Murg oder in den Rheinauen, thematische Stadtführungen.
POI: Karlsruher Tor, Städtische Galerie Fruchthalle, Wasserturm, Museumstor, Pagodenburg (ehemaliges Teehaus der markgräflichen Familie), Rossihaus, Rathaus, Einsiedelner Kapelle (Nachbildung der Einsiedelner Gnadenkapelle in der Schweiz), Stadtkirche St. Alexander 0,5 km, Residenzschloss Rastatt 0,7 km, Schloss Favorite 5 km (Porzellanschloss).

26180 Rastede gratis

Stellplatz im Residenzort Rastede, Mühlen-/Eichendorffstraße, ☎ 04402/8638550 <8m
Am Schlosspark, in zentraler Ortslage

2021 geprüft

POS: 53°14'55.50"N/8°12'32.08"E, Karte D1 (S.4), D5
Platz: = 6 auf Schotter. . Ganzjährig geöffnet.
Preis: Übernachtung gratis.
Kontakt: Tourist-Info Rastede, ☎ 04402/8638550, info@residenzort-rastede.de, www.rastede-touristik.de.
Distanz: 0,1 km, 0,2 km, 0,7 km, 1 km.
Freizeit: 1,5 km. Gästeführungen, Tennis- und Freizeitcenter mit Fitness-Studio 0,1 km, Fahrradverleih auf Anfrage 2 km, Freizeitpark Jaderberg 10 km.
POI: Palais Rastede, St. Ulrich-Kirche von 1059, St. Marien Kirche, Privat-Schloss Rastede im Schlosspark.

99636 Rastenberg-Finneck €13,00

Wohnmobilstellplatz Rastenberg, Am Haselberg 45 a, ☎ 036377/839911 In Ortsrandlage am Wald, neben dem Waldschwimmbad <12m neu

POS: 51°11'19.18"N/11°25'25.44"E, Karte D7 (S.10), B5
Platz: = 35 auf Wiese, Schotterrasen. WC CHEM GRAU . wird empfohlen. Reservierung telefonisch. Geöffnet: 1.3.-10.1.
Preis: Ab 13 € inkl. Wasser, Entsorgung. Jede weitere Pers. 2 €, Kind (bis 11 J.) gratis, Strom 2,50 €, Waschmaschine/Trockner je 3 €, VE für Durchreisende 3 €. 15 € inkl. Dusche und WC. Bezahlung beim Betreiber.
Kontakt: Hans Krug, ☎ 036377/839911, Mobil: 0179/4557996, hans-krug@gmx.net.
Distanz: 1,4 km, 3 km.
Gastro: Cateringservice (Bestellung beim Betreiber). Brötchenservice.
Freizeit: 0,1 km. Radtour auf dem Finnebahn Radweg, Wander- und Radtouren im Landschaftsschutzgebiet der Finne.
POI: Besuch des Arche-Nebra-Museums mit Himmelsscheibe 11,9 km.

01824 Rathen-Oberrathen €20,00

Caravanplatz zum Liliensteinblick, Elbweg 52, ☎ 035021/60018 <10m
Am Elberadweg und an der Bahnlinie

POS: 50°56'37.52"N/14°4'45.83"E, Karte D12 (S.15), G1
Platz: = 15 auf Wiese, Rasengittersteinen. WC CHEM GRAU . nur bei Gruppen. Ganzjährig geöffnet.
Preis: 20 € inkl. Strom, Wasser, Entsorgung, WC, Müll-Entsorgung. Jede weitere Pers. 2,50 €, Dusche 1 €/3 min, Kurtaxe (14-18 J.) 1,25 €/Pers.
Kontakt: Familie Steiner, ☎ 035021/60018, ksteiner.rathen@gmx.de, www.caravanplatz-zum-liliensteinblick.de.
Distanz: 1,5 km, 1,5 km, 1,5 km, 1,5 km.
Gastro: Brötchen- und Getränkeservice.
Freizeit: 4 km, 12 km, 1 km. Klettern, Amselsee, Schlauchboot fahren auf der Elbe, historische Raddampferfahrten, Eisenbahnwelten 1,5 km, Miniaturpark Kleine Sächsische Schweiz 8 km.
POI: Felsenbühne Rathen 1,5 km, Bastei Felsen 1,5 km, Festung Königstein 4 km, Bad Schandau 8 km.

14712 Rathenow gratis

Stellplatz am Rathenower Stadtkanal, Stein-/Baustraße, ☎ 03385/514991 <8m
In der Nähe des Optikparks

2022 geprüft

POS: 52°36'28.55"N/12°20'11.14"E, Karte D7 (S.10), C1

R

Platz: P = 8 auf Pflaster. =10 (16 A) WC CHEM GRAU. Reservierung nicht möglich. Frischwasser wird in den Nachtstunden abgestellt. Im Winter kein Wasser. Ganzjährig geöffnet.
Preis: Übernachtung gratis inkl. WLAN. Strom 0,70 €/kWh, Wasser 1,50 €/50 l. Wasser/Strom über Münzsäulen.
Kontakt: Tourismusverein Westhavelland e. V., ☎ 03385/514991, 03385/596322, tv@westhavelland.de, www.rathenow.de.
Distanz: Ⓗ 0,1 km, 0,3 km, 0,3 km, weitere Restaurants in 0,5 km, 0,5 km.
Freizeit: 1,8 km, 0,3 km. Bootsverleih, Kanufahrten, Havelland-Radweg, Tour Brandenburg, Optikpark Rathenow (Apr-Okt) 0,7 km, Bowling (Waldschloss) 1,2 km, Naturbadestellen 4 km.
POI: Altstädtische Apotheke 0,1 km, Optik Industrie Museum 0,7 km, Bismarckturm 2 km, Brachymedialfernrohr 2,4 km.

94371 Rattenberg-Unterholzen — €16,00 — <8m

Gasthaus Naturcamping Perlbach, Unterholzen 7, ☎ 09963/701 Vor dem Naturcampinggelände, beim Gasthaus

2021 geprüft · E

POS: 49°4'47.91"N/12°44'56.39"E, Karte D12 (S. 15), E5
Platz: = 4 auf Schotterrasen. =20 WC CHEM/Bio GRAU . Leinenpflicht für Hunde, Waschmaschine und Trockner. P WLAN nur im Gasthaus. Ganzjährig geöffnet.
Preis: 16 € inkl. Wasser, Entsorgung, WC. Jede weitere Pers. 4,50 €, Kind (bis 14 J.) 3,50 €, Strom 0,60 €/kWh, Dusche 1 €/Pers., Müll-Entsorgung 0,20 €/Pers., WLAN 1 €, Hund 1 €, Kurtaxe 0,70 €/Pers.
Kontakt: Familie Mühlbauer, ☎ 09963/701, info@campingperlbach.de, www.campingperlbach.de.
Distanz: 0 km, weitere Restaurants in 1 km, 1 km, Ⓗ 1 km, 1 km.
Gastro: Am Platz, warme Küche 18:00-20:00 Uhr. Frühstücks- oder Brötchenservice.
Freizeit: 10 km, 3 km. Reiten, Wassertreten, Reiterhof 0,1 km, Klettergebiet Viechtacher Pfahl 10 km, Sommerrodelbahn St. Englmar 10 km.

23909 Ratzeburg — €12,00 — <12m

Wohnmobilstellplatz Aqua Siwa, Fischerstraße, ☎ 04541/8000886
An der Schwimmhalle und Badestelle am Großen Küchensee

POS: 53°41'44.96"N/10°46'34.64"E, Karte D3 (S. 6), A4
Platz: P = 12 auf Schotter. =8 (16 A) CHEM GRAU . Aufenthalt unbegrenzt. Ganzjährig geöffnet.
Preis: 12 € inkl. aller Personen, Wasser, Entsorgung, Müll-Entsorgung. Strom 0,50 €/kWh.
Kontakt: Tourist-Info, ☎ 04541/8000886, tourist-info@ratzeburg.de, www.ratzeburg-tourismus.de.
Distanz: 0,2 km, weitere Restaurants in 0,3 km, 0,5 km, Ⓗ 0,5 km, 0,6 km.
Gastro: In unmittelbarer Nähe.
Freizeit: Nordic Walking, Badestelle am Großen Küchensee, Schiffsrundfahrt, Wandern, Stadtführung, Hundestrand 1 km.
POI: Ernst-Barlach-Museum 0,4 km, A. Paul Weber-Museum 0,7 km, Kreismuseum 0,8 km, Ratzeburger Dom 0,9 km.

88212 Ravensburg — €10,00 — <8m

Wohnmobilstellplatz Ravensburg, Mühlbruckstraße, ☎ 0751/82800
Angelegter Stellplatz an der Schussen, am Donau-Bodensee-Radweg

2021 geprüft · E

POS: 47°46'54.16"N/9°35'58.34"E, Karte D14 (S. 17), G4
Platz: P = 19 auf Schotter. =20 (16 A) CHEM GRAU. Ganzjährig geöffnet.
Preis: 10 € inkl. aller Personen, Entsorgung, Müll-Entsorgung. Strom 0,50 €/kWh, Wasser 1 €/80 l.
Kontakt: Stadt Ravensburg, ☎ 0751/82800, tourist-info@ravensburg.de, www.ravensburg.de.
Distanz: Ⓗ 0,1 km, 0,2 km, 0,4 km, 1 km.
Freizeit: 4 km, 1 km. Turmbesteigung, Stadtführung, Ravensburger Spieleland 9 km.
POI: Museum Humpis-Quartier 1 km, Museum Ravensburger 1 km, Altstadt 1 km.

73098 Rechberghausen — gratis — <8m — neu

Wohnmobilstellplatz beim Sportpark Lindach, Am Desenbach, ☎ 07161/5010
Auf Festplatz beim Sportpark

2020 geprüft · E

POS: 48°43'26.34"N/9°38'8.66"E, Karte D14 (S. 17), G2
Platz: = 6 auf Schotterrasen. =6 CHEM GRAU . Aufenthalt max. 3 Tage. Geöffnet: Apr- Ende Okt.
Preis: Übernachtung gratis. Strom 0,50 €/kWh, Wasser 0,50 €/80 l.
Kontakt: Bürgermeisteramt, ☎ 07161/5010, info@gemeinde.rechberghausen.de, www.rechberghausen.de.
Distanz: Ⓗ 0,5 km, 0,8 km, 1 km, 1,4 km.
Gastro: Italienische Restaurants, Steakhouse und Musikbar im Ort.
Freizeit: 5 km, 4 km. Wanderwege, Herrenbachsee mit Naturlehrpfad, Barbarossa-Thermen Göppingen 5 km, 9 Loch-Golfplatz Club Hetzenhof 15 km.
POI: Göppingen: Museum im Storchen, Naturkundliches und Jüdisches Museum, Ulrichskapelle, Heilkräutergarten im Kloster Adelberg, Schloss Filseck in Uhingen, Fahrradmuseum, Märklin-Museum Göppingen 5 km.

09623 Rechenberg-Bienenmühle — €24,00 — <12m

Erzgebirgscamp Neuclausnitz, Hauptstraße 25, ☎ 037327/830690
Terrassenförmiger Platz auf 3 Ebenen, in der Nähe des Ski- und Wintersportgebiets Holzhau

POS: 50°44'26.94"N/13°31'18.37"E, Karte D12 (S. 15), F1
Platz: = 22 auf Naturboden, Wiese. =22 WC CHEM/Bio GRAU . Leinenpflicht für Hunde, 14 Komfortstellplätze. P wird empfohlen. HS 1.5.-30.09., NS 1.10.-30.4. Ganzjährig geöffnet.
Preis: 24 € inkl. Wasser, Entsorgung, Dusche, WLAN. Jede weitere Pers. 5,50 €, Hund 2,50 €. Strom (1.5.-31.8.) 3,75 € pauschal (inkl. 5 kWh, dann 0,75 €/kWh), (1.9.-30.4.) 0,75 €/kWh.
Kontakt: Frau Kathleen Kilbel, ☎ 037327/830690, Mobil: 0172/3562952, info@erzgebirgscamp.de, www.erzgebirgscamp.de.
Distanz: 0,1 km, weitere Restaurants in 3 km, Ⓗ 0,5 km, 0,5 km, 0,5 km.
Gastro: Brötchenservice.
Freizeit: 2 km, 5 km. Ski- und Wanderwege.
POI: Blockhausen 6 km.

09623 Rechenberg-Bienenmühle — gratis — <8m

Gasthaus Schweizerhof, Hauptstraße 16, ☎ 037327/1236 Gasthaus in Neuclausnitz, im Naturpark Erzgebirge

POS: 50°44'25.92"N/13°31'13.80"E, Karte D12 (S. 15), F1
Platz: P = 5 auf Asphalt. . Restaurant-Öffnungszeiten beachten. Ganzjährig geöffnet.
Preis: Für Restaurantgäste kostenlos. Einkehr obligatorisch. Strom 3,50 €, Wasser 2,50 €.
Kontakt: Ines Leue, Remo Müller, ☎ 037327/1236, info@schweizerhof-gbr.de, www.schweizerhof-gbr.de.
Distanz: 0 km, weitere Restaurants in 0,7 km, Ⓗ , , 0,5 km.
Gastro: Am Platz, Mi-Do 11:00-14:00 Uhr und 17:00-20:00 Uhr, Fr 17:00-20:30 Uhr, Sa 11:00-20:30 Uhr, So 11:00-14:00 Uhr, Mo-Di Ruhetag, Öffnungszeiten können abweichen.
Freizeit: 3 km, 25 km. Wandern, Radfahren.
POI: Brauereimuseum 1 km, Flugzeug-Freilandmuseum 6 km, Nussknackermuseum in Neuhausen 10 km, Burgruine Frauenstein 10 km, Spielzeugland Seiffen 20 km.

R

17248 Rechlin/Müritz €23,00

Reisemobil-Marina Rechlin, Boeker Landstraße 1b, ☎ 0398/232660 >12m neu
An der Müritz, dem größten Binnensee Deutschlands

POS: 53°21'16.68"N/12°44'0.37"E, Karte D3 (S.6), D4
Platz: P = 47 auf Sand/Splitt, Naturboden, Schotterrasen, Wiese. WC CHEM GRAU. Minimarkt, Waschmaschine/Trockner. R Reservierung nur online. Check-in und Check-out kontaktlos über vollautomatische Schranke. Geöffnet: 1.4.-31.10.
Preis: 23 € inkl. Strom, Wasser, Entsorgung, Dusche, WC, WLAN. Kurtaxe 1,50 €/Pers.
Kontakt: ☎ 0398/232660, askcampervan@kuhnle-tours.de, reisemobil-marinas.de.
Anfahrt: Zufahrt über Am Hafendorf.
Distanz: 0,5 km, 0,5 km, 3,7 km.
Gastro: Imbiss. Restaurant Captain's Inn. Pirate's Bar direkt am Hafen.
Freizeit: Badesandstrand, Wassersport, Angeln, Kanu fahren, ausgewiesene Wander- und Radwege.
POI: Naturschutzgebiet Müritzsteilufer, Hafendorf Müritz, Müritz-Nationalpark, Hafenanlage.

26529 Rechtsupweg gratis

Stellplatz Rechtsupweg, Poststraße, ☎ 04934/81224 <10m
In parkähnlicher Anlage mit Bouleplatz

POS: 53°31'34.48"N/7°19'31.06"E, Karte D1 (S.4), C4
Platz: = 4 auf Schotter. Ganzjährig geöffnet.
Preis: Übernachtung gratis. Strom 1 €/2 kWh, Wasser 1 €/80 l.
Kontakt: Tourist Information Erholungsort Marienhafe, ☎ 04934/81224, touristinfo@marienhafe.de, www.stoertebekerland.de.
Distanz: Ⓗ 0,1 km, 0,5 km, weitere Restaurants in 3 km, 0,5 km, 0,5 km, E 3 km (Stellplatz Tjücher Moortun, Tjücher Moortun, 26529 Marienhafe).
Freizeit: 5 km. Radtouren.
POI: Leezdorfer Mühle 1 km, Störtebeker Turm Marienhafe 5 km, Fabriciusdenkmal Osteel 6 km, Sterrenberg Mühle Upgant-Schott 6 km.

49509 Recke-Espel gratis

Landgasthaus Forstmann, Schulstraße 49, ☎ 05453/8589 Auf dem Parkplatz am Landgasthaus, nahe der Ortsmitte <12m

POS: 52°20'50.42"N/7°44'14.01"E, Karte D5 (S.8), C2
Platz: = 10 auf Schotter. WC. R wird empfohlen. Wasser auf Anfrage, WC/WLAN im Gasthaus zu den Öffnungszeiten. Ganzjährig geöffnet. Ausnahme: Während der Betriebsferien im Sommer (siehe Website) und an Silvester geschlossen.
Preis: Für Restaurantgäste kostenlos, inkl. Strom, WC, WLAN. Einkehr obligatorisch.
Kontakt: Familie Forstmann, ☎ 05453/8589, info@landgasthaus-forstmann.de, www.landgasthaus-forstmann.de.
Distanz: 0 km, weitere Restaurants in 0,9 km, Ⓗ 1 km, 2 km, 3,5 km.
Gastro: Restaurant am Platz, warme Küche Do-Sa ab 17:30 Uhr, So 11:30-14:00 Uhr.
Freizeit: 2 km, 3 km. Kegeln, Recker Moor 5 km.
POI: Korbmuseum in der Rutemühle 3 km.

49509 Recke-Steinbeck €10,00

Marina Recke, Auf der Haar 23, ☎ 05453/9668322 In der Nähe des Mittellandkanals neben dem Waldfreibad >12m

POS: 52°21'8.82"N/7°42'43.45"E, Karte D5 (S.8), C2
Platz: P = 40 auf Wiese. =40 (16 A) WC CHEM GRAU. Ganzjährig geöffnet.
Preis: Ab 10 € inkl. Wasser, Entsorgung, WC, WLAN. Strom 3,50 €, Dusche 1,50 €/5 min, CamperClean 2 €. Stellplatz am Wasser 15 €.
Kontakt: Frank Reeker, ☎ 05453/9668322, Mobil: 0171/8952001, info@marina-recke.com, www.marina-recke.com.
Distanz: 0 km, weitere Restaurants in 2 km, Ⓗ 0,3 km, 0,9 km, 0,9 km.
Gastro: Panorama-Café am Platz, HS (Ostern-Ende Okt) Di-Sa ab 14:00 Uhr, So+Feiertag ab 11:00 Uhr, Mo Ruhetag. NS (Nov-Ostern) Do-Sa ab 14:00 Uhr, So+Feiertag ab 11:00 Uhr, Mo-Mi Ruhetag. Ganzjährig Kaffee und Kuchen, in der HS Do-So BBQ (wetterabhängig). Brötchenservice.
Freizeit: 0,1 km, 2 km. Bootsausflüge, Angeln, Slipanlage 1 km, Saunapark/Schwefelbad Steinbeck 4 km, Wellenbad/Sommerrodelbahn Ibbenbüren 12 km.
POI: Alte Ruthemühle, Heimat-/Korbmuseum 0,5 km, Heiliges Meer 4 km, Tödden-/Schulmuseum 8 km, Bergbaumuseum 12 km.

45657 Recklinghausen €8,00

Recklinghausen Altstadt, Erlbruch, ☎ 02361/9066000 <12m
Auf öffentlichem Parkplatz

POS: 51°36'37.94"N/7°12'5.45"E, Karte D5 (S.8), C4
Platz: P = 6 auf Asphalt. CHEM GRAU. 3 Stellplätze bis 7,5 m und 3 bis 10,5 m. Ganzjährig geöffnet.
Preis: 8 €. Strom 0,50 €/kWh, Wasser 0,10 €/10 l.
Kontakt: Recklinghausen Tourismus, ☎ 02361/9066000, touristinfo@recklinghausen.de, www.recklinghausen-tourismus.de.
Distanz: E 0,2 km (Konrad-Adenauer-Platz, 45657 Recklinghausen), 0,2 km.
Gastro: Restaurant-Café 0,2 km.
Freizeit: Niedrigseil-Garten.
POI: Rathaus.

46459 Rees €10,00

Stellplatz Ebentalstraße, Ebentalstraße, ☎ 02851/51187 <10m
Angelegter Platz neben dem Hallenbad

2022 geprüft E

POS: 51°45'50.33"N/6°23'20.78"E, Karte D5 (S.8), A4
Platz: = 46 auf Schotterrasen, Rasengittersteinen. CHEM GRAU. Infohütte. Platzwart steht für Fragen von 9:00-10:00 Uhr (Jan+Feb) 9:00-10:00 Uhr und 18:30-19:00 Uhr (März+Nov), 9:00-10:00 Uhr und 18:30-19:30 Uhr (Apr+Okt), 9:00-10:30 Uhr und 18:30-20:00 Uhr (Mai-Sep) zur Verfügung. Ganzjährig geöffnet.
Preis: 10 € inkl. Strom, Wasser, Müll-Entsorgung. Entsorgung 3 €. VE für Durchreisende 3 €. Bezahlung nur mit Kredit/Girocard am Parkscheinautomat.
Kontakt: Stadt Rees, Claudia Börgers, ☎ 02851/51187, claudia.boergers@stadt-rees.de, www.stadt-rees.de.
Distanz: Ⓗ 0,5 km, 0,8 km, 1 km, 1 km.
Freizeit: 1 km. Schwimmen, Stadtführungen, Wandern auf dem Planetenweg, Boule, Schifffahrten.
POI: Koenraad Bosman Museum mit Kasematte, Rheinpromenade mit mittelalterlichen Befestigungen 0,8 km, Skulpturenpark 1 km.

93049 Regensburg €35,00

Azur Camping Regensburg, Weinweg 40, ☎ 0941/270025 Direkt an der Donau, nur 2,5 km vom Stadtzentrum entfernt <10m

2022 geprüft E

POS: 49°1'41.10"N/12°3'31.13"E, Karte D15 (S.18), C1
Platz: P = 150, = 100 (<10 m) auf Schotter, Wiese, Sand/Splitt, Naturboden, Schotterrasen, Kiesel. WC CHEM GRAU. R Anreise 15:00-18:00 Uhr. Ganzjährig geöffnet.
Preis: Ab 35 € inkl. Strom, Dusche, WC, Müll-Entsorgung, WLAN. Entsorgung 5 €, Hund 6 €. 35-41 € je nach Saison, jede weitere Pers. 8-11 €.
Kontakt: Azur Freizeit GmbH, Martin Bau, ☎ 0941/270025, Regensburg@azur-camping.de, www.azur-camping.de.
Distanz: , weitere Restaurants in 0,5 km, Ⓗ 0,1 km, 1 km, 3 km.
Gastro: Gaststätte – Biergarten Dunnerkeil 0,1 km, Di 15:00-22:00 Uhr, Mi-Fr 11:00-22:00 Uhr, Sa 14:00-22:00 Uhr, So 10:00-21:30 Uhr, Mo Ruhetag.
Freizeit: 0,5 km, 0,5 km. Badebucht, Stadtbesuch, Radfahren (Donauradweg direkt neben dem Campingplatz).
POI: Historischer Stadtkern mit Dom, Schloss St. Emmeram, Steinerne Brücke 4 km.

R

95194 Regnitzlosau-Raitschin €8,00

Gasthof Raitschin, Raitschin 4, <10m
☎ 09294/975000 Separater Parkplatz, durch Rasenstreifen getrennte Stellflächen

POS: 50°17'16.25"N/12°3'59.35"E, Karte D11 (S.14), C2
Platz: P = 4 auf Sand/Splitt, Schotter. =4 (16 A) WC CHEM/Bio GRAU. Grillhütte für bis zu 15 Personen. Ganzjährig geöffnet.
Preis: 8 € inkl. Entsorgung, WC. Strom 0,60 €/kWh, Wasser 1 €/90 l, Dusche 2 €/Pers.
Kontakt: Familie Korndörfer, ☎ 09294/975000, info@raitschin.de, www.raitschin.de.
Distanz: 0 km, weitere Restaurants in 2 km, Ⓗ 0 km, 2 km, 2 km.
Gastro: Gasthof Raitschin, Mo-So 11:00-21:00 Uhr. Frühstück möglich.
Freizeit: 5 km, 5 km. Tennisanlage 2 km.
POI: Kirche 2 km, Museen 12 km.

95111 Rehau €8,00

Wohnmobilpark Rehau, An der Birkenstraße/Harstraße, <12m
☎ 09283/200 Zentrumsnah beim Freibad

POS: 50°14'24.00"N/12°1'25.82"E, Karte D11 (S.14), C3
Platz: P = 12 auf Schotter. CHEM GRAU. WC im Freibad nebenan gegen Eintrittsgebühr. Geöffnet: Apr-Okt.
Preis: 8 € inkl. Entsorgung. Strom 0,50 €/kWh, Wasser 0,50 €/40 l. 1 freier Eintritt für das Freibad inklusive.
Kontakt: Stadt Rehau, ☎ 09283/200, wirtschaft@stadt-rehau.de, www.stadt-rehau.de.
Distanz: 0,2 km, Ⓗ 0,2 km, 1 km, weitere Restaurants in 1,5 km, 1,5 km.
Freizeit: 0,1 km, 0,7 km. Wandern.
POI: Stadtpfarrkirche St. Jobst 1 km, Kunsthaus IKKP 1,1 km, Museum 1,5 km, Rehau Art 2 km.

31547 Rehburg-Loccum €25,00

LieblingsGrün-Das NaturCamp im Erlengrund, Zum Erlengrund 7, <10m
☎ 0176/51999960 Im Naturschutzgebiet mit eigenem Naturschwimmbad

POS: 52°25'41.50"N/9°12'26.20"E, Karte D6 (S.9), F2
Platz: = 6 auf Schotterrasen. =6 (16 A) WC CHEM GRAU. Schutzhütte. Ganzjährig geöffnet.
Preis: 25 € inkl. aller Personen, Strom, Wasser, Entsorgung, Müll-Entsorgung, Hund, WC. Dusche /5 min.
Kontakt: Ilona und Sascha Perret, Mobil: 0176/51999960, info@lieblingsgruen-camping.de, www.lieblingsgruen-camping.de.
Distanz: 0 km, 2 km, Ⓗ 2 km, 6 km.
Gastro: Restaurant Erlkönig am Platz, warme Küche 17:00-21:00 Uhr.
Freizeit: 2,5 km. Radwandern in Rehburg-Loccum und im Weserland, Kutsch- und Planwagenfahrten, Hallenbad Rehburg (Okt-Apr), Kanu-Touren, Freizeitbad Münchehagen (Mai-Sep), Golfplatz 5 km.
POI: Romantik Bad Rehburg und hist. Museum, Dinopark 1,5 km, Wilhelmsturm 2,5 km, Kloster Loccum 3 km, Steinhuder Meer 10 km.

31547 Rehburg-Loccum €5,00

Wohnmobilstellplatz Rehburg, Auf der Bleiche 14, ☎ 05037/300060 <10m
In ruhiger Lage neben dem Hallenbad am Stadtrand von Rehburg, nahe Steinhuder Meer

POS: 52°28'24.53"N/9°13'58.05"E, Karte D6 (S.9), F2
Platz: P = 8 auf Schotter. =8 (16 A) CHEM GRAU. Parzelliert. Ganzjährig geöffnet.
Preis: 5 € inkl. aller Personen, Entsorgung. Strom 1 €/12 h, Wasser 1 €/100 l.
Kontakt: Stadt Rehburg-Loccum, Frau G. Bode, ☎ 05037/300060, touristinfo@rehburg-loccum.de, www.rehburg-loccum.de.
Distanz: 0,3 km, weitere Restaurants in 6 km, Ⓗ 0,3 km, 0,3 km, 0,3 km.
Gastro: Eisdiele, Imbiss, deutsche und internationale Gastronomie in der Umgebung.
Freizeit: 7 km, 0,1 km, 4,5 km. Dino-Tour – Auf den Spuren der Dinosaurier, Brüder-Grimm-Märchenweg (Rundwanderweg mit Märchen-Holzfiguren), Radweg ums Steinhuder Meer, 18-Loch-Golfplatz in Loccum 4 km.
POI: Steinhuder Meer 4 km, historische Kuranlage Romantik Bad Rehburg und Friederikenkapelle 5 km, Dinosaurier Freilichtmuseum in Münchehagen 6 km, Zisterzienser-Kloster in Loccum 7 km.

31547 Rehburg-Loccum-Münchehagen gratis

Dinosaurier-Park Münchehagen, Alte Zollstraße 5, ☎ 05037/9699990 Auf dem leicht abfallenden Parkplatz des Dino-Parks <12m

POS: 52°26'30.97"N/9°11'59.10"E, Karte D6 (S.9), F2
Platz: P = 50 auf Schotter. Aufenthalt max. 1 Nacht. Öffnungszeiten des Parks siehe Website. Ganzjährig geöffnet.
Preis: Übernachtung gratis.
Kontakt: ☎ 05037/9699990, info@dinopark.de, www.dinopark.de.
Distanz: Ⓗ 0,1 km, 0,1 km, weitere Restaurants in 1,1 km, 3 km, 3 km.
Gastro: Im Park. warme Küche, ab 11:30 Uhr.
Freizeit: 0,5 km, 15 km, 8 km. Dinopark, geöffnet März-Okt, täglich ab 9:00 Uhr.
POI: Kloster Loccum 3 km, Steinhuder Meer 8 km.

49453 Rehden €24,00

Ehrlingshof, Wähaus-Ehrling 41, <8m
☎ 05446/610
Denkmalgeschützter niedersächsischer Einzelhof inmitten einer Parkanlage

POS: 52°36'17.22"N/8°27'46.61"E, Karte D6 (S.9), E2
Platz: = 16 auf Wiese. =5 (6 A) WC GRAU. Waschmaschine, Trockner, Hofmuseum, Angelsee, Trampolin, Sauna. B wird empfohlen. Gasflaschenverkauf in 2 km. Geöffnet: Apr-Anfang Nov.
Preis: Ab 24 € inkl. Wasser, Entsorgung, Dusche, WC, Müll-Entsorgung. Strom 3 €, Hund 3 €. NS 24 €, HS 27 €, jede weitere Pers. 8-9 €, Kind 5-6 €.
Kontakt: Anette und Hartmut Buschmeyer, ☎ 05446/610, buschmeyer@ehrlingshof.de, www.ehrlingshof.de.
Distanz: 2 km, weitere Restaurants in 8 km, 2 km, Ⓗ 2 km, 2 km.
Gastro: Brötchenservice.
Freizeit: 7 km, 7 km. Boot fahren, Reiten, Naturschutzgebiet Geestmoor 2 km, großer Spielplatz, viele Tretcars, Vogelvoliere, Grilltempel, 10 km, Naturpark Dümmer See 15 km, Tierpark Ströhen 20 km.
POI: Dümmer-Museum in Lembruch 15 km.

15345 Rehfelde €10,00

Die Bahnwärter, Bahnstraße 26, <10m
☎ 0178/4771207
An der Bahnlinie Berlin-Küstrzin (Polen)

POS: 52°31'46.00"N/13°54'4.00"E, Karte D8 (S.11), F1
Platz: P = 6 auf Wiese. WC CHEM GRAU. Terrasse, Tiny-Häuser, Ferienwohnungen, Pilgerhaus. B wird empfohlen. Zugverkehr einmal stündlich, nachts ruhig. Schafe, Hühner, Hasen und Kater am Platz. Ganzjährig geöffnet.
Preis: 10 € inkl. WLAN. Strom 0,90 €/kWh, Wasser 1 €/l, Entsorgung 2,50 €, WC 1 €, VE für Durchreisende 5 €, Badezimmer mit Dusche 3 €/Pers.
Kontakt: Die Bahnwärter, Achim & Renate Krischer, ☎ 0178/4771207, renate.krischer@web.de, www.die-bahnwärter.de.
Anfahrt: Über Ortseingang am Kreisverkehr zum Bahnübergang (nicht zum Bahnhof, sondern auf dem Weg zum Dorf Rehfelde).
Distanz: 1,5 km, 1,6 km, 2 km, Ⓗ 2 km.
Freizeit: Naturschutzgebiet Märkische Schweiz, Pilgerweg Jacobsweg, Angeln, Europäischer Fernwanderweg, Badeseen.
POI: Pyramide Garzau.

R

15345 Rehfelde-Werder €12,00 <12m

Campershof, Alt Werder 8,
☎ 033435/789808 Ruhiger Stellplatz im nicht einsehbaren Teil des Geländes

POS: 52°31'12.95"N/13°56'24.40"E, Karte D8 (S. 11), F1
Platz: = 10 auf Wiese, Asphalt. =10 WC CHEM GRAU . B Anfahrt 7:00-21:00 Uhr, bei späterer Anreise bitte anrufen. Ganzjährig geöffnet.
Preis: 12€ inkl. Wasser, Müll-Entsorgung, Entsorgung Grauwasser. Jede weitere Pers. 2€, Strom 3,50€/24h, WC 2€/Pers. VE für Durchreisende: Entsorgung 3,- €, Versorgung 3,- €, Parkplatz für Anhänger oder PKW 1,50€.
Kontakt: Familie Lamm, ☎ 033435/789808, Mobil: 0176/83357454, info@lamm-immobilien.de, www.campershof.de.
Anfahrt: Stellplatz im hinteren Bereich des Grundstücks. Zufahrt über den Abstellplatz für Wohnwagen.
Distanz: 1,5km, 1,5km, Ⓗ 1,5km, 2km, weitere Restaurants in 8km.
Gastro: Gasthaus Zur Linde in Rehfelde 1km.
Freizeit: Wandern, Radfahren, Reiterhof 0,5km.
POI: Pyramide in Garzau 2km, Märkische Schweiz und Klobichsee 10km, Berlin 25km.

91620 Reichardsroth gratis <10m

Gasthof Zur frohen Einkehr, Reichardsroth 17, ☎ 09865/301
Am Fischteich

POS: 49°29'8.65"N/10°11'6.60"E, Karte D10 (S. 13), H4
Platz: = 5, = 2 (<12m) auf Schotter, Wiese. =3 WC . Aufenthalt max. 24 h. Ganzjährig geöffnet.
Preis: Für Restaurantgäste kostenlos, inkl. Wasser. Einkehr obligatorisch. Strom 3€, Dusche 3€/ Pers. Kostenlos bei Einkehr zum Abendessen/ Frühstück.
Kontakt: Gasthof Zur frohen Einkehr, Norbert Böhm, ☎ 09865/301, norbert.boehm@zur-frohen-Einkehr.de, www.zur-frohen-Einkehr.de.
Distanz: 0km, 0km, Ⓗ 0,2km, 9km.
Gastro: Am Platz, Mo + Mi-Fr 17:30-22:00 Uhr, Sa-So 11:00-22:00 Uhr, Di Ruhetag, warme Küche Mo+Mi-Fr 17:30-20:30 Uhr, Sa+So 11:30-13:30 Uhr und 17:30-20:30 Uhr. Brötchenservice, Frühstück von 8:00-9:30 Uhr.
Freizeit: 9km, 13km, 13km. Beobachtungsplattform am Gemeindefisch-/Badeteich, Waldlehrpfad, Geschichtsweg, Frankentherme Bad Windsheim 21km.
POI: Rothenburg o.d.T. 13km, Fränkisches Freilandmuseum Bad Windsheim 21km.

64385 Reichelsheim gratis <8m

Stellplatz unterhalb Schloss Reichenberg, Beerfurther Straße,
☎ 06164/50826 Parkplatz in Ortsrandlage

2021 geprüft E

POS: 49°42'53.53"N/8°50'33.22"E, Karte D10 (S. 13), F4
Platz: P = 8 auf Wiese, Asphalt. =4 (16A) CHEM GRAU . WC in 0,1 km (Reichenberghalle). Ganzjährig geöffnet. Ausnahme: 4. WE im Aug.
Preis: Übernachtung gratis inkl. Müll-Entsorgung. Strom 1€/kWh, Wasser 1€/60l. Bezahlung über Spendenkasse.
Kontakt: Gemeinde Reichelsheim, Jochen Rietdorf, ☎ 06164/50826, touristinfo@reichelsheim.de, www.reichelsheim.de.
Distanz: 0,2km, weitere Restaurants in 0,2km, Ⓗ 0,2km, 0,3km, 0,8km.
Freizeit: 0,2km, 0,8km, 25km. Ausgangspunkt zertifizierter Wanderwege, Sport und Kultur in der Reichenberghalle 0,2km, Spielplatz 0,3km, Tennis 0,7km.
POI: Michaelskirche und Regionalmuseum 0,6km, Schloss Reichenberg 1km, Ruine Rodenstein 3,5km.

78479 Reichenau €6,00 <8m neu

Wohnmobilstellplatz Riedstraße, Riedstraße/Abt-Berno-Straße,
☎ 07534/92070 Neben einer Gärtnerei, mit Blick auf den Bodensee

2022 geprüft

POS: 47°42'3.39"N/9°3'1.00"E, Karte D14 (S. 17), F4
Platz: P = 6 auf Rasengittersteinen. Leinenpflicht für Hunde. Aufenthalt max. 24 h. Ganzjährig geöffnet.
Preis: 6€.
Kontakt: Tourist-Information Reichenau, ☎ 07534/92070, info@reichenau-tourismus.de, www.reichenau.de.
Distanz: 0,6km, Ⓗ 1km, 1km, 1,5km.
Gastro: Mehrere Restaurants im Ort.
Freizeit: Besichtigung Münster St. Maria und Markus, Radtour um die Insel Reichenau, Inselführung, Strandbad, Wandern, Wassersport.
POI: UNESCO-Welterbe Klosterinsel Reichenau.

> Vor der Anreise empfehlen wir, Kontakt mit dem Betreiber aufzunehmen, um die Auslastung des Stellplatzes abzufragen.

78479 Reichenau-Mittelzell €12,00 >12m

Wohnmobilstellplatz Reichenau, Zum Sandseele, ☎ 07534/8010
Am Ende der Insel

2022 geprüft E

POS: 47°41'56.46"N/9°2'49.70"E, Karte D14 (S. 17), F4
Platz: P = 12 auf Asphalt. =16 CHEM GRAU . Leinenpflicht für Hunde. Aufenthalt max. 24 h. Ganzjährig geöffnet.
Preis: 12€ inkl. aller Personen, Entsorgung. Strom 0,50€/kWh, Wasser 1€/80l. Bezahlung am Automat.
Kontakt: Gemeinde Reichenau, ☎ 07534/8010, www.reichenau.de.
Distanz: Ⓗ 0,2km, 0,3km, weitere Restaurants in 1,1km, 1km, 1,4km.
Gastro: Restaurant am Campingplatz nebenan.
Freizeit: 0,2km. Inselwanderung, Kirchen- und Museumsbesichtigung, Strandbad, Inselführung, Bootsverleih 0,3km, Badestrand 0,3km.
POI: Stiftskirche St. Peter und Paul in Niederzell 0,5km, Münster St. Maria in Mittelzell 1,3km, Stiftskirche St. Georg in Oberzell 3km.

08468 Reichenbach/Vogtland gratis <6m

Stellplatz bei Maleks Restaurant/ Camping, Mylauer Straße 5,
☎ 03765/12677 Im Norden des Vogtlandes, zwischen Plauen und Zwickau

POS: 50°36'47.02"N/12°17'5.71"E, Karte D11 (S. 14), D1
Platz: = 2 auf Sand/Splitt, Schotter. =2 WC . B Telefonische Anmeldung notwendig. Ganzjährig geöffnet.
Preis: Für Restaurantgäste kostenlos. Einkehr obligatorisch.
Kontakt: Maleks Restaurant, Silvia Malek, ☎ 03765/12677, s.malek@web.de, www.maleks-restaurant.de.
Distanz: , weitere Restaurants in 2km, Ⓗ 0,5km, 1km, 2km.
Gastro: Am Platz, Mi-Do 11:30-14:00 Uhr und 17:00-21:00 Uhr, Fr 11:30-14:00 Uhr und 17:00-22:00 Uhr, Sa 11:30-22:00 Uhr, So 11:30-20:00 Uhr, Mo-Di Ruhetag. Frühstücksservice.
Freizeit: 3km.
POI: Burg Mylau 1km, Alaunbergwerk 3km, Göltzschtalbrücke 3km.

51580 Reichshof-Eckenhagen gratis <12m

Festplatz Reichshof, Rodener Platz,
☎ 02265/470 Auf dem Festplatzgelände des Kurorts Eckenhagen

POS: 50°59'9.24"N/7°41'38.24"E, Karte D9 (S. 12), C1
Platz: P = 6, = 6 (<11m) auf Schotter. CHEM GRAU. Leinenpflicht für Hunde. Schlüssel für VE bei der Kur- & Touristinfo Reichshof (Reichshofstraße 30). Ganzjährig geöffnet. Ausnahme: Mitte Juni geschlossen.
Preis: Übernachtung gratis. Strom 0,80€/kWh, Wasser 1€/100l.
Kontakt: Kur- & Touristinfo Reichshof, ☎ 02265/470, kurverwaltung@reichshof.de, www.ferienland-reichshof.de.
Distanz: , Ⓗ 0,2km, 0,3km, 1km.

R

Gastro: Mehrere Cafés/Restaurants im Ort.
Freizeit: 1 km, 1 km. Fahrradpark Reichshof, Bergischer Panoramasteig, Minigolf/Boulebahn 0,5 km, Kurpark Eckenhagen 1 km, monte mare Reichshof 1 km, Wacholderweg 1 km, Gleitschirmübungsgelände und Wintersportgebiet Blockhaus 1 km, Golfplatz in Hespert 5 km, Reiterhöfe und Planwagenfahrten 8 km.
POI: Barockkirche 0,3 km, Bauernhofmuseum 0,5 km, Puppenstube und Grubenausstellung 0,5 km, Affen und Vogelpark 1 km, Krombacher Insel, Mühle Nespen 7 km, Burganlage Denklingen 8 km.

56861 Reil — €12,00 — <12m

Wohnmobilstellplatz an der Mosel, Moselstraße, ☎ 06542/21036
Direkt am Moselufer

POS: 50°1'32.34"N/7°6'53.27"E, Karte D9 (S. 12), B3
Platz: = 70 auf Wiese, Schotter. =48 CHEM GRAU. Geöffnet: 1 Woche vor Ostern-Anfang Nov.
Preis: 12 € inkl. Entsorgung, Müll-Entsorgung. Strom 5 €, Wasser 1 €/100 l, VE für Durchreisende 2,50 €. 7 Nächte Aufenthalt, 6 bezahlen.
Kontakt: Touristinfo Reil an der Mosel, ☎ 06542/21036, info@reil-mosel.de, www.reil-mosel.de.
Distanz: 0,3 km, 0,4 km, 0,4 km, Ⓗ 0,4 km.
Gastro: Café und mehrere Restaurants, Straußwirtschaften und Winzerhöfe ab 0,4 km. Imbiss am Platz.
Freizeit: 8 km, 8 km, 0,6 km. Kellereiführung und Weinprobe, Radfahren, Etappenziel des Moselsteigs, Schifffahrt auf der Mosel, E-Bike Ladestation, Kanuverleih 0,4 km, Weinlehrpfad 1 km.
POI: Bibade-Platz 0,5 km, historische Gebäude in Reil 1 km, Eisenbahnviadukt 3 km, Marienburg 5 km, Burg Arras und Barockkirche im Kloster Springiersbach 5 km, Festungsanlage Mont Royal 6 km.

23858 Reinfeld/Holstein — gratis — <8m

Parkplatz Karpfenplatz, Matthias-Claudius-Straße, ☎ 04533/20010 Nahe Herrenteich, dem großen Stau- und Badesee

POS: 53°49'47.67"N/10°29'1.56"E, Karte D2 (S. 5), H3
Platz: = 5 auf Rasengittersteinen. =5 (16 A) WC CHEM GRAU. Aufenthalt max. 2 Nächte. Ganzjährig geöffnet. Ausnahme: Sperrung bei Veranstaltungen Ende Aug/Anfang Sep, Sa+So Ende Okt, Ausweichplätze auf dem Marktplatz/am Bahnhof.
Preis: Übernachtung gratis. Strom 1 €, Wasser 1 €, Entsorgung 1 €, WC 0,50 €.
Kontakt: Stadt Reinfeld, ☎ 04533/20010, info@stadt-reinfeld.de, www.reinfeld.de.
Distanz: 0,2 km, weitere Restaurants in 0,4 km, 0,4 km, 0,7 km, Ⓗ 0,8 km.
Gastro: Mehrere Restaurants im Ort.
Freizeit: 0,4 km. Besuch des Fischhauses (Imbiss/Verkauf von Karpfen), Naturbadestelle am Herrenteich 0,4 km, Golfplatz 2,5 km.
POI: Mühlenmuseum im Claudiushof, Heimatmuseum/Backsteinkirche 0,5 km, Hünengrab 1,7 km, Naturschutzgebiet Oberer Herrenteich 2,5 km, Lübeck 15 km.

34359 Reinhardshagen-Veckerhagen — gratis — <8m

Freibad Veckerhagen, Klinkersweg, ☎ 05544/95070
Auf dem Parkplatz, am Ortsrand

POS: 51°29'13.23"N/9°35'33.37"E, Karte D6 (S. 9), G4
Platz: = 4 auf Asphalt. Aufenthalt max. 3 Nächte. Ganzjährig geöffnet.
Preis: Übernachtung gratis.
Kontakt: Gemeinde Reinhardshagen, ☎ 05544/95070, gemeinde@reinhardshagen.de, www.reinhardshagen.de.
Distanz: 0,5 km, Ⓗ 0,5 km, 1 km, 1,5 km.
Gastro: Mehrere Restaurants ab 1,5 km.
Freizeit: Schifffahrt, Weser-Radweg 0,2 km.
POI: Altstadt Hann. Münden 10 km, Dornröschenschloss Sababurg 13 km.

14913 Reinsdorf — €16,00 — <12m

Flugplatz Reinsdorf, Flugplatz Reinsdorf, ☎ 033746/6980
Auf dem Flugplatzgelände

POS: 51°53'55.00"N/13°11'52.00"E, Karte D8 (S. 11), E3
Platz: = 5 auf Wiese. =8 GRAU. Vorherige telefonische Anmeldung notwendig. Geöffnet: Apr-Okt.
Preis: 16 € inkl. Wasser, Entsorgung, Dusche, Müll-Entsorgung, WC. Jede weitere Pers. 8 €, Strom 0,70 €/kWh.
Kontakt: Mathias Schellack, ☎ 033746/6980, flugplatz.reinsdorf@gmx.de, www.edod.de.
Distanz: 0 km, weitere Restaurants in 7 km, 3 km, 4 km, Ⓗ 4 km.
Gastro: Zum Doppeldeckerwirt am Flugplatz, geöffnet Mi-Fr 11:00 Uhr bis Sonnenuntergang (längstens bis 20:30 Uhr), Sa+So: 10.00 Uhr bis Sonnenuntergang (längstens bis 20:30), Mi-Fr 11:00-20:30 Uhr, Sa-So 10:00-20:30 Uhr, Mo-Di Ruhetag, ab 1. Nov jeweils bis Sonnenuntergang.
Freizeit: 12 km, 21 km, 12 km. Fläming-Skate, Reiten, Reiterpark Tannenberg in Liepe 12 km, Kart-Bahn Jüterborg 14 km.
POI: Schloss Wiepersdorf 7 km, Kloster Zinna 20 km.

67753 Reipoltskirchen — €5,00 — <8m

Stellplatz Wasserburg, Kegelbahnstraße 9, ☎ 06381/424270
In der Dorfmitte an der Wasserburg

POS: 49°38'4.83"N/7°39'51.93"E, Karte D9 (S. 12), C4
Platz: = 7 auf Schotterrasen. CHEM GRAU. Ganzjährig geöffnet.
Preis: 5 € inkl. aller Personen. Strom 1 €/2 kWh, Wasser 1 €.
Kontakt: Tourist-Info Kusel, ☎ 06381/424270, touristinformation@kv-kus.de, www.pfaelzerbergland.de.
Distanz: 0,1 km, 0,1 km, 3 km.
Gastro: Restaurant Zur Wasserburg.
Freizeit: 10 km. Nordic Walking Parcours Lauterecken 10 km.
POI: Wasserburg 0,1 km.

94419 Reisbach — gratis — <8m — neu

Bayern-Park Freizeitparadies, Fellbach 1, ☎ 08734/92980 Auf dem Besucherparkplatz des Freizeitparks

POS: 48°31'52.87"N/12°38'11.13"E, Karte D9 (S. 12), D5
Platz: = 10 auf Asphalt. Nur für Parkbesucher. Hunde sind im Bayern-Park nicht erlaubt. Geöffnet: Apr-Okt.
Preis: Übernachtung gratis.
Kontakt: Bayern-Park, ☎ 08734/92980, info@bayern-park.de, www.bayern-park.com.
Distanz: 0 km, weitere Restaur. in 3,1 km, 3,3 km.
Gastro: Im Park.
Freizeit: Vilstalsee 7 km.
POI: Dingolfing 25 km.

83242 Reit im Winkl — €17,00 — <12m

Wohnmobilpark Reit im Winkl, Am Waldbahnhof 7, ☎ 0160/90737579 Auf dem ehemaligen Campinggelände, zentrumsnah

2020 geprüft

POS: 47°40'12.40"N/12°29'1.13"E, Karte D15 (S. 18), D4
Platz: = 125, = 125 (<12 m) auf Schotterterrasen. CHEM GRAU. Geöffnet: 20.12.-15.3. und 1.6.-15.10.
Preis: Ab 17 € inkl. Wasser, Entsorgung, WLAN. Strom 0,85 €/kWh. 20.12.-15.3. 19 €, 1.6.-15.10. 17 €. Kurtaxe: Sommer 2,50 €, Winter 2,70 €.
Kontakt: Kerstin Münster, ☎ 0160/90737579, Mobil: 0160/90737578, info@wohnmobilpark-reitimwinkl.com, www.wohnmobilpark-reitimwinkl.com.
Distanz: 0,8 km, weitere Rest. in 1,5 km, 1,5 km.
Freizeit: 1 km, 1 km, 1 km. Mountainbiking, Langlauf, Ski Alpin, Wandern.
POI: Reit im Winkl 1 km, Chiemsee Schlösser 30 km.

48734 Reken — €10,00 — <10m

Berghotel Hohe Mark, Werenzostraße 17, ☎ 02864/9519595 Vor dem Hotel

POS: 51°50'14.85"N/7°3'10.52"E, Karte D5 (S. 8), B4

R

Platz: = 3 auf Wiese. . nur bei Gruppen. Toilettennutzung im Restaurant zu den Öffnungszeiten. Ganzjährig geöffnet.
Preis: 10 € inkl. aller Personen, Strom, Wasser, Müll-Entsorgung, WLAN.
Kontakt: Steffen Gröner, ☎ 02864/9519595, info@berghotel.nrw, www.berghotel.nrw.
Distanz: 0 km, weitere Restaurants in 0,7 km, 0,5 km, 1 km, Ⓗ 3 km.
Gastro: Am Platz, Mo-Mi + Fr 7:00-11:00 Uhr und 15:00-21:00 Uhr, Do 7:00-11:00 Uhr, Sa 8:00-22:00 Uhr, So 8:00-17:00 Uhr, Mi.abend Themenbüffet.
Freizeit: 0,5 km, 0,5 km, 0,5 km. Besuch des Niederseilgartens, Wandern.
POI: Haus Uphave 1 km, Aussichtsturm Melchenberg 1,7 km, Waldkapelle 2,1 km.

48734 Reken-Groß Reken €6,00

Frei- und Hallenbad Reken, Berge 2 A, ☎ 02864/944035 <8m
Im staatlich anerkannten Erholungsort Reken

POS: 51°49'39.39"N/7°3'41.73"E, Karte D5 (S. 8), B4
Platz: = 20 auf Schotterrasen, Wiese. =20 (16 A) CHEM . Aufenthalt max. 3 Nächte. Ganzjährig geöffnet.
Preis: 6 € inkl. Entsorgung. Strom 1 €/kWh, Wasser 1 €/200 l. Dusche/Sanitär gegen Gebühr. Nur Kartenzahlung möglich, Strom/Wasser per Münzeinwurf.
Kontakt: Gemeinde Reken, ☎ 02864/944035, tourist-info@reken.de, www.reken.de.
Distanz: 1 km, 1 km, Ⓗ 1 km, 1,5 km.
Freizeit: 0,1 km, 0,1 km, 1,5 km. Nordic Walking, Wassertretbecken, Wildpferdereservat Merfelder Bruch 4 km, Golfplatz 5 km, Wildpark Frankenhof mit großem Abenteuerspielplatz 5 km, Freizeitpark Ketteler Hof 12 km.
POI: Heimatmuseum Windmühle/Wehrkirche im Ort 1 km, Aussichtsturm 1,5 km, Wildpark Frankenhof 4 km, Schloss Velen 10 km, Schloss Lembeck 14 km.

53424 Remagen €12,00

Stellplatz Goldene Meile, Simrockweg 9-13, ☎ 02642/22222 <12m
Direkt am Rhein, mit Blick auf die Erpeler Ley

POS: 50°34'37.37"N/7°14'58.18"E, Karte D9 (S. 12), C2
Platz: = 40 auf Wiese. =24 (10 A) CHEM GRAU . Geöffnet: 1.4.-31.10.
Preis: 12 € inkl. aller Personen, Entsorgung, Müll-Entsorgung, Sanitär-Nutzung. Strom 1 €/6 h, Wasser 1 €/90 l.
Kontakt: Familie Werner, ☎ 02642/22222, info@camping-goldene-meile.de, www.womo-hafen.de.
Distanz: 0,3 km, weitere Restaurants in 0,7 km, 0,5 km, Ⓗ 0,5 km, 1,5 km.
Gastro: Restaurant Goldene Meile 0,3 km, warme Küche 17:00-21:00 Uhr.
Freizeit: 0,2 km. Wassersport auf dem Rhein, Reiten, Ausflüge, Tennis, Schifffahrten mit der Weißen Flotte auf Rhein und Mosel.
POI: Brücke von Remagen 0,3 km, Ahrtal mit Weinbergen 5 km, Bonn 20 km.

42857 Remscheid gratis

Brückenpark Müngsten, Müngstener Brückenweg, Solinger Straße/an der B229, ☎ 02191/162939 Von Wald umgeben <12m

POS: 51°10'4.35"N/7°8'15.34"E, Karte D5 (S. 8), C5
Platz: = 4 auf Schotter. . Ganzjährig geöffnet.
Preis: Übernachtung gratis.
Kontakt: Tourist-Info Remscheid, ☎ 02191/162939, stadtmarketing@remscheid.de, www.remscheid.de.
Distanz: 5 km, 5 km, 15 km (Autohaus Pauli GmbH, Tel.: 02191/33535, Lenneper Straße 152, an der B51, 42855 Remscheid).
Gastro: Restaurant am Platz.
Freizeit: 12 km, 8 km. Minigolf, Mountainbiking, Angeln (mit gültigem Angelschein), Wupperweg zur Eschbachtalsperre - Deutschlands erste Trinkwassertalsperre 15 km.
POI: Müngstener Brücke - Deutschlands höchste Eisenbahnbrücke, Brückenpark mit Schwebefähre über die Wupper, Schloss Burg mit Bergischem Museum 7 km.

42897 Remscheid gratis

Dörperhöhe, Dörperhöhe bei Haus Nr. 15, ☎ 02191/162939 Außerhalb der Remscheider Umweltzone (grün) <12m

POS: 51°10'47.05"N/7°18'5.39"E, Karte D5 (S. 8), C5
Platz: = 4 auf Asphalt. . Ganzjährig geöffnet.
Preis: Übernachtung gratis.
Kontakt: Tourist-Info Remscheid, ☎ 02191/162939, stadtmarketing@remscheid.de, www.remscheid.de.
Distanz: 7 km, 7 km, 8 km (Autohaus Pauli GmbH, Tel.: 02191/33535, Lenneper Straße 152, an der B51, 42855 Remscheid).
Gastro: Mehrere Restaurants 7 km.
Freizeit: 8 km. Radfahren, Wandern, Schwimmen in der Wuppertalsperre, H2O Bade-/Saunaparadies 1 km.
POI: Wuppertalsperre 0,2 km, Altstadt Lennep 7 km, Deutsches Röntgen-Museum 7 km, Eschbachtalsperre, Deutsches Werkzeugmuseum 15 km, Deutschlands höchste Eisenbahnbrücke, Wuppertaler Schwebebahn 20 km, Schloss Burg mit dem Bergischen Museum 25 km.

42897 Remscheid-Lennep gratis

Jahnplatz, Am Stadion, ☎ 02191/162939 Separater Teil auf einem öffentlichen Parkplatz in Lennep <8m neu

POS: 51°11'27.00"N/7°15'41.00"E, Karte D5 (S. 8), C5
Platz: = 3 auf Asphalt. . Ganzjährig geöffnet.
Preis: Übernachtung gratis.
Kontakt: Tourist-Info Remscheid, ☎ 02191/162939, stadtmarketing@remscheid.de, www.remscheid.de.
Distanz: 0,1 km, 0,2 km, 8 km (Autohaus Pauli GmbH, Tel.: 02191/33535, Lenneper Straße 152, an der B51, 42855 Remscheid).
Gastro: Mehrere Restaurants ab 0,2 km.
Freizeit: 8 km, 1 km. Altstadtbesuch, H2O Bade- und Saunaparadies, Eschenbachtalsperre – Deutschlands erste Trinkwassertalsperre 5 km.
POI: Altstadt Lennep 0,3 km, Deutsches Röntgen-Museum 0,3 km, Deutsches Werkzeugmuseum 10 km, Müngstener Brücke – Deutschlands höchste Eisenbahnbrücke 15 km, Schloss Burg mit dem Bergischen Museum, Wuppertaler Schwebebahn, Deutsches Klingen-Museum 20 km.

42855 Remscheid-Wüstenhagen €8,00

Autohaus Pauli GmbH, Lenneper Straße 152, ☎ 02191/696300 <8m
Beim Reisemobilhändler außerhalb der Remscheider Umweltzone (grün)

POS: 51°10'48.53"N/7°13'33.83"E, Karte D5 (S. 8), C5
Platz: = 3 auf Rasengittersteinen. =2 CHEM . Geöffnet Mo-Fr 8:00-18:00 Uhr, Sa 9:00-13:00 Uhr. Ganzjährig geöffnet.
Preis: 8 € inkl. Strom. Entsorgung 1 €. Bei Werkstattaufträgen kostenlos.
Kontakt: Victoria Pauli, ☎ 02191/696300, info@autohaus-pauli.de, www.autohaus-pauli.de.
Distanz: Ⓗ 0,2 km, 1 km, 2 km, weitere Restaurants in 3 km, 2,5 km.
Gastro: Imbiss 0,4 km. Restaurant 2 km.
Freizeit: 5 km, 5 km. H2O Bade- und Saunaparadies.
POI: Altstadt Lennep 2 km, Deutsches Röntgenmuseum 2 km, Eschbachtalsperre 5 km, Deutsches Werkzeugmuseum 10 km, Müngstener Brücke 15 km, Deutsches Klingen-Museum 20 km, Wuppertaler Schwebebahn 20 km, Schloss Burg 20 km.

R

77871 Renchen-Ulm €6,00

Wohnmobilstellplatz Ulm, Ullenburgstraße an der Obstsammelstelle, ☎ 07843/70742 <8m
In zentrumsnaher Lage des Bierdorfs Ulm

2022 geprüft

POS: 48°34'52.69"N/8°2'43.32"E, Karte D13 (S. 16), D2

Platz: = 12 auf Asphalt, Schotterrasen. CHEM GRAU. Parkschein gut sichtbar hinter die Windschutzscheibe legen. Ganzjährig geöffnet.
Preis: 6 € inkl. aller Personen, Entsorgung, Müll-Entsorgung. Strom 1 €/2 kWh, Wasser 1 €/100 l. Bezahlung am Parkscheinautomat.
Kontakt: Tourist-Info, ☎ 07843/70742, rathaus@renchen.de, www.renchen.de.
Distanz: 0,4 km, 3 km.
Gastro: Bräustüble 0,2 km.
Freizeit: 2,6 km. Minigolf, Ortenauer Radwegenetz, Wanderungen und Mountainiking.
POI: Grimmelshausenpark 3 km, Simplicissimus-Haus 3,4 km.

24768 Rendsburg €20,00 <10m

Wohnmobilhafen am Rendsburger Stadtsee, An der Untereider 9, ☎ **04331/4349491** Am Ufer des Stadtsees neben dem Schwimmzentrum Aquacity

POS: 54°18'15.91"N/9°39'21.83"E, Karte D2 (S. 5), G2
Platz: = 40 auf Schotter. =40 (16 A) WC CHEM GRAU. Waschmaschine/Trockner, Hundedusche, Campingbedarf. Ganzjährig geöffnet.
Preis: 20 € inkl. aller Personen, Strom, Wasser, Entsorgung, Dusche, Müll-Entsorgung, WLAN, WC. Preisänderungen 2023 möglich.
Kontakt: Stadtwerke SH GmbH & Co. KG, Katrin Eckstein, ☎ 04331/4349491, womo-rd@stadtwerke-sh.de, www.wohnmobil-hafen.de.
Distanz: 0,2 km, Ⓗ 0,3 km, 0,4 km, weitere Restaurants in 0,6 km, 0,8 km.
Gastro: Zahlreiche Restaurants, Cafés/Kneipen 1 km.
Freizeit: Ausflugsfahrten auf Kanal/Eider, historische Stadtführungen, Badespaß im Aquacity mit Saunalandschaft.
POI: Altstadt mit Marienkirche, Christkirche/Altes Rathaus 0,5 km, Eisenkunstguss-, Druck- und Elektromuseum 0,8 km, Jüdisches Museum 1 km, Eisenbahnhochbrücke, Schwebefähre, Aussichtsplattform/Schiffsbegrüßungsanlage 2 km.

R

Tipp

Der Wohnmobilhafen liegt ruhig und idyllisch am Rande der historischen Rendsburger Altstadt und direkt zwischen Untereider und Stadtsee. Großzügige Stellplätze, komfortabel eingerichtete Sanitäranlagen und die familiäre Atmosphäre machen den Stellplatz aus. Wer Ruhe und Entspannung sucht, ist hier genau richtig! Stand: 2022

24768 Rendsburg €16,00 <12m

Wohnmobilhafen am Kreishafen NOK, Am Kreishafen 30-32, ☎ **04331/70885** Direkt am Nord-Ostsee-Kanal, nahe der Hochbrücke mit Zugverkehr

2022 geprüft

POS: 54°17'39.34"N/9°40'53.93"E, Karte D2 (S. 5), G2
Platz: = 36 auf Pflaster. WC CHEM GRAU. Ganzjährig geöffnet.
Preis: 16 € inkl. aller Personen, Entsorgung, WC, WLAN. Strom 0,60 €/kWh, Wasser 1 €/100 l, Dusche 1 €/3 min. Bezahlung am Parkscheinautomat.
Kontakt: Peter Braag, ☎ 04331/70885, Mobil: 0171/4147046, platz@spann-an.com, www.spann-an.de.
Distanz: 0,1 km, 0,8 km, 1,3 km.
Gastro: Brötchenservice am Wochenende (Vorbestellung bis Fr 16:00 Uhr).

18230 Rerik/Ostseebad €16,00 >12m

Wohnmobilpark Ostseebad Rerik, Straße am Zeltplatz 8, ☎ **038296/75720** Unweit von Ostsee, Salzhaff und Ortszentrum

POS: 54°6'47.98"N/11°37'56.62"E, Karte D3 (S. 6), B3
Platz: = 35 auf Schotterrasen. =35 (16 A) WC CHEM GRAU. SAT-Anschluss. Ankunft von 8:00-20:00 Uhr, spätere Ankunft auf Voranmeldung möglich. Ganzjährig geöffnet.
Preis: Ab 16 € inkl. Wasser, Entsorgung, WC, Müll-Entsorgung, WLAN, SAT-Anschluss. Strom 0,50 €/kWh, Dusche 0,30 €/min. Kurtaxe 0,75-2 €. Je nach Saison 16-25 €. Preiserhöhung 2023 möglich.
Kontakt: Campingpark Rerik, Herr Bläsing, ☎ 038296/75720, info@campingpark-rerik.de, www.campingpark-rerik.de.
Distanz: 0 km, weitere Restaurants in 0,9 km, Ⓗ 0,4 km, 0,8 km, 0,9 km.
Gastro: Frühstücksservice. Bistro mit Terrasse und Birergarten am Platz, warme Küche 8:00-20:00 Uhr (HS bis 21:00 Uhr). Restaurant Zur Linde in Rerik.
Freizeit: 22 km, 1 km. Wassersport, Sportübertragungen, Bingoabende, Lagerfeuer jeden Sa, Surfen 1,5 km, Fallschirmspringen und Tauchen 4 km, Golfplatz 14 km.
POI: Rostock, Großsteingräber 0,5 km, Leuchtturm Buk 5 km, Schliemann-Stadt Neubukow 10 km, Bad Doberaner Münster 20 km.

25821 Reußenköge €10,00 <10m

Amsinck-Haus, Sönke-Nissen-Koog 36a, ☎ **04671/927154** Am Informationszentrum am Deich zur Hamburger Hallig

POS: 54°36'54.54"N/8°52'19.64"E, Karte D2 (S. 5), F1
Platz: = 10 auf Wiese, Schotter. =6 (16 A) WC GRAU. Münzwaschmaschine vorhanden, Wasserentnahmestelle am Haus auf Anfrage. Geöffnet: Apr-Okt.
Preis: 10 € inkl. aller Personen, Wasser, Dusche, WC, Müll-Entsorgung. Strom 2 €.
Kontakt: Zweckverband Hamburger Hallig, ☎ 04671/927154, amsinck@amsinck-haus.de, www.amsinck-haus.de.
Distanz: Ⓗ 1 km, 4 km, 8 km, 8 km.
Gastro: Nationalpark-Gaststätte Hallig-Krog 4 km.
Freizeit: 8 km, 0,1 km. Geführte Wattwanderungen, Seebaden auf der Hallig 4 km, Badestrand 4 km.
POI: Nationalpark 0,2 km, Weltnaturerbe Schleswig-Holsteinisches Wattenmeer 0,2 km, Vogelwarte/NABU-Naturschutzwart auf dem Schafberg 2 km, Hamburger Hallig mit Wattwerkstatt, Badestrand/Gastwirtschaft 4 km.

72764 Reutlingen €8,00 <8m

Stellplatz am Freibad Markwasen, Hermann-Hesse-Straße 78, ☎ **07121/93935353** In ruhiger Lage im Grünen

POS: 48°28'27.69"N/9°11'37.79"E, Karte D14 (S. 17), F2
Platz: = 10 auf Schotter. =8 (16 A) CHEM. Sitzbank. Anfahrt 6:00-22:00 Uhr. Ganzjährig geöffnet.
Preis: 8 € inkl. aller Personen, Müll-Entsorgung. Strom 0,50 €/kWh, Wasser 1 €/80 l, Entsorgung 1 €. Für Stellplatzgäste vergünstigter Eintritt ins Freibad und Mobilitätsticket für den ÖPNV im Stadtgebiet.
Kontakt: Tourist-Info Reutlingen, ☎ 07121/93935353, info@tourismus-reutlingen.de, www.tourismus-reutlingen.de.
Anfahrt: Achtung: Keine Ausnahmeregelung für Zufahrt zum Stellplatz (nur mit grüner Umweltplakette).
Distanz: 0 km, 0,7 km, 2,5 km.
Gastro: Himalaya Restaurant am Platz.
Freizeit: 3 km. Sport- und Freizeitpark Markwasen, Outlet City Metzingen, Achalm 7,5 km.
POI: Innenstadt mit Marienkirche und Tübinger Tor 2,5 km.

Sie haben einen neuen Stellplatz entdeckt? Dann teilen Sie uns diesen mit per E-Mail an **bordatlas@doldemedien.de**

26817 Rhauderfehn €12,00

Café am Siel – Paddel-und Pedal-Station, Am Siel 6 A, <10m
☎ 04952/921441 Ringförmig angelegter Naturstellplatz am Fluss Langholter Tief

2022 geprüft

POS: 53°8'19.13"N/7°35'15.71"E, Karte D1 (S.4), C5
Platz: = 16 auf Schotterrasen. =20 (6 A) WC CHEM GRAU. Ganzjährig geöffnet.
Preis: 12 € inkl. aller Personen, Entsorgung, Müll-Entsorgung, WLAN. Strom 1 €/8 h, Wasser 1 €/100 l, Dusche 2,50 €/Pers., WC 2,50 €/ Pers. Gebühr ist bei Ankunft am Parkscheinautomat zu entrichten, bei mehrtägigem Aufenthalt täglich neu. Ticket gut sichtbar hinter die Windschutzscheibe legen.
Kontakt: Dieter Anneken, ☎ 04952/921441, Mobil: 0174/9937338, dieter.anneken@ewetel.net, www.cafe-rhauderfehn.de.
Distanz: 0,1 km, Ⓗ 0,3 km, 0,4 km.
Gastro: Brötchen-/Zeitungsservice. Café am Siel mit selbstgebackenem Brot/Kuchen, Snacks und Suppen.
Freizeit: 0,7 km. Paddeln, Kanuverleih, Angeln, Bouleplatz, Tennisplätze im Ort.
POI: Mühle Rhaude 0,3 km, Fehn-/Schifffahrtsmuseum 0,5 km, Mühle Hahnentange 2 km, Mühle Rhaude 3 km.

33378 Rheda-Wiedenbrück gratis

Parkplatz Am Werl, Gütersloher Straße, ☎ 05242/93010 <12m
Am Freibad, nahe der Altstadt

POS: 51°51'19.20"N/8°17'51.15"E, Karte D6 (S.9), E4
Platz: = 20 auf Asphalt. CHEM. Aufenthalt max. 3 Tage. Ganzjährig geöffnet.
Preis: Übernachtung gratis.
Kontakt: Flora Westfalica GmbH, ☎ 05242/93010, info@flora-westfalica.de, www.flora-westfalica.de.
Distanz: 0,2 km, 0,2 km, Ⓗ 0,2 km, 0,3 km.
Gastro: Restaurant Road House (Burger, Sandwiches) 0,2 km, Di-Sa ab 18:00 Uhr.
Freizeit: 2,5 km, 0,5 km. Umfangreiches Kulturprogramm, Surfen am Linteler See von Apr-Okt.
POI: Ehemaliges Landesgartenschaugelände Flora Westfalica, Schloss Rheda 0,2 km, historische Stadtkerne Rheda und Wiedenbrück 0,2 km.

26899 Rhede/Ems €20,00

Campingplatz Neuengland, Neurheder Straße 31, ☎ 04964/383 <10m
Familienfreundlicher Hof in ruhiger Lage

POS: 53°2'42.54"N/7°13'41.85"E, Karte D1 (S.4), C5
Platz: = 10, = 60 (<8 m) auf Schotterrasen, Wiese. =20 (10 A) WC CHEM GRAU. wird empfohlen. Anfahrt täglich 8:00-12:00 Uhr und 14:00-20:00 Uhr. Geöffnet: 1.3.-1 11.
Preis: 20 € inkl. Wasser, Entsorgung, WC, Hund. Jede weitere Pers. 2 €, Kind (1-3 J.) 1 €, Strom 0,60 €/kWh, Dusche je 1 €, Müll-Entsorgung 1 €/Nacht, WLAN ab 2,50 €. Bezahlung der Duschen über Schrankenkarte je nach Verbrauch. 2 Hunde gratis.
Kontakt: Campingplatz, Klaus Neuenstein, ☎ 04964/383, Mobil: 0173/2873819, info@campingplatz-neuengland.de, www.campingplatz-neuengland.de.
Distanz: Ⓗ 0,5 km, 2,5 km, weitere Restaurants in 2,5 km, 4 km, 4 km.
Gastro: Brötchenservice, kleiner Kiosk vor Ort.
Freizeit: 18 km, 15 km. Streichelzoo mit Esel, Alpaka, Lamas, Meerschweinchen, Füttern der Tiere möglich, Reiten 2 km, Sternenland Papenburg 15 km, Märchenwald und Kletterwald Surwold 25 km.
POI: Landwirtschaftsmuseum Rhede 4 km, Festung Bourtange (Niederlande) 8 km, Fehnkolonie und Meyer Werft Papenburg 15 km.

26899 Rhede/Ems gratis

Gasthof Café Prangen, Kirchstraße 25, ☎ 04964/215 Auf dem Parkplatz des Gasthofs, nahe der Niederländischen Grenze <8m

POS: 53°3'34.00"N/7°16'6.00"E, Karte D1 (S.4), C5
Platz: = 5 auf Pflaster, Wiese. Ganzjährig geöffnet.
Preis: Für Restaurantgäste kostenlos. Einkehr obligatorisch.
Kontakt: Hermann Prangen, ☎ 04964/215, info@gasthof-prangen.de, www.gasthof-prangen.de.
Distanz: 0 km, 0,1 km, 0,2 km, Ⓗ 5 km.
Gastro: Am Platz, warme Küche Mi-Do ab 17:00 Uhr, Mai-Okt ab 12:00 Uhr durchgehend, Fr-So ab 12:00 Uhr. Mo+Di Ruhetag.
Freizeit: 10 km, 10 km, 10 km.
POI: Landwirtschaftsmuseum 1 km, Alte Rheder Kirche (1470) 1,5 km, Fehnkolonie mit Fehnmuseum/Meyer Werft in Papenburg 10 km, Meyerwerft Papenburg-Landwirtschaftsmuseum Rhede-Festung Boung 10 km, Vesting Bourtange 11 km.

26899 Rhede/Ems gratis

Raststätte A31–Olle Rheen, Siemensstraße 7, ☎ 04964/604622 <10m
Am Autohof in ruhiger Lage, nahe der niederländischen Grenze

POS: 53°3'54.79"N/7°14'51.42"E, Karte D1 (S.4), C5
Platz: = 10, = 5 (<15 m) auf Pflaster, Schotter. WC. Anfahrt 24 h, Aufenthalt max. 48 h. Ganzjährig geöffnet.
Preis: Übernachtung gratis. Strom, Wasser und Entsorgung auf Anfrage.
Kontakt: Herr Kruse, ☎ 04964/604622, info@olle-rheen.de, www.olle-rheen.de.
Distanz: 1 km, Ⓗ 1 km, 1 km, 1 km.
Gastro: Am Platz, warme Küche 10:00-20:00 Uhr.
Freizeit: 10 km, 10 km, 2 km. Wasserski, Boot fahren, Angeln, Badesee 1 km.

POI: Rheder Gedächtniskirche 1 km, Festung Bourtange (Niederlande) 10 km, Meyer Werft 12 km, Winschoten (Niederlande) 12 km.

26899 Rhede/Ems gratis

Stellplatz am Sportzentrum Emspark, Kold´n Hauk, ☎ 04964/91820 >12m
In zentraler, sehr ruhiger Lage

POS: 53°3'31.24"N/7°16'33.31"E, Karte D1 (S.4), C5
Platz: = 20 auf Pflaster, Asphalt. Ganzjährig geöffnet.
Preis: Übernachtung gratis.
Kontakt: Gemeinde Rhede/Ems, ☎ 04964/91820, gemeinde@rhede-ems.de, www.rhede-ems.de.
Distanz: 0,3 km, 0,3 km, 0,5 km, Ⓗ 7 km.
Gastro: Mehrere Restaurants im Ort.
Freizeit: 10 km, 10 km, 2 km. Besuch im Landwirtschaftsmuseum.
POI: Alte-Reder-Kirche 0,3 km.

46414 Rhede/Westfalen gratis

Hallen- und Freibad, Heideweg 59, ☎ 02872/930100 Auf dem Parkplatz des Hallen- und Freibades <8m

POS: 51°49'54.06"N/6°41'7.72"E, Karte D5 (S.8), B3
Platz: = 2 auf Pflaster. Aufenthalt max. 3 Tage, Abwasserentsorgung am Klärwerk möglich. Ganzjährig geöffnet.
Preis: Übernachtung gratis.
Kontakt: Stadt Rhede, ☎ 02872/930100, tourist@rhede.de, www.rhede.de.
Distanz: 0,1 km, 0,1 km, 0,3 km, weitere Restaurants in 0,5 km, Ⓗ 1 km.
Gastro: Mehrere Restaurants in unmittelbarer Nähe.
Freizeit: 0,5 km.
POI: Bürgerpark mit großem Spielplatz, Medizin- und Apothekenmuseum 0,4 km, Spielzeugmuseum 0,6 km, Kirche St. Gudula 0,6 km, Pralinenmanufaktur 1,6 km, Haus Rhede 2,5 km.

46414 Rhede/Westfalen €3,00

Kirmesplatz - Stellplatz Kettelerstraße, Kettelerstraße 9, ☎ 02872/930100 Großzügiger Platz in der Nähe der Innenstadt <12m

POS: 51°50'11.00"N/6°41'39.00"E, Karte D5 (S.8), B3
Platz: = 28 auf Schotterrasen. =23 CHEM/Bio GRAU. Leinenpflicht für Hunde. Aufenthalt maximal 3 Tage. Nur für Wohnmobile mit eigenem WC. Entsorgung von Chemie-Toiletten erlaubt. Ganzjährig geöffnet. Ausnahme: Ende Aug. (Kirmes).
Preis: 3 € inkl. Entsorgung, Müll-Entsorgung. Strom 1 €/2 kWh, Wasser 1 €/26,5 l.

R

Kontakt: Stadt Rhede, ☎ 02872/930100, tourist@rhede.de, www.rhede.de.
Distanz: 0 km, weitere Restaurants in 0,1 km, 0,1 km, 0,1 km, Ⓗ 0,3 km.
Gastro: Mehrere Restaurants in unmittelbarer Nähe.
Freizeit: 1 km, 1 km, 0,5 km. Reiten, Geocaching.
POI: Bürgerpark und großer Spielplatz, Haus Rhede, Medizin- und Apothekenmuseum 0,3 km, Kirche St. Gudula 0,5 km, Spielzeugmuseum Max und Moritz 0,5 km, Pralinenmanufaktur 1,5 km.

46414 Rhede/Westfalen-Vardingholt — gratis

Haus Stockhorst, Hauptstraße 38, ☎ **02872/2173** In der Ortsmitte — <8m

POS: 51°51'52.65"N/6°44'11.98"E, Karte D5 (S. 8), B3
Platz: = 2, = 2 (<8 m) auf Pflaster, Wiese. WC nur zu den Öffnungszeiten verfügbar. Ganzjährig geöffnet.
Preis: Für Restaurantgäste kostenlos. Einkehr obligatorisch.
Kontakt: Haus Stockhorst, Ann-Christin Danielek, ☎ 02872/2173, info@haus-stockhorst.de, www.haus-stockhorst.de.
Distanz: 0 km, 0 km, weitere Restaurants in 4,3 km, 4 km, Ⓗ 10 km.
Gastro: Am Platz, Mo+Di Ruhetag, warme Küche Mi-Sa 17:30-21:00 Uhr, So & Feiertag 12:00-14:00 Uhr und 17:30- 21:00 Uhr.
Freizeit: 4 km, 4 km. Radtouren auf der 1000-Schlösser-Route, Wandern, Bootsverleih am Pröbstingsee 6 km.
POI: Spielzeug- und Apothekenmuseum in Rhede 4 km.

53359 Rheinbach — gratis

Stellplatz am Freizeitpark, Münstereifeler Straße, ☎ **02226/9170** Auf dem Parkplatz des Freizeitparks, nahe dem Erlebnisbad monte mare — <8m

POS: 50°37'12.80"N/6°56'0.27"E, Karte D9 (S. 12), B2
Platz: = 4 auf Rasengittersteinen. Aufenthalt max. 3 Tage. Ganzjährig geöffnet.
Preis: Übernachtung gratis.
Kontakt: Stadt Rheinbach, ☎ 02226/9170, tourismus@stadt-rheinbach.de, www.rheinbach.de.
Distanz: , weitere Restaurants in 0,3 km, Ⓗ 0,1 km, 1,4 km, 1,4 km.
Freizeit: Freizeitbad monte mare (großes Wellenbad, Whirlpool, zwei Rutschen und Kinder-Spielbereiche, Saunaparadies, Wellness- und Beautybereich), Spiel- und Rodelberg im Freizeitpark, Beach-Volleyball, Minigolf, Reiten, Wasserspielplatz.
POI: Naturparkzentrum Rheinland 1,3 km, Rheinbacher Burg mit Hexenturm im mittelalterlichen Stadtkern 2 km, Glasmuseum und Kutschenmuseum 2 km.

R

53619 Rheinbreitbach — €10,00

Wohnmobilstellplatz Siebengebirgsblick, Rolandsecker Weg 8, ☎ **02224/7796227** In Ortsrandlage im Naturschutzgebiet Siebengebirge — <10m

POS: 50°37'21.59"N/7°13'39.69"E, Karte D9 (S. 12), C2
Platz: = 14 auf Wiese, Schotter. =12 (16 A) CHEM GRAU. Aufenthalt unbegrenzt, Platz ist beleuchtet. Ganzjährig geöffnet.
Preis: 10 € inkl. Entsorgung, Müll-Entsorgung, WLAN. Strom 1 €/2 kWh, Wasser 1 €/90 l.
Kontakt: Helmut Chrenko, ☎ 02224/7796227, Mobil: 01573/1051253, info@stellplatz.chrenko.de, stellplatz.chrenko.de.
Distanz: 0,3 km, Ⓗ 0,5 km, 0,5 km, 0,5 km.
Gastro: Restaurant Haus Bergblick in Rheinbreitbach.
Freizeit: 2 km. Wandern durchs Siebengebirge, Rheintal und Rheinsteig, Kasbachtalbahn 8 km.
POI: Insel Grafenwerth (Schifffahrt) 2 km, Altstadt Unkel/Rhein 2,5 km, Konrad-Adenauer-Haus 4 km, Königswinter mit Drachenfels, Sea-Life und Seilbahn zum Drachenfels 5 km.

48432 Rheine — gratis

Hotel Borchert, Hopstener Damm 260, ☎ **05971/98960** Auf dem Restaurantparkplatz — <8m

POS: 52°17'51.74"N/7°28'52.82"E, Karte D5 (S. 8), C2
Platz: = 3 auf Asphalt. Ganzjährig geöffnet.
Preis: Für Restaurantgäste kostenlos. Einkehr obligatorisch.
Kontakt: Peter Borchert, ☎ 05971/98960, info@hotel-borchert.de, www.hotel-borchert.de.
Distanz: 0 km, weitere Restaurants in 0,5 km, 2 km, 4 km.
Gastro: Restaurant am Platz, Di-Sa 17:30-21:00 Uhr, So 12:00-14:00 Uhr, Mo Ruhetag. Frühstücksservice.
Freizeit: 5 km, 5 km. Kegeln, Planwagenfahrten, Tierpark 2 km.
POI: Schloss Bentlage 3 km, Surenburg 6 km.

48432 Rheine — €10,00

Wohnmobilstellplatz im TaT Themenpark, Hovesaatstraße 6, ☎ **05971/9900** Mitten im Grünen — <10m

2021 geprüft

POS: 52°18'6.93"N/7°26'16.92"E, Karte D5 (S. 8), C2
Platz: = 20 auf Schotterrasen. GRAU. Leinenpflicht für Hunde, E-Bike-Ladestation. Telefonische Anmeldung erforderlich. Rezeptionszeiten beachten. Anfahrt 7:00-22:00 Uhr. Nutzung von Markise/Vorzelt erlaubt. Ganzjährig geöffnet.
Preis: 10 € inkl. Strom, Wasser, Entsorgung, Müll-Entsorgung, WLAN, E-Bike-Ladestation.
Kontakt: TaT Themenpark, ☎ 05971/9900, Mobil: 0173/9918267, reservierung@tat-themenpark.de, tat-themenpark.de.
Distanz: 2,3 km.
Gastro: Frühstück im TaT-Café 12,50 €/Pers.
Freizeit: Salinenpark Bentlage mit Gradierwerk, NaturZoo Rheine, Hermannsweg, Radwege, Minigolfanlage im Stadtpark.
POI: Heimathaus Hovesaat, Sankt Antonius Basilika, Schloss Bentlage.

48431 Rheine-Bentlage — gratis

Stellplatz am Naturzoo, Weihbischof-d'Alhaus-Straße, ☎ **05971/800650** Auf einem öffentlichen Parkplatz am Ortsrand — <8m

POS: 52°17'43.62"N/7°25'1.72"E, Karte D5 (S. 8), C2
Platz: = 5 auf Rasengittersteinen. VE an der Kläranlage Sandkampstraße (Mo-Do 7:00-16:00 Uhr/Fr 7:00-12:00 Uhr). Ganzjährig geöffnet.
Preis: Übernachtung gratis.
Kontakt: Rheine.Tourismus. Veranstaltungen. e.V., ☎ 05971/800650, info@rheine-tourismus.de, www.rheine-tourismus.de.
Distanz: Ⓗ 0,1 km, 1 km, 1,4 km, 2,3 km, 5,5 km (Kläranlage Nord, Sandkampstraße 231, 48432 Rheine).
Gastro: HighTea Café im Kloster Bentlage. Restaurant Gottesgabe.
Freizeit: 3,1 km, 2,1 km. Radwandern auf gut ausgebauten Wanderwegen, Naherholungsgebiet Bentlage mit Naturzoo 0,5 km.
POI: Saline Gottesgabe 0,5 km, Falkenhof-Museum 3 km, St. Dionysius-Kirche, historischer Marktplatz 3 km.

48432 Rheine-Mesum — gratis

Reisemobile Brüggemann, Mesumer Straße 200, ☎ **05975/304400** Am Ortsrand von Mesum — <10m — neu

POS: 52°14'6.02"N/7°28'32.82"E, Karte D5 (S. 8), C2
Platz: = 8 auf Pflaster. CHEM GRAU. Geöffnet Mo-Fr 9:00-18:00 Uhr, Sa 9:00-13:00 Uhr. Bitte Wasserschlauch mitbringen. Ganzjährig geöffnet.
Preis: Übernachtung gratis.
Kontakt: Reisemobile Brüggemann GmbH, ☎ 05975/304400, info@reisemobile-brueggemann.de, www.reisemobile-brueggemann.de/stellplaetze.
Distanz: 0 km, weitere Restaurants in 1,6 km, 1,5 km, 1,7 km.
Gastro: Bistro/Café am Platz, Frühstück, Mittagstisch, Kaffee und Kuchen oder Eis.
Freizeit: 1,5 km. Ems-Radweg, Radweg 100-Schlösser-Route, Kanufahrten auf der Ems, Golfplatz 3,5 km.
POI: Fachwerkhofanlage Hof Pöpping 4,1 km, Apothekenmuseum 6 km, Falkenhof-Museum 6,2 km, Naturzoo 8,5 km, Kloster Bentlage 9 km, Saline Gottesgabe 9 km.

77836 Rheinmünster-Stollhofen €12,00 >12m

Wohnmobilplatz Freizeitcenter Oberrhein, Grünfeldstraße, ☎ 07227/2500
Separater Platz vor dem Campingpark

POS: 48°46'21.70"N/8°2'31.71"E, Karte D13 (S. 16), D2
Platz: = 57 auf Schotterrasen. =57 (16 A) CHEM GRAU . Anfahrt 24 h. Ganzjährig geöffnet.
Preis: 12 € inkl. Entsorgung. Strom 0,60 €/kWh, Wasser 1 €, WLAN 2,50 €/24 h.
Kontakt: André Junkereit, ☎ 07227/2500, info@freizeitcenter-oberrhein.de, www.fco.de.
Distanz: 0,2 km, weitere Restaurants in 0,3 km, 0,3 km, 0,8 km, Ⓗ 0,8 km.
Gastro: 2 Restaurants auf dem Campingplatz.
Freizeit: Surfen, Kanu fahren, 2 Badeseen im Campingpark 0,2 km, Straußenfarm 2 km, Golfplatz 6 km.
POI: Romanisches Münster Schwarzach 3 km.

76764 Rheinzabern gratis <8m

Marktplatz Rheinzabern, Bahnhofstraße, ☎ 07272/1098
Auf dem großen Marktplatz unter Kastanien

POS: 49°7'17.10"N/8°16'34.98"E, Karte D9 (S. 12), D5
Platz: = 10 auf Schotterrasen. . Aufenthalt max. 1 Tag. Telefonische Voranmeldung erwünscht, VE nach Absprache möglich. Ganzjährig geöffnet.
Preis: Übernachtung gratis.
Kontakt: Ortsgemeinde Rheinzabern, ☎ 07272/1098, info@rheinzabern.de, www.rheinzabern.com.
Distanz: 0,3 km, weitere Restaurants in 0,5 km, Ⓗ 0,3 km, 0,3 km, 0,5 km.
Gastro: Mehrere Restaurants in unmittelbarer Nähe.
Freizeit: 5 km, 7 km, 0,5 km. Ausflüge, mehrere Baggerseen in der Umgebung ab 2 km.
POI: Terra Sigillata Museum 0,3 km, Altstadt 0,4 km, Straußenfarm 2,5 km, Rheinauen 2,5 km, Elsass 20 km.

47509 Rheurdt €9,50 <10m

Wohnmobilpark an der Windmühle, St. Nikolausweg 15, ☎ 0152/21608557 Großzügig angelegter Platz im Grüngürtel des Ökodorfs Rheurdt

POS: 51°27'49.25"N/6°28'5.54"E, Karte D5 (S. 8), B4
Platz: = 21 auf Wiese, Schotter. =21 (10 A) CHEM GRAU . Überdachte Grillanlage, zentrale Satellitenschüssel. Ganzjährig geöffnet.
Preis: 9,50 € inkl. aller Personen, Entsorgung, Müll-Entsorgung. Strom 3 €, Wasser 0,50 €/50 l, VE für Durchreisende 4 €.
Kontakt: Tatjana Lotz, ☎ 0152/21608557, info@wohnmobilpark-lotz.de, www.wohnmobilpark-lotz.de.
Distanz: Ⓗ 0,3 km, 0,4 km, 0,4 km, 0,5 km, weitere Restaurants in 2 km.
Gastro: Mehrere Restaurants in Rheurdt.
Freizeit: 7 km, 0,3 km. Vogellehrpfad.
POI: Wildgehege Oermter Berg 0,1 km, Turmwindmühle 0,1 km.

76835 Rhodt unter Rietburg €4,00 <10m

Parkplatz unter der Rietburg, Theresienstraße, ☎ 06323/980079
Umgeben von Weinbergen

2022 geprüft

POS: 49°16'29.38"N/8°5'56.63"E, Karte D9 (S. 12), D5
Platz: = 20 auf Schotter. . Ganzjährig geöffnet.
Preis: 4 €.
Kontakt: Gemeinde Rhodt unter Rietburg, ☎ 06323/980079, tourismus@rhodt.de, www.rhodt.de.
Distanz: 0,2 km, 0,2 km, 0,3 km, Ⓗ 0,5 km.
Gastro: Metzgerei, Bäckerei und Café 0,2 km.
Freizeit: Weinproben.
POI: Historische Winzerhäuser mit alten Torbögen, Südfrüchtegarten, Theresienstraße mit Kastanienallee, Rietburg (mit Aussichtsterrasse, Wildgehege, Rundwanderwegen) 0,5 km, Villa Ludwigshöhe 0,6 km, barocke St.Georgskirche 1,5 km.

76835 Rhodt unter Rietburg €20,00 <12m

Weingut Fader Kastanienhof, Traminerweg 1, ☎ 06323/5193
Beim Weingut in ruhiger Lage

POS: 49°16'10.78"N/8°6'39.47"E, Karte D9 (S. 12), D5
Platz: = 6 auf Schotter. =6 CHEM GRAU . Ganzjährig geöffnet.
Preis: 20 € inkl. Strom, Wasser, Entsorgung. 10 € Ermäßigung bei Weinkauf pro Standtag.
Kontakt: Familie Fader, ☎ 06323/5193, info@wein-fader.de, www.weingut-fader.de.
Distanz: 0,2 km, 0,2 km, Ⓗ 0,2 km, 0,4 km, weitere Restaurants in 0,6 km.
Freizeit: 3 km, 8 km, 0,5 km. Sesselbahn 3 km.
POI: Historische Theresienstraße mit Kastanienallee 1 km, Schloss Villa Ludwigshöhe 3 km, Rietburg 5 km.

76835 Rhodt unter Rietburg €12,00 <8m

Weingut Seitz-Schreiner, Weinstraße 52, ☎ 06323/989490 Parzellierte Stellflächen im Innenhof des Weinguts

2021 geprüft

POS: 49°16'15.97"N/8°6'31.78"E, Karte D9 (S. 12), D5
Platz: = 6 auf Rasengittersteinen, Schotter. CHEM GRAU . Ankunft vor 18:00 Uhr. Bei Ankunft telefon. anmelden. Ganzjährig geöffnet.
Preis: 12 € inkl. Strom, Wasser, Entsorgung. 4 € Erlass bei Einkauf ab 40 € im Weingut.
Kontakt: ☎ 06323/989490, weingut.seitz.schreiner@t-online.de, www.weingut-seitz-schreiner.de.
Anfahrt: Anfahrt über Portugieserweg.
Distanz: 0,2 km, 0,2 km, 2 km.
Freizeit: 1,5 km. Holiday-Park.
POI: Historische Theresienstraße mit Kastanienallee 0,3 km, Schloss Villa Ludwigshöhe 2,5 km, Rietburg mit Sesselbahn 3 km, Hambacher Schloss 7 km.

76835 Rhodt unter Rietburg €12,00 <8m

Weingut Stefan Meyer, Edesheimer Straße 17, ☎ 06323/2348
Von Weinreben unterteilte Stellplätze

POS: 49°16'7.83"N/8°6'29.09"E, Karte D9 (S. 12), D5
Platz: = 5 auf Wiese, Schotter. WC . Leinenpflicht für Hunde. Ruhig gelegen. Aufenthalt nach Absprache. So geschlossen. Geöffnet: Apr-Okt.
Preis: 12 € inkl. Strom, Wasser, WC, Müll-Entsorgung, WLAN.
Kontakt: Stefan Meyer, ☎ 06323/2348, weingut@meyer-rhodt.de, www.meyer-rhodt.de.
Distanz: 0 km, 0,3 km, 0,3 km, Ⓗ 0,4 km.
Gastro: Mehrere Restaurants ab 0,3 km.
Freizeit: 1,5 km, 10 km, 0,3 km. Mitarbeit bei der Weinlese zeitweise möglich, Weinprobe.
POI: Villa Ludwigshöhe 1 km, Hambacher Schloss 8 km, Trifels 11 km.

98617 Rhönblick-Seeba €8,00 >12m

Sellplatz am Seebaer See, Herpfer Straße, ☎ 036943/24725
Im Biosphären Reservat Rhön, naturnah am Ortsrand, direkt am See

POS: 50°34'13.12"N/10°18'16.00"E, Karte D10 (S. 13), H2

R

Schützen Sie die Umwelt und verwenden Sie Sanitärflüssigkeiten nur nach Dosierempfehlung oder verzichten Sie lieber ganz darauf und entleeren Sie dafür häufiger. In den Zeitschriften **Reisemobil International** oder **CamperVans** erfahren Sie, welche umweltfreundlichen Alternativen es zu Kassettentoiletten gibt (Trockentrenntoiletten).

Platz: P = 4 auf Schotter, Kiesel, Wiese, Schotterrasen. =4 . Bootfahren erlaubt. nur bei Gruppen. Bitte quer zum See parken. Infos/Fragen über E-Mail bzw. Tel. 036943/24725. Ganzjährig geöffnet. Ausnahmen: im Winter auf Anfrage.
Preis: 8 €. Strom 0,50 €/kWh. Platzwart kommt einmal täglich abends zum Kassieren.
Kontakt: Andreas Morgenstern, 036943/24725, stellplatz-seeba@gmx.de, www.gemeinde-rhoenblick.de.
Anfahrt: Platz hat keine Hausnummer. Anfahrt über GPS-Daten via Google Maps, Apple maps und OSM-Karten.
Distanz: 0,5 km, 0,5 km, 2,2 km, 6 km.
Freizeit: Gebaweg, Angeln (Tages-Karte beim ASV Herpf), Drachenfliegen, Beach-Volleyballplatz, Baden im See auf eigene Gefahr.
POI: Kriegsmuseum 4,3 km, Rhönkulturgarten 5,4 km, Hohe Geba Aussichtspunkt 5,9 km.

18311 Ribnitz-Damgarten €20,00

Stellplatz Gänsewiese, Am See 50, 03821/8934323 <12m
Zentrumsnaher, kreisförmig angelegter Parkplatz am Ribnitzer See

2022 geprüft E

POS: 54°14'43.71"N/12°25'24.23"E, Karte D3 (S. 6), C2
Platz: = 20 auf Pflaster, Wiese. =24 (16 A) WC CHEM GRAU. Campingverhalten verboten. Frischwasser am Kiosk (Rückseite) nur zu den Öffnungszeiten und am Hafen Ribnitz, WC nur tagsüber möglich. Ganzjährig geöffnet.
Preis: 20 € inkl. aller Personen, Entsorgung, WC, Müll-Entsorgung, Kurtaxe, Duschen. Strom 0,50 €/kWh, Wasser 1 €/100 l.
Kontakt: Stadt Ribnitz-Damgarten, 03821/8934323, touristinfo@ribnitz-damgarten.de, www.ribnitz-damgarten.de.
Distanz: 0,2 km, weitere Restaurants in 0,4 km, 0,5 km, 0,6 km, 1 km.
Gastro: Imbiss am Platz.
Freizeit: 0,5 km, 1 km. Schifffahrt, Wandern, Wasserskianlage 2 km, Ruderbootverleih 3 km.
POI: Dt. Bernsteinmuseum/Kloster 1 km, Freilichtmuseum Klockenhagen 3 km, Technikmuseum 3 km.

87669 Rieden-Roßhaupten am Forggensee €25,90

Stellplatz am Campingplatz Seewang, Tiefental 1, 08367/406 <8m
Vor dem Campingplatz nahe der B16 und dem Forggensee

2022 geprüft E

POS: 47°38'35.94"N/10°43'50.07"E, Karte D15 (S. 18), A4
Platz: P = 13 auf Schotter. =13 (16 A) WC CHEM GRAU . Anfahrt 6:00-23:00 Uhr, Anmeldung an der Rezeption. Ganzjährig geöffnet.
Preis: Ab 25,90 € inkl. Wasser, Entsorgung, Dusche, WC, Müll-Entsorgung. Strom einmalig 1,50 € und 0,70 €/kWh, Hund 3 €, Umweltpauschale 0,50 €, Waschmaschine/Trockner je 3 €. Strom bei nur einer Nacht 3 €. Jede weitere Pers. 8-8,80 €, Kind (6-15 J.) 5-6 €, Kind (2-5 J.) 3-4 €.
Kontakt: Martin und Josefine Rauch GbR, 08367/406, info@camping-forggensee.de, www.camping-forggensee.de.
Distanz: 0,1 km, 1 km, 1 km.
Freizeit: 10 km, 15 km, 1 km. Segeln, Bootfahren, Ruderbootverleih 0,2 km, Minigolf 1 km, Kurpark 1 km.
POI: Forggensee 0,2 km, Hohes Schloss Füssen 10 km, Schloss Neuschwanstein 14 km.

93339 Riedenburg €8,00

Wohnmobilstellplatz Riedenburg, Austraße, 09442/905000 Am Main-Donau-Kanal im Altmühltal nahe der Altstadt <10m

2022 geprüft E

POS: 48°57'54.75"N/11°40'53.65"E, Karte D15 (S. 18), C1
Platz: = 60 auf Schotter, Pflaster. =30 (16 A) GRAU . WC in 0,5 km. Ganzjährig geöffnet. Ausnahme: Bei Großveranstaltungen tageweise gesperrt, Infos siehe www.riedenburg.de.
Preis: 8 €. Strom 1 €/12 h, Wasser 1 €/100 l. Bezahlung am Parkautomat per Münzen, EC- und Kreditkarte (kein Rückgeld).
Kontakt: Stadt Riedenburg, Tanja Roithmeier, 09442/905000, touristik@riedenburg.de, www.riedenburg.de.
Distanz: , 0,3 km, 0,3 km, 0,5 km.
Gastro: Biersommelier-Abend 360° Bier freitags im Gasthof Schwan (Anmeldung erforderlich).
Freizeit: 0,5 km, 0,5 km. Minigolfanlage, Angelstellen, Wander-/Radwege, Naturpark Altmühltal 0,2 km, Badesee 2,5 km, Sommerrodelbahn 2,5 km.
POI: Erlebnisbauernhof mit Bauernhofmuseum 0,2 km, Falkenhof Schloss Rosenburg 2 km, Burg Prunn 4 km, Schloss Eggersberg mit Hofmarkmuseum 6 km, Tropfsteinhöhle 12 km, Befreiungshalle 16 km.

93339 Riedenburg-Pillhausen €23,00

Landgasthof Kastlhof, Pillhausen 1, 09447/698 Campinggelände an einem Landgasthof am Main-Donau-Kanal <8m

POS: 48°56'26.42"N/11°45'22.60"E, Karte D15 (S. 18), C1
Platz: = 20 auf Wiese, Schotter. =7 WC CHEM GRAU . Zufahrt steiler Hang, nicht befahrbar bei Schnee und Glatteis. WLAN nur im Bereich der Anmeldung möglich. Ganzjährig geöffnet.
Preis: 23 € inkl. Entsorgung, Dusche, WC. Jede weitere Pers. 10 €, Kind (3-12 J.) 4 €, Strom 3 € oder 0,60 €/kWh, Hund 1,50 €.
Kontakt: Familie Brock, 09447/698, info@kastlhof.de, www.kastlhof.de.
Distanz: 0,1 km, 2 km, 4 km, weitere Restaurants in 4 km Entfernung.
Gastro: Landgasthof Kastlhof, warme Küche Mo-Do ab 18:00 Uhr, Fr-So ab 11:00 Uhr. Frühstück oder Brötchenservice (Bestellung im Gasthaus).
Freizeit: Volleyballplatz, Klettern, Hochseilgarten in der Nähe 7 km, Fahrradverleih Riedenburg 7 km, Donaudurchbruch Weltenburg 10 km, Schwimmbad Kelheim 10 km.
POI: Klausenhöhle, Rhein-Main-Donaukanal, Holzbrücke 1 km, Essing 2 km, Schloss Prunn 2 km, Burg 3 km, Riedenburg 4 km, Steinzeithöhle 5 km, Kloster Weltenburg 8 km, Befreiungshalle 10 km.

94566 Riedlhütte €10,00

Hotel Zum Friedl, Kirchstraße 28, 08553/96680 Neben einer großen Wiese mit Bergpanorama <12m

2021 geprüft

POS: 48°54'28.72"N/13°23'21.37"E, Karte D16 (S. 19), F1
Platz: P = 3 auf Pflaster. =3 (16 A) WC . Geöffnet: Jan-März und Mai-Okt.
Preis: 10 € inkl. WC. Wasser 2 €, Dusche 5 €, Kurtaxe 1,60 €/Pers. Kurtaxe Kind 0,80 €. Strom 2 € Anschlussgebühr inkl. 1 kWh und jede weitere kWh 1 €. 2,50 € werden bei einem Restaurantbesuch verrechnet.
Kontakt: Familie Süß, 08553/96680, info@zumfriedl.de, www.zumfriedl.de.
Distanz: 0 km, weitere Restaurants in 1 km, 1 km, 2 km, 3 km.
Gastro: Restaurant am Platz, warme Küche 17:00-20:00 Uhr.
Freizeit: 3 km, 10 km. Führungen im Nationalpark Bayerischer Wald, Sauna 10 €, Skifahren, Fahrradverleih 6 €, Rodeln, Golfplatz, Langlauf.
POI: Tierfreigelände im Nationalpark 10 km.

88499 Riedlingen gratis

Stellplatz bei der Stadthalle, Hindenburgstraße, 07371/1830 <10m
Auf einem Großparkplatz an der Donau

2021 geprüft E

POS: 48°9'7.72"N/9°28'40.37"E, Karte D14 (S. 17), G3
Platz: P = 8 auf Asphalt. =3 CHEM GRAU. Aufenthalt max. 3 Tage. VE/Strom von Ende Okt-Ende März nicht verfügbar. Ganzjährig geöffnet.
Preis: Übernachtung gratis inkl. Entsorgung. Strom 1 €/4 h, Wasser 1 €/100 l.
Kontakt: Stadt Riedlingen, 07371/1830, info@riedlingen.de, www.riedlingen.de.
Distanz: 0,2 km, 0,2 km, 0,2 km, 0,5 km.
Freizeit: 1 km. Radfahren, Donau-Radwanderweg, Museumsbesuch, Stadtführungen, Wandern.

R

POI: Feuerwehrmuseum 0,3 km, Altstadt 0,3 km, Weilerkapelle 0,5 km, Städtische Galerie Zum heiligen Geist 0,5 km, Städt. Museum Schöne Stiege 0,5 km, Kapuzinerkloster 1 km.

88499 Riedlingen €5,00

Stellplatz Fam. Paul, Römerstraße 2, ☎ 07371/3625 <8m
Am Ortsrand

POS: 48°8'50.22"N/9°28'56.84"E, Karte D14 (S. 17), G3
Platz: = 5 auf Asphalt. Ganzjährig geöffnet.
Preis: 5 €. Strom 2 €.
Kontakt: Familie Paul, ☎ 07371/3625.
Distanz: Ⓗ 0,2 km, 0,5 km, 0,6 km, weitere Restaurants in 1 km, 1,2 km.
Freizeit: 7 km, 1,7 km.
POI: Altstadt, Feuerwehrmuseum, Museum Schöne Stiege.

79358 Riegel €15,00

Stellplatz Müllersee, Müller-See 1, ☎ 07642/3694 Beim Campingplatz <8m

POS: 48°9'45.25"N/7°44'30.97"E, Karte D13 (S. 16), C3
Platz: = 30 auf Rasengittersteinen. =30 WC CHEM GRAU. Nachts beleuchtet, Wertmarken für Dusche an der Rezeption. Geöffnet: 1.4.-31.10.
Preis: 15 € inkl. Wasser, Entsorgung, WC, Müll-Entsorgung, WLAN. Strom 0,50 €/kWh, Dusche 0,50 €/Pers. Preisänderung 2023 für Strom möglich.
Kontakt: Thomas Bär, ☎ 07642/3694, info@muellersee.de, www.muellersee.de.
Distanz: 0 km, weitere Restaurants in 1,5 km, 1 km, Ⓗ 1,5 km, 2 km.
Gastro: Kiosk mit Imbiss am Platz.
Freizeit: Tischtennis, Schwimmen, Europa-Park Rust 15 km.
POI: Historisches Ortszentrum 2 km, Freiburg 25 km.

78239 Rielasingen-Worblingen €8,00

Stellplatz am Naturbad Aachtal, Herdweg 20, ☎ 07731/93210 <10m
Am Fuße des Schienerbergs beim Flusslauf der Aach

POS: 47°43'15.05"N/8°51'46.27"E, Karte D14 (S. 17), F4
Platz: = 24 auf Sand/Splitt, Schotter. =18 (18 A) CHEM. Aufenthalt max. 3 Tage. Ganzjährig geöffnet.
Preis: 8 € inkl. aller Personen, Entsorgung, Müll-Entsorgung. Strom 0,50 €/kWh, Wasser 1 €/100 l. 22 €/3 Tage, Bezahlung am Parkscheinautomat.
Kontakt: ☎ 07731/93210, info@rielasingen-worblingen.de, www.rielasingen-worblingen.de.
Distanz: , weitere Restaurants in 0,6 km, 0,6 km, Ⓗ 0,6 km, 1,2 km.
Gastro: Kiosk am Platz (Mai-Sep).
Freizeit: 8 km, 5 km.
POI: Festungsruine Hohentwiel 6 km, Altstadt von Stein am Rhein (CH) 11 km, Radolfszell (Bodensee) 12 km, Rheinfall Schaffhausen (CH) 22 km.

01589 Riesa €5,00

Wohnmobilstellplatz am Elbeparkplatz, Elbstraße, ☎ 03525/529420 <8m
Separater, ausgeschilderter Platz auf dem Elbeparkplatz am Elbufer

2020 geprüft

POS: 51°18'21.44"N/13°18'27.93"E, Karte D8 (S. 11), F5
Platz: = 12 auf Pflaster. WC/Dusche und Strom gegen Gebühr im benachbarten Bootshaus (0,1 km). Ganzjährig geöffnet.
Preis: 5 €.
Kontakt: Touristinfo Riesa, ☎ 03525/529420, info@tourismus-riesa.de, www.tourismus.riesa.de.
Anfahrt: Achtung: Einfahrt zum Stellplatz über eine steile Rampe, längere Fahrzeuge können mit dem Heck aufsetzen.
Distanz: 0,2 km, Ⓗ 0,5 km, 0,5 km, 0,5 km, weitere Restaurants in 1 km, 3,5 km (Abwasserzweckverband, Kirchstraße 29, 01591 Riesa).
Gastro: Pane & Vino. Kreta und Platon. O'Reilly's Irish Pub. Restaurant Goldener Herold. Cafe & Bäckerei Beutler. Restaurant Goldener Löwe. Erlebnisgastronomie Riesenhügel, Gasthausbrauerei Hammerbräu und Panama Joe's.
Freizeit: 3,5 km, 2 km, 1 km. Elbe-Radweg, Röderradroute/Floßkanalroute/Gohrischheide-Rundweg, Jahnatalradweg/Mulde-Elbe-Radweg/Mühlenradweg, Kino am Mannheimer Platz, Kindertobeland, Elbfähre, Minigolfanlage im Sportzentrum Olympia Riesa, Bootsverleih 0,1 km, Tierpark 0,5 km, Nudelcenter der Teigwaren Riesa GmbH 6 km.
POI: Haus am Poppitzer Platz (Bibliothek/Stadtmuseum), Klosterkirche (Besichtigung am WE), Trinitatiskirche (Besichtigungen Mai-Sep, Turmbesteigung auf Anfrage), Kapitelsaal im Rathaus (Führungen Mai-Sep Di, Do, Sa) 0,5 km, Europas größte Eisenskulptur Elbquelle 0,8 km.

Tipp

Der Wohnmobilstellplatz liegt in den Elbauen mit Blick auf die Elbe. Kurze Wege führen ins Stadtzentrum und zu den gastronomischen Einrichtungen. Der nahe Stadtpark bietet viel Raum für Erholung und lädt zu Spaziergängen ein. Mit der kleinen Stadtbahn sind viele tolle Highlights erreichbar. Eine historische Klosteranlage aus dem 12. Jh., ein Zunftbaum und prächtige Gründerzeithäuser liegen direkt an der Strecke.

01589 Riesa €22,00

Stellplatz Riesaer Wassersportverein, Elbstraße 14a, ☎ 0171/6811247 <6m
Auf dem Gelände des Wassersportvereins und Kanuverbandes

2020 geprüft

POS: 51°18'19.91"N/13°18'34.99"E, Karte D8 (S. 11), F5
Platz: = 6 auf Wiese. WC CHEM GRAU. wird empfohlen. Ganzjährig geöffnet.
Preis: 22 € inkl. Strom, Wasser, WC. Jede weitere Pers. 6 €, Kind (bis 16 J.) 4 €, Dusche 0,50 €/4 min.
Kontakt: ☎ 0171/6811247, bootshaus.riesa@gmail.com, www.riesaer-wassersportverein.de.
Distanz: 0 km, weitere Restaurants in 0,3 km, 0,5 km, 0,6 km, Ⓗ 0,6 km.
Gastro: Beachbar mit kleinen Gerichten am Platz (Mai-Okt). Restaurant Casa Mia 0,3 km.
Freizeit: 4,4 km, 1,8 km, 1 km. Bootsverleih, Kanu fahren, Schiffsanlegestelle der MS Stadt Riesa, Tierpark 0,5 km, Nudelcenter der Teigwaren Riesa mit gläserner Produktion, Nudelmuseum und Nudelrestaurant 6 km.
POI: Kloster 0,5 km, Kapitelsaal im Rathaus 0,5 km, Europas größte Stahlskulptur Elbquelle 0,8 km.

49597 Rieste €13,00

Stellplatz am Alfsee, Bootshafenstraße 4, ☎ 01520/8963819 Gelände am Ferien- und Erholungspark Alfsee <12m

2020 geprüft

POS: 52°28'40.91"N/7°59'20.33"E, Karte D5 (S. 8), D2
Platz: = 22 auf Schotterrasen. =17 (16 A) WC CHEM GRAU. 4 Tiny-Houses-

R

Buchung über Website. P wird empfohlen. Ganzjährig geöffnet.
Preis: 13 € inkl. Wasser, Entsorgung, Dusche, WC, Müll-Entsorgung. Jede weitere Pers. 2,50 €, Strom 2 €, Hund 1,50 €. Caravan-Gespann 18 € inkl. 3 Pers.
Kontakt: Heike Höger, ☎ 01520/8963819, urlaub@tiny-to-go.de, www.tiny-to-go.de.
Distanz: 1 km, 2 km, 2 km, Ⓗ 2 km.
Freizeit: 0,5 km, 6 km, 0,5 km. Wassersport, Tennis spielen, Spielscheune, Streichelzoo, Alfsee 0,5 km, Reiten (Ponyreiten) 1 km, Minigolfanlage und Trampolin 1 km, Kinderautoland 3 km, Kartbahn 3 km, Draisinenbahn 6 km.
POI: Wallfahrtskirche in Lage 4,5 km, Tuchmacher-Museum in Bramsche 8 km.

49597 Rieste — €15,00 — <8m — Gutschein

Reisemobilhafen am Alfsee Center, Am Campingpark 10, ☎ 05464/92120
Übernachtungsplätze im Ferien- und Erlebnispark am Ostufer des Alfsees

POS: 52°29'7.10"N/7°59'21.98"E, Karte D5 (S. 8), D2
Platz: P = 30 auf Rasengittersteinen, Schotter, Wiese. =30 (16 A) CHEM GRAU. Spülmaschine, E-Bike-Verleih, Waschmaschine. Gäste des Reisemobilhafens können alle Angebote des Alfsee Ferien- und Erlebnisparks nutzen. Ganzjährig geöffnet.
Preis: Ab 15 € inkl. Wasser, Dusche, Müll-Entsorgung, WLAN, WC. Kind (2-8 J.) 4,50 €, Kind (9-15 J.) 5,50 €, jede weitere Pers. 7 €, Strom 0,70 €/kWh.
Kontakt: Alfsee GmbH, Alfsee Ferien- und Erlebnispark, ☎ 05464/92120, info@alfsee.de, www.alfsee.de.
Distanz: 0 km, Ⓗ , 0 km, 1 km.
Gastro: Imbiss Grilleck, Alfseemarkt Freese mit Brötchenverkauf. Restaurant/Café Feingeist.
Freizeit: 8 km. Badesee mit Sandstrand, Veranstaltungskalender im Internet, gutes Radwegenetz, Minigolf, Kinderautoland, Kletterwand, Kartbahn, Sport-Arena, Abenteuerwelt im Germanenland, Kuddel-Muddel-Land für Kinder, Alfen Saunaland, Wasserskianlage, Indoor Fun-Center Bullermeck 0,3 km, Erlebnisland Irrgarten Alfsee 0,5 km.
POI: Garten-Traum-Tour, Wallfahrtskirche Lage 2 km, Tuchmacher-Museum Bramsche 11 km, Varusschlacht Kalkriese 16 km, Friedensstadt Osnabrück 25 km.

Tipp

Der mehrfach ausgezeichnete Alfsee Ferienpark gehört zur den führenden Plätzen Europas. Übernachten Sie im 5-Sterne-Campingpark, Mietwohnwagen, 3-Sterne-Superior-Hotel oder Appartements. Entdecken Sie das Germanenland mit Häusern für Ihren Urlaub und sagenhaftem Spielgelände. Dazu das Alfen Saunaland, die germanische Wellnesswelt, und vieles mehr …

33397 Rietberg — gratis — <8m

Großparkplatz ZOB, Torfweg, ☎ 05244/986100
Auf dem Parkplatz des Gartenschauparks/Schulzentrums

2020 geprüft

POS: 51°48'26.41"N/8°25'59.21"E, Karte D6 (S. 9), E4
Platz: P = 2 auf Asphalt. Aufenthalt unbegrenzt. Ganzjährig geöffnet.
Preis: Übernachtung gratis.
Kontakt: Stadt Rietberg, ☎ 05244/986100, tourismus@stadt-rietberg.de, www.rietberg.de.
Distanz: Ⓗ 0 km, 0,3 km, 0,3 km.
Freizeit: Besuch des Gartenschauparks Rietberg mit vielzähligen Spiel- und Freizeitmöglichkeiten.
POI: Altstadt, Kunsthaus Rietberg, Museum Wilfried Koch, ehemaliges Franziskanerkloster mit Klosterkirche.

33397 Rietberg — gratis — <12m

Wohnmobilstellplatz am Bibeldorf (Freilichtmuseum), Rottwiese/Jerusalemer Straße, ☎ 05244/986100
Großer Parkplatz neben dem Bibeldorf (Freilichtmuseum)

POS: 51°48'36.90"N/8°24'43.00"E, Karte D6 (S. 9), E4
Platz: P = 3 auf Schotter. CHEM. Ganzjährig geöffnet.
Preis: Übernachtung gratis. Wasser 1 €/5 min, Entsorgung 1 €.
Kontakt: Stadt Rietberg, ☎ 05244/986100, tourismus@stadt-rietberg.de, www.rietberg.de.
Distanz: Ⓗ 0,7 km, 0,9 km, 1 km, weitere Restaurants in 1 km Entfernung, 1 km.
Freizeit: 1 km, 0,7 km. Museumsbesuch, Kletterpark 2,3 km, Strandbad Alberssee in Lippstadt 17 km.
POI: Altstadt 1 km, Kunsthaus Rietberg, Museum Wilfried Koch 1,2 km, ehemaliges Franziskanerkloster mit Klosterkirche 1,2 km, Gartenschaupark Rietberg 2 km.

33397 Rietberg-Mastholte — gratis — <8m

Parkplatz Kirche St. Jakobus, Jakobistraße, ☎ 05244/986100
Auf dem Parkplatz in der Ortsmitte

2021 geprüft

POS: 51°45'21.70"N/8°23'27.76"E, Karte D6 (S. 9), E4
Platz: P = 6 auf Pflaster. CHEM GRAU. Ganzjährig geöffnet.
Preis: Übernachtung gratis inkl. Wasser, Entsorgung.
Kontakt: Stadt Rietberg, ☎ 05244/9860, tourismus@stadt-rietberg.de, www.rietberg.de.
Distanz: 0 km, 0,1 km, 0,1 km, Ⓗ 0,3 km.
Gastro: Mehrere Restaurants ab 0,1 km.
Freizeit: 7,5 km. Museumsbesuch, Besuch des Gartenschauparks 7 km, Thermalbad in Bad Waldliesborn 7 km, Strandbad Alberssee in Lippstadt 11 km.
POI: St. Jakobus Kirche, Heimathaus Mastholte, Johanneskapelle 7 km, Kunsthaus Rietberg, Museum Wilfried Koch 7 km, ehemaliges Franziskanerkloster mit Klosterkirche und Grafenkrypta 7 km, Klostergarten/Skulpturenpark 7 km, Gartenschaupark Rietberg 9 km.

33397 Rietberg-Mastholte — gratis — <8m

Stellplatz am Heimathaus Mastholte, Langenberger Straße, ☎ 05244/986100 Parkplatz am Heimathaus Mastholte

POS: 51°45'27.60"N/8°23'21.50"E, Karte D6 (S. 9), E4
Platz: P = 2 auf Pflaster. Ganzjährig geöffnet.

R

Preis: Übernachtung gratis.
Kontakt: Stadt Rietberg, ☎ 05244/9860, tourismus@stadt-rietberg.de, www.rietberg.de.
Distanz: 0,1 km, weitere Restaurants in 0,5 km, 0,1 km, Ⓗ 0,3 km, 0,5 km.
Gastro: Mehrere Restaurants/Cafés ab 0,1 km.
Freizeit: 7,5 km. Museumsbesuch, Thermalbad in Bad Waldliesborn 7 km, Gartenschaupark Rietberg mit vielzähligen Spiel-/Freizeitangeboten 7 km.
POI: Heimathaus Mastholte, St. Jakobuskirche, Stadtkern Rietberg 6,5 km, ehemaliges Franziskanerkloster mit Klosterkirche und Grafenkrypta 7 km, Gartenschaupark Rietberg 9 km.

78604 Rietheim-Weilheim €5,00

Gasthaus Rose Rußberg, Rußberg 39, ☎ 07424/6117 Inmitten der Natur <12m

POS: 48°1'49.73"N/8°48'0.91"E, Karte D14 (S. 17), E3
Platz: = 20, = 3 (<12 m) auf Wiese. =4 (16 A) WC CHEM GRAU . B nur bei Gruppen. Ganzjährig geöffnet.
Preis: 5 € inkl. Müll-Entsorgung, Sanitär-Nutzung. Für Restaurantgäste kostenlos. Strom 2 €/24 h, Wasser 2 €, Dusche 1 €.
Kontakt: Dieter Marquardt, ☎ 07424/6117, info@rose-russberg.de, www.rose-russberg.de.
Distanz: 0,8 km, Ⓗ 2 km, 2 km, 6 km.
Gastro: Warme Küche, Mi-Sa 11:30-20:30 Uhr, So+Feiertag 11:30-20:00 Uhr, Mo+Di Ruhetag.
Freizeit: 6 km, 6 km, 7 km. Skifahren, Langlauf.
POI: Schwäbische Alb.

02956 Rietschen €20,00

Wohnmobilstellplatz Erlichthof, Feldweg 10, ☎ 035772/40235 Beim Museumsdorf am Ortsrand >12m

POS: 51°24'8.09"N/14°47'20.42"E, Karte D8 (S. 11), H4
Platz: P / = 19 auf Schotterrasen. WC CHEM GRAU . Ganzjährig geöffnet.
Preis: 20 € inkl. aller Personen, Strom, Wasser, Entsorgung, Dusche, WC, Müll-Entsorgung. Übernachtung ohne Service 12 €.
Kontakt: Ute John, ☎ 035772/40235, Mobil: 0162/7742712, uj.artour@rietschen-online.de, erlichthofsiedlung.de/wohnmobilstellplatz.
Distanz: 0,1 km, weitere Restaurants in 0,3 km, 0,6 km, Ⓗ 0,6 km, 1 km.
Gastro: Mehrere Restaurants in unmittelbarer Umgebung am Erlichthof bzw. im Ort.
Freizeit: 0,3 km. Museum, Werkstätten am Platz, Naturteich.
POI: Erlichthof Rietschen 0,1 km, Wolfszentrum Sachsen 0,3 km, Oberlausitzer Teichgebiet 0,5 km, Fürst Pückler Park Bad Muskau 12 km.

37296 Ringgau-Grandenborn gratis

Wohnmobilstellplatz Grandenborn, In der Röste, ☎ 0151/17093143 Auf einem großen Areal am Ortsrand <8m

POS: 51°4'52.73"N/10°2'34.46"E, Karte D10 (S. 13), G1
Platz: / = 20 auf Schotter, Wiese. WC CHEM GRAU. Kleiner Fussballplatz, Grillhütte mietbar. B nur bei Gruppen. Aufenthalt max. 10 Nächte. Im Winter kein Wasser. Ganzjährig geöffnet. Ausnahmen: Sperrung bei Großveranstaltungen.
Preis: Übernachtung gratis. 7 € für die Nutzung von Strom, Wasser, Entsorgung, WC.
Kontakt: Karl-Heinz Siebert, Mobil: 0151/17093143, karlheinz.siebert@googlemail.com, www.ringgau.de.
Distanz: 0,1 km, weitere Restaurants in 4 km, 0,1 km, Ⓗ 0,2 km, 4 km.
Gastro: Restaurant Teichhof mit Wurstladen, Waren aus eigener Herstellung (Ahle Wurst), selbst gebackenem Brot, Brötchen und Kuchen.
Freizeit: 8 km, 12 km, 20 km. Mohnblüte mit Mohnschneckenfahrten von Mitte Juni-Anfang Juli, Premiumwanderweg P13, Frühstücken am Weißen Tisch inmitten der Mohnfelder.
POI: Boyneburg 4 km, Hoher Meißner 20 km, Wartburg 30 km, Grenzmuseum Schifflersgrund 30 km.

77975 Ringsheim €10,00

Stellplatz Ringsheim, Emmendinger Straße 8, ☎ 07821/329010 Mitten im Dreiländereck <12m neu

POS: 48°14'42.28"N/7°46'1.80"E, Karte D13 (S. 16), C3
Platz: P / = 15 auf Schotterrasen. WC CHEM GRAU . Automaten-Kiosk-Service. B Eingezäunt, beleuchtet und videoüberwacht. Anfahrt 24 h. Check-in ab 14:00 Uhr möglich. Buchung online. Ganzjährig geöffnet.
Preis: Ab 10 € inkl. Entsorgung, WLAN. Strom 0,70 €/kWh, Wasser 1 €/80 l, Dusche 1 €/5 min. Parzellen 8 x 3,4 m 10 €/Tag, Parzellen 12 x 4,5 m 20 €/Tag. Preisänderung 2023 möglich.
Kontakt: Stellplatz-Ringsheim, ☎ 07821/329010, info@stellplatz-ringsheim.de, www.stellplatz-ringsheim.de.
Distanz: Ⓗ 0 km, 1 km, 1,1 km, 3,5 km, weitere Restaurants in 1,1 km Entfernung.
Gastro: Restaurant Hummels Viehweide Strauße 5 km.
Freizeit: 5 km. Rad- und Wanderwege, Ausflüge in und um den Schwarzwald und ins benachbarte Elsass, Wasserwelt Rulantica 3 km (Shuttleservice), Freizeitpark Europa-Park 6 km (Shuttleservice), Europa-Park Golfclub Breisgau 8 km, Wandern im Naturschutzgebiet Taubergießen 9 km.
POI: Barockstadt Ettenheim 4,5 km, Breisach am Rhein 33 km.

77975 Ringsheim €20,00

Wohnmobilstellplatz Team Baumann, Im Leimenfeld 7, ☎ 0152/51929187 Am Ortsrand <10m neu

POS: 48°14'51.83"N/7°46'15.09"E, Karte D13 (S. 16), C3
Platz: = 11 auf Wiese. CHEM GRAU . Videoüberwacht. Aktuelle Infos siehe Facebook: Wohnmobilstellplatz Team Baumann (https://www.facebook.com/profile.php?id=100083519190615). Ganzjährig geöffnet.
Preis: 20 € inkl. Wasser, Entsorgung, Müll-Entsorgung. VE für Durchreisende 5 €. Strom 2 €/Tag inkl. 4 kWh, jede weitere kWh 2 €.
Kontakt: Wohnmobilstellplatz Team-Baumann, Mobil: 0152/51929187, www.teambaumann.com.
Distanz: 0,5 km, Ⓗ 0,5 km, 0,8 km.
Freizeit: Rad- und Wanderwege, Shuttle zu Europa-Park und Rulantica (2,50 €), Tierpark, Rulantica – die Wasserwelt des Europa-Park 4 km, Freizeitpark Rust 5,6 km.
POI: Rust 4 km, Burg Lichteneck 9,1 km.

31737 Rinteln €14,00

Camping- und Freizeitpark Doktor-See, Am Doktor-See 8, ☎ 05751/964860 Im Eingangsbereich des Campingareals <8m

POS: 52°11'11.55"N/9°3'35.80"E, Karte D6 (S. 9), F3
Platz: = 20 auf Wiese, Rasengittersteinen. =20 (16 A) WC CHEM GRAU . B nur bei Gruppen. Anfahrt ab 16:00 Uhr, Abfahrt bis 10:00 Uhr, Aufenthalt max. 1 Nacht. Ganzjährig geöffnet.
Preis: 14 € inkl. Strom, Wasser, Entsorgung, WC, Müll-Entsorgung, WLAN. Dusche 0,30 €/min, Hund 2,60 €. Jede weitere Person ab 8,20 €.
Kontakt: Herr Deppe, ☎ 05751/964860, info@doktorsee.de, www.doktorsee.de.
Distanz: , 1,5 km, Ⓗ 1,5 km, weitere Restaurants in 1,5 km Entfernung.
Gastro: Mehrere Restaurants auf dem Gelände.
Freizeit: 1,5 km, 1 km. Minigolf, 80 m Großwasserrutsche, Tischtennis, Animationsprogramm in der Saison, Tennis, Tretboot- und Surfbrett-Verleih, Wassersport, Beachvolleyball.
POI: Altstadt Rinteln 1,5 km, Schloss Schaumburg 10 km, Schloss Bückeburg 12 km.

31737 Rinteln €10,00

Wohnmobilstellplatz an der Weser, Dankerser Straße 6 In Zentrumsnähe <10m

POS: 52°11'30.83"N/9°4'40.52"E, Karte D6 (S. 9), F3
Platz: = 50 auf Wiese, Schotter. =36 (16 A) CHEM GRAU . Leinenpflicht für Hunde, Müllentsorgung. Anfahrt 24 h, Ein-/Ausfahren innerhalb Gültigkeitszeitraum des Tickets möglich. Abreise bis 14:00 Uhr. Ganzjährig geöffnet.
Preis: 10 € inkl. Müllentsorgung. Strom 1 €/2 kWh, Wasser 1 €/100 l, Entsorgung 1 €. Bezahlung per EC-/Kreditkarte.
Kontakt: Klaasen Vergnügungsbetriebe, M. Klaasen, info@weserdorf.de, weserdorf.de/wohnmobilstellplatz.
Distanz: 0,1 km, weitere Restaurants in 1 km, 0,2 km, Ⓗ 0,3 km, 0,4 km.
Gastro: Erlebnis-Biergarten Weserdorf. Mosquito. Fisch Rehbock.
Freizeit: 0,2 km, 2 km, 1 km. Kanuanleger, Erlebniswelt Steinzeichen, Weserradweg, Schifffahrt auf der Weser, Draisine fahren, Abenteuer-

R

spielplatz, Dampfeisenbahn.
POI: Altstadt mit St. Nikolai-Kirche, Jakobi-Kirche, altem Rathaus und Museum in der Eulenburg 1 km, Kloster Möllenbeck 8 km, Schloss Schaumburg 10 km.

31737 Rinteln-Schaumburg €20,00 <10m

Hotel-Restaurant Zum Schaumburger Ritter, Burgstraße 2-4, ☎ 05152/947460
Gegenüber vom Schloss Schaumburg, an der Südseite des Wesergebirges

POS: 52°12'7.07"N/9°12'7.80"E, Karte D6 (S. 9), F3
Platz: / = 1 auf Schotter. WLAN nur im Hotel. Ganzjährig geöffnet.
Preis: 20 € inkl. WLAN. Wird bei Verzehr verrechnet.
Kontakt: Familie Kehlenbeck, ☎ 05152/947460, kontakt@schaumburger-ritter.com, www.schaumburger-ritter.com.
Distanz: 0 km, weitere Restaurants in 1,7 km, 0,1 km, 1 km, 2 km.
Gastro: Restaurant am Platz, Öffnungszeiten über Telefon/Website erfragen. Frühstück auf Anmeldung.
Freizeit: 7 km, 7 km. Schlossbesichtigung.
POI: Schaumburg 0,1 km, Altstadt Rinteln 7 km.

17207 Röbel/Müritz €22,00 <12m

Parkfläche am Seglerhafen, Müritzpromenade 20, ☎ 039931/839900
Am Westufer der Müritz

POS: 53°23'14.79"N/12°37'3.36"E, Karte D3 (S. 6), D4
Platz: = 25, = 5 (<12 m) auf Pflaster, Wiese, Schotter, Naturboden. =25 (16 A) WC CHEM/Bio GRAU . Ankunft von 8:00-12:00 Uhr und 14:00-19:00 Uhr. Saisonbetrieb, auf Anfrage immer geöffnet. Geöffnet: Apr-Okt.
Preis: 22 € inkl. Wasser, Entsorgung, WC, WLAN. Jede weitere Pers. 1 €, Strom 2 €/24 h, Dusche 1 €/3 min, Müll-Entsorgung 1,50 €, Kurtaxe 1,50 €/Pers., Hund 1 €/Tag, Waschmaschine/Trockner 1 €/0,5 h.
Kontakt: Röbeler Seglerverein Müritz, Herr Hoffmann, ☎ 039931/839900, info@marina-roebel-mueritz.de, www.marina-roebel-mueritz.de.
Distanz: 0 km, weitere Restaurants in 0,5 km, 0,6 km, 1 km, 2,5 km.
Gastro: Regattahaus, warme Küche ab 11:00 Uhr. Seglerheim.
Freizeit: 0,5 km, 3 km. Segeln, Mecklenburger Seenplatte, Nationalpark Müritz, Wassersport.
POI: Röbel mit Nikolaikirche und Fachwerkhäusern 1 km, Feldsteinscheune 5 km, Müritzeum 25 km.

67806 Rockenhausen gratis <10m

Wohnmobilstellplatz am Natur-Erlebnisbad, Mühlackerweg, ☎ 06361/451121
Gegenüber vom Stadion Obermühle

2021 geprüft

POS: 49°37'16.83"N/7°49'18.09"E, Karte D9 (S. 12), D4
Platz: = 5 auf Schotter. CHEM GRAU . Aufenthalt max. 7 Tage. Ganzjährig geöffnet.
Preis: Übernachtung gratis. Strom 1 €/6 h, Wasser 1 €/4 min. Von Mai-Sep nur mit Pfalzcard (über 80 Erlebnisangebote und Gratis-ÖPNV), erhältlich an der Schwimmbadkasse.
Kontakt: Tourist-Info, ☎ 06361/451121, touristinfo@vg-nl.de, www.nordpfälzerland.de.
Distanz: 0,1 km, 0,2 km, 0,3 km, 0,8 km.
Gastro: Kiosk im Schwimmbad.
Freizeit: Rad-/Wanderwege, Natur-Erlebnisbad.
POI: Nordpfälzer Heimatmuseum 0,8 km, Museum für Kunst 0,8 km, Museum für Zeit 0,8 km.

66976 Rodalben €7,00 >12m

Wohnmobilstellplatz Spielmannszug, In der Hettersbach, Am Entenstein 6, ☎ 06331/17544 Auf dem Festplatz in der Hettersbach, mitten in der Natur

2020 geprüft

POS: 49°14'35.25"N/7°37'12.54"E, Karte D9 (S. 12), C5
Platz: = 15 auf Wiese. =2 WC CHEM. Ganzjährig geöffnet.
Preis: 7 € inkl. Wasser, Entsorgung. Strom 3 €. Platzwart kommt zum Kassieren vorbei.
Kontakt: ☎ 06331/17544, Mobil: 0162/8918253, info@spielmannszug-rodalben.de, www.rodalben.de.
Distanz: 2 km.
Gastro: Mehrere Restaurants im Ort.
Freizeit: Felsenwanderweg führt direkt am Platz vorbei.

66976 Rodalben gratis <8m neu

Wohnmobilstellplatz Zentrum Rodalben, Ecke Bahnhof-/Dr.Johann-Peter-Frank-Straße, ☎ 06331/234180
Zentral in der Innenstadt, direkt an der Rodalbe

POS: 49°14'23.72"N/7°37'48.46"E, Karte D9 (S. 12), C5
Platz: = 2 auf Pflaster. . Öffentliches WC am Bahnhof. WLAN-Hotspot an der Marienkirche. Ganzjährig geöffnet.
Preis: Übernachtung gratis.
Kontakt: Tourist-Info Gräfensteiner Land, ☎ 06331/234180, tourist@graefensteiner-land.de, www.rodalben.de.
Distanz: 0,4 km, 0,4 km, 0,4 km, 1 km.
Freizeit: Felsenwanderweg Rodalben.
POI: Altstadt mit dem Geburtshaus von Dr. Johann Peter Frank, Marienkirche mit dem alten Pfarrhaus, Pirmasens 5 km.

97348 Rödelsee €8,00 >12m

Weingut Hemberger, Aussiedler Hof 3, ☎ 09323/435
Ruhiger Stellplatz in den Weingärten

POS: 49°43'3.00"N/10°14'41.00"E, Karte D10 (S. 13), H4
Platz: = 8, = 8 (<13 m) auf Schotterrasen, Wiese. CHEM . Weinverkauf Mo-Sa 10:00-17:00 Uhr. So+Di nach Vereinbarung. Ganzjährig geöffnet.
Preis: 8 € inkl. Strom. Preis wird bei Weinkauf verrechnet, Wasser auf Anfrage.
Kontakt: Weingut Hemberger, Roland Hemberger, ☎ 09323/435, info@weingut-hemberger.de, www.weingut-hemberger.de.
Distanz: 1 km, weitere Restaurants in 2 km, 1,5 km, 1,5 km, 1,5 km.
Freizeit: 1,5 km, 1,5 km.
POI: Altstadt Iphofen 2 km, Schloss Schwanberg 3 km, Abtei Münster-Schwarzach 10 km.

63517 Rodenbach-Niederrodenbach gratis <10m

Wohnmobilstellplatzes am Waldstadion, Am Neuen Sportplatz 2, ☎ 06184/5990
Beim Sportplatz am südlichen Ortsrand

POS: 50°7'59.20"N/9°1'16.22"E, Karte D10 (S. 13), F3
Platz: = 3 auf Asphalt. CHEM GRAU. Leinenpflicht für Hunde, Hundewiese. Aufenthalt max. 5 Tage. Ganzjährig geöffnet.
Preis: Übernachtung gratis inkl. Entsorgung. Strom 1 €/2 kWh, Wasser 1 €/100 l.
Kontakt: Gemeinde Rodenbach, ☎ 06184/5990, gemeinde@rodenbach.de, www.rodenbach.de.
Distanz: 0 km, weitere Restaurants in 1 km, 1,3 km, 1,4 km.
Gastro: Zur Waldschänke.
Freizeit: Zwei Routen über die Spuren der historischen Grenzsteine, markierte Wanderwege und Trails für Biker, Strandbad Rodenbach 2 km.
POI: Klosterruine, Barbarossaquelle.

31552 Rodenberg €8,00 <12m

Wohnmobilstellplatz am Deister, Gottlieb Daimler Straße 11, ☎ 05723/9898842 Im Gewerbegebiet zwischen zwei Ausfahrten der A2

2021 geprüft

POS: 52°18'25.30"N/9°22'3.50"E, Karte D6 (S. 9), F2

Platz: P = 8 auf Schotter. =8 (16 A) CHEM GRAU . Hundewiese. P Anfahrt 24 h. Ganzjährig geöffnet.
Preis: 8 € inkl. Entsorgung. Strom 0,70 €/kWh, Wasser 1 €/80 l, VE für Durchreisende 2,50 €. Bezahlung im vorhandenen Briefumschlag in die Kasse an der Infotafel.
Kontakt: Friederike Hartmann, ☎ 05723/9898842, info@wohnmobilstellplatz-deister.de, www.wohnmobilstellplatz-deister.de.
Distanz: Ⓗ 0,3 km, 0,5 km, 0,5 km, 0,5 km.
Gastro: Ratskeller Rodenberg. Brötchenservice. Blitzgrill 0,6 km. Asia Dynastie 0,4 km.
Freizeit: 1 km, 4 km. Landgrafentherme 3 km.
POI: Burgmuseum Rodenberg 0,5 km, Windmühle Rodenberg 3 km, Schloss Bückeburg 16 km, Steinhuder Meer 20 km.

96472 Rödental €13,00

Schweizerei Rödental, Schweizerei 1, ☎ 09563/7294303 <12 m
Auf einem ruhig gelegenen Gutshof am Ortsrand

2021 geprüft E

POS: 50°17'19.97"N/11°1'19.24"E, Karte D11 (S. 14), B2
Platz: P / = 10 auf Schotterrasen, Wiese, Schotter. =10 (16 A) WC CHEM GRAU . P nur bei Gruppen. Achtung Hundebesitzer: Rüde am Hof. Ganzjährig geöffnet.
Preis: 13 € inkl. Strom, Wasser, Entsorgung, Müll-Entsorgung, WLAN. WC 2,50 €, Hund 2,50 €.
Kontakt: Familie Beier, ☎ 09563/7294303, info@schweizerei.de, www.schweizerei.de.
Distanz: Ⓗ 0,1 km, 0,2 km, 0,5 km, 0,5 km.
Gastro: Brötchenservice auf Anfrage.
Freizeit: 5 km, 3 km, 4 km. Mitarbeit auf dem Hof.
POI: Schloss Rosenau 0,5 km, Schloss Ehrenburg 5 km, Veste Coburg 5 km, Schloss Callenberg 6 km.

96472 Rödental €10,00

Wohnmobilstellplatz Schloss Rosenau, Rosenauer Weg 2, ☎ 09563/960 <12 m
Am Rande des Schlossparks

2022 geprüft E

POS: 50°17'21.63"N/11°1'43.05"E, Karte D11 (S. 14), B2
Platz: P = 36 auf Schotterrasen. WC CHEM GRAU . WLAN in Planung. Ganzjährig geöffnet.
Preis: 10 € inkl. Entsorgung. Strom 0,50 €/kWh, Wasser 0,10 €/10 l. Bezahlung am Parkautomat.
Kontakt: Stadt Rödental, ☎ 09563/960, info@roedental.de, www.roedental.de.

Distanz: Ⓗ 0,5 km, 0,5 km, 0,5 km, 1 km.
Gastro: Spatzl & Spetzl. Brauereigasthof Grosch.
Freizeit: 1 km, 1 km. Tennisanlage, Beachvolleyball- und Fußballfelder, Wander- und Radwege.
POI: St.-Johannis-Kirche 0,6 km, Europäisches Museum für Modernes Glas 1,8 km, Schloss Rosenau mit Park 2,2 km, Kloster Mönchröden 3 km.

04932 Röderland €8,00

Stellplatz an der Röderschänke, Am Sportplatz 1, ☎ 03533/8328 >12 m
In ruhiger Lage am Ortsrand beim Sportplatz

POS: 51°26'24.23"N/13°26'50.28"E, Karte D8 (S. 11), F4
Platz: = 20, = 10 (<30 m) auf Schotterrasen, Wiese, Asphalt, Pflaster. =6 (16 A) . P wird empfohlen. Eingezäunt, WLAN möglich. Ganzjährig geöffnet.
Preis: 8 € inkl. Strom, Wasser. Für Restaurantgäste kostenlos. Einkehr obligatorisch.
Kontakt: Willfried Höntzsch, ☎ 03533/8328, Mobil: 0160/91553174, sputnikwilli@gmail.com, www.museumsgaststätte-röderschänke.de.
Distanz: 0 km, 0,2 km, 0,5 km, Ⓗ 0,5 km.
Gastro: Museumsgaststätte, warme Küche nach Absprache ab 16:00 Uhr, So ab 10:00 Uhr (deutsche Küche).
Freizeit: 6 km. Besichtigungen, Schwimmen, Aktivitäten des Kultur- und Trödelvereins.
POI: Brikettfabrik Louise 21 km.

31637 Rodewald gratis

Reisemobilstellplatz Rodewald, Im Zentrum, ☎ 05026/98080 <8 m
Im Ortszentrum neben dem Naturerlebnisbad

2022 geprüft E

POS: 52°39'48.55"N/9°28'44.16"E, Karte D6 (S. 9), F1
Platz: P / = 6 auf Rasengittersteinen. =6 CHEM GRAU . Entsorgung neben dem Feuerwehrgerätehaus (80 m). Ganzjährig geöffnet.
Preis: Übernachtung gratis inkl. Entsorgung, Sanitär-Nutzung. Strom 1 €/kWh, Wasser 0,50 €/80 l. Spendenbox.
Kontakt: Mittelweser-Touristik GmbH, ☎ 05026/98080, rathaus@steimbke.de, www.steimbke.de.
Distanz: Ⓗ 0,2 km, 0,3 km, 0,3 km, 0,3 km.
Freizeit: 7 km. Tennis auf Anfrage.
POI: Heimatmuseum Rodewald 0,3 km, Ahrbecker Bockwindmühle Wenden 10 km, Giebichenstein (Findling) 14 km, Altstadt Nienburg/Weser 23 km.

63110 Rodgau €16,00

Reisemobil-Stellplatz Rodgau-Point, Liebigstraße 18, ☎ 0171/9913144 >12 m
Am Waldrand in unmittelbarer Stadtnähe

2021 geprüft E

POS: 50°3'20.00"N/8°53'55.86"E, Karte D10 (S. 13), F3
Platz: P = 60 auf Schotter. WC GRAU . Separater Hundegarten, Geschirrspülmöglichkeiten. Aufenthaltsgebäude mit Gastronomie, Kinderbereich und Freizeitangeboten. E-Tankstelle. Eingefriedeter Stellplatz mit Videoüberwachung. WC von 8:00-17:00 Uhr mit Schlüsselausgabe. Ganzjährig geöffnet.
Preis: 16 € inkl. Entsorgung, WC. Strom 1 €/kWh, Wasser 1 €/100 l. VE für Durchreisende 5 €. Mobil über 10 m Länge 21 €. Parkautomat in der Einfahrt.
Kontakt: Helmut Blumenberg, Mobil: 0171/9913144, info@rodgau-point.de, www.rodgau-point.de.
Distanz: Ⓗ 0,1 km, 0,5 km, 1 km, 1 km.
Gastro: Mehrere Restaurants im Ort.
Freizeit: Monte mare Obertshausen, Badesee, Golfclub Seligenstadt, Reitanlage Oberwald.
POI: Historische Fachwerkstatt Seligenstadt a.M. 7 km, Brüder-Grimm-Stadt-Hanau 11 km, Lederstadt Offenbach 12 km, Frankfurt a.M. 20 km.

89365 Röfingen gratis

Gasthof Zahler, Augsburger Straße 69 Oberestraße, ☎ 08222/96990 <10 m
Am Ortsrand von Röfingen

POS: 48°25'33.63"N/10°26'45.70"E, Karte D14 (S. 17), H2
Platz: / = 2 auf Pflaster, Asphalt. WC . Ganzjährig geöffnet.
Preis: Für Restaurantgäste kostenlos, inkl. WC, WLAN. Einkehr obligatorisch.
Kontakt: Familie Zahler, ☎ 08222/96990, info@gasthof-zahler.de, www.gasthof-zahler.de.
Distanz: 0 km, 0 km, weitere Restaurants in 0,5 km, Ⓗ 0,5 km, 2 km.
Gastro: Am Platz, warme Küche 11:00-21:00 Uhr.
Freizeit: 2 km, 15 km, 15 km. Legoland Günzburg 12 km.
POI: Burg Haldenwang 2 km, Kloster Wettenhausen 10 km.

R

89297 Roggenburg-Biberach €9,00

Stellplatz bei der Brauerei Biberach, Weißenhorner Straße 24, ☎ 07300/303 <10 m
In ruhiger Lage in der Nähe der Brauerei

POS: 48°17'16.86"N/10°13'18.82"E, Karte D14 (S. 17), H3
Platz: P / = 8 auf Schotter. =8 (13 A) CHEM/Bio GRAU . P Aufenthalt max. 5 Tage. Geöffnet: März-Okt (je nach Witterung auch länger).

Preis: 9 € inkl. Entsorgung. Strom 1 €/2 kWh, Wasser 1 €/80 l. Bezahlung am Parkscheinautomat.
Kontakt: Richard Schmid, ☎ 07300/303, Mobil: 0176/40274774, info@brauerei-biberach.de, www.brauerei-biberach.de.
Distanz: 0,3 km, weitere Restaurants in 1,5 km, 0,5 km, Ⓗ 0,5 km, 1,5 km.
Gastro: Gaststätte Brauerei Biberach, nur Do ab 17:00 Uhr geöffnet.
Freizeit: Brauereibesichtigung, Bodenerlebnispfad, Radweg ab Platz (E-Bike-Verleih Kloster Roggenburg).
POI: Klosteranlage Roggenburg mit Klostergarten, -Museum/Kirche 1,5 km, Weißenhorn 5 km.

23909 Römnitz €27,00 <10m

Campingplatz Schwalkenberg, Dorfstraße 32 a, ☎ 0172/4117032 Im offenen Campinggelände auf einer Halbinsel im Ratzeburger See

POS: 53°42'24.00"N/10°46'6.00"E, Karte D3 (S. 6), A4
Platz: = 20, = 5 (<10 m) auf Sand/Splitt, Pflaster, Wiese. =30 (8 A) WC CHEM GRAU. Badestelle, Slipanlage, Bootssteg. Ⓑ wird empfohlen. Ankunft von 10:00-21:00 Uhr. Im Winter eingeschränkter Service. Geöffnet: 1.4.-31.10.
Preis: 27 € inkl. Strom, Wasser, Entsorgung, Dusche, WC, Müll-Entsorgung, WLAN. Jede weitere Pers. 6 €, Kind (bis 12 J.) 4,50 €, Hund 3 €. 1.4.-31.10. 27 €. Gebühr gilt für Womo/Wohnwagen bis 7 m Länge.
Kontakt: Heino Wulf, Mobil: 0172/4117032, schwalkenbergcamping@gmx.de, www.campingplatz-schwalkenberg.de.
Distanz: 0,2 km, weitere Restaurants in 5 km, 5 km, Ⓗ 5 km, 5 km.
Freizeit: 5 km, 5 km, 5 km. Angeln, Baden, Kanu- und Tretboot fahren, Segeln, Thermalbad 6 km.
POI: Ratzeburger Dom 5 km, Grenzhuus Schlagsdorf 6 km, Lübeck 12 km.

07580 Ronneburg €6,00 <10m

Reisemobilstellplatz Kühler Grund, Am Kühlen Grund 4, ☎ 036602/53615 Unter Bäumen in Altstadtnähe

POS: 50°51'56.04"N/12°10'35.74"E, Karte D11 (S. 14), C1
Platz: = 20 auf Schotterrasen. =3 (16 A). Ⓑ nur bei Gruppen. Geöffnet: Mai-Okt.
Preis: 6 € inkl. Strom, Wasser. 3 €/8 h, 6 €/16 h. Bezahlung am Automat.
Kontakt: Stadtverwaltung Ronneburg, Herr Plarre, ☎ 036602/53615, stadt@ronneburg.de, www.ronneburg.de.
Distanz: 0,1 km, Ⓗ 0,3 km, 0,3 km, weitere Restaurants in 0,7 km, 0,3 km, 1,5 km.
Freizeit: 0,9 km, 10 km. Radfahren, Wandern, begehbare Landkarte auf der Schmirchauer Höhe, Reiterhof 5 km.
POI: Altstadt mit Marienkirche 0,3 km, Bergbaumuseum 0,5 km, Schloss mit Rittersaal und Museum 0,5 km, Neue Landschaft Ronneburg 1,7 km.

36217 Ronshausen €3,00 <12m

Gasthof Zur Krone, Kasseler Straße, ☎ 06622/7211 Auf dem Parkplatz am Gasthof

POS: 50°56'52.24"N/9°51'27.97"E, Karte D10 (S. 13), G1
Platz: = 2, = 1 (<10 m) auf Pflaster. WC GRAU. VE nur für tragbare Tanks. Ⓑ wird empfohlen. Ganzjährig geöffnet.
Preis: 3 € inkl. Strom, Wasser. Wird bei Verzehr angerechnet.
Kontakt: Heiko Wilhelm, ☎ 06622/7211, gasthofzurkrone@t-online.de, www.restaurant-zur-krone.de.
Distanz: 0 km, 0 km, weitere Restaurants in 0,2 km, Ⓗ 0,2 km, 0,5 km.
Gastro: Am Platz, Mo 17:00-22:00 Uhr, Mi-So 11:30-13:30 Uhr und 17:00-22:00 Uhr, Di Ruhetag.
Freizeit: 1 km, 15 km, 0,1 km. Festspiele Bad Hersfeld 20 km.
POI: Kali-Museum Heringen 18 km, Stiftsruine Bad Hersfeld 20 km.

76835 Roschbach €10,00 <10m

Weingut Helmut Koch, Am Rosenkränzel 13, ☎ 06323/1405 Mit Blick auf Weinberge und das Haardtgebirge

POS: 49°14'50.67"N/8°6'55.20"E, Karte D9 (S. 12), D5
Platz: = 3 auf Wiese. =3 WC GRAU. Ruhig gelegen. Geöffnet: 1.4.-30.11.
Preis: 10 € inkl. aller Personen, Strom, Wasser, Entsorgung.
Kontakt: Weingut Helmut Koch, Familie Koch, ☎ 06323/1405, stellplatz@weingut-koch.de, www.weingut-koch.de.
Distanz: Ⓗ 0,2 km, 0,2 km, 2 km, 2 km.
Gastro: Wein direkt vom Weingut. Mehrere Restaurants im Nachbardorf.
Freizeit: 1 km, 6 km, 0,1 km. Weinfeste in der Umgebung von Mai-Nov, Weinprobe, Kellerführung, Pfälzer Wald 4 km, Sesselbahn zur Rietburg 4 km.
POI: Barocke Weihnachtskirche 0,2 km, Villa Ludwigshöhe 4 km, Anna-Kapelle 4 km, Hambacher Schloss 8 km, Burgen und Ruinen ab 8 km.

02708 Rosenbach-Bischdorf €15,00 <12m

Mittel-Mühle, Untere Dorfstraße 33, ☎ 03585/47260 In der Oberlausitz an der Mühle mit angrenzendem Bachlauf

POS: 51°5'56.75"N/14°44'25.91"E, Karte D8 (S. 11), H5
Platz: Ⓟ = 50 auf Pflaster, Wiese, Schotter. =6 (16 A) WC CHEM GRAU. Aufenthalt unbegrenzt. Ganzjährig geöffnet.
Preis: 15 € inkl. aller Personen. Strom 1,50 €, Wasser 2,50 €, Entsorgung 1,50 €, Dusche 1,50 €/Pers., WC 1,50 €.
Kontakt: Claudia Noack, ☎ 03585/47260, info@mittel-muehle.de, www.mittel-muehle.de.
Distanz: Ⓗ 0,5 km, 0,5 km, 5 km, 5 km.
Gastro: Brötchenservice (ofenwarm ans Fahrzeug geliefert, 0,50 €/Stück).
Freizeit: 5 km, 20 km, 5 km. Ausflüge nach Polen und Tschechien, Rotstein – ältestes Naturschutzgebiet Sachsens 2 km, Sommer-Winter-Rodelbahn Oberoderwitz 18 km, Drei-Länder-Eck 18 km.
POI: Gusseiserner Aussichtsturm in Löbau 5 km, Hernhuter Sterne 5 km, Altstadt Bautzen und Görlitz 20 km.

74749 Rosenberg/Baden gratis <8m

Stellplatz Rosenberg, Dörrhöfer Weg, ☎ 06295/92010 Auf einem P+R Parkplatz gegenüber vom ehemaligen Bahnhof

POS: 49°27'28.00"N/9°28'17.00"E, Karte D10 (S. 13), G5
Platz: Ⓟ = 2 auf Schotterrasen. Aufenthalt max. 1 Tag. Ganzjährig geöffnet.
Preis: Übernachtung gratis.
Kontakt: Gemeinde Rosenberg, ☎ 06295/92010, gemeinde@rosenberg-baden.de, www.rosenberg-baden.de.
Distanz: Ⓗ 0,1 km, 0,3 km, 4 km, 8 km.
Gastro: Mehrere Restaurants in Osterburken.
Freizeit: Radfahren auf dem Limes- oder Skulpturenradweg.
POI: Römermuseum in Osterburken 7,6 km, Histotainmentpark Adventon (Apr-Okt) 10,5 km, Tropfsteinhöhle Eberstadt 10,5 km.

48720 Rosendahl-Darfeld gratis <10m

Wohnmobilplatz Darfeld, Sudetenstraße, ☎ 02547/77224 Am Sportzentrum, waldnahe Lage am Ortsrand

POS: 52°1'37.66"N/7°15'52.92"E, Karte D5 (S. 8), C3
Platz: = 16 auf Schotterrasen, Rasengittersteinen. =4 (16 A) CHEM GRAU. Ganzjährig geöffnet.
Preis: Übernachtung gratis. Strom 1 €/kWh, Wasser 1 €/200 l.
Kontakt: Gemeinde Rosendahl, ☎ 02547/77224, info@rosendahl.de, www.rosendahl.de.
Distanz: 0 km, 0,2 km (Bei der Reithalle, 48720 Rosendahl-Darfeld), 0,2 km, Ⓗ 0,4 km, 0,6 km, weitere Restaurants in 0,7 km.
Gastro: Hotel Feldkamp.
Freizeit: 8 km, 10 km, 8 km.
POI: Wasserschloss Darfeld (keine Besichtigungen/Führungen) 0,5 km, Vechtequelle 1 km, Schloss Varlar 7 km.

72348 Rosenfeld gratis <8m

Wohnmobilstellplätze beim Sofienbad Rosenfeld, Brechete 39, ☎ 07428/939240 Schön angelegt in ruhiger, zentrumsnaher Lage

POS: 48°16'56.28"N/8°43'17.50"E, Karte D14 (S. 17), E3
Platz: = 6 auf Sand/Splitt, Schotter, Asphalt. GRAU. Ganzjährig geöffnet.

R

Preis: Übernachtung gratis. Strom 1 €/6 h, Wasser 1 €/10 min.
Kontakt: Tourist-Info Rosenfeld, ☎ 07428/939240, tourist-info@rosenfeld.de, www.rosenfeld.de.
Distanz: Ⓗ 0,4 km, 0,5 km, 0,6 km, 1 km.
Freizeit: Beachvolleyballplatz (Freibad), Rad-/Wandertouren.
POI: Altstadt mit Stadtmauer 0,5 km, Ofenplattenmuseum 0,5 km, Rosen- und Skulpturengarten 0,5 km, Römische Gutsanlage Römerbad 1,5 km.

23749 Rosenfelde-Grube/Ostholstein — €18,90 — >12m

Camping am Rosenfelder Strand, Rosenfelder Strand 1, ☎ **04365/978670**
Kurzzeitstellplätze auf dem Campingplatz

POS: 54°15'54.64"N/11°4'39.51"E, Karte D3 (S. 6), A2
Platz: P = 40, = 350 (<12 m) auf Wiese, Rasengittersteinen. =17 (16 A) WC CHEM GRAU . Hundeauslauf mit Sportgeräten, Hundeauslauf mit Sportgeräten, Trockner, Waschmaschine, Sauna. B wird empfohlen. Aufenthalt max. 1 Nacht. Hund in Teilbereichen erlaubt. Geöffnet: 24.3.-31.10.
Preis: 18,90 €. Einmalübernachtung (18:00-11:00 Uhr) inkl. Nutzung aller Einrichtungen des Campingplatzes.
Kontakt: Rosenfelder Strand Ostsee Camping, Ulrich Bormann, ☎ 04365/978670, info@rosenfelder-strand.de, www.rosenfelder-strand.de.
Distanz: 0 km, weitere Restaurants in 1 km, Ⓗ 1 km, 5 km.
Gastro: Bistro, Restaurant, warme Küche 17:00-21:30 Uhr. Brötchenservice täglich im SB-Markt.
Freizeit: 15 km, 15 km. Minigolfplatz, Kosmetik, Radweg nach Dahme durch die Düne, Animation des Campingplatzes, Trampolin, Fitnessraum, Ponyführen, Wassersport, Schwimmen in der Ostsee, Kino, Surfschule 4 km.
POI: Fährhafen Dänemark 30 km, Hansapark 30 km.

21224 Rosengarten — €24,00 — <12m

Wildpark-Camping, Am Wildpark 1, ☎ **040/81977470**
In ruhiger Lage

POS: 53°26'30.51"N/9°53'22.79"E, Karte D2 (S. 5), G4
Platz: P / = 72 auf Wiese. WC CHEM GRAU . Leinenpflicht für Hunde, Waschmaschine/Trockner gegen Gebühr. B Anfahrt von 8:00-20:00 Uhr. Geöffnet: Apr-Okt.
Preis: 24 € inkl. Strom, Wasser, Entsorgung, Dusche, WC, Müll-Entsorgung. Platzwart kommt zum Kassieren.
Kontakt: ☎ 040/81977470, info@wildpark-schwarze-berge.de, www.wildpark-camping.de.

Distanz: Ⓗ 0 km, 0,5 km, weitere Restaurants in 2 km, 1 km, 1,7 km.
Freizeit: 4 km, 4 km. Mountainbiking, Nordic Walking, Wildpark Schwarze Berge 0,2 km, Kletterpark 0,5 km.
POI: Freilichtmuseum am Kiekeberg 1,5 km.

35119 Rosenthal — gratis — >12m

Wohnmobilstellplatz Fischewosse, Willershäuser Straße 2,
☎ **06458/50950** In zentraler, aber ruhiger Lage am Tourismuszentrum Fischewosse

POS: 50°58'34.01"N/8°52'7.38"E, Karte D10 (S. 13), F1
Platz: P = 5 auf Pflaster. =5 (16 A) CHEM GRAU . Leinenpflicht für Hunde. Aufenthalt max. 2 Tage, länger nur mit Genehmigung durch das Rathaus. Ganzjährig geöffnet. Ausnahme: die ersten zwei Wochen im Juli wegen Heimatfest.
Preis: Übernachtung gratis. Spende für Wasser- und Stromverbrauch von etwa 5 €/Tag ist erwünscht.
Kontakt: Bastian Werner, ☎ 06458/50950, Mobil: 0172/5670852, info@stadt-rosenthaler.de, www.rosenthaler.de.
Distanz: Ⓗ , , 0,5 km, 1 km.
Gastro: Mehrere Restaurants in fußläufiger Entfernung.
Freizeit: 12 km. Kegeln, Tourismuszentrum mit Mehrzweckspielfeld, Tennis, Wildrosenweg (2,6 km lang), Wandern/Radfahren, Angeln, solarbeheiztes Freibad.
POI: Marburg 22 km, Nationalpark Kellerwald-Edersee 30 km.

87672 Roßhaupten — €10,00 — <8m

Wohnmobilstellplatz Roßhaupten, Augsburger Straße 23,
☎ **08367/913877**
Auf dem Gelände von Camping- und Freizeitmarkt Miller (Truma-Servicepartner)

POS: 47°39'31.53"N/10°43'9.92"E, Karte D15 (S. 18), A4
Platz: P / = 10 auf Pflaster, Asphalt, Rasengittersteinen. WC CHEM . Satelliten-Anschluss, Reparaturservice, überdachte Terrasse. Geöffnet: 1.4.-31.10.
Preis: 10 € inkl. Wasser, Entsorgung, WC. Jede weitere Pers. 2 €, Strom 2 €, Dusche 2 €/Pers., Kurtaxe 1,15 €/Pers. Inkl. 4 Personen, Kind 0,90 €. Preisänderung 2023 geplant.
Kontakt: Camping Miller, Heiko Miller, ☎ 08367/913877, info@campingmiller.de, campingmiller.de.
Distanz: , 0,1 km, 0,2 km, weitere Restaurants in 0,4 km, Ⓗ 0,2 km.
Gastro: Mehrere Restaurants im Ort.
Freizeit: 0,7 km, 11 km, 0,1 km. Reiten und Kutschfahrt am Haflingerhof, Langlauf, Rad-/Wanderwege, Dorfführung, Golfplatz 0,7 km, Kurpark 0,9 km, Badeplatz am Forggensee 1,5 km, Minigolf Lechbruck 7 km.
POI: Schlösser Neuschwanstein und Hohenschwangau 12 km, Wieskirche 16 km.

95195 Röslau — gratis — <8m

Festplatz Geiersgarten, Eisnerstraße, ☎ **09238/99100**
Südöstlich der Aussichtsanlage Zwölfgipfelblick

POS: 50°5'10.80"N/11°58'31.00"E, Karte D11 (S. 14), C3
Platz: / = 2 auf Wiese, Schotter. Aufenthalt max. 1 Nacht. WC nach Absprache. Ganzjährig geöffnet. Ausnahmen: Bei Festbetrieb nicht nutzbar.
Preis: Übernachtung gratis.
Kontakt: Gemeinde Röslau, Birgit Stark, ☎ 09238/99100, info@roeslau.de, www.roeslau.de.
Distanz: 0,3 km, 0,3 km, Ⓗ 0,3 km, 0,7 km.
Freizeit: 6 km, 6 km. Wandern und Mountainbiking im Fichtelgebirge, Weißenstädter See 6 km.
POI: Deutsches Dampflokmuseum, Bauernhofmuseen, Aussichtsanlage Zwölfgipfelblick 0,1 km, Fichtelgebirgsmuseum Wunsiedel 6 km.

18055 Rostock — €15,00 — <8m

Parkplatz Mühlendamm, Mühlendamm, ☎ **0381/3816801**
Auf Großparkplatz an der Warnow Schleuse

POS: 54°5'4.05"N/12°9'12.75"E, Karte D3 (S. 6), C3
Platz: = 30 auf Schotter. Beleuchtet. Geöffnet: Mai-Okt.
Preis: 15 €. Bezahlung am Parkscheinautomat.
Kontakt: Stadt Rostock, ☎ 0381/3816801, www.rostock.de.
Distanz: Ⓗ 0 km, 1 km.
Gastro: Mehrere Restaurants in der Stadt.
Freizeit: 0,2 km. Fluss-Strandbad, Stadtbesichtigung.
POI: Marienkirche, Kerkhoffhaus, Steintor und Ständehaus, Hanse- und Universitätsstadt Rostock, Rathaus, Warnemünde und die Rostocker Heide, Petrikirche mit Turm.

88430 Rot an der Rot-Mühlberg — €20,00 — <8m

Ferienhof Musch, Unterer Weg 7,
☎ **07568/349** Auf einem Ferienhof mit Blick zum Pfaffenrieder Weiher

POS: 47°59'7.79"N/9°59'12.17"E, Karte D14 (S. 17), H3
Platz: P / = 4 auf Wiese, Schotterrasen. =4 (13 A) WC CHEM GRAU . Spielscheune, Getränkeautomat. B wird empfohlen. Geöffnet: 1.4.-30.10.
Preis: 20 € inkl. Wasser, Entsorgung, Dusche, WC, Müll-Entsorgung. Jede weitere Pers. 5 €, Strom 0,50 €/kWh, Sauna 28 €/2 Pers., Waschmaschine/Trockner je 3 €. Privatbad 8 €.
Kontakt: Arthur und Erika Musch, ☎ 07568/349, info@

R

ferienhof-musch.de, www.ferienhof-musch.de.
Distanz: 0 km, Ⓗ 4 km, 4 km, 4 km.
Gastro: Brötchenservice (außer So+Feiertag).
Freizeit: 4 km, 13 km. Tischtennis, Billard, Tischfußball, Stallbesuch, Tretfahrzeuge, Naturschutzgebiet Wurzacher Ried 13 km.
POI: Klosteranlage Rot an der Rot 4 km, Schmalspur Museumsbahn Öchsle 13 km.

36199 Rotenburg an der Fulda — gratis — <12m

Stellplatz Am Waldschwimmbad, Im Heienbachtal, ☎ 06623/5555
In ruhiger Lage am nordöstlichen Stadtrand

POS: 51°0'6.15"N/9°44'28.31"E, Karte D10 (S. 13), G1
Platz: = 10 auf Asphalt. Aufenthalt max. 3 Tage. Ganzjährig geöffnet.
Preis: Übernachtung gratis.
Kontakt: Tourist-Information, ☎ 06623/5555, tourist-info@rotenburg.de, www.rotenburg.de.
Distanz: 1 km, Ⓗ 1,5 km, 2 km, 2 km.
Gastro: Restaurants in Umkreis von 2 km.
Freizeit: 0,5 km, 3 km, 3 km.
POI: Schloss mit Schlosspark 2 km, Altstadt mit Fachwerkhäusern und Resten der Stadtmauer 3 km.

36199 Rotenburg an der Fulda — €6,00 — <12m

Stellplatz Am Wittich, Braacher Straße 16, ☎ 06623/5555 Direkt am Fuldaradweg R1

2022 geprüft

POS: 51°0'3.21"N/9°43'16.66"E, Karte D10 (S. 13), G1
Platz: = 30 auf Schotterrasen, Schotter. =24 (16 A) CHEM GRAU. Ganzjährig geöffnet.
Preis: Ab 6 € inkl. Entsorgung, Müll-Entsorgung, Kurtaxe. Strom 0,50 €/kWh, Wasser 1 €/60 l. 15.4.-14.10. 6,50 €, 15.10.-14.4. 6 €.
Kontakt: Tourist-Information, ☎ 06623/5555, tourist-info@rotenburg.de, www.rotenburg.de.
Distanz: 0,2 km, 0,6 km, Ⓗ 0,9 km, 1 km, weitere Restaurants in 1 km Entfernung.
Freizeit: 2,7 km, 1,6 km, 2,2 km. Fuldaradweg R1, Angeln, Wasserwandern, Schaukelwald 1,2 km, Minigolf 1,3 km, Indoor-Spielplatz Koala Kids World 4,2 km.
POI: Jakobi-Kirche, Stiftskirche 0,5 km, Altstadt mit Fachwerkhäusern 0,5 km, Landgrafenschloss mit Park 0,5 km, Puppen- und Spielzeugmuseum 0,8 km.

36199 Rotenburg an der Fulda — gratis — <8m

Stellplatz Im Heienbachtal, Im Heienbach, ☎ 06623/5555
Am Wildgehege

POS: 51°0'31.39"N/9°44'51.89"E, Karte D10 (S. 13), G1
Platz: = 3 auf Asphalt. Aufenthalt max. 3 Tage. Ganzjährig geöffnet.
Preis: Übernachtung gratis.
Kontakt: Tourist-Information, ☎ 06623/5555, tourist-info@rotenburg.de, www.rotenburg.de.
Distanz: 1 km, weitere Restaurants in 1,5 km, Ⓗ 1 km, 2 km, 2 km, 2,7 km (Stellplatz am Wittich, Braachertsr 16, 36199 Rotenburg an der Fulda).
Freizeit: 0,2 km, 3 km, 3 km. Angeln.
POI: Schloss mit Park, Altstadt mit Fachwerkhäusern und Resten der Stadtmauer.

36199 Rotenburg an der Fulda-Braach — gratis — <8m

Wohnmobilstellplatz Am Schindleich, Am Schindleich, ☎ 06623/5555
Am Kuckucksmarkt-Gelände in der Nähe des Biergartens Hof Hafermas

POS: 51°0'14.24"N/9°41'36.78"E, Karte D10 (S. 13), G1
Platz: = 3 auf Schotter. Aufenthalt max. 3 Tage. Ganzjährig geöffnet.
Preis: Übernachtung gratis.
Kontakt: Tourist-Info Rotenburg a.d. Fulda, ☎ 06623/5555, tourist-info@rotenburg.de, www.rotenburg.de.
Distanz: Ⓗ 0,5 km, 0,5 km, 1,9 km (Stellplatz am Wittich, Braachertsr. 16, 36199 Rotenburg a.d. Fulda), 2 km, 3 km.
Gastro: Speisen vom Grill aus eigener Schlachtung. Biergarten Hof Hafermas (Mai-Okt).
Freizeit: 0,5 km, 3,5 km. Waldschwimmbad, Bauernmarkt an jedem letzten Wochenende im Monat von Mai-Okt, Schwimmen.
POI: Schlossanlage mit Park und Altstadt Rotenburg 3 km, Reste der Stadtmauer mit Wehrtürmen 3 km, hist. Bauten und Museum 3 km.

91154 Roth — gratis — <10m

P+R Steinerne Eiche, Hilpoltsteiner Straße 93, ☎ 09171/848513 Parkplatz am östlichen Stadtrand, an der Zufahrt zur B2

POS: 49°14'26.00"N/11°6'24.00"E, Karte D11 (S. 14), B5
Platz: = 7, = 7 (<10 m) auf Pflaster. CHEM GRAU. Aufenthalt max. 3 Nächte. Ganzjährig geöffnet.
Preis: Übernachtung gratis. Strom 0,50 €/kWh.
Kontakt: Stadt Roth, ☎ 09171/848513, tourismus@stadt-roth.de, www.stadt-roth.de.
Distanz: Ⓗ 0,5 km, 0,9 km, 1 km, 2 km.
Freizeit: 2 km, 1 km. Rothsee 7 km.
POI: Altstadt mit Schloss Ratibor, Fabrikmuseum, Museum Hist. Eisenhammer 1 km, Wernsbacher Steinbrüche 11 km, Druidenstein im Mäbenberger Wald 11 km.

91154 Roth — gratis — <10m

Wohnmobilstellplatz Obere Mühle, Obere Mühle, ☎ 09171/848513 Beim Fabrikmuseum der Leonischen Industrie

POS: 49°14'47.89"N/11°5'45.13"E, Karte D11 (S. 14), B5
Platz: / = 7 auf Pflaster. Weitere Stellplätze auf dem P+R Steinerne Eiche, Hilpoltsteiner Str. (Richtung Eckersmühlen, nach der B2-Auffahrt). Ganzjährig geöffnet.
Preis: Übernachtung gratis. Strom 0,50 €/kWh. Parkgebühr 8:00-16:00 Uhr 0,10 €/Stunde, Mindestgebühr 0,20 €.
Kontakt: Stadt Roth-Tourist-Information, Anke Freiman, ☎ 09171/848513, tourismus@stadt-roth.de, www.stadt-roth.de.
Distanz: Ⓗ 0,1 km, 0,5 km, 0,5 km, 0,5 km.
Freizeit: 0,3 km, 1,5 km. Rad- und Wanderwege zum Rothsee.
POI: Fabrikmuseum, Marktplatz mit Sehenswürdigkeiten 0,5 km, Schloss Ratibor 0,7 km, historischer Eisenhammer Eckersmühlen 2 km.

91154 Roth — €8,00 — <10m

Wohnmobilstellplatz Seezentrum Heuberg, Weinbergweg 1, ☎ 09171/814310
Beim Rothsee mitten in der Natur

POS: 49°12'32.63"N/11°11'8.77"E, Karte D11 (S. 14), B5
Platz: = 50 auf Wiese. CHEM GRAU. Ganzjährig geöffnet.
Preis: 8 € inkl. aller Personen, Wasser, Entsorgung. Strom 0,50 €/kWh. Bezahlung am Parkscheinautomat mit Karte oder Münzgeld (kein Wechselgeld).
Kontakt: Seezentrum Heuberg, ☎ 09171/814310, info@rothsee.de, www.rothsee.de.
Distanz: Ⓗ 0,2 km, 0,5 km, 0,5 km, 2 km.
Gastro: Gasthaus Rothsee im Seezentrum Heuberg. Weitere Restaurants in Roth, Hilpoltstein und Allersberg. Strandhaus Grashof. Strandhaus Birkach.
Freizeit: Fahrrad- und Rikschavermietung, Segeln, Segway-Touren, Umweltstation, Tretbootvermietung, Minigolfplatz, Reiten.
POI: Fabrikmuseum Roth, Markgräfliches Jagdschloss Ratibor, Altstadt Hilpolstein 2 km, historischer Eisenhammer 3 km.

63860 Rothenbuch — €7,00 — <8m

Freizeitpark Rothenbuch, Heigenbrücker Weg 31, ☎ 06094/9400
In ruhiger Lage am Ortsrand

POS: 49°58'29.97"N/9°23'40.20"E, Karte D10 (S. 13), G3
Platz: = 10 auf Schotterrasen. CHEM GRAU. nur bei Gruppen. Anfahrt 7:00-22:00 Uhr. Ganzjährig geöffnet.
Preis: 7 €. Strom 0,50 €/kWh, Wasser 2 €/50 l, Sanitär-Nutzung 2 €.
Kontakt: Gemeinde Rothenbuch, ☎ 06094/9400, poststelle@rothenbuch.de, www.rothenbuch.de.
Distanz: Ⓗ 0,5 km, 1 km, weitere Restaurants in 2 km, 1 km, 1 km.
Gastro: Mehrere Restaurants ab 1 km.
Freizeit: 12 km. Geführte Wanderungen im Naturpark Spessart, Rund-/Fernwanderwege, Kultur-/Themenwege, Natur-Schwimmbad in Heigenbrücken 12 km.
POI: Schloss Rothenbuch 1 km, Bauernhausmuseum 1,2 km, NSG Hafenlohrtal 4 km.

91541 Rothenburg ob der Tauber — €12,00 — <10m

P3 Schweinsdorfer Straße, Schweinsdorfer Straße/Laiblestraße, ☎ 09861/404800
Öffentliche Parkplätze am Stadtrand

POS: 49°22'55.00"N/10°11'20.00"E, Karte D10 (S. 13), H5

R

Platz: = 30 auf Asphalt, Rasengittersteinen. . Ganzjährig geöffnet.
Preis: 12 €. Wasser 1 €/45 l.
Kontakt: Stadt Rothenburg, 09861/404800, info@rothenburg.de, www.rothenburg.de.
Distanz: 0,2 km, 0,5 km, 0,5 km, 0,8 km, 1,8 km (P2, Nördlinger Straße 6, 91541 Rothenburg ob der Tauber).
Gastro: Mehrere Restaurants in der Altstadt.
Freizeit: 2 km, 2 km, 1,5 km. Stadtbesichtigung, großes Veranstaltungsprogramm und historische Feste.
POI: Viele historische Bauwerke ab dem 12. Jh. und mehrere Museen 0,8 km, Stadtmauer mit Wehrgang 0,8 km, St. Jakobs-Kirche 0,8 km, St. Wolfgang-Kirche 0,8 km.

91541 Rothenburg ob der Tauber €12,00

Parkplatz P2, Nördlinger Straße, 09861/404800 Vor der Stadtmauer am Rande der Altstadt <10 m

2022 geprüft

POS: 49°22'12.80"N/10°11'0.42"E, Karte D10 (S. 13), H5
Platz: = 50 auf Asphalt, Rasengittersteinen. WC CHEM GRAU . Ganzjährig geöffnet.
Preis: 12 € inkl. Entsorgung, WLAN. Strom 0,50 €/kWh, Wasser 1 €/50 l.
Kontakt: Stadt Rothenburg ob der Tauber, 09861/404800, info@rothenburg.de, www.rothenburg.de.
Distanz: 0,1 km, weitere Restaurants in 0,4 km, 0,3 km, 0,5 km, 0,8 km.
Gastro: Mehrere Restaurants in der Altstadt (zu Fuß ca. 10 min).
Freizeit: 0,7 km, 0,7 km, 0,3 km. E-Bike-Verleih 0,3 km.
POI: Rothenburger Plönlein 0,6 km, Altstadt mit begehbarer Stadtmauer 0,7 km, Kriminalmuseum 0,9 km, St. Jakobs Kirche mit Tilman Riemenschneider Altar 1,1 km, Stadtmuseum 1,3 km, Alte Burg mit Burggarten 1,3 km.

91541 Rothenburg ob der Tauber gratis

Stellplatz Rothenburg, Am Luftsprung 7, 09861/938601 Privater, ruhig gelegener Wiesenstellplatz, Zufahrt geschottert <8 m

POS: 49°23'1.09"N/10°10'29.01"E, Karte D10 (S. 13), H5
Platz: = 8 auf Wiese, Schotter. . 24/7 geöffnet. Nur für autarke Fahrzeuge. Beim Rangieren bitte die Wiese schonen. Bakenfüße zum Höhenausgleich vorhanden. Ganzjährig geöffnet.
Preis: Übernachtung gratis. Spende erwünscht, unter Angabe der Kfz-Nummer in den Briefkasten im Info-Türmchen werfen.
Kontakt: Familie Lechner-Meidel, 09861/938601, info@stellplatz-rothenburg.de, stellplatz-rothenburg.de.
Anfahrt: NAVI: Anfahrt über den Walnußweg wählen (nicht über den Gerbersberg).
Distanz: 0,4 km, 0,5 km.
Gastro: Obst zum Selberpflücken (je nach Saison).
Freizeit: Altmühltalradweg, Taubertelradweg.
POI: Weihnachtsmuseum Käthe Wohlfahrt, mittelalterliches Kriminalmuseum, Altstadt Rothenburg o.d. Tauber 0,4 km, Rothenburg-Museum 0,4 km.

02929 Rothenburg/Oberlausitz €27,00

Neiße-Camp, Tormersdorfer Allee 1, 035891/189993 In ruhiger Lage, umgeben von Feldern und Wald <10 m

POS: 51°19'40.44"N/14°58'56.28"E, Karte D8 (S. 11), H4
Platz: = 40 auf Wiese. =24 (16 A) WC CHEM GRAU nur bei Gruppen. Anreise 24 h. Geöffnet: Mai-Sep.
Preis: 27 € inkl. Dusche, WC, WLAN. Kind (ab 15 J.) 9 €, Kind (bis 14 J.) 7 €, Strom 4 €, Wasser 3 €, Entsorgung 3 €.
Kontakt: 035891/189993, Mobil: 0160/1818888, info@neisse-tours.de, www.neisse-tours.de.
Distanz: 0,2 km, weitere Restaurants in 2 km, 2 km, 2 km, 2 km.
Gastro: Frühstücksservice auf Nachfrage. Imbiss an der Neiße.
Freizeit: 13 km, 4 km. Bootstouren auf der Neiße, Volleyball, Fußball.
POI: Kulturinsel Einsiedel 5 km, Altstadt Görlitz 20 km.

97520 Röthlein gratis

Stellplatz beim Festplatz, Am Sportplatz/Ecke Friedhofstraße, 09723/91110 Stellplatz zwischen Schule und Tennisanlage <12 m

POS: 49°59'14.14"N/10°12'57.88"E, Karte D10 (S. 13), H3
Platz: = 3 auf Schotterrasen, Asphalt. . Aufenthalt max. 3 Tage. Campingverhalten nicht erlaubt. . Ganzjährig geöffnet.
Preis: Übernachtung gratis.
Kontakt: Gemeinde Röthlein, 09723/91110, gemeinde@roethlein.de, www.roethlein.de.
Distanz: 0,1 km, 0,1 km, 0,4 km, 1 km.
Gastro: Mehrere Restaurants in Röthlein 0,5 km.
Freizeit: 3 km, 3 km. Wandern, Angeln im Königsmarktsee 0,9 km.
POI: Kirche St. Jakobus 0,1 km, Kloster Heidenfeld 3 km, Wallfahrtskirche St. Laurentius Meidenfeld 3 km, Vogelschutzgebiet Garstadt 4 km.

82401 Rottenbuch €21,00

Terrassen-Camping am Richterbichl, Solder 1, 08867/1500 An der Romantischen Straße <10 m

POS: 47°43'37.53"N/10°58'1.91"E, Karte D15 (S. 18), B4
Platz: = 8 auf Schotter. =8 (16 A) WC CHEM GRAU . Ankunft 8:00-20:00 Uhr, Mittagspause 12:00-15:00 Uhr. Ganzjährig geöffnet.
Preis: 21 € inkl. Strom, Wasser, Entsorgung, Dusche, WC. Jede weitere Pers. 3 €, WLAN 2 €/24 h.
Kontakt: Christoph Echtler, 08867/1500, info@camping-rottenbuch.de, www.camping-rottenbuch.de.
Distanz: 0,1 km, 0,3 km, 0,5 km, 0,5 km.
Gastro: Frühstücksservice. Kiosk am Campingplatz.
Freizeit: 10,1 km, 13,6 km. Badeweiher, Schwaigsee 3,5 km.
POI: Wieskirche Steingaden 8 km.

R

72108 Rottenburg am Neckar €10,00

Wohnmobilhafen am Neckarufer, Ulmenweg, ☎ 07472/916236 <10m
Zentrumsnah am Neckarufer

2020 geprüft E

POS: 48°28'20.15"N/8°57'2.69"E, Karte D14 (S.17), F2
Platz: P = 12 auf Asphalt. =12 (10 A) CHEM GRAU. Aufenthalt max. 4 Tage. Anfahrt 24 h. Ganzjährig geöffnet.
Preis: 10 € inkl. aller Personen, Müll-Entsorgung. Strom 1 €/kWh, Wasser 1 €/80 l. VE über Münzautomat.
Kontakt: WTG Rottenburg/Neckar, ☎ 07472/916236, Mobil: 07472/165560, info@wtg-rottenburg.de, www.wtg-rottenburg.de.
Distanz: Ⓗ 0,1 km, 0,5 km, 1,2 km.
Gastro: Pizzeria Da Nico 0,3 km. Bistro Krokodil 0,7 km.
Freizeit: 3 km, 2 km, 1 km. Rad-/Wanderwege, Neckar-Erlebnis-Tal, Kanufahren, Minigolf 1,5 km, Golfplatz 10 km.
POI: Dom St. Martin 1 km, römisches Museum 1 km, hist. Innenstadt 1,5 km, Diözesanmuseum 1,5 km, Wallfahrtskirche Weggental 3 km, Wurmlinger Kapelle 3 km.

72108 Rottenburg-Bad Niedernau gratis

Reisemobilplatz Blaue Brücke, Bahnallee, ☎ 07472/916236 <8m
Naturnah am Neckar

POS: 48°27'32.98"N/8°54'1.30"E, Karte D14 (S.17), F2
Platz: P = 5 auf Schotter. Aufenthalt max. 4 Tage. Ganzjährig geöffnet.
Preis: Übernachtung gratis.
Kontakt: WTG Rottenburg/Neckar, ☎ 07472/916236, 07472/165560, info@wtg-rottenburg.de, www.wtg-rottenburg.de.
Distanz: 1 km, Ⓗ 1 km, 1 km, 5 km.
Gastro: Mehrere Restaurants in Rottenburg.
Freizeit: 1 km, 6 km. Neckar-Erlebnis-Tal.
POI: Römisches Museum 5 km, Diözesanmuseum 5 km, Dom St. Martin 5 km, Wallfahrtskirche Weggental 6 km, Wurmlinger Kapelle 10 km.

97285 Röttingen €5,00

Festplatz an der Tauber, Neubronner Straße, ☎ 09338/972855 <12m
Separater Bereich mit altem Baumbestand

POS: 49°30'26.60"N/9°58'12.09"E, Karte D10 (S.13), G4
Platz: = 20 auf Sand/Splitt, Asphalt. =12 (16 A) WC CHEM GRAU. Leinenpflicht für Hunde. Campingverhalten nicht erlaubt. Geöffnet: 1.4.-31.10., Ausnahme: 33.-35. KW wegen Gauvolksfest.
Preis: 5 € inkl. aller Personen, Entsorgung, Müll-Entsorgung. Strom 0,60 €/kWh, Wasser 1 €/70 l, Dusche 1,20 €/Pers., WC 0,20 €. 2 €-Gutschein inkl. (einlösbar in Geschäften/Gaststätten/Winzern). Bezahlung nur in Münzen.
Kontakt: Stadt Röttingen, ☎ 09338/972855, touristinfo@roettingen.de, www.roettingen.de.
Distanz: Ⓗ 0,3 km, 0,3 km, 0,4 km, 0,8 km.
Gastro: Röttinger Bürgerstube. Winzerhof Fries Zur Heckenwirtschaft. Memo Kebab & Pizza-Haus.
Freizeit: 5 km, 20 km, 8 km. Sonnenuhrenweg, Weinproben, Weinwanderweg vom Röttinger Feuerstein zur Tauberrettersheimer Königin, Freilichttheater (Juni-Mitte Aug), Kneipp-Vital-Weg, Museumsweinberg 0,4 km, Röttinger Spielscheune 0,8 km, Frankenfestspiele Röttingen im Hof der Burg Brattenstein (Mitte Mai-Mitte Aug) 1 km.
POI: Mittelalterliche Stadtbefestigung mit Wehrtürmen, barockes Rathaus und Fachwerkhäuser 0,3 km, Paracelsus-Gärtchen, Weinmuseum 0,5 km.

97285 Röttingen €5,00

Weinbau Bach, Klingener Straße 1, ☎ 09338/980507 <12m
Separat angelegter Stellplatz an der Tauber

2022 geprüft

POS: 49°30'26.22"N/9°58'22.48"E, Karte D10 (S.13), G4
Platz: = 10 auf Schotter. =10 WC. B WC/Duschen von Apr-Ende Okt. Ganzjährig geöffnet.
Preis: 5 € inkl. Strom. WC/Dusche 3 €. Preisänderung 2023 geplant.
Kontakt: Bettina Bach, ☎ 09338/980507, info@weinbau-bach.de, www.weinbau-bach.de.
Distanz: 0 km, weitere Restaurants in 0,5 km, Ⓗ 0,5 km, 0,5 km, 0,7 km.
Gastro: Heckenwirtschaft am Platz.
Freizeit: 5 km, 7 km, 0,5 km. Mountainbiking, Kneipp-Vital-Weg, Stadtführung, Sonnenuhrenführung, Festspiele Röttingen im Burghof der Burg Brattenstein (Mitte Juli-Mitte Aug) 1 km.
POI: Museumsweinberg/Weinmuseum, barockes Rathaus, mittelalterliche Stadtbefestigung mit Wehrtürmen, kleines Weinbaumuseum 0,5 km.

78628 Rottweil €10,00

Stellplatz am Stadion, Stadionstraße, ☎ 0741/494280 <10m
Am Freibad und Sole- und Erlebnisbad Aquasol

POS: 48°9'19.41"N/8°37'44.62"E, Karte D14 (S.17), E3
Platz: P = 20 auf Schotter, Asphalt. =16 (10 A) CHEM GRAU. Aufenthalt max. 10 Tage. Ganzjährig geöffnet.
Preis: 10 € inkl. aller Personen, Entsorgung. Strom 1 €/8 h, Wasser 1 €/70 l.
Kontakt: Tourist-Info Rottweil, ☎ 0741/494280, tourist-information@rottweil.de, www.rottweil.de.
Distanz: Ⓗ 0,1 km, 0,1 km, 0,5 km, 1,5 km.
Gastro: Stadion-Gaststätte, Allgäu Stüble, Café Storz, B2 Bistro.
Freizeit: 0,6 km, 0,6 km, 1,5 km. Von Apr-Okt jeden So Stadtführungen (1,5 h) um 14:00 Uhr bei der Tourist-Info, Rad-/Wanderwege, kulturelle Angebote, Aquasol 0,6 km, Hallen-Kartbahn im Gewerbegebiet 3 km.
POI: Heilig-Kreuz-Münster 1,5 km, mittelalterliches Stadtbild mit Erker, Brunnen und Türmen 1,5 km, Thyssenkrupp-Testturm mit 232 m höchste Aussichtsplattform Deutschlands 3 km.

18182 Rövershagen €10,00

Wohnmobilstellplatz beim Karls Erlebnisdorf, Purkshof 2, ☎ 038202/4050 <10m neu
Platz liegt an der Bundesstraße

POS: 54°9'38.46"N/12°13'59.98"E, Karte D3 (S.6), C2
Platz: = 60 auf Asphalt, Wiese. Ganzjährig geöffnet.
Preis: 10 € inkl. Kurtaxe. Bezahlung an der Hotelrezeption oder per App (Ticket hinter die Windschutzscheibe legen).
Kontakt: Karls Markt OHG, Robert Dahl, ☎ 038202/4050, freiheit@karls.de, www.karls.de.
Gastro: Karls Markthalle. Frühstück im Erlebnisdorf.
Freizeit: Besuch des Freizeit-/Tierparks.

17390 Rubkow gratis

Alpaka-Idylle, Anklamer Chaussee 4, ☎ 0160/92626269 <12m
Neben den Weiden auf einer Wiese – Alpakas vom Platz aus in Sichtweite

POS: 53°55'22.76"N/13°42'39.62"E, Karte D3 (S.6), D4
Platz: / = 3 auf Wiese. WC. Hunde nur auf dem Stellplatz und ausschließlich an der Leine. B wird empfohlen. Tor bitte immer verschlossen halten. Anreise auch nachts ohne Anmeldung möglich, dann bitte am kommenden Tag telefonisch melden. Nach Anmeldung darf der Hof mit Alpakas betreten werden. Ganzjährig geöffnet.
Preis: Übernachtung gratis inkl. Wasser. WC 5 €/2 Pers. Futterspende nach eigenem Ermessen.
Kontakt: Sven Hasener, Mobil: 0160/92626269, erlebnis@alpaka-idylle.de, www.alpaka-idylle.de.
Freizeit: Große Hofführung mit Leckerli, Alpaka-Spaziergang, Alpaka-Picknick.

73635 Rudersberg €8,00

Wohnmobilstellplatz am Freibad Rudersberg, Bronnwiesenweg, ☎ 07183/30050 Am westl. Rand des Welzheimer Waldes im Wieslauftal <10m

POS: 48°53'2.12"N/9°31'17.78"E, Karte D14 (S.17), G1

Platz: = 4 auf Schotter. CHEM GRAU. Ganzjährig geöffnet.
Preis: 8 € inkl. Müll-Entsorgung. Strom 1 €/2 kWh, Wasser 0,10 €/10 l, Entsorgung 0,50 €. Barzahlung im Rathaus/Ordnungsamt oder per Überweisung.
Kontakt: Gemeinde Rudersberg, ☎ 07183/30050, info@rudersberg.de, www.rudersberg.de.
Distanz: 0,4 km, weitere Restaurants in 0,8 km, 0,7 km, Ⓗ 0,8 km, 0,8 km.
Freizeit: 0,1 km.
POI: Bahnerlebnispfad, Ölmühle Michelau 3,5 km.

15562 Rüdersdorf bei Berlin — gratis

Parkplatz Heinitzstraße, Heinitzstraße, ☎ 033638/85315 — <12 m
Am Museumspark

2022 geprüft

POS: 52°28'26.33"N/13°46'38.30"E, Karte D8 (S. 11), F2
Platz: = 15 auf Rasengittersteinen. =2 CHEM GRAU. VE von Apr-Okt. Ganzjährig geöffnet.
Preis: Übernachtung gratis. Strom 0,50 €/kWh, Wasser 0,50 €/100 l.
Kontakt: Gemeinde Rüdersdorf, Michelle Geigenmüller, ☎ 033638/85315, michelle.geigenmueller@ruedersdorf.de, www.ruedersdorf.de.
Distanz: Ⓗ 0,1 km, 0,5 km, 0,5 km, 0,5 km.
Gastro: Restaurant Chau 0,5 km. Restaurant Machete 0,9 km. Dang Long Bistro 0,5 km.
Freizeit: Wassersportzentrum mit Ruderverein, Strandbad Hennickendorf mit Bootsverleih (5,5 km), Segeln, Wander-/Radwege (66-Seen-Wanderweg, Radweg R1), Kanuverleih am Kanal 0,5 km, Freizeitoase Rüdersdorf 3,5 km.
POI: Museumspark der Baustoffindustrie, alte Ziegelei in Herzfelde, Kulturhaus, Wachtelturm in Hennickendorf 6 km.

07407 Rudolstadt — €7,00

Wohnmobilstellplatz am SAALEMAXX, Hugo-Trinckler-Straße 6, ☎ 03672/31450 Zentrumsnah, auf separatem Teil des Bad-Parkplatzes — <8 m

2021 geprüft

POS: 50°42'18.14"N/11°19'0.64"E, Karte D11 (S. 14), B1
Platz: = 9 auf Sand/Splitt. =9 CHEM GRAU. Anfahrt 24 h. Anmeldung 10:00-22:00 Uhr. WC im Bad. Ganzjährig geöffnet.
Preis: 7 €. Strom 0,50 €/kWh, Wasser 1 €, Entsorgung 1 €. Inkl. 20%-Rabattgutschein auf alle Standardtarife im SAALEMAXX.
Kontakt: SAALEMAXX Freizeit- und Erlebnisbad, ☎ 03672/31450, info@saalemaxx.de, www.saalemaxx.de.
Distanz: , weitere Restaurants in 3 km, Ⓗ 0,1 km, 1 km, 3 km.
Gastro: Restaurant im Bad.
Freizeit: 3 km.
POI: Heidecksburg Rudolstadt 3 km, Saalfelder Feengrotten 12 km, Klosterruine Paulinzella 20 km.

99842 Ruhla — €8,00

Geißen-Alm – mediterraner Waldplatz, Vorderer Nesselrain 1, ☎ 036929/63584 Abseits im Wald — <8 m

POS: 50°52'57.62"N/10°23'57.36"E, Karte D10 (S. 13), H1
Platz: = 5 auf Schotterrasen. =1 (25 A) WC CHEM GRAU. Ganzjährig geöffnet.
Preis: 8 € inkl. Strom, Wasser, Entsorgung, Dusche, WC, Müll-Entsorgung, WLAN, Kurtaxe.
Kontakt: Dieter Koch, ☎ 036929/63584, geissalmer@t-online.de.
Distanz: Ⓗ 1 km, 1,5 km, 4 km, 4 km.
Freizeit: 2 km, 16 km, 4 km. Angelteich, Alpine Klettermöglichkeiten, Sprungschanzanlage, Sommerrodelbahn 4 km, Tennishalle 8 km.
POI: Rennsteig 2 km, Bauhaus-Wohnanlage 2 km, Miniaturpark mini-a-thür 4 km, Uhrenmuseum 5 km, Tropfsteinhöhle 8 km, Barocker Schlosspark-Altenstein 8 km, Wartburg 10 km, Größte Kuhglocke der Welt mit Kuhglockenfabrik 16 km.

94239 Ruhmannsfelden — €8,00

Wohnmobilstellplatz Ruhmannsfelden, Jahnstraße, ☎ 09929/1262 — >12 m
Ehemaliges Sportgelände in ruhiger Lage

POS: 48°58'53.24"N/12°59'22.18"E, Karte D16 (S. 19), E1
Platz: = 16 auf Schotterrasen. CHEM GRAU. Ganzjährig geöffnet. Ausnahme: Im Juli (wegen Volksfest) geschlossen.
Preis: 8 € inkl. Wasser, Entsorgung, WLAN. Strom 0,50 €/kWh.
Kontakt: Stefan Zachskorn, ☎ 09929/1262, Mobil: 0170/8132294, stefan.zachskorn@t-online.de, www.ruhmannsfelden.de.
Distanz: 0,4 km, weitere Restaurants in 0,4 km Entfernung, 0,4 km, Ⓗ 0,6 km.
Gastro: Frühstück im Café Kaffeedscherl, Mo+Di, Do-Sa ab 7:00 Uhr, Mi Ruhetag.
Freizeit: 14 km, 20 km. Fitness, Wellness/Sauna im Gesundheitshaus Treml, Ski Alpin, Wandern, Bootswandern am Regen.
POI: Naturbadesee 0,9 km, Großer Arber 20 km, Arber See, Nationalpark Bayerischer Wald 25 km.

19322 Rühstädt — gratis

Parkplatz im Storchendorf, Neuhausstraße 9, ☎ 038791/98024 — <10 m
Am Besucherzentrum des UNESCO-Biosphärenreservates

2021 geprüft

POS: 52°55'3.86"N/11°52'12.81"E, Karte D3 (S. 6), C5
Platz: = 7 auf Rasengittersteinen. Information zur Natur, der Region und dem Storchendorf. NABU-Besucherzentrum am Rand des P Apr-Aug Di-So 10:00-18:00 Uhr, Sep-Okt 10:00-16:00 Uhr, Mo geschlossen. In der NS auf Anfrage. Ganzjährig geöffnet.
Preis: Übernachtung gratis.
Kontakt: ☎ 038791/98024, ruehstaedt@naturwacht.de, www.reisemobil-landschaft-prignitz.de.
Distanz: Ⓗ 0,3 km, 0,3 km, 0,4 km, weitere Restaurants in 0,5 km, 0,5 km.
Freizeit: 0,3 km. Storchenparcours, Besichtigungen, Führung durch die Storchenausstellung.
POI: Europäisches Storchendorf, Weißstorch-Besucherzentrum mit der Ausstellung Weltbummler Adebar 0,3 km, Wittenberge 15 km.

77977 Rust/Baden — €40,00

Europa-Park Camping, Europa-Park-Straße 2, ☎ 07822/860-5566 Beim Camp Resort, wenige Gehminuten vom Europa-Park — <12 m

POS: 48°16'18.97"N/7°43'2.38"E, Karte D13 (S. 16), C3
Platz: = 220 auf Rasengittersteinen. =200 (16 A) WC CHEM GRAU. Anfahrt von 7:00-22:00 Uhr. Übernachtung auch ohne Parkbesuch möglich. WC/Dusche behindertengerecht. Geöffnet: 26.3.-8.1., 13.1.-15.1.
Preis: Ab 40 € inkl. Strom, Wasser, Entsorgung, Dusche, WC, Müll-Entsorgung, WLAN. Jede weitere Pers. 10 €, Kind (4-11 J.) 6 €, Kurtaxe 1 €/Pers. 40-50 € je nach Fahrzeuglänge. Bis 7 m 40 €, bis 9 m 45 €, bis 11 m 50 €.
Kontakt: Europa-Park Camping, ☎ 07822/860-5566, camp-resort@europapark.de, www.europapark.de/camping.
Distanz: , Ⓗ 0,5 km, 1 km, 2 km.
Gastro: Cantina Amigo SB-Restaurant am Platz. Kiosk mit Brötchenservice/Frühstücksraum.
Freizeit: 5 km, 2,5 km, 1 km. Europa-Park 0,5 km, Badesee 0,6 km, Naturschutzgebiet Taubergießen mit Rangerangeboten 2 km, Rulantica 2,5 km.
POI: Ruine 10 km, Elsass 15 km, Freiburg 30 km.

R

S

19303 Rüterberg
€8,00 <10m

Wohnmobilstellplatz Dorfrepublik Rüterberg, Ringstraße 2, ☎ 0179/2663611 Großes naturbelassenes Gelände am Elberadweg

POS: 53°9'6.92"N/11°11'8.11"E, Karte D3 (S. 6), B5
Platz: = 10 auf Wiese. WC GRAU. Neu renovierte Sanitäreinrichtungen, Stöberdiele. wird empfohlen. 24 h geöffnet. Ganzjährig geöffnet.
Preis: 8 € inkl. Müll-Entsorgung. Jede weitere Pers. 1 €, Strom einmalig 2 €/3 kWh und 0,50 €/kWh, Wasser 1 €/50 l, Entsorgung 1 €, Dusche 2 €/Pers., WC /Pers.
Kontakt: Madlen und Dirk Iburg, ☎ 0179/2663611, Mobil: 0179(0)2663611, wohnmobil-rueterberg@web.de, www.wohnmobil-elbtalaue.de.
Distanz: , Ⓗ 0,1 km, 2,3 km, weitere Restaurants in 4 km, 6 km.
Gastro: Diverse Restaurants 6 km. Brötchenservice.
Freizeit: 4 km. Angeln, 2 Naturbadeseen in 0,5 km und 1,2 km, Naturlehrpfad 0,5 km.
POI: Aussichturm mit Panoramablick, Tongrube mit Geotop 1 km, Festung Dömitz 5 km, Binnendünen Klein Schmölen 8 km.

59602 Rüthen
€5,00 <10m

Wohnmobilstellplatz Auf dem Kamp, Auf dem Kamp 1, ☎ 02952/818172 Zentrumsnaher Stellplatz

POS: 51°29'42.54"N/8°25'58.32"E, Karte D6 (S. 9), E4
Platz: = 12 auf Schotterrasen, Asphalt. =6 (13 A) CHEM GRAU . Ankunft bis 22:00 Uhr, Aufenthalt max. 3 Tage. Ganzjährig geöffnet.
Preis: 5 € inkl. aller Personen, Entsorgung, Müll-Entsorgung. Strom 1 €/8 h, Wasser 1 €/10 min.
Kontakt: Stadt Rüthen, Klaus-Dieter Hötte, ☎ 02952/818172, k.hoette@ruethen.de, www.ruethen.de.
Anfahrt: Zufahrt über Gartenweg.
Distanz: Ⓗ 0,1 km, 0,1 km, 0,2 km, weitere Restaurants in 0,3 km, 0,4 km.
Freizeit: 10 km. Weinprobe, Rangerführungen, Stadtführung.
POI: Marktplatz mit einem der größten Maibäume des Sauerlandes mit 24 m Höhe und handgearbeiteten Zunftzeichen (Mai-Okt), 3 km langer Stadtmauerrundgang mit Hachtor Hexenturm und Jüdischem Friedhof, Haus Buuck (ältestes Handelshaus) 0,4 km, Wasserturm (35 m begehbar) 0,8 km.

18317 Saal-Neuendorf
€15,00 <12m

Hafen Neuendorf, Hafenstraße, ☎ 0382/23419 Einfacher Platz am Hafen

POS: 54°20'5.26"N/12°31'41.95"E, Karte D3 (S. 6), C2
Platz: = 26, = 26 (<12 m) auf Wiese, Schotter. =26 (16 A) CHEM GRAU. Sprechzeiten Mobilnummer: 7:00-16:00 Uhr. Geöffnet: 1.5.-31.10.
Preis: 15 € inkl. Strom, Wasser, Entsorgung. Dusche 1 €/Pers., Kurtaxe 2 €/Pers., Hund 1,50 €, Waschmaschine 2 €. Ab 5. Wo 14 €, ab 6. Wo 12 €.
Kontakt: Gemeinde Saal, ☎ 0382/23419, Mobil: 0160/90291779, gemeinde-saal@online.de, www.amt-barth.de.
Distanz: Ⓗ 0,1 km, 0,3 km, 3 km, weitere Restaurants in 6 km, 12 km.
Gastro: Imbiss.
Freizeit: Bootsverleih, Boddenfahrt, Badestrand am Bodden.
POI: Bernsteinmuseum Ribnitz-Damgarten 14 km.

18317 Saal-Neuendorf
€29,00 <10m

Horse Lake Ranch, Parkstraße 20, ☎ 0173/3730958 Ferienanlage im Westernstyle

POS: 54°19'51.79"N/12°31'25.98"E, Karte D3 (S. 6), C2
Platz: = 18 auf Wiese. =18 WC . Stromsäulen mit Münzeinwurf. Anreise ab 15:00 Uhr, Abreise bis spätestens 11:00 Uhr. Geöffnet: Ostern-Ende Oktober.
Preis: 29 € inkl. Dusche, WC, Müll-Entsorgung, WLAN. Jede weitere Pers. 6 €, Strom 0,60 €/kWh, Wasser 5 €/100 l, Kurtaxe (ab 15 J.) 2 €/Pers., Hund 3 €/Nacht. Ab 4. Nacht 24 €. Bezahlung in Bar.
Kontakt: Horse Lake Ranch, Herr Ahlendorf, Mobil: 0173/3730958, ahlendorf@freenet.de, www.horse-lake-ranch.de.
Gastro: Saloon auf der Ranch.

07929 Saalburg-Ebersdorf
€19,00 <12m

Saalburg Beach, Wetteraweg 2, ☎ 0152/38443984 An der Bleilochtalsperre, der größten Talsperre Deutschlands

POS: 50°30'33.16"N/11°43'23.64"E, Karte D11 (S. 14), C2
Platz: = 300 auf Wiese, Naturboden. WC CHEM GRAU . wird empfohlen. Anmeldung/Anreise täglich 12:00-19:00 Uhr, Abreise 10:00-12:00 Uhr oder nach Absprache mit der Rezeption. Geöffnet: 13.4.-18.9. (HS) und 19.9.-30.10. (NS). Ausnahme: 1.8.-23.8.
Preis: Ab 19 € inkl. Entsorgung, WLAN. Strom 5 €/Tag, Wasser 2 €, Kurtaxe 1 €/Pers., Kurtaxe (ab 12 J.) 0,50 €/Pers., WC/Dusche 5 €/Tag. 13.4.-18.9. 23 €, 19.9.-30.10. 19 €. Jede weitere Person NS 4,50 €/HS 5,50 €. Hund 3,50-4 €. Zusätzlicher PKW bei Wohnwagen-Gespannen 5 €, Motorrad 2 €.
Kontakt: Saalburg Beach GmbH, Bine Tietze, ☎ 0152/38443984, info@saalburg-beach.de, www.saalburgbeach.de.
Distanz: 0 km, weitere Restaurants in 2 km, 2 km, 7 km.
Gastro: Warme Küche 12:00-20:00 Uhr.
Freizeit: Grill, Beachvolleyball-Feld, Saale-Radweg, Wassersport-Verleih (Stand-Up-Paddling, Kayak, Treetboote), Schifffahrten auf der Bleilochtalsperre 0,2 km, Badestrand 0,3 km.
POI: Märchenwald Saalburg 2 km, Schloss Burgk 11 km.

83416 Saaldorf-Surheim
€20,00 <12m

Paulbauernhof, Gausburg 47, ☎ 08682/1867 Bio-Bauernhof mit Blick auf die Berchtesgadener und Salzburger Alpen

POS: 47°53'32.64"N/12°56'39.24"E, Karte D16 (S. 19), E4
Platz: = 10 auf Wiese, Schotter. =12 WC CHEM GRAU . Ganzjährig geöffnet.
Preis: 20 € inkl. Wasser, Entsorgung. Strom 3 €, Dusche und WC 4 €/Pers. Anhänger oder Auto 3 €.
Kontakt: Familie Heinz, ☎ 08682/1867, info@paulbauernhof.de, www.paulbauernhof.de.
Distanz: Ⓗ 0,5 km, 2 km, 2 km, 2,5 km.
Gastro: Frische Brötchen und Milch auf Bestellung. Eigene Käserei und Hofladen.
Freizeit: 4 km. Kräuterwanderungen mit Führung, Mitarbeit auf dem Feld und im Stall, Abtsee 3 km.
POI: Altstadt Laufen a.d. Salzach 6 km, Stille Nacht-Kapelle Oberndorf 7 km, Salzburg Zentrum 10 km.

R S

07318 Saalfeld/Saale — gratis

Caravanstellplatz am Freibad, Reschwitzer Straße, ☎ 03671/522181 <12 m
Auf einem öffentlichen Parkplatz am Rande der Innenstadt

POS: 50°38'13.80"N/11°22'3.84"E, Karte D11 (S. 14), B2
Platz: P = 11 auf Sand/Splitt. Ganzjährig geöffnet.
Preis: Übernachtung gratis.
Kontakt: Tourist-Information Saalfeld, ☎ 03671/522181, info@saalfeld-tourismus.de, www.saalfeld-tourismus.de.
Distanz: 0 km, 1 km, weitere Restaurants in 2 km, 1 km, 1,5 km.
Freizeit: 1 km, 0,5 km. Paddeln auf der Saale, Stadtbesichtigung, historischer Rundweg durch Saalfeld, Hochseilgarten 1 km, Kart-Bahn 5 km, Wassersport 15 km.
POI: Stadtmuseum im Franziskanerkloster 1,5 km, Burgruine Hoher Schwarm 1,5 km, Altstadt mit Johanneskirche 1,5 km, Schaubergwerk Feengrotten 3 km.

07318 Saalfeld/Saale — €10,00

Saalfelder Feengrotten, Feengrottenweg 2, ☎ 03671/55040 <8 m
In ruhiger, waldnaher Lage

2020 geprüft E

POS: 50°38'6.15"N/11°20'24.91"E, Karte D11 (S. 14), B2
Platz: P = 10 auf Rasengittersteinen, Pflaster. =12 (16 A) WC CHEM GRAU. Sehr schräge Stellflächen, beleuchtet. Ganzjährig geöffnet.
Preis: 10 €. Strom 1 €/kWh, Wasser 1 €/60 l, Entsorgung 1 €, Dusche 1 €/4 min, WC 0,50 €, Kurtaxe (ab 16 J.) 2 €/Pers., Kurtaxe (6-15 J.) 1 €/Pers. Bezahlung der Kurtaxe (inkl. Saalfeld-Card mit über 270 attraktiven Rabatt- und Vorteilsangeboten für den Aufenthalt) direkt bei Anreise von Mo-Fr im Quellenhaus, Sa, So+Feiertag an der Tageskasse.
Kontakt: Saalfelder Feengrotten & Tourismus GmbH, ☎ 03671/55040, kundenservice@feengrotten.de, www.feengrotten.de.
Distanz: 0,1 km, 0,2 km, 1 km, 2 km.
Gastro: Bratwurst Hütte, Herzhafte Hütte und Süße Hütte im Feengrottenpark.
Freizeit: 3 km, 2,5 km, 2 km. Wandern, Erlebnismuseum Grottoneum und Abenteuerwald Feenweltchen, Besichtigung des Schaubergwerkes Saalfelder Feengrotten und Feengrottenpark, Bergbau-/Walderlebnispfad 0,3 km, Saale-Radweg 4 km.
POI: Burg Greifenstein in Bad Blankenburg, Heidecksburg in Rudolstadt, Altstadt Saalfeld mit 4 gut erhaltenen Stadttoren 1 km, Burgruine Hoher Schwarm 2 km, Hohenwartestausee mit Fahrgastschifffahrt 10 km, Sitzendorfer Porzellanmanufaktur 25 km.

07318 Saalfeld/Saale-Wittgendorf — €25,00

Auebad, Verbindungsstraße zw. Rohrbach und Wittgendorf, ☎ 0172/3568213 <10 m
Von Wald umgeben am Waldbad mit Anschluss an verschiedene Wanderwege

POS: 50°35'36.56"N/11°13'44.48"E, Karte D11 (S. 14), B2
Platz: = 15, = 15 (<10 m) auf Schotterrasen, Wiese, Naturboden. WC CHEM GRAU. R wird empfohlen. Ausserhalb der Badesaison telefonisch ganzjährig buchbar. Geöffnet: Mai-Sep.
Preis: 25 € inkl. Strom, Wasser, WC. Entsorgung je 5 €, Dusche je 2,50 €, VE für Durchreisende 8 €. Inkl. Schwimmbadeintritt.
Kontakt: Hans Grey, Mobil: 0172/3568213, freizeitzentrum-auebad@web.de.
Distanz: 0 km, weitere Restaurants in 2 km, 0,1 km, 2,5 km, 3 km.
Gastro: Imbiss von 10:00-19:00 Uhr.
Freizeit: Beachvolleyball, Quad fahren (Segway- und GPS-Touren Rohrbach), Freibad mit Spielplatz, Reiten 2,5 km (Haflinger Gestüt in Meura).
POI: Bergbahn Oberweißbach (Mellenbach Talstation), Feengrotten/Feenwäldchen (Saalfeld), Schloss Schwarzburg, Leibis Talsperre 5 km (Meura), Porzellanmanufaktur Sitzendorf 7 km, Morassina-Grotte 12 km.

66115 Saarbrücken — €16,00

Kanu-Wanderer Saarbrücken e.V., Mettlacher Straße 13, ☎ 0681/792921 <10 m
Kleiner Campingplatz am Clubheim eines Kanuclubs

POS: 49°14'24.87"N/6°56'21.03"E, Karte D9 (S. 12), B5
Platz: P = 23 auf Wiese. =32 (16 A) WC. R wird empfohlen. Anfahrt Mo-Do 16:00-22:00 Uhr, Sa-So 10:00-22:00 Uhr, sonst nach tel. Absprache. Ganzjährig geöffnet.
Preis: 16 € inkl. Dusche, WC, WLAN. Jede weitere Pers. 4 €, Kind (bis 14 J.) 2 €, Strom 0,80 €/kWh, Hund 1,50 €, Waschmaschine/Trockner je 1,80 €. Wohnwagen 14 €.
Kontakt: Carmen Ballin, ☎ 0681/792921, info@kanuwanderer.de, www.kanuwanderer.de.
Distanz: 0,2 km, 0,3 km, 0,4 km, 4,5 km.
Gastro: Frühstück auf Anfrage. Snacks: 13:00-22:00 Uhr.
Freizeit: 4 km, 1,5 km.
POI: Altstadt von Saarbrücken mit Zoo, Museum, Schloss und Deutsch-Französischem Garten 4 km.

54439 Saarburg — €24,50

Camping Leukbachtal, Leukbachtal 1, ☎ 06581/2228 <12 m
Auf dem Campingplatz

POS: 49°35'57.77"N/6°32'28.95"E, Karte D9 (S. 12), A4
Platz: P = 25, = 50 (<12 m) auf Schotterrasen, Wiese. WC CHEM GRAU. R wird empfohlen. Geöffnet: Apr-Okt.
Preis: Ab 24,50 € inkl. Wasser, Entsorgung, Dusche, WC, Müll-Entsorgung, WLAN. Strom 0,70 €/kWh, Kurtaxe 1 €/Pers. HS 27,50 €, NS 24,50 €.
Kontakt: Camping Leukbachtal Saarburg, Familie Wittwer, ☎ 06581/2228, Mobil: 015777/483503, Info@camping-leukbachtal.de, www.camping-leukbachtal.de.
Distanz: 0,2 km, weitere Restaurants in 0,5 km Entfernung, 1 km, 1,5 km.
Freizeit: 1 km. Trampolin, Tischtennis.
POI: Trier, Mettlach, Luxemburg, Sommerodelbahn, Amüseum/Klein-Venedig, Schiffer-/Fischerhäuschen, Wasserfall, Mühlenmuseum 1 km, hist. Altstadt/Glockengießerei 1 km, Greifvogelpark 1,5 km.

54439 Saarburg — €8,00

Reisemobilpark Saarburg, Am Saarufer 18, ☎ 01511/5802080 <10 m
In unmittelbarer Nähe zum Saarufer

2020 geprüft E

POS: 49°36'6.23"N/6°33'16.07"E, Karte D9 (S. 12), A4
Platz: P = 100 auf Schotterrasen, Schotter. =100 (10 A) WC CHEM GRAU. Leinenpflicht für Hunde. R Reservierung ab 7 Nächten möglich (5 €). Von Nov-Mitte März Dusche/WC geschlossen, Platzwart/Bäcker nicht anwesend. Ganzjährig geöffnet.
Preis: Ab 8 € inkl. Entsorgung, WC, Müll-Entsorgung, WLAN, Hund. Jede weitere Pers. 2 €, Strom 0,70 €/kWh, Wasser 1 €/80 l, Dusche 1,50 €/4 min, Kurtaxe 0,25 €/Pers. 15.3.-31.10. 13,50 €, 1.11.-14.3. 8 €. 3-Tages-Ticket 37,50 € (inkl. Tourismusabgabe).
Kontakt: Bernd Eilenz, Mobil: 01511/5802080, info@reisemobilpark-saarburg.de, www.reisemobilpark-saarburg.de.
Distanz: 0,5 km, weitere Restaurants in 1 km, 0,8 km, 1 km, 1 km.
Gastro: Brötchenservice, 15.3.-31.10. Mo-Sa Bäcker mit Backmobil, So auf Bestellung. Terrassenausschank (Kaffee und Kuchen), täglich von 14:00-19:00 Uhr.
Freizeit: 0,7 km, 0,7 km. Angeln, Weinprobe mit Weinverkauf am Platz nach Vereinbarung.
POI: Amüseum 1,4 km, Glockengießereimuseum 1,4 km, Wasserfall 1,4 km, Saar-Burg 2 km.

66740 Saarlouis — gratis

Wohnmobilstellplatz Sport-Zentrum In den Fliesen, St. Nazairer Allee, ☎ 06831/444449 <10 m
Zentrumsnah, an der Saar

2020 geprüft

POS: 49°19'16.76"N/6°44'33.27"E, Karte D9 (S. 12), B5

S

Platz: = 20 auf Rasengittersteinen. Anfahrt 24 h, Aufenthalt unbegrenzt. Ganzjährig geöffnet.
Preis: Übernachtung gratis.
Kontakt: Tourist-Info Saarlouis, ☎ 06831/444449, info@rendezvous-saarlouis.de, www.rendezvous-saarlouis.de.
Distanz: 0 km, weitere Restaurants in 0,4 km, 0,3 km, 0,3 km, Ⓗ 0,3 km, 0,5 km (Campingplatz Dr. Ernst Dadder, Marschall-Ney-Weg 2, 66740 Saarlouis).
Gastro: Frühstück im Globus-Handelshof möglich 0,3 km. Restaurant Undine. Brötchenservice durch Backmobil an Werktagen um 8:00 Uhr.
Freizeit: 4 km, 0,2 km, 1 km. Soccer Indoor Arena, Wandern zur Bergehalde Ensdorf, Baseball, Rad- und Wanderwege an der Saar 0,1 km.
POI: Historische Innenstadt 0,4 km, Festungsanlagen am Saaraltarm 0,4 km.

74343 Sachsenheim-Hohenhaslach €15,00

Panoramaweingut Baumgärtner, An der Steige 94, ☎ 07147/6298 <8m
Stellflächen im Hof

POS: 49°0'6.00"N/9°1'53.00"E, Karte D14 (S. 17), F1
Platz: / = 3 auf Pflaster. =3 (16 A) WC . Führung durch den Weinkeller. wird empfohlen. Ganzjährig geöffnet.
Preis: 15 € inkl. aller Personen, Strom, Wasser, WC, Müll-Entsorgung. 1 Nacht kostenlos bei Weinkauf ab 60 €.
Kontakt: Herr Reinhard Baumgärtner, ☎ 07147/6298, info@panoramaweingut.de, www.panoramaweingut.de.
Distanz: 0,5 km, 0,5 km, weitere Restaurants in 1 km, Ⓗ 1 km, 1 km.
Gastro: Pizzeria Ochsen, Di-So 11:30-14:00 Uhr und 17:30-22:00 Uhr, Mo Ruhetag. Landgasthof Rose, Mi-Mo 11:30-14:00 Uhr und 17:00-22:00 Uhr, Di Ruhetag.
Freizeit: 5 km, 5 km. Erlebnispark Tripsdrill 3 km.
POI: Barockstadt/Schloss Ludwigsburg 20 km, Kloster Maulbronn 22 km.

48369 Saerbeck-Westladbergen gratis

Hotel Restaurant Stegemann, Westladbergen 71, ☎ 02574/9290 Zwei große Parkplätze an einer Hotelanlage <8m

POS: 52°9'7.19"N/7°41'3.27"E, Karte D5 (S. 8), C3
Platz: = 10 auf Asphalt. WC . WC nur zu den Restaurant Öffnungszeiten. Ganzjährig geöffnet. Ausnahme: an Weihnachten und in den Sommerferien geschlossen.
Preis: Für Restaurantgäste kostenlos, inkl. Müll-Entsorgung. Einkehr obligatorisch. Strom und Wasser gegen kleines Entgelt.
Kontakt: Udo Stegemann, ☎ 02574/9290, info@hotel-stegemann.de, www.hotel-stegemann.de.
Distanz: 0 km, 3 km, 3 km.
Gastro: Am Platz, warme Küche ab 12:00 Uhr. Mo Ruhetag.
Freizeit: Radtouren, Kegelbahn, Wildgehege 2 km.
POI: Bio-Energiepark 8 km, Naturagart 12 km.

18551 Sagard €13,50

Mobil-Campingplatz De Klomp, Vorwerk 13, ☎ 038302/564009 <10m neu
Auf der Insel Rügen am Waldrand

POS: 54°30'53.47"N/13°32'18.21"E, Karte D4 (S. 7), E1
Platz: / = 59 auf Schotter, Wiese, Schotterrasen. WC CHEM GRAU . Ganzjährig geöffnet.
Preis: Ab 13,50 € inkl. Entsorgung, WC, WLAN, Hund. Jede weitere Pers. 3 €, Kind (6-14 J.) 2,50 €, Strom 3,50 €/Tag, Wasser 0,50 €/30 l, Dusche 0,35 €/min. VE für Durchreisende 5 €. HS 16,50-20 €, NS 16,50 €, Winter 13,50 €.
Kontakt: Herr Sybren Huizinga, ☎ 038302/564009, Mobil: 0177/2585201, info@de-klomp.de, www.de-klomp.de.
Distanz: Ⓗ 0,1 km, 0,1 km, weitere Restaurants in 2 km, 2 km, 2 km.
Gastro: Gaststätte Zum Dobberworth 0,1 km. Brötchenservice.
Freizeit: 5 km, 5 km. Reiten, Angeln, Golf, Rad- und Wanderwege, Strand 5 km.
POI: Nationalparks Jasmund, Jasmunder Bodden.

94163 Saldenburg-Hundsruck gratis

Gasthaus Klessinger, Hauptstraße 31, ☎ 08504/8239 <10m
Auf einem Zusatz-Parkplatz beim Gasthaus

POS: 48°46'38.99"N/13°20'22.39"E, Karte D16 (S. 19), F1
Platz: = 5, = 4 (<12 m) auf Schotter. . Ganzjährig geöffnet.
Preis: Für Restaurantgäste kostenlos. Einkehr obligatorisch.
Kontakt: Martin Klessinger, ☎ 08504/8239, info@gasthaus-klessinger.de, www.gasthaus-klessinger.de.
Distanz: 0 km, 2 km.
Gastro: Am Platz, warme Küche 11:00-14:00 Uhr/17:00-21:00 Uhr. Pizzaservice.
Freizeit: 10 km, 12 km, 0,3 km. Wandern, Radfahren, geschichtliche Erkundungen, Burgführungen.
POI: Dreiburgenland, Wackelstein 1 km.

03238 Sallgast-Dollenchen €14,50

Gasthaus Stuckatz, Hauptstraße 29, ☎ 035329/364 >12m
Im Garten des Gasthauses

POS: 51°36'21.35"N/13°51'40.64"E, Karte D8 (S. 11), F4
Platz: = 20, = 20 (<15 m) auf Wiese. CHEM GRAU . Sauna u. Fitnessraum. Anreise auch an Ruhetagen möglich, Anmeldung in der Gaststätte. Ganzjährig geöffnet. Ausnahme: 18.7.-1.8.
Preis: 14,50 € inkl. Strom, Wasser, Entsorgung, Dusche, Müll-Entsorgung, WLAN, WC. Jede weitere Pers. 6 €.
Kontakt: Jörg Stuckatz, ☎ 035329/364, kontakt@gasthaus-stuckatz.de, www.gasthaus-stuckatz.de.
Anfahrt: Einfahrt über die Schulstraße auf der Rückseite des Gasthofs.
Distanz: 0 km, weitere Restaurants in 0,5 km, 0,1 km, 10 km, Ⓗ 10 km.
Gastro: Restaurant, Di-Mi + Fr-Sa 10:00-20:30 Uhr, So 10:00-14:00 Uhr, Mo + Do Ruhetag. Frühstück, Brötchenservice.
Freizeit: 8 km, 8 km. Lausitzer Seenlandschaft 8 km, Kartbahn 8 km, Lausitzring 10 km, Spreewald 20 km.
POI: Reiseregion Elbe-Elster, Internationale Bauausstellung IBA 6 km, Sängerstadt Finsterwalde 8 km, F-60 Besucherbergwerk 8 km.

48499 Salzbergen gratis

Wohnmobilstellplatz Emshalle, Emsstraße 11, ☎ 05976/94790 <8m
Vor einer Reithalle beim Kanuclub, nahe der Emsbrücke

POS: 52°19'39.42"N/7°21'18.46"E, Karte D5 (S. 8), C2
Platz: / = 4 auf Pflaster. =4 CHEM GRAU . Aufenthalt max. 3 Nächte. Leicht abschüssig. Ganzjährig geöffnet.
Preis: Übernachtung gratis. Strom 1 €/8 h, Wasser 1 €/5 min.
Kontakt: Gemeinde Salzbergen, ☎ 05976/94790, info@salzbergen.de, www.salzbergen.de.
Distanz: Ⓗ 0,1 km, 0,6 km, 0,8 km, 1 km.
Freizeit: 2 km, 1 km. Kanu-, Floßfahrten und Schifffart auf der Ems, Angeln an der Ems, Walderlebnispfad Stoverner Wald, Kiwi-Jump 4 km.
POI: Feuerwehrmuseum und Denkmal-Lokomotive 0,8 km.

48499 Salzbergen gratis

Wohnmobilstellplatz Parkplatz Ortskern, Dr.-Josef-Stockmann-Straße, ☎ 05976/94790 Im Zentrum <6m

POS: 52°19'29.42"N/7°20'51.07"E, Karte D5 (S. 8), C2
Platz: = 2 auf Pflaster. . Aufenthalt unbegrenzt. Ganzjährig geöffnet.
Preis: Übernachtung gratis.
Kontakt: Gemeinde Salzbergen, ☎ 05976/94790, info@salzbergen.de, www.salzbergen.de.
Distanz: 0,1 km, 0,1 km.
Freizeit: Emsradweg, Hengemühlensee, Kanu-Touren.
POI: Kutschenausstellung Oldeweme, Gut Stovern, Bienenlehrfahrt am Emsradweg, Feuerwehrmuseum.

S

38259 Salzgitter
gratis <8m

Stellplatz am Thermalsolbad, Parkallee 3, ☎ 05341/9009940
Im Kurgebiet, in Waldnähe

POS: 52°2'14.17"N/10°23'1.11"E, Karte D6 (S. 9), H3
Platz: = 6 auf Asphalt. WC. Aufenthalt max. 3 Nächte. WC im Thermalsolbad. Ganzjährig geöffnet.
Preis: Übernachtung gratis. Dusche 2,20 €/Pers.
Kontakt: Tourist-Information Salzgitter, ☎ 05341/9009940, info@tourismus-salzgitter.de, www.tourismus-salzgitter.de.
Distanz: Ⓗ 0,1 km, 1 km, weitere Restaurants in 1,5 km, 1,5 km, 1,5 km, 15 km (Zum Salzgittersee 25-27, 38226 Salzgitter).
Gastro: Bistro im Thermalsolbad.
Freizeit: 0,1 km, 0,1 km. Segelflughafen, Golfplatz 2 km, Minigolfanlage 10 km, Wasserskianlage 15 km.
POI: Gradierpavillon im Rosengarten 1,5 km, Bismarckturm 4 km, Europareservat Heerter See 9 km, Museum Schloss Salder 12 km.

38226 Salzgitter-Lebenstedt
€5,00 <10m

Reisemobilstellplatz am Salzgittersee, Zum Salzgittersee 25-27, ☎ 05341/8394441
Am Freizeit-und Erholungsgebiet

POS: 52°9'8.01"N/10°18'46.77"E, Karte D6 (S. 9), H3
Platz: = 20 auf Asphalt. WC CHEM GRAU. Leinenpflicht für Hunde. Aufenthalt max. 4 Tage, Toiletten/Duschen im Hallenbad zu den Öffnungszeiten. Bei Veranstaltungen Lärmbeeinträchtigung. Keine Glasentsorgung. Ganzjährig geöffnet.
Preis: 5 € inkl. aller Personen, Entsorgung, Müll-Entsorgung. Strom 1 €/6 h, Wasser 2 €/100 l, Dusche 2,20 €/Pers.
Kontakt: Bäder, Sport und Freizeit Salzgitter GmbH, Wolfgang Philippsen, ☎ 05341/8394441, info@bsf-sz.de, bsf-sz.de.
Distanz: 0,1 km, weitere Restaurants in 1,2 km, Ⓗ 0,2 km, 1 km, 1 km.
Gastro: Café del Lago. Restaurant Seeterrasse. Sonnendeck Wasserskianlage. Bistro Stadtbad. Café Haus am See 0,2 km.
Freizeit: 0,1 km, 0,1 km. Surfen, Angeln, Rudern, Segeln, Bootsvermietung 2 km, Eishockey und Eisstockschießen 3 km.
POI: Salzgittersee, Städtisches Museum Schloss Salder 2,8 km, Burg Lichtenberg 5,4 km, Wasserburg Gebhardshagen 6,2 km, Stift Steterburg 9 km.

21376 Salzhausen
gratis <12m

Wohnmobilstellplatz am Waldbad, Schwienbrink 1/Am Waldbad, ☎ 04172/90990 Hinter dem öffentlichen Teil des Freibad-Parkplatzes

POS: 53°13'17.55"N/10°10'43.26"E, Karte D2 (S. 5), H5
Platz: = 6 auf Schotter. =4 (12-16 A) GRAU. Duschen im Waldbad zu den Öffnungszeiten. Im Sommer kostenfreier Heideshuttle. Ganzjährig geöffnet.
Preis: Übernachtung gratis inkl. Entsorgung. Strom 1 €/12 h, Wasser 1 €/80 l, Duschen 2 €/Pers.
Kontakt: Gemeinde Salzhausen, ☎ 04172/90990, info@rathaus-salzhausen.de, www.salzhausen.de.
Distanz: 0,3 km, 0,5 km, 0,5 km, weitere Restaurants in 1 km, Ⓗ 0,5 km.
Freizeit: 0,5 km. Angeln, Baden, Wasserwandern auf der Luhe, Reiten, Tennisplatz und -halle 1 km, Reiten in Luhmühlen 2 km.
POI: Paaschbergturm 0,5 km, Skulpturenpfad im Bürgerpark Paaschberg 0,5 km, mehrere Rundwanderwege/Naturlehrpfade 0,5 km, St. Johannis-Kirche aus dem 9. Jh. in Salzhausen 1,5 km, mehrere Hügelgräber in der Umgebung 1,5 km.

31020 Salzhemmendorf
€12,00 >12m

Ith-Sole-Therme, In der Saale-Aue 2-5, ☎ 05153/803050
Auf separatem Teil des Thermenparkplatzes

POS: 52°4'14.56"N/9°35'9.14"E, Karte D6 (S. 9), G3
Platz: = 20 auf Schotterrasen, Schotter. =18 (16 A) WC CHEM GRAU. Überdachte Sitzecke, Bouleplatz. wird empfohlen. WC von 8:00-22:00 Uhr. Ganzjährig geöffnet.
Preis: 12 € inkl. WC, Entsorgung. Strom 0,50 €/kWh, Wasser 0,20 €/20 l, Dusche 5 €/30 min. Frischwasser nur in 0,20-€-Münzen bezahlbar.
Kontakt: ☎ 05153/803050, info@ther.me, www.ther.me.
Distanz: Ⓗ 0,1 km, 0,1 km, weitere Restaurants in 0,5 km, 0,4 km, 0,5 km.
Gastro: Thermen-Restaurant, So-Do 12:00-20:00 Uhr, Fr+Sa/Feiertag 12:00-21:00 Uhr.
Freizeit: Aqua Cycling, Felsenklettern am Kanstein 2 km, Freizeitpark Rasti-Land 8 km.
POI: Lönsturm 5 km, Kuriosität Wasserbaum Ockensen 5 km, Freilichtbühne und Hüttenstollen Osterwald 8 km.

31020 Salzhemmendorf-Benstorf
gratis <10m neu

Rasti-Land, Quanthofer Straße 9, ☎ 05153/94070
Vor der Einfahrt des Freizeitparks

POS: 52°5'47.20"N/9°39'53.18"E, Karte D6 (S. 9), G3
Platz: = 10 auf Wiese. Freizeitpark von Apr-Ende Okt geöffnet. Ganzjährig geöffnet.
Preis: Übernachtung gratis.
Kontakt: Rasti-Land, ☎ 05153/94070, info@rasti-land.de, www.rasti-land.de.
Distanz: 0 km, 6,2 km, 6,2 km.
Gastro: T-Rex-Imbiss. SB-Restaurant Zum Burgblick. Imbiss und Restaurants im Freizeitpark, z.B..
Freizeit: Rasti-Land mit mehr als 45 Attraktionen für die ganze Familie.
POI: Salzhemmendorf 6,5 km.

31020 Salzhemmendorf-Osterwald
gratis <8m neu

Wohnmobilstellplatz Osterwald, Hohe-Warte-Straße 43, ☎ 05153/8080 Am Waldrand

POS: 52°6'35.00"N/9°37'1.00"E, Karte D6 (S. 9), G3
Platz: = 3 auf Schotter, Schotterrasen. Picknick-Bereich. Ganzjährig geöffnet.
Preis: Übernachtung gratis.
Kontakt: Gemeindeverwaltung Salzhemmendorf, ☎ 05153/8080, info@salzhemmendorf.de, www.salzhemmendorf.de.
Distanz: 0,4 km, 0,5 km, 3 km.
Freizeit: 0,2 km. Rad- und Wanderwege, St. Avold Naturschutzgebiet, Osterwaldbühne 1,2 km, Freizeitpark Rasti-Land 4,8 km, Ith-Sole-Therme 7,8 km.
POI: Besucherbergwerk Hüttenstollen 0,8 km, Salzhemmendorf 5,3 km.

33154 Salzkotten
gratis <8m

Stellplatz an der Sälzer Lagune, Alte Bleiche 10, ☎ 05258/5071125
Auf dem Freibad-Parkplatz

POS: 51°40'24.00"N/8°36'49.00"E, Karte D6 (S. 9), E4
Platz: = 2 auf Rasengittersteinen. GRAU. Ganzjährig geöffnet.
Preis: Übernachtung gratis.
Kontakt: Stadt Salzkotten, ☎ 05258/5071125, stadtverwaltung@salzkotten.de, www.salzkotten.de.
Distanz: 0,2 km, 0,2 km, weitere Restaurants in 0,6 km, 0,6 km.
Freizeit: Kneippen, Freizeitbad Sälzer Lagune.
POI: Historischer Ortskern 0,6 km, Deutsches Polizeimuseum 1,2 km.

29410 Salzwedel/Hansestadt
€10,00 <8m

Stellplatz am Freibad, Dämmchenweg 41, ☎ 03901/422438
Durch Hecken in 3 Parzellen gegliederter Stellplatz

POS: 52°51'1.12"N/11°8'21.32"E, Karte D7 (S. 10), B1
Platz: = 6 auf Pflaster, Wiese, Naturboden. WC CHEM GRAU. Anmeldung tägl. 17:00-20:00 Uhr bei Christina Sosnowski, SOS Spätverkauf, Am Anger 4, Tel.: 03901-423869 (0,1 km entfernt). Ganzjährig geöffnet.
Preis: 10 €. Strom 2 €/Nacht. 2 € pauschal für Dusche/WC, Wasser und Entsorgung. Kaution für Schlüssel 50 €.

S

Kontakt: Tourist-Information Hansestadt Salzwedel, ☎ 03901/422438, tourist-info@salzwedel.de, www.salzwedel.de.
Distanz: , 1,3 km, Ⓗ 1,5 km, 1,5 km.
Gastro: Mehrere Restaurants im Ort.
Freizeit: 0,1 km, 1,2 km.
POI: Mittelalterlicher Stadtkern 1,3 km.

26452 Sande €10,00

Wohnmobilstellplatz Altmarienhausen, Altmarienhausen, ☎ 04422/95880 An der Paddel- und Pedalstation am Ems-Jade-Kanal <10 m

2020 geprüft E

POS: 53°30'41.90"N/8°0'40.19"E, Karte D1 (S. 4), D4
Platz: = 20 auf Schotter. WC CHEM GRAU. Aufenthalt max. 7 Tage. Gasflaschen-Tausch (Fa. Freizeitmobile von der Kammer, Huntestr. 1, 26452 Sande). Ganzjährig geöffnet.
Preis: 10 € inkl. Entsorgung, Müll-Entsorgung. Strom 0,50 €/kWh, Wasser 0,10 €/10 l. Bezahlung am Kassenautomaten.
Kontakt: Gemeinde Sande, ☎ 04422/95880, tourismus@sande.de, www.sande.de.
Distanz: Ⓗ 0,5 km, 0,6 km, weitere Restaurants in 0,6 km Entfernung, 1,5 km, 1,5 km.
Gastro: Kiosk am Platz.
Freizeit: 10 km, 6 km. Angeln, Paddeltour, Freizeitanlage Sander See/Naturbadesee 0,5 km.
POI: Gut Altmarienhausen (direkt vor Ort), Schmiedemuseum 0,5 km, Küsteum 0,5 km, St. Magnus-Kirche von 1351 1 km.

26452 Sande-Mariensiel gratis

Parkplatz am Hangar, Flugplatz, ☎ 04422/95880 Am Fluggelände hinter dem Tower <12 m

POS: 53°30'27.77"N/8°3'10.17"E, Karte D1 (S. 4), D4
Platz: = 2 auf Schotter. Ganzjährig geöffnet.
Preis: Übernachtung gratis.
Kontakt: Gemeinde Sande, ☎ 04422/95880, gemeinde@sande.de, www.sande.de.
Distanz: 0 km, weitere Restaurants in 1,5 km, Ⓗ 0,5 km, 3,3 km (Freizeitmobile von der Kammer GmbH, Huntestraße 1, 26452 Sande), 3,5 km, 4 km.
Gastro: Am Platz.
Freizeit: 5 km, 3 km. Rundflüge, Freizeit-/Erlebnisbad 5 km, Freizeitpark 30 km.
POI: Ehemalige Sielanlage von 1877 im Ort, Seewasser-Aquarium Wilhelmshaven 6 km.

06792 Sandersdorf-Brehna €10,00

Stellplatz am Rasthof-Pension Heideloh, Stakendorfer Straße 1, ☎ 03493/88358 Verkehrsgünstig nahe der A9 >12 m

POS: 51°37'28.47"N/12°12'8.78"E, Karte D7 (S. 10), C4
Platz: = 5 auf Wiese, Schotter, Schotterrasen. =2 (16 A) WC. Stellplätze sind auch an den Ruhetagen des Autohofs zugänglich. Ganzjährig geöffnet.
Preis: 10 € inkl. Strom.
Kontakt: Marko Pilz, ☎ 03493/88358, rasthof@rasthof-heideloh.de, www.rasthof-heideloh.de.
Distanz: 0,1 km, weitere Restaurants in 2 km, Ⓗ 0,1 km, 4 km, 4,5 km.
Gastro: Am Platz, warme Küche 10:00-14:00 Uhr, Mo 17:30-21:00 Uhr. Mi, Sa+So Ruhetag.
Freizeit: 2 km, 8 km.
POI: Junkersmuseum in Dessau, ORWO-Filmmuseum in Wolfen 6 km, Goitzschelandschaft mit Pegelturm 10 km, Ferropolis-Stadt aus Eisen in Möhlau 30 km.

27628 Sandstedt €10,00

Wohnmobilstellplatz Weserhenne Sandstedt, Am Radarturm 5, ☎ 0157/51151198 Direkt am Weserufer, hinter dem Campingplatz <8 m neu

2022 geprüft E

POS: 53°21'48.12"N/8°30'43.70"E, Karte D2 (S. 5), E5
Platz: = 10 auf Pflaster. WC GRAU. Waschmaschine/Trockner, Duschen und WC auf dem Campingplatz, Leinenpflicht für Hunde. Aufenthalt max. 3 Nächte. Max. Länge 7,50 m. Von Okt-März keine Versorgung wegen Hochwassergefahr. Geöffnet: 1.4.-15.10.
Preis: 10 €. Strom 1 €/kWh, Wasser 1 €/100 l, Entsorgung 1 €. Bezahlung am Automat.
Kontakt: WeserHenne® Camping, Marco Reske, ☎ 0157/51151198, weserhenne@komparking.de, weserhenne.de.
Distanz: Ⓗ 0,6 km, 1,1 km, 1,1 km, 2 km.
Gastro: Mensings Gaststätte in Rechtenfleth 2 km.
Freizeit: Baden mit Liegewiese am Weserstrand, Radfahren, Spaziergänge auf dem Weserdeich, Angeln.
POI: Sandstedt mit St. Johanniskirche, Allmers-Haus Museum Rechtenfleth 3,5 km, Burg zu Hagen 10 km, Schifffahrtsmuseum, Klimahaus/Auswanderermuseum in Bremerhaven 30 km.

27628 Sandstedt-Rechtenfleth €20,00

Wohnmobilstellplatz Rechtenfleth, Zum Weserblick 31, ☎ 0157/51151198 An der Weser <8 m neu

POS: 53°22'47.50"N/8°30'16.84"E, Karte D2 (S. 5), E5
Platz: = 9 auf Wiese. WC CHEM. Abreise bis 12:00 Uhr, Late Check Out 18:00 Uhr. Chemietoiletten-Entsorgung am Campingplatz. Neue VE-Station befindet sich im Bau. Geöffnet: Apr-Okt.
Preis: 20 € inkl. Strom, Entsorgung, Dusche, WC. Bezahlung am Automaten.
Kontakt: WeserHenne® Camping, ☎ 0157/51151198, weserhenne@komparking.de, weserhenne.de.

Distanz: 0,1 km, 0,4 km, 0,4 km, 3,5 km (Wohnmobilstellplatz Sandstedt, Am Radarturm 11, 27628 Sandstedt).
Gastro: Mensings Gaststätte, Mi-Mo 12:00-21:00 Uhr, Di Ruhetag.

06526 Sangerhausen €10,00

Parkplatz an der Probstmühle, An der Probstmühle, ☎ 03464/19433 Öffentlicher Parkplatz in der Nähe des Europa-Rosariums <10 m

2022 geprüft

POS: 51°28'37.42"N/11°18'26.64"E, Karte D7 (S. 10), B4
Platz: = 50 auf Schotterrasen, Sand/Splitt, Wiese. Aufenthalt max. 3 Tage. Ganzjährig geöffnet.
Preis: 10 € inkl. Strom.
Kontakt: Stadt Sangerhausen, ☎ 03464/19433, info@sangerhausen-tourist.de, www.sangerhausen-tourist.de.
Distanz: 0,2 km, weitere Restaurants in 0,5 km, Ⓗ 0,3 km, 0,5 km, 1,4 km (Parkplatz Europa-Rosarium, Sotterhäuser Weg, 06526 Sangerhausen), 1 km.
Gastro: Am Platz, warme Küche 11:00-21:00 Uhr.
Freizeit: 0,5 km, 1 km, 0,5 km. Wandern auf dem Wildrosenweg 3 km.
POI: Rosarium und Spengler-Museum in der Altstadt ab 0,5 km, Basilika St. Ulrici und Kirche St. Jakobi 1,5 km, Schaubergwerk mit Bergbaulehrpfad 7 km.

06526 Sangerhausen €15,00

Rosenstädter Wohnmobiloase, Hüttenstraße 57 c, ☎ 03464/5451790 In der Berg- & Rosenstadt <10 m neu

2022 geprüft E

POS: 51°28'50.00"N/11°18'16.00"E, Karte D7 (S. 10), B4
Platz: = 16, = 1 (<14 m) auf Pflaster. WC CHEM GRAU. Frühstücksraum, Wellnesslandschaft (2023) mit Sauna, Badezuber, Swimmingpool. Eingezäunt, späteste Ankunft 22:00 Uhr. Aufenthalt max. 7 Tage. Ganzjährig geöffnet.
Preis: 15 € inkl. Entsorgung.
Kontakt: Rosenstädter Wohnmobiloase, Thomas Klaube, ☎ 03464/5451790, kontakt@sangerhaeuser-dienstleistungen.de, rosenstaedter.de.
Distanz: Ⓗ 0,1 km, 0,3 km, 0,5 km, 0,6 km.
POI: Rosarium und Spengler-Museum in der Altstadt ab 0,8 km, Bergbaumuseum 4,5 km.

06526 Sangerhausen-Grillenberg €12,00

Campingplatz Am Waldbad Grillenberg, Harzstraße 70 In waldreicher Umgebung am Ortsrand <10 m

POS: 51°32'18.02"N/11°18'40.48"E, Karte D7 (S. 10), B4
Platz: = 15, = 10 (<15 m) auf Schotterrasen, Wiese. WC CHEM GRAU. wird empfohlen. Anfahrt 9:00-19:00 Uhr. Angelteich angrenzend. Ganzjährig geöffnet.
Preis: Ab 12 € inkl. Wasser, Entsorgung, Dusche,

S

WC, WLAN. Strom 1,50 €/Pers. oder 1 €/Pers., Müll-Entsorgung 1 €/Pers., Kurtaxe 1 €/Pers., Waschmaschine/Trockner je 2 €. 1.9.-30.4. 12 €, 1.5.-31.8. 17 €. Jede weitere Pers. 3-5 €, Kind (bis 14 J.) 2-3 €. Hund 3-4 €. Strompauschale je nach Saison 1-1,50 €/Pers.

Kontakt: fvv.grillenberg@gmail.com, www.grillenberg.de.

Distanz: 0,2 km, 0,3 km, 8 km.

Gastro: Restaurant, Mo-So 9:00-22:00 Uhr. Hotel Harzer Erlebnishof in Grillenberg 0,5 km. Imbiss am Platz.

Freizeit: Karstwanderweg, Beachvolleyball, Wanderweg Buschklepper Erlebnisweg, Sommerrodelbahn 6 km, Kletterwald 6 km.

POI: Burgruine Grillenberg 0,5 km, Bergbaumuseum 3 km, Europa-Rosarium 10 km, Spengler Museum 10 km.

06526 Sangerhausen-Taubenberg — gratis

Parkplatz an der Walkmühle, Wippraer Landstraße/Walkberg, ☎ 03464/19433 Am nördlichen Stadtrand — <10 m

POS: 51°29'25.82"N/11°18'41.25"E, Karte D7 (S. 10), B4

Platz: = 50 auf Schotterrasen, Wiese, Schotter. Ganzjährig geöffnet.

Preis: Übernachtung gratis.

Kontakt: Stadt Sangerhausen, ☎ 03464/19433, info@sangerhausen-tourist.de, www.sangerhausen-tourist.de.

Distanz: 0,2 km, 1 km, 2 km, 3,4 km (Parkplatz Europa-Rosarium, Sotterhäuser Weg, 06526 Sangerhausen).

Gastro: Restaurant Pferdestall in Sangerhausen.

Freizeit: 1 km, 2 km. Besichtigung der historischen Altstadt, Besuch im Europa-Rosarium (größte Rosensammlung der Welt) 1,5 km, Wandern auf dem Wildrosenweg 3 km.

POI: Europa-Rosarium/Spengler-Museum 1,5 km, romanische Basilika St. Ulrici, spätgotische Kirche St. Jakobi in der Altstadt 2 km, Schaubergwerk mit Bergbaulehrpfad 6 km.

56858 Sankt Aldegund — €11,00

Reisemobilplatz im Moselvorgelände, B49, ☎ 06542/2532 An der Mosel oberhalb der Moselstaustufe — <8 m

2021 geprüft

POS: 50°4'42.64"N/7°7'51.06"E, Karte D9 (S. 12), B3

Platz: = 50 auf Schotterrasen, Wiese, Rasengittersteinen. =40 (6 A) CHEM GRAU. Mülltrennung erwünscht. Gasflaschentausch an der Tankstelle (200 m). Geöffnet: Ostern-Ende Nov.

Preis: 11 € inkl. Wasser, Entsorgung, Müll-Entsorgung, Kurtaxe. Strom 2 €.

Kontakt: Gemeinde St. Aldegund, ☎ 06542/2532, gemeinde@st-aldegund.de, www.st-aldegund.de.

Distanz: 0,1 km, 0,1 km, 0,1 km, 0,3 km.

Gastro: Pizzeria 0,1 km. Mehrere Restaurants im Ort.

Freizeit: 10 km. Premiumwanderweg Felsen-Fässer-Fachwerk, Moselradwanderweg, Wanderweg Mosel-Erlebnis-Route Trier-Koblenz, Weinprobe, Klettersteig Bremmer Calmont 2 km, Kannonenbahn 2 km.

POI: Burgrammplatz 0,3 km, historischer Ortskern und Kirche 0,5 km, Steinkammergrab 0,5 km.

37444 Sankt Andreasberg — €15,90

Stellplatz An der Grube Samson, Am Samson 4, ☎ 05582/80336 Naturbelassener Stellplatz hinter dem Museum — <8 m

2020 geprüft

POS: 51°42'47.68"N/10°31'0.52"E, Karte D7 (S. 10), A4

Platz: = 20 auf Schotter. =20 (6 A) WC CHEM GRAU. WC in 100 m. Ganzjährig geöffnet.

Preis: 15,90 € inkl. Strom, Wasser, Entsorgung, WC, Müll-Entsorgung, Kurtaxe.

Kontakt: Tourist-Information Sankt Andreasberg, ☎ 05582/80336, tourist-info@sanktandreasberg.de, www.braunlage.de.

Distanz: 0,6 km, 0,7 km, 0,8 km, 1 km.

Freizeit: 0,5 km. Klettern im Okertal, Sommerrodelbahn, Grubenmuseum, Floßfahrten auf der Odertalsperre, Winter-Rodeln, Hochseilgarten 0,3 km.

POI: UNESCO-Weltkulturerbe Grube Samson mit Kanarienmuseum, Nationalparkhaus 0,5 km.

78112 Sankt Georgen — gratis

Gasthaus Zur Stadt Frankfurt, Rupertsbergweg 2, ☎ 07724/6207 Auf dem Gasthausparkplatz — <8 m

POS: 48°7'53.96"N/8°20'2.74"E, Karte D14 (S. 17), E3

Platz: = 2 auf Schotter. nur bei Gruppen. WLAN über freifunk.net. Ganzjährig geöffnet. Ausnahme: Im Juli eine Woche, im Nov drei Wochen geschlossen.

Preis: Für Restaurantgäste kostenlos. Einkehr obligatorisch.

Kontakt: Gasthaus Zur Stadt Frankfurt, Wolfram Morat, ☎ 07724/6207, stadt-frankfurt@t-online.de, www.zur-stadt-frankfurt.de.

Distanz: 0 km, 0,3 km, 0,6 km, 0,7 km.

Gastro: Am Platz, Do-Mo 11:30-13:30 Uhr und 17:30-21:30 Uhr, Di-Mi Ruhetag.

Freizeit: 1,5 km, 1,2 km. 0,3 km.

Weitere Stellplätze in St. Georgen/ St. Ingbert siehe Seite 553

POI: Sammlung Grässlin 0,6 km, Phonomuseum und Heimatmuseum 0,8 km.

76891 Sankt Germanshof — gratis

Waldrestaurant Hotel St. Germanshof, St. Germanshof 10, ☎ 06394/1455 Altes Vorwerk der Abtei Weißenburg/Elsass aus dem Jahr 1710 — <8 m

POS: 49°2'49.00"N/7°53'59.00"E, Karte D13 (S. 16), D1

Platz: = 12 auf Schotter. Im Wald gelegen. Ganzjährig geöffnet.

Preis: Übernachtung gratis.

Kontakt: Christa Hey, ☎ 06394/1455, info@st.germanshof.de, www.st.germanshof.de.

Distanz: 0 km, 0,1 km, 4 km, 5 km.

Gastro: Am Platz, Mi 11:30-21:00 Uhr, Do-Sa 17:00-21:00 Uhr, So 9:00-18:00 Uhr, Mo-Di Ruhetag. Frühstücksservice.

Freizeit: 4 km, 12 km, 6 km. Radfahren im Naturpark Pfälzer Wald, Wandern, Parmina Radweg.

POI: Schloss Vogelsberg 8 km, Schloss Berwartstein 8 km, Erzbergwerk St.-Anna-Stollen 10 km.

56329 Sankt Goar-Biebernheim — €15,00

Bioferienhof Loreley, Auf dem Flürchen, ☎ 06741/7021 Blick auf die Burgen Katz/Maus und das Rheintal — <8 m

POS: 50°8'30.02"N/7°42'31.62"E, Karte D9 (S. 12), C3

Platz: = 20, = 4 (<10 m) auf Wiese, Rasengittersteinen, Schotter. =4 (12 A) WC GRAU. nur bei Gruppen. Anmeldung am 1. großen roten Haus 16:00-18:00 Uhr, Mittagsruhe von 14:00-16:00 Uhr. Anreise bis 20:30 Uhr im Sommer, Frühjahr/Herbst bis 19:30 Uhr. Für Wohnmobiltreffen geeignet. Ganzjährig geöffnet. Geöffnet: März-Okt.

Preis: 15 € inkl. Wasser, Entsorgung, WC, WLAN. Strom 5 €.

Kontakt: Angela Pabst, ☎ 06741/7021, Mobil: 0173/9267942, info@reiterhof-pabst.de, www.bioferienhof-loreley.jimdo.com.

Anfahrt: Achtung: Navis finden Adresse nicht! A61 Ausf. Pfalzfeld/Kastellaun → St. Goar 9 km auf K100, vor Biebernheim auf K95 abbiegen, nach 0,75 km weiter fahren Hofschild Bioferienhof Loreley beachten. Von St. Goar → Biebernheim hinter Ortsausgang li. auf die K95, nach 0,75 km Hofschild Bioferienhof Loreley beachten (max. Durchfahrtshöhe hier 3,20 m).

Distanz: 1 km, 2 km, 2 km.

Gastro: Brötchenservice. Landgasthaus Rebstock in 0,8 km.

Freizeit: 3 km, 1 km. Ausflüge entlang des Rheins, Reiten.

POI: Burg Rheinfels 1 km, Rheintal mit den bekannten Sehenswürdigkeiten/Loreley/Burgen ab 2 km.

S

56329 Sankt Goar-Werlau €10,00

<12m

Helenenhof, Hellerweg,
☎ 06741/7693 Auf dem Reiterhof mit Wanderwegen und Blick auf die Burg Maus

POS: 50°9'31.95"N/7°41'35.15"E, Karte D9 (S. 12), C3
Platz: P = 8 auf Wiese. =3 (16 A) WC GRAU. Ganzjährig geöffnet.
Preis: 10 € inkl. Strom, Wasser, Entsorgung, WC, Müll-Entsorgung, WLAN.
Kontakt: Fredi Mudersbach, ☎ 06741/7693, Mobil: 0170/9974066, info@helenenhof-werlau.de, www.helenenhof-werlau.de.
Distanz: 2 km, 2 km, 3 km, 3 km.
Freizeit: 0,5 km, 8 km. Schiffstouren auf dem Rhein, Minigolf, Schwimmen, Wandern am Rhein-Burgen-Weg.
POI: Burg Maus mit Greifvögel-Vorstellungen 0,5 km, Burg Rheinfels mit Führung durch die Kellerverliese 3 km, Loreley 4 km.

66887 Sankt Julian €5,00

<12m

Wohnmobilstellplatz St. Julian (Ölmühle), An der Lenschbach,
☎ 0171/2639076
Wiesengelände am Glan, nahe Ölmühle

POS: 49°36'24.20"N/7°30'46.50"E, Karte D9 (S. 12), C4
Platz: = 10 auf Schotterrasen. =6 (16 A) CHEM. Ganzjährig geöffnet.
Preis: 5 € inkl. aller Personen. Strom 1 €, Wasser 1 €.
Kontakt: Gemeinde St. Julian, Mobil: 0171/2639076, info@sankt-julian.de, www.sankt-julian.de.
Distanz: 0,2 km, 0,3 km, 0,3 km, 0,4 km.
Gastro: Larry & Isas All American Diner.
Freizeit: 10 km, 17 km, 10 km.
POI: Ölmühle 0,1 km, Stummorgel 0,3 km.

67487 Sankt Martin €6,00

<6m

Parkplatz Edenkobener Straße, Edenkobener Straße, ☎ 06323/5300
An der Ortseinfahrt Richtung Edenkoben

POS: 49°17'48.41"N/8°6'32.25"E, Karte D9 (S. 12), D5
Platz: P = 14 auf Asphalt. Aufenthalt max. 1 Nacht. Ganzjährig geöffnet.
Preis: 6 €.
Kontakt: Gemeinde St. Martin, ☎ 06323/5300, tourismus@sankt-martin.de, www.sankt-martin.de.
Distanz: 0,2 km, 0,4 km, weitere Restaurants in 0,5 km, 0,5 km, 0,5 km, 0,5 km.
Freizeit: 2,5 km, 8 km. E-Bike Verleih 0,5 km, Minigolf/Boule in der Freizeitanlage in St. Martin 0,5 km, Holiday Park Haßloch 10 km.
POI: Schloss Villa Ludwigshöhe 3 km, Hambacher Schloss 6 km, Eisenbahnmuseum Neustadt 8 km.

67487 Sankt Martin €6,00

<8m

Stellplatz am Keltenweg, Keltenweg an der Totenkopfstraße,
☎ 06323/5300
Auf einem Parkplatz neben dem Friedhof

POS: 49°18'2.18"N/8°6'26.51"E, Karte D9 (S. 12), D5
Platz: P = 20 auf Schotter. Ganzjährig geöffnet.
Preis: 6 €. Parkscheinautomat.
Kontakt: Tourist-Info St. Martin, ☎ 06323/5300, tourismus@sankt-martin.de, stmartin.suedlicheweinstrasse.de/uebernachten-erleben/campingplatz-wohnmobilstellplaetze.
Distanz: 0,3 km, 0,4 km, 0,4 km, 0,5 km.
Freizeit: Besuch im Weinkeller mit Weinprobe.
POI: Rietburgbahn 4 km, Schloss Villa Ludwigshöhe 4 km, Hambacher Schloss 6 km.

67487 Sankt Martin €15,00

<8m

Weingut Helmut Schreieck, Friedhofstraße 8, ☎ 06323/5415
Auf einem parkähnlichen Gelände in ruhiger Lage

POS: 49°18'0.08"N/8°6'20.59"E, Karte D9 (S. 12), D5
Platz: P = 17 auf Eco-Raster/Gras. =17 (16 A) WC CHEM GRAU. Ganzjährig geöffnet.
Preis: 15 € inkl. Strom, Wasser, Entsorgung, Dusche, WC, Müll-Entsorgung, WLAN, Kurtaxe. Jede weitere Pers. 1 €. Sauna 9 €/Person.
Kontakt: Vino Estate Schreieck, Wolfgang Schreieck, ☎ 06323/5415, info@schreieck-wein.de, www.schreieck-wein.de.
Distanz: 0,2 km, weitere Restaurants in 0,5 km, 0,2 km, 0,3 km, 2 km.
Gastro: Vinothek mit Kleinigkeiten zum Wein. 23 Gaststätten, Restaurants und 4 Straußenwirtschaften im Ort.
Freizeit: 2 km, 11 km. Kulturprogramm, Kellerbesichtigung/Mondschein-Weinprobe, Di Weinbergführung, Radwandern, Weinlese, Sesselbahn 3 km, Felsenmeer 4 km.
POI: Hist. Ortskern 0,2 km, Villa Ludwigshöhe 3 km, Hambacher Schloss 3 km.

Sie haben einen neuen Stellplatz entdeckt? Dann teilen Sie uns diesen mit per E-Mail an **bordatlas@doldemedien.de** oder über das Online-Meldeformular unter **www.bordatlas.de/meldung**

25826 Sankt Peter-Ording €20,00

<12m

Camping SPO, Grudeweg 1,
☎ 04863/8171 Nahe Strand, in der Tümlauer Bucht

POS: 54°19'58.01"N/8°37'8.97"E, Karte D2 (S. 5), E2
Platz: P = 40, = 150 (<12 m) auf Schotterrasen, Wiese, Schotter. =90 (10-16 A) WC CHEM GRAU. wird empfohlen. Ganzjährig geöffnet.
Preis: Ab 20 € inkl. Wasser, Entsorgung, Dusche, WC, Müll-Entsorgung, WLAN. Strom 5 €, Hund 3 €. Je nach Fahrzeuglänge NS 20-22 €, HS 26-29 €. Wohnwagen 23 €. Jede weitere Pers. ab 16 J. NS 6 €, HS 8 €, Kind bis 15 J. NS 4 €, HS 5 €. Kurtaxe 1-3 €/Pers.
Kontakt: Camping SPO, ☎ 04863/8171, info@camping-spo.de, www.camping-spo.de.
Distanz: 0,3 km, 0,8 km, 1 km, 1 km.
Gastro: Brötchenservice. Campingbar.
Freizeit: 1 km. Surfen, Bolzplatz, Strandsegeln, Busverbindung ins Kurzentrum, Nationalpark Wattenmeer 0,8 km, Therme mit Saunalandschaft 2,3 km.
POI: Multimar Wattforum mit dem Walhaus in Tönning, Westerhever Leuchtturm, Westküstenpark mit Robbarium.

25826 Sankt Peter-Ording €25,00

<12m

Reisemobilhafen St. Peter-Oding, Ketelskoog 10, ☎ 04863/478369
Am Ortsrand von St. Peter Ording. Ortsteil Dorf 300 m zum malerischen Dorfkern

2022 geprüft

POS: 54°18'32.08"N/8°38'6.96"E, Karte D2 (S. 5), E2
Platz: P = 75 auf Schotterrasen, Kiesel. =82 CEE WC CHEM GRAU. Stromabsicherung. Anfahrt von 7:00-21:00 Uhr, Abfahrt bis 16:00 Uhr. Nach Aussuchen des Platzes Aufladen der CampCard am Automat im Kassenraum per EC-Karte, Maestro oder Visa. Restguthaben aus der Stromsäule rückbuchbar. Restguthaben und Pfand wird bei Abfahrt auf das gewählte Zahlungsmedium zurückgebucht. Geöffnet: 25.12.-1.11.
Preis: 25 € inkl. Entsorgung. Strom 0,80 €/kWh, Wasser 1 €/50 l, WC 0,20 €, Duschen 0,50 €/min. Kurtaxe saisonabhängig 1-3 €/Pers, Kinder/Jgdl. bis 18 J. frei.
Kontakt: Familie Sass, ☎ 04863/478369, reisemobilhafen@t-online.de, www.reisemobilhafen-spo.de.
Distanz: 0,8 km, weitere Restaurants in 1 km, 1 km, 3 km.
Gastro: Viele Restaurants in der Nähe.
Freizeit: Wassersport, Radfahren, Strand 2 km.

POI: Museum 0,5 km, historischer Dorfkern 0,5 km, Pfahlbauten am Strand 2 km, Eidersperrwerk 10 km, Garding 10 km, Hafenstadt Tönning 15 km, Husum 45 km.

25826 Sankt Peter-Ording €26,00

Campingpark Olsdorf, Bövergeest 56, ☎ 04863/476317 <12m
Parkähnliche Anlage in zentraler, aber ruhiger Lage in St. Peter-Dorf

POS: 54°18'25.26"N/8°38'54.03"E, Karte D2 (S.5), E2
Platz: P = 63, = 50 (<12 m) auf Schotterrasen, Rasengittersteinen. =50 (16 A) WC CHEM GRAU. Solarium, Sauna mit Ruheraum und Kaltbad, Fußball, Tischtennis, Bodenschach, Liegewiese mit Strandkörben. B Ganzjährig geöffnet.
Preis: 26 € inkl. Wasser, Entsorgung, WC, Müll-Entsorgung, WLAN. Jede weitere Pers. 7 €, Kind (2-14 J.) 5 €, Strom 3 €/5 kWh, Dusche 0,25 €/min, Hund 4 €. Kurtaxe 1-3 € je nach Saison. Preise für die NS siehe Website.
Kontakt: Nanke Ibs-Korupp, ☎ 04863/476317, campingpark.olsdorf@t-online.de, www.meergruen-camping.de.
Distanz: 0,1 km, 0,2 km, weitere Restaurants in 0,5 km, Ⓗ 0,2 km, 1 km.
Gastro: Räucherscheune (Fischrestaurant) 0,1 km. Steakhouse 0,5 km.
Freizeit: 3 km, 0,3 km. Wassersport, Solarium, Tierpark 2 km, Strand, Wattwanderungen 2 km, Reithalle 2 km, Golfplatz 3 km.
POI: Bernstein- und Heimatmuseum 1 km, Nationalpark Wattenmeer 2 km, Robbarium (Seehundbecken) 2 km, Westerhever Leuchtturm 20 km, Eidersperrwerk 20 km.

Tipp

meerGrün-Campingpark Olsdorf. Hideaway für Erholungssuchende – mitten im Herzen von SPO. Eingegrünte, parkähnliche Anlage mit aufgelockerter Stellplatzanordnung. Alle mit Strom, einige zusätzlich mit Frisch- und Abwasser. Moderne Einzelbadezimmer, Sauna und Solarium. Optimale Einkaufsbedingungen, Bus- und Bahnanbindungen und Kurmöglichkeiten. WLAN und Gas.

84427 Sankt Wolfgang gratis

Pizzeria Milanos, Jeßlinger Straße 4, ☎ 08085/1878960 <8m
Auf großem Restaurantparkplatz

POS: 48°13'43.90"N/12°8'12.23"E, Karte D16 (S.19), D3
Platz: P / = 20 auf Sand/Splitt, Asphalt. WC. B nur bei Gruppen. Ganzjährig geöffnet.
Preis: Für Restaurantgäste kostenlos. Einkehr obligatorisch.
Kontakt: Herr Milano, ☎ 08085/1878960, milanos-pizzeria@t-online.de, www.milanos-sanktwolfgang.de.
Distanz: 0 km, Ⓗ 1 km, 1 km, 1 km.
Gastro: Pizzeria Milanos am Platz, Di-So 11:30-14:00 Uhr und 17:30-22:30 Uhr, Mo Ruhetag.
Freizeit: 5 km, 20 km, 5 km. Besichtigungen, Therme Erding 22 km.
POI: Dorfen 5 km, Erding 25 km.

79361 Sasbach-Jechtingen €17,00

Gutsschenke zur Scheune, Rossmattenhöfe 1, ☎ 07662/6979 <10m
Auf dem Gelände des Gutshofes

POS: 48°7'22.45"N/7°36'22.51"E, Karte D13 (S.16), D2
Platz: P = 15 auf Schotter, Rasengittersteinen, Schotterrasen. WC CHEM GRAU. Geöffnet: 1.3.-30.10.
Preis: 17 € inkl. Strom, Wasser, Entsorgung. Kurtaxe 1 €/Pers. Kurtaxe Kind 0,50 €. KONUS-Gästekarte inkl.
Kontakt: Familie Schüber, ☎ 07662/6979, info@gutsschenkezurscheune.de, www.gutsschenkezurscheune.de.
Distanz: 0,2 km, Ⓗ 0,7 km, 3 km.
Gastro: Restaurant am Platz, Mi-So/Feiertag ab 17:00 Uhr.
Freizeit: 8 km. Weinprobe, Rundfahrten im Kaiserstuhl-Express, Wasserskifahren auf dem Rhein 4 km.
POI: Korkenziehermuseum Kaiserstuhl 3 km, Burg Sponeck 3 km, Burkheimer Schloss 3 km, Eichelspitzturm 10 km, Naturzentrum Kaiserstuhl 14 km.

77887 Sasbachwalden €12,00

Wohnmobilstellplatz Sasbachwalden, Talstraße 2, ☎ 07841/6407980 Ruhig, zwischen Bächen und Kastanienwäldchen <10m

2021 geprüft E

POS: 48°37'9.98"N/8°7'16.18"E, Karte D13 (S.16), D2
Platz: P = 33 auf Schotter. =20 (12 A) CHEM GRAU. Kostenfreies Informationsmaterial. Zentral bei der Alde Gott Winzer Schwarzwald eG. Ganzjährig geöffnet. Ausnahme: Ende Sep-Anfang Okt wegen Winzerfest. In dieser Zeit kann der Schwimmbadparkplatz kostenfrei genutzt werden.
Preis: 12 € inkl. Entsorgung, Müll-Entsorgung. Strom 2 €/24 h oder 1 €/12 h, Wasser 1 €/80 l, Kurtaxe gratis. Inkl. KONUS-Gästekarte.
Kontakt: Tourist-Info Sasbachwalden, Carina Klumpp, ☎ 07841/6407980, info@sasbachwalden.de, www.sasbachwalden.de.
Anfahrt: Zufahrt über den Vorplatz der Alde Gott Winzer Schwarzwald eG (Talstraße 2).
Distanz: Ⓗ 0,1 km, 0,2 km, weitere Restaurants in 0,2 km Entfernung, 0,2 km, 0,4 km.
Gastro: Hotel Restaurant Spinnerhof. Hotel Engel. Knusperhäuschen Restaurant & Café.
Freizeit: 0,5 km, 3 km. Mountainbiken (Schaeffler MTB Arena), Wandern (Premiumweg, Schnapsbrunnenwege, Augenblick-Runden), Erlebnisfreibad Sasbachwalden 0,5 km.
POI: Denkmalgeschützter Ortskern 0,5 km, Gaishöll-Wasserfälle 1,5 km, Bildstöckchen Alde Gott 2 km, Straubenhöfmühle 3 km, Burgruine Brigittenschloss 5 km, Hornisgrindeturm 15 km.

48336 Sassenberg €15,00

Campingpark Heidewald, Versmolderstraße 44, ☎ 02583/1394 <12m
Wohnmobilhafen vor dem Campingpark

POS: 51°59'58.41"N/8°3'57.95"E, Karte D5 (S.8), D3
Platz: P = 32 auf Asphalt, Sand/Splitt. CHEM GRAU. Stellplätze mit ausreichend Platz für Privatsphäre. Ganzjährig geöffnet.
Preis: 15 € inkl. Entsorgung, Dusche. Jede weitere Pers. 8 €, Kind (3-14 J.) 5 €, Strom 0,70 €/kWh, Wasser 0,50 €/50 l, Hund 3 €, Trockner 3 €, Waschmaschine 4 €.
Kontakt: Campingpark Heidewald, Familie Peitz-Austermann, ☎ 02583/1394, campheidewald@web.de, www.campingpark-heidewald.de.
Distanz: 0,3 km, 1,5 km, Ⓗ 1,5 km, 2,5 km.
Gastro: Restaurant Silberfuchs 0,3 km, Mi-Fr 17:00-22:00 Uhr, Sa-So 11:30-14:00 Uhr und 17:00-22:00 Uhr, Mo-Di Ruhetag. Brötchenservice (März-Okt) auf Bestellung am Vortag.
Freizeit: 1 km, 12 km. Tierpark 2,2 km.
POI: Landgestüt NRW 10 km.

48336 Sassenberg gratis

Stellplatz Sassenberg, Feldmark 3, ☎ 02583/3093030 <10m
Am Eingang zum Campingpark

POS: 52°0'12.16"N/8°3'55.22"E, Karte D5 (S.8), D3
Platz: P = 3 auf Pflaster, Rasengittersteinen. CHEM GRAU. Aufenthalt max. 3 Nächte. Ganzjährig geöffnet.
Preis: Übernachtung gratis. Wasser 1 €/70 l, Entsorgung 1 €.
Kontakt: Stadt Sassenberg, ☎ 02583/3093030, 02583/3093031, stadt@sassenberg.de, www.sassenberg.de.
Distanz: 0,1 km, weitere Restaurants in 0,7 km, Ⓗ 0,4 km, 2 km, 2,5 km.
Gastro: Brötchenservice vor Ort. Gasthaus Eichenhof.

S

Freizeit: 1,5 km, 10 km, 3 km. Segeln/Surfen, Tretboot fahren, Naturschutzgebiet 0,2 km, Sandstrandbad Feldmarksee 0,4 km, Spargeldorf Füchtorf 5 km.
POI: Doppelschlossanlage Harkotten 8 km, Stadtzentrum Warendorf 10 km.

48336 Sassenberg — gratis — <10m

Tankstelle Lietmann, Carl-Benz Straße 2, ☎ 02583/303153
Auf dem Gelände einer Großtankstelle

POS: 51°58'56.69"N/8°3'12.29"E, Karte D5 (S. 8), D3
Platz: = 2, = 2 (<10 m) auf Asphalt. CHEM GRAU. Ganzjährig geöffnet.
Preis: Übernachtung gratis inkl. Entsorgung. Wasser 1 €/70 l.
Kontakt: Karl-Heinz Braun, ☎ 02583/303153.
Distanz: 0 km, weitere Restaurants in 0,5 km, 0,1 km, Ⓗ 0,1 km, 1 km.
Gastro: Imbiss am Platz.
Freizeit: 0,5 km, 4 km, 3 km. Beachvolleyball, Baden im Freibad, Sandstrandbad Feldmarksee 4 km, Firma LMC und T.E.C. 4,5 km.
POI: Erholungsgebiet Feldmark 3 km, Landgestüt 5 km, Altstadt Warendorf 6 km, Spargeldorf Füchtorf 7 km, Schloss Harkotten 10 km.

26683 Saterland-Scharrel — €5,00 — <10m

Stellplatz Maiglöckchensee, Am Sportplatz 20, ☎ 04492/7244
An der Sagter Ems, am Ortsrand beim Maiglöckchensee

2022 geprüft

POS: 53°4'14.69"N/7°41'54.75"E, Karte D1 (S. 4), C5
Platz: = 28 auf Wiese, Schotter. =28 (6 A) WC CHEM GRAU. RegioAutomat mit regionalen Lebensmittel. Ganzjährig geöffnet.
Preis: 5 € inkl. Wasser, Entsorgung, WC, Müll-Entsorgung. Strom 3 €, Dusche 0,50 €/Pers., Waschmaschine/Trockner je 2 €.
Kontakt: Antonius Kanne, ☎ 04492/7244, antonius.kanne@ewetel.net, www.barssel-saterland.de.
Distanz: 0,3 km, 0,4 km, weitere Restaurants in 0,6 km, Ⓗ 0,4 km, 1 km.
Freizeit: 5 km, 6 km. Kanu fahren, Paddel- und Pedal-Anleger, Angeln, Gesundheitszentrum 1,5 km, Badesee Hollener Moor 3 km, Fahrgastschiff Barßel 16 km.
POI: Saterfriesisches Kulturhaus 1 km, Galerie-Holländer-Windmühle Scharrel 1 km, Moorbahn Seelter Foonkieker 7 km, Moor- und Fehnmuseum Elisabethfehn 14 km.

S

26683 Saterland-Strücklingen — €12,50 — <12m

Reisemobilpark Sagter-Ems, Hauptstraße 608, ☎ 0173/9696222
Am Wasser, mit eigener Gastronomie

2022 geprüft

POS: 53°7'16.08"N/7°40'5.16"E, Karte D1 (S. 4), C5
Platz: = 55 auf Schotterrasen, Pflaster. WC CHEM GRAU. Mietwagen, SAT-Empfang, Waschmaschine/Trockner. Ganzjährig geöffnet.
Preis: 12,50 € inkl. Müll-Entsorgung. Strom 0,80 €/kWh, Wasser 1 €/100 l, WC 3 €/Pers.
Kontakt: Lars-Markus Schober, ☎ 0173/9696222, info@reisemobilpark-sagter-ems.de, www.reisemobilpark-sagter-ems.de.
Distanz: 0 km, weitere Restaurants in 1,5 km, 0,2 km, 0,5 km.
Gastro: Annas Stüble (nordisch-schwäbische Küche), Mi-So 17:00-21:00 Uhr, Mo-Di Ruhetag. Brötchenservice.
Freizeit: 1,5 km. Moorfahrten mit der Moorbahn, Rad-Kanu-Touren.
POI: Moorlandschaft Moorkultur Ransloh 2 km, Moor/Fehnmuseum in Elisabethenfehn 2,5 km, 600 Jahre alte Johanniterkapelle 3 km.

21644 Sauensiek — €10,00 — <8m

Klindworths Gasthof, Hauptstraße 1, ☎ 04169/911066 An der Brauerei mit Restaurant im Grünen

POS: 53°22'49.03"N/9°35'37.28"E, Karte D2 (S. 5), G4
Platz: = 10 auf Wiese. Ohne Service vor der Schranke. Weitere Stellplätze auf dem Camping zu den Campingpreisen. Ganzjährig geöffnet.
Preis: 10 € inkl. aller Personen.
Kontakt: Klindworths Gasthof, ☎ 04169/911066, gasthof@klindworths.de, www.klindworths.de.
Gastro: Restaurant mit Biergarten am Platz.
Freizeit: Bierseminare, Brauereiführungen, Naturbad Sauensiek.

88605 Sauldorf — €20,50 — <10m

Tipihof Bechtold, Hardthöfe 9, ☎ 07777/2190021
Freizeithof am Waldrand

POS: 47°56'53.98"N/9°5'6.40"E, Karte D14 (S. 17), F4
Platz: = 20, = 3 (<10 m) auf Wiese. =16 (16 A) WC CHEM GRAU. Ganzjährig geöffnet.
Preis: 20,50 € inkl. Wasser, Entsorgung, Dusche, WC, WLAN. Jede weitere Pers. 7 €, Kind (3-11 J.) 4 €, Strom 4 €/Nacht, Müll-Entsorgung 1,50 €/Nacht, Hund 3,50 €.
Kontakt: Annette Bechtold, ☎ 07777/2190021, Mobil: 0176/72426159, info@tipihof.de, www.tipihof.de.
Distanz: 0 km, weitere Restaurants in 3 km, 1,5 km, Ⓗ 1,5 km, 1,5 km.
Gastro: Restaurant Waldschenke am Platz.
Freizeit: 4 km, 8 km. Bogenschießen, Beachvolleyball, Minigolfanlage, Ponyreiten, Westernspiele.
POI: Oldtimermuseum Meßkirch 6 km, Kreisgalerie Schloss Meßkirch 7 km, Schloss Sigmaringen 25 km.

82442 Saulgrub-Wurmansau — €25,00 — <10m

Wohnmobilstellplatz Ammerrock, Alte Römerstraße 10, ☎ 08845/758942
Naturnahe Lage in den Ammergauer Alpen

2021 geprüft

POS: 47°38'39.97"N/11°1'42.11"E, Karte D15 (S. 18), B4
Platz: = 3 auf Schotterrasen. WC. wird empfohlen. Dusche und WC im Haupthaus. Ganzjährig geöffnet.
Preis: 25 € inkl. Wasser, WLAN. Strom 0,50 €/kWh. Dusche über Münzautomat.
Kontakt: Ammertaler Hof, Almut Heiland, ☎ 08845/758942, info@ammerrock.de, www.ammerrock.de.
Distanz: 0 km, 3,5 km, 3,5 km.
Gastro: Gaststätte mit Platanen-Biergarten.
Freizeit: Boulderhalle mit Schuhverleih, Bergwandern, Crossboccia, Ranger- und Expertenführungen im Naturpark, Slackline, Skitouren, Schneeschuh- und Winterwanderungen.
POI: AktivArena am Kolben – Kolbensesselbahn 6,3 km, Oberammergau 7,3 km, Ammerdurchbruch – Scheibum 7,9 km, grosse Ammerquellen 12,9 km, Wieskirche Steingaden 18,8 km.

24790 Schacht-Audorf — €14,00 — <10m

WohnmobilPark Schacht-Audorf, An der K 76, ☎ 04331/847132
In erhöhter Uferlage am Nord-Ostsee-Kanal

POS: 54°18'19.54"N/9°42'42.49"E, Karte D2 (S. 5), G2
Platz: = 41 auf Schotter. =41 (16 A) WC CHEM GRAU. Aufenthalt max. 3 Nächte. Kein Winterdienst. Ganzjährig geöffnet.
Preis: 14 € inkl. aller Personen, Entsorgung, Müll-Entsorgung. Strom 0,70 €/kWh, Wasser 1 €/70 l, WC 1 €, WLAN 4 €/Tag. Bezahlung am Automat in bar (kein Wechselgeld) oder per EC-Karte. Ticket gültig bis 12:00 Uhr am Folgetag.
Kontakt: Amt Eiderkanal, ☎ 04331/847132, info@wohnmobilpark-sad.de, www.wohnmobilpark-sad.de.
Distanz: Ⓗ 0,6 km, 0,8 km, 0,8 km, 0,8 km.
Freizeit: 3 km, 5 km, 5 km. Radfahren auf der NOK-Route, Ausflugsfahrten mit dem Schiff, Dörpsee 3 km.

POI: Eisenbahnhochbrücke Rendsburg mit Schwebefähre und Schiffsbegrüßungsanlage 2 km, NordArt-Kunst in der Carlshütte 5 km.

24980 Schafflund €15,00

Hotel-Restaurant Utspann, Hauptstraße 47, ☎ 04639/95050 <8m
Neben dem parkähnlich angelegten Garten

POS: 54°45'32.91"N/9°10'46.71"E, Karte D2 (S.5), F1
Platz: = 4 auf Schotter. =4. Ladestation für E-Bikes. wird empfohlen. Ganzjährig geöffnet.
Preis: 15 €. Für Restaurantgäste kostenlos. Strom 15 €/Nacht.
Kontakt: Utspann Betriebs GmbH & Co. KG, Eike Rörden, ☎ 04639/95050, roerden@utspann.de, www.utspann.de.
Distanz: 0 km, Ⓗ 0,1 km, 0,2 km, 0,3 km.
Gastro: Hotel-Restaurant Utspann.
Freizeit: 0,8 km, 14 km. Tennis, Golfplatz Hofberg 8 km.
POI: Schifffahrtsmuseum Flensburg 12 km.

96528 Schalkau-Theuern €8,00

Hotel-Gasthof-Sonneneck Cornelia Göhring & Daniel Kunz GbR, Im Grund 1, ☎ 036766/80157 <8m
Am Hotel in ruhiger Lage am Waldrand

POS: 50°25'32.38"N/11°2'18.19"E, Karte D11 (S.14), B2
Platz: / = 4 auf Wiese, Asphalt. =4 WC. Aufenthalt max. 2 Tage. Ganzjährig geöffnet.
Preis: 8 € inkl. aller Personen, Strom, Wasser, Müll-Entsorgung.
Kontakt: Cornelia Göhring & Daniel Kunz, ☎ 036766/80157, info@hotel-gasthof-sonneneck.de, www.hotel-gasthof-sonneneck.de.
Distanz: , Ⓗ 0,2 km, 3 km, 3 km.
Gastro: Frühstück mögl. warme Küche, 17:00-21:00 Uhr.
Freizeit: 1 km, 16 km. Wandern auf markierten Wegen, Goldwaschen im Goldmuseum, Gleitschirmfliegen in Rauenstein 4 km.
POI: Deutsches Goldmuseum Theuern 0,2 km, Zinselhöhle in Meschenbach 2 km, Ruine der Schaumburg 4,5 km, Burgruine und St. Marien-Georgs-Kirche in Rauenstein 4,5 km, Veste Coburg 20 km.

54552 Schalkenmehren €12,00

Wohnmobilpark Vulkaneifel, Wohnmobilplatz 1, ☎ 06592/6159780 <10m
In der Eifel, unweit des Dorfes Schalkenmehren, den Maaren und am Maare-Mosel-Radweg

2021 geprüft

POS: 50°10'9.95"N/6°52'14.45"E, Karte D9 (S.12), B3
Platz: = 34 auf Wiese, Pflaster, Schotterrasen. WC CHEM GRAU. Anfahrt 24 h. Anmeldung über Kennzeichen am Terminal. WC, Strom, Dusche und Wasser über Zugangskarte. Ganzjährig geöffnet.
Preis: 12 € inkl. Entsorgung, WC, WLAN, Hund. Jede weitere Pers. 2 €, Kind (bis 14 J.) gratis, Strom 0,60 €/kWh, Wasser 1 €/100 l, Dusche 2 €/8 min, jeder weitere Hund 2 €. Nur Kartenzahlung.
Kontakt: Heike Butzen, ☎ 06592/6159780, info@wohnmobilpark-vulkaneifel.de, www.wohnmobilpark-vulkaneifel.de.
Distanz: 0,8 km, Ⓗ 1 km, 1 km, 1 km.
Gastro: Brötchenservice/Food-Automat am Platz. Gasthof Schmitz, Hotel Michels, Schneider am Maar in Schalkenmehren.
Freizeit: 1 km, 5 km. Wanderwege und Mountain-Bike-Routen, Maare-Mosel-Radweg ab Platz, Wanderungen an den Dauner Maaren, Schalkenmehrener Maar (Badesee) 0,8 km, Weinfelder Maar 1,5 km, Gemündener Maar (Badesee) 6,4 km.
POI: Wild- und Erlebnispark Daun 13,5 km.

18569 Schaprode €24,00

Camping Schaprode, Lange Straße 24, ☎ 038309/1234 <8m
Auf dem Campingplatz Am Schaproder Bodden

POS: 54°30'57.67"N/13°9'54.44"E, Karte D4 (S.7), E1
Platz: / = 150 auf Wiese. =150 (10/16 A) WC CHEM GRAU. Anfahrt bis 20:00 Uhr, wenn die Rezeption geschlossen ist, bitte im Restaurant melden. Geöffnet: 20.3.-31.10.
Preis: Ab 24 € inkl. Wasser, Entsorgung, WC, Müll-Entsorgung. Strom 3 €, Dusche 1,50 €/4 min, Hund 2 €, Trockner 3 €, Waschmaschine 4 €. HS 29 €, ZS 24 €, NS 21 €, jede weitere Pers. 7-10 €, Kind 3,50-5 €. Preisänderung 2023 möglich.
Kontakt: Barbara Gau, ☎ 038309/1234, camping.schaprode@t-online.de, www.camping-schaprode.de.
Distanz: 0 km, 0,2 km, Ⓗ 0,5 km.
Gastro: Mehrere Restaurants ab 0,3 km.
Freizeit: Wassersport, Schifffahrt nach Hiddensee, Angeln, Bootsverleih, Fähranleger nach Hiddensee 0,3 km.
POI: Kirche aus dem 13. Jh. 0,3 km.

23683 Scharbeutz €10,00

Ostseestrand Ferienpark Scharbeutz, Strandallee 98b, ☎ 04503/7794755 <10m
Im Ferienpark, nahe dem Strand

POS: 54°2'7.80"N/10°44'49.96"E, Karte D3 (S.6), A3
Platz: = 88, = 15 (<14 m) auf Schotterrasen. =80 (16 A) WC CHEM GRAU. Kostenloser Autoverleih für 1 h. Öffnungszeiten HS 9:00-18:00 Uhr, NS 9:00-17:00 Uhr, sonst nach Absprache. Ganzjährig geöffnet.
Preis: Ab 10 € inkl. Wasser, Entsorgung, Dusche, WC, Müll-Entsorgung, WLAN. Jede weitere Pers. 4 €, Strom 0,49 €/kWh. Je nach Saison Stellplatz ab 15 €, XL ab 25 €, Bulli-Stellplatz bis 6,5 m ab 10 €. Kurtaxe 0,50-2,80 €, Gespanne bis 44 € in der HS.
Kontakt: ☎ 04503/7794755, rezeption@ferienpark-scharbeutz.de, www.ferienpark-scharbeutz.de.
Distanz: 1 km, Ⓗ 1 km, 2 km.
Freizeit: Animationsprogramm in der HS, Strandküche, Fitnessgeräte, Boule, Hüpfburg, Tischtennis und -kicker am Platz, Segelschule 0,1 km, Hansapark 10 km.
POI: Lübeck 24 km.

23683 Scharbeutz €15,00

Womohafen Scharbeutzer Strand, Hamburger Ring 6-8, ☎ 01525/2885844 <12m
In Orts- und Ostseenähe

2022 geprüft

POS: 54°1'51.79"N/10°45'6.58"E, Karte D3 (S.6), A3
Platz: = 90 auf Schotterrasen, Naturboden, Schotter. =90 (16 A) CHEM GRAU. Ganzjährig geöffnet.
Preis: 15 € inkl. Entsorgung, Müll-Entsorgung, WLAN. Strom 1 €/kWh, Wasser 1 €/80 l. Kurtaxe 0,50-2,80 € je nach Saison.
Kontakt: Ronald Harms, Mobil: 01525/2885844, gippo1@web.de, www.womohafen-scharbeutzer-strand.de.
Distanz: Ⓗ 0,1 km, 0,2 km, weitere Restaurants in 0,5 km, 0,3 km, 1 km.
Gastro: Die Stranddüne, Mo-So 10:00-20:00 Uhr.
Freizeit: 4,1 km, 2,7 km, 0,5 km. Wassersport, Dünengolfen direkt mit Meerblick, Strand 0,2 km, Hundestrand 1 km, Ostsee-Therme Scharbeutz 2,7 km, Pönitzer Seenplatte 4 km, Hansa-Park 4 km, Golfplatz 8 km.
POI: Seebrücke im Zentrum 0,5 km, Heimatmuseum in Pönitz 5 km, Sea-Life Aquarium 5 km.

21379 Scharnebeck €6,00

Wohnmobilstellplatz Am Schiffshebewerk, Adendorfer Straße 40, ☎ 04136/7178 <8m
Auf dem abgetrennten Teil des Touristenparkplatzes

2021 geprüft

POS: 53°17'33.00"N/10°29'37.24"E, Karte D2 (S.5), H5
Platz: = 15 auf Sand/Splitt, Pflaster, Asphalt. =8 (16 A) CHEM GRAU. Ganzjährig geöffnet.
Preis: 6 € inkl. aller Personen, Entsorgung, Müll-Entsorgung. Strom 1 €/8 h, Wasser 1 €/100 l. Bei der Ausfahrt 2 € Gebühr.

S

Kontakt: Gemeinde Scharnebeck, ☎ 04136/7178, info@gemeinde-scharnebeck.de, www.gemeinde-scharnebeck.de.
Distanz: 0,2 km, 0,4 km, Ⓗ 0,5 km, 1 km.
Gastro: Am Platz. warme Küche, 10:30-22:30 Uhr.
Freizeit: 3 km. Bootswandern, Reiten, Angeln, Kletterwald 0,3 km, Badesee 2 km.
POI: Windmühle Artlenburg, Domäne Scharnebeck, Doppeltrogschiffshebewerk 0,1 km.

23730 Schashagen-Bliesdorf €18,00

<12m

Wohnmobilpark Meerblick, Furthkoppel, ☎ 04562/6056
5-Sterne Wohnmobilpark mit 50 Komfort-Stellplätzen (120qm) mit Meerblick

POS: 54°7'16.19"N/10°55'25.41"E, Karte D3 (S. 6), A3
Platz: P = 50 auf Wiese, Pflaster. WC CHEM GRAU . Stromanschlüsse 16A, Leinenpflicht für Hunde. B Alle Parzellen mit Meerblick. Geöffnet: 1.4.-31.12.
Preis: 18 €. Jede weitere Pers. 9 €, Kind (3-15 J.) 4 €, Hund 5 €. HS 18 €, NS 16 €.
Kontakt: Hinrich Behrens, ☎ 04562/6056, info@campingland-ostsee.de, wohnmobilpark-meerblick.de.
Distanz: 0,7 km, weitere Restaurants in 1 km, 1,6 km, Ⓗ 2 km.
Freizeit: Freier Zugang zur Ostsee mit Sandstrand, Hundestrand, Gassi-Routen durch die grüne Feldmark von Ostholstein, Hundedusche auf dem Campingplatz.

23730 Schashagen-Bliesdorf €23,00

<12m

Wohnmobilpark Ostseeblick/ Camping Walkyrien, Strandweg 26, ☎ 04562/6787
Befestigte Stellplätze vor der Schranke des 5*-Campingplatzes mit Ostseeblick

POS: 54°7'10.05"N/10°55'16.27"E, Karte D3 (S. 6), A3
Platz: P = 54 auf Wiese, Rasengittersteinen. =54 (16 A) WC CHEM GRAU . Sauna/Wellness. Spontan-Anreise (ab 12:00 Uhr) oder Online-Buchung möglich (telefonisch/schriftlich nicht reservierbar). Abreise bis 12:00 Uhr. Walkyrien SPA Sauna & Wellness über dem Meer, Kinderanimation in den Sommerferien. Ganzjährig geöffnet. Ausnahme: bei Schnee geschlossen.
Preis: Ab 23 € inkl. Entsorgung, Dusche, WC, Müll-Entsorgung, Kurtaxe. Strom 0,60 €/kWh, Wasser 1 €/80 l, WLAN 9 €/3 Tag. Jede weitere Pers. 7-8 €, Kind 4,50-5,50 €, Hund 3,50-4 €. HS 23-29 €, NS 20-26 €, Preis abhängig von Platzwahl und Fahrzeuglänge. Sparsaison 2.1.-3.3. und 6.11.-22.12. 11-15 € (ohne Dusche).

Kontakt: Camping & Ostseeferienpark Walkyrien, Bettina Gosch, ☎ 04562/6787, info@camping-walkyrien.de, www.camping-walkyrien.de.
Distanz: 0 km, weitere Restaurants in 0,8 km, 0 km, Ⓗ 1,5 km, 1,5 km.
Gastro: Restaurant Walkyrien 0 km, Mo 17:30-20:30 Uhr, Di-So Ruhetag. Brötchenservice.
Freizeit: Agilityplatz für Hunde, Surfen, Wassersport, Ausflüge zu Seebädern, Segeln, Ostseestrand 0,2 km.
POI: Ostseeheilbad Grömitz 5 km, Hafenstadt Neustadt 10 km, Kloster Cismar 11 km.

34270 Schauenburg-Hoof €10,00

<12m

Gasthaus Himmel, Korbacher Straße 397, ☎ 05601/1362
Am Fuße der Schauenburg in ruhiger Lage

POS: 51°16'52.17"N/9°20'5.44"E, Karte D6 (S. 9), F5
Platz: = 10 auf Wiese, Schotter. WC CHEM . Anfahrt 24 h. Geöffnet: März-Okt.
Preis: 10 € inkl. Strom, Wasser, Entsorgung, WC.
Kontakt: Gerhard Lauterbach, ☎ 05601/1362, info@gasthaushimmel.de, www.gasthaushimmel.de.
Distanz: 0 km, 1,5 km, 1,5 km.
Freizeit: 5 km. Naumburger Kleinbahn, Wanderweg Habichtswaldsteig.
POI: Burgruine Schauenburg 0,8 km, Herkules Kassel 15 km, Kurhessen Therme 15 km, Löwenburg Kassel 15 km.

94571 Schaufling €17,00

<8m

Landgasthof Düllhof, Ensmannsberg 3, ☎ 09904/293
An der Südseite des Gasthofs

POS: 48°51'26.88"N/13°4'14.94"E, Karte D16 (S. 19), F1
Platz: = 15 auf Schotter. WC CHEM GRAU . B wird empfohlen. Ganzjährig geöffnet.
Preis: 17 € inkl. aller Personen, Wasser, Entsorgung. Dusche 2 €/Pers. Ab der 2. Nacht 15 €. Strom gegen Gebühr..
Kontakt: Kurt Mühlbauer, ☎ 09904/293, Mobil: 0160/8825910, duellhof@t-online.de, www.duellhof.de.
Distanz: 0 km, 2 km, 2 km, Ⓗ 2 km.
Gastro: Restaurant am Platz, warme Küche 11:30-14:00 Uhr und 18:00-20:00 Uhr. Frühstücksbüfett oder Brötchenservice, Produkte vom eigenen Bauernhof, jeden Sa frisches Holzofenbrot.
Freizeit: 5 km, 10 km, 5 km. Brot backen, Feng-Shui-Kurpark, Golfplatz 2 km, Wintersport 3 km.
POI: Denkmalgeschützte Bauernhöfe in Datting 4 km, Lalling 5 km.

09481 Scheibenberg €10,50

<10m

Landgasthof Wiesner's Teichwirtschaft, Elterleiner Straße 10, ☎ 037349/8326
Bei einer alten Fischerei in Einzellage

POS: 50°33'25.15"N/12°54'15.09"E, Karte D12 (S. 15), E2
Platz: = 5 auf Wiese, Schotter. WC GRAU . Geöffnet: 15.4.-30.10.
Preis: 10,50 € inkl. Wasser, Entsorgung, Dusche, WC, Müll-Entsorgung. Strom 2,50 €.
Kontakt: Nico Wiesner, ☎ 037349/8326, info@wiesners-teichwirtschaft.de, www.wiesners-teichwirtschaft.de.
Distanz: 0 km, weitere Restaurants in 3 km, Ⓗ 0,1 km, 2 km, 2 km.
Gastro: Abendessen für Stellplatzgäste auf Anfrage, Mo + Fr 17:00-21:00 Uhr, Sa 17:00-22:00 Uhr, So 11:30-16:00 Uhr, Di-Do Ruhetag.
Freizeit: 5 km, 8 km, 2 km. Schwimmen, Badestelle am eigenen Badeteich.
POI: Basaltsäulen Orgelpfeifen 2 km, Schlosspark Schlettau 6 km, St. Annenkirche, Frohnauer Hammer und Besucherbergwerk Markus Röhling in Annaberg 12 km, Schloss Schwarzenberg 14 km.

88175 Scheidegg/Allgäu €30,00

<8m

Schnuckenhof, Neuhaus 41, ☎ 0171/3514454 An der Grenze zu Österreich gelegen, an einem Bergbach

POS: 47°32'0.69"N/9°52'12.01"E, Karte D14 (S. 17), G4
Platz: = 2 auf Wiese, Asphalt, Rasengittersteinen. =2 WC . B wird empfohlen. Geöffnet: Apr-Okt.
Preis: 30 € inkl. Strom, Wasser, Dusche, WC, Müll-Entsorgung. Inkl. Nutzung von Aufenthaltsraum und Küche.
Kontakt: Ralph Lutterloh, Mobil: 0171/3514454, rlutterloh@hotmail.com.
Distanz: 0,5 km, Ⓗ 0,5 km, 6 km, 6 km.
Freizeit: 5 km. Tischtennisplatte, Baden, Mountainbiking, Heidschnucken, Bergbach am Hof, Reptilienhaus, Spaßbad Aquaria in Oberstaufen 20 km, Sommerrodelbahn am Hündle 25 km.
POI: Pfarrkirche.

88175 Scheidegg/Allgäu €17,50

<12m

Wohnmobilpark Scheidegg, Am Hammerweiher 1, ☎ 08381/8942233
Am Ortsrand hinter dem Kurhaus

POS: 47°34'20.68"N/9°50'41.56"E, Karte D14 (S. 17), G4
Platz: P = 22 auf Schotter, Rasengittersteinen. =16 (16 A) WC CHEM GRAU . Ganzjährig geöffnet.

Preis: 17,50 € inkl. Strom, Wasser, Entsorgung, WC, Müll-Entsorgung, WLAN, Kurtaxe. Dusche 2 €/3 min. Bezahlung am Parkscheinautomat, Parkster App oder in der Tourismus-Information am Rathausplatz 8 (0,8 km), sowie auch im Restaurant im Kurhaus oder in Christians Dorfkiosk. Duschmarken im Kurhaus, im Scheidegg-Tourismus-Büro oder in Christians Dorfkiosk.
Kontakt: Scheidegg-Tourismus, ☎ 08381/8942233, info@scheidegg.de, www.scheidegg.de/gastgeber/wohnmobilstellplatz.
Distanz: 0,1 km, weitere Restaurants in 0,3 km, Ⓗ 0,1 km, 1,2 km, 1,2 km.
Gastro: Pizzeria im Kurhaus.
Freizeit: 0,3 km, 6 km, 1,2 km. Nordic Walking, Wintersport, Kutschfahrten, Kneippanlage 0,5 km, Kletterhalle, Hochseilgarten 1,5 km.
POI: Skywalk Allgäu, Naturerlebnispark, Scheidegger Wasserfälle 3 km, Dorfsennerei 3,5 km, Alpenwildpark am Pfänder 9 km.

91443 Scheinfeld — €7,00 — <12m

Concorde Reisemobilstellplatz Scheinfeld, Kirchstraße 78, ☎ 09162/988748 Am Ortsrand, direkt am Warmfreibad/Hallenbad

POS: 49°40'21.10"N/10°27'31.08"E, Karte D11 (S. 14), A4
Platz: = 19, = 4 (<10 m) auf Rasengittersteinen, Sand/Splitt. =19 WC CHEM GRAU. Ganzjährig geöffnet.
Preis: 7 € inkl. Entsorgung, Müll-Entsorgung. Strom 1 €/2 kWh, Wasser 1 €/100 l.
Kontakt: Dariusz Migula, ☎ 09162/988748, Mobil: 0174/3163768, info@stellplatz-scheinfeld.de, www.stellplatz-scheinfeld.de.
Distanz: 0 km, weitere Restaurants in 1 km, 1 km, Ⓗ 1 km, 1 km.
Gastro: Bistro und Imbiss im Freibad/Hallenbad.
Freizeit: 0,1 km, 0,1 km. Wanderwege durch den Naturpark Steigerwald führen teilweise direkt am Platz vorbei.
POI: Schloss Schwarzenberg 1 km, hist. Altstadt 1 km.

36277 Schenklengsfeld — gratis — <8m

Wohnmobilstellplatz Schenklengsfeld, Am Schwimmbad, ☎ 06629/92020 Zwischen Tennisplatz und Freibad

POS: 50°49'29.36"N/9°50'41.46"E, Karte D10 (S. 13), G1
Platz: = 3 auf Pflaster. =4 CHEM GRAU. Aufenthalt max. 3 Tage, bei Störung der Versorgungssäulen telefonisch melden. Ganzjährig geöffnet.
Preis: Übernachtung gratis. Strom 0,50 €/kWh, Wasser 1 €/80 l, Entsorgung 1 €.
Kontakt: ☎ 06629/92020, hauptamt@schenklengsfeld.de, www.schenklengsfeld.de.
Distanz: 0,5 km, 0,8 km, 0,8 km, Ⓗ 0,8 km.
Gastro: Gasthof zur Linde.
Freizeit: 0,2 km. Wandern.
POI: 1200-jährige Linde (ältester Baum Deutschlands), Mauritiuskirche Schenklengsfeld.

46514 Schermbeck-Gahlen — €12,00 — <8m

Café und Restaurant Holtkamp, Kirchstraße 37, ☎ 02853/5898 Direkt an einer Pferdeweide ohne Schatten

POS: 51°40'6.77"N/6°52'10.98"E, Karte D5 (S. 8), B4
Platz: = 20 auf Schotterrasen, Wiese. WC CHEM GRAU. nur bei Gruppen. Ganzjährig geöffnet.
Preis: Ab 12 € inkl. aller Personen, Strom, Wasser, Entsorgung. 12 € bei normalem Strom und Wasseranschluss, 15 € bei Betrieb von elektrischer Zusatzheizung oder Klimaanlage.
Kontakt: Herr Holtkamp, ☎ 02853/5898, friedrich.holtkamp@t-online.de, www.cafe-holtkamp.com.
Distanz: 0 km, 0,5 km, 0,5 km, Ⓗ 0,5 km.
Gastro: Café und Restaurant Holtkamp, Mo-Do geschlossen, Fr/Sa/So ab 18:00 Uhr geöffnet.
Freizeit: 3 km.
POI: Schloss Gartrop 5,5 km, Movie World 15 km.

85132 Schernfeld-Ferdinandsfeld — €17,00 — <12m

Freizeit-Camp Ferdinandshof, Ferdinandsfeld 1, ☎ 08421/936689 Naturcamping-Gelände

POS: 48°56'13.67"N/11°7'40.35"E, Karte D15 (S. 18), B1
Platz: = 14 auf Schotter. =14 WC CHEM. nur bei Gruppen. Geöffnet: Mai-Sep.
Preis: 17 € inkl. Strom, Wasser, Entsorgung, Dusche, WC, Müll-Entsorgung.
Kontakt: Familie Sirch, ☎ 08421/936689, Mobil: 0172/9773494, info@freizeitcamp-eichstaett.de, www.freizeitcamp-eichstaett.de.
Distanz: 0 km, Ⓗ 2 km, 2 km, 2 km.
Freizeit: 7 km, 18 km. Fossilien suchen, Minigolf 0,1 km.
POI: Willibaldsburg Eichstätt 8 km, Limes 10 km, Römermuseum Weißenburg 17 km.

86872 Scherstetten-Konradshofen — €8,00 — <8m

Pension Hubertus, Hauptstraße 47, ☎ 08204/303 Landhof in Ortsrandlage

POS: 48°12'38.33"N/10°38'55.37"E, Karte D15 (S. 18), A3
Platz: = 1 auf Asphalt. =1 (16 A) WC. Ganzjährig geöffnet.
Preis: 8 € inkl. WC, WLAN. Strom 1,50 €, Wasser 1,50 €, Dusche 2 €/Pers.
Kontakt: Manfred Weber, ☎ 08204/303, info@hubertus-konradshofen.de, www.hubertus-konradshofen.de.
Distanz: 0 km, weitere Restaurants in 5 km, Ⓗ 0,1 km, 0,5 km, 10 km.
Gastro: Essen am Platz (nur für Gruppen). Frühstücksservice.
Freizeit: 10 km.
POI: Wallfahrtsort Maria Vesperbild 15 km, Kloster Oberschönenfeld 15 km.

96110 Scheßlitz — gratis — <8m

Stellplatz am Schwimmbad, Windischlettener Straße, ☎ 09542/949028 Zu Füßen der Giechburg und des Gügels

POS: 49°58'36.45"N/11°1'33.10"E, Karte D11 (S. 14), B3
Platz: = 2 auf Pflaster. Parkplatz darf auch als Stellplatz benutzt werden. Ganzjährig geöffnet.
Preis: Übernachtung gratis.
Kontakt: Stadt Scheßlitz, ☎ 09542/949028, poststelle@schesslitz.de, www.schesslitz.de.
Distanz: Ⓗ 0,5 km, 0,5 km, 0,5 km, 1 km.
Freizeit: Stadtbesichtigung, Schwimmen.
POI: Giechburg, Felsenkapelle Gügel.

32816 Schieder-Schwalenberg — €12,50 — <12m

Freizeitzentrum Schiedersee, Kronenbruch 3, ☎ 05282/411 Wohnmobilhafen beim Freizeit- und Erholungszentrum

POS: 51°55'17.58"N/9°9'52.14"E, Karte D6 (S. 9), F3
Platz: = 200, = 60 (<12 m) auf Wiese, Schotter, Rasengittersteinen. =200 WC CHEM GRAU. Wird täglich überwacht. Ganzjährig geöffnet.
Preis: Ab 12,50 € inkl. Strom, Entsorgung, WC, Müll-Entsorgung. Wasser 0,20 €/20 l, Dusche 0,50 €/5 min, Waschmaschine 2,50 €/2 h. Stellplätze auf der Terrasse 15 €, Stellplätze in Seelinie 17,50 €.
Kontakt: Infinity GmbH & Co. KG, B. Krentz, ☎ 05282/411, info@schiedersee.de, www.schiedersee.com.
Distanz: 0,1 km, 1 km, 1 km, Ⓗ 1 km.
Gastro: Café Restaurant Breitengrad, Mo-So 11:00-20:00 Uhr. Brötchenverkauf. Bistro Bootshaus, Mo-So 11:00-20:00 Uhr.
Freizeit: 0,6 km, 28 km, 4 km. Bootsverleih, Boule, Pony reiten, Kegeln, Wassersport, Aktionen für Reisemobilisten regelmäßig an den Wochenenden, Schiffahrt, Minigolf, Familienpark Funtastico 0,1 km, Vogelpark und Adlerwarte 20 km.
POI: Schloss mit Schlosspark 0,8 km, Technikmuseum Papiermühle Plöger 2 km, Kunst- und Malerstadt Schwalenberg 7 km, Externsteine Horn 18 km, Hermannsdenkmal Detmold 20 km.

67823 Schiersfeld — gratis — <10m

Sulzbachtal/Freizeitgelände, Bismarckstraße, ☎ 06361/451121 Bei einem großzügigen Freizeitbereich am Ortsrand

POS: 49°41'33.20"N/7°46'8.00"E, Karte D9 (S. 12), C4
Platz: = 8, = 8 (<10 m) auf Schotter, Schotterrasen. =8 (16 A). Nachts beleuchtet, sehr ruhig. Ganzjährig geöffnet.
Preis: Übernachtung gratis. Strom 1 €/2 kWh, Wasser 1 €/100 l. Münzautomat.

S

Kontakt: Touristinformation VG Nordpfälzer Land, Dominique Conte, 06361/451121, dominique.conte@vg-nl.de, www.schiersfeld.de.
Distanz: 0,5 km, 0,7 km, 2 km, 4 km.
Gastro: Italienische Küche in Mannweiler 4 km, deutsche Küche in Obermoschel 4 km.
Freizeit: 10 km, 22 km, 12 km. Pfälzer Höhenweg, Grillhütte, Fußball, Volleyball, Basketball.
POI: Burgruine Randeck 2 km, Burgruine Moschellandsburg 4 km, Altstadt Obermoschel 4 km, Panorama-Windlehrpfad 4 km.

24637 Schillsdorf — €10,00 — <8m

Brauerei Kirschenholz, Hauptstraße 4, 04394/309
Landgasthof mit eigener Landbrauerei

POS: 54°6'50.42"N/10°7'35.90"E, Karte D2 (S.5), G3
Platz: = 5, = 2 (<8 m) auf Wiese, Schotter. =2. wird empfohlen. Gasflaschentausch in der Nähe. Ganzjährig geöffnet.
Preis: 10 €. Strom 5 €.
Kontakt: Kirschenholz, Gaby Overath, 04394/309, info@kirschenholz.de, www.kirschenholz.de.
Distanz: 0,5 km, 5 km, 5 km.
Gastro: Landgasthof Kirschenholz, Mi-Fr 17:00-20:30 Uhr, Sa-So 11:00-20:30 Uhr, Mo-Di Ruhetag, Feiertag 11:00-20:30 Uhr.
Freizeit: 15 km, 15 km, 16 km. Bei Gruppen ab 10 Personen Brauereiführungen möglich.
POI: Kiel 20 km, Naturpark Westensee 25 km.

77761 Schiltach — gratis — <8m

Lehwiese P1, Häberlesbrücke, 07836/5850 Öffentlicher Parkplatz an der Kinzig vor der historischen Altstadt

2021 geprüft

POS: 48°17'28.00"N/8°20'32.00"E, Karte D13 (S.16), D3
Platz: = 6 auf Schotterrasen, Schotter. Aufenthalt max. 24 h, Anfahrt ab 17:00 Uhr empfohlen. Ganzjährig geöffnet.
Preis: Übernachtung gratis. Spende für das DRK erwünscht.
Kontakt: Stadt Schiltach, 07836/5850, touristinfo@schiltach.de, www.schiltach.de.
Distanz: 0,1 km, 0,2 km, 0,5 km, 0,5 km.
Freizeit: 2 km, 15 km, 1 km. Altstadtbesichtigung.
POI: Schüttesägemuseum 0,2 km.

77761 Schiltach — €5,00 — <10m

Stellplatz Hinterholzstube, Hinterholz 161, 07836/7138 Am Restaurant

POS: 48°14'51.65"N/8°21'13.29"E, Karte D14 (S.17), E3
Platz: / = 3 auf Wiese, Schotter, Asphalt. =6 . nur bei Gruppen. Ganzjährig geöffnet.
Preis: 5 € inkl. Wasser, WC, Müll-Entsorgung. Strom 2 €/Tag.
Kontakt: 07836/7138, info@hinterholzstube.com, www.hinterholzstube.com.
Distanz: 0 km, 6 km, 6 km, 6 km.
Gastro: Restaurant am Platz, Fr-Sa 14:00-21:00 Uhr, So 12:00-20:00 Uhr, Mo-Di Ruhetag.
Freizeit: 10 km, 12 km.
POI: Automuseum Schramberg 5 km, Glasbläserei Wolfach 10 km, Altstadt Schiltach 10 km, Vogtsbauernhof Gutach 15 km.

37308 Schimberg-Martinfeld — €5,00 — <10m

Hotel & Restaurant Landhaus Am Westerwald, Ershäuser Straße 10, 036082/89213 Außenanlage des Landhauses mit Biergarten und Wildgehege

POS: 51°17'6.93"N/10°10'49.17"E, Karte D6 (S.9), H5
Platz: / = 3 auf Wiese, Schotter. . Aufenthalt nach Absprache, Wohnwagen-Gespanne auf Anfrage und Verfügbarkeit, vorherige Anmeldung (auch kurzfristig) erwünscht, Anfahrt bis 17:00 Uhr. Ganzjährig geöffnet.
Preis: 5 €. Strom und Wasser 5 €.
Kontakt: Frank Ibold, 036082/89213, information@landhaus-westerwald-martinfeld.de, www.landhaus-westerwald-martinfeld.de.
Distanz: 0 km, 0,2 km, 0,5 km.
Gastro: Frühstücksservice. Am Platz, warme Küche ab 17:00 Uhr.
Freizeit: 3 km, 10 km. Kanufahrten auf der Werra.
POI: Burg Gleichenstein, Mittelpunkt Deutschlands 3 km, Grenzlandmuseum 15 km, Burgruine Hanstein 19 km.

82444 Schlehdorf — €35,00 — <10m

KlosterGut Schlehdorf, Kirchstraße 15, 0/88519291980
Auf bewirtschaftetem Bauernhof nahe Kochelsee

2021 geprüft

POS: 47°39'30.82"N/11°19'9.62"E, Karte D15 (S.18), B4
Platz: = 3, = 1 (<9 m) auf Asphalt. . Spülmöglichkeit, Leinenpflicht für Hunde. Ganzjährig geöffnet.
Preis: 35 € inkl. Kurtaxe. Jede weitere Pers. 8 €, Kind (3-13 J.) 4 €, Waschmaschine 2 €.
Kontakt: KlosterGut Schlehdorf, Mark Rochlus, 0/88519291980, vermietung@klostergut-schlehdorf.de, klostergut-schlehdorf.de/urlaub.
Distanz: 0,5 km, 0,5 km, 0,5 km, 11,6 km (Stellplatz am Sportplatz, Schwimmbadstrasse 37, 83671 Benediktbeuern).
Gastro: Hofcafé. Hofladen mit eigenen Produkten. Fischerwirt 0,5 km.
Freizeit: Kochelsee, Bergsteigen, Reiten am Islandpferdehof Blauer Reiter am Sommerstall am Karpfsee 1 km.
POI: Kochel am See mit Franz Marc Museum 4 km, Schlossmuseum Murnau mit Austellung Gabriele Münter 12 km.

54340 Schleich — €7,00 — <8m

Weinbau Otto-Weinstube Zum Alten Backes, Moselufer, 06507/3496
Am westlichen Ufer der Mosel

2020 geprüft

POS: 49°48'48.00"N/6°50'32.00"E, Karte D9 (S.12), B4
Platz: = 10 auf Schotterrasen. =6 (16 A) . Besitzer ab 18:00 Uhr auf dem Platz. Ganzjährig geöffnet.
Preis: 7 € inkl. Entsorgung, Müll-Entsorgung. Strom 2 €, Wasser 1 €/100 l. Beim Kauf von 6 Flaschen Wein je ein Tag frei.
Kontakt: Jörg Otto, 06507/3496, Mobil: 0160/96202222.
Distanz: 0,2 km, 0,2 km, 0,2 km, 5 km.
Gastro: Hotel Zum Schleicher Kuckuck 0,2 km.
Freizeit: 11 km, 6 km. Rudern, Angeln, Weinprobe, Schiffsfahrten.
POI: Schmiede am Weierbach, Schleich, alte Kirche v. 1569, Zehntscheune, Römische Wasserleitung Pölich 2 km, Krippenmuseum Klüsserath 5 km, Villa Urbana in Longurich 11 km.

53937 Schleiden — €12,00 — <12m

Eifel-Wohnmobilpark-Vogelsang, Vogelsang 40, 01577/1941065
Im Nationalpark Eifel auf der Dreiborner Hochebene

POS: 50°34'46.23"N/6°26'41.65"E, Karte D9 (S.12), A2
Platz: = 50 auf Schotter, Naturboden. . nur bei Gruppen. Anfahrt über Schrankenanlage, Platzwart tauscht Ticket gegen Ausfahrkarte. Ganzjährig geöffnet.
Preis: 12 € inkl. Wasser, Entsorgung. Kurtaxe (ab 18 J.) 1 €/Pers., Kurtaxe (14-17 J.) 0,50 €/Pers. Ohne Übernachtung 6 €.
Kontakt: Petra Aust, 01577/1941065, info@eifel-wohnmobilpark-vogelsang.de, www.eifel-wohnmobilpark-vogelsang.de.
Distanz: 0,3 km, 1,2 km, 9 km, 9 km.
Freizeit: 0,5 km. E-Bike-Ladestation am Forum, Kutschfahrten, Nationalpark Eifel und Eifelsteig, Rotwildaussichtsplattform 3 km, Schifffahrt, Segeln, Rudern auf der Talsperre Rursee 4 km.
POI: Nationalpark Eifel, Museen, Astronomiewerkstatt mit zertifiziertem Himmel (Sternenpark), historische Gebäude der ehemaligen Ordensburg 0,3 km, Wollseifen 3 km.

53937 Schleiden — gratis — <8m

Wohnmobilstellplatz am Erlebnisfreibad Schleiden, Im Wiesengrund, 02444/2011
Öffentlicher P unterhalb der B258, am Erlebnisfreibad Dieffenbach

2021 geprüft

POS: 50°31'46.45"N/6°27'56.61"E, Karte D9 (S.12), A2
Platz: = 3 auf Asphalt. . WC/Dusche nur im Sommer im Freibad (kostenpflichtig). Aufenthalt max. 24 h. Ganzjährig geöffnet.
Preis: Übernachtung gratis.

Kontakt: Tourist-Information im Nationalpark-Tor Gemünd, ☎ 02444/2011, nationalparktor@nordeifel-tourismus.de, www.natuerlich-eifel.de.
Anfahrt: Enge Einfahrt.
Distanz: 0,5 km, weitere Restaurants in 0,9 km, 1 km, 1 km, Ⓗ 1 km.
Freizeit: 5 km, 1 km. Nationalpark Eifel 6 km.
POI: Historischer Rundgang 0,5 km, Kunstmeile Schleiden 0,5 km, spätgotische Schlosskirche 0,5 km, Sturmiuspark 1 km.

53937 Schleiden-Gemünd €14,00

Wohnmobilhafen am Nationalpark Eifel, Pfarrer-Kneipp-Straße 3, <12m
☎ 0244/4915823 Ruhiger, ortsnaher Platz am Waldrand neben dem Kurpark

2022 geprüft

POS: 50°34'42.10"N/6°29'36.22"E, Karte D9 (S. 12), A2
Platz: = 40 auf Pflaster, Schotter, Asphalt. =40 (16 A) WC CHEM GRAU. Anfahrt 24 h, 15 Ausweichplätze mit Strom, TV-Empfang über Kabel gegen Kaution möglich. Betreiberin von 9:30-10:00 Uhr/17:00-18:00 Uhr vor Ort. Ganzjährig geöffnet.
Preis: 14 € inkl. Entsorgung, Müll-Entsorgung, Kurtaxe. Strom 1 €/kWh, Wasser 1 €/50 l, Dusche 2 €/ Pers., WC 0,50 €, WLAN 1 €, VE für Durchreisende 4 €.
Kontakt: Karin Höfer, ☎ 0244/4915823, Mobil: 0174/7167067, info@womo-nationalpark-eifel.eu, www.womo-nationalpark-eifel.eu.
Distanz: 0,3 km, weitere Restaurants in 0,5 km, 0,5 km, 0,5 km, Ⓗ 0,5 km.
Gastro: Brötchenservice Apr-Okt täglich gegen 8:30 Uhr.
Freizeit: 0,2 km, 4 km, 0,2 km. Ranger geführte Wanderungen, Nationalpark 0,5 km, Spielepark Aktivi 6 km, Tennishalle 6 km, Oleftalsperre 10 km, Freiwildpark Hellenthal 10 km, Urftsee im Nationalparkgelände 12 km.
POI: Burg Vogelsang 4 km, Rheinisches Freilichtmuseum Mechernich 10 km.

24837 Schleswig €18,00

Wohnmobilstellplatz am Wiking-Yachthafen, Wikingeck 11, <8m
☎ 04621/35666 Direkt am Hafen

POS: 54°30'27.18"N/9°32'49.70"E, Karte D2 (S. 5), G2
Platz: = 8 auf Pflaster. WC CHEM GRAU. Geöffnet: 1.5.-1.10.
Preis: 18 € inkl. aller Personen, Wasser, Entsorgung. Strom 3 €, Dusche 1 €/5 min.
Kontakt: Björn Hansen, ☎ 04621/35666, info@wiking-yachthafen.de, www.wiking-yachthafen.de.
Distanz: 0,3 km, 1,5 km.
Gastro: Restaurant Wikingturm 0,3 km.
Freizeit: Tretboot-/Kanu fahren mit Verleih vor Ort.
POI: Schloss Gottorf, Wikinger-Museum/-Siedlung, Schleswiger Dom, Fischersiedlung Holm, Altstadt.

24837 Schleswig €14,00

Wohnmobilstellplatz am Schleswiger Stadthafen, Am Hafen 5, <10m
☎ 04621/801450
Großzügiger Stellplatz mit Hafenflair und gutem Service am Schleswiger Stadthafen

POS: 54°30'42.00"N/9°34'6.00"E, Karte D2 (S. 5), G2
Platz: P = 45 auf Schotter, Asphalt. =45 (10 A) WC CHEM GRAU. Ganzjährig geöffnet.
Preis: Ab 14 € inkl. Strom, Wasser, Entsorgung, Dusche, WC, Müll-Entsorgung, WLAN, Kurtaxe. Jede weitere Pers. 3 €, Waschmaschine/Trockner je 2,50 €. 1.3.-30.11. 20 €, 1.12.-28.2. 14 €. Wohnmobile mit Trailerboot 28 €. Im Winter ohne VE und WC. Zugang zum Sanitärgebäude, Müllentsorgung sowie Frischwasser mit Chips gegen 20 € Pfand.
Kontakt: Stadtwerke SH GmbH & Co. KG, Harald Eschen, ☎ 04621/801450, womo-sl@stadtwerke-sh.de, www.womoplatz-schleswig.de.
Distanz: Ⓗ 0,1 km, 0,2 km, weitere Restaurants in 0,5 km, 0,4 km, 0,5 km.
Gastro: Am Hafen, warme Küche 11:00-23:00 Uhr.
Freizeit: 1 km, 3 km, 0,5 km. Nordic Walking, Tretboot-/Kanuverleih am Platz, Schiffsrundfahrt mit dem Schleischiff.
POI: Schleswiger Dom, Fischersiedlung Holm 0,1 km, Globushaus mit Barockgarten 2,5 km, Landesmuseum Schloss Gottorf 3 km, Wikinger-Museum/Wikinger-Siedlung Haithabu 6 km.

Tipp

Die zentrums- und wassernahe Lage des Stellplatzes macht seinen Reiz aus. Genießen Sie das Hafenflair, die abwechslungsreiche Gastronomie sowie besten Service und Komfort. Die modernen Sanitäranlagen bestehen aus acht komfortablen Familienbadezimmern, eins davon barrierefrei, und WLAN auf dem gesamten Hafengelände sowie Strom und Wasser sind inklusive. Herzlich willkommen! Stand: 2022

Unsere Korrespondenten sind fast das ganze Jahr unterwegs, um für Sie, liebe Leserin und Leser, aktuelle Daten zu recherchieren und über Neuerungen zu berichten. Sie sind damit eine wertvolle Ergänzung des Redaktionsteams, um den Bordatlas zu einem unentbehrlichen Standardwerk für alle Wohnmobilfahrer zu machen.

09487 Schlettau €5,00

Wohnmobilstellplatz an der Freizeitanlage, Hermannsdorfer Weg 27, <10m
☎ 03733/68070
Parkplatz am Naturweiher in ruhiger Lage

POS: 50°33'58.00"N/12°56'54.00"E, Karte D12 (S. 15), E2
Platz: = 3 auf Rasengittersteinen. Ganzjährig geöffnet.
Preis: 5 €. Im Winter gratis.
Kontakt: Stadt Schlettau, ☎ 03733/68070, stadt@schlettau.de, www.schlettau.de.
Distanz: 1 km, Ⓗ 1 km, 1,3 km, 1,7 km.
Gastro: Im Sommer Imbiss am Platz.
Freizeit: Wandern, Radfahren.
POI: Parkanlage 1 km, Schloss Schlettau 1 km.

98553 Schleusingen €22,00

Bergsee Ratscher, Am Bergsee 40, <10m
☎ 036841/40015 Camp am Stausee

POS: 50°29'32.48"N/10°47'28.70"E, Karte D11 (S. 14), A2
Platz: = 40 auf Wiese, Schotter. =20 (10 A) WC. Anfahrt ab 8:00 Uhr. Geöffnet: Mitte Apr-Mitte Okt. Ausnahme: Während des Countryfestivals Ende Juli (Termin siehe Webseite) geschlossen.
Preis: 22 € inkl. Wasser, WC, Müll-Entsorgung. Jede weitere Pers. 6 €, Kind (bis 14 J.) 4 €, Strom 5 €, Dusche 1 €/Pers. Badeeintritt inklusive. Nur Barzahlung.
Kontakt: ☎ 036841/40015, 036841/32229, bergsee@ratscher.de, www.bergseeratscher.de.
Distanz: , 4 km, 4 km.
Gastro: Brötchenservice. Imbiss.
Freizeit: 15 km. Badesee, Country-Western Openair Festival am letzten Juli-WE, Segel- und Surfschule.
POI: Bertholdsburt 3 km, Altstadt Schleusingen 3 km, Kloster Veßra 8 km, Suhl 15 km.

S

98553 Schleusingen €5,00

Brandsköppshaus, Springelbacher Weg 2, ☎ 0160/90491358 <8m
Im Ortsteil Hinternah

POS: 50°31'0.18"N/10°47'34.39"E, Karte D11 (S. 14), A2

Platz: = 3 auf Pflaster. WC. Ganzjährig geöffnet.
Preis: 5 € inkl. Strom, Wasser, WC.
Kontakt: Thomas Franz, Mobil: 0160/90491358, touristinfo@schleusingen.de, www.schleusingen.de.
Distanz: 0,5 km, 1 km, 1 km.
Gastro: Gaststätte Schilling 1 km. Bäcker 0,1 km. Weitere Restaurants im Ort.
Freizeit: 4 km. Führung durch das Brandsköppshaus, Mühlenbesichtigung, Tennisplatz 1,5 km, Kegelbahn 1,5 km.
POI: Kirche 0,5 km, Alte Mühle 1 km, Köhlerei 3 km.

79418 Schliengen

gratis <10 m

Weingut und Weinschenke Zimmermann, Bürgelnblick 1, 07635/665
Beim Weingut in schöner, ruhiger Lage

2022 geprüft

POS: 47°44'12.80"N/7°34'26.32"E, Karte D13 (S. 16), C4
Platz: = 8 auf Wiese, Schotter. Weinverkauf Mo-Fr 9:00-14:00 Uhr und während der Öffnungszeiten der Weinschenke. Geöffnet: Mitte Feb-Mitte Dez.
Preis: Übernachtung gratis. Einkehr im Restaurant oder im Weingut erwünscht.
Kontakt: Karl-Ernst Zimmermann, 07635/665, info@zimmermann-wein.de, www.zimmermann-wein.de.
Distanz: 2 km, 2,5 km, 3 km, 3,5 km.
Gastro: Zimmermanns Weinschenke, Do-Sa 15:00-22:30 Uhr, So 12:00-22:30 Uhr, Mo-Mi Ruhetag.
Freizeit: 2,5 km, 3 km. Weinproben (mit vorheriger Reservierung), Golfresort 2 km.
POI: Vogelpark 20 km.

83727 Schliersee-Spitzingsee

€25,00 <8 m

Stellplatz am Spitzingsee, Spitzingstraße, 08026/9229791
Privater Parkplatz am See unterhalb der Talstation der Taubenstein-Kabinenbahn

2020 geprüft E

POS: 47°39'57.74"N/11°53'17.64"E, Karte D15 (S. 18), C4
Platz: = 30 auf Schotter. =4 (10 A) CHEM GRAU. Geöffnet je nach Witterung: 15.4.-30.10.
Preis: 25 € inkl. aller Personen, Wasser, Entsorgung, Müll-Entsorgung, Kurtaxe. Strom 5 €.
Kontakt: Herr Schroeder, 08026/9229791, parkplatz.spitzingsee@gmail.com, www.schliersee.de.
Distanz: 0,4 km, 0,4 km, 0,4 km.
Gastro: Mehrere Restaurants im Ort.
Freizeit: 10 km, 1 km. Discothek, Radfahren, Baden, Wandern, Wintersport, Erlebnisbad in Schliersee 7 km.
POI: Schliersee 5 km.

36110 Schlitz

gratis <8 m

Stellplatz am Damenweg, Damenweg 5, 06642/9700
Am Flüsschen Schlitz, beim Freibad und Campingplatz

POS: 50°40'9.18"N/9°34'4.11"E, Karte D10 (S. 13), G2
Platz: = 5 auf Schotter, Asphalt. CHEM GRAU. Leinenpflicht für Hunde. Aufenthalt max. 1 Tag. Wasser+VE nur im Sommer, zu den Öffnungszeiten des Campingplatzes. Ganzjährig geöffnet.
Preis: Übernachtung gratis. Entsorgung 1 €.
Kontakt: Stadt Schlitz, 06642/9700, campingplatz@schlitz-hessen.de, www.schlitz.de.
Distanz: 0,3 km, 0,3 km, 0,3 km.
Gastro: Gaststätte im Freibad geöffnet von 15.4.-15.9.
Freizeit: 0,1 km. Reiten, R1C Fulda-Radweg, R7A Vulkanradweg, Segeln, Surfen 3 km.
POI: Stadtkirche aus dem Jahr 812, Auffahrt auf den Hinterturm auf 36 m Höhe, Burgmuseum, Landesmusikakademie in Schloss Hallenburg 0,2 km.

17192 Schloen-Alt Schloen

€20,50 <12 m

Sabines Bio-Bauernhof, Devener Weg 5, 039934/973991
Nahe Torgelower See

2021 geprüft E

POS: 53°33'5.37"N/12°49'15.15"E, Karte D3 (S. 6), D4
Platz: = 12 auf Wiese. =16 (6 A) WC CHEM GRAU . 3 Ferienwohnungen. Einrichtungen des Hotel-Restaurants können genutzt werden. Geöffnet: März-Okt.
Preis: 20,50 € inkl. aller Personen, Strom, Wasser, Entsorgung, WC, Müll-Entsorgung, WLAN. Dusche 1 €, Trockner 3 €, Waschmaschine 3 €. Ohne Strom 17,50 €.
Kontakt: Heinz Helmut und Sabine Kosin, 039934/973991, hkosin@freenet.de, www.camping-sabine-bauernhof.mvp.de.
Distanz: 1 km, 3 km, 10 km, 10 km.
Gastro: Restaurant am Platz, warme Küche 12:00-14:00 Uhr/18:00-20:30 Uhr. Frühstücksservice. Weitere Restaurants in der Stadt Waren (Müritz).
Freizeit: 12 km, 25 km. Badeteich in 3 km Entfernung, sowie direkt am Hof für Kinder, Reiten, Mitarbeit auf dem Bauernhof, Angeln im Hofteich, Müritz Nationalpark 8 km.
POI: Müritzeum 10 km, Altstadt Waren 10 km, Hexenkeller Penzlin 25 km, Ivenacker Eichen 30 km.

79859 Schluchsee

€12,00 <10 m

Stellplatz Schluchsee, Faulenfürster Straße 18, 07656/7731 Oberes Areal eines terrassierten Parkplatzes am Ortsrand

2022 geprüft E

POS: 47°48'54.28"N/8°10'52.13"E, Karte D13 (S. 16), D4
Platz: = 22 auf Asphalt, Schotter, Sand/Splitt. WC CHEM GRAU. Leinenpflicht für Hunde. 8 Stellflächen für nur eine Nacht (Anfahrt ab 19:00 Uhr, Abreise bis 9:00 Uhr), 14 Stellplätze längerfristig (An- und Abfahrt zwischen 7:00-22:00 Uhr). Aufenthalt max. 2 Wochen. Ganzjährig geöffnet.
Preis: 12 € inkl. Entsorgung. Strom 1 €/8 h, Wasser 1 €/100 l, Kurtaxe 2,90 €/Pers., Kurtaxe (6-15 J.) 1,20 €/Pers. Bezahlung per Münzautomat, Bezahlung Kurtaxe in der Gemeindeverwaltung. Gäste- und Konuskarte inklusive.
Kontakt: Gemeinde Schluchsee, 07656/7731, info@schluchsee.de, www.gemeinde-schluchsee.de.
Distanz: 0,2 km, 0,3 km, 0,4 km, 0,6 km.
Freizeit: 0,5 km, 0,7 km. Surfen, Segeln, Schwimmen, Wintersport, 9-Loch Golfplatz Hochschwarzwald 7 km, Kletterwald Feldberg und Action Forest 8 km, Rodelbahn Saig-Titisee 9 km.
POI: Schluchsee 0,3 km, Dom St. Blasius 6 km.

36381 Schlüchtern

gratis <8 m

Stellplatz Schlüchtern, Ludovica-von-Stumm-Straße, 06661/85361
Auf einem beschatteten Parkplatz

2022 geprüft

POS: 50°20'58.23"N/9°31'49.28"E, Karte D10 (S. 13), G2
Platz: = 5 auf Asphalt. Wasser auf Anfrage im Laden. Ganzjährig geöffnet.
Preis: Übernachtung gratis.
Kontakt: Tourist-Information Stadt Schlüchtern, 06661/85361, info@schluechtern.de, www.schluechtern.de.
Distanz: 0,1 km, weitere Restaurants in 0,3 km, 0,2 km, 0,4 km, 0,4 km.
Gastro: Di-Sa Getränkeshop Lambert am Platz.
Freizeit: 0,8 km, 0,6 km. Wandern auf dem Eselsweg, Stadtführungen, Biosphärenreservat Rhön 30 km.
POI: Bergwinkel-Museum 0,3 km, ehemaliges Benediktinerkloster (8. Jh.) 0,3 km, Holzgerätemuseum und Sieboldssammlung auf Burg Brandenstein 5 km, Schloss und Park Ramholz 7 km.

S

36381 Schlüchtern gratis

SVG Autohof Schlüchtern, Am Distelrasen 3, ☎ 06661/919550 >12m
Parkplatz des Shell-Autohofs

POS: 50°23'3.61"N/9°31'47.07"E, Karte D10 (S. 13), G2
Platz: = 10 auf Asphalt. WC CHEM GRAU. Ganzjährig geöffnet.
Preis: Übernachtung gratis inkl. Wasser. Strom 1 €/h, Entsorgung 1 €, WC 0,50 €.
Kontakt: Markus Groß, ☎ 06661/919550, m.gross@mgtankstellengmbh.de, www.autohof-guide.de.
Distanz: 5 km, Ⓗ 5 km, 5 km, 5 km.
Gastro: Rasthof, durchgehend warme Küche bis 0:00 Uhr.
Freizeit: 5 km, 5 km.
POI: Altstadt in Schlüchtern 5 km, Burg 10 km, Erlebnispark 10 km.

96132 Schlüsselfeld gratis

Braumanufaktur Hertl, Thüngfeld 61, ☎ 09552/981028 Im Innenhof oder hinter der kleinsten Brauerei Frankens <8m

POS: 49°45'2.70"N/10°37'43.50"E, Karte D11 (S. 14), A4
Platz: = 2 auf Asphalt, Pflaster. WC. B Anreise bis 20:00 Uhr und nach Vereinbarung (tel. Anmeldung am Vortag oder früher). Hunde bitte anmelden. Hofladen geöffnet Mo-Fr 8:00-18:00 Uhr/Sa 9:00-16:00 Uhr. WC-Nutzung nur zu den Öffnungszeiten, neue Toilettenanlage im Bau (Herbst 2022). Ganzjährig geöffnet.
Preis: Übernachtung gratis. WC, Strom und Wasser 5 €.
Kontakt: Herr Bernd Hertl, ☎ 09552/981028, Mobil: 0176/96303093, info@braumanufaktur-hertl.de, www.braumanufaktur-hertl.de.
Gastro: Einkehr nach Voranmeldung.
Freizeit: Brau- und Verkostungsseminare, Steigerwaldhochpfad.
POI: Stadtmuseum und Stadttor, Bamberg 30 km.

96132 Schlüsselfeld €15,00

MORELO Stellplatz, Helmut-Reimann-Straße 2, ☎ 09552/929600 Schöner Stellplatz mit kleinem See und überdachten Sitzgelegenheiten neben dem Werksgelände <12m

2022 geprüft E

POS: 49°44'57.72"N/10°38'12.91"E, Karte D11 (S. 14), A4
Platz: P = 50 auf Asphalt. CHEM GRAU. Aufenthalt max. 5 Nächte. Beleuchtet. Ganzjährig geöffnet.
Preis: 15 € inkl. Strom, Wasser, Entsorgung. Die ersten 2 Stunden sind kostenfrei. Für MORELO-VIP-Kunden 100% Rabatt, MORELO-Friends-Club-Mitglieder erhalten 20 % Rabatt. Bezahlung mit EC- oder Kreditkarte.
Kontakt: MORELO Reisemobile GmbH, ☎ 09552/929600, info@morelo.eu, www.morelo-reisemobile.de.
Distanz: 0,3 km, 1,6 km.
Gastro: Gasthof Hotel Herderich 0,3 km, Mo-Sa 18:00-20:00 Uhr, So Ruhetag. Eisdiele Capriccio 2 km. Diverse weitere Restaurants, Pizzeria, Burger King und Café im Ort.
Freizeit: 3,6 km. Rad und Wanderwege, Werksführungen (nach Terminvereinbarung).
POI: 3-Franken-Eck, Freizeit-Land Geiselwind, Stadtmuseum.

96132 Schlüsselfeld gratis

Parkplatz Aschbacher Straße, Aschbacher Straße 5, ☎ 09552/92220 <8m
Zentrumsnaher Stellplatz

POS: 49°45'27.00"N/10°37'0.00"E, Karte D11 (S. 14), A4
Platz: P = 2 auf Pflaster. Flächen etwas schräg, nur kleine Wohnmobile. Ganzjährig geöffnet.
Preis: Übernachtung gratis.
Kontakt: Stadt Schlüsselfeld, ☎ 09552/92220, stadt@schluesselfeld.de, www.schluesselfeld.de.
Distanz: 0,2 km, 0,1 km, 0,2 km, Ⓗ 1,2 km.
Gastro: Pizzeria Marija. Schwarzer Adler. Hotel Gasthof zum Storch. Rasoi Schlüsselfeld.
Freizeit: 4 km, 15 km, 1 km. Altstadtbummel.
POI: Stadtmuseum, Oberes Tor 0,1 km, Marienkapelle 0,2 km, Pfarrkirche St. Johannes d. T. aus dem 14. Jh. 0,2 km.

96132 Schlüsselfeld gratis

Parkplatz Bamberger Straße, Bamberger Straße, ☎ 09552/92220 <8m
Im Stadtzentrum

POS: 49°45'21.13"N/10°37'19.99"E, Karte D11 (S. 14), A4
Platz: P = 6 auf Pflaster. CHEM GRAU. Flächen etwas schräg. Ganzjährig geöffnet.
Preis: Übernachtung gratis. Wasser 1 €/80 l, Entsorgung 1 €.
Kontakt: Stadt Schlüsselfeld, ☎ 09552/92220, stadt@schluesselfeld.de, www.schluesselfeld.de.
Distanz: 0,2 km, 0,5 km, 0,5 km, Ⓗ 0,9 km.
Gastro: Pizzeria Marija. Gasthof Schwarzer Adler. Pizzeria La Fortuna. Hotel Gasthof zum Storch.
Freizeit: 4 km, 15 km, 1 km. Altstadtbummel, Golfplatz.
POI: Marienkapelle, Stadtmuseum, Oberes Tor 0,1 km, Pfarrkirche St. Johannes aus dem 14. Jh. 0,1 km.

96132 Schlüsselfeld-Aschbach gratis

Wohnmobilstellplatz Concorde-Reisemobile, Concorde-Straße 4, ☎ 09555/92250 <12m
Stellflächen oberhalb des Firmengeländes

POS: 49°46'3.00"N/10°33'51.00"E, Karte D11 (S. 14), A4
Platz: = 30 auf Asphalt, Schotter. =12 WC CHEM GRAU. B nur bei Gruppen. Beleuchtet. Ganzjährig geöffnet.
Preis: Übernachtung gratis. Strom 0,50 €/kWh, Wasser 1 €/80 l. 1. Nacht gratis, sonst gegen Gebühr.
Kontakt: ☎ 09555/92250, info@concorde.eu, www.concorde.eu.
Distanz: 0,2 km, Ⓗ 0,2 km, 0,2 km, 0,5 km.
Gastro: Bäcker (in Ortsmitte).
Freizeit: 0,5 km. Golfen, Wandern, Werksführung.
POI: Schlüsselfeld 4,2 km, Freizeit-Land Geiselwind 8 km.

98574 Schmalkalden €10,00

Reisemobilstellplatz Westendpark, Westendstraße 4, ☎ 0151/10126230 <10m
Im 3 ha großen Westendpark, im Grünen

2020 geprüft E

POS: 50°43'15.00"N/10°26'27.00"E, Karte D11 (S. 14), A1
Platz: P = 14 auf Asphalt. =8 (16 A) CHEM GRAU. 8 Stellplätze auf Asphalt, 6 auf befestigtem Untergrund. Nov-Ende März keine VE. Gasflaschentausch in 0,4 km bei Spedition Wolf, Auer Weg 7. Ganzjährig geöffnet.
Preis: 10 € inkl. aller Personen, Entsorgung, Müll-Entsorgung. Strom 1 €/6 h, Wasser 1 €/100 l. Bezahlung in bar oder mit Karte.
Kontakt: Stadtwerke Schmalkalden, Herr Marr, Mobil: 0151/10126230, www.schmalkalden.com.
Distanz: Ⓗ 0,1 km, 0,2 km, 0,3 km, 0,8 km.
Freizeit: 2 km. Mommelsteinradweg, Nordic Walking-Parcours 6 km, Barfußpfad 8 km.
POI: Viba Nougat Welt 0,2 km, Altstadt 0,8 km, Schloss Wilhelmsburg mit Museum und Terrassengarten 1 km, Fachwerk-Erlebnishaus 1 km.

57392 Schmallenberg €12,00

Freizeitwelt Sauerland, Auf dem Loh 12, ☎ 02972/978555 <8m
Mit Panoramaaussicht auf Rothaarsteig und Altstadt Schmallenberg

POS: 51°9'47.00"N/8°17'22.23"E, Karte D6 (S. 9), E5
Platz: = 8, = 8 (<7.5 m) auf Schotter. WC. B wird empfohlen. WC/Duschen zu den Öffnungszeiten der Freizeitwelt Sauerland. Caravans können auf einem Wohnmobilstellplatz stehen, das Zugfahrzeug auf dem Parkplatz nebenan. Geöffnet: März-Okt.
Preis: 12 € inkl. Strom, Wasser, Dusche, WLAN.
Kontakt: Freizeitwelt Sauerland GmbH, ☎ 02972/978555, info@freizeitwelt-sauerland.de, www.freizeitwelt-sauerland.de.
Gastro: Bistro der Freizeitwelt Sauerland.
Freizeit: Schmallenberger Reisemobilroute, Freizeitpark, Bowling.

S

57392 Schmallenberg €14,00 <10m

Hof Vogt Ebbinghof, Ebbinghof 4, ☎ 02972/6666
Naturnahe Lage im Schmallenberger Sauerland

POS: 51°10'48.13"N/8°17'3.18"E, Karte D6 (S.9), E5
Platz: = 3 auf Wiese. =3 (16 A) WC CHEM GRAU. Waschmaschine/Trockner, Kochmöglichkeit, Badezimmer mit Dusche, Waschmöglichkeit und separaten Toiletten, Stallboxen für Gastpferde 15 € inkl. Heu und Stroh. Gasflaschentausch in 5 km. Ganzjährig geöffnet.
Preis: 14 € inkl. Strom, Wasser, Entsorgung, WC. Jede weitere Pers. 2 €, Kurtaxe (ab 14 J.) 2 €/Pers.
Kontakt: Familie Brunert, ☎ 02972/6666, hofvogt@email.de, www.brunert-ebbinghof.de.
Distanz: Ⓗ 2 km, 3 km, 3 km, 5 km.
Gastro: Frühstücksservice, 7,50 €/Pers. Kind (3-10 J.) 5 €. Brötchenservice.
Freizeit: 5 km. Rothaarsteig, Reiten, Tennisplatz 2 km.

57392 Schmallenberg-Bad Fredeburg €10,00 <8m

Hotel Kleins Wiese, Kleins Wiese 1, ☎ 02974/96960 An der Bundesstraße, auf einem Wanderparkplatz des Hotels

2020 geprüft

POS: 51°12'37.53"N/8°19'21.58"E, Karte D6 (S.9), E5
Platz: = 50 auf Schotter. =2 WC. WC zu den Öffnungszeiten im Hotel. Ganzjährig geöffnet.
Preis: 10 € inkl. Wasser. Strom und Müll-Entsorgung auf Anfrage.
Kontakt: Familie Klein, ☎ 02974/96960, info@kleins-wiese.de, www.kleins-wiese.de.
Distanz: 0 km, weitere Restaurants in 3 km, Ⓗ 0,1 km, 2,5 km, 2,5 km, 3,2 km (Stellplatz am Sauerland Bad, Sportzentrum 1, 57392 Bad Fredeburg).
Gastro: Warme Küche, 12:00-14:00 Uhr/18:00-20:00 Uhr. Frühstück auf Voranmeldung.
Freizeit: 2 km, 2 km, 2 km. Wandern zur Hunau mit Waldlehrpfad, Wanderweg und Loipe, Naturschneepiste mit Skilift 0,3 km, Golfplatz 5 km.
POI: Warsteiner Tropfsteinhöhle 10 km.

57392 Schmallenberg-Bad Fredeburg gratis <8m

Stellplatz am Sauerland Bad, Sportzentrum 1, ☎ 02974/96800
An der B511

POS: 51°11'25.30"N/8°18'8.25"E, Karte D5 (S.8), D5
Platz: P = 6 auf Pflaster. CHEM GRAU.
Preis: Übernachtung gratis inkl. Entsorgung. Strom 0,50 €/kWh, Wasser 0,50 €/60 l.
Kontakt: Sauerland Bad, ☎ 02974/96800, info@sauerland-bad.de, www.bad-fredeburg.de.
Distanz: 0,8 km, 1 km, 1 km.
POI: Ruine Burg Rappelstein, Altstadt.

57392 Schmallenberg-Fleckenberg gratis <8m

Gasthof Röhrig, Hauptstraße 25, ☎ 02972/6369 Gekennzeichnete Stellplätze auf dem P neben dem Landgasthof

POS: 51°8'8.30"N/8°15'38.57"E, Karte D6 (S.9), E5
Platz: P = 3 auf Pflaster, Schotter. CHEM GRAU. Ganzjährig geöffnet.
Preis: Für Restaurantgäste kostenlos. Einkehr obligatorisch. Strom und Wasser gegen Spende.
Kontakt: Familie Röhrig, ☎ 02972/6369, kontakt@gasthof-roehrig.de, www.gasthof-roehrig.de.
Distanz: 0 km, 0,1 km, 0,1 km, Ⓗ 0,1 km.
Gastro: Gastwirtschaft, Pension, Frühstücksbüfett. Am Platz, Mo-Di 16:00-20:30 Uhr, Mi-So 12:00-14:00 Uhr und 18:00-20:30 Uhr. Frühstücksbüfett im Gasthof 13 €/Pers.
Freizeit: 2,5 km. Golfplatz 7 km, Freizeitbad 10 km, Freizeitpark 30 km.
POI: Museum Besteckfabrik Hesse 0,1 km, hist. Stadtkern Schmallenberg 4 km, Roothaarsteig 5 km, Schloss Berleburg 20 km, Winterberg 25 km.

57392 Schmallenberg-Latrop €10,00 <8m

Hotel & Gasthof Hubertushöhe, Latrop 11-13, ☎ 02972/97110 Sehr ruhig gelegen, direkt am Wald und an Wanderwegen

POS: 51°6'53.85"N/8°20'7.85"E, Karte D6 (S.9), E5
Platz: P = 6, = 6 (<8 m) auf Schotter. WC. Duschmöglichkeit nach Absprache, WC im Hotel. Ganzjährig geöffnet.
Preis: 10 € inkl. aller Personen, WC. Kurtaxe 2,25 €/Pers.
Kontakt: Hotel & Gasthof Hubertushöhe, Christoph Vogt, ☎ 02972/97110, info@hubertushoehe-latrop.de, www.hubertushoehe-latrop.de.
Gastro: Restaurant Hubertushöhe. Frühstücksbüfett. Brötchenservice.
Freizeit: Wassertretbecken.
POI: Rothaarsteig 0,2 km.

57392 Schmallenberg-Schanze €13,00 <10m

Almhütte Schanze, Schanze 24, ☎ 02975/400 Direkt am Waldrand mit Blick auf den Rothaarsteig nach Süden

2020 geprüft

POS: 51°7'51.05"N/8°22'3.48"E, Karte D6 (S.9), E5
Platz: P = 20 auf Schotter, Naturboden. WC CHEM GRAU. Ebene befestigte, geschotterte Stellflächen. Ganzjährig geöffnet.
Preis: 13 € inkl. Strom, Wasser, Entsorgung.
Kontakt: Almhütte Schanze, Michael von der Ley, ☎ 02975/400, info@almhuette-schanze.de, www.almhuette-schanze.de.
Anfahrt: Waldweg auch für große Fahrzeuge geeignet, auch im Winter gut befahrbar.
Distanz: 0 km.
Gastro: Almhütte Schanze, Di-Fr 11:00-18:00 Uhr, Sa-So 10:00-19:00 Uhr, Mo Ruhetag. AlmBeach, höchster Strand im Sauerland. WoMo-Dinner (nach Bedarf).
Freizeit: Kyrillpfad, Loipen vor Ort, Moutainbikegebiet, Rothaarsteig, Waldskulpturenweg.

57392 Schmallenberg-Sellinghausen €10,00 <8m

Ferienhotel Stockhausen GbR, Zum Hälleken 9, ☎ 02971/3120
Hotelanlage mit Wellness und Sportangebot

POS: 51°12'48.00"N/8°16'1.50"E, Karte D6 (S.9), E5
Platz: = 4 auf Schotter. WC. WC und Duschen zu den Öffnungszeiten, WLAN im Hotel. Ganzjährig geöffnet.
Preis: 10 € inkl. Strom, Wasser, Dusche, WC, Müll-Entsorgung, WLAN.
Kontakt: Familie Stockhausen, ☎ 02971/3120, info@ferienhotel-stockhausen.de, www.ferienhotel-stockhausen.de.
Distanz: 0 km, weitere Restaurants in 3 km, 0,2 km, Ⓗ 1 km, 4 km.
Gastro: Am Platz, warme Küche 12:00-14:00 Uhr, 18:00-21:00 Uhr. Frühstück auf Anmeldung.
Freizeit: Wintersport, Teilnahme am Sport-/Wellnessangebot, Planwagenfahrten mit Traktor, Golf-/Tennisplatz 0,2 km, Angelsee 4 km.
POI: Historischer Stadtkern Schmallenberg 15 km.

04626 Schmölln €6,00 <6m

Freizeitbad tatami, Ronneburger Straße 65, ☎ 034491/583366 In ruhiger Lage auf dem Parkplatz des Freizeitbades

POS: 50°53'31.66"N/12°20'3.84"E, Karte D11 (S.14), D1
Platz: P = 2 auf Wiese, Asphalt. =2 CHEM GRAU. Anfahrt 10:00-21:00 Uhr oder nach telefonischer Absprache. Geöffnet: Apr-Sep.
Preis: 6 € inkl. Strom, Wasser.
Kontakt: Herr Neumann, ☎ 034491/583366, info@freizeitbad-tatami.de, www.freizeitbad-tatami.de.
Distanz: 0,1 km, 0,2 km, Ⓗ 2 km, 2 km.
Gastro: Restaurant im Schwimmbad, Mo-So 11:30-20:00 Uhr.
Freizeit: 0,1 km, 0,1 km. Freizeitbad tatami mit Sauna.
POI: Altenburger Schloss 7 km.

S

29493 Schnackenburg gratis

Wohnmobilstellplatz Schnackenburg, Elbstraße, ☎ 05846/333 Direkt am Sportboothafen an der Kaimauer <10 m

POS: 53°2'17.90"N/11°33'55.93"E, Karte D3 (S. 6), B5
Platz: P = 2 auf Asphalt. Strom/Wasser auf Anfrage. In Schnackenburg mit der Fähre über die Elbe. Infos unter: www.gartow-erleben.de oder per E-Mail an touristinfo@gartow.de. Ganzjährig geöffnet.
Preis: Übernachtung gratis. Spende an das benachbarte Grenzlandmuseum erwünscht.
Kontakt: Touristinfo Gartow, ☎ 05846/333, samtgemeinde@gartow.de, www.gartow.de.
Distanz: 0,1 km.
POI: Grenzlandmuseum 0,2 km, St. Nicolai Kirche 0,4 km.

96277 Schneckenlohe €10,00

Wohnmobilstellplatz Auf der Höh, Neubrand 12, ☎ 09266/8779 In ruhiger Lage am Ortsrand <8 m

POS: 50°12'29.23"N/11°11'45.59"E, Karte D11 (S. 14), B3
Platz: P = 10 auf Wiese, Schotterrasen. =10 WC CHEM GRAU. Ideal für Gruppen (mit Voranmeldung). Ganzjährig geöffnet.
Preis: 10 € inkl. Entsorgung, Müll-Entsorgung. Strom 1,50 €, Wasser 1,50 €, WC 1,50 €.
Kontakt: Familie Hanft, ☎ 09266/8779, bikes.in@t-online.de, www.bikes-in-schneckenlohe.de.
Distanz: 0,5 km, Ⓗ 1 km, 1 km, 5 km.
Gastro: Siehe Aushang vor Ort.
Freizeit: 10 km, 15 km. Mountainbiking.
POI: Lucas-Kranach-Stadt Kronach 15 km, Veste Coburg mit Altstadt 25 km.

08289 Schneeberg €10,00

Stellplatz am Berghotel Steiger, Oberer Krankenhausweg 2, ☎ 03772/39490 Am Hundehotel mit Blick auf Schneeberg <10 m

POS: 50°35'36.67"N/12°38'5.68"E, Karte D11 (S. 14), D2
Platz: P = 10 auf Schotterrasen, Naturboden, Wiese. =10 (16 A) WC. Anfahrt 7:00-21:00 Uhr, WC/WLAN im Hotel. Ganzjährig geöffnet.
Preis: 10 € inkl. Wasser, WC, Müll-Entsorgung, WLAN. Jede weitere Pers. 5 €, Kind (4-15 J.) 4 €, Strom 0,70 €/kWh, Dusche 1 €/Pers., Hund 5 €.
Kontakt: Frau Friedel, ☎ 03772/39490, info@berghotel-steiger.de, www.berghotel-steiger.de.
Distanz: 0 km, 0,5 km, E 1,5 km (Wohnmobilstellplatz Platz unter den Linden, Schillerstraße, 08289 Schneeberg), 1,5 km, Ⓗ 2 km.
Gastro: Restaurant Steigerstube im Berghotel Steiger 0,15 km, warme Küche Mo-Fr ab 17:00 Uhr, Sa/So ab 12:00 Uhr. Brötchenservice. Frühstücksservice (12 €/Pers.).
Freizeit: 4 km, 2 km. Angebote/Programme für Hunde (Hundetorten, Hundegeburtstag, Pfotenurlaub, Hundewellness).
POI: Altes Stadtzentrum 1,5 km, Bergbaulehrpfad 2 km, Kurort Bad Schlema 4 km, Schaubergwerk 4 km.

08289 Schneeberg €5,00

Wohnmobilstellplatz Platz unter den Linden, Schillerstraße, ☎ 03772/35020 Direkt am Dr. Curt-Geitner-Bad auf dem Platz unter den Linden <12 m

POS: 50°36'3.82"N/12°38'30.34"E, Karte D12 (S. 15), E2
Platz: P = 4 auf Sand/Splitt, Wiese, Schotter. =4 (16 A) WC CHEM GRAU. WC/Dusche Dusche im Hallenbad zu den Öffnungszeiten. Ganzjährig geöffnet.
Preis: 5 € inkl. aller Personen, Entsorgung. Strom 0,50 €/kWh, Wasser 1 €. Ermäßigter Eintrittspreis im Dr. Curt-Geitner-Bad und Strandbad Filzteich.
Kontakt: Stadtwerke Schneeberg GmbH, ☎ 03772/35020, kontakt@stw-schneeberg.de, www.silberstrom.de.
Distanz: Ⓗ 0,5 km, 0,5 km, 0,5 km, 0,6 km.
Gastro: Mehrere Restaurants im Ort.
Freizeit: 5 km, 0,8 km. Wassersport, Strandbad Filzteich 5 km.
POI: Historischer Altstadtkern 0,6 km, Zeiss Planetarium und Sternwarte 0,7 km, St. Wolfgangskirche 0,9 km, Museum für bergmännische Volkskunst 1 km.

08289 Schneeberg €10,00

Strandbad Filzteich, Am Filzteich 3, ☎ 03772/35020 Beim Strandbad der ältesten Talsperre Sachsens <12 m

POS: 50°34'26.63"N/12°36'37.06"E, Karte D12 (S. 15), E2
Platz: P = 8 auf Wiese, Schotter, Rasengittersteinen. =4 (16 A). WC im Freibad von Mai-Sep. Bei Veranstaltungen am Strandbad eingeschränkt nutzbar. Geöffnet: Mai - September. Ausnahme: 1.10.-1.5.
Preis: 10 € inkl. aller Personen, Wasser. Strom 0,50 €/kWh. Inkl. Eintritt Strandbad Filzteich.
Kontakt: Stadtwerke Schneeberg GmbH, ☎ 03772/35020, kontakt@stw-schneeberg.de, www.silberstrom.de.
Distanz: Ⓗ 0,2 km, 1 km, weitere Restaurants in 2 km, 4 km, 4 km, E 4,2 km (Wohnmobilstellplatz Platz unter den Linden, Schillerstraße 1, 08289 Schneeberg).
Freizeit: 5 km. Strandbad Filzteich, im Sommer mit vielen Events, Wassersport.
POI: Historischer barocker Stadtkern, Erzgebirgisches Heimatmuseum 3,6 km, St. Wolfgangskirche-Lucas Cranach 4 km, Jugendstilbad Dr.-Curt-Geitner-Bad 6 km.

29640 Schneverdingen gratis

Parkplatz am Heidjers Quellenbad, Inseler Straße 97, ☎ 05193/93800 Im Grünen <12 m

2021 geprüft

POS: 53°7'52.23"N/9°46'21.10"E, Karte D2 (S. 5), G5
Platz: P = 10 auf Wiese. CHEM. Aufenthalt max. 2 Nächte, WC/Dusche zu den Bad-Öffnungszeiten. Ganzjährig geöffnet.
Preis: Übernachtung gratis. Wasser 2 €, Entsorgung 2 €.
Kontakt: Schneverdingen Touristik, ☎ 05193/93800, touristik@schneverdingen.de, www.heidenlust.de.
Distanz: 1,7 km, 2,2 km, 2,2 km, Ⓗ 2,2 km.
Gastro: Restaurant Zum Alten Krug. Restaurant Adria.
Freizeit: Heidjers Quellenbad (Freibad mit stetigem Quellwasser-Zulauf), Fahrradvermietung 2,2 km, Erlebnisbad Heidjers Wohl 2,6 km, Heide Park Resort in Soltau 16 km.
POI: Walter-Peters-Park, Heimatmuseum De Theeshof, Schulmuseum Insel 1 km, Heidegarten 2 km, Pietzmoor 5 km.

29640 Schneverdingen gratis

Parkplatz Osterwaldweg, Osterwaldweg, ☎ 05193/93800 Am Sportstadion Osterwaldweg <12 m

2021 geprüft

POS: 53°7'5.04"N/9°48'16.35"E, Karte D2 (S. 5), G5
Platz: = 10 auf Schotter, Pflaster. Aufenthalt max. 2 Nächte. Ganzjährig geöffnet.
Preis: Übernachtung gratis.
Kontakt: Schneverdingen Touristik, ☎ 05193/93800, touristik@schneverdingen.de, www.heidenlust.de.
Distanz: 0,1 km, weitere Restaurants in 1,4 km, 1,1 km, Ⓗ 1,1 km, 1,4 km, E 3,5 km (Parkplatz am Heidjers Quellenbad, Inseler Straße 99, 29640 Schneverdingen).
Gastro: Restaurant 55 und Restaurant Findlinger im Landhotel Schnuck.
Freizeit: 1 km. Erlebnisbad Heidjers Wohl 0,8 km, Quellenbad 4 km, Heide-Park Resort 16 km.
POI: Walter-Peters-Park, Heidegarten 2 km, Pietzmoor 2 km, Heimatmuseum De Theeshof 3 km.

Sie haben einen neuen Stellplatz entdeckt? Dann teilen Sie uns diesen mit per E-Mail an **bordatlas@doldemedien.de** oder über das Online-Meldeformular unter **www.bordatlas.de/meldung**

S

29640 Schneverdingen — gratis — <12m

Stellplatz Verdener Straße/Polizei, Verdener Straße 32, ☎ 05193/93800
Neben der Polizei am Walter-Peters-Park

2021 geprüft

POS: 53°6'46.62"N/9°47'16.63"E, Karte D2 (S.5), G5
Platz: P = 2 auf Pflaster. WC. Öffentliche WC-Anlage im Walter-Peters-Park in 0,2 km. Ganzjährig geöffnet.
Preis: Übernachtung gratis.
Kontakt: Schneverdingen Touristik, ☎ 05193/93800, touristik@schneverdingen.de, www.heidenlust.de.
Distanz: 0,5 km, 1 km, 1 km, 1 km, 4 km (Parkplatz am Heidjers Quellenbad, Inseler Straße 99, 29640 Schneverdingen).
Gastro: Weitere Restaurants 1 km.
Freizeit: Adventure-Schnucken-Golf 0,2 km, Fahrradvermietung 1 km, Familien- und Sportbad Heidjers Wohl 1,2 km, Heidjers Quellenbad 4 km, Heide Park Resort in Soltau 16 km.
POI: Peter-und-Paul-Kirche 0,6 km, Heidegarten 2 km, Pietzmoor 2,5 km.

29640 Schneverdingen — €15,00 — <12m — neu

Wohnmobilstellplatz beim Pietzmoor, Dannhorst 4, ☎ 09400/400
Auf der Wiese vor dem Hof, im Süden des Luftkurortes

2022 geprüft

POS: 53°5'33.25"N/9°47'22.92"E, Karte D2 (S.5), G5
Platz: P = 6 auf Wiese. =6. P wird empfohlen. Ganzjährig geöffnet.
Preis: 15 € inkl. Strom, WLAN.
Kontakt: Nicole Skirke, ☎ 09400/400, Mobil: 0160/97520722, nicole.skirke@hotmail.com.
Distanz: 0,5 km, 2 km, 3,1 km, 3,1 km.
Freizeit: 5 km, 3,4 km. Kutschfahrten, geführte Radtouren, Rundwanderweg um den Höpen, Pietzmoor-Wanderweg 4,4 km, Naturfreibad Heidjers Quellenbad 5 km.
POI: Naturschutzgebiet Lüneburger Heide, Stadtbesichtigung mit Walter-Peters-Park 2,8 km.

29640 Schneverdingen-Heber — €22,00 — >12m

Camping-Park Lüneburger Heide, Badeweg 3, ☎ 05199/275
Großzügig angelegte und befestigte Rasenstellplätze

POS: 53°4'16.79"N/9°51'48.01"E, Karte D2 (S.5), G5
Platz: P = 18 auf Schotterrasen, Rasengittersteinen. =44 (10 A) WC CHEM GRAU. P Pkw-Verleih direkt vor Ort. Vom 15.7.-15.10. fährt der kostenfreie Heide-Shuttle mit Fahrradanhänger zu den Heideflächen (Haltestelle 1,3 km). Ganzjähriger Bus-Shuttle 2,50 €/Pers., Haltestelle direkt am Platz. Ganzjährig geöffnet.
Preis: 22 € inkl. Strom, Entsorgung, Dusche, WC, Müll-Entsorgung, WLAN, Kurtaxe. Jede weitere Pers. 5 €, Wasser 1 €/80 l, Hund 4 €.
Kontakt: Manuela Vollmer, ☎ 05199/275, info@camping-lh.de, camping-lh.de.
Distanz: 0 km, weitere Restaurants in 0,8 km, 0,3 km, 6 km, 7 km.
Gastro: Am Platz, warme Küche HS 17:00-22:00 Uhr, Mo Ruhetag, NS 17:00-21:00 Uhr Mo+Mi Ruhetag. Von Nov-März geschlossen. Brötchenservice (Vorbestellung bis 17:30 Uhr am Vortag).
Freizeit: 8 km. Naturbadeweiher, Reiterhof, Streichel-Zoo, Kutschfahrt, Snow Dome 6 km, Heidepark Soltau 6 km, Kartbahn Ralf Schumacher 6 km, Soltau-Therme 9 km.
POI: Pietzmoor 5,5 km, Osterheide 5,5 km, Höpen mit Heidegarten 7 km.

29640 Schneverdingen-Reinsehlen — €10,00 — <10m

Mariechen's Hoff, Voßbarg 15, ☎ 05198/454
Auf einem bewirtschafteten Bauernhof

POS: 53°10'18.48"N/9°50'3.74"E, Karte D2 (S.5), G5
Platz: P = 10 auf Wiese. =6 (12 A) CHEM GRAU. Für Clubs geeignet. Ganzjährig geöffnet.
Preis: 10 € inkl. Strom, Wasser, Entsorgung, Müll-Entsorgung.
Kontakt: Familie Weseloh, ☎ 05198/454, info@bauernhofferien-weseloh.de, www.bauernhofferien-weseloh.de.
Distanz: 2 km, 3 km, 6 km.
Gastro: Hotel Hof Barrl.
Freizeit: 6 km, 6 km. Wandern, Radfahren, Teilnahme am Hofleben, Kutschfahrten 5 km, Heideblütenfest in Schneverdingen am letzten So im Aug 6 km.
POI: Verschiedene Freizeitaktivitäten in Bispingen 15 km, Wildpark Niendorf 20 km, Heidepark Soltau 25 km.

63825 Schöllkrippen — €9,00 — <10m

Reisemobilplatz am Naturerlebnisbad, Am Sportgelände, ☎ 06024/67350
Kommunaler Platz in ruhiger Lage

POS: 50°5'4.00"N/9°15'11.00"E, Karte D10 (S.13), F3
Platz: = 35 auf Schotterrasen, Wiese. =24 (16 A) CHEM GRAU. Anfahrt 24 h, Aufenthalt unbegrenzt, teils unebene Stellflächen, nur bedingt für schwere Fahrzeuge, da Wiesengelände. Ganzjährig geöffnet.
Preis: 9 € inkl. aller Personen, Entsorgung, Müll-Entsorgung. Strom 0,50 €/kWh, Wasser 1 €/80 l.
Kontakt: Markt Schöllkrippen, ☎ 06024/67350, kontakt@vg-schoellkrippen.de, www.vg-schoellkrippen.de.
Distanz: 0,5 km, 0,7 km, 0,7 km, 0,8 km.
Gastro: Mehrere Restaurants ab 0,9 km.
Freizeit: Gäesteführung auf Anmeldung, Wassertretanlage, Bergwerksführung, Bierseminar und Brauereiführung.
POI: Besucherbergwerk Grube Wilhelmine 4 km, Schloss Johannisburg, Pompejianum in Aschaffenburg 20 km.

78136 Schonach — €12,00 — <10m

Reisemobil-Stellplatz Obertal Schonach, Obertalstraße, ☎ 07722/964810 Abseits der Straße, nahe Skilift/Naturschwimmbad

POS: 48°8'45.60"N/8°11'21.01"E, Karte D13 (S.16), D3
Platz: P = 10 auf Rasengittersteinen. =10 (16 A) CHEM GRAU. KONUS-Karte für alle Insassen inklusive (freie Fahrt für alle mit dem ÖPNV). Ganzjährig geöffnet.
Preis: 12 € inkl. Kurtaxe. Strom 1 €, Wasser 1 €, Entsorgung 1 €, Müll-Entsorgung 1 €. Inklusive KONUS-Gästekarte für alle Insassen.
Kontakt: Touristinformation Gemeinde Schonach, ☎ 07722/964810, info@schonach.de, www.hochschwarzwald.de/attraktionen/reisemobilstellplatz-415429d43b.
Distanz: 0,3 km, 0,4 km, weitere Restaurants in 0,8 km, 1 km, 1 km.
Gastro: Mehrere Hotels, Gaststätten und Cafés in der Nähe.
Freizeit: 0,5 km, 7 km, 7 km. Langenwaldschanze Schonach, Wintersport, Mountainbiking, Wandern, Skilift und Loipe 0,1 km.
POI: Weltgrößte Kuckucksuhr 1,5 km, Triberger Wasserfälle und Schwarzwaldmuseum 3 km, Deutsches Uhrenmuseum 15 km.

S

79677 Schönau/Schwarzwald €10,00

<12m

Wohnmobilstellplatz Schönau, Wiesenstraße 7, ☎ 07671/962446
Sehr ruhiger Platz am Stadtpark Buchenbrändle

POS: 47°47'0.88"N/7°53'45.23"E, Karte D13 (S.16), D4
Platz: P = 3 auf Schotter, Wiese. =4 CHEM GRAU. Anfahrt bis 22:00 Uhr. Ganzjährig geöffnet.
Preis: 10€. Jede weitere Pers. 2,40€, Kind (bis 16 J.) gratis, Strom 3€, Frischwasser/Entsorgung 3€. Kurtaxe extra. Bezahlung über Park Now oder PayPal.
Kontakt: Manuela und Peter Keller, ☎ 07671/962446, info@keller-wohnmobil.de, www.wohnmobil-stellplatz-schönau.de.
Distanz: 0,2km, 0,3km, 0,3km, weitere Restaurants in 0,5km, Ⓗ 0,3km.
Freizeit: 0,5km, 0,3km. Kirchturmbesteigung, Stadtführung, geführte Wanderungen, Urwaldpfad 0,1km, Themenweg Gletscherschliff 0,5km, Philosophenweg 1,3km, Aussichtsberg Belchen 10km.
POI: Maria Himmelfahrt-Kirche 0,3km, Bergkirche 1km, Museumsbergwerk Finstergrund 8km.

94513 Schönberg gratis

<10m

Gasthaus Zehrermühle, Zehrermühle 2, ☎ 08554/9434090
Großer Platz gegenüber Gasthaus

POS: 48°50'55.96"N/13°18'35.12"E, Karte D16 (S.19), F1
Platz: = 3, = 3 (<12m) auf Schotter. . nur bei Gruppen. Teilweise schattig. Geöffnet: 15.4.-31.10.
Preis: Für Restaurantgäste kostenlos, inkl. Wasser, WLAN. Einkehr obligatorisch. Strom 5€, Dusche 3€/Pers.
Kontakt: Dirk Sinschek, ☎ 08554/9434090, info@zehrermuehle.de, www.zehrermuehle.de.
Distanz: , Ⓗ 0,1km, 2km, 3km.
Gastro: Am Platz, warme Küche 15:00-21:00 Uhr. Brötchenservice, Frühstück im Gasthaus möglich.
Freizeit: 3km, 10km. Besichtigungen, Badesee Innerzell 3,5km, Minigolfanlage in Grafenau 10km, Sommerrodelbahn 10km.
POI: Aussichtsturm auf dem Kadernberg 3km, Nationalpark Bayrischer Wald 10km, Waldspielgelände 12km, Baumwipfelpfad 15km.

> Vor der Anreise empfehlen wir, Kontakt mit dem Betreiber aufzunehmen, um die Auslastung des Stellplatzes abzufragen.

94513 Schönberg-Habernberg €37,00

<10m

Kinderparadies Höcker, Habernberg 1, ☎ 08554/2742
Bio-Hof in ruhiger Lage mit Bauernhofprogramm

POS: 48°52'24.72"N/13°19'42.92"E, Karte D16 (S.19), F1
Platz: / = 3 auf Wiese, Schotter. =4 WC CHEM GRAU. Aufenthaltsraum, Sauna. Geöffnet: Apr-Okt.
Preis: 37€ inkl. Strom, Wasser, Entsorgung, Dusche, WC, Müll-Entsorgung, WLAN. Jede weitere Pers. 10€. Inklusive Bauernhofprogramm.
Kontakt: Familie Höcker, ☎ 08554/2742, info@kinderparadies-hoecker.de, www.kinderparadies-hoecker.de.
Distanz: 3km, 3km, 3km, Ⓗ 10km.
Gastro: Frühstück oder Brötchenservice sowie Verkauf von eigenen Produkten am Hof.
Freizeit: 5km, 8km. Tretfahrzeuge, Ponyreiten, Streichelzoo, Tischtennis/Kicker, Mitarbeit im Stall bei Kühen, Pferden, Ziegen, Schafen und Kleintieren, Spielscheune, Rodelbahn 8km, Westernstadt 20km.
POI: Mehrere Museen und Glashütten in der nahen Umgebung 5km, Silberbergwerk 30km.

24217 Schönberg-Brasilien €9,00

<10m

Park- und Stellplatz Brasilien, Brasilien/Mittelstrand Naturbelassen, direkt am schönen Ostseestrand

POS: 54°25'23.88"N/10°23'34.47"E, Karte D2 (S.5), H2
Platz: P = 50 auf Schotterrasen, Wiese. CHEM GRAU. Platzwart kommt täglich. Zulassung für Wohnmobile bis max. 7 t. Geöffnet: 1.4.-31.10.
Preis: 9€ inkl. Wasser Entsorgung, Müll-Entsorgung. Bezahlung 3€ an der Schranke, Restbetrag über Umschläge und Kasse am Infopoint Reihe 8 oder abends im Pferdeanhänger. Kurtaxe (ab 18 J.) NS 1,10€, HS 2,50€. Aufpreis für Wohnmobile ab 7 m.
Kontakt: Beke Xenagelis-Lamp, info@parkplatz-brasilien.de.
Distanz: Ⓗ 0,5km, 0,8km, 0,8km, 0,8km.
Freizeit: 10km, 0,8km. Seefahrten, Wassersport, Veranstaltungen an der Seebrücke und auf dem Deich, Badestrand 0,1km, Hundestrand 0,3km, Seebrücke 0,8km.
POI: Museumsbahnhof Schönberger-Strand 1km, Heimatmuseum Schönberg 3km, Marine-Ehrenmal und U-Boot in Laboe 10km.

24217 Schönberg-Brasilien €12,00

<8m

Parkplatz Mittelstrand, Mittelstrand, ☎ 04344/9215
Großer Park- und Stellplatz am Deich/Strand

POS: 54°25'20.82"N/10°23'45.02"E, Karte D2 (S.5), H2
Platz: P = 50 auf Schotterrasen, Wiese. =40 (6 A) WC CHEM GRAU. Hundestrand, maximal zwei Hunde pro Wohnmobil, Kampfhunde verboten. Geöffnet: Ostern-31.10.
Preis: 12€ inkl. Wasser, Entsorgung, WC, Müll-Entsorgung. Strom 3,50€, Kurtaxe (ab 18 J.) 2,50€/Pers.
Kontakt: Peter Stoltenberg-Göttsch, ☎ 04344/9215, chrstoltenberg@gmail.com, www.stellplatz-mittelstrand.de.
Distanz: 0km, weitere Restaurants in 1km, Ⓗ 0,6km, 1km, 1km.
Gastro: Kiosk Buhne 31 (in der HS).
Freizeit: 10km, 1km. Jugendstrandprojekt Beachpower, Land-/Strandmärkte im Sommer, Wassersport, Strand 0,1km.
POI: Museumsbahnhof 1km, Heimatmuseum 3km, U-Boot und Marine-Ehrenmal Laboe 10km.

03253 Schönborn-Lindena €20,00

<12m

Stellplatz Trinks, Rückersdorfer Straße 15, ☎ 0152/59793637
Auf einem ehemaligen Bauernhof

POS: 51°35'25.61"N/13°32'57.56"E, Karte D8 (S.11), F4
Platz: / = 3 auf Wiese. . Kleiner Streichelzoo. Ganzjährig geöffnet.
Preis: 20€.
Kontakt: Christian Trinks, Mobil: 0152/59793637, trinks.c@web.de.
Distanz: 0,4km, weitere Restaurants in 2km, 1km, 2km.
Gastro: Waldschänke Bad Erna.
Freizeit: Mehrere Badeseen in der Umgebung, Wandern.
POI: Dorfkirche Lindena, Bauernmuseum Lindena, Naturpark Niederlausitzer Heidelandschaft.

69436 Schönbrunn gratis

<8m

Wanderparkplatz Im Höchsten, Hainbuchenstraße, ☎ 06272/93000
Aussicht über den Odenwald und auf den Katzenbuckel

POS: 49°24'41.04"N/8°54'52.88"E, Karte D10 (S.13), F5
Platz: / = 3 auf Schotter. . Ganzjährig geöffnet.
Preis: Übernachtung gratis.
Kontakt: Gemeinde Schönbrunn, ☎ 06272/93000, info@gemeinde-schoenbrunn.de, www.gemeinde-schoenbrunn.de.
Distanz: 0,9km, 0,9km, 0,9km.

S

Freizeit: Geo-Naturpark Bergstraße-Odenwald, Naturpark Neckartal-Odenwald, Wandern.
POI: Burgruine Stolzeneck.

96185 Schönbrunn im Steigerwald-Zettmannsdorf €20,00

Brauerei Seelmann, Zettmannsdorfer Hauptstraße 18, ☎ 09546/595990 <8m
Großer Parkplatz im Grünen

POS: 49°51'59.97"N/10°39'19.95"E, Karte D11 (S.14), A4
Platz: = 4 auf Wiese. WC. Ganzjährig geöffnet.
Preis: 20 € inkl. WC.
Kontakt: Seelmann Eventmanagement, Rudolf Seelmann, ☎ 09546/595990, info@brauerei-seelmann.de, www.brauerei-seelmann.de.
Distanz: 0,2 km, 3 km, 3 km.
Freizeit: Brauereiführungen und Foto-Shootings (Termine siehe Website), Wander-/Radwege 0,5 km.
POI: Baumwipfelpfad Steigerwald, Bamberg 20 km.

39218 Schönebeck-Frohse €21,00

Campingplatz Magdeburg, Burgwall 2a-2b, ☎ 0391/4082435 <10m
Am Wassersportzentrum und Südufer der Elbe

POS: 52°2'20.45"N/11°42'34.06"E, Karte D7 (S.10), C3
Platz: = 16, = 8 (<10 m) auf Wiese, Schotterrasen. WC CHEM GRAU. Müllentsorgung, Leinenpflicht für Hunde. Geöffnet: Apr-Okt.
Preis: Ab 21 € inkl. Entsorgung, Müllentsorgung. Jede weitere Pers. 6 €, Kind (bis 12 J.) 4 €, Strom einmalig 3 € und 0,90 €/kWh, Wasser 1 €/50 l, Dusche 1 €/4 min. Bis 7 m 9 €, jeder weitere m 1 €. Gespanne 9 €, Vorzelt 4 €, Haustier 3 €.
Kontakt: Rainhild Henning, ☎ 0391/4082435, Mobil: 0171/9961640, info@wsz-henning.de, www.campingplatz-magdeburg.de.
Distanz: 0,5 km, 1 km, 1 km, 3 km.
Gastro: Imbiss am Platz, Di-Fr 18:00-21:00 Uhr, Sa 10:00-21:00 Uhr, So 10:00-20:00 Uhr, Mo Ruhetag.
Freizeit: 3 km, 3 km. Stadtführung, Wassersport auf der Elbe, Wandern, Solebad 5 km.
POI: Ringheiligtum Pömmelte, Saline Schönebeck Salzelmen, Kunsthof und Stadtzentrum 3 km.

S

08261 Schöneck/Vogtland €10,00

Wohnmobilstellplatz am IFA Ferienpark, Hohe Reuth 9, ☎ 037464/330011 Inmitten der Ski-/Bike- und Wanderwelt Schöneck <8m

2021 geprüft

POS: 50°23'19.07"N/12°20'57.56"E, Karte D11 (S.14), D2
Platz: = 12 auf Schotter, Rasengittersteinen. =12 (16 A) WC CHEM GRAU. Dusche/WC/Umkleidekabinen im Wander-/Loipenhaus gegenüber. Ganzjährig geöffnet.
Preis: 10 € inkl. Entsorgung. Strom 1 €/kWh, Wasser 0,50 €/80 l oder 1,50 €/100 l, Dusche 0,50 €/Pers., WC 0,50 €, Kurtaxe 2 €/Pers. Kurtaxe Kind 0,60 €.
Kontakt: Tourist-Information Schöneck, ☎ 037464/330011, info@schoeneck-vogtland.de, www.schoeneck-vogtland.de.
Distanz: 0,1 km, 0,3 km, 2 km, 2 km.
Gastro: Tannenhaus. Restaurants im IFA Ferienpark.
Freizeit: 12 km, 0,6 km, 0,2 km. Kletterwald, Ski fahren, Langlauf, Wander-/Radwegenetz 0,2 km, Loipennetz 0,2 km, Erlebnisbad im IFA Hotel 0,6 km.
POI: Aussichtsfelsen Alter Söll 3 km, Heimatmuseum 3 km, Vogtland Arena 12 km.

54614 Schönecken €7,00

Wohnmobilstellplatz Schönecken, Hühnerbach 8, ☎ 06553/875983 <8m
In zentraler Lage im mittelalterlichen Ortskern

POS: 50°9'19.14"N/6°28'0.39"E, Karte D9 (S.12), A3
Platz: = 4 auf Pflaster. CHEM GRAU. Ganzjährig geöffnet.
Preis: 7 € inkl. aller Personen, Entsorgung, Müll-Entsorgung. Strom 0,50 €/kWh, Wasser 0,50 €/60 l.
Kontakt: Gemeinde Schönecken, ☎ 06553/875983, info@schoenecken.de, www.schoenecken.de.
Distanz: 0,1 km, 0,1 km, 0,2 km, 0,3 km.
Freizeit: 7 km, 7 km.
POI: Burgruine 2 km.

15566 Schöneiche bei Berlin gratis

Stellplatz Schöneiche, August-Borsig-Ring, ☎ 030/64958486 Gekennzeichnete Stellplätze im Gewerbegebiet an der B1 <8m

POS: 52°29'48.72"N/13°42'5.31"E, Karte D8 (S.11), F2
Platz: = 2 auf Pflaster. WC. Auffahrkeile erforderlich. Ganzjährig geöffnet.
Preis: Übernachtung gratis. Dusche/WC auf Anfrage an der Rezeption im B1 Sport & Freizeit nutzbar (gegen Entgelt).
Kontakt: Gemeinde Schöneiche bei Berlin, ☎ 030/64958486, stadtmarketing@schoeneiche.de, www.schoeneiche.de.
Distanz: 0,3 km, weitere Restaurants in 2 km, 2 km, 2 km, 2 km.
Gastro: Gaststätte B1 Sport & Freizeit, warme Küche 9:00-20:00 Uhr.
Freizeit: 5 km. Badminton, Bowling, Tennis.
POI: Ehemalige Schlosskirche 1 km, Lützowhaus 2 km, Museumspark Rüdersdorf 10 km, Stadtzentrum Berlin 25 km.

66901 Schönenberg-Kübelberg €10,00

Stellplatz am Landgut Jungfleisch, Campingpark Ohmbachsee 1, ☎ 06373/4001 Unterhalb des Hotels und vor der Zufahrt zum Campingpark Ohmbachstausee <10m

POS: 49°24'42.32"N/7°24'16.07"E, Karte D9 (S.12), C5
Platz: = 16 auf WC CHEM GRAU. Ganzjährig geöffnet.
Preis: 10 € inkl. aller Personen, Entsorgung, Müll-Entsorgung, WLAN. Strom 1 €, Wasser 1 €/85 l, WC €.
Kontakt: ☎ 06373/4001, mail@campingpark-ohmbachsee.de, www.campingpark-ohmbachsee.de.
Distanz: 0,4 km, 0,5 km, 0,5 km, weitere Restaurants in 1 km Entfernung.
Gastro: Restaurant Landgut Jungfleisch, Fr-Sa 17:00-20:00 Uhr, So-Do Ruhetag. Frühstücksservice bis 10:00 Uhr. Brötchenservice bei Vorbestellung.
Freizeit: Wandern, Radfahren.
POI: Ohmbachsee, Glan-Blies-Radweg 12 km, Homburger Schlossberghöhlen 15 km, Römermuseum Schwarzenacker 20 km, Wildgehege Potzberg 20 km.

86956 Schongau €6,60

Schongauer Brauhaus, Altenstadter Straße 13, ☎ 08861/9336222 <8m
An einer privaten Brauerei mit Restaurant

POS: 47°48'59.27"N/10°53'30.71"E, Karte D15 (S.18), B4
Platz: = 2 auf Schotter. WC. wird empfohlen. Bitte vor Anreise anmelden. WC zu den Öffnungszeiten des Brauhauses, Wasser bei Voranmeldung. Ganzjährig geöffnet.
Preis: 6,60 € inkl. Strom.
Kontakt: Marion Albrecht, ☎ 08861/9336222, info@brauhaus-schongau.de, brauhaus-schongau.de.
Distanz: 0 km, weitere Restaurants in 0,5 km, 0,3 km, 0,5 km, 0,5 km.
Gastro: Schongauer Brauhaus mit Biergarten, Mo-Do 17:00-22:00 Uhr, So+Feiertag 11:30-20:00 Uhr. Womo-Dinner möglich.
Freizeit: 2 km, 2 km. Veranstaltungen Fr abends, Brauereiführung mit Bierprobe nach Voranmeldung.
POI: Romanische Basilika Altenstadt 2 km, Wieskirche Steingaden 20 km.

86956 Schongau €8,00

Wohnmobilplatz Schongau, Lechuferstraße, ☎ 08861/214181 <12m
Auf dem Festplatz am Erlebnisbad Plantsch

POS: 47°48'32.33"N/10°53'53.61"E, Karte D15 (S.18), B4
Platz: = 70 auf Schotter. =6 WC CHEM GRAU. Anfahrt 24 h. VE/WC nur vom 23.3.-5.11. Ganzjährig geöffnet.
Preis: 8 € inkl. Strom, Entsorgung. Wasser 1 €.
Kontakt: Stadt Schongau, ☎ 08861/214181, touristinfo@schongau.de, www.schongau.de.
Distanz: 0,2 km, weitere Restaurants in 0,5 km, 0,2 km, 0,5 km, 1 km.

Gastro: Bootshaus mit Einkehr in Lechuferstraße 1 km. Lechwirt mit Biergarten 0,2 km. Restaurants und Cafés in der Altstadt.
Freizeit: 0,2 km, 0,2 km, 3 km. Weihnachtsmarkt, Führungen durch die malerische Altstadt, Konzertreihe Festlicher Sommer in der Wies, Festspiel mit historischem Handwerkermarkt, Erlebnisbad Plantsch mit Sauna 0,2 km.
POI: Altstadt von Schongau 0,5 km, romanische Basilika Altenstadt 2 km, ehemalige Klosterstiftskirche Rottenbuch 14 km, Welfenmünster Steingaden 15 km, Wieskirche 20 km.

38364 Schöningen — gratis — <10m

Stellplatz beim Badezentrum Negenborn, Negenborntrift 25, ☎ **05352/512196** Auf dem Parkplatz am Badezentrum unter Bäumen

POS: 52°7'59.49"N/10°57'36.90"E, Karte D7 (S. 10), A3
Platz: = 8 auf Wiese. WC CHEM GRAU. Duschen im Badezentrum gegen Eintritt. Ganzjährig geöffnet.
Preis: Übernachtung gratis inkl. Entsorgung, Müll-Entsorgung. Strom 1 €/kWh, Wasser 1 €.
Kontakt: Anke Grundmann, ☎ 05352/512196, tourismus@schoeningen.de, www.schoeningen.de.
Distanz: 0,3 km, 0,3 km, 0,5 km, weitere Restaurants in 0,5 km, 1,1 km.
Gastro: Klosterkrug St. Lorenz. Scheinich's. Im Schloss.
Freizeit: Golfen, Disc-Golfen, Forschungsmuseum Schöninger Speere, Golfplatz St. Lorenz, Stadtführungen.
POI: Ausstellung Salz und Kohle, Schloss 0,5 km, historischer Marktplatz mit Geschichtsbrunnen 0,5 km, St. Lorenz-Kirche mit Bibelgarten 0,6 km.

38364 Schöningen — gratis — <10m

Stellplatz Weinberghalle, Salinenweg, ☎ **05352/512196** An der historischen Weinberghalle

POS: 52°8'12.55"N/10°57'58.08"E, Karte D7 (S. 10), A3
Platz: = 5 auf Schotter. Ganzjährig geöffnet.
Preis: Übernachtung gratis.
Kontakt: Anke Grundmann, ☎ 05352/512196, tourismus@schoeningen.de, www.schoeningen.de.
Distanz: 0,5 km 0,2 km, 0,5 km, 0,8 km.
Gastro: Im Schloss und weitere Restaurants in der Innenstadt.
Freizeit: 10 km, 1 km. Schöninger DiscGolf-Anlage am Schloss, Besuch im Badezentrum Negenborn, Stadtführungen, Golfplatz St. Lorenz 1 km.
POI: Ausstellung Abenteuer Braunkohlearchäologie, historischer Marktplatz mit Geschichtsbrunnen, Schloss, St. Lorenz-Kirche mit Bibelgarten.

92539 Schönsee — gratis — <8m

Freizeitanlage Moorbad, Böhmerwaldstraße, ☎ **09674/317** Auf dem Parkplatz beim Naturbad

POS: 49°30'40.13"N/12°33'14.30"E, Karte D11 (S. 14), D4
Platz: = 5 auf Schotter. WC. Aufenthalt max. 3 Nächte. WC/Dusche während der Badesaison. Ganzjährig geöffnet.
Preis: Übernachtung gratis inkl. aller Personen, Wasser, WC.
Kontakt: Tourist-Information Schönseer Land, ☎ 09674/317, touristinfo@schoenseer-land.de, www.vg-schoensee.de.
Distanz: 0,5 km, 0,5 km, 0,5 km, 0,5 km.
Freizeit: 2 km. Klöppelkurse, Ausstellungen/Kulturangebote im Centrum Bavaria Bohemia, Langlauf, geführte Wanderungen und Radtouren.
POI: Kurparkanlagen.

78141 Schönwald — €40,00 — <12m

Lynx Camp, Friedhofstraße 18, ☎ **07722/8686786** In Wandernähe zu den Triberger Wasserfällen

POS: 48°6'35.47"N/8°12'3.56"E, Karte D13 (S. 16), D3
Platz: = 30, = 30 (<12 m) auf Naturboden, Sand/Splitt. =30 (16 A) WC CHEM GRAU. Hunde herzlich willkommen, Hundedusche, Hundefreilauf, Dog-Stations, Hundezaun erlaubt. Das Lynx Camp hat ein spezielles Konzept. Aufenthalt nur mit vorheriger Buchung (mind. 7 Tage Vorlauf). Info & Buchung siehe www.lynx.camp. Ganzjährig geöffnet.
Preis: 40 € inkl. Wasser, Entsorgung, Dusche, WC, Müll-Entsorgung, WLAN. Hund 1 €, Kurtaxe 2,50 €/Pers.
Kontakt: Lynx Camp, ☎ 07722/8686786, booking@lynx.camp, www.lynx.camp.
Distanz: 0,5 km, 0,5 km, 1 km, weitere Restaurants in 1 km Entfernung, 1 km.
Gastro: Mehrere Restaurants im Ort.
Freizeit: 1 km, 1 km, 1,5 km. Wandern, Waldbaden, Skilift 1,5 km.
POI: Blindensee, Donauquelle, Adlerschanze 1 km, erste weltgrößte Kuckucksuhr 3 km, Triberger Wasserfälle 3,5 km, Stöcklewaldturm 5,5 km, Deutsches Uhrenmuseum 9 km.

95173 Schönwald — €18,60 — <8m

Campingplatz Schönwald, Grünhaid 4, ☎ **09287/50364** In einer gartenähnlichen Anlage beim Hotel

POS: 50°12'35.09"N/12°5'45.20"E, Karte D11 (S. 14), C3
Platz: / = 10 auf Wiese, Schotter, Rasengittersteinen. WC CHEM GRAU. Bei besonders starkem Schneefall nur auf Voranmeldung. Geöffnet: 15.3.-15.11.
Preis: 18,60 € inkl. Wasser, Entsorgung, Dusche, WC, Müll-Entsorgung. Hund 3 €.
Kontakt: Familie Reinsch, ☎ 09287/50364, info@gasthof-turm.de, www.gasthofturm.de.
Distanz: 0 km, 1,5 km, 2 km, 2,5 km.
Gastro: Am Platz, warme Küche 17:00-21:00 Uhr. Brötchenservice auf Vorbestellung im Hotel. Nutzung des Frühstücksbüfetts im Hotel gegen geringen Aufpreis.
Freizeit: Kunstmeile Selb, Klettern, Radfahren auf dem Brückenradweg Bayern-Böhmen.
POI: Selb.

38170 Schöppenstedt — gratis — <10m

Elm-Asse-Platz, Am Schützenplatz, ☎ **05332/938310** Ortsmitte, nahe Sportplatz und Freibad

POS: 52°8'50.79"N/10°46'41.68"E, Karte D7 (S. 10), A3
Platz: = 8 auf Asphalt. Ganzjährig geöffnet.
Preis: Übernachtung gratis.
Kontakt: Samtgemeinde Elm-Asse, ☎ 05332/938310, rathaus@elm-asse.de, www.elm-asse.de.
Distanz: 0,3 km, 0,3 km, 0,5 km, 0,5 km.
Freizeit: 0,3 km. Naturpark Elm-Lappwald, Eulenspiegel-Erlebnisland, Wasservogelreservat Schöppenstedter Teiche.
POI: Till-Eulenspiegel-Museum, Kirche St. Stephanus mit schiefem Kirchturm, Museum (alte Schmiede) 0,1 km, Barockschloss Sambleben 2 km, Rokokoschloss in Schliestedt 3 km.

48624 Schöppingen — €30,00 — <10m

Gutshof Schulze Althoff, Heven 48, ☎ **02555/93850** Auf dem Gelände eines historischen Bauernhofs

POS: 52°4'24.30"N/7°13'23.34"E, Karte D5 (S. 8), C3
Platz: = 15, = 15 (<8 m) auf Wiese, Schotter. =30 (6 A) WC CHEM/Bio GRAU. Ganzjährig geöffnet.
Preis: 30 € inkl. Strom, Wasser, Entsorgung, Dusche, WC, Müll-Entsorgung, WLAN. Jede weitere Pers. 5 €, Hund 4 €.
Kontakt: Familie Schulze Althoff, ☎ 02555/93850, info@schulzealthoff.de, www.schulzealthoff.eu.
Distanz: 1,5 km, 1,5 km, 2 km, weitere Restaurants in 2,5 km, 2 km.
Gastro: Brötchenservice. Im Sommer Di Stockbrot am Lagerfeuer/Do Grillen im Biergarten.
Freizeit: 0,1 km, 2,5 km, 2 km. Angeln, Trampolin springen, Kettcar fahren, Ponyreiten/Reitunterricht für Kinder, Boot fahren, Mitarbeit auf dem Feld/bei den Kleintieren.
POI: Wallfahrtskirche Eggerode 1,5 km, Künstlerdorf Schöppingen 2 km.

48624 Schöppingen-Eggerode — €5,00 — <10m

Hotel-Restaurant Winter, Gildestraße 3, ☎ **02545/93090** Am traditionsreichen Hotel-Restaurant

POS: 52°3'48.61"N/7°14'39.81"E, Karte D5 (S. 8), C3
Platz: / = 4 auf Sand/Splitt. =4 (16 A). Ganzjährig geöffnet.
Preis: 5 € inkl. Strom, Wasser, WLAN. Für Restaurantgäste kostenlos.
Kontakt: Antje & Markus Winter, ☎ 02545/93090, hotel@winter-eggerode.de, www.winter-eggerode.de.
Distanz: 0 km, 0,1 km, 0,1 km, 0,1 km.
Gastro: Am Platz, warme Küche täglich ab 17:00 Uhr, So zusätzlich Mittagstisch. Mo Ruhetag. Spezialität Backofenessen.
Freizeit: 12 km, 3 km, 3 km. Führung durch den Ort und die Wallfahrtsstätte.
POI: Künstlerdorf in Schöppingen 3 km, Burgmannshäuser in Horstmar 5 km, Schloss Darfeld 5 km.

S

48624 Schöppingen-Ramsberg €20,00

Ferienhof Wenker, Ramsberg 76, ☎ 02555/1503 <8m
Westfälischer Ferienhof in Einzellage mit Panoramablick

POS: 52°4'25.82"N/7°10'42.04"E, Karte D5 (S. 8), C3
Platz: = 5 auf Schotterrasen, Wiese. =4 WC CHEM GRAU. Infrarot-Wärmestudio. Wird empfohlen. Ganzjährig geöffnet. Ausnahme: 1.11.-1.4.
Preis: 20€ inkl. Strom, Wasser, Entsorgung, Dusche, WC, Müll-Entsorgung, Kurtaxe.
Kontakt: Silke Wulfert, ☎ 02555/1503, Mobil: 0151/67506710, info@ferienhof-wenker.de, www.ferienhof-wenker.de.
Distanz: Ⓗ 2km, 4km, weitere Restaurants in 5km, 5km, 5km.
Gastro: Brötchenservice am Hof.
Freizeit: 15km, 5km. Angeln, Walken, Tennisplatz 5km, Vogelpark Metelen 10km, Abenteuer Zoo Metelen 10km.
POI: Dormitorium/Kreuzgang-Galerie Asbeck 4km, Künstlerdorf 5km, altes Rathaus Schöppingen 5km, mehrere Schlösser ab 10km.

73614 Schorndorf gratis

Stellplatz beim Oskar Frech SeeBad, Lortzingstraße 56, ☎ 07181/96450200 <8m
Auf dem Bad-Parkplatz

POS: 48°47'48.25"N/9°30'53.30"E, Karte D14 (S. 17), G1
Platz: = 5 auf Pflaster. =5 (16A) WC CHEM GRAU. Tagsüber teilweise mit Pkw zugeparkt, Reisemobile sollten abends umparken. WC im Bad-Foyer nur während der Öffnungszeiten, Ladestation für E-Bikes am Bad. Ganzjährig geöffnet.
Preis: Übernachtung gratis inkl. WC, WLAN. Strom 0,50€/kWh, Wasser 1€/min, Entsorgung 1€/3min. Preisänderung 2023 möglich.
Kontakt: ☎ 07181/96450200, seebad@stadtwerke-schorndorf.de, www.oskar-frech-seebad-schorndorf.de.
Distanz: , 1,5km, 1,5km.
Gastro: Restaurant im Bad, auch ohne Badetuch zugänglich.
Freizeit: Oskar Frech SeeBad, Segway-Touren durch die Stadt, Geocaching, Rundwanderweg am Platz.
POI: Altstadt mit Fachwerkhäusern 1,8km, ehemalige Brotlaube 1,8km, Galerien für Kunst und Technik 1,9km, Daimler Geburtshaus 2km.

73614 Schorndorf €20,00

Top-Mobile, Gmünder Straße 84/1, ☎ 0172/7822048 Auf dem Gelände des Handelsbetriebes <10m

POS: 48°48'17.94"N/9°32'31.32"E, Karte D14 (S. 17), G1
Platz: = 7 auf Schotter. =7 (16A) WC CHEM GRAU. Ganzjährig geöffnet.
Preis: 20€ inkl. WC, Müll-Entsorgung, WLAN, Kurtaxe. Jede weitere Pers. 5€, Strom 0,90€/kWh, Wasser 2€/40l, Entsorgung 2€, Waschmaschine/Trockner je 5€, Duschen 2€/Pers. IP-TV kostenfrei.
Kontakt: Werner Bartesch, Mobil: 0172/7822048, top-mobile-gbr-wohnmobilstellplatz.business.site.
Distanz: Ⓗ 0,2km, 0,3km, 0,3km, 0,3km, weitere Restaurants in 0,5km.
Gastro: Altstadt/Gasthof Goldene Rose. Remstal-Stuben.
Freizeit: 2km, 1,5km, 0,3km. Dampfzugfahrt Wieslauftal-Express, Remstal-Wein-Route, Radwanderweg-Remstal.
POI: Gottlieb Daimlers Geburtshaus 0,3km, Skulpturen-Rundgang 0,6km, Galerie für Kunst und Technik 0,6km, Altstadt mit Burgschloss 0,7km.

73614 Schorndorf gratis

Wohnmobilstellplatz Sportpark Rems, Wiesenstraße, ☎ 07181/6026000 <8m
Am Ortsrand, in Flussnähe

POS: 48°48'58.69"N/9°32'27.32"E, Karte D14 (S. 17), G1
Platz: = 10 auf Schotterrasen. WC CHEM GRAU. Ganzjährig geöffnet.
Preis: Übernachtung gratis.
Kontakt: Stadtverwaltung Schorndorf, ☎ 07181/6026000, stadtinfo@schorndorf.de, www.schorndorf.de.
Distanz: 0,4km, 0,5km, weitere Restaurants in 1,6km, 1,9km.
Freizeit: 4,3km, 4,3km. Oskar Frech SeeBad 4,3km.
POI: Gottlieb Daimlers Geburtshaus 1,9km, Altstadt mit Fachwerkhäusern 1,9km.

73614 Schorndorf-Oberberken gratis

Wohnmobilstellplatz Gasthaus Hirsch, Wangener Straße 38, ☎ 07181/3037 <12m
Hinter dem Gasthaus

POS: 48°46'35.70"N/9°33'6.85"E, Karte D14 (S. 17), G1
Platz: = 2 auf Rasengittersteinen, Wiese. GRAU. Wird empfohlen. Ganzjährig geöffnet.
Preis: Für Restaurantgäste kostenlos, inkl. Entsorgung. Einkehr obligatorisch. Wasser/Strom auf Anfrage.
Kontakt: Gasthaus Hirsch, Dieter Schurr, ☎ 07181/3037, info@hirsch-oberberken.de, www.hirsch-oberberken.de.
Distanz: 0km, 0,2km.
Gastro: Restaurant mit Biergarten, Mi + Fr 11:30-14:00 Uhr/17:00-20:30 Uhr, Sa + So 11:30-20:30 Uhr. Mo, Di, Do Ruhetag.
Freizeit: 7km, 7km. Radwanderweg Remstal, Remstal-Wein-Route.
POI: Gottlieb Daimlers Geburtshaus 5,6km, Altstadt Schorndorf mit Fachwerkhäusern 5,6km.

55288 Schornsheim €15,00

Weingut Hammen, Lindenhof, ☎ 06732/960613 <10m
Im Landschaftsschutzgebiet

POS: 49°50'52.51"N/8°9'59.47"E, Karte D9 (S. 12), D4
Platz: = 2 auf Pflaster, Wiese. =2. Wird empfohlen. Ganzjährig geöffnet.
Preis: 15€ inkl. Strom, Wasser. Kostenlos beim Kauf von 12 Flaschen Wein.
Kontakt: Elke und Michael Hammen, ☎ 06732/960613, info@hammen-wein.de, hammen-wein.de.
Distanz: 0,2km, Ⓗ 0,5km, 1km, 3km.
Freizeit: 3km, 6km. Weinprobe, Kellerführung, Golfplatz 7km.
POI: Deutsches Weinbaumuseum, Kellerlabyrinth und Altstadt Oppenheim 7km.

26419 Schortens gratis

Forsthaus Upjever, Krongutsallee 54, ☎ 04461/748940 <10m
Sehr ruhig mitten im Wald

POS: 53°31'35.12"N/7°53'30.61"E, Karte D1 (S. 4), D4
Platz: = 4 auf Schotter. Ganzjährig geöffnet.
Preis: Übernachtung gratis.
Kontakt: Stadt Schortens, ☎ 04461/748940, marketing-touristik@schortens.de, www.schortens.de.
Distanz: 0km, Ⓗ 3km, 4,1km, 5,4km.
Gastro: Forsthaus Upjever, Reservierung notwendig.
Freizeit: 7,7km.

26419 Schortens-Accum gratis

Wohnmobilstellplatz Accumer Mühle, An der Mühle, ☎ 04461/748940 <10m
Ruhige Stellplätze auf dem Seitenstreifen einer Wohnstraße

POS: 53°32'43.97"N/8°1'15.79"E, Karte D1 (S. 4), D4
Platz: = 3 auf Schotter. Ganzjährig geöffnet.
Preis: Übernachtung gratis.
Kontakt: Stadt Schortens, ☎ 04461/748940, marketing-touristik@schortens.de, www.schortens.de.
Distanz: 1,5km, 2,5km, 6,5km, Ⓗ 6,5km.
Freizeit: 6,5km.
POI: St.-Stephanus-Kirche, Accumer Mühle und Friesisches Brauhaus Jever.

26419 Schortens-Grafschaft €10,00

Fairhandelshaus Mercado Mundial, Birkenstraße 1a, ☎ 04423/98049 <12m
Ruhig gelegener Platz auf 6.000 qm naturbelassenem Anwesen

POS: 53°33'9.82"N/7°58'32.92"E, Karte D1 (S. 4), D4
Platz: = 3 auf Schotterrasen. Anreise bis 17:00 h. Ganzjährig geöffnet.

Preis: 10€. Für Restaurantgäste kostenlos. Gebühr wird mit Einkauf verrechnet.
Kontakt: Jutta Hartwig, ☎ 04423/98049, fairhandels-haus@fair-nuenftig.de, www.fair-nuenftig.de.
Distanz: 0 km, Ⓗ 0 km, 0 km, 3 km.
Gastro: Kaffee-Rösterei und Bio- & Fair-Kaufhaus, Bio- & Hofladen, Unverpacktladen, Weltladen, Café, Herstellung veganer Lebensmittel, Gemüseanbau und naturgemäße Geflügelhaltung. Backwaren: Di-Fr von 10:00-12:30 Uhr und 14:30-18:00 Uhr, Sa von 10:00-12:30 Uhr.
Freizeit: 4 km, 3 km. Badesee 0,8 km, Brauereibesichtigung Jever 5 km, Seewasser-Aquarium 10 km.
POI: Windmühle 2 km, Schlossmuseum 5 km, Wattenmeerhaus 10 km, Marinemuseum 10 km.

26419 Schortens-Sillenstede — gratis — <10m

Arthur-Eden-Platz, Glockenwall, ☎ 04461/748940
Ruhiger Platz im Ortskern

POS: 53°34'29.00"N/7°59'9.61"E, Karte D1 (S. 4), D4
Platz: = 4 auf Pflaster. Ganzjährig geöffnet.
Preis: Übernachtung gratis.
Kontakt: Stadt Schortens, ☎ 04461/748940, marketing-touristik@schortens.de, www.schortens.de.
Distanz: Ⓗ 0,1 km, 0,2 km, weitere Restaurants in 3 km, 2,7 km, 5,9 km.
Freizeit: 6 km.

63679 Schotten — €15,00 — <10m

Wohnmobilstellplatz an der Taufsteinhütte, Am Hoherodskopf 2, ☎ 06044/2381
Am Premiumwanderweg Gipfeltour

POS: 50°31'1.60"N/9°13'42.28"E, Karte D10 (S. 13), F2
Platz: = 2 auf Schotterrasen. WC. Duschen. Keine Stellplatzreservierung möglich. WC zu den Öffnungszeiten des Restaurants. Ganzjährig geöffnet.
Preis: 15€ inkl. Strom.
Kontakt: Restaurant Taufsteinhütte, Jürgen Carnier, ☎ 06044/2381, info@taufsteinhuette.de, www.taufsteinhuette.de.
Distanz: 0 km, weitere Restaurants in 8,6 km, 8,7 km, 8,9 km.
Gastro: Restaurant Taufsteinhütte.
Freizeit: Wintersport-Skilift, Sommerrodelbahn, Grünes Meer - Entdeckungswald Schloss Laubach, Baumkronenpfad, Kletterwald Hoherodskopf, Adventure-Minigolf.
POI: Vulkaneum-interaktive Erlebnisausstellung mit 12 Stationen, Naturpark-Infozentrum Hoherodskopf 1,3 km.

78713 Schramberg — gratis — <6m

Fischerparkplatz, Bahnhofstraße, ☎ 07422/29215
Auf einem Parkplatz in Stadtnähe

POS: 48°13'48.01"N/8°23'0.49"E, Karte D14 (S. 17), E3
Platz: = 2 auf Pflaster. CHEM GRAU. Ganzjährig geöffnet.
Preis: Übernachtung gratis inkl. Entsorgung. Wasser 1€, Kurtaxe 1,80€/Pers.
Kontakt: Stadt Schramberg, ☎ 07422/29215, info@schramberg.de, www.schramberg.de.
Anfahrt: Umweltzone entfällt zum 1.März 2023.
Distanz: Ⓗ 0,1 km, 0,2 km, 0,4 km, 0,5 km, weitere Restaurants in 0,5 km.
Gastro: Mehrere Restaurants ab 0,3 km.
Freizeit: 1 km. Stadtbesichtigung, Bushaltestelle 0,1 km.
POI: Stadtmuseum im Schloss 0,3 km, St. Maria Kirche 0,4 km, Burgruine Hohenschramberg 0,4 km, Auto- und Uhrenwelt 0,7 km, Fachwerkstatt Schiltach 8 km.

78713 Schramberg — €14,00 — <8m — neu

Stellplatz Peter Armbruster, Schwabenhof, ☎ 07422/23253
Mit Blick auf den Schwarzwald

POS: 48°12'47.98"N/8°24'4.24"E, Karte D14 (S. 17), E3
Platz: P = 3 auf Wiese, Schotterrasen. =4 GRAU. E wird empfohlen. Anfahrt 12:00-20:00 Uhr. Im Winter nach Absprache. Geöffnet: April-Nov.
Preis: 14€ inkl. Strom, Wasser, Entsorgung. Müll-Entsorgung 2€.
Kontakt: Peter Armbruster, ☎ 07422/23253, info@ferienwohnungen-schwabenhof.de, www.ferienwohnungen-schwabenhof.de.
Freizeit: Wanderung Burgenpfad, Langlauf, Wintersport, Naturweiher mit Steg und Liegeplattform., Burgruine Hohenschramberg 8,3 km, Schiltach Zip-Line-Area 20,3 km.
POI: Auto- und Uhrenmuseum, Terrassenbau-Museum (Schwarzwalduhren und Junghans Uhren Werksverkauf), Thyssen-Krupp Aufzugstestturm in Rottweil 23 km, Triberger Wasserfälle 31 km.

78713 Schramberg-Waldmössingen — gratis — <8m — neu

Transitplatz Waldmössingen, Weiherwasenstraße 10, ☎ 07422/29215
Direkt an der Kastellhalle

POS: 48°16'11.27"N/8°29'24.66"E, Karte D14 (S. 17), E3
Platz: = 3 auf Schotterrasen. CHEM GRAU. Öffentliche Toilette (0,3 km) Mitte März-Anfang Okt geöffnet. Ganzjährig geöffnet.
Preis: Übernachtung gratis.
Kontakt: Stadt Schramberg, ☎ 07422/29215, info@schramberg.de, www.schramberg.de.
Distanz: 0,4 km, 0,4 km, 3 km.
Freizeit: Stadt- und Museumsbesichtigungen 8,9 km.
POI: Dieselmuseum, Autosammlung Steim, Auto- und Uhrenmuseum ErfinderZeiten, Eisenbahnmuseum Schwarzwald, Junghans Terrassenbau Museum.

86529 Schrobenhausen — gratis — <8m

Parkplatz Am Klostergarten, Rot-Kreuz-Straße, ☎ 08252/900 Auf einem öffentlichen Parkplatz südlich des Stadtkerns

POS: 48°33'32.36"N/11°15'45.07"E, Karte D15 (S. 18), B2
Platz: P / = 5 auf Schotter, Schotterrasen. GRAU. 2 Stellplätze bis 8,5 m Länge. Ganzjährig geöffnet.
Preis: Übernachtung gratis. Grauwasserentsorgung gratis zu den Öffnungszeiten der Kläranlage.
Kontakt: Stadt Schrobenhausen, ☎ 08252/900, information@schrobenhausen.de, www.schrobenhausen.de.
Distanz: , 0,3 km, 0,5 km, Ⓗ 0,6 km, E 3 km (Kläranlage, Königslachener Weg 12, 86529 Schrobenhausen).
Gastro: Mehrere Restaurants in unmittelbarer Nähe.
Freizeit: 1,5 km, 1 km. Naturlehrpfad, Minigolf Högenau.
POI: Altstadt mit Türmen, Stadtpfarrkirche St. Jakob, Lenbachmuseum und Schützenmuseum, Stadtwall mit fast vollständig erhaltener Stadtmauer, Europäisches Spargelmuseum, Museum im Zeiselmairhaus 0,5 km, Schloss Sandizell 5 km.

38707 Schulenberg im Oberharz — €8,00 — <10m

Reisemobilstellplatz Ortsmitte, Wiesenbergstraße 14, ☎ 05328/80226 In der Stadtmitte, mit Blick auf den Okerstausee und die umliegenden Berge

POS: 51°50'12.10"N/10°26'6.91"E, Karte D7 (S. 10), A3
Platz: = 10 auf Schotter, Asphalt. WC CHEM GRAU. Ganzjährig geöffnet.
Preis: 8€ inkl. Entsorgung. Strom 0,50€/kWh, Kurtaxe 2,14€/Pers., Kurtaxe (6-17 J.) 1,44€/Pers.
Kontakt: Mandy Germer, ☎ 05328/80226, info@oberharz.de, www.oberharz.de.
Distanz: Ⓗ 0,1 km, 0,1 km, 0,2 km, 6 km.
Freizeit: 6 km, 6 km, 6 km. Wintersport, Golfübungsanlage Vita-Parcours und Ausflugsschiff am Ort, Wassersport, Bootsverleih am Okerstausee, Angeln, Sportanlage.
POI: Stausee-Sperrmauer 4 km, Kunsthandwerkerhof und Museum in Clausthal-Zellerfeld 8 km.

48465 Schüttorf — gratis — <10m

Stellplatz am Freibad/Kuhmplatz, Kuhmplatz/Graf-Egbert-Straße, ☎ 05923/96590
Am Naherholungsgebiet Vechteniederung

POS: 52°19'18.00"N/7°13'34.00"E, Karte D5 (S. 8), C2
Platz: = 10 auf Asphalt, Sand/Splitt. CHEM GRAU. VE im Winter eingeschränkt. Ganzjährig geöffnet.
Preis: Übernachtung gratis. Wasser 1€/80 l.
Kontakt: Stadt Schüttorf, ☎ 05923/96590, info@schuettorf.de, www.schuettorf.de.
Distanz: 0,2 km, 0,4 km, 0,5 km, Ⓗ 0,6 km.
Gastro: Kiosk am Freibad zu den Badezeiten.
Freizeit: 1,5 km. Radwandern, Stadtführungen durch die älteste Stadt der Grafschaft Bentheim, Golfplatz 4 km, Aussichtsturm am Isterberg 7,5 km, Nordhorner Tierpark 20 km.
POI: Rathaus und Wassermühle in Schüttorf, größte nordwestdeutsche Burganlage in Bad Bentheim 4 km.

S

91126 Schwabach — gratis — <8m

Parkplatz Ostanger, Angerstraße/ Lindenstraße, ☎ 09122/860241
Nahe Stadtpark und Freibad

2020 geprüft

POS: 49°19'21.95"N/11°1'42.02"E, Karte D11 (S. 14), B5
Platz: = 2 auf Asphalt. Aufenthalt max. 3 Nächte. Nur für autarke Wohnmobile. Ganzjährig geöffnet.
Preis: Übernachtung gratis.
Kontakt: Stadt Schwabach, ☎ 09122/860241, tourismus@schwabach.de, www.schwabach.de.
Distanz: 0,3 km, 0,5 km, 1 km, 1,3 km.
Gastro: Liegt unmittelbar an einem Biergarten.
Freizeit: Spielplatz, Stadtpark.
POI: Stadtkirche 1,4 km, Stadtmuseum 2,5 km.

73525 Schwäbisch Gmünd — €6,50 — <10m — neu

Wohnmobilstellplatz im Schießtal, Richard-Bullinger-Straße, ☎ 07171/9271531 Am Nebeneingang des Bads, mitten im Grünen

POS: 48°48'29.90"N/9°48'55.96"E, Karte D14 (S. 17), G1
Platz: = 16, = 1 (<11 m) auf Schotter. =16 (16 A) CHEM GRAU. Leinenpflicht für Hunde. 3 Stellplätze für Wohnmobile mit Überlänge. WC auf dem Gelände des Bud Spencer Bads. Reservierung über das Online-Buchungssystem der Bäderbetriebe oder während der Öffnungszeiten an der Kasse des Bud Spencer Bads. Ganzjährig geöffnet.
Preis: Ab 6,50 €. Strom 0,60 €/kWh, Wasser 1 €, Entsorgung 1 €. Während der Badesaison 12,50 €, inkl. freiem Eintritt in das Bud Spencer Bad.
Kontakt: Bäderbetriebe Schwäbisch Gmünd GmbH, ☎ 07171/9271531, baederbetriebe@stwg.de, www.gmuender-baeder.de/wohnmobilhafen.
Freizeit: Erlebnis-Waldpfad Naturatum, Radfahren, LebensWeg im Taubental, Qualitätswanderwege Kaltes Feld Weg und Waldkugelbahn Weg, Wallfahrtsstätte St. Salvator.
POI: Schwäbisch Gmünd (älteste Stauferstadt) mit der Stauferbasilika und der Johanniskirche, Klosteranlage in Lorch, Dreikäseberge, Wäscherschloss.

74523 Schwäbisch Hall — gratis — <10m

Wohnmobilstellplatz Auwiese, Spitalmühlenstraße 20, ☎ 0791/751600
Am Ortsrand beim Fluss Kocher

2021 geprüft

POS: 49°7'22.03"N/9°44'5.70"E, Karte D14 (S. 17), G1
Platz: = 9 auf Schotter. GRAU. Anfahrt 24 h. Aufenthalt max. 2 Tage. Ganzjährig geöffnet.
Preis: Übernachtung gratis inkl. Entsorgung. Strom 0,50 €/kWh, Wasser 1 €/100 l.
Kontakt: Tourist-Info, ☎ 0791/751600, touristik@schwaebischhall.de, www.schwaebischhall.de.
Distanz: 0,2 km, 0,8 km, 1,2 km, 1,5 km.
Gastro: Mehrere Restaurants im Ort.
Freizeit: 3 km, 3 km. Kocher-Jagst-Radweg, Solebad 1,1 km, Schenkenseebad 3 km.
POI: Johanniterkirche 1 km, Kunsthalle Würth 1,5 km, Hällisch-Fränkisches Museum 1,5 km, hist. Altstadt 1,5 km, Benediktinerkloster Großcomburg 4 km, Hohenloher Freilandmuseum Wackershofen 7 km.

74193 Schwaigern — €8,00 — >12m

Wohnmobilstellplatz am Heuchelberg, Neipperger Straße 25, ☎ 07138/97020 Auf dem Gelände der Heuchelberg Weingärtner

POS: 49°8'7.29"N/9°3'51.26"E, Karte D10 (S. 13), F5
Platz: = 20 auf Schotter, Asphalt. CHEM GRAU. Anfahrt 24 h. Ganzjährig geöffnet.
Preis: 8 € inkl. Strom, Wasser, Entsorgung. Bei Einkauf in der Vinothek eine Übernachtung gratis.
Kontakt: ☎ 07138/97020, info@heuchelberg.de, www.heuchelberg.de.
Distanz: 0,2 km, 0,5 km, 0,5 km, 0,5 km.
Gastro: Mehrere Restaurants im Ort.
Freizeit: Betriebsführungen, Wengertschleicherfahrten durch die Weinberge, Weinproben, Badesee 15 km, Erlebnis- und Wildpark Tripsdrill 20 km, Bade- und Saunawelt Sinsheim 20 km.
POI: Aussichtspunkt Heuchelberger Warte.

74193 Schwaigern — €15,00 — <10m

Wohnmobilstellplatz Römerhof, Römerhöfe 2, ☎ 07138/920696
Am Kraichgau-Radweg zwischen Heilbronn und Eppingen

POS: 49°9'5.86"N/9°1'42.65"E, Karte D10 (S. 13), F5
Platz: = 6 auf Wiese. WC. Eier und Weinverkauf. Ganzjährig geöffnet.
Preis: 15 € inkl. Strom, Wasser, Dusche, WC, WLAN.
Kontakt: Heidrun u. Daniel Schmalzhaf, ☎ 07138/920696, Mobil: 0170/1844847, roemer.schmalz@gmx.de, www.coaching-und-weinerlebnistouren.de.
Distanz: 2 km, 2 km, 2,5 km, 2,5 km.
Freizeit: 1,5 km. Weinerlebnistouren.
POI: Virtueller Stadtrundgang, Leintalzoo, Stadtkirche, moderne Weinkellerei, Stadtmauer, Experimenta/ Heilbronn.

74193 Schwaigern — gratis — <10m

Wohnmobilstellplatz Schwaigern, Gemminger Straße 91, ☎ 07138/2121
Gegenüber vom Freibad

POS: 49°8'43.20"N/9°2'43.71"E, Karte D10 (S. 13), F5
Platz: = 2 auf Asphalt. =2 CHEM GRAU. Ganzjährig geöffnet.
Preis: Übernachtung gratis. Wasser 1 €/4 min.
Kontakt: Stadt Schwaigern, ☎ 07138/2121, info@schwaigern.de, www.schwaigern.de.
Distanz: 0,5 km, weitere Restaurants in 1 km, 1 km, 1 km, 1,5 km.
Freizeit: Stadtführungen.
POI: Historische Gebäude in der Innenstadt 1 km, Heilbronn 13 km.

74193 Schwaigern-Stetten — €10,00 — <10m — neu

Golfoase Pfullinger Hof, Pfullinger Hof 1, ☎ 07138/67442
Neben dem Golfplatz

POS: 49°7'50.43"N/9°0'53.76"E, Karte D10 (S. 13), F5
Platz: = 10 auf Wiese. Golf-Shop. Dusche/WC nur für Gastspieler. Ganzjährig geöffnet.
Preis: 10 €. Für Gastspieler gratis.
Kontakt: ☎ 07138/67442, golfoase@t-online.de, www.golfoase.de.
Distanz: 0 km, weitere Restaurants in 1 km, 0,5 km.
Gastro: Madelaines Café und Bistro am Platz, Di-Fr 11:00-18:00 Uhr, Sa-So 11:00-20:00 Uhr, Mo Ruhetag. Frühstück von 9:00-12:00 Uhr auf Bestellung.
Freizeit: 18-Loch-Platz, Golfkurse, 6-Loch-Bambini-Platz, 9-Loch-Kurzplatz.

34613 Schwalmstadt-Treysa — gratis — <10m

Wohnmobilstellplatz am Schwalm-Stadion Treysa, Zwalmstraße, ☎ 06691/207400 An der Schwalm

2022 geprüft

POS: 50°54'53.00"N/9°11'32.00"E, Karte D10 (S. 13), F1
Platz: = 10 auf Schotter, Schotterrasen. VE am Bauhof/Feuerwache (Wasser 1 €). Ganzjährig geöffnet.
Preis: Übernachtung gratis.
Kontakt: Stadt Schwalmstadt, ☎ 06691/207400, info@rotkaeppchenland.de, www.schwalmstadt.de.
Distanz: 0,3 km, 0,5 km, 0,5 km, 1 km, 5 km (An der Feuerwache 12, 34613 Schwalmstadt-Ziegenhain).
Freizeit: 3 km, 0,2 km, 1 km. Baden, Stadtbesichtigung, Inlineskating.
POI: Historischer Stadtkern Treysa mit Totenkirche, Hospital/Hexenturm 0,5 km, Museum der Schwalm/ehemalige Wasserfestung Ziegenhain 3 km.

34613 Schwalmstadt-Ziegenhain — gratis — <10m

Wohnmobilstellplatz Nähe Freibad, Fünftenweg 30 (gegenüber Freibad), ☎ 06691/207400 Am nördlichen Ortsrand

POS: 50°55'2.00"N/9°14'43.00"E, Karte D10 (S. 13), F1
Platz: = 10 auf Asphalt. VE am Bauhof/Feuerwache (Wasser 1 €). Ganzjährig geöffnet.
Preis: Übernachtung gratis.
Kontakt: Stadt Schwalmstadt, ☎ 06691/207400, info@rotkaeppchenland.de, www.schwalmstadt.de.

S

Distanz: Ⓗ 0,5 km, 0,5 km, 1 km, 1 km, 2 km (Bauhof/Feuerwache, An der Feuerwache 12, 34613 Schwalmstadt).
Freizeit: 0,1 km, 3 km, 4 km. Wellness/Fitness, Stadtbesichtigung, Tennis-Center, Segelfluggelände 1,5 km, Wander-/Radwege 1,5 km.
POI: Historischer Ortskern Ziegenhain/Museum der Schwalm 0,5 km, ehemalige Wasserfestung Ziegenhain 1 km, historischer Stadtkern Treysa 3 km, Museum/Gedenkstätte Trutzhain 3 km.

36318 Schwalmtal-Storndorf — €5,00

Wohnmobilstellplatz Storndorf, Friedensstraße 8, ☎ **06638/91850** — <10 m
In Ortsrandlage

2020 geprüft

POS: 50°39'21.42"N/9°16'9.35"E, Karte D10 (S. 13), F1
Platz: = 15 auf Schotter. CHEM GRAU. Ganzjährig geöffnet.
Preis: 5 € inkl. aller Personen, Entsorgung. Strom 0,50 €/kWh, Wasser 1 €/50 l.
Kontakt: Gemeinde Schwalmtal, ☎ 06638/91850, rathaus@schwalmtal-hessen.de, www.schwalmtal-hessen.de.
Distanz: Ⓗ 0,3 km, 0,5 km, 0,5 km, 0,5 km.
Gastro: Mehrere Restaurants im Ort. Bäckerei in der Nachbarschaft.
Freizeit: 10 km, 10 km. Radtouren auf den Radwegen R2 und R4 nach Lauterbach und Alsfeld, Anbindung an den Vulkanradweg und den Schwalmradweg, Reiten, Mithilfe bei Heu- oder Kartoffelernte bei den Bauern vor Ort.
POI: Fachwerk-Modellstadt Alsfeld 10 km, historischer Stadtkern Lauterbach 12 km, Burgenstadt Schlitz 15 km.

92421 Schwandorf-Krondorf — gratis

Wohnmobilstellplatz Schwandorf, Angerring, ☎ **09431/45550** Ebene, zentrumsnahe Stellplätze an der Naab — <10 m

2021 geprüft

POS: 49°19'54.33"N/12°6'6.02"E, Karte D11 (S. 14), C5
Platz: = 40 auf Wiese, Asphalt, Schotter. CHEM GRAU. Aufenthalt max. 7 Tage. Ganzjährig geöffnet. Ausnahme: eine Woche vor/nach dem Pfingst-Volksfest, ggf. bei Veranstaltungen.
Preis: Übernachtung gratis inkl. aller Personen, Wasser, Entsorgung. Strom 0,50 €/kWh.
Kontakt: Stadt Schwandorf, ☎ 09431/45550, tourismus@schwandorf.de, www.schwandorf.de.
Distanz: 0,1 km, 0,5 km, Ⓗ 0,5 km, 1 km.
Gastro: Restaurant Grosser, warme Küche ab 17:00 Uhr, Sa+So ganztags.
Freizeit: 4 km, 4 km, 0,2 km. Wassersport am Klausensee und Steinberger See, direkter Anschluss an (über-) regionale Wander- und Radwege, Angeln, Ruderbootverleih, Stadtführungen, Tennis und Badmintonhalle 3 km, Minigolf mit Flutlicht 4 km, Wasserskilift am Steinberger See 8 km.
POI: Stadtmuseum und Felsenkeller-Labyrinth 1 km, Wallfahrtskirche Kreuzberg 3 km.

87645 Schwangau — €18,00

Wohnmobilpark Schwangau, Münchner Straße 151, ☎ **08362/93000** Vor dem 4-Sterne-Camping Bannwaldsee, am Südufer des Natursees — <10 m

POS: 47°35'31.34"N/10°46'23.25"E, Karte D15 (S. 18), A4
Platz: = 24 auf Schotterrasen. WC CHEM GRAU. wird empfohlen. Beleuchtet, freier Zugang zum CP/Badestrand/See. Ankunft HS vor 21:00 Uhr, ZS vor 20:00 Uhr, NS vor 18:00 Uhr. Ganzjährig geöffnet.
Preis: Ab 18 € inkl. Wasser, Entsorgung, Dusche, WC. Jede weitere Pers. 7 €, Kind (6-15 J.) 5 €, Kind (bis 5 J.) gratis, Strom 4 €, Kurtaxe 1,90 €/Pers., Kurtaxe (6-15 J.) 0,95 €/Pers., Hund 2,50 €, VE für Durchreisende 5 €. HS 26 €, ZS 22 €, NS 18 €.
Kontakt: Camping Bannwaldsee, ☎ 08362/93000, info@camping-bannwaldsee.de, www.camping-bannwaldsee.de.
Distanz: 0 km, Mini-Markt, 0 km, 3 km.
Gastro: Restaurant und Pizzeria am Platz. Brauhaus in Schwangau 3 km.
Freizeit: Eisstockschießen auf dem See, Alpin-Skilauf, Langlauf, Schlittschuhlauf, Ruder-, Tretboot- und Kettcarverleih, Angeln.
POI: Königliche Kristalltherme Schwangau 3 km, St. Coloman Kirche 3 km, St. Stephanskirche und Franziskanerkloster in Füssen 3 km, Tegelbergbahn 3 km St. Mang Kirche mit ehemaligem Kloster 4 km, Schloss Neuschwanstein 4 km.

29690 Schwarmstedt — gratis

Wohnmobilstellplatz am Hallenbad, Am Beu 4, ☎ **05071/8090** Teil eines öffentlichen Parkplatzes am Hallenbad — <8 m

POS: 52°40'41.29"N/9°36'35.11"E, Karte D6 (S. 9), G1
Platz: = 3, = 1 (<7 m) auf Pflaster. Aufenthalt max. 1 Nacht. Ganzjährig geöffnet.
Preis: Übernachtung gratis.
Kontakt: Tourist-Info Schwarmstedt, ☎ 05071/8090, touristinfo@schwarmstedt.de, www.schwarmstedt.de.
Distanz: 0,5 km, 0,5 km, 0,7 km, Ⓗ 1 km.
Gastro: Mehrere Restaurants in Schwarmstedt.

Freizeit: 0,5 km. Nordic Walking, Wassersport.
POI: St. Laurentius Kirche 0,5 km, Harry's klingendes Museum 0,8 km, Schulmuseum Alte Dorfschule 1,5 km.

74869 Schwarzach/Odenwald — €18,50

Wohnmobilpark Schwarzach Am Wildpark, Tonwerkstraße 8, ☎ **06262/9172910** — <12 m
Vor dem Wildpark im Kleinen Odenwald

2021 geprüft

POS: 49°22'4.00"N/8°59'12.00"E, Karte D10 (S. 13), F5
Platz: = 20, = 5 (<10 m) auf Schotterrasen. =20 (6 A) WC CHEM GRAU. Boulebahn, Hundesitting. nur bei Gruppen. Areal für Clubtreffen. VE März-Ende Okt. Ganzjährig geöffnet.
Preis: 18,50 € inkl. aller Personen, Strom, Wasser, Entsorgung, Dusche, WC, Müll-Entsorgung.
Kontakt: Silke und Theo Scherner, ☎ 06262/9172910, info@wohnmobilpark-schwarzach.de, www.wohnmobilpark-schwarzach.de.
Distanz: 0 km, weitere Restaurants in 0,7 km, Ⓗ 0,4 km, 0,7 km, 0,7 km.
Gastro: Bistro mit Biergarten (Bewirtung März-Ende Okt), warme Küche 11:00-21:00 Uhr. Brötchenservice.
Freizeit: 0,3 km. Freizeitpark 0,1 km, Alla-Hopp-Anlage 0,5 km, Michelsee 2,5 km.
POI: Schwarzacher Wasserschloss 1,5 km.

98744 Schwarzatal-Obstfelderschmiede — €5,00

Wohnmobilparkplatz an der Oberweißbacher Bergbahn, An der Bergbahn 1, ☎ **036705/20134** — <8 m
Am Bahnhof der Berg-und Schwarzatalbahn

2022 geprüft

POS: 50°36'12.83"N/11°8'6.72"E, Karte D11 (S. 14), B2
Platz: = 2 auf Pflaster. WC. Wird auch von Bussen genutzt. Ganzjährig geöffnet.
Preis: 5 €. Gebührenpflichtig von 8:00-18:00 Uhr.
Kontakt: Oberweißbacher Berg- und Schwarzatalbahn, ☎ 036705/20134, info@thueringerbergbahn.com, www.thueringerbergbahn.com.
Distanz: Ⓗ 0,1 km, 0,1 km, 4 km, 4 km.
Gastro: Gaststätte Die Talstation 0,1 km.
Freizeit: 6 km, 4 km. Wandern z.B. Panoramaweg Schwarzatal, Angeln/Goldwaschen in der Schwarza, Mountainbike-Trail Oberweißbacher Bergbahn, Schwarzatal-Radweg, Bogenschießen in Rohrbach 12 km.
POI: Thüringer Bergbahn 0,1 km, Sitzendorfer Bauernmuseum - 5 km, Zeughaus und Schloss in Schwarzburg 8 km.

S

95131 Schwarzenbach am Wald
gratis <8m

Reisemobilstellplatz Döbraberg, Schützenstraße 30, ☎ 09289/5043
In einer Grünanlage am Sportzentrum

2021 geprüft

POS: 50°16'55.05"N/11°37'30.47"E, Karte D11 (S. 14), C2
Platz: = 6 auf Schotterrasen. =6 (16 A) CHEM GRAU . Ganzjährig geöffnet.
Preis: Übernachtung gratis inkl. WLAN. Strom 1 €/4 h, Wasser 1 €/80 l, Entsorgung 1 €.
Kontakt: Stadtverwaltung, ☎ 09289/5043, tourismus@schwarzenbach-wald.de, www.schwarzenbach-wald.de.
Distanz: 0,3 km, 0,4 km, 0,8 km.
Freizeit: 0,5 km. Rotwildgehege, Mountainbike-Zentrum, Spielplatz 0,5 km.
POI: Skulpturweg, Burgruine Radeck 1 km, Döbraberg mit Prinz-Luitpold-Aussichtsturm 4 km, 900-jährige Eibe Breitengrund 7 km, Kohlmeiler 7 km.

95126 Schwarzenbach/Saale
gratis <6m

Hein´s Fränkische Wirtschaft-Gasthausbrauerei, Förbauer Straße 2, ☎ 09284/297,09284/7574
Auf dem Parkplatz

POS: 50°13'20.18"N/11°55'48.31"E, Karte D11 (S. 14), C2
Platz: P = 2 auf Schotter, Sand/Splitt, Schotterrasen, Kiesel. . B wird empfohlen. Stellplatzbreite 4,5 m. Strom über Baustromverteiler (Verlängerungskabel 15-20 m nötig). WC zu den Öffnungszeiten des Cafés kostenlos möglich. Im Winter auf der Parkfläche und im Anfahrtsbereich Behinderungen durch Schnee möglich. Ganzjährig geöffnet.
Preis: Übernachtung gratis.
Kontakt: Café/Wirtschaft Hein, Michael Hein, ☎ 09284/297,09284/7574, hallo@cafe-hein.de, www.cafe-hein.de.
Anfahrt: Anfahrt-Adresse für Navigation: Förbauer Strasse 2, 95126 Schwarzenbach/Saale.
Distanz: E 0,1 km (Fa. Hein Haustechnik, Münchberger Straße 9-13, 95126 Schwarzenbach/Saale).
Gastro: Café/Bistro/Fränkische Wirtschaft mit Gasthausbrauerei, So-Mo 17:00-21:00 Uhr, Fr-Sa 17:00-22:00 Uhr, Di-Do Ruhetag.
Freizeit: Stadtführungen, Wanderungen.
POI: Werksverkauf Giegold, Fernwehpark Oberkotzau, Förmitzspeicher, Alte Flaschnerei, Saaletal, Erika-Fuchs-Haus, Deutschlands erstes Comic-Museum, Vogtlandmuseum, Museumswerkstatt.

08340 Schwarzenberg
€10,00 <8m

Stellplatz Uferstraße, Uferstraße (Zufahrt über Erlaer Straße), ☎ 03774/22540
Blick auf Schloss und Kirche St. Georgen

POS: 50°32'6.00"N/12°46'58.80"E, Karte D12 (S. 15), E2
Platz: P = 9 auf Schotter, Pflaster. =8 (16 A) CHEM GRAU . Hundetoilette, überdachte Sitzgruppe. Aufenthalt max. 3 Tage (längere Aufenthalte nur auf Anfrage in der Schwarzenberg-Information), 6 Stellplätze können mit 2 Werktagen Vorlaufzeit reserviert werden (Tel.: 03774/22540, touristinformation@schwarzenberg.de). Ganzjährig geöffnet.
Preis: 10 € inkl. aller Personen, Entsorgung, Müll-Entsorgung. Strom 0,50 €/kWh, Wasser 0,10 €/10 l. 5 €/8 h bzw. 10 €/24 h.
Kontakt: Schwarzenberg-Information, ☎ 03774/22540, touristinformation@schwarzenberg.de, www.schwarzenberg.de.
Distanz: H 0,4 km, 0,4 km, weitere Restaurants in 0,8 km, 0,5 km, 0,8 km.
Freizeit: 6 km.
POI: Glockenspiel Meißner Porzellan 0,5 km, Museum Perla Castrum 0,5 km, Eisenbahnmuseum Schwarzenberg 3 km, Spiegelwaldturm 5 km, Besucherbergwerk Zinnkammern Pöhla 6 km.

34639 Schwarzenborn
€12,00 <8m

Knüll-Camp Schwarzenborn, Richbergstraße 13-17, ☎ 05686/730
Stellplätze an der Jausenstation & Freizeitzentrum

POS: 50°54'55.27"N/9°25'13.08"E, Karte D10 (S. 13), G1
Platz: = 20 auf Schotter, Schotterrasen. =10 (16/32 A) WC CHEM GRAU . B wird empfohlen. Aufenthalt nach Absprache. Platz nur zum Teil rollstuhlgerecht (bitte vorher anfragen). Grillplatz auf Anfrage. Geöffnet: 1.4.-31.10.
Preis: 12 € inkl. Entsorgung, WC, Müll-Entsorgung. Jede weitere Pers. 12 €, Strom 0,80 €/kWh, Wasser 2 €/100 l, Dusche 2,50 €/2 Pers.
Kontakt: Euro Ruf gGmbH - (Knüllcamp), Frau Grace Meyer, ☎ 05686/730, Mobil: 01578/8789509, info@KnuellCamp.de, www.knuellcamp.de.
Distanz: 0 km, weitere Restaurants in 2,5 km Entfernung, 2,5 km.
Gastro: Knüll-Jause, warme Küche Sa-So 12:00-17:00 Uhr. Frühstücksservice auf Anfrage.
Freizeit: 10 km. Volleyball, Tischtennis, Fußball.
POI: Altstadt Neukirchen, Märchenhaus 10 km, Wildpark Knüll 12 km, Schwalmmuseum/Festung 15 km, Burg Homberg 17 km.

16303 Schwedt/Oder
€26,00 <10m

Stroam-Camp, Regattastraße 3, ☎ 03332/449470 Auf dem Camp

2020 geprüft

POS: 53°3'26.29"N/14°17'54.12"E, Karte D4 (S. 7), G5
Platz: P = 22, = 22 (<10 m) auf Schotterrasen. WC CHEM GRAU . Waschmaschine/Trockner. B nur bei Gruppen. Anfahrt 15:00-19:00 Uhr. Ganzjährig geöffnet.
Preis: Ab 26 € inkl. Wasser, Entsorgung, Dusche, WC, Müll-Entsorgung, WLAN. Jede weitere Pers. 7 €, Kind (4-12 J.) 4 €, Strom 3 €/Tag. 1.5.-1.9. 28 €. Stellplätze mit Wasserblick NS 28 €, HS 30 €.
Kontakt: StroamCamp, ☎ 03332/449470, info@stroamcamp-schwedt.de, stroamcamp-schwedt.de.
Distanz: 0 km, weitere Restaurants in 0,4 km, 0,4 km, H 1 km, 3 km.
Gastro: Schiffbar (auf dem Gelände).
Freizeit: 4 km, 3 km, 1 km. Stand-Up-Paddeln, Kajak-/Kanuverleih.
POI: Berlischky-Pavillon 1 km, Tabakmuseum 5 km, Besucherzentrum Nationalpark Criewen 8 km.

54338 Schweich
€5,50 <12m

Quick-Stop Zum Fährturm, Am Yachthafen, ☎ 06502/91300
Direkt an der Mosel neben dem Restaurant Zum Fährturm

POS: 49°48'54.51"N/6°45'6.43"E, Karte D9 (S. 12), B4
Platz: = 40 auf Schotter. CHEM GRAU . Aufenthalt max. 1 Nacht. Abfahrt 8:00-12:00 Uhr. Weitere Stellplätze im Wohnmobilpark ab 20 €. Geöffnet: 1.4.-31.10.
Preis: 5,50 €. Wasser 2,50 €, Entsorgung 2,50 €.
Kontakt: Frau Kreusch, ☎ 06502/91300, camping@kreusch.de, www.kreusch.de.
Distanz: 0,1 km, H 0,1 km, 0,1 km, 0,2 km.
Gastro: Imbiss am Platz. Restaurant Zum Fährturm, Mo-So 8:00-22:00 Uhr.
Freizeit: 0,1 km, 0,3 km. Weinproben, Wassersport, Ballonfahrten, Erlebnisbad Schweich 0,1 km, Fitness-Center 0,2 km, Weinbergwanderung 0,3 km, Golf 4 km.
POI: Molitorsmühle 1 km, Schieferbergwerk Fell 4 km, Stadt Trier, älteste Stadt Deutschlands 12 km, Flugzeugausstellung Reinsfeld 15 km.

S

54338 Schweich €20,00

Wohnmobilstellplatz Zum Fährturm, Am Yachthafen, ☎ 06502/91300 >12m
Innerhalb des Camping Kreusch, in separatem Bereich

POS: 49°48'53.47"N/6°45'4.99"E, Karte D9 (S. 12), B4
Platz: = 50 auf Wiese, Rasengittersteinen. WC CHEM. Tretbootverleih und führerscheinfreier Sportbootverleih, Wasserskischule, Kajakverleih. Geöffnet: Apr-Okt.
Preis: Ab 20 € inkl. Strom, Wasser, Entsorgung, Dusche, WC, Müll-Entsorgung. Jede weitere Pers. 6 €, Kind (4-16 J.) 4 €, Hund 4 €, Waschmaschine 2,50 €, Trockner 3 €. 1 Hund gratis. Preis bis 7 m Länge, je weiterer Meter 1 €. Wohnwagen 27 €. Zuschlag bei nur 1 Nacht Aufenthalt Mai-Aug 2 €.
Kontakt: Familie Kreusch, ☎ 06502/91300, camping@kreusch.de, www.kreusch.de.
Distanz: 0,1 km, 0,1 km, 0,1 km, 0,2 km.
Gastro: Restaurant Zum Fährturm.
Freizeit: 0,1 km, 0,3 km. Ballonfahrten, Angeln, Weinproben, Wassersport, Freizeiterlebnisbad 0,1 km, Fitness-Center 0,2 km, Weinbergwanderung 0,3 km.
POI: Molitorsmühle 1 km, Schieferbergwerk Fell 4 km, Trier, älteste Stadt Deutschlands 12 km, Flugzeugausstellung Reinsfeld 15 km.

76889 Schweigen-Rechtenbach €5,00

Weingut Cuntz Sonnenhof, Wasgaustraße 7, ☎ 06342/919141 <8m
Im Hof des Weinguts

2020 geprüft · E

POS: 49°3'27.72"N/7°57'45.41"E, Karte D13 (S. 16), D1
Platz: = 3 auf Pflaster. Anfahrt bis 19:00 Uhr oder auf telefonische Voranmeldung. Ganzjährig geöffnet.
Preis: 5 €. Strom 4 €, Wasser 2 €.
Kontakt: Achim Cuntz, ☎ 06342/919141, info@weingut-cuntz.de, www.weingut-cuntz.de.
Distanz: 0,1 km, 0,5 km, 0,6 km, 0,8 km.
Gastro: Weinverkauf am Platz. Weinbar Pfeffer's Taverne. Deutsches Weintor Restaurant, Do-So 11:00-21:00 Uhr, Mo-Mi Ruhetag.
Freizeit: 7 km, 7 km, 1 km. Weinprobe, Weinbergführung, Mitarbeit im Weinberg, Weiher 1 km, Weinlehrpfad 1,5 km.
POI: Deutsches Weintor 1 km, Burg Berwartstein 10 km.

94724 Schweinfurt €10,00

Wohnmobilpark Hutrasen am Saumain, Hutrasen, ☎ 09721/513600 <10m
Inmitten der Natur am Altmainarm

2022 geprüft · E

POS: 50°2'18.78"N/10°14'5.29"E, Karte D10 (S. 13), H3
Platz: P = 20 auf Schotterrasen. CHEM GRAU. Ganzjährig geöffnet.
Preis: 10 €. Strom 0,50 €/kWh, Wasser 1 €/80 l. Bezahlung am Münzautomat. Preisänderung 2023 wegen Pächterwechsel möglich.
Kontakt: Stadt Schweinfurt, ☎ 09721/513600, tourismus@schweinfurt360.de, www.schweinfurt.de.
Distanz: 1,5 km, 0,3 km, 0,7 km, weitere Restaurants in 0,4 km, 0,8 km.
Freizeit: 4 km, 1,5 km. Stadtbesichtigung.
POI: Naturkundemuseum 0,5 km, Mainpromenade 0,5 km, Museum Georg Schäfer 0,5 km, Altstadt Schweinfurt 0,8 km.

19053 Schwerin €30,00

Parkplatz Jägerweg/Schlossgarten, Jägerweg/Bertha-Klingberg-Platz, ☎ 0385/3990200 <8m
Großparkplatz mit Schranke im ehemaligen BUGA-Eingangsbereich am Schlossgarten

2020 geprüft

POS: 53°37'11.42"N/11°24'41.58"E, Karte D3 (S. 6), B4
Platz: = 10 auf Asphalt. =8 (16A). Öffentliche Toilette (gratis) in 0,1 km. Campingverhalten nicht erlaubt. Ganzjährig geöffnet.
Preis: 30 €. Strom 0,50 €/kWh. 30 €/24 h, 4,50 €/h.
Kontakt: Nahverkehr Schwerin GmbH, ☎ 0385/3990200, info@nahverkehr-schwerin.de, www.nahverkehr-schwerin.de.
Distanz: 0,2 km, 0,5 km, 0,5 km, 0,5 km, E 3,7 km (Parkplatz am Hauptbahnhof, Wismarsche Straße 192, 19053 Schwerin).
Freizeit: 1,7 km, 2,8 km, 1,8 km. Stadtbesichtigung, Museumsbesuch.
POI: Schloss mit Schlossgarten 0,3 km, Staatliches Museum 0,5 km, Mecklenburgisches Staatstheater 0,5 km, Altstadt 0,8 km.

19055 Schwerin €18,00

Marina-Nord am Heidensee, Buchenweg 19, ☎ 0385/512654 <10m
Auf einer Rasenfläche oberhalb des Hafens

POS: 53°38'45.50"N/11°25'57.68"E, Karte D3 (S. 6), B4
Platz: P = 25 auf Schotterrasen. =25 (16 A) WC CHEM GRAU. Herbst-Frühjahr 10 Stellplätze. Ganzjährig geöffnet.
Preis: Ab 18 € inkl. Strom, Wasser, Entsorgung, WC, Müll-Entsorgung. Jede weitere Pers. 1 €, Dusche 1,50 €/3 min, WLAN 1 €/24 h, Hund 1 €/Tag. Bis 7 m 18 €, über 7 m 20 €.
Kontakt: Herr Brandt, ☎ 0385/512654, info@marina-nord.de, www.marina-nord.de.
Distanz: 0,2 km, 0,5 km, 0,5 km, 2,5 km.
Freizeit: 4 km, 4 km. Besichtigungen, Bootsverleih.
POI: Altstadt 2,5 km, Schweriner Schloss 2,5 km, Dom 2,5 km.

19055 Schwerin €10,00

Parkplatz Am Hauptbahnhof, Wismarsche Straße 188, ☎ 0385/3990200 Beschrankter Großparkplatz mit separaten Stellflächen <10m

2020 geprüft

POS: 53°38'13.00"N/11°24'32.00"E, Karte D3 (S. 6), B4
Platz: P = 4 auf Asphalt. =4 (16 A) CHEM GRAU. Verkehrslärm hörbar, Campingverhalten nicht erlaubt. Ganzjährig geöffnet.
Preis: 10 €. Strom 1 €/2 kWh, Wasser 1 €/80 l. 2 €/h, 30 €/Woche.
Kontakt: Nahverkehr Schwerin GmbH, ☎ 0385/3990200, info@nahverkehr-schwerin.de, www.nahverkehr-schwerin.de.
Distanz: 0,2 km, 0,5 km, 0,5 km, 0,8 km.
Freizeit: Museumsbesuch, Stadtbesichtigung.
POI: Altstadt 0,8 km, Staatliches Museum 1 km, Mecklenburgisches Staatstheater 1 km, Schloss 1 km.

19055 Schwerin €30,00

Parkplatz am Stadthafen, Werderstraße/Schliemannstraße, ☎ 0385/3990200 Großparkplatz mit Schranke, direkt gegenüber vom Parkplatz Altstadt <8m

POS: 53°37'47.77"N/11°25'13.75"E, Karte D3 (S. 6), B4
Platz: = 10 auf Asphalt. =8 (16 A) WC. Teilweise mit Neigung. Campingverhalten nicht erlaubt. Stromsäule derzeit wegen Umbauarbeiten (Dauer nicht bekannt) außer Betrieb. Ganzjährig geöffnet.
Preis: 30 € inkl. aller Personen. Strom 0,50 €/kWh. 4,50 €/h.
Kontakt: Nahverkehr Schwerin GmbH, ☎ 0385/3990200, info@nahverkehr-schwerin.de, www.nahverkehr-schwerin.de.
Distanz: 0,2 km, 0,2 km, 0,3 km, 0,5 km.
Freizeit: Museumsbesuch, Stadtbesichtigung.
POI: Anleger der Weissen Flotte, Staatliches Museum 0,3 km, Mecklenburgisches Staatstheater 0,3 km, Altstadt 0,3 km, Schloss mit Schlossgarten 0,5 km.

S

19055 Schwerin €20,00

Sportbootzentrum Ziegelsee, Güstrower Straße 88, ☎ 0385/715452 <12m
Am Sportboothafen

POS: 53°38'52.01"N/11°25'40.32"E, Karte D3 (S.6), B4
Platz: = 16 auf Schotterrasen, Wiese, Kiesel. =18 (16 A) WC CHEM GRAU . Slipanlage. B Anfahrt bis 18:00 Uhr, sonst telefonische Voranmeldung. Geöffnet: Apr-Okt.
Preis: 20 € inkl. aller Personen, Strom, Entsorgung, WC, Müll-Entsorgung, WLAN. Wasser 0,50 €/70 l, Dusche 2 €/5 min. Mietbad 10 €/Tag zuzgl. 2 € Duschmarke.
Kontakt: Herr Fischer, ☎ 0385/715452, Mobil: 0172/3818685, info@sportbootzentrum.de, www.sportbootzentrum.de.
Distanz: 0,1 km, 0,5 km, 0,5 km, 3,5 km.
Freizeit: 10 km, 10 km. Surfen, Jetski, Kanu fahren, Segeln.
POI: Schloss, Museum 3 km, Altstadt 3 km.

19055 Schwerin €30,00

Wohnmobilhafen Hangar 19, Bornhövedstraße 95, ☎ 0385/58979817 <10m
Zentrumsnah am Schweriner See

POS: 53°38'15.27"N/11°25'59.66"E, Karte D3 (S.6), B4
Platz: P = 25 auf Schotterrasen, Wiese. WC CHEM GRAU . Gastlieger für mitgebrachte Boote. B Anreise 13:30-17:00 Uhr, Abreise bis 11:30 Uhr. Ganzjährig geöffnet.
Preis: Ab 30 € inkl. Strom, Wasser, Entsorgung, WC, WLAN. Jede weitere Pers. 5 €, Kind (bis 10 J.) gratis, Hund 3 €. Komfortstellplatz 30 €. Premiumstellplatz HS (1.4.-30.10., 2.12.-5.1.) 50 €, NS 40 €. Wiese 38 € (nur in der HS).
Kontakt: Hangar19, ☎ 0385/58979817, info@hangar-19.de, www.hangar-19.de.
Distanz: 0,5 km, 1 km, 2 km, 2 km.
Gastro: Restaurant.
Freizeit: 7 km, 5 km, 1,5 km. SUP- und Motorbootverleih.
POI: Dom 1,9 km, Schloss Schwerin 2 km.

19063 Schwerin €30,00

AWO-Sano Schwerin, Alte Crivitzer Landstraße 6, ☎ 0385/208460 <8m
Auf dem Areal des Feriendorfes Mueß

POS: 53°35'59.67"N/11°28'41.59"E, Karte D3 (S.6), B4
Platz: P = 12 auf Wiese. =15 (10 A) WC CHEM GRAU . B nur bei Gruppen. Unverbindliche Voranmeldung erforderlich (telefonisch oder per E-Mail). Öffnungszeiten nach Rücksprache, im Winter keine VE. Geöffnet: März-Nov.
Preis: 30 € inkl. Strom, Wasser, Entsorgung, Dusche, WC, Müll-Entsorgung. Jede weitere Pers. 5 €, Kind (5-13 J.) 3 €, Hund 1 €. Nov und März ohne WC 10 € (Strom extra).
Kontakt: Herr Janik, ☎ 0385/208460, info@feriendorf-muess.de, www.feriendorf-muess.de.
Distanz: 0,2 km, 0,5 km, 7 km.
Gastro: Mehrere Restaurants im Ort.
Freizeit: 2 km, 5 km. Minigolfanlage, Volleyballfeld.
POI: Schloss Schwerin, Schweriner See, Freilichtmuseum Mueß.

19061 Schwerin-Görries €20,00

Freizeitanlage Kaspelwerder, Am Erlenbruch 20, ☎ 0173/8305016 <8m
Stellplatz in idyllischer Lage, direkt am Ostorfer See

POS: 53°36'37.50"N/11°23'28.17"E, Karte D3 (S.6), B4
Platz: P = 25 auf Wiese. =15 (10 A) WC CHEM GRAU . Duschen. B Geöffnet: Mai-Sep.
Preis: 20 € inkl. Wasser, Entsorgung, WC, Müll-Entsorgung. Strom 2 €.
Kontakt: Marion Dahlmann, Mobil: 0173/8305016, freizeitanlage-kaspelwerder@gmx.de, www.feriendorf-muess.de.
Distanz: 0,7 km, 1,5 km, 2,5 km.
Gastro: Kiosk am Platz.
Freizeit: Billard, Tretbootverleih, Volleyball, Paddeln, Dart, Rudern.
POI: Schweriner Altstadt 3 km, Schloss Schwerin 3,5 km.

68723 Schwetzingen gratis

Wohnmobilstellplatz Schwetzingen, Ketscher Landstraße, ☎ 06202/87400 <10m
Parkplatz vor dem SV-Fußballstadion

2021 geprüft

E

POS: 49°22'39.42"N/8°33'24.07"E, Karte D10 (S.13), E5
Platz: P = 14 auf Rasengittersteinen. CHEM GRAU. Aufenthalt max. 3 Nächte. Ganzjährig geöffnet.
Preis: Übernachtung gratis inkl. Entsorgung. Wasser 3 €/80 l.
Kontakt: Touristinformation Schwetzingen, ☎ 06202/87400, touristinfo@schwetzingen.de, www.visit-schwetzingen.de.
Anfahrt: Zufahrt über den Sportverein SV 98.
Distanz: 0,1 km, weitere Restaurants in 1,5 km, 0,1 km, 0,2 km, 2 km.
Freizeit: 3 km, 3 km.
POI: Schloss Schwetzingen 2 km, Schloss/Altstadt Heidelberg 11 km, Speyer mit Dom/Technikmuseum 24 km.

15913 Schwielochsee-Lamsfeld €10,00

Camping Am großen Mochowsee, Lamsfelder Dorfstraße 36 B, ☎ 035478/525 <8m
Eingezäunter Stellplatz auf einer 1500 qm großen Wiese.

POS: 51°58'55.67"N/14°13'4.15"E, Karte D8 (S.11), G3
Platz: = 6 auf Wiese. =6 (16 A) WC GRAU . Anfahrt 8:00-13:00 Uhr und 15:00-20:00 Uhr. Geöffnet: 1.4.-15.10.
Preis: 10 €. Jede weitere Pers. 5 €, Strom 0,40 €, Dusche 2,50 €, WLAN 1 €/Tag.
Kontakt: Herr Schwerke, ☎ 035478/525, mail@campingplatz-mochowsee.de, www.campingplatz-mochowsee.de.
Distanz: 0,1 km, weitere Restaurants in 0,5 km, 0,1 km, 0,2 km, 6 km.
Gastro: Imbiss am Platz, warme Küche 11:00-20:00 Uhr.
Freizeit: Angeln, Schifffahrt auf dem Schwielochsee, Badestrand 0,2 km.
POI: Spreewald 20 km.

01855 Sebnitz €10,00

Touristik-Zentrum Sebnitz, Albert-Kunze-Weg 36, ☎ 0174/3043782 <10m
Bei einer kleinen Ferienanlage mit Sonnenalm

POS: 50°57'43.44"N/14°16'34.42"E, Karte D8 (S.11), G5
Platz: = 25 auf Wiese, Schotter. =25 (16 A) WC CHEM GRAU . Naturbad. Geöffnet: Apr-Okt.
Preis: 10 € inkl. Wasser, Entsorgung, Dusche, WC, Müll-Entsorgung. Strom 3 €, Kurtaxe 2,50 €/Pers., Kurtaxe (7-16 J.) 2 €/Pers., VE für Durchreisende 2 €.
Kontakt: Thomas Schmidt, Mobil: 0174/3043782, info@touristikzentrum-sebnitz.de, www.touristikzentrum-sebnitz.de.
Distanz: 0,1 km, 0,5 km, 0,8 km, 1 km.
Gastro: Kiosk am Platz.
Freizeit: 10 km, 2 km. Naturbad, Tischtennis, Bergsteigen, Beach-Volleyball am Platz, Kräutervitalbad 2 km, Hochseilgarten 2,5 km.
POI: Afrikahaus 1 km, Modelleisenbahnmuseum 1,5 km, Seidenblumenmanufaktur 1,5 km, Urzeitpark 2,5 km, Indianistik-Anlage und Nationalpark Sächsische Schweiz 3 km.

56479 Seck €10,00

Camping Park Weiherhof am See, Campingplatz Weiherhof, ☎ 02664/8555 <10m
Im Naturschutzgebiet Hoher Westerwald

POS: 50°35'13.31"N/8°2'7.07"E, Karte D9 (S.12), D2
Platz: P = 5 auf Schotter. =4 (10 A) WC CHEM GRAU . Anfahrt ab 15:00 Uhr (nach 19:00 Uhr am nächsten Morgen bezahlen), Abfahrt bis 13:00 Uhr. Geöffnet: April- Ende Okt.

S

Preis: 10 € inkl. aller Personen, Entsorgung, WC, Müll-Entsorgung, Kurtaxe. Strom 1 €/2 kWh, Wasser 1 €/100 l, Dusche 0,50 €/4 min, WLAN 2 €/Tag.
Kontakt: Sonja und Jörg Spreitzer, ☎ 02664/8555, info@camping-park-weiherhof.de, www.camping-park-weiherhof.de.
Distanz: 0 km, 0 km, 1 km, Ⓗ 1,5 km.
Gastro: Restaurant am Patz.
Freizeit: 5 km, 10 km. Nordic Walking, Premium-wanderweg Westerwaldsteig, Angeln, Reiterhof 0,5 km.
POI: Seck 1 km, Wiesensee 2 km, Holzbachschlucht 2 km, Westerburg 5 km.

74743 Seckach — gratis — <8m

Wohnmobilstellplatz Seckach, Schulstraße 3, ☎ 06292/92010 Am Hallenbad und Bauländer Skulpturenradweg

POS: 49°26'45.85"N/9°20'0.84"E, Karte D10 (S. 13), F5
Platz: = 5 auf Asphalt. Aufenthalt max. 1 Nacht. Ganzjährig geöffnet.
Preis: Übernachtung gratis.
Kontakt: Gemeinde Seckach, ☎ 06292/92010, info@seckach.de, www.seckach.de.
Distanz: 0,1 km, 0,3 km, 0,4 km.
Freizeit: Gewässerkundlicher Lehrpfad mit Bachklassenzimmer, große Spiellandschaft im Kinder- und Jugenddorf Klinge, Bauländer Skulpturenradweg.
POI: Wasserschloss-Museum, Skulpturenpark.

23823 Seedorf-Schlamersdorf — gratis — >12m

MÖBEL-KISTE, Kirchstraße 14, ☎ 04555/395 Freigelände der Firma MÖBEL-KISTE

POS: 54°2'24.12"N/10°23'9.70"E, Karte D2 (S. 5), H3
Platz: = 5 auf Wiese, Asphalt. =2 (4 A) GRAU. Ganzjährig geöffnet.
Preis: Übernachtung gratis inkl. aller Personen, Wasser. Strom 5 €, Müll-Entsorgung 1 €, WLAN 3 €.
Kontakt: ☎ 04555/395, info@moebel-kiste.de, www.moebel-kiste.de.
Distanz: 0,2 km, Ⓗ 0,4 km, 0,5 km.
Gastro: Weisse Tauben Seekamp 5 km. Turmschänke Seedorf 2 km.
Freizeit: 16 km. Besuch der Möbelausstellung, Radwanderwege, Badestelle Seedorf 2 km, Sportanlagen 2 km, Rundfahrten am Plöner See 7 km.
POI: Torhaus Seedorf 2 km, Dorf-Berlin 4 km, Karl-May-Spiele Segeberg 18 km, Eutiner Festspiele 22 km.

39615 Seehausen/Hansestadt (Altmark) — gratis — <10m

Stellplatz hinter der Tourist-Info, Arendseerstraße 6, ☎ 039386/54783 In ruhiger Lage an einem Flussarm

POS: 52°53'19.39"N/11°45'2.67"E, Karte D7 (S. 10), C1
Platz: = 11 auf Schotterrasen. =8 (8 A) CHEM GRAU. Anmeldung während der Öffnungszeiten bei der Stadtinfo, Aufenthalt unbegrenzt. Ganzjährig geöffnet.
Preis: Übernachtung gratis. Strom 2 €, Wasser 2 €, Entsorgung 2 €.
Kontakt: Touristinformat on Seehausen, ☎ 039386/54783, info@stadt-seehausen.de, www.seehausen-altmark.de.
Distanz: , 0,2 km, 0,3 km, weitere Restaurants in 0,4 km, Ⓗ 1 km.
Gastro: Antonios (Griechische Spezialitäten Mühlenstraße 1e). Restaurant-Pension Henkel (Große Brüderstraße 12).
Freizeit: 1 km, 0,5 km. Stadtführung, Kirchturmbesteigung, Elbtalauen 8 km.
POI: Türmerwohnung in St. Petri-Kirche, Waldbad im Schillerhain, Petrikirche, Salzkirche, Beustertor, Turmuhrenmuseum im alten Stadtkern 0,5 km.

19069 Seehof — €20,00 — <10m

Ferienpark Seehof, Am Zeltplatz 1, ☎ 0385/512540 Vor dem Ferienpark direkt am See mit eigenem Badestrand

POS: 53°41'49.17"N/11°26'13.44"E, Karte D3 (S. 6), B4
Platz: = 10 auf Wiese, Sand/Splitt. WC CHEM GRAU. Camperküche. Stellplätze vor der Schranke ohne Stromanschluss, Nutzung der Platzeinrichtungen gestattet. Anfahrt 8:00-22:00 Uhr. Geöffnet: 1.3.-31.10.
Preis: 20 € inkl. Dusche, WC, Müll-Entsorgung. Entsorgung 5 €, Waschmaschine/Trockner je 3,50 €.
Kontakt: Knuth Reuter, ☎ 0385/512540, info@ferienpark-seehof.de, www.ferienpark-seehof.de.
Distanz: 0 km, 0 km, Ⓗ 0,7 km, 1 km.
Gastro: Restaurant Zum Oberförster. Shop am Platz.
Freizeit: 12 km. Schifffahrt auf dem Schweriner See, Indoor-Spielhalle, 2 Spielplätze (einer rollstuhlgerecht), Kinderanimation, Badestrand, Veranstaltungen am Platz.
POI: Schloss Wiligrad 4 km, Schloss Schwerin 8 km.

30926 Seelze — €10,00 — >12m

Marina Rasche Werft, Werftstraße 10, ☎ 0163/8455475 Im Yachthafen am Mittellandkanal/Stichkanal

2021 geprüft

POS: 52°23'43.60"N/9°33'56.38"E, Karte D6 (S. 9), G2
Platz: = 17 auf Schotter, Asphalt. =17 (16 A) WC CHEM GRAU. Bootschulen. Nov-März nur 6 Stellplätze. Im Winter Reservierung erforderlich. Ganzjährig geöffnet.
Preis: 10 € inkl. Wasser, Entsorgung, WC, Müll-Entsorgung, WLAN. Strom 5 €/Tag, Dusche 2 €/5 min, Waschmaschine/Trockner je 4 €. Im Winter Strom 7 €/Tag.
Kontakt: Herr Antefuhr, ☎ 0163/8455475, antefuhr@marinaraschewerft.de, www.marinaraschewerft.de.
Distanz: 0,1 km, Ⓗ 0,5 km, 1 km, 1,5 km.
Gastro: Restaurant Piccolo.
Freizeit: 1 km, 2 km. Königliche Kristall-Therme Seelze 3,0 km, Ausflugsfahrten mit dem Schiff.

38723 Seesen — gratis — <8m

Stellplatz an der Granestraße, Granestraße 1, ☎ 05381/984177 Direkt am Steinway-Park und angrenzendem Wald

POS: 51°53'8.50"N/10°12'43.29"E, Karte D6 (S. 9), H3
Platz: = 2 auf Schotter, Schotterrasen. Ganzjährig geöffnet.
Preis: Übernachtung gratis.
Kontakt: Stadtmarketing Seesen, ☎ 05381/984177, info@stadtmarketing-seesen.de, www.stadtmarketing-seesen.de.
Distanz: 0,1 km, Ⓗ 0,8 km, 2,6 km, 3,1 km.
Freizeit: 7,6 km, 4,2 km. Idealer Ausgangspunkt für Wanderungen oder Mountainbike-Touren.
POI: St.-Vitus-Turm, Koch'sche Hof, Der Steinway Trail - kulturhistorischer Wanderpfad zwischen Seesen und Wolfshagen, Jacobsonplatz.

38723 Seesen — gratis — <8m — neu

Wohnmobilstellplatz Schützenplatz, An der Masch 4, ☎ 05381/984177 Auf gemischtem Parkplatz in der Wilhelm-Busch-Stadt

POS: 51°53'26.03"N/10°10'2.14"E, Karte D6 (S. 9), H3
Platz: = 5 auf Asphalt. Keine Serviceeinrichtungen. Ganzjährig geöffnet.
Preis: Übernachtung gratis.
Kontakt: Stadtmarketing Seesen, ☎ 05381/984177, info@stadtmarketing-seesen.de, stadtmarketing-seesen.de.
Distanz: 0,4 km, 0,5 km, 1,5 km.
Freizeit: Steinway Trail – kulturhistorischer Wanderpfad zwischen Seesen und Wolfshagen, Stadtbesichtigung Seesen, Sehusa-Wasserwelt 0,9 km.
POI: Jacobsonplatz, Burg Sehusa, Seesen mit städtischem Museum, Rathaus und Wilhelm-Busch-Statue, Koch'scher Hof.

25371 Seestermühe — €2,00 — <10m

Reisemobilstellplatz Seestermühe, Achtern Diek, ☎ 04125/817 Hinter der 1. Deichlinie neben Bootsliegeplatz

POS: 53°42'7.24"N/9°33'45.14"E, Karte D2 (S. 5), G4
Platz: = 4 auf Wiese, Schotter. =4 WC. Hofladen. Aufenthalt max. 5 Tage. Ganzjährig geöffnet.
Preis: 2 €. Strom 2 €/Tag, WC 1 €. Bezahlung Stromgebühr beim Bürgermeister am grünen Briefkasten.
Kontakt: Gemeinde Seestermühe, Thorsten Rockel, ☎ 04125/817, Mobil: 0171/6319068, rockel-seestermuehe@t-online.de, www.seestermuehe.de.
Distanz: 0,6 km, Ⓗ 0,3 km, 6 km, 10 km.
Gastro: Café Alte Viehwaage.
Freizeit: Kollmaraner Marsch und Seestermüher Marsch, weitere Infos am Stellplatz.
POI: Heimatmuseum Gopelschauer 0,1 km, Gutshof mit Burggraben 0,5 km, hist. Doppellindenallee 0,5 km, Pinnau-Krüchausperrwerke 5 km.

S

21220 Seevetal — gratis — <10m

Restaurant Horster Mühle, Zur Wassermühle 4, ☎ 04105/82643 Ehemalige Wassermühle von 1529, direkt an der Seeve

POS: 53°22'7.86"N/10°1'27.61"E, Karte D2 (S. 5), G4
Platz: = 3 auf Wiese, Schotter. Aufenthalt max. 1 Nacht. Ganzjährig geöffnet.
Preis: Für Restaurantgäste kostenlos. Einkehr obligat.
Kontakt: Wilhelm Schmanns, ☎ 04105/82643, info@horstermuehle.de, www.horstermuehle.de.
Distanz: 1 km, 2 km.
Gastro: Mehrere Restaurants im Ort. Öffnungszeiten: Mo/Do/Fr ab 17:00 Uhr, Sa/So ab 12:00 Uhr.
Freizeit: Kanu fahren, Schwimmen.
POI: Hamburg 15 km, Lüneburg 20 km.

97340 Segnitz am Main €7,50

Schätzlein's Wohnmobil-Stellplatz, Mainstraße 8, ☎ 09332/3079 <10m
Beim Gasthaus am Main

POS: 49°40'14.57"N/10°8'36.24"E, Karte D10 (S. 13), H4
Platz: = 12 auf Schotter. =18 (16 A) CHEM GRAU . Biergarten. nur bei Gruppen. Ganzjährig geöffnet.
Preis: 7,50 € inkl. aller Personen, Entsorgung, Müll-Entsorgung. Strom 0,50 €/kWh, Wasser 0,50 €/35 l.
Kontakt: Familie Schätzlein, ☎ 09332/3079, info@goldenen-anker-segnitz.de, www.goldenen-anker-segnitz.de.
Distanz: 0,1 km, weitere Restaurants in 1 km, 0,2 km, 2 km, 2 km.
Gastro: Gasthaus Zum goldenen Anker, Di-Mi + Fr-So 10:00-22:00 Uhr, Mo + Do Ruhetag, warme Küche 11:30-14:00 Uhr und 17:30-21:00 Uhr.
Freizeit: 6 km, 10 km, 2 km. Badebucht am Main.
POI: Würzburg 20 km.

24814 Sehestedt €14,00

Parkplatz Fähre Nord, Fährstraße 1/K94, ☎ 04357/475 <8m
Diagonal angeordnet, mit Sicht auf den Nord-Ostsee-Kanal

2020 geprüft E

POS: 54°21'52.00"N/9°49'5.00"E, Karte D2 (S. 5), G2
Platz: = 15 auf Schotterrasen, Schotter. WC CHEM GRAU . WC nur tagsüber zugänglich, E-Ladesäule für Fahrräder. Anfahrt 24 h. Ganzjährig geöffnet.
Preis: 14 € inkl. Entsorgung, WC. Wasser 1 €. Münzautomat.
Kontakt: Gemeinde Sehestedt, ☎ 04357/475, info@sehestedt.de, www.sehestedt.de.
Distanz: 0,1 km, 0,5 km, 0,8 km, 5 km.
Gastro: Imbiss direkt hinter dem Platz.
Freizeit: 10 km, 15 km. Angeln am Kanal.
POI: Kirche und Museum im Ort 0,2 km, Gut Sehestedt 0,3 km, Herrenhäuser 5 km.

31319 Sehnde-Müllingen gratis

Müllinger Tivoli-Restaurant Jahn, Müllingerstraße 41, ☎ 05138/1380 <8m
Im Wald gelegen

POS: 52°18'32.99"N/9°53'40.41"E, Karte D6 (S. 9), G2
Platz: / = 3 auf Wiese, Schotter. . Leinenpflicht für Hunde. Aufenthalt max. 24 h, bei Einkehr unbegrenzt. Ganzjährig geöffnet. Ausnahme: Mo+Di sowie 3 Wochen im Februar.
Preis: Übernachtung gratis. Einkehr ins Restaurant erwünscht.
Kontakt: Linda Jahn, ☎ 05138/1380, muellingertivoli.de/willkommen.
Distanz: 7 km, 7 km.
Gastro: Am Platz, Mi-So 12:00-20:00 Uhr, Mo-Di Ruhetag.
Freizeit: 7 km, 7 km. Messegelände Hannover 10 km.

09548 Seiffen/Erzgebirge gratis

Hotel Berghof, Kurhausstraße 36, ☎ 037362/7720 <8m
Angelegter Reisemobilplatz am Hotel-Restaurant

POS: 50°38'43.90"N/13°28'50.87"E, Karte D12 (S. 15), F1
Platz: = 10, = 5 (<20 m) auf Schotter, Asphalt. =10 (8 A) WC CHEM GRAU . Skiverleih und Sauna. WLAN im Restaurant, Toiletten während der Öffnungszeiten nutzbar. Geöffnet: 2.3.-14.11.
Preis: Für Restaurantgäste kostenlos, inkl. WC, WLAN. Einkehr obligatorisch. Strom 4 €, Wasser 3 €, Entsorgung 3 €.
Kontakt: Gunter Neuber, ☎ 037362/7720, hotel@berghof-seiffen.de, www.berghof-seiffen.de.
Distanz: 0 km, 0,6 km, 2 km, 2 km.
Gastro: Restaurant im Berghof, warme Küche 11:00-20:30 Uhr. Brötchenservice. Frühstück möglich.
Freizeit: 5 km, 12 km. Erzgebirgische Volkskunst, Wintersport, Sommerrodelbahn 3 km.
POI: Spielzeugmuseum, Modellbahnausstellung im Ort, Schauwerkstätten der erzgebirgischen Volkskunst im Umkreis, Freilichtmuseum.

09548 Seiffen/Erzgebirge €10,00

Waldgasthof Bad Einsiedel, Badstraße 1, ☎ 037362/879712 <12m
Auf einer großzügigen Wiese gegenüber des Gasthofs auf dem Erzgebirgskamm

POS: 50°38'47.78"N/13°29'10.82"E, Karte D12 (S. 15), F2
Platz: / = 17 auf Schotterrasen, Wiese. =17 WC GRAU . wird empfohlen. Anmeldung bei Anreise an der Rezeption, WC zu den Öffnungszeiten im Gasthof. Ganzjährig geöffnet. Ausnahme: im Winter geschlossen.
Preis: 10 € inkl. Wasser. Strom 5 €/Tag. Bei einem Verzehr von mind. 25 € werden 5 € erlassen. Dies gilt nur für den Tag, an dem der Verzehr erfolgt.
Kontakt: Michael Weidensdorfer, ☎ 037362/879712, service@waldgasthof-bad-einsiedel.de, waldgasthof-bad-einsiedel.de.
Distanz: Weitere Restaurants in 0,3 km Entfernung, 2 km, 2 km, 2 km.
Gastro: Waldgasthof Bad Einsiedel 0 km, Mo-Mi 17:00-20:00 Uhr, Do 11:30-21:00 Uhr, Fr-Sa 11:30-22:00 Uhr, So 11:30-20:00 Uhr. Frühstück/Brötchenservice auf Voranmeldung.
Freizeit: 25 km, 4 km, 2 km. Mountainbiking, Kutsch-und Kremserfahrten, Wander- und Radwege, Langlaufloipe 0,1 km, Skilift/Sommerrodelbahn 3 km.
POI: Freilichtmuseum 1 km, Seiffener Kirche 2 km, Besucherbergwerk 2 km, Nußknackermuseum 3 km.

09548 Seiffen/Erzgebirge €11,50

Wohnmobilpark Seiffen, Deutschneudorfer Straße 57, ☎ 037362/150 <10m
Terrassiert am Hotel Ahornberg mit Blick auf den Kamm des Erzgebirges

POS: 50°37'35.04"N/13°27'31.43"E, Karte D12 (S. 15), F1
Platz: / = 40 auf Wiese, Schotter, Rasengittersteinen. =24 (10 A) WC CHEM GRAU . Wellnessbereich mit Sauna und Hydro Jet. nur bei Gruppen. Shuttledienst ins Ortszentrum, Skipisten-Einstieg am Platz, Wanderwege GPS gestützt. Ganzjährig geöffnet.
Preis: 11,50 € inkl. Entsorgung, Dusche, WC, Müll-Entsorgung, WLAN. Strom 1 €/2 kWh, Wasser 0,50 €/50 l, Kurtaxe 2 €/Pers.
Kontakt: ☎ 037362/150, info@ferienpark-seiffen.de, www.ferienpark-seiffen.de.
Distanz: 2 km, 2 km, 2 km.
Gastro: Restaurant Ahornberg, Mo + Do-Fr 17:00-21:00 Uhr, Sa-So 11:00-21:00 Uhr, Di-Mi Ruhetag. Frühstücks- und Brötchenservice.
Freizeit: 15 km, 20 km, 2 km. Skipisten.
POI: Spielzeugmuseum.

02782 Seifhennersdorf €5,00

Wald- und Erlebnisbad Silberteich, Volksbadstraße 2, ☎ 03586/405040 <8m
Am nördlichen Ortsrand

POS: 50°57'7.95"N/14°36'49.78"E, Karte D8 (S. 11), H5
Platz: = 3 auf Asphalt. . Geöffnet: April-Okt.
Preis: 5 €.
Kontakt: ☎ 03586/405040, bad@seifhennersdorf.de, www.seifhennersdorf.de.
Distanz: 2 km.
Freizeit: Karasek-Wanderung, Gondelteich, Wald- und Erlebnisbad Silberteich mit Naturbadeteich, Abenteuerspielplatz, Karasek-Radweg 21 km.
POI: Oberlausitzer Umgebindehaus, Karasek-Museum.

02782 Seifhennersdorf €19,00

Windmühlberg Seifhennersdorf, Neugersdorfer Straße 7, ☎ 03586/340980 <8m
Mit Weitblick in das Zittauer Gebirge und nach Böhmen

POS: 50°56'31.89"N/14°36'10.51"E, Karte D8 (S. 11), H5
Platz: = 3 auf Wiese. . Umgebindehaus, Seminarhaus und 2 Gästehäuser. Ganzjährig geöffnet.
Preis: 19 €.
Kontakt: Sächsische Bildungs- und Begegnungsstätte Windmühle, ☎ 03586/340980, info@windmuehle-seifhennersdorf.de, www.windmuehle-seifhennersdorf.de.
Distanz: 0,8 km.
Gastro: Verpflegung nach Absprache.
Freizeit: Hochseilgarten in Großschönau, Wanderungen im Zittauer Gebirge.

S

POI: Zittau mit Museen, Herrnhut mit der Sternemanufaktur und der Brüderunität, Deutsches Damast- und Frottiermuseum - Großschönau, Denkmalsort Obercunnersdorf.

07768 Seitenroda — gratis

Stellplatz an der Leuchtenburg, Dorfstraße 100, ☎ 036424/713333 Parkplatz unterhalb der Burg mit Blick aufs Saaletal

<10 m — neu

POS: 50°48'7.91"N/11°36'51.71"E, Karte D11 (S. 14), B1
Platz: = 10 auf Schotter. WC. Aufenthalt max. 1 Nacht, Campingverhalten nicht erlaubt, WC auf der Burg (außen am Torhaus auf dem Vorplatz links). Ganzjährig geöffnet.
Preis: Übernachtung gratis.
Kontakt: Leuchtenburg, ☎ 036424/713333, info@leuchtenburg.de, www.leuchtenburg.de.
Distanz: 0,3 km, Ⓗ 0,6 km, 3,1 km.
Gastro: Bistro auf dem Vorplatz, geöffnet zu den Burg-Öffnungszeiten. Burgschänke im Burghof, geöffnet ab 11:30 Uhr.
Freizeit: Besichtigung der Burg/Porzellanausstellung, Besucherzentrum der Leuchtenburg, Panoramaweg um die Burg.
POI: Leuchtenburg 0,6 km (Aufstieg zur Burg 10 Gehminuten).

95100 Selb — gratis

Stellplatz hinter der Eissporthalle NETZSCH-Arena, Hanns-Braun-Straße 27, ☎ 09287/883178 Großer Stellplatz hinter der Eissporthalle im Wald

<8 m

POS: 50°9'20.94"N/12°8'4.35"E, Karte D11 (S. 14), C2
Platz: = 10 auf Schotter. Ganzjährig geöffnet.
Preis: Übernachtung gratis.
Kontakt: Tourist Information Selb, ☎ 09287/883178, info@selb.de, www.selb.de.
Distanz: Ⓗ 0,3 km, 0,3 km, 0,5 km, 2 km.
Freizeit: 8 km, 4 km, 2 km. Minigolfanlage 0,5 km, Stadtspaziergang Roter Faden 2 km.
POI: Schausteinbruch 3 km, Porzellanikon in Selb 6 km, Porzellanikon in Hohenberg 12 km.

95100 Selb — €10,00

Wohnmobilstellplatz am Papiermühlweg, Papiermühlweg 2, ☎ 09287/883178 In zentrumsnaher Lage am Fuße des Goldbergs

<8 m — Gutschein

POS: 50°10'10.45"N/12°7'29.64"E, Karte D11 (S. 14), C3
Platz: = 10 auf Pflaster. =10 WC CHEM GRAU. Behindertentoilette. Ganzjährig geöffnet.
Preis: 10 € inkl. Entsorgung, WC. Strom 0,50 €/kWh, Wasser 0,50 €/100 l, Dusche 0,50 €/10 min.
Kontakt: Tourist Information Selb, ☎ 09287/883178, info@selb.de, www.selb.de.
Distanz: 0,6 km, 0,6 km, 0,6 km, Ⓗ 1 km.
Gastro: Bräustübl, Pizzeria Sale e Pepe.
Freizeit: 1 km, 0,3 km. Nordic Walking, direkte Anbindung an den Bayrisch-Böhmischen Brückenradweg
POI: Porzellanikon - Staatliches Museum für Porzellan 4 km, Schausteinbruch 4 km.

95152 Selbitz-Sellanger — €5,00

Shell-Autohof Selbitz, Stegenwaldhauser Straße 1, ☎ 09280/953550 Nahe der A9

>12 m

POS: 50°19'30.62"N/11°47'8.44"E, Karte D11 (S. 14), C2
Platz: = 10 auf Pflaster. =4 (16 A) WC CHEM GRAU. Ganzjährig geöffnet.
Preis: 5 € inkl. Strom, Wasser, Entsorgung, Müll-Entsorgung. Dusche 2 €, WC 0,50 €.
Kontakt: Autohof Selbitz GmbH und Co KG, Rolf Küstner, ☎ 09280/953550, rolf.kuestner@t-online.de.
Distanz: 0 km, Ⓗ 0,5 km, 8 km, 8 km.
Gastro: Raststätte am Platz, warme Küche ab 11:00 Uhr.
Freizeit: 8 km.

63500 Seligenstadt — gratis

Wohnmobilstellplatz Seligenstadt, Am Schwimmbad 5, ☎ 06182/878010 Auf dem Parkplatz beim Freibad

<12 m

2020 geprüft

POS: 50°2'11.61"N/8°59'3.80"E, Karte D10 (S. 13), F3
Platz: P = 4 auf Asphalt. Aufenthalt max. 3 Tage, WC/Duschen im Schwimmbad während der Freibadsaison (Mai bis Sep) gegen Gebühr. Ganzjährig geöffnet.
Preis: Übernachtung gratis.
Kontakt: Tourist-Info, ☎ 06182/878010, touristinfo@seligenstadt.de, www.seligenstadt.de.
Distanz: Ⓗ 0,2 km, 0,4 km, 0,5 km, 1 km.
Gastro: Mehrere Restaurants in der Umgebung.
Freizeit: Stadtbesichtigung, Minigolfanlage.
POI: Altstadt mit Einhard-Basilika/Klosteranlage 0,3 km.

18586 Sellin/Ostseebad — €28,00

Reisemobilhafen Sellin, Kiefernweg 4 B, ☎ 038303/92770 Inmitten der Natur auf einer Anhöhe in unmittelbarer Nähe zur Ostsee und Ortskern

<12 m

POS: 54°22'19.47"N/13°42'9.39"E, Karte D4 (S. 7), F2
Platz: P = 50 auf Schotter, Wiese, Sand/Splitt. =50 (16 A) WC CHEM GRAU. Kein Gas-Service, Leinenpflicht für Hunde. Anfahrt täglich 9:00-19:00 Uhr. Keine Reservierung möglich. Geöffnet: 1.4.-31.10.
Preis: Ab 28 € inkl. Strom, Entsorgung, WC, Müll-Entsorgung, WLAN. Jede weitere Pers. (ab 18 J.) 3 €, Kind (7-17 J.) 2 €, Wasser 0,50 €/50 l, Dusche 0,50 €/2 min, Hund 1 €. 1.9.-31.5. 28 €, 1.6.-31.8. 35 €. Pkw oder Anhänger 5 €/Tag extra.
Kontakt: Reisemobilhafen Sellin, ☎ 038303/92770, info@reisemobilhafen-ruegen.de, www.reisemobilhafen-ruegen.de.
Distanz: 0,2 km, 0,2 km, weitere Restaurants in 0,5 km, Ⓗ 0,3 km, 0,3 km.
Gastro: Brötchenservice.
Freizeit: 0,5 km, 0,5 km. Schwimmen, Fahrten mit der Schmalspurbahn Rasender Roland 0,2 km, Erlebnisbad AHOI Ruegen 0,5 km, Ostsee 0,5 km.
POI: Bernsteinmuseum 0,4 km, Seebrücke Sellin 1 km.

18586 Sellin/Ostseebad-Seedorf — €20,00

Stellplatz am Hafen, Seedorf 8a, ☎ 0172/6400557 Direkt am Seglerhafen in einer Bucht

<8 m

2021 geprüft

POS: 54°21'13.46"N/13°39'11.88"E, Karte D4 (S. 7), F2
Platz: = 6 auf Pflaster. =8 WC. B wird empfohlen. Geöffnet: Ende Apr-Mitte Okt.
Preis: 20 €. Strom 0,60 €/kWh, Wasser 1 €/100 l, Dusche 0,50 €/2 min, Kurtaxe (bis 6 J.) gratis, Kurtaxe (7-17 J.) 1,75 €/Pers., Kurtaxe (ab 18 J.) 3,50 €/Pers., Hund 0,60 €. Kurtaxe NS 2,80 €/Pers., Kind 1,40 €.
Kontakt: Roswitha Abraham, Mobil: 0172/6400557, kontakt@hafen-seedorf-fewo.de, www.hafen-seedorf-fewo.de.
Freizeit: Ostseebäder (Sellin, Baabe, Göhren, Binz), Wanderwege, Radwege.
POI: Fischräucherei 0,1 km.

27446 Selsingen — gratis

Wohnmobilstation am Sportgelände, Im Sick, ☎ 04284/9307111 Geschützt in ruhiger Lage

<8 m

POS: 53°22'33.00"N/9°12'26.00"E, Karte D2 (S. 5), F5
Platz: = 10 auf Pflaster, Wiese. CHEM GRAU. Wasser nur außerhalb der Frostperiode. Tankstelle in 0,5 km. Ganzjährig geöffnet.
Preis: Übernachtung gratis inkl. Wasser, Entsorgung.
Kontakt: Landtouristik SG Selsingen, ☎ 04284/9307111, landtouristik.sg@selsingen.de, www.selsingen.de.
Distanz: 0,5 km, 0,5 km, Ⓗ 0,5 km, 0,5 km.
Gastro: Landgasthaus Martin. Selsinger Hof.
Freizeit: 1 km. Schöne Wanderwege, Tennisplatz 0,1 km, Nordpfade 3 km.
POI: Kirche von 1725 und restauriertes Bauernhaus 1 km, Holländerwindmühle 2 km, steinzeitliches Hügelgrab 3 km, Wassermühle 4 km.

65618 Selters (Taunus)-Niederselters — gratis

Parkplatz am Freibad, Am Schwimmbad, ☎ 06483/912262 Auf dem Freibad-Parkplatz im Ortsteil Niederselters

<8 m — neu

POS: 50°20'6.37"N/8°13'59.27"E, Karte D9 (S. 12), D2

S

Platz: = 5 auf Pflaster. Anreise während der Freibadsaison (Mai-Sep) erst ab 19:00 Uhr. Ganzjährig geöffnet.
Preis: Übernachtung gratis.
Kontakt: Gemeinde Selters, Jessica Fischer, 06483/912262, info@selters-taunus.de, www.selters-taunus.de.
Distanz: 0,2 km, 0,2 km, 3,8 km.
POI: Eisenbach mit neuromanischer Kirche St. Petrus und vielen Bürgerhäusern mit Stuckfassaden, Hofgut zu Hausen mit barockem Herrenhaus von 1662 und der Grabkapelle des Generalmajors August Freiherr von Kruse, Selterswassermuseum 1,5 km.

55278 Selzen €10,00

Weingut Kapellenhof, Kapellenstraße 18, **06737/204** An einem Waldstück mit freiem Blick auf die Felder <8m

POS: 49°51'52.86"N/8°15'18.42"E, Karte D9 (S. 12), D4
Platz: = 3 auf Rasengittersteinen. =2 (16 A) . Ganzjährig geöffnet.
Preis: 10 € inkl. Strom, Wasser.
Kontakt: Weingut Kapellenhof, Thomas Schätzel, 06737/204, Mobil: 0172/6112921, kapellenhof@t-online.de, www.weingut-kapellenhof.de.
Anfahrt: Im Ort der Beschilderung Weingut Kapellenhof folgen (Zufahrt über Kirschgartenstraße).
Distanz: 0,2 km, weitere Restaurants in 0,2 km Entfernung, 1,5 km.
Gastro: Kaupers Restaurant im Kapellenhof mit Michelin-Stern, Fr, Sa ab 19:00 Uhr, So Late Lunch ab 14:00 Uhr, sonst auf Anfrage.
Freizeit: 8 km, 8 km, 3 km. Weinproben im Weingut Kapellenhof, Wandern im Weinberg (Hiwweltour Zornheim), Führung durch Keller/Parkanlage, Radweg 0,5 km, Golfplatz 1 km, Rheinschifffahrt 10 km.
POI: Weinbaumuseum, Katharinenkirche, Führung im Untergrund Oppenheim 10 km, Dom/Stephanskirche mit Chagallfenster in Mainz 15 km, Nibelungenmuseum in Worms 25 km.

48308 Senden gratis

Sportpark Senden, Bulderner Straße, **02597/699799** Nahe Bürger- und Schlosspark <8m

POS: 51°51'19.76"N/7°28'38.75"E, Karte D5 (S. 8), C3
Platz: = 7 auf Eco-Raster/Gras. . Aufenthalt max. 7 Tage. Ganzjährig geöffnet.
Preis: Übernachtung gratis.
Kontakt: Gemeinde Senden, 02597/699799, touristinfo@senden-westfalen.de, www.senden-westfalen.de.

Distanz: 0,1 km, weitere Restaurants in 0,8 km, 0,3 km, 0,3 km, 0,5 km.
Gastro: Im Freizeit-Allwetterbad (0,1 km).
Freizeit: 1 km. Wandern im Venner Moor, Kanu fahren, Freizeit-Allwetterbad Cabrio Senden 0,1 km, Kletterzentrum Big Wall 6 km.
POI: Schloss Senden 0,2 km, Venner Moor 5 km, Burg Vischering 12 km, Schloss Nordkirchen 18 km, Prinzipalmarkt/Allwetter-Zoo Münster 18 km.

48324 Sendenhorst gratis

Stellplatz am Hallenbad, Westtor 31, **02526/303323** Am südwestlichen Stadtrand <6m

2022 geprüft

POS: 51°50'34.15"N/7°49'2.68"E, Karte D5 (S. 8), D3
Platz: = 3 auf Pflaster. CHEM GRAU . Aufenthalt max. 10 Tage. WC/Duschen im Schwimmbad. Ganzjährig geöffnet.
Preis: Übernachtung gratis inkl. Entsorgung, Müll-Entsorgung. Strom 1 €/kWh, Wasser 1 €.
Kontakt: Stadt Sendenhorst, Christiane Austin, 02526/303323, austin@sendenhorst.de, www.sendenhorst.de.
Distanz: 0,1 km, 0,3 km, weitere Restaurants in 0,8 km, 0,8 km, 1 km.
Gastro: Imbiss IBO´s Grill 0,7 km. Eisdiele Lieblingseis. Imbiss Mykonos Grill.
Freizeit: 1 km. PoolBall, Swingolf, Kulturzentrum Haus Siekmann 0,5 km, Naturschutz- und Naherholungsgebiet Hof Schmetkamp 2 km.
POI: 8 Spiegel der Erkenntnis, St. Josef-Stift 0,3 km (Westtor 7), Kaiserliche Posthalterei 0,5 km, Pfarrkirche St. Martin 0,7 km, Jüdischer Friedhof in der Ostenpromenade 1 km, Pfarrkirche St. Ludgerus Albersloh 9 km.

01968 Senftenberg-Buchwalde €17,00

Wohnmobilstellplatz Seestrand Buchwalde, Buchwalder Straße 52, **03573/800260** Direkt am Senftenberger See im Ortsteil Buchwalde <8m

2020 geprüft

POS: 51°30'45.12"N/14°1'38.59"E, Karte D8 (S. 11), G4
Platz: = 33 auf Schotterrasen, Schotter. =26 (16 A) WC CHEM/Bio GRAU . Leinenpflicht für Hunde. Aufenthalt max. 4 Nächte, Abfahrt bis 12:00 Uhr, Ansprechpartner und Öffnungszeiten Sanitärhaus siehe Aushang. Geöffnet: 1.4.-31.10.
Preis: Ab 17 € inkl. Entsorgung, WC, Müll-Entsorgung. Strom 4 €/24 h, Wasser 0,10 €/l. 1.4.-30.4. 17 €, 1.5.-18.9. 23 €, 19.9.-31.10. 17 €.

Kontakt: Zweckverband Lausitzer Seenland Brandenburg, 03573/800260, seestrand.buchwalde@senftenberger-see.de, www.senftenberger-see.de.
Distanz: 0,5 km, 1 km, 1,5 km, 1,5 km.
Gastro: Strand-Imbiss (Mai-Sep). Restaurant Strandhotel in Senftenberg/Buchwalde.
Freizeit: 5 km, 0,5 km. Natur- und Erlebnisrestaurant, Surferstrand, Sauna- und Wellnesslandschaft 1,2 km, Radrundweg Senftenberger See 18 km.
POI: Stadthafen Senftenberg 0,9 km, Tierpark/Festungsanlage 2 km, EuroSpeedway Lausitz 13 km.

01968 Senftenberg-Großkoschen €14,00

Hafencamp Senftenberger See, Straße zur Südsee 2, **03573/800600** Direkter Blick auf die Marina <8m

2020 geprüft

POS: 51°29'27.82"N/14°2'8.65"E, Karte D8 (S. 11), G4
Platz: = 20 auf Pflaster, Sand/Splitt, Wiese. WC GRAU . Kochgelegenheit, Trockner, Waschmaschine. Haustiere mit Voranmeldung. Buchung online, telefonisch oder per E-Mail. Geöffnet: 1.4.-31.10.
Preis: Ab 14 € inkl. Strom, Wasser, Entsorgung, Dusche, WC. Jede weitere Pers. 8 €, Kind (bis 15 J.) 3 €, Hund 4 €/Nacht. HS 20 €, NS 14 €.
Kontakt: Rezeption Hafencamp, 03573/800600, hafencamp@senftenberger-see.de, www.hafencamp-see.de.
Distanz: 0,8 km, 1,7 km.
Gastro: Frühstück 15 €/Erw., ab 5,50 €/Kind.
Freizeit: Badestrand 0,5 km, Minigolf 0,5 km, FKK-Strand 0,5 km, Angeln 1 km, Tauchstation 3 km.
POI: Stadthafen Senftenberg 8,1 km, Aussichtsturm Rostiger Nagel 8,7 km, Museum-, Schloss und Festungsanlage Senftenberg 11,9 km, Krabatmühle 16 km.

01968 Senftenberg-Großkoschen €10,00

Parkplatz Großkoschen Seestrand, Am Mühlgraben, **03573/800310** Neben B96, gegenüber vom Strandbad <8m

2020 geprüft

POS: 51°29'53.26"N/14°3'40.95"E, Karte D8 (S. 11), G4
Platz: = 20 auf Asphalt, Sand/Splitt. . Ganzjährig geöffnet.
Preis: 10 € inkl. Kurtaxe.
Kontakt: Zweckverband Erholungsgebiet Senftenberger See, 03573/800310, www.senftenberger-see.de.
Distanz: 1 km.
Freizeit: Badestrand.
POI: Senftenberger See.

01968 Senftenberg-Großkoschen €15,00

Stellplatz Senftenberger See, Straße zur Südsee 1, ☎ 03573/800800 <12m

Außenstellplatz beim Familienpark

2020 geprüft E

POS: 51°29'28.68"N/14°2'38.30"E, Karte D8 (S. 11), G4

Platz: P = 5 auf Schotter. =5 (16 A) WC CHEM GRAU. B wird empfohlen. Nutzung der Campingplatz-Einrichtungen möglich, von Apr-Okt wechselndes Kinderprogramm im Spielgarten, 2 WLAN Hotspots auf dem Gelände. Ganzjährig geöffnet.

Preis: Ab 15€ inkl. aller Personen, Strom, Entsorgung, Dusche, WC, Müll-Entsorgung, WLAN. NS 15€, HS 25€.

Kontakt: Rezeption, ☎ 03573/800800, familienpark@senftenberger-see.de, www.familienpark-see.de.

Distanz: , , Ⓗ 1 km, 2 km.

Freizeit: 7 km. Kinderanimation, Trampolin und Minigolf, Kanu fahren, Segelschule, Wasserrutsche und Kinderland, Surfen, Bootsvermietung, Hafencamp 0,5 km.

POI: Stadthafen 6 km, Tierpark/Festungsanlage 6 km.

55599 Siefersheim €15,00

Weingut Philipp Schnabel, St. Martinshof, ☎ 06703/3070708 <10m neu

Am Ortsrand direkt beim Winzer

POS: 49°47'59.97"N/7°57'17.52"E, Karte D9 (S. 12), D4

Platz: = 10 auf Wiese. WC . Weinautomat 24/7. B Aufenthalt max. 3 Nächte. Reservierung an den Wochenenden erwünscht. Keine Anreise von 12:00-14:00 Uhr, So und Mo nach Absprache. Nach Anmeldung auf die Stellplatzwiese fahren. Geöffnet: 1.3.-31.10.

Preis: 15€. Bei Weinkauf ab 6 Flaschen 1. Nacht kostenlos.

Kontakt: Philipp Schnabel, ☎ 06703/3070708, post@stmartinshof.de, www.stmartinshof.de.

Anfahrt: Über Zufahrtsstraße Am St. Martinshof einfahren.

Distanz: 0,2 km, 1,7 km, 2 km.

Gastro: Weitere Restaurants ab 2 km. Pizzeria Da Enzo.

Freizeit: Weinlese im Sep/Okt, von Apr-Okt jeden Sa 16:00 Uhr Weinproben, Events auf dem Hof (siehe Website), Hiwweltour Heideblick, Küstenwanderweg/Urmeer.

POI: Schönste Weinsicht (prämierte Aussicht), Alzey 10 km, Bad Kreuznach 10 km.

55599 Siefersheim €10,00

Weingut Sommer BIO, Mühlweg 19, ☎ 06703/3977 <10m

Ruhige Stellplätze auf einer Wiese hinter dem Bio-Weingut

POS: 49°47'57.64"N/7°57'8.94"E, Karte D9 (S. 12), D4

Platz: = 10 auf Wiese. =1 (8 A) WC CHEM GRAU. B wird empfohlen. WC im Hof. Von 11:00-13:00 Uhr keine Anreise, sonntags nur nach Absprache. Geöffnet: 31.3.-31.10.

Preis: 10€ inkl. Strom, Wasser, Müll-Entsorgung. Bei Weinkauf ab 50€ erste Nacht frei.

Kontakt: Erik und Sandra Sommer, ☎ 06703/3977, info@weingut-sommer.com, www.weingut-sommer.com.

Distanz: 0 km, 0,3 km, weitere Restaurants in 3 km, Ⓗ 0,3 km, 1 km.

Gastro: Appelback Lokal. Ristorante DA-ENZO Pizzeria. Gaststätte und Straußenwirtschaft im Ort und in 5 km Entfernung. Markt: mittwochs.

Freizeit: 2 km, 10 km. Prämierte Wanderwege, Mitarbeit bei der Weinlese, Führung durch den Weinkeller, Weinprobe mit Voranmeldung, Fahrradwege, Weinbergsrundfahrt oder -wanderung.

POI: Salinen mit Thermalbad in Bad Kreuznach und Bad Münster 11 km.

Tipp

Liebe Mobilfahrer, suchen Sie für Ihre Urlaubstage einen ruhigen Stellplatz, so rufen Sie uns an! Die Wohnmobile stehen auf der leicht geneigten Wiese hinter unserem Weingut, naturnah und ruhig. Freie Felder und Weinberge laden zu ausgedehnten Spaziergängen oder Radtouren durch die Natur ein. Weinproben sind in unserer gemütlichen Probierstube mit Voranmeldung möglich.

57072 Siegen gratis

Reisemobilstellplatz Freudenberger Straße, Freudenberger Straße 67, ☎ 0271/4044000 <10m

Beim Naherholungsgebiet Numbach

2021 geprüft E

POS: 50°52'50.38"N/8°0'26.59"E, Karte D9 (S. 12), D1

Platz: P = 5 auf Pflaster. =2 CHEM GRAU. Aufenthalt max. 3 Tage. Ganzjährig geöffnet.

Preis: Übernachtung gratis inkl. Entsorgung. Strom 0,50€/kWh, Wasser 0,50€/40 l.

Kontakt: Stadtmarketing Siegen GmbH, ☎ 0271/4044000, stadtmarketing@siegen.de, www.siegen-wittgenstein.info.

Distanz: 0,1 km, weitere Restaurants in 0,3 km, Ⓗ 0,2 km, 0,8 km, 1 km.

Freizeit: 6,4 km, 2,6 km. Stadtführung, Minigolf, Ballonfahren, Naherholungsgebiet Numbach, Minigolfanlage 0,2 km, Mountainbike-Strecke Flowtrail Siegen 0,5 km.

POI: Das Untere Schloss 1,5 km, Martinikirche 1,5 km, Altstadt 2 km.

57076 Siegen-Weidenau gratis

Parkplatz am Hallenbad Weidenau, Bismarckstraße (Zufahrt über Poststraße 27), ☎ 0271/4044000 <10m

Auf dem Hallenbadparkplatz

POS: 50°53'42.46"N/8°1'25.13"E, Karte D9 (S. 12), D1

Platz: P = 3 auf Asphalt. WC CHEM GRAU. Aufenthalt max. 3 Tage, Dusche/Sanitär-Nutzung im Hallenbad. Ganzjährig geöffnet.

Preis: Übernachtung gratis inkl. aller Personen, Entsorgung. Strom 0,50€/kWh, Wasser 0,50€/40 l.

Kontakt: Stadtmarketing Siegen, Stadt Siegen, ☎ 0271/4044000, Stadtmarketing@siegen.de, visitsiegen.de.

Distanz: 0,1 km, weitere Restaurants in 0,2 km, 0,2 km, Ⓗ 0,3 km, 2,8 km.

Gastro: Restaurant Bismarckhalle.

Freizeit: 6 km. Nachtwächterführung, Konzerte/Feste im Stadtzentrum, Stadtführung.

POI: Altstadt mit Oberem/Unterem Schloss, Museen/Kirchen 4 km.

83313 Siegsdorf-Hammer gratis

Hammerwirt Gasthof Hörterer, Schmiedstraße 1, ☎ 08662/6670 <10m

Auf dem Parkplatz des Landgasthofs mit Naturbadesee

POS: 47°48'4.45"N/12°42'15.09"E, Karte D16 (S. 19), E4

Platz: P = 3 auf Pflaster, Rasengittersteinen. Aufenthalt max. 2 Nächte.

Preis: Für Restaurantgäste kostenlos. Einkehr obligatorisch.

Kontakt: Hotel Hörterer – Der Hammerwirt, Katharina Hörterer, ☎ 08662/6670, info@der-hammerwirt.de, www.der-hammerwirt.de.

Distanz: 0 km, 0,1 km, Ⓗ 0,1 km, 0,1 km.

Gastro: Hammerwirt Gasthof, Öffnungszeiten siehe Website. Frühstücksbüfett.

S

Freizeit: 4,5 km, 4,5 km, 5 km.
POI: Wallfahrtskirche Maria Eck 7 km, Rauschbergbahn 11 km, Chiemsee 25 km.

83313 Siegsdorf-Hochberg €18,00

Alpen-Camping-Gaststätte Hochberg, Aigen 4, ☎ 08662/2576 In ruhiger, naturnaher Lage neben der Gaststätte <8m

POS: 47°50'1.00"N/12°39'13.00"E, Karte D16 (S. 19), E4
Platz: = 5 auf Wiese, Schotter, Asphalt. WC CHEM . Anfahrt von 8:00-19:00 Uhr. Ganzjährig geöffnet. Ausnahme: Mitte Apr und Nov jeweils 2 Wo geschlossen.
Preis: 18 € inkl. Entsorgung, Dusche, WC. Jede weitere Pers. 5 €, Kind (bis 15 J.) 3 €, Strom 3,50 €, Kurtaxe 1,10 €/Pers., Hund 3 €. WLAN kostenpflichtig.
Kontakt: Josef Reitthaler, ☎ 08662/2576, info@alpencamp-siegsdorf.de, www.alpencamp-siegsdorf.de.
Distanz: 0 km, weitere Restaurants in 3 km, 0,8 km, 2 km, Ⓗ 3 km.
Gastro: Am Platz, warme Küche 17:30-20:30 Uhr, Sa ab 14:00, So ab 10:00 Uhr, Mo+Di Ruhetag. Brötchenservice.
Freizeit: 1 km, 8 km, 2 km. Seilbahn zum Hochfelln 10 km.
POI: Naturkundemuseum in Siegsdorf 5 km, Wallfahrtskirche Maria Eck 10 km.

23730 Sierksdorf €9,00

Reisemobilstellplatz beim Hansa-Park, Am Fahrenkrog 1, ☎ 04563/4740 Separate Stellplätze auf dem Großparkplatz am Freizeitpark <12m

POS: 54°4'23.34"N/10°46'27.12"E, Karte D3 (S. 6), A3
Platz: P = 100 auf Asphalt. WC. Nur in Verbindung mit einem Parkbesuch. WC im Eingangsbereich des Hansa-Parks stehen nur zu den Parköffnungszeiten zur Verfügung. Geöffnet: Apr-Ende Okt, bitte Öffnungszeitenkalender auf der Website des Hansa-Parks beachten.
Preis: 9 €.
Kontakt: Hansa-Park Freizeit- und Familienpark GmbH & Co. KG, ☎ 04563/4740, info@hansapark.de, www.hansapark.de.
Distanz: Ⓗ 0 km, 1 km, 1 km, weitere Restaurants in 2 km, 3 km, 5 km (Trelleborgstraße/Ecke Hamburger Ring, 23683 Scharbeutz).
Gastro: Frühstücksangebote im Park. Restaurant, SB-Restaurant/Imbiss-Kiosk im Park.
Freizeit: 0,5 km, 1 km. Wasserski Süsel, Deutschlands einziger Erlebnispark am Meer mit über 125 Attraktionen/Shows, Ostsee-Strand 1 km, Ostsee-Therme Scharbeutz 8 km, 5-Seen-Fahrt Malente 16 km.
POI: Sealife-Center Timmendorfer Strand 10 km.

23730 Sierksdorf €22,00

WoMo Sierksdorf, Am Fahrenkrog 12, ☎ 0171/9597761 Auf der Freizeit- und und Eventanlage Meet'n Move <8m neu

POS: 54°4'20.85"N/10°46'54.36"E, Karte D3 (S. 6), A3
Platz: P = 26 auf Schotter, Pflaster. WC CHEM GRAU . Ganzjährig geöffnet.
Preis: 22 € inkl. Entsorgung, Dusche, WC. Jede weitere Pers. 2 €, Strom 0,60 €/kWh, Wasser 0,10 €/8 l, Kurtaxe 2,60 €/Pers. Kaution Transponderkarte 10 €, Guthaben 5 €. Bezahlung ausschließlich per Karte.
Kontakt: WoMo Sierksdorf, ☎ 0171/9597761, info@womo-sierksdorf.de, www.womo-sierksdorf.de.
Distanz: 0 km, weitere Restaurants in 0,5 km, Ⓗ 0,5 km, 2 km, 3,7 km.
Freizeit: 0,4 km, 4 km. Bowlen, Hansapark 0,2 km, Hundestrand 0,5 km, Strand Sierksdorf 0,5 km.
POI: Hafen Eutin und Schloss 18 km.

18069 Sievershagen €10,00

Ferienhof Dubberke, Alt Sievershagen 16, ☎ 0381/7680046 Am westlichen Stadtrand von Rostock <8m

POS: 54°6'52.24"N/12°2'4.75"E, Karte D3 (S. 6), C2
Platz: = 10 auf Wiese. =10 (16 A) WC CHEM GRAU . wird empfohlen. Anfahrt bis 21:00 Uhr. Nutzung des Platzes nur nach vorheriger Absprache. Geöffnet: Apr-Okt.
Preis: 10 € inkl. Wasser, Entsorgung, WC, Müll-Entsorgung. Strom 1,50 €/4 kWh, Dusche 1 €/Pers. Preisänderungen 2023 vorgesehen.
Kontakt: Urda Dubberke, ☎ 0381/7680046, info@ferienhof-mv.de, www.ferienhof-mv.de.
Distanz: Ⓗ 1 km, 1 km, 1 km, 6 km.
Gastro: Mehrere Restaurants im Ostseepark.
Freizeit: 6 km, 12 km. Wassersport, Robbenstation an der Warnemünder Ostmole 12 km, Ozeaneum in Stralsund 60 km.
POI: Altstadt und Marienkirche in Rostock 6 km, Rostock Zentrum 8 km, Schmalspurbahn Molli 12 km, Doberaner Münster 12 km, Warnemünde 12 km.

72488 Sigmaringen €10,00

Wohnmobilstellplatz Sigmaringen, Georg-Zimmerer-Straße 6 In Zentrumsnähe an der Donau, mit Blick auf Schloss Sigmaringen <12m

POS: 48°5'5.32"N/9°12'32.07"E, Karte D14 (S. 17), F3
Platz: P = 24 auf Schotter. =24 (16 A) CHEM GRAU . Ganzjährig geöffnet.
Preis: 10 € inkl. Entsorgung, Müll-Entsorgung. Strom 1 €/3 h, Wasser 1 €/100 l, VE für Durchreisende 5 €. Bezahlung am Münzautomat oder an der Rezeption.
Kontakt: out & back GmbH, Jörg Stadler, info@outandback.de, www.wohnmobilstellplatz-sigmaringen.de.
Distanz: 0,1 km, weitere Restaurants in 0,3 km, 0,1 km, Ⓗ 0,2 km, 0,3 km.
Gastro: Steakhouse Palmengarten 0,1 km.
Freizeit: 0,7 km. Donauradweg, Kanu-Verleih, Minigolf (3 €/Kinder 2 €), Hochseilgarten 0,1 km.
POI: Donautal, Schloss Sigmaringen 0,5 km.

76857 Silz €12,00

Stellplatz Silzer See, Parkplatz See, ☎ 01523/2767710 Auf einer befestigten Wiese mit Blick auf den See <8m

POS: 49°8'39.64"N/7°56'18.45"E, Karte D9 (S. 12), D5
Platz: P = 10 auf Pflaster, Wiese. =6 (16 A) GRAU . Ganzjährig geöffnet.
Preis: 12 € inkl. Strom, Wasser, Entsorgung. Ohne Strom 10 €.
Kontakt: Ortsgemeinde Silz, ☎ 01523/2767710, info@silz.de, www.silz.de.
Distanz: Ⓗ 0,8 km, 0,8 km, 0,8 km, 1,3 km.
Freizeit: 10 km, 10 km. Tennis, Wild- und Wanderpark Südliche Weinstraße 1 km.
POI: Burgruine Lindelbrunn 2 km, Burg Landeck 5 km, Madenburg 8 km, Reichsfeste Trifels 9 km, Burg Berwartstein 10 km.

17214 Silz-Nossentin €15,00

Landgasthof Am Fleesensee, Am Park 33, ☎ 039927/70394 Auf einer großen Wiese hinter dem Landgasthof <8m

POS: 53°31'8.00"N/12°28'4.00"E, Karte D3 (S. 6), D4
Platz: P = 4 auf Wiese. CHEM GRAU . Anfahrt bis 20:00 Uhr. Geöffnet: Apr-Okt.
Preis: 15 € inkl. Strom, Wasser, Entsorgung, Müll-Entsorgung.
Kontakt: Gisela Presch, ☎ 039927/70394, info@landpension-amfleesensee.de, www.landpension-amfleesensee.de.
Distanz: Ⓗ 1 km, 2 km, weitere Restaurants in 4 km, 5 km, 8 km.
Gastro: Am Platz, Mo-So 12:00-19:00 Uhr, Gerichte à la Carte. Frühstück oder Brötchenservice möglich.
Freizeit: 5 km, 15 km, 8 km. Eigener Badestrand und Bootssteg am See, Boot fahren, Naturpark Nossentiner/Schwinzer Heide, Sommerrodelbahn 5 km.
POI: Affenwald 5 km, Teerofen 5 km, Müritz-Nationalpark 20 km.

Unsere Korrespondenten sind fast das ganze Jahr unterwegs, um für Sie, liebe Leserin und Leser, aktuelle Daten zu recherchieren und über Neuerungen zu berichten. Sie sind damit eine wertvolle Ergänzung des Redaktionsteams, um den Bordatlas zu einem unentbehrlichen Standardwerk für alle Wohnmobilfahrer zu machen.

S

84359 Simbach am Inn
gratis <8m

Stellplatz an der Gollinger Straße, Gollinger Straße (gegenüber Haus-Nr. 4), ☎ 08571/60652
Am Freibad und Sportstadion

2021 geprüft

POS: 48°16'28.00"N/13°1'38.00"E, Karte D16 (S. 19), F3
Platz: P = 6 auf Pflaster, Rasengittersteinen. =4 (16 A) CHEM GRAU . Anfahrt 24 h. Ganzjährig geöffnet.
Preis: Übernachtung gratis inkl. Entsorgung. Strom 1 €/kWh, Wasser 1 €/100 l.
Kontakt: Wolfgang Hengge, ☎ 08571/60652, Mobil: 0171/5189051, wolfgang.hengge@simbach.de, www.simbach.de.
Distanz: 0,1 km, weitere Restaurants in 1,5 km, 0,6 km, 1,5 km, 1,5 km.
Gastro: Taverna Akropolis 0,1 km.
Freizeit: 0,1 km, 2 km, 1 km. Wandern im Schellenberggebiet, Schwimmen, Kletterhalle 0,3 km.
POI: Braunau 2 km, Bad Füssing 28 km.

52152 Simmerath
€17,00 <10m

Camp-Hammer Wohnmobilstellplatz, An der Streng 6-7, ☎ 02473/9383003
Am Ufer der Rur, im Nationalpark Eifel

2022 geprüft

POS: 50°33'49.77"N/6°20'0.81"E, Karte D9 (S. 12), A2
Platz: = 27 auf Wiese, Schotterrasen. CHEM/Bio GRAU . Leinenpflicht für Hunde, Sauna und Hot Tub. Hunde nach Absprache. Ausgewiesener Bereich für Hundebesitzer. Abreise bis 11:00 Uhr. Ganzjährig geöffnet.
Preis: 17 € inkl. aller Personen, Müll-Entsorgung, WLAN, Hund, Komposttoilette, Grauwasserentsorgung. Strom 4,90 €/Nacht, Wasser 4 €, jeder weitere Hund 3 €. Frischwasser holen gratis, am Stellplatz Wasser/Abwasser kostenpflichtig. TV-Anschluss und 2 Hunde inkl.
Kontakt: Familie Ellinger, ☎ 02473/9383003, Mobil: 0171/9077755, info@camp-hammer.de, www.camp-hammer.de.
Distanz: 0 km.
Gastro: Café Der Hammer.
Freizeit: Eifelsteig und der Rur-Ufer-Radweg, Freizeitaktivitäten am Rursee, sehr gut ausgebautes Wander- und Radwegenetz, Rangertouren durch den Nationalpark.
POI: Ordensburg Vogelsang, Hohe Venn Landschaft.

52152 Simmerath-Rurberg
€15,00 <12m

Wohnmobilstellplatz Rurberg, Seeufer, ☎ 02473/93770
Landschaftlich sehr schön gelegener Platz am Rurseezentrum

2022 geprüft

POS: 50°36'24.97"N/6°22'56.46"E, Karte D9 (S. 12), A2
Platz: = 21 auf Rasengittersteinen, Schotter, Pflaster. CHEM GRAU . Leinenpflicht für Hunde. Ganzjährig geöffnet.
Preis: 15 € inkl. Entsorgung, Müll-Entsorgung. Strom 1 €/kWh, Wasser 1 €/70 l. Bezahlung in Münzen/EC-Karte.
Kontakt: Rursee Touristik GmbH, ☎ 02473/93770, info@rursee.de, www.simmerath.de.
Distanz: 0 km, weitere Restaurants in 0,3 km, 0,3 km, 3 km, 7 km.
Gastro: Seppis Eck 0,7 km. Bistro am Badesee. Brötchenservice.
Freizeit: 0,2 km, 7 km, 0,5 km. Naturfreibad am Eiserbachsee mit Sandstrand (DLRG-bewacht in den Sommerferien NRW und am WE Mai-Aug) 0,3 km, Woffelsbacher Bucht 4,5 km, Naturerlebnisbad Einruhr 5 km.
POI: Nationalpark Eifel, Rursee, Urftstaumauer 4 km, Wollseifen 7 km, Monschau 15 km.

97215 Simmershofen-Walkershofen
€16,50 <10m

Camping Paradies Franken, Walkershofen 40, ☎ 09848/969633
Auf dem Campinggelände

POS: 49°31'21.75"N/10°7'29.21"E, Karte D10 (S. 13), H5
Platz: P = 16 auf Wiese, Schotter. =15 (16 A) WC CHEM GRAU . Kleiner Shop mit Zubehörartikeln. Ganzjährig geöffnet.
Preis: 16,50 € inkl. Wasser, Entsorgung, Dusche, WC, WLAN. Kind (5-14 J.) 5,80 €, jede weitere Pers. 7,50 €, Strom 0,70 €/kWh, Hund je 3 €. Umweltabgabe 1,50 €/Pers., Servicegebühr 1,80 € pro Stellplatz.
Kontakt: Camping Paradies Franken, Roland Scherer, ☎ 09848/969633, hallo@camping-paradies-franken.de, www.camping-paradies-franken.de.
Distanz: 0,2 km, weitere Restaurants in 1 km, 0,3 km, 0,3 km, 5 km.
Gastro: Wirtshaus im Ried am Platz, warme Küche 17:00-20:00 Uhr, So Ruhetag. Kaffee to go und Kuchen (am Wochenende). Täglich frische Brötchen.
Freizeit: 6 km, 20 km.
POI: Aub 5 km, Feuerwehrmuseum Waldmannshofen 6 km, Taubertal 10 km, Schloss Frankenberg 14 km, Rothenburg o.d.T. 25 km.

55618 Simmertal
€22,00 <10m

Campingplatz Haumühle, Haumühle 1/B421, ☎ 06754/946565 In ruhiger Lage an einem Bachlauf, von Wald umgeben

POS: 49°48'54.11"N/7°30'15.10"E, Karte D9 (S. 12), C4
Platz: P = 45 auf Wiese, Rasengittersteinen. =70 (16 A) WC CHEM GRAU . Anfahrtszeiten siehe Website. Ganzjährig geöffnet.
Preis: Ab 22 € inkl. Strom, Wasser, Entsorgung, Dusche, WC, Müll-Entsorgung, Kurtaxe. Kind (2-15 J.) 2,50 €, Kind (bis 2 J.) gratis, jede weitere Pers. 5 €. Je nach Saison 22-27 €.
Kontakt: Campingplatz Haumühle UG, ☎ 06754/946565, info@camping-haumuehle.de, www.camping-haumuehle.de.
Distanz: 0 km, 0 km, 0,8 km, 0,8 km.
Gastro: Restaurant Räuberschenke. Brötchen- und Frühstücksservice.
Freizeit: 4 km, 6 km. Angeln, Wanderweg Traumschleife Felsengarten, Barfußpfad 6 km, Klettern 9 km.
POI: Schloss Kyrburg 5 km, Nahe-Skywalk 5 km, Schloss Wartenstein 5 km, Schloss Dhaun 7 km, Freilichtmuseum 13 km, Kupferbergwerk Fischbach 15 km.

25813 Simonsberg
€25,00 <12m

Nordseecamping Zum Seehund, Lundenbergweg 4, ☎ 04841/3999
An der Nordsee, hinter dem Außendeich

POS: 54°27'19.76"N/8°58'20.31"E, Karte D2 (S. 5), F2
Platz: P = 15 auf Schotter. =15 (16 A) WC CHEM GRAU . Leinenpflicht für Hunde. Geöffnet: 1.4.-6.11.
Preis: Ab 25 € inkl. Strom, Wasser, Entsorgung, Dusche, WC, Müll-Entsorgung, WLAN. Hund 5 €. 25-35 € je nach Saison inkl. Fitness und Sauna/Dampfbad, jede weitere Pers. 8-10 €, Kind (6-15 J.) 5 €.
Kontakt: Nordseecamping zum Seehund, Matthias Koerber, ☎ 04841/3999, info@nordseecamping.de, www.nordseecamping.de.
Distanz: 3 km, 6 km, 6 km.
Freizeit: 6 km. Geführte Wattwanderung, Angeln, Badestellen für Hunde in der Nähe, Wandern, Wassersport, Kinderanimation im Sommer, Golfplatz 8 km, Tennisplatz 8 km.
POI: Nationalpark Wattenmeer, Roter Haubarg 3 km, Schiffsmuseum am Hafen Husum 6 km, Theodor-Storm-Haus 6,5 km, Schloss Husum 7 km.

71065 Sindelfingen
gratis <8m

Erwin Hymer Center Stuttgart, Mahdentalstraße 84, ☎ 07031/86990
Auf dem Erwin-Hymer-Center-Gelände

POS: 48°42'22.38"N/9°1'35.85"E, Karte D14 (S. 17), F2

S

Platz: = 2 auf Rasengittersteinen. =2 CHEM GRAU. Ganzjährig geöffnet.
Preis: Übernachtung gratis. Strom 1 €/kWh, Wasser 1 €.
Kontakt: 07031/86990, info@hymerstuttgart.de, www.hymerstuttgart.de.
Anfahrt: Zufahrt über Schwertstraße.
Distanz: 0,2 km, 0,2 km, 0,5 km, 2 km.
Gastro: Mehrere Restaurants im Ort.
Freizeit: 2 km, 2 km.
POI: Daimler-Chrysler AG Werk Sindelfingen 4 km, Schloss Dätzingen 8 km, Schloss Solitude 12 km.

71065 Sindelfingen — gratis — <10m

Stellplatz am Badezentrum, Hohenzollernstraße 23, 07031/860219
In ruhiger Lage

POS: 48°43'11.74"N/9°1'3.91"E, Karte D14 (S. 17), F2
Platz: = 10 auf Asphalt. . Ganzjährig geöffnet.
Preis: Übernachtung gratis.
Kontakt: Stadt Sindelfingen, 07031/860219, info@badezentrum.de, www.badezentrum.de.
Distanz: 0,1 km, 0,2 km, weitere Restaurants in 2,5 km, 2,5 km, 2,5 km.
Gastro: Restaurant Kutscherstube 0,1 km.
Freizeit: 0,2 km. Besuch des Badezentrums.
POI: Altstadt, Martinskirche, Salzhaus.

78224 Singen/Hohentwiel — €5,00 — <10m

Festplatz Offwiese, Schaffhauser Straße 35, 07731/85262 An den beiden Aach-Flussarmen und der Bahnlinie

POS: 47°45'34.93"N/8°49'40.90"E, Karte D14 (S. 17), F4
Platz: = 20 auf Wiese, Schotter. =12 CHEM GRAU. Aufenthalt max. 3 Tage. Keine VE vom 1.11.-15.3. Ganzjährig geöffnet. Ausnahme: Sperrung bei Veranstaltungen.
Preis: 5 € inkl. aller Personen. Strom 1 €/4 h, Wasser 1 €/80 l, Entsorgung 1 €/80 l. Bezahlung mit Bargeld, EC-Karte oder Kreditkarte.
Kontakt: Tourist-Information Singen, 07731/85262, tourist-info@singen.de, www.singen.de.
Distanz: 0,1 km, 0,9 km, 0,2 km, 0,5 km.
Freizeit: 0,5 km, 2 km.
POI: Kunstmuseum/archäologisches Hegaumuseum 0,5 km, historisches Stadtzentrum, MAC Museum Art Cars 0,5 km, Bodensee 10 km, Rheinfall 15 km.

S

36391 Sinntal-Altengronau — gratis — <10m

Stellplatz am Naturerlebnisbad Altengronau, Aspenweg 47, 06664/80117 In ruhiger Lage am Ortsrand

POS: 50°15'16.92"N/9°38'0.15"E, Karte D10 (S. 13), G3
Platz: / = 5 auf Pflaster. =(16A) WC CHEM GRAU . Grillhütte. WLAN/WC nur während der Badesaison (Mitte Mai-Mitte Sep). Ganzjährig geöffnet.
Preis: Übernachtung gratis inkl. Entsorgung, WLAN. Strom 3 €/kWh, Wasser 0,50 €/50 l.
Kontakt: Gemeinde Sinntal, Tanja Lotz, 06664/80117, 06664/800, verkehrsbuero@sinntal.de, www.sinntal.de.
Distanz: 1 km, weitere Restaurants in 1,5 km, 1,5 km, 1,5 km, 2 km.
Gastro: Kiosk im Naturschwimmbad (während der Badesaison). Restaurant/Biergarten Entennest 1 km. Gasthaus zur Krone 1,5 km.
Freizeit: Wanderweg Spessartspur „Jossa-Sinn-Blick", europäischer Kulturwanderweg „Im Lande der Ritter von Hutten", Rhönexpress Bahn-Radweg, Barfußpfad, Hessischer Radfernweg R2, Naturschutzgebiet Sinnwiesen mit seltenen Schachblumen (April-Mai), Kneippanlage.
POI: Burg Schwarzenfels, alter jüdischer Friedhof Altengronau.

74889 Sinsheim — gratis — <10m — neu

Technik Museum Sinsheim, Museumsplatz 1, 07261/92990
Auf dem Museumsparkplatz

POS: 49°14'17.14"N/8°53'54.78"E, Karte D10 (S. 13), F5
Platz: / = 7 auf Asphalt. . Nur für Museumsbesucher. Ganzjährig geöffnet.
Preis: Übernachtung gratis.
Kontakt: 07261/92990, info@technik-museum.de, sinsheim.technik-museum.de.
Distanz: 0 km, 0,6 km, 0,9 km, 2,5 km.
Gastro: Museumsrestaurant, Bistro, Hotel Sinsheim (andere Öffnungszeiten), geöffnet: täglich 9:00-18:00 Uhr, So+Feiertag bis 19:00 Uhr.
Freizeit: 2,4 km, 2,4 km. Technik Museum Sinsheim mit seiner begehbaren Concorde und der Tupolev Tu-144, IMAX 3D Kino, Thermen & Badewelt Sinsheim 2,4 km.
POI: Museumshof Lerchennest mit Friedrich-der-Große-Museum 1,3 km, Stadtmuseum Sinsheim 2,5 km, Stift Sinsheim auf dem Michaelsberg 3 km, Burg Steinsberg 6 km.

74889 Sinsheim — €12,00 — >12m

Wohnmobilpark Sinsheim, Kreuzung am Ilvesbach/ Schwimmbadweg, 07261/404302
Zentrumsnah neben dem Freibad

POS: 49°14'59.06"N/8°52'44.16"E, Karte D10 (S. 13), F5
Platz: / = 34 auf Rasengittersteinen. =34 (16 A) WC CHEM GRAU . Aufenthalt max. 7 Tage. Nachts beleuchtet, Straßenlärm hörbar. Ganzjährig geöffnet.
Preis: 12 € inkl. aller Personen, Entsorgung, WC, Müll-Entsorgung, WLAN. Kind (ab 12 J.) 2 €, Strom 1 €/kWh, Wasser 1 €/100 l, Dusche 0,50 €/min.
Kontakt: Katrin Graf, 07261/404302, stadtwerke@sinsheim.de, www.womopark-sinsheim.de.
Distanz: 0,3 km, weitere Restaurants in 0,4 km, 0,3 km, 0,3 km, 0,7 km.
Freizeit: 2,4 km. Begegnungs-/Bewegungsanlage 0,3 km, PreZero Arena 2,3 km, Badewelt Sinsheim 2,4 km, Golfplatz 7,6 km.
POI: Stadtmuseum 0,7 km, Erlebnispark Fördertechnik 2 km, Technikmuseum mit 3D-Kino 2,1 km, Burg Steinsberg 5,4 km.

53489 Sinzig — gratis — <10m

Stellplatz Jahnwiese, Jahnstraße, 02642/980500
In der Nähe des Sinziger Schlosses

POS: 50°32'48.72"N/7°14'54.76"E, Karte D9 (S. 12), C2
Platz: = 6 auf Schotter. . Ganzjährig geöffnet.
Preis: Übernachtung gratis.
Kontakt: Tourist-Service Sinzig, 02642/980500, tourist-info@sinzig.de, www.sinzig.de.
Distanz: 0,1 km, 0,1 km, 0,3 km, 0,3 km, weitere Restaurants in 0,4 km.
Freizeit: 10 km, 6 km, 10 km. Stadtführungen.
POI: Sinziger Schloss 0,1 km, Lennépark mit Barbarossastatue 0,2 km, Pfarrkirche St. Peter 0,5 km.

21388 Soderstorf-Schwindebeck — €3,50 — <12m

Schwindebecker Heide, K44, Steinbecker Straße, 04132/920943
Naturnah, ruhig im Wald, in der Urlaubsregion Amelinghausen

POS: 53°7'21.67"N/10°5'54.04"E, Karte D2 (S. 5), H5
Platz: = 15 auf Sand/Splitt, Wiese, Schotter. . Anfahrt 24 h. Ganzjährig geöffnet.
Preis: Ab 3,50 €. 1.4.-31.10. 6 €, 1.11.-31.3. 3,50 €.
Kontakt: Tourist-Information Samtgemeinde Amelinghausen, Julia Lammers, 04132/920943, tourist-info@urlaubsregion-amelinghausen.de, www.amelinghausen.de.
Anfahrt: Direkt an der Straße Soderstorf-Hützel, 1,2 km hinter Schwindebeck re. abbiegen; keine Beschilderung.
Distanz: 0,5 km, 0,5 km, 5 km, 8 km.
Gastro: Cafe Bäckerei Karsten in Soderstorf.
Freizeit: 12 km. Nordic Walking, Wandermöglichkeiten.
POI: Naturwunder Schwindequelle, Kronsbergheide 10 km, Markthus mit Zinnfigurenausstellung und Heideköniginnengalerie 10 km, archäologisches Museum Oldendorf 12 km, Lopausee 13 km, Oldendorfer Totenstatt 18 km.

59494 Soest €10,00

CityMotel Soest, Altes Stellwerk 9, ☎ 02921/3549052 <12m
Am CityMotel Soest

POS: 51°34'31.02"N/8°6'56.40"E, Karte D5 (S.8), D4
Platz: = 24 auf Rasengittersteinen. =24 (10 A) WC CHEM GRAU. Anfahrt 8:00-22:00 Uhr. Ganzjährig geöffnet.
Preis: 10 € inkl. Entsorgung, WC, Müll-Entsorgung, WLAN. Strom 0,50 €/kWh, Wasser 1 €/100 l, Dusche 2 €/9 min.
Kontakt: ☎ 02921/3549052, mail@citymotel-soest.de, www.citymotel-soest.de.
Distanz: 0,1 km, 0,1 km, 0,2 km, 0,3 km.
Gastro: Mehrere Restaurants ab 0,3 km.
Freizeit: 3 km, 0,8 km.
POI: St. Patrokli Dom, Kunstmuseum Wilhelm-Morgner-Haus, Rathaus mit Gebäudeteilen aus versch. Jahrhunderten, Grünsandstein-Museum, Osthofentor 0,3 km, Altstadt Soest 0,7 km, Möhnesee 10 km.

59494 Soest €15,00

Stellplatz AquaFun, Ardeyweg 35, ☎ 02921/392700 Auf dem Parkplatz des Freizeit- und Wellnessbades <10m

POS: 51°34'9.42"N/8°4'42.82"E, Karte D5 (S.8), D4
Platz: = 9 auf Pflaster. CHEM GRAU. nur bei Gruppen. Anfahrt bis 21:00 Uhr. Ein-/Ausfahrt mit Chip, erhältlich gegen 50 € Pfand an der Badkasse. Ganzjährig geöffnet.
Preis: 15 €. Strom 1,40 €/2 kWh, Wasser 1,40 €/5 min, Entsorgung 1,40 €. 24 € inkl. Bad-Tageskarte, 39 € inkl. Sauna-Tageskarte.
Kontakt: ☎ 02921/392700, mail@aquafun-soest.de, www.aquafun-soest.de.
Distanz: 0,3 km, 0,5 km, 1 km, 2 km.
Gastro: Bad- und Sauna-Gastronomie, So-Do 10:00-20:30 Uhr, Fr-Sa 10:00-21:00 Uhr.
Freizeit: Erlebnisbad AquaFun.
POI: Alt St. Thomä und Neu St. Thomä, hist. Altstadt mit Wallanlage, Nikolai-Kapelle, Burgsteinkapelle, Hist. Rathaus St. Patrokli, Paulikirche.

49751 Sögel gratis

Stellplatz an der Turnhalle, Sigiltrastraße, ☎ 05952/2060 <8m
Auf einer Grünfläche neben der Turnhalle

2021 geprüft

POS: 52°50'48.00"N/7°31'23.00"E, Karte D5 (S.8), C1
Platz: = 3 auf Wiese, Schotter. Ganzjährig geöffnet.
Preis: Übernachtung gratis.
Kontakt: Gemeinde Sögel, ☎ 05952/2060, tourist-info@soegel.de, www.soegel.de.
Distanz: 0,1 km, 0,3 km, 0,3 km, 0,3 km.
Gastro: Mehrere Restaurants im Ort.
Freizeit: 0,1 km, 12 km, 0,6 km. Tennis spielen.
POI: Wasser- und Windmühle Hüven, Rumänisch-Orthodoxe Holzkirche Sögel, Koloss von Hüven, Jagdschloss Clemenswerth 1 km, Batakhaus in Werpeloh 3 km, Wacholderhain in Börger 10 km.

02689 Sohland an der Spree gratis

Caravan-Stellplatz Sohland, Gerhart-Hauptmann-Straße 4, ☎ 035936/39821 <8m
Bei der Oberlandsporthalle Sohland

POS: 51°3'4.45"N/14°25'35.19"E, Karte D8 (S.11), H5
Platz: = 4 auf Asphalt. Keine Serviceeinrichtungen, beleuchtet. Campingverhalten nicht erlaubt. Aufenthalt unbegrenzt. Ganzjährig geöffnet.
Preis: Übernachtung gratis.
Kontakt: Touristinformation Sohland a.d. Spree, Frau Herold, ☎ 035936/39821, touristinfo@sohland.de, www.sohland.de.
Distanz: 0,4 km, 0,5 km.
Freizeit: Umfangreiches Wandernetz, Angeln (mit Erlaubnisschein), Tretboot fahren auf dem Stausee, Schwimmen, Alpinski, Langlauf.
POI: Himmelsbrücke von 1796, Grenzübergang Tschechien, Oberlausitzer Forstmuseum und Heimatmuseum - Altes Weberhaus (auf Anmeldung geöffnet), Volks- und Schulsternwarte Bruno-H.-Bürgel.

42657 Solingen gratis

Parkplatz am Gründer- und Technologiezentrum Solingen, Grünewalder Straße 29, ☎ 0212/2903417 <8m
Gegenüber vom Zwilling-Werksverkauf Solingen

POS: 51°9'46.22"N/7°4'44.00"E, Karte D5 (S.8), B5
Platz: = 2 auf Schotterrasen. Anfahrt 24 h. Ganzjährig geöffnet.
Preis: Übernachtung gratis.
Kontakt: Tourist-Information Solingen, ☎ 0212/2903417, tourist-info@solingen.de, tourismus.solingen.de.
Distanz: 0,1 km, 0,3 km, 0,8 km.
Gastro: Café Art 0,2 km 0,2 km. Mehrere Restaurants im Ort.
Freizeit: 0,6 km. Stadtführungen, Kanu fahren auf der Wupper.
POI: Lutherkirche 0,2 km, Südpark mit Museum Plagiarius und Künstlerkolonie 0,5 km, Solinger City mit historischem Stadtkern 0,8 km.

42653 Solingen-Gräfrath gratis

Parkplatz am Brandteich, Brandteich, ☎ 0212/2903417 <8m
Am Feuerwehrhaus in Gräfrath

POS: 51°12'41.00"N/7°4'20.00"E, Karte D5 (S.8), B5
Platz: = 10 auf Pflaster. Aufenthalt max. 1 Nacht. Ganzjährig geöffnet.
Preis: Übernachtung gratis.
Kontakt: Tourist-Information Solingen, ☎ 0212/2903417, tourist-info@solingen.de, tourismus.solingen.de.
Distanz: 3,2 km, 0,3 km, weitere Restaurants in 0,4 km, 0,3 km, 0,3 km.
Gastro: Kaffeehaus und Gräfrather Hof am Gräfrather Markt.
Freizeit: 4 km. Kanu fahren auf der Wupper, Tierpark Fauna 0,6 km.
POI: Historischer Marktplatz mit Kloster, Rheinisches Industriemuseum Gesenkschmiede Hendrichs, Museum Baden, Schloss Burg, Müngstener Brücke (Deutschlands höchste Eisenbahnbrücke), Deutsches Klingenmuseum 0,1 km.

42659 Solingen-Oberburg gratis

Wohnmobilstellplatz Solingen Schloss Burg, Talsperrenstraße 28, ☎ 0212/2903417 Auf einem Teil des öffentlichen Waldparkplatzes P4 <10m neu

POS: 51°8'15.60"N/7°9'42.00"E, Karte D5 (S.8), B5
Platz: = 4 auf Schotter. Ganzjährig geöffnet.
Preis: Übernachtung gratis.
Kontakt: Tourist-Information Solingen, ☎ 0212/2903417, tourist-info@solingen.de, tourismus.solingen.de.
Distanz: 0,5 km, 3,2 km, 10,8 km (Autohaus Pauli GmbH, Lenneper Straße 152, 42855 Remscheid).
Gastro: Restaurant Kartoffelkiste Höhrath. Restaurant Schloss Burg 0,5 km.
Freizeit: Burg- und Stadtbesichtigung.
POI: Schloss Burg mit dem Bergischen Museum 0,5 km, Müngestener Brücke - Höchste Eisenbahnbrücke Deutschlands 10,3 km, Deutsches Klingenmuseum 14,5 km.

29614 Soltau €14,00

Camping Imbrock, Imbrock 4, ☎ 05191/5202 Quick-Camp vor der Schranke am Waldrand <8m

POS: 52°56'56.13"N/9°51'16.71"E, Karte D2 (S.5), G5
Platz: = 18 auf Wiese. =20 (6 A) WC CHEM GRAU. Leinenpflicht für Hunde. wird empfohlen. Aufenthalt max. 24 h. VE zu den Öffnungszeiten der Rezeption auf dem Camp. WC/Dusche im Rezeptionsgebäude. Ganzjährig geöffnet.
Preis: 14 € inkl. Wasser, Entsorgung, WC. Dusche 1 €/10 min.
Kontakt: Norbert Schaupp, ☎ 05191/5202, camping-imbrock@gmx.de, www.camping-imbrock.de.
Distanz: 0,2 km, 0,5 km, 5,5 km.
Gastro: Imbiss am Platz.
Freizeit: 6 km. Wandern, Naturbadesee.
POI: Spielzeugmuseum Soltau 6 km, Heide Park Soltau 14 km, Vogelpark Walsrode 24 km.

S

29614 Soltau €19,00

Campingplatz Auf dem Simpel, Auf dem Simpel, ☎ 05191/3651 >12m
Großzügige Stellplätze vor der Schranke

POS: 53°1'30.10"N/9°51'33.87"E, Karte D2 (S.5), G5
Platz: = 5, = 5 (<17 m) auf Schotter. =5 (6 A). Aufenthalt max. 1 Nacht. Ganzjährig geöffnet.
Preis: 19 € inkl. aller Personen, Strom, Wasser, Entsorgung, Müll-Entsorgung, WC. Dusche 0,20 €/min, WLAN 3 €/Tag. Duschen mit Chipkartensystem.
Kontakt: Campingplatz Auf dem Simpel, Mark Charitonenkow, ☎ 05191/3651, info@auf-dem-simpel.de, www.auf-dem-simpel.de.
Distanz: 0 km, 0 km, 0,8 km, 5 km.
Gastro: Brötchenservice. Am Platz, warme Küche 18:00-20:30 Uhr.
Freizeit: 5 km. Soltau-Therme 5 km, Golfplatz Hof Loh 7 km.
POI: Heide-Park 0,8 km, Naturpark Lüneburger Heide 9 km.

29614 Soltau €20,00

Heide Park Resort, Heide Park 1, ☎ 01806/919101 <8m neu
Auf dem Busparkplatz

POS: 53°1'15.00"N/9°52'36.00"E, Karte D2 (S.5), G5
Platz: = 50 auf Wiese. wird empfohlen. Nur für Parkbesucher. Kein Campingverhalten, Fahrzeug muss jederzeit abfahrbereit sei. WC nur zu den Parköffnungszeiten. Geöffnet: Ostern-Okt.
Preis: 20 €. Tagesgebühr 10 €. Buchung vorab online. Kauf vor Ort nur in Ausnahmefällen und nicht zum Online-Preis.
Kontakt: Heide Park Resort, ☎ 01806/919101, info@heide-park.de, www.heide-park.de.
Distanz: 0 km, 8 km, 8 km.
Gastro: Mehrere Restaurants und Snackspoints im Heide-Park.
Freizeit: 8 km, 8 km, 8 km. 50 Attraktionen und Shows im Heide Park, Soltau-Therme Sole & Saunaparadies 8 km.
POI: Naturschutzpark Lüneburger Heide 2 km.

S

29614 Soltau €22,00

Röders' Park, Ebsmoor 8, ☎ 05191/2141 Ruhiger, vollversorgter Stellplatz am Stadtrand, vor dem Campingplatz <10m

POS: 53°0'3.03"N/9°50'9.74"E, Karte D6 (S.9), G1
Platz: = 5 auf Pflaster. =6 (16 A). SAT-TV. Ganzjährig geöffnet.
Preis: 22 € inkl. Strom, Wasser, Entsorgung, Dusche, Müll-Entsorgung, SAT-TV, Kurtaxe, WC. Kind (4-15 J.) 5 €, jede weitere Pers. 11 €, WLAN 3 €/Tag, Hund 3 €/Nacht. Nutzung aller Einrichtungen des Campingplatzes im Preis enthalten.
Kontakt: Malte Röders und Katarina Frerk, ☎ 05191/2141, info@roeders-park.de, www.roeders-park.de.
Distanz: 0,7 km, 1,5 km, weitere Restaurants in 1,5 km Entfernung, 3,5 km.
Gastro: Gasthaus am Ebsmoor, warme Küche 18:00-20:00 Uhr. Brötchenservice.
Freizeit: 5 km, 1,2 km. Therme Soltau 1,2 km.
POI: Lüneburger Heide, Spielmuseum Soltau 1,8 km, Heide-Park Soltau 3,5 km, Designer Outlet Soltau 5 km.

29614 Soltau gratis

Soltau-Therme, Stubbendorffweg/Oberschule, ☎ 05191/84481 <8m
Auf Parkplatz unter Bäumen neben Therme und Schule

POS: 52°59'35.31"N/9°50'37.79"E, Karte D2 (S.5), G5
Platz: = 10 auf Rasengittersteinen. Nur für Thermenbesucher. Campingverhalten nicht erlaubt. Aufenthalt max. 1 Nacht. Ganzjährig geöffnet.
Preis: Übernachtung gratis.
Kontakt: Soltau-Therme, ☎ 05191/84481, info@soltau-therme.de, www.soltau-therme.de.
Distanz: 0 km, weitere Restaurants in 0,2 km, 1,2 km, 1,2 km.
Freizeit: Wandern, Soltau-Therme mit Salzgrotte & Soleoase, Sauna, Designer Outlet Soltau 7,4 km.
POI: Spielmuseum Soltau 1,5 km, Museum Soltau 1,6 km, Heide-Park Soltau 5,5 km, Naturpark Lüneburger Heide 22,7 km.

29614 Soltau-Ellingen €24,00

Eggershof, Ellingen 15, ☎ 05191/14297 Stellplätze auf dem parkähnlichen Gelände <8m

POS: 53°1'13.22"N/9°47'14.35"E, Karte D2 (S.5), G5
Platz: = 5 auf Wiese. =5. Veranstaltungsscheune. Ganzjährig geöffnet.
Preis: 24 € inkl. Dusche, WC, Müll-Entsorgung. Jede weitere Pers. 6 €, Strom 6 €, Wasser 3 €, Hund 3 €.
Kontakt: Volker Eggers, ☎ 05191/14297, info@eggershof.de, www.eggershof.de.
Distanz: 1 km, 2,5 km, 2,5 km, 2,5 km.
Gastro: Hof-Café. Frühstück.
Freizeit: 6 km, 6 km, 5 km. Großer Holzspielplatz mit Nestschaukel und Seilbahn, Heidschnuckenwanderung mit dem Schäfer, Kletter-Event-Park Bispingen, Reiten und Kutschfahrten 2 km, Heidepark Soltau 6 km.
POI: Kirche Wolterdingen 3 km, Neuenkirchen Jacobsweg 3 km, Spielzeugmuseum 5 km, Vogel-Park Walsrode 25 km.

29614 Soltau-Wiedingen €12,00

Menkenhof, Wiedingen Nr. 2, ☎ 05191/12558 In schöner Lage auf dem idyllischen Gelände eines Pferdehofes <12m

POS: 53°0'11.73"N/9°48'10.80"E, Karte D2 (S.5), G5
Platz: = 14 auf Wiese. nur bei Gruppen. Anfahrt 7:00-20:00 Uhr. Aufenthalt unbegrenzt. Mo Ruhetag. Keine Grauwasser-Entsorgung möglich. Ganzjährig geöffnet.
Preis: 12 € inkl. Wasser, Entsorgung, WC. Strom 3 €, Dusche 3 €.
Kontakt: Wilhelm Lütjens, ☎ 05191/12558, wilhelm.luetjens@web.de, www.menkenhof-soltau.de.
Distanz: 2 km, 2 km, 2,5 km.
Gastro: Frühstücks-/Brötchenservice am Platz.
Freizeit: 3 km, 3 km. Paddeln, Schwimmen, Reiten, Grillabende in der Pferdetränke, Golfen.
POI: Spielzeugmuseum Soltau 3 km, Heidepark Soltau 7 km, Vogelpark Walsrode 20 km.

17111 Sommersdorf €8,00

Campingpark Sommersdorf, Am Hafen 2, ☎ 039952/2973 >12m
Wiesengelände vor dem Campingplatz am Kummerower See

POS: 53°47'54.00"N/12°52'33.00"E, Karte D3 (S.6), D3
Platz: = 24 auf Wiese. =24 (16 A). Ganzjährig geöffnet.
Preis: Ab 8 € inkl. Wasser, Entsorgung, Müll-Entsorgung, WLAN. Strom 3,50 €, Dusche 0,20 €/min, WC 2 €/Pers., Waschmaschine/Trockner je 2 €. VS 8 €, NS 10 €, HS 13 €. Preis inkl. 2 Pers., 1 Hund und 1 Kind. Jede weitere Pers. (ab 14 J.) 3,50-8 €, Kind (3-13 J.) bis 3,50 €. Hund bis 3,50 €.
Kontakt: Campingpark Sommersdorf, ☎ 039952/2973, info@camping-sommersdorf.de, www.camping-sommersdorf.de.
Distanz: 0 km, weitere Restaurants in 1,5 km, 1 km, 1,5 km.
Gastro: Imbiss am Platz (Mai-Okt). Mehrere Restaurants im Ort.
Freizeit: Schwimmen, Wassersport.
POI: Kloster in Dargun, Naturpark Nossentiner Schwinzer Heide, Hansestadt Demmin, 1000-jährige Eiche und Schloss Ivenack 15 km.

99706 Sondershausen €15,00

Freizeit- und Erholungspark Zum Possen, Possen 1, ☎ 03632/782884 >12m
Auf dem Parkplatz beim Freizeitpark

POS: 51°20'16.94"N/10°51'42.79"E, Karte D7 (S.10), A5
Platz: = 10 auf Wiese, Asphalt. Anfahrt 24 h. Ganzjährig geöffnet.
Preis: 15 €.
Kontakt: Freizeitpark Possen, Bernd Jahn, ☎ 03632/782884, info@possen.de, www.possen.de.
Distanz: 0 km, 0,1 km, 5 km, 6 km.
Gastro: Restaurant Jagdschloss am Platz.
Freizeit: 3 km, 15 km, 5 km. Hochseilgarten, Reiterhof, Freizeitpark Possen.
POI: Kyffhäuserdenkmal, Possenturm (Europas höchster Fachwerkturm), Jagdschloss, Besucherbergwerk.

99706 Sondershausen
gratis

Wohnmobilplatz Zur Windleite P7, Hospitalstraße, ☎ 03632/622822
<10m
Zentrumsnaher Parkplatz in Schlossnähe

POS: 51°22'41.63"N/10°51'44.42"E, Karte D7 (S.10), A5
Platz: = 5 auf Pflaster. =4 (16 A) CHEM GRAU. Ganzjährig geöffnet.
Preis: Übernachtung gratis inkl. Entsorgung. Strom 1 €/2 h, Wasser 1 €/50 l.
Kontakt: Tourist-Information Sondershausen, ☎ 03632/622822, stadtinfo@sondershausen.de, www.kyffhaeuser-tourismus.de.
Distanz: Ⓗ 0,1 km, 0,1 km, 1 km, 2 km.
Gastro: Mehrere Restaurants ab 2 km.
Freizeit: 4 km, 20 km. Stadtbesichtigung, Hochseilgarten 5 km, Erholungspark Possen 7 km, Erlebnispark Straußberg 12 km.
POI: Schlossmuseum Sondershausen 1 km, Erlebnisbergwerk 2 km, Barbarossahöhle 15 km, Panorama Museum Bad Frankenhausen 20 km.

96515 Sonneberg
€10,00

Wohnmobilstellplatz am SonneBad, Wiesenstraße 18, ☎ 03675/406660
<8m
Hinter dem SonneBad

POS: 50°21'30.38"N/11°9'53.96"E, Karte D11 (S.14), B2
Platz: = 6 auf Asphalt. CHEM GRAU . Videoüberwacht. WC/Duschen im Bad. Ganzjährig geöffnet.
Preis: 10 €. Strom 0,60 €/kWh, Wasser 1 €/100 l, Entsorgung 1 €, Duschen 2 €/30 min. Anmeldung/Bezahlung an der Badkasse.
Kontakt: SonneBad Sonneberg, ☎ 03675/406660, info@sonnebad-sonneberg.de, www.sonnebad-sonneberg.de.
Anfahrt: Einfahrt neben der Feuerwehr.
Gastro: Frühstück im Spielzeughotel 0,2 km.
Freizeit: SonneBad mit Sauna, Fitness, Eislaufen (Wintersaison).

47665 Sonsbeck-Labbeck
€9,50

Campingpark Kerstgenshof, Marienbaumer Straße 158, ☎ 02801/4308
<10m
Auf dem Parkplatz des Campingparks

POS: 51°39'34.29"N/6°22'17.10"E, Karte D5 (S.8), A4
Platz: P = 18 auf Schotterrasen, Rasengittersteinen, Wiese. =18 (16 A) WC CHEM/Bio GRAU . Leinenpflicht für Hunde. R wird empfohlen. Aufenthalt nur von 19:00-10:00 Uhr, sonst im Campingpark. Entsorgung nur für Gäste des Campingplatzes. Ganzjährig geöffnet.
Preis: Ab 9,50 € inkl. Wasser, WC, Müll-Entsorgung, WLAN. Strom 0,75 €/kWh, Dusche 0,80 €/3 min. Übernachtungsplätze 9,50 €, im Campingpark ab 16,70 €, je nach Saison. Preisänderungen 2023 vorgesehen.
Kontakt: Familie Ingenlath, ☎ 02801/4308, info@kerstgenshof.de, www.kerstgenshof.de.
Distanz: 0 km, Ⓗ 0,2 km, 2 km, 4 km.
Gastro: Bistro, Biergarten, Imbiss und Kiosk in der Saison. Landgut am Hochwald 0,5 km.
Freizeit: 22 km, 22 km. Fahrradverleih an der Rezeption 12 €/Tag, Streichelzoo, Kindermitmachprogramm in den NRW-Ferien mit Naturthemen, Lagerfeuerstelle, Wandern (Infos an der Rezeption), Beach-Volleyball und Tischtennis auf dem Platz, freier Golfplatz Niedermörmter 14 km.
POI: Archäologischer Park Xanten mit RömerMuseum und Dom St. Viktor 7 km, Museum Schloss Moyland 17 km, Wallfahrtsort Kevelaer mit Marienbasilika 17 km.

47665 Sonsbeck-Labbeck
€20,00

Wohnmobilstellplatz am Landgut am Hochwald, Marienbaumer Straße 152, ☎ 02801/8390090
<12m
neu
Am Hotel und Restaurant gelegen

POS: 51°39'26.90"N/6°22'22.16"E, Karte D5 (S.8), A4
Platz: = 12 auf Asphalt, Schotter, Wiese, Schotterrasen. CHEM GRAU . Aufenthalt max. 2 Nächte. Ganzjährig geöffnet.
Preis: 20 € inkl. Entsorgung. Strom 0,50 €/kWh, Wasser 1 €/100 l.
Kontakt: Landhotel Lebensart & Relax, ☎ 02801/8390090, Mobil: 0173/2131000, stellplatz@landhotel-lebensart.de, www.landhotel-lebensart.de.
Distanz: 0 km, Ⓗ 0,4 km, 2 km, 4 km.
Gastro: Restaurant im Hotel.
Freizeit: 22 km, 22 km. Niederrheinische Seentour, Wandern, Wellness & Beauty Bereich im Hotel, Fahrradtour am Niederrhein - Römer-Lippe-Route führt direkt am Hotel vorbei.
POI: Archäologischer Park Xanten mit RömerMuseum und Dom St. Viktor 7 km, Wallfahrtsort Kevelaer mit Marienbasilika 17 km, Museum Schloss Moyland 17 km.

87527 Sonthofen
€6,50

Wohnmobilstellplatz Wonnemar, Stadionweg 5, ☎ 08321/780970
<12m
Neben dem Erlebnisbadparkplatz

POS: 47°30'14.23"N/10°16'38.60"E, Karte D14 (S.17), H5
Platz: P = 10 auf Schotter. . VE gegen Gebühr bei Iller Camping. Ganzjährig geöffnet.
Preis: 6,50 €.
Kontakt: Wonnemar, ☎ 08321/780970, sonthofen@wonnemar.de, www.wonnemar.de.
Distanz: Ⓗ 0,2 km, E 0,4 km (Iller Camping, Sinwagstraße 2, 87527 Sonthofen), 1 km, 1 km, 1,7 km.
POI: Heimathaus 1 km, Museum der Schirme 1,2 km.

36205 Sontra
gratis

Wohnmobilstellplatz Breitwiese, Burhaver Straße, ☎ 05653/977744
>12m
In ruhiger Lage zwischen Stadtkern und Bahnanlage

POS: 51°4'16.55"N/9°56'0.39"E, Karte D10 (S.13), G1
Platz: P = 5 auf Rasengittersteinen, Schotterrasen. =8 CHEM GRAU . Ganzjährig geöffnet.
Preis: Übernachtung gratis. Strom 0,50 €/kWh, Wasser 1 €/100 l, Entsorgung 1 €.
Kontakt: Stadt Sontra, ☎ 05653/977744, touristinfo@sontra.de, www.sontra.de.
Distanz: Ⓗ 0,1 km, 0,1 km, 0,2 km, 0,2 km.
Gastro: Restaurants im Ort.
Freizeit: 1 km, 1 km.
POI: Stadtkirche 0,2 km, Altstadt 0,2 km, Bergbaumuseum 0,2 km.

24966 Sörup
€10,00

Badeanlage am Südensee, Seeblick, ☎ 04635/296022 Mitten in Angeln, zwischen Flensburger Förde und Schlei
>12m

POS: 54°42'39.11"N/9°39'52.65"E, Karte D2 (S.5), G1
Platz: P = 5 auf Sand/Splitt. =5 (10 A) WC CHEM GRAU . Platzwart kassiert, WC in der Badeanlage während der Saison. Geöffnet: 1.4.-31.10.
Preis: 10 € inkl. aller Personen, Strom, Entsorgung.
Kontakt: Gemeinde Sörup, ☎ 04635/296022, info@amt-mittelangeln.de, www.soerup.de.
Distanz: 0 km, weitere Restaurants in 0,5 km, 0,5 km, Ⓗ 0,5 km, 0,5 km.
Gastro: Kiosk am Platz.
Freizeit: 6 km, 12 km. Angeln am Südensee/Winderatter See, Badesee, Naturpfad am Winderatter See 4 km, Ostsee mit Badestränden 15 km.
POI: Söruper St. Marien-Kirche und Ehrenfriedhof 0,5 km, Pomarium Anglicum (Obstmuseum) Winderatt 4 km, Schwensbyer Mühle 5 km.

55595 Spabrücken
€20,00

Campingplatz am Weißenfels, Campingplatz, ☎ 06706/8630
<12m
Am Rande des Soonwalds

POS: 49°54'34.18"N/7°42'47.51"E, Karte D9 (S.12), C3
Platz: P = 8 auf Asphalt. WC CHEM GRAU . Anreise ab 15:00 Uhr, Abreise bis 12:00 Uhr. Müll muss sortiert werden. Nachtruhe von 22:00-7:00 Uhr, Mittagsruhe 13:00-15:00 Uhr. Geöffnet: 1.4.-31.10.
Preis: 20 € inkl. Strom, Wasser, Entsorgung, Dusche, WC, Müll-Entsorgung, Hund. Jede weitere Pers. 6,50 €, Kind (bis 13 J.) 5 €. Kleinkinder gratis.
Kontakt: J. Heinrich Wies, ☎ 06706/8630, Camping.aw@gmail.com, www.campingaw.com.
Distanz: 0 km, Ⓗ 0,7 km, 1 km, 5 km.
Gastro: Frühstücksservice für Gruppen auf Anfrage. Brötchenservice.
Freizeit: 2 km, 15 km. Burgführungen, geführte Wanderungen.
POI: Wallfahrtskirche St. Mariae Himmelfahrt 1 km, Rheintal 15 km, Altstadt Bad Kreuznach 15 km.

91174 Spalt-Enderndorf am See
€12,00

Wohnmobilstellplatz Panorama, Am Igelsbachsee 1, ☎ 09837/328
<12m
Terrassenförmig angelegter, eingezäunter Platz an einem Südhang

POS: 49°9'1.04"N/10°54'32.61"E, Karte D11 (S.14), B5

S

Platz: = 60 auf Schotterrasen. =60 (16 A) CHEM GRAU. Geöffnet: Ende März-Anfang Nov (siehe Website oder Facebook).

Preis: 12 € inkl. aller Personen, Entsorgung, Müll-Entsorgung. Strom 0,56 €/kWh, Wasser 0,20 €/40 l. Bezahlung am Automat (Münzen), alternativ zu den Betriebszeiten im Betriebsgebäude oder per ausliegendem Kuvert in den Briefkasten.

Kontakt: Familie Müller, ☎ 09837/328, kontakt@wohnmobilstellplatz-brombachsee.de, www.wohnmobilstellplatz-brombachsee.de.

Distanz: 0,2 km, Ⓗ 0,2 km, 0,5 km, weitere Restaurants in 1,5 km, 0,9 km, 1,5 km.

Gastro: Brötchenservice auf Bestellung.

Freizeit: 8 km, 10 km, 0,5 km. Abenteuerwald, Angeln, Barfußpfad, Nordic Walking, Freizeit-/Erlebnispark 0,3 km, Bootsverleih 0,4 km, Badeufer 0,5 km, Anlegestelle 0,5 km, Segelhafen 0,6 km, Modellflugplatz 1 km, Bierseminar in der Hopfenstadt Spalt 4 km.

POI: Stadt Spalt.

34286 Spangenberg — €16,00 — <10m

Campingplatz Liebenbach, Jahnstraße 27, ☎ 0157/80864050
In ruhiger Lage am Liebenbachbad

POS: 51°6'49.28"N/9°40'29.52"E, Karte D6 (S. 9), G5

Platz: = 4 auf Rasengittersteinen. WC CHEM GRAU. Ganzjährig geöffnet.

Preis: 16 € inkl. Wasser, Entsorgung, Dusche, WC, WLAN. Jede weitere Pers. (ab 18 J.) 5 €, Kind (12-17 J.) 3 €, Strom 2 €/Nacht.

Kontakt: Campingplatz Liebenbach, Gerd Reppe, Mobil: 0157/80864050, info@campingplatz-liebenbach.de, www.gor-dienstleistung.de.

Distanz: 0,7 km, weitere Restaurants in 0,8 km, 1 km.

Gastro: Biergarten am Platz.

Freizeit: 0,1 km, 1,2 km. Tennis 0,1 km, Reiten 2 km.

POI: Jagd-/Kunstaustellung im Margarethenhaus, Heimatmuseum 1 km, Schloss Spangenberg 2 km.

82447 Spatzenhausen-Hofheim — €17,00 — <8m

Camping Brugger am Riegsee, Seestraße 2, ☎ 08847/728 Am Riegseeufer mit großem Badestrand und Bergblick

POS: 47°42'24.17"N/11°13'4.88"E, Karte D15 (S. 18), B4

Platz: = 30, = 60 (<7.5 m) auf Naturboden, Wiese, Schotterrasen. =35 (16 A) WC CHEM GRAU. Leinenpflicht für Hunde. Terrassiert/parzelliert. 1 Hund pro Anreise, keine Kampfhunde erwünscht. Geöffnet: April-Nov.

Preis: Ab 17 € inkl. Entsorgung, Müll-Entsorgung, WLAN. Jede weitere Pers. 9,25 €, Kind (3-16 J.) 5,50 €, Kind (0-2 J.) 2,80 €, Strom 3,20 €, Wasser 1 €/80 l, Dusche 1 €/6 min, Hund 5 €. Strom-Anschlussgebühr einmalig 1,50 €. VS/NS ab 17 €, HS ab 26 €. Wohnmobile ab 7,50 m zusätzlich ab 3 €. Einmalige Touristenabgabe 1 €/Pers.

Kontakt: Camping Brugger am Riegsee, Karl-Maximilian Brugger, ☎ 08847/728, office@camping-brugger.de, www.camping-brugger.de.

Distanz: 0 km, weitere Restaurants in 0,8 km, 0,8 km, Ⓗ 0,8 km.

Gastro: Campinggaststätte/Café am Campingplatz. Kiosk Apr-Okt. warme Küche, 11:00-21:00 Uhr.

Freizeit: 3 km. Spielecke, Angeln nur mit Angelschein, Kinderclub, Wassersport, Stand-Up-Paddeln, Bibliothek mit Fernseh-Ecke, Badestrand mit flachem Seezugang, Tretbootverleih.

POI: Riegsee, Markt Murnau 3 km, Froschhauser See 3 km, Staffelsee 5 km, Freilichtmuseum Glentleiten 15 km.

95469 Speichersdorf — €6,00 — <12m

Stellplatz am Sportplatz, Haidenaab 55, ☎ 01512/6939519
In ruhiger Ortsrandlage

POS: 49°53'25.86"N/11°49'38.38"E, Karte D11 (S. 14), C3

Platz: = 5 auf Schotterrasen. =5 (10 A) WC CHEM GRAU. Leinenpflicht für Hunde. nur bei Gruppen. Aufenthalt max. 3 Tage, WC nur bei Sportbetrieb. Geöffnet: März-Okt.

Preis: 6 € inkl. Wasser, Entsorgung, WC. Strom 1,50 €, VE für Durchreisende 2 €.

Kontakt: Klaus Lohr, Mobil: 01512/6939519, klaus.lohr@gmail.com.

Distanz: 0,5 km, weitere Restaurants in 3 km, Ⓗ 0,8 km, 3 km, 3 km.

Gastro: Gasthaus Scherm und Gasthaus Veigl in Haidenaab 0,5 km.

Freizeit: 5 km, 5 km.

POI: Porzellanfabrik Thomas 3 km, Rauher Kulm 5 km, Fichtelgebirge 10 km.

56746 Spessart — gratis — <10m

Stellplatz Norbert Nett, Mittelstraße 16, ☎ 02655/941390
Großer Platz vor dem Hotel

POS: 50°26'23.15"N/7°6'38.10"E, Karte D9 (S. 12), B2

Platz: / = 3 auf Asphalt. WC. nur bei Gruppen. Öffnungszeiten siehe Website. Ganzjährig geöffnet.

Preis: Für Restaurantgäste kostenlos. Einkehr obligatorisch. Strom 6 €/Tag.

Kontakt: Hotel und Landgasthof zum Bockshahn, Norbert Nett, ☎ 02655/941390, Mobil: 0171/9545726, info@bockshahn.de, www.bockshahn.de.

Distanz: 0 km, 0 km, Ⓗ 1 km, 3 km.

Gastro: Am Platz, Mo-Sa 17:00-22:00 Uhr, So 11:30-14:00 Uhr.

Freizeit: 3 km, 18 km. Wandern, 4 Dörfer-Weg Rund um Spessart, geführte Wanderungen, Radfahren, Bauernhofbesichtigung 1,5 km.

POI: Vulkan-Express 5 km, Burg Olbrück 10 km, Maria Laach 15 km, Nürburgring 18 km.

67346 Speyer — €24,00 — >12m

Caravanpark am Technik Museum Speyer, Am Technik Museum 1, ☎ 06232/67100
In Stadtnähe zwischen Dom und Flugplatz

POS: 49°18'41.03"N/8°27'1.70"E, Karte D10 (S. 13), E5

Platz: / = 117 auf Wiese, Schotter. =90 (16 A) WC CHEM GRAU. Anmeldung bei der Hotelrezeption, Besuch des Museums ermäßigt, WLAN an der Rezeption. Geöffnet: 1.1.-22.12. und 28.12.-31.12.

Preis: 24 € inkl. aller Personen, Strom, Wasser, Entsorgung, Dusche, WC, Müll-Entsorgung, WLAN. Chem-Entsorgung gegen Aufpreis. Abreise bis 15:00 Uhr.

Kontakt: ☎ 06232/67100, info@hotel-speyer.de, www.hotel-speyer.de/caravanpark.

Distanz: 0 km, 0,3 km, weitere Restaurants in 1 km, Ⓗ 0,5 km, 1,5 km.

Gastro: Brötchenservice über Rezeption. Museumsrestaurant und Hotel.

Freizeit: 0,5 km. Erlebnisbad Bademaxx Speyer, IMAX Dome-Filmtheater (Eintrittsermäßigung).

POI: Technik Museum, Kaiserdom und Altstadt 1 km.

94518 Spiegelau — gratis — <10m

Edeka Spiegelau, Konrad-Wilsdorf-Straße 1a, ☎ 08553/91423
Im Ortskern auf dem Edeka-Parkplatz im Nationalpark Bayerischer Wald

POS: 48°54'58.10"N/13°21'19.77"E, Karte D16 (S. 19), F1

Platz: = 3 auf Rasengittersteinen. Anfahrt 24 h. Ganzjährig geöffnet.

Preis: Übernachtung gratis.

Kontakt: Edeka Escherich, ☎ 08553/91423, edeka_spiegelau@freenet.de, www.bayerischer-wald.de.

Distanz: 0 km, Ⓗ 0,1 km, 0,2 km, 0,5 km.

Gastro: Mehrere Restaurants ab 0,3 km.

Freizeit: 1 km, 1 km, 1 km. Shuttlebus-Haltestelle ins Nationalparkgebiet 0,1 km, Großes Waldspielgelände für Kinder 0,8 km, Kurpark und Kneipp-Anlage 1 km.

POI: Ausgangspunkt zum großen Rachel, Steinklamm 2 km, Seelensteig 5 km, Aufichtenwaldsteig 5 km, Baumwipfelpfad Neuschönau 10 km, Informationszentrum Nationalpark-Haus 10 km.

76848 Spirkelbach — €10,00 — <6m

Wohnmobilstellplatz am Grillplatz, Südring, ☎ 06392/9233340 Idyllische Lage am Grillplatz im Naturpark Pfälzer Wald

POS: 49°11'39.03"N/7°52'53.81"E, Karte D9 (S. 12), D5

Platz: = 14 auf Schotter. CHEM GRAU . Anfragen und Reservierungen per E-Mail oder während der Sprechstunde des Ortsbürgermeisters Do 18:30-19:30 Uhr im Dorfgemeinschaftshaus oder per Tel.: 06392/993539. Geöffnet: Apr-Okt.
Preis: 10 € inkl. Strom, Wasser, Entsorgung. 3 Nächte 25 €.
Kontakt: Gemeinde Spirkelbach, ☎ 06392/9233340, Mobil: 0171/3355971, info@spirkelbach.de, www.spirkelbach.de.
Distanz: 0,2 km, 0,2 km, 0,3 km, weitere Restaurants in 3 km.
Gastro: Mehrere Restaurants. Kleine Dorfwirtschaft.
Freizeit: 3 km, 17 km. Klettern, Wandern, Nordic Walking, Gleitschirmstartplatz.
POI: Gläserne Schuhfabrik und Schuhmuseum Hauenstein 2 km, Burg Trifels 6 km.

02979 Spreetal — €12,00 — <10m

WSZ-Camp-Spreetal, Werkstraße 10, ☎ 03564/22292
Kleiner familiärer Stellplatz am Spreetaler See im Lausitzer Seenland

2020 geprüft E

POS: 51°29'56.64"N/14°20'40.45"E, Karte D8 (S. 11), G4
Platz: = 12, = 4 (<12 m) auf Wiese. =15 (10 A) WC CHEM GRAU . Waschmaschine/Trockner. nur bei Gruppen. Geöffnet: 1.4.-31.10.
Preis: 12 € inkl. Wasser, Entsorgung. Strom 1 €/2 kWh. Ab 3. Nacht 10 €.
Kontakt: WSZ-Camp-Spreetal, Familie Hartmann, ☎ 03564/22292, Mobil: 0171/2063843, wsz.hartmann@t-online.de.
Distanz: 0,3 km, 1,5 km, 3 km, 3,5 km.
Gastro: Biergarten am Platz.
Freizeit: 3,5 km, 8 km. Bootstouren auf der Spree, Schwimmen, Spreetaler See 0,2 km.

55576 Sprendlingen — gratis — <8m

Eura-Mobil, Graf-von-Sponheim-Straße, ☎ 06701/2030
Beim Betriebsgelände der Firma Eura-Mobil

POS: 49°51'46.83"N/7°58'28.77"E, Karte D9 (S. 12), D4
Platz: = 30 auf Asphalt, Schotter. =(10 A) CHEM GRAU . Aufenthalt max. 2 Nächte. Ausnahme Werkstattkunden mit Termin. Öffnungszeiten bitte der Website entnehmen. Ganzjährig geöffnet.
Preis: Übernachtung gratis inkl. Strom, Entsorgung. Wasser 1 €/100 l.
Kontakt: Team Reisemobil Forum, ☎ 06701/2030, info@euramobil.de, www.reisemobilforum.de.

Distanz: 0,2 km, 0,2 km, weitere Restaurants in 1 km Entfernung, 1 km.
Freizeit: 1,5 km, 7 km, 10 km. Rheinschifffahrt in Bingen 15 km.
POI: Sprendlinger Heimatmuseum 1 km, Niederwalddenkmal und Drosselgasse in Rüdesheim 16 km, Brückenhäuser, Römerhalle, Schloss- und Kurpark in Bad Kreuznach 20 km.

55576 Sprendlingen — gratis — <8m

Weingut Annenhof Reutter-Gilzmer, Außerhalb 13, ☎ 06701/7335
Im Hof des Weinguts in Einzellage

POS: 49°51'59.42"N/7°59'40.80"E, Karte D9 (S. 12), D4
Platz: = 2 auf Wiese, Schotter. WC. Ganzjährig geöffnet.
Preis: Übernachtung gratis. Weinkauf ist erwünscht.
Kontakt: Armin Gilzmer, ☎ 06701/7335, info@annenhof-sprendlingen.de, www.annenhof-sprendlingen.de.
Distanz: 0,2 km, 0,2 km, 0,3 km, 1 km.
Freizeit: 1 km, 6 km. Weinprobe, Reiterhof 0,2 km, Tennisplatz 0,7 km.
POI: Heimatmuseum 0,4 km.

55576 Sprendlingen — €8,00 — <6m

Wohnmobilplatz Wiesbach, Am Freibad/Bachgasse, ☎ 06701/416
Auf einem ehemaligen Tennisgelände beim Schwimmbad

2022 geprüft E

POS: 49°51'17.48"N/7°59'5.80"E, Karte D9 (S. 12), D4
Platz: = 25 auf Asphalt. CHEM GRAU . Ganzjährig geöffnet.
Preis: 8 € inkl. Entsorgung. Strom 2 €/24 h, Wasser 1 €/5 min.
Kontakt: Ortsgemeinde Sprendlingen, ☎ 06701/416, ortsbuergermeister@sprendlingen.de, www.sprendlingen.de.
Distanz: 0 km, weitere Restaurants in 0,5 km, 0,5 km, 0,5 km, 0,5 km.
Gastro: Am Platz, warme Küche 10:00-20:00 Uhr.
Freizeit: 0,1 km, 5 km. Beachvolleyball, Schwimmen, Weinerlebnisweg Via Vinea mit Panoramablick 1 km, Golfplatz 1,5 km.
POI: Heimatmuseum und Rathaus 0,5 km.

31832 Springe am Deister — gratis — >12m

Alter Museumshof, Auf dem Burghof 1, ☎ 05041/73273 Auf dem hinteren Teil des Museumshofs in der Altstadt

POS: 52°12'27.31"N/9°33'25.92"E, Karte D6 (S. 9), G3
Platz: = 3 auf Schotter. . Gewicht max. 7,5 t. Ganzjährig geöffnet.
Preis: Übernachtung gratis.

Kontakt: Stadt Springe, Andrea Brenner, ☎ 05041/73273, touristinformation@springe.de, www.springe.de.
Distanz: 0,1 km, 0,1 km, 0,2 km, 0,4 km.
Freizeit: 6 km, 1 km, 1 km. Angeln, Fußballmuseum 0,5 km, Hochseilgarten 6 km.
POI: Museum, historische Innenstadt 0,1 km, Jagdschloss 2 km, Wisentgehege 4 km.

45549 Sprockhövel — gratis — <8m

Wohnmobilstellplatz im Baumhof, Im Baumhof 1A, ☎ 02339/917347
Zentrumsnah in der Parkanlage am Baumhof-Stadion

POS: 51°21'58.42"N/7°14'58.77"E, Karte D5 (S. 8), C5
Platz: = 2 auf Kiesel. . Ganzjährig geöffnet.
Preis: Übernachtung gratis.
Kontakt: Stadt Sprockhövel, ☎ 02339/917347, schlichtholz@sprockhoevel.de, www.sprockhoevel.de.
Distanz: 0,1 km, 0,1 km, 1,8 km.
Freizeit: Lehrpfade zu Ausstellungsstücken des Sprockhöveler Bergbaus., mehrere bergbauhistorische Wanderwege.

78112 St. Georgen im Schwarzwald — gratis — <8m

Naturfreibad Klosterweiher, Industriestraße, ☎ 07724/87194
Unterhalb der B33 am südlichen Stadtrand

POS: 48°7'17.08"N/8°20'0.08"E, Karte D14 (S. 17), E3
Platz: / = 5 auf Rasengittersteinen. . In strengen Wintern wird der Stellplatz als Abladeplatz für Schneemassen benötigt. Ganzjährig geöffnet.
Preis: Übernachtung gratis.
Kontakt: Stadt St. Georgen, ☎ 07724/87194, stgeorgen@hochschwarzwald.de, www.st-georgen.de.
Distanz: 0,1 km, 0,2 km, 0,5 km, 0,6 km.
Gastro: Restaurant Seehaus.
Freizeit: 0,1 km, 2 km, 13 km. Naturfreibad Klosterweiher, Inline-Skating, Minigolf/Boccia-Bahn im Stadtgarten 0,3 km, Tennisplatz/-halle 3 km, Golfplatz in Königsfeld 8 km.
POI: Kunstsammlung Grässlin 1,2 km, Deutsches Phonomuseum 1,5 km, Heimatmuseum Schwarzes Tor 1,6 km, Kobisenmühle 6 km.

S

Weiterer Stellplatz in St. Georgen siehe Seite 517

66386 St. Ingbert — gratis — <8m

Wohnmobilstellplatz Wasserwelt das Blau, Arthur-Kratzsch-Straße 6, ☎ 06894/13730 Beim Freibad

POS: 49°17'11.90"N/7°7'52.80"E, Karte D9 (S. 12), B5
Platz: / = 3 auf Schotterrasen. CHEM GRAU . VE nur für Womos bis max. 6 Meter, zurzeit wegen Corona-Testzelt geschlossen. Ganzjährig geöffnet.
Preis: Übernachtung gratis. Wasser 1 €/10 min.
Kontakt: Tourismus St. Ingbert, ☎ 06894/13730, tourismus@st-ingbert.de, www.st-ingbert.de.
Distanz: 0,2 km, 0,8 km, 2 km, 3 km.
Freizeit: Radfahren (Sieben-Weiher-Radtour), Wandern, Besuch des Freizeitbads, Stadtrundgänge.
POI: Besucherbergwerk Rischbachstollen, Schlossberghöhlen 17 km.

21680 Stade €12,00

<8m neu

Stellplatz am Sole- und Erlebnisbad Solemio, Salinenweg 40H, ☎ 04141/7769840
In Zentrums- und Altstadtnähe, in ruhiger Lage am Sole- und Erlebnisbad

POS: 53°35'17.83"N/9°28'46.38"E, Karte D2 (S.5), G4
Platz: = 15 auf Asphalt. WC. WC/Duschen im Bad. Ganzjährig geöffnet.
Preis: 12 € inkl. Strom, WC. Wasser 1 €/60 l. Inkl. 5-Euro-Gutschein für das Sole- und Erlebnisbad.
Kontakt: Stade Marketing und Tourismus GmbH, ☎ 04141/7769840, wohnmobilstellplatz@stade-tourismus.de, www.stade-tourismus.de.
Distanz: 0,6 km, 2 km, 5,3 km (Wohnmobilstellplatz am Schiffertor, Schiffertorstraße 21, 21682 Stade).
Gastro: Bistro mit warmer Küche im Solemio.
Freizeit: 4 km. Erlebnis- und Solebad Solemio mit Wellness und Sauna.
POI: Altstadt 2 km.

21682 Stade €18,00

<12m

Wohnmobilstellplatz am Schiffertor, Schiffertorstraße 21, ☎ 04141/7769840
Nahe zur Altstadt in ruhiger Lage am Rande eines Landschaftsschutzgebietes

2022 geprüft

POS: 53°36'10.04"N/9°27'57.72"E, Karte D2 (S.5), G4
Platz: = 79 auf Schotter. =72 WC CHEM GRAU. Außenspülbecken für Geschirr. Ebene und geschotterte Parzellen durch Hecken begrünt und abgegrenzt. Ganzjährig geöffnet.
Preis: 18 € inkl. Entsorgung, Müll-Entsorgung, WLAN. Strom 0,50 €/kWh, Wasser 1 €/80 l, WC 1 €/4 min, Duschen 1 €/4 min, Trockner je 3 €, Waschmaschine je 3 €.
Kontakt: Stade Marketing und Tourismus GmbH, ☎ 04141/7769840, wohnmobilstellplatz@stade-tourismus.de, www.stade-tourismus.de.
Distanz: Ⓗ 0,1 km, 0,4 km, weitere Restaurants in 0,6 km, 0,8 km, 1,5 km.
Gastro: Brötchenservice in der Saison. Beachbar in der Saison.
Freizeit: 2,5 km, 2,5 km, 1,3 km. Anschluss ans Fahrradwegenetz, Kanu fahren, Maritime Erlebnisangebote.
POI: Altstadt, Holzkran und Hahnentor 0,7 km, Senatorenhaus, Traufenhaus, Hökerhus und Kramerhus 0,8 km, Schwedenspeicher-Museum 0,8 km.

21682 Stade-Abbenfleth €15,00

<10m

Wohnmobilstellplatz in der Festung Grauerort, Schanzenstraße 51, ☎ 04141/7769840
Mitten im Grünen, In einem Seitenhof mit offenem Zugang zur historischen Festung

2022 geprüft

POS: 53°40'39.24"N/9°29'22.45"E, Karte D2 (S.5), G4
Platz: = 25 auf Schotter. =16 (A) WC. Leinenpflicht für Hunde. wird empfohlen. Zugangscode nach erfolgter Online-Reservierung. Ganzjährig geöffnet.
Preis: 15 € inkl. Strom, WC, WLAN. Wasser 0,10 €/8 l.
Kontakt: Stade Marketing und Tourismus GmbH, ☎ 04141/7769840, wohnmobilstellplatz@stade-tourismus.de, www.stade-tourismus.de.
Distanz: Ⓗ 2 km, 4 km, 4 km, 4 km.
Gastro: Café-Betrieb an den WE.
Freizeit: 4 km, 10 km, 10 km. Führung durch die Festungsanlage, Abbenflether Strand 0,4 km.
POI: Festung Grauerort, Hansestadt Stade 10 km.

26935 Stadland-Kleinensiel gratis

<8m

Deichparkplatz Kleinensiel, Fährstraße, ☎ 04732/8989
Ruhig, auf dem Deich gelegen

POS: 53°26'33.42"N/8°28'42.95"E, Karte D2 (S.5), E4
Platz: = 5 auf Wiese, Schotter. Ganzjährig geöffnet.
Preis: Übernachtung gratis. Strom 1 €/8 h, Wasser 1 €/10 min.
Kontakt: Bürger- und Touristikinformation Stadland, ☎ 04732/8989, touristik@stadland.de, www.stadland.de.
Distanz: 0,3 km, Ⓗ 0,3 km, 0,8 km, 0,9 km (Am Birkenweg, gegenüber dem Dorfgemeinschaftshaus, 26935 Kleinensiel), 3 km.
Gastro: Kiosk in der Nähe. Mehrere Gaststätten im Ort.
Freizeit: 10 km, 10 km, 3 km. Geführte Wattwanderungen, Wassersport, Weserufer mit Sandstrand 0,2 km.
POI: St-Matthäus Kirche 3 km, Dielenschiff Hanni 3 km, Bronzezeithaus 4 km, Seefelder Mühle 10 km.

26935 Stadland-Rodenkirchen gratis

<10m

Wohnmobilstellplatz Rodenkirchen am Marktplatz, Am Markt, ☎ 04732/8989
Stellflächen angrenzend an den Bahnhof

POS: 53°23'58.56"N/8°27'15.60"E, Karte D2 (S.5), E4
Platz: = 10 auf Pflaster. CHEM GRAU. Einkaufsmöglichkeiten. Ganzjährig geöffnet. Ausnahme: Sperrung Do 5:00-13:00 Uhr wegen Wochenmarkt und Ende Sep wegen Roonkarker Marts.
Preis: Übernachtung gratis. Strom/Wasser nach Verbrauch.
Kontakt: Gemeinde Stadland, ☎ 04732/8989, touristik@stadland.de, www.stadland.de.
Distanz: 0 km, Ⓗ 0,1 km, 0,2 km, 0,5 km, weitere Restaurants in 1,2 km.
Gastro: Verschiedene Restaurants/Cafés in unmittelbarer Nähe.
Freizeit: 10 km, 10 km, 1 km. Umfangreiches Veranstaltungsprogramm, Wassersport.
POI: St.-Matthäus-Kirche 0,1 km, Dielenschiff Hanni (Abser Hafen) 1 km, Bronzezeithaus 3 km, Kulturzentrum Seefelder Mühle 10 km.

26937 Stadland-Seefeld gratis

<8m

Wohnmobilstellplatz Am Sportplatz, Hauptstraße, ☎ 04732/8989 In ruhiger, dörflicher Lage am Sportzentrum

POS: 53°27'22.75"N/8°21'28.75"E, Karte D2 (S.5), E4
Platz: = 5 auf Asphalt. Ganzjährig geöffnet.
Preis: Übernachtung gratis. Strom 1 €/8 h, Wasser 1 €/10 min.
Kontakt: Gemeinde Stadland, ☎ 04732/8989, touristik@stadland.de, www.stadland.de.
Distanz: 0,5 km.
Gastro: Seefelder Mühlencafé und Restaurant im Ort.
Freizeit: 10 km, 10 km, 1 km. Wandern im Watt, Nordseestrand 2 km, Strand Sehestedt 2 km.
POI: Kulturzentrum Seefelder Mühle 0,5 km, Schwimmendes Moor 2 km, Bronzezeithaus 8 km, St-Matthäus Kirche 11 km, Dielenschiff Hanni 12 km.

31655 Stadthagen €5,00

<10m

Reisemobilstellplatz am Tropicana, Jahnstraße 2, ☎ 05721/97380
In ruhiger Lage am Freizeitbad

2021 geprüft

POS: 52°19'20.46"N/9°11'11.57"E, Karte D6 (S.9), F2
Platz: = 19 auf Asphalt, Rasengittersteinen. WC CHEM GRAU. WC im Foyer. Ganzjährig geöffnet.
Preis: 5 € inkl. Entsorgung, WC, Müll-Entsorgung, WLAN. Strom 1 €/2 kWh, Wasser 1 €/100 l. Inkl. Gutschein in Höhe von 3,30 € für den Eintritt ins Erlebnisbad.
Kontakt: ☎ 05721/97380, info@tropicana-stadthagen.de, www.tropicana-stadthagen.de.
Distanz: 0 km, weitere Restaurants in 1 km, Ⓗ 0,1 km, 0,5 km, 1 km.
Gastro: Vielseitiges Gastronomieangebot im Tropicana.
Freizeit: Freizeitbad Tropicana mit Sauna, Besucherbergwerk Kleinenbremen 15 km, Dinopark 17 km.
POI: Hist. Stadtkern 1 km, Museum Amtspforte und hist. Dampfeisenbahn 2 km, Schloss Stadthagen 2 km, Wassermühle Krebshagen 4 km.

36457 Stadtlengsfeld gratis

<10m

Wohnmobilstellplatz Stadtlengsfeld, Eisenacher Straße 21, ☎ 036965/6720 Neben dem Freibad

POS: 50°47'23.95"N/10°6'58.16"E, Karte D10 (S.13), H1

S

Platz: P = 6 auf Wiese, Schotter. =6 CHEM GRAU . Anfahrt bis 20:00 Uhr. Ganzjährig geöffnet.
Preis: Übernachtung gratis inkl. Entsorgung, Müll-Entsorgung. Strom 1 €/kWh, Wasser 0,50 €/90 l.
Kontakt: Stadtverwaltung Stadtlengsfeld, ☎ 036965/6720, ortsteilrat@stadtlengsfeld.eu, www.dermbach.de.
Distanz: 0,2 km, weitere Restaurants in 0,5 km, Ⓗ 0,5 km, 1 km, 1 km.
Freizeit: 5 km. Radweg im Feldatal und Anschluss an Werratal- und Ulstertalradweg 0,2 km.
POI: Schloss mit Park in Gehaus 5 km, Erlebnisbergwerk 10 km, Point Alpha Geisa 25 km, Wartburg 30 km.

48703 Stadtlohn €10,00

Landgut-Hotel Ritter, Almsick 59, ☎ 02563/8405 >12 m
Angrenzend an einen Wald

POS: 52°0'4.22"N/7°0'59.52"E, Karte D5 (S. 8), B3
Platz: P = 2 auf Pflaster. =2 WC . Ganzjährig geöffnet.
Preis: 10 € inkl. Strom, Wasser, WC, Müll-Entsorgung. Inkl. Verzehr-Gutschein über 5 €.
Kontakt: Matthias Ritter, ☎ 02563/8405, info@landgut-ritter.de, www.landgut-ritter.de.
Distanz: 0 km, 5 km, 5 km, Ⓗ 6 km.
Gastro: Restaurant am Platz, warme Küche Do+Fr 17:30-20:00 Uhr, Sa/So zusätzlich 11:30-14:00 Uhr. Mo-Mi Ruhetag.
Freizeit: 4 km, 7 km. Spielplatz mit Streichelzoo, Fahrten mit dem Planwagen.
POI: Wasserschloss Egelborg 5 km, Dorf Münsterland 5 km, Glockenmuseum, Museumsdorf 6 km.

48703 Stadtlohn gratis

Stellplatz am Losbergstadion, Uferstraße 31, ☎ 02563/87866 <10 m
Parkplatz am Eingang des Losbergstadions

POS: 51°59'49.51"N/6°55'38.40"E, Karte D5 (S. 8), B3
Platz: P = 5 auf Pflaster. . VE Kirmesplatz, Schloßstraße, 48683 Ahaus. Ganzjährig geöffnet.
Preis: Übernachtung gratis. Strom 1 €, Wasser 0,50 €/100 l.
Kontakt: SMS-StadtMarketing Stadtlohn e. V., ☎ 02563/87866, tourismus@stadtlohn.de, www.stadtlohn.de.
Distanz: 0,8 km, Ⓗ 0,8 km, 0,8 km, 0,8 km, E 13 km (Schloßstraße, 48683 Ahaus).
Freizeit: 0,1 km, 0,1 km, 0,8 km. Radweg Berkelaue und R1, Skaterpark/Minigolf 0,1 km.
POI: Losbergpark 0,5 km, Marktplatz 0,8 km, Hilgenbergkapelle 1 km, Töpferei Erning 2 km, Sik-/Oldtimermuseum 3 km, Fluplatz Wenningfeld 5 km.

37627 Stadtoldendorf €18,00

Camping & Offroad Freizeitpark Mammut, Yorck-Straße 5, ☎ 05532/9958220 <12 m neu
Auf dem Gelände der Yorck-Kaserne

POS: 51°52'33.71"N/9°38'6.55"E, Karte D6 (S. 9), G3
Platz: = 50 auf Wiese. WC CHEM GRAU. Landrover-Vermietung. Anmeldung im Restaurant. Anfahrt 24 h. Ganzjährig geöffnet.
Preis: 18 € inkl. Entsorgung, WC. Jede weitere Pers. 9 €, Kind (5-15 J.) 4 €, Kind (bis 4 J.) gratis, Strom 4 €.
Kontakt: Jeroen Bernard Jansen, ☎ 05532/9958220, Mobil: 0172/7179706, info@fpmammut.de, www.fpmammut.de.
Distanz: 0 km, weitere Restaurants in 1 km, 1 km, 1,1 km.
Freizeit: 0,5 km. Enduro fahren nur in Kombination mit Training möglich, Basis-Offroadtraining, Rad- und Wanderwege, Offroad-Erlebnis im 130 Hektar großen Mammutpark, Kletterpark in Silberborn 24 km, Rodelbahn in Bodenwerder 25 km.
POI: Burgruine Homburg 1,1 km, Altstadt mit Stadtmauer 1,2 km, Eschershausen-Geburtsort des Dichters Wilhelm Raabe 11 km.

37627 Stadtoldendorf €7,00

Mobilcamping unter der Homburg, Linnenkämper Straße 33, ☎ 05532/5110 Umzäunt bei einem Concorde-Händler und Restaurant <12 m

2020 geprüft E

POS: 51°52'41.59"N/9°38'6.30"E, Karte D6 (S. 9), G3
Platz: P = 25 auf Schotter. =25 WC CHEM GRAU . B nur bei Gruppen. Ganzjährig geöffnet.
Preis: 7 € inkl. Wasser, Entsorgung, Müll-Entsorgung, WLAN. Strom 3 €. WC/Dusche gegen Gebühr.
Kontakt: Reisemobile Kirschnick GmbH, Jürgen Kirschnick, ☎ 05532/5110, Mobil: 0172/8022410, j@kirschnick-kfz.de, www.reisemobile-kirschnick.de.
Distanz: 1 km, Ⓗ 1 km, 1 km.
Gastro: Restaurant Gjuci.
Freizeit: 0,2 km. Offroadpark mit Fahrzeugverleih (Hummer), Rad- und Wanderwege.
POI: Altstadt mit Stadtmauer 0,5 km, Burgruine Homburg 1 km, Eschershausen-Geburtsort des Dichters Wilhelm Raabe 11 km.

95346 Stadtsteinach-Unterzaubach €12,00

Frankenwald Bauernhof, Unterzaubach 1, ☎ 0171/8622533 <8 m
Ruhig gelegener Ferienbauernhof

POS: 50°10'31.00"N/11°29'36.00"E, Karte D11 (S. 14), B3
Platz: P = 5 auf Wiese, Schotter. WC CHEM . Ganzjährig geöffnet.
Preis: 12 € inkl. Wasser, Entsorgung, Dusche, WC. Jede weitere Pers. 6 €, Strom 2,50 €. Kind 2,50 €.
Kontakt: Werner Groß, Mobil: 0171/8622533, info@frankenwald-bauernhof.de.
Distanz: 0,4 km, Ⓗ 0,5 km, 2 km, 2 km.
Gastro: Restaurant Spindler. Gasthof Frankenwald.
Freizeit: 2 km, 20 km. Tennisplatz 2 km, Badesee 5 km.
POI: Heimatmuseum, Burgruine Nordeck 2 km, Tropfsteinhöhlen im Steinachtal 2 km, Brauereimuseum 15 km, mehrere Burgen und Schlösser 20 km.

95236 Stammbach gratis

Reisemobilplatz am Sportzentrum, Am Graben, ☎ 09256/960090 <10 m
Auf einem öffentlichen Parkplatz

POS: 50°8'51.39"N/11°41'13.95"E, Karte D11 (S. 14), C3
Platz: = 25 auf Asphalt. . Aufenthalt max. 3 Tage. Ganzjährig geöffnet.
Preis: Übernachtung gratis.
Kontakt: Markt Stammbach, ☎ 09256/960090, rathaus@stammbach.de, www.stammbach.de.
Distanz: 0,1 km, weitere Restaurants in 0,3 km, 0,1 km, Ⓗ 0,1 km, 0,2 km, E 0,5 km (Kläranlage Stammbach, Kläranlage 1, 95236 Stammbach).
Gastro: Mehrere Gastronomiebetriebe im Ort.
Freizeit: 8 km, 8 km, 0,1 km. Radweg Rund um Stammbach 0,1 km, Aussichtsturm Weißenstein 2 km.
POI: Eklogit am Weißenstein 2 km, Buddhistisches Waldkloster Muttodaya in Herrnschrot 3 km, Bauernhofmuseum Zell-Kleinlosnitz 8 km.

95236 Stammbach-Förstenreuth €12,00

Gästehaus Fichtelgebirgsblick, Förstenreuth 18a, ☎ 09256/1598 <10 m
In sanfter Hügellandschaft mit Mischwald beim Gästehaus

POS: 50°10'13.76"N/11°41'16.83"E, Karte D11 (S. 14), C3
Platz: = 2 auf Wiese. =2 (16 A) WC CHEM GRAU . Geöffnet: März-Okt.
Preis: 12 € inkl. WC, Müll-Entsorgung. Jede weitere Pers. 2 €, Strom 1 €/Tag, Wasser 1 €/10 l, Entsorgung 1 €, Dusche 1 €/Pers., WLAN 2 €/24 h.
Kontakt: S. & M. Böhmer, ☎ 09256/1598, gaestehaus@fichtelgebirgsblick.de, www.fichtelgebirgsblick.de.
Anfahrt: Zufahrt mit Steigung.
Distanz: 2 km, Ⓗ 3 km, 3 km, weitere Restaurants in 6 km, 3,5 km.
Gastro: Hofladen mit Wurst, Marmelade und Eier.
Freizeit: 8 km, 8 km. Bolzplatz, Mitarbeit auf dem Hof, Tischtennis, Stallbesichtigung.
POI: Aussichtsturm Weißenstein 3 km, Wallfahrtskirche Marienweiher 7 km, Bauernhofmuseum Kleinlosnitz 8 km, Plassenburg Kulmbach 25 km.

97509 Stammheim-Kolitzheim €10,00

Museumscamping Stammheim am Main, Maintalstraße 60, ☎ 09381/9255 Direkt am Museum <10 m

POS: 49°54'45.21"N/10°11'32.86"E, Karte D10 (S. 13), H4

S

Platz: = 30 auf Wiese, Naturboden. =30 (16 A) WC CHEM GRAU. Anfahrt 24/7. Münzautomat vor Ort. Geöffnet: 01.03.-31.10.
Preis: 10 € inkl. Entsorgung, Dusche, WC. Jede weitere Pers. 8 €, Kind (6-14 J.) 5 €, Strom 2 €/24 h, Müll-Entsorgung 2 €. Bezahlung am Münzautomat.
Kontakt: Museum Militär- und Zeitgeschichte, ☎ 09381/9255, info@museum-stammheim.de, www.museum-stammheim.de.
Distanz: 0,2 km, 0,4 km, 0,5 km.
Gastro: Restaurant Zur Schmiede am Platz, aktuelle Öffnungszeiten siehe http://www.zur-schmiede-stammheim.com.
Freizeit: 8 km, 8 km, 10 km. Weinbergwanderung, Museumsbesuch.

79219 Staufen-Wettelbrunn — gratis

Stellplatz am Weingut Löffler, Fohrenbergstraße 43, ☎ 07633/6307 — <8 m
Auf dem Parkplatz des Weinguts

POS: 47°52'5.08"N/7°42'8.70"E, Karte D13 (S. 16), C4
Platz: = 3, = 1 (<10 m) auf Schotter. . Aufenthalt max. 1 Nacht. Ganzjährig geöffnet.
Preis: Übernachtung gratis.
Kontakt: ☎ 07633/6307, info@weingut-loeffler.de, www.weingut-loeffler.de.
Distanz: 0 km, Ⓗ 0,5 km, 1 km, 2 km.
Gastro: Eigene Strauß-/Besenwirtschaft (saisonal geöffnet).
Freizeit: 3 km, 10 km.
POI: Staufener Burg, Staufener Altstadt, Besuchsbergwerk Teufelsgrund, Kloster St. Trudpert 10 km.

25920 Stedesand — gratis

Hotel Restaurant Deichgraf, An der B5, Haus 11, ☎ 04662/3058 — <10 m
Hotelparkplatz, verkehrsgünstig an der B5

POS: 54°44'20.73"N/8°55'54.31"E, Karte D2 (S. 5), F1
Platz: = 3 auf Schotter. . Aufenthalt max. 1 Nacht. Ganzjährig geöffnet.
Preis: Übernachtung gratis.
Kontakt: Hans M. Asmussen, ☎ 04662/3058, info@hoteldeichgraf.de, www.hoteldeichgraf.de.
Distanz: 0,5 km, Ⓗ 0,5 km, 1 km, 5 km.
Freizeit: 5 km, 4 km, 5 km.
POI: Museen 10 km, Noldestiftung 15 km, Wattenmeer 23 km.

31634 Steimbke — gratis

Wohnmobilstellplatz Klostergarten, Klostergarten, ☎ 05026/98080 — <8 m
Zwischen Landschaftssee und Naturfreibad

2022 geprüft

POS: 52°39'35.55"N/9°23'13.94"E, Karte D6 (S. 9), F1
Platz: = 8 auf Schotter. =8 CHEM GRAU. Naturwaldbad. Gasflaschentausch in der Nähe. Ganzjährig geöffnet.
Preis: Übernachtung gratis inkl. Entsorgung, Müll-Entsorgung. Strom 1 €/kWh, Wasser 0,50 €/80 l.
Kontakt: ☎ 05026/98080, rathaus@steimbke.de, www.steimbke.de.

Distanz: 0,1 km, weitere Restaurants in 0,7 km, Ⓗ 0,7 km, 0,7 km, 1,5 km.
Gastro: Waldbadgaststätte gegenüber. Im Sommer Kiosk im Freibad.
Freizeit: 0,5 km. Schwimmen.
POI: Giebichenstein (Stöckse) 4 km, Bockwindmühle Ahrbeck 4 km, Heimatmuseum Rodewald 7 km, Paltrockwindmühle Rodewald 7 km.

31634 Steimbke-Sonnenborstel — €5,00

Stellplatz Jägerkrug Sonnenborstel, Am Kaarbusch 2, ☎ 05026/1267 — >12 m
Zwischen Hirschgehege und Restaurant

POS: 52°40'44.25"N/9°19'25.21"E, Karte D6 (S. 9), F1
Platz: = 5 auf Pflaster, Wiese, Schotter. WC . wird empfohlen. WC zu Öffnungszeiten des Restaurants nutzbar. Ganzjährig geöffnet.
Preis: 5 € inkl. WC.
Kontakt: ☎ 05026/1267, info@jaegerkrug.de, www.jaegerkrug.de.
Distanz: 0 km, Ⓗ 0,2 km, 0,5 km.
Gastro: Jägerkrug, Do-Sa 17:00-22:00 Uhr, So 12:00-17:00 Uhr, Mo-Mi Ruhetag.

96523 Steinach — €10,00

Skiarena Silbersattel, Straße zum Silbersattel 50, ☎ 036762/288822 — <8 m
Auf dem Parkplatz Sessellift Mittelstation

POS: 50°26'11.71"N/11°8'7.05"E, Karte D11 (S. 14), B2
Platz: = 10 auf Schotter. WC. MTB Verleih, Bikepark und Fungeräteverleih. Im Winter keine Stellplätze an der Mittelstation. Geöffnet: Apr-Nov.
Preis: 10 € inkl. WC. Jede weitere Pers. 5 €, Strom 5 €.
Kontakt: Thüringen Alpin GmbH, ☎ 036762/288822, info@thueringen-alpin.de, www.thueringen-alpin.de.
Gastro: Imbiss am Wochenende geöffnet.
Freizeit: Wandern, Hochseilgarten, Wintersport, Radfahren bzw. Mountainbiken.
POI: Deutsches Schiefermuseum, Steinacher Spielzeugschachtel, das Neue Schloss, Technik- und Nostalgiemuseum.

94377 Steinach-Rotham b. Straubing — gratis

Caravantastic Straubing, Gewerbering 11, ☎ 09428/94030 — <10 m
Vor dem Firmengelände

POS: 48°57'22.62"N/12°37'20.58"E, Karte D16 (S. 19), E1
Platz: = 3 auf Schotter. CHEM GRAU. Ganzjährig geöffnet.
Preis: Übernachtung gratis inkl. Wasser.
Kontakt: Caravantastic Straubing GmbH, Markus Maier, ☎ 09428/94030, info@caravantastic.de, www.caravantastic.de.
Distanz: 1 km, 1 km, 2 km, Ⓗ 2 km.
Freizeit: 9 km.
POI: Schloss und Kirche in Steinach 1 km, Straubing 12 km.

36396 Steinau an der Straße — gratis

Wohnmobilstellplatz Am Steines, Am Steines, ☎ 06663/97388 — >12 m
Stellflächen am Sportzentrum

2022 geprüft

POS: 50°18'55.45"N/9°27'37.36"E, Karte D10 (S. 13), G2
Platz: = 5 auf Pflaster, Rasengittersteinen. =4 CHEM GRAU. Ganzjährig geöffnet.
Preis: Übernachtung gratis. Strom 1 €/kWh, Wasser 1 €/5 min, Entsorgung 1 €.
Kontakt: Stadt Steinau, ☎ 06663/97388, magistrat@steinau.de, www.steinau.de.
Distanz: 0,3 km, 0,9 km, weitere Restaurants in 3 km, 1,4 km, Ⓗ 1,5 km.
Gastro: Restaurant Rosengarten 3,1 km. Hotel-Restaurant Brathähnchenfarm 3 km.
Freizeit: 0,1 km. Altstadtführungen, Europa-Kletterwald, Theatrium 0,4 km, Erlebnispark mit Sommerrodelbahn 2 km.
POI: Museum Steinau, Museum Brüder Grimm-Haus 0,3 km, Schloss Steinau 0,4 km, Tropfsteinhöhle 2 km, Ardeas Seenwelt 4,4 km.

92449 Steinberg am See — €17,00

Wohnmobilstellplatz Freizeitpark Movin'Ground, Am Steinberger See 6, ☎ 09431/759243 — <10 m
Im Oberpfälzer Seenland, gegenüber vom Freizeitpark mit Seezugang

2020 geprüft

POS: 49°16'53.02"N/12°10'24.00"E, Karte D11 (S. 14), D5
Platz: = 41 auf Schotter, Schotterrasen. WC CHEM GRAU. Anfahrt bis 20:00 Uhr. WC/Duschen von 8:00-22:00 Uhr. Geöffnet: März-Okt.
Preis: 17 € inkl. Entsorgung. Jede weitere Pers. 3 €, Strom 3 €/Nacht, Wasser 2 €/100 l.
Kontakt: Movin'Ground, Dietrich Schmidt, ☎ 09431/759243, wohnmobil.steinberger.see@gmail.com, www.movinground-freizeitpark.de.
Distanz: 1 km, 1 km, Ⓗ 1,5 km, 1,5 km.
Gastro: Brötchenservice, Vorbestellung am Vortag bis 18:30 Uhr. Kiosk mit Biergarten.
Freizeit: Freizeitpark Moving'Ground, Baden/Wassersport im Steinberger See.
POI: Oberpfälzer Seenland, Schwandorfer Kellerlabyrinth 10 km.

Vor der Anreise empfehlen wir, Kontakt mit dem Betreiber aufzunehmen, um die Auslastung des Stellplatzes abzufragen.

S

24972 Steinberg-Norgaardholz €20,00 <10m

Campingplatz Nordstern, Nordstern 1, ☎ 04632/7406
Direkt am Strand der Geltinger Bucht

POS: 54°47'7.00"N/9°47'56.00"E, Karte D2 (S.5), G1
Platz: P = 10 auf Schotterrasen. =12 (6A) WC CHEM/Bio GRAU. Anmeldung an der Rezeption. 1.10.-1.4. kein Sanitär. Ganzjährig geöffnet.
Preis: 20€ inkl. Entsorgung, Müll-Entsorgung, WLAN. Jede weitere Pers., Strom 4€, Wasser 1€/80l, Dusche 0,30€/min, Hund je 2€. 1.4.-30.9. 20€. 1.10.-1.4. 15€.
Kontakt: Familie Brieskorn, ☎ 04632/7406, info@campingplatz-nordstern.de, www.campingplatz-nordstern.de.
Distanz: 0,1km, Ⓗ 0,5km, 4km, 4km.
Gastro: Restaurant am Platz, warme Küche 10:00-21:00 Uhr.
Freizeit: 20km, 15km, 10km. Wassersport am DLRG-bewachten Strand, Hundestrand 0,5km, Freizeitpark Tolk-Schau 20km.
POI: Landschaftsmuseum Unewatt 10km.

56244 Steinen €20,50 <10m

Campingplatz Hofgut Schönerlen, Hofgut Schönerlen 2, ☎ 02666/207
Separater Reisemobilplatz auf dem Campinggelände, an der Westerwälder Seenplatte

POS: 50°33'52.37"N/7°48'45.30"E, Karte D9 (S.12), D2
Platz: P / = 25 auf Wiese, Schotter. CHEM. Sanitärgebäude mit barrierefreien Duschen/Toiletten und zwei vermietbaren Bädern (Dusche, Waschbecken, Toilette). Anfahrt 7:00-12:30 Uhr/14:00-22:00 Uhr über eine Schranke mit Code-Karte. WLAN bei der Rezeption. Ganzjährig geöffnet. Ausnahme: im Nov geschlossen.
Preis: Ab 20,50€ inkl. Wasser, Entsorgung, Dusche, Müll-Entsorgung, WLAN, Sanitär-Nutzung. Strom 0,60€/kWh. Jede weitere Pers. 6-7,50€, Kind (bis 12 J.) 3-3,50€. HS 26€, NS 20,50€.
Kontakt: Christoph Kopper, ☎ 02666/207, info@camping-westerwald.de, www.camping-westerwald.de.
Anfahrt: Navi: Anfahrt über Stahlhoferweg.
Distanz: Ⓗ 1km, 1km, 2km.
Freizeit: 6km, 6km. Badesee am Platz, Flugsportzentrum 10km.
POI: Hachenburg, Kloster Marienstatt, Heimat- und Cadillac-Museum 12km.

71144 Steinenbronn gratis <10m

Caravaning-Center Schmidtmeier, Kringstraße 2, ☎ 07157/538330 Parkplatz am Firmengelände, außerhalb des Zauns

POS: 48°39'53.86"N/9°7'37.42"E, Karte D14 (S.17), F2
Platz: P / = 4 auf Asphalt. =6 WC CHEM GRAU. Aufenthalt max. 3 Nächte. Wasser/VE nur zu den Öffnungszeiten (Mo-Fr 9:00-18:00 Uhr, Sa 9:00-14:00 Uhr). Ganzjährig geöffnet.
Preis: Übernachtung gratis inkl. Entsorgung, WC, Müll-Entsorgung. Strom 1€/kWh, Wasser 2€/70l.
Kontakt: Caravaning-Center Schmidtmeier GmbH & Co. KG, Frau Masuhr, ☎ 07157/538330, info@cc-schmidtmeier.de, www.cc-schmidtmeier.de.
Distanz: Ⓗ 0,3km, 0,5km, 0,5km, 0,5km.
Gastro: Wirtshaus zum Löwen. Restaurant Sandäcker. Hotel Krone.
Freizeit: 10km, 10km, 10km. Siebenmühlental, Thermalbad Böblingen.
POI: Mäulesmühle mit Mundarttheater Komedescheuer 3km, Ritter Sport Museum 4km.

49439 Steinfeld gratis <8m

Stellplatz am Freibad, Zur Schemder Bergmark, ☎ 05492/860
Am südlichen Ortsrand

2022 geprüft E

POS: 52°34'59.00"N/8°12'52.00"E, Karte D6 (S.9), E2
Platz: P = 3 auf Pflaster. CHEM. Aufenthalt max. 3 Tage. Ganzjährig geöffnet.
Preis: Übernachtung gratis. Entsorgung 1€. VE mit Wertmarken, erhältlich an der Badkasse zu den Öffnungszeiten.
Kontakt: Gemeinde Steinfeld, ☎ 05492/860, info@steinfeld.de, www.steinfeld.de.
Distanz: Ⓗ 0,2km, 0,4km, 0,5km, 1km.
Freizeit: 0,8km, 0,6km. Literarischer Wanderweg durch den Ortskern der Gemeinde Steinfeld, Reiterhof 2km.
POI: Dicker Stein 0,5km, Lohgerberei Gebäude 0,5km, Abendmahl Leonardo va Vinci (größte aus Holz geschnitzte Nachbildung des Abendmahls) 0,8km, Kutschenmuseum und Mühlenmuseum 3km, Klosterkirche Mühlen und historische Seefahrerschule 5km, Heimatmuseum 6km.

48565 Steinfurt-Borghorst gratis <8m

Stellplatz Steinfurt-Borghorst, Emsdettener Straße 40, ☎ 02551/1383 Parkplatz am Rathaus im Zentrum von Borghorst

POS: 52°7'40.81"N/7°23'36.65"E, Karte D5 (S.8), C3
Platz: P = 6 auf Pflaster. . Ganzjährig geöffnet.
Preis: Übernachtung gratis.
Kontakt: Steinfurt Marketing und Tourisik e.V., ☎ 02551/1383, info@steinfurt.de, www.steinfurt-touristik.de.
Distanz: 0,1km, Ⓗ 0,1km, 0,2km, weitere Restaurants in 0,3km, 0,2km.
Freizeit: 1km, 1km. Mühlen-/Museumsführungen, Stadtführungen, Bootfahren.
POI: Stadtmuseum Steinfurt 0,5km, Konzertgalerie Bagno 4km, Bagno Parkanlagen 4km, Hollicher Mühle 5km, Schloss Steinfurt 5km.

48565 Steinfurt-Burgsteinfurt gratis <10m

Wohnmobilstellplatz Steinfurt, Liedekerker Straße 70a, ☎ 02551/186900 Direkt neben der Polizeistation, nahe Schloss und Altstadt

2022 geprüft E

POS: 52°8'53.80"N/7°20'52.25"E, Karte D5 (S.8), C3
Platz: = 25 auf Schotter. =22 (16A) CHEM GRAU. Aufenthalt max. 3 Tage. Ganzjährig geöffnet.
Preis: Übernachtung gratis. Strom 1€/2kWh, Wasser 1€/100l. Spende erwünscht.
Kontakt: Steinfurt Marketing und Touristik e.V., ☎ 02551/186900, info@steinfurt-touristik.de, www.steinfurt-touristik.de.
Distanz: 0,8km, Ⓗ 0,3km, 0,3km, 0,7km.
Freizeit: 0,5km, 5km, 1km. Historischer Stadtrundgang Burgsteinfurt, Bootfahren, Lauftreff/1000-m-Laufstrecke 0,2km, Bagno-Parkanlagen von 1760 0,2km.
POI: Schloss 0,5km (in Privatbesitz), Konzertgalerie Bagno 0,8km, Stadtmuseum Steinfurt 0,9km, Hollicher Mühle 3km, St. Nikomedes Kirche 5km.

33803 Steinhagen gratis <8m

Stellplatz Am Cronsbach, Am Cronsbach 1, ☎ 05204/9970
Parkstreifen zwischen Sportstätten und Hallenbad

POS: 52°0'0.68"N/8°25'22.89"E, Karte D6 (S.9), E3
Platz: P = 2 auf Rasengittersteinen. . Aufenthalt max. 24 h. Duschen im Hallenbad zu den Öffnungszeiten gegen Gebühr. Ganzjährig geöffnet.
Preis: Übernachtung gratis.
Kontakt: Gemeinde Steinhagen, ☎ 05204/9970, info@steinhagen.de, www.steinhagen.de.
Distanz: Ⓗ 0,1km, 0,4km, 0,8km, 0,8km, 1,4km, E 2,4km (Klärwerk, Friedhofstraße 18, 33803 Steinhagen).
Freizeit: 2km, 0,2km. Stadtführungen.
POI: Historisches Museum 1km.

S

71711 Steinheim/Murr gratis <8m

Parkplatz auf der Murrinsel, Ecke Badtorstraße/Brühlstraße, ☎ 07144/2630 Zentrumsnah neben der Murr

POS: 48°57'51.17"N/9°16'42.84"E, Karte D14 (S.17), F1
Platz: / = 4 auf Schotter. . Ganzjährig geöffnet.
Preis: Übernachtung gratis. Strom 0,50€/kWh.

Kontakt: Stadtverwaltung Steinheim a.d. Murr, 07144/2630, www.stadt-steinheim.de.
Distanz: 0 km, 0,1 km, weitere Restaurants in 0,4 km, Ⓗ 0,6 km, 1,2 km, 3,9 km (Klärwerk Häldenmühle, In der Au, 71672 Marbach am Neckar).
Gastro: Gasthaus Lamm. Pizzeria Rose.
Freizeit: 2 km, 1,2 km. Schifffahrt auf dem Neckar, Stadtführung.
POI: Marktplatz mit historischem Rathaus 0,2 km, Urmensch-Museum 0,2 km, Literaturmuseum der Moderne 3 km, Schiller-Nationalmuseum 3 km.

31515 Steinhude-Wunstorf €18,00 <12m

Wohnmobilstellplatz Steinhude, Bruchdamm, 05033/390810
In einer Wiesenlandschaft, 500 m vom Steinhuder Meer entfernt

E

POS: 52°26'55.99"N/9°21'16.44"E, Karte D6 (S. 9), F2
Platz: = 164 auf Schotterrasen. =164 (16 A). Leinenpflicht für Hunde, Waschmaschine, Trockner. Gebühr berechtigt zum Aufenthalt von 24 h ab Einfahrt. Keine stündliche Abrechnung möglich. Ganzjährig geöffnet.
Preis: 18 € inkl. Entsorgung, WC, Müll-Entsorgung, WLAN. Strom 0,80 €/kWh, Wasser 1 €/100 l oder 0,10 €/10 l, Dusche 1 €/3 min.
Kontakt: Steinhuder Meer Tourismus GmbH, 05033/390810, steinhude@steinhuder-meer.de, www.steinhuder-meer.de/wohnmobilstellplatz.
Distanz: Ⓗ 0,5 km, 0,5 km, 0,8 km, 0,8 km.
Gastro: Von Apr-Okt Brötchenservice auf dem Platz.
Freizeit: 1,5 km, 7,5 km, 0,5 km. Geführte Radtouren im Naturpark, Kletterpark, Bootsrundfahrten, Minigolf 0,5 km, Badeinsel 1,5 km, Hallenbad nur im Winter geöffnet 7,5 km, Dinopark Münchehagen 12 km.
POI: Naturpark Steinhuder Meer, Schmetterlingsfarm, Bootsableger zur Insel Wilhelmstein mit Festung 0,5 km, Steinhuder Museen – Fischer- und Webermuseum mit Spielzeugmuseum 0,8 km.

S

Tipp

Der Stellplatz punktet mit seiner unmittelbaren Nähe zum Ort Steinhude und zum Steinhuder Meer. Ein Sanitärgebäude mit Duschen und WC sowie einer Information, fußläufig zu erreichende Geschäfte, Museen, Cafés und Restaurants runden das Angebot ab. Freizeitmöglichkeiten wie Radfahren, Wassersport oder Wandern sind nur ein kleiner Auszug von Aktivitäten im Naturpark Steinhuder Meer.

91628 Steinsfeld-Reichelshofen gratis <12m

Brauerei Gasthof Hotel Landwehr-Bräu, Reichelshofen 31, 09865/9890 Parkplatz gegenüber vom Hotel und auf dem Brauereigelände

POS: 49°26'23.10"N/10°12'44.60"E, Karte D10 (S. 13), H5
Platz: = 5 auf Asphalt. =1. Anreise bis 20:00 Uhr. Anmeldung bei Anreise im Hotel. Gern telefonische Reservierung. Geöffnet: Feb-Dez.
Preis: Für Restaurantgäste kostenlos. Einkehr obligatorisch. Strom gegen Gebühr. WLAN im Hotel gratis.
Kontakt: Familie Roland Hausmann, 09865/9890, hotel@landwehr-braeu.de, www.landwehr-braeu.de.
Distanz: 7 km.
Gastro: Brauerei-Gasthof Landwehrbräu, warme Küche 11.30-13.30 Uhr und 17.30-20.30 Uhr, Frühstücksbüfett (Reservierung erforderlich) 7:00-10:00 Uhr.
Freizeit: 7 km, 7 km, 7 km. Silvester-Arrangement für Reisemobilisten, Brauereibesichtigung nach Voranmeldung Do 17:00 Uhr und Sa 16:00 Uhr, Bierwanderweg ab Platz.
POI: Rothenburg ob der Tauber 7 km, Creglingen 15 km, Fränkisches Freilandmuseum Bad Windsheim 20 km.

96349 Steinwiesen gratis <8m

Wagners Hotel + Restaurant im Frankenwald, Mühlwiesen 1-3, 092627/80
Bei einer Hotelanlage mit Restaurant

POS: 50°17'25.20"N/11°27'1.98"E, Karte D11 (S. 14), B2
Platz: = 5 auf Asphalt. Batterietauschstation möglich. Dusche/WC im Freizeitbad 9:00-18:00 Uhr. Ganzjährig geöffnet.
Preis: Übernachtung gratis inkl. WLAN.
Kontakt: 092627/80, rezeption-steinwiesen@wagners-hotel.de, www.wagners-hotel-frankenwald.de.
Distanz: 0 km, Ⓗ 0,1 km, 0,3 km, 0,5 km, 0,2 km, (Mai-Sep, Tourismushaus, Kronacher Straße 75, 96349 Steinwiesen).
Gastro: Restaurant am Platz, Mo-So 7:30-21:00 Uhr, Frühstück 7:30-10:00 Uhr, Mittagessen 12:00-14:00 Uhr, Kaffee und Kuchen 14:30-17:00 und Abendessen 18:00-21:00 Uhr. Sonderpreise für Womo-Gäste, bitte an der Rezeption nach Ermäßigungen fragen.
Freizeit: Nordic Walking, Beachvolleyball, Tennisplatz, Inline-Skaterstrecke.
POI: Museumsbahn Steinwiesen.

96349 Steinwiesen gratis <8m

Wohnmobilsstellplatz im Leitschtal, Waldspielplatz, 09262/1538 Am Waldspielplatz in Steinwiesen

POS: 50°17'54.33"N/11°26'43.29"E, Karte D11 (S. 14), B2
Platz: = 10 auf Asphalt. Ganzjährig geöffnet.
Preis: Übernachtung gratis.
Kontakt: Tourismusbüro Steinwiesen, 09262/1538, Mobil: 0175/3789750, info@oberes-rodachtal.de, www.oberes-rodachtal.de.
Distanz: 1 km (Parkplatz hinter dem Tourismushaus Oberes Rodachtal, Kronacher Straße 75, 96349 Steinwiesen), 1,3 km, 1,3 km, 1,4 km.
Freizeit: 11 km langer asphaltierter und verkehrsfreier Weg rund um die Ködeltalsperre (ideal für Inlineskater und Spaziergänger), ausgeschilderte Wander- und Radwegenetze.
POI: Aussichtsturm Birnbaum.

32351 Stemwede-Levern €21,00 <12m

Reisemobilstellplatz Hollenmühle, Hinterm Teich 3, 05745/945222
Bei einem Feinkost-Importeur an der Westfälischen Mühlenstraße

POS: 52°22'3.62"N/8°26'18.11"E, Karte D6 (S. 9), E2
Platz: = 52 auf Schotterrasen. =72 (16 A). Große Gartenanlage mit Länder-Themengärten. wird empfohlen. Reservierung ab 2 Nächten (vormittags telefonisch). Ganzjährig geöffnet.
Preis: 21 € inkl. aller Personen, Strom, Wasser, Entsorgung, Dusche, WC, Müll-Entsorgung, WLAN, Hund. VE für Durchreisende 4 €, Waschmaschine/Trockner je 2 €.
Kontakt: 05745/945222, touristinfo@rila.de, www.stellplatz-stemwede.de.
Distanz: 0,3 km, weitere Restaurants in 1,4 km, 1,4 km, Ⓗ 1,5 km, 3,2 km.
Gastro: Rila erleben Gastronomie mit Taverne im Garten (Sommer). Tapas-Bar-Weinkeller (Winter). Brötchenservice am Platz (Online-Vorbestellung).
Freizeit: 11 km, 8 km. Besichtigung historischer Ortskerne mit Fachwerk, Rad- und Wanderwege.
POI: Garten der Sinne (Länder-Themengärten) 0,2 km, Kolthoffsche Mühle 1,5 km, Schloss Ippenburg 11 km, Solearena Bad Essen 12 km, Naturpark Dümmer See 19 km.

32351 Stemwede-Oppenwehe €8,00 <10m

Gasthof Moorhof, Wagenfelder Straße 34, 05773/374
Nahe dem Naturschutzgebiet Oppenweiher Moor

POS: 52°30'1.62"N/8°32'7.44"E, Karte D6 (S. 9), E2
Platz: = 20 auf Wiese. =6 (16 A). Ganzjährig geöffnet.
Preis: 8 € inkl. WC, Müll-Entsorgung. Strom 3 €, Wasser 1 €, Entsorgung 1 €, Dusche 1 €/Pers. Wird bei Verzehr einer Mahlzeit verrechnet.
Kontakt: Familie Huck, 05773/374, moorhof-huck@t-online.de, www.moorhof-oppenwehe.de.

Distanz: 0 km, 5 km, 5 km.
Gastro: Restaurant am Platz, Mittagstisch, hausgemachte Torten, Abendessen. Mo+Do Ruhetag. Brötchenservice. Frühstücksservice.
Freizeit: 10 km, 6 km. Segeln, Moorwanderungen, Planwagenfahrten, Tierpark Mühlenstraße 3 km, Dümmer See 15 km.
POI: Museumshof 5 km, Burg Haldem 5 km, Museums-Eisenbahn Rahden 6 km.

32351 Stemwede-Westrup — gratis — <8m

Wanderparkplatz, Am Freudeneck 4, ☎ **05745/78899914**
Am Waldrand im Naturpark Dümmer

POS: 52°25'56.93"N/8°26'24.43"E, Karte D6 (S.9), E2
Platz: = 2 auf Schotter. Aufenthalt max. 3 Tage. VE in der Zentralkläranlage Wehdem (Mo-Do 8:00-15:00 Uhr, Fr 8:00-12:00 Uhr). Ganzjährig geöffnet.
Preis: Übernachtung gratis.
Kontakt: Frau Kirsten Halwe, ☎ 05745/78899914, tourismus@stemwede.de, www.stemwede.de.
Distanz: Ⓗ 1 km, 3 km, 3 km, 3 km, 3,5 km (Zentralkläranlage Wehdem, Zur Brake 2, 32351 Stemwede).
Gastro: Mehrere Restaurants im Ort: Stemweder Hof, Berggasthof Wilhelmshöhe.
Freizeit: 15 km, 20 km. Hofbesichtigungen.
POI: Heimathaus Wehdem 2 km, Windmühle Leven 8 km, historischen Ortskern Leven 8 km, Dümmersee 10 km.

39576 Stendal — gratis — <12m

Schützenplatz, Bismarckstraße/ Arneburger Straße, ☎ **03931/651190**
Am Rande der Altstadt

POS: 52°36'40.00"N/11°51'44.00"E, Karte D7 (S.10), C1
Platz: = 20 auf Wiese, Asphalt. CHEM GRAU. Ganzjährig geöffnet. Ausnahme: Einschränkungen bei Veranstaltungen.
Preis: Übernachtung gratis. Wasser 1 €. VE über Münzautomat.
Kontakt: Hansestadt Stendal, ☎ 03931/651190, touristinfo@stendal.de, www.stendal-tourist.de.
Distanz: Ⓗ 0,1 km, 0,3 km, 0,3 km, 0,3 km.
Gastro: Mehrere Restaurants in der Nähe.
Freizeit: 5 km, 2 km, 2 km.
POI: Marienkirche, Rolandstatue, Dom, Jakobi-/Petri-Kirche 1 km, historischer Marktplatz mit Rathaus/Ratskeller 1 km, Uenglinger Tor/Tangermünder Tor 1 km, Winckelmannmuseum, Altmärkisches Museum/Feuerwehrmuseum 1 km.

23883 Sterley-Pipersee — €23,00 — <8m

Schaalsee-Camp, Sterleyer Heide 2 (An der Piperseebrücke),
☎ **04501/412** Am Schaalseekanal zwischen Schaal-/Pipersee

POS: 53°38'25.00"N/10°51'29.00"E, Karte D3 (S.6), A4
Platz: = 10 auf Naturboden. =40 (10 A) WC. Online-Buchung empfohlen. Geöffnet: 15.4.-10.10.
Preis: Ab 23 € inkl. WC, Müll-Entsorgung. Jede weitere Pers. 8 €, Kind (bis 13 J.) 6 €, Strom 5 €/24 h, Dusche ab 1 €. Je nach Platz 23-25 €. Preisänderung 2023 möglich.
Kontakt: Lothar Krebs, ☎ 04501/412, info@kanu-center.de, www.kanu-center.de.
Distanz: Ⓗ 2 km, 3 km, 4 km, 10 km.
Freizeit: 10 km. Kanu fahren.
POI: Lauenburgische Seen, Ratzeburger Dom 10 km.

19406 Sternberg — €20,00 — <8m

Reisemobilhafen Sternberger Seenland, Maikamp 11, ☎ **03847/2534**
Vor dem Campinggelände am Luckower See

POS: 53°42'49.33"N/11°48'45.95"E, Karte D3 (S.6), C4
Platz: = 10 auf Wiese. WC CHEM GRAU. Strandbad. Anfahrt 24 h. WLAN (an der Rezeption). Geöffnet: 1.4.-31.10.
Preis: Ab 20 € inkl. Wasser, Entsorgung, Dusche, WC, Müll-Entsorgung, Kurtaxe. Strom 4,50 € oder 0,85 €/kWh, Hund ab 2 €. Sparsaison 20 €, NS 25 €, HS 30 € inkl. aller Programme, die auf dem Platz vorhanden sind. Jede weitere Pers. (ab 15 J.) 5-9,50 €, Kind (3-14 J.) 2-7,50 €.
Kontakt: Camping Sternberger Seenland, Herr Thomä, ☎ 03847/2534, info@camping-sternberg.de, www.camping-sternberg.de.
Distanz: 0 km, weitere Restaurants in 0,1 km, Ⓗ 0,5 km, 0,8 km, 1 km.
Gastro: Campinggaststätte am Platz, warme Küche 17:00-21:00 Uhr, Ruhetag saisonabhängig. Frühstück auf Voranmeldung möglich.
Freizeit: Nordic Walking, Radfahren/-Touren, Angeln, Kanu- und Kajakverleih 5 km, Warnow-Durchbruch und ältestes, produzierendes Wasserkraftwerk von Mecklenburg-Vorpommern 10 km.
POI: Großsteingräber, slawische Tempelanlage des 9./10. Jh. in Groß Raden 5 km.

75447 Sternenfels-Diefenbach — gratis — <8m

Stellplatz Diefenbach, Burrainstraße 16, ☎ **07045/9704023** Markiertes Areal auf dem Parkplatz der Gießbachhalle

POS: 49°1'27.53"N/8°51'18.36"E, Karte D14 (S.17), F1
Platz: = 3 auf Asphalt. Ganzjährig geöffnet.
Preis: Übernachtung gratis.
Kontakt: Gemeinde Sternenfels, ☎ 07045/9704023, Mobil: 07043/8449, info@sternenfels.org, www.sternenfels.org.
Distanz: 0,1 km, 0,1 km, 0,2 km.
Freizeit: 3 km. Nordic Walking.
POI: Diefenbacher Kirche, Hortus Eystettensis - ein geschichtlicher Lehrgarten, Schlossbergturm.

75447 Sternenfels-Diefenbach — €10,00 — <10m

Weingut Häußermann, Burrainstraße 55, ☎ **07043/8449**
Am Ortsrand in ruhiger Lage

POS: 49°1'23.59"N/8°51'30.92"E, Karte D14 (S.17), F1
Platz: = 3, = 2 (<10 m) auf Schotter. Weinstube/Besen saisonal geöffnet. Nur So-Do buchbar. Ganzjährig geöffnet.
Preis: 10 €. Strom 5 €. Wird bei Weinkauf über 50 € vergütet.
Kontakt: Weingut Häußermann, Christian Häußermann, ☎ 07043/8449, info@weingut-haeussermann.de, www.weingut-haeussermann.de.
Distanz: Ⓗ 0,1 km, 0,3 km, 0,8 km, 1 km.
Freizeit: 2 km, 10 km. Perfekte Ausgangslage für Wanderungen und Radtouren, Weinproben, Freizeitpark Tripsdrill 20 km.
POI: Kloster Maulbronn 6 km, Faustadt Knittlingen 8 km, Melanchthonstadt Bretten 17 km, Heilbronn 25 km, Karlsruhe 25 km.

88719 Stetten — €14,00 — <10m

Wohnmobilplatz Alte Brennerei, Riedetsweilerstraße 5,
☎ **07532/5709** Beim Obst- und Winzerhof am Ortsrand im Grünen

2022 geprüft

POS: 47°41'35.19"N/9°17'53.55"E, Karte D14 (S.17), F4
Platz: = 35 auf Schotter, Schotterrasen. =40 (16 A) CHEM GRAU. Keine Reservierung möglich. Anfahrt 7:00-21:00 Uhr, Anmeldung am Anreisetag ab 17:00 Uhr in der Gaststätte, am Ruhetag (Mo) Anmeldung nach dem Briefkastensystem neben dem Gaststätteneingang. Stellplätze teilweise mit eigenem Rasenanteil. Ganzjährig geöffnet.
Preis: 14 € inkl. Entsorgung. Strom 0,60 €/kWh, Wasser 0,10 €/10 l, Hund 1 €.
Kontakt: Otto Pfleghaar, ☎ 07532/5709, info@zuraltenbrennerei.de, www.zuraltenbrennerei.de.
Distanz: 0 km, 0,3 km, Ⓗ 0,3 km, 0,5 km.
Gastro: Warme Küche, 17:00-20.30 Uhr. Scheunen-Wirtschaft, geöffnet Di-So ab 17:00 Uhr, Mo Ruhetag.
Freizeit: 2 km, 4 km, 2 km. Museumsbesuche, Thermalbad 2 km, Bodensee 2 km.
POI: Historischer Stadtkern Meersburg 2 km, Pfahlbauten 5 km, Insel Mainau 5 km.

31595 Steyerberg — gratis — <10m

Wohnmobilstellplatz Steyerberg, Kleine Straße 7, ☎ **05764/96060**
Auf der Marktwiese im Zentrum

2022 geprüft

POS: 52°34'0.11"N/9°1'29.75"E, Karte D6 (S.9), F2
Platz: = 4 auf Wiese. =8 (10-16 A) CHEM GRAU. Ganzjährig geöffnet.
Preis: Übernachtung gratis. Strom 1 €/8 h, Wasser 1 €, Entsorgung 1 €.
Kontakt: Flecken Steyerberg, ☎ 05764/96060, rathaus@steyerberg.de, www.steyerberg.de.
Distanz: 0,1 km, 0,1 km, weitere Restaurants in 0,2 km, 0,2 km, Ⓗ 0,2 km.
Freizeit: 0,8 km. Nordic Walking-Trails, Energieentdeckerroute Mittelweser, Kanutouren auf der Großen Aue und der Siede, Pfarrbusch 0,6 km.
POI: Jacobi-Insel mit historischem Amtshof/Auebrücke 0,2 km, Meyersiek'sche Mühle 0,2 km, St.-Katharinen-Kirche in Rießen 0,4 km, Aussichtspunkt Januarsberg 3 km.

S

78333 Stockach €14,00

Reisemobilhafen am Campingplatz Stockach-Bodensee, Johann-Glatt-Straße 3, ☎ 07771/91651330 <10m

Inmitten der Natur

POS: 47°50'31.51"N/8°59'45.94"E, Karte D14 (S.17), F4
Platz: = 40 auf Schotterrasen. =48 (6 A) WC CHEM GRAU. Werkstatt/Verkauf/Zubehörshop. Ganzjährig geöffnet.
Preis: 14 € inkl. Strom, Entsorgung, Dusche, WC, Müll-Entsorgung, Kurtaxe. Jede weitere Pers. 5 €, Kind (3-14 J.) 3 €, Wasser 1 €/100 l. Hund 1 €.
Kontakt: Petra Müller, ☎ 07771/91651330, info@camping-stockach.de, camping-stockach.de.
Anfahrt: Zufahrt zum Gelände im Kreisverkehr.
Distanz: 0,8 km, 1 km, 1 km, weitere Restaurants in 1,5 km, 1,1 km.
Gastro: Brötchenservice.
Freizeit: 2 km, 1,5 km. Spielplatz für Kinder, Bodensee-Schifffahrt 5 km, Bodensee-Therme Überlingen 18 km, Wild-/Freizeitpark Allensbach 20 km.
POI: Bodensee 5 km, Lochmühle Eigeltingen 12 km, Affenberg Salem 25 km, Pfahlbauten Unteruhldingen 30 km, Insel Mainau 30 km.

01833 Stolpen €25,00

Stellplatz an der Burg Stolpen, Poetenweg, ☎ 035973/29900 <8m

In unmittelbarer Nähe zur Burg

POS: 51°2'57.31"N/14°5'10.62"E, Karte D8 (S.11), G5
Platz: P / = 6 auf Schotter. =6 (16 A) WC CHEM/Bio GRAU. Code für die Schranke bei der Anmeldung im Hotel erfragen, WLAN im Hotel. Anfahrt bis 22:00 Uhr. Geöffnet: 1.3.-31.10.
Preis: 25 € inkl. Strom, Wasser, Entsorgung, Dusche, WC, Müll-Entsorgung, WLAN. Jede weitere Pers. 5 €.
Kontakt: Burghotel Stolpen, Anne Autenrieth, ☎ 035973/29900, info@burghotel-stolpen.de, www.burghotel-stolpen.de.
Anfahrt: Von Norden über die Bischofswerdaer Str. in Poetenweg. Zufahrt nicht über die Schlossstraße/Altstadt.
Distanz: 0,3 km, 0,5 km, 1 km.
Gastro: Burghotel Stolpen, warme Küche von 11:30-20:30 Uhr. Frühstücksservice (7:00-10:00 Uhr).
Freizeit: 0,5 km, 10 km, 0,5 km. Burgführungen 0,2 km, Tennis 0,5 km, Reitplatz 0,5 km, Sauna, Solarium 8 km.
POI: Burg Stolpen 0,2 km, Bastei (Sächsische Schweiz) 10 km, Dresden 20 km, Königstein 25 km, Oberlausitzer Bergland 25 km, Bautzen/Pirna 30 km.

31592 Stolzenau €24,00

Campingplatz Stolzenau, Weserstraße 11a, ☎ 0171/6216398 <12m

Wiesenplatz an der Weser

POS: 52°30'39.00"N/9°4'50.00"E, Karte D6 (S.9), F2
Platz: / = 30 auf Asphalt, Rasengittersteinen, Wiese, Naturboden. =30 (3/16 A) WC CHEM GRAU. Anfahrt bis 19:00 Uhr. Geöffnet: 1.4.-22.10.
Preis: 24 € inkl. Wasser, Entsorgung, Dusche, WC, Müll-Entsorgung, WLAN. Jede weitere Pers. 7 €, Kind (4-12 J.) 3 €, Strom 0,70 €/kWh, Hund 2 €, Waschmaschine/Trockner je 4 €.
Kontakt: Georg Hillinger, ☎ 0171/6216398, verwaltung@campingplatz-stolzenau.de, www.campingplatz-stolzenau.de.
Distanz: 0 km, 0,2 km, 0,3 km, 1 km.
Gastro: Mehrere Restaurants ab 0,3 km. Kiosk am Platz.
Freizeit: 0,4 km, 0,5 km. Wassersport, Boot fahren, Weserwanderweg, Freibad 0,4 km, Dinosaurierpark Münchehagen 15 km.
POI: Kloster Loccum 10 km, Wasserschloss Wilhelmstein im Steinhuder Meer 25 km.

31592 Stolzenau €5,00

Wohnmobilstellplatz an der Weser, Am Löschplatz, ☎ 05761/705421 <10m

Unterhalb der Weserbrücke mit Blick auf Fluss und Schiffsanleger

2022 geprüft

POS: 52°30'35.35"N/9°4'51.30"E, Karte D6 (S.9), F2
Platz: P = 24 auf Schotterrasen. =24 (16 A) CHEM GRAU. Nachts beleuchtet. Eingeschränkter SAT-Empfang im hinteren Bereich des Platzes. Ganzjährig geöffnet. Im Winter wegen Hochwassergefahr und Frost eingeschränkt nutzbar.
Preis: 5 € inkl. Entsorgung, Müll-Entsorgung. Strom 1 €/6 h, Wasser 1 €/100 l.
Kontakt: Tourist-Info SG Mittelweser, Rolf Klusmann, ☎ 05761/705421, Mobil: 0173/8607425, rolf.klusmann@sg-mittelweser.de, www.sg-mittelweser.de.
Distanz: 0,1 km, weitere Restaurants in 0,2 km, 0,5 km, 0,5 km, 1,5 km.
Freizeit: 1 km. Radtouren, Gästeführungen.
POI: St. Jacobi-Kirche 1 km, Domänen-Klostergelände in Schinna 5 km, St. Martins-Kirche in Nendorf 7 km.

15859 Storkow (Mark) €10,00

Altstadt-Parkplatz, Kirchstraße 1A, ☎ 033678/73108 An der Storkower Schleuse am Storkower Kanal in der Altstadt <8m

2021 geprüft

POS: 52°15'29.06"N/13°55'54.10"E, Karte D8 (S.11), F2
Platz: P / = 5 auf Rasengittersteinen. =5 CHEM GRAU. Im Winter (Nov-März) kein Wasser. Schlüssel für Poller bei der Tourist-Information, Schloßstraße 6, oder der Gaststätte Zum Fass, Altstadt 14. Ganzjährig geöffnet.
Preis: 10 € inkl. Strom, Wasser, Entsorgung.
Kontakt: Tourist-Information Storkow, ☎ 033678/73108, tourismus@storkow.de, www.storkow.de.
Distanz: 0,5 km, 0,3 km, 0,3 km, 1 km.
Freizeit: 1 km, 0,5 km. Badestelle 1 km, Scharmuntzelland Wendisch-Rietz 10 km.
POI: Markt und Altstadt 0,3 km, Burg Storkow 1 km.

47638 Straelen €7,00

Stellplatz am Fitnessbad Wasserstraelen, Lingsforter Straße 100, ☎ 02834/702321 <8m

Vor dem Bad am Ortsrand von Straelen

POS: 51°27'7.00"N/6°15'29.00"E, Karte D5 (S.8), A4
Platz: P = 27 auf Rasengittersteinen, Schotterrasen. =27 CHEM GRAU. Dusche/WC im Schwimmbad. Ganzjährig geöffnet.
Preis: 7 € inkl. aller Personen, Entsorgung, Müll-Entsorgung, WLAN. Strom 0,50 €/kWh, Wasser 1 €/60-80 l. Inkl. einer ermäßigten Eintrittskarte für das Schwimmbad.
Kontakt: Aqua-Fit GmbH, ☎ 02834/702321, rathaus@straelen.de, www.wasserstraelen.de.
Distanz: 0,5 km, 1 km, 1 km, 1 km.
Gastro: Brötchenservice bei Bestellung am Tag vorher (am Empfang des Schwimmbads).
Freizeit: 5 km, 1,5 km. Finnenbahn, Kanu fahren, Freizeitanlage Blaue Lagune (Wasserskianlage) 10 km.
POI: Wasserschloss Haus Coull 1 km, gotische Pfarrkirche 1 km, Naturgebiet Sieben Quellen 5 km.

18439 Stralsund €20,00

Caravanstellplatz An der Rügenbrücke, Werftstraße 9a, ☎ 03831/6679777 Fußläufig zur Innenstadt, in Sichtweite zur Insel Rügen <12m

2020 geprüft

POS: 54°18'9.26"N/13°5'55.44"E, Karte D4 (S.7), E2
Platz: P / = 100 auf Schotterrasen, Sand/Splitt, Schotter. =100 (16 A) WC CHEM GRAU. Einfahrt 5:00-1:00 Uhr, Ausfahrt 24 h. Ganzjährig geöffnet.
Preis: 20 € inkl. Entsorgung, WC, Müll-Entsorgung, WLAN. Strom 0,50 €/kWh, Wasser 0,10 €/l, Dusche 1 €/4 min.
Kontakt: Dahnke & Dahnke GbR, Anne Dahnke, ☎ 03831/6679777, info@caravanstellplatz-ruegenbruecke.de, caravanstellplatz-stralsund.de.
Distanz: 0,1 km, 0,3 km, 1,5 km, 2 km.
Freizeit: 2,5 km, 4,8 km, 2 km. Hansedom Stralsund 4,8 km.
POI: Ozeaneum 1,5 km, Weltkulturerbe Innenstadt Stralsund 1,5 km, Meeresmuseum 1,5 km.

S

18439 Stralsund €19,00

Wohnmobilstellplatz Stralsund, Boddenweg 3, ☎ 03831/3092023 <10m
Mit zahlreichen Grünflächen

POS: 54°16'33.87"N/13°6'32.02"E, Karte D4 (S.7), E2
Platz: P = 35 auf Schotterrasen, Schotter, Wiese. =28 WC CHEM GRAU . Fahrradverleih 9 €/Tag, Gemeinschaftsfläche mit Sitzgelegenheiten in der Mitte des Stellplatzes. Anmeldung/Bezahlung/Ansprechpartner 8:30-9:30 Uhr. Geöffnet 1.3.-30.11.
Preis: 19 € inkl. Entsorgung, WC, WLAN. Jede weitere Pers. 2 €, Kind (bis 13 J.) gratis, Strom 0,50 €/kWh, Wasser 1 €/100 l, Dusche 1 €/4 min. Preisänderungen 2023 möglich.
Kontakt: Marcus Brehmer, ☎ 03831/3092023, info@wohnmobilstellplatz-stralsund.de, www.wohnmobilstellplatz-stralsund.de.
Distanz: 0,3 km, weitere Restaurants in 1,2 km, 0,8 km, 4 km.
Gastro: Brötchenservice.
Freizeit: Hafenrundfahrt mit der Weißen Flotte, Vogelpark Marlow, Strandbad, Küstenradweg 0,6 km, Ozeanum Stralsund 4 km.
POI: Deutsches Meeresmuseum, Nikolaikirche 4 km, Hansedom Stralsund 5 km, Gorch Fock 5 km.

94315 Straubing gratis

Großparkplatz Am Hagen, Am Hagen, ☎ 09421/94469199 <12m neu
In der Gäubodenstadt an der Donau

POS: 48°53'3.80"N/12°33'54.00"E, Karte D15 (S.18), D1
Platz: = 10 auf Schotter. WC. Stellplätze nicht separat ausgewiesen. Aufenthalt max. 24 h. Ganzjährig geöffnet. Ausnahme: Sperrung während dem Volksfest.
Preis: Übernachtung gratis.
Kontakt: Tourismusinformation, ☎ 09421/94469199, tourismus@straubing.de, www.straubing.de.
Distanz: 0,3 km, 0,4 km, 0,4 km.
Freizeit: 2 km. Gäubodenvolksfest und Ostbayernschau (Mitte August), Boulderhalle in der alten Ziegelei 1,2 km, Blue Brix - die größte Miniatur- und Modellbahn-Schau Süddeutschlands 1,3 km, Aquatherm Straubing 2 km, Tiergarten 2,7 km.
POI: Straubing mit Stadtturm mit Glockenspiel 0,4 km, ehemaliges Herzogschloss an der Donau 0,9 km, Stadtpfarrkirche St. Jakob und St. Tiburtius 1,1 km, Gäubodenmuseum 1,3 km.

15344 Strausberg €8,00

Wohnmobilstellplatz Sport- und Erholungspark, Sport- und Erholungspark 35, ☎ 03341/345320 Mehrere Stellmöglichkeiten in parkähnlicher Anlage mit zahlreichen Sport- und Freizeitangeboten <10m

POS: 52°32'19.34"N/13°50'19.01"E, Karte D8 (S.11), F1
Platz: P = 6 auf Wiese, Schotter, Naturboden. WC. wird empfohlen. Ganzjährig geöffnet.
Preis: 8 €. Bezahlung beim Betreiber.
Kontakt: ☎ 03341/345320, info@sep-strausberg.de, sep-strausberg.de.
Distanz: 0 km, weitere Restaurants in 1 km, 0,4 km, 4 km.
Gastro: Punta Arenas - Steakhaus 1 km. Das ParkHaus direkt am Platz.
Freizeit: SH35 - Soccerhalle, Sportwelt Strausberg, Climp Up Kletterwald, Bergwelt Strausberg.
POI: Berlin 33,6 km.

01616 Strehla €7,00

Wohnmobilstellplatz Strehla, gegenüber Riesaer Straße 6, ☎ 035264/9590 Direkt am Elbufer <8m

POS: 51°21'7.24"N/13°14'16.13"E, Karte D8 (S.11), E5
Platz: P = 10 auf Schotterrasen. . Ganzjährig geöffnet.
Preis: 7 €. Bezahlung nur bargeldlos.
Kontakt: Stadtverwaltung Strehla, ☎ 035264/9590, post@strehla.de, www.strehla.de.
Distanz: 0,2 km, 0,3 km.
Freizeit: Kleintierzoo, Nixenpfade.
POI: Schloss und Kirche Strehla, Stadtpark.

55442 Stromberg €6,00

Michel's Land - Deutscher Michel-Halle, Königsberger Straße 4, ☎ 0171/9253028 <12m
Abgeteilter Bereich des Parkplatzes

POS: 49°56'50.08"N/7°47'16.95"E, Karte D9 (S.12), C3
Platz: P = 16 auf Schotter, Rasengittersteinen, Pflaster. =6 (16 A) CHEM GRAU. Ganzjährig geöffnet.
Preis: 6 € inkl. Wasser, Entsorgung, Müll-Entsorgung. Strom 0,50 €/kWh. Bezahlung bei Stellplatzwartin täglich 17:00-20:00 Uhr, sonst über Spendenbox.
Kontakt: Frau Anja Beckhaus (Stellplatzwartin), Mobil: 0171/9253028, bauhof@stadt-stromberg.de, www.stadt-stromberg.de.
Distanz: 0,1 km, Ⓗ 0,2 km, 0,6 km, weitere Restaurants in 3 km, 1 km.
Gastro: Antonietta's Steakhouse in der Stromburg.
Freizeit: 4 km, 11 km, 14 km. Golfplatz 5 km.
POI: Stromberg 0,6 km, Heimatmuseum 3 km, Schindeldorf 5 km.

96129 Strullendorf gratis

Hauptsmoorhalle, Hauptsmoorstraße 2, ☎ 09543/82260 <8m
Auf dem Parkplatz vor der Sporthalle

POS: 49°51'12.25"N/10°58'19.84"E, Karte D11 (S.14), B4
Platz: P = 6 auf Pflaster, Asphalt. WC. Reisemobil-Beschilderung beachten. Ganzjährig geöffnet.
Preis: Übernachtung gratis.
Kontakt: Gemeinde Strullendorf, ☎ 09543/82260, info@strullendorf.de, www.strullendorf.de.
Distanz: Ⓗ 0,5 km, 0,5 km, 0,5 km, 1 km.
Gastro: Lindenbräu.
Freizeit: 3 km. Skaterpark, Basketball-Platz, Minigolf, Bahnverbindung nach Bamberg 1 km, Golfplatz 9 km.
POI: Schloss Wernsdorf 3 km, Wallfahrtskapelle Steinknock 6 km, Bischofstadt Bamberg 8 km.

96129 Strullendorf-Geisfeld gratis

Brauerei-Gasthof Griess, Magdalenenstraße 6, ☎ 09505/1624 <12m
In Geisfeld am Ortsrand

POS: 49°52'52.10"N/11°0'31.23"E, Karte D11 (S.14), B4
Platz: = 15 auf Schotter, Naturboden, Schotterrasen. . nur bei Gruppen. Nächste VE in Leesten. Keine Wohnwagen erlaubt. Ganzjährig geöffnet.
Preis: Für Restaurantgäste kostenlos. Einkehr obligatorisch. Strom 5 €. Fremdparker zahlen 1 €/h.
Kontakt: Peter Griess, ☎ 09505/1624, griess.peter@web.de, www.brauerei-griess.de.
Distanz: 0 km, Ⓗ 0,5 km, 1 km, 5 km.
Gastro: Brauerei Gasthof mit Biergarten, Mo + Do-Fr 15:00-22:00 Uhr, Sa 10:00-22:00 Uhr, So 10:00-12:00 Uhr und 15:00-22:00 Uhr, Di-Mi Ruhetag.
Freizeit: 5 km, 7 km, 5 km. Brauereiführung nach Absprache, Bierkellertouren.
POI: Weltkulturerbe Bamberg 5 km.

S

96129 Strullendorf-Leesten €12,00

Wohnmobilstellplatz Campingwelt Hofmann Leesten, Am Keller 2, ☎ 09505/922121 Auf dem Firmengelände <8m

POS: 49°51'58.98"N/11°1'35.22"E, Karte D11 (S.14), B4

Platz: P = 8, = 2 (<14 m) auf Schotter. WC CHEM GRAU. Ganzjährig geöffnet.
Preis: Ab 12 €. Strom 0,50 €/kWh, Entsorgung 1,50 €, WC 7,50 €/2 Pers. Bis 7 m Länge 12 €, über 7 m 16 €.
Kontakt: Campingwelt Hofmann GmbH, Wolfgang Baumann, ☎ 09505/922121, info@autopark-hofmann.de, www.campingwelt-hofmann.de.
POI: Bamberg 10 km.

01796 Struppen — €10,00 — <10 m

Camping-Stellplatz Struppen, Kirchberg 20, ☎ 035020/179602 In ruhiger Lage am Ortsrand mit Panoramablick

POS: 50°56'17.60"N/14°0'47.91"E, Karte D12 (S. 15), G1
Platz: P / = 40 auf Schotterrasen, Schotter. =30 (16 A) CHEM GRAU . Sanitärbereich im Winter geschlossen. Ganzjährig geöffnet.
Preis: Ab 10 € inkl. Wasser, Entsorgung, Müll-Entsorgung, WLAN, Hund. Jede weitere Pers. 3 €, Kind (bis 2 J.) gratis, Strom 0,60 €/kWh, Dusche 1 €/4 min, Kurtaxe 0,75 €/Pers., Waschmaschine/Trockner je 3 €. 1.4.-31.10. 19,50 €, 1.11.-31.3. 10 €.
Kontakt: Herr Markus Guhr, ☎ 035020/179602, info@camping-stellplatz-struppen.de, www.camping-stellplatz-struppen.de.
Distanz: Ⓗ 0,3 km, 0,4 km, 1,5 km, weitere Restaurants in 2 km, 5 km.
Gastro: Brötchenservice.
Freizeit: 3 km, 6 km, 5 km. Kletterwald 4 km, Quadtouren 5 km, Dampferanlegestelle 5 km, Bootsverleih 5 km, Freizeitpark 5 km.
POI: Festung Königstein 4 km, Bastei 6 km, Pillnitz 17 km, Dresden 30 km.

70378 Stuttgart — €35,00 — <10 m

Bauernhof-Camping Sonnenhof, Sonnenhof 1, ☎ 0711/5074620 Am Erlebnisbauernhof, 12 km nördlich vom Stadtzentrum

POS: 48°51'21.57"N/9°14'0.38"E, Karte D14 (S. 17), F1
Platz: / = 15 auf Wiese, Schotter. =15 (16 A), 15 (32 A) WC CHEM GRAU . Waschmaschine/Trockner. P wird empfohlen. Ganzjährig geöffnet.
Preis: 35 € inkl. Strom, Wasser, Entsorgung, WC. Jede weitere Pers. 15 €. Für Alleinreisende 20 € pP.
Kontakt: Bauernhof-Camping Sonnenhof, ☎ 0711/5074620, info@dersonnenhof.com, www.dersonnenhof.com.
Distanz: 0 km, Ⓗ 1 km.
Gastro: Restaurant mit Selbstbedienung am Platz. Hofladen. Hofcafé.

Freizeit: 4 km, 2 km. Streichelzoo (Pferd, Hase, Ziege & Co.), Reitschule, Hochseilgarten, Riesentrampolin, Rudern 1 km, Minigolf 2 km, Segeln und Surfen 2 km.

70629 Stuttgart — €20,00 — <8 m

Stellplatz am Messegelände Tor 1, an der L1192, ☎ 0711/185603500 Leicht terrassiertes Gelände an der Nordzufahrt zum Messegelände Stuttgart

POS: 48°41'46.20"N/9°11'1.05"E, Karte D14 (S. 17), F2
Platz: P / = 40 auf Pflaster. =39 (16 A) WC CHEM GRAU. Aufenthalt max. 3 Nächte, telefonische Anfrage nach freien Plätzen. Fluglärm vom nahen Flughafen, Stadtanbindung über U- und S-Bahn. Ganzjährig geöffnet.
Preis: Ab 20 € inkl. aller Personen, Strom, Wasser, WC, Müll-Entsorgung. Entsorgung 0,50 €, Dusche 1 €. Bei Messeveranstaltungen 25 €. Bar- oder EC-Karten-Zahlung.
Kontakt: LMS-Wache Tor 1, ☎ 0711/185603500, info@messe-stuttgart.de, www.messe-stuttgart.de.
Distanz: Ⓗ 0,5 km, 0,7 km (Edeka am Flughafen), 0,7 km, weitere Restaurants in 2 km, 2 km.
Gastro: Restaurants am Flughafen und in Leinfelden-Echterdingen.
Freizeit: 3 km, 3 km. SI-Erlebniszentrum (mit Musicals und Schwabenquelle).
POI: Porsche Museum 15 km, Neues und Altes Schloss 15 km, Oper, Theater 15 km, Mercedes-Benz Museum 16 km, Wilhelma (Zoo) 17 km.

26624 Südbrookmerland — €16,00 — >12 m

Wohnmobilhafen Großes Meer, Am Gästehafen 1, ☎ 04942/20472028 Im Nordwesten Niedersachsens zwischen Aurich und Emden

POS: 53°26'41.17"N/7°18'28.26"E, Karte D1 (S. 4), C4
Platz: P = 36 auf Pflaster. =36 (16 A) WC CHEM GRAU . Ganzjährig geöffnet.
Preis: 16 € inkl. aller Personen, WC, Müll-Entsorgung. Strom 1 €/kWh, Wasser 0,50 €/70 l, Entsorgung 0,50 €/3 min, Dusche 1,50 €, CamperClean 2 €, Waschmaschine/Trockner ab 3 €. Bargeldloser Parkscheinautomat.
Kontakt: Südbrookmerland Touristik GmbH, ☎ 04942/20472028, campingplatz@grossesmeer.de, www.grossesmeer.de.
Distanz: 0,2 km, 1 km, Ⓗ 2,7 km, 9 km.
Gastro: Bistro. Pizzeria Al Mare. Meerwarthaus Großes Meer. Landhaus Großes Meer.
Freizeit: 15 km, 15 km, 0,2 km. Sauna, Ferienangebote für Kinder, Badesee, Paddel- und Pedalstation 0,2 km.
POI: Gedenkstätte KZ Engerhafe, Mühle Wiegboldsbur 4,5 km, Schiefster Turm der Welt in Suurhusen 9,5 km, Moormuseum Moordorf 10 km.

29690 Suderbruch — €10,00 — <8 m

Nutztier-Arche Suderbruch, Zum Schießstand 3, ☎ 05074/92114 Überwiegend ebener, teilweise schattiger Platz

POS: 52°40'18.95"N/9°31'15.05"E, Karte D6 (S. 9), G1
Platz: P = 2, = 3 (<8 m) auf Schotterrasen, Wiese, Rasengittersteinen. =2 (16 A) WC CHEM GRAU . Tischtennis, Lagerfeuer, Pavillon. P nur bei Gruppen. Dusche, Waschgelegenheit. Anfahrt bis 19:00 Uhr. Geöffnet: Mär-Nov.
Preis: 10 € inkl. aller Personen, Entsorgung, Müll-Entsorgung, WLAN. Strom 0,50 €/kWh, Wasser 2 €, WC 2 €. Waschmaschine/Trockner je 2 €.
Kontakt: Herwig zum Berge, ☎ 05074/92114, hzumberge@t-online.de, www.nutztier-arche.de.
Distanz: Ⓗ 0,5 km, 1 km, 1 km, 2 km, weitere Restaurants in 3 km.
Freizeit: 1 km, 8 km, 8 km. Minigolf 6 km.
POI: Dorfmuseum 1 km, Mühle 4 km, Schulmuseum 5 km.

29556 Suderburg-Hösseringen — gratis — <8 m

Museumsdorf Hösseringen, Landtagsplatz 2, ☎ 05826/1774 Auf dem Parkplatz des Freilichtmuseums

POS: 52°50'34.77"N/10°24'24.54"E, Karte D6 (S. 9), H1
Platz: P = 5 auf Schotter, Schotterrasen. Aufenthalt max. 1 Nacht. Ganzjährig geöffnet.
Preis: Übernachtung gratis.
Kontakt: Landwirtschaftsmuseum Lüneburger Heide e.V., ☎ 05826/1774, info@museumsdorf-hoesseringen.de, www.museumsdorf-hoesseringen.de.
Distanz: 0,2 km, weitere Restaurants in 2 km, 1 km, 5 km, Ⓗ 5 km.
Freizeit: 3 km, 20 km, 1 km. Mehrere Themenwanderwege.
POI: Museumsdorf Hösseringen mit Gebäuden/Werkstätten, Ausstellungen/Veranstaltungen.

25923 Süderlügum — €5,00 — <8 m

Fuchswiesen, Revtoftweg 1, ☎ 04663/834 In Einzellage westlich von Süderlügum

POS: 54°52'35.85"N/8°50'43.90"E, Karte D2 (S. 5), F1
Platz: = 5 auf Wiese, Asphalt. GRAU . Gastpferdebox, Leinenpflicht für Hunde. Ganzjährig geöffnet.
Preis: 5 € inkl. Wasser. Strom 1,50 €. 1 Hund gratis, weiterer Hund 1 €. Preisänderung 2023 möglich.
Kontakt: Hans-Friedrich Pest, ☎ 04663/834, Mobil: 0171/9727356, hans-friedrich@t-online.de.

S

Distanz: 3 km, 4 km, 5 km, 5 km.
Freizeit: 4 km, 10 km, 4 km. Kutschfahrten, Segelflugplatz Aventoft 6 km, Nordsee 18 km.
POI: Dänemark 4 km, Nolde-Museum 5 km, Nationalpark Wattenmeer 15 km.

06536 Südharz-Stolberg — €3,00 — <6m

Freizeitbad Thyragrotte, Thyratal 5 A, ☎ 034654/454
Auf dem Parkplatz des Freizeitbades

POS: 51°33'48.81"N/10°57'29.91"E, Karte D7 (S. 10), A4
Platz: = 3 auf Asphalt, Rasengittersteinen. Aufenthalt max. 2 Tage. Bitte die hinteren Stellplätze auf dem Parkplatz nutzen. Freizeitbad momentan wegen umfangreicher Sanierungsmaßnahmen nur eingeschränkt geöffnet. Ganzjährig geöffnet.
Preis: 3 €. Kurtaxe 2,20 €/Pers. Buchbar ausschließlich unter https://shop.gemeinde-suedharz.de/shop/wohnmobilstellplaetze. Bezahlung der Kurtaxe in der Tourist-Information.
Kontakt: Tourist-Information Stolberg, Niedergasse 17, Frau Claudia Hacker, ☎ 034654/454, TI@rossla.de, www.gemeinde-suedharz.de.
Distanz: 0,5 km (im Freizeitbad), 0,5 km, 0,9 km, 0,9 km.
Freizeit: 0,1 km (E-Bike-Verleih). Angeln, Schwimmen, Freizeitbad Thyragrotte (täglich von 10:00-19:00 Uhr), Wanderwege 0,3 km, Stadtführungen 0,9 km, Markt 0,9 km.
POI: Stadtkirche St. Martini 1 km, Stolberger Schloss 1,5 km, Josephskreuz Aussichtsturm 7,5 km.

06536 Südharz-Stolberg — €3,00 — <8m

Parkplatz am Bahnhof, Am Bahnhof, ☎ 034654/454
Auf dem Bahnhofparkplatz

POS: 51°34'0.72"N/10°57'23.78"E, Karte D7 (S. 10), A4
Platz: = 5 auf Asphalt. Aufenthalt max. 2 Tage. Ganzjährig geöffnet.
Preis: 3 €. Kurtaxe (ab 18 J.) 2,20 €/Pers., Kurtaxe (7-17 J.) 1,50 €/Pers. Bezahlung der Kurtaxe in der Tourist-Info, Niedergasse 17.
Kontakt: Tourist-Information Stolberg, ☎ 034654/454, ti@rossla.de, www.gemeinde-suedharz.de.
Distanz: 0,1 km, 0,2 km, weitere Restaurants in 0,8 km, 0,8 km, 0,8 km.
Freizeit: Wanderung auf den Bandwegen rund um Stolberg, Schloss-/Museums-/Stadtführungen, Rundwanderung zum Josephskreuz (Aussichtsturm bei Stolberg) 9 km.
POI: Historische Fachwerkstadt 0,8 km, Museum Kleines Bürgerhaus 0,8 km, Museum Alte Münze 0,8 km, Stolberger Schloss 1,5 km.

06536 Südharz-Stolberg — €3,00 — <12m

Parkplatz am Rittertor, Am Rittertor, ☎ 034654/454 In ruhiger Ortsrandlage, nahe beim Aufgang zum Schloss

POS: 51°34'34.62"N/10°56'45.57"E, Karte D7 (S. 10), A4
Platz: = 5 auf Asphalt. Kurtaxe in der Tourist-Information Niedergasse 17 bezahlen. Ganzjährig geöffnet.
Preis: 3 €. Kurtaxe 2,20 €/Pers. Buchbar unter https://shop.gemeinde-suedharz.de/shop/wohnmobilstellplaetze/ .
Kontakt: Tourist-Information Stolberg, Niedergasse 17, Claudia Hacker, ☎ 034654/454, TI@rossla.de, www.gemeinde-suedharz.de.
Distanz: 0,6 km, 0,6 km, 0,8 km, 1,4 km.
Freizeit: 1,5 km (E-Bike-Verleih am Bahnhof). Schloss-, Museums- und Stadtführungen, Freizeitbad Thyragrotte.
POI: Stolberger Schloss 0,5 km, Museen, Rathaus und Stadtkirche 0,6 km, Josephskreuz Aussichtsturm 7,5 km.

98527 Suhl — €3,50 — <10m

Stellplatz am Congress Centrum, Werner-Seelenbinder-Straße, ☎ 03681/788405
Zentrumsnah, nahe der Bahnlinie

POS: 50°36'39.00"N/10°41'11.00"E, Karte D11 (S. 14), A2
Platz: = 5 auf Asphalt. Ganzjährig geöffnet.
Preis: 3,50 €. Mo-Fr (8:00-19:00 Uhr), Sa (8:00-15:00 Uhr) 0,50 €/h, sonst gebührenfrei.
Kontakt: Tourist-Information, ☎ 03681/788405, touristinformation@suhl-ccs.de, www.suhl-tourismus.de.
Distanz: 0,2 km, 0,2 km, 0,2 km, 0,2 km.
Gastro: Mehrere Restaurants im Congress Centrum Suhl.
Freizeit: Erlebnisbad Ottilienbad gegenüber vom Parkplatz, Stadtbesichtigung.
POI: Waffenmuseum Suhl 0,2 km, Fahrzeugmuseum Suhl 0,2 km.

98528 Suhl-Schmiedefeld — €3,00 — <12m

Am Sportplatz, Sportplatzstraße, ☎ 036782/61324
Nahe Rennsteig inmitten des Biosphärenreservates Thüringer Wald

POS: 50°36'5.73"N/10°48'57.12"E, Karte D11 (S. 14), A2
Platz: = 20 auf Pflaster. Dusche/WC im Rennsteighaus (0,3 km). Ganzjährig geöffnet.
Preis: 3 € inkl. aller Personen. Kurtaxe 2 €/Pers.
Kontakt: Touristeninformation Schmiedefeld, ☎ 036782/61324, schmiedefeld.fva@t-online.de, www.schmiedefeld.de.
Distanz: 0,1 km, weitere Restaurants in 0,3 km, 0,3 km, 0,3 km, 0,3 km.
Gastro: Café Kurpark 0,1 km.
Freizeit: 0,5 km, 11 km, 0,3 km. Beschildertes Wanderwegenetz (Vessertal, Urwaldpfad und Erlebnispfad beginnend am Platz), Infozentrum Biosphärenreservat Thüringer Wald 0,3 km, Tierpark Suhl 11 km, Sportstätten und Rennsteiggarten Oberhof 18 km.
POI: Wilderermuseum 0,3 km, Besucherbergwerk Schwarze Crux 2 km, Rennsteigbahnhof 2 km, Bunkermuseum Rennsteighöhe 3 km, Waffen-/Fahrzeugmuseum Suhl 11 km, Goethe-Haus in Ilmenau 15 km.

98711 Suhl-Vesser — gratis — <8m

Kulturzentrum Offenstall, Roter Crux, ☎ 036782/60419
Im Biosphärenreservat Thüringer Wald

POS: 50°35'56.15"N/10°47'29.54"E, Karte D11 (S. 14), A2
Platz: = 3 auf Naturboden, Wiese, Rasengittersteinen. Ganzjährig geöffnet.
Preis: Übernachtung gratis. Kurtaxe 2 €/Pers. Kurtaxe Kind 1 €.
Kontakt: Familie Wagner, ☎ 036782/60419, ingeborg.wagner@roter-crux.de, www.vesser.de.
Distanz: 0,1 km, 0,7 km, weitere Restaurants in 1 km, 1 km, 3 km.
Freizeit: 8 km, 15 km. Nordic-Fitness-Park, Minigolf 1 km.
POI: Herbert-Roth-Ausstellung mit Heimatstube 0,5 km, Naturschutzausstellung 0,5 km, Fachwerkkirche 1 km, Besucherbergwerk Schwarzer Crux 4 km.

17168 Sukow-Levitzow — €15,00 — <8m

Landhaus Levitzow, An der Landstraße 13, ☎ 039975/70257
Auf dem Parkplatz des Landhotels

POS: 53°50'52.74"N/12°35'31.29"E, Karte D3 (S. 6), D3
Platz: = 3 auf Pflaster, Asphalt. =2. wird empfohlen. WC während der Restaurantzeiten. Ganzjährig geöffnet. Ausnahme: 3.2.-19.2.
Preis: 15 € inkl. WLAN. Strom 5 €. Für Restaurantgäste 5 €.
Kontakt: Cornelia Brion, ☎ 039975/70257, info@landhaus-levitzow.de, www.landhaus-levitzow.de.
Distanz: 0 km, weitere Restaurants in 6 km, 0,8 km, 4 km.
Gastro: Am Platz, Mo + Do-Fr 17:00-21:00 Uhr, Sa-So 11:30-21:00 Uhr, Di-Mi Ruhetag.
Freizeit: 10 km, 20 km, 10 km. Kummerower See 36 km.
POI: Ostsee, Müritz, Stralsund.

27232 Sulingen — gratis — <10m

Stellplatz am Stadtsee, Kornstraße, ☎ 04271/880 Öffentlicher Parkplatz am Sulinger Stadtsee

2021 geprüft

POS: 52°40'34.45"N/8°48'3.27"E, Karte D6 (S. 9), F1
Platz: = 10 auf Pflaster. =6 CHEM GRAU. Im Sommer stark frequentiert durch Badegäste, WC im Café am Stadtsee auf der anderen Seeseite. Ganzjährig geöffnet.
Preis: Übernachtung gratis inkl. Entsorgung. Strom 0,50 €/kWh, Wasser 1 €/100 l.
Kontakt: Stadt Sulingen, ☎ 04271/880, stadt@sulingen.de, www.sulingen.de.

S

Distanz: 0,6 km, 0,6 km, Ⓗ 1 km, 1,2 km.
Freizeit: 0,3 km, 1 km, 1 km. Stadtführungen, Betriebsbesichtigung, Badesee im Naherholungsgebiet Stadtsee 0,3 km, geführte Radtouren 1 km, Sportpark 2 km.
POI: Kunst im Straßenraum, Heimatmuseum am Stadtsee 0,7 km, Altstadt mit Fachwerk 1 km.

72172 Sulz am Neckar — gratis — <8 m

Wohnmobilstellplatz Sulz am Neckar, Ludwigstraße, ☎ 07454/96500
Am westlichen Neckarufer, direkt am Stadtpark Wöhrd

2020 geprüft

POS: 48°21'50.00"N/8°38'12.03"E, Karte D14 (S. 17), E3
Platz: P / = 6 auf Pflaster. CHEM GRAU. Kiosk mit Bootsverleih. Öffentliches WC (150 m). Ganzjährig geöffnet.
Preis: Übernachtung gratis. Strom 0,50 €/kWh, Wasser 1 €/60 l, Entsorgung 1 €.
Kontakt: Stadt Sulz am Neckar, ☎ 07454/96500, stadtverwaltung@sulz.de, www.sulz.de.
Distanz: 0,2 km, Ⓗ 0,2 km, 0,5 km, 0,5 km, weitere Restaurants in 0,9 km.
Freizeit: 2 km. Aussichtspunkte (Gähnender Stein; Schillerhöhe), Kartbahn, Solefreizeitbad Susolei 2 km, Kanu-Verleih 3 km (in Sulz-Fischingen).
POI: Bauernfeind-Ausstellung 1 km, Burgruine Albeck Sulz 2,5 km, Römerkeller Kastell 3 km, Burgruine Wehrstein Fischingen 6 km.

92237 Sulzbach-Rosenberg — gratis — <10 m

Wohnmobilstellplatz Sulzbach-Rosenberg, Bayreuther Straße, ☎ 09661/510110
Am Rande der Altstadt

POS: 49°30'20.66"N/11°44'42.18"E, Karte D11 (S. 14), C4
Platz: P = 4 auf Schotter. =4 (16 A) CHEM GRAU. Leinenpflicht für Hunde. Aufenthalt max. 3 Tage. Campingverhalten nicht erlaubt. Anfahrt 24 h. Ganzjährig geöffnet.
Preis: Übernachtung gratis. Strom 0,50 €/kWh, Wasser 1 €/3 min.
Kontakt: Stadt Sulzbach-Rosenberg, ☎ 09661/510110, tourist-info@sulzbach-rosenberg.de, www.suro.city.
Distanz: 0,2 km, 0,2 km, 0,2 km, Ⓗ 0,2 km.
Gastro: Restaurants/Cafés unter www.suro.city.
Freizeit: 3 km. Sportpark mit Squash, Kegeln, Tennis, Klettern, Fitness-Studio 0,5 km.
POI: Historische Altstadt 0,2 km, Literaturarchiv 0,3 km, Stadtmuseum und Schlossanlage 0,5 km, Erstes Bayerisches Schulmuseum 2 km.

67734 Sulzbachtal — gratis — <8 m

Wohnmobilstellplatz Sulzbachtal, Pferchstraße/Bahnhof, ☎ 06308/993128 Auf dem Wanderparkplatz am Bahnhof Untersulzbach

POS: 49°31'19.30"N/7°39'48.04"E, Karte D9 (S. 12), C4
Platz: = 4 auf Schotter. Anfahrt 9:00–21:00 Uhr. Geöffnet: 24.2.- 31.12.
Preis: Übernachtung gratis.
Kontakt: Gemeinde Sulzbachtal, ☎ 06308/993128, www.otterbach-otterberg.de.
Distanz: Ⓗ 0 km, 0,3 km.
Freizeit: Radfahren, Wandern (Startpunkt des Premiumwanderweges Teufelstour).
POI: Keltengrab, Museum Otterberg, Glockenturm, Steinbruch mit Geo-Informationstafel.

79295 Sulzburg — €21,00 — <12 m

Camping Sulzbachtal, Sonnmatt 4, ☎ 07634/592568 Direkt am Naturbadesee, am Ortseingang von Sulzburg

POS: 47°50'52.36"N/7°41'53.74"E, Karte D13 (S. 16), C4
Platz: P = 15 auf Schotter. =14 (16 A) WC CHEM GRAU. Naturschwimmbad direkt am Platz. R wird empfohlen. Ganzjährig geöffnet.
Preis: 21 € inkl. Wasser, Entsorgung, Dusche, WC, Müll-Entsorgung. Kind (3-15 J.) 6,10 €, Strom 0,80 €/kWh, Kurtaxe 1,60 €/Pers., WLAN ab 1 €, Hund 3,10 €. Jede weitere Pers. 7,50-8,40 €. KONUS-Gästekarte.
Kontakt: Roland Grommek, ☎ 07634/592568, a-z@camping-sulzbachtal.de, www.camping-sulzbachtal.de.
Distanz: 0,1 km, weitere Restaurants in 1 km, Ⓗ 0,2 km, 1 km, 1 km.
Gastro: Pizzeria Adler 0,1 km, Di-Fr + So 11:00-14:00 Uhr und 17:00-22:30 Uhr, Sa 17:00-22:30 Uhr, Mo Ruhetag.
Freizeit: 10 km. Naturbadesee.
POI: Landesbergbaumuseum 1 km, Kirche St. Cyriak 1 km, Römervilla Urbana 3 km.

85254 Sulzemoos — gratis — <12 m

Der Freistaat Caravaning and More, Ohmstraße 16, ☎ 08135/937100
Auf dem Betriebsgelände mit Werkstätten und Zubehörmarkt

2021 geprüft

POS: 48°16'55.58"N/11°15'37.88"E, Karte D15 (S. 18), B3
Platz: P = 40, = 10 (<12 m) auf Rasengittersteinen. WC CHEM GRAU. Anfahrt 24 h, nachts bewacht, Verkehrslärm von der A8 hörbar. Ganzjährig geöffnet.
Preis: Übernachtung gratis inkl. Entsorgung, Müll-Entsorgung, WLAN. Strom 1 €/kWh, Wasser 0,50 €/40 l.
Kontakt: B. Glück GmbH, ☎ 08135/937100, info@derFreistaat.de, www.derFreistaat.de.
Distanz: 0 km, weitere Restaurants in 0,6 km, Ⓗ 0,6 km, 0,8 km, 3,5 km (Metzgerei Braun Wiedenzhausen).
Gastro: Freistaat Bistro Di-Sa 10:00-16:00 Uhr.
Freizeit: 2 km. Golfplatz 5 km.

97320 Sulzfeld/Main — €15,00 — <12 m

Wohnmobilstellplatz Weingut Bernard, Am Maustal 1, ☎ 09321/24270 Direkt am Weingut im Grünen

POS: 49°42'8.38"N/10°7'36.20"E, Karte D10 (S. 13), H4
Platz: P = 6 auf Schotterrasen. CHEM GRAU. Wasser nur außerhalb der Frostperiode. R wird empfohlen. Ganzjährig geöffnet.
Preis: Ab 15 € inkl. Wasser, Entsorgung, WLAN. Strom 0,80 €/kWh. Inkl. Weinprobe. Aktuelle Preise auf Website abrufbar.
Kontakt: Weingut Bernard, Robert Bernard, ☎ 09321/24270, info@weingut-bernard.de, www.weingut-bernard.de.
Anfahrt: Große Mobile besser über Kitzingen anfahren.
Distanz: Ⓗ 0,6 km, 0,6 km, 0,8 km, 4,9 km.
Gastro: Gasthaus zum Goldenen Löwen.
Freizeit: Weindegustationen.
POI: Altstadt.

97320 Sulzfeld/Main — €10,00 — <10 m

Wohnmobilstellplatz Weingut Staudt, Am Maustal 3, ☎ 09321/6826 Am Ortsrand

POS: 49°42'10.28"N/10°7'26.94"E, Karte D10 (S. 13), H4
Platz: = 14 auf Wiese. CHEM GRAU. R Anmeldung erwünscht, Mo-Fr 9:00-12:00, 13:00-18:00 Uhr, Sa 9:00-12:00, 13:00-16:00 Uhr, So Ruhetag. Anfahrt bis 18:00 Uhr. Ganzjährig geöffnet.
Preis: 10 €. Strom 2 €. Weinkauf erwünscht.
Kontakt: Familie Staudt, ☎ 09321/6826, info@weingut-staudt.de, www.weingut-staudt.de.
Distanz: 1 km, Ⓗ 1 km, 1 km, 3 km.
Freizeit: Weinprobe auf Anfrage, Badebucht alte Fähre 0,5 km.
POI: Sulzfeld am Main 1 km.

S

97529 Sulzheim €15,00

<10m

Landgasthof Goldener Adler, Otto-Drescher-Straße 12, ☎ 09382/7038
Im Garten und Hof hinter dem Gasthof

POS: 49°56'50.03"N/10°20'28.15"E, Karte D10 (S.13), H3
Platz: P = 2 auf Pflaster, Wiese. =4 (16 A) WC GRAU. Anfahrt 24 h. Ganzjährig geöffnet. Ausnahme: Mitte Aug-Ende Aug und Weihnachtsfeiertage geschlossen.
Preis: 15 € inkl. Strom, Wasser, WC, Müll-Entsorgung, WLAN. Dusche 5 €.
Kontakt: Familie Fischer, ☎ 09382/7038, info@goldener-adler-sulzheim.de, www.goldener-adler-sulzheim.de.
Anfahrt: Enge Einfahrt.
Distanz: 0 km, weitere Restaurants in 6 km, 0,1 km, Ⓗ 0,5 km.
Gastro: Restaurant mit Biergarten im Innenhof, So-Do 11:30-13:30 Uhr und 16:30-21:00 Uhr, Fr-Sa Ruhetag. Frühstücksservice (auf Anfrage).
Freizeit: 5 km, 5 km. Bowlingbahn, Erlebnisbad Geomaris und Kartbahn in Gerolzhofen 5 km, Wander-/Radwege im Naturpark Steigerwald 5 km, Mainschleifenrundfahrt bei Volkach 10 km.
POI: Schloss Sulzheim, viele alte Kapellen und Klöster.

59846 Sundern/Sauerland-Amecke €17,00

<8m

Stellplatz Campen am Damm, Am Amecker Damm 2, ☎ 0171/8636584
Direkt am Ufer des Vorbeckens des Sorpesees

POS: 51°18'27.52"N/7°56'26.99"E, Karte D5 (S.8), D5
Platz: P = 40 auf Schotterrasen. WC CHEM GRAU. R Anreisezeiten täglich von 10:00-12:00 Uhr und 15:00-18:00 Uhr. Ganzjährig geöffnet.
Preis: Ab 17 € inkl. Strom, Wasser, Entsorgung, WLAN. Hund 4 €. Jede weitere Pers. (ab 15 J.) 7-10 €, Kind (4-14 J.) 4-7 €. Je nach Saison 21-28 €.
Kontakt: Sorpesee GmbH, Herr Ashölter, Mobil: 0171/8636584, camping-am-damm@sorpesee.de, www.sorpesee.de.
Distanz: 0,1 km, 1,3 km.
Gastro: Heimathafen. Restaurant Airnah.
Freizeit: Tretbootverleih, Airlebnisweg Amecke, Badesee.

> Sie haben einen neuen Stellplatz entdeckt? Dann teilen Sie uns diesen mit per E-Mail an **bordatlas@doldemedien.de** oder über das Online-Meldeformular unter **www.bordatlas.de/meldung**

59846 Sundern/Sauerland-Langscheid €12,00

<10m

Wohnmobilstellplatz Sorpesee, Zum Sorpedamm/Schirmbar Langscheid, ☎ 02935/9699015 Direkt am Sorpesee

POS: 51°21'16.70"N/7°57'54.34"E, Karte D5 (S.8), D5
Platz: P = 21 auf Asphalt, Kiesel. CHEM GRAU. Auffahrkeile erforderlich. Schrankensystem. Ganzjährig geöffnet.
Preis: 12 € inkl. Entsorgung.
Kontakt: Sorpesee GmbH, ☎ 02935/9699015, info@sorpese.de, www.sorpesee.de.
Distanz: 0,5 km, 0,6 km, 2,7 km.
Freizeit: Tretbootverleih und Schiffsanlegestelle, Minigolf, Kurpark mit Kurbad und Panoramasauna Sorpesee.

59846 Sundern/Sauerland-Langscheid €28,00

<8m

Zeltplatz 3-Nordic-Familienpark Sorpesee, Am Sorpesee 193, ☎ 0175/4397062 Direkt am Seeufer

POS: 51°20'14.06"N/7°56'13.30"E, Karte D5 (S.8), D5
Platz: = 5 auf Wiese. =5 WC CHEM GRAU. R Anreise bis 17:00 Uhr. Geöffnet: 1.4.-31.10.
Preis: 28 € inkl. Strom, Wasser, Entsorgung, WLAN. Jede weitere Pers. 10 €, Kind (4-14 J.) 7 €, Dusche 1 €, Hund 4 €.
Kontakt: Sorpesee GmbH, Frau Tuchel, ☎ 0175/4397062, baumhaus@sorpesee.de, www.sorpesee.de.
Distanz: 0,1 km.
Gastro: Kiosk und Restaurant Meilenweit.
Freizeit: Volleyballfeld, Anlegestelle MS Sorpesee, Hochseilgarten, Wander- und Radrundweg, Badesee 0,1 km.

26903 Surwold €12,00

<8m

Privatplatz Klapper, Papenburger Straße 57, ☎ 04965/489
Auf privatem Gelände am Splittingkanal

POS: 53°1'4.00"N/7°29'4.00"E, Karte D5 (S.8), C1
Platz: P = 10 auf Pflaster, Wiese. =6 (16 A) WC CHEM GRAU. Waschmaschine/Trockner. Anfahrt bis 21:00 Uhr. Ganzjährig geöffnet.
Preis: 12 € inkl. Wasser, Entsorgung, Dusche, WC, Müll-Entsorgung. Jede weitere Pers. 1 €, Strom 1 €, Waschmaschine/Trockner je 2 €.
Kontakt: Udo Klapper, ☎ 04965/489, Mobil: 0163/5372593, privatvermietung.klabber@yahoo.com, www.deutschland-monteurzimmer.de.
Distanz: Ⓗ , 1 km, 1 km, 3 km.
Freizeit: 6 km, 10 km. Torfstechen, Angeln, Sommerrodelbahn 6 km, Minigolf 6 km, Märchenwald 6 km, Besichtigung und Hafenrundfahrt an der Meyer Werft 12 km.
POI: Freilichtmuseum 5 km, Waldmuseum 6 km.

23701 Süsel €18,00

<8m

Seepark Süsel, Süseler Moor 6, ☎ 0170/3575007 In ruhiger Lage am Badesee mit Blick auf die Wasserski-Anlage

POS: 54°4'24.03"N/10°41'6.00"E, Karte D3 (S.6), A3
Platz: P = 80 auf Schotterrasen. WC CHEM GRAU. Leinenpflicht für Hunde. R Anfahrt 24 h. Im Winter ohne Sanitäreinrichtungen. Hunde nach Voranmeldung.
Preis: 18 € inkl. Dusche, WC, Müll-Entsorgung. Kind (ab 17 J.) 10 €, Kind (6-16 J.) 7 €, Wasser 1 €, Entsorgung 1 €, WLAN 4 €/Tag, Hund 4 €.
Kontakt: Familie Rumpel, ☎ 0170/3575007, camping@suesel-seeparx.de, www.suesel-seeparx.de.
Distanz: Ⓗ 0,4 km, 2 km, 5 km, 9 km.
Gastro: Brötchenservice (per WhatsApp buchbar).
Freizeit: 8 km, 8 km. Schwimmen, Angeln, Wasserski, Middelburger See 0,2 km, Hansa Park in Sierksdorf 6 km, Therme Scharbeutz 8 km, Sealife, Timmendorfer Strand 14 km.
POI: Ostsee 5 km, Eutin mit Schloss 9 km, Altstadt von Lübeck 25 km.

23779 Sütel-Strand €16,00

>12m

Wohnmobilhafen Seepark Sütel, Sütel 1001, ☎ 04365/322 Separates Areal neben dem Campingplatz

POS: 54°20'1.35"N/11°3'58.35"E, Karte D3 (S.6), A2
Platz: = 30 auf Wiese, Rasengittersteinen. =30 (16 A) WC CHEM GRAU. Geöffnet: Apr-Mitte Okt.
Preis: 16 € inkl. Strom, Wasser, Entsorgung, WC, Müll-Entsorgung, Kurtaxe.
Kontakt: Harald Höper, ☎ 04365/322, www.seepark-suetel.de.
Distanz: 2 km, Ⓗ 2 km, weitere Restaurants in 2 km Entfernung, 2 km.
Freizeit: 5 km, 5 km.
POI: Fehmarnsundbrücke 24 km.

28857 Syke gratis

<8m

Parkplatz am Hallenbad Syke, Am Lindhof 3, ☎ 04242/164222 Am Hallenbad

POS: 52°54'16.32"N/8°49'31.68"E, Karte D6 (S.9), F1
Platz: P = 3, = 3 (<9 m) auf Rasengittersteinen. WC. WC gegen Eintritt im Bad. Bis 22:00 Uhr beleuchtet. VE in Heiligenfelde vor dem Landmaschinenhandel. Ganzjährig geöffnet.
Preis: Übernachtung gratis.
Kontakt: Stadt Syke, ☎ 04242/164222, kultur@syke.de, www.syke.de.
Distanz: 1 km, 1 km, 1 km, Ⓗ 1,5 km, E 5,4 km (New-Tec West Vertriebsgesellschaft für Agrartechnik mbH, Hannoversche Straße 45, 28857 Syke).
Freizeit: 3 km, 3 km. Wander- und Radwege, Skater-Anlage und Bolzplatz in der Nähe, Jazz Folk & Bike Anfang Juni www.jazzfolkbike.de, Gästeführungen (Programm siehe Website).
POI: Amtshof mit Ringwallanlage 1 km, Waldgebiet Friedeholz mit Kunstpfad und Hügelgräberfeld 1,5 km, Kreismuseum Syke 1,5 km, Wassermühle Barrien 4 km.

28857 Syke-Barrien €10,00

<10m

Stellplatz Handwerkerhof, Handwerkerhof 10, ☎ 04242/780044
Am Ortsrand

POS: 52°56'58.28"N/8°49'53.38"E, Karte D6 (S.9), F1
Platz: = 6 auf Pflaster. CHEM GRAU. Ganzjährig geöffnet.
Preis: 10 € inkl. Wasser, Entsorgung. Strom 2,50 €. VE für Durchreisende 3 €.

S

Kontakt: Olaf Büntemeyer, ☎ 04242/780044, info@cbrw.de, www.cbrw.de.
Distanz: 0,4 km, Ⓗ 0,6 km, 0,9 km, 1,8 km.

08548 Syrau €10,00

Stellplatz an der Drachenhöhle, Paul-Seifert-Straße, ☎ 037431/3735 <10m
Neben dem Höhlenpark

POS: 50°32'33.00"N/12°4'60.00"E, Karte D11 (S. 14), C2
Platz: P = 3 auf Asphalt, Sand/Splitt. =3 (16 A). Gasflaschentausch 3 km.
Preis: 10 € inkl. Strom. WC 0,20 €. 1.4.-31.10. 10 €. Kleingeld bereithalten, parken zum Besuch der Drachenhöhle - wie PKW-Tarif.
Kontakt: EB Drachenhöhle Windmühle Syrau, Frau Bauer, ☎ 037431/3735, info@syrau.de, www.syrau.de.
Distanz: 0,1 km, weitere Restaurants in 0,2 km, 0,2 km, Ⓗ 0,3 km, 2 km.
Freizeit: 5 km, 8 km. Schwimmen, Besichtigungen mehrerer Museen, Kartbahn 7 km.
POI: Drachenhöhle, Windmühle 1,2 km, Musikinstrumentemuseum 3 km, Plauen, Talsperren 15 km.

T

99897 Tambach-Dietharz €10,00

Festplatz Tambach-Dietharz, Burgstallstraße, ☎ 036252/34428 <8m
Neben dem Stadtpark in der Nähe vom Haus des Gastes

POS: 50°47'20.61"N/10°36'32.03"E, Karte D11 (S. 14), A1
Platz: P = 4 auf Schotter. =4 (16 A). Anmeldung und Bezahlung im Haus des Gastes (0,4 km). Ganzjährig geöffnet.
Preis: 10 € inkl. Strom, Wasser, Müll-Entsorgung. Kurtaxe (ab 18 J.) 1,50 €/Pers., Kurtaxe (6-17 J.) 0,70 €/Pers.
Kontakt: Stadt Tambach-Dietharz, ☎ 036252/34428, tourismus@tambach-dietharz.de, www.tambach-dietharz.de.
Distanz: , 0,2 km, Ⓗ 0,3 km, 0,3 km, 2,5 km (Kläranlage, Seeberger Fahrt, 99897 Tambach-Dietharz).
Gastro: Gasthaus zum Bären.
Freizeit: 1 km, 12 km, 0,3 km. Minigolf, Sauna, Kegelbahn im Haus des Gastes 0,3 km, zahlreiche markierte Wanderwege 0,5 km, Kneippbecken 1 km, Spitterfall 5 km, Bergsee Eberstwiese 8 km.
POI: Technisches Museum Sägewerk (Führungen Mai-Okt, Mi 10:00 Uhr), Heimatmuseum 1 km (Führungen auf Anfrage in der Tourist-Info), Alte Tambacher Talsperre 2 km (Führungen Mai-Okt, So 10:00 Uhr), Schmalwassertalsperre 4 km, Kletterfelsen Falkenstein 8 km.

39590 Tangermünde €23,00

Privater Wohnmobil- und Wohnwagenplatz, Storchenweg 7, ☎ 039322/42329 <12m
In ruhiger Lage am östlichen Stadtrand

POS: 52°32'12.07"N/11°57'17.70"E, Karte D7 (S. 10), C2
Platz: = 3 auf Wiese. WC GRAU. Bootshaus, Sauna. B wird empfohlen. Geöffnet: Mai-Okt.
Preis: 23 € inkl. Strom, Wasser, Entsorgung, Dusche, WC, Müll-Entsorgung. Preisänderung 2023 möglich.
Kontakt: Bernd Vogler, ☎ 039322/42329, Mobil: 0171/7394865, bernd-vogler@gmx.de, www.tourismus-tangermuende.de.
Distanz: Ⓗ 0,2 km, 0,5 km, 0,7 km, 0,8 km.
Freizeit: 2 km, 1,4 km.
POI: Altstadt Tangermünde 1,9 km.

39590 Tangermünde €12,00

Wohnmobilstellplatz Tangermünde, Klosterberg, ☎ 039322/930 Teil des öffentlichen Parkplatzes am Tanger <10m

POS: 52°32'16.41"N/11°58'6.47"E, Karte D7 (S. 10), C2
Platz: P = 40 auf Rasengittersteinen. =50 (16 A) WC CHEM GRAU. Leinenpflicht für Hunde. Aufenthalt max. 2 Tage. Öffentliches WC in 0,2 km. Ganzjährig geöffnet.
Preis: 12 € inkl. aller Personen, Strom, Wasser, Entsorgung, Müll-Entsorgung. 12 €/24 h, 24 €/48 h.
Kontakt: Stadt Tangermünde, ☎ 039322/930, karoline.kinne@tangermuende.de, www.tangermuende.de.
Distanz: 0,3 km, 0,3 km, Ⓗ 1 km, 1,5 km.
Gastro: Zahlreiche Restaurants in der Altstadt.
Freizeit: 2 km, 0,5 km, 0,2 km. Museumsbesuche, Stadtführung, Anlegestelle für Wassersportler 0,1 km, Fahrgastschifffahrt 0,5 km, Erholungscenter mit Schwimm-/Sauna-/Fitnessbereich 0,5 km.
POI: Altstadt mit zahlreichen Fachwerkhäusern 0,2 km, Stadtmauer, Türme und Tore der Backsteingotik 0,2 km, Rathaus 0,3 km, Burganlage 0,5 km, St. Stephanskirche 0,5 km.

36142 Tann/Rhön €7,00

Wohnmobilstellplatz Am Unsbach, Festplatz am Unsbach, ☎ 06682/961111 Beim Festplatz, im Grünen <8m

POS: 50°38'30.00"N/10°1'5.00"E, Karte D10 (S. 13), H2
Platz: P = 10 auf Schotterrasen, Schotter. =8 (16 A) CHEM GRAU. Aufenthalt max. 3 Tage. Ganzjährig geöffnet.
Preis: 7 € inkl. Entsorgung. Strom 1 €/6 h, Wasser 1 €/ca. 120 l. Bezahlung in Münzen oder mit EC-Karte am Automat.
Kontakt: Tourist-Info Tann/Rhön, ☎ 06682/961111, tourist-info@tann-rhoen.de, www.tann-rhoen.de.
Distanz: 0,5 km, 0,5 km, weitere Restaurants in 0,5 km Entfernung, 0,5 km, Ⓗ 0,5 km.
Freizeit: 0,5 km, 0,5 km. Milseburgradweg, Rhönradweg.
POI: Tanner Schlossanlage 0,3 km, Naturmuseum 0,3 km, Tanner Stadttor und Kirche 0,3 km, Museumsdorf 0,3 km, Elf-Apostel-Haus 0,3 km.

92723 Tännesberg €21,00

Campingplatz Waldkraft, Tanzmühle 2, ☎ 09655/313 Kleines Campinggelände vor einer Schäferei am Ufer der Pfreimd <8m

POS: 49°33'22.64"N/12°16'42.48"E, Karte D11 (S. 14), D4
Platz: = 2 auf Wiese. =2 WC. B wird empfohlen. Um Voranmeldung wird gebeten. Ganzjährig geöffnet.
Preis: 21 € inkl. Wasser, Dusche, WC. Kind (5-12 J.) 2 €, jede weitere Pers. (12-18 J.) 4 €, jede weitere Pers. 8 €, Strom 0,50 €/kWh.
Kontakt: Thomas Müller, ☎ 09655/313.
Distanz: Ⓗ 1 km, 7 km, 7 km.

27412 Tarmstedt €6,00

Privatplatz Grabau, Bahnhofstraße 34, ☎ 04283/8018 Eingezäuntes, ebenes Gelände im Ortszentrum <10m

POS: 53°13'26.95"N/9°5'10.43"E, Karte D2 (S. 5), F5
Platz: P = 15 auf Schotter. =3 CHEM GRAU. Ganzjährig geöffnet.
Preis: 6 € inkl. Wasser, Entsorgung, Müll-Entsorgung. Strom 1 €/kWh.
Kontakt: Familie Grabau, ☎ 04283/8018, info@landtechnik-grabau.de, www.wohnmobilstellplatz-tarmstedt.de.
Distanz: 0,3 km, 0,5 km, 0,6 km, Ⓗ 0,7 km.
Gastro: Bauernreihe 8. Tarmstedter Hof. Olympia.
Freizeit: 3 km, 17 km, 3 km. Tennishalle 1 km, Moorlehrpfad 2 km, Teufelsmoor 5 km.
POI: Uhrenmuseum 1 km, urgeschichtliche Steingräber 2 km, Künstlerdorf Worpswede 15 km.

25881 Tating €26,00

MeerGrün-die Westküstenlodge, Martendorf 4, ☎ 04862/2019851 <12m
Im Ferienpark der nordfriesischen Halbinsel Eiderstedt, vor St. Peter-Ording in einer parkähnlichen Anlage

POS: 54°19'25.94"N/8°41'45.38"E, Karte D2 (S.5), E2
Platz: = 30, = 30 (< 12 m) auf Schotterrasen, Pflaster. =30 (16 A) CHEM GRAU . Waschmaschine/Trockner (je nach Programm). Anfahrt Mo-So 8:00-12:00 Uhr und 14:00-18:00 Uhr, im Winter 10:00-12:00 Uhr und nach Absprache. Wintercamping von Nov-März möglich. Ganzjährig geöffnet.
Preis: Ab 26 € inkl. Wasser, Entsorgung, Müll-Entsorgung, WC, WLAN. Jede weitere Pers. 7 €, Kind (2-14 J.) 5 €, Strom 3 €/5 kWh, Dusche 0,25 €/ min, Hund 4 €, Waschmaschine/Trockner (je nach Programm) 0,50 €/10 min. Preise für die Nebensaison siehe Website.
Kontakt: Frau Ibs-Korupp, ☎ 04862/2019851, info@meergruen-lodge.de, www.meergruen-camping.de.
Distanz: 0 km, weitere Restaurants in 0,5 km, 0,5 km, Ⓗ 0,5 km, 5 km.
Gastro: Kiosk am Platz. Cocktailbar Felix-Bar.
Freizeit: 6 km. Natur-Schwimmteich, Indoor-Spielscheune, Ordinger Strand 6 km.
POI: Hochdorfer Garten 0,2 km, Westerhever Leuchtturm 15 km.

Tipp

meerGrün die Westküsten-Lodge. Familienfreundlich & naturnah – Erholung pur! 6 km bis zum Hauptstrand von SPO und direkt am Radweg gelegen. Großzügige Anlage mit eingegrünten Einzelstellplätzen. Alle Plätze mind. 120 qm groß, mit Strom, Frisch- sowie Abwasser. Ausstattung: Indoorspielscheune, Natur-Schwimmteich, komfortable Einzelbadezimmer, Spielplatz, Beach-Volleyball-Feld, Brötchenservice, WLAN, Gastausch sowie ein kleiner Kiosk etc.

Hinweis der Redaktion: Aufgrund der wirtschaftlichen Lage und der andauernden Energiekrise kann es in 2023 zu noch nicht absehbaren Preiserhöhungen bei Service- und Übernachtungsgebühren kommen. Wir bitten um Verständnis und verweisen auf die **Bordatlas WebApp**. Die Stellplatzdaten werden dort laufend überarbeitet und stehen online stets aktuell zur Verfügung.

97941 Tauberbischofsheim gratis

Wohnmobilstellplatz an der Vitryallee, Vitryallee, ☎ 09341/80333 <8m
Vor dem städtischen Freibad an der Tauber

2020 geprüft

POS: 49°37'15.78"N/9°39'59.47"E, Karte D10 (S.13), G4
Platz: = 3 auf Asphalt. . Behindertengerechtes WC sowie Duschen im Freibad (Mai-Aug). Gasflaschentausch bei OBI, Möbel Schott und ZG Raiffeisenmarkt. Bei belegten Stellplätzen ist das Parken auf benachbarten Parkplätzen nach Absprache erlaubt. Ganzjährig geöffnet. Ausnahme: eine Woche Mitte Okt.
Preis: Übernachtung gratis.
Kontakt: Stadt Tauberbischofsheim, ☎ 09341/80333, tourismus@tauberbischofsheim.de, www.tauberbischofsheim.de.
Distanz: 0,2 km, 0,2 km, weitere Restaurants in 0,5 km, Ⓗ 0,4 km, 0,5 km.
Freizeit: 0,7 km. Nordic Walking, Altstadtrundgänge, Angeln, Rad- und Wanderwege, Paddeln.
POI: Altstadt, neugotisches Rathaus mit Glockenspiel, zahlreiche Fachwerkhäuser, Alte Post, Liebler-Haus, Peterskapelle, Stadtkirche St. Martin, St.-Lioba-Kirche, Kurmainzisches Schloss mit Türmersturm.

97285 Tauberrettersheim gratis

Wohnmobilstellplatz an der Tauberbrücke, Judenhof 1 - Rathaus, ☎ 0152/02029787 Auf einer Wiese in ruhiger Lage an der Tauberbrücke <8m

2020 geprüft

POS: 49°29'45.94"N/9°56'16.37"E, Karte D10 (S.13), G5
Platz: = 15 auf Wiese. . 4 weitere Stellplätze unterhalb der Buswendeplatte. Kein WC, Nutzung nur mit eigenem WC/Dusche im Camper/Womo. Ganzjährig geöffnet.
Preis: Übernachtung gratis.
Kontakt: Gemeinde Tauberrettersheim, Mobil: 0152/02029787, info@tauberrettersheim.de, www.tauberrettersheim.de.
Distanz: 0,2 km, weitere Restaurants in 0,3 km, 0,3 km, 3 km.
Gastro: Frühstück nach Anmeldung in den Gasthöfen Hirschen und Krone.
Freizeit: 7 km, 5 km, 3 km. Angeln, Bauernhofbesuche/Mühlenbesichtigung im Ort nach Absprache, Weinlese/-probe, Festspiele auf Burg Brattenstein 3 km.
POI: Schloss Weikersheim 3 km, Riemenschneider-altar/Fingerhutmuseum Creglingen 13 km.

91587 Tauberzell gratis

Landhaus Zum Falken, Tauberzell 41, ☎ 09865/941940 <8m
Stellflächen am Sportplatz, direkt an der Tauber

POS: 49°26'52.47"N/10°6'55.29"E, Karte D10 (S.13), H5
Platz: = 10 auf Rasengittersteinen. . Ganzjährig geöffnet.
Preis: Übernachtung gratis.
Kontakt: Landhaus Zum Falken, Lars Zwick, ☎ 09865/941940, info@landhaus-zum-falken.de, www.landhaus-zum-falken.de.
Distanz: 0 km, weitere Restaurants in 5 km, Ⓗ, 0,1 km, 8 km.
Gastro: Am Platz, Mi-So 11:30-14:00 Uhr und 17:00-21:30 Uhr, Mo-Di Ruhetag. Frühstück auf Anfrage, Mittag- und Abendessen. Brötchenservice.
Freizeit: 4 km, 10 km. Weinprobe, Bienenlehrpfad, Mitarbeit bei der Weinlese.
POI: Keltenwall 6 km, Riemenschneider-Altäre 8 km, Rothenburg o.d.T. 10 km.

91587 Tauberzell gratis

Wohnmobilstellplatz Am Tauberufer, Creglinger Straße, ☎ 09865/336 <12m
In ruhiger Lage an der Tauber

2022 geprüft

POS: 49°26'48.00"N/10°7'11.21"E, Karte D10 (S.13), H5
Platz: / = 10 auf Rasengittersteinen, Wiese. CHEM GRAU . Aufenthalt max. 2 Tage. Ganzjährig geöffnet.
Preis: Übernachtung gratis inkl. Entsorgung. Strom 1 €/2 kWh, Wasser 1 €/100 l. Spende erwünscht.
Kontakt: ☎ 09865/336, gemeinde@adelshofen.de, www.adelshofen.de.
Distanz: 0,2 km, 0,3 km.
Gastro: Landhaus zum Falken 0,4 km.
Freizeit: Tauberradweg, Angeln.

82024 Taufkirchen €11,00

Reisemobilstellplatz Dulipphof, Hochstraße 11, ☎ 089/6121266 Auf einem Bauernhof am Stadtrand von München <10m

POS: 48°2'23.00"N/11°37'17.58"E, Karte D15 (S.18), C3
Platz: = 10 auf Rasengittersteinen. =8 (6 A) CHEM GRAU . wird empfohlen. Anmeldung bis 19:00 Uhr. VE nur für Gäste, keine Sanitäranlagen. Ganzjährig geöffnet.
Preis: 11 € inkl. aller Personen, Wasser, Entsorgung. Strom 0,50 €/kWh. Anhänger für Boot, Motorrad und zusätzliche Pkw je 2 € pro Nacht.
Kontakt: Familie Maier, ☎ 089/6121266, dulipphof.maier@arcor.de, dulipphof.de.
Anfahrt: Keine Feinstaubplakette bis zum Stellplatz nötig.
Distanz: Ⓗ 0,1 km, 0,5 km, weitere Restaurants in 1 km, 1 km, 1 km.

T

Freizeit: 3 km, 4,5 km. Naturbad Furth 1,8 km, Erlebnisschwimmbad Ottobrunn 4,5 km.
POI: Jochen Schweizer Arena 3 km, Bavaria Filmstadt 11 km, München 14 km.

84416 Taufkirchen/Vils — gratis — <8m

Wohnmobilstellplatz Taufkirchen, Am Weidenhain, ☎ 08084/370
Am Ortsrand beim Weiden- und Skulpturenpark, angrenzend an die Vils

2021 geprüft

POS: 48°20'26.27"N/12°7'52.64"E, Karte D15 (S. 18), D2
Platz: = 4 auf Schotter. CHEM GRAU. Ganzjährig geöffnet.
Preis: Übernachtung gratis. Strom 1 €/2 kWh, Wasser 1 €/100 l.
Kontakt: Gemeinde Taufkirchen, ☎ 08084/370, verwaltung@taufkirchen.de, www.taufkirchen.de.
Distanz: 0,2 km, weitere Restaurants in 0,3 km, 0,4 km, Ⓗ 0,6 km, 0,6 km.
Gastro: Mehrere Restaurants in der Umgebung.
Freizeit: 1,5 km. Kinocafé, Waldbad, Vilstalradweg, Weidenhain (Skulpturenpark von Harry S. Seeholzer).
POI: Zwergerlwald, Urzeitmuseum 0,7 km, Wasserschloss 0,9 km.

07639 Tautenhain — €5,00 — <10m

Hotel Restaurant Zur Kanone, Dorfstraße 3, ☎ 036601/55920 Hotelparkplatz mit großem Garten am Ortseingang

2022 geprüft

POS: 50°55'18.13"N/11°54'53.63"E, Karte D11 (S. 14), C1
Platz: = 2 auf Pflaster, Rasengittersteinen, Wiese. =3 (16 A) WC. wird empfohlen. Ganzjährig geöffnet.
Preis: 5 € inkl. aller Personen, WLAN. Für Restaurantgäste kostenlos. Strom 1 €/24 h. WC auf Anfrage.
Kontakt: Hotel & Restaurant Zur Kanone, Jana Sörgel, ☎ 036601/55920, info@zur-kanone.de, www.zur-kanone.de/hotel/wohnmobil-stellplatz.
Distanz: 0 km, weitere Restaurants in 5 km, Ⓗ 0,1 km, 1 km, 4 km.
Gastro: Am Platz, Mo + Do 17:00-22:00 Uhr, Di-Mi 11:00-22:00 Uhr, Fr-Sa 11:00-23:00 Uhr, So 11:00-18:00 Uhr, warme Küche Mo+Do 17:00-20:30 Uhr, Di, Mi, Fr+Sa 11:30-20:30 Uhr, So 11:30-17:00 Uhr.
Freizeit: 5 km, 12 km, 4 km. Freiluftkegeln, Fahrt mit dem Pferdekremser, Flößen auf der Saale, Tischtennis, Sauna-Wellness-Park Soletherme Bad Klosterlausnitz 3 km.
POI: Eisenberger Mühltal 4 km, Köstritzer Schwarzbierbrauerei 7 km, Schlosskirche Eisenberg 12 km.

49545 Tecklenburg — gratis — <8m

Parkplatz Bismarckturm, Am Weingarten 46, ☎ 05482/93890
Öffentlicher Parkplatz am westlichen Stadtrand

POS: 52°13'15.23"N/7°48'2.20"E, Karte D5 (S. 8), D2
Platz: = 5 auf Asphalt. Ganzjährig geöffnet.
Preis: Übernachtung gratis. Von 20:00-8:00 Uhr kostenfrei. Von 8:00-20:00 Uhr Tagesticket 4,60 €.
Kontakt: Tecklenburg Touristik GmbH, ☎ 05482/93890, info@tecklenburg-touristik.de, www.tecklenburg-touristik.de.
Distanz: 0,1 km, 0,8 km, 1 km, Ⓗ 1 km.
Gastro: Hotel Bismarckhöhe 0,1 km.
Freizeit: 1 km. Freilichtspiele auf der Burg (Ende Mai-Anfang Sep) 0,5 km, Abenteuergolf 2,5 km.
POI: Otto-Modersohn-Museum 0,8 km, Altstadt 0,8 km, Puppenmuseum Tecklenburg 0,8 km, Wasserschloss Haus Marck 0,8 km.

49545 Tecklenburg-Ledde — gratis — <10m

Kemken's Landgasthof am Habichtswald, Osnabrücker Straße 37, ☎ 05456/1036 Auf dem Parkplatz des Landgasthofs in Waldnähe

POS: 52°14'54.00"N/7°51'34.00"E, Karte D5 (S. 8), D2
Platz: = 3 auf Asphalt. Ganzjährig geöffnet.
Preis: Für Restaurantgäste kostenlos. Einkehr obligat.
Kontakt: Familie Kemken, ☎ 05456/1036, info@kemken.de, www.kemken.de.
Distanz: 0 km, 5 km.
Gastro: Restaurant am Platz, Mi-Fr 17:00-22:00 Uhr, Sa-So 10:00-22:00 Uhr, Mo-Di Ruhetag. Frühstück auf Anmeldung.
Freizeit: Planwagenfahrt.
POI: Altstadt, Wasserschloss Haus Marck 5 km.

49545 Tecklenburg-Leeden — €15,00 — <10m

Regenbogen Ferienanlage Tecklenburg, Grafenstraße 31, ☎ 05405/1007
Wohnmobilhafen für kurzfristige Übernachtung

POS: 52°13'46.02"N/7°53'27.43"E, Karte D5 (S. 8), D2
Platz: = 100 auf Schotter. =30 (16 A) CHEM GRAU. Schwimmbad- und Wellnessbereich. Schranke an der Einfahrt öffnet sich automatisch. Anreise ab 17:00 Uhr, Abreise bis 11:00 Uhr. Geöffnet: 1.4.-31.10.
Preis: 15 € inkl. Wasser, Entsorgung, Müll-Entsorgung, WLAN. Jede weitere Pers. 6 €, Hund 4 €.
Kontakt: ☎ 05405/1007, 0431/2372370, tecklenburg@regenbogen.ag, www.regenbogen.ag.
Distanz: , 0 km, Ⓗ 0,5 km, 6 km.
Gastro: Restaurant Das Landhaus auf dem Camp, warme Küche 17:00-22:00 Uhr.
Freizeit: Animation von Ostern-Okt, Freilichtbühne Tecklenburg 6 km.
POI: 100 Burgen und Wasserschlösser im Münsterland.

48291 Telgte — gratis — <8m

Stellplatz Am Dümmert, Emstor, ☎ 02504/690100 Parkplatz zwischen der Durchgangsstraße und der Ems

POS: 51°59'5.19"N/7°47'29.95"E, Karte D5 (S. 8), D3
Platz: = 3 auf Sand/Splitt, Pflaster. =3. Wasser nur von Apr-Okt. Ganzjährig geöffnet.
Preis: Übernachtung gratis. Strom 1 €/kWh, Wasser 1 €/120 l.
Kontakt: Tourismus + Kultur Telgte, ☎ 02504/690100, tourismus@telgte.de, www.telgte.de.
Distanz: Ⓗ 0,2 km, 0,5 km, 0,5 km, 0,5 km.
Freizeit: 2 km, 0,3 km.
POI: Altstadt Telgte 0,5 km, Religio – westfälisches Museum für religiöse Kultur 0,5 km.

48291 Telgte — €15,00 — >12m

Stellplatz Münsterland-Lauheide, Lauheide 3, ☎ 0172/5366360 Von Hecken umgebenes, naturnahes Parkgelände

POS: 51°59'52.00"N/7°45'14.00"E, Karte D5 (S. 8), D3
Platz: = 80 auf Wiese. =60 (16 A) CHEM/Bio GRAU. nur bei Gruppen. Für Club-Treffen geeignet (bis zu 100 Fahrzeuge). Ganzjährig geöffnet.
Preis: 15 € inkl. Strom, Wasser, Entsorgung, Müll-Entsorgung, WLAN.
Kontakt: Stellplatz-Lauheide, Christian Böttcher, ☎ 0172/5366360, info@stellplatz-lauheide.de, www.stellplatz-lauheide.de.
Distanz: 0 km, weitere Restaurants in 2,5 km, Ⓗ 0,2 km, 2,5 km, 3 km.
Gastro: Gasthus Lauheide, Mo-Sa 10:00-18:00 Uhr, So 9:00-18:00 Uhr. Frühstücksbüfett 9:00-12:00 Uhr (auf Voranmeldung). Clubraum für 70 Personen.
Freizeit: 3,5 km, 4,5 km, 3 km. Waldschwimmbad Telgte, Reiten, Kutschfahrten, Kanu fahren, Allwetterzoo/Planetarium in Münster 14 km.
POI: Emsradweg, Telgte Krippenmuseum, Freilichtmuseum 7 km.

48291 Telgte — gratis — <8m

Waldschwimmbad Klatenberge, Westbevermer Straße/Am Stadion, ☎ 02504/690100 Am Waldrand Klatenberge, am nördlichen Stadtrand

POS: 51°59'34.05"N/7°47'14.97"E, Karte D5 (S. 8), D3
Platz: = 10 auf Asphalt. Aufenthalt unbegrenzt, Sanitär nur im Sommer beim Freibad verfügbar. Ganzjährig geöffnet.
Preis: Übernachtung gratis.
Kontakt: Tourismus und Kultur Telgte, ☎ 02504/690100, tourismus@telgte.de, www.telgte.de.
Distanz: Ⓗ 0,2 km, 0,4 km, weitere Restaurants in 1,7 km, 2 km, 2 km.
Freizeit: 2 km. Pilgern, Schwimmen.
POI: Religio-westfälisches Museum für religiöse Kultur, Kornbrennereimuseum, Wallfahrtskapelle und Altstadt Telgte, Kirche St. Clemens (spätgotische Hallenkirche von 1522), Kulturspur, Bronzefiguren Prof. Heydemann.

17268 Temmen-Ringenwalde — gratis — <6m

Landgasthof Zum Grünen Baum, Dorfstraße 57, ☎ 039881/44016 Beim Landgasthof mit gemütlichem Innenhof

POS: 53°3'24.33"N/13°42'52.13"E, Karte D4 (S. 7), F5

T

Platz: = 3 auf Pflaster. =1 (16 A) . wird empfohlen. Ganzjährig geöffnet.
Preis: Für Restaurantgäste kostenlos, inkl. Wasser, Müll-Entsorgung, WC. Einkehr obligatorisch. Strom 5 €.
Kontakt: Markus Räthel, ☎ 039881/44016, zumgruenenbaum@gmail.com, www.landgasthofzumgruenenbaum.de.
Distanz: 0 km, 0 km, Ⓗ 0,3 km.
Gastro: Am Platz, warme Küche Mo, Mi+Do 12:00-14:30 Uhr und ab 17:00 Uhr, Fr-So ab 12:00 Uhr.
Freizeit: 0,5 km.
POI: Kirche 0,5 km, Schlosspark 1 km.

17268 Templin €18,00

Wohnmobilstellplatz an der NaturThermeTemplin, Dargersdorfer Straße 121, ☎ 03987/201310 <10 m
Nahe zur Buchheide, dem Biosphärenreservat Schorfheide/Chorin, dem Lübbesee und der Templiner Kurmeile

POS: 53°6'8.39"N/13°31'24.67"E, Karte D4 (S. 7), F5
Platz: = 50 auf Pflaster, Wiese, Schotter, Naturboden. WC CHEM GRAU Waschmaschine/Trockner. Anmeldung von 9:00-21:00 Uhr im Wellness-Therapiebereich möglich. Ganzjährig geöffnet. Die Reservierung eines Stellplatzes ist ausschließlich bei Buchung des Pauschalangebots (Templin entdecken mit dem Wohnmobil) möglich.
Preis: 18 € inkl. Müll-Entsorgung, WLAN. Jede weitere Pers. 5 €, Kind (bis 14 J.) gratis, Strom 0,50 €/kWh, Wasser 1 €/100 l, Entsorgung 2 €, Hund 4 €/Nacht, Waschmaschine/Trockner je 2 €, Kurtaxe 2 €/Pers., Duschen in der Therme 2 €.
Kontakt: NaturThermeTemplin GmbH, ☎ 03987/201310, reservierung@naturthermetemplin.de, www.naturthermetemplin.de.
Distanz: 0,1 km, weitere Restaurants in 1,5 km, Ⓗ 0,5 km, 1,8 km, 3,5 km.
Gastro: Brötchenservice. Restaurant in direkter Nachbarschaft.
Freizeit: Lübbesee mit Badestrand und Bootsverleih 1 km.
POI: Historische Altstadt Templin, Buchheide und Biosphärenreservat Schorfheide/Chorin 0,3 km.

Tipp

Der weitläufige und naturnahe Stellplatz direkt an der NaturThermeTemplin ist zur Kurmeile raus ruhig gelegen und bietet alle Annehmlichkeiten. Für Wohnmobilnutzer gibt es vergünstigte Tarife für die Therme. Die Altstadt von Templin erreichen Sie in wenigen Minuten und die Umgebung lässt Radfahrer, Wassersportler, Wanderer sowie Wellness- und Saunafans voll auf ihre Kosten kommen.

17268 Templin €5,00

Wohnmobilstellplatz Templin, Knehdener Straße, ☎ 03987/2631 <8 m
Zentrumsnah, direkt am Kanal

POS: 53°7'23.22"N/13°29'44.40"E, Karte D4 (S. 7), F5
Platz: = 47 auf Asphalt, Rasengittersteinen. CHEM GRAU . Aufenthalt max. 1 Nacht. Ganzjährig geöffnet.
Preis: 5 € inkl. Wasser, Entsorgung. Kurtaxe 2 €/Pers. Bezahlung per ParkApp oder bar in der Tourist-info am Marktplatz.
Kontakt: Stadt Templin, ☎ 03987/2631, touristinfo@templin.de, templin.de/tourismus.
Distanz: 0,1 km, Ⓗ 0,1 km, 0,3 km, 0,5 km.
Freizeit: 0,6 km, 0,6 km, 0,1 km. Kanu fahren, Wellness, Naturpark Uckermärkische Seen, Badestelle Schindle Kuhle 1 km, Templiner Stadtsee 1,9 km, Natutherme Templin 2 km.
POI: Villa Toscana Goethestraße, gut erhaltene Stadtmauer 0,1 km, histor. Stadtzentrum 0,3 km.

18195 Tessin €17,00

Freizeit- und Wellnesszentrum, St.-Jürgen-Straße 59b, ☎ 038205/66366 >12 m
Zwischen Freizeit-/Wellnesscenter und Naturbad Tessiner Südsee, in ruhiger Lage mit Blick auf das Recknitztal

POS: 54°1'24.34"N/12°27'41.48"E, Karte D3 (S. 6), C3
Platz: = 25 auf Wiese, Schotter. =25 (16 A) CHEM GRAU . Naturbadesee. Anfahrt täglich von 9:00-21:00 Uhr. Eingezäunter Stellplatz, Gäste erhalten einen Schlüssel. Geöffnet: 1.4.-31.10.
Preis: 17 € inkl. Strom, Müll-Entsorgung, WC. Jede weitere Pers. 2,50 €, Wasser 3 €, Entsorgung 5 €, Dusche 1,50 €/Pers.
Kontakt: Stadt Tessin, ☎ 038205/66366, tfz@tessin.de, freizeit-tessin.de.
Distanz: 0,5 km, 0,5 km, 0,7 km, Ⓗ 0,8 km.
Gastro: Imbiss in der Tessiner Südsee auf der Sonnenterrasse. Restaurant Zum Schützen.
Freizeit: 1 km. Klettern, Kegeln, Bootsfahrt auf der Recknitz, Stadtführung, 9-Loch-Golfplatz 0,2 km, Kletterwand 1 km, Kanuverleih 1 km.
POI: Aussichtsturm, Mühlenhaus Tessin 0,5 km, Hansestadt Rostock 20 km.

25882 Tetenbüll €30,00

Kantorhof, Kantorsweg 6, ☎ 04862/8140 <8 m
Befestigte Naturstellplätze in ruhiger Einzellage bei einem Bauernhof auf einer Warft

POS: 54°21'30.05"N/8°50'45.11"E, Karte D2 (S. 5), F2
Platz: = 3 auf Wiese, Asphalt. . Derzeit nur für autarke Wohnmobile und Caravans. Ganzjährig geöffnet.
Preis: 30 € inkl. Strom, Wasser, Müll-Entsorgung. Jede weitere Pers. 4 €, Hund 3 €. Inkl. 4 Personen.
Kontakt: Anita Kröger, ☎ 04862/8140, post@kantorhof-urlaub.de, www.kantorhof-urlaub.de.
Distanz: Ⓗ 0,3 km, 1,5 km, 1,5 km, 7 km.
Gastro: Brötchenservice. Schafskäserei 2,5 km.
Freizeit: 7 km, 20 km. Tierfütterrunden, Märchenhöhle, Kinderkurse-Bauernhof erleben-erforschen-experimentieren, Wellness, Badestrand Tetenbüll 7 km.
POI: Wattforum Multimar 7 km, Westerhever Leuchtturm 15 km, Sandstrand St. Peter Ording 20 km.

88069 Tettnang €30,00

Gutshof Badhütten, Badhütten 1, ☎ 07543/96330 <8 m
Romantikplatz für Paare ohne Kinder

POS: 47°37'58.34"N/9°38'51.63"E, Karte D14 (S. 17), G4
Platz: = 50 auf Wiese. =30 (16 A) CHEM GRAU . Anreise 8:00-22:00 Uhr. WLAN im Bereich der Rezeption gratis. Geöffnet: Ostern-30. Sep.
Preis: 30 € inkl. Wasser, Entsorgung, Müll-Entsorgung. Strom 1 €/2 kWh. 30 €/24 h dann 1,25 €/h. Ausschließlich autarke Wohnmobile bis 4,5 t und 7,5 m.
Kontakt: Familie Köhn-Späth, ☎ 07543/96330, info@gutshof-camping.de, www.gutshof-camping.de.
Distanz: 0 km, weitere Restaurants in 2 km, 2 km, 2 km, Ⓗ 2,5 km.
Gastro: Restaurant am Platz mit Biergarten, Mo-So 11:00-21:30 Uhr. Brötchenservice, in der HS täglich.
Freizeit: 15 km. Radweg zum Bodensee, Schwimmen.
POI: Hopfenmuseum 7 km, Ravensburger Spieleland 10 km, Lindau 15 km, Zeppelinmuseum 15 km.

88069 Tettnang €5,00

Wohnmobilplatz Tettnang, Loretostraße, ☎ 07542/510500 Separater Bereich auf einem Kiesplatz am Ortsrand <10 m

POS: 47°39'51.17"N/9°35'28.66"E, Karte D14 (S. 17), G4
Platz: = 8 auf Sand/Splitt. =8 CHEM GRAU . Aufenthalt max. 3 Tage. Ganzjährig geöffnet.
Preis: 5 €. Strom 0,50 €/kWh, Wasser 1 €, Entsorgung 1 €.
Kontakt: Stadt Tettnang, ☎ 07542/510500, tourist-info@tettnang.de, www.tettnang.de.
Distanz: 0,5 km, 0,5 km, 0,5 km, Ⓗ 0,5 km.
Gastro: Gasthof Torstuben. Brauerei und Gasthof zur Krone.
Freizeit: 2 km, 10 km, 1,5 km.
POI: Brauerei Krone 1 km, Neues Schloss Tettnang 1 km, Hopfenmuseum 4 km, Bodensee 8 km.

Sie haben einen neuen Stellplatz entdeckt? Dann teilen Sie uns diesen mit per E-Mail an **bordatlas@doldemedien.de**

T

88069 Tettnang-Obereisenbach

gratis | <8m | neu

Wohnmobilstellplatz Vaude Outlet Obereisenbach, Siggenweiler Straße 25, 07542/9314000
Parkplatz direkt am Fabrikverkauf

POS: 47°40'55.02"N/9°38'13.82"E, Karte D14 (S.17), G4
Platz: = 4 auf Asphalt. Ganzjährig geöffnet.
Preis: Übernachtung gratis.
Kontakt: 07542/9314000, info-fabrikverkauf@vaude.com, outlet.vaude.com.
Gastro: Café im Fabrikverkauf.
Freizeit: 0,4 km. Vaude-Bädle 0,4 km.
POI: Tettnang mit Schloss 3,3 km.

06502 Thale-Friedrichsbrunn

€10,00 | <10m

Wohnmobilstellplatz Bocksberg, Waldstraße 3a, 0152/58388359
Am Ortsrand, im Naturpark Harz/Sachsen-Anhalt

2022 geprüft

POS: 51°41'30.62"N/11°2'2.00"E, Karte D7 (S.10), A4
Platz: = 35 auf Schotterrasen. WC CHEM GRAU. Leinenpflicht für Hunde. Ganzjährig geöffnet.
Preis: 10 € inkl. Entsorgung, WLAN. Strom 0,60 €/kWh, Wasser 1 €/100 l, WC 1,50 €/Pers., Kurtaxe 3 €/Pers., Kurtaxe (6-17 J.) 1,50 €/Pers., VE für Durchreisende 5 €. 1.4.-31.10. 10 €. In der NS (Nov-März) Kurtaxe 2 €/Pers, (6-17 J.) 1 €/Pers.
Kontakt: Unger und Schubert-Unger GbR, Martina Schubert-Unger, Mobil: 0152/58388359, stellplatz@harzmobil.de, www.harzmobil.de.
Distanz: 0,1 km, 0,2 km, 0,5 km.
Gastro: Café 0,1 km. Restaurant mit dt. Küche gegenüber.
Freizeit: Wald-Wanderwege ab Platz, Wanderarena Bodetal, Kurpark 0,5 km, Langlaufaranea Bodetal 1,5 km.
POI: Hexentanzplatz/Rosstrappe Thale 5 km, Thale 7 km.

T **Tipp**

Genießen Sie die Ruhe und Natur im Naturpark Harz. Gehen Sie wandern und entdecken dabei die Umgebung. Das Ortszentrum von Friedrichsbrunn mit einer guten, breitgefächerten Gastronomie, einer Kaufhalle für Waren des täglichen Bedarfs, Bäcker und Cafés erreichen Sie in wenigen Gehminuten. Viele Sehenswürdigkeiten in Thale, Quedlinburg, Gernrode und Ballenstedt sind bequem und kostenfrei mit dem Bus erreichbar!

06502 Thale-Wendefurth

€18,00 | <8m

Campingstell- und Zeltplatz an der Talsperre, Oberbecken 1, 039456/56950 Weitläufiges Gelände, zentraler Startpunkt für Ausflüge

POS: 51°44'4.75"N/10°54'28.70"E, Karte D7 (S.10), A4
Platz: = 50, = 10 (<8 m) auf Schotterrasen, Wiese, Asphalt, Rasengittersteinen. =24 (16 A) WC GRAU. Bei Anreise (bis 18:00 Uhr) an der Hotel-Rezeption melden, Abreise bis 10:00 Uhr, Verlängerung gegen kleine Gebühr möglich. Keine Entsorgung von Chemietoiletten. Geöffnet: 1.4.-31.10.
Preis: 18 € inkl. Wasser, Entsorgung, Dusche, WC, Müll-Entsorgung, WLAN. Kind (ab 12 J.) 5 €, Kind (3-11 J.) 2,50 €, Kurtaxe 3 €/Pers., Waschmaschine/Trockner je 3 €. Strom bis 5 kWh pauschal 3 €, darüber 0,60 €/kWh.
Kontakt: Herr A. Rothschuh, 039456/56950, Mobil: 0172/3576111, info@hotel-talsperre.de, www.campingstellplatz-talsperre.de.
Distanz: 0,1 km, weitere Restaurants in 2 km, 0,5 km, 5 km, 5 km.
Gastro: Restaurant im Hotel An der Talsperre nebenan. Frühstück oder Brötchen auf Vorbestellung am Abend zuvor.
Freizeit: 5 km, 20 km. Angeln, Wassersport, Rappbodetalsperre und Hängebrücke sowie Megazipline 1 km, Ruderbootverleih 1,5 km.
POI: Gigaswing, Wallrunning 1 km, Köhlerei 1,5 km, Schöneburg 1,5 km, Westernstadt/Rübeländer Tropfsteinhöhlen 5 km, Altenbrak/Treseburg 6 km.

54424 Thalfang

€10,00 | <10m

Wohnmobilstellplatz Thalfang, Talstraße, 06504/2313 Auf dem Festplatz beim Kurpark und Gesundheitszentrum

POS: 49°45'1.00"N/6°59'59.00"E, Karte D9 (S.12), B4
Platz: = 50, = 50 (<10 m) auf Schotter. =10 CHEM GRAU. Ganzjährig geöffnet. Ausnahme: Sperrung wegen Kirmes Ende Sep.
Preis: 10 € inkl. aller Personen, Strom, Wasser, Entsorgung.
Kontakt: Gemeinde Thalfang, 06504/2313, ogthalfang@t-online.de, www.thalfang.de.
Distanz: 0,1 km, 0,2 km, 0,3 km.
Freizeit: 15 km. Wellness im Gesundheitszentrum, Barfußpfad 0,2 km, Sommerrodelbahn und Hunsrückhaus am Erbeskopf 8 km.
POI: Dampflokmuseum Hermeskeil 16 km.

09380 Thalheim

€12,00 | <10m

Sportpark Thalheim, Berghausweg 5, 03721/269394 Auf dem Parkplatz des Sportgeländes

POS: 50°42'29.60"N/12°50'30.02"E, Karte D12 (S.15), E1
Platz: = 5, = 2 (<10 m) auf Asphalt, Rasengittersteinen. =2. wird empfohlen. Anfahrt bis 21:00 Uhr. Ganzjährig geöffnet.
Preis: 12 € inkl. aller Personen, Strom, Wasser, Dusche, WC.
Kontakt: Sebastian Weiß, 03721/269394, kontakt@sportpark-thalheim.de, www.sportpark-thalheim.de.
Distanz: 0 km, 0,2 km, 0,3 km, 0,3 km.
Gastro: Restaurant im Sportheim.
Freizeit: 0,2 km. Badminton, Tennisplatz, Sauna, Schwimmen, Fitness.
POI: Verschiedene Museen in Zwönitz 10 km, Bergbaumuseum Oelsnitz 15 km, historische Bergstadt Annaberg-Buchholz 20 km.

66871 Thallichtenberg

gratis | <8m

Burg Lichtenberg, K23, 06381/8429 Auf dem hinteren Teil des Parkplatzes unterhalb der Burg

POS: 49°33'27.17"N/7°21'36.84"E, Karte D9 (S.12), C4
Platz: = 4 auf Asphalt. Ganzjährig geöffnet.
Preis: Übernachtung gratis.
Kontakt: Burgverwaltung, 06381/8429, burg-lichtenberg@kv-kus.de, burglichtenberg.pfaelzerbergland.de.
Distanz: 0,4 km, 1 km, 1 km.
Gastro: Restaurant Burg Lichtenberg (Tel. 06381/6008183), Di-So 12:00-20:00 Uhr, Mo Ruhetag.
Freizeit: 4,5 km, 4,5 km. Burgführungen auf Anfrage.
POI: Musikantenlandmuseum 0,4 km, Burg Lichtenberg 0,4 km, Urweltmuseum Geoskop 0,5 km.

66871 Thallichtenberg

gratis | <8m

Hotel Burgblick, Flurstraße 6, 06381/92770 Übernachtungsplatz auf dem Hotelparkplatz am Ortszentrum

POS: 49°33'37.97"N/7°21'3.30"E, Karte D9 (S.12), C4
Platz: = 2 auf Schotter, Asphalt. wird empfohlen. Ganzjährig geöffnet.
Preis: Für Restaurantgäste kostenlos. Einkehr obligatorisch. WLAN 5 €.
Kontakt: Familie Eder, 06381/92770, info@hotel-burgblick.de, www.hotel-burgblick.de.
Distanz: 0 km, 0,5 km, 0,5 km, 4 km.
Gastro: Am Platz, warme Küche Mo-Mi und Fr+Sa 18:00-20:00 Uhr. Frühstück möglich. Restaurant auf Burg Lichtenberg 0,2 km.
Freizeit: 3 km, 3 km. Drachenfliegen, Wandern, Golfen, Segelfliegen.
POI: Auswanderer-Museum in Oberalben, Burg Lichtenberg 0,9 km.

91177 Thalmässing

€5,00 | <10m

Wohnmobilstellplatz Thalmässing, Münchener Straße 27, 09173/90924 Am Ortsrand, an der Thalach

POS: 49°5'14.85"N/11°13'35.17"E, Karte D11 (S.14), B5
Platz: = 6 auf Schotter, Schotterrasen. CHEM GRAU. Infotafel und Wanderkarte, Sitzgarnitur. Ganzjährig geöffnet.
Preis: 5 € inkl. Entsorgung, WLAN. Strom 1 €/2 kWh, Wasser 1 €/80 l. Bezahlung bei der Metzgerei Eberle oder bei der Tankstelle AVIA gegenüber vom Platz. Bei Ankunft außerhalb der Öffnungszeiten ist das Bezahlen des Entgelts zu den Öffnungszeiten nachzuholen.
Kontakt: Markt Thalmässing, Herr Karch, 09173/90924, info@thalmaessing.de, www.thalmaessing.de.

Distanz: 0 km, 0,4 km, 0,5 km.
Gastro: Bistro, Bäckerei, Metzgerei gegenüber.
Freizeit: Naturpark Altmühltal mit ca. 20 Wanderwegen (davon 3 Premiumwanderwege), Gredl-Radweg, Fränkischer WasserRadweg.
POI: Archäologisches Museum Fundreich, Botanischer Garten Bärbels Garten in Dixenhausen, Grenzsteinfeld bei Stauf, Michael-Kirschner-Kulturmuseum Stauf.

37318 Thalwenden €15,00

Bergwiese-Thüringen, Trift 73b, <10m
036083/149956 Campingwiese mit Terrassenplätzen und Gastronomie

POS: 51°21'10.91"N/10°2'33.16"E, Karte D6 (S. 9), G5
Platz: = 30 auf Wiese, Schotter. =30 (16 A) WC CHEM GRAU. Geöffnet: 1.4.-31.10.
Preis: Ab 15 € inkl. Wasser, Dusche, WC. Jede weitere Pers. 5 €, Kind (15-17 J.) 4 €, Kind (4-14 J.) 3 €, Strom 0,60 €/kWh oder 3,50 €/Tag, Entsorgung 0,50 €/Tag, Müll-Entsorgung 0,50 €, WLAN 1 €/24 h, Hund 2 €. 15-17 €, je nach Art und Länge des Fahrzeugs.
Kontakt: Herr Erich Gaßmann, 036083/149956, Mobil: 0178/3256002, info@bergwiese-thueringen.de, www.bergwiese-thueringen.de.
Distanz: 0,1 km, weitere Restaurants in 2 km, H 0,1 km, 2 km.
Gastro: Frühstücksservice am Wochenende. Gasthaus Sommeralm, Fr-So 18:00-21:00 Uhr, Mo-Do Ruhetag.
Freizeit: 2 km, 7 km, 2 km. Geführte Segway-Touren, Vitalbad 7 km, Bärenpark Worbis 15 km.
POI: Eichsfeld, historische Kirchen im Heilbad Heiligenstadt 7 km, Teufelskanzel 10 km, Burg Hanstein und Greifvogelschau Burg Gleichenstein 12 km (Heimat und Verkehrsverband Heilbad Heiligenstadt).

92554 Thanstein €10,00

Stellplatz Bayerhof, Bayerhof 2, <10m
0175/9633355 In Einzellage, 1 km von der B22 entfernt

POS: 49°23'1.45"N/12°29'22.52"E, Karte D11 (S. 14), D5
Platz: = 3 auf Schotterrasen, Naturboden. =3 WC. Ganzjährig geöffnet.
Preis: 10 € inkl. Wasser, Dusche, WC, Kurtaxe. Jede weitere Pers. 2 €, Strom / kWh.
Kontakt: Familie Dirscherl, Mobil: 0175/9633355, bayerhof@web.de, www.bayerhof.de.
Distanz: H 0,5 km, 1 km, 4 km, weitere Restaurants in 12 km, 5 km.
Freizeit: 5 km, 5 km, 12 km. Reiten, Angeln, Naturschutzgebiet Kulzer Moos 1 km, Moorbadesee Mühlweiher 1 km, Stausee Eixendorf 5 km, Sommerrodelbahn 5 km, Freizeit- und Erlebnisbad Aquafit Waldmünchen 12 km.
POI: Schwarzachdurchbruch, Murnthal 6 km.

27321 Thedinghausen €5,00

Reisemobilstellplatz am Schloss Erbhof, Braunschweiger Straße 1, **04204/8822** <8m
Mit Blick auf den 11 ha großen Baumpark

POS: 52°57'40.88"N/9°1'54.46"E, Karte D6 (S. 9), F1
Platz: = 8 auf Schotterrasen. =8 (16 A) CHEM GRAU. Kanuanlegestelle. Aufenthalt max. 1 Woche, Tourist-Info im Schloss Erbhof (Mo, Mi, Fr 9:00-13:00 Uhr, Di+Do 9:00-16:00 Uhr). Gasflaschen bei Fa. Schröder Gas. Ganzjährig geöffnet.
Preis: 5 € inkl. Entsorgung, Müll-Entsorgung, WC. Strom 1 €/6 h, Wasser 1 €/100 l. Bezahlung in der Tourist-Info oder beim Platzwart.
Kontakt: Tourist-Information, 04204/8822, touristik@thedinghausen.de, www.schloss-erbhof.de.
Distanz: 0,1 km, weitere Restaurants in 0,3 km, H 0,2 km, 0,5 km, 0,5 km.
Gastro: Pizzeria Bella Roma. Restaurant Romance am Schloss Erbhof.
Freizeit: 7 km, 7 km. Weser-Radweg, Boulebahn, Meliorations-Tour – Spurensuche per Rad, Kanu oder zu Fuß, Liebestour.
POI: Thänhuser Löwenspur, Baumpark Thedinghausen, hist. Rathaus, Schloss Erbhof 0,2 km, Museumsbahn Pingelheini 1 km, Weserfähre Gentsiet 3 km.

98660 Themar €5,00

Stellplatz Am Hexenturm, Mauerstraße 13, **036873/69732** <8m
An der Stadtmauer am Ufer der Werra

2022 geprüft E

POS: 50°30'16.94"N/10°36'40.04"E, Karte D11 (S. 14), A2
Platz: = 5 auf Eco-Raster/Gras, Schotterrasen. =6 (10 A) CHEM GRAU. VE nur von Apr-Okt. Ganzjährig geöffnet.
Preis: 5 €. Strom 1 €/kWh, Wasser 1 €/50 l, Entsorgung 2 €.
Kontakt: Touristinformation Themar, Franze, 036873/69732, touristinfo@themar.de, www.themar.de.
Distanz: 0,3 km, 0,3 km, weitere Restaurants in 0,5 km, 0,4 km, H 0,5 km.
Freizeit: 1,1 km, 14 km. Werratalradweg, audiovisuelle Stadtführung, Wanderwege, Westernreiten, Kanuverleih Henfstädt 2,8 km.
POI: Altstadt Themar 0,2 km, Burgruine Osterberg bei Henfstädt - 2,7 km, Museum Kloster Vessra 3 km, Hennebergisches Museum 3,4 km.

09488 Thermalbad Wiesenbad €20,00

Camping Himmelmühle, Himmelmühle 5, **03733/58373** Eingefriedetes Grundstück an der Pension Himmelmühle <8m

POS: 50°37'38.83"N/13°3'34.41"E, Karte D12 (S. 15), E1
Platz: = 6, = 2 (<7.5 m) auf Schotterrasen. =4 WC. Wird empfohlen. Anfahrt bis 22:00 Uhr. Geöffnet: Apr-Okt.
Preis: 20 € inkl. Wasser, Dusche, WC, Müll-Entsorgung, WLAN. Jede weitere Pers. 6 €, Kind (bis 17 J.) 4,40 €, Strom 0,50 €/kWh, Kurtaxe 1,20 €/Pers. Kurtaxe ab der 2. Nacht.
Kontakt: Frau Richter, 03733/58373, himmelmuehle-wiesenbad@t-online.de, www.thermalbad-wiesenbad.de.
Distanz: 1,5 km, weitere Restaurants in 4 km, H 1,5 km, 1,5 km, 2 km.
Gastro: Frühstück auf Anfrage in der Pension.
Freizeit: 5 km, 2 km, 2 km. Wassertreten, Thermalbad Wiesenbad 1,5 km, Naherholungsgebiet Greifensteine 10 km.
POI: Bergstadt Annaberg-Buchholz 8 km.

01561 Thiendorf gratis

Landgasthof Tanner, An der B98, **035248/81316** Ruhige Stellplätze im Hof hinter dem Gasthaus <8m

POS: 51°17'38.91"N/13°44'22.55"E, Karte D8 (S. 11), F5
Platz: = 5 auf Pflaster. WC. Anfahrt bis 22:00 Uhr, Aufenthalt unbegrenzt. Ganzjährig geöffnet.
Preis: Für Restaurantgäste kostenlos. Einkehr obligatorisch.
Kontakt: Familie Tanner, 035248/81316, info@gasthof-thiendorf.de, gasthof-thiendorf.de.
Distanz: 0 km, 0,1 km, 0,2 km.
Gastro: Restaurant am Platz, Öffnungszeiten siehe Website.
POI: Burgruine Königsbrück und Großenhain 10 km, Dresden 25 km.

95707 Thiersheim gratis

Autohof Thiersheim, Wampener Straße 1, **09235/981040** >12m
Am Brückenradweg Bayern-Böhmen im Fichtelgebirge

POS: 50°4'23.04"N/12°5'54.07"E, Karte D11 (S. 14), C3
Platz: = 20, = 20 (<15 m) auf Pflaster, Rasengittersteinen. CHEM GRAU. Ganzjährig geöffnet.

T

Preis: Übernachtung gratis inkl. aller Personen, Strom, Wasser, Entsorgung, Müll-Entsorgung. Dusche 3€, WC 0,50€. WLAN 0,5 h gratis, 24 h/1€.
Kontakt: Herr Rolf Küstner, ☎ 09235/981040, Mobil: 0151/23355391, rolf.kuestner@t-online.de, www.autohof-thiersheim.de.
Distanz: 0 km, Ⓗ 3 km, 4 km, 4 km.
Gastro: Am Platz, warme Küche ab 11:00 Uhr, durchgehend geöffnet. Backshop.
Freizeit: Brückenradweg Bayern-Böhmen, Wanderweg zur Hohen Warte.
POI: Fichtelgebirge mit Freizeitaktivitäten, Wunsiedel: Luisenburg Festspiele, Felsenlabyrinth, Kösseine.

95199 Thierstein — €6,00 — <12m

Kaiserstein Markt Thierstein, Hirtweg, ☎ 09235/232
Auf dem westl. Teil des Festplatzes am Ortsrand

POS: 50°6'21.97"N/12°6'18.61"E, Karte D11 (S. 14), C3
Platz: = 21 auf Wiese, Schotter. =16 (14-16 A) WC CHEM GRAU. Waschmaschine/Trockner. B nur bei Gruppen. Aufenthalt max. 2 Nächte. Service gilt nur bei Lösen des Parkscheins. Ganzjährig geöffnet. Ausnahme: Sperrung während des Volksfests im Juli (Ausweichplätze vorhanden).
Preis: 6€ inkl. Strom, Wasser, Entsorgung, WC, Müll-Entsorgung, WLAN. Dusche 1€/5 min. Mietbad 6€/Tag + Endreinigung. Bezahlung am Münz-Ticketautomat oder über die App moBILET.
Kontakt: Gerhard Schoberth, ☎ 09235/232, markt@thierstein.de, www.thierstein.de.
Distanz: 0,3 km, 0,3 km, 0,3 km, Ⓗ 0,5 km.
Gastro: Gaststätte Zentralhalle, Markgrafenstraße 2. Gaststätte Zur Burg, Hauptstraße 11.
Freizeit: 6 km, 9 km, 6 km. Brückenradweg Bayern-Böhmen, Angeln, Skilanglauf 0,5 km, Luisenburg-Festspiele von Jun-Aug in Wunsiedel 12 km.
POI: Burgruine Veste Thierstein (täglich von 9:00-18:00 Uhr geöffnet), Jagdschloss Kaiserhammer 3 km, Pozellanwelten Selb, Museen 10 km, Fichtelgebirgsmuseum Wunsiedel 12 km.

66636 Tholey — gratis — <8m — neu

Wohnmobilstellplatz Tholey, Am Schaumberg, ☎ 06853/5080
Stellplatz neben der Jugendherberge

POS: 49°29'25.00"N/7°2'17.00"E, Karte D9 (S. 12), B4
Platz: = 3 auf Rasengittersteinen. Ganzjährig geöffnet.
Preis: Übernachtung gratis inkl. Strom, Wasser.
Kontakt: Gemeinde Tholey, ☎ 06853/5080, gemeinde@tholey.de, www.tholey.de.
Distanz: 0,7 km, 2 km, 3,7 km.
Gastro: Frühstücksbüfett in der Jugendherberge möglich.
Freizeit: 0,2 km. Erlebnisbad Schaumberg, Wanderwege, Schaumbergalm mit Blick über das Saarland.
POI: Schaumberg, Vicus Wareswald, Historisches Museum Theulegium, Abtei-Kloster Tholey 1,2 km.

54340 Thörnich — €22,00 — <10m

Weingut Schmitt-Hof, Hauptstraße 34, ☎ 06507/3206
Ferienweingut inmitten von Weinreben

POS: 49°49'49.52"N/6°50'29.21"E, Karte D9 (S. 12), B4
Platz: = 20 auf Wiese, Schotter. =15 (8 A) CHEM GRAU. Geöffnet: März-Nov.
Preis: 22€ inkl. Entsorgung, Dusche, Müll-Entsorgung, WC. Strom 2,50€, Wasser 1€/80 l.
Kontakt: Rita und Erich Schmitt, Rita und Erich Schmitt, ☎ 06507/3206, info@schmitthof.de, www.schmitthof.de.
Distanz: Ⓗ 0,2 km, 0,2 km, 0,3 km, weitere Restaurants in 0,5 km, 3 km.
Gastro: Frühstück oder Brötchenservice am Weingut.
Freizeit: 3,5 km, 0,5 km. Weinlese und Weinprobe, Angeln, Golfplatz 0,5 km.
POI: Fünfseenblick 7 km, Porta Nigra und Dom in Trier 20 km.

97291 Thüngersheim — €10,00 — <8m

Parkplatz Main-Aue, Mainau 1 a, ☎ 09364/813516
Am Main neben dem Freibad

POS: 49°52'58.17"N/9°50'10.52"E, Karte D10 (S. 13), G4
Platz: P = 20 auf Wiese. =20 GRAU. Aufenthalt max. 3 Tage. Stellplätze werden entsprechend kontrolliert und abgerechnet. Geöffnet 1.4.-31.10.
Preis: 10€ inkl. Entsorgung. Strom 0,50€/kWh, Wasser 0,10€/10 l. Ticket ist bis zum Folgetag um 12:00 Uhr gültig.
Kontakt: Gemeinde Thüngersheim, ☎ 09364/813516, S.Kaspers@thuengersheim.bayern.de, www.thuengersheim.de.
Distanz: Ⓗ 0,2 km, 0,5 km, 0,5 km, 0,5 km.
Gastro: Landgasthof Zum Bären, Mi-So 11:30-14:00 Uhr und 17:00-22:00 Uhr, Mo-Di Ruhetag, warme Küche bis 21:00 Uhr.
Freizeit: Weinlehrpfad, Wandern, Weinbergsführung, Weinproben.
POI: Altort Thüngersheim 0,5 km, Orchideenstandort Höhfeldplatte 1,5 km, Rokokogarten mit Schloss Veitshöchheim 7 km.

97291 Thüngersheim — €5,00 — <10m

Weingut Willibald Klüpfel, Steigstraße 19, ☎ 09364/9836
Auf der Wiese und im Hofgelände am Weingut

POS: 49°53'3.42"N/9°50'51.12"E, Karte D10 (S. 13), A4
Platz: = 5 auf Pflaster, Wiese. B wird empfohlen. Ganzjährig geöffnet.
Preis: 5€. Bei Weinkauf gratis.
Kontakt: Norbert Klüpfel, ☎ 09364/9836, info@kluepfelweine.de, www.kluepfelweine.de.
Distanz: Ⓗ 1 km, 1 km, 1 km, 1,5 km (am Freibad, Mainau 1, 97291 Thüngersheim), 3 km.
Gastro: Mehrere Restaurants in der Umgebung. Brötchenservice auf Wunsch am Weingut.
Freizeit: 1,5 km, 12 km, 6 km. Weinbergsführung, Kellerführung, Weinprobe.
POI: Wallfahrtskirche Maria im grünen Tal in Retzbach 3 km, Rokokoschloss mit Hofgarten in Veitshöchheim 4 km, Residenz Würzburg/Festung Marienberg 13 km.

94169 Thurmansbang — gratis — <8m

Wohnmobilstellplatz am kleinen Kurpark, Hofwies 1, ☎ 08504/1642
Auf dem Parkplatz gegenüber der Kirche

POS: 48°45'53.66"N/13°18'55.70"E, Karte D16 (S. 19), F1
Platz: P = 3 auf Asphalt. WC. Anmeldung im Tourismus-Büro. WC/Wasser am Parkplatz. Ganzjährig geöffnet.
Preis: Übernachtung gratis inkl. Wasser.
Kontakt: Tourismus-Büro Thurmansbang, ☎ 08504/1642, info@thurmansbang.de, www.thurmansbang.de.
Distanz: 0,2 km, 0,2 km, 0,3 km.
Gastro: Gasthof zur Post.
Freizeit: Aussichtsturm Ochsenstiegl, Kneippanlage in Kneisting, Langlaufgebiet Dreiburgenland, Kurgarten/Klimapavillon, Ballonfahrten beim Hotel Schürger in Thurmansbang.
POI: Museumsdorf Bayerischer Wald 4 km, Keltendorf Gabreta 18,3 km.

95349 Thurnau — €5,00 — <10m

Wanderparkplatz Thurnau, Jägerstraße, ☎ 09228/95136
Parkplatz am Ortsrand

POS: 50°1'39.33"N/11°23'49.13"E, Karte D11 (S. 14), B3
Platz: P = 8 auf Schotter, Asphalt. =8 (13 A) CHEM GRAU. Ganzjährig geöffnet.
Preis: 5€ inkl. Entsorgung. Strom 1€/8 h, Wasser 1€/90 l. Bezahlung im Rathaus, Töpfermuseum, in der Töpferei am See oder in der Töpferei Renner gegenüber vom Stellplatz.
Kontakt: Tourist Information, ☎ 09228/95136, touristinfo@thurnau.de, www.thurnau.de/freizeit-kultur-tourismus.
Distanz: 0,3 km, 0,3 km, weitere Restaurants in 0,5 km, 0,5 km, Ⓗ 1 km.
Freizeit: 1 km. Töpferei, Schwimmen, Angeln, Tennisplatz 1 km, Golfplatz 1,5 km, Reiten 2 km.
POI: Töpfermuseum 0,5 km, St.-Laurentius-Kirche 0,5 km, Schloss Thurnau mit Schlossweiher 0,5 km, Tanzlinde Limmersdorf 2 km.

94136 Thyrnau — €40,00 — >12m — neu

Golf- und Landhotel Anetseder, Raßbach 8, ☎ 08501/91313
Hinter dem Hotelparkplatz mit Blick über den Golfplatz Richtung Kellberg

POS: 48°36'30.99"N/13°33'0.42"E, Karte D16 (S. 19), F2

Platz: = 4, = 4 (<10 m) auf Schotter. Sauna. Abreise bis 10:30 Uhr. WC-Anlage des Golfclubs kann genutzt werden. Erhalt des Schlüssels für die Stromsäule bei Anmeldung an der Rezeption (7:00-20:00 Uhr). Geöffnet: Mitte März - Mitte November.
Preis: Ab 40 € inkl. Wasser, Dusche, Müll-Entsorgung, WC. Sauna 10 €. 1 Pers. ab 28 €, 2 Pers. ab 40 €.
Kontakt: Golf Resort Passau-Raßbach Hotel GmbH & Co. KG, Herr Leonhard Anetseder, 08501/91313, info@hotel-anetseder.de, www.hotel-anetseder.de.
Distanz: 0 km, weitere Restaurants in 2 km, 2 km, 2 km, 2 km.
Gastro: Restaurant Leo's am Platz, Mo-Fr 13:30-22:00 Uhr, Sa-So 11:30-22:00 Uhr, warme Küche jeweils bis 21:00 Uhr. Frühstück 15 € pP.
Freizeit: 10 km. Golfplatz, Naturfreibad 0,3 km.
POI: Kloster Thyrnau 3 km, Granitmuseum 10 km, Glasmuseum 10 km, Passau 10 km.

94136 Thyrnau-Kelchham €5,00 <8m

Ferienhof Schiermeier, Kelchham 4, 08501/93110 Terrassenförmig angelegter Platz mit Panoramablick

POS: 48°38'54.14"N/13°33'6.40"E, Karte D16 (S. 19), F2
Platz: = 15 auf Wiese, Schotter. =20 (16 A). Viele Streicheltiere. Ganzjährig geöffnet.
Preis: 5 € inkl. Wasser, Entsorgung, Dusche, WC, Müll-Entsorgung, Kurtaxe. Jede weitere Pers. 5 €, Kind (0-2 J.) gratis, Strom 0,50 €/kWh, Hund 3 €.
Kontakt: Konrad Schiermeier, 08501/93110, konrad.schiermeier@t-online.de, www.hof-schiermeier.de.
Distanz: 1 km, 3 km, 3 km, 3 km.
Gastro: Produkte vom Hof.
Freizeit: 3 km, 4 km, 8 km. Volleyball und Tischtennis, Angeln, Wanderwege im Erlautal, Spielscheune, eigener Badesee, Multifunktionssporthalle mit Außenanlagen, Fußballfeld, Golfplatz 8 km.
POI: Passau 12 km, Bergwerk 15 km, Museumsdorf 20 km, Westernstadt Pullman City 25 km.

94136 Thyrnau-Kellberg gratis <12m

Gasthof Zum Grüß Gott, Prof.-Dr.-Schedel-Straße 1, 08501/760 Auf dem Parkplatz des Gasthofs

POS: 48°35'41.09"N/13°33'51.88"E, Karte D16 (S. 19), F2
Platz: = 3, = 5 (<12 m) auf Asphalt. =2. Ganzjährig geöffnet.
Preis: Für Restaurantgäste kostenlos, inkl. Entsorgung, WLAN. Einkehr obligatorisch. Strom 5 €, Wasser 2 €.
Kontakt: Familie Kepes, 08501/760, info@zum-gruess-gott.de, www.zum-gruess-gott.de.
Distanz: 0 km, 1 km, 1 km.
Gastro: Am Platz, Fr-Di 11:30-22:30 Uhr, Mi-Do Ruhetag, warme Küche Mo, Di, Fr 11:30–14:00 Uhr und 17:00– 20:30 Uhr, Sa, So+Feiertag durchgehend warme Küche bis 20:30 Uhr. Frühstücksbüfett 8 €/Pers.
Freizeit: 1,5 km, 12 km. Donauschifffahrt in Passau 10 km.
POI: Domstadt Passau 10 km.

36469 Tiefenort gratis <12m

Stellplatz an den Sportanlagen, Werrator, 03695/671722 An der Freizeitanlage mit Sportbad, auf einer Insel der Werra

POS: 50°50'4.00"N/10°9'53.00"E, Karte D10 (S. 13), H1
Platz: = 6 auf Pflaster. =6. Ansprechpartner vor Ort: Schwimmbadbetreiber (saisonal). Strommarken nur während der Badesaison im Schwimmbad. Ganzjährig geöffnet.
Preis: Übernachtung gratis. Strom 2 €/3 kWh.
Kontakt: 03695/671722, tourismus@badsalzungen.de, tourismus-badsalzungen.de.
Distanz: 0,1 km, weitere Restaurants in 0,8 km, 0,2 km, 0,5 km, 0,8 km.
Freizeit: 0,3 km. Kanu fahren (Kanu-Ausstieg), Werratal- und Rhönradweg.
POI: Erlebnisbergwerk Merkers 3 km, Krayenberg mit Burgruine 3 km.

23669 Timmendorfer Strand-Niendorf €15,00 <10m

Parkplatz P4 am Vogelpark, An der B76, 04503/8070 Auf dem Parkplatz P4 zwischen Vogelpark und Hafen

POS: 53°59'26.00"N/10°48'46.00"E, Karte D3 (S. 6), A3
Platz: = 50 auf Sand/Splitt, Schotter. =16 (16 A). Aufenthalt max. 1 Nacht. Landstraße führt am Stellplatz vorbei, nachts ruhig. Ganzjährig geöffnet.
Preis: Ab 15 € inkl. aller Personen, Entsorgung, Müll-Entsorgung, WC. Strom 1 €/3 kWh, Wasser 0,50 €/50 l, Kurtaxe 3 €/Pers. 1.4.-31.10. 20 €, 1.11.-31.3. 15 €. Bezahlung am Automat.
Kontakt: Gemeinde Timmendorfer Strand, 04503/8070, info@timmendorfer-strand.org, www.timmendorfer-strand.de.
Distanz: 0,2 km, 0,2 km, 0,3 km, 0,3 km.
Freizeit: 2,5 km, 0,3 km. Wassersport, Hundestrand 0,4 km, Strand 0,5 km, Kurpark 3 km.
POI: Naturschutzgebiet (NSG An der Aalbeek) mit Hermann-Löns-Turm (Aussicht auf NSG und Hemmelsdorfer See), Vogelpark und Eulengarten 0,2 km, Hafen Niendorf/Ostsee 0,3 km, Sealife-Center 3 km.

06502 Timmenrode €14,00 <12m

Reisemobilplatz Forellenteich, Harzstraße 31a, 0171/4346051 Neben einer Angelteichanlage mit Angelshop

POS: 51°46'6.59"N/10°59'31.60"E, Karte D7 (S. 10), A4
Platz: = 7 auf Schotter. =7. Ganzjährig geöffnet.
Preis: 14 € inkl. Strom, Wasser, Entsorgung, WC, Müll-Entsorgung. Dusche 1 €/Pers.
Kontakt: Andreas Reichstein, Holger Fisch, Mobil: 0171/4346051, info@teichwirtschaft-timmenrode.de, www.teichwirtschaft-timmenrode.de.
Distanz: 0 km, weitere Restaurants in 0,5 km, 0,5 km, 1 km, 1 km.
Gastro: Fischräucherei und Imbiss am Platz. Frühstücks-/Brötchenservice.
Freizeit: 4 km, 12 km, 4 km. Angeln, Bau-Spiel-Haus Thale 4 km, Hexentanzplatz im Naturpark Harz 5 km.
POI: Weltkulturerbe Quedlinburg mit Schloss 10 km, Halberstädter Dom 13 km, Rübeländer Tropfsteinhöhlen 15 km, Glasmanufaktur Derenburg 20 km, Altstadt und Schloss Wernigerode 22 km.

95643 Tirschenreuth-Lohnitz €10,00 <8m

Wohnmobilstellplatz am Fischhofpark, Am Fischhof 40, 09631/600248 Ruhige Lage am Stadtteich im Fischhofpark hinter dem Amtsgericht

POS: 49°52'45.91"N/12°20'42.40"E, Karte D11 (S. 14), D3
Platz: = 5 auf Rasengittersteinen. Aufenthalt max. 5 Tage. Ganzjährig geöffnet.
Preis: 10 € inkl. Entsorgung. Strom 0,80 €, Wasser 0,10 €/0,1 l.
Kontakt: Tourist-Info Tirschenreuth, 09631/600248, 09631/300754, urlaub@stadt-tirschenreuth.de, www.stadt-tirschenreuth.de/camping.
Distanz: 0,1 km, 0,2 km, 0,5 km, 0,5 km.
Gastro: Restaurant Seenario 0,2 km.
Freizeit: 0,3 km, 1 km, 1 km. Fischhofpark (ehem. Gartenschaugelände), Segelfliegen, Langlaufzentrum, Boot fahren, Wandern im Waldnaabtal und Steinwald, Angeln, DAV Kletterhalle, Badesee 3 km.
POI: Heusterzbrücke und Himmelsleiter, Burg Falkenberg Stadtmuseum im ehemaligen Kloster, Fischhofpark 0,1 km, Museumsquartier 0,5 km, Sternwarte und Planetenweg 3,5 km.

79822 Titisee-Neustadt gratis <10m

Badeparadies Schwarzwald, Am Badeparadies 1, 07651/9360333 Vor dem beschrankten Großparkplatz

2020 geprüft

POS: 47°54'26.22"N/8°9'44.77"E, Karte D13 (S. 16), D4
Platz: = 5 auf Asphalt. Nur für Badegäste. Aufenthalt max. 2 Tage. Ganzjährig geöffnet.
Preis: Übernachtung gratis.
Kontakt: Badeparadies Schwarzwald, 07651/9360333,

T

info@badeparadies-schwarzwald.de, www.badeparadies-schwarzwald.de.
Distanz: 0,2 km, 1 km, 1 km, 1,2 km.
Freizeit: 1 km. Badeparadies Schwarzwald 0,1 km, Kletterwald Feldberg/Action Forest 1,1 km, Seerundfahrten auf dem Titisee 1,7 km, Golfplatz Hochschwarzwald 2,8 km.
POI: Klosterkirche Mariä Himmelfahrt 20 km, Barockkirche St. Peter 26 km.

79822 Titisee-Neustadt €19,00

Großparkplatz P1, Neustädter Straße 14, ☎ 07651/206115 <10m
Am Ortsrand in der Nähe der Bahnlinie

2022 geprüft E

POS: 47°54'15.89"N/8°9'24.35"E, Karte D13 (S. 16), D4
Platz: P = 30, = 10 (<9 m) auf Asphalt, Schotter, Schotterrasen. WC CHEM GRAU. Öffentliches WC tagsüber nutzbar. Anfahrt 24 h. Ganzjährig geöffnet.
Preis: 19 € inkl. Wasser, Entsorgung. Bezahlung am Parkscheinautomat.
Kontakt: Hochschwarzwald Tourismus, ☎ 07651/206115, info@hochschwarzwald.de, www.titisee-neustadt.de.
Distanz: 0,2 km, 0,4 km, 0,5 km, 1,8 km.
Freizeit: 0,5 km, 0,2 km. Badeparadies Schwarzwaldsee 0,3 km, Action Forest Kletterwald 0,3 km, Titisee 0,4 km.
POI: Tittisee, Märklin World Titisee 0,8 km, Museum für alte Landtechnik 3 km, Feldberg 11 km.

79822 Titisee-Neustadt-Hinterzarten €16,00

Campingplatz Bankenhof, Bruderhalde 31a, ☎ 07652/1351 Außerhalb des Ortes vor der Schranke des Campingplatzes <8m

2021 geprüft E

POS: 47°53'11.35"N/8°7'50.25"E, Karte D13 (S. 16), D4
Platz: P = 8 auf Schotter. CHEM GRAU. VE hinter der Schranke mit Durchfahrtsverbot von 23:00-7:00 Uhr. Ganzjährig geöffnet.
Preis: 16 € inkl. Wasser, Entsorgung, Dusche, WC. Jede weitere Pers. 4,50 €.
Kontakt: Campingplatz Bankenhof GmbH, ☎ 07652/1351, info@camping-bankenhof.de, www.camping-bankenhof.de.
Distanz: 0 km, 0 km, 0,3 km, 2,5 km.
Gastro: Restaurant Seewaldstube am Platz, Di-So 11:30-21:30 Uhr, Mo Ruhetag, warme Küche 12:00-20:30 Uhr. Weitere Restaurants in Titisee.
Freizeit: 2,5 km, 2,5 km. Wandern, Radwandern, Go-Kart-Verleih, Rodelhang und Loipe, Badeparadies Schwarzwald 2,5 km, Skilifte und Hinterzarten-Schanze 3 km, Revennaschlucht und Skigebiet Feldberg 8 km.

POI: Museum für alte Landtechnik 0,3 km, Titisee 3 km, Feldberg (1493 m) 8 km, Wutachschlucht 25 km, Benediktinerabtei St. Blasien 25 km, Freiburg 30 km.

85135 Titting-Bürg €52,00

Ferienhof Pfisterer, Bürg 2, ☎ 08423/297 Ferienbauernhof, mitten im Grünen, inmitten des Naturparks Altmühltal <8m

POS: 49°0'21.80"N/11°11'33.53"E, Karte D15 (S. 18), B1
Platz: / = 3 auf Wiese. WC GRAU. Waschmaschine. Ganzjährig geöffnet.
Preis: 52 € inkl. Strom, Wasser, Entsorgung, Dusche, WC, Müll-Entsorgung, WLAN, Kurtaxe. Inkl. 4 Personen.
Kontakt: Renate Pfisterer, ☎ 08423/297, Mobil: 01577/0394332, urlaub@ferienhof-pfisterer.de, www.ferienhof-pfisterer.de.
Distanz: 1 km, 1 km, 1 km.
Gastro: Brötchenservice. Mehrere Restaurants in der Umgebung.
Freizeit: 15 km, 15 km, 1 km. Fossilien suchen, Trecker- und Radfahren, Bootsverleih 15 km, Kanu fahren auf der Altmühl 15 km.
POI: Donaudurchbruch, Limes, röm. Thermen in Weißenburg, Kloster Weltenburg, Willibaldsburg Eichstätt 15 km.

79682 Todtmoos €15,00

Wohnmobilstellplatz an der Wehra, Jägermatt 4, ☎ 07674/84839 <12m
In ruhiger Waldrandlage, in Zentrumsnähe

POS: 47°43'51.25"N/8°0'8.38"E, Karte D13 (S. 16), D4
Platz: P = 25 auf Schotter. =25 WC CHEM GRAU. Anfahrt 9:00-21:00 Uhr. Geöffnet: Apr-Okt, je nach Wetterlage auch früher oder länger.
Preis: 15 € inkl. Strom, Wasser, Entsorgung, Dusche, WC, WLAN. Kind (ab 16 J.) 5 €, Kind (bis 15 J.) 3 €, Kurtaxe (ab 16 J.) 2,10 €/Pers. EC/Bar-Zahlung möglich.
Kontakt: Frau Manuela Strutz, ☎ 07674/84839, wohnmobil@todtmoos.net, www.hochschwarzwald.de.
Distanz: 0,1 km, 0,6 km, 0,6 km, 0,8 km.
Gastro: Wein- und Vesperstube am Platz, Mi-Mo 16:00-20:00 Uhr, Di Ruhetag.
Freizeit: 1,5 km, 10 km, 2 km. Wandertouren auf dem Lebküchleweg, Wintersport, Schlittenhundenrennen, Schluchtensteig, Mountainbiking.
POI: Heimatmuseum 0,5 km, kath. Wallfahrtskirche 1 km, Hoffnungsstollen Todtmoos 3 km.

79674 Todtnau €10,00

Wohnmobilstellplatz Todtnau, Stadtgarten Feldbergstraße, ☎ 07671/962446 <10m
In ruhiger Lage im Stadtgarten

POS: 47°49'56.63"N/7°57'20.10"E, Karte D13 (S. 16), D4
Platz: = 10 auf Schotterrasen, Schotter. CHEM GRAU. Ganzjährig geöffnet.
Preis: 10 € inkl. Müll-Entsorgung. Strom 3 €/6 kWh, Wasser 1 €/100 l, Entsorgung 3 €. Zzgl. ortsüblicher Kurtaxe. Bezahlung der Kurtaxe in der Kurverwaltung. Bezahlung der Stellplatzgebühr bei Ankunft über Easypark App oder über Einwurf im Briefumschlag.
Kontakt: Peter Keller, ☎ 07671/962446, stellplatztodtnau@t-online.de, www.stellplatz.keller-wohnmobil.de.
Distanz: 0,3 km, 0,4 km, 0,4 km, 0,4 km.
Freizeit: 0,4 km. Wassertretstelle, Coaster-Bahn (Sommerrodelbahn) 0,4 km, Mountainbike-Funpark Todtnau 0,4 km, Downhill-Strecken 0,4 km, Steinwasen-Park Oberried 13,5 km.
POI: Todtnauer Wasserfall, Hasenhorn, Coaster Rodelbahn und Sessellift 13 km.

25832 Tönning €20,00

Natur Campingplatz Lilienhof, Katinger Landstraße 5, ☎ 04861/439 >12m
Offenes Naturcampinggelände im Süden der Halbinsel Eiderstedt

POS: 54°18'41.70"N/8°54'11.23"E, Karte D2 (S. 5), F2
Platz: P = 15, = 11 (<15 m) auf Naturboden, Wiese. =15 (16 A) WC CHEM GRAU. wird empfohlen. Ganzjährig geöffnet.
Preis: Ab 20 € inkl. Entsorgung, WC, Müll-Entsorgung. Strom 4 €/24 h oder einmalig 2 € und 0,65 €/kWh, Dusche 1 €/Pers., Hund 3 €. 1.9.-31.5. 20 €, 1.6.-31.8. 22 €. HS inkl. 4 Pers. NS jede weitere Pers. 6 €, Kind (bis 17 J.) 3 €.
Kontakt: Jürgen Pabst, ☎ 04861/439, Mobil: 01522/9208737, info@camping-lilienhof.de, www.camping-lilienhof.de.
Distanz: 2,5 km, 2,5 km, 3 km, 3 km.
Freizeit: 2,5 km, 2,5 km. Naturpark Katinger Watt mit Bade- und Surfseen 6 km, Anlegestelle zu Halligfahrten und nach Helgoland 10 km, Wattwandern 10 km.
POI: Historischer Hafen Tönning 3 km, Eidersperrwerk 6 km.

T

25832 Tönning €13,00

<12m

Stellplatz Kapitänshaus, Am Freizeitpark 1a, ☎ 04861/617148
Am Eiderufer, nahe Wohnmobilhafen Eiderblick

2021 geprüft

POS: 54°18'40.27"N/8°56'26.76"E, Karte D2 (S.5), F2
Platz: = 50 auf Schotterrasen, Wiese. =50 (16A) WC CHEM GRAU . Leinenpflicht für Hunde, Hundedusche, Hundewiese. Selbst einchecken möglich. Für größere Mobile geeignet. Ganzjährig geöffnet.
Preis: Ab 13 € inkl. WC, Müll-Entsorgung, WLAN. Jede weitere Pers. 4 €, Strom 0,65 €/kWh, Wasser 1 €/100 l, Dusche 0,20 €/min, Kurtaxe 2 €/Pers., Hund 3 €, Waschmaschine 4 €, Trockner 3 €. Eiderplätze 16 €, XXL-Platz 16 €.
Kontakt: Silke Birgit Simon, ☎ 04861/617148, info@campingplatz-toenning.de, reisemobil-toenning.de.
Distanz: 0 km, 0,7 km, 0,8 km.
Gastro: Minimarkt. Imbiss am Platz.
Freizeit: 0,2 km. Deichstrand 0,3 km, Hundestrand 0,8 km.
POI: Nationalpark Wattenmeer, Historischer Hafen 0,8 km.

25832 Tönning €13,00

<12m

Wohnmobilhafen Eiderblick, Am Freizeitpark 1a, ☎ 0172/6992758
Wohnmobilhafen am Eiderufer

2021 geprüft

POS: 54°18'32.53"N/8°56'14.96"E, Karte D2 (S.5), F2
Platz: = 80 auf Schotterrasen, Schotter. WC CHEM GRAU . Hundewiese, Hundedusche, Leinenpflicht für Hunde. Anfahrt ab 12:00 Uhr, Abfahrt bis 12:00 Uhr. Anmeldung an der Rezeption des Comfort-Camp Eider. Ganzjährig geöffnet.
Preis: Ab 13 € inkl. Entsorgung, Müll-Entsorgung, WLAN, WC. Jede weitere Pers. 4 €, Strom 0,65 €/kWh, Wasser 1 €/100 l, Dusche 0,80 €/min, Kurtaxe 2 €/Pers., Hund 4 €, Trockner 3 €, Waschmaschine 4 €, Entsorgung Camper-Clean-Automat 1,50 €. Eiderplätze 16 €, XXL-Plätze 16 €.
Kontakt: Comfort-Camp Eider GmbH, Silke Birgit Simon, ☎ 0172/6992758, info@campingplatz-toenning.de, reisemobil-toenning.de.
Distanz: 0,1 km, 0,3 km, Ⓗ 0,3 km, 0,5 km.
Gastro: Brötchenservice.
Freizeit: 0,2 km. Tönning mit Multimar-Wattforum, Wellnessbereich, Motorrollerverleih 0,2 km, Schiffsanleger für Eider-Rundfahrten 0,5 km, Naturpark Katinger Watt mit Bade- und Surfseen 5 km.
POI: Hafen und Marktplatz 0,5 km, Eidersperrwerk 8 km.

95183 Töpen-Mödlareuth gratis

<8m

Deutsch-Deutsches Museum Mödlareuth Parkplatz Thüringer Seite, Mödlareuth 13, ☎ 09295/1334
Gegenüber vom Freigelände des Deutsch-Deutschen Museums Mödlareuth

POS: 50°24'51.10"N/11°52'46.85"E, Karte D11 (S.14), C2
Platz: = 5, = 10 (<8 m) auf Schotter. WC. WC im Museumsgebäude auf der bayerischen Seite Mödlareuths. Ganzjährig geöffnet.
Preis: Übernachtung gratis inkl. WC.
Kontakt: Robert Lebegern, ☎ 09295/1334, info@museum-moedlareuth.de, moedlareuth.de.
Distanz: 0,5 km, Ⓗ 0,5 km, 1,8 km, 7 km.
Gastro: Gasthaus Juchhöh und Zur Hulda Tiefengrün.
POI: Deutsch-Deutsches Museum Mödlareuth, Ardesia-Therme Bad Lobenstein 15 km.

04860 Torgau €5,10

<10m

Elbeparkplatz Torgau P4, Pestalozziweg, ☎ 03421/70140 An der Elbe

2022 geprüft

POS: 51°33'42.00"N/13°0'31.00"E, Karte D8 (S.11), E4
Platz: P = 5 auf Pflaster. . Fläche fällt zum Wasser hin ab. Entsorgung von Mai-Sep auf dem Campingplatz. Ganzjährig geöffnet.
Preis: 5,10 €. Bezahlung zu den Öffnungszeiten (Mo-Fr 10:00-18:00 Uhr, Sa+So 10:00-16:00 Uhr, im Winter verkürzt) im Torgau-Informations-Center (Markt 1, 04860 Torgau) oder am Automat.
Kontakt: Torgau-Informations-Center, ☎ 03421/70140, info@tic-torgau.de, www.tic-torgau.de.
Distanz: 0,1 km, 0,2 km, 0,2 km, Ⓗ 0,5 km, 2,9 km (Campingplatz Am Großen Teich, Turnierplatzweg 30, 04860 Torgau).
Freizeit: 0,5 km, 0,5 km. Kanufahrten.
POI: Katharina-Luther-Stube, Stadtkirche mit dem Grab von Katharina von Bora, DDR-Museum, Schloss Hartenfels 0,4 km.

17358 Torgelow €9,00

<10m

Wasserwander-Rastplatz und Caravan-Stellplatz, Schleusenstraße 5a, ☎ 03976/255730
In ruhiger Lage auf einer Uecker-Insel

2021 geprüft

POS: 53°37'55.23"N/14°1'6.36"E, Karte D4 (S.7), F4
Platz: = 15 auf Wiese, Schotterrasen. WC . nur bei Gruppen. Die Anlage ist über ein Transponder-Schließsystem begehbar. Ganzjährig geöffnet.
Preis: 9 €. Jede weitere Pers. 2 €, Kind (bis 16 J.) 1 €, Strom 2 €, WC 2 €/Pers.
Kontakt: Touristinformation, Herr Beese (Platzwart), ☎ 03976/255730, Mobil: 0151/10832932, info@torgelow.de, www.torgelow.de.
Distanz: 0,1 km, 0,5 km, 0,5 km.
Gastro: Haus an der Schleuse 0,1 km. Restaurant Vulcan 0,5 km.
Freizeit: 1 km. Stadtbesichtigung, Kanu fahren.
POI: Gießerei-Ausstellung 0,3 km, Mittelalterzentrum 0,5 km, Ukranenland 3 km.

56841 Traben-Trarbach €12,00

<10m

Wohnmobilpark Traben-Trarbach, Dr. Ernst-Spies-Allee, ☎ 06541/3111
Zwischen Wein- und Flusslandschaft

2022 geprüft

POS: 49°57'24.00"N/7°6'13.00"E, Karte D9 (S.12), B3
Platz: P = 45 auf Wiese, Schotter. =45 (6A) WC CHEM GRAU . Leinenpflicht für Hunde. Gasflaschentausch/Fahrradverleih. Geöffnet: Apr-Dez.
Preis: Ab 12 € inkl. Strom, Wasser, Entsorgung, Dusche, WC, Müll-Entsorgung, WLAN. Tourismusbeitrag 1,15 €/Pers. 12-15 € abhängig von Saison/Stellplatz.
Kontakt: Karel van Dongen, ☎ 06541/3111, info@moselcampingplatz.de, www.mosel-camping-platz.de.
Distanz: Ⓗ 0,2 km, 0,2 km, 0,8 km, weitere Restaurants in 0,8 km Entfernung, 0,8 km.
Gastro: Frühstücksservice an der Tankstelle am Stellplatz.
Freizeit: 3 km, 3 km, 0,8 km. Geführte Wanderungen, Führungen durch den Weinkeller, Weinprobe (bei der Tourist-Info buchbar), ausgeschilderte Wanderrouten ab Platz, Kletterpark 1 km, Thermalbad 3 km.
POI: Gewölbe-Weinkeller 1 km, Fort Mont Royal 2 km, Burgruine 2 km, Segelflugzeug-Platz 2 km.

Tipp

Besuchen Sie unseren voll ausgestatteten Stellplatz direkt an der Mosel. 24 Std. Check-in-Check-out Automat, geöffnet Ostern bis 31.12., direkt an Rad- und Wanderwegen gelegen, Besuch der Moseltherme. Einkaufsmöglichkeiten, Gaststätten & Straußwirtschaften in der Nähe. Gratis WLAN auf allen Plätzen. Befestigte, parzellierte Stellplätze, Besuch des unterirdischen Moselweihnachtsmarktes.

T

24610 Trappenkamp gratis

Stellplatz Trappenkamp, Segeberger Straße, ☎ 04323/914118 <8m
Gemischter Parkplatz, von Bäumen umsäumt, in der Nähe der A21

POS: 54°2'18.50"N/10°13'34.44"E, Karte D2 (S. 5), H3
Platz: = 7 auf Sand/Splitt. WC CHEM GRAU. WC im Sportlerheim (Code notwendig). VE/Ausweichplätze ohne Strom für kleine Wohnmobile in der Hermannstädter Straße. Ganzjährig geöffnet.
Preis: Übernachtung gratis. Strom 1 €/kWh, Wasser 0,50 €/60 l.
Kontakt: Gemeinde Trappenkamp, ☎ 04323/914118, info@amt-bornhoeved.de, trappenkamp.de.
Distanz: 0 km, weitere Restaurants in 0,4 km, 0,3 km (Hermannstädter Straße 38, 24610 Trappenkamp), 0,5 km, 0,7 km.
Gastro: Sportlerheim, warme Küche von 18:00-22:00 Uhr.
Freizeit: 0,6 km. Waldschwimmbad, Minigolf, Boule, Geocaching, Erlebniswald Trappenkamp mit Hochseilgarten 2 km.
POI: Erlebnisschmiede (Museum und Kurse), Museumsbunker 1 km.

29494 Trebel-Nemitz €14,00

Nemitzer Heidehaus, Nemitz 39, ☎ 05848/9819443 <10m
Am Infohaus der Nemitzer Heide im Naturpark Elbhöhen-Wendland

POS: 52°59'23.18"N/11°19'58.89"E, Karte D3 (S. 6), B5
Platz: = 10 auf Schotter, Naturboden. =8 (16 A) WC. wird empfohlen. Geöffnet: 1.12.-31.10.
Preis: 14 € inkl. aller Personen, Strom, Wasser, WC, Müll-Entsorgung, WLAN. Dusche 1,50 €/Pers.
Kontakt: Janine Wach, ☎ 05848/9819443, mail@nemitzer-heidehaus.de, www.nemitzer-heidehaus.de.
Distanz: 1,3 km, 1,3 km, 12 km, 12 km.
Gastro: Restaurant mit Café am Platz, Di-Sa 12:00-18:00 Uhr, So 9:00-18:00 Uhr, Mo Ruhetag. Restaurant Trebler Bauernstube 1,3 km.
Freizeit: 16,3 km, 12 km, 10,4 km. Wandern/Radfahren in der Nemitzer Heide und im Naturpark, Kutschfahrten in Trebel 1,9 km, Gartower See mit Badestelle, Kanu-/Drachenbootverleih 12,8 km.
POI: Ausstellung im Heidehaus, Alte Dorfkirche Trebel 1 km, Fachwerkstadt Lüchow 15,5 km, Museum 18,3 km.

T

04687 Trebsen/Mulde €15,00

Hotel Schlossblick, Markt 8, ☎ 034383/6080 Gegenüber vom Hotel unterhalb von Schloss Trebsen <8m

POS: 51°17'17.88"N/12°45'23.82"E, Karte D7 (S. 10), D5
Platz: = 10 auf Pflaster. WC. Ganzjährig geöffnet.
Preis: 15 € inkl. Strom, Wasser, WC, Müll-Entsorgung, WLAN.
Kontakt: Hotel Schlossblick Trebsen GmbH, ☎ 034383/6080, kontakt@hotel-schlossblick-trebsen.de, www.hotel-schlossblick-trebsen.de.
Distanz: 0 km, 0 km, 0,5 km, 0,5 km.
Gastro: Trattoria Fratelli, warme Küche Mo-Do 17:00-23:00 Uhr, Fr-So+Feiertag 11:30-14:30 Uhr und 17:00-23:00 Uhr, Di Ruhetag.
Freizeit: 10 km, 5 km, 5 km. Bowlingbar im Haus.
POI: Dom in Wurzen, Schloss Trebsen, Kloster Nimbschen 8 km, Leipzig 25 km.

55413 Trechtingshausen €25,00

Campingplatz Marienort, Am Morgenbach 1, ☎ 06721/6133 <12m
Plätze teilweise direkt am Rheinufer

POS: 50°0'16.00"N/7°51'20.00"E, Karte D9 (S. 12), D3
Platz: = 20 auf Schotterrasen. =75 (10 A) WC CHEM GRAU. Naturbach fließt durch den Campingplatz, Slipanlage. Ganzjährig geöffnet.
Preis: 25 € inkl. Strom, Wasser, Entsorgung, WC, Müll-Entsorgung. Dusche 1 €.
Kontakt: Horst Bauer, ☎ 06721/6133, campmarienort@freenet.de, www.campingplatz-marienort.de.
Anfahrt: Zufahrt sehr eng.
Distanz: , 1 km, 1 km, 4 km.
Freizeit: 6 km, 10 km, 6 km. Angeln, Schifffahrten auf dem Rhein, Badestrand am Rhein 1 km.
POI: Weltkulturerbe Mittelrheintal, Burg Reichenstein 0,4 km.

34388 Trendelburg €16,00

Campingplatz Trendelburg, Zur Alten Mühle 10, ☎ 05675/301 <8m
Separate Stellplätze beim Campingplatz auf einer Insel in der Diemel

POS: 51°34'20.36"N/9°25'27.77"E, Karte D6 (S. 9), F4
Platz: = 5 auf Pflaster, Wiese. =3 (16 A). Ganzjährig geöffnet.
Preis: 16 € inkl. WLAN, WC. Kind (4-9 J.) 2,50 €, Kind (10-15 J.) 3 €, jede weitere Pers. 5 €, Strom 1,50 €/24 h, Dusche 1 €/4 min, Hund 2,50 €.
Kontakt: Tamara Conradi, ☎ 05675/301, conradi-camping@t-online.de, www.campingplatz-trendelburg.de.
Distanz: 0,3 km, 0 km, weitere Restaurants in 1 km, 0,4 km, 0,8 km.
Gastro: Gaststätte mit Kiosk, warme Küche 18:00-21:00 Uhr. Frühstücks- oder Brötchenservice.
Freizeit: 0,5 km, 12 km, 2 km. Tennisplatz, Angeln, Kanuverleih 2 km.
POI: Trendelburg, Rathaus und gotische Stadtkirche und Rapunzelturm 0,2 km, Erdeinsturztrichter Wolkenbrüche 0,5 km, Sababurg und Tierpark 13 km.

34388 Trendelburg €10,00

Premiumstellplatz Trendulas Paradies - Tor zum Reinhardswald, Domäne 2e, ☎ 05675/725905 In naturbelassener Umgebung am Ufer der Diemel <6m

2021 geprüft E

POS: 51°34'36.42"N/9°25'38.35"E, Karte D6 (S. 9), F4
Platz: = 12 auf Sand/Splitt. WC CHEM GRAU. Beleuchtet. Anfahrt ab 12:00 Uhr, Abfahrt bis 11:00 Uhr. Geöffnet: März-Ende Okt, im Winter geschlossen.
Preis: 10 € inkl. Entsorgung, WC, Müll-Entsorgung. Strom 0,50 €/kWh, Wasser 0,10 €/10 l, Dusche 1 €. Preisänderung 2023 mögl.
Kontakt: Kanu Schumacher, ☎ 05675/725905, info@kanu-schumacher.de, www.stellplatz-trendelburg.de.
Distanz: 0,1 km, 0,2 km, 0,3 km, 0,3 km.
Gastro: Brötchenservice auf Bestellung über lieferfred.de.
Freizeit: 1 km. Diemelradweg, Bogen schießen, Kanuverleih.
POI: Burg Trendelburg 0,4 km, Naturdenkmal Wolkenbruch 1,7 km, Carlsbahntunnel 3,2 km, Wasserschloss in Wülmersen 6 km, Naturpark-Infozentrum Sababurg 11,2 km.

91757 Treuchtlingen €13,00

Wohnmobilstellplatz Am Kurpark, Kästleinsmühlenstraße 20, ☎ 09142/960060 Ebene, beleuchtete Stellplätze nahe der Altmühltherme <12m

2021 geprüft E

POS: 48°57'37.51"N/10°55'5.64"E, Karte D15 (S. 18), B1
Platz: = 91 auf Schotterrasen, Pflaster, Asphalt, Rasengittersteinen. =12 (16 A) CHEM GRAU. Waschmaschine, Wäschetrockner, Spülraum. Buchung/Anmeldung über die Shell-Tankstelle 6:00-20:00 Uhr (0,1 km). Für Gruppen geeignet. Geöffnet: 1.3.-10.1.
Preis: 13 € inkl. Entsorgung, Dusche, Müll-Entsorgung, WLAN, WC. Strom 0,50 €/kWh oder 1 €/8 h, Wasser 1 €/100 l, Kurtaxe (ab 16 J.) 1 €/Pers. 10er Karte 110 €.
Kontakt: Kur- und Tourist-Info, ☎ 09142/960060, tourismus@treuchtlingen.de, www.tourismus-treuchtlingen.de.
Distanz: 0,3 km, 0,5 km, 0,5 km, 0,8 km.
Gastro: Kiosk und Brötchenservice in der Shell-Tankstelle.
Freizeit: 0,3 km, 0,3 km, 0,8 km. Angeln, Minigolf, Fossilien suchen, Bootfahren, Altmühltherme 0,2 km, Kuranwendungen 0,2 km.
POI: Römische Ausgrabung villa rustica, Keltenwall, Renaissance-Stadtschloss 0,5 km, Modelleisenbahn Miniaturland 0,8 km, Burgruine 1,5 km.

78098 Triberg gratis

Wohnmobilstellplatz Triberg-Nußbach, Sommerauer Straße, ☎ 07722/9530 >12m
An der Ortseinfahrt von Nußbach

2021 geprüft

POS: 48°7'54.39"N/8°15'10.83"E, Karte D13 (S. 16), D3

Platz: P / = 25 auf Schotter. . Ganzjährig geöffnet.
Preis: Übernachtung gratis.
Kontakt: Stadtverwaltung Triberg, ☎ 07722/9530, stadtverwaltung@triberg.de, www.triberg.de.
Anfahrt: Steile Zufahrt mit enger Kurve.
Distanz: 0,1 km, Ⓗ 0,6 km, 2 km, 3,5 km.
Freizeit: 4 km, 9 km, 4 km.
POI: Schwarzwaldmuseum 3 km, Ehrenmal 3 km, Nature Discovery Park Triberg 4 km, Triberger Wasserfälle 4 km.

18465 Tribsees €22,00

Wohnmobilstellplatz am alten Bahnhof, Willi-Braun-Straße 18, ☎ 0160/97252762 Auf einem großen Gelände am stillgelegten Bahnhof inmitten der Natur, nahe der A20

<12m
Gutschein

2022 geprüft E

POS: 54°5'13.32"N/12°45'42.63"E, Karte D3 (S. 6), D3
Platz: P = 30, = 5 (<12 m) auf Wiese, Naturboden, Eco-Raster/Gras. =28 WC GRAU . Hundeauslaufwiese. P nur bei Gruppen. Anfahrt 8:00-24:00 Uhr. In der NS eingeschränkter Service. Anmeldungen auch per Whats-App möglich. Ganzjährig geöffnet.
Preis: Ab 22 € inkl. Strom, Wasser, Entsorgung, Dusche, WC. 1.4.-30.6. 22 €, 1.7.-1.9. 25 €, 2.9.-29.10. 22 €.
Kontakt: SEG Tourismus- und Eventservice GmbH, Sandro Segeth, ☎ 0160/97252762, sandro.seg@icloud.com, stellplatz-am-alten-bahnhof.business.site.
Distanz: 0,4 km, 0,5 km, 0,5 km.
Gastro: Brötchenservice.
Freizeit: 10 km. Stadtwald/Erlebniswald, Naturschutzgebiet und europäisches Vogelschutzgebiet Trebeltal, Fluss Trebel 0,9 km, Wasserwanderrastplatz 0,9 km.
POI: Steintor, Mühlsteintor, St.-Thomas-Kirche.

97855 Triefenstein-Lengfurt €29,00

Camping Main-Spessart-Park, Spessartstraße 30, ☎ 09395/1079 Auf einer Wiese neben dem Campingplatz

<8m

POS: 49°49'9.71"N/9°35'18.30"E, Karte D10 (S. 13), G4
Platz: / = 10 auf Wiese. =10 (10 A) WC CHEM GRAU . Ganzjährig geöffnet.
Preis: 29 € inkl. Entsorgung, Dusche, WC, WLAN. Jede weitere Pers. 8 €, Kind (bis 16 J.) 4 €, Strom 3 €, Müll-Entsorgung 0,70 €.
Kontakt: Ron van der Hout, ☎ 09395/1079, info@camping-main-spessart.de, www.camping-main-spessart.de.
Distanz: , 1 km, Ⓗ 1,5 km, 2 km.
Gastro: Camping-Gaststätte, Di-Sa 17:00-22:00 Uhr, So 11:30-22:00 Uhr, Mo Ruhetag.
Freizeit: 0,3 km. Mainfranken/Badisches Frankenland ab Mitte Jun, Ferienprogramm im Jul/Aug, Fränkisches Weinland ab Mitte Sep, Wandern, Radfahren.
POI: Kloster Triefenstein 2 km.

54294 Trier €12,90

Camping- und Reisemobilpark Treviris, In den Moselauen/Messepark, ☎ 0651/8200911 Reisemobilplatz neben dem Campinggelände am Ufer der Mosel

<12m

2022 geprüft E

POS: 49°44'25.00"N/6°37'28.00"E, Karte D9 (S. 12), B4
Platz: P = 120 auf Pflaster, Rasengittersteinen. =68 (6 A) CHEM GRAU . Aufenthalt unbegrenzt. Ganzjährig geöffnet. Ausnahme: Bei Hochwasser gesperrt.
Preis: 12,90 € inkl. aller Personen, Entsorgung, Müll-Entsorgung, WLAN, WC. Strom 0,70 €/kWh, Wasser 1 €/100 l, Dusche 1 €/4 min. Nachttarif (18:00-10:00 Uhr) 11,30 €, Tagestarif (10:00-18:00 Uhr) 0,20 €/h.
Kontakt: Helga Haag, ☎ 0651/8200911, info@camping-treviris.de, www.camping-treviris.de.
Distanz: Ⓗ 0,5 km, 0,5 km, 0,5 km, 1 km.
Gastro: Brötchenservice am Platz. Treviris Grill.
Freizeit: 2,5 km, 2,5 km, 3 km. Angeln.
POI: Altstadt Trier 2,5 km, Porta Nigra 4 km.

54295 Trier €15,00

Weingut GF von Nell, Im Tiergarten 12, ☎ 0651/32397 In ruhiger Lage unterhalb des Weinguts in den Weinbergen

<12m

POS: 49°44'17.10"N/6°39'33.82"E, Karte D9 (S. 12), B4
Platz: = 12 auf Schotter. . Ganzjährig geöffnet.
Preis: 15 € inkl. Strom, Wasser.
Kontakt: Weingut GF von Nell, Georg-Fritz von Nell, ☎ 0651/32397, mail@vonNell.de, www.vonnell.de.
Distanz: 0 km, weitere Restaurants in 3 km, Ⓗ 0,9 km, 2 km, 3,5 km.
Gastro: Weinstube, Mi-Sa ab 18:00 Uhr, So-Di Ruhetag.
Freizeit: 3 km, 2 km, 4 km. Weinproben und Weinkellerbesichtigungen.
POI: Porta Nigra, Dom, Basilika, römische Bauten und Bäder, Amphitheater und verschiedene Museen in Trier 3 km, Stadtbesichtigung 4 km.

22946 Trittau gratis

Stellplatz Schützenplatz, Zum Schützenplatz, ☎ 04154/80790 Im Ortszentrum vor dem Freibad

<8m

POS: 53°36'38.76"N/10°24'29.94"E, Karte D2 (S. 5), H4
Platz: P / = 5 auf Pflaster. WC. Leicht abschüssiger Untergrund, beleuchtet. Ganzjährig geöffnet. Ausnahme: In der 3. August-Woche gesperrt.
Preis: Übernachtung gratis.
Kontakt: Gemeinde Trittau, ☎ 04154/80790, info@trittau.de, www.trittau.de.
Distanz: 0,1 km, 0,2 km, 0,2 km, Ⓗ 0,2 km.
Freizeit: 0,1 km. Schwimmen.
POI: Naturschutzgebiet Hahnheide 1 km, Aussichtsturm 4 km.

54349 Trittenheim €12,00

Reisemobilplatz Trittenheim, Am Moselufer, ☎ 0151/12625300 Separater Stellplatz am Moselufer

<10m

2021 geprüft E

POS: 49°49'28.16"N/6°54'11.70"E, Karte D9 (S. 12), B4
Platz: = 40 auf Pflaster, Wiese. CHEM GRAU . Anfahrt 8:00-20:00 Uhr. WLAN in der Tourist-Info. Geöffnet: 1.4.-15.11.
Preis: Ab 12 € inkl. Entsorgung. Strom 3,50 €, Wasser 0,50 €/100 l. 12 Euro ohne Strom auf der Wiese, 14 Euro mit Strom auf festem Untergrund.
Kontakt: Beatrix Pfuhl, Mobil: 0151/12625300, info@trittenheim.de, www.trittenheim.de.
Distanz: 0,5 km, Ⓗ 0,5 km, 0,5 km, 0,5 km, weitere Restaurants in 1 km.
Gastro: Brötchenservice am Platz. Mehrere Restaurants und Straußwirtschaften im Ort.
Freizeit: 3 km, 5 km, 0,5 km. Führung durch die Weinkeller, geführte Weinwanderungen, Schifffahrten, Stadtführung.
POI: Moselschleife 1 km, Laurentiuskapelle 2 km, Fachwerk-Stadt Bernkastel-Kues 24 km.

72818 Trochtelfingen €3,00

Wohnmobilstellplatz bei der Eberhard-von-Werdenberghalle, Siemensstraße 4, ☎ 07124/480 Am Rand der Trochtelfinger Kernstadt

>12m

2020 geprüft E

POS: 48°18'29.00"N/9°14'9.00"E, Karte D14 (S. 17), F3
Platz: = 15 auf Schotter. =3 (16 A) CHEM GRAU. Ganzjährig geöffnet.
Preis: 3 € inkl. aller Personen, Strom, Entsorgung. Wasser 1 €/50 l. Anmeldung/Bezahlung bei der Tourist-Info im Rathaus oder per Einwurf im Kuvert in den Briefkasten.
Kontakt: Stadtverwaltung Trochtelfingen, ☎ 07124/480, 07124/4821, info@stadt-trochtelfingen.de, www.trochtelfingen.de.
Distanz: Ⓗ 0,2 km, 0,3 km, 0,5 km, weitere Restaurants in 1 km, 0,5 km.
Freizeit: 0,1 km, 0,8 km. Skilifte, Mountainbiking, Tennis, Alb-Gold-Kundenzentrum mit gläserner Produktion (Nudelherstellung), Landmarkt, Restaurant und Kräutergarten 2,6 km, Erholungsanlage Lauchertsee 3 km, Traumland mit Bärenhöhle 12 km.
POI: Altstadt Trochtelfingen, Deutsche Fachwerkstraße, Schloss Lichtenstein 15 km.

T

83308 Trostberg/Alz — gratis — <8m

Stellplatz am Festplatz, Jahnstraße, ☎ 08621/801130
Am Parkplatz südlich des Volksfestplatzes

2020 geprüft

POS: 48°1'19.13"N/12°32'47.80"E, Karte D16 (S.19), E3
Platz: = 8 auf Schotterrasen. CHEM GRAU. Aufenthalt max. 7 Tage. Ausnahme: Während des Volksfestes gesperrt (aktuelle Termine bei der Stadtverwaltung unter 08621/801-113 oder -116 erfragen).
Preis: Übernachtung gratis inkl. Entsorgung. Strom 1 €/kWh, Wasser 1 €/50 l. Münzautomat.
Kontakt: Stadt Trostberg an der Alz, ☎ 08621/801130, www.stadt-trostberg.de.
POI: Altstadt in typischer Inn-Salzach Bauweise.

66957 Trulben — gratis — <8m — neu

Wohnmobilstellplatz am Festplatz, Am Festplatz, ☎ 06331/872135
An der Trualbhalle

POS: 49°8'21.89"N/7°32'43.75"E, Karte D9 (S.12), C5
Platz: = 4 auf Pflaster. =4. Beleuchtet. Wasser auf Anfrage unter Tel.: 0151/40784506. Ganzjährig geöffnet.
Preis: Übernachtung gratis.
Kontakt: Verbandsgemeindeverwaltung Pirmasens-Land, ☎ 06331/872135, info@pirmasens-land.de, www.urlaubsregion-pirmasens.land.
Distanz: 0,1 km, 0,3 km, 2 km.
Gastro: Hochstellerhof.
Freizeit: Trulber Sandhasen-Tour, guter Ausgangspunkt für Wanderungen und Radtouren.
POI: Westwall Museum Festungswerk Gerstfeld 6,3 km, Altschloßfelsen und Dianabild 7,2 km, Burg Lemberg 14,3 km.

86874 Tussenhausen — €10,00 — <6m — neu

Café Berghof, Döbeleweg (Parkplatz), ☎ 08268/281
In Hanglage, im Unterallgäu

POS: 48°6'14.92"N/10°33'59.07"E, Karte D15 (S.18), A3
Platz: = 3 auf Wiese. CHEM GRAU. Ganzjährig geöffnet. Ausnahme: Im Winter je nach Schneelage geöffnet.
Preis: 10 € inkl. Strom, Wasser, Entsorgung, WLAN.
Kontakt: Café Berghof, ☎ 08268/281.
Distanz: 0 km, 0,5 km, 0,5 km.
Gastro: Café Berghof mit Biergarten, Fr 17:00-22:00 Uhr, Sa 14:30-22:00 Uhr, So 11:00-22:00 Uhr, Mo-Do Ruhetag.
Freizeit: 12 km. Allgäu Skyline Park mit mehr als 60 Fahrgeschäften und Attraktionen 5,5 km, Therme Bad Wörishofen 12 km.
POI: Zedernsaal Fuggerschloss Kirchheim, Schloss Markt Wald 5 km, Bad Wörishofener Kuranlagen 12 km.

78532 Tuttlingen — €5,00 — <8m

Wohnmobilstellplatz Stadt Tuttlingen, Stuttgarter Straße, ☎ 07461/99340
Am Donaupark auf dem Festplatz, in unmittelbarer Nähe zur Innenstadt

2021 geprüft

POS: 47°59'5.22"N/8°48'45.82"E, Karte D14 (S.17), F3
Platz: = 12 auf Schotter. CHEM GRAU. WC in 0,1 km. Ganzjährig geöffnet. Ausnahme: Bei Veranstaltungen gesperrt (siehe Website).
Preis: 5 €. Wasser 1 €, Entsorgung 1 €. Parkautomat.
Kontakt: Tourist-Info Tuttlingen, ☎ 07461/99340, touristik@tuttlingen.de, www.tuttlingen.de.
Distanz: 0,3 km, weitere Restaurants in 0,5 km, 0,5 km, 0,5 km, Ⓗ 0,7 km.
Freizeit: 1,3 km, 0,3 km. Skaterpark, Donauradweg 0,1 km, Freizeit-/Thermalbad TuWass 0,3 km, Minigolfanlage 0,4 km, Ruder-/Tretbootverleih 0,5 km, Alpenblick vom Witthoh 10 km.
POI: Tuttlinger Haus 0,2 km, Jugendstilkirche 0,2 km, Innenstadt Tuttlingen 0,5 km, Burgruine auf dem Honberg 1,4 km, Naturphänomen Donauversickerung 7,8 km, Freilichtmuseum Neuhausen ob Eck 10 km.

49767 Twist — gratis — <10m

Stellplatz am Hallenbad, Am Hallenbad 9, ☎ 05936/93300
Im Ortszentrum

2021 geprüft

POS: 52°38'47.31"N/7°5'21.03"E, Karte D5 (S.8), C2
Platz: = 6 auf Pflaster. =8 (13 A) CHEM GRAU. Ganzjährig geöffnet.
Preis: Übernachtung gratis. Strom 1 €/kWh, Wasser 1 €/100 l.
Kontakt: Martin Müller, ☎ 05936/93300, info@twist-emsland.de, www.twist-emsland.de.
Distanz: 0,2 km, 0,4 km, weitere Restaurants in 0,9 km, 0,4 km, Ⓗ 0,5 km.
Freizeit: 0,6 km. Angeln, Reiten, Tennis, Naturpark Bourtanger Moor, Barfußpfad 0,1 km, Erdöl-Erdgas-Museum 0,4 km, Zoo Emmen (NL) 22 km.
POI: Kirche St. Franziskus 7 km, Emsland Moormuseum Geeste 8 km.

U

88662 Überlingen — €18,00 — <12m

Reisemobilhafen Überlingen, Kurt-Hahn-Straße, ☎ 07551/9471522
Beim P&R-Platz, verkehrsgünstig zur B31, naturnah

2020 geprüft

POS: 47°46'33.45"N/9°8'54.52"E, Karte D14 (S.17), F4
Platz: = 42 auf Schotter, Asphalt. WC CHEM. Aufenthalt max. 3 Tage. Anmeldung und Gästekarte (Echt Bodensee Card) vor Ort von Mo-Sa von 9:00-11:00 Uhr. Bei Anreise nach 11:00 Uhr auch in der Tourist-Information. Keine Reservierung möglich. Ganzjährig geöffnet.
Preis: 18 € inkl. aller Personen, Entsorgung, Müll-Entsorgung. Strom 0,50 €/kWh, Wasser 0,10 €/10 l. Bezahlung am Automat in bar, mit EC-Karte, Kreditkarte, SMS oder App. Mit dem Parkticket freie Fahrt mit dem Stadtbus in die Stadt und zurück (5 Personen). Mit der Gästekarte freie Fahrt mit Bus und Bahn im gesamten bodo-Verkehrsverbund sowie diverse Ermäßigungen.
Kontakt: Stadt Überlingen, ☎ 07551/9471522, info@ueberlingen-bodensee.de, www.ueberlingen-bodensee.de.
Distanz: 0 km, 0,1 km, Ⓗ 0,2 km, 2 km.
Gastro: Kiosk mit Frühstücksservice am Platz. Ristorante D'Ouro. Kantine im Helios-Spital.
Freizeit: 2 km, 2 km, 1,2 km. Schifffahrten, Stadtgarten und Gartenkulturpfadführungen, Seeufer 1,6 km, Thermalbad 2 km, Strandbad 2 km, Golfplatz 2 km.
POI: St.-Nikolaus-Münster, Rathaus, Franziskanerkirche, Städt. Museum, Jodok-Kapelle sowie Tore und Türme in der Altstadt 1,5 km, Stadtgarten mit exotischen Pflanzen 1,8 km, Klosterkirche Birnau 5 km.

83236 Übersee — €17,00 — <12m

Bauernhof Schmid (Dusnhof), Stegen 4, ☎ 08642/598602
Bewirtschafteter Bauernhof, mit direktem Blick auf die Chiemgauer Berge

2021 geprüft

POS: 47°48'44.55"N/12°29'17.04"E, Karte D15 (S.18), D4
Platz: = 28 auf Wiese, Schotter, Rasengittersteinen. WC CHEM GRAU. Reservierung über Buchungssystem möglich. Geöffnet: Ende März-Anfang Nov.

Schützen Sie die Umwelt und verwenden Sie Sanitärflüssigkeiten nur nach Dosierempfehlung oder verzichten Sie lieber ganz darauf und entleeren Sie dafür häufiger. In den Zeitschriften **Reisemobil International** oder **CamperVans** erfahren Sie, welche umweltfreundlichen Alternativen es zu Kassettentoiletten gibt (Trockentrenntoiletten).

Preis: 17 € inkl. Wasser, Entsorgung, WC, Müll-Entsorgung, Kurtaxe, WLAN. Jede weitere Pers. 3,50 €, Kind (7-17 J.) 1,50 €, Strom 0,70 €/kWh, Dusche 1,50 €. Inkl. Kinder bis 6 J.
Kontakt: Josef & Walburga Schmid, ☎ 08642/598602, stellplatz-schmid.de.
Distanz: 1 km, Ⓗ 1 km, 1,5 km, 1,5 km.
Gastro: Hinterwirt. Brötchenservice am Hof.
Freizeit: 10 km, 10 km, 2 km. Zoo, Wildpark, Strandbad 5 km, Märchenpark 10 km.
POI: Chiemsee, Fraueninsel und Schloss Herrenchiemsee 5 km.

83236 Übersee-Almau — €16,00 — >12m

Bauernhof Steiner, Almfischer 11, ☎ 08642/1383
Nahe dem Südufer des Chiemsees

POS: 47°48'34.47"N/12°29'31.01"E, Karte D15 (S. 18), D4
Platz: = 37 auf Sand/Splitt, Wiese, Pflaster. =40 WC CHEM GRAU. Aufenthaltshütte. Anreise 12:00-18:00 Uhr, Abreise bis 11:30 Uhr. Reservierung ab 2 Nächten. Hunde nicht erlaubt. Geöffnet:1.3.-30.11.
Preis: 16 € inkl. Wasser, Entsorgung, WC, Müll-Entsorgung, Kurtaxe. Jede weitere Pers. 4,50 €, Kind (7-16 J.) 2 €, Kind (bis 6 J.) 1 €, Strom 0,70 €/kWh, Dusche 1,50 €/2 min. Inkl. Umweltbeitrag (0,50 €/Mobil), Nutzung des Busverkehrs um den See und Ermäßigung bzw. Gratisfahrten bei Bergwanderungen/Bergbahnen.
Kontakt: Herbert Steiner, ☎ 08642/1383, franz.steiner75@gmx.de, www.chiemsee-wohnmobile-steiner.de.
Distanz: 1,5 km, Ⓗ 1,5 km, 2 km, 2 km.
Gastro: Brötchenservice/Getränkeautomat. Verkauf von Honig, Eiern, Marmelade und geräucherten Lachsforellen.
Freizeit: 15 km, 1,5 km. Angeln, Wandern/Radfahren entlang der Tiroler Ache, Badestrand am Chiemsee 3,5 km, Hochseilgarten 5 km, Schiffsanleger Chiemsee 5 km, Märchenpark/Sommerrodelbahn 10 km.
POI: Reit im Winkl 25 km.

31600 Uchte — gratis — <6m

Wohnmobilstellplatz Uchte, Färberplatz, ☎ 05763/1830 Zentral, am Mühlenbach und in der Nähe des Busbahnhofs

POS: 52°29'48.36"N/8°54'21.59"E, Karte D6 (S. 9), F2
Platz: = 3 auf Pflaster. =8 (16 A) CHEM GRAU. Ganzjährig geöffnet.
Preis: Übernachtung gratis. Strom 1 €/8 h, Wasser 1 €/100 l, Entsorgung 1 €.
Kontakt: ☎ 05763/1830, rathaus@sg-uchte.de, www.samtgemeinde-uchte.de.

Distanz: 0,1 km, 0,2 km.
Freizeit: 1 km (Uchte), 6 km (Warmsen).
POI: Landschaftssee 1,5 km, Gehannfors Hof 7 km, Kranichbeobachtungsturm 8 km, Moorbahn 13 km.

04924 Uebigau-Wahrenbrück-Winkel — gratis — <8m

Landgasthof Zu den Drei Rosen, Hauptstraße 32, ☎ 035341/94829
Inmitten von Kiefernwäldern, am kleinen Spreewald

POS: 51°32'51.53"N/13°23'4.60"E, Karte D8 (S. 11), F4
Platz: = 10 auf Asphalt. Aufenthalt max. 24 h. Beleuchtet. Ganzjährig geöffnet.
Preis: Übernachtung gratis.
Kontakt: Frau Diana Uhlemann, ☎ 035341/94829, gasthof-zu-den-drei-rosen@gmx.de, www.rosenwirt-winkel.de.
Distanz: 0 km, 0,1 km, Ⓗ 0,1 km, 2 km.
Gastro: Landgasthof mit Niederlausitzer Köstlichkeiten.
Freizeit: 4 km, 4 km, 2 km. Gewässertourismus Elbe-Elster-Touren, Naturpark Niederlausitzer Heidelandschaft, Angeln, Kahnfahrbetrieb 2 km.
POI: Museum des Mitteldeutschen Wandermarionettentheaters Bad Liebenwerda 4 km, Elster-Natoureum Maasdorf 5 km, Technikmuseum Brikettfabrik Luise in Domsdorf 7 km.

17373 Ueckermünde — €14,00 — <8m

Caravan-Stellplatz an der Uecker, Ueckerstraße 125, ☎ 0151/54790474
Parkplatz in Altstadtnähe

POS: 53°44'4.07"N/14°2'57.76"E, Karte D4 (S. 7), F3
Platz: = 15 auf Schotterrasen. =15 (16 A) CHEM GRAU. WC/Dusche im Hafen (150 m). Ganzjährig geöffnet.
Preis: 14 € inkl. Strom, Wasser, Entsorgung, Müll-Entsorgung. Jede weitere Pers. 2 €. Kurtaxe gilt vom 1.5.-30.9.
Kontakt: André Klinger, Mobil: 0151/54790474, info@caravanstellplatzueckermuende.de, www.caravanstellplatzueckermuende.de.
Distanz: 0,2 km, Ⓗ 0,5 km, 0,5 km, 1 km.
Gastro: Bäckerei gegenüber. Hotel Pommernyacht.
Freizeit: 1 km, 0,1 km. Schiffspassagen zur Insel Usedom (Kaminkel), auch mit Fahrrädern, Bootsverleih 0,3 km.
POI: Stadt-Schloss 0,2 km, Altstadt Ueckermünde 0,2 km, Stettiner Haff 1 km, Tierpark 1 km.

47589 Uedem — €15,00 — <12m

Wohnmobilpark Uedem, Bergstraße 99, ☎ 01525/3981363
In ruhiger Lage auf einem Hügel vor Uedem

2021 geprüft

POS: 51°39'42.53"N/6°17'16.09"E, Karte D5 (S. 8), A4
Platz: = 26 auf Schotterrasen. =20 (6 A) CHEM GRAU. nur bei Gruppen. Ganzjährig geöffnet.
Preis: 15 € inkl. aller Personen, Strom, Wasser, Entsorgung, Müll-Entsorgung, WLAN.
Kontakt: Peter Joosten, Mobil: 01525/3981363, manuela.joosten@freenet.de, www.uedem.de.
Distanz: Ⓗ 0,5 km, 0,7 km, 0,9 km, 0,9 km.
Freizeit: 1,3 km. Reiten, Schubertweg 7 km.
POI: Historischer Ortskern mit Rundweg 0,8 km, Seemannbrunnen am Markt 0,8 km, Hohe Mühle 1,2 km, APX Xanten 12 km.

49843 Uelsen — €7,00 — <12m

Wohnmobilstellplatz Am Waldbad, Am Waldbad 6, ☎ 05942/1037
In ruhiger, naturnaher Lage

2021 geprüft

POS: 52°29'12.08"N/6°53'4.38"E, Karte D5 (S. 8), B2
Platz: = 13 auf Asphalt, Rasengittersteinen. CHEM GRAU. Ganzjährig geöffnet.
Preis: 7 € inkl. aller Personen, Müll-Entsorgung, WLAN. Strom 0,50 €/kWh, Wasser 1 €/100 l, Entsorgung 1 €.
Kontakt: BNN Uelsen, Waldbad Uelsen, ☎ 05942/1037, touristik@uelsen.de, ☎ 05942/442, www.bnn-grafschaft.de/wohnmobilstellplatz-uelsen.
Distanz: E 0,1 km (Hallenbad Uelsen, Am Waldbad 4, 49843 Uelsen), 0,1 km, Ⓗ 1 km, 1 km, 1 km.
Gastro: Hotel am Waldbad.
Freizeit: 0,1 km, 0,1 km, 1 km. Minigolf, Tennis.
POI: Bronzezeithof Uelsen, Windmühle Uelsen, Hof für Heimatpflege Itterbeck, Schonevelds Wassermühle in Wilsum, Aussichtsturm am Lönsberg, Egger Riese.

29525 Uelzen — €15,00 — <8m

Wohnmobilstellplatz Uelzen am Elbe-Seitenkanal, Riedweg 7, ☎ 0581/43211
In ruhiger Lage am Sportboothafen

2021 geprüft

POS: 52°57'28.16"N/10°35'37.44"E, Karte D7 (S. 10), A1
Platz: = 16 auf Pflaster, Schotterrasen. =16 (16 A) WC CHEM GRAU. Aufenthalt max. 3 Nächte. Abfahrt bis 11:00 Uhr. Anmeldung Mo-Fr ab 17:00 Uhr in der Clubgaststätte. Sa+So ab10:00 Uhr. Von Mitte Okt-Ende Apr nur 6 Stellplätze. Ganzjährig geöffnet.
Preis: 15 € inkl. Entsorgung, Dusche, WC, Müll-Entsorgung. Jede weitere Pers. 1,50 €, Strom 1 €/6 h oder 1 €/2 kWh, Wasser 1 €/90 l, Waschmaschine/Trockner 3 €. Bezahlung im Clubheim oder per Umschlag im Briefkasten.

U

Kontakt: Yachtclub Uelzen e.V., ☎ 0581/43211, Mobil: 0151/28896986, info@yachtclub-uelzen.de, www.yachtclub-uelzen.de.
Distanz: 0 km, weitere Restaurants in 2,5 km, Ⓗ 0,1 km, 1,9 km.
Gastro: Restaurant, Di-Fr 17:00-21:30 Uhr, Sa-So 10:00-21:30 Uhr, Mo Ruhetag, eingeschränkte Öffnungszeiten im Winter. Frühstück Sa+So auf Anfrage.
Freizeit: 3,3 km, 3,3 km. Radwege-/Nordic Walking-Netz ab Platz, Jod-Sole-Therme/Wellness-Center 17 km.
POI: Hundertwasser-Bahnhof Uelzen 3,7 km, Kloster Ebstorf 16 km.

25436 Uetersen — gratis

Uetersener Stichhafen, Ziegelei, ☎ **04122/7140** Am Hafen, unmittelbar am Rande der Innenstadt — <8m

POS: 53°40'47.94"N/9°40'5.62"E, Karte D2 (S. 5), G4
Platz: = 4 auf Schotter. . Aufenthalt max. 1 Nacht. Ganzjährig geöffnet.
Preis: Übernachtung gratis.
Kontakt: Stadt Uetesen, ☎ 04122/7140, sharifi@stadt-uetersen.de, www.uetersen.de.
Distanz: 0,2 km, 0,2 km, 0,2 km, Ⓗ 0,3 km.
Freizeit: 5 km, 1 km, 0,3 km.
POI: Rosarium und Adeliges Kloster Uetersen 0,2 km, Museum Langes Tannen 2,5 km.

07407 Uhlstädt-Kirchhasel — €16,00

Campingplatz Uhlstädt, Am Saalewehr 2, ☎ **0162/1612163** In ruhiger Lage, unmittelbar an der Saale mit Ausblick — <12m

POS: 50°44'20.97"N/11°27'49.51"E, Karte D11 (S. 14), B1
Platz: = 6 auf Wiese. =6 (16-32 A) . Geöffnet: Apr-Okt.
Preis: 16 €. Kind (3-14 J.) 6 €, jede weitere Pers. 8 €, Strom 4 €, Duschen 1 €. Wasser nach Verbrauch.
Kontakt: KommaRaus, Tom Greiner-Perth, Mobil: 0162/1612163, kontakt@kommaraus.de, www.kommaraus.de.
Distanz: 0,5 km, weitere Restaurants in 1 km, Ⓗ 0,5 km, 0,8 km, 1 km.
Gastro: Supermarkt mit Bäcker/Metzger in direkter Nähe.
Freizeit: 3 km. Bogenparcours, Floßfahrten auf der Saale, Naturlehrpfad Saalleiten, Kanu fahren.
POI: Schloss Heidecksburg in Rudolstadt 10 km, Schloss Kochberg 15 km.

66887 Ulmet — gratis

Waldhotel Felschbachhof, Felschbachhof 1-3, ☎ **06387/9110** Vor der Hotelanlage — <8m

POS: 49°35'1.68"N/7°26'46.64"E, Karte D9 (S. 12), C4
Platz: = 2 auf Schotter. . Strom nach vorheriger Anmeldung mit Verlängerungskabel (20 m). Ganzjährig geöffnet.
Preis: Für Restaurantgäste kostenlos. Einkehr obligatorisch. Strom gegen Gebühr.
Kontakt: Stefan Klinck, ☎ 06387/9110, info@felschbachhof.de, www.felschbachhof.de.
Distanz: Ⓗ 0,5 km, 0,6 km, 0,6 km, weitere Restaurants in 1 km Entfernung.

Gastro: Am Platz, warme Küche Mo-Sa von 11:30-13:30 Uhr und Mo-So 17:30-21:30 Uhr. Frühstück sbüfett (19,50 €/Pers.).
Freizeit: 5 km, 6 km. Sauna am Platz, Draisinenfahrt 6 km.
POI: Burg Lichtenberg 12 km.

35327 Ulrichstein — €6,00

Reisemobilstellplatz Panoramablick, Erlenweg, ☎ **06645/961011** Großzügig angelegt, naturnah, mit Ausblick in die Vogelsberg-Landschaft — <10m

2022 geprüft

POS: 50°34'31.79"N/9°12'22.74"E, Karte D10 (S. 13), F2
Platz: = 15 auf Asphalt. =10 (16 A) CHEM GRAU. Picknick-Bereich. Anmeldung beim Platzwart. WC/Dusche im Badebiotop zu den Öffnungszeiten gegen Gebühr. Ganzjährig geöffnet.
Preis: 6 € inkl. aller Personen, Entsorgung, Müll-Entsorgung. Strom 0,50 €/kWh, Wasser 1 €/75 l.
Kontakt: Stadtverwaltung Ulrichstein, ☎ 06645/961011, info@ulrichstein.de, www.ulrichstein.de.
Distanz: Ⓗ 0,6 km, 0,8 km, 0,9 km, 0,9 km.
Gastro: Pizzeria und Bistro 0,9 km. Café 0,7 km.
Freizeit: 0,1 km. Reitanlage 0,2 km, Skilifte und Sommerrodelbahn 10 km, Kletterwald 11 km.
POI: Vogelsberggarten 1 km, Burgruine und Aussichtsturm Schlossbergen 1 km, Museum Vorwerk 1 km, Sternwarte 6 km.

88444 Ummendorf — gratis

Bräuhaus Ummendorf, Bachstraße 10, ☎ **07351/44430** Am Brauerei-Gasthof in der Ortsmitte hinter der Kirche — <8m

2021 geprüft

POS: 48°3'48.38"N/9°49'59.98"E, Karte D14 (S. 17), G3
Platz: = 5 auf Pflaster, Asphalt. =2 WC GRAU. WC zu den Öffnungszeiten des Gasthofs. Infotafel mit Umgebungskarte und weiteren Informationen, Reservierung nicht möglich, gerne vorherige Absprache per Telefon oder Mail. Ganzjährig geöffnet. Ausnahme: in den Schulferien Weihnachten, Pfingsten und Herbst geschlossen.
Preis: Übernachtung gratis inkl. aller Personen, WC. Strom 4 €, Wasser 4 €/200 l. Ab der 3. Nacht 4 €.
Kontakt: Bräuhaus Ummendorf GmbH, Stefan Dobler, ☎ 07351/44430, info@braeuhaus.de, www.braeuhaus.de.
Anfahrt: Zufahrt großer Fahrzeuge über die LKW-Zufahrt Häuserner Straße.
Distanz: 0 km, weitere Restaurants in 0,2 km, Ⓗ 0,3 km, 0,3 km, 0,4 km.
Gastro: Brauerei-Gasthof mit Hotel, Biergarten, Brauerei-Laden, Öffnungszeiten siehe Website.

Freizeit: 1 km, 1 km. Brauereibesichtigung ab 12 Personen, Tennis, Gesundheitszentrum Jordanbad mit Thermalbad und Saunadorf 1 km.
POI: Altstadt Biberach 6 km, Kloster Ochsenhausen 10 km.

53572 Unkel — gratis

Parkplatz am Kindergarten, Kamener Straße/Schulstraße, ☎ **02224/3309** Stellplatz in der Kulturstadt am Rhein — <8m

POS: 50°35'55.51"N/7°13'5.20"E, Karte D9 (S. 12), C2
Platz: = 20 auf Asphalt. WC CHEM GRAU . nur bei Gruppen. Ganzjährig geöffnet.
Preis: Übernachtung gratis inkl. Entsorgung. Wasser 1 €/80 l.
Kontakt: Tourist- und Bürgerinformation, ☎ 02224/3309, info@unkel.de, www.unkel-kulturstadt.de.
Distanz: 0,3 km, 0,6 km.
Freizeit: 8 km, 0,3 km. Rheinschifffahrt, Kanu 1 km, Gleitschirmfliegen 3 km, Reiten 3 km.
POI: Museum Willy-Brandt-Forum 0,3 km, Altstadt 0,3 km, spätgotische Hallenkirche 0,4 km, kleinste Kneipe der Welt 0,4 km, Rheinpromenade 0,5 km, Gefängnisturm 0,6 km.

86551 Untergriesbach — gratis

Gasthof und Hotel Wagner, Harthofstraße 38, ☎ **08251/89770** Auf dem Gasthof-Parkplatz — <10m

POS: 48°27'22.66"N/11°9'12.37"E, Karte D15 (S. 18), B2
Platz: = 8 auf Naturboden. CHEM GRAU . wird empfohlen. Strom/Wasser auf Anfrage. Ganzjährig geöffnet.
Preis: Übernachtung gratis inkl. Müll-Entsorgung. Strom 2 €, Wasser 1 €/100 l.
Kontakt: Herr Kasper Wagner, ☎ 08251/89770, rezeption@gasthof-wagner.de, gasthof-wagner.de.
Distanz: 0 km, weitere Restaurants in 2 km, Ⓗ 1 km, 2 km, 2 km, 2 km.
Gastro: Am Platz, warme Küche 11:00-14:00 Uhr und 17:00-20:30 Uhr.
Freizeit: 2 km, 2 km, 2 km.

94107 Untergriesbach — €19,00

Donau-Camping-Kohlbachmühle, Kohlbachmühle 1, ☎ **08591/320** Beim Landgasthof — <8m

POS: 48°32'18.81"N/13°39'45.17"E, Karte D16 (S. 19), G2
Platz: = 20 auf Wiese, Pflaster. WC CHEM . wird empfohlen. Anreise Mo-So 10:00-22:00 Uhr. Ganzjährig geöffnet.
Preis: 19 € inkl. Wasser, Entsorgung, Dusche, WC, WLAN. Jede weitere Pers. 6 €, Kind (bis 12 J.) 4 €, Strom 4 €, Müll-Entsorgung 2 €.

U

Kontakt: Alois Fesl, 08591/320, kohlbachmuehle@gmx.de, www.kohlbachmuehle.de.
Distanz: 0,1 km, weitere Restaurants in 2,5 km, 3 km, 3 km.
Gastro: Restaurant, Di-So 11:30-13:45 Uhr und 17:00-20:30 Uhr, Mo Ruhetag.
Freizeit: 3 km, 7 km, 3 km. Donau-Schifffahrt, Radweg Passau-Wien und Nordic Walking-Route.
POI: Schloss Obernzell 2 km, Donaukraftwerk Jochenstein 4,5 km, Schloss Vichtenstein 6 km, Dom in der Dreiflüssestadt Passau 20 km.

78089 Unterkirnach €9,00

Ackerloch Grillschopf, Unteres Ackerloch 2/1, 07721/54421 An einer rustikalen Gaststätte im Schwarzwaldtal <12 m

POS: 48°5'6.51"N/8°21'56.59"E, Karte D14 (S. 17), E3
Platz: = 19, = 2 (<12 m) auf Sand/Splitt, Pflaster. =19 (6 A) WC CHEM . Programm für Clubs auf Anfrage. VE im Ort. Ganzjährig geöffnet. Ausnahme: 3 Wo Anfang Nov.
Preis: 9 € inkl. Strom, Wasser, Entsorgung, WC, Müll-Entsorgung. Kurtaxe 2,10 €/Pers., Kurtaxe (6-15 J.) 1 €/Pers. Inkl. KONUS-Gästekarte. Preiserhöhung 2023 möglich.
Kontakt: 07721/54421, ackerloch@grillschopf.de, www.ackerloch.de.
Distanz: 0 km, weitere Restaurants in 0,5 km, 1,5 km, 1,5 km, 1,5 km.
Gastro: Am Platz, Mi-Mo 11:30-0:00 Uhr, Di Ruhetag, Sa ab 15:00 Uhr und So ab 11:30 Uhr Spanferkel vom Grill. Sa, So+Feiertag außerdem Grillen ab 11:00 Uhr.
Freizeit: 7 km, 2 km, 2 km. Spielscheune, Wildpflanzenpark im Ort 1,5 km.
POI: Wildpflanzengarten, Mühle 1,3 km, Burg Kirneck 3 km, Altstadt Villingen 9 km, Triberger Wasserfälle 16 km, Uhrenmuseum Furtwangen 18 km.

78089 Unterkirnach €16,00

Reisemobilstellplatz Unterkirnach, Rathausplatz, 07721/800837 Sternförmig angelegter Platz in ruhiger, zentraler Ortslage <10 m

2020 geprüft E

POS: 48°4'38.85"N/8°22'2.73"E, Karte D14 (S. 17), E3
Platz: = 19 auf Schotter. =18 (6/16 A) WC CHEM GRAU . Einspurige Zufahrt. Ganzjährig geöffnet.
Preis: 16 € inkl. Strom, Wasser, Entsorgung, WC, Müll-Entsorgung, WLAN, Kurtaxe. Strom (6 A) inkl., Strom (16 A) 1.11.-31.3 3 €, 1.4.-31.10 2 €. Inkl. Kurtaxe für 2 Pers. und KONUS-Gästekarte.Inkl. Kurtaxe für 2 Pers. Jede weitere Person ab 16 J. 2,50 €, Kind (6-15 J.) 1,20 €.
Kontakt: Gemeinde Unterkirnach, 07721/800837, info@unterkirnach.de, www.unterkirnach.de.
Distanz: 0,1 km, 0,2 km, 0,2 km, 0,2 km, weitere Restaurants in 0,5 km.
Freizeit: 8,6 km. Langlauf, Angeln, ausgeschilderte Fahrradwege 0,1 km, Spielscheune 0,4 km, Naturlehrpfad 0,5 km, Streichelzoo 0,5 km.
POI: Kirnachmühle mit Heilkräutergarten 0,3 km, Zähringerstadt Villingen 8 km, Triberger Wasserfälle 15 km.

29345 Unterlüß gratis

Wohnmobilstellplatz Hochwald, Altensothriethweg 84, 05052/65490 Auf einer Wiese am Wald <8 m

2022 geprüft E

POS: 52°50'42.34"N/10°17'4.27"E, Karte D6 (S. 9), H1
Platz: = 10 auf Wiese. =8 CHEM GRAU. VE am Hallenbad in 100 m, Nutzung im Winter eingeschränkt. Ganzjährig geöffnet.
Preis: Übernachtung gratis. Strom 0,50 €, Wasser 1 €/150 l. Entsorgung gegen Gebühr.
Kontakt: Wirtschaftsbetriebe Südheide GmbH, 05052/65490, hermannsburg@lueneburger-heide.de, www.hermannsburg-urlaub.de.
Distanz: 1,5 km, 1,5 km, 1,5 km, 1,5 km.
Freizeit: Themenradtouren, Sportanlagen im Ort 0,3 km, Walderlebnispfad Urwald im Lüß durch den Lüßwald im Naturpark Südheide 1 km.
POI: Albert-König-Museum 2 km, historischer Taubenschlag Lutterloh 7 km.

74547 Untermünkheim-Übrigshausen €10,00

Ostertag-Wohnmobilpark, Kupferstraße 22, 07944/8534 Ehem. Schaugarten eines Garten- und Landschaftsbaubetriebes <10 m

POS: 49°10'35.78"N/9°42'46.71"E, Karte D10 (S. 13), G5
Platz: / = 10 auf Schotterrasen. =10 WC CHEM GRAU. Pergola mit Sitzplätzen. Infomaterial für Ausflüge am Platz. Ganzjährig geöffnet.
Preis: 10 € inkl. aller Personen, WC, Müll-Entsorgung, Entsorgung für Übernachtungsgäste. Strom 0,50 €/kWh, Wasser 1 €/100 l, Dusche 2 €/Pers., VE für Durchreisende 2 €.
Kontakt: Ostertag Garten & Pflanzen GmbH, Katrin Ostertag, 07944/8534, Mobil: 0170/2157496, ostertag-garten@t-online.de, www.ostertag-wohnmobilpark.de.
Distanz: 0,3 km, 0,3 km, 0,3 km, 4 km.
Gastro: Gasthof und Metzgerei Adler 0,1 km, Mo + Mi-Fr 11:30-13:30 Uhr und 17:00-20:30 Uhr, Sa 17:00-20:30 Uhr, So 11:30-14:00 Uhr, Di Ruhetag.
Freizeit: Kocher-Jagst-Radweg, Naturbadesee 4 km, Freilichtbühne Schwäbisch Hall 13 km.
POI: Hohenloher Freilandmuseum, Wackershofen Museum Würth, Künzelsau-Gaisbach Kunsthalle Würth, Schwäbisch Hall.

15910 Unterspreewald-Leibsch €10,00

Am Spreewiesengrund, Neuendorfer Straße 2, 0172/3200830 In ruhiger Lage <6 m

POS: 52°5'20.36"N/13°52'3.27"E, Karte D8 (S. 11), F3
Platz: = 2, = 1 (<6 m) auf Wiese. CHEM GRAU . B In der Erntezeit Lärm durch Traktoren. Grauwassertank mit passendem Ablaufschlauch. Entsorgungsstation befindet sich seitlich auf Bodenhöhe. Kein Bodeneinlass vorhanden.
Preis: 10 € inkl. Strom, Wasser, Entsorgung. 1.4.-20.10. 10 €.
Kontakt: Wilfried Schebitz, 0172/3200830, wilfried.schebitz@freenet.de.
Distanz: 0,2 km, 1 km, 2 km, 2 km.
Gastro: Gasthäuser Schlepzig.
Freizeit: Kahn/Paddelbootfahrten auf Spreefließen, Paddelbootverleih Ploch.
POI: Brauerei/Brennerei Schlepzig 6 km, Schlepzig Kahnfahrten 6 km, Tropical Island 15 km, Lübben Kahnfahrten 20 km.

07333 Unterwellenborn-Oberwellenborn €15,00

Bowlingbar-Gaststätte Zur grünen Linde, Lindenstraße 22, 03671/645698 An einer Gaststätte im Ortskern <8 m

POS: 50°39'46.98"N/11°27'27.96"E, Karte D11 (S. 14), B2
Platz: = 3, = 2 (<8 m) auf Pflaster. =4 (16 A) WC CHEM GRAU . Telefonische Anfrage erwünscht. WC in der Gaststätte, keine Duschen. Ganzjährig geöffnet.
Preis: 15 € inkl. Strom, Wasser, WC.
Kontakt: Familie Wagner, 03671/645698, wagner@gasthaus-zur-gruenen-linde.de, www.gasthaus-zur-gruenen-linde.de.
Distanz: 0 km, weitere Restaurants in 3 km, 0,5 km, 0,5 km.
Gastro: Am Platz, warme Küche Mo 17:00-20:00 Uhr, Mi-So 11:00-20:00 Uhr, So 11:00-14:00 Uhr, Di Ruhetag.
Freizeit: 2 km, 8 km. Traktor- und Trabifahrten, Bowling, Rundfahrt auf dem Hohenwartestausee, 1,1-l-VW-Trabant-Vermietung, Thüringer Kloßseminar, Motorbootverleih 10 km.
POI: Industrieschaudenkmal Gaszentrale Maxhütte in Unterwellenborn 1 km, Museen 3 km, Bergwerk in Kamsdorf 4 km, Saalfelder Feengrotte 10 km, Hohenwarte-Stausee 10 km, Aussichtsturm 15 km.

83246 Unterwössen €17,00

Campingplatz Litzelau, Litzelau 4, 08640/8704 Ruhiger Stellplatz am Waldrand, bei einem 4*-Campingplatz <8 m

POS: 47°43'4.27"N/12°28'45.37"E, Karte D16 (S. 19), E4
Platz: = 20 auf Sand/Splitt, Schotter. =16 (16 A) CHEM GRAU . Streichelzoo. B nur bei Gruppen. Aufenthalt max. 3 Nächte (Gespanne 1 Nacht). Anfahrt 24 h. Ganzjährig geöffnet.
Preis: 17 € inkl. Strom, Wasser, Entsorgung, Kurtaxe, WC. Dusche 0,50 €/10 min, Müll-Entsorgung 1 €/Nacht, WLAN 3 €/24 h, Hund 2 €, Trockner 0,50 €/35 min, Waschmaschine 0,50 €/25 min, Herd 5 €/30 min.
Kontakt: Ulrike Duda, 08640/8704, camping-litzelau@t-online.de, www.camping-litzelau.de.
Distanz: 0 km, 0,5 km, 0,8 km, 1,5 km.
Gastro: Gasthaus Litzelau.
Freizeit: 8 km, 8 km, 3 km. Segelfliegen, Rafting, Tennis, Wössner See, Mountainbiking, Kajak fahren, Paragliding, Erlebnispark 6 km, Naturrodelbahn 6 km.
POI: Reit im Winkel 8 km, Winkelmoos-Alm 8 km, Steinplatte 10 km, Chiemsee 16 km.

U

26670 Uplengen-Jübberde €10,00

>12m

Aral-Autohof Apen-Remels, Rudolf-Diesel-Straße 2, ☎ 04956/990408
Autohof mit Shop und Gastronomie

2022 geprüft

POS: 53°15'44.96"N/7°45'21.46"E, Karte D1 (S. 4), D5
Platz: = 100, = 25 (<12 m) auf Asphalt. Ganzjährig geöffnet.
Preis: 10 €. Dusche 3,50 €/Pers. 5 € Verzehrgutschein.
Kontakt: Hans-Gerd Meiners, ☎ 04956/990408, hans-gerd.meiners@tankstelle.de, www.autohof-apen-remels.de.
Distanz: 5 km, 5 km.
Gastro: Am Platz, warme Küche 5:00-22:00 Uhr, danach Petit-Bistro im Aral-Store.
Freizeit: 4 km. Naturschutzgebiet Stopeler Moor.

26670 Uplengen-Remels €7,00

<10m

Reisemobilstellplatz Schützenplatz, Schützenstraße, ☎ 04956/912177
Am Remelser Höstpark

2022 geprüft

POS: 53°18'26.43"N/7°44'45.02"E, Karte D1 (S. 4), D5
Platz: = 10 auf Rasengittersteinen. Beleuchtet. Kostenfreie Gastronomie-/Bonuskarte bei der Tourist-Info. Ganzjährig geöffnet. Ausnahme: 10.6.-25.6.
Preis: 7 € inkl. Wasser, Entsorgung. Strom 1 €/12 h.
Kontakt: Tourist-Info Uplengen, ☎ 04956/912177, touristinfo@uplengen.de, www.uplengen.de.
Distanz: 0 km, Ⓗ 0,5 km, 0,5 km, 0,5 km.
Gastro: Im Ort.
Freizeit: 10 km, 14 km, 0,5 km. Tretboot fahren, Höstpark Remels, Surfen, Naturschutzgebiet Lengener Meer.
POI: St. Martins Kirche 0,5 km, Mühle Remels 0,8 km.

26670 Uplengen-Remels €7,00

<8m

Reisemobilstellplatz Uplengen/ Paddel&Pedal-Station, Uferstraße, ☎ 04956/912177
In Ortsrandlage am Nordgeorgsfehnkanal

2022 geprüft

POS: 53°18'4.72"N/7°45'5.07"E, Karte D1 (S. 4), D5
Platz: = 5 auf Schotter. Aufenthalt max. 3 Nächte. Beleuchtet. Ganzjährig geöffnet.
Preis: 7 € inkl. Wasser, Entsorgung. Strom 1 €/12 h.
Kontakt: Gemeinde Uplengen, ☎ 04956/912177, touristinfo@uplengen.de, www.uplengen.de.
Distanz: 0 km, 0 km, weitere Restaurants in 0,5 km, Ⓗ 0,2 km, 0,5 km.
Freizeit: 12 km, 12 km. Radwandern auf der Fehnroute, Führungen durch die Mühle, Kirche und das Naturschutzgebiet, Bootsverleih.
POI: Ostertor und St. Martin Kirche 0,5 km, Mühle und Höstpark Remels 1 km, Naturschutzgebiet Lengener Meer, Neudorfer Moor, Wald- und Heidegebiet Hollesand 4 km.

56220 Urmitz €10,00

>12m

Wohnmobilhafen Urmitz, Kaltenengerser Straße 3, ☎ 02630/7048
Am Rheinufer

2022 geprüft

POS: 50°25'6.65"N/7°31'28.22"E, Karte D9 (S. 12), C2
Platz: = 24 auf Wiese, Asphalt. =26 (13 A). Grillhütte in 50 m, Werkstätten für Wohnmobile/ Fahrräder, E-Bike-Ladestation (kostenfrei). VE für Festtanks, Auffangschlauch beiliegend. Bei eingeschränktem TV-Empfang liegen kostenfreie Kabel zur SAT-Versorgung vor. Ganzjährig geöffnet.
Preis: 10 € inkl. aller Personen, Entsorgung, Müll-Entsorgung, Hund. Strom 1 €/8 h, Wasser 1 €/4 min. Kleinmenge Wasser frei. Bezahlung am Parkautomaten mit Münzen oder über HandyParken.
Kontakt: Ortsgemeinde Urmitz-Rhein, ☎ 02630/7048, info@urmitz.de, www.urmitz.de.
Distanz: 0,1 km, weitere Restaurants in 0,5 km, Ⓗ 0,2 km, 0,2 km, 0,3 km.
Gastro: Brötchenservice. Örmser Biergarten Rheinkilometer 602 0,1 km, Di-Do 16:30-23:00 Uhr, Fr-Sa 15:30-23:00 Uhr, So 11:30-20:00 Uhr, Mo Ruhetag. Pizzeria Gallo 0,4 km. La dolce Vita 0,6 km.
Freizeit: Anmietung von Tennis-/Bouleplätzen auf dem benachbarten Sportgelände 0,1 km.
POI: Geysir Andernach 8 km, Deutsches Eck Koblenz 15 km.

54539 Ürzig €10,00

<8m

Panorama-Reisemobilhafen, Am Moselufer, ☎ 06532/2620 An der Mosel vor den Hängen der Ürziger Würzgarten

2021 geprüft

POS: 49°58'44.45"N/7°0'30.58"E, Karte D9 (S. 12), B3
Platz: = 30 auf Wiese, Asphalt. =4 (60 A). Anfahrt 24 h. Teils weite Entfernung zu den Stromsäulen. Geöffnet: Apr-Okt.
Preis: 10 € inkl. Wasser, Entsorgung. Strom 2 €/24 h. Bezahlung beim Platzwart.
Kontakt: Gemeinde Ürzig, ☎ 06532/2620, info@uerzig.de, www.uerzig.de.
Distanz: 0,1 km, 0,2 km.
Freizeit: 3 km, 7 km. Mitarbeit bei der Weinlese, Weinproben, Schiffsanlegestelle 0,5 km, Gewürzgarten mit Wildrosenpark 1 km, Themenwanderweg 1 km, Tennis 1,5 km, Bogenschießen 1,5 km.
POI: älteste Sonnenuhr Europas 0,5 km, römische Kelteranlage 3 km.

17237 Userin-Groß Quassow €13,10

<10m

Wohnmobilpark Havelberge, An den Havelbergen 1, ☎ 03981/24790
Wohnmobilstellplätze auf terrassiertem Gelände, zum Teil mit Blick auf Woblitzsee

POS: 53°18'32.01"N/13°0'9.28"E, Karte D4 (S. 7), E5
Platz: = 25 auf Wiese, Rasengittersteinen. Badestrand mit Badesteg/Badeinsel, Aufenthaltsraum, Sauna, Massagen, Waschmaschine/ Trockner. wird empfohlen. Gäste des Wohnmobilparks haben VIP-Status und können jederzeit die Schranke passieren. Ganzjährig geöffnet.
Preis: Ab 13,10 € inkl. Entsorgung, WC, Müll-Entsorgung. Strom 3,90 €, Dusche 1 €/3 min, WLAN 1,50 €/Tag. Hund 2,60-7 €. Vor der Schranke: 13,10-19,80 €, Wohnmobilpark (Standard): 21,20-27,80 €, Wohnmobilpark (Komfort): 22,40-29,10 € (Preise jeweils abhängig von der Saison und inkl. 2 Erwachsene). Weitere Stellplätze auf dem Campingplatz je nach Saison und Größe ab 28,40 €. Frischwasser, SAT-TV, WLAN gegen Aufpreis.
Kontakt: Camping- und Ferienpark Havelberge, ☎ 03981/24790, info@haveltourist.de, www.haveltourist.de.
Distanz: 0 km, weitere Restaurants in 1 km, Ⓗ 0,6 km, 1 km.
Gastro: Kiosk am Strand. Gaststätte Havelberge.
Freizeit: 7 km. Beachvolleyball, Basketball, Fußball, Tipi-Lager, Wald-Hochseilgarten, Nordic Walking, Natur-Badeteich, Bogenschießen, Wellness, Kanuzentrum/Bootsverleih, Fitness/Gymnastik, Woblitzsee 0,3 km, Reiten 15 km.
POI: Müritz-Nationalpark 3 km, Slawendorf 8 km, Wesenberg Burganlage 8 km, Neustrelitz 8 km, Schloss Rheinsberg 30 km.

Tipp

Kurz hinter der Schranke auf einem bewaldeten Hügel liegt der neue Wohnmobilpark an einem gepflasterten Weg. Auf ebenen Stellplätzen mit Rasengitter-Steinen und eigenem Rasenbereich können hier auch größere Fahrzeuge bequem geparkt werden. Diese Plätze haben besondere Komfortmaße 7x10 m sowie Anschlüsse für Strom-, Frisch- und Abwasser, Satelliten-TV und WLAN.

37170 Uslar €5,00

Ferien-Freizeit am Lindenhof, Lindenhof 1, ☎ 05571/6359 <8m

Auf einem ehemaligen Bauernhofgelände im Naturpark Solling-Vogler

POS: 51°40'18.73"N/9°37'46.88"E, Karte D6 (S. 9), G4
Platz: P / = 5 auf Schotterrasen. =5 (16 A) CHEM GRAU . B wird empfohlen. Dusche im Schwimmbad (1 km). Ganzjährig geöffnet.
Preis: 5 € inkl. aller Personen, Wasser, Entsorgung, Müll-Entsorgung. Strom 0,50 €/kWh. Ab der 2. Nacht 3 €.
Kontakt: Bernd Niedermeyer, ☎ 05571/6359, Mobil: 0173(0)8148309, niedermeyer.bernd@gmx.de.
Distanz: 0,8 km, weitere Restaurants in 0,9 km, Ⓗ 1 km, 1 km, 1,5 km.
Gastro: Gasthaus. Grill.
Freizeit: 1 km, 1 km, 1,5 km. Reiten, Kegeln, Tennishalle und -plätze sowie Segelfluggelände in der Nähe 1 km.
POI: Schmetterlingspark 0,3 km, Altstadt Uslar, Sollingturm und Harzblick 2 km.

37170 Uslar €6,00

Reisemobilpark am Badeland, Zur Schwarzen Erde, ☎ 05571/307220 <10m

In ruhiger Lage neben einem kleinen Bach

2022 geprüft E

POS: 51°40'2.10"N/9°37'42.86"E, Karte D6 (S. 9), G4
Platz: = 20 auf Rasengittersteinen. =4 WC CHEM . Beleuchtet. VE in 0,2 km. Ganzjährig geöffnet.
Preis: 6 € inkl. aller Personen, Entsorgung, Müll-Entsorgung. Strom 1 €/6 h, Wasser 1 €/10 min, WC 0,50 €.
Kontakt: Touristik-Information Uslar, Frau Filpe, ☎ 05571/307220, touristik@uslar.de, www.uslar.de.
Distanz: E 0,2 km, Ⓗ 0,2 km, 0,5 km, 0,5 km; weitere Restaurants in 0,6 km, 1 km.
Gastro: Griechisches Restaurant 1 km. Pizzeria 0,7 km. Asiatisches Restaurant 0,5 km.
Freizeit: 8 km, 1 km.
POI: Schmetterlingspark 0,1 km, Museum Uslar 1 km, Altstadt 1 km.

37170 Uslar-Volpriehausen €10,00

Landhotel Am Rothenberg, Rothenbergstraße 4, ☎ 05573/9590 <10m

Auf einem befestigten Rasenplatz unterhalb des Resorts

POS: 51°39'30.37"N/9°44'23.70"E, Karte D6 (S. 9), G4
Platz: = 20 auf Schotterrasen, Schotter. =16 (16 A) WC CHEM GRAU . E-Bike-Verleih, Kaltschwimmbecken, Sauna. B nur bei Gruppen. Freizeit/Wellnessangebot im Hotel gegen Aufpreis. Ganzjährig geöffnet. Ausnahme: 24.7.-3.8., 18.12.-10.1.
Preis: 10 € inkl. Strom, Wasser, Entsorgung, WC. Für Restaurantgäste kostenlos.
Kontakt: Kevin Schwarz, ☎ 05573/9590, info@am-rothenberg.de, www.am-rothenberg.de.
Distanz: 0,5 km, weitere Restaurants in 8 km, Ⓗ 0,5 km, 1 km, 2 km.
Freizeit: 8 km. Ausflüge für größere Gruppen, Bogenschießen, Mountainbiking, Wandern/Walking, Badminton, Golfplatz 18 km.
POI: Hist. Stadtkern Uslar 8 km.

25938 Utersum/Föhr €23,00

Wohnmobilstellplatz Föhr, Strunwai 16, ☎ 04683/9637988 <12m

Grüne Anlage auf ehemaligem Bauernhof an der Westküste der Insel Föhr

2022 geprüft E

POS: 54°42'57.69"N/8°24'5.65"E, Karte D2 (S. 5), E1
Platz: P = 62 auf Schotterrasen, Wiese. =62 (16 A) WC CHEM GRAU . Aufenthaltsraum mit Fernseher/Spielecke. B wird empfohlen. Geöffnet: 15.3.-5.11.
Preis: Ab 23 € inkl. Wasser, Entsorgung, WLAN. Jede weitere Pers. 2 €, Strom 0,70 €/kWh, Dusche 1 €/2 min, Hund 1 €, Kurtaxe 2,60 €/Pers. HS (6.4.-10.4., 18.5.-21.5., 27.5.-10.9.) 25 €, NS 23 €.
Kontakt: Sönke Sörensen, ☎ 04683/9637988, kontakt@wohnmobile-foehr.de, www.wohnmobile-foehr.de.
Distanz: Ⓗ 0,3 km, 0,3 km, 0,4 km, 0,4 km.
Freizeit: Wassersport, Sandstrand 0,3 km, Eventhof 2,5 km.
POI: Hügelgrab 0,4 km.

88524 Uttenweiler €15,00

Naturfreibad Uttenweiler, Weiherstraße 100, ☎ 07374/306 <8m

Am Freibad, von Feldern umgeben

2021 geprüft E

POS: 48°8'16.74"N/9°37'11.01"E, Karte D14 (S. 17), G3
Platz: / = 12 auf Schotter. =6 WC CHEM . Freibad geöffnet 10:00-20:00 Uhr (bei gutem Wetter). Geöffnet: Mitte/Ende Mai-Okt.
Preis: 15 € inkl. aller Personen. Strom 1 €/kWh, Dusche 0,50 €/Pers. Pro bezahlte Nacht kostenfreier Eintritt ins Freibad. WC/Dusche im Freibad (Schlüssel gegen Pfand).
Kontakt: Freibadkasse/Bademeister, ☎ 07374/306, 07374/92060, info@uttenweiler.de, www.uttenweiler.de.
Distanz: 2 km, 2 km, Ⓗ 2 km, 2 km, weitere Restaurants in 5 km.
POI: Kirche St. Simon & Judas, Kirche Bussen 7 km, Bussenruine 7 km.

88524 Uttenweiler-Offingen €12,00

Wohnmobilstellplatz am Festplatz Offingen, Zum Festplatz 6, ☎ 0173/6694319 <10m neu

Am Ortsrand von Offingen

POS: 48°9'22.82"N/9°33'49,24"E, Karte D14 (S. 17), G3
Platz: P = 7 auf Wiese. CHEM GRAU . Geöffnet: Pfingsten-Okt.
Preis: 12 € inkl. Strom, Wasser, Entsorgung. Bezahlung beim Betreiber.
Kontakt: ☎ 0173/6694319, Mobil: 0172/9937080, remo-freizeit@web.de, www.remo-freizeit.de.
Distanz: 0,7 km, 4 km, 4,5 km.
Gastro: Gasthaus Bussenstüble 0,7 km.
Freizeit: 6,2 km. Naturfreibad Uttenweiler 6,2 km, Ausblick von der Ahlener Höhe 9,5 km.
POI: Der Bussen – heiliger Berg Oberschwabens 1,5 km, Burgruine Bussen 1,6 km, Pfarrkirche St. Simon und Judas 4,4 km, Schlossmühle 4,6 km.

U

54619 Üttfeld €5,00

Wohnmobilstellplatz Üttfeld, Raiffeisenstraße, ☎ 06559/1211 <10m neu
Am Waldrand

2022 geprüft E

POS: 50°7'38.59"N/6°16'18.06"E, Karte D9 (S. 12), A3
Platz: = 5 auf Schotter, Wiese. =2 CHEM GRAU. Leinenpflicht für Hunde. Ganzjährig geöffnet.
Preis: 5 € inkl. Entsorgung. Strom 0,50 €, Wasser 0,50 €.
Kontakt: Jutta Zils, ☎ 06559/1211, www.uettfeld.de.
Distanz: 2 km, 2,8 km, 5,9 km.
Gastro: Haus Mannertal 2,8 km.
Freizeit: 11 km. Üttfelder Fittnessweg, ausgewiesene Radwege.
POI: Römische Villa Üttfeld.

79694 Utzenfeld gratis

Gasthaus Eiche, Wiesentalstraße 7, ☎ 07673/202 Am ehem. Gasthaus im Naturpark Südschwarzwald <8m

POS: 47°48'2.95"N/7°54'51.18"E, Karte D13 (S. 16), D4
Platz: = 1 auf Schotter. . R wird empfohlen. Im Winter nicht immer schneefrei. Ganzjährig geöffnet.
Preis: Übernachtung gratis.
Kontakt: Anna Lais, ☎ 07673/202, gasthauseiche@t-online.de, www.gasthauseiche.de.
Distanz: 0,1 km, H 0,1 km, 0,1 km, 3 km.
Freizeit: 1 km, 5 km, 3 km. Wintersport, Sommer-Winter-Rodelbahn 5 km, Besucherbergwerk Finstergrund 5 km, Wildpark Steinwasen 25 km.
POI: Coaster-Bahn in Todtnau 6 km, Bauernhausmuseum 6 km, Aussichtsberg Belchen mit Belchenbahn 7 km, Feldberg mit Bahn 15 km.

V

36404 Vacha gratis

Parkplatz am Vachwerk, Werrastraße, ☎ 036962/2610 An der historischen Werrabrücke unterhalb der Johanneskirche <8m

POS: 50°49'46.87"N/10°1'20.20"E, Karte D10 (S. 13), G1
Platz: P / = 5 auf Sand/Splitt, Schotter. =2 . Ganzjährig geöffnet.
Preis: Übernachtung gratis. Strom 0,50 €/kWh, Wasser 1 €.
Kontakt: Stadtverwaltung Vacha, ☎ 036962/2610, kathleen.dorsch@vacha.de, www.vacha.de.
Distanz: 0,2 km, 0,5 km, 0,5 km, H 1 km.
Freizeit: 2 km, 0,5 km. Kanu-/Floßfahrten auf der Werra, Wander-/Radwegenetz, Erlebnisbergwerk Merkers 7 km.
POI: Altstadt Vacha-Das Tor zur Rhön, Oechsenberg 3 km, Wartburg/Eisenach 30 km.

98617 Vachdorf €7,00

Stellplatz beim Bio- und Gesundheitszentrum, Riethweg 239/Im Hessen, ☎ 01705715547 Separater Teil des Parkplatzes hinter dem Gesundheitszentrum >12m

POS: 50°31'30.66"N/10°31'49.59"E, Karte D11 (S. 14), A2
Platz: P = 15 auf Wiese, Schotter, Asphalt. =5 (16 A) WC CHEM/Bio GRAU . R wird empfohlen. Ganzjährig geöffnet.
Preis: 7 €. Strom 0,70 €/kWh, Wasser 1 €/100 l, Dusche 4 €.
Kontakt: Herr Armin Faber, ☎ 01705715547, armin.faber@gmx.de, bgz-vachdorf.de.
Distanz: 0,4 km.
Gastro: Restaurant mit Gasthausbrauerei. Metzgerei, Bäckerei mit kleinem Markt.
Freizeit: Thermen in Suhl und Oberhof, Schwimmbad in Meiningen 16 km.
POI: Deutsches Wintersportzentrum Oberhof, Theater und Residenzstadt Meiningen, Thüringer Wald und Rennsteig, Kirchenburg Vachdorf 0,5 km.

56179 Vallendar €7,00

Stellplatz am Rhein, Willy-Brandt-Ufer, ☎ 0261/6675780 Zwischen Rhein und Eisenbahnlinie neben der Brücke zur Insel Niederwerth <8m

POS: 50°23'52.24"N/7°36'44.58"E, Karte D9 (S. 12), C2
Platz: P = 2 auf Asphalt. CHEM. VE nur in der frostfreien Zeit, Frischwasser nur mit eigenem Schlauch. Ganzjährig geöffnet.
Preis: 7 € inkl. Wasser, Entsorgung. Tagesticket 7 €, 1 €/h.
Kontakt: Stadt Vallendar, ☎ 0261/6675780, info@vallendar-rhein.de, www.vallendar-rhein.de.
Anfahrt: Eisenbahnbrücke auf 3 m Höhe beschränkt. Alternative Zufahrt über die Bahnüberführung.
Distanz: H 0,1 km, 0,1 km, 0,1 km, 0,1 km.
Freizeit: 3 km. Bootsrundfahrt zum deutschen Eck, Rhein-Fahrradweg, Schiffsanlegestelle, Minigolf 1 km, Rheinsteig, Traumpfad 2,5 km.
POI: Marksburg in Braubach, Altstadt Vallendar mit Bürgerhäusern aus dem 17/18. Jh. 0,5 km, Deutsches Eck/Festung Ehrenbreitstein 5 km, Schloss Stolzenfels 15 km.

49377 Vechta gratis

Hallenwellen- und Freibad, Dornbusch 45, ☎ 04441/8860 Geeignete Stellflächen am Hallenwellen- und Freibad <8m

POS: 52°44'24.97"N/8°17'45.87"E, Karte D6 (S. 9), E1
Platz: P = 5 auf Wiese. . VE an der Kläranlage Mo-Do 7:30-16:30 Uhr, Fr. 7:30-12:30 Uhr. Ganzjährig geöffnet.
Preis: Übernachtung gratis.
Kontakt: Stadt Vechta, ☎ 04441/8860, info@vechta.de, www.vechta.de.
Distanz: 0,2 km, weitere Restaurants in 1 km, 1 km, 1 km, E 5,2 km (Kläranlage Vechta, Bokerner Damm 40, 49377 Vechta).
Freizeit: Reitplatz, Squashanlage, Tennisplatz, Sauna, Golfplatz 3,5 km, Bowlingbahn 4,2 km.
POI: Naherholungsgebiet Gut Füchtel 0,5 km, Kaponier 0,5 km, Zitadellenpark mit Museum im Zeughaus 0,5 km, alte Wassermühle am Moorbach 1,5 km, Naherholungsgebiet Welper Wald 2 km.

49377 Vechta gratis

Parkplatz Oldenburger Straße, Oldenburger Straße, ☎ 04441/8860 Zentraler Parkplatz in der Innenstadt <8m

POS: 52°43'56.73"N/8°17'14.01"E, Karte D6 (S. 9), E1
Platz: = 2 auf Rasengittersteinen. . Aufenthalt max. 3 Tage. VE an der Kläranlage Mo-Do 7:30-16:30 Uhr, Fr. 7:30-12:30 Uhr. Ganzjährig geöffnet.
Preis: Übernachtung gratis.
Kontakt: Stadt Vechta, ☎ 04441/8860, info@vechta.de, www.vechta.de.
Distanz: 0 km, 0,2 km, 0,3 km, E 10 km (Kläranlage, Bokerner Damm 40, 49377 Vechta).
Freizeit: 2 km.
POI: Zitadellenpark, Museum im Zeughaus 0,5 km, alte Wassermühle am Moorbach in Vechta 2 km.

97209 Veitshöchheim gratis

Wohnmobilstellplatz Am Güßgraben, Am Güßgraben 6, ☎ 0931/78090025 Einfacher Stellplatz am Main <8m

2021 geprüft

POS: 49°50'9.74"N/9°52'9.07"E, Karte D10 (S. 13), G4
Platz: P = 5 auf Pflaster. . Aufenthalt max. 24 h, kostenloses WC. Ganzjährig geöffnet.
Preis: Übernachtung gratis.
Kontakt: Gemeinde Veitshöchheim Tourist-Info, ☎ 0931/78090025, touristik@veitshoechheim.de, www.tourismus-veitshoechheim.de.
Distanz: 0,3 km, weitere Restaurants in 0,5 km, 0,5 km, H 0,5 km, 0,8 km.
Freizeit: 1,5 km, 0,5 km. Würzburg per Rad in 40 min.
POI: Synagoge/Jüdisches Kulturmuseum 0,5 km, Schloss Veitshöchheim 0,8 km, Rokokogarten 0,8 km.

42551 Velbert €5,00 <10m

Parkplatz Herminghauspark Saubrücke, Parkstraße/Einmündung zur Mühlen, ☎ 02051/60550
Abgetrennter Bereich in ruhiger Lage nahe Park und Erlebnisbad

POS: 51°20'27.60"N/7°1'49.23"E, Karte D5 (S. 8), B5
Platz: P = 6 auf Schotter. =6 CHEM GRAU. Aufenthalt max. 5 Tage. Ganzjährig geöffnet.
Preis: 5 € inkl. aller Personen, Strom, Wasser, Entsorgung. Bezahlung am Automat im Foyer des Parkbads. Preisänderungen 2023 möglich.
Kontakt: Velbert Marketing/Tourist-Information, ☎ 02051/60550, info@velbertmarketing.de, www.stadtmarketing.velbert.de/.
Distanz: Ⓗ 0,2 km, 0,7 km, 0,7 km, 1 km.
Freizeit: 0,2 km, 0,2 km. Bergischer Weg, Wasserspielplatz, Herminghauspark mit Tiergehege, Minigolfanlage, Panoramaradweg Niederbergbahn, Neanderland Steig 0,3 km.
POI: Deutsches Schloss- und Beschlägemuseum 1 km, Schloss Hardenberg mit Wehranlage in Velbert Neviges 6 km, Wallfahrtsdom in Velbert-Neviges 6 km, Altstadt Velbert-Langenberg 7 km.

42555 Velbert-Langenberg gratis <8m

Stellplatz am Nizzabad, Nizzatal 4, ☎ 02051/60550
Auf dem Parkplatz des Nizzabades am Waldrand

POS: 51°20'36.75"N/7°8'14.07"E, Karte D5 (S. 8), C5
Platz: P = 3 auf Pflaster. WC. Aufenthalt max. 3 Nächte. Ganzjährig geöffnet.
Preis: Übernachtung gratis.
Kontakt: ☎ 02051/60550, info@velbertmarketing.de, www.stadtwerke-velbert.de/baeder.
Distanz: 0,3 km, Ⓗ 0,3 km, 1 km, 1 km, 6,6 km (Panoramabad, Wiesenweg 60, 42553 Velbert-Neviges).
Gastro: Mehrere Restaurants in Velbert.
Freizeit: Kletterpark, Naturlehrpfad 1,5 km, Minigolf 2 km, Grillhütte und Aussichtsturm (Bismarckturm) 2 km, Biohöfe Windrather Tal 3 km.
POI: Eventkirche 1 km, Altstadt Langenberg mit alter Kirche und Antiquariaten (So geöffnet) 1,5 km, Mariendom Neviges 8 km.

Vor der Anreise empfehlen wir, Kontakt mit dem Betreiber aufzunehmen, um die Auslastung des Stellplatzes abzufragen.

42553 Velbert-Neviges gratis <8m

Panoramabad, Wiesenweg 60, ☎ 02051/60550 Separater Bereich auf dem Parkplatz des Panoramabades

POS: 51°18'18.57"N/7°5'9.75"E, Karte D5 (S. 8), B5
Platz: = 4 auf Pflaster. CHEM GRAU. Aufenthalt max. 3 Nächte. WC am Panoramabad zu den Öffnungszeiten. Ganzjährig geöffnet.
Preis: Übernachtung gratis inkl. Entsorgung. Bezahlung am Automat mit 1 €-Münzen oder an der Kasse.
Kontakt: Stadt Velbert, ☎ 02051/60550, info@velbertmarketing.de, www.stadtwerke-velbert.de.
Anfahrt: Achtung: Enge Einfahrt zum Platz.
Distanz: Ⓗ 0,2 km, 0,3 km, 3 km.
Gastro: Restaurants in der Stadtmitte. Kiosk im Bad.
Freizeit: Stadt-/Domführung, Minigolfanlage 1,5 km, Biohöfe Windrather Tal 5 km.
POI: Mariendom und Kirchplatz 1 km, Schloss Hardenberg und Vorburg 1,5 km, Dt. Schloss- und Beschlägemuseum in Velbert 6 km.

42553 Velbert-Neviges €2,00 <8m

Restaurant Zum Parkhaus, Bernsaustraße 35, ☎ 02053/2487
Separate Stellplätze auf dem Domparkplatz am Schloss Hardenberg

POS: 51°18'57.66"N/7°5'12.20"E, Karte D5 (S. 8), B5
Platz: / = 4 auf Schotter. =2 (16 A) WC. Aufenthalt max. 3 Nächte. Ganzjährig geöffnet.
Preis: 2 € inkl. WC. Für Restaurantgäste kostenlos. Strom 2 €.
Kontakt: Restaurant Zum Parkhaus, Familie Seidl, ☎ 02053/2487, bubi-seidl@web.de, restaurant-zumparkhaus.eatbu.com/?lang=de.
Distanz: 0 km, weitere Restaurants in 0,1 km, Ⓗ 0,1 km, 0,2 km, 0,3 km.
Gastro: Am Platz, Mo + Mi-Sa 17:00-21:00 Uhr, So 12:00-21:00 Uhr, Di Ruhetag.
Freizeit: 1 km, 1 km. Stadt-/Domführung 0,1 km, Minigolfanlage 0,3 km.
POI: Schloss Hardenberg 0,1 km, Mariendom und Kirchplatz 0,5 km.

91235 Velden €5,00 <10m

Wohnmobilstellplatz Velden, Toni-Wolf-Platz, ☎ 09152/929123
In ruhiger Lage am nördlichen Ortseingang

POS: 49°37'4.16"N/11°30'47.93"E, Karte D11 (S. 14), B4
Platz: P = 15 auf Schotter. CHEM GRAU. VE vom 1.4.-31.10. Im Sommer mobile Toilette am Platz. Ganzjährig geöffnet.
Preis: 5 € inkl. Entsorgung. Wasser 1 €/80 l. Vom 1.11-31.3. kostenfrei.
Kontakt: Verkehrsverein Velden e.V., ☎ 09152/929123, tourist-info@velden.de, www.velden.de.
Distanz: 0,6 km, 0,6 km, 0,6 km, Ⓗ 1,5 km.
Freizeit: Fliegenfischen, Kanuwandern, 8-Loch-Golfanlage (Golfclub Gerhelm), Klettern, Wanderreiten.
POI: Historisches Scheunenviertel.

54472 Veldenz €10,00 <12m

Wohnmobilplatz Veldenz, Hauptstraße, ☎ 06534/1203
Am Ortseingang, in einem schönen Seitental der Mittelmosel

POS: 49°53'32.09"N/7°1'9.79"E, Karte D9 (S. 12), B3
Platz: P = 40 auf Wiese. WC CHEM. Geöffnet: März-Okt.
Preis: 10 € inkl. Strom, Wasser, Entsorgung, Müll-Entsorgung.
Kontakt: Verkehrsamt Veldenz, ☎ 06534/1203, info@veldenz-mosel.de, www.veldenz-mosel.de.
Distanz: Ⓗ 0,2 km, 0,3 km, weitere Restaurants in 2 km, 0,5 km, 2 km.
Freizeit: 10 km, 10 km, 0,5 km. Freizeitanlage Roter Bohles mit Wassertretbecken, Weinproben, Schlossführung auf Schloss Veldenz 3 km.
POI: Heimatmuseum im Rathaus 0,5 km, Altstadt Bernkastel-Kues 8 km.

46342 Velen €6,00 <8m

Caravanstellplatz Freibad Velen, Geeste/Mühlenallee, ☎ 02863/926219 Vor dem Freibad, von Obstbäumen umgeben am Ortsrand

POS: 51°53'25.50"N/6°58'31.00"E, Karte D5 (S. 8), B3
Platz: / = 6 auf Asphalt. CHEM GRAU. Aufenthalt max. 3 Tage. Ganzjährig geöffnet.
Preis: 6 € inkl. aller Personen, Strom, Entsorgung. Wasser 1 €/100 l. Bezahlung via App (smartparking).
Kontakt: Stadt Velen, ☎ 02863/926219, tourist-info@velen.de, www.velen.de.
Distanz: Ⓗ 1 km, 1,5 km, 1,5 km, 1,6 km, weitere Restaurants in 3,4 km.
Gastro: Restaurant Coesfelder Tor. Brasserie Mocca Velen. Basilikum.
Freizeit: 3 km. Planwagenfahrten, ausgebaute Radwege, Tennishalle Ramsdorf 3 km, Reiterhof 3 km.
POI: Mühle am Thesingbach 0,2 km, Schloss Velen 1 km, Kirche St. Andreas 1,5 km, Museum Burg Ramsdorf 4 km.

V

46342 Velen €27,00

>12m

Erholungsgebiet Waldvelen, Klyer-Damm 8-10, ☎ 02863/3450
Naturnahe Stellflächen am Waldrand

POS: 51°54'8.51"N/7°0'43.89"E, Karte D5 (S.8), B3
Platz: = 25 auf Schotterrasen, Wiese. =25 (16 A) WC CHEM GRAU. Fitnessraum, Damwildgehege, mietbare Gruppenräume, Erlebnisspielplatz mit Tunnel- und Wellenrutsche. B wird empfohlen. Radkarten gratis, Anfahrt 9:00-13:00 Uhr und 15:00-21:00 Uhr. Hunde nicht erlaubt. Ganzjährig geöffnet.
Preis: Ab 27 € inkl. Strom, Wasser, Entsorgung, WC, Müll-Entsorgung, Kurtaxe, WLAN. Jede weitere Pers. 6 €, Kind (4-10 J.) 3,50 €, Kind (11-16 J.) 4,50 €, Dusche 1 €/4 min. Pfingsten, Christi Himmelfahrt, Fronleichnam, Weihnachten, Silvester und Adventswochenenden 29 €, jede weitere Pers. 7 €. Preisliste und weitere Infos siehe Website. Online-Buchung möglich.
Kontakt: Erholungsgebiet Waldvelen, Frau Maria ven der Buss, ☎ 02863/3450, info@venderbuss.de, www.venderbuss.de.
Distanz: 0,5 km, 0,8 km, weitere Restaurants in 2,5 km, 2,5 km, 2,5 km.
Gastro: Brötchenservice.
Freizeit: 3 km. Bolzplatz, Tischtennis, Fahrradverleih nur mit Vorbestellung möglich, Wildgehege, Radroute um Velen mit Sehenswürdigkeiten, z.B. Sägemühle, Angeln 0,5 km.
POI: Agricultura-Route (deutsch-niederl. Radroute), Radroute Lebendiges Museum 3 km, Schloss Velen mit Tiergarten 3 km, St. Andreas-Kirche 3 km, Artesischer Brunnen 5 km, Glockenmuseum Gescher 7 km, Wildtierpark Frankenhof 13 km.

46342 Velen-Ramsdorf gratis

<8m

Caravanstellplatz Freibad Ramsdorf, Velener Straße 47, ☎ 02863/926219
Vor dem Freibad am Ortsrand von Ramsdorf

POS: 51°53'21.89"N/6°55'30.39"E, Karte D5 (S.8), B3
Platz: = 5 auf Asphalt. . Aufenthalt max. 24 h. Ganzjährig geöffnet.
Preis: Übernachtung gratis.
Kontakt: Stadt Velen, ☎ 02863/926219, tourist-info@velen.de, www.velen.de.
Distanz: 0,5 km, 1 km, 1 km.
Gastro: Anna van´n Hook. Steakhouse The Wish. La Piccola-Italia.
Freizeit: 1 km. Ausgebaute Radwege, Tennishalle Ramsdorf.
POI: Burg Ramsdorf mit Museum und Kirche St. Walburgis 1 km, Haus Röllinghof (Außenbesichtigung) 3 km, Schloss Velen 4 km, Burg Gemen 6 km.

74541 Vellberg gratis

<8m

Mineralfreibad Vellberg, Mühlweg 15, ☎ 07907/8770 Auf dem Parkplatz des Freibades unterhalb vom Vellberger Schloss

2020 geprüft

POS: 49°5'17.67"N/9°53'6.71"E, Karte D14 (S.17), G1
Platz: P = 2 auf Asphalt. WC. Aufenthalt max. 4 Tage. Nutzung von WC/Duschen zu den Öffnungszeiten des Freibades. Ganzjährig geöffnet.
Preis: Übernachtung gratis. Strom 0,50 €/kWh.
Kontakt: Stadt Vellberg, ☎ 07907/8770, stadt@vellberg.de, www.vellberg.de.
Distanz: 0,5 km, 0,5 km, 0,5 km, E 1,1 km (Kläranlage, Am Schlegelsberg 25, 74541 Vellberg), 1,5 km.
Freizeit: 11 km. Stadtrundgang in der mittelalterlichen Trutzveste Vellberg mit unterirdischem Wehrgang, Bühlertalwanderweg BTW und Bühlertalradweg BTR.
POI: Unteres Schloss Vellberg 0,3 km, Altstadt 0,5 km, Martinskirche Stöckenburg 0,8 km.

74541 Vellberg gratis

<12m

Parkplatz Burggraben, Am Zwinger, ☎ 07907/8770
Auf dem Parkplatz vor der Burganlage am nördlichen Ortsrand

2022 geprüft

POS: 49°5'13.64"N/9°52'49.77"E, Karte D10 (S.13), G5
Platz: P = 2 auf Pflaster, Asphalt. =2 (16 A) WC CHEM GRAU. Aufenthalt max. 3 Tage. Kleinmenge kann am Stellplatz entsorgt werden, sonst auf Kläranlage ausweichen. Ganzjährig geöffnet.
Preis: Übernachtung gratis inkl. Wasser, Entsorgung, WC. Strom 0,50 €/kWh.
Kontakt: Stadt Vellberg, ☎ 07907/8770, stadt@vellberg.de, www.vellberg.de.
Distanz: 0,1 km, 0,1 km, 0,2 km, 0,2 km, E 1,2 km (Kläranlage Vellberg, Am Schlegelsberg 25, 74541 Vellberg).
Gastro: Pizzeria Roma in der Haller Straße, Gasthaus Ochsen im Vellberger Städtle, Cafe Fachwerk im Städtle.
Freizeit: 0,5 km, 11 km. Rad-/Wanderweg Bühlertal, Stadtführungen auf Anmeldung 0,1 km, Minigolfanlage 0,5 km.
POI: Mittelalterliche Trutzveste mit Schlossanlage, Museum und unterirdischem Wehrgang, Martinskirche Stöckenburg 0,5 km, Altstadt Schwäbisch Hall 12 km, Schloss und Oldtimermuseum Langenburg 22 km.

67482 Venningen €14,00

<10m

Wein- & Likörhaus Jung, Am Mittelweg 14, ☎ 06323/2465
Ruhig gelegen, auf dem Weingut inmitten der Natur

POS: 49°16'51.23"N/8°10'49.45"E, Karte D9 (S.12), D4
Platz: = 3 auf Schotter. GRAU. B Anfahrt bis 20:00 Uhr. Ganzjährig geöffnet.
Preis: 14 € inkl. Strom, Wasser, Entsorgung. Strom für Klimaanlage/Heizung wird separat berechnet.
Kontakt: Wein- & Likörhaus Jung, Frau Jung, ☎ 06323/2465, Mobil: 0176/84625642, info@wein-jung.de, www.wein-jung.de.
Distanz: Weitere Restaurants in 0,3 km Entfernung, 0,3 km, 0,5 km, 0,5 km, 3 km.
Gastro: Restaurant La Vigna.
Freizeit: 5 km, 10 km, 5 km. Mitarbeit bei der Weinlese, Draisinenverleih 10 km.
POI: Hambacher Schloss in Neustadt 10 km, Rietburgbahn Edenkoben 10 km, Edenkoben Schloss Villa Ludwigshöhe 10 km, Dom und Technikmuseum in Speyer 23 km.

27283 Verden/Aller €6,00

<12m

Wohnmobilstellplatz Conrad-Wode-Straße, Conrad-Wode-Straße, ☎ 04231/12345
In zentraler Lage, 200 m von der Aller entfernt

2021 geprüft

POS: 52°55'32.46"N/9°13'39.82"E, Karte D6 (S.9), F1
Platz: P = 14 auf Schotterrasen. =15 CHEM GRAU. Ganzjährig geöffnet.
Preis: 6 € inkl. Entsorgung. Strom 1 €/8 h, Wasser 1 €/90 l. 1 €/h bis 6 h. VE-Säule nur mit 1-€-Münzen.
Kontakt: Tourist-Info Verden/Aller, ☎ 04231/12345, touristik@verden.de, www.verden.de.
Distanz: 0,3 km, 0,3 km, 0,5 km, 0,7 km.
Freizeit: 3 km, 3 km, 7 km. Golfen, Kutsch-/Planwagenfahrten, Museumsbesuche, Reiten, Schifffahrten, Kanu fahren, Verwell Erlebnisbad 3 km, Kletterpark Verden 3 km, Ritter-Rost-Magic Park 4,1 km.
POI: Rathaus 0,5 km, St. Johannis-Kirche 0,5 km, Museum Domherrenhaus 1,1 km, Deutsches Pferdemuseum 1,1 km, Verdener Dom 1,7 km, Sachsenhain mit Storchenpflegestation 2,1 km.

Sie haben einen neuen Stellplatz entdeckt? Dann teilen Sie uns diesen mit per E-Mail an **bordatlas@doldemedien.de**

V

72519 Veringenstadt

gratis <10 m

Stellplatz an der Lauchert, Deutstetter Straße, ☎ 07577/9300
Ruhiger und zentral an der Lauchert

POS: 48°10'53.35"N/9°12'48.18"E, Karte D14 (S. 17), F3
Platz: = 3 auf Schotter. Ganzjährig geöffnet.
Preis: Übernachtung gratis.
Kontakt: Stadtverwaltung Veringenstadt, ☎ 07577/9300, info@veringenstadt.de, www.veringenstadt.de.
Distanz: 0,1 km, 0,3 km, 0,5 km, 0,5 km, weitere Restaurants in 0,7 km, 2 km (Kläranlage Veringendorf, Jungnauer Straße 17, 72519 Veringendorf).
Freizeit: 12 km, 11 km, 16 km. Klettertouren, Stadt-/Museumsführungen, Kanu fahren, Hochseilgärten in Sigmaringen 12 km.
POI: Grafensaal/Blauer Saal 0,3 km, Strübhaus (Haus der Malkunst) 0,3 km, Stadtmuseum 0,5 km, Schloss Sigmaringen 12 km, Bärenhöhle 28 km.

33415 Verl

gratis <10 m neu

Wohnmobilstellplatz Freibad Verl, Zum Meierhof 91, ☎ 05246/9610
Zentrumsnah auf dem Parkplatz zwischen Freibad und dem Spiel- und Freizeitgelände

POS: 51°53'21.08"N/8°30'6.20"E, Karte D6 (S. 9), E3
Platz: = 4 auf Rasengittersteinen. CHEM GRAU. Anfahrt 24 h, Aufenthalt max. 5 Tage. Anmeldung ist verpflichtend am jeweiligen Stellplatz durchzuführen. Nachtruhe von 22:00-6:00 Uhr. Ganzjährig geöffnet.
Preis: Übernachtung gratis. Strom 0,50 €/kWh, Wasser 0,10 €/10 l.
Kontakt: Stadt Verl, ☎ 05246/9610, wohnmobilstellplatz@verl.de, www.verl.de/freizeit-tourismus/wohnmobilstellplaetze.
Distanz: 1 km, 1 km, 1,2 km.
Freizeit: Führungen im Verler Land und Ortsführungen (nur mit Anmeldung), Rad- und Wanderwege, Verler See 1,8 km.
POI: Heimathaus 1,2 km, St.-Anna-Kirche 1,2 km.

33415 Verl-Kaunitz

gratis <10 m neu

Stellplatz an der Ostwestfalenhalle, Alter Postweg 12, ☎ 05246/9610
Im Stadtteil Kaunitz

POS: 51°51'22.24"N/8°33'35.80"E, Karte D6 (S. 9), E3
Platz: = 6 auf Rasengittersteinen. CHEM GRAU. Aufenthalt max. 5 Tage. Eine Anmeldung ist verpflichtend am jeweiligen Stellplatz durchzuführen. Nachtruhe 22:00-6:00 Uhr. Ganzjährig geöffnet.
Preis: Übernachtung gratis inkl. Entsorgung. Strom 0,50 €/kWh, Wasser 0,10 €/10 l.
Kontakt: Stadt Verl, ☎ 05246/9610, wohnmobilstellplatz@verl.de, www.verl.de/freizeit-tourismus/wohnmobilstellplaetze.
Distanz: 0 km, 0,4 km, 0,4 km.
Freizeit: 6,6 km. Führungen im Verler Land und Ortsführungen (nur mit Anmeldung), Rad- und Wanderwege, Verler See 8 km.
POI: St.-Anna-Kirche 5,8 km, Heimathaus 5,8 km.

33775 Versmold

gratis <8 m

Stellplatz am Parkbad, Caldenhofer Weg 26, ☎ 05423/9540
Auf dem Parkplatz bei den Sportanlagen nahe Stadtpark

POS: 52°3'1.40"N/8°9'19.30"E, Karte D6 (S. 9), E3
Platz: = 3 auf Pflaster. VE auf dem Campingplatz Heidesee. Ganzjährig geöffnet.
Preis: Übernachtung gratis inkl. Müll-Entsorgung. WC/Dusche gegen Gebühr im Parkbad.
Kontakt: Stadt Versmold, ☎ 05423/9540, mail@versmold.de, www.versmold.de.
Distanz: 0,5 km, 1 km, 2 km, 7 km (Campingplatz Heidese, Stränger Straße 59, 33775 Versmold).
Gastro: Restaurant Memic 1,3 km. Parklounge 0,5 km. Parkvilla 0,5 km.
Freizeit: Tennisplatz 0,1 km, Stadtführungen 1,5 km, Golfplatz 7 km.
POI: Stadtpark 0,1 km, Marktplatz mit Rathaus und Wursttträgerbrunnen 1,5 km, Petrikirche 1,5 km, Heimatmuseum Versmold 1,5 km, Pfarrkirche und histor. Dorfkern Bockhorst 5 km.

94234 Viechtach

€ 29,90 <12 m

Adventure Camping am Fluss – Schnitzmühle, Schnitzmühle 1, ☎ 09942/94810 Am Eingang des Natur-Campingplatzes mit Wüstenbadesee

2021 geprüft

POS: 49°4'12.36"N/12°54'52.92"E, Karte D12 (S. 15), E5
Platz: = 100 auf Schotter, Wiese. =80 (6 A) WC CHEM GRAU. Müllentsorgung, Duschen. Anfahrt bis 22:00 Uhr, Abfahrt bis 12:00 Uhr. Ganzjährig geöffnet.
Preis: Ab 29,90 € inkl. Wasser, Entsorgung, WC, Müllentsorgung, Duschen. Jede weitere Pers. 10 €, Kind (5-15 J.) 8 €, Strom 3,50 €, Kurtaxe (ab 16 J.) 1,70 €/Pers., Kurtaxe (5-15 J.) 0,50 €/Pers., Hund 3 €. 29,90-34,40 €, je nach Platz.
Kontakt: Daffner & Nielsen, ☎ 09942/94810, info@schnitzmuehle.de, www.schnitzmuehle.de.
Distanz: 0 km, 1,5 km, 3 km, 3 km.
Gastro: Frühstück 7:00-11:00 Uhr. Urwald Restaurant mit Future- (vegetarisch und vegan), Forest- (regional) und Fusion-Food. warme Küche Mo-So 11:30-20:45 Uhr (letzte Bestellung).
Freizeit: 3 km, 3 km, 3,3 km. Langlauf, Wellnesseinrichtung, Kanu fahren, Schlittschuh laufen, Jul/Aug Animation auf dem Platz.
POI: Burg Altnußberg 2 km, Kunsthaus Ostbayern 3 km, Ägayrisches Museum 3 km, Gläserne Scheune 8 km, Burg Neunussberg 10 km, Höllensteinstausee 10 km.

94234 Viechtach

gratis <12 m

P1 Parkplatz Zentrum, Bierfeldstraße, ☎ 09942/808250
Öffentlicher Parkplatz im Stadtzentrum

POS: 49°4'42.77"N/12°52'57.94"E, Karte D12 (S. 15), E5
Platz: = 3 auf Pflaster. Aufenthalt max. 3 Tage. Ganzjährig geöffnet.
Preis: Übernachtung gratis.
Kontakt: Tourist-Info Viechtach, ☎ 09942/808250, tourist-info@viechtach.de, www.viechtacher-land.de.
Distanz: 0,1 km, weitere Restaurants in 0,3 km, 0,3 km, 0,5 km, 1,3 km (Am Klärwerk, Am Regenufer 1, 94234 Viechtach).
Gastro: Gasthaus Kreutzberg.
Freizeit: 1,5 km, 1 km, 0,5 km. Bayerisch Kanada, Minigolfanlage im Dr. Schellerer Park 0,5 km, Regentalradweg 1 km, Kneippanlage, Tennisplätze 1,5 km, Naturschutzgebiet Großer Pfahl 2 km, Reitanlage 2 km, Höllensteinsee 7 km, Pröller Skidreieck 15 km.
POI: Fischledermuseum Malerei/Skulpturen, Nostalgie-Haus 0,3 km, Kultur im Alten Rathaus 0,3 km, Venusmaschine und Café Venus 0,3 km, Kristallmuseum, Museum Viechtach 0,3 km, Pfahlausstellung 0,3 km, Gläserne Scheune 5 km, Burgruine Neunußberg 10 km.

94234 Viechtach

gratis <12 m

P2 Parkplatz Stadthalle, Friedhofstraße 11, ☎ 09942/808250
Auf einem öffentlichen Parkplatz in Zentrumsnähe

2021 geprüft

POS: 49°4'38.67"N/12°53'7.01"E, Karte D12 (S. 15), E5
Platz: = 3 auf Asphalt. Aufenthalt max. 3 Tage. Ganzjährig geöffnet.
Preis: Übernachtung gratis.
Kontakt: Tourist-Info Viechtach, ☎ 09942/808250, tourist-info@viechtach.de, www.viechtacher-land.de.
Distanz: 0,2 km, 0,2 km, 0,2 km, 0,3 km, 1 km (Am Klärwerk, Regenufer 1, 94234 Viechtach).
Gastro: Gasthof Schützenhaus.
Freizeit: 2 km, 1 km, 0,5 km. Bayerisch Kanada, Regentalradweg 0,5 km, Pröller-Skidreieck 15 km.
POI: Fischledermuseum-Malerei & Skulpturen, Kristallmuseum 0,3 km, Nostalgie-Haus 0,3 km, Venusmaschine 0,3 km, Museum Viechtach 0,5 km, Naturschutzgebiet Großer Pfahl 2 km, Gläserne Scheune 4 km, Höllensteinsee 7 km, Burgruine Neunußberg 10 km.

94234 Viechtach

gratis <12 m

P5 Parkplatz beim TÜV, Karl-Gareis-Straße 1, ☎ 09942/808250 Öffentlicher Parkplatz im westlichen Stadtzentrum

POS: 49°4'55.72"N/12°53'1.28"E, Karte D12 (S. 15), E5
Platz: = 2 auf Asphalt. Aufenthalt max. 3 Tage. VE am Klärwerk. Ganzjährig geöffnet.
Preis: Übernachtung gratis.
Kontakt: Tourist-Info Viechtach, ☎ 09942/808250, tourist-info@viechtach.de, www.viechtacher-land.de.
Distanz: 0,1 km, 0,2 km, 0,2 km, weitere Restaurants in 0,3 km, 0,2 km, 1,1 km (Am Klärwerk, Am Regenufer 1, 94234 Viechtach).
Gastro: Blossersberger Keller mit Biergarten.
Freizeit: 2 km, 1 km, 0,2 km. Bayerisch Kanada, Regentalradweg 0,1 km, Kneippanlage/Minigolf 1 km, Naturschutzgebiet Großer Pfahl 1,5 km, Tennisplatz 2 km, Reitanlage 2 km, Pröller-Skidreieck 15 km.
POI: Nostalgie-Haus 0,2 km, Pfahlausstellung 0,3 km, Stadtpfarrkirche 0,3 km, Kristallmuseum 0,3 km, Kultur im Alten Rathaus 0,3 km.

V

94234 Viechtach gratis

P6 Parkplatz am Regen, Bahnhofstraße, ☎ 09942/808250 Am Fluss Schwarzer Regen nähe Stadtzentrum <12m

2021 geprüft

POS: 49°4'48.70"N/12°53'17.65"E, Karte D12 (S. 15), E5
Platz: = 3 auf Pflaster. Aufenthalt max. 3 Tage. Ganzjährig geöffnet.
Preis: Übernachtung gratis.
Kontakt: Tourist-Info Viechtach, ☎ 09942/808250, tourist-info@viechtach.de, www.viechtacher-land.de.
Distanz: 0,1 km, weitere Restaurants in 0,2 km, Ⓗ 0,1 km, 0,2 km, 0,3 km, 0,9 km (Klärwerk, Am Regenufer 1, 94234 Viechtach).
Gastro: Blossersberger Keller mit Biergarten.
Freizeit: 2 km, 1 km, 0,3 km. Regentalradweg, Bayerisch Kanada, Kneippanlage 0,2 km, Minigolfanlage 1,5 km, Naturschutzgebiet Großer Pfahl 1,5 km, Tennisplatz 1,5 km, Reitanlage 2 km, Höllensteinstausee 7 km, Pröller-Skidreieck 15 km.
POI: Pfahlausstellung 0,2 km, Museum Viechtach 0,3 km, Kristallmuseum 0,3 km.

78056 Villingen-Schwenningen gratis

Messegelände Villingen-Schwenningen, Messe 1, ☎ 07720/97420 Parkstreifen an einer schwach befahrenen Straße am Messegelände <8m

POS: 48°2'52.09"N/8°32'18.80"E, Karte D14 (S. 17), E3
Platz: = 5 auf Asphalt. CHEM GRAU. Ganzjährig geöffnet. Ausnahme: während der Südwest-Messe eingeschränkt nutzbar.
Preis: Übernachtung gratis inkl. Entsorgung. Wasser 2 €/180 l oder 0,10 €/9 l oder 0,50 €/45 l.
Kontakt: ☎ 07720/97420, info@messe-vs.de, www.messe-vs.de.
Distanz: 0,2 km, Ⓗ 1 km, 1 km, 2 km.
Freizeit: 5 km, 4 km.
POI: Naturschutzgebiet Schwenninger Moos 0,8 km, Uhrenmuseum 2 km, Flugzeugmuseum 3 km, Bauernmuseum Mühlhausen 3 km, Altstadtkern 5 km.

65606 Villmar gratis

Wohnmobilplatz P3, König-Konrad-Straße, ☎ 06482/91210 Auf dem Parkplatz am Ortsrand <12m

POS: 50°23'26.96"N/8°11'7.11"E, Karte D10 (S. 13), E2
Platz: = 10 auf Schotter. Platz wird auch von Bussen und Lkw genutzt. Ganzjährig geöffnet.
Preis: Übernachtung gratis.
Kontakt: Gemeinde Villmar, ☎ 06482/91210, marktflecken@villmar.de, marktflecken-villmar.de.
Distanz: 0,1 km, weitere Restaurants in 0,5 km, Ⓗ 0,4 km, 0,5 km, 1 km.
Gastro: Restaurant Klickermill.
Freizeit: 12 km, 12 km. Bootsverleih 3 km.
POI: Lahn-Marmor-Museum 0,4 km, König-Konrad-Denkmal 0,7 km, Naturdenkmal Unica 0,9 km.

92249 Vilseck gratis

Reisemobilstellplatz am Ziegelanger, Ziegelanger, ☎ 09662/9916 Teil eines Großparkplatzes an der Vils <8m

POS: 49°36'43.36"N/11°48'6.46"E, Karte D11 (S. 14), C4
Platz: = 4 auf Pflaster, Wiese. CHEM GRAU. Aufenthalt max. 3 Tage. Ganzjährig geöffnet. Ausnahme: Sperrung bei Großveranstaltungen (siehe Website).
Preis: Übernachtung gratis inkl. Wasser, Entsorgung.
Kontakt: Tourist-Info Vilseck, ☎ 09662/9916, touristinfo@vilseck.de, www.vilseck.de.
Distanz: 0,2 km, 0,3 km, Ⓗ 0,3 km, 0,5 km.
Freizeit: 1 km, 10 km. Geologische Radtour, Vilstalwanderweg, Kunstpfad 0,1 km, Fitnessparcours und Calisthenicspark 0,2 km, Naherholungsgebiet Vilsaue 0,2 km.
POI: Vilstor 0,2 km, 1. Deutsches Türmermuseum 0,2 km, Vogelturm 0,3 km, Stadtpfarrkirche St. Ägidius 0,4 km, Burg Dagestein 0,5 km.

94474 Vilshofen/Donau €13,00

Ferienhof Meyer, Hirschnell 1, ☎ 08541/5170 Bewirtschafteter Bauernhof in sehr ruhiger Lage mit Panoramablick über das Donautal <10m

POS: 48°38'7.71"N/13°12'19.10"E, Karte D16 (S. 19), F2
Platz: = 3 auf Schotterrasen. =3 WC . Ganzjährig geöffnet.
Preis: 13 € inkl. aller Personen, Wasser, WC. Strom 5 €, WLAN 2 €/GB.
Kontakt: Alois Meyer, ☎ 08541/5170, meyeralois@t-online.de, www.ferienbauernhof-meyer.de.
Distanz: Ⓗ 0,4 km, 1 km, 1,5 km, 2 km.
Gastro: Frische Produkte vom Hof, Brötchenservice im Sommer.
Freizeit: 4 km, 4 km, 3 km. Bolzplatz, Tischtennis, Dart am Platz, Angeln, Mitarbeit auf dem Feld/im Stall, Gelände-Go-Karts, Trampolin, Flugplatz 1,5 km, Donauschifffahrten 2 km, Reiten und Kutschfahrten 3 km.
POI: Burgruine Hilgartsberg 4 km, Westernpark Pullmann City 12 km, Dreiflüssestadt Passau 22 km.

94474 Vilshofen/Donau €15,00

Stellplatz am Bootshafen, Am Bootshafen 1, ☎ 0171/4534140 Am linken Donauufer mit Blick auf Vilshofen <10m

2022 geprüft

POS: 48°38'20.45"N/13°11'12.27"E, Karte D16 (S. 19), F2
Platz: = 17 auf Schotter. =22 (10 A) WC CHEM GRAU. wird empfohlen. Anmeldung beim Platzwart oder im Schließfach Nr. 11 mit Dokumenten zur Anmeldung im Gebäude des Bootsportvereins. Geöffnet: Apr-Okt.
Preis: 15 € inkl. aller Personen, Strom, Wasser, Entsorgung, WC, Müll-Entsorgung. Dusche 1 €/5 min.
Kontakt: Franz Haas, Mobil: 0171/4534140, reservierung@bsv-vilshofen.de, www.info@bsv-vilshofen.de.
Distanz: 0,2 km, 0,5 km, Ⓗ 0,5 km, 1 km.
Freizeit: 2 km, 2 km, 1,5 km. Stadtführung mit Besichtigung der Bierunterwelten (Tourist-Info Vilshofen).
POI: Stadtpfarrkirche St. Johannes 0,5 km, Benediktinerabtei Schweikelberg mit Afrika-Museum 1 km.

94474 Vilshofen/Donau gratis

Wohnmobilstellplatz Donaupromenade, Obere Donaulände, ☎ 08541/208112 Ausgewiesener Bereich auf einem Pkw-Parkplatz entlang des Donauufers <8m

2020 geprüft

POS: 48°38'19.18"N/13°10'46.88"E, Karte D16 (S. 19), F2
Platz: = 10 auf Asphalt. Aufenthalt max. 24 h. Untergrund leicht abschüssig, Straße in Hörweite. Ganzjährig geöffnet.
Preis: Übernachtung gratis.
Kontakt: Matthias Hiergeist, ☎ 08541/208112, tourismus@vilshofen.de, www.vilshofen.de.
Distanz: 0,5 km, Ⓗ 0,5 km, 1 km, 1 km.
Freizeit: 2 km, 2 km. Gingkopark 2 km, Eislaufbahn 2 km, Lunapark-Alpakas 8 km.
POI: BierUnterwelten 1 km, Benediktinerabtei Schweiklberg mit Afrika-Museum 1 km.

49429 Visbek-Endel €20,00

Kokenmühle, Endel 34, ☎ 0171/3140624 Auf dem Gelände der Kokenmühle <8m

POS: 52°52'8.96"N/8°15'30.14"E, Karte D6 (S. 9), E1
Platz: = 10 auf Schotterrasen. =5 (10 A) CHEM GRAU. wird empfohlen. Ganzjährig geöffnet.

V

Preis: 20 € inkl. Strom, Wasser, Entsorgung. Dusche 0,50 €.
Kontakt: Herr Engelbert Koke-Börger, Mobil: 0171/3140624, kokenmuehle@freenet.de, www.waldcamp-kokenmuehle-gmbh.de.
Distanz: 5 km, 6 km, 6 km.
Freizeit: Badeteich am Platz.
POI: Kokenmühle.

27374 Visselhövede — gratis

Stellplatz am Hallenbad, Zu den Visselwiesen, ☎ 04262/919552 Parkplatz vor dem Vissel-Bad im Stadtzentrum — <8 m

POS: 52°59'6.92"N/9°34'40.40"E, Karte D2 (S. 5), G5
Platz: = 8 auf Pflaster. CHEM. Ganzjährig geöffnet.
Preis: Übernachtung gratis.
Kontakt: Stadt Visselhövede, ☎ 04262/919552, schwimmbad@visselhoevede.de, www.visselhoevede.de.
Distanz: 0,1 km, 0,2 km, 0,5 km.
Freizeit: 0,5 km. Visselseen-Erholungspark 0,1 km, Heidepark Soltau 20 km.
POI: St. Johannis Kirche (12. Jh.) 0,3 km, Vogelpark Walsrode 16 km.

32602 Vlotho — €15,00

Campingparadies Sonnenwiese, Borlefzen 1, ☎ 05733/8217 Auf dem Parkplatz vor der Schranke — <10 m

POS: 52°10'26.06"N/8°54'24.54"E, Karte D6 (S. 9), F3
Platz: = 10 auf Schotter. CHEM GRAU. Slipanlage. Anfahrt 24 h. Weitere Stellplätze auf dem Campingplatz (ohne Strom, mit Strom und VE oder auch mit privatem Badezimmer). Ganzjährig geöffnet.
Preis: Ab 15 € inkl. Entsorgung, Müll-Entsorgung. 1.1.-31.3. 15 €, 1.4.-31.10. 20 €, 1.11.-31.12. 15 €.
Kontakt: Camping Sonnenwiese, Friedrich Schulte, ☎ 05733/8217, info@sonnenwiese.com, www.sonnenwiese.com.
Distanz: 0,1 km, 0,1 km, weitere Restaurants in 3 km, 0,2 km, 3 km.
Gastro: Restaurant (Deutsche Küche).
Freizeit: Kanu fahren, Wassersport.
POI: Stadt Vlotho 3 km, Porta Westfalica 8 km, Bad Oeynhausen 8 km, Wasserstraßenkreuz Minden 16 km, Bückeburg 18 km.

32602 Vlotho — €10,00

Wohnmobilstellplatz am Weserufer, Hafenstraße, ☎ 05733/881188 An der Kaimauer zwischen Bahnlinie (wenig befahren) und Weser — <8 m

POS: 52°10'8.02"N/8°52'1.36"E, Karte D6 (S. 9), F3
Platz: = 6 auf Rasengittersteinen. WC. Nachts ruhig. Aufenthalt max. 2 Übernachtungen, keine Reservierung möglich. Wasser nur außerhalb der Frostperiode. Ganzjährig geöffnet.
Preis: 10 € inkl. WC. Strom 1 €/kWh, Wasser 2 €/100 l. 1.11.-31.3. gratis.
Kontakt: Tourist-Information, ☎ 05733/881188, marketing@vlotho.de, www.vlotho.de.
Anfahrt: Unterführung mit Durchfahrtshöhe 3,50 m.
Distanz: 0,5 km, 0,5 km, 0,5 km, 1,2 km.
Freizeit: 4,5 km, 0,5 km. Kanu und Boot fahren, Ausflugsfahrten mit dem Schiff.
POI: KunstwerkStadt Vlotho 0,5 km, Burg Vlotho 1,2 km.

79235 Vogtsburg-Bischoffingen im Kaiserstuhl — €15,00

Wohnmobilstellplatz Weingut Abril, Am Enselberg 1, ☎ 07662/9493230 In mitten der Weinberge — <8 m — neu

POS: 48°6'29.47"N/7°37'31.96"E, Karte D13 (S. 16), C3
Platz: = 2 auf Pflaster. WC. Begrüßungssekt, Genussautomat mit kühlen Getränken, Wein und Snacks. Telefonische Reservierung erbeten. WC zu den Öffnungszeiten. Ganzjährig geöffnet.
Preis: 15 € inkl. Strom, Wasser, Kurtaxe, WLAN, Begrüßungssekt.
Kontakt: Weingut Abril, ☎ 07662/9493230, weingut@weingut-abril.de, weingut-abril.de.
Freizeit: Kellerführungen auf Anfrage.

92648 Vohenstrauß — gratis

Wohnmobilstellplatz Vohenstrauß, Neuwirtshauser Weg 11, ☎ 09651/922230 Separate Stellplätze auf dem Festplatz neben der Stadthalle — <12 m

POS: 49°37'3.43"N/12°20'44.32"E, Karte D11 (S. 14), D4
Platz: = 16 auf Schotterrasen. =16 (16 A) WC CHEM GRAU. Aufenthalt max. 3 Tage. Ganzjährig geöffnet.
Preis: Übernachtung gratis inkl. Strom, Wasser, Entsorgung. WC 5 €.
Kontakt: Stadt Vohenstrauß, ☎ 09651/922230, info@tourismus.vohenstrauss.de, www.vohenstrauss.de.
Distanz: 0,3 km, 0,3 km, 0,5 km, 0,6 km.
Gastro: Das Friedrich. Gasthof zur Post. Hotel Drei Lilien.
Freizeit: 1 km. Tennisplatz, Sportzentrum, mehrere Skilifte in der Umgebung, Naturfreibad 1 km.
POI: Schloss Friedrichsburg 0,5 km, Heimatmuseum und Edelstein-Schau 0,8 km, Burgruine Leuchtenberg 6 km, Burgruine Flossenbürg 20 km.

34516 Vöhl-Herzhausen — €20,00

Camping & Ferienpark Teichmann, Zum Träumen 1A, ☎ 05635245 Am Eingang des Nationalparks Kellerwald-Edersee — <12 m

POS: 51°10'32.73"N/8°53'26.26"E, Karte D6 (S. 9), F5
Platz: = 10 auf Sand/Splitt, Kiesel. =10 (16 A) WC CHEM/Bio GRAU. Aufenthalt max 3 Tage. Ganzjährig geöffnet.
Preis: 20 € inkl. Strom, Wasser, Entsorgung, Müll-Entsorgung, WLAN.
Kontakt: Camping- & Ferienpark Teichmann, Annika Müller, ☎ 05635245, Mobil: 0171/7337081, info@camping-teichmann.de, www.camping-teichmann.de.
Distanz: 1 km.
Gastro: Strandhütte (wetterabhängiger Biergarten), tägl. 12:00-20:00 Uhr. Food Court (Pizza, Pommes & Bratwurst am Strand), Mo-So 13:00-20:00 Uhr. GastRaum im Nationalparkzentrum, Mo-Sa 11:00-17:00 Uhr, So 9:00-18:00 Uhr.
Freizeit: 6 km, 13 km. Tretboot-, Kanu- und Kajakverleih, Kinderanimation, Kellerwald- und Urwalderlebnissteig, Edersee 1 km, Sommerrodelbahn 10 km, Sauna, Solarium und Fitnessraum 14 km.
POI: Nationalpark Kellerwald-Edersee 1 km, Baumwipfelpfad 15 km, Schloss Waldeck 17 km, Edersperrmauer 25 km.

78147 Vöhrenbach — gratis

Wohnmobilstellplatz im Kurgarten, Schwimmbadstraße, ☎ 07727/5010 Im Kurgarten direkt neben dem Freibad — <8 m

POS: 48°2'44.00"N/8°17'43.00"E, Karte D13 (S. 16), D3
Platz: = 5 auf Sand/Splitt. Geöffnet: 1.5.-30.11.
Preis: Übernachtung gratis.
Kontakt: Stadtverwaltung Vöhrenbach, ☎ 07727/5010, info@voehrenbach.de, www.voehrenbach.de.
Distanz: 0,6 km, 0,6 km, 0,6 km, 0,6 km, weitere Restaurants in 0,8 km, 8 km (Kläranlage Vöhrenbach, Bregenbach 14, 78147 Vöhrenbach).
Gastro: Saisonale Gastronomie im Freibad.
Freizeit: Wintersport, Angeln, Wasserkraft- und Energielehrpfad 4 km, Stausee 4 km.
POI: Barockkirche in Urach, Bruderkirchle, Linachtalsperre und Kraftwerk, Burgruine Neufürstenberg.

97332 Volkach — gratis

Weingut Leo Langer, Erlachhof 3, ☎ 09381/2833 Auf dem Weingut, auf unbefestigter Obstwiese — <12 m

POS: 49°51'39.63"N/10°14'41.63"E, Karte D10 (S. 13), H4
Platz: = 4, = 2 (<14 m) auf Wiese. Ankunft bis 18:00 Uhr, Aufenthalt max. 1 Nacht. Stellplatz für interessierte Weinkunden. Ganzjährig geöffnet.
Preis: Übernachtung gratis. Weinkauf erwünscht.

V

Kontakt: Weingut Leo Langer, Winfried Langer, ☎ 09381/2833, w.langer@weingut-langer.de, www.weingut-langer.de.
Distanz: 1,4 km, 2 km.
Gastro: Viele Restaurants im Ortskern. Vinothek am Weingut.
Freizeit: 2 km, 2 km. Weinverkostung, Wanderung auf dem Quittenlehrpfad.
POI: Museen der Mainschleife, Maria im Weingarten 4 km, Schloss Hallburg 4 km.

97332 Volkach €10,00 <8m

Wohnmobilstellplatz Volkach an der Mainbrücke, Unter der Mainbrücke, ☎ **09381/40112** Am linken Mainufer

2021 geprüft

POS: 49°51'51.99"N/10°13'16.44"E, Karte D10 (S. 13), H4
Platz: = 30 auf Schotter. Aufenthalt max. 3 Tage. Geöffnet: 1.4.-31.10.
Preis: 10 € inkl. aller Personen. Wasser 1 €. Entsorgung am Freibad gratis.
Kontakt: Tourist-Info Volkacher Mainschleife, ☎ 09381/40112, tourismus@volkach.de, www.volkach.de.
Distanz: 0 km, weitere Restaurants in 0,7 km, 0,7 km (Freibad Volkach, Fahrer Straße 1, 97332 Volkach), 0,8 km, 1 km, 1 km.
Freizeit: 1 km, 0,5 km. Main-Radweg, Kanu-/Kajakverleih, Schifffahrt rund um die Mainschleife, Stadtführungen 0,8 km (Mo, Mi, Sa um 10:30 Uhr).
POI: Altstadt 0,8 km, Wallfahrtskirche Maria im Weingarten 1,5 km, Vogelsburg 2,5 km.

97332 Volkach-Astheim €8,00 <8m

Wohnmobilstellplatz Astheim, Unter der Mainbrücke, ☎ **09381/40112** Unterhalb der Mainbrücke, am rechten Mainufer

2021 geprüft

POS: 49°51'54.46"N/10°13'4.71"E, Karte D10 (S. 13), H4
Platz: = 15 auf Schotter. Aufenthalt max. 3 Tage. Geöffnet: 1.4.-31.10.
Preis: 8 € inkl. aller Personen. Wasser 1 €. Entsorgung am Freibad Volkach (Fahrer Straße) gratis.
Kontakt: Tourist-Info Volkacher Mainschleife, ☎ 09381/40112, tourismus@volkach.de, www.volkach.de.
Distanz: 0,8 km, weitere Restaurants in 1 km, 1 km, 1 km, 1 km, 1,2 km (Freibad Volkach, Fahrer Straße 1, 97332 Volkach).
Freizeit: 1 km, 0,5 km. Quittenlehrpfad, Schifffahrt rund um die Mainschleife 0,5 km, Stadtführungen Mo, Mi und Sa 10:30 Uhr ab Rathaus 0,8 km.
POI: Museum Kartause Astheim (christliche Bildgeschichte), Altstadt 1 km, Wallfahrtskirche Maria im Weingarten 1,5 km, Vogelsburg 2,5 km.

97332 Volkach-Escherndorf €22,00 <8m

Wohnmobilhafen Mainschleife Escherndorf, An der Güß 9a, ☎ **09381/2889** Vor dem Campinggelände in ruhiger Lage zwischen Obstbäumen

2021 geprüft

POS: 49°51'35.02"N/10°10'32.84"E, Karte D10 (S. 13), H4
Platz: = 25 auf Schotterrasen. =32 (10 A) CHEM GRAU. WC nur auf dem Campingplatz, Abfahrt bis 15:00 Uhr. Geöffnet: 1.4.-23.10.
Preis: 22 € inkl. Entsorgung, Dusche, Müll-Entsorgung, WLAN, WC. Jede weitere Pers. 6 €, Kind (3-12 J.) 5 €, Strom 0,80 €/kWh, Wasser 0,50 €/60 l, Hund 3 €.
Kontakt: Campingplatz Escherndorf GmbH, Dagmar Sauer-Maier, ☎ 09381/2889, info@campingplatz-mainschleife.de, www.campingplatz-mainschleife.de.
Distanz: 0,5 km, 0,5 km, 0,5 km, weitere Restaurants in 0,5 km Entfernung.
Gastro: Brotzeitstube am Platz, Mi-Mo 15:00-22:00 Uhr, Di Ruhetag. Brötchenservice. Frühstück.
Freizeit: 3 km, 5 km, 3 km. Weinbergführung 0,5 km, Kanuverleih 0,5 km, Baden im Main 0,5 km, Weinfeste 0,5 km, Weinprobe 0,5 km, Golfplatz 9 km.
POI: Kloster Vogelsburg 3 km, Kartause Astheim 5 km, Wallfahrtskirche Maria im Weingarten in Volkach 7 km.

97332 Volkach-Fahr €8,00 <10m

Wohnmobilstellplatz Mainfähre Fahr, Am Gries, ☎ **09381/40112** Einfacher Stellplatz am Main

POS: 49°52'28.27"N/10°9'50.45"E, Karte D10 (S. 13), H4
Platz: = 20 auf Schotterrasen. VE am Feuerwehrhaus in der Nähe der Pfarrkirche. Geöffnet: Apr-Okt.
Preis: 8 € inkl. aller Personen.
Kontakt: Tourist-Info Volkacher Mainschleife, ☎ 09381/40112, tourismus@volkach.de, www.volkach.de.
Distanz: 0,5 km, 0,5 km, 0,5 km, 5 km.
Gastro: Brauner Bär & weiße Taube – Weingut Braun. Gasthaus Zur Mainschleife. Gasthaus Zum Hirschen.
Freizeit: 5 km, 5 km, 5 km. Panoramawanderweg, Boot fahren.
POI: Mainfähre Schorsch, Pfarrkirche St. Johannes d.T. 0,5 km, Wallfahrtskirche Maria im Weingarten 5 km, Kartause Astheim 6 km.

66333 Völklingen gratis <12m

Weltkulturerbe Völklinger Hütte, Rathausstraße 75–79, ☎ **06898/9100100** Auf dem Besucherparkplatz mit Panoramablick

2022 geprüft

POS: 49°14'49.07"N/6°50'44.93"E, Karte D9 (S. 12), B5
Platz: = 12 auf Asphalt. =6 CHEM GRAU. Eintritt ins Weltkulturerbe 17 €/Pers., Jugendliche und Studenten (bis 27 J.) gratis. Ganzjährig geöffnet.
Preis: Übernachtung gratis. Strom 1 €, Wasser 1 €, Entsorgung 1 €.
Kontakt: ☎ 06898/9100100, mail@voelklinger-huette.org, www.voelklinger-huette.org.
Distanz: 0,4 km, 0,5 km, 1 km.
Gastro: Warme Küche, 10:00-19:00 Uhr. Biergarten im Eingangsbereich der Völklinger Hütte.
Freizeit: 1 km, 0,5 km, 0,5 km. Radwege an der Saar 0,3 km.
POI: Weltkulturerbe Völklinger Hütte, Alter Bahnhof Plattform 11 3/4 500 0,5 km, Altstadt und Schloss Saarbrücken 13 km, Bergbaumuseum Carreau Wendel (F) 15 km, Altstadt und Kasematten Saarlouis 15 km.

34471 Volkmarsen €10,00 <12m

Wohnmobilstellplatz unter dem scharfen Stein, Kasseler Straße 33, ☎ **0157/31078757** Am Ortsrand Richtung Breuna

2022 geprüft

POS: 51°24'42.18"N/9°7'44.50"E, Karte D6 (S. 9), F5
Platz: = 32 auf Wiese, Schotter. =36 WC CHEM GRAU. Ganzjährig geöffnet.
Preis: 10 € inkl. Entsorgung, WC, Müll-Entsorgung, Kurtaxe, WLAN. Strom 0,75 €/kWh, Wasser 1 €/100 l oder 0,10 €/8 l, Dusche 1 €/5 min. 60 Euro für 7 Tage, 1 Tag kostenfrei.
Kontakt: Wohnmobilhafen unter dem scharfen Stein GbR, Mobil: 0157/31078757, wohnmobilhafen.volkmarsen@gmail.com, www.wohnmobilhafen-volkmarsen.com.
Distanz: 0,1 km, weitere Restaurants in 1 km, 0,5 km, 1 km.
Gastro: Weinverkostung/Weinverkauf/Käseverkauf, freitags ab 17:00 Uhr. Brötchenservice.
Freizeit: 0,1 km. Freizeitanlage Am Sauerbrunnen mit Heilquelle.
POI: Kugelsburg-Burgruine 0,4 km.

91247 Vorra-Artelshofen €10,00

Wohnmobilstellplatz Artelshofen, Dorfstraße gegenüber Nr. 26, ☎ **09152/89980** Neben dem Gasthaus Bella Roma im Ortszentrum <10m

POS: 49°34'37.44"N/11°29'30.24"E, Karte D11 (S. 14), B4
Platz: = 5 auf Schotter. =5. Aufenthalt max. 72 h. Strom, Wasser in der frostfreien Zeit. Ganzjährig geöffnet.
Preis: 10 € inkl. Wasser. Strom 1 €/2 kWh.
Kontakt: Barbara Langenstein, ☎ 09152/89980, barbara_langenstein@t-online.de, www.ferienamrumpelbach.de.
Distanz: Weitere Restaurants in 0,7 km Entfernung, 1,5 km.
Freizeit: Reiten, Pegnitztal-Radweg, Tennis, Klettern, Golfplätze in Gerhelm und Königstein, Kanutouren, Happurger Baggersee, Thermalbad Hersbruck 15 km.
POI: Burg Veldenstein, Burg Hartenstein, Altstadt Hersbruck 15 km.

48691 Vreden gratis

Gaststätte Zum Dornbusch, Wüllener Straße 107, ☎ **02564/4494** Auf einer Wiese neben der Gaststätte <10m

2021 geprüft

POS: 52°2'4.26"N/6°50'33.11"E, Karte D5 (S. 8), B3
Platz: = 10 auf Wiese. nur bei Gruppen. WC zu den Restaurant-Öffnungszeiten. Ganzjährig geöffnet.
Preis: Für Restaurantgäste kostenlos, inkl. WC. Einkehr obligatorisch.
Kontakt: Thomas Ostendarp, ☎ 02564/4494, zum-dornbusch@t-online.de, www.zumdornbusch.de.
Distanz: 0 km, weitere Restaurants in 2 km, 0,5 km, 0,5 km, Ⓗ 0,5 km.
Gastro: Restaurant am Platz, Öffnungszeiten siehe Website.
Freizeit: 1 km, 1 km. Flamingo Beobachtung am See.
POI: Hamaland Museum 1 km, Zwilbrocker Venn 10 km.

48691 Vreden €15,00

Wohnmobilstellplatz am Sportpark, Ottensteiner Straße 59, ☎ **0160/2309869** Unmittelbar an der niederländischen Grenze <12m neu

POS: 52°2'27.00"N/6°50'23.00"E, Karte D5 (S. 8), B3
Platz: = 15 auf Schotterrasen. =15 WC CHEM GRAU. Duschen/WC im Sportzentrum. Anfahrt 24 h, videoüberwacht. Ganzjährig geöffnet.
Preis: 15 € inkl. Strom, Wasser, Entsorgung, Dusche, WC, Kurtaxe, WLAN.
Kontakt: Sportpark Vreden, Andreas Nünning, Mobil: 0160/2309869, info@sportpark-vreden.de, www.camping-vreden.de.
Distanz: Ⓗ 0,1 km, 0,4 km, 0,8 km, 1,4 km, weitere Restaurants in 2 km.
Freizeit: 0,1 km, 0,1 km. Indoor-Soccer, Tennisplatz, Squashanlage, Schießsportanlage 0,2 km, Flugplatz Wenningfeld 4 km, Golfplatz 12 km.
POI: Hamalandmuseum 1,2 km, Schwattet Gatt Lünten 9 km, Moormuseum Zwillbrock 10 km.

48691 Vreden-Zwillbrock €18,00

Stellplatz am Hotel Zum Moewenparadies, Zwillbrock 39, ☎ **02564/2509** Am Naturschutzgebiet Zwillbrocker Venn <12m neu

POS: 52°3'7.92"N/6°42'25.45"E, Karte D5 (S. 8), B3
Platz: = 3, = 3 (<12 m) auf Wiese, Naturboden, Schotterrasen. WC CHEM GRAU. Aufenthaltsraum. Anfahrt 10:00-20:00 Uhr.
Preis: 18 € inkl. Strom, Wasser, Müllentsorgung.
Kontakt: Irmgard Scheidt-Schütten, ☎ 02564/2509, Mobil: 0162/9549032, info@moewenparadies.de.
Distanz: Ⓗ 0,3 km, 0,8 km, 1 km, 7 km.
Gastro: Restaurant 0,8 km.
Freizeit: 5 km, 5 km. Ausgewiesene Rad- und Wanderwege ab Platz, Angeln, Aussichtsturm (Flamingoinsel - Vredens Flamingokolonie).
POI: Naturschutzgebiet Zwillbrocker Venn 0,4 km, Barockkirche 0,8 km, Biologische Station 0,8 km, Scherenschnittmuseum 10 km.

49757 Vrees gratis

Stellplatz am Schützenplatz, Herzog-Arenberg-Straße 5, ☎ **04479/94840** Stellplatz in ruhiger Ortsrandlage <8m

POS: 52°53'23.48"N/7°46'29.63"E, Karte D5 (S. 8), D1
Platz: = 6 auf Rasengittersteinen. CHEM GRAU. Ganzjährig geöffnet.
Preis: Übernachtung gratis inkl. Entsorgung. Strom 1 €/2 kWh, Wasser 1 €/100 l. Münzsäule.
Kontakt: Gemeinde Vrees, ☎ 04479/94840, kock@werlte.de, www.vrees.de.
Distanz: 0,4 km, Ⓗ 0,5 km, 0,5 km, 5,7 km.
Freizeit: 8,5 km.
POI: Dorfteich Vrees 0,3 km.

W

24369 Waabs €22,00

Ostseecamping Gut Karlsminde, Karlsminde 10, ☎ **04358/344** In der Eckernförder Bucht <12m

POS: 54°29'45.65"N/9°56'10.32"E, Karte D2 (S. 5), G2
Platz: = 4 auf Wiese, Schotter. =4 (16 A) CHEM GRAU. Geöffnet: Mitte März-Mitte Okt.
Preis: Ab 22 € inkl. Wasser, Entsorgung, Dusche, Müll-Entsorgung, WC. Jede weitere Pers. 6 €, Kind (2-14 J.) 4 €, Strom 5 €, WLAN 4 €/Tag. HS 25 €.
Kontakt: Ostseecamping-Gut Karlsminde, Klaus Wilke, ☎ 04358/344, nfo@karlsminde.de, www.karlsminde.de.
Distanz: 0 km, Ⓗ 3 km, 8 km, weitere Restaurants in 10 km Entfernung.
Gastro: SB-Laden am Platz (Apr-Sep täglich geöffnet, auch am So). Strandrestaurant Karlsminde, Do-So 11:30-20:00 Uhr, Mo-Mi Ruhetag, warme Küche 12:00-14:00 Uhr und 16:00-19:30 Uhr.
Freizeit: 10 km. Angeln, Reiten, Schwimmen.
POI: Megalithgrab in Karlsminde, Altstadt und Hafen in Eckernförde 9,4 km.

24369 Waabs-Ludwigsburg €19,00

Ostsee-Camping Gut Ludwigsburg, Ludwigsburg 4, ☎ **04358/370** Direkt am Strand der Eckernförder Bucht <12m

POS: 54°30'10.74"N/9°57'29.11"E, Karte D2 (S. 5), G2
Platz: = 18 auf Wiese. =18 (16 A) WC CHEM GRAU. wird empfohlen. Anreise 7:00-22:00 Uhr. Aufenthalt max. 3 Nächte. Geöffnet: 1.4.-15.10.
Preis: 19 € inkl. Strom, Wasser, Entsorgung, Dusche, WC, Kurtaxe. Jede weitere Pers. 5,50 €, Kind (1-15 J.) 3,50 €, WLAN 4 €/Tag. VE für Durchreisende jew. 1 € (Entsorgung/Frischwasser). Stellplatz ohne Strom 12 €, Strom 0,60 €/KWh oder 4 € pauschal. Preise inkl. 2 Kinder und Hund. Bei Nutzung von Heizung, Klimaanlage, Laden von e-Fahrzeugen 0,60 €/kWh Strom (Anmeldung an der Rezeption).
Kontakt: Paul-Werner Carl, ☎ 04358/370, info@ostseecamping-ludwigsburg.de, www.ostseecamping-ludwigsburg.de.
Distanz: 0 km, weitere Restaurants in 1 km, Ⓗ 2 km, 2 km.
Gastro: Gaststätte am Aassee (NS: Ruhetage Di+Mi).
Freizeit: 9 km. Volleyball, Surfen, Baden, Yachthafen 7 km, Golfplatz 13 km.
POI: Hühnengrab, Eckernförder Bucht, Altstadt Schleswig, Schloss Gut Ludwigsburg 2 km.

67591 Wachenheim/Zellertal €8,00

Weingut Hein GbR, Hauptstraße 38, ☎ **06243/8610** Wiesengelände zwischen Weingut und Pfrimmbach >12m

POS: 49°38'19.50"N/8°10'7.38"E, Karte D9 (S. 12), D4
Platz: = 10, = 4 (<18 m) auf Wiese, Schotter. CHEM. Für Clubtreffen auf Voranmeldung bis 20 Stellplätze. Ganzjährig geöffnet.
Preis: 8 € inkl. Wasser, Entsorgung. Strom 4 €.
Kontakt: Jochen und Thilo Hein, ☎ 06243/8610, info@westwind-weine.de, www.westwind-weine.de.
Distanz: Ⓗ 0,2 km, 0,3 km, 0,3 km, 0,6 km.
Gastro: Straußwirtschaft im Weingut, Termine und Öffnungszeiten siehe Website.
Freizeit: 6 km, 12 km, 2 km. Weinprobe, Kneippbecken, mehrere Hoffeste pro Jahr.
POI: Alte Schmiede 0,3 km, spätgotische Kirche aus dem 14. Jh. 0,4 km.

V W

47669 Wachtendonk €7,00

Reisemobilstellplatz Achter de Stadt, Achter de Stadt, ☎ 02836/915565 <8m
In ruhiger, zentraler Lage am Ortsrand

2020 geprüft

POS: 51°24'23.80"N/6°19'50.57"E, Karte D5 (S. 8), A4
Platz: = 24 auf Schotterrasen, Schotter. =18 (16 A) CHEM GRAU. Aufenthalt unbegrenzt. Ganzjährig geöffnet.
Preis: 7 € inkl. Entsorgung, Müll-Entsorgung, WLAN. Strom 0,50 €/kWh, Wasser 0,50 €/60 l.
Kontakt: Gemeinde Wachtendonk, ☎ 02836/915565, tourist-information@wachtendonk.de, www.wachtendonk.de.
Distanz: 0,1 km, 0,3 km, 0,4 km, Ⓗ 0,6 km.
Freizeit: 0,2 km. Kanu fahren, Erlebnispfad 0,5 km, Wellness/Sauna 0,6 km, Wasserski-Seilbahn, Strandbad, Aqua-Park, Stand-Up-Paddling 6 km.
POI: Restaurierte Burgruine/archäologische Baudenkmäler im Ort 0,3 km, Naturparkzentrum Wachtendonk 0,4 km.

92442 Wackersdorf €17,00

Wohnmobilpark Oberpfälzer Seenland, Sonnenriederstraße 1, ☎ 09431/9996822 Direkt am Damm, zwischen Murner See und Brückelsee <12m

2022 geprüft

POS: 49°20'50.43"N/12°12'42.42"E, Karte D11 (S. 14), D5
Platz: = 80 auf Wiese, Schotterrasen. =50 WC CHEM GRAU. Stromsäulen am Bereich Brückelsee. Aufenthalt unbegrenzt. Zwei Bereiche: am Ufer des Brückelsee (auch für Fahrzeuge >10 m) mit Strom, auf der Murner See-Seite ohne Strom. WC/VE/Waschmaschine und Trockner auf dem Camping. Anmeldung an der Rezeption. Geöffnet: Apr-Okt.
Preis: 17 €. Strom 0,70 €/kWh, Wasser 0,10 €/10 l, Entsorgung 2 €, WC 5 €/Tag, Waschmaschine/Trockner je 3,50 €. Kassettenreinigung per Camping Butler am CampingPark 2 €.
Kontakt: Harald Schrott, ☎ 09431/9996822, info@see-camping.de, www.wohnmobilpark-oberpfaelzer-seenland.de.
Distanz: 0 km, 0 km, Ⓗ 1 km, 6 km.
Gastro: Restaurant Seaside und Biergarten. Kiosk mit Brötchenservice und Waren des täglichen Bedarfs. SB Pizzeria.
Freizeit: 6 km, 20 km. Seerundweg mit Naturlehrpfad, Wassersport, SUP-/Tretbootverleih, Badestrand, InMotionPark am Steinberger See mit der größten begehbaren Erlebnisholzkugel der Welt 8 km.
POI: Oberpfälzer Seenland, Felsenkeller 5 km, Schwandorfer Kellerlabyrinth 14 km, Freilandmuseum 15 km.

92442 Wackersdorf gratis

Wohnmobilstellplatz Wackersdorf, Industriestraße, ☎ 09431/74360 <10m
Großparkplatz am Ende des Industriegebiets, an der Zufahrt zum Murner See

2022 geprüft

POS: 49°20'21.80"N/12°12'38.90"E, Karte D11 (S. 14), D5
Platz: = 8 auf Schotter. Achtung: Einfahrthöhe 3,10 m. Ganzjährig geöffnet.
Preis: Übernachtung gratis.
Kontakt: Gemeindeverwaltung, ☎ 09431/74360, info@wackersdorf.de, www.vg-wackersdorf.de.
Distanz: 5 km.
Freizeit: Badesee, Schwimmen, Naturkneippanlage, Besuch des Oberpfälzer Märchengartens, Segway Touren.

66687 Wadern-Noswendel gratis

Stellplatz am Noswendeler See, Seestraße, ☎ 06871/5070 <8m
In ruhiger Lage am See

POS: 49°31'12.75"N/6°51'49.54"E, Karte D9 (S. 12), B4
Platz: = 5 auf Rasengittersteinen. WC. Ganzjährig geöffnet.
Preis: Übernachtung gratis.
Kontakt: Stadt Wadern, ☎ 06871/5070, touristinfo@wadern.de, www.wadern.de.
Anfahrt: Nicht für Wohnmobile über 5.5 Tonnen. Straße und Zufahrt zum Platz sehr eng.
Distanz: 0,5 km, 0,5 km, Ⓗ 0,5 km, 3 km.
Gastro: Besondere Bewirtschaftung am See an So+Feiertagen. Restaurant Alte Mühle und Kiosk Seeklause.
Freizeit: 3 km, 3 km, 3 km. Angeln, Tretboot fahren, Golfplatz 5 km.
POI: Öttinger Schlösschen mit Stadtmuseum 3 km, Schloss und Burgruine Dagstuhl 3 km, Schloss Münchweiler 6 km.

66687 Wadern-Nunkirchen gratis

Wohnmobilstellplatz am Feuerwehrhaus, Zum Wiesental, ☎ 06871/5070 <12m
In der Ortsmitte

POS: 49°29'19.58"N/6°50'9.06"E, Karte D9 (S. 12), B4
Platz: = 5 auf Rasengittersteinen. Ganzjährig geöffnet.
Preis: Übernachtung gratis.
Kontakt: Stadt Wadern, ☎ 06871/5070, touristinfo@wadern.de, www.wadern.de.
Distanz: 0 km, 0,3 km, Ⓗ 0,3 km, 0,5 km.
Freizeit: 6 km, 6 km, 6 km. Golfplatz 2 km.
POI: Schloss Münchweiler 2 km, Öttinger Schlösschen mit Stadtmuseum Wadern 6 km, Schloss und Burgruine Dagstuhl 7 km.

59329 Wadersloh gratis

Reisemobilstellplatz Rathaus Wadersloh, Liesborner Straße 5, ☎ 02523/9501050 <10m
Im Ortskern hinter dem Rathaus

2022 geprüft

POS: 51°44'5.23"N/8°14'50.08"E, Karte D5 (S. 8), D4
Platz: = 2 auf Pflaster. CHEM GRAU. Ganzjährig geöffnet.
Preis: Übernachtung gratis inkl. Entsorgung. Strom 0,50 €/12 h, Wasser 0,50 €/50-80 l.
Kontakt: Sylvia Hohenhorst, ☎ 02523/9501050, sylvia.hohenhorst@wadersloh.de, www.wadersloh.de.
Anfahrt: Über Bahnhofstraße.
Distanz: 0,1 km, 0,5 km, Ⓗ 0,5 km.
Freizeit: Fahrrad-/E-Bikeverleih 1 km.
POI: Museum Abtei Liesborn 3,5 km.

59329 Wadersloh-Diestedde gratis

Wohnmobilstellplatz Diestedde, Am Schloss, ☎ 02523/9501050 <10m
Hinter der Grundschule

2022 geprüft

POS: 51°44'25.21"N/8°10'29.01"E, Karte D5 (S. 8), D4
Platz: = 2 auf Pflaster. CHEM GRAU. Ganzjährig geöffnet.
Preis: Übernachtung gratis inkl. Entsorgung. Strom 0,50 €/12 h, Wasser 0,50 €/50-80 l.
Kontakt: Sylvia Hohenhorst, ☎ 02523/9501050, sylvia.hohenhorst@wadersloh.de, www.wadersloh.de.
Distanz: Ⓗ 2 km, 5 km.
Freizeit: 5 km.
POI: Schloss Crassenstein 0,1 km.

59329 Wadersloh-Liesborn gratis

Reisemobilstellplatz Liesborn, Im Klostergarten 18, ☎ 02523/9501050 <10m
Hinter der Heinrich-Wecker-Sporthalle

POS: 51°42'49.68"N/8°15'34.63"E, Karte D5 (S. 8), D4
Platz: = 2 auf Pflaster, Rasengittersteinen. CHEM. Ganzjährig geöffnet.
Preis: Übernachtung gratis inkl. Entsorgung. Strom 0,50 €/12 h, Wasser 0,50 €/50-80 l.
Kontakt: Sylvia Hohenhorst, ☎ 02523/9501050, sylvia.hohenhorst@wadersloh.de, www.wadersloh.de.
Distanz: 2,7 km, 0,1 km, weitere Restaurants in 0,5 km, Ⓗ 0,2 km, 1 km.
POI: Museum Abtei Liesborn 0,2 km, Wasserschloss Crassenstein 8 km.

49419 Wagenfeld €4,00

Wohnmobilstellplatz am Hallen-Freibad, Schulstraße 12-14, ☎ 05444/1920 Großzügige Rasenfläche, teilweise durch Sträucher unterteilt <10m

POS: 52°32'42.27"N/8°35'46.23"E, Karte D6 (S. 9), E2
Platz: = 5 auf Wiese. CHEM GRAU. Anmeldung und Schlüssel entweder beim Schwimmbadpersonal oder Physiotherapie Pohlmann (direkt nebenan). WC zu den Bad-Öffnungszeiten. Ganzjährig geöffnet.
Preis: Ab 4 € inkl. aller Personen, Entsorgung, WLAN. 7 € inkl. Wasser und Strom (mit einem Schlüssel).
Kontakt: Gemeinde Wagenfeld, ☎ 05444/1920, info@hallenfreibad-wagenfeld.de, www.wagenfeld.de.
Distanz: 0,3 km, Ⓗ 0,4 km, 0,8 km, 0,8 km.
Gastro: Bistro Kajüte am Platz.
Freizeit: 1 km. Kunst-/Kulturveranstaltungen in der Auburg, Moorbahnfahrten, Tennisplatz, Golfplatz 2 km, Tierpark und Gestüt Ströhen 6 km, Wassersport Dümmersee 10 km.

W

POI: Herrenhaus Auburg Wagenfeld 1 km, Söhlers Mühle 2 km, Westfälische Mühlenstraße und Museumsdorf Rahden 10 km.

49419 Wagenfeld €15,00 <12m

Wohnmobilstellplatz Ströher Lokschuppen, Bahnhofstraße 29, ☎ 05774/9977977
Neben dem Bistro am Bahnhof der Moorbahn

POS: 52°32'21.99"N/8°41'3.15"E, Karte D6 (S. 9), E2
Platz: = 60 auf Schotterrasen. =25 WC CHEM GRAU. wird empfohlen. An- und Abfahrt: 11:00-20:00 Uhr. Ganzjährig geöffnet.
Preis: 15 € inkl. Strom, Entsorgung, Dusche, WC, WLAN. Wasser 1 €, Waschmaschine 3,50 €.
Kontakt: Jörg Hespos, ☎ 05774/9977977, info@stroeher-lokschuppen.de, www.stroeher-lokschuppen.de.
Distanz: 0,7 km, weitere Restaurants in 1,7 km, 1 km, 1,3 km, 4,5 km.
Gastro: Imbiss am Platz, HS (1.4.-31.10.) Di-Fr 11:00-14:00 Uhr, Mi-Fr ab 18:00 Uhr, Sa+So ab 11:00 Uhr. NS Do-Fr ab 18:00 Uhr, So ab 11:00 Uhr. Mo Ruhetag.
Freizeit: 6,5 km, 6,5 km. Kranichbeobachtung, Moorbahn- und Draisinenfahrten.
POI: Tierpark Ströhen 1,6 km.

83329 Waging am See €25,00 >12m

Strandcamping Waging, Am See 1, ☎ 08681/552
Vor dem Campinggelände

POS: 47°56'34.74"N/12°44'50.38"E, Karte D16 (S. 19), E3
Platz: = 5 auf Rasengittersteinen. =5 (16 A) WC CHEM GRAU. Pfingsten-Mitte Sep: Kinder-/Sportanimation (kostenlos). Aufenthalt max. 1 Nacht. Abreise bis 10:00 Uhr. Bei späterer Abreise wird eine weitere Übernachtung berechnet. Ganzjährig geöffnet.
Preis: Ab 25 € inkl. aller Personen, Strom, Wasser, Entsorgung, Dusche, WC, Müll-Entsorgung. NS 25 €, HS 30 €. Kurtaxe (10-15 J.) 0,50-1 €, ab 16 J. 1-2 €.
Kontakt: Rezeption des Strandcampings, ☎ 08681/552, info@strandcamp.de, www.strandcamp.de.
Distanz: 0 km, 0,3 km, 1,5 km.
Gastro: Imbiss am Platz. Strandkurhaus Waging.
Freizeit: 15 km. Angeln, Segeln, Schwimmen, Sommer-Eisstockbahn 0,1 km, Reitstall 2 km.
POI: Vogelmuseum 0,8 km, Bajuwarenmuseum Waging 0,9 km.

23812 Wahlstedt €8,00 <8m

Wohnmobilstellplatz Wahlstedt, Scharnhorststraße 2, ☎ 04554/609355
Im Ort neben dem Hallen- und Freibad

POS: 53°57'26.01"N/10°12'19.20"E, Karte D2 (S. 5), H3
Platz: P = 6 auf Schotterrasen, Rasengittersteinen. =8 CHEM GRAU. Keine Reservierung möglich. Ganzjährig geöffnet.
Preis: 8 € inkl. Entsorgung, Müll-Entsorgung. Strom 0,80 €/kWh, Wasser 1 €/80 l. Kombiticket: Eintritt Hallen- und Freibad + Wohnmobil für 2 Pers. 12 €.
Kontakt: Aqua-Fun Wahlstedt, ☎ 04554/609355, info@wohnmobile-wahlstedt.de, wohnmobile-wahlstedt.de.
Distanz: 0,5 km, 0,5 km, 1,5 km, 1,5 km.

39615 Wahrenberg €11,00 <10m

Stellplatz Storchenwiese, Lindenweg/ Eichenwinkel, ☎ 039397/41171 In ruhiger Lage bei einem alten Bauernhof

POS: 52°59'0.29"N/11°40'24.22"E, Karte D7 (S. 10), C1
Platz: = 8 auf Rasengittersteinen, Wiese. =5 (6 A) CHEM GRAU. Ganzjährig geöffnet.
Preis: 11 € inkl. aller Personen, Wasser, Entsorgung. Strom 5 €/Tag.
Kontakt: Ulf Gieske, ☎ 039397/41171, u.gieske@t-online.de, www.stellplatzwahrenberg.blogspot.de.
Distanz: 0,4 km, 8 km, 8 km.
Gastro: Kleines Deichcafé an der Elbe. Verkauf von eigenen Eiern und Honig.
Freizeit: 12 km.
POI: Wahrenberger Kirche, 25 Storchennester im Ort.

71334 Waiblingen €11,00 <12m

Parkplatz am Hallenbad, An der Talaue 10, ☎ 07151/50018325
Am Hallenbad östlich der Rems

POS: 48°49'51.05"N/9°19'18.44"E, Karte D14 (S. 17), F1
Platz: P = 13 auf Schotterrasen. WC CHEM. Aufenthalt max. 3 Tage. Ganzjährig geöffnet.
Preis: 11 € inkl. Entsorgung, WLAN. Strom 1 €/4 h, Wasser 1 €/80 l. Preis setzt sich wie folgt zusammen: 1. Stunde frei, dann 1 €/angef. 2 h, max. 10 €/Tag. Nachttarif (19:00-9:00 Uhr) 1€, 11 €/24 h.
Kontakt: Parkierungs GmbH, ☎ 07151/50018325, parkierungsgesellschaft@waiblingen.de, www.waiblingen.de.
Distanz: 0,1 km, 0,2 km, 0,5 km.
Gastro: Weitere Restaurants in der Innenstadt 0,8 km. Hallenbad-Gaststätte am Platz. Bürgerzentrum 0,2 km.
Freizeit: 0,5 km. Stadtführung, Kutschfahrten, Mühlenwanderweg 10 km Länge, Weinprobe, Minigolf 0,1 km, Kunst/Kultur im Bürgerzentrum 0,1 km.
POI: Innenstadt mit Beinsteiner Torturm, mittelalterlichem Wehrgang, Michaeliskirche, Nonnenkirche, Museum der Stadt Waiblingen.

92726 Waidhaus-Frankenreuth €10,00 <12m

Wohnmobilplatz Trägerhof, Frankenreuth 53, ☎ 09652/725
Wiese vor einem Bauernhof neben der Freizeitanlage Bäckeröd

POS: 49°38'50.84"N/12°30'8.14"E, Karte D11 (S. 14), D4
Platz: P = 30, = 5 (<11 m) auf Wiese. WC CHEM GRAU. Geschirrspülplatz mit Warmwasser, Sanitärcontainer mit 2 Duschen, Toiletten und Waschgelegenheiten. Geöffnet: März-Okt.
Preis: 10 € inkl. Wasser, Entsorgung, WC, Müll-Entsorgung, WLAN. Jede weitere Pers. 1,50 €, Strom 0,50 €/kWh, Dusche 2 €, Waschmaschine 4 €. Beistellzelt 3 €, Anhänger 3 €.
Kontakt: Hermann Träger, ☎ 09652/725, 0151/2151697849, Mobil: 0151/21516978, traeger-hof@t-online.de, www.traegerhof.de.
Distanz: 0,6 km, weitere Restaurants in 1,5 km, 1 km, 1 km, 1,5 km.
Gastro: Mittwochs Metzgereiverkaufswagen. Hofladen mit Kartoffeln, Eier, Milch.
Freizeit: 0,3 km. Mitarbeit am Hof, Freizeitanlage Bäckeröd 0,3 km, Bahntrassen-Radweg 1 km, Bockl-Radweg-Loipe 3,5 km, Minigolf 6 km, Sommerstockbahn 7 km.
POI: Burgruine Leuchtenberg 15 km, Burgruine Flossenbürg 18 km.

92726 Waidhaus-Pfrentsch €5,00 <10m

Haus Sonnenschein, Pfrentsch 20, ☎ 09652/237 Ferienhof, 3 km vor der tschechischen Grenze, südlich von Waidhaus

POS: 49°37'5.00"N/12°29'23.00"E, Karte D11 (S. 14), D4
Platz: P = 6, = 6 (<10 m) auf Wiese. =7 (16 A) WC CHEM GRAU. Sauna und Solarium. Im Winter kein Räumdienst. Ganzjährig geöffnet.
Preis: 5 € inkl. Wasser, Entsorgung, WC, WLAN. Jede weitere Pers. 1 €, Strom 0,40 €/kWh, Dusche 1,50 €/Pers., Hund 1 €, Waschmaschine 5 €.
Kontakt: Haus Sonnenschein, Wolfgang Lang, ☎ 09652/237, Mobil: 01511/5809920, www.sonnenschein-pension.de.
Distanz: 0,1 km, 0,2 km, 0,2 km, weitere Restaurants in 3 km, 3 km.
Gastro: Brötchen-, Frühstücks- und Getränkeservice am Hof.
Freizeit: 3 km, 5 km. Wildpark Eslarn mit Aussichtsturm Stückberg, Pfreimdtal-Wanderweg, Bockl-Radweg (Bahntrassenradweg) 0,2 km, Reiten und Kutschfahrten 3 km, Naturerlebnispfad Lust 3 km, Travel Free und Asia Märkte in CZ 6 km, Pleystein Rosenquarzfelsen 8 km.
POI: Moosbach Wieskirche, Stückberg-Aussichtsturm, Wildgehege Staatsgut Pfrentsch, Wallfahrtskirche auf dem Ulrichsberg 1 km, Grenzmuseum Eiserner Vorhang 3 km, Tillyschanze - Schanzgräben aus dem 30-jährigen Krieg 6 km, Böhmerwaldturm Reichenstein 10 km.

W

91344 Waischenfeld-Breitenlesau €15,00

Ferienhof Stenglein, Breitenlesau 22, ☎ 09202/633 Am Ortsrand, 6 km nordwestlich von Waischenfeld <12m

POS: 49°51'39.35"N/11°17'36.68"E, Karte D11 (S. 14), B3
Platz: = 3 auf Pflaster, Wiese. =4 (16 A) WC CHEM GRAU . R wird empfohlen. Hofwiese mit Sanitärgebäude. Aufenthalt nach Absprache, Anfahrt bis 21:00 Uhr. WLAN an der Rezeption. Geöffnet: März-Nov. Ausnahme: bei Kälteeinbruch geschlossen.
Preis: Ab 15 € inkl. Wasser, Entsorgung, Dusche, WC, WLAN. Jede weitere Pers. 5 €, Kind (bis 9 J.) 3 €, Kind (10-17 J.) 4 €, Strom 3 €, Müll-Entsorgung 1 €, Kurtaxe (ab 18 J.) 1 €/Pers., Kurtaxe (10-17 J.) 0,30 €/Pers., Hund 2 €. 15-20 € je nach Fahrzeuglänge.
Kontakt: Irmgard und Franz Stenglein, ☎ 09202/633, stenglein.info@gmx.de.
Distanz: 0,2 km, weitere Restaurants in 3 km, Ⓗ 0,3 km, 0,3 km.
Gastro: Brauereigasthof Krug mit Biergarten (fränkische Spezialitäten), warme Küche 11:00-21:00 Uhr. Lebensmittelladen mit Bäckerei und Café (auch sonntags geöffnet) in 0,3 km. Milch und Eier vom Hof.
Freizeit: 5 km. Tischtennis, Wandern, Brauereiwanderung, Stallbesichtigung, Einblick in den Milchviehbetrieb, Felsenklettern 3 km, Fliegenfischen 5 km, Thermalbad 7 km, Kajak fahren 10 km, Sommerrodelbahn Pottenstein 15 km.
POI: Mehrere Burgen, Schlösser, Museen und Tropfsteinhöhlen 5 km, Falknerei Rabenstein mit Flugvorführung 7 km.

91344 Waischenfeld-Eichenbirkig €14,00

Gut Schönhof, Schönhof 11, ☎ 09202/1228 Zwischen Weiher und Landgasthof <10m

POS: 49°49'17.24"N/11°20'21.87"E, Karte D11 (S. 14), B3
Platz: P = 6 auf Schotter. WC CHEM GRAU . Anfahrt 14:00-18:00 Uhr, Dusche/WC im Heuhotel (Mi-So). Ganzjährig geöffnet.
Preis: 14 € inkl. Strom, Wasser, Entsorgung. Jede weitere Pers. (ab 18 J.) 1 €, Kurtaxe (10-17 J.) 0,30 €/Pers. WC/Dusche 8 €/Fahrzeug.
Kontakt: ☎ 09202/1228, gasthof@gut-schoenhof.de, www.gut-schoenhof.de.
Distanz: Ⓗ 0 km, 2 km, 3 km, 3 km.
Gastro: Frühstücksservice oder frische Brötchen.
Freizeit: 3 km, 10 km, 2 km. Kühe melken für Kinder, Baden im Weiher, Rundgang über den Hof, Minigolfanlage 10 km, Sommerrodelbahn 10 km.

POI: Burg Rabeneck 1 km, Fränkische-Schweiz-Museum Tüchersfeld 8 km, Ruine Streitburg und Binghöhle 12 km.

69483 Wald-Michelbach-Kreidach gratis

Landgasthaus Zum Odenwald, Mörlenbacher Straße 45, ☎ 06207/6846 Vor dem Gasthof in ruhiger Lage am Ortsrand <12m

POS: 49°33'58.25"N/8°47'59.76"E, Karte D10 (S. 13), F4
Platz: P = 10 auf Schotter. . Ganzjährig geöffnet.
Preis: Für Restaurantgäste kostenlos. Einkehr obligatorisch.
Kontakt: Familie Schwöbel, ☎ 06207/6846, zumodenwald@web.de.
Distanz: 2 km, 3 km.
Gastro: Am Platz, warme Küche 16:00-21:00 Uhr, am Wochenende ab 12:00 Uhr durchgehend.
Freizeit: 4 km, 12 km. Sommerrodelbahn 1 km.
POI: Wildgehege Siedelsbrunn 5 km, Marbach-Stausee 12 km.

87616 Wald/Ostallgäu €10,00

Reisemobilplatz am Walder Badeweiher, Am Sportplatz, ☎ 08302/473 Nähe Badeweiher/Sportanlagen <12m

POS: 47°43'23.13"N/10°33'46.18"E, Karte D15 (S. 18), A4
Platz: = 10 auf Schotter. CHEM . Ganzjährig geöffnet. Ausnahme: im Winter eingeschränkte Nutzung, da Platz nicht komplett geräumt werden kann.
Preis: 10 € inkl. Wasser, Entsorgung.
Kontakt: Gemeindeverwaltung Wald, ☎ 08302/473, info@wald-allgaeu.de, www.wald-allgaeu.de.
Distanz: E 0,2 km (Feuerwehrhaus/Bauhof Wald, Grauwasserentsorgung, In der Ob 1, 87616 Wald), Ⓗ 0,5 km, 0,5 km, 0,6 km, 0,7 km.
Freizeit: 8 km, 0,5 km. Nordic Walking, Angeln, Ski-Langlauf, Badeweiher mit Beachvolleyball 0,2 km, Minigolf 9 km, Alpspitzbahn mit Sommerrodelbahn 14 km.
POI: Hängebrücke über die Wertach 5 km, Schlösser Neuschwanstein und Hohenschwangau 25 km.

87616 Wald/Ostallgäu €13,00

Stellplatz am Waldhof, Geigers 1, ☎ 08369/276 Bauernhof im Ostallgäu in Einzellage mit Panoramablick >12m

POS: 47°41'4.93"N/10°32'7.19"E, Karte D15 (S. 18), A4
Platz: = 3 auf Wiese, Kiesel. GRAU . R Ganzjährig geöffnet. Im Winter auf Anfrage.
Preis: 13 € inkl. Wasser, Entsorgung, Müll-Entsorgung. Strom 2 €.
Kontakt: Familie Epp/Oswald, ☎ 08369/276, info@waldhof-allgaeu.de, www.waldhof-allgaeu.de.
Distanz: Ⓗ 0,5 km, 3 km, 3 km, 5 km.
Freizeit: 8 km. Wandern, Mountainbiking, Natursee 2 km, Minigolf 8 km.
POI: Schlösser Hohenschwangau/Neuschwanstein 25 km.

55596 Waldböckelheim gratis

Weinhaus Restaurant Hehner-Kiltz, Hauptstraße 4, ☎ 06758/7918 Direkt beim Weinhaus-Restaurant <8m

POS: 49°49'3.68"N/7°43'5.51"E, Karte D9 (S. 12), C4
Platz: = 6 auf Wiese. WC . Bei Voranmeldung Gruppen bis 20 Fahrzeuge. Strom/Wasser nur auf Anfrage, WC nur zu den Öffnungszeiten des Restaurants. Ganzjährig geöffnet.
Preis: Für Restaurantgäste kostenlos. Einkehr obligatorisch.
Kontakt: Weinhaus Hehner-Kiltz, Helmut Hehner, ☎ 06758/7918, info@hehner-kiltz.de, www.hehner-kiltz.de.
Anfahrt: Navi: Boosergartenstraße eingeben.
Distanz: 0,1 km (Platz gehört zum Restaurant), 0,3 km, Ⓗ 0,6 km.
Gastro: Am Platz, warme Küche 12:00-14:00 Uhr und 18:00-22:00 Uhr, Di Ruhetag.
Freizeit: 8 km, 12 km. Geführte Weinwanderung, Weinprobe, Barfußpfad in Bad Sobernheim 7 km, Draisinenstrecke Staudernheim 8 km.
POI: Ehemalige Benediktiner-Klosterkirche in Sponheim 4 km, Klosterruine Disibodenberg in Staudernheim 8 km.

56588 Waldbreitbach €7,00

Stellplatz am Camping Strandbad, Strandbadweg 8, ☎ 02638/1295 Im Wiedtal <10m

POS: 50°33'19.00"N/7°25'11.00"E, Karte D9 (S. 12), C2
Platz: P = 9 auf Schotter. WC CHEM GRAU . R nur bei Gruppen. Ganzjährig geöffnet.
Preis: Ab 7 € inkl. aller Personen, Entsorgung. Strom 3 €, Wasser 1 €/90 l, WC 2 €/Pers., Müll-Entsorgung 2 €, Kurtaxe 0,60 €/Pers., Kurtaxe (6-14 J.) 0,30 €/Pers., Hund 1 €. 1.4.-31.10. 14 €, 1.11.-31.3. 7 €.
Kontakt: Patrick Wenz, ☎ 02638/1295, info@camping-strandbad.de, www.camping-strandbad.de.
Distanz: 0,1 km, 0,3 km, 0,3 km, Ⓗ 0,3 km.
Freizeit: 1,5 km, 1,5 km. Angeln (mit Angelschein), Reiten 4 km, Gleitschirmfliegen 5 km.
POI: Weihnachtsdorf Waldbreitbach, Alte Dorfschmiede 0,3 km, Burg Altwied-Neuwied 12 km, Limesturm Rheinbrohl 14 km, Linz am Rhein 16 km, Zoo Neuwied 20 km.

W

51545 Waldbröl
gratis <12m

Stellplatz Waldbröl, Vennstraße 31, 02291/850
Auf öffentlichem Parkplatz

2021 geprüft

POS: 50°52'30.32"N/7°36'35.54"E, Karte D9 (S. 12), C1
Platz: P = 4 auf Rasengittersteinen. CHEM GRAU. Aufenthalt max. 2 Tage, Stellplätze können von Pkw belegt sein. Ganzjährig geöffnet.
Preis: Übernachtung gratis.
Kontakt: Stadt Waldbröl, 02291/850, info@waldbroel.de, www.waldbroel.de.
Distanz: 0,3 km, 0,3 km, 0,3 km.
Freizeit: 3 km. Naturerlebnispark Panarbora mit Aussichtsturm, Naturschutzgebiet Nutscheid 2 km.
POI: Altstadt 0,5 km, Schloss Homburg 6 km, Tropfsteinhöhle Wiehl 9 km.

69429 Waldbrunn
gratis <8m

Wohnmobilstellplatz an der Therme, Zu den Kuranlagen 18, 06274/928590 Auf dem Parkplatz der Katzenbuckel-Therme

POS: 49°27'30.83"N/9°4'6.33"E, Karte D10 (S. 13), F5
Platz: = 4 auf Asphalt. Kein Service. Aufenthalt max. 1 Nacht. Ganzjährig geöffnet.
Preis: Übernachtung gratis.
Kontakt: Tourist-Information Waldbrunn, 06274/928590, tourismus-waldbrunn@t-online.de, www.waldbrunn-odenwald.de.
Distanz: 0 km, weitere Restaurants in 1 km, 1 km, 1,2 km.
Gastro: Ristorante-Hostaria Grottino di Roma.
Freizeit: Katzenbuckel-Therme.
POI: Katzenbuckel, Naturpark Neckartal-Odenwald.

69429 Waldbrunn-Oberdielbach
gratis <10m

Wohnmobilstellplatz am Sportplatz, Zwingenberger Straße, 06274/9300 In schöner Waldrandlage

POS: 49°26'23.30"N/9°3'22.08"E, Karte D10 (S. 13), F5
Platz: = 2 auf Pflaster. Kein Service. Ganzjährig geöffnet.
Preis: Übernachtung gratis.
Kontakt: Tourist-Information Waldbrunn, 06274/9300, tourismus-waldbrunn@t-online.de, www.waldbrunn-odenwald.de.
Distanz: 1 km, 1 km, 1 km.
Freizeit: 3,6 km. Ausgewiesene Wanderwege, Katzenbuckel-Therme 3,6 km.
POI: Katzenbuckel, Waldbrunn 3,6 km.

69429 Waldbrunn-Waldkatzenbach
gratis <10m

Wohnmobilstellplatz Waldkatzenbach, Eberbacher Weg, 06274/928590
Am Sportplatz

POS: 49°27'46.97"N/9°2'50.58"E, Karte D10 (S. 13), F5
Platz: = 2 auf Schotter. Ganzjährig geöffnet.
Preis: Übernachtung gratis.
Kontakt: Tourist-Information Waldbrunn, 06274/928590, tourismus-waldbrunn@t-online.de, www.waldbrunn-odenwald.de.
Distanz: 0,8 km, 0,8 km, 0,8 km.

Gastro: Restaurant Villa Katzenbuckel.
Freizeit: 1,8 km. Steinbruchsee am Katzenbuckel, Weg der Kristalle, Katzenbuckel-Therme 1,8 km.
POI: Katzenbuckel-Turm, Katzenbuckel, Naturpark Neckartal-Odenwald.

34513 Waldeck
€14,00 <12m

Reisemobilstellplatz Seeblick, Güldener Ort 12, 05623/973894
Neben dem Restaurant am Edersee

POS: 51°12'12.52"N/9°3'1.28"E, Karte D6 (S. 9), F5
Platz: P = 9 auf Schotterrasen, Wiese, Schotter, Rasengittersteinen. =9 (16 A) WC. Wohnwagenvermietung. Telefonische Anmeldung erforderlich. Ganzjährig geöffnet.
Preis: 14 €. Jede weitere Pers. 2,50 €, Strom 3 €, Müll-Entsorgung 2 €, Hund 1 €.
Kontakt: Frank Harbusch, 05623/973894, ferien@erlebnis-seeblick.de, www.erlebnis-seeblick.de.
Distanz: 0 km, 0 km, 1 km, 1 km.
Gastro: Restaurant/Café Seeblick am Platz, warme Küche 11:00-19:00 Uhr. Frühstück. Brötchenservice.
Freizeit: 1 km. Baden, Tauchen, Segeln, Sommerrodelbahn 6 km.
POI: Schloss Waldeck 1,5 km, Staumauer 3 km, Wildpark 4 km.

34513 Waldeck-Scheid
€17,00 >12m

Wohnmobilpark Edersee-Alm, Am Bettenhagen 2, 05634/5249957
Terrassiert, mit Blick auf den Edersee und Schloss Waldeck

2022 geprüft E

POS: 51°11'18.12"N/9°0'34.86"E, Karte D9 (S. 12), F5
Platz: P = 95 auf Schotterrasen. =100 (16 A) WC CHEM GRAU. Einparkservice, neues Schrankensystem, Anmeldung über Kassenautomat, keine Reservierung möglich. Ganzjährig geöffnet.
Preis: 17 € inkl. Entsorgung, WC, Müll-Entsorgung. Strom 0,50 €/kWh, Wasser 1 €/100 l, Dusche 1 €/5 min.
Kontakt: Werner Häfele, 05634/5249957, info@wohnmobilpark-edersee-alm.de, www.wohnmobilpark-edersee-alm.de.
Distanz: 0 km, weitere Restaurants in 6 km, 0,4 km, 0,6 km, 0,6 km.
Gastro: Am Platz, warme Küche Mo-So 12:00-21:00 Uhr, Di Ruhetag.
Freizeit: Wassersport, Badesee/-strand, Hundestrand 1,3 km.
POI: Nationalpark Kellerwald-Edersee, Sommerrodelbahn Edersee 3 km, Schloss Waldeck 11 km.

71111 Waldenbuch
gratis <10m

Wohnmobilstellplatz am Aktivspielplatz, Glashütter Täle 42, 07157/12930 Am Ortsrand

POS: 48°38'3.68"N/9°9'10.12"E, Karte D14 (S. 17), F2
Platz: = 3 auf Schotter, Pflaster. Aufenthalt max. 3 Tage. Ganzjährig geöffnet.
Preis: Übernachtung gratis.
Kontakt: Stadt Waldenbuch, 07157/12930, stadt@waldenbuch.de, www.waldenbuch.de.
Distanz: 0,3 km, 0,6 km, 0,6 km, 1,7 km.
Freizeit: Naturpark Schönbuch, Herzog-Jäger-Pfad, Sculptoura-Pfad, Museumsradweg.
POI: Museum der Alltagskultur 1,7 km, Museum Ritter mit Ritter Sport SchokoShop 2,5 km.

74638 Waldenburg
gratis <10m neu

Wohnmobilstellplatz Waldenburg, Albert-Schweitzer-Straße 16, 07942/1080 Am Sportgelände

POS: 49°10'59.20"N/9°37'34.88"E, Karte D10 (S. 13), G5
Platz: = 2 auf Pflaster. Aufenthalt max. 72 h. Ganzjährig geöffnet.
Preis: Übernachtung gratis.
Kontakt: Svenja Lipp, 07942/1080, svenja.lipp@hohenlohe.de, www.waldenburg-hohenlohe.de.
Distanz: 0 km, 0,4 km, 0,4 km, 4,1 km.
Freizeit: Würth-Panofit-Parcours, Naturschutzgebiete Entlesboden und Obere Weide, Wandern, Hochseilgarten, Baden am Neumühlsee.
POI: Schloss Waldenburg, Phönix-Brunnen, Altstadt Waldenburg 0,4 km.

52525 Waldfeucht-Brüggelchen
€5,00 <8m

Reisemobilplatz Tilder Weg, Tilder Weg, 02455/39923
Beim Freizeitzentrum in Brüggelchen

POS: 51°4'14.67"N/5°59'40.18"E, Karte D5 (S. 8), A5
Platz: P = 8 auf Pflaster, Rasengittersteinen. =10 CHEM. Ganzjährig geöffnet.
Preis: 5 € inkl. aller Personen, WLAN. Strom 0,50 €/kWh, Wasser 1 €.
Kontakt: Frau Bitter, 02455/39923, gemeinde@waldfeucht.de, www.waldfeucht.de.
Distanz: 0,2 km, 0,5 km, 0,5 km, 1 km.
Gastro: Restaurant Am Bolleberg, warme Küche ab 11:30 Uhr.
Freizeit: 8 km, 2,5 km, 1 km. Grenzüberschreitende Radwanderwege.
POI: Historische Wallanlage 0,5 km, Museum in Waldfeucht 1 km, Windmühlen in Waldfeucht und Haaren ab 1 km.

W

67714 Waldfischbach-Burgalben — gratis — <8m

An den Gemeindewerken, Am Bauhof 1, ☎ 06333/9250
Auf dem Hof der Gemeindewerke

POS: 49°17'19.81"N/7°39'18.41"E, Karte D9 (S. 12), C5
Platz: = 3 auf Asphalt. Ganzjährig geöffnet.
Preis: Übernachtung gratis.
Kontakt: Ortsgemeinde Waldfischbach, ☎ 06333/9250, info@waldfischbach-burgalben.de, www.vgwaldfischbach-burgalben.de.
Distanz: Ⓗ 0,1 km, 0,3 km, 0,3 km, 0,6 km.
Gastro: Pizzeria und Eisdiele 0,1 km.
Freizeit: 1,3 km. Angeln, Baden.
POI: Wallfahrtsort Maria Rosenberg 1 km, Burgruine Heidelsburg 3 km.

67714 Waldfischbach-Burgalben — €22,00 — <8m

Campingpark Clausensee, K32, ☎ 06333/5744 im Pfälzer Wald

POS: 49°16'30.86"N/7°43'14.99"E, Karte D9 (S. 12), C5
Platz: P / = 150 auf Schotterrasen. =11 (16 A) WC CHEM GRAU B Geöffnet: 1.3.-31.10.
Preis: 22 € inkl. Wasser, Entsorgung, Dusche, WC, Müll-Entsorgung, Hund. Strom 1 €/2 kWh.
Kontakt: Camping Clausensee GmbH, ☎ 06333/5744, info@campingclausensee.de, www.campingclausensee.de.
Distanz: 7 km, Ⓗ 7 km.
Gastro: Fischerhaus Clausensee am Platz, Mo-Do 13:00-21:00 Uhr, Fr-Sa 12:00-22:00 Uhr, So 11:00-21:00 Uhr. Biergarten und Schirmbar.
Freizeit: Erlebnisbad PirmasensWild, Erlebnispark Kurpfalzpark Wachenheim, Angeln (mit Angelschein), Golfplatz, Badesee am Platz, Tischtennis, Stand-Up-Paddling-Verleih.
POI: Burgruine Heidelsburg 5 km, Wallfahrtsort Maria Rosenberg 7 km, Burg Gräfenstein 15 km, Burg Berwartstein 29 km.

67714 Waldfischbach-Burgalben — gratis — <8m

Stellplatz Bruchwiesen, Hauptstraße/Carentaner Platz, ☎ 06333/9250
Auf dem Festplatz am Ortsrand

2020 geprüft E

POS: 49°16'53.42"N/7°38'50.56"E, Karte D9 (S. 12), C5
Platz: P = 6 auf Pflaster. =4 CHEM GRAU. Ganzjährig geöffnet. Ausnahme: 3. Wochenende im Juni (Kerwe) und 1. Wochenende im Sep (Dorffest). Ausweichplatz bei den Gemeindewerken.
Preis: Übernachtung gratis inkl. Entsorgung. Strom 1 €/6 h, Wasser 1 €/100 l.
Kontakt: Ortsgemeinde Waldfischbach, ☎ 06333/9250, info@waldfischbach-burgalben.de, www.vgwaldfischbach-burgalben.de.
Distanz: 0,1 km, Ⓗ 0,1 km, 0,3 km, 0,6 km.
Gastro: Zum Schwan.
Freizeit: 0,1 km. Mountainbikepark Pfälzerwald, Radwegenetz, Tennis, Angeln, Baden.
POI: Wallfahrtsort Maria Rosenberg 1 km, Burgruine Heidelsburg 2,5 km.

67822 Waldgrehweiler — gratis — <10m

Wohnmobilstellplatz Altes Wasserhaus, Mühlstraße/L379, ☎ 06364/1451 Am Ortsrand, neben der wenig befahrenen L379

2021 geprüft E

POS: 49°39'55.10"N/7°44'16.93"E, Karte D9 (S. 12), C4
Platz: = 8, = 3 (<10 m) auf Schotter. =8 (16 A) WC CHEM GRAU. Im Winter kein Winterdienst, Beleuchtung nur am Weg. Schlüssel für WC/Dusche beim Ortsbürgermeister, Felsenstr. 7. Ganzjährig geöffnet.
Preis: Übernachtung gratis inkl. Entsorgung. Strom 1 €/2 kWh, Wasser 1 €/80 l, WC 10 €/Tag.
Kontakt: Ortsgemeinde Waldgrehweiler, Helmut Brand, ☎ 06364/1451, Mobil: 0160/1702711, helmut-brand@t-online.de, www.waldgrehweiler.de.
Distanz: Ⓗ 0 km, 0,3 km, 1,5 km, 4 km.
Freizeit: Moscheltalradweg, 35-Kilometer-Wanderwegenetz, Bücherhütte.
POI: Museumsstadt Rockenhausen 10 km, Altstadt Meisenheim 10 km, Donnersberg 20 km, Rotenfels-größte Steilwand nördlich der Alpen 20 km.

02906 Waldhufen-Jänkendorf — €18,00 — >12m

Stellplatz an der Kimbucht, Reichendorfer Damm 1, ☎ 03588/205720 Auf der Schullandheim-Halbinsel im Süden des Sees

POS: 51°16'7.57"N/14°47'15.22"E, Karte D8 (S. 11), H5
Platz: = 15, = 10 (<15 m) auf Wiese. =3 WC CHEM GRAU. Ganzjährig geöffnet. Anmeldung in der Rezeption der Gaststätte Seeschenke 9:00-19:00 Uhr.
Preis: 18 € inkl. Strom, Wasser, Entsorgung, WC, Müll-Entsorgung.
Kontakt: Katrin Böhme, ☎ 03588/205720, Mobil: 0176/22289030, info@urlaubamquitzdorfersee.de, www.urlaubamquitzdorfersee.de.
Distanz: Ⓗ 2,5 km, 3 km, 4 km, 4 km.
Gastro: Restaurant Seeschenke im Feriendorf. Brötchenservice.
Freizeit: 4 km. Bootsverleih, Hundeübungsplatz, Wassersport, Strandvolleyball, Angeln, Oberlausitzer Heide- und Teichlandschaft 10 km, Reiten 20 km.
POI: Altstadt Görlitz 20 km.

37284 Waldkappel — gratis — <8m

Stellplatz Gänsewiese, Am Sportplatz, ☎ 05656/98970 Beim Freibad, im Geo-Naturpark Frau-Holle-Land

POS: 51°8'31.87"N/9°52'20.49"E, Karte D6 (S. 9), G5
Platz: = 4 auf Schotter. CHEM GRAU. Geöffnet: März-Okt.
Preis: Übernachtung gratis inkl. Entsorgung. Strom 1 €/2 kWh, Wasser 1 €/100 l.
Kontakt: Stadt Waldkappel, ☎ 05656/98970, rathaus@waldkappel.de, www.waldkappel.de.
Distanz: 0,3 km, 0,3 km, Ⓗ 0,4 km.
Gastro: Mehrere Restaurants im Ort.
Freizeit: 0,5 km. Besichtigung der Fachwerkstädte, Draisinenbahn in Waldkappel-Bischhausen, Wandern, Reiten, Naturpark Meißner, Angeln, Radfahren.
POI: Wasserspiele in Kassel-Wilhelmshöhe, St. Georgs-Kirche.

79183 Waldkirch — €10,00 — <8m

Wohnmobilstellplatz am Stadtrainsee Waldkirch, Am Stadtrain, ☎ 07681/19433 Zentrumsnah, am abwechslungsreichen Naturerlebnispark

POS: 48°5'25.35"N/7°57'29.83"E, Karte D13 (S. 16), D3
Platz: P = 6 auf Asphalt. CHEM GRAU. Aufenthalt max. 2 Tage. Ganzjährig geöffnet.
Preis: 10 € inkl. Entsorgung. Wasser 1 €/100 l.
Kontakt: Tourist-Info Waldkirch, Stadt Waldkirch, ☎ 07681/19433, touristinformation@stadt-waldkirch.de, www.stadt-waldkirch.de.
Distanz: 0,1 km, 0,6 km, Ⓗ 0,8 km, 1,5 km.

W

Freizeit: 3 km, 0,5 km. Naturerlebnispark mit Baumkronenweg, Boot fahren, Schwarzwaldzoo 0,2 km, Elztalmuseum 0,5 km, Wintersport auf dem Kandel 12 km.
POI: Stiftskirche St. Margarethen 0,5 km, Elztalmuseum mit Dreh-/Jahrmarkts-Orgeln 0,5 km, Edelsteinschleiferei 0,7 km, Ruine Kaselburg 2 km, Freiburg 12 km, Ölmühle Simonswald 12 km.

79183 Waldkirch-Kollnau gratis

Stellplatz am Schwimmbad 's Bad, Schwimmbad-Allee, ☎ 07681/19433 <6m
Auf dem Parkplatz am Schwimmbad in Kollnau

POS: 48°6'36.39"N/7°58'49.41"E, Karte D13 (S. 16), D3
Platz: = 4 auf Schotterrasen. Aufenthalt max. 2 Nächte. Ganzjährig geöffnet.
Preis: Übernachtung gratis.
Kontakt: Tourist-Info Waldkirch, ☎ 07681/19433, touristinformation@stadt-waldkirch.de, www.stadt-waldkirch.de.
Distanz: Ⓗ 0 km, 0,2 km, 0,5 km.
Freizeit: Elztalmuseum, Baumkronenweg, Schwarzwaldzoo Waldkirch 3 km.
POI: Stiftskirche St. Margarethen, Kastelburg.

94065 Waldkirchen €14,00

Wohnmobilstellplatz am Karoli, Vdk-Heim-Straße, ☎ 08581/19433 <12m
Hinter der Karoli-Eissporthalle

POS: 48°43'20.40"N/13°36'10.76"E, Karte D16 (S. 19), F1
Platz: = 10 auf Schotter. =10 CHEM GRAU. Aufenthalt max. 5 Tage. Ganzjährig geöffnet.
Preis: 14 € inkl. Entsorgung. Strom 0,50 €/kWh, Wasser 1 €/100 l.
Kontakt: Stadt Waldkirchen, Andreas Gruendinger, ☎ 08581/19433, tourismus@waldkirchen.de, urlaub-in-waldkirchen.de/info/wohnmobilstellplaetze-am-karoli/.
Distanz: Ⓗ 0,1 km, 0,4 km, 1,5 km, 2 km.
Gastro: Hallenbad-Restaurant. Brötchenservice.
Freizeit: 0,2 km. Karoli-Badepark, Tenniscenter 0,2 km, Naturschutzgebiet Saußbachklamm 1 km, Skilifte in Oberfrauenwald 5 km.
POI: Karoli-Kapelle 0,5 km, Marktplatz, Museum Goldener Steig 1 km.

94065 Waldkirchen €10,00

Wohnmobilstellplatz Natur pur Bayerwald, Oberhöhenstetten 37, ☎ 0173/8745904 <10m
Privater Stellplatz am Ortsrand

2021 geprüft

POS: 48°42'49.26"N/13°33'44.89"E, Karte D16 (S. 19), F1
Platz: = 12, = 1 (<9 m) auf Wiese, Kies. CHEM GRAU. Videoüberwacht, beleuchtet. Kein Winterdienst. Keine Reservierung möglich. Wohnwagen sind auf Anfrage erlaubt. Ganzjährig geöffnet.
Preis: 10 € inkl. Entsorgung, WLAN. Kind (ab 6 J.) 3 €, Strom 0,50 €/kWh, Wasser 1 €/50-70 l, Kurtaxe (18-0 J.) 3 €/Pers., Kurtaxe (bis 17 J.) 2 €/Pers., Hund 2 €, VE für Durchreisende 2 €. Bezahlung beim Betreiber oder per Briefkuvert.
Kontakt: Manfred Lenz, Mobil: 0173/8745904.
Anfahrt: Achtung: Anfahrt lt. Navi über Außernbrünst oder über die Kläranlage für größere Womos ungeeignet.
Distanz: 5 km, 5 km, 5 km.
Gastro: Fahrender Supermarkt 3 x die Woche. Pizza-/Lieferservice. Brötchenservice (außer So). Metzger kommt jeden Freitag.
Freizeit: 5 km, 5 km. Wandern, Natur-Kneippstelle, Wintersport, Kletterwald Waldkirchen 6 km.
POI: Saußbachklamm 3,7 km, Aussichtsturm Oberfrauenwald 5 km, Nationalpark Bayerischer Wald 20 km, Dreisessel 20 km, Keltendorf Gabreta 23 km.

94065 Waldkirchen-Bärnreuth €30,00

Breinhof Falkner, Breinhof 1, ☎ 08581/8567 <8m
Am Waldrand und auf dem Ferienhof in sehr ruhiger Lage in 650 m Höhe

POS: 48°41'27.73"N/13°34'44.29"E, Karte D16 (S. 19), F1
Platz: = 3 auf Schotter. WC. Ferienwohnungen, Küchennutzung. Ganzjährig geöffnet.
Preis: 30 € inkl. Strom, Wasser, Dusche, WC, WLAN. Jede weitere Pers. 10 €, Hund 5 €. Inkl. 2 Kinder, jedes weitere Kind 5 €. 20 € ohne Dusche/WC.
Kontakt: Max Falkner, ☎ 08581/8567, info@breinhof.de, www.breinhof.de.
Distanz: 4 km, 4 km, 5 km.
Gastro: Brötchenservice oder Frühstückskorb am Morgen (auf Anfrage).
Freizeit: 4 km, 4 km, 4 km. Wellness, Sauna, Mitarbeit für Kinder im Stall, Rad wandern.
POI: Saußbachklamm 3 km, mehrere Glashütten und Freilichtmuseen 5 km, Graphitbergwerk mit Museum in Hauzenberg 8 km, Dreiflüssestadt Passau 20 km, Nationalpark Bayerischer Wald 22 km.

94065 Waldkirchen-Dorn €17,00

Camping Resort Bayerwald, Frauenwaldstraße 2, ☎ 0170/5469230 <10m neu
Neueröffnung, an einem leichten Hang, terrassierte Standplätze

POS: 48°42'53.67"N/13°37'52.71"E, Karte D16 (S. 19), F1
Platz: = 24 auf Schotter. =24 WC CHEM GRAU. Leinenpflicht für Hunde. Anfahrt 24 h. Ganzjährig geöffnet.
Preis: 17 € inkl. Wasser, Entsorgung, WLAN.
Kontakt: Rainer Bauer, Mobil: 0170/5469230, info@campingresort-bayerwald.de.
Distanz: 0 km, weitere Restaurants in 0,9 km, 0,9 km, 0,9 km.
Gastro: Frühstück- und Brötchenservice. Restaurant am Platz.
Freizeit: 2,6 km, 2,6 km. Rad fahren, Wandern, Natur-Kneippstelle, Wintersport, Kurpark Erlauzwieseler See 1,2 km, Kletterwald Waldkirchen 2 km, Badesee 2 km, Keltendorf Gabreta 28,9 km.
POI: Nationalpark Bayerischer Wald und Dreisesselberg, Naturschutzgebiet Saußbachklamm 2,8 km.

94065 Waldkirchen-Schlößbach €10,00

Ferienhof Brunner, Schlößbach 19, ☎ 08581/1208 <8m
Auf einem ehemaligen Bauernhof in Einzellage

POS: 48°46'38.49"N/13°36'30.40"E, Karte D16 (S. 19), F1
Platz: = 2 auf Schotter, Pflaster. =3 CHEM GRAU. Ganzjährig geöffnet.
Preis: 10 € inkl. aller Personen, Strom, Wasser, Entsorgung, Müll-Entsorgung. Kurtaxe 2 €/Pers.
Kontakt: Franz und Gertraud Brunner, ☎ 08581/1208, ferienhaus-brunner@web.de.
Distanz: Ⓗ 3 km, 4 km, weitere Restaurants in 5 km, 4 km, 4 km.
Gastro: Brötchenservice.
Freizeit: 8 km, 8 km, 8 km. Tourismusprogramm der Stadt Waldkirchen.
POI: Kurparksee und Saußbachklamm 9 km, Nationalpark Bayerischer Wald und Dreisesselberg 20 km.

95652 Waldsassen gratis

Großparkplatz, Joseph-Wiesnet-Straße, ☎ 09632/88160 <6m
Im Westen der Stadt, auch für Busse

POS: 50°0'11.36"N/12°18'12.51"E, Karte D11 (S. 14), D3
Platz: = 2 auf Asphalt. Aufenthalt max. 3 Tage. VE auf Anfrage bzw. Terminvereinbarung an der Kläranlage. Ganzjährig geöffnet.
Preis: Übernachtung gratis.
Kontakt: Stadt Waldsassen, ☎ 09632/88160, tourist-info@waldsassen.de, www.tourismus.waldsassen.de.
Distanz: 0,1 km, weitere Restaurants in 0,2 km, 0,2 km, 0,3 km, 1,3 km (Kläranlage, Klärwerkstraße, 95652 Waldsassen).
Freizeit: 1 km, 1 km, 0,6 km. Busfahrt nach Prag.
POI: Kloster- und Naturerlebnisgarten, Stiftlandmuseum, Stiftsbibliothek 0,3 km, Stiftsbasilika 0,3 km, Dreifaltigkeitskirche Kappl 4 km.

W

95652 Waldsassen €5,00 <8m

Parkplatz Schwanenwiese, Schwanengasse, ☎ 09632/88160
Am Stadtpark im Zentrum

POS: 50°0'20.43"N/12°18'27.13"E, Karte D11 (S. 14), D3
Platz: P = 4 auf Pflaster. =2 WC. Aufenthalt max. 3 Tage. VE auf Anfrage bzw. Terminvereinbarung in der Kläranlage. Kostenloses Frischwasser am örtlichen WC. Ganzjährig geöffnet.
Preis: 5 € inkl. aller Personen. Strom 2 €/10 h.
Kontakt: Stadt Waldsassen, ☎ 09632/88160, tourist-info@waldsassen.de, www.waldsassen.de.
Distanz: 0,1 km, E 0,5 km (Kläranlage, Klärwerkstraße, 95652 Waldsassen), H 0,5 km, 1 km.
Freizeit: 1 km, 1 km. Kegeln, Minigolf, Reiten, Tennis im Ort, Walderlebnispfad, Fahrten nach Prag/ins böhmische Bäderdreieck, Skilift und Loipen in Schloppach 4 km.
POI: Stiftsbasilika mit Deutschlands größter Kirchengruft 0,2 km, Kloster-Bibliothek, Klostergarten und Stiftlandmuseum 0,3 km, Dreifaltigkeitskirche Kappl 3 km.

79761 Waldshut-Tiengen €15,00 <12m

Wohnmobil-Park Waldshut, Jahnweg 22, ☎ 07751/3152 Gutschein
Vor dem Rhein-Camping mit Zugang zum Rheinufer und Schiffsanleger

2022 geprüft E

POS: 47°36'39.41"N/8°13'30.88"E, Karte D13 (S. 16), D4
Platz: P = 44 auf Pflaster. =44 (16 A) WC CHEM GRAU. Leinenpflicht für Hunde, E-Bike-Vermietung. Aufenthalt unbegrenzt, behindertengerechtes WC. Bei 3 Tagen Aufenthalt Schifffahrt im Wert von 14,50 €. Karte mit Hunderouten an der Rezeption. Ganzjährig geöffnet.
Preis: 15 € inkl. aller Personen, Entsorgung, WC, Müll-Entsorgung, WLAN. Strom 1 €/kWh, Wasser 1 €/100 l, Dusche 1 €/4 min.
Kontakt: Wohnmobil-Park Waldshut, Oliver Bier, ☎ 07751/3152, info@rheincamping.de, www.rheincamping.de.
Distanz: 0 km, H 0,5 km, 1 km, 1 km.
Gastro: Restaurant Rhein-Perle (Hunde erlaubt), warme Küche täglich 11:30-21:00 Uhr. Frühstück im Restaurant, täglich von 8:00-11:00 Uhr. Brötchenservice, täglich ab 8:00 Uhr.
Freizeit: 0,3 km, 1,5 km. Wassersport, Minigolf, Rhein-Rundfahrt, Fitnesscenter 0,1 km.
POI: Altstadt 1,3 km, Thermalbad 8 km, Wutachschlucht 20 km.

37445 Walkenried-Zorge €7,50 <12m

Campingplatz im Waldwinkel, Kunzental 2, ☎ 05586/1048
Ebenes Gelände vor dem Campingplatz

POS: 51°38'31.46"N/10°38'54.98"E, Karte D7 (S. 10), A4
Platz: P = 15 auf Wiese, Schotter. =8 WC CHEM GRAU. Babyraum, Hundedusche. B nur bei Gruppen. Aufenthalt max. 2 Tage. Anfahrt 7:30-22:00 Uhr (Rezeption bis 19:30 Uhr geöffnet). Ganzjährig geöffnet.
Preis: 7,50 € inkl. Entsorgung, Müll-Entsorgung. Jede weitere Pers. 5 €, Kind (bis 14 J.) 3 €, Strom 2 €, Wasser 0,20 €/10 l, WC 1,50 €/Pers., Kurtaxe 1,60 €/Pers., Kind (7-17 J.) 0,80 €/Pers., Hund 1 €.
Kontakt: Volker Zimmermann, ☎ 05586/1048, campingplatz-im-waldwinkel@t-online.de, www.campingplatz-im-waldwinkel.de.
Distanz: H 0,5 km, 0,5 km, weitere Restaurants in 1 km, 1,5 km, 6 km.
Freizeit: 0,1 km, 10 km, 12 km. Schlitten-/Rodelbahn am Platz, Wanderwege, Kurpark 1 km.
POI: Spirituosenmanufaktur 1,5 km, Harzquerbahn, Vogelpark und Zisterzienserkloster 7 km, Rabensteiner Stollen 10 km, Bergbaumuseen 25 km.

Tipp

Allein, zu zweit, mit der Familie oder Freunden - der Harz begeistert das ganze Jahr. Auf unserem idyllischen Campingplatz/Wohnmobilstellplatz finden Sie die Ruhe, die Sie brauchen, um sich wunderbar zu erholen oder durch die zentrale Lage auch die Action um Ihren Urlaub, auch mit Ihren Kindern, in vollen Zügen zu genießen. Neu seit 2020: HATIX, das kostenfreie Busticket für den Harz!

37445 Walkenried €14,00 <10m

KNAUS Campingpark Walkenried **, Ellricher Straße 7, ☎ 05525/778** Von Büschen gesäumt

POS: 51°35'21.93"N/10°37'28.50"E, Karte D7 (S. 10), A4
Platz: P = 7 auf Wiese, Schotter. =7 (16 A) WC CHEM GRAU. Ganzjährig geöffnet.
Preis: 14 € inkl. Wasser, Entsorgung, Müll-Entsorgung. Strom 4 €, WC 5 €, VE für Durchreisende 5 €, Kurtaxe 1 €/Pers.
Kontakt: Helmut KNAUS KG Campingparks, ☎ 05525/778, walkenried@knauscamp.de, www.knauscamp.de/walkenried.
Distanz: 0 km, weitere Restaurants in 1 km, 0,5 km, H 0,8 km, 0,8 km.
Freizeit: Tennisplatz 1 km, Angeln 2 km, Reiten 4 km.
POI: UNESCO-Weltkulturerbe Kloster Walkenried, Höhlen und Bergwerke, Brocken 30 km.

74731 Walldürn gratis <8m

Stellplatz beim Basilika-Parkplatz, Miltenbergerstraße, ☎ 06282/92200
Teilbereich des öffentlichen Parkplatzes

2020 geprüft E

POS: 49°35'11.68"N/9°22'1.63"E, Karte D10 (S. 13), F4
Platz: P = 10 auf Schotter. =4 (16 A) CHEM. Ganzjährig geöffnet.
Preis: Übernachtung gratis. Strom 0,50 €/kWh, Wasser 1 €/80 l.
Kontakt: Stadt Walldürn, ☎ 06282/92200, sww@sw-wallduern.de, www.sw-wallduern.de.
Distanz: H 0,1 km, 0,2 km, 0,5 km, 1 km.
Freizeit: 1,4 km, 1,6 km, 0,5 km. Wallfahrtstag im Juni, Sportzentrum, Stadtbesichtigung, Trimm-Pfad 1 km, Tennishalle 1,6 km, Hochseilgarten 8 km.
POI: Naturpark Bergstraße-Odenwald, Rathaus 0,2 km, Stadt- und Wallfahrtsmuseum 0,2 km, Elfenbeinmuseum 0,2 km, Limeslehrpfad 3 km, Odenwälder Freilandmuseum 7,7 km.

74731 Walldürn gratis <12m

Stellplatz Goldschmitt-Technik-Center, Industrieparkstraße 1-2, ☎ 06283/2229100 Am Werksgelände

2020 geprüft E

POS: 49°35'20.33"N/9°23'36.39"E, Karte D10 (S. 13), F4
Platz: = 60 auf Schotter, Asphalt. =18 CHEM GRAU. Ganzjährig geöffnet.
Preis: Übernachtung gratis. Strom 0,50 €/kWh, Wasser 1 €/80 l.
Kontakt: ☎ 06283/2229100, wallduern@goldschmitt.de, www.goldschmitt.de.
Distanz: 0,1 km, weitere Restaurants in 3 km, 3 km, 3 km, H 3 km.
Gastro: Restaurant Goldschmitt's.
Freizeit: 4 km, 4,5 km. Rundflüge, Werkstattbesuch, Stadt- und Basilikabesichtigung, Geopark 1 km.
POI: Limes-Lehrpfad Walldürn 1 km, Wallfahrtsbasilika Zum Heiligen Blut Walldürn 3 km, Odenwälder Freilandmuseum Gottersdorf 10 km, Tropfsteinhöhle Eberstadt 18 km.

W

55595 Wallhausen €20,00

Weingut Ewald Lunkenheimer, Bahnhofstraße 15, ☎ 06706/304 <8m
Inmitten von Weinbergen

POS: 49°53'7.55"N/7°46'23.97"E, Karte D9 (S. 12), C3
Platz: = 2 auf Pflaster. =1 (16 A) WC. R Anfahrt nach telefonischer Voranmeldung. Ganzjährig geöffnet.
Preis: 20 € inkl. Strom, Wasser, WC. Gratis beim Kauf von 24 Flaschen Wein.
Kontakt: Stefan Lunkenheimer, ☎ 06706/304, weingut-lunkenheimer@gmx.de, www.lunkenheimerwein.de.
Distanz: Ⓗ 0,5 km, 0,9 km, weitere Restaurants in 1,5 km, 3 km.
Gastro: Landgasthof Spabrücken.
Freizeit: 1 km. Weinprobe, Weinbergwanderung.
POI: Schloss Wallhausen 0,5 km, Burgruine Gutenburg 2 km, Rotenfels 12 km, Schinderhanneshöhle 15 km.

55595 Wallhausen €10,00

Weingut Keber, In der Au 2, ☎ 06706/1035 <8m
In ruhiger Lage am Weingut Keber

POS: 49°53'9.39"N/7°46'50.85"E, Karte D9 (S. 12), C3
Platz: = 4, = 4 (<7 m) auf Wiese. R Geöffnet: 1.4.-1.11.
Preis: 10 € inkl. Strom. Beim Kauf von 12 Flaschen Wein gratis.
Kontakt: Weingut Keber, Andreas Keber, ☎ 06706/1035, info@weingut-keber.de, www.weingut-keber.de.
Distanz: Ⓗ 0,3 km, 0,5 km, weitere Restaurants in 4 km, 0,6 km, 0,7 km.
Freizeit: 12 km. Freibad 1,2 km, Crucenia-Therme in Bad Kreuznach 12 km.
POI: Freiluftinhalatorium Salinental, Brückenhäuser, Römerhalle mit römischem Mosaikboden in Bad Kreuznach 12 km, Klosterruine Disibodenberg in Bad Sobernheim 23 km.

24980 Wallsbüll gratis

Bisonhof Nissen, Ellunder Straße 15, ☎ 0171/2938120 In ruhiger Lage <12m neu

POS: 54°47'12.43"N/9°14'58.77"E, Karte D2 (S. 5), F1
Platz: = 3 auf Wiese. Stellplatz befestigt. Strom im Sommer. Ganzjährig geöffnet.
Preis: Übernachtung gratis. Einkauf erwünscht.
Kontakt: Bison Nissen, Tim Nissen, Mobil: 0171/2938120, info@bisonnissen.de, www.bisonnissen.de.
Gastro: Hofladen. Schlachterei (Nachhaltiges Fleisch aus artgerechter Haltung).
Freizeit: 3 km.
POI: Wikingerdorf Valsgaard 1,5 km.

Vor der Anreise empfehlen wir, Kontakt mit dem Betreiber aufzunehmen, um die Auslastung des Stellplatzes abzufragen.

17209 Walow-Strietfeld €15,00

Biohof Donst, Strietfeld 12, ☎ 0170/2132313 In ruhiger Lage mit Blick auf den Großen Kreßinsee <10m neu

POS: 53°24'41.25"N/12°29'50.82"E, Karte D3 (S. 6), D4
Platz: P = 5 auf Wiese. Freie Platzwahl. Ganzjährig geöffnet.
Preis: 15 €. Strom und Wasser auf Anfrage.
Kontakt: Biohof Donst, ☎ 0170/2132313, biohof-donst@t-online.de, www.biohof-donst.de.
Gastro: Verkauf von hofeigenen Fleischprodukten. Grill-Abende auf Anfrage.
Freizeit: Radfahren, Kleintierzoo am Hof, geführte Naturexkursionen in Flora und Fauna, Großer Kreßinsee, Bootsverleih, Wandern, Angeln.
POI: Seenplatte, Müritz-Nationalpark, Müritzeum in Waren, Barenwald Stuer.

29664 Walsrode €20,00

Ringhotel Forellenhof, Hünzingen 3, ☎ 05161/9700 <10m
Im Grünen mit Blick auf die Teichanlage

POS: 52°53'51.44"N/9°35'19.45"E, Karte D6 (S. 9), G1
Platz: = 6 auf Wiese. =4 (16 A) WC CHEM GRAU. Sauna. R Anmeldung an der Rezeption. Dusche/WC im Hotel (8:00-22:00 Uhr). Ganzjährig geöffnet.
Preis: 20 € inkl. Strom, Wasser, Entsorgung, WLAN. Dusche 5 €/Pers., Sauna 12,50 €/Pers. Durch Teilnahme am Abendessen im Hotel sinkt die Stellplatzgebühr auf 5 € (inkl. Standpauschale).
Kontakt: Nils Fuhrhop, ☎ 05161/9700, info@forellenhof.de, www.forellenhof.de.
Distanz: 0 km, weitere Restaurants in 5 km, Ⓗ 0 km, 4 km, 5 km.
Gastro: Brauhaus mit Biergarten am Hotel. Frühstücksservice im Hotel, Brötchen zum Selbstkostenpreis. Frühstücksbüfett ab 7:00 Uhr, Sa/So bis 11:00 Uhr, 21,50 €/Pers.
Freizeit: Kanu fahren, Beachvolleyballplatz 0,5 km, Golfclub Tietlingen 9 km, Safari-Park Hodenhagen 12 km.
POI: Weltvogelpark Walsrode 2 km, Zierkerzenfabrik 4 km, Grundlose Moor 4 km, Heidemuseum Walsrode 6 km, Heidepark Resort Soltau 25 km.

29699 Walsrode gratis

Parkhotel Luisenhöhe, Am Vogelpark 2, ☎ 05161/98620 <12m neu
Auf der Wiese des Hotels direkt am Weltvogelpark Walsrode

POS: 52°52'58.91"N/9°35'49.75"E, Karte D6 (S. 9), G1
Platz: = 20 auf Wiese. =8 CHEM GRAU. Aufenthalt max. 1 Nacht. Wasser- und Stromversorgung im Winter abgestellt. Ganzjährig geöffnet.
Preis: Übernachtung gratis inkl. Entsorgung. Strom 1 €/6 h, Wasser 1 €/35 l.
Kontakt: Udo Fuhrhop, ☎ 05161/98620, info@luisenhoehe.de, www.luisenhoehe.de.
Distanz: 0 km, 3 km, 3 km, Ⓗ 5 km.
Gastro: Am Platz, warme Küche 18:00-20:30 Uhr. Brötchenservice ab 7:00 Uhr.
Freizeit: 3 km. Weltvogelpark Walsrode mit über 4000 Vögeln aus 650 Arten und allen Kontinenten, Angelparadies Borger See 0,3 km.
POI: Heidepark Soltau 25 km.

29664 Walsrode-Kirchboitzen €15,00

Sonnenhof, Kirchboitzen 56, ☎ 0171/3613751 Hofcamping, auf einem ehemaligen Bauernhof mit Wellness <8m

POS: 52°49'48.64"N/9°29'29.55"E, Karte D6 (S. 9), G1
Platz: = 30 auf Wiese, Schotterrasen. WC CHEM GRAU. Familienbäder und behindertengerechtes Bad, Sauna, Whirlpool, Waschmaschine und Trockner. Ganzjährig geöffnet.
Preis: 15 € inkl. Wasser. Jede weitere Pers. 3 €, Kind (4-15 J.) 2 €, Kind (bis 3 J.) gratis, Strom 3 €, Dusche 2 €, Hund 1 €. Strom ab 3 Tage Aufenthalt 0,50 €/kWh, Familienbad 8 €. Preiserhöhung 2023 möglich.
Kontakt: Katja Bittner, ☎ 0171/3613751, info@sonnenhof-ferien.de, www.sonnenhof-ferien.de.
Distanz: 0,1 km, 0,1 km.
Gastro: Restaurant Landgasthaus Boitzer Hof.
Freizeit: Kinderspielplatz mit echtem Segelschiff, Billiardtisch.
POI: Weltvogelpark Walsrode, Serengeti-Park Hodenhagen 14,5 km, Spielmuseum Soltau 20 km.

29664 Walsrode-Klein Eilstorf €14,00

Ferienhof Wiechers, Klein Eilstorf 6, ☎ 05166/230 Auf einem großen, parkähnlichen Hofgelände mit Teichen <10m

POS: 52°48'50.69"N/9°28'42.49"E, Karte D6 (S. 9), G1
Platz: = 5 auf Wiese. =4 WC CHEM GRAU. Tiere am Hof. Geöffnet: Mai-Sep.
Preis: 14 € inkl. Wasser, Entsorgung, Müll-Entsorgung, WLAN. Jede weitere Pers. 1 €, Strom 2 €, WC 1,50 €/Pers., Hund 1 €.
Kontakt: Herr Wiechers, ☎ 05166/230, ferienhof.wiechers@web.de, www.ferienhof-wiechers.de.
Distanz: 0,1 km, Ⓗ 0,1 km, 2 km, 2 km.
Freizeit: 15 km, 10 km, 10 km. Badeteich, Schwimmen, Sauna am Teich, Spielgeräte für Kinder, Vogelpark Walsrode und Safaripark Hodenhagen 10 km, Heide-Park Soltau 30 km.
POI: Schulmuseum 0,1 km, Kloster und Museum Walsrode 10 km, Lönsgrab Walsrode 12 km, Naturschutzgeb. Lüneburger Heide 30 km.

39264 Walternienburg gratis

Wohnmobilstellplatz an der Wasserburg, An der Wasserburg, ☎ 03923/7540 In unmittelbarer Nähe zur Elbe-Saale Mündung <8m neu

POS: 51°57'55.12"N/11°56'8.08"E, Karte D7 (S. 10), C3
Platz: = 5 auf Asphalt. Ganzjährig geöffnet.
Preis: Übernachtung gratis.
Kontakt: Stadt Zerbst/Anhalt, ☎ 03923/7540, info@stadt-zerbst.de.
Distanz: 0,3 km.
Freizeit: Badestelle des Naturbaches Nuthe, Besuch der historischen Wasserburg.
POI: Zerbst 10 km.

99880 Waltershausen-Winterstein €10,00

Waldgasthaus Ruhlaer Skihütte, Liebensteiner Straße, <12m
036929/63434 Parkplatz beim Gasthaus

POS: 50°52'3.62"N/10°24'30.27"E, Karte D10 (S. 13), H1
Platz: = 3 auf Schotterrasen, Schotter. Ganzjährig geöffnet.
Preis: 10 €.
Kontakt: Ruhlaer-Skihütte, Thomas Regensburg, 036929/63434, info@ruhlaer-skihuette.de, www.ruhlaer-skihuette.de.
Distanz: 0,2 km, 2,5 km, 7 km, 7 km.
Gastro: Warme Küche, 11:00-18:00 Uhr, Mo+Fr Ruhetag.
Freizeit: 6 km, 12 km, 7 km. Mini-a-thür 8,5 km.
POI: Uhrenmuseum 9 km, Großer Inselberg 14 km, Wartburg 19 km.

16348 Wandlitz gratis

Stellplatz am Sport- und Spielplatz, Am krummen Pfuhl, 0171/6862181 <12m
Am Ortsrand

2022 geprüft

POS: 52°47'29.16"N/13°32'44.42"E, Karte D8 (S. 11), F1
Platz: P = 12 auf Sand/Splitt, Wiese. Nov-März kein Wasser, Aufenthalt max. 5 Tage. Ganzjährig geöffnet.
Preis: Übernachtung gratis. Strom 1 €/4 h, Wasser 1 €/60 l.
Kontakt: Herr Auge, Mobil: 0171/6862181, gemeinde@wandlitz.de, www.wandlitz.de.
Distanz: 1 km, 1 km, 1,5 km, 4 km.
Freizeit: 8 km. Wassersport, Schwimmen, 27-Loch-Golfplatz 2 km.
POI: Feriendorf Dorado 5,5 km, Wildpark Schorfheide 18,8 km, Schloss Dammsmühle 20 km.

37281 Wanfried €7,00

Wohnmobilhafen Wanfried, Eschweger Straße, 0151/15623245 <12m
Reisemobilplatz im Grünen nahe der Werra

POS: 51°11'11.79"N/10°10'1.28"E, Karte D6 (S. 9), H5
Platz: = 12 auf Schotterrasen. Aufenthalt max. 7 Tage. Geöffnet: 1.4.-1.11.
Preis: 7 € inkl. Wasser. Strom 1 €/2 kWh oder 1 €/24 h. Kassiert wird durch einen Mitarbeiter der Stadt und am Wochenende durch Mitglieder des Kultur- und Verkehrsvereins.
Kontakt: Kultur- u. Verkehrsverein Wanfried e.V., Annegret Bamberg, Mobil: 0151/15623245, bamberg-kvvw@gmx.de, www.kvvw.de.
Anfahrt: Anfahrt über Eschweger Str. Rechter Hand nach EDEKA-Neukauf, Einfahrt gegenüber von KFZ Jugl.
Distanz: 0,1 km, 0,1 km, E 0,2 km (Kläranlage Wanfried, In der Werraaue, 37281 Wanfried), 0,2 km, 0,5 km.
Gastro: Gaststätte Zur Schlagd am historischen Hafen. Pizzeria Rimini. Hotel Zum Schwan 0,5 km.
Freizeit: 1 km, 0,1 km. Bootsanlegestelle 0,1 km, Werratal-Radweg 0,3 km, Wandergebiete Plesse mit Aussichtsturm 1,5 km, Reiterhof 2,5 km.
POI: Historischer Werrahafen (Wanfrieder Schlagd) mit Werraschute 0,2 km, Altstadt mit Fachwerk 0,2 km, Wanfrieder Heimatmuseum und Dokumentationszentrum zur Deutschen Nachkriegsgeschichte 0,3 km.

88239 Wangen im Allgäu €15,00

Wohnmobilstellplatz Wangen im Allgäu, Südring, 07522/74211 <10m Hinter dem Festplatz inmitten von Freizeitanlagen

2022 geprüft E

POS: 47°40'44.12"N/9°49'55.71"E, Karte D14 (S. 17), G4
Platz: P = 44 auf Rasengittersteinen. WC CHEM GRAU. Leinenpflicht für Hunde, Schrankenanlage, Duschen. Ganzjährig geöffnet.
Preis: 15 € inkl. Entsorgung, Kurtaxe. Strom 0,70 €/kWh, Wasser 0,10 €/10 l. Inkl. Gästekarte mit ermäßigten Eintritten in Museen der Stadt, Freibad und Teilnahme am Stadtrundgang.
Kontakt: Gästeamt-Tourist Information Wangen, 07522/74211, tourist@wangen.de, www.wangen-tourismus.de.
Anfahrt: Anfahrt über Südring.
Distanz: 0,3 km, 0,4 km, 0,5 km.
Freizeit: 3,5 km. Rad- und Wanderwege ab Platz, Stadtrundgang mit Brunnenwanderung, Museumslandschaft der Stadt Wangen.
POI: Stadtpark mit Rochuskapelle 1 km, Rathaus mit Pfaffenturm 1,2 km, Eselmühle 2 km, Pulverturm 2 km.

88239 Wangen im Allgäu-Neuravensburg €15,00

Wohnmobilstellplatz Hundrisshof, Dabetsweiler 21, 0173/1886474 <8m
Mitten im Grünen, zwischen Allgäu und Bodensee

POS: 47°37'17.27"N/9°45'49.67"E, Karte D14 (S. 17), G4
Platz: = 15 auf Schotter, Pflaster, Wiese. CHEM GRAU. Überwiegend ebener und zum Teil schattiger Platz, beleuchtet. Geöffnet: 15.03.-15.11.
Preis: 15 € inkl. Strom, Entsorgung. Jede weitere Pers. 2 €, Kind (bis 10 J.) gratis. Nur Barzahlung möglich.
Kontakt: Hundrisshof, Josef Berle, Mobil: 0173/1886474, www.wohnmobil-stellplatz-hundrisshof.com/.
Distanz: 0,5 km, 1 km, 1 km, 1,8 km, weitere Restaurants in 2,5 km.
Freizeit: Wandern und Radfahren.
POI: Bodensee 8 km, Skywalk Allgäu 19 km.

26434 Wangerland-Hohenkirchen €8,00

Wohnmobilstellplatz Hohenkirchen, Bismarckstraße 47, 04426/987116 <10m
Am Freizeitsee Wangermeer in Hohenkirchen

2021 geprüft E

POS: 53°39'53.37"N/7°55'38.39"E, Karte D1 (S. 4), D4
Platz: = 10 auf Schotter. CHEM GRAU. Ganzjährig geöffnet.
Preis: 8 € inkl. Entsorgung. Jede weitere Pers. (ab 18 J.) 7,50 €, Kind (13-17 J.) 4,50 €, Strom 0,50 €, Kurtaxe (ab 18 J.) 3 €/Pers., Kurtaxe (13-17 J.) 2,30 €/Pers. Kurtaxe extra. Bezahlung beim Platzwart.
Kontakt: Wangerland Touristik GmbH, 04426/987116, info@wangerland.de, www.wangerland.de.
Distanz: 0,8 km, 0,9 km.
Gastro: Bäcker und Restaurants im Ort.
Freizeit: Angeln, Schwimmen-Badebucht Wangermeer, Buhl Activity-Park Wangermeer, Vogelbeobachtungsstation.

26434 Wangerland-Hooksiel €12,00

Wohnmobilstellplatz Am Hallenwellenbad, Zum Hallenbad 2, <12m
04425/958030 In zentraler Lage am Meerwasser-Hallenwellenbad

POS: 53°38'1.60"N/8°2'7.68"E, Karte D1 (S. 4), D4
Platz: = 18 auf Pflaster. =18 (16 A) WC CHEM GRAU. Hunde nicht erlaubt. R Ganzjährig geöffnet.
Preis: 12 € inkl. Entsorgung, Dusche, WC, Müll-Entsorgung. Jede weitere Pers. (ab 18 J.) 7,50 €, Kind (4-17 J.) 4,50 €, Strom 0,50 €/kWh, Wasser 1 €/100 l, Kurtaxe (ab 18 J.) 3 €/Pers., Kurtaxe (13-17 J.) 2,30 €/Pers.
Kontakt: Wangerland Touristik GmbH, 04425/958030, kassehwb@wangerland.de, campingplatz-hooksiel.de.
Distanz: 0,1 km, 0,5 km, 0,5 km, 0,5 km.
Freizeit: 9 km, 0,1 km, 0,1 km. Wasserski,

Wattwanderungen, Wassersport, Kitesurfen, Radtouren entlang des Wangerländer Pilgerwegs, Surfen, Nordsee-Badestrand 1,5 km.
POI: Alter Hafen 0,5 km, Künstlerhaus 0,5 km, Muschelmuseum 0,5 km.

26434 Wangerland-Hooksiel €12,00

Wohnmobilstellplatz An der Ostdüne, Straat över´t Diek, ☎ 04425/958080 >12m
In besonderer Nordseelage

POS: 53°38'26.66"N/8°2'28.16"E, Karte D1 (S.4), D4
Platz: = 84 auf Schotter. =60 (16 A) WC CHEM GRAU . Hundespielwiese. 30.3.-29.10.
Preis: 12 € inkl. Strom, Wasser, Entsorgung, Dusche, WC, Müll-Entsorgung, WLAN. Jede weitere Pers. (ab 18 J.) 7,50 €, Kind (13-17 J.) 4,50 €, Kurtaxe (ab 18 J.) 3 €/Pers., Kurtaxe (13-17 J.) 2,30 €/Pers., Hund 4 €.
Kontakt: Wangerland Touristik GmbH, ☎ 04425/958080, camp-hooksiel@wangerland.de, www.campingplatz-hooksiel.de.
Distanz: 0,5 km, 2 km, 2 km, 3 km.
Gastro: Kiosk und Restaurants in der Nähe.
Freizeit: 1,5 km, 1 km. Wassersport, Textilstrand, FKK-Strand, Kite-Surfen.
POI: Hooksiel Hafen, Alter Hafen 1,5 km, Muschelmuseum 2 km, Künstlerhaus Hooksiel 2 km.

26434 Wangerland-Horumersiel €22,00

Reisemobilplatz Am Yachthafen, Zum Hafen 3, ☎ 04426/9870 <10m
In Strandnähe mit Blick auf das UNESCO-Weltnaturerbe Wattenmeer

2022 geprüft

POS: 53°40'59.17"N/8°1'19.55"E, Karte D1 (S.4), D4
Platz: = 22 auf Pflaster. =22 (16 A) WC CHEM GRAU . 30.03.-29.10.
Preis: 22 € inkl. Strom, Entsorgung, Dusche, WC, Müll-Entsorgung. Kind (4-17 J.) 4,50 €, jede weitere Pers. (ab 18 J.) 7,50 €, Wasser 1 €/100 l, Kurtaxe (4-12 J.) 1,15 €/Pers., Kurtaxe (13-17 J.) 2,30 €/Pers., Kurtaxe (ab 18 J.) 3 €/Pers., Hund 4 €.
Kontakt: Wangerland Touristik GmbH, ☎ 04426/9870, info@wangerland.de, www.wangerland.de.
Distanz: 0,1 km, 0,5 km, 0,5 km, 0,5 km.
Freizeit: 0,2 km, 0,2 km, 0,8 km. Rundfahrt mit dem Schiff zum Muschelfang und zu Seehundbänken, Yachthafen, Weltnaturerbe Wattenmeer, Wassersport, Friesland-Therme 0,2 km, Nordic Walking-Park 0,5 km.
POI: Kinderspielhaus 1 km, Nationalparkhaus Wangerland 4 km, Elisabethaußengroden 6 km.

26434 Wangerland-Schillig €12,00

Stellplatz am Campingplatz Schillig, Schilliger Düne, ☎ 04426/987170 >12m
Auf befestigter Wiese in Strandnähe, neben dem Campingplatz Schillig

2022 geprüft

POS: 53°42'4.00"N/8°1'29.00"E, Karte D1 (S.4), D4
Platz: = 80 auf Wiese, Schotter. =80 (16 A) WC CHEM GRAU . 30.3.-15.10.
Preis: 12 € inkl. Strom, Wasser, Entsorgung, Dusche, WC, Müll-Entsorgung. Jede weitere Pers. (ab 18 J.) 7,50 €, Kind (4-17 J.) 4,50 €, Kurtaxe (ab 18 J.) 3 €/Pers., Kurtaxe (13-17 J.) 2,30 €/Pers., WLAN 2 €/h, Hund 4 €.
Kontakt: Wangerland Touristik GmbH, ☎ 04426/987170, camp-schillig@wangerland.de, www.campingplatz-schillig.de.
Distanz: 0,2 km, 0,2 km, 0,2 km, weitere Restaurants in 2,5 km, 0,5 km.
Gastro: Auf dem Campingplatz Schillig.
Freizeit: 1,5 km, 0,3 km. Kuranwendungen, Wassersport, Wattwandern, Nordic Walking-Park 0,2 km.
POI: Forschungsstation Wattenmeer, Nationalparkhaus Wangerland 3 km, Elisabethaußengroden 5 km.

34414 Warburg €5,00

Schützenplatz Warburg, Schützenplatz/Paderborner Tor, ☎ 05641/922800 Zentrumsnaher Stellplatz an der historischen Altstadt <8m

POS: 51°29'22.32"N/9°8'17.63"E, Karte D6 (S.9), F4
Platz: = 5 auf Pflaster. =4 (16 A) WC CHEM GRAU. Aufenthalt max. 3 Tage. Ganzjährig geöffnet. Ausnahme: 15.9.-15.10. wegen Warburger Oktoberwoche gesperrt.
Preis: 5 € inkl. aller Personen, Strom, Wasser, Entsorgung, WC. Bezahlung bei der Shell-Tankstelle, Paderborner Tor. Schlüssel für VE-Station gegen Kaution in Höhe von 50 €, Quittung ist auf dem Armaturenbrett zu hinterlegen.
Kontakt: Warburg-Touristik e.V, ☎ 05641/922800, info@warburg-touristik.de, www.warburg-touristik.de.
Distanz: 0,1 km, 0,2 km, 0,3 km, weitere Restaurants in 1 km, 0,3 km.
Freizeit: 1 km, 0,3 km. Wassersport 2 km, Reitsport 2 km.
POI: Altstadt 0,3 km, Museum im Stern 1 km, Desenberg 3 km (Vulkankegel mit Burgruine), Kloster/Waldinformationszentrum 8 km.

26203 Wardenburg gratis

Marktplatz, Huntestraße, ☎ 04407/20907 Auf dem Marktplatz in der Ortsmitte, ruhige Lage <10m

POS: 53°3'50.93"N/8°11'54.08"E, Karte D1 (S.4), D5
Platz: = 3 auf Pflaster. . Ganzjährig geöffnet. Ausnahme: Sperrung bei großen jährlichen Festen (bitte vorher anfragen).
Preis: Übernachtung gratis.
Kontakt: Tourist-Info umtref Wardenburg e.V., ☎ 04407/20907, info@touristinfo-wardenburg.de, www.touristinfo-wardenburg.de.
Distanz: 0,1 km, 0,5 km, 0,5 km, 0,5 km, weitere Restaurants in 0,8 km.
Freizeit: 0,5 km, 0,5 km. Kanutouren auf der Hunte, Angeln, Reiten auf ausgewiesenen Reitwegen, ausgebaute Rad- und Wanderwege.
POI: Schreibmaschinenmuseum 0,5 km, Rauchhaus Achternmeer 5 km, Bauern- und Moormuseum Benthullen 8 km, Schloss Oldenburg 10 km.

26203 Wardenburg gratis

Wohnmobilstellplatz Keilstraße, Keilstraße, ☎ 04407/20907 <10m
An einem Feuerlöschteich im Gewerbegebiet Astrup, südöstlich von Wardenbug

POS: 53°2'50.64"N/8°12'43.33"E, Karte D1 (S.4), D5
Platz: = 5 auf Naturboden, Schotter. CHEM. Ganzjährig geöffnet.
Preis: Übernachtung gratis.
Kontakt: Tourist-Information umtref Wardenburg e.V., ☎ 04407/20907, info@touristinfo-wardenburg.de, www.touristinfo-wardenburg.de.
Distanz: 0,1 km (Freese-Freizeit-Mobile, Im Schloor 4, 26203 Wardenburg), 0,2 km, 1 km, 1,5 km, weitere Restaurants in 2 km, 2 km.
Freizeit: 2 km, 2 km. Rad-und Wanderwege, Kanutouren auf der Hunte.
POI: Schreibmaschinenmuseum 2 km, Schmiedemuseum Hans Bunjes 2 km, Museum Alte Ziegelei Westerholt 4 km, Rauchhaus Achternmeer 5 km, Bauern- und Moormuseum Benthullen 8 km, Schloss Oldenburg 12 km.

17192 Waren/Müritz €17,00

Blumen und Parken Steindorf-Sabath, Mecklenburger Straße, ☎ 03991/668557 Parkplatz auf dem Gelände eines Blumenhauses <10m

POS: 53°30'49.38"N/12°41'39.46"E, Karte D3 (S.6), D4
Platz: = 35 auf Sand/Splitt. =35 (16 A) WC CHEM GRAU . Aufenthalt unbegrenzt. Anreise bis 17:00 Uhr, spätere Anreise telefonisch absprechen. Abreise bis 14:00 Uhr. Ganzjährig geöffnet.

W

Preis: 17 € inkl. Wasser, Entsorgung, WC, Müll-Entsorgung, WLAN. Jede weitere Pers. 2 €, Strom 0,50 €/kWh, Dusche 1 €/5 min, VE für Durchreisende 4 €. Parken ohne Übernachtung 4 €. Pkw-Anhänger 1,50 €. Anmeldung/Bezahlung zu den Öffnungszeiten im Blumenhaus in bar oder per EC-Karte.
Kontakt: Blumen und Parken, Jens Steindorf-Sabath, ☎ 03991/668557, Mobil: 0173/2070738, blupa@alice.de, www.blumen-und-parken.de.
Distanz: Ⓗ 0,3 km, 0,4 km, 0,5 km.
Freizeit: 1 km, 24 km, 0,5 km. Wassersport, Sportboothafen/Schifffahrt 0,4 km, Erlebnisbad Müritz-Therme in Röbel 24 km.
POI: Müritzeum, Müritz-Nationalpark 4 km, Müritz-Museum, Aquarium/Wisentgehege 7 km.

17192 Waren/Müritz — €15,00 — >12 m

Camping- und Wohnmobilpark Waren, Zur stillen Bucht 3, ☎ 03991/122406
Wiesengelände außerhalb des Campingplatzes an der Müritz

2021 geprüft

POS: 53°30'42.19"N/12°39'1.78"E, Karte D3 (S. 6), D4
Platz: = 65 auf Wiese. =49 (16 A) WC CHEM GRAU. Leinenpflicht für Hunde. Kinderanimation, Waschmaschine und Trockner. Aufenthalt max. 5 Nächte. Ganzjährig geöffnet.
Preis: Ab 15 € inkl. Wasser, Entsorgung, Dusche, WC. Strom 0 €/kWh. Je nach Saison 15-22 €, jede weitere Pers. ab 14 J. 8-13 €, Kind 3,50-6 €, Hund 3,50-6 €. Kurtaxe 1-2 €.
Kontakt: Christa Neumann & Heiko Thomä, ☎ 03991/122406, info-waren@wohnmobiltour-mv.de, www.wohnmobiltour-mv.de.
Distanz: Ⓗ 0,5 km, 1 km, weitere Restaurants in 3 km Entfernung, 3 km.
Gastro: Am Platz, warme Küche Mo-Sa ab 17:00 Uhr, So+Feiertag ab 12:00 Uhr.
Freizeit: 1 km, 1 km. Surf- und Segelschule, Wassersport, Hundeauslauf, Badestrand, Ponyreiten, Schiffsrundfahrten 3 km, Müritz-Nationalpark 8 km, Wiesengehege 8 km.
POI: Altstadt Waren 3 km, Müritzmuseum 4 km.

17192 Waren/Müritz — €20,00 — >12 m

CampingPlatz Ecktannen, Fontanestraße 66, ☎ 03991/668513
Vor dem Campingplatz an der Müritz im südlichen Stadtgebiet Ecktannen

POS: 53°29'58.00"N/12°39'49.00"E, Karte D3 (S. 6), D4
Platz: = 17, = 2 (<13 m) auf Schotterrasen, Asphalt, Rasengittersteinen. =17 (16 A) WC CHEM GRAU. Leinenpflicht für Hunde. Anfahrt HS 8:00-22:00 Uhr, NS 9:00-18:00 Uhr. Ganzjährig geöffnet.
Preis: Ab 20 € inkl. Strom, Wasser, Entsorgung, Dusche, WC, Müll-Entsorgung, WLAN. Je nach Saison 20-30 €. Jede weitere Pers. (ab 18 J.) 8-12 €, Jugendlicher (14-17 J.) 7-11 €, Kind (3-14 J.) 4-7 €, Hund 3-5 €. Kurtaxe (ab 16 J.) 1,50-2 €.
Kontakt: Herr Jens Dörge, ☎ 03991/668513, info@camping-ecktannen.de, www.camping-ecktannen.de.
Distanz: Ⓗ 0,1 km, 0,5 km, weitere Restaurants in 1 km, 2 km, 3 km.
Gastro: Bistro Ecktannen mit Minimarkt 0,2 km. Restaurant Seebad 0,2 km.
Freizeit: 4 km, 8 km. Minigolf, Hundedusche, Hundefreilaufgelände, Segel- und Surfschule 0,3 km, Hundestrand 0,3 km, Badestrand 0,3 km, Kletterwald 4,5 km, Führungen im Müritz Nationalpark 5 km.
POI: Stadthafen mit maritimen Flair 3 km, Altstadt mit Einkaufsmeile 3,5 km, Müritzeum 4 km, Müritz-Saga und Müritz-Sail (HS) 4 km, Heinrich-Schliemann-Museum 15 km.

17192 Waren/Müritz — €15,00 — >12 m

Stellplatz am Hafen, Strandstraße 3b, ☎ 03991/1816719 Beschrankter Parkplatz auf dem Hafengelände an der Müritz

POS: 53°30'43.47"N/12°41'8.98"E, Karte D3 (S. 6), D4
Platz: = 30 auf Pflaster. =10 (16 A) WC CHEM GRAU. Anfahrt vor 11:00 Uhr und nach 16:00 Uhr. An Wochenenden und Feiertagen häufig von Pkw belegt. Ganzjährig geöffnet.
Preis: Ab 15 € inkl. Entsorgung, WLAN. Jede weitere Pers. 2 €, Müll-Entsorgung 2 €, Frischwasser und Strom 4 €, VE für Durchreisende 5 €. Im Juli/Aug plus Tagesticket (11:00-17:00 Uhr) 10 €. Preisänderung 2023 mögl.
Kontakt: Herr Reincke, ☎ 03991/1816719, Mobil: 0160/7099990, kassenhaus@web.de, www.mueritz-seepark.de.
Distanz: 0,1 km, 0,3 km, Ⓗ 0,3 km.
Gastro: Restaurant Steakhaus.
Freizeit: 1 km, 20 km, 0,3 km. Altstadtbesuch Waren, Bootsverleih, Schifffahrt mit der Weißen Flotte.
POI: Altstadt Waren 0,5 km, Müritzeum (Deutschlands größtes Süßwasseraquarium) 0,5 km.

48231 Warendorf — gratis — <6 m — Gutschein

Parkplatz am Emsseepark, Sassenberger Straße 26, ☎ 02581/545454
Auf einem Parkplatz am Emssee, in Altstadtnähe

POS: 51°57'16.44"N/7°59'57.38"E, Karte D5 (S. 8), D3
Platz: = 15 auf Pflaster. =14 (16 A) WC CHEM GRAU. Aufenthalt max. 2 Nächte. WC über Nacht geschlossen. Informationen zu einem Ausweichplatz im Infokasten. Ganzjährig geöffnet.
Preis: Übernachtung gratis inkl. Entsorgung, WC. Strom 1 €/kWh, Wasser 1 €/50 l.
Kontakt: Stadt Warendorf, ☎ 02581/545454, tourismus@warendorf.de, www.warendorf.de.
Distanz: 0,1 km, Ⓗ 0,1 km, 0,5 km, 0,8 km.
Gastro: Hotel Emshof.
Freizeit: 0,3 km, 2 km, 1 km. Stadtführungen Sa, So+Feiertag von Apr-Okt, NRW-Landgestüt 0,1 km.
POI: Altstadt 0,3 km, Stiftskirche Freckenhorst 4 km.

48231 Warendorf — gratis — <6 m

Parkplatz zwischen den Emsbrücken, Lohwall, ☎ 02581/545454 Zentrumsnaher, öffentlicher Parkplatz an der Ems

POS: 51°57'17.81"N/7°59'28.13"E, Karte D5 (S. 8), D3
Platz: = 2 auf Pflaster. Ganzjährig geöffnet.
Preis: Übernachtung gratis.
Kontakt: Stadt Warendorf, ☎ 02581/545454, tourismus@warendorf.de, www.warendorf.de.
Distanz: Ⓗ 0,1 km, 0,2 km, 0,3 km.
Freizeit: 0,3 km, 2 km, 1 km. Stadtbesichtigung, Stadtführungen So von Apr-Okt, NRW-Landgestüt 0,2 km.
POI: Altstadt 0,1 km, Stiftskirche Freckenhorst 4 km.

48231 Warendorf — gratis — <10 m — neu

Wohnmobilstellplatz Linnenwiese, Wiesengrund 1, ☎ 02581/545440
Ausweichplatz an der Ems, für lange Fahrzeuge geeignet

2022 geprüft

POS: 51°57'27.00"N/7°59'11.03"E, Karte D5 (S. 8), D3
Platz: = 40 auf Wiese. Geöffnet: Anfang April-Ende Sep.
Preis: Übernachtung gratis.
Kontakt: Tourist-Info Stadt Warendorf, Claudia Körk, ☎ 02581/545440, claudia.koerk@warendorf.de, www.warendorf.de.
Distanz: 0,4 km, 0,5 km, 0,8 km, 1 km (Parkplatz am Emsseepark, Sassenberger Straße, 48231 Warendorf).
Freizeit: Wander- und Radwege.
POI: Altstadt 0,7 km, Stiftskirche Freckenhorst 4,5 km.

48231 Warendorf-Hoetmar — gratis — <10 m

Wohnmobilstellplatz Hoetmar, Am Wiebusch, ☎ 02581/545454
Am Ortsrand, an der Sport-/Tennisanlage

POS: 51°52'10.22"N/7°54'11.77"E, Karte D5 (S. 8), D3

Platz: = 2 auf Schotter. Ganzjährig geöffnet.
Preis: Übernachtung gratis inkl. Strom.
Kontakt: Tourist-Info Warendorf, Claudia Körk, ☎ 02581/545454, tourismus@warendorf.de, www.warendorf.de.
Distanz: 0,5 km, 1 km, Ⓗ 1 km, 3 km.
Gastro: Fischrestaurant Jungmann, Lentrup 25, 48231 Warendorf-Freckenhorst.
POI: Alte Stellmacherei 1 km, Stiftskirche Freckenhorst 7 km, Altstadt Warendorf 11 km.

19417 Warin-Klein Labenz — €20,00 — <10m

Caravanplatz Natur- und Ferienpark Am Groß Labenzer See, Waldring 2, ☎ 0176/18400330 Am Waldrand mit Blick auf den Groß Labenzer See

POS: 53°47'20.17"N/11°44'58.21"E, Karte D3 (S. 6), B3
Platz: = 16 auf Wiese. =16 WC CHEM GRAU. Waschmaschine/Trockner. Teilweise schattig. VE im Winter nicht verfügbar. Ganzjährig geöffnet.
Preis: Ab 20 € inkl. Strom, Wasser, WC, WLAN. Dusche 3 €/Tag, Hund 2 €, VE für Durchreisende 15 €. 20-28 € je nach Saison.
Kontakt: ☎ 0176/18400330, buchung@ferienpark-klein-labenz.de, www.ferienpark-klein-labenz.de.
Distanz: 0,1 km.
Gastro: Gaststätte Zur Rast am Ferienpark. Imbiss Bei Hans am Strand.
Freizeit: Bootsverleih, Angeln, Winterwandern, große Spielanlage für Kinder ab 7 J., Badestrand-Groß Labenzer See.
POI: Naturpark 2000, Naturpark Sternberger Seenland.

95485 Warmensteinach — gratis — <8m

Wohnmobilstellplatz Freizeithaus, Oberwarmensteinacher Straße 420, ☎ 09277/1401 Am Ortsrand auf dem Parkplatz am Freizeithaus

POS: 49°59'56.19"N/11°46'58.07"E, Karte D11 (S. 14), C3
Platz: = 10 auf Asphalt. Ganzjährig geöffnet.
Preis: Übernachtung gratis.
Kontakt: Regina Rabenstein, ☎ 09277/1401, verkehrsamt@warmensteinach.de, www.tz-fichtelgebirge.de.
Freizeit: Wildpark in Mehlmeisel.

59581 Warstein — gratis — <10m

Stellplatz Dammweg, Dammweg, ☎ 02902/810 Schmaler Rasenstreifen, nahe Allwetterbad und Sportplatz

POS: 51°27'2.73"N/8°20'50.10"E, Karte D6 (S. 9), E4
Platz: = 5 auf Schotter. WC. Ganzjährig geöffnet.
Preis: Übernachtung gratis inkl. Strom, Dusche, WC.
Kontakt: ☎ 02902/810, tourist@warstein.de, www.warstein.de.
Anfahrt: Anreise per Navi: Anfahrt über Belecker Landstraße, Schwarzer Weg (Einbahnstraße).
Distanz: 0,1 km, weitere Restaurants in 0,2 km, Ⓗ 0,3 km, 0,6 km, 1,5 km.
Gastro: Bistro im Warsteiner Allwetterbad. Gasthof auf der Platte. Eiscafé Boutique. Pizzeria. Alter Grieche. China House.
Freizeit: 0,3 km, 0,3 km, 4 km. Schwimmen im Allwetterbad, Laufsport, Waldlehrpfad 2,5 km.
POI: Lörmecketurm, Kletterarena Hillenberg, Psychiatrie Museum, Haus Kupferhammer, Naturerlebnis im Bilsteintal mit Wildpark und Höhle 2,5 km, Besucherzentrum der Warsteiner Brauerei 4 km, Altstadt Belecke 5 km.

59581 Warstein — €10,00 — <8m

Warsteiner Camperpark Bayernstadl, Enkerbruch 12a, ☎ 02902/9119116 Separater Platz am östlichen Stadtrand

POS: 51°25'57.00"N/8°22'29.00"E, Karte D6 (S. 9), E4
Platz: = 18 auf Schotterrasen, Schotter. =18 (16 A) WC CHEM GRAU. Ganzjährig geöffnet.
Preis: 10 € inkl. aller Personen, Entsorgung, WC, Müll-Entsorgung, WLAN. Strom 0,67 €/kWh, Wasser 1 €/100 l.
Kontakt: Seccom GmbH, Edith Voß, ☎ 02902/9119116, Mobil: 0160/90658888, info@warsteiner-camperpark.de, www.warsteiner-camperpark.de.
Anfahrt: Teilweise schmale Straße.
Distanz: 1,6 km, Ⓗ 1,6 km, 1,8 km.
Gastro: Gasthaus zum Bayernstadl, Mi-Sa 15:00-22:00 Uhr, So 12:30-21:00 Uhr, Mo-Di Ruhetag.
Freizeit: 2 km, 2 km. GPS-Wandern, Sportangebote, Planwagenfahrten, Warsteiner Brauerei 2,5 km, Wildpark 3,5 km.
POI: Stadt Warstein 1,6 km, Warsteiner Bilsteinhöhlen 3,5 km.

59581 Warstein — €19,50 — <10m

Warsteiner Welt Reisemobil- und Campingplatz, Zu Hause im Waldpark, ☎ 02902/885001 Beim Besucherzentrum der Brauerei am Waldrand

POS: 51°25'34.24"N/8°21'29.63"E, Karte D6 (S. 9), E4
Platz: = 30 auf Schotterrasen. =30 WC CHEM. wird empfohlen. Online-Buchung möglich. Bei Veranstaltungen auf 100 Plätze erweiterbar. Geöffnet: Ostern-Ende Okt.
Preis: 19,50 € inkl. Strom, Wasser, Entsorgung, Müll-Entsorgung, WC/Dusche. Waschmaschine/Trockner je 2 €. Bezahlung beim Platzwart täglich zwischen 9:00 und 9:30 Uhr.
Kontakt: Gästehaus der Warsteiner Welt, ☎ 02902/885001, visit@warsteiner.com, gaestehaus-warsteiner-welt.de/camping.
Distanz: 0,7 km, weitere Restaurants in 2,5 km, Ⓗ 1 km, 1,5 km, 2 km.
Gastro: Gästehaus der Warsteiner Welt mit Biergarten. Frühstück möglich.
Freizeit: 4 km, 0,3 km. Ballonfahrten, Planwagenfahrten, Besucherzentrum: Brauereibesichtigung mit Multimediatheater Rotarium.
POI: Kapelle Altwarstein 2,2 km, Lörmecke Aussichtsturm 3,5 km, Wildpark mit Warsteiner Bilsteinhöhlen-Tropfsteinhöhlen 7 km.

59581 Warstein-Hirschberg — gratis — <10m

Wohnmobilstellplatz Hirschberg, Schützenstraße 30, ☎ 02902/9771318 Neben der Schützenhalle

POS: 51°26'2.45"N/8°16'29.02"E, Karte D6 (S. 9), E4
Platz: = 3 auf Rasengittersteinen. Keine Müllentsorgung möglich. Ganzjährig geöffnet. Ausnahme: an Pfingsten geschlossen.
Preis: Übernachtung gratis. Strom 0,50 €/kWh.
Kontakt: Doris Baronowsky, ☎ 02902/9771318, info@hirschberg-touristik.de, www.hirschberg-touristik.de.
Distanz: Ⓗ 0,8 km, 0,8 km, 0,8 km, 1 km, 6 km.
Gastro: Gasthof zum Hirsch. Schlossstübchen. Gasthof Birkenhof. Sauerländer Hof. Landhotel/Gasthof Cramer.
Freizeit: 7 km, 7 km, 0,5 km. Klettergebiet Hillenberg, Sauerlandwaldroute in Warstein, Radroute Steine und Mehr, Besichtigung der Warsteiner Brauerei, Allwetterbad Warstein 7 km.
POI: Naturerlebnis Bilsteintal mit -höhle und Wildpark 4 km, Besucherzentrum der Warsteiner Brauerei 10 km, Lörmecketurm 15 km.

93458 Warzenried — €5,00 — <8m

Hotel Der Böhmerwald, Siegmund-Adam-Straße 54, ☎ 09947/2000 Im Randbereich der Hotelanlage

POS: 49°17'57.88"N/12°58'58.48"E, Karte D12 (S. 15), E5
Platz: = 2 auf Schotterrasen, Schotter. =1 WC. Gespanne auf Anfrage. WC/Dusche im Hotel. Ganzjährig geöffnet. Ausnahme: 10.12.-2.1. geschlossen.
Preis: 5 €. Für Restaurantgäste kostenlos. Strom 2,50 €, Wasser 2,50 €. Strom, Wasser und Schwimmbad bei Einkehr inkl.
Kontakt: Familie Schreindorfer, ☎ 09947/2000, info@der-boehmerwald.de, der-boehmerwald.de.
Distanz: 0 km, weitere Restaurants in 1,5 km, 1 km, Ⓗ 1,5 km.
Gastro: Restaurant am Platz, Öffnungszeiten auf Anfrage. Büfett am Abend 19,90 €/Pers.
Freizeit: 12 km. Führung durch die Kräutergärten, Wandern, Kosmetik, Massage und Saunagarten im Wellness-Hotel, Wildgehege 0,2 km, Freizeitzentrum Hohenbogen 5 km.
POI: Wallfahrtskirche mit Museum, Kloster, Wachsmuseum 4 km, Drachenmuseum in Furth 12 km.

41849 Wassenberg €7,50

Stellplatz Am Parkbad, Auf dem Taubenkamp 2, ☎ 02432/49000 <12m

Großzügig angelegte Plätze mit Grünzonen und Sitzgruppen am angrenzenden Parkbad

POS: 51°5'46.90"N/6°8'37.66"E, Karte D5 (S. 8), A5
Platz: = 11 auf Pflaster. CHEM . An- und Abreise zu den Bad-Öffnungszeiten (siehe Website), voraussichtlich ab Okt 2022 jederzeit. Ganzjährig geöffnet.
Preis: 7,50 €. Strom 0,50 €/kWh, Wasser 1 €/80 l, Entsorgung 1 €.
Kontakt: Stadt Wassenberg, ☎ 02432/49000, info@wassenberg.de, www.wassenberg.de.
Distanz: 0,2 km, weitere Restaurants in 0,5 km, 0,5 km, 0,5 km, 0,5 km.
Gastro: Diverse Restaurants in der Nähe.
Freizeit: 1 km. Gartenpark Wassenberg, RurUfer Radweg, Nordic Walking-Park Wassenberg-Roerdalen, Freizeit- und Erlebnisbad (Parkbad), Premium-Wanderwege.
POI: Nationalparkregion Meinweg, Altstadt mit Bauten und Kirchen im gesamten Stadtgebiet 0,5 km, Naturpark-Tor Wassenberg 1,6 km.

83512 Wasserburg am Inn gratis

Bade-, Sport- und Freizeitzentrum Badria, Alkorstraße 14, ☎ 08071/10522 <8m

Auf dem Parkplatz bei den Sportanlagen

POS: 48°3'2.92"N/12°13'35.79"E, Karte D15 (S. 18), D3
Platz: = 12 auf Asphalt, Schotter, Sand/Splitt. . Ganzjährig geöffnet.
Preis: Übernachtung gratis. Strom 0,50 €/h.
Kontakt: Stadt Wasserburg am Inn, ☎ 08071/10522, touristik@wasserburg.de, www.wasserburg.de.
Distanz: 0,2 km, 0,2 km, 0,5 km, 1,5 km.
Gastro: Mehrere Restaurants/Cafés im Ort.
Freizeit: Erlebnisbad Badria mit Massagen und Sauna, Wildfreizeitpark Oberreith 13 km.
POI: Altstadt 1,5 km, Amerang (Schloss, Automuseum, Bauernhausmuseum) 10 km, Chiemsee 20 km.

83512 Wasserburg am Inn gratis

Parkplatz Am Gries, Max-Emanuel-Platz 6, ☎ 08071/10522 In der Altstadt am Inn <8m

POS: 48°3'40.55"N/12°14'7.95"E, Karte D15 (S. 18), D3
Platz: = 2 auf Pflaster. . Kein Service. Aufenthalt max. 1 Nacht. Ganzjährig geöffnet.
Preis: Übernachtung gratis. Von 18:00-9:00 Uhr gratis. Tagsüber gebührenpflichtig.
Kontakt: Touristinfo Wasserburg am Inn, ☎ 08071/10522, touristik@wasserburg.de, www.wasserburg.de.
Distanz: 0,2 km, 0,2 km, 0,3 km.
POI: Stadtbesichtigung Wasserburg a. Inn, Chiemsee und Schloss Herrenchiemsee 21 km.

83512 Wasserburg am Inn gratis

Parkplatz Unter der Rampe, Schopperstattweg, ☎ 08071/10522 <8m

Direkt im Zentrum

POS: 48°3'45.23"N/12°13'33.83"E, Karte D15 (S. 18), D3
Platz: = 2 auf Schotterrasen. . Aufenthalt max. 1 Nacht. Ganzjährig geöffnet.
Preis: Übernachtung gratis. Von 21:30-5:00 Uhr gratis. Tagsüber gebührenpflichtig.
Kontakt: Tourist-Info Wasserburg a. Inn, ☎ 08071/10522, touristik@wasserburg.de, www.wasserburg.de.
Distanz: 0,2 km, 0,3 km, 0,3 km.
POI: Wasserburg am Inn (Kernhaus, Rathaus, Frauenkirche mit Stadtturm), Amerang 11 km (Schloss, Automobilmuseum, Bauernhausmuseum), Chiemsee 21 km.

91717 Wassertrüdingen €8,00

Parkplatz Entengraben, Entengraben 34, ☎ 09832/682245 <8m

Von Schilf umgebenes, parzelliertes Areal hinter dem Hochwasserdamm der Wörnitz

2021 geprüft

POS: 49°2'20.97"N/10°35'41.65"E, Karte D15 (S. 18), A1
Platz: = 12 auf Schotter. CHEM GRAU . Platz ist beleuchtet, eben und ruhig. Dusche im nahegelegenen Sonnenuhrenpark für 2 € möglich. Ganzjährig geöffnet.
Preis: 8 € inkl. Entsorgung, Müll-Entsorgung. Strom und Wasser nach Verbrauch.
Kontakt: Stadt Wassertrüdingen, ☎ 09832/682245, touristikservice@stadt-wassertruedingen.de, www.wassertruedingen.de.
Distanz: 0,2 km, 0,2 km, 0,6 km, 0,6 km.
Freizeit: 1 km, 1 km. Schwimmen-Flussbad, Angeln.
POI: Sonnenuhrenpark, Museum Fluvius 0,5 km, Markgräfliche Stadtkirche mit Turmstube am Marktplatz 0,5 km, Limeseum und Römerpark 10 km.

54649 Waxweiler €7,00

Am alten Bahnhof, Bahnhofstraße, ☎ 06554/811 <12m

Am Ortsrand, in der Nähe der Freizeitanlagen

2020 geprüft

POS: 50°5'43.00"N/6°21'18.00"E, Karte D9 (S. 12), A3
Platz: = 15 auf Schotter. =2 CHEM GRAU. nur bei Gruppen. Ganzjährig geöffnet.
Preis: 7 € inkl. aller Personen. Strom 2 €, Wasser 0,50 €, Entsorgung 0,50 €. Bezahlung im Haus des Gastes, außerhalb der Öffnungszeiten in den Briefkasten werfen.
Kontakt: Ortsgemeinde Waxweiler, ☎ 06554/811, gemeinde.waxweiler@t-online.de, www.waxweiler.com.
Distanz: 0,4 km, 0,4 km, 0,7 km, 0,8 km.
Gastro: Imbiss Am Kanal 0,7 km. Pizzeria Domenico 0,6 km. Hotel am Schwimmbad 0,4 km. Kebap Haus 0,9 km.
Freizeit: 0,4 km, 0,3 km. Angeln, Eifel Zoo 8,1 km, Erlebnisbad Cascade Bitburg und Kartbahn 20 km.
POI: Devonium (spannende Geschichten aus der Evolution) und Römisches Museum 0,9 km, Schloss Merkeshausen 10 km, Burg Hamm 12 km, Basilika Prüm 18 km, Brauerei Bitburg 25 km.

24576 Weddelbrook €16,00

Campingplatz Vogelzunge, Vogelzunge, ☎ 04192/2289 <10m

Beim Badesee am Ortsrand

POS: 53°53'58.00"N/9°49'33.00"E, Karte D2 (S. 5), G3
Platz: = 6 auf Wiese, Rasengittersteinen. WC CHEM GRAU . Anfahrt 24 h. Ruhezeit 13:00-15:00 Uhr und 22:00-7:00 Uhr. Für WLAN wird ein Passwort ausgegeben. Geöffnet: 1.4.-31.10.
Preis: 16 € inkl. Wasser, Entsorgung, WC, Müll-Entsorgung, Kurtaxe. Strom 0,75 €/kWh, Dusche 1 €/3,5 min. Ab der 2. Nacht erfolgt Abrechnung nach Campingplatz-Preisliste mit 10 % Ermäßigung. VE für Durchreisende 7 €.
Kontakt: Familie Haferkamp, ☎ 04192/2289, Mobil: 0173/6130744, mail@Campingplatz-Vogelzunge.de, www.campingplatz-vogelzunge.de.
Distanz: 0,4 km, weitere Restaurants in 0,9 km, 0,5 km, 1 km.
Gastro: Wolters Gasthof. Seeterrassen 0,4 km, Mi-Do 14:00-21:00 Uhr, Fr-Sa 12:00-22:00 Uhr, So 12:00-21:00 Uhr, Mo-Di Ruhetag.
Freizeit: 5 km, 15 km. Schwimmen, Rad-/Wanderwege, Reiterhof Klose 0,8 km, Kanuverleih 2 km, Golfpark Bissenmoor 3 km, Golfplatz Lutzhorn (öffentlicher Platz) 7 km, Freizeitbad Kaltenkirchen 15 km, Wildpark Eekholt 15 km.
POI: Kirche in Hörnerkirchen 11 km.

22880 Wedel €10,00

Wohnmobilstellplatz Wedel, Am Freibad/Ecke Schulauer Straße, ☎ 04103/91470 Abgeteilter, ebener Bereich des Parkplatzes am Freizeitbad, hochwassersicher <12m

POS: 53°34'43.44"N/9°41'38.81"E, Karte D2 (S. 5), G4

W

Platz: P = 48 auf Schotterrasen. =14 (16 A) WC CHEM. Aufenthalt max. 3 Nächte. Anmeldung in der Badebucht. Ganzjährig geöffnet. Ausnahme: Bei Veranstaltungen gesperrt.
Preis: 10 € inkl. aller Personen, Entsorgung, WC. Strom 1 €/6 h, Wasser 1 €/4 min.
Kontakt: Kombibad Wedel GmbH, ☎ 04103/91470, info@wohnmobilstellplatz-wedel.de, www.wohnmobilstellplatz-wedel.de.
Distanz: 1 km, 1 km, Ⓗ 1,5 km.
Freizeit: 0,2 km, 0,2 km. Erlebnisbad Badebucht 0,2 km, mit der S-Bahn nach Hamburg 20 km.
POI: Schiffsbegrüßungsanlage Willkommenhöft in Schulau, Elbe 1,5 km.

26826 Weener €11,00

Reisemobilplatz Am Alten Hafen, Pannenborgstraße, ☎ 04951/1691 <10m
Mit Blick auf historische Schiffe und den angrenzenden Yachthafen

2022 geprüft

POS: 53°10'8.23"N/7°21'42.27"E, Karte D1 (S. 4), C5
Platz: P = 55 auf Asphalt. =50 (16 A) WC CHEM GRAU. Waschmaschine/Trockner. Kassierzeiten zwischen 17:00-19:00 Uhr. Weiterer Stellplatz am Sportboothafen. Ganzjährig geöffnet.
Preis: 11 € inkl. Entsorgung, WC, Müll-Entsorgung. Strom 4 €, Wasser 1 €/100 l, Dusche 1 €/8 min.
Kontakt: Hafenmeister, Herr Düring, ☎ 04951/1691, Mobil: 0176/20540650, stellplatz@weener.de, www.weener.de.
Distanz: 0,5 km, Ⓗ 0,5 km, 1,5 km.
Gastro: Hafen55. Hafenblick.
Freizeit: 1 km, 15 km, 0,5 km. Schiffsausflüge, Paddel-/Pedalstation 0,5 km, Tennis/Minigolf 1 km.
POI: Friesenbrücke, Törfwieven-Denkmal 0,2 km, Organeum Orgelakademie Ostfriesland und Heimatmuseum 1 km.

26826 Weener €11,00

Reisemobilplatz Am Sportboothafen, Am Erholungsgebiet, ☎ 04951/1691 <8m
Beim Freibad, wenige Schritte vom Sportboothafen entfernt

2022 geprüft

POS: 53°9'56.58"N/7°21'52.79"E, Karte D1 (S. 4), C5
Platz: P = 24 auf Pflaster. =18 (16 A) WC CHEM GRAU. Bouleplatz, Grillhütte am Platz. nur bei Gruppen. Kassierzeiten 17:00-19:00 Uhr. WC (behindertengerecht) 7:00-22:00 Uhr. WC/Dusche im Sanitärgebäude ganztägig nur mit Schlüssel (beim Hafenmeister erhältlich). Zusätzlicher Stellplatz am Alten Hafen (Trockner/Waschmaschine). Geöffnet: 1.4.-30.9.
Preis: 11 € inkl. Entsorgung, WC, Müll-Entsorgung. Strom 4 €, Wasser 1 €/100 l, Dusche 2 €.
Kontakt: Hafenmeister, ☎ 04951/1691, Mobil: 0176/20540650, stellplatz@weener.de, www.weener.de.
Distanz: 0,1 km, Ⓗ 1,5 km, 1,5 km, 2 km.
Freizeit: 0,8 km, 15 km, 0,3 km. Teeseminar, Stadtführungen, Tennis/Minigolf 0,3 km, Paddel-/Pedalstation 0,3 km.
POI: Eisenbahnklappbrücke, Schiffsüberführungen von der Meyer-Werft 0,2 km, Altstadt 0,5 km, Organeum 1 km, Heimatmuseum 1,3 km.

47652 Weeze €5,00

Parkplatz am Fährsteg, Fährsteg, ☎ 02837/910116 Am Tierpark mit angrenzendem Natur-Erlebnispfad <8m

2021 geprüft

POS: 51°37'50.19"N/6°12'2.40"E, Karte D5 (S. 8), A4
Platz: = 18 auf Schotter. =18. Ganzjährig geöffnet.
Preis: 5 € inkl. aller Personen. Strom 0,50 €/kWh. Preisänderungen 2023 vorgesehen.
Kontakt: Gemeinde Weeze, ☎ 02837/910116, tourinfo@weeze.de, www.weeze.de.
Distanz: 0,3 km, weitere Restaurants in 0,5 km, 0,5 km, 0,5 km, Ⓗ 1 km, 2,8 km (Aral-Tankstelle, Industriestraße 43, 47652 Weeze).
Freizeit: 9 km, 6 km, 0,2 km. Paddeln auf der Niers, Tierparkbesuch, Paddelbootverleih 0,2 km.
POI: Schlossruine Hertefeld 0,5 km, Schloss Wissen 4 km, Schloss Kalbeck 6 km.

41844 Wegberg €8,00

Stellplatz am Hallenbad, Maaseiker Straße 67, ☎ 02434/5312 <10m
In Zentrumsnähe beim Hallenbad

2022 geprüft

POS: 51°8'1.57"N/6°16'58.19"E, Karte D5 (S. 8), A5
Platz: = 12 auf Eco-Raster/Gras. CHEM GRAU. Aufenthalt max. 3 Nächte. Ganzjährig geöffnet.
Preis: 8 € inkl. Strom, Wasser, Entsorgung. 1 Freikarte pro Reisemobil für das Hallenbad.
Kontakt: Hallenbad Wegberg, ☎ 02434/5312, posteingang@stadt.wegberg.de, www.wegberg.de.
Distanz: 0,5 km, 0,5 km, Ⓗ 0,5 km, 1 km.
Freizeit: 7 km. Mühlenwanderung, Basketball 0,2 km, Kahnfahrten und Minigolf 1 km, zwei 18-Loch Golfplätze 3 km.
POI: Naturparkregion Mein Weg, 9 Wassermühlen (teilweise mit Gastronomie), Heimat-, Trachten- und Flachsmuseum in Beeck 2 km, Heiligkreuzkapelle Kipshoven 3 km.

94110 Wegscheid-Thalberg €10,00

Zum Thalerhof, Thalberg-Pumperhäuser 7, ☎ 08592/558 <12m
Bei der Pension in Waldnähe, 6 km von der österreichischen Grenze entfernt

POS: 48°38'46.89"N/13°46'31.84"E, Karte D16 (S. 19), G2
Platz: P = 3 auf Schotter. WC CHEM GRAU. Ganzjährig geöffnet.
Preis: 10 € inkl. aller Personen, Strom, Wasser, Entsorgung, WC, Müll-Entsorgung, WLAN. Dusche 1,50 €/Pers.
Kontakt: Familie Thaler, ☎ 08592/558, info@pension-thalerhof.de, www.pension-thalerhof.de.
Distanz: Ⓗ 1 km, 3 km, 3 km, 7 km.
Gastro: Am Platz, warme Küche auf Bestellung. Brötchenservice. Frühstück und Halbpension auf Anfrage.
Freizeit: 2,5 km, 7 km. Kutsch- und Schlittenfahrten, Tischtennis, Angeln, im Winter Langlauf, Reiten und Tennis 7 km, Golf 20 km.
POI: Aussichtsturm 3 km, See 8 km, Graphitbergwerk mit Museum 18 km.

79664 Wehr €10,00

Wohnmobilstellplatz Ludingarten, Ludingarten, ☎ 07762/808601 <8m
Zwischen dem Fluss Wehra und einem kleinen Parksee

POS: 47°37'27.84"N/7°54'20.60"E, Karte D13 (S. 16), D4
Platz: P = 7 auf Pflaster. CHEM GRAU. Nachts beleuchtet. Ganzjährig geöffnet.
Preis: 10 € inkl. Entsorgung. Strom 1 €/8 h, Wasser 1 €.
Kontakt: Touristinfo Stadt Wehr, ☎ 07762/808601, tourist-info@wehr.de, www.wehr.de.
Distanz: 0,3 km, Ⓗ 0,4 km, 0,5 km, 0,8 km.
Freizeit: 2 km, 2 km, 1 km.
POI: Endstation Schluchtensteig 0,2 km, Burgruine Werach Sagenpfad 0,5 km, Tropfsteinhöhle Hasel 4 km, Burgruine Bärenfels 5 km.

37287 Wehretal gratis

Wohnmobilstellplatz In der Steinlache, Bahnhofstraße, ☎ 05651/94900 <8m
Am Ortsrand in ruhiger Lage beim Sportplatz

POS: 51°9'9.81"N/9°59'21.77"E, Karte D6 (S. 9), G5
Platz: = 6 auf Rasengittersteinen. =6 WC CHEM GRAU. VE 5.3.-15.10. Ganzjährig geöffnet.
Preis: Übernachtung gratis. Strom 1 €, Wasser 0,50 €/100 l, Entsorgung 1 €.
Kontakt: ☎ 05651/94900, verwaltung@wehretal.de, www.wehretal.de.
Distanz: 0,3 km, weitere Restaurants in 0,5 km, Ⓗ 0,3 km, 0,5 km, 0,5 km.
Freizeit: Mountainbiking, Naturpark Hoher Meißner 20 km.
POI: Kirche und Ehrenmal Reichensachsen.

63879 Weibersbrunn €10,00

Gasthaus Jägerhof, Hauptstraße 223, ☎ 06094/361 <10m
Auf dem großen Hotelparkplatz

2022 geprüft

POS: 49°56'3.57"N/9°21'20.29"E, Karte D10 (S. 13), F3
Platz: = 5 auf Pflaster. =2 WC. Ganzjährig geöffnet.

W

Preis: 10 € inkl. Wasser, WC, WLAN. Für Restaurantgäste kostenlos. Strom ab 10 €. Wasser/Dusche gegen Gebühren.
Kontakt: Roth, Familie ☎ 06094/361, info@hoteljaegerhof.de, www.hoteljaegerhof.de.
Distanz: 0 km, Ⓗ 0 km, 2 km.
Gastro: Gasthaus mit hauseigener Metzgerei, warme Küche von 11:30-21:30 Uhr. Frühstücksservice.
Freizeit: 15 km, 8 km.
POI: Schloss Mespelbrunn 6 km.

92637 Weiden-Theisseil — gratis

Hotel Hölltaler Hof, Oberhöll 2, ☎ 0961/4703940 >12m
Bei einem Hotel in Einzellage im Wald

POS: 49°40'12.30"N/12°13'59.26"E, Karte D11 (S. 14), D4
Platz: = 5 auf Pflaster, Wiese, Schotter. Aufenthalt unbegrenzt. Ganzjährig geöffnet. Ausnahme: Weihnachten/Neujahr und Mitte-Ende Aug.
Preis: Für Restaurantgäste kostenlos. Einkehr obligatorisch.
Kontakt: Michael Vierling, ☎ 0961/4703940, info@hoelltaler-hof.de, www.hoelltaler-hof.de.
Distanz: 1 km, Ⓗ 1,6 km, 2 km, 7 km.
Gastro: Warme Küche, Di-Sa 11:30-14:00 Uhr und 18:00-21:00 Uhr (zusätzlich Pfingstsonntag und -montag).
Freizeit: 7 km, 7 km. Skilift und Loipe.
POI: Vierlingsturm mit OWV-Hütte 1 km, Altstadt Weiden 7 km, Burgruine Leuchtenberg 8 km, Burgruine Flossenbürg 15 km.

92637 Weiden/Oberpfalz — €16,00

Stellplatz an der Thermenwelt, Raiffeisenstraße 7, ☎ 0961/6713219 <8m
Ausgewiesener Parkstreifen an der Weidener Thermenwelt

POS: 49°41'12.59"N/12°9'38.31"E, Karte D11 (S. 14), C4
Platz: P = 6 auf Rasengittersteinen. CHEM GRAU. Aufenthalt max. 7 Nächte. Ganzjährig geöffnet. Ausnahmen: 3 Wochen nach Pfingsten, Heiligabend, 1.Weihnachtsfeiertag, Silvester und Karfreitag geschlossen.
Preis: 16 € inkl. Strom, Wasser, Entsorgung. Bezahlung an der Kasse der Thermenwelt (plus einmalig 10 € Pfand für die Schlüssel).
Kontakt: Weidener Thermenwelt/Kasse, ☎ 0961/6713219, wtwkasse@stadtwerke-weiden.de, www.weidener-thermenwelt.de.
Distanz: , 0,2 km, 1 km.
Gastro: Restaurants in der Thermenwelt und in der Hans-Schröpf-Arena.
Freizeit: Eislauf, Besuch der Therme mit Solegrotte und Gradierwerk.

95466 Weidenberg — gratis

Stellplatz In der Au, In der Au, ☎ 09278/9770 Am Parkplatz vor dem Freizeit-Zentrum Weidenberg <10m

POS: 49°56'17.46"N/11°43'49.52"E, Karte D11 (S. 14), C3
Platz: P = 3 auf Schotter. Anreise flexibel. Ganzjährig geöffnet. Ausnahmen: im Winter witterungsabhängig.
Preis: Übernachtung gratis.
Kontakt: ☎ 09278/9770, vg.poststelle@weidenberg.de, www.weidenberg.de.
Distanz: 0,2 km, 0,4 km, Ⓗ 0,4 km, 0,5 km.
Gastro: Landgasthof Kilchert, Lindenstrasse.
Freizeit: 5 km, 1 km. Museumsweg, Fitness, Tennis, Squash, Sauna, Dampfbad im Freizeit-Zentrum Weidenberg, Wanderwege.
POI: Fichtelgebirge, historischer Obermarkt.

95466 Weidenberg-Lehen — gratis

Restaurant Hallermühle, Lehen 6, ☎ 09209/1351 <8m
In ruhiger Lage beim Restaurant

POS: 49°54'37.86"N/11°39'51.15"E, Karte D11 (S. 14), C3
Platz: = 2 auf Schotterrasen, Schotter. Aufenthalt max. 48 h. Ganzjährig geöffnet.
Preis: Für Restaurantgäste kostenlos, inkl. Strom. Einkehr obligatorisch.
Kontakt: Jörg Haller, ☎ 09209/1351, info@hallermuehle.de, www.hallermuehle.de.
Distanz: 0 km, Ⓗ 0,2 km, 5 km, 10 km.
Gastro: Restaurant am Platz, Do-Sa 16:30-22:00 Uhr, So 11:30-15:00 Uhr, Mo-Mi Ruhetag.
Freizeit: 6 km, 6 km. Lohengrin Therme 6 km.
POI: Eremitage 5 km, Bayreuth 8 km, Ochsenkopf 25 km, Fränkische Schweiz 30 km.

97990 Weikersheim-Laudenbach — €10,00

Camping Schwabenmühle, Weikersheimer Straße 21, ☎ 07934/992223 Bei einer historischen, umgebauten Mühle <10m

POS: 49°27'28.64"N/9°55'37.34"E, Karte D10 (S. 13), G5
Platz: P = 6 auf Schotter. =6 CHEM GRAU. wird empfohlen. Anfahrt bis 20:00 Uhr. Kein WC. Geöffnet: Ostern-Anfang Okt.
Preis: 10 € inkl. Entsorgung. Strom 2 €/12 h, Wasser 1 €/100 l, WLAN 2 €/24 h.
Kontakt: Camping Schwabenmühle, ☎ 07934/992223, info@camping-schwabenmuehle.de, www.camping-schwabenmuehle.de.
Distanz: 0,3 km, 0,3 km, weitere Restaurants in 0,5 km, Ⓗ 0,3 km, 3 km.
Freizeit: 3 km, 3 km, 0,1 km. 5* Radweg Liebliches Taubertal, Main-Tauber-Fränkische-Radachter, Fahrradmitnahme im Radelzug gratis, Weinlese, Reiten, Gleitschirmfliegen, Badesee 3 km.
POI: Bergkirche Laudenbach 0,6 km, Renaissanceschloss Weikersheim 3 km, Riemenschneider-Altar Creglingen 15 km, DeutschOrdensschloss Bad Mergentheim 15 km.

> Sie haben einen neuen Stellplatz entdeckt? Dann teilen Sie uns diesen mit per E-Mail an **bordatlas@doldemedien.de** oder über das Online-Meldeformular unter **www.bordatlas.de/meldung**

97990 Weikersheim-Nassau — €15,00

Ferienhof Henn, Lange Straße 10, ☎ 07934/990909 Wiesengelände mit kleinem Baumbestand hinter dem Hof <8m

POS: 49°31'21.17"N/9°53'34.06"E, Karte D10 (S. 13), G5
Platz: = 2 auf Wiese. =2 (16 A) WC CHEM GRAU. Sauna. Ganzjährig geöffnet.
Preis: 15 € inkl. Strom, Wasser, Entsorgung, WC, Müll-Entsorgung. Jede weitere Pers. 1 €. Sauna 12 €/2 h. Nutzung Pool kostenfrei.
Kontakt: Familie Henn, ☎ 07934/990909, info@ferienhof-henn.de, www.ferienhof-henn.de.
Distanz: 4,8 km, 3 km, 6 km, Ⓗ 6 km.
Gastro: Brötchenservice.
Freizeit: 6 km. Pool, Pony reiten.
POI: Altstadt Weikersheim mit Schloss 6 km.

97990 Weikersheim-Neubronn — €16,00

Stellplatz Georgshof, Lindenweg 9, ☎ 07934/7251 Ruhige Lage am Dorfrand im großen Bauerngarten mit Obstbäumen <12m

POS: 49°27'53.13"N/9°58'2.47"E, Karte D10 (S. 13), G5
Platz: P = 4 auf Wiese, Schotter. =5 (16 A) WC CHEM. Kochgelegenheit und Waschmaschine. Für schwere Wohnmobile nicht geeignet. Ganzjährig geöffnet.
Preis: 16 € inkl. Strom, Wasser, Entsorgung, Dusche, WC, Müll-Entsorgung, WLAN. Jede weitere Pers. 8 €, Kind (bis 14 J.) 5 €.
Kontakt: Gudrun Schammann, ☎ 07934/7251, gudrun.schammann.georgshof@t-online.de, www.georgshofschammann.de.
Distanz: Ⓗ 0,5 km, 2 km, 7 km.
Gastro: Verkauf hofeigener Produkte.
Freizeit: 0,3 km, 7 km, 7 km. Mitarbeit im Stall/auf dem Feld, Reiten, Fahrt mit Traktor und Wagen.
POI: Fingerhutmuseum 7 km, Herrgottskirche und Riemenschneider-Altar in Creglingen 7 km, Dorfmuseum und Schloss in Weikersheim 7 km, Rothenburg o.d.Tauber 18 km.

79576 Weil am Rhein — €9,00

Wohnmobilstellplatz am Laguna Badeland, Am Wasserwerk 2, ☎ 07621/956740 <10m neu
Auf dem Parkplatz am Ortsrand

POS: 47°35'10.45"N/7°36'58.63"E, Karte D13 (S. 16), C4
Platz: = 6 auf Asphalt. Anfahrt 24 h. Ganzjährig geöffnet.
Preis: 9 €.
Kontakt: ☎ 07621/956740, info@laguna-badeland.de, www.laguna-badeland.de.

Distanz: , weitere Restaurants in 0,4 km, 0,5 km, 1,3 km, 1,3 km.
Gastro: Laguna Restaurant.
POI: Vitra Design Museum 3,1 km.

71263 Weil der Stadt — gratis

Wohnmobilstellplatz Weil der Stadt, Hermann-Schnaufer-Straße 7, ☎ **07033/521133** — <8 m — neu
Neuer Stellplatz neben Einkaufscenter

POS: 48°44'53.17"N/8°52'26.31"E, Karte D14 (S. 17), F2
Platz: = 6 auf Asphalt. CHEM GRAU . Aufenthalt max. 3 Tage. Ganzjährig geöffnet.
Preis: Übernachtung gratis. Strom 0,50 €, Wasser 0,10 €/10 l, Entsorgung 1 €.
Kontakt: Stadt Weil der Stadt, ☎ 07033/521133, touristinfo@weil-der-stadt.de, www.weil-der-stadt.de.
Distanz: 0 km, 0,6 km, 0,6 km.
Freizeit: Ausgewiesene Rad- und Wanderwege, Stadtführung.
POI: Altstadt mit Keplermuseum im Geburtshaus Johannes Kepler, Stadtpfarrkirche St. Peter und Paul, Narren-, Puppen- und Stadtmuseum, Brenzkirche, Wehrtürme an der Stadtmauer 0,2 km.

35781 Weilburg — €6,00

Wohnmobilstation Hainallee, Im Bangert 16 A, ☎ **06471/31467** — <10 m
An der Lahnschleife, gegenüber der Feuerwehr

2020 geprüft

POS: 50°28'59.74"N/8°15'27.66"E, Karte D10 (S. 13), E2
Platz: = 80 auf Schotter. GRAU. Ganzjährig geöffnet. Ausnahme: Sperrung bei Veranstaltungen.
Preis: 6 € inkl. Wasser, Entsorgung. Strom 2 €/Tag.
Kontakt: Tourist-Info, ☎ 06471/31467, tourist-info@weilburg.de, www.weilburg.de.
Distanz: 0,5 km, 0,5 km, 0,5 km, 2,8 km.
Freizeit: 4,2 km, 1,2 km, 0,7 km. Stadt-, Schloss- und Museumsführungen, Boots- und Kanufahrten, Tiergarten 2 km.
POI: Bergbau- und Stadtmuseum, Altstadt, Schloss Weilburg 0,5 km, Rosenhang-Museum 0,5 km, Kristallhöhle 5 km.

79809 Weilheim — gratis

Brauerei Gasthof Waldhaus, Waldhaus 1, ☎ **07755/1600** — >12 m
Am Waldrand, im Naturpark Südschwarzwald

POS: 47°40'59.87"N/8°9'27.05"E, Karte D13 (S. 16), D4
Platz: = 10, = 5 (<15 m) auf Schotter, Pflaster. Nur für Besucher des Gasthofs. Ganzjährig geöffnet.
Preis: Für Restaurantgäste kostenlos. Einkehr obligat.
Kontakt: Brauerei-Gasthof Waldhaus Zimmermann Gastronomie Betriebs Gmbh, Thomas Zimmermann, ☎ 07755/1600, reservierung@gasthofwaldhaus.de, www.gasthofwaldhaus.de.
Distanz: 0 km, 0,1 km, 0,3 km, 7 km.
Gastro: Brauerei Gasthof Waldhaus mit Biergarten, Di-Do 11:00-21:30 Uhr, Sa 11:00-22:30 Uhr, So/Feiertage 10:00-21:00 Uhr. warme Küche, 11:30-21:00 Uhr. Brotverkauf im Gasthof Mi, Fr + So ab 11:00 Uhr.
Freizeit: 10 km. Wandern auf dem Rosenwanderweg, Rundwanderwege am Platz, Waldschwimmbad in Höchenschwand 8 km, Loipe und Skilift Höchenschwand 8 km, Thermalbad Bad Zurzach 15 km, Schluchsee 20 km.
POI: Waldhaus, historische Fußgängerzone Waldshut 10 km, Dom St. Blasien 12 km.

82362 Weilheim in Oberbayern — €10,00

Wohnmobilstellplatz Weilheim, Lohgasse 17, ☎ **0881/6825303** — <8 m
Am Parkplatz bei der Ammerschule im Anschluss an einen Großparkplatz

POS: 47°50'24.55"N/11°8'9.10"E, Karte D15 (S. 18), B4
Platz: = 12 auf Asphalt. =18 (16 A) CHEM. Aufenthalt max. 5 Tage. Der Parkscheinautomat befindet sich neben der Infotafel. Der Platz wird regelmäßig von der Verkehrsüberwachung überprüft. Ganzjährig geöffnet.
Preis: 10 €. Strom 0,50 €/kWh, Wasser 0,50 €/4 min.
Kontakt: Stadt Weilheim, ☎ 0881/6825303, weilheiminfo@weilheim.de, www.weilheim.de.
Distanz: 0,2 km, 0,5 km, 0,5 km, 0,5 km.
Freizeit: 2 km, 0,9 km, 1 km. Stadtbesichtigung, Radfahren entlang der Ammer, Dietlhofer See 2,5 km, Starnberger See 15 km, Ammersee 16 km.
POI: Marienplatz 0,5 km, Stadtmuseum 0,6 km.

73235 Weilheim/Teck — €6,00

Wohnmobilstellplatz Weilheim/Teck, Kalixtenbergstraße, ☎ **07023/1060** In zentraler Lage unterhalb der Limburghalle — <8 m

POS: 48°37'13.98"N/9°32'6.81"E, Karte D14 (S. 17), G2
Platz: = 8 auf Schotter, Schotterrasen. CHEM GRAU . Aufenthalt max. 3 Nächte. Ganzjährig geöffnet.
Preis: 6 € inkl. Entsorgung, Müll-Entsorgung. Strom 1 €/4 kWh, Wasser 1 €/80 l. Parkscheine bei den örtlichen Tankstellen Esso/Aral oder Bezahlung über App.
Kontakt: Stadt Weilheim/Teck, ☎ 07023/1060, stadt@weilheim-teck.de, www.weilheim-teck.de.
Distanz: 0,2 km, 0,2 km, 0,2 km.
Freizeit: Natur- und Kulturlehrpfad, Wanderung auf die Limburg.
POI: Peterskirche, Die Limburg.

35789 Weilmünster — gratis

Wohnmobilstellplatz In der Au, Am Froschgraben 10, ☎ **06472/91690** — <12 m
Zentral und doch ruhig, an einem Bachlauf

POS: 50°26'2.75"N/8°22'22.64"E, Karte D10 (S. 13), E2
Platz: = 10 auf Schotter. =12 (10 A) CHEM GRAU . Frischwasser im Winter beim Bauhof der Gemeinde (Mo-Do um 9:00 und 16:00 Uhr, Fr um 9:00 Uhr) nach telefonischer Voranmeldung 06472/916961. Ganzjährig geöffnet.
Preis: Übernachtung gratis inkl. Wasser, Entsorgung, WLAN. Strom 2 €/16 h. 3 Tage kostenlos, ab 4. Tag 6 €.
Kontakt: Gemeinde Weilmünster, ☎ 06472/91690, rathaus@weilmuenster.de, www.weilmuenster.de.
Distanz: 0 km, 0,2 km, weitere Restaurants in 0,3 km, 0,3 km, 0,4 km.
Gastro: Mehrere Restaurants im Ort.
Freizeit: 1 km, 12 km. Weiltalradweg.
POI: Kirbergturm 0,5 km.

61276 Weilrod-Altweilnau — €12,00

taunus mobilcamp, Egertshammer, ☎ **0271/8707499** An der B275 Hochtaunusstraße, im Naturpark Hochtaunus — <12 m

POS: 50°18'36.16"N/8°25'36.18"E, Karte D10 (S. 13), E2
Platz: = 42 auf Schotterrasen, Wiese, Schotter, Rasengittersteinen. =42 (16 A) WC CHEM GRAU . Spülraum. Online-Buchungssystem, flexible Anreise möglich. WC nur von 1.4-31.10. Max. 2 Hunde erlaubt. Ganzjährig geöffnet.
Preis: 12 € inkl. Entsorgung, Dusche, WC, Müll-Entsorgung, WLAN. Jede weitere Pers. 2 €, Kind (ab 14 J.) 1 €, Strom 0,50 €/kWh, Wasser 1 €/80 l, Kurtaxe 2 €/Pers., Hund 1 €, VE für Durchreisende 2 €, Waschmaschine/Trockner je 3 €. Gespanne und Wohnmobile > 8 m Länge 15 €. Bezahlung mit PayPal, Kreditkarte oder in bar.
Kontakt: taunus mobilcamp UG, Eckhard Reuter, ☎ 0271/8707499, info@taunus-mobilcamp.de, www.taunus-mobilcamp.de.
Distanz: 0 km, 0,1 km, 0,5 km, 3 km.
Gastro: Onkel Toms Hütte auf dem Stellplatz.
Freizeit: 6 km, 9 km, 3 km. Golfplatz 1 km, Vogelpark 10 km, Freizeitpark Lochmühle 10 km, Erlebnisbad 20 km, Opelzoo 23 km, Kristallhöhle 25 km.
POI: Ruine Landstein 0,5 km, Bergruine Altweilnau direkt beim Platz 0,5 km, Schloss Neuweilnau 2 km, Freilichtmuseum Hessenpark 9 km, Römerkastell Saalburg 11 km, Feldberg mit Greifvogelvorführung 20 km.

99423 Weimar — €12,00 — <12m

Stellplatz Hermann-Brill-Platz, Hermann-Brill-Platz, ☎ 03643/7450
Abgetrennter Bereich des städtischen Parkplatzes im Stadtzentrum

2021 geprüft

POS: 50°59'6.17"N/11°18'59.62"E, Karte D11 (S. 14), B1
Platz: = 20 auf Pflaster. =6 CHEM. Keine VE im Winter. Ganzjährig geöffnet.
Preis: 12 € inkl. Entsorgung, Müll-Entsorgung. Strom 1 €/6 h, Wasser 1 €/80 l. Nur Münzzahlung.
Kontakt: Stadt Weimar, ☎ 03643/7450, tourist-info@weimar.de, www.weimar.de.
Distanz: 0,2 km, 0,4 km, weitere Restaurants in 0,8 km, 0,5 km, 0,8 km.
Gastro: Pizzeria am Platz.
Freizeit: 0,1 km, 0,1 km, 0,8 km. Einkaufszentrum Weimarer Atrium.
POI: Bauhaus-Museum Weimar 0,6 km, Museum Neues Weimar 0,9 km, Goethe-/Schiller-Denkmal 1 km, Stadtkirche St. Peter und Paul 1 km, Haus der Weimarer Republik 1 km, Goethes Wohnhaus 1,4 km, Erlebnisort Bach in Weimar 1,4 km, Gedenkstätte Buchenwald (KZ) 7 km.

99425 Weimar — €6,00 — <10m

Stellplatz am Friedhof, Berkaer Straße, ☎ 03643/7450 Auf einem gemischten Parkplatz am Friedhof

POS: 50°58'11.92"N/11°19'30.25"E, Karte D11 (S. 14), B1
Platz: = 10 auf Asphalt. Ausweichplatz für Stellplatz Hermann-Brill-Platz (dort VE). Ganzjährig geöffnet.
Preis: 6 €. 1,20 €/h. Bezahlung am Parkscheinautomat oder über HandyParken.
Kontakt: Tourist Information Weimar, ☎ 03643/7450, tourist-info@weimar.de, stadt.weimar.de.
Distanz: 0,8 km, E 2,4 km (Hermann-Brill-Platz, 99423 Weimar).
Freizeit: Besuch der Weimarer Schlösser und Museen, Stadtbesichtigung.
POI: Stadtführungen Weimar, Goethe- und Schiller-Denkmal, Bauhaus-Museum Weimar, Stadtkirche St. Peter und Paul.

99428 Weimar-Legefeld — €5,00 — <10m

Saunabad Weimar, In der Buttergrube 11, ☎ 03643/953003
Bei der Saunaanlage

2021 geprüft

POS: 50°56'8.62"N/11°17'11.75"E, Karte D11 (S. 14), B1
Platz: = 10 auf Pflaster. =10 (16 A). Bewegungsbad bei der Sauna, Gasflaschen-Tausch bei der Tankstelle. Ganzjährig geöffnet.
Preis: 5 €. Strom 5 €.
Kontakt: Detlef Cygan, ☎ 03643/953003, info@saunabad-weimar.de, www.saunabad-weimar.de.
Distanz: 0,3 km, 0,3 km, 0,3 km, 2,3 km, 5 km.
Gastro: Freitags frische Forellen von der Forellenanlage An der Lotte im Kirschbachtal. Restaurant, Mo-So 14:00-21:00 Uhr.
Freizeit: 5 km, 5 km.
POI: Kunstsammlung im Stadtschloss, Schloss und Park Tiefurt, Stadtkirche St. Peter und Paul, Schloss Belvedere, Goethe-Wohnhaus/-Nationalmuseum.

88250 Weingarten — €10,00 — <12m

Wohnmobilstellplatz am Festplatz, Abt-Hyller-Straße, ☎ 0751/405232
Am Rand des Festplatzes, nahe Sportanlagen und Hallenbad

POS: 47°48'36.71"N/9°37'49.95"E, Karte D14 (S. 17), G4
Platz: = 8 auf Schotter. =12 CHEM. Aufenthalt max. 72 h. Ganzjährig geöffnet. Ausnahme: Am 1. Juli-WE ist der Platz gesperrt.
Preis: 10 €. Strom 0,50 €/kWh, Wasser 1 €/100 l, Entsorgung 1 €. 10 € bzw. 1 €/h (bis 5 h).
Kontakt: Tourist-Info Weingarten, ☎ 0751/405232, +497(0)51/405127, akt@weingarten-online.de, www.weingarten-online.de.
Distanz: 0,1 km, weitere Restaurants in 0,4 km, 0,3 km, 0,5 km, 0,7 km.
Gastro: Restaurant Best Western Parkhotel.
Freizeit: 3,5 km, 0,1 km. Tennis, Stadtführungen, Reiten, Waldsportpfad 8 km.
POI: Kultur- und Kongresszentrum, Stadtgarten, Innenstadt Weingartens mit 4 Museen 0,7 km, Basilika Weingarten 1 km, Nessenreben - Naherholungsgebiet 3,5 km.

69469 Weinheim — gratis — <10m

Freizeit- und Wellnessbad Miramar, Waidallee 100, ☎ 06201/60000
Direkt am Miramar und am Badesee

POS: 49°32'0.36"N/8°38'39.81"E, Karte D10 (S. 13), E4
Platz: = 5 auf Asphalt. Aufenthalt max. 1 Nacht. Ganzjährig geöffnet.
Preis: Übernachtung gratis.
Kontakt: Miramar Freizeitzentrum, ☎ 06201/60000, info@miramar-bad.de, miramar-bad.de.
Distanz: 0 km, 0 km, 2,3 km.
Freizeit: Badesee.
POI: Zwei-Burgen-Stadt Weinheim 2,3 km.

69469 Weinheim — gratis — <8m

Stellplatz Weinheim, Rote Turmstraße 30, ☎ 06201/82610
Direkt am Schlosspark in der Altstadt

2021 geprüft

POS: 49°32'41.34"N/8°40'10.20"E, Karte D10 (S. 13), E4
Platz: = 5 auf Asphalt. Aufenthalt max. 24 h. Ganzjährig geöffnet.
Preis: Übernachtung gratis.
Kontakt: Tourist-Info Weinheim, ☎ 06201/82610, tourismus@weinheim.de, www.weinheim.de.
Distanz: 0,4 km, weitere Restaurants in 0,5 km, 0,4 km.
Freizeit: 4 km, 4 km. Badesee Waidsee Weinheim, Ausgewiesene Rad- und Wanderwege, Minigolf Waidallee.
POI: Burgruine Windeck und Wachenburg Weinheim, hist. Mühlen im Birkenauer Tal, Schloss, Schlosspark, Exotenwald, Schau- und Sichtungsgarten Hermannshof in der Innenstadt, Altstadt 0,4 km.

74189 Weinsberg — gratis — <8m

Wohnmobilstellplatz Weinsberg, Eugen-Diez-Straße, ☎ 07134/5120
In zentraler Lage in der Nähe der Erholungsanlage Alte Ziegelei

2021 geprüft

POS: 49°8'54.38"N/9°17'4.02"E, Karte D10 (S. 13), F5
Platz: = 10 auf Pflaster, Rasengittersteinen. CHEM. Ladesäule für E-Bikes. Ebener Stellplatz. Aufenthalt max. 3 Tage, An- und Abreise jederzeit möglich. Ganzjährig geöffnet.
Preis: Übernachtung gratis inkl. Müll-Entsorgung, WLAN. Strom 0,50 €/kWh, Wasser 1 €/100 l.
Kontakt: Stadtverwaltung Weinsberg, ☎ 07134/5120, stadt@weinsberg.de, www.weinsberg.de.
Distanz: 0,2 km, 0,4 km, 0,4 km, 0,5 km.
Freizeit: 2 km, 7 km. Erlebnisbad 7 km, Badesee 10 km.
POI: Weibertreu-Museum 0,6 km, Johanneskirche 0,6 km, Kernerhaus 0,9 km, Burgruine Weibertreu 1 km.

W

71384 Weinstadt-Großheppach €10,00

Wohnmobilstellplatz am Kleinheppacher Kopf, Wartbühlstraße 13, ☎ 0151/23225611 <12m
Bei einem Gartenbaubetrieb am Ortsrand

2022 geprüft

POS: 48°49'32.40"N/9°22'40.89"E, Karte D14 (S. 17), F1
Platz: = 13 auf Wiese, Rasengittersteinen. Ohne Service, Stellflächen teilweise sehr schräg. Ganzjährig geöffnet.
Preis: 10 € inkl. aller Personen. Bezahlung beim Betreiber.
Kontakt: store-n-park, Mobil: 0151/23225611, info@store-n-park.de, store-n-park.de.
Distanz: Ⓗ 0,3 km, 0,7 km, 1 km.
Gastro: Gasthaus zur Krone.
Freizeit: Remstal-Radweg, Fernsehen in Korb (Aussichtsturm in Kleinheppacher Weinbergen) 1,1 km, Luitenbächer Höhe 1,3 km, Kanu- und SUP-Verleih 1,8 km.
POI: Kleinheppacher Kopf 2,3 km, Hörnleskopf Korb 3,1 km.

71384 Weinstadt-Strümpfelbach gratis

Weingut Knauß, Nolten 2, ☎ 07151/606345 <10m
In ruhiger Lage in den Weinbergen

POS: 48°47'33.20"N/9°21'47.91"E, Karte D14 (S. 17), F1
Platz: = 3 auf Wiese, Schotter. Ⓔ wird empfohlen. Wasser und Strom auf Anfrage gegen Gebühr. Ganzjährig geöffnet.
Preis: Übernachtung gratis. Weinkauf erwünscht.
Kontakt: Familie Knauß, ☎ 07151/606345, info@weingut-knauss.com, www.weingut-knauss.com.
Distanz: Ⓗ 0,2 km, 0,2 km, 1 km, 3 km.
Gastro: Besenwirtschaft (Öffnungszeiten siehe Website).
Freizeit: 2 km. Mithilfe bei der Weinlese, Weinwanderweg.
POI: Skulpturenpfad 1 km, Y-Burg Stetten 1 km, Historischer Ortskern 1 km, Stuttgart 15 km.

96369 Weißenbrunn-Hummendorf €5,00

Restaurant-Gasthaus Zur Mühle, Johann-Georg-Herzog Straße 10, ☎ 09261/3965 <8m
Am Restaurant, nachts beleuchtet

POS: 50°12'14.44"N/11°18'16.52"E, Karte D11 (S. 14), B3
Platz: P = 2 auf Schotter. Ganzjährig geöffnet. Ausnahmen: im Aug für 14 Tage und eventuell in den Herbst-/Winterferien geschlossen.
Preis: 5 €. Für Restaurantgäste kostenlos.
Kontakt: Frau Silvia Roth, ☎ 09261/3965, Mobil: 01603522531, gasthauszurmuehle@t-online.de, www.zurmuehle-hummendorf.de.
Distanz: 0 km, Ⓔ 3 km (Hammermühle, Hammermühle 4, 96317 Kronach), 3 km.
Gastro: Am Platz, Mo 11:00-21:00 Uhr, Di 11:00-14:00 Uhr, Mi + Fr-Sa 17:00-22:00 Uhr, Do 11:30-13:30 Uhr und 17:00-22:00 Uhr, So 10:30-14:00 Uhr und 17:00-22:00 Uhr.
Freizeit: 3 km, 3 km.
POI: Brauereimuseum Weißenbrunn 3 km, Floßfahrt/Flößereimuseum in Neuses 3 km, Festung Rosenberg 4 km.

91781 Weißenburg in Bayern €10,00

Restaurant Silbermühle vino y tapa, Silbermühle 4, ☎ 091419/744001 <10m
Ehemalige kaiserliche Wassermühle am Flusslauf der Schwäbischen Rezat

POS: 49°2'43.18"N/10°57'59.88"E, Karte D15 (S. 18), B1
Platz: = 8, = 1 (<9 m) auf Schotter, Asphalt. WC. Anfahrt auch an den Ruhetagen. Ganzjährig geöffnet.
Preis: 10 € inkl. aller Personen, Wasser, WC, Müll-Entsorgung, WLAN. Für Restaurantgäste kostenlos. Strom 10 €.
Kontakt: Markus Bauer, ☎ 091419/744001, silbermuehle@web.de, www.die-silbermuehle.de.
Distanz: 0 km, weitere Restaurants in 2 km, Ⓗ 1 km, Ⓔ 1,5 km (Wohnmobilstellplatz am Limesbad, Badstraße 5, 91781 Weißenburg in Bayern), 1,5 km, 2 km.
Gastro: Restaurant, Mi-So 18:00-23:00 Uhr, Mo-Di Ruhetag.
Freizeit: 1 km, 1 km, 10 km. Schlossbesichtigung, Angeln, Limeswanderung, Freilichtbühne Weißenburg 2 km, Brombachsee 10 km.
POI: Römermuseum mit Schatzfund 2 km, Schloss Ellingen 3,5 km.

91781 Weißenburg in Bayern gratis

Wohnmobilstellplatz Am Limesbad, Badstraße 5, ☎ 09141/907124 <10m
Auf einem öffentlichen Großparkplatz

POS: 49°1'27.91"N/10°58'24.65"E, Karte D15 (S. 18), B1
Platz: P = 6 auf Asphalt. CHEM GRAU. Bei Frost keine VE. Öffentliches Bayern-WLAN kostenfrei. Ganzjährig geöffnet. Ausnahme: 1.8.-31.8 wegen Weißenburger Kirchweih geschlossen.
Preis: Übernachtung gratis inkl. Entsorgung, WLAN. Strom 0,50 €/kWh, Wasser 1 €/80-100 l.
Kontakt: Stadt Weißenburg, ☎ 09141/907124, tourist@weissenburg.de, www.weissenburg.de.
Distanz: Ⓗ 0,5 km, 1 km, 1 km, 1 km.
Gastro: Restaurants in der Innenstadt 1 km.
Freizeit: Brombachsee, Limesbad (Limesbad), Wülzburgweg 0,5 km, Limeswanderung 0,5 km, Altmühltahl Panoramaweg 9,5 km, Altmühltahl Radweg 9,5 km.
POI: Altstadt, Reichsstadt Museum 1 km, Römermuseum 1 km, Römische Thermen 1,5 km, Kastell Biriciana 1,5 km, Hohenzollernfestung Wülzburg 3 km.

06667 Weißenfels-Borau €4,00

Gerth-Mobile e.Kfm. Freizeitmobile, Selauer Straße 91 b, ☎ 03443/3419130 >12m Direkt bei der Firma mit Zubehörshop und Werkstatt vor Ort

POS: 51°11'50.07"N/11°59'46.03"E, Karte D7 (S. 10), C5
Platz: P = 4 auf Schotter. =3 (6 A) CHEM GRAU. Einfahrtshöhe max. 3,50 m. Anfahrt 24 h. 2 Ladepunkte für Elektrofahrzeuge, Gasflaschentausch zu den Geschäftszeiten. Ganzjährig geöffnet.
Preis: 4 € inkl. aller Personen, WLAN. Strom 2 €/kWh, Wasser 2 €/100 l. Bezahlung zu den Geschäftszeiten im Büro, Bezahlung VE/Strom per Paypal oder Kreditkarte möglich.
Kontakt: Gerth-Mobile e.Kfm., Sören Gerth, ☎ 03443/3419130, info@gerth-mobile.de, gerth-mobile.de/stellplatz/.
Anfahrt: Stellplätze 80 m hinter der Zufahrt zur Firma.
Distanz: 0,1 km, 0,1 km, weitere Restaurants in 6 km, Ⓗ 0,1 km, 1 km.
Freizeit: 8 km, 6 km. Saale-Radwanderweg 0,1 km, Saale-Unstrut-Tal 2 km, Straße der Romantik 3 km, Sektkellerei Freyburg 15 km.
POI: Schlosskapelle Weißenfels 3 km, Schloss Neuenburg 15 km.

89264 Weißenhorn gratis

Wohnmobilstellplatz Weißenhorn, Jahnweg 2, ☎ 07309/840 <10m
Am Rand eines kleinen Parkplatzes

2020 geprüft

POS: 48°17'59.27"N/10°9'34.24"E, Karte D14 (S. 17), H3
Platz: P = 4 auf Rasengittersteinen. CHEM GRAU. Beleuchtet. Aufenthalt max. 72 h. Ganzjährig geöffnet.
Preis: Übernachtung gratis inkl. Entsorgung. Strom 0,50 €/kWh, Wasser 1 €/100 l.
Kontakt: Stadt Weißenhorn, ☎ 07309/840, info@weissenhorn.de, www.weissenhorn.de.
Distanz: 0,5 km, 0,5 km, 0,5 km.
POI: Kloster Roggenburg 6 km.

W

95163 Weißenstadt €12,00

Campingplatz Stadtbad Weißenstadt, Badstraße 91, ☎ 0170/8017314 Auf dem Restaurantparkplatz am Weißenstädter See <10m

POS: 50°6'30.59"N/11°52'30.22"E, Karte D11 (S.14), C3
Platz: = 5 auf Wiese, Schotter. Ganzjährig geöffnet.
Preis: 12 €. Kurtaxe 1,50 € (ab 16 J.).
Kontakt: Campingplatz Weißenstadt, Mobil: 0170/8017314, kontakt@camping-weissenstadt.de, www.camping-weissenstadt.de.
Distanz: 0 km, weitere Restaurants in 0,3 km, 0,3 km, 0,6 km, 0,8 km.
Gastro: Stadtbad Restaurant, Di 17:00-21:00 Uhr, Mi-So 14:00-21:00 Uhr, Mo Ruhetag.
Freizeit: 2 km, 2 km. Langlaufloipe, Wassersport (Schwimmen, Tretboot, SUP, Paddelboot, Surfen, Segeln), Tennis, Angeln (am Weißenstädter See), Freizeitsee 0,1 km, Kurzentrum 1,5 km, Therme Siebenquell 2 km, 4 Quellen (Saale, Eger, Naab, Main) ab 3 km.
POI: Felstürme am Rudolfstein 7 km, Fichtelgebirgsmuseum 10 km, Ochsenkopf Bischofsgrün 10 km, Felsenlabyrinth 12 km, Bauernhofmuseum 14 km.

95163 Weißenstadt €18,00

Wohnmobilstellplatz Siebenquell, Thermenallee 1, ☎ 09253/954600 Teil des öffentlichen Parkplatzes beim Weißenstädter See <10m

POS: 50°5'35.82"N/11°52'18.90"E, Karte D11 (S.14), C3
Platz: P = 15 auf Schotterrasen. CHEM GRAU. Anmeldung an der Hotelrezeption bis 20:00 Uhr, Abreise bis 12:00 Uhr. Ganzjährig geöffnet.
Preis: 18 € inkl. Strom, Wasser, Entsorgung, Müll-Entsorgung, WLAN. Jede weitere Pers. 3 €, Kind (bis 5 J.) gratis, Kurtaxe 1,50 €/Pers. Kaution 20 €, Gästekarte mit Ermäßigungen im Ort.
Kontakt: ☎ 09253/954600, info@siebenquell.com, www.siebenquell.com.
Distanz: 0,1 km, weitere Restaurants in 1 km, 0,2 km, 2 km, 2 km.
Gastro: Frühstück im Hotel 18,50 €/Pers. Brötchenservice. Steakhaus und Bar.
Freizeit: Weißenstädter See 0,2 km.

66709 Weiskirchen gratis

Parkplatz Burgstraße am Kurpark, Burgstraße, ☎ 06876/70937 Im heilklimatischen Kurort Weiskirchen <8m

POS: 49°33'31.44"N/6°49'4.48"E, Karte D9 (S.12), B4
Platz: P = 6 auf Pflaster. =6. Aufenthalt max. 2-3 Tage. Kurtaxe bei der Hochwald-Touristik GmbH im Haus des Gastes entrichten. Ganzjährig geöffnet.
Preis: Übernachtung gratis. Strom 0,50 €, Wasser 0,50 €, Kurtaxe 1,40 €/Pers.
Kontakt: Hochwald Touristik, ☎ 06876/70937, hochwald-touristik@weiskirchen.de, www.weiskirchen.de.
Distanz: 0,2 km, 0,4 km, weitere Restaurants in 0,7 km, 0,5 km.
Freizeit: 1,5 km, 0,6 km, 0,5 km. Beachvolleyball, Kurpark mit Staudengarten 0,3 km, Minigolf und Rasenschach 0,3 km, Vitalis Weiskirchen 0,6 km, Wild- und Wanderpark Weiskirchen 1,5 km, Wassersport am Stausee Losheim 7 km.
POI: Drehorgelmuseum 0,5 km, Schloss Dagstuhl 6 km, Eisenbahnmuseum Losheim 7 km.

66709 Weiskirchen €12,00

Wohnmobil-Oase Schwarzrinder Seen, Schwarzrinder See 1 A, ☎ 06874/6516 Befestigte Stellflächen am See <10m

POS: 49°31'32.75"N/6°49'50.31"E, Karte D9 (S.12), B4
Platz: P = 18 auf Schotter. =20 (6/A) CHEM GRAU. Späteste Ankunft 22:00 Uhr. Rasenteppich vor jedem Wohnmobil. Geöffnet: Ostern-15.Okt.
Preis: 12 € inkl. aller Personen, Strom, Wasser, Entsorgung, WLAN. 3 Nächte 30 €. Klimaanlagennutzung (nur nach Anmeldung) 4 €/Tag.
Kontakt: Frau Paul, Herr Dettmer, ☎ 06874/6516, info@dasweindorf.de, www.dasweindorf.de.
Distanz: 0 km, weitere Restaurants in 2 km, 0,3 km, 2 km, 4 km.
Gastro: Brötchen- und Frühstücksservice.
Freizeit: 4 km, 4 km. Mountainbiking, Kurpark mit Staudengarten 4 km.
POI: Drehorgelmuseum 4 km.

55576 Welgesheim €10,00

Stellplatz Am Wiesbach, Zotzenheimer Weg 9, ☎ 06701/1677 Am Weinhaus Kost <8m

POS: 49°52'46.19"N/7°57'51.07"E, Karte D9 (S.12), D4
Platz: = 8, = 8 (<12 m) auf Pflaster, Wiese, Schotter. WC. Ganzjährig geöffnet.
Preis: 10 € inkl. Strom, Wasser, Dusche, WC, Müll-Entsorgung, WLAN. Gratis bei Kauf von 24 Flaschen Wein.
Kontakt: Wein- und Sekthaus Kost, Lorenz Kost, ☎ 06701/1677, Mobil: 0160/97003598, info@weinhaus-kost.de, www.weinhaus-kost.de.
Distanz: 0,5 km, 1 km, weitere Restaurants in 5 km, 3 km.
Freizeit: 5 km, 3 km. Weinprobe, Betriebsführung.
POI: Bingen 12 km, Saline Bad Münster am Stein 15 km, Rüdesheim 15 km, Niederwald-Denkmal 17 km.

91809 Wellheim-Konstein €5,00

Parkplatz am Dohlenfelsen, Aichaer Straße, ☎ 08427/99110 Am Klettergarten Dohlenfelsen im Naturpark Altmühltal <10m

POS: 48°49'43.00"N/11°4'60.00"E, Karte D15 (S.18), B1
Platz: = 15 auf Asphalt. WC. Ganzjährig geöffnet.
Preis: 5 € inkl. WC.
Kontakt: Marktgemeinde Wellheim, ☎ 08427/99110, poststelle@wellheim.bayern.de, www.wellheim.de.
Distanz: 0,5 km, 1 km, 1 km, 12 km.
Freizeit: 0,3 km. Klettergarten Konstein 0,1 km, Nordic Walking-Park 0,1 km, Urdonautalsteig 0,1 km.
POI: Historischer Friedhof, Heimatmuseum 2 km, Spindeltal-Kirchenruine 2,5 km, ehemalige Burg 3 km, Zigeunerloch 5 km.

73642 Welzheim gratis

Stellplatz Am Bahnhof, Bahnhofstraße 62, ☎ 07182/800815 In zentraler Lage am Bahnhof <8m

POS: 48°52'21.96"N/9°37'50.01"E, Karte D14 (S.17), G1
Platz: = 3 auf Asphalt. =1 WC. Aufenthalt max. 72 h. Ganzjährig geöffnet.
Preis: Übernachtung gratis. Strom 1 €/2 kWh. WC gegen Gebühr (7:00-19:00 Uhr, 100 m entfernt).
Kontakt: Stadt Welzheim, Anne Rößle, ☎ 07182/800815, touristinfo@welzheim.de, www.welzheim.de.
Distanz: 0,1 km, 0,3 km, 0,3 km, 0,3 km, 5,3 km (am Aichstruter Stausee).
Freizeit: 0,3 km. Wander-/Radwege.
POI: Museumsbahn, Galluskirche 0,3 km, Ostkastell 1 km.

73642 Welzheim gratis

Stellplatz am Stadtpark, Tannwaldweg, ☎ 07182/800815 Ruhige Lage am Rande des Stadtparks <10m

POS: 48°51'59.00"N/9°37'58.00"E, Karte D14 (S.17), G1
Platz: P = 2 auf Sand/Splitt. Aufenthalt max. 72 h. Gasflaschentausch in 1 km. Ganzjährig geöffnet.
Preis: Übernachtung gratis.
Kontakt: Stadt Welzheim, Anne Rößle, ☎ 07182/800815, touristinfo@welzheim.de, www.welzheim.de.
Distanz: 0,1 km, weitere Restaurants in 1,5 km, 0,1 km, 0,5 km, 1 km, 6 km (am Aichstruter Stausee).
Gastro: Pizzeria Da Camillo 1 km.
Freizeit: 1 km. Boule/Minigolf.
POI: Poetenpfad, Museumsbahn 0,2 km, Mammutbäume 0,3 km, Galluskirche 1 km, Ostkastell 1 km.

W

73642 Welzheim-Aichstrut €10,00

Stausee Aichstrut, Abzw. Leinhalde, ☎ 07182/800815 <12m
Am Rand des Stausees

POS: 48°54'2.48"N/9°38'17.27"E, Karte D14 (S. 17), G1
Platz: P = 10 auf Schotter, Rasengittersteinen. =2 WC CHEM GRAU. Schmale Zufahrtsstraße. Ganzjährig geöffnet.
Preis: 10€. Wasser 1€/100 l. Wochenkarte 40€. Karten am Automat vor Ort erhältlich.
Kontakt: Stadt Welzheim, Anne Rößle, ☎ 07182/800815, touristinfo@welzheim.de, www.welzheim.de.
Distanz: Ⓗ 1 km, 4,5 km, 4,5 km.
Gastro: Kiosk am Platz (Mai-Sep).
Freizeit: 12 km, 6 km. Schwäbische Waldbahn, Limes- und Mühlenwanderweg 0,1 km, Badestelle 0,2 km, Freizeitpark Schwabenpark 3 km, Rudern und Angeln am Ebnisee 6 km.
POI: Archäologischer Park Ostkastell Welzheim und Museum Welzheim 4,5 km, Sternwarte 12 km, Kloster Lorch 18 km.

03119 Welzow €10,00

Parkplatz am Flugplatz, Flugplatz, ☎ 035751/13833 <10m
In halbschattiger Lage unter Bäumen

POS: 51°34'44.46"N/14°9'7.74"E, Karte D8 (S. 11), G4
Platz: = 10 auf Wiese. P Anfahrt HS 9:00-20:00 Uhr, NS 9:00-16:00 Uhr. WLAN am Hauptgebäude. Ganzjährig geöffnet.
Preis: 10€ inkl. Strom, Wasser, WLAN. Kind (ab 14 J.) 5€.
Kontakt: Herr Müller, ☎ 035751/13833, info@flugplatz-edcy.de, www.flugplatz-welzow.de.
Distanz: 1,5 km, Ⓗ 2 km, 2 km, 2 km.
Gastro: Sa, So+Feiertag Cafébetrieb auf dem Flugplatz von 13:00-18:00 Uhr, für Gruppen nach Voranmeldung auch an anderen Tagen.
Freizeit: 3 km, 5 km. Rundflüge, ATZ Welzow-Archäologie zum Anfassen, Besichtigung Flugplatzmuseum, Wasserlandeplatz 3 km, Lausitzer Seenkette 5 km.
POI: Tagebau 5 km, Lausitzring 25 km.

86650 Wemding gratis

Wohnmobilstellplatz Johannisweiher, Wolferstädter Straße 3, ☎ 09092/969035 <8m
Am Rande eines Park-/Festplatzes, teilweise schattig

2021 geprüft · E

POS: 48°52'33.38"N/10°43'45.59"E, Karte D15 (S. 18), A1
Platz: P = 6 auf Schotter, Sand/Splitt. CHEM GRAU. Ganzjährig geöffnet. Ausnahme: Sperrung bei Veranstaltungen möglich.
Preis: Übernachtung gratis inkl. Entsorgung. Strom 3€/24 h, Wasser 1€/100 l.
Kontakt: Stadt Wemding, ☎ 09092/969035, touristinfo@wemding.de, www.wemding.de.
Distanz: 0,2 km, 0,5 km, 0,5 km, Ⓗ 0,6 km.
Freizeit: Naturbadesee Lohweiher, Geopark-Ries-Weg Sagenweg (14 km), Kneippanlage.
POI: KunstMuseum Donau-Ries, Altstadt Wemding mit diversen Baudenkmälern, Wallfahrtskirche Maria Brünnlein, Geopark-Infostelle, Fuchsienpyramide.

57482 Wenden gratis

Wohnmobilstellplatz Wenden, Hauptstraße 75/Alter Amtsweg, ☎ 02762/4060 <8m
Neben dem Rathausparkplatz, an einem Bach

2020 geprüft · E

POS: 50°58'12.22"N/7°52'14.59"E, Karte D9 (S. 12), D1
Platz: = 4 auf Rasengittersteinen, Wiese, Schotterrasen. CHEM GRAU. Aufenthalt max. 3 Tage. Kein Winterdienst, kein Wasser bei Frost. Ganzjährig geöffnet.
Preis: Übernachtung gratis inkl. Entsorgung. Strom 1€/2 kWh, Wasser 1€/80 l.
Kontakt: Gemeinde Wenden, Nicole Williams, ☎ 02762/4060, n.williams@wenden.de, www.wenden.de.
Distanz: 0 km, 0,2 km, 0,3 km.
Gastro: Santorini, Hotel Zeppenfeld, China-Restaurant Jasmin und Pizzeria Etna.
Freizeit: 12 km, 12 km.
POI: Museum Wendener Hütte 6 km, Biggesee 12 km, Panoramapark, Attahöhle 30 km.

18442 Wendorf-Teschenhagen €14,00

Wohnmobilstellplatz am Ferienhaus, Bahnweg 3, ☎ 0151/23032535 <12m
Am Ortsrand von Teschenhagen

POS: 54°14'47.64"N/13°7'13.95"E, Karte D4 (S. 7), E2
Platz: P = 6 auf Schotter, Kiesel. WC CHEM GRAU. Duschen. R wird empfohlen. Kein Schatten. Ganzjährig geöffnet.
Preis: 14€ inkl. Wasser, Entsorgung. Strom 0,50€/kWh.
Kontakt: Fred Stange, Mobil: 0151/23032535, fred-stange@t-online.de.
Distanz: Ⓗ 1,2 km, 2 km, 3 km, 9,2 km.
Gastro: Kurhaus Devin 2 km. Griechisches Restaurant 3 km.
Freizeit: Naturschutzgebiet Försterhofer Heide, Findlingsgarten Zitterpenningshagen 3,9 km.
POI: Stralsund mit Ozeaneum 7,5 km, Gutshaus Groß Lüdershagen 7,9 km.

97956 Werbach-Gamburg gratis

Wohnmobilstellplatz Gamburg, Brückenstraße, ☎ 09348/1320 <8m
An der Tauberbrücke

POS: 49°41'36.63"N/9°35'53.70"E, Karte D10 (S. 13), G4
Platz: = 3 auf Pflaster. Ganzjährig geöffnet.
Preis: Übernachtung gratis.
Kontakt: Gemeinde Gamburg, Roland Johannes, ☎ 09348/1320, jr.johannes@t-online.de, gamburg.de.
Distanz: 0,2 km, , 7 km.
Gastro: Biergarten.
Freizeit: Route des Europäischen Fernwanderweg E8, Main-Neckar-Rhein-Weg HW3, Main-Donau-Weg, Staufer-Burgenweg, Tauber-Altmühl-Radweg, Kanu fahren, Angeln an der Tauber.
POI: Burg und Burgpark Gamburg.

08412 Werdau €7,50

Hotel Friesen, Zwickauer Straße 58, ☎ 03761/88000 <8m
Hotelparkplatz an der B175 westlich von Zwickau

POS: 50°44'5.36"N/12°23'23.32"E, Karte D11 (S. 14), D1
Platz: = 2 auf Pflaster. =2 (16 A) WC. R wird empfohlen. WC zu den Hotelöffnungszeiten nutzbar. Ganzjährig geöffnet.
Preis: 7,50€ inkl. Strom, Wasser, Müll-Entsorgung. Dusche 5€/Pers.
Kontakt: Michael Jubelt, ☎ 03761/88000, hotel.friesen@t-online.de, www.hotel-friesen.de.
Distanz: 0,5 km, 0,5 km.
Gastro: Am Platz, warme Küche 11:00-22:00 Uhr. Frühstück von 6:30-10:00 Uhr.
Freizeit: 1 km, 1 km, 1 km. Kletterwald 0,8 km.
POI: Dampfmaschinenmuseum 2 km, Robert-Schumann-Haus Zwickau 6 km, Burg Schönfels 10 km, Horch-Museum 10 km.

Unsere Korrespondenten sind fast das ganze Jahr unterwegs, um für Sie, liebe Leserin und Leser, aktuelle Daten zu recherchieren und über Neuerungen zu berichten. Sie sind damit eine wertvolle Ergänzung des Redaktionsteams, um den Bordatlas zu einem unentbehrlichen Standardwerk für alle Wohnmobilfahrer zu machen.

14542 Werder/Havel €19,00

Wohnmobilkurzreiseplatz an der Föhse, Unter den Linden 1, ☎ 03327/40855 <12m

Vor der Inselbrücke zur Altstadt

2022 geprüft

POS: 52°22'40.81"N/12°56'14.52"E, Karte D8 (S. 11), E2

Platz: = 20 auf Schotter. =16 (16 A). Öffentliches WC vor der Anlage gegen Gebühr (Münzen). Nächste VE am Campingplatz Glindow See oder am Total-Autohof an der B1 (7,1 km). Ganzjährig geöffnet. Ausnahme: Kirschblütenfest (Termin für 2023 erfragen).

Preis: 19 € inkl. aller Personen, Müll-Entsorgung, Kurtaxe, Hund. Strom 0,50 €/kWh. Tagesgebühr (max. 8 h) 8,50 €, Aufenthalt bis zu 2 h kostenfrei. Bargeldlose Bezahlung am Automat.

Kontakt: hogab GmbH, ☎ 03327/40855, info@hogab.de, www.hogab.de.

Distanz: , weitere Restaurants in 0,5 km, 0,2 km, 0,3 km, 0,5 km, 4,3 km (Campingplatz Glindow See, Jahnufer 41, 14542 Werder/Havel).

Gastro: Eiscafé 0,5 km. warme Küche, 11:00-23:00 Uhr.

Freizeit: 2 km. Fahrrad- und Bootsverleih 0,5 km.

POI: Bockwindmühle, Altstadt Werder 0,5 km, Schloss Petzow 5 km, Potsdam 9 km, Berlin 25 km.

58791 Werdohl gratis

Wohnmobilstellplatz am Westpark, Dammstraße, ☎ 02392/9170 Direkt an der Lenne, an einer Parkanlage <10m

2021 geprüft

POS: 51°15'15.86"N/7°45'18.15"E, Karte D5 (S. 8), C5

Platz: = 4 auf Schotterrasen. CHEM GRAU . Von Nov-März kein Wasser. Ganzjährig geöffnet.

Preis: Übernachtung gratis inkl. Entsorgung. Strom 1 €/2 kWh, Wasser 1 €/80 l.

Kontakt: Stadt Werdohl, ☎ 02392/9170, post@werdohl.de, www.werdohl.de.

Distanz: 0,2 km, weitere Restaurants in 0,7 km, 0,3 km, 0,6 km, 1 km.

Gastro: Restaurant vier Jahreszeiten 0,2 km.

Freizeit: 1,6 km, 1,6 km. Radfahren, Wandern, Angeln, Gleitschirmfliegen.

W

58791 Werdohl gratis

Wohnmobilstellplatz Lennepromenade, Goethestraße 50, ☎ 02392/9170 <8m

Auf einem Parkplatz am Ufer der Lenne

POS: 51°15'12.00"N/7°45'51.00"E, Karte D5 (S. 8), C5

Platz: = 2 auf Asphalt. . Aufenthalt max. 24 h. Ganzjährig geöffnet.

Preis: Übernachtung gratis.

Kontakt: ☎ 02392/9170, post@werdohl.de, www.werdohl.de.

Distanz: 0,2 km, 0,2 km, weitere Restaurants in 0,3 km, 0,2 km, 13 km.

Freizeit: 2,5 km, 0,2 km. Erlebnisspielplatz, Angeln, Beachvolleyball, Naturklettern.

POI: Burg Altena 14,1 km, Versetalsperre 14,4 km, Dechenhöhle 25,1 km.

26427 Werdum €10,00

Wohnmobilstellplatz Werdum, Raiffeisenplatz 1, ☎ 04974/990099 <8m

Ruhiger, zentral gelegener Platz in der Nähe der Tourist-Information

POS: 53°39'29.05"N/7°42'55.00"E, Karte D1 (S. 4), C4

Platz: = 6 auf Schotter. =6 (16 A) WC CHEM GRAU . Freies WLAN „WiFi-4EU". Ganzjährig geöffnet.

Preis: 10 € inkl. Entsorgung, WC, Müll-Entsorgung, WLAN. Strom 1 €/kWh, Wasser 1 €/40 l, Dusche 0,50 €/3 min, Kurtaxe (6-15 J.) 2 €/Pers., Kurtaxe (ab 16 J.) 3 €/Pers.

Kontakt: Heimat- und Verkehrsverein Werdum e.V., ☎ 04974/990099, info@werdum.de, www.werdum.de.

Distanz: , 0,3 km, 0,4 km, Bäckerei 0,5 km, 6 km.

Gastro: Gaststätte 0,3 km. Bistro 0,4 km. Brauhaus 0,3 km.

Freizeit: 12 km, 12 km, 0,8 km. Luftkurort Werdum, Minigolfanlage 0,8 km.

POI: Haustierpark Werdum 0,3 km, Mühle/Schmiede 0,5 km, Kneipphalle 0,8 km.

59457 Werl €10,00

Stellplatz am Freizeitbad Werl, Höppe 11, ☎ 02922/83102 <8m

Am Ortsrand von Werl auf dem Bad-Parkplatz

POS: 51°33'30.79"N/7°54'8.72"E, Karte D5 (S. 8), D4

Platz: = 3 auf Pflaster. =2 WC GRAU . WC im Freizeitbad bis 22:00 Uhr (Öffnungszeiten siehe Website). Ganzjährig geöffnet.

Preis: 10 € inkl. aller Personen, Strom, Wasser, Entsorgung. Bezahlung an der Badkasse. Ermäßigung für den Eintritt ins Freizeitbad.

Kontakt: ☎ 02922/83102, info@freizeitbad-werl.de, www.freizeitbad-werl.de.

Distanz: 0 km, 0,5 km, 0,5 km, 0,5 km.

Gastro: Bistro im Freizeitbad, auch ohne Badbesuch, Mo-Do 10:00-19:00 Uhr, Fr-So 10:00-18:30 Uhr. Bäckerei/Metzgerei in der Nähe.

Freizeit: Freizeitbad Werl.

POI: Kurpark mit Gradierwerk 0,3 km, Missionsmuseum 1 km.

49757 Werlte gratis

Kreutzmanns Mühle, Kirchstraße 28, ☎ 05951/2010 An der Mühle und am Heimathaus im Ortszentrum <10m

POS: 52°51'15.69"N/7°40'54.33"E, Karte D5 (S. 8), C1

Platz: = 6 auf Pflaster. =8 (16 A) CHEM GRAU . Ganzjährig geöffnet.

Preis: Übernachtung gratis inkl. Entsorgung. Strom 1 €/2 kWh, Wasser 1 €/100 l.

Kontakt: Jens Niermann, ☎ 05951/2010, niermann@werlte.de, sgwerlte.de.

Distanz: 0,3 km, weitere Restaurants in 0,5 km, 0,5 km, 0,5 km, 0,5 km.

Freizeit: 0,5 km. Reiten, Naturschutzgebiet Theikenmeer 6 km, Eleonorenwald in Vrees 8 km.

POI: Bibelgarten Werlte 0,7 km, Großsteingrab 2 km.

73249 Wernau/Neckar €10,00

Womopark Neckartal, Stadionweg, ☎ 0172/7332750 <10m neu

Am Ortsrand

POS: 48°41'39.81"N/9°24'40.62"E, Karte D14 (S. 17), F2

Platz: = 50 auf Schotterrasen. CHEM GRAU . Ganzjährig geöffnet.

Preis: Ab 10 € inkl. Entsorgung. Strom 5 €/Tag, Wasser 1 €/100 l, VE für Durchreisende je 2 €. Komfortplätze 15 €. Anhänger 2,50 €/Tag, PKW 2,50 €/Tag.

Kontakt: Andreas Pölsterl, Mobil: 0172/7332750, womopark-neckartal@gmx.de, www.womopark-neckartal.de.

Distanz: 0,1 km, 0,3 km, 0,5 km, 0,8 km.

Freizeit: 0,8 km, 0,8 km. Wellness- und Hallenbad Quadrium, ausgebautes Rad- und Wanderwegenetz (Neckartalradweg), Biosphärengebiet Schwäbische Alb, Wernauer Baggerseen.

POI: Junkers-Museum im Bosch Thermotechnikmuseum, Burg Teck in Kirchheim 5,7 km.

59368 Werne an der Lippe €5,00

Wohnmobilstation Werne a.d. Lippe, P 3 Am Hagen 19, ☎ 02389/534080 <8m

Direkt am Natur-Solebad, im hinteren Bereich eines Großparkplatzes

POS: 51°39'33.20"N/7°38'1.06"E, Karte D5 (S. 8), C4

Platz: P = 12 auf Pflaster. =12 (10 A) CHEM GRAU. Schaukasten mit touristischen Informationen/Veranstaltungstipps. Ganzjährig geöffnet. Ausnahme 16.10.-31.10.
Preis: 5 € inkl. Entsorgung, Müll-Entsorgung. Strom 0,50 €/kWh, Wasser 1 €/80 l.
Kontakt: Werne Marketing GmbH, 02389/534080, tourist-info@werne.de, www.werne.de.
Distanz: 0,2 km, 0,3 km, 0,3 km, Ⓗ 0,5 km.
Freizeit: 1 km. Museumsbesuch, Aufführungen Freilichtbühne Werne, Stadtführungen, Marina Bergkamen 5 km.
POI: Altes Rathaus, Wärmehäuschen, Altes Steinhaus, Gradierwerk, St. Christophorus-Pfarrkirche, Kapuzinerkloster, Altstadt 0,5 km.

16356 Werneuchen-Tiefensee €18,00 >12m

Wohnmobilhafen Country Camping Berlin, Schmiedeweg 1, **033398/90514** Im Landschaftsschutzgebiet der Barnimer Feldmark, beim Badesee

2020 geprüft E

POS: 52°40'51.17"N/13°51'0.95"E, Karte D8 (S. 11), F1
Platz: P / = 64 auf Wiese. WC CHEM GRAU. R nur bei Gruppen. Anfahrt 24 h. Öffnungszeiten Rezeption: 9:00-18:00 Uhr. Ganzjährig geöffnet.
Preis: 18 € inkl. Strom, Wasser, Entsorgung, WC, Müll-Entsorgung. Kind (2-14 J.) 4 €, jede weitere Pers. 7 €, Dusche 1 €/5 min, Hund 3 €. Preisänderungen 2023 möglich.
Kontakt: Felix Voß, 033398/90514, info@country-camping.de, www.country-camping.de.
Distanz: 0,5 km, 0,5 km, weitere Restaurants in 5 km, Ⓗ 0,5 km, 5 km.
Gastro: Gaststätte Wirtshaus am Platz. Frühstück/Brötchenservice. warme Küche, 11:30-20:00 Uhr.
Freizeit: 10 km. Bootsverleih, Volleyball, Fußball, Wellness, Reiten, Lagerfeuerabend.
POI: Schiffshebewerk Niederfinow 20 km.

38855 Wernigerode €20,00 <8m

Parkplatz Am Katzenteich, Am Katzenteich, **03943/5537835** Parkplatz am Rande der Altstadt

2021 geprüft E

POS: 51°50'19.08"N/10°46'53.56"E, Karte D7 (S. 10), A3
Platz: P = 21 auf Schotterrasen, Asphalt. CHEM GRAU. Keine Müll-Entsorgung. Ganzjährig geöffnet.
Preis: 20 € inkl. Entsorgung. Strom 1 €/kWh, Wasser 1 €/40 l, Kurtaxe 3 €/Pers. Bezahlung der Stellplatzgebühr am Automat, Kurtaxe im Tourismus-Büro.
Kontakt: Wernigerode Tourismus GmbH, 03943/5537835, info@wernigerode-tourismus.de, www.wernigerode-tourismus.de.
Distanz: Ⓗ 0,2 km, 0,2 km, weitere Restaurants in 0,3 km, 0,5 km, 0,5 km.
Freizeit: 1 km, 2 km.
POI: Miniaturen Park 0,7 km, Brockenbahn 1 km, Rathaus 1,1 km, Schloss Wernigerode 2,2 km, Kaiserturm 3 km.

38855 Wernigerode €20,00 <8m

Parkplatz Anger/Schloss, Halberstädter Straße, **03943/606000** Pkw- und Busparkplatz am Rande der Innenstadt

POS: 51°50'17.28"N/10°47'44.25"E, Karte D7 (S. 10), A3
Platz: P = 51, = 20 (<8 m) auf Pflaster. WC CHEM GRAU. Ganzjährig geöffnet.
Preis: 20 €. WC 0,50 €, Kurtaxe 3 €/Pers., Frischwasser + Entsorgung 2 €.
Kontakt: Michaela Zielke, 03943/606000, schlossbahn@t-online.de, www.schlossbahn.de.
Distanz: Ⓗ 0,1 km, 0,2 km, 0,3 km, 0,5 km.
Freizeit: 1 km, 2 km, 0,5 km. Stadtbesichtigung, Bahnhof der Brockenbahn 0,6 km.
POI: Rathaus 1 km, Schloss 2,5 km.

87497 Wertach €18,00 >12m

Camping-Grüntensee International, Grüntenseestraße 41, **08365/375** Im Allgäu, am Fuße des Buron

POS: 47°36'34.95"N/10°26'49.26"E, Karte D15 (S. 18), A4
Platz: P = 20 auf Schotter. WC CHEM GRAU. Waschmaschine/Trockner. Aufenthalt max. 5 Nächte. Ganzjährig geöffnet.
Preis: 18 € inkl. Wasser, Entsorgung, Dusche, WC, WLAN. Jede weitere Pers. 12,50 €, Kind (4-15 J.) 9 €, Müll-Entsorgung 1 €/Pers., Hund 3,90 €, Waschmaschine/Trockner je 2 €. Strom 3 € pauschal bei Aufenthalt 1 Nacht, sonst 1 € Grundgebühr + 0,80 €/kWh. Kurtaxe (ab 16 J.) 2 €, Kind 0,90 €.
Kontakt: Campingplatz Grüntensee International, Brigitte Seefelder, 08365/375, info@camping-gruentensee.de, www.camping-gruentensee.de.
Distanz: 0 km, weitere Restaurants in 2,5 km, 2,5 km, 2,5 km, Ⓗ 3 km.
Gastro: Café-Restaurant Grüntensee am Platz, warme Küche Di ab 17:00 Uhr, Mi-So 12:00-20:00 Uhr (variiert je nach Saison).
Freizeit: 2,5 km, 3 km, 3 km. Surfen, Bootsverleih und Skischule, Segeln, Angeln, Wintersport 0,1 km, Badestrand am Grüntensee 0,1 km, Sommerrodelbahn 2,5 km.
POI: Kempten mit Museen 25 km, Königschlösser Neuschwanstein und Hohenschwangau 25 km.

87497 Wertach €12,00 <10m

Stellplatz am Buron, Grüntenseestraße 44, **08365/703536** Beim Buron-Kinderpark am Grüntensee zwischen Nesselwang und Wertach

2022 geprüft E

POS: 47°36'40.69"N/10°26'54.80"E, Karte D15 (S. 18), A4
Platz: P = 36 auf Schotter. =36 (16 A) WC CHEM GRAU. Ganzjährig geöffnet.
Preis: 12 € inkl. Entsorgung, WC, Müll-Entsorgung, WLAN, Kurtaxe. Strom 1 €/kWh, Wasser 1 €/100 l, VE für Durchreisende 2 €.
Kontakt: Sven Stielow, 08365/703536, info@maxl-gmbh.de, www.buron-skilifte.de.
Distanz: Weitere Restaurants in 0,2 km Entfernung, Ⓗ 3,5 km, 3,5 km, 3,5 km.
Gastro: Am Platz, Do-So 10:00-18:00 Uhr, Mo-Mi Ruhetag.
Freizeit: 3,5 km, 3,7 km, 3,5 km. Langlaufloipen, Kinderpark Buron (geöffnet von Mai-Okt), Thermalbad, Buron-Skilifte, Angeln, Badesee 0,1 km.
POI: Wertach 3,5 km, Nesselwang 3,7 km, Schloss Neuschwanstein 30 km.

97877 Wertheim €5,00 <12m

Wohnmobilplatz An der Taubermündung, Parkplatz Tauber P 4 / Linke Tauberstraße, **09342/93090** Im hinteren Teil des Parkplatzes Tauber

2022 geprüft E

POS: 49°45'53.88"N/9°30'42.51"E, Karte D10 (S. 13), G4
Platz: P = 54 auf Schotter. CHEM GRAU. Aufenthalt max. 3 Tage, Lärmbelästigung möglich. Gästekarte für Ermäßigungen bei der Tourismus Wertheim GmbH (Gerbergasse 16, 97877 Wertheim, Tel: 09342/935090). Ganzjährig geöffnet.
Preis: 5 € inkl. Entsorgung, Müll-Entsorgung. Jede weitere Pers. 2 €, Wasser 1 €/80 l.
Kontakt: 09342/93090, info@steg-wohnbau.de, www.steg-wohnbau.de.
Anfahrt: Max. Durchfahrtshöhe 3,50 m.
Distanz: 0,3 km, 0,5 km, Ⓗ 0,5 km, 1 km.
Freizeit: 1 km, 1 km, 0,5 km. Besuch des Flohmarkts an der Main-Tauber-Halle in Wertheim, Angeln 0,1 km, Yachthafen 0,4 km, Reiterhof 2 km.
POI: Altstadt, Grafschaftsmuseum, Glasmuseum 0,5 km, Schlösschen, Burgruine 0,8 km, Zisterzienserkloster Bronnbach 11 km.

W

97877 Wertheim-Dertingen €10,00

Winzerhof Baumann, Zehntgasse 7, ☎ 09397/794 <8m
Im Innenhof des Weingutes am Ortsrand

POS: 49°45'56.21"N/9°37'0.15"E, Karte D10 (S. 13), G4
Platz: = 2 auf Schotter. =3 WC. wird empfohlen. Ankunft bis 18:00 Uhr, Aufenthalt nach Absprache. Ganzjährig geöffnet.
Preis: 10 € inkl. Strom, Wasser, WC.
Kontakt: ☎ 09397/794, info@winzerhof-baumann.de, www.winzerhof-baumann.de.
Distanz: 0,4 km, Ⓗ 0,5 km, 0,5 km.
Gastro: Mehrmals jährlich Heckenwirtschaft (mit kleinen Gerichten), Termine bitte erfragen.
Freizeit: 8 km, 8 km, 11 km. Weinprobe.
POI: Wertheim, Burg, Altstadt und Museen 11 km, Kloster Bronnbach 15 km, Würzburg 25 km.

33824 Werther/Westfalen gratis

Parkplatz am Schul- und Sportzentrum, Meyerfeld, ☎ 05203/70522 <8m
Auf dem Parkplatz beim Freibad

POS: 52°4'13.16"N/8°24'35.17"E, Karte D6 (S. 9), E3
Platz: = 3 auf Pflaster. =3 (2 A) WC CHEM GRAU . Schlüssel für die Stromsäule bei der Aral-Tankstelle (Bielefelder Str. 36, Tel: 05203/3331). WC/Dusche (Mai-Sep) im Freibad. Wegen Neubau der Kläranlage derzeit keine Entsorgung. Ganzjährig geöffnet.
Preis: Übernachtung gratis inkl. Wasser. Strom 2 €/24 h, Dusche 0,50 €. Schlüsselpfand 20 €.
Kontakt: Stadt Werther (Westf.), ☎ 05203/70522, info@stadt-werther.de, www.stadt-werther.de.
Distanz: Ⓗ 0,1 km, 0,5 km, 0,5 km, 0,6 km.
Freizeit: 5 km.
POI: Teutoburger Wald 0,5 km, Museum Peter August Böckstiegel 3 km, Universitätsstadt Bielefeld 10 km.

86637 Wertingen €8,00

Wohnmobilpark Wertingen, Am Bahnhof 4, ☎ 0151/20736338 <8m
Eingezäuntes Grundstück, beleuchtet und videoüberwacht

2020 geprüft

POS: 48°33'33.26"N/10°41'27.97"E, Karte D15 (S. 18), A2
Platz: = 9 auf Schotter, Wiese, Kiesel. =12 (6 A) CHEM GRAU. Ganzjährig geöffnet.
Preis: 8 € inkl. aller Personen, Entsorgung. Strom 0,70 €/kWh, Wasser 0,50 €/50 l, Müll-Entsorgung 0,50 €.
Kontakt: Harald Molle, Mobil: 0151/20736338, harald.molle@t-online.de, www.wohnmobilpark-wertingen.de.
Distanz: 0,1 km, 0,2 km, Ⓗ 0,3 km, 0,8 km.
Gastro: Speiselokal-Führer an der Infotafel.
Freizeit: 3 km, 0,8 km. Pony reiten, Minigolf, ausgeschilderte Radwege, flach verlaufend (Radkarte an der Infotafel).
POI: Salzgrotte, Altstadt mit Ofen- und Radiomuseum 0,4 km, Wertinger Schloss 0,5 km, Biermuseum 0,5 km, Heimatmuseum 0,6 km, Skulpturenweg 1 km.

86637 Wertingen-Gottmannshofen €5,00

Stellplatz Landgasthof Stark, Altestraße 4, ☎ 08272/2214 <8m
Parkplatz des Gasthofs

POS: 48°33'22.77"N/10°41'44.12"E, Karte D15 (S. 18), A2
Platz: = 2 auf Rasengittersteinen. =4 . Gasflaschen-Tausch beim Baumarkt. nur bei Gruppen. Rollstuhlrampe am Hauseingang, Aufenthalt max. 24 h. Ganzjährig geöffnet. Ausnahme: Mitte-Ende Sep.
Preis: 5 €. Für Restaurantgäste kostenlos. Strom/Wasser nach Absprache.
Kontakt: Landgasthof Stark, ☎ 08272/2214, info@landgasthof-stark.de, www.landgasthof-stark.de.
Distanz: 0 km, Ⓗ 0,5 km, 0,7 km, 0,7 km, 1,3 km, 2,1 km (Kläranlage Wertingen, Schücostraße 10, 86637 Wertingen).
Gastro: Landgasthof Stark, warme Küche Mi-Fr ab 17:00 Uhr, Sa+So ab 11:00 Uhr. Mo+Di Ruhetag.
Freizeit: 3 km, 2 km, 2 km. Zusam-, Donau-/Via Danubia-Radwege, Minigolf 3 km.
POI: Wallfahrtskirche Maria Heimsuchung 0,1 km, Schloss Wertingen mit Heimatmuseum 1,3 km, Biermuseum Wertingen 1,3 km, Radiomuseum Wertingen 2 km.

46487 Wesel €11,00

Reisemobilstellplatz Römerwardt, Rheinpromenade 2 (Höhe Haus Nr. 9), ☎ 0151/51306164 Zwischen Rheinpromenade und Sportflugplatz Römerwardt <10m

2022 geprüft

POS: 51°39'39.05"N/6°35'34.16"E, Karte D5 (S. 8), B4
Platz: = 48 auf Schotterrasen. =46 (16 A) WC CHEM GRAU . Öffentliches WC in der HS. Ganzjährig geöffnet.
Preis: 11 € inkl. Entsorgung, Müll-Entsorgung, WLAN. Strom 1 €/kWh, Wasser 1 €/70 l, Dusche 3 €/Pers. Bargeldlose zahlung am Parkautomat.
Kontakt: Platzwart, Mobil: 0151/51306164, sbw@stadtwerke-wesel.de, baeder-wesel.de/reisemobilstellplatz.
Distanz: 0,2 km, weitere Restaurants in 0,3 km, Ⓗ 1,5 km, 1,5 km, 1,5 km.
Gastro: Brötchenservice/Frühstücksbüfett (ab 15 €) im Welcome Hotel.
Freizeit: 0,2 km, 3,5 km, 0,2 km. Fahrgastschifffahrt mit der Riverlady, Wellnessangebote, Massagen, Sauna im Welcome Hotel, Rundflüge, Radfahren, Angeln, Surfen, Tauchen, Hundeauslaufplatz mit Badestelle 0,3 km.
POI: Berliner Tor, Schill-Denkmal, Alter Wasserturm, Willibrordi-Dom 1,5 km, Preußen-Museum 2,5 km.

17255 Wesenberg €11,00

Kanu-Mühle, Havelmühle 1/Ahrensberger Weg, ☎ 039832/20350 Auf dem Wiesenparkplatz der Kanuvermietung <10m

POS: 53°16'48.17"N/12°59'8.30"E, Karte D4 (S. 7), E5
Platz: = 10, = 5 (<10 m) auf Wiese. WC . Kanuvermietung, Sauna, Imbiss. Anmeldung in der Kanu-Mühle. Geöffnet: Apr-Okt.
Preis: 11 € inkl. WC, Müll-Entsorgung, WLAN. Dusche 0,50 €.
Kontakt: Kanu-Mühle, Peggy Sarodnik, ☎ 039832/20350, info@kanu-muehle.de, www.kanu-muehle.de.
Distanz: Ⓗ 0,4 km, 0,5 km (Marina Wesenberg, Ahrensberger Weg 11, 17255 Wesenberg), 1 km, 1 km, weitere Restaurants in 2 km, 2 km.
Gastro: Imbiss geöffnet von 8:00-18:00 Uhr. Brötchenservice, Biergarten.
Freizeit: 3 km. Kanutouren z.B. auf der Schwaanhavel, Kanukurse auf Anmeldung, Badesee 0,3 km, Müritz Therme Röbel 25 km.
POI: Müritz Nationalpark, Burg Wesenberg 1,5 km.

17255 Wesenberg €20,00

Wohnmobilstellplatz und Marina Wesenberg, Ahrensberger Weg 11, ☎ 039832/26023 Oberhalb der Hafenanlage an der Oberen-Havel-Wasserstraße <12m

POS: 53°16'36.72"N/12°59'14.18"E, Karte D4 (S. 7), E5
Platz: = 34 auf Wiese, Rasengittersteinen. =34 (10 A) WC CHEM/Bio GRAU

W

. Leinenpflicht für Hunde. wird empfohlen. Rezeptionszeiten in der HS von 8:00-18:00 Uhr. Geöffnet: 1.4.-30.9.

Preis: 20 € inkl. Strom, Wasser, Entsorgung, Dusche, WC, Müll-Entsorgung. Kind (ab 15 J.) 3,25 €, Kind (3-14 J.) 2,25 €, Kurtaxe (ab 18 J.) 1,20 €/ Pers., Hund 2 €.

Kontakt: Anke Tiedt, ☎ 039832/26023, info@marina-wesenberg.de, www.wohnmobilstellplaetze-mecklenburg.de.

Distanz: Ⓗ 0,2 km, 1 km, 1 km, 2 km.

Gastro: Brötchen- oder Frühstücksservice auf Vorbestellung am Vorabend bis 17:00 Uhr an der Rezeption.

Freizeit: 2 km. Boots-/Kanuverleih, Woblitzsee 0,5 km.

POI: Spielzeugmuseum 1 km, Burg Wesenberg mit Burgmuseum 1 km, Fischereimuseum 1,5 km, Müritz Nationalpark 5 km, Slavendorf 13 km.

17255 Wesenberg €10,60

Stellplatz am Weißen See, Am Weißen See 1, ☎ 03981/24790 <8m

Stellplatz vor der Schranke beim Naturfreibad am Weißen See

POS: 53°17'2.81"N/12°56'51.42"E, Karte D4 (S.7), E5

Platz: = 10 auf Schotter. =12 (12 A) WC CHEM GRAU . SAT-TV, Shop, Waschmaschine/Trockner. wird empfohlen. Geöffnet: 1.4.-31.10.

Preis: Ab 10,60 € inkl. Strom, Entsorgung, WC, Müll-Entsorgung. Dusche 1 €/3 min, WLAN 1,50 €/ Tag, Hund 1,30 € oder 5,70 €. Vor der Schranke: 10,60-14 €. Weitere Stellplätze auf dem Campingplatz je nach Saison und Größe ab 14,10 €.

Kontakt: Haveltourist GmbH & Co. KG, ☎ 03981/24790, info@haveltourist.de, www.haveltourist.de.

Distanz: 0 km, weitere Restaurants in 1,8 km, 0,6 km, 1,8 km, Ⓗ 1,8 km.

Gastro: Restaurant am Weißen See, Di-Sa 12:00-21:00 Uhr, So 12:00-20:00 Uhr, Mo Ruhetag.

Freizeit: 25 km. Oper, Theater, Rudern, Badesee, Waldhochseilgarten 6 km, Sommerrodelbahn 20 km.

POI: Müritz-Nationalpark 0,5 km, Burg Wesenberg 2 km, Schloss Mirow 13 km, Residenzstadt Neustrelitz 17 km.

Tipp

Der familienfreundliche Campingplatz liegt direkt am Weißen See und hat alles, was sich Naturfreunde und Camper wünschen. Direkt vor dem Platz befindet sich das „Naturfreibad am Weißen See". Ob Baden, Rudern oder einfach nur am Strand liegen und Sonnen, alles ist möglich am „kleinen" Sandstrand. Hier kann man die Ruhe im lichten Kiefernwald am See genießen. Der Spiel- und Bolzplatz lässt Kinderherzen höherschlagen.

17255 Wesenberg-Ahrensberg €10,90

Campingplatz am Drewensee, Kläthnower Straße 1, ☎ 03981/24790 <10m

Ruhige, naturnahe Lage vor der Schranke

POS: 53°15'45.94"N/13°3'3.86"E, Karte D4 (S.7), E4

Platz: = 25 auf Wiese, Schotter. =25 (12 A) WC CHEM GRAU . SAT-TV. Geöffnet: 1.4.-31.10.

Preis: Ab 10,90 € inkl. Strom, Entsorgung, WC, Müll-Entsorgung. Dusche 1 €/3 min, WLAN 1,50 €/ Nacht. Hund 1,30-5,70 €. Vor der Schranke: 10,90-15,60 €. Weitere Stellplätze auf dem Campingplatz je nach Saison und Größe ab 17,30 €.

Kontakt: Haveltourist GmbH & Co. KG, ☎ 03981/24790, info@haveltourist.de, www.haveltourist.de.

Distanz: 0 km, weitere Restaurants in 2 km, 6 km, 6 km, Ⓗ 6,5 km.

Gastro: Brötchenservice. Imbiss am Platz.

Freizeit: 12 km, 40 km. Wasserwandertouren mit Kanus und motorgetriebenen Sportbooten, Bootsliegeplätze und -Verleih.

POI: Spielzeugmuseum 6 km, Müritz Nationalpark 6 km, Burg Wesenberg 6 km, Residenzstadt Neustrelitz 15 km.

Tipp

Urlaub am Drewensee: Zwischen Wald und Seeufer Ruhe und Entspannung finden und sich dem Wasserwandern widmen. Alles in geruhsamer Art, in einer wunderschönen Landschaft. Camping am Drewensee ist etwas Besonderes. Nicht nur, weil der Platz sich auf Wiesen und parkähnlichem Gelände direkt am Ufer des Sees entlangzieht, sondern weil drumherum auch weite Wälder angrenzen.

34399 Wesertal-Lippoldsberg €13,00

Stellplatz Weserbergland, Weserstraße 14, ☎ 0171/6551873 Am Weserufer, neben dem Landhotel Zum Anker <12m

POS: 51°37'27.30"N/9°33'6.21"E, Karte D6 (S.9), G4

Platz: P = 50 auf Wiese, Schotter. =62 (16 A) WC CHEM GRAU . nur bei Gruppen. Aufenthalt max. 1-3 Tage, Clubtreffen möglich, Anmeldung an der Rezeption auf dem Stellplatz, Hotel-Restaurant Jan-Feb geschlossen. Ganzjährig geöffnet.

Preis: 13 € inkl. aller Personen, Entsorgung, WC, Müll-Entsorgung. Strom 0,60 €/kWh, Wasser 0,10 €/10 l. Davon 2 € als Verzehrgutschein im Landhotel Zum Anker. WLAN 2 € für 3 Tage und 2 Endgeräte. Preisänderung 2023 möglich.

Kontakt: Joachim Best, ☎ 0171/6551873, info@womo-weser.de, www.womo-weser.de.

Distanz: 0 km, 0,3 km, 0,5 km, Ⓗ 2 km.

Gastro: Am Platz, Di Ruhetag, warme Küche Mo-Fr 12:00-14:00 Uhr und 18:00-21:00 Uhr, Sa, So+Feiertag ganztägig geöffnet. Samstags Wildschwein vom Grill im Landhotel (Mai-Sep).

Freizeit: 2 km, 7 km, 0,3 km. Märchenfähre über die Weser vom 15.3.-31.10, historischer Rundgang durch Lippoldsberg, Ballonfahrten ab Lippoldsberg, Tel.: 05572/999865, Angeln.

POI: Museum und Werkstatt im Schäferhaus, von der Mühle zum Kraftwerk - EAM-live Museum, Klosterkirche St. Georg und Maria, ehemaliges Hospital (Armenhaus) und Säulenhaus ab 0,1 km.

21394 Westergellersen €10,00

Wohnmobilstellplatz Westergellersen, Westergellerser Heide 1, ☎ 04172/8099 <12m

An einer verkehrsarmen Zufahrtsstraße zum Großen Reitturnierplatz Luhmühlen

POS: 53°13'58.19"N/10°13'1.65"E, Karte D2 (S.5), H5

Platz: P = 20 auf Schotterrasen, Wiese. =18 (16 A) WC CHEM GRAU . wird empfohlen. Sanitär-Gebäude bei Frost geschlossen. Ganzjährig geöffnet. Ausnahme: bei Großveranstaltungen geschlossen.

Preis: 10 € inkl. Entsorgung. Strom 1 €/8 h, Wasser 1 €. Sanitär-Gebäude mit Dusche und WC 1 €/Pers.

Kontakt: Ausbildungszentrum Luhmühlen/Lüneburger Heide GmbH, Helmut Schulenburg, ☎ 04172/8099, Mobil: 01511/7966675, azl@luhmuehlen.de, www.luhmuehlen.de.

Distanz: 2 km, Ⓗ 2 km, 2 km, 4,5 km.

Gastro: Bäcker, 2 km.

Freizeit: 4 km, 4 km. Reiten, Kanu fahren, Naturwaldbad, 2 km.

POI: Aussichtsturm in Salzhausen 4 km, Eyendorfer Windmühle 9 km, Altstadt Lüneburg 15 km.

72589 Westerheim gratis

Hotel Gasthof Rössle, Donnstetter Straße 10, ☎ 07333/6794 <8m

Auf dem Parkplatz des Gasthauses

POS: 48°30'55.78"N/9°37'20.76"E, Karte D14 (S.17), G2

Platz: P = 10 auf Pflaster. . wird empfohlen. Ganzjährig geöffnet.

Preis: Für Restaurantgäste kostenlos. Einkehr obligatorisch.

Kontakt: Erik Goll, ☎ 07333/6794, info@roessle-westerheim.de, www.roessle-westerheim.de.

Distanz: 0 km, 0,1 km, 0,1 km, Ⓗ 0,1 km.

Gastro: Frühstücksservice. Öffnungszeiten, Mo-Fr 17:00-22:00 Uhr, Sa 11:00-14:00 Uhr und 17:00-22:00 Uhr, So+Feiertag 11:00-15:00 Uhr.

W

Freizeit: 5 km, 0,5 km. Skilift (400 m) und Ski-Langlauf (100 m) auf 30 km gespurten Loipen in Westerheim, Kletterwald Laichingen, Adventure Golf, Familienpark Westerheim 1 km, Tennis 2 km.
POI: Schertelshöhle Westerheim (Tropfsteinhöhle) 4 km, Blautopf Blaubeuren 20 km, Biosphärenzentrum 20 km, Uracher Wasserfall 20 km.

26556 Westerholt — gratis

Schützenplatz Westerholt, Nordener Straße, ☎ 04975/91930 Im Ortskern auf dem Schützenplatz — <12 m

POS: 53°35'19.07"N/7°27'13.03"E, Karte D1 (S. 4), C4
Platz: = 5 auf Pflaster. CHEM GRAU. Ganzjährig geöffnet.
Preis: Übernachtung gratis. Strom 1 €/2 kWh, Wasser 1 €/100 l.
Kontakt: ☎ 04975/91930, info@holtriem.de, www.holtriem.de.
Distanz: 0,2 km, Ⓗ 0,2 km, 0,7 km, 0,7 km.
Freizeit: Radwandern.
POI: Mühle 0,5 km, Rosengarten Kastrop 3,3 km.

24977 Westerholz — €12,00

Campingplatz Fördeblick Westerholz, Kummle 1, ☎ 04636/8385 Separater Bereich vor dem Campinggelände am Strand der Flensburger Außenförde — <10 m

POS: 54°49'11.54"N/9°39'57.96"E, Karte D2 (S. 5), G1
Platz: = 35 auf Sand/Splitt, Wiese. =15 (6 A) WC CHEM GRAU. Waschmaschine, Trockner, Geschirrspülbecken. WLAN auf dem benachbarten Campingplatz, VE an der Einfahrt zum Campingplatz. Geöffnet: Apr-Sep.
Preis: 12 € inkl. aller Personen, Entsorgung, WC, Müll-Entsorgung. Strom 4,50 €, Wasser 1 €, Dusche 1 €.
Kontakt: ☎ 04636/8385, info@campingplatz-westerholz.de, www.campingplatz-westerholz.de.
Distanz: Ⓗ 2 km, 2 km, 2 km.
Gastro: Imbiss 0,4 km. Mehrere Restaurants am Hafen Langballigau 1 km. Brötchenservice an der Rezeption (in der Hauptsaison).
Freizeit: Wassersport, Fördeufer 0,2 km.
POI: Museumsdorf Unnewatt 6 km, Schloss Glücksburg 12 km.

49492 Westerkappeln — gratis

Freibad Bullerteich, Bullerteichstraße 12, ☎ 05404/8870 Am Freibad Bullerteich — <8 m

POS: 52°18'56.05"N/7°52'50.35"E, Karte D5 (S. 8), D2
Platz: P / = 2 auf Pflaster. Keine VE, in der Sommerzeit kostenlose Nutzung der sanitären Anlagen im Freibad (Mai-Sep). Ganzjährig geöffnet.
Preis: Übernachtung gratis.
Kontakt: Gemeinde Westerkappeln, ☎ 05404/8870, info@westerkappeln.de, www.gemeinde-westerkappeln.de.
Distanz: Ⓗ 0,1 km, 0,3 km, 0,5 km, 0,5 km.
Gastro: Kiosk im Freibad.
Freizeit: Ausflüge und Führungen durch Westerkappeln, Radwanderwege, Baggersee 1,4 km.
POI: Rittergut Haus Cappeln 0,3 km, Stadtkirche und Altstadt 0,5 km, Sloopsteine 1 km, Traktorenmuseum 5 km.

W

26655 Westerstede — €14,50

Camping- und Stellplatz Westerstede, Süderstraße 2, ☎ 04488/78234 Im Herzen der Parklandschaft Ammerland — <12 m

2022 geprüft

POS: 53°15'0.00"N/7°56'4.00"E, Karte D1 (S. 4), D5
Platz: P = 45 auf Wiese, Schotter, Schotterrasen. =45 (16 A) WC CHEM GRAU. Ganzjährig geöffnet.
Preis: 14,50 € inkl. Entsorgung, Müll-Entsorgung, WLAN. Strom 0,60 €/kWh, Wasser 1 €/100 l, Dusche 2 €, WC 2 €.
Kontakt: Tim Nixdorf, ☎ 04488/78234, info@camping-westerstede.de, www.camping-westerstede.de.
Distanz: Ⓗ 0,2 km, 0,3 km, 0,4 km, 1 km.
Gastro: Restaurant Diakopes am Platz, Fr-So 17:00-22:00 Uhr, Mo-Do Ruhetag.
Freizeit: 2 km, 2 km, 1,2 km. Stadtführung, Draisinenfahrten, Moorführung, Kutschfahrten, Minigolfplatz 1,5 km.
POI: St. Petri-Kirche im Ort, Natur-/Erlebnispark Südliches Westerstede mit Garten der Jahreszeiten 2 km, Rhododendron-Waldpark 6 km, Howieker Wassermühle 8 km.

26655 Westerstede — gratis

Stellplatz Albert-Post-Platz, Auf der Lohe, ☎ 04488/550 Parkplatz im Stadtzentrum — <8 m

POS: 53°15'31.72"N/7°55'36.82"E, Karte D1 (S. 4), D5
Platz: P = 5 auf Pflaster. Aufenthalt max. 3 Tage. Ganzjährig geöffnet.
Preis: Übernachtung gratis.
Kontakt: Stadt Westerstede, ☎ 04488/550, info@westerstede.de, www.westerstede.de.
Distanz: Ⓗ 0,1 km, 0,2 km, 0,5 km.
Gastro: Mehrere Restaurants in unmittelbarer Nähe.
Freizeit: 2,5 km, 2,5 km, 2 km. Rhododendron-Waldpark 6 km, Bienenhof Ammerland 7 km.
POI: St. Petri-Kirche 0,2 km, Turmcafé - ehemaliger Wasserturm 0,4 km, Burgforde - alter Burgplatz 2 km, Mühlenhof Westerloy mit Bewirtschaftung 4 km.

26655 Westerstede-Linswege — gratis

Rhododendronpark Hobbie, Alpenrosenstraße 7, ☎ 04488/2294 Parkplatz an Deutschlands größtem Rhododendronpark — <10 m

2022 geprüft

POS: 53°17'15.00"N/8°0'27.00"E, Karte D1 (S. 4), D5
Platz: / = 16 auf Schotterrasen, Wiese, Schotter. WC. B nur bei Gruppen. Aufenthalt max. 1 Tag. WC im Park. Ganzjährig geöffnet.
Preis: Übernachtung gratis. Besuch des Rhododendronparks erwünscht.

Kontakt: Volker Hobbie, ☎ 04488/2294, buero@hobbie-rhodo.de, www.hobbie-rhodo.de.
Distanz: 8 km, 8 km, Ⓗ 8 km, 8 km.
Gastro: Gastronomie am Park.
Freizeit: 8 km, 8 km, 8 km. Parkbesuch.
POI: Vogelpark Westerstede 9 km, Bienenpark Hollriede 12 km, Park der Gärten in Bad Zwischenahn 20 km.

26655 Westerstede-Ocholt — gratis

Badesee Karlshof, Bekassinenweg, ☎ 04488/550 Parkplatz am Badesee im Natur- und Freizeitpark in Ocholt — <8 m

POS: 53°11'11.23"N/7°52'28.91"E, Karte D1 (S. 4), D5
Platz: P = 5 auf Schotterrasen. Aufenthalt max. 3 Tage. Ganzjährig geöffnet.
Preis: Übernachtung gratis.
Kontakt: Stadt Westerstede, ☎ 04488/550, info@westerstede.de, www.westerstede-touristik.de.
Distanz: 1 km, 1 km, Ⓗ 1 km, 2 km.
Freizeit: 10 km, 10 km, 10 km. Moorfahrt mit der Museumseisenbahn von Mai-Sep (Sa), Museumseisenbahn-Haltestelle 1,5 km, Draisinenbahnhof 2 km.
POI: Wassermühle Howiek 0,5 km, Mühlenhof Westerloy mit Bewirtschaftung 8 km, St. Petri-Kirche Westerstede 10 km, Burgforde-alter Burgplatz 11 km.

67593 Westhofen — gratis

Reisemobilstellplatz Westhofen, Mainzer Straße/Nickelgarten, ☎ 06244/250 Öffentlicher Parkplatz Nickelgarten im Weinberg am Ortseingang — <12 m

POS: 49°42'20.60"N/8°14'48.17"E, Karte D10 (S. 13), E4
Platz: = 15 auf Schotter. =12 (6 A). Aufenthalt max. 3 Tage. Gasflaschentausch zu den Geschäftszeiten (Mo-Fr 8:00-17:00 Uhr, Sa 8:00-12:00 Uhr). Ganzjährig geöffnet.
Preis: Übernachtung gratis inkl. aller Personen. Strom 1 €/8 h.
Kontakt: Ortsgemeinde Westhofen, ☎ 06244/250, westhofen@vg-wonnegau.de, www.gemeinde-westhofen.de.
Distanz: 0,2 km, 0,5 km, Ⓗ 0,6 km, 1 km (Raiffeisen-Tankstelle, Raiffeisenstraße 6, 67593 Westhofen).
Gastro: Am Platz.
Freizeit: 15 km, 15 km. Traubenblütenfest 2 Wo nach Pfingsten, Weinlehrpfad und Jakobs-Pilgerweg, Ortsrundgang.
POI: Altstadt 0,1 km.

67593 Westhofen — €10,00

Weingut Dreihornmühle, An der Brennerei 35, ☎ 06244/884 Vor dem Weingut auf Wiese am Rande eines Weinbergs — <8 m

POS: 49°42'13.43"N/8°15'11.87"E, Karte D10 (S. 13), E4

Platz: = 3 auf Wiese, Schotter. =2 (16 A) . Leinenpflicht für Hunde am Hof (Hofhund vorhanden). Aufenthalt max. 24 h. Ganzjährig geöffnet.
Preis: 10 € inkl. aller Personen. Strom 2 €.
Kontakt: Familie Orb, ☎ 06244/884, 06244/4409, info@weingutdreihornmuehle.de, www.dreihornmuehle.de.
Distanz: Ⓗ 0,2 km, 0,3 km, weitere Restaurants in 0,5 km, 0,5 km, 0,7 km (Am Verkehrskreisel, Raiffeisen-Warengenossenschaft, 67593 Westhofen).
Freizeit: 15 km, 15 km. Traubenblütenfest 2 Wochen nach Pfingsten, Weinprobe auf Anfrage möglich, Weinlehrpfad, Seebachquelle 1 km.
POI: Ortskern mit Pulverturm, Kellergasse/historischer Garten, Kirche/Ruine Liebfrauenkirche.

26810 Westoverledingen-Steenfelderfeld €10,00

Gasthaus Zur Mühle, Mühlenstraße 214, ☎ 04955/7760 <12m
Ruhig gelegen hinter dem Gasthaus

2022 geprüft E

POS: 53°7'45.72"N/7°26'32.20"E, Karte D1 (S. 4), C5
Platz: = 20 auf Schotterrasen. =18 (6 A) WC CHEM . Für Club-Treffen erweiterbar. WC zu den Öffnungszeiten. Ganzjährig geöffnet.
Preis: 10 € inkl. Strom, Wasser, Entsorgung, WC.
Kontakt: ☎ 04955/7760, info@gasthaus-zurmuehle.de, www.gasthaus-zurmuehle.de.
Distanz: 1 km, 2 km, Ⓗ 2 km, 2,5 km.
Gastro: Am Platz, warme Küche 11:00-13:00 Uhr. Verschiedene Themenbüfetts mit Voranmeldung, Verkauf von eingekochten Spezialitäten im Weckglas. Brötchenservice.
Freizeit: 7 km, 7 km. Tennis, Boule-Bahn.
POI: Schulmuseum 7 km, Meyer-Werft 9 km.

35083 Wetter/Hessen €5,00

Stellplätze am Hallenbad, Schulstraße 25, ☎ 06432/820 <12m
Neben dem Hallenbad

POS: 50°54'3.92"N/8°43'38.34"E, Karte D10 (S. 13), E1
Platz: P = 6 auf Schotter. WC GRAU . WC im Hallenbad. Ganzjährig geöffnet.
Preis: 5 € inkl. Entsorgung. Strom 1 €/6 h, Wasser 1 €/100 l.
Kontakt: Stadtwerke Wetter, ☎ 06432/820, info@stadtwerke-wetter.de, www.wetter-hessen.de.
Distanz: Ⓗ 0,1 km, 0,3 km, 0,3 km, 0,3 km.
Freizeit: Laufzirkel, Stadtführungen, Nordic Walking.
POI: Stiftskirche 0,3 km, Diebsturm 0,5 km, ehemalige Synagoge 0,5 km, Burg Mellnau 3 km, Rapunzelhäuschen Amönau 3 km.

58300 Wetter/Ruhr gratis

Wohnmobilstellplatz Wetter/Ruhr, Ringstraße / B226, ☎ 02335/840188 <10m
Großparkplatz am Ruhrtal-Radweg, nahe der Autobahn

POS: 51°22'57.10"N/7°23'56.16"E, Karte D5 (S. 8), C5
Platz: P = 21 auf Schotterrasen, Wiese. . Anfahrt 24 h. Ganzjährig geöffnet.
Preis: Übernachtung gratis.
Kontakt: Stadtmarketing Wetter/Ruhr, ☎ 02335/840188, kontakt@stadtmarketing-wetter.de, www.stadt-wetter.de.
Distanz: 0 km, Ⓗ 0,2 km, 0,3 km, weitere Restaurants in 0,4 km, 0,4 km.
Freizeit: 0,4 km, 2,5 km, 3,5 km. Schwimmen, Harkortsee 0,2 km.
POI: Freiheit Wetter 0,7 km, Harkortturm 1,6 km, Burgruine Volmarstein 3 km, Henriette-Davidis-Museum 5 km.

48493 Wettringen gratis

Wohnmobilstellplatz Wettringen, Werninghoker Straße, ☎ 02557/780 <8m
An einem öffentlichen Parkplatz im Ortskern

POS: 52°12'33.18"N/7°19'24.01"E, Karte D5 (S. 8), C2
Platz: P / = 3 auf Asphalt. . Aufenthalt max. 3 Tage. Ganzjährig geöffnet.
Preis: Übernachtung gratis.
Kontakt: Rathaus Wettringen, ☎ 02557/780, info@wettringen.de, www.wettringen.de.
Distanz: 0 km, 0,1 km, Ⓗ 0,1 km, 0,1 km.
Freizeit: 0,4 km, 0,2 km. Sportplatz 0,5 km.
POI: McArthurGlen Designer Outlet Ochtrup 10 km.

35576 Wetzlar €10,00

Stellplatz Falkenstraße, Falkenstraße 30, ☎ 06441/2086086 >12m
Zentrumsnah an der Dill

2021 geprüft E

POS: 50°33'24.04"N/8°29'27.69"E, Karte D10 (S. 13), E2
Platz: P = 30 auf Schotter. =24 (16 A) CHEM GRAU. Ganzjährig geöffnet.
Preis: 10 € inkl. aller Personen, Entsorgung, Müll-Entsorgung. Strom 2,50 €, Wasser 1 €/100 l.
Kontakt: Rauszeit GmbH, Philipp Kammerer, ☎ 06441/2086086, info@goethe-camping.com, goethe-camping.com.
Distanz: Weitere Restaurants in 0,8 km Entfernung, 0,8 km, Ⓗ 1 km, 1 km, 1,5 km.
Gastro: Diverse Restaurants in der Altstadt. Aufschlag Matchpint an der Tennishalle.

Freizeit: 2 km, 3 km, 1 km. Tennisplatz, Bootsverleih (Kanus) 0,8 km.
POI: Altstadt 0,8 km, Optikparcours 1 km, Goethe-Erinnerungsstätten 1,5 km, Dom 1,5 km, Leica-Galerie 3 km.

35576 Wetzlar €8,00

Wohnmobilstellplatz auf der Bachweide, Uferstraße, ☎ 06441/2086086 <10m neu
Unter Bäumen auf einer Landspitze zwischen den Flüssen Dill und Lahn

POS: 50°33'11.11"N/8°29'27.84"E, Karte D10 (S. 13), E2
Platz: = 60 auf Asphalt, Pflaster. Ganzjährig geöffnet.
Preis: 8 €.
Kontakt: Rauszeit GmbH, Philipp Kammerer, ☎ 06441/2086086, info@goethe-camping.com, goethe-camping.com.
Distanz: 1,2 km (Falkenstraße 30, 35576 Wetzlar), 3 km, 3 km.
Gastro: Brötchenservice.
Freizeit: Stadtführungen Auf Goethes Spuren, Kanu fahren auf der Lahn, Wandern auf dem Goetheweg.
POI: Goethemuseen, Altstadt mit Dom 3 km.

35578 Wetzlar €8,00

Parkplatz Lahninsel, Lahninsel, ☎ 06441/997755 <12m
An der Lahn und der Wetzlarer Altstadt

POS: 50°33'17.64"N/8°29'55.29"E, Karte D10 (S. 13), E2
Platz: P = 4 auf Pflaster, Asphalt. =4 (13 A) WC CHEM GRAU. Ganzjährig geöffnet. Ausnahme: Sperrung bei Volksfesten.
Preis: 8 € inkl. aller Personen, Strom, Wasser, Entsorgung, WC, Müll-Entsorgung.
Kontakt: Tourist-Information Wetzlar, ☎ 06441/997755, tourist-info@wetzlar.de, www.wetzlar-tourismus.de.
Distanz: 0,1 km, weitere Restaurants in 0,2 km, 0,1 km, Ⓗ 0,1 km, 0,5 km.
Freizeit: 2 km, 0,5 km. Lahnradweg, Museumsbesuche (Goethe-Errinnerungsstätten, Stadtmuseum, Palais Papius mit Möbeln aus Rennaicance und Barock), Biergarten (im Sommer), im Sommer täglich öffentliche Stadtführungen, Bootsverleih, Kanus 0,5 km.
POI: Optikparcours 0,1 km, Altstadt 0,1 km, Lottehaus 0,5 km, Sammlung Lemmers-Danforth im Palais Papius 0,5 km, Viseum 0,5 km, Freilicht-Festspiele (Jun-Aug) 0,6 km.

W

35578 Wetzlar
gratis <8m neu

Stellplatz am Leitz-Park, Am Leitz-Park 6, ☎ 06441/679690
Parkplatz Leica Welt im Leitz-Park

POS: 50°33'18.68"N/8°31'59.50"E, Karte D10 (S. 13), E2
Platz: = 4 auf Schotter. Museumsshop. Ganzjährig geöffnet.
Preis: Übernachtung gratis.
Kontakt: Leitz-Park GmbH, ☎ 06441/679690, info@leitz-park.de, www.leitz-park.com.
Distanz: 0,2 km, 0,2 km, 2,4 km.
Gastro: Café Leitz. Restaurant Bull & Bonito.
Freizeit: Ernst Leitz Museum, Leica Naturlehrpfad, Leica Welt mit Wechselausstellungen, Blick in die Leica Manufaktur.
POI: Ernst Leitz Museum, Wetzlar mit Dom und Altstadt 2,4 km.

76835 Weyher
€10,00 <8m

Weingut Graf von Weyher, Borngasse 7, ☎ 06323/980064
Am Weingut

POS: 49°16'1.76"N/8°4'55.61"E, Karte D9 (S. 12), D5
Platz: / = 2 auf Naturboden. =2 WC CHEM. Geöffnet: Mai-Nov.
Preis: 10 € inkl. aller Personen, Strom, Wasser, Entsorgung, Dusche, WC, Müll-Entsorgung, WLAN.
Kontakt: Jürgen Graf, ☎ 06323/980064, info@graf-von-weyher.de, www.graf-von-weyher.de.
Anfahrt: Bei der Anreise nicht in die Borngasse fahren, da keine Wendemöglichkeit vorhanden ist. Der Stellplatz befindet sich hinter dem Haus in den Weinbergen.
Distanz: 0,2 km, Ⓗ 0,3 km, 5 km.
Gastro: Brötchenservice auf Vorbestellung im Weingut.
Freizeit: 2 km, 10 km, 2 km. Führung durch den Weinkeller, Weinverkostung.
POI: Schweizer Haus 0,6 km, Schloss Ludwigshöhe und Rietburg 3,5 km.

76835 Weyher
€10,00 <10m

Weingut Moewes, Hübühl 10, ☎ 06323/5602
Auf dem Gelände des Weinguts

POS: 49°16'10.05"N/8°5'13.05"E, Karte D9 (S. 12), D5
Platz: / = 3 auf Wiese. wird empfohlen. Ankunftszeiten nach Vereinbarung. Geöffnet: Apr-Nov.
Preis: 10 € inkl. aller Personen, Strom, Wasser, Müll-Entsorgung, WLAN. Preisänderungen 2023 möglich.
Kontakt: Familie Möwes, ☎ 06323/5602, info@weingut-moewes.de, www.weingut-moewes.de.
Distanz: Ⓗ 0,2 km, 0,5 km, 0,5 km, 0,5 km.
Freizeit: 2 km, 12 km, 2 km. Mitarbeit bei der Weinlese, Führungen durch den Weinkeller.
POI: Landau 13 km, Neustadt/Weinstr. 13 km.

W

58739 Wickede/Ruhr
gratis <10m

Wohnmobilstellplatz am Ruhrtalradweg, Im Winkel, ☎ 02377/9150
Im Ruhrtal, am Rand des Sauerlands

POS: 51°29'55.31"N/7°52'53.18"E, Karte D5 (S. 8), D4
Platz: = 4 auf Schotter. Aufenthalt max. 2 Nächte, Strom-/Wasseranschluss in Planung. Kostenfreie Sanitär-Nutzung in der Freibadsaison bis 10:00 Uhr und ab 17:00 Uhr. Ganzjährig geöffnet.
Preis: Übernachtung gratis.
Kontakt: Gemeinde Wickede, ☎ 02377/9150, post@wickede.de, www.wickede.de.
Distanz: Ⓗ 1 km, 1 km, 1 km, 1,2 km.
Freizeit: 0,1 km.
POI: Arnsberger Wald 4 km, Wildwald Vosswinkel 7 km, Wallfahrtsstadt Werl 9 km.

74259 Widdern
€10,00 <12m

Jagstcamp Widdern, Heilbronner Straße 11, ☎ 01512/8954908 Parzellierte Stellflächen am Bahnhof der stillgelegten Jagstbahn, direkt am Kocher-/Jagst-Radweg

2022 geprüft

POS: 49°18'50.55"N/9°25'8.23"E, Karte D10 (S. 13), G5
Platz: = 16 auf Schotter. =16 (6 A) CHEM GRAU. Leinenpflicht für Hunde, Gasflaschentausch in Möckmühl. nur bei Gruppen. Für Gruppentreffen geeignet. Auf Mülltrennnung achten. Schranke selbst öffnen und nach Einfahrt bitte wieder schließen. Ganzjährig geöffnet.
Preis: 10 € inkl. aller Personen, Entsorgung, Müll-Entsorgung. Strom 0,50 €/kWh, Wasser 1 €/80 l, VE für Durchreisende 2 €. Eine Nacht für 10 €, 7er Karte für 60 €. VE für Durchreisende 2 €. Bezahlung beim Platzwart oder per Kuvert/Briefkasten.
Kontakt: Wolfgang Zipf, Mobil: 01512/8954908, service@jagstcamp-widdern.de, www.jagstcamp-widdern.de.
Distanz: Ⓗ 0,5 km, 0,5 km, 0,5 km, 0,5 km, weitere Restaurants in 6 km.
Gastro: Café Reinert. Besenwirtschaft Aries. Griechisches Gasthaus Zum Lamm.
Freizeit: Baden in der Jagst, Kocher-Jagst-Radweg, Wandern, Besuch der Burgfestspiele Jagsthausen, Paddeln.
POI: Stadtkern mit Museum im Bahnhof 0,5 km, Burgen in Möckmühl/Jagsthausen 6 km.

26215 Wiefelstede
gratis <8m

Wohnmobilstellplatz am Schützenplatz, Gristeder Straße 7, ☎ 04402/965150 Zentrumsnaher Stellplatz am Schützenplatz

POS: 53°15'8.43"N/8°6'34.81"E, Karte D1 (S. 4), D5
Platz: = 6 auf Asphalt. Ganzjährig geöffnet. Ausnahme: Im August wegen Schützenfest.
Preis: Übernachtung gratis.
Kontakt: Tourist-Information Wiefelstede, ☎ 04402/965150, touristik@wiefelstede.de, www.wiefelstede-touristik.de/camping-wohnmobil.
Distanz: 0,6 km, 11 km (Ferienpark am Bernsteinsee, Dorfstraße 11, 26215 Wiefelstede).
Gastro: Restaurants in der Ortsmitte.
POI: Rhododendronpark Gristede, Gemälde Lager 3000, St. Johannes Kirche Wiefelstede, Heimatmuseum Haus Wedel.

26215 Wiefelstede
gratis <8m

Wohnmobilstellplatz am Swemmbad, Alter Damm 11, ☎ 04402/6699
In zentraler Lage am Frei- und Hallenbad

POS: 53°15'42.35"N/8°6'27.34"E, Karte D1 (S. 4), D5
Platz: = 2 auf Pflaster. WC und Frischwasser (Abfüllen in Kanister) zu den Öffnungszeiten des Schwimmbades.
Preis: Übernachtung gratis. Strom 5 €, Wasser 5 €.
Kontakt: Swemmbad Wiefelstede, Mario Schaeffer, ☎ 04402/6699, schule@wiefelstede.de, www.wiefelstede-touristik.de.
Distanz: 0,5 km, 0,5 km, 1 km, 9,5 km (Ferienpark am Bernsteinsee, Dorfstraße 11, 26215 Wiefelstede-Conneforde).
Freizeit: 1,3 km. Führungs- und Besichtigungsprogramm, Rad wandern, Wandern, Tennis spielen, Golfplatz 4 km.
POI: St. Johannes Kirche Wiefelstede 1 km, Freilichtmuseum Wiefelstede 1,8 km, Kunstgalerie Haus Wedel 1,8 km, Rhododendronpark 4 km.

26215 Wiefelstede-Conneforde
€10,00 <12m

Ferienpark am Bernsteinsee, Dorfstraße 11, ☎ 04458/91663 Gegenüber dem Eingang vom Campingplatz am Ferienpark

2020 geprüft

POS: 53°19'22.18"N/8°3'35.98"E, Karte D1 (S. 4), D5
Platz: = 40 auf Wiese, Schotter. =20 (16 A) WC CHEM GRAU. Nachts beleuchtet. Ganzjährig geöffnet.
Preis: 10 € inkl. Entsorgung, WC, Müll-Entsorgung, WLAN. Strom 0,60 €/kWh, Wasser 1 €/100 l, Dusche 0,18 €/min. Inkl. Mitbenutzung der Einrichtungen der Ferienparkanlage.
Kontakt: ☎ 04458/91663, info@ferienpark-bernsteinsee.de, www.ferienpark-bernsteinsee.de.
Distanz: Ⓗ 0,5 km, 0,5 km, 1 km, 1,5 km.
Gastro: Restaurant Chianti, Mo-Do 17:00-22:00 Uhr, Fr-So 12:00-22:00 Uhr, Büfett ab 18:00 Uhr.
Freizeit: 6 km, 8 km. Kletterwald, Bogenschießen, Moorwanderungen, Tontaubenschießen, Naturbadesee am Platz, Angeln, Beach-Volleyball, Minigolf-Anlage, Wassersport, Boule, Tier- und Freizeitpark 10 km, Inselflüge 20 km.
POI: Rhododendronpark 4 km, deutsches Marinemuseum Wilhelmshaven 25 km.

51674 Wiehl
gratis <10m

An der Tropfsteinhöhle, Pfaffenberg 1, ☎ 02262/99195 Auf dem Busparkplatz gegenüber vom Waldhotel am Waldrand

POS: 50°56'19.61"N/7°32'49.99"E, Karte D9 (S. 12), C1
Platz: = 5 auf Schotter. Beleuchtet. Ganzjährig geöffnet.
Preis: Übernachtung gratis.
Kontakt: Tourist-Info, Corinna Kawczyk, ☎ 02262/99195, wiehl-touristik@wiehl.de, www.wiehl.de.
Distanz: 0 km (Waldhotel Tropfsteinhöhle), 1 km (Im Wiehler Zentrum), 1,3 km.
Gastro: Hotel Ponyhof Knotte. Restaurant Pfaffenberg.
Freizeit: Wiehler Tropfsteinhöhle - Führungen mit 1.500 Meter Höhlengängen, Wald- und Naturlehrpfad, Wildpark.
POI: Museum Achse, Rad und Wagen (Werksmuseum der Firma BPW).

51674 Wiehl-Bielstein
€18,00 <6m

Campingplatz Wiehltal, Jahnstraße 14, ☎ 02262/727420
Auf dem Campingplatz

POS: 50°57'34.20"N/7°30'46.18"E, Karte D9 (S.12), C1
Platz: P = 20 auf Schotter. WC CHEM GRAU . R wird empfohlen. Ganzjährig geöffnet.
Preis: Ab 18 € inkl. WC. Jede weitere Pers. 5,50 €, Kind (6-16 J.) 3,50 €, Strom 2 €, Dusche 1 €, Müll-Entsorgung 1 €, Trockner 3 €, Waschmaschine 4 €. 18-25 €, je nach Platz.
Kontakt: Campingplatz Wiehltal, ☎ 02262/727420, info@campingplatz-wiehltal.de, campingplatz-wiehltal.de.
Distanz: 0,4 km, 0,5 km.
Freizeit: NaturErlebnisPark Wiehl, Minigolf, Tierpark, Postkutschfahrten, Freizeitpark, Tennis.
POI: Wiehler Dahlienschau, Schloss/Burg, Tropfsteinhöhle Wiehl.

51674 Wiehl-Verr
gratis >12m

Haus Wald-Eck, Verr 14, ☎ 02262/2939 In ruhiger Lage auf dem Parkplatz des Hotel-Restaurants

2022 geprüft

POS: 50°57'8.80"N/7°26'29.11"E, Karte D9 (S.12), C2
Platz: = 4 auf Wiese, Schotter. WC . R wird empfohlen. Um telefonische Anmeldung wird gebeten. Ganzjährig geöffnet.
Preis: Übernachtung gratis. Wasser/Strom nach Vereinbarung. Einkehr erwünscht.
Kontakt: Edgar Neuschäfer, ☎ 02262/2939, haus-wald-eck@t-online.de, www.haus-wald-eck.de.
Distanz: 0 km, weitere Restaurants in 1,5 km, 1,5 km, 1,5 km, H 1,5 km.
Gastro: Am Platz, warme Küche ab 18:00 Uhr.
Freizeit: 7 km, 7 km, 7 km. Mountainbiking.
POI: Aussichtsturm Hohe Warte 4 km, Ölchens Hammer 9 km, Schloss Homburg 12 km, Freilichtmuseum Lindlar 14 km, Schloss Gimborn 15 km.

29342 Wienhausen
€2,00 <10m

Camping Zum Alten Wehr, Bockmarschweg 2, ☎ 05149/212
Naturbelassen, in der Nähe der Aller, direkt am Mühlenbach

POS: 52°34'54.27"N/10°11'49.50"E, Karte D6 (S.9), H2
Platz: = 20, = 6 (<12 m) auf Wiese. WC CHEM GRAU. R wird empfohlen. Ganzjährig geöffnet. 1.4.-15.10. mit Service, sonst für autarke Fahrzeuge.
Preis: Ab 2 € inkl. Entsorgung, WC, Duschen. Jede weitere Pers. 5,50 €, Strom 2 €/pro Pers., Wasser /l, Hund je 1,50 €. 6.10.-31.3. 2 €, 1.4.-5.10. 10,50 €.
Kontakt: Camping Zum Alten Wehr, Kurt Kollmann, ☎ 05149/212, campingpark-wienhausen@online.de, campingpark-wienhausen.de.
Distanz: 0,5 km, 0,5 km, H 0,5 km.
Gastro: Bäckerei, Metzgerei. Restaurant mit Brauerei.
Freizeit: Ausgangspunkt für Wander- und Radtouren an der Aller, Klosterführung, Kanutouren.
POI: Klosterpark.

95676 Wiesau
gratis <12m

Stellplatz Wiesau, Egerstraße, ☎ 09634/92000
Auf dem Festplatz beim Sportzentrum

POS: 49°54'17.68"N/12°10'56.87"E, Karte D11 (S.14), C3
Platz: P = 3, = 1 (<12 m) auf Schotter. . Abenteuerspielplatz, Leinenpflicht für Hunde. Aufenthalt max. 5 Tage. Ganzjährig geöffnet.
Preis: Übernachtung gratis.
Kontakt: Markt Wiesau, ☎ 09634/92000, poststelle@wiesau.de, www.wiesau.de.
Distanz: 0,2 km, H 0,5 km, 1 km, 1 km.
Freizeit: 7 km, 1,5 km. 75 km ausgebaute Radwege, 125 km Wanderwege, Kreuzbergkirche in Wiesau (500 Jahre alt), E-Bike Verleih 1,5 km.
POI: Geschichtspark Bärnau, Franzensbad, Eger, Kappelkirche (4 Türme) Waldsassen 16 km, Basilika Waldsassen 16 km.

65187 Wiesbaden
€14,00 >12m

Reisemobilhafen Wiesbaden, Wörther-See-Straße 29/ Ecke Saarstraße 43, ☎ 0172/6627012
Angelegtes Gelände in der Nähe des Freibades

2021 geprüft E

POS: 50°3'22.34"N/8°12'37.29"E, Karte D9 (S.12), D3
Platz: P = 36 auf Schotter. =36 (16 A) WC CHEM GRAU. R Reservierung ab 2 Tage Aufenthalt möglich. Abreise bis ca 14:00 Uhr. Ganzjährig geöffnet.
Preis: 14 € inkl. Entsorgung, WC, Müll-Entsorgung. Strom 0,70 €/kWh, Wasser 0,50 €/40-50 l. Gespanne: 17 €.
Kontakt: Markus Tönnessen, Mobil: 0172/6627012, info@reisemobilhafen-wiesbaden.de, www.reisemobilhafen-wiesbaden.de.
Distanz: H 0,1 km, 0,8 km, 1,5 km, weitere Restaurants in 1,8 km, 4,5 km.
Gastro: Bäcker (0,7 km).
Freizeit: 0,2 km, 3,5 km. Bootsfahrt Schiersteiner Hafen.
POI: Rheingau 2,5 km, Biebricher Schloss 3 km, Innenstadt Wiesbaden mit Kurhaus, Theater, Griechische Kapelle 4,5 km, Mainz 7 km.

14827 Wiesenburg/Mark
gratis <10m

Wohnmobilstellplatz am Schlosspark, Parkstraße, ☎ 033849/7980
Am Ortsrand nahe Grundschule, im Naturpark Hoher Fläming

POS: 52°6'38.88"N/12°26'46.88"E, Karte D7 (S.10), D3
Platz: = 5, = 3 (<9 m) auf Pflaster. WC. Ganzjährig geöffnet.
Preis: Übernachtung gratis.
Kontakt: Gemeinde Wiesenburg/Mark, ☎ 033849/7980, gemeinde@wiesenburgmark.de, www.wiesenburgmark.de.
Distanz: 0,7 km.
Freizeit: Internationaler Kunstwanderweg zwischen Wiesenburg und Bad Belzig, Wanderregion Hoher Fläming.
POI: Historischer Dorfkern, Schloss Wiesenburg mit Schlossturm, Schlosspark mit dendrologischen Besonderheiten.

14827 Wiesenburg/Mark-Jeserig
€20,00 <8m

Familienhotel Brandtsheide, Bahnhofsallee 8 c, ☎ 033849/909861
Am Hotel in ruhiger Lage am Waldrand

2022 geprüft E

POS: 52°5'22.36"N/12°26'44.78"E, Karte D7 (S.10), D3
Platz: = 20 auf Wiese. WC CHEM GRAU . Sauna im Hotel. R nur bei Gruppen. Anfahrt täglich 7:00-21:00 Uhr. Ganzjährig geöffnet. Ausnahme: 24.12.
Preis: 20 € inkl. Strom, Wasser, Entsorgung, WC, Duschen. Sauna im Hotel 12 €.
Kontakt: Birgitt Rudolph, ☎ 033849/909861, info@brandtsheide.de, brandtsheide.de.
Distanz: 0 km, weitere Restaurants in 2,5 km, H 0,1 km, 0,5 km, 5 km.
Gastro: Restaurant im Hotel, warme Küche 12:00-20:00 Uhr. Frühstück: 7:00-10:00 Uhr (8 €/Pers.). Brötchenservice nach Absprache.
Freizeit: 5 km, 18 km. Angeln, geführte Wanderungen, Kunst Land Hoher Fläming, Natursee 0,5 km.
POI: Schloss und Park Wiesenburg 4 km, Burg Rabenstein und Eisenhardt 15 km, Landschaftspark Wörlitz 25 km, Lutherstadt Wittenberg 25 km.

94344 Wiesenfelden
€8,00 <12m

Naturcamping und Berghütte Binder, Wullendorf 4, ☎ 09964/9969
Auf einer Hochebene mit Aussicht über die Ausläufer des Bayerischen Waldes

POS: 49°5'21.54"N/12°36'10.90"E, Karte D15 (S.18), D1
Platz: = 7 auf Wiese. WC. R Geeignet für Jugendgruppen. Ganzjährig geöffnet.
Preis: 8 €. Jede weitere Pers. 2 €, Strom 0,35 €/kWh.
Kontakt: Helmut Binder, ☎ 09964/9969, camping@berghuette-binder.de, www.berghuette-binder.de.
Distanz: 7 km, 7 km, 7,2 km.
Gastro: Freizeitraum mit Biertheke in der Berghütte.
Freizeit: Marienwallfahrt Heilbrunn, Angeln, Wandern, Wildkatzen- und Luchsgehege 7 km, Naturerlebnisweg um den Kobelberg 10 km, Falkenstein Burg mit Jagdmuseum, Aussichtsturm, Felsenpark 17 km.
POI: Schloss mit naturkundlichem Museum 7,5 km, Straubing mit Gäubodenvolksfest (Mitte Aug) 28 km.

W

73349 Wiesensteig
gratis <8m **neu**

Parkplatz Papiermühle/Filsursprung, Papiermühle/Filsursprung, ☎ 07335/96200 Ausgangspunkt für Ausflüge zum Filsursprung

POS: 48°33'42.43"N/9°35'57.40"E, Karte D14 (S.17), G2

Platz: = 4 auf Schotterrasen. Nächste VE: Sommerbergstraße 64, 73349 Wiesensteig. Ganzjährig geöffnet.
Preis: Übernachtung gratis.
Kontakt: Stadtverwaltung Wiesensteig, ☎ 07335/96200, info@wiesensteig.de, www.wiesensteig.de.
Distanz: 1,6 km, 1,8 km.
Gastro: Gasthof Zum See. Gasthof Am Selteltor. Café Mühlwerk. Gasthof Zum Filsursprung. Albhotel Malakoff.
Freizeit: 1,6 km. Teilnahme an mittelalterlichen Stadtführungen, Wanderung Löwenpfad Filsursprung-Runde 1,6 km.
POI: Marktbrunnen und umgebende Fachwerkbauten, Stiftskirche St. Cyriakus 2,2 km, Residenzschloss 2,4 km.

73349 Wiesensteig — gratis

Wohnmobilstellplatz an den Bläsiberg-Skiliften, Schöntalweg, ☎ 07335/96200 Bei den Skiliften im Schöntal, außerhalb von Wiesensteig

<10 m — neu

POS: 48°34'39.95"N/9°37'2.75"E, Karte D14 (S. 17), G2
Platz: = 4 auf Schotter. Anfahrt 24 h. Nächste VE: Sommerbergstraße 64, 73349 Wiesensteig. Ganzjährig geöffnet.
Preis: Übernachtung gratis. Strom 0,50 €/kWh.
Kontakt: Stadtverwaltung Wiesensteig, ☎ 07335/96200, info@wiesensteig.de, www.wiesensteig.de.
Distanz: 0,9 km (Sommerbergstraße 64, 73349 Wiesensteig), 1,6 km, 1,8 km.
Gastro: Café Mühlwerk. Gasthaus Zum See. Gasthof Am Seltelor. Albhotel Malakoff. Gasthof Zum Filsursprung.
Freizeit: 2,6 km. Wiesensteiger Geopfad, Wander- und Radwege, Wintersport, 4 Sterne Albtäler-Radweg.
POI: Residenzschloss Wiesensteig 1,3 km, Burgruine Reußenstein 8,9 km, Quelle Filsursprung 10,3 km.

73349 Wiesensteig — gratis

Wohnmobilstellplatz Wiesensteig, Sommerbergstraße 64, ☎ 07335/96200
Neben dem Schlossparkplatz

<8 m — neu

POS: 48°33'56.00"N/9°37'44.00"E, Karte D14 (S. 17), G2
Platz: = 2 auf Asphalt. CHEM GRAU. Ganzjährig geöffnet.
Preis: Übernachtung gratis inkl. Entsorgung. Strom 0,50 €/kWh.
Kontakt: Stadtverwaltung Wiesensteig, ☎ 07335/96200, info@wiesensteig.de, www.wiesensteig.de.
Distanz: 0,3 km, 0,4 km, 0,6 km.
Gastro: Albhotel Malakoff. Gasthof Am Seltelor. Gasthof Zum Filsursprung. Café Mühlwerk. Gasthof Zum See.
Freizeit: 1,6 km. Langlauf, Wintersport, 4 Sterne Albtäler-Radweg, Wiesensteiger Geopfad.
POI: Residenzschloss der Helfensteiner 0,4 km, Aussichtspunkt Steinernes Weib 2,2 km, Burgruine Reußenstein 7,9 km, Filsursprung 9,2 km.

36466 Wiesenthal — €5,00

Wohnmobilstellplatz Wiesenthal, Kirchgraben 16, ☎ 0160/2282761 oder 0162/6708447
Am Ortsrand neben dem Freibad

<10 m

POS: 50°42'0.75"N/10°10'14.72"E, Karte D10 (S. 13), H1
Platz: = 4 auf Schotter. WC beim Freibad. Geöffnet: März-Okt.
Preis: 5 €. Strom 0,50 €/kWh, Wasser 1 €/100 l.
Kontakt: Gemeinde Wiesenthal, Mobil: 0160/2282761 oder 0162/6708447, info@dermbach.de, www.wiesenthal.info.
Distanz: 0 km, 0,2 km, 4,7 km.
POI: Roßberghütte Wanderhütte, Wiesental Museum 1 km.

W

91346 Wiesenttal-Streitberg — €10,00

Bahnhof Streitberg, Bahnhofstraße, ☎ 09196/929931
Parkplatz am Bahnhof der Museumsbahn

<12 m

POS: 49°48'27.36"N/11°13'3.39"E, Karte D11 (S. 14), B4
Platz: = 15 auf Schotter. CHEM GRAU. Im Winter kein Frischwasser. Ganzjährig geöffnet.
Preis: 10 € inkl. Wasser, Entsorgung.
Kontakt: Gemeinde Wiesenttal, ☎ 09196/929931, info@wiesenttal.de, www.wiesenttal.de.
Distanz: 0,1 km, weitere Restaurants in 0,3 km, 0,1 km, 0,3 km, 4 km.
Freizeit: 3 km. Museumseisenbahn.
POI: Burgruinen Neideck und Streitburg mit Lochgefängnis 0,5 km, Binghöhle 1 km, Basilika Gößweinstein 12 km.

26639 Wiesmoor — €23,10

Camping- und Bungalowpark Ottermeer, Am Ottermeer 52, ☎ 04944/949893
Am Rande eines großen Freizeit- und Erholungsgeländes, direkt am Ottermeer

<8 m

POS: 53°24'49.95"N/7°42'45.19"E, Karte D1 (S. 4), D4
Platz: = 6 auf Schotterrasen, Rasengittersteinen. WC CHEM GRAU. wird empfohlen. Ganzjährig geöffnet.
Preis: Ab 23,10 € inkl. WC. Kind (0-5 J.) 2,10 €, Kind (6-15 J.) 3,20 €, Kind (ab 16 J.) 6,30 €, Hund 3,20 €, Waschmaschine/Trockner je 3,20 €. Strom, Wasser, VE, Müll 3,70 €. 23,10-27,60 € je nach Saison und Stellplatz.
Kontakt: ☎ 04944/949893, camping@wiesmoor.de, www.wiesmoor-camping.de.
Distanz: 0,4 km, 1,5 km, 1,5 km.
Gastro: Kiosk, Restaurant.
Freizeit: Minigolf, Wassersport, Angeln, Tretboot fahren.
POI: Torf-/Siedlungsmuseum 0,8 km.

26639 Wiesmoor — €7,00

Wohnmobilstellplatz Auf dem Marktplatz, Am Marktplatz, ☎ 04944/949893
Zentrale Lage, 30 km von der Nordsee

<10 m

2022 geprüft

POS: 53°24'44.49"N/7°44'6.05"E, Karte D1 (S. 4), D4
Platz: = 5 auf Pflaster. Aufenthalt max. 3 Tage. Eben, kein Schatten. Tankstelle 0,3 km. Ganzjährig geöffnet.
Preis: 7 € inkl. Strom.
Kontakt: Camping- und Bungalowpark Wiesmoor, ☎ 04944/949893, camping@wiesmoor.de, www.wiesmoor-camping.de.

Distanz: 0,1 km, 0,1 km, 0,4 km, 0,8 km, 2,8 km (Camping- und Bungalowpark Ottermeer, Am Ottermeer 52, 26639 Wiesmoor).
Gastro: Café-Bistro-Restaurant Big Ben in Wiesmoor.
Freizeit: 1,3 km, 2,8 km, 1,2 km. Bootsverleih 0,1 km, Minigolf 2 km, Golfplatz 4 km.
POI: Blumen-/Ausstellungshalle 0,9 km, Torf- und Siedlungsmuseum 1,3 km, Windmühlen Spetzerfehn und Großefehn 8 km.

49835 Wietmarschen — €8,00

Hotel Gaststätte Heilemann, Neuenhauser Straße 4, ☎ 05925/255
Hinter der Gaststätte

<12 m

POS: 52°30'50.01"N/7°6'53.64"E, Karte D5 (S. 8), C2
Platz: = 10 auf Schotter. =10. Elektronisch geführte Touren durch die Region (DAGIT). WLAN, Toiletten im Hotel und der Gaststätte. Ganzjährig geöffnet.
Preis: 8 € inkl. aller Personen, WLAN. Für Restaurantgäste kostenlos. Strom 2 €/24 h, Dusche 2 €/Pers. Gilt auch als Verzehrgutschein inkl. Saunabenutzung.
Kontakt: Hotel Gaststätte Heilemann, Max Heilemann, ☎ 05925/255, info@heilemann.online, www.heilemann.online.
Distanz: 1,5 km, 1,5 km.
Gastro: Gaststätte Heilemann, Mo + Mi-Sa 15:00-22:00 Uhr, So 12:00-21:00 Uhr, Di Ruhetag. Im Winter Di Ruhetag. 1./2. Nov.woche und nach Weihnachten-Mitte Jan geschlossen. Brötchenservice möglich.
Freizeit: 13 km, 12 km, 2 km. Fietsentouring - gut ausgebaute Radwege, Freizeitsee 7 km.
POI: Tierpark Nordhorn 11 km, Biotop Geeste 15 km, Moormuseum Groß Hesepe 15 km, Burg Bad Bentheim 26 km.

17379 Wietstock — €14,00

Wietstocker Weitblick, Dorfstraße 32, ☎ 0174/6900914
Großzügig angelegt, in Dorfrandlage

>12 m

POS: 53°42'45.16"N/13°46'55.00"E, Karte D4 (S. 7), F3
Platz: = 3 auf Wiese. =3 (16 A) CHEM GRAU. Eingefriedet und bewacht. Anreise bis 18:00 Uhr. Geöffnet: 1.5.-30.9.
Preis: 14 € inkl. Entsorgung, Müll-Entsorgung. Strom 2 €, Wasser 1 €/100 l, Dusche 2 €.
Kontakt: Tom Rosenow, Mobil: 0174/6900914, 17379wietstock@gmail.com.
Distanz: 0,5 km, 4 km, 6 km, 6 km.
Freizeit: 20 km, 20 km. Badeseen 2 km.
POI: Findlingsgarten Schwichtenberg 10 km, Hansestadt Anklam 20 km, Ueckermünde/Haff 20 km.

31613 Wietzen €10,00

Unser kleiner Hof, Heidestraße 163, ☎ 0178/5313847 <10m
An der deutschen Märchenstraße, naturnah in ruhiger Lage

POS: 52°41'38.09"N/9°4'31.45"E, Karte D6 (S.9), F1
Platz: P / = 3 auf Asphalt. WC . Leinenpflicht für Hunde, Fass-Sauna. Anfahrt 24 h. Ganzjährig geöffnet.
Preis: Ab 10 € inkl. Strom, WC. Wohnmobil inkl. Strom 10 €, inkl. Strom, WC, Duschen 25 €, Wohnwagen inkl. Strom 15 €, inkl. Strom, WC, Duschen 30 €.
Kontakt: Jens Reinhardt, Mobil: 0178/5313847, info@unser-kleiner-hof.de, www.unser-kleiner-hof.de.
Distanz: 2 km, 2 km, Ⓗ 2 km, 2 km, E 18 km (Nienburg/Weser).
Freizeit: 2 km, 18 km. Mitarbeit auf dem Hof, Weser-Radweg.
POI: Blenhorster Wassermühle 6 km, Museumseisenbahn Asendorf 9 km, Nienburg/Weser 18 km.

29649 Wietzendorf €20,00

Übernachtungsoase Südsee-Camp, Südsee-Camp 1, ☎ 05196/980116 <10m
Größtenteils gepflastert, im Innenkreis mit Kies

2022 geprüft E

POS: 52°55'50.73"N/9°57'54.23"E, Karte D6 (S.9), G1
Platz: P / = 40 auf Sand/Splitt, Wiese, Asphalt. =40 (10 A) WC CHEM GRAU . Aufenthalt max. 3 Nächte. Einrichtungen des Campingplatzes können mit genutzt werden. Auch für Dickschiffe geeignet. Ganzjährig geöffnet.
Preis: 20 € inkl. aller Personen, Entsorgung, Dusche, WC, Müll-Entsorgung. Wasser 1 €/100 l. Strom gegen Gebühr.
Kontakt: Südsee-Camp, ☎ 05196/980116, info@suedsee-camp.de, www.suedsee-camp.de.
Distanz: 0,1 km, weitere Restaurants in 2 km, Ⓗ 2 km, 2 km, 2 km.
Gastro: Restaurants/Imbiss auf dem Platz.
Freizeit: Südsee-Badeparadies, Sandstrand.
POI: Spielzeugmuseum Soltau 10 km, Designer Outlet Soltau 10 km, Naturpark Lüneburger Heide 12 km, Verrücktes Haus Bispingen und Snow Dome 15 km, Heide-Park Soltau 15 km, Wildpark Müden 15 km, Panzermuseum Munster 20 km.

72218 Wildberg €6,00

Wohnmobilstellplatz Wildberg, Klosterhof, ☎ 07054/931851 <8m
Am Ufer der Nagold

2022 geprüft E

POS: 48°37'14.38"N/8°44'40.94"E, Karte D14 (S.17), E2
Platz: P = 4 auf Rasengittersteinen. =4 WC CHEM. VE von Apr-Okt. Ganzjährig geöffnet. Ausnahmen: Wildberger Schäferlauf am 3. Wochenende im Juli in geraden Jahren. Ausweichplatz: Parkplatz beim Bildungszentrum/Sporthalle.
Preis: 6 €. Strom 1 €/kWh, Wasser 1 €/50 l.
Kontakt: Camping Carpe Diem, Holger Stern, ☎ 07054/931851, info@campingcarpediem.de, www.wildberg.de.
Distanz: Ⓗ 0,5 km, 0,5 km, 0,5 km, 2 km.
Freizeit: Freibad beim nahegelegenen Campingplatz, Minigolfanlage, Nagoldtal-Radweg, Themenwege.
POI: Heimatmuseum 0,2 km, Schlossanlage 0,5 km, Hexenturm 0,5 km.

38709 Wildemann €12,00

Bergpension Vogelsang, Am Sanickel 22, ☎ 05323/6209 <8m
Neben der Pension am Waldrand

POS: 51°50'1.32"N/10°17'15.39"E, Karte D6 (S.9), H3
Platz: / = 5 auf Schotterrasen. =4 (16 A) WC . R wird empfohlen. Derzeit Bauarbeiten, vor Anreise über Baufortschritt informieren. Ganzjährig geöffnet.
Preis: Ab 12 € inkl. Strom, Wasser, WC, Müll-Entsorgung, WLAN. Jede weitere Pers. 2 €, Dusche 2,50 €/Pers., Kurtaxe 2,14 €/Pers. Im Winter 15 €. Preisänderung 2023 möglich.
Kontakt: Bernd Hannemann, ☎ 05323/6209, info@haus-vogelsang-harz.de, www.haus-vogelsang-harz.de.
Distanz: 0 km, weitere Restaurants in 0,3 km, Ⓗ 1,1 km, 1,2 km, 1,2 km, E 8,6 km (Wohnmobilstellplatz Lautenthal, Kaspar-Bitter-Straße 7B, 38685 Langelsheim).
Gastro: Halbpension gegen Aufpreis. Frühstück. Brötchenservice.
Freizeit: 0,5 km, 15 km. Minigolf.
POI: 19-Lachter-Stollen 1 km, Stabkirche Hahnenklee 7 km, Tropfsteinhöhle 8 km, UNESCO-Weltkulturerbestadt Goslar 25 km.

38709 Wildemann €20,00

Wohnmobilstellplatz im Wald, Im Schwarzewald 21, ☎ 05323/81758 <12m
Am südlichen Ende des Ortes im Wald

POS: 51°49'8.27"N/10°16'27.76"E, Karte D6 (S.9), H3
Platz: / = 5 auf Wiese. WC. Ganzjährig geöffnet.
Preis: 20 € inkl. Dusche, WC. Kind (ab 16 J.) 10 €, Kind (bis 16 J.) 8 €, Strom einmalig 1,50 € und 0,40 €/kWh, Waschmaschine 2 €. Preisänderung 2023 mögl.
Kontakt: Harzklub e.V., ☎ 05323/81758, info@harzklub.de, www.harzklub.de.
Distanz: 1,1 km, 1,1 km, 1,2 km.
Freizeit: Wandern, Radtour durch den Nationalpark Harz.
POI: UNESCO-Weltkulturerbe 19-Lachter-Stollen in Wildemann, Höhlenerlebniszentrum Bad Grund, Weltwald Bad Grund.

27793 Wildeshausen €10,00

Wohnmobilstellplatz am Krandelbad, Krandelstraße, ☎ 04431/6564 <10m
Am westlichen Ortsrand, zentrale Lage

POS: 52°54'2.13"N/8°25'39.30"E, Karte D6 (S.9), E1

Sie haben einen neuen Stellplatz entdeckt? Dann teilen Sie uns diesen mit per E-Mail an **bordatlas@doldemedien.de** oder über das Online-Meldeformular unter **www.bordatlas.de/meldung**

W

Platz: = 30 auf Pflaster, Sand/Splitt. =30 (16 A) GRAU . Sitzgruppe mit Feuerstelle, Infotafel. Dusche im Wellnesscenter Auszeit gegen Gebühr, VE/Gasflaschentausch bei Caravan-Service Sontag. Ganzjährig geöffnet.
Preis: 10 € inkl. aller Personen, Entsorgung, Müll-Entsorgung, WLAN. Strom 0,50 €/kWh, Wasser 1 €/100 l. Bargeldlose Bezahlung am Kassenautomat.
Kontakt: Tourist-Information im Rathaus, ☎ 04431/6564, info@verkehrsverein-wildeshausen.de, www.wildeshausen.de.
Distanz: 0,5 km, weitere Restaurants in 1,3 km, 1 km (Caravan-Service Sontag, Glaner Straße 26, 27793 Wildeshausen), 1 km, Ⓗ 1 km, 1,3 km, 1,3 km.
Gastro: Auszeit-Sport & Wellness (Frühstück, warme Gerichte und Snacks ab mittags).
Freizeit: 0,2 km, 0,2 km, 5 km. Tischtennis, Trimmpfad, E-Bike-Ladestation am Bike&Ride-Stellplatz /Bahnhof Wildeshausen, Kanu fahren (Einstiegstelle Im Hagen; Leihboote auf Anfrage), Angeln mit Angelkarte 1 km, Waldlehrpfad Lehmkuhle/Arboretum 2,5 km, Tennisplatz 2,5 km, Golfen 4,5 km, Go-Kart 6 km.
POI: Pestruper Gräberfeld, Druckereimuseum 1 km, Historischer Stadtwall 1,2 km, Rathaus und Marktplatz 1,3 km, Basilika (Alexanderkirche) 1,5 km, Großsteingräber aus der Steinzeit 3 km.

26382 Wilhelmshaven €12,00 <8m

Stellplatz Fliegerdeich West, Fliegerdeich, ☎ 04421/913000
Übernachtungsplatz auf dem Deich

POS: 53°30'37.31"N/8°7'41.19"E, Karte D1 (S. 4), D4
Platz: / = 58 auf Pflaster. . Aufenthalt max. 24 h. WC/VE am Kiosk von Mitte Mai-Mitte Sep. Ganzjährig geöffnet.
Preis: 12 € inkl. aller Personen.
Kontakt: Wilhelmshaven Touristik & Freizeit GmbH, ☎ 04421/913000, tourist-info@wilhelmshaven-touristik.de, www.wilhelmshaven-touristik.de.
Distanz: 0,2 km, Ⓗ 0,2 km, 1,5 km, 2 km.
Gastro: Restaurants/Cafés auf der Südstrandpromenade.
Freizeit: 3 km, 6 km, 0,2 km. Südstrand 0,2 km.
POI: Hafenrundfahrten, Deutsches Marinemuseum, Wattenmeer Besucherzentrum, Aquarium Wilhelmshaven 1,2 km, Küstenmuseum Wilhelmshaven 3 km, Botanischer Garten/Rosarium 7 km, JadeWeserPort-InfoCenter 10 km.

Unsere Korrespondenten sind fast das ganze Jahr unterwegs, um für Sie, liebe Leserin und Leser, aktuelle Daten zu recherchieren und über Neuerungen zu berichten. Sie sind damit eine wertvolle Ergänzung des Redaktionsteams, um den Bordatlas zu einem unentbehrlichen Standardwerk für alle Wohnmobilfahrer zu machen.

W

26386 Wilhelmshaven €12,00 <12m

Reisemobilhafen nautimo, Friedenstraße 99 (Sportforum), ☎ 04421/773550
Befestigte, parzellierte und beleuchtete Stellplätze am Freizeitbad

POS: 53°32'9.80"N/8°5'59.32"E, Karte D1 (S. 4), D4
Platz: = 26 auf Schotter. =28 (16 A) WC CHEM GRAU . Anfahrt 24 h. WC im Bad-Foyer, Strandkorb-Leihe gratis. Ganzjährig geöffnet.
Preis: 12 € inkl. aller Personen, Entsorgung, WC, Müll-Entsorgung, WLAN. Strom 0,60 €/kWh, Wasser 0,10 €/10 l, Dusche 1 €/30 min. Bezahlung an der Badkasse (10:00-20:30 Uhr).
Kontakt: nautimo Erlebnisbad, ☎ 04421/773550, info@nautimo.de, www.nautimo.de.
Distanz: 0 km, weitere Restaurants in 1,5 km, Ⓗ 0,1 km, 0,2 km, 2 km.
Gastro: Bad-Restaurant und Foyer-Bistro, warme Küche 12:00-20:00 Uhr. Täglich frische Brötchen (Abholung ab 8:15 Uhr im Foyer bei Vorbestellung am Abend zuvor).
Freizeit: 4 km. Erlebnisbad Nautimo, Ballsport, Wasserspielgarten für Kinder, Radtouren, Squash, Hafenrundfahrten.
POI: Stadtpark 1 km, Ölhafen 4 km, Maritime Meile (Aquarium, Wattmeerhaus, Marinmuseum) 4 km, Jade-Weser-Port 4 km.

Tipp

Sie möchten einen entspannten Urlaub in der „Grünen Stadt am Meer" verbringen? Mit dem Reisemobilhafen nautimo haben Sie alle Zutaten für einen Traumurlaub: direkt vor der Tür das ‚Erlebnisbad- und Sauna-Paradies' in Wilhelmshaven, nur wenige Schritte bis zur nächsten Einkaufsmöglichkeit und zu den Bussen, die Sie zum Strand und zur ‚Maritimen Meile' bringen. Oder starten Sie vom Stellplatz aus wunderschöne Fahrradtouren.

26382 Wilhelmshaven €15,00 >12m

Wohnmobilstellplatz Schleuseninsel, Schleusenstraße 37
Am Jadebusen, geschützt hinter dem Deich mit direktem Zugang zum Meer

POS: 53°30'55.11"N/8°9'9.00"E, Karte D1 (S. 4), D4

Platz: = 30 auf Schotter. =40 (16 A) WC CHEM GRAU . Anfahrt bis 22:00 Uhr. Reservierung bis zu 8 Plätze pro Tag und bei Gruppenreisen. Busverbindung in die City Mai-Okt. Ganzjährig geöffnet.
Preis: 15 € inkl. aller Personen, Entsorgung, Müll-Entsorgung, WLAN. Strom 3 €/Tag, Wasser 1 €/100 l, WC 3 €/2 Pers. 5 € zusätzlich für Anhänger.
Kontakt: Werner Hanneken und Paulina Justus, info@wohnmobilstellplatz-wilhelmshaven.de, www.wohnmobilstellplatz-wilhelmshaven.de.
Anfahrt: Höhenbegrenzung der Kaiser-Wilhelm-Brücke. Anfahrt über Jadeallee und Südstrand.
Distanz: 0,3 km, weitere Restaurants in 0,4 km, Ⓗ 0,5 km, 3 km, 3,3 km.
Gastro: Brötchenservice Apr-Okt. Seglerheim am Nassauhafen 0,2 km (Frühstück oder Brötchenservice mögl.), warme Küche 12:00-14:30 Uhr und 18:00-22:00 Uhr.
Freizeit: 2 km, 5 km. Bademöglichkeit 0,1 km.
POI: Marina 0,1 km, Wattenmeermuseum 1 km, Deutsches Marinemuseum 1 km.

26389 Wilhelmshaven €10,00 <8m

Wohnmobilstellplatz Jade, Bunsenstraße 10, ☎ 04421/933000
Am Ems-Jade-Kanal auf dem Gelände eines Sicherheits-Unternehmens

POS: 53°30'38.62"N/8°5'20.88"E, Karte D1 (S. 4), D4
Platz: = 10 auf Schotter. CHEM GRAU . Nachts beleuchtet, ruhige Lage. Frischwasser von Apr-Okt. Ganzjährig geöffnet.
Preis: 10 € inkl. Strom, Wasser. Entsorgung 1 €. Stellplatzbetreuer kassiert Gebühr.
Kontakt: ☎ 04421/933000, info@eurosecurity.de, wohnmobilstellplatz-jade.de.
Distanz: 0,9 km, weitere Restaurants in 1 km, 2 km, 5 km.
Freizeit: 3,8 km, 3,8 km, 4,7 km.
POI: Wattenmeer 1 km.

26389 Wilhelmshaven-Bant €10,00 <10m

Reisemobil-Stellplatz Südstadt, Banter Weg 12a, ☎ 04423/2816
Am Clean-Park nahe Innenstadt

POS: 53°30'55.48"N/8°5'27.36"E, Karte D1 (S. 4), D4
Platz: = 10, = 10 (<10 m) auf Schotter. =12 (16 A) CHEM GRAU . Ganzjährig geöffnet.
Preis: 10 € inkl. Strom, Wasser, Müll-Entsorgung. Entsorgung 4 €.
Kontakt: Wolfgang Oetjegerdes, ☎ 04423/2816, wolfgang.oetjegerdes@ewetel.net, www.wilhelmshaven-touristik.de.
Anfahrt: Einfahrt über Clean-Park.
Distanz: 0 km, Ⓗ 0,4 km, 0,5 km, 1 km.
Freizeit: 3 km, 3 km. Besuch der Museen, Maritime Meile 2 km, Salzwassersee Banter See 2 km, Südstrand 3 km.
POI: Aquarium 3 km, Wattenmeerhaus 3 km.

26388 Wilhelmshaven-Fedderwardergroden €8,00 <8m

Wohnmobilstellplatz am Freibad Nord, Möwenstraße 30, ☎ 04421/52783
Beleuchtetes Gelände am Freibad Nord

POS: 53°34'12.74"N/8°6'12.26"E, Karte D1 (S. 4), D4
Platz: = 6 auf Schotter. =6 (10 A) . Geöffnet: Mai-Aug.
Preis: 8 € inkl. aller Personen, Wasser, Dusche. Strom 2 €/6 h.
Kontakt: Freibad Nord GmbH, ☎ 04421/52783, www.freibad-nord.de.
Distanz: 0,4 km, weitere Restaurants in 10 km, Ⓗ 0,4 km, 1,4 km, 6 km.
Freizeit: 4 km. Schwimmen (Mai-Aug), Surfen, Segeln, Nordseeufer 2 km, Sport- und Erlebnishallenbad nautimo 4 km.
POI: Jade-Weser-Port 1,5 km, Niedersachsenbrücke 6 km.

47877 Willich gratis <8m

Hotel Restaurant Artemis, Im Eschert 1, ☎ 02154/5339
Auf dem Gaststätten-Parkplatz

POS: 51°13'52.42"N/6°31'50.51"E, Karte D5 (S. 8), B5
Platz: = 5 auf Schotter. GRAU. nur bei Gruppen. Ganzjährig geöffnet.
Preis: Für Restaurantgäste kostenlos. Einkehr obligatorisch.
Kontakt: Dimitrios Gousiotis, ☎ 02154/5339, info@hotel-artemis.de, www.hotel-artemis.de.
Distanz: Ⓗ 0,2 km, 0,5 km, 1,2 km.
Gastro: Restaurant mit großem Biergarten, warme Küche 17:00-22:00 Uhr, So 12:00-14:00 Uhr, Mo Ruhetag.
Freizeit: 3 km, 3 km, 2 km.

34508 Willingen/Upland €18,00 <12m

Wohnmobilpark Willingen, Am Hagen 10a, ☎ 05632/960719 An der Eissporthalle, am Fuße des Ettelsbergs

2020 geprüft

POS: 51°17'21.02"N/8°36'45.58"E, Karte D6 (S. 9), E5
Platz: = 54, = 6 (<12 m) auf Schotter. =54 (16 A) WC CHEM/Bio GRAU . Leinenpflicht für Hunde, Eishalle. nur bei Gruppen. Anfahrt 24 h. Ticket gültig bis 15:00 Uhr des Abreisetages. Duschen in der Eissporthalle. Ganzjährig geöffnet.
Preis: 18 € inkl. Entsorgung, WC, Müll-Entsorgung, WLAN, Hund, Kurtaxe. Jede weitere Pers. 4 €, Kind (bis 14 J.) gratis, Strom 1 €/kWh, Wasser 1 €/100 l oder 0,10 €/10 l, jeder weitere Hund 1,50 €, Duschen 1,50 €/30 min. 10er-Karte mit Rabatt.
Kontakt: Mirjana Stremme, ☎ 05632/960719, info@wohnmobilpark-willingen.de, www.wohnmobilpark-willingen.de.
Distanz: 0,1 km, weitere Restaurants in 0,5 km, Ⓗ 0,8 km, 1 km, 1,3 km.
Gastro: Restaurant in der Eissporthalle. Kiosk am Platz. Brötchenservice, Frühstück.
Freizeit: 0,2 km, 0,5 km. Eislaufen, Indoor-Spielanlage im Besucherzentrum nebenan, Mountainbiking, Ski Alpin 0,3 km, Ettelsberg-Seilbahn 0,5 km, Sommerrodelbahn 2 km, Freischwimmbad 5 km.
POI: Schiefer-Besuchsbergwerk 1,5 km, Glasbläserei, Brauhaus 1,5 km, Hochheideturm 2 km, Mühlenkopfschanze 2 km.

57234 Wilnsdorf €5,00 >12m

Stellplatz Wielandshof, Bauhofstraße 5, ☎ 02739/891320
Am Rande eines Bauernhofes

POS: 50°48'25.19"N/8°6'37.51"E, Karte D9 (S. 12), D1
Platz: = 6 auf Schotter. =8 (10 A) CHEM GRAU. Clubtreffen auf Anfrage. nur bei Gruppen. Videoüberwacht. Keine Aufenthaltsbeschränkung. Ganzjährig geöffnet.
Preis: 5 € inkl. aller Personen, Entsorgung. Strom 4 €/Tag. Wasser 2 €/Tankfüllung (nach Anmeldung). Stellplatzgebühr am Hof entrichten (falls niemand vor Ort, in den großen, blauen Briefkasten hinter den Mülltonnen am Gartentor werfen).
Kontakt: Familie Otterbach, ☎ 02739/891320, Mobil: 0175/1631732, wielandshof@gmx.de, www.wielandshof-wilnsdorf.de.
Distanz: Ⓗ 0 km, 0,8 km, weitere Restaurants in 1,2 km, 1 km, 1 km.
Freizeit: 3 km, 5 km. Tennis, Rundwanderweg Auf Bergmannspfaden, Angeln, Rothaarsteig 1,5 km.
POI: Museum Wilnsdorf 1 km.

57234 Wilnsdorf-Wilgersdorf gratis <12m

Gästehaus Wilgersdorf, Kalkhain 23, ☎ 02739/89690
Parkplatz am Hotel

POS: 50°48'24.08"N/8°8'54.06"E, Karte D9 (S. 12), D1
Platz: = 3 auf Asphalt. . Ganzjährig geöffnet.
Preis: Übernachtung gratis.
Kontakt: ☎ 02739/89690, info@gaestehaus-wilgersdorf.de, www.gaestehaus-wilgersdorf.de.
Distanz: , 0,5 km, 1 km, Ⓗ 5 km.
Gastro: Restaurant, Mo-Fr 7:00-11:00 Uhr und 17:00-22:00 Uhr, Sa-So Ruhetag.
Freizeit: 0,5 km.
POI: Museum Wilnsdorf 1 km, Burg Hainchen 10 km.

25554 Wilster gratis <12m

Colosseum-Platz, Etatsrätin-Doos-Straße, ☎ 04823/9215950 Im Stadtzentrum

2021 geprüft

POS: 53°55'27.48"N/9°22'21.80"E, Karte D2 (S. 5), F3
Platz: = 15 auf Wiese, Schotter. =4 (16 A) CHEM GRAU . Ganzjährig geöffnet.
Preis: Übernachtung gratis. Strom und VE gegen Gebühr.
Kontakt: Stadt Wilster, Wilstermarsch Service GmbH, ☎ 04823/9215950, 04823/94820, amt@wilstermarsch.de, www.wilster.de.
Distanz: Ⓗ 0,1 km, 0,1 km, 0,2 km, 0,3 km.
Gastro: Mehrere Restaurants in Wilster und Wilstermarsch.
Freizeit: Kutschfahrten, Freibad Brokdorf, Wochenmarkt (Mi+Sa 7:00-12:00 Uhr), Erlebnisbauernhof in Aebtissinwisch, Kanutouren, Radtouren, Eishalle Brokdorf, Angeln.
POI: Schöpfmühle Honigfleth, St. Bartholomäus-Kirche, Neues Rathaus von 1775 mit Bürgermeistergarten, Tiefste Landstelle Deutschlands (Neuendorf-Sachsenbande), historische Schleuse Kasenort, Rumflether Mühle Aurora, Stadtkern mit Rathaus von 1585 mit Naturkundemuseum 0,1 km, Leer 5 km.

02681 Wilthen gratis <8m

Wohnmobilstellplatz an der Weinbrennerei, Zittauer Straße 46, ☎ 03592/385416
Zentrumsnah, in der Stadt des Weinbrandes

POS: 51°5'52.69"N/14°24'0.61"E, Karte D8 (S. 11), G5
Platz: = 8 auf Wiese. CHEM GRAU. Leinenpflicht für Hunde. Aufenthalt max. 14 Tage. Ganzjährig geöffnet.
Preis: Übernachtung gratis inkl. Entsorgung. Strom 1 €/2 kWh, Wasser 1 €/5 min.
Kontakt: Katja Wagner, ☎ 03592/385416, katja.wagner@wilthen.de, www.wilthen.de/tourismus/caravanstellplatz.
Distanz: 0 km, 0 km, Ⓗ 0,2 km, 0,5 km.
Freizeit: 0,4 km. Pumphutsteig (17 km lang), Wanderungen im Oberlausitzer Bergland, Weinbrennerei-Führungen, Radwege entlang der Weinbrandroute.

W

51570 Windeck-Dreisel
gratis **<10m**

Wohnmobilstellplatz Siegufer Dreisel, Steinbachstraße 11, ☎ 02292/9562023
Außerhalb des Ortes, am Flussufer

2020 geprüft

POS: 50°47'47.63"N/7°34'36.25"E, Karte D9 (S. 12), D1
Platz: P = 3 auf Wiese, Schotter. Leinenpflicht für Hunde. Aufenthalt max. 2 Nächte. Ganzjährig geöffnet.
Preis: Übernachtung gratis.
Kontakt: ☎ 02292/9562023, tourismus@gemeinde-windeck.de, www.windecker-laendchen.com.
Distanz: Ⓗ 0,3 km, 2 km, 2 km, 2 km.
Freizeit: 3,4 km. Kanu-Einlassstelle, Angeln, Erlebniswege Sieg: Zeiten-/Mäanderweg, Siegradweg 0,1 km, Panarbora Baumwipfelpfad und Aussichtturm 12 km.
POI: Siegtal-Dom Dattenfeld 2 km, Burgruine/Heimatmuseum Altwindeck 5 km.

92670 Windischeschenbach
gratis **<8m**

Parkplatz am Freibad, Schweinmühle 1, ☎ 09681/4010 Auf der Parkterrasse neben der Sport- und Freibadanlage

POS: 49°47'25.82"N/12°9'4.09"E, Karte D11 (S. 14), C4
Platz: P / = 3 auf Schotterrasen. Kostenpflichtige VE am Campingplatz Schweinmühle, Duschen im Freibad. Ganzjährig geöffnet.
Preis: Übernachtung gratis.
Kontakt: Stadt Windischeschenbach, Frau Henkens, ☎ 09681/4010, stadt@windischeschenbach.de, www.windischeschenbach.de.
Distanz: 0,1 km, weitere Restaurants in 1 km, 0,5 km, Ⓗ 1 km, 1 km, 4,4 km (Campingplatz Schweinmühle, Schweinmühle 1, 92670 Windischeschenbach).
Gastro: Urig-gemütliche Zoiglstuben. Caféteria im Freibad.
Freizeit: 10 km, 1 km. Besuch im Freibad, Naturschutzgebiet Waldnaabtal 4 km.
POI: Burg Neuhaus 2 km, Geo-Zentrum an der Kontinentalen Tiefbohrung (KTB) 5 km.

92670 Windischeschenbach
gratis **<8m**

Parkplatz unter der Burg Neuhaus, Naabstraße, ☎ 09681/4010
Auf einem Parkplatz unterhalb der Burganlage

2021 geprüft

POS: 49°47'53.38"N/12°9'57.05"E, Karte D11 (S. 14), C4
Platz: P / = 3 auf Schotter. Ganzjährig geöffnet.
Preis: Übernachtung gratis.
Kontakt: Tourist-Info, ☎ 09681/4010, tourismus@windischeschenbach.de, www.windischeschenbach.de.
Distanz: 0,5 km, 0,7 km, 1 km, Ⓗ 1 km, 4,9 km (Campingplatz Schweinmühle, Schweinmühle 1, 92670 Windischeschenbach).
Gastro: Urige Zoiglbierstuben, 0,5 km.
Freizeit: 1 km, 1 km. Kanu fahren, Besichtigung der Burganlage, Stadtführungen.
POI: Burg Neuhaus 0,3 km, Freilichtbühne 0,5 km, Kommunbrauhäuser 1 km, Geo-Zentrum (Bohrturm) 5 km.

91575 Windsbach
€5,00 **<10m**

Wohnmobilstellplatz am Waldstrandbad, Retzendorf 22, ☎ 09871/670118 Terrassenförmige Anlage mit Blick auf das Rezattal

POS: 49°14'22.41"N/10°50'16.68"E, Karte D11 (S. 14), A5
Platz: P = 23 auf Asphalt, Schotter. =36 (16 A) CHEM GRAU . E-Bike-Ladestation. Aufenthalt max. 7 Tage. Ganzjährig geöffnet.
Preis: 5 € inkl. aller Personen. Strom 1 €/kWh, Wasser 2 €/100 l. Bezahlung (Münzen-/Kartenzahlung) am Parkscheinautomaten.
Kontakt: Stadt Windsbach, ☎ 09871/670118, tourismus@windsbach.de, www.waldstrandbad-windsbach.de.
Distanz: 0,1 km, Ⓗ 1,6 km.
Gastro: Imbiss im Waldstrandbad, zu den Öffnungszeiten des Waldstrandbades (Mai-Sep).
Freizeit: 0,1 km. Rad- und Wanderwege, Waldstrandbad Windsbach 0,1 km.
POI: Altstadt Windsbach.

91575 Windsbach
gratis **>12m**

Wohnmobilstellplatz Fränkische Rezat, Ansbacherstraße 3, ☎ 09871/670118
Teil eines Pkw-Parkplatzes mitten im Stadtgebiet

POS: 49°14'46.61"N/10°49'28.82"E, Karte D11 (S. 14), A5
Platz: P = 3 auf Pflaster. =2 (16 A) CHEM GRAU. Beleuchtet. Ganzjährig geöffnet.
Preis: Übernachtung gratis. Strom 0,50 €/kWh, Wasser 1 €/100 l.
Kontakt: Stadt Windsbach, ☎ 09871/670118, tourismus@windsbach.de, www.windsbach.de.
Distanz: 0,1 km, weitere Restaurants in 0,2 km, 0,2 km, 0,5 km.
Freizeit: 1,1 km. Windsbacher Waldstrandbad.
POI: Altstadt, Gottesruhkapelle mit mittelalterlichen Fresken, Stadtkirche St. Margareta (1728-1730).

21789 Wingst
€12,00 **<10m**

KNAUS Campingpark Wingst, Schwimmbadallee 13, ☎ 04778/7604
Separate, schattige Plätze rechts neben dem Campingplatz

POS: 53°45'9.88"N/9°5'0.78"E, Karte D2 (S. 5), F4
Platz: P = 5 auf Wiese. =6 (16 A) WC CHEM GRAU . Trockner, Waschmaschine. Geöffnet: 1.3.-26.11.
Preis: 12 € inkl. Wasser, Entsorgung. Strom 4 €, WC 5 €/Pers., WLAN 4 €/24 h, Kurtaxe 2,20 €/Pers., VE für Durchreisende 5 €.
Kontakt: Helmut KNAUS KG Campingparks, ☎ 04778/7604, wingst@knauscamp.de, www.knauscamp.de/wingst.
Distanz: , weitere Restaurants in 1,5 km, Ⓗ 1,2 km, 2,5 km, 2,5 km.
Gastro: Restaurant mit zwei Biergärten.
Freizeit: 0,2 km, 0,2 km. Angelsee mit Stadtstrand, Kinderanimation im Sommer, Beachvolleyballfeld, Minigolf, Physio Pfote: Physiotherapie für Hunde, Wolfs- und Bärenwald/Zoo 1,2 km.
POI: Wings 0,2 km, Deutscher Olymp 1,3 km, Gutshof Cadenberge 2,8 km.

21789 Wingst-Westerhamm
€15,00 **>12m**

Wohnmobilstellplatz Lütt Mandus, Westerhamm 59, ☎ 04777/93440
In Waldnähe am Landgasthof

POS: 53°44'0.54"N/9°2'5.62"E, Karte D2 (S. 5), F4
Platz: = 10, = 6 (<16 m) auf Wiese, Pflaster, Asphalt, Naturboden. WC . Fahrradunterstellplatz, Leinenpflicht für Hunde. Auf Asphalt mit Blick auf Weide oder unbefestigt auf großer Wiese hinterm Haus. Ganzjährig geöffnet.
Preis: Ab 15 € inkl. Strom, Wasser. Kurtaxe (ab 16 J.) 2,20 €/Pers. Preis abhängig von Dauer und Stellplatzgröße.
Kontakt: Pascal Escales, ☎ 04777/93440, Mobil: 0173/6615552, pascal.escales@escales.de, www.landgasthaus-wingst.de.
Distanz: Ⓗ 0 km, 0 km, 3,4 km, 3,4 km.
Freizeit: Angeln am Balksee 3,6 km, Kurpark Wingst 4,8 km, Spiel- und Sportpark Wingst mit Sommerrodelbahn 4,8 km, Zoo in Wingst 5,3 km, Wasserski in Neuhaus/Oste 10,5 km, Saunalandschaft Sole-Therme Otterndorf 15,6 km.
POI: Wingst 3,4 km.

W

56459 Winnen — gratis — <12m

Stellplatz Taunusblick, Kirchstraße, 02663/3301 Am Ortsausgang am Westerwaldsteig mit schöner Aussicht

POS: 50°34'9.47"N/8°0'39.63"E, Karte D9 (S. 12), D2
Platz: = 3, = 3 (<12 m) auf Sand/Splitt, Wiese. Aufenthalt max. 1 Nacht. Ganzjährig geöffnet.
Preis: Übernachtung gratis.
Kontakt: Ralf Wengenroth, 02663/3301, Mobil: 0175/9892957, gemeinde@winnenww.de, www.winnenww.de.
Distanz: , 0,3 km, 1 km.
Gastro: Winner Kuckuck, 0,3 km.
Freizeit: 4 km.
POI: Wiesensee 1 km.

71364 Winnenden — €5,00 — <10m

Wohnmobilstellplatz Wunnebad, Albertviller Straße, 07195/924171 Südlich vom Wunnebad

POS: 48°51'50.33"N/9°23'36.39"E, Karte D14 (S. 17), F1
Platz: P = 6 auf Asphalt. GRAU. Aufenthalt max. 7 Tage. Mittagsruhe von 13:00-15:00 Uhr. Nachtruhe von 22:00-7:00 Uhr. Ganzjährig geöffnet.
Preis: 5 € inkl. Entsorgung, Müllentsorgung. Strom 0,70 €/kWh, Wasser 0,70 €/40 l. Anmeldung/Bezahlung an der Badkasse (Albertviller Str. 56) je nach Saison von 6:00-21:00 Uhr oder 8:00-19:00 Uhr. Bezahlung von Wasser/Strom mit Coins. 1 Coin = 0,70 €. Nicht genutzte Coins werden erstattet. Preisänderung 2023 mögl.
Kontakt: Wunnebad Winnenden, 07195/924171, wunnebad@stadtwerke-winnenden.de, www.wunnebad.de.
Distanz: Ⓗ 0,2 km, 0,5 km, weitere Restaurants in 0,9 km, 1,7 km, 2 km.
Freizeit: 0,1 km, 0,1 km.

29308 Winsen/Aller — €25,00 — <8m

Campingpark Südheide, Im Stillen Winkel 20, 05143/6661803 Vor dem Campinggelände

POS: 52°40'18.27"N/9°56'9.95"E, Karte D6 (S. 9), G1
Platz: P = 8 auf Wiese. =8 (16 A) WC CHEM GRAU . Geöffnet: Ostern-Okt.
Preis: Ab 25 € inkl. Strom, Wasser, Entsorgung, Dusche, WC, Müll-Entsorgung, WLAN. Hund 5 €. NS 25 €, ZS 30 €, HS 35 €. Jede weitere Pers. 8-10 €, Kind (6-15 J.) 3-5 €. Inkl. Nutzung Sauna- und Schwimmteich. Preisänderung 2023 möglich.
Kontakt: Familie Wierbrügge, 05143/6661803, info@campingpark-suedheide.de, www.campingpark-suedheide.de.
Distanz: 0 km, weitere Restaurants in 1,5 km, Ⓗ 0,8 km, 1,5 km, 1,5 km.
Gastro: Brötchenservice. Imbiss am Platz.
Freizeit: 2 km, 2 km. Rad-und Wandertouren ab Platz, Westernreiten, Kanutouren auf Örtze und Aller werden vermittelt, Animation in den Sommerferien.
POI: Museumsdorf Winsen 2 km, Herzogstadt Celle 12 km.

29308 Winsen/Aller — gratis — <10m

Frei- und Hallenbad, Bannetzer Straße 34, 05143/912212 Auf dem Parkplatz vor dem Frei- und Hallenbad

2022 geprüft

POS: 52°40'49.00"N/9°53'45.00"E, Karte D6 (S. 9), G1
Platz: = 3 auf Asphalt. . Dusche/WC im Schwimmbad. Ganzjährig geöffnet.
Preis: Übernachtung gratis.
Kontakt: Gemeinde Winsen, 05143/912212, info@winsen-tourismus.de, www.winsen-tourismus.de.
Distanz: Ⓗ 0,3 km, 0,3 km, weitere Restaurants in 0,5 km, 1 km, 1 km.
Gastro: Jahn Hinsch Hof 0,3 km.
Freizeit: 2 km. Angeln, Wassersport am Hüttensee 8 km.
POI: St. Johannes-Kirche 0,7 km, Bockwindmühle 2 km, Winsener Museumshof 2 km.

21423 Winsen/Luhe — €10,00 — <8m

Wohnmobilstellplatz Winsen Eppens Allee, Eppens Allee, 04171/657281 Zentrumsnah, bei den Luhegärten

POS: 53°21'40.81"N/10°12'5.17"E, Karte D2 (S. 5), H4
Platz: P = 8 auf Rasengittersteinen. CHEM GRAU. Ganzjährig geöffnet.
Preis: 10 € inkl. Entsorgung. Strom 0,50 €/kWh, Wasser 1 €/80 l.
Kontakt: Tourist-Info Winsener Elbmarsch, 04171/657281, touristinfo@winsener-elbmarsch.de, www.winsen.de.
Distanz: 0,5 km.
Freizeit: Freizeitbad Die Insel.
POI: Fähranleger Elbe, Luhegärten, Schloss, Museum.

55595 Winterbach-Kreershäuschen — gratis — <8m

Malepartus Café & Restaurant, Lärchenpfad 1, 06756/219 Auf dem Restaurantparkplatz

POS: 49°53'7.39"N/7°37'30.77"E, Karte D9 (S. 12), C3
Platz: = 3 auf Schotter. . B WLAN im Restaurant. Ganzjährig geöffnet.
Preis: Für Restaurantgäste kostenlos. Einkehr obligatorisch.
Kontakt: Andreas Hartung, 06756/219, www.malepartus.eu.
Distanz: 0,5 km, 2 km (Dorfladen).
Gastro: Restaurant am Platz, warme Küche 11:30-20:00 Uhr, Mo+Di Ruhetag.
Freizeit: 3 km, 18 km. Spaziergang im Soonwald, Barfußpfad 18 km, Freilichtmuseum 18 km.
POI: Ellerspring 4 km, Simmern 18 km, Bad Sobernheim 18 km.

59955 Winterberg — €24,00 — <10m — neu

Wohnmobilpark Camping Hochsauerland, Remmeswiese 10, 02981/3249 Terassenförmig angelegter und parzellierter Stellplatz innerhalb des Campingparks

2021 geprüft

POS: 51°11'54.49"N/8°31'24.71"E, Karte D6 (S. 9), E5
Platz: P / = 40 auf Schotterrasen. WC CHEM GRAU . B wird empfohlen. Einrichtungen des Campingparks sind nutzbar, Anreise bis 18:00 Uhr, Abreise bis 11:00 Uhr. Ganzjährig geöffnet.
Preis: Ab 24 € inkl. Wasser, Entsorgung, Müll-Entsorgung. Strom einmalig 4 € und 0,70 €/kWh, Kurtaxe 2,50 €/Pers., Hund 4 €. 16.3.-15.12. 24 €, 16.12.-15.3. 31 €. Transitplatz (18:00-10:00 Uhr) 19 €. Jede weitere Person 8 €/9,50 €, Kind (4-14 J.) 5 €/6 €.
Kontakt: Camping Hochsauerland, 02981/3249, info@camping-winterberg.de, www.camping-hochsauerland.de.
Distanz: 0 km, 0,2 km, Ⓗ 0,3 km, 1,1 km.
Gastro: Alm Salettl, Sommer Mai+Juni Fr, Sa+Feiertag 17:00-22:00 Uhr, Juli-Okt Do-Sa 17:00-22:00 Uhr, So17:00-20:00 Uhr, Mo-Mi Ruhetag. Winter, bei Skibetrieb tägl. 10:00-18:00 Uhr. Brötchenservice.
Freizeit: 1,4 km, 1,4 km. Wanderwege z.B. Rothaarsteig, Wintersport-Skiliftkarussel Winterberg, Skiverleih 0,9 km, Einstieg zur Bike Arena und dem Trailpark Winterberg 1,5 km.
POI: Ruhrquelle 2,9 km, Erlebnisberg Kappe 2,9 km, Wintersportmuseum Neuastenberg 6,9 km, Heilstollen Nordenau 10 km.

59955 Winterberg — €18,00 — <12m

Wohnmobilpark Winterberg, Neuastenberger Straße 4 a, 0152/02060823 Auf einem terrassierten Gelände am Südhang des Kahlen Astens

2020 geprüft

POS: 51°9'34.86"N/8°29'0.03"E, Karte D6 (S. 9), E5
Platz: P / = 72 auf Schotterrasen, Wiese. =72 (16 A) WC CHEM GRAU . Leihwagen/eigener Shuttlebus, Umweltabgabe. B Ganzjährig geöffnet.
Preis: Ab 18 € inkl. Entsorgung, WC, Müll-Entsorgung, WLAN. Jede weitere Pers., jede weitere Pers., Strom 0,70 €/kWh, Wasser 1 €/100 l, Dusche 1 €/4 min, Kurtaxe (ab 16 J.) 2,20 €/Pers., Hund 3 €, Umweltabgabe 1 €/Tag, Waschmaschine/Trockner je 4,50 €, VE für Durchreisende 3 €. 18-25 € je nach Saison.

W

Kontakt: Katja Spindler, Mobil: 0152/02060823, info@wohnmobilpark-winterberg.de, www.wohnmobilpark-winterberg.de.
Distanz: 0,1 km, weitere Restaurants in 0,6 km, 0,1 km, 0,5 km, 0,5 km.
Gastro: Bistro am Platz. Frühstück auf Nachfrage.
Freizeit: E-Bike-Verleih, Erlebnisbrücke, Mountainbiking, Sommerrodelbahn, Trailpark, Trekking, Bikepark, Wanderwege, Wintersport, Indoor-Kartbahn 0,2 km.
POI: Wintersportmuseum 0,1 km, Kahler Asten 2,5 km, St. Georg Skisprungschanze 5 km, Winterberger Bobbahn 5 km.

59955 Winterberg €15,00

Wohnmobilstellplatz Winterberg, Schneilstraße 6a, ☎ 02981/5089650 <10 m
In ruhige Lage

POS: 51°11'18.39"N/8°30'48.12"E, Karte D6 (S. 9), E5
Platz: = 16 auf Schotterrasen. WC CHEM GRAU. Leinenpflicht für Hunde. Keine Reservierung möglich. Ganzjährig geöffnet. Ausnahme: 22.12.-15.3. geschlossen.
Preis: 15 € inkl. Strom, WC, WLAN. Wasser 1 €/100 l, Entsorgung 1 €, Dusche 1 €/4 min, Kurtaxe 2,50 €/Pers. Saisonaufschlag Jul/Aug.
Kontakt: Familie Schneider, ☎ 02981/5089650, info@wohnmobil-winterberg.de, wohnmobil-winterberg.de.
Distanz: 0,1 km, 0,3 km, 0,7 km, 0,7 km.
Gastro: Big Mountain Restaurant.
Freizeit: Skifahren, Tennis, Skiverleih, Bikepark 0,4 km, Bobbahn 0,5 km, Golfplatz 3 km.
POI: Bike Park 0,3 km, Trail Park 0,3 km, Sprungschanze Winterberg 0,5 km, Kletterpark 0,5 km.

59955 Winterberg-Altastenberg €55,00

Stellplatz beim Hotel Der schöne Asten-Resort Winterberg, Renauweg 54, ☎ 02981/8050 <10 m
Beim Hotel in ruhiger Lage am Wald

POS: 51°11'37.56"N/8°28'9.08"E, Karte D6 (S. 9), E5
Platz: = 10 auf Asphalt. WC CHEM. Leinenpflicht für Hunde, Finnische Sauna/Dampfbad. Ganzjährig geöffnet.
Preis: Ab 55 € inkl. Wasser, Entsorgung, WC, WLAN. Kurtaxe 2,20 €/Pers. Inkl. Schwimmbad/Sauna (bis 20:00 Uhr geöffnet). Strom auf Anfrage, Hund kostenpflichtig.
Kontakt: Dirk Stettner, ☎ 02981/8050, info@resort-winterberg.de, www.resort-winterberg.de.
Anfahrt: Im Winter nur mit Winterausrüstung.
Distanz: 0,4 km, 0,8 km.
Gastro: Abendessen 18:00-21:00 Uhr. Frühstück von 8:00-10:30 Uhr. Bar und Biergarten (wetterabhängig).
Freizeit: 3 km. Bundeskegelbahn, Billard, Tischtennis, Ski- und Rodelbahn 0,8 km, Golfplatz 5 km.
POI: Kahler Asten mit Wetterstation 4 km, St. Jakobus-Kirche Winterberg 5,6 km, Naturschutzgebiet Neuer Hagen 14 km, Bergwerkmuseum 25 km.

54487 Wintrich/Mosel €12,50

Wohnmobilstellplatz Wintrich, Moselstraße 24, ☎ 06534/8628 <10 m
Auf einem 4 ha gro⃞en Gelände direkt an der Wintricher Staustufe an der Mittelmosel

2021 geprüft

POS: 49°53'1.40"N/6°56'53.18"E, Karte D9 (S. 12), B3
Platz: = 90 auf Wiese, Schotter. WC CHEM GRAU. Ruhige Lage, zahlreiche Schattenplätze, An-/Abfahrt 24 h, Hundebereich beachten. Geöffnet: 2. WE im März-einschl. 2. WE im Nov, je nach Wetter und Moselpegel.
Preis: 12,50 € inkl. aller Personen, Strom, Entsorgung, Müll-Entsorgung, WLAN. Wasser 1 €, Dusche 1 €/5 min, WC 0,50 €.
Kontakt: Tourist-Information Wintrich, ☎ 06534/8628, info@moselstellplatz-wintrich.de, www.moselstellplatz-wintrich.de.
Distanz: 0,1 km, 0,2 km, weitere Restaurants in 0,5 km, 0,3 km, 0,3 km (nur Barzahlung).
Gastro: Lebensmittelgeschäft im Ort auch am So geöffnet. Zahlreiche Restaurants und Straußwirtschaften.
Freizeit: 12 km, 12 km, 0,4 km. Büchertauschbörse in der Touristinfo, Weinfeste, Schiffsanleger, Weinlehrpfad, Weinproben, Minigolfanlage in Brauneberg 3,5 km.
POI: Freilichtmuseum 0,3 km, Aussichtspunkt Wintricher Großer Herrgott 1,5 km (1,5 Kilometer), Bernkastel-Kues 12 km, Besucherbergwerk Fell 25 km.

Tipp

Urlaub direkt am malerischen Moselufer im Weinort Wintrich. Großzügiger, naturnaher Platz, ruhige Lage, gut erreichbar, dank schönem Baumbestand auch Schattenplätze. 24h Check-in/Check-out-Automat. Direkt an Rad- und Wanderwegen gelegen; Schiffsanleger; Einkaufsmöglichkeiten, Restaurants, Winzer und Straußwirtschaften im Ort. April bis September viele Wein- und Hoffeste: Höhepunkt des Jahres ist das Wintricher Weinfest am 2. Septemberwochenende.

54487 Wintrich/Mosel €10,00

Weingut Clemens, Kurfürstenstraße 11, ☎ 06534/692 <12 m
Weingut an der Mosel

POS: 49°53'23.04"N/6°57'16.33"E, Karte D9 (S. 12), B3
Platz: = 10 auf Schotter. WC CHEM GRAU. Großzügig angelegt, auch für Gruppen bis zu 20 Mobilen nutzbar. Ganzjährig geöffnet.
Preis: 10 € inkl. aller Personen, Wasser, Entsorgung, WC, Müll-Entsorgung. Strom und Wasser 2,50 €/Nacht.
Kontakt: Jochen Clemens, ☎ 06534/692, weingutclemens@gmx.de, clemensweingut.de.
Distanz: 0,2 km, 1 km, 1 km.
Gastro: Straußwirtschaft am Weingut zeitweise geöffnet.
Freizeit: 10 km, 10 km, 0,5 km. Weinlese, Moseltrophy, Weinprobe, geführte Weinerlebnistouren, Wintricher Weinlehrpfad.
POI: Römische Kelteranlage im Ort 5 km.

97537 Wipfeld €8,00

Festplatz am Main, Obereisenheimer Straße, ☎ 09384/364 Am Folinaplatz in Ortsrandlage am Main, nahe den Sportanlagen <12 m

2022 geprüft

POS: 49°55'9.04"N/10°10'44.26"E, Karte D10 (S. 13), H3
Platz: = 20 auf Schotter. =16 WC GRAU. VE in den Wintermonaten außer Betrieb. Geöffnet: 1.3-31.10.
Preis: 8 € inkl. Entsorgung. Strom 0,80 €/kWh, Wasser 1 €/80-100 l oder 0,10 €/10 l. Bezahlung an der Mainfähre stromaufwärts (150 m) zu den Betriebszeiten.
Kontakt: Gemeinde Wipfeld, ☎ 09384/364, gemeinde@wipfeld.de, www.wipfeld.de.
Anfahrt: Von der Obereisenheimer Straße über den Folinaplatz.
Distanz: 0,1 km, 0,3 km, 0,4 km, 3,6 km.
Gastro: Bäckerei hinter dem Platz.
Freizeit: 10 km, 10 km. Main-Radweg, historische Wanderung Celtis-Rundweg, Kellerführungen, Zehntgrafen-Weinweg.
POI: Literaturhaus 0,3 km.

W

51688 Wipperfürth gratis

Hotel Haus Koppelberg, Wasserfuhr 7, ☎ 02267/5051 <8m
Auf dem Parkplatz neben dem Hotel

POS: 51°8'3.48"N/7°26'50.68"E, Karte D5 (S.8), C5
Platz: P / = 3 auf Schotter. WC. Aufenthalt auch am Ruhetag möglich. Ganzjährig geöffnet.
Preis: Für Restaurantgäste kostenlos, inkl. WC. Einkehr obligatorisch.
Kontakt: Jürgen Koppelberg, ☎ 02267/5051, info@hotel-koppelberg.de, www.hotel-koppelberg.de.
Distanz: Ⓗ 0,1 km, 2 km, 2 km.
Gastro: Frühstücksservice. Restaurant am Platz, warme Küche 17:00-20:00 Uhr. Mo Ruhetag.
Freizeit: 7 km, 3 km, 3 km. Kegeln, Radtouren zu den Bergischen Talsperren, Angeln 2 km.

51688 Wipperfürth gratis

Walter-Leo-Schmitz-Hallenbad, Ostlandstraße 32, ☎ 02267/640 <6m
Auf dem Parkplatz vor dem Hallenbad

POS: 51°6'57.66"N/7°24'35.28"E, Karte D5 (S.8), C5
Platz: P = 1 auf Asphalt. Wasser/WC nur während der Öffnungszeiten des Schwimmbades. Ganzjährig geöffnet.
Preis: Übernachtung gratis.
Kontakt: Stadt Wipperfürth, ☎ 02267/640, tourismus@wipperfuerth.de, www.wipperfuerth.de.
Distanz: 0,7 km, 1 km, Ⓗ 1 km, 1 km.
Freizeit: Schwimmen, Bergische Talsperren 4 km.
POI: Geschichtliche Denkmäler im Stadtzentrum 1 km.

51688 Wipperfürth gratis

Wohnmobilstellplatz Ohler Wiesen, Ohlstraße/Wupperstraße 13, ☎ 02267/640 Am Wupperufer im Ortszentrum <12m

POS: 51°7'12.00"N/7°24'1.00"E, Karte D5 (S.8), C5
Platz: P / = 5 auf Asphalt. =5 (13 A) CHEM. Plätze sind durch Hecken begrenzt. Im Winter keine VE. Ganzjährig geöffnet.
Preis: Übernachtung gratis inkl. Entsorgung. Strom 0,70 €/kWh, Wasser 0,20 €/10 l.
Kontakt: Hansestadt Wipperfürth, ☎ 02267/640, tourismus@wipperfuerth.de, www.wipperfuerth.de.
Distanz: 0,3 km, 0,3 km, 0,3 km, Ⓗ 0,3 km.
Freizeit: 1 km, 1 km. Badesee 5 km.
POI: Pfarrkirche St. Nikolaus 0,5 km, Marktplatz mit historischem Flair 0,5 km, ehem. Klosteranlage 0,5 km.

95339 Wirsberg gratis

Wohnmobilstellplatz im Schorgasttal, Schorgasttal, ☎ 09227/93220 <12m
Ruhig gelegen, im Schorgasttal

POS: 50°6'28.80"N/11°36'48.34"E, Karte D11 (S.14), C3
Platz: = 10 auf Schotterrasen, Wiese. =4 (16 A) WC. Kneippanlage. WC Ostern-Okt geöffnet. Ganzjährig geöffnet.
Preis: Übernachtung gratis. Strom 1 €/6 h.
Kontakt: Raimund Schramm, ☎ 09227/93220, gaeste-information@markt-wirsberg.de, www.wirsberg.de.
Distanz: 0,5 km, 0,5 km, Ⓗ 0,8 km, 1,5 km, 14,3 km (Festplatz am Schwedensteg, Schwedensteg, 95326 Kulmbach).
Freizeit: 0,5 km, 15 km, 3 km. Ausgedehntes Radwegenetz, markierte Wanderwege.
POI: Ruine Heilingskirche 2 km, Deutsches Dampflokomotiv-Museum am Bahnhof Neuenmarkt/Wirsberg 3 km, Besucherbergwerk 5 km, Basilika Marienweiher 10 km.

21737 Wischhafen gratis

Alter Hafen, Hafenstraße 5-8, ☎ 04770/831129 Mit Blick auf den Hafen und das Museumsschiff MS Iris-Jörg <12m

2022 geprüft

POS: 53°46'22.17"N/9°19'20.71"E, Karte D2 (S.5), F3
Platz: P = 8 auf Schotterrasen, Wiese. Ganzjährig geöffnet.
Preis: Übernachtung gratis. Strom 1 €/2 kWh. Spendenstein vorhanden.
Kontakt: Gemeinde Wischhafen, ☎ 04770/831129, info@tourismus-kehdingen.de, www.tourismus-kehdingen.de.
Distanz: Ⓗ 0,5 km, 0,6 km, 0,8 km, 1,5 km.
Gastro: Gasthaus Sieb. Gasthaus Charly Drewes. Fährhaus Wischhafen.
Freizeit: 9 km, 4 km. Wandern, Angeln, Fahrt mit dem Moorkieker, Naturschwimmbad Krummendeich 13 km.
POI: Kehdinger Küstenschiffahrts-Museum 0,4 km.

21737 Wischhafen gratis

Am Museum, Unterm Deich 7, ☎ 04770/831129 Beim Kehdinger Küstenschiffahrts-Museum vor dem Deich <12m

POS: 53°46'30.71"N/9°19'15.96"E, Karte D2 (S.5), F3
Platz: P = 8 auf Schotter, Schotterrasen. Ganzjährig geöffnet.
Preis: Übernachtung gratis. Um Spende wird gebeten (Spendenstein).
Kontakt: Gemeinde Wischhafen, ☎ 04770/831129, info@tourismus-kehdingen.de, www.tourismus-kehdingen.de.
Distanz: 0,2 km, Ⓗ 0,2 km, 0,5 km, weitere Restaurants in 2 km, 1 km.
Gastro: Gasthaus Sieb 5 km. Gasthaus By Charly 2,2 km. Fährhaus Wischhafen 0,4 km.
Freizeit: 9 km, 4 km. Angeln, Fahrt mit dem Moorkieker, Geführte Naturtouren.
POI: Kehdinger Küstenschiffahrts-Museum.

21737 Wischhafen gratis

Stellplatz An der Elbfähre, Glückstädter Straße 2, ☎ 04770/831129 Im Grünen mit Blick auf den Fähranleger und die Elbe <12m

POS: 53°47'10.68"N/9°20'24.52"E, Karte D2 (S.5), F3
Platz: P = 15 auf Schotterrasen, Wiese. Ganzjährig geöffnet.
Preis: Übernachtung gratis. Spendenstein vorhanden.
Kontakt: Gemeinde Wischhafen, ☎ 04770/831129, info@tourismus-kehdingen.de, www.tourismus-kehdingen.de.
Distanz: Ⓗ 1 km, 1,5 km, 2 km, weitere Restaurants in 6 km, 3 km.
Gastro: Gasthof By Charly 3,7 km. Fährhaus Wischhafen 2 km. Gasthof Sieb 6 km.
Freizeit: 7 km, 9 km, 3 km. Geführte Naturtouren, Angeln, Naturfreibad 10 km.
POI: Kehdinger Küstenschiffahrts-Museum 3 km.

21737 Wischhafen gratis

Wohnmobilstellplatz Ziegelstraße, Ziegelstraße 6, ☎ 04770/831129 <10m neu
Neben einem Hundeübungsplatz und an Zufahrtsstraße zu einer Siedlung

POS: 53°45'52.50"N/9°19'17.00"E, Karte D2 (S.5), F4
Platz: = 3 auf Schotterrasen, Wiese. CHEM GRAU. Ganzjährig geöffnet.
Preis: Übernachtung gratis. Entsorgung 4 €. Spendenstein vorhanden.
Kontakt: Tourist-Info Wischhafen, ☎ 04770/831129, info@tourismus-kehdingen.de, www.tourismus-kehdingen.de.
Distanz: 0,5 km, 0,8 km.

W

Gastro: Fährhaus Wischhafen. Gasthaus Charly Drewes. Gasthaus Sieb.
Freizeit: 7 km, 9 km, 3 km. Radfahren, Angeln, geführte Naturtouren, Wandern.
POI: Elbdeich 0,1 km, Kehdinger Küstenschifffahrtsmuseum 1,5 km.

23966 Wismar €15,00

Wohnmobilpark Westhafen Wismar, Schiffbauerdamm 12, ☎ **0172/3884003** Großzügig angelegter Stellplatz in der Nähe von Altstadt und Altem Hafen <12m

2020 geprüft E

POS: 53°53'38.92"N/11°27'5.62"E, Karte D3 (S. 6), B3
Platz: P = 85 auf Wiese, Schotter, Schotterrasen. WC CHEM GRAU. B nur bei Gruppen. Caravan-Gespanne nur von Nov-März und nach vorheriger Anmeldung. Ganzjährig geöffnet.
Preis: 15 € inkl. aller Personen, Entsorgung, Müll-Entsorgung, WLAN, Hund. Strom 0,60 €/kWh, Wasser 1 €/100 l, Dusche 1 €/4 min, jeder weitere Hund 1,50 €, VE für Durchreisende 3 €, Zugang WC/Duschen 4 €/Tag. Anhänger 5 €. Zugang Dusche/WC pro Fahrzeug. Bezahlung bargeldlos am Automat. Preisänderung für Service (Dusche/WC/Wasser/Strom) 2023 mögl.
Kontakt: Franze/Riedel GbR, Stefanie Franze, Mobil: 0172/3884003, www.wohnmobilpark-wismar.de.
Distanz: 0,1 km, Ⓗ 0,2 km, 0,3 km, 0,5 km.
Freizeit: 1,5 km, 1 km. Hafenrundfahrt, Charterangeln, Stadtbesuch/Stadtführung.
POI: Alter Hafen, Stadtzentrum 0,3 km.

23966 Wismar €7,00

Wohnmobilstellplatz Wonnemar, Bürgermeister-Haupt-Straße 38, ☎ **03841/327623** Auf dem Parkplatz des Erlebnisbads <8m

POS: 53°53'11.81"N/11°26'59.79"E, Karte D3 (S. 6), B3
Platz: P = 20 auf Schotter. . Parktickets an der Rezeption erhältlich. Ganzjährig geöffnet.
Preis: 7 € inkl. Müll-Entsorgung.
Kontakt: Wonnemar Wismar, ☎ 03841/327623, www.wonnemar.de/wismar.
Distanz: 0 km, weitere Restaurants in 0,1 km, Ⓗ 0 km, 0,1 km, 1,8 km.
Gastro: Restaurant Tafelhuus im Resort Hotel 0,1 km. Imbiss im Wonnemar.
Freizeit: Hafenrundfahrt, Erlebnis- und Wohlfühlwelt Wonnemar, Tierpark Wismar 2,5 km.
POI: Hist. Altstadt von Wismar mit Nikolaikirche und Wassertor, direkt am Hafen (UNESCO-Weltkulturerbe) 1,9 km, St.-Marien-Kirche 2,3 km, Wismarer Wasserkunst 2,9 km.

23970 Wismar €20,00

Ferienpark Wismar Lütt Moor, Lütt Moor 1, ☎ **0152/07367096** Am Ostseeradwanderweg <12m

2021 geprüft E

POS: 53°55'22.50"N/11°29'14.96"E, Karte D3 (S. 6), B3
Platz: P = 155 auf Sand/Splitt, Rasengittersteinen, Schotter. WC CHEM GRAU. Hundeauslauf. B wird empfohlen. Aufenthaltsraum Waldhütte immer geöffnet. Naturbelassen, terrassenförmig angelegt. Ganzjährig geöffnet.
Preis: Ab 20 € inkl. Strom, Wasser, Entsorgung, Dusche, WC, Müll-Entsorgung, WLAN, Hund. 15.3.-15.10. 26 €, 16.10.-15.3. 20 €.
Kontakt: Jane Wussow-Matz, Mobil: 0152/07367096, info@ferienpark-wismar.de, www.ferienpark-wismar.de.
Distanz: Ⓗ 0,2 km, 0,3 km, 4 km.
Gastro: Brötchenservice. Shop.
Freizeit: 7 km, 4 km, 7 km. Badestrände in der näheren Umgebung, Freizeitaktivitäten im Ferienpark Wismar Lütt Moor, Ostseeradwanderweg.
POI: Gotisches Viertel, Hafen, Altstadt, Technisches Landesmuseum 4 km, gotische Kirchen 4 km.

57537 Wissen €15,00

Holschbacher Höhe, Holschbach 2, ☎ **0160/93325196** Unterm Walnußbaum oder auf der Obstwiese <8m neu

2022 geprüft

POS: 50°47'53.59"N/7°42'27.31"E, Karte D9 (S. 12), C1
Platz: = 2, = 1 (<15 m) auf Wiese. WC . Kleine Küche mit Kühlschrank, Herd und Kaffeemaschine, Kellerbar, Hoftiere, Outdoor-Dusche. B Anfahrt bis 16:30 Uhr, Abfahrt bis 12:00 Uhr. Geöffnet: April-Ende Okt.
Preis: 15 € inkl. Wasser. Kind (ab 14 J.) 5 €, Kind (4-13 J.) 2,50 €.
Kontakt: Hans-Jürgen Salmen, Mobil: 0160/93325196, holschbacher-hoehe@gmx.de.
Distanz: 2,6 km (Supermarkt), Ⓗ 2,9 km, 3,6 km.
Gastro: Fireroom (Burger, etc.). El Palacio (Internationale Küche).
Freizeit: Hufeisenwerfen, Wanderung oder Fahrradtour durchs Nistertal z.B. Siegsteig, Slackline, Waldwipfelpfad Panarbora, Holschbacher Rundweg 6,5 km.
POI: Wasserschloss Crottdorf, Grube Bindweide, Freusburg, Kloster Marienstatt, Druidenstein.

57537 Wissen €15,00

Stellplatz Zum Hahnhof, Nistertalstraße 12, ☎ **02742/5610** An einer Gaststätte direkt am Fluss Nister <12m

POS: 50°45'40.00"N/7°43'13.00"E, Karte D9 (S. 12), C1
Platz: = 25, = 12 (<12 m) auf Wiese, Schotter. WC CHEM GRAU . Ganzjährig geöffnet.
Preis: 15 € inkl. Wasser, Entsorgung, WC. Jede weitere Pers. 5 €, Strom 2 €/24 h, Dusche 2 €/Pers., Müll-Entsorgung 3 €. Kind 2,50 €.
Kontakt: Familie Ortheil, ☎ 02742/5610, info@zum-hahnhof.de, www.zum-hahnhof.de.
Distanz: , weitere Restaurants in 2 km, Ⓗ 2 km, 4 km, 4 km.
Gastro: Restaurant am Platz, Öffnungszeiten siehe Website.
Freizeit: 4 km, 4 km.
POI: Schloss Schönstein 4 km, Pfarrkirche Kreuzerhöhung Wissen 4 km, Besucherbergwerk Grube Bindweide 10 km.

57537 Wissen gratis

Wohnmobilstellplatz am Zollhaus, Am Zollhaus, ☎ **02742/9390** Parkplatz am Alten Zollhaus Wissen <12m

POS: 50°47'6.54"N/7°43'57.64"E, Karte D9 (S. 12), C1
Platz: P = 4 auf Schotter. . Ganzjährig geöffnet.
Preis: Übernachtung gratis.
Kontakt: ☎ 02742/9390, info@rathaus-wissen.de, www.wissen.eu.
Distanz: 0,3 km, weitere Restaurants in 0,5 km, 0,6 km, Ⓗ 0,8 km, 0,8 km.
Gastro: Eis-Manufaktur La Giù. The Old Bakery. Hotel Restaurant Alte Post. Pizzeria Primavera.
Freizeit: 1 km, 1 km. Botanischer Wanderweg, E-Bike-Verleih 0,8 km.
POI: Sieg-Promenade 0,1 km, Kath. Kirche Kreuzerhöhung 0,3 km, Schloss Schönstein 1,5 km, Heisterkapelle 1,5 km.

91749 Wittelshofen gratis

Stellplatz am LIMESEUM, Römerpark Ruffenhofen 1, ☎ **09854/9799242** Parkplatz vor dem Limeseum, leicht schräg <12m

2021 geprüft E

POS: 49°2'41.96"N/10°29'21.09"E, Karte D15 (S. 18), A1
Platz: P = 4 auf Schotter. CHEM. Leinenpflicht für Hunde. Ganzjährig geöffnet.
Preis: Übernachtung gratis inkl. Entsorgung. Strom 1 €/24 h, Wasser 1 €/80 l. Restmüllsäcke 4,30 € (an der Museumskasse).
Kontakt: ☎ 09854/9799242, info@roemerpark-ruffenhofen.de, www.limeseum.de.
Distanz: Ⓗ, 2 km, 2 km, 8 km.
Gastro: Wörnitzstuben-Wittelshofen 2 km, Mi-So 17:00-21:00 Uhr, Mo-Di Ruhetag.
Freizeit: 1 km. Wander-/Radwege, Besuch des Limeseum/Römerpark, Badeweiher Ruffenhofen.
POI: Römerpark Ruffenhofen, Hesselberg, Limeseum.

W

18209 Wittenbeck €18,00

>12m

Sanddornstrand Wohnmobilstellplatz, Bäderweg Weitläufiger Stellplatz unter alten Bäumen am Ostseestrand

2021 geprüft E

POS: 54°8'45.47"N/11°47'33.71"E, Karte D3 (S.6), C3
Platz: = 150 auf Schotterrasen, Wiese, Schotter, Pflaster. =48 (16 A) WC CHEM GRAU. Ganzjährig geöffnet.
Preis: Ab 18 € inkl. Wasser, Entsorgung, Dusche, Müll-Entsorgung. Strom je 0,60 €, WC je 0,50 €. Bis 8 m 18 €/36 €, ab 8 m 20 €, Lkw/Busse 22 €. Gebühr jeweils gültig bis 11:00 Uhr des Folgetages. Bezahlung vor Ort beim Personal.
Kontakt: TIG Traditionsbau Immobilien GmbH, Christoph von Brandenstein, hm@sanddornstrand-wittenbeck.de, www.sanddornstrand-wittenbeck.de.
Distanz: , , weitere Restaurants in 0,1 km, , 1 km.
Gastro: Brötchenservice: (8:00-10:00 Uhr). Restaurant Strandgut, warme Küche 11:00-19:00 Uhr.
Freizeit: 3 km. Angeln, Golfen, Fahrt mit der Molli, der Traditionsbahn zw. Bad Doberan und Kühlungsborn, Golfplatz 2 km.
POI: Heiligendamm mit klassizistischen Bauten und der ältesten Rennbahn Deutschlands, Bad Doberan mit Doberaner Münster.

06886 Wittenberg/Lutherstadt €25,00

<10m

Stadtrandoase, Im Felde 1, ☎ 03491/885040 Sehr ruhig, am Stadtrand

POS: 51°52'46.14"N/12°40'8.65"E, Karte D7 (S.10), D3
Platz: = 4, = 3 (<10 m) auf Wiese, Pflaster. WC CHEM GRAU B wird empfohlen. Alternative Energieversorgung. Ankunft 7:00-18:00 Uhr, späteste Ankunft 22:00 Uhr, So geschlossen. Ganzjährig geöffnet.
Preis: 25 € inkl. Strom, Wasser. Entsorgung 2 €.
Kontakt: Bernd Präger, ☎ 03491/885040, Mobil: 0172/3414521, bpsolar@hotmail.de.
Anfahrt: Einfahrt von der Lerchenbergstraße, Einfahrt ist versteckt.
Distanz: 0,5 km.
Freizeit: 7,5 km, 7,5 km, 3 km.
POI: Lutherstadt Wittenberg, Lutherhaus 2 km, Schlosskirche Martin Luther 3,3 km.

06886 Wittenberg/Lutherstadt gratis

<12m

Stellplatz Wittenberg, Platz der Jugend, ☎ 03491/498610 Parkplatz im Zentrum von Wittenberg

POS: 51°51'59.40"N/12°37'49.33"E, Karte D10 (S.13), C3
Platz: P = 5 auf Asphalt. Ganzjährig geöffnet.
Preis: Übernachtung gratis.
Kontakt: Tourist-Info Wittenberg, ☎ 03491/498610, info@lutherstadt-wittenberg.de, www.lutherstadt-wittenberg.de.
Distanz: 0,2 km, 0,2 km, weitere Restaurants in 0,6 km, 0,2 km, 0,2 km.
Freizeit: Alaris Schmetterlingspark 2,7 km.
POI: Schlosskirche 0,6 km, Lutherhaus 2,3 km.

19322 Wittenberge €10,50

<10m

Nedwighafen, Elbstraße 65, ☎ 03877/56799445 Auf dem Gelände des Sportboothafens an der Elbe

POS: 52°59'25.04"N/11°44'34.30"E, Karte D3 (S.6), C5
Platz: P = 30 auf Pflaster, Wiese, Schotter. =12 WC CHEM. VE Mai-Sep 8:00-9:30 Uhr, 13:30-14:30 Uhr, 18:00-19:00 Uhr. Geöffnet: Mai-Sep.
Preis: 10,50 € inkl. Müll-Entsorgung. Strom 0,70 €/kWh, Wasser 0,70 €/100 l, Entsorgung 2,60 €, Dusche 2 €. Strom mit Münzen.
Kontakt: Freizeitpark Wittenberge, ☎ 03877/56799445, info@freizeit-park-wittenberge.de, www.freizeit-park-wittenberge.de.
Distanz: , 0,5 km, 0,8 km, 1 km.
Gastro: Brötchenservice. Restaurant & Schaubrauerei Brauhaus Alte Ölmühle. Restaurant Zum Fährmann.
Freizeit: 2 km, 1 km. Kanutouren auf der Stepnitz, Strandbad Friedensteich, Fahrgastschiff auf der Elbe, Prignitzer Badewelt, Indoor-Kletterturm und Indoor-Tauchturm Alte Ölmühle 0,5 km.
POI: Hist. Altstadt, Stadtmuseum 0,5 km, Alte Ölmühle (ausgebautes Industriedenkmal von 1823) 0,5 km, Rathausturm 1 km, Singer-Turm 1,5 km, Gründerzeit-Viertel 1,5 km, Gropius-Siedlung 3 km.

19322 Wittenberge-Garsedow €15,00

<8m

Wassersportverein Wittenberge, Dorfstraße 12, ☎ 0152/36397283 Auf einem abgeschlossenen Gelände am Bootshaus, in ruhiger Seelage

POS: 52°58'57.76"N/11°46'27.08"E, Karte D3 (S.6), C5
Platz: = 10 auf Wiese. =2 (10 A) WC B Anreise 16:00-20:00 Uhr, um telefonische Voranmeldung wird gebeten. Geöffnet: 15.4.-15.9.
Preis: 15 € inkl. Wasser, Dusche, WC. Jede weitere Pers. 5 €, Strom 2,50 €/Tag, Müll-Entsorgung 1 €.
Kontakt: WSV Wittenberge, Mobil: 0152/36397283, info@wsv-wittenberge.de, www.wsv-wittenberge.de.
Distanz: 2 km, weitere Restaurants in 4,5 km, 5 km, 5 km, 5 km.
Freizeit: 5 km. Radweg Elbtalaue, Therme Bad Wilsnack 10 km.
POI: Altstadt Wittenberge 4 km, Storchendorf Rühstädt 10 km, Tierpark Perleberg 12 km.

29378 Wittingen €15,00

<12m

Stellplatz am Wittinger Sporthafen, Am Sporthafen 1, ☎ 05832/977533 An naturbelassenem Sporthafen an der B244

POS: 52°43'37.30"N/10°39'44.31"E, Karte D7 (S.10), A1
Platz: P = 20 auf Wiese. WC CHEM GRAU. Leinenpflicht für Hunde. Clubtreffen auf Anfrage. Geöffnet: 15.4.-15.10., je nach Witterung.
Preis: 15 € inkl. Strom, Wasser, Entsorgung, Dusche, WC, Müll-Entsorgung. Jede weitere Pers. 2 €, Kind (bis 11 J.) gratis. Bezahlung in der Hafenklause Mo-Mi 17:00-18:30 Uhr, Do-So ab 17:00 Uhr, sonst an der Anmeldung am Waschhaus.
Kontakt: Sportboothafen Wittingen, Herr Schulze, ☎ 05832/977533, wittinger_sporthafen@t-online.de, www.wittinger-sporthafen.de.
Distanz: 0,1 km, weitere Restaurants in 5 km, 0,5 km, 4 km, 4 km.
Gastro: Hafenklause, Do/Fr ab 17:00 Uhr, Sa/So/Feiertag ab 12:00 Uhr.
Freizeit: 5 km. Rad- und Wanderwege ab Stellplatz.
POI: Kloster Isenhagen in Hankensbüttel 3 km, Otter-Zentrum Hankensbüttel 3,5 km, Jagdmuseum Wulff in Oerrel 9 km, Museum in Lüben 13 km.

29378 Wittingen gratis

<8m

Wohnmobilstellplatz Wittingen, Spörkenstraße 50, ☎ 05831/261223 Am Parkplatz Ernst-Siemer Bad, nahe der Altstadt

POS: 52°43'26.25"N/10°43'40.13"E, Karte D7 (S.10), A1
Platz: P = 5 auf Pflaster. =5 GRAU. Aufenthalt max. 5 Tage. Campingverhalten nicht erlaubt. Ganzjährig geöffnet.
Preis: Übernachtung gratis inkl. Entsorgung. Strom 1 €, Wasser 1 €.
Kontakt: Stadt Wittingen, ☎ 05831/261223, stadt@wittingen.eu, www.wittingen.eu.
Distanz: 0,5 km, 0,8 km, 0,8 km, 0,9 km.
Freizeit: Altstadtbesichtigung, Radtouren.
POI: Burg Knesebeck, Altstadt Wittingen, St. Stephanus Kirche Wittingen.

W

54516 Wittlich €5,00

Wohnmobilstellplatz Zweibächenweg, Zweibächenweg, ☎ 06571/170 Am westlichen Stadtrand unterhalb der Weinberge <12 m

2022 geprüft

POS: 49°59'40.72"N/6°52'29.49"E, Karte D9 (S. 12), B3
Platz: = 50 auf Schotter, Wiese, Sand/Splitt. CHEM. Aufenthalt max. 3 Tage. Ganzjährig geöffnet.
Preis: 5 €. Wasser 1 €/80 l, Entsorgung 1 €.
Kontakt: Stadt Wittlich, ☎ 06571/170, info@stadt.wittlich.de, www.wittlich.de.
Distanz: 0,5 km, 1 km, 1,5 km, 1,5 km.
Freizeit: 0,2 km, 0,2 km. Lieserpfad für Wanderer, Maare-Mosel-Radweg, Kultur-/Tagungsstätte Synagoge 1 km.
POI: Städtische Galerie für Moderne Kunst 1,5 km, historischer Stadtkern 1,5 km, Römische Villa 4 km.

26409 Wittmund €11,00

Reisemobilhafen am historischen Gulfhof, Funnixer Riege 11, ☎ 0176/73463586 In der Nähe des Weltnaturerbes Wattenmeer <10 m

POS: 53°38'30.74"N/7°47'8.61"E, Karte D1 (S. 4), D4
Platz: = 8 auf Schotterrasen. =8 (16 A) CHEM GRAU. Leinenpflicht für Hunde. Nachtruhe von 22:00-6:00 Uhr. Geöffnet: Apr-Okt.
Preis: 11 € inkl. Strom, Wasser, Entsorgung.
Kontakt: Regina Deutsch, Mobil: 0176/73463586, info@funnixer-riege.de, www.funnixer-riege.de.
Distanz: 0,5 km, 1,5 km, weitere Restaurants in 6 km, 6 km, 6 km.
Gastro: Kiosk in 1,5 km. Restaurant Kutscherkroog in Altfunnixsiel.
Freizeit: 6 km, 6 km, 1,5 km. Wandern, Radfahren.
POI: Dt. Sielhafenmuseum in Carolinensiel, Kirche St. Nicolai, Heimatmuseum Peldemühle, Nordseeküste-Weltnaturerbe-Wattenmeer 6 km, Ostfriesische Inseln 6 km.

26409 Wittmund gratis

Schützenplatz, Auricher Straße 47, B461, ☎ 04462/983150 Von Bäumen umrandet, zentrumsnahe Lage <12 m

2020 geprüft

POS: 53°34'23.78"N/7°46'8.88"E, Karte D1 (S. 4), D4
Platz: = 11 auf Schotterrasen. CHEM GRAU. Ganzjährig geöffnet. Ausnahme: 3. Augustwochenende wegen Schützenfest gesperrt.
Preis: Übernachtung gratis inkl. Entsorgung. Strom 1 €/2 kWh, Wasser 1 €/90 l. Preisänderung 2023 mögl.
Kontakt: Tourist-Information Wittmund, ☎ 04462/983150, info@stadt.wittmund.de, www.wittmund.de.
Distanz: 0,4 km, 0,5 km, 0,5 km, 0,8 km.
Freizeit: 1 km, 14 km, 0,5 km. Saison-Veranstaltungen wie Stadtführungen, Ostfriesen-Abitur.
POI: Hands of Fame und Robert von Zeppelin- und Fliegermuseum 0,5 km, Kreishaus und St. Nikolai-Kirche 0,6 km, Peldemühle 0,7 km, Naturschutzhof 2 km, Museumshafen und Sielhafenmuseum in Carolinensiel 14 km.

16909 Wittstock/Dosse €5,00

Reisemobilstellplatz am historischen Altstadtkern, Rheinsberger Straße 22, ☎ 03394/429550 Mitten in der Wittstocker Kernstadt, neben Schwimmbad <8 m

2022 geprüft

POS: 53°9'51.29"N/12°29'39.86"E, Karte D3 (S. 6), D5
Platz: = 16 auf Pflaster. CHEM GRAU. Ganzjährig geöffnet.
Preis: 5 €. Strom 1 €/8 h, Wasser 1 €/50 l.
Kontakt: Touristinformation Wittstock/Dosse, ☎ 03394/429550, touristinfo@stadt-wittstock.de, www.wittstock.de.
Distanz: 0,1 km, 0,2 km, 0,3 km, 0,5 km.
Freizeit: 0,2 km. Naturerlebnispfad an der Daberburg, Reiten 3 km, Segelfliegerrundflüge 5 km.
POI: St.-Marien-Kirche, Daberburg im Ort, Stadtmauer, Kräuter-/Findlingsgarten, Kreismuseen Alte Bischofsburg 0,5 km, Museum des 30-jährigen Krieges 1 km, Kloster Stift zum Heiligengrabe 11 km, Archäologischer Park Freyenstein 15 km.

Sie haben einen neuen Stellplatz entdeckt? Dann teilen Sie uns diesen mit per E-Mail an **bordatlas@doldemedien.de**

16909 Wittstock/Dosse gratis

Stellplatz am Daberturm, Alt Daber 11, ☎ 033944/429550 Auf dem Parkplatz des Daberturms mit Erlebnisausstellung <8 m

2022 geprüft

POS: 53°12'22.71"N/12°30'7.34"E, Karte D3 (S. 6), D5
Platz: = 4 auf Pflaster, Wiese, Rasengittersteinen. Museums-Öffnungszeiten Mi-So 13:00-17:00 Uhr (April-Okt). Geöffnet: Apr-Okt.
Preis: Übernachtung gratis. Strom 1 €/8 h.
Kontakt: Touristinformation Wittstock/Dosse, ☎ 033944/429550, touristinfo@stadt-wittstock.de, www.wittstock.de.
Distanz: 0,2 km, 4 km, 4 km, weitere Restaurants in 5 km, 5 km.
Gastro: Café Waldlust.
Freizeit: 12 km, 5 km. Naturerlebnispfad an der Daberburg, Reiten 5 km, Sportschießen 5 km, Segelflieger-Rundflüge 5 km.
POI: Daberburg, Kräuter-/Findlingsgarten 0,1 km, Museum des 30-jährigen Krieges 5 km, Schlachtfeld 1636 6 km, Stadtmauer, St. Marien-Kirche 6 km, Museum des Todesmarschs 7 km.

37213 Witzenhausen €17,60

Campingplatz Werratal, Am Sande 11, ☎ 05542/1465 Vor dem Campingplatz an der Werra >12 m

POS: 51°20'49.78"N/9°52'10.12"E, Karte D6 (S. 9), G5
Platz: = 8 auf Schotterrasen. =8 (6 A) CHEM. Ganzjährig geöffnet.
Preis: 17,60 € inkl. Wasser, Entsorgung, Müll-Entsorgung, WC. Jede weitere Pers. 5,20 €, Strom 3,30 €/24 h, Hund 2,60 €. Kind 4,20 €. Umweltabgabe 1 €.
Kontakt: Familie Rudolph, ☎ 05542/1465, info@campingplatz-werratal.de, www.campingplatz-werratal.de.
Distanz: , 0,5 km, 1 km, 1 km.
Freizeit: 0,2 km. Bootsverleih.
POI: Tropengewächshaus 1 km, Kautabakmanufaktur 2 km, Burg Ludwigstein 5 km, Burg Hanstein 10 km.

37213 Witzenhausen €7,00

Wohnmobilstellplatz Josef-Pott-Platz, Hinter dem Deich, ☎ 05542/60010 In der Nähe des historischen Stadtzentrums <8 m

POS: 51°20'41.09"N/9°51'17.55"E, Karte D6 (S. 9), G5
Platz: = 10 auf Schotter. =10 CHEM GRAU. Ganzjährig geöffnet.

Preis: 7 € inkl. Entsorgung, Müll-Entsorgung, Sanitär-Nutzung. Strom 0,50 €/kWh, Wasser 1 €/80 l. Strom über Münzautomat.
Kontakt: Pro Witzenhausen GmbH, 05542/60010, info@kirschenland.de, www.kirschenland.de.
Distanz: , weitere Restaurants in 0,3 km, 0,1 km, 0,1 km, 0,5 km.
Freizeit: 1,5 km, 0,2 km. Werratal-Radweg.
POI: Hist. Altstadt mit altem Fachwerkbestand 0,5 km, Tropengewächshaus 0,7 km, Liebfrauenkirche 0,8 km.

37213 Witzenhausen €7,00

Wohnmobilstellplatz Oberburgstraße, Oberburgstraße, 05542/60010 <8m
Am historischen Stadtturm Diebesturm und Stadtpark

POS: 51°20'27.84"N/9°51'13.94"E, Karte D6 (S.9), G5
Platz: P = 4 auf Schotter. =4 CHEM GRAU. Ganzjährig geöffnet.
Preis: 7 € inkl. Entsorgung. Strom 0,50 €/kWh, Wasser 0,50 €/100 l. Bezahlung am Parkscheinautomat.
Kontakt: Pro Witzenhausen GmbH, 05542/60010, info@kirschenland.de, www.kirschenland.de.
Distanz: 0,1 km, 0,3 km, 0,5 km, 0,5 km.
Gastro: Schinkels Brauhaus, warme Küche Mo-Fr 17:00-22:00 Uhr, Sa 12:00-15:00 Uhr/17:00-22:00 Uhr, So 12:00-21:00 Uhr.
Freizeit: 2 km. Wanderweg, Stadtpark mit Spielplatz, Kirschenerlebnispfad, Radwanderweg Werratal 0,2 km, Brauereiführung und Bierseminar im Schinkels Brauhaus 0,9 km.
POI: Hist. Altstadt 0,1 km, Liebfrauenkirche 0,1 km, Tropengewächshaus, Völkerkundemuseum 0,5 km, Kautabakmanufaktur und Museum 0,6 km.

37216 Witzenhausen-Dohrenbach €4,00

Wohnmobilstellplatz am Haus des Gastes, Ringkopfstraße 9, 05542/5440 <6m
Im Geo-Naturpark Frau-Holle-Land

POS: 51°18'40.00"N/9°49'55.00"E, Karte D6 (S.9), G5
Platz: P = 4 auf Pflaster, Asphalt. =3 (16 A) WC . Aufenthalt unbegrenzt. Geöffnet: Apr-Okt.
Preis: 4 € inkl. aller Personen, WC. Strom 2,50 €.
Kontakt: Kurverwaltung, Peter Schill, 05542/5440, Kurverwaltung@web.de.
Distanz: 0,1 km, 0,5 km, 4 km.
Gastro: Hotel-Pension Zur Warte (Warteweg 1). Brötchenservice.
Freizeit: 5 km, 0,1 km. Dorfführung mit Museumsbesuch, Wassertretstelle, Tanzschule im Haus des Gastes, Wandern (Premiumwanderweg).
POI: Tropengewächshaus 4,5 km, Völkerkundemuseum Witzenhausen 5 km.

37217 Witzenhausen-Ziegenhagen gratis

Erlebnispark Ziegenhagen, Ziegenberg 3, 05545/246 >12m neu
Auf dem Parkplatz am Waldrand

POS: 51°22'17.69"N/9°45'53.89"E, Karte D6 (S.9), G5
Platz: = 30 auf Wiese. CHEM GRAU. Geöffnet: Apr-Okt.
Preis: Übernachtung gratis inkl. Entsorgung. Preisänderungen 2023 möglich.
Kontakt: Nadermann Erlebnispark, 05545/246, info@erlebnispark-ziegenhagen.de, www.erlebnispark-ziegenhagen.de.
Distanz: 0 km, 1 km, 3 km, 9 km.
Gastro: Restaurant im Erlebnispark.
Freizeit: Besuch im Erlebnispark mit zahlreichen Spiel-, Unterhaltungs- und Fahrattraktionen.
POI: Fachwerkstatt Witzenhausen 9 km, Fachwerkstadt Hann. Münden 15 km.

25797 Wöhrden €25,00

Landhotel Gasthof Oldenwöhrden, Schwarzer Weg, 04839/95310 <8m
Ruhiger Platz am Ortsrand des Dorfes

POS: 54°9'50.05"N/8°59'55.49"E, Karte D2 (S.5), F2
Platz: = 2 auf Sand/Splitt. =1 WC . Sauna und Naturbadeteich. wird empfohlen. Anfahrt täglich ab 7:00 Uhr. Ganzjährig geöffnet.
Preis: 25 € inkl. Strom, Wasser, WC, Müll-Entsorgung, WLAN. Bei Besuch im Restaurant 5 € Vergütung, Sauna 12,50 €/Tag.
Kontakt: Elsbe Paulsen, 04839/95310, gasthof@oldenwoehrden.de, www.oldenwoehrden.de.
Distanz: , , , 0,3 km.
Gastro: Landhotel Gasthof Oldenwöhrden, warme Küche Mo-Fr 17:30-20:30 Uhr, Sa/So 11:30-14:00 Uhr, und 17:30-20:30 Uhr. Frühstücksbüfett.
Freizeit: 8 km, 11 km. Sportplatz, Golfplätze in der Nähe, Nordsee.
POI: Kulturpfad Wöhrden 0,1 km, Eidersperrwerk, Nord-Ostsee-Kanal 4 km, Wesselburen 7 km, Heide 8 km, Büsum 11 km, St.-Peter-Ording 25 km.

77709 Wolfach-Ippichen €20,00

Bartleshof, Ippichen 6, 07834/867412 <8m
Beim Ferien-Bauernhof im Schwarzwald

POS: 48°18'4.96"N/8°15'41.46"E, Karte D13 (S.16), D3
Platz: = 3 auf Schotter. =1 WC GRAU. WLAN am Gebäude. Ganzjährig geöffnet.
Preis: 20 € inkl. Strom, Wasser, Entsorgung, Dusche, Müll-Entsorgung, Sanitär-Nutzung. Kurtaxe 1,70 €/Pers. Weitere Personen gegen Gebühr.
Kontakt: Bartleshof, Familie Markus Schmider, 07834/867412, info@bartleshof.de, www.bartleshof.de.
Distanz: 0,5 km, 2 km, 2 km, 2 km, weitere Restaurants in 3 km.
Freizeit: 6 km.
POI: Heimat- und Flößermuseum in Wolfach 2 km, Glasbläserei 4 km, Besucherbergwerk und Mineralienmuseum in Oberwolfach 4 km, Freilichtmuseum Vogtsbauernhof 7 km.

88364 Wolfegg gratis

Hotel-Gasthof Zur Post, Rötenbacherstraße 5, 07527/96140 Am Gasthof im Zentrum <6m

POS: 47°49'11.20"N/9°47'38.08"E, Karte D14 (S.17), G4
Platz: = 1 auf Schotter. . Aufenthalt max. 1 Tag. Anfahrt 7:00-22:00 Uhr. Ganzjährig geöffnet.
Preis: Für Restaurantgäste kostenlos. Einkehr obligatorisch.
Kontakt: Familie Dorn, 07527/96140, info@hotel-post-wolfegg.de, www.hotel-post-wolfegg.de.
Distanz: , 0,1 km, 0,2 km.
Gastro: Restaurant am Platz, warme Küche 11:00-23:00 Uhr, Di/Mi Ruhetag.
Freizeit: 2 km, 6 km.
POI: Automobilmuseum Fritz B. Busch 0,3 km, Bauernhaus-Museum 3 km, Ravensburg 18 km, hist. Städte Weingarten 18 km, Wangen 20 km.

88364 Wolfegg €7,00

Reisemobilhafen Loretopark, Rötenbacher Straße, 07527/960151 <12m
Mit schöner Aussicht und nahe Ortsmitte

POS: 47°48'56.48"N/9°47'53.04"E, Karte D14 (S.17), G4
Platz: P = 12 auf Schotterrasen. =12 (16 A) CHEM GRAU. Aufenthalt max. 5 Tage. Verlängerung auf Anfrage. Ganzjährig geöffnet.
Preis: 7 € inkl. aller Personen, Entsorgung, Müll-Entsorgung. Strom 0,50 €/kWh, Wasser 1 €/80 l, VE für Durchreisende 2,50 €. Preisänderung 2023 mögl.
Kontakt: Wolfegg Information, Frau V. Mayer, 07527/960151, wolfegg.info@wolfegg.de, www.wolfegg.de.
Distanz: 0,1 km, 0,5 km, 0,5 km, 0,5 km.
Gastro: Hotel-Gasthof zur Post. Café am Schlossplatz.
Freizeit: Langlauf, Badesee Stockweiher 4 km.
POI: Loretokapelle 0,2 km, Orangerie am Fürstlichen Hofgarten 0,8 km, Bauernhaus-Museum Allgäu-Oberschwaben Wolfegg 0,9 km, Automuseum Wolfegg 0,9 km, Pfarrkirche St. Katharina 1 km.

38300 Wolfenbüttel €19,50

Stadtbad Okeraue Wolfenbüttel, Lange Straße 21, 05331/408690 <10m
Am Ufer der Oker
2020 geprüft E

POS: 52°9'20.30"N/10°32'32.36"E, Karte D7 (S.10), A3
Platz: P = 44 auf Schotterrasen, Wiese. =40 (16 A) WC CHEM GRAU . Aufenthalt max. 5 Tage, Ankunft bis 21:00 Uhr. WC/VE am Stellplatzeingang. Ganzjährig geöffnet.

W

Preis: 19,50 € inkl. Strom, Wasser, Entsorgung, Dusche, WC, Müll-Entsorgung, WLAN. Jede weitere Pers. 3 €.
Kontakt: Stadtbetriebe Wolfenbüttel GmbH, ☎ 05331/408690, info@stadtbad-okeraue.de, www.stadtbad-okeraue.de.
Distanz: Ⓗ , weitere Restaurants in 0,3 km, 0,5 km, 0,5 km.
Gastro: Stadtbad-Gastronomie, Mo-Fr 16:00-19:30 Uhr, Sa-So 12:00-19:30 Uhr.
Freizeit: Adventure-Golf-Platz, Kanuverleih.
POI: Lessing-Theater 0,3 km, Altstadt 0,4 km, Schloss Wolfenbüttel 1,5 km.

34466 Wolfhagen — €8,00 — <10m

Wohnmobilstellplatz in der Freizeitanlage Bruchwiesen, Siemensstraße, ☎ 05692/6020
Parkanlage am Rande der Altstadt

2020 geprüft

POS: 51°19'45.87"N/9°10'13.97"E, Karte D6 (S. 9), F5
Platz: = 45 auf Wiese, Schotter. =56 (16 A) WC CHEM GRAU . Aufenthalt unbegrenzt, WC/Dusche zur Miete. Ganzjährig geöffnet.
Preis: 8 € inkl. aller Personen, Entsorgung, Müll-Entsorgung, WLAN. Strom 1 €/8 h, Wasser 1 €/100 l. Bezahlung über Ticketautomat.
Kontakt: Stadt Wolfhagen, ☎ 05692/6020, 05692/602132, Mobil: 0151/70338716, tourist-info@wolfhagen.de, www.wolfhagen.de/kultur-und-tourismus/entdecken-und-verweilen/wohnmobilstellplatz.php.
Distanz: 0,2 km, 0,5 km, weitere Restaurants in 2 km, Ⓗ 0,5 km, 1 km.
Gastro: Pizzeria La Laterna. Restaurant Altes Rathaus.
Freizeit: 1,5 km. Rundwanderwege, Habichtswaldsteig und Extratour H7, Stadt- und Museumsführungen, Erlebnisbad Wolfshagen, Radwanderwege.
POI: Altstadt 0,2 km, Wasserschloss Elmarshausen 2 km, Weidelsburg 6 km.

91639 Wolframs-Eschenbach — €6,00 — <10m

Wohnmobilstellplatz Münsterblick, Waizendorfer Straße 15, ☎ 09875/975532
Ruhig, im Grünen, zentrumsnah

W

POS: 49°13'31.00"N/10°43'10.00"E, Karte D11 (S. 14), A5
Platz: = 24 auf Schotterrasen. WC CHEM GRAU . Waschmaschine/Trockner, behindertengerechtes WC. Aufenthalt max. 7 Tage. Alle Einrichtungen sind per Automat zu bedienen. Ganzjährig geöffnet.
Preis: 6 € inkl. aller Personen, Entsorgung, WC, Müll-Entsorgung, WLAN. Strom 1 €/kWh, Wasser 1 €/80 l. 16 €/13 Tage, 7 Tage 37 €/7 Tage. Dusche gegen Gebühr.
Kontakt: Stadt Wolframs-Eschenbach, ☎ 09875/975532, kulturamt@wolframs-eschenbach.de, www.wolframs-eschenbach.de.
Distanz: Ⓗ 0,4 km, 0,4 km, 0,5 km, 1 km.
Gastro: Restaurants, Gasthäuser und Cafés in unmittelbarer Nähe.
Freizeit: 8 km, 13 km, 13 km. Altstadtführungen, Ritterspielplatz 0,6 km, Reiterhof 4 km, Naturfreibad 4 km, Minigolf 13 km.
POI: Wolfram-von-Eschenbach-Museum, Altstadt 0,5 km, Residenzstadt Ansbach 18 km.

38440 Wolfsburg — €9,00 — <8m

Stellplatz Autostadt, Stadtbrücke, ☎ 0800/288678238
Auf dem Pkw-Parkplatz vor dem Ausstellungsgelände Autostadt

2022 geprüft

POS: 52°25'55.20"N/10°47'51.25"E, Karte D7 (S. 10), A2
Platz: = 8 auf Asphalt. . Wasser nur außerhalb der Frostperiode. Online-Reservierung möglich, bis zu 3 Tage kann man den Stellplatz mieten, danach muss er neu gebucht werden. Abfahrt bis 12:00 Uhr. Ganzjährig geöffnet.
Preis: 9 € inkl. Strom, Wasser.
Kontakt: Team Parkplatz, ☎ 0800/288678238, service@autostadt.de, www.autostadt.de.
Distanz: , Ⓗ 0,8 km, 1 km, 1 km.
Gastro: Mehrere Restaurants in der Autostadt, (teilweise Eintrittskarte erforderlich).
Freizeit: 1,5 km, 1 km, 1,5 km.
POI: Schloss Wolfsburg 0,5 km.

67752 Wolfstein — gratis — <6m

Hotel-Restaurant Reckweilerhof, Reckweilerhof 8, ☎ 06304/618
Hotelparkplatz in einer Grünanlage

POS: 49°36'27.31"N/7°36'31.86"E, Karte D9 (S. 12), C4
Platz: = 2 auf Schotter. . Anfahrt bis 20:00 Uhr. Ganzjährig geöffnet.
Preis: Übernachtung gratis.
Kontakt: Familie Burckhardt, ☎ 06304/618, info@reckweilerhof.de, www.reckweilerhof.de.
Distanz: Ⓗ 0,1 km, 0,1 km, 2,5 km, 2,5 km.
Gastro: Restaurant, Mo 11:30-14:00 Uhr, Di-So 11:30-14:00 Uhr und 17:30-21:30 Uhr. Frühstücksservice.
Freizeit: 3 km.
POI: 2 Burgruinen, Kalkbergwerk in Wolfstein 2,5 km, Wildpark und Greifvogelschau in Neunkirchen Potzberg 18 km.

55597 Wöllstein — €10,00 — <8m — neu

Weingut Hermann J. & Jutta Müller, Mühlenstraße 14, ☎ 06703/2470
Auf einer Wiese hinter dem Weingut

POS: 49°48'30.82"N/7°57'0.57"E, Karte D9 (S. 12), D4
Platz: = 3 auf Wiese. CHEM GRAU . wird empfohlen. Ganzjährig geöffnet.
Preis: 10 € inkl. Strom, Wasser, Entsorgung.
Kontakt: Weingut Hermann J. & Jutta Müller, ☎ 06703/2470, info@hjm-wein.de, www.hjm-wein.de.
Distanz: 1 km, 1 km, 1 km.
Gastro: Vinothek. Weitere Restaurants in unmittelbarer Umgebung.
Freizeit: Wandergebiet Rheinhessische Schweiz.

67547 Worms — €6,00 — <12m

Stellplatz Worms, Kastanienallee am Festplatz, ☎ 06241/8537306
Unterhalb des großen Festplatzes

2022 geprüft

POS: 49°38'4.73"N/8°22'31.12"E, Karte D10 (S. 13), E4
Platz: = 25 auf Schotter. =6 (10A) . VE (Wertmarken) beim Gasthof Hagenbräu. Ganzjährig geöffnet.
Preis: 6 € inkl. Müll-Entsorgung. Strom 1 €/4 h, Wasser 1 €.
Kontakt: Tourist-Information Worms, ☎ 06241/8537306, touristinfo@worms.de, www.worms-erleben.de.
Distanz: 0,1 km, 0,3 km (Gasthof Hagenbräu, 67547 Worms), Ⓗ 0,3 km, 1 km, 1,4 km.
Freizeit: 2 km, 2 km, 0,5 km. Stadt- und Domführung, Besuch der Altstadt.
POI: Pauluskirche und Magnuskirche, Nibelungenmuseum 1,2 km, Lutherdenkmal 1,3 km, Kaiserdom St. Peter 1,4 km, Jüdischer Friedhof Heiliger Sand 1,8 km, Museum im Andreasstift 1,8 km.

91637 Wörnitz — €10,00 — <12m

Autohof Wörnitz, Bastenauer Straße 10-12, ☎ 09868/98940
An der A7, in ruhigem Bereich

POS: 49°15'32.94"N/10°14'13.60"E, Karte D10 (S. 13), H5

Platz: P / = 10 auf Schotterrasen, Wiese, Schotter. =4 WC CHEM GRAU . Aufenthalt max. 3 Tage, weitere Tage nach Absprache. Ganzjährig geöffnet.
Preis: 10 € inkl. Entsorgung, WC. Strom 0,50 €/kWh, Wasser 2 €/50 l. 2 h gratis. Übernachtungsgebühr im Restaurant oder im Backshop einlösbar.
Kontakt: ☎ 09868/98940, woernitz@schaal-tanken.de, www.autohof-woernitz.de.
Distanz: Ⓗ 1 km, 1 km, 1 km, weitere Restaurants in 1 km Entfernung.
Gastro: Tankstellenshop. Hohenloher Stuben, Burger King und Henry's Dampfbar. Frühstück.
Freizeit: 6 km. Saunalandschaft, Großer Flohmarkt jeden 1. So im Monat, Badeweiher 0,4 km.
POI: Altar Wettringen, Falknerei/Schloss Schillingsfürst 4 km, Feuchtwangen 13 km, Rothenburg ob der Tauber 18 km.

91637 Wörnitz €5,00

Gasthof Zur Romantischen Straße, Mittelstetten 4, ☎ 09868/98640 >12 m
Parkplatz am Gasthaus/Rasthof/Tankstelle

POS: 49°14'56.55"N/10°15'48.34"E, Karte D10 (S. 13), H5
Platz: / = 10 auf Asphalt. WC . B nur bei Gruppen. WLAN im Gasthof. Ganzjährig geöffnet.
Preis: 5 € inkl. Wasser, WC, Müll-Entsorgung. Dusche 0,50 €/10 min. Verzehrgutschein 5 €.
Kontakt: Erwin Hofmann, ☎ 09868/98640, info@hofmann-mittelstetten.de, www.hofmann-mittelstetten.de.
Distanz: , 2 km, 2 km.
Gastro: Gasthof Zur Romantischen Straße, warme Küche Mo 17:00-21:00 Uhr, Di-Sa 9:00-14:00 Uhr/17:00-21:00 Uhr, So 9:00-14:00 Uhr. Frühstück im Restaurant.
Freizeit: 2,5 km, 10 km, 5 km.
POI: Feuchtwangen 10 km, Rothenburg ob der Tauber 20 km, Dinkelsbühl 23 km.

27726 Worpswede €25,00

Stellplatz Hammehafen Worpswede, Hammeweg 12, ☎ 04792/509 <12 m
Mit Blick in die Hammewiesen (Naturschutzgebiet Teufelsmoor)

POS: 53°13'40.87"N/8°53'20.11"E, Karte D2 (S. 5), F5
Platz: P / = 16 auf Wiese. WC CHEM GRAU . Leinenpflicht für Hunde. R wird empfohlen. Anreise von 8:00-22:00 Uhr, bei späterer Anreise telefonische Absprache. Geöffnet 1.4.-15.10.
Preis: 25 € inkl. Wasser, Entsorgung, WC, Müll-Entsorgung, WLAN. Jede weitere Pers. 6 €, Kind (4-12 J.) 4 €, Strom 4 €/Tag, Dusche 1 €/5 min, Waschmaschine/Trockner je 1 €.
Kontakt: Diana Barten-Soujon, Ralf Soujon, ☎ 04792/509, info@hammehafen.de, www.hammehafen.de.
Distanz: 0,2 km, Ⓗ 1,5 km, 2,5 km, 2,5 km.
Gastro: Bistro Hammehafen, warme Küche 12:00-21:00 Uhr. Brötchenservice auf Anmeldung.
Freizeit: 2 km. Wander-/Radwege, Baden im Fluss, Torfkahnfahrten, Kanu-/Kajakverleih.
POI: Hammehütte Neu Helgoland 0,2 km, Weyerberg 2 km, Niedersachsenstein 2 km.

76744 Wörth am Rhein-Schaidt gratis

Wohnmobilstellplatz Schaidt, Waldstraße/K 23, ☎ 07271/1310 In ruhiger Lage am Rande des Bienwaldes <8 m neu

POS: 49°3'7.81"N/8°5'7.84"E, Karte D13 (S. 16), D1
Platz: = 6 auf Rasengittersteinen, Wiese. . Beleuchtet. Ganzjährig geöffnet.
Preis: Übernachtung gratis.
Kontakt: ☎ 07271/1310, webmaster@woerth.de, www.woerth.de.
Distanz: 0 km, 0,4 km, 1 km.
Gastro: Vereinsgaststätte mit Biergarten.
Freizeit: Direkte Anbindung an das Wander- und Radwegenetz im Bienwald.
POI: Wörth am Rhein mit mehreren Museen 15 km.

29559 Wrestedt gratis

Stellplatz Wrestedt, Schleuse-Esterholz 1, ☎ 05824/3543 <10 m
In unmittelbarer Nähe zum Elbe-Seitenkanal und der Großschleuse

2021 geprüft

POS: 52°54'49.10"N/10°36'34.84"E, Karte D6 (S. 9), H1
Platz: = 3 auf Sand/Splitt. . Aufenthalt max. 2 Nächte. Ganzjährig geöffnet.
Preis: Übernachtung gratis.
Kontakt: Torsten Nowotny, ☎ 05824/3543, tourismus@sg-aue.de, www.samtgemeinde-aue.de.
Distanz: , weitere Restaurants in 3,3 km, 1,2 km, Ⓗ 1,2 km, 2,2 km.
Freizeit: 5,5 km, 8,7 km, 12,4 km. Angeln, Kurpark am See, Wandern.
POI: Hundertwasser Bahnhof Uelzen 8,7 km, Burg Bodenteich 12,5 km.

42489 Wülfrath gratis

Parkplatz Mettmanner Straße, Mettmanner Straße 42, ☎ 02058/18336 <8 m
Abgegrenzt auf öffentlichem Parkplatz

POS: 51°16'54.94"N/7°1'37.36"E, Karte D5 (S. 8), B5
Platz: P = 3 auf Rasengittersteinen. . Ganzjährig geöffnet.
Preis: Übernachtung gratis.
Kontakt: Stadt Wülfrath, ☎ 02058/18336, stadtmarketing@stadt.wuelfrath.de, www.wuelfrath.de.
Distanz: 0,2 km, weitere Restaurants in 0,4 km, Ⓗ 0,2 km, 0,3 km, 0,7 km.
Gastro: Mehrere Restaurants ab 0,1 km.
Freizeit: 0,5 km, 0,5 km.
POI: Historischer Stadtkern 0,3 km, Niederbergisches Museum 1 km, Zeittunnel 2,5 km.

95632 Wunsiedel €5,00

Wohnmobilstellplatz Wunsiedel, Ludwigstraße/Rot-Kreuz-Straße, ☎ 09232/602162 Beim Kleingartengelände, am westlichen Stadtzentrum <8 m

POS: 50°2'11.19"N/11°59'36.97"E, Karte D11 (S. 14), C3
Platz: = 6 auf Schotter. =6 . 1.3.-31.10.
Preis: 5 € inkl. Strom, Wasser.
Kontakt: Tourist-Information Wunsiedel, ☎ 09232/602162, touristinfo@wunsiedel.de, www.wunsiedel.de.
Anfahrt: Anfahrt über Dr.-Hans-Bunte-Straße.
Distanz: 0,2 km, 0,5 km, 0,9 km, 15 km (Autohof Thiersheim, Wampener Straße 1, 95707 Thiersheim).
Gastro: Jean-Paul-Stuben.
Freizeit: 1 km. Nordic Walking.
POI: Fichtelgebirgsmuseum 0,5 km, Bürgerpark Katharinenberg mit Greifvogelvorführungen 2,5 km, Bürgerlicher Landschaftsgarten-Felsenlabyrinth Luisenburg und Luisenburg Festspiele 3,5 km.

42279 Wuppertal €8,00

Restaurant Café Jagdhaus Mollenkotten, Mollenkotten 144, ☎ 0202/522643 Außerhalb von Wuppertal, in der Nähe der A46 <10 m

POS: 51°18'25.31"N/7°13'59.41"E, Karte D5 (S. 8), C5
Platz: / = 4 auf Sand/Splitt, Schotter. =2 (16 A). R wird empfohlen. Ganzjährig geöffnet.
Preis: 8 €. Für Restaurantgäste kostenlos. Strom 4,50 €, Müll-Entsorgung 1 €.
Kontakt: D. Brenne, ☎ 0202/522643, jagdhaus-mollenkotten@t-online.de, www.jagdhaus-mollenkotten.de.
Distanz: 1 km, Ⓗ 1 km, 3 km.
Gastro: Jagdhaus Mollenkotten, Di + Do-So 11:30-15:00 Uhr und 17:00-22:00 Uhr, Mo + Mi Ruhetag.
Freizeit: 2 km, 3 km. Stadtbesichtigung, Schwebebahn 2 km, Zoo 4 km.
POI: Von der Heydt Museum.

42279 Wuppertal €17,00

Wohnmobiloase Wuppertal, Linderhauser Straße 70, ☎ 0202/7696314 <12 m
In ruhiger Lage im Ortsteil Nächstebreck an der Nordbahntrasse

POS: 51°17'39.42"N/7°14'42.28"E, Karte D5 (S. 8), C5
Platz: P = 10 auf Schotter. =10 WC CHEM GRAU . R wird empfohlen. Aufenthalt max. 7 Tage. Nachts beleuchtet. Kostenpflichtige Waschhalle (nach Voranmeldung). Tel. Reservierung Mo-Fr 8:00-17:00 Uhr, sonst per E-Mail. Bei Ankunft nach 17:00 Uhr und an Feiertagen und Wochenenden Bezahlung über Vertrauenskasse. Ganzjährig geöffnet.
Preis: 17 € inkl. aller Personen, Strom, Wasser, Entsorgung, WLAN. VE für Durchreisende 7 €. 10er-Karte 160 €, ADAC-Mitglieder 14,50 €/140 €, Preiserhöhung 2023 geplant.
Kontakt: WohnmobilOase, ☎ 0202/7696314, mobil@stellplatz-wuppertal.de, www.rheingoldbus.de.
Distanz: Ⓗ 0 km, 0,8 km, weitere Restaurants in 1,5 km, 3 km, 9 km.
Gastro: Pizzaservice liefert zum Platz.
Freizeit: 1,5 km, 2 km. Zoologischer Garten 10 km.
POI: Skulpturengarten Waldfrieden, Nordbahntrasse, Briller Viertel, Von-der-Heydt-Museum, Wuppertaler Schwebebahn.

W

42327 Wuppertal gratis

Parkplatz Kornstraße, Kornstraße, ☎ 0202/5630 <8m
Gegenüber einer Schwebebahnhaltestelle

POS: 51°14'15.00"N/7°6'6.00"E, Karte D5 (S. 8), C5
Platz: = 5 auf Asphalt. Ganzjährig geöffnet. Ausnahme: Bei Volksfesten ist der Platz gesperrt.
Preis: Übernachtung gratis.
Kontakt: Stadt Wuppertal, ☎ 0202/5630, stadtverwaltung@wuppertal.de, www.wuppertal.de.
Anfahrt: A46 Ausf. Sonnborner Kreuz (freie Zufahrt nur über diese Ausfahrt).
Distanz: 0,2 km, Ⓗ 0,4 km, 1 km, 2,3 km (Klärwerk Buchenhofen, Buchenhofen 45, 42329 Wuppertal).
Freizeit: 3 km, 3 km. Fahrt mit der Schwebebahn, Stadtrundfahrt, Wuppertaler Zoo 0,8 km.
POI: Von der Heydt Museum, Skulpturenpark von Tony Cragg, Engelshaus Museum und Museum der Frühindustrialisierung, hist. Stadtkern 6 km.

84329 Wurmannsquick gratis

Reisemobilstellplatz Wurmannsquick, Florianstraße, ☎ 08725/9660947 <8m
Gegenüber der Firma Bayern Camper, neben dem neuen Feuerwehrgebäude

POS: 48°21'34.01"N/12°47'17.98"E, Karte D16 (S. 19), E2
Platz: P = 4 auf Schotter. WC CHEM GRAU. nur bei Gruppen. WC/VE bei der Fa. Bayern Camper während der Geschäftszeiten. Infotafel am Platz. Ganzjährig geöffnet.
Preis: Übernachtung gratis inkl. Entsorgung.
Kontakt: Erwin Schlier, ☎ 08725/9660947, Mobil: 0171/6834587, e.schlier@gmx.de, www.wurmannsquick.de.
Distanz: 0,1 km, 0,5 km.
Gastro: Gasthaus, Pizzeria, Schnellimbiss.
Freizeit: Bayern Camper mit Shop.
POI: Traktor-Oldtimer-Museum, Sternwarte Wurmannsquick.

52146 Würselen €15,00

Aquana Sauna- und Freizeitbad, Willy-Brandt-Ring 100, ☎ 02405/411925 <12m
Im Norden der Stadt

POS: 50°49'19.80"N/6°8'29.28"E, Karte D9 (S. 12), A1
Platz: = 10 auf Schotter, Rasengittersteinen. WC. Anfahrt 6:00-23:00 Uhr. Ganzjährig geöffnet.
Preis: 15 €. Müll-Entsorgung 2 €. Inkl. Eintritt für 1 Person.
Kontakt: Aquana Freizeitbad, ☎ 02405/411925, info@aquana.de, www.aquana.de.
Distanz: 0,5 km, 0,5 km, Ⓗ 0,8 km, 1 km.
Gastro: Aquana-Restaurant.
Freizeit: Freizeitbad Aquana mit Sauna, Whirl-Pools, Massage, Kosmetik, Fußpflege und Solarium.
POI: Burg Wilhelmstein 4 km, Aachener Dom 8 km, Dreiländerpunkt Vaals 10 km.

27639 Wurster Nordseeküste (Cappel-Neufeld) €19,00

Außendeich Campingplatz Cappel-Neufeld, Deichweg (Außendeich), ☎ 04705/6603615 >12m
Am Weltnaturerbe Wattenmeer

POS: 53°45'55.17"N/8°32'6.53"E, Karte D2 (S. 5), E3
Platz: P = 40, = 20 (<9 m) auf Sand/Splitt, Wiese. =40 (16 A) WC CHEM GRAU. Anfahrt 7:00-22:00 Uhr. Geöffnet: 1.5.-15.9.
Preis: Ab 19 € inkl. Wasser, Entsorgung, Dusche, WC, Müll-Entsorgung, WLAN. Jede weitere Pers. 7,10 €, Kind (3-17 J.) 3 €, Strom 0,70 €/kWh, Kurtaxe 2 €/Pers., Kurtaxe (3-17 J.) 1,10 €/Pers. 19-33,30 € je nach Saison.
Kontakt: Milko Neumann, ☎ 04705/6603615, Mobil: 0172/4109227, info@camping-freizeit-gmbh.de, www.camping-freizeit-gmbh.de.
Distanz: 0,5 km, 4 km, 9 km, Ⓗ 9 km.
Gastro: Restaurant am Platz, warme Küche 11:00-21:00 Uhr. Restaurant Mykonos. Fisch und Meer. De Koffestuv. Nordseehotel Eymers. Strandhalle Dorum.
Freizeit: 4 km, 4 km, 4 km. Wattwandern, Wassersport.
POI: Aeronauticum 8 km, Muschelmuseum 15 km.

27639 Wurster Nordseeküste (Dorum-Neufeld) €17,00

KNAUS Reisemobilhafen Dorum**, Am Kutterhafen Dorum, ☎ 04741/5020** Vor dem Deich, am Weltkulturerbe Niedersächsisches Wattenmeer <12m

POS: 53°44'21.21"N/8°31'0.39"E, Karte D2 (S. 5), E4
Platz: = 40 auf Wiese, Naturboden. WC CHEM GRAU. Trockner, Waschmaschine, Strandkörbe. Geöffnet 1.4.-30.9.
Preis: 17 € inkl. Strom, Wasser, Entsorgung, WC, Müll-Entsorgung. Kurtaxe (ab 18 J.) 3,40 €/Pers.
Kontakt: KNAUS Campingpark Dorum, ☎ 04741/5020, dorum@knauscamp.de, www.knauscamp.de/dorum-nordsee.
Distanz: Ⓗ 0,2 km, 0,4 km, 0,4 km, 0,4 km.
Gastro: Brötchenservice.
Freizeit: 0,2 km, 0,2 km, 0,4 km. Minigolfanlage, Meer, Bootsliegeplätze, Fußballplätze, Beachvolleyballfeld, Schwefelsole-Wellenbad 0,2 km, Reiterhof 0,3 km.
POI: Leuchtturm Obereversand 0,1 km, Naturerlebnispark Langwarmer Groden 3 km, Niedersächsisches Deichmuseum 7 km, Museum für Wattenfischerei 13 km, Bremerhaven 15 km.

27639 Wurster Nordseeküste (Dorum-Neufeld) €15,00

Wohnmobilhafen Am Deich, Am Neuen Deich 2, ☎ 04741/96970 <12m
Parzelliert und beleuchtet, direkt am Deich

POS: 53°44'18.00"N/8°31'11.00"E, Karte D2 (S. 5), E4
Platz: P = 25 auf Schotter. =25 (6 A) CHEM GRAU. Leinenpflicht für Hunde. Ganzjährig geöffnet.
Preis: 15 € inkl. Strom, Wasser, Entsorgung, Müll-Entsorgung, WLAN. Kurtaxe 2 € NS/3,40 € HS. Kurtaxe Kind (ab 3 J.) 1,50/1,80 €. Beinhaltet in der HS freien Eintritt zum Strand und ins Wellenbad Watt'n Bad, in der NS vergünstigte Tarife. Preisänderung 2023 mögl.
Kontakt: Eike Petrat, ☎ 04741/96970, mail@deichhotel-grube.de, www.wohnmobilhafen-grube.de.
Distanz: 0,2 km, 0,2 km, 0,2 km.
Freizeit: 0,2 km. Wattwandern, Minigolf, Strand 0,2 km.
POI: Weltnaturerbe Wattenmeer, Kutterhafen, Leuchtturm Obereversand, Grünstrand, Nationalparkhaus.

27639 Wurster Nordseeküste (Spieka-Neufeld) €15,00

KNAUS Reisemobilhafen Spieka, Deichweg/Am Kutterhafen Spieka, ☎ 04741/5020 <10m
Ebenes Gelände am Kutter- und Yachthafen

POS: 53°47'22.36"N/8°32'57.03"E, Karte D2 (S. 5), E4
Platz: P = 73 auf Schotter, Rasengittersteinen. WC CHEM GRAU. Geöffnet: 1.4.-30.9.
Preis: Ab 15 € inkl. WC. Strom 0,70 €/kWh, Wasser 1 €/80 l, Entsorgung 5 €, Kurtaxe 2 €/Pers. 20 € auf der Wiese.
Kontakt: Helmut KNAUS KG Campingparks, ☎ 04741/5020, spieka@knauscamp.de, www.knauscamp.de/spieka-wattenmeer.
Distanz: 0,3 km, 4 km, 4 km, Ⓗ 4 km.
Freizeit: 7 km, 7 km, 7 km. Radfahren.
POI: Kurioses Muschelmuseum, Niedersächsisches Deichmuseum 13 km.

W

27639 Wurster Nordseeküste-Wremen €20,00

Campingplatz Wremer Tief, Strandstraße, ☎ 04705/6603610 <10 m
Neben dem Camping, freier Blick auf die Weser

POS: 53°38'36.87"N/8°29'44.29"E, Karte D2 (S.5), E4
Platz: = 12, = 10 (<10 m) auf Wiese, Schotter. CHEM GRAU. Anreise bis 18:00 Uhr, Abreise bis 13:00 Uhr. Außerhalb dieser Zeiten nach Absprache mit dem Platzwart. Geöffnet: 15.4.-15.9.
Preis: 20 € inkl. Wasser, Entsorgung, Dusche, Müll-Entsorgung. Kind (3-17 J.) 3,50 €, jede weitere Pers. 7,90 €, Strom 0,70 €/kWh, Hund 3 €. Gratis-Strandnutzung mit Gästekarte.
Kontakt: Herr Neumann, ☎ 04705/6603610, info@camping-wremer-tief.de, www.camping-wremer-tief.de.
Distanz: 0,5 km, Ⓗ 1 km, 1 km, 2 km.
Freizeit: 10 km.
POI: Leuchtturm Kleiner Preuße 1 km, Museumsinsel Wremen 2 km, Leuchtturm Obereversand 10 km.

97070 Würzburg €15,00

Reisemobilplatz an der Friedensbrücke, Dreikronenstraße, ☎ 0931/361908 <10 m
Gemischter Parkplatz am Main

2021 geprüft

POS: 49°47'52.85"N/9°55'21.53"E, Karte D10 (S.13), H4
Platz: = 32 auf Asphalt. =36 WC CHEM GRAU. Aufenthalt max. 4 Tage. Ganzjährig geöffnet. Ausnahme: Bei Hochwasser gesperrt.
Preis: 15 € inkl. Entsorgung, WC. Strom 0,60 €/kWh, Wasser 0,10 €/10 l. 3 €/h.
Kontakt: Würzburger Versorgungs- und Verkehrs-GmbH, ☎ 0931/361908, ticketservice@wvv.de, www.wvv.de.
Distanz: Ⓗ 0,1 km, 0,1 km, 1 km, 1 km.
Freizeit: 1 km, 0,1 km. Radtouren entlang dem Main, Stadtführungen.
POI: Alte Mainbrücke 0,8 km, Ausstellungen im Kulturspeicher 1 km, Festung Marienberg 1,5 km, Residenz 1,7 km, Dom 3,5 km.

Hinweis der Redaktion: Aufgrund der wirtschaftlichen Lage und der andauernden Energiekrise kann es in 2023 zu noch nicht absehbaren Preiserhöhungen bei Service- und Übernachtungsgebühren kommen. Wir bitten um Verständnis und verweisen auf die **Bordatlas WebApp**. Die Stellplatzdaten werden dort laufend überarbeitet und stehen online stets aktuell zur Verfügung.

16868 Wusterhausen/Dosse gratis

Reisemobilstellplatz Am Klempowsee, Seestraße/Uferweg, ☎ 033979/8770 <10 m
Auf einem Parkplatz am See

POS: 52°54'2.92"N/12°27'34.11"E, Karte D7 (S.10), D1
Platz: = 4 auf Schotterrasen. =4. nur bei Gruppen. Ganzjährig geöffnet.
Preis: Übernachtung gratis.
Kontakt: Gemeinde Wusterhausen/Dosse, ☎ 033979/8770, tourismusbuero@wusterhausen.de, www.wusterhausen.de.
Distanz: 0,1 km, 1,5 km.
Gastro: Gastronomie in unmittelbarer Nähe.
Freizeit: Angeln, Radweg Kleeblatt-Städtetour, Seerundweg um den Untersee (20 km), Jakobsweg Berlin – Bad Wilsnack, Kyritzer Seenkette, Strandbad mit Bootsverleih 0,5 km.
POI: Pfarrkirche St. Peter und Paul, Wegemuseum mit Bibliothek und Galerie, Stadt mit historischem Stadtkern.

16868 Wusterhausen/Dosse gratis

Stellplatz Dossehalle, Zur Dossehalle 6, ☎ 033979/87760 <10 m
Auf dem Parkplatz der Dossehalle

2021 geprüft

POS: 52°53'35.99"N/12°27'54.49"E, Karte D7 (S.10), D1
Platz: = 3 auf Schotterrasen, Pflaster, Asphalt. =3 GRAU. nur bei Gruppen. Gasflaschentausch an der Tankstelle. Ganzjährig geöffnet.
Preis: Übernachtung gratis inkl. Entsorgung. Strom 1 €/8 h, Wasser 1 €/100 l.
Kontakt: Gemeinde Wusterhausen, ☎ 033979/87760, tourismusbuero@wusterhausen.de, www.wusterhausen.de.
Anfahrt: Navi: Burgwall.
Distanz: 0,5 km, 0,5 km, 0,5 km, Ⓗ 0,5 km, 1,7 km, Fahrgastschifffahrt am See 1,7 km.
Gastro: Mehrere Gaststätten am See/im Ort.
Freizeit: Fahrradweg Kleeblatt-Städte-Tour, Bahnanschluss zum Regionalexpress Berlin, geführte Wander- und Radtouren, Strandbad mit Bootsverleih 1,8 km.
POI: Kyritzer Seenkette, Stadt mit hist. Stadtkern, Wegemuseum mit Galerie und Bibliothek 0,6 km, Pfarrkirche St. Peter und Paul 0,6 km.

18347 Wustrow €26,00

Surfcenter Wustrow, L 21, 1 km vor Wustrow, ☎ 038220/80250 <10 m
Hinter dem Deich, an der schmalsten Stelle des Fischlandes

POS: 54°20'26.95"N/12°22'49.95"E, Karte D3 (S.6), C2
Platz: = 20, = 10 (<10 m) auf Asphalt. =60 (4 A) WC CHEM GRAU.
Geöffnet: 1.4.–31.10.
Preis: Ab 26 €. Strom 4 €, Dusche 1 €/Pers. Bis 5 m 26 € NS/33 € HS, über 5 m 32 € NS/38 € HS. Jede weitere Pers. 7 € NS/9 € HS, Kind 4 € NS/5 € HS, Hund 8 € NS/10 € HS. Kurtaxe extra.
Kontakt: ☎ 038220/80250, scw@surfcenter-wustrow.de, www.surfcenter-wustrow.de.
Distanz: Ⓗ 0,5 km, 1 km, 1 km, 2 km.
Gastro: Imbiss am Platz, während der Saison geöffnet von 8:00-22:00 Uhr.
Freizeit: 10 km, 1 km. Boddenfahrt, Wassersport, Hafen 2 km.
POI: Altstadt Wustrow 1 km.

W

X

46509 Xanten €12,50 >12m

WomoPark-Xanten, Fürstenberg 6, 02804/219588 In ruhiger Lage, fußläufig zur Altstadt, den Xantener Seen und dem Rhein

2022 geprüft

POS: 51°39'16.24"N/6°27'48.06"E, Karte D5 (S. 8), A4

Platz: = 74 auf Wiese, Schotter. =96 (16 A) WC CHEM GRAU. Mietwohnwagen und Ferienhaus, Wellnessoase mit Privat-Sauna-Spa, Salzgrotte und Massage-Angeboten. Unterlegkeile empfohlen. Clubtreffen möglich. Ganzjährig geöffnet.

Preis: Ab 12,50 € inkl. WC, Duschen. Strom 4,50 €, Kurtaxe 2 €/Pers., Komfort-Sanitärgebäude mit Dusche/WC für 2 Pers. 2 €/ Nacht, Fixpauschale Wasser, Abwasser, Müll-Entsorgung 2 €. Komfort-Stellplatz zzgl. 4 €. 20 % Rabatt in der WellnessOase-Xanten für Stellplatzgäste.

Kontakt: Herbert Becker, 02804/219588, Mobil: 0176/10058370, post@womoparkxanten.de, www.womopark-xanten.de.

Distanz: 0,3 km, 0,3 km, 0,5 km, 0,5 km, weitere Restaurants in 0,7 km.

Gastro: Mehrere Restaurants in der Altstadt.

Freizeit: 4 km, 2 km. Radfahren, Wandern, Wasserski, Xanten-Zentrum 0,7 km, Xantener Nord- und Südsee 2 km.

POI: Dom St. Viktor 0,6 km, Stiftsmuseum 0,6 km, Kriemhildmühle (Windmühle in Funktion) 0,7 km, Archäologischer Park Xanten und Römermuseum 0,8 km, Rhein/Fähre 2 km.

Z

74374 Zaberfeld €5,00 <8m

Wohnmobilstellplatz an der Ehmetsklinge, Seestraße, 07046/96260 Nahe dem Stausee, im Naturpark Stromberg-Heuchelberg

2021 geprüft

POS: 49°3'21.14"N/8°54'56.99"E, Karte D14 (S. 17), F1

Platz: = 3 auf Schotterrasen, Schotter. CHEM GRAU. Ganzjährig geöffnet.

Preis: 5 €. Strom 1 €/kWh, Wasser ab 0,50 €, Entsorgung ab 0,50 €. VE nach Verbrauch in 0,50-€-Münzen direkt an den Stationen.

Kontakt: Gemeinde Zaberfeld, 07046/96260, gemeinde@zaberfeld.de, www.zaberfeld.de.

Distanz: 0,1 km, 0,8 km, 0,8 km, 0,8 km.

Freizeit: 0,1 km, 0,1 km, Badesee 0,1 km, Erlebnispfad Wasserwelten und Hirschkäferparcours 1 km, Katzenbachsee 2,5 km, Erlebnispark Tripsdrill 15 km.

19246 Zarrentin am Schaalsee €10,00 <10m

Wohnmobilstellplatz am Schaalsee, Wolfsschlucht, 038851/838710 Auf einem Parkplatz am Ortsrand

POS: 53°32'46.36"N/10°55'33.13"E, Karte D3 (S. 6), A4

Platz: = 10 auf Schotterrasen. WC. Ganzjährig geöffnet.

Preis: 10 €. WC 0,50 €. WC im Badebereich während der Saison gegen Gebühr.

Kontakt: 038851/838710, info@zarrentin.de, www.zarrentin.de.

Distanz: 0,1 km, weitere Restaurants in 0,5 km, 0,9 km, 1 km.

Gastro: Schaalsee-Klause im Badebereich 0,1 km. Seepavillon 0,5 km. Schaalseefischerei 0,5 km.

Freizeit: Strandbad Zarrentin 0,1 km, Tretboot/Ruderbootverleih 0,5 km.

POI: UNESCO Biosphärenreservat Schaalsee, Infozentrum Pahlhuus 0,7 km, Kloster Zarrentin 1,2 km.

16792 Zehdenick €22,00 <10m

Marina Alter Hafen im Ziegeleipark Mildenberg, Ziegelei 11a, 03307/420504 Naturbelassen, direkt an der Havel, mitten im deutschem Seenland

2021 geprüft

POS: 53°1'55.24"N/13°18'40.11"E, Karte D4 (S. 7), E5

Platz: = 25, = 20 (< 10 m) auf Wiese, Naturboden. WC CHEM. wird empfohlen. Geöffnet: 1.4.-31.10.

Preis: 22 € inkl. Entsorgung, WC. Jede weitere Pers. 4 €, Kind (4-15 J.) 2 €, Strom 4 €, Dusche 2 €/Pers., Müll-Entsorgung ab 3 €, Waschmaschine/Trockner je 5 €. Wohnmobil < 6 m ab 14 €, Wohnmobil > 6 m/Gespanne ab 18 €.

Kontakt: Brehm & Presch Marina GbR, Ute Krumbach, 03307/420504, +49-(0)3307-4200079, hafenbuero@marina-alter-hafen.de, www.marina-alter-hafen.de.

Distanz: 0,1 km, weitere Restaurants in 5 km, 0,8 km, 5 km, 5 km.

Gastro: Shop mit Brötchenservice.

Freizeit: Angelkarten- und Zubehör, Kanu-, Kanadier- und SUP-Verleih, Naturpark Deutsches Seenland, Wassersport, Verleih von Motor-/Elektrobooten.

POI: Ziegeleipark Mildenberg.

97475 Zeil am Main gratis <10m

Altstadt-Parkplatz, Mittelweg 2a, 09524/9490 Öffentlicher Parkplatz an der Altstadt

2022 geprüft

POS: 50°0'25.07"N/10°35'44.25"E, Karte D11 (S. 14), A3

Platz: = 10 auf Rasengittersteinen. Stromsäule für E-Autos. Ganzjährig geöffnet.

Preis: Übernachtung gratis.

Kontakt: Stadt Zeil am Main, 09524/9490, info@zeil-am-main.de, www.zeil-am-main.de.

Distanz: 0,2 km, 0,2 km, weitere Restaurants in 0,8 km, 0,5 km, 0,8 km.

Freizeit: 7 km, 6 km. Stadt-, Museums- und Weinbergführungen, Angeln, Brauereibesichtigung, Weinproben, Weinwanderweg Abt-Degen-Steig 1 km.

POI: Wallfahrtskirche Zeiler Käppele, Stadtpfarrkirche St. Michael Zeil, Dokumentationszentrum Zeiler Hexenturm, Altstadt, Wallfahrtskirche Maria Limbach 6 km.

97475 Zeil am Main €5,00 <8m

Christines Hofladen, Augsfelder Weg 11, 09524/7228 Ruhig gelegener, bewirtschafteter Aussiedlerhof

POS: 50°0'46.29"N/10°34'30.42"E, Karte D11 (S. 14), A3

Platz: = 5 auf Pflaster, Schotter. =5. Ganzjährig geöffnet.

Preis: 5 €. Strom 3 €/24 h. Für Kunden gratis.

Kontakt: Tobias Hetterich, 09524/7228, info@christines-hofladen.de, www.christines-hofladen.de.

Distanz: 0,5 km, 0,7 km, 1 km.

Gastro: Brotzeitkeller Fr-So ab 17:00. Hofladen mit Fleischprodukten aus eigener Herstellung, Mi-Fr 9:00-18:00 Uhr, Sa 8:00-13:00 Uhr, So-Di Ruhetag.

Freizeit: 7 km, 1 km. Hofbesichtigung, Weinwanderung.

POI: Altstadt Zeil 1 km, Burgruine 2 km, Zeiler Käppele 3 km.

97799 Zeitlofs — gratis

Rhön Camp Stellplatz SV Zeitlofs-Rupboden, Baumallee 40, ☎ 09746/91190 <10m
Sehr ruhige Lage direkt am Naturschutzgebiet

POS: 50°15'39.00"N/9°39'58.00"E, Karte D10 (S. 13), G3
Platz: = 3 auf Schotter. CHEM GRAU. Ganzjährig geöffnet.
Preis: Übernachtung gratis inkl. Entsorgung. Strom 0,50 €/kWh, Wasser 0,50 €/min. Um freiwillige Spende von 5 €/Nacht wird gebeten, Spendenbox am Platz.
Kontakt: Markt Zeitlofs, ☎ 09746/91190, poststelle@markt-zeitlofs.de, www.markt-zeitlofs.de.
Distanz: 0,1 km, 0,2 km, 0,4 km, Ⓗ 0,4 km.
Gastro: Fränkischer Hof 0,4 km. Gasthof Schwarzes Roß.
Freizeit: Fahrradverleih Riemey in Rupboden, Wander- und Radwege, Rhönexpress Bahn-Radweg, Schwimmbad (Naturfreibad).
POI: Reinhard-Dachlauer-Platz, Schachbrettblumen im Naturschutzgebiet, Strecke 46.

06712 Zeitz — gratis

Stellplatz Schützenplatz, Schützenplatz, ☎ 03441/83291 Im Zentrum der grünen Stadt an der Weißen Elster <8m neu

POS: 51°3'2.87"N/12°8'45.92"E, Karte D7 (S. 10), C5
Platz: = 1 auf Asphalt, Rasengittersteinen. Ganzjährig geöffnet.
Preis: Übernachtung gratis.
Kontakt: Tourist-Information Zeitz, ☎ 03441/83291, tourismus@stadt-zeitz.de, www.zeitz.de.
Distanz: Ⓗ 0 km, 0,2 km, 0,3 km, 0,3 km.
Freizeit: Stadtführungen, Baumwipfelpfad 1,2 km.
POI: Schloss Moritzburg, Altstadt Zeitz 0,3 km.

77736 Zell am Harmersbach — €10,00

Wohnmobilstellplatz am Sportpark, Gasselhalde 4, ☎ 07824/6649670 <8m
Neben dem Sportpark/Schwimmbad am Waldrand

POS: 48°21'5.07"N/8°3'33.11"E, Karte D13 (S. 16), D3
Platz: = 11 auf Schotter. =8 CHEM GRAU. Ganzjährig geöffnet.
Preis: 10 € inkl. Entsorgung. Jede weitere Pers. 1,50 €, Strom 2 €/2 kWh, Wasser 1 €/120 l. Kurtaxe inkl. Konus-Gästekarte.
Kontakt: ☎ 07824/6649670, info@junglas-design.de, www.zell.de.
Distanz: 0,7 km, Ⓗ 1 km, 1 km, 1 km.
Freizeit: 1 km. Mountainbiking, Historische Zeller Städtletour, 18-Loch Golfplatz Gröbernhof.
POI: Altstadt 1 km, Zeller Keramikmuseum 1 km.

95239 Zell im Fichtelgebirge — gratis

Festplatz am Haidberg, Haidbergstraße 28, ☎ 09257/9420 <12m
Im Grünen, westlich von Zell

POS: 50°7'58.11"N/11°48'42.94"E, Karte D11 (S. 14), C3
Platz: = 12 auf Schotter, Wiese. =12 CHEM GRAU. Bei Störungen der Anlagen bitte während der Öffnungszeiten im Rathaus melden. Ganzjährig geöffnet. Ausnahmen: Sperrung bei Festbetrieb, Pfingsten und Mitte Juli.
Preis: Übernachtung gratis inkl. Entsorgung. Strom 1 €/2 kWh, Wasser 1 €/80 l.
Kontakt: Markt Zell im Fichtelgebirge, ☎ 09257/9420, info@markt-zell.de, www.markt-zell.de.
Distanz: Ⓗ 0,5 km, 0,5 km, weitere Restaurants in 2 km, 0,6 km, 0,7 km.
Gastro: Gasthof Rotes Roß. Gasthof Schützenhof. Gasthof zum Waldstein.
Freizeit: 1 km, 5,2 km. Langlauf, Mountainbiking, Lehrpfad am Haidberg, Tennis 1 km.
POI: Teufelstisch am Waldstein 2,9 km, Bauernhofmuseum Kleinlosnitz 3 km, Waldstein mit Bärenfang 8 km.

79669 Zell im Wiesental — gratis

Reisemobilstellplatz am Wiesentäler Textilmuseum, Teichstraße 4, ☎ 07625/924092 <10m
Ruhige stadtnahe Lage

POS: 47°42'25.65"N/7°51'20.48"E, Karte D13 (S. 16), C4
Platz: = 2 auf Pflaster. CHEM GRAU. Ganzjährig geöffnet.
Preis: Übernachtung gratis. Wasser 1 €/100 l, Kurtaxe 1,50 €/Pers. Strom/Entsorgung gegen Gebühr. Kurtaxe inkl. Konus-Gästekarte (kostenlose Fahrt mit Bus und Bahn), erhältlich beim Zeller Bergland Tourismus. Preisänderungen 2023 möglich.
Kontakt: Zeller Bergland Tourismus e. V., ☎ 07625/924092, info@zeller-bergland.de, www.zeller-bergland.de.
Distanz: 0,1 km, Ⓗ 0,2 km, 0,2 km, 0,2 km.
Gastro: Gasthaus Zum Wilden Mann, Hotel Löwen, Pizzeria Escopazzo.
Freizeit: 0,5 km. Angeln, Tennis.
POI: Wiesentäler Textilmuseum, Geburtsort von Constanze Mozart mit Constanze-Mozart-Boulevard und Constanze-Mozart-Rose im Stadtgarten.

93199 Zell-Hetzenbach — €5,00

Landgasthaus Lindenhof, Regensburger Straße 11, ☎ 09468/205 Hinter dem Hotel neben der Wallfahrtskirche >12m

POS: 49°8'23.00"N/12°22'45.00"E, Karte D11 (S. 14), D5
Platz: = 3 auf Schotterrasen, Schotter. nur bei Gruppen. Ganzjährig geöffnet. Ausnahme: Pfingstwochenende/Leonhardi im November.
Preis: 5 € inkl. aller Personen. Strom 3 €.
Kontakt: Familie Piendl, ☎ 09468/205, piendl@lindenhof-hetzenbach.de, www.lindenhof-hetzenbach.de.
Distanz: , weitere Restaurants in 2 km, Ⓗ 0,1 km, 2 km.
Gastro: Am Platz, Mo-So 10:00-22:00 Uhr. warme Küche, Mo 11:00-14:00 Uhr, Mi 11:00-14:00 Uhr, 17:30-21:00 Uhr, Sa 11:00-21:00 Uhr, So bis 20:00 Uhr. Brotzeiten möglich.
Freizeit: 8 km, 15 km. Wintersport, Bienenlehrpfad, Angeln, Loipe im Ort.
POI: Ruine Lobenstein 3 km, Burg Falkenstein 8 km, Burgruine Brennberg 12 km, Naturparkinfostelle Burg Hof am Hohen Regen 15,9 km.

56856 Zell-Kaimt — €9,00

Stellplatz An der Fußgängerbrücke, Mosel-Hamm-Ufer, ☎ 06542/961216 <8m
Am Moselufer

POS: 50°1'45.18"N/7°10'40.41"E, Karte D9 (S. 12), B3
Platz: = 23 auf Schotter. CHEM GRAU. Ganzjährig geöffnet.
Preis: 9 € inkl. aller Personen, Entsorgung, Müll-Entsorgung. Wasser 1 €/100 l, Dusche 2 €/Pers.
Kontakt: Campingpark Zell-Mosel, ☎ 06542/961216, info@campingpark-zell.de, www.campingpark-zell.de.
Distanz: 0,1 km, 0,1 km, Ⓗ 0,2 km, 0,2 km.
Gastro: Brötchenservice im Campingpark auf Vorbestellung (am besten einen Tag im Voraus).
Freizeit: 1 km, 1 km. Kanu-/Kajakverleih, Kellereiführungen, Baden im Fluss, Weinproben, Angeln, Mountainbiking, Planwagenfahrten, Bootsanleger/Marina 0,1 km.
POI: Wein/Heimatmuseum 0,2 km, Altstadt Zell 0,2 km, Kurfürstliches Schloss 0,2 km.

Vor der Anreise empfehlen wir, Kontakt mit dem Betreiber aufzunehmen, um die Auslastung des Stellplatzes abzufragen.

Z

56856 Zell-Kaimt €9,00

Stellplatz Römerquelle, Am Freizeitzentrum, ☎ 06542/961216 Terrassenförmig angelegter, parzellierter Stellplatz >12m

2021 geprüft E

POS: 50°0'59.35"N/7°10'32.80"E, Karte D9 (S. 12), B3
Platz: P = 47 auf Schotterrasen, Wiese. =20 (10 A) CHEM GRAU. Hochwasserfrei, Entsorgungspark mit 4 Plätzen. Ganzjährig geöffnet.
Preis: 9 € inkl. aller Personen, Entsorgung, Müll-Entsorgung. Strom 1 €/2 kWh, Wasser 1 €/100 l.
Kontakt: Campingpark Zell-Mosel, ☎ 06542/961216, info@campingpark-zell.de, www.campingpark-zell.de.
Distanz: , weitere Restaurants in 1,2 km, Ⓗ 0,2 km, 1 km, 1 km.
Gastro: Brötchenservice vor Ort (9:00 Uhr auf dem unteren Plateau). Restaurant Splash im Erlebnisbad, warme Küche 10:00-21:00 Uhr.
Freizeit: 0,1 km, 0,1 km, 1 km. Rudern, Weinproben, Tennis, Mountainbiking, Planwagenfahrten, Angeln, Kellerführungen, Erlebnisbad Zeller Land 0,1 km, Spielplatz 0,5 km, Bootsanleger/Marina 1 km, Kanu/Kajakverleih 1 km.
POI: Wein/Heimatmuseum Zell 1,2 km, Altstadt Zell 1,2 km, Kurfürstliches Schloss Zell 1,2 km.

98544 Zella-Mehlis €10,00

Toschis Station, An der Quelle 5, ☎ 03682/88880 Bei einem Motel im Gewerbegebiet <10m

2022 geprüft E

POS: 50°38'36.33"N/10°41'3.22"E, Karte D11 (S. 14), A2
Platz: P = 20 auf Schotter, Wiese. =3 WC CHEM GRAU. Keine VE von Dez-Feb. Ganzjährig geöffnet.
Preis: 10 € inkl. WC. Strom 0,70 €/kWh, Wasser 1 €, Entsorgung 1 €.
Kontakt: Christopher Tosch, ☎ 03682/88880, info@toschis-station.de, www.toschis-station.de.
Distanz: 0 km, weitere Restaurants in 2 km, 0,2 km, Ⓗ 0,6 km, 3 km.
Gastro: Am Platz, warme Küche bis 22:00 Uhr.
Freizeit: 5 km. Bowling, Schießsportzentrum Suhl 10 km, DKB-Skisport-Halle 16,3 km.
POI: Rennsteig Höhenwanderweg, Erlebnispark Meeresaquarium Zella-Mehlis 3,6 km, Waffen/Fahrzeugmuseum Suhl 4,5 km, Tierpark Suhl 5,4 km.

97225 Zellingen gratis

Wohnmobilstellplatz am Freibad, Badstraße 9, ☎ 09364/4454 In Mainnähe, nahe den Weinbergen mit Blick auf die Benediktushöhe <12m

2021 geprüft

POS: 49°53'41.78"N/9°49'35.55"E, Karte D10 (S. 13), G3
Platz: P = 6 auf Schotterrasen. Anmeldung über Freibad Zellingen (Apr-Sep). Keine VE im Herbst/Winter. Müll-Entsorgung auf Anfrage beim Badpersonal. Ganzjährig geöffnet.
Preis: Übernachtung gratis. Strom/Wasser 3 €/Tag.
Kontakt: Markt Zellingen, Jan Dechert, ☎ 09364/4454, freibad@zellingen.de, www.markt-zellingen.de.
Distanz: 0,2 km, weitere Restaurants in 0,4 km, 0,4 km, 0,5 km, Ⓗ 0,7 km, E 2,4 km (Kläranlage Retzbach, Zur Kläranlage, 97225 Zellingen).
Gastro: Bistro am Freibad.
Freizeit: Wein/Fischerfeste, Ausflüge, Baden.
POI: Würzburg 15 km.

54492 Zeltingen-Rachtig €12,00

Wohnmobilstellplatz Zeltingen, An der Brücke, ☎ 06532/2404 Mit Blick auf die Mosel und den Ort <10m

2022 geprüft E

POS: 49°57'16.77"N/7°0'32.83"E, Karte D9 (S. 12), B3
Platz: P = 45 auf Schotterrasen. CHEM GRAU. Leinenpflicht für Hunde. Geöffnet: März-Nov, je nach Wetterlage/Hochwasserstand.
Preis: 12 € inkl. Strom, Wasser, Entsorgung, Müll-Entsorgung, WLAN.
Kontakt: Tourist-Info Zeltingen-Rachtig, ☎ 06532/2404, info@zeltingen-rachtig.de, zeltingen-rachtig.de.
Distanz: Ⓗ 0,1 km, 0,2 km, weitere Restaurants in 0,6 km, 0,5 km, 0,5 km.
Freizeit: 9 km, 6,6 km, 0,1 km. Minigolf, Gleitschirmfliegen, Weinproben/-wanderungen.
POI: Historischer Marktplatz, Sortengarten, Schiffsanleger/Haltestelle Radelbusse, Kulturweg, Fachwerkhäuser, Bernkastel-Kues 6 km, Traben-Trarbach 16 km.

94579 Zenting gratis

Landhotel Neuhof, Neuhof 4, ☎ 09907/925 In Waldrandlage fernab vom Verkehrslärm <10m

POS: 48°46'5.07"N/13°16'47.30"E, Karte D16 (S. 19), F1
Platz: = 3 auf Asphalt. WC. Bitte unbedingt unter 09907/925 reservieren. Ganzjährig geöffnet.
Preis: Für Restaurantgäste kostenlos, inkl. WLAN. Einkehr obligatorisch.
Kontakt: Andrea Söldner-Binder, ☎ 09907/925, info@landhotel-neuhof.de, www.landhotel-neuhof.de.
Distanz: 3 km, 3 km, Ⓗ 4 km.
Gastro: Warme Küche, Mo-So 11:30-13:30 Uhr und 18:00-21:00 Uhr. Frühstücksbüfett ab 8:00 Uhr.
Freizeit: 10 km, 10 km. E-Bike-Verleih am Platz, Langlauf, Tiergehege, Hallenbad mit Himalaja-Salz, Sauna, Massagen, Kosmetik, Infrarotkabine, Hausberg Brotjacklriegel 6 km.
POI: Pullman City 10 km, Glasbläsereien 25 km.

39261 Zerbst/Anhalt gratis

Volksschwimmhalle, Wolfsbrücke 3, ☎ 03923/73720 Öffentlicher Parkplatz im Stadtzentrum <10m

POS: 51°58'0.01"N/12°5'25.02"E, Karte D7 (S. 10), C3
Platz: P = 3 auf Pflaster. =2 WC CHEM GRAU. Campingverhalten nicht erlaubt. Dusche/WC in der Schwimmhalle. Ganzjährig geöffnet.
Preis: Übernachtung gratis inkl. Entsorgung, WC. Strom 1 €/8 h, Wasser 1 €/60 l.
Kontakt: Stadtwerke Zerbst GmbH, ☎ 03923/73720, zentrale@touristinfo-zerbst.de, www.stadt-zerbst.de.
Distanz: Ⓗ 0,1 km, 0,2 km, 0,6 km, 0,7 km.
Freizeit: 1,8 km.
POI: Altstadt 0,4 km, Museum 0,5 km, Schloss 0,7 km, Bibliothek 0,9 km.

26340 Zetel €5,00

Markthamm, Moorstraße 4, ☎ 04453/935298 Öffentlicher Parkplatz mit Tankstellen und Restaurants in der Ortsmitte <12m

POS: 53°25'0.02"N/7°58'10.35"E, Karte D1 (S. 4), D4
Platz: P = 25 auf Pflaster, Wiese, Schotter, Rasengittersteinen. =6. Kostenlose VE bei der Kläranlage. Ganzjährig geöffnet. Während des Volksfests im Nov gesperrt.
Preis: 5 €. Strom 1 €/kWh.
Kontakt: Gemeinde Zetel, ☎ 04453/935298, info@zetel.de, www.naturerlebnis-suedliches-friesland.de.
Distanz: Ⓗ 0,1 km, 0,1 km, 0,1 km, 1 km, E 1,2 km (Kläranlage Zetel, Moorstraße 4, 26340 Zetel).
Gastro: Imbiss am Platz, warme Küche 11:30-22:00 Uhr.
Freizeit: 2 km, 4 km. Bouleplatz.
POI: Bienenlehrpfad, Nordwestdeutsches Schulmuseum, Skulpturenpfad, Neuenburger Urwald, Rutteler Mühle 5 km, Schloss Neuenburg 6 km.

26340 Zetel-Bohlenbergerfeld gratis

Schulmuseum, Wehdestraße 97, ☎ 04453/9350 Außerhalb von Zetel am Nordwestdeutschen Schulmuseum <8m

POS: 53°24'48.00"N/7°55'17.00"E, Karte D1 (S. 4), D4
Platz: P = 3 auf Wiese, Schotter, Sand/Splitt. Mietbarer, überdachter Grillplatz, Leinenpflicht für Hunde. Kostenfreie VE an der Kläranlage Zetel. Ganzjährig geöffnet.
Preis: Übernachtung gratis.
Kontakt: Gemeinde Zetel, ☎ 04453/9350, info@zetel.de, www.naturerlebnis-suedliches-friesland.de.
Distanz: Ⓗ 0,1 km, 1 km, 1 km, 1 km, E 4,4 km (Kläranlage Zetel, Moorstraße 4, 26340 Zetel).
Gastro: Diverse Bringdienste. Café im Schulmuseum - jeden Sonntag von 13:00-17:00 Uhr. Mehrere Restaurants in Zetel.
Freizeit: 10 km, 3 km. Plattdüütscher Lehrpadd, Besichtigung und Führungen durch das Schulmuseum, Moorwanderungen.
POI: Moorschäferei, Freilichtmuseum, Plattdeutscher Lehrpfad, Bienenlehrpfad, Schulmuseum, Windmühle in Ruttel 4 km, Schloss Neuenburg 5 km.

Z

26340 Zetel-Driefel
gratis <8m

Natur-Freibad, Südenburg, **☎ 04453/9350** Am östlichen Ortsrand von Zetel, in der Freizeitanlage Driefeler Esch

2022 geprüft

POS: 53°25'6.95"N/7°59'6.80"E, Karte D1 (S. 4), D4
Platz: P = 5 auf Wiese, Schotter, Sand/Splitt. WC. Leinenpflicht für Hunde. Aufenthalt max. 2 Nächte. Bitte am linken Parkplatz-Bereich parken, nicht direkt vor dem Ausguck/Seiteneingang des Freibades. Dusche/WC zu Öffnungszeiten des Bades. Kostenfreie VE an der Kläranlage Zetel. Ganzjährig geöffnet.
Preis: Übernachtung gratis.
Kontakt: Gemeinde Zetel, ☎ 04453/9350, haupt-koch@zetel.de, www.naturerlebnis-suedliches-friesland.de.
Distanz: 0,5 km, H 0,8 km, 1 km, 1,3 km (Kläranlage Zetel, Moorstraße 4, 26340 Zetel).
Gastro: Mehrere Restaurants in Zetel.
Freizeit: 1 km. Schwimmen, regelmäßige öffentliche Grillveranstaltungen.
POI: Schloss Neuenburg 4 km, Naturschutzgebiet Neuenburger Urwald 4 km, Schulmuseum 4,5 km, Bienenlehrpfad 5 km, Rutteler Mühle 5 km.

26340 Zetel-Fuhrenkamp
€10,00 <12m

Ferienhaus Quathamer, Fuhrenkampstraße 60, **☎ 04452/330** Mitten im Wald, 4 km südwestlich von Zetel

POS: 53°24'3.00"N/7°55'8.00"E, Karte D1 (S. 4), D4
Platz: = 20 auf Wiese. =30 (10 A) WC CHEM GRAU. Clubraum für 25 Personen. B nur bei Gruppen. Für Reisemobiltreffen geeignet. Ganzjährig geöffnet.
Preis: 10 € inkl. Strom, Wasser, Entsorgung, WC, Müll-Entsorgung. Dusche 1 €/Pers.
Kontakt: Familie Quathamer, ☎ 04452/330.
Distanz: 1,2 km, H 3 km, 3 km, 3 km.
Gastro: Gasthaus Waidmannsruh, Rutteler Straße.
Freizeit: 5 km, 17 km. Spielplatz im Wald, Boßeln, Erlebnisbad in Bockhorn 7 km.
POI: Rutteler Mühle 1,5 km, Schloss Neuenburg, Schulmuseum und Urwald 1,8 km.

26340 Zetel-Neuenburg
gratis <8m

Dörpplatz Neuenburg, Ladestraße, **☎ 04453/9350** Teil eines Supermarkt-Parkplatzes am Kulturzentrum Bahnhof

POS: 53°23'13.43"N/7°57'6.35"E, Karte D1 (S. 4), D4
Platz: = 5 auf Pflaster. Kostenfreie VE an der Kläranlage Zetel. Ganzjährig geöffnet.
Preis: Übernachtung gratis.
Kontakt: Gemeinde Zetel, ☎ 04453/9350, haupt-koch@zetel.de, www.naturerlebnis-suedliches-friesland.de.
Distanz: 5 km (Kläranlage Zetel, Moorstraße 4, 26340 Zetel).
Gastro: Mehrere Restaurants in unmittelbarer Nähe.
Freizeit: 5 km, 1 km. Besuch der örtlichen Veranstaltungen.
POI: Nordwestdeutsches Schulmuseum, Moorschäferei mit Moorwanderweg, Bienenlehrpfad, Schloss Neuenburg 0,5 km, Naturschutzgebiet Neuenburger Urwald 1,5 km, Rutteler Mühle 2 km, Schulmuseum 5 km.

26340 Zetel-Neuenburg
gratis <8m

Marktplatz Neuenburg, Am Markt 3/ Ecke Lindenstraße, **☎ 04453/9350** In der Ortsmitte von Neuenburg

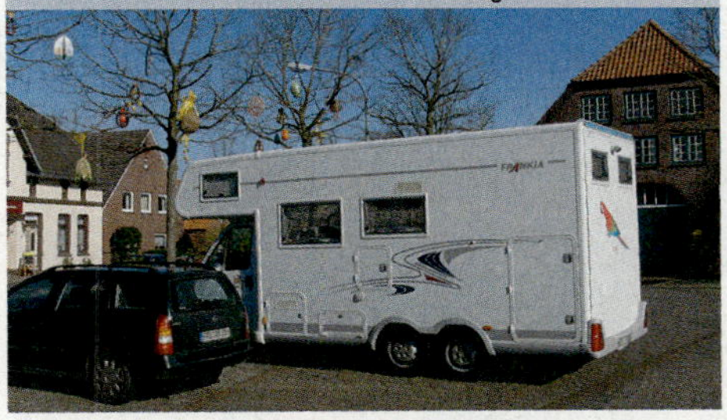

POS: 53°23'22.00"N/7°57'7.00"E, Karte D1 (S. 4), D4
Platz: P = 1 auf Pflaster. Aufenthalt max. 1 Tag. Kostenfreie VE an der Kläranlage Zetel. Ganzjährig geöffnet.
Preis: Übernachtung gratis.
Kontakt: Gemeinde Zetel, ☎ 04453/9350, haupt-koch@zetel.de, www.naturerlebnis-suedliches-friesland.de.
Distanz: 0 km, 0,1 km, H 0,1 km, 4,6 km (Kläranlage Zetel, Moorstraße 4, 26340 Zetel).
Gastro: Mehrere Restaurants in unmittelbarer Nähe.
Freizeit: 5 km, 0,3 km. Besuch der örtlichen Veranstaltungen.
POI: Naturschutzgebiet Neuenburger Urwald, Nordwestdeutsches Schulmuseum, Bienenlehrpfad, Freilichtmuseum, Rutteler Mühle, Schloss Neuenburg 0,5 km.

26340 Zetel-Neuenburg
gratis <8m

Urwald Neuenburg, Urwaldstraße, **☎ 04453/9350** Waldparkplatz am Naturschutzgebiet Neuenburger Urwald

POS: 53°23'33.67"N/7°57'54.22"E, Karte D1 (S. 4), D4
Platz: P = 5 auf Schotter, Sand/Splitt. Leinenpflicht für Hunde ganzjährig im Naturschutzgebiet. Ganzjährig geöffnet.
Preis: Übernachtung gratis.
Kontakt: Gemeinde Zetel, ☎ 04453/9350, haupt-koch@zetel.de, www.naturerlebnis-suedliches-friesland.de.
Distanz: 0,5 km, H 0,8 km, 1,5 km, 4,2 km (Kläranlage Zetel, Moorstraße 4, 26340 Zetel).
Gastro: Urwaldhof.
Freizeit: 1 km, 2 km. Urwaldführung.
POI: Naturschutzgebiet Neuenburger Urwald, Schloss Neuenburg 2 km, Rutteler Mühle 2,5 km, Schulmuseum 6 km.

26340 Zetel-Neuenburg
gratis <8m

Waldstellplatz Winterweg, Winterweg, **☎ 04453/9350** Am Neuenburger Urwald, 1 km südöstlich von Neuenburg

POS: 53°22'60.00"N/7°58'24.00"E, Karte D1 (S. 4), D4
Platz: P = 2 auf Wiese, Schotter, Sand/Splitt. Leinenpflicht für Hunde. Aufenthalt max. 1 Nacht. Kostenfreie VE an der Kläranlage Zetel. Ganzjährig geöffnet.
Preis: Übernachtung gratis.
Kontakt: Gemeinde Zetel, ☎ 04453/9350, haupt-koch@zetel.de, www.naturerlebnis-suedliches-friesland.de.
Distanz: H 1 km, 1 km, 1 km, 2 km, 7 km (Kläranlage Zetel, Moorstraße 4, 26340 Zetel).
Freizeit: 6 km, 2 km.
POI: Bienenlehrpfad, Nordwestdeutsches Schulmuseum mit Entdeckerland, Freilichtmuseum beim Schloss, Moorschäferei mit Moorlehrpfad, Schloss Neuenburg 2 km, Windmühle in Ruttel 6 km.

26340 Zetel-Ruttel
gratis <10m

Rutteler Mühle, Friedeburger Straße/ B437, **☎ 04452/333** Original erhaltene, in Betrieb stehende Windmühle

POS: 53°23'28.00"N/7°55'56.00"E, Karte D1 (S. 4), D4
Platz: = 2 auf Schotter. Ganzjährig geöffnet.
Preis: Übernachtung gratis.
Kontakt: Peter Egenhoff, ☎ 04452/333, ruttelermuehle@t-online.de, www.rutteler-muehle.de.
Distanz: 0 km, H 0,3 km, 1 km, 1 km.
Gastro: Café am Platz, Apr-Okt Mo Ruhetag, von Nov-März Mo+Di Ruhetag, Di-Fr 14:00-18:00 Uhr, Sa 12:00-18:00 Uhr, So 10:00-18:00 Uhr, Mo Ruhetag, So Frühstücksbüfett 10:00-12:00 Uhr auf Anmeldung. Mühlenladen, Di-Fr 9:00-12:30 Uhr und 14:00-18:00 Uhr, Sa 9:00-12:30 Uhr, So-Mo Ruhetag.
Freizeit: 5 km, 15 km, 1 km. Führung durch die Windmühle.
POI: Schloss 1 km, Museum 1 km, Schulmuseum 3 km, Moor 3 km.

07937 Zeulenroda-Triebes
€5,00 <10m

Stellplatz Badewelt Waikiki Zeulenroda, Am Birkenwege 1, **☎ 036628/7370** Auf verschiedenen Bereichen an der Erlebniswelt

POS: 50°39'55.97"N/11°59'35.43"E, Karte D11 (S. 14), C2
Platz: P = 20 auf Pflaster, Wiese, Asphalt, Rasengittersteinen. =16 (16 A) WC. 6 Stellplätze mit Stromanschluss, Stromadapter gegen 30 € Kaution, weitere Stellplätze ohne Stromanschluss. Ganzjährig geöffnet.
Preis: 5 € inkl. aller Personen, WLAN. Strom 5 €.
Kontakt: Silke Kusturica, ☎ 036628/7370, info@badewelt-waikiki.de, www.badewelt-waikiki.de/caravanstellplatz.html.
Distanz: H 0,3 km, 0,3 km, 0,5 km, 0,5 km, weitere Restaurants in 1 km.
POI: Drachenhöhle Syrau 14 km, Kloster Mildenfurth 15 km, Park/Schlossstadt Greiz 16 km, Göltzschtalbrücke Mylau 20 km, Wasserkraftmuseum 25 km, Geraer Höhler, Orangerie Gera 30 km.

Z

07937 Zeulenroda-Triebes €15,00

Wohnmobilhafen Zeulenrodaer Meer, Bleichenweg 30, ☎ 0172/8487568 >12m
Am Strandbad von Zeulenroda

POS: 50°39'29.86"N/11°58'4.71"E, Karte D11 (S. 14), C2
Platz: = 17 auf Kiesel. CHEM GRAU . wird empfohlen. Beleuchtet. Dusche/WC im Strandbad mit Zugangscode (ganzjährig). Anmeldungsbogen am Hafengebäude. Ganzjährig geöffnet.
Preis: 15 € inkl. Wasser, Entsorgung, WLAN, Hund. Jede weitere Pers. (ab 18 J.) 2,50 €, Strom 0,50 €/kWh, VE für Durchreisende 3 €. Bezahlung über Briefkasten am Hafengebäude.
Kontakt: Tino Wolf, ☎ 0172/8487568, wohnmobil-zeulenroda@gmx.de, wohnmobil-zeulenroda.blogdns.com.
Gastro: 24-h-Laden mit Brötchen am Strand.
Freizeit: Nordic Walking-Park Thüringer Vogtland, Badewelt Waikiki, Strandbad Zeulenroda.
POI: Dreieinigkeitskirche, Städtisches Museum/Stadtarchiv, Tiergehege Rabensleite.

23968 Zierow €8,00

Ostsee-Camping Zierow, Strandstraße 19c, ☎ 038428/63820 In ruhiger Lage auf dem Parkplatz vor der Schranke <10m

POS: 53°56'1.07"N/11°22'25.50"E, Karte D3 (S. 6), B3
Platz: = 300 auf Schotter. =100 (10/16 A) WC CHEM GRAU . VE auf Anfrage auf dem Camping. Ganzjährig geöffnet. Ausnahme: 7.11-15.12. und 4.1.-16.3.
Preis: Ab 8 € inkl. Strom. Dusche 1 €/Pers. Je nach Saison/Stellplatz 8-15 €. Preisänderung 2023 mögl.
Kontakt: ☎ 038428/63820, info@ostsee-camping.de, www.ostsee-camping.de.
Distanz: 0,1 km, 0,5 km.
Gastro: Restaurant Oase am Platz. Campingmarkt.
Freizeit: Badesee, Bootsfahrten, Reiterhof Zierow 0,3 km.
POI: Wismar 10 km, Ostseebad Boltenhagen 21,4 km.

18374 Zingst €20,00

Am Strandübergang 14, Müggenburger Weg 45A, ☎ 038232/389010 >12m
Wohnmobilstellplatz Zingst Ostsee

POS: 54°26'27.14"N/12°42'24.74"E, Karte D3 (S. 6), D2
Platz: = 40, = 20 (<14 m) auf Schotterrasen, Wiese, Schotter, Rasengittersteinen, Sand/Splitt, Naturboden, Kiesel. =20 (16 A) WC . Leinenpflicht für Hunde. Geöffnet: Apr-Okt.
Preis: 20 € inkl. WC. Jede weitere Pers. 2,80 €, Strom 1 €/kWh, Wasser 1 €/3 min, Dusche 1 €/2 min, Hund 8 €.
Kontakt: Wassersportzentrum Zingst GmbH, ☎ 038232/389010.
Distanz: 0 km, weitere Restaurants in 0,3 km, 0 km, 0,6 km, 0,6 km.
Gastro: Restaurant.
Freizeit: 0,5 km. Kitesurfen, Rad-/Wanderwege, Surf-/Segelschule am Platz, Sportstrand.
POI: Nationalpark/Vogelwarte.

18374 Zingst €24,00

Reisemobilhafen und Campingplatz Am Freesenbruch, Am Bahndamm 1, ☎ 038232/15786 In ruhiger Lage im Grünen, neben dem Campingplatz <10m

POS: 54°26'23.50"N/12°39'38.38"E, Karte D3 (S. 6), D2
Platz: = 40 auf Schotterrasen, Wiese, Rasengittersteinen. =40 (16 A) WC CHEM GRAU . Camping-Shop, Freesen-Lounge (Wellness- und Fitnesszentrum). Separate Zufahrt rechts vom Empfangsgebäude. Ganzjährig geöffnet.
Preis: Ab 24 € inkl. Wasser, Entsorgung, Dusche, WC, Müll-Entsorgung. Strom ab 4 €, Hund 5 €. HS 38 €; VS/NS 24 €; ZS 30 €; Silvester 28 €. Jede weitere Pers. 6-10,50 €, Kind (3-14 J.) 4,50-6,50 €. Kurtaxe Erw. 2,30 €, Kind 1,15 €, Kurtaxe Hund 1 €.
Kontakt: Campingplatz Am Freesenbruch, ☎ 038232/15786, info@camping-zingst.de, www.camping-zingst.de.
Distanz: 0 km, 0,3 km, 0,5 km, weitere Restaurants in 1 km, 1,5 km.
Gastro: Imbiss Heisse Ecke, im Sommer geöffnet. Restaurant Zum Deichgrafen am Platz, Di-So 17:30-21:00 Uhr, Mo Ruhetag.
Freizeit: 0,1 km. Animation/Musikveranstaltungen (Sommer), Ostseestrand 0,3 km, Kurmittelhaus 1 km, Nationalpark Darß 5 km.
POI: Nationalpark Vorpommernsche Boddenlandschaft.

90513 Zirndorf €5,00

Playmobil Fun-Park, Am Steinacker 5, ☎ 0911/96661455 <12m
In Fußnähe zum Erlebnispark
neu

POS: 49°25'42.33"N/10°56'17.11"E, Karte D11 (S. 14), B5
Platz: = 40 auf Schotter, Wiese. Hunde im Park nicht erlaubt. Ganzjährig geöffnet.
Preis: 5 €. Im Winter 3 €.
Kontakt: ☎ 0911/96661455, funpark@playmobil.de, www.playmobil-funpark.de.
Distanz: 0,6 km, 1,2 km.
Gastro: Im Park gegen Eintritt.
Freizeit: Playmobil Fun-Park 0,4 km.
POI: Fürth mit vielen Museen und Denkmälern 9 km.

02763 Zittau €10,00

Wohnmobilstellplatz am Dreiländereck, Brückenstraße 23, ☎ 0152/22512529 Umfriedeter Parkplatz am Rande des hist. Stadtkerns >12m

2020 geprüft

POS: 50°53'39.85"N/14°49'17.17"E, Karte D8 (S. 11), H5
Platz: = 100, = 2 (<14 m) auf Schotterrasen, Wiese, Asphalt. =32 (24 x 6 A 8 x 10 A) WC CHEM GRAU . nur bei Gruppen. Aufenthalt max. 7 Tage, längerer Aufenthalt nach Absprache, 2 Blockhütten mit WC/Waschbecken (Kaltwasser). Leinenpflicht für Hunde. Ganzjährig geöffnet.
Preis: 10 € inkl. Entsorgung, WC, Müll-Entsorgung. Wasser 1 €/100 l, Hund 1 €. Strom 1 €/6 h (6A), 2 €/6 h (10 A).
Kontakt: Familie Schönborn, Mobil: 0152/22512529, info@caravan-zittau.de, www.caravan-zittau.de.
Distanz: Weitere Restaurants in Entfernung, 0,2 km, 1 km, 1,5 km.
Freizeit: 6 km, 1,5 km, 1,2 km. Sommerrodelbahn, Neiße-Radweg 1 km, Freizeitoase Olbersdorfer See und Kristyna-See in Tschechien 6 km.
POI: Dreiländereck Deutschland-Polen-Tschechien 3 km, Wasserwandern auf der Neiße 10 km, Zittauer Gebirge Schmalspurbahn 10 km, Kloster St. Marienthal 18 km.

02763 Zittau gratis

Wohnmobilstellplatz an der Kleinbahn, Martin-Wehnert-Platz, ☎ 03583/7976400 Nahe der Schmalspurbahn ins Zittauer Gebirge <12m

POS: 50°53'23.83"N/14°48'45.64"E, Karte D8 (S. 11), H5
Platz: = 10 auf Schotter, Wiese. . Ganzjährig geöffnet.
Preis: Übernachtung gratis.
Kontakt: Tourismuszentrum Naturpark Zittauer Gebirge, ☎ 03583/7976400, tourismuszentrum@zittauer-gebirge.com, zittau.de.
Distanz: 0,5 km, 0,5 km.
Freizeit: Fahrt mit der Zittauer Schmalspurbahn, Oder-Neiße-Radweg, Wandern auf dem Oberlausitzer Bergweg, Naturpark Zittauer Gebirge.
POI: Zittauer Fastentücher, Museum Kirche zum Heiligen Kreuz 1,1 km, historische Innenstadt Zwickau 1,8 km.

15806 Zossen €10,00

Flair Hotel Reuner, Machnower Chaussee 1a, ☎ 03377/301370 <10m
Hinter dem Hotel

POS: 52°14'3.83"N/13°26'52.22"E, Karte D8 (S. 11), F2

Z

Platz: = 6 auf Wiese. . Anfahrt 8:00-20:00 Uhr nur mit Anmeldung im Hotel. Aufenthalt 1-2 Nächte möglich. Ganzjährig geöffnet.
Preis: 10 €. Strom 5 €.
Kontakt: Daniel Reuner, ☎ 03377/301370, info@hotel-reuner.de, www.hotel-reuner.de.
Distanz: 0 km, 0,2 km, Ⓗ 0,2 km, 3 km.
Gastro: Am Platz, warme Küche 12:00-20:00 Uhr.
Freizeit: Ausflüge nach Berlin, 30 min mit der Bahn.
POI: Berlin 20 km.

53909 Zülpich €10,00

Wohnmobilhafen Seepark Zülpich, Am Wassersportsee, ☎ 02252/52345 <10 m
Am Südufer des Zülpicher Sees

2021 geprüft

POS: 50°40'35.77"N/6°39'31.68"E, Karte D9 (S. 12), B1
Platz: = 60 auf Wiese. CHEM . Infotafel, Sitzgruppe. WC/Dusche kostenpflichtig im Seepark Zülpich. Ganzjährig geöffnet.
Preis: 10 € inkl. aller Personen, Strom. Wasser 1 €/80 l. Bezahlung am Parkscheinautomat oder an der Kasse.
Kontakt: Seepark Zülpich gGmbH, Susanne Bougherf, ☎ 02252/52345, sbougherf@stadt-zuelpich.de, www.seepark-zuelpich.de/wohnmobilhafen.
Distanz: E 0,1 km (neben der Tennisanlage, Am Wassersportsee, 53909 Zülpich), Ⓗ 0,5 km, 1,5 km, 1,5 km, weitere Restaurants in 2 km, 2 km.
Gastro: Restaurant Lago Beach 0,3 km.
Freizeit: Wassersport, Flying Fox-Park (Kletter- & Seilrutschenpark), Tennis, Strandbad 0,5 km, Tretboot fahren, Stand-Up-Paddling, Ruderboot 0,5 km, Adventure-Golf 0,5 km.
POI: Römerthermen Zülpich – Museum der Badekultur, Seepark Zülpich, Teil einer römischen Wasserleitung 0,7 km, mittelalterliche Stadtmauer 0,7 km.

66482 Zweibrücken €12,50

Wohnmobilstellplätze Freizeitpark an der Schließ, Geschwister-Scholl-Allee 11, ☎ 06332/9770 <10 m
Zwischen Schwimmbad und Freibad

POS: 49°15'14.48"N/7°22'35.76"E, Karte D9 (S. 12), C5
Platz: P = 23 auf Schotter. WC CHEM GRAU. Beschrankt, videoüberwacht. Keine Nachtanfahrten möglich. Ganzjährig geöffnet.
Preis: Ab 12,50 € inkl. aller Personen, Entsorgung, Dusche, WC, Müll-Entsorgung. Strom 1 €/kWh, Wasser 2 €/100 l, Waschmaschine/Trockner je 3 €. 12,50-16 € je nach Länge.
Kontakt: Hotel Rosengarten am Park, ☎ 06332/9770, womo@valentins-freizeitpark.de, www.valentins-biergarten.com.
Distanz: 0,4 km, 1 km, 1 km.
Freizeit: 0,5 km, 0,5 km. Badeparadies Zweibrücken 0,5 km.
POI: Rosengarten 1 km, Schloss Zweibrücken 2,5 km.

04442 Zwenkau €10,00

Stellplatz Ostmole, An der Mole 1, ☎ 034203/435718 <8 m
Mit Blick auf Hafen und See

POS: 51°14'4.98"N/12°20'12.63"E, Karte D7 (S. 10), D5
Platz: = 27 auf Rasengittersteinen, Pflaster. Öffentliches WC in 150 m. Ganzjährig geöffnet.
Preis: 10 €.
Kontakt: Tourist-Kontor Zwenkauer See, ☎ 034203/435718, tourist-kontor@zwenkauer-see.com, www.zwenkauer-see.com/logie/stellplatz-ostmole.
Distanz: 0,4 km, 1,3 km, 2 km.
Freizeit: Badestrand 0,3 km, Waldbad Zwenkau 2,2 km.
POI: Steinpark Kap Zwenkau 0,6 km, Freizeitpark Belantis 11 km, Völkerschlachtdenkmal in Leipzig 18 km.

17237 Zwenzow-Userin €10,90

Camping-und Wohnmobilplatz Zwenzower Ufer, Zwenzow 4 F, ☎ 03981/24790 Am Ortsrand von Zwenzow, unmittelbar am Großen Labussee <10 m

POS: 53°19'1.02"N/12°56'36.22"E, Karte D3 (S. 6), D4
Platz: P = 10 auf Wiese. CHEM GRAU . SAT-TV, Nutzung des Haveltourist-Animationsprogramms in Groß Quassow in 5,5 km, Sauna an FKK-Badestelle, Minimarkt. B wird empfohlen. Geöffnet: 1.4.-31.10.
Preis: Ab 10,90 € inkl. Strom, Entsorgung. Dusche 1 €/3 min, WLAN 1,50 €/Tag, Hund 1,30 €-5,70 €. Vor der Schranke: 10,90-15,60 € je nach Saison. Weitere Stellplätze auf dem Campingplatz ab 17,30 €.
Kontakt: Haveltourist GmbH & Co. KG, ☎ 03981/24790, info@haveltourist.de, www.haveltourist.de.
Distanz: , 0,2 km, Ⓗ 0,5 km, 5,5 km, weitere Restaurants in 6 km.
Gastro: Kleiner Imbiss auf dem Platz.
POI: Müritz-Nationalpark 0,1 km, Burg Wesenberg 6 km, Schlossinsel Mirow 10 km, Residenzstadt Neustrelitz 12 km.

Tipp

Der Große Labussee lädt zum Wasserwandern, Paddeln, Baden und weiteren Aktivitäten rund um das Element Wasser ein. Auch zahlreiche Waldseen im angrenzenden Müritz-Nationalpark kann man von hier aus gut erreichen. Die Kleinen können sich mit der Wasserrutsche amüsieren und den Spielplatz unsicher machen, während Sie sich ein gutes Buch nehmen und sich einfach in den Schatten eines Baumes setzen, um sich so richtig zu entspannen.

08056 Zwickau gratis

Wohnmobilstellplatz Zwickau, Uhdestraße 25, ☎ 0375/2713244 >12 m
Beim Ubineum

2022 geprüft

POS: 50°42'34.63"N/12°30'14.22"E, Karte D11 (S. 14), D1
Platz: P / = 5 auf Asphalt. . Ganzjährig geöffnet.
Preis: Übernachtung gratis. Strom 1 €/kWh.
Kontakt: Tourist-Info Zwickau, ☎ 0375/2713244, tourist@kultour-z.de, www.zwickautourist.de.
Anfahrt: Über die Uhdestr. 23.
Distanz: 0,1 km, weitere Restaurants in 1,1 km, Ⓗ 0,3 km, 0,9 km, 1,2 km.
Freizeit: 2,4 km. Mulde-Radweg, Freilichtbühne Zwickau 2,2 km, Golfclub Zwickau 3,3 km.
POI: Robert-Schumann-Haus 1,5 km, Zwickauer Priesterhäuser 1,6 km, Kunstsammlungen - Max-Pechstein-Museum 2,7 km, August-Horch-Museum 3,6 km.

88529 Zwiefalten €20,00

Jugendzeltplatz neben dem Höhenfreibad, Brunnensteige, ☎ 07373/2050 Auf dem Freizeitgelände neben dem Höhenfreibad <8 m

2020 geprüft

POS: 48°13'58.10"N/9°28'22.87"E, Karte D14 (S. 17), G3
Platz: / = 5 auf Schotter. =4 WC . B nur bei Gruppen. Teilweise uneben. Leinenplicht für Hunde. Grillplatz mit überdachter Schutzhütte hinter dem Parkplatz (Jugendzeltplatz). Ganzjährig geöffnet.
Preis: 20 € inkl. Wasser, Dusche, WC. Jede weitere Pers. 10 €, jede weitere Pers. (4-18 J.) 8 €. Eintritt ins Freibad inklusive. Gebührenpflichtig nur zur Freibadsaison Mitte Mai-Mitte Sep, Ende Sep-Anfang Mai gratis.
Kontakt: Gemeinde Zwiefalten, ☎ 07373/2050, info@zwiefalten.de, www.zwiefalten.de.
Distanz: 1 km, weitere Restaurants in 1,3 km, Ⓗ 1 km, 1 km, 1 km.
Gastro: Freibad-Kiosk.
Freizeit: Beachvolleyball im Bad, Brauereibesichtigung 1 km.
POI: Zwiefalter Münster 0,8 km, Wimsener Höhle 5 km, Schloss Lichtenstein 20 km.

88529 Zwiefalten gratis

Parkplatz Dobeltal, Dobeltal, ☎ 07373/2050 <10 m
Nahe der Altstadt

POS: 48°13'50.12"N/9°27'28.88"E, Karte D14 (S. 17), G3

Z

Platz: = 6 auf Schotter, Schotterrasen. Aufenthalt max. 1 Nacht. Ganzjährig geöffnet.
Preis: Übernachtung gratis.
Kontakt: Gemeinde Zwiefalten, ☎ 07373/2050, info@zwiefalten.de, www.zwiefalten.de.
Distanz: 0,1 km, 0,3 km.
Gastro: Zwiefalter Klosterbräu.
Freizeit: Wandern, Brauereibesichtigung.
POI: Württembergisches Psychiatriemuseum, Zwiefalter Münster, Münster Unserer Lieben Frau, Wimsener Höhle 5 km.

69439 Zwingenberg/Baden — gratis — <6m

Wohnmobilstellplatz Zwingenberg, Unter der Neckarbrücke,
☎ 06263/45152 Direkt am Neckar

POS: 49°24'56.81"N/9°2'28.31"E, Karte D10 (S. 13), F5
Platz: = 4 auf Asphalt. Geöffnet: Apr-Okt.
Preis: Übernachtung gratis.
Kontakt: Gemeinde Zwingenberg, ☎ 06263/45152, info@zwingenberg-neckar.de, www.zwingenberg-neckar.de.
Distanz: 0,1 km, weitere Restaurants in 0,2 km, 0,3 km, 0,3 km, Ⓗ 0,3 km.
Gastro: Imbiss in 50 m.
Freizeit: 25 km.
POI: Wolfsschlucht 1 km, Schloss Zwingenberg 1 km.

64673 Zwingenberg/Bergstraße — gratis — <10m

Parkplatz Melibokushalle, Melibokusstraße 10,
☎ 06251/984950
Zentrumsnah an der Stadthalle

POS: 49°43'18.09"N/8°36'37.26"E, Karte D10 (S. 13), E4
Platz: = 10 auf Pflaster, Asphalt. Ganzjährig geöffnet.
Preis: Übernachtung gratis.
Kontakt: Tourist-Info Zwingenberg, ☎ 06251/984950, touristinfo@zwingenberg.de, www.zwingenberg.de.
Distanz: Ⓗ 0,1 km, 0,1 km, 0,1 km, 0,5 km.
Freizeit: Weinprobe.
POI: Altstadt Zwingenberg 0,5 km, Staatspark Fürstenlager 4 km, Schloss Auerbach 4 km, Kloster Lorsch 12 km, Burg Frankenstein 19 km.

08297 Zwönitz/Erzgebirge — gratis — <8m

Brauerei Zwönitz, Grünhainer Straße 15,
☎ 037754/59905
Brauerei mit Gasthof und Pension

POS: 50°37'38.79"N/12°48'56.23"E, Karte D12 (S. 15), E1
Platz: / = 10 auf Pflaster, Asphalt, Wiese. WC. wird empfohlen. Ganzjährig geöffnet.
Preis: Für Restaurantgäste kostenlos. Einkehr obligatorisch.
Kontakt: Brauerei Zwönitz, Frau Mandy Naumann, ☎ 037754/59905, Mobil: 0163/6666550, kontakt@brauerei-zwoenitz.de, www.brauerei-zwoenitz.de.
Gastro: Brauerei Gasthof mit großem Biergarten. Frühstück für Camper täglich von 8:00-10:00 Uhr.
Freizeit: Führungen durch die Brauerei auf Anfrage, Stadtführung mit dem Zwönitzer Nachtwächter auf Anfrage.

Z

Mythos Mosel

Von Philipp Pilson

Sehnsuchtsziel von Weinliebhabern. Spektakulär: die Moselschleife bei Bremm neben Europas steilster Weinlage.

Römer, Reben und Reichsburg – von Trier aus wandeln Urlauber auf Bacchus' Spuren Richtung Koblenz. Doch die Mosel ist mehr als Riesling. Wandern, Radfahren, eine ungemein reizvolle Landschaft: Nicht umsonst ist die Region ein gern angesteuertes Ziel vieler Reisemobilisten.

STELLPLATZ-TESTER

Philipp Pilson ließ sich flussabwärts treiben und stellte erfreut fest: Wein und Übernachtungsplätze für Reisemobilisten gibt es hier in Hülle und Fülle. Ein attraktives Ziel für Genussmenschen.

10 geprüfte Stell- und 6 geprüfte Campingplätze

Flusslandschaften üben seit jeher eine magische Anziehungskraft auf uns Menschen aus. Da wäre das Wasser, das eine Vielzahl an Wassersportmöglichkeiten bis hin zu gemütlichen Flussfahrten erlaubt und an hochsommerlichen Tagen eine gewisse Frische verspricht. Es ist aber auch die beruhigende Kraft des Wassers, die bereits beim Blick über die Wasseroberfläche ein gutes Gefühl vermittelt. Die Moselregion setzt hier noch einen drauf und liefert zahlreiche Argumente, die sie bei vielen Reisefreudigen zu Recht ganz oben auf die Wunschliste setzt: Die Fülle an schönen mittelalterlichen Winzerorten, die sich wie Perlen aneinanderreihen, und (Weiß-)Wein von Weltrang, der an den berühmten Hängen angebaut wird. Aktive haben die Möglichkeit, die Kulisse über den Moselsteig zu erwandern oder über endlose ►

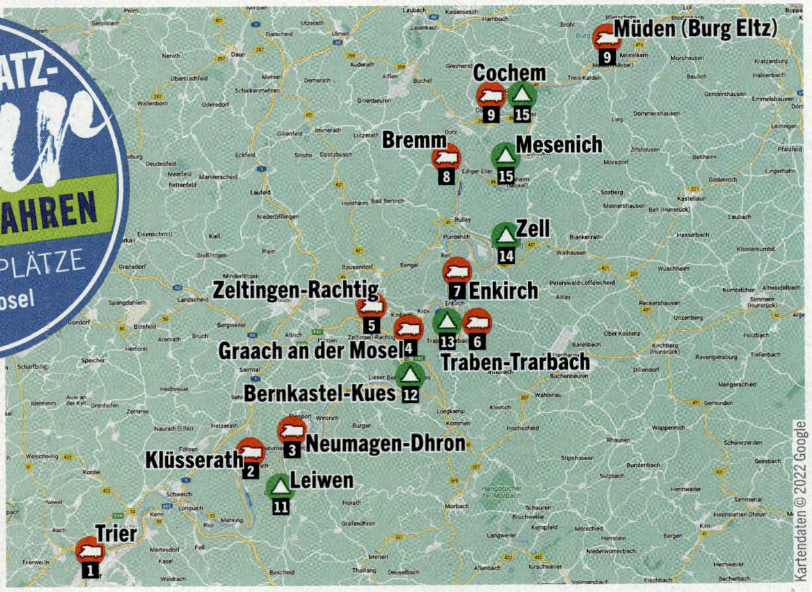

Reisemobil-Stellplatz; Campingplatz

Radwege am Ufer entlang zu erfahren. Die Rückfahrt erfolgt anschließend bequem per Schiff. Die Nummernschilder verraten: Aus den Niederlanden, aus Belgien, Skandinavien und allen Ecken Deutschlands zieht es Reisemobilisten hier her. Entsprechend voll kann es werden. Kein Wunder bei so viel landschaftlicher Schönheit und genussvollen Versuchungen. Die Mosel, ein Fest für die Sinne. Das Gute vorweg: Mobile Reisende haben die Qual der Wahl. An Stellplätzen mangelt es wahrlich nicht, die Kunst besteht in erster Linie darin, einen der freien Plätze zu ergattern – zumindest in der Hochsaison, die hier bis zur Weinlese in den Oktober hineinreicht. Die Wahl der getesteten Stellplätze fiel daher einerseits auf Plätze, die nah an den Highlights der Tour lagen, andererseits auf große Plätze, bei denen die Hoffnung gegeben war, auch am späten Nachmittag noch einen freien Übernachtungsplatz vorzufinden. Erfreulich: Fast jeder Ort besitzt ein eigenes Reisemobil-Refugium und wir könnten einiges über jeden der reizvollen Moselorte und über die mannigfaltigen Winzerbetriebe berichten, aber Geschichten über römische Monumente oder kuriose Steillagen-Namen gibt es so viele wie es Weinstöcke an den Hängen gibt. Für all dies reicht der Umfang bedauerlicherweise nicht aus.

Das römische Erbe ist in Trier allgegenwärtig – hier die Porta Nigra, die als besterhaltenes römisches Stadttor nördlich der Alpen gilt.

Welterbestadt Trier – lebendige Geschichte

Die Tour startet in einer der ältesten Städte Deutschlands. Von den Römern als „Augusta Treverorum" vor über 2.000 Jahren gegründet, wurde von Trier aus eine Zeit lang das weströmische Reich regiert. Von dieser einstigen Größe und Bedeutung zeugen noch heute zahlreiche antike Monumentalbauten im ganzen Stadtgebiet verteilt, die der Stadt den Titel UNESCO Weltkulturerbe verliehen. Darunter die Porta Nigra, Konstantin-Basilika oder die Kaiserthermen. Auch das Ensemble von Dom und Liebfrauenkirche zählt dazu. Der Trierer Dom ist die älteste Bischofskirche in Deutschland und geht auf Kaiser Konstantin zurück, der hier zeitweise residierte. Für Bibelfreunde: Der Egbert-Codex in der Stadtbibliothek ist der älteste und umfangreichste Bilderzyklus zum Leben Jesu. Das Juwel mittelalterlicher Buchkunst wurde in die Liste des Weltdokumentenerbes aufgenommen. Vom schön gelegenen Womopark Treviris auf der anderen Uferseite der Mosel ist die Altstadt in rund drei Kilometern mit dem Fahrrad bequem zu erreichen. Der Platz selbst bietet sämtliche Infrastruktur, die das Camperherz begehrt.

Entlang der Römischen Weinstraße

Wir verlassen Trier und gehen weiter auf Zeitreise. Vorbei an Longuich mit einer Villa urbana inmitten der Felder stoßen Reisende im Wohngebiet der Römer- und Weinstadt

Mehring ebenfalls auf eine Rekonstruktion einer Villa rustica. Zu sehen sind unter anderem ein mehrfarbiges Mosaik, eine Wandverkleidung aus schwarzem Marmor und eine antike Fußbodenheizung (Hypokaustum), Eintritt kostenlos. Ansonsten besticht der Ort durch seine landschaftlichen Kontraste, die bereits die Römer zu schätzen wussten. Auf der einen Seite eine uralte, von der Sonne verwöhnte Weinlage, an der die Trauben zu erstklassiger Güte heranreifen, auf der anderen Seite die mit Wald bedeckten Ausläufer des Hunsrücks.

Wer etwas abseits des Touristenrummels übernachten möchte und mehr Komfort sucht, findet auf dem hoch über dem Moseltal gelegenen Campingplatz Landal eine geeignete Übernachtungsmöglichkeit, ansonsten bietet sich der gigantisch große Stellplatz in Klüsserath direkt an der Mosel an. Auf einer Wiese findet quasi jeder einen Platz, auch in der Hauptsaison - wahlweise mit Blick auf das Ufer oder die ausgedehnten Weinberge.

Neumagen-Dhron – der älteste Weinort

Die Stellplatztester wechseln die Flussseite, passieren fast vollständig mit Weinreben bepflanzte Hänge, die steil zur Mosel abfallen und wunderschön anzuschauen sind. Nach wenigen Kilometern erreichen wir Neumagen-Dhron. Der Fundort des berühmten Römerweinschiffes gilt als ältester Weinort Deutschlands. Ein Replikat des in Stein gehauenen Schiffes, geschaffen um 220 n. Chr. als Grabdenkmal eines römischen Weinhändlers, steht vor der Peterskapelle. Die größte Attraktion von Noviomagus, wie der Ort bei den Römern hieß, ist sicherlich die „Stella Noviomagi", die quasi direkt neben dem Stellplatz an der Marina liegt. Die „Stella" ist ein schwimmender Nachbau des Neumagener Weinschiffs, der zurzeit allerdings aufwendig grundüberholt wird (derzeit keine Fahrten möglich). Für den Besuch des beschaulichen Winzerdorfs mit seinen schönen Höfen und der kleinsten Weinstube parkt das Reisemobil auf dem gepflegten und mit Weinreben parzellierten Platz an der Marina.

Bernkastel-Kues – Zentrum der Mosel

Wir folgen der B53 weiter der Mosel entlang und erreichen nach kurzer Zeit den sicherlich bekanntesten Moselort: Bernkastel-Kues. Bewacht von der Burgruine Landshut (Restaurant mit Aussicht) schlägt hier das Herz der Mosel. Das liegt zum einen sicherlich daran, dass fast alle Schiffe hier anlegen und im Stundentakt Besucher in die Altstadt entlassen oder wieder aufnehmen. Es gehört aber auch zur Wahrheit, dass dieser Ort viel zu bieten hat. Hier versammeln sich zahlreiche Spitzenweingüter wie Dr. Loosen oder Markus Molitor und mit dem Bernkasteler Doctor oder der Wehlener Sonnenuhr weltberühmte Weinlagen. Ebenso lockt der mittelalterliche Marktplatz mit seinen wunderschönen Fachwerkhäusern, dem Renaissance-Rathaus von 1608 und der prachtvollen Adler-Apotheke. Ein beliebtes Fotomotiv ist das Spitzhäuschen – krumm, schief und irgendwie alles eine Nummer zu klein zieht es ungläubige Blicke auf sich. Seit 600 Jahren balanciert es auf einem schmalen Sockel und wirkt, als wäre das Gebäude schräg auskragend nach oben gewachsen. Und da war ja auch noch der berühmte Namenspatron der Stadt, dessen sehenswertes Geburtshaus auf dem Weg Richtung Campingplatz liegt. Nikolaus Cusanus (dt. „von Kues"), der ▸

Bereits die Römer schätzten die hervorragenden klimatischen Bedingungen für Weinbau an der Mosel. Im Bild: Villa rustica und Neumagener Weinschiff. Unten: Das Spitzhäuschen in Bernkastel-Kues ist mit seiner kuriosen Architektur ein echter Hingucker.

Mosel-typisches Panorama rund um Zell und Pünderich.

Paradiesisch für Aktive: Wanderrouten (Moselsteig) führen in die Weinberge und am Wasser entlang.

Anschrift	**1 54295 Trier** Reisemobilpark Treviris, In den Moselauen 5, Tel.: +49 651 8200911, www.camping-treviris.de	**2 54340 Klüsserath** Reisemobilpark Klüsserath, Am Moselufer, www.weinortkluesserath.de **Anmerkung: Aufgrund eines Betreiberwechsels zur Saison 2023 können Preise und Kontaktdaten abweichen.**	**3 54347 Neumagen-Dhron**, Wohnmobilstellplatz Marina Mittelmosel, Moselstraße 19, Tel.: +49 174 9678296, www.marina-mittelmosel.de	**4 54470 Graach** Sun-Park Wohnmobilpark, Gestade 16a, Tel.: +49 6531 9719988, www.sunpark-mosel.de	**5 54492 Zeltingen-Rachtig** Stellplatz an der Moselbrücke, Uferallee, Tel.: +49 6532 2404, www.zeltingen-rachtig.de
GPS-Daten	49°44'25"N/6°37'28"E	49°50'29"N/6°51'13"E	49°51'6"N/6°53'33"E	49°56'6"N/7°3'39"E	49°57'17"N/7°0"32"E
Höhe	**131 Meter** über NN	**115 Meter** über NN	**113 Meter** über NN	**111 Meter** über NN	**109 Meter** über NN
Stellflächen	**120** > 8 m auf Rasengitter	**ca. 350** < 8 m auf Wiese	**60** < 8 m auf Schotter	**130** < 8 m auf Wiese	**45** > 8 m auf Schotterterr.
Gebühr	**12,90 €**, inkl. Entsorgung, WC, WLAN, Hunde	**8,30 €**, inkl. Entsorgung	**17 €**, inkl. Entsorgung, WC, Dusche	**15 €**, inkl. V/E, Strom, Wasser, WC, Hunde	**12 €**, inkl. V/E, Strom, Wasser, WLAN, Hunde
V/E, Strom**	Strom: 0,70 €/kWh, Wasser: 1 €/100 l	Strom: 1 €/2 kWh, Wasser: 1 €/100 l, WLAN: 2 €/24 h	Strom: 3 €/Tag, Wasser: 0,50 €/50 l	Dusche pro Tag/Person: 2 € (8-22 Uhr)	V/E im Winter n. V.
Bemerkung	Direkt an der Mosel, ausreichend große Parzellen, Stromsäulen für 62 Plätze, Schranke mit Campingcard-Abrechnungssystem. Fahrradverleih, Brötchenservice.	Weitläufige Wiese/Schotter, auch für Liner geeignet. V/E an Bundesstraße: Zu kleine Dimension für Platz dieser Größe. Keine Ablaufrinne für Grauwasser vorhanden, nur mit Schlauch möglich.	Gepflegter und sauberer Stellplatz, mit parzellierten Stellflächen. Sanitäranlagen sauber und im Preis enthalten. Restaurants, Sehenswürdigkeiten im Ort (Weinschiff) fußläufig.	Großer, parzellierter Platz zwischen Mosel und Bundesstraße (Lärm möglich). Am Fahrradweg (Bernkastel-Kues 10 min). Clubmitgliedschaft möglich. Brötchenservice, Schiffsanleger.	Günstig gelegener, terrassierter Platz mit schöner Sicht. Tipp: Kloster Machern (Wirtshaus/Brauerei), fußläufig über Brücke. Mobile ohne WC keine Übernachtung. Minigolfplatz/Wein.
FAZIT	**Großer Platz, leicht zu erreichen. Sanitär ok, weniger Stromanschlüsse als Plätze. Gute Lage, ideal für Stadtbesichtigung, entsprechend stark frequentiert.**	**Hier gibt es immer einen Platz. Lange Stromkabel sinnvoll. Blick auf Mosel und Weinberge. V/E schwierig, da schlecht gelöst. Preiswert.**	**Komfortabler und gepflegter Platz, mit Weinreben parzellierte Stellflächen. Schöne Lage an der Marina, historischer Ort fußläufig erreichbar. Etwas teuer.**	**Schön gelegener, gut ausgestatteter Platz mit Moselblick, hintere Reihen jedoch direkt neben der Straße (Lärm möglich). Gute Lage für Bernkastel-K.**	**Terrassiert angelegter Platz neben der Brücke, nur für autarke Fahrzeuge (mit WC). Geräumige Flächen mit Aussicht. Top: Weinautomat direkt am Platz.**
	V/E	V/E	V/E	V/E	V/E

*) Preis für min. 2 Erwachsene, 1 Reisemobil

berühmte Universalgelehrte, Kardinal und engagierte Vorkämpfer der kirchlichen Einheit wurde hier geboren. Mobile Gäste können am Ufer tagsüber parken oder für die Übernachtung auf den Campingplatz mit Stellplatz ausweichen. Wer auf ein Fahrrad zurückgreifen kann, für den lohnt der Stellplatz im Vorort Graach, direkt am Radweg gelegen.

Zeltingen-Rachtig – Wein und Bier, das rat ich dir

Ein Katzensprung von Bernkastel-Kues entfernt passieren die Stellplatztester den großen Weinort Zeltingen-Rachtig. Notiz am Rande: Zeltingen-Rachtig ist der einzige Ort an der Mosel, der über eine eigene Operette verfügt und in Zeit der kurfürstlichen Herrschaft angesiedelt ist. Aufgeführt wird sie alle zwei Jahre auf dem historischen Marktplatz. Schöne Idee: Dank Weinautomat direkt auf dem Stellplatz sitzt der Camper abends nicht auf dem Trockenen, falls der Weinkauf vor lauter Sightseeing bisher zu kurz kam. Restaurant-Tipp: Soll die mobile Küche einmal kalt bleiben, empfiehlt sich ein Abstecher zum Kloster Machern. Nur 15 Minuten zu Fuß vom Stellplatz ent- ►

6 56841 Traben-Trarbach Wohnmobilpark Traben-Trarbach, Dr. Ernst-Spies-Allee, Tel.: +49 6541 3111, www.moselstellplatz.de	**7 56850 Enkirch** Stellplatz an der Mosel, Brunnenplatz (Moselvorgelände) 2, Tel.: +49 6541 9265, www.enkirch.de/tourismus-und-kultur	**8 56814 Bremm** Stellplatz Weingut Oster-Franzen, Calmontstraße 96, Tel.: +49 2675 9119918, www.oster-franzen.de	**9 56812 Cochem** Stellplatz an der Nordbrücke, Moselstraße, Tel.: +49 2671 60040, www.cochem.de/tourismus/camping-wohnmobile	**10 56254 Müden (Burg Eltz),** Stellplatz am Wanderparkplatz Müdener Berg, Müdenerberg 1, www.mueden-mosel.de
49°57'30"N/7°6'9"E	49°59'3"N/7°7'15"E	50°5'44"N/7°7'26"E	50°9'16"N/7°10'7"E	50°11'54"N/7°20'20"E
105 Meter über NN	**97 Meter** über NN	**109 Meter** über NN	**88 Meter** über NN	**274 Meter** über NN
45 ≤ 8 m auf Rasenterrasse	**ca. 200** > 8 m auf Wiese	**16** < 8 m auf Schotter/Wiese	**10** < 8 m auf Asphalt	**10** > 8 m auf Schotter
max. 15 €, inkl. V/E, Strom, Wasser, WC, Dusche, WLAN	**10 €**, inkl. Entsorgung, WC, WLAN, Hunde	**17 €**, inkl. Entsorgung, WC (Dusche 1 €), WLAN	**1 €**/h (8-19 Uhr), außerhalb kostenlos	**4 €** für 24 h
Preise variieren (Monat/Urlaub/Feste): zw. 12-15 €	Strom: 1 €/2 kWh, Wasser: 1 €/80 l, Chemie-WC: 3 €	Strom: 0,50 €/0,71 kWh, Wasser: 0,50 €/55 l	keine V/E vorhanden	keine V/E vorhanden
Etwas abseits (ruhig) gelegener Platz im Grünen mit Schrankensystem. Stellplätze befestigt und parzelliert. Enge Zufahrt. Erste Reihe zur Mosel < 7 m. Fußweg Traben-Trarbach 15 min.	Wiesengelände entlang der Mosel, viel Freiraum, nur teilweise Schatten. Mobiler Brötchen/Räucherfisch-Wagen. Ort unter der Brücke durch. Schiffsanleger. Dusche gegen Wertmarken.	Online-Reservierung gegen Gebühr möglich. Duschen nur bis 21 Uhr. Weinprobe (Stellplatz-Rabatt ab 24 Fl.). Bremmer Calmont (1 km). Schlecht gelöst: Einfahrtstor muss aufgehalten werden.	Platz an der Moselpromenade kurz vor der Nordbrücke. Zentrum fußläufig. Schräge Stellflächen zwischen Mosel und vielbefahrener Straße, Markierungen (~ 10 Plätze) kaum noch zu erkennen.	Separater, nicht abgetrennter Bereich auf Wanderparkplatz. Ruhig, zum Wald hin abfallende Stellflächen. Viel Platz, kaum Schatten. Anfahrt über steile, enge Kurven. Wanderwege (Tafel).
Direkt an der Mosel und ruhig gelegener, aber auch stark frequentierter Platz. Anmeldung über Kennzeichenerkennung. Sanitäranlagen sauber.	**Sehr großer, weitläufiger Platz auf einer Wiese, an der Mosel und direkt am Ort. Für Liner geeignet. Vergleichsweise günstig. Guter Service.**	**Schöne Lage am Weingut, gepflegt, ruhig, alles vorhanden. Teilweise enge, parzellierte Flächen. Sanitär sauber. V/E blockiert einige Plätze. Teuer.**	**Parkplatzflair und ungemütlich, aber für Zwischenstopp zur Stadtbesichtigung ideal. Keinerlei Service. Tagsüber günstig, Übernachtung kostenlos.**	**Schön gelegener Übernachtungsplatz ohne Service, dafür sehr günstig. Uneben (Keile!), ruhig, naturnah. Guter Ausgangspunkt für Wanderung zur Burg.**
V/E	V/E	V/E		

Naturnahe Lage, V/E Service, Zentral gelegen, guter Preis, Tiere erlaubt

fernt, über die Brücke, gibt es im Wirtshaus deftige, gutbürgerliche Küche – und das beste Bier der Region. Weiter geht's unter der 2019 fertiggestellten Hochmoselbrücke hindurch, die wie ein Fremdkörper inmitten dieser schönen Landschaft wirkt.

Traben-Trarbach – Wein trifft Jugendstil

Die Stadt am Fuß der Grevenburg und des Festungsbergs Mont Royal war einst die zweitgrößte Weinhandelsstadt Europas nach Bordeaux. Wer sich von dieser einstigen Größe überzeugen will, sollte sich in die „Unterwelt" begeben. Damals wurden große Flächen des Stadtkerns mit teilweise mehrstöckigen und langen Gewölben unterkellert, um die Kapazität der Weinkeller zu vergrößern. Wieder oberhalb der Erdober-

Anschrift	**11 54340 Leiwen** Camping Landal Sonnenberg, Sonnenberg 1, Tel.: +49 6507 936 90, www.landalcamping.de/campingplaetze/sonnenberg	**12 54470 Bernkastel-Kues**, Knaus Campingpark Bernkastell-Kues, Am Hafen 2, Tel.: +49 65318200, www.knauscamp.de	**13 56841 Traben-Trarbach**, Moselcampingplatz Rissbach, Rissbacher Straße 155, Tel.: +49 6541 3111, www.mosel-camping-platz.de	**14 56856 Zell (Mosel)** Campingpark Zell/Mosel e. K., Moselufer, Tel.: +49 6542 961216, www.campingpark-zell.de	**15 56820 Mesenich** Family Camping, Wiesenweg 25, Tel.: +49 2673 4556, www.familycamping.de
GPS-Daten	49°48'10"N/6°53'29"E	49°54'31"N/7°3'23"E	49°57'56"N/7°6'17"E	50°2'1"N/7°10'28"E	50°6'3"N/7°11'42"E
Geöffnet	April bis Mitte November	März bis Ende November	April bis Ende Dezember	ganzjährig	Mitte April bis Mitte Oktober
Höhe	**361 Meter** über NN	**109 Meter** über NN	**105 Meter** über NN	**101 Meter** über NN	**98 Meter** über NN
Stellflächen	**128** Plätze	**320** Plätze	**93** Plätze	**70** Plätze	**98** Plätze
Gebühr	**ab 26 €**, inkl. Strom, WLAN; Taxe (0,30 €/P.), Hund: 5,25 €	**ab 39,90 €**, inkl. Strom; Hund: 3,80 €, Taxe	**ab 31 €**, inkl. Strom, WLAN, Taxe; Hund: 4,50 €	**ab 35,10 €**, inkl. Strom, WLAN, Taxe; Hund: 2,50 €	**ab 23 €**, inkl. Taxe; Strom 2,50 €, Dusche: 0,50 €/3 min
Bemerkung	Sehr schön gelegener Platz im Wald auf einem Hochplateau oberhalb der Mosel. Große Parzellen, moderne Sanitäreinrichtungen. Hallenbad, Indoor-Spielplatz, Wildgehege und Kletterparcours (jeweils inklusive). Restaurant, Shop.	Direkt am Jachthafen, nahe der Weinberge, Stadtzentrum per Rad in wenigen Minuten, zu Fuß (20 min). Schattenplätze, Ufer-Plätze (+ 4,30 €). Sanitärgebäude modernisiert (2018). Enge Zufahrt. Weitere Stellplätze vor der Schranke.	Kleiner Platz, schön und direkt an der Mosel gelegen. Erste Reihe für Reisemobile nicht nutzbar (Boden sackt ab). Anmeldung am Check-in-Automaten. Pool, Campingplatzladen mit Wein, Restaurant, Kanu-Verleih. Traben-Trarbach (2 km).	Überschaubarer, sehr ruhiger und gepflegter Campingplatz in Zell. Wasser, Strom am Platz. Spielplatz, Brötchenservice. In der Nähe: Fußgängerbrücke zum Ortskern, Wanderungen zu Marienburg oder Prinzenkopfturm.	Liebevoll gestalteter Platz mit großen Parzellen, Sanitäranlagen sauber. Restaurant, Pool und Kinderpool. Hunde zwischen 9. Juli und 12. August nicht erlaubt, ansonsten 2,50 €/Tag. Brötchenwagen. In der Nähe: Beilstein (per Rad).
FAZIT	**Komfortabler, gepflegter (Schlechtwetter-)Platz, Sanitäranlagen sauber. Großes Freizeitangebot (Hallenbad, Tiergehege, Klettern). Gut für Familien.** V/E	**Schön an einem Moselarm gelegener Platz, ideal für Stadtbesichtigung. Moderne Sanitäranlagen. Ausweichplätze. Auch für Moselverhältnisse teuer.** V/E	**Kleiner, enger und stark frequentierter Platz. Schöne Lage. Nette Betreiber. Sanitäranlage und Entsorgungsstation etwas in die Jahre gekommen.** V/E	**Sehr schöne Lage unmittelbar an der Mosel mit Blick auf die Zeller Weinberge. Sehr nette Betreiber. Gepflegter Platz. Sanitär modern und sauber.** V/E	**Gemütlicher, gepflegter, mit Weinreben parzellierter Platz direkt am Ufer. Preiswert. Sympathische Betreiber. Guter Ausgangspunkt für Beilstein.** V/E

Markantestes Beispiel des Jugendstils in Traben-Trarbach ist sicherlich das Brückentor von 1899 und zugleich Wahrzeichen der Doppelstadt. Um die große Nachfrage an Riesling-Weinen zu bedienen, mussten Kapazitäten geschaffen werden – unterirdisch.

16 **56812 Cochem**
Mosel Camping Cochem, Stadionstraße 10,
Tel.: +49 2671 4409,
www.campingplatz-cochem.de

50°9'28"N/7°10'24"E

April bis Ende Oktober

87 Meter über NN

210 Plätze

ab 23,50 €, inkl. WLAN;
Strom: 3,50 €/Nacht, Hund: 3 €

Langgezogener Platz am Moselufer und Ortsrand von Cochem, direkt neben dem Moselbad. Sehr schmale Zufahrtswege, Parzellen ok. Bundesstraße und Bahnlinie in Hörweite. Supermärkte fußläufig, Cochem (2 km), Wild- & Freizeitpark Klotti.

Gut für Stadtbesichtigung (per Rad). Sanitäranlagen etwas älter, aber sauber. Personal hilfsbereit. Aufgrund der Lage lange Wege auf dem Platz. Günstig.

V/E

Fotos: Dominik Ketz/Rheinland-Pfalz Tourismus; Deutsches Weininstitut (DWI); Philipp Bohn/Zeller Land Tourismus GmbH; Andreas Scholer/Römische Weinstraße e. V.; Philipp Pilson

Kurze Wege: Dank Weinautomat direkt am Stellplatz ist der Genuss nie fern.

Erheiterung für Herz und Gaumen – dafür sorgen überregional bekannte Weinlagen wie der „Kröver Nacktarsch". Ulkig und erhaben zugleich.

fläche angekommen, schlendern Besucher durch die Altstadt und stoßen auf eine Fülle an architektonisch sehenswerten Gebäuden aus der Zeit des Jugendstils. Als Ausgangspunkt für die Stadtbesichtigung eignen sich gleich zwei Camping- und Stellplätze. Fast nebeneinander und unweit von Traben-Trarbach gelegen, waren beide Übernachtungsmöglichkeiten zum Testzeitpunkt komplett ausgebucht.

Via Enkirch nach Zell – spektakuläre Aussichten

Wieder auf der Straße zieht es uns weiter die Mosel flussabwärts und wir streifen mit Enkirch eine wahre Schatzkammer. Beim Spaziergang durch die alten, schmalen Gässchen, vorbei an verträumten Winkeln und historischen Weinhöfen, zeigen sich liebevoll geschnitzte Straßenschilder und erhaltene Stein- und Fachwerkhäuser. Der Stellplatz derselben Kategorie wie in Klüsserath überzeugt mit seiner Größe und seinem Platzangebot auf einer langgezogenen Wiese. Von hier aus geht es unter der Straße hindurch direkt in die Altstadt. ▶

Tipp des Autors

Lavendel im Weinberg? Die violette Blütenpracht ist wunderschön anzuschauen, überall tummeln sich Schmetterlinge, aber auch Bienen, die bei Sonnenschein rege tätig sind und dafür sorgen, dass es leckeren Lavendelhonig (im Ort zu kaufen!) gibt. Diese Mosel-untypische Szenerie zeigt sich im Razejungewingert in der Lehmener Würzlay. Die Lehmer Razejungen (von „Raz", einem geflochtenen Rückentragekorb) fördern die Kultur des traditionellen Weinbaus und durch Projekte und Aktivitäten die Artenvielfalt an der Terrassenmosel. In den Weingärten des Vereins, zwischen Jahrhunderte alten Trockenmauern, haben die Razejungen auf Steillagenterrassen großflächig echten Lavendel und Gewürzkräuter gepflanzt. Neben der Verhinderung der Verbuschung alter Weinbergflächen stehen die Aufwertung und Verschönerung des Landschaftsbildes, die positiven Auswirkungen auf die einzigartige Fauna und Flora und die Entwicklung alternativer Produkte im Fokus. Einzigartig und zukunftsweisend – und vor allem schön fürs Auge. Info: Parkplatz von Cochem kommend (B416) kurz vor Lehmen links. Schildern „Würzlay"/„Razejungewingert" (Bahnunterführung etwas versteckt) folgen. www.lehmer-razejunge.de

Es geht weiter Richtung Zell, das an einer spektakulären Moselschleife liegt. An den Rebhängen grüßt die „Schwarze Katz", hoch oben thront die Marienburg. Camper parken ihr Reisemobil auf dem ersten, geschotterten Parkplatz unterhalb der Burg. Auch gut für eine Rast mit Aussicht geeignet. Der beste Blick auf die Mosel-Szenerie bietet sich nach einem Fußmarsch vorbei an der Marienburg (Achtung, sehr steiler Anstieg!) vom Prinzenkopf-Turm aus. Das atemberaubende 360-Grad-Panorama erlaubt Blicke auf Pünderich, die Flusslandschaft und Deutschlands längstes Hangviadukt: Über eine Strecke von 786 Metern führt die „Kanonenbahn"-Eisenbahnstrecke über 92 Bögen an Pünderich vorbei.

Bremm – steilste Weinlage und Moselschleife

In Bremm, im Halbrund der berühmten Moselschleife gelegen, steuern die Tester das Weingut Oster-Franzen an und entscheiden sich, die Nacht hier zu verbringen. Das Weingut hat 16 Stellplätze im hinteren Bereich des Geländes angelegt. Etwas teuer und das Areal ist stellenweise eng – mit Ausnahme dreier Plätze „im Pfirsichgarten" direkt daneben mit Blick auf Weinberge –, aber mit allem ausgestattet, was der mobile Reisende benötigt, auch Weinproben.

Die Wanderschuhe angeschnallt geht es von hier aus Richtung Bremmer Calmont: die steilste Weinlage Europas. Eine Naturkulisse der ganz besonderen Art. Beeindruckend, wie sich der mit Weinreben bepflanzte Steilhang vor einem auftürmt und nicht wenige Gedanken kreisen in dem Moment um die mühselige Arbeit, die den Winzern hier im Weinberg abverlangt wird.

Ein erster Aussichtspunkt rund 100 Meter hinter der Kirche ist zu Fuß problemlos zu erreichen und erlaubt bereits schöne Blicke durch die Weinreben auf das wohl ikonischste Fotomotiv der gesamten Region: die Moselschleife mit der Klosterruine Stuben. Der Calmont-Klettersteig führt von hier aus weiter durch die Weinbergterrassen den Hang hinauf.

Wer nicht vom Weingut aus die Füße in die Hand nehmen möchte, parkt das mobile Gefährt auf dem Parkplatz am Ortsende auf der linken Seite. Achtung: Der Wanderparkplatz direkt an der Kirche ist mit einem Reisemobil durch die engen Gassen quasi nicht zu erreichen.

Mit zahlreichen Eindrücken im Gepäck passieren wir das „Dornröschen der Mosel". Der schmucke, kleine Weinort Beilstein am Fuße der Burgruine Metternich wirkt mit seinen blumengeschmückten Fachwerkhäusern, romantischen Innenhöfen und Plätzen wie eine Filmkulisse – und war es auch, so tanzte einst Heinz Rühmann in „Wenn wir alle Engel wären" die Treppen hinunter. Leider tummeln sich in den verwinkelten Gässchen viele Besucher, die kaum noch den freien Blick auf das Kopfsteinpflaster erlauben. Wohl dem, der einen Platz in einem der zahlreichen kleinen Cafés oder hoch oben bei der Klosterkirche St. Joseph ergattert und dem Treiben zuschauen kann. Anschauen sollte man sich das mittelalterliche Gesamtensemble, das unter Denkmalschutz steht, aber unbedingt.

Cochem – Postkartenidylle

Nächster Stopp: Cochem. Der Stellplatz an der Nordbrücke eignet sich perfekt für die Stadtbesichtigung. Tagsüber kostenpflichtig ist das Übernachten hier kostenlos, wenn auch direkt neben der vielbefahrenen Straße. Alternativ ist unweit von hier über der Brücke der Campingplatz empfehlenswert.

Wenn ein Ort das viel zitierte Prädikat „malerisch" verdient, dann Cochem. Wer sich den Weg hinauf zur Burg sparen möchte, sollte zumindest den Gang zum Kapuzinerkloster oberhalb des Marktplatzes erwägen oder eine der kleinen Gassen, zum Beispiel „Am Rähmchen", entlangschlendern. Von hier und dem Plateau vor der Kirche offenbaren sich schöne Blicke auf die Burg und die lebendige Kleinstadt mit reicher historischer Bausubstanz.

Burg Eltz – versteckte Märchenburg

Zum Schluss der Tour wird es märchenhaft. Ihr Erscheinungsbild und ihre versteckte Lage auf einem Felsen im Tal üben eine Faszination aus, die schwer in Worte zu fassen ist; daher die Burg Eltz unbedingt anschauen und selbst ein Urteil fällen! Ziel ist allerdings nicht der offizielle Parkplatz der Burg Eltz (acht Euro für ein Reisemobil), sondern der Stellplatz am Wanderparkplatz auf der quasi gegenüberliegenden Seite des Tals. Der Platz besitzt keine Serviceeinrichtungen, ist dafür aber ruhig, idyllisch und günstig.

Burg Eltz: der Inbegriff einer Burg. Vom Stellplatz am Wanderparkplatz aus führen verschiedene Wanderrouten unterschiedlicher Länge und Schwierigkeitsgrade durch den Wald zur Burg.

Hier, genauer gesagt in Lehmen (siehe Tipp des Autors), endet unsere Genuss-Tour entlang der Mosel. Wichtigste Erkenntnis: Die Region ist perfekt auf mobile Reisende eingestellt. Fast jede Gemeinde hat eigene Stellplätze und auch Campingplätze sind zahlreich. Ob Wandern, Rad- oder Schifffahren – die Möglichkeiten, die abwechslungsreiche und landschaftlich wunderschöne Moselregion zu erkunden, sind vielfältig. Und das Beste: In quasi allen Moselorten gibt es einen guten Tropfen ins Glas. Eine wundervolle Kombination, die für jeden und jedes Alter etwas bietet.

Übrigens: Richtung Rhein wartet das sehenswerte Koblenz. Wer von Römern und Wein noch nicht genug hat, nimmt den Stellplatzcheck entlang der Limesstraße zur Hand (März-Ausgabe 2021) und fährt weiter. Aber das ist eine andere Geschichte.

INFO:
Mosellandtouristik GmbH
Tel.: 06531/97330, www.visitmosel.de

Freizeit-Tipps

Für den Gaumen: Außen rau mit zartem Flaum, innen burgunderrot und voller Aroma – im Frühjahr taucht die Blütenpracht des „roten Weinbergpfirsich" die Weinberge an der Mosel in ein zartrosa. Ob als Marmelade, Likör, Saft, Essig oder auf der Torte, die Frucht ist eine exklusive Spezialität. Unbedingt probieren.
www.moselweinbergpfirsich.de

Für Familien: Der liebevoll auch Klotti-Park genannte Wild- und Freizeitpark Klotten nahe Cochem bietet auf 30 Hektar rund 20 unterschiedliche Attraktionen und einen Abenteuerbauernhof für Familien insbesondere mit kleineren Kindern. Öffnungszeiten und Eintrittspreise unter
www.klotti.de

Für Schwindelfreie: Lohnenswerter Abstecher ins Seitental der Mosel: die Hängeseilbrücke Geierlay bei Mörsdorf, etwas abseits von Beilstein im Landesinneren. Die einst längste Hängeseilbrücke Deutschlands ist ein nicht alltägliches Bauwerk. Nach dem Vorbild Nepalesischer Hängeseilbrücken schwingt sie sich von einem Brückenkopf zum anderen. Die Konstruktion ist 360 Meter lang, 100 Meter hoch und 85 Zentimeter breit. Nervenkitzel und schöne Ausblicke garantiert. Parkplätze für Reisemobile vorhanden (Womo-Parkplatz P2). **www.geierlay.de**

Cochem sollte man nicht links liegen lassen. Wer darauf zu radelt, weiß warum: eine bunte Häuserzeile vor der Mosel und die prächtige Reichsburg mit ihren Erkern und Zinnen im neugotischen Stil aus dem 19. Jahrhundert.

Der
REISE MOBIL INTERNATIONAL
BORD ATLAS
für Ihre Hosentasche!
BORDATLAS WebApp –
für Smartphone, Tablet und PC
• Auf Knopfdruck Stellplätze in Ihrer Umgebung anzeigen
• Stellplätze nach Ort, PLZ, Namen oder sogar Stichwort suchen
• Nach Wunscheigenschaften filtern (Preis, Fahrzeuglänge, Entsorgung u.v.m.)
• Detaillierte Karten auf google maps-Basis
• Merklisten erstellen
• Reise an einer Route planen
Ihr Vorteil als Käufer des gedruckten Bordatlas:
50 % Rabatt
auf die Bordatlas WebApp.
Alle Informationen und den Gutscheincode finden Sie unter
www.bordatlas.de/xxl-rabatt
BORD ATLAS
Bodensee
Alle
Gratis
Meist gesuchter Stellplatz
Der erste Wohnmobilhafen am See
30,2 km
Zur Listenansicht
Route planen
Merkliste
Stellplatzsuche
Ihr Account
Mehr Infos auf Seite 34 und unter:
www.bordatlas.de/xxl-rabatt
Foto: Jamie Street, unsplash.com

Tolle Rabatte im Gesamtwert von

über 500 Euro

Bordatlas-Gutscheinaktion 2023

Unterwegs mit dem Reisemobil sparen und genießen – dank attraktiver Gutscheine profitieren Bordatlas-Nutzer von zahlreichen Rabatten.

In der 2023er-Ausgabe finden Sie tolle Vorteile. So vergünstigen einige Stellplatzgastgeber die Fahrradmiete, es gibt Gastgeschenke aus der Region, kostenfreie Stadt- und Erlebnisführungen, Rad- und Wanderkarten und vieles mehr. Weitere Goodies sind Ermäßigungen bei Kanufahrten, vergünstigter Eintritt in Saunaland, Therme oder Bad. Und: Bei vielen Gutschein-Anbietern stehen Sie preisgünstiger. Auch der DoldeMedien Verlag beteiligt sich an der Aktion mit Lektüre rund ums Caravaning für Smartphone oder Tablet. Mit den Coupons erhalten Sie digitale Ausgaben der Magazine CamperVans, Reisemobil International sowie Camping, Cars & Caravans im Wert von mehr als 35 Euro. Zusätzlich gibt es ein E-Paper der Zeitschrift Traumziele für Camper im Wert von 8,90 Euro.

PLZ 1

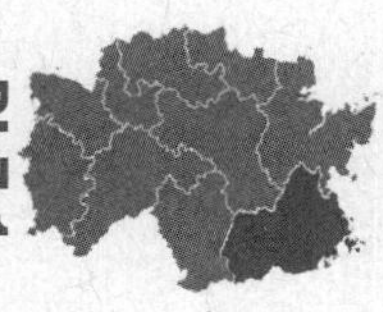

Ihr **BORDATLAS**-Vorteil: **17,00 €**

Wohnmobilstellplatz am alten Bahnhof

18465 Tribsees

3 für 2

PLZ 0

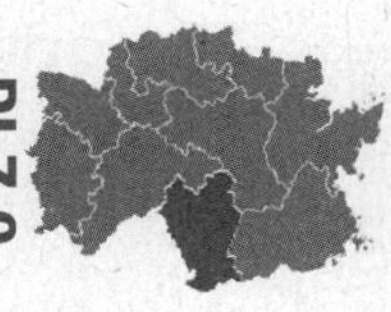

Ihr **BORDATLAS**-Vorteil: **5,50 €**

Wohnmobilstellplatz Plauen

08523 Plauen

PLZ 0

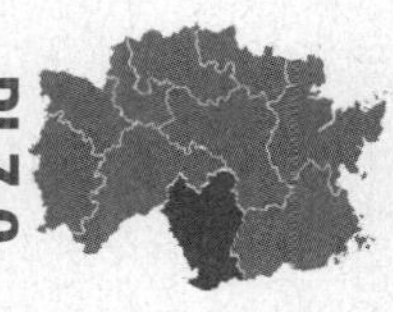

Ihr **BORDATLAS**-Vorteil: **22,00 €**

Gläserner Bauernhof

08258 Markneukirchen

3 für 2

PLZ 0

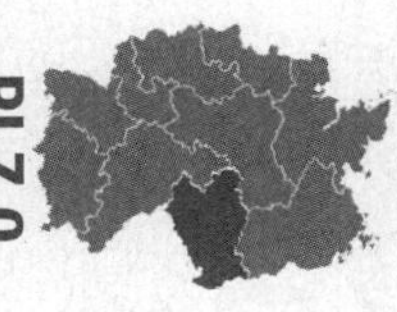

Ihr **BORDATLAS**-Vorteil: **7,00 €**

Wohnmobilstellplatz Ardesia Therme

07356 Bad Lobenstein

PLZ 0

Ihr **BORDATLAS**-Vorteil: **50,00 €**

Wohnmobilstellplatz Rothenschirmbach

06295 Eisleben/Lutherstadt-Rothenschirmbach

%

PLZ 0

Ihr **BORDATLAS**-Vorteil: **14,00 €**

Ferien & Freizeitpark Geierswalde

02979 Elsterheide-Geierswalde

3 für 2

So lösen Sie Ihre Gutscheine ein:

- Jeder Gutschein darf nur einmal verwendet werden: als herausgeschnittener Coupon oder durch Abstempeln auf der Rückseite.
- Nach der Ankunft auf dem Stellplatz legen Sie bitte den Gutschein beim Platzwart, an der Rezeption, bei der Tourist-Information oder anderen auf dem Gutschein angegebenen Stellen vor. Wird die Übernachtungsgebühr am Parkscheinautomaten kassiert und der Gutschein ermöglicht bei drei Übernachtungen den Preis von zwei Nächten, dann legen Sie ihn bitte zusammen mit dem Parkticket gut sichtbar hinter die Windschutzscheibe Ihres Reisemobils.
- Mehrwert-Gutscheine, etwa für eine kostenlose Stadtführung oder Wanderkarte, lösen Sie bitte bei den zuständigen Anbietern ein – entsprechend dem Aufdruck auf dem Coupon. Bei Rabatten auf einen Einkauf legen Sie als Stellplatzgast den Bordatlas-Gutschein vor dem Bezahlen vor.
- Sollte ein Stellplatz belegt sein und Sie können deshalb den Vorteil nicht in Anspruch nehmen, haben Sie keinen Anspruch auf einen Übernachtungsplatz.
- Jede Vervielfältigung der Bordatlas-Gutscheine ist untersagt.
- Eine Barauszahlung des Gutschein-Gegenwerts ist grundsätzlich nicht möglich.
- Alle Stellplatzbetreiber, Gemeinden, Händler, Restaurants, Thermalbäder und andere Betriebe, die an der Bordatlas-Gutschein-Aktion teilnehmen, haben dem DoldeMedien Verlag gegenüber schriftlich versichert, jeden Gutschein entsprechend den angegebenen Bedingungen vor Ort einzulösen.
- Eine Haftung dafür übernimmt der DoldeMedien Verlag nicht. Bitte informieren Sie das Bordatlas-Team, wenn bei der Gutschein-Abwicklung Unstimmigkeiten auftreten, E-Mail: bordatlas@doldemedien.de.
- Das Bordatlas-Team bedankt sich bei allen teilnehmenden Anbietern für ihre Angebote im Rahmen der Bordatlas-Gutschein-Aktion 2023 und wünscht allen Stellplatz- und Gutschein-Nutzern einen angenehmen Aufenthalt.

Ihr Bordatlas-Team

02979 Elsterheide-Geierswalde
Ferien & Freizeitpark Geierswalde

Sie erhalten für diesen Gutschein
3 Übernachtungen zum Preis von 2 Nächten (außer an Himmelfahrt + Pfingsten)

Die Stellplatzgäste händigen den Gutschein beim Bezahlen aus.

3 für 2 — Ihr BORDATLAS-Vorteil **14,00 €**

Gültig vom 01.04.23 - 31.10.23

Feld für interne organisatorische Abwicklung

06295 Eisleben/Lutherstadt-Rothenschirmbach Wohnmobilstellplatz Rothenschirmbach

Sie erhalten für diesen Gutschein
10 % Rabatt auf Wohnmobilreise mit einem Mietmobil
Mindestmietdauer 7 Tage, je nach Verfügbarkeit, keine Barauszahlung, nicht mit anderen Aktionen kombinierbar. Die Höhe des Rabattes ist abhängig von Saison und Größe des Wohnmobils, mindestens 50 €

Bitte legen Sie den Gutschein bei der Buchung vor.

% — Ihr BORDATLAS-Vorteil **50,00 €**

Gültig vom 24.11.22 - 24.11.23

Feld für interne organisatorische Abwicklung

07356 Bad Lobenstein
Wohnmobilstellplatz Ardesia Therme

Sie erhalten für diesen Gutschein
1 kostenloses Frühstück bei gleichzeitiger Bestellung eines zweiten Frühstücks

Bitte händigen Sie den Gutschein beim Bezahlen aus.

Ihr BORDATLAS-Vorteil **7,00 €**

Gültig vom 24.11.22 - 24.11.23

Feld für interne organisatorische Abwicklung

08258 Markneukirchen
Gläserner Bauernhof

Sie erhalten für diesen Gutschein
3 Übernachtungen zum Preis von 2 Nächten (Wert: 22 € für Wohnmobile, 25 € für Caravans)

Bitte händigen Sie den Gutschein beim Bezahlen aus.

3 für 2 — Ihr BORDATLAS-Vorteil **22,00 €**

Gültig vom 24.11.22 - 24.11.23

Feld für interne organisatorische Abwicklung

08523 Plauen
Wohnmobilstellplatz Plauen

Sie erhalten für diesen Gutschein
kostenfreie öffentliche Stadtführung für eine Person (dienstags und donnerstags 11:00 Uhr ab der Tourist-Info Plauen)

Bitte händigen Sie den Gutschein beim Bezahlen aus.

Ihr BORDATLAS-Vorteil **5,50 €**

Gültig vom 08.04.23 - 31.10.23

Feld für interne organisatorische Abwicklung

18465 Tribsees
Wohnmobilstellplatz am alten Bahnhof

Sie erhalten für diesen Gutschein
3 Übernachtungen zum Preis von 2 Nächten und ein regionales Bier bei Anreise

Bitte händigen Sie den Gutschein beim Bezahlen aus.

3 für 2 — Ihr BORDATLAS-Vorteil **17,00 €**

Gültig vom 24.11.22 - 24.11.23

Feld für interne organisatorische Abwicklung

PLZ 1

19370 Parchim

Café & Pension Am Brunnen

Ihr **BORDATLAS**-Vorteil:

24,00 €

PLZ 2

21380 Artlenburg

Sportboothafen und Campingplatz an der Elbe

Ihr **BORDATLAS**-Vorteil:

11,00 €

3 für 2

PLZ 2

23769 Fehmarn-Wulfen

Wohnmobilpark Wulfener Hals

Ihr **BORDATLAS**-Vorteil:

19,38 €

%

PLZ 2

24211 Preetz

Wohnmobilpark Preetz

Ihr **BORDATLAS**-Vorteil:

23,00 €

5 für 4

PLZ 2

26524 Hage

Wohnmobilstellplatz Wichter Weg

Ihr **BORDATLAS**-Vorteil:

5,00 €

PLZ 2

27432 Bremervörde

Wohnmobilstation Bremervörde

Ihr **BORDATLAS**-Vorteil:

3,00 €

PLZ 3

31868 Ottenstein

Wohnmobilstellplatz Alte Oberförsterei

Ihr **BORDATLAS**-Vorteil:

10,00 €

3 für 2

PLZ 3

34621 Frielendorf

Wohnmobilpark Silbersee

Ihr **BORDATLAS**-Vorteil:

11,00 €

3 für 2

PLZ 3

37318 Asbach-Sickenberg

Grenzmuseum Schifflersgrund

Ihr **BORDATLAS**-Vorteil:

6,00 €

2 für 1

PLZ 3

37671 Höxter-Godelheim

Freizeitanlage Höxter-Godelheim

Ihr **BORDATLAS**-Vorteil:

9,00 €

3 für 2

PLZ 3

37671 Höxter

Stellplatz Höxter Floßplatz

Ihr **BORDATLAS**-Vorteil:

11,00 €

3 für 2

PLZ 4

48231 Warendorf

Parkplatz am Emsseepark

Ihr **BORDATLAS**-Vorteil:

5,00 €

31868 Ottenstein
Wohnmobilstellplatz Alte Oberförsterei

Sie erhalten für diesen Gutschein

3 Übernachtungen zum Preis von 2 Nächten

Bitte händigen Sie den Gutschein beim Bezahlen aus.

3 für 2 — Ihr BORDATLAS-Vorteil **10,00 €**

Gültig vom 24.11.22 - 24.11.23

Feld für interne organisatorische Abwicklung

34621 Frielendorf
Wohnmobilpark Silbersee

Sie erhalten für diesen Gutschein

3 Übernachtungen zum Preis von 2 Nächten

Bitte händigen Sie den Gutschein beim Bezahlen aus.

3 für 2 — Ihr BORDATLAS-Vorteil **11,00 €**

Gültig vom 24.11.22 - 24.11.23

Feld für interne organisatorische Abwicklung

37318 Asbach-Sickenberg
Grenzmuseum Schifflersgrund

Sie erhalten für diesen Gutschein

2 Übernachtungen zum Preis von 1 Nacht

Bitte händigen Sie den Gutschein beim Bezahlen aus.

2 für 1 — Ihr BORDATLAS-Vorteil **6,00 €**

Gültig vom 24.11.22 - 24.11.23

Feld für interne organisatorische Abwicklung

37671 Höxter-Godelheim
Freizeitanlage Höxter-Godelheim

Sie erhalten für diesen Gutschein

3 Übernachtungen zum Preis von 2 Nächten
(gilt nicht von Mai bis August)

Bitte händigen Sie den Gutschein abends vor der Bezahlung dem Parkscheinkontrolleur aus.

3 für 2 — Ihr BORDATLAS-Vorteil **9,00 €**

Gültig vom 24.11.22 - 24.11.23

Feld für interne organisatorische Abwicklung

37671 Höxter
Stellplatz Höxter Floßplatz

Sie erhalten für diesen Gutschein

3 Übernachtungen zum Preis von 2 Nächten
(gilt nicht im Zeitraum von Mai-August)

Bitte händigen Sie den Gutschein abends vor der Bezahlung dem Parkscheinkontrolleur aus.

3 für 2 — Ihr BORDATLAS-Vorteil **11,00 €**

Gültig vom 24.11.22 - 30.04.23

Feld für interne organisatorische Abwicklung

48231 Warendorf
Parkplatz am Emsseepark

Sie erhalten für diesen Gutschein

1 Altstadt-Führung für 2 Personen zum Preis für 1 Person (Apr-Okt, So 11:00 Uhr ab Rathaus/Marktplatz)

Bitte lösen Sie den Gutschein bei der Tourist-Info der Stadt Warendorf oder beim/bei den Gästeführer*Innen ein.

Ihr BORDATLAS-Vorteil **5,00 €**

Gültig vom 09.04.23 - 15.10.23

Feld für interne organisatorische Abwicklung

19370 Parchim
Café & Pension Am Brunnen

Sie erhalten für diesen Gutschein

bei 3 gebuchten Übernachtungen
4 Stunden Kanu fahren gratis

Bitte händigen Sie den Gutschein vorab bei Buchung der Leistung aus.

Ihr BORDATLAS-Vorteil **24,00 €**

Gültig vom 24.11.22 - 24.11.23

Feld für interne organisatorische Abwicklung

21380 Artlenburg
Sportboothafen und Campingplatz an der Elbe

Sie erhalten für diesen Gutschein

3 Übernachtungen zum Preis von 2 Nächten

Bitte händigen Sie den Gutschein beim Bezahlen aus.

3 für 2 — Ihr BORDATLAS-Vorteil **11,00 €**

Gültig vom 24.11.22 - 24.11.23

Feld für interne organisatorische Abwicklung

23769 Fehmarn-Wulfen
Wohnmobilpark Wulfener Hals

Sie erhalten für diesen Gutschein

1 Übernachtung auf einem Economy-Stellplatz
bei Buchung von mind. 2 Übernachtungen gratis
(nur in der Neben- und Außersaison einlösbar)

Bitte bei Buchungsanfrage auf Gutschein verweisen.

% — Ihr BORDATLAS-Vorteil **19,38 €**

Gültig vom 24.11.22 - 24.11.23

Feld für interne organisatorische Abwicklung

24211 Preetz
Wohnmobilpark Preetz

Sie erhalten für diesen Gutschein

5 Übernachtungen zum Preis von 4 Nächten

Bitte händigen Sie den Gutschein beim Bezahlen aus.

5 für 4 — Ihr BORDATLAS-Vorteil **23,00 €**

Gültig vom 24.11.22 - 24.11.23

Feld für interne organisatorische Abwicklung

26524 Hage
Wohnmobilstellplatz Wichter Weg

Sie erhalten für diesen Gutschein

1 Hage-Paket mit Radkarte und Andenken aus Hage

Bitte händigen Sie den Gutschein beim Kurzentrum Hage (Badstraße 1, 26524 Hage) aus.

Ihr BORDATLAS-Vorteil **5,00 €**

Gültig vom 24.11.22 - 24.11.23

Feld für interne organisatorische Abwicklung

27432 Bremervörde
Wohnmobilstation Bremervörde

Sie erhalten für diesen Gutschein

1 Rad- und Wanderkarte für Bremervörde
und Umgebung kostenlos

Bitte händigen Sie den Gutschein beim Bezahlen aus.

Ihr BORDATLAS-Vorteil **3,00 €**

Gültig vom 24.11.22 - 24.11.23

Feld für interne organisatorische Abwicklung

PLZ 4

48231 Warendorf
Parkplatz am Emsseepark

Ihr **BORDATLAS**-Vorteil:
5,00 €

PLZ 4

49597 Rieste
Reisemobilhafen am Alfsee Center

Ihr **BORDATLAS**-Vorteil:
19,50 €

2 für 1

PLZ 5

54518 Minheim
Reisemobilpark Minheim

Ihr **BORDATLAS**-Vorteil:
8,30 €

3 für 2

PLZ 5

56338 Braubach
Wohnmobilstellplatz Braubach

Ihr **BORDATLAS**-Vorteil:
5,00 €

%

PLZ 5

56338 Braubach
Wohnmobilstellplatz Braubach

Ihr **BORDATLAS**-Vorteil:
14,00 €

3 für 2

PLZ 5

57399 Kirchhundem
Berggasthof-Restaurant Rhein-Weser-Turm

Ihr **BORDATLAS**-Vorteil:
20,00 €

3 für 2

PLZ 5

57399 Kirchhundem
Berggasthof-Restaurant Rhein-Weser-Turm

Ihr **BORDATLAS**-Vorteil:
1,00 €

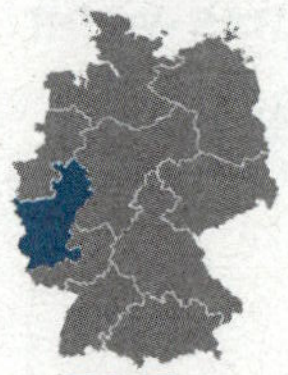

PLZ 5

59348 Lüdinghausen-Seppenrade
Rosengarten Seppenrade

Ihr **BORDATLAS**-Vorteil:
10,00 €

%

PLZ 6

67742 Lauterecken
Wohnmobilstellplatz Villa Toskana

Ihr **BORDATLAS**-Vorteil:
10,00 €

PLZ 7

72574 Bad Urach
Wohnmobilstellplatz Bad Urach

Ihr **BORDATLAS**-Vorteil:
7,00 €

PLZ 7

74336 Brackenheim
Weingut Winkler

Ihr **BORDATLAS**-Vorteil:
10,00 €

%

PLZ 7

74613 Öhringen
Wohnmobilpark HEICamp Öhringen

Ihr **BORDATLAS**-Vorteil:
4,00 €

57399 Kirchhundem
Berggasthof-Restaurant Rhein-Weser-Turm
Sie erhalten für diesen Gutschein
1 Aufstieg pro Person im Rhein-Weser-Turm

Bitte händigen Sie den Gutschein beim Bezahlen aus.

Ihr BORDATLAS-Vorteil
1,00 €
Gültig vom 24.11.22 - 24.11.23
Feld für interne organisatorische Abwicklung

48231 Warendorf
Parkplatz am Emsseepark
Sie erhalten für diesen Gutschein
1 Gestüts-Führung für 2 Personen zum Preis für 1 Person (Apr-Okt Sa 11:00 Uhr am NRW-Landgestüt)
Bitte lösen Sie den Gutschein bei der Tourist-Info der Stadt Warendorf oder beim/bei den Gästeführer*innen ein.

Ihr BORDATLAS-Vorteil
5,00 €
Gültig vom 09.04.23 - 15.10.23
Feld für interne organisatorische Abwicklung

59348 Lüdinghausen-Seppenrade
Rosengarten Seppenrade
Sie erhalten für diesen Gutschein
bei Miete von 2 Fahrrädern das 2. Fahrrad gratis

Bitte händigen Sie den Gutschein beim Bezahlen aus.

%
Ihr BORDATLAS-Vorteil
10,00 €
Gültig vom 24.11.22 - 24.11.23
Feld für interne organisatorische Abwicklung

49597 Rieste
Reisemobilhafen am Alfsee Center
Sie erhalten für diesen Gutschein
1 Eintritt für 2 Personen in das Alfen Saunaland zum Preis von 1 Person
(ausgenommen sind Wochenenden & Feiertage)
Bitte händigen Sie den Gutschein beim Bezahlen aus.

2 für 1
Ihr BORDATLAS-Vorteil
19,50 €
Gültig vom 24.11.22 - 24.11.23
Feld für interne organisatorische Abwicklung

67742 Lauterecken
Wohnmobilstellplatz Villa Toskana
Sie erhalten für diesen Gutschein
ab 3 Übernachtungen 1 Flasche Wein gratis

Bitte händigen Sie den Gutschein beim Bezahlen aus.

Ihr BORDATLAS-Vorteil
10,00 €
Gültig vom 24.11.22 - 24.11.23
Feld für interne organisatorische Abwicklung

54518 Minheim
Reisemobilpark Minheim
Sie erhalten für diesen Gutschein
3 Übernachtungen zum Preis von 2

Bitte händigen Sie den Gutschein beim Bezahlen aus

3 für 2
Ihr BORDATLAS-Vorteil
8,30 €
Gültig vom 24.11.22 - 24.11.23
Feld für interne organisatorische Abwicklung

72574 Bad Urach
Wohnmobilstellplatz Bad Urach
Sie erhalten für diesen Gutschein
1 flauschiges Bad-Urach-Handtuch gratis

Bitte lösen Sie den Gutschein während der Öffnungszeiten bei der Kurverwaltung/Tourist-Info im Kurgebiet ein.

Ihr BORDATLAS-Vorteil
7,00 €
Gültig vom 24.11.22 - 24.11.23
Feld für interne organisatorische Abwicklung

56338 Braubach
Wohnmobilstellplatz Braubach
Sie erhalten für diesen Gutschein
50 % Ermäßigung bei Teilnahme an einer offenen Stadtführung (Termine laut Aushang) für 2 Personen

Bitte legen Sie den Gutschein in der Tourist-Information vor.

%
Ihr BORDATLAS-Vorteil
5,00 €
Gültig vom 24.11.22 - 24.11.23
Feld für interne organisatorische Abwicklung

74336 Brackenheim
Weingut Winkler
Sie erhalten für diesen Gutschein
1 Übernachtung gratis
beim Kauf von 12 Flaschen Wein

Bitte händigen Sie den Gutschein beim Bezahlen aus.

%
Ihr BORDATLAS-Vorteil
10,00 €
Gültig vom 24.11.22 - 24.11.23
Feld für interne organisatorische Abwicklung

56338 Braubach
Wohnmobilstellplatz Braubach
Sie erhalten für diesen Gutschein
3 Übernachtungen zum Preis von 2 Nächten
(gültig von Mo-Do, außer an Feiertagen)

Bitte legen Sie den Gutschein in der Tourist-Info vor.

3 für 2
Ihr BORDATLAS-Vorteil
14,00 €
Gültig vom 24.11.22 - 24.11.23
Feld für interne organisatorische Abwicklung

74613 Öhringen
Wohnmobilpark HEICamp Öhringen
Sie erhalten für diesen Gutschein
1 Restaurant-Gutschein im Wert von 4 Euro

Sie erhalten den Gutschein für die Gaststätte bei Anmeldung an der Rezeption.

Ihr BORDATLAS-Vorteil
4,00 €
Gültig vom 24.11.22 - 24.11.23
Feld für interne organisatorische Abwicklung

57399 Kirchhundem
Berggasthof-Restaurant Rhein-Weser-Turm
Sie erhalten für diesen Gutschein
3 Übernachtungen zum Preis von 2 Nächten

Bitte händigen Sie den Gutschein beim Bezahlen aus.

3 für 2
Ihr BORDATLAS-Vorteil
20,00 €
Gültig vom 24.11.22 - 24.11.23
Feld für interne organisatorische Abwicklung

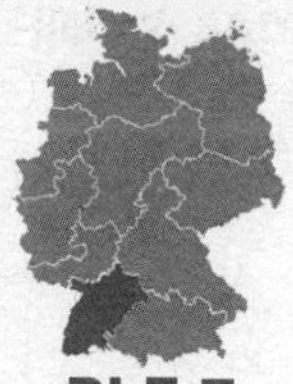
PLZ 7

76831 Eschbach
Weingut Wind

Ihr **BORDATLAS**-Vorteil:
10,00 €

2 für 1

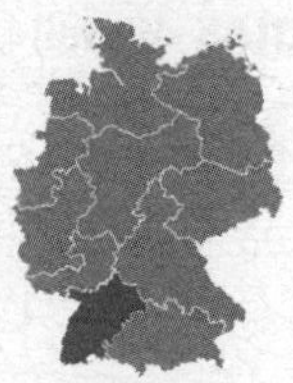
PLZ 7

78126 Königsfeld/Schwarzwald
Reisemobil-Park Bregnitzhof

Ihr **BORDATLAS**-Vorteil:
6,00 €

PLZ 7

79761 Waldshut-Tiengen
Wohnmobil-Park Waldshut

Ihr **BORDATLAS**-Vorteil:
15,00 €

3 für 2

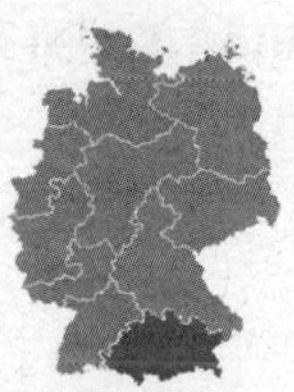
PLZ 8

82491 Grainau
Camping Erlebnis Zugspitze
Wohnmobilhafen Zugspitze

Ihr **BORDATLAS**-Vorteil:
18,00 €

3 für 2

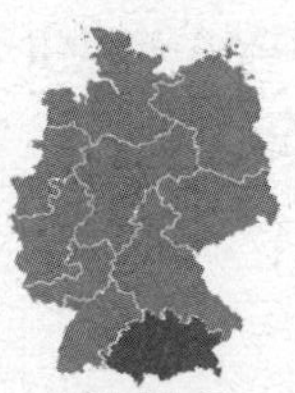
PLZ 8

86983 Lechbruck am See
Wohnmobilstellplatz Via Claudia Camping

Ihr **BORDATLAS**-Vorteil:
11,00 €

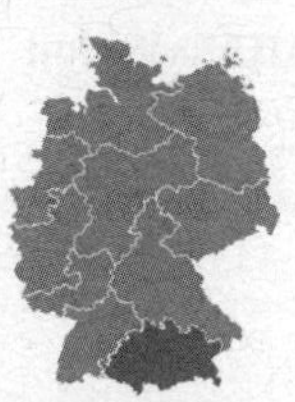
PLZ 8

88074 Meckenbeuren
Ravensburger Spieleland Feriendorf

Ihr **BORDATLAS**-Vorteil:
6,65 €

%

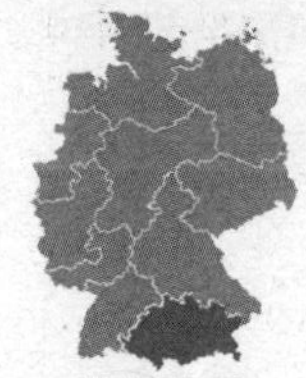
PLZ 8

89312 Günzburg
Camping Gutshof Donauried

Ihr **BORDATLAS**-Vorteil:
13,50 €

3 für 2

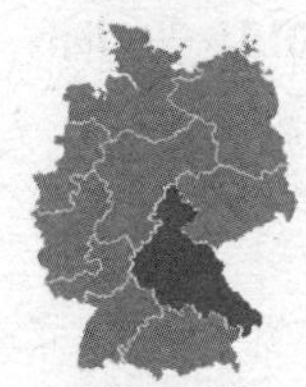
PLZ 9

95100 Selb
Wohnmobilstellplatz am Papiermühlweg

Ihr **BORDATLAS**-Vorteil:
4,00 €

PLZ 9

95138 Bad Steben
Wohnmobilstellplatz an der Therme

Ihr **BORDATLAS**-Vorteil:
14,00 €

PLZ 9

97241 Bergtheim
Weingut Schmitt

Ihr **BORDATLAS**-Vorteil:
4,00 €

PLZ 3

A-3730 Eggenburg
Wohnmobilstellplatz Eggenburg

Ihr **BORDATLAS**-Vorteil:
6,00 €

3 für 2

PLZ 9

A-9842 Mörtschach-Lassach
Camping am See Lindlerhof

Ihr **BORDATLAS**-Vorteil:
4,00 €

%

89312 Günzburg
Camping Gutshof Donauried

Sie erhalten für diesen Gutschein

3 Übernachtungen zum Preis von 2 Nächten
(gilt nicht an langen Wochenenden und in der Hauptsaison bzw. in den Oster-, Pfingst-, Sommer- und Herbstferien)

Bitte händigen Sie den Gutschein beim Bezahlen aus.

3 für 2

Ihr **BORDATLAS**-Vorteil
13,50 €

Gültig vom 24.11.22 - 24.11.23

Feld für interne organisatorische Abwicklung

95100 Selb
Wohnmobilstellplatz am Papiermühlweg

Sie erhalten für diesen Gutschein

1 freien Eintritt für eine Person im Hallenbad Selb

Bitte legen Sie den Gutschein und das Parkticket des Stellplatzes im Hallenbad vor.

Ihr **BORDATLAS**-Vorteil
4,00 €

Gültig vom 24.11.22 - 24.11.23

Feld für interne organisatorische Abwicklung

95138 Bad Steben
Wohnmobilstellplatz an der Therme

Sie erhalten für diesen Gutschein

Wahlweise 3-Stunden-Karte Wasserwelten oder Wasserwelten/Sauna (21,50 €) ab 2 Nächten (gilt nicht für Sonderveranstaltungen und ist nicht mit anderen Rabatt-Aktionen kombinierbar). Bitte händigen Sie den Gutschein beim Bezahlen aus.

Ihr **BORDATLAS**-Vorteil
14,00 €

Gültig vom 24.11.22 - 24.11.23

Feld für interne organisatorische Abwicklung

97241 Bergtheim
Weingut Schmitt

Sie erhalten für diesen Gutschein

1 Henkel-Bocksbeutel Frankenwein 0,25 l

Bitte händigen Sie den Gutschein beim Bezahlen aus.

Ihr **BORDATLAS**-Vorteil
4,00 €

Gültig vom 24.11.22 - 24.11.23

Feld für interne organisatorische Abwicklung

A-3730 Eggenburg
Wohnmobilstellplatz Eggenburg

Sie erhalten für diesen Gutschein

3 Übernachtungen zum Preis von 2 Nächten

Bitte legen Sie den Gutschein zusammen mit Stellplatzgebühr und ausgefüllter Karte in das zur Verfügung gestellte Kuvert.

3 für 2

Ihr **BORDATLAS**-Vorteil
6,00 €

Gültig vom 24.11.22 - 24.11.23

Feld für interne organisatorische Abwicklung

A-9842 Mörtschach-Lassach
Camping am See Lindlerhof

Sie erhalten für diesen Gutschein

20 % Rabatt auf die Personengebühr in der Nebensaison

Bitte händigen Sie den Gutschein beim Bezahlen aus.

%

Ihr **BORDATLAS**-Vorteil
4,00 €

Gültig vom 24.11.22 - 24.11.23

Feld für interne organisatorische Abwicklung

76831 Eschbach
Weingut Wind

Sie erhalten für diesen Gutschein

2 Übernachtungen zum Preis von 1 Nacht

Bitte händigen Sie den Gutschein beim Bezahlen aus.

2 für 1

Ihr **BORDATLAS**-Vorteil
10,00 €

Gültig vom 24.11.22 - 24.11.23

Feld für interne organisatorische Abwicklung

78126 Königsfeld/Schwarzwald
Reisemobil-Park Bregnitzhof

Sie erhalten für diesen Gutschein

1 Gratis-Wanderkarte

Bitte legen Sie den Gutschein mit Ihrer gültigen Königsfelder Gästekarte bei der Tourist-Info Königsfeld vor.

Ihr **BORDATLAS**-Vorteil
6,00 €

Gültig vom 24.11.22 - 24.11.23

Feld für interne organisatorische Abwicklung

79761 Waldshut-Tiengen
Wohnmobil-Park Waldshut

Sie erhalten für diesen Gutschein

3 Übernachtungen zum Preis von 2 Nächten

Bitte händigen Sie den Gutschein beim Bezahlen aus.

3 für 2

Ihr **BORDATLAS**-Vorteil
15,00 €

Gültig vom 24.11.22 - 24.11.23

Feld für interne organisatorische Abwicklung

82491 Grainau
Camping Erlebnis Zugspitze Wohnmobilhafen Zugspitze

Sie erhalten für diesen Gutschein

3 Übernachtungen zum Preis von 2 Nächten
(nur in der Nebensaison)

Bitte legen Sie den Gutschein bei Anreise vor.

3 für 2

Ihr **BORDATLAS**-Vorteil
18,00 €

Gültig vom 09.01.23 - 16.02.23

Feld für interne organisatorische Abwicklung

86983 Lechbruck am See
Wohnmobilstellplatz Via Claudia Camping

Sie erhalten für diesen Gutschein

ab 4 Übernachtungen
1 Flasche Via Claudia Sekt gratis

Bitte zeigen Sie den Gutschein an der Rezeption vor.

Ihr **BORDATLAS**-Vorteil
11,00 €

Gültig vom 09.01.23 - 31.03.23
und vom 15.09.23 - 23.12.23

Feld für interne organisatorische Abwicklung

88074 Meckenbeuren
Ravensburger Spieleland Feriendorf

Sie erhalten für diesen Gutschein

25 % bei 1 Übernachtung auf dem Ravensburger Spieleland Feriendorf-Stellplatz. Innerhalb der gesamten Feriendorf-Saison 2023 einlösbar. Der Gutschein-Code BordAtlas23 kann online über spieleland.de/feriendorf eingelöst werden.

%

Ihr **BORDATLAS**-Vorteil
6,65 €

Gültig vom 24.11.22 - 24.11.23

Feld für interne organisatorische Abwicklung

www.reisemobil-international.de
DoldeMedien Verlag GmbH

Ihr **BORDATLAS**-Vorteil
11,00 €

Sie erhalten für diesen Gutschein
2 digitale Ausgaben Reisemobil International gratis

Gültig vom 24.11.22 - 24.11.23

Feld für interne organisatorische Abwicklung

Gratis-E-Paper anfordern unter:
reisemobil-international.de/ba2023

---

www.camping-cars-caravans.de
DoldeMedien Verlag GmbH

Ihr **BORDATLAS**-Vorteil
9,80 €

Sie erhalten für diesen Gutschein
2 digitale Ausgaben Camping, Cars & Caravans gratis

Gültig vom 24.11.22 - 24.11.23

Feld für interne organisatorische Abwicklung

Gratis-E-Paper anfordern unter:
camping-cars-caravans.de/ba2023

---

shop.doldemedien.de
DoldeMedien Verlag GmbH

Ihr **BORDATLAS**-Vorteil
8,90 €

Sie erhalten für diesen Gutschein
1 aktuelle E-Paper-Ausgabe Traumziele für Camper gratis downloaden (1x pro Kunde)

Gültig vom 24.11.22 - 24.11.23

Feld für interne organisatorische Abwicklung

Bitte im Warenkorb folgenden
Gutscheincode eingeben: BA_2023_TfC

---

www.campervans.de
DoldeMedien Verlag GmbH

Ihr **BORDATLAS**-Vorteil
15,40 €

Sie erhalten für diesen Gutschein
2 digitale Ausgaben CamperVans gratis

Gültig vom 24.11.22 - 24.11.23

Feld für interne organisatorische Abwicklung

Gratis-E-Paper anfordern unter:
campervans.de/ba2023